本年鉴连续三届荣获中央级年鉴评比一等奖

图书在版编目(CIP)数据

2018 中国电力年鉴 /《中国电力年鉴》编辑委员会编. —北京：中国电力出版社，2018.12
ISBN 978-7-5198-2682-6

Ⅰ.①2… Ⅱ.①中… Ⅲ.①电力工业－中国－2018－年鉴 Ⅳ.①F426.61-54

中国版本图书馆 CIP 数据核字（2018）第 265222 号

出版发行：中国电力出版社
地　　址：北京市东城区北京站西街 19 号（邮政编码 100005）
网　　址：http://www.cepp.sgcc.com.cn
责任编辑：胡顺增（010-63412310） 穆智勇（010-63412336） 柳　璐
责任校对：黄　蓓　常燕昆
装帧设计：张俊霞　赵姗姗
责任印制：石　雷

印　　刷：北京盛通印刷股份有限公司
版　　次：2018 年 12 月第一版
印　　次：2018 年 12 月北京第一次印刷
开　　本：787 毫米×1092 毫米　16 开本
印　　张：55.5　　彩页：32
字　　数：1992 千字
印　　数：0001—2500 册
定　　价：298.00 元

2017年1月12日，中国水电发展论坛暨水力发电科学技术奖颁奖典礼在北京举行。会上，汪恕诚（左三）、张基尧（左五）、周大兵（左二）为第四届潘家铮奖获奖者颁奖。

（水电学会　提供）

2017年3月2日，中国电机工程学会第十届理事会第四次会议暨2017年工作会议在北京召开。会上，学会理事长郑宝森（前排右）和中国科学院院士陈维江（前排左）为中国电机工程学会标准发布揭幕。

（电机学会　提供）

2017年3月13日，国家电网公司董事长、党组书记舒印彪与四川省委副书记、省长尹力一行在北京举行会谈。双方就加快四川水电外送通道建设、推动水火互济、加大四川藏区电网建设力度、积极稳妥推进输配电价改革试点等展开深入交流。

（国网四川电力　提供）

2017年4月14日，在国网四川省电力公司交易大厅，四川电力交易中心开展2017年度直购电第二次集中挂牌交易。

（国网四川电力　提供　曹志刚 摄）

2017年5月25日，由浙能集团发起，联合国内投资及金融机构共同组建的国内首支绿色能源产业基金——“浙江浙能绿色能源股权投资基金”在杭州举行签约仪式，基金目标规模500亿元，首期规模150亿元。

（浙能集团　提供）

2017年6月11日，中国电机工程学会在德国柏林成立欧洲会员中心。

（电机学会　提供）

2017年6月30日，浙能集团提前完成国家提出的实现煤电机组超低排放的任务。至此，浙能集团成为全球首个煤电机组全面实现超低排放的大型发电集团。

（浙能集团　提供）

2017年7月28日，由中国广核集团主办的“华龙一号项目高层峰会”（H10峰会）第一次会议在防城港核电基地召开。10家国内主要核电工程建设、装备制造企业参会并共同签署H10峰会联合宣言。

（中广核　提供）

2017年8月29日，国家电投承办的第25届世界核妇女大会在北京召开，这是世界核妇女大会首次在中国召开。

（国家电投　提供）

2017年9月13日，国务院国资委党委书记郝鹏（前排右二），党委委员、副主任刘强率党委办公厅、财务监管局、改革局、党建局、宣传局、研究局负责人一行到神华集团调研并座谈，神华集团总经理凌文（左一）陪同调研。

（神华集团　提供）

2017年10月17日，“2017国际可再生能源发展研讨会暨《全球可再生能源发展报告》《2016中国可再生能源发展报告》发布会”在京举行。

（中国电建　提供）

2017年11月9日，国网西北分部举办了2017年西北区域应急协调联动演练。模拟地震灾害发生后，西北分部立即启动应急响应，指挥协调国网甘肃、青海、新疆、宁夏四省区电力公司与国网陕西电力协调联动，开展联合应急处置，共完成7个实战演练科目。

（国网西北分部　提供）

2017年11月28日，国家能源投资集团有限责任公司（简称国家能源集团）重组成立大会在北京召开。

（国家能源集团　提供）

2017年5月12日，内蒙古电力公司所属内蒙古国合电力有限公司与蒙古国国家电网公司正式签署为期6年的《蒙古国奥尤陶勒盖铜矿项目购售电协议》，标志着双方在电力能源领域的交流合作迈上新的台阶。

（内蒙古电力　提供）

2017年5月13日，神华集团总经理凌文（右）在京会见蒙古国总理额尔登巴特（左）一行，就双方加强合作事宜进行了交流。

（神华集团　提供）

2017年6月8日，中国能建承建的中巴经济走廊首个能源项目—— 萨希瓦尔燃煤电站2号机组正式建成投产。

（中国能建　提供）

2017年6月8日，中国能建电规总院与国际能源署签订合作协议。

（中国能建电规总院　提供）

英国当地时间2017年6月14日，中央政治局委员、广东省委书记胡春华（左二），中国驻英国大使刘晓明（右二）和中国广核集团董事长贺禹（右一）在伦敦共同为中广核在英设立的布拉德韦尔电力有限公司（BRB公司）、通用核能系统有限公司（GNS）、通用核能国际有限公司（GNI）揭牌。

（中广核　提供）

2017年7月27日，国电集团党组书记、董事长乔保平在集团本部会见了来访的戴尔公司全球总裁马吕斯·哈斯（Marius Haas）、大中华区总裁黄陈宏一行。

（国电集团　提供）

2017年7月31日，中国电建水电九局承建的白俄罗斯“三峡”工程——维捷布斯克水电站通过竣工验收。

（中国电建　提供）

2017年9月7日，国网经研院技术人员赴土耳其开展直流技术培训。

（国网经研院　提供）

2017年9月25日，中国电建华东院勘测设计、水电八局施工的亚洲第一长坝、柬埔寨最大的水电工程——桑河二级水电站大坝和厂房工程下闸蓄水。

（中国电建　提供）

2017年9月4日，中国能建安徽电建二公司、江苏电建三公司联合承建的湄洲湾第二发电厂2×1000MW工程项目获得第30届国际项目管理协会世界大会国际卓越项目管理大奖金奖。

（中国能建　提供）

2017年10月5日，印度尼西亚共和国总统佐科（左二）出席神华集团国华电力公司印尼爪哇电厂奠基仪式。
（神华集团　提供）

2017年10月15日，神华集团总经理凌文（右一）在集团总部会见了来访的美国西弗吉尼亚州商务卿亨利·伍德·斯拉舍（左一）一行，双方就加深在化工领域合作，共同打造中美两国能源合作示范项目等事宜展开了深入的交流和讨论。
（神华集团　提供）

2017年10月23日，中国能建葛洲坝集团承建的尼鲁姆-杰鲁姆水电工程下闸蓄水，该工程被誉为巴基斯坦“三峡电站”。
（中国能建葛洲坝集团　提供）

2017年11月3日，中国能建葛洲坝集团EPC总承包的印尼塔卡拉燃煤电站1号机组30天稳定性运行一次成功。

（中国能建葛洲坝集团　提供）

2017年11月17日，国电集团所属龙源电力南非德阿风电项目向当地学校捐款，支持当地教育，融洽和谐社区，为加快“走出去”奠定良好基础。

（国电集团　提供）

巴西当地时间2017年11月28日10点37分，浙能集团首个海外投资项目——巴西圣西芒水电站完成特许经营权交割。圣西芒水电站是巴西第9大水电站，装机容量171万kW。

（浙能集团　提供）

巴基斯坦当地时间2017年11月29日，中国电建投资建设的“中巴经济走廊”首个落地能源项目——巴基斯坦卡西姆港燃煤电站首台机组发电仪式隆重举行。

（中国电建　提供）

2017年12月21日，中国电建承建的±800kV巴西美丽山项目投运。

（中国电建　提供）

2017年12月31日，中国电建水电十四局承建的斯里兰卡最大规模的水利枢纽工程——莫若嘎哈勘达水库工程（M坝）4台机组全部投产发电。

（中国电建　提供）

2017年2月6日，神皖合肥庐江电厂新建2×660MW项目工程开工建设。

（中国能建中电工程　提供）

2017年2月25日，大唐集团托克托电厂五期工程10号机组投产运行。至此，全厂总装机容量达到672万kW，成为世界在役最大火力发电厂。

（大唐集团　提供）

2017年3月4日，由中电工程咨询公司和西北院联合总承包的铜陵发电厂6号机组通过168h整套试运，实现了“近零”排放，并创造了国内同类燃煤机组的新高。图为铜陵发电厂夜景。

（中国能建中电工程　提供）

2017年11月3日，中国能建安徽电建一公司建设的浙江苍南2×1000MW超超临界燃煤发电机组一期工程荣获“2016～2017年度中国建设工程鲁班奖（国家优质工程）”。

（中国能建　提供）

2017年11月3日，中国能建东电一公司建设的河南鹤壁鹤淇电厂“上大压小”新工程荣获“2016～2017年度中国建设工程鲁班奖（国家优质工程）”。

（中国能建　提供）

2017年11月10日，中国能建浙江火电建设的浙江台州第二发电厂2×1000MW新建工程荣获2017年国家优质工程金质奖。

（中国能建　提供）

2017年12月21日，浙能集团控股建设的宁夏枣泉电厂一期工程2号机组完成168h满负荷试运行后投入商业运营。该工程建设两台66万kW超超临界空冷机组，是宁东—浙江±800kV特高压直流输电工程重要配套电源项目。

（浙能集团　提供）

2017年3月，由中国电建水电四局承建的白鹤滩电站7号缆机顺利安装完成，标志着世界最大的缆机群安装完成。

（中国电建　提供）

2017年4月14日，中国能建葛洲坝三公司承建的瀑布沟水电站获第十四届中国土木工程詹天佑奖。

（中国能建葛洲坝集团　提供）

2017年12月1日，由中国电建成都院设计，水电五局、水电七局、水电十四局承担施工的深厚覆盖层上世界最高坝工程——长河坝水电站投入商业运行。

（中国电建　提供）

2017年12月23日，海南岛首个调峰调频电源项目——海南琼中抽水蓄能电站首台机组正式投运，图为电站上水库。

（海南电网公司　提供）

2017年6月23日，中国电建江西电建公司承建的榆林江山永宸300MW丰融光伏发电项目成功并网发电。这是目前国内单体容量最大的沙漠地面集中式光伏电站。

（中国电建　提供）

2017年10月19日，哈密熔盐塔式50MW光热发电项目正式开工。工程计划于2019年4月30日并网发电。

（中国能建中电工程　提供）

2017年11月5日，青海海南共和200MW风电项目首台风机成功并网投运。

（黄河上游公司　提供）

2017年12月10日，中国电建山东电建一公司承建的全球最大水面漂浮光伏电站——安徽淮南150MW水面漂浮光伏项目正式并网发电。

（中国电建　提供）

2017年3月8日，在滇西北至广东±800kV特高压直流输电线路工程10段施工工地，工人正在施工。
（贵州电网公司　提供）

2017年3月10日，国网经研院承担成套设计及现场支撑服务工作的酒泉—湖南±800kV特高压直流工程低端调试启动会召开。
（国网经研院　提供）

2017年5月21日，榆横—潍坊1000kV特高压输变电工程黄河大跨越输电线路高空走线验收。
（国网山东电力 提供 徐可 摄）

2017年6月22日，酒泉—湖南±800kV特高压直流工程投运，图为施工中的酒湖线重庆段。
（国网重庆电力　提供）

2017年6月26日，云南电网与南方主网鲁西背靠背直流异步联网二期扩建工程建成投运，标志着世界首个柔性直流和常规直流混合背靠背换流站全面建成投运。
（云南电网公司　提供）

2017年8月1日，海口局员工使用无人机巡线。
（海南电网公司 提供 宋国强 摄）

2017年9月13日，国网山东电力援建西藏日喀则110kV岗巴—亚东线路。
（国网山东电力　提供）

2017年9月18日，扎鲁特—青州±800kV特高压直流工程黄河大跨越。
（国网山东电力 提供 徐可 摄）

2017年11月3日，中国能建西北电建参建的±800kV特高压直流双龙换流站荣获“2016~2017年度中国建设工程鲁班奖（国家优质工程）”。
（中国能建　提供）

2017年11月3日，云南±500kV富宁换流站工程荣获“2016~2017年度中国建设工程鲁班奖（国家优质工程）”。

（南方电网公司　提供）

2017年11月24日16时，蒙西—天津南1000kV特高压交流输变电工程顺利完成72h试运行考核，正式投入运行。

（国网天津电力　提供）

2017年12月5日，世界上海拔最高、距离最长的±800kV特高压直流工程滇西北直流工程形成送电能力，图为新松换流站。

（南方电网公司　提供）

2017年12月19日上午，世界上电压等级最高、容量最大的苏州南部电网500kV统一潮流控制器（UPFC）示范工程正式投运。

（国网江苏电力　提供）

苏州南部电网500kV统一潮流控制器（UPFC）示范工程应用的南瑞集团自主研发的UPFC设备。

（国网江苏电力 提供 杨铭轩 摄）

由甘肃送变电公司承担建设的酒泉—湖南±800kV特高压直流输电工程祁连（酒泉）换流站双极低端换流变压器及阀厅内部电气设备。

（国网甘肃电力 提供）

祁连（酒泉）换流站双极低端换流变压器及阀厅外部电气设备。

（国网甘肃电力 提供）

2017年2月15日，海南东线高速公路黄竹出口快速充电桩接入度度充平台上线运行，标志着海南环岛高速及中线高速公路快速充电桩全部上线，正式投入商业运行。图为用户正在使用充电桩为电动汽车进行充电。
（海南电网公司 提供 李晖 摄）

2017年3月6日，中宣部、中央文明办调研督查组到华电金中公司调研。
（华电集团 提供）

2017年3月13日，大雪导致十堰地区多条线路倒杆，12万户用户断电，国网十堰供电公司运维人员涉过寒冷的小河开展救灾保电工作。
（国网湖北电力 提供 郭壮志 石磊 张宇 摄）

2017年4月12日，济源供电公司新建线路，服务“美丽乡村”建设。

（国网河南电力　提供）

2017年4月26日，国网石狮市供电公司现场服务“港口岸电”电能替代项目落地，助力港口企业生产。

（国网福建电力　提供）

2017年5月10日，贵州余庆县举行“安全节约用电知识进校园”活动启动仪式。本次主题活动为期7个月，覆盖全县87所中小学校，促进在校学生从小树立“安全用电、科学用电、节约用电”观念。

（贵州电网公司　提供）

2017年6月3日，受神华集团国华电力舟山电厂邀请，《舟山日报》小记者走进电厂，近距离体验现代化高效清洁电厂的魅力。

（神华集团　提供）

2017年6月10日，“卓越之路”国家电网公司职工美术书法摄影主题作品巡回展览开幕式典礼在成都世纪城新会展中心举行。

（国网四川电力　提供　曹志刚　摄）

2017年8月8日，鞍山供电公司职工参加岫岩县抗洪抢险。

（国网辽宁电力　提供　翁吉伟　摄）

2017年9月5日，金砖国家领导人厦门会晤保电人员现场勘查制定保电方案。

（国网福建电力　提供）

2017年10月1日，国网山东电力援建西藏日喀则35kV帕里变电站施工现场。
（国网山东电力 提供）

2017年10月26日，在巴中市巴州区三江镇回星村刘家嘴聚居点，国网四川电力（成都）共产党员服务队队长刘源（2017年荣获全国道德模范）和队员们安装电表。
（国网四川电力 提供）

2017年11月1日，国网镇江丹阳市供电公司党委开展“青年对话党代表”活动，图为党的十九大代表方美芳（左四）与青年座谈。
（国网江苏电力 提供）

南瑞集团落实国家电网公司“国网阳光扶贫行动”，为长阳、秭归两县102个重点贫困村捐建村级电站，每年可为每个贫困村提供帮扶资金约19万元。图为南瑞集团捐建的秭归县溪口坪村村级光伏电站。

（南瑞集团 提供）

国网郯城县供电公司“彩虹共产党员服务队”深入田间地头服务农户春灌用电。

（国网山东电力 提供）

贵州电网公司员工在平江乡给村民讲解微信办理用电报装业务方法。

（贵州电网公司 提供）

《中国电力年鉴》编委会

《2018 中国电力年鉴》

《中国电力年鉴》编辑部

特约撰稿人(按姓氏笔画排列)

丁　林　于　汀　马兆林　马海洋　王大玮　王生龙　王永福
王庆杰　王宏刚　王金宇　王　勇　王振华　王　媛　王燕玲
毛育冬　公　锐　孔　灿　龙　飞　龙　云　申雁冰　田风廷
吉　炜　吕　昕　朱　军　朱芳芳　伍　飞　刘　一　刘之阳
刘　伟　刘　严　刘金涛　刘　勇　刘振宗　刘　博　刘敬华
刘雁斌　汤日成　许为宁　那心遥　牟善科　孙目元　苏余泉
苏　玲　李　刚　李　庆　李青春　李国柱　李　明　李栋梁
李树国　李　曼　李　斌　李　鹏　杨　松　杨　明　杨振华
杨　倞　杨新林　肖　前　吴伟伟　吴国建　时　伟　旷路明
邱　威　何　飞　何　剑　何润生　汪　明　沈　亮　宋贤睿
张正茂　张　民　张会旭　张红宪　张　虎　张耀坤　陈　奇
陈俊章　陈　燕　范晓虹　林浩然　尚伟亮　罗　艺　周万俊
周　全　郑洪华　郑雪胜　赵永华　赵国富　赵艳玲　赵哲源
赵晓丽　赵海翔　郝占启　郝爱军　胡冬梅　胡　波　姜　欣
胥　淼　秦　勤　袁金灿　莫　莉　贾宝钦　徐一鸣　栾凤奎
高海峰　高群策　高　澈　高　璐　郭长林　郭方正　郭建勇
黄　纯　黄　荷　黄　婷　曹　祎　曹爱民　曹瑞光　龚喜勇
盛　兴　崔　昊　崔容健　梁　宇　梁奕庆　彭慧文　蒋　励
程军生　程　蔚　傅光虹　童瑞婷　曾　力　谢一骏　雷定演
简金芝　蔡靖波　廖　爽　熊　雄　缪莉庆　颜辉轩　魏中华
魏　琦

编 辑 说 明

1.《中国电力年鉴》(简称《年鉴》)于1993年创刊,已连续出版24期,是一本融史实性、资料性为一体的专业年鉴,也是一本全面实用,文、图、表并茂的综合性大型年刊。其主要服务对象为从事电力科研、生产、建设、经营管理的有关人员,以及与电力相关的政府和企事业单位的有关人员。

2. 本《年鉴》的编纂指导思想为:围绕电力工业改革与发展的主线,全面记载电力工业发展与改革、规划与建设、科技进步、国际合作等各方面的成就和工作。

3. 本《年鉴》是在国家能源局的领导和中国电力企业联合会的支持下,由国家电网有限公司、中国南方电网有限责任公司、中国华能集团有限公司、中国大唐集团有限公司、中国华电集团有限公司、国家能源投资集团有限责任公司、国家电力投资集团有限公司等共同组织编写的。《年鉴》编委会由国家能源局、中国电力企业联合会、两大电网公司、五大发电集团公司、两个建设集团公司,以及其他电力相关企业的主要负责人组成,并作为《中国电力年鉴》的领导机构,决定《年鉴》编辑出版的指导思想和主要内容。

4. 本期《年鉴》主要收录了2017年中国电力工业各方面所取得的成绩,重点反映了2017年电力工业发展和改革、电力建设、科技创新、国际合作、社会责任等内容。本期《年鉴》在框架结构上做了适当调整,调整的篇目和栏目情况如下:"特载"

篇目中“产业政策”栏目改为“法律法规及产业政策”，增加“电力环保”栏目，“电力扶贫”栏目由“社会责任”篇目移来；“电力发展与改革”篇目中“电力改革”栏目改为“电力体制机制改革”；恢复“电力建设”篇目，将“重点工程”和“获奖项目”栏目移至此篇目，其中“重点工程”栏目改名并分为“电源建设工程”和“电网建设工程”两个栏目；“国际合作”篇目增设“国际标准”和“‘一带一路’建设”栏目；“电力论坛”篇目名称改为“电力会议”，其中“工作报告”栏目名称改为“工作会议”；取消“企业风采”篇目。另外，对个别篇目顺序做了调整，将“社会责任”篇目移至“科技创新”篇目之后。

5. 本期《年鉴》的框架结构由篇目、栏目、条目3个层次组成，设有特载，电力发展与改革，电力建设，科技创新，社会责任，国际合作，行业管理，电力会议，学术团体与行业学协会，科研、教育与新闻出版，电力企业，地区电力，大事记，文献，统计资料等篇目。本期《年鉴》仍采用文章和条目两种体裁，以条目为主，并配有具有史料价值的彩图79幅。为方便读者检索和查阅，本《年鉴》正文前有中文目录和彩图目录，正文后有内容索引。

6. 本《年鉴》实行文责自负。《年鉴》框架设计及文章类条目均由编委会审定，条目内容、数据、彩图等均由撰稿单位校核及审定。需说明的是，本《年鉴》统计资料及有关全国数据的图表等一般未包括我国台湾省和港澳地区的数据。

篇　　目

目　录

编辑说明

特　载

电力发展与改革

电力建设

行业管理

电力会议

学术团体与行业学协会

科研、教育与新闻出版

地区电力

统计资料

附　录

索　引

彩图目录

重要电力事件

2017年1月12日，中国水电发展论坛暨水力发电科学技术奖颁奖典礼在北京举行。会上，汪恕诚（左三）、张基尧（左五）、周大兵（左二）为第四届潘家铮奖获奖者颁奖。

（水电学会　提供）

2017年3月2日，中国电机工程学会第十届理事会第四次会议暨2017年工作会议在北京召开。会上，学会理事长郑宝森（前排右）和中国科学院院士陈维江（前排左）为中国电机工程学会标准发布揭幕。

（电机学会　提供）

2017年3月13日，国家电网公司董事长、党组书记舒印彪与四川省委副书记、省长尹力一行在北京举行会谈。双方就加快四川水电外送通道建设、推动水火互济、加大四川藏区电网建设力度、积极稳妥推进输配电价改革试点等展开深入交流。

（国网四川电力　提供）

2017年4月14日，在国网四川省电力公司交易大厅，四川电力交易中心开展2017年度直购电第二次集中挂牌交易。

（国网四川电力　提供　曹志刚　摄）

2017年5月25日，由浙能集团发起，联合国内投资及金融机构共同组建的国内首支绿色能源产业基金——“浙江浙能绿色能源股权投资基金”在杭州举行签约仪式，基金目标规模500亿元，首期规模150亿元。

（浙能集团　提供）

2017年6月11日，中国电机工程学会在德国柏林成立欧洲会员中心。

（电机学会　提供）

2017年6月30日，浙能集团提前完成国家提出的实现煤电机组超低排放的任务。至此，浙能集团成为全球首个煤电机组全面实现超低排放的大型发电集团。

（浙能集团　提供）

2017年7月28日，由中国广核集团主办的“华龙一号项目高层峰会”（H10峰会）第一次会议在防城港核电基地召开。10家国内主要核电工程建设、装备制造企业参会并共同签署H10峰会联合宣言。

（中广核　提供）

2017年8月29日，国家电投承办的第25届世界核妇女大会在北京召开，这是世界核妇女大会首次在中国召开。

（国家电投　提供）

2017年9月13日，国务院国资委党委书记郝鹏（前排右二），党委委员、副主任刘强率党委办公厅、财务监管局、改革局、党建局、宣传局、研究局负责人一行到神华集团调研并座谈，神华集团总经理凌文（左一）陪同调研。

（神华集团　提供）

2017年10月17日，“2017国际可再生能源发展研讨会暨《全球可再生能源发展报告》《2016中国可再生能源发展报告》发布会”在京举行。

（中国电建　提供）

2017年11月9日，国网西北分部举办了2017年西北区域应急协调联动演练。模拟地震灾害发生后，西北分部立即启动应急响应，指挥协调国网甘肃、青海、新疆、宁夏四省区电力公司与国网陕西电力协调联动，开展联合应急处置，共完成7个实战演练科目。

（国网西北分部　提供）

2017年11月28日，国家能源投资集团有限责任公司（简称国家能源集团）重组成立大会在北京召开。

（国家能源集团　提供）

国际合作与交流

2017年5月12日，内蒙古电力公司所属内蒙古国合电力有限公司与蒙古国国家电网公司正式签署为期6年的《蒙古国奥尤陶勒盖铜矿项目购售电协议》，标志着双方在电力能源领域的交流合作迈上新的台阶。

（内蒙古电力　提供）

2017年5月13日，神华集团总经理凌文（右）在京会见蒙古国总理额尔登巴特（左）一行，就双方加强合作事宜进行了交流。

（神华集团　提供）

2017年6月8日，中国能建承建的中巴经济走廊首个能源项目——萨希瓦尔燃煤电站2号机组正式建成投产。

（中国能建　提供）

2017年6月8日，中国能建电规总院与国际能源署签订合作协议。

（中国能建电规总院　提供）

英国当地时间2017年6月14日，中央政治局委员、广东省委书记胡春华（左二），中国驻英国大使刘晓明（右二）和中国广核集团董事长贺禹（右一）在伦敦共同为中广核在英设立的布拉德韦尔电力有限公司（BRB公司）、通用核能系统有限公司（GNS）、通用核能国际有限公司（GNI）揭牌。

（中广核　提供）

2017年7月27日，国电集团党组书记、董事长乔保平在集团本部会见了来访的戴尔公司全球总裁马吕斯·哈斯（Marius Haas）、大中华区总裁黄陈宏一行。

（国电集团　提供）

2017年7月31日，中国电建水电九局承建的白俄罗斯"三峡"工程——维捷布斯克水电站通过竣工验收。

（中国电建　提供）

2017年9月7日，国网经研院技术人员赴土耳其开展直流技术培训。

（国网经研院　提供）

2017年9月25日，中国电建华东院勘测设计、水电八局施工的亚洲第一长坝、柬埔寨最大的水电工程——桑河二级水电站大坝和厂房工程下闸蓄水。

（中国电建　提供）

2017年9月4日，中国能建安徽电建二公司、江苏电建三公司联合承建的湄洲湾第二发电厂2×1000MW工程项目获得第30届国际项目管理协会世界大会国际卓越项目管理大奖金奖。

（中国能建　提供）

2017年10月5日，印度尼西亚共和国总统佐科（左二）出席神华集团国华电力公司印尼爪哇电厂奠基仪式。

（神华集团　提供）

2017年10月15日，神华集团总经理凌文（右）在集团总部会见了来访的美国西弗吉尼亚州商务卿亨利·伍德·斯拉舍（左）一行，双方就加深在化工领域合作，共同打造中美两国能源合作示范项目等事宜展开了深入的交流和讨论。

（神华集团　提供）

2017年10月23日，中国能建葛洲坝集团承建的尼鲁姆—杰鲁姆水电工程下闸蓄水，该工程被誉为巴基斯坦"三峡电站"。

（中国能建葛洲坝集团　提供）

2017年11月3日，中国能建葛洲坝集团EPC总承包的印尼塔卡拉燃煤电站1号机组30天稳定性运行一次成功。

（中国能建葛洲坝集团　提供）

2017年11月17日，国电集团所属龙源电力南非德阿风电项目向当地学校捐款，支持当地教育，融洽和谐社区，为加快"走出去"奠定良好基础。

（国电集团　提供）

巴西当地时间2017年11月28日10点37分，浙能集团首个海外投资项目——巴西圣西芒水电站完成特许经营权交割。圣西芒水电站是巴西第9大水电站，装机容量171万kW。

（浙能集团　提供）

巴基斯坦当地时间2017年11月29日，中国电建投资建设的"中巴经济走廊"首个落地能源项目——巴基斯坦卡西姆港燃煤电站首台机组发电仪式隆重举行。

（中国电建　提供）

2017年12月21日，中国电建承建的±800kV巴西美丽山项目投运。

（中国电建　提供）

2017年12月31日，中国电建水电十四局承建的斯里兰卡最大规模的水利枢纽工程——莫若嘎哈勘达水库工程（M坝）4台机组全部投产发电。

（中国电建　提供）

发电·火力发电

2017年2月6日，神皖合肥庐江电厂新建2×660MW项目工程开工建设。

（中国能建中电工程　提供）

2017年2月25日，大唐集团托克托电厂五期工程10号机组投产运行。至此，全厂总装机容量达到672万kW，成为世界在役最大火力发电厂。

（大唐集团　提供）

2017年3月4日，由中电工程咨询公司和西北院联合总承包的铜陵发电厂6号机组通过168h整套试运，实现了"近零"排放，并创造了国内同类燃煤机组的新高。图为铜陵发电厂夜景。

（中国能建中电工程　提供）

2017年11月3日，中国能建安徽电建一公司建设的浙江苍南2×1000MW超超临界燃煤发电机组一期工程荣获"2016～2017年度中国建设工程鲁班奖（国家优质工程）"。

（中国能建　提供）

2017年11月3日，中国能建东电一公司建设的河南鹤壁鹤淇电厂“上大压小”新工程荣获“2016～2017年度中国建设工程鲁班奖（国家优质工程）”。

（中国能建　提供）

2017年11月10日，中国能建浙江火电建设的浙江台州第二发电厂2×1000MW新建工程荣获2017年国家优质工程金质奖。

（中国能建　提供）

2017年12月21日，浙能集团控股建设的宁夏枣泉电厂一期工程2号机组完成168h满负荷试运行后投入商业运营。该工程建设两台66万kW超超临界空冷机组，是宁东—浙江±800kV特高压直流输电工程重要配套电源项目。

（浙能集团　提供）

发电·水力发电

2017年3月，由中国电建水电四局承建的白鹤滩电站7号缆机顺利安装完成，标志着世界最大的缆机群安装完成。

（中国电建　提供）

2017年4月14日，中国能建葛洲坝三公司承建的瀑布沟水电站获第十四届中国土木工程詹天佑奖。

（中国能建葛洲坝集团　提供）

2017年12月1日，由中国电建成都院设计，水电五局、水电七局、水电十四局承担施工的深厚覆盖层上世界最高坝工程——长河坝水电站投入商业运行。

（中国电建　提供）

2017年12月23日，海南岛首个调峰调频电源项目——海南琼中抽水蓄能电站首台机组正式投运，图为电站上水库。

（海南电网公司　提供）

发电·核能及新能源发电

2017年6月23日，中国电建江西电建公司承建的榆林江山永宸300MW丰融光伏发电项目成功并网发电。这是目前国内单体容量最大的沙漠地面集中式光伏电站。

（中国电建　提供）

2017年10月19日，哈密熔盐塔式50MW光热发电项目正式开工。工程计划于2019年4月30日并网发电。

（中国能建中电工程　提供）

2017年11月5日，青海海南共和200MW风电项目首台风机成功并网投运。

（黄河上游公司　提供）

2017年12月10日，中国电建山东电建一公司承建的全球最大水面漂浮光伏电站——安徽淮南150MW水面漂浮光伏项目正式并网发电。

（中国电建　提供）

输变电工程

2017年3月8日，在滇西北—广东±800kV特高压直流输电线路工程10段施工工地，工人正在施工。

（贵州电网公司　提供）

2017年3月10日，国网经研院承担成套设计及现场支撑服务工作的酒泉—湖南±800kV特高压直流工程低端调试启动会召开。

（国网经研院　提供）

2017年5月21日，榆横—潍坊1000kV特高压输变电工程黄河大跨越输电线路高空走线验收。

（国网山东电力　提供　徐可　摄）

2017年6月22日，酒泉—湖南±800kV特高压直流工程投运，图为施工中的酒湖线重庆段。

（国网重庆电力　提供）

2017年6月26日，云南电网与南方主网鲁西背靠背直流异步联网二期扩建工程建成投运，标志着世界首个柔性直流和常规直流混合背靠背换流站全面建成投运。

（云南电网公司　提供）

2017年8月1日，海口局员工使用无人机巡线。

（海南电网公司　提供　宋国强　摄）

2017年9月13日，国网山东电力援建西藏日喀则110kV岗巴—亚东线路。

（国网山东电力　提供）

2017年9月18日，扎鲁特—青州±800kV特高压直流工程黄河大跨越。

（国网山东电力　提供　徐可　摄）

2017年11月3日，中国能建西北电建参建的±800kV特高压直流双龙换流站荣获“2016～2017年度中国建设工程鲁班奖（国家优质工程）”。

（中国能建　提供）

2017年11月3日，云南±500kV富宁换流站工程荣获“2016～2017年度中国建设工程鲁班奖（国家优质工程）”。

（南方电网公司　提供）

2017年11月24日16时，蒙西—天津南1000kV特高压交流输变电工程顺利完成72h试运行考核，正式投入运行。

（国网天津电力　提供）

2017年12月5日，世界上海拔最高、距离最长的±800kV特高压直流工程滇西北直流工程形成送电能力，图为新松换流站。

（南方电网公司　提供）

2017年12月19日上午，世界上电压等级最高、容量最大的苏州南部电网500kV统一潮流控制器（UPFC）示范工程正式投运。

（国网江苏电力　提供）

苏州南部电网500kV统一潮流控制器（UPFC）示范工程应用的南瑞集团自主研发的UPFC设备。

（国网江苏电力　提供　杨铭轩　摄）

由甘肃送变电公司承担建设的酒泉—湖南±800kV特高压直流输电工程祁连（酒泉）换流站双极低端换流变压器及阀厅内部电气设备。

（国网甘肃电力　提供）

祁连（酒泉）换流站双极低端换流变压器及阀厅外部电气设备。

（国网甘肃电力　提供）

党的建设与精神文明建设

2017年2月15日，海南东线高速公路黄竹出口快速充电桩接入度度充平台上线运行，标志着海南环岛高速及中线高速公路快速充电桩全部上线，正式投入商业运行。图为用户正在使用充电桩为电动汽车进行充电。

（海南电网公司　提供　李晖　摄）

2017年3月6日，中宣部、中央文明办调研督查组到华电金中公司调研。

（华电集团　提供）

2017年3月13日，大雪导致十堰地区多条线路倒杆，12万户用户断电，国网十堰供电公司运维人员涉过寒冷的小河开展救灾保电工作。

（国网湖北电力　提供　郭壮志　石磊　张宇　摄）

2017年4月12日，济源供电公司新建线路，服务"美丽乡村"建设。

（国网河南电力　提供）

2017年4月26日，国网石狮市供电公司现场服务"港口岸电"电能替代项目落地，助力港口企业生产。

（国网福建电力　提供）

2017年5月10日，贵州余庆县举行"安全节约用电知识进校园"活动启动仪式。本次主题活动为期7个月，覆盖全县87所中小学校，促进在校学生从小树立"安全用电、科学用电、节约用电"观念。

（贵州电网公司　提供）

2017年6月3日，受神华集团国华电力舟山电厂邀请，《舟山日报》小记者走进电厂，近距离体验现代化高效清洁电厂的魅力。

（神华集团　提供）

2017年6月10日，"卓越之路"国家电网公司职工美术书法摄影主题作品巡回展览开幕式典礼在成都世纪城新会展中心举行。

（国网四川电力　提供　曹志刚　摄）

2017年8月8日，鞍山供电公司职工参加岫岩县抗洪抢险。

（国网辽宁电力　提供　翁吉伟　摄）

2017年9月5日，金砖国家领导人厦门会晤保电人员现场勘查制定保电方案。

（国网福建电力　提供）

2017年10月1日，国网山东电力援建西藏日喀则35kV帕里变电站施工现场。

（国网山东电力　提供）

2017年10月26日，在巴中市巴州区三江镇回星村刘家嘴聚居点，国网四川电力（成都）共产党员服务队队长刘源（2017年荣获全国道德模范）和队员们安装电表。

（国网四川电力　提供）

2017年11月1日，国网镇江丹阳市供电公司党委开展"青年对话党代表"活动，图为党的十九大代表方美芳（左四）与青年座谈。

（国网江苏电力　提供）

南瑞集团落实国家电网公司"国网阳光扶贫行动"，为长阳、秭归两县102个重点贫困村捐建村级电站，每年可为每个贫困村提供帮扶资金约19万元。图为南瑞集团捐建的秭归县溪口坪村村级光伏电站。

（南瑞集团　提供）

国网郯城县供电公司"彩虹共产党员服务队"深入田间地头服务农户春灌用电。

（国网山东电力　提供）

贵州电网公司员工在平江乡给村民讲解微信办理用电报装业务方法。

（贵州电网公司　提供）

特　载

党和国家领导人关注电力

习近平见证中国和沙特合作谅解备忘录签署

3月16日，中共中央总书记、国家主席习近平在人民大会堂同沙特阿拉伯王国国王萨勒曼举行会谈。会谈后，两国元首见证了经贸、能源、产能、文化、教育、科技等领域双边合作文件的签署。在习近平与萨勒曼的见证下，中国核工业建设集团公司总经理顾军与沙特能源城主席哈希姆·亚玛尼签署了《沙特高温气冷堆项目联合可行性研究合作协议》。双方将在前期合作基础上，进一步制定沙特高温堆项目投资建设、知识产权合作、产业链本地化的系统解决方案，为沙特政府启动高温堆项目提供决策支持，为推动“一带一路”建设、实现高温堆产业链“走出去”奠定基础。

习近平及本扬见证签署中老两国《关于建立电力合作战略伙伴关系的谅解备忘录》

11月13～14日，中共中央总书记、国家主席习近平对老挝人民民主共和国进行国事访问。中老两国在习近平及老挝主席本扬见证下签署《关于建立电力合作战略伙伴关系的谅解备忘录》，老挝成为中国第一个电力战略合作伙伴国。双方还签署了《关于实施怀博莱水电站项目的优惠贷款框架协议》《怀博莱水电站项目优惠贷款协议》《老挝115kV输变电线路扩建与综合改造项目贷款协议》《老挝500/230kV万象环网项目贷款协议》等合作文件。

习近平与阿根廷总统马克里共同见证阿根廷最大光伏项目协议签署

5月17日，中共中央总书记、国家主席习近平在北京人民大会堂同阿根廷总统马克里举行会谈。会谈后，两国元首共同见证了多个双边合作文件的签署。其中，中国电建党委书记、董事长晏志勇和阿根廷胡胡伊省省长莫拉莱斯在人民大会堂共同签署了阿根廷高查瑞光伏项目协议，这标志着阿根廷最大的光伏电站项目向前推进了一大步。

习近平参观阿斯塔纳世博会中国国家馆国电集团展台

6月7～10日，中共中央总书记、国家主席习近平应邀出访哈萨克斯坦并出席上海合作组织成员国元首理事会第十七次会议和阿斯塔纳世博会开幕式。6月8日，习近平在哈萨克斯坦总统纳扎尔巴耶夫陪同下，参观了阿斯塔纳世博会中国国家馆国电集团展台。

习近平见证国家能源集团与美国西弗吉尼亚州政府签署战略合作谅解备忘录

11月9日，在中共中央总书记、国家主席习近平和美国总统特朗普的共同见证下，国家能源集团与美国西弗吉尼亚州政府签署战略合作谅解备忘录，约定双方将在美国西弗州及周边地区开展页岩气全产业链开发和利用方面的合作。

李克强批示“华龙一号”全球首堆示范工程

5月25日17时58分，中国自主三代核电“华龙一号”全球首堆示范工程——中核集团福清核电5号机组穹顶成功吊装，全面进入设备安装阶段。这是全球核电建设领域迄今为止规模最大、高度最高的穹顶吊装，是中国自主三代核电技术工程建设按计划有序推进的良好见证。

中共中央政治局常委、国务院总理李克强对此批示：中国自主研发的三代核电“华龙一号”是推进实施中国制造2025的标志性工程。福清核电5号机组作为“华龙一号”全球首堆，实现核岛穹顶吊装意义重大。核电建设和运营管理都要确保绝对安全。希望继续发扬工匠精神，精益求精、严格管理，在确保质量和安全的前提下按期建成投产。依托“互联网＋”、众创平台进一步汇聚各方创新资源，不断提升中国核电研发制造水平。同时，积极参与国际市场，努力打造世界一流核电品牌，为实现中国制造迈向中高端作出新贡献。

俞正声出席在巴中资企业座谈会

4月6日，正在巴基斯坦进行正式友好访问的全国政协主席俞正声，出席了在中国驻巴大使馆召开的在巴中资企业负责人座谈会，中国电建集团暨股份公司董事长、党委书记晏志勇出席会议并发言。俞正声在听取发言后，高度评价了中国电建等中资企业在“一带一路”及“中巴经济走廊”建设中的做法和经验，对于中国电建提出的巴基斯坦电力、电网合理规划的问题和建议深表赞同，指出在建好电站的同时，要落实好电网和电价等方面的难题。俞正声强调，各中资企业要以高度责任感和使命感做好各项工作，遵守巴基斯坦法律法规，尊重当地风俗习惯，弘扬中巴友谊，实现互利共赢，助力巴基斯坦经济发展。

张高丽会见沙特能源、工业和矿产大臣

8月18日，中共中央政治局常委、国务院副总理张高丽在人民大会堂会见沙特王储穆罕默德特使，能源、工业和矿产大臣法利赫。

张高丽说，中沙是全面战略伙伴关系，2016年以来，习近平主席同萨勒曼国王实现互访，中沙高级别联合委员会首次会议成功举行，中沙关系进入全面发展的“快车道”。中方支持沙特维护稳定和安全的努力，愿在共建“一带一路”倡议框架下落实好两国产能与投资合作重点项目清单，支持沙特经济多元化进程。他期待着下一周访问沙特时，同穆罕默德王储共同主持召开中沙高委会第二次会议，加强双方政策沟通和发展战略对接，推动中沙关系迈上新台阶。

法利赫表示，沙方珍视对华传统友好，愿进一步发挥沙中高委会统筹协调作用，促进“一带一路”倡议同沙特“2030愿景”规划对接，更好造福两国人民。

张高丽视察中广核非洲湖山铀矿

8月27日，中共中央政治局常委、国务院副总理张高丽视察中国在非洲最大的实体投资项目——中广核湖山铀矿。中广核集团董事长、党组书记贺禹陪同视察。张高丽充分肯定中广核“走出去”国际布局，尤其是湖山铀矿项目在非取得的成绩。张高丽表示，中国企业“走出去”对国家发展非常重要，中广核从收购铀矿到建成投产，短短三年多的时间达到今日规模实属不易，在“走出去”方面，“中广核是有实力、靠得住的企业”。张高丽强调，核电站和铀矿与其他项目不同，尤其是湖山铀矿这样的国外项目要时刻把安全放在首位，从采矿、破碎到水冶等一系列工艺都要确保安全第一，同时要保证人才队伍的高端稳定，能解决关键性技术问题，确保生产万无一失。张高丽鼓励中广核在非洲大力发展清洁能源项目。

张高丽视察国家电投黄河水电太阳能电力公司西宁分公司

11月23日，中共中央政治局常委、国务院副总理张高丽在青海省委省政府领导王国生、王建军、王晓等陪同下，到国家电投黄河水电太阳能电力公司西宁分公司视察。

张高丽观看了黄河水电公司水光互补协调运行曲线、水光互补三维动画、百兆瓦太阳能发电实证基地组件对比区和逆变器对比区年发电量数据，听取黄河水电公司关于习近平总书记视察一年多以来在创新平台建设、创新能力提升、科技研发推进、产业技术升级、提质降本等方面成果的汇报，对黄河水电公司光伏产业发展及水光互补技术表示肯定。

在电池车间，张高丽重点考察了太阳能电池生产线，详细了解生产工序，并关切询问了职工的工作和生活情况。视察期间，张高丽还了解了国家电投和黄河水电公司的基本情况及太阳能电力公司职工人数、年龄结构、学历结构、党员人数、少数民族职工人数等基本情况。

汪洋与巴基斯坦总理阿巴西共同为中国电建在巴风电项目竣工揭牌

8月13日，巴基斯坦总理阿巴西在伊斯兰堡会见了前来出席巴基斯坦独立70周年纪念活动的中共中央政治局常委、国务院副总理汪洋。会见后，汪洋和阿巴西共同为中国电建在巴基斯坦投资的大沃（DAWOOD）风电项目和萨察尔（SACHAL）风电项目竣工揭牌。大沃风电项目位于巴基斯坦卡拉奇市以东70km的“风电走廊”之内，总装机容量为49.5MW，采用33台国产1.5MW风电机组，是“中巴经济走廊优先建设项目”清单首批14个项目优先实施项目中第一个完成融资闭合并实现商业运行的中方投资项目。

汪洋见证大唐集团与美国通用集团签署《“一揽子”项目合作协议》

11月8日，作为美国总统特朗普首次访华重要经

贸成果之一，中共中央政治局常委、国务院副总理汪洋在人民大会堂与美国商务部部长罗斯举行会谈，并共同见证了两国政府和企业间多项合作文件的签署。大唐集团董事长、党组书记陈进行与美国通用集团副董事长庄睿思共同签署了《“一揽子”项目合作协议》。

刘云山参观国家电投 CAP1400 核电站模型

9 月 17 日下午，中共中央政治局常委、中央书记处书记刘云山和刘延东、刘奇葆、李源潮、万钢等领导同志来到中国科技馆，参加全国科普日北京主场活动。在绿色核能展区，刘云山驻足国家重大科技专项、中国自主知识产权的 CAP1400 核电站模型前，认真听取了国家电投董事长、党组书记王炳华，国家核电副总经理、CAP1400 总设计师郑明光的相关汇报。

刘云山详细询问了三代核电建设和设备国产化进展情况，并听取 CAP1400 核电技术在先进性、安全性、经济性等方面优势的介绍。他强调，要加强科普宣传，让更多公众了解和支持核电事业。

马凯到富电光伏供电站调研

7 月 4 日，中共中央政治局委员、国务院副总理马凯在北京市相关领导的陪同下到富电华贸中心超级光伏充电站视察指导工作，富电集团董事长庞雷做了详细讲解。在听取庞雷的介绍后，马凯高度赞扬了富电集团的创新发展模式，并对富电集团取得的成绩给予了充分肯定。他鼓励富电集团继续发扬带头人精神，深化与国家电网的合作，加强统筹规划，强化创新驱动，深化推广应用，推动新能源汽车产业做优做强。

在随后的召开推广应用座谈会上，马凯强调，当前中国新能源汽车发展仍处于爬坡过坎、攻坚克难的关键阶段，要始终坚持发展新能源汽车国家战略不动摇，继续按照“市场主导、创新驱动、重点突破、协调发展”的要求，在统筹上狠下功夫，在创新上取得更大进展。

法律法规及产业政策

全国人大常委会表决通过《中华人民共和国核安全法》

8 月 28 日～9 月 1 日，第十二届全国人民代表大会常务委员会召开第 29 次会议，审议并表决通过了《中华人民共和国核安全法》（简称《核安全法》）。国家主席习近平签署第七十三号主席令，予以公布。《核安全法》共分 8 章，总计 94 条。该法自 2018 年 1 月 1 日起施行。

《核安全法》重点内容包括：规定了确保核安全的方针、原则、责任体系和科技、文化保障；规定了核设施营运单位的资质、责任和义务；规定了核材料许可制度，明确了核安全与放射性废物安全制度；明确了核事故应急协调委员会制度，建立应急预案制度，核事故信息发布制度；建立了核安全信息公开和公众参与制度，明确了核安全信息公开和公众参与的主体、范围；对核安全监督检查的具体做法作出明确规定；对违反本法的行为给出惩罚性条款，并对因核事故造成的损害赔偿作出制度性规定。

《核安全法》的发布，充分体现了习近平提出的总体国家安全观和中国核安全观，体现了中国负责任大国的形象。

国务院印发《“十三五”节能减排综合工作方案》

1 月 5 日，经国务院总理李克强签批，国务院印发《“十三五”节能减排综合工作方案》（简称《方案》），明确了“十三五”节能减排工作的主要目标和重点任务，对全国节能减排工作进行全面部署。

《方案》指出，要落实节约资源和保护环境基本国策，以提高能源利用效率和改善生态环境质量为目标，以推进供给侧结构性改革和实施创新驱动发展战略为动力，坚持政府主导、企业主体、市场驱动、社会参与，加快建设资源节约型、环境友好型社会。到 2020 年，全国万元国内生产总值能耗比 2015 年下降 15%，能源消费总量控制在 50 亿 t 标准煤以内。全国化学需氧量、氨氮、二氧化硫、氮氧化物排放总量分别控制在 2001 万 t、207 万 t、1580 万 t、1574 万 t 以内，比 2015 年分别下降 10%、10%、15%和 15%。全国挥发性有机物排放总量比 2015 年下降 10%以上。

《方案》从十一个方面明确了推进节能减排工作的具体措施。一是优化产业和能源结构，促进传统产业转型升级，加快发展新兴产业，降低煤炭消费比重。二是加强重点领域节能，提升工业、建筑、交通、商贸、农村、公共机构和重点用能单位能效水平。三是深化主要污染物减排，改变单纯按行政区域为单元分解控制总量指标的方式，通过实施排污许可制，建立健全企事业单位总量控制制度，控制重点流域和工业、农业、生活、移动源污染物排放。四是大力发展循环经济，推动园区循环化改造，加强城市废弃物处理和大宗固体废弃物综合利用。五是实施节能、循环经济、主要大气污染物和主要水污染物减排等重点工程。六是强化节能减排技术支撑和服务体系建设，推进区域、城镇、园区、用能单位等系统用能和节能。七是完善支持节能减排的价格收费、财税激励、绿色金融等政策。八是建立和完善节能减排市场化机制，推行合同能源管理、绿色标识认证、环境污染第三方治理、电力需求侧管理。九是落实节能减排目标责任，强化评价考核。十是健全节能环保法律法规标准，严格监督检查，提高管理服务水平。十一是动员全社会参与节能减排，推行绿色消费，强化社会监督。

《方案》将“十三五”能源消费总量和强度控制目标分解到各省（区、市），提出了主要行业和部门节能目标，明确了“十三五”各地区化学需氧量、氨氮、二氧化硫、氮氧化物和重点地区挥发性有机物排放总量控制计划。各地区、各部门要充分认识做好“十三五”节能减排工作的重要性和紧迫性，加强组织领导，明确目标责任，狠抓贯彻落实，强化考核问责，确保完成节能减排目标。

国家发展改革委、国家能源局印发《关于有序放开发用电计划的通知》

3月29日，国家发展改革委、国家能源局联合发布《关于有序放开发用电计划的通知》（简称《通知》）。《通知》从“加快组织发电企业与购电主体签订发购电协议（合同）”等十方面进行了安排。《通知》要求，各地要加快推进电力体制改革，逐步扩大市场化交易电量规模，自文件下发之日起，尽快组织发电企业特别是燃煤发电企业与售电企业、用户及电网企业签订三方发购电协议（合同）。《通知》规定，2017年，在优先支持已实行市场交易电量的基础上，其他煤电机组安排计划电量不高于2016年火电计划小时的80%，属于节能环保机组及自行签订发购电协议（合同）超出2016年火电计划利用小时50%的企业，比例可适当上调，但不超过85%。2018年以后计划发电量比例，配合用电量放开进展逐年减小。

国家发展改革委、国家能源局印发《推进并网型微电网建设试行办法》

7月17日，国家发展改革委、国家能源局印发《推进并网型微电网建设试行办法》（简称《试行办法》），旨在推进电力体制改革，切实规范、促进微电网健康有序发展，建立集中与分布式协同、多元融合、供需互动、高效配置的能源生产与消费体系。

微电网是指由分布式电源、用电负荷、配电设施、监控和保护装置等组成的小型发配用电系统。并网型微电网通常与外部电网联网运行，且具备并离网切换与独立运行能力。

《试行办法》规定，微电网须具备微型、清洁、自治、友好等基本特征。电源以当地可再生能源发电为主，或以天然气多联供等能源综合利用为目标的发电型式，鼓励采用燃料电池等新型清洁技术。其中，可再生能源装机容量占比在50%以上，或天然气多联供系统综合能源利用效率在70%以上。

在政策支持方面，《试行办法》提出，微电网内部的新能源发电项目建成后按程序纳入可再生能源发展基金补贴范围，执行国家规定的可再生能源发电补贴政策。鼓励各地政府对微电网发展给予配套政策支持。鼓励微电网项目单位通过发行企业债券、专项债券、项目收益债券、中期票据等方式直接融资，参照《配电网建设改造专项债券发行指引》，享有绿色信贷支持等。

国家发展改革委等部委联合印发《关于推进供给侧结构性改革防范化解煤电产能过剩风险的意见》

7月26日，国家发展改革委、工业和信息化部、财政部、人力资源和社会保障部、国土资源部、环境保护部、住房和城乡建设部、交通运输部、水利部、中国人民银行、国务院国有资产监督管理委员会、国家质量监督检验检疫总局、国家安全生产监督管理总局、国家统计局、中国银行业监督管理委员会、国家能源局等十六部委联合印发《关于推进供给侧结构性改革 防范化解煤电产能过剩风险的意见》（简称《意见》）。

《意见》指出：“十三五”期间，全国停建和缓建煤电产能1.5亿kW，淘汰落后产能0.2亿kW以上，实施煤电超低排放改造4.2亿kW、节能改造3.4亿kW、灵活性改造2.2亿kW。到2020年，全国煤电装机规模控制在 11 亿 kW 以内，具备条件的煤电机组完成超低排放改造，煤电平均供电煤耗降至 310g/kWh。

《意见》提出六个方面的主要任务：从严淘汰落后产能；清理整顿违规项目；严控新增产能规模；加快机组改造提升；规范自备电厂管理；保障电力安全供应。

国家发展改革委、国家能源局印发《关于开展电力现货市场建设试点工作的通知》

8 月 28 日，国家发展改革委、国家能源局联合下发了《关于开展电力现货市场建设试点工作的通知》特急文件。通知中称，2018 年底前启动电力现货市场试运行，积极推动与电力现货市场相适应的电力中长期交易。结合各地电力供需形势、网源结构和市场化程度等条件，选择南方（以广东起步）、蒙西、浙江、山西、山东、福建、四川、甘肃等 8 个地区作为第一批试点，加快组织推动电力现货市场建设工作。

电力现货市场建设试点原则上应按现有电力调度控制区（考虑跨省跨区送受电）组织开展，具备条件的地区可积极探索合并调度控制区。电力现货市场建设试点成熟一个，启动一个。

环境保护部等部委联合发布《关于推进绿色“一带一路”建设的指导意见》

为进一步推动“一带一路”绿色发展，4 月 24 日，环境保护部、外交部、国家发展改革委、商务部联合发布了《关于推进绿色“一带一路”建设的指导意见》（简称《指导意见》）。

《指导意见》系统阐述了建设绿色“一带一路”的重要意义，要求以和平合作、开放包容、互学互鉴、互利共赢的“丝绸之路精神”为指引，牢固树立创新、协调、绿色、开放、共享发展理念，坚持各国共商、共建、共享，遵循平等、追求互利，全面推进“政策沟通”“设施联通”“贸易畅通”“资金融通”和“民心相通”的绿色化进程。

《指导意见》提出，用 3～5 年时间，建成务实高效的生态环保合作交流体系、支撑与服务平台和产业技术合作基地，制定落实一系列生态环境风险防范政策和措施；用 5～10 年时间，建成较为完善的生态环保服务、支撑、保障体系，实施一批重要生态环保项目，并取得良好效果。指导意见从加强交流和宣传、保障投资活动生态环境安全、搭建绿色合作平台、完善政策措施、发挥地方优势等方面做出了详细安排。

电　力　扶　贫

国家能源局召开 2017 年扶贫工作领导小组会议

3 月 24 日，国家能源局召开 2017 年扶贫工作领导小组会议，传达学习习近平总书记等中央领导同志关于脱贫攻坚工作的重要讲话和指示精神，安排部署 2017 年扶贫和对口支援工作。国家能源局副局长、扶贫工作领导小组组长李仰哲主持会议并讲话。

会议传达学习了习近平总书记在中央政治局第 39 次集体学习时的重要讲话，李克强总理在 2017 年的《政府工作报告》和国务院第 165 次常务会议上关于脱贫攻坚工作的部署要求，中央领导同志在全国两会期间的重要指示，汪洋副总理在国务院扶贫开发领导小组第 15 次全体会议上的讲话精神。

会议指出，2017 年是打赢脱贫攻坚战的重要一年，要深入学习贯彻习近平总书记系列重要讲话精神，全面贯彻落实党中央、国务院关于脱贫攻坚的决策部署，以钉钉子的精神，扎实推进《国家能源局 2017 年脱贫攻坚工作实施意见》和《国家能源局 2017 年定点扶贫和对口支援工作要点》确定的各项工作。要突出抓好四个方面的重点工作。一是全力抓好规划的落地实施。加强与有关方面、有关规划的统筹衔接，切实发挥好规划在脱贫攻坚中的引领作用，重点推进《能源发展“十三五”规划》（民生部分）和《国家能源局定点帮扶与省直单位双联融合推进通渭县、清水县脱贫攻坚总体规划（2016—2020 年）》确定的重大工程。二是全面推进农网改造升级。实现农村稳定可靠供电服务和平原地区机井通电全覆盖，特别是移民搬迁地区的生活用电和动力电要及时跟上，确保搬迁到哪里、电就通到哪里。扎实推进藏区百个县城电网改造升级及电气化工程、百所农村学校清洁供暖示范等重点民生工程。三是推进贫困地区冬季清洁取暖工作。编制实施《北方地区冬季清洁取暖规划（2017—2020 年）》，制订实施配套支持政策，在清洁能源供应、基础设施建设和试点示范等方面，对贫困地区予以优先支持。四是稳步推进光伏扶贫项目。认真总结试点项目建设情况，加强统筹协调和监督检查，协调解决好遇到的突出问题，让群众及时获得实实在在的收益。

会议要求，做好当前和今后一个时期的扶贫支援工作，要重点把握好四个方面。一要更加注重有效帮扶，实打实地解决实际问题。要实事求是定目标、脚踏实地抓落实，要一件事一件事做，突出解决贫困地区等地方提出的有关事项，本着高度负责的态度，抓紧研究提出解决办法。二要更加注重精准帮扶，把好钢用在刀刃上。要进一步摸清工作底数，摸清社情民意，找准病因、辨证施治。要根据当地的条件和能力，因人因户因村制宜，精准安排帮扶项目。三要更加注重协作帮扶，充分发挥行业的力量。要充分考虑项目的经济效益，统筹好资源条件、输送通道、市场消纳等方面的因素，确保建一个成一个。要充分考虑项目的社会效益，既要增加当地的财政收入，更要确确实实地给当地群众带来实惠。四要更加注重人才帮扶，夯实长远发展的基础。要注重发挥挂职干部的桥梁纽带和模范带头作用，把党的脱贫攻坚政策宣传好、贯彻好、实现好。要注重发挥当地干部特别是村干部的作用，组织开展实用技能培训，大力推广脱贫攻坚好思路、好经验、好做法。

国家能源局、国务院扶贫办发布《关于“十三五”光伏扶贫计划编制有关事项的通知》

为加快推进光伏扶贫工程，保障光伏扶贫项目的扶贫效果，8月1日，国家能源局、国务院扶贫办联合发布《关于“十三五”光伏扶贫计划编制有关事项的通知》(简称《通知》)，《通知》要求，精准识别扶贫对象，合理选择建设模式。以村级光伏扶贫电站为主要建设模式，村级电站应在建档卡贫困村建设，单个村级电站容量控制在300kW左右（具备就近接入条件的可放大至500kW)。不具备建设村级电站条件的地区，可建设集中式光伏扶贫电站，但要严格按照政府投资入股、按股分成的资产收益模式建设，发生光伏限电问题的省份不安排集中式光伏扶贫电站。以县为单元，总受益户数与总建设规模的配比关系为村级电站每户对应5～7kW，集中式电站每户对应25～30kW。

国家能源局发布助推脱贫攻坚实施方案

10月31日，国家能源局印发了《关于加快推进深度贫困地区能源建设助推脱贫攻坚的实施方案》(简称《方案》)。《方案》指出，进一步加大倾斜力度，依据“三区三州”相关能源规划，合理开发利用深度贫困地区能源资源，在深度贫困地区优先布局重大能源投资项目和安排资金，促进资源优势尽快转化为经济发展优势。优先规划布局能源开发项目，优先推动建设能源项目，优先安排中央补助性资金。实施深度贫困地区农村电网改造升级工程，进一步加大贫困地区配电网建设改造投资力度，进一步加快实施动力电全覆盖工程。加强深度贫困地区定点扶贫工作，重点研究解决好县里关切的事项。对于通渭县提出需要协调解决的支持通渭风电项目、清洁供暖试点项目、光伏扶贫项目、生物质秸秆及垃圾气化热电联产示范项目建设以及其他重要事项，结合风电开发预警管理调整、清洁取暖试点推进等工作，予以积极支持和指导。

国家电网有限公司定点扶贫电站全部建成投运

6月15日，湖北省巴东县蔡家村200kW光伏电站并网发电，标志着国家电网有限公司在定点扶贫地区湖北省长阳县、秭归县、巴东县、神农架林区（简称“三县一区”）捐建的236个村级光伏扶贫电站全部建成投产。

“十三五”期间，为落实中央打赢脱贫攻坚战的战略部署，国家电网公司将光伏扶贫作为开展电力扶贫的重要抓手，决定实施“国网阳光扶贫行动”，其中计划投资7.27亿元完成湖北、青海两省五县区定点光伏扶贫工程。

2016年，国家电网公司在湖北、青海两省五县区采取投资建设运营光伏扶贫电站的模式，投入2.7亿元建设了7座总容量2.98万kW的光伏扶贫电站。2017年，国家电网公司全额出资4.57亿元，在湖北三县一区236个建档立卡贫困村，每村建设200kW光伏扶贫电站，总容量4.72万kW，投运后捐赠给村集体，帮助32 253户96 666名建档立卡贫困人口脱贫。据测算，计入地方政府0.25元/kWh的电价补贴后，每个200kW村级电站每年产生可用于扶贫的收益19万元左右。

国家电网有限公司精准扶贫

贯彻党中央和习近平总书记打好脱贫攻坚战的决策部署，把扶贫责任扛在肩上，坚持精准扶贫，深入实施“国网阳光扶贫行动”，聚焦激发村集体和贫困户脱贫内生动力，重点实施村村通动力电、光伏扶贫项目接网、定点光伏扶贫三大工程，各项工作取得进展。

电力扶贫。构建公司大扶贫格局，成立董事长任组长，总经理、分管领导任副组长的“国家电网公司扶贫工作领导小组”，完善领导小组及办公室成员部门，建立务实高效的扶贫工作领导及组织体系。11月5～7日，舒印彪董事长、韩君副总经理赴海拔4300多米的青海玛多县调研定点扶贫工作。11月13～15日，寇伟总经理赴湖北巴东县、神农架林区调研扶贫工作。总部相关部门10余次赴定点扶贫县调研，督促检查扶贫工作，协调解决具体问题，研究扶贫项目落地，督导扶贫项目进展。

扶贫成果。2017年，国家电网公司出资4.37亿元，推进湖北长阳、秭归、巴东光伏扶贫电站建设。此外，捐赠湖北、青海定点扶贫五县区扶贫资金3400万元，支持地方实施农业产业发展、基础设施改善、教育民生改善等52个扶贫项目，落实国资委“百县万村”活动和“救急难”行动要求。

光伏扶贫项目及时并网。重视光伏扶贫项目接网工作，主动与各级政府、项目业主沟通对接，确保及时并网发电。建设光伏云网，开发运行光伏扶贫信息管理系统，实现光伏扶贫电站规划、项目建设、电费结算及补贴代发、收益分配的全流程管控和跟踪服务。2017年，完成国家光伏扶贫项目接网总容量818.6万kW，累计完成接网总容量954.2万kW，其中：大型集中式光伏电站149座，容量407万kW；村级光伏电站23 631座，容量368.4万kW；并网户用分布式光伏37.7万户，容量178.8万kW。项目惠及155.1万贫困户。

长效扶贫机制。2017年，国家电网公司全额出资为湖北“三县一区”全部建档立卡的236个贫困村，每村建设一座200kW村级光伏扶贫电站，6月15日前全部建成投运，9月中旬捐赠给村集体，使9.7万贫困人口受益。截至年底，累计发电2929万kWh，按燃煤标杆电价结算产生扶贫收益935万元。光伏扶贫电站建设实现建档立卡贫困村全覆盖，电站收益精准落实到贫困村和贫困户，电站发电保障长期稳定收益，体现国家电网公司光伏扶贫“全、准、稳”的思路。

扶贫方式创新。扶贫项目与保护生态相结合，实施青海玛多县寄宿制中学清洁能源供暖示范项目，促进三江源及核心区保护，提升教学条件。探索实践“互联网＋扶贫”，实施电商扶贫，在国网电商平台开辟扶贫专区，组织“爱心订购”活动，动员员工购买来自贫困县贫困户的农产品100余万元。发挥国家电网公司品牌影响力和信息优势，牵线搭桥引进企业落户贫困县，为巴东县引进北京猎鹰无人机科技有限公司。

扶贫“标杆工程”。发挥国家电网公司管理优势，用工匠精神建设标准化村级光伏扶贫电站，交给群众质量过硬、收益长期稳定的项目，打造光伏扶贫“标杆工程”。5月26日，全国光伏扶贫现场观摩会在湖北宜昌召开，会议组织参观了国家电网公司捐建的村级光伏扶贫示范电站，与会各方对电站的建设、运维、管理给予肯定，会后有来自各省（市、区）扶贫等部门的16批117人次参观村级电站。国务院扶贫办主任刘永富在会上指出，国家电网公司结合定点扶贫工作，出资在定点扶贫县建设光伏电站，所得收益全部用于扶贫，这是国家电网公司将定点扶贫与光伏扶贫有机结合的又一次创新。受国家标准委员会委托，根据湖北村级光伏扶贫电站建设经验，制定国家标准《精准扶贫 村级光伏电站管理与评价导则》。

中国南方电网有限责任公司精准扶贫

加强扶贫工作责任、制度、工作、监督和考核体系建设，以精准扶贫示范村创建点为抓手积极推动定点扶贫工作。全年投入定点扶贫资金9718万元，直接帮助66个贫困村、4.6万人实现了摘帽出列，十八大以来南方电网公司累计帮助280个贫困村、17.9万贫困人口实现脱贫摘帽，连续两年获得广东省扶贫最高奖项红棉杯金杯，在国资委首次组织的中央单位定点扶贫工作考核中排名靠前，跻身优秀行列。

（1）做好公司扶贫工作顶层设计。进一步完善扶贫工作五大体系，修订《南方电网公司定点扶贫工作管理办法》，每季度召开扶贫工作领导小组会，南方电网公司系统各级单位组织监督检查组，对扶贫领域存在的问题进行现场监督检查，确保扶贫工作健康运行。

（2）多管齐下，稳步推进扶贫工作。牢牢把握“精准”要义，着力特色产业发展、教育扶贫、基础设施建设党建扶贫四个方面助力贫困村脱贫攻坚。产业扶贫方面，因地制宜培育发展产业项目。在云南维西县，依托维西县特色农业扶贫开发公司，搭建农产品采购、加工、销售平台，全年完成销售额400余万元，并签订了1000余万的销售合同。贵州电网帮扶的台江县阳芳村，以“合作社＋农户”的形式带动贫困户种植特色红米，并通过电商平台销售，产品远销海外，贫困户增收明显。教育扶贫方面，帮助40所学校改善教学环境，资助学生2500余人。广东、云南电网公司优先录取符合条件的贫困学生到电力学校就读，学成后优先聘用184人到当地电力系统工作就业。基础设施建设方面，开展各类基础设施建设项目321个，硬化道路32km，建成文化广场47个，新建或修缮医疗室137个、灌溉水渠24km，帮扶点公共服务水平提升明显。党建扶贫方面，帮助贫困村建强基层组织，提升服务脱贫攻坚能力，激发贫困群众内生动力，全年共开展各类党员致富带头人培训班300余次。公司帮扶的东兰县坡索村党支部并被评为广西五星级农村基层党组织。

(3) 关心关爱扶贫干部，夯实工作基础。选派502名优秀员工担任扶贫干部，到对口帮扶点工作。南方电网公司派驻广西东兰县长乐镇永模村第一书记龙梅同志继2016年获得“中央企业优秀党务工作者标兵”称号后，又于2017年获得了中国企业社会责任百人论坛颁发的“最美扶贫人物”称号；南方电网公司选派到贵州省台江县阳芳村的第一书记杨斯瀚同志，得到时任中共中央政治局委员、中组部部长赵乐际同志的表扬。全年共有3位扶贫干部入选第五届“感动南网”的人物，2名扶贫干部跻身2016～2017年表扬立功一等功，2名扶贫干部获得“南网劳模”称号，共62名扶贫干部获得各级政府颁发的扶贫优秀个人等荣誉。

中国华能集团有限公司精准扶贫

中国华能着力电力扶贫。充分发挥电力企业优势，将促进贫困地区发展与解决用电难结合起来，因地制宜实施电力扶贫，解决无电人口用电问题，使电力扶贫成为改善贫困地区生产生活条件的关键举措，成为精准脱贫的重要动力。

2012年5月，新疆最大的单体扶贫惠民工程——华能别迭里水电站投产发电。截至2017年12月，该电站已累计为国家级贫困县阿合奇县缴纳利税2.5亿元，为当地创造就业岗位1000余个，为农牧民增收开辟了新渠道。

西藏自治区墨脱县，曾如一座黯然沉寂的“电力孤岛”，2015年底，华能亚让水电站及其线路延伸工程并网送电，各族群众就此结束严重缺电历史，墨脱进入稳定、可靠的局域电网供电时代。

中国大唐集团有限公司精准扶贫

为全面贯彻党的十九大精神，认真践行习近平总书记脱贫攻坚战略思想，大唐集团严格按照党中央、国务院脱贫攻坚决策部署，切实履行中央企业“经济、政治、社会”责任，坚持精准扶贫、精准脱贫基本方略，以电力项目扶贫、产业扶贫、科教扶贫等为抓手，大力实施一批脱贫工程，扶贫工作取得了突出业绩，赢得了当地有关政府和人民群众的高度评价。

一、创新“红色”扶贫惠及革命老区

在陕西延安，建设2台35万kW超临界热电机组，可提供1300万m^2的清洁热能，对改善延安空气质量、提升城市品质，拉动经济发展起到了重要作用。大唐集团陕西发电公司在延安举办了专门针对老红军、老革命后代的“红色”招聘活动，录用了50名革命后代进入延安电厂工作。大唐梁家河光伏扶贫项目可确保每年43个贫困户每户3000元的扶贫收益。在江西，抚州电厂两台百万机组每年可向当地政府缴纳5亿元左右税款，并可为当地老百姓提供约1000人的就业机会。

二、扎实推进援疆援藏援青工作

在新疆，大唐集团新疆公司积极推进5个项目，合计10台机组，总容量7400MW清洁高效大容量火电项目的前期工作。加快实施2个项目，总容量2020MW的清洁高效大容量火电项目的工程建设工作。其中，吉木萨尔五彩湾北2×66万kW项目计划2018年实现机组双投产，已引入新疆籍员工330人，2018～2020年计划解决新疆籍就业人数为130人。吉木萨尔热电联产一期2×35万kW工程计划2019年投入运行，计划总投资26.05亿元。在役呼图壁热电厂2×30万kW项目总投资25.35亿元，引入新疆籍员工200余人。

在西藏，大唐集团投资建设了波堆水电站项目和汪排水电站项目，合计投资逾6.8亿元。2017年全年，波堆电站总发电量6255.86万kWh，汪排电站总发电量1666.05万kWh，解决了当地藏区同胞生产生活用电问题。出于前期阶段的，玉曲河流域梯级电站是怒江支流玉曲河流域规划“两库七级”电站群，装机规模242万kW，目前已完成规划审批。截至2017年底，玉曲河流域梯级电站共完成投资9260万元。

在青海，大唐集团初步确定温泉乡长水村基础设施配套项目、多合旦寺人饮工程、曲什安镇扎西大唐寺人饮工程、温泉乡楠木塘村公路工程、龙藏乡秀尕纳洞至盖什干村公路，以及兴海县大河坝坡泥石流治理工程6个援建项目，援建项目资金350万元，资金已经于2017年底前全部落实到位。目前，各项目正在抓紧推进，预计2018年将实现完工。

在四川藏区，大唐集团长河坝水电站实现“一年四投”。2017年，长河坝项目完成工程投资12.8亿元，累计完成投资209.9亿元。黄金坪项目2017年完成工程投资0.85亿元，累计完成投资106.4亿元，六台机组全部投产。截至2017年底，长河坝、黄金坪项目累计向地方缴纳税金共约7.5亿元。

三、精准施策定点扶贫工作取得新成效

大唐集团成立以董事长任组长，总经理和分管副

总经理任副组长的脱贫攻坚领导小组。集团副总经理5次赴陕西澄城县、广西大化瑶族自治县定点扶贫地区调研，协调解决具体问题。大唐集团选派2位干部到定点扶贫县挂职副县长，3位干部到定点扶贫村挂职第一书记。大唐广西分公司组成28人深入贫困山区开展“大唐启明星课堂”活动，参与师生达395人。针对澄城县首次启动集中供热，面临技术不成熟、设备调试不到位等问题，大唐集团主动调派技术人员赴澄城县，帮助解决技术难题。大唐集团采取“集团公司＋政府＋贫困户”模式，充分利用澄城县丰富的风力资源，投资40万元建立两座测风塔，收集风力资源数据，全面发展风力发电等清洁能源项目，预计带动165户贫困户实现脱贫。

中国华电集团有限公司扶贫工作

2017年，中国华电党组书记、董事长赵建国，董事、总经理、党组副书记、扶贫领导小组组长温枢刚多次深入定点扶贫地区，与当地干部群众交流探讨扶贫攻坚新举措，从产业发展到劳务输出，从安全饮水到村道建设，从孩子上学到医疗卫生，倾听大家对做好定点扶贫工作的意见建议。

根据《中国华电“十三五”定点扶贫工作规划》，中国华电将更加聚焦分类施策，创新长效扶贫机制。一方面加大人员和资金投入，圆满完成在新疆、西藏、青海等西部省份的定点扶贫任务；另一方面瞄准特殊贫困人口，加快推进“三区三州”水电项目建设，以电力惠民带动贫困地区发展，带动人口脱贫。

“十三五”时期，中国华电计划安排扶贫援助资金达2.47亿元。在新疆，中国华电把扶贫重点放在教育扶贫、改善医疗上，计划2020年前援建4所双语幼儿园。在西藏昌都地区，计划援助建设屠宰车间、冷冻库、道路等基础设施，帮助当地绵羊产业发展。在西藏尼玛地区，重点针对基础设施落后的实际，投资1.5亿元建设可再生能源局域网，解决当地贫困人口的用电问题。此外，西藏公司每年拿出15%的比例录取藏族学生。在青海都兰县，建成“金沟里”商贸区扶贫产业基地、残疾人辅助性就业扶贫基地等六个项目。

围绕“三区三州”水电项目建设，在“十三五”期间，中国华电规划项目总装机容量4173万kW，计划每年投资70亿元。投资建设将直接拉动当地经济发展，在华电金上水电施工现场，支持当地695人、277辆车参与工程运输和部分辅助工程建设，直接创造产值约1.8亿元；在公益性岗位招聘藏族贫困百姓，每户每年可增收3.5万元，实现一人就业、全家脱贫。

国电集团助力山西省右玉县脱贫摘帽

右玉县是国电集团定点帮扶贫困县，位于山西省西北晋蒙交界处，是全省36个国定贫困县之一。全县共认定贫困村129个、贫困人口8035户、16 337人，主要致贫原因是缺劳动力、伤病残疾、缺资金技术。近年来，国电集团深入学习习近平总书记关于精准扶贫的重要论述，将定点扶贫工作作为一项政治任务抓紧抓好，先后开展绿色生态扶贫、电商扶贫、光伏扶贫、医疗扶贫、就业扶贫、党建扶贫等一系列精准扶贫举措。充分发挥所属龙源电力行业优势，无偿支援右玉村级扶贫光伏电站建设，仅用74天建成1.49MW光伏项目，今后20年可帮助400多户贫困家庭年增收3000元。设立“右玉县绿色生态保护扶贫基金”，选聘贫困护林员对绿色生态重点保护区进行管护，目前已累计发放管护费249万余元，直接帮扶近200户贫困家庭脱贫；投资142.7万元，帮助右玉七里铺村打造美丽乡村，多措并举推进生态扶贫。将“公益国电”电商扶贫平台和“国电行政后勤慧采平台”引入右玉，打通特色农牧产品的线上销售渠道，目前集团公司通过平台购买右玉特色农牧产品600余万元；开展“右玉扶贫健康行”医疗义诊活动，受到群众广泛好评；开设“贫困户家庭学生就业绿色通道”，4名贫困大学生通过考试选聘进入龙源工作。国电集团实施精准扶贫，为右玉县顺利实现脱贫摘帽作出积极贡献，受到县委县政府的高度评价。

国家电力投资集团有限公司脱贫攻坚战

国家电投坚持“六个精准”“五个一批”等国家扶贫开发政策、方针和路线，清醒认识把握打赢脱贫攻坚战面临任务的艰巨性，清醒认识把握实践中存在的突出问题和解决这些问题的紧迫性，不放松、不停顿、不懈怠，聚焦深贫地区，提高脱贫质量，扎扎实实把脱贫攻坚战推向前进，做好扶贫这项德政工程和良心工程，让脱贫成效真正获得群众认可、经得起实践和历史检验。

1. 国家电投坚持扶贫工作贵在精准，重在精准，成败之举在于精准

牢牢把握开发式扶贫，立足主业，充分发挥电力企业优势，圆满完成电力援藏察隅县波罗电站等项目建设任务，先行先试成功打造光伏扶贫试点，为河南省商城县等地贫困群众创造了长达20年的稳定“光伏红利”，实现数百贫困村集体收入和县财政税收的双提

高。产业扶贫是脱贫致富的根本之计。国家电投立足贫困地区资源禀赋，发展特色产业、实施产业扶贫，有效提高贫困地区自我发展能力，实现由“输血式”扶贫向“造血式”扶贫转变。在四川省美姑县，利用当地特有养殖品种——黑山羊，开展“山羊产业化养殖”项目，帮助620户贫困户户均增收8000元；在陕西省延川县，建设第五代加强型温室大棚210座，为贫困群众创收400多万元，取得了良好的示范效应；在湖南省武冈市，采用“公司+合作社+户”的方式种植400亩经济作物青钱柳，30年合同期内可实现保底增收1500万元。

2. 国家电投坚持大扶贫格局，注重扶贫与扶志、扶智相结合

坚持大扶贫格局，积极动员和引导社会资源广泛参与到捐资助学、技能培训等工作中来，健全东西部协作、党政机关定点扶贫机制，广泛调动社会各界参与扶贫开发的积极性，多重力量、多方协调、多种举措有机融合，构筑起立体化扶贫新格局。坚持扶贫先扶志，积极创新营造劳动光荣、就业光荣、脱贫光荣的社会氛围，引导贫困群众自立自强，奋发奋斗，变“你来扶贫”为“我要脱贫”，变“要我发展”为“我要发展”，不等不要不依靠，自立自强自己忙。从根本上改变贫困地区生产和生活面貌，助力实现产业兴旺、生态宜居、乡风文明、治理有效、生活富裕的乡村振兴宏美蓝图。坚持治贫先治愚，积极推动“映山红”助学行动品牌化建设，以爱心书屋、结对帮扶、捐资助学等方式，让贫困学生能够完成学业，增长见识，使他们更加有梦想，有追求，有奋斗，彻底阻断贫困代际传递，助推扶贫工作圆满完成。

3. 国家电投识真贫、用“针”功、显真情

习近平总书记强调，要防止形式主义，扶真贫、真扶贫，扶贫工作必须务实，脱贫过程必须扎实，脱贫结果必须真实。通过对贫困户深入现场调查，具体了解各家各户的真实情况，因户施策、因人施策，保障扶贫找到穷根，开对药方，落到实处。狠抓扶贫落实，以135人次的选派扶贫干部为触手，坚守扶贫一线，攻坚克难，久久为功，不断将“造血式”扶贫推向深处，为贫困地区注入持久鲜活动能。

神华集团全力打好援藏援青组合拳

神华集团坚持以“兜底线、保民生、促发展”为宗旨，立足贫困地区资源环境禀赋，扎实开展援藏援青和定点扶贫工作，2017年安排援助资金4850万元，援助资金、援建项目、派驻干部均位居央企前列。

持续改善民生，在西藏聂荣县尼玛乡投入2200万元建设4个小康示范村，为92户382人实施易地扶贫搬迁；在青海刚察县投入1500万元建设体育馆，极大改善少数民族地区公共服务基础设施水平。扶持产业发展，结合贫困地区传统特色产业基础，因地制宜变“输血”为“造血”，2017年在西藏聂荣县投入2500万元建设嘎确牧场，帮助237人实现脱贫，被评为“国家级示范经济合作组织”。增加医疗保障，在西藏聂荣县投入资金582.97万元，建设与北京武警总院连接的远程诊疗系统和3个乡镇卫生院；神华公益基金会捐资253.4万元为青海、西藏193名先天性心脏病学生免费手术治疗。积极开展智力扶贫，2017年捐资113.73万元在西藏聂荣县建立17个爱心书屋，受益人数达5499人。公司还组织西藏、青海等地50余名基层干部参加集团系统内的经营管理、党建工作专题培训班，为脱贫致富培育带头人。

中国电力建设集团有限公司
助力光伏扶贫

10月10～11日，中国电建董事长晏志勇带队深入到定点帮扶的云南省剑川县调研考察，与当地干部群众深入交流，详细了解定点帮扶项目进展情况、村贫困户建档立卡情况及地方党委政府承担脱贫攻坚主体责任情况等，走访并亲切看望了白蜡村贫困群众，与县委县政府领导就下一步扶贫工作交换了意见，研究部署公司定点扶贫工作。

2017年，中国电建所属华东院结合地方发展规划，充分发挥光伏投资运维优势，投入股本金3960万元，撬动建成投产山东省无棣县友发渔光互补40MW光伏发电项目（总投资3.69亿元），项目所获收益折股量化分配给扶贫对象，为建档立卡贫困户提供长期、稳定收益。截至2017年末，该项目已为1601户建档立卡贫困户分配收益480.30万元。

中国能源建设集团有限公司
定点扶贫助农

中国能建结合定点帮扶的陕西镇巴县、广西西林县的实际，发挥自身优势，在产业、技术、人才、政策等方面，积极帮助定点帮扶县谋划脱贫方案，中国能建领导带队到帮扶县实地考察指导。加大资金支持力度，连续两期累计出资1.1亿元参加中央企业贫困地区产业投资基金，向两个贫困县直接投入资金累计达1697.25万元，帮助当地兴建一批道路、桥梁、供水等基础设施，发展牛羊、茶叶等特色产业，资助贫困学生完成学业等，较好地落实了中国能建的部署和安排，帮助定点帮扶县取得脱贫攻坚阶段性成效。根据统计，2017年广西西林县12个贫困村出列，2543

户 11 120 人摘帽，全县贫困发生率下降至 9.61%；陕西镇巴县 5 个贫困村出列，1624 户 5541 人摘帽，贫困发生率下降至 17.1%。中国能建定点扶贫工作得到了当地党委政府和干部群众的充分肯定。

电 力 环 保

《中国煤电清洁发展报告》发布

9 月 19 日，由中国电力企业联合会制作的《中国煤电清洁发展报告》（简称《报告》）在北京发布。《报告》系统阐述了中国煤电的发展现状及在现代能源体系中的作用，全面梳理了煤电清洁发展的行动和措施，系统展现了煤电清洁发展的成效，并对煤电清洁发展进行了展望。

煤电依然是中国电力供应的主体。《报告》指出：截至 2016 年底，发电装机容量达 16.51 亿 kW，其中煤电装机容量 9.4 亿 kW，占发电装机总量的 57.3%；发电量达 6.02 万亿 kWh，其中燃煤发电量约 3.9 万亿 kWh，占总发电量的 65.5%。从结构上看中国火电在总装机容量与发电量中占比较高，在满足能源电力需求上发挥了重要作用。虽然近十年国内可再生能源发电迅猛增长，但煤电依然是中国电力供应的主力电源和基础电源。

《报告》显示：2016 年煤电平均标杆电价只有 0.364 4 元/kWh，煤电平均标杆电价与水电基本相当，与核电、气电、新能源发电相比具有明显的价格优势，对稳定电力价格水平发挥着比较重要的作用。

煤电清洁发展成效显著。在节能环保法律法规的约束下，在国家节能减排政策的引导和支持下，在先进燃煤发电技术、污染治理技术的指引下，中国煤电发展的成效显著。煤电厂已实现了从设计、施工、投运到关停全方位的清洁化发展。烟尘排放绩效由 1979 年的 25.9g/kWh 下降得到 2016 年的 0.08g/kWh，下降 99.7%，目前燃煤电厂脱硫效率大于 97%，部分点成可以达到 99%以上。截至 2016 年底，中国新增脱硝机组容量约 9.1 亿 kW，占火电装机容量的 85.8%。2011～2016 年，累计新增脱硝机组已达亿千瓦，年平均脱硝容量超过 1 亿 kW。

与 2005 年相比，2016 年电煤消耗量增加约 5.5 亿 t，而同期三类主要污染物排放量下降幅度达 79%～90%。

“十二五”期间，电力二氧化硫、氮氧化物分别减排 726 万 t 和 770 万 t，为中国节能减排做出了巨大的贡献。中国以煤为主的火电二氧化硫和氮氧化物的排放绩效明显好于除日本之外的其他国家。

减少污染需要增加电煤利用比重。尽管中国煤电清洁化利用取得了长足的进步，但煤炭转型发展依然有较大空间。世界电煤消费占煤炭消费占比平均是 56%，中国的煤电占比只有 49%，远远低于美国、澳大利亚、德国等发达国家，甚至比印度的 70%还低。由于煤电是对煤炭最清洁的利用方式，煤电在煤炭利用占比较低，势必影响煤炭清洁化利用。

因此，在未来较长时间内，大量压减散煤利用，降低煤炭在终端分散利用比例，大幅提高电煤在煤炭消费的比重，才可有效解决煤炭燃烧的污染问题。

《报告》最后得出结论：中国以煤为主的资源禀赋决定了能源消费以煤为主的格局，也决定了以煤电为主的电力生产和消费结构；煤电在当前电力安全稳定供应、应急调峰、集中供热、平衡电价中发挥着基础性作用；中国燃煤发电技术已经达到世界先进水平，部分领域达到世界领先水平；中国燃煤电厂污染物实现了严格管控，环保设施形成了全覆盖；中国煤电清洁发展取得了巨大成效，污染物排放绩效达到世界先进水平；绿色低碳是能源发展的大趋势；燃煤发电将持续发挥基础性和灵活性电源作用；煤电清洁发展的任务依然艰巨，常规大气污染物已不是煤电发展的约束性因素，碳减排将成为煤电发展重要制约因素。

新版《常规燃煤发电机组单位产品能源消耗限额》国家标准颁布

5 月 31 日，新版《常规燃煤发电机组单位产品能源消耗限额》（GB 21258—2017）发布，并于 2017 年 12 月 1 日起正式实施。新版标准与 2013 版相比，主要是增加了单位产品能耗限额等级，修改了能耗限定值和能耗准入值指标数值，调整了单位产品能耗限额值的影响因素修正因子和修正系数，删除了“能耗先进仁政值”和“节能管理与措施”。这一标准规定了常规燃煤发电机组供出单位电量能源消耗限额等级、技术要求、统计范围和计算方法，适用于常规燃煤发电生产企业能耗的计算、考核，以及对新建机组的能耗控制。本标准不适用于供热联产机组、循环流化床机组和资源综合利用机组。

电力发展与改革

概　况

2017 年电力工业综述

2017 年，在以习近平同志为核心的党中央坚强领导下，全国各地区各行业坚持稳中求进工作总基调，统筹推进“五位一体”总体布局和协调推进“四个全面”战略布局，以供给侧结构性改革为主线，统筹推进稳增长、促改革、调结构、惠民生、防风险各项工作，砥砺奋进，攻坚克难，经济运行稳中有进、稳中向好、好于预期，经济社会发展主要预期目标全面实现，开启了高质量发展时代新征程。全国国内生产总值实现 82.7 万亿元，增长 6.9%，增速比 2016 年加快 0.2 个百分点，为 2011 年以来首次回升；第三产业增加值比重为 51.6%，与 2016 年持平。规模以上工业增加值比 2016 年增长 6.6%，增速提高 0.6 个百分点，高技术制造业和装备制造业增加值分别比 2016 年增长 13.4%和 11.3%，工业生产稳步回升、产品结构向价值链中高端延伸发展。固定资产投资比 2016 年实际增长 7.0%，其中基础设施投资增长 19.0%，民间固定资产投资增长 6.0%，增速分别回升 1.6 个百分点和 2.8 个百分点，对固定资产投资的支撑作用增强。全社会消费品零售总额比 2016 年实际增长 10.2%，最终消费支出对经济增长的贡献率为 58.8%、比资本形成总额高 26.7 个百分点，消费的基础性作用有效发挥。外贸进出口总额 27.8 万亿元，比 2016 年增长 14.2%；全年累计顺差 2.9 万亿元。人均国内生产总值 8813 美元。

2017 年，全国一次能源生产总量 35.9 亿 t 标准煤，比 2016 年增长 3.6%。其中，原煤生产 35.2 亿 t，增长 3.3%；天然气生产 1480 亿 m^3，增长 8.2%。能源消费总量 44.9 亿 t 标准煤，比 2016 年增长 2.9%。其中，煤炭消费占能源消费的比重为 60.4%，比 2016 年降低 1.6 个百分点；天然气、水电、核电、风电等清洁能源消费量占能源消费总量的 20.8%，比 2016 年提高 1.3 个百分点。

2017 年，电力行业积极落实能源“四个革命、一个合作”发展战略，在保障电力系统安全稳定运行和可靠供应、提供电力能源支撑的同时，加快清洁能源发电发展，加大电力结构优化调整力度，持续推进电力市场化改革，大力推动电力科技创新，狠抓资源节约与环境保护，积极应对气候变化，倡导构建全球能源互联网，持续扩大电力国际合作，电力行业发展取得新的成绩，为国家经济社会发展、能源转型升级和落实国家“一带一路”倡议做出了重要贡献。

一、电力供应和电网输送能力进一步增强，电源和电网结构进一步优化

煤电投资大幅下降，特高压项目投资快速增长 2017 年，全国主要电力企业[1]电源工程建设完成投资 2900 亿元，为 2011 年以来最低水平，比 2016 年下降 14.9%；其中，太阳能发电投资 285 亿元，比 2016 年增长 18.2%；水电投资 622 亿元，与 2016 年基本持平，其中抽水蓄能电站投资 142 亿元，增长 68.6%，是抽水蓄能电站建设投资最多的一年；核电、风电投资分别完成 454 亿元和 681 亿元，分别比 2016 年下降 9.9%和 26.5%；常规煤电投资 706 亿元，比 2016 年下降 27.4%，带动火电投资（858 亿元）下降 23.4%。

全国电网工程建设完成投资 5339 亿元，继续保持很高投资规模，比 2016 年下降 1.7%；其中，直流工程投资 859 亿元，比 2016 年增长 73.6%；交流工程投资 4276 亿元，比 2016 年下降 10.7%。在电网建设中，特高压输电和配电网建设项目仍是电网投资建设的重点，±1100、±800kV 电压等级投资增加较多，带动特高压建设投资 1017 亿元，增长 16.9%。全国小城镇中心村电网改造全面完成，惠及农村居民 1.8 亿人，实现平原地区机井通电全覆盖，惠及 1.5 亿亩农田，贫困村基本通动力电，惠及 3.35 万个村

[1] 纳入中国电力企业联合会统计口径的 26 家大型发电企业：中国华能集团有限公司、中国大唐集团有限公司、中国华电集团有限公司、国家能源投资集团有限责任公司、国家电力投资集团有限公司、中国长江三峡集团有限公司、中国核工业集团有限公司、中国广核集团有限公司、广东省粤电集团有限公司、浙江省能源集团有限公司、北京能源投资（集团）有限公司、申能股份有限公司、河北省建设投资集团有限公司、华润电力控股有限公司、国投电力控股股份有限公司、新力能源开发有限公司、甘肃省电力投资集团公司、安徽省皖能股份有限公司、江苏省国信资产管理集团有限公司、江西省投资集团公司、广州发展集团有限公司、深圳能源集团股份有限公司、黄河万家寨水利枢纽有限公司、中铝宁夏能源集团公司和山西国际电力集团有限公司。

庄，全年配电网投资2826亿元，比2016年下降9.3%，但当年投资规模仍高于2015年以前各年，配电网投资持续保持较大规模，电力普遍服务能力持续增强。

1. 新增装机规模创历年新高，新增装机的结构和地区布局进一步优化

2017年，全国基建新增发电生产能力13 118万kW，比2016年多投产975万kW，是新增装机规模最大的一年；光伏扶贫、光伏领跑者、光伏发电上网电价调整等政策促进太阳能发电装机容量新增5341万kW，比2016年多投产2170万kW。新增水电1287万kW，比2016年多投产108万kW；全年新投产大型常规水电项目主要有四川大渡河猴子岩水电站3台合计127.5万kW、四川长河坝水电站4台合计260万kW、云南苗尾水电站3台合计105万kW，新投产抽水蓄能发电装机分别是深圳抽水蓄能电站1台30万kW、溧阳抽水蓄能电站6台共计150万kW、海南琼中抽水蓄能电站1台20万kW。新增并网风电1819万kW，比2016年减少205万kW。新增核电218万kW，是5年来核电新增规模最小的一年，新投产的两台核电机组分别是福建福清核电站4号机组和广东阳江核电站6号机组。新增火电4453万kW（其中新增煤电3504万kW），比2016年减少595万kW，国家防范化解煤电产能过剩风险措施初见成效，火电及煤电新增规模连续三年缩小；全年新投产100万kW级火电机组7台，分别是大唐三门峡火电厂三期扩建工程1台、国投电力湄洲湾电厂二期2台、国家电投江苏盐城热电搬迁项目2台、皖能电力铜陵电厂扩建工程1台和张家港沙洲电力有限公司沙洲二厂1台。2017年，新增非化石能源发电装机容量9044万kW，占全国新增发电装机容量的68.9%，比2016年提高3.6个百分点，新增装机结构进一步优化；东、中部地区新增新能源发电装机容量占全国新增新能源发电装机容量的76.0%，比2016年提高18.1个百分点，新能源发电布局继续向东中部转移。2017年，全国新增抽水蓄能发电装机容量200万kW，北方地区累计完成10个电厂，共计725万kW火电机组灵活性改造项目，对电网调节能力和新能源消纳能力提升起到了积极作用。

2. 供应能力持续增强，电源结构持续优化调整

截至2017年年底，全国全口径发电装机容量177 708万kW，比2016年增长7.7%，增速比2016年回落0.5个百分点。发电装机容量稳居世界首位。全国人均装机规模1.28kW，比2016年增加0.09kW，超过世界平均水平，电力供应能力持续增强。

分类型看，水电34 359万kW（其中抽水蓄能发电2869万kW，增长7.5%），增长3.5%；火电110 495万kW（其中煤电98 130万kW，增长3.7%），增长4.1%；核电3582万kW，增长6.5%；并网风电16 325万kW，增长10.7%；并网太阳能发电12 942万kW（其中分布式光伏发电2966万kW），增长69.6%。2017年底火电以及水电、风电、太阳能发电等非化石能源发电装机容量均居世界第一位。全国非化石能源发电装机容量68 865万kW，占全国总装机容量的38.8%，分别比2016年和2010年提高2.2个百分点和11.7个百分点；100万kW级火电机组达到103台，60万kW及以上火电机组容量所占比重达到44.7%，比2016年提高1.3个百分点，非化石能源发电装机及大容量高参数燃煤机组比重继续提高，电源结构持续优化调整。

截至2017年底，华北、华东、华中和南方区域发电装机容量超过3亿kW，分别为38 766万、34 833万、34 495万、30 822万kW。华北区域装机仍以火电（29 876万kW）为主，占比高达77.1%，风电装机（4860万kW）在六大区域中最多；华东区域火电装机容量（25 961万kW）仅次于华北，占比为74.5%，核电装机（1741万kW）在六大区域中最多；华中和南方区域水电装机容量多（分别为14 707万kW和11 669万kW），占比分别为42.6%和37.9%，火电装机规模略高于水电装机规模，新能源发电装机规模相对较小、但发展较快；西北区域新能源发电（风电和太阳能发电分别为4511万kW和3645万kW）发展较快、占本区域总装机比重为32.8%，在六大区域中最高，其中太阳能发电装机容量在六大区域中最多；东北区域装机规模（13 916万kW）较小，但风电装机（2757万kW）占本区域总装机比重为19.8%，在六大区域中最高。除西北区域外，各区域煤电装机占本区域发电装机容量的比重均比2016年有所下降，其中华东区域煤电装机占比下降4.0个百分点，下降幅度最大，但是煤电装机仍然是本区域第一大电源；华北区域煤电装机占比达到70.1%；华中、南方区域煤电装机与水电装机容量大体相当，占比低于50%。

分省（区、市）看，山东、内蒙古、江苏和广东发电装机容量突破1亿kW。其中，山东发电装机容量规模最大（12 556万kW），同比增长14.8%，四川、云南、浙江、新疆和陕西发电装机容量超过8000万kW。

3. 特高压项目投产多，电网规模稳步增长

全国新增110kV及以上交流输电线路长度和变电设备容量58 084km和32 595万kVA，分别比2016年多投产1406km和少投产1990万kVA；新增直流输电线路和换流容量分别为8339km和7900万kW，分别比2016年多投产4948km和4660万kW。随着

国家大气污染防治行动计划安排的交直流项目陆续投产，使得2017年成为特高压项目投产的高峰期，全年共投产5条直流、2条交流特高压项目，分别为锡盟—江苏泰州±800kV特高压直流工程、山西晋北—江苏南京±800kV特高压直流工程、扎鲁特—青州±800kV特高压直流工程、酒泉—湖南±800kV特高压直流工程、滇西北—广东±800kV特高压直流输变电工程、胜利—锡盟1000kV特高压交流输变电工程和榆横—潍坊1000kV特高压交流输变电工程，使得全国新增直流特高压输电线路和换流容量分别为8339km和7700万kW，交流特高压线路长度和变电容量2557km和2100万kVA，极大提高了电网跨大区能源资源优化配置能力和清洁能源消纳能力。

截至2017年年底，全国电网35kV及以上输电线路回路长度183万km，比2016年增长4.0%，变电设备容量66亿kVA，比2016年增长5.3%。其中，220kV及以上线路长度69万km，增长6.2%；变电设备容量40.3亿kVA，增长9.1%。新增跨区输电能力4350万kW，极大提高了电网跨大区能源资源优化配置能力和清洁能源消纳能力。

4. 跨省区输送能力大幅提升

中国电网已实现了除台湾以外的全国联网，年底全国跨区输电能力达到1.3亿kW；其中，交直流联网跨区输电能力超过1.1亿kW，跨区点对网送电能力1344万kW；分区域看，华中、西北外送能力分别达到3840万kW和4381万kW，华北、东北和南方分别为2630万、1500万kW和264万kW。

截至2017年年底，内地与香港、澳门联网，为香港、澳门特别行政区送电。中国分别与俄罗斯、蒙古国、越南、缅甸和老挝等国实现了跨国输电线路互联和电量交易。在大湄公河次区域，缅甸电厂以1回500kV、2回220kV和1回110kV线路送电中国；中国以3回220kV、3回110kV线路供电越南；中国以1回115kV线路供电老挝。中国东北电网与俄罗斯远东电网建成了1回500kV、2回220kV和2回110kV输电线路；中国新疆通过35kV、内蒙古西部通过220kV和110kV输电线路与蒙古国实现一定规模的电力交易。中国与俄罗斯、蒙古国、越南和缅甸等周边国家跨国电力交易初步实现。

二、电力生产较快增长，新能源发电增量对电量增长的贡献作用显著增强

1. 新能源发电增量对电力生产的贡献作用显著增强

2017年，全国全口径发电量64 171亿kWh，同比增长6.5%，是近四年的最高增速，增速比2016年提高1.6个百分点。

分类型看，水电11 931亿kWh，增长1.6%；火电45 558亿kWh，增长5.3%（其中煤电发电量41 498亿kWh，增长5.2%）；核电2481亿kWh，增长16.4%；并网风电3034亿kWh，增长26.0%；并网太阳能发电1166亿kWh，增长75.3%。2017年，水电、核电、并网风电和太阳能发电等非化石能源发电量合计比2016年增长10.1%，占全口径发电量的比重为30.3%，比重比2016年提高1.0个百分点。青海、甘肃、宁夏、内蒙古、新疆、河北、吉林、黑龙江和西藏9个省（区、市）新能源发电量占本省（区、市）发电量的比重超过10%，新能源发电已经成为内蒙古、新疆、河北等12个省（区、市）的第二大发电类型；新能源发电量增量对全国发电量增长的贡献率为28.6%，山东、云南、甘肃等14个省（区、市）的新能源发电量增量超过火电发电量增量，新能源对发电生产的贡献作用显著增强。

分区域看，华北、华东区域发电量及其火电发电量均超过1万亿kWh，其火电发电量占比分别为90.6%和82.3%；华东区域核电发电量1244亿kWh，同比增长16.9%，发电量规模在六大区域中最多。华中、南方区域发电量超过1万亿kWh，其水电发电量占比（46.6%和38.1%）明显高于其他区域，加上华东区域，三个区域新能源发电规模较小、占比偏低；西北、东北和华北区域新能源（风电和太阳能）发电量超过水电发电量，是这三个地区的第二大发电类型，已经成为不可替代的电源类型；华北区域新能源（风电及太阳能）发电量合计1271亿kWh，在各区域中最多；西北区域新能源发电量1137亿kWh，同比增长38.6%，对区域发电量增长的贡献率为35.3%。西北区域发电量同比增长12.5%，在六大区域中增速最高，对全国发电量增长的贡献率最大，为22.7%。国家加快调整能源结构，新能源加快发展，煤电发电量占比逐年下降，但仍然是现阶段的重要发电类型，华北煤电占比超过90%，东北、华东和西北区域占比仍在80%左右，华中和南网区域占比略低于水电。华东、华北和南方区域燃气发电量超过500亿kWh，其中华东区域燃气和生物质发电量分别达到777亿kWh和285亿kWh，在六大区域中规模最大。

分省（区、市）看，江苏、山东、内蒙古和广东发电量超过4000亿kWh，其中江苏、山东和广东为东部电力消费大省，内蒙古是主要能源输出省（区、市）。四川、浙江和新疆发电量为3000亿～4000亿kWh，其中浙江为用电大省，四川和新疆是主要能源输出省（区、市），其输出电力分别以水电和火电为主。发电量不足1000亿kWh的省（区、市）主要有黑龙江、上海、吉林、重庆、青海、天津、北京、海南和西藏。

2. 弃风、弃光现象明显改善

2017年，国家陆续出台了《关于促进西南地区水电消纳的通知》《解决弃水弃风弃光问题实施方案》等政策文件，行业企业也积极行动，综合施策推动解决“三弃”问题，全国弃风弃光现象明显改善。据国家能源局数据，2017年，全国弃风电量419亿kWh，同比减少78亿kWh，弃风率12%，同比下降5.2个百分点，是三年来首次弃风电量和弃风率“双降”；弃光电量73亿kWh，弃光率6%，同比下降4.3个百分点。据调研，四川、云南弃水电量也分别比2016年有所减少。

3. 新能源发电设备利用小时同比增加较多，火电利用小时回升

全国并网风电设备利用小时1949h，比2016年增加204h，已经连续两年增加；太阳能发电设备利用小时1205h，比2016年增加76h。受电力消费增长回暖拉动以及水电发电量低速增长等因素影响，火电设备利用小时4219h，比2016年提高33h，是自2014年开始连续三年下降后首次回升。水电设备利用小时3597h，比2016年降低22h；核电设备利用小时7089h，比2016年增加28h。综合来看，受发电装机结构变化等因素影响，全国6000kW及以上电厂发电设备利用小时3790h，比2016年降低7h，呈现持续下降趋势。2017年全国分类型发电设备利用小时及变化情况见表1。

表1　2017年全国分类型发电设备利用小时及变化情况

单位：h

项目	合计	水电	火电			核电	风电	太阳能发电
			合计	其中：煤电	其中：气电			
发电利用小时	3790	3597	4219	4312	2761	7089	1949	1205
同比变化小时	−7	−22	33	37	60	28	204	76

福建、江西、广东、浙江等17个省（区、市）火电设备平均利用小时同比增加。其中，受2016年基数和水电减发因素影响，福建火电设备利用小时同比提高718h；广东、青海、湖南、浙江、陕西同比提高超过200h。宁夏、河北、江苏和江西等11个省（区、市）火电设备平均利用小时高于全国平均水平，其中河北、江西和宁夏超过5000h，江苏、新疆、陕西、山东、内蒙古和安徽超过4500h。

北京受华北地区天然气短缺、加大接受外送电比例以及“煤改气”等因素影响，利用小时同比下降566h；山东主要受多条特高压投产后，外来电增加较多，以及省内新投产火电装机较多、电力消费增速趋缓等因素影响，同比下降527h；广西和重庆分别下降353h和319h；江苏、天津和甘肃下降超过100h，其中江苏主要是受消纳外来清洁能源和火电发电装机（特别是燃气发电）增长较快等因素影响；广西、四川、云南和西藏火电利用小时不足3000h。

4. 跨区跨省送电量增速明显回升

2017年，受电力消费需求较快增长、多条特高压工程投产以及国家通过大范围资源优化配置解决新能源消纳等因素影响，全国跨区送电完成4236亿kWh，比2016年增长12.1%，增速比2016年提高5.2个百分点。分区域看，西南、西北和华中三个区域送出电量规模大，合计送出电量占全国跨区送电量的75.4%；其中，西北送出电量1294亿kWh，同比增长27.7%，拉动全国跨区送电增长7.4个百分点，极大缓解了西北部分省份弃风弃光形势。送出电量占本区域发电量的比重超过10%的区域有西南和西北区域，其中，西南区域送出电量比重为28.4%。受入电量占全社会用电量比重超过10%的区域为华东区域，华中、西南和华北区域受入电量占比超过5%。

受跨省输电线路投产增加送电能力等因素拉动，全国跨省输出电量11 300亿kWh，同比增长12.6%，增速比2016年提高7.6个百分点。其中，云南送广东1242亿kWh，同比增长12.9%，占全国跨省输出电量的11.0%；内蒙古、云南和四川输出电量超1000亿kWh，合计输出电量占跨省输出电量的39.0%；云南和四川输出电量占本省发电量的比例分别达到48.5%和40%。

5. 电力建设及生产运行安全可靠

全国没有发生重大以上电力人身伤亡事故，没有发生较大以上设备事故，没有发生电力安全事故，没有发生水电站大坝漫坝、垮坝以及对社会有较大影响的电力安全事件。主要电力可靠性指标总体保持在较高水平，其中，10万kW及以上煤电机组、4万kW及以上水电机组、燃气轮机组、核电机组等效可用系数分别为92.76%、92.55%、92.60%、91.10%，除煤电机组略有下降外，其他三类机组分别提高0.11、0.30、2.33个百分点。架空线路、变压器、断路器三类主要输变电设施的可用系数分别为99.497%、99.856%、99.942%。直流输电系统合计能量可用率、能量利用率分别为95.35%、54.42%，分别比2016年提高0.68和0.25个百分点；总计强迫停运33次，比2016年减少7.5次。全国10（6、20）kV供电系统用户平均供电可靠率为99.814%，比2016年提高0.009个百分点，用户平均停电时间16.27h/

户，减少0.84h/户，用户平均停电次数3.28次/户，减少0.29次/户。

三、电力消费需求进一步回升，电力供需总体宽松

1. 电力消费需求进一步回升

受宏观经济持续稳中向好、新业态和新兴产业蓬勃发展以及夏季高温天气等因素影响，2017年，全国全社会用电量63 625亿kWh，同比增长6.6%，增速连续两年回升。全国人均用电量和人均生活用电量分别为4589kWh和628kWh，分别比2016年增加268kWh和44kWh。

分季度看，各季度全社会用电量增速分别为6.9%、5.8%、7.8%和5.7%，受夏季极端高温天气影响，第三产业和城乡居民生活用电量增速提高，对全社会用电量增长的拉动作用增强。第二产业用电延续2016年下半年回暖态势，对全社会用电量增长的拉动力均超过3个百分点。

分产业看，第一产业用电量1175亿kWh，比2016年增长7.5%；第二产业用电量44 922亿kWh，比2016年增长5.5%，增速比2016年提高2.7个百分点，拉动全社会用电量增长3.9个百分点，是全社会用电量增速提高的最主要动力（其中制造业用电量增长5.8%，拉动全社会用电量增长3.0个百分点）；第三产业用电量8825亿kWh，增长10.7%（其中信息传输、计算机服务和软件业用电量增长14.7%），城乡居民生活用电量8703亿kWh，增长7.7%，分别拉动全社会用电量增长1.4个百分点和1.0个百分点。第一、第二、第三产业和城乡居民生活用电量占全社会用电量的比重分别为1.8%、70.6%、13.9%和13.7%；与2016年相比，第三产业和城乡居民生活用电量占比分别提高0.5个百分点和0.2个百分点；第二产业及其四大高耗能行业用电量占比均降低0.7个百分点。

分区域看，华东、华北、华中和南方区域全年全社会用电量超过10 000亿kWh（分别为15 005亿kWh、15 561亿kWh、11 112亿kWh和10 632亿kWh），四个区域合计用电量占全社会用电量的82.2%。各区域用电均实现正增长，其中，西北、南方和华东区域全社会用电增速高于全国平均水平；华东、华北、南方区域分别拉动全社会用电量增长1.6、1.3、1.2个百分点；除华东区域外，其他区域对全社会用电增长的拉动率比2016年均有不同程度提高，其中，西北、南方、华北区域对全社会用电增长的拉动率比2016年分别提高0.6、0.5、0.3个百分点。

分省（区、市）看，全国有广东、江苏、山东、浙江、河北、河南、内蒙古、新疆、四川、辽宁和福建11个省（区、市）全社会用电量超过2000亿kWh，11省（区、市）合计用电量39 886亿kWh，同比增长6.0%，占全国全社会用电量的62.7%，比2016年回落0.3个百分点；对全国用电量增长的贡献率为58.0%，比2016年回落6.5个百分点；其中福建全社会用电量首次超过2000亿kWh。除内蒙古、新疆、浙江和福建外的其他7个省（区、市）用电增速均低于全国平均增速。

2. 电力供需形势总体宽松

2017年，全国电力供需延续总体宽松态势，区域间供需形势差异较大。分区域看，华北区域主要是迎峰度夏期间偏紧，7月中旬受持续高温天气影响，区域内绝大部分省级电网用电负荷均创历史新高，河北、山东、天津等地执行有序用电；华中区域电力供需基本平衡，迎峰度夏高峰时段湖南、湖北、河南和四川等地执行有序用电；华东和南方区域电力供需平衡有余，其中福建和浙江电力供应能力有一定富余，迎峰度夏高峰时段安徽和江苏等地执行有序用电；东北和西北区域电力供应能力富余较多。

四、行业绿色发展水平进一步提高，节能减排取得新成绩

1. 能效水平持续提高

2017年，全国6000kW及以上火电厂供电标准煤耗309g/kWh，比2016年降低3g/kWh，煤电机组供电煤耗水平持续保持世界先进水平；电网线损率6.48%，比2016年降低0.01个百分点；由于煤电超低排放改造、负荷率下降等原因，6000kW及以上火电厂厂用电率6.04%，比2016年提高0.03个百分点；火电厂单位发电量耗水量1.25kg/kWh，比2016年降低0.05kg/kWh。

2. 污染物排放大幅下降

根据中电联统计分析，截至2017年年底，全国燃煤电厂100%实现脱硫后排放。其中，已投运煤电烟气脱硫机组容量超过9.4亿kW，占全国煤电机组容量的95.8%；其余煤电机组主要为循环流化床锅炉采用燃烧中脱硫技术；已投运火电厂烟气脱硝机组容量约10.2亿kW，占全国火电机组容量的92.3%；其中，煤电烟气脱硝机组容量约9.6亿kW，占全国煤电机组容量的98.4%。常规煤粉炉以选择性催化还原（SCR）脱硝技术为主，循环流化床锅炉则以选择性非催化还原（SNCR）脱硝技术为主；全国累计完成燃煤电厂超低排放改造7亿kW，占全国煤电机组容量比重超过70%，提前两年多完成2020年改造目标任务。2017年，全国电力烟尘、二氧化硫、氮氧化物排放量分别约为26万、120万、114万t、分别比2016年下降25.7%、29.4%和26.5%；单位火电发电量烟尘排放量、二氧化硫排放量、氮氧化物排放量分别为 0.06、0.26、0.25g/kWh，比 2016 年分别下降 0.02、0.13、0.11g/kWh；单位发电量废水排放量 0.06kg/kWh，与 2016 年持平；全国燃煤电厂粉煤灰综合利用率为 72%，与 2016 年持平；脱硫石膏综合利用率为 75%，比 2016 年提高 1 个百分点。

3. 应对气候变化贡献突出

2017 年，单位火电发电量二氧化碳排放约 844g/kWh，比 2005 年下降 19.5%。以 2005 年为基准年，2006～2017 年，通过发展非化石能源、降低供电煤耗和线损率等措施，电力行业累计减少二氧化碳排放约 113 亿 t，有效减缓了电力二氧化碳排放总量的增长，其中供电煤耗降低对电力行业二氧化碳减排贡献率为 45%，非化石能源发展贡献率为 53%。

五、科技创新取得新进展，创新成果获多项大奖

1. 特高压技术继续引领世界大电网技术发展

率先研发应用了特高压直流分层接入技术，全面攻克了±1100kV 直流输电工程系统成套技术，掌握了 1000kV 特高压交流和±800kV 特高压直流输电关键技术，特高压技术继续引领世界大电网技术发展；世界首台机械式高压直流断路器投运，世界首台特高压柔性直流换流阀研制成功，中国柔性输电技术取得长足进步；世界上电压等级最高、容量最大的苏南 500kV 统一潮流控制器建成投运，全球规模最大的冀北新能源虚拟同步机系统实现并网，建成了集成可再生能源主动配电网示范工程，电网控制和新能源接纳能力显著提高；电动汽车、分布式电源的灵活接入取得重要进展，在数量规模、运营关键技术、电动汽车与电网互动技术领域，均走在世界前列。

2. 电源科技创新取得新进展

二次再热发电技术具备自主开发制造能力，燃煤耦合生物质发电技术实现示范应用，超超临界关键前沿技术研究有序推进，化石能源清洁高效利用取得新进展；以 CAP1400 和“华龙一号”为标志，中国核电已达到三代核电技术的先进水平，并拥有完整的自主知识产权和核心制造能力；风电开发运行逐步向信息化、数字化、智能化、高可靠性方向发展；百万千瓦水电机组关键部件成功问世，奠定了中国水电技术的世界领导者地位。

3. 电力科技创新成果获多项大奖

电力行业科技项目共获得国家科学技术奖 20 项。其中，“特高压±800kV 直流输电工程”获国家科学技术进步奖特等奖，“600MW 超临界循环流化床锅炉技术开发、研制与工程示范”获国家科学技术进步奖一等奖，“燃煤机组超低排放关键技术研发及应用”获国家技术发明奖一等奖。

六、电能替代和需求侧管理成效显著

1. 电能替代成效显著

2017 年，在居民采暖、工（农）业生产制造、交通运输、电力供应与消费、家庭电气化及其他领域，大力推进电能替代，成效显著。《北方地区冬季清洁取暖规划（2017—2022 年）》发布实施，京津冀及周边“2+26”城市完成煤改电 127 万户。据统计，国家电网有限公司和中国南方电网有限责任公司经营区域共推广完成电能替代电量 1286 亿 kWh，占全国全社会用电量的 2.0%；其中，居民采暖领域替代电量 88 亿 kWh，工（农）业生产制造领域替代电量 773 亿 kWh，交通运输领域替代电量 128 亿 kWh，电力供应与消费领域替代电量 239 亿 kWh，家庭电气化及其他领域替代电量 57 亿 kWh。

2. 积极推进电力需求侧管理

国家有关部委印发了《关于深入推进供给侧结构性改革做好新形势下电力需求侧管理工作的通知》，并同时修订了《电力需求侧管理办法》，明确了新形势下电力需求侧管理的新定义与新内容，补充了实施主体，增加了实施领域与方向；继续开展工业领域电力需求侧管理专项行动计划（2016—2020 年）。行业企业积极推进电力需求侧管理工作，截至 2017 年年底，全国已有 171 家单位通过电能服务机构能力评定；国家电网有限公司、中国南方电网有限责任公司、内蒙古电力（集团）有限公司和陕西省地方电力（集团）有限公司超额完成 2017 年度电力需求侧管理目标任务，共节约电量 157 亿 kWh、电力 395 万 kW，有力保障了电力供需平衡，促进了能源电力资源的优化配置。

七、电力市场建设加快推进，电力市场交易更加活跃

1. 电力市场体系和试点建设加快推进

2017 年，国家围绕全面深化电力改革出台了一系列涉及输配电价、售电侧改革、增量配电网放开、电力交易规则等方面的政策措施，各省（区、市）政府也结合实际积极制定电力改革和市场化交易试点方案，有力支持和推进了电力市场体系构建和电力市场交易试点。截至 2017 年年底，售电侧改革试点扩大到 10 个省（区、市），一大批售电企业准入市场交易，活跃了市场环境；22 个省（区、市）开展了电力改革综合试点，改革措施各具特点，市场发育日益完善；新批复增量配电业务改革试点 89 个，累计批复试点 195 个，增量配电业务改革有序推进；确定南方（广东起步）、蒙西等 8 个地区作为电力现货市场建设试点，电力市场交易品种逐步丰富。此外，还组织在东北等地区开展电力辅助服务市场建设。中国电力企

业联合会受政府委托开展电力行业信用体系建设与评价工作，并配合有关政府在健全信用工作体系、联合奖惩制度、制定信用评价管理办法、推进市场主体信息采集等方面出台了一系列政策性文件，升级编制包括发电、电网、设计、建设、售电、电能服务、电力大用户等7个专业领域的信用评级规范，为行业信用体系建设提供了政策和实施保障。

2. 市场化交易比重大幅提高

截至2017年年底，全国共成立北京、广州2个区域性电力交易中心和32个省级电力交易中心。国家加快放开发用电计划，各类市场主体积极参与电力交易，有力地促进了煤电市场化率加快提高，也鼓励了清洁能源发电积极参与市场交易，电力市场化交易规模大幅增加。初步统计，全年市场化交易电量约1.6万亿kWh，同比增长超过60%，市场化交易电量占全社会用电量的25.9%，比重比2016年提高7个百分点；其中10家大型发电集团❶合计市场化交易电量占全国市场化交易电量的66%，占这10家大型发电集团上网电量的33%（即上网电量市场化率）。

3. 行业支撑实体经济降成本效果显著

继续推进输配电价改革，历经三年全面完成各省级电网输配电价核定，核定后的全国平均输配电价比原购销价差降低近1分/kWh，核减32个省级电网（除西藏外）准许收入约480亿元；降低在电价环节征收的政府性基金及附加标准25%，减轻社会用电成本160亿元；取消通过电价征收的城市公共事业附加、电气化铁路还贷电价和向发电企业征收的工业企业结构调整专项资金，涉及金额800亿元。以上措施共降低社会用电成本超过1400亿元，有力扶持了实体经济发展、助推产业转型升级。此外，国家调整降低了风电和太阳能光伏发电项目上网电价。

八、电力企业主营收入快速增长，火电利润大幅下降

1. 电网企业主营业务收入快速增长

据国家统计局数据，2017年底，全国规模以上电力供应企业资产总额5.8万亿元，比2016年增长4.9%；负债总额3.0万亿元，比2016年增长3.4%。据中国电力企业联合会调查，2017年，受宏观经济稳中向好、工业生产形势改善、电能替代加快推进等因素带动电力消费较快增长影响，国家电网有限公司、中国南方电网有限责任公司、内蒙古电力（集团）有限公司、陕西地方电力合计主营业务收入29 117亿元，比2016年增长11.1%；国家电网有限公司和中国南网电网有限责任公司合计公司利润总额1091亿元，比2016年增长1.1%。

2. 火电企业利润大幅下降

据国家统计局数据，2017年底，全国规模以上发电企业资产总额7.6万亿元，比2016年增长4.2%；负债总额5.1万亿元，比2016年增长3.8%；受电煤价格大幅上涨、市场化交易量增价降等因素影响，全国规模以上火电企业仅实现利润207亿元，比2016年下降83.3%，直接拉动发电企业利润同比下降32.4%。据中电联调查，截至2017年年底，五大发电集团❷电力业务收入9559亿元，比2016年增长9.1%；电力业务利润总额310亿元，比2016年下降64.4%，其中火电业务亏损132亿元，继2008年后再次出现火电业务整体亏损。

九、全球能源互联网加快推进，电力合作成为“一带一路”合作新的亮点

1. 全球能源互联网加快推进

按照习近平总书记在“一带一路”国际合作高峰论坛上“建设全球能源互联网，实现绿色低碳发展”的倡议，全球能源互联网建设加快推进，全球能源互联网理念赢得国际认可，并纳入联合国工作框架。全球能源互联网合作发展组织会员数量增长至五大洲22个国家和地区的265家，组织体系逐步完善；《全球能源互联网发展战略白皮书》《跨国跨洲电网互联技术与展望》《全球能源互联网发展与展望2017》等多项课题成果陆续发布；积极组织和宣传全球能源互联网发展理念，为全球能源互联网建设营造良好发展环境。

2. 国际交流影响力不断增强

电力行业企业与国际知名能源电力行业组织、企业保持密切联系与合作，积极参与、主导、组织各类国际组织交流活动，国际交流更加频繁，参与国际能源电力事务的能力、影响力和话语权不断增强。2017年，主办和承办的国际性会议49场，境内外国际展览69个，对外签署重要协议及备忘录60项。截至2017年年底，国内电力行业、企业分别加入了125个国际主要行业技术组织与机构，并在其中的48个组织或机构担任主要角色单位，102位各类专家、学者在上述组织担任主要职务；国内电力企业在境外的128个国家和地区共设立有效分支机构或办事处600个。

❶ 指参加中国电力企业联合会电力交易信息共享平台的中国华能、大唐集团、中国华电、国家能源集团、国家电投、中国三峡集团、中核集团、中广核集团、粤电集团和浙能集团。

❷ 指中国华能、大唐集团、中国华电、国家能源集团和国家电投。

3. 电力国际合作有新突破，“一带一路”合作呈现新的亮点

中国对外投资建设的一大批电源、电网项目顺利投产，非洲最大水电站——安哥拉卡古路·卡巴萨水电站开启了中国企业在非洲水电建设新纪元，巴西美丽山水电送出特高压工程一期投产运行，中核集团建设的巴基斯坦恰希玛核电站一期工程全面建成，中广核集团投资建设的英国欣克利角核电站C项目主体工程正式动工。2017年，主要电力企业实际完成对外投资193亿美元，新增电力对外投资项目26项；对外承包工程新签合同额488亿美元，境外承包项目中投产火电机组1227万kW、水电机组166万kW；出口设备和技术合计超过52亿美元。电力项目合作是“一带一路”合作新的亮点和明星领域，全年主要电力企业在“一带一路”沿线国家完成电力投资项目12项、合计项目总投资126亿美元，承担大型承包项目194个，合计合同金额306亿美元，涵盖火电、水电、风电、太阳能发电、核电、输配电等工程领域。

回顾2017年，电力行业发展改革仍面临较为严峻的形势和挑战：

一是电力系统安全稳定运行面临严峻考验。随着中国电力快速发展和持续转型升级，大电网不断延伸、电压等级不断提高、大容量高参数发电机组不断增多，新能源发电大规模集中并网，电力系统形态及运行特性日趋复杂，特别是信息技术等新技术应用带来的非传统隐患增多，对系统支撑能力、转移能力、调节能力提出了更高要求，给电力系统安全稳定运行带来了严峻考验。此外，各类自然灾害频发，保障电力系统安全任务更为艰巨，发生大面积停电风险始终存在。

二是清洁能源消纳问题依然突出。2017年，在各方共同努力下，通过综合施策，弃风、弃光率有所下降，云南、四川弃水电量有所减少，辽宁、福建核电限电情况有所缓解，但并没有从体制机制上解决清洁能源消纳问题，清洁能源发展面临的问题依然突出，如发展协调性不够、系统灵活性不足导致调峰困难、输电通道建设不匹配导致大范围消纳受限、水电流域统筹规划和管理较为薄弱、新能源自身存在技术约束、需求侧潜力发挥不够、市场机制不完善、政策措施有局限等问题依然没有得到较好解决，未来核电和大规模新能源发电并网消纳、西南水电开发与送出的压力和挑战会越来越大，难以适应国家“推进能源生产和消费革命，构建清洁低碳、安全高效的能源体系”的总要求。

三是煤电企业经营困难，保障煤电清洁发展能力较弱。煤电发电量占全国发电量的65%，长期以来在电力系统中承担着电力安全稳定供应、应急调峰、集中供热等重要的基础性作用，在未来二三十年内，煤电在清洁发展的基础上，仍将发挥基础性和灵活性电源作用，仍是为电力系统提供电力、电量的主体能源形式。但2016年下半年以来，煤炭供需持续紧张，电煤价格上涨并长期高于国家设定的500～570元/t的“绿色区间”，据调研测算，2017年五大发电集团到场标煤单价比2016年上涨34%，导致电煤采购成本比2016年提高920亿元左右；全国煤电行业因电煤价格上涨导致电煤采购成本提高2000亿元左右，导致煤电行业大面积亏损。煤电长期经营困难甚至亏损，不利于电力安全稳定供应，也极大削弱了煤电清洁发展的能力，煤电清洁发展的任务更加艰巨。

四是核电建设发展停滞。核电是可以大规模替代煤炭、为电力系统提供稳定可靠电力的清洁能源发电类型，是实现国家2020年和2030年非化石能源发展目标、构建清洁低碳、安全高效能源体系的重要手段。但近两年核电发展停滞，已连续两年没有核准新的核电项目（除示范快堆项目外），核电投资规模也连续两年下降，在建规模减少到2017年底的2289万kW，核电发展进度明显慢于《国家电力发展“十三五”规划》，可能会影响国家非化石能源消费比重目标完成，也与核电产业链（核电特殊性：建设周期长、安全要求高、人才培养慢）宜平稳发展这一产业特殊性要求有较大差距。

五是电力改革与市场化建设进入深水区。两年多来，电力改革全面推进、成效显著，接下来的电力改革将逐步进入攻坚克难、啃硬骨头的深水区。综合体现在：一是政策多门、各地各异。导致各类试点在具体落实过程中，中央各部门之间、中央与地方之间、政府与市场主体之间、电力企业与社会之间协调难度大，规则不规范，市场准入标准各地各异。二是跨省区交易存在壁垒障碍。市场交易体系不健全、品种不完善、信息不对称，制约清洁能源跨区交易与消纳规模，难以体现市场对资源配置的优势。三是电价体系有待完善。当前电力上游至电力各产业链乃至用户侧价格仍以计划调控为主导，缺乏合理的市场化疏导机制，导致发电企业尤其是煤电企业的合理利润空间被肆意挤压，输配电成本归集和电价交叉补贴没有科学化的监审标准，电网和社会企业投资增量配电网积极性受挫，行业可持续发展能力减弱。四是支撑增量配电业务试点的相关政策规范和发展规划缺乏、相关法规不清晰，配电存量与增量的区域划分与建设发展困难重重，投资效益不确定，安全运营风险加大。

2017年全国电力供需情况分析

一、2017年国民经济与电力发展总体情况

2017年，国民经济运行稳中向好，全社会用电量

平稳较快增长，经济结构及电力消费继续不断优化，工业生产稳中向好，工业用电量增速同比提高，服务业对经济增长以及用电量增长的贡献持续提升。

（一）国民经济运行稳中向好，全社会用电量平稳较快增长

国家统计局初步核算，2017年，国内生产总值同比增长6.9%（按可比价格计算），提高0.2个百分点；分季度看，各季度国内生产总值增速分别为6.9%、6.9%、6.8%和6.8%，保持了平稳增长的态势。全社会用电量同比增长6.6%，增速同比提高1.6个百分点；分季度看，全社会用电量各季度增速分别为6.9%、5.8%、7.8%、5.7%。GDP增速及全社会用电量增速总体平稳，受气温及基数等因素影响，全社会用电量增速波动幅度相对较大，见图1。

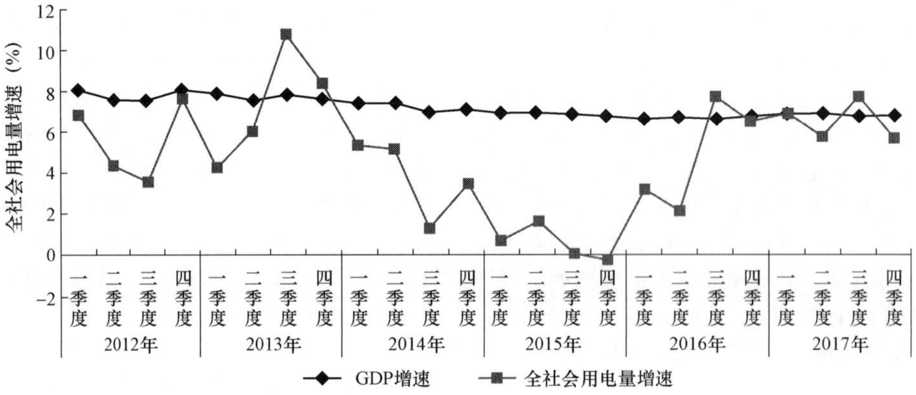

图1　2012～2017年分季度GDP及全社会用电量增速

（二）经济结构继续优化，全社会用电量结构调整

2017年，第一、二、三产业分别增长3.9%、6.1%、8.0%，增速分别提高0.6、0.2、0.3个百分点，第三产业增加值增速继续快于第二产业，占GDP比重为51.6%，超过第二产业11.2个百分点。第二产业占全社会用电量的比重继续下降0.6个百分点；随着第三产业持续快速发展，其用电量比重较2016年提高0.5个百分点。

（三）工业生产稳中向好，工业用电量增速同比提高

2017年，全国规模以上工业增加值比2016年实际增长6.6%，增速比2016年提高0.6个百分点，工业生产增长自2011年以来首次加快，稳中向好态势明显。工业用电量同比增长7.0%，增速比2016年提高2.6个百分点，见图2。

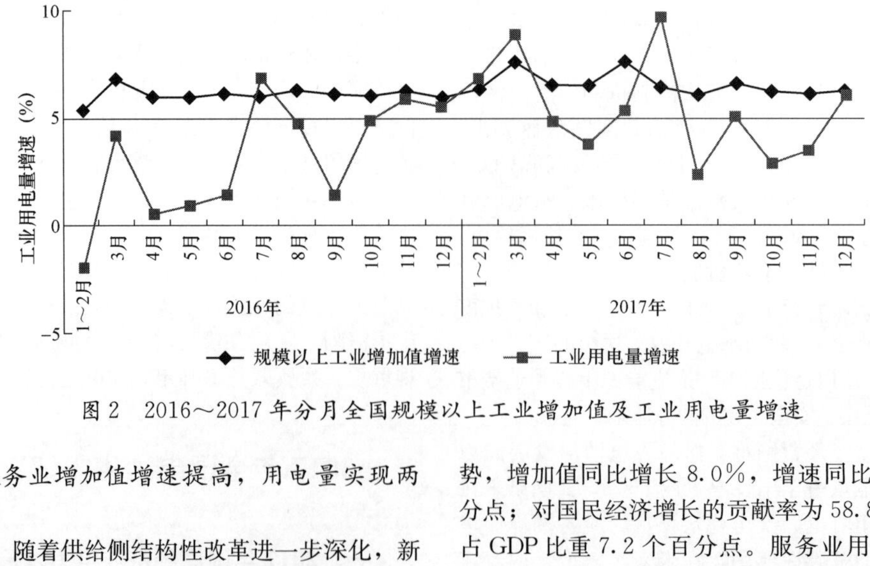

图2　2016～2017年分月全国规模以上工业增加值及工业用电量增速

（四）服务业增加值增速提高，用电量实现两位数增长

2017年，随着供给侧结构性改革进一步深化，新动能加快成长，第三产业继续保持稳中向好发展态势，增加值同比增长8.0%，增速同比提高0.3个百分点；对国民经济增长的贡献率为58.8%，超过其所占GDP比重7.2个百分点。服务业用电量同比增长10.7%，全年对全社会用电量增长的贡献率为

21.8%，超过其所占用电比重提高7.6个百分点。

二、2017年全国电力供需状况分析

截至2017年底，全国全口径发电装机容量17.8亿kW，同比增长7.6%；全年全国全口径发电量6.42万亿kWh，同比增长6.5%；全国全社会用电量6.3万亿kWh，同比增长6.6%，增速同比提高1.6个百分点。全国电力供需形势总体宽松，东北和西北地区富余较多。

（一）发电装机结构持续优化，弃风弃光问题明显缓解

1. 装机结构清洁化趋势明显，防范化解煤电产能过剩风险取得成效

新增总装机容量及非化石能源装机容量均创历年新高，非化石能源装机比重进一步提高。2017年，全国主要电力企业总计完成投资❶ 8014亿元，同比降低9.3%。在电力供需形势持续宽松、国家防范化解煤电产能过剩风险❷、持续推进电力绿色发展等形势背景下，电源投资增长明显放缓、结构逐步优化。2017年全国新增发电装机容量13 372万kW，为历年中新增装机容量最多的一年，比2016年增加1229万kW，其中，新增非化石能源发电装机8988万kW，创历年新高。截至2017年底，全国全口径发电装机容量17.8亿kW，同比增长7.6%，增速比2016年回落0.6个百分点；其中，非化石能源发电装机容量6.9亿kW，同比增长13.4%，占总发电装机容量的比重为38.6%，较2016年提高2个百分点，电源结构持续优化。全国发电装机容量及结构见表1。

表1　全国发电装机容量及结构

发电类型	发电装机容量（万kW）	装机增速（%）	所占全国比重（%）
合计	177 703	7.6	100.0
水电	34 119	2.7	19.2
其中：抽水蓄能	2869	7.5	1.6
火电	110 604	4.3	62.2
其中：燃煤（含煤矸石）	98 028	3.6	55.2
燃气	7629	8.8	4.3
核电	3582	6.5	2.0
风电	16 367	10.5	9.2
太阳能发电	13 025	68.7	7.3

煤电投资大幅下降，新增装机容量减少。2017年，煤电装机容量增速较2016年降低1.5个百分点；煤电装机容量占总发电装机容量比重较2016年降低2.1个百分点；煤电投资590亿元，同比下降39%，前几年煤电投资持续快速增长的态势进一步得到抑制，国家防范和化解煤电过剩产能风险工作取得成效。全国基建新增火电装机容量4578万kW，其中，新增煤电3855万kW，同比减少142万kW（见图3）；新增气电528万kW，同比增加314万kW。分省份看，江苏、山东、新疆、宁夏和河南5省（区）❸新增火电装机占全国比重超过60%；江西等7个省（区、市）❹没有火电装机投产。

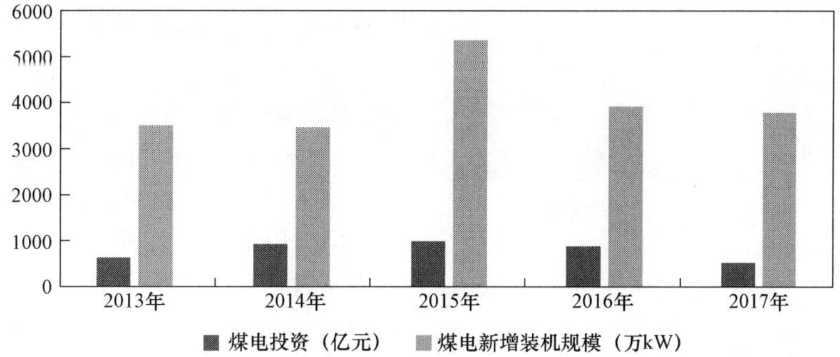

图3　2013～2017年煤电投资及新增装机容量情况

❶ 本报告中电力投资（含电源投资及各类型电源投资，电网投资）均为主要电力企业的投资。

❷ 2016年以来国家有关部门陆续出台了《关于促进我国煤电有序发展的通知》（发改能源〔2016〕565号）、《关于进一步规范电力项目开工建设秩序的通知》（发改能源〔2016〕1698号）、《关于建立煤电规划建设风险预警机制暨发布2019年煤电规划建设风险预警的通知》（国能电力〔2016〕42号）、《关于推进供给侧结构性改革 防范化解煤电产能过剩风险的意见》（发改能源〔2017〕1404号）、《发布2020年煤电规划建设风险预警的通知》（国能电力〔2017〕106号）等文件。

❸ 江苏844万kW，山东821万kW，新疆462万kW，宁夏432万kW，河南325万kW。

❹ 江西、天津、吉林、海南、贵州、云南和西藏。

水电投产规模增加。随着水电基地大型水电项目前几年陆续投产，西南水电开发难度和成本明显上升、弃水问题突出等导致水电新开工项目近几年明显减少，2013～2016 年水电投资连续 4 年减少。2017 年，水电完成投资 618 亿元，略高于 2016 年，结束了 2013 年以来水电投资连续负增长的态势，主要得益于 8 月新开工的白鹤滩水电站（设计装机容量 1600 万 kW，为全球在建规模最大的水电工程）。全国基建新增水电装机容量 1287 万 kW，同比增加 108 万 kW，其中，抽水蓄能电站新增 200 万 kW。分省份看，四川、云南分别新增水电装机容量 609 万、112 万 kW，均为常规水电；江苏新增水电装机容量 150 万 kW，为溧阳抽水蓄能电站投产的 6 台 25 万 kW 机组。2013～2017 年分区域水电装机容量增长情况见图 4。

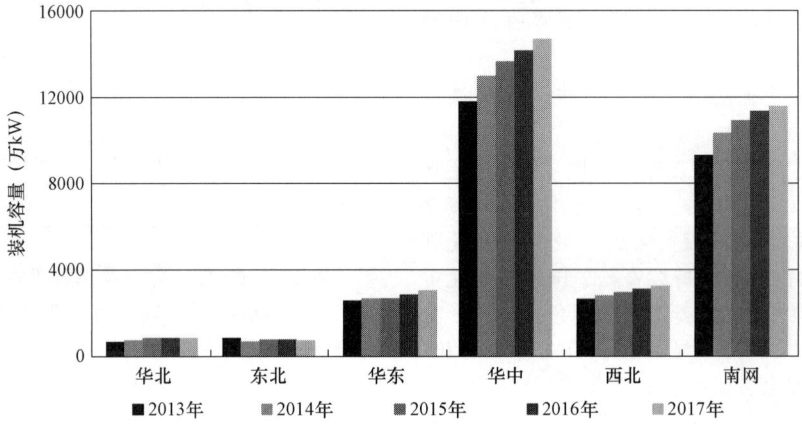

图 4　2013～2017 年分区域水电装机容量增长情况

东、中部地区风电投资比重进一步提升。2017 年，风电完成投资 643 亿元、同比下降 30.6%，延续 2016 年的下降态势。西部、东北地区风电投资持续下降，其中西部地区同比下降 57.2%；东、中部地区风电投资占比为 70.9%，比 2016 年提高 16.6 个百分点，见图 5。

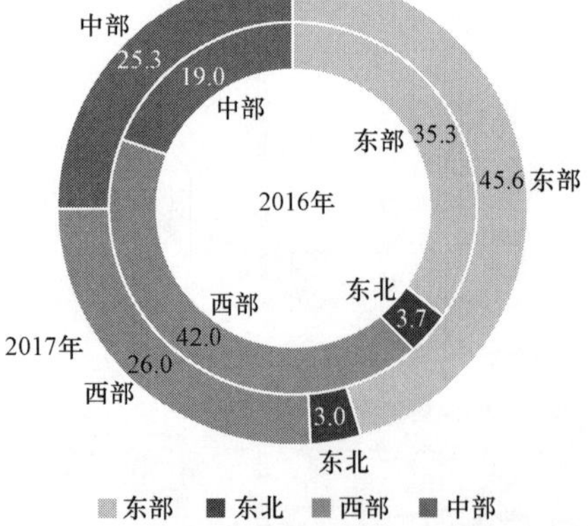

图 5　2016～2017 年全国风电投资布局情况对比

近几年西北和东北地区弃风问题较为突出，引发产业发展政策和企业投资策略不断调整，东、中部地区逐步成为风电开发布局重点地区。2017 年全年全国新增并网风电装机容量 1952 万 kW，其中，东、中部地区分别新增 621 万、529 万 kW，合计占比为 58.9%，比 2016 年提高 8.8 个百分点，见图 6。

截至 2017 年底，全国并网风电装机容量 1.6 亿 kW，同比增长 10.5%，占全国全口径发电机装机容量的 9.2%，同比提高 0.2 个百分点。分省份看，甘肃、内蒙古、宁夏、新疆 4 个省（区）风电装机比重超过 20%，但比重同比均有所降低，其中宁夏降幅最大，为 3.1 个百分点。2017 年，共有 11 个省（区）风电装机容量增速超过 20%（见图 7），其中 7 个属于东、中部地区，布局转移趋势明显。

并网太阳能发电装机高速增长。2017 年，新增并网太阳能发电装机容量 5338 万 kW（绝大部分为光伏发电项目），同比增加 2167 万 kW，增长 68.3%，占全国新增装机的比重达到 40%，比 2016 年提高 13.8 个百分点。主要是受光伏发电上网电价调整等政策影响，部分光伏发电项目集中在 6、7 月投产，新投产装机容量占全年的比重达 48%（见图 8）。

分区域看，太阳能发电建设布局从西部向东、中部转移趋势十分明显。东、中部地区太阳能发电新增装机容量合计占比达到 82.4%，同比提高 19.6 个百分点，而西部地区比重大幅下降 21.5 个百分点（见图 9）。

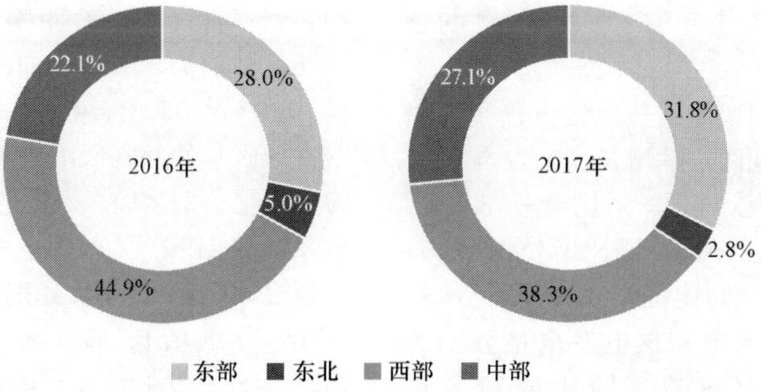

图 6　2016～2017 年全国风电新增装机容量布局情况对比

	青海	河南	广西	四川	江西	陕西	山东	湖北	广东	安徽	湖南
风电装机增速（%）	136.3	124	115.3	68.8	56.8	46.0	26.5	25.8	24.8	23.1	21.6
风电装机规模（万kW）	162	233	150	210	169	363	1061	253	335	217	263
所属区域	西部	中部	西部	西部	中部	西部	东部	中部	东部	中部	中部

图 7　2017 年风电装机容量增速超过 20%的省份

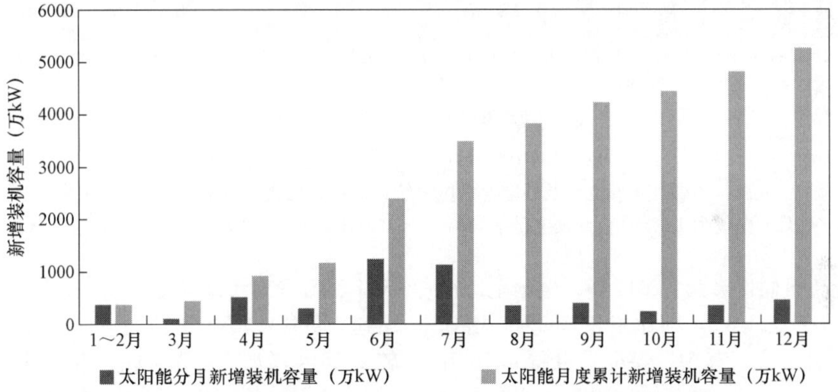

图 8　2017 年全国并网太阳能发电分月份新增装机容量情况

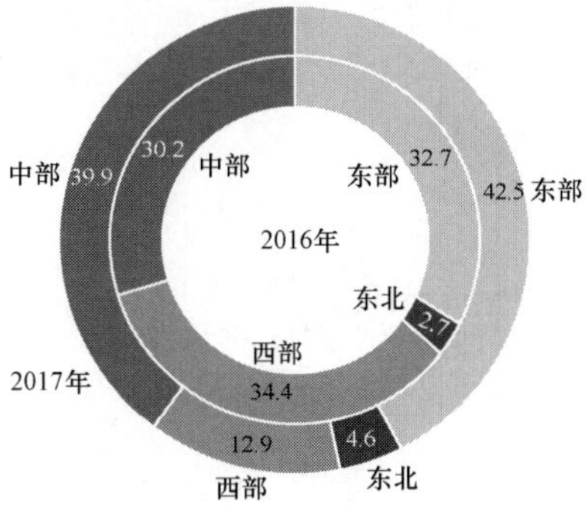

图 9　2016～2017 年全国太阳能发电新增装机容量占比情况对比

2017 年 7 月，全国并网太阳能发电装机容量突破 1 亿 kW，截至 2017 年底达到 1.3 亿 kW，同比增长 68.7%，占全口径总装机容量比重为 7.3%，同比提高 2.7 个百分点。分省份看，青海等 9 个省（区）❶太阳能发电装机比重超过 10%。

核电投资和新增装机容量同比减少。2017 年，核电完成投资 395 亿元，同比下降 21.6%；全年新投产两台机组❷，共计 218 万 kW。截至 2017 年底，核电装机容量 3582 万 kW，同比提高 6.5%。广东、福建和浙江装机容量排名前三，分别为 1047 万、871 万、657 万 kW。

❶ 青海 31.1%，西藏 28.1%，甘肃 15.7%，宁夏 14.8%，江西 14.2%，安徽 13.7%，河北 12.8%，陕西 12.0%，新疆 11.0%。

❷ 福建福清核电站 4 号机组 109 万 kW，广东阳江核电厂 6 号机组 109 万 kW。

2. 非化石能源发电量快速增长，煤电发电量比重降低

并网太阳能发电、并网风电、核电发电量快速增长带动非化石能源发电实现两位数增长。2017 年，全国全口径发电量 6.42 万亿 kWh，同比增长 6.5%。非化石能源发电量 1.9 万亿 kWh，同比增长 10.3%，占总发电量比重为 30.4%，同比提高 1.0 个百分点。其中，并网太阳能、并网风电和核电发电量分别为 1182 亿、3057 亿、2483 亿 kWh，同比分别增长 75.4%、26.3%和 16.5%。分省份看，青海、内蒙古和新疆三省（区）的并网太阳能发电量超过 100 亿 kWh，分别为 113 亿、113 亿、110 亿 kWh，分别增长 25.9%、35.3%和 62.8%；内蒙古、新疆、河北三省（区）的并网风电发电量超过 200 亿 kWh，分别为 551 亿、319 亿、263 亿 kWh，分别增长 18.7%、44.9%和 21.6%；广东、福建、浙江三省的核电发电量超过 500 亿 kWh，分别为 802 亿、560 亿、511 亿 kWh，分别增长 13.7%、37.6%和 1.4%。2016～2017 年分月发电量及其增速见图 10。

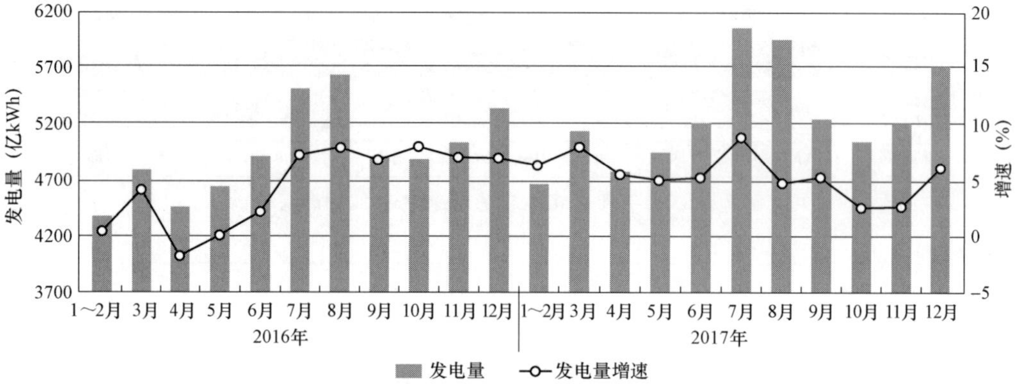

图 10　2016～2017 年分月发电量及其增速

注：图中月度发电量及其增速为国家统计局统计的规模以上数据，下同；
1～2 月发电量为 1～2 月合计发电量平均值，1～2 月增速为 1～2 月合计发电量增速，下同。

煤电发电量比重同比降低。2017 年，全国全口径火电发电量 4.55 万亿 kWh，同比增长 5.2%，增速同比提高 2.9 个百分点；其中，煤电发电量 4.14 万亿 kWh，同比增长 4.8%，增速同比提高 3.6 个百分点，煤电发电量占总发电量的比重为 64.5%，同比降低 1.0 个百分点；气电发电量同比增长 7.6%。各月火电发电量增速总体延续了 2016 年下半年以来的逐步上升态势（见图 11）。分省份看，除北京、云南、天津、山东和海南等 5 个省（区、市）❶火电发电量增速为负外，其余 26 个省（区、市）均实现正增长，较 2016 年增加 6 个省（区、市）。其中，北京是因为“煤改气”关停煤机，同时，供暖期受天然气供应紧张影响，减少了天然气发电；云南主要是加大水电、风电及光伏发电的消纳力度；天津和山东主要是从外省受入电量分别增长 32.7%和 8.4%。

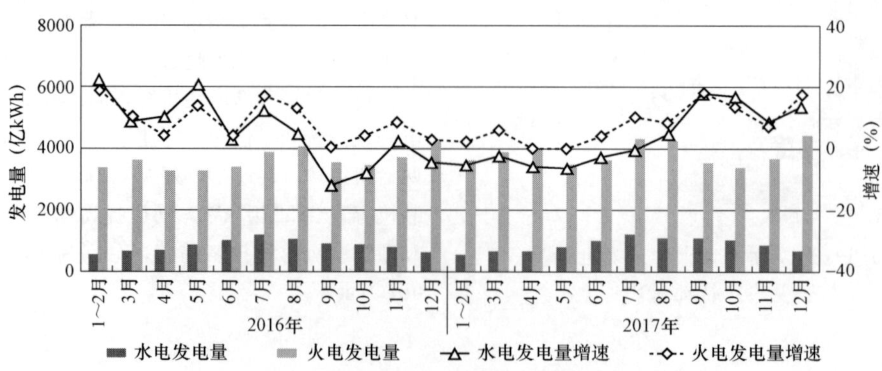

图 11　2016～2017 年分月发电量及其增速

❶ 北京（－10.0%），云南（－9.9%），天津（－1.3%），山东（－1.2%）和海南（－0.6%）。

水电发电量增速同比回落。2017年，根据中国气候公报，全国平均年降水量641.3mm，比常年偏多1.8%，但比2016年全国平均降水量（730mm）减少12.2%。全国全口径水电发电量1.19万亿kWh，同比增长1.7%，增速同比回落3.9个百分点；水电发电量呈现上半年负增长、下半年增速总体上升的特征。分省份看，水电装机容量超过500万kW的14个省（区、市）❶中，除湖南、广东、福建、浙江和江西外，均实现正增长；其中，水电大省四川、云南、湖北积极消纳水电，水电发电量增速较高，对火电挤出效应明显。

3. 水电设备利用小时降低，其他非化石能源设备利用小时提高

2017年，全国发电设备利用小时为3786h，与2016年大体持平，见图12。

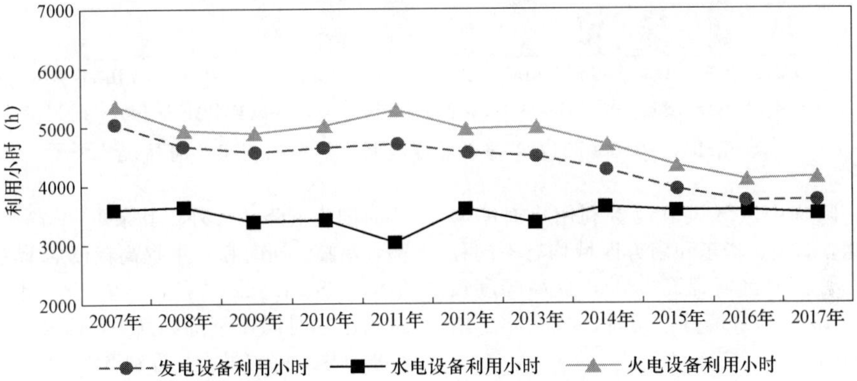

图12 2007～2017年全国发电设备利用小时

火电设备利用小时小幅提高。2017年，受电力消费较快增长、水电发电量低速增长等多方面因素综合影响，全国火电设备利用小时4209h，同比提高23h，其中，煤电4278h，同比略提高3h。分省份看，12个省（区）❷火电设备利用小时高于全国平均水平。与2016年相比，全国有16个省（区、市）❸火电设备利用小时同比提高，其中，福建、江西、广东和青海提高幅度均超过300h；共有9个省（区、市）的降幅超过100h，其中，北京（－566h）和山东（－527h）降幅最大，北京主要是受华北地区天然气短缺、加大接受外送电比例以及“煤改气”等因素影响；山东主要是受多条特高压投产后，外来电增加较多，以及省内新投产火电装机较多等因素影响。

水电设备利用小时同比降低。2017年，受2016年高基数等因素影响，全国水电设备利用小时3579h，同比降低40h。分省份看，装机容量超过500万kW的14个省份中，装机容量排前三位的四川、云南、湖北水电设备利用小时分别为4236、4107、4120h；其余省份中除广西、青海、甘肃和新疆外，水电设备利用小时均同比下降，其中，广东、福建和江西受来水减少影响，水电设备利用小时同比分别下降1869、1517、1453h，为弥补水电的减少，三省份火电发电量快速增长、火电设备利用小时同比分别提高347、718、463h，水电设备与火电设备利用的负相关性较为明显。

风电设备利用小时同比提高较多。2017年，全国风电设备利用小时为1948h，同比提高203h。分省份看，并网风电装机容量超过500万kW的12个省份中，除山东风电设备平均利用小时同比下降85h外，其余11个省（区）❹的风电设备利用小时均同比提高，新疆、吉林和甘肃提高幅度居前三位，分别提高460、388、381h，但三省份的利用小时水平仍偏低，分别为1750、1721、1469h，明显低于全国平均水平。与2016年相比，全国有20个省份风电设备利用小时

❶ 四川（5.9%），云南（11.0%），湖北（6.8%），贵州（1.1%），广西（1.9%），湖南（－11.1%），广东（－29.0%），福建（－34.0%），青海（9.9%），浙江（－22.6%），甘肃（19.3%），重庆（2.2%），新疆（22.6%），江西（－20.8%）。

❷ 河北5056h，江西5023h，宁夏5020h，江苏4909h，陕西4711h，山东4660h，新疆4655h，内蒙古4628h，安徽4595h，青海4306h，辽宁4251h，海南4212h。

❸ 福建、江西、广东、青海、湖南、浙江、陕西、山西、上海、吉林、宁夏、安徽、内蒙古、河北、西藏和四川。

❹ 内蒙古（＋233h），新疆（＋460h），甘肃（＋381h），河北（＋180h），宁夏（＋97h），山西（＋56h），云南（＋241h），辽宁（＋213h），江苏（＋7h），黑龙江（＋241h），吉林（＋388h）。

同比提高，其中 11 个省份位于“三北”地区，见　图 13。

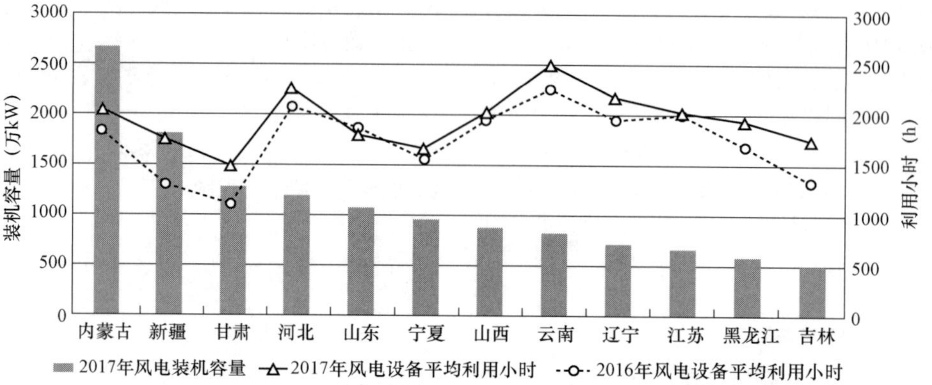

图 13　2016～2017 年部分省份风电设备平均利用小时情况

分区域看，除华中区域风电设备利用小时略降外，西北、华北、东北、华东和南方区域均有不同程度的提高。其中，西北区域提高 380h，提高幅度最大，主要是因 2016 年基数偏低，同时，2017 年多措并举加大风电消纳。

太阳能发电设备利用小时同比提高（见图 14）。全国并网太阳能发电设备利用小时为 1204h、同比提高 74h。分省份看，全国有 24 个省（区、市）太阳能发电设备利用小时同比提高；并网太阳能发电装机容量超过 500 万 kW 的 13 个省（区）中，除山西利用小时同比下降 85h 外，其余 12 个省（区）❶均同比提高，新疆、河南和甘肃提高幅度居前三位，分别提高 318、238、123h。共有 7 个省（区、市）太阳能发电设备利用小时同比下降，其中，西藏、黑龙江、广东 3 个省（区）降幅最大，分别下降 625、218、191h。分区域看，除南方和东北区域外，其余区域的太阳能发电设备利用小时均有不同程度的提高。其中，西北区域同比提高 146h，提高幅度最大，主要得益于政府及企业多措并举加大光伏发电消纳。

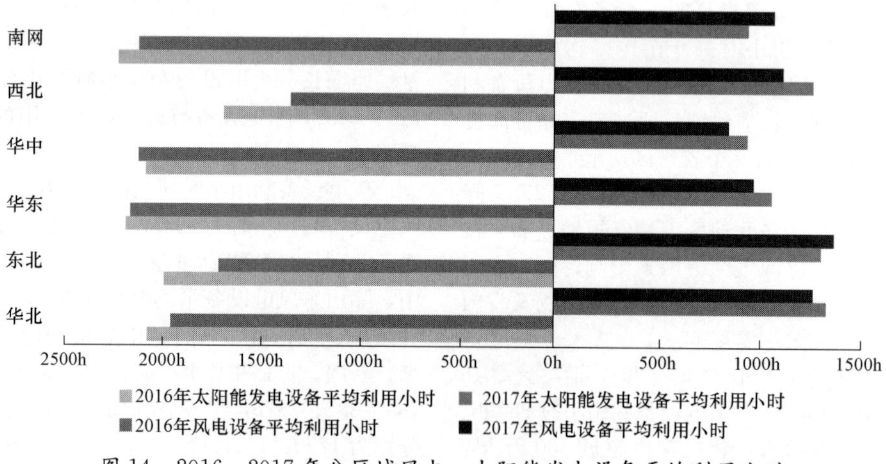

图 14　2016～2017 年分区域风电、太阳能发电设备平均利用小时

核电设备利用小时同比提高。2017 年，核电设备利用小时为 7108h，同比提高 48h。分省份看，广西和海南同比分别下降 1349、527h，其中，广西主要是省内电力富余、新能源较快增长及核电专项停机检修等因素影响；海南主要是在消纳市场有限情况下，水电及新能源发电量快速增长，挤压核电发电空间。江苏、浙江等 5 个省份❷的设备利用小时均同比提高。

❶　山东（+90h），新疆（+318h），江苏（+101h），安徽（+122h），河北（+82h），浙江（+85h），青海（+90h），甘肃（+123h），内蒙古（+99h），河南（+238h），宁夏（+56h）。

❷　江苏 8638h（+1076h），浙江 7766h（+105h），广东 7728h（+211h），福建 6974h（+27h），辽宁 5273h（+291h）。

4. 弃水问题略有缓解，弃风弃光问题明显改善

弃水问题略有缓解，但情况仍然较为严峻。国家非常重视西南地区弃水问题，2017 年出台了《关于促进西南地区水电消纳的通知》（发改运行〔2017〕1830 号)、《解决弃水弃风弃光问题实施方案》（发改能源〔2017〕1942 号）等政策，水电消纳问题取得一定成效，大型水电站有效水能利用率有所提高，四川、云南弃水电量有所减少，但因外送通道受限、当地市场消纳有限、跨省输送壁垒强化和市场交易制度不完善等诸多因素错综交织，弃水问题依然严峻，尚未得到有效缓解。

根据调研了解，国网经营区域内调峰弃水电量 170 亿 kWh，其中，四川调峰弃水电量 140 亿 kWh，比 2016 年略有减少，为近四年来的首次下降；南网经营区域内弃水电量 345 亿 kWh，其中，云南弃水电量 289 亿 kWh，弃水率 12%，弃水电量比 2016 年减少 25 亿 kW；广西弃水电量 50 亿 kWh，弃水率 12.6%，弃水电量比 2016 年增加较多；贵州弃水电量 1.9 亿 kW，弃水率 0.4%；天生桥、龙滩弃水电量 4.6 亿 kWh，弃水率 1.4%。

弃风弃光问题得到改善。近年来，中国快速发展的新能源产业遭遇弃风弃光问题，严重阻碍行业健康发展。为此，国家及企业多措并举，积极化解问题，政府方面，建立可再生能源目标引导制度，出台可再生能源全额保障性收购制度细则，启动可再生能源绿色证书资源交易机制，下发解决弃水弃风弃光问题实施方案等。企业方面，实施新能源全网统一调度；推动实施火电灵活性改造；跟踪输送通道裕度，开展临时现货交易，实施新能源在全网范围消纳；在东北积极推动辅助服务市场，提高煤电企业参与调峰的积极性；落实国家能源局风电监测预警要求，严格并网管理。

通过各方的共同努力，弃风弃光问题得到明显改善，见图 15。2017 年，全国弃风电量 419 亿 kWh、同比减少 78 亿 kWh；弃风率 12%，同比下降 5.2 个百分点，实现弃风电量和弃风率“双降”。大部分弃风严重地区形势均有所好转，其中甘肃弃风率下降超过 10 个百分点，吉林、新疆、宁夏、内蒙古、辽宁弃风率下降超过 5 个百分点。全国弃光电量 73 亿 kWh，弃光率 6%，同比下降 4.3 个百分点。弃光主要集中在新疆和甘肃，其中，新疆（不含兵团）弃光电量 28.2 亿 kWh，弃光率 22%，同比下降 9.3 个百分点；甘肃弃光电量 18.5 亿 kWh，弃光率 20%，同比下降 9.8 个百分点。

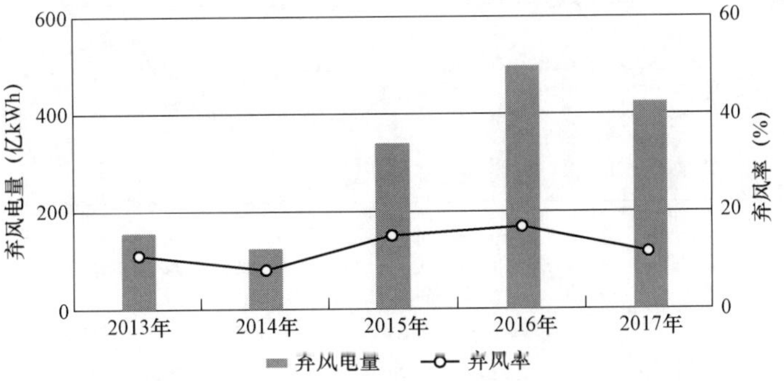

图 15　2013～2017 年全国弃风电量及弃风率

（二）电网建设持续增强，资源优化配置能力提升

1. 电网投资继续向配网及农网倾斜，农网改造升级取得重大进展

2017 年，全国电网工程建设完成投资 5315 亿元，其中，110kV 及以下电网投资比重占电网总投资比重达到 53.2%。主要是电网企业继续积极贯彻落实国家配电网建设改造行动计划及新一轮农村电网改造升级相关文件精神，持续加大配网及农网投资力度。

2017 年底，电网企业完成了《关于“十三五”期间实施新一轮农村电网改造升级工程的意见》（国办发〔2016〕9 号）文件中“中心村电网改造升级，实现平原地区机井用电全覆盖”的任务，标志着新一轮农网改造取得阶段性重大进展，为农村经济繁荣发展注入了新动力。

2. 多条特高压交直流工程投产，资源优化配置能力提升

2017 年，跨区电网以及省级主网架建设持续推进，电网结构不断完善。全国基建新增 220kV 及以上变电设备容量 24 263 万 kVA，同比降低 0.5%，新增 220kV 及以上输电线路长度 41 459km，同比提高 18.5%；由于多条特高压直流工程投产，全年新增直流换流容量 7900 万 kW，同比增长 143.8%。

2017 年，特高压交直流建设稳步推进。全年共建成“两交六直”特高压输电工程，分别是酒泉－湖南特高压直流工程、晋北－南京特高压直流工程、锡盟－胜利特高压交流工程、榆横－潍坊特高压交流工程、锡盟－泰州特高压直流工程、上海庙－临沂特高压直流工程、滇西北－广东特高压直流工程、扎鲁

特一青州伏特高压直流工程。截至 2017 年底，国家大气污染防治行动计划特高压交直流工程全面建成，助推东中部大气污染防治。

3. 跨区和跨省送电量均实现两位数增长，增速同比提高

2017 年，全国完成跨区送电量 4235 亿 kWh、同比增长 12.1%，增速同比提高 5.2 个百分点。其中，华中外送电量 665 亿 kWh、同比增长 1.9%，主要是通过葛南、龙政、宜华和林枫直流外送华东电量增长 3.5%；而华中送南方电量下降 1.8%，主要是鲤鱼江电厂送广东电量下降 20.6%。西北外送电量 1294 亿 kWh、同比增长 27.7%，拉动全国跨区送电增长 7.4 个百分点，其中，灵韶直流实现疆电外送 201 亿 kWh、同比增长 176.5%，拉动跨区送电增长 3.4 个百分点。西南水电通过向上、宾金、锦苏送华东电量 1101 亿 kWh、同比增长 2.2%。

2017 年，全国跨省送出电量 1.13 万亿 kWh、同比增长 12.7%，较 2016 年提高 7.6 个百分点。在主要输出省份中，甘肃、宁夏、新疆、安徽、山西、广西、内蒙古、云南输出电量增速均超过 10%❶，四川输出电量增长 8.6%；而贵州受电煤供应严重短缺影响，申请调减外送，全年送出电量下降 12.1%。

（三）全社会用电量增速比 2016 年提高，用电增长呈现新亮点

根据中电联年度快报统计，2017 年，全国全社会用电量 6.3 万亿 kWh，人均用电量 4538kWh，人均生活用电量 625kW。全社会用电量同比增长 6.6%，增速同比提高 1.6 个百分点。

分季度看，全社会用电量各季度增速分别为 6.9%、5.8%、7.8%、5.7%，延续了 2016 年三季度以来的平稳较快增长态势，见图 16。其中，第三季度增速相对偏高，主要是夏季极端高温天气❷拉动降温负荷明显增加；第三季度用电增速与 2016 年同期持平，并列为 2014 年以来的季度最高增速。进入四季度后，随着夏季高温天气拉动因素消退，以及环保限产等影响，用电量增速有所放缓。

2016～2017 年分月全社会用电量及其增速如图 17 所示。

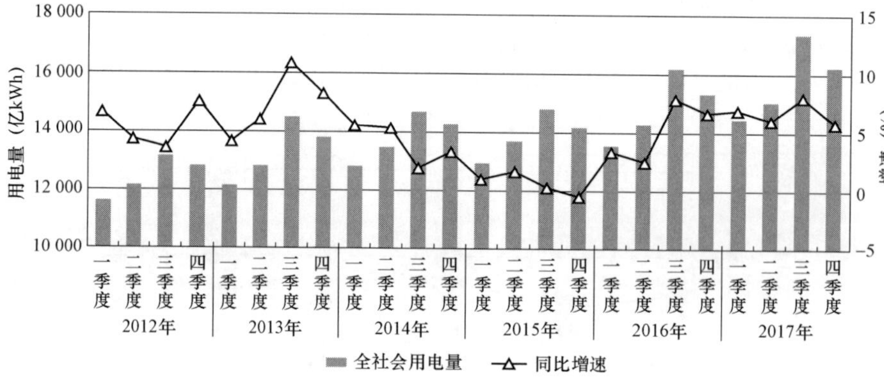

图 16　2012～2017 年分季度全社会用电量及其增速

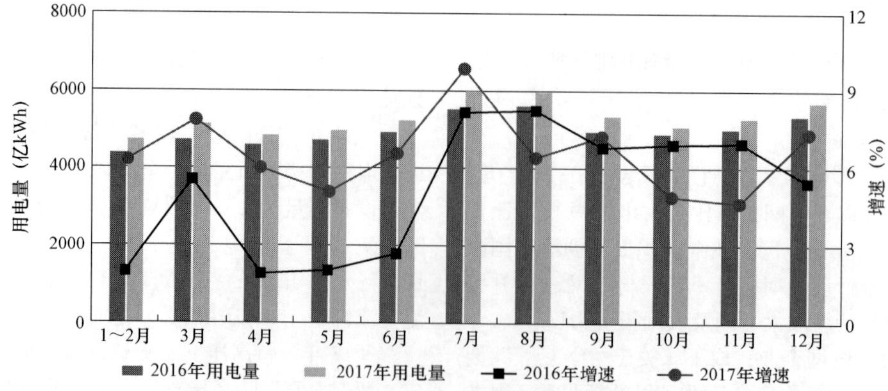

图 17　2016～2017 年分月全社会用电量及其增速

注：图中 1～2 月用电量显示的是 1～2 月合计用电量的平均值；1～2 月增速显示的是 1～2 月合计用电量增速。

❶ 增速分别为 38.8%、37.1%、22.0%、18.8%、16.5%、15.9%、13.9%、10.7%。

❷ 根据气象部门监测，2017 年 7、9 月全国平均气温创 1961 年以来历史同期最高。

分地区看，2017 年各地区用电均保持一定增长，见表 2。其中，西部地区受高耗能行业用电恢复性增长以及 2016 年低基数因素影响，用电增速明显提高；东部地区为四大地区中唯一用电增速同比下降的地区，主要是在供给侧去产能、“2+26”城市大气污染治理等因素影响下，四季度用电增速同比回落 4.0 个百分点。

表 2　　分地区用电情况对比

单位：%、百分点

地区	占全国用电量比重	2017 年用电增速	一季度用电增速	二季度用电增速	三季度用电增速	四季度用电增速
全国	100.0	6.6 (↑1.6)	6.9	5.8	7.8	5.7
东部地区	48.6 (↑0.8)	5.2 (↓0.6)	6.0	4.7	7.3	2.8
中部地区	18.7 (↓0.4)	7.3 (↑1.8)	6.2	6.1	10.0	6.4
西部地区	26.7 (—)	9.1 (↑5.6)	9.5	8.5	8.0	10.2
东北地区	6.0 (↓0.4)	4.6 (↑1.9)	4.9	2.8	4.2	6.1

分省份看，2017 年全国所有省（区、市）用电量均实现正增长，见图 18。在 15 个用电量增速高于全国平均水平的省（区、市）中，仅浙江、福建两个东部地区省份。其中，用电增速超过 10% 的 6 个省（区、市）中，除山西外，其余 5 省（区、市）均为西部地区省（区、市），主要是受有色、黑色金属冶炼等行业用电快速增长的拉动。与 2016 年相比，全国有 8 个省（区、市）（山东、西藏、北京、安徽、陕西、浙江、四川和江苏）用电增速低于 2016 年。其中，山东用电增速同比下降 4.6 个百分点，回落幅度最大，主要是受有色、黑色金属冶炼等行业去产能、环保督查和冬季大气污染综合治理等因素综合影响，8 月份起该省月度用电量持续负增长，其中有色金属冶炼行业用电量回落幅度均在 45% 以上。

具体来看，2017 年各产业、重点行业用电特点如下：

1. 第一产业用电较快增长，增速比 2016 年提高

2017 年，第一产业用电 1155 亿 kWh，同比增长 7.3%，增速比 2016 年提高 2.3 个百分点。第一产业用电增长较快的省（区、市）主要集中在东三省、内蒙古一带以及川渝地区。除气候因素影响外，农业机械化、自动化率的逐年提高，以及新一轮农网改造升级、机井通电工程等推进，使第一产业用电需求增加。

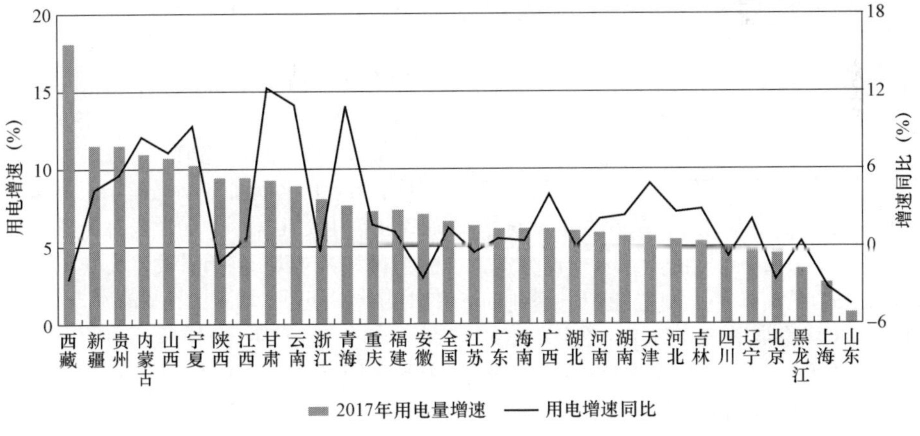

图 18　2017 年分省份用电增长情况对比

2. 第二产业用电平稳增长，供给侧结构性改革催生用电新增长点

2017 年，第二产业用电 4.4 万亿 kWh，同比增长 5.5%，增速较 2016 年提高 2.7 个百分点。分季度看（见图 19），各季度增速分别为 7.6%、4.8%、5.8%和 4.3%，二季度以来用电总体呈平稳增长态势，四季度受环保督查、大气污染治理限产停产、2016 年同期高基数等诸多因素，增速小幅回落。分地区看，东、中、西部和东北地区增速分别为 3.7%、6.6%、8.5%和 3.6%，其中，西部用电增长主要源于高耗能行业用电恢复性增长的拉动；东部地区用电增速明显回落，主要由于山东、北京分别下降 1.6% 和 0.6% 的下拉影响，分别影响 1.4 和 0.1 个百分点，若扣除这两个省（市），东部地区二产用电同比增长 5.2%。

分轻、重工业看，轻工业用电走势强于重工业（见表 3）。国内消费保持平稳较快增长，已成为经济增长主要驱动力，拉动家用电器、化妆品类商品、通信器材和新能源汽车等多数商品产销较快增长，拉动轻工业用电增速较 2016 年提高 2.6 个百分点。

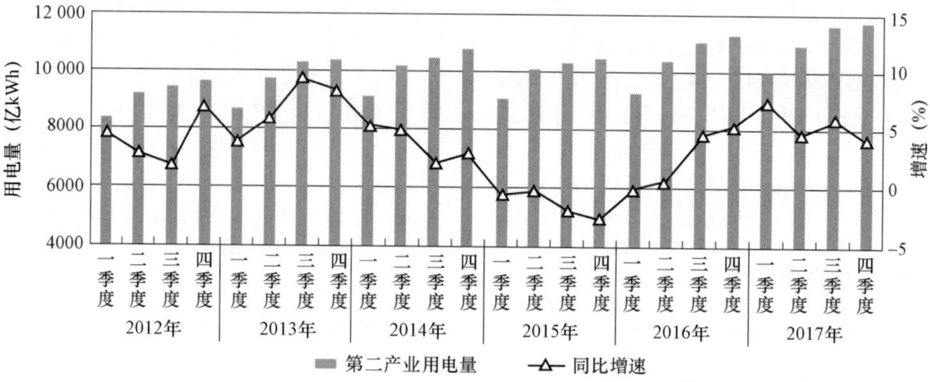

图 19　2012～2017 年分季度第二产业用电量及其增速

表 3　　2017 年第二产业用电情况

单位：亿 kWh、%

产业	2017 年用电量	2017 年用电增速	2016 年用电增速	用电增速同比
第二产业	44 413	5.5	2.8	2.7
工业	43 624	5.5	2.8	2.7
轻工业	7493	7.0	4.4	2.6
重工业	36 131	5.2	2.5	2.7
（一）采矿业	2373	4.9	－3.6	8.5
（二）制造业	32 604	5.8	2.5	3.4
（三）电力/燃气及水的生产和供应业	8647	4.4	6.1	－1.7
建筑业	788	8.5	3.9	4.7

制造业用电量增速高于 2016 年。2017 年，制造业用电量增长 5.8%，比 2016 年提高 3.4 个百分点，增速为 2014 年以来的最高水平。制造业用电增速回升主要得益于内需市场稳步增长、部分行业去产能效果明显、世界经济复苏拉动外贸出口需求回暖等因素叠加，使得制造业产品市场供需关系改善，市场价格回升，制造业整体形势向好，企业开工率和产能利用率明显回升。从各季度走势看各季度增速分别为 9.0%、5.3%、5.4%和 4.2%，除 2016 年同期低基数导致一季度增速偏高外，二季度以来增长总体平稳，环保督查及大气污染治理等因素导致四季度增速小幅回落。制造业用电形势与制造业采购经理人指数（PMI）、工业生产者出厂价格指数（PPI）走势总体吻合（见图 20），其中，PMI 连续 15 个月在 51%以上，保持较强扩张动力。

装备制造业和高技术产业用电量持续快速增长。2017 年，随着国家供给侧结构性改革深入推进，创新发展持续发力，工业生产转型升级效果明显。战略性新兴产业、高技术产业、装备制造业等新兴产业快速发展，新兴工业产品产量高速增长❶，拉动相关行业用电量增长快速。具有代表性的通用及专用设备制造业、交通运输/电气/电子设备制造业、医药制造业用电量分别增长 10.3%、10.3%、8.2%，增速分别同比提高 3.3、1.5、1.2 个百分点。

高耗能行业用电增速同比提高，但逐季回落。如图 21 所示，四大高耗能行业❷合计用电量增长 4.0%，增速同比提高 4.0 个百分点，各季度增速分别为 9.4%、3.6%、2.4%和 1.6%，增速逐季回落。四大高耗能行业内各行业走势分化，具体来看：化工行业在市场需求稳定增长、价格总体上涨、出口形势改善等多重因素拉动下，行业生产总体向好，全年用电量同比增长 4.6%，增速同比提高 4.3 个百分点；且增速呈逐季上升态势，各季度分别增长 1.8%、4.7%、5.0%和 6.7%。建材行业用电量同比增长 3.7%，增速同比提高 1.0 个百分点。全年用电形势相对平稳，各季度用电增速分别为 4.1%、3.2%、4.0%和 3.5%；其中，水泥用电量同比下降 1.1%，主要是受环保、错峰生产等因素影响，6～12 月中，仅 11 月产量为正增长，其他月份产量均同比下降。有色行业用电量同比增长 6.4%，增速同比提高 5.2 个百分点；各季度用电增速分别为 16.0%、12.1%、2.1%和－2.8%，逐季回落趋势明显，主要是由于 7 月以来清理整顿电解铝

❶ 根据国家统计局统计，2017 年，工业机器人、民用无人机、新能源汽车、城市轨道车辆、锂离子电池、太阳能电池等新兴工业产品产量分别增长 68.1%、67%、51.1%、40.1%、31.3%、30.6%。

❷ 分别为有色金属冶炼及压延加工业、黑色金属冶炼及压延加工业、化学原料及化学制品制造业、非金属矿物制品业，下文分别简称为有色、黑色、化工、建材行业。

违法违规产能，以及进入采暖季后大气污染防治停产限产大幅减少了生产用电❶。黑色行业用电量呈现出先降后升的走势，见图 22。行业去产能、清除“地条钢”和环保督查等多重因素叠加，导致二、三季度持续负增长，但随着市场供需形势的好转，产品价格回升，拉动行业生产逐步回温，四季度用电增速由负转正，各季度用电增速分别为 12.8%❷、−5.6%、−0.7% 和 0.7%，与钢材价格走势基本一致。

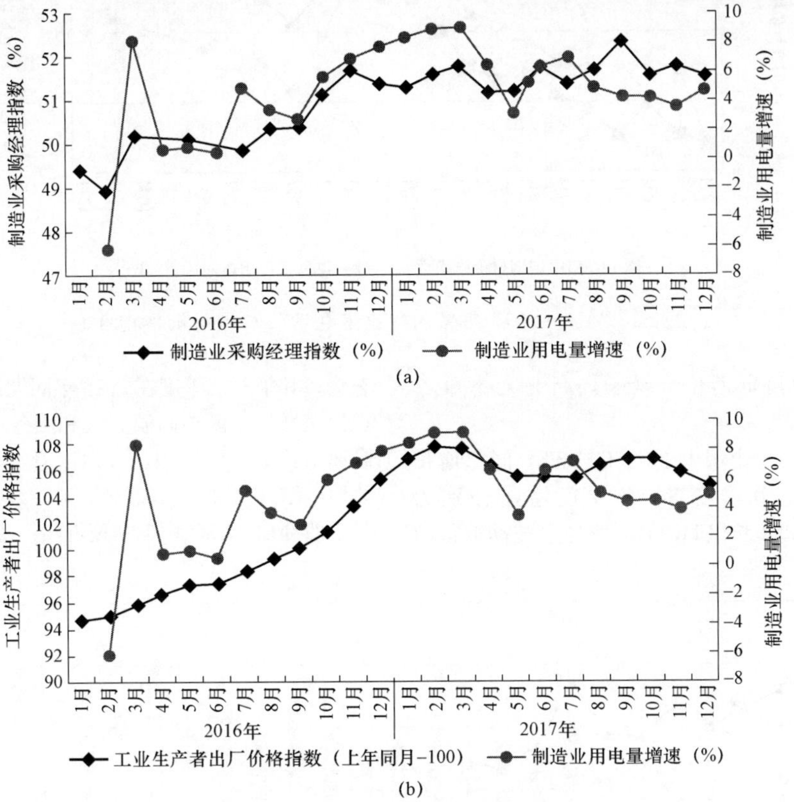

图 20　2016～2017 年制造业用电量增速与 PMI、PPI 走势

(a) 制造业用电量增速与 PMI；(b) 制造业用电量增速与 PPI

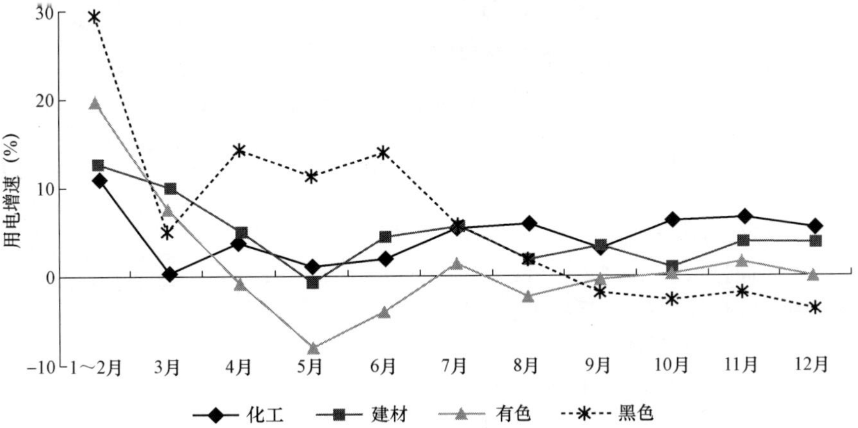

图 21　2017 年传统高耗能行业用电增速

❶ 6～11 月，各月电解铝产量分别为 293.1 万、268.6 万、264.0 万、260.6 万、254.6 万、235 万 t，12 月产量有所提高，电解铝行业用电量占有色行业用电比重在 3/4 左右，电解铝产量逐月递减导致有色行业用电量增速逐步回落。

❷ 一季度黑色行业用电高速增长主要是受 2016 年同期用电下降 14%形成的低基数影响。

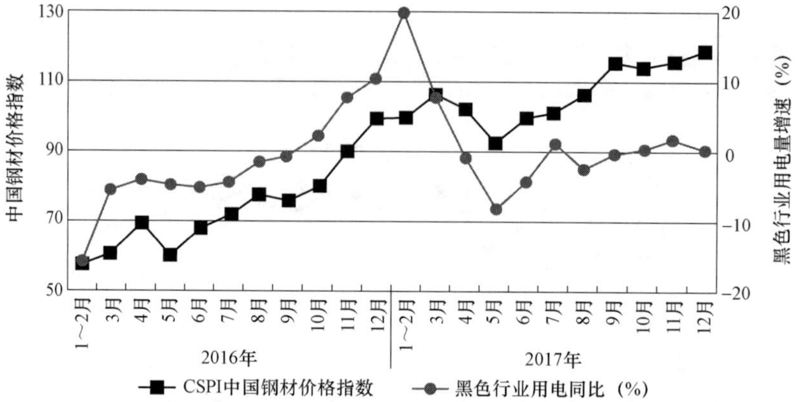

图 22　2016～2017 年黑色行业用电增长与钢材价格指数

3. 第三产业用电两位数增长，新兴业态服务业用电增长强势

2017 年，第三产业用电 8814 亿 kWh，同比增长 10.7%，见图 23。分季度看，各季度增速分别为 7.8%、11.0%、12.5%和 11.1%，整体呈波动上行的态势；其中，三季度在 2016 年同期高基数基础上仍实现快速增长，极端高温天气和服务业各行业持续的较高速增长是主要原因。分地区看，东、中、西部和东北地区增速分别为 10.0%、11.2%、13.1%和 7.2%，其中西部地区三产用电增速近两年持续高于其他地区。

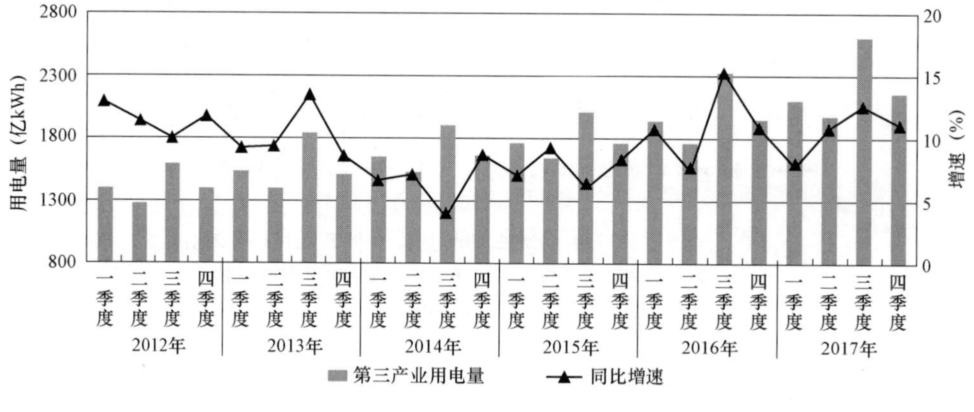

图 23　2012～2017 年分季度第三产业用电量及其增速

从细分行业看（见表 4），特点较突出的有以下两个行业：

信息传输/计算机服务和软件业用电继续延续近年来的快速增长势头，同比增长 14.6%，该行业地区用电呈现出以下两个特征：一是位于东部沿海地区的广东、江苏、浙江、北京等信息传输/计算机服务和软件业用电量较大、发展较早的省（区、市），在政策红利、技术创新等的推动下新兴业态快速发展；二是贵州、内蒙古等西部省（区、市），随着其大数据综合试验区等逐步建成和投运，动能加快积聚，行业用电量呈高速增长，分别同比增长 33.5%和 41.2%。

表 4　2017 年第三产业及其行业用电情况

单位：亿 kWh、%、百分点

产业	用电量	2017 年用电增速	2016 年用电增速	用电增速同比
第三产业	8814	10.7	11.2	−0.6
交通运输、仓储和邮政业	1416	13.3	11.2	2.1
其中：交通运输业	1238	13.6	11.1	2.5
信息传输、计算机服务和软件业	637	14.6	15.1	−0.5

续表

产业	用电量	2017年用电增速	2016年用电增速	用电增速同比
商业、住宿和餐饮业	2523	8.6	9.5	−0.9
金融、房地产、商务及居民服务业	1930	11.5	12.3	−0.8
公共事业及管理组织	2307	9.6	11.3	−1.7

交通运输/仓储和邮政业用电量同比增长13.3%，增速同比提高2.1个百分点，是第三产业中唯一用电增速同比提高的行业。该行业快速增长的原因：一是近几年随着国家大力发展新能源汽车以及大气污染治理等多重因素影响下，电动汽车在城市公共交通领域快速推广，拉动城市公共交通用电同比增长25.5%，增速比2016年提高3.7个百分点；二是2017年以来持续快速增长的铁路客货运输形势，拉动电气化铁路用电同比增长11.7%，延续2016年以来的快速增长水平；三是在电商零售业快速增长尤其是电商快递物流业务量保持近30%增长的拉动下，电商对物流智能化仓储、分拣、投送设施设备大量应用，也拉动了交通运输业和仓储业用电增长。

4. 居民生活用电平稳增长，受气温及政策影响较大

2017年，城乡居民生活用电8695亿kWh，同比增长7.8%，增速较2016年回落3.0个百分点。分季度看（见图24），各季度增速分别为2.8%、6.6%、12.3%和8.6%；受2016年同期高基数❶以及气温偏暖等因素影响，一季度增速明显偏低；而三季度，在极端高温天气因素下，城乡居民生活用电量在2016年同期高基数❷基础上仍实现了12.3%的快速增长。分地区看，东、中、西部和东北地区增速分别为7.6%、7.3%、9.6%和4.4%。

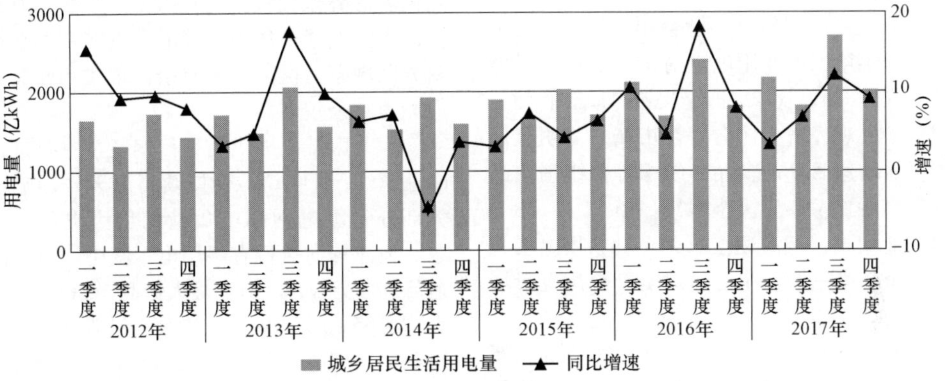

图24　2012～2017年分季度城乡居民生活用电量及其增速

同时，随着国家产业政策、环保措施等推广执行，也明显影响了居民的用能方式和用电习惯。电能替代在居民生活领域加快推进，电动汽车大规模推广、居民取暖“煤改电”快速推进等，使居民用电呈现出新的增长点。以北京、河北为例，在政府相关政策的引导和电网公司的大力推动下，2017年两地共完成居民取暖“煤改电”60余万户，显著拉动了居民用电尤其是乡村居民冬季取暖用电；两省份12月城乡居民用电同比分别增长40.4%和18.8%，其中，乡村居民用电同比分别增长56.2%和23.9%。

5. 电力消费结构持续优化，电力消费新动能正在逐步形成

电力消费结构方面，随着供给侧结构性改革的深入，产业转型升级取得新成效，各项产业政策红利持续释放，带动用电结构进一步调整。如表5所示，2017年，第二产业占全社会用电量的比重继续下降，主要是受四大高耗能行业用电占比下拉的影响；其中，轻工业用电量占比微升，与消费对经济增长的拉动作用提高的形势吻合。随着服务业持续快速发展，第三产业持续高于两位数的增速使其在全社会用电中的比重逐年提升，2017年提高0.5个百分点至14.2%。

表5　2016、2017年用电消费结构对比

单位：%、百分点

产业	2017年	2016年	比重变化
第一产业	1.9	1.9	→

❶ 2016年一季度城乡居民生活用电量同比增长10.8%。

❷ 2016年三季度，在极端高温天气的拉动下，城乡居民生活用电量同比增长18.4%，为近十年来城乡居民生活用电量季度最高增速。

续表

产业	2017年	2016年	比重变化
第二产业	69.6	70.2	↓0.6
工业	68.3	68.9	↓0.6
轻工业	11.85	11.80	↑0.05
重工业	56.49	57.14	↓0.64
制造业	51.4	51.6	↓0.2
四大高耗能行业	28.6	29.2	↓0.5
第三产业	14.2	13.7	↑0.5
城乡居民生活用电	14.3	14.2	↑0.1

用电量较快增长原因方面，2017年用电增长的动力主要来自于较平稳增长的第二产业用电、持续快速增长的服务业用电，以及新产业、新业态蓬勃发展催生的新增长点。结合前面的分析，总结出用电较快增长具有如下几方面原因：

一是第二产业用电仍然是全社会用电量增长的最主要拉动力。全年第二产业用电量对全社会用电量增长的贡献率为60.0%，比2016年提高18.6个百分点，主要得益于宏观经济整体向好，市场形势明显回暖，高耗能行业增速回升，食品、纺织等传统消费品业平稳增长，高新技术产业快速增长。

二是服务业用电持续高速增长是全社会用电增长的稳定支撑。全年第三产业用电量对全社会用电量增长的贡献率为21.8%。

三是电力消费新动能正在逐步形成。2016年，新技术、新产业、新业态、新模式蓬勃发展，成为经济发展的新动能，对拉动电力消费的影响力已初步显现，尤其在部分省份，已逐步成为电力消费新的增长点。技术创新、产业升级拉动下的高技术制造业、战略性新兴产业，电子商务、共享经济拉动下的信息传输计算机服务和软件业、交通运输仓储和邮政业，以及传统行业与新模式、新业态的融合创新，都成为2017年电力消费中的新亮点，并均不同程度上拉动用电增长。

四是电能替代成效明显。在各级政府大力支持以及电网企业积极推进下，电能替代在工业生产、北方居民采暖、交通运输等领域取得明显成效。根据调研了解，2017年国家电网公司与南方电网公司共完成电能替代项目10万余个，新增电量1264亿kWh。

五是夏季长时间极端高温天气拉动用电快速增长。随着电气化水平不断提高，气温异常对于用电负荷的冲击越来越大，不仅影响居民生活用电，还对各行业用电产生影响。2017年夏季的7月和9月，全国平均气温均创1961年以来历史同期最高，拉动降温负荷以及用电量快速增长，其中，7月用电量增长9.9%，创2013年9月以来46个月间的月度最高增速；三季度气温因素拉高全年全社会用电量增速接近1个百分点。

在分析全社会用电量较快增长的同时，也需看到政策因素对用电带来的扰动效应。2017年以来，供给侧去产能、环保督查、部分行业清除违法违规项目、大气污染防治等政策，在改善供需结构，促进产业升级、保护生态环境等方面具有明显成效的同时，对行业生产及电力消费走势产生较大影响。需在形势预断、政策研究、企业政策制定等工作中重点关注。

（四）全国电力供需形势总体宽松，部分地区富余较多

2017年，全国电力供需延续总体宽松态势，区域间供需形势差异较大，见表6。其中，华北区域电力供需平衡偏紧，华中区域电力供需基本平衡，华东和南方区域电力供需平衡有余，东北和西北区域电力供应能力富余较多。

华北区域电力供需平衡偏紧，主要是迎峰度夏期间偏紧。7月中旬，受持续高温天气影响，区域内绝大部分省级电网用电负荷均创历史新高，河北、山东、天津等地执行有序用电，其中，河北南网最大错避峰385万kW，山东最大错避峰206万kW，冀北最大错避峰90万kW，天津最大错避峰57万kW。区域统调最高用电负荷2.18亿kW，同比增长5.0%；区域发电设备平均利用小时3958h，同比降低141h。其中，火电4525h❶，同比降低125h；并网风电2057h，同比提高118h。

东北区域电力供应能力富余较多，区域内各省级电网供应能力均有所富余。区域统调最高用电负荷6121万kW，同比增长8.2%；区域发电设备平均利用小时3475h，同比提高42h。其中，火电4063h❷，同比提高34h；并网风电1961h，同比提高271h。其中吉林1721h，同比提高388h。

华东区域电力供需平衡有余，其中，福建和浙江电力供应能力有一定富余，安徽和江苏在迎峰度夏高峰时段分别最大错避峰58万kW和40万kW。区域统调最高用电负荷2.75亿kW，同比增长8.4%；区域发电设备平均利用小时4223h，同比降低27h。其中，火电4444h❸，同比提高118h。

❶ 其中，煤电发电设备平均利用小时为4587h。

❷ 其中，煤电发电设备平均利用小时为4054h。

❸ 其中，煤电发电设备平均利用小时为4744h。

表6 2017年各区域用电量及发电装机容量指标

单位：亿kWh、万kW、%

区域	2017年全社会用电量		全社会用电量分季度增速				新增发电装机容量	2017年度全口径发电装机容量	
	规模	增速	一季度	二季度	三季度	四季度		装机	增速
全国	63 077	6.6	6.9	5.8	7.8	5.7	13 372	177 703	7.6
华北	15 066	5.3	8.8	6.4	5.1	1.5	3223	38 766	9.0
东北	4328	4.6	5.9	4.0	3.6	4.8	630	13 916	6.9
华东	15 561	6.7	5.0	4.4	10.4	6.2	3860	34 833	9.5
华中	11 108	6.2	5.1	5.4	8.1	6.0	2836	34 601	7.3
西北	6384	10.1	12.4	9.6	8.9	9.8	2239	24 871	9.6
南方	10 629	7.3	6.0	5.9	8.3	8.6	585	30 717	2.7

华中区域电力供需基本平衡，迎峰度夏高峰时段湖南最大错避峰121万kW。此外，湖北、河南和四川也出现错避峰。区域统调最高用电负荷1.91亿kW，同比增长8.8%；区域发电设备平均利用小时3675h，同比降低44h。其中水电3977h，同比降低1h；火电3709h❶，同比提高47h；风电2059h，同比降低30h。

西北区域电力供应能力富余较多，主要是甘肃、新疆等省（区、市）富余较多。区域统调最高用电负荷8148万kW，同比增长6.5%。区域发电设备平均利用小时3406h，同比提高110h；其中，火电4530h❷，同比提高35h；风电1652h，同比提高340h；太阳能发电1281h，同比提高146h。

南方区域电力供需平衡有余，主要是云南、广西汛期富余较多，入汛后来水明显增加，受消纳能力不足等因素影响，云南和广西分别弃水288.7亿kWh和49.8亿kWh；贵州1～4月份受电煤供应明显不足影响，电力供应偏紧，个别时段出现错峰，6月29日解除电煤黄色预警，但进入枯水期后，电煤紧张局势重现，12月底全省21家燃煤电厂中有2家存煤进入红色预警（可用天数不足3天），4家存煤进入黄色预警（可用天数3～7天）。区域统调最高用电负荷1.63亿kW，同比增长10.5%；区域发电设备平均利用小时3660h，同比提高87h。其中，水电3691h，同比提高7h；火电3567h❸，同比提高91h。2017年分区域发电装机容量及用电量占全国比重情况如图25所示。

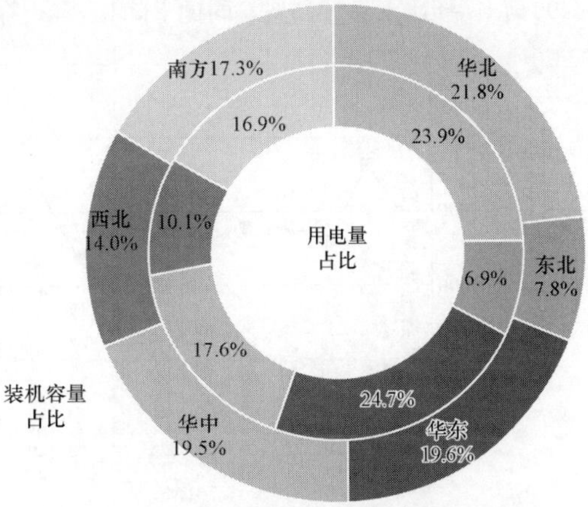

图25 2017年分区域发电装机容量及用电量占全国比重情况

（五）燃料供应偏紧，电力行业效益明显下滑

1. 电煤供需形势偏紧，冬季发电用天然气供应紧张

2017年，煤炭供应量明显小于消费量，煤炭供需总体出现硬缺口、供需平衡缺少余缺调剂，区域性、结构性失衡现象较为普遍，导致电煤价格持续高位运行，煤电企业大面积严重亏损。

国内煤炭供需失衡，电煤供应存在缺口。2017年，宏观经济稳中向好，电力、钢铁等主要耗煤行业生产增速提升，带动煤炭消耗需求增长超预期，全国煤炭消费量约39亿t❹。煤炭行业去产能超进度、先进产能释放增量不足，叠加安全、环保等多方面因素影响，煤炭产量增加不足。全国规模以上原煤产量34.45亿t❺，预计全国全口径原煤产量35亿t左右；全年煤炭净进口量2.6亿t，2017年进口煤政策持续收紧，尤其是四季度采取临时性限制措施。国内煤炭市场供应量明显小于消费量，存在缺口，导致电煤供应持续偏紧（见图26）。相关部门多措并举增加电煤供给，供需形势有所缓和，但迎峰度冬期间电煤消费需求较快增长，贵州、甘肃、安徽、“两湖一江”❻、沿海等地区供需形势较为紧张。

冬季各环节煤炭库存下降。2017年12月底，全国

❶ 其中，煤电发电设备平均利用小时为3679h。
❷ 其中，煤电发电设备平均利用小时为4375h。
❸ 其中，煤电发电设备平均利用小时为3622h。
❹ 数据来源：中国煤炭工业协会测算。
❺ 数据来源：国家统计局统计数据。
❻ 指湖南、湖北、江西。

重点煤炭企业存煤约 6300 万 t，环比下降 3%，同比下降 24.9%；环渤海六港港口库存 1470 万 t 左右，比 11 月初下降 2.8%，同比下降 17.4%；重点发电企业存煤 6499 万 t，环比下降 16.6%，同比下降 0.7%，存煤可用 15 天。当前度冬期间东北、华北、贵州、安徽、江苏等地区电煤供需形势较为紧张，部分电厂又已出现缺煤停机隐患，对保发电供热构成较大威胁。

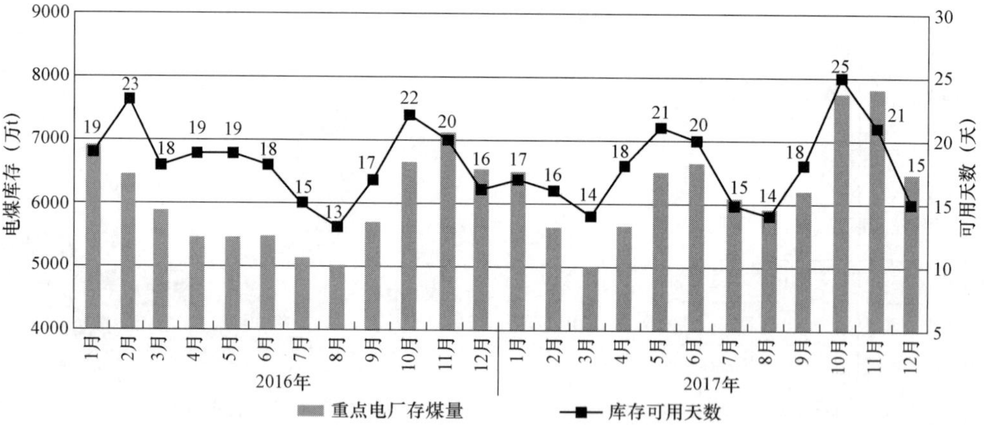

图 26　2016 年以来分月全国重点电厂电煤库存及可用天数情况

冬季供暖期发电用天然气供应紧张。多地加强大气污染治理，工业以及取暖“煤改气”新增需求集中释放，天然气消费需求超预期增长，呈现“淡季不淡、旺季更旺”的特征。2017 年，全国天然气表观消费量 2373 亿 m^3，同比增长 15.3%，增速明显超过 2016 年。全国出现阶段性、区域性供气不足情况，尤其是进入冬季供暖期，用气需求明显增加，但天然气供应面临储气调峰设施不足、管网互联互通不足等制约，天然气供需形势较为严峻，部分地区燃机发电受到供气限制，部分机组低负荷运行或停机。

2. 电力行业效益下滑，煤电企业经营形势持续严峻

2017 年，工业绝大部分行业效益明显改善，利润大幅上升，电力行业为社会降成本做出了巨大贡献。但受诸多因素影响，电力行业自身效益明显下滑，发电企业尤其是煤电企业经营形势持续严峻、大面积亏损。

据调研了解，2017 年华能等五大发电集团❶煤电板块整体亏损面在 60%左右，资产负债率在 80%以上。煤电企业持续亏损严重影响企业正常生产经营和企业职工队伍稳定；不利于国有资产的保值增值；部分企业濒临资金链断裂，导致机组检修维护投入不足，安全稳定运行受到影响，甚至无力支付煤款，供电供热存隐患。

综合分析，发电企业成本快速上涨且难以向外疏导是导致煤电板块持续全面亏损的根本原因，具体影响因素如下：

一是电煤价格持续高位，导致煤电企业发电成本大幅增加。如图 27 所示，2017 年所发布的 49 期环渤海动力煤价格指数中，仅有 2 期❷在 500～570 元/t 的“绿色区间”内，尤其下半年以来总体处于持续上涨态势。根据中国沿海电煤采购价格指数——CECI 沿海指数显示，2018 年 1 月 26 日 5500kcal（1kcal=4.186kJ）现货成交价已达到 744 元/t，两个月时间累计上涨 75 元/t，发电燃料成本明显上涨。据调研，2017 年五大发电集团到场标煤单价比 2016 年上涨 34%，导致电煤采购成本比 2016 年提高 920 亿元左右。初步测算 2017 年全国煤电行业因电煤价格上涨导致电煤采购成本比 2016 年提高 2000 亿元左右，成为导致煤电行业大面积亏损、电力行业效益大幅下滑的最主要因素。

二是近两年上网标杆电价下调，市场化交易中交易电价进一步下降。一方面，2015 年以来两次下调全国煤电上网标杆电价累计约 5 分/kWh，对 2017 年煤电企业收益造成的影响达 2000 亿元；另一方面，市场化交易电量规模进一步扩大，2017 年交易电量累计 1.63 万亿 kWh，同比增长 45%，占全社会用电量比重达 26%左右❸，减少工商企业电费支出 603 亿元，有效降低社会生产成本。上网标杆电价下调、市场化交易电价下降，电力企业为社会降低成本做出巨大贡献的同时，营业收入及利润大幅下降。

---

❶ 本报告中所指五大发电集团为华能集团、大唐集团、华电集团、原国电集团、国家电投集团五家国家大型发电集团，下同。

❷ 处于“绿色区间”的 2 期指数分别是第 21 期 562 元/t，第 22 期 564 元/t，均贴近“绿色区间”上限。

❸ 据调研了解，五大发电集团市场化交易电量比重达到 35.5%，远高于行业平均水平。

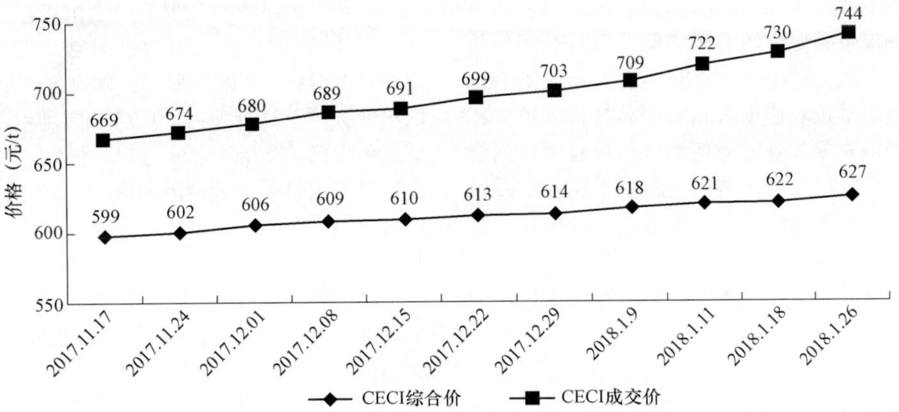

图 27　中国电煤采购价格指数（CECI）周价格

注：综合价为根据当期 5500kcal/kg 所有样本北方港平仓价综合加权编制，反映北方港平仓综合采购价格水平；成交价为根据当期所有现货采购样本北方港平仓价加权编制，反映当期市场现货采购真实成交价格水平。

三是可再生能源补贴支付明显滞后。随着近年来风电、太阳能发电快速发展，可再生能源补贴资金缺口不断增大，补贴不及时、不到位现象严重。据调研了解，截至 2017 年底，五大发电集团可再生能源补贴累计拖欠共计 545 亿元，其中，2017 年新拖欠 265 亿元，导致发电企业资金周转困难，财务成本负担沉重。

四是煤电企业环保投入不断增加，环保补贴难以弥补环保投入。为响应国家持续加大的环保治理力度，发电企业积极进行超低排放改造等环保改造项目，投入资金巨大，而改造资金多来自贷款，造成较多的财务费用。而很大一部分电厂环保设施平均运维成本高于环保电价补贴，造成企业经营压力进一步加大。

受煤电企业持续亏损以及煤电新开工项目减少等影响，发电设计、建设施工等企业经营形势非常严峻。

电网企业经营面临较大挑战。一方面，电网企业收入增长将放缓。2017 年，国家已完成 32 个省级电网输配电价改革，平均输配电价比现行购销价差平均每千瓦时减少将近 1 分钱，进而核减 32 个省级电网准许收入约 480 亿元；此外，随着市场化交易电量增加，电网企业售电量空间将逐步减少。另一方面，电网企业履行电力普遍服务，贯彻落实脱贫攻坚、乡村振兴、援疆援藏、区域协调等战略部署，不断加大农网建设投资，重点聚焦“三区三州”等深度贫困地区、边疆地区，民族地区和东北老工业基地，投入巨大，但经济效益无保障，部分省级电网企业亏损。

电力体制机制改革

国家发展改革委全面部署价格机制改革

11 月 8 日，国家发展改革委出台了《关于全面深化价格机制改革的意见》（简称《意见》），对未来三年价格机制改革进行全面部署。《意见》指出，要加快推进电力市场交易，实施标杆上网电价退坡机制，对输配电等重点领域，全面开展定价成本监审。

《意见》提出到 2020 年的改革目标是，国内由市场决定价格机制基本完善，以“准许成本＋合理收益”为核心的政府定价制度基本建立，促进绿色发展的价格政策体系基本确立，低收入群体价格保障机制更加健全，市场价格监管和反垄断执法体系更加完善，要素自由流动、价格反应灵活、竞争公平有序、企业优胜劣汰的市场价格环境基本形成。

《意见》聚焦垄断行业、公用事业和公共服务、生态环保、农业、涉企收费、市场价格监管、民生保障等七个方面，提出了重点改革任务。按照“管住中间、放开两头”的思路，进一步深化电力、天然气、铁路货运等垄断行业价格改革；区分竞争性与非竞争性环节、基本与非基本服务，加快完善城市供水供电供气供热、医疗服务等公用事业和公共服务价格机制；坚持节约优先、保护优先、自然恢复为主的方针，创新完善促进资源节约、环境保护的生态环保价格机制；围绕实施乡村振兴战略和推进农业供给侧结构性改革，稳步推进农业用水和农产品价格改革；积极服务实体经济发展，着力清理规范涉企收费；围绕营造公平竞争的市场环境，全面实施公平竞争审查制度，推进反价格垄断执法常态化精准化，加强和创新市场价格监管，有效促进市场竞争公平有序；坚持以人民为中心的发展思想，切实做好稳价安民工作，兜住民生底线。

全国碳排放交易体系正式启动

经国务院同意，国家发展改革委于 12 月 18 日印发了《全国碳排放权交易市场建设方案（发电行业）》(简称《方案》)。19 日，国家发展改革委组织召开全国碳排放交易体系启动工作电视电话会议以及新闻发布会，介绍《方案》具体内容并作动员部署。这标志着中国碳排放交易体系完成了总体设计，正式启动。

《方案》指出，在发电行业（含热电联产）率先启动全国碳排放交易体系，参与主体是发电行业年度排放达到 2.6 万 t 二氧化碳当量及以上的企业或者其他经济组织包括其他行业自备电厂。首批纳入碳交易的企业 1700 余家，排放总量超过 30 亿 t 二氧化碳当量。

《方案》指出，碳市场建设的最终目标是建立起归属清晰、保护严格、流转顺畅、监管有效、公开透明的碳市场，推动企业转型升级，实现控制温室气体排放目标。今后将分“三步走”推进建设工作：基础建设期——用一年左右时间，完成全国统一的数据报送系统、注册登记系统和交易系统建设，开展碳市场管理制度建设；模拟运行期——用一年左右时间，开展发电行业配额模拟交易，全面检验市场各要素环节的有效性和可靠性，强化市场风险预警与防控机制；深化完善期——在发电行业交易主体间开展配额现货交易，在发电行业碳市场稳定运行的前提下，逐步扩大市场覆盖范围，丰富交易品种和交易方式。

第三批配电业务改革试点启动

11 月 30 日，国家发展改革委、国家能源局联合印发《关于加快推进增量配电业务改革试点的通知》(简称《通知》)，宣布启动第三批增量配电业务改革试点，要求各地于 12 月 29 日前报送符合条件的试点项目，每个地级市至少要有一个试点。

11 月 24 日，第二批增量配电业务改革试点名单出炉，共计 89 个试点项目。加上第一批 105 个增量配电业务改革试点项目，目前中国增量配电业务改革试点项目已达 194 个。《通知》强调，增量配电业务改革试点项目要实现全国地级以上城市全覆盖，每个地级市至少要有一个试点，条件较好的地方可以多一些试点。

《通知》还对加快推进增量配电业务改革试点做出部署，要求建立试点项目进展情况定期上报制度，从 2018 年 1 月起，各地通过发展改革系统纵向网邮箱，每半个月上报一次增量配电业务改革试点进展情况，包括试点项目业主确定情况、业主股权结构、配电区域划分情况、电力业务许可证（供电类）办理情况以及试点过程中存在的问题。试点项目完成配电区域划分，并取得电力业务许可证（供电类）后，可不再上报进展情况。

国家电网公司完成公司制改制

11 月 30 日，国家电网公司完成了公司制改制的工商变更登记，工商部门颁发了改制后的公司营业执照，国家电网公司总部的公司制改制工作圆满完成。按照国务院国资委的部署和《公司法》规定，公司由全民所有制企业整体改制为国有独资公司，公司名称由“国家电网公司”变更为“国家电网有限公司”。至此，包括国家电网公司总部和需改制的 21 家二级单位、123 家三级及以下单位公司制改制任务全部提前完成。

国家能源投资集团有限责任公司成立

11 月 28 日，国家能源投资集团有限责任公司（简称国家能源集团）重组大会在北京召开，标志着国家能源集团正式成立。国务院国资委主任、党委副书记肖亚庆出席会议并作重要讲话。国家能源集团董事长、党组书记乔保平出席会议并讲话，董事、总经理、党组副书记凌文主持会议。

重组后的国家能源集团资产规模超过 1.8 万亿元，拥有 33 万名员工、8 家科研院所、6 家科技企业，形成煤炭、常规能源发电、新能源、交通运输、煤化工、产业科技、节能环保、产业金融等 8 大业务板块，拥有四个世界之最，分别是世界最大的煤炭生产公司、世界最大的火力发电生产公司、世界最大的可再生能源发电生产公司和世界最大煤制油、煤化工公司。

2017年8月28日，经党中央、国务院批准，中国国电集团公司与神华集团有限责任公司合并重组为国家能源投资集团有限责任公司。11月20日，国家能源集团召开管理人员大会，会上宣布了党中央、国务院关于国家能源集团领导班子配备的决定。

国家发展改革委、国家能源局同意江苏省开展售电侧改革试点

2月28日，国家发展改革委办公厅和国家能源局综合司发布关于同意江苏省开展售电侧改革试点的复函。

复函指出，试点工作要始终坚持三条原则：一是坚持市场定价的原则，避免采取行政命令等违背改革方向的办法，人为降低电价；二是坚持平等竞争的原则，发电企业通过投资建设专用线路等形式向用户直接供电的，应当符合规划，履行社会责任，按规定承担国家依法合规设立的政府性基金，以及与产业政策相符合的政策性交叉补贴和系统备用费；三是坚持节能减排的原则，对按规定应实行差别电价和惩罚性电价的企业，不得借机变相对其提供优惠电价和电费补贴。

批复要求，试点地区要建立问题发现和纠错机制，切实防范试点过程中可能出现的风险，灵活应对试点工作中出现的问题，保证电网安全，保障民生用电。国家能源局江苏监管办和省级有关部门根据职能依法履行电力监管职责，对市场主体有关市场操纵力、公平竞争、电网公平开放、交易行为等情况实施监管，对电力交易机构和电力调度机构执行市场规则的情况实施监管。

电力规划

“十三五”国家战略性新兴产业发展规划（摘要）

战略性新兴产业代表新一轮科技革命和产业变革的方向，是培育发展新动能、获取未来竞争新优势的关键领域。“十三五”时期，要把战略性新兴产业摆在经济社会发展更加突出的位置，大力构建现代产业新体系，推动经济社会持续健康发展。根据“十三五”规划纲要有关部署，特编制本规划，规划期为2016—2020年。

一、加快壮大战略性新兴产业，打造经济社会发展新引擎

（一）现状与形势（略）

（二）指导思想（略）

（三）主要原则（略）

（四）发展目标

到2020年，战略性新兴产业发展要实现以下目标：

产业规模持续壮大，成为经济社会发展的新动力。战略性新兴产业增加值占国内生产总值比重达到15%，形成新一代信息技术、高端制造、生物、绿色低碳、数字创意等5个产值规模10万亿元级的新支柱，并在更广领域形成大批跨界融合的新增长点，平均每年带动新增就业100万人以上。

创新能力和竞争力明显提高，形成全球产业发展新高地。攻克一批关键核心技术，发明专利拥有量年均增速达到15%以上，建成一批重大产业技术创新平台，产业创新能力跻身世界前列，在若干重要领域形成先发优势，产品质量明显提升。节能环保、新能源、生物等领域新产品和新服务的可及性大幅提升。知识产权保护更加严格，激励创新的政策法规更加健全。

产业结构进一步优化，形成产业新体系。发展一批原创能力强、具有国际影响力和品牌美誉度的行业排头兵企业，活力强劲、勇于开拓的中小企业持续涌现。中高端制造业、知识密集型服务业比重大幅提升，支撑产业迈向中高端水平。形成若干具有全球影响力的战略性新兴产业发展策源地和技术创新中心，打造百余个特色鲜明、创新能力强的新兴产业集群。

到2030年，战略性新兴产业发展成为推动我国经济持续健康发展的主导力量，我国成为世界战略性新兴产业重要的制造中心和创新中心，形成一批具有全球影响力和主导地位的创新型领军企业。

（五）总体部署

以创新、壮大、引领为核心，紧密结合“中国制造2025”战略实施，坚持走创新驱动发展道路，促进一批新兴领域发展壮大并成为支柱产业，持续引领产业中高端发展和经济社会高质量发展。立足发展需要和产业基础，大幅提升产业科技含量，加快发展壮大网络经济、高端制造、生物经济、绿色低碳和数字创

意等五大领域，实现向创新经济的跨越。着眼全球新一轮科技革命和产业变革的新趋势、新方向，超前布局空天海洋、信息网络、生物技术和核技术领域一批战略性产业，打造未来发展新优势。遵循战略性新兴产业发展的基本规律，突出优势和特色，打造一批战略性新兴产业发展策源地、集聚区和特色产业集群，形成区域增长新格局。把握推进“一带一路”建设战略契机，以更开放的视野高效利用全球创新资源，提升战略性新兴产业国际化水平。加快推进重点领域和关键环节改革，持续完善有利于汇聚技术、资金、人才的政策措施，创造公平竞争的市场环境，全面营造适应新技术、新业态蓬勃涌现的生态环境，加快形成经济社会发展新动能。

二、推动信息技术产业跨越发展，拓展网络经济新空间

实施网络强国战略，加快建设“数字中国”，推动物联网、云计算和人工智能等技术向各行业全面融合渗透，构建万物互联、融合创新、智能协同、安全可控的新一代信息技术产业体系。到2020年，力争在新一代信息技术产业薄弱环节实现系统性突破，总产值规模超过12万亿元。

（一）构建网络强国基础设施。深入推进“宽带中国”战略，加快构建高速、移动、安全、泛在的新一代信息基础设施。

（二）推进“互联网＋”行动。促进新一代信息技术与经济社会各领域融合发展，培育“互联网＋”生态体系。

（三）实施国家大数据战略。落实大数据发展行动纲要，全面推进重点领域大数据高效采集、有效整合、公开共享和应用拓展，完善监督管理制度，强化安全保障，推动相关产业创新发展。

（四）做强信息技术核心产业。顺应网络化、智能化、融合化等发展趋势，着力培育建立应用牵引、开放兼容的核心技术自主生态体系，全面梳理和加快推动信息技术关键领域新技术研发与产业化，推动电子信息产业转型升级取得突破性进展。

（五）发展人工智能。培育人工智能产业生态，促进人工智能在经济社会重点领域推广应用，打造国际领先的技术体系。

（六）完善网络经济管理方式。

三、促进高端装备与新材料产业突破发展，引领中国制造新跨越

顺应制造业智能化、绿色化、服务化、国际化发展趋势，围绕“中国制造2025”战略实施，加快突破关键技术与核心部件，推进重大装备与系统的工程应用和产业化，促进产业链协调发展，塑造中国制造新形象，带动制造业水平全面提升。力争到2020年，高端装备与新材料产业产值规模超过12万亿元。

（一）打造智能制造高端品牌。着力提高智能制造核心装备与部件的性能和质量，打造智能制造体系，强化基础支撑，积极开展示范应用，形成若干国际知名品牌，推动智能制造装备迈上新台阶。

（二）实现航空产业新突破。加强自主创新，推进民用航空产品产业化、系列化发展，加强产业配套设施和安全运营保障能力建设，提高产品安全性、环保性、经济性和舒适性，全面构建覆盖航空发动机、飞机整机、产业配套和安全运营的航空产业体系。到2020年，民用大型客机、新型支线飞机完成取证交付，航空发动机研制实现重大突破，产业配套和示范运营体系基本建立。

（三）做大做强卫星及应用产业。建设自主开放、安全可靠、长期稳定运行的国家民用空间基础设施，加速卫星应用与基础设施融合发展。到2020年，基本建成主体功能完备的国家民用空间基础设施，满足我国各领域主要业务需求，基本实现空间信息应用自主保障，形成较为完善的卫星及应用产业链。

（四）强化轨道交通装备领先地位。推进轨道交通装备产业智能化、绿色化、轻量化、系列化、标准化、平台化发展，加快新技术、新工艺、新材料的应用，研制先进可靠的系列产品，完善相关技术标准体系，构建现代轨道交通装备产业创新体系，打造覆盖干线铁路、城际铁路、市域（郊）铁路、城市轨道交通的全产业链布局。

（五）增强海洋工程装备国际竞争力。推动海洋工程装备向深远海、极地海域发展和多元化发展，实现主力装备结构升级，突破重点新型装备，提升设计能力和配套系统水平，形成覆盖科研开发、总装建造、设备供应、技术服务的完整产业体系。

（六）提高新材料基础支撑能力。顺应新材料高性能化、多功能化、绿色化发展趋势，推动特色资源新材料可持续发展，加强前沿材料布局，以战略性新兴产业和重大工程建设需求为导向，优化新材料产业化及应用环境，加强新材料标准体系建设，提高新材料应用水平，推进新材料融入高端制造供应链。到2020年，力争使若干新材料品种进入全球供应链，重大关键材料自给率达到70%以上，初步实现我国从材料大国向材料强国的战略性转变。

四、加快生物产业创新发展步伐，培育生物经济新动力

把握生命科学纵深发展、生物新技术广泛应用和融合创新的新趋势，以基因技术快速发展为契机，推动医疗向精准医疗和个性化医疗发展，加快农业育种向高效精准育种升级转化，拓展海洋生物资源新领域、促进生物工艺和产品在更广泛领域替代应用，以新的发展模式助力生物能源大规模应用，培育高品质专业化生物服务新业态，将生物经济加速打造成为继信息经济后的重要新经济形态，为健康中国、美丽中国建设提供新支撑。到2020年，生物产业规模达到8万亿～10万亿元，形成一批具有较强国际竞争力的新型生物技术企业和生物经济集群。

（一）构建生物医药新体系。加快开发具有重大临床需求的创新药物和生物制品，加快推广绿色化、智能化制药生产技术，强化科学高效监管和政策支持，推动产业国际化发展，加快建设生物医药强国。

（二）提升生物医学工程发展水平。深化生物医学工程技术与信息技术融合发展，加快行业规制改革，积极开发新型医疗器械，构建移动医疗、远程医疗等诊疗新模式，促进智慧医疗产业发展，推广应用高性能医疗器械，推进适应生命科学新技术发展的新仪器和试剂研发，提升我国生物医学工程产业整体竞争力。

（三）加速生物农业产业化发展。以产出高效、产品安全、资源节约、环境友好为目标，创制生物农业新品种，开发动植物营养和绿色植保新产品，构建现代农业新体系，形成一批具有国际竞争力的生物育种企业，为加快农业发展方式转变提供新途径、新支撑。

（四）推动生物制造规模化应用。加快发展微生物基因组工程、酶分子机器、细胞工厂等新技术，提升工业生物技术产品经济性，推进生物制造技术向化工、材料、能源等领域渗透应用，推动以清洁生物加工方式逐步替代传统化学加工方式，实现可再生资源逐步替代化石资源。

（五）培育生物服务新业态。以专业化分工促进生物技术服务创新发展，构建新技术专业化服务模式，不断创造生物经济新增长点。

（六）创新生物能源发展模式。着力发展新一代生物质液体和气体燃料，开发高性能生物质能源转化系统解决方案，拓展生物能源应用空间，力争在发电、供气、供热、燃油等领域实现全面规模化应用，生物能源利用技术和核心装备技术达到世界先进水平，形成较成熟的商业化市场。

五、推动新能源汽车、新能源和节能环保产业快速壮大，构建可持续发展新模式

把握全球能源变革发展趋势和我国产业绿色转型发展要求，着眼生态文明建设和应对气候变化，以绿色低碳技术创新和应用为重点，引导绿色消费，推广绿色产品，大幅提升新能源汽车和新能源的应用比例，全面推进高效节能、先进环保和资源循环利用产业体系建设，推动新能源汽车、新能源和节能环保等绿色低碳产业成为支柱产业，到2020年，产值规模达到10万亿元以上。

（一）实现新能源汽车规模应用。强化技术创新，完善产业链，优化配套环境，落实和完善扶持政策，提升纯电动汽车和插电式混合动力汽车产业化水平，推进燃料电池汽车产业化。到2020年，实现当年产销200万辆以上，累计产销超过500万辆，整体技术水平保持与国际同步，形成一批具有国际竞争力的新能源汽车整车和关键零部件企业。

全面提升电动汽车整车品质与性能。加快推进电动汽车系统集成技术创新与应用，重点开展整车安全性、可靠性研究和结构轻量化设计。提升关键零部件技术水平、配套能力与整车性能。加快电动汽车安全标准制定和应用。加速电动汽车智能化技术应用创新，发展智能自动驾驶汽车。开展电动汽车电力系统储能应用技术研发，实施分布式新能源与电动汽车联合应用示范，推动电动汽车与智能电网、新能源、储能、智能驾驶等融合发展。建设电动汽车联合创新平台和跨行业、跨领域的技术创新战略联盟，促进电动汽车重大关键技术协同创新。完善电动汽车生产准入政策，研究实施新能源汽车积分管理制度。到2020年，电动汽车力争具备商业化推广的市场竞争力。

建设具有全球竞争力的动力电池产业链。大力推进动力电池技术研发，着力突破电池成组和系统集成技术，超前布局研发下一代动力电池和新体系动力电池，实现电池材料技术突破性发展。加快推进高性能、高可靠性动力电池生产、控制和检测设备创新，提升动力电池工程化和产业化能力。培育发展一批具有持续创新能力的动力电池企业和关键材料龙头企业。推进动力电池梯次利用，建立上下游企业联动的动力电池回收利用体系。到2020年，动力电池技术水平与国际水平同步，产能规模保持全球领先。

系统推进燃料电池汽车研发与产业化。加强燃料电池基础材料与过程机理研究，推动高性能低成本燃料电池材料和系统关键部件研发。加快提升燃料电池堆系统可靠性和工程化水平，完善相关技术标准。推动车载储氢系统以及氢制备、储运和加注技术发展，推进加氢站建设。到2020年，实现燃料电池汽车批量生产和规模化示范应用。

加速构建规范便捷的基础设施体系。按照“因地适宜、适度超前”原则，在城市发展中优先建设公共服务区域充电基础设施，积极推进居民区与单位停车位配建充电桩。完善充电设施标准规范，推进充电基础设施互联互通。加快推动高功率密度、高转换效率、高适用性、无线充电、移动充电等新型充换电技术及装备研发。加强检测认证、安全防护、与电网双向互动等关键技术研究。大力推动“互联网＋充电基础设施”，提高充电服务智能化水平。鼓励充电服务

企业创新商业模式，提升持续发展能力。到2020年，形成满足电动汽车需求的充电基础设施体系。

（二）推动新能源产业发展。加快发展先进核电、高效光电光热、大型风电、高效储能、分布式能源等，加速提升新能源产品经济性，加快构建适应新能源高比例发展的电力体制机制、新型电网和创新支撑体系，促进多能互补和协同优化，引领能源生产与消费革命。到2020年，核电、风电、太阳能、生物质能等占能源消费总量比重达到8%以上，产业产值规模超过1.5万亿元，打造世界领先的新能源产业。

推动核电安全高效发展。采用国际最高安全标准，坚持合作创新，重点发展大型先进压水堆、高温气冷堆、快堆及后处理技术装备，提升关键零部件配套能力，加快示范工程建设。提升核废料回收利用和安全处置能力。整合行业资源，形成系统服务能力，推动核电加快“走出去”。到2020年，核电装机规模达到5800万kW，在建规模达到3000万kW，形成国际先进的集技术开发、设计、装备制造、运营服务于一体的核电全产业链发展能力。

促进风电优质高效开发利用。大力发展智能电网技术，发展和挖掘系统调峰能力，大幅提升风电消纳能力。加快发展高塔长叶片、智能叶片、分散式和海上风电专用技术等，重点发展5MW级以上风电机组、风电场智能化开发与运维、海上风电场施工、风热利用等领域关键技术与设备。建设风电技术测试与产业监测公共服务平台。到2020年，风电装机规模达到2.1亿kW以上，实现风电与煤电上网电价基本相当，风电装备技术创新能力达到国际先进水平。

推动太阳能多元化规模化发展。突破先进晶硅电池及关键设备技术瓶颈，提升薄膜太阳能电池效率，加强钙钛矿、染料敏化、有机等新型高效低成本太阳能电池技术研发，大力发展太阳能集成应用技术，推动高效低成本太阳能利用新技术和新材料产业化，建设太阳能光电光热产品测试与产业监测公共服务平台，大幅提升创新发展能力。统筹电力市场和外输通道，有序推进西部光伏光热发电开发，加快中东部分布式光伏发展，推动多种形式的太阳能综合开发利用。加快实施光伏领跑者计划，形成光热发电站系统集成和配套能力，促进先进太阳能技术产品应用和发电成本快速下降，引领全球太阳能产业发展。到2020年，太阳能发电装机规模达到1.1亿kW以上，力争实现用户侧平价上网。其中，分布式光伏发电、光伏电站、光热发电装机规模分别达到6000万kW、4500万kW、500万kW。

积极推动多种形式的新能源综合利用。突破风光互补、先进燃料电池、高效储能与海洋能发电等新能源电力技术瓶颈，加快发展生物质供气供热、生物质与燃煤耦合发电、地热能供热、空气能供热、生物液体燃料、海洋能供热制冷等，开展生物天然气多领域应用和区域示范，推进新能源多产品联产联供技术产业化。加速发展融合储能与微网应用的分布式能源，大力推动多能互补集成优化示范工程建设。建立健全新能源综合开发利用的技术创新、基础设施、运营模式及政策支撑体系。

大力发展“互联网+”智慧能源。加快研发分布式能源、储能、智能微网等关键技术，构建智能化电力运行监测管理技术平台，建设以可再生能源为主体的“源—网—荷—储—用”协调发展、集成互补的能源互联网，发展能源生产大数据预测、调度与运维技术，建立能源生产运行的监测、管理和调度信息公共服务网络，促进能源产业链上下游信息对接和生产消费智能化。推动融合储能设施、物联网、智能用电设施等硬件及碳交易、互联网金融等衍生服务于一体的绿色能源网络发展，促进用户端智能化用能、能源共享经济和能源自由交易发展，培育基于智慧能源的新业务、新业态，建设新型能源消费生态与产业体系。

加快形成适应新能源高比例发展的制度环境。围绕可再生能源比重大幅提高、弃风弃光率近零的目标，完善调度机制和运行管理方式，建立适应新能源电力大规模发展的电网运行管理体系。完善风电、太阳能、生物质能等新能源国家标准和清洁能源定价机制，建立新能源优先消纳机制。建立可再生能源发电补贴政策动态调整机制和配套管理体系。将分布式新能源纳入电力和供热规划以及国家新一轮配网改造计划，促进“源—网—用”协调发展，实现分布式新能源直供与无障碍入网。

（三）大力发展高效节能产业。适应建设资源节约型、环境友好型社会要求，树立节能为本理念，全面推进能源节约，提升高效节能装备技术及产品应用水平，推进节能技术系统集成和示范应用，支持节能服务产业做大做强，促进高效节能产业快速发展。到2020年，高效节能产业产值规模力争达到3万亿元。

大力提升高效节能装备技术及应用水平。鼓励研发高效节能设备（产品）及关键零部件，加大示范推广力度，加速推动降低综合成本。制修订强制性能效和能耗限额标准，加快节能科技成果转化应用。发布节能产品和技术推广目录，完善节能产品政府采购政策，推动提高节能产品市场占有率。完善能效标识制度和节能产品认证制度，在工业、建筑、交通和消费品等领域实施能效领跑者制度，推动用能企业和产品制造商跨越式提高能效。

大力推进节能技术系统集成及示范应用。在示范园区等重点区域和重点行业开展节能技术系统集成试点，整合高耗能企业的余热、余压、余气资源，鼓励利用余热采暖、利用余能和低温余热发电。鼓励重点用能单位及耗能设备配备智能能源计量和远程诊断设备，借助信息网络技术加强系统自动监控和智能分析能力，促进提高综合能效。深入推进流程工业系统优化工艺技术，推动工业企业能源管控中心建设，鼓励企业在低温加热段使用太阳能集热器，实现生产工艺和能源供应的综合优化。推进化石能源近零消耗建筑技术产业化，大力推广应用节能门窗、绿色节能建材等产品。鼓励风电、太阳能发电与企业能源供管系统综合集成，推动可再生能源就地消纳。

做大做强节能服务产业。支持合同能源管理、特许经营等业态快速发展，推动节能服务商业模式创新，推广节能服务整体解决方案。支持节能服务公司通过兼并、联合、重组等方式实现规模化、品牌化、网络化经营。搭建绿色融资平台，推动发行绿色债券，支持节能服务公司融资。制定相关标准，提高节能服务规范化水平。制定节能服务机构管理办法，建立健全节能第三方评估机制。搭建节能服务公司、重点用能单位、第三方评估机构履约登记和服务平台，营造诚实守信的市场环境。

（四）加快发展先进环保产业。大力推进实施水、大气、土壤污染防治行动计划，推动区域与流域污染防治整体联动，海陆统筹深入推进主要污染物减排，促进环保装备产业发展，推动主要污染物监测防治技术装备能力提升，加强先进适用环保技术装备推广应用和集成创新，积极推广应用先进环保产品，促进环境服务业发展，全面提升环保产业发展水平。到2020年，先进环保产业产值规模力争超过2万亿元。

提升污染防治技术装备能力。围绕水、大气、土壤污染防治，集中突破工业废水、雾霾、土壤农药残留、水体及土壤重金属污染等一批关键治理技术，加快形成成套装备、核心零部件及配套材料生产能力。建设一批技术先进、配套齐全、发展规范的重大环保技术装备产业化示范基地，形成以骨干企业为核心、专精特新中小企业快速成长的产业良性发展格局。支持危险废弃物防治技术研发，提高危险废弃物处理处置水平。支持环保产业资源优化整合，积极拓展国际市场。

加强先进适用环保技术装备推广应用和集成创新。定期更新《国家鼓励发展的重大环保技术装备目录》，强化供需对接，加强先进适用环保装备在冶金、化工、建材、食品等重点领域应用。加快环保产业与新一代信息技术、先进制造技术深度融合，强化先进环保装备制造能力，提高综合集成水平。支持建立产学研用相结合的环保技术创新联盟，加快技术集成创新研究与应用。

积极推广应用先进环保产品。大力推广应用离子交换树脂、生物滤料及填料、高效活性炭、循环冷却水处理药剂、杀菌灭藻剂、水处理消毒剂、固体废弃物处理固化剂和稳定剂等环保材料和环保药剂。扩大政府采购环保产品范围，不断提高环保产品采购比例。实施环保产品领跑者制度，提升环保产品标准，积极推广应用先进环保产品，组织实施先进环保装备技术进步与模式创新示范工程。

提升环境综合服务能力。基于各行业污染物大数据，推动建立环保装备与服务需求信息平台、技术创新转化交易平台、环保装备招投标信息平台，提高环保服务信息化水平。推动在环境监测中应用卫星和物联网技术，构建污染排放、环境质量基础数据与监控处置信息平台，提高环境监管智能化水平，深入推进环境服务业试点工作。发展环境修复服务，推广合同环境服务，促进环保服务整体解决方案推广应用。开展环境污染第三方治理试点和环境综合治理托管服务试点，在城镇污水垃圾处理、工业园区污染集中处理等重点领域深入探索第三方治理模式。推进产品绿色设计示范企业创建工作，支持企业开展绿色设计。

（五）深入推进资源循环利用。树立节约集约循环利用的资源观，大力推动共伴生矿和尾矿综合利用、“城市矿产”开发、农林废弃物回收利用和新品种废弃物回收利用，发展再制造产业，完善资源循环利用基础设施，提高政策保障水平，推动资源循环利用产业发展壮大。到2020年，力争当年替代原生资源13亿t，资源循环利用产业产值规模达到3万亿元。

大力推动大宗固体废弃物和尾矿综合利用。推动冶金渣、化工渣、赤泥、磷石膏等产业废弃物综合利用，推广一批先进适用技术与装备，加强对工业固体废弃物中战略性稀贵金属的回收利用。研发尾矿深度加工和综合利用技术，促进尾矿中伴生有价元素回收和高技术含量尾矿产品开发，提高尾矿综合利用经济性。研发复杂多金属尾矿选冶联合关键技术与装备、清洁无害化综合利用关键技术，研发单套设备处理能力达到每年100万～500万t的尾矿高效浓缩及充填料制备、输送、充填成套工艺技术。开发低品位钛渣优化提质技术，提高钒钛磁铁矿资源综合利用率。

促进“城市矿产”开发和低值废弃物利用。提高废弃电器电子产品、报废汽车拆解利用技术装备水平，促进废有色金属、废塑料加工利用集聚化规模化发展。加快建设城市餐厨废弃物、建筑垃圾和废旧纺织品等资源化、无害化处理系统，协同发挥各类固体废弃物处理设施作用，打造城市低值废弃物协同处理基地。落实土地、财税等相关优惠政策。完善再生资源回收利用基础设施，支持现有再生资源回收集散地升级改造。

加强农林废弃物回收利用。基本实现畜禽粪便、残膜、农作物秸秆、林业三剩物等农林废弃物资源化利用。推广秸秆腐熟还田技术，支持秸秆代木、纤维原料、清洁制浆、生物质能、商品有机肥等新技术产业化发展。鼓励利用畜禽粪便、秸秆等多种农林废弃物，因地制宜实施农村户用沼气和集中供沼气工程。推广应用标准地膜，引导回收废旧地膜和使用可降解地膜。鼓励利用林业废弃物建设热、电、油、药等生物质联产项目。积极开发农林废弃物超低排放焚烧技术。

积极开展新品种废弃物循环利用。开展新品种废弃物回收利用体系示范，推动废弃太阳能电池、废旧动力蓄电池、废碳纤维材料、废节能灯等新型废弃物回收利用，推广稀贵金属高效富集与清洁回收利用、电动汽车动力蓄电池梯级利用等。支持碳捕集、利用和封存技术研发与应用，发展碳循环产业。

大力推动海水资源综合利用。加快海水淡化及利用技术研发和产业化，提高核心材料和关键装备的可靠性、先进性和配套能力。推动建设集聚发展的海水淡化装备制造基地。开展海水资源化利用示范工程建设，推进大型海水淡化工程总包与服务。开展海水淡化试点示范，鼓励生产海水淡化桶装水，推进海水淡化水依法进入市政供水管网。推进海水冷却技术在沿海高用水行业规模化应用。加快从海水中提取钾、溴、镁等产品，实现高值化利用。

发展再制造产业。加强机械产品再制造无损检测、绿色高效清洗、自动化表面与体积修复等技术攻关和装备研发，加快产业化应用。组织实施再制造技术工艺应用示范，推进再制造纳米电刷镀技术装备、电弧喷涂等成熟表面工程装备示范应用。开展发动机、盾构机等高值零部件再制造。建立再制造旧件溯源及产品追踪信息系统，促进再制造产业规范发展。

健全资源循环利用产业体系。推动物联网电子监管技术在危险废弃物、电子废弃物利用处置等领域应用，支持再生资源企业建立线上线下融合的回收网络。统筹国内外再生资源利用，加强生活垃圾分类回收与再生资源回收的衔接。建设资源循环利用第三方服务体系，鼓励通过合同管理方式，提供废弃物管理、回收、再生加工、循环利用的整体解决方案。全面落实生产者责任延伸制度，鼓励使用再生产品和原料。建立健全覆盖固体废弃物、危险废弃物、再生产品、污染物控制等方面的标准体系。

六、促进数字创意产业蓬勃发展，创造引领新消费

以数字技术和先进理念推动文化创意与创新设计等产业加快发展，促进文化科技深度融合、相关产业相互渗透。到 2020 年，形成文化引领、技术先进、链条完整的数字创意产业发展格局，相关行业产值规模达到 8 万亿元。

（一）创新数字文化创意技术和装备。适应沉浸式体验、智能互动等趋势，加强内容和技术装备协同创新，在内容生产技术领域紧跟世界潮流，在消费服务装备领域建立国际领先优势，鼓励深度应用相关领域最新创新成果。

（二）丰富数字文化创意内容和形式。通过全民创意、创作联动等新方式，挖掘优秀文化资源，激发文化创意，适应互联网传播特点，创作优质、多样、个性化的数字创意内容产品。

（三）提升创新设计水平。挖掘创新设计产业发展内生动力，推动设计创新成为制造业、服务业、城乡建设等领域的核心能力。

（四）推进相关产业融合发展。推动数字文化创意和创新设计在各领域应用，培育更多新产品、新服务以及多向交互融合的新业态，形成创意经济无边界渗透格局。

七、超前布局战略性产业，培育未来发展新优势

以全球视野前瞻布局前沿技术研发，不断催生新产业，重点在空天海洋、信息网络、生命科学、核技术等核心领域取得突破，高度关注颠覆性技术和商业模式创新，在若干战略必争领域形成独特优势，掌握未来产业发展主动权，为经济社会持续发展提供战略储备、拓展战略空间。

（一）空天海洋领域（略）

（二）信息网络领域（略）

（三）生物技术领域（略）

（四）核技术领域

加快开发新一代核能装备系统。加快推动铅冷快堆、钍基熔盐堆等新核能系统试验验证和实验堆建设。支持小型和微型核动力堆研发设计和关键设备研制，开展实验堆建设和重点领域示范应用。积极参与国际热核聚变实验堆计划，不断完善全超导托卡马克核聚变实验装置等国家重大科技基础设施，开展实验堆概念设计、关键技术和重要部件研发。

发展非动力核技术。支持发展离子、中子等新型射线源，研究开发高分辨率辐射探测器和多维动态成像装置，发展精准治疗设备、医用放射性同位素、中子探伤、辐射改性等新技术和新产品，持续推动核技术在工业、农业、医疗健康、环境保护、资源勘探、公共安全等领域应用。

八、促进战略性新兴产业集聚发展，构建协调发展新格局

立足区域发展总体战略，围绕推进“一带一路”

建设、京津冀协同发展、长江经济带发展，根据各地产业基础和特色优势，坚持因地制宜、因业布局、因时施策，加快形成点面结合、优势互补、错位发展、协调共享的战略性新兴产业发展格局。

（一）打造战略性新兴产业策源地。

（二）壮大一批世界级战略性新兴产业发展集聚区。依托城市群建设，以全面创新改革试验区为重点，发展知识密集型战略性新兴产业集群，打造10个左右具有全球影响力、引领中国战略性新兴产业发展的标志性产业集聚区，推动形成战略性新兴产业发展的体制机制创新区、产业链创新链融合区、国际合作承载区。

（三）培育战略性新兴产业特色集群。充分发挥现有产业集聚区作用，通过体制机制创新激发市场活力，采用市场化方式促进产业集聚，完善扶持政策，加大扶持力度，培育百余个特色鲜明、大中小企业协同发展的优势产业集群和特色产业链。

九、推进战略性新兴产业开放发展，拓展合作新路径

贯彻国家开放发展战略部署，构建战略性新兴产业国际合作新机制，建设全球创新发展网络，推动产业链全球布局，拓展发展新路径。

（一）积极引入全球资源。抓住“一带一路”建设契机，推进国际产能合作，构建开放型创新体系，鼓励技术引进与合作研发，促进引进消化吸收与再创新。积极引导外商投资方向，鼓励外商投资战略性新兴产业，推动跨国公司、国际知名研究机构在国内设立研发中心。加大海外高端人才引进力度，畅通吸纳海外高端人才的绿色通道，为海外人才来华工作和创业提供更多便利。

（二）打造国际合作新平台。积极建立国际合作机制，推动签署落实政府间新兴产业和创新领域合作协议。推动双边互认人员资质、产品标准、认证认可结果，参与国际多边合作互认机制。以发达国家和“一带一路”沿线国家为重点，建设双边特色产业国际合作园区，引导龙头企业到海外建设境外合作园区。创新合作方式，提升重点领域开放合作水平。加强国际科技成果转化和孵化、人才培训等公共服务体系建设。

（三）构建全球创新发展网络。建立健全国际化创新发展协调推进和服务机制，加强驻外机构服务能力，利用二十国集团（G20）、夏季达沃斯等平台开展新经济交流，充分发挥有关行业协会和商会作用，搭建各类国际经济技术交流与合作平台。引导社会资本设立一批战略性新兴产业跨国并购和投资基金，支持一批城市对接战略性新兴产业国际合作，建设一批国际合作创新中心，发展一批高水平国际化中介服务机构，建立一批海外研发中心，构建全球研发体系，形成政府、企业、投资机构、科研机构、法律机构、中介机构高效协同的国际化合作网络。支持企业和科研机构参与国际科技合作计划、国际大科学计划和大科学工程，承担和组织国际重大科技合作项目。鼓励企业积极参与国际技术标准制定。

（四）深度融入全球产业链。推动产业链全球布局，在高端装备、新一代信息技术、新能源等重点领域，针对重点国家和地区确定不同推进方式和实施路径，推动产业链资源优化整合。支持企业、行业协会和商会、地方政府和部门创新方式开展战略性新兴产业国际产能合作，推动国内企业、中外企业组团共同开拓国际市场，支持产业链“走出去”，将“走出去”获得的优质资产、技术、管理经验反哺国内，形成综合竞争优势。推动高端装备、新一代信息技术等领域龙头企业海外拓展，与国际大企业开展更高层次合作，实现优势互补、共赢发展。

十、完善体制机制和政策体系，营造发展新生态

加快落实创新驱动发展战略，深入推进政府职能转变，持续深化重点领域和关键环节改革，强化制度建设，汇聚知识、技术、资金、人才等创新要素，全面营造有利于战略性新兴产业发展壮大的生态环境。

（一）完善管理方式

推进简政放权、放管结合、优化服务改革。在电信、新药和医疗器械、新能源汽车生产准入等领域，进一步完善审批方式，最大限度减少事前准入限制，修改和废止有碍发展的行政法规和规范性文件，激发市场主体活力。坚持放管结合，区分不同情况，积极探索和创新适合新技术、新产品、新业态、新模式发展的监管方式，既激发创新创造活力，又防范可能引发的风险。对发展前景和潜在风险看得准的“互联网+”、分享经济等新业态，量身定制监管模式；对看不准的领域，加强监测分析，鼓励包容发展，避免管得过严过死；对潜在风险大、有可能造成严重不良社会后果的，切实加强监管；对以创新之名行非法经营之实的，坚决予以取缔。严格执行降低实体经济企业成本各项政策措施，落实中央财政科研项目资金管理相关政策措施，推进科技成果产权制度改革。全面落实深化国有企业改革各项部署，在战略性新兴产业领域国有企业中率先进行混合所有制改革试点示范，开展混合所有制企业员工持股试点。发布战略性新兴产业重点产品和服务指导目录。

营造公平竞争市场环境。完善反垄断法配套规则，进一步加大反垄断和反不正当竞争执法力度，严肃查处信息服务、医疗服务等领域企业违法行为。建立健全工作机制，保障公平竞争审查制度有序实施，

打破可再生能源发电、医疗器械、药品招标等领域的地区封锁和行业垄断，加大对地方保护和行业垄断行为的查处力度。完善信用体系，充分发挥全国信用信息共享平台和国家企业信用信息公示系统等作用，推进各类信用信息平台建设、对接和服务创新，加强信用记录在线披露和共享，为经营者提供信用信息查询、企业身份网上认证等服务。

加强政策协调。

（二）构建产业创新体系

深入开展大众创业万众创新。打造众创、众包、众扶、众筹平台，依托“双创”资源集聚的区域、科研院所和创新型企业等载体，支持建设“双创”示范基地，发展专业化众创空间。依托互联网打造开放共享的创新机制和创新平台，推动企业、科研机构、高校、创客等创新主体协同创新。着力完善促进“双创”的法律和政策体系。持续强化“双创”宣传，办好全国“双创”活动周，营造全社会关注“双创”、理解“双创”、支持“双创”的良好氛围。

强化公共创新体系建设。实施一批重大科技项目和重大工程，加强颠覆性技术研发和产业化。创新重大项目组织实施方式，探索实行项目决策、执行、评价、监督相对分开的组织管理机制。构建企业主导、政产学研用相结合的产业技术创新联盟，支持建设关键技术研发平台，在重点产业领域采取新机制建立一批产业创新中心。围绕重点领域创新发展需求，统筹部署国家重大科技基础设施等创新平台建设，加强设施和平台开放共享。按照科研基地优化布局统筹部署，建设一批国家技术创新中心，支撑引领战略性新兴产业发展。加强相关计量测试、检验检测、认证认可、知识和数据中心等公共服务平台建设。成立战略性新兴产业计量科技创新联盟，加强认证认可创新。落实和完善战略性新兴产业标准化发展规划，完善标准体系，支持关键领域新技术标准应用。

支持企业创新能力建设。实施国家技术创新工程，加强企业技术中心能力建设，推进创新企业百强工程，培育一批具有国际影响力的创新型领导企业，引领带动上下游产业创新能力提升。加大对科技型中小企业创新支持力度，落实研发费用加计扣除等税收优惠政策，引导企业加大研发投入。

完善科技成果转移转化制度。落实相关法律法规政策，组织实施促进科技成果转移转化行动。落实科技成果转化有关改革措施，提高科研人员成果转化收益分享比例，加快建立科技成果转移转化绩效评价和年度报告制度。引导有条件的高校和科研院所建立专业化、市场化的技术转移机构，加强战略性新兴产业科技成果发布，探索在战略性新兴产业相关领域率先建立利用财政资金形成的科技成果限时转化制度。

（三）强化知识产权保护和运用（略）

（四）深入推进军民融合（略）

（五）加大金融财税支持（略）

（六）加强人才培养与激励

各地区、各有关部门要高度重视战略性新兴产业发展工作，加强组织领导，加快工作进度，切实抓好本规划实施工作，加强各专项规划、地方规划与本规划的衔接。地方各级人民政府要建立健全工作机制，细化实化政策措施，推动本规划各项任务落实到位。鼓励相关省（区、市）联合编制区域性发展规划，推进战略性新兴产业差别化、特色化协同发展。国家发展改革委要会同科技部、工业和信息化部、财政部，发挥好战略性新兴产业发展部际联席会议的牵头作用，加强宏观指导、统筹协调和督促推动，密切跟踪产业发展情况，及时研究协调产业发展中的重大问题；联席会议各成员单位和相关部门要积极配合，按照职责分工抓紧任务落实，加快制定配套政策，形成工作合力，共同推动战略性新兴产业发展壮大。

安全生产“十三五”规划（摘要）

为贯彻落实党中央、国务院关于加强安全生产工作的决策部署，根据《中华人民共和国安全生产法》等法律法规和《中华人民共和国国民经济和社会发展第十三个五年规划纲要》，制定本规划。

一、面临的形势

（一）新进展

“十二五”期间，党中央、国务院高度重视、大力加强和改进安全生产工作，推动经济社会科学发展、安全发展。党的十八大以来，习近平总书记作出一系列重要指示，深刻阐述了安全生产的重要意义、思想理念、方针政策和工作要求，强调必须坚守发展决不能以牺牲安全为代价这条不可逾越的红线，明确要求“党政同责、一岗双责、齐抓共管、失职追责”。李克强总理多次作出重要批示，强调要以对人民群众生命高度负责的态度，坚持预防为主、标本兼治，以更有效的举措和更完善的制度，切实落实和强化安全生产责任，筑牢安全防线。习近平总书记和李克强总理的重要指示批示，为我国安全生产工作提供了新的理论指导和行动指南。各地区、各有关部门和单位坚决贯彻落实党中央、国务院决策部署，进一步健全安全生产法律法规和政策措施，严格落实安全生产责任，全面加强安全生产监督管理，不断强化安全生产隐患排查治理和重点行业领域专项整治，深入开展安全生产大检查，严肃查处各类生产安全事故，大力推进依法治安和科技强安，加快安全生产基础保障能力建设，推动了安全生产形势持续稳定好转，全面完成了安全生产“十二五”规划目标任务。全国生产安全事故总量连续5年下降，2015年各类事故起数和死亡人数较2010年分别下降22.5%和16.8%，其中重特大事故起数和死亡人数分别下降55.3%和46.6%。

（二）新挑战

“十三五”时期，我国仍处于新型工业化、城镇化持续推进的过程中，安全生产工作面临许多挑战。一是经济社会发展、城乡和区域发展不平衡，安全监管体制机制不完善，全社会安全意识、法治意识不强等深层次问题没有得到根本解决。二是生产经营规模不断扩大，矿山、化工等高危行业比重大，落后工艺、技术、装备和产能大量存在，各类事故隐患和安全风险交织叠加，安全生产基础依然薄弱。三是城市规模日益扩大，结构日趋复杂，城市建设、轨道交通、油气输送管道、危旧房屋、玻璃幕墙、电梯设备以及人员密集场所等安全风险突出，城市安全管理难度增大。四是传统和新型生产经营方式并存，新工艺、新装备、新材料、新技术广泛应用，新业态大量涌现，增加了事故成因的数量，复合型事故有所增多，重特大事故由传统高危行业领域向其他行业领域蔓延。五是安全监管监察能力与经济社会发展不相适应，企业主体责任不落实、监管环节有漏洞、法律法规不健全、执法监督不到位等问题依然突出，安全监管执法的规范化、权威性亟待增强。

（三）新机遇

“十三五”时期，安全生产工作面临许多有利条件和发展机遇。一是党中央、国务院高度重视安全生产工作，作出了一系列重大决策部署，深入推进安全生产领域改革发展，为安全生产提供了强大政策支持；地方各级党委政府加强领导、强化监管，狠抓安全生产责任落实，为安全生产工作提供了有力的组织保障。二是随着“四个全面”战略布局持续推进，五大发展理念深入人心，社会治理能力不断提高，全社会文明素质、安全意识和法治观念加快提升，安全发展的社会环境进一步优化。三是经济社会发展提质增效、产业结构优化升级、科技创新快速发展，将加快淘汰落后工艺、技术、装备和产能，有利于降低安全风险，提高本质安全水平。四是人民群众日益增长的安全需求，以及全社会对安全生产工作的高度关注，为推动安全生产工作提供了巨大动力和能量。

二、指导思想、基本原则和规划目标

（一）指导思想（略）

（二）基本原则（略）

（三）规划目标

到2020年，安全生产理论体系更加完善，安全生产责任体系更加严密，安全监管体制机制基本成熟，安全生产法律法规标准体系更加健全，全社会安全文明程度明显提升，事故总量显著减少，重特大事故得到有效遏制，职业病危害防治取得积极进展，安全生产总体水平与全面建成小康社会目标相适应。

三、主要任务

（一）构建更加严密的责任体系

1. 强化企业主体责任

落实企业主要负责人对本单位安全生产和职业健康工作的全面责任，完善落实混合所有制、境外中资企业安全生产责任。督促企业依法设置安全生产管理机构，配备安全生产管理人员和注册安全工程师。严格实行企业全员安全生产责任制，明确各岗位的责任人员、责任范围和考核标准，加强对安全生产责任制落实情况的监督考核。完善企业从业人员安全生产教育培训制度。严格执行新建改建扩建工程项目安全设施、职业健康“三同时”（同时设计、同时施工、同时投入生产和使用）制度。制定安全风险辨识与管理指南，完善重大危险源登记建档、检测、评估、监控制度。健全隐患分类分级标准，建立隐患排查治理第三方评价制度以及隐患自查自改自报的管理制度。严格落实企业安全生产条件，保障安全投入，推动企业安全生产标准化达标升级，实现安全管理、操作行为、设备设施、作业环境标准化。鼓励企业建立与国际接轨的安全管理体系。

2. 落实安全监督管理责任

坚持“党政同责、一岗双责、齐抓共管、失职追责”和“管行业必须管安全、管业务必须管安全、管生产经营必须管安全”，强化地方各级党委、政府对安全生产工作的领导，把安全生产列入重要议事日程，纳入本地区经济社会发展总体规划，推动安全生产与经济社会协调发展。厘清安全生产综合监管与行业监管的关系，依法依规制定安全生产权力和责任清单，明确省、市、县负有安全生产监督管理职责部门的执法责任和监管范围，落实各有关部门的安全监管责任。完善矿山、危险化学品、道路交通、海洋石油等重点行业领域安全监管体制。落实开发区、工业园区、港区、风景区等功能区安全监管责任。健全联合执法、派驻执法、委托执法等机制，消除监管盲区和监管漏洞，解决交叉执法、重复执法等问题。

3. 严格目标考核与责任追究

实行党政领导干部任期安全生产责任制，严格各级人民政府对同级安全生产委员会成员单位和下级政府的安全生产工作责任考核。把安全生产纳入经济社会发展和干部政绩业绩考核评价体系，加大安全生产工作的考核权重，严格落实“一票否决”制度。建立安全生产巡查制度，督促各部门和下级政府履职尽责。加快企业安全生产诚信体系建设，完善安全生产不良信用记录及失信行为惩戒机制，在项目核准、政府供应土地、资金政策等方面加大对失信企业的惩治力度。建立生产安全事故重大责任人员职业禁入制度。推动企业建立安全生产责任量化评估结果与薪酬挂钩制度。

（二）强化安全生产依法治理

1. 完善法律法规标准体系

加强安全生产立法顶层设计，制定安全生产中长期立法规划，增强安全生产法制建设的系统性。建立健全安全生产法律法规立改废释并举的工作协调机制，实行安全生产法律法规执行效果评估制度。加强安全生产与职业健康法律法规衔接融合。加快制修订社会高度关注、实践急需、条件相对成熟的重点行业领域专项和配套法规。加强安全生产地方性法规建设，推动将生产经营过程中极易导致重特大生产安全事故的违法行为纳入刑事追究范围，提高违法成本。完善安全生产法律法规解读、公众互动交流信息平台，健全普法宣传教育机制。

建立以强制性标准为主体、推荐性标准为补充的安全生产标准体系。根据安全生产执法结果、事故原因分析和新工艺技术装备应用等情况，及时制修订相关技术标准。鼓励有条件的地区、协会、企业率先制定新产品、新工艺、新业态的安全生产技术标准。支持企业制定高于国家、行业、地方标准的安全生产标准。建立与“一带一路”沿线国家安全生产标准的对标衔接机制。

2. 加大监管执法力度

完善安全监管监察执法的制度规范，确定执法的主体、方式、程序、频次和覆盖面。统一安全生产执法标志标识和制式服装。健全执法标准，规范执法文书。建立安全生产行政执法裁量基准制度。建立定区域、定人员、定责任的安全监管监察执法机制。加强对安全生产强制性标准执行情况的监管监察执法。实行安全生产与职业卫生一体化监管执法。完善安全生产行政执法与刑事司法衔接机制，健全线索通报、案件移送、协助调查等制度，依法惩治安全生产领域的违法行为。全面落实行政执法责任制，建立执法行为审议和重大行政执法决策机制，评估执法效果，防止滥用职权。健全执法全过程记录和信息公开制度，公开执法检查内容、过程和结果，定期发布重点监管对象名录。改进事故调查处理工作，完善事故调查处理规则，加强技术与原因分析，强化事故查处挂牌督办、提级调查等措施，落实事故整改措施监督检查和总结评估制度。

3. 健全审批许可制度

深化行政审批和安全准入改革，简化程序，严格标准。编制安全生产行政审批事项服务指南，制定审查工作细则，规范行政审批的程序、标准和内容，及时公开行政审批事项的受理、进展情况和结果。推动安全生产同类审批事项合并审查。改革安全生产专业技术服务机构资质管理办法，明晰各级安全监管监察部门、生产经营单位和专业技术服务机构的职责。加快培育安全生产专业技术服务机构，严格专业技术服务机构和人员从业规范。健全专业技术服务机构服务信息公开、资质条件公告、守信激励和失信惩戒等制度，加强日常监督检查。建立政府购买安全生产服务制度，引入第三方提供安全监管监察执法技术支撑。实行企业自主选择专业技术服务机构。专业技术服务机构依法执业并对技术服务结果负责。

4. 提高监管监察执法效能

制定安全监管监察能力建设标准，实施安全监管监察能力建设规划。完善各级安全监管监察部门执法工作条件，加快形成与监督检查、取证听证、调查处理全过程相配套的执法能力。建立与经济社会发展、企业数量、安全形势相适应的执法力量配备以及工作经费和条件保障机制。严格执法人员资格管理，制定安全监管监察执法人员选拔和专业能力标准，建立以依法履职为核心的执法人员能力评价体系。定期开展安全监管监察执法效果评估。强化安全生产基层执法力量，优化安全监管监察执法人员结构。开展以现场实操为主的基层执法人员实训，每3年对全国安全监管监察执法人员轮训一遍。

（三）坚决遏制重特大事故

加快构建风险等级管控、隐患排查治理两条防线，对重点领域、重点区域、重点部位、重点环节和重大危险源，采取有效的技术、工程和管理控制措施，健全监测预警应急机制，切实降低重特大事故发生频次和危害后果，最大限度减少人员伤亡和财产损失。

煤矿：依法推动高瓦斯、煤与瓦斯突出、水文地质条件复杂且不清、冲击地压等灾害严重的不安全矿井有序退出。完善基于区域特征、煤种煤质、安全生产条件、产能等因素的小煤矿淘汰退出机制。新建、改扩建、整合技改矿井全面实现采掘机械化。优化井下生产布局，减少井下作业人员。推进煤矿致灾因素排查治理。强化煤矿安全监测监控和瓦斯超限风险管控，优先推行瓦斯抽采、区域治理，促进煤矿瓦斯规模化抽采利用。构建水害防治工作体系，落实“防、堵、疏、排、截”五项综合治理措施，提升基础、技术、现场和应急管理水平。强化煤矿粉尘防控，推进煤矿粉尘“抑、减、捕”等源头治理。加强对爆炸性粉尘的管理和监测监控，严格对明火、自燃及机电设备等高温热源的排查管控，杜绝重大灾害隐患的牵引叠加。推动企业健全矿井风险防控技术体系，建立矿井重大灾害预警、设备故障诊断系统。

非煤矿山：完善非煤矿山隐患排查治理体系，开展采空区、病库、危库、险库和“头顶库”专项治理。开展非煤矿山安全生产基本数据普查，推动非煤矿山图纸电子化。制定危险性较大设备检测检验、风险分级监管、尾矿库注销等制度。严格执行主要矿种最小开采规模、最低服务年限准入标准。实行矿山外包用工安全责任清单化管理。鼓励对地下矿山采空区实施超前探测、对大水矿山实施井下帷幕注浆、对高陡边坡开展安全监测。推广尾矿井下充填、干式排尾，开展尾矿综合利用，建设无尾矿山。探索建立海域采矿安全风险防范体系。

危险化学品：推进重点地区制定化工行业安全发展规划。加快实施人口密集区域危险化学品和化工企业生产、仓储场所安全搬迁工程。开展危险化学品专项整治和综合治理。推进化工园区和涉及危险化学品的重大风险功能区区域定量风险评估，科学确定风险容量，推动实现区域安全管理一体化。强化高风险工艺、高危物质、重大危险源管控。健全危险化学品生产、储存、使用、经营、运输和废弃处置等环节的信息共享机制。建立危险化学品发货和装载查验、登记、核准制度。加强危险化学品建设项目立项、规划选址、设计、建设、试生产和运行监管。完善危险化学品分类分级监管机制。推进新工艺安全风险分析和评估。建立化工安全仪表系统安全标志认证制度。推行全球化学品统一分类和标签制度。

烟花爆竹。（略）

工贸行业：推动工贸企业健全安全管理体系，实行分类分级差异化监管。完善受限空间、交叉检修等作业安全操作规范。深化金属冶炼、粉尘防爆、涉氨制冷等重点领域环节专项治理。在冶金企业、涉危涉爆场所推广高危工艺智能化控制和在线监测监控。推动劳动密集型企业作业场所科学布局，实施空间物理隔离和安全技术改造。

道路交通。（略）

城市运行安全：统筹城市地上地下建设规划，落实安全保障条件。实施城市安全风险源普查，开展城市安全风险评估。完善城市燃气等各类管网，以及排水防涝、垃圾处理、交通、气象等基础设施建设、运行和管理标准。建设供电、供水、排水、供气、道路桥梁、地下工程等城市重要基础设施安全管理平台。加强对城市隐蔽性设施、地上地下管廊、渣土消纳场等的监测监控。建立大型工程安全技术风险防控机制，开展城市公共设施、老旧建筑隐患综合治理。加强轨道交通设备设施状态和运营状况监测，合理控制客流承载量。严格审批、管控大型群众性活动，完善人员密集场所避难逃生设施。

消防：推动城市、县城、全国重点镇和经济发达镇制修订城乡消防规划。开展消防队标准化建设，配齐配足灭火和应急救援车辆、器材和消防员个人防护装备。推动乡镇按标准建立专职或志愿消防队，构建覆盖城乡的灭火救援力量体系。开展易燃易爆单位、人员密集场所、高层建筑、大型综合体建筑、大型批发集贸市场、物流仓储等区域火灾隐患治理。推行消防安全标准化管理。提升大中小学、幼儿园、医院、养老机构、客运站（码头）等人员密集场所消防安全水平。依法推广家庭火灾报警和逃生装置。

建筑施工：完善建筑施工安全管理制度，强化建设、勘察、设计、施工和工程监理安全责任。加强施工现场安全管理，严厉打击建筑施工转包、违法发包分包和违反工程建设强制性标准等行为。强化深基坑、高支模等危险性较大的分部分项工程安全管理。严格建筑勘察、设计、施工和监理单位资质管理，严禁无资质或超越资质等级范围承揽业务。建立市场准入、违规行为查处、诚信体系建设、施工事故处罚相结合的管理制度。

水上交通。（略）

渔业船舶。（略）

特种设备：创新企业主体责任落实机制，健全分类安全监管制度，实施重点监督检查制度。完善特种设备隐患排查治理和安全防控体系，开展高风险和涉及民生的电梯、起重机械、大型游乐设施等特种设备隐患专项治理。以电梯、气瓶、移动式压力容器等产品为重点，建立生产单位、使用单位、检验检测机构特种设备数据报告制度，实现特种设备质量安全信息全生命周期可追溯。建立特种设备风险预警与应急处置平台，提升特种设备风险监测、预警和应急处置能力。

电力：推进电力企业安全风险预控体系建设，建立安全风险分级预警管控制度。建立电力安全协同管控机制，加强电力建设安全监管，落实电力设计单位、施工企业、工程监理企业以及发电企业、电网企业、电力用户等各方面的安全责任。健全电网安全风险分级、分类、排查管控机制，完善电网大面积停电情况下应急会商决策和社会联动机制。健全电力事故警示通报和约谈制度。加强水电站大坝的安全风险预控。强化煤电超低排放和节能改造安全监管。

铁路交通。（略）

民航运输。（略）

农业机械。（略）

（四）推进职业病危害源头治理（略）

四、重点工程（略）

五、规划实施保障（略）

地热能开发利用"十三五"规划（摘要）

一、规划基础和背景

（一）发展基础

我国从20世纪70年代开始地热普查、勘探和利用，建设了广东丰顺等7个中低温地热能电站，1977年在西藏建设了羊八井地热电站。20世纪90年代以来，北京、天津、保定、咸阳、沈阳等城市开展中低温地热资源供暖、旅游疗养、种植养殖等直接利用工作。21世纪初以来，热泵供暖（制冷）等浅层地热能开发利用逐步加快发展。

1. 资源潜力

据国土资源部中国地质调查局2015年调查评价结果，全国336个地级以上城市浅层地热能年可开采资源量折合7亿t标准煤；全国水热型地热资源量折合1.25万亿t标准煤，年可开采资源量折合19亿t标准煤；埋深在3000～10 000m的干热岩资源量折合856万亿t标准煤。我国地热资源分布见表1。

表1　我国地热资源分布

<table>
<tr><th colspan="3">资源类型</th><th>分布地区</th></tr>
<tr><td colspan="3">浅层地热资源</td><td>东北地区南部、华北地区、江淮流域、四川盆地和西北地区东部</td></tr>
<tr><td rowspan="3">水热型地热资源</td><td rowspan="2">中低温</td><td>沉积盆地型</td><td>东部中、新生代平原盆地，包括华北平原、河-淮盆地、苏北平原、江汉平原、松辽盆地、四川盆地以及环鄂尔多斯断陷盆地等地区</td></tr>
<tr><td>隆起山地型</td><td>藏南、川西和滇西、东南沿海、胶东半岛、辽东半岛、天山北麓等地区</td></tr>
<tr><td colspan="2">高温</td><td>藏南、滇西、川西等地区</td></tr>
<tr><td colspan="3">干热岩资源</td><td>主要分布在西藏，其次为云南、广东、福建等东南沿海地区</td></tr>
</table>

2. 开发利用现状

目前，浅层和水热型地热能供暖（制冷）技术已基本成熟。浅层地热能应用主要使用热泵技术，2004年后年增长率超过30%，应用范围扩展至全国，其中80%集中在华北和东北南部，包括北京、天津、河北、辽宁、河南、山东等地区。2015年底全国浅层地热能供暖（制冷）面积达到3.92亿m^2，全国水热型地热能供暖面积达到1.02亿m^2。地热能年利用量约2000万t标准煤。我国地热能开发利用现状见表2。

在地热发电方面，高温干蒸汽发电技术最成熟，成本最低，高温湿蒸汽次之，中低温地热发电的技术成熟度和经济性有待提高。因我国地热资源特征及其他热源发电需求，近年来全流发电在我国取得快速发展，干热岩发电系统还处于研发阶段。20世纪70年代初在广东丰顺、河北怀来、江西宜春等地建设了中低温地热发电站。1977年，我国在西藏羊八井建设了24MW中高温地热发电站。2014年底，我国地热发电总装机容量为27.28MW，排名世界第18位。

表2　我国地热能开发利用现状（截至2015年底）

省（区、市）	浅层地热能供暖/制冷面积（万m^2）	水热型地热能供暖面积（万m^2）	发电装机容量（MW）
北京	4000	500	
天津	1000	2100	
河北	2800	2600	0.4
山西	500	200	
内蒙古	500	100	
山东	3000	1000	
河南	2900	600	
陕西	1000	1500	
甘肃	400	0	
宁夏	250	0	
青海	0	50	
新疆	300	100	
四川	1000	0	
重庆	700	0	
湖北	1200	0	
湖南	200	0	
江西	600	0	
安徽	1800	50	
江苏	2500	50	
上海	1000	0	
浙江	2200	0	
辽宁	7000	200	
吉林	200	500	
黑龙江	300	650	
广东	500	0	0.3
福建	100	0	
海南	100	0	

续表

省（区、市）	浅层地热能供暖/制冷面积（万 m^2）	水热型地热能供暖面积（万 m^2）	发电装机容量（MW）
云南	150	0	
贵州	800	10	
广西	2200	0	
西藏	0	0	26.58
全国	39 200	10 210	27.28

（二）发展形势

在“十三五”时期，随着现代化建设和人民生活水平的提高，以及南方供暖需求的增长，集中供暖将会有很大的增长空间。同时，各省（区、市）面临着压减燃煤消费、大气污染防治、提高可再生能源消费比例等方面的要求，给地热能发展提供了难得的发展机遇，但是目前地热能发展仍存在诸多制约，主要包括资源勘查程度低，管理体制不完善，缺乏统一的技术规范和标准等方面。

二、指导方针和目标

（一）指导思想（略）

（二）基本原则

（1）坚持清洁高效、持续可靠。

（2）坚持政策驱动、市场推动。

（3）坚持因地制宜、有序发展。

（三）发展目标

在“十三五”时期，新增地热能供暖（制冷）面积 11 亿 m^2，其中：新增浅层地热能供暖（制冷）面积 7 亿 m^2；新增水热型地热供暖面积 4 亿 m^2。新增地热发电装机容量 500MW。到 2020 年，地热供暖（制冷）面积累计达到 16 亿 m^2，地热发电装机容量约 530MW。2020 年地热能年利用量 7000 万 t 标准煤，地热能供暖年利用量 4000 万 t 标准煤。京津冀地区地热能年利用量达到约 2000 万 t 标准煤。我国地热能开发目标见表 3。

在“十三五”时期，形成较为完善的地热能开发利用管理体系和政策体系，掌握地热产业关键核心技术，形成比较完备的地热能开发利用设备制造、工程建设的标准体系和监测体系。

在“十三五”时期，开展干热岩开发试验工作，建设干热岩示范项目。通过示范项目的建设，突破干热岩资源潜力评价与钻探靶区优选、干热岩开发钻井工程关键技术以及干热岩储层高效取热等关键技术，突破干热岩开发与利用的技术瓶颈。

表 3　我国地热能开发目标

省（区、市）	“十三五”新增			2020 年累计		
	浅层地热能供暖/制冷面积（万 m^2）	水热型地热能供暖面积（万 m^2）	发电装机容量（MW）	浅层地热能供暖/制冷面积（万 m^2）	水热型地热能供暖面积（万 m^2）	发电装机容量（MW）
北京	4000	2500		8000	3000	
天津	4000	2500	10	5000	4600	10
河北	7000	11 000	10	9800	13 600	10.4
山西	500	5500		1000	5700	
内蒙古	450	1850		950	1950	
山东	5000	5000	10	8000	6000	10
河南	5700	2500		8600	3100	
陕西	500	4500	10	1500	6000	10
甘肃	500	100		900	100	
宁夏	500			750		
青海		200	30		250	30
新疆	500	250	5	800	350	5
四川	3000		15	4000		15
重庆	3700			4400		
湖北	6200			7400		
湖南	4000			4200		
江西	3000			3600		
安徽	3000			4800	50	
江苏	6000	200	20	8500	250	20
上海	2700			3700		
浙江	3000			5200		
辽宁	1000	1000		8000	1200	
吉林	1000	1000		1200	1500	
黑龙江	1000	1600		1300	2250	
广东	2000		10	2500		10.3
福建	400		10	500		10
海南	500		10	600		10
云南	100		10	250		10
贵州	2000	50		2800	60	
广西	1400			3600		
西藏	0	250	350		250	376.58
全国	72 650	40 000	500	111 850	50 210	527.28

三、重点任务

（一）组织开展地热资源潜力勘查与选区评价（略）

（二）积极推进水热型地热供暖（略）

（三）大力推广浅层地热能利用（略）

（四）地热发电工程

在西藏、川西等高温地热资源区建设高温地热发电工程；在华北、江苏、福建、广东等地区建设若干中低温地热发电工程。建立、完善扶持地热发电的机制，建立地热发电并网、调峰、上网电价等方面的政策体系。

（五）加强关键技术研发

开展地热资源评价技术、高效换热技术、中高温热泵技术、高温钻井工艺技术研究以及经济回灌技术攻关；开展井下换热技术深度研发，深入开展水热型中低温地热发电技术研究和设备攻关；开展干热岩资源发电试验项目的可行性论证，选择场址并进行必要的前期勘探工作。

（六）加强信息监测统计体系建设（略）

（七）加强产业服务体系建设（略）

四、重大项目布局

（一）水热型地热供暖（略）

（二）浅层地热能利用（略）

（三）中高温地热发电

西藏地区位于全球地热富集区，地热资源丰富且品质较好。有各类地热显示区（点）600 余处，居全国之首。西藏高温地热能居全国之首，发电潜力约 3000MW，尤其是班公错—怒江活动构造带以南地区，为西藏中高温地热资源富集区，区内人口集中，经济发达，对能源的需求量巨大，是开展中高温地热发电规模开发的有利地区。

根据西藏地热资源勘探成果和资源潜力评价结果，以当地电力需求为前提，优选当雄县、那曲县、措美县、噶尔县、普兰县、谢通门县、错那县、萨迦县、岗巴县 9 个县境内的羊八井、羊易、宁中、谷露、古堆、朗久、曲谱、查布、曲卓木、卡乌和苦玛 11 处高温地热田作为“十三五”地热发电目标区域，11 处高温地热田发电潜力合计 830MW，“十三五”有序启动 400MW 装机容量规划或建设工作。

（四）中低温地热发电

在东部地区开展中低温地热发电项目建设。重点在河北、天津、江苏、福建、广东、江西等地开展，通过政府引导，逐步培育市场与企业，积极发展中低温地热发电。

（五）干热岩发电

开展万米以浅地热资源勘查开发工作，积极开展干热岩发电试验，在藏南、川西、滇西、福建、华北平原、长白山等资源丰富地区选点，通过建立 2～3 个干热岩勘查开发示范基地，形成技术序列、孵化相关企业、积累建设经验，在条件成熟后进行推广。

五、规划实施

（一）保障措施

（1）研究制定地热能供暖投资支持政策和地热发电上网电价政策。将地热供暖纳入城镇基础设施建设，在市政工程、建设用地、用水用电价格等方面给予地热能开发利用政策支持。结合电力市场化改革，鼓励地热能开发利用企业通过电力交易降低用电成本。

（2）完善地热能开发利用市场机制。

（3）加强地热能开发利用规划和项目管理。根据全国地热能开发利用总体规划，统筹各地区地热能开发利用规划和分阶段开发建设方案。加强地热能开发利用重大工程的建设管理，严格项目前期、竣工验收、运行监督等环节的管理，统筹协调地热能开发利用与当地集中供热或供电网络的连接。

（4）完善地热能开发利用行业管理。

（5）加大关键设备和技术的研发投入。提升地热资源勘查与资源评价、地热尾水经济回灌技术水平，形成有中国特色的地热能开发利用技术体系。加强中低温地热发电技术的研发，完善全流发电等适合我国地热资源特点的技术路线并提升其经济性。扶持地热设备制造企业的发展，提高热泵和换热器等关键设备的技术水平。

（6）加强地热能规划落实情况监管。

（二）实施机制

（1）加强规划协调管理。各省（区、市）能源主管部门根据全国规划要求，做好本地区规划的制定及实施工作，认真落实国家规划规定的发展目标和重点任务。地方的地热发展规划，在公布实施前应与国家能源主管部门衔接。

（2）建立滚动调整机制。加强地热能开发利用的信息统计工作，建立产业监测体系，及时掌握规划执行情况，做好规划中期评估工作。根据中期评估结果，按照有利于地热产业发展的原则对规划进行滚动调整。

（3）组织实施年度开发方案。建立健全地热能开发利用规划管理和实施机制，组织重点地区制定年度开发方案，加强规划及开发方案实施的统筹协调，衔接好地热开发利用与电网、热网的连接工作。

（4）加强运行监测考核。委托专业机构开展地热能开发利用重大项目后评估。建立地热利用信息监测管理系统，各城市能源主管部门牵头对地热能利用进行监测，并加强有关统计工作。

六、投资估算和环境社会影响分析

（一）投资规模估算

初步估算，“十三五”期间，浅层地热能供暖（制冷）可拉动投资约1400亿元，水热型地热能供暖可拉动投资约800亿元，地热发电可拉动投资约400亿元，合计约为2600亿元。此外，地热能开发利用还可带动地热资源勘查评价、钻井、热泵、换热等一系列关键技术和设备制造产业的发展。

（二）环境社会效益分析

地热资源具有绿色环保、污染小的特点，其开发利用不排放污染物和温室气体，可显著减少化石燃料消耗和化石燃料开采过程中的生态破坏，对自然环境条件改善和生态环境保护具有显著效果。

2020年地热能年利用总量相当于替代化石能源7000万t标准煤，相应减排二氧化碳1.7亿t，节能减排效果显著。

“十三五”节能环保产业发展规划（摘要）

发展节能环保产业，是培育发展新动能、提升绿色竞争力的重大举措，是补齐资源环境短板、改善生态环境质量的重要支撑，是推进生态文明建设、建设美丽中国的客观要求。为加快将节能环保产业培育成我国国民经济的支柱产业，根据《国民经济和社会发展第十三个五年规划纲要》，制定本规划。

一、发展基础

“十二五”期间，在国家一系列政策支持和全社会共同努力下，我国节能环保产业发展取得显著成效。产业规模快速扩大，2015年产值约4.5万亿元，从业人数达3000多万人。技术装备水平大幅提升，高效燃煤锅炉、高效电机、膜生物反应器、高压压滤机等装备技术水平国际领先，燃煤机组超低排放、煤炭清洁高效加工及利用、再制造等技术取得重大突破，拥有世界一流的除尘脱硫、生活污水处理、余热余压利用、绿色照明等装备供给能力。产业集中度明显提高，涌现出70余家年营业收入超过10亿元的节能环保龙头企业，形成了一批节能环保产业基地。节能环保服务业保持良好发展势头，合同能源管理、环境污染第三方治理等服务模式得到广泛应用，一批生产制造型企业快速向生产服务型企业转变。

同时，我国节能环保产业发展还存在不少困难和问题，突出表现在：自主创新能力不强，缺乏基础性、开拓性、颠覆性技术创新，部分关键设备和核心零部件受制于人，垃圾渗滤液处理、高盐工业废水处理、能量系统优化等难点技术有待突破，高端技术装备供给能力不强。市场秩序不规范，环境基础设施建设等领域恶性竞争问题突出，部分地区地方保护现象严重、市场竞争不充分，产品能效、水效虚标屡禁不止，部分落后低效技术装备对中高端产品形成市场挤压。节能环保服务业违约现象增多，纠纷处理尚未建立机制性安排。制度体系不完善，节能环保标准建设滞后，税收优惠政策有待进一步落实，企业融资难、融资贵问题突出，绿色消费缺乏有力引导。

提高资源利用效率、保护和改善生态环境，是人类社会发展的永恒主题，是我国发展面临的紧迫任务。我国资源环境形势严峻，有世界上最强烈的环境改善诉求，有最大的节能环保市场，有良好的产业发展基础，发展节能环保产业大有可为。要紧紧抓住历史机遇，推动节能环保产业和传统产业融合发展，做好存量的绿色化改造和增量的绿色化构建，提升经济整体的绿色竞争力，促进经济社会发展绿色转型，以最少的成本取得更大的环境和社会效益。

二、总体要求

（一）指导思想（略）

（二）基本原则

（1）坚持创新引领。

（2）坚持市场主导。

（3）坚持重点突破。

（4）坚持开放共赢。

（三）主要目标

到2020年，节能环保产业快速发展、质量效益显著提升，高效节能环保产品市场占有率明显提高，一批关键核心技术取得突破，有利于节能环保产业发展的制度政策体系基本形成，节能环保产业成为国民经济的一大支柱产业。

——产业规模持续扩大，吸纳就业能力增强。节能环保产业增加值占国内生产总值比重为3%左右，吸纳就业能力显著增强。

——技术水平进步明显，节能环保装备产品市场占有率显著提高。拥有一批自主知识产权的关键共性技术，一些难点技术得到突破，装备成套化与核心零部件国产化程度进一步提高，主要节能环保产品和设备销售量比2015年翻一番。

——产业集中度提高，竞争能力增强。到2020年，培育一批具有国际竞争力的大型节能环保企业集团，在节能环保产业重点领域培育骨干企业100家以上。形成20个产业配套能力强、辐射带动作用大、服务保障水平高的节能环保产业集聚区。

——市场环境更加优化，政策机制更加成熟。全国统一、竞争充分、规范有序的市场体系基本建立，价格、财税、金融等引导支持政策日趋健全，群众购买绿色产品和服务意愿明显增强。

三、提升技术装备供给水平

加大研发投入力度，加强核心技术攻关，推动跨学科技术创新，促进科技成果加快转化，开展绿色装备认证评价，淘汰落后供给能力，着力提高节能环保产业供给水平，全面提升装备产品的绿色竞争力。

（一）节能技术装备

工业锅炉。加快研发高效低氮燃烧器、智能配风系统等高效清洁燃烧设备和波纹板式换热器、螺纹管式换热器等高效换热设备。支持开发锅炉系统能效在线诊断与专家咨询系统、主辅机匹配优化技术等，不断提高锅炉自动调节和智能燃烧控制水平。推进高效环保的循环流化床、工业煤粉锅炉及生物质成型燃料锅炉等产业化。鼓励锅炉制造企业提供锅炉及配套环保设施设计、生产、安装、运行等一体化服务。

电机系统。加强绝缘栅极型功率管、特种非晶电机和非晶电抗器等核心元器件的研发，加快特大功率高压变频、无功补偿控制系统等核心技术以及冷轧硅钢片、新型绝缘材料等关键材料的应用，推动高效风机水泵等机电装备整体化设计，促进电机及拖动系统与电力电子技术、现代信息控制技术、计量测试技术相融合。加快稀土永磁无铁芯电机等新型高效电机的研发示范。

能量系统优化。加大系统优化技术研发和推广力度，鼓励先进节能技术、信息控制技术与传统生产工艺的集成优化运用，加强流程工业系统节能。针对新增产能和具备条件的既有产能，以整合设计为突破口，形成贯通整个工业企业生产流程的综合性节能工艺技术路线。

余能回收利用。加强有机朗肯循环发电、吸收式换热集中供热、低浓度瓦斯发电等技术攻关，推动中低品位余热余压资源回收利用。加快炉渣、钢坯和钢材等余热回收利用技术开发，推进固态余热资源回收利用。探索余热余压利用新方式，鼓励余热温差发电、新型相变储热材料、液态金属余热利用换热器技术等研发。推动余热余压跨行业协同利用和余热供暖应用。

照明和家电。推动半导体照明节能产业发展水平提升，加快大尺寸外延芯片制备、集成封装等关键技术研发，加快硅衬底 LED 技术产业化，推进高纯金属有机化合物（MO 源）、生产型金属有机源化学气相沉积设备（MOCVD）等关键材料和设备产业化，支持 LED 智能系统技术发展。大幅提高空调、冰箱、电视机、热水器等主要用能家电能效水平，加快智能控制、低待机能耗技术等通用技术的推广应用。

绿色建材。鼓励开发保温、隔热及防火性能良好、施工便利、使用寿命长的外墙保温材料、低辐射镀膜玻璃、断桥隔热门窗、遮阳系统等，开发推广结构与保温装饰一体化外墙板，引导高性能混凝土、高强钢等建材的应用。支持发展环境友好型建筑涂料和胶黏剂，推广应用高分子防水材料、密封材料和热反射膜。

（二）环保技术装备

大气污染防治。加快烟气多污染物协同处理技术及其集成工艺、成套装备与催化剂开发，攻克低氮燃烧和脱硝工艺氨逃逸控制、PM2.5 和臭氧主要前体物联合脱除、窑炉多污染物协同控制技术，研发脱硫、脱硝、除尘、除汞副产物的回收利用技术。探索挥发性有机物（VOC）源头控制方法，研发推广吸附浓缩、低温等离子体净化、生物法脱臭、光氧化和光催化等末端治理及组合治理技术，在石油石化、汽车喷涂、印刷等行业开展 VOC 治理，推进吸附材料再生平台示范建设。促进发动机、汽轮机等机内净化、尾气治理、蒸发排放控制等移动源环保升级，以及柴油机（车）排放净化。加强大气污染来源识别及区域联防联控技术集成研究。推进钢铁、水泥等行业以特别排放限值或更高标准为目标的技术研发示范和应用。

水污染防治。（略）

土壤污染防治。（略）

城镇生活垃圾和危险废物处理处置。（略）

噪声和振动控制。开发新型吸声、隔声、隔振、减振材料，重点推进阻尼弹簧浮置板轨道隔振技术国产化，提升配套产品的自动化和集成化水平。推动燃煤电厂低频噪声源头治理成套设备研发和应用。推进施工场地、机场等环境噪声在线连续监测技术设备的研发和应用，加强低成本、可移动降噪设备研究与推广。

环境大数据。推动在线监测技术与信息化技术的深度融合，加强环境物联网与大数据建设，实现环境监测数据模型化、精细化、准确化。以突出环境问题为重点，加强挥发性有机污染物（VOC）、重金属、火电厂 10^{-9} 级 PM2.5 在线监测和现场快速检测技术，以及相关标准物质的研发和应用。开展大气新型污染物、空气环境颗粒物、工业排放气体在线监测计量、水质生物毒性监测、土壤和地下水监测等技术研究。研究适用范围广、监测数据准确的多参数水质自动检测仪器和连续监测装备，推进水质自动化监测。提高在线监测仪器的测量精度和性能稳定性，提升仪器仪表智能化水平。

（三）资源循环利用技术装备

尾矿资源化。（略）

工业废渣。积极研发源头减量、杂质脱除、结构重构、强化成型等关键技术，突破冶炼渣多种有价组分综合回收技术，示范推广赤泥、脱硫石膏、磷石膏、粉煤灰等工业废渣的高效无害化处理技术和资源化利用技术。开发以工业废渣为原料的高附加值产品和低成本利用技术。

再生资源。加快开发报废汽车和废旧电器电子产品的智能拆解和拆解物自动化分选等关键技术装备，研发废旧塑料的改性改质技术。开展农业废弃物资源化利用，推动以农林废弃物原料生产高强度纤维板、轻质装饰用防火板等中高端产品。研发餐厨垃圾的低成本资源化技术和产品。探索废旧太阳能光伏板、报废动力蓄电池、废碳纤维材料、废纺织品、废节能灯、农膜和农药化肥等新型废弃物的资源化利用及无害化处理技术。鼓励企业研发和应用智能型回收设备。鼓励研发和推广基于物联网的再生资源收运系统。

再制造。(略)

水资源节约利用。(略)

四、创新节能环保服务模式

深入推进节能环保服务模式创新，培育新业态，拓展新领域，凝聚新动能，提高服务专业化水平，充分激发节能环保市场活力。

(一) 节能节水服务

做大做强节能服务产业，创新合同能源管理服务模式，健全效益分享型机制，推广能源费用托管、节能量保证、融资租赁等商业模式，满足用能单位个性化需要。支持开展节能咨询、评估、监测、检验检测、审计、认证等服务。鼓励节能服务公司整合上下游资源，为用户提供诊断、设计、融资、建设、运营等合同能源管理“一站式”服务，推动服务内容由单一设备、单一项目改造向能量系统优化、区域能效提升拓展。到2020年，节能服务业总产值达到6000亿。鼓励采用合同节水模式，在电力、化工、钢铁、造纸、纺织、炼焦等高耗水行业开展节水改造，实施100个合同节水管理示范试点。

(二) 环境污染第三方治理

推进环境基础设施建设运营市场化，采取政府和社会资本合作(PPP)、特许经营、委托运营等方式引导社会资本提供环境基础设施投资运营服务，完善工程总承包＋系统托管运营(EPC＋C)、项目管理承包(PMC)等运营机制。进一步明确第三方治理项目的绩效考核指标体系，减少项目在运营期的争议。对政府负有支付义务的项目，应纳入预算管理。开展小城镇、园区环境综合治理托管试点与环境服务试点，鼓励地方政府采取环境绩效合同服务模式引入服务商，推行环境治理整体式设计、模块化建设、一体化运营。创新排污企业第三方治理机制，鼓励电力、化工、钢铁、采矿、纺织、造纸、畜禽养殖等行业企业将环境治理业务剥离并交由第三方治理。做好环境污染第三方治理试点评估，总结推广有效模式，研究解决制约问题。

(三) 环境监测和咨询服务(略)

(四) 资源循环利用服务(略)

五、培育壮大市场主体

以节能环保企业为重点，以产业园区为依托，以第三方机构为有益补充，推动市场主体形成良性互动、协同发展的共生关系，培育节能环保产业的生力军。

(一) 促进各类型企业协调发展

(二) 加快产业集聚区提质增效

(三) 发挥第三方机构催化作用

六、激发节能环保市场需求

以实施节能环保和资源循环利用重大工程、推广绿色产品、培育绿色消费习惯等方式，有力刺激市场对节能环保产品和服务的需求，全面扩展产业发展空间。

(一) 强化重大工程需求牵引

通过实施节能环保重点工程，有力激发市场对节能环保技术、装备、产品及服务的需求。以燃煤锅炉、电机系统、照明产品等通用设备为重点，大力推动节能装备升级改造；开展工业能效赶超行动，推动钢铁、有色、石化、建材等高耗能行业工艺革新，实施系统节能改造，鼓励先进节能技术的集成优化运用，进一步加强能源管控中心建设。推动环境基础设施建设，推进工业污染源全面达标排放、水气土领域环境治理、危险废物防治等环保重大工程，扩大环保产业有效需求。推进国家级和省级园区循环化改造，推动大宗废弃物和新型废弃物的综合利用，发展再制造技术和产业，提高城市低值废弃物资源化水平。坚决淘汰落后产能，严防落后产能向中西部地区转移；积极稳妥化解过剩产能，强化资源、能源、环保等硬约束，强化行业规范和准入管理。

(二) 完善绿色产品推广机制(略)

(三) 着力培育绿色消费文化(略)

七、规范优化市场环境(略)

八、完善落实保障措施

加强财税价格金融等政策的引导支持，依托国家重大对外战略拓展国际合作，培育高素质人才队伍，为产业发展提供有力保障。

(一) 加大财税和价格政策支持(略)

(二) 发展绿色金融(略)

(三) 加强国际合作

推进节能环保产品和服务“走出去”，拓展一体化水处理装备、高效电机、高效锅炉、除尘脱硫设施等先进节能环保装备的国际市场，促进绿色产品出口；依托“一带一路”建设、国际产能合作，鼓励节能环保企业境外工程承包和劳务输出，提供优质高效的纯低温余热发电、污染治理、垃圾焚烧发电、生态修复、环境影响评价等服务。实施绿色援助，在受援国开展节能环保工程示范和能力建设，支持环境基础设施建设，帮助受援国改善生态环境，同时形成对我国节能环保产业“走出去”的有力带动。实施高水平“引进来”，积极引进境外节能环保产业投资、先进技术、管理理念和商业模式，鼓励外资投向节能环保高端装备制造、节能环保技术创新，支持设立研发中心。积极参与国际节能环保标准制修订，加强重点领域节能环保标准与国际标准接轨，推动与主要贸易国建立节能环保标准互认机制。加强与发达国家节能环保产业合作，共同开拓第三方市场。

（四）夯实人才基础（略）

九、组织实施（略）

能源技术创新“十三五”规划（摘要）

一、能源科技发展形势

随着新一轮工业革命兴起，应对气候变化日益成为全球共识，能源技术正在成为引领能源产业变革、实现创新驱动发展的源动力。尊重能源科技创新规律，把握世界能源技术发展趋势，重视能源科技创新体系的建立和完善，提高能源技术创新能力和装备制造水平，通过能源技术革命促进能源生产和消费模式的转变已成为我国能源产业历史性选择。

（一）世界能源科技发展现状与趋势

当前，以新兴能源技术为代表的新一轮科技革命和产业变革正在兴起，正在并将持续改变世界能源格局。非常规油气和深水油气、化石能源清洁高效利用、可再生能源、智能电网、安全先进核能等一大批新兴能源技术正在改变传统能源格局。

传统能源的清洁高效开发、转化、利用成为主要发展趋势。在勘探开发领域，页岩油气和致密油气等非常规油气资源成为油气产量的新增长点，复合开采成为整个石油开采的主要方向，深水油气勘探开发向海底化、智能化方向发展。在加工利用领域，劣质原油提质技术、清洁燃油生产技术、煤基多联产技术、煤气化技术、煤制化学品正成为能源科技主攻方向。火力发电技术正朝着清洁、高效、节能、节水的方向发展，主要国家均在开展700℃超超临界燃煤发电技术研发，整体煤气化联合循环技术、碳捕集与封存技术、富氧燃烧技术正在快速发展。

可再生能源发电与现代电网的融合是世界能源可持续转型的核心。太阳能光伏发电技术继续沿着高效率、低成本方向持续进步，太阳能热发电技术开始规模化示范；风力发电继续向大型化、智能化和高可靠性方向发展，远海和高空风能开发开始提上日程；可再生能源综合利用技术朝着多能互补、冷热电联产综合利用方向发展。现代电网向着智能化、混合化的方向发展，呈现大电网和微型电网并行发展的格局，融合分布式可再生能源的微电网技术、直流电网模式及交直流混合电网模式成为未来电网形态的重要趋势，大容量柔性直流输电技术、直流电网技术和超导直流输电技术等均得到快速发展，先进电力电子装置在可再生能源发电和智能电网建设方面发挥关键性作用，多种储能技术已进入应用阶段但还需提升经济性。

核能利用的关键是安全。不断完善的第三代核电技术逐渐成为新建核电机组的主流，第四代核电技术、模块化小型堆技术、先进核燃料及其循环技术正在快速兴起，对在役核电机组进行延寿也是核电发展的重要环节。

能源基础材料是能源技术发展的基石。燃煤发电机组和燃气轮机对高温材料、大型构件用金属材料提出了更高要求，安全先进核电的发展需要更可靠的核级材料，对可再生能源高效利用的需求促使新型高分子材料、新型电池材料不断涌现，能源转换和传输形式的发展带动了新型储能材料、高效催化剂材料、先进电力电子器件的创新。

在战略层面，主要能源大国均制定政策措施加强技术创新，积极部署发展清洁能源技术，着力通过提升能源产业结构开辟新的经济增长点。欧盟通过制定《2050能源科技路线图》提出太阳能、风能、智能电网、生物能源、碳捕集与封存、核聚变以及能源效率等为主攻方向的发展思路，突出可再生能源在能源供应中的主体地位。日本先后出台《面向2030年能源环境创新战略》和《能源基本计划》，提出能源保障、环境、经济效益和安全并举的方针，继续支持发展核能，推进节能和可再生能源，发展储能技术，规划绿色能源革命的发展路径。美国发布了《全面能源战略》，并陆续出台提高能效、发展太阳能、四代和小型模块化核能等清洁电力新计划。

纵观全球能源技术发展动态和主要能源大国推动能源科技创新的举措，可以得到以下结论和启示：一是能源科技创新进入高度活跃期，新兴能源技术正以前所未有的速度加快对传统能源技术的替代，对世界能源格局和经济发展将产生重大而深远的影响。二是绿色低碳是能源科技创新的主要方向，重点集中在传统化石能源清洁高效利用、新能源大规模开发利用、核能安全利用、能源互联网和大规模储能技术、先进能源装备及关键材料等领域。三是世界主要国家均把能源技术视为新一轮科技革命和产业革命的突破口，制定各种政策措施抢占发展制高点，增强国家竞争力并保持领先地位。

（二）我国能源科技发展现状与趋势

“十二五”期间，我国能源技术自主创新能力和装备国产化水平显著提升，部分领域达到国际先进水平，但还需紧跟能源产业转型升级步伐，集中力量突破重大关键技术瓶颈，为全面构建我国安全、绿色、低碳、经济和可持续的现代能源产业体系提供技术支撑。

非常规和难开采油气勘探开发应用总体上达到国际先进水平，基本形成适合我国陆相储层的有效致密气勘探开发技术，初步掌握浅层海相页岩气成套开发技术和致密油开发关键技术，高煤阶煤层气勘探开发技术基本成熟，3000m深水半潜式钻井船等装备实现自主化，建立了浅层超稠油油藏经济高效开发技术体系。煤炭绿色开采和高效利用快速发展，年产千万吨级综采成套设备、年产2000万t级大型露天矿成套设备实现国产化，智能工作面技术达到国际先进水平。煤制清洁燃料和化学品技术、低阶煤分级分质利用得到快速发展，煤炭气化、液化、热解等已实现产业化。具有完全自主知识产权的千万吨级炼油技术，劣质油加工技术取得突破。生物质能源替代化石能源初见成效。超超临界机组实现自主开发，大型循环流化床发电、大型IGCC、大型褐煤锅炉已具备自主开发能力，CO_2利用技术研发和CO_2封存示范工程顺利推进。燃气轮机设计体系基本建立，初温和效率进一步提升，天然气分布式发电开始投入应用。

可再生能源发电技术已显著缩小了与国际先进水平的差距，光伏、风电等产业化技术和关键设备与世界发展同步。晶体硅太阳电池产业化技术取得重大突破，形成晶体硅太阳电池产业化技术体系；太阳能热发电技术取得了长足进步。建立了大功率风电机组整机设计制造技术体系，3～6MW的海上风电机组实现示范应用，大型风电场运行管理等关键技术开始实际应用。

电网的总体装备和运维水平处于国际前列。电网技术与信息技术的融合不断深化，特高压输电技术处于引领地位，掌握了1000kV特高压交流和±800kV特高压直流输电关键技术。已建成多个柔性直流输电工程，智能变电站全面推广，电动汽车、分布式电源的灵活接入取得重要进展，电力电子器件、储能技术、超导输电获得长足进步。

核电技术与世界先进水平保持同步。三代核电技术研发和应用走在世界前列，四代核电技术、模块化小型堆、海洋核动力平台、先进核燃料与循环技术取得突破，可控核聚变技术得到持续发展。

“十二五”期间我国能源技术创新为打造新型能源产业奠定了坚实基础，但与新时期推动能源生产和消费方式革命的战略目标还有较大差距，突出表现为：创新模式有待升级，引进消化吸收的技术成果较多，与国情相适应的原创性成果不足；创新体系有待完善，创新投入的低收益问题仍较为突出；部分关键核心技术装备仍受制于人，重大能源工程依赖进口设备的现象仍较为普遍，技术“空心化”和技术“对外依存度”偏高的现象尚未完全解决。

“十三五”时期是我国大力推动能源产业转型升级，实现“四个革命、一个合作”的关键时期，通过不断创新发展思路，不断健全能源科技创新体系，不断夯实能源科技创新基础，集中力量突破重大关键技术瓶颈，以科技为先导，引领能源生产和消费方式的重大变革，按照应用推广一批、试验示范一批、集中攻关一批的发展路径推动能源技术革命，重点发展清洁高效化石能源技术、新能源电力系统技术、安全先进核能技术、战略性能源技术、能源基础材料技术等，是未来五年我国能源科技创新的重大使命。

二、指导思想、基本原则和发展目标

（一）指导思想（略）

（二）基本原则

（1）坚持自主创新。

（2）坚持市场导向。

（3）坚持重点突破。

（4）坚持统筹协调。

（三）发展目标

围绕由能源大国向能源强国转变的总体目标，瞄准国际能源技术发展的趋势，立足我国能源技术发展现状及科技创新能力的实际情况，2016～2020年集中力量突破重大关键技术、关键材料和关键装备，实现能源自主创新能力大幅提升、能源产业国际竞争力明显提升，能源技术创新体系初步形成。

在清洁高效化石能源技术领域，促进煤炭绿色高效开发，实现致密气、煤层气和稠重油资源的高效开发，推动页岩油气、致密油和海洋深水油气资源的有效开发。掌握低阶煤转化提质、煤制油、煤制气、油品升级等关键技术。进一步提高燃煤发电效率，提高燃煤机组弹性运行和灵活调节能力，攻克多污染物一体化脱除技术，整体能效水平达到国际先进水平。

在新能源电力系统技术领域，重点攻克高比例可再生能源分布式并网和大规模外送技术、大规模供需互动、多能源互补综合利用、分布式供能、智能配电网与微电网等技术，在机械储能、电化学储能、储热等储能技术上实现突破，提升电网关键装备和系统的技术水平；掌握太阳能、风能、水能等可再生能源为主的能源系统关键技术，开展海洋能、地热能利用试验示范工程建设，实现可再生能源大规模、低成本、高效率开发利用，支撑2020年非化石能源占比15%的战略目标。

在安全先进核能技术领域，建成自主产权的先进三代压水堆示范工程，掌握大型先进压水堆、高温气冷堆、快堆、模块化小型堆关键技术，钍基熔盐堆研究取得突破，深入研发先进核燃料技术、乏燃料及放射性废物先进后处理技术，建立适合我国大型压水堆核电厂延寿论证的技术体系。

在战略性能源技术领域，掌握微型、小型燃气轮机设计、试验和制造技术，实现中型和重型燃气轮机的设计、试验和制造自主化；突破高能量密度特种清洁油品关键技术，建设煤制油、生物航空燃油等示范工程；超导输电、储能装置达到国际先进水平；实现氢能、燃料电池成套技术产业化；可控核聚变、天然气水合物（可燃冰）利用技术得到进一步发展，总体达到国际先进水平。

在能源基础材料技术领域，研制出高温金属材料及核级材料，进一步提高光伏组件用高分子材料、储能用电极材料等技术参数，大幅降低成本，实现新型节能材料走向市场应用；掌握多种高效低成本催化材料生产技术。

在能源生产、输送、消费等各环节开展先进节能技术的研究，通过技术升级和系统集成优化实现能源利用效率明显提升、单位能耗明显下降。

三、重点任务

围绕"十三五"期间我国能源产业发展重大需求，着眼推动能源技术革命，聚焦形成五个重大能源科技专题，每个技术领域按照应用推广一批、示范试验一批、集中攻关一批进行任务分类。本章节中，集中攻关类以G代表（共70项），示范试验类以S代表（共48项），应用推广类以T代表（共31项），重点任务共计149项。

（一）清洁高效化石能源技术

在化石能源深度勘探开发领域，进一步提高煤炭开发效率和油气资源采收率，加强致密气、致密油、稠油、页岩气、页岩油和煤层气等勘探及低成本高效开发，研发深水油气有效开发关键技术及装备，提升我国煤油气资源的自我供给和保障能力。在燃料加工领域，掌握低阶煤提质工艺，研究适应性广的低阶煤热解分质转化技术，开发煤油共处理技术和分级液化技术；加强重劣质原油加工技术研发和应用，攻关清洁油品生产技术，适应油品升级的需要。在清洁高效燃煤发电领域，掌握具有自主知识产权先进超超临界机组、大型IGCC机组、循环流化床机组设计制造技术，研发低能耗大规模CO_2捕集工艺与设备，开展多污染物一体化脱除技术和工艺的自主化研发，开展火电机组深度调峰技术研究。

本规划围绕化石能源深度勘探开发、清洁燃料加工转化和清洁燃煤发电等技术领域部署26个集中攻关项目、18个示范试验项目、12个应用推广项目。

1. 化石能源深度勘探开发（略）

2. 清洁燃料加工转化（略）

3. 清洁燃煤发电

（1）集中攻关类。

G22）大型火力发电机组间接空冷技术。

研究目标：实现1000MW机组间接空冷设计技术达到国际领先水平。

研究内容：研发1000MW级机组间接空冷塔设计技术、间接空冷系统的热力和空气动力计算方法、风机辅助自然通风空冷塔设计技术和间接空冷塔防冻技术。试验研究六排管铝制空冷散热器的热力特性和阻力特性，开展低污染物排放条件下利用间接空冷塔排烟和将脱硫装置布置在空冷塔内的设计技术研究，研究1000MW火电机组配置风机辅助自然通风间冷塔的大风、低温环境适应性。

起止时间：2016～2020年。

G23）基于IGCC的CO_2捕集等绿色煤电技术研发。

研究目标：掌握基于IGCC的CO_2捕集及与发电系统耦合和集成等技术。

研究内容：研究基于IGCC的燃烧前低能耗新型CO_2捕集吸收剂及节能新工艺，捕集系统与发电系统的耦合和集成技术，开发核心专有设备；开展IGFC-CC复合发电系统研究；研发中温（300～400℃）煤气除尘、脱硫技术，降低净化系统能耗；研发煤气脱汞技术等。

起止时间：2016～2020年。

G24）新一代高效低能耗CO_2吸收剂及CO_2捕集系统与发电系统耦合优化集成技术。

研究目标：掌握新型CO_2吸收剂和捕集材料，以及燃烧后CO_2捕集系统与发电系统的耦合优化集成技术。

研究内容：研发新一代高效低能耗的CO_2吸收剂和捕集材料，提高吸收剂的吸收性能、长期稳定性和环保安全性，降低吸收剂再生能量消耗；研发吸收和再生过程强化技术；研究燃烧后捕集系统与发电系统的耦合优化集成技术，开发核心专有设备；研究CO_2与细微颗粒物、SO_2等污染物的协同脱除技术。

起止时间：2016～2020年。

G25）多污染物（SO_2、NO_x、Hg等）一体化脱除技术。

研究目标：研发具有自主知识产权的多污染物一体化脱除技术。

研究内容：研发具有同时吸附多污染物的新型高

效吸附剂及高效、低成本氧化剂、氧化工艺与设备，以及高效催化剂等，研发多污染物一体化脱除技术工艺关键装置设计及制造技术。

起止时间：2016～2020 年。

G26）700℃超超临界燃煤发电技术。

研究目标：掌握 700℃超超临界燃煤发电关键技术，开发具有自主知识产权的 700℃超超临界燃煤发电机组示范工程。

研究内容：完成 700℃超超临界燃煤发电机组关键部件及系统验证实验，验证自主研发制造的 700℃高温材料及关键高温部件；开发 700℃超超临界锅炉、汽轮机；开展 600MW 等级蒸汽参数为 35MPa/700℃/720℃/720℃超超临界燃煤发电机组方案设计。

起止时间：2016～2025 年。

（2）示范试验类。

S15）600MW 等级超超临界循环流化床锅炉示范工程。

研究目标：建成燃煤矸石或无烟煤 600MW 超超临界循环流化床锅炉发电机组示范工程。

研究内容：验证燃煤矸石、无烟煤 600MW 等级超超临界循环流化床锅炉的关键技术；掌握燃煤矸石、无烟煤 600MW 等级超超临界循环流化床锅炉的制造技术、系统集成技术、控制技术及安装、调试与运行技术。

起止时间：2016～2022 年。

S16）600MW 等级或以上容量超（超）临界全燃准东煤锅炉机组示范工程。

研究目标：建成 600MW 等级或以上容量超（超）临界全燃准东煤锅炉机组示范工程。

研究内容：设计制造 600MW 等级或以上容量超（超）临界全燃准东煤煤粉锅炉；研究锅炉全燃准东煤的系统集成设计技术；研究锅炉燃烧和控制技术，解决准东煤锅炉结渣问题，研制满足低 NO_x 排放要求的准东煤锅炉燃烧器。

起止时间：2017～2025 年。

S17）400～600MW 级 IGCC 示范工程。

研究目标：建成自主知识产权的 400～600MW 级 IGCC 示范电站。

研究内容：掌握 400～600MW 级 IGCC 发电系统设计技术，进行 400～600MW 级 IGCC 系统工程示范与运行技术研究；掌握 F 级燃机的中低热值合成气的改造设计技术；掌握 $30\times10^4 m^3/h$ 级轴流/离心空分压缩机的设计与制造技术。

起止时间：2016～2025 年。

S18）百万吨级碳捕集利用和封存系统示范工程。

研究目标：建设百万吨级大型 CO_2 捕集系统示范工程。

研究内容：完成燃烧后 CO_2 捕集技术的放大研究，包括百万吨级捕集系统和设备设计技术、与电厂的深度耦合及系统控制技术；配合开展百万吨级 CO_2 驱油和封存的协同优化，保证 CO_2 封存的长期安全性。

起止时间：2017～2025 年。

（3）应用推广类。

T09）600MW 等级及以上容量超超临界二次再热燃煤高效发电机组工程。

研究目标：进一步提高超超临界发电机组能效，降低污染排放。

研究内容：积累二次再热高效超超临界发电机组运行控制技术方面经验，提高机组的安全性和可靠性，提高经济技术指标，降低建设成本。

起止时间：2016～2020 年。

T10）节能/超低排放型超临界循环流化床锅炉技术。

研究目标：掌握具有节能和超低排放效果的 350MW 等级或 600MW 等级超临界循环流化床锅炉优化运行方案，进一步降低污染物排放，达到超低排放的标准。

研究内容：研究超临界循环流化床锅炉的提效技术，进一步降低锅炉厂用电率，提高锅炉热效率；开展超临界循环流化床锅炉的超低排放技术研究，掌握适用于循环流化床锅炉的深度除尘、脱硫和脱硝技术的工艺技术方案。

起止时间：2015～2020 年。

T11）燃煤耦合生物质发电技术。

研究目标：掌握燃煤耦合生物质发电技术，进一步提高对现役燃煤电厂的技术改造水平。

研究内容：研究现役燃煤电厂耦合生物质发电的改造技术，验证并推广生物质成型和干燥技术、生物质燃烧和气化发电技术、锅炉结焦和腐蚀对策、燃煤电厂掺烧生物质的适应性、污染物排放和灰渣综合利用、藻类生物质掺烧等技术，并获得现役电厂改造的运行经验。

起止时间：2016～2020 年。

T12）火电灵活性改造技术。

研究目标：根据系统调峰能力需求以及火电机组自身特点，提高火电机组运行灵活性和燃料灵活性，提高现有火电机组的调峰幅度、爬坡能力以及启停速度，减少对燃料的依赖性。通过灵活性改造，热电机组增加 20%额定容量的调峰能力，最小技术出力达到 40%～50%额定容量；纯凝机组增加 15%～20%额定容量的调峰能力，最小技术出力达到 30%～35%额定容量。部分具备改造条件的电厂力争达到国际先进水平，机组不投油稳燃时纯凝工况最小技术出力达到

20%～25%。

研究内容：借鉴国际先进经验，研究制定我国火电运行灵活性升级改造技术路线，引进推广国外先进技术和标准化工作、研究相关政策和价格机制。通过开展国内火电灵活性改造示范试点工作，重点掌握火电机组灵活性提升改造中制粉系统、燃烧系统、汽机系统、供热系统、控制系统等的关键技术，解决污染物排放控制、疲劳损伤控制以及效率损失控制等关键问题。

起止时间：2016～2020 年。

（二）新能源电力系统技术

在可再生能源利用领域，研究 8～10MW 陆/海上风电机组关键技术，建立大型风电场群智能控制系统和运行管理体系；突破高效太阳能电池的产业化关键技术，发展新型太阳能电池技术，持续提高光伏发电系统的能量转换效率、经济性和智能化水平；完善大型太阳能热发电站高效集热和系统集成技术，实现可全天运行的 100MW 级电站商业化运行；开展复杂条件下水电开发相关技术研究；开展海洋能、地热能利用关键技术及装置研发和示范工程建设。

在高比例可再生能源并网及传输领域，重点突破大型可再生能源基地和大量分布式可再生能源并网、特高压直流与柔性输电核心技术与装备等关键技术；进一步提升电网和互联网信息的相互融合，源网荷协同水平；在现代信息通信技术的运用、新型电力设备制造及传统电力设备的智能升级等方面持续取得进展。

立足于电力系统调峰和电能质量管理需要，推动压缩空气储能、液流电池、钠硫电池、锂电池和飞轮储能等多种储能技术发展，在大容量储能等技术上实现突破。推进能源互联网建设，加强智能配电与用电网络建设，促进分布式能源和多能互补式发电项目在微网中的利用，开展能源互联系统运营交易技术研究。

本规划在可再生能源利用、高比例可再生能源并网与传输、储能与能源互联网等领域部署 13 个集中攻关项目、15 个示范试验项目、10 个应用推广项目。

1. 可再生能源高效利用

（1）集中攻关类。

G27）新型高效低成本光伏发电关键技术。

研究目标：研制出新型高效低成本光伏电池，突破大型光伏电站设计集成和运行维护关键技术，掌握 GW 级光伏电站集群控制技术。

研究内容：主要开展包括碲化镉、铜铟镓硒薄膜、硅薄膜等太阳能电池产业化技术研发、大面积柔性硅基薄膜电池组件的规模化生产工艺研发，以及Ⅲ-Ⅴ族化合物电池、铁电-半导体耦合电池及铁电-半导体耦合/晶体硅叠层电池、钙钛矿电池、染料敏化电池、量子点电池、新型叠层电池、硒化锑电池、铜锌锡硫电池等新型电池的研究和探索，着力提高效率和降低成本；研究多类型分布式光伏系统设计集成技术及示范，开展大型光伏电站及光伏发电站集群的设计、控制、运维及并网技术研究。

起止时间：2016～2020 年。

G28）复杂条件大型水电工程关键技术研究。

研究目标：掌握高地震烈度区、超深覆盖层等复杂建设条件下超大型地下空间工程技术、地质灾害防治技术。

研究内容：针对高地震烈度区、超深覆盖层等复杂建设条件下水电工程，重点研究超大型地下洞室群工程技术，深埋长大输水隧洞工程技术，高压水道衬砌结构和高压灌浆工程技术，高强度、大体积混凝土温控和防裂技术，高地震烈度区、超深覆盖层坝基处理工程技术，超高坝筑坝技术研究，高边坡爆破开挖与支护技术，地质预报与防护技术、高外水压力地下突涌水治理技术、超高地应力条件下施工技术等。

起止时间：2016～2020 年。

G29）流域梯级水电站综合管控关键技术研究。

研究目标：掌握流域梯级水电站安全运行、生态环境监测关键技术。

研究内容：研究流域梯级水电站安全与应急、防恐防暴关键技术，基于水文预报情况的流域梯级电站群多目标联合优化调度关键技术，梯级水电站深度开发、改造、退役技术。研究基于陆气耦合模式的流域梯级水库群分布式水文预报系统关键技术，梯级水库群防洪减灾预警预报系统关键技术。构建流域环境监测体系和数据库平台，动态监控并掌握流域水电开发生态环境演变规律。

起止时间：2016～2020 年。

G30）水电工程环境保护与水土保持关键技术研究。

研究目标：掌握水电环保关键技术、生态重建与修复技术。

研究内容：研究流域生态环境监测和生态调度技术，水温、水生生境修复、过鱼、库区消落带治理、珍稀特有鱼类人工驯养繁殖、河流和水库生态重建与修复等水电工程环境保护关键技术，以及高寒地区施工过程水土保持、施工结束场地清理与还原等水土保持关键技术。

起止时间：2016～2020 年。

（2）示范试验类。

S19）8～10MW 等级及以上的超大型海上风电机组示范工程。

研究目标：研制出具有自主知识产权的 8～10MW 等级及以上的海上风电机组及关键部件，并进行工程示范。

研究内容：研发8～10MW等级及以上海上风电机组的整机优化设计与制造技术、超大型海上风电机组关键部件设计制造技术，以及超大型海上风电机组基础、塔筒设计及运输、吊装和电网接入等关键技术；开发超大型海上风电机组先进测试技术与测试平台。

起止时间：2016～2025年。

S20）大型太阳能热发电关键技术研究与示范。

研究目标：突破100MW级太阳能热电联供电站关键技术，掌握中高温固体储热技术，实现太阳热发电站的全天候运行。

研究内容：研究大型太阳能热发电及热电联供电站设计技术与关键部件设计制造技术，研究太阳能热电联供高效梯级利用技术，研究大容量熔融盐储热及储热混凝土和储热陶瓷、多模块固体储热系统集成与优化运行技术。

起止时间：2016～2025年。

S21）生物质集中高效热电联产及多能互补技术示范。

研究目标：开展10MW规模的分布式生物质热解-气化燃气轮机发电技术的示范试验，并突破生物质与太阳能、风能等可再生能源多联供综合利用关键技术，建成10 000方/天级的大型生物质制气工程和多能互补综合利用示范工程。

研究内容：研究分布式燃料高效热电联产技术，主要包括热解炉与气化炉间的最佳配套技术、热电联产系统的清洁和环保技术。研究生物质能与多种能源互补利用技术，重点开展生物燃气高效制备研制及其与太阳能综合利用的关键技术。

起止时间：2016～2025年。

S22）大型抽水蓄能电站关键技术示范与推广。

研究目标：掌握大型抽水蓄能机组设备制造与系统集成技术，并开展示范工程建设。

研究内容：重点研究高水头、大容量抽水蓄能机组设备自主化，高水头大PD值埋藏式钢管和钢岔管设计，大型可变速抽水蓄能机组关键技术，大型抽水蓄能机组配套设备与系统集成技术，海水抽水蓄能电站关键技术，抽水蓄能电站与新能源、核电等多能互补联合运行技术。

起止时间：2016～2020年。

S23）海洋能利用关键技术及示范工程。

研究目标：研制波浪能、潮汐能、潮流能、温差能利用装置，建设波浪能、潮汐能、潮流能发电示范工程。

研究内容：研究波浪能利用关键部件设计制造技术、海上生存能力技术，研究高转换率波浪能发电技术，研发波浪能发电装置，开展百千瓦级波浪能发电示范工程建设。推进潮汐电站方案设计及优化、万千瓦级低水头大流量水轮发电机组设计与制造、潮汐能环境影响评价及预测、电站运行控制等关键技术研究，开展万千瓦级潮汐能发电试验示范工程建设。研发适合潮流资源特点的高效率叶轮，突破发电机组水下密封、低流速启动、模块设计与制造等关键技术，研发兆瓦级潮流能发电装置，开展兆瓦级潮流能发电示范工程建设。研究温（盐）差能发电热力循环技术，研制温（盐）差能实际海况试验样机。

起止时间：2016～2020年。

S24）干热岩开发利用技术示范工程。

研究目标：掌握干热岩开发关键技术，建成100kW级干热岩发电示范。

研究内容：研究靶区定位和探测的技术设备、大体积压裂技术设备及配套施工工艺；突破人工裂隙发育延伸控制技术及施工工艺、裂隙网络优化技术、宽负荷耦合发电技术、干热岩中高温发电工艺，开发高效热电转换发电设备，建设小型干热岩发电试验装置。

起止时间：2016～2020年。

（3）应用推广类。

T13）碳纤维复合材料风电叶片及其抗冰技术应用研究。

研究目标：开发碳纤维复合材料风电叶片新产品，建立百套量级的碳纤维复合材料风电叶片和抗冰风电叶片生产线。

研究内容：开展大尺寸、大厚度碳纤维复合材料主承力件成型技术工程应用研究、碳纤维复合材料风电叶片热载荷与力学载荷综合作用研究、碳纤维复合材料风电叶片结构优化设计、碳纤维复合材料抗冰风电叶片系统优化设计，建立碳纤维复合材料风电叶片制造标准化平台。

起止时间：2016～2020年。

T14）5～6MW等级大型海上智能风电机组应用推广。

研究目标：降低海上风电场的度电成本，实现大型海上风电机组安装规范化和机组运维智能化。

研究内容：实现关键部件的国产化设计、制造与测试应用技术，完善高可靠性低度电成本海上风电机组整体优化设计技术，应用推广大型海上风电机组的基础工程设计和建造技术，以及大型海上风电场的智能化监控运行维护技术。

起止时间：2016～2020年。

T15）高效、低成本晶体硅电池产业化关键技术研发及应用。

研究目标：实现HIT、IBC等电池国产化，晶体硅电池效率≥23%，建成 HIT 电池和 IBC 电池的 25MW 示范生产线。

研究内容：开展低成本晶体硅电池国产化技术攻关，包括关键材料、工艺、装备以及配套辅材的国产化；进行 HIT 太阳能电池产业示范线关键技术研究和示范，进行 IBC 电池产业示范线研究，并实现规范化、产业化；掌握产业化高透太阳能电池用玻璃制备技术。

起止时间：2016～2020 年。

2. 高比例可再生能源并网与传输

(1) 集中攻关类。

G31）直流电网关键技术装备。

研究目标：突破高压直流 DC/DC 变换器、换流器、断路器的设计及制造成套关键技术，并建立直流电网标准；±320kV 及以上直流断路器、±200kV 高压直流 DC/DC 变换器等到达实用化水平。

研究内容：研究±200kV 级别 DC/DC 变换器的主电路拓扑结构，研制其试验样机；研究直流断路器的关键技术参数、直流断路器与多端直流系统的协调控制策略、±320kV 及以上直流断路器的技术可行性与实现方法、高性能低成本的高压大电流直流断路器的主电路拓扑结构，研制其试验样机；开展直流电网标准体系研究。

起止时间：2016～2020 年。

G32）±500kV 直流输电电缆研制。

研究目标：开发出超净级高生产率 XLPE 绝缘材料，研制±500kV 直流输电电缆样缆。

研究内容：研究±500kV 直流电缆用绝缘料及屏蔽料的配方及生产工艺国产化；开展直流电缆线路运行中的各种过电压形式分析和新型高压直流电缆结构优化；研发新型直流电缆制造工艺，搭建直流电缆电、热联合老化试验平台；研究直流电缆用绝缘材料在不同应力条件下的老化性能。

起止时间：2017～2020 年。

G33）新型特高压交流输电技术。

研究目标：突破适用于特高压远距离输电的直挂式大容量 SVC 装置关键技术，以及环保型特高压交流 GIL 的设计和制造关键技术，产品技术指标和性能达到国际先进水平。

研究内容：开展高压大容量 SVC 的主电路结构及参数设计研究，开展特高压系统同时加装高补偿度串补、可控高抗、SVC 条件下的系统运行特性与过电压及电磁暂态研究；研究特高压系统多 FACTS 设备的系统多目标协调控制策略；开展环保型绝缘介质在特高压电压下基础特性和应用技术研究，以及环保型特高压交流 GIL 样机设计和研制、安装工程设计与关键技术、测试评估与运维关键技术研究等。

起止时间：2016～2020 年。

G34）基于云技术的电网调度控制系统研究。

研究目标：构建基于云技术的电网调度控制系统支撑平台，提升调度核心业务的智能化水平；攻克大电网多时空尺度一体化协调优化关键技术，实现风光水火联合优化调度，提升大规模清洁能源跨区消纳能力。

研究内容：研发基于云技术的调控系统体系架构和平台支撑关键技术、统一的调度数据共享与信息交流平台关键技术、多级调度多专业之间一体化协同维护的关键技术、基于大数据的广义电力可靠性分析和控制决策技术、电力系统智能充裕度分析技术；适应特高压电网发展与清洁能源大规模接入的无功电压控制模式与策略，研究特高压交直流混联大电网联合控制模型；开展电网调度运行综合评估方法研究。

起止时间：2016～2020 年。

G35）智能电网信息采集及通信技术。

研究目标：掌握先进智能状态监测传感器技术，建立电网信息物理融合系统（CPS）体系架构，形成广域分布环境下电网协同计算及属地化多级计算体系。

研究内容：掌握先进智能状态监测传感器技术，突破传感/通信一体化技术及智能传感器群数据融合技术；发展光纤、无线、空间等通信网络的互联和融合方案；研究电网信息物理交互模型，建立电网 CPS 体系架构；研究基于嵌入式系统的分布式计算与信息智能处理技术。

起止时间：2016～2025 年。

G36）智能电网信息安全自主化关键技术研究。

研究目标：开展下一代电网信息通信安全技术体系研究，实现工控系统与移动应用安全、信息安全监控预警、信息安全与业务融合等技术突破，研制自主化的电网信息安全自主可信可控设备。

研究内容：研究面向电网生产运行的信息安全防御体系；研究适用于智能电网环境下的信息安全风险评估、可信计算、数据安全、攻防对抗及其技术；研究面向工控系统、移动互联等业务的信息安全综合防御和监测预警技术；研究信息安全自主可控防御体系、安全软硬件基础平台支撑技术及安全芯片，研究安全隔离、接入及数据交互实用关键技术；研发电网信息安全自主可信可控设备。

起止时间：2016～2020 年。

(2) 示范试验类。

S25）风电场群智能控制、调度及能效评估。

研究目标：突破风电场群智能化运行维护技术、发电功率优化调度运行技术；实现风电场群电能多效利用，建设百万千瓦及以上规模风电场群高效运行示范工程。

研究内容：研究百万千瓦级风电场群智能化运行维护系统、风电场群优化调度技术；风电场群智能控制及电能质量控制关键技术；利用储能等方式实现风电场群功率波动平抑的关键技术；包含风电场群运行数据、气象数据的大数据平台关键技术；基于资源相关性和电网调度模式的风电场群划分技术。

起止时间：2016～2020 年。

S26）柔性直流输电关键技术研发与示范。

研究目标：掌握±500kV 大容量柔性直流输电系统的设计与成套关键技术，解决基于柔性直流输电的大规模海上风电并网及运行控制关键技术。

研究内容：研究适用于架空线的±500kV/1000～3000MW 超大容量柔性直流输电换流器主电路拓扑设计及换流阀优化设计与制造技术、试验方法、运行控制及现场调试技术；研究基于柔性直流输电的大规模海上风电接入及运行控制技术；开展柔性直流输电在电网互联和海上风电接入方面的应用示范。

起止时间：2016～2020 年。

S27）高压大容量交流电网故障电流限制关键技术。

研究目标：突破串联谐振型限流器、分裂电抗器和低漏磁电抗器的关键技术，掌握限流设备的等效试验技术，实现应用示范。

研究内容：研究交流电网的短路故障检测和预测方法；研究故障电流限制器的电路拓扑设计、关键部件设计与制造技术；研究高压大容量、低损耗及低漏磁的空心电抗器和分裂电抗器的电磁与结构设计方法；研究限流器的控制和保护方法以及限流器与断路器的匹配运行等。

起止时间：2016～2020 年。

S28）电网安全稳定自适应保护系统研发与示范。

研究目标：掌握大规模可再生能源接入电网条件下，交直流、多直流协调控制保护技术和电网振荡抑制技术，研制自适应协调控制保护系统并示范应用。

研究内容：研究特高压交直流输电、可再生能源并网对电网控制保护的新需求，以及传统控制保护架构、控制保护方式及策略的适应性；研究多种智能控制手段与传统控制方法相结合的协调控制方案、多区域稳控系统的自适应协调控制技术；研究大型柔性可控元件的交流电网的暂态特性及控制保护策略；研究广域保护原理，构建广域控制保护系统的网络架构。

起止时间：2016～2022 年。

（3）应用推广类。

T16）大规模新能源特高压直流外送及调度运行示范及推广。

研究目标：解决大规模新能源远距离输送的安全稳定关键问题，提高新能源输送比例，实现大规模新能源的跨区消纳。

研究内容：依托哈密-郑州、宁东-浙江、酒泉-湖南等特高压直流工程，重点解决大规模新能源基地连锁故障问题、次同步振荡问题，提升故障风险评估与预警技术、紧急控制技术、无功优化和协调控制技术、新能源发电消纳能力评估技术等。

起止时间：2016～2020 年。

T17）大容量特高压直流输电示范及推广。

研究目标：掌握±1100kV/12 000MW 特高压直流输电的设计与工程建设关键技术，建设示范工程并推广应用。

研究内容：开展±1100kV 及以上直流输电方案、安全稳定性及交直流协调控制、控制保护技术，过电压与绝缘配合的研究，积累运行经验；实现直流套管等±1100kV 直流输电关键设备的国产化和设计、运行技术标准化。

起止时间：2016～2020 年。

T18）智能电网多级调度控制系统推广应用。

研究目标：研发适应电气特性紧密耦合特征的智能电网多级调度控制系统并实现推广应用，提升现代电网运行风险的在线防控能力和自动化系统的集约化水平。

研究内容：研究保障电网安全稳定运行的多级调度协同防御系统的总体架构；深化研究省地一体化、地县一体化及调配一体化关键技术；研究全网稳态潮流统一生成、在线安全稳定量化分析、广域控制协调决策等实用化技术；研制满足工程化需求的智能电网多级调度控制系统，开展应用功能的工程验证；制定多级调度协同分析与控制的技术标准，实现系统的推广应用。

起止时间：2016～2020 年。

T19）交直流大电网实时仿真技术推广应用。

研究目标：建立电网大数据实时仿真分析平台，实现基于实时仿真的大电网安全稳定控制系统，并得到推广应用。

研究内容：研发大容量柔性直流输电/直流电网建模及实时仿真技术；建立风电、光伏、核电机组的仿真模型，发展适用于大规模交直流电网的机电-电磁暂态混合仿真计算分析平台，建立适用于大电网的多时间尺度并行实时仿真平台；构建电力系统仿真大数据平台；发展基于实时仿真技术进行安全稳定控制系统试验验证技术。

起止时间：2016～2025 年。

3. 储能与能源互联网

（1）集中攻关类。

G37）新型高效电池储能技术研究。

研究目标：开发出低成本、长寿命、高安全、高能量密度锂电池，建立低温化、高安全性和高性能的钠硫储能新体系，掌握高性能铅炭电池制备关键技术；突破大型机械储能关键技术，建立示范系统；研制出高能量密度、长寿命、低成本固态化学电池。

研究内容：研究水系锂电池、凝胶锂电池、固态锂电池以及锂硫电池技术的电极材料及规模制备技术，新型钠、硫体系储能系统的关键技术，低电阻、高可靠性铅炭电池电极板的制备工艺技术，大容量机械储能（如飞轮储能、压缩空气储能）的系统结构、控制、大功率高效电机及变流等关键技术，以及固态电化学储能电池的关键材料匹配、电芯设计、电芯规模制造关键技术。

起止时间：2016～2022 年。

G38）大规模高渗透率分布式电源并网集成和控制技术。

研究目标：突破渗透率 30%以上的大规模分布式电源规划布局、并网集成和运行控制关键技术，实现用户侧多能源融合和高效利用。

研究内容：开展风光等资源监测和电源功率预测研究，开展大规模分布式发电及储能与配电网交互影响研究，研究分布式发电系统新型变流控制技术、分布式电源群控群调关键技术、基于虚拟电厂的高渗透分布式电源消纳技术，以及适应分布式电源、零售电等大规模应用的新型互动营销技术。

起止时间：2016～2020 年。

G39）能源互联系统运营交易关键技术研究。

研究目标：建立能源流与信息流融合的协同控制技术，建立多元化能源商品交易平台。

研究内容：研究多能融合能源系统的整体建模及分析技术，研究面向电网、气网、热网等的多物理量信息归一化处理技术，研究多能源形态能量的量测、计算、预测及控制技术，研究多能融合能源系统中支持虚拟电厂及需求响应的动态平衡技术；研发支持多元交易主体、多元能源商品复杂交易类型的能源交易平台，研究支持分布式、并发式交互响应的实时交易方式和能源期货交易模式，研究互联网虚拟能源货币认证、定价、流通、交易与结算等关键技术。

起止时间：2016～2025 年。

（2）示范试验类。

S29）大容量长寿命钛酸锂储能电池及装置示范验证。

研究目标：掌握低成本长寿命储能锂离子电池关键技术，建成 20MW/10MWh 钛酸锂电池储能示范系统，并投入示范运行，储能系统循环寿命达到 10 000 次，成本低于 3000 元/kWh。

研究内容：研究长寿命钛酸锂材料、储能用锂离子电池设计及工艺、电池系统集成等关键技术；研究开发钛酸锂电池模块结构设计、系统结构、散热设计方案、模块成组及连接技术，以及低成本、高可靠性储能系统管理控制设计技术；开展 20MW/10MWh 钛酸锂电池储能示范系统的建设；研究储能系统和电力系统联合控制方法和控制策略。

起止时间：2016～2020 年。

S30）兆瓦级以上大容量钠硫电池储能装置示范验证。

研究目标：掌握大尺寸陶瓷电解质的低成本制备与产业化放大、金属/陶瓷/玻璃高温多相封装的产业化放大与稳定服役、兆瓦级以上大容量钠硫电池储能电站集成与运维技术，实现 1MW/8MWh 钠硫电池系统制造和电站实地示范运行。

研究内容：研发 Beta″-Al_2O_3 陶瓷电解质制备工艺和设备、金属/陶瓷/玻璃密封结合技术、连接技术以及批量化制备工艺和设备、高自动化精密激光焊接系统和标准工艺、铝质壳体防腐蚀涂层量产制备专用设备和工艺；研究中试规模（2～5MW/a）的铝质单体电池的批量制备的专用设备工具、工艺和检测方法；研发大容量模块设计与批量化装配技术、模块化集成技术、钠硫电池储能系统并网及监控技术、基于智能化管理模式设计技术；研发低温钠硫电池技术；开展不同应用领域的 MW 级储能电站的设计、控制与运维技术研究、钠硫电池运行性能评估等。

起止时间：2017～2020 年。

S31）10MW/100MWh 先进压缩空气储能系统示范。

研究目标：突破 10MW/100MWh 先进压缩空气储能系统核心部件设计技术，建成系统工程示范，系统性能达到国际领先水平。

研究内容：研发 10MW/100MWh 先进压缩空气储能系统中宽负荷压缩机和高负荷透平膨胀机、紧凑式蓄热（冷）换热器等核心部件的流动、结构与强度设计技术，以及系统集成及其与电力系统的耦合控制技术和示范系统的调试与性能测试技术。

起止时间：2016～2020 年。

S32）适应多种发电形式和用户主动影响的交直流配电网示范。

研究目标：建设具备集成、互动、自愈、兼容的新形态交直流配电网示范工程。

研究内容：研发新型交直流变流装置；研究适应分布式电源高渗透率接入和“即插即用”的交直流混合配电网运行控制技术、多场景优化调度技术、故障隔离与恢复技术；研究适应用户主动影响的配电网需求侧响应技术；研究小型化、低成本、快速可靠的适应多种发电形式和用户主动影响的配电网测控终端。

起止时间：2016～2023 年。

S33）能源互联网示范工程。

研究目标：建设以智能电网为基础，与热力管网、天然气管网、交通网络等互联互通，电、热、冷、氢多种能源形态互相转化的能源互联网试验示范工程。

研究内容：建设高灵活性的柔性能源网络，接纳高比例可再生能源、促进灵活互动用能行为和支持分布式能源交易；研究标准化、模块化的不同能源网络接口设备，支持多种能源形态灵活转化、高效存储；研究电网、气网、热网等智能网络的协同控制调度技术；研究电、热、冷、氢等不同能源形态的量化评价方法，构建不同形式能源的能量品位统一量化模型，提出多能互补系统能量优化方法；研发气、热、电多物理量智能终端高级量测系统；研究多能互补综合能源网络内不同类型储电、储热、储冷、储氢装置的优化协调控制方法，研发适用于多能源输入和输出的能源互联网能量管理系统。

起止时间：2016～2020 年。

（3）应用推广类。

T20）全钒液流电池储能产业化技术。

研究目标：实施百兆瓦以上级全国产化材料全钒液流电池储能装置示范应用工程；建造 300MW/年液流电池产业化基地，实现规模化生产。

研究内容：开展全钒液流电池用高性能、低成本非氟离子传导膜的规模化制备，开展 30kW 及以上级高功率密度电堆、高集成度集装箱式 200kW 以上级的全钒液流电池模块的工程化技术开发；制定全钒液流电池标准。

起止时间：2016～2020 年。

T21）多能互补分布式发电和微网应用推广。

研究目标：实现智能化分布式光伏应用、光伏微电网互联、交直流混合微电网以及多能互补微网统一能量管理等的工程示范和推广应用。

研究内容：掌握区域性高比例分布式光伏发电设计集成、直流并网、功率预测及智能化技术，研究微电网内的储能系统及风、光、柴、水、燃气轮机等微电源标准通信交互模型，研发基于微电网标准化信息模型的微电网监控平台，形成典型的微电网网络结构和信息流设计实用范例研究微电网通信网络架构和通信方式，实现微电网标准化、模块化集成。

起止时间：2016～2020 年。

T22）交互式智能用电与需求侧响应。

研究目标：构建电力负荷需求响应的技术标准体系。建设智能用电管理与服务平台，实现智能家居、电动汽车等柔性负荷参与电网互动响应。

研究内容：基于大数据分析实现群体用电行为精细化描述；研究需求侧资源动态响应特性及响应潜力评估技术，提出配用电侧信息模型和用户交互接口解决方案；结合智能用电接口标准研发适用于工商业用户及电动汽车的需求响应智能控制终端，提出关键家庭用电设备、电动汽车充电设施的用电负荷特性及智能电器的标准接口。

起止时间：2016～2025 年。

（三）安全先进核电技术

加快自主知识产权先进核电堆型的持续改进创新，推广应用自主知识产权的先进三代压水堆，加快高温气冷堆、快堆、模块化小型堆的技术示范工程建设和产业化，积极开展微型堆、钍基熔盐堆等新堆型研究。开展先进核燃料元件研发，推进乏燃料处理技术，发展大型核燃料后处理厂自主技术，突破严重事故预防和缓解技术、废物最小化技术、设备管道去污技术等。积极推进在役核电机组延寿相关技术的研究开发，发展先进监/检测技术、关键设备时限老化评估技术和缓解/修复技术等。

本规划围绕安全先进民用反应堆、先进核电燃料、核电站建设、运行与延寿等技术领域部署了 8 个集中攻关项目、4 个示范试验项目、6 个应用推广项目。

1. 安全先进民用反应堆

（1）集中攻关类。

G40）超高温气冷堆技术研究。

研究目标：通过关键技术、关键设备与材料以及性能试验的研究，论证 HTR-10 实现 950℃高温运行及核能制氢的可行性。

研究内容：依托 10MW 高温气冷实验堆，开展 950℃下超高温运行及核能制氢技术研究，主要包括：反应堆物理热工设计、安全与事故分析、堆内构件材料及结构分析，燃料元件高温性能试验等。开展中间换热器关键技术研究与性能实验验证，开展碘硫循环分解水与高温蒸汽电解制氢技术研究等。

起止时间：2016～2022 年。

G41）快中子反应堆运行和控制技术研究。

研究目标：通过关键技术、关键设备的研究，提升我国快堆运行和控制能力，掌握维护、保养、大修、故障维修等方面的技术方法。

研究内容：完成中国实验快堆运行模式的优化，明确各运行模式下完整的技术条件要求和控制方法；研究钠冷快堆电站运行仿真和在线诊断技术、涉钠设备在役检查技术、关键设备老化管理技术、运维一体化管控技术。

起止时间：2016～2020 年。

G42）铅基合金冷却反应堆技术研究。

研究目标：完成铅基合金冷却反应堆总体设计及

综合演示试验，为实现自主知识产权的铅基合金冷却反应堆的工程应用奠定基础。

研究内容：突破铅基合金冷却反应堆设计、试验、燃料材料等关键技术，掌握燃料制备工艺及堆内辐照数据等，开展铅基合金冷却反应堆总体设计及主设备研制、冷却传热和腐蚀特性、冷却系统工艺技术、系统及设备试验验证、电站仪控系统开发和运行维护等关键技术研究。

起止时间：2016～2021年。

G43）基于高度安全燃料的5～10MW级制造型模块堆。

研究目标：掌握全陶瓷微包覆燃料及包壳材料技术，突破5～10MW级制造型反应堆核电机组工厂化制造技术，论证制造型小微堆核电机组及其分布式应用的可行性。

研究内容：研制碳化硅基质包覆颗粒燃料芯块制造工艺、流程与设备，开展燃料与材料辐照、正常工况与严重事故下性能测试与验证，以及安全许可取证；开展5～10MW级制造型模块堆设计、安全分析、许可取证、应用开发，智能化控制与安全系统设计、研制与验证，先进高效紧凑型超临界二氧化碳布雷顿循环能量转化系统研制与示范，独立运行电站系统集成与配套设备研制，数字化、智能化工厂制造与组装流程和设备设计与研制。

起止时间：2016～2021年。

G44）钍基熔盐堆核能系统关键技术研究。

研究目标：掌握钍基熔盐堆关键技术，实现关键材料与设备产业化，完成世界首座钍基熔盐仿真堆与2MW钍基熔盐实验堆建设，总体技术水平居国际领先。

研究内容：开展钍铀燃料循环工作模式、熔盐堆设计和安全标准、熔盐回路设计等关键科学技术问题研究；掌握镍基等高温合金、高密度石墨和燃料熔盐等关键材料的制备和加工工艺；研发熔盐回路仪器设备、熔盐堆本体设备和仪控系统等关键设备；突破锕系元素高温干法分离、轻同位素离心萃取分离、熔盐高温制氢与熔盐储能等关键技术。

起止时间：2016～2020年。

（2）示范试验类。

S34）CFR600快堆示范工程。

研究目标：完成示范快堆关键技术和关键设备研发，完成CFR600的标准设计，完成快堆MOX燃料的定型设计。

研究内容：开展CFR600示范快堆关键工艺研究，确定总体技术方案和主要工艺参数；开展机械式钠泵、蒸汽发生器、控制棒驱动机构等关键设备的样机制造，开展示范快堆的设计工作；开展MOX燃料芯块的研制、CN15-15和燃料辐照样件的堆内辐照和检验，以及工业规模MOX生产线的技术研发和设计。

起止时间：2016～2025年。

S35）模块化小型堆示范工程。

研究目标：建设模块化小型堆和低温供热堆示范工程。

研究内容：进行模块化建造技术研究、运行技术研究、模块化反应堆法规标准及安全审查技术研究，开展压力容器、蒸汽发生器、控制棒驱动机构、小型屏蔽泵/湿绕组泵等主设备研制，进行安装及调试技术研究。

起止时间：2016～2020年。

（3）应用推广类。

T23）自主三代大型先进压水堆核电技术应用推广。

研究目标：开展“华龙一号”和CAP1400应用推广相关研究，初步形成批量化、规模化能力。

研究内容：依托示范工程，开展“华龙一号”和CAP1400批量化、规模化应用研究，进一步提高设备国产化率，研究设备批量化生产技术，开展核电自主化软件验证及认证标准规范体系研究，初步建立三代大型先进压水堆自主产业化体系。

起止时间：2017～2025年。

T24）600MW级高温气冷堆核电站。

研究目标：实现商业规模的600MW级高温气冷堆核电站（简称HTR-PM600）的规模部署。

研究内容：开展600MW级高温气冷堆总体设计和分析研究、球形燃料元件大规模生产关键技术研究、多模块高温气冷堆协调控制技术研究；开展高温气冷堆热电联产技术研究，包括蒸汽供应技术、热交换器技术，发电/蒸汽供应能量分配和平衡技术；开展核级石墨国产化研究。

起止时间：2016～2025年。

2．先进核电燃料

（1）集中攻关类。

G45）新一代先进核燃料技术研究。

研究目标：研制性能优于M5、ZIRLO合金的新锆合金包壳材料，以及长寿期、高安全性的燃料元件；研究能缓解严重事故后果的耐事故燃料元件（ATF），研发出具备入堆考验的先导棒/先导组件，突破具有更优良性能的环形燃料等先进核燃料关键技术。

研究内容：针对当前我国主要压水堆型，研制CF4、第二代STEP-14系列等下一代压水堆先进核燃料以及自主化的N45、优化CZ等先进锆合金包壳材料，开展元件和组件设计、制造工艺、堆外性能检测、堆内辐照考验和辐照后检验等关键技术研发；积极开展ATF元件先进包壳和芯块材料样品的研究，完成第一代ATF燃料可行性验证及初步设计，适时启动材料堆外性能测试、堆内辐照考验；在第一代ATF燃料反馈的基础上，积极优化革新型第二代ATF燃料新材料选型论证及关键技术研究。

起止时间：2016～2025年。

G46）核电厂放射性废物最小化技术。

研究目标：完成先进的核电厂放射性固废处理技术和废液净化技术研究，实现去污效率的量级提升。

研究内容：研究先进的核电厂放射性废物处理技术和核心装备，开展高完整性容器盛装技术、放射性废树脂湿法氧化技术、PVC高效降解技术、低放射性废油处理技术、放射性沾污管道及容器去污技术、等离子体熔融减容技术的研究；开展废液净化和除氚技术研究，攻克核电厂放射性废液中核素、硼、弱电解质的分离技术，实现硼回收复用。开展易去污、易处置的新型辐射屏蔽材料及新型超吸附材料研发；开展核设施退役材料去污与拆除等相关技术研究。

起止时间：2016～2023年。

（2）应用推广类。

T25）自主CF及STEP系列先进核电燃料应用推广。

研究目标：掌握自主CF及STEP系列燃料组件、N36及CZ锆合金燃料包壳的批量化生产技术，建立燃料组件原材料国产化供应体系，2020年前逐步实现自主品牌燃料在“华龙一号”出口项目、国内现役二代及二代加压水堆核电厂、在建“华龙一号”项目中批量使用；掌握自主品牌燃料组件的批量化生产技术，初步建立自主品牌燃料组件产业化体系。

研究内容：开展CF系列组件规模应用研究；积极开展STEP系列燃料组件的堆内辐照试验及应用研究；针对成熟的自主品牌燃料，对国内燃料组件批量的生产线进行适应性改造或新建燃料组件批量生产线。

起止时间：2016～2020年。

3. 建设、运行与延寿

（1）集中攻关类。

G47）核电站运行维护技术研究。

研究目标：面向第三代、第四代、小型堆等核电技术，以保障核反应堆安全、经济、高效运行为目标，实现核电站在役检查及关键设备的在线检修与更换等技术研究。

研究内容：通过智能辐射防护监控、智能巡检、智能设备管理等技术研究，构建核电智慧运营基础架构；研究先进无损检测新方法、高精定量在役检测技术；研制核电站智能检修机器人，开展仿真技术、运行支持技术研究，开发人因数据采集与分析系统，开展核电智慧运营关键技术研究；开展辐射剂量监测定位技术、自动抄表技术等智能巡检技术研究；开展设备全生命周期资产管理技术等智能设备管理研究。

起止时间：2016～2020年。

（2）示范试验类。

S36）核电厂延寿关键技术示范应用。

研究目标：解决我国核电厂延寿涉及的范围界定与筛选、老化管理审查、时限老化分析等关键支撑技术，完成大亚湾核电厂示范机组的延寿论证工作。

研究内容：开展长寿期下核材料服役行为与机理研究，开发新的预测模型或评估技术；开展安全壳应变监测、部件疲劳及损伤检测、反应堆压力容器检测及评估等技术应用研究；开发先进焊接、构筑物腐蚀缓解阴极保护、管道腐蚀缓解、辐射水环境下特种维修、核级电缆环境鉴定、破前漏评估、安全壳钢筋束预应力损失评价等先进技术，并进行应用验证；开发核电厂延寿管理平台；开展核电厂延寿文件体系、管理导则研究，形成我国自主的核电厂延寿技术文件体系和规范。

起止时间：2016～2020年。

S37）核电工程智能化设计建设技术示范。

研究目标：推进实现核电工程的数字化、网络化与智能化，并在防城港核电站“华龙一号”中进行示范应用。

研究内容：在核电站设计建造全业务流程中建立万级业务单元之间的业务逻辑网络，建设核电工程统一业务流程平台；开发核电数据源和数据流模型，实现智能化的跨专业、跨领域、跨阶段业务协同和信息交互，设计、采购、施工、调试过程的无缝衔接，进而实现核电业务与管理的全面协同。

起止时间：2016～2020年。

（3）应用推广类。

T26）自主先进核电监测检测装备应用推广。

研究目标：实现自主核电检测装备在国内外的应用推广，形成核电装备国产化体系。

研究内容：应用推广核电站安全级传感器及其在线快速故障诊断装置、报警事件远程专家分析平台、主蒸汽管道LBB泄漏监测系统、电流在线监测与诊断系统、燃料破损在线探测、池边检查设备、金属部件监测技术规模化应用研究；开展维修装备规模化应用研究和关键器件规模化应用研究；建立核电先进检测、维修装备以及关键设备的供货体系；开展自主三代核电堆芯测量系统信号处理设备的批量化生产技术研究。

起止时间：2016～2020年。

T27）核电站数字化仪控平台技术应用推广。

研究目标：针对“华龙一号”、AP1000 等三代核电站实现安全级数字化仪控系统在国内及出口核电站中的应用推广。

研究内容：针对三代核电机型，充分验证非安全级 NicSys2000 平台和安全级 NicSys8000 平台、ACP 系统的 SpeedyHold 平台、安全级保护系统 FirmSys 平台、非安全级控制系统的 HOLLiAS-MACS 平台，以及 FirmSim 和 HOLLiAS-MACS 仿真平台等的适应性和系统通信的可行性；开展 OPS 远程布置、POP 大屏显示、弧形盘台、NC-VDU 支架显示等先进设计方案验证。

起止时间：2016～2020 年。

T28）核事故应急技术与装备。

研究目标：通过技术应用与推广，为核电厂应对严重事故提供技术与装备，其中，处理规模为 $5m^3/h$ 的放射性废水应急处理装置完成标准化设计并推广应用。

研究内容：应用推广核事故放射性废水应急处理技术及工艺、核电站应急高容量蓄电池蓄能系统、核电站非能动应急高位冷却水源系统、大容量核电站 1E 级应急柴油发电机组、核电厂厂址选择阶段的应急可行性评价方法、核电厂应急指挥中心等设施的设计方法和先进核事故后果实时评价技术。

起止时间：2016～2020 年。

（四）战略性能源技术

从国民经济和社会发展的战略高度有针对性的发展一批关键战略储备技术，重点加强先进高效微小型燃气轮机、重型燃气轮机、特殊领域专用燃气轮机关键技术的开发；进一步研发高能量密度特种清洁油品的制造技术，发展煤直接液化、煤衍生油等制造清洁燃料和特种油品的成套技术，攻关生物质航空燃油技术；开展海洋核动力平台示范工程建造；开展氢能利用及燃料电池发电技术研究，发展高效催化技术，研究高效低成本氢气储运技术，推动高性能低成本燃料电池发电产业化；积极开展高温超导材料基础性研究，实现超导输电、超导储能和超导电力装备的突破；持续推进可控核聚变、天然气水合物（可燃冰）利用技术的发展。

本规划围绕当前战略性的能源技术聚焦燃气轮机、高清洁高能量密度特种油品、海洋核动力平台、氢能与燃料电池、超导输电、天然气水合物、可控核聚变等技术领域部署 11 个集中攻关项目、8 个示范试验项目、1 个应用推广项目。

1. 燃气轮机

（1）集中攻关类。

G48）先进径流式回热循环微型燃气轮机研制。

研究目标：形成完全自主知识产权先进径流式回热循环微型燃气轮机产品。

研究内容：开展高温高效换热器设计与验证、整体插拔式单筒燃烧室设计、离心压气机/向心涡轮设计加工与试验验证、燃气轮机与高速电机一体化设计、燃机-传动系统轴承轴系的结构完整性和动力稳定性技术研究，以及气浮轴承、磁悬浮轴承技术研究。

起止时间：2016～2019 年。

G49）压裂车与压裂船用燃气轮机装置研制。

研究目标：研制满足我国页岩油气开发需求的、性能达到国际目前先进水平的压裂车、压裂船用燃气轮机装置。

研究内容：开展压裂车/船用燃气轮机装置集成总体设计及优化技术研究，完成满足应用要求的、高功率密度、轻量化燃气轮机装置系统集成设计，完成样机制造。

起止时间：2016～2020 年。

G50）300MW 级重型燃气轮机研制。

研究目标：研制具有自主知识产权、性能达到目前国际水平的重型燃气轮机装备。

研究内容：通过引进、消化、吸收、再创新的技术途径，开展 300MW 级重型燃气轮机整机装备研制，完成整机设计、关键部件试验及工业考核，完成样机制造以及试验验证。

起止时间：2016～2025 年。

（2）示范试验类。

S38）先进轴流式简单循环小型燃气轮机示范。

研究目标：实现 4MW 级分布式供能用轴流式燃气轮机的工程示范，系统能源利用效率不低于 80%，完善相关设计和生产规范。

研究内容：开展伴生气、煤制气等低热值燃料燃烧室设计、加工与试验；开展分布式冷热电供能系统设计与集成、分布式供能系统测试和评价技术研究；开展能适应天然气、伴生气、柴油、煤制气等灵活燃料的燃气轮机分布式能源系统集成与示范。

起止时间：2017～2020 年。

S39）管道增压用中型工业燃气轮机自主示范。

研究目标：研制具有自主知识产权、性能达到国际先进水平的中型工业燃气轮机装备并开展试验示范。

研究内容：研制具有良好技术基础、应用范围广、有代表性中型工业燃气轮机装备，完成整机设计、关键部件试验、样机制造以及试验验证；开展国产燃气轮机驱动压缩机组示范。

起止时间：2017～2020 年。

S40）F 级 50～100MW 重型燃气轮机工程示范。

研究目标：突破 F 级 50～100MW 重型燃气轮机

核心技术，具有完全自主知识产权的燃气轮机、天然气联合循环效率达到国际同类产品先进水平。

研究内容：完成F级50～100MW重型燃气轮机设计和样机制造；完成全尺寸燃烧室的全温全压性能试验、透平叶片冷却效果试验、整机空负荷试车。完成燃用天然气和燃用煤气化合成气的50～100MW燃气轮机带负荷试验。

起止时间：2018～2020年。

S41）天然气分布式能源示范工程。

研究目标：建设具有自主知识产权，通过冷热电三联供等方式实现能源的梯级利用，年平均综合能源利用效率在70%以上的天然气分布式能源示范工程。

研究内容：研究自主知识产权的中小型、微型燃气轮机等核心装备的工业化应用，研究自主产权的运行控制技术，形成成熟可靠的分布式能源系统集成方案，进一步提高天然气分布式能源系统的能源利用效率，降低天然气分布式能源系统的发电成本。开展天然气分布式能源与其他能源进行多能互补系统集成和并网技术研究。

起止时间：2016～2020年。

（3）应用推广类。

T29）自主知识产权微型和小型燃气轮机分布式发电推广。

研究目标：实现百千瓦级微型燃气轮机和兆瓦级小型燃气轮机分布式发电系统的应用和大规模推广应用。

研究内容：研发与应用远程监测、诊断和信息化管理技术；完成适合分布式供能用微小型燃气轮机的产品化、型谱化制造；实施不同燃料燃气轮机分布式发电技术推广。

起止时间：2018～2025年。

2. 高清洁、高能量密度特种油品（略）

起止时间：2016～2021年。

3. 海洋核动力平台（略）

4. 氢能与燃料电池

（1）集中攻关类。

G53）燃料电池（氢能）催化剂材料研究。

研究目标：针对高比能燃料电池移动分布式电站、应急储备电源和车用动力电源，研发低成本、高活性、高稳定性的催化剂，开发廉价电解质膜及膜电极批量制备工艺。

研究内容：开展低成本、高效、高稳定性燃料电池催化剂的研究；开展长寿命、低成本燃料电池电解质膜的研究；攻关低成本燃料电池膜电极批量制备技术；开展高效、稳定的光催化太阳能分解水制氢材料研究，高选择性、高稳定性水电解制氢非贵金属催化材料研究，以及分散式现场制氢催化剂及系统集成研究。

起止时间：2016～2020年。

G54）高效低成本氢气储运技术。

研究目标：掌握气态氢气管道运输、液态氢气储运、固态氢气储运技术，研发高密度低成本储氢材料。

研究内容：开发适用于长距离输送的低损耗氢气输送管道；掌握利用现有天然气管道实现氢气与天然气混合输送的技术，并进行工程示范；开发高压碳纤维复合材料及储氢罐设备的工业化制造技术；开发高性能、低成本的低温绝热液态储氢罐和真空多层绝热液氢输送管道；研究低成本的氮基、硼基、铝基、镁基和碳基等轻质元素储氢材料；开展以有机液态化合物和氨等为储氢介质的大规模储运技术研究；开展轻质高容量储氢材料高效吸氢/脱氢催化剂研究。

起止时间：2016～2020年。

（2）示范试验类。

S43）可再生能源制氢示范工程。

研究目标：研制高效稳定的水制氢催化剂，建设可再生能源制氢系统集成示范工程。

研究内容：研究高效稳定光催化太阳能分解水制氢催化剂材料，高选择性、高稳定性水电解制氢非贵金属催化剂材料；开展分散式现场制氢催化剂及系统集成研究；开展风电碱性电解水制氢系统集成试验验证，开展太阳能光伏固体聚合物电解水制氢系统集成试验示范，开展太阳能光热高温固体氧化物电解水制氢系统集成试验示范。

起止时间：2016～2020年。

S44）燃料电池分布式发电示范项目。

研究目标：建设氢气/空气聚合物电解质膜燃料电池（PEMFC）、甲醇/空气聚合物电解质膜燃料电池（MFC）、固体氧化燃料电池（SOFC）、金属空气燃料电池（MeAFC）、煤气化燃料电池集成发电技术（IGFC）等类型燃料电池分布式发电示范项目。

研究内容：突破氢气/空气聚合物电解质膜燃料电池、甲醇/空气聚合物电解质膜燃料电池、固体氧化燃料电池、金属空气燃料电池、煤气化燃料电池的关键材料、核心部件、系统集成、质能平衡管理等核心技术，开发低成本、长寿命、高稳定性的燃料电池堆；建设千瓦至百千瓦级PEMFC分布式发电示范项目，建设百千瓦至兆瓦级SOFC发电示范项目，建设MeAFC分布式发电示范项目。

起止时间：2016～2020年。

5. 超导输电

（1）集中攻关类。

G55）超导直流输电技术。

研究目标：掌握超导输电-输气能源管道和超导直流限流器的拓扑及制造关键技术，并进行试验验证。

研究内容：研究改善超导材料的电磁性能的方法，研发混合工质温度（85～90K）的超导直流输电-输送燃料的超导能源管道及液氮温度（77K）超导直流限流器的原理和结构、关键部件的设计和制造技术等，研制试验样机及试验方法，开展示范验证工作。

起止时间：2016～2020 年。

（2）示范试验类。

S45）2.5MW/5MJ 高温超导储能装置研制。

研究目标：开发 5MJ/2.5MW 高温超导储能装置，实现挂网示范运行。

研究内容：开展高温超导储能系统设计新型原理与仿真计算；研发 5MJ/2.5MW 以上的高温超导储能磁体设计技术，包括储能磁体结构的设计与制造技术、失超保护技术和磁体稳定性仿真计算等；研发高温超导储能系统的功率调节系统；开展高温超导储能低温高压绝缘结构、低温绝缘材料及制冷系统设计。

起止时间：2016～2020 年。

6. 天然气水合物（略）

7. 可控核聚变（略）

（五）能源基础材料技术

结合 700℃燃煤发电和重型燃气轮机技术发展，开展高温金属材料的研究，掌握金属材料测试能力。开展高性能核电用传热材料、绝缘材料的研发及应用，开展针对核能环境服役的复合材料探索研究。开发钙钛矿类光电材料、光伏组件用高分子材料、银电极材料和碲化镉薄膜材料，以适应高性能光伏电池发展的需要。开展新型高效储能材料研制，开展电池储能系统用聚合物薄膜材料、微纳米制电极材料的开发。发展完善各类催化剂材料。以智能电网为导向开展先进电力电子器件研究。

本规划围绕高温材料、核级材料、电池材料、催化剂材料和先进电力电子器件等技术领域部署 12 个集中攻关项目、3 个示范试验项目、2 个应用推广项目。

1. 高温材料

（1）集中攻关类。

G59）620～700℃超超临界火电机组高温金属材料研制与部件制造。

研究目标：推进 700℃机组用新材料研制以及已有合金性能优化，发展出满足技术要求的高温合金体系；开展 620～700℃高温部件制造基础研究与关键制造技术开发。

研究内容：开展适用于 620～750℃的新型耐热钢、镍铁基和镍基高温合金成分、组织结构优化和强韧化机制研究，提出适用于我国超超临界技术发展要求的高温合金体系；研究新型高温合金耐腐蚀与焊接性能；采用计算模拟、制造、实验分析相结合的研究方法，开展 620～700℃机组锅炉管材制造技术开发、高中压转子锻件制造技术开发、汽轮机盘件与叶片制造技术开发、高温合金部件的焊接技术开发；开展 620～700℃电站用高温结构材料与部件评价。

起止时间：2016～2025 年。

G60）重型燃气轮机核心热端部件高温材料与制造技术。

研究目标：掌握 F 级重型燃气轮机高温材料与制造技术，突破未来 G/H、J 级重型燃气轮机叶片材料及制造关键技术。

研究内容：开展抗热腐蚀等轴晶铸造高温合金及大型涡轮叶片工程化应用技术研究、高强抗热腐蚀定向合金及定向空心涡轮工作叶片工程化应用技术研究，完成 F 级重燃用一、二级和 G/H 级重燃二级涡轮动叶片的研制与考核验证；突破抗热腐蚀单晶高温合金和大型单晶空心叶片制造技术，形成制造规范和验收标准；开展超级气冷叶片制造技术研究、高温长寿命 50℃和 100℃热障涂层材料及应用技术研究，发展涡轮叶片用长寿命高温防护热障涂层成套技术及涂层使役评估方法和寿命预测模型；建立燃机叶片使役损伤检测评价标准和基于组织损伤的寿命评估技术。

起止时间：2015～2025 年。

G61）能源装备用耐腐蚀耐高温镍基焊接材料研制。

研究目标：研究核用镍基耐蚀焊接材料体系，开发镍基焊接材料高效高质量制造工艺；开发 700℃超超临界机组用高温焊接材料，完成焊接接头性能考核。

研究内容：研制核电用镍基耐蚀焊接材料，主要包括核电镍基焊材成分设计、开发纯净化熔炼工艺和焊材制备工艺；开展熔敷金属制备及各项性能评定测试；完成熔敷金属焊接制备；开展镍基焊缝点状缺陷、DDC 裂纹形成机理分析及控制技术研究；进行工业规模焊材制造工艺开发和现场焊接及性能考核；进行 700℃超超临界火电机组材料焊接性研究；研究 700℃高温火电焊接材料合金体系，开发焊材制造工艺，研制焊材焊接熔敷金属制备；开展焊接接头高低温瞬时性能及高温组织稳定性和持久性能测试、焊接接头裂纹敏感性试验。

起止时间：2016～2020 年。

（2）应用推广类（略）。

2. 核级材料

（1）集中攻关类。

G62）核电蒸汽发生器 690 传热管材料稳定化制备技术。

研究目标：掌握 690 传热管材料制备的关键技术，实现高质量传热管稳定化生产，管材成品率逐步提高到85%以上。

研究内容：结合国内已经具有的690传热管生产线，针对批量生产成品管材存在的质量稳定性差、信噪比波动大、合格率低等问题，研究Si、Mn等合金微量元素对合金强化机制及腐蚀性能的影响规律、大容量690合金纯净均质冶炼技术研究、690合金冷热变形与组织均匀性控制技术、690合金传热管力学性能稳定性关键影响因素和690管材信噪比影响因素。

起止时间：2016～2020年。

G63）核电用绝缘材料关键技术研究。

研究目标：开发包括高强度层压制品、长寿命主绝缘云母复合制品、高硬度水溶性硅钢钢片漆等系列核电大容量汽轮发电机用绝缘材料，以及抗辐射电缆关键材料，形成具有自主知识产权的系列核电用绝缘材料制造技术，实现项目产品在核电机组上应用。

研究内容：研制长期耐热指数≥180℃的耐高温改性环氧树脂，突破采用增强材料互补复配技术制备定子槽楔层压绝缘复合材料的方法；研制长期耐热指数≥155℃的高强度环氧树脂，研究采用玻璃毡预浸渍工艺技术、真空成型技术制备F级环氧玻璃毡层压绝缘复合材料的方法；研制具有耐电痕化、耐电弧性特点和良好应用性的过氧化双环戊二烯环氧树脂；合成同时具有高硬度（8H）、柔软性（一级）的完全水溶性树脂；配制高填料含量的硅钢片漆；研究适用于VPI工艺及多胶模压工艺的新型系列云母复合材料。研制开发耐辐照、长寿命交联聚烯烃、乙丙橡胶等多种核级电缆材料。

起止时间：2016～2020年。

G64）核级SiCf/SiC复合材料技术攻关研究。

研究目标：研制核级SiCf/SiC复合材料。

研究内容：研制PIP技术制备低气孔率、高强度、高热导的SiCf/SiC复合材料，满足核级应用的性能要求；研究SiCf/SiC复合材料的无损检测和性能评价技术、复合材料连接技术与构件制备技术和核级SiCf/SiC复合材料构件制备技术；研究核级SiCf/SiC复合材料制备工艺、微观组织与性能之间关系，建立复合材料性能评估方法/标准。

起止时间：2016～2020年。

3．电池材料

（1）集中攻关类。

G65）新型钙钛矿材料制备太阳能电池研究。

研究目标：研究新型的钙钛矿类光电材料体系，研制效率超过20%性能稳定的薄膜型单结太阳能电池器件，制备大面积柔性钙钛矿电池，钙钛矿叠层太阳能电池的效率超过25%。

研究内容：开展新型钙钛矿材料（环境友好型钙钛矿材料、高相变温度钙钛矿材料、不同带隙的钙钛矿材料）的设计与合成，研究钙钛矿薄膜形态的控制方法，以及钙钛矿界面材料设计与性质调控，设计新型平面结构钙钛矿太阳能电池；突破高效钙钛矿叠层太阳能电池技术；研究钙钛矿太阳能电池的低温全溶液制备方法，低温制备柔性光伏器件；研究钙钛矿太阳能电池的稳定性和衰减机制；研究钙钛矿电池的封装技术；研究大面积钙钛矿薄膜的制备技术，进而研究大面积钙钛矿电池及组件的制备技术。

起止时间：2015～2023年。

G66）高能量密度电池用聚合物薄膜材料研究。

研究目标：开发具有自主知识产权的系列能源用高分子薄膜材料，实现在高效电池组及高密度储能元器件上应用。

研究内容：通过分子设计、树脂合成、配方研究、增强材料及纳米功能性填料界面处理、复合材料结构设计及制造工艺研究等，开发耐高温高强度磺化聚芳醚腈质子交换膜、蜂窝交联结构的高效质子交换膜、锂离子电池用聚合物基功能隔膜材料、耐高温高储能密度薄膜电容器核心材料和电池用聚合物基功能电极材料等，开展材料在电池组或储能元器件上的应用验证研究。

起止时间：2016～2020年。

G67）先进微纳米产业制造技术制备电极材料。

研究目标：利用先进的微纳米制造技术制备高性能的电极材料，应用于高性能电池能源存储系统的电极界面。

研究内容：突破动力锂离子电池的电极材料结构形貌控制及其微纳米化技术，提高电极材料质量能量密度和体积能量密度，改善电极材料骨架结构稳定，提高材料的循环稳定性和热稳定性，构筑高性能电极界面；研发高容量的硅负极材料替代传统的以石墨为主的负极材料，开发高离子电导率、高强度、自修复的隔膜；突破超级电容器用高能量密度、三维多孔、功能化碳材料修饰的电极界面；开发低成本、不易挥发和高离子迁移速率的电解液。

起止时间：2016～2020年。

G68）新型高效储能材料技术开发。

研究目标：研制长寿命的硫电极、空气电极等高比能量锂二次电池的正极，实现钠电池的推广应用，开发核心材料β″-氧化铝电解质陶瓷的低成本制造技术并实现产业化示范；制备满足超导输电、超导储能、超导磁体和超导限流器等装置需求的高性能超导长带。

研究内容：研究高导电性能、低多硫化物溶解特性的硫与导电材料复合电极，开发与硫电极匹配的电解液体系，开展新形态锂硫电池研究；研究β″-氧化铝陶瓷电解质隔膜中陶瓷的低成本化粉体、成型和烧成技术，研发陶瓷高精度以及晶粒异常生长的控制技术、陶瓷与金属及绝缘陶瓷的组合技术；研究基于YBCO超导材料的第二代高温超导带材批量化制备技术，开展钇钡铜氧高温超导带材产业化相关装备研究。

起止时间：2015～2020年。

（2）示范试验类。

S46）光伏组件用高分子材料开发及应用。

研究目标：形成具有自主知识产权的系列光伏用高分子材料制造技术，实现项目产品在光伏发电上大规模应用。

研究内容：研究耐老化、耐紫外的功能聚酯切片合成配方及工艺；研究模块化功能（抗老化、抗紫外、导热、阻燃等）薄膜相关配方与工艺，研发新一代光伏背板基膜材料；研究PVB合成及胶膜工艺、聚苯醚改性配方、支架高分子材料改性等；开发包括多种功能聚酯切片、组装式功能背板薄膜及其制造技术、PVB及其胶膜材料（替代进口）、光伏电池的长寿命接线盒材料、光伏电池模组支架专用材料，形成具有自主知识产权的系列光伏用高分子材料制造技术，实现项目产品在光伏发电上大规模应用。

起止时间：2016～2020年。

S47）晶硅太阳能电池的银电极浆料技术。

研究目标：研制出印刷性能优良、低欧姆接触界面、可焊性好和附着力强的银电极浆料，形成产业化示范，替代银电极浆料进口。

研究内容：研究银电极浆料流变性能和电极/晶硅界面特性、产业化生产技术与品质控制技术，研制出印刷性能优良、低欧姆接触界面、可焊性好和附着力强的银电极浆料，降低晶硅太阳能电池组件生产成本；研究大绒面制备及抛光添加剂并进行示范应用；研究硅基低温银浆的原理、配方设计与应用性能评估，获得高性能低温银浆的配方，形成产业示范。

起止时间：2016～2020年。

S48）化合物半导体能源材料应用示范。

研究目标：开发大面积碲化镉薄膜太阳能电池组件的规模化制造技术；研发出稳定、环保、低成本铜铟镓硒（CIGS）产业化技术；研制出高效、高稳定性的高倍聚光Ⅲ-Ⅴ族太阳能电池芯片、接收模块和模组；建成MW级染料敏化太阳能电池幕墙应用示范；建成高功率LED封装胶国产化应用示范。

研究内容：研究低成本CIGS薄膜太阳电池产业化成套关键技术，实现效率高于13%的CIGS薄膜太阳电池组件的规模化生产；系统研究Ⅱ-Ⅵ族三元系半导体的制备方法；研发高纯硫化锌、硒化锌等Ⅱ-Ⅵ族化合物高纯材料的规模化制造技术，研究Ⅲ-Ⅴ族光伏材料的制备技术；研究大面积染料敏化太阳能电池批量制备，建成MW级染料敏化太阳能电池幕墙应用示范；研究8in碳化硅衬底材料稳定制备技术，实现6in碳化硅晶体衬底材料批量生产；发展击穿电压大于5kV的GaN单晶生长技术，实现6in GaN单晶衬底的量产，研究高功率LED封装胶低成本国产化关键技术。

起止时间：2015～2023年。

4．催化剂材料（略）

5．先进电力电子器件

（1）集中攻关类。

G70）新型电力电子器件关键技术。

研究目标：突破10kV以上低损耗SiC器件关键技术及SiC多芯片级联关键技术，实现10kV/100A以上的功率器件稳定运行。开发高功率密度IGBT器件；开展6in IGCT器件研制；开展特大功率晶闸管技术研究。

研究内容：研究10kV碳化硅多芯片级联器件的模块封装技术、高性能低损耗驱动技术及多层级多模式高可靠保护技术、成套IGBT芯片及其配套FRD芯片技术、先进模块封装技术、器件级动静态测试验证与可靠性试验评估技术、IGCT物理建模及硬关断仿真技术、8000A以上关断能力的低感门驱设计及检测技术和6in IGCT芯片精密光刻及梳条均匀成型工艺；研发超大功率晶闸管器件结构设计和全工艺流程仿真技术、高压大电流晶闸管的动静态参数综合优化设计技术和超大功率晶闸管的测试环境及测试方法。

起止时间：2016～2020年。

四、保障措施（略）

附表：《能源技术创新“十三五”规划》重点任务总表（略）

海洋可再生能源发展“十三五”规划（摘要）

海洋可再生能源（以下简称“海洋能”）是可再生能源的重要组成部分。为提高海洋能开发利用能力，推进海洋能技术产业化，拓展蓝色经济空间，根据《中华人民共和国国民经济和社会发展第十三个五年规划纲要》《“十三五”国家战略性新兴产业发展规划》《可再生能源发展“十三五”规划》和涉海有关规划，制订《海洋可再生能源发展“十三五”规划》（以下简称“《规划》”），指导“十三五”时期我国海洋能发展。《规划》所指海洋能包括海洋潮汐能、潮流能、波浪能、温差能、盐差能、生物质能和海岛可再生能源等。《规划》期限为2016～2020年。

一、发展现状与形势需求

（一）发展基础

“十二五”时期，我国海洋能发展迅速，整体水平显著提升，进入了从装备开发到应用示范的发展阶段。基本摸清了海洋能资源总量和分布状况，完成了重点开发区潮汐能、潮流能、波浪能资源评估及选划。自主研发了50余项海洋能新技术、新装置，多种装置走出实验室进行了海上验证，向装备化、实用化发展，部分技术达到了国际先进水平，我国成为世界上为数不多的掌握规模化开发利用海洋能技术的国家之一。4.1MW的江厦潮汐试验电站已稳定运行三十多年，3.4MW模块化大型潮流能发电系统的首套1MW机组实现下海并网发电，100kW鹰式波浪能发电装置和60kW半直驱式水平轴潮流能发电装置累计发电量均超过3万kWh，在建海洋能项目总装机规模超过10 000kW。海洋能试验场相继启动选址、设计和建设，以山东海洋能研究试验区、浙江潮流能示范区、广东波浪能示范区为核心的海洋能发展区域布局初现雏形。一批企业进军海洋能行业，产学研紧密结合的海洋能开发队伍初步形成。我国加入了国际能源署海洋能源系统实施协议，并与多个国家签订海洋能开发合作协议，海洋能领域国际影响力显著提升。

（二）形势与需求

国际社会对保障能源安全、保护生态环境、应对气候变化等问题日益重视，加快开发利用海洋能已成为世界沿海国家和地区的普遍共识和一致行动，沿海国家和地区更加重视海洋能发展，纷纷通过制定中长期发展路线图，布局和推动海洋能发展，提供多元化资金支持，出台针对性强的激励政策，建设海洋能研究中心、海上试验场等公共平台等多种方式支持海洋能发展。海洋能技术正向高效、可靠、低成本、模块化及环境友好等方向发展，海洋能利用规模化和商业化趋势越发明显。潮汐能技术已经商业化应用，世界最大的潮汐电站已建成投产，新型潮汐潟湖电站立项启动；潮流能技术基本成熟，单机功率已达1MW，百兆瓦级潮流能发电场立项启动；波浪能技术种类较多，部分百千瓦级波浪能发电装置基本完成海上测试及示范运行，兆瓦级装置正在加紧研发；温差能技术研发开始升温，50kW温差能电站实现并网运行，正在推进10MW温差能项目。国际海洋能产业初现雏形，越来越多国际知名企业进军海洋能产业，海洋能产业化进程正不断加快。海洋能将成为未来能源供给的重要组成部分和未来海洋经济的重要增长点。

我国海洋能资源丰富，岛屿众多，具备规模化开发利用海洋能的条件。海洋强国、生态文明建设等国家战略和“一带一路”倡议的提出，为海洋能发展带来了前所未有的历史机遇。《国民经济和社会发展第十三个五年规划纲要》将发展可再生能源作为推动能源结构优化升级的重点，并提出“积极开发沿海潮汐能资源”。《“十三五”国家战略性新兴产业发展规划》将海洋能作为重要支持方向。海洋能产业作为战略性新兴产业，具有产业链条长、带动性强等特点，在国家良好的可再生能源产业政策支持下，各地和企业开发海洋能的热情持续高涨，智能电网、独立供电等技术的长足发展也为海洋能产业发展奠定了坚实基础。因此，大力发展海洋能既是优化能源结构、拓展蓝色经济空间的战略需要，也是开发利用海洋和海岛、维护海洋权益、建设生态文明的重要选择。但我国海洋能发展仍然面临工程示范规模偏小、技术成熟度不高、创新能力不强、公共平台服务能力不足、产业链尚未形成、政策环境有待完善等问题。必须抓住宝贵的发展机遇，主动作为，突破商业化应用瓶颈，实现海洋能跨越式发展。

二、指导思想和主要目标

（一）指导思想（略）

（二）基本原则

坚持需求牵引。围绕沿海地区经济社会发展，以服务海岛开发、海洋产业转型升级、海洋权益维护等需求为导向，突出因地制宜、海能海用，加快推进海上供电技术研究及开发应用。

坚持创新引领。突破规模化应用技术瓶颈，强化工程示范带动，推进海洋能技术从原理创新向工程化应用转变。积极引进国外海洋能先进技术，实现本地化制造生产，缩小与国外先进水平的差距。积极发挥海上试验场的技术支撑服务作用，显著提高海洋能发电装备技术成熟度。积极研发新技术、新装置，为海洋能可持续发展做好技术储备。

坚持企业主体。进一步密切产学研合作，推进企业作为技术成果转化的主体，充分发挥企业在能源开发、装备制造、海洋工程等领域的优势。培育龙头骨干企业和专业化中小企业，推进形成涵盖设计、制造、施工、运维等全链条的海洋能产业链。

坚持国际视野。主动融入全球海洋能创新与应用网络，共享全球创新资源和市场。立足我国海洋能技术与产业优势，加强海洋能技术“引进来”和“走出去”，强化国际交流合作，形成多层次、宽领域、高水平的海洋能技术和产业合作态势。

（三）主要目标

到2020年，海洋能开发利用水平显著提升，科技创新能力大幅提高，核心技术装备实现稳定发电，形成一批高效、稳定、可靠的技术装备产品，工程化应用初具规模，一批骨干企业逐步壮大，产业链条基本形成，标准体系初步建立，适时建设国家海洋能试验场，建设兆瓦级潮流能并网示范基地及500kW级波浪能示范基地，启动万千瓦级潮汐能示范工程建设，全国海洋能总装机规模超过50 000kW，建设5个以上海岛海洋能与风能、太阳能等可再生能源多能互补独立电力系统，拓展海洋能应用领域，扩大各类海洋能装置生产规模，海洋能开发利用水平步入国际先进行列。

（四）发展布局

依据我国海洋能资源分布特点及海洋能开发利用基础，布局一批海洋能重点发展区域，完善配套平台建设，引导研发、设计、示范、测试、施工、运维等海洋能开发上下游相关机构向区域集聚发展，逐步构建适于推进规模化应用的海洋能发展新格局。

渤黄海海域：充分发挥本地区海洋科技资源实力雄厚的优势，结合多种海洋能资源兼顾的特点，集聚科技创新要素，优化技术服务环境，加快海洋能测试服务及创新设计企业孵化，建设海洋能创新、设计及服务产业示范区。

东海海域：充分发挥本地区潮汐、潮流能资源丰富及技术研发和产业化优势，结合地区科技创新和海洋战略，优化产业发展环境，促进潮汐、潮流能开发、测试服务及装备制造企业孵化，建设潮汐、潮流能产业示范区。

南海海域：充分发挥本地区波浪能、温差能资源丰富及技术研发和产业化优势，结合地区科技创新、海洋战略及维权需求，优化产业发展环境，促进海洋能开发、装备制造及测试服务企业孵化，建设海洋能产业示范区。

沿海海岛：立足我国海岛资源状况及能源供给保障需求，结合“生态岛礁”工程，因地制宜、多能互补开发海洋能，加强海洋能技术推广应用，在辽宁、山东、浙江、福建、广东、海南等地建设多个海岛示范区。

三、重点任务

（一）推进海洋能工程化应用

开发高效、稳定、可靠的海洋能技术装备，按照工程设计、制造、运维等要求，开展一批海洋能示范工程建设，提高稳定发电能力，推动在海岛供电、海水养殖、海洋仪器供电等领域的实际应用，提升海洋能工程化应用水平。

1. 推进装备产品化

以提高海洋能装置转换效率，降低建造和运行成本，提升可靠性、稳定性及可维护性为重点，突破新材料、新工艺、防腐防生物附着等共性技术瓶颈，提高恶劣海况下生存能力，优化设计，建立产品化标准体系，提高我国海洋能装备开发制造水平。开展潮流能机组整机、叶片、高可靠传动、水下密封、安装基础等技术优化，重点开发300～1000kW模块化、系列化潮流能装备。开展波浪能装备整机、能量捕获、动力输出、锚泊系统等技术优化，重点开发50～100kW模块化、系列化波浪能装备。开展万千瓦级低水头大容量潮汐能发电机组设计及制造，形成具备国际市场竞争能力的潮汐能装备。

2. 扩大工程示范规模

积极开发沿海潮汐能资源。优先支持已有一定工作基础的优良站址的潮汐能电站建设项目，推动万千瓦级潮汐能示范电站建设；推动潟湖式、动态潮汐能技术等环境友好型新型潮汐能技术工程示范；开展具备综合利用前景的潮汐能综合开发示范工程建设。力争启动1～2个万千瓦级潮汐能示范工程建设，完成1～3个新型潮汐能技术及综合利用示范工程建设。潮汐能总装机规模突破30 000kW。

大力推进潮流能示范工程建设。进一步实施潮流能示范工程，建设兆瓦级潮流能并网示范工程；积极推进多种形式的单机300kW以上潮流能发电机组应用，在潮流能试验场等开展示范运行；开展小单机容量、多台（套）潮流能阵列化发电场建设与示范，稳步推进百千瓦级潮流能独立供电示范工程及应用，为近海岛屿提供能源解决方案。潮流能总装机规模突破10 000kW。

稳步推进波浪能示范工程建设。进一步实施波浪能示范工程，建设总装机容量500kW波浪能示范工程；积极推进多种形式的单机50kW以上波浪能发电装置应用，在波浪能试验场等开展示范运行；开展小单机容量、多台套波浪能阵列化发电场建设与示范，稳步推进百千瓦级波浪能独立供电示范工程及应用，为近海岛屿提供能源解决方案。波浪能总装机规模突破1000kW。

3. 拓展应用领域

针对海洋观测仪器能源供给需求，开展小型化、模块化海洋能发电装置研制，为海洋观测仪器提供长期、稳定能源供给；围绕深海网箱养殖、海洋牧场建设等需求，开发定制化海洋能发电系统；针对南海开发及其资源环境特点，开展波浪能供电以及温差能发电、制冷、制淡等综合利用平台研发。实现生产及应用各类海洋能装置突破1000台套。

（二）积极利用海岛可再生能源

加强成熟海洋能技术在海岛地区和极区的推广应用，鼓励《全国海岛保护规划》重点支持的边远海岛和符合条件的近岸海岛实施海岛多能互补示范工程，为海岛居民生活生产、海岛资源保护和海洋权益维护提供能源供给。加强海岛可再生能源建设项目生态环境影响评估。

1. 开展海岛可再生能源评估

立足我国海岛可再生能源资源状况及能源供给保障需求，开展海岛可再生能源资源调查与评估，建立资源潜在开发量和技术开发量空间分析方法。开展多能互补电站微观选址、海岛遮挡影响评估及环境对电站发电效率影响评估等关键技术研究，形成海岛可再生能源精细化评估体系，建设海岛可再生能源开发利用信息平台，为海岛开发提供技术保障。

2. 发展适应海岛环境的技术及装备

结合海岛特殊的自然环境，开发百千瓦级模块化波浪能、潮流能、风能和太阳能发电装备，攻克独立微网系统实时优化调度、耐受海岛环境的微网设备等关键技术，为海岛可再生能源开发提供技术保障。

3. 开展海岛可再生能源多能互补示范

结合“生态岛礁”工程，优选5个以上海岛，开展海岛可再生能源开发利用示范工作，建设多能互补示范电站，结合电站的建设，积累海岛可再生能源独立电力系统运营管理经验，探索海岛可再生能源的开发利用模式，为海岛可再生能源的规模化开发打下基础。

（三）实施海洋能科技创新发展

以“上规模、提效率”为目标，进一步夯实海洋能技术研究基础，加强海洋能原始创新，发展适合我国海洋能资源特点的高效能量转换新技术、新方法，为海洋能持续快速发展提供科技支撑和发展后劲。

1. 强化基础研究

进一步发展海洋能资源评估方法和模式，完善海洋能形成机理、资源评价、预报分析、选址设计、环境影响评估理论体系，提高海洋能资源精细化评估水平，为海洋能电站建设提供设计基础。

发展低能流密度资源条件下的高效转换新技术、新方法，重点研发原创性的海洋能发电装置及关键部件；探索温差能、盐差能等海洋能发电及综合利用机理，研发相应的发电原理样机。

发展自主创新的海洋能发电装置实验室仿真技术方法，提升海洋能发电装置设计水平。加强海洋能发电装置海上测试方法及运行状态健康监测技术研究，建立并完善测试评价理论，形成相关测试标准与软件。

2. 推动关键技术创新

发展大功率潮流能发电技术，研发单机500kW潮流能机组，掌握高效叶片翼形设计、变桨变速控制、双向转换利用等关键技术，为发展大型潮流能机组奠定基础。

开展新一代波浪能发电技术研究，研制单机100kW波浪能发电装置，掌握高效能量俘获系统及能量转换系统、恶劣海况下生产保障、锚泊等关键技术，提高系统的冗余度与安全性，为波浪能发电场建设提供有效支撑。

突破50kW温差能发电及综合利用关键技术，掌握高效热力循环、低温工质透平、深层冷海水管道敷设、深层冷海水热法淡化与冷站、集成与控制等关键技术，为南海温差能开发利用奠定基础。

突破优良海洋藻种的规模化获取和高效培育关键技术，研究海洋藻类等能源植物的高效、低成本能源化转化利用技术与工艺，为规模化开发海洋生物质能奠定基础。

研发深海漂浮式风电机组，探索海上风电和波浪能、潮流能等综合利用，掌握远距离深水大型海上风电场设计、建设及运维等关键技术，推进深海风电发展。

3. 构建技术创新体系

充分发挥企业在海洋能技术创新体系中的主体地位，引导各类创新要素向企业集聚，鼓励建设海洋能国家工程技术研究开发中心和企业技术中心，全面提升企业创新动力，增强海洋能企业可持续发展能力，培育一批海洋能龙头骨干企业和专业化中小企业。依托具有创新优势的高校、科研院所和企业，创建海洋能国家重点实验室和国家工程实验室。

推进政产学研用创紧密结合，构筑海洋能科技创新服务平台。推进建立海洋可再生能源产业联盟，充分发挥海洋能学会、协会及产业联盟等社会组织在促进技术创新和产业发展中的作用，深化产学研用创、上中下游、大中小企业的紧密合作，促进海洋能产业链和创新链的深度融合。鼓励海洋创新创业孵化平台、产业基地园区支持海洋能技术转化和装备产业化。

（四）夯实海洋能发展基础

在海洋能资源普查及部分重点区资源详查的基础上，进一步开展海洋能资源精细化调查与评估，加快海洋能公共服务平台建设，健全海洋能开发利用标准体系，夯实我国海洋能发展基础。

1. 开展南海及海岛区域资源评估

针对南海海洋能资源开发的需求，结合遥感资料、海洋站实测资料、数值模拟等多种手段，开展波浪能、温差能和风能资源评估和选划工作，摸清南海海洋能资源基本现状；重点开展七个海岛的海洋能资源现场勘察与评估工作，为海洋能电站设计提供依据。

根据渤、黄、东海海区海岛开发的需要，选择部分优先开发的海岛，开展海洋能资源现场勘察和评估工作，研究海洋能电站对周边海洋环境的影响，为海岛海洋能规模化开发利用提供服务。

2. 加快建设公共服务平台

针对海洋能装备试验验证、工程设计、装备制造、海上测试、海上施工及运维等需求，建设海上试验、实验室模拟、资源数据平台相结合的国家海洋能公共服务平台，适时建设国家海洋能试验场，支撑海洋能技术工程化应用。

3. 加强标准体系建设

健全海洋能开发利用标准体系，统筹推进海洋能技术、标准、产业协同创新。开展海洋能资源勘查和电站选址，海洋能转换设备设计与制造，海洋能发电装置室内及海上试验与测试、海上施工及运行维护等标准制定。鼓励制定海洋能团体和企业标准。利用海上试验场和海洋环境模拟实验室建立海洋能标准验证平台。推进国际标准向国内标准转化，支持我国企业、联盟和社会团体参与和主导国际海洋能标准研制，推动中国海洋能标准走出去。参照国内外可再生能源检测认证体系，逐步建立我国海洋能发电装置检测认证体系。

（五）加强海洋能开放合作发展

积极引入全球创新资源，鼓励技术引进与合作开发，促进引进消化吸收再创新，构建国际合作新机制。

1. 积极参与国际事务

深度融入国际能源署海洋能源系统实施协议（IEA OES-IA）、国际电工委员会海洋能转换设备技术委员会（IEC TC114）、国际可再生能源署（IRENA）等国际组织，依托国际海洋能大会（ICOE）、亚洲波浪能和潮流能大会（AWTEC）和上海国际海洋技术与工程设备展览会（OI China）等国际会议和展会平台，强化国际务实合作。支持在中国举办具有重要影响的国际会议。积极参与国际海洋能事务，开展国际海洋能技术路线图、开放水域测试、规模化应用、发电成本、环境影响、政策许可及国际标准等热点问题研究，借鉴国际海洋能发展经验，不断提升我国海洋能发展水平。

2. 持续引进全球创新资源

鼓励海洋能领域的技术引进与合作研发，促进引进消化吸收再创新。支持企业和科研机构参加国际合作计划，鼓励国内机构与国外先进研发团队、跨国公司开展多方位合作研发，联合承揽海洋能工程项目，推进国际合作基地、联盟、中心、联合实验室等建设，鼓励国内企业跨境并购及外商投资我国海洋能产业。支持海外高层次人才来华工作和创业。

3. 服务“一带一路”建设

借助丝路基金、中国—东盟海上合作基金等项目，加强与21世纪海上丝绸之路沿线国家的海洋能沟通交流与务实合作。鼓励联合开展资源调查评估，开放和共享海洋能公共服务平台，启动人才联合培训计划。积极与相关国家地区开展合作开发与应用示范，推动国内和国外企业共同开拓国际市场，支持海洋能技术“走出去”。

四、强化规划实施保障（略）

电 力 市 场

2017年全国电力市场交易情况

2017年，国家电网公司、南方电网公司、内蒙古电力（集团）有限责任公司所属区域电网企业销售电量合计为48 661亿kWh，市场化交易电量合计为16 324亿kWh，其中，各省内市场交易电量合计13 400亿kWh（含发电权交易电量），占全国市场化电量比重82%，省间（含跨区）市场交易电量合计2924亿kWh（按受端口径计入，不含西电东送协议电量）。全国电力市场化交易电量占全国电网销售电量比重（即销售电量市场化率）达到33.5%左右，占全社会用电量比重达到25.9%。

分区域来看，华北、南方、西北三个区域销售电量市场化率较高，均超过了35%，对全国电力市场化建设有引领作用，华中、东北区域销售电量市场化率相对较低，与华中地区水电比重较高、东北地区用电增量有限等情况有关。从市场化交易规模来看，华北、华东、南方三个区域较高，分别占全国市场化交易电量比重25.1%、24.6%、18.8%，三地区合计接近全国市场化交易电量的70%。

分省来看，全国市场交易电量规模排序前三名的省份分别为江苏省1618亿kWh、广东省1471亿kWh和浙江省1302亿kWh。外受电市场交易电量排序前三名的省份分别是浙江省515亿kWh、山东省400亿kWh和江苏省313亿kWh。全国销售电量市场化率排序前三名的省（区）是蒙西、云南、贵州，分别为68.5%、65.7%、54.0%。

2017年，省间（含跨区）市场化交易较2016年活跃，市场化能源资源配置成效显现。全国省间交易电量占市场化交易电量比重达到17.9%，其中国家电网、南方电网所属区域省间交易电量比重分别是22.0%、8.7%。分区域看，华北、华东区域省间市场电量占市场化电量比重较高，分别达到 24.3%、24.9%，主要是北京、上海、天津、河北的冀南、冀北贡献作用，3 个直辖市的省间交易电量占市场化电量比重均超过 60%，加上湖南、青海、西藏，上述 8 个省（区、市）的省间市场电量占市场化电量比重均超过 30%。

北京电力交易中心发布 2016 年度电力市场交易信息

2 月 22 日，北京电力交易中心在北京召开 2016 年度电力市场交易信息发布会，会议发布了 2016 年度电力市场交易信息，专题介绍了电力供需形势。

北京电力交易中心大力开展省间交易，更大范围优化配置能源资源。2016 年，北京电力交易中心省间交易电量完成 7744 亿 kWh，同比增长 7.2%。其中，特高压交流电量 335 亿 kWh，同比增长 26.5%；特高压直流电量 1472 亿 kWh，同比增长 16.0%。

2016 年，省间清洁能源交易电量完成 3628 亿 kWh，同比增长 9.8%，减少受电地区标煤燃烧 11 610 万 t，分别减少二氧化硫和二氧化碳排放 871 万 t 和 28 937 万 t。

2016 年，北京电力交易中心省间市场交易电量完成 1918 亿 kWh，同比增长 21.9%，其中电力直接交易电量 353 亿 kWh。主要有银东直流省间电力直接交易、西南水电外送集中交易、“电力援疆”市场化交易、锡盟—山东特高压送山东电力直接交易、京津唐地区电力直接交易等。

《南方区域跨区跨省月度电力交易规则（试行）》印发

6 月 7 日，广州电力交易中心正式印发《南方区域跨区跨省月度电力交易规则（试行）》（简称《规则》），该《规则》是全国首个跨区跨省月度电力交易规则。《规则》明确了包括广东、广西、云南、贵州、海南在内的南方五省区各类型跨区跨省电力交易，共设计了“月度协议计划”“月度发电合同转让”“月度集中竞价”“月度富余电能增量挂牌”四个交易品种，并规范了交易组织、安全校核、交易执行，以及计量、结算等各环节的工作要求。

《规则》于 5 月 19 日获得国家发展改革委、国家能源局批复，同意广州电力交易中心印发实施。

广东电力现货市场建设试点工作进入实质性推进阶段

10 月 13 日，国家能源局南方监管局发布消息：广东省政府日前批复同意电力现货市场建设试点责任单位和工作分工，标志着广东电力现货市场建设试点工作进入实质性推进阶段。根据国家发展改革委办公厅、国家能源局综合司关于开展电力现货市场建设试点工作有关要求，广东作为南方区域市场起步省份，是全国第一批现货市场试点地区。

根据分工，国家能源局南方监管局牵头会同广东省有关部门制定全省电力现货市场交易规则，具体负责相关市场监管工作；广东省发展改革委负责统筹协调电力体制改革各项工作，具体负责协调电力现货市场建设相关的优先发用电制度建设、可再生能源保障性收购、输配电价改革等工作，广东省经济和信息化委为全省电力现货市场建设试点工作第一责任单位，牵头制定全省电力现货市场建设方案，提出具体工作安排，负责协调与电力现货市场相关的市场交易行为、市场力防范、财务信用风险规避，市场应急预案等制定工作。按照进度安排，广东省将力争在 2018 年 6 月底前，制定电力现货市场试点方案和市场运营规则，并于 2018 年底前启动电力现货市场试运行。

全国电力交易机构联盟成立

11 月 8 日上午，全国电力交易机构联盟成立大会在北京召开。国家发展改革委体改司、运行局，国家能源局法改司、市场司，北京电力交易中心、广州电力交易中心，以及全国 32 家省级电力交易中心的相关负责同志出席会议。

会议通报了全国电力交易机构联盟筹建情况，签订了全国电力交易机构联盟公约，审议通过了《全国电力交易机构联盟章程》《全国电力交易机构联盟大会议事规则》。国家发展改革委体改司巡视员王强在会上讲话，国家发展改革委运行局李云卿副局长宣布全国电力交易机构联盟正式成立。

按照全国电力交易机构联盟组建方案，北京电力交易中心有限公司为理事长单位，广州电力交易中心有限责任公司为副理事长单位，全国 32 个省级电力交易中心为成员单位。

电力建设

【国家能源局开展“电力建设工程施工安全年”活动】 4月27日，国家能源局印发《关于开展“电力建设工程施工安全年”活动的通知》（简称《通知》），要求于2017年6月～2018年5月底，在全国范围内开展为期一年的“电力建设工程施工安全年”活动。

2016年以来中国电力建设领域连续发生多起人身伤亡事故，特别是江西丰城电厂“11·24”特别重大事故，损失巨大，教训惨痛，凸显电力建设安全生产形势依然严峻复杂。为深刻吸取事故教训，进一步加强电力建设工程施工安全监督管理，切实提升电力建设安全生产水平，国家能源局决定在各省（区、市）发展改革委（能源局）、各派出能源监管机构、全国电力安委会各企业成员单位及有关单位中同时开展本次“安全年”活动。

《通知》明确，活动的目标是“落实企业主体责任，有效遏制重特大事故发生，全面提升电力建设工程施工安全管理水平”；主题是“落实责任，强化管理，防范事故”。活动成立领导小组，组长由国家能源局分管电力安全生产监督管理工作的副局长担任，副组长由国家能源局电力安全监管司司长担任；领导小组办公室设在电力安全监管司，具体负责活动的宣传动员、组织实施、指导协调、过程监督及总结考核等事项。

根据《通知》，活动共分为策划动员、组织实施和总结提高三个主要阶段。活动期间，各有关部门和电力企业要结合电力建设领域安全生产新形势、新动向，通过举办安全警示教育、知识技能培训、班组安全建设、信息化管理手段推广、安全生产标准化和诚信体系建设、应急演练以及电力建设施工安全专项检查等多种配套活动，促进广大干部员工牢固树立安全红线意识和底线思维，增强安全生产责任感。《通知》还对各有关部门和电力企业开展活动提出了加强领导、积极引导、统筹推进、认真总结及确保实效等五项具体工作要求。

国家能源局将根据国务院安全生产有关工作部署和电力建设安全生产形势，对各有关部门和电力企业活动开展情况进行督查。

【国家能源局发布海水抽水蓄能电站资源普查成果】 3月15日，国家能源局印发通知发布海水抽水蓄能电站资源普查成果。本次普查通过组织有关方面开展海水抽水蓄能电站资源普查，基本摸清了全国海水抽水蓄能电站资源情况。普查范围涵盖除港澳台外所有沿海省份，主要集中在东部沿海5省（辽宁、山东、江苏、浙江、福建）和南部沿海3省（广东、广西、海南）的近海及所属岛屿区域。其余河北、天津、上海3省（市）沿海地势平坦，不具备建设海水抽水蓄能电站的基本地形条件。

根据站点地形地貌、成库条件、距高比、水头、区域地质和环境影响等方面的要求，本次共普查出海水抽水蓄能资源站点238个（其中近海站点174个，岛屿站点64个），总装机容量为4208.3万kW（其中近海为3744.6万kW，岛屿为463.7万kW）。

从地域分布看，广东、浙江、福建3省海水抽水蓄能资源最为丰富，分别有57、71、56个资源站点，资源总量分别为1146万、917.6万、1057.1万kW，分别占资源总量的27.2%、21.8%、25.1%；辽宁、山东、海南3省资源站点分别有10、17、19个，资源量分别为122.9万、234.6万、562万kW，分别占资源总量的2.9%、5.6%和13.4%；江苏、广西资源站点相对较少。

考虑地形条件、工程布置、节约淡水资源等多方面因素，在上述资源普查站点基础上，进一步筛选出了建设条件相对较好的8个典型站点，分布在浙江、福建、广东3省，将作为下一步研究重点。

【国家能源局公布2017年光伏发电基地名单】 11月30日，国家能源局印发通知公布2017年光伏发电领跑基地名单，包括山西大同二期、山西寿阳、陕西渭南、河北海兴、吉林白城、江苏泗洪、青海格尔木、内蒙古达拉特、青海德令哈和江苏宝应共10个应用领跑基地，以及江西上饶、山西长治和陕西铜川共3个技术领跑基地。国家能源局要求：应用领跑基地应于2018年3月31日前完成竞争优选，6月30日前全部开工建设，12月31日前全部容量建成并网；技术领跑基地应于2018年4月30日前完成竞争优选，2019年3月31日前全部开工建设，6月30日前全部容量建成并网。

【“华龙一号”国家重大工程标准化示范正式启动】 4月13日，国家能源局会同国家标准化管理委员会、国家核安全局在北京组织召开《“华龙一号”国家重大工程标准化示范实施方案》（简称《方案》）发布会，标志着“华龙一号”国家重大工程标准化示范正式启动。《方案》要求依托“华龙一号”示范工程开展核电标准化示范，利用4年左右的时间，进一步完善优化现有压水堆核电标准体系，健全一套自主的、能够满足“华龙一号”国内建设与出口需求的，涵盖核电全生命周期的压水堆核电标准体系。来自国家能源局、国家标准化管理委员会、国家核安全局、中国核工业集团、中国核工业建设集团公司、中国广核集团有限公司、上海电气有限公司等单位的代表参加了会议。

电源建设工程

【世界最大火力发电厂——内蒙古大唐国际托克托发电厂五期扩建工程投产发电】 2月25日，由中电工程华北院设计的内蒙古大唐国际托克托发电有限责任公司五期工程10号机组通过168h试运行。至此，托电五期扩建工程2台国产66万kW超超临界机组全部投入商业运行，全厂总装机容量达到672万kW，成为世界在役最大火力发电厂。

【大唐延安热电厂"上大压小"热电联产项目1号机组投产】 12月17日9时，大唐延安热电厂"上大压小"2台35万kW热电联产项目1号机组通过168h满负荷试运，正式投入商业运营。

延安热电厂以建设高效环保节能电厂为标准，选用超临界燃煤供热空冷机组，采用高效节能技术和燃机排放环保标准。两台机组全部投产后可替代当地现有3台1.2万kW的老小供热机组和236台采暖小锅炉，为老区50万居民提供1300万m^2的供热热源，对解决延安市区集中供热热源不足、改善城区环境质量有重要意义。

【华电昆山东部热电联产工程投产】 10月12日，中国能建中电工程华东院设计的江苏华电昆山东部2×40万kW燃机热电联产工程3、4号机组顺利通过168h连续满负荷试验。至此，江苏华电昆山东部2×40万kW燃机热电联产工程2台机组全部投产。

江苏华电昆山东部2×40万kW燃机热电联产工程是江苏省重大工程，于2015年2月13日获得江苏省发展改革委正式核准批复。工程于2015年12月28日正式开工。

【安徽巢湖200MW天然气分布式能源项目开工】 7月27日，安徽省巢湖市首个区域型天然气分布式能源项目——华电200MW天然气分布式能源项目在居巢经济开发区开工建设。该项目于2015年4月8日签订合作框架协议，27日破土动工。

天然气分布式能源项目与传统供能方式相比，具有清洁环保、安全稳定、经济效益突出等优点。该项目主要为园区内企业提供蒸汽、供热、供电等供能服务。采取热电冷三联供方式，实施集中供能，能源综合利用效率在70%以上。该项目全部建成投产后，预计可达到年发电5亿kWh、蒸汽30万t、冷气0.4万t的生产规模。

【国电朝阳热电新建工程投产】 国电电力朝阳热电2×350MW新建工程厂址位于辽宁省朝阳市东三家村，距市中心约3km，主要为朝阳市区提供采暖和工业热源。工程规划建设4台35万kW供热机组，本期建设2台35万kW超临界燃煤湿冷供热机组。

送出工程采用双回220kV出线接入马山变电站，投产后可实现年发电量31.5亿kWh，形成1300万m^2的供热能力，每小时可提供工业蒸汽100t。工程动态投资控制费用32.56亿元。

工程于2013年9月通过国家发展改革委核准（发改能源〔2013〕1925号），2015年8月26日正式开工建设。2017年12月10日正式向朝阳市区居民供热。

【国华宁东电厂二期工程投产】 12月26日，国家能源集团国华宁东发电有限责任公司（简称国华宁东电厂）二期工程4号机组通过168h满负荷试运。4号机组是国家能源集团成立后的首台投产机组，其顺利移交投产标志着国华宁东电厂二期2×660MW扩建工程画上了圆满句号，完成年内"双机双投"目标。

国华宁东电厂二期扩建工程两台660MW超超临界间接空冷燃煤发电机组，是宁夏地区第二条外送通道宁东—浙江±800kV直流输电的配套电源项目。国华宁东电厂二期扩建工程3号机组于2017年8月31日通过168h连续满负荷试运行，正式投产发电。

【国家电投滨海发电公司1号发电机组正式投入商业运营】 9月9日11时18分，国家电投协鑫滨海发电有限公司2×1000MW超超临界燃煤发电工程1号机组通过168h满负荷试运并正式投入商业运营，实现了机组试运中锅炉水压试验、倒送厂用电、DCS受电、汽轮机扣盖、锅炉酸洗、锅炉点火吹管、汽轮机冲转、机组并网发电、100%甩负荷试验、168h满负荷试运等十个"一次成功"。同时，该项目以23个月零20天的建设工期创造了新建首台百万千瓦超低排放燃煤机组建设新纪录。试运期间，机组连续平均负荷率超过100%，保护装置投入率100%，自动投入率100%，主要仪表投入率均达到100%；环保指标［粉尘排放浓度0.76mg/m^3（标况）；二氧化硫排放浓度15.60mg/m^3（标况）；氮氧化物排放浓度39.08mg/m^3（标况）］大大优于燃机排放标准，连续稳定负荷曲线、连续满负荷时间、汽水品质、汽轮发电机瓦振及发电机漏氢等机组各项性能指标均达到或优于设计值，机组主辅机设备运行平稳，实现了高标准、高水平、连续运行目标。

【合肥庐江电厂新建2×660MW项目开工】 2月

6日，神华集团在安徽省首个新建电源点项目——神皖合肥庐江电厂2×660MW超超临界燃煤机组工程开工建设。该工程是神华集团与安徽省政府战略合作框架协议落地的电力项目，规划装机总容量3320MW，一期建设2×660MW超超临界湿冷燃煤发电机组，由神皖能源公司投资建设，工程项目于2015年10月28日获得安徽省发展改革委核准，2016年10月24日获得神华集团开工批复，并顺利办结各项开工审批手续。该工程采用EPC总承包建设模式，由中电工程华北院和安徽省电力设计院有限公司联合总承包建设，计划于2018年底实现投产。

【安徽铜陵电厂“上大压小”扩建工程6号机组投产】 3月4日，安徽铜陵电厂以“上大压小”方式建设的第二台1000MW超超临界燃煤发电机组6号机组，顺利通过168h满负荷试运行，全面投入商业运营。

皖能铜陵电厂六期扩建工程总投资约72亿元，共建设5号、6号两台百万千瓦超超临界燃煤发电机组，其中5号机组于2011年投产，是安徽省首台投产的百万千瓦机组。6号机组投资约31亿元，是安徽省能源规划的重点项目，于2015年7月18日开工建设，采用EPC总承包建设模式，由中国能建中电工程所属的咨询公司与西北院联合总承包建设。

【承德上板城热电联产项目首机投产】 9月27日，中国能建中电工程华北院EPC总承包的河北建投承德热电有限责任公司首台机组顺利通过168h满负荷试运行，正式投产发电。

河北建投承德上板城热电联产项目于2015年7月19日正式开工建设，2017年8月28日，项目首台机组开始整套启动试运行，8月29日实现首次并网。该项目为河北省重点大型热电联产项目，本期建设2台35万kW超临界燃煤机组，投产后将形成1320万m^3供热和100t/h工业蒸汽供汽能力，成为承德市的主力热源，在满足供热、供气、发电的同时，可有效替代燃煤小锅炉，减少环境污染。

【铜陵发电厂6号机组投产】 3月4日，由中国能建中电工程咨询公司和中国能建中电工程西北院联合总承包的铜陵发电厂6号机组通过168h整套试运，实现了“超低”排放，并创造了国内同类燃煤机组的新高。该机组为超超临界燃煤发电机组，机组容量100万kW，是安徽省“861”重点工程，属于国家鼓励建设的高参数、大容量、低能耗、环保型机组。

【平江抽水蓄能电站工程】 平江抽水蓄能电站位于湖南省平江县境内，上水库位于平江县福寿山大福坪，下水库位于平江县福寿山镇吉星村。装机容量为140万kW，安装4台35万kW可逆式水轮发电机组，设计年发电量7.37亿kWh，年抽水电量9.83亿kWh。工程总投资880 447万元，工程筹建期24个月，总工期72个月，2017年11月获得核准，2017年12月举行开工仪式，计划于2024年11月首台机组投产。

上水库大坝采用沥青混凝土心墙堆石坝，最大坝高51.50m；下水库主坝采用沥青混凝土心墙土石坝，副坝采用混凝土心墙土石坝，主坝最大坝高70.50m，副坝最大坝高20.5m。引水及尾水系统均采用两洞四机布置，引水主洞采用二级斜井方案，上、下库进/出水口水平距离约2632m，输水管道轴线总长度为3015.27m。主副厂房洞开挖尺寸为163.00m×25.50m×59.13m（长×宽×高）。

【深圳抽水蓄能电站投产】 9月25日，由中国电建水电八局、水电十四局、水电一局为主力承建深圳抽水蓄能电站最后一台机组投入商业运行，标志着中国内地首座建于城市中的大型抽水蓄能电站全面投产。

深圳抽水蓄能电站是中国可再生能源发展规划中的重点建设工程，也是西电东送的落点和粤港电网的连接点。电站位于深圳市盐田区和龙岗区之间，距深圳市中心约20km，距离香港、大亚湾核电站、岭澳核电站约25km。该电站由南方电网公司全额投资，项目概算静态投资49.48亿元，总装机容量为120万kW（4×30万kW），设计年均发电量15.11亿kWh，承担电力系统调峰、填谷、调频、调相以及紧急事故备用任务。2011年12月10日，深圳抽水蓄能电站正式开工建设，2017年11月30日首台机组通过考核试运行。

【大唐长河坝水电站投产】 12月1日，中国电建设计、施工的深厚覆盖层上世界在建最高坝工程——大唐长河坝水电站最后一台（1号）机组通过72h试运行，正式转入商业运行，提前实现了“一年四投”暨全部机组投产发电的目标。长河坝水电站大坝为砾石土心墙堆石坝，最大坝高240m，坝基坐落在深达70m覆盖层上。

大唐集团甘孜公司长河坝水电站位于四川省甘孜州康定市境内，是大渡河干流水电规划28级开发方案中第11个梯级水电站。电站装机容量260万kW（4×65万kW），多年平均年发电量107.9亿kWh。长河坝水电站工程总投资255亿元，具有季调节能力，是国家及四川“十三五”规划建设的重大工程、国家西部大开发重点工程、国家支持藏区发展重点项目。

长河坝水电站于2010年10月获国家核准并开工建设，2010年10月实现大江截流，2012年5月开始坝体填筑，2016年10月26日水库开始蓄水。2017

年1月6日，首台（4号）机组通过72h试运行，正式投入商业运营。4月24日，3号机组通过试运行。6月29日，2号机组通过试运行。

【国电大渡河猴子岩水电站全部机组投产】 四川大渡河猴子岩水电站是国家及四川省“十三五”规划建设的重大工程，是国家支持藏区经济社会发展的重点建设项目，2010年被列为国家西部大开发重点工程。项目为大渡河干流规划28级方案的第10级电站。水库正常蓄水位1842m，总库容7.04亿m^3，调节库容3.87亿m^3，具有季调节能力。电站装机容量170万kW（4×42.5万kW），多年平均发电量73亿kWh。项目为一等大（Ⅰ）型工程，枢纽建筑物主要由面板堆石坝、右岸地下厂房、左岸深孔及非常泄洪洞、右岸溢洪洞及放空洞组成。面板堆石坝最大坝高223.5m，为国内外第二高混凝土面板堆石坝。项目2011年核准开工，2016年11月下闸蓄水，2017年1月首台机组投入商业运行，2017年11月全部机组实现投产和商业运行。项目施工总工期93个月。

【国家电投巨亭水电站3台机组全部投产发电】 6月9日20时46分，随着国家电投巨亭水电站3号机组完成72h+24h试运行正式归调，黄河水电公司巨亭水电站3台机组全部投产发电。

巨亭水电位于陕西省汉中市宁强县境内嘉陵江干流上，正常蓄水位为599m，最大坝高40m，总库容3265万m^3，为径流式电站。电站布置3台贯流式水轮发电机组（2×16MW+1×8MW），总装机容量40MW。保证出力5500kW，年平均发电量13 150万kWh，年利用小时3280h，工程规模属Ⅲ等中型工程，是嘉陵江汉中河段规划16级电站（总装机容量273MW）中的第13级电站。

【白鹤滩水电站开工】 8月3日，中国三峡集团在四川省宁南县和云南省巧家县交界的金沙江畔白鹤滩峡谷召开白鹤滩水电站建设动员大会，标志着世界第三座、中国第二座千万千瓦级大型水电站主体工程正式开工建设。

白鹤滩水电站上接乌东德梯级，下邻溪洛渡梯级，距溪洛渡水电站195km。水库正常蓄水位825m，总库容206.27亿m^3，调节库容104.36亿m^3，具有年调节性能。电站装机容量1600万kW，保证出力355万kW，多年平均发电量624.43亿kWh。电站可研概算总投资约1729亿元。电站主要节点目标为：2019年11月导流洞分批启动下闸，2021年5月水库开始蓄水、6月底首批机组投产发电，2023年6月16台机组全部投产发电，工程完工。

白鹤滩水电站是金沙江下游干流河段梯级开发的第二个梯级电站，以发电为主，兼有防洪、拦沙、改善下游航运条件和发展库区通航等综合效益。它是经国务院批准立项且列入国家“十二五”计划纲要和“十三五”规划的重点工程项目，是国家实施西部大开发、“西电东送”战略的骨干工程，也是促进国家能源结构调整和节能减排的重大清洁能源项目。

中国电建承担主要工程任务，其中华东院承担设计任务，成勘院二滩国际承担工程监理任务，水电八局承建右岸坝肩边坡开挖、右岸大坝土建及金属结构安装等工程，水电四局承建左岸坝肩边坡开挖、左岸大坝土建及金属结构安装等工程，水电五局承建泄洪洞工程，水电七局承建左岸引水发电系统土建及金属结构安装工程，水电十四局承建左右岸引水发电系统土建（尾水部分）工程。

【溧阳抽水蓄能电站整体投产发电】 10月11日，江苏省最大的抽水蓄能电站——江苏溧阳抽水蓄能电站全面投产发电，该电站总装机容量150万kW。

溧阳抽水蓄能电站由江苏省国信集团投资89亿元建设，由中国电建设计施工，设计年发电量20.07亿kWh，年抽水电量26.76亿kWh，在江苏电网担负调峰、填谷、调频、调相、事故备用、黑启动等任务。10月11日，随着最后一台机组投入商运，江苏国信溧阳抽水蓄能发电有限公司完成机组“一年六投”目标，一年之内六台机组投产发电，在国内抽水蓄能机组中尚属首例。

电站地处江苏省溧阳市天目湖畔，总投资89.3亿元，共安装6台单机容量25万kW的可逆式水泵水轮发电机组，工程自2008年11月筹建工程、2011年4月主体工程开工建设以来，历时近9年。

【西藏新荣水电站机组全部投产发电】 1月25日，由中国电建配套出资援建的西藏昌都洛隆县新荣水电站1、2号机组完成各项调试与试验，并网发电。4月16日，4号机组投入运行。至此，该电站4台机组全部实现投产发电，各台机组均运行良好。新荣水电站工程是中国电建与政府合作的第一个援藏EPC项目，由中南勘测设计研究院负责设计，水电八局作为总包方承担工程建设的全面工作。电站为当地骨干电源点，装机容量占当地电网总容量的56%，是一项解决偏远藏区百姓用电困难的民心工程。

【青岛市大唐宝山风电场并网发电】 8月30日，大唐新能源山东公司青岛宝山风电场125台风电机组全部并网发电。大唐青岛宝山风电场位于国家级开发区青岛市西海岸新区，总投资约22亿元人民币，设计总装机容量250MW，共安装单机容量2MW的风力发电机组125台。该项目预计年发电量5.23亿kWh，每年可为大约40多万户家庭提供清洁电力。与同规模火电厂相比，相当于每年节约标准煤17万t，节约用水162万t，减少二氧化碳排放41万t、二氧化硫排放3006t、氮氧化合物4509t、烟尘排放

376t、灰渣6.3t。

【大唐内蒙古赤峰阿旗罕山风电场三期工程投产】 大唐集团赤峰分公司罕山风电场三期201MW工程于5月1日开工建设，该期工程共安装134台风机，至12月21日，罕山三期工程全部风机正式投产，标志着罕山400MW风电工程全部正式投产发电。这是目前国内投产的最大单体风电项目。罕山风电场位于内蒙古赤峰市阿鲁科尔沁旗罕苏木境内，共安装267台风力发电机组。罕山400MW风电工程分三期进行建设，一期66台99MW风机于2015年12月30日实现全部机组并网发电，二期67台100.5MW风机于2016年10月21日实现全部机组并网发电。罕山风电场全部机组建成投产后，可实现年发电量约10.66亿kWh。

【国电江苏大丰200MW海上风电项目投产】 江苏大丰200MW海上风电项目位于江苏大丰东部海域，2016年10月开工建设，2017年11月开始投产发电。项目离岸距离43km，水深5～15m，涉海面积38km^2。安装80台金风2.5MW风电机组，年发电2854h。风电场配套设置一座220kV海上升压站及一座陆上集控中心，海上升压站位于风电场的西南侧，海上升压站规模按200MW设计，升压站离海岸线直线最短距离约24km，并在高压侧预留远期200MW规模接入，风电机组通过35kV海缆接入，并经由220kV主变升压后以一回220kV海缆送至陆上集控中心，最终通过架空线送至220kV大丰汇流站。

【国电舟山普陀6号海上风电场2区工程并网发电】 国电舟山普陀6号海上风电场2区工程位于浙江省舟山市普陀区六横岛东南侧海域，风场中心点离六横岛约11km。整个风场场区海底地形变化较小，水深12～16m，规划海域面积约为50km^2。风场90m高度的年平均风速为7.9m/s，年平均风功率密度为491W/m^2。

项目总装机容量为252MW，共安装63台西门子4MW风电机组，建设一座220kV海上升压站、一座220kV陆上计量站。风电场通过一机一变的形式，经过十条35kV海底电缆汇流至海上升压站，并通过一条220kV海底电缆、220kV架空线路将电能输送至陆上计量站，最后通过220kV送出线路接入六横岛岑山变电站。风电场年上网电量为75 338万kWh，等效满负荷利用小时为3038h。项目于2017年3月正式全面开工，2017年12月首批风机并网发电。

【亚洲最大容量海上升压站建造完成】 4月11日，由中国电建华东院承担全阶段勘测设计任务的国内在建最大海上风电场项目“国家电投滨海北H2号400MW海上风电项目”的220kV海上升压站发运仪式在江苏启东举行。本项目海上升压站是亚洲容量最大的海上升压站，达到国内先进、国际一流水平，引领海上升压站设计和制造技术的发展方向，起到行业示范作用。

【中国三峡集团阳西沙扒30万kW海上风电项目开工】 11月19日，中国三峡集团阳西沙扒30万kW海上风电项目试桩工程施工方案审查会暨开工动员会在广东阳江召开，标志着中国三峡集团在广东首个海上风电项目正式开工。三峡阳西沙扒海上风电项目由三峡新能源阳江发电有限公司投资建设，建设地点为阳西县沙扒镇海域，陆上控制中心建设地点在阳西县上洋镇，项目总装机容量30万kW，拟安装55台单机容量为5.5MW的风力发电机组，总投资约54亿元。

【福建平潭300MW海上风电项目开工】 2月21日，中广核平潭大练300MW海上风电项目在福建省平潭综合实验区苏澳镇正式动工。平潭项目是中广核投资最大的海上风电项目，也是国内乃至世界建设难度最大的风电项目。平潭大练海上风电场位于福建省平潭综合实验区平潭岛东北侧一带海域，由中广核（福建）风力发电有限公司投资建设，总投资约60亿元，计划安装5MW海上风力发电机组60台，同时建设1座220kV陆上升压变电站。计划于2019年底实现风电场全部投产发电。

【西昌风电二期工程首批机组并网发电】 5月9日，由中国电建水电开发公司投资建设的西昌风电二期项目首批机组正式并网发电，标志着项目建设取得了重大阶段性成果。西昌风电二期项目（黄联关风电场）是典型的河谷风电项目。总投资18.3亿元，总装机规模20.5万kW，年上网发电量约3.22亿kWh，共安装82台单机容量2500kW的风力发电机组。

【全球首座模块式海上升压站成功安装】 6月27日，由中国电建华东院承担勘测设计任务的全球首座模块式海上升压站——龙源江苏大丰海上风电场220kV海上升压站成功安装。该项目海上升压站的安装，标志着全球首座模块式海上升压站，也是全球水深最浅的海上升压站建成，为后续浅水海域海上升压站建设提供了一站式解决方案。

【国内首个多能互补集成优化示范工程正式开工】 6月30日，由中国能建中电工程西北院承担设计的青海鲁能海西国家多能互补集成优化示范工程正式开工建设。该工程是国内首个正式开工建设的集风光热储于一体的多能互补科技创新项目，总装机容量700MW，其中风电400MW、光伏200MW、光热50MW、储能50MW，是集可复制性、引领性、先进性、经济性、示范性于一体的国家能源重点示范项目。

【阳江核电站4号机组具备商业运营条件】 3月15日，中广核阳江核电站4号机组完成所有调试工作，具备商业运营条件。

阳江核电站4号机组于2012年11月17日正式开工建设，是福岛核事故后国内首个开工建设的核电新机组。2017年1月8日，4号机组首次并网发电。

阳江核电站位于粤西沿海的阳江市，总投资近700亿元人民币，是中国一次核准机组数量最多和规模最大的核电项目，计划建设6台百万千瓦级核电机组。其中，1、2、3号机组已分别于2014年3月25日、2015年6月5日以及2016年1月1日实现商业运营。项目于2008年12月16日正式开工。

【福清核电一期工程全面建成投产】 9月17日，随着168h连续稳定运行试验的完成，福清核电4号机组正式具备商业运行条件，标志着福清核电一期工程（1～4号机组）全面建成投产。

福清核电项目位于三山镇前薛村岐尾山前沿，6台机组一次规划、分期连续建设，一期工程1～4号机组是中国自主设计、自主制造、自主建设、自主运营的首批百万千瓦级核电机组，二期工程5、6号机组采用具有自主知识产权的三代核电技术“华龙一号”。福清核电预计2021年全面建成投产，届时总装机容量将达665.6万kW，年发电量约500亿kWh，产值约200亿元。

福清核电项目1～3号机组分别于2014年11月22日、2015年10月16日和2016年10月24日具备商业运行条件。随着4号机组正式投产，4年内4台机组相继投入商业运行。至此，福清核电总装机容量达到435.6万kW，正式进入“四驱时代”。

【国家电投河南首座村级光伏扶贫电站投产】 6月14日，由国家电投援建的首座60kW村级光伏扶贫电站——信阳市商城县八里滩村光伏扶贫电站并网成功，标志着国家电投援建的110个村级光伏扶贫电站工程正式整体投产。

信阳商城县光伏扶贫项目在110个贫困村各建立60kW光伏电站一座，项目受益贫困户1320户4056人。项目的建成不仅可以让商城县1320户贫困户持续20年每年有3000元的稳定收入，还能实现110个贫困村有稳定的村集体收入。

【国家电投浙江江山上余渔光互补光伏项目投产发电】 6月23日16点45分，国家电投浙江江山上余渔光互补光伏电站成功并网，成为江西公司第一个“6·30”投产发电的光伏项目。

电站装机容量2万kW，光伏发电组件采用浮筒+支架的漂浮方式固定在水面区域，集实用性、美观性、可靠性于一身，既保证发电的稳定性和经济性，又兼顾渔业养殖，提高了土地和空间的综合利用率。

【全球最大水面漂浮光伏电站并网发电】 12月10日，中国电建山东电建一公司承建的全球最大的水面漂浮光伏电站——中国三峡集团三峡新能源公司安徽淮南150MW水面漂浮光伏项目正式并网发电，各项经济技术指标均达到优良水平。该项目位于安徽省淮南市潘集区，总装机容量150MW。全部建成后每年发电量约1.5亿kWh，相当于种植阔叶林约530hm^2，年节约标准煤约5.3万t，减少二氧化碳排放约19.95万t，减少森林砍伐约5.4万m^3，能够满足约9.4万户城乡家庭的用电需求。

【西藏最大光伏电站投运】 5月20日，中国电建四川设计咨询公司总承包的西藏浪卡子大有50MW光伏电站正式投运。电站装机容量50MW，新建1座110kV升压站，设计年均发电量7633万kWh，是目前山南地区海拔最高的发电站，也是迄今为止整个西藏地区规模最大的光伏项目。

【首个渔光互补示范项目并网发电】 6月13日，由中国电建投资建设的首个渔光互补示范项目江苏淮安南闸（15MW）渔光互补电站实现并网发电。该项目是中国电建首个“水上发电、水下养鱼”渔光互补发电示范项目，位于江苏省淮安市淮安区南闸镇境内。该项目规划装机容量70MW，项目分批建设，一期装机规模15MW，计划建设12个光伏矩阵。

【国内首家自主设计建造漂浮式光伏电站并网发电】 6月29日，由中国电建华东院投资建设的建德三都镇20MW漂浮式光伏电站示范项目成功并网发电。建德三都镇20MW漂浮式光伏电站示范项目位于建德三都镇春江源鱼塘，该项目建设规模20MW，建设面积27.93hm^2（419亩），为水面漂浮式新型渔光互补光伏电站。该项目是国内大型的水面漂浮式光伏发电站之一，项目建成后将成为国内首家自主设计建造、全面采用环保材料、确保水质安全并可100%回收的水面漂浮式光伏发电站，具有重要的示范意义。该项目所采用的漂浮系统由华东院研发，其中漂浮系统材料和结构体系均申请了国家专利。该项目于2017年1月开工。

【天长渔光互补电站并网】 9月6日，皖东地区最大的渔光互补光伏发电项目——天长150MW渔光互补光伏发电项目一期100MW工程正式并网发电。中国电建华东院天长150MW渔光互补光伏发电项目，位于天长市杨村镇东大圩，项目占地244.67hm^2

(3670 亩)。该项目分两期建设,一期工程总投资 7.9 亿元,于 2016 年 9 月正式启动。已建成投产的一期 100MW 工程每年发电量约 1.1 亿 kWh;二期 50MW 工程预计 2018 年全面竣工,届时,整个项目每年可发电 1.6 亿 kWh。该项目是新型渔光互补发电项目,上层用于光伏发电,下层用于水产养殖,实现"一地两用,综合开发",循环立体发展。

【京张冬奥迎宾廊道光伏项目并网发电】 11 月 11 日,由中国能建中电工程华北院设计的京张冬奥迎宾廊道光伏发电项目并网发电。该项目总装机容量为 500MW,建设 3 座 220kV 变电站,以 1 回 220kV 线路送至宣东变电站,场址位于京藏高速北京至张家口段两侧,东起怀来县狼山乡,西至宣化县沙岭子乡,分布在怀来县、下花园区、宣化区及宣化县。该项目建成投产后,每年可向电网提供 6.35 亿 kWh 的绿色电能,与相同发电量的火电项目相比,每年可节约 20 万 t 标准煤,可减少向大气排放二氧化碳约 54 万 t、二氧化硫约 0.026 万 t、氮氧化物约 0.026 万 t、烟尘约 0.007 5 万 t。

【哈密熔盐塔式 50MW 光热发电项目开工】 10 月 19 日,由中国能建中电工程投资建设的哈密熔盐塔式 50MW 光热发电项目正式开工。该项目规划容量为 2×50MW,本期建设 1×50MW 熔盐塔式太阳能热发电站,计划于 2019 年 4 月 30 日并网发电。该项目采用 EPC 总承包建设模式,由中电工程西北院总承包建设。该项目为国家首批太阳能热发电示范项目之一,建成后每年可提供 1.983 5 亿 kWh 清洁电力。

该项目配置储热系统,可以实现稳定的电力输出和良好的调节性能,发电品质优于光伏和风力发电等,具有与现有电网匹配性好、连续稳定发电等特点,有助于提高地区新能源的利用和消纳比例。

【国内首台单机容量最大沙漠集中光伏电站并网发电】 6 月 23 日上午,由江西火电承建的榆林江山永宸 300MW 丰融光伏发电项目成功并网发电。这是迄今为止国内首台单机容量最大的沙漠地面集中式光伏发电站,也是江西火电打造环保清洁能源品牌、开拓西部光伏市场所取得的重大成果。该工程位于地处日照高值区——陕西省榆林市榆阳区,于 2016 年 11 月 12 日开工建设。由于太阳能资源丰富,预计年发电量最高可达 5 亿 kWh。光伏发电场 300MW 总容量共分 196 个发电单元。现场太阳能电池组件采用固定式支架,光伏阵列布置于地面,支架基础采用螺旋桩基础 35°固定倾角支架安装方式。110kV 集中式逆变升压变压器基础采用混凝土基础,建筑物设计使用年限 50 年,光伏电站设计使用年限 25 年。

【永记水库渔光互补工程全容量并网发电】 8 月 25 日,辽宁省大连庄河市永记水库 100MW 渔光互补光伏发电站成功实现全容量并网发电。该光伏电站总投资 8.3 亿元人民币,并网发电后年发电量可达 1.3 亿 kWh,是东北地区规模最大的一次建成光伏电站。

永记水库渔光互补 100MW 光伏发电工程位于辽宁省大连庄河市栗子房镇永记水库北侧库区,该项目于 2017 年 4 月正式开工建设,场址规划面积约 $200hm^2$ (3000 亩),由大连泰山鸿日有限公司开发建设,总规划容量 100MW。与普通燃煤机组相比,该项目每年能节省标煤 4.1 万 t,相应每年可减排 10.4 万 t 二氧化碳、3137.48t 二氧化硫、1562.78t 氮氧化物,同时还可节约大量淡水资源。

【世界海拔最高大型储能项目并网】 12 月 9 日,北控清洁能源西藏羊易储能电站并网。西藏羊易储能电站项目由 30MW 光伏+20.7MWh 储能组成,位于海拔 4700m 的西藏当雄,是迄今为止世界上海拔最高的大型并网储能项目,也是中国目前最大的并网商业运行储能项目。

【国内首个高寒高海拔清洁项目供暖】 9 月 23 日,中国电建青海院总承包的国内首个高寒高海拔清洁供暖示范项目玛多县民族寄宿中学清洁能源供暖示范工程试运行成功,12 台量子能锅炉供暖。

【光大如皋生物质电厂项目并网发电】 11 月 20 日,中国电建江西水电承建的光大如皋生物质电厂工程并网发电。11 月 15 日前完成 72h+24h 试运行。该工程安装 1 台 30MW 凝汽式汽轮发电机组,该项目总投资约 3.2 亿元人民币。每年处理农林废弃物等生物质约 27 万 t,可向电网提供绿色能源约 2 亿 kWh。

电网建设工程

【榆横—潍坊 1000kV 特高压交流输变电工程投运】 8 月 14 日,迄今为止建设规模最大、输电距离最长的特高压交流工程——榆横—潍坊 1000kV 特高压交流输变电工程顺利完成 72h 试运行,正式投入运行,这标志着列入国家大气污染防治行动计划重点输电通道的"四交"特高压工程建设任务全部圆满完成。

榆横—潍坊特高压工程西部连接陕西、山西煤电基地，东部连接扎鲁特—青州特高压直流工程和锡盟—山东特高压交流工程，是华北特高压网架的重要组成部分。

榆横—潍坊特高压工程于2015年5月6日获得国家发展改革委核准，5月12日开工建设。工程途经陕西、山西、河北、山东四省，新建晋中、石家庄、潍坊变电站和榆横开关站，扩建济南变电站，新增变电容量1500万kVA；线路全长2×1050km，两次跨越黄河，工程核准动态总投资241.8亿元。该工程于2017年5月18日开始系统调试，8月5日完成5大类36项调试项目，并同步完成了榆横站和潍坊站扩建工程的建设和调试。8月11日，进入试运行。

【上海庙—山东临沂特高压直流工程竣工】 内蒙古上海庙—山东临沂±800kV直流特高压输电通道于12月25日宣布建成，此举标志着国家电网有限公司纳入国家大气污染防治行动计划的特高压交直流工程全面竣工。

该项工程起源于2013年，国务院当年9月发布了《大气污染防治行动计划》，计划通过5年努力，较大幅度减少重污染天气，要求通过逐步提高接受外输电比例等措施替代燃煤，实现燃煤消费总量负增长。2014年5月，国家能源局提出加快推进大气污染防治行动计划12条重点输电通道建设，其中包括4交4直共计8条特高压输电通道，要求在2017年底前全面建成。

内蒙古上海庙—山东临沂±800kV直流特高压输电通道工程投资为221亿元，途经内蒙古、陕西、山西、河北、河南、山东6省（区），新建上海庙、临沂两座换流站，换流容量2000万kW，线路全长1238km，输电容量1000万kW，每年可向山东送电超过500亿kWh，约等于山东省全年用电量的1/10，山东可以少建10座百万千瓦级火电厂。

【扎鲁特—青州直流输电工程建成投运】 12月31日，青州±800kV换流站经过168h试运行，运行状况良好，各项指标优良，正式投入运行。这标志着第一个落点山东的特高压直流工程——扎鲁特—青州±800kV直流输电工程建成投运。

扎鲁特—青州±800kV特高压直流输电工程，是国家电网公司推动全国能源资源优化配置的重大工程，肩负着解决东北窝电问题、振兴东北老工业基地的战略使命。该工程西起内蒙古扎鲁特换流站，终点位于山东省青州换流站，途经内蒙古、河北、天津、山东，换流容量2000万kW，线路全长1228km，工程静态投资208亿元，动态投资221亿元，于2016年8月16日获得核准，2016年8月25日开工建设。扎鲁特—青州工程投运后，每年可向山东输送电量550亿kWh。

该工程是世界上首批电压等级±800kV、额定输送功率1000万kW、受端分层接入500kV和1000kV交流电网的特高压直流工程，送端换流站接入500kV交流电网。其中，青州换流站是世界上首批将±800kV直流输电容量由800万kW提升到1000万kW，额定电流提升至6250A，网侧交直流分层接入的特高压换流站。

【锡盟—泰州±800kV特高压直流工程建成投运】 9月30日，锡盟—泰州±800kV特高压直流工程通过168h试运行，全面建成投产。该工程是中国大气污染防治行动计划的重要组成部分，是世界上首个额定容量达到1000万kW、受端分层接入500kV/1000kV交流电网的±800kV特高压直流工程。此前国际高压直流输电的最高额定容量为800万kW，最高接入系统电压为交流750kV，该工程的成功建成投产是国际高压直流输电领域的重要里程碑，创造了新的世界纪录。

依托该工程，国家电网公司组织产学研联合攻关，按照容量越高、电压越高，可靠性要求就越高的原则，在世界上率先攻克超大容量直流输电与分层接入的系统设计和设备制造难题，提出了成套技术方案和工程设计方案，成功研制全系列直流新设备，代表了当前国际高压直流输电技术的最高水平。

该工程于2015年10月取得国家核准，2015年12月开工建设，2017年9月全面建成。工程途经内蒙古、河北、天津、山东、江苏5省（区、市），新建锡盟、泰州2座换流站，换流容量2000万kW，线路全长1628km。每年可从内蒙古向华东负荷中心输送550亿kWh的清洁电力，减少燃煤运输2520万t。

【锡盟—胜利1000kV特高压交流输变电工程建成投运】 锡盟—胜利1000kV特高压交流输变电工程是锡盟—山东特高压交流工程6个配套电源项目接入系统的关键枢纽，是保障锡盟—山东特高压交流工程全线送电、支撑锡盟—泰州特高压直流工程调试送电的关键。工程于2016年4月29日开工，2016年12月基本完成本体建设，2017年5月完成验收，6月5日开始系统调试工作，开展3大类7项调试测试项目，6月20日完成调试投入试运行。6月23日完成72h试运行后正式投运，为锡盟—泰州±800kV特高压直流工程启动调试提供电源，7

月1日完成胜锡Ⅰ线消缺和补充试验，7月3日完成试运行后移交运行。9月，工程通过内蒙古自治区环保厅组织的环保验收。

【晋北—江苏±800kV特高压直流输电工程建成投运】 晋北—南京±800kV特高压直流输电工程是落实国家大气污染防治行动计划重点建设的12条输电通道的重点工程之一，是国家电网公司投资建设的第7回特高压直流工程。工程对于保障能源安全、促进清洁发展、推动山西煤电基地发展、缓解江苏地区能源供需矛盾、满足江苏地区电力需求及经济发展具有重要意义。工程于2015年6月10日获得国家发展和改革委核准，同年6月29日正式开工，并于2017年6月建成投运。6月完成双极高端直流系统调试，6月24日完成工程试运行，6月30日正式投入商业运行，11月27日完成换流站工程达标投产考核。

【±800kV滇西北—广东特高压直流工程投运】 2017年12月27日，西电东送主网架海拔最高、线路最长大通道——滇西北—广东±800kV特高压直流输电工程（简称滇西北直流工程）双极低端阀组成功解锁，标志着该工程正式投运。

滇西北直流工程是落实国务院“大气污染防治行动计划”的重点输电通道之一，也是国务院保证经济“稳增长”重点工程。直流送端西起云南省大理州剑川县，途经云南、贵州、广西、广东4省区，东至广东省深圳市宝安区，线路全长约1953km，额定电压800kV，输送容量500万kW，是西电东送首个落点深圳的特高压直流工程。该工程于2016年2月3日正式开工建设。

作为大气污染防治行动计划重点输电通道，滇西北直流工程建设不仅可提高西部澜沧江上游电能外送能力，还可缓解珠三角地区环境污染问题，有力促进转变经济发展方式，推进低碳经济发展。该工程投产，按每年送电约200亿kWh计算，珠三角地区每年可减少煤炭消耗640万t，有效缓解珠三角地区环境压力，促进地区经济持续健康发展。

【新疆喀什—莎车、莎车—和田、巴楚—莎车三项750kV输变电工程开工】 南疆750kV电网延伸补强工程是服务新疆打造丝绸之路核心区的重要工程，也是新疆750kV主网架的组成部分。由喀什—莎车、莎车—和田、巴楚—莎车750kV输变电工程及配套工程组成。分别起于巴楚、喀什变电站，经莎车变电站，止于和田变电站。途经喀什地区巴楚县、伽师县、莎车县、岳普湖县、喀什市、泽普县、叶城县和和田地区皮山县、墨玉县、和田县。新建莎车、和田750kV变电站，本期各新建750kV主变压器一组，容量均为1500MVA，新建750kV线路长度726km，工程总投资36亿元，计划2019年上半年建成投运。

巴楚—莎车750kV输变电工程：2015年12月30日获国家核准，2017年3月20日初步设计批复、6月20日开工，计划2019年4月投运。

莎车—和田750kV输变电工程：2013年8月27日获国家核准，2017年4月14日初步设计批复、6月20日开工，计划2019年4月投运。

喀什—莎车750kV输变电工程：2015年12月30日获国家核准，2017年9月18日初步设计批复、12月20日开工，计划2019年6月投运。

【青海电网与果洛联网工程建成投运】 果洛与青海主网联网工程是继青藏联网、玉树联网工程后，国网青海省电力公司在雪域高原建设的又一重大电力联网工程。果洛与青海主网联网工程总投资25.5亿元，其中中央预算投资12.47亿元，新建西宁—玛尔挡750kV线路332km，玛尔挡—果洛330kV线路54km，110kV线路560km；新建330kV变电站1座，容量15万kVA，110kV变电站3座，容量9.45万kVA；扩建330kV、750kV站各1座；工程于2015年7月22日正式开工，2017年1月建成投运。

工程建成后，青海电网初步形成以750kV为骨干、以330kV为主网架的新型电网结构，并带动青海南部电网跨入330kV时代，改善果洛地区电网的供电可靠性及供电质量。

【郭隆750kV输变电工程投运】 4月29日，郭隆750kV输变电工程新建变电站郭隆变电站带电成功，标志着该工程历时18个月建设，全线竣工投运。

郭隆750kV输变电工程是中国西北五省750kV骨干电网的重要组成部分，是2015年青海省确定的重点建设工程项目之一。工程于2014年11月15日开工，总投资132 177万元。建设内容包括郭隆750kV变电站工程和西宁—武胜750kV线路开断接入郭隆变电站线路工程，共新建、改建750kV变电站3座，新建两台1500MVA变压器，改接形成四条新的750kV线路共215.25km。其中，郭隆750kV变电站工程是目前世界上同电压等级建设规模最大的变电站。郭隆750kV变电站位于青海省互助土族自治县五十镇，站址平均海拔为2726m。

【平鲁—雁同500kV线路工程建成投运】 4月22日，平鲁—雁同两回500kV线路建成投运，与此同时，山西电网500kV“三纵四横”主网架正式建成运行。该工程的投运，进一步增强了山西省北部区域电网网架结构，提高了山西电网安全稳定水平，对确保晋北—江苏±800kV特高压直流工程按期投运、提升山西电网北电南送能力起到重要作用。

平鲁—雁同两回500kV线路工程起于朔州平鲁(明海湖) 500kV变电站，止于雁同500kV变电站，途径朔州市平鲁区、山阴县、怀仁县和大同市南郊区。两回线路总长度为218km，铁塔共476基。该两回500kV线路工程是晋北特高压换流站重要配套节点工程，也是山西电网500kV北电南送通道的最北一环。线路的投运标志着500kV雁同—平鲁—五寨—固贤—稷山输电“西部大通道”的全线贯通，也为山西省北部清洁能源外送出省打通了最后的道路。

【渝鄂直流背靠背联网工程开工】 5月25日，世界上电压等级最高、单体换流单元输送容量最大的柔性直流输电工程——渝鄂直流背靠背联网工程在湖北宜昌、恩施两地同时开工建设。

25日上午，渝鄂直流背靠背联网工程开工仪式在湖北省宜昌市夷陵区举行。渝鄂直流背靠背联网工程将应用世界上电压等级最高(±420kV)、单体换流单元输送容量最大(125万kW)的柔性直流技术，是中国柔性直流技术发展的新突破。

柔性直流输电是可控性最高、适应性最好的输电方式，中国在这一领域处于世界领先地位。

渝鄂直流背靠背联网工程总投资64.9亿元，输送总容量500万kW，2016年12月获得国家发展改革委核准，计划2018年建成投运，将新建宜昌、恩施2座直流背靠背换流站。宜昌换流站位于重庆与湖北500kV联网线路北通道上，落点湖北省宜昌市夷陵区境内，安装2×125万kW柔性直流单元，额定直流电压±420kV，电流1500A；恩施换流站位于重庆与湖北500kV联网线路南通道上，落点湖北省恩施州咸丰县境内，安装2×125万kW柔性直流单元，额定直流电压±420kV，电流1500A。

【鲁西背靠背直流异步联网二期扩建工程投产】 6月26日，云南电网与南方电网主网鲁西背靠背直流异步联网二期扩建工程提前建成投运，标志着世界首个柔性直流和常规直流混合背靠背换流站全面建成投运。云南电网与南网主网鲁西背靠背直流异步联网工程于2014年12月获得云南省发展改革委核准批复，2015年6月正式开工建设，2016年6月常规直流单元建成投运，2016年8月柔性直流单元建成投运，2017年6月鲁西背靠背换流站扩建工程在汛前提前建成投产。工程建设1000MW常规直流单元加1000MW柔性直流单元，批复动态概算总投资31.44亿元。该工程的建成，有效规避了南方电网主网架安全稳定运行风险，将云南电网与南方电网主网异步联网，有效化解交直流功率转换带来的电网安全稳定问题，工程投运后有效缓解云南汛期水电消纳压力，提高西电东送输电容量。

【藏中联网工程开工】 4月6日，由中国能建中电工程西北院和中国能建中电工程湖南院牵头设计的藏中联网工程开工。工程总投资约162亿元，占目前西藏电网固定总资产的50%，计划2018年建成投入运营。工程地处西藏中东部横断山脉和念青唐古拉山区，是迄今为止世界海拔最高、海拔跨度最大、自然条件最复杂、最具建设挑战性的高原输变电工程。

【世界海拔最高乡输变电工程开工】 4月10日，中国电建成都院设计的世界海拔最高乡——海拔5300m以上的浪卡子县普玛江塘乡35kV输变电工程开工建设。

获 奖 项 目

【国家电投滨海北H1号海上风电项目荣获风电行业首个国家优质工程金奖】 11月10日，国家电投滨海北H1号100MW海上风电项目荣获国家优质工程金质奖，成为国内风电行业首个国家优质工程金质奖项目。滨海北H1号100MW海上风电项目安装25台风电机组。主体工程于2015年10月3日开工，2016年6月6日整体投运，建设工期仅为240天。

【湄洲湾项目获国际卓越项目管理大奖金奖】 当地时间9月4～7日，第30届IPMA(国际项目管理协会)世界大会在哈萨克斯坦首都阿斯塔纳举行。山东电力工程咨询院有限公司(简称山东院)总承包建设的国投湄洲湾第二发电厂2×1000MW工程项目(简称湄洲湾项目)，被授予“国际卓越项目管理大奖金奖”。同时，湄洲湾项目经理、山东院副总经理宫俊亭获得2017年度唯一一个“IPMA成就奖·年度项目经理金奖”。

2016～2017年度国家优质工程奖电力行业工程项目（第二批）

全质奖

序号	工　程　名　称	施工单位（建设、总承包、参建）
1	云南澜沧江小湾水电站工程	华能小湾水电工程建设管理局 中国水利水电第四工程局有限公司 中国葛洲坝集团股份有限公司 小湾141水电工程联营体 中国水利水电第八工程局有限公司 中国水利水电第十四工程局有限公司 中国水利水电四局三局联营体 中国水利水电第七工程局有限公司 中国水利水电第一工程局有限公司 “昆·科·瑞”小湾水电站大坝安全监测工程项目部
2	江苏国电泰州扩建“二次再热”示范工程	国电泰州发电有限公司 北京国电龙源环保工程有限公司 江苏方天电力技术有限公司 中国能源建设集团江苏省电力建设第一工程有限公司
3	中电投滨海北区H1号100MW海上风电项目	国家电投集团滨海海上风力发电有限公司 华电重工股份有限公司 上海电气风电集团有限公司
4	浙江台州第二发电厂2×1000MW新建工程	浙江浙能台州第二发电有限责任公司 中国能源建设集团浙江火电建设有限公司 华丰建设股份有限公司 浙江天地环保科技有限公司 浙江省电力建设有限公司 杭州意能电力技术有限公司 浙江省二建建设集团有限公司
5	国电哈密大南湖煤电一体化2×660MW工程	国电哈密煤电开发有限公司 国电哈密煤电开发有限公司 北京朗新明环保科技有限公司 中国能源建设集团江苏省电力建设第三工程有限公司 北京国电龙源环保工程有限公司 山东电力建设第三工程公司 中国能源建设集团安徽电力建设第二工程有限公司 湖南省湘电试验研究院有限公司
6	重庆神华万州电厂2×1050MW新建工程	神华神东电力重庆万州港电有限责任公司 中国电力工程顾问集团西南电力设计院有限公司 中国电力建设工程咨询有限公司 中国能源建设集团天津电力建设有限公司 上海电力建设有限责任公司 重庆电力建设总公司 上海电力建设启动调整试验所 湖北中南勘察基础工程有限公司
7	华能长兴电厂“上大压小”工程	华能国际电力股份有限公司长兴电厂 浙江省二建建设集团有限公司 中国能源建设集团浙江火电建设有限公司 上海电力安装第一工程公司 中国能源建设集团天津电力建设有限公司 上海电力建筑工程公司 中铁十局集团有限公司

续表

序号	工 程 名 称	施工单位（建设、总承包、参建）
8	浙北—福州特高压交流输变电工程	国家电网公司交流建设分公司 国网福建省电力有限公司 国网浙江省电力公司 国家电网公司 甘肃送变电工程公司 山东送变电工程公司 福建省送变电工程有限公司 青海送变电工程公司 吉林省送变电工程公司 北京电力工程公司 江苏省送变电公司 上海送变电工程公司 华东送变电工程公司 安徽送变电工程公司 浙江省送变电工程公司 国网山西送变电工程公司 湖北省送变电工程公司 江西省送变电公司 湖南省送变电工程公司 辽宁省送变电工程公司 河南送变电工程公司
9	西藏昌都电网与四川电网联网输变电工程	国网四川省电力公司 国网四川省电力公司建设管理中心 四川电力送变电建设公司 湖南省送变电工程公司 江西省送变电建设公司 四川蜀能电力有限公司 国网西藏电力建设有限公司 国网山西送变电工程公司 河南送变电工程公司 华东送变电工程公司 青海送变电工程公司 陕西送变电工程公司
10	金沙江龙开口水电站工程	华能龙开口水电有限公司龙开口水电工程建设管理局 中国水利水电第八工程局有限公司 中国葛洲坝集团股份有限公司
11	华能安源电厂“上大压小”新建工程	华能安源发电有限责任公司 浙江省二建建设集团有限公司 河南省第二建设集团有限公司 东北电力烟塔工程有限公司 中国能源建设集团东北电力第三工程有限公司 江西省火电建设公司
12	土耳其阿特拉斯 2×600MW 伊斯肯德伦火电厂	土耳其 ATLAS 能源有限公司 中电投电力工程有限公司 中国航空技术国际控股有限公司 西北电力建设调试施工研究所 中电投远达环保工程有限公司 湖北省工业建筑集团有限公司 湖北省电力建设第二工程公司 湖北省电力建设第一工程公司
13	巴西马托格罗索 500kV 输变电工程	玛特琳莎输电有限责任公司 山东电力建设第一工程公司

国家优质工程奖

序号	工程名称	施工单位（建设、总承包、参建）
1	内蒙古京能盛乐 2×350MW 冷热电联供机组工程	内蒙古京能盛乐热电有限公司 北京北方电联电力工程有限责任公司 北京国电龙源环保工程有限公司 江西省火电建设公司 内蒙古第一电力建设工程有限责任公司 河北省电力建设第一工程公司
2	江苏徐矿“上大压小”热电联产新建工程	江苏华美热电有限公司 东方电气集团东方锅炉股份有限公司 山东电力建设第一工程公司 同方环境股份有限公司 徐州长城基础工程有限公司 江苏省矿业工程集团有限公司 中国能源建设集团安徽电力建设第一工程有限公司 西安热工研究院有限公司 中国能源建设集团浙江火电建设有限公司
3	江苏国信宜兴 2×400MW 级燃机热电联产工程	江苏国信协联燃气热电有限公司 中国能源建设集团江苏省电力建设第一工程有限公司 江苏方天电力技术有限公司
4	江苏华电戚墅堰发电有限公司 F 级 2×475MW 燃机二期扩建工程	江苏华电戚墅堰发电有限公司 江苏方天电力技术有限公司 上海宝冶集团有限公司 中国能源建设集团江苏省电力建设第一工程有限公司 华电电力科学研究院
5	安徽淮北平山电厂 2×660MW 超超临界机组新建工程	淮北申皖发电有限公司 上海电气电站环保工程有限公司 上海电力建筑工程公司 上海电力建设启动调整试验所 安徽新力电业科技咨询有限责任公司 上海电力安装第一工程公司 中国能源建设集团安徽电力建设第二工程公司 中国核工业第二二建设有限公司
6	东莞中电新能源热电厂天然气热电联产工程项目	东莞中电第二热电有限公司 中国能源建设集团浙江火电建设有限公司 广州粤能电力科技开发有限公司
7	华能荆门“上大压小”热电联产新建工程	华能荆门热电有限责任公司 中国能源建设集团广东电力工程局有限公司 江西省水电工程局 中国能源建设集团东北电力第三工程有限公司 湖北省电力建设第一工程公司 东北电力烟塔工程有限公司 国网湖北省电力公司电力科学研究院
8	习水二郎电厂（4×660MW）新建工程 1、2 号机组工程	贵州省习水鼎泰能源开发有限责任公司 中国十五冶金建设集团有限公司 中国能源建设集团天津电力建设有限公司 东北电力烟塔工程有限公司 国家电投集团远达环保工程有限公司 中国能源建设集团浙江火电建设有限公司 重庆远达水务有限公司 中国能源建设集团西北电力试验研究院有限公司

续表

序号	工程名称	施工单位（建设、总承包、参建）
9	广东省惠州市榄子垅生活垃圾焚烧发电工程	惠州绿色动力环保有限公司 广东柏力机电工程有限公司 浙江省二建建设集团有限公司 安徽新力电业高技术有限责任公司
10	华能太原东山 2×F 级燃气热电联产项目	华能太原东山燃机热电有限责任公司 中国能源建设集团东北电力第三工程有限公司 江西省水电工程局 上海新华净环保工程有限公司 西安热工研究院有限公司 中国能源建设集团天津电力建设有限公司
11	华润电力焦作有限公司 2×660MW 超超临界机组工程	华润电力焦作有限公司 河南恩湃高科集团有限公司 中国电建集团河南工程公司 中化岩土工程股份有限公司 河南省第二建筑工程发展有限公司 中国能源建设集团广东火电工程有限公司 山东三融环保工程有限公司 山西机械化建设集团公司 江西省水电工程局
12	神华神东电力河曲 2×350MW 低热值煤发电新建工程	神华神东电力山西河曲发电有限公司 内蒙古能源发电投资集团有限公司电力工程技术研究院 中国能源建设集团天津电力建设公司 中国能源建设集团东北电力第一工程公司 山东电力建设第一工程公司
13	华润电力渤海新区 2×350MW 热电联产机组工程	华润电力（渤海新区）有限公司 东北电业管理局第三工程公司 中国能源建设集团广东火电工程有限公司 江西省水电工程局 河南四建股份有限公司 浙江菲达脱硫工程有限公司 湖南省工业设备安装有限公司 河北省电力建设调整试验所
14	新疆能源（集团）烟墩七 B 风电场及 10 万 kW 光伏项目	新疆能源（集团）哈密清洁能源有限责任公司 中国能源建设集团新疆电力设计院有限公司 湖北鄂州鲁班（集团）建筑开发有限责任公司 中国石油天然气第六建设有限公司 新疆送变电工程公司 江苏省江建集团有限公司 新疆能源（集团）哈密清洁能源有限责任公司
15	哈密鑫天烟墩七（C）区 200MW 风电场工程	哈密鑫天能源有限公司 中国铁建电气化局集团北方工程有限公司
16	津源信德西青辛口镇一期 18MW 渔光互补光伏发电项目	津源信德（天津）新能源科技有限公司 江苏南通二建集团有限公司 江苏启安建设集团有限公司 青海省地质基础工程施工总公司
17	±500kV 永仁换流站工程	云南电网有限责任公司建设分公司 中国能源建设集团云南火电建设公司 广东省输变电工程公司

续表

序号	工程名称	施工单位（建设、总承包、参建）
18	北京东 1000kV 变电站工程	国网冀北电力有限公司 国网冀北电力有限公司经济技术研究院 华东送变电工程公司 北京送变电公司 廊坊明源电力工程有限公司 河北省送变电公司
19	河南汝州 500kV 变电站工程	河南省电力公司建设管理中心 河南送变电工程公司
20	山东高青 500kV 变电站工程	国网山东省电力公司经济技术研究院 山东送变电工程公司 淄博齐林电力工程有限公司 山东电力研究院
21	山西运城东（桐乡）500kV 变电站工程	国网山西省电力公司建设管理中心 国网山西供电工程承装公司
22	喀什 750kV 变电站工程	国网新疆电力公司 辽宁省送变电工程公司
23	500kV 靖西变电站工程	中国南方电网有限责任公司超高压输电公司百色局 广西送变电建设有限责任公司
24	凯里（舟溪）500kV 变电站工程	贵州电网有限责任公司凯里供电局 贵州送变电工程公司 广西送变电建设有限责任公司
25	厦门柔性直流输电科技示范工程	国网福建省电力有限公司厦门供电公司 福建省送变电工程有限公司 国网福建省电力有限公司电力科学研究院
26	岳阳南 500kV 变电站工程	国网湖南省电力公司经济技术研究院 湖南省电网工程公司 国网湖南省电力公司检修公司
27	卧龙 500kV 变电站工程	国网湖北省电力公司 湖北省送变电工程公司
28	500kV 永康变电站工程	国网浙江省电力公司 浙江省送变电工程公司 浙江康达建筑有限公司
29	湖北华润宜昌猇亭“上大压小”热电联产新建工程	华润电力（宜昌）有限公司 中国核工业第二二建设有限公司 湖北省电力建设第二工程公司 中国能源建设集团安徽电力建设第二工程公司 湖南省工业设备安装有限公司 山东三融环保工程有限公司 江西省水电工程局 中冶集团武汉勘察研究院有限公司 湖北方源东力电力科学研究有限公司
30	河南洛阳阳光“上大压小”热电联产扩建工程	华能洛阳热电有限责任公司 河北建设勘察研究院有限公司 河南省第二建设集团有限公司 中国能源建设集团安徽电力建设第二工程公司 中国电力建设集团公司江西省水电工程局 中国能源建设集团东北电力第一工程公司 中国电力建设集团公司河南第二火电建设公司

续表

序号	工程名称	施工单位（建设、总承包、参建）
31	中电投珠海横琴岛多联供燃气能源站 2×390MW 工程	中电投珠海横琴热电有限公司 中国十五冶金建设集团有限公司 中国能源建设集团广东火电工程有限公司 北京振冲工程股份有限公司 北京绿创声学工程股份有限公司 上海三航奔腾建设工程有限公司
32	北京东北热电中心京能燃气热电厂工程	北京京能高安屯燃气热电有限责任公司 中国能源建设集团浙江火电建设有限公司 华北电力科学研究院有限责任公司
33	霍林河循环经济示范工程电力项目（2×350MW 超临界火电机组及 300MW 风电工程）	内蒙古霍煤鸿骏铝电有限责任公司扎哈淖尔分公司 中电投电力工程有限公司 吉林协合电力工程有限公司 江西省水电工程局 中国十五冶金建设集团有限公司 中国能源建设集团安徽电力建设第一工程有限公司 山东电力建设第二工程公司 中电投远达环保工程有限公司
34	四川白马 600MW 循环流化床机组发电示范工程	四川白马循环流化床示范电站有限责任公司 四川电力建设三公司 四川省电力工业调整试验所
35	国投哈密电厂一期（2×660MW）工程	国投哈密发电有限公司 国网新疆电力公司电力科学研究院与西北电力建设调试施工研究所联合体 河北省电力建设第一工程公司 中国能源建设集团湖南火电建设有限公司 山东电力建设第二工程公司
36	唐山华润西郊热电厂三期 2×350MW“上大压小”扩建工程	华润电力唐山丰润有限公司 浙江菲达脱硫工程有限公司 中国能源建设集团安徽电力建设第一工程有限公司 河南省第二建筑工程发展有限公司 湖南省工业设备安装有限公司 华北电力科学研究院有限责任公司
37	新疆华电喀什热电有限责任公司 2×350MW 热电联产工程	新疆华电喀什热电有限责任公司 河北亿能烟塔工程有限公司 中国华电科工集团有限公司环保公司 中国华电科工集团有限公司华电水务工程有限公司 中国能源建设集团西北电力建设甘肃工程有限公司 中国能源建设集团安徽电力建设第一工程有限公司 河北建设勘察研究院有限公司
38	500kV 美林变电站工程	广西电网有限责任公司电网建设分公司 广西送变电建设公司
39	500kV 桐乡变电站工程	国网浙江省电力公司 浙江省送变电工程公司 浙江康达建筑有限公司
40	湖南星沙 500kV 变电站工程	国网湖南省电力公司经济技术研究院 湖南省送变电工程公司
41	湛江 500kV 东海岛输变电工程	广东电网有限责任公司湛江供电局 广东省输变电工程公司 中国能源建设集团广东火电工程有限公司

续表

序号	工程名称	施工单位（建设、总承包、参建）
42	河南驻马店北500kV变电站工程	河南省电力公司建设管理中心 河南送变电工程公司 驻马店华宇电力建筑工程有限公司 郑州市第一建筑工程集团有限公司
43	山西太原南（龙城）500kV变电站新建工程	国网山西省电力公司建设管理中心 国网山西送变电工程公司
44	静海500kV变电站工程	国网天津市电力公司 天津送变电工程公司
45	新疆五彩湾750kV变电站工程	国网新疆电力公司 新疆维吾尔自治区送变电工程公司
46	国电宁夏石板泉风电场99MW工程	国电电力宁夏新能源开发有限公司 中国能源建设集团江苏省电力建设第三工程有限公司 中国葛洲坝集团电力有限责任公司 中国能源建设集团新疆电力建设公司 山东电力建设第一工程公司
47	华能湖南苏宝顶风电（150MW）新建工程	华能湖南苏宝顶风电有限责任公司 中国能源建设集团湖南火电建设有限公司 中国能源建设集团天津电力建设有限公司 湖南新宇建筑工程有限公司 湘电风能有限公司 长沙市建筑安装工程公司 上海电力建筑工程公司 湖南省第五工程有限公司
48	伊吾天润淖毛湖一、二期99MW风电场工程	伊吾天润风电有限公司 新疆电力建设有限公司
49	潍坊市生活垃圾焚烧发电项目	光大环保能源（潍坊）有限公司 山东淄建集团有限公司 中国能源建设集团广东火电工程有限公司
50	加蓬大布巴哈160MW水电站项目	加蓬石油、能源及水资源部 中国水利水电第十四工程局有限公司
51	土耳其ICDAS BIGA 2×600MW电站2号机组工程	ICDAS ELEKTRIK ENERJISI URETIM VE YATIRIM A. S 中钢设备有限公司 中国能源建设集团黑龙江省火电第三工程有限公司

2016～2017年度中国建设工程鲁班奖（国家优质工程）电力行业工程项目（第二批）

序号	工程名称	承建单位	参建单位
1	西安南（南山）750kV变电站工程	陕西送变电工程公司	
2	±800kV特高压直流双龙换流站工程	湖北省送变电工程公司 黑龙江省送变电工程公司 辽宁省送变电工程公司	西北电力建设第四工程有限公司 四川电力送变电建设公司 北京送变电公司
3	扬州北500kV变电站	江苏省送变电公司	常嘉建设集团有限公司

续表

序号	工程名称	承建单位	参建单位
4	山东黄河 500kV 变电站	山东送变电工程公司	
5	河南鹤壁鹤淇电厂“上大压小”新建工程	河南六建建筑集团有限公司 中国能源建设集团东北电力第一工程有限公司 河南第一火电建设公司	河南省第二建设集团有限公司 中铁十九局集团有限公司 北京国电龙源环保工程有限公司 河南四建股份有限公司
6	华润浙江苍南 2×1000MW 超超临界燃煤发电机组一期工程	中国能源建设集团安徽电力建设第一工程有限公司	浙江省二建建设集团有限公司 中国电建集团河南工程公司 河南四建股份有限公司
7	±500kV 富宁换流站工程	云南省送变电工程公司	
8	朝阳利州 500kV 输变电新建工程	辽宁省送变电工程公司	

2017 年度中国电力优质工程奖获奖项目

序号	工程名称	建设单位	施工单位（总承包）
1	内蒙古京能盛乐 2×350MW 冷热电联供机组工程	内蒙古京能盛乐热电有限公司	河北省电力建设第一工程公司 内蒙古第一电力建设工程有限责任公司 江西省火电建设公司 北京国电龙源环保工程有限公司 北京北方电联电力工程有限责任公司
2	上海华电奉贤南桥新城能源中心项目	上海华电奉贤热电有限公司	上海电力安装第一工程公司 华电重工股份有限公司
3	浙江华电龙游 2×200MW 级天然气热电联产工程	华电浙江龙游热电有限公司	中国能源建设集团浙江火电建设有限公司
4	浙江台州第二发电厂 2×1000MW 新建工程	浙江浙能台州第二发电有限责任公司	中国能源建设集团浙江火电建设有限公司 浙江二建建设集团有限公司浙江天地环保科技有限公司 华丰建设股份有限公司
5	华润浙江苍南 2×1000MW 超超临界燃煤发电机组一期工程	华润电力（温州）有限公司	中国电建河南第二火电建设公司 中国能源建设集团安徽电力建设第一工程有限公司 浙江二建建设集团有限公司 河南四建股份有限公司 山东三融环保工程有限公司
6	江苏徐矿 2×350MW 热电联产新建工程	江苏华美热电有限公司	中国能源建设集团浙江火电建设有限公司 中国能源建设集团安徽电力建设第一工程有限公司 山东电力建设第一工程公司 江苏省矿业工程集团有限公司 同方环境股份有限公司 徐州长城基础工程有限公司

续表

序号	工程名称	建设单位	施工单位（总承包）
7	安徽淮北平山电厂2×660MW超超临界机组新建工程	淮北申皖发电有限公司	中国能源建设集团安徽电力建设第二工程有限公司 上海电力安装第一工程公司和上海电力建筑工程公司联合体 上海电气电站环保工程有限公司
8	国投新集利辛板集电厂一期2×1000MW机组新建工程	国投新集电力利辛有限公司	中国能源建设集团安徽电力建设第二工程有限公司 中国能源建设集团江苏省电力建设第三工程公司
9	江苏国信宜兴2×400MW级燃机热电联产工程	江苏国信协联燃气热电有限公司	中国能源建设集团江苏省电力建设第一工程有限公司
10	江苏华电戚墅堰F级2×475MW燃机二期扩建工程	江苏华电戚墅堰发电有限公司	中国能源建设集团江苏省电力建设第一工程有限公司
11	江苏国电泰州2×1000MW“二次再热”示范工程	国电泰州发电有限公司	中国能源建设集团江苏省电力建设第三工程有限公司 中国能源建设集团江苏省电力建设第一工程有限公司 北京国电龙源环保工程有限公司
12	习水二郎电厂（4×660MW）新建工程1、2号机组	贵州省习水鼎泰能源开发有限责任公司	中国能源建设集团浙江火电建设有限公司 中国能源建设集团天津电力建设有限公司 中国十五冶金建设集团有限公司 重庆远达水务有限公司 东北电力烟塔工程有限公司 国家电投集团远达环保工程有限公司
13	东莞中电新能源热电厂2×470MW天然气热电联产工程项目	东莞中电第二热电有限公司	中国能源建设集团浙江火电建设有限公司
14	华能荆门“上大压小”2×350MW热电联产新建工程	华能荆门热电有限责任公司	湖北省电力建设第一工程公司 中国能源建设集团东北电力第三工程有限公司 中国能源建设集团广东电力工程局有限公司 东北电力烟塔工程有限公司 江西省水电工程局
15	陕西华电杨凌一期2×350MW热电工程	陕西华电杨凌热电有限公司	中国能源建设集团安徽电力建设第一工程有限公司 湖北省电力建设第一工程公司 中国华电科工集团有限公司 华电重工股份有限公司 西北电力建设第四工程有限公司
16	国电哈密大南湖煤电一体化2×660MW工程	国电哈密煤电开发有限公司	中国能源建设集团江苏省电力建设第三工程有限公司 山东电力建设第三工程公司中国能源建设集团安徽电力建设第二工程有限公司 北京郎新明环保科技有限公司 北京国电龙源环保工程有限公司
17	华能太原东山F级859MW燃气热电联产工程	华能太原东山燃机热电有限责任公司	江西省水电工程局 中国能源建设集团天津电力建设公司 中国能源建设集团东北电力第三工程公司 上海新华净环保工程有限公司

续表

序号	工程名称	建设单位	施工单位（总承包）
18	神华神东电力河曲 2×350MW 低热值煤发电新建工程	神华神东电力山西河曲发电有限公司	中国能源建设集团天津电力建设公司 山东电力建设第一工程公司 中国能源建设集团东北电力第一工程有限公司
19	华润电力焦作有限公司 2×660MW 超超临界机组工程	华润电力焦作有限公司	中国能源建设集团广东火电工程有限公司 中国电建集团河南工程公司 山东三融环保工程有限公司 江西省水电工程局 河南省第二建筑工程发展有限公司
20	河南鹤壁鹤淇电厂 2×660MW“上大压小”新建工程	鹤壁鹤淇发电有限责任公司	中国能建东北电力第一工程有限公司 中国电建集团河南工程公司 河南六建建筑集团有限公司 河南省第二建设集团有限公司 北京国电龙源环保工程有限公司 华电重工股份有限公司 中铁十九局集团有限公司 河南四建股份有限公司
21	华润电力渤海新区 2×350MW 热电联产机组工程	华润电力（渤海新区）有限公司	中国能源建设集团广东火电工程有限公司 东北电业管理局第三工程公司 江西省水电工程局 湖南省工业设备安装有限公司 河南四建股份有限公司 浙江菲达脱硫工程有限公司
22	中广核乌拉特中旗乌兰 4 号风电场 200MW 风电工程	中广核（乌拉特中旗）风电有限公司	北京城建道桥建设集团有限公司 内蒙古全新建筑工程有限责任公司
23	新疆能源（集团）烟墩七 B 风电场及 10 万 kW 光伏项目	新疆能源（集团）哈密清洁能源有限责任公司	新疆送变电工程公司 中国石油天然气第六建设公司 江苏省江建集团有限公司 湖北鄂州鲁班（集团）建筑开发有限责任公司
24	哈密鑫天烟墩七（C）区 200MW 风电场工程	哈密鑫天能源有限公司	中国铁建电气化局集团北方工程有限公司
25	中电投滨海北区 H1 号 100MW 海上风电项目	国家电投集团滨海海上风力发电有限公司	华电重工股份有限公司 中国电建集团河南工程公司
26	±500kV 永仁换流站工程	云南电网有限责任公司建设分公司	广东省输变电工程公司
27	利州 500kV 变电站新建工程	辽宁省电力有限公司建设管理中心	辽宁省送变电工程公司
28	济南 1000kV 变电站工程	国网山东省电力公司	山东送变电工程公司 湖南省送变电工程公司 中国能源建设集团安徽电力建设第二工程有限公司
29	高青 500kV 变电站工程	国网山东省电力公司	山东送变电工程公司
30	河北瀛洲（保沧）500kV 变电站工程	国网河北省电力公司经济技术研究院	河北省送变电公司
31	北京东 1000kV 变电站新建工程	国网冀北电力有限公司	北京送变电公司
32	山西运城东（桐乡）500kV 变电站工程	国网山西省电力公司建设管理中心	国网山西供电工程承装公司

续表

序号	工程名称	建设单位	施工单位（总承包）
33	河南汝州500kV变电站工程	河南省电力公司建设管理中心	河南建总国际工程有限公司 河南送变电工程公司
34	喀什750kV变电站工程	国网新疆电力公司	辽宁省送变电工程公司
35	±800kV灵州换流站工程	国家电网公司直流建设分公司	中国能源建设集团天津电力建设有限公司 中国能源建设集团江苏省电力建设第三工程有限公司 湖北省送变电工程公司 安徽送变电工程公司 宁夏送变电工程公司 辽宁省送变电工程公司
36	凯里（舟溪）500kV变电站工程	贵州电网有限责任公司凯里供电局	广西送变电建设有限责任公司 贵州送变电工程公司
37	500kV靖西变电站工程	中国南方电网有限责任公司超高压输电公司	广西送变电建设有限责任公司
38	±500kV富宁换流站工程	云南电网有限责任公司建设分公司	云南省送变电工程公司
39	四川九江500kV变电站工程	国网四川省电力公司	湖南省送变电工程公司
40	卧龙500kV变电站新建工程	国网湖北省电力公司	湖北省送变电工程公司
41	岳阳南500kV变电站工程	国网湖南省电力公司 国网湖南省电力公司经济技术研究院	湖南省电网工程公司
42	厦门柔性直流输电科技示范工程	国网福建省电力有限公司	中国电力技术装备有限公司 福建省送变电工程有限公司
43	永康500kV变电站工程	国网浙江省电力公司	浙江康达建筑有限公司 浙江省送变电工程公司
44	南京1000kV变电站工程	国网江苏省电力公司	江苏省送变电公司
		中小型、单项工程项目	
1	国家电投西宁火电厂2×660MW超超临界机组主厂房建筑安装工程	青海黄河上游水电开发有限责任公司西宁发电分公司	中电投电力工程有限公司 河南省第二建设集团有限公司 河北省电力建设第一工程公司 中国能源建设集团安徽电力建设第二工程有限公司
2	黑龙江省华能伊春2×350MW热电联产主厂房建筑安装工程	华能伊春热电有限公司	黑龙江省火电第三工程公司 黑龙江省火电第一工程公司 中国十五冶金建设集团有限公司 西北电力建设第三工程有限公司
3	广东省惠州市榄子垅生活垃圾焚烧发电工程	惠州绿色动力环保有限公司	浙江省二建建设集团有限公司 广东柏力机电工程有限公司
4	津源信德西青辛口镇一期18MW渔光互补光伏发电项目	津源信德（天津）新能源科技有限公司	江苏南通二建集团有限公司
5	鲁能敦煌40MW并网光伏发电项目	甘肃广恒新能源有限公司	山东电力建设第三工程公司
6	格尔木华能45MW并网光伏发电项目	格尔木华能太阳能发电有限公司	青海建设工程公司 江苏时代建设工程有限公司 山东电力建设第一工程公司 山东电力建设第三工程公司

续表

序号	工程名称	建设单位	施工单位（总承包）
7	河北邯郸110kV高岳（姚村）变电站工程	国网河北省电力公司邯郸供电分公司	邯郸欣和电力建设有限公司
8	聊城文昌110kV变电站工程	国网山东省电力公司聊城供电公司	聊城华昌实业有限责任公司
9	临沂沙河220kV变电站工程	国网山东省电力公司临沂供电公司	临沂超越电力建设有限公司
10	淄博蟠岭220kV变电站工程	国网淄博供电公司	淄博齐林电力工程有限公司
11	济南官庄220kV变电站工程	国网济南供电公司	济南鲁源电气集团有限公司
12	马场地110kV变电站工程	内蒙古电力（集团）有限责任公司巴彦淖尔电业局	巴彦淖尔市康立电力安装有限责任公司
13	包头九原工业园区（全巴图）220kV变电站工程	内蒙古电力（集团）有限责任公司包头供电局	内蒙古送变电有限责任公司
14	220kV镜湖变电站工程	广州供电局有限公司	广州市电力工程有限公司
15	韶关220kV坦界变电站工程	广东电网有限责任公司韶关供电局	广东科诺勘测工程有限公司 中国能源建设集团广东火电工程有限公司
16	佛山110kV瑞颜变电站工程	广东电网有限责任公司佛山供电局	广东运峰电力安装有限公司
17	220kV低涌变电站工程	广东电网有限责任公司东莞供电局	中国能源建设集团广东火电工程有限公司
18	钦州市220kV排岭变电站工程	广西电网有限责任公司电网建设分公司	广西建宁输变电工程有限公司

2017～2018年度中国安装工程优质奖（中国安装之星）电力行业工程项目（第一批）

序号	工程名称	承建单位	参建单位
1	国家电投西宁火电厂2×660MW超超临界机组工程	青海黄河上游水电开发有限责任公司西宁发电分公司	中国电力工程顾问集团西北电力设计院有限公司（设计单位） 山东诚信工程建设监理有限公司（监理单位） 中电投电力工程有限公司 河南省第二建设集团有限公司 中国能源建设集团安徽电力建设第二工程公司 中国能源建设集团西北电力试验研究院有限公司 河北省电力建设第一工程公司 东北电力烟塔工程有限公司 杭州市桐庐保温工程有限公司 国家电投集团远达环保工程有限公司 江西省水电工程局

续表

序号	工程名称	承建单位	参建单位
2	华能伊春“上大压小”热电联产（2×350MW）新建工程	华能伊春热电有限公司	东北电力设计院（设计单位） 辽宁电力监理建设有限公司（监理单位） 中国能源建设集团黑龙江省火电第三工程公司 中国能源建设集团黑龙江省火电第一工程公司 西北电力建设第三工程有限公司 中国十五冶金建设集团有限公司
3	国投新集电力利辛板集电厂一期 2×1000MW 机组工程 A 标段	中国能源建设集团安徽电力建设第二工程有限公司	山东电力工程咨询院有限公司（设计单位）
4	光大环保能源（日照）有限公司日照市第一生活垃圾焚烧发电厂项目安装工程	盛安建设集团有限公司	光大环保能源（日照）有限公司（建设单位） 浙江省二建建设集团有限公司
5	福建福清核电厂 1、2 号机组常规岛安装工程	中国核工业第五建设有限公司	
6	大同中电 100MW 光伏发电项目	大同中电光伏发电有限公司	中国能源建设集团山西省电力勘测设计院有限公司（设计单位） 安徽能建工程监理咨询有限公司（监理单位）
7	中广核乌兰 4 号风电场 200MW 风电工程	中广核（乌拉特中旗）风电有限公司	内蒙古电力勘测设计院有限责任公司（设计单位） 内蒙古康沃工程建设监理有限责任公司(监理单位) 北京城建道桥建设集团有限公司 内蒙古全新建筑工程有限责任公司 内蒙古送变电有限责任公司 吉林省德盈电力集团有限公司
8	哈密鑫天烟墩七（C）区 200MW 风电场工程	中国铁建电气化局集团北方工程有限公司	哈密鑫天能源有限公司（建设单位） 中国电建集团西北勘测设计研究院有限公司（设计单位） 内蒙古蒙能监理建设工程有限责任公司（监理单位）
9	鲁能敦煌 40MW 并网光伏发电项目	山东电力建设第三工程公司	
10	亳州市利辛县 20MW＋20MW 光伏电站项目机电安装工程	山东省显通安装有限公司	安徽能建工程监理咨询有限公司（监理单位）
11	淄博蟠岭 220kV 变电站工程	淄博齐林电力工程有限公司 国网淄博供电公司（建设单位）	淄博齐林电力设计院有限公司（设计单位） 山东广大工程咨询有限公司（监理单位）
12	山西运城东（桐乡）500kV 变电站新建工程	国网山西供电工程承装公司	国网山西省电力公司建设管理中心（建设单位） 中国能源建设集团山西省电力勘测设计院有限公司（设计单位） 山西锦通工程项目管理咨询有限公司（监理单位）

续表

序号	工程名称	承建单位	参建单位
13	临沂沙河220kV变电站工程	临沂超越电力建设有限公司	山东广大工程咨询有限公司（监理单位）
14	河北邯郸110kV高岳（姚村）变电站工程	邯郸欣和电力建设有限公司	国网河北省电力公司邯郸供电分公司（建设单位） 邯郸慧龙电力设计研究有限公司（设计单位） 河北电力工程监理有限公司（监理单位）
15	山东东营陈庄220kV变电站工程	东营方大电力工程有限责任公司	
16	济南官庄220kV变电站工程	济南鲁源电气集团有限公司	国网济南供电公司（建设单位） 山东电力工程咨询院有限公司（设计单位） 山东联诚工程建设监理有限公司（监理单位）
17	聊城文昌110kV变电站工程	聊城华昌实业有限责任公司	
18	马场地110kV变电站工程	巴彦淖尔市康立电力安装有限责任公司	内蒙古电力（集团）有限责任公司巴彦淖尔电业局（建设单位） 巴彦淖尔市科兴电力勘测设计所有限责任公司（设计单位） 内蒙古康远工程建设监理有限责任公司（监理单位）
19	220kV低涌变电站工程	广东电网有限责任公司东莞供电局 中国能源建设集团广东火电工程有限公司	中国能源建设集团广东省电力设计研究院有限公司（设计单位） 广东创成建设监理咨询有限公司（监理单位）
20	钦州市220kV排岭变电站工程	广西电网有限责任公司电网建设分公司	广西电网有限责任公司钦州供电局（建设单位） 中国能源建设集团广西电力设计研究院有限公司（设计单位） 广西正远电力工程建设监理有限责任公司（监理单位） 广西建宁输变电工程有限公司
21	包头九原工业园区（全巴图）220kV变电站工程	内蒙古送变电有限责任公司	包头供电局（建设单位） 内蒙古电力勘测设计院有限责任公司（设计单位） 内蒙古康远工程建设监理有限责任公司（监理单位）
22	220kV镜湖变电站工程	广州供电局有限公司 广州市电力工程有限公司	广州电力设计院有限公司（设计单位） 广州电力工程监理有限公司（监理单位）
23	佛山110kV瑞颜变电站工程	广东电网有限责任公司佛山供电局 广东运峰电力安装有限公司	广东南海电力设计院工程有限公司（设计单位） 珠海电力工程监理有限责任公司（监理单位）

2017年度工程建设项目优秀设计成果电力行业获奖项目

序号	工程名称	主设计单位
	一等奖	
1	浙江台州第二发电厂“上大压小”新建工程	中国电力工程顾问集团华东电力设计院有限公司
2	云南澜沧江小湾水电站工程	中国电建集团昆明勘测设计研究院有限公司

续表

序号	工程名称	主设计单位
3	中电投滨海北区H1号100MW海上风电工程	中国电建集团华东勘测设计研究院有限公司
4	国电泰州电厂二期（2×1000MW二次再热）工程	中国电力工程顾问集团华东电力设计院有限公司
5	国家风光储输示范工程一期工程	上海电力设计院有限公司
6	国电哈密大南湖电厂新建工程	中国电力工程顾问集团西北电力设计院有限公司
	二等奖	
1	永康500kV变电站	中国能源建设集团浙江省电力设计院有限公司
2	哈密鑫天烟墩七（C）区200MW风电场工程	中国电建集团西北勘测设计研究院有限公司
3	惠州市惠阳区榄子垅垃圾综合处理项目生活垃圾焚烧发电项目	中国轻工业广州工程有限公司

科技创新

重点科技项目

【特高压±800kV 直流输电工程】 南方电网公司自2003年起开展特高压直流输电技术应用研究和关键技术论证，形成一系列研究成果，并且投建了一批特高压直流输电工程。

南方电网公司特高压±800kV直流输电工程项目主要包括：在世界上首次研究并提出了±800kV特高压直流输电绝缘配合和绝缘配置体系；首次研究并提出±800kV特高压直流输电的双阀组均衡串联主接线拓扑结构；在世界上成功研究解决了大容量特高压直流接入系统问题并保证了系统安全稳定运行；形成了世界领先的特高压直流试验研究能力；建成世界上第一条特高压±800kV直流输电工程。

南方电网公司特高压直流输电技术研究及工程应用，对于中国能源结构调整、全球能源优化配置，特别是“一带一路”建设具有特别重大的意义。

2017年12月，特高压±800kV直流输电工程项目获国家科学技术进步奖特等奖。

【特大型交直流电网技术创新及其在国家西电东送中的应用】 南方互联电网在2002年之前即已形成交直流混合互联电网。2003年之后，南方电网公司开展交直流电网的技术创新，取得了一批科技成果并应用到工程实践中。

南方电网公司特大型交直流电网技术创新项目主要包括：提出直流换相失败判据及故障区域评估方法、提出直流换相失败恢复动态无功支撑方法，提高了受端电网接纳直流的能力；提出交直流主网完整模拟、220kV部分电网宽频等值的多态模拟技术，实现世界上规模最大的交直流并联电网全电磁暂态实时仿真。

2017年12月，南方电网公司特大型交直流电网技术创新项目获国家科学技术进步奖二等奖。

【基于数据挖掘的燃煤机组烟尘一体化脱除关键技术研究及应用】 大唐集团该项目成果获得2017年中国电机工程学会中国电力科学技术进步一等奖。项目获得专利14项、软件著作权3项，发表论文7篇，制定集团级导则3项。

该项目结合数据挖掘技术提出的分析理论、优化方法，充分利用现有的除尘器与脱硫协同除尘设计及运行数据，摆脱了“半经验”或“经验”参数带来的困扰，能够更加精确、全面地评估烟尘控制改造方案。

项目研发的KYY-DEM型高效除雾器解决了国内外现有除雾器存在的负荷适应性差、烟尘和雾滴脱除效率低、运行阻力大等问题。

项目开发的系统成功应用于大唐集团多台机组中，保证了脱硫除尘系统出口污染物排放长期稳定达标，并有效提高了运行经济性，节约脱硫除尘系统运行成本4%～10%。

项目成果成功应用于大唐集团125台燃煤机组超低排放改造项目，机组100%实现达标排放，节约投资超过20亿元，产生直接经济效益2.7亿元，减少烟尘排放9625t/a。高效除雾器在机组50%～100%宽负荷范围内、除尘器出口浓度大于40mg/m^{3}等条件下，能保证烟尘浓度稳定小于5mg/m^3，雾滴浓度小于15mg/m^3，运行阻力小于300Pa，脱硫除尘智能优化系统节约运行成本4%～10%。研究成果为超低排放改造提供了智能、高效、稳定、经济的技术路线，为降低发电企业因环保改造增加的投资和运行成本提供了解决途径，在节能降耗、绿色发展方面产生巨大的经济和社会效益。

【节能型湍流管栅脱硫除尘协同控制技术】 大唐集团该成果已获得2017年度北京市科学技术奖、2017年度中国电力企业联合会中国电力创新一等奖、2016年度中国机械工业科学技术一等奖，获得专利授权14项。

研究了喷淋塔内SO_2和粉尘脱除特性，构建了基于湍流持液区、喷淋吸收区和高效除雾区的污染物协同控制模型，通过提高喷淋浆液的利用率、强化超细颗粒团聚、均布塔内流场，以较低的能耗实现了脱硫塔对SO_2和粉尘的协同高效脱除。首次提出了管栅状的湍流装置结构形式，研究了装置的脱硫特性、阻力特性和持液特性，确定了优化的装置结构参数，并通过工程放大研究，开发出模块化的湍流管栅装置，大幅缩短了安装及检修工期。提出了基于喷嘴差异化布置的喷淋参数优化设计方法，针对不同喷淋区域对喷嘴型式和喷淋密度进行差异化设计，优化了喷淋吸收区的气液分布和高效除雾区的工作环境，实现了SO_2的深度净化。基于冷态试验、中试试验及工程测试数据拟合分析，开发出节能型湍流管栅脱硫除尘协同控制技术计算软件，可根据具体工程项目要求进行系统优化设计。

经中国电机工程学会鉴定，该技术整体性能指标已达到国际领先水平。目前技术已应用于50台燃煤发电机组超低排放项目，总装机容量 23 400MW，带来直接经济效益 23.1 亿元，可实现年脱除 SO_2 约 69.7 万 t，脱除粉尘 8775t，产生显著的经济效益和社会效益。工程运行数据表明，应用此技术的脱硫效率高达 99.7%，可在不安装湿式电除尘器的情况下，实现入口 SO_2 和粉尘浓度分别为 6500mg/m^3 和 30mg/m^3 时，排放浓度控制在 20mg/m^3 和 5mg/m^3 以下，远低于 35mg/m^3 和 10mg/m^3 的国家超低排放指标。与国外引进的空塔喷淋技术相比，可节约脱硫塔运行能耗 23%，提升除尘效率 15%以上。

【能源电力生产端与消费端联合节能减排的关键技术与政策模拟研究】 大唐集团联合华北电力大学、北京能源发展基地等科研机构遵循能源革命战略思想，探索行业节能减排新道路，首次从能源电力供给端与消费端联合节能减排的视角出发，通过产学研用合作的方式深入研究了制约能源清洁高效发展的关键因素，系统分析了两端联合节能减排的潜力、路径、技术和政策，为中国进一步推进节能减排、应对气候变化提供了技术先进、经济合理的新方案。

能源电力生产端与消费端联合节能减排途径分析方面。系统选取能源电力供给结构特征影响因素评价指标，运用最优组合赋权法和最小二乘法 OLS 回归方法挖掘了影响中国电力供给结构特征的关键因素，深入分析了中国能源电力消费结构特点，掌握了能源供给结构重点特征。从能源电力生产段和消费端两个角度出发，分别讨论能源电力供给和能源消费现状及存在的问题，提出了两端联合开展节能减排的主要途径，并量化评估了两端联合开展节能减排的潜力。

能源电力生产端与消费端联合节能减排关键技术及政策模拟方面。首创提出集成能耗、成本和排放为统一当量值的机组发电绩效概念，并分别构建了不同区域、多类型机组间、发电端与用电端绩效置换交易优化模型。然后，量化分析能源消费量与经济产值、污染物排放量间的关系，运用能源消费强度预测模型预测能源消费强度效益增，建立能源合理消费价格政策分析模型，研究差别电价政策对各社会生产部门产品的价格、消费数量和价格水平等方面的影响。最后，从多方面提出优化能源消费布局的策略，建立了能源替代效益分析模型，综合考虑影响电能替代的各类因素，形成了能源电力供给端与消费端联合节能减排的关键技术方案并进行了相应的政策模拟。

能源电力生产端与消费端联合节能减排效益评价及实践应用方面。围绕解决弃风问题的优化途径，研究了辅助服务补偿分摊机组的优化模式和谷电采暖的经济可行性，建立了以优化效益、反馈调节为主要内容的节能减排路径综合效益评价模型，提出了能源生产端和消费端联合节能减排路径的“评价-调整-反馈”闭环模式。项目创新了节能减排关键路径的确定方法，结合实际实施数据反馈，有效提高了路径评价的全面性和高效性，提高了电力行业节能减排关键路径确定的科学性与经济可行性。

项目以能源生产端与消费端联合节能减排的关键技术为研究对象，以实现能源替代、电能替代为目标，通过优化能源消费结构和电源供给结构，促进能源清洁高效利用，相关成果取得重要理论突破和大范围实践应用。成果获发明专利 1 项，出版著作 3 部，国内外权威期刊论文 70 篇（包括 SCI 检索论文 18 篇、EI 检索论文 22 篇和中文核心期刊 30 篇）。项目在大唐集团及其 21 家分子公司生产调度中心应用，2015 年和 2016 年新增利润分别为 4250 万元和 4600 万元，经济社会效益显著。

【电渣熔铸大型变曲面异形件关键技术】 中国三峡集团联合沈阳铸造研究所等单位，针对中国高端装备对高品质大型铸锻件的急需和技术瓶颈问题，研发了电渣熔铸大型变曲面异形件制造成套技术，替代了传统砂型铸造工艺，解决了纯净化冶金和异形件精密成形等关键技术难点，具有内部组织致密（接近锻件），表面质量好、尺寸精度高，无废砂等固废排放等特点，是一种优质、高效的绿色制造技术。项目主导产品电渣熔铸水轮机铸件已在天生桥、向家坝和长江三峡等国内外 60 余个电站、约 220 台机组获得大量应用，提升了大型高水头电站装备的可靠性和耐磨蚀寿命。通过推广应用研究成果，可满足中国水电、风电、核电和矿山机械等领域对优质铸件急需，为中国装备制造行业提供了一些共性技术。该项目获 2017 年度国家技术发明奖二等奖。

【特高拱坝复杂坝基开挖保护与处理关键技术】 中国三峡集团牵头，依托白鹤滩水电站工程，围绕特高拱坝复杂坝基的柱状节理玄武岩松弛、错动带回弹剪切变形控制、角砾熔岩开挖保护等重大技术难题，揭示了柱状节理玄武岩松弛机理，研究了一套限制松弛、控制变形的综合处理方案，创新了一系列专项施工技术，研发了首个多专业集成的开挖全过程数字化平台（iSlope），确保坝基的稳定和变形可控，保障白鹤滩特高拱坝的安全建设与运行。研究成果已在白鹤滩水电站坝基开挖保护与处理中成功应用，解决了利用柱状节理玄武岩作为特高拱坝建基岩体的世界难题，产生显著经济效益，为中国特高拱坝高效设计、精益建设和安全运行提供关键技术支撑，在保证大坝长期稳定安全方面，具有巨大的社会效益。该项目于 2017 年 10 月获第八届中国岩石力学与工程学会科技进步奖一等奖。

【大型水电工程建设全过程数字化动态管控关键技术】 中国三峡集团牵头，围绕大型水电工程建设全过程数字化动态管控，针对定位与轨迹跟踪、一体化标准化流程管理与实物量成本快速精确管理，集成研发应用了建筑市场信息系统、人员设备定位跟踪系统、基于标准业务和工艺流程的质量管控移动应用系统、计量签证系统、物资核销系统、造价信息系统，以实现资源投入、业务过程、真实成本的实时、实地、实物、实人、实据管理，解决了资源要素与业务流程管理的不确定性与不可靠性问题，提高了管理效率与精细化程度。项目成果现已应用于金沙江下游河段四座世界级巨型水电站，长龙山抽水蓄能电站及“一带一路”巴基斯坦卡洛特水电站的建设，社会、经济与环境效益显著，具有广阔的推广应用前景。该项目获 2017 年度水力发电科学技术奖一等奖。

【金沙江下游梯级水库地震监测分析系统研究与应用】 中国三峡集团子企业中国三峡建设管理有限公司牵头，依托金沙江下游向家坝、溪洛渡、白鹤滩和乌东德 4 座巨型梯级水库地震监测工作，针对梯级水电站流域化、多学科综合水库地震监测技术、通信和组网技术、水库群地震综合分析与应急技术等进行了系统研究，建立了覆盖金沙江下游区域 4.46 万 km^2 的超大型水库地震综合监测系统，研究了高烈度区梯级水库地震规律及物理成因，取得了一系列研究成果。项目成果在金沙江下游 4 个梯级水库地震检测中得到了应用，节省了建设及运行成本，相关成果对解答水库诱发地震问题、防震减灾等发挥极为重要的作用，保障了水电工程按时蓄水发电及库区周边社会稳定。该项目获 2017 年度云南省科技奖进步奖二等奖。

【长江上游大型水库群生态环境效应与调控】 中国三峡集团牵头，面向国家重大需求，经过十余年的应用基础研究与技术攻关，自主研发了水库群生态环境效应与调控技术，创建了多属性、分层、分布的水利水电工程生态环境效应监控体系，实现了多时空尺度、多层次、多目标的多维调控，为水利水电工程管理和流域水生态环境安全保障提供了系统解决方案。本项目取得具有自主知识产权的原创成果，相关研究成果总体达到国际领先水平，并已成功应用于长江、金沙江、清江、黑河等流域，以及三峡、向家坝、溪洛渡、南水北调等 60 多项重大工程中，经济效益、社会效益及生态效益显著。该项目获 2017 年度中国电力技术发明奖二等奖。

【特大型水电站施工用缆索起重机关键技术及工程应用】 中国三峡集团子企业中国三峡建设管理有限公司牵头，依托溪洛渡水电站，针对国内外各个水电工程国产和进口缆索起重机在设计、制造、运行等环节的重点和难点问题，围绕装备国产化和技术创新等开展了持续 12 年的系统研究，取得了多项创新成果和技术突破，形成了特大型水电站施工用缆索起重机成套关键技术。项目已在向家坝、乌东德、白鹤滩、大岗山、阿海、亭子口、加查等多个工程推广应用，并将在国内外需要使用 30t 缆机施工的水电工程全面推广应用。通过本项目成果的成功应用，中国 30t 缆机设计制造能力走在了世界前列，产品性能和质量达到了国际领先水平，成功实现了依托重大工程建设推动重大施工装备国产化，是中国在水电施工设备领域的重大技术突破。该项目获 2017 年度中国电力科学技术进步奖二等奖。

【大体积水工混凝土高性能化关键技术研究与工程应用】 中国三峡集团牵头，依托三峡工程，针对大体积水工混凝土高抗裂、高耐久和优质高效施工等技术难点，围绕技术路线、设计理念、材料优选、混凝土性能和工程应用等方面开展了持续 20 余年的系统研究，提出了大体积水工混凝土高性能化设计理念和配制技术，形成了满足 200m 级及以上高坝混凝土耐久性保障技术与控制措施，研制出满足三峡工程耐久性和安全性要求的高性能混凝土，形成了大体积水工混凝土高性能化技术体系。项目成果在三峡工程得到全面成功应用，还推广应用到构皮滩、溪洛渡、向家坝、乌东德、白鹤滩等工程。依据本项目研究，出版专著 8 部，发表论文 111 篇，相关成果已纳入 3 项国家标准、10 项电力及水利行业标准，为实现中国大体积水工混凝土高性能化提供了技术途径，引领了行业技术进步。该项目获 2017 年度水力发电科学技术奖二等奖。

【葛洲坝电站水轮发电机组更新改造增容】 中国三峡集团子企业长江电力公司牵头，对葛洲坝电站水轮机进行了增容改造，研制了具有国际领先水平的轴流转桨式水轮机转轮，采用新型转轮叶片密封、定转子绕组、线棒等多项创新技术和新型材料，优化机组结构设计，降低检修维护强度，提高环保水平；创新安装工艺，研制了 21 项具有自主知识产权的专用工装，采用轴流转桨式机组转轮安装多维度调整方法、优化发电机中心返点测量方式等机组安装工艺，提高了安装效率和质量。通过该项目的实施，提高了葛洲坝电站的水能利用率，提高了机组运行效率及电站发电量，延长了机组使用寿命，保障了葛洲坝电站长期安全稳定运行，产生了显著的经济和社会效益，成果可为国内外其他同类型机组的改造提供借鉴。该项目获 2017 年度水力发电科学技术奖二等奖。

【锦屏二级超深埋特大引水隧洞发电工程关键技术】 该项目荣获 2017 年国家科技进步二等奖，

主要完成单位包括雅砻江流域水电开发有限公司、中国电建集团华东勘测设计研究院有限公司、中国科学院武汉岩土力学研究所、四川大学、中国水利水电第七工程局有限公司、中铁十八局集团有限公司、中国水利水电第五工程局有限公司、江南水利水电工程公司、北京振冲工程股份有限公司等。

锦屏二级水电站装机容量4800MW，是中国“西电东送”骨干工程，4条世界埋深最大、规模最大的引水隧洞群为关键控制性工程，长距离穿越高山峡谷岩溶地区，特殊的地质和工程条件带来诸多世界级技术挑战，如超埋深超高地应力、超高压大流量岩溶地下水、超深埋隧洞成洞、复杂水力瞬变流。在国家自然科学基金雅砻江联合研究基金等项目的支持下，项目组开展了深部岩石力学、岩溶水文地质学、结构力学、瞬变水力学等多学科交叉与集成研究，创建了超深埋特大隧洞强烈岩爆风险预测与防控集成技术体系，攻克了100MPa级超高地应力强烈岩爆区隧洞安全施工难题；提出了超高压大流量岩溶突涌水灾害预测预警与防治成套技术，解决了千米水头级超高压大流量地下突涌水高效治理难题；建立了超深埋特大隧洞成洞设计方法，破解了超高地应力和超高外水压力耦合作用下特大隧洞建设的世界级难题；创新了长大引水发电系统机电一体化水力设计方法和调控方法，实现了大流量长引水式电站的安全稳定灵活运行。

项目成果全面支撑了锦屏二级超深埋特大引水隧洞发电工程建设，攻克了高地应力、高压突涌水、水力瞬变流调控等世界级技术难题，安全优质高效地完成了工程建设，保证了电站的提前发电和安全运行。利用本项目成果建成了中国首个世界最深的地下实验室—中国锦屏地下实验室，对于推动重大基础前沿课题研究意义重大。

研究成果获国家科学技术进步奖二等奖，省部级科技进步奖特等奖2项、一等奖4项、二等奖2项；授权发明专利37项，软件著作权6项；出版专著7部，SCI、EI收录论文118篇，纳入6部国家（行业）规范、2部行业手册，极大推进了本领域的科技进步，并作为技术攻关成功范例写入《电力发展“十三五”规划（2016—2020年）》，对此后中国深埋地下工程建设起到引领和示范作用。

【±800kV特高压直流输电工程设计关键技术】 中国能建该项技术在全面总结中国±500kV直流输电工程的设计、施工、运行经验并借鉴国内外工程研究成果的基础上，分析±800kV特高压直流输电工程设计的特点和难点，密切跟踪与工程相关的科研攻关成果，开展了包括±800kV直流系统工程设计、±800kV级直流系统换流站设计规范等30余项技术专题研究，形成了特高压直流输电工程设计标准和规范。该技术应用于800kV云南送电广东、向家坝送电上海等国家级示范工程，社会和经济效益显著，促进了中国电力科技水平的进步。

该技术获发明专利授权10余项，参与完成IEC国际标准2项，国家标准2项，行业标准6项。以该技术为主要内容的“特高压±800kV直流输电工程”获2017年度国家科学技术进步奖特等奖。

【600MW超临界循环流化床锅炉设计关键技术】 为进一步提高效率，在国家863、科技支撑计划支持下，中国能建项目组与国外同期开展了超临界CFB关键技术研发，在没有先例条件下，经过十余年的联合攻关，系统地解决了从300MW亚临界自然循环突破到600MW超临界强制流动带来的巨大的理论及工程挑战，完成了世界首台600MW超临界CFB锅炉系统的创新实践，性能指标优于国外同期开发的460MW超临界CFB锅炉。该技术成功应用于白马600MW CFB电站，实现了CFB锅炉从亚临界到超临界的参数突破和300MW到600MW的容量跨越，是目前世界上投运的最大容量和最高参数的CFB锅炉。

该技术获得专利授权13项、专有技术1项和软件著作权1项。以该技术为主要内容的“600MW超临界循环流化床锅炉技术开发、研制与工程示范”获得2017年度国家科学技术进步奖一等奖。

【高效节水型火力发电厂空冷系统设计关键技术】 中国能建该项技术突破了高效节水型空冷系统的新技术和新工艺，实现了火电空冷机组的国产化和大型化。结合中国北方资源、自然和环境条件，开展了不同节水型空冷系统选型设计技术的研究。创新发明了大型间接空冷的SCAL型系统，并成功应用在国内首台600MW间接空冷机组，使火电空冷机组在实现节水社会效益的同时，达到节煤、节电的经济效益最大化，以及节能减排的环境保护最优化，从而实现节水型社会建设的和谐持续发展。该技术已成功应用在山西阳城电厂600MW间接空冷机组、国电克拉玛依300MW间接空冷机组、宁夏方家庄1000MW间接空冷机组等数十台火电机组空冷系统，实现了火电空冷机组的国产化和大型化，经济效益和社会效益显著。

以该技术为主要内容的“中国节水型社会建设理论、技术与实践”获得2017年度国家科学技术进步奖二等奖。

【1000MW机组一次升压接入1000kV系统关键技术】 中国能建该项技术通过EMTPE电磁暂态仿真软件，首次建立了1000MW机组及轴系集中质量块模型和1000kV特高压输电系统的电磁暂态模型。在2250种情况下的轴系扭振仿真研究，筛选出8种

具有代表性的故障并分析对应的发电机轴系扭振响应和疲劳寿命损失，填补了国内外该项目相关研究的空白。该技术基于 ATP-EMTP 程序，通过统计法计算升压站的安全运行年。采用确定性法，分析升压站的雷电过电压水平，提出 3/2 接线型式的 1000kV 升压站避雷器配置及绝缘配合方案。该技术提出了 1000kV 主变压器连接的优化方案，并于重庆交通科研设计院实验室成功通过了Ⅷ度地震烈度下的联合抗震试验。该连接方案的应用在国内和国际上均属首次，方案安全、可靠，既合理节约了土地资源，又合理降低了设备投资。该技术成功应用于平圩电厂三期项目，项目投产至今运行安全稳定、经济高效，取得了良好的经济效益和社会效益。

以该技术为主要内容的相关成果获得 2017 年度中国电力科学技术进步奖二等奖。

【多维度融合的燃气智能电站建设技术】 中国能建该项技术开发了全新的数字化设计，首次在全国实现了涵盖全厂的三维设计及数字化移交，国内数字化移交应用程度最高。开发了高比例、深度应用的现场总线技术，在国内首次大范围在 DCS 系统中应用现场总线技术，在燃机—蒸汽联合循环发电机组主系统和辅助车间全面采用现场总线技术及 FCS 控制系统。该技术在发电领域首次实现无断点、无人工干预的机组启停全自动控制，APS 范围上覆盖机组主辅机启停全过程，实现冷态、温态、热态和极热态 4 种全自动启动方式，显著提高机组的控制和自动化水平、提高电厂管理水平和经济效益。应用该技术建设了国际一流的燃气智能示范电站，赢得广泛赞誉，被人民日报、北京电视台等多家媒体评为最智能电站。

以该技术为主要内容的“多维度融合的燃气智能电站建设技术”获得 2017 年度中国电力科学技术进步奖一等奖。

【川藏特殊地质地貌区输变电工程关键设计技术】 西藏昌都电网与四川电网联网输变电工程作为国家“十二五”支持西藏重点项目，是迄今为止平均海拔最高、建设难度最大的交流输变电工程，工程的建成结束了西藏昌都地区长期孤网运行历史，从根本上解决西藏昌都和四川甘孜南部地区严重缺电和无电问题，对维护藏区经济发展和社会稳定具有重要政治意义。通过开展超高海拔交流输电线路外绝缘特性和设计关键技术、新型四组合角钢设计、变电站抗震复合化等多项关键技术研究，解决了特殊地质地貌区高海拔输变电工程设计难题，对后续高海拔输变电工程设计具有显著的示范效应。

以中国能建该项技术为主要内容的相关成果获 2017 年度中国电力科学技术进步奖二等奖。

【超强震区特高拱坝建设关键技术】 中国能建该项技术提出了全设计周期全方位抗震设计思路，发展了超强震区高拱坝抗震分析理论，构建了高拱坝抗震设计体系。针对大坝右岸浅表卸荷岩体及深部卸荷裂隙密集带形成的 500 万 m^3 潜在不稳定块体，采用了“锚索＋抗剪洞＋斜井＋坡内外立体排水降压”等综合加固处理措施，解决了坝肩和抗力体稳定问题。针对 HCO_3^- 溶出型腐蚀承压热水帷幕耐久性问题，首次开展了灌浆结石耐久性室内“加速”试验研究，论证了帷幕的耐久性；通过帷幕三维渗流场分析，优化了帷幕布置方案；局部采用水泥—化学复合灌浆等措施，保证了坝基渗透稳定。提出了隐微裂隙岩体深孔帷幕灌浆材料、参数和工艺方法，发明了双路密度失水回浓监测仪器，解决了帷幕灌浆严重的“回浆返浓”问题。

以该技术为主要内容的“超强震区特高拱坝建设关键技术及大岗山工程应用”获得 2017 年度水力发电科学技术奖一等奖；“强震区高拱坝智能化建设”获 2017 年度中国电力科学技术进步奖二等奖；“强震区高拱坝施工关键技术”获中国施工企业管理协会科学技术奖特等奖；“高混凝土坝静动力破坏机理与安全评价”获高等学校科技进步奖一等奖。

【特大型荷载平衡配重系统制造及安装关键技术】 中国能建该项技术开发了平衡配重块制作控制软件，并系统性的解决了荷载平衡配重系统制作及安装精度要求极高、安装体量大、安装高差大、工艺复杂、边界条件复杂、操作平台及手段布置困难等一系列问题，成功缩短了荷载平衡配重系统的安装工期、提高了制造及安装精度，并最大程度地降低了安全风险。该技术成果已推广应用于构皮滩升船机、亭子口升船机等项目，提高了工效、节约了成本、保障了安全。

该技术获得授权发明专利 1 项、实用新型专利 13 项（含德国专利 1 项）、软件著作权 3 项、工法 4 项，发表论文 4 篇。该技术成果 2016 年经湖北省科技技术厅组织鉴定为国际领先水平，于 2017 年获中国施工企业管理协会科学技术奖一等奖。

【特大 U 型渡槽 DZ40/1600 型造槽机综合安装技术】 中国能建该项技术研发了 1∶1 仿真试验装置及方法，研发了造槽机内外梁结构安装技术，研发了电动葫芦群吊系统进行外模空中整体拆除方法，研发了内、外模系统定位测量和调整技术，研发了造槽机运行综合成套技术，解决了湍河渡槽工程中的系列难题。该技术研究成果在湍河渡槽工程中的成功应用，缩短了造槽机的安装工期，保证了造槽机提前投入生产，实现了槽身机械化施工，缩短工程直线工期 8 个月，创造经济效益约 6457.35 万元。

以该技术为主要内容的“超大 U 型现浇预应力渡槽施工技术研究”获 2013 年中国葛洲坝集团和中国

施工企业管理协会科学技术奖一等奖，“特大U型渡槽DZ40/1600型造槽机综合安装技术研究与应用”获2017年度中国安装协会科学技术进步奖一等奖。

【预制舱式组合设备关键技术】 中国能建该项技术设计了预制舱式组合设备功能模块设置和立体拼接方法，创新了预制光/电缆的可靠连接技术，极大提升现场施工的安全性和环保性，与传统变电站相比缩短建设周期40%。研制了基于填充发泡聚氨酯工艺的三层钢板预制舱体，提出了双断桥隔热工艺，极大地减少了热辐射对预制舱内温度的影响。提出了预制舱微正压技术，解决了预制舱降尘、凝露等问题。提出基于浮置板隔振技术的预制舱抗振方法，保证了正常维护下预制舱寿命可达60年。发明了预制舱声屏障消音防爆方法和主动火灾报警方法，解决了变电站噪声环评的难题，提高了变电站环保性和安全性。应用该技术的预制舱式变电站采用装配式建设模式，使变电站的建设充分体现了资源节约及环境友好，为智能电网规划、成本控制、安全运行等工作的开展奠定坚实的基础。

该技术成果通过电力建设企业协会关键技术成果评审和青岛市科学技术鉴定委员会评审，技术水平居国际领先地位，获得2017年度中国电力建设企业协会科学技术进步奖一等奖。

【低温腐蚀可控的烟气深度冷却技术】 中国能建该项技术开发了和除尘器一体化的烟气深度冷却器设计系统，发明了紧凑型H型翅片和针板耦合强化传热元件，应用于烟气深度冷却器，传热、阻力及防积灰磨损特性均优于国外同类产品；系统研究了在热力系统中利用烟气深度冷却器高效回收热能技术方案，形成典型设计并提出变工况高效运行策略，完成数十个300、600、1000MW级燃煤电厂烟气深度冷却系统的设计。该技术成果已实现大规模生产和工业应用，研制的烟气深度冷却器应用遍及全国30个省、市自治区，其中在亚临界和超（超）临界燃煤机组的应用达到120多台套。该技术在中国首次形成了基于锅炉烟气深度冷却的余热利用系统、积灰和露点腐蚀耦合防控、回热实时动态调控及换热器结构设计的集成设计理念，引领了中国燃煤电厂烟气深度冷却器安全高效运行及节能减排的整体技术发展和科技进步。

以该技术为主要内容的“低温腐蚀可控的烟气深度冷却技术及应用”于2017年获得陕西省科学技术奖一等奖。

【大尺寸水轮发电机组安装精密测量技术】 中国能建该项技术研发了控制网平差软件、改进空间分析软件，发明了适用于隐蔽部件或者安装基准在其拟合中心的部件安装施工测量的“基准转换法”，研发特殊测量辅助设备，形成了一套大尺寸水轮发电机组安装测量新工法。相对于传统测量方法，在保证具有较高测量精度和可靠性的前提下，激光跟踪仪测量技术可以将测量时间由数天、数小时缩短到小时甚至数分钟。由于测量精度、可靠性，尤其是测量速度的提高和测量工作量的减少，使得安装工作可以很精细地进行，从而达到采用传统测量方法不容易达到的安装质量水平。

该技术成果填补了大尺寸水轮发电机组安装精密测量领域的一项空白，能显著提高大尺寸水轮发电机组安装工期，其成果达到了国际先进水平，获得2017年度中国电力建设企业协会科学技术进步奖一等奖。

【大型重力坝快速优质施工技术】 中国能建该项技术以向家坝大型重力坝快速优质施工为研究对象，研发了不良地质体深齿槽快速处理技术、塔带机高强度浇筑大体积混凝土综合技术、坝体与高速过流面整体成型施工技术、大体积混凝土施工节能环保综合技术，解决了基础大规模不良地质体处理难度大、大坝混凝土工程量大、高强度浇筑持续时间长、混凝土温控难度大、坝体结构复杂、质量要求高等难题。

该技术成果获得授权发明专利4项、实用新型专利9项，行业标准1项、行业工法1项，获2017年度中国电力创新奖大奖。

【660MW高效超超临界燃煤发电机组设计关键技术】 中国能建该项技术首次在废水零排放系统中采用正渗透技术为核心的膜分离工艺，研发了蜂窝式集束封闭煤场，创造性采用了大容量燃煤机组汽机房对称布置，首创将主厂房6kV配电装置和A列外电气设备（除主变压器外）都有机结合在一个电气楼内，作为A列外的毗屋与汽机房融为一体。采用该技术的燃煤发电机组供电煤耗比常规超超临界机组煤耗降低约5g/kWh，烟气污染物排放可以达到甚至超过国家三部委下发的烟气清洁排放指标：烟尘不大于5mg/m^3，SO_2不大于35mg/m^3，NO_x不大于50mg/m^3。实现清洁生产，同时运行稳定可靠，彻底解决电厂对水体的污染问题。采用该技术符合国家节能减排的战略方针，保护环境，有良好的社会及经济效益。

该技术共获得授权发明专利2项、授权实用新型专利3项，发表核心论文3篇。经专家评审，成果达到国内领先水平，获2017年中国电力科学技术奖二等奖，中国电力创新奖一等奖。

【燃煤电站“超清洁”排放设计关键技术】 中国能建该项技术设计并开发出了符合国内实际情况、技术可行的首批“超清洁”排放设计技术，提出了系统综合的燃煤电站“超清洁”排放的技术经济分析，对“超清洁”排放系统进行了多项设计优化研究。设计研究成果已在国华舟山电厂、浙能六横电厂、国华神华永州发电厂等多个新建和改造大型燃煤机组上成功应用。

该技术获得发明专利授权1项、实用新型专利授权5项，发表核心论文3篇，完成国家能源局委托课题一项。经专家评审，研究成果达到国内领先水平，获2017年中国电力建设企业协会、中国施工企业管理协会科学技术奖科技创新成果一等奖。

【角接接头相控阵超声检测技术】 中国能建该项技术通过收集不同参数火电机组角接接头焊接方法、坡口形式以及易出现缺陷等数据资料，采用仿真模拟、试块设计以及工艺制定、试验检测等步骤对角接接头展开全面性的相控阵超声检测技术研究，并应用于多个检测工程中，主编了中国首个相控阵超声检测电力行业标准DL/T 1718—2017《火力发电厂焊接接头相控阵超声检测规程》，对角接接头实施有效的检测。

该技术成果获得发明专利授权1项、实用新型专利授权2项。经中国电力建设企业协会专业委员会鉴定达国内领先水平，获得2017年度中国电力建设企业协会科学技术进步奖一等奖。

【特高压±800kV直流输电技术】 中电工程主要参与的特高压±800kV直流输电技术，主要创新成果如下：首次提出±800kV换流站采用双阀组均衡串联的主接线拓扑结构；在国内首次提出采用“等值电场强度积污试验法”来测量换流站污秽水平，自主研发制造了移动式自然环境监测试验站，形成了一整套确定拟建换流站污秽水平的成熟可靠的方法；创造性地提出了“田”字型交流滤波器布置方案；首次提出了平波电抗器分置于极母线及中性母线的接线方案，降低了直流极线设备绝缘水平，节约了直流场设备投资；在换流站中提出在直流场接线中增加融冰功能并首次在工程中实施；提出了特高压直流工程电磁环境控制指标；首次提出了特高压直流线路对无线电台站防护间距要求以及特高压直流换流站电磁兼容措施；首次确定了±800kV直流工程空气净距及绝缘配置参数，并提出了直流绝缘子串长及空气间隙的高海拔修正系数。

特高压±800kV直流输电实现了中国西部、北部大型能源基地，尤其是清洁能源的远距离高效送出，减少二氧化碳排放，协调经济发展和环境保护需求，成为落实国务院《大气污染防治行动计划》的重要技术手段。建设特高压直流工程对能源资源大范围优化配置、保障国家能源安全、促进经济社会低碳发展、实施“一带一路”倡议以及世界电网技术发展具有特别重大的意义。特高压±800kV直流输电工程项目获2017年度国家科技进步奖特等奖。

【600MW超临界循环流化床锅炉技术开发、研制与工程示范】 中电工程科学论证并拟定600MW超临界循环流化床锅炉热力系统、烟风系统、全新超大出力石灰石制备系统及紧急补水系统，创造性建立了600MW超临界循环流化床锅炉发电系统集成技术，研究开发了600MW超临界CFB锅炉机组的辅机选型技术，参与拟定锅炉控制策略，创新了紧凑型主厂房，完成了600MW超临界循环流化床锅炉发电示范工程设计，主要技术指标和排放指标实际运行值符合设计期望值。取得专利13项、专有技术1项和1项软件著作权，在此基础上，编制了电力行业标准《火力发电厂循环流化床锅炉系统设计规范》，该规范达到国际先进水平。

该项目成功地实现了CFB锅炉从亚临界到超临界的参数突破和300MW到600MW的容量跨越，是目前世界上投运的最大容量和最高参数的CFB锅炉。该项目带动了中国的超临界CFB机组的快速发展，解决了中国劣质燃料的高效清洁利用问题。提高了中国CFB机组的国际竞争力，创造了巨大的经济效益和社会效益。该项目获2017年国家科学技术进步奖一等奖。

【中国节水型社会建设理论、技术与实践】 中电工程负责完成子课题“高效节水型火力发电厂空冷系统设计技术研究及应用”。课题突破了高效节水型空冷系统的新技术和新工艺，创新发明了大型间接空冷的SCAL型系统，在高效节水的基础上，基建投资大大降低，运行煤耗比早期直接空冷系统少2～3g/kWh，在国内迅速得到了推广应用；利用该研究成果设计了世界首台1000MW间接空冷火电机组，建成了目前世界上规模最大、最高的间接空冷塔，实现了火电空冷机组的国产化和大型化；并在此基础上开发了并列配置的间接空冷系统，实现了间接空冷系统在夏季极热、冬季极寒地区的首次应用，解决了中国北方复杂气象条件和运行条件下热电厂空冷系统的合理配置问题。研究成果获得国家发明专利1项，实用新型专利1项，参加编制了《火力发电厂水工设计规范》（DL/T 5339—2016）、《火力发电厂直接空冷系统设计规范》、《火力发电厂间接空冷系统设计规范》（DL/T 5545—2018）中的相关内容。

该研究成果使火电空冷机组在实现节水社会效益的同时，达到节煤、节电的经济效益最大化，节能减排的环境保护最优化，创造了巨大的经济效益和社会效益。总课题“中国节水型社会建设理论、技术与实践”获国家科学技术进步奖二等奖。

【700℃超超临界燃煤发电关键设备研发及应用示范】 该项目对于完成中国火电结构优化和技术升级，实现中国火力发电行业的跨越式发展具有重要意义，将带动中国发电设计、装备制造业、高端材料生产企业的技术进步，提高相关企业的国际竞争力。

中电工程围绕700℃超超临界燃煤发电机组的总体方案设计、示范电站的工程可行性研究等方面开展研究，通过借鉴国外700℃超超临界机组技术开发的经验，结合现有成熟的600℃超超临界燃煤发电机组的最新技术，在三大主机制造集团的配合下，提出700℃超超临界燃煤发电总体设计方案，完成示范项目的可行性研究，整体技术水平达到了国际先进水平。完成的课题“700℃示范电站工程可行性研究”成果机组净效率达到48.96%，供电煤耗达到251.2g/kWh，该指标达到国际先进水平。

【高效率低排放的超600℃百万千瓦等级超超临界机组关键技术研究与工程应用】 国电集团依托国家科技支撑计划和能源局示范项目，组织相关单位针对“百万千瓦二次再热关键技术”进行联合攻关，建设完成全球首台、综合指标最优的百万千瓦超超临界二次再热燃煤发电机组，实现了“自主设计、自主制造、自主建设和自主运行”，形成了包含策划、研发、设计、制造、施工、调试、运行、维护的具有自主知识产权的一系列成套核心技术，奠定了中国在该领域的国际领先地位。机组发电效率47.77%，汽轮机热耗7067kJ/kWh，综合指标世界最优。该成果入选“国家‘十二五’科技创新成就展览”和阿斯塔纳世博会，习近平总书记亲自视察并听取了项目汇报，作出“煤电是件大事，一定要搞好”的重要指示。

【海上风电施工大型钻机研制】 由国电集团牵头，江苏龙源振华海洋工程有限公司联合平煤建工集团特殊凿井工程有限公司开发研制了海上风电施工大型钻机，型号为ZDZD-100。该钻机为施工的关键装备，其研制推动海上施工专用装备国产化，降低了施工成本。ZDZD-100钻机制造成本约3000万元/台，而国外相关钻机则为7000万元/台，可降低钻机近50%的费用。

【大型超超临界机组自动化成套控制系统】 国电集团该项目为国家863项目，突破了大型超超临界机组复合建模理论与状态重构技术、大型超超临界机组智能优化控制技术、自动化成套控制系统装备研发与集成应用技术，开发了具有自主知识产权的DCS系统。项目成果的成功应用，打破了国外产品与技术垄断中国大型超超临界机组自动控制系统的局面。

【高效脱硝催化剂开发及关键生产设备的研制】 国电集团该项目为国家863项目，成功研发了具有自主知识产权的SCR脱硝催化剂技术，达到国际先进水平。

【燃煤电站多污染物综合控制技术研究与示范】 国电集团该项目为国家重点研发计划项目，研发了燃煤电厂烟气一体化协同超净排放治理技术，实现燃煤电厂多煤种、宽负荷、变工况等复杂条件下三大污染物的超低排放。

【厂级监控信息系统(SIS)】 国电集团该系统创新发展对全厂生产过程信息高度集成和综合应用的火电厂运行优化监控技术，成功研发中国首套火电厂厂级监控信息系统（SIS），形成了电力行业标准，成为中国火电厂监控信息系统典型设计模式，成果累计推广到140多家大型火电厂。

【风力发电系统中关键问题研究】 国电集团该项目攻克了低风速风电机组整机叶片集成优化设计、基于最优能量捕获的低风速控制技术、先进控制降载荷技术等多项难关，研制出了适用于低风速区域的UP1500-97、UP2000-115、UP2000-121等系列化风电机组。

【600MW超临界循环流化床锅炉技术开发、研制与示范工程】 神华集团在国际上率先开展了超临界CFB锅炉关键技术的研究开发、研制与工程示范，建立了超临界CFB锅炉设计理论和整套技术体系，研制了世界上容量最大、参数最高的600MW超临界CFB锅炉，建成了世界首台600MW超临界CFB锅炉发电示范工程，实现了CFB锅炉从亚临界到超临界的参数突破、300MW到600MW的容量跨越，被国际能源署认为是国际循环流化床燃烧技术发展的里程碑，提高了中国CFB锅炉的国际竞争力。该项目荣获2017年度国家科学技术奖一等奖。

【光伏建筑一体化(BIPV)技术研究】 神华集团围绕太阳能建筑组件材料，以世界领先铜铟镓硒薄膜太阳能（CIGS）组件技术为依托，持续推进BIPV的应用推广。重庆神华CIGS组件制造基地正在紧张施工，建成后可年产CIGS组件306MW。

【35/70MPa加氢站控制技术】 神华集团以北京低碳清洁能源研究院“35/70MPa加氢站控制技术”为基础，赢得江苏如皋的商业化加氢站竞标，开始进行全国首个商业化双模式大型加氢站的建设。目前正在搭建加氢站全站的仿真和工艺优化模型，及开发加氢站控制方案，主要研发方向为氢气的运输与储存、优化制氢技术、燃料电池应用开发等。

重 大 奖 项

2017年度国家技术发明奖
电力行业获奖项目（通用项目）

序号	项目名称	主要完成人
一等奖		
1	燃煤机组超低排放关键技术研发及应用	高　翔（浙江大学） 吴国潮（浙江省能源集团有限公司） 朱松强（浙江省能源集团有限公司） 郑成航（浙江大学） 胡达清（浙江天地环保科技有限公司） 岑可法（浙江大学）
二等奖		
31	电力线路行波保护关键技术及装置	董新洲（清华大学） 施慎行（清华大学） 王　宾（清华大学） 钱国明（国电南京自动化股份有限公司） 毕见广（北京衡天北斗科技有限公司） 邬捷龙（国网陕西省电力公司）
33	大型互联电网阻尼特性在线分析与控制技术及应用	闵　勇（清华大学） 陆　超（清华大学） 陈　磊（清华大学） 韩英铎（清华大学） 徐　飞（清华大学）
47	水库高坝/大坝安全精准监测与高效加固关键技术	凌贤长（哈尔滨工业大学） 蔡德所（三峡大学） 唐　亮（哈尔滨工业大学） 咸贵军（哈尔滨工业大学） 乔国富（哈尔滨工业大学）

2017 年度国家科学技术进步奖
电力行业获奖项目（通用项目）

序号	项目名称	主要完成人	主要完成单位
		特等奖	
1	特高压±800kV 直流输电工程	李立浧、刘振亚、舒印彪、刘泽洪、尚　涛、黎小林、苟锐锋、马为民、黄　莹、陆剑秋、吴宝英、陆家榆、王　健、宓传龙、周远翔、印永华、罗　兵、张喜乐、梁政平、高理迎、蔡希鹏、张月华、于永清、王建生、余　军、洪　潮、梁言桥、陈　东、吕金壮、齐　磊、李　侠、彭宗仁、王　琦、李　正、张万荣、胡　蓉、卢理成、余　波、马　斌、司马文霞、李海英、方森华、党镇平、贺　智、种芝艺、薛春林、郑　劲、郭振岩、冯晓东、汤晓中	国家电网公司、中国南方电网有限责任公司、中国西电集团公司、中国电力科学研究院、南方电网科学研究院有限责任公司、国网北京经济技术研究院、西安电力电子技术研究所、特变电工沈阳变压器集团有限公司、清华大学、南京南瑞继保电气有限公司、电力规划总院有限公司、保定天威保变电气股份有限公司、许继集团有限公司、西安西电变压器有限责任公司、华北电力大学、西安西电电力系统有限公司、中国电力工程顾问集团中南电力设计院有限公司、中国电力工程顾问集团西南电力设计院有限公司、中国电力工程顾问集团华东电力设计院有限公司、中国能源建设集团广东省电力设计研究院有限公司、中国电力工程顾问集团西北电力设计院有限公司、北京电力设备总厂有限公司、西安交通大学、重庆大学、江苏神马电力股份有限公司、大连电瓷集团股份有限公司、桂林电力电容器有限责任公司、机械工业北京电工技术经济研究所、抚顺电瓷制造有限公司、淄博泰光电力器材厂
		一等奖	
1	600MW 超临界循环流化床锅炉技术开发、研制与工程示范	吕俊复、徐　鹏、肖创英、胡昌华、聂　立、苏　虎、马怀新、陈　英、刘吉臻、杨海瑞、胡修奎、郑兴胜、李星华、杨　冬、岳光溪	清华大学、东方电气集团东方锅炉股份有限公司、神华集团有限责任公司、华北电力大学、中国电力工程顾问集团西南电力设计院有限公司、四川白马循环流化床示范电站有限责任公司、浙江大学、神华国能集团有限公司、四川电力建设三公司、中国华能集团清洁能源技术研究院有限公司
		二等奖	
1	电能表智能化计量检定技术与应用	黄金娟	国网浙江省电力公司
2	压水堆核电站核岛主设备材料技术研究与应用	刘正东、张文辉、陆江帆、郎宇平、张景利、李政军、李　向、王立民、高建军、张立红	钢铁研究总院、中国第一重型机械股份公司、宝钢特钢有限公司、烟台台海玛努尔核电设备有限公司、上海重型机器厂有限公司、宝银特种钢管有限公司
3	支撑大电网安全高效运行的负荷建模关键技术与应用	鞠　平、赵　兵、吴　峰、范　越、侯俊贤、陈　谦、金宇清、王　琦、余一平、卫志农	河海大学、中国电力科学研究院、国网河南省电力公司、国网江苏省电力公司、国网福建省电力有限公司、国网西藏电力有限公司
4	大规模风电联网高效规划与脱网防御关键技术及应用	穆　钢、严干贵、李国庆、艾小猛、迟永宁、蔡国伟、谭洪恩、胡　伟、陈兴良、罗卫华	东北电力大学、国网辽宁省电力有限公司、华中科技大学、中国电力科学研究院、国网吉林省电力有限公司、清华大学、国网宁夏电力公司
5	特大型交直流电网技术创新及其在国家西电东送中的应用	饶　宏、许超英、余建国、汪际峰、陈允鹏、赵建宁、吴小辰、赵　杰、蔡泽祥、曾勇刚	中国南方电网有限责任公司、南方电网科学研究院有限责任公司、广东电网有限责任公司、清华大学、华南理工大学、南京南瑞继保电气有限公司、南京南瑞集团公司

续表

序号	项目名称	主要完成人	主要完成单位
6	锦屏二级超深埋特大引水隧洞发电工程关键技术	张春生、陈云华、陈祥荣、吴世勇、冯夏庭、单治钢、王继敏、周　辉、周垂一、侯　靖	雅砻江流域水电开发有限公司、中国电建集团华东勘测设计研究院有限公司、中国科学院武汉岩土力学研究所、四川大学、中国水利水电第七工程局有限公司、中铁十八局集团有限公司、中国水利水电第五工程局有限公司
7	高铝粉煤灰提取氧化铝多联产技术开发与产业示范	孙俊民、苏　杰、孙振斌、张　生、曹瑞忠、陈　刚、邓忠贵、洪景南、周立平、陈晓霞	内蒙古大唐国际再生资源开发有限公司、大唐国际发电股份有限公司

2017年度中国电力科学技术进步奖获奖项目

序号	项目名称	主要完成单位	主要完成人
		一等奖	
1	300m级特高拱坝安全控制关键技术及工程应用	中国电建集团成都勘测设计研究院有限公司、中国三峡建设管理有限公司、雅砻江流域水电开发有限公司、清华大学、中国水利水电科学研究院、四川大学	王仁坤、祁宁春、洪文浩、李德玉、杨　强、周　钟、赵文光、林　鹏、潘坚文、刘有志、杨建宏、邵敬东、张建海、王海波、张　冲
2	特高压GIS变电站特快速瞬态过电压防护关键技术及应用	中国电力科学研究院、华北电力大学、西安交通大学、清华大学、河南平高电气股份有限公司、国网江苏省电力公司电力科学研究院、西安西电开关电气有限公司、国网电力科学研究院	陈维江、李志兵、张乔根、孙　岗、刘卫东、马国明、戴　敏、韩　彬、王宁华、丁卫东、金光耀、时卫东、颜湘莲、李心一、王　浩、王　磊
3	全系列国家工频电压电流现场标准装置关键技术与工程应用	国网江苏省电力公司电力科学研究院、国网安徽省电力公司电力科学研究院、中国电力科学研究院、国网电力科学研究院、国网青海省电力公司电力科学研究院、苏州华电电气股份有限公司、武汉磐电科技有限公司、国网江苏省电力公司扬州供电公司	黄奇峰、雷　民、杨世海、周利华、周　峰、卢树峰、徐敏锐、陈　刚、贾　枏、李志新、殷小东、陈文广、王海燕、赵双双、陆子刚、李振东、吴　桥、岳长喜
4	超深与复杂地质条件混凝土防渗墙关键技术	中国水电基础局有限公司、中国水利水电科学研究院	宗敦峰、刘建发、肖恩尚、王玉杰、孔祥生、韩　伟、石　峰、胡　斌、赵明华、符　平、李　军、魏　良、李明宇、夏洪华、李振远
5	基于柔性多体动力学的风电机组载荷耦合机理及控制关键技术与应用	国电联合动力技术有限公司	褚景春、袁　凌、潘　磊、王小虎、李　强、冯　健、张林中、朱世龙、常慧英、王文亮、王晓丹、于天笑、宁红超、林　明、张　坤

续表

序号	项目名称	主要完成单位	主要完成人
6	大型汽轮发电机复杂故障多维度诊断关键技术及工程应用	广东电网有限责任公司电力科学研究院、广东电科院能源技术有限责任公司、上海电气电站设备有限公司发电机厂、哈尔滨电机厂有限责任公司、广东省粤电集团有限公司、清华大学深圳研究生院、广东国华粤电台山发电有限公司、中国华能集团公司南方分公司、广东惠州天然气发电有限公司、深圳能源集团股份有限公司	刘　石、张征平、涂小涛、高庆水、杨楚明、夏鲜良、王彦滨、冉　旺、杨　毅、饶苏波、甘超齐、贾志东、冯永新、王长庚、刘　猛
7	燃煤机组烟尘一体化高效脱除与智能控制关键技术	中国大唐集团公司、中国大唐集团科学技术研究院有限公司、中国大唐集团公司山西分公司、阳城国际发电有限责任公司	陈进行、金耀华、高智溥、张志刚、郭婷婷、王艺霏、宋　寅、王　英、王海刚、叶　翔、孙维本、金　安、张国军、杨建军、乔永成、张文龙
8	凝变除湿复合烟气深度净化技术及其工程应用	国电科学技术研究院、清华大学、国电常州发电有限公司、西安交通大学、国电环境保护研究院、南京国电环保科技有限公司	刘建民、李水清、朱法华、谭厚章、陈　焱、苗永旗、申智勇、薛建明、刘志坦、杨希刚、杨根生、许　芸、孙尊强、马修元、刘　青
9	多维度融合的燃气智能电站研究与应用	中国神华能源股份有限公司、中国神华能源股份有限公司国华电力分公司、神华国华（北京）燃气热电有限公司、神华国华（北京）电力研究院有限公司、神华和利时信息技术有限公司、中国电力工程顾问集团华北电力设计院有限公司、华北电力科学研究院有限责任公司、华北电力大学	王树民、贾建波、陈寅彪、陈杭君、石朝夕、徐国良、张晓波、宋　岩、白利光、郝　卫、闫计栋、房　方、陈海平、曾小超、左　川
二等奖			
电气一次专业			
1	新能源多层级接入的弱外联区域智能电网技术研究和集成应用	海南电网有限责任公司、南方电网科学研究院有限责任公司、清华大学、华南理工大学、西安交通大学、天津大学、华北电力大学、北京交通大学	殷　健、吴　清、董旭柱、金小明、庞松岭、王　彬、陈皓勇、胡　微、许爱东、别朝红
2	超、特高压变压器/电抗器出线装置关键技术及工程应用	中国电力科学研究院、泰州新源电工器材有限公司、常州市英中电气有限公司、保定天威保变电气股份有限公司、西安西电变压器有限责任公司、特变电工沈阳变压器集团有限公司	李金忠、韩先才、孙　岗、王绍武、王晓宁、高克利、刘东升、俞英忠、高步林、孙建涛、李　鹏、张书琦、程涣超、吴　超、谢庆峰、钟俊涛
3	电动汽车与电网互动技术与应用	国网电力科学研究院、国网北京市电力公司、国网辽宁省电力有限公司、清华大学、国电南瑞科技股份有限公司、中国电力科学研究院、国网福建省电力有限公司、国网山东省电力公司、国网浙江省电力公司、重庆大学、奇瑞新能源汽车技术有限公司	朱金大、倪　峰、胡泽春、徐石明、张　浩、赵明宇、陈良亮、施玉祥、杨永标、李香龙、董凤宇、张卫国、李晓强、罗全明、袁　弘、孙广明、汪映辉

续表

序号	项目名称	主要完成单位	主要完成人
4	电动汽车及充电设施建设运营关键技术研究与应用	广东电网有限责任公司、北京交通大学、华立科技股份有限公司、清华大学、东莞赛微微电子有限公司	赵　伟、罗　敏、林国营、张永旺、胡泽春、张　军、肖　勇、罗　辑、姜久春、郑晓光
5	大规模新能源机电暂态及中长期动态仿真建模关键技术及应用	中国电力科学研究院、国网宁夏电力公司、中国电力工程顾问集团西南电力设计院有限公司、国网冀北电力有限公司、内蒙古电力（集团）有限责任公司	汤　涌、侯俊贤、刘　涛、叶小晖、宋新立、仲悟之、陶向宇、齐　军、罗煦之、董毅峰
6	川藏特殊地质地貌区输变电工程关键技术、装备研制及工程应用	国网四川省电力公司、中国电力科学研究院、中国电力工程顾问集团西南电力设计院有限公司、北京洛斯达科技发展有限公司、四川电力送变电建设公司、河南送变电工程公司、国网四川省电力公司电力科学研究院	喻新强、丁燕生、王　成、蔡德峰、易建山、白仕雄、张亚迪、常晓青、严福章、郑大金
7	高原地区超高压输电工程带电作业关键技术及工器具研制	国网青海省电力公司检修公司、中国电力科学研究院、国网西藏电力有限公司电力科学研究院、国网青海省电力公司电力科学研究院、国网四川省电力公司检修公司、国网西藏电力有限公司检修公司、陕西斯福特电力科技有限公司	丁玉剑、白　伟、马　乐、李　军、吴童生、高海峰、姚修远、郭培恒、李志玮、王炳强、耿　坤、陈颖翠、张　晗、尼　玛、肖　宾
8	特高压直流输电工程成套设计平台研发及工程应用	国网北京经济技术研究院	常　浩、陈　东、梅　念、马玉龙、吴方劼、厉　璇、付　颖、刘思源、赖清平、黄　勇
9	超、特高压开关设备开断特性关键技术及应用	国网辽宁省电力有限公司、平高集团有限公司、沈阳工业大学、南京南瑞集团公司、国网内蒙古东部电力有限公司	钟建英、林　莘、隋玉秋、谭盛武、徐建源、李学斌、赵义松、夏亚龙、杜迎乾、张　佳、朱义东、张敬涛、庚振新、罗　彤、刘劲松、丛培贤、毕海涛、郝　莎、李鑫涛
10	电网主要灾害规律性研究及其应用	中国电力科学研究院、国网浙江省电力公司、国网安徽省电力公司电力科学研究院、国网湖北省电力公司、国网河北省电力公司、国网新疆电力公司电力科学研究院	程永锋、高克利、朱宽军、刘　彬、杨风利、丁士君、杨加伦、朱照清、赵斌滨、程登峰
11	特高压升压变压器关键技术、样机研制及工程应用	国网电力科学研究院、中国电力科学研究院、特变电工沈阳变压器集团有限公司、山东电力设备有限公司、特变电工衡阳变压器有限公司、西安西电变压器有限责任公司、保定天威保变电气股份有限公司、国网湖北省电力公司电力科学研究院	陈江波、王晓宁、郭慧浩、王宁华、孙　岗、伍志荣、韩先才、蔡胜伟、赵志刚、邵苠峰、尹　晶

续表

序号	项目名称	主要完成单位	主要完成人
		电气二次专业	
1	应对特高压直流输电大扰动冲击的安全稳定紧急控制技术及应用	南京南瑞集团公司、国家电网公司华东分部、国网冀北电力有限公司、国网湖北省电力公司检修公司、中国电力科学研究院、国网北京市电力公司电力科学研究院、国电南瑞科技股份有限公司、国网内蒙古东部电力有限公司	方勇杰、李　威、李德胜、黄志龙、葛　俊、薛　峰、梁　磊、崔晓丹、颜云松、罗剑波、董希建、刘　平、侯玉强、王　玉、任先成
2	基于云计算的电网地理信息服务平台研制与应用	国网信息通信产业集团有限公司、国家电网公司信息通信分公司、国网福建省电力有限公司、国网河南省电力公司、国网安徽省电力公司、国网湖南省电力公司、国网四川省电力公司、国网辽宁省电力有限公司、国网浙江省电力公司、国网江苏省电力公司	王继业、庄玉林、赵　光、陈　升、林黎鸣、曾　楠、孙德栋、赖征田、柏峻峰、刘金长、李宏发、程志华、王纪军、孙永亮、武卫东
3	智慧园区用户侧多能源融合与高效利用关键技术及工程应用	国网天津市电力公司电力科学研究院、天津大学、国电南瑞科技股份有限公司、北京国电通网络技术有限公司、东南大学、国网天津市电力公司滨海供电分公司	贾宏杰、于建成、项添春、王旭东、李国栋、徐　科、戚　艳、杨永标、吴　磊、李思维
4	超大规模省级电网运行控制关键技术及应用	国网江苏省电力公司、国电南瑞科技股份有限公司、国网江苏省电力公司苏州供电公司、国网江苏省电力公司南京供电公司、中国电力科学研究院、南京南瑞集团公司	陈　庆、滕贤亮、余　璟、郑宗强、朱　斌、戴则梅、刘爱华、刘　翌、赵家庆、孟勇亮、裴　培、闪　鑫、高宗和、苏大威
5	基于保护通信融合的交直流混联电网风险防控关键技术研究与应用	中国南方电网电力调度控制中心	杨俊权、刘映尚、赵曼勇、刘千宽、连伟华、周红阳、郑耀东、陈新南、丁晓兵、徐　键
6	基于通信信息技术的电网测控统一平台	国网电力科学研究院、全球能源互联网研究院、中国电力科学研究院、国网江苏省电力公司南京供电公司、国网湖南省电力公司、国网上海市电力公司、国网山东省电力公司经济技术研究院	吴维宁、罗剑波、黄在朝、陈　汹、孙华东、李雪明、汤吉鸿、吴军民、陆　源、陈永华
		水电专业	
1	超强震区大岗山高拱坝关键技术研究及工程应用	国电大渡河流域水电开发有限公司、中国电建集团成都勘测设计研究院有限公司、清华大学、中国水利水电科学研究院、武汉大学、国电大渡河大岗山水电开发有限公司、中国葛洲坝集团第一工程有限公司	涂扬举、邵敬东、林　丹、黄彦昆、王仁坤、李德玉、王进廷、严　军、姚福海、姜清辉

续表

序号	项目名称	主要完成单位	主要完成人
2	锦屏一级特高拱坝枢纽泄洪消能与减雾关键技术	中国电建集团成都勘测设计研究院有限公司、雅砻江流域水电开发有限公司、四川大学、中国水利水电科学研究院、南京水利科学研究院	周　钟、郭绪元、游　湘、许唯临、饶宏玲、张公平、杨　弘、曾　勇、张　东、周　辉
3	特大型水电站施工用缆索起重机关键技术及工程应用	中国三峡建设管理有限公司、杭州国电大力机电工程有限公司、中国水利水电第八工程局有限公司	樊启祥、张世保、徐一军、姚汉光、王　励、谭志国、李　杨、周成成、胡剑平、陈昌建
4	300m级高面板堆石坝安全性及关键技术研究	水电水利规划设计总院、中国水电工程顾问集团有限公司、华能澜沧江水电股份有限公司、黄河上游水电开发有限责任公司、云南华电怒江水电开发有限公司	马洪琪、周建平、杨泽艳、张宗亮、张丙印、姚栓喜、孔宪京
		火电专业	
1	首套国产大型燃机静止变频启动装备关键技术研究及应用	大唐国际发电股份有限公司、南京南瑞继保电气有限公司、浙江大唐国际绍兴江滨热电有限责任公司、南京南瑞继保工程技术有限公司、东方电气集团东方电机有限公司	石祥建、张仁伟、王凤明、刘　腾、吴　龙、闫　伟、刘为群、尹东海、边登鹏、钟　磊
2	620℃/1000MW高效一次再热超超临界机组关键技术研发及工程应用	中国电力工程顾问集团西南电力设计院有限公司、中国电力工程顾问集团华北电力设计院有限公司	傅　强、郝群岩、朱大宏、张华伦、詹　扬、周显德、毛永龙、付焕兴、董　青、吴浪洲
3	1000MW机组一次升压接入1000kV系统关键技术研究应用	安徽淮南平圩发电有限责任公司、中国电力工程顾问集团华东电力设计院有限公司	章义发、龚　和、方晓东、魏鹏冲、余伟龙、王　健、杨　洋、黄　薇、孔　宇、陈　峥
4	火电机组宽负荷调峰控制技术研究与工程应用	西安热工研究院有限公司、华能陕西发电有限公司、北方联合电力有限责任公司临河热电厂、华能国际电力股份有限公司丹东电厂、华能陕西秦岭发电有限公司	高　林、高海东、陈　锋、王　林、顾可伟、纪　煜、常仁杰、薛建中、雷彦荣、刘　茜
5	1000MW火电机组建设技术创新与应用	中国大唐集团公司、大唐国际发电股份有限公司、江西大唐国际抚州发电有限责任公司、中国能源建设集团广东省电力设计研究院有限公司、中国能源建设集团天津电力建设有限公司、上海电力建设有限责任公司	陈进行、王　森、苏　民、罗必雄、金耀华、简英俊、张　莉、刘福阁、张树臣、姜兴永
6	燃煤电站一体化控制关键技术研究与示范	神华集团有限责任公司、杭州和利时自动化有限公司、神华（福建）能源有限责任公司、中国电力工程顾问集团华北电力设计院有限公司、神华福能发电有限责任公司	韩建国、吴优福、魏　星、贺剑锋、韩宝军、杨洪波、马欣欣、沈铁志、孙　龙、李　昱

续表

序号	项目名称	主要完成单位	主要完成人
7	660MW 高效超超临界燃煤发电机组技术创新和应用	华能国际电力股份有限公司、华能国际电力股份有限公司长兴电厂、中国能源建设集团浙江省电力设计院有限公司、上海电气电站设备有限公司汽轮机厂、哈尔滨锅炉厂有限责任公司	刘国跃、赵　平、宋志毅、武春生、陈书平、李卫东、白玉峰、张　峰、马巧春、沈又幸
8	燃煤电站环保特种结构关键技术研究与应用	大唐环境产业集团股份有限公司、中国大唐集团科技工程有限公司、大唐（北京）能源管理有限公司	曹　东、张　健、江澄宇、高向前、王凤荣、乔支昆、彭　伟、李广林、杨卫科、马晓明
核电及可再生能源发电专业			
1	核电系统设计生产平台的研发与应用	中广核工程有限公司	杨　帆、牛文华、江德正、李盛杰、范　凯、罗亚林、田立成、吴襄竹、秦　戈、梁志才
2	海上风电场关键技术及其工程应用	中国电建集团华东勘测设计研究院有限公司、江苏海上龙源风力发电有限公司、中国三峡新能源有限公司、中广核如东海上风力发电有限公司、江苏龙源振华海洋工程有限公司、大连理工大学	赵生校、汪明元、吴关叶、李　炜、单治钢、俞华锋、杨建军、戚海峰、高宏飚、吕鹏远
3	一回路安全注入管线防热疲劳在线监视及防御系统的设计与建造	中广核研究院有限公司	周　舟、熊国华、李剑波、彭翠玲、何文凯、艾华宁、张　伟、王洪涛、陈光毅、林国强
4	复杂地形风电场流场数值模拟与机组叶片气动提效技术研究与示范	中国大唐集团新能源股份有限公司、华北电力大学、北京鑫叶新能源科技有限责任公司、北京大学南京创新研究院、北京唐浩电力工程技术研究有限公司、北京普华亿能风电技术有限公司	辛克锋、时文刚、刘　峰、王吉远、宋利宇、张　羽、鲁志平、孟令宾、李清义、张　磊
5	大型高效汽水分离技术研究及其在国家重大专项中的应用	上海核工程研究设计院有限公司、东方电气（广州）重型机器有限公司、中核武汉核电运行技术股份有限公司	顾国兴、林绍萱、应秉斌、景　益、矫　明、唐　伟、刘晓鸿、张丽艳、王　伟、冯　靖

2017 年度中国电力技术发明奖获奖项目

序号	项目名称	主要完成人
二等奖		
1	电力输电线路导地线融冰技术与装置	傅　闯、张　翔、吴怡敏、赵立进、李　三、刘　树
2	“源—网—荷”互动调控体系、关键技术及应用	杨胜春、王　珂、李亚平、冯树海、赵　亮、李　峰
3	长江上游大型水库群生态环境效应与调控	戴会超、毛劲乔、戴凌全、雷晓辉、蒋云钟、蒋定国

2017 年度中国电力创新奖获奖项目

中国电力创新大奖

序号	项目名称	主要完成人	完成单位
1	高参数超超临界二次再热关键技术研究及工程示范	刘国跃、蒋敏华、赵　平、宋志毅、何　勇、程　阳、李卫东、赵建勇、钟明才、祁海鹏、郭志健、茅义军、许思龙、何　胜、李　剑	华能国际电力股份有限公司、华能安源发电有限责任公司、哈尔滨锅炉有限责任公司、东方电气股份有限公司、中国电建集团江西省电力设计院、西安热工研究院有限公司
2	芯片化保护关键技术研究、装置研制及应用	李　鹏、丁晓兵、徐　刚、曾勇刚、郭晓斌、习　伟、匡晓云、李　岩、彭　业、文　屹、周　柯、陈　波、陈浩敏、蔡田田、姚　浩	南方电网科学研究院、南方电网电力调度控制中心、北京四方继保自动化股份有限公司、南方电网广西电力科学研究院、南方电网贵州电力科学研究院、南方电网贵州贵阳供电局、南方电网广东佛山供电局、南方电网广西钦州供电局
3	南水北调中线工程关键施工技术研究与应用	向　建、张登柱、殷本林、倪坤林、王先平、邓　鹏、姜暑芳、王吉成、郭　瑞、蒋爱民、翟俊勇、李　霞、刘　英、李发孝、何福江	中国水利水电第七工程局有限公司
4	电磁辐射介质复合强化多级分选煤炭脱硫技术及应用	刘建民、朱廷钰、薛建明、BenZion-Livneh、薛亚丽、钱忠文、白　江、郭旸旸、李　佃、刘晓燕、许月阳、余　浪、王宏亮、董月红、柏　源	国电科学技术研究院、中国科学院过程工程研究所、清华大学、国电贵州电力有限公司
5	统一潮流控制器（UPFC）关键技术、设备研制及示范应用	陈　刚、曹冬明、李　群、徐　政、李　斌、黄志高、刘建坤、李　鹏、田　杰、柏　彬、李海峰、杨　光、凌　峰、许　扬、黄俊辉	国网江苏省电力有限公司、南京南瑞继保电气有限公司、国网江苏省电力公司电力科学研究院、国网江苏省电力公司经济技术研究院、中国能源建设集团江苏省电力设计院有限公司、浙江大学、国网江苏省电力公司南京供电公司、西安西电变压器有限责任公司、江苏省送变电公司
6	核电厂抗飞机撞击研究	葛鸿辉、王晓雯、夏祖讽、程书剑、黄小林、袁　芳、孙渝刚、李帅希、黄江德	国家电投上海核工程研究设计院有限公司
7	以文化引领全面创新建设实践　推动企业转型升级与提质增效	陈进行、李云峰、刘峰彪、刘建龙、刘智辉、黄　清、陈剑锋、杨新林、陈　武、徐光耀	中国大唐集团公司
8	向家坝大型重力坝快速优质施工技术研究与应用	周建华、李友华、覃春安、詹剑霞、张开广、张耀华、王伟玲、商永红、乐运红、林　伟、宋倩倩、路佳欣	中国葛洲坝集团三峡建设工程有限公司

续表

序号	项目名称	主要完成人	完成单位
9	超大规模省级电网运行控制关键技术及应用	陈　庆、闪　鑫、郑宗强、裴　培、高宗和、熊卫东、彭　栋、田　江、胡浔惠、王　勇、孙世明、王　毅、彭　晖、陈　兵、吴继平	国网江苏省电力有限公司、国电南瑞科技股份有限公司、国网江苏省电力公司苏州供电公司、国网江苏省电力公司南京供电公司、中国电力科学研究院、南京南瑞集团公司
10	2000m 以上海拔地区交、直流输电线路带电作业关键技术与应用	丁玉剑、李　军、高海峰、周　军、白　伟、苟晓侃、姚修远、马　乐、王炳强、谷　琛、王　晰、毛　艳、肖　宾、张大堃、尼　玛	中国电力科学研究院、国网青海省电力公司检修公司、国网西藏电力有限公司电力科学研究院、国网青海省电力公司电力科学研究院、国网四川省电力公司检修公司、国网西藏电力有限公司检修公司、陕西斯福特电力科技有限公司
11	多能互补分布式能源关键技术与实验平台研究及应用	彭桂云、隋　军、庄　荣、范　炜、周宇昊、韩　巍、钟天宇、田　鑫、张钟平、阮炯明、王　勇、俞铁铭	华电电力科学研究院、中国科学院工程热物理研究所

专　项　奖

序号	项目名称	主要完成人	完成单位
一等奖			
1	大型发电机早期绝缘缺陷诊断关键技术与应用	王劲松、杨海超、雷　雨、龙　飞、梅志刚、孙士涛、张　杰、蔡　巍、李　刚、邓　春、戴承伟、李兴旺、闫　青、毛永清、郭永红	中国大唐集团科学技术研究院有限公司、华北电力科学研究院有限责任公司、北京能源集团有限责任公司、内蒙古大唐国际托克托发电有限责任公司、大唐国际发电股份有限公司张家口发电厂
2	燃煤电厂高效节能脱硝全流程关键技术及工程应用	邓贤东、李春雨、江晓明、申　镇、曹　东、孟　磊、李　穹、宋　蔷、胡晓东、徐旭升、江澄宇、谷小兵、王　虎、彭志敏	大唐环境产业集团股份有限公司、大唐南京环保科技有限责任公司、清华大学
3	基于湍流提效的燃煤电厂二氧化硫粉尘协同控制技术	邓贤东、申　镇、谷小兵、肖志均、赵怡凡、杜明生、江澄宇、齐　勇、刘　忠、白玉勇	大唐环境产业集团股份有限公司
4	燃煤机组烟尘一体化高效脱除与智能控制关键技术	陈进行、金耀华、高智溥、张志刚、郭婷婷、王艺霏、宋　寅、王　英、王海刚、叶　翔、孙维本、金　安、张国军、杨建军、张文龙	中国大唐集团、中国大唐集团科学技术研究院有限公司、中国大唐集团公司山西分公司、阳城国际发电有限责任公司
5	超（超）临界锅炉承压部件无损检测技术及检测设备研发与应用	李永生、刘　彬、李　伟、肖建平、裴　杰、李树军、谢航云、陈保卫、李　涛、代　真、韩宗国、刘红权、郝晓军、王　强、王志永	国电科学技术研究院、北京国电电科院检测科技有限公司、国电新能源技术研究院

续表

序号	项目名称	主要完成人	完成单位
6	复杂气候条件下燃气轮机进气过滤器性能检测技术研究及应用	刘志坦、金生祥、郝洪亮、张　涛、南补连、侯小龙、曹满胜、王　凯、孙力学、朱鸿飞、严志远	国电科学技术研究院、国电环境保护研究院、北京能源投资（集团）有限公司
7	风电机组降载关键技术研究及应用	褚景春、袁　凌、潘　磊、王小虎、李　强、代海涛、张林中、朱世龙、常慧英、王文亮、宁红超、王晓丹、林　明、张　坤	国电联合动力技术有限公司
8	1000MW 发电机组可靠性预测与寿命监控的关键技术及应用	史进渊、周　宏、何阿平、杨　宇、汪　勇、邓志成、李建锋、崔育奎、王苗苗、叶兴柱、刘晓强、王　岩、陈　钢、齐　涟、徐佳敏	上海发电设备成套设计研究院有限责任公司、上海电气电站设备有限公司、中核核电运行管理有限公司、中国神华能源股份有限公司国华电力分公司、上海上发院发电成套设备工程有限公司
9	松软地层防渗加固控制灌浆成套技术	杨松林、张贵金、陈安重、彭春雷、胡大可、钟　平、赵迪华、张　群、肖　遥、李　毅、梁经纬、樊　勇、李昌达、谢保卫	五凌电力有限公司、长沙理工大学、中国电建集团中南勘测设计研究院有限公司、湖南宏禹工程集团有限公司
10	输电线路盐渍土及冻土设计关键技术	胡劲松、齐立忠、程东幸、于明国、魏　鹏、王彦兵、袁　俊、李　鹏、胡　瑾、程　佳、严福章	国网北京经济技术研究院、中国电力工程顾问集团西北电力设计院有限公司、清华大学、中铁西北科学研究院有限公司、华北电力大学、中国电力工程顾问集团东北电力设计院有限公司、青海省电力设计院、吉林省电力勘测设计院
11	输电杆塔和接地网腐蚀的状态评估与防护技术	徐嘉龙、钱洲亥、祝郦伟、周自强、胡家元、刘　敏、沈晓明、周海飞、杨　帆、赵　霞、王震宇	国网浙江省电力公司电力科学研究院、国网浙江省电力公司金华供电公司、重庆大学、中国科学院海洋研究所、中国科学院金属研究所
12	国际直流工程成套设计技术体系构建及在巴西美丽山工程中的应用	文卫兵、陈　东、梅　念、余　军、李高望、郭贤珊、张　进、吴方劼、蒲　莹、赖清平、赵　峥	国网北京经济技术研究院
13	局域能源互联网关键技术及应用	李树泉、王成山、吴新玲、林弘宇、王　伟、吴文炤、寇建涛、赵鲲鹏、汪　静、吴　鸣、于　龙、袁建凡、马　崇、赵　伟、闫爱梅	国家电网公司客户服务中心、北京国电通网络技术有限公司、中国电力科学研究院、国网天津市电力公司、国网江苏省电力有限公司、天津大学
14	特高压交直流带电作业安全防护技术、作业方法与装备及应用	严　宇、邵瑰玮、李应文、方玉群、章健军、李　辉、李金亮、汪志刚、何　华、潜力群、陶留海、周　惟、周　毅、童翔威、徐　溧	国网湖南省电力公司带电作业中心、国网河南省电力公司检修公司、国网浙江省电力公司金华供电公司、长沙理工大学、智能带电作业技术及装备（机器人）湖南省重点实验室、南方电网超高压输电公司南宁局、湖南安培电力带电作业有限公司、湖南太平昌盛电器有限公司

续表

序号	项目名称	主要完成人	完成单位
15	基于多源数据融合的电网规划与智能决策平台关键技术及应用	蒋　斌、李雪亮、吴　健、吴奎华、姜忠福、牛新生、孙　伟、冯　亮、杨　波、梁　荣、刘晓明、贾善杰、杨慎全、田　鑫、李　山	国网山东省电力公司经济技术研究院、北京中电普华信息技术有限公司、国网信通亿力科技有限责任公司、国网山东省电力公司电力科学研究院、山东鲁能软件技术有限公司
16	低谐波可无功补偿的直流融冰技术与装置	陆佳政、李　波、朱思国、刘文华、韩英铎、戴庆华、曾利军、谭艳军、朱　远、黄清军、易梅生	国网湖南省电力公司防灾减灾中心、国网湖南省电力公司、清华大学、国网湖南省电力公司郴州供电分公司、特变电工衡阳变压器有限公司
17	GIS变电站就地智能设备电磁兼容试验技术及应用	嵇建飞、焦重庆、庞福滨、雷林绪、杨　宇、张　萌、张　弛、刘骁繁、肖　冰、卜强生、黄哲忱、弓新月、张　翼、林金娇	国网江苏省电力公司电力科学研究院、华北电力大学、全球能源互联网研究院、国网内蒙古东部电力有限公司电力科学研究院、国网信息通信产业集团有限公司、南京南瑞集团公司
18	电压暂降防治关键技术、设备及其在重要客户供电保障中的应用	迟忠君、李洪涛、张艳妍、陶　顺、张学哲、王海云、钱叶牛、张　星、于希娟、苑　捷	国网北京市电力公司、中国电力科学研究院、南京南瑞集团公司
19	特高压交流变压器用硅钢片国产化研制及工程应用	李　鹏、王晓宁、张书琦、刘雪丽、汤　浩、高　飞、徐征宇、仇宇舟、汪　可、赵志刚、黄　杰、王晓燕、贾鹏飞、吴　超、柴孟东	中国电力科学研究院、宝山钢铁股份有限公司、武汉钢铁有限公司、山东电力设备有限公司
20	餐厨废弃物高效制备生物燃气发电及供热技术集成与示范	冯小清、马宗虎、傅国志、潘　宁、赵　健、朱华伦、刘广青、王　雯、黄安娜	中国华电科工集团有限公司、宁波开诚生态技术有限公司
21	660MW高效超超临界燃煤发电机组技术创新和应用	刘国跃、赵　平、宋志毅、武春生、陈书平、李卫东、白玉峰、张　峰、马巧春、沈又幸、张光耀、王德兴	华能国际电力股份有限公司、华能国际电力股份有限公司长兴电厂、中国能源建设集团浙江省电力设计院有限公司、上海电气电站设备有限公司汽轮机厂、哈尔滨锅炉厂有限责任公司
22	基于大数据的电站风烟系统协同优化关键技术研究与应用	郭明星、刘海峡、金生祥、储炳南、何奇善、司风琪、韦红旗、李前宇、刘　炜、张　奇、解　涛、洪喜生	北京能源集团有限责任公司、东南大学、山西漳山发电有限责任公司、南京博沃科技发展有限公司
23	进口F级燃气轮机热端部件透平一级静叶再制造关键技术及应用	侯小龙、何　勇、郭　衡、郭　赞、冷刘喜、侯廷红、张剑铭	北京京丰燃气发电有限责任公司、成都航利（集团）实业有限公司

续表

序号	项目名称	主要完成人	完成单位
24	大型燃气-蒸汽联合循环机组控制系统关键技术研究与工程应用	郭明星、刘海峡、金生祥、储炳南、张秉权、王　清、李前宇、王六虎、邓建平、齐桐悦、尹立新、陈慧丽、张伟东、石　磊	北京能源集团有限责任公司、北京京桥热电有限责任公司、北京京西燃气热电有限公司、北京京能高安屯燃气热电有限责任公司、北京京能未来燃气热电有限公司
25	大规模直流输电馈入广东电网稳定运行的关键技术研究与应用	周保荣、洪　潮、赵　勇、曾勇刚、管　霖、姚文峰、张东辉、金小明、黄东启、李鸿鑫、张　帆、谢小荣、夏成军、李兴源、樊丽娟	南方电网科学研究院、华南理工大学、四川大学、清华大学
26	大功率高效无线供电装置研发关键技术及应用	祝文姬、肖　静、高立克、王智慧、谢雄威、欧世锋、孙　跃、周　柯、周　洪、胡文山、吴丽芳、周杨珺、梁　朔、李克文、俞小勇	南方电网广西电力科学研究院、重庆大学、武汉大学
27	直流输电系统交流滤波器用断路器绝缘特性研究及其工程应用	罗　兵、张长虹、黎卫国、傅明利、施　健、钱　海、曾向君、陈伟民、厉天威、楚金伟、卢毓欣、王海军、卢志良、卓　然、唐　力	南方电网科学研究院、南方电网超高压输电公司检修试验中心、西安高压电器研究院有限责任公司
28	直流接地极入地电流对埋地金属管道影响及抑制措施研究	廖永力、孟晓波、李锐海、龚　博、黄增浩	南方电网科学研究院
29	多维度融合的燃气智能电站研究与应用	王树民、陈寅彪、陈杭君、贾建波、石朝夕、徐国良、张晓波、宋　岩、白利光、郝　卫、闫计栋、房　方、陈海平、曾小超、左　川	中国神华能源股份有限公司、中国神华能源股份有限公司国华电力分公司、神华国华（北京）燃气热电有限公司、神华国华（北京）电力研究院有限公司、神华和利时信息技术有限公司、中国电力工程顾问集团华北电力设计院有限公司、华北电力科学研究院有限责任公司、华北电力大学
30	巨型地下厂房岩壁梁混凝土新型浇筑工艺	樊义林、何　炜、韩进奇、李　毅、汪海平、王红彬、孙会想、王　凯、陈　翔、杨　帆	中国三峡建设管理有限公司、中国水利水电第七工程局有限公司
31	长大引水隧洞高效钻孔灌浆施工机械研发与应用	殷国权、夏中伏、李红福、张刚武、单卫华、曾　健、王天西、漆巨彬、胡小顺、韩卫东、郑方品、曾　建、熊　雨、杨才亮	中国水利水电第七工程局有限公司、中国水利水电第七工程局成都水电建设工程有限公司
32	振动碾无人驾驶技术的研发与工程应用	吴高见、李法海、樊　鹏、韩　兴、陈　曦、梁　涛、孙国兴、李春江、王亚威	中国水利水电第五工程局有限公司

续表

序号	项目名称	主要完成人	完成单位
33	大唐集团精品工程建设管理创新及在抚州电厂的实践	陈进行、王　森、苏　民、金耀华、曲　波、高智溥、秦建明、梁永磐、简英俊、李文谱、李连有、张　莉、刘福阁、张树臣、姜兴永	中国大唐集团公司、大唐国际发电股份有限公司、江西大唐国际抚州发电有限责任公司
34	燃料智能化、标准化、精益化管理的创新与实践	张顺林、陈　焱、肖建平、王恩军、韦心宇、苗永旗、王　强、方清华、郭建军、李春艳、李　颢、陆茂荣、倪志涛、陈　斐、张冬练	国电常州发电有限公司、国电南京煤炭质量监督检验中心、南京国电环保科技有限公司
35	打造智慧企业推动管理创新	涂扬举、何仲辉、周业荣、郑小华、陈　刚、温伟军、贺玉斌、李云龙、张洪涛、李善平、李　林、罗立云、晋　健、侯远航、唐茂颖	国电大渡河流域水电开发有限公司、中国国电集团公司
36	技能大师培训模式探索与创新实践	盛培忠、喻新根、刘　军、陈　曦、庄　稼、姚霜晨	国家电投人才学院
37	火电企业指标（任务）责任保障管理体系（RS 体系）的创新与运用	姚大林、张　争、胡银锋、黄明磊、马　龙、闫　磊、赵　佳、赵春六	国家电投集团平顶山热电有限公司
38	北极风电开发与全球能源互联网展望系列研究	王　敏、梁旭明、王　平、李晨光、王　雪、姚良忠、韩　丰、王新雷、范　红、李亚春、李连海、周　晓、李　晶、曹　镇、杨风利	国家电网公司总师办公室、中国电力科学研究院、国网能源研究院、国网北京经济技术研究院、北京华建网源电力设计研究所
39	基于用电信息自动采集的营销业务模式变革研究与实践	杜蜀薇、杜新纲、唐文升、寇英刚、葛得辉、方学明、彭楚宁、周　晖、范　洁、周　玉、李　铭、黄奇峰、钱立军、郑爱霞、陈　霄	国家电网公司营销部、国网江苏省电力有限公司、国网江苏省电力公司电力科学研究院、国网常州供电公司
40	服务地方经济转型的省级电网投资决策管理	侯清国、周　凯、魏胜民、王正刚、刘湘莅、余晓鹏、白宏坤、张法荣、张竞超、马　莉、田春筝、王江波、杨　萌、张　申、豆鑫鑫	国网河南省电力公司、国网河南省电力公司经济技术研究院、国网能源研究院、国网郑州供电公司、国网南阳供电公司、国网信阳供电公司
41	国家电网公司物资电商化采购管理创新实践	闫少俊、李景中、陈学先、龙　磊、储海东、杨砚砚、孟　贤、王金虎、翟季青、史志峰、廖海涛	国家电网公司、国网江苏省电力有限公司、国网山东省电力公司、国网山西省电力公司、国网重庆市电力公司
42	抓好“学”“用”“评”推进“五位一体”协同机制深化应用	杜　军、杨军虎、李玉华、刘宝玉、孔　平、董　斌、魏升吉、褚　烨	国网山东省电力公司

续表

序号	项目名称	主要完成人	完成单位
43	重点领域关键环节风险防控机制构建与实践	孙兴泉、闫承山、刘明志、胡新参、李国祥、李汉成、孙　白、袁　昕、李　利、郝志刚、秦闻超、贺剑辉、石倩竹、吴　庆、彭茂君	国网北京市电力公司城区供电公司、国网北京市电力公司
44	促进新能源规模化发展的源网荷友好互动管理	尹积军、何大春、卞康麟、陆　晓、李瑶虹、崔恒志、徐建军、罗建裕、陈振宇、杨晓梅、李志杰、江叶峰、苏宜强	国网江苏省电力有限公司
45	构建风光储输高效管理模式、服务国家清洁能源战略	田　博、盛大凯、陈龙发、马　力、张宣江、黄　波、高　峰、张雁忠、王　平、郑宇清、杨　凯、隋晓雨、程东霞、李　研、段宝升	国网冀北电力有限公司
46	适应“全球能源互联网”的国际化人才开发管理研究	张　磊、李生权、张立波、孙　焱、李　进、黄海荣、李　宇、朱宝国、张哲铨、蒋远馨、李国重、石书德、娄雅婷、梁丹妮	中共国家电网公司党组组织部（国家电网公司人事董事部）
47	从引领到输出±800kV直流特高压技术“走出去”的创新与实践	朱光超、胡玉海、李海翔、蒋晓军、蔡鸿贤、童　轶、张海蓉、张　喆、刘源祺、李　爽、杨真子、余子牛、于　冰、余荣华	国网国际发展有限公司
48	改革创新驱动下电网企业发展策略与管理体制优化	王　敏、张运洲、张　玮、石书德、张　栋、张晓萱、范孟华、刘　拓、王琳璘、谢国辉、蒋莉萍、邱忠涛、王　燕、张　园、白翠粉	国家电网公司、国网能源研究院
49	基于“大云物移”的智能运检技术推动传统运检模式的变革	周安春、杜贵和、高理迎、张薛鸿、徐玲铃、彭　江、冀肖彤、张祥全、吕　军、周宏宇、邵　进、黄　清、徐嘉龙、贺兴容、娄奇鹤	国家电网公司
50	创新企业负责人分类定责考核和薪酬激励机制研究	吕春泉、张成松、李　峰、鞠宇平、邵红山、刘　辉、王丽峰、李茂杰、杨　军、金　佳、赵长财、王　波、顾　舒	国家电网公司
51	基于“互联网＋”的智能互动、全程透明的业扩报装服务创新与实践	姜雪明、孔繁钢、沈建新、王　炜、唐文升、张　燕、裘华东、俞成彪、涂　莹、何宝灵、侯素颖	国网浙江省电力公司
52	具有华电特色的集团级“互联网＋环保监督”体系首创与实践	张　洁、常　浩、舒泽萍、陈　光、何　胜、张山山、王诗琴、李乾坤、张　冉、宋广田、邹阳军、王　莉、李洪吉	中国华电集团公司、华电电力科学研究院

续表

序号	项目名称	主要完成人	完成单位
53	检修岗位人员定向培训-结合传统师带徒与现代培训管理的成功实践	孙宝兴、孔群英、刘香海、夏晓雨	华能（上海）电力检修有限责任公司
54	复杂特性电力市场建设及示范应用	杨　强、蔡华祥、程春田、张粒子、严明辉、张茂林、涂启玉、吴滇宁、刘双全、王帮灿、周　娜、陈　然、王雪晋、张加贝、黄宋波	昆明电力交易中心有限责任公司、大连理工大学、华北电力大学
55	电网风险全过程精益化管控体系的研究与实践	张文峰、李　力、李剑辉、王延纬、徐春华、张　轩、吴国炳、杨银国、孙吉波、黄国栋、包　博、陈卉灿	南方电网广东电网公司
56	学习发展体系的探索与建设	何　毅、罗　毅、余　航、方　翎、张　勇、胡　帆、夏　筠、吕　志、姜　霞、巫飞新、田玉春、谭　琨	南方电网深圳供电局、南方电网人力资源部、南方电网教育培训评价中心
57	基于作业任务的风险评估模式与管控体系研究	李　东、王树民、李　巍、国汉君、张光德、毛　迅、刘志江、赵岫华、李　石、王　勇、孙志春、钟　波、付　昱、李德旭、曾一鑫	神华集团公司
58	火电厂物资管理智慧化仓储系统研究与应用	李　宁、曹国辉、吴军伟	长安益阳发电有限公司
59	平圩电厂三期控制工程造价管理创新	章义发、白金昌、龚　和、王　文、黄成刚、徐晓春、张伟中、水维霆、李伟亮、丁晓兵	中电国际安徽淮南平圩发电有限责任公司、中国电力企业联合会电力建设技术经济咨询中心
60	电网检修运维班组定额体系研究及班组定额编制	黄成刚、陈海涵、张慧翔、游维扬、喻　刚、王秀娜、尹琳琳、李　佳、叶　静、王艳波、郑媛媛	中国电力企业联合会电力建设技术经济咨询中心、广东电网有限责任公司
61	基于博弈论与趋势预测的电力市场竞价决策管理	郑信忠、李　卓、崔　逊、边鹏飞、杭　鑫、方晓琴、吴国昊、周乐荣、吴智鹏、薛　智、刘德良、高翔宇	广东珠海金湾发电有限公司
62	综合管廊“BIM＋时空效应”设计模式创新与实践	刘　强、李自强、汤文达、沈良帅、赵　亮、陈　勇、王小锋、王　娜	中国电建集团昆明勘测设计研究院有限公司
63	核电工程安质环标准化及国际标杆建设	束国刚、陈映坚、袁树军、郝　坚、符维群、孙　艳、张　征、吴志坚、刘玉东、陈本伟、胡　浩、马　飞、徐　昕、刘　勇、贺　龙	中广核工程有限公司
64	基于国际优秀实践的中广核群厂生产管理模式	苏圣兵、曾晓晖、冯文彪、于海峰、黄维德、罗启峰	中国广核电力股份有限公司

续表

序号	项目名称	主要完成人	完成单位
65	“华龙一号”示范工程建设进度管控体系与方法创新成果	陈国才、肖 波、邹 玮、李 庭、江 鸿、郭 淳、欧 勋、代克超	中核福建福清核电有限公司
66	建立风险预控、过程见证、问题导向的电建企业安全检查和验证机制	蒋晓明、丘建宇、李建钢、赵永江、李云成、戴杭明、赵军伟、张春红、张晓兰、胡香红、朱玉丽	中国能源建设集团浙江火电建设有限公司
67	国有企业青年创新创效体系建设	李屹立、张 力、张志军、胡 娟、张海军、雷远华、王 驰、郭先浩、李学军、刘胜利、周传文、刘 玮、刘骏江、罗 吟、洪 灵	中国能源建设集团湖南省电力设计院有限公司
68	600MW亚临界湿冷发电机组系列技术标准研制及效益评估	吕庭彦、刘建龙、戴成伟、段传和、孟祥东、李建东、金日锋、常云岭	中国大唐集团公司、天津大唐国际盘山发电有限责任公司
69	并网光伏逆变器低电压穿越测试规程	牛晨晖、丁 杰、李 臻、陈原子、张军军、秦筱迪、朱 想、陈志磊、徐亮辉、周荣蓉、林小进、居蓉蓉、夏 烈、吴蓓蓓、张双庆	中国电力科学研究院
70	GB/T 30155《智能变电站技术导则》等20项标准	刘有为、窦仁晖、倪益民、肖 燕、詹荣荣、杨 威、吴艳平、陈志蓉、张晓莉、李劲松、白静芬、任 辉、钟加勇	中国电力科学研究院、国家电网公司、电力规划设计总院、国网重庆市电力公司、国网电力科学研究院
71	智能电网调度控制系统系列标准研制与应用	辛耀中、石俊杰、陶洪铸、滕贤亮、高保成、严亚勤、潘 毅、程 芸、米为民、李 伟、彭 晖、张 勇、叶 飞、陆进军、李 理	南京南瑞集团公司、国家电力调度控制中心、中国电力科学研究院、国网四川省电力公司、国家电网华中分部、国家电网华北分部、国家电网华东分部、北京四方继保自动化股份有限公司
72	大数据关键技术研究及其在智能发电中的应用	刘建龙、刘元议、刘文哲、邹光球、李号彩、袁 飞、王 娜、舒志坚、张成煜、罗少卿、钟勇华、刘 虹、纪 亮、李志金、周欣峰	湖南大唐先一科技有限公司
73	大型发电集团环保大数据研究与实践	吕庭彦、侯君达、司风琪、姚学忠、江晓明、江澄宇、包文运、王 虎、梁田刚、任少君、宋红旭、路 岩、乔宗良、胡建根、李 倩	中国大唐集团公司、东南大学、大唐环境产业集团股份有限公司、大唐南京环保科技有限责任公司
74	大型企业集团应用系统关键信息深度交互融合方面的研究与实践	吕庭彦、侯君达、宋红旭、王 岩、路 岩、刘元议、邹光球、李号彩、段瑞永、杨国玉、盛湘新、白西让、尹新伟、郭连恒、潘 昕	中国大唐集团公司、湖南大唐先一科技有限公司

续表

序号	项目名称	主要完成人	完成单位
75	国家电投网络安全隔离建设项目	王　静、张　萌、沈启龙、李志永、郭大亮、刘　铮、徐　婧、龙　燕	国家电力投资集团公司、国家电投集团信息技术有限公司、国家信息中心、北京谷安天下科技有限公司
76	北斗卫星系统支撑配网智能化建设示范应用	于德明、赖征田、王立涛、朱晓岭、吕　军、梁　东、杨　静、刘　珅、焦　阳、赵铁军、高　宇、虞　跃、傅　宁、周航帆、吴新玲	北京国电通网络技术有限公司、国网冀北电力有限公司
77	企业级流程管理平台研发与应用	赵建保、高灵超、董爱强、熊　力、王大帝、刘泽三、黄　琪、于海亮、于　卓、马素玲、孙志安、任富强、李　炎、诸金洪、张德海	北京中电普华信息技术有限公司
78	信息系统一体化调运检支撑平台关键技术及推广应用	陈春霖、刘嘉华、崔丙锋、杨华飞、盛红雷、康　睿、张俊凯、阮冬玲、张倩宜、王　扬、李　妍、王　琪、李马峰、唐海荣、李元龙	南京南瑞集团公司、国家电网公司信息通信部、国网天津市电力公司、国家电网公司信息通信分公司
79	基于大数据技术的新能源消纳水平提升	施贵荣、王东升、宁文元、孙荣富、王靖然、王若阳、徐海翔、张　岩、张　浩、丁华杰、丁　然、阎　博、翟丙旭、舒　力、徐　忱	国网冀北电力有限公司
80	面向电力多应用的通用无线通信芯片产品研制及应用	王于波、刘　宣、原义栋、刘永清、王晋雄、胡　毅、谢　刚、张海龙、李　延、甘　杰、顾　翔、周春良、张树华、张　虹、杜　剑	北京智芯微电子科技有限公司、北京邮电大学、中国电力科学研究院
81	基于全景数据的重大活动供电保障技术支持系统	黄武浩、宋金根、王坚俊、徐晓华、陶　涛、冯　雪、乔松博、王一达、姜　辰、陈晓刚、李浩松、赵　光、杜红卫、徐　立、潘坚跃	国网浙江省电力公司杭州供电公司、国网浙江杭州市萧山区供电公司、北京国网信通埃森哲信息技术有限公司、国电南瑞科技股份有限公司、厦门亿力吉奥信息科技有限公司
82	多源异构的企业全量数据实时智能分析技术研究与应用	魏晓菁、洪建光、郝悍勇、陈利跃、孔晓昀、黄海潮、刘鸿宁、方正伟、黄　慧、何德林、王　凌、朱世鹏、陈　振、周昕悦	国家电网公司信息通信部、国网浙江省电力公司、国网浙江省电力公司信息通信分公司、国网浙江省电力公司宁波供电公司、浙江华云信息科技有限公司、国网浙江省电力公司杭州供电公司、国网浙江省电力公司电力科学研究院
83	运营数据分析可视化建设与应用项目	肖世杰、钱仲文、凌卫家、王锋华、施永益、夏洪涛、张旭东、成敬周、张彩友、秦俊宁、王　焱、王　政、陈　浩、杨少杰、陈耀军	国网浙江省电力公司、国网浙江省电力公司丽水供电公司、浙江华云信息科技有限公司、国网浙江省电力公司信息通信分公司

续表

序号	项目名称	主要完成人	完成单位
84	基于云计算的电网地理信息服务平台研制与应用	王继业、庄玉林、赵　光、陈　升、林黎鸣、曾　楠、孙德栋、赖征田、柏峻峰、李功新、刘金长、李宏发、王纪军、孙永亮、武卫东	国家电网公司信息通信部、厦门亿力吉奥信息科技有限公司、国网信息通信产业集团有限公司、国网福建省电力有限公司、国网江苏省电力有限公司、国网河南省电力公司、国网湖南省电力公司、国网江西省电力公司、国网冀北电力公司
85	基于移动互联技术的电力物资全供应链管理系统	张　龙、王金虎、袁　黎、祁　建、郭　伟、宋纪恩、王成现、周　程、温富国、冯曙明、杨永成、潘晨澂、殷玮珺、李金霞	国网江苏省电力有限公司、江苏电力信息技术有限公司
86	数字化车间多维感知、协同作业关键技术研究及应用	吴　钢、蔡奇新、邵雪松、刘　建、帅　率、陈　佐、马吉科、祝永晋、尹　飞、于广荣、吕　辉	国网江苏省电力有限公司、江苏方天电力技术有限公司
87	输电线路智能监测与安全保障关键技术研究与应用	龚钢军、戴永东、刘　韧、毛　锋、吴秋新	华北电力大学、国网江苏省电力有限公司泰州供电公司、北京卓识网安技术股份有限公司、北京信息科技大学
88	中国华能集团公司电子商务平台建设项目	孙智勇、朱卫列、陈书平、李春生、陶　俭、梁盘虎、于长琦、王　建、范伟宁、支　琛	中国华能集团公司
89	基于大数据的数字化设备管理系统	郭明星、关天罡、刘海峡、梅东升、金生祥、陈大宇、齐桐悦、潘　惠、毛永清、梁　浩、陈晓萌、杨承佐、库国亮、柳泓羽、成　涛	北京京能高安屯燃气热电有限责任公司
90	知识管理关键技术研究及企业大情报高级应用平台建设	王庆红、周育忠、张自锋、黎小林、李　鹏、陶秀杰、王　昕、王　宏、张志彬、石嘉豪、曹　毅、李俊超	南方电网科学研究院
91	广东电网应急指挥平台建设与应用	陈　非、王泽涌、刘文彬、萧展辉、杨　春、赵国雄、严宇平、申　原、鲁跃峰、郑文杰、张宝星、张　嘉、吴　赟、洪雨天	南方电网广东电网信息中心、南方电网广东电网信息部、南方电网广东电网安全监管部
92	工程地质信息一体化系统研究与开发	张世殊、田华兵、王　刚、李明超、刘仕勇、石伟明、吉　云、崔长武、张　勇、张志伟、刘思丁、徐德敏、袁国庆、巫德斌、赵　明	中国电建集团成都勘测设计研究院有限公司、天津大学
93	PRP项目管理系统助推集团全面提升项目履约能力	姚　强、宗敦峰、吴张建、吴新琪、张勇平、李东风、黄　青、朱　晨、周祥林、谭　俊、张春林、贺英男、赵晓琬、唐　悦、张志刚	中国电力建设股份有限公司、中国水利水电第三工程局有限公司、山东电力建设第三工程公司、山东电力建设第一工程公司、中国电建集团核电工程公司、宁夏电力建设工程公司、北京华科软科技有限公司、青岛鸿利软件有限公司

续表

序号	项目名称	主要完成人	完成单位
94	“互联网+项目部”——海外基建工地集装箱式信息平台	吴张建、刘　卿、付　奎、吴海明、姚卫星、骞　巍、舒　磊、杨　旭、刘晓东、宁丽媚、任庆彬、冀警卫、孙继洋、刘　璇、刘新建	中国电力建设股份有限公司、中国电建集团海外投资公司、中国电建河北电力装备有限公司、北京华科软科技有限公司、中国电建集团北京勘测设计研究院、中国电建集团江西省电力设计院、中国电建集团湖北工程有限公司
95	压水堆核电厂运行许可证延续信息系统	陈志林、张彦召、刘啸天、池志远、安英辉、黄　平、王　俊、薛　飞、李晓蔚、王春辉、史芳杰、张晏玮、王　勇、施震灏、孙大健	苏州热工研究院有限公司、大亚湾核电运营管理有限责任公司、广东核电合营有限公司
96	加强跨文化管理　推动国际化发展	刘　光、胡玉海、刘建功、李海翔、杨子林、李经纬、肖至远、王恒进	国家电网公司
97	以“幸福南网”移动平台传播南网文化的实践与创新	汤梅子、谢　旭、陈敬宁、覃　倩、孙　瑜、方九兵	中国南方电网公司
98	先进典型思想行为研究与实践	王向臣、褚艳芳、卓　明、李怡璇、杨先义、吴　曦、申佳灵、罗先熠、徐　婷、周小梅	国网四川省电力公司成都供电公司
99	卓越绩效导向的企业文化评价体系建设	叶　军、王逸军、曾　蕾、许成云、刘　莉、何　蕾、赵　芳、赵一芳、刘思超	国网新疆电力公司
100	以标准化管理模式夯实供电营业所文化落地	张玉荣、周　霞、吴　艳	国网重庆市电力公司江北供电分公司
101	以“六个一”企业愿景为纽带，探索实践煤炭清洁高效利用	秦建明、李振伟	华能（天津）煤气化发电有限公司
102	“四知”筑廉护航企业健康发展	孙学军	华电莱州发电有限公司
103	持续推进文化创新　矢志打造世界一流能源集团	陈进行、邹嘉华、刘智辉、田广河、杨　柳、云　端	中国大唐集团公司
104	以职工发展报告推动重组企业文化融合	阚　震、汪臻毅、左国志、刘　剑	中国能源建设集团有限公司
105	桂林供电局“知行山水”特色法文化	李　晨、唐　磊、俞肃婷、黄麒宇、欧阳成好、文　博、连欣宇	南方电网广西桂林供电局
106	建设“美丽鲁能”，树立卓越品牌形象	刘　宇、梁中基、孙文燕、陈　坤、王　进、刘肖莉、李颖慧	鲁能集团有限公司
107	企业文化示范点量化评价体系构建及实践	石华军、吕文杰、倪　春、黄建宏、张　鲲、陈建昌、杨建华	国网江苏省电力有限公司
108	“双湖精神”在电力企业文化建设中的创新与实践	张现平、李　巍、周　琳、郭海宁、李卫华、苏夏清、张冰玉、雷　艳	中国电建集团西北勘测设计研究院有限公司

企业文化建设示范单位

序号	申报单位
1	国家电网浙江省电力公司
2	中国核能电力股份有限公司
3	中国长江电力股份有限公司
4	国家电网四川省电力公司
5	中国电建海外投资有限公司
6	中国能建安徽电力建设第一工程有限公司
7	大唐河南许昌龙岗发电有限责任公司
8	大唐国际陡河发电厂
9	中国能建广东省电力设计研究院有限公司
10	南瑞集团公司（国网电力科学研究院）
11	国家电投通辽发电总厂
12	中国国电龙源电力集团股份有限公司
13	南方电网深圳供电局有限公司输电管理所
14	国家电网青海省电力公司
15	华能国际德州电厂
16	中国水利水电第八工程局有限公司
17	南方电网广东电网公司中山供电局
18	大唐环境产业集团股份有限公司
19	中国核电三门核电有限公司
20	华能国际长兴电厂
21	中国能建湖南火电建设有限公司
22	南方电网贵州电网公司毕节供电局
23	中国华电新疆发电有限公司乌鲁木齐热电厂

2017年度水力发电科学技术奖获奖项目

序号	项目名称	完成单位	完成人
一等奖			
1	300m级高心墙堆石坝施工关键技术研究与应用	中国水利水电第五工程局有限公司、四川大学、四川大唐国际甘孜水电开发有限公司、河海大学、中国电建集团成都勘测设计研究院有限公司、四川二滩国际工程咨询有限责任公司、中国水电基础局有限公司	吴高见、李法海、薛　凯、田中涛、熊　雄、韩　兴、姚　强、江万红、孙林智、杨建平、周家文、李洪涛、王嵛民、戴松贵、朱　晟

续表

序号	项目名称	完成单位	完成人
2	300m级特高拱坝安全控制关键技术及工程应用	中国电建集团成都勘测设计研究院有限公司、中国三峡建设管理有限公司、雅砻江流域水电开发有限公司、清华大学、中国水利水电科学研究院、四川大学	王仁坤、祁宁春、洪文浩、李德玉、杨　强、周　钟、赵文光、林　鹏、潘坚文、刘有志、杨建宏、邵敬东、张建海、王海波、张　冲
3	超强震区特高拱坝建设关键技术及大岗山工程应用	中国电建集团成都勘测设计研究院有限公司、国电大渡河流域水电开发有限公司、中国水利水电科学研究院、清华大学、武汉大学、中国葛洲坝集团第一工程有限公司、长江勘测规划设计研究有限责任公司	林丹、邵敬东、黄彦昆、涂扬举、王仁坤、金　峰、李德玉、严　军、姜清辉、陈　林、姚福海、黎满林、吕鹏飞、涂　劲、潘坚文
4	智慧工程管控模型与平台在大型水电流域的开发与应用	国电大渡河流域水电开发有限公司、中国电建集团华东勘测设计研究院有限公司、四川大学	涂扬举、王金锋、严　军、周业荣、李善平、晋　健、王国光、陈建康、王文涛、杨庚鑫、张业星、李鹏祖、唐海涛、唐松强、马芳平
5	超深与复杂地质条件混凝土防渗墙关键技术	中国水电基础局有限公司、中国水利水电科学研究院	宗敦峰、刘建发、肖恩尚、王玉杰、孔祥生、韩　伟、石　峰、胡　斌、赵明华、符　平、李　军、魏　良、李明宇、夏洪华、李振远
6	400MW级大型抽水蓄能机组关键技术研究与应用	国网新源控股有限公司、浙江仙居抽水蓄能有限公司、中国电建集团华东勘测设计研究院有限公司、哈尔滨电机厂有限责任公司、东方电气集团东方电机有限公司	姜成海、佟德利、胡万飞、陶星明、郑小康、罗成宗、胡清娟、陈顺义、覃大清、黄智欣、丁　光、魏春雷、李成军、卜良峰、杨世福
7	流域水电全生命周期数字管理平台研究与应用	雅砻江流域水电开发有限公司、中国电建集团成都勘测设计研究院有限公司、天津大学、北京超图软件股份有限公司	吴世勇、王仁坤、毛学工、杨小铮、马　斌、申满斌、邱向东、熊开智、钟桂良、朱华林、熊　亮、杜成波、钟维民、张超锋、李继安
8	南水北调中线渠道工程关键技术	长江勘测规划设计研究有限责任公司、南水北调中线干线工程建设管理局、中国葛洲坝集团第一工程有限公司、中国科学院武汉岩土力学研究所、河南省水利勘测设计研究有限公司、中国水利水电第四工程局有限公司、河南水建集团有限公司	谢向荣、贾志营、吴德绪、程德虎、陈善雄、朱太山、席　浩、张传健、申振龙、冷星火、陈谋建、潘　江、孙卫军、刘子慧、倪锦初
9	南水北调中线突发水污染监测调控与处置关键技术	中国水利水电科学研究院、南水北调中线干线工程建设管理局、北京师范大学、哈尔滨工业大学、天津大学、北京工业大学、力合科技（湖南）股份有限公司	雷晓辉、王　浩、杨志峰、蒋云钟、尚宇鸣、练继建、郑　彤、权　锦、程德虎、张永祥、王　鹏、刘海飞、秦　韬、张乐群、马　超
10	海上风电场关键技术及其工程应用	中国电建集团华东勘测设计研究院有限公司、江苏海上龙源风力发电有限公司、中国三峡新能源有限公司、中广核如东海上风力发电有限公司、江苏龙源振华海洋工程有限公司、大连理工大学	赵生校、汪明元、吴关叶、李　炜、单治钢、俞华锋、杨建军、戚海峰、高宏飚、吕鹏远、徐成根、张乐平、姜贞强、李　昕、孙淼军

续表

序号	项目名称	完成单位	完成人
11	大型水电工程建设全过程数字化动态管控关键技术	中国长江三峡集团公司、中国联合网络通信有限公司四川省分公司、中国葛洲坝集团三峡建设工程有限公司、武汉英思工程科技股份有限公司、清华大学、上海高千软件科技有限公司、四川川大智胜软件股份有限公司	樊启祥、金和平、汪志林、刘　畅、李国建、张攀峰、林　鹏、高向友、杨　艇、时会良、谢　亮、张　睿、刘　锋、刘元达、王留涛
二等奖			
1	大型抽水蓄能机组调速系统仿真建模、控制优化与性能测试关键技术及应用	华中科技大学、江西洪屏抽水蓄能有限公司	周建中、杨洪涛、许颜贺、散齐国、李超顺、熊　涛、王康生、郑　阳、张　楚、张云程
2	巨型水电厂运维关键技术研究与实践	华能澜沧江水电股份有限公司小湾水电厂	向泽江、鲁俊兵、张洪涛、乔进国、赵晓嘉、曹一凡、齐巨涛、龚登位、徐德新、张鹤鸣
3	抽水蓄能机组健康评价与故障预警关键技术及应用	国网新源控股有限公司技术中心、南京南瑞集团公司、国网新源控股有限公司、北京华科同安监控技术有限公司	桂中华、潘伟峰、樊玉林、宫　奎、张　飞、常玉红、郑松远、王　勇、朱　浩、宋旭峰
4	葛洲坝电站水轮发电机组更新改造增容	中国长江电力股份有限公司检修厂	薛福文、王　宏、熊　浩、韩　波、肖　荣、吴　炜、徐　进、付海涛、毛松柏、刘　斌
5	大体积水工混凝土高性能化关键技术研究与工程应用	中国长江三峡集团公司、长江水利委员会长江科学院、中国水利水电科学研究院	李文伟、樊启祥、杨华全、甄永严、陈改新、董　芸、张曙光、周世华、王秀军、陈文耀
6	水电厂大型 PLC 国产化及通信网络化技术研究及应用	雅砻江流域水电开发有限公司、南京南瑞集团公司	毛学工、王兆成、单鹏珠、任　海、隋　彬、刘娟莉、丁东华、廖　波、张　勇、钟卫华
7	长河坝水电工程地质灾害监测、预警及治理关键技术研究应用	中国大唐集团公司、大唐国际发电股份有限公司、四川大唐国际甘孜水电开发有限公司、北京中颐允能科技有限公司、中国电建集团成都勘测设计研究院有限公司	李文谱、殷跃平、李世东、熊　雄、苏　民、何兴勇、时　斌、袁有仓、姜长飞、付　强
8	新型胶凝砂砾石过水围堰研究与应用	华能澜沧江水电股份有限公司、中国电建集团北京勘测设计研究院有限公司、水利部交通运输部国家能源局南京水利科学研究院、四川大学、武汉大学	薛宝臣、艾永平、周　华、范建章、陈　江、顾　伟、迟福东、戈雪良、白　宇、龚永生
9	水电站扩建工程百米级深水无导轨水上下闸封堵技术	中国水利水电第七工程局有限公司、武汉大学	柏胜平、杨合谊、张光辉、郜时宏、徐红刚、伍夕国、赵海洋、孔令富
10	南水北调中线工程关键施工技术研究与应用	中国水利水电第七工程局有限公司	向　建、张登柱、殷本林、倪坤林、王先平、邓　鹏、姜暑芳、王吉成、郭　瑞、蒋爱民

续表

序号	项目名称	完成单位	完成人
11	复杂环境700m级上下重叠相邻边坡群快速施工技术研究	中国葛洲坝集团第二工程有限公司	周　伟、张建均、王泽光、李　轩、金志斌、苏　海、张　伟、余　鹏、朱向阳、冯丕松
12	溪洛渡水电站8000kN特大型门机研制	中国水利水电第七工程局有限公司	吴思够、曾　文、李启江、蒋从军、姚　刚、杨　芳、李　谦、夏　理、江健炜、李　健

2016年度能源软科学研究优秀成果奖
电力行业获奖项目

序号	成果名称	主要完成单位	主要完成人
一等奖			
1	可再生能源"十三五"及中长期发展战略研究课题	国家发展和改革委员会能源研究所	王仲颖、任东明、刘　坚、赵勇强、陶　冶、高　虎、时璟丽、胡润青、郑雅楠、雷岩鹏
2	全球能源转型背景下清洁发展与电网互联互通理论与实践创新	国家电网公司、国网能源研究院	王　敏、张运洲、邱忠涛、张　栋、张富强、孙祥栋、徐　杨、王耀华、周原冰、徐晓阳
3	东北电力辅助服务市场研究	国家能源局东北监管局、国家电网公司东北分部、华北电力大学、清华大学	戴俊良、张　锐、张　程、宋伟宁、刘永奇、李泽宇、李　群、张弘鹏、王　鹏、陈启鑫
4	中国能源展望2030、2050	国家能源局发展规划司、中石油经济技术研究院、中石化经济技术研究院、国网能源研究院、煤炭工业发展研究中心	何勇健、宋　雯、魏一鸣、杨瑞广、李继峰、郭焦锋、苏宏田、陶　冶、张佳丽、王　茜
二等奖			
1	能源需求及碳排放预测综合集成方法及其在能源"十三五"规划中的应用	北京理工大学	魏一鸣、梁巧梅、杨瑞广、廖　华、唐葆君、余碧莹、王　科、王晋伟、蔡嘉玮、薛美美
2	电力系统革命战略研究	国网能源研究院、南方电网科学研究院有限责任公司、水电水利规划设计总院、中国电力科学研究院	张运洲、王耀华、张富强、伍声宇、冯君淑、焦冰琦、弭　辙、周保荣、李少彦、李建林
3	我国地热资源开发利用战略研究	中国地质科学院水文地质环境地质研究所、天津地热勘查开发设计院、中国地质大学（北京）、中国科学院广州能源研究所、天津大学	王贵玲、多　吉、胡先才、孙宝成、李克文、马伟斌、朱家玲、何雨江、张　薇
4	水电行业技术标准体系课题研究	水电水利规划设计总院、中国电建集团北京勘测设计研究院有限公司、中国电建集团成都勘测设计研究院有限公司、中国长江三峡集团公司、中国水利水电第八工程局有限公司	郑声安、李仕胜、彭土标、党林才、万文功、王毅鸣、赵　琨、尹显俊、曾凡杜、岳　蕾

续表

序号	成果名称	主要完成单位	主要完成人
5	中国海上风电电价形成机制研究	中国长江三峡集团公司、国家发展和改革委员会能源研究所、国家可再生能源中心、北京计科能源新技术公司	赵　峰、李秀峰、时璟丽、李清龙、韩　冰、唐晋力
6	我国绿色电力证书自愿认购交易机制研究	水电水利规划设计总院、国家能源局新能源和可再生能源司	易跃春、朱　明、郭雁珩、李　鹏、徐国新、艾　琳、安　琪、冯泽深、徐一凡、夏　婷、王　烨
7	考虑时空互补特性的高比例可再生能源接入电力系统运营优化机制设计研究	中国大唐集团公司、华北电力大学、中国石油大学（北京）	李云峰、谭忠富、鞠立伟、杨新林、焦　扬、吴　静、蒲　雷、谭清坤、张　奇、荣梦蕾
8	蒙西新能源发电全额消纳试点方案研究	电力规划设计总院	杜忠明、韩小琪、刘世宇、苏辛一、王雅婷、陈俊杰
9	煤与非煤清洁发电竞争力与节能减排比较研究	煤炭科学研究总院	申宝宏、吴立新、任世华、樊金璐、高明涛、刘见中、胡炳南、孙小燕、秦容军、郑德志
10	基于能源转型视角的能源体制革命研究：以电力行业为例	中国社会科学院工业经济研究所、贵州财经大学	朱　彤、朱　殊、王　蕾、袁惊柱

社会责任

【国家电网有限公司社会责任报告(摘要)】

2017年国家电网公司社会责任报告包括高质量发展、本质安全、卓越管理、创新驱动、优质服务、振兴乡村、员工成长、互利共赢、企业公民、绿色环保、服务和推进"一带一路"建设、透明运营等部分。

一、高质量发展

打造特高压电网世界品牌。极大提高资源配置能力，推动新能源集约开发，解决能源稀缺，促进东中部地区大气污染防治，构筑电力丝路大通道，保障夏季高峰用电，支援西部惠及全民，发挥显著的社会效益和经济效益。成功研制世界首个±1100kV特高压直流穿墙套管，自主研发并投运世界首台1100kV交流滤波器组断路器。推进苏通GIL综合管廊工程关键技术、三维数字化设计、特高压交流复合横担技术等多项技术攻关。

统筹各级电网协调发展。合理规划全网规划。完成"十三五"规划滚动优化；规划小城镇电网改造升级，补齐城乡配电网短板；科学精准投资管控进一步加强；与8个省（区、市）政府举行会谈并签署战略合作协议；稳妥推进国有企业供电设施移交接收。统筹推进各级电网建设。深化进度计划精益管理，推进重点工程分类、分层、分级管理，优化完善建设协调体系，强化基建信息系统应用；推进"村村通动力电"、"井井通电"、小城镇（中心村）电网改造升级和京津冀重点区域"煤改电"配套电网建设顺利完成。推进世界一流配电网建设。根据国家电网公司"世界一流城市配电网"专项规划，推进北京、上海等10个城市的世界一流城市配电网建设。预计到2020年主要指标达到国际先进水平，基本建成安全可靠、优质高效、绿色低碳、智能互动的世界一流城市配电网。

二、本质安全

1. 提高电网本质安全水平

全面排查安全隐患。开展安全生产大检查，全面覆盖各级单位、各专业、各类场所及作业现场；有针对性地开展基建安全和基建现场反违章专项活动；做好配电网工程、信息和产业等安全工作；积极更换新型用电设施，提高设备本质安全水平。

全面加强安全质量管控。推进质量监督管理工作，建立基建安全日报、周报机制，强化施工风险管理到岗到位，严肃开展安全责任落实督查及量化考核。提升信息通信本质安全和运行水平，网络安全管控措施成效显著。

2. 确保安全可靠的电力供应

完成迎峰度夏工作任务。2017年受持续大范围高温天气影响，6个区域电网、21个省级电网负荷创历史新高。国家电网公司认真贯彻全国安全生产电视电话会议精神，分析迎峰度夏电力供需形势，保障三大特高压直流输电工程满功率运行，确保电网安全运行和电力可靠供应。

有效应对突发灾害。面对2017年我国相继出现的自然灾害，国家电网公司启动应急预案，迅速开展抢险救灾保供电工作，及时恢复受损电网设施，全力做好抢险救灾工作，及时快速恢复供电，有效应对四川九寨沟7.0级地震，湖南、江西、辽宁、吉林等地持续强降雨，以及"纳沙""海棠"双台风等自然灾害。

3. 完成重大活动保电任务

高标准、高质量地圆满完成了党的十九大、全国两会、"一带一路"国际合作高峰论坛、金砖国家领导人厦门会晤、第十三届全运会等重大活动保电任务。

三、卓越管理

推进电力体制改革。促进增量配电业务放开。启动混合所有制配售电公司运作，探索以市场化方式缓解"三弃"问题；配合国家发展改革委推进跨区跨省输电价格改革，圆满完成省级电网输配电价核定工作。推进电力市场建设。持续规范交易机构，不断丰富交易品种，基本建立常态化市场运营机制；建立省间、省内中长期电力交易机制，基本建成"统一市场、两级运作"的全国电力市场体系。培育配售电市场。探索增量配电混合所有制实现方式；售电侧改革试点蓬勃发展；设立园区供电服务机构，快速响应园区客户用电需求，服务效率大幅提升。推进国资国企改革。全面完成公司制改制，加强制度建设。

四、优质服务

建立以客户为中心的现代服务体系。优化供电指挥服务平台，服务公共事业促发展，打造便捷售电结算体系，维护广大电力用户客户信息安全。强化综合能源服务新型业态。深化"大云物移"应用，主动告知关键环节信息，"多表合一"惠及民生，持续推进智能电能表应用，推进营业厅转型升级。

五、振兴乡村

1. 援藏援疆

电网建设。落实国家治边稳藏部署，安全优质建设藏中联网工程；加快新疆电网建设，促进南疆资源优势转化为经济优势，提升电网可靠供电水平。

人才投入。实施东西人才帮扶，从31家单位选派423名管理和技术人员，赴新疆、西藏等5家公司帮扶开展电网建设、管理提升等工作。

文化推广。落实援藏援疆文化帮扶措施，组织编写援藏援疆企业文化双语（藏汉、维汉）读本，组织开展援藏援疆送文化工作，赠送流动书箱、数字阅读一体机和文体活动设施，创作推出一批电网题材文学艺术精品，为广大员工提供便捷、高效的立体化阅读体验和全方位文化服务。

2．助学、助老、助残

打造助学、助老、助残公益品牌。依托“留守学生之家”“春苗之家”等500余个关爱活动阵地，累计帮扶社会弱势群体90余万人。实施“新长城”助学项目，帮助100余名学子圆梦大学，帮扶湖北“三县一区”400名贫困家庭高中生。开展“救急难”行动试点。

颁发第四届“特高压电网奖学金”。2017年，向20所院校的180名电力专业本科生颁发“特高压电压奖学金”共计180万元。“特高压电网奖学金”是电力行业核心价值观的有力展示，是加强行业合作、校企合作，自觉回馈社会和公众的积极作为。

3．扶贫攻坚

“国网阳光扶贫行动”成效显著。“国网阳光扶贫行动”成为央企扶贫范例。主动与各级政府、项目业主沟通对接，畅通工程绿色通道，确保项目及时并网发电，并按照约定周期按时结算上网电价，及时拨付政府补贴。制定《精准扶贫村级光伏电站管理与评价导则》。电商扶贫专区运行稳定。持续推进中央企业帮扶百县万村活动。

赢得利益相关方价值认同。承办全国光伏扶贫现场观摩会，光伏扶贫成果展获得国务院扶贫办高度评价。以奖代补的扶贫做法获得国务院扶贫办等部委（办）充分肯定，赢得社会各界对央企所创造的综合价值的普遍关注和高度认同。以奖代补的扶贫做法成为国家电网公司积极探索和实践的课题。

塑造公益品牌。结合湖北“三县一区”（秭归县、长阳县、巴东县、神农架林区）、青海玛多光伏电站精准扶贫，塑造“国网阳光扶贫行动”公益品牌。开展“用心点亮金刚台”“爱心红丝带”“国家电网春苗之家”等公益项目品牌传播。

六、绿色环保

推进再电气化战略。扎实推进新能源大规模开发利用，成立促进新能源消纳工作领导小组，制定促进新能源消纳综合方案，助力我国成为第一风电大国，构建了分布式光伏云网，同时积极推广高速公路护坡光伏发电，规划建设特高压外送水电通道。积极拓宽电能替代范围和领域，按照“成熟领域全覆盖、新兴领域大力推、创新领域抓试点”对替代领域系统布局，大规模压减终端直燃煤、直燃油消费，带动各行各业实施再电气化。

促进电网节能减排。电网工程建设项目环保率连续九年保持100%；净化处理六氟化硫气体70t，相当于减排二氧化碳167.5万t；推进含多氯联苯电力设备封存点环境无害化处置工作；完成上海庙—山东、锡盟—泰州、扎鲁特—青州特高压直流输电工程环保水保专项检查。

助力社会节能减排。以国网综合能源服务公司为主体，针对客户需求多、项目点多面广、技术类别复杂等特点，以园区、工业企业、公共建筑等为重点，整合资源，统筹能效诊断监测、节能改造、冷热电三联供、储能等技术，满足客户对电、气、冷、热等各类能源服务需求。

积极建设抽水蓄能电站。2013～2017年，累计开工建设21项抽水蓄能电子工程，装机容量达3015万kW；累计投产5座抽水蓄能电站，装机容量610万kW。

【中国南方电网有限责任公司社会责任报告（摘要）】

2017年南方电网公司社会责任报告主体篇包括电力供应、绿色环保、经营效率和社会和谐四大章节，识别出的实质性议题分别进行坦诚披露。

一、电力供应

把满足人民追求美好生活的电力需求作为公司一切工作的出发点和落脚点，不断提升供电质量和服务水平，全面兑现服务承诺，让广大客户从用上电到用好电。优化升级客户全方位服务体系，竭力解决客户关心的用电问题，用可靠优质的电力供应、真诚贴心的服务获得了五省区客户的广泛认可。2017年，南方电网公司第三方客户满意度81分，同比提高1.5分，连续多年荣获地方政府公共服务公众评价满意度第一名。

弘扬生命至上、安全第一的思想，强化风险意识，夯实安全基础，提升电网抵御自然灾害的综合防范能力，确保电网安全稳定运行。2015～2017年南方电网公司安全生产风险管理体系成果3钻及以上评级已达到107家，占89%。在安全压力大、运行任务重、故障异常多的情况下，全系统没有发生较大及以上人身事故，没有发生设备和电力安全事故，没有发生对公司和社会造成重大不良影响的电力安全事件。

深入实施国家创新驱动发展战略，加快应用前沿技术改造升级传统电网，大力推进科技创新、管理创新和职工创新，建设创新型企业。

二、绿色环保

主动推动能源结构优化，提高非化石能源利用比重，努力让南方区域天更蓝、地更绿、水更清。

南方电网公司充分发挥电网资源优化配置平台功能，不断优化能源结构，推动能源供给从集中、大规模、以传统化石能源为主向分布式能源、新能源成为主要能源之一的绿色低碳模式转变，努力构建人与自然和谐共生的新格局。2017 年，南方电网公司非化石能源装机容量占比 50.2%；万元产值综合能耗 0.151t/万元（标准煤）；单位发受电量化石能耗 142.5g/kWh（标准煤），同比下降 0.90%；西电东送电量中清洁能源占 87%，增加 5.3 个百分点。

坚持绿色低碳发展，将绿色发展理念贯穿于生产、运营全过程，最大限度降低自身能耗。传播低碳环保理念，开展节能服务，为经济社会贡献绿色力量。南方电网公司持续完善环境保护管理机制和环保预警应急机制，将绿色环保理念融入电网建设、变电站建设的规划、施工、运营全过程，建立与利益相关方常态化沟通机制，携手利益相关方共同参与绿色电网建设。

三、经营绩效

以瘦身健体提质增效为主线，全力增效益、促改革、补短板，积极适应输配电价改革新机制，实现年度经营目标，资产负债率稳步下降，连续 11 年荣获国务院国资委年度经营业绩考核 A 级，世界 500 强排名第 100 位，首次入选世界品牌 500 强第 299 位。

南方电网公司坚持全面依法治企，深化内部体制机制改革，基本建立“总部抓总、省公司做实、基层供电局强基、竞争类公司搞活”的管控模式，构建精益管理体系，精益理念深入人心，夯实可持续发展的内生动力。

南方电网公司坚持“消除浪费、创造价值、持续改善、精益求精”的精益理念，抓好全面标杆管理和全员自主改善两个载体，大力实施精益项目，建立了达标激励等持续改进机制，构建起具有南网特色的精益管理推进体系。

四、社会和谐

南方电网公司坚持以人为本，积极维护员工权益，支持员工发展，努力营造健康、活力、暖心的企业氛围，不断增强员工的获得感、幸福感。坚持公平、公开的招聘雇佣原则，杜绝任何形式的就业歧视。依法签订集体合同，劳动合同签订率 100%。建立效率优先、兼顾公平的薪酬分配机制，严格执行国家及地方社会保障机制，全年社会保险覆盖率 100%。完善以职代会为基本形式的企业民主管理制度，抓实职工代表巡视制度，巩固厂务公开贯标认证成果。员工参加工会比例 100%，各级工会主席信箱办理答复率 100%。

南方电网公司主动关注社会民生问题，利用自身核心优势开展精准扶贫、支持地区发展、热心社会公益，将社会发展需求融入日常经营活动，用南网真情点亮万家灯火、温暖社区公众。直接帮扶 17.9 万贫困人口脱贫。

南方电网公司主动投身社会公益事业，通过参与公益捐赠、支持员工开展志愿服务等方式，为公益事业注入南网力量。建立“网公司-各分子公司-各地市供电局-各县公司（供电局）”的志愿服务体系，成立志愿服务总队，鼓励员工参与志愿服务，打造“万家灯火　青春电亮”志愿服务品牌及“幸福厨房”等志愿服务子品牌，用行动践行南网志愿精神。2017 年，南方电网公司所属各单位成立各级志愿服务团队 336 个，累计开展志愿服务活动 3000 余次，服务对象约 74 万人次，累计服务时长近 18 万 h。

【中国华能集团有限公司社会责任报告(摘要)】

中国华能 2017 年可持续发展报告，主体部分以“共谱华章，做改革创新的表率”“共护环境，做生态文明的表率”“共创价值，做开放合作的表率”“共享未来，做以人为本的表率”“共建美好，做感恩奉献的表率”为框架，系统阐述了 2017 年以来，中国华能坚持以创建具有全球竞争力的世界一流企业为引领，以提高发展质量和效益为中心，以供给侧结构性改革为主线，在改革创新、生态文明、开放合作、以人为本、感恩奉献等方面，持续推进中国华能做强做优做大所开展的工作和取得的成效。

中国华能作为国有重要骨干企业，坚持服从和服务于国家利益和发展战略，坚守国有资产保值增值和保障电力供应的本质责任，以创新驱动发展，以稳健开拓未来，不断加强产业协同，锐意进取，砥砺奋进，积极促进经济社会全面发展。全面深化企业改革，应对电力市场改革，实现稳健发展。优化产业结构，坚守保障电力供应的本质责任，着力发展电力产业；煤炭生产保持稳定，2017 年，煤炭产量达到 7107 万 t；港航管理体系不断理顺，积极外拓市场、内强管理，经营状况明显改善；公司深入实施创新驱动发展战略，加强科技成果的转化及产业化。围绕“实现产业领域一流金融控股公司”目标，全面推进“金融华能”战略布局，成立专项工作组，深入开展产融结合和供应链金融业务。

加强科技创新，中国华能不断完善重大科技研发项目管理体系，积极参与“面向 2030 重大科技项目——煤炭清洁高效利用”的设计工作。2017 年集中人力、物力、财力攻关一批重大关键技术，取得诸多重大科技成果，全年共获授权专利 542 项，其中发明专利 175 项，国际专利 1 项。

中国华能积极响应国家建设美丽中国的号召，始终将绿色发展作为提升生态文明建设的重要举措，加快电源结构调整，不断开发清洁能源，为人民生活创造良好生活环境，用责任保护祖国的绿水青山，积极构建资源节约型、环境友好型社会，不遗余力地打造绿色华能。深化环境管理，调整能源结构，落实清洁生产，截至2017年底，完成100台3600万kW机组超低排放改造，累计实现超低排放260台1亿kW以上，容量占比达到90%，处于同行业领先水平。

中国华能始终坚持共商共建共享，不断加强与政府、高校、企业等组织的战略合作，实现价值、效益最大化。深入推进国际化发展战略，紧跟国家“一带一路”脚步，打开全面开放发展的新格局，走出国门，走向世界，不遗余力地打造开放华能。巴基斯坦萨希瓦尔燃煤电站竣工，标志着中国企业在海外投资建设的最大规模燃煤电站全面建成并投产发电。桑河二级水电站首台机组顺利通过试运行，标志着亚洲第一长坝、柬埔寨最大的水电工程正式投产发电。对9家区域公司和17家三级单位开展以燃料采购管理为重点的专项巡察。

中国华能秉承依靠群众办企业的方针，将员工视为企业成功的必要因素，坚持利益共享，构建内部和谐共融生态圈，关注安全生产、权益保护、人才培养、困难帮扶等重点议题，严格践行员工责任，激发员工主人翁意识，增强团队凝聚力，提升战斗力，不遗余力地打造人本华能。完成党的十九大、“两会”、“一带一路”峰会等重要时段服务保障任务。发布安全生产工作纲领性文件——《安全生产领域改革发展意见的实施方案》。命名表彰9位“华能榜样”，为全系统员工树立身边的榜样。

中国华能坚持用大爱回报社会，造福百姓，积极投身全国脱贫攻坚战，扎实推进新疆阿合奇县、陕西榆林市的定点扶贫工作，为决胜2020年全面建成小康社会不断奋斗，不遗余力地打造感恩华能。发布我国电力行业首部企业扶贫专项报告——《中国华能集团公司精准扶贫白皮书》。开展“扶贫领域专项巡察”工作，全面梳理十八大以来扶贫领域工作开展情况。深入开展青年志愿服务活动，打造“三色帆”品牌公益项目。

【中国大唐集团有限公司社会责任报告(摘要)】

2017年，大唐集团认真贯彻党中央、国务院重大决策部署，按照“1126”总体要求，努力应对复杂严峻形势，保持安全生产总体平稳，经营发展持续向好，职工队伍和谐稳定的良好态势。截至2017年底大唐集团资产总额达到7208亿元，营业收入达到1710亿元，装机规模达到1.37亿kW，全年完成发电量5169亿kWh，实现净利润50.81亿元，资产负债率降至79.96%，圆满完成国资委下达的年度考核目标任务。

经营业绩成效显著。电力产业实现利润42.12亿元，其中，水电53.33亿元，风电26.76亿元，煤电(含热)−41.23亿元，光伏发电3.26亿元。非电产业实现利润22.55亿元，其中，金融14.13亿元，科技环保9.24亿元，物流2.75亿元，煤炭开采−2.15亿元；燃料经营1.77亿元。

结构调整取得大力进展。认真贯彻国家防范化解煤电产能过剩风险要求，大唐集团重点战略项目顺利推进。全年完成核准电源项目598万kW，清洁能源占比60.67%。全年投产发电容量844.5万kW，清洁能源占比55.31%。精品工程建设再上新台阶，长河坝成功实现一年四投，托克托电厂成为世界最大在役发电厂。完成煤炭去产能300万t任务，盘活置换资源，龙王沟等重点项目建设取得重大进展。

环保工作水平逐步提升。2017年内完成大唐集团102家发电企业排污许可证申领。全年完成36台机组超低排放改造任务，累计完成超低排放机组改造达到202台，共计8441万kW，占在役燃煤机组容量的87.5%。健全重污染天气应急管理，强化污染物排放控制，全年二氧化硫、氮氧化物、烟尘和废水排放绩效分别完成0.21、0.26、0.06、80g/kWh，环保运行水平持续提升。供电煤耗完成305.28g/kWh，同比降低1.57g/kWh。调电计划完成105.04%，超计划198.9亿kWh。

国际化发展更加有力。大唐集团秉持着“一带一路”倡议的“共商、共建、共享”原则，充分发挥自身优势，以基础设施互联互通为突破口，重点推进对“一带一路”建设起基础性作用和示范效应的项目。基本完成葡萄牙风电项目并购，实现大唐集团在发达国家和境外可再生能源领域投资零的突破。印尼米拉务、老挝北本、巴基斯坦卡西姆港等项目推进取得新进展。2017年，国际工程承包实现收入3735万元，海外技术服务实现收入9963万元。

精准施策定点扶贫取得新成效。大唐集团严格按照党中央、国务院脱贫攻坚决策部署，切实履行中央企业“经济、政治、社会”责任，坚持精准扶贫、精准脱贫基本方略，以电力项目扶贫、产业扶贫、科教扶贫等为抓手，大力实施一批脱贫工程，扶贫工作取得了突出业绩，赢得了当地有关政府和人民群众的高度评价。在陕西延安，建设2台35万kW超临界热电机组，并录用50名延安老红军、老革命后代进入延安电厂工作。在江西，抚州电厂两台百万机组每年可向当地政府缴纳5亿元左右税款，并可为当地老百姓提供约1000人的就业机会。在新疆，积极推进5个项目，合计10台机组，总容量740万kW清洁高效大容量火电项目的前期工作。在西藏，2017年，波堆电站总发电量6255.86万kWh，汪排电站总发电量1666.05万kWh，玉曲河流域梯级电站共完成投资9260万元。在青海，确定多合旦寺人饮工程等6个援建项目，已落实援建项目资金350万元。在四川藏区，长河坝水电站实现“一年四投”，黄金坪项目六台机组全部投产，截至2017年底，两项目累计向地方缴纳税金共约7.5亿元。

圆满完成十九大保电任务。十九大保电工作贯穿全年，持续夯实保电工作基础。大唐集团1740万kW以上装机承担北京一半以上的供电任务，在保电期间成立6个领导督查组和5个专业督查组，圆满完成十九大保电和保空气质量工作。

【中国华电集团有限公司社会责任报告(摘要)】

中国华电积极履行社会责任，构建企业社会责任管理的长效机制。成立社会责任领导小组，由公司主要领导担任领导小组组长，总部各部门领导担任成员，负责公司社会责任工作的组织领导，制定公司社会责任工作的战略，建设公司社会责任管理体系，部署公司重大社会责任活动，决定社会责任报告发布等有关事宜。

社会责任领导小组下设办公室，办公厅归口管理，接受公司社会责任工作领导小组的领导，负责社会责任工作的日常管理和组织实施，负责社会责任报告的编制和发布工作。总部各部室设置社会责任联络人，负责具体推进社会责任工作。

《中国华电集团有限公司社会责任指标体系》披露了涵盖发展绩效、经济绩效、环境绩效、社会绩效和责任管理五大领域的196项社会责任指标，有效地回应利益相关方，推动公司社会责任管理提升和社会责任履行。

2017年，中国华电继续大力推进"中国华电　度度关爱"责任品牌实施战略和责任品牌"4C"行动计划，在信息披露和公众沟通方面不断努力探索，取得突出成效。透明度水平稳中有升，信息覆盖更加全面。一是创新沟通载体，在发布社会责任报告的基础上发布社会责任宣传片、度度关爱"4C"计划宣传片、中国华电神剪辑、中国华电立体书（H5）等独具特色的传播作品，立体化披露履责理念和绩效。二是丰富沟通形式。开展首届"我为度度关爱代言"公众开放日、第二届"度度关爱"社会责任月及十佳社会责任案例评选活动，系统80多家基层单位积极参与，形成线上线下、系统内外、多元化、立体化传播态势。信息披露形式多样化，沟通传播效果更加显著。

连续第十年发布年度社会责任报告，连续第五年获得中国企业社会责任报告评级专家委员会"五星级"评价（卓越者行列），社会责任发展指数连续3年排名全国第二。报告紧跟"互联网＋报告"趋势，研发设计H5版本，中英文视频报告等形式。

积极"走出去"，参与国内外社会责任交流活动。2017年，组织参与了首届《中国企业应对气候变化自主贡献研究报告》发布会暨研讨会、中国社会责任百人论坛——企业精准扶贫高峰论坛暨首届北京社会责任展、中国社会责任百人论坛暨《中央企业社会责任蓝皮书（2017）》发布会以及新华网主办的"2017中国社会责任公益盛典""2017第七届中国能源高层对话"等活动，并作为优秀企业代表在会上分享履责实践，获得与会CSR同仁的高度好评。

一、标本兼治，有效防范化解重大风险

中国华电紧紧围绕供给侧结构性改革这条主线，积极防范资金风险、经营风险、产能过剩风险，以"三去一降一补""去杠杆降负债""处僵治困"等专项工作为抓手，切实筑牢风险防范的免疫屏障。多措并举降低资产负债率，高质量发展韧性强，潜力大。2017年，中国华电资产负债率同比降低0.73个百分点，连续九年下降，资产结构进一步优化。发电量同比增长4.1个百分点，电量结构不断优化。煤炭、金融等板块效益贡献度持续提升。全面推动无效、低效资产处置，"经济细胞"健康度持续提升。2017年公司累计完成存量压减108户，完成12户"僵尸企业"、9户特困企业治理任务，处置低效无效资产77项，回收资金11亿元。主动防范和化解电力和煤炭产能过剩，加快风险点"精准拆弹"。中国华电主动停建、缓建煤电项目，在"十三五"规划修编中调减煤电装机2190万kW。2017年，坚决落实党中央决策部署，停建、缓建12个煤电项目近1500万kW。退出煤矿4处，提前完成煤炭去产能2020年目标任务。

二、擦亮底色，坚决打好防治污染攻坚战

2017年年初，中国华电提出"低能耗、低排放、高效率"的总体发展要求，并调整了公司"十三五"发展目标，明确2020年要实现"2218"目标，特别是前两个2："到2020年公司单位电能排放指标比'十二五'末降低20%、单位电能化石能源消耗比'十二五'末降低20g"。这次重大调整淡化了规模指标，更加突出了低碳环保、质量效益，目的在于用清洁低碳、一次能源利用效率等核心指标引领企业加快转型升级。

一年来，中国华电发展方向调整为水电、重型燃机、风光电、分布式、生物质等清洁能源，积极淘汰高污染、高排放机组，加大对现有机组的节能环保改造，不断提升清洁能源供应水平，实现主要污染物排放水平的大幅降低。到2017年底，中国华电清洁能源装机占比38.9%，停缓建煤电机组接近1500万kW，累计完成超低排放机组改造6818万kW，占燃煤机组的77%。圆满完成京津冀及周边"2＋26"城市大气污染防治攻坚任务，火电企业全面完成排污许可证申领。公司单位电能化石能源消耗223g/kWh、供电煤耗300g/kWh，单位二氧化硫、单位氮氧化物、单位烟尘排放绩效分别达到 0.20、0.22、0.024g/kWh，节能环保指标继续保持国内先进水平。

绿水青山就是金山银山，“生态优先，绿色发展”已成为中国华电水电开发的共识。金沙江上游川藏段规划八级电站，总装机容量 961 万 kW，投产后年发电量约 420 亿 kWh，每年可节约标煤消耗 1300 万 t，减少二氧化碳排放 4200 万 t。在水电站前期筹建中，金上公司就形成了以合同责任为主线、环境监理独立监督、地方行政主管部门定期联合监察的综合管理体系；以建设“绿色金上”环保精品工程为目标，编制了《创建“绿色金上”工作方案》，这份被誉为目前国内最好的一份流域水电环境保护策划报告，在水电开发领域开创了编制流域绿色水电建设方案的先河；在流域规划环境影响评价阶段，金上水电规划进行了多方案的比选，创造了国家主导、省（区）支持、水电总院推动、业主全力配合沟通的流域水电规划推进模式和水电资源开发与环境保护协调发展的水电开发模式，被国家能源局总结为“金上模式”。

金中公司创新管理模式，成功实践了施工区本地原生植物移栽。在实施营地绿化时，通过从当地居民手中购买所需移栽植物，已移栽可利用原生植物 2000 余株，一方面保护了原有陆生植物，另一方面节约了数量不菲的工程投资，当地居民也获得了额外收入，实现了多方利益共赢。

除此之外，中国华电还积极研究干热河谷气候下适合生态修复的植物及种植、养护方案，开展了陆生生物关键物种保护与恢复技术研究、高寒高海拔干旱河谷适生种植物研究和植被恢复实验等研究，并通过栽种林木，有效提高了植被覆盖系数和林草覆盖率，为干热河谷气候条件下的生态修复提供了宝贵的借鉴经验。

在大坝开挖和施工中，容易在短时间内产生大强度粉尘，对施工作业人员的身体健康和施工区环境空气质量造成影响。为解决以上问题，云南金沙江中游阿海厂区在常规扬尘控制措施的基础上，在两岸坝肩设置远程喷枪洒水降尘，最大限度降低粉尘对环境污染。

中国华电将阿海水电站建成了一座花园式大坝，建设不仅没有破坏青山绿水，相反地治理了穷山恶水。如今，云南公司 10 个基层电厂已打造成为绿色电厂、花园式电厂、全国最美电厂等，本部还获得了“云南省园林单位”“昆明市园林单位”称号。

距乌江索风营水电站营地不远，就是 2009 年投入使用的珍稀特有鱼类增殖放流站的养殖车间，承担着思林和索风营两座电站的增殖放流任务。截至 2017 年底，增殖放流站已增殖放流珍稀鱼类 450 万尾。此外，增殖放流站还进行鱼类繁殖、培育等方面的科研试验工作，养殖采取循环水为主、流水养殖为辅的模式，极大地减少用水量，提高了水资源利用效率。

中国华电共有 12 座鱼类增殖放流站，分布在乌江、北盘江、金沙江上游、金沙江中游等流域，年放流规模达到 270 万尾，已累计放流各类型 2657 万尾。

【国家能源投资集团有限责任公司社会责任报告（摘要）】

2017 年，国家能源集团坚持以习近平新时代中国特色社会主义思想和党的十九大精神为指引，强化社会责任理念，加强社会责任管理，实现社会责任融入，围绕持续提升企业对外形象、提高企业美誉度和影响力，进一步推动社会责任管理制度化、规范化、科学化，全公司社会责任工作迈上新台阶。

一、社会责任管理取得显著成效

国家能源集团牢记“奉献清洁能源，建设美丽中国”使命，立足实现“更高质量、更高效益、更可持续”发展，不断将“创新、效益、安全、绿色、廉洁、幸福”六大核心理念融入企业发展过程，建立健全“决策—管理—执行”三级联动的企业社会责任管理沟通协调机制，携手各利益相关方共筑美好生活。国家能源集团“爱心行动”被中宣部等 11 个部门授予学雷锋志愿服务“四个 100 最佳志愿服务项目”；援疆干部团队荣获“第八批中央和国家机关、中央企业优秀援疆干部优秀团队”称号，两位援疆干部荣获“第八批中央和国家机关、中央企业优秀援疆干部人才”称号。

二、安全环保水平继续保持领先

国家能源集团始终把安全环保工作放在企业经营管理的突出位置，坚决落实“安全第一，预防为主，综合治理”方针，按照“党政同责、一岗双责、齐抓共管、失职追责”原则，扎实推进风险预控体系和安全生产标准化建设，深入开展安全环保大检查和安全环保管理审计，安全环保生产形势总体保持稳定。全年未发生较大及以上事故，2017 年煤炭业务百万吨死亡率 0.009 8，继续保持世界先进水平，97.8%的发电企业实现安全生产无事故。共完成供电煤耗 307.9g/kWh，同比降低 2.8g/kWh；所属燃煤机组全部实现烟气排放达标。大力开展生态建设，致力做好水土保持、防风固沙、塌陷区治理、复垦绿化、生态建设等工作，努力保护并改善当地生态环境。环保实现“零事件”。

三、关爱员工行动凝聚强大力量

国家能源集团坚持将保障员工权益、助力员工成长、提升员工幸福感作为企业履行社会责任的关键一环，让全体员工共享企业发展成果。高度重视员工的安全和健康，改善员工工作和生活条件，加大职业病防治，员工每年都能接受全面的健康体检。切实加强员工培训，搭建内容丰富的学习平台，让员工成长为技术骨干。建立劳模工作室，推行“首席制”，组织开展系列劳动技能竞赛，促进职工成才成长。开展困难职工送温暖活动，走访慰问困难职工、劳模等3.8万人次，慰问一线职工9万人次，让职工群众拥有了更多的获得感、幸福感，激发了广大职工干事创业的活力，增强了企业发展动力，为建设具有全球竞争力的世界一流能源集团凝聚了力量。

四、和谐央企建设作出积极贡献

国家能源集团积极开展援藏援青和定点扶贫工作，在“三区三州”和贫困革命老区，共承担着9个县对口支援和定点扶贫任务，在国务院扶贫办和国务院国资委2017年定点扶贫工作考核中，原国电、原神华均取得“好”的最高等次评价。2017年，安排援助资金8042.45万元开展援藏援青和定点扶贫工作，援助资金、援建项目、派驻干部均位居央企前列。此外，国家能源集团出资6亿元参与设立中央企业扶贫产业投资基金，助力实现贫困地区有效脱贫。充分发挥国家能源集团公益基金会、大渡河爱心帮扶基金会平台作用，积极开展社会公益活动，用心打造爱心行动、爱心书屋、爱心学校、集团党员爱心专项基金等公益品牌，累计救助25 919名白血病、先天性心脏病患儿，开展新生儿先心病免费筛查44 790名；累计援建17所爱心学校；累计捐建12 855个爱心书屋，向全国15个省（区、市）的中小学共捐赠2438万册图书，受益学生达984万人。

【国家电力投资集团有限公司社会责任报告(摘要)】

、在建设创新型国家中有担当

积极担当国家使命，精益求精打造大国重器。大型先进压水堆核电站和重型燃气轮机两项国家级重大专项取得积极进展，创新驱动能力日渐增强。充分发挥先进能源技术创新驱动作用，抢占能源技术革命制高点，巩固和加强三代核电、光伏发电、电力环保等高端能源技术领先优势，努力成为中国核电技术的攻关者和世界清洁能源技术的引领者。

二、在建设美丽中国中有作为

追求更高质量、更高水平的发展，加大清洁能源投资，优化电源结构，连续三年在清洁能源方面的投资均超过集团总投资的70%，清洁能源比重超过45%，继续稳居业内第一。其中，光伏装机突破千万千瓦，保持全球最大的光伏发电企业地位。企业收入和利润增长结构呈现出清洁能源带动的显著特征，为守护山青、天蓝、水净、地洁的生态环境，为建设美丽中国、造福子孙后代贡献力量。

三、在打好扶贫攻坚战中有贡献

作为脱贫攻坚的中坚力量，始终将人民群众对美好生活的向往，将全面建成小康社会的愿景作为孜孜不倦的追求。国家电投承担了13个省区的扶贫与援助任务，累计投入扶贫与援助资金2.42亿元，让21.5万余人有电用，帮助8434余人脱贫，帮助8359名孩子有书读，为全面建成小康社会添砖加瓦。

四、在全球能源版图中有布局

积极践行国家“一带一路”倡议，境外业务覆盖41个国家（地区），已在境外设立47个项目公司和13个代表处；在建装机容量1289.97万kW；正在执行的电站工程承包项目12个，装机容量1288万kW；电站咨询设计、运维培训及其他服务项目36个。在跨国经营过程中，主动履行海外企业社会责任，推动当地经济发展，带动就业、热心公益、共享企业成果。

五、认真做好社会责任管理

继续以习近平新时代中国特色社会主义思想和党的十九大精神为指导，按照国家电投“十三五”社会责任工作规划，以建设世界一流综合能源集团为目标，推进社会责任管理，丰富履行责任形式，加强与各利益相关方沟通，把企业的社会责任工作认认真真、脚踏实地做好。

六、全面助力建成小康社会

打赢脱贫攻坚战是党向全国人民作出的庄严承诺，是全党和全国人民的共同责任。2018年，国家电投将继续加大扶贫投入，强化扶贫扶智（志），提升内生发展动力，创新助学帮扶方式，提高贫困人口的综合素质和技术技能，确保脱贫人员不返贫。

七、努力践行海外社会责任

2018年是“一带一路”倡议提出五周年。在未来的国际化征程中，国家电投将继续大力推进清洁能源发展，遵守所在国法律法规，尊重当地风俗礼仪，努力成为中央企业“走出去”“融进去”的标杆。

【中国长江三峡集团有限公司社会责任报告(摘要)】

2017年，中国三峡集团深入学习贯彻党的十九大精神，认真贯彻落实党中央、国务院和国资委的一系列决策部署，坚定践行新发展理念，始终恪守“奉献　担当　创新　和谐”核心价值观，以可持续发展为核心，以树立“责任央企”形象、实现经济、社会和环境的综合价值最大化为目标，积极打造“六大平台”，在助力国家能源供给侧改革、服务长江经济带战略、响应“一带一路”倡议、落实长江大保护战略、贯彻国家精准扶贫政策等方面勇担央企使命。

打造长江流域水资源开发平台，服务长江经济带。中国三峡集团坚持把电站社会效益放在首位，统筹做好防洪、发电、航运、补水等多功能目标，努力实现长江流域梯级电站群的综合效益最大化，为长江经济带发展发挥保障作用。2017年，汛期拦蓄洪水129亿m^3，流域梯级电站电力年发电量首次突破2100亿kWh，三峡升船机具备转入正式通航条件，三峡船闸过闸货运量达1.3亿t，枯水期为长江中下游补水232.9亿m^3，三峡水库连续8年实现175m试验性蓄水目标。2017年，白鹤滩水电站通过国家核准，入选2017年度央企十大创新工程；中国三峡集团同时建设乌东德水电站和白鹤滩水电站两座千万千瓦级巨型电站。

打造共抓长江大保护项目实施平台，共建生态文明。中国三峡集团秉持“全流域、全生命周期、开放和以科研为导向”的环保理念，积极推动建立健全共抓长江大保护的企地合作和协同机制，努力在长江流域构建节约资源和保护环境的空间格局，在共抓长江大保护中发挥主力骨干作用。成立共抓长江大保护工作领导小组和生态环保业务实施主体筹备组，研究制定长江绿色发展投资基金设立方案，组建中国长江生态环保集团，筹建生态环境国家工程研究中心。2017年，环保投入8.5亿元。加强长江流域珍稀特有动植物研究与保护，累计放流2520尾大规格中华鲟，完成三峡珍稀特有植物引种436种1.8万余株，首次实现国家一级保护动物达氏鲟人工繁殖，首次实施流域梯级水库联合生态调度促进长江四大家鱼繁殖10.8亿粒。

打造清洁能源领域产融对接平台，助力清洁能源产业升级。中国三峡集团以金融服务实体经济为原则，形成集财务投资和战略投资、产业资本和金融资本、国有资本和社会资本于一体的产融结合新模式，走出一条以产业为支撑、以金融为保障、产融结合的良性互动、协同发展道路，推动我国清洁能源产业转型升级和全球化发展。发起设立新业务培育类、财务性投资类、企地合作类基金9只，完成基金平台搭建，管理基金330亿元。成功发行中国实体企业首单绿色欧元债券6.5亿元、中国企业首只债券通短期融资券20亿元、三峡巴西首只债券4.2亿雷亚尔。

打造海上风电等新能源规模化开发平台，驱动新能源发展。中国三峡集团坚持将新能源作为第二主业，集中连片规模化开发海上风电，以创新驱动新能源发展，推动协同创新，带动并培育具有中国特色的海洋战略性新兴产业。福建漳浦、长乐外海两个百万千瓦风场的建设实现我国百万千瓦海上风电场开发零的突破，打造了我国综合能力最强的海上风电一体化作业平台——福船三峡号。全球首个国际化大功率海上风电试验场——福建福清兴化湾一期投产发电，全球单体最大的水面光伏项目——安徽淮南15万kW水面漂浮光伏项目投产发电。深化与德国梅尔海上风电项目对标交流，成功收购德国梅尔海上风电项目80%的股权。

打造引领中国水电“走出去”平台，构建命运共同体。中国三峡集团紧跟“一带一路”倡议，通过推动有序合作转变，将中国水电优势企业组合成国家力量参与全球竞争，带领中国水电的装备、技术、标准一起走出去，打造中国水电产业“走出去”升级版。2017年，在中外领导人见证下签署一批重要合作协议。境外可控、在建、权益总装机规模近1800万kW，境外资产总额超过1100亿元，全年实现发电量超过380亿kWh。在建国际投资和国际工程承包项目70多个，业务覆盖全球47个国家和地区。三峡巴基斯坦第一风电项目及巴西运营水电站特许权竞拍项目荣获2017年度“国家优质投资项目”奖，中国三峡集团杜克巴西并购荣膺“年度最佳跨境并购交易奖”。

打造水电工程库区扶贫开发平台，共创美好生活。中国三峡集团认真贯彻习近平总书记关于扶贫开发系列重要讲话精神，充分发挥水电工程建设对地方经济发展的辐射带动作用，充分发挥三峡集团公益基金会的平台作用，建立水电开发利益共享机制和移民后续帮扶长效机制，全力以赴做好移民搬迁安置和后续帮扶工作，认真做好帮扶川滇少数民族脱贫攻坚，积极做好定点扶贫、对口支援、援疆援藏、公益慈善等工作，为打赢脱贫攻坚战、决胜全面建成小康社会做出积极贡献。2017年累计对外捐赠资金13.83亿元，荣获第八期中央和国家机关、中央企业援疆工作先进单位。

2018年是贯彻党的十九大精神的开局之年，中国三峡集团将以习近平新时代中国特色社会主义思想为指引，不忘初心、牢记使命，抢抓机遇、务实担当，以高质量发展不断做强做优做大，以蓬勃的希望和创造的伟力，为国家能源安全、生态安全保驾护航，彰显大国重器担当，奋力创造新业绩，努力为全面建成小康社会和实现中华民族伟大复兴的中国梦做出应有贡献。

【中国电力建设集团有限公司社会责任报告(摘要)】

在国资委《关于中央企业更好地履行社会责任的指导意见》指引下，中国电建全面贯彻“事耀民生，业润社会”的社会责任理念，践行可持续发展蓝图，在运营过程中贯彻落实创新、协调、绿色、开放、共享五大发展理念，全过程开展社会责任履责实践。

（一）建立管理体系、完善制度建设

中国电建自成立以来，高度重视社会责任管理工作，2012 年成立了社会责任工作领导小组，公司主要领导担任组长。领导小组下设办公室，办公厅主任担任主任，办公厅具体负责日常工作。同时要求各成员企业（单位）相应成立社会责任工作组织机构，明确责任部门、相关职责和联系人，逐步健全社会责任管理组织体系。

在全面履行国资委对“中央企业社会责任规定的八项任务”以及《中央企业更好地履行社会责任指导意见》的基础上，对照 ISO 26000 国际标准规定，结合公司具体实际，先后印发了《社会责任理念、战略和行动计划》《社会责任管理体系建设方案》《社会责任业绩考核办法》等战略指导文件和相关管理制度。

（二）引导社会责任融入全面管理工作

全面推动社会责任工作的开展，以 ISO 26000 国际标准规定的社会责任核心议题为基础，细化指标并逐步引导融入中国电建各项管理工作。按照“有总有分，总分结合”的管理原则，在保持中国电建社会责任统一性的前提下，鼓励并推动各业务板块、各成员企业社会责任工作作为集团社会责任工作的延伸、细化和丰富。几年来，中国电建社会责任工作在各业务板块普遍得到了实践，确保按照国资委要求全面履行企业社会责任目标的实现，提升了企业形象。

（三）加强社会责任宣传沟通

在有效推进全面社会责任管理，更好地担负大使命、大责任的同时，突出强调与利益相关方沟通、提高运营透明度，让社会更多地了解中国电建，信赖中国电建，中国电建以信息披露为责任沟通的重要抓手，连续五年发布集团公司和股份公司《社会责任报告》，用精准详实的数据展现公司的运营状况，加强公司与各利益相关方沟通，提高运营透明度。

（四）制定《社会责任“十三五”规划》

为了全面系统推进公司社会责任工作开展，提升责任能力建设，配合中国电建“十三五”规划的落地和实施，制定了《“十三五”社会责任职能规划》及《“十三五”社会责任重大战略任务清单》，规划中对公司今后五年如何履行社会责任的工作计划和目标做了详细规划，为社会责任工作的深入开展起到了重要的指导作用。

（五）扶贫工作力度不断加大

2017 年，中国电建定点扶贫共投入 2783.04 万元，同比 2016 年（1474.4 万元）增长 89%，其中现金投入 2589.93 万元，物资折款 193.11 万元。其中：中国电建总部按照国务院扶贫办、国资委要求开展定点扶贫工作，2017 年共投入扶贫资金 927.7 万元；各有关成员企业按照地方党委政府的安排开展定点扶贫工作，共投入扶贫资金（含物资折款）1855.34 万元。2017 年中国电建总部及 27 家有关成员企业开展了定点扶贫工作，联系定点扶贫县（村）共 28 个，重点分布在四川、云南、陕西、河南、新疆、福建、贵州、辽宁、天津、湖北、青海等贫困地区；派出挂职扶贫干部、驻村第一书记、驻村工作队员共 40 人，深入基层，驻点帮扶。

（六）持续开展海外社会责任调研

在国家“一带一路”倡议引领下，作为央企“走出去”的领军企业，多年的海外耕耘，积累了丰富的海外履责经验和经典案例。为大力宣传海外履责、彰显责任央企，从 2015 年开始积极参与国资委、发展改革委相关课题研究，并连续三年分别编制并发布了公司在赞比亚、印尼、老挝三个国家的可持续发展报告和社会责任影像志，用真实影像展现了中国电建的海外履责活动，得到了国资委领导和业界专家的赞誉。2017 年 9 月，在印尼雅加达举办了《中国电建在印尼影像志与可持续发展报告》发布会，这是中国电建首次在海外发布社会责任国别报告和影像志，具有开创性意义。

（七）近年取得的成绩和荣誉

近年来，中国电建社会责任管理做出了一些成绩和亮点，得到了业界的认可也取得了一些荣誉：在《2017 年中国企业社会责任蓝皮书》中，中国电建社会责任指数获国有企业 100 强第 11 位，比 2016 年提升 4 位，获中国企业 300 强第 16 位，比 2016 年提升 6 位。中国电建董事长晏志勇荣获“2016 中国社会责任杰出人物奖”；在新华网举办的 2017 年公益盛典上公司获得“2017 年中国社会责任海外履责奖”；在国务院新闻办、国资委指导，中国外文局主办的中国企业海外形象高峰论坛上公司获“最佳海外形象企业”奖；在社科院社会责任研究中心组织的第六届百人论坛上，中国电建荣获 2017 年度“海外履责典范企业金牛奖”等奖项；中国电建《2016 年社会责任报告》被中国企业文化管理协会授予“最美责任之声代言作品”；许多经典案例如《植根鹏城勇担社会责任，不忘初心永葆基业长青》《塑造有温度的海外履责形象》《以属地化管理推进海外履责深入开展》《中国电建在老挝可持续发展报告》入选《中国企业社会责任年鉴》等报告；中国电建社会责任工作人员也获得多项个人奖项。

【中国能源建设集团有限公司社会责任报告（摘要）】

当前世界经济开启新一轮复苏周期，出现复杂多变、利弊交织的新动向。我国经济进入新常态、步入新时代，高质量发展成为经济发展的基本特征和根本要求，能源转型发展进入攻坚期。中国能建遵循“自主创新、奉献社会，科学发展、共建和谐”的社会责任观，全力践行政治、经济、环境和社会责任，致力于与各利益相关方共同推进高质量发展、共创美好生活、共促行业发展、共建成长舞台、共享开放成果、共建生态文明、共筑民生幸福，为我国和世界能源产业科学发展作贡献，展现央企的时代担当。

2017 年是中国能建加快业务转型、奋力提质增效、持续开创改革发展新局面的重要一年。中国能建紧紧围绕“行业领先，世界一流”的战略愿景，积极应对严峻复杂的市场形势，深入推进中国能建国际化进程与品牌建设，业务转型实现突破，深化内部改革释放活力，强化规范管理夯实基础，实现稳中有进，全面增长的局面。全年新签合同额人民币 4437.73 亿元，同比增长 7.99%；实现营业收入人民币 2343.70 亿元，同比增长 5.49%；归属于母公司所有者净利润人民币 52.61 亿元，同比增长 22.89%。中国能建经营业绩稳中有进、进中向好、全面增长，盈利水平稳步提高，经营质量持续提升。连续四年上榜世界 500 强，在 ENR 150 强、225 强国际工程设计公司、250 强国际承包商及 250 强全球承包商均排名前列，获得国际权威评级机构惠誉、穆迪 A－（A3）信用评级。

中国能建落实国家污染防治攻坚战各项部署要求，严格落实企业环保主体责任，大力推动绿色施工管理和清洁生产，未发生环境事件和节能减排违法违规事件。积极适应能源发展的绿色、低碳、高效、多元、智能时代，加快推进深入推进能源生产和消费革命。持续深化项目高质量管理，2017 年荣获国家级质量奖项 49 项，其中鲁班奖 2 项、国家优质工程金质奖 5 项（占年度国家金质奖总数的 38%）、国家优质工程奖 21 项、“中国安装之星” 9 项、全国优秀工程咨询成果奖 12 项。中国能建贯彻党中央、国务院关于脱贫攻坚的决策部署，坚持开发式扶贫方针，力图通过投资基建、扶持产业、发展教育等举措，引导扶贫项目、资金、力量精确“滴灌”，着力提高当地可持续发展能力。截至 2017 年，中国能建累计出资 1.1 亿元参加中央企业贫困地区产业投资基金，向两个帮扶县累计直接投入资金 1697.25 万元，帮助定点帮扶县取得脱贫攻坚阶段性成效。

2017 年，是中国能建发展史上承前启后、极不平凡的一年，中国能建全员戮力同心、迎难而上，以持续健康的态势稳健运营。2018 年是贯彻党的十九大精神的开局之年，也是新时代实现高质量发展的启程之年。中国能建将坚持以习近平新时代中国特色社会主义思想为指导，坚持稳中求进工作总基调，坚持新发展理念，把人民对美好生活的向往作为奋斗目标，以永不懈怠的精神状态和一往无前的奋斗姿态，取得建成具有国际竞争力工程公司的战略目标的新胜利。

国际合作

战略合作

【第八届清洁能源部长级会议】 6月6～8日，第八届清洁能源部长级会议在北京国家会议中心举办。中共中央总书记、国家主席习近平向第八届清洁能源部长级会议致贺信，中共中央政治局常委、国务院副总理张高丽出席开幕式并致辞。清洁能源部长级会议的24个成员和1个观察员国荷兰的部长和高级别代表，包括国际能源署、国际可再生能源署、国际能效合作伙伴关系、联合国“人人享有可持续能源”倡议、联合国环境规划署、联合国工业发展组织、世界能源理事会等多个国际组织的代表，以及私营部门领袖和企业家约600人出席了会议。本次会议主题为“创新引领、应对挑战、能源转型、共同行动”，内容包括部长级闭门会议、高层论坛，以及展览、创新剧场、技术参观等配套活动。

清洁能源部长级会议（Clean Energy Ministerial，CEM）是全球范围内清洁能源领域唯一常设部长级会议。作为推动全球清洁能源领域协同创新的常设性国际合作机制，其目标是通过政策和最佳实践分享、提出倡议和行动等方式来推动全球向清洁能源经济转型。其主要成员包括中国、澳大利亚、巴西、加拿大、智利、丹麦、芬兰、法国、德国、印度、印度尼西亚、意大利、日本、韩国、墨西哥、挪威、俄罗斯、南非、瑞典、沙特阿拉伯、英国、美国、阿联酋等20多个国家和欧盟。

【中老签署电力合作谅解备忘录】 11月13日，国家主席习近平对老挝进行国事访问。在与老挝国家主席本扬举行会谈后，习近平主席和本扬主席共同见证中国国家发展改革委主任何立峰和老挝能矿部部长坎玛尼·因提腊签署《中国国家能源局同老挝能源和矿产部签署关于建立电力合作战略伙伴关系的谅解备忘录》，其中明确“中方同意支持中国南方电网公司在老挝骨干电网的投资、建设、运行和管理方面开展合作，促进中老电网互联互通建设和双方电力互送及贸易，以及优先向大湄公河次区域国家等第三国开展电力贸易”。

【国家能源集团与美国西弗吉尼亚大学签署合作备忘录】 美国当地时间12月2日，国家能源集团与美国西弗吉尼亚大学签署校企合作谅解备忘录。多年来，国家能源集团与西弗吉尼亚大学在人才培训等方面开展了多种形式的合作，2017年在西弗吉尼亚大学成功举办“清洁能源技术应用与管理研修班”，取得了丰硕成果。2017年11月9日，国家能源集团与美国西弗吉尼亚州政府签署《战略合作框架协议》，并派出两个工作组赴美国开展相关工作。西弗吉尼亚大学在能源矿业、化工等领域具有较强的实力，随着双方合作进一步深入，将为国家能源集团打造具有全球竞争力的世界一流综合能源集团提供人才保障和智力支持，并共同推动国家能源集团在西弗吉尼亚州相关项目的落地。

【大唐集团董事长与蒙古国大呼拉尔主席及总理会谈】 3月16～18日，应蒙古国能源部的邀请，大唐集团董事长、党组书记陈进行前往蒙古国乌兰巴托进行工作访问。蒙古国大呼拉尔主席米·恩赫包勒德和蒙古国国家总理扎·额尔登巴特分别会见了陈进行，双方就深化大唐集团与蒙古国能源电力领域合作举行了亲切友好的会谈。

【大唐集团董事长与圣多美和普林西比总理会谈】 4月13日，大唐集团董事长陈进行、总经理陈飞虎在大唐集团总部会见了来访的圣多美和普林西比总理帕特里·特罗瓦达及夫人一行。特罗瓦达对中国大唐提供的支援表示感谢，并对中国大唐给予高度评价。1月20日，中国同圣多美和普林西比民主共和国建交后，大唐集团海外技术服务人员赴圣多美和普林西比民主共和国进行电力紧急援助，并在48h内恢复圣普首都圣多美电力生产。

【大唐集团董事长与老挝人民革命党中央总书记、国家主席会谈】 5月14日，大唐集团董事长、党组书记陈进行在北京拜会了出席“一带一路”国际合作高峰论坛的老挝人民革命党中央总书记、国家主席本扬·沃拉吉，双方就老挝北本、萨拉康水电项目进行了实质性磋商。

【大唐集团董事长与沙特电力部副部长会谈】 5月16日，大唐集团董事长、党组书记陈进行在北京会见了沙特电力部副部长、沙特国家电力公司董事长萨利赫·阿瓦基一行。双方就开展电力市场合作进行了深入交流。

【国家电投董事长与巴基斯坦总理会谈】 3月22日，国家电投董事长、党组书记王炳华在巴基斯坦首都伊斯兰堡拜会巴总理纳瓦兹·谢里夫，双方就加强在电力能源等领域务实合作交换意见。在巴期间，王炳华出席中电国际与巴原子能委员会合作谅解备忘录（在胡布燃煤发电项目上合作）签字仪式和胡布燃煤发电项目开工仪式，并调研集团所属企业和项目。

【国家电投总经理会见马来西亚能源部部长】 6月15日，国家电投总经理、党组副书记孟振平在总部会见了马来西亚能源、绿色科技与水务部部长马克西姆斯·翁基利先生一行，双方就共同推进光伏发电、风电、水电、产业园区综合智慧能源等领域的合作交换意见。

【土耳其能源部副次长率团访问国家电投】 7月25～27日，土耳其能源与自然资源部副次长雅马奇先生率团访问国家电投总部，并对国家核电本部及有关单位、产业合作伙伴进行技术访问。

【国家电投董事长会见巴西规划部长和能矿部长一行】 9月3日，国家电投董事长、党组书记王炳华在北京会见巴西规划、发展、管理部部长奥利韦拉和能源矿业部部长科埃略一行，双方就能源领域的合作事宜进行了交流。

【国家电投董事长会见巴基斯坦电监会副主席】 11月7日，国家电投董事长、党组书记王炳华在总部会见巴基斯坦国家电力监管委员会副主席查塔，双方就共同推动中巴两国能源项目的成功合作进行了交流。

国际标准

【《分布式能源接入电网》等两项中国主持制定的国际标准发布】 2012年2月，由国家电网公司发起的标准提案《分布式能源接入电网》获国际电工委员会（IEC）系统委员会TC 8批准，中国电力科学研究院名誉总工程师姚良忠担任项目组召集人。同年4月，标准编制启动会在北京召开，中国与德国、意大利、法国、丹麦、加拿大、澳大利亚、日本等多国专家共同参与标准编制工作。

该标准作为分布式能源（电源）接入配电网的技术规范，力求反映各国分布式能源并网技术发展成果，满足多样性分布式能源与电网互联的规划、设计、并网、运行等需求，内容涵盖了总体需求、并网方案、开关选择、正常运行范围、抗扰动能力、有功无功响应、电能质量、接口保护、监测控制和通信等各个方面。

2017年4月11日，由中国电力科学研究院牵头编制的IEC/TS 62786：2017《分布式能源接入电网》（*Distributed energy resources connection with the grid*）正式发布。该标准的发布填补了IEC分布式能源并网标准的空白，增强了中国在IEC技术标准领域中的影响力，将引导世界范围内分布式能源与电网友好互动技术应用。

近年来，全国电压电流等级和频率标准化技术委员会不断推动中国专家牵头制定国际标准，参与IEC国际标准化活动，在国际电工委员会IEC/TC 8内5个工作组中中国专家承担了3个工作组的召集人，制定5项国际标准。除IEC/TS 62786：2017外，2017年5月18日，以西安交通大学别朝红教授为项目组召集人的IEC/TS 62898－1：2017《微电网　第1部分：微电网项目规划及设计导则》（*Microgrids－Part 1：Guidelines for microgrid projects planning and specification*）正式发布，此标准给出了微电网规划的基础分析、系统规划、技术要求、项目评估等的相关要求。

因在牵头制定国际电工委员会IEC/TC 8两项国际标准中的突出贡献，中国电力科学研究院的姚良忠和西安交通大学的别朝红获得了2017年IEC 1906大奖。IEC 1906大奖是专门用于奖励那些在IEC国际标准化工作中做出突出贡献的技术专家。

【首个电动汽车充电服务领域国际标准启动编制】 2017年6月16日，来自中国、美国、荷兰、德国、比利时等国的专家齐聚北京，参加国际电工委员会电动汽车充电漫游服务工作组（IEC/TC 69）第一次会议。中国主导的《电动汽车充电漫游服务信息交互》标准启动编制，与会专家就标准架构、充电漫游角色、工作目标等进行专题讨论，并对国家电网公司牵头编制的《电动汽车充电漫游服务信息交互　第1部分：总则》草案开展深入研讨。

2017年年初，《电动汽车充电漫游服务信息交互》提案获得国际电工委员会批准立项，同时IEC/TC 69决定成立第九工作组（WG9），由国家电网公司专家担任召集人，组织开展标准制定工作，并牵头编制《电动汽车充电漫游服务信息交互　第1部分：总则》。

《电动汽车充电漫游服务信息交互》提案内容涉及认证识别、充电信息共享、业务数据交换、安全数据加密及传输机制，以及其他服务，目标是让电动汽车用户在不同充电服务网络之间实现信息互联、充电互通。

这是国际第一个电动汽车充电服务领域的标准，标志着中国电动汽车充电设施标准国际化工作取得了新的突破。

【《电能质量规划》等两项标准提案成功立项】 2017年10月2～6日，IEC/TC 8面向电力供应的系统特性技术委员会年会在俄罗斯符拉迪沃斯托克召开，同期还召开了 WG1、MT2 等工作组或分技术委员会会议。IEC 中央办公室技术官、IEC/TC 8 主席，以及来自德国、法国、意大利、瑞士、澳大利亚、加拿大、芬兰、日本、中国等十余个国家的四十余名专家代表参加会议。中国电力企业联合会组织中国电力科学研究院有限公司、北京天诚同创电气有限公司、西安博宇电器有限公司、国网江苏省电力公司、华北电力大学、西安交通大学、全球能源互联网研究院、中机生产力促进中心等单位 22 名中国专家组成了中国代表团参加了此次会议。

会议期间中国专家介绍了两项新的标准提案，即《LVDC 电压和电能质量要求的评估》（*Assessment of LVDC voltages and PQ requirements*）和《电能质量规划》（*Power quality management*），获得与会专家的肯定。会后两项标准提案均成功立项。

【《槽式太阳能光热发电站设计总体要求》启动会议召开】 2017 年 3 月 22 日至 24 日，中国发电领域首个 IEC 国际标准 IEC 62862-3-1《槽式太阳能光热发电站设计总体要求》（*General requirements for the design of parabolic trough solar thermal electric plants*）启动会议在瑞士日内瓦 IEC 总部办公室召开，来自 IEC 总部、中国、摩洛哥和西班牙的 12 名专家参加了会议。中国电力企业联合会组织中国大唐集团新能源股份有限公司、三峡集团、常州龙腾光热科技股份有限公司、北京兆阳光热技术有限公司、内蒙古电力设计院、河北省电力勘测设计研究院等单位的 7 名中国专家组成了中国代表团参加了此次会议。

2016 年 5 月，作为国际电工委员会太阳能光热电厂技术委员会（IEC/TC 117）第一国内技术对口单位，中国大唐集团新能源股份有限公司提交的标准提案《槽式太阳能光热发电站设计总体要求》经中国电力企业联合会推荐、国家标准化管理委员会批准后上报国际电工委员会申请立项投票。2016 年 10 月 4 日至 5 日，在德国法兰克福召开的国际电工委员会太阳能光热发电技术委员会年会上，《槽式太阳能光热发电站设计总体要求》标准提案成功获得批准立项，成为由中国提出的首个发电领域 IEC 国际标准。

【《塔式太阳能光热发电站设计总体要求》标准提案成功立项】 2017 年 10 月 24～26 日，国际电工委员会太阳能热发电站技术委员会（IEC/TC 117）2017 年会在摩洛哥首都拉巴特召开。此次年会由摩洛哥可再生能源署 Masen 组织承办。

中国能建集团工程研究院许继刚常务副院长介绍了正在投票申请 IEC 标准的《塔式太阳能热发电设计总体要求》。年会上，TC 117 主席宣布，由中国提出的标准《塔式太阳能热发电设计总体要求》（*Solar thermal electric plants - Part 4-1: General requirements for the design of solar tower plants*）提案获得 100%投票 P 成员国支持，有中国、西班牙、德国、葡萄牙、摩洛哥共 5 个国家指派专家参与编写，投票获得通过，成为中国申请主持编写的第二个 IEC/TC 117 国际标准。立项后标准编号为 IEC 62862-4-1。

来自中国电力企业联合会、中国大唐集团新能源股份有限公司、中国能建集团工程研究院、中国广核新能源控股有限公司、中国电力科学研究院新能源研究中心、内蒙古电力勘测设计院有限责任公司、山东汇银新能源科技公司、常州龙腾光热科技股份有限公司及北京兆阳光热技术有限公司共 10 人组成的中国代表团参与了本次年会。

国 际 工 程

【日本光伏发电项目】 7 月 22 日，国家电投上海电力日本株式会社负责建设管理的茨城筑波 30MW 光伏项目全部投运，这是继大阪南港、兵库三田光伏项目后第三个投入商业运行的光伏电站。该项目的投运，标志着国家电投在日本建成 1GW 的目标又迈进了扎实的一步。

【马耳他本岛 120kW 屋顶光伏示范项目】 12 月 30 日，国家电投上海电力马耳他公司控股国际可再生能源发展有限公司（IREDL）开发的首个本岛光伏示范项目——马萨工业区屋顶分布式光伏项目完成全容量并网发电，实现全容量商业运行。该项目总装机容量为 119.4kW，由 IREDL 自主开发。

【国电南非德阿风电项目投产】 11 月 17 日，国电龙源在南非开发的德阿风电项目顺利竣工并投产发电，这是中国在非洲第一个集投资、建设和运营为一体的风电项目。

该项目位于南非中部北开普省，分两期建设。德阿一期总装机容量为 10.05 万 kW，使用 67 台联合动力 1.5MW 风机。德阿二期北区总装机容量为 14.4 万 kW，采用 96 台联合动力 1.5MW UP-86 风机。2014 年 3 月和 4 月项目完成了国家发展改革委的项目备案和商务部的境外投资审核。2014 年 5 月龙源集团获得了项目的发电业务许可，其他与项目有关的用水许可、土地使用许可、航空许可、农业许可和矿业许可等开工前必备文件也已全部取得。根据南非能源部的通知，南非风电项目在2014年12月与南非能源部和南非电力公司以及贷款银行签署了项目执行协议、购售电合同和指导协议，并在2015年2月24日与银行签订最终融资协议。根据南非电力公司最终确定的并网方案，南非项目2015年8月开始建设，2017年10月进入商业运行。

【中国三峡集团秘鲁圣加旺3水电站项目开工】 秘鲁圣加旺3水电站项目位于秘鲁东南部普诺大区圣加旺（San Gaban）河上，与首都利马直线距离740km，为中国三峡集团旗下环球水电在秘鲁的首个绿地投资项目，中国三峡集团中国水利电力对外公司为EPC总承包商。圣加旺3水电站项目总装机容量20.93万kW，设计年发电量12.5亿kWh，项目总投资额5.62亿美元，环球水电作为开发主体占75%股权，中拉产能合作基金占25%股权，投资总额的35%为资本金出资，其余的65%资金由国家开发银行提供长期贷款。建设期拟定48个月，计划2021年9月投产发电，以BOOT方式进行开发，运营期30年。

2017年8月10日中国水利电力对外公司正式签署EPC合同，2017年9月1日正式开工建设。

【中国三峡集团巴西圣马诺埃尔水电站项目首台投产】 圣马诺埃尔水电项目位于巴西北部亚马逊河二级支流特里斯皮尔斯河下游，项目总装机容量70万kW，多年平均保证发电量约36.94亿kWh。2013年12月13日，在巴西A-5电力拍卖中，葡电巴西公司与巴西国电Furnas公司组成的联合体中标圣马诺埃尔项目。2014年2月7日，三峡巴西与葡电巴西签署股权收购协议，收购圣马诺埃尔项目公司33.33%股权。项目于2014年8月开工建设，总投资约为31.27亿雷亚尔。2017年12月5日首台机组投产发电。

【中国电建中非博阿利1水电站竣工】 3月13日，中非政府和电力局在中国电建华东院承接的改造项目博阿利1项目现场举办竣工庆典活动，中非共和国总统、总理、外交部部长、能矿部部长、博阿利省省长、中非电力局总经理、世行副行长、欧盟代表、电建国际中非国别代表、华东院代表及参建各方等参加典礼。

博阿利1项目位于中非博阿利市，是中非的核心电源点，占全国总装机容量的45%，提供了中非整个国家50%的电力。

该项目资金为世行贷款，合同范围包括5台机组及辅助设备改造的设计、供货、安装和调试。水轮机为卧轴双转轮双尾水管结构混流式机组。华东院于2012年11月签订了该改造项目的EPC合同，2016年5月进场施工，并于2016年11月完成5台机组改造工作并顺利投产发电。2017年3月10日，华东院中非博阿利1号水电站改造项目全部5台机组顺利通过了中非电力局、中非政府规划部及世行的联合验收，并签署了验收纪要，标志着该项目顺利完成履约。

【中国电建科特迪瓦苏布雷水电站提前并网发电】 5月25日，由中国电建成都院负责勘测设计和设备成套采购，中国电建水电五局EPC总承包的科特迪瓦最大水电站——苏布雷水电站首台机组提前8个月并网发电。科特迪瓦总统瓦塔拉在奠基仪式上提出的提前发电的愿望变为现实。

苏布雷水电站位于萨桑德拉河上纳瓦瀑布处，是科特迪瓦国家能源平衡战略的核心项目，共有4台机组，包括3台90MW，1台利用生态流量发电的微型机组5MW，总装机容量为275MW，总投资5.7198亿美元，总工期56.5个月，预计年发电量11.9亿kWh。项目包括枢纽工程、苏布雷至阿比让输变电工程和业主营地工程三大工程。

【非洲最大燃气电站燃机通过试运行】 7月6日，中国能建中电工程中南院设计的安哥拉索约燃气联合循环电站项目4号燃机通过满负荷试运行。该项目位于安哥拉扎伊尔省索约市，新建2套209E燃气联合循环发电机组，每套联合循环机组由2台燃气轮机发电机、2台余热锅炉和1台汽轮发电机组成，总装机容量75万kW，是非洲目前最大的燃气电站。

【安哥拉索约—卡帕瑞输变电工程投产】 当地时间8月17日，由中国电建水电四局承建的安哥拉目前规模最大、标准最高、施工难度最大的输变电工程——索约—卡帕瑞（SK）输变电建设项目正式送电投产。当日，安哥拉索约联合循环电站第一台机组启用仪式和索约—卡帕瑞—维阿那输变电项目竣工仪式在安哥拉北部边境城市索约（SOYO）举行，安哥拉副总统出席活动并剪彩。

安哥拉SK输变电建设项目自2014年7月1日开工至2017年6月30日主体工程按照合同工期全部完工。整个项目分为一期、二期工程，共包含400kV输电线路683.58km，220kV及60kV输电线路总长352.192km；新建400kV变电站4座，220kV变电站2座，60kV变电站3座，共计18个子项。

该项目实现了安哥拉北部地区电网与国家主电网的完美对接，有效解决安哥拉北部地区长期电力供应不足、工业和居民用电难题，直接为当地人民创造了15000多个就业机会。该项目建设历时三年半，共建成9座变电站，1035km输电线路，2644基铁塔。

【中国电建阿根廷高查瑞300MW光伏发电项目开工】 10月6日，中国电建承建的南美最大光伏电站——阿根廷胡胡伊省高查瑞300MW光伏发电项目举行开工仪式。阿根廷总统马克里远程视频连线对项目开工表示祝贺。该项目是阿根廷首个由中国“优买”资金支持并开工建设的重大能源电力合作项目，同时也是阿根廷乃至整个南美洲装机容量最大、海拔最高的光伏发电项目。

高查瑞电站所在地海拔 4000m，年日照时间达 2600h，为全球日照条件最优越地区之一。胡胡伊省高查瑞光伏电站是全球第二大同类电站，占地 $660hm^2$，由 1200 万张光伏电板组成，工程分三期进行，首期工程计划于 2018 年 5 月建成发电。

【中国能建安哥拉卡古路·卡巴萨水电站开工】 当地时间 8 月 4 日，由中国能建所属葛洲坝集团承建的非洲最大水电站——安哥拉卡古路·卡巴萨水电站在该国北宽扎省栋多市举行开工仪式。安哥拉总统多斯桑托斯出席开工仪式，并为水电站奠基。

安哥拉卡古路·卡巴萨水电站项目主要包括 1 座主电站和 1 座生态电站，主电站由 4 台 530MW 机组组成，装机容量 2120MW，生态电站由 1 台 52MW 机组组成，总装机容量 2172MW。大坝包括主坝 1 座和副坝 2 座，主坝最大坝高 103m，坝轴线长度 553m，两座副坝坝高分别为 36m 和 4m，轴线长度分别为 525m 和 36m。项目位于安哥拉宽扎河中游栋多市附近，距首都罗安达 270km。

该项目是中国企业在非洲承揽的最大水电工程项目，建成后能满足安哥拉 50%以上供电需求，将极大促进安哥拉社会经济发展与民众生活水平提高，有“安哥拉三峡工程”的美誉。

【安哥拉 SOYO Ⅰ联合循环电站投产】 当地时间 8 月 17 日，安哥拉副总统、中国驻安哥拉大使、安哥拉扎伊尔省长和副省长、安哥拉各大部委的部长、国务秘书等贵宾约 200 人专程来到现场出席 SOYO Ⅰ联合循环电站揭牌剪彩仪式。

在 4 号燃气轮机机组（第一台机组）旁，安哥拉副总统按下了按钮，燃气轮机机组输出负荷瞬间爬升并稳定在 80MW。从按下按钮那一刻起，4 号机组和电厂正式扛起了安哥拉北部电力供应的重任。

安哥拉 SOYO Ⅰ联合循环电站位于安哥拉北部边境城市索约（SOYO），由中国机械设备工程股份有限公司（CMEC）总承包建设，设计总装机容量 750MW。电站于 2015 年 12 月 31 日开工，是非洲目前最大的燃气轮机循环电站项目。4 号机组已于 7 月 4 日实现并网，3 号机组于当地时间 8 月 25 日并网。3、4 号机组由中国电建四川工程公司承建。

【中国能建阿根廷基什内尔—塞佩尼克水电站复工】 阿根廷基什内尔—塞佩尼克水电站项目（简称基塞项目）由奈斯托尔·基什内尔总统电站和豪尔赫·赛佩尼克省长电站组成，位于阿根廷南部的圣克鲁斯省圣克鲁斯河上，总装机容量 1740MW。2013 年 8 月 21 日，阿根廷政府经过国际招标，确定由中国能建所属葛洲坝集团、阿根廷 EISA 公司、阿根廷 HIDROCUYO 公司组成的联营体中标。同年 10 月 31 日，联营体与业主签署商务合同，合同工期为 66 个月。项目资金来源为中国出口买方信贷，中国出口信用保险公司提供中长期出口信用保险，国家开发银行牵头组成的银团提供出口买方信贷。2017 年工程复工。

阿根廷基塞水电站作为中阿两国元首高度关注的项目，是迄今为止中国企业在拉美承建的最大电力工程项目，也是中国企业在海外承建的最大电力贷款项目，是中阿合作标志性项目，也是中国企业“走出去”具有国际影响力的重大项目，是中国企业迄今为止在境外承揽的合同金额最大的电力项目。

“一带一路”建设

【华电俄罗斯捷宁斯卡娅 450MW 燃气-蒸汽联合循环供热电站投产】 莫斯科时间 6 月 17 日 21 时，中国在俄首个大型电源投资项目、中国华电在俄第一个投资建设运营的绿地项目——华电捷宁斯卡娅 450MW 燃气-蒸汽联合循环供热电站顺利通过 72h 满负荷试运行，正式投入商业运营。当地时间 6 月 20 日中国和俄罗斯合资建设的这一电站的项目投产仪式在俄罗斯雅罗斯拉夫尔市举行。

机组在满负荷试运期间主辅设备运行稳定，电气、热工保护投入率 100%，自动装置投入率 100%，各项主要经济技术指标均达到或优于设计值，满足电网调度要求。

捷宁斯卡娅电站装机容量 483MW，设计年发电量 30.2 亿 kWh，年供热量约 340 万 GJ，工程总投资 5.711 1 亿美元，是中国华电落实国家“走出去”战略、“一带一路”倡议的重大成果，对公司海外发展具有重要的里程碑意义。发电站采用最先进的燃气发电设备，可减少 25%的天然气消耗，并将大气污染物排放量降低 3 成。

2010 年 9 月，俄罗斯第二地区电力股份公司与中国华电香港有限公司签署了银企合作备忘录，共同致力于填补雅罗斯拉夫尔的电力缺口。华电捷宁斯卡娅电站由双方共同投资建设，是中俄两国在俄罗斯能源发电领域接受中国银行项目直接投资的第一个合作项目。2011 年 9 月 7 日，华电捷宁斯卡娅电站项目在俄罗斯雅罗斯拉夫尔正式开工。

【中巴经济走廊胡布燃煤电站项目开工】 3 月 21 日，中国电力国际有限公司（简称中电国际）参与投资建设，中国能建中电工程西北院和天津电建联合承包的胡布燃煤电站项目 21 日在巴基斯坦俾路支省胡布地区举行开工仪式。这标志着中巴经济走廊又一大型能源项目正式破土动工。胡布燃煤电站是中巴经济走廊优先实施项目，预计总投资 19.95 亿美元，由国家电力投资集团公司子公司中电国际和巴基斯坦胡布电力有限公司分别按 74%、26%的股比进行开发和建设。项目建设内容主要包括电厂和专用煤码头，规划总装机容量 1320MW，项目建成投产后每年可供应电力 90 亿 kWh，满足 400 万巴基斯坦家庭的用电需求。

【中国三峡集团老挝南公 1 水电站项目开工】 老挝位于东南亚的中心地带，是“一带一路”建设重点区域，南公 1 水电站项目是中国三峡集团中水电公司在老挝投资建设第三个水电站项目。

南公 1 水电站项目是 BOOT 模式，装机规模 160MW，机组 2 台，多年平均发电量 6.33 亿 kWh，施工总工期 45 个月，运行期为 25 年。电站枢纽区分为主坝枢纽及引水发电枢纽，主坝枢纽区由混凝土面板堆石坝、左岸台阶式溢洪道、左岸导流洞等组成；右岸引水发电枢纽区由拦污栅、井式进水口、引水隧洞、阻抗圆筒上室式调压井、地下厂房、主变压器室、尾调室兼尾闸室、尾水支洞、尾水隧洞等组成。

南公 1 项目于 2017 年 10 月 31 日开工，计划 2018 年 11 月份实现工程截流，2021 年 5 月实现两台机组发电，2021 年 7 月工程完工。

【中国电建 EPC 总承包的巴基斯坦赫维利电站投产发电】 5 月 10 日，巴基斯坦国家电力管理公司（NPPMCL）携手通用电气（GE）、山东电力建设第三工程有限公司共同宣布，巴基斯坦赫维利电站项目成功通过试运行，正式投入联合循环商业运行。

巴基斯坦赫维利燃气联合循环电站项目位于巴基斯坦旁遮普省，该项目总占地面积相当于 65 个足球场大小，是巴基斯坦规模最大的燃气联合循环电站项目，也是迄今为止世界上最高效的联合循环电厂之一，投运后将为巴基斯坦新增 1230MW 电力装机容量，可满足当地 250 万户家庭的用电需求。项目中国电建 EPC 总承包，山东电力建设第三工程有限公司负责实施。项目总工期比相近规模电站的通常施工时间快了 3～4 个月，创下了两台 9H 燃机从就位到点火分别仅用 90 天和 72 天的世界最快纪录。

7 月 7 日，赫维利 1230MW 9H 级燃机电站发电仪式在项目现场举行。巴基斯坦国家总理纳瓦兹·谢里夫、旁遮普省首席部长夏巴兹·谢里夫、联邦水电部长卡瓦加·阿西夫、项目业主方 NPPMCL 首席执行官拉希德·兰格里奥等政府高官及中国电建代表等共同出席了仪式。

项目采用 GE 公司目前最先进的 9H 级联合循环燃气机组。电站采用“2＋2＋1”配置，即 2 台 9H 燃机、2 台余热锅炉和 1 台汽轮发电机组，总装机容量为 1230MW。机组建成后年发电量超过 100 亿 kWh，将有效缓解当地电力供需紧张的问题，改善当地民众的生活水平。巴基斯坦各界政要对此电站非常重视，2015 年 10 月 16 日项目开工时，谢里夫总理曾亲临现场为电站启动仪式揭牌，并做了长篇致辞。

【中国电建巴基斯坦纳塔尔水电站投运】 1 月 7 日，由中国电建水电六局承建的巴基斯坦纳塔尔 14MW 水电站成功发电运行，当地政府在工地现场举办了隆重的剪彩仪式。巴基斯坦纳塔尔 14MW 水电站位于巴基斯坦北部地区吉尔吉特省，是当地那拉河流域上的一梯级电站，于 2017 年 1 月 6 日成功并网发电，并向吉尔吉特市内正式供电，缓解了当地的电力危机。

【中国电建伊朗鲁德巴水电站首台机组并网发电】 3 月 18 日，由中国电建中南院设计的伊朗鲁德巴水电站第一台发电机组首次并网发电成功。这标志着中伊全面战略伙伴关系框架下的能源建设合作取得重大进展。

鲁德巴水电站项目总投资 40 亿元，是中伊融资合作框架下的首个项目，其中中国国产机电成套设备出口约占项目投资额度的 50%。水电站安装两台单机 225MW 的混流式水轮发电机组，是目前伊朗在建水电站中装机容量最大的项目。该电站是中伊双方合作的典范，为当地创造了 2000 多个就业岗位。该水电站位于伊朗北部洛雷斯坦省、距离首都德黑兰 450km 多的查格罗斯山区的鲁德巴河上，于 2011 年 4 月正式开工。

【中国电建越南中宋水电站 2 号机组投产发电】 3 月 22 日，由中国电建中南院 EPC 总承包，水电八局承担机电安装任务的越南中宋水电站，2 号机组成功并网并进入 72h 试运行，实现了“一月一投”的发电目标。中宋水电站位于越南清化省马河，总装机容量 260MW，安装 4 台单机容量 65MW 混流式水轮发电机组。该水电站是世界银行在越南贷款金额最大的发电项目，也是越南最后一个大中型水电重点项目。

【中国电建巴基斯坦萨察尔风电总承包项目投运】 巴基斯坦当地时间 4 月 10 日，中国电建华东院萨察尔（SACHAL）风电总承包项目一次性通过

168h试运行，正式进入商业运行。成为继萨菲尔、塔帕、玛斯特项目之后第四个成功进入商业运行的项目。

巴基斯坦萨察尔风电项目（50MW）是中巴能源合作14个优先实施的项目之一，也是整个“一带一路”项目中第一个完成贷款签约的新能源项目，中巴两国政府高度关注，是联系中巴友谊，促进“一带一路”经济体共同发展的关键纽带。在为期7天的试运行期间，全场风机设备可利用率达到99.85%。该项目于2015年12月11日正式开工。

【巴基斯坦萨希瓦尔燃煤电站(2×660MW)正式商运】 5月25日，中巴经济走廊萨希瓦尔燃煤电站1号机组满负荷运营仪式在巴基斯坦东部旁遮普省萨希瓦尔市举行，标志着中巴经济走廊框架内首个大型能源项目投产发电。这是中巴经济走廊首台投产的高效煤电机组，也是目前巴基斯坦单机容量最大、技术最先进和建设速度最快的燃煤发电机组。2号机组于2017年6月8日完成168h满负荷试运行，正式投运。巴基斯坦萨希瓦尔电站项目比计划提前6个月竣工，成为中巴经济走廊首座两台机组全部投产发电的电站工程。

萨希瓦尔燃煤电站由中国华能山东发电有限公司和中国山东如意集团共同投资，中国电建核电公司EPC总承包，中国电建山东电建一公司承担建设任务。项目自2015年7月正式动工，共建设两台660MW超临界燃煤发电机组。电站建成后，预计年发电量可达90亿kWh，预计能够满足巴基斯坦1000万人口的用电需求，有望填补巴基斯坦1/4的用电缺口。

【中国电建越南芹苴垃圾发电EPC项目开工】 6月30日，由中国电建四川工程公司承建的越南首个垃圾电站项目——越南芹苴垃圾焚烧发电厂在主厂房区域举行了开工仪式，标志着该项目建设的全面展开。芹苴垃圾焚烧电厂位于越南南部芹苴市时来县，由中国光大国际有限公司投资4700万美元，设计日处理生活垃圾400t，配置一台7.5MW的汽轮发电机组。项目计划于2018年建成投运，预计年均提供绿色电力约600万kWh，将成为越南垃圾处理的首个标杆项目，造福于越南经济和社会发展。

【中国电建巴基斯坦卡西姆燃煤电站首台机组发电】 11月29日下午，中国电建投资建设的“中巴经济走廊”首个落地能源项目——巴基斯坦卡西姆港燃煤电站首台机组发电仪式在电站隆重举行，巴基斯坦总理阿巴西、中国驻巴基斯坦大使姚敬、中国电建集团董事长晏志勇、卡塔尔AMC公司董事长贾西姆等与会嘉宾共同触摸启动机组的水晶球，为巴基斯坦电网送入了源源不断的强劲电流，这标志着又一座中企投资的海外最大规模火力电站正式投产发电。基于卡西姆电站对于巴基斯坦能源建设做出的突出贡献，阿巴西代表巴基斯坦政府授予晏志勇“特殊贡献奖”，授予卡西姆发电公司“杰出成就奖”。

作为“中巴经济走廊”的首批落地项目，卡西姆港电站备受中巴两国政府关注，被巴基斯坦称为“一号工程”。项目建设两台660MW超临界机组，于2014年5月6日举行奠基仪式，2015年6月正式开始桩基工程，计划在2018年实现全部商业运行。年均上网发电量约90亿kWh，能够满足巴基斯坦当地400万户家庭用电需求，较大缓解巴基斯坦电力短缺现状，还将对当地调整电力能源结构、降低发电成本等产生积极影响。

卡西姆港燃煤电站项目，是中国电建与卡塔尔王室AMC公司按照51%和49%的比例共同投资建设的混合所有制项目，总投资20.85亿美元。

【中国电建白俄维捷布斯克水电站正式竣工移交】 7月31日，由白俄罗斯八个部委等组成的维捷布斯克水电站项目验收组召开项目竣工验收会议，会议一致认为，电站初期运行各项指标均达到设计要求，工程质量符合验收合格标准，项目顺利通过竣工验收。

维捷布斯克水电站是白俄罗斯境内最大的水电站，素有“白俄三峡”的美誉。电站采用灯泡贯流式发电机组，装机总容量为40MW，年均发电量1.38亿KWh，以发电为主，兼顾航运。

该水电站是白俄罗斯境内西德维纳河最上游的一级电站，由中国电建北京院设计、水电九局施工。2014年7月，项目主体工程开工，4台机组全部于2016年12月并网发电，并于2017年7月26日船闸具备通航条件。

【白俄罗斯最大变电站正式投运】 7月31日，中国能建中电工程华北院总承包的白俄罗斯最大的变电站——330kV波斯塔维变电站工程正式投运。波斯塔维变电站南连白俄在建的首座核电站——白俄罗斯核电站，北接立陶宛伊格纳利纳核电站，是两站之间唯一的枢纽，承担着白俄部分区域的电能分配任务，是白俄电力系统中最重要的变电站。

【巴基斯坦恰希玛核电站C3/C4项目竣工】 9月8日，巴基斯坦恰希玛核电站C3/C4项目竣工庆典仪式在巴基斯坦东部旁遮普省米安瓦利市举行。巴基斯坦总理沙希德·哈坎·阿巴西、中国驻巴大使孙卫东出席仪式。该项目于2011年3月动工（中电工程承担该项目常规岛设计），项目投产发电后，将为巴基斯坦提供清洁、高效、安全的电力，对缓解当地电力紧缺局面、改善当地民生具有重要意义。该项目将推进中巴未来多领域深度合作，加快落实国家“一带一路”倡议，进一步打造中巴命运共同体，同时对中巴经济走廊其他能源项目也将起到很好的引领和示范作用。

【中国能建巴基斯坦苏基克纳里(SK)水电站开工】 巴基斯坦苏基克纳里（SK）水电站是由中国能建所属的葛洲坝集团投资建设的。SK水电站位于巴基斯坦开普省昆哈（Kunhar）河上，距伊斯兰堡偏东265km。该水电站是一座长隧洞、超高水头的引水式水电站，设计水头923m，共安装4台冲击式机组，总装机容量873MW，年发电量约30.8亿kWh。

SK水电站以BOOT的模式开发，特许经营30年(不含建设期)，项目业主是SK水电（私人）有限公司，葛洲坝集团控股98%，并以EPC总承包方式负责项目实施。本项目采取项目融资的方式，股本/债权比例为25∶75，由中国进出口银行和工商银行提供融资。该水电站是中巴经济走廊优先实施的重点项目之一。

2017年12月1日，该水电站厂房交通洞成功实现首次爆破，标志着项目主体工程开工建设。

【中国能建巴基斯坦胡布燃煤电站开工】 巴基斯坦胡布燃煤电站由中国能建中电工程西北院和天津电建组成联合体负责实施。电站位于巴基斯坦俾路支省，总装机容量2×660MW，投资方为中电国际（74%）和当地公司HUBCO（26%）组成的合资公司——中电胡布发电有限公司（CPHGC）。由“西北院—天津电建联合体”投标并成功中标，于2016年9月完成EPC合同签约。

该电站是中巴经济走廊重点项目，是国家电投中电国际在巴基斯坦投资的首个燃煤电站项目，也是中国能建目前装机容量最大的海外超临界燃煤电站EPC总承包项目。巴基斯坦当地时间2017年3月21日，中电胡布2×660MW燃煤发电项目在俾路支省胡布现场举行开工仪式。巴基斯坦计划和发展部部长伊克巴尔、国家电投董事长王炳华和中国能建相关领导应邀出席。

【越南海阳电厂开工】 越南海阳2×600MW燃煤电站BOT项目总投资近19亿美元，由中国能建所属中电工程投资建设，中电工程控股70%，马来西亚JAKS公司参股30%，债权投入14.01亿美元所需资金通过申请中国境内银行贷款方式解决。

该项目是属于国家国际产能合作电力类重点支持项目，是迄今为止中国公司在越南单笔投资金额最大的项目，“一带一路”建设重点项目。2016年3月27日，项目举行了奠基仪式，正式进入实施准备阶段。2017年2月28日在现场召开项目开工计时暨动员大会。

【中国能建印尼塔卡拉燃煤电站提前投运】 塔卡拉燃煤电站位于印尼南苏拉威西省吉利普多市波那嘎亚村，业主为印度尼西亚国家电力公司，2013年2月中国能建所属的葛洲坝集团与印尼PT.HUTAMA KAYA组成的联合体与业主签署EPC总承包。本工程主要内容包括两台100MW燃煤发电机组电站的设计、供货、施工、安装调试、试运行等全部工作。2015年5月项目开工建设，工期计划33个月，2017年12月19日首台机组提前投入运行。

该电站是印尼第二期1000万kW电力发展计划重点项目之一，也被中国进出口银行列为重点项目。

【中国能建印尼吉利普多二期燃煤电站投运】 印尼吉利普多二期燃煤电站工程由中国能建所属的浙江火电负责实施。该电站工程是“一带一路”建设在印尼首批落地的项目，也是印尼政府提出的新的3500万kW电站计划在南苏拉威西开工的首批独立电站项目。当地时间10月16日，吉利普多二期3A机组顺利通过168h试运行。11月25日，印尼国家电力总局（DJK）副总经理穆尼尔·艾哈迈德（Munir Ahmad）一行，为吉利普多二期3A机组颁发了正式投入商业运行的证书，标志着由中国能建浙江火电EPC总承包的3A机组建设工作圆满完成。

印尼吉利普多一期工程由浙江火电在2012年建成投产，在建的二期工程是浙江火电第一个带融资的海外EPC总承包项目。该工程建设2台13.5万kW燃煤发电机组，厂址位于印尼苏拉威西岛南端，距离望加锡市约68km。工程由印尼SSP公司与BOSOWA公司投资建设。2016年6月26日，吉利普多二期燃煤电站正式开工建设。

【印尼爪哇7号燃煤电站项目开工】 印尼爪哇7号燃煤电站是印尼国家电力公司面向全球公开招标的独立发电商（IPP）项目，中国能建所属浙江火电牵头与山东电力咨询设计院组成联营体承担项目EPC总承包。该电站装机容量2×1050MW，计划2020年投入商业运行。2017年1月16日爪哇7号EPC工程举行了隆重的桩基开工仪式，标志着印尼中企最大电站项目正式施工建设。

该电站是印尼3500万kW电站中期规划的重点项目之一，是中国第一个出口海外百万千瓦级火电项目。

【中国能建白俄罗斯核电输出线路及电力联网项目】 白俄核电输出线路及电力联网项目包括1个新建变电站、4个扩建变电站、1个继电保护工程、1个系统通信工程、20条330kV新建线路、8条110kV新建线路、4条35kV新建线路、更换光缆线路12条和1条拆除项目。项目共有23个子项，2017年底完成13个子项。其中，2017年7月该项目中最大的变电站新建波斯塔唯变电站完工投产，2017年8月，白俄罗斯能源部对项目总承包商中电工程华北院在白俄能源系统现代化改造做出的贡献颁发了杰出贡献奖。

白俄罗斯核电输出线路及电力联网项目是中电工程华北院承揽的第一个采用优贷方式国外总承包项目，是中电工程华北院在白俄罗斯独立承揽和运作的第一个总承包项目，也是中电工程华北院已经执行的合同额最大的国外总承包项目。项目合同总额约4.3亿美元，合同工期5年，缺陷保证期60个月。项目分布在白俄罗斯格罗德诺州、维捷布斯克州、明斯克州，项目所在区域遍布白俄罗斯50%以上国土面积。

【中国能建迪拜哈翔4×600MW清洁燃煤电厂开工】 阿联酋迪拜哈翔（Hassyan）清洁燃煤电厂项目是《迪拜整体能源战略规划2030》（DIES2030）中的重点项目，是阿联酋能源安全战略的重要组成部分。该项目为装机总量4×600MW的超超临界机组，具备100%燃烧煤或者备用燃料天然气的能力。哈电国际是该项目的EPC总承包商。中电工程东北院在此项目当中担任勘察设计分包方。该项目是东北院与哈电国际在中东地区开展执行的第一个燃煤发电项目，也是中国公司在阿联酋的首个电力项目。中国能建天津电建是全厂安装总承包方。

迪拜哈翔4×600MW清洁煤电厂项目位于迪拜与阿布扎比交界，波斯湾沿岸的Saih Shuaib地区，是中东地区的第一个洁净燃煤项目，该项目建成后，将成为中东地区的第一个洁净燃煤电厂，也将成为该地区规模最大、各项指标最先进的燃煤电厂。

2017年1月该项目正式开工，阿联酋迪拜当地时间2017年5月25日，该项目举行全厂安装工程开工仪式。

【巴基斯坦必凯1180MW燃气联合循环电站项目投运】 巴基斯坦当地时间3月9日，由中国能建中电工程东北院负责设计，中国能建所属的天津电力建设公司负责实施，哈电国际EPC总承包的巴基斯坦必凯（Bhikki）1180MW联合循环电站项目1号机组成功并网发电，并实现408MW满负荷运行。该项目位于巴基斯坦旁遮普省拉合尔以西约60km处，于2015年9月22日开工兴建。

巴基斯坦必凯项目总装机容量为1180MW，采用2+2+1的配置，即2台9HA燃气轮机、2台余热锅炉和1台汽轮发电机组。9HA燃气轮机是GE公司最新的燃气轮机技术，借鉴了航空发动机领域先进的冷却和材料技术。

该项目是中国企业在海外承建的第一个容量最大、世界上效率最高的209HA的H级联合循环电站项目。

【哈电国际巴基斯坦百路凯项目全部投运】 当地时间8月16日，哈电集团哈尔滨国际工程有限责任公司（简称哈电国际）承建的巴基斯坦百路凯122.3万kW联合循环项目2号机组顺利通过168h可靠性试运行。至此，哈电国际在巴基斯坦建设的必凯118万kW联合循环电站项目和百路凯122.3万kW联合循环电站项目的4台世界最大容量H级燃机全部通过168h可靠性试运行，并创造多项世界纪录。

巴基斯坦必凯项目和百路凯项目是哈电国际承建的总承包交钥匙工程，均是巴基斯坦政府开发的大型燃气发电项目。这两个项目均采用GE公司生产的目前世界容量最大、效率最高、技术最先进的9HA型燃机机组，也是世界范围内第一批采用该机型的电厂。

百路凯项目于2015年11月2日开工，1号燃气轮机于2017年8月13日顺利通过性能试验进入商业运行（COD）。百路凯项目2号燃气轮机在此次168h可靠性试运行中，净出力达到39.7万kW，远超合同保证值38万kW。

【孟加拉国巴库275MW火电项目机组并网发电】 11月10日，由中方承建的孟加拉国迄今为止总装机容量最大燃煤火电项目——巴库275MW燃煤火电项目机组一次并网发电成功，该项目是典型的中国制造和建造项目。

孟加拉国巴库项目是哈电国际（哈电集团哈尔滨电气国际工程有限责任公司）继孟加拉同吉和西莱特两个燃气项目后，与孟加拉国电力发展总署签订的首个煤电项目，合同范围包括设计、采购、供货、土建、安装、试验和5年长期服务。

该项目位于孟加拉国西北部，距首都达卡约400km，三大主机设备由哈电集团制造，辅机由中国其他厂商提供，是典型的中国制造和中国建造项目，对孟加拉国电力发展、中国企业成功“走出去”具有重要意义。

孟加拉国当地时间2017年11月8日20时10分，巴库项目机组顺利点火；11月9日18时，汽轮机冲转至3000r/min，定速稳定后轴系参数良好，并完成所有相关复杂试验；11月10日1时11分，巴库275MW燃煤火电项目机组一次并网发电成功。

【巴基斯坦±660kV默蒂亚里—拉合尔直流输电工程开工建设】 3月15日，巴基斯坦默蒂亚里—拉合尔±660kV直流输电工程在中国电力技术装备有限公司召开了项目启动会暨签约仪式。国网电网公司直流部、中国电力技术装备有限公司、国网北京经济技术研究院，以及设计、监理、施工等共计21家单位参加。会议由中国电力技术装备有限公司副总经理黄杰主持，党委书记、副总经理郭日彩参加会议，中电工程华东院副总经理杨炳良出席会议。

3月23日，由中电工程华东院负责的受端拉合尔换流站工程率先开工，开始进行场地清表和平整。

巴基斯坦默蒂亚里—拉哈尔±660kV直流输电工程，是2015年5月习近平主席访问巴基斯坦期间签署中巴经济走廊项目中的优先实施项目，是“一带一路”倡议重点工程，是巴基斯坦国内第一条高压直流输电线路，也是目前巴基斯坦国内电压等级最高、输电距离最长、输送容量最大的输电线路。项目由国家电网公司采用BOOT模式建设，计划2019年建成投产。

行业管理

电 力 监 管

2016年风电并网运行情况

国家能源局于1月26日发布2016年风电并网运行情况，具体数据如下：

2016年，全国风电保持健康发展势头，全年新增风电装机容量1930万kW，累计并网装机容量达到1.49亿kW，占全部发电装机容量的9%，风电发电量2410亿kWh，占全部发电量的4%。2016年，全国风电平均利用小时1742h，同比增加14h，全年弃风电量497亿kWh。

2016年，全国新增并网容量较多的地区是云南（325万kW）、河北（166万kW）、江苏（149万kW）、内蒙古（132万kW）和宁夏（120万kW），风电平均利用小时较高的地区是福建（2503h）、广西（2365h）、四川（2247h）和云南（2223h）。

2016年，全国弃风较为严重的地区是甘肃（弃风率43%、弃风电量104亿kWh）、新疆（弃风率38%、弃风电量137亿kWh）、吉林（弃风率30%、弃风电量29亿kWh）、内蒙古（弃风率21%、弃风电量124亿kWh）。

2016年风电并网运行统计数据见表1。

表1　　2016年风电并网运行统计数据

省（区、市）	新增并网容量（万kW）	累计并网容量（万kW）	发电量（亿kWh）	弃风电量（亿kWh）	弃风率	利用小时（h）
合计	1930	14864	2410	497		1742
北京	4	19	3			1750
天津	0	29	6			2075
河北	166	1188	219	22	9%	2077
山西	102	771	135	14	9%	1936
山东	118	839	147			1869
内蒙古	132	2557	464	124	21%	1830
辽宁	50	695	120	19	13%	1929
吉林	61	505	67	29	30%	1333
黑龙江	58	561	88	20	19%	1666
上海	10	71	14			2162
江苏	149	561	98			1980
浙江	15	119	23			2161
安徽	41	177	34			2109
福建	42	214	50			2503
江西	41	108	19			2114
河南	13	104	18			1902
湖北	66	201	35			2063
湖南	61	217	39			2125
重庆	5	28	5			1600
四川	52	125	21			2247

续表

省（区、市）	新增并网容量（万 kW）	累计并网容量（万 kW）	发电量（亿 kWh）	弃风电量（亿 kWh）	弃风率	利用小时（h）
陕西	80	249	28	2	7%	1951
甘肃	25	1277	136	104	43%	1088
青海	22	69	10			1726
宁夏	120	942	129	19	13%	1553
新疆	85	1776	220	137	38%	1290
西藏	0	1	0.1			1908
广东	22	268	50			1848
广西	24	67	13			2365
海南	0	31	6			1781
贵州	39	362	55			1806
云南	325	737	148	6	4%	2223

注 1. 并网容量、发电量、利用小时来源于中电联。
2. 弃风电量、弃风率来源于国家可再生能源中心、相关电网企业。

2016 年光伏发电统计信息

国家能源局于 2 月 4 日发布 2016 年光伏发电统计信息，具体数据如下：

截至 2016 年底，全国光伏发电新增装机容量 3454 万 kW，累计装机容量 7742 万 kW，新增和累计装机容量均为全球第一。其中，光伏电站累计装机容量 6710 万 kW，分布式累计装机容量 1032 万 kW。全年发电量 662 亿 kWh，占全国全年总发电量的 1%。

光伏发电向中东部转移。全国新增光伏发电装机中，西北地区为 974 万 kW，占全国的 28%；西北以外地区为 2480 万 kW，占全国的 72%；中东部地区新增装机容量超过 100 万 kW 的省份达 9 个，分别是山东 322 万 kW、河南 244 万 kW、安徽 225 万 kW、河北 203 万 kW、江西 185 万 kW、山西 183 万 kW、浙江 175 万 kW、湖北 138 万 kW、江苏 123 万 kW。

分布式光伏发电装机容量发展提速，2016 年新增装机容量 424 万 kW，比 2015 年新增装机容量增长 200%。中东部地区分布式光伏有较大增长，新增装机排名前 5 位的省份是浙江（86 万 kW）、山东（75 万 kW）、江苏（53 万 kW）、安徽（46 万 kW）和江西（31 万 kW）。

2016 年光伏发电统计信息见表 1。

表 1　2016 年光伏发电统计信息

省（区、市）	累计装机容量（万 kW）		新增装机容量（万 kW）	
	总容量	光伏电站	总容量	光伏电站
总计	7742	6710	3454	3031
北京	24	5	8	3
天津	60	48	47	44
河北	443	404	203	192
山西	297	284	183	172
内蒙古	637	637	148*	166
辽宁	52	36	36	29
吉林	56	51	49	45

续表

省（区、市）	累计装机容量（万 kW）		新增装机容量（万 kW）	
	总容量	光伏电站	总容量	光伏电站
黑龙江	17	12	15	11
上海	35	2	14	0
江苏	546	373	123	70
浙江	338	131	175	88
安徽	345	267	225	178
福建	27	11	12	8
江西	228	171	185	154
山东	455	336	322	247
河南	284	248	244	234
湖北	187	167	138	124
湖南	30	0	1	0
广东	156	68	92	61
广西	18	9	6	4
海南	34	24	10	5
重庆	0.5	0	0	0
四川	96	90	60	57
贵州	46	46	43	43
云南	208	208	144*	145
西藏	33	33	16	16
陕西	334	322	217	210
甘肃	686	680	76	74
青海	682	682	119	118
宁夏	526	505	217	199
新疆	862	862	329*	333

* 2015 年内蒙古、新疆、云南的分布式发电统计数据存在误差，分别为 18 万、4 万、1 万 kW，在数据中进行了相应核减，故三省区新增装机容量小于其光伏电站装机容量。

2016 年度全国可再生能源电力发展监测评价报告

为促进可再生能源开发利用，科学评估各地区可再生能源发展状况，确保实现国家 2020 年、2030 年非化石能源占一次能源消费比重分别达到 15%和 20%的战略目标，根据《关于建立可再生能源开发利用目标引导制度的指导意见》（国能新能〔2016〕54 号）和《关于做好风电、光伏发电全额保障性收购管理工作的通知》（发改能源〔2016〕1150 号），国家能源局委托国家可再生能源中心汇总有关可再生能源电力建设和运行监测数据，形成了《2016 年度全国可再生能源电力发展监测评价报告》（国能新能〔2017〕97 号）。

一、全国可再生能源电力发展总体情况

到 2016 年底，全国可再生能源发电装机容量 5.7

亿kW，占全部电力装机容量的34.6%，其中水电3.32亿kW，占全部电力装机容量的20.2%；风电1.49亿kW，占全部电力装机容量的9.0%；光伏发电7742万kW，占全部电力装机容量的4.7%；生物质发电1214万kW，占全部电力装机容量的0.7%。

二、各省（区、市）可再生能源电力消纳情况

2016年，包含水电在内，全部可再生能源电力消纳量为15058亿kWh，占全社会用电量的比重为25.4%，同比上升0.9个百分点。综合考虑各省（区、市）本地生产、本地利用以及外送电力消纳量情况，2016年各省（区、市）可再生能源电力消纳量占本地区全社会用电量的比重见表1。

表1　　2016年各省（区、市）可再生能源电力消纳情况

省（区、市）	可再生能源电力消纳量（亿kWh）	可再生能源电力消纳比重	同比增加百分点
北京	107	10.5%	2.0
天津	75	9.3%	1.5
河北	335	10.3%	2.1
山西	218	12.1%	3.3
内蒙古	428	16.4%	2.5
辽宁	259	12.7%	2.8
吉林	138	20.7%	4.7
黑龙江	141	15.7%	2.0
上海	484	32.6%	2.8
江苏	699	12.8%	1.1
浙江	772	19.9%	1.4
安徽	221	12.3%	2.7
福建	704	35.8%	8.6
江西	322	27.2%	2.8
山东	327	6.1%	0.8
河南	311	10.4%	1.3
湖北	678	38.4%	1.4
湖南	743	49.7%	3.3
广东	1902	33.9%	0.8
广西	678	49.9%	−7.8
海南	35	12.3%	2.5
重庆	447	48.7%	−0.7
四川	1745	83.1%	4.0
贵州	512	41.2%	2.9
云南	1147	81.3%	0.5
西藏	42	84.9%	0.5
陕西	135	10.1%	−3.3
甘肃	457	42.9%	0.5
青海	398	62.4%	−7.6

续表

省（区、市）	可再生能源电力消纳量（亿 kWh）	可再生能源电力消纳比重	同比增加百分点
宁夏	187	21.1%	5.5
新疆	410	22.9%	0.3
全国	15 058	25.4%	0.9

三、各省（区、市）非水电可再生能源电力消纳情况

2016 年，全国非水电可再生能源电力消纳量为 3717 亿 kWh，占全社会用电量比重为 6.3%，同比上升 1.3 个百分点。综合考虑各省（区、市）本地生产、本地利用以及外送电力消纳可再生能源电量情况，2016 年，各省（区、市）非水电可再生能源电力消纳量占本地区全社会用电量的比重见表 2。

从非水电可再生能源消纳比重增长来看，云南、宁夏、青海三省（区）同比增长较快，分别上升了 7.4、5.7、4.8 个百分点。从完成 2020 年非水电可再生能源电力消纳比重目标情况来看，青海、宁夏、云南、内蒙古、吉林和山西非水电可再生能源消纳比重已达到 2020 年目标，贵州、甘肃、黑龙江、安徽、京津冀和江西接近实现目标，陕西、海南、广东、辽宁和山东实现 2020 年目标还有较大差距。

表 2　2016 年各省（区、市）非水电可再生能源电力消纳情况

省（区、市）	非水电可再生能源电力消纳量（亿 kWh）	非水电可再生能源电力消纳比重	同比增加百分点	2020 年非水电可再生能源电力消纳比重目标	实现 2020 年目标进展情况
青海	117	18.3%	4.8	10%	+8.3
宁夏	169	19.1%	5.7	13%	+6.1
云南	176	12.5%	7.4	10%	+2.5
内蒙古	398	15.3%	3.3	13%	+2.3
吉林	91	13.7%	1.5	13%	+0.7
山西	179	10.0%	3.0	10%	0.0
贵州	57	4.6%	2.6	5%	−0.4
甘肃	133	12.5%	1.1	13%	−0.5
黑龙江	111	12.4%	1.3	13%	−0.6
安徽	110	6.1%	2.2	7%	0.9
河北	293	9.0%	1.4	10%	−1.0
北京	91	9.0%	1.4	10%	−1.0
天津	72	9.0%	1.4	10%	−1.0
江西	44	3.8%	1.6	5%	−1.2
新疆	199	11.1%	0.6	13%	−1.9
湖北	83	4.7%	1.0	7%	−2.3
河南	132	4.4%	2.1	7%	−2.6
四川	48	2.3%	0.9	5%	−2.7
江苏	227	4.2%	0.9	7%	−2.8
西藏	5	10.1%	1.9	13%	−2.9
湖南	62	4.1%	1.3	7%	−2.9
上海	30	2.0%	0.4	5%	−3.0
福建	74	3.7%	0.3	7%	−3.3

续表

省（区、市）	非水电可再生能源电力消纳量（亿 kWh）	非水电可再生能源电力消纳比重	同比增加百分点	2020 年非水电可再生能源电力消纳比重目标	实现 2020 年目标进展情况
重庆	15	1.6%	0.2	5%	−3.4
浙江	138	3.6%	1.2	7%	−3.4
广西	18	1.3%	0.3	5%	−3.7
山东	302	5.6%	0.6	10%	−4.4
辽宁	175	8.6%	0.9	13%	−4.4
广东	104	1.9%	0.1	7%	−5.1
海南	13	4.5%	0.5	10%	−5.5
陕西	50	3.8%	1.1	10%	−6.2
全国	3717	6.3%	1.3	9%	−2.7

注 京津冀、河南、江苏、浙江、山东、辽宁、陕西具备条件接纳超额完成 2020 年目标地区的非水电可再生能源电力，现有跨省跨区输电通道未充分发挥输送非水电可再生能源电力的作用。

四、风电、光伏发电保障性收购落实情况

2016 年，国家发展改革委、国家能源局按照《可再生能源法》要求，核定了重点地区风电和光伏发电最低保障收购年利用小时，提出全额保障性收购相关要求。

2016 年，辽宁、河北和山西达到风电最低保障收购年利用小时要求，内蒙古、新疆、甘肃、宁夏、黑龙江和吉林六省（区）未达到要求，其中，甘肃全省、新疆Ⅲ类资源区、吉林Ⅲ类资源区实际利用小时与最低保障收购年利用小时偏差超过 480h，详见表 3。

2016 年，山西和黑龙江达到光伏发电最低保障收购年利用小时要求，内蒙古Ⅰ类资源区、新疆、甘肃、青海Ⅰ类资源区、宁夏、陕西、吉林、辽宁和河北等地区未达到要求，其中，新疆和甘肃实际利用小时与最低保障收购年利用小时偏差超过 350h，详见表 4。

表 3　　2016 年风电重点地区最低保障收购年利用小时落实情况

省（区）	资源区	地　区	保障性收购利用小时（h）	实际利用小时（h）	偏差情况	
					利用小时（h）	百分比
内蒙古	Ⅰ类	除赤峰市、通辽市、兴安盟、呼伦贝尔市以外其他地区	2000	1938	−62	−3.1%
	Ⅱ类	赤峰市、通辽市、兴安盟、呼伦贝尔市	1900	1724	−176	−9.3%
新疆	Ⅰ类	乌鲁木齐市、伊犁哈萨克族自治州、克拉玛依市、石河子市	1900	1723	−177	−9.3%
	Ⅲ类	除乌鲁木齐市、伊犁哈萨克族自治州、克拉玛依市、石河子市以外其他地区	1800	1209	−591	−32.8%
甘肃	Ⅱ类	嘉峪关市、酒泉市	1800	1045	−755	−41.9%
	Ⅲ类	除嘉峪关市、酒泉市以外其他地区	1800	1179	−621	−34.5%
宁夏	Ⅲ类	宁夏	1850	1553	−297	−16.1%
黑龙江	Ⅲ类	鸡西市、双鸭山市、七台河市、绥化市、伊春市，大兴安岭地区	1900	1703	−197	−10.4%
	Ⅳ类	黑龙江省其他地区	1850	1652	−198	−10.7%

续表

省（区）	资源区	地　　区	保障性收购利用小时（h）	实际利用小时（h）	偏差情况	
					利用小时（h）	百分比
吉林	Ⅲ类	白城市、松原市	1800	1317	−483	−26.8%
	Ⅳ类	吉林省其他地区	1800	1454	−346	−19.2%
辽宁	Ⅳ类	辽宁	1850	1928	78	
河北	Ⅱ类	张家口市	2000	2054	54	
山西	Ⅳ类	忻州市、朔州市、大同市	1900	1926	26	

表 4　　2016 年光伏发电重点地区最低保障收购年利用小时落实情况

省（区）	资源区	地　　区	保障性收购利用小时（h）	实际利用小时（h）	偏差情况	
					利用小时（h）	百分比
内蒙古	Ⅰ类	除赤峰、通辽、兴安盟、呼伦贝尔以外地区	1500	1476	−24	−1.6%
	Ⅱ类	赤峰、通辽、兴安盟、呼伦贝尔	1400	1505	105	
新疆	Ⅰ类	哈密、塔城、阿勒泰、克拉玛依	1500	956	−544	−36.3%
	Ⅱ类	除Ⅰ类外其他地区	1350	853	−497	−36.8%
甘肃	Ⅰ类	嘉峪关、武威、张掖、酒泉、敦煌、金昌	1500	995	−505	−33.7%
	Ⅱ类	除Ⅰ类外其他地区	1400	1041	−359	−25.6%
青海	Ⅰ类	海西	1500	1403	−97	−6.5%
	Ⅱ类	除Ⅰ类外其他地区	1450	1453	3	
宁夏	Ⅰ类	宁夏	1500	1269	−231	−15.4%
陕西	Ⅱ类	榆林、延安	1300	1246	−54	−4.2%
黑龙江	Ⅱ类	黑龙江	1300	1334	34	
吉林	Ⅱ类	吉林	1300	1146	−154	−11.8%
辽宁	Ⅱ类	辽宁	1300	1140	−160	−12.3%
河北	Ⅱ类	承德、张家口、唐山、秦皇岛	1400	1382	−18	−1.3%
山西	Ⅱ类	大同、朔州、忻州	1400	1560	160	

五、特高压线路输送可再生能源情况

2016 年，11 条特高压线路输送电量 2334 亿 kWh，其中输送可再生能源电量 1725 亿 kWh，占全部输送电量的 74%。国家电网公司覆盖区的 9 条特高压线路输送电量 1808 亿 kWh，其中可再生能源电量 1198 亿 kWh，占全部输送电量的 66%；南方电网公司覆盖区的 2 条特高压线路输送电量 526 亿 kWh，全部为可再生能源电量。2016 年特高压线路输送电量情况详见表 5。

表 5　　2016 年特高压线路输送电量情况

序号	线路名称	年输送电量（亿 kWh）	其中可再生能源电量（亿 kWh）	可再生能源电量在全部输送电量占比
1	长南线	82.5	29.2	35%
2	锡盟一山东	32.8	0	0
3	皖电东送	202.9	0	0

续表

序号	线路名称	年输送电量（亿 kWh）	其中可再生能源电量（亿 kWh）	可再生能源电量在全部输送电量占比
4	浙福线	17.1	0	0
5	复奉直流	326.1	324.8	100%
6	锦苏直流	383.3	382.5	99%
7	宾金直流	367.5	367.5	100%
8	天中直流	322.6	73.4	23%
9	灵绍直流	72.8	20.8	29%
10	楚穗直流	261.8	261.8	100%
11	普侨直流	264.5	264.5	100%
全国		2333.9	1724.5	74%

注 1～9 项数据为国家电网公司报送，10～11 项数据为南方电网公司报送。

六、国家清洁能源（新能源）示范省（区）情况

浙江。2016 年，全部可再生能源电力消纳量稳步提高，达到 772 亿 kWh，占本省全社会用电量的比重为 19.9%，同比上升 1.4 个百分点；非水电可再生能源电力消纳量为 138 亿 kWh，占本省全社会用电量的比重为 3.6%，同比上升 1.2 个百分点。

四川。2016 年，全部可再生能源电力消纳量增幅较大，达到 1745 亿 kWh，占本省全社会用电量的比重为 83.1%，同比上升 4.0 个百分点；非水电可再生能源电力消纳量为 48 亿 kWh，占本省全社会用电量的比重为 2.3%，同比上升 0.9 个百分点。

宁夏。2016 年，全部可再生能源电力消纳量大幅提高，达到 187 亿 kWh，占本省全社会用电量的比重为 21.1%，同比上升 5.5 个百分点；非水电可再生能源电力消纳量为 169 亿 kWh，占本省全社会用电量的比重为 19.1%，同比上升 5.7 个百分点。风电和光伏发电均未达到最低保障收购年利用小时要求，偏差分别为 297h 和 231h。

甘肃。2016 年，全部可再生能源电力消纳量为 457 亿 kWh，占本省全社会用电量的比重为 42.9%，同比上升 0.5 个百分点；非水电可再生能源电力消纳量为 133 亿 kWh，占本省全社会用电量的比重约为 12.5%，同比上升 1.1 个百分点。风电和光伏发电均未达到最低保障收购年利用小时要求且偏差较大，风电Ⅱ类和Ⅲ类资源区偏差分别为 755h 和 621h，光伏发电Ⅰ类和Ⅱ类资源区偏差分别为 505h 和 359h。

2016 年度全国电力价格情况监管通报

为全面反映全国各地电力成本、价格信息及变化情况，更好地实施成本与价格监管，切实维护好电力市场秩序，国家能源局组织对全国主要电力企业 2016 年度价格情况进行了统计分析，形成本报告。

一、综合厂用电率

2016 年，全国发电企业平均综合厂用电率为 5.57%，同比下降 0.03 个百分点。其中，生物质发电最高，为 11.88%，水力发电最低，为 0.97%。

（一）燃煤机组

从全国（本报告中不含西藏）看，2016 年燃煤发电平均综合厂用电率为 6.74%，同比增长 0.02 个百分点。其中内蒙古东部地区最高，为 9.96%，江苏最低，为 4.31%。

从山东、山西、江苏、河南、广东五个重点省份❶看，2016 年平均综合厂用电率为 6.25%，同比下降 0.01 个百分点。其中山西最高，为 8.67%，江苏最低，为 4.31%。见图 1。

（二）水电机组

从全国看，2016 年水力发电平均综合厂用电率为 0.97%，同比减少 0.09 个百分点。其中，河南最高，为 2.94%，福建最低，为 0.36%。

从青海、湖北、四川、云南、贵州五个重点省（区）看，2016 年平均综合厂用电率均为 0.90%，同比下降 0.12 个百分点。其中青海最高，为 1.62%，湖北最低，为 0.75%，详见图 2。

❶ 本报告重点省份选取纳入此次统计范围的该类型机组发电量排序前 5 名省份。

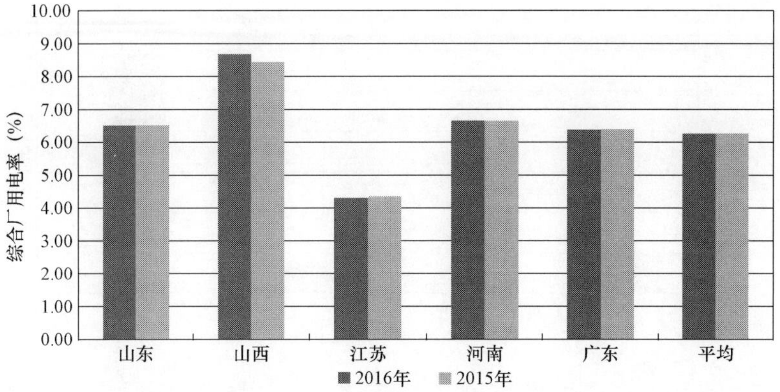

图1　重点省份燃煤机组综合厂用电率

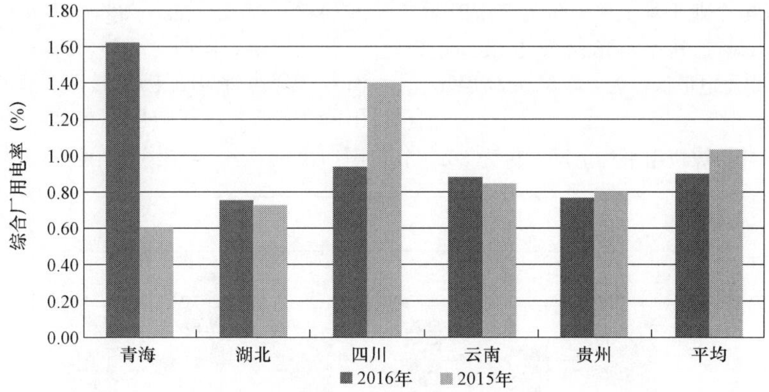

图2　重点省（区）水电机组综合厂用电率

（三）风电机组

从全国看，2016年风力发电平均综合厂用电率为2.90%，同比下降0.1个百分点。其中湖北最高，为4.45%，陕西最低，为0.95%。

从山东、山西、蒙西、新疆、云南五个重点省（区）看，2016年为2.84%，同比增长0.02个百分点。其中新疆最高，为2.95%，山东最低，为2.33%，见图3。

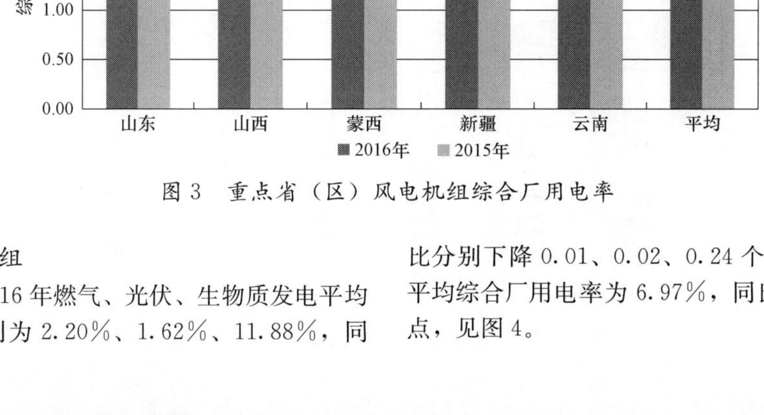

图3　重点省（区）风电机组综合厂用电率

（四）其他机组

从全国看，2016年燃气、光伏、生物质发电平均综合厂用电率分别为2.20%、1.62%、11.88%，同比分别下降0.01、0.02、0.24个百分点，核电发电平均综合厂用电率为6.97%，同比增长0.36个百分点，见图4。

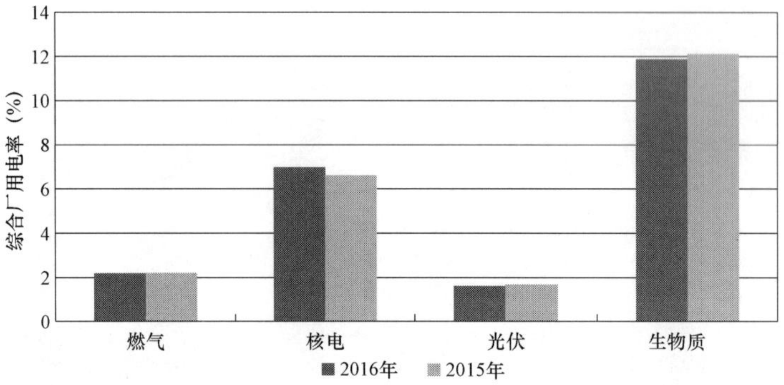

图 4　其他机组综合厂用电率

二、平均上网电价（含税）

2016 年，全国发电企业平均上网电价为 370.97 元/MWh，同比下降 7.42%。其中，光伏发电最高，为 918.12 元/MWh，水力发电最低，为 265.81 元/MWh。

（一）燃煤机组

从全国看，2016 年燃煤机组平均上网电价为 362.08 元/MWh，同比下降 10.13%。其中广东最高，为 460.87 元/MWh，新疆最低，为 224.78 元/MWh。

从山东、山西、江苏、河南、广东五个重点省份看，2016 年平均上网电价为 381.98 元/MWh，同比下降 10.73%。其中广东最高，为 460.87 元/MWh，山西最低，为 328.13 元/MWh。见图 5。

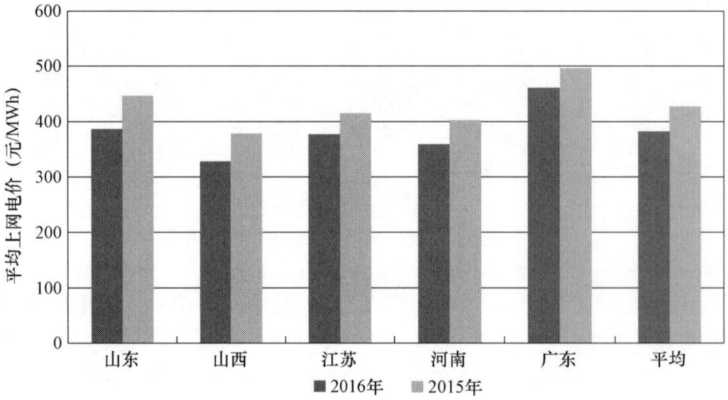

图 5　重点省份燃煤机组平均上网电价

（二）水电机组

从全国看，2016 年水电机组平均上网电价为 265.81 元/MWh，同比下降 3.41%。其中浙江最高，为 566.84 元/MWh，云南最低，为 193.10 元/MWh。

从青海、湖北、四川、云南、贵州五个重点省（区）看，2016 年平均上网电价为 254.57 元/MWh，同比下降 4.24%，其中贵州最高，为 283.46 元/MWh，云南最低，为 193.10 元/MWh。见图 6。

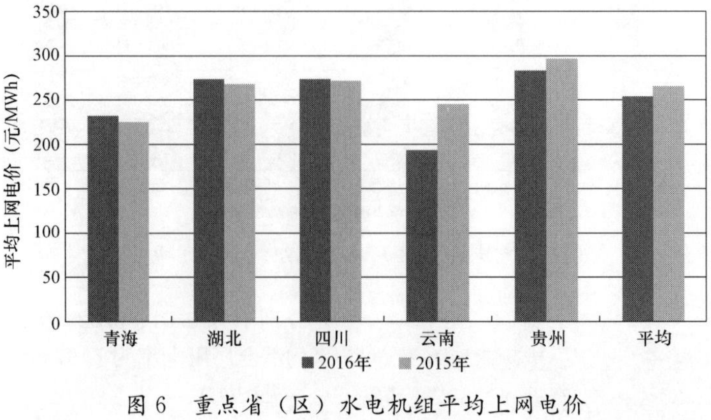

图 6　重点省（区）水电机组平均上网电价

（三）风电机组

从全国看，2016 年风电机组平均上网电价为 566.98 元/MWh，同比下降 1.22%。其中北京最高，为 749.27 元/MWh，新疆最低，为 428.09 元/MWh。

从山东、山西、蒙西、新疆、云南五个重点省（区）看，2016 年平均上网电价为 532.85 元/MWh，同比下降 3.63%，其中山西最高，为 634.02 元/MWh，新疆最低，为 428.09 元/MWh。见图 7。

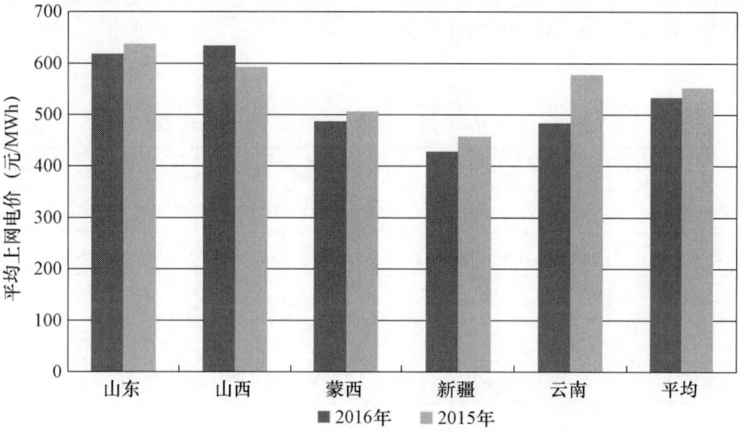

图 7　重点省（区）风电机组平均上网电价

（四）其他机组

从全国看，2016 年燃气发电、核电、光伏发电平均上网电价分别为 695.17、420.89、918.12 元/MWh，同比分别下降 5.42%、3.41%、0.93%；生物质发电平均上网电价为 736.82 元/MWh，同比增长 4.51%。见图 8。

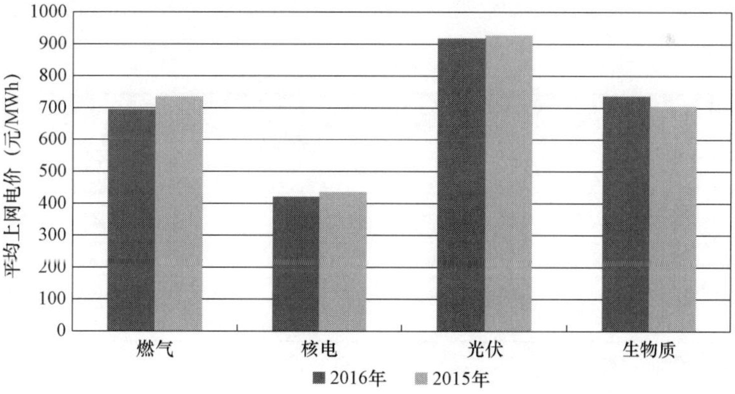

图 8　其他机组平均上网电价

三、线损率❶

2016 年，电网企业平均线损率为 6.66%，同比增长 0.51 个百分点。

从企业看，南方电网公司线损率最高，为 6.77%，内蒙古电力公司最低，为 4.04%。详见表 1。

表 1　电网企业线损率统计表　单位：%

项目	国家电网公司	南方电网公司	内蒙古电力公司	平均
2016 年	6.73	6.77	4.04	6.66
2015 年	6.06	6.87	4.35	6.15
增长额	0.67	−0.10	−0.31	0.51
增长率	11.13	−1.49	−7.24	8.17

❶ 部分电网企业 2015 年数据与《2015 年度全国电力价格情况监管通报》数据不一致，本通报采用电网企业 2015 年度财务决算口径数据。

从各省（区、市）情况看，湖南线损率最高，为8.72%，宁夏最低，为2.89%。

四、平均购销差价（不含税）

2016年，电网企业平均购销差价（含线损）为219.22元/MWh，同比增长0.74%；扣除线损，电网企业平均购销差价为197.38元/MWh，同比增长0.81%。

从企业看，国家电网公司购销差价（含线损）最高，为222.78元/MWh，内蒙古电力公司最低，为118.10元/MWh。详见表2。

从各省（区、市）情况看，上海购销差价（含线损）最高，为242.55元/MWh，宁夏最低，为96.50元/MWh。

表2　电网企业平均购销差价（不含税）统计表　单位：元/MWh

项　目		国家电网公司	南方电网公司	内蒙古电力公司	平均
购销差价（含线损）	2016年	222.78	222.12	118.10	219.22
	2015年	218.55	229.84	126.39	217.62
	增长额	4.23	−7.72	−8.29	1.60
	增长率（%）	1.94	−3.36	−6.56	0.74
购销差价（不含线损）	2016年	200.70	199.95	109.34	197.38
	2015年	196.99	205.14	115.33	195.79
	增长额	3.71	−5.19	−5.99	1.59
	增长率（%）	1.88	−2.53	−5.20	0.81

五、平均销售电价（含税）

2016年，电网企业平均销售电价为614.83元/MWh，同比下降4.55%。

从企业看，南方电网公司平均销售电价最高，为640.11元/MWh，内蒙古电力公司最低，为381.76元/MWh。详见表3。

表3　电网企业平均销售电价统计表　单位：元/MWh

项目	国家电网公司	南方电网公司	内蒙古电力公司	平均
2016年	618.49	640.11	381.76	614.83
2015年	646.73	669.91	432.21	644.16
增长额	−28.24	−29.8	−50.45	−29.33
增长率（%）	−4.37	−4.45	−11.67	−4.55

注　不含政府性基金及附加，含税。

从各省（区、市）情况看，深圳平均销售电价最高，为784.70元/MWh，宁夏最低，为353.67元/MWh。

从分类销售电价看，一般工商业及其他用电平均电价最高，为817.44元/MWh；大工业用电平均电价为645.65元/MWh；居民用电类别平均电价（到户价）为548.00元/MWh。分类销售电价对比见图9。

从各省（区、市）（地区）情况看，深圳居民用电类别平均电价（到户价）水平最高，为716.11元/MWh，青海最低，为404.00元/MWh。

六、政府性基金及附加（含税）

2016年，随销售电价征收的政府性基金及附加全国平均水平为46.45元/MWh（电网企业省内售电量口径平均值，下同），同比增长18.43%。

政府性基金及附加主要有5种，即重大水利工程建设基金、农网还贷资金、水库移民后期扶持资金、可再生能源发展基金、城市公用事业附加（2017年4月取消）。

从各省（区、市）情况看，重庆政府性基金及附加平均水平最高，为68.54元/MWh，新疆最低，为6.81元/MWh。

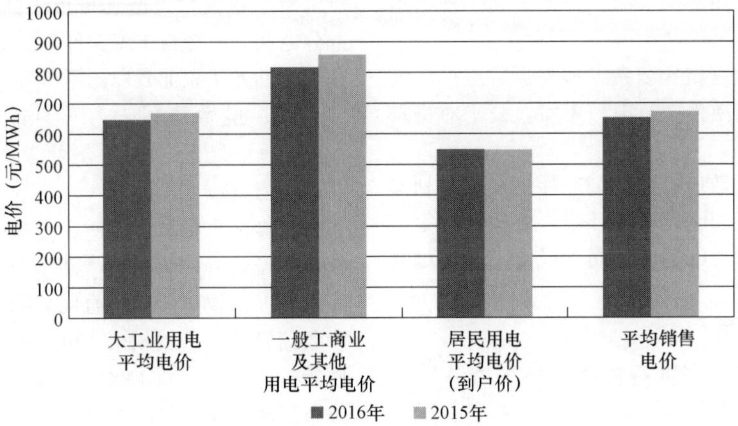

图9 分类销售电价对比图

注：分类销售电价为国家电网公司和南方电网公司加权平均数。

山东等7省电力调度交易与市场秩序专项监管报告

按照《国家能源局关于印发2016年市场监管重点专项监管工作计划的通知》（国能监管〔2016〕171号）部署，为进一步规范电力调度交易工作，维护电力市场秩序，国家能源局于2016年下半年组织有关派出能源监管机构，对山东、黑龙江、青海、安徽、湖北、云南、贵州7个省（区）开展了电力调度交易与市场秩序专项监管工作，形成本报告。

一、基本情况

本次专项监管通过与电力企业座谈、询问有关人员、调阅资料、调取调度自动化系统数据、查阅厂网电费结算发票、听取调度录音、约访发电企业等方式，对7个省（区）有关电网企业、发电企业的2015年全年及2016年上半年电网运行方式与计划安排、电力调度运行管理、并网运行与辅助服务管理、新建发电机组进入商业运营管理、交易电量组织、电价执行与电费结算、可再生能源政策落实、电网公平开放及信息披露等情况进行了现场检查。从监管情况看，7个省（区）的电力企业基本能够认真落实厂网界面“五项制度”，电力市场秩序整体情况较好，厂网关系总体和谐。

二、上一年度问题整改情况

针对上一年度专项监管中发现的问题，经有关派出能源监管机构督促，除云南鲁布革电厂电量、安徽省年度发电计划安排2项问题未整改到位外，各电力企业基本能够积极采取有效措施进行整改，取得了较好的成效。具体情况如下：

（一）已整改问题情况

（1）部分送出工程滞后问题。经贵州电网公司整改，盘县电厂配套送出工程已于2015年6月正式投运，织金电厂配套送出工程已于2015年11月正式投运。

（2）承兑汇票比例高于合同约定问题。经整改，贵州电网公司2016年1～6月购电费中承兑汇票支付比例为30%，承兑汇票支付比例与收取比例基本持平，控制在《购售电合同》约定的承兑汇票支付比例范围内。

（3）风电、光伏发电未按规定纳入“两个细则”问题。经整改，国网青海电力已根据《西北区域发电厂并网运行管理实施细则》及《西北区域并网发电厂辅助服务管理实施细则》有关要求，将要求整改的7座风电场、111座光伏电站纳入了“两个细则”管理范畴，后续新投新能源发电机组也均按照相关规定执行。

（4）“两个细则”考核擅自降低考核标准问题。经整改，国网青海电力已于2015年8月对唐湖电厂2号机组、江源电厂1号机组的非计划停运情况进行了补考核，截至此次检查时未发现新增非计划停运漏考核情况。

（5）新建电源项目接入电网信息公开问题。经整改，国网山东电力进一步完善电源接入电网前期工作管理流程和业务标准，省、市公司建立健全了全过程信息档案制度，确保管理规范统一。

（6）“十三五”云南西电东送合同未签订问题。“十三五”期间云电送粤政府间框架协议已经签署，广东电网公司、云南电网公司和南方电网公司超高压输电公司根据框架协议已签订2016年度三方年度购售电合同文本。

（二）未整改的2项问题

截至2016年6月底，南方电网调度机构在汛期其他云南水电站带低负荷大量弃水期间仍安排云南鲁布革水电站接近满负荷发电、安徽省年度发电计划与本地煤炭消纳挂钩等问题仍未得到整改落实。现提出以下意见建议：

一是南方电网调度机构要按照调峰调频电厂功能定位原则合理安排云南鲁布革电厂电量，公平对待各发电企业。

二是建议安徽省政府有关部门在年度发电计划安排时，营造公平公正的电力市场环境，逐步放开年度发用电计划，实现电力电量从计划手段为主平稳过渡到以市场手段为主。

三、存在的问题

（一）部分电力企业并网调度协议及购售电合同签订不规范，管理不严格

部分省（区、市）电力企业在并网调度协议、购售电合同签订中，存在延期签订、无合同交易、合同不严谨等问题。

（二）部分电力调度机构在执行年度基数合同电量完成率、新能源消纳、并网流程等方面管理不规范

部分电力调度机构执行年度基数合同电量完成率不均衡，未公平对待各发电企业；在运行方式和计划安排上较为粗放，一定程度上影响可再生能源消纳；在调用抽水蓄能机组上仍存在“建而不用”或“过度使用”的情况。

（三）部分电力调度机构执行“两个细则”不严格，存在违规免考核等问题

部分电力调度机构在“两个细则”执行中不规范，并网运行考核工作存在考核执行错误、违规免考核等问题。

（四）部分电力企业对新建机组转商业运营工作管理不严、执行不力

国家能源局自 2015 年初取消商业运营非行政审批后，部分电力企业在新建机组并网调试、商业运营电价执行、差额资金分配、信息报送等方面，存在管理不严、执行不力、占用差额资金等情况。

（五）部分电力交易机构、市场主体在交易组织、交易执行等方面不规范，合同履约缺乏约束机制

部分电力交易机构及市场主体未严格执行电力交易规则，在合同兑现、信息报送、资格审核、交易结果执行等方面存在问题。

（六）部分电网企业违反国家电价政策，电费结算不规范

部分电网企业存在电价政策执行不到位、电费结算不公平不及时等问题。

（七）部分电网企业落实国家可再生能源政策不力，影响可再生能源有序发展

部分电网企业延期支付可再生能源补贴，或以承兑汇票形式支付，增加可再生能源企业现金流压力。部分电网企业擅自下发文件，变更光伏电站装机容量，违规帮助光伏企业套取国家可再生能源电价补贴。

四、监管意见

（一）规范购售电合同与并网调度协议的签订和备案工作

黑龙江、山东、青海、安徽、云南、贵州省电网企业要及时并严格对照“两个范本”与发电企业签订并网调度协议、购售电合同，明确发电企业各类技术参数信息及法人授权书、电力业务许可证号等各类要件，必须按规定要求报派出能源监管机构备案，在电力系统实际运行中坚决杜绝无协议调度、无合同交易。

（二）加强电力调度管理，进一步提高调度运行水平

黑龙江省电力调度机构要加强“三公”调度管理，公平对待各发电企业，合理控制各发电企业年度合同电量完成率。

华东、安徽等网省电力调度机构要高度重视系统整体运行经济性，根据电网需求合理安排抽水蓄能机组运行，通过资源共享的方式在区域范围内市场化配置资源，提高抽水蓄能资源利用的整体有效性。湖北省电力调度机构要合理安排旋转备用，提高发电机组的负荷率，降低发电煤耗。

黑龙江省电力调度机构要优化运行方式和计划安排管理，有效促进可再生能源消纳。

青海省电力调度机构要尽快实现新能源管理系统和调度控制系统的数据同步，保持调控目标负荷率与日前发电计划一致。

湖北省电力调度机构要加强内部管理，改进当前发电企业拨号上网登录系统的方式，方便发电企业及时开展有关工作。

（三）严格执行“两个细则”有关规定，严肃并网考核工作

黑龙江、山东省电力调度机构要切实落实“两个细则”有关规定，严格执行并网机组考核和辅助服务补偿，按时将新建机组纳入“两个细则”管理范畴。

山东省电力调度机构要加强火电机组非计划停运、风机脱网等并网运行管理工作，将相关火电、风电漏考费用按派出能源监管机构要求，纳入“两个细则”予以分配。

安徽省电力调度机构应按规定要求计算黑启动考核费用，严格执行因计划检修等不能提供黑启动服务机组的考核。

青海省电力调度机构应严格执行并网考核事项和标准，加强调度日志、资料台账、数据存档等基础工

作的规范性管理，对青海汉东电厂考核错误的事项予以纠正。

（四）严格执行新建电源进入商业运营有关规定，确保各项工作流程有序衔接

国网安徽、湖北电力要严格落实国家能源局《关于取消新建机组进入商业运营审批有关事项的通知》（国能监管〔2015〕18号）有关规定，及时汇总上报新建机组并网调试、整套设备试运、进入商业运营等有关情况。对违反规定超期进入商业运营的发电机组，要及时申请派出能源监管机构进行专项核查，并根据核查结果按调试电价追溯结算电量，形成的差额资金50%计入“两个细则”辅助服务补偿费用予以分配，50%计入电网企业收入。

国网黑龙江电力要及时制定新建机组调试差额资金分配方案并上报派出能源监管机构，尽快完成差额资金分配工作。

（五）进一步规范电力市场交易行为，切实维护电力市场秩序

国家电网公司要结合各省实际电力供需形势，在保证清洁能源消纳利用的前提下，充分尊重市场主体意愿，公平、公正、公开组织开展跨省跨区市场化交易。

广东、贵州电网公司要按照《关于完善跨省跨区电能交易价格形成机制有关问题的通知》（发改价格〔2015〕962号）规定，在落实“西电东送”战略、兼顾南方区域电力市场发展等因素下，尽快研究完善“黔电送粤”量、价协商机制，进一步提高“西电东送”合同签订效率。

贵州电力交易机构应加强市场交易规则的宣贯，提高市场主体的履约意识。相关单位应严格按照市场交易规则及时采取相应措施，加强合同条款约束力，确保市场交易的严肃性。

国网青海电力要规范交易组织，每次组织交易前按要求向监管机构报送交易有关情况，交易结束后报告执行结果；要严格审查市场主体资质，确保市场交易公平公正。

云南电力交易机构与调度机构要加强协调配合，在保障电网安全运行、电力可靠供应和充分消纳清洁能源的前提下，严格执行经过安全校核后的市场交易结果。

国网山东电力在招标抽水电量时，应按照中标电厂实际上网电价确定中标电量，确保发电企业实际承担抽水蓄能电站租赁费用符合国家规定要求。

（六）严格执行国家电价政策、电费结算规定与合同约定，及时、足额、公平结算电费

青海、贵州、安徽等省电网企业要按照《发电企业与电网企业电费结算暂行办法》（电监价财〔2008〕24号）规定，在15个工作日内结算该期上网电量电费，并及时结算拖欠发电企业电费。

安徽省电网企业在发电企业启动调试阶段或由于自身原因停运向电网购买电量时，要严格执行国家有关电价政策。

云南电网公司在汇票支付比例上，要公平对待鲁布革电站与其他发电企业，做到一视同仁。

国网青海电力要采取有效措施切实降低购电费中承兑汇票支付比例，并按季度向派出能源监管机构报送承兑汇票收支情况。

国网山东电力严格遵守国家有关规定要求，按照山东电力交易中心出具的结算依据，按时足额结算电费。国网山东电力应在本报告发布后一个月内向发电企业支付增值税尾差资金，如逾期应按照合同约定支付违约金。

（七）严格落实国家可再生能源相关政策，保障可再生能源持续健康发展

国网黑龙江电力应按照《中华人民共和国可再生能源法》、《财政部　国家发展改革委　国家能源局关于印发〈可再生能源电价附加补助资金管理暂行办法〉的通知》（财建〔2012〕102号）等相关法规，确保可再生能源电价附加补助资金足额、按时发放到位。

国网青海电力要严格按照《财政部关于印发〈可再生能源电价附加有关会计处理规定〉的通知》（财会〔2012〕24号）要求，及时、足额向发电企业转付可再生能源补贴，不得以银行承兑汇票的形式支付。

国网山东电力要认真梳理2014年至今由电网企业擅自变更容量后并网的光伏电站，会同光伏企业逐一整改，并将整改情况书面报送派出能源监管机构，按照有关规定处理。

2016年配电网建设改造工程执行承装（修、试）电力设施许可制度情况专项监管报告

为进一步加强承装（修、试）电力设施许可证（简称许可证）在保障电力安全、规范电力建设市场秩序方面的作用，依据《电力供应与使用条例》《电力监管条例》《承装（修、试）电力设施许可证管理办法》等法规和国家能源局有关工作部署，2016年9月至12月，国家能源局在全国14个省（区、市）开展了配电网建设改造工程执行承装（修、试）电力设施许可制度情况专项监管工作（简称专项监管工作）。根据专项监管工作情况，形成此报告。

一、专项监管工作基本情况

2016年9月，国家能源局制定印发《国家能源局

关于印发2016年燃煤发电项目执行电力业务许可制度情况等两项专项监管工作方案的通知》（国能资质〔2016〕259号），部署开展专项监管工作，重点针对吉林、河北、山西、重庆、四川、湖南、宁夏、新疆、河南、安徽、福建、广西、云南、贵州等14个省（区、市）相关电网企业以及电力建设企业（单位）在配电网建设改造过程中，是否严格落实承装（修、试）电力设施许可管理制度、各类承装（修、试）电力设施企业［简称承装（修、试）企业］是否能够公平参与市场竞争，以及在施工过程中是否存在转包或违法分包等问题。

本次专项监管工作采取企业自查与国家能源局派出能源监管机构（简称监管机构）现场抽查的方式开展，并在检查过程中注重坚持“双随机一公开”事中事后监管工作制度有关要求。大部分受检企业能够按照监管机构的要求认真开展自查自纠工作，及时报送相关材料，如实汇报执行许可管理制度的情况，并积极配合监管机构开展现场检查相关工作。

从专项监管工作总体情况来看，目前，中国承装（修、试）电力设施市场各类主体已基本实现了依法持证经营，市场准入以及公平开放竞争格局进一步有序规范，违反许可管理制度的行为明显减少，许可证功效得到切实发挥。但是，仍发现少数电网及施工企业存在违反许可管理制度的问题。经统计，本次专项监管工作共涉及配电网建设改造工程项目约5817个，相关电网企业以及参建承装（修、试）企业约806家。监管机构对其中约683个配电网建设改造项目（含标段）进行了现场抽查，抽查率约为11.7%；共发现存在问题的工程项目148个，约占抽查工程项目数的21.7%；查出存在各类违规问题的企业（单位）48家，约占检查企业（单位）总数的6%，其中电网企业8家，施工企业40家。

二、存在的主要问题

（一）电网企业

（1）国网冀北电力有限公司张家口供电公司等少数电网企业落实专项监管工作要求不到位，自查工作存在漏洞。

（2）国网安徽省电力公司凤台供电公司等电网企业在发包环节对承装（修、试）电力设施许可资质要求及审查工作不严格。

（3）国网宁夏电力有限公司在配电网建设改造项目招标环节以不合理方式抬高市场准入门槛，限制潜在投标人。

（4）电网公司系统外民营承装（修、试）企业在部分省（区、市）配电网建设改造工程发包环节的中标率偏低。

吉林、四川等部分省（区、市）配电网建设改造工程项目，在承包环节最终中标单位基本为电网公司系统所属多经或集体性质的承装（修、试）企业，电网公司系统外施工企业，特别是民营承装（修、试）企业基本无法在工程发包环节中标。

（二）承装（修、试）企业

（1）宁夏吴忠市荣通劳务有限公司等2家施工企业未取得许可证，违规从事承装（修、试）电力设施活动。

（2）山西浩天伟业电力工程有限公司等8家施工企业伪造、涂改许可证。此类违法行为较往年有所抬头。

（3）安徽永珅电力工程有限公司等5家承装（修、试）企业超越许可证等级或类别承揽工程。

（4）广西宜通建设工程有限责任公司、安徽达驰电力建设有限公司、湖南省湘乡电力建设有限公司等3家承装（修、试）企业向个人出租、出借许可证。

（5）中国能源建设集团安徽电力建设第一工程有限公司、广西靖西市电力公司等3家承装（修、试）企业在施工过程中存在转包、违法分包等违规行为。

（6）重庆夔门电力设备安装有限公司、邢台兴力集团有限公司持过期许可证从事承装（修、试）电力设施活动。

（7）南京华博供用电工程有限公司、湖南湘中输变电建设有限公司等15家承装（修、试）企业未按规定执行跨区作业报告制度。

三、监管意见

（一）国家能源局将依法针对专项监管中发现的各类违反许可管理制度的问题企业（单位）进行处理

（1）监管机构已根据有关法规对本次专项监管中发现存在违反许可管理制度行为的承装（修、试）企业（单位）下达了整改通知书，要求其限期完成整改工作；需要采取行政处罚措施的，将一律按法定程序予以处理。

（2）针对电网企业存在的限制市场公平开放、落实承装（修、试）电力设施许可管理制度不到位等主要问题，国家能源局将结合近几年许可监管工作情况，对有关电网企业下达专项监管工作问题通报，明确提出整改工作意见，并监督其整改落实情况。

（3）针对超越许可资质等级范围施工、涂改许可证、出租出借许可证、转包及违法分包等严重违反许可管理制度的承装（修、试）企业，将依据国家能源局有关规定，作为重点监管对象被列入2017年承装（修、试）企业黑名单，通过采取加强后续许可监管、计入国家发展改革委不良信息目录实施联合惩戒等措施，对其市场经营活动予以严格的规范限制。

(二) 各级电网及承装(修、试)企业要进一步落实承装(修、试)电力设施许可管理制度

(1) 电网企业在工程建设过程中必须严格审查投标企业的许可资质情况，不得随意扩大资质类别范围或提高投标资质等级门槛限制各类潜在投标人；不得允许无证或者超越许可证等级类别范围的企业(单位)承揽各类承装(修、试)电力设施活动，并持续加强对电网系统所属承装(修、试)企业的监督管理，坚决杜绝转包、违法分包等严重影响施工安全及质量的违规行为。

(2) 承装(修、试)企业必须依法取得许可证并在许可资质等级范围内开展经营活动，严禁涂改、伪造许可证(含复印件)；严禁出租、出借及挂靠、借用许可证违法从事承装(修、试)电力设施活动。跨区从事承装(修、试)电力设施活动的，必须按照许可管理制度要求向工程所在地监管机构报告。在电力工程建设过程中，要加强施工现场管控力度，严格执行施工过程的管理流程，切实承担起施工安全管理以及质量检查等方面的主体责任，特别是要强化对劳务协作企业及其队伍的规范化管理，严格按照所签订的劳务分包合同开展具体劳务活动，严禁以劳务分包等任何形式转包或违法分包工程。

2016年燃煤发电项目执行电力业务许可制度情况专项监管报告

为贯彻落实国务院简政放权加强后续监管的有关精神，加强燃煤发电项目许可准入监管，促进煤电行业健康有序发展，切实维护电力市场秩序，确保国家产业政策、节能减排政策的有效落实，依据《中华人民共和国行政许可法》《电力监管条例》《电力业务许可证管理规定》等相关法律法规及《国家能源局2016年市场监管工作要点》(国能综监管〔2016〕202号)、《国家能源局关于印发2016年燃煤发电项目执行电力业务许可制度情况等两项专项监管工作方案的通知》(国能资质〔2016〕259号)的有关部署，2016年9～11月，国家能源局及其派出机构在全国范围内开展了燃煤发电项目执行电力业务许可制度情况专项监管工作，根据专项监管工作情况，形成本报告。

一、基本情况

本次专项监管工作范围是全国2015年9月1日～2016年8月31日期间并网的新建燃煤发电项目。监管重点内容包括企业是否按规定为燃煤发电项目申请或取得电力业务许可；燃煤发电项目是否符合许可条件，重点是项目是否符合国家规划和产业政策，是否经有关政府主管部门核准，实际建设情况是否与核准要求一致；项目是否符合环境保护的有关要求。

根据专项监管工作统计，2015年9月1日～2016年8月31日期间，全国共有80家企业的121台新建燃煤发电机组并入电网运行，总装机容量4635.2万kW。其中100万kW级机组16台，60万kW级机组23台，30万kW级机组40台，13.5万kW机组5台(分别于2012年、2014年由国家发展改革委核准)，5万kW及以下机组37台(其中背压机组28台，常规燃煤机组9台)。121台机组中，公用发电机组102台，装机容量4448.5万kW；企业自备机组19台，装机容量186.7万kW。按调度级别分，网调机组15台，装机容量1294万kW；省调机组87台，装机容量3308.6万kW；地调及以下机组19台，装机容量32.6万kW。

从专项监管检查情况来看，大部分发电项目运营企业具有较高的持证经营意识，能够遵守电力业务许可制度，按规定申领电力业务许可证。但也有部分发电项目存在未申请许可、未取得核准手续、项目实际建设情况与核准要求不一致、不符合环保要求、上大压小项目未按期关停小火电等问题。

本次专项监管采用现场及非现场监管方式，累计检查发电、电网企业85家，现场核查企业51家。发现存在问题的企业共计23家。

二、存在问题

(一) 16家发电企业执行许可制度不到位，并网发电但未提出许可申请

16家发电企业的依法依规经营意识不强，执行电力业务许可制度不积极、不到位，未按照《电力业务许可证管理规定》的要求，并网发电但从未向派出能源监管机构提交发电类电力业务许可申请。16家发电企业共涉及23台机组，装机容量307.6万kW。

(二) 6个燃煤发电项目存在核准问题

专项监管工作中发现，3个项目涉嫌不符合产业政策，且在未取得核准手续的情况下，擅自开工建设并已投入运营；2个项目核准手续不齐全、不规范，擅自开工建设并已投入运营；1个项目未按核准要求建设。这些项目不满足许可条件，无法取得许可证。

从专项监管情况来看，新投产燃煤发电项目存在核准问题的主要为自备电厂，反映出自备电厂基建程序较为不规范，在落实产业政策、电力规划、依法经营等方面问题较为突出。

(三) 2个燃煤发电项目因环保验收问题无法达到许可条件

2个发电项目，虽已向派出能源监管机构提出电力业务许可申请，但因项目超期未完成环保验收，不符合许可条件，无法取得电力业务许可证。

（四）“上大压小”燃煤发电项目未按期关停小火电机组

华能应城热电有限责任公司，“上大压小”燃煤发电项目，1号机组5万kW（背压机组），2号机组35万kW。两台机组分别于2015年1月、2016年6月投产，因两台机组投产间隔较长，派出能源监管机构依法对其首台机组颁发了电力业务许可证，并按规定要求其首台机组在2016年10月底前完成环保验收。专项监管中发现，该项目因小火电机组未按期关停、超期未完成环保验收等原因，不再具备许可条件，派出能源监管机构根据《电力业务许可证注销管理办法》（电监资质〔2012〕47号）第六条第二款规定，对其撤销电力业务许可。

三、监管意见

燃煤发电企业应严格执行电力业务许可制度，依法持证经营。本次专项监管中发现的无证企业不得继续从事电力业务，无证机组不得发电上网，电网企业不得与其进行电力交易。对于拒不整改、整改不合格、不配合监管工作的，按照《电力监管条例》《电力业务许可证管理规定》等有关规定，没收违法所得，可以并处以违法所得5倍以下罚款。

（一）新建项目应及时提交许可申请

新建发电项目要按照《电力业务许可证管理规定》、《国家能源局关于加强发电企业许可监督管理有关事项的通知》（国能资质〔2016〕351号）等文件规定，及时申领电力业务许可证（发电类）。

内蒙古京能盛乐热电有限公司等16家未按要求申请电力业务许可的发电企业，应立即提交许可申请，依法持证经营。

有关电网企业要对发电企业接入电网情况进行梳理，不得允许未履行电力业务许可制度的企业发电上网，并将无证机组（豁免许可的除外）有关情况报送派出能源监管机构，并督促相关企业办理电力业务许可。

（二）新建发电项目要符合产业政策，严格遵守项目核准、建设程序

燃煤发电企业应当符合产业政策并严格遵守项目核准、建设程序，新建燃煤发电项目应纳入国家依据总量控制制定的电力建设规划、取得核准并按有关规定取齐支持性文件后方可开工建设和运营。

伊犁新天煤化工有限责任公司（2×5万kW燃煤发电项目）、陕西延长中煤榆林能源化工有限公司（延长中煤自备电厂2×5万kW燃煤发电项目）、神华榆林能源化工有限公司（2×2.5万kW燃煤发电项目）、陕西未来能源化工有限公司（未来电厂3×5万kW发电项目）等4家企业有关发电项目未取得核准手续，涉嫌不符合产业政策。派出能源监管机构对未取得核准手续的发电机组不予办理电力业务许可证；确定不符合产业政策的发电机组，电网企业不得允许其并网运行。

新疆嘉润资源控股有限公司（35万kW燃煤发电项目）、陕西美鑫产业投资有限公司（锦阳电厂2×35万kW燃煤发电项目）等2个发电项目核准手续不齐全、不规范，企业要接受处理并积极整改，补办核准手续。整改完成前，派出能源监管机构不予办理电力业务许可证，电网企业不得允许其发电上网。

对于上述6个发电项目，相应省级发展改革委（能源局）要会同相关部门依法依规予以处理，并向社会公布。对于不接受处理的，按照《国家能源局关于进一步调控煤电规划建设的通知》（国能电力〔2016〕275号）要求，相应省级发展改革委（能源局）应视情况对项目单位实施限批新建煤电项目、开展自用及外送煤电项目优选工作时不予考虑等措施；银行及金融机构要依据法律、法规和国家有关规定停止对其发放贷款。

（三）严格执行环保制度有关要求

胜利国电（东营）热电有限公司、莒南力源热电有限公司，应积极与环保部门沟通，完成有关项目的环保验收手续；派出能源监管机构将有关情况通报相应环保部门，并督促企业完成整改。

（四）落实“上大压小”要求，按期关停小火电机组

华能应城热电有限责任公司要主动落实核准文件要求，配合有关部门积极推进相关小火电机组关停工作，确保淘汰落后产能工作得到落实。电网企业应主动配合有关部门做好到期应实施关停机组的解网工作。派出能源监管机构要加强小火电机组许可监管工作，对于未落实关停计划的“上大压小”项目和到期应关停而未关停的小火电机组，不予许可；已许可的，应依法予以撤销，并通报地方政府主管部门和相关电网企业。

2016年7月～2017年3月供电监管报告

按照《国家能源局综合司关于做好2016—2017年度供电监管工作的通知》（国能综监管〔2016〕418号）要求，为切实维护广大电力用户合法权益和社会公共利益，进一步促进供电企业提高供电能力、供电质量和服务水平，2016年7月～2017年3月，国家能源局组织各派出能源监管机构开展了全国供电监管工作，并选取部分供电企业进行了现场检查。根据现场检查情况和日常供电监管工作，形成本报告。

一、基本情况

此次供电监管坚持专项监管和问题监管相结合，重点从供电质量、供电服务、供电能力、信息公开、市场行为等方面，对省市县各级供电企业及关联企业开展了现场和非现场监管。采用“双随机”抽查方式，在全国 3007 家供电企业中，选取 23 家省级、108 家市级、149 家县级供电企业，共计 280 家供电企业开展了现场检查，占供电企业总数的 9.31%。从监管情况看，各供电企业基本能够落实监管要求，供电能力和供电质量得到持续改善，管理基础进一步夯实，服务内涵更加丰富，服务水平不断提升。

二、上一监管周期发现问题整改情况

针对 2015 年 7 月～2016 年 3 月供电监管报告披露的问题，经有关派出能源监管机构督促，各供电企业能够积极采取有效措施进行整改，具体情况如下。

(1) 供电“两率”指标管理不规范的问题。广东潮南供电局、内蒙古鄂尔多斯电业局、辽宁营口老边供电公司等供电企业规范“两率”基础管理，补充调整配置监测设备，纠正虚假、瞒报、漏报供电质量数据问题。青海尖扎县供电公司、广西水利电业集团融水供电公司加强供电质量管控，电压合格率得到有效提升，青海尖扎县供电公司李家村 1 号公用变压器台区由 88.588%提升为 99.874%。

(2) 供电服务管理制度执行不到位的问题。江西婺源县供电公司、陕西地电榆阳区供电分公司、贵州六盘水钟山供电局等供电企业强化服务意识，规范业扩报装、故障抢修、收费、停限电等流程。贵州六盘水钟山供电局 2016 年 7 月～2017 年 3 月故障抢修平均到达现场时间缩减至 38min，最长到达现场时间为 83min，抢修到达现场后恢复供电平均时间为 168min，基本实现了供电服务承诺。

(3) 配电网网架较为薄弱、供电能力不足的问题。国网新疆阿勒泰供电公司、新疆生产建设兵团北屯电力工业有限公司、河南省电力公司等供电企业结合新一轮农网升级改造，加大建设改造资金投入，推动电网建设和改造进程，配网供电能力持续改善。国网阿勒泰供电公司 2016 年 10kV 北北一线线路停电率同比下降 57%，10kV 北北二线线路停电率同比下降 69%。

(4) 供电企业信息公开不达标、不透明的问题。国网湖北电力、广西龙胜水利电业有限公司等供电企业学习和落实《供电企业信息公开实施办法》要求，健全管理制度，完善公开渠道，主动及时公开有关信息。国网山西电力对外服务网站专门开设企业信息公开专栏，公开发布供电“两率”信息 440 余条。

(5) 供电市场行为不规范的问题。湖南株洲供电公司在一定程度上消除了市场和服务障碍，株洲地区现有 6 家非关联承试企业承揽用户受电工程试验业务。甘肃平凉供电公司、海南乐东供电局等供电企业落实监管要求，履行了资质查验责任。江苏无锡供电公司、上海市区供电公司等供电企业指导帮助集体企业规范工程管理、招投标等经营行为，促进集体企业依法合规经营。

三、存在问题

(一) 部分地区“两率”管理薄弱，供电质量有待提升

部分供电企业“两率”管理不规范，统计数据不真实，个别地区“两率”指标偏低，达不到监管要求。

(二) 部分供电企业业务办理不规范，供电服务水平不高

部分供电企业存在用电业务办理和电价政策执行不规范、停限电及催费不合规、故障抢修超时限、服务意识不强等问题。

(三) 部分地区供电能力不足，网架结构薄弱

部分地区电网供电能力不足，网架结构比较薄弱，投资改造升级相对滞后，不能满足人民群众日益增长的电力需求。

(四) 部分供电企业信息公开不及时、不规范

部分供电企业信息公开工作未得到足够重视，存在工作未开展或开展不及时、不规范、不到位问题。

(五) 部分地区用户受电工程管理不规范，存在违法违规行为

部分地区用户受电工程管理不规范，未严格执行规章制度，存在“三指定”、转包、主辅业务界面不清等问题。

四、监管意见

(一) 切实做好供电“两率”管理，不断提高供电质量

湖北襄阳供电公司、国网河南洛阳供电公司等供电企业要着力加强供电“两率”基础管理，合理设置电压监测点，彻底纠正虚假、瞒报供电质量数据问题。广西藤县水利电业有限公司、云南红河供电局金平分局等供电企业要采取有力措施，切实提升电压质量。

各供电企业要进一步提高配电网的运行维护管理水平，强化计划管控，加强用户侧用电安全管理，严格执行国家规定的供电质量有关标准和管理要求，夯实供电“两率”基础管理，不断完善监测体系。

(二) 确保各项规章制度有效执行，提升供电服务水平

国网甘肃电力、海南海口供电局、吉林延边供电公司等供电企业要切实规范业务流程，严格执行用电业务办理流程和时限要求。国网上海市北供电公司、国网陕西地电宁陕县供电分公司等供电企业要严格执行电价及收费政策，规范业务收费行为。

各供电企业应进一步增强服务意识，积极履行主体责任，强化各项管理措施与规章制度的执行落地，严格按照《国家能源局关于印发〈压缩用电报装时间实施方案〉的通知》要求，进一步修订完善用电报装流程办理与档案管理，着力减环节、优流程、压时限、降成本、提效率，不断规范供电服务行为，加强用户投诉举报处理，加大监督与考核力度，让人民群众享受优质、高效、便捷的供电服务。

（三）持续加大电网投资建设力度，切实提升供电能力

蒙东通辽供电公司、甘肃定西供电公司等供电企业要科学合理地规划电网布局，切实将电网建设资金用实用好，着力提高负荷高峰时期的应急能力，满足人民群众满意用电需求。

各供电企业要以加强电网建设和当前农网升级改造为契机，加快推动电网建设和改造，不断优化主配网结构，从根本上切实解决局部地区存在的电网薄弱、持续供电能力不强、电能质量差等突出问题，确保配电网投资政策落实到位。

（四）高度重视信息公开工作，确保公示信息及时规范

内蒙古电力公司、广西邕宁供电公司、新疆第一师电力有限责任公司等供电企业要认真贯彻《供电企业信息公开实施办法》，确保公开信息的及时、准确、全面和完整。黑龙江宝泉岭供电公司、广西大化供电公司等供电企业要认真按照监管要求公示 12398 能源监管热线标识。

各供电企业要充分认识到供电信息公开工作的重要性和必要性，通过门户网站、营业大厅等多种渠道，及时、准确、规范公开涉及用户利益的有关制度和技术标准、停限电有关信息、电价和收费标准等相关内容，接受行业监管和社会监督，切实保障广大电力用户的知情权、参与权和监督权。

（五）不断规范用户受电工程市场行为，维护用户受电工程市场秩序

广西巴马县水利电业有限公司等供电企业要充分尊重用户自主选择权，公平、无歧视开放用户受电工程市场。青海海北供电公司、四川省水电集团要严格执行用户受电工程市场相关法律法规，消除用户受电工程市场障碍。甘肃白银供电公司、广东阳江供电局要规范关联企业管理，按照政策要求彻底清理主辅关系，消除转包或违法分包行为。

各供电企业要进一步规范关联企业经营管理，实现人、财、物分离，使关联企业责权清晰，自主经营，清理不正当关联交易以及妨碍市场公平竞争的行为，严格执行资质许可制度和各项规章制度，坚决杜绝违规收费、违规转（分）包和“三指定”行为，确保用户受电工程市场公平开放，营造公平便利营商环境。

行　业　服　务

中国电力企业联合会

【综述】

（一）加强重大问题调研，建言献策取得明显成效

一是在两次新能源并网消纳问题调研基础上，国家发展改革委委托中国电力企业联合会（简称中电联）开展解决“三弃”问题实施方案研究，11 月，国家发展改革委、国家能源局印发《解决弃水弃风弃光问题实施方案》，主要内容基本采纳中电联意见。

二是针对煤炭去产能对煤电企业的影响问题，多次提交专题报告，锲而不舍地向国务院和有关部门呼吁，引起各方高度重视，促进了国家发展改革委出台相关政策，提高了煤电标杆电价。

三是开展了煤电企业电煤价格承受能力、防范和化解煤电产能过剩风险、电力建设企业经营情况、西南水电开发及送出问题等一系列专题调研，形成了报告，在两次理事长会议上得到高度认可。

四是完成了住房城乡建设部《定额编制规则》、国家能源局《环保电价政策成本效益分析研究》《化解能源供应结构性过剩措施研究》《火电厂环境污染第三方治理指导意见研究》等九项政府有关部门委托研究项目。受国家能源局委托制定的《并网型微电网管理办法》已颁布实施。根据行业发展需要，组织开展了《电力行业管理体系研究》《分布式供能技术经济研究》。

五是多次参加国务院及有关部委召开的专题会议，就清洁能源发展、煤电联动机制、煤炭清洁化利用、环保电价等问题提出建议。定期参加国家有关部委召开的经济运行形势分析会，提交年、季、月度电

力运行情况 60 余份。

（二）创新信息服务方式，工作影响力持续提升

一是联合各大发电企业，编制中国电煤采购价格指数（CECI），每周五下午发布，填补了中国需求侧电煤价格指数空白。CECI 被行业内外研究机构不断引用，赢得了广泛的社会关注和良好反响，国家发展改革委已将 CECI 纳入电煤中长期合同定价机制。

二是编撰《中国电力行业年度发展报告 2017》及标准化、可靠性、行业人才、国际合作、工程造价咨询等专业性年度发展报告，其中标准化、行业人才、国际合作年度发展报告为首次发布，初步形成具有中电联特色的年度发展报告系列，为会员单位提供专业领域总体情况和发展趋势分析。

三是编制发布《电力建设投资价格指数报告》《中国电力减排研究》《中国电力技术经济发展研究报告（2017）》《发电企业与世界同类能源企业对标报告》《中国对外投资合作政策法规汇编（2017）》等一系列专业报告，编印《2016 年电力工业统计资料汇编》，逐月发布《全国电力工业统计月报》，按季度编制供需形势分析预测报告，为政府和企业决策提供参考。组织开展《中国工业史　电力卷》《中国电力工业史》编纂工作。

（三）主动引导社会舆论，树立行业良好形象

一是编制《中国煤电清洁发展报告》，全面阐述中国煤电发展现状及在现代能源体系中的作用，梳理煤电清洁发展的行动和措施，总结发展成效，对煤电清洁发展进行了展望。

二是针对社会上有关煤电环保影响问题的争议，联合中国环境保护产业协会、清华大学、新华网，举办“中国煤电清洁发展与环境影响发布研讨会”，全面反映煤电清洁发展及对环境影响的情况，为社会答疑解惑，正确引导舆论，得到国家有关部门充分肯定。中央电视台、新华社、人民日报等 27 家主流媒体现场报道，新华网图文全程直播，引起社会高度关注。

三是紧密响应国家政策，举办“精准扶贫、电力情深”为主题的中国电力主题日活动，集中宣传电力行业落实国家扶贫战略、履行社会责任、开展精准扶贫的贡献，中央电视台、新华网等十几家主流媒体报道，树立行业良好形象。

四是针对山东火电环保罚款及有关网络上“燃煤电厂脱硫脱硝加剧雾霾”的传闻，及时召开新闻发布会，在主流媒体上撰文，深入判析电力行业在环保及雾霾治理方面的贡献，回应社会关切。

五是编制《中国电力工业发展现状与展望》，为电力行业全国“两会”代表、委员参政议政提供参考。多次组织开展专题宣传报道，就环保电价、碳排放交易、煤电去产能、电动汽车发展等行业和社会热点问题，阐述行业观点，发出行业声音。

六是《中国电力企业管理》《当代电力文化》《中国电力教育》三本期刊精准定位，分层次宣传电力行业企业发展成就，研讨发展热点问题，一系列专题报道反响良好。中电联微信公众号也已开通。

（四）认真做好专业服务工作，努力提升专业服务水平

一是编制《电力标准化工作“十三五”规划》，建立电力工程建设强制性标准体系。全年制修订发布电力国家标准、行业标准 235 项，下达制修订计划 409 项；发布中电联标准 15 项，下达编制计划 240 项。

二是对 6 项特高压输电工程、12 项百万千瓦机组工程开展质量监督检查，督促整改问题 8702 项。编制《生物质发电工程质量监督检查大纲》，完成全国电力工程建设规模统计。

三是召开电力可靠性指标发布会，发布了可靠性数据和分析报告。开展电力可靠性国际与行业对标，为国网、南网、大唐集团提供电力可靠性个性化服务。

四是《电力建设工程估算指标（2016 版）》《20kV 及以下配电网工程定额和费用计算规定（2016）》已经国家能源局批复发布。

五是推荐 40 家企业、3 家园区为“全国工业领域电力需求侧管理示范企业（园区）”，推荐 25 家企业为“工信部 2017 年两化融合管理体系试点企业”。

六是经教育部批准，发起成立电力行业卓越工程师培养校企联盟，18 家电力企业、30 所高等院校加入联盟。

七是开展全国 300MW、600MW 火电机组能效水平对标活动，参加机组台数创历年新高。举办电力行业焊工职业技能竞赛、电力行业青年培训师教学技能竞赛，产生 40 名“电力行业技术能手”、20 名“电力行业优秀技术选手”。开展中国电力创新奖、全国电力职工技术成果奖评选活动，向中企联推荐的两项企业文化成果获得“2016～2017 年度全国企业文化优秀成果”，向国家知识产权局推荐 4 项中国专利奖项目，全部获奖。

八是召开 2017 年经济形势与电力发展分析预测

会，为会员单位把握经济电力发展动态趋势提供指导。举办第十一届上海国际电力设备和技术展览会，促进行业企业合作共赢。

九是各分支机构开展了一系列专业研讨、业务培训、信息交流活动，积极参加相关领域的政策研究、标准制定等工作，成为中电联专业服务的重要组成部分。

（五）第三方服务取得新进展，企业经营业绩保持稳定

一是国家发展改革委委托中电联开展电力行业信用体系建设工作，研究制定了《电力行业市场主体失信联合惩戒对象及重点关注名单管理实施细则》，编制了发电、电网、设计、售电公司、电能服务机构、电力大用户、电力建设等7个领域的信用评价规范，制定了《电力市场主体信用信息采集指南》。发布《信用电力自律公约》，已有300多家电力企业签署。

二是进一步完善电力交易信息共享平台，参与北京、广州电力交易市场管理委员会相关工作。

三是各直属单位、所属公司完成年度经营目标，实现了良好的经济效益和社会效益。

（六）深化国际合作与交流，积极服务电力企业“走出去”

一是通过发表文章、举办论坛、开设专栏、发布倡议书等方式，加大全球能源互联网宣传力度。全年发布39项能源互联网标准，完成7项能源互联网标准英文翻译工作。

二是《电动汽车充电漫游信息交换　第1部分：总则》获得国际电工委员会批准立项，参与编制的《国际建造计量标准》（ICMS）已在第12届太平洋测量师协会（PAQS）大会上发布，成为国际标准，中俄标准合作课题研究得到国家能源局肯定。

三是在国家能源局支持下，成立中电联—国际能源宪章联合研究中心，这是中电联与国际能源组织首次建立非机构性合作机制，双方将开展联合研究，组织相关活动，进行人员交流。

四是与俄罗斯联合举办东北亚电力合作论坛第二次会议。完成阿斯塔纳世博会组团和参展工作。组织企业参加中丹能源转型圆桌会议、中哈能源论坛、2017中国—东盟电力合作与发展论坛暨展览、中东欧（16+1）能源博览会等一系列交流活动。

五是搜集有关国家电力行业境外投资信息，发布《2017中国企业海外投资指南》《中资企业在俄罗斯经营指南—俄罗斯中资企业2016年度白皮书》等专题报告，为电力企业海外投资提供营商环境、风险机遇及应对策略等方面的帮助。完成《中越电力国际产能合作情况报告》《中波国际产能合作规划纲要》有关内容，提出相关建议，提交国家发展改革委。组织开展了《国外电力工程计价技术与方法研究》等。

（七）加强规范化管理，本部自身建设取得实效

一是认真学习党的十九大精神，深入领会习近平新时代中国特色社会主义思想。强化党的组织建设，恢复成立机关纪委，加强内部审计，开展反腐倡廉教育、“两学一做”征文活动等。

二是研究制定中电联五年发展规划，提出了未来五年中电联发展的路线图，明确了年度重点任务。

三是修订本部会议、劳务费、软课题、新闻宣传、绩效考核等一系列管理办法，规范固定资产管理、中电联视觉识别体系等，本部工作规范化程度持续提升。

四是按照脱钩改革要求，切实履行对代管协会的党建管理职责，指导有关协会做好换届工作，严格审核负责人人选，加强代管协会领导班子建设，强化对代管协会党建工作的指导。

【组织机构】

一、2017年中电联机构设置及人员变动情况

（1）中电联本部设置职能部门9个，直属单位3个，投资股份制企业1个。

9个职能部门为：理事会办公厅（新闻宣传中心）、行业发展与环境资源部（电力统计与数据中心、电力行业应对气候变化中心）、国际合作部、人力资源部（机关党委）、会员与企业文化建设部、电力工程质量监督管理部（电力工程质量监督总站）、标准化管理中心、可靠性管理中心、技能鉴定与教育培训中心（电力行业职业技能鉴定指导中心）。

3个直属单位为：电力发展研究院（中国电力企业联合会电力建设技术经济咨询中心、电力工程造价与定额管理总站）、电力评价咨询院（中国电力企业联合会科技开发服务中心、工业领域电力需求侧管理促进中心）、杂志社（《中国电力企业管理》杂志社）。

1个投资股份制企业为：华凯投资集团有限公司。

（2）人员变动情况：中电联本部2017年底实有职工总数173人，与2016年相比，公开招聘增加10人，企业派驻增加8人，交流增加1人；派驻、交流结束返回原单位5人，调出1人，辞职2人，退休减员6人。

二、干部配置

中电联第六届理事会领导成员：

理事长：刘振亚

党组书记、常务副理事长：杨昆

专职副理事长、秘书长、党组成员、机关党委书记：于崇德

专职副理事长、党组成员：魏昭峰、王志轩

兼职副理事长（按姓氏笔画排序）：王树民、王炳华、卢纯、乔保平、刘吉臻、李庆奎、李灼贤、吴国潮、汪建平、陈进行、赵建国、贺禹、顾军、晏志勇、钱智民、曹培玺、舒印彪

中电联第六届理事会专职顾问：孙玉才

副秘书长：沈维春、安洪光、许松林、江宇峰

2017 年度职能部门及直属单位领导干部：

理事会办公厅主任：江宇峰（兼）

理事会办公厅副主任（部门正职级）：孙红旗

理事会办公厅副主任：谢清

理事会办公厅副主任：栾加林

行业发展与环境资源部主任：安洪光（兼）

行业发展与环境资源部副主任（部门正职级）：薛静

行业发展与环境资源部副主任（部门正职级）：潘荔

行业发展与环境资源部副主任：张琳

行业发展与环境资源部副主任：叶春

国际合作部主任：吴添荣

国际合作部主任助理：许光滨

人力资源部主任：李晓霞

机关党委常务副书记（部门正职级）、机关工会主席、人力资源部副主任：张海涛

机关纪委书记（部门副职级）、机关工会副主席、机关党委办公室主任：刘仕海

会员与企业文化建设部主任：郭玮

会员与企业文化建设部副主任：王慧

会员与企业文化建设部副主任：白俊文

会员与企业文化建设部副主任：张小明

会员与企业文化建设部副主任：沈连元

会员与企业文化建设部主任助理：徐敏

电力工程质量监督管理部副主任、电力工程质量监督总站副站长：张天文

电力工程质量监督管理部副主任、电力工程质量监督总站副站长：罗勇

标准化管理中心主任：许松林（兼）

标准化管理中心副主任：刘永东

可靠性管理中心主任：米建华

可靠性管理中心副主任：周霞

技能鉴定与教育培训中心主任：张志锋

技能鉴定与教育培训中心副主任：孙建华

电力发展研究院院长、中电联电力建设技术经济咨询中心主任、电力工程造价与定额管理总站站长：沈维春（兼）

电力发展研究院党总支书记、电力发展研究院副院长、中电联电力建设技术经济咨询中心副主任（部门正职级）：李斌

电力发展研究院副院长、中电联电力建设技术经济咨询中心副主任：左晓文

电力发展研究院副院长、中电联电力建设技术经济咨询中心副主任：张天光

电力发展研究院副院长、中电联电力建设技术经济咨询中心副主任：张慧翔

电力发展研究院副院长、中电联电力建设技术经济咨询中心副主任：董士波

电力评价咨询院院长、中电联科技开发服务中心主任、工业领域电力需求侧管理促进中心主任：黄成刚

电力评价咨询院党总支书记、电力评价咨询院副院长、中电联科技开发服务中心副主任（部门正职级）：胡小正

电力评价咨询院副院长、中电联科技开发服务中心副主任：赵风云

电力评价咨询院副院长、中电联科技开发服务中心副主任：郝继红

电力评价咨询院总工程师、中电联科技开发服务中心总工程师：尹松

杂志社（《中国电力企业管理》杂志社）社长：管永生

杂志社（《中国电力企业管理》杂志社）副社长：李丽萍

华凯投资集团有限公司董事长、电力发展研究院副院长、中电联电力建设技术经济咨询中心副主任：崔照胜

【电力行业发展规划与电力发展课题研究】

（1）完成《西南水电开发及送出问题研究》报告。为落实国家能源发展战略和规划，促进水电持续健康发展，加大建言献策力度，及时反映行业诉求，开展了“西南水电开发及送出问题”专题调研，分析西南水电开发和送出面临的主要问题，并就流域发展规划、生态保护、移民安置、政策法规、电力消纳、输电方案、市场化改革等方面，提出了政策及措施建议。报告提交 2017 年中电联第二次理事长会议审定，并上报中财办、国家发展改革委、国家能源局等有关部委。

（2）完成《煤电产能过剩问题及政策措施研究》报告。为促进电力行业健康发展，加大建言献策力度，及时反映行业诉求，开展了“防范和化解煤电产能过剩风险研究”专题调研，开展了电力电量平衡计算，分析了在建项目停缓建可能带来的安全风险和经济损失，提出了“十三五”中国各区域煤电建设规

模，并对淘汰落后产能、停缓建煤电项目、规范自备电厂管理、降低企业经营风险等方面，提出了政策及措施建议。报告提交2017年中电联第一次理事长会议审定，并上报中财办、国家发展改革委、国家能源局等有关部委。

（3）继续加强电煤协调和建言献策力度。针对电煤价格急剧上涨、火电企业经营困难加剧等问题，持续密切跟踪电煤问题，形成4个电煤专题报告，上报国家发展改革委等部门，提出包括“加快释放先进煤炭产能、引导煤炭价格回落至绿色区间、取消煤炭控产量政策、实施煤电联动、多方面缓解电力企业经营压力”等意见建议。相关情况获得有关部委的高度关注和重视，部分意见得到认可和采纳，经过各方共同努力，煤炭控产量限制已经取得实质性效果，并出台了系列配套措施增加市场煤炭供给。

（4）联合大型发电企业编制中国电煤采购价格指数（CECI）。根据国家有关部委部署以及发电企业诉求，联合国内主要大型发电集团，共同编制了中国电煤采购价格指数CECI。CECI的编发填补了中国发电侧电煤采购价格指数的市场空白，旨在更好地服务于政府宏观调控和决策，为发电企业电煤采购定价提供参考基准，为发电企业经营决策提供参考依据，对于客观、准确、及时反映电煤采购价格，维护行业健康持续发展具有重要意义。

【电力体制改革与电力市场研究】

（1）建立完善电力交易信息共享平台，按季度出版《电力改革动态》和《全国电力市场交易信息分析》。为进一步促进电力企业间信息交流，服务电力改革大局，组织相关理事长、副理事长单位建立电力市场交易信息共享平台。定期收集整理电力改革重要信息和工作进展，按季度编制完成《电力改革动态》，印送各理事长、副理事长和相关常务理事会单位。依托信息共享平台，汇总相关交易数据并进行对比分析，按季度提出《全国电力市场交易信息分析》，印送各理事长、副理事长和相关常务理事会单位，并将分析材料相关内容摘要后向社会发布，受到广泛关注。

（2）完成《煤电企业电煤价格承受能力及政策建议》课题研究报告。组织主要央企发电集团和部分省属发电企业合作开展《煤电企业电煤价格承受能力及政策建议》课题研究，提出《煤电企业电煤价格承受能力及政策建议》课题研究报告，征求相关单位和专家意见并进行完善，报送国家发展改革委、国资委、能源局等政府主管部门，为煤电企业争取扶持政策。

（3）完成《电力市场建设重大问题专题调研》报告。组织理事长、相关副理事长单位电力改革负责部门同志，成立电力市场建设重大问题专题调研组，分别赴北京、广州、贵阳等电力交易中心，重庆市能源局，国家电网有限公司，重庆两江电力公司、南网能源公司、华能南方分公司等单位开展实地调研，了解相关情况。梳理近期全国电力市场建设的重大举措，整理电力市场交易相关情况，分析问题存在的问题及对策，提出《电力市场建设重大问题专题调研》报告。

（4）组织理事长、各副理事单位开展电力市场改革座谈和专题讲座。组织理事长、各副理事单位电力改革部门相关同志参加，于3月和8月两次召开电力市场改革座谈会，通报《电力改革动态》《电力市场交易信息分析》相关内容，就电力市场建设重大问题和调研课题相关安排进行研讨；邀请国家能源局、华北电力大学、东北电力调度中心等单位专家和教授，专题讲解电力中长期交易规则、电力现货市场交易机制、配电网放开相关政策、东北电网辅助服务市场运行规则等，受到各单位高度评价。

（5）完成《粤电集团煤电经营情况调研报告》。按照发展改革委运行局统一安排和要求，牵头组成调研组赴广东调研粤电集团及所属燃煤电厂经营情况，与发展改革委能源所、市场所及粤电集团共同提出《粤电集团煤电经营情况调研报告》，并报送发展改革委运行局。

（6）《电煤中长期合同签订履约情况调研督导报告》。受发展改革委运行局委托，组织同煤集团、陕煤化集团、国投电力集团、大公国际集团、中国电力报等单位组成调研组，赴四川、重庆两地进行调研督导，调研核查相关单位电煤中长期合同的签订和履约情况，并提出《电煤中长期合同签订履约情况调研督导报告》报送国家发展改革委。

【电力统计与经济运行分析】

（一）电力统计工作

（1）完成《2016年电力工业统计年度快报》和2017年度各月统计快报、统计月报，由国家能源局发布，为社会、政府、电力行业、电力企业提供决策参考。在此基础上，完成2016年年度电力工业运行情况简报和2017年各月度运行简况，在中电联网站和电力报发布。

（2）完成2016年电力行业统计年报，形成《电力工业统计资料汇编（统计专业本）》《电力工业统计资料汇编（行业服务本）》和《电力工业统计资料提要》，发送统计体系、会员企业、政府部门，为进一步开展电力规划、政策研究、历史对比提供决策研究依据。完成2016年县级供电企业年度数据统计工作，提交国家能源局。

（3）完成省间输入输出电量情况（逐月报送国家统计局）、五大集团效益共享数据等其他定期统计工作。

（4）全力推进国民经济用电分类新标准制定实施。中电联发挥行业协会的桥梁和纽带作用，衔接政府和各省电力行业统计职能单位，推动工作开展。

（5）召开2017年全国电力行业统计年报及2018年定期报表布置会议。主要布置2017年电力行业年度统计快报和年报、宣贯《电力行业统计调查制度》和开展新版行业用电分类标准宣贯培训工作。

（6）印发《中国电力企业联合会关于进一步加强电力行业统计与分析工作的指导意见》（中电联行环〔2018〕6号）。

（7）参与重要统计法规政策的征求意见工作。完成《国家统计局办公室关于征求〈全国经济普查条例修正案（征求意见稿）〉意见的通知》和《国家统计局办公室关于征求〈部门间统计数据共享办法（征求意见稿）〉意见的函》等法律法规的回复意见。

（二）经济运行分析

（1）编制完成季度、半年度及年度全国电力供需形势分析预测报告，报送稿上报中央财经领导小组办公室、国务院研究室、国家发展改革委、国家能源局等10个国家部门以及理事长、各副理事长单位，详细稿寄送直管会员级以上单位。

（2）召开2016～2017年度、2017年上半年全国电力供需形势分析预测报告新闻发布会，为社会和有关部门了解电力行业形势、出台有关政策，以及企业生产经营决策提供较好参考。

（3）按照国家有关部委要求，每月及时跟踪了解电力工业运行形势相关动态，并及时完成电力工业运行形势分析材料，全年上报各种形势分析材料近60份。按要求参加国家发展改革委、中财办、工业和信息化部、财政部、国资委、国家能源局等部门组织召开的运行形势分析座谈会，汇报电力行业运行情况，并反映行业困难与诉求。

（4）每月按时上报电力运行信息及趋势性、苗头性和倾向性问题，全年报送发展改革委运行局、工信部产业政策司、国家能源局信息共120余条，成为相关部门以及中办、国办收集了解电力行业信息的重要渠道。

（5）按照国家能源局要求，3月上报《当前全国电力工业运行形势分析及今年后续走势预测》，6月上报《上半年全国电力形势分析和下半年走势预测》，9月上报《今年以来电力供需形势分析及明年展望》，12月上报《2018年全国电力供需形势分析预测》，为预判电力供应、消费、供需形势提供了有效支持。

（6）组织召开“2017年经济形势与电力发展经济预测会”，会议围绕“经济新常态下的电力发展与改革”主题，邀请了有关政府部门、研究机构、电力企业的领导和专家，就宏观经济形势、供给侧结构性改革、电力及可再生能源发展规划、电力改革及市场交易、电煤运行等方面，进行了政策解读和分析预测。会议组织有序，会议规模创历年最大。

【电力国际合作管理与服务】

（一）加强电力行业企业“走出去”服务

（1）进一步完善政企连接。为响应国家“一带一路”倡议，配合国家发展改革委、中国国际贸易促进委员会等机构国际合作战略的部署和实施，为企业寻找发展机会，做好桥梁和纽带。与政府主管部门沟通，继续反映企业诉求，推动电力行业“走出去”。

（2）推动电力行业国际合作统计和分析工作。根据国际合作形势和企业的需求，完善和充实统计信息，创新思路与方法，并对积累的数据加以分析。在此基础上，编制完成了《中国电力行业国际合作年度发展报告（2017）》。根据中电联数据服务平台建设的设计，完善数据结构和电力行业国际业务信息交流共享平台建设，发挥行业平台作用，为电力企业“走出去”提供信息服务。

（3）举办2017年电力行业国际合作会。6月28日，2017年电力行业国际合作会议在北戴河召开。会议通报了2016年电力行业国际合作专题报告并邀请有关专家做了专题讲座。本次会议的召开对增强行业凝聚力、分享企业工作经验、学习最新国际合作政策及明确近期国际合作重点工作起到了积极作用。

（4）贴近企业需求，做好《电力国际信息参考》。编译出版《电力国际信息参考》25期，结合当前实际和要点，适时出版专刊，关注国际能源电力发展热点，及时反馈行业国际动态，为会员企业提供了信息服务。

（5）为会员企业提供对外投资合作政策法规信息。编写完成《中国对外投资合作政策法规汇编（2017）》，为企业了解国家现行“走出去”相关政策信息提供帮助。

（6）做好专业人员派驻国际组织相关工作。完成派驻国际能源署专业人才的选拔，并按期完成派出人员出访手续及派前联络有关工作。与派出人员保持密切联系，持续关注其在外工作及生活情况。结合工作实际，在本部范围内征集并整理国际电力行业信息资料搜集清单，形成信息搜集与整理分析的联动机制，为各有关部门的工作开展提供了信息支持。

（7）为扩大中国电力行业对外宣传，编制《中国电力年度发展报告（2017）》（英文版）。

（8）加强中电联英文网站建设。对中电联英文网站的部分栏目信息进行及时更新，为国际同行了解中国电力提供窗口。

（9）进一步加强驻外代表处的调研。有针对性地赴中外行业协会、企业驻华、驻外代表处开展专题调研与交流，探讨驻外机构运行模式及情况，多维度地了解了驻外代表处的建设情况。

（二）多维度开展国际交流合作

（1）推进“全球能源互联”和东北亚区域电力互联的实践。为进一步促进全球能源互联网的发展，于6月组织召开“加快构建全球能源互联网、服务‘一带一路’建设”论坛，促进各方加强合作协调，形成合力，共同推动全球能源互联网发展；8月29～30日，由俄罗斯能源系统研究院、联合国亚太经社会（ESCAP）、中电联和全球能源互联网发展合作组织联合主办的东北亚电力联网和合作论坛第二次会议暨东北亚区域电力互联的联合会议在俄罗斯伊尔库次克市召开。会议就东北亚电力联网与合作的进展、可行性研究及规划成果、电力联网政府间及企业间的多边合作机制、东北亚电力联网与合作论坛建立方案等专题进行交流和讨论。

（2）推进与各国同业机构及国际组织的交流。2017年，共安排接待外方来访22次，共61人次，完成外事会见工作通报12期。能源宪章、美国爱迪生电力协会、法国电力公司、日本电力公司、日本海外电力调查会、日本能源经济研究院、国际能源署、国际成本工程师协会及中国台湾旅沙电力协会等多家机构访问中电联，与中电联就加强电力同业协会联系、促进电力国际投资合作、电力信息和统计、可再生能源发展等议题进行交流。

（3）与国际知名企业开展了一系列交流。中电联先后与ID投资公司智慧城市基金合伙人就智慧城市等能源电力领域、与LG化学公司就电动汽车充电设施和储能电池等领域、与日本电源开发有限公司就电力发展相关问题等进行了交流，进一步拓展了发展渠道。

（4）积极发声，拓展中电联行业影响力。应有关机构邀请，多位会领导代表中电联分别出席了2017全球能源互联网高端论坛、中丹能源转型圆桌会议、全球能源互联网发展合作组织咨询（顾问）委员会和技术（学术）委员会成立大会、第四届能源论坛暨国际工程科技发展战略高端论坛、中国—东盟产业合作座谈会等活动并发表主旨演讲或讲话，取得了良好效果。

（5）一如既往地利用、搭建国际交流优质平台。一是推进2017阿斯塔纳世博会相关工作。参与组织中国电力企业参加2017阿斯塔纳世博会。国家电网有限公司、中国核工业集团公司、中国国电集团公司、浙江省能源集团有限公司参与世博会中国馆展示及参加了中哈能源合作论坛暨中哈企业家委员会能源会议。二是充分利用亚太电协交流平台。10月22～24日，亚太电协首席执行官（CEO）会议在马来西亚槟城举行，中国电力企业联合会专职副理事长魏昭峰出席了会议。会议期间，魏昭峰专职副理事长还代表中国出席了亚太电协国家理事会，听取了亚太电协过去一年的发展报告，审议了财务报告。为进一步提升中国电力行业在亚太地区的影响力，组织专家探讨申办2022年亚太电协大会相关工作。三是搭建中国—中东欧能源交流平台。11月8～10日，组织中国南方电网有限责任公司、中国广核集团有限公司、中国电力建设集团有限公司、中国能源建设集团有限公司等10余家电力企业出席中国—中东欧（16＋1）能源博览会并参与展览展示，本次博览会和论坛是为落实第五次中国—中东欧国家领导人会晤外交成果，推动罗马尼亚《中国—中东欧国家合作里加纲要》落地实施的重要举措。

（6）积极开创国际合作新机制。9月27日，和国际能源宪章组织共同发起的中国电力企业联合会—国际能源宪章联合研究中心在京成立。该中心是中电联与国际能源组织建立的首个非机构性合作机制，双方将在该机制下开展联合研究、组织相关活动并进行人员交流。

（三）积极开展海峡两岸电力行业交流

（1）6月17日，组织大陆电力专家和学者参加第九届海峡论坛2017年海峡两岸新能源发展研讨会，为两岸在沟通中了解对方，相互借鉴经验，也为未来两岸电力合作打下基础。

（2）为促进大陆—金门电力交流和互联互通。与有关组织和机构一道，在多方、充分沟通基础上，牵头成立工作组，邀请多位两岸电力专家参与，共同推动大陆—金门电力联网事宜。

【电力节能环保】

（一）积极参与法规政策制修订，反映行业意见

（1）向国家发展改革委报送《中电联关于燃煤电厂环保电价相关建议的函》，反映环保电价政策执行效果、存在问题及行业建议；向环保部报送《中电联关于进一步明确火电厂氮氧化物达标排放判定的函》，反映调研中发现的运行工况变化导致脱硝设施非正常运行时间增多等问题，并提出非正常工况不应给予超标排放判定等相关建议；受环保部规财司委托，开展火电行业达标判定研究工作，对火电厂实际达标情况进行调查，形成火电行业达标判定方案研究报告；协助水利部、国家能源局起草电力行业水效领跑者实施方案等。

（2）组织电力行业碳交易工作组研究、测算并起草火电行业碳交易配额分配基准值设定方案；参与全国碳排放权交易市场建设工作组工作，多次向国家发

展改革委反映对电力碳排放配额分配的意见建议。

（二）开展行业重大问题研究，提出政策建议

（1）编制并印发《中国煤电清洁发展报告》。系统阐述了中国煤电的发展现状及在现代能源体系种的作用，全面梳理了煤电清洁发展的行动和措施，系统展现了煤电清洁发展成效，并对煤电清洁发展进行了展望。

（2）开展环保电价政策成本效益分析研究。在调查267家火电厂环保投资、运行成本及环保电价执行情况的基础上，分析了火电厂环保成本和主要敏感因素，以及环保电价执行中的主要问题，提出继续保留环保电价和超低排放电价等政策建议。

（3）开展燃煤电厂超低排放相关问题研究。梳理中国煤电超低排放实施情况及主要问题，分析了煤电超低排放技术水平及环境经济效益等，提出煤电超低排放技术路线和促进煤电清洁发展的政策建议。

（4）开展火电厂环境污染第三方治理研究。组织第三方治理企业和发电企业共同研讨燃煤电厂第三方治理经验、自律机制、项目绩效考核指标标杆管理、计价方式等问题，并提出了促进第三方治理的政策建议。

（5）编制《新能源发电发展及展望——中国电力减排研究2017》。系统梳理了中国风电和太阳能发电政策情况，重点介绍了中国新能源发展现状，分析了新能源发展的行业共性问题，提出了促进新能源发展的七点政策建议。

（6）开展常规燃煤发电机组单位产品能源消耗限额国家标准研究。《常规燃煤发电机组单位产品能源消耗限额》国家标准于2017年6月颁布，2017年12月1日实施。与2013版国标相比，对于现役机组，不同类型现役机组能耗限定值下调3～11g/kWh（标准煤）；对于新建机组，60万kW和100万kW超超临界机组能耗准入值分别降低15、19g/kWh（标准煤）。通过实施新版国标，以2016年煤耗为基准估算，到2020年，可累计节能约0.86亿t标准煤，减少二氧化碳排放约2.4亿t。

（7）开展《中国节水技术政策大纲》电力部分的修订工作。对火电行业节用水现状、节水宏观政策、节水技术评估进行逐一剖析，提出节水技术发展方向及保障措施，为发展改革委、水利部修订《中国节水技术政策大纲》奠定了基础。

（三）开展节能减排专项调研，把握发展动态

（1）组织开展火电企业排污许可“一证式”管理情况及节能升级改造专题调研。赴粤电、国电投、申能源和环保产业公司等单位就电厂节能升级改造、环保监管、排污许可证执行情况进行调研，向政府有关部门反映企业诉求及行业建议。

（2）组织开展大型电力集团低碳目标落实情况调研，交流低碳目标落实情况，讨论低碳目标落实过程中遇到的困难建议，赴粤电、华电、国电及所属企业开展现场调研。

（四）召开行业会议，发出行业声音

（1）联合中国环境保护产业协会、清华大学、新华网于9月19日在京举办“中国煤电清洁发展与环境影响发布研讨会”，发布了《中国煤电清洁发展报告》，通过答记者问方式回应媒体关切。环保部大气司刘炳江司长、清华大学贺克斌院士以及资深专家到会发言并答疑，国家发展改革委、能源局、环保等部委相关司局、主要发电企业、国内外科研机构、环保产业公司、专家学者等200余人参会。中央电视台、新华社、人民日报等27家主流媒体到会报道，新华网图文全程直播，最大范围进行了宣传报道。

（2）组织召开2017年度大型发电集团公司环保联系会，针对主要发电集团执行火电厂排污许可证和废水排放控制等相关情况和问题进行交流讨论。

【电力标准管理与服务】

（一）标准项目计划及发布

（1）电力标准计划下达649项。其中，住房和城乡建设部国家标准计划8项，国标委国家标准计划20项，国家能源局行业标准计划332项，英文版翻译计划49项，中电联标准计划240项。

（2）经有关部门批准发布标准共319项。国家标准79项，其中国家标准化管理委员会批准发布76项，住房和城乡建设部批准发布工程建设国家标准3项；能源局批准发布行业标准225项；中国电力企业联合会公告发布中电联标准15项。

（3）完成标准报批436项。2017年标准化工作以智能电网、新能源发电、配电网建设、电动汽车充电设施以及电力生产建设急需为重点，制定标准并完成报批，其中国家标准41项，行业标准316项，中电联标准65项，英文标准14项。

（二）标准化重点建设

（1）推动能源互联网建设，加快标准制定。向国家标准委、国家能源局报送加快推进能源互联网标准建设的请示，开展能源互联网标准组织体系建设研究。启动了中电联标准能源互联网专项计划，下达了53项标准专项计划，2017年共下达计划82项。加快标准编制工作，发布标准39项。批准成立中电联能源互联网标准化技术委员会，标委会的组建工作正在进行。与全球能源互联网建设合作组织进行交流，建立合作机制，共同探讨、研究能源互联网国际标准化对策。

（2）编制村级光伏电站专项标准，落实国家扶贫政策。编制了《精准扶贫　村级光伏电站管理与评价

导则》《精准扶贫　村级光伏电站技术导则》《精准扶贫　村镇区域光伏电站集群接入电网规划设计导则》《精准扶贫　村镇区域光伏电站群控群调导则》系列国家标准，并已报送国家标准委。

（3）深化电力标准化改革，建立电力工程建设强制性标准体系。按照标准化改革要求，继续对电力强制性标准进行清理，对一些不宜作为强制性的标准修订为推荐性；对推荐性标准进行优化，建立国家标准、行业标准、中电联标准相互配合、相互协调的标准体系。在住房和城乡建设部的领导下，开展了《电力工程建设强制性标准体系》课题研究，形成初步成果上报住房城乡建设部。

（4）加强标准组织建设，进一步规范管理。一是国家标准委批复成立全国特高压交流输电标准化技术委员会，国家能源局批复成立能源行业岸电设施标准化技术委员会。二是先后组织召开了全国太阳能光热发电标准化技术委员会、能源行业电力安全工器具及机具标委会、电力接地技术标委会和岸电设施标准化技术委员会的成立大会。三是组织电力监管、电气化学、电网运行与控制、电站过程监控及信息 4 家全国专业标委会参加国家标准委组织的考核评估工作，梳理各标委会 2014～2016 年工作情况，对照项目完成率、年报情况、标准体系建设和维护情况、项目申报与审查、经费管理、委员管理、标准复审与实施、宣贯培训、标准制修订过程等 10 项指标进行自评并上报国家标准委，这四个标委会以 2 级及以上的评估结果通过，其中电力监管标委会获得了 1 级。四是受国家能源局委托，承担能源行业风电标准化技术委员会秘书处工作，研究能源领域风电标准体系建设，继续承担能源行业风电标准化技术委员会风电场运行维护及并网管理两个分技术委员会工作；承担能源行业电动汽车充电设施标准化技术委员会秘书处工作，加快标准制定，举办电动汽车传导充电互操作性第二阶段测试活动；承担全国电力监管标准化技术委员会秘书处工作，完成了体系修订、计划申报和组织 4 项标准的审查，顺利召开了年会。

（5）创新标准化工作方式，推动企业实质性地参与标准化实践。支持国家电网公司参加国家技术标准创新基地（智能电网）、国家技术标准实施示范项目，以及科技成果转化为技术标准试点工作等国家级标准示范点建设。支持中国大唐集团参加国际标准化创新示范基地创建活动。

（三）国际标准化工作取得新进展

（1）首个中电联标准上升为国际标准。2 月 24 日，由中国申请提出的电动汽车充电服务国际标准《电动汽车充电漫游信息交换　第 1 部分：总则》获得国际电工委员会批准立项，这是世界上首个电动汽车充电服务领域标准，也是中国电力企业联合会标准首次上升为国际标准，具有里程碑意义。

（2）支持电力企业实施走出去战略，继续开展电力标准英文版翻译工作。国家能源局下达 2017 年电力标准英文版翻译计划 49 项。住房和城乡建设部下达 3 项标准英文版翻译计划。

（3）服务“一带一路”建设，完成中俄标准合作课题研究。完成国家能源局委托《中俄标准合作课题研究》课题报告。组织召开多次中俄标准合作研究课题组专题会议，赴俄罗斯能源部、俄罗斯电网公司调研俄罗斯电力标准和认证情况以及中方在俄电力工程项目。课题系统地研究了在俄电力工程标准化应用情况，分析了存在的问题，提出中俄标准合作建议。该课题将为中国电力标准走出去、加快中国标准国际化以及服务“一带一路”建设提供重要参考。

【电力可靠性管理与服务】

（1）组织召开 2017 年电力可靠性指标发布会。6 月 22 日，国家能源局和中国电力企业联合会在北京联合召开了 2017 年电力可靠性指标发布会。会议发布了 2016 年度电力可靠性指标，通报了电力可靠性监督管理工作情况。

（2）完成可靠性数据的采集、分析和发布工作。完成 2016 年度和 2017 年上半年全国电力可靠性数据的采集、汇总和分析等基础工作，编写各类报告 10 册，向理事长、副理事长单位，常务理事单位，理事单位和直管会员单位发放年度机组手册、可靠性管理年报、趋势分析及同业对表报告 2500 余份。

（3）开展专项服务和研究。一是继续对理事长单位、部分副理事长单位提供电力可靠性专项服务，选取国家电网有限公司、中国南方电网有限责任公司、中国大唐集团有限公司为对象，通过同类集团之间对标和对本企业问题的系统研究，为重点企业提供有针对性的、个性化和多样化的服务，并提出工作建议。二是开展了电力可靠性国际与行业对标工作，从可靠性管理机制、可靠性管理方法与指标体系、电力建设发展、可靠性指标等方面与发达国家及国外先进城市进行了对比，及时掌握国外可靠性信息及发展动态，推动中国电力可靠性管理工作与国际接轨。三是首次编辑发布《中国电力行业可靠性发展报告 2017》，以电力行业可靠性发展情况及电力企业提供的资料为依据，从行业和企业可靠性管理和发展的视角出发，在对年度电力可靠性数据、资料全面认真分析的基础上，客观地反映 2016 年电力可靠性发展实际情况。

（4）组织召开第四届电力行业可靠性管理标准化技术委员会第三次会议。会议对部分委员进行了调整，总结了标委会当前在体系建设、专业领域、数据标准和标准执行等方面工作，对下一阶段工作进行了安排，委员就标委会今后工作进行了讨论。对《发电设备可靠性评价规程　第5部分：燃气轮发电机组》《电力可靠性管理信息系统数据接口规范　第1部分：通用要求》《电力可靠性管理信息系统数据接口规范　第2部分：输变电设施》和《电力可靠性管理信息系统数据接口规范　第4部分：供电系统用户供电》（送审稿）进行了审查，经全体与会委员表决，一致同意对四项标准送审稿按照会议审查意见修改完善后，形成报批稿上报。

（5）开展“大规模新能源发电并网消纳”专题调研。在前期综合研究的基础上着重调研当前新能源消纳的突出问题，充分了解电力企业意见和诉求，对新能源协调发展规律、主要技术路径、市场机制和政策保障等重大问题开展专题研究，形成《大规模新能源发电并网消纳调研报告》。报告在现状问题分析的基础上，进一步明确新能源发电的定位和发展规律，提出了发挥电网综合协调关键作用，优化电网结构、提升系统能力，拓展用电市场、实施需求响应，完善可再生能源利用机制，加强创新体系建设等可再生能源整体消纳实施措施。在此基础上，7月，受国家发展改革委委托，开展解决“三弃”问题实施方案研究，提出了《推进可再生能源整体消纳实施方案》建议稿。11月，国家发展改革委、国家能源局印发《解决弃水弃风弃光问题实施方案》，主要内容基本采纳中电联建议。

（6）完成“发电设备可靠性管理信息系统”升级改造。对照现行《发电设备可靠性评价规程　第1部分：通则》（DL/T 793.1—2017）和《发电设备可靠性评价规程　第2部分：燃煤机组》（DL/T 793.2—2017）等新修订的发电设备可靠性评价规程，完成“发电设备可靠性管理信息系统”的升级改造工作，进一步满足了不同类型发电设备可靠性数据统计分析要求。

【电力行业职业技能鉴定与教育培训管理及服务】

（一）技能鉴定工作

（1）开展电力行业职业技能鉴定站评估检查工作。由电力行业职业技能鉴定指导中心组织成立15个评估检查组分别对电力行业职业技能鉴定站开展了评估检查。全年组织开展职业技能鉴定24.2万人次，严把质量关，通过率64.9%。

（2）举办电力行业职业技能竞赛工作。面向发电、电建企业，举办2017年电力行业焊工职业技能竞赛，43支代表队129名选手参加决赛。

（3）2016年度电力行业特有职业（工种）高级技师评审工作。评审办公室组织39个鉴定中心报送了5474份申报材料。经初审、专家组会议评审、电力行业特有职业（工种）高级技师评审委员会会议审核，4379份申报材料通过，通过率80.00%。

（4）推进技能鉴定理论知识网络化考试平台建设工作。开发导入试题16万道，涵盖74个电力行业特有职业工种，举办专门培训班，组织推广使用。目前，注册电力企业45家，题库访问量达420万人次。

（5）参与国家职业资格目录清单研究论证，进一步加强电力行业职业技能鉴定质量管理工作。

（6）健全完善电力行业新版国家职业资格证书管理系统，严格证书核发管理。根据人社部要求，电力行业职业技能鉴定指导中心申请建立了电力行业新版国家职业资格证书管理系统数据分中心，组织45个鉴定中心负责证书管理打印的专责人员参加电力行业新版职业资格证书管理系统操作培训班。

（二）教育培训工作

（1）电力行业仿真培训工作。开展2017年度电力行业仿真培训基地评估认证工作，新授予5个培训基地；完成电力行业仿真培训基地2016年度检查工作和2017年复查评估工作；开展电力行业仿真培训高级指导教师考试认证和复证工作，34人通过了考试认证；开展电力行业仿真培训指导教师考试认证及复训认证工作，185人通过了考试认证，55名指导教师通过了复训认证；开展电力行业仿真培训专家的申报评审和在聘专家的考核工作，14人被聘任为专家，20名在聘专家考核合格继续聘任。

（2）发布首部《中国电力行业人才年度发展报告》。汇集国家电网有限公司、中国南方电网有限责任公司及五大发电集团公司等16家大型电力集团企业数据，编撰出版了《中国电力行业人才年度发展报告2017》。

（3）加强电力行业职业教育指导与协调管理工作。与全国机械职业教育教学指导委员会合作，举办2017年教育部高等职业院校“风光互补发电系统安装与调试”（高职）赛项和“光伏发电系统安装与调试”（中职）赛项；举办全国电力职业教育教学指导委员会2017年全国高等职业院校学生“智能微电网系统安装与调试”“智能供配电系统安装与编程调试”“电能计量装置安装与调试”“大型火电机组集控运行技术”“水轮发电机组运行技术”“变电运行技术”6项电力类专业技能竞赛；完成教育部委托的第一批13个全国高等职业学校电力类专业教学标准的修（制）工作。

（4）首届全国电力行业青年培训师教学技能竞赛。共有来自电网企业、发电企业、基建企业等43个单位选派的共51支代表队参加比赛。其中，20名选手荣获“电力行业技术能手”，45名选手荣获个人奖项，20个单位荣获团体奖项，42个单位荣获优秀组织奖。

（5）2017年专业技术人才知识更新工程工作。举办人社部委托开展的“中国电力企业实施‘一带一路’倡议高级研修班”，来自各省区市能源管理部门及涉及“一带一路”有关电力企业的中高层管理及技术人员73人参加研讨，并取得人社部颁发的继续教育证书。

（6）成立电力培训标准技术委员会。组建中电联电力培训标准化技术委员会，组织开展无人机巡检作业人员培训考核规范等4个专业标准编写工作。

（7）启动首批《配电网建设改造行动计划》培训教材编写工作。确立首批满足基层需求的培训教材38项，其中新编教材立项计划24项，修订教材立项计划7项，精品教材项目7项，并评选出第二批培训系列立项教材计划10项，其中新编教材立项计划8项，精品教材项目2项。

（8）开发“电力系统自动化技术专业教学资源库”建设项目。组织申报和开发电力行业首个“电力系统自动化技术专业教学资源库”获教育部批准并启动建设工作。

（9）成立电力行业卓越工程师培养校企联盟。国家电网公司等16家企业和清华大学等30家高等院校加入联盟。制定联盟工作规程，启动并推进校企合作、协同育人重点课题研究工作。

【电力工程造价与定额管理及服务】

（一）电力工程计价依据的编制和管理工作

（1）电力建设工程工程量清单计价与计算规范实施。于2016年12月5日获得国家能源局批准，并以国家能源局公告（2016年第9号）颁布，于2017年5月1日起实施。该套计价规范主要包括《电力建设工程工程量清单计价规范》《电力建设工程工程量清单计算规范　输电线路工程》《电力建设工程工程量清单计算规范　变电站工程》和《电力建设工程工程量清单计算规范　火力发电工程》。

（2）2016年版20kV及以下配电网工程计价定额颁布执行。于1月3日获得国家能源局审查批复，以“国能电力〔2017〕6号文”正式颁布。主要包括《20kV及以下配电网工程预算编制与计算规定》《20kV及以下配电网工程估算指标》《20kV及以下配电网工程概算定额》（共5册）和《20kV及以下配电网工程预算定额》（共5册）。

（3）2016年版电力建设工程估算指标颁布执行。于2017年10月12日获得国家能源局审查批复，以“国能发电力〔2017〕58号文”正式颁布。估算指标是工程建设项目在开展前期工作中有关投资管理的基础，是规划阶段投资决策的重要参考，是编制初步可行性研究投资匡算和可行性研究阶段投资估算的依据。该标准的颁布实施完善了电力行业定额前期规划的造价管理。

（4）风力发电检修定额编制根据企业需求不断探索新的服务领域，完成华电集团委托的《风力发电检修定额》编制，涵盖风机、电气、线路、调试多个专业。

（5）配网、检修、技改清单的编制。根据《国家能源局综合司关于印发2017年能源领域行业标准制（修）订计划及英文版翻译》（国能综通科技〔2017〕52号）的要求，完成了《电网技术改造工程工程量清单计价规范》《电网技术改造工程工程量清单计算规范》《电网检修工程工程量清单计价规范》《电网检修工程工程量清单计算规范》《20kV及以下配电网工程工程量清单计价规范》和《20kV及以下配电网工程工程量清单计算规范》共六册清单的编制、审查、上报工作。

（6）启动2018年版电力建设工程概预算定额修编。根据国家能源局出台的《电力工程定额与造价工作管理办法》（国能电力〔2013〕501号），电力建设工程概预算定额于2018年已达到修编周期，2017年启动了该套定额的修编工作。

（二）电力工程造价管理工作

（1）完成建设投资价格指数。参照指数测算方法和相关研究成果，结合电力工程建设的实际特点，研究构建、并定期编制和发布年度《电力建设投资价格指数报告》，并及时上报了国家政府部门，辅助国家宏观调控政策的制定。

（2）科学调整定额价格水平。跟进工程造价构成要素的市场价格变化，适时调整和发布“发电工程概、预算定额价格水平调整系数”“电网工程概、预算定额价格水平调整系数”“电力建筑工程施工机械价差”“20kV及以下配电网工程、电网技术改造工程和检修工程预算定额价格水平调整系数”。

（3）定期发布电力建设工程设备、材料信息价格。编制、出版《20kV及以下配网工程设备材料价格信息》《电力工程主要设备、材料信息价格》；同时借助于电力工程造价信息网，建立了相关价格信息的发布常态机制，为准确计算工程投资提供了可靠的参考依据。

（4）为各方应用好计价依据提供全面技术支撑。在各版电力建设工程概预算定额、电网检修技改定额、20kV及以下电力建设工程预算定额的应用过程中，进行大规模宣贯和解释，及时以网站、微信、电话、座谈、书面文字等形式对广大用户提出的问题给予解答，科学指导用户对定额、规程、规范的理解，尽量减少定额在实际使用中出现的偏差。

（5）召开全国电力工程造价与定额管理工作会议。12月20日，组织召开年全国电力工程造价与定额管理工作会议。与会代表围绕会议主题，结合发展、改革面临的问题和挑战，就如何提高电力工程造价与定额管理工作水平、相关重点课题研究、人才培养等方面进行了热烈讨论，提出了意见和建议。

（三）工程造价管理基础及前沿理论课题研究

（1）完成研究课题《国外电力工程计价技术与方法研究》《建设工程定额编制规则》和《分布式能源技术经济研究》。

（2）协同电力规划设计总院、水电规划总院、可再生能源定额站联合编制了《中国电力技术经济发展研究报告（2017）》，包括计价依据体系介绍、年度造价分析、造价指数研究、电价分析、政策及热点研究、技术创新对工程造价的影响、发展预测等内容。

（3）开展优秀成果和优秀论文评选工作。为提高电力行业造价从业人员研究创新的积极性，6月，在全国范围内开展电力工程造价优秀成果及优秀论文评比征集活动。共征集参评论文165篇、参评成果105项。11月组织专家认真评定和综合评议，最终评选出获奖论文50篇，优秀成果31项。

【电力工程质量监督管理与服务】

（1）完成《生物质发电工程质量监督检查大纲》编制。该大纲是电力工程质量监督检查系列规范的重要组成部分，明确了监督检查的阶段划分和各阶段的检查内容，强化了对工程内在质量的抽查验证和检测要求，将对进一步规范工程质量监督工作、保障工程建设质量发挥积极作用，已报送国家能源局。

（2）开发完成风电、光伏发电工程质量监督检查系统，并通过了专家验收。该系统是质量监督工作平台的专业系统之一，已投入应用。

（3）完成质量监督工作平台维护工作，各系统运转正常。借助该平台，完成了2016年全国电力工程建设规模统计，印发《2016年全国电力工程建设规模统计简报》《2016年全国竣工投产项目名录》《2016年全国新开工项目名录》和《全国在建电力工程项目名录》。此次公布的统计数据包括电力项目投产规模、新开工规模和在建工程规模，统计范围包括火电、水电、核电、风电、光伏发电以及110kV送变电工程等。

（4）按计划组织检查组，完成了各发电项目和输变电项目的阶段性质量监督检查工作。其中：对1000kV内蒙古锡盟—胜利、±1100kV新疆昌吉—安徽古泉、±800kV甘肃酒泉—湖南湘潭等六项特高压输电工程，开展了142次监督检查，提出整改问题4811项；对江苏沙洲电厂、福建湄洲湾第二发电厂等12个百万千瓦机组工程进行了58次监督检查，提出整改问题3891项；组织完成了河北、青海等地区项目的质量管理服务工作。所发现问题均已得到整改落实，有效地保障了工程建设质量。

（5）向国家能源局电力司提交《关于贯彻落实煤电项目停缓建措施的请示》。反映《国家能源局关于进一步调控煤电建设的通知》（国能电力〔2016〕275号）颁布实施后各企业因煤电项目停缓建所面临的困难，提出工程项目仓促停建极易造成质量隐患，为了将影响程度降到最低，建议各项目应在合理节点停工，并按规定做好成品保护，待国家明确停缓建政策措施后，应及时公布可恢复建设的项目清单的意见和建议。

（6）向国家能源局提交《关于可再生能源发电工程和垃圾发电工程质量监督有关问题的请示》。反映当前可再生能源发电工程和垃圾发电工程，由于质监机构不明确、责任不清晰，造成电力企业在质量监督注册和项目验收并网等方面所面临的问题，提出了恳请国家能源局指定机构、理顺体系，督促质量监督工作尽快走向正轨的意见和建议。

（7）完成《电力安全生产存在问题及对策研究报告（工程质量监督管理分册）》。按照国家能源局电力安全监管司《关于做好电力安全生产相关课题研究的函》要求，编写完成了《电力安全生产存在问题及对策研究报告（工程质量监督管理分册）》，于3月10日提交国家能源局。该报告详细分析了当前电力工程建设过程中存在的压缩工期、质量管理表面化、监理工作不到位以及违规分包等问题的原因，提出了编制工期定额、严格执行基建程序、禁止切块分包、鼓励专业分包等建议。

（8）配合国家能源局开展安徽、广东等六个重点省区的工程质量监督工作调研，先后走访了各发展改革委（能源局）、能源监管局（办）、电力（电网）公司和质量监督中心站，对电力工程质量监督工作情况进行了调研。详细考察了国家能源局有关工程质量监督规章制度的执行情况、质监机构组织体系情况和工作经费管理情况，了解了各级机构在履行职责方面所面临的主要问题和困难，认真听取了各方的意见和建议。

（9）配合国家能源局开展铁路、煤炭等五个重点行业的工程质量监督工作调研，先后走访了国家铁路总公司、中国石油、中国石化等企业和相关质量监督总站，对各行业工程质量监督工作情况进行了调研。详细考察了规章制度建设情况、质监机构组织体系和工作经费管理情况，了解了各机构在履行职责方面所做的工作，听取了各方对质监工作体系建设的意见和建议。

（10）完成质量监督技术委员会专家评聘。按照《电力工程质量监督技术委员管理办法》规定，经各电力企业和各中心站推荐，技术委员会秘书处组织评审，本年度共有217名各专业的专家入选专家库。

（11）完成2017年质监专业人员聘用考试。共有来自各机构和企业的1918名专业人员参加了考试。考试专业包括建筑、电气、锅炉、汽轮机、热控、金属与焊接、化学和输电线路等8个专业，考试科目包括基础理论和综合案例分析。2017年度共有634人考试合格，考试通过率为33%。

（12）应国网西藏电力公司和藏中联网工程指挥部邀请，举办了工程质量管理专题培训。培训内容包括质量管理体系建设、工程建设标准强制性条文、质量档案管理和质量监督程序及要求等。指挥部全体管理人员以及各参建单位的项目经理、技术负责人、质量管理专责和施工队长等参加了培训。

（13）吸取江西丰城电厂“11·24”事故教训，及时研究部署问题整改和风险防控工作。1月23日，组织在北京召开紧急会议，专题研究了深刻吸取江西丰城发电厂“11·24”冷却塔施工平台坍塌事故教训，部署了强化质量监督工作的有关措施。会议要求各质监机构要相信组织、相信政府，勇于担当，积极做好专家的思想疏导工作，及时消除不良信息的影响，继续依法依规地做好质监工作，保持各项工作的连续和稳定。9月11日、26日和12月4日，分三期对质监专家进行了质量监督政策规定、工作程序和工作规则培训，重点讲解了《建筑法》《建设工程质量管理条例》等法律法规，传达了各级领导对工程质量监督工作的要求，分析了湖北当阳电厂“8·11”事故和江西丰城电厂“11·24”事故教训。9月22日，在北京召开紧急会议，研究部署了近期工程质量监督工作有关事项。会议要求大家要正确看待这次事故的严重性，要全面正确地掌握国家的政策法规，要坚持红线意识，科学、严谨地履行职责，把各项工作抓实、抓细、抓出实效。

【电力行业文化建设与对外宣传服务】

（1）完成《中国电力工业现状与展望（2017）》。在全国两会召开前向电力行业参加全国两会代表、委员们发送，加强了中电联与电力行业“两会”代表、委员的联系和沟通，并为“两会”代表、委员参政议政提供了参考。同时向中电联各理事长、副理事长单位、会员单位发送，受到了会员单位的欢迎。

（2）完善了电力企业文化智库建设。向理事长、副理事长单位及有关单位企业文化管理部门发出了《中电联关于建立健全企业文化专家库的通知》，收集并完善了电力企业文化专家库专家信息，为后续组织开展企业文化类奖项评审以及相关课题研究等工作储备了专家人才。

（3）注重电力企业文化建设成果的交流和推广。公开出版了《共铸中国电力企业优秀文化品牌》《全国电力行业企业文化建设示范单位典型经验2017》《全国电力行业企业文化建设优秀成果集2017（上、下）》，详细介绍了电力企业文化建设先进经验，并向中电联理事长、副理事长单位及相关获奖单位免费发放，便于行业内外更好地学习和交流，深受企业欢迎。

（4）召开2017年度电力企业文化建设工作交流会暨文化建设优秀成果现场会。会议总结了近年来中电联在行业企业文化建设方面的主要工作，探讨了电力企业文化建设工作面临的新形势，交流了电力企业文化建设的好做法，表彰了2016年度电力企业文化优秀成果，实地参观了三峡水力发电厂企业文化建设场所；会后，为进一步扩大宣传和推广，在《当代电力文化》杂志策划了题为“文化的力量在激荡”的专题报道。

（5）组织开展了2017年度中国电力企业创新奖（企业文化类）评选工作。历经企业申报、集团推荐、形式审查、网络初审和现场复审5个阶段的严格评审，共评选出优秀成果创新大奖1项、一二三等奖84项、示范单位23家，获得行业内外广泛参与和高度关注。

（6）首次大规模开展电力行业企业文化建设示范单位实地考察。通过听取工作汇报、观看企业文化建设宣传片、调研企业文化建设示范点、参观职工文化场所、查看文化建设资料等多种途径，全方位对被考察单位创建示范单位情况进行了详细了解和现场评估，并就电力基层企业加强文化建设工作、推进企业文化落地进行了充分交流与深入探讨。

（7）助力电力行业责任文化规范发展。承担科技部委托的“电力企业社会责任实施指南国家标准研制与试点应用”课题研究任务，进一步完善中国电力企业社会责任国家标准体系，为中国电力企业社会责任实践提供强有力的技术支撑，以期推动中国电力企业全面履行社会责任，助力责任文化建设，促进中国经济、社会和环境的可持续发展。

【党群工作】 2017年，在国家能源局直属机关党委和中电联党组的领导下，中电联机关党委推进“两学一做”学习教育活动，加强对习近平总书记系列重要讲话精神的贯彻落实，树立“四个意识”，维护习近平总书记的核心地位，维护党中央权威和集中统一领导。落实全面从严治党责任，严肃党内政治生活，加强党内监督，深化作风建设，推进机关党风廉政建设和反腐败工作，强化基层组织建设，围绕中心，突出重点，改革创新，促进党务业务融合发展，党建群团、纪检监察审计工作取得新成效。特别是围绕党的十九大精神学习宣贯，组织宣贯党的十九大精神，以习近平新时代中国特色社会主义思想为指引，开创党建工作新局面。

一是加强党的组织建设，完成了机关党委换届工作，恢复成立了机关纪委，完成各支部的调整选举工作，派员参加国家能源局基层党组织负责同志培训和支部组织委员培训，参加国资委协会党建局举办的培训，举办了入党积极分子培训班。做好脱钩有关党建事项沟通工作，报送有关材料7份。

二是研究布置落实全年工作，制定印发了2017年机关党建工作要点、机关纪检工作要点、党组理论学习中心组学习计划、职工理论学习计划表，修订了党建工作考核表，年终开展党建述职和党建考核工作。

三是强化思想政治建设，推进“两学一做”学习教育常态化制度化，组织学习贯彻十九大会议精神。组织召开庆祝中国共产党成立96周年暨中电联党组理论学习中心组扩大会议，党组书记杨昆讲专题党课；召开了中电联党组理论学习中心组2017年第二次（扩大）学习会议，学习习总书记“7·26”讲话精神，专职副理事长、机关党委书记于崇德作中心发言；组织党员干部及时收听收看十九大实况直播，制定《中电联关于认真学习宣传贯彻党的十九大精神工作方案》，组织召开学习贯彻党的十九大精神党员大会，中电联党组书记、常务副理事长杨昆以《牢记使命　团结奋进　开启新时代电力发展新征程》为题作专题辅导报告，动员部署中电联全面深入学习贯彻党的十九大精神，用习近平新时代中国特色社会主义思想武装头脑，结合电力行业改革发展实际，迅速掀起学习宣传贯彻党的十九大精神热潮；及时配发了《习近平谈治国理政（第二卷）》《十九大报告辅导读本》等17种学习资料；检验学习成果，开展“两学一做”学习教育读书征文和《党的十九大精神学习试题》答题活动，组织363名职工参加“测一测，政府工作报告知多少”在线学习答题，取得良好效果；按照“两学一做”学习教育要求，组织开好支部组织生活会，认真开展党员民主评议，做好党员民主评议鉴定工作。

四是强化党风廉政建设和内部监督，本部设立纪检审计处，制定印发《中共中电联机关纪律检查委员会工作规则（试行）》，组织党员参加国家能源局廉政工作会议和警示教育大会，组织职工观看反腐电视剧和警示教育片，组织各支部传阅违反中央八项规定精神等典型案件的通报，强调节假日期间廉洁过节纪律，修订印发《中国电力企业联合会内部审计办法》，组织完成了5项专项内部审计项目。

五是开展群团活动，制定了机关工会年度工作计划和中电联工会会员管理原则，完成了中电联各分工会、各工会小组的调整工作，按照有关规定修订了工会福利办法，组织开展了“三八”妇女节插花活动、庆“五一”健步走活动、中电联本部职工升级扑克牌比赛和冬季健身踢毽跳绳比赛，举办中电联机关工会干部培训班，按计划完成了职工的节日慰问、生日慰问、生病慰问、职工遗属慰问和家属病故慰问工作，促进了本部和谐建设。组织召开中电联团委组织生活会暨团委工作座谈会，讨论谋划2018年团委工作计划，开展中电联团组织情况及团员情况梳理工作。

中电联分会

【中电联供电分会】

（1）围绕大局，认真履责。按时完成月、季、年度的总结计划，年鉴大事迹编写，财务报表和相关材料的报送，配合上级完成财务年度审计工作，参加中电联组织的各类会议，及时汇报供电分会工作进展情况，参与中电联关于电网企业信用评价规范的研讨并提出修改建议。

（2）人事任免。4月12日，经北京市电力公司组织推荐，中电联供电分会聘任国网北京市电力公司齐清为供电分会副秘书长，并报中电联备案。

（3）积极协调，做好分会合并整合。根据中电联相关文件决定和挂靠单位关于部分社团组织调整规范的相关文件精神，经过前期大量准备工作和多次相关单位的协调沟通，供电分会与原农电分会合并整合工作圆满结束。

（4）不忘初心，牢记使命，加强基础性服务工作。11月7日在湖南怀化召开了供电分会部分会员代表座谈会。会议传达了上级重要会议精神，交流了各单位在企业改革与发展中的工作经验，听取代表对如何办好分会的意见和建议。

（5）做好舆论引导和信息宣传工作。《供电企业管理》和供电信息网是供电分会信息宣传的主要载体，也是会员信息交流的平台，全年出刊6期，开设18个栏目；供电信息网是分会重点打造的另一个现代化媒体平台，网站共设7个栏目，发布信息近2000条，及时有效地报道和弘扬了供电企业的重大事件，企业文化、优质服务、电力节能减排、清洁能源等方面的热点问题，以及大家喜闻乐见的图片视频资料。为提高办刊质量，8月1日在长春召开了《供电企业管理》评审小组工作会议。对2016年度刊登在《供电企业管理》上的文章进行了优秀论文评审，评出一等奖一篇、二等奖两篇、三等奖三篇，并予以表彰奖励。

（6）自身建设。一是完善内部管理制度。二是坚持部门例会制度。三是采取措施，加强财务管理。四是增强凝聚力，利用不同途径与会员单位加强沟通，了解企业诉求，加强服务的针对性。

【中电联火电分会】

（1）持续完善基础建设，强化分会管理。完善分会制度体系建设，持续规范分会财务管理，确保分会运作依法合规，充实分会领导班子力量。

（2）以会员满意为宗旨，不断提升服务质量。一是与中电联科技发展服务中心、中国电力技术市场协会共同举办了《电力行业热控和电气智能化技术研讨会》，促进参会各会员企业相互借鉴、共同提高。与《华电技术》一起结合《火力发电配煤掺烧及燃料智能化管理》热点问题进行了专题的探讨；二是做好门户网站维护工作，确保网络安全，拓宽信息渠道，做好日常维护，完善网站建设；三是积极参与火电企业行业管理，按照中电联统一部署，组织会员企业参加好中电联组织的相关培训、交流及科技活动；四是加强会员与社会各界的联系，协调会员关系，维护会员利益，积极反映企业诉求。持续跟踪沿海煤电企业进口煤采购业务涉诉情况，并将大唐宁德发电公司外贸煤采购进展直接反映给中电联有关部门，为火电企业提供行业支持，为维护企业合法利益、规避经营风险提供服务。

（3）加强分会建设，积极发展会员，完成当年会费收缴任务，上缴中电联管理费用，确保分会运作收支平衡。

（4）抓好作风建设，提高团队工作水平。健全分会定期学习制度，扎实开展好“两学一做”学习教育，重点对照《关于新形势下党内政治生活若干准则》和《中国共产党党内监督条例》结合思想工作实际，力促团队能力建设再上新台阶。

【中电联水电分会】

（1）4月21日，在湖北省宜昌市三峡坝区召开会长办公会。会议审议了2016年工作完成情况及2017年工作思路与预算安排，集中讨论，原则通过了美丽水电站建设方案。

（2）4月21日，组织举办了电力体制改革形势分析与应对策略专题讲座，邀请国家能源局市场监管司唐俊处长、华南理工大学的杨苹教授两位业内专家，深入解析电改思路，解读电改相关文件、政策，并与分会会员单位进行了互动交流。

（3）9月6日，在福建省福州市组织召开了全国水电厂安全与应急管理工作交流会。来自分会各会员单位的50余名会议代表参加了会议，并实地考察了水口电厂。

（4）9月26日，在广西龙滩电厂召开全国水电厂企业文化建设成果展示会。会议宣讲了美丽水电站的创建思路，表彰了“我的水电梦”征文获奖作品，集中选播了12家会员单位企业文化建设方面的影视作品，进行了会议交流，促进了各会员单位以更加高昂的文化自信迎接党的十九大胜利召开。

【中电联电力试验研究分会】

（1）召开会长办公会暨四届二次理事大会。5月18日，在兰州召开了2017年会长办公会暨四届二次理事大会，来自分会36家理事单位的75名代表参加会议。会议审议通过了分会2016年工作总结和2017年工作计划报告、2016年度财务执行情况报告和2017年度财务预算方案。甘肃电科院、广东电科院、河南电科院、浙江电科院分别做了《大规模新能源并网运行与检测工作开展情况》《广东电网物资品控工作开展情况》《找准定位、深化支撑　加快推动电科院融入省公司工作大局》《浙江电科院2016年工作情况》交流发言。会议对分会当前面临的形势和今后的发展思路进行了深入研讨，对分会2017年的各项工作做了全面部署，取得了积极成效。

（2）经营工作会。6月28日，在太原召开了2017年经营工作会，来自分会34家理事单位的83名代表参加会议。辽宁电科院作了《中电联电力试验研究分会2017年院长办公会收集问题情况说明》；湖北电科院、广东电科院、浙江电科院、江西电科院分别做了《集体企业用工方式及经营管理》《亮点工作开展情况》《岗位职员职级工作》《全员绩效管理工作》专题发言。会议讨论了各电科院面临的发展形势，新一轮电力体制改革对经营工作的影响以及各单位所属集体企业的发展方向和工作思路，为今后的经营管理工作提供了重要指导和参考。

（3）生产工作会。8月3日，在贵阳召开了2017年生产工作会，来自分会33家理事单位的90名代表参加会议。中国电科院、广东电科院、江苏电科院、湖南电科院、青海电科院和贵州电科院针对科技创新和安全生产工作分别作了《“十措”并举，构建全链条闭环优化的科技创新体系》《加强精益管控，全面创新升级　开创监督与服务新局面》《发挥科技创新主体和安全生产技术支持中心作用》等交流发言。会议围绕“科技体制改革和电力体制改革背景下电科院的科技创新、成果转化、人才激励机制建设”和“电网安全生产工作亮点及存在的主要问题及对策”主题，聚焦各单位共同面临的问题和困难，积极探索解决科技创新和安全生产实际问题的新思路、新方法。

（4）联络员工作会。9月18日，在乌鲁木齐召开了2017年联络员工作会，来自分会33家理事单位的49名代表参加会议。会议围绕如何践行办公室的责任和使命、严格依法治企规范管理工作、提高信息工作水平等专题进行交流研讨。

（5）新能源并网技术交流会。9月19日，在长沙召开了2017年新能源并网技术交流会，来自分会33家理事单位的87名专家和专业技术人员参加会议。会议邀请中国电科院、甘肃省风电中心、湖南大学、湖南电科院、德国德微创公司专家分别做了《新能源并网技术要求新进展及工程示范》《大规模可再生能源消纳问题研究》《直驱永磁风电机组并网控制与风电场接入技术》《山地式风电并网检测关键技术问题》和《Renewable Energy on Public Grid and Advanced Power Quality Analyses》专题讲座，中国电科院、山西电科院、河南电科院、陕西电科院、四川省电源技术中心和云南电力技术公司分别做了《光伏发电站并网检测认证》《大型新能源电站动态无功补偿技术》《基于实测数据的河南省光伏建模研究》《光伏电站调频技术分析与测试》《多个相邻新能源电厂相互干扰对AVC调节性能的影响》《新能源电站二次系统复核试验交流》专题报告。会议围绕当前新能源并网、运行和消纳等方面面临的新需求、新问题进行了深入交流研讨，促进了各单位在新能源并网领域的技术创新意识和技术支撑能力的提升。

（6）技术标准国际化交流会。10月26日，联合江苏省电机工程学会在南京召开了2017年技术标准国际化交流会，来自分会28家理事单位的60名代表参加会议。会议特邀国家电网公司国际部副处长王晓刚、中国标准化研究院研究员胡涵景、中国电科院教授级高工张东霞和新能源研究中心总工迟永宁，分别作了《公司国际化工作情况介绍》《国际标准制定程序及相关事项》《IEC PC 118工作情况和最新进展》《IEC SC 8A工作情况和最新进展》专题讲座。四川电科院、上海电科院、浙江电科院、江苏电科院分别作了技术标准国际化典型案例及经验分享。会议围绕当前标准“走出去”的战略要求，聚焦进一步提高各理事单位技术标准制定能力、加强相关经验的交流和成果推广，为各省属电科院提高国际标准制定工作水平提供了新的思路和宝贵经验。

（7）电网环保技术交流会。11月9日，在西安召开了2017年电网环保技术交流会，来自分会24家理事单位的47名代表参加会议。会议特邀清华大学教授邹军、陕西省辐射环境监督管理站总工李建伟、国网武汉南瑞副总工张广洲、西安交通大学副教授祝令瑜，分别做了《交直流混合高压输电线路电磁环境计算方法研究》《输变电工程环保管理有关问题》《输变电工程噪声特性及测量技术》《电力电容器可听噪声研究总结与展望》专题讲座。中国电科院、山东电科院、河南电科院、重庆电科院、湖南电科院、吉林电科院围绕输变电工程电磁环境研究与控制、输变电工程噪声研究与控制、环保绝缘替代气体等领域的技术研发、成果应用工作进行了交流发言。会议加强了各单位输变电工程电磁环境、噪声、生态环境与水土保持等研究与控制技术的经验交流和成果推广。

（8）物资质量检测技术交流会。12月7日，在郑州召开2017年物资质量检测技术交流会，来自分会30余家理事单位的60余名代表参加会议。国网物资部、中国电科院、浙江电科院、重庆电科院、安徽电科院、西藏电科院及河南电科院有关专家分别做了《国网物资质量管理政策解读》《配电变压器物资抽检关键问题》《金属材质检测在物资质量管理中的应用》《物资检测工作简介》《配电变压器铝代铜无损检测技术》《入网设备仓储配送及质量抽检集约化平台》等专题报告。会议围绕电网物资质量检测新技术的研究及应用进行了充分研讨，增进了各理事单位在物资质量检测技术领域的交流，提升了各单位在电网物资质量检测业务方面的技术支撑能力。

【中电联电力职业安全卫生分会】

（1）做好分会服务工作，加强与政府主管部门的沟通。积极联系两大电网公司、五大发电集团和其他电力企业等会员单位，在职业安全卫生方面拓展服务职能，重点支持会员单位做好职业卫生管理培训、科研项目开展及职业卫生相关标准的申报等工作，派出专家组参与具体工作指导。

（2）做好年度全国电力职工技术成果奖（职业卫生类）的评审工作。继续组织开展全国电力职工技术成果奖（职业卫生类）的评审工作，2017年度共有10多家单位40多个职业卫生类项目参评，分会分别于6月、9月组织行业专家进行初评、复评，严把质量关，推荐了26个项目入围，经举办方终审后共有7个项目推荐为二等奖，19个项目推荐为三等奖。

（3）参与或主持职业卫生标准的起草修订工作。分会继续加强与国家职业安全卫生相关行政管理部门之间的沟通联系，积极争取行业参与相关国家或部级标准的编写任务。参与完成了国家职业卫生标准《职业健康监护技术规范》（GBZ 188）的第二次修订，已通过审查；推进了《电力行业紧急救护技术规范》（DL/T 692—2008）的修订工作，按时间进度现已完成送审稿，拟近期召开专家审定会。

（4）支持会员单位职业安全卫生课题评审。积极支持全国电力环境检测监督总站（山东电力研究院）、吉林、广东等电力科学研究院在职业卫生课题申报或标准起草、职业危害预评价等职业卫生技术服务方面的工作，派出专家参与课题指导、评审或验收工作。

（5）加强会员单位间的沟通联系。积极与各会员单位沟通联系，并给予有关单位职业卫生工作的专业指导。

（6）做好分会日常管理。分会的日常管理工作包括会费的收缴，日常财务报表及各项调查研究顺利进行。分会也积极按照中电联相关文件、规章，做好分会的相关管理工作。加强与相关会员单位联系沟通，协调支持开展工作。

【中电联电力装备分会】

积极开展新能源、新设备、新工艺的调研工作。对海上风电施工作业平台、先进技术航改燃机、分布式供能系统集成技术、智能化散装物料储运系统、大型智能化露天矿山半连续剥采成套设备、新型网架技术国产化研究应用和智能制造、工业降噪设备、大型装卸起重机械装备、分布式能源及接入关键设备、电力设备在线监测与诊断系统关键设备、满足智能发电需求的新一代火电厂分布式控制系统、面向“九统一标准”的智能变电站系统、基于主动式配电网自动化技术的智能配电网系统、智能微电网综合控制及能源管理系统等新能源、新设备、新工艺开展调研工作。

【中电联节能环保分会】

（1）完成第二届理事会换届工作。5 月 9 日，第二届会员代表大会在南京召开，换届工作顺利完成。会议听取并审议通过了分会第一届理事会工作报告、财务报告和会费有关事项，听取了《中电联节能环保分会工作规则》修订情况；同期召开了分会二届一次会长会议。

（2）开展专题调研活动。根据电力行业节能环保工作需要，结合会员单位需求，围绕环保产业公司在电力环保领域发展现状、面临问题、服务需求等组织专题调研 6 次。

（3）积极参与技术标准规范制修订。全年，针对《环境保护设施运营组织服务评价技术要求编制通则》《关于加快推进环保装备制造业发展的指导意见（征求意见稿）》等 13 项国家标准和《火力发电厂烟气中 SO_3 采样方法》《燃煤电厂管式烟气换热器选型导则》等 6 项电力行业标准向标准化管理部门反映意见建议共计 182 条。根据 2018 年电力行业节能环保标准制（修）订计划项目的要求，组织会员单位积极参加电力行业节能环保标准制（修）订计划项目 5 项。

（4）积极搭建交流与服务平台。5 月，组织召开了 2017 年电力节能环保技术成果交流会；完成 2017 年电力行业重点节能技术应用典型案例推荐工作。向国家节能中心推荐《基于多相流高效分离机理的新型分离器研制及燃煤电厂制粉系统整体优化技术》《燃煤电厂石子煤高效分离回收技术》等 10 个项目；组织会员单位申报 2017 年度中国电力创新奖，向中国电力创新奖奖励办公室推荐了《电磁辐射介质复合强化多级分选煤炭脱硫技术及应用》《超（超）临界锅炉承压部件无损检测技术及检测设备研发与应用》等 7 个项目。

（5）开展产业信息统计工作。发布了 2016 年度火电厂烟气脱硫、脱硝、除尘产业信息。

（6）加强与会员单位沟通联系。全年向会员单位发送 6 期《电力行业节能环保信息》。

【中电联电能替代产业发展促进分会】

（1）主办“北方地区冬季清洁供暖”研讨会。广泛听取电供暖各利益相关方在工作开展中遇到的问题，就电供暖行业发展问题与多位专家开展深入探讨交流。

（2）召开第一届第一次理事会议，完成了调整副理事长 4 名、新增理事会成员 17 家、新增联盟专家委员会委员 6 名，吸纳新一批会员 40 家，会员单位已达 265 家。涵盖了能源生产、能源服务、设备制造、系统集成、科技研发、金融投资等众多领域。

（3）主办“中国电能替代产业发展峰会”，同期举办“2017 中国北京国际电能替代技术设备与成果展览会”。搭建多方交流的平台，来自政府、行业、企业的各位专家齐聚一堂，打造国内专业电能替代行业盛会。

（4）开展北方地区清洁供暖之电采暖专项研究，形成了电供暖技术的研究分析报告，涵盖了当前电供暖各项技术、电供暖典型案例分析以及行业建议等，为国家能源局编制《北方地区冬季清洁供暖 2017—2021》五年规划提供参考。

（5）积极加强外联宣传工作，与中关村储能产业技术联盟、中国石墨烯产业技术创新战略联盟建立战略合作关系；与中国城镇供热协会就业务合作达成初步共识；与中国建筑节能协会电能供热专业委员会、中国建材流通协会电供暖专业委员会等行业协会建立工作联系，共同推动电能替代相关产业融合。

（6）发布一、二、三季度《电能替代行业报告》和上半年《电能替代优秀案例集》，从技术分析、实施情况统计、案例分析、标准体系建设、热点资讯及政策盘点等多个方面介绍了电能替代行业的发展动态。

电力会议

工 作 会 议

【2018年全国能源工作会议】 12月26日，2018年全国能源工作会议在北京召开。会议深入学习贯彻党的十九大精神和习近平新时代中国特色社会主义思想，贯彻落实中央经济工作会议决策部署，认真贯彻习近平总书记重要指示精神，传达学习李克强总理、张高丽副总理关于能源工作的重要批示要求，总结党的十八大以来能源工作成绩，分析新时代能源发展形势任务，筹划新时代能源发展战略目标和思路举措，研究部署2018年工作。国家发展改革委党组书记、主任何立峰出席会议并讲话。

何立峰指出，党的十八大以来，在以习近平同志为核心的党中央坚强领导下，中国能源发展取得一系列重大成就，为经济社会发展取得历史性成就和历史性变革提供了有力支撑。五年来，国家能源局和能源系统牢固树立“四个意识”，统筹党务业务队伍建设，积极主动作为，各项工作都有了新进展新成效，为能源事业持续健康发展做出重要贡献。推动新时代能源发展，必须坚持以习近平新时代中国特色社会主义思想为指导，学懂弄通做实党的十九大精神，按照中央经济工作会议决策部署，瞄准新时代的新目标新要求，准确把握新时代能源工作的新任务新要求，坚持把能源安全新战略思想作为基本遵循，坚持把保障国家能源安全作为重大使命，坚持把满足人民美好生活需求作为根本宗旨，坚持把推进美丽中国建设作为责任担当，坚持把参与构建人类命运共同体作为崇高愿景，确保把党中央决策部署落到实处。做好2018年能源工作意义重大，要将加快推动能源发展质量变革、能源发展效率变革、能源发展动力变革作为工作的着力点，全力推动能源高质量发展，为保持经济持续健康发展做出更大贡献。

会议指出，党的十九大对能源发展作出一系列重大决策部署，进一步指明了新时代能源发展的方向，提出了新的更高要求。能源行业要坚持以习近平新时代中国特色社会主义思想为指导，全面贯彻党的基本理论、基本路线、基本方略，着眼“两个一百年”的战略安排和部署，进一步找准职能定位、明确目标任务，为满足人民群众多层次多样化高质量用能需求、实现党和国家奋斗目标，提供有力服务和坚强支撑。要牢牢立足中国国情，紧扣能源发展主要矛盾变化，坚持绿色发展方向，壮大清洁能源产业，把推动高质量发展作为根本要求，进行一场全方位的深刻革命，切实扭转规模数量型、粗放浪费型的传统能源生产消费模式。要把构建能源体系作为新时代能源工作的总抓手，着力建设坚强有力的安全保障体系、清洁低碳的绿色产业体系、赶超跨越的科技创新体系、公平有序的市场运行体系、科学精准的治理调控体系、共享优质的社会服务体系和开放共赢的国际合作体系，切实把清洁低碳、安全高效的要求落实到能源发展的各领域、全过程，推动中国能源在实现高质量发展上不断取得新进展。

会议认为，党的十八大以来，以习近平同志为核心的党中央高度重视能源发展，特别是习近平总书记创造性提出推动“四个革命、一个合作”的能源安全新战略，实现了中国特色能源发展理论的重大飞跃。全国能源系统深入贯彻落实党中央、国务院决策部署，扎实推进能源供给侧结构性改革，加快转变能源利用方式，大力实施创新驱动战略，坚持深化能源体制机制改革，深入推进“一带一路”能源合作，持续推进能源惠民利民工程，坚定不移落实全面从严治党，能源供给质量实现重大变革，消费结构实现重大转型，科技创新取得重大成果，治理方式实现重大转变，国际影响力显著增强，普遍服务水平显著改善，党建质量显著提高，为党和国家事业的历史性成就和变革作出了重要贡献。做好新时代能源工作，必须始终把深入学习贯彻党中央、国务院重大决策部署作为首要任务，始终把围绕中心、服务大局作为根本原则，始终把稳中求进作为工作总基调，始终把保障和改善民生作为出发点和落脚点，始终把更新理念、提高本领作为自觉追求，始终把加强党的建设、推动党务业务融合发展作为重要保证。

会议强调，2018年能源工作要坚持以习近平新时代中国特色社会主义思想为指导，全面贯彻党的十九大精神和中央经济工作会议部署，坚持稳中求进工作总基调，坚持新发展理念，紧扣能源发展的主要矛盾变化，按照高质量发展的要求，以供给侧结构性改革为主线，统筹推进稳增长、促改革、调结构、惠民生、防风险各项工作，大力推进能源领域改革开放，创新和完善能源治理调控，推动质量变革、效率变革、动力变革，有效防范化解重大风险，助力打赢精准脱贫和污染防治攻坚战，引导和稳定预期，加强和改善民生，进一步推动“四个革命、一个合作”向纵深发展，为经济社会持续健康发展提供有力保障。一要聚焦突出矛盾和问题，切实提升油气保障和能源安全生产水平；二要聚焦绿色发展，着力解决清洁能源消纳问题，着力推进能源结构调整战略工程，统筹推进煤炭清洁高效利用，大力推进能源清洁发展水平；三要聚焦煤炭和煤电，深入推进供给侧结构性改革，坚决夺取煤炭去产能任务决定性胜利，大力化解煤电过剩产能；四要聚焦核心技术攻关和成果转化应用，大力推进重大技术装备攻关，健全完善工作机制，培育壮大科技创新新动能；五要聚焦重点领域和关键环节，进一步深化电力体制改革、油气体制改革、“放管服”改革，进一步强化能源监管和依法治理；六要聚焦重点地区和重要领域，扎实推进北方地区清洁取暖，加大成品油质量升级工作力度，大力提升能源惠民利民力度；七要聚焦重大战略合作，进一步做好统筹谋划，打造合作亮点，提升话语优势，全方位提升能源国际合作水平。

会议要求，全国能源系统要高举习近平新时代中国特色社会主义思想伟大旗帜，进一步加强党对能源工作的领导，坚定不移把全面从严治党要求贯彻到能源发展的各领域全过程，推动全面从严治党向纵深发展、向基层延伸，着力建设高素质专业化的能源干部队伍，深入推进作风建设、纪律建设和反腐败斗争，不忘初心，牢记使命，锐意进取，埋头苦干，奋力开创能源发展改革工作新局面。

【全国电力安全生产电视电话会议】 1月12日，国家能源局在北京召开全国电力安全生产电视电话会议。

会议指出，2016年，电力行业各单位认真贯彻落实党中央、国务院关于安全生产工作的决策部署，密切配合、团结合作，做了大量卓有成效的工作。当前电力安全形势日趋复杂严峻，各单位必须严格落实党和国家领导同志对安全生产提出的新要求，切实增强工作的责任感；努力践行全面建设小康社会赋予电力安全生产的新任务，切实增强工作的使命感；认真分析研判电力安全生产面临的新形势，切实增强工作的紧迫感，为社会经济发展保驾护航。

会议要求，各单位要以更加严格管理，更加扎实的做法，更加有效的措施，认真做好2017年电力安全生产工作，切实做到“五个到位”：一是认真学习《中共中央国务院关于推进安全生产领域改革发展的意见》（简称《意见》）精神，准确把握精神实质，切实做到宣传贯彻到位；二是强化安全生产风险管控，严格防范电力安全生产事故，切实做到保障机制到位；三是深刻吸取事故教训，深入排查治理安全生产隐患，切实做到检查整改到位；四是完善应急预案，健全应急工作机制，切实做到应急管理到位；五是周密部署节日和重大活动期间安全生产工作，切实做到组织措施到位。

会议传达了全国安全生产电视电话会议精神，通报了2016年全国电力安全生产情况，部署了2017年重点工作安排。

【全国电力体制改革座谈会】 2月22日，国家发展改革委、国家能源局在昆明市召开全国电力体制改革座谈会。会议总结交流了前一阶段电力体制改革进展情况，深入分析改革中存在的问题，研究部署进一步加快电力体制改革工作。国家发展改革委副主任连维良出席会议并讲话，国家能源局副局长郑栅洁主持会议。

2015年3月，中共中央、国务院印发《关于进一步深化电力体制改革的若干意见》。两年来，各地区、各有关部门和电力企业认真贯彻落实党中央、国务院的决策部署，推动电力体制改革取得了重要进展和积极成效。改革主体责任全面落实，电力体制改革试点已经覆盖有条件开展的所有省（区、市）。输配电价改革实现省级电网全覆盖，初步建立了科学规范透明的电网输配电价监管框架体系。交易机构组建工作基本完成，为电力市场化交易搭建了公平规范的交易平台。加快放开配售电业务，全国注册成立的售电公司已有约6400家，首批105个增量配电项目开展改革试点，有效激发市场活力。有序放开发用电计划，市场化交易规模明显扩大，2016年全国市场化交易电量突破1万亿kWh，约占全社会用电量的19%。同时，随着改革的深化，电力体制改革面临着一些新情况新问题。

会议指出，必须坚定不移贯彻党中央国务院关于进一步深化电力体制改革的决策部署，全面落实供给侧结构性改革的精神和要求，坚持用改革的办法解决改革中存在的问题。下一步加快电力体制改革的重点任务，主要是“四个有序加快、四个规范、四个加强”：有序加快放开发用电计划、有序加快放开配售电业务、有序加快放开竞争性电价、有序加快放开交易机构交易业务范围；加快规范输配电价、加快规范优先发电权优先购电权计划、加快规范自备电厂、加快规范局域网和增量配网；加强电力交易机构建设、加强电力行业综合监管、加强电力行业信用体系建设、加强电力市场信息共享。

会议强调，进一步深化电力体制改革，要狠抓落实，夯基垒台，让四梁八柱落地生根，确保改革不走样、见成效。各地要继续在中发9号文和配套文件框架下，大胆探索，勇于实践，相互学习，取长补短，及时总结好的做法，形成可复制、可推广的经验。要以高度的政治自觉，强烈的责任感和使命感，加大力度，加倍努力，迎难而上，知难而进，以实实在在的改革成效迎接党的十九大胜利召开。

【全国电力安全监管工作会议】 2月27日，国家能源局在杭州召开全国电力安全监管工作会议，进一步贯彻落实全国能源工作会议和全国电力安全生产电视电话会议精神。会议介绍了《电力安全生产监督管理办法》（国家发展改革委令21号）和《电力建设工程施工安全监督管理办法》（国家发展改革委令28号）的修订情况以及贯彻落实《中共中央国务院关于推进安全生产领域改革发展的意见》的3个规范性文件的起草情况，还对《2017电力安全监管工作思路和重点任务安排》进行了解读。

会议充分肯定了2016年电力安全监管工作，并指出，2016年国家能源局各派出能源监管机构克服困难、开拓创新，做了大量卓有成效的工作，保持了电力安全生产形势的总体稳定，维护了电力系统安全稳定运行和电力的可靠供应。

会议强调，2017年是能源改革推进年，理顺电力安全监管体制机制尤为重要。要抓好三方面工作：一是抓紧完善法规体系，抓紧修订国家发展改革委2015年21号令和28号令，尽快出台相关规范性文件，切实弥补制度缺陷。二是尽快理顺体制机制，构建“国家监察、地方监管、企业负责”的工作机制，落实属地责任，实现齐抓共管；在当前体制尚未完全理顺前，各派出能源监管机构要在督促落实属地监管职责和企业主体责任的同时，切实履行好电力安全监管职责，发挥好行业监管作用。三是同舟共济，撸起袖子加油干。做到真抓实干、干必干好、干必有矩、干必有方，将电力安全监管工作做好、做实、做出成效。会议要求各有关单位要按照《2017年电力安全监管工作思路和重点任务安排》，着眼“四个确保”认真做好2017年各项工作：一是确保实现事故起数和死亡人数“双下降”目标；二是确保电力系统安全稳定运行；三是确保水电站大坝安全；四是确保重大保电工作万无一失。

【2017年全国水电站大坝安全工作会议】 2月28日，国家能源局在杭州召开2017年全国水电站大坝安全工作会议，进一步贯彻落实全国安全生产电视电话会议、全国能源工作会议和全国电力安全生产电视电话会议精神。

会议传达了近期全国防汛抗旱有关会议精神以及李克强总理的重要批示和汪洋副总理的讲话要求，总结了2016年电力行业防汛工作情况，分析了2017年面临的防汛形势，对2017年防汛重点工作进行了部署。

会议通报了2016年水电站大坝运行安全监察情况，安排了2017年大坝安全工作和第五轮大坝安全定期检查工作，专门介绍了美国加州奥洛维尔土石坝溢洪道破坏事件有关情况，并宣贯了《水电站大坝运行安全信息报送办法》。

会议指出，2016年，国家能源局及各派出机构、大坝中心和电力企业齐心协力，进一步加强水电站安全管理，确保全年未发生重大以上设备事故，未发生垮坝、漫坝等灾难性事故，保持了大坝安全形势的持续平稳。一是大坝安全监督管理法规体系不断完善；二是大坝运行安全主体责任进一步明确和落实；三是大坝防洪度汛工作扎实有效；四是大坝安全注册、定期检查等工作规范开展；五是大坝隐患排查治理和除险加固工作不断强化；六是大坝安全应急处置和保障能力不断提高；七是大坝安全科技支撑取得新成绩。

会议强调，要清醒认识水电站安全管理工作面临的新形势和新问题，并从水电站大坝安全管理的新要求、极端气象条件的新形势、高坝大库安全管理的新挑战、流域阶梯水电站群安全应急的新任务、大坝及设备老化带来的新风险、防范水淹厂房事故的新态势、管理体制和人员素质带来的新困难共七个方面对水电站大坝安全管理面临的形势和问题进行了全面的分析。

会议要求，2017年要重点做好以下八方面工作：一是坚持依法治安，健全并落实好水电站大坝安全监管法规制度；二是加大执法力度，确保水电站大坝安全注册行政许可制度落实到位；三是克服麻痹思想，切实做好水电站防洪度汛工作；四是加强排查、牢控风险，做好大坝定期检查和除险加固工作；五是加快创新步伐，推进大坝安全在线监控工作的深入开展；六是坚持问题导向，加强大坝应急能力和灾害防范能力建设；七是预控重大风险，强化特高坝的安全监督和管理；八是持续加强大坝运行安全监督管理能力建设。

【电力行业信用体系建设工作会议】 7月18日，中国电力企业联合会在北京组织召开了电力行业信用体系建设工作会议。中电联党组书记、常务副理事长、电力行业信用体系建设工作领导小组组长杨昆，国家发展改革委运行局电力处处长刘琼、国家能源局资质中心副主任陈静出席会议并讲话，国务院国有资产监督管理委员会行业协会商会工作局副局长方长安出席会议，会议由中电联党组成员、专职副理事长兼秘书长于崇德主持。

刘琼在讲话中指出，行业协会作为自律型组织，是推动信用体系建设的重要力量，电力行业是信用体系建设的首批试点，在中电联的努力下，行业信用体系建设效果突出，下一步，政府将探索红黑名单以及灰名单的制度建设。

陈静表示，中电联在信用体系建设方面起步早，行动快，未来，建议中电联积极参与调研相关联合工作机制和制度建设，及时出台、修订政策，推动信用评价工作发挥作用，率先做好相关标准、制度、指标等的宣传工作。

会上，杨昆做了题为“弘扬诚信精神 培养信用

电力 开创电力行业信用体系建设新局面”的主旨发言，他从组织体系建设、人才队伍建设、标准制度建设、企业信用评价、信用承诺机制、宣传教育培训、“信用电力”平台建设等方面对电力行业信用体系建设工作进行了全面回顾。

杨昆强调，党中央、国务院高度重视信用建设工作，国家建立了行业协会商会信用体系建设联合工作机制，国家发展改革委对电力行业明确提出“六个突出”的工作要求。他表示，中电联是电力行业信用体系建设领导小组组长单位，承担电力行业信用体系建设办公室的具体工作，今后，中电联将与电力企业一起，共同推进电力行业信用体系建设。

最后，杨昆结合电力体制改革新形势下面临的新任务，从五个方面部署了电力行业信用体系建设下一步重点工作：一要完善机构设置和运行机制；二要进一步健全信用评价标准；三要全面开展电力市场主体信用评价；四要积极推进信用采信机制建立；五要不断提升信用服务水平。

会议发布了 2016 年度电力行业企业信用评级结果，42 家初评企业荣获“2016 年度电力行业信用企业”称号，58 家复评企业继续保持“电力行业信用企业”称号，会议还对信用企业、信用电力知识竞赛获奖单位和个人代表进行了表彰，并介绍了《电力市场主体信用评价规范》和“信用电力”信息平台。

会议还举行了《信用电力自律公约》现场签约仪式，包括华能集团、大唐集团、华电集团、国电集团、国家电投、三峡集团、中国能建等 114 家单位成为首批《信用电力自律公约》签约单位。

【国家电网有限公司 2018 年工作报告(摘要)】

一、2017 年工作回顾

2017 年，面对复杂的经济形势、繁重的改革发展任务，国家电网公司上下在以习近平同志为核心的党中央坚强领导下，坚决贯彻党中央、国务院决策部署，坚持新发展理念，以党的建设为统领，以推进供给侧结构性改革为主线，全面落实三届二次职代会暨 2017 年工作会议各项任务，忠诚担当、锐意进取、攻坚克难，各项工作取得新成绩。国家电网公司连续 13 年获国资委央企业绩考核 A 级，蝉联《财富》世界 500 强第二位、中国 500 最具价值品牌第一名。

学习宣传贯彻党的十九大精神不断深入。坚持把学习宣传贯彻十九大精神作为首要政治任务，紧扣“十个深刻领会”“六个聚焦”，着力在学懂弄通做实上下功夫。公司党组多次组织学习研讨，带头贯彻落实十九大精神，研究谋划公司未来发展；制定学习宣传贯彻十九大精神实施意见，明确 50 项重点任务。公司班子成员分赴基层一线宣讲，公司系统十九大代表、各级领导干部结合实际开展各种宣讲活动，各级党组织大力推动十九大精神进基层、进班组、进现场。各级单位累计开展中心组集体学习研讨近 7000 场、集中宣讲和专题党课 3 万余次、辅导培训 6400 余期，实现学习宣传贯彻全覆盖。通过强化习近平新时代中国特色社会主义思想理论武装，广大干部职工“四个意识”更加牢固，“四个自信”更加坚定，立足岗位干事创业的信心和决心进一步增强。

电网安全保持良好局面。坚决贯彻党中央、国务院安全生产工作部署，围绕提升本质安全水平，制定安全生产 35 条措施，明确安全目标，压实安全责任。面对电网负荷屡创新高、新能源大规模接入、自然灾害多发频发等形势，优化电网运行方式，加强跨区跨省电力调配和设备运维，强化电力需求侧管理，确保电网安全运行和电力可靠供应。全力做好十九大供电保障工作，发挥大电网和集团化优势，组织 9 个省(市) 1516 名职工赴京支援，公司系统 2.3 万名干部职工连续奋战 27 天，按照“五个最”要求，实现“四个零”目标。圆满完成“一带一路”国际合作高峰论坛、金砖国家领导人厦门会晤、第十三届全运会等保电任务。健全完善山火、台风、地质灾害等六个预警体系，应对四川九寨沟地震、福建台风、华中地区大范围强降雨和洪涝灾害，以最短时间恢复受损电力设施。深刻吸取基建分包人身伤亡事故教训，开展安全生产大检查、基建现场反违章专项行动和安全问题清单梳理，制定基建改革等 12 项措施，推动基建安全管理有效加强。

电网优化配置资源能力进一步提升。特高压投产规模创历史新高，建成“两交五直”特高压工程，纳入国家大气污染防治行动计划的“四交四直”工程全面竣工，新增跨区跨省输电能力超过 5000 万 kW。扎鲁特—青州工程从立项核准到竣工投产仅用一年时间，创造特高压直流工程建设新纪录。贯彻党中央、国务院设立雄安新区重大决策，高起点、高标准、高质量完成雄安新区电网规划。山东—河北环网特高压交流、张北柔性直流等一批重点项目获得核准。河北易县、浙江宁海等 6 座抽水蓄能电站开工建设。苏通 GIL 综合管廊、舟山 500kV 联网、湘潭换流站调相机等工程顺利推进。建成投运川渝第三通道、红沿河核电站送出等重点工程。完成 100 家地市公司配电网建设改造标准化达标验收。在青海首次实现连续 7 天以可再生能源满足全省电力供应，创造新的世界纪录，在探索能源清洁低碳转型的中国道路上迈出重要步伐。累计推广北方地区清洁取暖 5 亿 m^2，京津冀及周边地区完成 199 万户居民“煤改电”。

脱贫攻坚和援疆援藏援青取得重大进展。提前 3 个月打赢新一轮农网改造升级“两年攻坚战”，累计投资 1424 亿元，完成 153.5 万眼农田机井通电、6.6

万个小城镇（中心村）电网改造升级、7.8 万个自然村通动力电，惠及 1.6 亿农村人口和 1.4 亿亩农田。为湖北“三县一区”全资援建 236 座村级光伏扶贫电站，完成定点光伏扶贫任务。贯彻中央关于重点攻克深度贫困地区脱贫任务部署，编制完成“三区两州”电网专项规划。首次召开援疆现场会，加大援疆工作力度。新疆 750kV 主网架进一步完善，全年疆电外送电量 445 亿 kWh；新疆公司 171 名干部驻村开展“访民情、惠民生、聚民心”活动，为促进民族团结、稳疆富民作出贡献。开工建设世界上海拔最高、环境最复杂、施工难度最大的藏中联网工程。对西藏网外 16 县实施农电代管，实现西藏电网统一管理。大力推进青海电力外送通道前期工作，青海—河南特高压工程完成可研。建成玛多清洁能源采暖示范项目。实施边防部队电网建设，山东、浙江、辽宁、吉林提前完成任务，新疆、西藏超额完成年度目标。

经营业绩稳步提升。积极应对成本刚性增长、电费回收压力增大等不利因素，大力增供扩销、挖潜增效，经营业绩位居央企前列。产业和金融单位努力开拓市场，强化经营管理，效率效益不断提升，对公司利润贡献度超过三分之一。成功实施国电南瑞、广宇发展资产重组，直属产业公司资产证券化率达到 50%。贯彻全国金融工作会议精神，研究制定金融业务改革创新发展举措。英大信托成功引入南方电网战略投资。建立总法律顾问制度，规范法人授权委托管理，发布央企首部《法治企业建设白皮书》。组建 6 个区域和 26 个省级审计中心，“上审下”体制进一步完善。推进各专业问题清单梳理全覆盖，逐级落实整改责任，全面完成 2017 年整改决议目标，对依法治企、强化风险管理、提高经营绩效起到重要促进作用。

服务“一带一路”建设取得突破。实施“一带一路”建设规划和国际产能合作行动计划。提前 2 个月建成投运特高压技术“走出去”首个工程——巴西美丽山水电特高压直流送出一期工程，彰显了中国技术、中国速度和中国质量；在中巴两国元首共同见证下，二期工程获颁施工许可，全面开工建设。成功收购巴西 CPFL 公司和希腊国家电网公司股权，利用境外低成本资金实现滚动式发展，管理境外资产 600 亿美元。累计主导编制国际标准 47 项、正式发布 26 项。公司成为 B20 中国工商理事会主席单位，积极推动中国工商界参与全球经济治理。在德国成功举办新能源发展与技术国际研讨会，积极参与“一带一路”国际合作高峰论坛、金砖国家工商峰会、中德两国总理与经济界高层对话会、达沃斯论坛等重要活动，在世界舞台宣传中国电力工业发展成就和公司改革发展实践，国际影响力和话语权不断增强。

各项改革不断深化。全面完成省级电网（除西藏外）输配电价核定，配合出台跨区输电、区域电网、增量配电业务定价政策。推进增量配电改革试点。市场交易电量 1.2 万亿 kWh，同比增长 50%。通过直接交易和降价降费等措施，降低客户用电成本 737 亿元，有效释放改革红利。总部和 144 家子企业公司制改制全面完成。进一步明确总部分部职责界面，优化分部机构编制，一体化运作不断深化。大力瘦身健体，减少各级存量法人 661 户。完成河南、蒙东、吉林、福建公司所属 218 家县公司“子改分”，电网业务基本实现两级法人、三级管理。压减集体企业 384 户，完成 287 户公司制平台企业搭建任务，提高规范管理水平。推进“三供一业”分离移交，公司供水、供热（气）、物业移交协议签订率超过 98%；供电接收协议签订率超过 96%，与 28 个央企自供区签订移交协议。在科技型企业试点开展骨干职工分红激励。完成公务用车改革，培训疗养、医疗机构改革有序推进。

供电服务模式创新成效明显。推进“全能型”乡镇供电所建设全覆盖，探索营配融合作业组织方式，建立网格化管理、片区化服务模式，推行台区经理、分片包干等管理方式，服务质量和工作效率明显提高。试点建设 49 个供电服务指挥平台，加强服务资源统筹，抢修工单一次解决率提高 10%，抢修恢复时间平均缩减 12 分钟。因地制宜设立 782 家园区供电服务机构，及时满足重点客户用电需求。

新兴业务蓬勃发展。完善智慧车联网平台功能，新增接入充电桩 6.3 万个；建成“九纵九横两环”高速公路快充网络，覆盖 3.1 万 km 高速公路和 19 个省 150 个城市。发起成立央企电商联盟，完成电子商务五大板块业务布局，注册用户 2.07 亿，交易规模超过 2600 亿元，在能源 B2B 领域实现全面领跑。建成全国最大光伏云网，接入 74 万户、装机容量 2818 万 kW。适应用户多元化服务需求，布局综合能源服务业务。新增“多表合一”信息采集 167 万户，建成 5 个应用示范区，智能电能表和用电信息采集覆盖率超过 99%，智能交费客户占比超过 70%。

科技创新能力显著增强。公司入选国家第二批双创示范基地，编制完成基地建设方案，明确“1212”重点建设任务。在世界上率先研发应用特高压直流分层接入技术。成功研制世界首个±1100kV 特高压直流穿墙套管。世界上电压等级最高、容量最大的苏南 500kV 统一潮流控制器建成投运，全球规模最大的冀北新能源虚拟同步机系统实现并网。运检智能化分析管控系统完成两级部署。实施信通新技术创新发展行动计划，发布“国网云”，建成两级企业级大数据平台。成立国网（苏州）城市能源研究院。建成世界上功能最强的特高压交直流电网仿真平台。特高压±800kV直流输电工程荣获国家科技进步奖特等奖。获得中国专利金奖2项，全国企业管理现代化创新成果一等奖3项。发布国家标准103项，获批筹建国家技术标准创新基地。

党的建设全面加强。认真学习贯彻党的十九大精神和十八届六中全会、全国国有企业党建工作会议精神，突出全面从严治党这条主线，坚持思想建党、制度治党相结合，坚持两个“一以贯之”不动摇，落实党建责任制和国企党建30项重点任务，实施“旗帜领航·三年登高”计划，构建“六位一体”大党建工作格局和“六大工作体系”，立根铸魂、强基固本、开拓创新，打出了一套抓党建强党建的“组合拳”，开创了公司党的建设新局面。完成党组清理规范，二级单位全部实现党委书记、董事长“一肩挑”，19家单位配备专职副书记。加强直属党的建设，公司系统5384个党组织完成换届选举。严格贯彻落实中央八项规定精神，狠抓“四风”治理。对20家单位开展内部巡视，发现并解决问题2101个，60家单位对所属二级单位开展巡察。积极配合国资委开展深化中央巡视整改专项督导，以钉钉子精神狠抓问题整改。成功举办第三届青年创新创意大赛。深入推进精神文明建设和企业文化建设，88家单位荣获全国文明单位，3名职工荣获全国道德模范。公司荣获全国厂务公开民主管理示范单位。公司系统3个单位、20名个人荣获全国五一劳动奖状、奖章，36个集体荣获全国工人先锋号。

二、以习近平新时代中国特色社会主义思想为指导，开启建设具有卓越竞争力的世界一流能源互联网企业新征程

（一）着力推进电网高质量发展

建设世界一流能源互联网，核心是建设世界一流的坚强智能电网。必须把电网发展作为第一要务，坚持安全、优质、经济、绿色、高效的电网发展理念，持续加大电网投入，努力提高电网整体效能，消除电网发展不平衡不充分矛盾，更好地发挥电网在能源资源配置和转换利用中的基础平台作用。

建设本质安全电网。这是关系企业长治久安的重大战略任务。要坚持安全第一、质量为本，大力实施质量强网战略，把本质安全要求贯穿电网规划、设计、建设、运行全过程，从电网结构、设备、技术、管理等方面综合施策，努力打造结构合理、设备优良、技术先进、管理科学的本质安全电网，不断提升电网内在预防和抵御风险、保持安全稳定运行的能力。

打造以特高压为骨干网架的坚强智能电网。当前，特高压电网“强直弱交”结构性矛盾突出，电网安全风险凸显，制约了电网大范围配置资源作用的发挥。解决这一问题，就是要在送端建设坚强主网架，实现跨区域水火互济、风光互补，满足大型水电基地、大型风电和太阳能发电基地外送需要；在受端依托大电网，支撑大容量、多馈入直流安全运行，为东中部地区提供安全高效可持续的能源供应，形成符合中国国情的西电东送、北电南送能源输送配置格局。“十三五”，关键是加快构建“三华”特高压同步电网，形成东北、西北、西南三送端和“三华”一受端四个同步电网发展格局。“十四五”，继续扩大同步电网规模，进一步完善全国范围资源优化配置平台。

打造一流现代化配电网。配电网是能源互联网的重要基础，是影响供电服务水平的关键环节。随着电动汽车、分布式能源、微电网、储能装置等设施大量接入，以及电力市场开放和各种用电需求的出现，对配电网的安全性、经济性、适应性、灵活性提出更高要求。必须紧紧围绕打造可靠性高、互动友好、经济高效的一流现代化配电网目标，持续发力，久久为功。要做到结构合理，根据负荷预测，优化供电区域分类，因地制宜确定规划标准，提升互联率与转供转带能力。要做到适度超前，根据区域和城乡发展实际需要，合理确定设备选型，推广应用中高端装备；实施标准化建设，应用典型设计、标准物料，确保廊道、选址、建设一次到位，避免大拆大建。要做到技术先进，积极应用自动化、智能化、现代信息通信等先进技术，满足各类供用电主体灵活接入、设备即插即用需要，增强配电网运行灵活性、自愈性和互动性。

（二）着力推进公司高质量发展

打造世界一流能源互联网企业，必须突出安全、质量、效率、效益，大力推进质量变革、效率变革和动力变革，按照集团化、集约化、标准化、精益化、数字化、国际化的方针，全面推进业务、管理转型升级，提高全要素生产率，确保国有资产保值增值。

推动业务转型升级。着眼提高竞争力和可持续发展能力，加快电网和产业、金融业务转型升级，提升资产质量，压减低效无效资产，增强价值创造能力。推动电网业务升级。坚持电为中心、网为平台、智能互联，以“互联网＋”提升传统电网业务，积极培育智慧车联网、综合能源服务、光伏云网、能源电商等新业态、新模式，大力培育新动能。推动产业向中高端迈进。在产业单位深入实施供给侧结构性改革，去低端、提中端、创高端，聚焦装备制造、信息通信等重点领域，稳步推进布局优化、结构调整、战略性重组，打造世界一流的能源互联网产业集群。优化发展金融业务。坚持“面向主业、产融结合、以融促产、协调发展”的方针，以引战投、活机制、强管理、谋

上市、防风险为重点，做强做优做专做精金融业务，打造能源互联网特色金融品牌。推动管理转型升级。根据业务发展需要，动态优化总部功能、运行机制、经营策略和集团管控模式，全面增强总部的领导力和服务力、基层的执行力和活力，有效激发各层级的工作积极性和创造性。构建基于量化分析的精益管理体系，强化激励约束效能，挖掘内部资源潜力，提高经营运作效率。制定实施大数据战略，健全数据资产管理体系，挖掘海量数据资源价值，用数据驱动管理变革和转型升级。综合运用大云物移智等现代信息技术，实施精准管理、精准作业、精准考核，提高资产管理效率和劳动生产率。

（三）着力促进清洁能源发展

加快推动能源清洁低碳转型，是实现能源可持续发展的根本途径。据测算，2020 年、2025 年、2035 年中国非化石能源占一次能源消费比重将分别超过 15%、18%、25%，清洁能源发电装机占比将分别达到 41%、44%、56%。风电、太阳能等清洁能源的大规模开发利用，对电网安全运行和电量消纳提出了现实挑战。近年来，受网源规划不协调、就地消纳空间有限、跨区输送通道和调峰能力不足、市场化机制不健全等因素制约，弃水弃风弃光矛盾突出。从根本上解决问题，需要从电源电网规划建设、技术创新、供需衔接、政策和市场机制等方面协同发力。

提升大电网平衡调节能力。积极推进特高压跨区输电通道和系统调峰能力建设，促进清洁能源大范围优化配置。研发应用大容量储能、柔性输电、虚拟同步机等先进技术，推动源网荷协调发展和友好互动，更好地满足清洁能源大规模、高比例接入的需要。推动能源消费高度电气化。适应再电气化进程，深入实施电能替代战略，在交通、工业、商业、居民生活等领域广泛推进电能替代，推动基于大数据和互联网技术的智能电气设备开发和应用，大幅提高电能占终端能源消费比重。引导用户优化用能特性，主动响应新能源出力变化，提高用户侧深度参与系统调节的能力。推动建设科学的政策体系和市场机制。加快研究、积极汇报，推动建立以电为中心的能源统一规划体系，统筹考虑能源布局、结构、时序和配置方式。加强顶层设计，完善电力市场机制，放开电力用户跨区跨省购买清洁能源选择权，打破省间壁垒。推动完善投资和消费激励政策，充分调动全社会多发多用清洁能源的积极性。

（四）着力坚持以客户为中心

国家电网事业是党和人民的事业，我们的一切工作都是为人民服务。要坚持人民电业为人民的企业宗旨，把服务人民美好生活需要作为工作的出发点和落脚点，把为客户创造价值作为工作的重要着力点，努力提高为民服务质量和水平。

牢固树立以客户为中心的理念。在电网规划、建设、生产、运行、营销等全过程和企业组织设计、业务创新、队伍建设等各方面，深入贯彻以客户为中心的理念，积极创新服务方式，增强服务的便捷性、精准性和实效性，不断提高客户获得感和满意度。加快构建现代服务体系。聚焦客户需求，推进资源整合、组织优化、流程再造，构建“强前端、大后台”服务新体系。以“全能型”乡镇供电所和供电服务指挥平台为重点，探索城区低压网格化综合服务模式，推进营配调业务协调融合。深化“互联网＋营销服务”，打造统一开放、功能融合的互联网服务平台，实现全业务线上办理、全天候“一站式”服务。不断提升客户价值创造能力。发挥人才、技术、渠道等资源优势，深挖营销大数据价值，强化用电市场分析和消费行为研究，细化客户分类，满足智能化、多样化用电需要。充分利用社会资源，拓展服务领域，实现企业与客户互利共赢。

（五）着力服务“一带一路”建设

“一带一路”建设是习近平总书记从推动形成中国全面开放新格局、构建人类命运共同体出发，提出的重大战略思想。要充分发挥公司综合优势，遵循共商、共建、共享和平等互利原则，加快“走出去”步伐，努力拓展发展空间，在服务“一带一路”建设中发挥引领带动作用。

推动构建全球能源互联网。“一带一路”沿线国家基础设施互联互通市场潜力巨大，未来 5 年电力投资需求将达到 1.5 万亿美元。要稳步推进与周边国家电网互联，主动参与“一带一路”国家电网基础设施网络建设和跨国跨洲联网项目建设，积极参与新亚欧大陆桥等经济走廊能源电力合作，带动技术、标准、装备等全方位走出去，推动全球能源互联网创新发展。优化全球业务布局。坚持立足主业、战略投资、长期运营理念，积极开展能源基础设施股权投资和特许经营，研究推进 BOOT、BMT、PPP 等国际业务新模式，努力在成熟市场国家优质资产投资运营上实现新突破。深化国际产能合作，联合拓展第三方市场。提高全球能源资源配置能力。完善境外资产管控体系，加快形成面向全球的资源配置网络，积极培育国际竞争合作新优势。发挥海外投资平台作用，创新融资方式，拓展融资渠道，降低融资成本。参与全球能源治理。推动公司特高压、智能电网、大电网安全运行、新能源等领域的创新成果向国际标准转化，加强与“一带一路”国家标准互认、对接和合作。充分利用高端论坛、国际会议、国际组织等平台，深化国际交流与合作，支持全球能源互联网合作组织工作，增强公司在推动全球能源革命中的话语权和影响力。

（六）着力深化供给侧结构性改革

建设世界一流能源互联网企业，必须增强改革意识，顺应改革大势，以供给侧结构性改革为主线，坚持市场化改革方向，全面推进电力改革和国企国资改革，确保改革措施落地见效，不断破解制约公司发展的体制机制障碍和深层次矛盾，持续释放改革红利。

在电力改革方面，既要正视挑战，更要抢抓机遇，严格落实中发 9 号文件精神，巩固“管住中间、放开两头”的体制架构，加快建设全国统一电力市场，发挥市场在资源配置中的决定性作用。推动健全完善科学的电价形成机制，逐步缓解电价交叉补贴矛盾，探索电力普遍服务长效机制，增强电网可持续发展能力。在国企国资改革方面，深入贯彻中发 22 号及配套文件精神，以分类改革为导向，对监管、非监管业务实施差异化管控，在强化战略协同的同时，实现监管业务规范运营、非监管业务充分市场化。积极发展混合所有制经济，放大国有资本功能。深化“三项制度”改革，健全完善激励约束机制，逐步实现管理人员能上能下、职工能进能出、收入能增能减。积极推动剥离办社会职能、集体企业改革等不断取得新突破，妥善解决历史遗留问题，增强企业活力和发展动力。

（七）着力推动科技创新

创新是引领发展的第一动力。建设世界一流能源互联网企业，根本要靠创新。要充分发挥企业创新主体作用，坚持创新驱动发展，大力实施科技强企战略，瞄准世界能源电力科技前沿和企业实际问题，敢为人先、敢于突破，抢占科技制高点，引领电网创新发展。

健全完善科技创新体系。集中力量建设国家“双创”示范基地，打造双创示范中心和线上线下平台，完善产研用深度融合的科技创新体系，统筹利用国际国内创新资源，积聚协同创新合力。强化关键技术攻关。以实施国家“科技创新 2030”智能电网重大项目为引领，围绕打造新一代电力系统、促进能源互联网发展，深化基础性、前瞻性技术研究，大力推动新能源发电、大云物移智等领域关键技术研发应用，培育一批重大创新成果。营造良好的创新环境。加快建立资源协同、体系完善、产出高效的创新生态，健全资金投入、人才激励、创新容错、成果转化、收益分享等配套制度，在全公司营造鼓励创新、勇于创新的良好环境。

（八）着力加强党的全面领导

坚持党的领导、加强党的建设是国有企业的“根”和“魂”，任何时候、任何情况下都不能放松。实现新时代公司战略目标，必须毫不动摇坚持党的全面领导，不断加强队伍、法治、文化、品牌建设，为公司发展提供坚强有力保障。

充分发挥党建优势。深入学习习近平新时代中国特色社会主义思想，持续加强理论武装，牢固树立“四个意识”，坚决在思想上政治上行动上同以习近平同志为核心的党中央保持高度一致。把各级党组织建设得更加坚强有力，充分发挥各级党委把方向、管大局、保落实的作用，发挥基层党组织战斗堡垒作用和共产党员先锋模范作用，把国有企业党建优势转化为创新优势、竞争优势、发展优势。加强人才队伍建设。适应公司发展需要，加强各级各类人才队伍建设，弘扬精益求精的工匠精神，提升专业素质和专业能力。创新人才选拔培养机制，拓宽职业发展通道，努力为职工成长成才搭建平台，建设素质过硬、纪律严明的专业化人才队伍，打造特别能吃苦、特别能战斗、特别能奉献的电网铁军。加强法治企业建设。落实全面依法治国战略部署，以提高法治力为核心，加快建设“三全五依”法治企业，把法治要求嵌入公司业务运转各个环节，增强全员法治意识，维护企业合法权益，完善通用制度体系，加强对权力运行的监督和制约，打造阳光国网。加强企业文化建设。坚定中国特色社会主义文化自信，践行社会主义核心价值观。大力弘扬努力超越、追求卓越的企业精神和以客户为中心、专业专注、持续改善的企业核心价值观，凝聚干事创业的强大正能量。尊重劳动、尊重职工、尊重创造，全心全意依靠职工办企业，增强干部职工的荣誉感、获得感、归属感。加强公司品牌建设。围绕打造世界一流能源互联网企业品牌，加强宣传策划，创新传播方式，丰富品牌内涵，不断增强各方面对公司的价值认同，全面提升国家电网品牌的美誉度、知名度和影响力。

三、2018 年重点任务

重点做好十个方面的工作：一是全面提升本质安全水平；二是构建以客户为中心的现代服务体系；三是加快建设坚强智能电网；四是积极服务清洁能源发展；五是深入推进改革落地见效；六是大力提质增效；七是推进产业、金融、国际业务优化发展；八是提升创新能力和水平；九是深化依法治企；十是全面加强公司党的建设。

【中国南方电网有限责任公司 2018 年工作报告（摘要）】

一、2017 年工作回顾

2017 年，全系统没有发生较大及以上人身事故，没有发生设备和电力安全事故，没有发生对公司和社会造成重大不良影响的电力安全事件。全网统调最大负荷 1.63 亿 kW，同比增长 10.5%；完成售电量 8902 亿 kWh，增长 7.3%；西电东送电量 2028 亿 kWh，创历史新高；固定资产投资 1151 亿元，增长

12.6%；营业收入4946亿元，增长4.5%；利润总额180.3亿元，完成国资委考核目标；劳动生产率52.01万元/人年；资产总额7445亿元，增长8%；资产负债率60.5%。客户平均停电时间（低压）20.08h，下降10%；中心城区客户年平均停电时间2.14h，下降21.3%；第三方客户满意度测评81分，提升1.5分，广东、广西、贵州电网公司及广州、深圳供电局连续多年在地方公共服务评价中名列第一。荣获2017年国家科技进步奖特等奖1项、二等奖2项，创历史最好成绩。连续11年获得国资委年度经营业绩考核A级，在世界500强企业排名中，列第100位。

（一）安全生产局面持续向好

不断强化安全生产责任制落实。有序推进防范主网9大运行风险31项重点工作，有效管控了云南异步电网频率失稳、海南“大机小网”、直流入地电流超标等风险，220kV及以上故障快速切除率和安自装置正确动作率继续保持100%。出台了针对地方电网、自备电厂的调度管理规定，依法依规处置违反调度纪律事件。所有地市供电局均实现调控一体化运行。强化设备全生命周期技术监督，严控入网设备质量，因设备原因导致的电力三级及以上安全事件同比下降65%，变压器和GIS设备故障率同比分别下降63%、65%。深化安全生产监督检查和隐患排查整治，累计发现问题9.13万项，已整改95%。基建安全管理进一步强化，全系统没有发生基建安全事故。深圳、佛山、中山供电局获得安风体系“五钻”评级。“灾前防、灾中守、灾后抢”机制有效运转，沿海地区防风加固项目按时完成，成功抵御了台风“天鸽”“帕卡”“玛娃”连续袭击，第一时间全面恢复灾区供电和对澳门供电，获得各级政府和社会各界的充分肯定。完成党的十九大、博鳌亚洲论坛、广州财富全球论坛等7项特级保供电任务。涉电公共安全隐患排查治理长效机制进一步健全，全年社会人员触电事故事件同比下降71%。成功防范了新型网络病毒勒索等攻击，没有发生二级以上网络安全事件。

（二）瘦身健体提质增效成绩显著

以瘦身健体提质增效为主线，全力增效益、促改革、补短板，积极适应输配电价改革新机制，经营指标总体保持平稳，国资委下达的各项目标任务全面完成。深入开展8个专项行动，取得了实实在在的效果。经营绩效持续提升方面，全面完成8户“僵尸企业”处置和6户特困企业治理，贵州电网公司提前完成扭亏。全民所有制子企业改制全部完成，累计压减法人户数163户。落实降杠杆减负债要求，负债率超80%的企业户数同比减少23户，亏损企业数量和数额分别下降67%、82%。清理低效无效投资15项。“两金”余额232.8亿元，同比降低0.3%。抓好现金流精细化调度，实现资金运作收益25亿元。成功发行15亿美元国际债券。全面落实“营改增”政策，减免税款18亿元。环保风险治理方面，全面完成104项环保风险点整改和9项重大变动项目补充环评，基本化解存量环保风险。信息系统实用化提升与数据质量治理方面，全网四级单位功能应用覆盖率、业务线上办理率、基础数据一致性均达到100%，站线变户一致性99.4%，主网设备账卡物一致性98.7%。结构性缺员治理方面，完成转岗培训7662人次，累计解决结构性缺员1.2万人，基本解决关键专业领域和生产一线关键岗位的缺员问题，总体定员和用工人数同时“负增长”。历史遗留问题清理方面，完成1058家职工持股企业股权清退工作，清退非公股东21万人次、股本60.12亿元。“三供一业”供电设施完成接收或签订协议达96%。妥善解决了松山电厂购售电案等重大法律案件，全年避免或挽回经济损失10.6亿元。审计整改治理方面，开展审计项目1472项，促进增收节支7.35亿元；开展历次内外部审计整改专项治理，收回金额9936.5万元。资产产权证明清理方面，积极解决权属证书缺失问题，公司系统存量未办证房屋、土地数量下降38.2%。清洁能源消纳方面，制定落实公司促进云南水电消纳20条措施，充分发挥大电网资源优化配置平台功能，全年累计增送云南水电277亿kWh，云南水能利用率达到88%，超额完成国家发展改革委下达目标。突破性实施云贵水火发电置换交易，开创了西电东送交易机制新格局，实现多方共赢。精益管理体系初步建立，南方电网公司78家单位达到或超过国内、行业一流水平，38个班站所达到五星标准。开展了班站所7S管理劳动竞赛，收集合理化建议8万余条，现场改善成果5万余项。

（三）各级电网发展持续优化

制定印发南方电网“十三五”智能电网发展规划、28个重要城市保底电网规划，开展更高标准的对港澳供电保障能力建设。滇西北直流双极低端及受端配套工程、鲁西背靠背直流扩建工程、海蓄、深蓄电站首台机组等分别提前或按期投产，海南联网二回等工程按计划推进。17项工程获国家级电力行业优质工程奖。完成新一轮农网改造投资340.6亿元，全面完成7665个小城镇、中心村电网升级改造、4709个机井通电、262个贫困村通动力电任务。提前完成第一批34个边防部队电网建设项目，得到中央军委后勤保障部的充分肯定。全力服务脱贫攻坚，完成电力行业扶贫建设投资188亿元，有效提高贫困地区供电质量，公司供电范围内216个贫困县售电量同比增长12.8%，促进了贫困地区经济社会发展。全力做好

485个帮扶点的帮扶任务，派出扶贫干部502名，直接帮扶3.6万贫困人口脱贫。南方电网公司连续两年获广东“红棉杯”金杯。

（四）客户服务水平有效提升

发布新版供电服务承诺，承诺指标高于国家标准。珠海、深圳、广州和中山供电局连续两年位列全国供电可靠性前四名。第三方客户满意度连续七年稳步提升。落实减少12398投诉十项举措，五省区12398投诉数量退出全国前列。营销创新扎实推进，全网智能电表覆盖率93%，低压集抄覆盖率73%，分别提高12和34个百分点，海南、广州、深圳已实现全覆盖。完成五省区95598省级集中管理，95598座席人员减少27%，越级投诉下降79%。获得国家质检总局专项计量授权证书，网省两级集中式计量自动化系统全面建成。建成公司互联网统一服务平台，注册客户突破1300万。建成网省两级营销监控平台，初步实现对电费、投诉、业扩等营销关键指标的在线监控。业扩报装效率进一步提升，业扩报装时间在完成国家要求压缩1/3的基础上再压缩11%，增加售电量22亿kWh。彻底解决存量用电受限问题，全年没有新增用电受限，保障了五省区353个重大项目的用电需求。加快推进业扩投资界面延伸和客户资产接收，延伸投资82亿元，接收客户资产85亿元。

（五）各项改革积极稳妥推进

实现输配电价改革省级电网全覆盖，有序推进跨省跨区输电价格核定，为全国改革提供了南网经验。省级电力交易中心全部设立。建立健全了市场规则和技术平台，不断丰富交易品种，现货及辅助服务市场建设纳入国家首批试点并正式启动。持续扩大市场化交易规模，全年省内市场化交易电量2680亿kWh，占全网售电量的30.1%。积极推进售电侧改革，组建了22家售电公司，代理交易电量111.2亿kWh，占南方区域总代理电量的10%以上。通过输配电价改革、市场化交易和减税降费，降低实体经济用电成本545亿元。积极参与增量配电改革试点，明确参控股项目17个，占比85%。新接收独立供电区324个。坚持互利合作，广西来宾、云南保山等地方电网改革取得历史性突破。积极推进国企改革，138家子企业公司制改制全面完成。积极推进深圳前海混改试点，已实现供电、竞争性售电、综合能源服务三类业务实体化运作。稳步推进内部体制机制改革，进一步优化了组织架构。完成调峰调频公司改制。“管办分离”的物资和招投标管理新体制基本建立。

（六）公司转型取得新进展

制定涉电竞争性业务发展“两个意见”，竞争性业务公司资产总额增长21.2%，利润总额增长31.7%。各省级电网公司搭建产业投资平台，开展了一批综合能源、“三表集抄”、“四网融合”、电动汽车充电等项目。完成信息科技公司、物资公司、资本控股公司、基金管理公司、融资租赁公司组建，参股英大信托、广州银行，完成“电融通”一期研究开发。财务公司监管评级和行业评价获得双A级，鼎和保险公司荣获保险业方舟奖。越南永新项目总体进度完成90%，老挝南塔河项目总体进度完成94%；境外股权收并购取得突破性进展。境外资产新增93亿元，占比3.9%。与澳门能源办签署了中长期送电补充协议，完成对澳送电第三通道项目可行性研究。

（七）节能减排取得新成效

全力消纳清洁能源，西电东送电量中清洁能源占87%，增加5.3个百分点。节能发电调度减少标煤消耗1766万t，分别减排二氧化碳、二氧化硫4698万t、34.6万t。并网接入风电、光伏等新能源容量640万kW，同比增长30%，风电、光伏发电量消纳比例分别达到97.74%、99.41%。综合线损率6.52%，比计划低0.11个百分点。新建充电站225座、充电桩4992个。完成电能替代项目4232个，新增电量114亿kWh。综合能源公司位列全国节能服务公司百强首位。

（八）科技创新再结新硕果

科技研发投入占营业收入比重1.54%，其中科技项目投入16.5亿元。新增有效专利数3310件，累计10 834件。与国家电网有限公司联合申报的“特高压±800kV直流输电工程”成果荣获国家科技进步奖特等奖，牵头完成的“特大型交直流电网技术创新及其在国家西电东送中的应用”项目获国家科技进步奖二等奖。成功研制世界首台500kV电压等级高温超导限流器工程样机和首台特高压柔直换流阀，建成投运集成可再生能源主动配电网示范工程，成功挂网运行世界首台机械式高压直流断路器，3个国家重大科技项目通过验收。职工“双创”解决生产问题1558个，获专利授权581项，获全国电力职工技术成果奖83项。

（九）党的建设纵深推进

兴起学习宣传贯彻习近平新时代中国特色社会主义思想和党的十九大精神热潮，做到“全过程部署、全覆盖学习、全媒体宣传、全方位贯彻”。认真履行管党治党责任，围绕“增强先进性、纯洁性，增强学习力、执行力”，推行“三个计划、三个平台”，常态化制度化开展“两学一做”学习教育。完成公司和各级子公司党建条款进章程工作。修订公司集体决策议事规则，确保把党组织研究讨论作为董事会、经理层决策重大问题的前置程序。完成二级单位党组改党委工作，实现二级单位党委书记和董事长“一肩挑”，10家分子公司配备了专职副书记。落实党管干部原则，对所属17家单位的领导班子和领导人员进行考核调研，选好干部、配强班子。加大年轻干部选拔培养力度，二级单位班子中有11家配备了45岁以下的班子成员。积极对外讲好南网故事，在中央电视台、人民日报等中央媒体刊发报道265篇次，公司首次入选世界品牌500强，列第299位。持续推进党风廉政建设和反腐败斗争，坚持把纪律和规矩挺在前面，保持惩治腐败的高压态势，发挥巡视利剑作用，运用监督执纪“四种形态”，各级纪检监察机构共受理信访举报423件，处置问题线索978条，立案审查185件，给予党纪政纪处分458人，腐败存量大为减少，腐败增量得到有效遏制。认真抓实中央巡视反馈意见整改，持续深入开展五个专项治理，得到国资委党委巡视整改专项督查组的高度评价。在央企中率先出台产业工人队伍建设实施意见。广泛开展岗位练兵、技术比武活动1082项。全面深化职工小家建设，投入资金1.5亿元，改善2218个基层班站所职工工作生活条件，充分关心离退休干部，落实政治和生活待遇，提升了职工的获得感和归属感。

全系统共有11个单位荣获全国文明单位，103个单位和集体荣获省部级及以上工人先锋号、五一劳动奖状等荣誉，2个劳模工作室荣获“全国示范性劳模和工匠人才创新工作室”称号，34名职工荣获省部级及以上五一劳动奖章等称号，1名职工获“大国工匠”荣誉称号。

二、2018年工作安排

（一）抓实管党治党责任

一是努力学懂弄通做实。二是把政治建设摆在首位。三是加强思想建设。四是加强干部人才队伍建设。五是加强基层组织建设。六是深化党风廉政建设和反腐败斗争。

（二）抓实安全生产基础

一是持续强化责任落实。二是持续强化风险管控。三是持续强化设备管理。四是持续强化防灾减灾。

（三）抓实瘦身健体提质增效

一是确保实现经营目标。二是持续开展专项行动。三是着力抓好风险防控。四是全面推进依法治企。

（四）抓实改革举措落地

一是深化电力体制改革。二是深化国企国资改革。三是深化内部体制机制改革。

（五）提升电网发展质量

一是优化电网发展规划。二是科学安排电网投资投向。三是加快农网改造升级。四是提升电网建设质量。

（六）提升客户服务保障能力

一是全力保障电力供应。二是不断深化营销创新。三是持续提升服务水平。四是服务打赢精准脱贫攻坚战。

（七）提升创新内生动力

一是积极开展科技创新。二是持续深化精益管理。三是打造“双创”升级版。

（八）提升绿色发展水平

一是全力消纳清洁能源。二是全力服务绿色低碳发展。

（九）提升产业发展活力

一是优化业务布局。二是加快“走出去”步伐。

【中国华能集团有限公司2018年工作报告（摘要）】

一、2017年工作回顾

2017年，中国华能未发生较大及以上安全事故，确保了生产、经营、政治和形象安全。全年发电量6608亿kWh；供电煤耗300.11g/kWh，同比下降2.24g/kWh。截至2017年底，境内外全资及控股电厂装机17 182万kW，同比增长3.8%；低碳清洁能源装机比重达到31%，同比提高2个百分点。认真学习宣传贯彻习近平新时代中国特色社会主义思想和党的十九大精神，不断增强“四个意识”，在政治立场、政治方向、政治原则、政治道路上同以习近平同志为核心的党中央保持高度一致，党的路线方针政策和党中央各项决策部署在公司得到全面贯彻落实；党的领导、党的建设持续加强，全面从严治党不断向纵深推进，干部职工队伍总体保持稳定。

（1）安全生产总体保持稳定态势。安全生产基础得到夯实。制定公司安全生产领域改革发展意见实施方案，全面开展“安全生产责任制深化落实年”活动，扎实推进安全生产责任制巡查评估，突出抓好违章整治和隐患排查治理，圆满完成党的十九大等重要时段保电任务，有效应对了台风、洪涝等自然灾害。基建工程连续五年零伤亡。煤炭企业全年实现零伤亡目标，创历史最好水平。设备治理取得新成效。扎实推进“降缺陷、控非停”工作，加强标准化管理，深入开展状态检修。狠抓风电场运行维护管理，“无人值班、少人值守、运维合一”管理模式得到进一步推广。节能减排水平稳步提高。深化优秀两型企业创建，公司综合、煤机、燃机及7个主力机型供电煤耗行业领先。莱芜6号等6台机组获全国能效最优机组荣誉称号。积极推进超低排放改造，超额完成东部地区改造任务。强化环保设备运行管理，保持行业领先。

（2）经营成果好于预期。超额完成国资委年度考核目标。把打好瘦身健体提质增效攻坚战作为经营工作的重中之重，坚持价值创造、考核导向，狠抓提质增效“1+4”方案落实。着力抓好控资产、增效益、补权益、防风险等各项工作。市场营销取得新成效。落实区域公司营销主体责任，争取一切边际贡献为正的发电机会，营销主要指标均实现同比正增长。狠抓电量营销，综合、水电利用小时在可比企业中对标领先。狠抓电价工作，加强行业自律。大力拓展售电业务，开拓有效益的热力市场。成本费用控制有效有力。严控燃料成本在五个发电集团对标最低。

（3）结构调整迈出新步伐。投资管控力度不断加大。制定和完善投资项目管理制度规定，把 EVA 作为投资决策的基本前置条件。明确投资项目和境外项目负面清单。从严从紧控制投资。电源结构调整有序推进。核准水电规模在五个发电集团排名第一；低碳清洁能源装机比重达到 31%；新开工项目全部为低碳清洁能源项目。华能集团首个、亚洲装机容量最大海上风电项目——江苏如东海上风电 30 万 kW 项目投运。糯扎渡工程获堆石坝国际里程碑工程奖，小湾电站获国家优质工程金质奖。协同产业稳步发展。国际化发展扎实推进。巴基斯坦萨希瓦尔煤电项目实现高质量双投，填补了该国四分之一的用电缺口；柬埔寨最大水电工程——桑河二级水电站两台机组投产发电，被誉为柬埔寨的“三峡工程”。

（4）资本资金运作取得重大进展。资本运营成效显著。澜沧江水电在 A 股上市。顺利完成永续债、可转债、定向增发等工作。落实“三去一降一补”要求，提前一年超额完成国资委任务。资金管理更加高效。夯实财务管理基础，加强资金精细化管理，深化“五个百分之百”工作。创新融资模式，综合融资成本行业最低。圆满完成债转股和可再生能源电费补贴证券化工作。加大资金集中统筹，健全应急保障机制，确保了资金接续安全。

（5）改革创新持续深化。全面深化改革扎实推进。落实公司全面深化改革指导意见，健全完善相关配套文件。混合所有制改革稳步开展。深化三项制度改革。加快推进“压减”工作，完成国资委第一年度消减高限目标。“三供一业”分离移交签约率 100%，提前完成国资委年度计划。“处僵治困”成效显著超额完成国资委阶段性任务。适应电力市场化改革，构建三级营销体系。内部管理持续提升。推进创一流工作，制定各领域专项规划。修订“三重一大”事项决策管理制度，制定容错纠错实施办法。建立学台塑方案体系。发挥审计监督作用，信息化建设取得新进展，生产大数据平台开发应用初见成效，移动办公试点运行。科技创新成果丰硕。关键前沿技术研发迈出新步伐，IGCC 机组性能大幅提高，700℃试验验证平台累计运行 1.5 万 h，光伏储能、多能互补集成技术等实现新突破。清能院参与完成的“60 万 kW 超临界循环流化床锅炉技术开发、研制与工程示范”项目获国家科技进步一等奖。“华创空间”一期上线试运行。

二、2018 年工作思路

全面贯彻党的十九大精神，以习近平新时代中国特色社会主义思想为指导，按照党中央统筹推进“五位一体”总体布局和协调推进“四个全面”战略布局的重大部署，认真落实中央经济工作会议、十九届中央纪委二次全会精神，以及中央企业负责人会议要求，坚持党对国有企业的全面领导不动摇，坚持稳中求进工作总基调，坚持新发展理念，以推动高质量发展为根本要求，以深化供给侧结构性改革为主线，以提质增效为中心任务，以加强党的建设为根本保障，统筹推进各项工作，确保全面完成年度四大绩效目标，确保获得国资委考核 A 级，确保实现行业全面领先，加快创建具有全球竞争力的世界一流企业步伐！

三、2018 年重点工作

（1）进一步夯实安全生产基础。

（2）持续巩固拓展提质增效经营成果。

（3）着力加强资本运营工作。

（4）积极推进结构调整。

（5）不断深化企业改革创新。

（6）不断加强党的建设。

【中国大唐集团有限公司 2018 年工作报告(摘要)】

一、2017 年工作回顾

大唐集团资产总额达到 7208 亿元，营业收入达到 1710 亿元，装机规模达到 1.37 亿 kW，全年完成发电量 5169 亿 kWh，净利润 50.81 亿元，资产负债率降至 79.96%，圆满完成国资委下达的年度考核目标任务。

（一）安全生产持续稳定

安全基础更加强化。坚持“防大抓小”，深化“七个加强”，推进班组建设、检修管理，保持安全形势持续平稳。未发生较大及以上事故。2017 年大唐集团 99%的企业安全生产无事故。

环保工作更加强化。大唐集团 102 家发电企业全部按期取得排污许可证。累计完成超低排放机组改造达到 202 台，共计 8441 万 kW，占在役燃煤机组容量的 87.5%，单位发电量二氧化硫、氮氧化物、烟尘、废水排放均同比下降。

圆满完成党的十九大保电任务。大唐集团 1740 万 kW 以上装机承担北京一半以上的供电任务，完成了党的十九大政治保电任务。

（二）经营绩效全面提升

生产运营管理全面加强。深入开展优化运行“达设计值”和能耗对标管理，深化降缺陷、降非停、创金牌行动。供电煤耗完成 305.28g/kWh，同比降低 1.57g/kWh。调电计划完成 105.04%，超计划 198.9 亿 kWh。

燃料、营销防线全面加强。入厂标煤单价低于五大发电集团平均 7.9 元/t。推进深度配煤掺烧，节约燃料成本 47.98 亿元。积极适应新形势大力开拓电力市场，完成发电量 5169 亿 kWh，同比增长 10.91%，煤机利用小时完成 4360h，同比升高 266h。市场电量完成 1390 亿 kWh，占总销售电量 28.54%，同比增长 96.7%。

（三）发展质量创新提高

结构调整更加有力。低风速风电取得突破，多能互补分布式能源加快推进。全年完成核准电源项目 598 万 kW，清洁能源占比 60.67%。全年投产发电容量 844.5 万 kW，清洁能源占比 55.31%。长河坝成功实现一年四投，托克托电厂成为世界最大在役发电厂，临清、八〇三、楼兰项目造价水平达到同期同类型行业最低。

科技支撑更加有力。郓城 630℃超超临界二次再热项目通过评优成为国家电力示范项目。率先示范应用首套国产大型燃机静止变频启动装备等一批重大技术。大型火电机组深度调峰运行优化及控制等一批关键技术研究取得重大进展。科技创新激励机制实现重大突破，颁发年度 500 万元科技奖励基金。科技成果及专利转化、推广应用增收 39.17 亿元，增利 13.14 亿元。“四大中心”二期、燃机数据中心、财务及相关业务一体化等信息化系统建设加快开展。

国际化发展更加有力。基本完成葡萄牙风电项目并购，实现集团公司在发达国家和境外可再生能源领域投资零的突破。印尼米拉务、老挝北本、巴基斯坦卡西姆港等项目推进取得新进展。国际工程承包实现收入 3735 万元，海外技术服务实现收入 9963 万元。

（四）法治管控能力显著增强

集团化管控更加完善。完成总部集中办公改革，成立京津冀、海南、青海、湖北等分子公司和境外代表处。加强“四新”总部建设，成立党组与董事会办公室、企业管理与法律事务部和国际合作部。

（五）全面从严治党深入推进

管党治党更加坚定有力。认真贯彻落实全国国有企业党的建设工作会议精神和“中央企业党建工作落实年”各项部署要求，全面落实管党治党责任。学习宣传贯彻党的十九大精神，巩固党的群众路线教育实践活动和“三严三实”专题教育、“两学一做”学习教育常态化成果，牢固树立“四个意识”，坚定“四个自信”，思想政治建设进一步加强。全面加强党风廉政建设，坚决防止“四风”反弹。

二、2018 年重点工作

（1）确保安全稳定。

（2）坚定不移推进高效率运营。

（3）坚定不移推进高质量发展。

（4）坚定不移推进改革创新。

（5）坚定不移依法从严治企。

（6）坚定不移全面从严治党。

【中国华电集团有限公司 2018 年工作报告（摘要）】

一、关于 2017 年工作

过去的一年，中国华电上下按照公司党组确定的“五个坚持、五个转型”发展思路、“两低一高”发展要求和“2218”发展目标，加快转型发展，狠抓提质增效，深化改革创新，强化安全环保，加强党的建设，各项工作稳步推进，取得了积极成效。全年实现利润 66 亿元，销售收入 2006 亿元；资产负债率 80.8%，同比降低 0.73 个百分点，连续 9 年下降；完成实发电量 5123 亿 kWh，供热量 2.53 亿 GJ；煤炭产量 4466 万 t；核准电源项目 1049 万 kW，投产 557 万 kW，发电装机容量达 1.48 亿 kW，清洁能源装机占 38.6%。

（1）提质增效成绩显著。以提质增效增收节支为主要抓手，着力拓市场、控成本、抓扭亏，稳增长目标如期实现。争取市场电量 1800 亿 kWh，市场电量电价比 2016 年少降 1.62 分/kWh。通过掺配掺烧和优化海运煤节支 22 亿元，三项费用节约 11.9 亿元。统一招标和集中采购节资率达 19.7%。发行公司债、绿色债等共 129.6 亿元。农行 100 亿元债转股项目落地。全年共引入权益资金 67.6 亿元。处置低效无效资产 77 项，回收资金 11 亿元。

（2）转型发展步伐加快。印发实施加快改革创新推动转型发展的一号文件，修订公司“十三五”规划。较早地停建、缓建 12 个煤电项目近 1500 万 kW，关停淘汰煤电机组 147 万 kW，完成关停计划。积极发展水电，金沙江上游水电开发与外送消纳取得重要进展。加快发展天然气发电，核准 652 万 kW，投产 235 万 kW。积极有序发展风光电，投产 130 万 kW。退出煤矿 4 处、产能 99 万 t/年。金融产业管理资产规模达到 5119 亿元。科工产业新签系统外合同额达到 120 亿元。海外在运和在建装机容量达 271 万 kW。

（3）改革创新扎实推进。完成公司制改制，由全民所有制企业改制为国有独资公司。修订党组会、董事会、董事长办公会、总经理办公会议事规则和“三重一大”实施办法。开展售电、金融、监督等体制机制改革。探索研究数字化电厂。试点建设“三合一”信息系统。深入推进全面风险管理体系建设。完成 31 家二级单位法治建设要求进章程。积极配合审计署、监事会做好审计监督。全面启动规章制度体系建设优化。

(4) 瘦身健体成效明显。各项工作均超额完成目标任务。压减存量法人户数108户，基本实现了三级管控。完成12户“僵尸企业”处置。“三供一业”分离移交或签订协议户数达到97%，18家厂办大集体完成注销或分离。对6个困难区域和9户国资委特困企业进行重点督导，2户特困企业提前完成治理任务。

(5) 安全环保总体平稳。以高度的使命感和责任感，扎实做好安全环保各项工作，圆满完成党的十九大、全国“两会”、“一带一路”峰会、厦门“金砖会晤”等重大活动和重要时段的保电和空气质量保障工作。大力推进本质安全型企业建设。东部地区煤电机组已全部实现超低排放，火电企业全面完成排污许可证申领。

(6) 党的建设进一步加强。深入学习宣贯党的十九大精神，切实在学懂弄通做实上下功夫，在公司系统迅速掀起学习宣贯十九大精神热潮。层层落实“两个责任”，深入开展“四项治理”“一个清理”集中整治。积极履行社会责任，树立“中国华电”良好品牌形象。积极开展定点扶贫和“救急难”扶贫工作，扎实做好对口支援新疆喀什、青海都兰和“央企入藏”等工作，较好体现了中央企业责任担当。

在看到成绩的同时，我们也要清醒地认识到工作中存在的困难和问题，一是提质增效任重道远，二是改革发展力度仍需加大，三是安全基础还不牢固，四是依法治企能力有待提升。针对以上这些困难和问题，我们必须高度重视，采取有力措施，切实加以解决。

二、关于2018年工作

2018年工作的总体要求是：深入学习贯彻党的十九大精神和中央经济工作会议精神以及中央企业、地方国资委负责人会议精神，坚持以习近平新时代中国特色社会主义思想为指导，坚持和加强党的全面领导，坚持稳中求进工作总基调、集中调整，坚持新发展理念，推动高质量发展，以建设具有全球竞争力的世界一流能源企业为引领，以深化供给侧结构性改革为主线，以改革创新为动力，推进混合所有制改革，继续按照“五个坚持、五个转型”发展思路、“两低一高”发展要求和“2218”发展目标，着力在发展提质、经营提效、改革提速和国际化水平提升上下功夫，确保全面完成年度各项目标任务，为建设具有全球竞争力的世界一流能源企业奠定坚实基础。

主要目标是：

——安全目标：确保不发生较大及以上安全事故，确保实现全年事故起数和伤亡人数“双下降”目标；确保不发生对公司形象稳定造成不利影响的事件，确保不发生政治、经济、环保安全事件。

——经营目标：利润总额超额完成国资委考核目标，努力同比增长超过10%；资产负债率降到80%以下；自发电量完成5309亿kWh，同比增长3.86%；煤炭产量4650万t。

——发展目标：核准电源项目320万kW，开工电源项目1321万kW，投产电源项目1012万kW；投产煤矿450万t/年。

——节能减排目标：二氧化硫、氮氧化物实时排放绩效分别完成0.18g/kWh、0.20g/kWh，同比均降低9%以上。

【国家能源投资集团有限责任公司2018年工作报告(摘要)】

一、2017年工作回顾

一是党的建设全面加强，企业政治生态持续净化。深入学习贯彻宣传党的十九大精神，举办15期专题培训班，成立50个宣讲团，坚持“六聚焦”“五到位”“五个全覆盖”，深入基层企业、厂矿、车间宣讲十九大精神，全集团掀起了宣传贯彻十九大热潮，有关做法在国资委党委组织的中央企业学习会上进行了交流。二是深化供给侧结构性改革，积极推进清洁发展，积极响应“一带一路”建设，主动参与雄安新区建设，推动集团战略布局优化和结构调整。三是全力抓好安全生产和节能环保工作，安全环保指标继续保持国内领先、世界先进水平。贯彻落实《中共中央国务院关于推进安全生产领域改革发展的意见》，按照“党政同责、一岗双责、齐抓共管、失职追责”原则，扎实推进风险预控体系和安全生产标准化建设，深入开展安全环保大检查和安全环保管理审计，集团安全环保生产形势总体保持稳定。四是公司改革不断深化，企业内生动力进一步增强。探索股权激励方式，完善多元化激励手段，在市场化程度较高的科技型企业开展职业经理人选聘试点。优化激励分配机制，实施工资薪酬与业绩考核直接挂钩，打破管理人员能上能下、员工能进能出、收入能增能减坚冰。企业层级“压减”和“三供一业”分离移交深入推进，管理层级全面压缩至四级以内，全面完成年度“三供一业”分离移交。处僵治困工作取得新成效，低效无效资产稳妥处置。五是全力打好提质增效攻坚战，生产经营绩效得到全面提升。强化对标指引，加强成本管控，管理运营效率效益进一步提高。积极释放煤炭先进产能。六是积极履行社会责任，创建和谐企业。扎实开展精准扶贫工作，出资6亿元参与设立中央企业扶贫产业投资基金。积极参与榆林市子洲、绥德两县城区抗洪抢险工作，帮助灾民渡过难关，受到当地政府和社会高度评价。

二、2018 年工作安排

国家能源集团 2018 年经营工作总体目标是：确保国资委考核 A 级，确保行业领先，确保不发生影响集团公司形象的安全、环保、违法、廉政和稳定事件。效益方面，全面提升经营绩效水平。发展方面，坚持高质量发展目标，抓好布局调整优化，培育竞争新优势。

2018 年重点工作：一是全面深化企业改革，加快整合融合。完成重组整合顶层设计，稳步推进资本资产整合，加快推进管理整合，深化市场化改革，深化依法治企，强化内部监督。二是全面加强战略布局调整，提升发展质量。加强投资管控，优化战略布局，积极稳妥“走出去”。三是全面加强运营管理，提升经营质量。推进煤电化运一体化运作、产运销一体化经营，进一步提升经营质量和绩效水平。巩固扩大煤炭产业全球领先地位，保持电力生产运营行业领先水平，推进各产业板块提质增效，增强产业协同创效能力。四是全面加强安全环保工作，夯实运营基础。严格落实安全责任，强化安全管理基础，加强重点领域安全工作。五是全面加强科技创新，提升企业核心竞争力。大力实施创新驱动战略，服务国家能源强国建设，为推进世界能源技术革命做出新贡献。创新科研体制机制，加强科技人才引进培养。成立集团科学技术委员会、战略科学家委员会，设立院士园。抓好重点项目研究开发，超前部署一批重大关键技术。六是全面加强党的领导，构建和谐企业。坚持党对企业一切工作的领导，严格落实“两个责任”，认真履行“一岗双责”，深入开展党风廉政建设和反腐败工作，推动全面从严治党落实落地。坚持以党的建设引领和推动企业文化建设，积极履行责任，建设和谐企业。

【国家电力投资集团有限公司 2018 年工作报告（摘要）】

时代新卷，奋进作答。2017 年，国家电力投资集团有限公司走过发展改革的“突破提升年”，重组后第一个 3 年至此圆满收官，为新时代呈上了一份不凡答卷。过去 3 年，企业改革不断深化、产业结构持续升级、核心竞争力大幅提升，企业活力有效释放，综合实力显著增强。国家电投改革发展取得重大成就，形成了弯道超车的强劲势头。

一个崭新的国家电投正走向成熟，一个奋斗的国家电投正创造未来。站在新起点，国家电投在国家发展大局和能源发展大势中找准定位，勾画了建设世界一流清洁能源集团的新蓝图。14 万国家电投人接续奋斗，迈上了伟大时代的新征程。

一、成就非凡造就弯道超车良好态势

营业收入 2029 亿元，连续 3 年实现利润、净利润稳居五大发电集团前两位。电力总装机规模达 1.26 亿 kW，资产总额达 10 012 亿元，跨入万亿资产央企行列，世界五百强排名提升 35 位。资产负债率下降 0.89 个百分点，实现国务院国资委控制目标。2017 年，国家电投以逆势提升的经营业绩展现了改革发展的不凡成就。

稳中有进，进中提质，国家电投始终以发展质量和效益的同步提升为目标，各项改革任务全面深化，实现了发展质量提高、运行效率提升、发展动力常新。

（1）产业和资本结构不断优化，发展质量显著提高。

2017 年，国家电投坚持以清洁能源开发和综合能源服务为主导，清洁能源装机占比增至 45.14%，装机总量跃居五大发电集团首位。全年清洁能源投资占比达 90%，新增电力装机容量 1200 万 kW，新能源项目储备 1000 万 kW，连续 3 年保持行业第一。光伏发电总装机容量突破千万千瓦，稳固保持全球最大的光伏发电企业地位。加快综合智慧能源项目布局落地，积极培育新业务新业态。

为进一步优化资本结构和成本，国家电投全年累计引入债转股权益资金 155 亿元。债券发行在渠道、品种和成本方面取得新突破。发行中长期低成本公司债 150 亿元。作为首日试点发行人，成功发行 10 亿元“债券通”信用债，并首次跨境锁汇低成本融资 50 亿港元。资本质量稳步夯实。

（2）全面深化改革成效卓著，运行效率有效提升。

一年来，国家电投深化供给侧结构性改革，大力开展瘦身健体、提质增效。全年关停落后煤电机组 51 万 kW，化解煤炭过剩产能 150 万 t。完成 21 户企业处僵治困，累计分流安置 2633 人。完成 38 个“三供一业”项目分离移交。压减法人户数 116 户，占全部压减目标的 68%。三项制度改革各项试点工作进展积极，企业内部活力充分盘活。

建设并完善中国特色现代国有企业制度，把加强党的领导和完善公司治理统一起来。按照国务院国资委统一部署，国家电投完成集团层面公司制改制。法治央企建设工作走在央企前列，全面推开内控合规体系建设，成立大数据中心，重组信息技术公司，信息管理基础夯实。建成新能源生产运营中心 28 个、水电集控中心 8 个。集约化采购凸显价值创造能力，火电、风电、光伏产业造价五大集团最低。国家电投在行业中率先建立国有资本投资公司架构，锤炼了高效强健的发展机体。

（3）创新驱动，放眼全球，可持续发展动力常新。

两项国家科技重大专项进展积极，创新驱动能力日渐增强。三门、海阳两个1号机组具备装料条件，CAP1400完成型号研发和施工图设计，示范工程具备开工条件，新一代反应堆数字化保护系统平台NuPAC通过中美两国行政许可。重燃专项先后完成30万kW F级、40万kW G/H级和1600℃重型燃机概念设计。牵头组建核电材料产业发展联盟、光伏发电产业技术创新战略联盟，筹建重燃产业创新联盟。高效太阳能电池技术，小堆、海上核动力平台、熔盐堆等前沿技术，630℃二次再热燃煤发电、火电超临界二氧化碳循环发电等技术研究取得重要进展。

发展空间开拓延伸，国际化经营取得新突破。国家电投以最低溢价中标巴西圣西芒水电站30年特许经营权并完成交割。

推进巴基斯坦卡拉奇电力公司交割和缅甸伊江水电项目重启。组建香港财资中心，初步形成全球统一资金池，打造服务跨国经营的金融体系。国家电投境外业务已涵盖41个国家（地区），境外资产总规模700亿元人民币，在运电力装机容量达301.5万kW，在建及储备项目1150万kW。

在稳健发展中巩固扩大差异化竞争优势，在突破提升中取得关键问题实质性突破。国家电投的可持续发展能力显著增强，形成了弯道超车的良好态势，为迈向世界一流积淀了深厚基础。

二、质量引领开启世界一流新征程

思想应时代需要而发展，实践以破解难题为导向。国家电投2018年工作会议科学分析敏锐判断了新时代企业发展的新形势，将企业发展调整到新时代、新常态、新阶段的要求上，初步明确了新时期企业战略定位，勾画了建设世界一流清洁能源集团的新蓝图。

进入新时代，国家电投将以习近平新时代中国特色社会主义思想为指导，以高质量、可持续发展为导向，以先进能源技术创新为驱动，以清洁能源开发和综合能源服务为主导，以推进国际化发展和打造国际化品牌为牵引，以建设中国特色现代国有企业制度为保证，打造具有全球竞争力的世界一流清洁能源集团，成为建设社会主义现代化强国一支不可替代的力量。

把握新时代企业发展的关键性问题，开启高质量发展和世界一流的全新征程，国家电投提出“坚持创新、注重协调、践行绿色、厚植开放、推进共享”的根本遵循，明确“牢牢把握稳中求进的总基调；牢牢把握高质量发展的根本要求；牢牢把握清洁、低碳、安全、高效发展的战略方向；牢牢把握提升核心竞争力的工作主线；牢牢把握通过深化改革营造激发活力、鼓励创业的制度环境”。向主业更加突出、技术更加领先、管理更加先进、绩效更加优秀、全球资源配置能力更强的世界一流企业迈进。

（1）把握高质量和可持续发展导向，巩固扩大结构优势。

继续深度调整产业结构，坚持清洁能源开发的主攻方向，进一步扩大清洁低碳的结构优势，一体化产业链的协同优势，发挥好煤电大机组比重高的基础优势。将综合能源服务作为另一主攻方向，充分发挥企业多能运营和电站服务业优势，从发电为主向发、配、售、用、储全产业链延伸，向提供解决方案和增值服务的高端价值链延伸。把国际市场作为发展的“第二战场”，以全球视野和格局配置资源，着力培育跨国经营管理能力，着力提升品牌国际影响力。

使国家电投成为在国际资源配置中占主导地位、引领全球行业技术发展、在全球产业发展中具有话语权和影响力的领军企业。

（2）发挥先进能源技术创新驱动作用，抢占能源技术革命制高点。

实行差异化竞争战略，巩固和加强CAP三代核电、光伏发电、海上风电等高端技术领先优势。履行好国家使命，实施好两个国家级重大专项，向全球价值链高端迈进，提升国际话语权。打造核电、重型燃机、光伏发电和电站服务业高端品牌，夯实和提升公司核心竞争力。积极研发规模化储能、智慧能源、多能互补集成、新能源开发利用、分布式能源、多用途小堆等前沿技术，抢占科技创新制高点。

（3）以建设中国特色现代国有企业制度为保证，全面深化改革。

坚持建设国有资本投资公司和市场化经营机制改革的方向，开展混合所有制改革试点，继续推进供给侧结构性改革，推进资产证券化和债转股。坚持依法治企，打造法治央企。把党的领导融入公司治理各环节，把党的建设融入改革发展全过程。把打好三大攻坚战作为重要政治任务，坚决走在前列、争当表率。以改革各项举措的落实落地，推动企业在关键改革领域取得新突破。

壮阔蓝图凝聚人心，苦干实干开启未来。迈进新时代，国家电投已站在新的更高的起点上，将在建设创新型国家中有担当，在建设美丽中国中有作为，在壮大国家经济实力中有贡献，在全球能源版图中有地位。国家电投人将永怀产业报国之志，永葆艰苦奋斗精神，全面开启高质量发展和建设具有全球竞争力的世界一流能源企业新征程，为决胜全面建成小康社会、建设社会主义现代化强国作出新的更大贡献。

【中国长江三峡集团有限公司2018年工作报告（摘要）】

一、2017年工作回顾

2017年，中国三峡集团高举习近平新时代中国特色社会主义思想伟大旗帜，深入学习贯彻党的十九大精神，认真贯彻落实党中央、国务院决策部署和国资委工作要求，坚持稳中求进工作总基调，坚持新发展理念，以供给侧结构性改革为主线，有效应对各种困难和挑战，全面推进改革发展党建各项工作，全力打好瘦身健体提质增效攻坚战，全面超额完成年度生产经营目标任务，为国民经济稳增长、促改革、调结构、惠民生、防风险做出了新贡献。

国内重点工程建设取得新成果。白鹤滩水电站通过国家核准，中国三峡集团迈上同时建设乌东德、白鹤滩两座千万千瓦级巨型水电站的新台阶。乌东德水电站实现向大规模混凝土浇筑和机组埋件安装转序，主要控制性专项工程和部分移民安置点启动建设，主要机电设备完成招标采购并进入设计制造阶段。

长江流域梯级枢纽安全稳定运行再创新纪录。中国三峡集团正式成为长江防总成员单位，流域枢纽运行管理局正式运行，初步建立流域枢纽运行管理新体制。三峡水库连续 8 年实现 175m 试验性蓄水目标，创造用时最短、完成时间最早新纪录。三峡船闸年通过货运量 1.3 亿 t，再创新高；三峡升船机专项验收工作基本结束。流域梯级电站全年发电量首次突破 2100 亿 kWh，三峡电站年发电量 976 亿 kWh，历年累计发电突破 1 万亿 kWh。

国内新能源业务取得新成绩。全年新增装机容量 82 万 kW，新增核准（备案）338 万 kW，全年发电量同比增长 30.1%，实现规模、质量和效益同步提升。全面推进海上风电引领者战略，基本形成集中连片规模开发格局。福建漳浦六鳌、长乐外海两个百万千瓦级海上风电工程建设准备工作正式启动，实现中国百万千瓦海上风电场开发零的突破。

国际化经营管理再上新台阶。紧跟“一带一路”倡议，在党和国家领导人见证下签署一批重要合作协议。完善国际业务管理体系，完成境外重要区域公司实体化建设，国际化经营管理水平不断提升。全年境外发电量 380 亿 kWh，同比增长 50%。

区域综合能源业务谱写新篇章。清江梯级电站成功应对特大秋汛，年发电量首次突破百亿千瓦时。湖北江坪河水电站转入施工高峰期。湖北鄂州电厂二期工程完成超低排放改造，三期工程基本具备并网发电条件。湖北东湖燃机项目全部投产发电，辽宁营口燃机项目通过核准。

共抓长江大保护工作全面启动。成立共抓长江大保护工作领导小组，蹄疾步稳推进各项工作。中国三峡集团正式列席推动长江经济带发展领导小组办公室会议。成立中国长江生态环保集团有限公司筹备组并制定组建方案，完成湖北、湖南、江西、安徽四省对接调研，提出先行先试推进方案，基本明确首批示范项目。研究制订中国长江绿色发展投资基金设立方案，基本明确设立、运作及管理思路。

资本投资业务实现新发展。三峡资本完成增资扩股和基金管理平台搭建。加强资金集中管理，整合三峡财务与湖北能源财务公司。长江电力增持一批具有战略协同效益的股权市值持续增长，进一步巩固了大蓝筹市场地位和行业地位。

重大改革举措逐步落地实施。完成改革发展课题研究，明确了服务国家“六大战略”、打造“六大平台”、发挥“六大作用”、妥善处理“三大关系”、完成“三大转变”、实现“三大引领”、向水、电“两端延伸”的发展思路。

学习宣传贯彻习近平新时代中国特色社会主义思想和党的十九大精神掀起热潮。公司党组开展多次专题研讨，党组成员深入基层讲党课，发挥了示范带头作用。全面开展学习贯彻党的十九大精神干部轮训，增强了理论武装实效。综合运用“三会一课”、网络培训、主题党日等形式，实现基层党组织学习贯彻全覆盖。发挥网站报刊、“两微一端”的舆论主阵地作用，营造了浓厚学习氛围。

党建工作成果丰硕。全面完成党建工作要求进公司章程工作，全面修订所属单位“三重一大”决策制度和党委议事规则，在 10 家单位推行党委书记、董事长（执行董事）“一肩挑”。扎实推进“两学一做”学习教育常态化制度化，创新党建工作方式方法，加强和规范境外党建工作，得到中组部干部五局、国资委党建局的充分肯定。

反腐败压倒性态势形成并巩固发展。驰而不息落实中央八项规定精神，持续推进作风建设专项治理常态化。深化政治巡视，实现对二级单位和总部机关巡视全覆盖，对 3 家单位开展“回头看”，巡视利剑作用充分彰显。强化对选人用人、合同管理、兼并重组、招标采购等重点领域和关键环节的监督，深化海外业务廉洁风险防控，营造了风清气正的干事创业环境。

履行社会责任持续加强。深入开展定点扶贫、精准扶贫、移民后扶、对口支援、援疆援藏等工作，全年对外捐赠 14 亿元。拓展云南、四川两省少数民族脱贫攻坚帮扶工作的深度和广度，得到中央领导同志充分肯定以及两省各级党委政府和人民群众高度赞扬。

二、2018 年重点工作

（一）坚持质量第一、效益优先，推动中国三峡集团实现高质量发展

坚决打好瘦身健体提质增效攻坚战，全面落实稳增长、抓改革、增效益各项措施，努力实现更高质量、更有效率、更可持续的发展。

（二）坚持精益求精、严抓细管，推动世界一流精品工程建设取得实效

坚持“双零”目标，打造世界一流精品工程，精心组织乌东德、白鹤滩水电站建设和移民工作，统筹推进国内其他重点项目建设，为建设质量强国和制造强国贡献力量。

（三）坚持精益运行、联合调度，推动流域梯级枢纽挖潜增效

精心组织三峡工程运行管理，持续提升流域梯级枢纽综合效益，不断加强市场营销工作，稳步拓展配售电业务，积极实施联合调度，实现流域梯级枢纽综合效益最大化，更好地服务长江经济带发展。

（四）坚持生态优先、绿色发展，推动共抓长江大保护举措落地见效

积极践行新发展理念，将优势资源进一步聚焦到长江大保护工作上来，成立中国长江生态环保集团有限公司，打造项目实施平台；发起设立中国长江绿色发展投资基金，搭建资金投入平台；组建生态环境国家工程研究中心，搭建技术支撑平台；积极探索共抓长江大保护可持续的市场化运行模式，推动建立各方共同参与的共抓长江大保护工作格局。

（五）坚持优化布局、创新发展，推动国内新能源业务提质增效

坚持自建和并购两条腿走路，全面推进海上风电开发，积极有序发展陆上风电和光伏业务，加快建设“风光三峡”。

（六）坚持深耕细作、强化管理，推动国际化经营行稳致远

按照“认真总结、冷静分析、把握节奏、有序开展”的原则，既要深耕国际“三大市场”，又要深入研究新形势下国际业务发展战略和其他国别市场，推动国际业务稳健发展。

（七）坚持围绕主业、服务战略，推动资本投资业务持续健康发展

始终把服务清洁能源主业作为出发点和落脚点，稳步拓展资本投资业务，积极贡献投资收益。一要优化资本投资业务布局。二要优质高效开展金融服务。

（八）坚持集约高效、精细规范，推动企业管理水平不断提升

对标世界一流企业，加大管理创新力度，推动企业管理向集约高效转型，努力向管理要效益。不断提升经营管理水平，全面推进依法治企。

（九）坚持预防为主、综合治理，推动质量安全工作再上新台阶

牢固树立安全发展理念，全面实施质量强企战略，坚决防范和遏制重特大生产安全事故，杜绝质量隐患，打造安全生产典范和行业质量标杆。

（十）坚持不忘初心、牢记使命，推动新时代党的建设总要求全面落实

坚持和加强党的全面领导，坚定不移全面从严治党，深入开展“中央企业党建质量提升年”活动，不断把党的政治优势、组织优势转化为发展优势和市场竞争优势。

【中国电力建设集团有限公司 2018 年工作报告(摘要)】

2017 年是党的十九大胜利召开之年和供给侧结构性改革深化之年，也是中国电建实施“十三五”规划、落实“12358”发展方针的重要一年。中国电建综合实力进一步提升，位列 2017 年世界 500 强企业第 190 位、中国企业 500 强第 42 位，在 ENR 全球工程设计企业 150 强中排名第 2 位、全球工程承包商 250 强中排名第 5 名。股份公司荣获第七届中国证券金紫荆“最佳上市公司”奖，孙洪水总经理荣获“最佳上市公司 CEO 奖”；董事会荣获中国上市公司口碑榜“最佳董事会奖”，股票被纳入 A 股“上证 50”指数。

（一）稳增长任务全面完成

全年完成营业收入 3550 亿元，同比增长 9.36％；实现利润总额 130.03 亿元，同比增长 7.04％；新签合同 5718 亿元，同比增长 11.7％；实现经济增加值 50.49 亿元；全员劳动生产率达到 190.8 万元/人年，同比增长 10.4％。年末资产负债率 79.87％，较年初下降 1.52 个百分点；资产总额达到 7098.67 亿元，同比增长 17.83％；合同存量 11 250 亿元，同比增长 16.5％。

（二）结构调整步伐加快

一是营销履约成果进一步显现。围绕三大核心主业，积极主动与广西、内蒙古、西藏、西安等 10 个市场潜力巨大的省（区、市）和华电、诚通、国新等 8 家产业链关联大型产学研机构建立了战略合作关系；积极参与各级地方政府产业对接、项目推介活动和“一带一路”国际合作高峰论坛、“世界水电大会”等行业高峰会议论坛，持续拓展市场空间。公司主动服务国家战略，积极参与“一带一路”倡议、雄安新区建设、军民融合发展和新城镇化、京津冀协同发展、长江经济带发展战略，在水利电力、轨道交通、高速公路等多个业务领域中标一系列“大单”，特别是深圳地铁 12 号线的中标创公司有史以来单项合同承包额最大的一个项目。白鹤滩、杨房沟、乌东德水电站、巴基斯坦卡西姆燃煤电站、中老铁路、科特迪瓦苏布雷水电站、赞比亚下凯富峡水电站、深圳茅洲河综合治理项目、池州骨料项目等重点大型特大型项目进展顺利。

二是电力能源业务进一步巩固。2017 年，新签国内外水利电力合同 2860 亿元，国内成功中标签约辽

宁清原抽水蓄能电站、木里河固增水电站、丰宁抽水蓄能电站机电安装项目等一批重大项目。

三是国内基础设施业务进一步壮大。基础设施业务全年新签合同1792亿元，同比增长36.3%；完成营业收入1150亿元，同比增长20.2%。先后中标了成都地铁18号线、深圳地铁12号线、云南红河州高速公路、蒙自市地下管廊、新疆第十师北屯市公路、郑州航空港经济综合试验区城市基础设施等一批代表性项目。已实施的67个BT项目进展顺利。

四是水资源与环境业务进一步发展。全年新签水资源与环境业务合同超过300亿元。在顺利规划实施深圳茅洲河治理项目的基础上，中标光明新区、东莞市管网河道工程，探索推动全流域水环境整治。中标成都李家岩水库、安徽阜阳城区水系统综合整治、河南郑州贾鲁河综合治理PPP项目及其他省市中小型项目。

五是投资业务进一步稳健。2017年投资总额1234亿元，投资计划完成率102.8%；年末控股运营总装机容量达到1368万kW，其中水电625万kW、风电418万kW、火电227万kW、光伏98万kW。固定资产及经营性投资实现总收入387亿元，同比增长52.28%，实现利润21亿元，同比增长15%。同时，通过投资特别是小比例股权投资，累计拉动施工总承包业务收入981.57亿元，同比增长22.86%，有力推动了市场营销、调整转型、提质增效和业绩积累、资质获取。房地产业务严格贯彻中央提出的“房住非炒”政策，不断加大土地筹备、加强项目管理、加速库存去化，全年累计签约销售298亿元，为年度预算的135.4%；实现利润15亿元，为年度预算的111.12%，销售额名列2017年全国房地产公司100强第55位；累计实现去化率77.5%，经营质量稳步提升。

（三）全球化战略有力执行

一是国际业务管理体系更加完善。召开国际业务工作会议，系统总结了海外经营发展所取得的成绩和经验，分析了面临形势和存在问题，部署了重点工作，国际经营发展“三步走”战略规划、“五个统一”管控原则深入人心。2017年，海外项目履约总体良好，质量、安全和环保等均符合有关标准和合同条款。

二是国际市场开拓能力有效提升。在109个国家设立了330个驻外机构，在“一带一路”42个国家设有150个驻外机构。2017年，实际新签国际业务合同2331.68亿元，同比增长15.24%，比同期行业增速高出6.54个百分点；完成营业收入875.24亿元，同比增长13.03%，比同期行业增速高约7.23个百分点。年末执行项目合同2586份，合同总金额8499.37亿元。

三是国际业务经营模式不断优化。在巴基斯坦卡西姆燃煤电站项目开发营销中，创造性实现了中国设计、技术、设备、标准和部分国外高端资本、资源的有效整合，实现了中国要素和国际要素的良好协同，保证了项目经济可行、顺利实施及首台机组提前交付，成为“中巴经济走廊”上的中国亮点和中资企业开展国际合作的范例。

（四）改革不断深入推进

一是“十三五”规划逐步落地。编制了中国电建总体战略和“十三五”规划、12项业务规划、17项职能规划，子企业规划基本编报完成，形成统筹协调、相互衔接、互为支撑的战略规划体系，中国电建及子企业的战略定位和发展思路更加明确清晰。

二是改革任务有序推进。积极推进内部金融分业发展，电建财务公司、电建基金公司有序运营，经纪保险业务积极推进。电力勘测设计、电力工程建设和装备制造板块全民所有制企业公司制改建工作有力推进，按照“重组上市”标准圆满完成。推动4组8家子企业实现内部重组整合，公司子企业户数减至73家。“僵尸企业”和特困企业专项治理工作卓有成效，累计压减法人机构148家，142户厂办大集体企业改革方案已批复96.5%，完成率为57%；358家需清理规范的关联企业和自然人的改革方案已批复86.3%，完成率为56.1%，相关阶段性目标任务顺利实现。

三是经营管理亮点突出。96%以上的新开工施工项目纳入PRP项目管理系统运行，管理系统被中国电力企业联合会授予“中国电力创新奖一等奖”。研究编制了水电工程设计采购施工总承包项目招标和合同文件范本，进一步理顺了行业EPC商业模式履约规则。搭建了“一库一平台”，公共资源交易系统平台荣获中国质量认证中心三星级证书。

四是财务资金管理富有成效。完成了年度非公开发行股票工作，成功募集资金120亿元，拓展了多元化融资方式和渠道。累计向35家子企业注入资本金139.26亿元。

五是法律合规与风险内控管理不断强化。公司层面关注和督导的59个重大经营风险项目管控处置取得阶段性成效。认真开展国家审计署、国有重点大型企业监事会对公司审计意见和指出的整改。针对过往审计整改及巡视整改落实情况开展后续审计，强化管控和风险提示。围绕重大项目和经营薄弱环节开展效能监察和专项治理，管理漏洞得到有效堵塞。

（五）创新驱动有效实施

一是科技创新取得新进展。举办了创新型企业建设研讨会和科技创新管理培训班。2017年，获得国家科技进步一等奖1项、二等奖1项；获得授权专利

2048 项，291 项科技成果获得省部级科学技术奖。全球可再生能源储量评估、前景分析与规划平台入选世界互联网发展年度十佳实践案例，中央企业唯此一家。

二是产品创新实现新突破。高端装备制造的培育打造步伐持续加快，中标了国家电网 1000kV 苏通廊道通风防灾系统，成功进入了船用烟气脱硫装置市场和综合能源管理市场。装备业务板块以全球供应链为抓手，打造以 TLT 公司为龙头的全球风机品牌，完成了目前国内最大的汽车风洞项目（中国汽车研究院重庆项目）建设。参股投资的中国自主研制的国内最大直径敞开式硬岩掘进机（TBM）“彩云号”成功下线。

（六）安全生产可控好转

一是安全生产和环境职业健康管理稳定向好。严格落实领导人员任期安全生产责任制和安全生产“一票否决”制，强化党政主要领导“安全第一责任人”的责任。针对铁路、房地产、国际业务等出台了专项安全生产标准化评价标准，推动平台和投资运营企业开展安全管理标准化建设。全年共计发现和整改问题近十二万项，有效保障了安全生产稳定向好局面。严格落实职业健康、环境保护、节能减排工作全环节、全员参与、全过程管控，圆满完成了年度节能环保指标及目标。二是质量品牌和资质管理成果丰硕。2016—2017 年公司获得 57 个国家级优质工程荣誉表彰，其中国优金质奖 16 个、鲁班奖 9 个、国优奖 32 个。资质体系中全年新增 10 个市政、建筑、水利水电、电力特级资质，水电八局升级为全国为数不多的“三特”企业，多家设计院取得施工总承包一级资质。

（七）公司党的建设进一步加强

一是深入学习贯彻党的十九大精神。制定并认真落实学习贯彻十九大精神的实施意见，深入学习贯彻习近平新时代中国特色社会主义思想。二是党建重点任务全面完成。党建工作总体要求纳入公司章程、规范“三重一大”决策事项、修订公司党委议事规则等一系列重点任务落地。三是“两学一做”实现常态化长效化。实施《“两学一做”学习教育常态化制度化的具体方案》，加强各层级党员干部培训、轮训，抓好带头人队伍和执行人队伍专题学习。四是党的组织建设水平进一步提升。进一步规范了子企业党组织的建立与按期换届，实现党的组织和党的工作全覆盖。形成主体明晰、责任明确、有机衔接的党建工作机制；加强对境外党建和项目党建工作的统筹管理；严肃党内政治生活，严格落实“三会一课”制度，建立起党员队伍基本信息档案库。五是企业领导人员队伍建设得到进一步加强。持续加强企业领导人员政治素质和能力培养，优化班子结构功能，深化日常管理监督。六是党风廉政建设与反腐败工作成效显著。公司纪委全年开展约谈子企业党政负责人、纪委书记；两级纪委立案审查工作；推进政治巡视，公司党委全年巡视 35 家子企业，圆满完成巡视全覆盖目标。七是群团组织桥梁纽带作用有效发挥。进一步强化工会组织建设，完成公司工会换届选举工作；创新多种方式推动职工队伍技能素质提升、丰富企业文化生活、加强困难帮扶、强化青年理想信念教育，全方位营造关爱职工的和谐氛围。

【中国能源建设集团有限公司 2018 年工作报告（摘要）】

（一）狠抓市场转型，促进高质量发展。一是开拓转型思路，抢抓大市场机遇。在市场转型中找准定位、持续发力，提高签约质量，优化签约结构，提高签约份额。巩固传统市场、开发新兴市场、深挖细分市场，保证新老业务平稳过渡，防止经营形势剧烈波动，促进主营业务持续健康发展。二是再造核心能力，开拓大建筑格局。坚持高端营销切入、战略合作引领、规划设计先行，广揽精选项目信息，积极抢抓国内市场机遇，大力提升国际非电业务市场竞争力。坚定不移巩固传统市场，担当全球电力建设的领跑者。更有效地发挥电力建设全产业链优势，切实将其转化为在全球电力建设市场的竞争优势，夺取更多国际电力市场份额。

（二）狠抓国际业务，促进高质量发展。一是落实国际优先部署要求。指导所属企业积极推动落实优先发展的各项政策、措施，对重点企业重点督导、重点检查，引导企业积极、有序开展国际业务，激发企业踊跃开展国际经营的活力。二是完善国际经营格局。加强海外机构分类管理，积极探索“共建共享”等提升海外机构功能和效率的新办法。抢抓“一带一路”建设以及国际产能合作、周边基础设施互联互通、能源和产业园区合作等战略机遇，做深做专重点国别市场，探索灵活多样的“走出去”方式。三是推动重点项目落地生效。加强重点大型国际项目生效管理，加快签约向营收转化。发挥公司高端平台作用，加强与政府主管部门、金融机构、业主的沟通联系，加快重点项目签约并早日生效实施。

（三）狠抓从严治企，促进高质量发展。一是明确目标落实责任。发挥计划管理和预算管理的“指挥棒”作用，科学确定全年计划和预算安排，层层分解目标、落实责任、落实措施、落实奖惩，加强经济活动分析，提高计划和预算执行的前瞻性、主动性和均衡性。二是深挖潜力降本增效。加大成本压控力度，一以贯之管好成本账、练好成本功。三是加强“两金”管控。坚决遏制“两金”快速增长势头，更严格更精细地实施“两金”源头控制、过程管理和考核奖惩，积极采取各种有效方式压控“两金”，确保“两金”增速低于收入增速，力争实现“两金”规模零增长。四是加强项目管理。规范推行项目经理负责制，夯实项目管理基础，加强项目督导检查，确保项目管理各项要求全面执行到位、监督到位、考核奖惩到位。五是加强质量创优。保持企业质量优势，不断加强全面质量管理，推进质量法规制度落地生根，使中国能建成为高质量创造、高质量发展的典范。六是加强集采管理。着力打造集中统一、高效透明、共享共赢的集采平台，有效降低采购成本。强化采购过程监督，确保采购工作守法、合规。

（四）狠抓创新驱动，促进高质量发展。一是加强科技创新，抢占转型先机。加强研发平台建设，用好院士工作站等高端研发、转化平台，加强与国内高端研发团队的交流与合作，瞄准适合公司发展的新兴产业，联合开展新技术的产业化应用研究，抢占新兴产业的技术制高点。二是加强投资并购，发展资产经营。三是加强融资创新，深化产融结合。围绕做强实业、服务主业、支持转型，积极提升公司金融能力。

（五）狠抓风险管控，促进高质量发展。一是全面梳理排查风险隐患。深入开展风险评估，全面排查各类风险点，做到心中有数、预案在先，将风险消灭在萌芽状态。二是严控重大经营风险。密切跟踪重大风险管理效果，有效处置重大风险事件。三是合力落实风控责任。推进风控体系真正落地和服务于业务目标，坚持“三道防线”齐抓共管，落实一线业务部门的风险管理责任，完善风险管理与内部控制、内部审计、纪检监察等工作的联动机制。

（六）狠抓安全生产，促进高质量发展。一是牢固树立“红线”意识和底线思维。坚持安全发展理念，坚守发展决不能以牺牲安全为代价这条不可逾越的红线，坚守杜绝重特大事故发生这条底线，强化制度体系建设，实行最严格的安全生产考核和问责追责。二是全面深入落实安全生产主体责任。严密责任体系，坚持“党政同责、一岗双责、齐抓共管、失职追责”，加强全员安全生产责任制。三是推进安全生产双重预防机制建设。严格安全风险分级管控，健全“查隐患、纠违章”长效机制，有效防控较大及以上事故发生，严肃事故管理。四是全面加强安全生产基础工作。强化安全生产宣传及教育培训，推进安全生产标准化建设，充实安全生产管理队伍，着重抓好新业务、新领域和改革重组企业的安全生产管理。遵循“谁使用、谁负责”的原则，不断深化承（分）包“安全+”管理，严格执行“黑名单”制度。

（七）狠抓党建保障，促进高质量发展。深入贯彻落实全国国有企业党建工作会精神，充分发挥公司党委“把方向、管大局、保落实”的作用，推动公司各级党组织将促进企业优质发展、加速转型的成效，作为检验党建工作的重要内容和标准。坚决完成“中央企业党建质量提升年”重点任务，推动党的领导、党的建设与企业生产经营、改革稳定深度融合，实现党建工作理念到位、工作落实到位、优势转化到位、“大党建”实施到位，为生产经营工作提供坚强保障。充分发挥基层党组织战斗堡垒作用和党员先锋模范作用，把广大干部职工的热情和干劲充分凝聚到干事创业、提质增效上来。

专 题 会 议

【2017 年经济形势与电力发展分析预测会】 3 月 17 日，中国电力企业联合会在北京召开“2017 年经济形势与电力发展分析预测会”。

中电联党组书记、常务副理事长杨昆做了题为“深化供给侧结构性改革　推动电力行业可持续发展”的主旨发言，从电力消费平稳增长、电源结构与布局持续优化、电网优化资源配置能力大幅提升、电力改革深入推进、国际合作取得新突破、科技创新成果丰硕、节能减排取得新成效等七个方面，总结了 2016 年电力发展和改革取得的新成绩，并深入分析了电力可持续发展面临的新挑战，从六个方面提出了深化电力行业供给侧结构性改革、提高发展质量和效益的建议：一是坚持规划引领，提高规划的落实力度；二是坚持“两个替代”，不断优化电力结构；三是坚持市场化方向，持续推进电力体制改革；四是继续加大科技创新力度，增强行业竞争力；五是加快构建全球能源互联网，推进能源、信息、交通三网融合发展；六是深化国际合作，加快电力行业企业“走出去”。

会议围绕“经济新常态下的电力发展与改革”主题，邀请了有关政府部门、研究机构、电力企业的领导和专家，就宏观经济形势、供给侧结构性改革、电力及可再生能源发展规划、电力改革及市场交易、电煤运行等方面，进行了政策解读和分析预测。国家发展改革委范恒山副秘书长对如何看待近期宏观经济形势进行了解读，深入分析了中国经济保持稳中求进仍然具备良好的发展基础，特别提出要更加坚持以人民为中心推动经济发展的理念。国家电网公司韩君副总经理从实践国家能源“四个革命、一个合作”战略的角度出发，介绍了电网发展的趋势和规律，提出了顺应能源转型新形势、发展大电网、建设大市场的目标路径。全国政协委员、华夏新供给经济学研究院首席经济学家、财政部财政科学研究所原所长贾康对中国供给侧结构性改革进行了深入的分析，提出必须实施实质性的供给侧改革创新举措，完善供给侧环境与机制，激发微观主体潜力与活力，在引领新常态中打造新动力体系。国家电力规划研究中心吴云常务副主任、水电水利规划设计总院易跃春副院长分别分析了电力和可再生能源发展形势，详细解读了《电力发展“十三五”规划》和《“十三五”水电及新能源发展规划》，分析了电力和可再生能源发展的思路和目标，阐述了电力和可再生能源发展的重点任务。中国煤炭工业协会张宏副秘书长结合煤炭供给侧改革相关进展，总结了近期中国煤炭行业运行情况及特点，对2017年煤炭市场运行及煤电和谐共赢发展形势进行了分析。广东电力交易中心有限公司杨骏伟董事长从市场设计角度，介绍了广东交易中心建设情况，从实践角度介绍了2016年广东电力市场交易开展情况，对各地电力交易有较强的借鉴意义。

【2017年电力可靠性指标发布会】 6月22日，国家能源局和中国电力企业联合会在京联合召开2017年电力可靠性指标发布会。中电联常务副理事长杨昆出席会议并讲话。

杨昆强调，在能源结构调整、电力体制改革新形势下，电力可靠性管理工作要进一步把握好发展定位和发展方向，电力可靠性管理将从中电联承担可靠性管理职责，履行行业技术服务的管理模式，转变为政府对安全重点实施可靠性监管、行业组织开展技术支持和专项服务、企业分层开展设备全过程管理和全生命周期管理的模式，中电联将继续把电力可靠性工作作为服务企业、服务政府的重要内容，坚持“立足行业、服务企业、联系政府、沟通社会”的功能定位，积极探索适应新形势的电力可靠性专业服务新手段、新方式。

【第十一届上海国际电力设备及技术展览会(EP Shanghai 2017)】 11月20～22日，第十一届上海国际电力设备及技术展览会（EP Shanghai 2017）与同期举办的2017国际电力自动化设备及技术展览会及2017中国国际电力节能环保技术和装备展览会在上海新国际博览中心举行。

展会展出内容包括一站式输配电、电力自动化、智能电网、节能环保及电力工程检测及试验五大专题板块，方便展商与其针对客户进行有效交流对接。展会共举办了30多场专业同期活动，涵盖行业会议、技术论坛、年度报告及新品发布等。除了主题“一带一路”与全球能源互联网技术主论坛外，展会还举行了2017中国能源互联网标准工作交流会与研讨会、燃煤电厂大气污染控制创新技术论坛、电力行业碳排放权交易高峰论坛、第五届配电开关设备产业技术高峰论坛、电力行业发展高峰论坛、2017中国电力安全与应急管理论坛、火电厂废水回用及深度处理创新技术论坛、智能配电技术的发展与应用、低压智能配电系统技术论坛暨智能配电与能效管理解决方案高峰论坛以及多场专题研讨会、技术交流会及10多场新品发布会。

【2017年电力行业国际合作会议】 6月28日，中国电力企业联合会（简称中电联）召开2017年电力行业国际合作会议暨电力贸促会委员大会。中电联党组成员、专职副理事长魏昭峰出席会议并讲话。

魏昭峰在讲话中简要回顾了电力行业和中电联过去一年来的主要工作情况，并对电力企业“走出去”工作提出六点建议：一是坚持绿色发展方向不动摇；二是认真做好目标国的国别研究；三是继续加大能源产业链上下游整合和国际合作力度；四是努力拓展新兴市场；五是大力推进中国技术、标准“走出去”；六是强化国际化人才队伍建设。

会上，中电联国际合作部作了2016年电力行业国际合作专题报告，总结了电力行业2016年的工作情况，分析了当前面临的形势，提出了有关建议，并对中电联国际合作工作的下一步安排做出了说明。

全球能源互联网发展合作组织和埃森哲大中华区的专家做了关于全球能源互联网和电力行业“走出去”趋势分析的专题讲座。通过讲座，参会代表进一步了解了全球能源互联网和电力企业国际化发展的最新政策、面临的新形势和新任务。

会议期间，会议代表还围绕企业国际合作经验教训分享、如何更好地深入开展电力行业国际合作、搭建科学有效的行业交流平台以及中电联进一步做好服务电力企业“走出去”工作的具体措施等内容进行了交流。

【第四届能源论坛】 9月21～22日，第四届能源论坛暨“能源革命与电力创新”国际工程科技发展战略高端论坛在北京召开。论坛由中国工程院、国家能源局主办，国家电网公司、中国南方电网责任有限公司协办，中国工程院能源与矿业工程学部、清华大学、华北电力大学、中国电力科学研究院、南方电网科学研究院共同承办。

中国工程院院长周济、党组书记李晓红，国家能源局局长，中国工程院原副院长谢克昌、杜祥琬，能源与矿业工程学部主任彭苏萍，副主任李立涅、陈森玉等39位两院的院士，美国能源部原副部长戴维·桑德罗、德国社民党前主席鲁道夫·沙尔平、国际能源署署长高级顾问杨雷等知名专家，以及来自有关企业、高校和研究院所的专家和师生代表共1700余人参加会议。

论坛开幕式由杜祥琬主持。周济在致辞中指出，能源是现代化的基础和动力，能源供应和安全事关现代化建设的全局。当前，融合互联网信息技术和新能源技术的新一轮能源革命正在世界范围兴起，并推动产业变革。面对能源供需格局新变化、国际能源发展新趋势，在中国能源中长期发展规划的指导下，在确保电力供应安全可靠的基础上发展绿色高效电力，是落实创新驱动发展战略、调整能源结构、保护生态环境的有力举措。

国家能源局局长致辞并作题为“中国能源态势”的主旨报告。报告指出，推进能源革命是长期的复杂的系统工程，要坚定不移的深入贯彻落实习近平总书记能源革命战略思想，推进能源革命向纵深发展，做到：坚持节能优先的方针不动摇，坚持绿色低碳的方向不动摇，坚持化石能源清洁高效利用的原则不动摇，坚持创新驱动的理念不动摇，坚持开放共享的方略不动摇。

论坛分为大会报告和青年论坛报告两个阶段。美国能源部原副部长戴维·桑德罗、德国社民党前主席鲁道夫·沙尔平、国际能源署署长高级顾问杨雷、谢克昌院士、中国电力企业联合会理事长刘振亚、英国皇家工程院院士约翰·劳赫德、国家电网公司董事长舒印彪、中国南方电网有限责任公司董事长李庆奎、中国工程院外籍院士李泽元、中国科学院院士周孝信、中国工程院院士彭苏萍、岳光溪、薛禹胜、黄其励、杨裕生、余贻鑫、刘吉臻等先后作大会报告。

青年论坛分为“电力系统与能源互联网”“可再生能源与清洁高效发电”“智能用电与储能”“能源战略与政策”等4个分会场，32位中青年专家做报告。

【2017中国国际能源峰会暨展览会】 8月28～30日，2017中国国际能源峰会暨展览会在北京国家会议中心召开，峰会由中国机械工业联合会、中国石油和化学工业联合会、中国节能环保集团公司主办，中国电力企业联合会、中国煤炭工业协会、中国可再生能源学会支持，中国汽车工业协会、中国内燃机工业协会、中国电工技术学会、中国动力工程学会、中国能源汽车传播集团、上海电器科学研究院、中国机械工业联合会能源互联网设备与技术分会共同主办，中机联华（北京）会展有限公司具体承办。

峰会安排有多个专项会议，包括中国能源产业协作会议、中国工业节能与绿色发展峰会、中国核电可持续发展高峰论坛、中国国际氢能与燃料电池产业发展大会、中国储能技术与应用大会、能源互联网技术与应用大会、中国环保（装备）行业峰会等。

【第九届中国国际清洁能源博览会】 3月29～31日，为响应国家“一带一路”倡议，扩大与国际清洁电力领域的交流与合作，第九届中国国际清洁能源博览会在北京中国国际展览中心（老馆）举行。

博览会以“发展清洁能源，推动能源革命”为主题，聚焦太阳能（光伏、光热）发电、天然气发电装备、风力发电、智能电网暨特高压、电动汽车充电基础设施、储能、生物质能等清洁能源与绿色电力创新技术与产品的展览展示，包括2017中国国际太阳能发电应用展览会、2017中国国际电动汽车充电基础设施展览会、第五届中国国际分布式能源暨天然气发电装备展览会以及2017中国国际生物质能展览暨大会等九大品牌子展，展览范围涵盖了清洁能源领域的各项前瞻性技术与应用。

【第六届国际清洁能源论坛】 12月13日，第六届国际清洁能源论坛在澳门召开，来自海内外200多名政府官员、专家学者及产业界人士，围绕核能、氢能以及清洁能源政策、技术和市场创新等议题进行演讲、讨论和交流。

本届论坛的主题为“核电氢能智慧能源，多能互补‘一带一路’”，以响应国家共建绿色“一带一路”的倡议，发挥澳门及粤港澳大湾区的特殊优势，促进核能可持续发展和氢能社会建设，并推动清洁能源、节能环保、绿色交通与建筑等领域的国际合作。全国政协副主席何厚铧出席了开幕式。

论坛开幕式上还举行了2017年度国际清洁能源年度人物和企业颁奖仪式。论坛发布了《清洁能源蓝皮书——2017全球核能产业蓝皮书》和《清洁能源蓝皮书——2017国际氢能产业蓝皮书》。议程还包括主题峰会、2017国际核能产业发展峰会、2017国际氢能产业发展峰会等活动。

【第十二届中国国际核电工业展览会】 4月27～29日，由中国核能行业协会主办的第十二届中国国际核电工业展览会在北京举办。中国核能行业协会第二届理事会理事长张华祝致开幕辞。

国防科工局副局长、国家原子能机构副主任王毅韧，国家核安全局副局长郭承站，国家能源局核电司司长刘宝华，捷克工贸部副部长兰卡·柯瓦科伍斯卡，英国国际贸易部民用核能司副司长麦卡弗里；中国核能行业协会第三届理事会第一任轮值理事长候选人、中核集团公司总经理钱智民；经合组织核能机构总干事麦格伍德，法国电力集团董事长乐维，国际原子能机构核能司核电处处长韩道熙，世界核电运营者协会巴黎中心主席勒彼诺意斯，法中电力协会主席马识路，日本原子力产业协会理事长高桥，财团法人核能科技协进会董事长陈布灿，新阿海珐集团亚洲区总裁董飞，世界核协会中国区负责人傅默然等出席开幕式。

展览展示了中国具有自主知识产权的“华龙一号”、国家科技重大专项大型先进压水堆 CAP1400 及高温气冷堆核电站、小型模块化多用途反应堆（小堆）等三代核电技术成果。除了三代核电技术外，具有第四代核能技术特征的 5 种堆型研究成果在展览上首次集中展示。展览还设置了“第四代核能系统主题展”展区，介绍第四代核能系统国际论坛（GIF）工作情况。中国原子能科学研究院、中国核动力研究设计院、清华大学核研院、中科院核能安全技术研究所、中科院上海应用物理研究所等单位共同展示了中国在第四代核能系统研发方面所取得的成果。此外，上海核电办、四川省重大技术装备办公室分别携辖下核电企业整体参展；浙江省政府与中核集团合作共建的中国核电城、以海阳核电为依托的山东海阳核电园区，展示了核电带动当地关联产业发展所取得的成果。

在核电展期间，中国核工业集团、中国核工业建设集团、中国广核集团、中国华能集团等企业，以及中国核能行业协会、第四代核能系统国际论坛（GIF）等，对外发布了包括“华龙一号”示范工程进展、落地英国最新进展，高温气冷堆示范工程进展，中国核电建造优势，GIF 组织与第四代核能系统技术路线图等在内的核电工程进展情况及重要研究成果。此外，在展览现场，四川核技术制造业创新中心还举办了首批项目启动仪式；中国核能电力股份有限公司发布了中国核电社会责任报告；多家国内外企业举办了技术推介会，推广技术成果。

4 月 28 日，以“发展核能，应对全球气候变化”为主题的“第二届世界核能发展论坛”作为本届核电展的重要活动在中国国际展览中心举办。世界主要核能国家和国际机构的代表，围绕如何通过发展核能实现“巴黎协定”目标、中国核能行业“十三五”发展规划、核电及核燃料循环发展战略、核能安全、科技创新为核能发展注入活力等内容作专题发言，同时就中法企业在英国项目上的机遇与挑战、核电与公众沟通等热点话题进行圆桌讨论。

4 月 29 日，由中国国家原子能机构主办的核能发展与公众沟通国际研讨会在北京召开。中国国家原子能机构秘书长刘永德、国际原子能机构核电处处长韩道熙出席开幕式并致辞。会议围绕政府部门与社会组织在核能公众沟通中的作用、国外核能公众接受经验、核工业企业在核能公众沟通中的实践等三个主题进行有益的探讨和交流。

【第 25 届世界核妇女大会】 8 月 29 日，国家电投承办第 25 届世界核妇女大会，这是世界核妇女大会首次在中国召开。来自全球 32 个国家和地区约 350 名中外代表紧密围绕“核魅力、核安全、核女性、核合作、核和谐”等主题进行交流和探讨，为促进全球核行业女性的交流，鼓励世界各地的女性参与核能事业，消除民众对核能和放射性的恐惧等方面，做出了卓越贡献。

【第 25 届国际核工程大会】 7 月 2～7 日，国家电投承办的第 25 届国际核工程大会在上海举办。国际核工程大会是国际核工程领域最具影响力的大会，素有核工程领域的“奥林匹克”之称。本次大会是中国第四次举办国际核工程大会。

【2017（第十三届）中国分布式能源国际论坛】 8 月 9～11 日，在中国能源研究会、中国企业投资协会、中国电机工程学会、中国城市燃气协会、中国沼气学会、中国可再生能源学会、中国通信工业协会、中国城市燃气协会分布式能源专委会、区域能源支持下，由中国能源研究会分布式能源专业委员会、中国通信工业协会能源互联网分会主办，国内最早关注分布式能源领域的中国能源网承办的“2017（第十三届）中国分布式能源国际论坛”在北京召开。

论坛以“建言新区规划，智慧绿色布局”为主题，旨在为分布式能源单位提供交流分布式能源新技术、新装备、新项目的成功经验的平台，推动中国分布式能源健康和规模发展。中国分布式能源起步较晚，且目前以天然气分布式能源项目为主，根据相关统计，截至 2016 年底，全国共计 51 个天然气分布式能源项目建成投产，装机容量将达到 382 万 kW。根据相关规划，到 2020 年底，全国将建成天然气分布式能源项目 147 个，装机容量将达到 1654 万 kW。

国家能源局原副局长张玉清在论坛致辞中表示，分布式能源具有能源利用效率高等优势，是中国未来能源发展的一种重要趋势，要积极推动分布式能源成为重要的能源方式。

“十三五”时期，中国能源消费增长换档减速，保供压力明显缓解，供需相对宽松，能源发展进入新阶段。《能源发展“十三五”规划》中指出，传统能源产能结构性过剩问题突出，可再生能源发展面临多重瓶颈，天然气消费市场亟需开拓，能源清洁替代任务艰巨，能源系统整体效率较低。分布式能源技术是未来世界能源技术的重要发展方向，具有能源利用效率高，环境负面影响小，提高能源供应可靠性和经济效益好的特点。

根据中国能源网在论坛中提供的“分布式能源研究报告”，分布式光伏和天然气分布式有明确的发展目标，但是现状与目标差距较大。比如分布式光伏的目标，“十三五期间”，太阳能发电装机容量达到 1.1 亿 kW 以上，其中分布式光伏 6000 万 kW 以上，而截至 2017 年 6 月底，分布式光伏累计装机容量仅达 1743 万 kW。

光伏领域。在各专项“十三五”规划中，光伏领域分布式发展最受重视。自去年以来，分布式光伏爆发式增长，虽然累计占比有限，但新增装机占比明显增加。预计 2017 年全年新增分布式装机容量或超过 1000 万 kW，累计装机容量或超过 2000 万 kW，即超过 2020 年目标的 1/3。

中国能源研究会分布式能源专业委员会专家委主任、中国能源网研究中心专家委员白荣春表示，2017 年中国在持续推进能源供给侧改革过程中，能源行业的发展方向提质增效得到了很好的转变，也建立了多元的能源供应体系，取得了初步成果。其中，2017 上半年中国新增的 2400 万 kW 光伏发电装机中分布式光伏已经超过了 7110 万 kW，同比增长了 29 倍。

【第十一届中国新能源国际高峰论坛】 8 月 1～2 日，以“新能源与供给侧改革”为主题的第十一届中国新能源国际高峰论坛在北京国家会议中心开幕，来自中央政策研究室、国务院研究室、国家能源主管部门的领导、外国政府高官、专家学者、知名新能源企业代表 500 余人出席会议，共商新能源发展大计。全国工商联新能源商会会长李河君代表商会致辞时指出：在供给侧改革背景下，在广大企业家的共同努力下，新能源将成为继高铁之后的又一张“中国名片”。

论坛同期，全国工商联新能源商会发布了《2016—2017 中国新能源产业年度报告》，并成立专家委员会，来自太阳能、风能、生物质、地热能等 10 多个领域的 30 多名资深行业专家受邀参与，后期将发挥专委会政府智囊、行业先导的作用，推动中国新能源产业持续健康发展。

本届论坛以“1+9”模式举办，即一个“开幕式主题论坛”加“光伏领袖对话”、光热发电、薄膜光伏、金融与投资、生物质能、储能与新能源汽车、新能源建筑、低碳减排、新能源政策等九个专业论坛。

【2017 中国风电产业国际化研讨会】 5 月 6 日，由中国可再生能源学会风能专业委员会主办的中国风电产业国际化研讨会在北京召开。

来自国内外政府主管部门、行业组织、风电企业、研究机构以及金融保险公司等的 100 多位代表，共同围绕“搭建高层合作机制，破解融资保险难题，跨越主要技术障碍”等议题展开了交流与探讨。此次会议的召开，对于推动中国风电产业加快国际化步伐，明确未来行动方向具有十分重要的意义。

随着产业走向成熟，技术实力不断增强，中国风电企业在国际舞台上日趋活跃，不仅海外风电项目投资额逐年上升，产品和服务质量也得到了国际市场的认可。统计显示，截至 2016 年底，中国风电机组累计出口容量超过 250 万 kW，遍布六大洲，28 个国家和地区。尤其是随着国家提出“一带一路”行动倡议，并将可再生能源开发作为其中重要的一项合作内容，中国风电企业迎来了新一轮“走出去”的机遇期。会上，中国社科院、古巴电力联盟驻北京代表处、中国三峡集团、中国电建等代表介绍了“一带一路”项目的实施情况，并向与会者分享了沿线国家风能开发的潜力与机遇，以及前期积累的一些投资、开发经验。

【第七届中国国际智能电网建设及分布式能源展览会】 6 月 6～8 日，为顺应能源互联网大趋势，促进智能电网产业发展，由中国电工技术学会、国际电工委员会、IEEE 标准协会共同主办，中国电工技术学会能源互联网装备技术专业委员会、中国能源研究会能源互联网专业委员会协办，德维斯国际展览（北京）有限公司承办的“第七届中国国际智能电网建设及分布式能源展览会、第二届中国国际能源互联网博览会（简称 CIGEE 德维斯智电展）”在中国国际展览中心（新馆）举行。

展览会期间颁发了 2017 中国智能电网推广应用奖、2017 中国智能电网技术创新奖、2017 中国能源互联网领军企业三大奖项。同期还举办了 2017 中国能源互联网高峰论坛、第七届全球智能电网（中国）峰会、2017 充电桩领袖峰会暨中国充电桩投融资论坛、多能互补高峰论坛等众多重要活动。

【2017 中国能源互联网峰会】 9 月 17 日，由中能智库承办的第二届中国能源互联网峰会在北京召开，会议主题是能源互联网商业模式、示范案例和投融资。中国能源研究会常务理事、中能智库理事长孙昕，国家能源局能源节约和科技装备司科技处处长孙嘉弥出席会议并致辞。中能智库研究部副总监倪攀发布了国内首份能源互联网发展报告——《中国能源互联网发展报告（2017）》，合肥聚能新能源科技集团副总裁马志保做了题为“具有商业价值的户用光伏储能发电系统解决方案”的主题分享。

孙昕在致辞中指出，当前能源行业正在全面贯彻落实习近平总书记提出的“四个革命、一个合作”战略思想。能源互联网是新信息技术与新能源技术及管理的深度融合，既是能源转型、未来能源体系的核心内容，又是构建现代能源体系的着力点，与现代能源体系的核心内容和显著特征高度吻合。发展能源互联网产业，有利于创新能源体制机制，有利于维系中国能源战略安全，有利于促进产业融合发展，也有利于节能减排和改善环境。

孙嘉弥表示，推进能源互联网新业态，是深入贯彻落实习近平总书记提出的“四个革命、一个合作”能源总遵循的现实体现，是构建中国清洁低碳、安全高效的现代能源体系的务实措施。发展能源互联网有利于推进从根本上改变对传统能源利用模式的依赖，推进传统产业向以可再生能源和信息网络为基础的新兴产业转变。

【2017 中国国际能源互联网峰会】 4 月 27～28 日，由上海博勘商务咨询有限公司举办的第二届中国国际能源互联网峰会在北京海航大厦万豪酒店举行。

峰会立足国际视野、聚焦中国问题，针对能源互联网如何推动中国新能源发展、能源互联网的落实问题、区块链与能源互联网的对接以及中国能源结构的转型问题等热门话题进行了详细阐述。

峰会邀请了国家应对气候变化战略研究和国际合作中心原主任，同时也是第九届扎耶德未来能源终身成就奖获得者李俊峰参与大会，并做了题为“应对气候变化，推动能源转型”的演讲，表示，气候变化推动发展转型，即增长转型、能源转型和消费转型，在一定时期内是全球发展的主旋律。

【2017 年能源大转型高层论坛】 8 月 19 日，由国务院发展研究中心资源与环境政策研究所主办 2017 年能源大转型高层论坛在北京举行。来自国内外能源领域的 300 多名代表围绕能源大转型、多能互补、能源互联网与体制和商业模式创新、全球天然气发展、中国天然气发展与雾霾防治、中国天然气体制革命与发展战略和政策、国际能源合作等议题展开交流。

目前中国能源消费总量增速趋缓，结构不断优化，资源利用效率持续改善，循环型产业有所发展，绿色交通、绿色建筑发展迅速，节能减排效果初显。国家能源局局长在致辞中表示，近年来，中国能源发展取得了巨大的成绩，能源消费清洁化，低碳化取得积极进展，科技创新的支撑和引领作用显著增强，能源体制机制改革步入快车道，国际能源全方位合作得以扩展，能源普遍服务水平显著提升，开创了中国特色能源发展改革的新局面。天然气是中国推进能源生产和消费革命实现主体能源绿色低碳更替的重要基础。天然气相对煤炭、石油较为清洁，相对风光等能源较为经济，同时天然气还能与可再生能源形成良性互补，加之中国常规天然气、页岩气等资源的勘探、开发、利用的基础相对来讲比较好。那么再加上世界天然气供需形势也相对宽松，加快推动天然气发展，是中国能源结构优化调整的战略举措和现实选择。

另外，本次论坛还发布《中国天然气发展报告(2017)》白皮书，旨在搭建一个持续推进中国能源大转型与探索天然气产业健康、快速发展的交流沟通平台。

本届论坛主要任务是，一是探讨如何推动能源大转型。二是展示和介绍推动能源大转型的技术、金融、产业和商业模式创新成果。三是为传统能源、新能源、互联网业界以及国内外能源合作牵线搭桥。四是发布和解读《中国天然气发展报告（2017)》白皮书等研究成果。通过找问题、找目标、找解决办法，描绘未来天然气与多能互补产业的新业态和政策取向，提出切实可行的解决方案。

【2017 全球能源互联网高端论坛】 9 月 26 日，2017 全球能源互联网高端论坛在北京召开，纪念习近平主席在 2015 年 9 月 26 日联合国发展峰会上，提出的全球能源互联网倡议两周年，加快全球能源互联网创新发展。

全球能源互联网发展合作组织主席、中国电力企业联合会理事长刘振亚出席论坛并作主旨演讲。他表示，在中国政府和国际社会的大力支持下，全球能源互联网发展合作组织联合各方力量，在理念传播、规划研究、国际合作和组织建设等方面做了大量工作，推动全球能源互联网从战略构想进入共同行动的新阶段，开启了全球能源互联网发展新篇章。全球能源互联网发展不断实现新突破、开创新局面，取得了显著成效，赢得了广泛赞誉和各方肯定。

刘振亚提出，构建全球能源互联网，聚焦人类可持续发展这个根本问题，积极应对世界能源、经济、社会、环境等领域重大挑战，对于加快世界能源变革转型、推动“一带一路”建设、促进全球基础设施互联互通都具有重要意义。要顺应时代潮流，在世界发展大格局中统筹谋划全球能源互联网建设工作，更好地促进世界可持续发展和人类文明进步。

刘振亚强调，当前，全球能源互联网进入了加快发展的新阶段，面临前所未有的重大机遇，也面临艰巨的任务和挑战。需要各方凝心聚力、砥砺奋进，共同推动全球能源互联网更好更快发展。倡议各方加强国际合作、推动战略落地、破解发展难题，以实际行动和成效谱写全球能源互联网发展新篇章，为世界能源绿色低碳转型、人类社会可持续发展做出新的更大贡献。

【中国电能替代产业发展峰会】 7 月 24 日，由中国电力企业联合会电能替代产业发展促进联盟主办的中国电能替代产业发展峰会在北京国家会议中心召开。峰会同期举办 2017 中国北京国际电能替代技术设备与成果展览会。

峰会的主题是“清洁 • 高效 • 可持续”。国家发展改革委经济运行调节局王海龙，国家能源局电力安全监管司司长童光毅，原国务院参事、中国可再生能源学会理事长石定寰，中国电力企业联合会专职副理事长魏昭峰，中国电力科学研究院院长、联盟理事长郭剑波等相关机构领导出席峰会并讲话。峰会由中国电力科学研究院副院长、联盟常务副理事长王继业主持。

童光毅、石定寰、王海龙分别从电力需求侧管理、智慧能源体系建设、低碳经济等角度对电能替代现状、发展趋势和政策需求等方面进行了详尽的阐述与分析。魏昭峰对联盟成立以来的工作给予了充分的肯定，同时对联盟的工作提出了新的期许，他表示中电联将大力支持联盟工作，推动电能替代产业实现规模化发展。郭剑波向与会嘉宾介绍了联盟 2017 年上半年开展的工作及取得的成效，表示下半年联盟将从推进北方地区千校清洁供暖专项工程、电价政策和支撑体系研究、标准化建设和产品认定等方面开展工作。他表示将团结各会员单位，务实高效地开展工作，打造良好的电能替代产业发展环境。

会上，联盟秘书处通报了“2017 年上半年电能替代实施情况”。据介绍，2017 年上半年制热类、动力类和其他类电能替代项目累计完成替代电量约 717.05 亿 kWh，其中制热类完成替代电量约 414 亿 kWh，占比 57.74%，动力类完成替代电量约 217.72 亿 kWh，占比 30.36%，其他类（燃煤自备电厂、地方电厂）完成替代电量约 85.33 亿 kWh，占比 11.90%。国家电网公司区域上半年实施电能替代项目 5.5 万个，替代电量达 620 亿 kWh，电能替代工作取得了显著成效。

【第七届中国国际储能大会(CIES)】 4 月 24～26 日，第七届中国国际储能大会在苏州香格里拉酒店召开。大会由中国化学与物理电源行业协会联合中国可再生能源学会、中国循环经济协会、国家太阳能光热产业技术创新战略联盟等机构主办，大会以“加快储能产业发展，推动能源结构转型”为主题，针对产业政策、技术路线、市场驱动以及商业模式创新等话题展开讨论。

大会召开了 14 个分论坛，聚焦储能产业政策、储能电站暨微电网、通信储能、新能源发电并网、多能互补、光热发电与电网调峰、国际储能、直流配电与储能、分布式光伏与储能系统应用、电动汽车与动力电池、储能与新能源投融资、先进储能技术、电改与智慧能源等热点议题。

会议期间，中国国际储能大会会务组与中国储能网揭晓了“2017 年度中国储能产业最具影响力”系列奖项的获奖名单。

【2017 第二届中国电动汽车充换电服务创新高峰论坛】 12 月 9 日，2017 第二届中国电动汽车充换电服务创新高峰论坛在北京召开，会议以“开放共享·互联互通”为主题，交流研讨电动汽车充换电服务产业升级路径、创新发展，倡导构建共享共赢的智慧车联网生态圈，对于全面落实国家能源和发展战略，推动电动汽车产业快速发展具有重大而深远的意义。

除了高层论坛外，论坛还组织召开了一个主题峰会和高端对话，聚焦“构建智慧车联网生态圈”。

【2017(第六届)全球能源安全智库论坛】 6 月 26 日，2017（第六届）全球能源安全智库论坛在北京国际饭店召开。中国社会科学院副秘书长韩大川，国家能源局总工程师韩水，全球安全研究所联席所长、美国能源安全理事会顾问盖尔·鲁夫特，中华能源基金委员会常务副主席、秘书长何志平出席开幕式并致辞。开幕式由中国社会科学院数量经济与技术经济研究所所长李平主持。论坛主议题是：能源转型——迈向共同安全。

学术团体与行业学协会

【中国电机工程学会】

单位概况 中国电机工程学会（简称电机学会）是由从事电机工程相关领域的科技工作者及有关单位自愿组成并依法登记成立的全国性、学术性、非营利性社会组织，成立于1934年，办事机构设在北京，挂靠国家电网公司，接受社团登记管理机关中华人民共和国民政部和业务主管单位中国科学技术协会的监督管理和业务指导。

电机学会的最高权力机构是会员代表大会，日常领导机构是理事会和常务理事会。电机学会设有9个工作委员会、43个专业委员会，33个省（区、市）电机工程（电力）学会（简称省级学会）是电机学会的单位会员。中国电力科学技术奖励工作办公室、国际大电网委员会（CIGRE）中国国家委员会秘书处、国际供电会议组织（CIRED）中国国家委员会秘书处也设在电机学会办事机构。

领导班子

理事长：郑宝森

副理事长：栾军、谢明亮、王良友、刘国跃、金耀华、邓建玲、米树华、魏锁、张诚、王树民、姚强、赵洁、高立刚、刘吉臻、宋永华、陈斌

秘书长：谢明亮（兼）

副秘书长：陈小良、范建斌、余建国、梁昌乾、李少华、周顺宏、钟鲁文、崔志强

组织机构 包括理事会、常务理事会、工作委员会、专业委员会和电机学会办事机构。下设组织、学术、科普、外事、编辑、咨询、青年和教育、名词术语、标准9个工作委员会，以及覆盖电机工程各个专业领域的43个专业委员会。33个省级学会是电机学会的单位会员。

学会建设 完善工作委员会、专业委员会、省级学会管理体制和运行机制，举办省级学会、专业委员会主要负责人培训班，举办部分省级学会工作座谈会。举办专业委员会财务工作会议，完善专业委员会财务管理制度。根据能源电力发展需要对专业委员会布局进行调整，新成立7个专业委员会，完成6个专业委员会换届改选。制定兼职副理事长、副秘书长参与学会工作的办法，充分发挥兼职副理事长、副秘书长作用。

加强会员管理，推进会员规范登记，2017年完成个人会员规范登记61 110人，147人晋升高级会员。开展会士遴选工作，10人新入选会士。与清华大学、华北电力大学、上海交通大学、西安交通大学、华中科技大学、东北电力大学、浙江大学等7所高校建立战略合作关系，并成立相应会员中心。在德国柏林、美国旧金山分别成立欧洲会员中心、北美会员中心，广泛联络全球电力领域华裔专家。

加强员工管理，充实员工队伍，优化人员结构，加大培训力度，完善绩效考核制度。强化财务管理，推进中国科协财务管理规范化研究项目，完善各项规章制度。制定2018～2020年信息化规划。自主研发新版会员管理、数字化图书馆、会议管理、团体标准管理、民主决策、优秀论文评审、门户网站、移动应用APP、微信公众号等信息系统，取得6项软件著作权。编印《中国电机工程学会2016年年报》。

2017年10月，电机学会在民政部2016年度社会组织评估中荣获5A级全国性学术类社团评估等级。

决策咨询 完成《电力安全生产三年规划》《我国新一代能源系统战略研究》《电网2050功能形态与发展路径研究》《电力新材料基础理论及新技术应用展望》《电力电子化电力系统动态问题》等课题研究。作为中国科协清洁能源学会联合体牵头学会，完成《国家引才目录》《〈国家中长期人才发展规划纲要(2010—2020年)〉实施情况第三方评估》等课题研究，推进《全球领军人才流动趋势跟踪研究》《多种新能源发电技术路线发展研究》《新能源领域前沿跟踪研究》等课题。

科技评价与成果登记 2017年承担国家电网公司、神华集团等单位委托开展的项目评价232项，组织2360人次专家（其中院士133人次），涉及约70个第一完成单位。完成科技成果登记459项。举办电力科技查新服务能力提升论坛，确认电力科技查新资质机构37家。

国内主要学术会议 以“创新引领与清洁绿色、智能高效”为主题举办2017年学术年会，同期举办院士专家论坛、学术建设发布会等25项学术交流活动，吸引了院士、专家、科技工作者及高校师生1600余人踊跃参加。在长春举办中国科协年会第三分会场——“加快能源转型　促进东北振兴”论坛。各专业委员会围绕各自专业领域举办“电力行业信息化年会”“高电压专业委员会学术年会”“全国用电与节电技术发展论坛”“电力防灾减灾技术专题研讨会”“大型火电机组灵活高效发电技术专题研讨会”等学术交流活动70余场。

学术期刊 主办科技期刊17种。《中国电机工程学报》办刊水平和期刊质量继续保持领先，首次获得中国出版政府奖，连续两年荣获“期刊数字影响力100强”，是电气工程领域唯一入选期刊，并获得谷歌学术中文工程技术类出版物第一名，名列全部学科中文学术出版物第三。《中国电机工程学会电力与能源系统学报》(英文刊）国际及国际合作稿源达到60%～80%，成功入选中国科协科技期刊登峰行动计划，被ESCI、INSPEC和CSAD数据库收录，入选“中国科技核心期刊”。举办首次能源与电力科技期刊发展

论坛。

学科发展研究 完善学术报告编撰体系和学术研究成果发布制度，2017年出版大电机、热工自动化、金属材料、电力系统自动化、直流输电与电力电子、测试技术及仪表等6个专业发展报告，以及中国抽水蓄能电站运行稳定性、电力通信超长距光传输关键技术研究与应用、电力专用语音交换网技术升级面临的技术选型与安全应用分析等3个专题技术报告，并在2017年学术建设发布会上发布。

国际学术会议 在国内组织召开电机工程国际会议（ICEE 2017）、2017中美绿色能源高峰论坛、复合材料在电力系统中的应用国际会议（CMAPS 2017）、"紫金论电"——智能电网保护和运行控制国际学术研讨会、2017海峡科技专家论坛新能源发展与海上风电研讨分会场、2017能源互联网和能源系统集成国际会议，不断探索建立新的高端国际学术交流平台。

国际组织任职 电机学会副理事长兼秘书长谢明亮任国际大电网委员会（CIGRE）理事会成员和指导委员会委员、电机工程国际会议（ICEE）共同主席。2017年，电机学会推荐44名专家加入国际大电网委员会（CIGRE）各工作组，推荐12名专家参与国际供电会议组织（CIRED）6个专业组的研究工作，提升中国科技工作者的国际影响力。

国际交往 与英国工程技术学会（IET）主席、国际运营总监，国际供电会议组织（CIRED）指导委员会主席和技术委员会主席，电气电子工程师学会电力与能源分会（IEEE PES）现任主席、前主席及秘书长，电气电子工程师学会标准协会（IEEE SA）秘书长等国际组织高层领导进行会谈；会见日本电气学会会长、韩国电气学会会长，深化双边合作关系，探索开展中日、中韩学术交流活动；会见香港工程师学会会长、香港中电控股有限公司执委会委员、澳门机电工程师学会会长、中国电机工程学会（台湾地区）海峡两岸电机学术产业发展促进委员会主任委员、台湾智慧型电网产业协会代表，构建"内地—港澳"、"大陆—台湾"合作机制。

组织国内专业技术人员和论文作者参加电气电子工程师学会电力与能源分会（IEEE PES）2017年年会、国际供电会议组织（CIRED）2017年大会、世界水电大会、国际大电网委员会亚太区域理事会（CIGRE AORC）技术研讨会、韩国电气学会2017年年会；组织国际组织任职人员出席国际大电网委员会（CIGRE）理事会会议、指导委员会会议、亚太区域理事会会议，国际供电会议组织（CIRED）指导委员会会议、战略规划研讨会，全球能源互联网高级别研讨会。继续做好国际大电网委员会（CIGRE）和国际供电会议组织（CIRED）中国国家委员会秘书处工作，国际大电网委员会（CIGRE）中国国家委员会会员数位居全球第一。积极推动与电气电子工程师学会（IEEE）进行国际标准互认，与IEEE签署标准合作备忘录。

科普活动 首次制定电力科普发展规划（2017—2020—2025年）。创新发起"电力之光"科普行动计划，与行业内14家单位共同签署框架协议。

面向少数民族欠发达地区青少年开展"电力之光"新疆科普系列活动。面向高校学生组织开展2017年全国科普日分会场——"电力之光"超导秋令营活动。发挥首席科学传播专家的作用，参与中央电视台科教频道《中国青少年科学总动员》——《能量无穷大》和《走进科学》科普节目录播活动。在学会年会同期举办"中国电力135年回顾展暨'电力之光'科技成就展"大型展览。组织编著出版《三小时读懂页岩气——会"出气"的黑石头》《霾　环境　电力环保》科普读物，翻译出版《太阳能——金色的能量》维汉双语图书、《风吹电来》维汉双语图书等。命名授牌2017年电力科普教育基地10家，评选2015—2016年优秀科普作品24项。

荣获中国科协"2017年度科普工作优秀单位"称号。

科技奖励 电机学会推荐的"特高压±800kV直流输电工程"项目获得2017年度国家科学技术进步奖特等奖。组织2017年中国电力科学技术奖推荐评审工作，评选出授奖项目116项，其中一等奖项目10项、二等奖项目36项、三等奖项目70项。

表彰举荐优秀科技工作者 开展2017—2019年度"青年人才托举工程"24项，其中中国科协资助3项，电机学会自主资助21项。

调整2017年度"中国电力年度科技人物奖"授奖比例，加大对青年科技人才的奖励比重，评选出"中国电力科学技术杰出贡献奖"获奖者10人、"中国电力优秀科技工作者奖"获奖者40人、"中国电力优秀青年工程师奖"获奖者50人。

开展2017年"顾毓琇电机工程奖"评审工作，华中科技大学陈德树获得2017年"顾毓琇电机工程奖"。举荐天津大学王成山教授荣获"全国创新争先奖状"。

会员服务 构建一体化信息平台，完成会员信息管理系统改造，完善信息化服务方式，提升服务满意度。定期向会员推送学会编辑出版的《动力与电气工程师》《电信息》，以及学术活动预报等信息及节日问候。组织全国科技工作者日座谈会、院士专家座谈会、老科技工作者座谈会，密切与会员的联系。

党建工作 根据中组部关于党组清理工作的有关要求和国家电网公司的党组清理工作部署，完成党组改党委工作，成立中国共产党中国电机工程学会委员会，郑宝森任党委书记、谢明亮任党委副书记。根据中国科协的要求，在理事会层面成立功能型党委，研究制定理事会党委工作规则，成立党委办公室，坚持和完善党对学会工作的领导。积极开展“两学一做”学习教育活动，深入学习贯彻党的十九大会议精神，向电机学会全系统印发《关于认真学习宣传贯彻党的十九大精神的实施方案》。完成中国科协“党建强会”项目“创建党建学习宣传阵地”子项目。

主要事件

1. 2017 年中国电机工程学会年会

11 月 24～27 日，以“创新引领与清洁绿色、智能高效”为主题在南宁市召开 2017 年中国电机工程学会年会。会议聚焦电力行业科技创新前沿技术及热点问题，深入贯彻十九大清洁绿色能源发展理念。为期 4 天的会议共安排特邀主旨报告、院士专家论坛、学术建设发布会、专题研讨会、论文交流、“电力之光”科技成就展及技术参观等 25 项学术交流活动，有近 200 位专家在会上做报告，460 余篇论文在会上进行交流。会议吸引了 1600 余位电机工程领域的专家、科技人员、工程师及高校师生参加，10 位院士出席大会开幕式。中国电机工程学会理事长郑宝森代表主办方致开幕辞。中国南方电网有限责任公司副总经理王良友、广西壮族自治区人民政府副秘书长黄植建、国家能源局监管总监李冶、日本电气学会（IEEJ）当选会长山口博出席开幕式并致辞或讲话。中国电力科学研究院名誉院长、中国科学院院士周孝信作题为《能源转型中我国新一代电力系统技术发展趋势》的主旨报告，武汉大学副校长、中国工程院院士李建成作题为《人工智能领域的未来发展》的主旨报告，华为技术有限公司战略与业务发展部总裁肖然作题为《创新引领发展——华为的全球化创新实践分享》的主旨报告。

年会期间召开 2017 年中国电机工程学会院士专家论坛，论坛主题为“院士专家高端对话　把脉电力科技发展”。中国科学院院士周孝信、程时杰、陈维江，中国工程院院士郑健超、黄其励、沈国荣、李立涅、岳光溪、郭剑波等 9 位院士和 17 位能源电力领域专家献上了一场高水平学术盛会，近千名专家、学者、电力科技工作者到会聆听。郭剑波院士作题为《我国新能源消纳问题及应对措施》的报告，岳光溪院士作题为《中国燃煤发电的现状及循环流化床燃烧技术的发展》的报告。与会院士专家围绕“新一代电力系统”“清洁低碳发电”“电力装备制造”等主题展开对话交流。

2. 推荐项目获得国家科学技术奖特等奖

电机学会推荐的“特高压±800kV 直流输电工程”项目荣获 2017 年度国家科学技术进步奖特等奖。特高压±800kV 直流输电技术是世界上电压等级最高、输送容量最大、送电距离最远、技术水平最先进的输电技术，是解决中国能源资源与电力负荷逆向分布问题、实施国家“西电东送”战略和电力跨区域大范围输送的核心技术。该技术为世界首创，是世界电力工业发展史上的重要里程碑，实现了中国创造和中国引领，社会经济效益特别显著，对于落实习近平总书记提出的能源革命战略、加快中国能源转型升级、促进“一带一路”建设具有特别重大的意义。

3. 团体标准制定

电机学会作为开展团体标准的试点单位，2017 年继续推进团体标准各项工作，着力打造中国电机工程学会标准品牌。3 月 2 日，在北京举办 CSEE 标准发布会，隆重发布 22 项 CSEE 标准。2017 年，138 项 CSEE 标准在研，200 余项在立项审查中。组团参加首届中国（义乌）标准国际博览会，积极推动 CSEE 标准宣贯推广。组织 CSEE 标准编写人员培训，推进标准工作信息化，参与团体标准化发展联盟工作。

积极推动与电气电子工程师学会（IEEE）进行国际标准互认，与 IEEE 标准协会签署《中国电机工程学会与 IEEE 标准合作备忘录》，推动双方共同成立联合工作组以制定双标号标准。

4. 成立会员中心

在清华大学、浙江大学、上海交通大学、西安交通大学、华中科技大学、华北电力大学、东北电力大学等 7 所高校成立会员中心，切实加强与个人会员特别是青年会员的联系。在德国柏林、美国旧金山分别成立欧洲会员中心、北美会员中心，广泛联络全球电力领域华裔专家。策划组织会员中心活动，其中浙江大学会员中心举办玉泉论坛第一次会议，西安交通大学会员中心举办“电力之光”超导秋令营活动，欧洲会员中心举办绿色低碳电网前沿技术研讨会，北美会员中心举办绿色能源与电网现代化技术研讨会。

（刘雁斌）

【中国水力发电工程学会】

单位概况　中国水力发电工程学会（简称水电学会）是由全国水力发电工程科学技术工作者自愿组成的并依法登记的全国性非营利性学术团体，是国家发展水力发电工程科技事业的重要社会力量，是中国科学技术学会的组成部分。水电学会于 1980 年成立，现有团体会员 195 个（包括 31 个专委会）。

领导班子

理事长：张野

常务副理事长兼秘书长：袁柏松

副理事长：么虹、王琳、王森、王志轩、朱跃

龙、刘国跃、李云、杨晓东、杨清廷、张建民、陈云华、周厚贵、郑声安、郑旭东、夏忠、晏志勇、韩水、喻新强、谢长军

综述

1. 服务创新型国家和社会建设

参与完成了《国家中长期人才发展规划纲要(2010—2020)》新型能源技术领域（水电）人才情况评估数据采集、全球科技领军人才引进建议报告编制工作。

受国家能源局委托开展了能源装备自主创新发展调查征集项目筛选评估专家推荐工作，推荐专家71人。向中国工程教育专业认证协会推荐专家15人，推动工程教育认证国际互认。

5月30日（全国科技工作者日）和11月9日分别召开学习和弘扬谭靖夷院士科技创新精神座谈会，传播水电前辈的创新争先精神，引领水电科技工作者积极投身创新型国家建设。

为行业发展和企业创新提供技术咨询和科研课题服务，开展雅鲁藏布江下游水电规划研究论证，乌东德枢纽区地质灾害监测预警与应急管理研究，金沙江中游梨园、阿海及鲁地拉电站地质灾害调查与汛期隐患排查等课题。有关专委会参与完成水电开发移民安置补偿政策及利益共享机制研究、金沙江下游河段梯级电站水库综合管理体制研究、跨界河流水能资源开发研究等20多项课题。

各专委会组织专家参与《大中型水电站地质灾害预警及应急管理技术规范》《工程监理企业资质管理规定》等10多项规程规范编制或修订工作。

全年共受理承担了16个行业单位委托的30项科技成果鉴定工作，包括水电五局“超深与复杂地质条件混凝土防渗墙关键技术”、中国电建西北院“基于GNSS技术建立高精度工程控制网关键技术研究”等。

发挥各分支机构专业特色，举办了2017年继电保护和励磁系统技术、贯流式机组技术升级与改造技术、水电厂计算机监控系统新技术等10余次培训班。

2. 学会建设

八届水电学会有团体会员单位195个（包括31个专委会）。经变更或增补后理事会成员158人。个人会员38 026人，比2016年增加2896人。9个专委会完成换届工作，撤销1个专委会。

3月9日在广州召开了水电学会系统秘书长工作会议，围绕改革发展、加强专业学科建设、促进学术创新等深入探讨。70多名秘书长和代表参会。

11月22日，水电学会八届二次理事会议在京召开。理事和代表近160人参会。

进一步加强办事机构建设。秘书长实行聘任制并由理事会聘任；制定《员工管理办法》等推进办事机构实体化规范化建设；完成秘书处人员定编定岗，新招年轻骨干优化人员知识结构；对秘书处全年工作任务进行分解，责任到岗；加强和细化预算管理，提高会费使用管理水平，增强服务创收能力。

1月初与中国水科院共同举办一年一度的“2017中国水电发展论坛暨水力发电科学技术奖颁奖典礼”，300余名新老水电工作者代表参会。

潘家铮水电科技基金至2017年底已有56家单位和10名个人捐资，基金规模已达4679万元。2017年召开了基金三届二次理事会；开展好2017年度潘家铮水电奖学金评定工作，12月在三峡大学举行了第八届奖学金颁奖典礼，奖励来自18所高校和科研院的优秀学生60名。

加入成为国际水电协会（IHA）会员单位，进一步加强双方交流合作。

编撰出版《中国水力发电年鉴（第21卷）》《中国水力发电信息2017年报》《学会2017年年报》。与中国电建共同出版《从江河里走来的院士——谭靖夷纪念文集》。

3. 学会治理结构和治理方式改革

编制《学会改革发展“十三五”规划》。制定《学会2017年改革实施方案》并推进落实。

申报参与民政部“社会组织评估”工作，结合评估要求修订或新增管理文件16项，规范档案管理，推进各项基础工作。

设立了驻会监事，制定《监事会工作规则》，加强对理事会（常务理事会）履职、学会财务运行情况的监管。

建立了务实高效、位阶有序的会议制度，确保水电学会工作依章依规开展。

在专委会中发展个人会员，组织召开专委会发展个人会员工作会议，在“全国科技工作者日”开展集中发展个人会员活动，全年新增会员近3000人。

加强分支机构管理。对《专业委员会管理办法》《专业委员会经费收支管理办法》进行修订；将分支机构财务统一纳入本学会账户管理；分支机构管理有专人，增进联络，做好服务。

制定《兼职人员行为准则》，规范理事兼职人员行为，提高内部治理水平。

编制《学会2017年年报》，公布网上并寄送全体会员单位和理事，推进开放型学会建设。

4. 主办期刊

水电学会会刊《水力发电学报》全年出版12期，共收到论文稿件529篇，录用刊登172篇，印发6000册。核心影响因子0.602，在23种水利工程类刊物中排名第5；核心总被引频次1572、排名第3。综合总评分43.3（2016年为35.89），在23种水利工程类刊

物中排名第 4；在全国 2008 种学术刊物中排名 746（2016 年排名 1126），进步明显。完成了 2017 年《水力发电学报》优秀论文奖评定。

联合主办《岩土工程学报》《水电能源科学》《大坝与安全》《水电站机电技术》《小水电》等核心期刊，行业影响力广泛。

5. 学科发展研究

学会联合中国大坝工程学会、水电规划总院共同组织编撰《中国水电关键技术丛书》（36 分册）和《中国水电管理创新丛书》（16 分册），全面总结中国水电科技和管理成就及经验。2017 年起陆续完成书稿编写，自 2018 年和 2019 年分批次出版。

6. 决策咨询

连续五年关注水电“弃水”问题，开展了大量调查研究和提交了多项政策建议。形成有关建言报告报送国务院并受到高度重视，解决“弃水”被写入 2017 年政府工作报告。在国家能源局的大力推动和全行业共同努力下，全年“弃水”状况明显缓解。

7. 国际学术会议

10 月，水电学会国际河流水电开发生态环境研究工作委员会、湄公河委员会联合在南京举办了第三届澜沧江—湄公河流域水电开发与环保技术研讨会，来自中国、老挝、泰国、柬埔寨和越南的主管部门领导以及水电开发泥沙领域的专家共 50 余人参会。会议主题为“水电工程泥沙控制和管理的经验分享与能力建设”。

8. 国内主要学术会议

水电学会及各专委会共举办国内学术交流活动 36 场次，参加人数 3830 余人次，出版论文集 10 余本、论文 470 余篇，会议交流论文 340 余篇。

5 月 25～26 日，水电学会高坝通航工程专委会换届大会暨第 14 次全国通航建筑物学术交流会在武汉召开，来自国内外水力发电、内河通航工程领域的知名专家学者 110 余人参会。

6 月 5～9 日、11 月 13～17 日，水电学会联合河海大学等在南京分别举办了第二、第三期中国水电企业海外项目环境社会管理研讨班，为推动“一带一路”建设和中国水电企业“走出去”建言献策。共 50 多家行业单位 120 多名专家和管理人员参加。

6 月 23 日，在中国科协第十九届年会（长春）召开期间，水电学会与清洁能源学会联合体其他成员共同筹办了“加快能源转型　促进东北振兴”分论坛。30 余位国内顶尖的院士、专家、学者就清洁能源涉及的水电、核电、可再生能源等多个交叉学科领域进行交流与研，200 余人参会。

9 月 14～15 日，水电学会贯流式水电站专委会第 12 次年会暨技术交流会在天津召开，有关单位专家和代表近 170 人参会。

9 月 27～28 日，水电学会电力系统自动化专委会 2017 年会暨学术交流会在昆明召开，近百名行业专家学者参会。会议主题为“水电厂智能化应用”。

10 月 12～13 日，水电学会抗震防灾专委会第六届全国水工抗震防灾学术交流会在北京召开，140 余名院士、知名专家、学者和代表参会。会议分院士专家全体报告会和混凝土坝抗震、筑坝材料与土石坝抗震、地震动输入与其他水工结构抗震等 3 个学术分会。

11 月 2～3 日，水电学会主办、水电学会电网调峰与抽水蓄能专委会承办的首届抽水蓄能技术发展青年论坛暨抽水蓄能专委会学术年会在西安召开，来自行业 40 多家单位 110 余名专家代表出席。

11 月 23 日，水电学会主办、水电学会风险管理专委会承办的全国水电风险管理年会暨安全与应急高峰论坛在北京召开，来自有关部门、电力企业和科研高校等单位 50 余名领导专家出席。论坛分能源与产业形势解读、企业管理与科技创新、院士专题讲授、新技术与学术成果分享、企业及流域公司经验交流 5 个环节。

9. 两岸交流

3 月 1 日，水电学会名誉理事长张基尧会见来访的台湾中兴工程科技研究发展基金会原执行长姚长春一行，双方就继续深入开展两岸水利水电科技合作和交流活动进行座谈。

9 月 4 日，水电学会领导会见来访的台湾大学水工实验所主任张仓荣一行，双方就促进两岸水电工程科技进步和学术交流、加强各专业领域工程师与学者互访、互派青年学生开展工程实习等合作愿景进行了座谈交流。

10. 国际组织任职

中国水力发电工程学会理事、中国电建股份有限公司总工程师周建平，任国际大坝委员会（ICOLD）副主席，任期 2016～2019 年。

11. 国际交往

1 月 10 日和 2 月 23 日，水电学会领导两度会见了来访的国际水电协会（IHA）执行总裁理查德泰勒一行，双方就进一步增进合作事宜进行了商谈并达成了共识。

5 月 9～11 日，“2017 世界水电大会”在埃塞俄比亚召开，水电学会作为大会支持单位之一并组织了 13 人专家代表团参会。大会主题为“推动全球电网互联，开创水电美好未来”。水电学会代表团有 4 位代表在相关分会上进行了主旨发言，反响强烈。

11 月 7 日，水电学会领导会见来访的日本海外电力调查会上席研究员中山元一行并座谈，双方就今后加强沟通往来和可能的合作领域交换了意见。

12. 科普活动

制定了《水电学会科普发展规划（2016—2020）》，积极多渠道、多样式开展科普宣传。

结合三峡工程博物馆建设，水电学会牵头组织行业单位专家推进建设“中国水电科技博物馆”，打造全国性水电科普基地和爱国教育基地。

4月8日，水电学会领导参加了在宜昌举行的“2017长江三峡中华鲟放流活动”并致辞，持续关注水电工程建设与生态环境保护。

5月12日“全国防灾减灾日”期间，水电学会组织在华北电力大学举办了“水力发电与地质减灾”科普论坛，开展院士进校园科普活动。邀请了陈祖煜院士等专家做主题报告，十余家有影响力的媒体到会交流并广泛报道，学会“中国水电网”进行了图文直播。

总结首个院士领衔“水利水电科学传播专家团队”活动成果，制定《科普传播专家团队管理办法》。组织首席科普院士专家参加科协“科普中国·首席科学传播专家大讲坛”活动。

维护好水电学会“中国水电网”网站，发挥好宣传主阵地作用。对社会上各种针对水电不实言论及时进行科学有据的回应。维护好微信公众号（微信号：CSHE1980），及时推送重要新闻和消息，开辟水电宣传新阵地。

13. 表彰举荐优秀科技工作者

根据中国科协通知精神组织开展“两院”院士候选人推荐工作，组成了包含5位院士的11人专家评审小组，制定了《关于人才举荐工作的纪律规定》以确保公平公正性。推选的中国三峡集团樊启祥教高、中国电建昆明院张宗亮教高均获提名为2017年院士增选有效候选人。

持续办好“水力发电科学技术奖”。2017年共收到行业单位申报的科技成果177项（参与科研人员近2000人），创历年新高。经过形式审查、网络初审、专家会审和终审，45个成果项目获奖，其中一等奖11项，二等奖12项，三等奖22项，参与完成获奖的科技人员439人。

根据中国科协文件和其他机构委托，在会员单位中开展了申报科协民间科技组织事务资助专项2项、推荐工科类国际科技组织后备人选2人、申报2017年科协青年科学家参与国际组织及相关活动项目2人、推荐宣传全国学会优秀党员科技工作者先进事迹5人、首届“全国创新争先奖”2人和1个团队、第十二届光华工程科技奖2人、第十五届中国青年科技奖2人、严恺工程技术奖2人等人才举荐工作。

14. 学会创新发展

继续发挥潘家铮水电科技基金服务水电公益事业的作用，于8月7～17日组织开展“2017大学生暑期水电社会实践教育活动”，地点在东北的丰满水电站和丰满重建工程、白山水电站和白山抽水蓄能电站，共有13所高校的24名优秀学生代表参加。

目前，水电学会有“潘家铮奖”奖励杰出贡献水电科技专家，“潘家铮水电奖学金”培养水电后备力量。为解决学会设奖“断层”问题，经研究将设立面向基层一线工程技术人员和年青技术骨干的奖项，构建合理的人才培养梯队。

15. 党建强会

推进理事会层面功能型党委充分参与学会“三重一大”事项前置审议。制定《党委工作制度》，促进规范有效开展工作。全年共召开党委会议3次，在职责范围内积极开展议事工作，对有关重大事项进行研究决策，有序推进学会日常运作发展。

11月22日召开的八届二次理事会上，全体理事深入学习贯彻党的十九大、习近平总书记对群团改革工作重要指示和“科技三会”精神。

申报科协“党建强会”活动项目并获资助，借助网站和微信公众号等多渠道创建学会党建学习宣传阵地，建立起学会和上级党委之间的党建学习宣传联动。

秘书处党支部在科协服务中心党委和水电总院党委领导和部署下积极开展党务工作，推进“两学一做”常态化制度化，有序完成做“一件实事”和“一件难事”的任务。

16. 会员服务

《中国水力发电年鉴》《中国水力发电信息年报》《水力发电学报》，以及与国网英大传媒集团共同编撰的《潘家铮院士全集》、与中国电建集团编撰的《谭靖夷院士纪念文集》，分别赠送会员单位。

及时更新网站和公众号有关行业新闻信息，建设管理好会员联络QQ群、微信群，方便交流和服务。

主要事件

1. 2017年中国水电发展论坛暨水电科技奖颁奖典礼在北京举行

1月12日，由中国水力发电工程学会与中国水利水电科学研究院联合主办的2017年中国水电发展论坛暨水力发电科学技术奖颁奖典礼在北京召开。

水电学会名誉理事长、水利部原部长汪恕诚，水电学会名誉理事长、国务院南水北调办原主任张基尧，国家开发银行原行长姚振炎，水电学会理事长、国务院南水北调办公室副主任张野，水电学会名誉理事长、原中国国电集团总经理周大兵，中国工程院院士陈厚群、王浩、胡春宏等和来自全国水力发电战线

80多个单位的300余名新老水电工作者代表以及来自有关水电国际组织的专家出席会议，共同见证过去一年中国水电科技事业取得的新进展，分享行业各单位在水电科技研究和工程实践中取得的新成果，共谋水电可持续发展。

中国水力发电学会理事长张野、中国水科院院长匡尚富分别代表主办单位致辞。水利部原部长汪恕诚、国家开发银行原行长姚振炎以及国家能源局总工程师韩水的代表，先后在大会上发表讲话。

大会邀请中外专家进行了精彩丰富的学术报告。国际水电协会执行总裁理查德．泰勒作了《互联世界中的水电》专题报告；中国电力建设集团海外事业部副总经理陈观福介绍了中国企业《践行“一带一路”倡议　唱响中国品牌》的情况；国际大坝委员会荣誉主席路易斯．贝尔加介绍了《世界水电发展趋势》；黄河上游水电开发公司庞秀岚主任向大会汇报了中国《水光互补技术研究与应用》的成功范例。

周大兵名誉理事长主持潘家铮奖和2016年度水力发电科学技术奖颁奖典礼。经水力发电科学技术奖励委员会评审，2016年共评选出潘家铮奖获奖者3名，分别为清华大学土木水利学院院长张建民、中国葛洲坝集团总工江小兵、水利部水利水电规划设计总院副院长刘志明；水力发电科学技术奖特等奖、一等奖、二等奖、三等奖共45项，获奖成果覆盖了全国水电的设计、制造、施工、运行、管理、科研教育等各方面。同时，大会还对获得2016年度《水力发电学报》优秀论文奖的10篇获奖论文作者进行了表彰。

论坛最后还举行了“中国水电会旗”交接仪式，经商定2018年中国水电发展论坛暨水力发电科学技术奖颁奖典礼将由中国水力发电工程学会与国家电网公司共同主办。

2．学会关于水电“弃水”研究政策建言被写入2017年政府工作报告

近年来，中国水电建设取得了巨大成就，为经济社会发展做出了积极贡献。但在当前电力需求增长放缓、一次化石能源仍占较大比重、水电输送通道建设相对滞后、省间利益壁垒难破等多重因素影响下，西南水电连年遭遇“弃水”，造成水资源的浪费、电量及经济效益的损失巨大。为大力缓解弃水难题，水电学会已连续五年关注和开展弃水研究工作，通过深入电网企业、川滇两省流域公司进行实地调查研究、收集分析数据，组织行业专家开展论证工作，形成了多项政策建议报送有关部门。

2017年初，在完成《电力市场与水电弃水分析研究》课题报告基础上，水电学会联合课题参与单位国务院发展研究中心，形成了《我国能源行业乱象丛生制约能源革命　建议能源结构调整应有国家整体战略》的建言报告，报送国务院；同时，张基尧名誉理事长就弃水问题及解决建议向国务院领导递呈报告。经过多方不懈努力，弃水难题得到了国务院领导的高度重视并批示“请发展改革委、能源局研酌”，同时弃水问题首次被写入了政府工作报告，强调“抓紧解决机制和技术问题，优先保障可再生能源发电上网，有效缓解弃水、弃风、弃光状况”。

2017年全国两会后，国家能源局局长带领调研组赴云南、四川就水电开发和弃水问题进行专题调研，国家发展改革委和能源局陆续印发了《关于促进西南地区水电消纳的通知》《解决弃水弃风弃光问题实施方案》，全年弃水以及弃风弃光状况得到了有效缓解，国家清洁能源利用率得到提高，有力促进了节能减排目标的实施。

3．学会八届二次理事会议在北京召开，全体理事深入学习贯彻十九大精神

11月22日，水电学会八届二次理事会在北京召开。中国科协第九届全委员委员、中国电力建设集团党委书记、董事长作《深入学习贯彻党的十九大、习近平总书记对群团改革工作重要指示、“科技三会”精神》的报告；水电学会党委书记、理事长张野作《以十九大精神为指导推进水电事业有序发展，为决胜全面建成小康社会、实现中华民族伟大复兴的中国梦不懈奋斗》的工作报告。国家能源局总工程师韩水等学会副理事长，以及八届理事会成员和授权代表、监事、水电学会专委会和地方水电学会代表近160人出席大会。

晏志勇指出，党的十九大对做好新时代群团工作提出了新的更高要求，为群团发展提供了前所未有的战略机遇和广阔空间，水电学会强化责任担当既是内在要求也是时代呼唤，要坚定不移地以习近平新时代中国特色社会主义思想武装头脑、指导水电科技创新和学会全面深化改革实践，团结和引领广大水电科技工作者积极推进“双创”工作，参与开展创新争先行动，推动水电科技繁荣发展，促进水电科学普及和推广，共同为实现世界科技强国目标而不懈奋斗。

工作报告指出，在广大水电工作者共同努力下，2017年水电事业保持平稳增长态势，水电总装机容量约3.4亿kW，是清洁能源的绝对主力。装机容量世界第二的白鹤滩电站主体工程全面建设，全部国产化的单机百万千瓦水轮机组成功研制领跑世界；溪洛渡电站斩获菲迪克2016年工程项目杰出奖；抽水蓄能事业迎来加快发展新阶段；《绿色小水电评价标准》发布实施。中国水电综合实力达到了世界先进水平，足迹遍及100多个国家和地区，目前世界上在建约70%的水电水利工程由中国企业建造，水电已成为中国推动“一带一路”建设和制造强国目标的一支重要

力量。

报告深入分析了当前水电发展面临的形势和任务，提出了新时期水电需要攻克大量技术难关、安全风险不容忽视、生态环保理念要进一步深化、“弃水”问题要持续关注、运行维护要多加重视、中国水电标准国际化步伐要加快等，号召广大水电科技工作者牢记使命、开拓创新，不断深化水电学会服务职能和提高服务水平，大力促进水电科技创新与进步，努力为中国水电事业健康发展做出新贡献。

与会副理事长以及来自流域公司、设计、施工、制造、科研高校等理事单位代表的典型发言，分享了行业各专业领域的科技创新最新成果、传递了优秀企业发展管理经验、指出了行业发展过程中的一些技术瓶颈和创新难题、提出了促进行业和企业协调发展的诉求和要求，为学会进一步拓宽发展思路和找准服务切入点提供了有益借鉴。与会代表广泛讨论和深入交流，围绕行业发展的重心和学会改革发展的实际，积极建言献策、把脉开方，共同为促进水电事业有序发展和学会综合服务能力提升贡献智慧和力量。

4. 全国高土石坝关键筑坝技术研讨会在四川康定召开

12月8日，全国高土石坝关键筑坝技术研讨会在四川省甘孜州康定市举行。会议由中国水力发电工程学会、大唐集团联合主办，吸引了来自中国科学院力学研究所、清华大学、武汉大学、河海大学、天津大学、长江科学院、中国电建、国电集团、华电集团等企业机构的近百名专家代表。与会专家以长河坝水电站为借鉴案例，对“水电行业高土石坝关键筑坝技术”进行深入的理论探讨和实践交流。会后专家代表还参观了长河坝水电站泄洪进水口、大坝、地面开关站、厂房等现场，对大坝建设、精品工程创建等给予高度评价。

水电学会副秘书长陈东平表示，由于体制机制原因及缺乏统筹，在电力发展过程中，出现了难以回避的结构性问题，如西部水电弃水严重、东部火电利用小时持续下降等。中国水电技术已处于世界领先水平，但也正值电力发展的调整期，希望能利用这段时间，好好总结发展经验，形成真正的“中国品牌”，将中国水电标准引领世界标准。

多位专家学者的主旨报告交流了中国石坝新发展、高堆石坝宏细变形机制、高土心墙堆石坝变形特性与裂缝控制、高土石坝材料试验新方法等先进技术，结合长河坝水电站的筑坝成果，深入浅出地将理论知识与施工实践分享给与会代表。

长河坝水电站位于四川省甘孜藏族自治州康定县境内，为大渡河干流水电梯级开发的第10级电站。长河坝大坝为砾石土心墙坝，坝高240m，是70m河床深厚覆盖层上的300m级世界第一高坝。坝体填筑总量大、强度高，施工战线长，且大坝处于8级高地震烈度区，滚石、泥石流等地质灾害频发，建设难度大。在业主、设计、监理、施工单位不懈努力下，2016年9月11日大坝顺利填筑到顶；2017年11月11日正式具备蓄水至1690m正常蓄水位条件。

5. “全国防灾减灾日”水电学会举办院士进校园科普论坛

5月12日“全国防灾减灾日”期间，为了向社会各界科学普及水力发电、水库大坝建设与地质减灾的科学关系，中国水力发电工程学会联合中国大坝工程学会在华北电力大学成功举办了一场别开生面的《水力发电与地质减灾》科普论坛。论坛特别邀请了中国地质、岩土方面的专家和学者，结合美国奥罗维尔大坝事故等热点问题，围绕水库大坝和水电站在地质减灾方面的重要作用，开展院士进校园科普专题讲座，并同与会师生和媒体记者进行了现场交流。

论坛由中国水力发电工程学会科普传播团队的首席科学家、中国著名岩土力学专家、中国科学院院士陈祖煜领衔的专家报告团，向与会师生和媒体记者介绍了中国有关地质防灾减灾方面的最新学术观点及相应的科普知识。

陈祖煜院士结合水电工程向大家总结归纳了近十年来中国发生的地质灾害总体情况及防治成果，使与会者对中国的防灾减灾技术水平和总体情况有了较为清晰的了解。

国际水利与环境工程学会原副主席、清华大学王兆印教授做了《自然坝的消能减灾作用》专题讲座，系统地介绍了清华大学相关团队在利用“消能”方式减少地质灾害方面的科研成果，并创新性地提出了“消能是地质减灾的关键”这一学术新观点。

国际大坝委员会大坝安全专委会执行委员、中国水利水电科学研究院岩土所教授徐泽平做了《从美国奥利维尔大坝事故看水电与减灾》的专题报告。徐泽平通过对今年2月美国奥利维尔大坝发生的严重事故分析，进一步说明“能量”是产生地质灾害的主要原因之一，从而也从另一个侧面验证了水力发电的消能减灾作用和“消能是地质减灾的关键”这一学术新观点。

中国著名能源政策研究专家、国务院发展研究中心资源环境研究所研究员王亦楠，以《水电与地质灾害的社会认知亟需澄清》为题，系统阐述了社会上有关水电开发与地质减灾方面的各种认识误区以及所产生的不良后果。

为响应中国科协科普信息化的号召，增加本次科普论坛宣传效果，活动不仅邀请了新华网、人民网、中国网等知名网媒和中国科学报、中国电力报、中国水利报、中国能源报、能源杂志等多家专业媒体参加，而且还利用水电学会的“中国水电网”和大坝学会微信公众号对论坛内容进行了图文直播。参加活动的师生也普遍认为：本次院士进华北电力大学校园开展科普活动，结合网络和信息化等传播手段，较好地向公众传达了中国地质防灾减灾方面的最新研究成果，取得了非常良好的“防灾减灾”科学传播效果。

6. 2017 中国水电风险管理年会暨安全与应急高峰论坛在北京召开

11 月 23 日，由水电学会主办、水电学会风险管理专委会承办的“2017 中国水电风险管理年会暨安全与应急高峰论坛”在北京召开。来自国家能源局、国家能源局大坝安全监察中心、国土资源部地质环境司、国土资源部地质灾害应急技术指导中心、中国地质调查局水文地质环境地质调查中心、中国企业改革与发展研究会，以及各大电力集团、流域水电企业、科研院所和高校等 40 余家单位的领导、专家和学者出席会议，共同探讨行业发展与水电企业安全生产及智能科技融合的实践经验与创新方向。

论坛共分为能源与产业形势解读、企业管理与科技创新、院士专题讲授、新技术与学术成果分享、企业及流域公司经验交流 5 个环节。

国家能源局总工程师韩水作讲话，分析了中国能源最新发展形势，指出当前国民经济稳中向好，能源消费继续保持回暖态势，但可再生能源产业在高速发展的同时，很多企业面临着寻优转型的问题。国家大力推进创新驱动发展战略，要求电力企业要以创新视野、战略眼光和全局观念，进行系统谋划和长远考虑，推动技术革新与探索实践，增强企业可持续发展能力。强调要加强企业人工智能建设、优化资源配置、做好战略规划、加快人工智能的成果向应用转化、促进人工智能与风险管理相结合等，希望水电企业要认清新的产业革命形势，紧跟人工智能技术发展步伐并灵活掌握运用。

中国三峡集团副总经理樊启祥就金沙江大型水电工程风险管控作了经验分享，指出水电工程安全风险工作十分重要，水电学会风险管理专委会对推动水电行业风险管控工作起到了积极促进作用。樊启祥强调，要通过风险管理和科技创新相结合，切实把风险管理贯穿到项目建设的全过程。水电学会风险管理专委会组织行业专家开展的乌东德水电工程地质灾害监测预警等项目，有效降低了施工期的安全风险，希望专委会将成果继续深入研究，为工程的安全建设和运行提供强有力的技术支持和保障。

会上，中国工程院院士陈厚群、谢礼立，国电大渡河流域水电开发有限公司总经理涂扬举、华电云南发电公司总经理王鹤鸣、能源局大坝中心副主任池建军，以及各大发电集团和流域公司的领导专家分别在有关论坛环节做了主题发言。

水电学会副秘书长陈东平作会议总结发言，指出水电工程所面临的问题都可以纳入风险管理的范畴；随着科技的发展，智能水电已不可避免地成为每个水电企业都要认真思考的问题，智能化发展永无止境，未来专委会将大有可为。最后，他对有关部门和各企业长期以来对学会工作的大力支持表示感谢，表示学会将继续发挥好桥梁和纽带作用，更好地为政府、行业、企业和广大会员服务，共同促进水电事业健康可持续发展。

（雷定演）

【中国电力发展促进会】

（1）完成换届工作。召开了第四次会员代表大会，选举产生了第四届理事会，通过了《章程》修改、《会费管理办法》修改等议案，国家发展改革委、国家能源局相关部门负责同志到会讲话。

（2）脱钩改革有序进行。按照国资委、民政部关于行业协会商会试点工作安排，完成北京外事办办理外事脱钩报批、财务固定资产盘点和资产清查工作，完成国资委、发展改革委、民政部等布置关于涉企收费的自查和清查工作。目前已列入国资委第二批改革试点，等待审批。

（3）加强与会员单位沟通，搭建平台，为会员服务，举办了“2017 中国电力规划发展论坛暨电力运行形势高端交流会”。

【中国电力国际产能合作企业联盟】

（1）中国电力国际产能合作会议。2017 年中国电力国际产能合作会议于 9 月 8 日在北京召开。联盟 22 家理事单位、26 家成员单位以及 11 家金融委员会单位，共计 100 余名代表参加会议。国家发展改革委有关领导、金融及电力规划专家、电力企业代表共同围绕“一带一路”和国际产能合作有关电力政策与规划、金融支持与合作以及电力国际产能合作中面临的机遇与挑战、未来联盟发展与服务内容等议题进行了深入交流探讨。会议的召开，为联盟更好地发挥行业平台优势，增强行业凝聚力，推动电力国际产能合作奠定了坚实基础，更为联盟未来进一步开拓创新、服务联盟成员企业明确了方向。

（2）“第二届海外矿业投资高层论坛”召开。11 月 28 日，“第二届海外矿业投资高层论坛”在北京开幕。论坛以“跨产业携手，推动‘一带一路’矿业国际产能合作”为主题，邀请来自政府部门、行业协会和企业界的 300 余位代表，共同探讨新形势下海外矿业投资的问题和对策，以及加强矿业与其他产业之间的深度合作。杨昆出席论坛并作主旨发言。

【中国电力建设企业协会】

（1）组织开展电力行业调研。一是开展“电力建设企业经营情况调研”活动。自3月开始，走访了中国能建集团、中国电建集团，现场调研了河南工程公司、江苏电建一公司等6家省级施工企业，听取14个在建电力工程项目的情况介绍，并对电力建设企业“走出去”、开拓非电业务和参与PPP项目情况进行了专项调研，完成了“电力建设企业经营情况调研报告”，并报送国资委、发展改革委等有关政府部门；二是开展电力监理企业“落实企业主体安全责任”调研活动。为落实《中共中央国务院关于推进安全生产领域改革发展的意见》（中发〔2016〕32号）文件精神，2017年四季度，对国家电网公司、南方电网公司、中国电建、中国能建所属的江西诚达工程咨询监理有限公司等4家有代表性的监理企业及所属项目进行调研，国家能源局安监司有关领导参加了调研活动。完成了“电力建设工程安全监理情况调研报告”的编写工作。

（2）根据会员单位实际需求，调整《行业统计汇编》的相关内容，按时完成2017年电力建设施工企业的一、二、三季度统计季报数据申报、汇总、编辑、审核及向国家统计局报送工作；完成2016年度行业年度统计数据向国家统计局的报送工作以及2016年度行业年度统计数据汇编的出版及发放工作；组织召开2017年度电力建设行业统计工作会议，国家统计局有关领导参会指导。

（3）电力建设领域信用管理。一是完成31家电力建设企业的信用评价现场访谈、评审、公示等工作，复评企业46家，年检企业153家。参与中电建协信用评价的企业230家（其中火电29家、水电22家、送变电30家、监理65家、调试84家）；二是发布电力建设信用动态管理信息报告，推荐13家企业参加中施企协“工程建设诚信典型企业”评选，有6家获得工程建设诚信典型企业；三是完成国家能源局资质中心《电力建设领域信用评价标准》（含火电、水电、送变电、调试、监理及新能源）的编制，并形成相对统一的格式，报送国家能源局；四是不断补充和完善行业信用信息平台建设。

（4）电力优质工程评审与推荐。一是完成电力优质工程的评审工作。完成了2017年度66项电力工程（含中小型20项、境外工程1项）的申报资料预审和现场复查工作。其中，“浙江台州二电厂2×1000MW机组工程”等62项工程被评为2017年度中国电力优质工程；二是完成国家优质工程奖的推荐工作。2017年度推荐36项电力工程（含境外工程）参加国家优质工程奖评审。通过国家优质工程奖审定委员会评审，“安徽淮北平山2×660MW机组工程”等36项工程获得国家优质工程奖。其中，“浙江台州二电厂2×1000MW机组工程”等6项工程获得国家优质工程金质奖；三是完成中国建设工程鲁班奖的推荐工作。2017年度推荐6项电力工程参加中国建设工程鲁班奖评审，其中“华润浙江苍南2×1000MW机组工程”等4项工程获得中国建设工程鲁班奖；四是完成中国安装优质工程奖的推荐工作。2017年度推荐22项电力工程参加中国安装优质工程奖（安装之星）评审，“国电投西宁2×660MW超超临界主厂房建筑安装工程”等20项获得中国安装优质工程奖。

（5）完成电力建设科技进步奖、工法、QC成果奖评审。一是完成2017年度电力建设科技进步奖911项申报成果的评审工作。经评审，获奖成果446项（其中一等奖25项、二等奖135项、三等奖286项）淘汰成果465项，淘汰率51%。在中电建协七届一次会员代表大会上，对一等奖获奖成果颁发了证书和奖金；二是完成2017年度349项申报电力建设工法的评审工作。经评审，163项工法批准为电力建设工法，淘汰工法186项，淘汰率53%；三是完成2017年度电力建设QC成果奖1160项申报成果的评审工作。经评审，获奖成果796项（其中一等奖88项、二等奖256项、三等奖452项）。淘汰成果364项，淘汰率31%。

（6）完成电力行业优秀企业和个人评选。组织相关专家对监理、调试评优管理办法进行了修订，经申报、初审、专家审核、评审及公示等，20家企业获得全国优秀监理企业、20家企业获得优秀调试企业称号，22人获得全国优秀调试项目经理、40人获得优秀总监理工程师、80人获得优秀监理工程师称号。

（7）电力建设标准制修订。完成《火电工程质量评价标准》《电力建设施工质量验收规程　第2部分：锅炉机组》和《袋式除尘器施工工艺导则》等7项电力行业标准的制修编及报批工作；启动《电力建设施工技术规范　第2部分：锅炉机组》和《电力建设施工质量验收规程　第1部分：土建工程》等11项电力行业标准的制修编工作；启动《水电水利工程质量评价标准》《火电建设安全文明施工管理导则》和《输变电工程质量程度检验评定规程》等13项中电联团体标准的编制工作；完成中电建协团体标准《输变电建设项目全过程工程咨询导则》的编制、批准及发布工作。

（8）开展电力行业安全管理。一是配合国家能源局开展“电力建设工程施工安全年”活动。组织电力监理“安全知识竞赛”活动，推进电力建设信息化安全监管平台建设；二是完成国家能源局委托的《关于进一步加强电力建设工程施工安全监督管理工作的若干意见》《电力建设施工安全监管存在问题及解决对策研究分析》《电力建设工程施工安全监督管理办法》及《2016年度电力建设工程施工安全监管报告》等课题研究报告的编写工作，并及时提交相关部门；三是开展江苏盐城海上风电、三门核电及田湾核电等项目安全生产咨询工作。

（9）电力工程质量控制咨询服务及达标投产复验。共签订了31个电力建设全过程质量控制示范工程合同；完成“四川雅砻江官地水电站”等3项工程的达标投产复验工作。

（10）开展电力工程质量监督。根据工程项目申请，对内蒙古京能五间房电厂工程等13个项目进行了52次阶段性质量监督检查工作；4月开始，进行电力工程质量通病调研工作，已完成调研报告定稿审定；与华能质监中心站共同探讨“打造国际电力工程质量管理技术服务新模式”新课题，依托“巴基斯坦萨希瓦尔2×660MW燃煤电站工程”项目，开展国际项目质量技术服务合作方式，为搭建质量技术服务平台探索出路。

（11）电力建设材料设备管理。一是组织“永茂杯”中电建协第五届吊装技能竞赛。共14支代表队参加了理论和实操技能的比赛，3家单位和3名选手分别获得了团体赛和个人赛的奖项，5家单位和5名选手分别有获得了团体优胜奖和个人优胜奖；二是开展大型机械安全与使用网上服务平台的可行性研究。目前已完成社会网上平台服务企业、大型机械制造厂家和主要的专业租赁企业的初步调研20家；三是策划搭建网上材料服务平台，确定平台建设基本工作思路。

（12）电力建设企业/人员能力管理。评审公布两批电力工程调试能力资格复审合格企业，其中电源类114家、电网类114家。评审公布一批电力行业保温防腐工程能力资格复审合格企业64家，评审公布一批电力工程质量评价能力资格复审合格企业4家；组织召开电力工程监理、调试培训工作研讨会，完成电力工程总监、调试等从业人员培训教案、题库及视频录制等工作；配合中国建设监理协会开展国家注册监理工程师个人入会267人，经申报审核累计通过3746人注册为中国建设监理协会个人会员。

【中国电力规划设计协会】

（1）评优评审工作。一是组织年度电力、水电行业“四优”评选，邀请83家单位的224名专家对552个申报项目进行了初评、终评，共评出一等奖78项、二等奖99项、三等奖158项；水电类一等奖9项、二等奖9项、三等奖4项；二是推荐了15个工程咨询项目参评全国优秀咨询成果奖。组织39家会员申报中国勘察设计协会建设项目管理和工程总承包分会开展工程项目管理和工程总承包企业完成合同额百名排序工作；三是组织行业优秀QC活动小组成果评选，44家单位、共126项参加发布，共评选出电力勘测设计行业一等奖40个，二等奖40个，三等奖46个，推选出参评全国奖的项目；四是组织评审并确定64个项目为2016年电力工程设计专有技术。集中评审14个软件申请项目，确认著作权；五是经过综合评审和现场抽查，确定申报信用评价的12家为AAA级和10家为AA级。

（2）行业质量管理。组织行业质量检查活动，邀请专家分4组对8家会员的有关工程项目进行检查，重点抽查了规程、规范、标准执行情况，交流经验、解决问题；组织参加年度行业质量奖评选工作，1家申报行业质量奖，13家申报“卓越绩效先进企业”称号，11家申报行业质量信得过班组；组织开展三标体系认证评审工作，上半年安排约120人次参与30家外审活动。组织行业质量体系文件换版研讨活动，为会员单位标准转版提供思路和解决方法。

（3）统计调研工作。综合参与统计的118家会员单位数据，首次汇总水电7家设计院数据，发布了2016年度电力勘测设计行业统计年报分析报告和同业对标标杆指标汇总信息；汇总印发了2016年政策调研成果。分别组织4个课题组分赴行业内外8家单位进行实地调研；继续组织43家会员参与工程设计责任险投保工作。

（4）标准服务领域。实现《中国电力设计标准与国际标准和国外标准比较研究》全套27卷出版工作；发布《2017年电力行业标准有效版本清单》。征集并确立20项为2017年行业标准设计制（修）订项目。《电力勘测设计管理制度》已统稿征求会员意见。《电力工程数字化产品技术规范》（火力发电分册）形成征求意见稿；完成国家能源局、电力规划总院委托翻译14项电力规划设计标准，其中5项已出版，5项已完成翻译待审查。

（5）行业宣传和培训工作。上半年出版《电力勘测设计》3期、刊稿53篇，增刊2期、刊稿133篇；《电力设计信息》出版12期、刊稿284篇，电子版正式上线。会同中国电力报社等单位，举办2017年度全国电力工程新闻宣传工作联席会；组织2期、共253人次参加的压力管道设计审批人员培训考核并换发资格证书；举办2期、共182人参加的次送变电设总（高级）培训班；举办1期、共90人参加的供用电设计技术培训暨研讨会。

（6）完成政府委托工作。组织专家做好2017年全国勘察设计注册工程师电气专业考试命题、组卷等考务工作，受理34名考生2016年度成绩复查的申请，完成注册服务4600余人次等工作；组织评审了6家会员压力管道设计资质并取得证书。协会会员单位采取腾退方式解决行业在岗压力管道设计人员数量不足问题。组织2017年需换证、取证的14家单位召开研讨会，邀请专家集中解答咨询资质换证相关问题；汇总向发展改革委、住房城乡建设部反映有关总承包规定的修订意见。向国家质监总局反映火电厂出厂燃气管道连接设计认定业绩问题。反映并解决中南电力设计院三标体系资格问题。

(7) 分支机构活动。组织召开分支机构及专委会负责人年度工作会议，编制了《2017年会员服务指南》，于3月底完成并下发至所有会员单位。经过充分酝酿，组织完成了7家分支机构和专委会进行换届工作。

(8) 推出电力工程云服务平台及中外电力工程技术标准数据管理平台。电力工程云服务平台以云计算技术为基础，服务内容囊括电力勘测设计行业相关评审、国内外商业软件整租服务、系统内软件和商业软件应用共享、知识经验共享等；标准数据平台则是将中外电力工程技术标准及相关专业数据汇总集成的"标准库"，企业可以在其中实现专题查阅、跨语言检索、中外标准条款对照等功能；为推动供用电会员数字化设计普及，成功举办第一届供配电EIM大赛，共有12家单位申报16项参加项目，广州市电力工程设计院等4家企业申报的7个项目在决赛中收获大奖。

(9) 借助"一带一路"宣传中国电力设计标准。加强与国家标准委联系，确定将协会组织翻译的"中国电力标准"作为"一带一路"国际合作高峰论坛中国标准宣传两部分的其中之一，向与会的60多个国家赠送了《中国标准英文版》，共有107项电力标准目录以及19项电力标准全文信息。上半年还承担国家能源局委托中俄标准研究课题中电网、火力发电等部分任务。

(10) 筹建协会团体标准化委员会。在国家标准委全国团体标准信息平台上已注册通过，印发协会团体标准《管理办法》及《实施细则》，确定2017年协会团体标准制修订项目计划9项。

(11) 修订颁发《电力勘测设计大师评选办法》和《电力勘测设计行业供配电设计专家评选办法》。重新制作四批专家的"电力勘测设计大师"荣誉证书，组织第三届供配电设计专家申报工作。

(12) 制订《电力工程科技进步成果鉴定办法》。第二届电力工程科技进步奖评选揭晓，共有39家会员申报133项，评选出一等奖21项、二等奖25项、三等奖33项。

(13) 集录整理"2015.07～2017.06工程勘察设计行业改革发展文件汇编"，参与国家发展改革委、能源局推动的"信用中国"中行业协会承担相关工作。

【中国电力技术市场协会】

(1) 完成国家发展改革委高新司组织的2017年第24批国家认定企业技术中心行业（能源组）申请材料和评价材料的筛选和评审，完成武汉都市环保工程技术股份有限公司等4家行业企业技术中心的推荐工作。

(2) 12月在北京召开了中国电力技术市场协会第四次会员代表大会暨第四届理事会第一次会议。会议审议通过了中国电力技术市场协会《第三届理事会工作报告》《财务收支和审计情况的报告》《中国电力技术市场协会章程》（修订）《会费管理办法》《第四届理事会理事单位及理事》等议案，并通过投票表决方式选举产生了中国电力技术市场协会第四届理事会。

(3) 精心组织行业专业技术培训及交流会议（班）十余个，搭建了高效的行业技术交流平台。

(4) 完善全国燃气机组技术交流协作会等专业技术协作组织机构及技术交流工作，为会员提供全方位服务。

【中国水利电力质量管理协会】

(1) 精心组织，积极开展质量管理小组活动。共计592个QC小组活动成果获全国电力行业优秀QC成果，91家质量管理小组活动优秀企业，80名质量管理小组活动卓越领导者，94名质量管理小组活动优秀推进者。30个小组通过行业推荐荣获全国优秀质量管理小组。

(2) 强质增效，质量信得过班组建设屡创佳绩。在推动信得过班组建设过程中，发挥企业主体作用，更加明确了质量信得过班组建设活动的目的，规范活动内容，从而使活动效果更具"质量"特色。通过在全国电力行业开展质量信得过班组活动，促进了企业加强质量管理基础工作，运用全面质量管理理念，科学应用先进质量管理方法，改进质量、提升效率、降低成本、节约资源、保护环境，提升了企业基础管理的软实力。2017年有108个班组荣获全国电力行业质量信得过班组，15个班组荣获全国质量信得过班组。

(3) 创新理念，融合实践，卓越绩效评价稳步提升。积极推动电网企业导入卓越绩效模式成都勘测设计院、河北电力设计院、富阳电力公司、诸暨电力公司、缙云电力公司、漕泾电厂6家企业通过了材料评审，水电质协组织专家对这批企业进行了现场评审，经过电力行业审定委员会审定，这6家荣获企业全国电力行业质量奖称号。

【中国电力体育协会】

(1) 召开中国电力体育协会第六届全国理事会。4月20日，中国电力体育协会第六届全国理事会在北京召开。大会选举产生了中国电力体育协会第六届理事会和领导机构。

（2）组队参加全国行业体协职工乒乓球比赛。4月22日，组队参加了由国家体育总局群体司主办的2017年全国行业体协职工乒乓球比赛，队员分别来自中电联、国家电网公司、国家电力投资集团公司、华北电力大学等单位，获团体季军。中国电力体协秘书长张小明在行业体协专职干部组比赛中，以全胜战绩获得冠军。

（3）举行2017年电力单位网球友谊赛。5月21日，和中国电力网球协会共同主办、国家电力投资集团公司承办的"2017年在京电力单位网球友谊赛"在京举行。来自七家在京电力集团公司的近100名网球选手参加了比赛，这是赛事举办以来，参赛人数最多、规模最大的一次。

（4）举行2017年全国电力行业职工桥牌锦标赛。6月12～16日，中国电力体协主办，中国国电集团公司工委承办，国电东北电力有限公司工委协办的2017年全国电力行业职工桥牌锦标赛在吉林举行。来自全国电力行业的26支代表队，170多名男女运动员参加了本次比赛。中国华电集团公司队荣获冠军，湖北省电力公司队荣获亚军，获第3～8名的代表队是深圳南港动力工程有限公司队、中国大唐集团公司队、中国华能集团公司队、中国国电集团公司队、山西电力桥协队、浙江能源集团公司队。

（5）举行2017年全国电力行业职工乒乓球比赛。9月14～17日，中国电力体育协会主办、国家电力投资集团公司承办、国家电投中国电能成套设备有限公司协办的"2017年全国电力行业职工乒乓球比赛"在北京举行。共有13支电力企业代表队、175名运动员参加，是历届比赛中参赛人数最多、规模最大的一次。

（6）举行在京电力单位扑克牌双升及掼蛋友谊赛。10月29日，举行了2017年在京电力单位扑克牌双升及掼蛋友谊赛。来自国家能源局及在京电力单位共12支代表队、146名选手参加了比赛。

【中国电力教育协会】

（1）开展行业协会商会脱钩的有关工作。完成协会脱钩财务审计，外事工作关系转移，以及房屋腾退办法、党组织关系转移办法的制定和上报等。

（2）完成协会领导人调整等事宜。召开中国电力教育协会第三届理事会第三次会议，表决通过了第三届理事会、常务理事会、会长、副会长、秘书长、电力教育基金管理委员会委员和《中国电力教育》编委会调整议案。

（3）开展2017年电力行业技能人才培育突出贡献奖评选表彰活动。国网辽宁省电力有限公司技能培训中心等5个单位、国网安徽省电力公司许启金等11名个人荣获"2017年电力行业技能人才培育突出贡献奖"。

（4）完成《配电网建设改造行动计划》技术培训系列教材的申报与编审工作。按照《配电网建设改造行动计划》教材建设委员会要求，组织编写第一批培训教材，确立首批满足基层需求的培训教材38项，其中新编教材立项计划24项，修订教材立项计划7项，精品教材项目7项，并评选出第二批培训系列立项教材计划10项，其中新编教材立项计划8项，精品教材项目2项。

（5）组建电力培训标准化技术委员会。组织开展无人机巡检作业人员培训考核规范等4个专业标准编写工作。

（6）成立中国电力教育协会电力职业技能培训委员会。完成培训师教学技能竞赛的方案制定、题库建设等工作，开展技能培训与企业培训师队伍建设的交流研讨活动。

【中国国际贸易促进委员会电力行业委员会】

（1）为电力企业提供《2017中国企业海外投资指南》《中国对外投资合作政策法规汇编（2017）》《中资企业在俄罗斯经营指南——俄罗斯中资企业2016年度白皮书》等对外投资信息和政策，为电力企业海外投资提供营商环境、风险机遇及应对策略等方面的帮助。

（2）发布涉及电力行业境外项目有效信息共6条，包括哈萨克斯坦150MW太阳能电站项目、英国DURHAM固废电站建设项目、巴基斯坦开博尔—普什图省7座水电展建设项目等。信息发布后，国家电网公司、国电集团、华电集团、协鑫集团均对项目进行了后续了解跟进。

（3）为企业提供商业预警信息。向电力企业发布商业预警共计约80条，涉及50个国家和地区，预警内容包括恐怖袭击威胁、社会安全、航运受阻、供应链中断等风险因素及应对预案建议。及时、准确、有效的预警信息为电力企业适应复杂多变的全球竞争环境、增加利益、规避投资和运营风险提供了有力的保障。

（4）贴近企业需求，协助做好《电力国际信息参考》。协助编译出版《电力国际信息参考》24期，重点关注国际能源电力发展热点，并及时反馈行业国际动态。

（5）加强电力贸促会门户网站建设工作。完成系统维护和改版升级方案，升级网站栏目及栏目内容抓取等功能，打造电力贸易投资信息共享平台。

（6）组织电力企业参与境外电力项目对接及洽谈活动共11场，涉及阿根廷、巴基斯坦、日本、俄罗斯等12个国家，受到电力企业的广泛关注。

（7）组织企业参加中丹能源转型圆桌会议及2017年海峡科技专家论坛能源行业分论坛，聚焦新能源、新技术、新发展。

（8）协助召开2017年电力行业国际合作会暨电力贸促会委员大会。梳理总结2016～2017年电力贸促会工作总结，分析整理委员在会上提出的建议和意见，针对共性问题制定整改计划，并就下一步做好服务电力企业贸促工作制定工作思路。

（9）举办第十一届上海国际电力设备和技术展览会（EP展）。展会总面积超过50 000m^2，以展示全球能源互联网技术装备为中心，设立全球能源互联网技术装备成果专区、智能电网、电力安全与应急、节能环保、电力检测、电力自动化、工业水处理等专业展区。展览同期还举办了“一带一路电力合作”“能源互联网标准”“智能配电”“节能环保”等多个主题会议，以及举办十多场“新产品发布会”。

（10）举办2017中国—东盟电力合作与发展论坛暨展览会。活动以“发展清洁电力，共促经济发展”为主题，针对中国与东盟能源国际合作机制、清洁能源发展前景、区域能源互联等相关议题展开交流讨论，致力于为中国和东盟国家能源电力项目、业务合作和信息往来搭建高效互动平台，对落实国家“一带一路”倡议，促进中国和东盟各国实现多层次、多领域能源合作起到积极作用。本次论坛共有约400名会议代表参会，其中外宾约120人。

（11）组织电力企业参加阿斯塔纳世博会。与中国电力企业联合会共同组织国家电网公司和中国核工业集团公司赴哈萨克斯坦参加2017阿斯塔纳世界博览会，展并协助完成筹展及展示工作，打造世博会中国馆展示亮点。配合完成中哈能源论坛议程设计及发言人邀请工作，并组织中国企业参加了中哈能源合作论坛暨中哈企业家委员会能源会议中国电力企业参加中哈能源论坛。

（12）组织电力企业参加中国中东欧能源博览会。中国—中东欧（16＋1）能源博览会暨论坛在罗马尼亚布加勒斯特举行。中国电力企业联合会组织电力企业赴罗马尼亚参加中国中东欧能源博览会，电力贸促会承担具体实施工作。最终，共组织中国南方电网有限责任公司、中国广核集团有限公司、中国电力建设集团有限公司、中国能源建设股份集团公司、汉能控股集团有限公司、协鑫集团控股有限公司、中国华信能源有限公司、上海电气集团股份有限公司出席会议并参与展览展示。

（13）组织电力企业参加珠海绿色创新电力展会。大会以“引领粤港澳大湾区电力创新”为主题，通过发挥“大湾区”独特优势，推动内地与港澳深化合作，增强“大湾区”在国家经济发展和对外开放中的地位与功能。

【中国电力思想政治研究会】

（1）参与中国政研会活动，加强汇报、沟通，展现电力企业党建和文化建设工作成果，首次在中国政研会《思想政治工作研究》杂志刊发了电力政研会会员单位领导署名文章，在中国政研会举办的全国性秘书长培训活动中，作为先进单位介绍了电力行业企业文化建设成果和经验。

（2）根据理事单位人员变化大的实际情况，协调相关理事单位，开展理事单位人员调整的信息收集和整理，逐步更新、完善会员单位基础台账；同步启动政研会历年来文件资料归档工作，提升基础管理水平。

（3）结合新形势下加强党建工作的新要求，完成电力政研会人员职责分工和资源优化配置，明确提出把政研会秘书处设置在企业文化处，同时发挥《当代电力文化》平台作用，集合党建、文化和宣传优势资源，策划推进思想政治研究工作。

（4）启动了2017年电力行业思想政治工作优秀单位和优秀工作者评选活动。

【电力文学艺术协会】

（1）完成换届，进一步完善组织机构建设。4月20日，在北京深圳大厦召开第二届会员代表大会暨二届一次理事会，90多名代表参加会议。会议选举了新一届理事会，产生了新一届理事会理事、常务理事、理事单位、常务理事单位。并发展了新的会员单位，为电力文协规范有序开展工作打下了良好基础。按照要求，完成了在民政部的备案工作。

（2）完成年检，进一步加强对分支机构的管理。参加中国文联主管社团年检及党建工作沟通会，并就相关问题就行了沟通说明。按照要求，分别向中国文联和民政部报送相关材料，确保了年检工作顺利通过。

（3）积极参加中国文联的各项活动，树立行业良好形象。

（4）加强调查研究，指导各专业分会规范开展工作。

（5）组织开展相关主题活动。8月21日，由中国电力文协、宁波市文联、宁波市镇海区委宣传部主办，宁波市摄协、中国电力摄协协办，镇海区文联、镇海区摄协、李浙东工作室承办的“工业之光——浙江镇海工业摄影展”在北京“中国文艺家之家”展览馆开展；由电力文协、电力作协、《国家电网报》举办了“喜迎十九大　颂歌献给党”征文活动。电力行业广大职工踊跃参与，为迎接党的十九大胜利召开献上厚礼。

【电力系统人才研究会】

（1）面向各电力企事业单位发文征集2014年以

来的人力资源管理研究成果。行业企业积极支持，截止到7月底，共收到行业电网、发电会员企业各类人力资源研究成果54篇。评审专家从论文成果的选题价值、对实践的指导意义、理念创新性、应用价值、可借鉴性和推广行等方面进行了评审，经过讨论，一致同意评选出一等奖7篇，二等奖14篇，三等奖18篇，组织奖2个。

（2）筹备换届及工作移交。根据中国人才研究会和本部代管学协会的相关制度安排，积极与有关部门开展沟通协商，筹备换届。11月14日，党组会研究决定，电力系统人才研究会（中国人才研究会电力人才分会）挂靠部门由人力资源部调整为技能鉴定与教育培训中心，人力资源部配合支持人才研究会的有关工作。根据党组决定积极落实，迅速整理历史文件资料和电子材料，整理成册成夹，做好移交的各项准备工作。

科研、教育与新闻出版

科 研 机 构

【中国电力科学研究院有限公司】

单位概况 中国电力科学研究院有限公司（简称中国电科院）成立于1951年，是国家电网公司直属科研单位，是中国电力行业多学科、综合性的科研机构，主要从事超/特高压交直流输变电技术、电网规划分析及安全控制技术、输变电工程设计与施工技术、配用电技术以及新能源、储能、信息与通信、能效测评及节能等技术领域的研究，研究范围涵盖电力科学及其相关领域的各个方面。建有“国家级、省部级、公司级、院级”四级实验室体系共54个实验室，其中包括3个国家重点实验室、3个国家工程实验室、3个国家能源研发中心。拥有两个国家级、13个电力行业级质检中心和1个认证机构，是国家高电压计量站、国网计量中心的依托单位。承担1个IEC（国际电工委员会）技术委员会主席单位工作，4个IEC技术委员会、15个全国标委会、15个行业标委会、1个中电联标委会的秘书处工作。

2017年，中国电科院获国家电网公司及以上级别科技奖励208项（其中国家科技进步奖特等奖1项、二等奖4项，中国电力科学技术一等奖两项，中国专利优秀奖3项，日内瓦国际发明金奖1项）。获专利授权426项（其中发明专利348项），申请海外专利25项，发表科技论文565篇，出版科技专著39部，登记软件著作权121项，承担的205项标准获批发布。全年技术服务满意率100%。完成科技成果转化58项。许继电科储能公司注册成立并投入运营。企业负责人业绩考核在科研教培板块排名第一，绩效等级为A级。

人力资源 截至2017年底，中国电科院用工总量2422人，其中：博士研究生353人，硕士研究生1114人；正高级职称187人，副高级职称804人；平均年龄37.2岁；人才当量密度1.367 2。拥有中国科学院院士1人，中国工程院院士5人（其中双聘院士3人），国家级有突出贡献的中青年专家2人，中央直接联系的专家3人，“百千万人才工程”国家级人选3人，“万人计划”科技创新领军人才1人，“万人计划”青年拔尖人才1人，“千人计划”人选7人，“创新人才推进计划”中青年科技创新领军人才2人，享受国务院政府特殊津贴专家21人，国家电网公司科技领军人才7人，国家电网公司专业领军人才20人，国家电网公司优秀专家人才63人，国家电网公司优秀专家人才后备74人，院首席技术专家2人，院高级技术专家6人，院优秀技术专家28人。

经营管理 正式实施重大专项奖励，岗位分红激励方案获批。完成经营管理驻点督导，帮助业务单位挖掘经营潜力、提高管理水平。以压降存量、严控增量为重点，推进“两金”压控。规范采购前端、最高限价和非招标采购项目管理。推广协议库存采购，压降采购成本、实现快速响应。完成采购文件标准化建设，强化评标专家管理，健全采购重大决策机制。

基础建设及安全质量。科技创新及技术支撑演示中心完成建设内容。检验检测认证技术大楼项目获国家电网公司立项。建成统一开发平台、知识管理平台和卫星资源统一应用平台，建成广域协同的云计算中心。推进特高压调试现场安全管理，做好院区安全监督和隐患排查，实施作业现场“6S”管理。“三标”体系通过年度认证。高新技术企业资质通过再认定，AAA级电力建设企业信用评价通过年检，电力工程调试企业特级资质通过复审。

依法治企 深化改革。完成中国电科院及所属3家全民制单位公司制改制，初步建立现代企业治理结构。完成职工家属区“三供一业”分离移交框架协议签订。完成公务用车制度改革，规范车辆管理。

法治企业建设。加强法律管理顶层设计，编制发布法治宣传教育“七五”规划。召开规章制度委员会会议5次，制修订制度32项，获批差异条款2项，优化管理流程10项。建立健全董事会议事决策机制，加强重大经营决策法律服务保障。

审计监督。完成监事会集中重点检查、国家电网公司依法治企综合检查的迎检工作，对照检查发现的共性问题，在全院范围内开展自查自纠和落实整改工作。加强对日常业务的监督管理，完成各类审计291项。严控费用支出，“三公”经费和会议费等8项单控指标全部控制在预算范围内。

问题清单梳理全覆盖。完成12个专题共21个问题梳理，编制5个重点问题专项报告、3项整改决议，开展立查立改，完成2017年整改决议目标。

科技创新 全年新签各级政府项目47项、公司项目298项。15项政府项目、181项国家电网公司项目和101项院自筹项目通过验收。牵头的5项国家重点研发计划项目和2项国家自然科学基金重点项目获批。

电力系统分析与控制保护技术。全面建成新一代特高压交直流电网仿真平台，在世界上首次实现6000

节点级大规模交直流混联电网电磁暂态仿真；突破调相机控制保护系统参数配置等关键技术。

调度自动化与信息通信技术。完成新一代调控系统总体框架设计；完成主动配电网信息平台和运行控制系统研发及示范应用；完成国家电网公司无线专网顶层设计；实现信息通信测试仿真中心多个仿真平台基础环境搭建。

高电压与输变电技术。研制世界首个±1100kV特高压直流穿墙套管；在国际上首次完成特高压交流设备联合抗震及减震试验；研发基于机器学习的输电线路舞动预警系统。

配用电与计量技术。完成虚拟同步机系列产品研制及试点应用；研制“双芯”智能电能表样机；研发便携式电动汽车充电桩系列检测装置及云平台检测系统。

新能源与电工技术。完善新能源生产模拟系统，实现“国分省”三级协同计算；开发分布式储能云平台，完成即插即用装置样机研制。

科研管理体系。超前布局人工智能、传感器技术、电力气象等8项中长期战略性研究方向，筹建人工智能研究中心。建立“杀手锏”技术遴选及培育长效机制。在4个业务单位开展项目负责人制试点工作。出台13项技术专家科研资源保障措施。国家重点实验室设立自主研究专项。2个全国标准委员会、1个中电联标准委员会、3个中国电机工程学会专家委员会获批成立，2个中电联标准委员会获批筹建。获国家电网公司首批“技术标准创新基地”命名，成为首批“国家级标准验证检验检测点”试点单位，获批筹建国家智能电网量测系统产业计量测试中心。召开首届青年科技论坛，建立“创新之星”激励机制。

支撑服务　完成国家电网公司总部19个部门及6个分部556项技术服务项目，累计投入工作量29.4万人天，连续两年技术服务满意率达100%，全力保障“五大”体系高效运转。

支撑“大规划”。承担电网中长期发展规划专题研究；协助国家电网公司编制雄安新区配电网规划，并建立技术标准体系；开展新一代电力系统框架研究；完成能源互联网技术架构研究。

支撑“大建设”。完成特高压交直流工程的质量延伸管理、设备线材监造、工程专项研究和工程质量监督等工作；完成“两交四直两扩建”特高压工程系统调试；完成公司220kV智能变电站模块化建设通用设计。

支撑“大运行”。开展“强直弱交”过渡期特高压交直流电网的安全稳定分析；开展新能源消纳能力分析，首套跨区域省间富余可再生能源电力现货平台正式运行，为促进“三北”新能源消纳和实现弃电率、弃电量“双降”提供支撑。

支撑“大检修”。完成无人机管控系统开发并试点部署；开展变压器大数据分析、典型缺陷案例库分析和平台建设；持续为国家电网公司提供电网气象日报及重大天气预测报告。

支撑“大营销”。组建国家电网反窃电技术研究中心；配合国家电网公司开展计量生产调度、用电信息采集、“多表合一”信息采集、营销信息安全、电能替代等业务管控。

检验认证　检验检测。检验检测管理体系CNAS、CMA资质通过监督评审。完成电能替代、无线网络安全、电动汽车充电设施等检测能力提升建设。国家高电压计量站成为校准领域首家获CNAS认可的能力验证提供者（PTP）。支撑国家电网公司开展电网物资质量检测能力评价和定级工作。推进信息化管理，扩大检测报告自动出具和在线签章应用范围。

产品认证。开发中电赛普一般工业产品认证项目，新增产品认证实施规则11项、产品认证技术规范6项，累计向国家认监委备案认证项目达20项，发放产品认证证书20份。认证业务量提高，其中光伏、信通专业认证合同额累计超过4800万元。新增注册工厂检查员、服务审查员、体系审核员52人。首次牵头承担3项国家认证认可行业标准制订工作。

国际化工作　海外业务及资产运营。葡萄牙研发中心纳入国家电网公司海外研究院体系。风电实验室获国际电工委员会认可实验室（IEC RE）证书，成为亚洲首家获得该资质的测试机构。开拓西班牙、丹麦、马来西亚等国家的检测与咨询业务。为巴西美丽山、菲律宾电网等海外重点工程提供技术支持。

国际组织与标准工作。主导发起成立IEC SC8B“分布式电力能源系统”分技术委员会。主导制修订11项国际标准和技术报告，其中《分布式能源与电网互联》等两项IEC国际标准和1项CIGRE技术报告正式发布。

国际交流合作。参加新能源发展与技术国际研讨会等重要国际活动。深入与美国亚德诺半导体公司（ADI）、美国国家大气研究中心（NCAR）和法电集团研究总院（EDF R&D）等公司和研究机构在芯片、电力气象、大数据等领域的合作研究。与美国PJM科技公司合作中标电力市场咨询项目。

党的建设和精神文明建设　学习宣传贯彻党的十九大精神。坚持把学习宣传贯彻党的十九大精神作为首要政治任务，着力在学懂弄通做实上下功夫。第一时间组织全体干部员工收听收看大会盛况，聆听学习习近平总书记重要讲话，组织员工参加集中宣讲活动。将十九大精神作为各级党委理论中心组学习、“三会一课”、“两学一做”学习教育、干部员工培训的重要内容，利用网站、微信企业号等媒介开展宣传，邀请中央党校教授作专题讲座。

基层党建。推进“两学一做”学习教育常态化制度化，制定并实施“旗帜领航·三年登高”计划、党建工作绩效考核评价办法，构建“六位一体”大党建工作格局，推动全面从严治党落实落地。配齐配强基层党组织负责人，开展党员组织关系集中排查、党员信息采集，从严从实抓好基层党组织建设。组建10支“共产党员服务队”、6支“党员突击队”。

队伍建设。召开人才工作会议。优化员工职业生涯体系、院级技术专家体系和干部管理体系，畅通各级各类人才成长发展通道。刘纯入选“百千万人才工程”，迟永宁入选“创新人才推进计划”中青年科技创新领军人才，冯双磊入选“万人计划”青年拔尖人才，徐式蕴入选中国科协“青年人才托举工程”。10人当选中国电机工程学会会士。44名干部员工进行跨部门挂职培养锻炼。

党风廉政建设。制定并落实党风廉政建设“两个责任”清单，逐级签订党风廉政建设责任书。严格贯彻落实中央八项规定精神，坚决反对“四风”。完成对业务单位和支撑部门廉政约谈全覆盖。完成对两个单位巡察工作。依规依纪开展纪律审查和责任追究，针对苗头性、倾向性问题，开展提醒谈话。

群团工作。建立党建联系点，中国电科院班子成员带头落实党员联系群众机制，深入基层开展调研，协调解决问题186个。参加国家电网公司第三届青创赛，获金奖、银奖、铜奖各1项。拍摄展播国家电网公司级劳模和先进班组宣传片，弘扬劳模精神。改建职工活动中心，开展文化讲堂、道德讲堂等活动，实施“精彩随手拍”文化传播实践活动等重点项目。

2017年，系统所获国家电网公司“东西人才帮扶先进集体”称号。仿真中心数模混合仿真研究室获国家电网公司“一流班组”称号，配电所配电自动化与微电网党支部获国家电网公司“电网先锋党支部”称号。院团委获国家电网公司“五四红旗团委”称号，电工所团支部获国家电网公司“五四红旗团支部”称号。盛万兴等8人获中国电力年度科学技术人物奖，王伟胜、王国俊获国家电网公司“劳动模范”称号，王华伟获国家电网公司“优秀班组长”“优秀共产党员”称号，陈肖红获国家电网公司“优秀党务工作者”称号，梁杰获“中央企业优秀共青团干部”称号，李伟获国家电网公司“杰出青年岗位能手”称号。评选产生8个院先进单位（集体）、“十大标兵”及92名先进工作者。《中国电机工程学报》《电网技术》分别获第四届中国出版政府奖期刊奖和期刊提名奖，《高电压技术》首次获“第六届湖北十大名刊奖”。

“十八大”以来的发展回顾 科技成果。累计获国家科技进步奖15项、中国发明专利奖14项、中国标准创新贡献奖7项、省部级科技奖励273项，高等级科技奖励数量名列行业前茅。技术转让（许可）从无到有，累计完成成果转化192项。

技术攻关。攻克互联电网动态过程安全防御等一大批关键技术难题，建成世界首个电网仿真专用超算中心，建成国内首个面向电力生产运行的数值天气预报中心。

支撑服务。累计为国家电网公司提供计划内支撑服务2241项，年均投入工作量1027人，服务满意率连续5年超过99%，居公司直属科研单位第一。

检验认证。完成检验检测管理体系整合，管理效率和品牌影响力提升。产品认证取得实质性进展，中电赛普公司具备20项一般工业产品认证能力。

国际化工作。筹建并运营国家电网公司首个海外研发机构（葡萄牙研发中心）。在IEC主导发起新能源、配电等热点领域的技术委员会并承担秘书处工作，担任特高压交流领域技术委员会主席职务，主导编制国际标准20项。

人才队伍。入选国家创新人才培养示范基地。新增17支国家电网公司科技攻关团队，1人当选中国工程院院士，15人获国家级人才称号，167人获国家电网公司级人才称号，150人获评教授级高工，高层次专家人才总量位居国家电网公司前列。

（何　剑）

【国网电力科学研究院有限公司】

单位概况 国网电力科学研究院有限公司（简称国网电科院）是国家电网公司直属单位，与南瑞集团有限公司（简称南瑞集团）实行一体化运行管理，是中国产业规模和技术水平行业领先的电气设备成套供应商和整体解决方案提供商。主要从事电力系统自动化、电力信息通信、超/特高压交直流输电、柔性交直流输电、智能化电气设备、水利水电自动化、轨道交通及工业控制、非晶合金变压器及电线电缆的研发、设计、制造、销售、工程服务与工程总承包业务。

南瑞集团是第二批国家创新型企业、国家火炬计划重点高新技术企业和国家认定企业技术中心，拥有“智能电网保护与运行控制”国家重点实验室，是国家科学技术部设立的“国家电力自动化工程技术研究中心”和国家发展和改革委员会设立的“电力系统自动化—系统控制和经济运行国家工程研究中心”的依托单位。2017年获评为“江苏制造突出贡献奖优秀企业”“2017年（第三十一届）中国电子信息百强企业”“中国能源装备领军企业”。连续十六届进入中国软件和信息技术服务综合竞争力百强，连续十一届成为中国十大创新软件企业。

南瑞集团下设电网、信通、发电、工业、电器5个事业部、南瑞研究院及国电南瑞、置信电气两家上市公司，在南京、北京、上海、天津、武汉等20多个地区建有研发和产业基地，在南京、北京、上海、天津、武汉等20多个地区建有研发和产业基地，在巴西、印尼、美国、泰国等国设立了18个海外子公司和办事处，产品和服务遍及全球99个国家和地区。

人力资源 创新选人用人和收入分配机制，员工绩效有效应用于薪酬分配。优化引才政策，加大毕业生入职补贴、职级优待等激励力度。优化领导干部配置，推进干部梯级培训。深化专家资格认证，聘任20名资深专家、12名业务专家。引进成熟人才269人。新增国家、省部级人才称号8人次。

截至2017年底，南瑞集团用工总量17 887人，员工平均年龄34.6岁。其中，职工10 100人，外籍员工77人，社会化用工7710人；硕士博士4359人，本科及以上占比70.00%；高级职称1392人，中级及以上专业技术资格占比29.65%。获得国家电网公司级及以上人才称号共184人次。其中国家级专家人才50名，包括中国工程院院士2名、国家有突出贡献中青年专家7名、“万人计划”科技创新领军人才1名、“千人计划”国家特聘专家4名、“百千万人才工程”国家级人选10名、享受国务院政府特殊津贴专家25名、“创新人才推进计划”中青年科技创新领军人才1名；国家电网公司级（含省部行业级）专家人才134名，包括国家电网公司科技领军人才5名、专业领军人才18名、优秀专家人才27名、优秀专家人才后备34名、青年岗位能手3名，以及省部行业级有突出贡献中青年专家、科学技术带头人等47名。省公司级专家人才158名，地市公司级专家人才2435名。现有博士研究生导师8名，硕士研究生导师181名。

科技创新 承担的世界电压等级最高、容量最大的苏南500kV UPFC示范工程投运，支撑世界首台300MW新型调相机在扎鲁特换流站并网。华东电网频率紧急协调控制系统、江苏精准切负荷系统二期投入运行。系统保护实验室具备硬件在环仿真实验能力。自主研发电子互动展示系统在央企创新成就展和第81届IEC大会展示。研制2MW风电、500kW光伏、5MW储能虚拟同步机，支撑张北新能源科技示范工程投运。承担的江苏首条220kV GIL项目投入运行。新一代配电自动化主站系统、一体化电能量计量系统、新型“三跨”视频监控装置研制成功。举办“紫金论电”系列研讨会及国际学术会议。全年共39项科技成果通过鉴定，其中30项达到国际领先水平。通过高新技术企业周期性认定。主导和参与发布IEC标准2项，立项IEC、IEEE标准各1项。中文期刊《电力系统自动化》获“中国出版政府奖”提名奖，英文期刊“Journal of Modern Power Systems and Clean Energy（MPCE）”成为国内电力能源领域唯一被SCI、EI双收录的英文学术期刊。

全年获科技奖励124项，其中国家电网公司及省部级以上73项，“一种架空输电线路雷击闪络的预警方法”专利获中国专利金奖、2项专利获优秀奖，国内专利授权387项、国际专利3项，登记软件著作权126项。

产业发展 优化产业布局。规范战略新兴产业项目管理。并购新设企业11家。完成4家企业清算注销、2家企业吸收合并、1家企业股权转让。常州检测中心二期、天津基地二期、风电机组控制技术实验室竣工验收；天津基地一期取得不动产权证，倒班楼获“海河杯”。

加强市场营销。商业模式创新取得成效，福建、辽宁等省（市）节能业务落地，签约兴义电网110kV变电站、中国移动数据中心电力工程、新疆电采暖改造工程等EPC总包项目。承接苏州能源变革典范城市、海西多能互补等重大示范工程。中标特高压直流稳控系统、全业务统一数据中心、量子通信、车联网云平台、供电服务指挥平台等项目。完成湖北光伏、青海玛多供暖重点扶贫项目。签约南方电网变电二次设备年度框架、全国首套电力市场现货交易系统、重庆等轨道综合监控、广州港口岸电等项目。综合能源服务、轨道运维信息化、港口信息化、增量配电、储能、军工等业务持续突破。与16家战略客户签订合作协议，新获送变电工程设计甲级、2017年度大型企业一级等11项重要资质。

经营管理 完成国网电科院、南瑞集团制改制。重大资产重组无条件通过中国证券监督管理委员会审批，实现核心业务资产整体上市。完成南瑞集团、国电南瑞等5家单位工商注册地及纳税地变更。开展“两金”（应收账款、存货）和亏损企业治理。强化资金统一运作。排查安全管理主要风险并整改落实，首次发布英文版管理体系文件、出口许可产品清单。加强生产管理，生产管理系统物资采购功能实现南瑞集团内各单位全覆盖。建成客服中心并实现一级部署。初步建成集团运营监控体系，获国家工业和信息化部“两化融合”管理体系贯标证书，在国家电网公司直属单位首批通过信息化企业验评。获能源行业唯一的国家保密科技奖。首获江苏省企业管理现代化创新成果一等奖。

依法从严治企。扎实开展问题清单梳理。加强风控体系建设，设立各级单位风控管理机构，建成三级资金分级授权审批体系。制定法律风险年度控制计划，发布重大项目标前法律风险防控指南。完成国家电网公司依法治企及后续审计迎审迎检。

党的建设和精神文明建设 学习宣传贯彻党的十九大精神，深入学习习近平新时代中国特色社会主义思想，开展"旗帜领航·党徽闪光"主题宣传。完成党组改设党委，召开第一次党代会，选举产生第一届党委和纪委。推进"两学一做"学习教育常态化制度化，建立"党员示范岗"310个、"党员责任区"82个。实施"旗帜领航·三年登高"计划，开展党组织书记述职评议和党建工作绩效考核。规范党费使用，开展困难党员帮扶和党内表彰奖励。完成内部巡察试点，加大执纪问责力度，廉洁风险防控取得实效。

深化和谐企业建设，建成网上"卓越文化博览馆"，举办南瑞大讲堂、廉洁大讲堂等主题活动。落实"非常关心6＋1"工程，建成区域职工服务中心。武汉南瑞获全国厂务公开民主管理先进单位，武汉南瑞雷电监测与防护技术实验室获全国青年文明号，置信电气宏源电气干变车间绕线班组获全国青年安全生产示范岗，25个集体、22人获国家电网公司及省部级表彰。

主要事件

2月26日，江苏省委书记李强、省长石泰峰陪同宁夏回族自治区党委书记李建华、自治区主席咸辉带领的宁夏党政代表团到集团调研。

4月21日，南瑞集团发布全国首台电力专用量子加密设备NetKeeper—2000Q量子加密一体机。

5月24日，南瑞集团圆满完成华东电网频率紧急协调控制系统实切演练，有效验证特高压大电网频率稳定控制策略的可靠性。

6月15日，南瑞集团承担"国网阳光扶贫行动"，为湖北长阳、秭归两县捐建的102座村级光伏扶贫电站并网成功。

7月11日，江苏省委书记李强，省委副书记、代省长吴政隆陪同浙江省委书记、省人大常委会主任车俊，省委副书记、省长袁家军带领的浙江党政代表团到南瑞集团调研。

8月9日，国家电网公司董事长、党组书记舒印彪到南瑞集团调研指导工作。

8月12日，由国网电力科学研究院、智能电网保护和运行控制国家重点实验室和中国电机工程学会共同主办的"紫金论电"——智能电网保护和运行控制国际学术研讨会在中国电力创新江宁基地召开。

8月29日，南瑞集团承担的国家电网公司重点扶贫对象青海玛多县电网建设与改造项目输变配电项目的一阶段"830"节点工程送电。

9月20日，南瑞集团获评"中国能源装备领军企业"，研制的"高压大容量柔性直流输电系统成套关键设备"获评"中国能源装备十大卓越性能产品"，研制的"电力专用量子通信装置"获评"中国能源装备十大年度创新产品"。

10月12日，南瑞集团、国网电科院完成公司制改制。

10月25日，南瑞集团所属国电南瑞重大资产重组获得中国证监会无条件审核通过。

11月1日，南瑞集团承担建设的全球首套全户内紧凑型统一潮流控制器（UPFC）——"上海蕴藻浜—闸北220kV统一潮流控制器工程"通过系统试验。

11月24日，南瑞集团牵头承担的世界首台300MW新型空冷调相机二次系统集成及服务项目在哈尔滨电机厂完成联调试验并成功并网。

12月6日，南瑞集团投资并承建的南京宁和城际轨道交通一期工程（S3号线）开通试运营，该项目在国内首次采用PPP模式完成所有设备系统建设。

12月11日，由南瑞集团提供二次系统整体解决方案和产品的世界首台300Mvar调相机在国家电网扎鲁特±800kV换流站投入运行。

12月13日，南瑞集团研究的"一种架空输电线路雷击闪络的预警方法"获中国专利金奖。

12月19日，由南瑞集团提供成套设备的世界上电压等级最高、容量最大的江苏苏州南部电网500kV UPFC（统一潮流控制器）科技示范工程正式投运。

12月27日，南瑞集团研制的国内首套、单体容量5MW储能虚拟同步机在张北国家风光储输示范工程成功应用。

（童瑞婷）

【国网经济技术研究院有限公司】

单位概况 国网经济技术研究院有限公司（简称国网经研院）是国家电网公司电网规划和工程设计技术归口单位，国家电网公司直属科研单位，为国家电网公司电网发展提供技术支撑和智力支持，负责电网规划、工程设计、项目评审、技术经济及相关标准研究和制定工作，具有"工程勘察专业（岩土工程、工程测量）甲级资质""工程设计电力行业专业甲级资质"和"工程咨询甲级资格"，是国家发展改革委认定的承担国家委托投资咨询评估任务的咨询机构，对省市经研院（所）进行业务指导，归口协调外部设计单位。拥有国家能源特高压直流输电工程成套设计研发（实验）中心、大电网规划与量化分析实验室、电网工程技术经济实验室、电网工程航空遥感与线路智能巡检联合实验室、直流输电实时仿真实验室、工程设计评审平台等6个国家和公司级实验室（平台），培育了规划、设计、评审等核心业务能力，形成了从特高压交直流到配电网各专业齐备的全业务体系。

国网经研院以“技术领先、服务优质”的经研理念，坚守使命责任，坚持创新发展，将工作嵌入国家电网公司电网发展链条，深入开展国家电网发展规划研究及煤电、水电、风电等大型能源基地输电规划，牵头特高压等重大电网工程设计，开展输变电工程造价分析，通过项目评审把关技术原则，贯彻国家电网公司“三通一标”和全寿命周期管理理念，加强新技术推广应用，合理控制工程投资，提升国家电网公司电网发展质量水平。围绕特高压交直流系统、大电网安全、柔性直流输电、新一代智能变电站等前沿、前瞻性技术研究，承担国家电网公司和国家级重大科研攻关，开展规划设计核心业务行业标准和国家标准的制定，推动特高压、智能电网等先进技术转化为国际标准。

领导班子

董事长、党委书记：刘开俊

总经理、党委副书记：潘尔生

副总经理、党委委员：雷体钧

副总经理、党委委员：韩　丰

副总经理、党委委员：文卫兵

总工程师、党委委员：宋璇坤

副总经理、党委委员：马为民

副总经理、党委委员：袁兆祥

党委委员、纪委书记、工会主席：李明奎

组织机构　国网经研院现设 6 个职能部门、9 个业务部门、2 个子公司。设 9 家经研分院，与所在省经研院实行“两个机构、一班人马”的管理模式。全院用工总量 555 人，其中本部 378 人，徐州勘测设计中心 141 人，北京华建网源电力设计研究院有限公司 22 人，北京网联直流工程技术有限公司 14 人。拥有 2 名“新世纪百千万人才工程”国家级人选，5 名享受国务院政府特殊津贴专家，1 名国家电网公司“科技领军人才”，14 名国家电网公司专业领军人才，14 名公司级优秀专家人才，拥有各类国家级注册师 135 人，3 支公司级科技攻关团队。加强队伍建设，严把选人用人关，完善激励约束机制，加大岗位技能、职业资格专业培训，2017 年培训 2179 人次，培训率 97.88%。

经营管理　完成院本部和下属单位公司制改制，国网经研院更名为“国网经济技术研究院有限公司”，建立“三会一层”法人治理结构，制修订《董事会议事规则》等 8 项规章制度，完成资质资格承继等工作。院勘察资质晋升甲级，具备勘察、设计、咨询三个甲级资质。业务管控平台正式上线运行，实现综合计划、财务预算、项目管理、采购管理、绩效考核深度融合。开展问题清单梳理工作，全方位、深层次查找经营管理薄弱环节和潜在风险，制定重点问题整改决议，堵塞管理漏洞、健全长效机制。提高依法决策和依法履职能力，把合法性审核作为必经环节嵌入重大决策过程。整改公司依法治企综合检查发现问题，完善 3 项管理制度，规范 6 项业务流程，加强各环节审核把关，防范经营风险。发挥经研体系合作交流平台作用，形成国网经研院和省级经研院技术人员双向交流机制，围绕雄安新区电网规划、新能源消纳、三维设计、GIL 输电技术等重点领域，与 22 家省经研院联合开展课题研究、联合设计与标准制修订工作，累计开展技术培训 15 次，推动公司规划设计理念落地实施。组织评选 2017 年度经研体系科技进步奖 136 项。

电网规划　完成发展改革委委托的“中长期电网规划研究”，为中国电网发展提供决策支撑。完成能源局委托的“中国智能电网 2030”课题研究，提出中国智能电网的发展战略、发展模式、重点任务及技术发展路线图。完成国家电网公司“十三五”电网发展滚动规划研究，提出 2025 年、2030 年全国同步电网格局方案，修编主网架、配电网、智能化、通信网、信息化 5 个专项规划。开展西纵、中纵、华中环网、青海—河南、蒙西—晋中等重点工程深化论证，完成华中省间电网加强方案等 18 项重大问题研究，推动各级电网规划有效衔接。完成“十三五”新能源消纳综合措施研究，提出“三北”地区新能源外送输电断面受限问题解决方案。开展基于电网发展诊断分析的精准投资管控技术支持工作。优化直流工程无功补偿及控制策略，完成酒泉等换流站调相机系统研究。

配电网工作　牵头完成雄安新区电网规划，开展电压序列、分布式能源并网、智能化、通信网、信息化等专题研究，形成“1＋4＋10”规划成果体系。支撑新一轮农网改造升级工程建设，制定国家电网公司“三区两州”深度贫困地区电网专项规划。参与编制国家电网公司增量配电投资业务实施方案和指导意见，审查 17 个省 31 个试点项目可研。进一步优化标准物料目录，中低压配电网由 34 类 733 种精简至 29 类 630 种，完成 0.4kV 配电网工程典型设计。自主研发智能配电网仿真计算平台，实现潮流计算、故障分析等功能。

工程设计　牵头完成特高压“五交三直”工程可研，“八交二直”工程初步设计，“七交三直”工程施工图设计。开展环水保专项设计，完成 16 项工程环水保报告内审，开展施工期现场专项检查 6 次。服务苏通 GIL 综合管廊、藏中联网等重点工程建设，开展地灾防控、施工图检查等工作。完成陕北—武汉、雅中—南昌工程和张北柔性直流电网工程成套设计，深化昌吉—古泉±1100kV 工程成套设计，优化设备设计参数；开展 5 个直流工程实验室调试，完成控制保护联调试验 7768 项，解决重大技术问题 196 项；为在建在运直流工程提供技术支撑，解决现场重大问题 21 项。承担 18 项国家电网公司通信项目可研，开展大容量骨干光传输网和 SDH 网络结构优化专题研究。

评审评价 全年累计完成各类评审 449 批次，评审投资 1020 亿元。承担发展改革委委托的咨询评估任务，完成南方区域“十三五”主网架规划咨询评估。完成 103 台换流变压器、27 套换流阀、95 台平波电抗器、3 套控制保护设备监造任务，世界首台±1100kV 换流变压器按期通过出厂试验。支撑国家电网公司资产全寿命周期管理体系常态化运行，完成 6 家单位“领先型”评价和 13 家单位的复评价，翻译出版《IEC 电网资产战略管理》白皮书。完成国家电网公司年度输变电工程造价分析系列研究，提升通用设计方案造价指标覆盖率，拓宽造价指标应用范围。制定输电工程技术经济指标编制导则及造价分析内容深度规定、特高压直流工程及配电网后评价内容深度规定，支撑国家电网公司提高投资精准性和投入产出效率。完成蒙西—天津南特高压交流工程施工图预算编制。完成国家电网公司定额站管理工作。

国际业务 深化亚洲、非洲、美洲等跨国跨洲联网技术路线和技术方案，完成中缅孟、中韩日、中蒙、中尼跨国联网工程预可研，推进构建全球能源互联网。支撑国家电网公司首个海外特高压项目——巴西美丽山一期工程投入商业运行，深化巴西美丽山二期、巴基斯坦默拉、土耳其—伊朗直流工程成套设计，推进菲律宾西线工程前期工作。开展 28 批次海外制造设备监造。

科研创新 开展张北柔性直流电网核心技术攻关，破解新能源孤岛接入、柔性直流电网控制策略、盈余功率消纳等技术难题。全面掌握±1100kV 特高压直流成套核心技术，解决过电压控制、换流阀抗震等关键技术问题，为直流穿墙套管等核心设备研制提供技术支撑。推进三维设计关键技术攻关，开展 6 项课题研究、8 项技术规范制修订，完成 17 大类 500 余个电气设备的三维通用模型建模，支撑 14 项试点工程建设，完成工程数据中心（设计部分）顶层设计。有序开展“高比例可再生能源并网的电力系统规划和运行基础理论”等 4 项国家科技项目研究。加强实验室建设，开展直流成套、电网规划、技经研究、航空遥感 4 个实验室技术改造，巩固提升实验支撑能力。组建中电联配电网规划设计标委会、中国电机工程学会分布式发电及智能配电专委会，获批成为 IEC/TC 123 电力系统资产管理标准化技术委员会国内技术对口单位，全年编制国家、行业、团体、企业标准 137 项，制修订国际标准 5 项。“±1100kV 特高压直流输电工程成套设计技术科技攻关团队”获评国家电网公司优秀科技攻关团队，13 项成果获省部级（公司级）及以上科学技术奖，国网经研院参加的“特高压±800kV 直流输电工程”荣获国家科技进步特等奖。

党的建设和精神文明建设 推进“两学一做”学习教育常态化制度化，严格执行“三会一课”制度，推动“电网先锋党支部”创建，深化“三亮三比”，命名 3 个党员责任区、25 个党员示范岗。实施“旗帜领航·三年登高”计划，完善“六大工作体系”，构建大党建工作格局，把党建工作要求写入企业章程，将党建工作 19 项指标纳入部门业绩考核，开展党建工作健康体检，党建理论研究成果入选公司思想政治研究库，党建工作实践入选公司典型实践案例。履行党建责任制，落实党建责任清单，实践监督执纪“四种形态”，建立廉洁风险防控机制，实现廉洁教育“生活化”“场景化”管理。开展岗位劳动竞赛，组织拍摄先进典型微视频。关心关爱退休职工。举办道德讲堂，设立经研书屋，开展职工文艺创作、企业文化成果展示和文体竞赛等活动，丰富职工文化生活。院本部和输电网规划中心获国家电网公司文明单位称号，获评 3 项特高压工程建设先进单位，12 个部门（团队）被评为国家电网公司先进集体，27 名员工被评为公司先进个人。

主要事件

1 月 4 日，国网经研院承担的国家电网公司技术标准创新基地筹建工作顺利通过验收。

4 月 5～12 日，按照国家电网公司工作部署，国网经研院牵头编制完成《国家电网公司雄安新区电网发展规划设想》。

4 月 13 日，在中国设备监理协会第三届理事会第五次会议上，国网经研院下属北京网联直流工程技术有限公司被批准为中国设备监理协会常务理事单位。

4 月 24 日，中国电机工程学会成立分布式发电及智能配电专业委员会，国网经研院是专委会挂靠单位。

4 月 25 日，国网经研院组织召开 2017 年经研体系建设工作座谈会。

6 月 23 日，国网经研院成功中标国家发展改革委员会基础产业司《中长期电网规划研究》课题，该课题旨在为中国中长期电网发展技术路线制定提供决策指导。

7 月 12 日，国网经研院通过住房城乡建设部资质审核，晋升工程勘察专业（岩土工程、工程测量）甲级资质。

7 月 31 日至 8 月 9 日，国网经研院技术团队赴巴西对国家电力调度中心（ONS）及巴西电监会（ANEEL）开展美丽山二期直流工程技术培训（第一期）。

8月31日，国网经研院“±1100kV特高压直流输电工程成套设计技术科技攻关团队”获评国家电网公司优秀科技攻关团队。

9月28日，国网经研院及所属全民所有制企业全面完成了公司制改制任务，“国网北京经济技术研究院”正式更名为“国网经济技术研究院有限公司”。

10月30日，昌吉—古泉±1100kV特高压直流输电工程首台1100kV换流变压器在国网经研院技术人员的见证下，于德国西门子公司通过全部型式试验。

11月2日，国网经研院主办的《电力建设》杂志正式被Scopus数据库收录。

11月30日，国网经研院完成南方区域“十三五”电网主网架规划衔接咨询评估，向国家能源局正式报送了评估报告。

12月12日，国网经研院承担的国家能源局科技项目“中国智能电网2030”通过验收。

（高群策）

【国网能源研究院有限公司】

单位概况 国网能源研究院有限公司（简称国网能源院）是国家电网公司的全资子公司，是国家电网公司从事软科学研究及重大决策咨询服务的直属科研单位，是国家电网公司的智库机构。

国网能源院围绕国家电网公司发展战略和核心业务开展研究，密切服务国家有关部门，主要从事能源电力行业战略规划、电力体制机制改革、企业战略与运营管理等领域的决策咨询，形成能源电力发展战略与规划、经济与能源电力供需分析、企业战略与管理、体制改革与电力市场、能源电力价格等优势专业。获得国家高新技术企业资格认定，是世界银行、亚洲银行注册咨询单位，入选成为国家能源局第一批研究咨询基地，博士后科研工作站已运转9年，连续两年进入上海社会科学院发布的中国智库影响力排名。

组织机构 2017年，国网能源院完成公司制改制。设职能部门5个：办公室（党委办公室，内设后勤服务中心）、科研发展部、财务资产部（周转金管理中心）、党委组织部（人力资源部）和党建工作部（监察审计部）。业务部门9个：全球能源互联网研究中心、企业战略研究所、能源战略与规划研究所（科技项目咨询中心、《中国电力》杂志社）、经济与能源供需研究所、电网发展综合研究所、新能源与统计研究所、管理咨询研究所（企业运营研究中心）、财会与审计研究所和能源决策支持技术研发中心。下属单位两个：国网人才评价中心和国网能源院苏州分院。

人力资源 截至2017年底，国网能源院在编员工264人，其中研究咨询人员198人，占比75%；博士136人、硕士104人，占比91%；高级职称人员146人；享受政府特殊津贴专家1人；国家电网公司专业领军人才10人；国家电网公司优秀专家人才10人；国家电网公司优秀专家人才后备7人。人才当量密度1.463 3。

2017年，录用高校毕业生26人，系统内外引进骨干人才10人，录用博士后1人；向国家电网公司总部输送人才6人；建立院士工作站和院级创新团队；授予“青年英才”称号1人，新增工程入选者20人；新增正高级职称专家6人、国家电网公司级专业领军人才6人。组织线上科研英语培训，商务办公培训5期，新员工培训2期，干部培训2期，开展各类培训研讨100余次。

经营管理 承担研究项目和在线任务1019项。提出的决策建议和咨询方案，被国家电网公司和政府部门采纳56项。获得国家电网公司及以上等级研究奖项56项。专利申请获授权3项、受理30项，取得软件著作权19项。连续4年在国家电网公司企业负责人业绩考核中被评为A级。

内部改革创新。完成公司制改制。成立国网（苏州）城市能源研究院有限责任公司和国网能源院苏州分院。注销国电动力经济咨询有限公司。推进问题清单梳理和整改。首次开展科研项目后评估，编制基础研究年度报告撰写范本。探索毕业生暑期实习制度。完成第二轮内部审计和第一轮“回头看”。国家电网人才评价中心规范管理水平明显改善。全球能源研究统一平台等研究工具体系基本建成。

对外交流合作。完成央企智库联盟任期工作。承担政府委托课题10项，首次申请立项自然科学基金项目，获得北京市科技进步奖两项。与国家发展改革委能源所和国网安徽、辽宁、福建电力等签署战略合作协议。联合IEA出版两部译著，与NREL等合作发布典型算例。发布《全球能源分析与展望》《中国能源电力发展展望》《世界500强企业十年观察》和10部基础研究年度报告。《中国电力》刊文质量稳中有进。

课题研究 战略研究。按照国家电网公司部署，完成10项战略课题研究任务。参与贯彻落实党的十九大精神重大问题研究，协助编制战略纲要。完成城乡一体化、供给侧结构性改革等重大研究任务，牵头提出促进新能源消纳综合措施。报送电力央企重组、电力弹性系数等研究专报27篇，提交的研判文章被《国家电网专报》《国网内参》采用35篇，其中参与撰写的3篇专报获得中央有关领导重要批示。为国家电网公司战略例会提供成果164项。

改革研究。开展售电侧放开、增量配电投资、电价核定政策等研究，加强市场机制和试点模式量化分析，服务公司策略选择、项目推进和沟通汇报。配合研究《中华人民共和国电力法》相关内容。参与推进国家电网公司分类改革和混合所有制改革，为事业单位、集体企业改革方案制定提供理论依据。

能源电力研究。完成再电气化、新一代电力系统、能源互联网等课题研究。配合滚动调整“十三五”电网规划。牵头承担雄安新区能源系统战略研究，参与编制电网规划。参加2030智能电网实施方案编写。完成清洁取暖研究重点督办任务。全球能源互联网发展成熟度、互联互通等研究形成重要成果。

国际化研究。配合编制国家电网公司服务“一带一路”建设规划和国际产能合作行动计划，出版能源合作专著。完成电力联网潜力和投资环境评估。在国际标准化战略、国际业务管控等方面，协助国家电网公司谋划重点工作。支撑B20工商理事会、世界经济论坛等相关活动。

业务创新研究。参与定点扶贫、光伏扶贫研究，为国家电网公司援疆援藏工作部署提供支撑。首次承接特高压工程后评价项目。配合设计全能型乡镇供电所体制机制。在数字化运营、班组建设、人财物集约化等方面，推出多项创新成果。联合基金项目管理、毕业生招聘等任务按计划完成。

党的建设和精神文明建设 党的建设。健全党建管理体系，将党建工作要求写入章程，严格落实党委决策前置程序。“两学一做”学习教育实现常态化制度化。完成“旗帜领航·三年登高”计划基础建设年工作，组织“旗帜领航·党徽闪光”主题宣传。建立党委“一账两库”。首次开展党支部书记抓党建工作述职评议。完成6个党支部组建、补选和换届。

反腐倡廉。印发党风廉政建设和反腐败工作要点，组织签订廉洁从业承诺书。开展党性教育，推进纪检监察业务学习研讨常态化。廉政建设约谈实现全覆盖。完成第一批内部巡察，落实监督执纪问责。强化监督力量，廉政建设监督员和采购监督专家队伍扩大。

群团工作。获评国家电网公司文明单位，两个研究室获评先进班组。新建1个劳模创新工作室。年轻员工分获国家电网公司青年岗位能手和优秀共青团员称号。深化心理咨询项目，长期组织爱心志愿服务。

（张红宪）

【全球能源互联网研究院有限公司】

单位概况 全球能源互联网研究院有限公司（简称联研院）前身为国网智能电网研究院，于2016年2月22日完成更名，2017年10月16日完成公司制改革。联研院作为国家电网公司直属科研单位，坚持以国家创新创业政策为指引，落实国家电网公司党组创新发展战略部署，以管理创新推动科技创新，主要在超/特高压直流输电、灵活交流输电、电力电子器件及应用、电工新材料、新型储能与能源转化、信息通信及安全、先进计算与人工智能等智能电网关键技术领域开展基础性、前瞻性、战略性技术研究。

截至2017年底，累计申请专利330项（其中发明专利297项）；获专利授权173项（其中发明专利授权96项）；申报海外专利16项；立项国家标准10项、行业标准12项、团体标准9项。累计获得省部级（行业）科技奖36项、国家电网公司科技奖34项。汤广福当选中国工程院院士。贺之渊入选第三批“万人计划”领军人才。

组织机构 设置6个职能部门、2个支撑部门，拥有直流输电技术、电力电子、电工新材料、信息通信、计算及应用、功率半导体6个研究所和全球能源互联网美国研究院、欧洲研究院2个海外研究院。

人力资源 正式职工519人，具有研究生学历人员占比88.24%，具有高级职称人员占比35.26%。拥有国家“千人计划”专家5人，享受政府特贴专家6人，中央直接联系高级专家1人、新世纪百千万人才1人，国家电网公司“科技领军人才”2人，国家电网公司“专业领军人才”10人，“国家财政部全国会计领军（后备）人才”1人，国家电网公司“优秀专家人才”11人，国家电网公司“优秀专家人才后备”10人。通过员工职业发展通道建设，形成高级开发工程师及以上人才队伍214人。

经营管理 完成公司制改制。注册登记联研院南京分院。成立物流中心，建立健全从合同管理、合同履约到出入库的物流管理流程，实现采购管理向物流管理的转变。健全风险防控体系，提升风险管理和内控管理水平，通过各类审计检查。修订完善《技术研发类员工职业发展通道管理办法》，出台提高高端科研人员有关待遇的配套政策。完善年度业绩考核指标，推进建立与矩阵式科研项目管理相适应的全员绩效管理体系。在2016年档案工作考评中被评为国家电网公司“示范级单位”。

支撑保障。建成科研管理信息（PPM）系统，项目上线率达100%，为矩阵式项目管理和激励机制落地实施提供信息化支撑保障。建成科研数据云平台管理系统，实现科研数据云桌面管理、集中分发，提高协同工作效率。创新安全监督管理机制，出台监督考核制度。开展安全检查和问题排查整治。

国际化发展 完善海外院科技项目预研机制，海外院科研布局纳入院科技规划。优化海外院自主立项流程，加强海外院科技项目过程管理，推进海外科技项目经费管理改革。出台海外专利布局工作指导细则。明确海外院与研究所之间成果转化收益分配比例。联研院主导发起成立的柔性直流输电领域国内首个国际电工委员会标准工作组（IEC TC115/WG11）获全票通过，并牵头开展3项国际标准制定。联研院19名专家担任公司标准专业工作组委员，覆盖公司8个标准工作组。

交流与合作。协助全球能源互联网发展合作组织举办中国工程科技论坛，并做主旨发言。组织CIGRE、IEC工作组会议。参加IEEE、世界水电大会、北美电力学术大会（NAPS）、紫金论电国际学术会、欧盟2020能源工作会议等国际学术活动。参与美国能源部、加州能源委员会等当地科技市场项目。欧洲院加入德国虚拟电厂学会（VHPReady）并当选为唯一非欧盟董事。助推中德创新合作，连任德国中国研发创新联盟第二届主席单位，提升科技创新领域中德合作的话语权和影响力。正式成为欧洲可再生能源供热与制冷技术创新平台成员及太阳能热利用、生物质能源等5个专业技术委员会成员。完成中国电机工程学会北美、欧洲会员中心秘书处设立。

科技创新 修编联研院（含海外院）"十三五"科技规划，做实后三年项目实施计划。超前布局"科技创新—2025"重点专项，构建"高性能电工材料、大功率电力电子器件、先进输电装备、新型储能与能源转化、信息通信与网络安全、先进计算与人工智能"6大创新链条，实现"基础前瞻、共性关键、成果孵化"全项目布局。牵头3项国家重点研发计划项目，推进核心专业转型升级。±320kV大容量真双极柔性直流输电关键技术及示范应用、新一代电压源高压直流换流器关键技术及应用等项目获2017年国家电网公司、省部级和行业奖。"相变储热技术科技攻关团队"入选国家电网公司第四批科技攻关团队。

核心技术攻关。全户内紧凑型统一潮流控制器（UPFC）示范工程在上海蕴藻浜变电站投运。研制500kV混合式高压直流断路器、±500kV/3000MW柔性直流换流阀、直流电网快速行波保护装置和柔性直流控制保护系统，总体技术达国际领先水平。研制世界首套模块化高功率密度柔性变电站核心装备，建成10kV/5MVA柔性变电站示范工程。攻克大功率IGBT串联技术，研制10kV IGBT串联换流器和80kV串联模块化换流阀，成为继ABB公司后第二个掌握该技术的单位，推动电力电子技术向更高电压等级和更大容量发展。研制3300V/1500A定制化IGBT器件和3300V/62.5A低通态IGBT芯片，牵头研发±500kV直流电缆绝缘材料配方，完成±500kV直流电缆样机试制，打破关键器件、材料长期依赖进口局面。组建国内外联合攻关团队，研发国家电网公司首颗自主知识产权射频前端芯片，整体性能达进口芯片水平。围绕人工智能基础和共性技术定位研制增强现实基础软硬件及智能头盔原型机，研发首套基于深度学习的电网巡检图像智能分析系统和首款电力嵌入式人工智能计算模块。研发营销高速安全隔离加密网关和新一代移动安全防护系统。

知识产权运营。建立专利集约化管理制度。建立低价值专利弃权和第三方抽查机制，提升专利申请质量。完善专利维权和预警机制，加强对侵权行为的实时追踪，实现维权预警常态化。全年共签订成果转化合同19项。完成±500kV/3000MW柔性直流换流阀、10kV/5MVA柔性变电站等多项重大科技成果转化。依托欧洲院中标英国Shetland柔直工程和德国SuedOst Link直流输电工程设计咨询合同。与智芯公司签订智能芯片一揽子合作协议；成立高压电缆材料合资公司；与信通产业集团就IGBT芯片技术成立合资公司事宜达成意向；与埃森哲公司共同组建的电能质量监测治理虚拟事业部工作稳步推进。

实验室建设。建成高压交直流电缆绝缘料中试线。建成国家电网公司大数据开发试验和共享服务平台，申报大数据算法与分析技术国家工程实验室。大功率电力电子器件实验室获批国家电网公司实验室。完成量子实验室基础建设，构建天地一体化通信试验测试环境。电力系统用压接型电力电子器件实验平台和国内首套500kW深冷液化空气储能的冷热电综合利用试验平台建设按期推进。依托国家重点研发计划项目，拓展实验室开放共享渠道，开放共享时间占比达25%。

"双创"工作 配合国网科技部开展"双创"工作，国家电网公司成功入选国家第二批大众创业、万众创新示范基地。成立专项工作组，启动未来科学城"双创"示范中心建设。启动拟展示成果遴选工作，提出"双创"线上平台建设需求，完成线下众创空间建设可行性研究。配合国家电网公司研究制定展示中心建设方案。探索创新项目运作模式。拓展创新创业投融资渠道，参与国家电网公司"双创"专项基金设立方案研究。

党的建设和精神文明建设 成立院党建工作领导小组，发挥党委领导核心、政治核心作用，将党建工作要求写入章程。落实国家电网公司"旗帜领航　三年登高"计划。规范党建工作机构设置，将党建工作绩效考核评价纳入各单位负责人年度业绩考核。完成基层党组织换届选举和届中调整，完善海外院党支部建设，深化未来科学城首个联合党支部建设，实现党建工作对海外机构和劳务外包用工的全覆盖。在院重大科研任务团队中成立"党员先锋队"和"青年突击队"。举办首届"家属开放日"活动。

贺之渊获国资委"中央企业青年先锋"称号，高冲获国家电网公司"杰出青年岗位能手"称号。计算及应用研究所人工智能科技创新团队获国家电网公司"一流班组（工人先锋号）"称号、吴鹏获国家电网公司“优秀班组长”称号。联研院本部第三党支部获国家电网公司“电网先锋党支部”、李多获国家电网公司“优秀共产党员”、李金元获国家电网公司“优秀党务工作者”称号。另有4个集体和8名个人获国家电网公司各类专业工作表彰。评选表彰院级“先进集体”2个，“劳动模范”和“先进工作者”42人，“先进党支部”7个，“优秀共产党员”和“优秀党务工作者”33人，“青年岗位能手”8人，“季度之星”52人。获国家电网公司第三届青年创新创意大赛银奖1项，获2017年中电联全国电力职工技术创新成果二等奖3项、三等奖1项，获中电联电力企业文化建设优秀成果奖1项。

（苏　玲）

【南方电网科学研究院有限责任公司】

单位概况　南方电网科学研究院有限责任公司（简称南网科研院）是中国南方电网有限责任公司（简称南方电网公司）的全资控股子公司，于2010年11月在原南网研究中心的基础上组建而成，注册资本金1亿元。

南网科研院负责为南方电网发展规划、工程建设、安全、经济、优质运行和信息化建设提供全方位、全过程的技术支持与技术服务，开展电网基础性、前瞻性核心技术研发，承担国家级、省部级、行业及学术组织和南方电网公司系统重大课题的研究与实施，承担电网安全稳定评估、系统安全运行评估与仿真分析、电网规划设计和技术咨询服务、交直流输电工程的系统集成及科研示范工程项目建设等业务。

南网科研院先后被授予“国家认定企业技术中心”“直流输电技术国家重点实验室”“国家特高压工程实验室”“国家能源大电网技术研发（实验）中心”“海外高层次人才创新创业基地”，是CIGRE SC B4（国际大电网组织直流输电与电力电子专委会）中国国家代表所在单位，中国电机工程学会直流输电与电力电子、分布式供能、防灾减灾、电力市场等四个专委会秘书处挂靠单位。2014年被认定为南方电网公司“中央研究院”。

领导班子

党委书记、董事长：饶宏

党委副书记、院长：曾勇刚

党委副书记、纪委书记：刘智宏

工会主席：具小平

副院长：李鹏

副院长：黎小林

组织机构　南网科研院设立了股东会、董事会和监事会；内部共设置综合管理部、计划财务部、人力资源部、科技生产部、党建监审部5个职能管理部门，以及系统研究所、直流输电与电力电子技术研究所、电网仿真与控制技术研究所、高电压技术研究所、智能电网研究所、技术情报所、智能用电与计量技术研究所、生产技术支持中心、信息通信研究所（信息中心）、科技创新咨询服务中心、科技成果推广应用事业部、杂志社12个专业机构。

人员情况　截至2017年底，南网科研院共有员工427人，平均年龄33岁，拥有博士和硕士学历的占84%，中高级职称占比53%。建立了领军人才、核心人才、后备人才三层69个细分专业领域的专业技术人才库，共拥有5名国家“千人计划”专家，5名国务院特殊津贴专家，1名国家新世纪百千万人才，2名广东省“珠江计划”领军人才，2名广东省“特支计划”人才，12名南方电网公司高级及以上技术专家。

科技创新　首次同年获得2项国家科技进步奖，连续3年获得中国专利优秀奖，获得中国电力创新大奖一等奖3项、中国能源科技奖一等奖1项、南方电网公司科技进步奖一等奖3项；专利申请635项，提升2.8个百分点，专利授权369项，同比增长28%。

国家级科技项目方面。策划申报2017年国家重点研发计划4项，其中牵头申报“配电网广域测量控制系统关键技术研究及应用”和“科技成果与数据资源产权交易技术”；863课题“基于分布式光伏的用户侧微电网关键技术研究及示范”通过验收，迈出微电网规模化、市场化发展的第一步。

关键技术攻关方面。推动柔性直流功率模块的全国产化进程，提出面向电网应用的大功率压接IGBT参数规范；首次实现多端（混合）直流输电系统的高精度机电暂态建模仿真，并应用于乌东德电站送电广东广西输电工程；牵头组织开展电力现货市场仿真模拟体系、理论与方法研究；国内首套基于芯片技术的110kV变压器和线路保护装置成功应用；开展设备多物理场仿真计算研究，完成普侨、兴义、穗东等多起紧急生产任务。

平台资质方面。直流输电技术国家重点实验室正式落成启动，对高压大容量柔性直流输电、160kV智慧能源系统（“中国制造2025”项目）提供控制保护测量验证及平台技术支撑；4个创新平台获批2017年度广东省工程技术研究中心，实验检测中心所属信息、特高压、计量和控制保护4个实验室通过中国合格评定国家认可委（CNAS）评审。正式获批国家关口计量检定专项授权和南方电网公司首个国家标准委员会（全国电力需求侧管理标委会），网级计量中心挂靠南网科研院。

国际标准方面。发布直流控制保护系统、高压复合支柱绝缘子、500kV直流电缆空间电荷测量等3项IEEE国际标准，初步建立涵盖国际标准、国家标准、行业标准的技术标准体系。

技术支持与服务 承接技术服务项目 211 项，项目验收通过率 100%，完工优秀率 98%，提升 1.5 个百分点。

解决电网安全运行重大技术难题方面。落实公司防范系统运行风险 8 项重点工作，全面排查解决鲁西直流控制保护系统隐患，完成云南电网频率协调控制措施及减少云南弃水问题技术措施研究；集中力量攻关研究电网谐波问题，研究提出鲁西“4·10”高频谐波谐振机理及应对措施、永富直流“5·29”受端低次谐波缓慢衰减机理及应对措施；深入开展电网运行仿真计算分析，完成年方式、迎峰度夏方式的计算分析。

设备安全运行技术支持方面。研究分析变压器瓦斯继电器误动故障，提出防止误动措施并在全网进行宣贯、推广；开展 GIS 关键零部件评价检测标准和试验方法研究，支撑南方电网公司把好设备选型关和入网关；深化防冰防风防雷技术，协助完成台风“天鸽”“卡努”输电、变电、配电设备受损原因分析及铁塔荷载校核；优化拓展线路机巡作业技术，首次开展配网无人机巡视技术研究与应用和激光雷达软硬件测试、固定翼无人机性能检测。

市场营销创新方面。编制南方电网公司“十三五”电能替代发展规划报告，确定“十三五”各省建设目标和技术路线；深化计量系统技术和大数据应用创新，开发完成网级电能量数据移动应用，实现全网电能量数据动态发布与实时访问，全网电能数据质量持续提升至 99%；服务南方电网公司智能表计与低压集抄建设，利用网级数据平台智能监测，促进全网低压集抄建设。

网络安全技术支持方面。全力做好党的十九大、财富论坛、博鳌论坛等各项保供电网络安全保障技术支持；成功协办全国首次电力系统网络安全攻防演练。

情报增值服务方面。对“8·15”台湾大停电事件深入分析，获得国资委办公厅采用并上报中办国办。对标国内一流电力期刊，《南方电网技术》杂志在电气工程类核心期刊中排名跃升至 11 位。

工程集成技术 乌东德特高压多端直流工程。瞄准多项世界级直流输电技术创新，提出乌东德特高压多端直流工程采用混合直流输电的技术方案，在国际上率先研制±800kV 特高压柔性直流换流阀和首套特高压混合多端直流控制保护。

滇西北特高压直流工程。解决特高压直流抗震难题，首次提出高海拔高地震烈度特高压换流站设备、直流场、阀厅及整体抗震解决方案，开展 24h 两班倒不间断调试，优质高效完成调试测试任务。

投运南澳 160kV 机械式高压直流断路器，在世界上首次实现机械式高压直流断路器在柔性直流输电工程中的示范应用。开展世界上首例千米级深井接地极技术及工程应用研究，解决温升产气腐蚀以及电极监测等技术难题。组织鲁西扩建工程现场调试，首次自主完成直流工程调试测试任务。

市场拓展 科技成果转化方面。编制完成“十三五”科技成果转化项目库和三类科技成果转化业务发展规划。产品产业化取得突破，打造智能电表“南网芯”，计量安全芯片、非侵入式负荷辨识装置、配电网芯片化保护装置、干式封包技术等多项专利成果实现市场化转化。

检验检测资质扩展方面。首次开展计量自动化终端、低压集抄设备和售电管理装置的委托检测业务；进一步拓展小电流接地装置、覆冰检测装置检验检测等业务。

海外技术输出方面。完成印度北部电网 STATCOM 系统分析与仿真研究；牵头成立国际大电网组织（CIGRE）“直流运行实时仿真工作组”，召集 16 个国家的专家代表参与工作；首次批量承接国际检测业务，为 ABB 公司检测 114 支阀厅复合支柱绝缘子；为韩国电科院提供仿真技术培训。

企业管理 战略规划方面。按“一个整体、两个板块”的总体业务布局，构筑“3+3”业务布局，优化“233988”关键指标，调整科技成果转化业务（高科技咨询服务、产品产业化、检验检测）营业收入达 1.8 亿元。

精益管理方面。构建“1—3—11”的同业对标指标体系，与综合计划和科研生产指标有效衔接；精益项目与科研生产工作紧密融合，涌现出一批提升科研效率的生动案例。

全面预算管理方面。构建以部所为单元的内部利润中心管理机制，实行成本多维度全过程精益管控，2017 年费用收支及时办结率达 99%以上，人均营业费用同比下降 10%，达到历史最好水平。

信息系统建设方面。核心业务功能模块实现全员应用，财务、人资、资产等管理系统实现用户注册率 100%，工单流转率 100%；持续优化专业管理系统，完成科研团队工作平台应用，实现一站式科研项目管理。

队伍建设 人才队伍不断壮大，选拔任用中层管理人员 14 人，聘任部所助理 6 人，开展高级主管、研究室主任竞聘，构建合理的干部梯次；加强年轻干部培养，首次策划实施“鹰才计划”年轻干部培训班；加强高层次人才培养，新增高层次技术人才 11 人，组建公司高级及以上技术专家科技创新团队 12 个；运用开发区博士后政策，明确 16 个专业方向的博士后引进计划，引进博士后 2 名。

完善薪酬激励机制，突出业绩导向实施差异化激励，研究设计竞争性业务发展专项奖励方案，按竞争性业务合同额计提奖励金额，激励员工积极开拓成长性业务。

持续推进员工关爱，解决员工住房问题，申请公租房 50 套；高效有序完成二次搬迁，不断完善餐饮、车改等后勤服务；以“家”文化情系员工，建成昆明基地“职工小家”，“爱心妈咪小屋”成为省级示范点。

党的建设 责任落实到位，谋划党建“十三五”实施纲要，明确党委委员分工抓党建，从严落实“第一责任”“直接责任”和“一岗双责”。

抓实党建工作，从严从实推进“两学一做”学习教育常态化制度化，以做科研的精益方法抓实党建工作，规范主题党日和“三会一课”，确立 15 个书记项目、98 项党员关键任务、5 个党员（青年）突击队，全面发挥党员在关键岗位、关键项目、关键时刻的先锋模范作用。对青年党员进行理想信念培训，让青年党员成为“火种”，推动党的建设薪火相传。

深化党风廉政建设，坚持标本兼治，构建“不能腐”体制机制，持续完善廉洁风险库；开展审计整改专项治理，有效推动科研院党风廉政建设和反腐败工作向纵深发展。

加强科研创新品牌宣传，在中央电视台、新华网以及公司级以上媒体开展宣传报道上百篇，聚焦核心业务，组织策划直流工程建设系列报道、专家团队等专题宣传，树立科研品牌，凝聚科研力量；异步联网科技攻关团队获得第五届“感动南网”团队荣誉，1 名职工获得南方电网公司“五一”劳动奖章。

（肖　前）

【南方电网能源发展研究院有限责任公司】

单位概况 南方电网能源发展研究院有限责任公司（简称南网能源院）是南方电网公司的全资子公司，于 2017 年 8 月 21 日正式发文成立，注册资本金 1 亿元人民币。

南网能源院是南方电网公司的智库机构，也是立足南方电网实际，服务国家能源战略、服务能源电力行业、服务经济社会发展的能源行业智囊。主要负责宏观政策与经济发展研究，能源电力发展战略与改革研究，企业发展与管理决策支撑研究，电力规划研究，电力工程咨询、咨询评审，电力工程技术经济及定额管理，电力工程质量监督，相关标准编制，实验室运营管理，专业软件及其他产品开发与销售，刊物出版、发行和经营，国际、国内技术交流与项目合作，经南方电网公司批准、允许或授权的其他业务。

领导班子

临时党委书记、董事长：金戈鸣

临时党委副书记、董事、总经理（院长）：吴宝英

临时党委委员、董事、副总经理（副院长）：肖谦

组织机构 南网能源院设立了董事会和监事会；内部共设置办公室（董事会办公室、党委办公室）、计划科研部、组织人事部、财务管理部、宣传监审部（纪委办公室）5 个职能管理部门，以及能源战略与政策研究所、能源供需研究所、企业管理研究所、投资与财务研究所、技术经济中心（定额站）、质量管理研究中心（质监站）6 个专业机构。

公司筹建 2017 年 2 月 23 日南方电网公司发文成立南网能源院筹备组，筹备组研究提出将南网能源院建设成为南方电网公司智库以及能源行业智囊的功能定位，并通过对标能源行业内领先或国内外知名咨询机构开展深入调研，研讨南网能源院建设发展的系列问题，细化南网能源院定位和经营范围、组建原则和组建方式、发展目标、保障机制等核心要素，制定南网能源院组建方案和公司章程，初步形成“职能部门＋专业研究所”的组织形式，设立“5 部 4 所 2 中心”。2017 年 12 月完成了南网能源院工商登记注册。

基础建设 南网能源院在完成工商登记注册、取得营业执照的基础上，持续推进开立银行账户、税务登记、注资、员工聘用、办公场所装修等相关事务，系统梳理业务体系，编制《南方电网能源发展研究院有限责任公司工作规则（试行）》等管理制度、标准和流程，编制有关行政、财务、人资、党建、监察审计、技术经济、质量监督等各项制度初稿 180 项，其中承接应用南方电网公司制度 60 项，印发新编制度 26 项。

编制南网能源院“十三五”发展规划，按照南网能源院功能定位和职责，初步确定南网能源院的建设发展思路和近期工作任务。计划利用三年时间进行智库建设，培养一批知名专家，打造特色鲜明的业务研究平台，形成全方位支撑性服务体系。

深入调研，编制形成规划评审业务咨询资质整合调研报告，为下一阶段南网能源院进行资源整合、成立规划和评审中心做好准备。

开展系统内外相关专家及专业技术人员调研摸底工作，为组建南网能源院专业团队、人才队伍建设打好基础，助力南网能源院建设“服务国家制定能源战略与政策的‘思想库’‘信息库’和‘人才库’”。围绕战略定位，按照“5 部 4 所 2 中心”的总体设计，完善内设三级机构与职责、岗位体系、人员编制。形成“三定方案”“岗位职级体系方案”“工资设计方案”。在南方电网公司有关部门、单位的支持下，南网能源院从系统内各单位调配 44 名各层级各领域人

才，组成基础团队，满足南网能源院前期各领域业务运转；研究制定南网能源院招聘方案，顺利完成了2018年校园招聘。

业务开展 建立明晰的业务对接关系，基本确定2017～2018年陆续开展涵盖能源战略政策研究、能源电力市场研究、企业管理研究、财务投资分析、技术经济咨询、质量管理研究、电力规划研究和项目咨询评审等业务。2017年，完成研究报告、咨询、造价审核等项目28项，主要项目包括南方五省区电煤供需及价格分析预测、南方电网2018年电量预测、南方电网2016年管制业务投资总体评价、南方电网信息化项目预算编制与计算方法、电网工程台风抢修定额、各专业概预算定额价格水平调整系数测算、配网框招工程量清单编制评审、网公司总部年度信息化技术服务需求评审、2018年新增A类技改与修理项目造价审查、端子箱等22项技术规范书评审、南方电网境外项目筛选评价和估值机制研究项目立项、设计评审辅助决策平台项目立项、南方电网年度电网工程造价水平分析及造价控制线编制的收资工具开发等。配合完成基建质量监督领域相关专项检查和研讨等工作，初步建立电力工程建设质量安全专家库。

从严治党 学习习近平总书记系列重要讲话，宣传贯彻习近平新时代中国特色社会主义思想和党的十九大精神，出台"学习宣贯方案"，组织党员开展系统学习教育，通过精读文件原文、党员集体研讨等形式，深刻领会习近平新时代中国特色社会主义思想的丰富内涵，深刻领会不平衡不充分发展的矛盾体现形式，领悟十九大精神给能源电力发展提供的根本指导思想。严格落实基层党建"四同步"要求，确保筹建工作与基层党建齐头并进，及时成立党支部，健全"三会一课"，学用结合开展"主题党日"活动，领导干部带头讲党课，严格落实"两学一做"常态化、制度化。2017年专题组织生活会和支部书记讲党课在南方电网公司机关党委《关于公司机关党委所属各党支部"加强思想建设，改进工作作风"组织生活会情况的通报》文件获得表扬。

（梁　宇　范晓虹）

【西安热工研究院有限公司】

单位概况 西安热工研究院有限公司（简称西安热工院），是中国电力行业国家级热能动力科学技术研究与热力发电技术开发的机构。主要专业于1951年在北京创建，1965年迁址西安成立西安热工研究所；行后隶属燃料工业部、电力工业部、水利电力部、能源部、国家电力公司，期间随国家电力体制改革依次更名为电力工业部热工研究院（1994年）、国家电力公司热工研究院（1998年）、国电热工研究院（2001年）；2003年，成为由中国华能集团有限公司（简称中国华能）控股，中国大唐集团有限公司、中国华电集团有限公司、中国国电集团公司（后重组为国家能源投资集团有限责任公司）、国家电力投资集团公司参股的有限责任公司，并正式更名为西安热工研究院有限公司。

西安热工院拥有国家发展改革委（原国家计委）设立的电站锅炉煤清洁燃烧国家工程研究中心，国家能源局设立的国家能源清洁高效火力发电技术研发中心，国家科技部设立的煤基清洁能源国家重点实验室，陕西省科技厅设立的陕西省燃煤电站锅炉环保工程技术研究中心。与中国华能技术创新中心实行"一套人马、两块牌子"的运作方式。设有北京、苏州、南方（广州）分公司，院内还设有硕士学位授予点和博士后工作站。同时是国家级4个专业技术标准委员会（含分委会、标准工作组）、电力行业7个专业技术标准委员会、电力行业5个归口质量检测中心以及中国电机工程学会4个专业委员会的挂靠单位；是国家中文核心期刊、科技核心期刊《热力发电》的主办单位。

领导班子

董事长、党委书记：刘伟

总经理（院长）：陈勇

副院长、党委书记：王月明、汪德良、范长信

党委委员、纪委书记：史小兵

副院长、党委委员：牟春华、吕怀安

组织结构 ① 职能管理部门略有变动，新增项目管理部。目前，职能管理部门共12个（院长工作部、科研管理部、市场部、预算部、人力资源部、资产财务部、党建工作部、纪检监察部、审计部、教育培训部、事务部）；此外，在院长工作部、预算部和事务部的归口管理下分别设置了独立运作的安全监察室、采购中心和基地建设办公室。② 专业部门设置不变。设有专业部门22个（其中研究中心5个）。③ 产业公司无变动。截至2017年底，除母公司外，共有二级子公司11家（其中全资子公司7家，控股子公司4家），有分公司3家。

人员组成 2017年末，在岗职工1184人。其中：硕士及以上学历人员767人（其中博士108人）；高级工程师及以上职称资格人员379人（其中正高级工程师41人）。

科技工作

1. 科研奖项

获2017年度中国电力科学技术奖4项（主持完成4项）：① 火电机组宽负荷调峰控制技术研究与工程应用（二等奖）；② 低挥发分煤锅炉改（扩）烧烟煤关键技术研发与应用（三等奖）；③ 二次再热机组动静态特性分析、关键性控制策略研究及工程应用

（三等奖）；④ 火电厂尿素水解制氨技术的研发及工程应用（三等奖）。

获2017年度陕西省科技进步奖5项（主持完成）：① 燃煤电站经济运行关键技术研究及应用（一等奖）；② 全煤种烟气污染物一体化协同控制与脱除超低排放技术开发及示范（二等奖）；③ 火电机组宽负荷调峰控制技术研究与工程应用（二等奖）；④ 直接空冷系统板式蒸发冷凝器装置研发及应用（三等奖）；⑤ 氢冷发电机氢气纯度稳定技术与装置的研发及应用（三等奖）。

获2017年度中电联中国电力创新奖5项（主持完成3项、参与完成2项）：① 二次再热机组动静态特性分析、关键性控制技术研究及工程应用（主持完成）；② 火电机组宽负荷调峰控制技术研究与工程应用（主持完成）；③ 在役煤粉锅炉改烧强结渣高钠煤技术研究与应用（主持完成）；④ 高参数超超临界二次再热关键技术研究及工程示范（参与完成）；⑤ 620℃等级机组不同Cr含量P92钢的安全性研究与应用（参与完成）。

2017年，14项科技成果通过技术鉴定（9项为国际领先水平、5项为国际先进水平）：① 全煤种烟气污染物一体化协同控制与脱除超低排放技术开发及工程应用（国际领先水平）；② 多级湍流高效脱硫协同除尘一体化技术研究与工程应用（国际领先水平）；③ 低挥发分煤锅炉改（扩）烧烟煤关键技术研发与应用（国际领先水平）；④ 电站锅炉超低排放脱硝系统SCR Control＋控制技术的研究与应用（国际领先水平）；⑤ 火电机组宽负荷调峰控制技术研究与工程应用（国际领先水平）；⑥ 基于动态特性分析的二次再热超超临界机组控制策略研究与工程应用（国际领先水平）；⑦ 燃煤电站经济运行关键技术研究及应用（国际领先水平）；⑧ 直接空冷机组运行节能技术研究及在线智能控制系统研发及应用（国际领先水平）；⑨ SCR烟气脱硝关键技术研究及工程应用（国际领先水平）；⑩ 多重导向拦截高效除雾器研发与应用（国际先进水平）；⑪ 配套电站环保风机改造及烟风管道的优化技术研究与工程应用（国际先进水平）；⑫ 火电厂尿素水解制氨技术的研发与工程应用（国际先进水平）；⑬ 全保护自动加氧处理技术及装置（国际先进水平）；⑭ 基于超声表面波的小径管表面纵向缺陷检测技术研究（国际先进水平）。

2．专利

2017年，共获得授权专利243项。其中，发明专利94项、实用新型专利158项（名称略）。

3．软件著作权

2017年度获得软件著作权53项（名称略）。

4．专著和论文

2017年，由西安热工院专业人员著作的《基于分子模拟的典型绝缘材料介电特性研究》《电站煤粉锅炉燃烧设备选型》2部；编著的《电厂化学仪表培训教材》《整体煤气化联合循环（IGCC）发电工程》《光伏发电站技术监督标准汇编》3部；参编《Advanced Applications of Supercritical Fluids in Energy Systems》1部以及译著《ASME PTC6S-1988汽轮机常规性能试验规程》1部，由中国电力出版社正式出版发行。在2017年度的核心期刊上，热工院专业人员共发表论文256篇（其中，SCI论文13篇、EI论文22篇）。

5．纵向科研项目

2017年新增科研项目48项。其中，国家科技项目12项，省市科技项目7项，华能科技项目25项。

全年在研项目119项，按计划进行。其中，国家科技项目17项、省市科技项目15项、华能项目34项、院自立项目43项、其他项目10项；其中，44项项目在年内已全面完成，并通过了项目验收。

6．经营服务类技术项目

2017年，全年累计签订经营服务类技术项目3700余项（包括技术服务和咨询类3000余项；产品设备销售和工程类700余项）。项目设计火电、风电、水电、光伏发电、核电、煤炭、石化、有色金属以及市政等领域，涵盖国内30多个省（市、区），并涉及国外12各国家和地区，项目执行情况得到广泛好评，收到来自国内外客户、项目合作方等发来的表扬信、感谢信共100多份。

在技术服务和工程业务方面，完成巴基斯坦萨希瓦尔燃煤电站设备建造、水处理、控制组态、监控信息系统、调试等项目，被华能集团党组授予萨希瓦尔项目“功勋单位”；承担柬埔寨桑河二级水电站设备建造、调试和专项试验等项目，1、2号机组均已投运，实现一年双投；调试投运的华能伊春热电等3个项目获“中国电力优质工程奖”，“电站锅炉大比例燃用准东高钠煤技术”获得新疆维吾尔自治区科技进步奖等荣誉。

7．科研平台和基础设施

科研平台和基础设施建设和运营取得进展。持续完善科研项目的信息化管理，加强科技项目执行管理、科技奖申报等管理工作的信息化，促进技术数据库的建立和知识积累；科研平台基础建设进一步加快。西热水务公司获得第一批“西安航空科技创新创业中心扶持资金”、苏州脱硝催化剂实验室通过了CNAS现场监督评审及扩项评审；阎良科研试验及产业基地实验楼建设已完成，二期项目获得陕西省和西安市两级“绿色施工示范工程”“文明工地”“新技术应用示范工程”等荣誉；综合办公信息化系统全面运行，各项工作效率提升。

8. 资质证书

西安热工院的质量、环境、职业健康安全管理体系（三标一体）证书以及工程咨询、电力工程调试、设备监理、特种设备（压力容器）检验、环境工程设计、热喷涂、电力设施承试、节能服务专项资质等各项专业资质全面有效保持；高新技术企业证书有效保持，通过了电力行业合规化学清洗单位A级资质复审。西安西热水务环保有限公司获得环保工程专业承包三级资质证书。

9. 技术报告

全年完成各类技术报告3900余份、质检报告1010余份。

其他荣誉　2017年，西安热工院再次荣获中国华能“先进企业”“文明单位”“绩效考核A级企业”以及中国电建企协“全国电力建设优秀调试企业”“2017年中国电力创新奖”和陕西省“厂务公开民主管理工作先进单位”等荣誉，获得陕西省科技厅“科技企业现金集体”荣誉；获得“2016年度全国电力建设优秀调试企业”荣誉；获得“中央企业青年文明号”荣誉。

国际合作与交流　2017年，进一步加强国际合作与交流，与日本、俄罗斯、美国、德国、巴西等国际知名的科研机构和国家级电力公司、国际知名的大型企业集团等开展了4次技术交流活动。

执行了涉及海外印度、越南、巴基斯坦、土耳其、孟加拉、菲律宾、柬埔寨、印度尼西亚、老挝、巴西、缅甸等11个国家和地区的设备监造、质量监督检查、发变组和230kV系统设备保护定值计算及系统分析服务、技术诊断服务、加氧设备供货、安装指导及调试、性能试验、汽轮机冷端系统性能诊断试验、DCS应用软件设计组态和大修启机试验服务等10余项技术服务项目，涉外项目合同额合计约1.5亿元。

接待来自日本三菱日立电力系统公司、日本煤炭能源中心、全俄热工院、美国McHale Performance公司、德国GERB振动控制公司、巴西Pampa sul公司等5国4批16人次来访；派员赴美国、英国、白俄罗斯、日本、中国香港、印度、越南、巴基斯坦、土耳其、孟加拉、老挝、柬埔寨、印度尼西亚、马来西亚、巴西等15个国家和地区进行技术交流和技术服务等，共计106批206人次。

党建工作

（1）加强党建和基层党组织建设。贯彻党中央和中国华能党建工作部署，开展十九大精神的学习宣传贯彻，院领导班子成员到各党支部宣讲十九大精神；推进“两学一做”学习教育常态化制度化，落实“三会一课”，院领导班子成员讲党课20人次，各党支部组织学习260余次；设立党员示范岗113个、党员创新创效技术攻关项目87个，推进党建与科研经营深度融合；加强基层党组织建设，制定了《党支部标准化建设管理办法》《出差国（境）外党员教育管理办法》，确保党支部管理规范化、党员教育全覆盖；建立了“三位一体”党建绩效考核体系，加强督办，促进党建目标的达成。同时，还完成《中央企业先进典型选树存在问题及对策研究——“三位一体”选树培模式构建与实践》，获中央企业党建思想政治工作研究会2017年度党建思想政治工作研究成果二等奖。

（2）推进干部和人才队伍建设。坚持党管干部、党管人才原则和好干部“五条标准”，严格选人用人，加强干部队伍建设，充实各级领导班子，制定和实施了干部交流、轮岗制度和干部培训计划，开展了院中层后备干部选拔。坚持干部监督工作例会制度，严格落实措施，促进各级干部廉洁从业。进一步畅通人才成长通道，壮大高层次人才队伍。2017年选派5人参加了中国华能干部培训、轮训和挂职锻炼；推荐百千万人才国家级人选2人、“千人计划、万人计划”评审专家3人、全国“创新争先”先进个人1人、中国电机工程学会会士1人。

（3）加强党风廉政建设。落实中国华能2017年党风建设和反腐败工作会议精神，落实“两个责任”“一岗双责”；执行中央八项规定、中国华能改进作风30条和西安热工院31条，坚持挺纪在前，加强执纪监督；加强四种形态下纪律谈话制度实施，约谈各部门（公司）负责人及重点岗位人员152人次。根据中国华能专项巡察反馈意见，制定整改方案，建立台账，立行立改，举一反三；每周召开常委会，督办专项巡察整改工作，推进整改落实。

（4）以党建带动群团建设，加强工会团青和企业文化建设工作。深化构建凝聚青年、服务大局、当好桥梁、从严治团的团青工作格局，发挥团员青年在科研经营和企业发展的生力军作用，并开展青年志愿者服务；院团委获中国华能“五四红旗团委”，1个项目组获“中央企业青年文明号”，1人获中国华能“五四青年奖章”。推动职代会和工会工作，召开职工代表大会，推行厂务公开和民主管理；开展职工群众喜闻乐见的文体活动；服务全院近500名离退休老同志，组织老同志开展了喜迎“十九大”座谈会、建言献策、健步走等系列活动，离退休管理服务工作得到中国华能等上级机构的肯定。加强了困难职工帮扶，切实解决职工困难，传达组织的温暖和关怀。持续巩固“省级文明单位”成果，加强了企业文化和精神文明建设，举办“道德讲堂”2期，弘扬社会主义核心价值观，营造和谐向上的良好氛围，职工队伍保持稳定；锅炉环保公司获雁塔区“文明单位”称号。履行社会责任，开展了定点扶贫、精准扶贫以及爱心助学等活动，获得地方政府的好评。

挂靠的行业学会、质检中心、标委会、硕士点、博士后站、专业期刊 中国电机工程学会4个专委会（火电专委会、热工自动化专委会、材料专委会、清洁低碳专委会）按计划举办了多次学术研讨会、技术交流等科技活动，取得良好成效。

“电力工业热力发电设备及材料质量检验测试中心”“电站工业发电用煤质量监督检验中心”“电力工业热工计量测试中心”等中心的工作有序进行。

4个国家标准化技术委员会机构（全国电气化学标委会、全国电站过程监控及信息标委会、全国环保产品标委会水处理设备分技术委员会、全国燃气轮机标委会联合循环发电工作组）和7个电力行业标准化技术委员会（电站锅炉标委会、电站汽轮机标委会、电厂化学标委会、电站金属材料标委会、电站阀门标委会、热工信息与自动化标委会、联合循环发电标委会），均按计划组织开展了标准的制（修）订、审查和宣贯工作；其标准化工作通过了中国电力企业联合会标准化中心组织的年度检查。其中，电厂化学标委会、电厂化学标委会获得中电联“电力标准化工作先进集体”荣誉。

硕士学位授予点：研究生教育质量进一步提升，在与高校联合培养方面继续创新、取得良好效果；招生、教培、科研、学位评定等工作按计划进行。2017年内，研究生毕业并获硕士学位者10人，新招收研究生7人；在读研究生22人。

博士后科研工作站：2017年，新进站博士后1人；年内在站博士后4人；科研工作如期进行。

由西安热工院与中国电机工程学会共同主办的专业期刊《热力发电》，全年按计划完成编辑出版12期，在核心期刊中排名持续攀升，影响力逐步增大。

主要事件

1月13日，西安西热锅炉环保工程有限公司完成的“全煤种烟气污染物一体化协同控制与脱除超低排放技术开发及工程示范”等4项科技成果通过了中国电机工程学会组织的科技成果鉴定。其中，“全煤种烟气污染物一体化协同控制与脱除超低排放技术开发及工程示范”“多级湍流高效脱硫协同除尘一体化技术研究与工程应用”“低挥发煤锅炉改（扩）烧烟煤关键技术研发与应用”三项科技成果达到国际领先水平，“电站锅炉超低排放脱硝系统SCR控制技术的研究与应用”达到国际先进水平。

3月2日，西安热工院再次获得4个ASME PTC标准的翻译授权。截至目前，西安热工院已累计获得9个标准翻译授权。

3月3日，中国华能党组成员、纪检组组长赵建明到西安热工院宣布干部调整，史小兵任热工院党委委员、纪委书记。

3月6日，经陕西省住房和城乡建设厅审核，西安热工院获得火力发电专业工程设计乙级资质。

3月20日，西安西热水务环保有限公司取得环保工程专业承包三级资质证书。

3月23日，西安热工院召开2017年党风廉政建设和反腐败工作会议。

3月31日，中共西安市市委常委、市委秘书长卢凯到西安热工院调研，传达了西安市市委书记王永康对西安市治污减霾工作的指示精神，听取了热工院环保技术方面的有关情况汇报。双方就热电联产、燃气供热、燃煤电厂排放治理措施等内容进行了深入讨论与交流。

4月6日，西安热工院“燃煤电站经济运行关键技术研究及应用”“直接空冷机组运行节能技术研究及在线智能控制系统研发和应用”两项成果通过了中国电机工程学会组织的鉴定。其中，“燃煤电站经济运行关键技术研究及应用”整体达到国际先进水平，部分内容达到国际领先水平。

6月28日，中国华能党组副书记、副总经理邓建玲到热工院调研，听取了西安热工院工作汇报，对西安热工院在科技研发、技术服务、产业化等方面取得的成绩给予肯定，对下一步工作提出了几点要求。

7月3日，国务院派驻中国华能监事会主席赵小平到西安热工院调研，听取了热工院的工作汇报，对西安热工院热工院在科技研发、技术服务、产业化等方面取得的成绩给予肯定，对下一步工作提出了几点要求。

7月28日，西安热工院安全生产许可证通过了陕西省住建厅延期3年许可审核。

8月3日，中国华能副总经理叶向东到西安热工院宣布干部调整，刘伟任西安热工院董事长、党委书记；陈勇任西安热工院总经理（院长）、党委副书记。

8月16日，中国华能副总经理孙智勇到西安热工院调研，听取了西安热工院的情况介绍和工作汇报，对西安热工院在安全、经营、发展和党建等方面取得的成绩给予肯定，对下一阶段的工作提出了具体要求。

9月2～3日，苏州西热节能环保技术有限公司中心实验室通过了CNAS评审。

9月27日，西安热工院研发的“超低氮燃气燃烧器”取得中国特种设备检测院型式试验证书。

10月18日，西安西热节能技术有限公司取得高新技术企业认定证书。

10月31日，在“中国科技论文统计结果发布会”

上，西安热工院主办期刊《热力发电》在2016年14种动力工程类核心期刊中排名第5，在32种电气工程类核心期刊中排名第20，在2008种中国科技核心期刊综合评价总分排名481。

11月2日，国电龙华延吉热电有限公司采用西安热工院专利技术——提升供热机组灵活性的低压缸零出力技术（简称“低压缸零出力技术”，又称“切除低压缸进汽供热技术”“切缸供热技术”等）并由西安热工院牵头提供全过程技术支持，完成了2号机组供热节能改造，标志着国内首台200MW等级机组低压缸零出力供热改造工程取得圆满成功。

11月30日，中国华能副总经理王文宗到西安热工院调研指导工作，听取了热工院工作汇报和关于扶贫工作情况的汇报，对西安热工院今年以来在安全、经营、发展和党建等方面取得的成绩表示肯定，对下一步工作提出了要求。

12月7日，按照中国华能关于“压减”工作的总体部署，西安热工院子公司—北京华能新锐软件技术有限公司完成注销工作。

12月28日，西安热工院加入中国核能行业协会。

【北京低碳清洁能源研究院】

单位概况 北京低碳清洁能源研究院（简称低碳研究院）成立于2009年12月，隶属于国家能源集团，是国家级海外高层次人才创新创业基地。在中组部、国资委及北京市各级领导的持续关心下，在国家能源集团及各子分公司的大力支持下，低碳研究院从无到有、从小到大，逐渐发展成为清洁能源领域的一支新生力量。

低碳研究院紧紧围绕国家能源集团建设具有全球竞争力的世界一流能源集团的战略目标，致力于低碳清洁能源技术开发，既通过技术创新支持国家能源集团的核心业务，也依靠研发驱动寻求新的企业增长点，同时开发世界一流技术，力求具有国际影响力和竞争力。

低碳研究院发展至今，已形成了结构合理的人才梯队，目前设有北京、美国、德国3个全球研发基地，近600名青年博士、硕士及其他各方面优秀人才，其中国外员工占30%以上。主要聚焦于煤的清洁转化利用、煤基功能材料、氢能及利用、水处理、分布式能源、催化技术、先进技术等领域，并全面开展了相关领域的技术研发和创新，在不少项目上取得了可喜的成绩。全体低碳研究院员工正同心协力，在将低碳研究院打造成为国际化、专业化、规模化的能源研究机构的道路上坚实迈进。

【中国大唐集团新能源科学技术研究院有限公司】

单位概况 中国大唐集团新能源科学技术研究院有限公司（简称大唐新能源研究院）成立于2017年12月19日，是中国大唐集团有限公司全资子公司。主要负责大唐集团新能源（含风能、太阳能等）战略规划咨询、科技课题研究和技术工程服务等，为大唐集团新能源产业发展建设和生产经营提供专业化支撑。主要业务包括新能源技术研究、管理咨询、前期服务、工程设计、工程咨询、优化设计、精品工程创建、工程总承包、技术监督与服务、大部件服务、碳资产开发、专业培训等。

领导班子

董事长：高智溥

院长、党委副书记：吴智泉

党委书记、副院长：米克艳

副院长、党委委员：夏怀祥、陈继录

总会计师、党委委员：石峰

党委委员、纪委书记、工会主席：白雪梅

组织机构 本部设办公室、计划财务部、人力资源部、安全监督和生产部、科研管理部、党群工作部、监察审计部。

企业管理 按照“为全系统新能源发展建设和生产经营提供专业化支撑”的职能定位，按照现代化企业科研院所管理标准，学习借鉴先进经验，加快自身制度创新和流程创新，围绕“五个整合”和新能源技术开发、建设、运维模式，深化技术规范、管理制度优化和流程再造，建设以硬科技为内核的科研核心能力，建立运转良好的商业模式。初步确立了本部和“一院四中心一公司”的基本组织架构。一院，就是大唐可再生能源试验研究院，主要承担在役新能源资产的技术服务和技术攻关。四中心分别是：发展研究中心，主要开展新能源前沿技术研究，发展规划及工程建设全过程咨询服务；设计研究中心，主要负责编制大唐集团新能源项目设计原则、标准和规范，开展项目规划设计、示范性项目EPC管理；分布式能源与多能互补研究中心，开展关键性、创新性、前瞻性、瓶颈技术研究及相关技术产品研发；培训中心，服务于全集团新能源的人才培训工作。一公司，就是以科技产业公司来整合相关商业运作平台。

安全生产 成立安全生产委员会，贯彻党中央、国务院和大唐集团关于安全生产的方针、政策和有关法律法规及规章制度。建立新能源研究院安全生产监督体系和保证体系，并加快实现两个体系正常运转，保证安全生产工作严密、完整、有序。组织召开第一次安委会会议，分析组建成立后的一段时期安全生产形势，研究、部署新能源研究院安全生产重点工作，为保证企业安全生产局面打好基础。抓住突出风险，针对工程吊装作业现场和合同能源项目，开展安全生产现场检查，保证各项安全措施的有效落实。

经营管理 站在集团化管控的角度，加强对大唐集团测风塔数据的管理，从做好新能源项目规划选址、微观选址、全过程优化设计入手。以长停风机治理为切入点，破解老旧机型提质增效等行业难题。坚持从实际出发，编制、修订、推广技术标准、制度、规程，通过管理制度化、制度标准化、标准流程化、流程信息化、信息可控化，逐步建立完整严密的技术保障体系。融入新能源全过程管理更多环节中，参与大唐集团新能源项目资本收购技术尽职调查、新源项目后评价等工作。

科技创新 紧盯前沿、前瞻技术，对颠覆性技术保持敏感和全程跟踪。坚持以重创新、硬科技为核心的竞争力建设。突出问题导向，通过技术监督、大数据分析，挖掘生产技术关键共性问题。坚持"以我为主"，加强核心技术储备，协同国内外产学研单位、强强联合、优势互补，加强对海上风电、智能风场、低风速技术、综合能源服务技术等瓶颈技术突破。开展技术研发和集成创新，把核心技术牢牢掌握在自己手中。做好智慧风场的顶层设计，攻坚主控和群控优化策略、智能监视、监控系统网络安全等关键难题，并形成核心产品和标准。

信息化建设 开展大唐集团新能源集控现状调研，编制新能源区域集控中心技术规范、新能源数据采集及通信规范。初步构建了大唐集团新能源大数据平台，逐步接入大唐集团系统内近万台风力发电机组以及几十个光伏发电站的数据；完成通用型风机监控分析软件开发并在塞罕坝、扎鲁特等风场进行了试用；完成总部大数据中心开发，建设了基于云平台、Hadoop大数据技术的数据中心。充分发挥新能源大数据中心和风资源平台的作用，为大唐集团构建"无人值班、少人值守、远程集控、智能运维"的管理模式奠定基础。

人力资源 牢固树立"人才为本"的发展理念，做好人力资源战略规划。聚焦出成果、出效益、出人才的目标，坚持高水平培养和高质量引进并举，加快引进相关业务领域的紧缺人才，培养高层次人才，建立相关领域的高层次人才信息库，通过建立博士工作站、创新工作室等方式，灵活采取各种高端人才引进手段，长期跟踪，主动联系、积极引进。

党建工作 大唐集团成立大唐新能源研究院，是贯彻落实党的十九大精神，加快推进绿色低碳循环发展，抢抓新能源发展制高点的重大举措。学懂、弄通、做实十九大报告对大唐新能源研究院各项工作的开展具有重要指导意义。大唐新能源研究院紧密结合大唐集团及自身面临的主要矛盾、形势任务和改革发展党建工作实际，编制印发了年度党委理论学习中心组学习重点内容安排，精心组织各级党委开展好中心组集中学习和研讨，进一步牢固树立"四个意识"，坚定"四个自信"，全面增强本领，自觉用习近平新时代中国特色社会主义思想武装头脑、指导实践、推动工作。通过党支部"三会一课"、主题党日、读书活动等形式，带领全体干部员工从学原文、悟原理入手，深入研读党的十九大报告。

主要事件

12月19日，大唐集团批准成立中国大唐集团新能源科学技术研究院有限公司。

12月26日，大唐集团任命高智溥为大唐新能源研究院董事长；吴智泉为新能源研究院院长；米克艳为新能源研究院副院长；夏怀祥、陈继录为新能源研究院副院长；石峰为新能源研究院总会计师。

12月27日，大唐新能源研究院成立安全生产委员会。

12月28日，大唐新能源研究院召开第一次院长办公会。

12月29日，大唐新能源研究院召开第一次干部员工大会。

（赵晓丽）

【电力规划设计总院】

单位概况 电力规划设计总院（电力规划设计总院有限公司，简称电规总院），隶属于中国能源建设集团有限公司，是中国能源建设股份有限公司发起人之一，下辖北京洛斯达科技发展有限公司。

电规总院是国家能源局重要的技术和研究咨询支撑单位。经国家能源局批准，电规总院设有国家电力规划研究中心、电力规划设计标准化管理中心、中国火电灵活性提升协作平台、全国新能源消纳监测预警中心、国家700℃超超临界燃煤发电技术创新联盟秘书处、电力工程造价发布牵头单位、国家能源局研究咨询基地、燃料电池发电技术创新协作平台等机构。2016年7月，成立能源发展研究中心，负责能源行业政策、规划、重大发展问题研究，接受国家能源主管部门业务指导。

结合服务于政府、行业的定位和长远发展需要，电规总院提出了"能源智囊、国家智库"的发展愿景和建设"国家级高端能源咨询机构和专业智库"的战略目标。近年来先后完成国家"十三五"能源发展规划、电力发展规划和雄安新区能源发展规划等重大规划研究，参与国家与地方能源电力体制改革等重要政策研究，承担能源电力监管的支持性任务，组织落实行业重大系统性工程，深度参与能源国际合作，为建设绿色低碳、安全高效的现代能源体系提供了高质量的智库研究支持。先后入选中国社会科学院"2017年度中国核心智库"、中央企业智库联盟、"一带一路"智库合作联盟和中国智库索引来源智库，在上海社科院《中国智库报告》专业影响力排名中位列前茅。

电规总院是中国电力规划设计行业的“国家队”，拥有一支以全国工程勘察设计大师为学术带头人的高素质专家队伍。近三年，受能源及电力企业、金融机构等的委托，开展了一百多项企业发展规划、大型流域输电规划、节能环保规划等规划研究，承担了多项国家电力示范工程、重点工程的牵头设计工作，完成能源电力工程评审、评估、咨询项目 1500 余项，发电容量超过 2 亿 kW，220kV 及以上线路长度超过 1.3 万 km，变电容量超过 1.7 亿 kVA，累计节约投资超过百亿元。

电规总院与国际能源署、能源宪章、联合国亚太经社会、亚太经合组织等国际组织建立起了良好的合作关系，先后合作设立了国际能源署中国联络办公室、联合国亚太经社会（ESCAP）能源互联互通专家工作组秘书处、APEC 能源合作伙伴网络中国对口单位、中国—中东欧国家能源项目对话与合作中心中方秘书处等机构，承担相关工作。先后加入国际能源署洁净煤中心、中日联合委员会，是能源宪章工业咨询委员会亚太地区主席单位。

领导班子

党委书记、院长：谢秋野

党委副书记、副院长：梁政平

党委常委、副院长：孙锐

党委常委、纪委书记、副院长：徐小东

党委常委、副院长：万明忠、赵锦洋、杜忠明、吕世森

党委常委、总工程师：李喜来

组织机构 设有院长工作部、人力资源部、财务管理部、计划发展部、科技信息部、党群工作部（纪检监察与审计部）、规划研究部、发电工程部、电网工程部、技术经济部、国际业务部、智能电网部、能源研究所和信息技术中心（洛斯达公司）。

人才队伍 电规总院技术力量雄厚，专业配套齐全，拥有一支高素质的专家队伍。截至 2017 年底，电规总院在职员工 286 人，其中全国工程勘察设计大师 4 人，享受政府特殊津贴专家 5 人，教授级高级工程师 89 人，高级工程师 133 人，中级及以下 45 人，博士 113 人，硕士 91 人，各类注册师占比超过 47%。全资子公司洛斯达公司在职员工 255 人。

2017 年主要业务开展情况

（1）国家高端智库建设。电规总院深入推进国家级高端智库建设，聚焦能源电力行业发展改革重大问题，建言献策，助推行业发展，智库建设取得了丰硕成果，影响力显著提升，在上海社科院智库排名中位列能源领域首位，入选中国社科院核心智库，“电规总院引领能源智囊、国家智库”入选中国电力报 2017 年电力企业十大新闻。

一是深入开展国家和地方多层次的能源、电力规划研究，为中国的能源和电力规划研究体提供重要支撑。开展了全国能源、电力“十三五”规划后续研究和大量地方规划研究，承担“十三五”规划能源重点任务监测评估工作，牵头开展北方地区清洁取暖规划研究，服务“千年大计、国家大事”，中标雄安新区能源发展规划研究，在能源电力规划研究体系中发挥越来越重要的支撑作用。二是深入开展能源电力体制改革和产业政策研究，参与十余项电改配套文件的起草，承担了首次全国范围内的电力体制改革评估工作，完成电力现货市场等各类支撑性课题近 300 项，为政府科学决策提供了有价值的参考。三是完成“十二五”投产电力工程项目造价发布、2017 年典型电网工程投资成效监管等监管研究成果，协助开展电力供需形势分析、煤电规划建设预警、国家示范项目遴选，发挥了独立公正的第三方作用。四是依托“提升中国火电灵活性协作平台”等平台推动有关政策落地实施，首次发布《中国能源发展报告》《中国电力发展报告》等行业蓝皮书，与国际能源署联合举办《世界能源展望 2017 之中国特别报告》发布会，撰文 30 多篇深入解读“十三五”规划，行业影响力显著提升。

（2）企业规划咨询业务。电规总院进一步发挥高端优势，积极应对市场变化，加快调整经营性业务结构，深化与地方政府、能源电力企业的战略合作。

一是优势业务转型升级步伐加快。开展了乌东德送电广东广西直流工程、苏通 GIL 综合管廊工程等重大工程的设计牵头、评审等工作。在太阳能热发电领域发挥行业引领作用，带动全过程咨询。核电工程初步设计全过程咨询评审模式得到推广。开拓特高压施工图预算编制、核电工程造价咨询，业务广度、深度持续提升。二是新兴业务发展势头良好。抢抓电力体制改革新机遇，企业委托的改革及战略研究课题大幅增加。瞄准技术进步和产业升级，燃煤生物质耦合发电、智慧能源、智慧城市、综合能源服务等新兴领域市场不断拓展。加快产业链上下游延伸，开展了多项智能电网规划、咨询、设计工作。发挥规划、政策研究的引领带动作用，首次成功中标新能源微电网工程总包。从顶层设计“进军”军民融合，协助军队能源管理建章立制，完成部队《清洁取暖技术手册》编制，参与首批新型军事新能源建设试点项目咨询。通道大数据、数字化展厅等信息化新产品得到推广应用。三是高端咨询有力促进市场开发。通过开展包头可再生能源规划、青海多能互补能源基地发展规划研究等政府咨询项目，带动了后续业务的开展。深化高参数机组、高低位布置、超超临界循环流化床等新技

术研究和示范项目咨询，取得了多项标志性工程的咨询评审业务。

(3) 国际化业务。全面融入“一带一路”建设，参加“一带一路”国际合作高峰论坛等重要活动，在能源国际合作中发挥日益重要作用，提升带动了后续业务。

协助起草的《“一带一路”能源合作愿景与行动》成为“一带一路”高峰论坛能源领域主要成果。编制的周边国家电力互联互通规划成为中国与周边国家开展电力互联互通的指导性文件。开展的中国—中东欧、中老、中菲、中苏（丹）、中越、中俄等多双边能源合作规划研究，对中国对外合作起到重要的推动作用。为中信保、丝路基金、国开行等金融机构提供了肯尼亚、缅甸、格鲁吉亚、蒙古等电力市场分析、贷款项目咨询等服务，受南方电网云网国际等企业委托开展了境外项目风险评估、“一带一路”电力综合资源规划研究等工作。国际合作平台建设取得突破，2017 年 6 月，电规总院与国际能源署（IEA）签订合作协议，国际能源署中国联络办公室在电规总院正式挂牌。受中国国家能源局、国际能源署的分别委托，电规总院成为实施《中国国家能源局—国际能源署三年合作方案（2017—2019年）》的支持单位，开展了大量工作。同年，中国—中东欧能源项目对话与合作中心中方秘书处、联合国亚太经社会能源委员会互联互通专家工作组中方秘书处、中国参与 APEC 能源合作伙伴网络专家组对口单位等也先后落户。联合主办或承办能源宪章工业咨询委员会北京会议、中国—中东欧能源博览会、燃煤生物质耦合发电国际会议等重要会议，提升了国际知名度。发挥国际交流与合作对市场开发的引领作用，中菲、中老等能源合作规划为拓展咨询项目创造了条件。为中国在巴基斯坦、罗马尼亚、蒙古、菲律宾等国的项目提供多项市场分析、工程咨询、业主工程师、信息化等服务。

(4) 科技创新。科技创新工作取得新成果，公司作为主要完成单位之一的“特高压±800kV 直流输电工程”项目获得 2017 年度国家科学技术进步特等奖。获得行业以上科技、工程奖项 20 余项，获得发明专利、实用新型专利、软件著作权、专有技术 13 项，发表论文 50 余篇。参与申报的“高效灵活二次再热发电机组研制及工程示范”获批 2017 年国家重点研发计划项目，5 项国家能源局委托课题、1 项博士后科研工作站课题完成验收，获批 1 项中国电机工程学会青年人才托举计划项目。成为中国电机工程学会太阳能热发电专委会秘书处挂靠单位，推动了该领域科技创新。行业标准化工作积极开展，组织完成行业标准审查、报批 65 次，出版 20 项，推进中国标准国际化，组织开展英文标准翻译 23 项。

（陈　奇　秦　勤）

【中国水利水电科学研究院】

单位概况　中国水利水电科学研究院（简称中国水科院）是以水利水电公益型研究和应用技术科学研究为主，面向全国的专业齐全的综合性科研机构，是全国水利水电科学技术研究的中心。它着重解决水利、水电建设中的重大关键技术问题，承担行业基础和应用基础研究及新技术、新成果的推广。

主要研究领域包括水文水资源、水环境与生态、防洪抗旱与减灾、水土保持与江湖治理、农村水利、水力学、牧区水利、河流水库泥沙、新型建筑材料、岩土工程及地基加固、工程抗震、遥感、高效水轮机及水泵、电站计算机监控和水情测报自动化系统、电站通信及自动化设备、火电核电站冷却水及环境、试验仪器及水利史研究等方面。同时还进行水利水电工程经济、环境问题的咨询及评估、工程安全监测及缺陷处理、工程安全鉴定、工程监理等。

中国水科院是国家“水利工程”一级重点学科单位，设有 8 个硕士、8 个博士学科授予点，并设有 2 个一级学科博士后流动站。拥有 4 个国家级中心：国家节水灌溉北京工程技术中心、国家能源水能高效利用与大坝安全技术研发中心、国家农业灌排设备质量监督检验中心和国家水电可持续发展研究中心。

中国水科院具有国家核准的安全评价机构资质证书、工程咨询资格甲级证书、水文、水资源调查评价甲级、建设项目环境影响评价甲级、编制开发建设项目水土保持方案资格甲级、建设工程地震安全性评价许可甲级、监理队伍资质甲级、设计乙级、施工贰级资质证书，以及通过国家质量监督检验检疫总局的计量认证。

目前在职人数 1414 人，其中中国科学院、中国工程院院士 6 人，高级工程师、教授 800 余人。固定资产 6 亿元，具有国内外先进水平的大型试验设备有：三维六自由度震动试验台、450gt 土工离心试验机、大型减压厢、高精度水力机械试验台等大型设备 120 台套，水力学、冷却水、泥沙、岩土、结构与材料、抗震、水利、水力机械、计算机监控、水情测报、调速器等综合试验室 32 座，科研设备总值近 1 亿元。

中国水科院与国外著名科研机构、高等院校以及国际上重要的学术团体有广泛的交流与合作。国际泥沙研究培训中心（IRTCES）、国际大坝委员会（ICOLD）中国委员会、中国灌排委员会（ICID）中国委员会、国际水利与环境工程学会（IAHR）中国委员会、全球水伙伴（GWP）中国委员会、世界泥沙研究学会（WASER）中国秘书处、世界水土保持协会（WASWAC）秘书处等均挂靠在中国水科院。

领导班子

院长：匡尚富

党委书记：曾大林

副院长：杨晓东、刘之平、胡春宏、汪小刚、彭静

纪委书记：夏连强

组织机构 职能部门包括院办公室、党委工作部门、院工会、人事劳动教育处、科研管理与规划计划处、国际合作处、财务与资产管理处、监察与审计处。科技研究所（中心）包括水资源研究所、水环境研究所、水利研究所、工程抗震研究中心、岩土工程研究所、泥沙研究所、水力学研究所、水电可持续发展研究中心、牧区水利科学研究所、国家重点实验室筹建办、减灾中心。综合事业部包括综合事业部办公室、离退休干部处、研究生部、标准化中心、图书学报部、中水科信（网络中心）。科技企业包括中水科总公司、中水科技公司、天津水利电力机电研究所、中水科海利公司。后勤企业包括北京爱德服务总公司。

主要工作

1. 科研立项进展显著

一是科研合同稳步增长。中国水科院新签科研项目近1800项，合同总额较2016年增加了8.3%，人均合同额较2016年增加了9.75%。其中，非营利机构新签合同额较去年增长了16.9%；科技企业新签合同总额较去年增长了1.8%。

二是重点项目立项再获佳绩。新签纵向项目经费较2016年增加了11.42%。其中，获批“水资源高效开发利用”重点专项牵头项目4项，获批科技基础资源调查专项1项，获批国家自然科学基金34项。

三是横向项目渠道不断拓展。新签横向项目经费较2016年增加了7.04%。横向项目主要来源于中央相关部委、流域机构、地方水利厅局、水利水电企业、火电和核电企业等，其中来源于水利行业、水电行业的经费占总经费的49.8%。

2. 科技创新成果丰硕

2017年，中国水科院共获得国家科技进步二等奖3项、省部级奖42项，获奖数量比2016年增加36%。全年发表论文655篇，出版专著59部，获得专利166项，其中发明专利81项，编制国标行标26项，科技成果再创新高。凝练出的十大代表性成果如下：

一是中国节水型社会建设理论、技术与实践，获得2017年度国家科技进步二等奖。

二是三峡水库和下游河道泥沙模拟与调控技术，成果获得2017年度大禹水利科技进步特等奖。

三是泥沙、核素、温排水耦合输移关键技术及在沿海核电工程中应用，获得2017年度国家科技进步二等奖（中国水科院为第二完成单位）。

四是大型灌排机械设备研制与开发，成果获得2017年国家科技进步二等奖（我院作为第三完成单位）。

五是全国山洪灾害时空信息服务平台建设与应用，成果获得2017年测绘科技进步一等奖。

六是西北农牧交错带严重侵蚀区植被恢复重建关键技术研究，成果获2017年中国水土保持学会科学技术一等奖。

七是混流式水轮机全系列水力模型研究和推广应用，被评为2017年大禹水利科学技术一等奖。

八是西部强震区高坝大库抗震安全研究，成果被相关国家及行业标准采纳，并在印度KOYNA重力坝、中国沙牌碾压混凝土拱坝等得到应用。

九是土石坝全生命周期风险防控方法体系。

十是混凝土坝防裂智能温控成套技术及工程应用。

3. 科技支撑坚实有力

一是支撑河长制推行。配合编制西藏、宁夏、天津市等区域“一河一策”总体方案，研发“河长制管理平台”拟在河南、江西等地推广应用。参与浙江、辽宁等地河长制落实情况督查工作。

二是支撑水资源管理。牵头起草《县域节水型社会达标创建技术指标体系》、修订《中国节水技术政策大纲》，编制“水资源动态月报”“中国水资源公报”，完善国家水资源信息管理系统，参与丹江口水库中长期来水预报与调度会商等。

三是支撑水生态文明建设。参与实施全国河湖健康评价工作，编制《河流健康评价技术导则》《河湖生态保护与修复工程技术导则》等技术文件。

四是支撑防洪抗旱减灾。协助国家防办开展山洪灾害预警预报，发布信息122期，联合中国气象局在中央电视台天气预报节目播出28期。

五是支撑农业节水灌溉与农村饮水安全。研发大型灌排机械技术集成应用模式，构建再生水灌溉全过程风险和效率协同调控及应用模式。

六是支撑重大水利工程建设。承担大藤峡工程温控防裂关键技术、南水北调中线（京津冀段）自动化调度与运行系统安全监测、三峡水库和下游河道泥沙模拟与调控等任务，为一系列重大水利水电工程建设与运行管理等提供了技术支持。

七是支撑国家涉水技术需求。承担国家发展改革委委托的巢湖环湖防洪治理、吉林西部供水工程等7项工程咨询评估任务。在环境影响评价、水土保持方案编制、水文水资源调查评价、水利检验检测机构资质认定管理等方面，为国家部委和相关行业提供了技

术咨询和服务。

八是支撑地方经济社会发展。选派年富力强、经验丰富的专家到生产一线挂职服务，在技术支持、项目合作、行业指导、工程建设、人才培养、干部交流等方面开展了全方位、高层次、多渠道的对口支援和帮扶，有力支撑了当地水利改革发展。

4. 人才队伍不断加强

一是人才结构进一步优化。专业技术人才、研究生和高级职称数量和占比均实现持续稳定增长，截至2017年11月，共有职工1396人，其中专业技术人才1248人，占89.4%；硕士以上学位878人，其中博士507人；副高级职称以上824人，其中正高323人。年龄结构进一步优化，专业技术人才平均年龄41岁，35岁以下占34.28%。高层次人才引进工作稳步推进，接收留学归国人员、博士后、博士等各类人才40人。

二是高层次人才进一步涌现。领军能力和国际影响力进一步提升。新增首届全国创新争先奖状获得者2人、杰青1人，这也是连续两年获得杰青资助，中青年科技创新领军人才1人，现有高层次人才93人次。新增莫索尼水电杰出成就奖1人，国际微灌奖1人。

三是干部队伍进一步强化。严把选用程序关，选拔、调整处级干部16人。

四是研究生培养进一步加强。2017年，在读硕士和博士研究生280人，新招75人，7人获得2017年度国家奖学金，4人获得年度张光斗科技教育基金和潘家铮水电奖学金。

5. 合作交流全面深化

一是稳步推进合作交流机制。与中国再保险（集团）股份有限公司、安徽省岳西县人民政府等签订战略合作协议，已与60余家国际组织、科研机构、知名大学和企业建立了相对稳定的科技合作伙伴关系和渠道。完成出访84个团组252人次，来访37个团组264人次，充分发挥水利国际交流的科技窗口作用。

二是注重搭建合作交流平台。承办第六届全国水工抗震防灾学术交流会、第八届全国水力学与水利信息学大会等全国性学术会议和高端学术论坛。举办第4届海峡两岸水利青年工程交流营和第21届海峡两岸水利科技交流研讨会，海峡两岸交流持续深入。组织中国水电发展论坛（国际）、亚洲水理事会第4次董事会、第14届中韩学术研讨会、美国奥罗维尔大坝事故引发的思考研讨会等国际会议和培训8次，组织第1届亚洲国际水周“水与气候变化”主题，第8届世界水论坛“水利基础设施”议题，宣传了中国的治水理念和科技成果。

三是发挥国际组织纽带作用。2017年，中国水科院成为国际洪水管理大会的常设秘书处挂靠单位。中国水科院是9个大型涉水国际组织总部或者中国委员会秘书处的挂靠单位，是世界水理事会（WWC）和亚洲水理事会（AWC）的机构会员，有10余位资深专家担任名誉主席、副主席、董事、理事、秘书长和分会主席等职务。

四是积极参与国际竞争。不断开拓国际市场，在亚洲、非洲、南美洲等国家承揽水电站技术服务、水电咨询评估、大坝安全鉴定等项目40余项，合同额6200元，涉及水资源、水环境、防洪减灾、水电工程安全、机电设备、自动化监控、合页坝等领域。

6. 科研条件日益完善

一是升级改造步伐加快。“大型土工离心机升级改造及试验研究平台”和“防汛抢险减灾试验厅”两个新建项目完成初步设计、规划、人防、园林绿化、供电方案等前期工作，即将进行施工招标和实施建设。

二是共享管理有序开展。制定重大科研基础设施和大型科研仪器使用及开放共享管理实施细则，开通共享信息管理平台，有效推进大型仪器设备开放共享进程。

三是资质管理不断强化。成功延续水利工程质量检测（岩土工程类）甲级资质，新增北京市规划和国土资源管理委员会测绘资质，为相关信息数据库建设等提供有利条件。

四是信息化建设全面推进。综合办公平台建设全面启动，完成建设方案编制、公开招标、需求调研分析及平台设计工作，目前进入设计开发阶段，预计2018年整体上线运行。

五是期刊影响力持续攀升。承办水利学报、中国水科院学报、泥沙研究、国际水土保持研究、生态水力学等8种国内国际期刊。其中，《水利学报》入选“2017中国国际影响力优秀学术期刊”，连续第16次获“中国百种杰出学术期刊”称号。

主要事件

1月11日下午，国际大坝委员会荣誉主席路易斯·贝尔加（Luis Berga）与国际水电协会（IHA）执行总裁理查德·泰勒（Richard Taylor）一行来访中国水科院，并作为特邀报告人出席“2017中国水电发展论坛”。中国水科院院长匡尚富会见了来访人员，参加会见的还有中国大坝工程学会副理事长兼秘书长贾金生、中国水科院副院长彭静。

1月12日，中国水科院与中国水力发电工程学会联合主办的2017年中国水电发展论坛暨水力发电科学技术奖颁奖典礼在北京召开。

2月23日，国际水电协会（International Hydropower Association）执行总裁理查德·泰勒（Richard

Taylor）一行来访中国水科院，就第六届世界水电大会相关工作与中国水科院进行会谈。院长匡尚富会见了来访人员，参加会见的还有中国水科院副院长汪小刚、彭静。

3月22日，国际水利与环境工程学会（IAHR）主席彼得·古德温（Peter Goodwin）、副主席安杰洛斯·芬蒂卡凯斯（Angelos N. Findikakis）、詹姆斯·鲍尔（James E. Ball）和亚瑟·迈尼特（Arthur Mynett）一行来访中国水科院，参加“IAHR执委会会议”，并做客中国水科院名家讲坛，围绕“水之力——美国奥罗维尔大坝事故引发的思考”主题进行学术报告与研讨。院长匡尚富、副院长刘之平、彭静会见了来访人员。

5月9日，国际水电协会（IHA）2017世界水电大会全体会议在埃塞俄比亚首都亚的斯亚贝巴举行。中国水科院副院长汪小刚等一行出席了全体会议。大会期间，中国水科院院长匡尚富被授予2017年国际水电协会莫索尼水电杰出成就奖（Mosonyi Award for Excellence in Hydropower）。

5月12日，中国水科院长匡尚富、副院长杨晓东会见波兰共和国环境部分管水资源的副部长马利兹·加达（Mariusz Gajda）一行，双方就开展水资源领域相关合作进行了交流。

5月12日，由中国水科院承办的北京水力发电工程学会会员代表大会暨三届四次理事会在中国水科院大兴试验基地召开。学会副理事长、中国水科院副院长刘之平主持会议。

5月22日，中国水科院副院长汪小刚会见法国电力集团（EDF）水电工程中心总经理巴浩彦（Yann Baros）一行，双方就进一步推动项目合作与技术交流进行会谈。

5月27日，全国科技工作者日暨创新争先奖励大会在北京举行，中国水科院贾金生、刘之平荣获首届全国创新争先奖状。

10月12日，中德小水电代燃料合作项目（HAPPI）总结交流会在中国水科院举行。德国大使馆科技参赞炎斯·霍夫曼（Jens Hofmann）、中国水科院副院长刘之平出席会议并致辞。

10月13日下午，中国再保险（集团）股份有限公司（简称中再集团）常务副总裁和春雷率领中再产险总经理张仁江、副总经理左惠强以及有关部门负责人一行来方中国水科院并签订双方战略合作协议。中国水科院副院长刘之平、汪小刚出席了签字仪式。

10月24日，国家自然科学基金委员会正式批准了2017年度“国家杰出青年科学基金”项目，中国水科院严登华教高获得资助，研究领域为变化环境下水资源演变机理与适应性调控。

12月12日，国际水电协会（International Hydropower Association，IHA）执行总裁理查德·泰勒（Richard Taylor）一行来访中国水科院，就2017年IHA开展的相关工作及未来与中国水科院的合作进行了会谈。中国水科院院长匡尚富会见了泰勒一行。

教 育 机 构

【华北电力大学】

单位概况 2017年，华北电力大学占地面积97.928 3万m^2，学校产权校舍建筑面积1 066 241.1万m^2。固定资产总值353 999.99万元，其中，教学、科研仪器设备资产值84 145.96万元。图书馆建筑面积37 901.41m^2，藏书257.34万册。全年教育经费投入204 767.58万元，其中，国家拨款105 355.58万元，自筹经费99 412万元。学校拥有计算机19 032台，网络多媒体教室345间，信息化设备资产值28 269.09万元，网络信息点25 566个，电子邮件系统用户40 342个，上网课程98门。学校设有直属学院11个，教学部1个，另设有国际教育学院、研究生院、继续教育学院、艺术教育中心和工程训练中心；开设本科专业59个；拥有一级学科博士学位授权点7个，一级学科硕士学位授权点23个；博士后科研流动站5个，其中博士后研究人员出站86人，进站20人和在站59人。学校拥有国家级重点学科2个、省部级重点学科25个，国家重点实验室1个，国家工程试验室1个、国家工程技术研究中心1个、教育部重点实验室2个、教育部工程技术研究中心1个、北京市重点实验室8个、北京市工程技术研究中心2个、北京市工程技术研究中心1个，另有北京市哲学社会科学研究基地1个。教职工2918人，其中，专任教师1854人，包括教授427人、副教授676人；博士生导师198人、硕士生导师927人；拥有中国工程院院士2人，双聘院士5人，国家“千人计划”6人，青年“千人计划”2人，“长江学者”特聘教授5人，国家“高层次人才特殊支持计划”6人，“973”首席科学家4人，国家级教学名师1人，国家杰出青年科学基金获得者9人，国家优秀青年科学基金获得者4人，中青年科技创新领军人才2人，国家“百千万人才工程”8人，入选教育部“新世纪优秀人才支持计划”38人，4支团队列入教育部“长江学者和创新团队发展计划”。毕业生11 884人，其中，学历教育学生中全日制研究生2306人（博士生175人、硕士生2131人），普通本专科生5320人（本科生5320人，专科生0人）、成人教育本专科生2777人（本科生2123人、专科生654人），在职人员攻读硕士学位1281人，外国留学生200人。本科毕业生就业率96.2%。研究生就业率98.5%。招生12 659人，其中，学历教育学生中全日制研究生3770人（博士生212人、硕士生3558人），普通本科生6051人、成人教育本专科生2527人（本科生1812人、专科生715人）。外国留学生311人。在校生44 814人，其中，学历教育学生中全日制研究生10 274人（博士生1079人、硕士生8116人）、普通本科生22 716人，成人教育本专科生5786人（本科生4439人、专科生1347人），在职人员获取硕士学位5450人，外国留学生588人。网址：www.ncepu.edu.cn。

领导班子

党委书记：周坚

校长：杨勇平

党委副书记：杨勇平、何华、汪庆华、郭孝锋

副校长：李双辰、郝英杰、孙忠权、王增平、律方成、檀勤良

纪委书记：何华

党委常委：周坚、杨勇平、何华、李双辰、郝英杰、孙忠权、汪庆华、郭孝锋、律方成、张天兴

主要成就

1. 两项目获鉴定国际领先水平

2017年，华北电力大学两个重大项目通过技术鉴定。4月20日，电力大学“基于故障关联信息的站域分布式新型保护系统”通过技术鉴定。该成果由该校电气与电子工程学院四方研究所与北京四方继保自动化股份有限公司联合研发共同完成。项目鉴定委员会由中国工程院韩英铎院士担任主任委员，国内知名高校、国家电网公司、中国南方电网公司、中国能源建设股份有限公司等单位的11名专家组成。通过情况介绍、审阅有关技术资料等环节，专家组一致认为该项目在基于故障关联信息的站域分布式保护方面开展深入分析研究，解决传统后备保护难以满足电网发展的要求和现有广域保护实现方式难以实用化等难题，全面提升继电保护的性能，为智能变电站及智能电网的发展提供先进的保护技术和发挥工程示范作用。成果推广应用为可使国家持续引领站域—广域保护理论研究及工程实践水平，进一步确立中国在世界继电保护领域的引领地位。与会专家对本项目给予高度评价，认为整体处于国际领先水平。10月17日，刘吉臻院士创新团队田亮、牛玉广等人完成的“供热机组调峰运行控制关键技术及工程应用”项目，通过由中国电机工程学会组织的技术鉴定。专家组一致认为该项目能够显著提高抽汽式供热机组的整体控制水平，对缓解弃风弃光问题意义重大，项目总体居国际先进水平，其中基于利用热网蓄热的机炉热协调快速变负荷控制技术居国际领先水平。

2. 电力卓越工程师培养校企联盟成立

2017年11月17日，华北电力大学和中国电力企业联合会作为发起单位，牵手国家电网公司等18家大型能源电力企业及清华大学等30所高校成立电力行业卓越工程师培养校企联盟。此次校企联盟构建的新机制的突出特点在于“面对面”，搭建电力行业与高校群体协同育人的大平台。首批校企联盟成员精选的高校和企业将在“产教融合”等方面进行深度合作，解决电力人才培养中存在的高校工程人才培养与行业企业需求脱节，工程教育缺乏“实践性”和“创新性”等“共性问题”。

3. 首台百万燃煤机组飞灰脱汞系统通过考核

2017年11月29日，华北电力大学研发的燃煤电厂飞灰在线改性吸附脱汞技术及装备在神华国华徐州发电有限责任公司2号1000MW燃煤机组通过168h考核，可以移交生产投入商业运行。该校教师张永生、潘伟平等在“863”课题、科技支撑计划课题等项目支持下，首创燃煤电厂飞灰在线改性吸附脱汞技术并研制相关设备。该技术以燃煤电厂废弃飞灰为原料，通过机械力和化学方法在电厂对飞灰在线改性，形成脱汞吸附剂；改性后的吸附剂喷射到电厂烟道，对烟气中的汞进行吸附脱除。2016年首次在神华国华三河电厂300MW燃煤机组开展飞灰在线改性吸附脱汞工程示范，并现场对比美国通用的活性炭吸附脱汞技术，结果表明两者脱除效果相当，综合脱汞效率90%以上。该技术避免活性炭吸附剂离线改性、远距离运输等多个环节；过程全封闭无泄漏；综合成本为活性炭脱汞技术的1/10～1/5。

4. 两成果获国家科学技术奖

2017年，华北电力大学参与完成的两项科技成果获国家科学技术奖。齐磊参与完成的“特高压±800kV直流输电工程”项目获国家科技进步奖特等奖；刘吉臻参与完成的“600MW超临界循环流化床锅炉技术开发、研制与工程示范”项目获国家科技进步奖一等奖。2017年度国家共授予国家最高科学技术奖2人，国家自然科学奖一等奖2项、二等奖33项，国家技术发明奖一等奖4项、二等奖62项，国家科学技术进步奖特等奖3项、一等奖21项、二等奖146项。

主要工作

1. 入选“双一流”建设高校，第四轮学科评估成绩喜人

入选国家“双一流”建设高校名单，这是继“211工程”“985工程优势学科创新平台”建设高校之后的又一大重要发展成就，是建设高水平研究型大学的一个重要里程碑。编制完成一流学科建设方案，推动“能源电力科学与工程”学科建设。第四轮学科评估成绩喜人，电气工程、动力工程及工程热物理两个优势学科排名大幅提升，分别位列A类、A—类；“环境/生态学”成为继“工程学”之后学校第二个进入ESI前1%行列的学科；学位授权点申报取得重要进展，新增核科学与技术、水利工程2个一级学科博士学位授权点。

2. 持续推进“大人才”发展战略，队伍建设取得重要进展

深化劳动人事制度改革，进一步完善人才选拔、使用和培养机制；调整科研教研工作量和绩效奖励标准；修订专业技术职务评聘办法，实施分类评价；全面规范非事业编制岗位管理；制定七级及以下职员职级晋升办法。年度引进国家“千人计划”1人，引进和培育国家“杰出青年基金”获得者2人，入选国家“万人计划”3人，荣获北京市高等学校教学名师和青年教学名师2人。在科技部科技创新创业人才、北京百名科技领军人才等高层次人才队伍方面取得重要进展；“热科学与工程团队”“新型薄膜太阳电池基础及应用研究团队”分别入选首批全国高校黄大年式教学团队、科技部重点领域创新团队。加强青年教师队伍建设，选派50余名青年教师出国研修，8名博士后获中国博士后科学基金资助。

3. 深化教育教学改革，创新人才培养成效显著

紧密围绕立德树人的根本任务，加强和改进思想政治工作，开展理想信念主题教育和社会主义核心价值观培育践行活动；开展了21世纪以来首次全校范围内的教育教学思想大讨论，进一步明确新形势下学校人才培养理念和目标定位，形成修订本科专业人才培养方案指导意见；加强招生宣传，进行本科大类招生改革；启动研究生优质课程建设项目，修订研究生学制和研究生培养方案。发起成立“电力行业卓越工程师培养校企联盟”，打造“校企协同、校校协同、优势互补、资源共享”的行业人才培养新格局；开展本科教学审核评估迎评工作；通过优化质量评价和过程监控，全面推进学位授权点校内自评估；成功举办了第十届“神雾杯”全国大学生节能减排大赛。教育教学改革成效显著：获省级教学成果奖25项，其中特等奖1项、一等奖8项；1门慕课获评首批国家精品在线开放课程，25个项目获批省部级产学合作协同育人项目和教改立项；出版教材33部，其中国家级规划教材1部。华北电力大学获得教育部“国防教育特色学校”；马克思主义学院教师的思政课、学生“沼气蓬勃”扶贫项目被央视新闻联播报道。学生在创新创业和各类学科、文体竞赛中表现突出：承担大学生创新创业训练计划项目国家级240个、省级203个；荣获国际、国家级各类学科竞赛奖项595项、省部级520项；揽获全国大学生节能减排社会实践与科技竞赛、美国大学生数学建模竞赛等竞赛特等奖、一等奖多项，夺得中国大学生足球联赛CUFL校园组全国总冠军、阿美亚洲“能源杯”大赛亚太总冠军，名列“2017年全国普通高校学科竞赛评估结果（本科）”第20位；生源质量和录取分数保持高位，学生考研率、出国深造率稳步提升，就业结构进一步优化，就业率保持在96%以上。

4. 提升科技创新能力，科研成果获得重大突破

服务国家重大科研任务的能力大幅增强。全年承担各类科技项目1004项，其中承担国家科技重大专项、重点研发计划项目各1项，国家科技计划课题及子课题30项、国家及省部级自然科学基金、社科基金项目114项；科研经费创历史新高，合同额达6.8亿元。平台建设有序推进，新增北京市重点实验室1个，可再生能源重大科技基础设施项目建议获教育部培育项目立项；学校学术委员会完成换届。科研成果实现重大突破，共获得省部级及以上科研奖励70项，其中获国家科技进步奖特等奖1项、一等奖1项，作为主持单位获高等学校科学研究优秀成果奖（科技类）技术发明一等奖1项、河北省科技进步一等奖1项。科技论文排名持续攀升，国内科技论文发表数量全国高校排名第48位，被引次数排名第33位；3篇论文荣获2016年度中国百篇最具影响国际、国内学术论文。大学科技园管理服务体系日臻完善，科技成果转移转化稳步推进。

5. 拓展对外合作交流，启动六十周年校庆筹备工作

不断深化大学理事会工作及对外合作，召开第二届理事会第四次全体会议和校友会会员代表大会，开展高层系列走访，洽谈重大战略合作，争取社会广泛支持；践行国家战略，积极参与支持雄安新区规划建设，稳步推进张家口科教园区建设；强化校企合作，开展行业高层次、急需紧缺和骨干人才的培养培训工作；全面推动优势资源整合和科研深度合作，联合组建高等学校智能电网创新战略联盟，加盟北京未来科学城“氢能技术协同创新平台”，成为国家“氢能与燃料电池”战略联盟以及国家“新能源汽车”技术创

新中心的首批发起单位之一。成立学校六十周年校庆筹备工作委员会，高标准启动校庆筹备工作。国际合作与对台交流层次不断提高。国际学生规模持续增长，中外合作办学稳步推进；外专项目取得新突破，新增“111计划”引智基地1项；承办“上海合作组织大学能源会议2017”，举办中欧可再生能源创新中心研讨会和海峡两岸绿色能源与应用学术研讨会，着力加强同境外高水平大学、科研机构、学术组织的实质性合作，积极参与“一带一路”建设。

6. 加强服务保障能力建设，办学条件进一步改善

加强安全稳定工作，保证党和国家重大维稳任务的完成和校园良好的教学生活秩序；不断加大基础设施建设，提升精细化管理水平，推进花园式、节约型校园建设，构建与高水平大学相适应的后勤服务保障体系。圆满完成总收入突破20亿元目标任务，为学校事业发展提供有力支撑。竣工交付综合楼A、G座、后勤服务楼；规划调整办公用房布局，加强招标、实验室安全、仪器设备管理及信息化建设。推进产业规范化管理和科技成果产业化，2家公司在新三板成功挂牌上市；大力推进校园网基础设施建设，制定学校信息化中长期建设与发展规划，一体化数字华电门户系统、新办公OA系统、移动微校园等信息系统投入应用，互联网紧急事件处置调度室建成使用；附属幼儿园正式开园，图书、档案、医疗、期刊、离退休服务保障水平进一步提升。

主要事件

1月23日，华北电力大学校长杨勇平率队访问国家电网公司，与国家电网公司董事长、党组书记舒印彪举行会谈。双方就推进协同创新、人才培养及科技成果转化等事宜进行了深入交流。

2月24日　华北电力大学“新能源电力与低碳发展研究中心”被认定为北京市重点实验室，该实验室是学校第一个智库类重点实验室。

3月8日，华北电力大学校长杨勇平率队访问中电联，与中电联常务副理事长、党组书记杨昆举行会谈。双方就推进电力行业卓越工程师培养校企联盟、共建中国能源与电力发展战略研究中心（智库）、服务电力“走出去”战略的国际合作、联合开展电力行业远程继续教育等工作进行深入的沟通与交流。

4月1日，华北电力大学校长杨勇平拜访全球能源互联网发展合作组织主席、中国电力企业联合会理事长、华北电力大学理事会理事长刘振亚。双方就加强实质性合作，推动构建全球能源互联网，促进大学“双一流”建设，服务能源电力事业发展等问题进行深入交流。

4月8日，华北电力大学与扬中市共建产学研合作基地暨第二届国际智慧能源互联网论坛在扬中市举行，标志着华北电力大学扬中智能电气研究中心、华电（江苏）智能电气创新产业园落户扬中高新区。

4月18日，华北电力大学校长杨勇平拜访国家电力投资集团公司董事长、党组书记、华北电力大学理事会副理事长王炳华。双方就全面深化科技创新、人才培养合作进行友好交流，并就加强大型先进压水堆核电站和重型燃气轮机国家科技重大专项合作达成初步共识。

4月20日，中国电机工程学会在北京组织召开“基于故障关联信息的站域分布式新型保护系统”技术鉴定会。该成果由华北电力大学电气与电子工程学院四方研究所与北京四方继保自动化股份有限公司联合研发共同完成。

4月11日，华北电力大学与巴基斯坦苏库尔工商管理大学签署教育合作协议。双方将围绕电气工程及其自动化本科项目和可再生能源与清洁能源硕士项目，在人才培养、科技合作等领域开展深度合作。

4月16日，教育部党组任命周坚为中共华北电力大学委员会委员、常委、书记，免去吴志功的中共华北电力大学委员会书记、常委职务。

6月21日，华北电力大学与浙江七一电器股份有限公司签署捐赠协议，浙江七一电器股份有限公司为学校捐资300万元，用于支持华电青年教师发展。

6月23日，罗普特（厦门）科技集团有限公司与北京华北电力大学教育基金会捐赠签署协议。罗普特集团捐赠人民币300万元在华北电力大学设立华北电力大学电力安全监测与评价研究中心，并支持研究中心项目开展。

6月，教授王祥科入选中青年科技创新领军人才，教授董长青入选科技创新创业人才、“新型薄膜太阳电池基础及应用研究”团队（负责人：教授戴松元）入选重点领域创新团队。

7月25日，保定校区的两个学生创新项目在上海参加绿色能源全球创新案例挑战赛中国区决赛，Repacking和WeWarm两个项目分别获得中国区冠军和季军。

7月25～28日，华北电力大学“AIM电气科技有限公司”“基于工业级无人机的电力巡检系列系统”两项目分获第十六届全国大学生机器人大赛机器人创业赛全国一等奖、全国三等奖；学校获大赛优秀组织奖。

9月19日，华北电力大学足球队以5∶4的比分战胜新疆农业大学，夺得2016—2017中国大学生足球联盟（校园组）全国总冠军。

9月21～22日由中国工程院和国家能源局主办，国家电网公司、南方电网公司协办，中国工程院能源

与矿业工程学部、华北电力大学等单位承办的第四届能源论坛暨国际工程科技发展战略高端论坛在北京举行。论坛以“能源革命与电力创新”为主题，围绕电力系统与能源互联网、可再生能源与清洁高效发电、智能用电与储能、能源战略与政策等议题展开。中国39位两院院士，国际5位具有影响力的专家，14位政府官员及央企高层特邀出席。华北电力大学刘吉臻院士、校长杨勇平、副校长檀勤良出席会议。

10月12日，华北电力大学校长杨勇平、新能源电力系统国家重点实验室主任刘吉臻院士、港澳台办主任段春明参加在台湾大学举办的海峡两岸气候变迁与能源可持续发展论坛。

10月17日，刘吉臻院士创新团队田亮、牛玉广等人完成的“供热机组调峰运行控制关键技术及工程应用”项目，通过由中国电机工程学会组织的技术鉴定。

10月，中国产学研合作促进会公布2017年中国产学研合作创新成果奖获奖名单。北京能源发展研究基地与中国大唐集团公司共同合作的课题成果“能源电力生产端与消费端联合节能减排的关键技术”获2017年中国产学研合作创新成果奖一等奖（最高奖项）。

10月，华北电力大学入选一流学科建设高校。“双一流”建设学科名称确定为“能源电力科学与工程”，核心学科是“电气工程”和“动力工程及工程热物理”。

11月13日，经济管理学院教授、新能源电力与低碳发展北京市重点实验室（智库）副主任袁家海接受中央电视台新闻调查栏目专访，就当前电煤博弈、煤电亏损、煤电供给侧改革、电力市场化等相关问题发表专家意见。

11月17日，由华北电力大学徐进良教授为项目负责人，华中科技大学、西安交通大学、安徽工业大学、东南大学、浙江大学、广东工业大学、中国科学院工程热物理研究所、中国华能集团清洁能源技术研究院有限公司、河北省电力勘测设计研究院、南京科远自动化集团股份有限公司等参加的国家重点研发计划项目“超高参数高效二氧化碳燃煤发电基础理论与关键技术研究”项目正式启动。

11月17日，华北电力大学与中国电力企业联合会作为发起单位，牵手国家电网公司、中国南方电网公司、中国大唐集团公司等16家大型能源电力企业以及清华大学、浙江大学、武汉大学等30所高校成立“电力行业卓越工程师培养校企联盟”。

11月29日，华北电力大学研发的燃煤电厂飞灰在线改性吸附脱汞技术及装备在神华国华徐州发电有限责任公司2号1000MW燃煤机组通过168h考核，达到投入商业运行要求。

12月1日，华北电力大学与保定天威保变电气股份有限公司签署战略合作框架协议。

12月3日，以“新动能、新发展”为主题的2017能源与电力工程管理创新高端论坛在华北电力大学召开。

12月5日，由中国南方电网公司举办的2017创新驱动与电网发展南方电网国际技术论坛在广州举办。副校长律方成受邀参加论坛，就电力设备绝缘及智能化关键技术研究做主旨报告，分别从环氧树脂复合材料综合性能提升方法研究，基于分布式光纤传感的绕组温度和变形检测技术研究，电力设备智能化关键技术研究等三个方面讲述学校科研团队在该研究方向所做工作。

12月10日，华北电力大学与中国核能电力股份有限公司签署核电人才订单联合培养协议。

12月14日，由华北电力大学、中国电力企业联合会、中国南方电网有限责任公司、珠海市会展集团有限公司等联合主办的2017中国（珠海）绿色创新电力峰会暨展览会在珠海国际会展中心开幕，贯彻落实国家创新驱动发展战略，以“引领粤港澳大湾区电力创新”为主题，加强电力行业交流与合作，助力粤港澳大湾区电力产业升级和经济发展。

12月28日，教育部发布第四轮全国学科评估结果，华北电力大学取得历史最好成绩，华北电力大学“双一流”拟建设的“能源电力科学与工程”学科群的核心学科电气工程、动力工程及工程热物理两个高峰学科排名大幅提升，分别位列A和A—档，双双进入国内一流学科行列。

12月，国家大学科技园“中小企业涉电产品公共检测服平台”通过中国合格评定国家认可委员会（简称CNAS）实验室认可评审。申请的电气设备、继电器、继电保护及自动化设备、配电自动化远方终端设备、信息技术设备在电气领域中的电磁兼容、性能测试和电学试验三个子领域14项试验全部通过评审，检测能力基本覆盖标准要求。

（王振华）

【东北电力大学】

单位概况 东北电力大学坐落在吉林省吉林市，是吉林省重点大学，始建于1949年，是新中国建立的第一所电力工科学校，1958年定名为吉林电力学院，1978年更名为东北电力学院。原隶属电力部、国家电力公司，2000年起，实行“中央与地方共建，以地方管理为主”的管理模式，2005年学校更名为东北电力大学。2012年学校入选为国家“中西部高校基础能力建设工程”重点建设高校。

东北电力大学共有14个学院，46个本科专业，涵盖了工、理、管、文、法、经、教育、艺术8个学科门类。东北电力大学是博士学位授权单位，有电气工程、动力工程及工程热物理、控制科学与工程3个博士学位授权一级学科，1个博士后流动站，有14个硕士学位授权一级学科，49个硕士学位授权二级学科，有吉林省优势特色重点学科6个，其中吉林省重中之重重点学科2个，有工程硕士（含7个授权领域）、体育硕士、翻译硕士、会计硕士4个硕士专业学位授权类别，具有硕士研究生推免权。东北电力大学现有全日制在校生近19 000人。

东北电力大学有教职工1400余人，拥有高级职称人员500余人，其中中国工程院院士2人（双聘），国家万人计划第一批人选2人，全国杰出专业技术人才2人，国家级有突出贡献的中青年专家3人，百千万人才工程国家级人选5人，国务院政府特殊津贴获得者36人，国家级教学名师1人。拥有"教育部长江学者和创新团队发展计划"创新团队2个，国家级教学团队2个，首批"全国高校黄大年式教师教学团队"1个。

东北电力大学现有国家级特色专业5个，国家级精品课程4门，国家级实验教学示范中心2个，国家级虚拟仿真实验教学中心1个，吉林省实验教学示范中心10个。近年来，学校获国家级优秀教学成果奖3项。学校是国家大学生文化素质教育基地、全国社会体育人才培训和科研基地，首批国家级工程实践教育中心建设单位，"卓越工程师教育培养计划"试点高校，国家级专业技术人员继续教育基地。

东北电力大学有国家地方联合工程实验室2个，国家大学科技园1个，教育部重点实验室（工程研究中心）2个，吉林省重大需求协同创新中心4个，吉林省院士工作站1个，省级重点实验室、研究中心、文科基地等25个。近年来，学校承担包括国家科技部重点研发计划、国家973计划项目、863计划项目、国家科技支撑计划项目、国家科技重大专项、国家重大科学仪器设备开发专项、国家自然科学基金重点项目等各级各类科研课题1800余项，取得了一大批高水平研究成果，获国家科技进步二等奖3项，省部级及以上科研成果奖143项，为推动科技进步以及电力工业和地方经济建设与发展做出了重要贡献。

东北电力大学先后与美国、日本、英国、俄罗斯、韩国、德国等国的高校或科研机构开展了多种形式的科技和学术交流。1998年获批培养外国留学生。2000年，国务院学位办批准学校与美国犹他州立大学合作举办国际经济与贸易专业本科教育项目。2012年，教育部批准学校与英国史萃克莱德大学合作举办电气工程及其自动化专业本科教育项目。2011年，东北电力大学获批为国家留学基金委青年骨干教师出国研修项目实施院校。2013年，经教育部批准成为中国政府奖学金来华留学生接受院校。

近年来，东北电力大学被授予全国文明单位、全国厂务公开民主管理先进单位、全国民族团结进步模范集体、全国模范职工之家、"全国毕业生就业典型经验50强高校"、吉林省先进基层党组织等荣誉称号。涌现出全国先进工作者、全国优秀科技工作者、全国职工职业道德建设先进个人、全国三八红旗手、全国优秀思想政治工作者、全国优秀党务工作者等一大批先进教师群体和以全国大学生自强之星标兵等为代表的优秀大学生群体。

领导班子

党委书记：李国庆

校长：蔡国伟

党委副书记：杨宝忠、李忱

纪委书记：李东玲

副校长：周云龙、王建国、关晓辉、王庆洲

发展建设情况

1. 教学改革与建设展现新成效

教学改革纵深推进。遵循"实基础、重实践、强能力、突特色"的原则，完成人才培养方案全面修订工作。出台《专业负责人制管理办法》《工程教育专业认证实施方案》，并推进相关工作。修订"学分制通则""本科毕业生学士学位授予工作细则"，进一步完善学分管理制度。完成校级教学名师、青年教师教学标兵评价指标体系修订及相关遴选工作；修订《关于在学校专业技术职务评聘工作中向教学一线教师倾斜的相关规定》，进一步突出教师教学质量在评奖评优、职称（职务）评聘、岗位晋级考核中的作用。

教学建设成效明显。获批首批"全国高校黄大年式教师教学团队"1个；首批"吉林省高校黄大年式教师教学团队"2个；吉林省"双师双能型"教师培养培训基地1个。获吉林省本科高校青年教师课堂教学大赛三等奖4项。获批省级教改项目46项。获批吉林省2017年本科高校在线开放课程立项建设课程5门；吉林省校企合作开发课程2门。成立教学质量监控与评价中心，实现教学管理的管、评分离，强化教师培训常态化工作机制建设，教学质量保障体系逐步健全。

"双创"教育与大学生实践创新能力培养成果丰硕。获批大学生创新创业训练计划项目国家级项目50项，省级项目120项。东北电力大学学生在各类竞赛活动中屡创佳绩，获省级及以上奖励331项，其中国家级奖104项。东北电力大学龙舟队代表国家征战第十三届世界龙舟锦标赛，勇夺2金1银。东北电力大学男子龙舟队连续4年蝉联中华龙舟大赛年度总决赛冠军。在中国高等教育学会发布的《中国高校创新人才培养暨学科竞赛评估结果》中，东北电力大学排名第134位，位列省属高校第3名。

招生就业工作质量稳步提升。本科一批次招生省份增至19个。录取2017级本专科生4789人。全年举办校园专场招聘会343场，提供就业岗位近5000个。新增中国核能电力股份有限公司、安徽省通信产业服务有限公司、牡丹江恒丰纸业股份有限公司3家订单联合培养企业。

2. 学科建设与研究生教育工作迈上新台阶

学位点增列工作取得进展。控制科学与工程学科获批博士学位授权一级学科；机械工程、马克思主义理论、设计学3个学科获批硕士学位授权一级学科；新增会计硕士专业学位授权点。

学位授权点评估参评工作顺利完成。电气工程、动力工程及工程热物理学科顺利通过国务院学位委员会开展的博士学位授权学科专项评估。在全国第四轮学科评估中，东北电力大学6个学科排名进入前70%，其中电气工程获B级评价（21%～30%），动力工程及工程热物理获B—级评价（31%～40%）。

研究生教育质量提升工程稳步推进。完成博士、硕士研究生培养方案修订以及留学研究生培养方案制定工作；修订研究生学业奖学金相关制度；加强对研究生学位论文外审工作的管理，完成研究生学位论文电子评审系统建设及前期调试工作。与海南电网有限责任公司合作建立研究生工作站。新增博士研究生导师9人、硕士研究生导师58人。

3. 科技创新工作取得新突破

科技成果喜获丰收。获2017年度国家科技进步奖二等奖1项；获吉林省科学技术奖17项，其中一等奖1项，二等奖10项；获吉林省第十一届社会科学优秀成果奖2项。

科研立项再添佳绩。作为参加单位承担2017年度国家重点研发计划专项课题7项；主持国家自然科学基金项目21项，创历史新高。获批省部级科研项目36项。

科研平台建设取得积极进展。获批吉林省工程实验室1个，吉林省科技创新中心1个，吉林省教育厅重点实验室2个，吉林省社会科学重点领域研究基地1个。能源高效清洁利用技术吉林省院士工作站正式揭牌，并成立可再生与分布式能源技术研发中心。

大学科技园建设水平持续提升。大学科技园加入国家大学科技园联盟（东北地区）；举办了国家、省级创新创业大赛4次；成立了创新创业双实中心，完成优米创客咖啡建设并运营，完善了创客微工厂、创客培训中心建设。

学报办刊质量明显提升。学报影响因子达到1.005，在全国“综合性科学技术”期刊类目中，排名提升到第23位。荣获“吉林省高校优秀科技期刊”称号。

4. 师资队伍建设实现新发展

实施“人才强校”战略，坚持引培并举，落实“十三五”师资队伍建设工程各项工作任务。新增国务院政府特殊津贴获得者2人；吉林省拔尖创新人才8人。选聘“新锐计划”人选3人，“东电学者”20人。聘任客座教授7人。引进、培养博士32人。选派27名骨干教师赴国外访学、短期研修。

5. 学生教育管理工作取得新实效

学生思想政治教育深入开展。开展学习宣传贯彻党的十九大精神教育活动，成立新时代传习所，举办“青马工程”培训班，开展了校领导参加学生主题班（团）会活动和重走抗联路教育等实践活动。加强网络思想政治教育，学工系统20个微信公众平台推送文章1100余篇，阅读量376 000余人次。五四阳光网团支部获团中央“活力团支部”称号，学校获吉林省优秀志愿服务组织称号。

学生管理服务水平不断提升。推进学业预警和操行学分考评工作，学风建设取得阶段性成效，遗留10学分人数同比下降37.81%，因遗留25学分退学人数同比下降46.67%。心理健康教育扎实有效，预防、预警、心理危机干预“三预”机制不断完善。积极拓宽资助渠道，新设2项奖学金。大学生军训、征兵和国防教育工作扎实开展，学校被教育部评为“2017年国防教育特色学校”。

学生文化活动成果显著。开展高雅文化进校园活动，承办中央歌剧院专场演出。第三届“班风、班训、班规、班歌”展演等活动深受学生欢迎，“万张笑脸迎新生”活动被媒体广泛报道。学生团体在“挑战杯”“互联网+”大赛中获国家级奖项2项、省级奖项19项。学生“绘爱”文化扶贫团队荣获全国“三下乡”社会实践“优秀实践团队”称号，东北电力大学被中国扶贫基金会评为“爱心团体”。图书馆文化阵地、第二课堂作用有效发挥，“阅来悦美”系列读书活动获媒体、师生广泛赞誉。书香东电读书会荣获“全国高校阅读推广优秀学生社团”称号。

辅导员队伍建设不断加强。选派辅导员参加教育部、国家教育行政学院等举办的辅导员专项培训46人次。举办了学校第七届辅导员职业能力大赛；获吉林省第五届高校辅导员职业能力大赛三等奖2项，优秀组织奖1项。

6. 开放合作工作取得新成绩

国际合作与交流积极拓展。组织40名教师申报各类公派出国留学项目，派出98名学生出国（境）学习交流。与美国威斯康星大学普特威尔分校签订交流协议，与国际电气电子工程师协会签订合作备忘录，与日本山形大学人文学部签订日语教师进修协议。获批吉林省引进境外智力项目2项。

协同创新活力明显增强。与中国电机工程学会签署战略合作协议，成立中国电机工程学会东北电力大学会员中心。与白城市签署服务地方经济建设合作协议。落实“校城融合”发展，与船营区政府签署“校城融合”战略合作协议；牵头成立智能电网产业应用技术研究院等4个吉林市产业技术研究院。组织第十九届中国科协年会分会场论坛，协办“2017世界机器人大会”分论坛，承办吉林省第十一届青年科学家论坛。加入高等学校智能电网创新战略联盟。

7. 服务保障能力实现新提升

基础设施建设持续推进。科技园大厦开工建设，工训楼主体竣工。校园照明、绿化、景观建设有序推进，移植成树、树苗1600余棵，新增草坪2.5万 m^2 左右。投入资金4300余万元，完成修缮项目24项，完成西区体育场、专家招待改造项目，智慧图书馆、视频监控系统二期项目建成并投入使用。

校园公共服务体系建设水平明显提升。“信息助校工程”稳步推进，完成“智慧校园”一期建设3项工程18个软件应用的设计开发和应用推动工作。档案工作标准化、信息化工作进一步推进。平安校园建设、节约型校园建设取得实效。后勤保障管理水平、工作效率、服务质量进一步提高。

8. 党建与思想文化建设呈现新气象

党建科学化水平持续提升。召开了党建工作会议，印发了《关于贯彻落实全面从严治党要求的实施意见》，进一步夯实各级党组织书记主体责任，深入推进“两学一做”学习教育常态化制度化，党内政治生活严肃规范，思想建党和制度治党同向发力，成效明显。

党建载体不断丰富。开展了党建理论研究与实践创新课题立项工作，启动了党支部“微党课”优秀作品评比展播活动，实施争创“明星党支部”工作，制定了《学生党建“栋梁工程”》，举办了首期学生党员骨干“思成班”学习培训活动。

干部队伍建设规范有序。提拔处级干部11名，交流17人次；规范科级干部选任和管理工作。选派10人赴国家教育行政学院、2人赴省委党校学习培训，2名处级干部赴海外参加专题研修班，3名党外处级干部赴井冈山干部学院培训。

宣传思想工作主题突出。学校党委常委讲授十九大专题党课14次；成立十九大精神宣讲团和辅导员宣讲队，集中宣讲47次。进一步完善了意识形态工作责任体系，强化了宣传思想文化阵地建设，弘扬主旋律，传播正能量。开展了向黄大年和我校教书育人楷模李勇教授的学习活动，推进师德师风建设。我校1名教师荣获“吉林好人·最美教师”荣誉称号。

重点工作稳步推进。开展省委巡视“回头看”整改工作，制定落实《整改方案》，精心调度协调，取得阶段性成果。高度重视爱民村、怀庆村包保帮扶贫工作，学校脱贫攻坚工作年度考核为优秀。

党风廉政建设巩固发展。围绕构建责任体系、制度体系、队伍体系，分解任务、压实责任、传导压力；制定出台《关于践行监督执纪四种形态的实施办法》等8项规章制度；初步搭建起以学校纪委委员、专职纪检工作人员、基层党组织纪检委员、特邀监督员为主体的纪检监察队伍。以巡视整改为契机，规范监督执纪各项工作。深入贯彻落实中央八项规定精神，严防“四风”反弹。组织开展了以“讲政治·知敬畏·重品行”为主题的党风廉政警示教育“七个一”系列活动，党员干部纪律规矩意识进一步增强。

1名教师荣任第十三届全国政协委员，2名教师荣任吉林省政协委员。工会服务教工和民主管理监督水平稳步提升。召开妇女代表大会，选举产生新一届学校妇委会。改进和加强离退休教工工作，密切与校友的沟通联系，指导上海、重庆、湖北、深圳等地校友会分会完成换届工作。

【国家电网管理学院】

单位概况 国家电网管理学院（中共国家电网有限公司党校），简称国网管理学院（国网党校），是国家电网公司直属的教育研究单位。

国网党校前身是成立于1980年10月的中央党校中央国家机关分校电力部班，1994年12月成立中共电力工业部党校，1998年8月更名为中共国家电力公司党校，2002年12月随国家电网公司组建，更名为中共国家电网公司党校。国网管理学院2009年12月成立，2010年8月正式开学，和中共国家电网公司党校、国家电网公司高级培训中心一套人马、三块牌子（管理学院、党校、高培中心）。2011年11月，国家电网公司领导力开发研究中心成立，挂靠管理学院，由国网人董部负责业务指导。2014年1月，国网管理学院、党校与国网高培中心分设，独立运行。

国网管理学院拥有学员公寓、报告厅、会议室、研修室和配套的图书馆、阅览室等设施，拥有先进的音频采集系统和可视会议系统、领导力测评系统等。

组织机构 国网管理学院下设9个部门，其中职能部门2个，分别为综合管理部、财务资产部；业务部门4个，分别为教务管理部、培训开发部（党校部）、知识管理中心、党建工作部（企业党建研究中心）；支撑部门1个，为后勤保障部；挂靠单位1个，为领导力开发研究中心；管理单位1个，为蟒山（北京）会议中心。

企业党建研究 重大课题研究。承担中组部和国资委委托两项重大课题研究任务，形成各类报告 26 份，受托完成中组部课题综合报告撰写工作。开展《大党建工作格局研究与实践》和国家电网公司“十大战略”课题《全面加强国家电网公司党的建设创新研究》，出版《旗帜领航争先锋》系列丛书，形成“大党建”系列研究成果，《旗帜领航——国家电网公司党的建设“三年登高计划”》白皮书印发，两项课题分获国家电网公司 2017 年度软科学成果奖一、二等奖。宣传国家电网公司党建工作成效。发挥党建宣传窗口作用，建成国家电网公司党建云平台，完成 5 个专题展示，累计发稿 174 篇，累计点击量达 60 余万次，启动云平台向国家电网公司二级单位覆盖。传播国家电网公司党建工作特色实践，征集提炼党建工作典型案例 120 个，编发案例展播 6 期，参与全国基层党建案例评选，获全国党建创新案例最佳奖 1 项、优秀奖 2 项；《国家电网公司党建创新典型案例集》等研究成果被国资委分校和 20 多家央企党校选作学员必读教材。

领导力研究 工作智力库建设。明确央企特色新型组工智力库建设目标，形成建设方案、工作规则和 4 类 18 项常态服务内容。初步构建工作智力库资源保障体系，形成“阅览＋检索”复合式资料库和三个领域的专家库。

组工成果萃取应用。组织撰写《干部考评》专著，参与编制《国家电网公司干部队伍建设规划》。为国家电网公司系统 1200 余人次开展干部测评，为国家电网公司总部应届毕业生招聘、干部考核等提供专业服务，促进领导力研究成果深化应用。

决策智力库建设。开展干部成长规律研究，编制《国家电网公司党校青干班学员发展情况报告》，搭建干部队伍大数据分析研究平台，实现深度整理数据、智能分析规律、精准服务决策。

多层次合作交流。筹划中组部课题研究和国家级“人才理论研究基地”建设。举办首届央企领导力主题沙龙，初步建立交流机制。配合国网组织部推进课题研究，成立领导力中心湖南分部，探索建立多方联动机制。

知识管理体系建设 国际化人才队伍建设研究。完成研究整体规划，明确研究思路和实践路径。邀请知名专家开展主题沙龙，形成相关成果集，专业论文获 2017 年度电力企业管理创新论文大赛一等奖，《基于人才库的国际化人才队伍建设》项目获中国电力企业联合会创新（管理类）一等奖。

知识共享平台。完善“国网经验”知识共享平台网页功能和整体设计，优化用户体验。编辑内部学术期刊《视窗》两期，扩展研究视野。

图书馆服务。新增图书资源 700 余种、5000 余册，采购 4 类电子数据库、3 项数字服务资源。围绕国学主题，开展文化讲座 4 期。

干部教育培训 举办学习贯彻习近平新时代中国特色社会主义思想和党的十九大精神研讨班及第一期培训班、党的十八届六中全会精神轮训班、党校青干班和优秀年轻处级干部培训班等，全年培训量达 16 004 人天，培训规模同比翻番，培训质量满意率、综合服务满意率均达 97％以上。

突出主业主课。突出党的理论教育和党性教育的主课地位，主课占总课时的比例达 70％以上。坚持把习近平新时代中国特色社会主义思想和治国理政新理念新思想新战略作为主课中心内容，将党性教育和党性锻炼贯穿教学始终。组织青年学员前往革命圣地延安和梁家河接受党性教育，提升学员政治素质和党性修养。

教学管理。严格落实中央八项规定精神及国家电网公司实施细则，始终坚持从严治校、从严施教、从严管理，加强全过程管控。开展班主任队伍建设，通过组织专题学习、参与课题研究和课程研发，提高班主任综合能力。优化数字化校园管理系统功能，开发智能学习微信程序，教学信息化水平不断提高。

课程开发应用。运营并全面升级公司领导干部在线学习平台，更新网络课程 120 学时。完善 6 个模块 57 门课程，制作“党内制度解读”系列动漫微课。开发国际化视野提升课程，编写教材《澳大利亚国情与电力市场研究》。自主研发企业党建课程，受邀为国资委党校培训班、国家电网公司系统内单位授课，全年院外培训量达 2210 人天。

系统党校建设 统一规划设计。研究制定加强“主阵地、制高点、智力库”建设的三十条意见。参与制定《国家电网公司党校“1＋N”办学体系建设方案》《国家电网公司党校工作规则》等指导性文件，明确国家电网公司党校的规划设计、业务指导等职能。

体系建设。成立上海、大连、南昌、西安 4 家分校。开展系统党校工作调研，深入了解基层党校现状和需求。

资源共享共建。推进国家电网公司党校“1＋N”办学体系信息化支撑平台建设，开展需求分析和平台功能设计，完成 5 项信息化项目储备。开展“三库”建设，2017 年新增精品课程 28 门、优秀师资 57 名、典型案例 27 个。建立系统党校业务学习交流机制，基层党校 7 名业务骨干先后到党校进修。

党的建设和精神文明建设 全面从严治党。认真学习贯彻党的十九大、十八届六中全会和全国国有企业党建工作会议精神，突出全面从严治党这条主线，全面落实国家电网公司党组 1 号文件精神，制订学院

(党校)党建工作“旗帜领航·三年登高”计划，细化17项重点任务。推进“两学一做”学习教育常态化制度化，开展“重走抗联路”主题教育活动。成立党建工作部（企业党建研究中心）。推进“支部建设年”活动，完成支部调整和换届选举，强化支部对标管理，第三党支部获国家电网公司“电网先锋党支部”称号。建设标准化党员活动室，开展“党员之星”评选。制订年度党风廉政建设和反腐败工作要点，把党风廉政建设责任制纳入年度目标考核，持续传导履责压力。组织巡察工作，常态化开展重大节假日廉洁风险提醒。

队伍建设。加强干部监督管理。为员工创造机会和发展空间，国网管理学院有1/3的员工走上讲台，为系统内外单位授课，提高员工队伍素质能力。

文化建设。深入推动《职工民主管理纲要》贯彻实施，1项提案被国家电网公司三届二次职代会采纳。关心关爱职工身心健康，组织开展读书分享、健步走、书法讲座等文体活动。通过公司文明单位复审，领导力开发研究中心获国家电网公司“一流班组（工人先锋号）”称号。

（程　蔚）

【中共国家电网有限公司党校】

见国家电网管理学院。

【国家电网有限公司高级培训中心】

单位概况　国家电网有限公司高级培训中心（简称国网高培中心）是国家电网公司直属的教育培训单位，是国家电网公司专业管理人员以及高素质、复合型、国际化人才的培训基地，为国家电网公司人才培养和软实力建设提供服务保障与智力支持。

国网高培中心位于北京市海淀区清河，占地86亩，建筑面积约7.2万m^2，有报告厅3个，教室18间，研讨室16间，餐厅7个，学员住宿房间785间。教学培训设施完善，拥有配套的教学楼、学员公寓、学员餐厅和活动场所等，有音视频采集系统、电视电话会议系统、网络教室、演播教室等，实现校园WiFi全覆盖，建成数字化校园系统，支撑国家电网公司网络大学建设。

组织机构　国网高培中心下设8个部门：综合管理处、教务管理处、教学研究处、教学培训处、培训信息处、党建工作处（监察审计处）、财务资产处和后勤保障处。后勤保障处下设18个班组。

人力资源　截至2017年底，国网高培中心共有员工325人。其中：高级职称28人（正高级3人，副高级25人），中级职称10人，初级1人；硕士及以上学历45人（博士12人，硕士33人）。1人获得国家电网公司劳动模范，1人获得国家电网公司杰出青年岗位能手，“掌上高培”项目获得国家电网公司青创赛金奖，国网高培中心团委获得国家电网公司“五四红旗团委”称号。获得4项实用新型专利授权。

完善绩效提升机制。梳理业务流程，调整部门职责分工，强化计划执行刚性，加强关键环节督察督办力度，提炼部门关键业绩指标，完善考核内容体系，突出绩效激励导向作用，完善绩效提升机制。举办发展论坛系列活动，建立微信集智平台，开展跨部门合作主题内训活动。优化干部队伍结构，开展选拔提任、后备干部培养等工作。加强调研学习，拓展工作思路。评选第一任首席培训师及后备。加强人才梯队建设，选拔培养国家电网公司级各类专家人才候选人。组织开展体验式课程、案例教学类课程内化学习，提升内训师课程开发和教学能力。组织内训师试讲，13门课程通过评审。更多内训师受邀外出授课，数名员工在培训杂志年会、ATD美国年会、CEFE中国企业在线学习大会等培训行业顶级峰会上做主题分享。

经营管理　2017年，国网高培中心共完成培训、会议、考试、竞赛项目277个，培训量11.65万人天，培训质量满意率97.22%，综合服务满意率97.33%。先后获得“国家电网公司文明单位”“首都文明单位”等称号和“人才发展协会（ATD）卓越实践奖”“国际绩效改进协会（ISPI）绩效改进卓越奖”等行业奖项，与国网河南电力、国网辽宁电力、许继集团、国网浙江电力签署战略合作协议，在人才培养、案例开发、资源共享、文化建设等领域推动战略合作内容落地，取得阶段性成果。联合三家战略合作单位成功申报一项总部科技项目，与国网天津电力合作出版《津电成长实践案例集》，探索联合科研新模式。

教学与培训　培训组织。完成各类培训项目，优化培训方案设计，开展立体式、全流程需求调研，深入挖掘、精细掌握各类培训需求；邀请专家对培训方案进行会商，提升方案质量；开展课程导入和框架搭建。探索多元化培训方式创新。根据项目特点创新开发“高管圆桌会”“微论坛”等系列引导式、参与式教学活动，提炼做法、推广应用，滚动修编《多元化培训方式应用指导手册》。加强培训过程管理，沟通协调系统内共性培训需求，组织开发重点项目。挖掘培训质量评估数据，建立培训质量预警机制，加强培训质量管理。推进高培讲坛品牌建设，拓展主题专业覆盖面，定位高端化授课师资，针对项目特点精准组织活动，培育“精、特、新”课程。

培训标准化建设。制定培训质量管理办法实施方案，建立即时—短期—中长期评估相结合的质量评估模式。完善《外籍学员培训项目标准实施手册》，出版《班主任工作手册》，编制会议服务、招聘考试工作手册。开展人才测评技术开发研究，构建人才测评体系。推进国际化哈佛案例开发工作，选取经典案例进行教学案例的开发并应用于课堂，自主开发《国网国际化绿地工程管理沙盘》课程。完善培训资源数据库，梳理五类典型培训项目课程，完成课程库三级分类。推进课程师资体系化，完成670门标准课程的存量师资梳理，开发新师资430余位，已上讲台315位。支撑国家电网公司网络大学人资学院和法治学院建设。牵头组织人资专业移动学习资源开发工作，开发完成管理学、统计学、心理学方面20门微课、8门精选课程以及19个案例。协助开发全员法治教育和法律人才培养标准，制作经法类网络课件11门。搭建素材库，建立6类1500条素材储备，组建跨部门微课开发团队，通过举办微课大赛众创完成学习党的十九大精神、急救知识、国际化等16门主题微课。

培训信息化 国家电网公司网络大学建设运营支撑。协助建设国家电网公司网络大学法治学院，稳定支撑运营国家电网公司六大管理类专业学院，全年共组织实施国家电网公司级网络考试6项、推送学习4项、脱产网络培训班8类28期，服务国家电网公司干部职工130万人次。

“互联网+”混合培训。“掌上高培APP”实现移动报名、训前调研、移动测评等10余项新功能的上线应用，业务贯穿实体培训全流程，实现培训主体联动、信息及时反馈、流程实时监督。网络同步课堂在部分省培中心实现常态化直播，并延伸至部分地市公司。

培训管理。聚焦业务应用场景，协同业务部门深挖功能需求、规划系统设计，形成“建用互促”的协同发展态势。完成师资、课程、课件等数据库应用建设功能设计，培训业务与后勤服务一体化设计，实现关键培训信息移动端、PC端双向安全同步。

数据应用基础建设。开展数据中心规范与应用建设，推进培训数据有效收集存储，完成典型培训项目分析与应用，形成新版课程师资分类体系，完善学员库，为数据资源分析挖掘筑牢基础。

优质服务 院区保持安全稳定。优化应急处置工作流程，完善应急保障体系，细化各级安全职责，妥善应对突发事件。加强安全制度建设，开展“安全生产月”活动，开展安全警示教育和应急演练，提高全员安全意识。启动基建现场反违章专项行动，召开施工安全专项分析会。强化公共卫生管理，定期召开食材供应商洽谈会，对客房空气和院区水质进行检测，获北京市企业安全生产标准化三级认证达标。全年完成院区空调通风、学员教室、餐厅、宿舍和活动场地改造等8项非生产性大修技改项目。制定《餐饮应急接待服务方案》，开展美食周等餐饮特色活动。打造客房无感知服务，优化学员体验。开展服务礼仪、英语等岗位技能培训，组织岗位技能比武，促进服务水平提升。

党的建设和精神文明建设 推进“两学一做”学习教育常态化制度化。研究制定实施方案，明确任务清单20项。累计开展各层级集中学习86次、讲党课8堂、论坛2次。推进“三亮三比”，开展“戴党徽、亮身份、当先锋”活动，深化“党员示范岗”“党员责任区”建设，开展纪念建党96周年系列活动。

党建工作。成立党建工作领导小组，制定“旗帜领航·三年登高”计划，与各党支部签订《党建工作目标责任书》，压实党建工作责任。创新开展党支部“五化”工程，完成支部换届，编制党支部作业指导书、党支部管理手册，建成“红色沃土”党员之家。

党风廉政建设。制定党风廉政建设工作要点，建立“两个责任”清单，与各部门签订《党风廉政建设责任书》。对党支部建设、重点工程项目建设、重点培训业务开展专项巡察。

群团组织工作。畅通民主管理渠道，征集合理化建议8条，办理答复职代会提案6件。组织青创项目9项，开展“诵读青春”“爱心进校园”系列活动，组建“青年突击队”。

党员服务队工作。打造国网高培中心培训和服务特色品牌，“六微”“六心”等影响力和美誉度日益提升，微教材、微案例被广泛传播。

（曹　祎）

【国网技术学院】

单位概况 国网技术学院（国家电网有限公司团校），成立于2008年12月30日。根据国家电网公司党组决定，2010年11月8日，中国共产主义青年团国家电网公司团校在国网技术学院挂牌成立；2011年12月31日，国网技术学院与山东省电力学校合并，实施一体化运作；2012年8月30日，国网技术学院设立成都、长春、西安三所分院；2014年7月10日，国网技术学院设立苏州分院；2017年1月20日，国网技术学院设立郑州分院，确立“资源共享、优势互补、分工明确、协调发展”的集约化大培训体系。

国网技术学院主要承担国家电网公司新入职员工培训、高层次技术技能人才培训、紧缺人才培训、团青干部培训、国际化培训和学历教育，运营管理国家电网公司网络大学，是国家电网公司培训创新研发基地、团青干部培养基地、企业文化传播基地；是国家电网公司系统技术技能人才培训开发中心、新技术新技能推广示范中心；是国家电网公司技术技能人才培养国际合作交流平台。2017年，国网技术学院获“中国最有价值企业大学”称号，国网技术学院团委获“中央企业五四红旗团委”称号。

人力资源 截至2017年底，国网技术学院共有职工563人。其中，硕士及以上学历占比32%；副高及以上职称占比53.1%。国家电网公司级专家24人，山东省教学名师3人。2017年，1人获国家电网公司劳动模范称号，3个班组获国家电网公司先进班组荣誉称号，1个班组获山东省创新型班组和山东省工人先锋号称号，29人获得ATD国际培训大师资格。

培训教学 举办各类培训班268期，培训学员3.65万人，年培训量158.11万人天，年培训量同比增长4.43%。其中，举办新员工培训班2期，培训学员1.74万人，培训量148.95万人天；举办短期培训班266期，培训学员1.91万人，培训量9.16万人天。举办国家电网公司竞赛调考3项。完成学历教育教学工作量4.37万课时。

探索培训与评价融合，推进公司信通专业技能人才轮训与评价鉴定。实施定制化培训，为国网北京电力、南瑞集团开展新员工岗位技能定向提升及兼职培训师认证培训。深入西藏、青海、四川三省藏区调研交流，开展现场培训，服务藏区人才队伍建设。贯彻现代职业教育理念，编制国家电网公司艰苦边远地区定向生人才培养方案，成为山东省第三批现代学徒制试点单位。

国际化业务 完成两期NGCP培训，承办2017年国际青年能源论坛、埃及优秀高中生文化交流活动。筹备"一带一路"国家及地区首期高级管理人员培训、中尼电力培训以及中电装备埃塞俄比亚配网培训各项工作。签订"一带一路"项目四方合作备忘录，加入"丝绸之路大学联盟"。开展国际化人才"星火计划"培训。

网络大学建设 落实国家电网公司网络大学平台应用、资源建设、功能完善工作计划，全年累计登录3350万人次，开展网络培训2125.2万学时、网络考试440万人次；开发培训项目75项、微课2081门、案例1296个、试题9.6万道，出版技能岗位培训教材174套，建立网络培训资源全生命周期管理机制；移动APP、"虚拟教室"、专家在线等功能上线运行。

基础管理 完成"三供一业"分离移交框架协议签订等阶段性工作。开展问题清单梳理全覆盖工作。开展部门工作对标。完善绩效管理体系，推进全员绩效管理系统试运行。坚持从严依法治企，整改依法治企综合检查发现问题。试点建设全业务统一数据中心及虚拟校园平台，信息化学院建设初见成效。

经营管理 强化综合计划和财务预算全过程管控，规范招投标管理和合同管理，防范经营风险。开展固定资产专项审计和工程跟踪审计，及时督促问题整改。加强汇报沟通，争取学历教育地方财政补贴。加强工程项目全过程安全、质量、工期管控，完成工程项目建设任务。

党的建设和精神文明建设 学习贯彻习近平新时代中国特色社会主义思想和党的十九大精神。通过举办专题辅导讲座、班子成员带头在党（总）支部宣讲、党员专题研讨、学员学生主题班会、庆祝党的十九大胜利召开文艺成果展示活动等多种形式，实现学习宣传全覆盖。

推进"两学一做"学习教育常态化制度化。落实党建工作"三年登高计划"，实施党（总）支部政治体检，开展党组织书记述职评议。完成党组改党委工作。落实"两个责任"清单，严肃开展干部任前谈话、履责约谈、关键岗位关爱提醒谈话。举办"学党规、知敬畏"等廉洁主题教育活动。开展首轮内部巡察、国家电网公司巡视发现共性问题自查自纠等工作。成立青年志愿者服务基地。承办国家电网公司庆祝中国共产主义青年团成立95周年暨青春榜样故事分享会、国家电网公司第三届青年文化周活动。

（崔　昊）

【中共中国南方电网有限责任公司党校】

单位概况 中共中国南方电网有限责任公司党校（简称南网党校）和中国南方电网有限责任公司干部学院（简称南网干部学院）是南方电网公司党组为加强党的建设，以及各级领导班子和党员干部队伍建设，提高企业领导干部政治理论水平和战略思考、系统思维能力，搭建的一个南方电网公司领导干部提高党性修养和综合素质的高端教育培训平台，成立于2011年4月8日。

中国南方电网有限责任公司教育培训评价中心（简称南网培训中心）是南方电网公司党组为整合南方电网公司系统培训资源，提升培训工作的系统性，开展高端技术技能人才培训和评价工作，于2011年7月27日正式成立，南网党校、南网干部学院与南网培训中心合署办公，按分公司模式管理，实体化运作，2011年9月16日完成工商注册登记。

南网党校主要负责培训南方电网公司党员领导干部，开展党的理论教育和党性教育，开展南方电网公司新时代党建智库建设，开展党的理论宣传与研究工作，推进党的理论创新和实践创新；承担南方电网公司系统副处级及以上党员干部和中青年后备党员干部的轮训培训，着重培养党员干部的党性综合素质和党的理论知识，培养造就对党忠诚、勇于创新、治企有方、兴企有为、清正廉洁的好干部。

南网干部学院主要负责培养南方电网公司高层次经营管理人才和政策研究人才；为南方电网公司提供决策咨询服务，开展企业管理等领域理论研究和政策研究；承担南方电网公司系统副处级及以上干部和部分优秀中青年后备干部的培训工作，研究南方电网公司干部教育培训工作中的重大问题，参与制定南方电网公司干部培训规划和政策，着重培养干部的战略思维、生产经营、应急管理、科学决策、领导能力等方面的综合素质，提升推动南方电网公司科学发展的能力。

南网培训中心是南方电网公司培训高层次专业技术人才和技能人才的重要基地，主要负责领导力研究、领导力培养、领导力评价，聚焦公司领导力发展标准，深化领导力评价应用，创新领导力培养项目，搭建完善针对公司中高层管理人员的领导力发展体系；承担南方电网公司下达的各类技术、技能人才的教育培训任务；承担南方电网公司下达的专业技术资格评定及高级技师技能鉴定工作；为南方电网公司的员工招聘、人才甄选等提供领导力测评、选拔测评与考试服务；协助南方电网公司开展教育培训和人才评价体系研究与建设的相关工作。

南网培训中心主要经营范围包括：① 从事与电网经营和电力供应有关的科学研究、技术开发、咨询服务和培训业务。② 经营国家批准或允许的其他业务。

领导班子

南网党校校长由南方电网公司党组书记、董事长李庆奎兼任，第一副校长由南方电网公司党组副书记、副总经理史正江兼任。

南网党校常务副校长，南网干部学院院长，南网培训中心党委书记、主任：赵杰

南网党校副校长，南网干部学院副院长，南网培训中心党委委员、副主任、工会主席：吕志

南网党校副校长，南网干部学院副院长，南网培训中心党委委员、副主任、纪委书记：吕益华

组织机构 南网培训中心、南网党校和南网干部学院合署办公，日常管理实行一体化运作，设置一套内部机构，配置一套工作人员。根据现阶段工作实际，内部机构设为综合管理处、党建人事处、教学管理处、培训管理处、网络培训处和人才评价处 6 个处室。

人员状况 截至 2017 年末，南网党校、南网干部学院和培训中心共有员工 54 人，中心领导 3 人，处室负责人 5 人，主管和专责 41 人，劳务派遣制员工 5 人；其中硕士研究生及以上学历 17 人，大学本科学历 33 人。员工中拥有高级职称 23 人、中级职称 18 人、初级职称 2 人。员工平均年龄 37.8 岁。

年度工作 2017 年，南网党校和培训中心以习近平新时代中国特色社会主义思想为指导，认真贯彻落实党的十九大会议精神，全面落实南方电网公司党组及行政 1 号文件和 2017 年工作会议、第二季度工作推进会、年中工作会议精神，始终坚持“党校姓党”，落实全面从严治党要求，开展“两学一做”学习教育常态化制度化，开展党性教育和理想信念教育，提升党建智库科研能力，创新培训理念和方法，提升培训工作的系统性及有效性，为公司加快建设具有全球竞争力的世界一流企业做出了新的贡献。

2017 年，南网党校和培训中心深入落实新时代党的建设总要求，以创新引领发展，教研能力和办学水平明显提升。一是理想信念教育展现新作为。拓展“不忘初心、牢记使命”理想信念培训项目，党性教学案例成果入围党的十八大以来全国干部教育培训工作特色做法 100 例，同时获得第四届全国基层党建创新实践最佳案例称号，成为获奖的两家央企之一，并代表南方电网公司参加在北京举办的全国基层党建创新论坛，分享南网党性教育的优异成果，“不忘初心，牢记使命”已经成为南方电网公司在央企中理想信念教育名片。二是思想理论阵地建设体现新举措。开展党建智库研究，强化智库功能作用，完成南方电网公司重点课题《国有企业党委（党组）发挥领导作用体制机制研究》。开辟党性教育新阵地，搭建网上党校学习平台，开设“学习党的十九大精神”专区，为“两学一做”学习教育常态化制度化开展提供便捷高效的学习工具。三是服务人才培养呈现新形象。落实南方电网公司人才强企发展战略，组织举办第一届培训与发展年会，向系统内外参会嘉宾展示南方电网公司人才发展工作。同时，培训工作持续得到业界肯定，获得“2017 年度优秀企业大学”和“2017 年度中国最佳企业大学”称号，组织申报南方电网公司“组织学习发展体系在深圳的探索与建设”项目，获得 ATD 颁发的“卓越实践奖”。

2017 年，南网党校和培训中心组织实施各类培训班 83 期，面授培训人数 4422 人次，培训平均满意度 97.1%，其中，组织实施理想信念教育体验式培训项目 38 期，培训 1624 人次。“乐学南网”APP 用户突破 19 万，学习人次超 260 万，成为南方电网公司普及率最高的移动学习应用平台。开展高级及以上职称评审 2905 人次，同比 2016 年增长 57%。

1. 落实全面从严治党要求

认真贯彻落实南方电网公司党组 1 号文件精神，制定具体工作方案，同时把 1 号文件作为主体班次的重点培训内容，加深学员对文件精神的理解和认识。成立了十九大精神学习服务保障工作组，制定学习宣传贯彻十九大精神的具体实施方案，认真组织十九大精神学习研讨，南网培训中心主要领导参加南方电网

公司十九大精神宣讲团，带领公司员工学习十九大精神。开展巡视反馈意见整改，完成立行立改整改任务92项。落实党风廉政建设“两个责任”，制定全面从严治党“一岗双责”责任清单。以“防堵蚁穴”工作为载体，推进监督执纪“四种形态”规范化实施，实现谈心谈话工作全覆盖。推进“两学一做”学习教育常态化制度化，开展党支部“结对共建、网上共建”活动，按照“一处室一党支部”原则，开展支部换届选举，并坚持主体班次临时党支部规范化管理。

2. 办学能力建设

突出抓好党校主业主课，组织实施南方电网公司下达的各类教育培训计划，按照“5＋3＋2”教学模式，完成包括南方电网公司首期处级以上领导干部学习贯彻党的十九大精神集中轮训班在内的各项重点培训任务。拓展和丰富红色教育资源，打造“四个自信”的宣传阵地，深化理想信念教育贵州线路、拓展广东线路、完善广西线路，以“坚定四个自信、迈向强国之路”为主题的深圳现场教学线路正式投入运行。建立以“三查一评”（日常自查、教学巡查、档案检查和培训评估）为基本监督手段的教学质量监督体系，坚持讲师上讲台前“三必谈”（课堂纪律、培训对象、授课方向），确保授课主题内容始终与党中央保持高度一致。

3. 党建智库建设

落实中央和南方电网公司党组对加强和改进党校功能定位要求，开展党建智库建设规划和课题管理工作，研究制定《党校新时代党建智库建设工作方案》，形成建设总体思路、工作重点和主要任务。开展党建政策研究，完成《国有企业党委（党组）发挥领导作用体制机制研究》等重点课题研究任务，撰写《关于公司党组（党委）发挥领导作用的指导意见》。

4. 培训体系建设

推进教育培训资源整合，开展教学管理委员会实体化运作，组织各单位联合申报ATD专业级企业会员，推动南方电网公司培训成果走出国门，向世界展示人才培养创新成果。总结提炼党的十八大以来南方电网公司教育培训工作成绩，举办教育培训创新成果展，在南方电网公司总部及系统各单位同步展出。以“新时代　新思想　新作为”为主题，组织举办南方电网公司第一届培训与发展年会，共享人才发展创新成果。自主开发《管理者情商培养与提升》等南网特色课程，组织送教上门，累计完成授课21人次，培训新员工1700多人。举办金牌内训师评选活动，选聘金牌内训师60名和第二批特聘教授和客座教授。推进“领导干部上讲台”机制建设，在南方电网公司系统上下形成了“人人上讲台、争当内训师”的良好氛围。

5. 领导力发展体系建设

明确领导力实验室发展方向和定位，编制《领导力实验室2.0建设研究报告》，理清领导力研究、测评、培养工作思路。搭建领导力移动测评平台，创新发布微信小程序，为南方电网公司新员工提供即搜、即用、即测、即知的职业发展测评服务。同步搭建组织领导力测评模型，对组织领导力数据诊断分析，有效实现数据赋能。建立情商测评工具，丰富情商教学手段，为培训课程提供量化认知。开发《职业发展指引》翻转课堂，建立“测评＋培养”的领导力发展项目模式，实现混合式培养。

6. 互联网学习平台建设

推进“乐学南网（含网上党校）”品牌建设，营造乐学易学的互联网学习文化，系统开展党的理论教育和十九大精神学习，实现党员在线教育全网规模化。开展学习云研究和AR领导力测评探索。建成精益微学院，培育南方电网公司精益理念文化，加速精益管理人才培养。推出“乐学三分钟”、“精益拆书帮”等学习栏目，组织混合式培训20期，促进线上线下融合和培训效果深化，《公司员工职业发展指引》系列微课获第五届中国e-Learning行业大会课程类应用创新奖。

7. 自身能力建设

组织开展加强和改进党校工作大讨论，形成《加强和改进工作作风》和《大讨论成果落地行动计划》两项重要成果。修编印发《南网党校和培训中心“十三五”发展规划》，提出未来发展思路、目标和关键举措。导入精益管理理念，开展精益管理项目研究，提升工作效益和质量。坚持事业为上的价值取向，注重培养干部员工队伍的专业能力、专业精神，选派领导班子成员和处级干部参加国家级干部学院培训。唱响党校“好声音”，在多个国家级媒体上发表了专题报道。

（罗　艺）

【中国南方电网有限责任公司干部学院】

见中共中国南方电网有限责任公司党校。

【中国南方电网有限责任公司教育培训评价中心】

见中共中国南方电网有限责任公司党校。

新 闻 出 版

【中国电力传媒集团有限公司】

企业概况 中国电力传媒集团有限公司（原中国电力报社，简称中电传媒）于 1981 年成立，先后隶属于电力部、水利电力部、能源部、电力工业部、国家电力公司、国家电力监管委员会。2012 年 12 月，经党中央和国务院领导批准，正式转企改制并更名为中国电力传媒集团有限公司；2013 年 3 月，国家能源局和国家电力监管委员会重组后，划归国家能源局主管。

中电传媒主营业务为报刊出版、广告、发行和网络传播、影视制作、网络电视、电子出版、信息咨询、展览展示、排版制作、计算机软件开发与销售、酒店管理、商业贸易、文化地产、能源投资等。

组织机构 中电传媒设党委会、董事会、监事会，下设 22 个职能管理及传媒业务部门、14 个下属公司。

主要事件

1 月 6 日，中电传媒举办“好记者讲好故事”记者走转改报告会。

2 月 21 日，中电传媒与延安市委常委、副市长张旭波一行进行座谈，双方就延安革命老区能源经济发展及延安综合能源基地规划建设事宜进行深入交流，就进一步推进延安能源发展新闻宣传工作交换意见。

3 月 28 日，经国家能源局党组研究决定，顾平安任中电传媒董事长、党委书记，刘刚任副总经理、党委委员。

3 月 29 日，由中电传媒主办的 2017 多能互补集成优化示范应用座谈会在京召开。

4 月 6 日，中电传媒在北京召开全国两会报道总结表彰会议。

4 月 26 日，中电传媒发表关于加强新闻作品版权保护的声明。

4 月 12 日，中国电力电视台团支部荣获“2015—2016 年度共青团中央青年文明号”称号，成为国家能源局系统唯一获此殊荣的团组织。

5 月 8 日，中电传媒西南分公司挂牌成立。

5 月 12 日，由中电传媒主办，国家电网、南方电网共同协办的第四届全国基层供电所建设经验交流研讨会暨 2016 年度“寻找最美供电所”表彰活动在北京举行。

5 月 16 日，中国电力报刊协会脱钩工作完成。

5 月 25 日，第十二届“中电传媒杯”颁奖盛典在北京举办，首次融入“航拍竞赛”等综合赛事。

7 月 27 日，经国家能源局党组研究决定，郝兴国任中电传媒总经理、党委副书记；免去顾平安中电传媒总经理职务；任春任中电传媒副总经理、党委委员；严明任中电传媒监事会副主席。

9 月，中电传媒特别策划《煤炭去产能系列评论》和《我国火电装机容量突破 10 亿 kW》等 6 篇作品获得中国电力新闻奖（报纸）一等奖，《攻克最后堡垒共赴全面小康》等 7 篇作品获得中国电力新闻奖（报纸）二等奖。

10 月 9 日，中电传媒荣获全国“安全生产月”和“安全生产万里行”活动先进单位。

11 月 9 日，由中电传媒和中央美术学院共同主办的《“第聂伯之会”——中乌当代美术交流展》在太庙艺术馆正式拉开帷幕。

11 月 20 日，中电传媒举行党的十九大宣传报道总结表彰会议暨中国电力新闻奖颁奖大会。

11 月 23 日，中电传媒选送作品《探访总书记走过的村庄》《图说能源革命这五年》被评为“中国报业十九大融合传播优秀作品”。

【英大传媒投资集团有限公司】

企业概况 英大传媒投资集团有限公司（简称英大传媒集团）是国家电网公司的全资子公司，于 2008 年 8 月 7 日正式成立，是中国首家企业传媒集团。

英大传媒集团以新闻、出版为核心业务，具有优良的新闻宣传和图书出版资质。旗下拥有《国家电网报》《亮报》《国家电网》杂志、《能源评论》杂志、《英大金融》杂志、《脊梁》杂志、《供用电》杂志、《水电与抽水蓄能》杂志、《项目管理评论》杂志、国家电网电视频道（SGTV）、英大网（www.indaa.com.cn）、《国家电网报》手机报等传统媒体；以电网头条“两微一端”（微信、微博、客户端）为旗舰，以国家电网报、闪亮播报、国网故事汇等微信公众号为支撑的新媒体矩阵；年出版发行电力、电子、教材、建筑机械、外语等领域各类图书、音像电子产品 4000 多种；同时开展影视专题片拍摄、品牌策划、会议展览、广告营销、装帧设计、投资与资产管理及相关咨询业务。

组织机构 英大传媒集团下设《国家电网报》社有限公司、中国电力出版社有限公司、英大传媒（上海）有限公司、英大传媒投资集团武汉有限公司、英大传媒投资集团南京有限公司、国网卓越科技文化

(北京）有限公司6家全资子公司，参股人民网有限公司、上海第一财经传媒有限公司、体坛传媒集团股份有限公司等社会化传媒企业。英大传媒集团共设有8个职能部门，16个业务中心，1个支撑中心，在国家电网公司所属省公司及相关单位建立记者站39个，在全国设立图书营销站店39个。

人力资源 截至2017年底，英大传媒集团共有在岗员工404人，其中博士研究生5人，硕士研究生170人，占员工总数的43.32%；大学本科201人，占49.75%。专业技术人员中，正高级30人，占员工总数的7.43%；副高级77人，占19.06%；中级161人，占39.85%。员工平均年龄38岁。

2017年，英大传媒集团不断深化人力资源管理，持续完善分级分类考核体系，实现部门考核细则全覆盖。进一步加大部门绩效与工资总额挂钩力度、员工绩效与薪酬收入挂钩力度，强化正向激励，确保多劳多得。落实国家电网公司“三定”方案，完成机构调整。严控用工总量，优化用工结构，实现减员增效。健全职员职级序列，建立三类、八个序列员工成长通道，拓宽员工职业发展空间。修订领导干部管理、岗位绩效工资、员工考勤休假等14项管理办法，健全了人资人事管理制度体系。加强民主推荐和组织考察，严格干部选拔任用标准。完善干部职务序列，开展部门内设机构试点，促进干部梯队建设。加强轮岗交流与挂职培养，提升干部员工综合素质，共有14名干部和42名员工轮岗交流，选派7名干部员工挂职锻炼。

经营管理 完善“五位一体”协同管理机制。根据机构及职能变化，优化音像电子出版、广告管理、图书编辑加工等流程，保障业务高效运转。实施批次集中采购，增强采购计划性，提高效率效益。坚持依法从严治企，组织开展内部巡察，推进依法治企综合检查、审计发现问题整改，解决历史遗留问题。常态化开展经营、人力资源两个诊断，查找问题，及时整改。加强项目管控，严格可研论证和过程管理，全员成本意识明显增强。“两金”压控成效明显，系统外应收账款余额、存货大幅压降。通过精益管理、降本增效，营业收入、利润总额、现金流持续增长。

服务公司软实力建设 主题传播。建立“中央厨房”机制，加大媒体资源统筹与共享力度，初步实现资源集中利用和人员统一调配。各媒体围绕国家电网公司党组决策部署和社会关切，主动设置议题，开展党的十九大、“一带一路”国际合作、大气污染防治、新能源消纳、阳光扶贫、抗灾抢险等重大主题传播，发挥国家电网公司党组喉舌作用。全年完成国家电网公司新闻宣传任务570项。高质量原创报道数量明显增加，84件作品获得中国产经新闻奖、国企好新闻奖等奖项。《国家电网报》连续三届入选全国百强报刊。

新媒体发展。电网头条微信公众号2017年粉丝量超过140万，增幅超过40%，“10万+”作品248条，总阅读量超过6500万，获评“2017年度中国企业、中央企业最具影响力新媒体账号”。电网头条客户端完成主要功能开发，实现新闻精准推送，阅读体验不断提升，下载量超过40万，配合国家电网公司总部开展本质安全知识竞赛和国家电网公司系统学习宣传贯彻党的十九大精神知识竞赛等大型网络竞赛活动。新媒体矩阵建设取得新成绩，国家电网报、闪亮播报、国网故事汇等微信公众号、能源评论今日头条号等运营良好，传播力进一步增强。

对外传播。与央视中文国际频道合作推出10集《走遍中国》国家电网系列宣传片，其中《点亮中国》系列在党的十九大前夕5集连播，取得良好传播效果。与第一财经共同策划雄安新区、大气污染防治等主题传播。承办国资委“一线故事”第三季发布会，在更大平台上讲好国网故事。积极发挥电力作协作用，围绕公司重点工作开展创作，报告文学作品《匠心筑梦》获得国资委“五个一”工程奖。

出版供给侧结构性改革。坚持立足电力主专业，加强内容建设、质量管控，巩固传统出版市场。加强选题策划，严格选题论证管理，把好入口关。科学预测市场需求，从严从紧控制印量，合理选用纸张与印制工艺，有效应对纸价上涨、印制资源紧张等不利影响。加强编销联动，强化精准营销，优化渠道结构。出版发行《电力企业资产全寿命周期管理》《照明设计手册（第三版）》等优秀图书。“去库存、降成本、增效益”专项行动取得明显成效，全年实现图书回款3.37亿元，同比增长11.13%，图书库存码洋压降至3.38亿元，同比下降14.08%，图书重印率达57.34%，同比增长8个百分点。网络书店实现销售实洋4045万元，同比增长22.83%。《全球能源互联网》等3种图书获得中国出版政府奖提名奖。

出版数字化转型。科技知识资源服务平台建设全面推进，完成平台需求调研和系统设计，初步建立专利库、标准库、成果库，具备了查新检索、知识图谱等功能。该项目获得国家文化产业发展专项资金支持。职工书屋项目完善平台功能，投运新版移动阅读APP，开发了书香国网电子书等产品。完成图书出版管理系统升级，功能不断完善，保障了出版经营数据传输与归集。单品种核算系统上线运行，有力支撑了出版板块绩效管理。实施出版流程数字化再造，完成编校排等数字化协同编纂试点。应用RAYS平台，积累数字出版策划和运营经验。

党的建设和精神文明建设 学习宣传贯彻党的十九大精神。将学习宣传贯彻党的十九大精神作为首要政治任务，多次组织宣讲和学习研讨，着力在学懂弄通做实上下功夫。面向全体党员开展专题培训，举行知识竞赛。通过强化习近平新时代中国特色社会主义思想理论武装，广大干部员工“四个意识”更加牢固，“四个自信”更加坚定，立足岗位干事创业的信心和决心进一步增强。

“两学一做”学习教育常态化制度化。贯彻中央全面从严治党要求，坚持思想建党、制度治党相结合，实施“旗帜领航·三年登高”计划，积极构建“六位一体”大党建工作格局。把党建工作要求纳入集团章程，明确了党组织的法定地位。严格党内政治生活，认真执行“三会一课”、主题党日等制度，完善党费管理、党员发展、党小组设置、党支部考核等制度，实现了“两学一做”学习教育常态化制度化。

夯实党建工作基础。以党的政治建设为统领，全面落实管党治党主体责任和监督责任，推进党建工作与落实意识形态责任制、新闻出版、经营管理、企业文化“四个结合”。召开年度党建工作会议、党风廉政建设和反腐败工作会议，党建工作目标和重点任务稳步推进。根据机构调整情况优化党支部设置，依规开展组织建设和换届工作，完善党小组设置，配齐配强党务工作人员，积极利用网络、新媒体渠道组织党支部集中学习和交流研讨，举办青年党员讲堂系列活动，党支部战斗堡垒作用和党员先锋模范作用进一步发挥。

建设和谐企业文化。坚持以人为本，弘扬“努力超越、追求卓越”的企业精神，鼓励干部员工干事创业、争先创优。组织开展“读书分享·点亮心灵”主题活动，营造浓厚的学习氛围。坚持有事好商量，众人的事情由众人商量，组织调研座谈会、董事长联络员会议等多种形式的民主管理活动，广泛吸纳意见建议，开展关怀慰问活动，在补充医疗保险、疗养、后勤保障等工作中为员工办实事、解难题。完成企业文化展厅、职工健身中心、配置空气净化器等多个办公环境改善项目，提升员工幸福感、归属感。

（胥　森　彭慧文）

【南方电网传媒有限公司】

企业概况　南方电网传媒有限公司（简称南网传媒公司）是中国南方电网有限责任公司的控股子公司，成立于2010年9月3日，总部设在广州。

南网传媒公司注册资本为1亿元，6个股东分别为南方电网公司、广东电网公司、广西电网公司、云南电网公司、贵州电网公司、海南电网公司。

南网传媒公司主要经营范围包括：广播剧、电视剧、动画片、专题、专栏，综艺的制作、复制、发行；传媒产业的投资、资产管理和经营业务；设计、制作、发布、代理国内外各类广告，企业品牌形象策划与相关服务；网页设计及制作，计算机信息技术相关服务；承办会议、展览展示，体育赛事类活动承办及服务，演艺、娱乐类活动的组织与策划；版权、专利的转让及代理服务，著作权代理服务；文化用品、标识标牌的设计、制作及销售；室内装饰的设计及制作；上述相关业务的咨询、培训服务。

领导班子

董事长、党委书记、总经理：李晓彤

党委副书记、纪检组长：张燕维

副总经理、党委成员：焦向阳、陈向阳

副总经理、党委成员、工会主席：雷树华

组织机构　南网传媒公司下设两家全资子公司和13个业务部门。其中，南方电网报社与《南方电网报》社有限公司、南方能源观察杂志社与《南方能源观察》杂志社有限公司分别合署办公。

年度工作　2017年，南网传媒公司按照中央和南方电网公司党组要求，贯彻落实网公司各项重要会议精神和工作部署，不断提高新闻舆论和品牌服务能力，持续推进传媒精益管理，各项工作有序推进，完成了各项工作任务目标。

（一）党建和党风廉政建设

（1）推动党建重点任务落地。结合实际制定《关于贯彻落实南方电网公司党组关于全面推动党的建设重点任务落实落地的实施办法》，明确了7个方面121条党建重点工作任务。落实中央组织部关于党组清理规范工作的要求，严格按照组织程序，选举产生了公司第一届党委、纪委。进一步强化支部书记抓党建工作的主动性和责任感，开展了党支部书记述职评议考核工作。加强党对群团工作的领导，规范做好公司团委、工会换届工作。

（2）推进“两学一做”学习教育常态化制度化。专题研究并制定下发了实施方案。围绕党的十九大精神和习近平新闻舆论思想等主题，党委理论中心组全年开展学习研讨17次，专题发言9次，党支部学习135次。突出党支部特点、创新学习形式，开展了“新闻课堂进一线”等传媒特色的支部主题活动。持续开展“每周一学”党纪党规教育，创建学习微平台。开展党建新闻宣传，开设专题专栏6个，推出报道超过410条。

（3）加强党风廉政建设和反腐败工作。强化“一岗双责”责任落实，明确责任清单，组织签订了党的建设责任书和岗位责任书，并在年终开展述职。制定“第一种形态”工作手册，全年共开展各类谈话367人次。进一步改进作风建设，完善《领导干部外出请示报备管理细则》，印发《关于进一步严肃会议纪律的通知》。重点抓好落实国资委党委深化巡视整改专项督查反馈意见、南方电网公司两个专项治理、监察建议书整改工作共54项问题的立行立改。开展传媒公司政治生态调研。

（二）新闻舆论和品牌建设

1. 聚焦十九大唱响主旋律

一是旗帜鲜明，氛围浓厚。进一步提高政治站位，发挥党组喉舌作用，担当舆论主阵地，旗帜鲜明地传达中央声音。宣传贯彻习近平新时代中国特色社会主义思想和党的十九大精神的深刻内涵，迅速传达中央精神、转载中央媒体重点解读、报道文章。

二是统筹实施，主题明确。按照迎接党的十九大胜利召开和学习贯彻十九大精神两个阶段提前谋划制定宣传方案。围绕“从严治党南网魂”等十大主题，全面展现十八大以来南网改革发展成效。紧扣宣讲轮训“三大举措”，宣传南方电网公司党组学习宣传、落实贯彻十九大精神的各次会议部署和有关举措要求。策划“学习进行时”等新栏目，挖掘网内各单位学习贯彻落实十九大精神的工作亮点，在基层引起热烈反响。自党的十九大召开以来，共计刊登（播）相关报道1100余篇（条）。

三是互联助力，强化传播。整合运用公司全媒体集群，策划推出学习宣贯十九大精神“融媒体”专题，共发布信息477条，通过“互动留言”即时展示干部员工学习体会98条，开设英文阅读专区，发布关于“十九大”和公司发展成就的英文稿件，专题案例获得人民网和国资委网站报道。

四是内外联动，借筒传声。积极协调主流媒体讲好“南网故事”，刊载公司领导署名、采访文章和学习体会，展现全网上下以“满足人民追求美好生活的电力需要”等为主题开展十九大精神学习宣贯的情况。人民日报、新华社等主流媒体共刊载相关报道186篇次。

2. 聚焦改革凝聚发展向心力

一是发挥舆论主阵地的作用。坚持党媒姓党，牢牢把握正确舆论导向。精心组织完成南方电网公司2017年工作会议、两个一号文等重要会议和文件精神的宣贯和解读，及时传递南方电网公司党组声音，统一思想，凝聚共识。组织内外部媒体刊播相关报道200余条。发布《真抓实干攻坚克难　确保完成全年目标任务》等综合报道，发表《勇立时代潮头　无愧历史担当》等系列评论。

二是围绕重点开展主题宣传。以“撸起袖子加油干　改革发展创一流”为主线，重点突出、主题鲜明地开展新闻宣传工作。围绕“一带一路”、精准扶贫等重点主题，多角度展现南网改革发展成果。完成重点新闻宣传策划26次。

三是深挖典型弘扬南网精神。大力宣传“南网总纲”，弘扬南方电网公司企业核心价值观。组织开展第五届“感动南网”评选活动，树立南网精神标杆。深入挖掘为民服务、奉献社会的先进典型和感人事迹，塑造了罗伟、何满棠等先进人物和越南永新项目团队等先进团队，受到新华网、光明网等主流媒体报道，相关形象登上国资委海报，并在北京地铁等各大公共场所张贴宣传。

3. 全面服务南网品牌建设

一是服务南网品牌顶层设计。协助网公司宣传文化部制定《关于进一步加强品牌建设工作的指导意见》，明确南网品牌建设框架和重点任务。协助开展“南方电网公司海外品牌传播策略”课题研究，探索南网品牌的国际化传播。紧紧围绕南方电网公司品牌标识规范化管理需要，调研并撰写了《南方电网公司品牌标识管理调研情况报告》，推进南方电网品牌形象规范、统一。

二是对外唱响南网好声音。策划执行2017年社会责任周活动，发起“一带一路·小赫兹爱心漂流”跨国公益行动，获国务院国资委新闻中心颁发最佳公益奖，展现了南方电网公司责任南网的品牌形象。重点聚焦南网滇西北直流工程等重大发展成果，配合制作的《巨龙在野》《辉煌中国》等纪录片在央视平台播出。围绕清洁能源消纳、跨省电力交易等改革成果，组织新华社、人民日报、中央政府网等推出重点报道。

三是创新品牌传播方式方法。在品牌传播中引入直播等新技术手段，提高信息的可读性和吸引力。“感动南网”创新采用视频、网络直播方式，南方电网公司总部及各单位共522个会场同步视频直播，超过40余万人在线收看。通过网易直播平台推出了“激光大炮”“智能机器人”等科技网红，共有超过230万人在线观看。2017年中国企业新媒体年会上，@南网50Hz新媒体获得“2017年度中央企业最具影响力新媒体账号”和“2017年度中国企业新媒体品牌创新奖”。

四是升级改进舆情监测平台。全面完成舆情系统升级改造工作，提升对新媒体环境的适应性。开展舆情可视化改造，实现对舆情动态和新闻热点的实时监控。着力做好党的十九大、抗灾保供电等重点时期的不间断监测，舆情及时监测率达到99%。

（三）价值创造

（1）做精做强传统业务。推动支持传媒公司发展事项落地，多次向南方电网公司领导和有关部门汇报，取得阶段性成果，完成了南方电网公司总部框架合同和网络安全宣传等9项业务订单的签订工作。探索采编经营联动取得成效。努力挖掘杂志经营能力，“能源记者促进计划”等品牌活动实现盈利。

（2）大力发展新兴业务。新媒体业务规模进一步扩大，除网公司统一服务平台、广东电网公众号运营等网内新媒体业务外，承接上海能创中心新媒体服务，服务范围扩大至网外市场。大数据业务进一步扩大，成功中标广东省公安厅服务项目。组织开展亚洲新能源汽车及充电桩展等三大展会，规模进一步扩大，收入金额同比增长47%。

（3）积极尝试股权投资项目。抓住文化传媒行业大变革、大发展的有利时机，与上海申能集团联合投资组建上海涵远能源科技有限公司，利用公司资源平台，为申能集团提供品牌宣传、设计制作和专题片制作等服务，对外股权投资成功破冰，涵远公司实现当年组建，当年盈利。

（四）精益管理

（1）积极推进精益管理落地。按照南方电网公司新一轮改革发展的部署要求，进一步完善公司“十三五”发展总体规划。围绕3个维度共8个指标，与31家文化传媒行业上市公司开展对标，制定和完善传媒公司精益管理方案，在行政、采编、经营等领域开展精益管理和业务提升，进一步优化工作流程。完善精益管理的考核激励机制，围绕市场化业务开拓、高新技术企业申报等制定专项激励方案，并在年终予以兑现。

（2）以精益理念促进人才培养。从精益角度，强化人才教育培训工作。与中国传媒大学、昆山杜克大学等联合举办新闻业务培训班，提升了员工专业能力。面向全网组织开展采编技能、新闻摄影、无人机培训班。创建“赫兹新媒学院”，系统内外超过280人参加培训，成为首个品牌化运营的央企新媒体培训交流活动。

（3）不断提升科技创新软实力。联合暨南大学获批“广东省博士后创新实践基地”申请。开展专利权和著作权申请，先后获得《网站内容监测预警系统》等6项著作权。进入广东省高新技术企业培育库，并获得高新技术企业资质认定。全年共荣获国家部委级奖项5个，员工共获得各类荣誉64项。

主要事件

1月22日，南网传媒公司召开了第一届职工代表大会第五次会议暨2017年工作会议，公司董事长、党组书记、总经理李晓彤做了题为《真抓实干谋发展　勇于创新出成效　为南方电网公司新一轮改革发展营造良好舆论氛围》的工作报告。

3月27日，南网传媒公司对网络媒体中心机构及职责进行调整和优化，将网络媒体中心更名为网络传播中心，并新设立数据研发中心。

4月20日，由南网传媒公司负责《基于大数据算法的省制造业分析评价指标体系》大数据项目被广东省政府列入珠江三角洲国家大数据综合试验区重点建设项目。

4月25日，南网传媒公司成功举办首个央企新媒体培训班“赫兹新媒学院”。旨在提高公司员工的品牌传播及新媒体素养和技能。来自南方电网公司系统内外的128名企业新媒体运营人员参加了培训。

6月11日，由南网传媒公司参与主办的“广州国际电线电缆及附件、亚洲国际电力电工设备暨智能电网、亚洲新能源汽车及充电桩”三大展会胜利闭幕。共有453家行业客户参展。

7月26日，由国务院国资委新闻中心、国务院国资委研究中心、南方电网公司、广东省国资委主办，南网传媒公司承办的第二届国企改革前沿论坛在广州举行。论坛以“新活力　新动能——地方国企国资改革的创新与实践”为主题，旨在聚焦改革案例，分享改革经验，研讨改革问题。来自全国政、企、研、媒等方面的200多位嘉宾参加了本次论坛。

7月27日，由南方电网公司主办，南网公司承办的第五届“感动南网”颁奖活动在广州成功举行。颁奖活动以视频形式举办，南方电网公司总部设主会场，所属各单位共设有521个分会场。

11月23日，南网传媒公司荣获由中国社会科学院信息化研究中心主办的“2017互联网＋智慧中国年会”2017中国“互联网＋政务”创新企业称号。

12月29日，南网传媒公司成功进入广东省高新技术企业培育库，并获批资金奖励。

（尚伟亮）

电力企业

国家电网有限公司

【公司概况】 国家电网有限公司（简称国家电网公司）成立于2002年12月29日，是根据《中华人民共和国公司法》规定设立的中央直接管理的国有独资公司，以投资建设运营电网为核心业务，是关系国民经济命脉和国家能源安全的特大型国有重点骨干企业。国家电网公司注册资本8295亿元，在国内供电区域覆盖26个省（自治区、直辖市），服务人口超过11亿人，并网发电装机规模居全球首位；在境外投资运营7个国家和地区的骨干能源网，承包建设大量国家级输变电工程，带动电工装备出口80多个国家和地区，是全球最大的公用事业企业。国家电网公司连续13年获评中央企业业绩考核A级企业，2017年蝉联《财富》世界500强企业第2位、中国500强企业第1位。

截至2017年底，国家电网公司总部设30个部门、6个分部，设省级公司27家，直属单位38家；拥有110（66）kV及以上输电线路98.8万km、变电容量43.3亿kVA。2017年完成售电量38 745亿kWh，同比增长7.5%；营业收入23 237亿元，同比增长10.9%。

【领导班子】

董事长、党组书记：舒印彪

董事、总经理、党组副书记：寇伟

党组副书记、副总经理：辛保安

中央纪委驻国家电网公司纪检组组长、党组成员：黄德安

总会计师、党组成员：罗乾宜

副总经理、党组成员兼全球能源互联网集团有限公司董事长、临时党委书记：王敏

副总经理、党组成员：杨晋柏

党组成员、职工董事、工会主席：刘广迎

副总经理：韩君

副总经理：刘泽洪

副总经理：张智刚

【组织机构】 见2017年国家电网公司组织机构图。

【电网概况】

1. 国家电网基本情况

2017年，国家电网迎来特高压工程建设高峰，特高压祁韶、雁淮、鲁固、锡泰直流输电工程以及锡盟—胜利、横山—昌乐交流输电工程集中投产。新投产220kV及以上输电线路2.78万km（1010条），同比增长5.36%，变电容量209 327MVA（615台），同比增长7.19%。新增统调装机104 042.9MW，同比增长8.43%。大电网资源优化配置与清洁能源消纳成效显著，国家电网公司跨国跨区输电能力达85 750MW，同比增长18.8%。截至2017年底，国家电网公司主要电网（国家电网公司直调、华北、华东、华中、东北、西北、西南，下同）统调装机容量1 338 579.4MW，其中火电85 9764.4MW，常规水电166 114.4MW，抽水蓄能发电22 260.0MW，核电4 121 786.2MW，风电143 483.4MW，光伏发电120 816.3MW。国家电网公司主要电网统调220kV及以上交流降压变电容量3 062 142MVA；统调220kV及以上交流输电线路长度548 249km。

华北电网“横山—昌乐”特高压交流工程投产，“两横一纵”特高压交流骨干网架初步形成；北京电网昌平、安定主变压器扩容，分区供电能力提高；天津南蔡、冀北裕丰变电站电工程投产，局部供电可靠性提高；河北南网廉北解搭接工程投产，局部潮流过载风险降低；山东富国输变电工程投产，局部地区供电能力提升；山西明海湖变电站投产，北电南送西通道贯通，电网稳定性提高。华东电网跨省通道无变化；上海新建五角场输变电工程，供电能力得到提升；江苏电网新建全福变电站，地区供电可靠性提高；强蛟电厂改接至明州变电站，缓解了南电北送通道压力；福建新建龙门输变电工程，提高地区供电能力。华中电网鄂湘断面原孱复双回线Ⅱ入澧州变电站，鄂湘断面变更为澧复线；湖北电网新投产编钟变电站，双河变电站扩建1台主变压器，地区供电能力得到提升；河南电网涂武线完成增容，缓解了天中直流南向输送压力；湖南电网新投产韶古Ⅰ、Ⅱ线、韶船线，提高了祁韶直流受电能力；江西电网新投产广丰变电站，增强了江西东部地区供电能力。东北电网鲁固直流配套工程陆续投运，为鲁固直流调试和运行提供支撑；辽宁电网500kV程渤双回线投运，形成辽宁中部双环网，运行可靠性得到提升；吉林电网新投产吉林南变电站，电网结构得到加强；黑龙江电网新投产五家输变电工程，哈尔滨地区供电能力提高；蒙东伊敏换流站—红城—兴安工程投运，呼伦贝尔地区电网形成“一直二交”外送通道，伊穆直流孤岛运行风险消除。西北电网甘宁、陕甘断面实现750/330kV电磁环网解环；陕西电网投产西成、宝兰等高铁输变电工程；甘肃投运330kV宝兰铁路配套工程等；青海

- 国家电网公司
  - 总部（30个部门）
    - 办公厅（董事会办公室）
    - 总师办公室
    - 研究室
    - 发展策划部
    - 财务资产部
    - 安全监察质量部
    - 运维检修部
    - 营销部（农电工作部）
    - 科技部（全球能源互联网办公室）
    - 基建部
    - 交流建设部
    - 直流建设部
    - 信息通信部
    - 物资部（招投标管理中心）
    - 产业发展部
    - 对外联络部（品牌建设中心）
    - 国际合作部
    - 审计部
    - 经济法律部
    - 组织部（人事董事部）
    - 人力资源部
    - 体制改革办公室
    - 离退休工作部
    - 后勤工作部
    - 党建工作部（与直属党委、公司团委合署办公）
    - 监察局（与中纪委驻公司纪检组合署办公）
    - 工会
    - 国家电力调度控制中心
    - 国家电网运营监测（控）中心
    - 企业管理协会
  - 分部（6个）
    - 华北分部
    - 华东分部
    - 华中分部
    - 东北分部
    - 西北分部
    - 西南分部
  - 省公司（27个）
    - 国网北京市电力公司
    - 国网天津市电力公司
    - 国网河北省电力有限公司
    - 国网冀北电力有限公司
    - 国网山西省电力公司
    - 国网山东省电力公司
    - 国网上海市电力公司
    - 国网江苏省电力有限公司
    - 国网浙江省电力有限公司
    - 国网安徽省电力有限公司
    - 国网福建省电力有限公司
    - 国网湖北省电力有限公司
    - 国网湖南省电力有限公司
    - 国网河南省电力公司
    - 国网江西省电力有限公司
    - 国网四川省电力公司
    - 国网重庆市电力公司
    - 国网辽宁省电力有限公司
    - 国网吉林省电力有限公司
    - 国网黑龙江省电力有限公司
    - 国网内蒙古东部电力有限公司
    - 国网陕西省电力公司
    - 国网甘肃省电力公司
    - 国网青海省电力公司
    - 国网宁夏电力有限公司
    - 国网新疆电力有限公司
    - 国网西藏电力有限公司
  - 产业公司（17个）
    - 全球能源互联网集团有限公司
    - 国网国际发展有限公司
    - 鲁能集团有限公司（都城伟业集团有限公司）
    - 南瑞集团有限公司（国网电力科学研究院）
    - 国网信息通信产业集团有限公司
    - 国网电动汽车服务有限公司
    - 国网电子商务有限公司
    - 中国电力技术装备有限公司
    - 国网新源控股有限公司（国网新源水电有限公司）
    - 国网通用航空有限公司
    - 国网物资有限公司
    - 英大传媒投资集团有限公司
    - 国网节能服务有限公司
    - 国网中兴有限公司
    - 许继集团有限公司
    - 平高集团有限公司
    - 山东电工电气集团有限公司
  - 专业公司（5个）
    - 国家电网公司运行分公司
    - 国家电网公司直流建设分公司
    - 国家电网公司交流建设分公司
    - 国家电网公司信息通信分公司
    - 国家电网公司客户服务中心
  - 科研教培单位（7个）
    - 中国电力科学研究院有限公司
    - 国网经济技术研究院有限公司
    - 国网能源研究院有限公司
    - 全球能源互联网研究院有限公司
    - 国家电网管理学院（中共国家电网公司党校）
    - 国家电网公司高级培训中心
    - 国网技术学院（国家电网公司团校）
  - 金融企业（9个）
    - 国网英大国际控股集团有限公司
    - 中国电力财务有限公司
    - 英大泰和财产保险股份有限公司
    - 英大泰和人寿保险股份有限公司
    - 英大长安保险经纪集团有限公司
    - 英大国际信托有限责任公司
    - 英大证券有限责任公司
    - 国网国际融资租赁有限公司
    - 国家电网海外投资有限公司

2017年国家电网公司组织机构图

郭隆输变电工程和塔拉—日月山线路工程投运，网架得到加强；宁夏六盘山新投产主变压器，上下级电网交还能力提高；新疆电网紫荆、信友电厂送出工程投运。西南电网穿越第三通道投运，提升了川渝通道送电能力；四川电网丹泉双线投运，提高了地区电网结构和受电能力；重庆电网张马双线，马长双线投运，地区电网结构得到加强。

2. 国家电网调度装备和运行指标

截至2017年底，国家电网220kV及以上系统继电保护装置达到172 128台，同比2016年（160 378台）增加11 750台，增幅为7.33%，保护装置微机化率为100%。光纤通道在220kV及以上系统中应用，所占比例达94.19%，同比2016年（94%）提高0.19个百分点。2017年，国家电网220kV及以上交流系统继电保护正确动作率达99.954%，高压直流输电系统正确动作率达100%。继电保护的可靠运行、正确动作和快速切除故障，为电网的安全运行提供保障。

截至2017年底，国、网、省、地、县五级调度机构共有自动化系统1577套，其中智能电网调度控制系统258套，能量管理系统（EMS）603套，广域相量测量系统（WAMS）30套，调度员培训仿真系统（DTS）212套，电能量计量管理系统（TMR）147套，调度计划系统（OPS）50套，调度管理系统（OMS）146套，雷电定位系统（LLS）20套，保护管理系统69套，水调自动化系统42套。调度数据网网络规模达62 090个节点，实现220kV以上厂站调度数据网双覆盖；110kV厂站全覆盖，双覆盖率达48%；35kV厂站覆盖率达95%，双覆盖率达16%；其中国产路由器60 070台，国产率为96.75%。全网部署专用防护设备106 557台，其中纵向加密认证装置90 368台，横向隔离装置7347台，防火墙7977台，入侵检测装置800台，网络安全监测装置65台。

截至2017年底，国家电网公司调度管辖范围内110kV及以上电压等级厂站监控系统和设备情况：RTU共6112套；厂站监控系统26 517套；电能量远方终端19 531套；相量测量装置4154套。

（何　飞　邱　威　王永福　郭建勇　汪　明）

【经营业绩】 2017年，国家电网公司经营业绩保持优秀。售电量38 745亿kWh，同比增长7.5%；全年实现营业收入23 236.5亿元，同比增长10.9%；成本费用22 468.5亿元，增长11%，与收入增幅基本持平；实现利润910.2亿元，同比增加44亿元，效益水平创新高；EVA（经济增加值）117.9亿元；万元资产运维费570.2元。

保持稳健的资本结构及合理的债务结构。2017年末，国家电网公司资产总额38 088.3亿元，较2016年末增长11.9%；负债总额21 946.1亿元，增长15.4%；权益总额16 142.2亿元，增长7.4%。在完成固定资产投资5066亿元情况下，资产负债率控制在57.6%，低于国资委警戒线（65%）7.4个百分点。

截至2017年底，国家电网公司连续13年获央企业绩考核A级，连续7年获央企财务绩效考核A级。营收规模位居央企首位，蝉联《财富》世界500强第二位、中资企业首位，连续5年获得三大国际评级机构授予国家主权级信用评级。

（毛育冬　曾　力）

【电网发展】 电网开工规模。2017年开工110（66）kV及以上输电线路4.9万km，变电（换流）容量2.6亿kVA（kW），其中：1000kV线路72km，变电容量900万kVA，750kV线路1581km，变电容量1350万kVA，500kV线路9717km，变电容量7445万kVA，330kV线路1073km，变电容量459万kVA，220kV线路1.5万km，变电容量6732万kVA，110（66）kV线路22万km，变电容量7856万kVA；直流换流容量1000万kW。开工的重点项目有渝鄂直流背靠背联网工程、榆横特高压交流变电站配套1000kV电源送出工程、苏州特高压变电站扩建主变压器工程等。

电网投产规模。2017年投产110（66）kV及以上输电线路5.5万km，变电（换流）容量3.5亿kVA（kW），其中：1000kV线路2846km，变电容量3000万kVA，750kV线路899km，变电容量1740万kVA，500kV线路6882km，变电容量6595万kVA，330kV线路2520km，变电容量783万kVA，220kV线路1.4万km，变电容量8394万kVA，110（66）kV线路2.1万km，变电容量6809万kVA；直流线路6386km，换流容量7200万kW。投产的重点项目有胜利—锡盟、榆横—潍坊等特高压交流工程，酒泉—湖南、晋北—南京、锡盟—泰州等特高压直流工程。

（于　汀　丁　林）

【体制改革】 贯彻党中央、国务院决策部署，按照国资委要求，立足公司实际，于11月底前完成公司制改制任务。国家电网公司本次纳入公司制改制的单位有145家（含公司总部），其中二级单位21家，三级及以下单位123家，其中公司由全民所有制企业改制为国有独资公司，下属单位由全民所有制企业改制为国有一人有限公司。

健全工作机制，加强组织领导。集团层面成立以寇伟为组长、王敏为副组长的公司制改革专项工作领导小组，统筹研究和协调解决改革工作中的重大问题。各级单位相应成立组织机构和工作队伍。公司党组召开两次会议研究公司制改制工作部署，落实主体责任。各部门实行专业督导、对口指导，将改制工作纳入法治企业建设考核评价内容。明确省级公司是本单位改制工作的责任主体和实施主体。明确各级单位主要负责人是改制工作的第一责任人，全流程指导督促，形成统筹协调、上下联动、齐抓共管的工作格局。

规范实施，依法决策。严格履行“三重一大”决策程序，《国家电网公司公司制改革工作方案》《国家电网公司改制方案》《改制后公司章程》等改制文件均经党组会审议后，提交董事会审议通过。各级单位的改制方案均经本单位党委（组）会审议通过后，报总部批准。保障职工权益。改制前原有职工全部进入改制后公司，依法做好劳动关系、社保关系的接续工作。各单位均规范履行民主程序，改制方案经职工大会或职工代表大会审议并通过。严格规范操作。认真开展财务审计、尽职调查，按照“三公”原则处置资产，严防国有资产流失。严格按照有关文件要求，以2016年度经审计的净资产值确定公司注册资本。坚持公开透明，国网审计部、国网监察局等部门全程参与改制工作监督。从严审核审批。落实《国家电网公司企业改制重组工作管理办法》规定，制订二级单位改制方案模板，优化上报审批流程，实行“1+9”上报模式（即1个改制请示和9个附件），9月底前二级单位改制方案全部批复到位。

完善治理结构。按照《中华人民共和国公司法》要求，落实《国务院办公厅关于进一步完善国有企业法人治理结构的指导意见》（国办发〔2017〕36号）文件要求，将公司治理纳入公司制改革工作，统筹设计，同步推进。强化党的领导。落实“党建工作纳入企业章程”等要求，确立党组织在企业法人治理结构中的法定地位，使党组织成为企业法人治理结构的有机组成部分。坚持改制工作与党的建设同步谋划、党的组织及工作机构的同步设置、党组织负责人同步配备、党的工作同步开展。修订公司章程。按照国资委要求，完成改制后公司章程的修订工作，获国资委批复。编制《二级单位章程范本》，科学设计二级单位公司治理模式。健全治理体系，在二级单位设立董事会、监事会，配备董事、监事及高级管理人员。指导各级单位公司治理完善工作，建立完善董事会、总经理办公会等议事规则，理顺各治理主体权责边界。

（吴伟伟　刘　伟）

【安全生产】 2017年，各部门、各单位贯彻国家安全生产工作部署和公司三届二次职代会暨2017年工作会议精神，落实2017年安全生产工作意见，推进本质安全建设，强化安全质量监督管理，开展安全专项行动，应对高温、洪涝、台风、地震等灾害，完成党的十九大等重大活动保电任务，电网保持安全稳定运行，安全生产总体平稳。

推进本质安全建设。深入研究本质安全理论，编写《本质安全实践》，把握核心要义，丰富科学内涵，逐级宣贯培训。对照“本质安全30条”，从专业安全管理、风险管控、基础保障等方面，细化配套措施，分解目标任务，制订年度清单，统筹协调推进，总部19个部门按期完成2017年65项重点工作。组织国网华东分部、国网浙江电力研究制定本质安全评价标准，试点开展量化评价。围绕本质安全建设目标，研究制定《国家电网公司贯彻落实〈中共中央 国务院关于推进安全生产领域改革发展的意见〉实施方案》，部署7个方面35项具体落实措施。

组织专项安全工作。落实国家和公司安全工作部署，针对春（秋）季检修、迎峰度夏（冬）工作，召开电视电话会议，明确工作要求，部署针对性措施。强化迎峰度夏协同指挥，开展安全生产24h值班，及时处置自然灾害、外力破坏和设备故障等突发事件，确保迎峰度夏电网安全稳定运行。结合电力建设工程施工安全年活动，针对基建发生的安全事故，开展反违章专项行动，集中整治基建现场违章。组织开展为期四个月的安全生产大检查，覆盖所有单位、所有专业，全方位排查整改安全问题，为党的十九大召开营造安全氛围。按照监事会要求，部署安全生产问题清单专项梳理，累计梳理新问题6269条。统筹推进电气火灾和危险化学品综合治理。公司连续3年获全国“安全生产月”活动优秀组织单位称号，国网辽宁电力被评为先进单位。

开展隐患排查治理和风险管控。制定安全隐患治理绿色通道管理办法，组织开展安全隐患治理过程考核。累计排查隐患23.7万项，治理完成率为99.91%。针对国家能源局下达的57项电网运行重大隐患，国网发展、建设、运检、调控、营销、安质部等部门和17个省级电力公司逐项研究，采取直流调制、抽水蓄能电站切泵、精准切负荷等技术措施，以及新增电网建设项目、开展设备特巡特护等进行治理，2017年完成治理30项，剩余27项计划在2018、2019年进行根治。各单位严控多重停电检修、带电交叉跨越、硐室掘进施工等高风险项目，采取优化检修计划、改善施工方法等措施，降低300余项电网运行和施工作业风险等级，杜绝了重大风险；累计发布3.2万项风险预警，逐项落实预控措施，分级开展督导，所有风险均得到有效管控。推行生产作业安全管控标准化，实施作业计划及执行周分析制度，开展“两票”抽查，对作业现场进行全覆盖监督，全年完成546万项10kV及以上电压等级计划作业任务。

强化各专业安全监督管理。制定电力监控、信息、电力通信、风电、生物质电厂、直升机作业安全工作规程，实现了公司安全工作规程专业领域全覆盖。

可靠性管理。2017年，围绕夯实基础、强化管控、试点研究、深化应用等方面深化电力可靠性管理工作。截至12月底，国家电网公司系统城市、农村用户供电可靠率（RS-1）分别为99.948 3%、99.783 7%，城市、农村用户平均停电时间（AIHC-1）分别为4529、18 944h/户。220kV及以上电压等级输变电系统可用系数达到99.672%，其中：输电回路和变电回路可用系数分别为99.647%和99.726%；架空线路、变压器和断路器可用系数分别为98.852%、99.844%和99.854%。跨区直流输电系统能量可用率为95.89%，同比提升1.91个百分点；强迫能量不可用率为0.16%，同比持平。

开展“质量月”活动。印发《国家电网公司关于开展2017年“质量月”活动的通知》（国家电网安质〔2017〕731号），明确“大力提升质量　建设质量强国”活动主题，突出电网企业特点，坚持质量强网，强化设备质量监督管理，培育“国网工匠”，倡导“国网引领登高”，打造“国网品牌”，提升供电质量和优质服务水平。

输变电设备主要运行指标。2017年330kV及以上变电设备故障跳闸15次，同比减少5次，下降25%。其中330kV及以上变压器故障跳闸2次，同比减少1次；断路器（含组合电器）故障跳闸8次，同比减少1次；电流互感器故障跳闸3次，同比减少3次；串补故障跳闸2次，同比增加2次。在运35座换流站由于站内设备原因共发生闭锁9次，同比降低3次，其中单阀组闭锁2次，单极闭锁5次，双极闭锁2次，平均单极闭锁0.26次/（极·年），同比降低0.04次/（极·年），换流站设备总体可靠性提高。

（王大玮　王宏刚　朱　军　张　民　刘敬华）

【科技创新】 推进国家智能电网技术创新中心创建工作。持续开展特高压交直流输电技术、柔性直流输电技术、大电网安全技术、新能源并网与储能技术、智能配用电服务等的研究。

标准制（修）订再创历史最好水平。全年发布国家电网公司技术标准231项；国家电网公司系统单位主导编制的7项IEC、IEEE标准，主导或重点参与制定的103项国家标准、152项行业标准发布实施。

2017年，国家电网公司共获得国家科学技术奖9项，中国专利奖19项，中国电力科学技术奖48项，其他省部级科学技术奖励223项。

2017年度国家电网公司科学技术奖励。国家电网公司共收到各单位（部门）推荐项目403项，评审授予国家电网公司科学技术进步奖132项，国家电网公司技术发明奖16项，国家电网公司技术标准创新贡献奖17项，国家电网公司专利奖32项。

2017年国家电网公司共申请专利14 208项，其中发明专利9118项；获得授权专利9586项，其中发明专利3864项。截至2017年底，国家电网公司累计拥有专利73 350项，其中发明专利16 064项。国家电网公司专利申请量、授权量和累计拥有量连续7年排名央企第一。

（赵海翔　李　刚　高海峰　盛　兴）

【国际业务】 2017年，国家电网公司完成收购希腊国家电网公司（IPTO）24%股权，分两次共计收购巴西最大配电和新能源公司CPFL公司94.75%股权。保持菲律宾、巴西、葡萄牙、澳大利亚、意大利、希腊等国家和地区的境外资产稳健运营，收益情况良好。

巴西美丽山水电特高压直流送出特许权一期项目于2017年12月提前2个月正式完工投入商业运行；巴西美丽山水电特高压直流送出特许权二期项目于2017年9月正式开工；巴西特里斯皮尔斯（TP）水电送出特许权二期项目提前6个月全面开工，启动施工建设。巴基斯坦新拉合尔项目500kV线路段投运，线路全长151km。泰国曼谷市区115kV变电站EPC总承包项目建成投运。埃及EETC 500kV输电线路工程、埃塞俄比亚—肯尼亚直流联网工程等重大工程项目按施工计划有序开展工程建设工作。缅甸北克钦邦与230kV主干网连通项目于11月10日正式开工。

利用大型国际会议、高端对话、双多边合作机制等平台，讲好“国网故事”，传播“中国声音”，提供“中国方案”，舒印彪当选B20中国工商理事会主席。

国家电网公司参与国际标准制定。2017年在IEC发起成立技术委员会1个，立项国际标准6项；在IEEE立项国际标准5项，在CIGRE主导成立1个技术报告工作组。国家电网公司累计主导编制国际标准47项，正式发布26项。

（李　明　马海洋　张　虎　吕　昕
沈　亮　张正茂）

【节能减排】 主要节能减排指标情况。线损率指标。线损率6.66%，同比下降0.09个百分点，比国资委2016～2018年任期考核目标（6.93%）低0.27个百分点，节约电量37.36亿kWh，相当于节约标准煤116万t、减排二氧化碳289万t。

万元产值综合能耗指标。万元产值综合能耗0.129t标准煤（可比价），比国资委任期考核目标（0.157t标准煤）低0.028t标准煤。

节能减排管理。贯彻落实党中央、国务院节能减排工作部署。印发《国家电网公司“十三五”节能减排综合工作方案》（国家电网发展〔2017〕315号）。落实国家《大气污染防治行动计划》，年减少燃煤运输1.8亿t，降低$PM_{2.5}$浓度4%～5%。申请拨付782亿元全部用于补贴列入补助目录的可再生能源项目。配合政府部门实时监测火电机组烟气排放信息，结算脱硫、脱硝、除尘、超洁净排放环保加价电费751亿元。

加强电网线损管理。推广应用新技术、新材料、新设备，加强对老旧设备改造。夯实关口管理基础，完成关口改造4万余个。国网北京、江苏电力等15家省公司全面实现“四分”同期线损管理。投入电网节能减排资金281亿元，同比增长5.7%。线损率同比下降0.09个百分点，减少损失电量37.36亿kWh。

服务电力行业和社会节能减排。推动各级电网协调发展。大气污染防治计划“四交四直”特高压工程建设任务全部完成，酒泉—湖南、扎鲁特—青州特高压直流工程投运。建成投产川渝第三通道、红沿河核电站送出等工程，缓解水电、核电外送压力。核准开工6座抽水蓄能电站，总装机容量840万kW、总投资524亿元。提前打赢新一轮农网改造升级“两年攻坚战”，惠及1.6亿农村人口和1.4亿亩农田，每年节省农民灌溉支出116亿元，减少燃油消耗275万t，减排二氧化碳875万t。

保障和服务新能源快速发展。公司经营区新能源并网容量达到2.8亿kW，同比增长30%，20个省区新能源成为第一、第二大电源。新能源发电量3766亿kWh，同比增长37%，10个省区新能源发电量占用电量比例超过10%。组织开展系统研究，借鉴国际经验；实施全网统一调度，提高系统平衡能力；开展市场化交易，扩展新能源消纳空间；集中投产一批省内和跨省跨区输电工程；加强新能源并网管理，引导合理有序并网。弃电量、弃电率实现“双降”，弃电量减少53亿kWh，弃电率下降5.3个百分点。

实施清洁替代、电能替代，做好“煤改电”和清洁供暖。制定《京津冀及周边地区“2+26”大气污染传输通道城市2017年“煤改电”实施方案》，投资311亿元在供暖季前完成6584个村、119万户“煤改电”。编制完成《北京—张家口可再生能源清洁取暖示范区规划》和《冬奥会配套电网规划》，累计推广北方地区清洁取暖5亿m^2。完成替代电量1300亿kWh，相当于减少标准煤7000万t，减排二氧化碳超过1.5亿t。

布局综合能源服务业务。推进综合能源服务体系建设，以省级综合能源服务企业为实施主体全面布局综合能源服务业务。统筹运用分布式新能源发电、冷热电三联供等多种技术，为客户提供多元化、个性化的综合能源服务。组建14家省级综合能源服务公司，实现节约电力331万kW、节约电量128亿kWh，储备节能项目77个，满足用户多元化用能需求，支撑全社会节能减排。

节能减排宣传。6月12～18日围绕“节能有我，绿色共享”以及“工业低碳发展”的活动主题，开展全国节能宣传周和低碳日活动，宣传贯彻国家节能减排工作部署，普及生态文明理念和知识；培育和践行节约集约循环利用的资源观，推广节能经验和做法，培养节能低碳行为习惯；大力倡导勤俭节约的社会风尚，在全社会营造节能降碳的浓厚氛围，推动绿色低碳发展。

（栾凤奎）

【农网发展】 贯彻落实国家实施新一轮农村电网改造升级工程重要部署，履行经济责任、政治责任、社会责任，精心组织、协同推进，于9月25日完成153.5万眼农田机井新通电及改造、6.6万个小城镇（中心村）电网改造升级、7.8万个自然村新通动力电及改造三大任务，提前三个月打赢新一轮农网改造升级“两年攻坚战”。工程累计投资1423.6亿元，新建、改造变电站552座、输配电线路89.7万km、配电变压器45.1万台，改造户表1431.4万户，惠及1.6亿农村人口、1.4亿亩农田。做好北方清洁取暖供电，完成京津冀及周边地区124万户“煤改电”取暖配套中低压电网建设改造。完成山东、浙江、辽宁、吉林、新疆、西藏6省区111个边防部队哨所通大网电任务。

发挥集团优势，全力投入各类资源。优先保证农网工程人力、财力、物力资源投入。累计设立业主、施工、监理项目部1.5万个，投入建设和管理人员31.4万人，工程机械3.5万台（套）。安排国网河北、山西、山东、江苏、浙江、安徽、福建电力7个省公司对口帮扶西藏7个地市，选派长期管理人员98人，安排短期专业人员 2232 人，累计进藏帮扶 10.7 万人天，组织 12 家省送变电公司、10 家省监理公司支援西藏农网工程建设。多渠道筹措安排建设资金，确保工程用款及时足额到位。针对农网工程特点，全面动员公司物资采购供应力量，调整优化采购策略，加强供货统筹调配、履约跟踪协调和质量监督检测，保障物资供应。

（陈俊章　王金宇　王庆杰）

【精准扶贫】 贯彻党中央和习近平总书记打好脱贫攻坚战的决策部署，把扶贫责任扛在肩上，坚持精准扶贫，深入实施"国网阳光扶贫行动"，聚焦激发村集体和贫困户脱贫内生动力，重点实施村村通动力电、光伏扶贫项目接网、定点光伏扶贫三大工程，各项工作取得进展。

电力扶贫。构建公司大扶贫格局，成立董事长任组长，总经理、分管领导任副组长的"国家电网公司扶贫工作领导小组"，完善领导小组及办公室成员部门，建立务实高效的扶贫工作领导及组织体系。11 月 5～7 日，舒印彪、韩君赴海拔 4300m 左右的青海玛多县调研定点扶贫工作。11 月 13～15 日，寇伟赴湖北巴东县、神农架林区调研扶贫工作。总部相关部门 10 余次赴定点扶贫县调研，督促检查扶贫工作，协调解决具体问题，研究扶贫项目落地，督导扶贫项目进展。

扶贫成果。2017 年，国家电网公司出资 4.37 亿元，推进湖北长阳、秭归、巴东光伏扶贫电站建设。此外，捐赠湖北、青海定点扶贫五县区扶贫资金 3400 万元，支持地方实施农业产业发展、基础设施改善、教育民生改善等 52 个扶贫项目，落实国资委"百县万村"活动和"救急难"行动要求。

光伏扶贫项目及时并网。重视光伏扶贫项目接网工作，主动与各级政府、项目业主沟通对接，确保及时并网发电。建设光伏云网，开发运行光伏扶贫信息管理系统，实现光伏扶贫电站规划、项目建设、电费结算及补贴代发、收益分配的全流程管控和跟踪服务。2017 年，完成国家光伏扶贫项目接网总容量 818.6 万 kW，累计完成接网总容量 954.2 万 kW，其中：大型集中式光伏电站 149 座，容量 407 万 kW；村级光伏电站 23 631 座，容量 368.4 万 kW；并网户用分布式光伏 37.7 万户，容量 178.8 万 kW。项目惠及 155.1 万贫困户。

长效扶贫机制。2017 年，国家电网公司全额出资为湖北"三县一区"全部建档立卡的 236 个贫困村，每村建设一座 200kW 村级光伏扶贫电站，6 月 15 日前全部建成投运，9 月中旬捐赠给村集体，使 9.7 万贫困人口受益。截至年底，累计发电 2929 万 kWh，按燃煤标杆电价结算产生扶贫收益 935 万元。光伏扶贫电站建设实现建档立卡贫困村全覆盖，电站收益精准落实到贫困村和贫困户，电站发电保障长期稳定收益，体现国家电网公司光伏扶贫"全、准、稳"的思路。

扶贫方式创新。扶贫项目与保护生态相结合，实施青海玛多县寄宿制中学清洁能源供暖示范项目，促进三江源及核心区保护，提升教学条件。探索实践"互联网＋扶贫"，实施电商扶贫，在国网电商平台开辟扶贫专区，组织"爱心订购"活动，动员员工购买来自贫困县贫困户的农产品 100 余万元。发挥国家电网公司品牌影响力和信息优势，牵线搭桥引进企业落户贫困县，为巴东县引进北京猎鹰无人机科技有限公司。

扶贫"标杆工程"。发挥公司管理优势，用工匠精神建设标准化村级光伏扶贫电站，交给群众质量过硬、收益长期稳定的项目，打造光伏扶贫"标杆工程"。5 月 26 日，全国光伏扶贫现场观摩会在湖北宜昌召开，会议组织参观了国家电网公司捐建的村级光伏扶贫示范电站，与会各方对电站的建设、运维、管理给予肯定，会后有来自各省（区、市）扶贫等部门的 16 批 117 人次参观村级电站。国务院扶贫办主任刘永富在会上指出，国家电网公司结合定点扶贫工作，出资在定点扶贫县建设光伏电站，所得收益全部用于扶贫，这是国家电网公司将定点扶贫与光伏扶贫有机结合的又一次创新。受国家标准委员会委托，根据湖北村级光伏扶贫电站建设经验，制定国家标准《精准扶贫村级光伏电站管理与评价导则》。

（刘　一　李树国）

【人力资源管理】 人才队伍建设。截至 2017 年年底，国家电网公司四级四类人才总量达 7.8 万名，其中：国家级人才 340 名，包括两院院士 8 名，万人计划人选 8 名，国家有突出贡献的中青年专家 15 名，享受国务院政府特殊津贴专家 145 名，百千万人才工程国家级人选 25 名，创新人才推进计划中青年科技创新领军人才 6 名，中华技能大奖获得者 5 名，全国技术能手 62 名，全国青年岗位能手 46 名，其他专家 20 名。国家电网公司（省部、行业）级人才 7999 名，省公司（地市、厅局）级人才 30 391 名，地市公司级人才 39 272 名。落实国家重大人才工程计划，培养国家级、省部（行业）级人才 436 名，新增国家级人才 10 名，其中：中国工程院院士 1 名，万人计划人选 3 名，百千万人才工程国家级人选 3 名，国家有突出贡献的中青年专家 3 名。

开展各级各类培训。2017 年，共举办各类培训班 83 722 期，培训 360.4 万人次全员培训率达 94.6%。网络大学推动各单位产出 5000 余个优秀课件、案例，岗位培训课件总量达 1.6 万个，年度培训 3216 万学时，年度登录3350万人次，累计登录突破1亿人次。

（李　鹏　曹爱民　刘　严　高　澈
张耀坤　郭方正）

【党建工作】 截至2017年12月31日，国家电网公司系统党组织总数37 844个，其中党委2548个、党总支2267个、党支部33 029个。党员总数64.08万名，其中，在岗党员51.08万名、离退休党员12.78万名、其他党员2200余名。

组织开展党的十九大代表选举工作。董事长、党组书记舒印彪当选党的十九大代表，成为十九大主席团成员，总经理、党组副书记寇伟全票当选十九届中央候补委员。国家电网公司系统共有16名党的十九大代表、1名列席代表、1名特邀代表、1名列席人员参会，代表数量位居中央企业首位。

党组织建设。完成60家二级单位党组清理规范工作。健全基层党组织按期换届提醒督促机制，国家电网公司系统306个党委、329个党总支、4729个党支部全部完成按期换届选举。在巴西、菲律宾等20个国家（地区）设立境外党组织32个，确保党的组织和工作全覆盖。评选表彰1026个国家电网公司级“电网先锋党支部”。

党风廉政建设。2017年，国家电网公司贯彻中央全国从严治党各项部署，坚持党的领导，加强党的建设，深入落实“两个责任”，严肃党内政治生活，加强党内监督，强化监督执纪问责，弛而不息纠正“四风”，推进标本兼治，加快构建不敢腐、不能腐、不想腐的体制机制。完成4批20家单位巡视任务，60家二级单位开展巡察工作。各单位开展党规党纪教育4.6万次、警示教育1.2万次。

精神文明建设。2017年，国家电网公司系统88家单位获评第五届“全国文明单位”，截至年底，国家电网公司共有全国文明单位383家、省级文明单位1533家。国家电网公司24家单位获评首都文明单位标兵，18家单位获评首都文明单位。2017年授予253家单位国家电网公司文明单位（2014～2016年度）荣誉称号，经审查合格确认189家第五届公司文明单位（2011～2013年度）继续保留荣誉称号。

（刘　博　袁金灿　张会旭）

【国家电网有限公司华北分部】

分部概况　国家电网有限公司华北分部（简称国网华北分部），主要负责监督、检查国家电网公司重大决策在华北区域内的贯彻实施，负责华北区域电力调度、安全质量监督、电力交易、审计业务的管理与协调。

组织机构　内设办公室、安全监察质量处、财务处、规划统计处、思想政治工作处、离退休工作处、国家电网华北电力调控分中心、国家电网公司华北审计中心8个处室。下设分支机构后勤管理中心，并代为管理国家电网公司北京电力医院。

电网概况　华北电网主网架格局为1000kV交流“两横一纵”、特高压直流“两送两受”网架、500kV“八横三纵”；华北电网区外联络为“一交六直”格局，分别通过1000kV长南一线交流特高压工程与华中电网联络，通过高岭换流站背靠背直流工程、鲁固特高压直流工程与东北电网联络，通过昭沂直流、银东直流工程与西北电网联络，通过雁淮直流、锡泰直流工程与华东电网联络。1000kV交流“两横一纵”和500kV“八横三纵”通道，主要承担华北电网西电东送、北电南送任务。山西电网、蒙西电网分别经四个通道（9条500kV线路）和两个通道（4条500kV线路）向东部输送电力。京津唐和河北南网承担着电力枢纽核心作用，潮流特征为多方向、多通道、多落点。山东电网通过四个通道（4条1000kV线路、4条500kV线路），接受京津唐和河北南网转移电力。截至2017年年底，华北电网装机容量34 735万kW，最大负荷21 709万kW。华北及区域内各省（市、自治区）电网负荷均创历史新高。1000kV变电站13座，变压器23台，变电容量69 000MVA；500kV变电站154座，变压器340台，变电容量294 807MVA；1000kV输电线路26条共5431km；500kV输电线路500条共38 792km。京津唐电网装机容量8124万kW，最大负荷6284万kW，500kV变电站40座，变压器91台，变电容量89 309MVA；500kV输电线路149条共13 939km。华北电网风电装机容量4803万kW，占总装机容量14.9%，最大风电电力2855万kW，全年风电电量951亿kWh；京津唐电网风电装机容量1163万kW，占总装机容量14.6%，最大风电电力750万kW，全年风电电量259亿kWh。

电网调度　全面落实本质安全30条，组织开展安全大检查、基建反违章、特高压跨越施工、配网设备质量“两排查一整治”等各类安全督查。落实“分级预警、分层管控”原则，发布电网运行风险预警25项。组织梳理安全生产问题清单，排查问题32项。持续加强信息安全和保密工作，全年没有发生违规和失泄密事件。始终把大电网安全作为重中之重，有效应对夏季负荷来势猛、冬季电力平衡难等不利影响，统筹安排全网发电资源，共享京津冀鲁备用容量，全年组织跨省支援74天163次，确保了电力有序供应。完成安定等变电站6台500kV主变压器增容，北京受电能力大幅提升。落实压减燃气发电需求，科学安排机组运行方式，保障民生供热。修订完善471项电网预案，牵头组织7次联合反事故演习，完成48小时备调切换演练，应急处置能力不断增强。华北电网最大负荷 21 709 万 kW，同比增长 4.97%；京津唐电网最大负荷 6284 万 kW，同比增长 7.14%，华北及各省（市）负荷均创历史新高。完成党的十九大、全国两会、“一带一路”高峰论坛、第十三届全运会等重大保电任务，全年累计保电 87 天，其中重大政治活动保电 61 天。被评为国家电网公司党的十九大保电工作突出贡献单位，3 个处室（单位）、7 位同志被评为先进集体和先进个人，完成榆横—潍坊、锡盟—胜利等特高压交流工程 8 站 14 线 10 变启动调试，完成晋北—江苏、锡盟—南京、上海庙—山东、扎鲁特—青州等直流工程及配套的 23 条 500kV 线路启动调试，累计完成 43 条次 500kV 线路配合停电，华北特高压“两横一纵”交流和“两送两受”直流全部建成。深入开展特高压互联电网运行特性分析，完成特高压交流、直流受电能力等专题研究，大电网驾驭能力不断提高。配合完成华北区域“十三五”电网主网架规划咨询评估，率先完成各省（市）主网架规划差异性分析。组织开展京津唐主网架优化专题研究。配合山东、河北抽水蓄能电站选址规划及审查。面对京津冀地区审批要求严、环境保护标准高等因素，加强与属地单位沟通配合，创新采用“协同攻坚、专人负责、严控节点”前期工作模式，张北柔性直流示范工程、北京东—通州工程获国家发展改革委核准批复。

统筹安排华北区域调峰资源，最大限度挖掘火电调峰潜力，持续提升清洁能源消纳水平，促进常规机组参与深度调峰，发挥抽水蓄能机组调峰作用。2017 年，华北电网、京津唐电网、各省网全部实现新能源发电量、发电占比及弃电量、弃电率“双升双降”目标。发挥资源配置作用，落实公司新能源消纳 20 条措施，主动作为、深挖潜力，扩大省间交易规模，增加消纳 19.44 亿 kWh。华北电网、京津唐电网全年新能源发电量分别达 1201.98 亿 kWh、303.42 亿 kWh，同比增长 27.21%、30.70%。有效增强技术支撑能力，全面实现风电并网汇集地区次同步振荡告警，电网动态实时感知能力得到提升。实施风电精细化消纳和精准控制，深化风电 AGC 技术应用，推进京津唐电网两级风电协调增发，供暖期风电消纳增幅超过 15%，调峰约束弃风量大幅下降。

电力交易 签订非市场化购售电合同 82 份，包括直调电厂年度交易合同 19 份、跨省电能年度交易合同 18 份、输电合同 1 份、京津唐地区煤机发电权替代合同 44 份。上述合同已按相关规定规范签署后及时备案。按照北京电力交易中心要求，参与签订市场化合同（交易单）1802 份，其中包括京津唐本地直接交易合同（交易单）1489 份、锡盟—山东特高压交流送山东直接交易单 283 份、晋电入津交易单 6 份、电力援疆交易单 23 份、魏家峁送河北交易单 1 份。

每月 1 日高效准确完成电量电费结算工作，出具结算单共计 440 张，实现电量源数据采集率、结算数据核对率和结算结果准确率三个 100% 目标。完成购电量 1996.61 亿 kWh，售电量 1948.02 亿 kWh。通过月度网站和厂网联席会等方式向发电企业披露的信息包括：统调电厂电量完成情况、跨区跨省电量完成情况、输变电检修计划、机组检修计划、机组非计划停运情况、新设备投产情况、月度方式变化情况、国网华北分部安全生产情况、电力电量平衡预测情况、两个细则执行情况等。

分部管理 深入研究华北电网、京津唐电网安全运行管理和保北京电力可靠供应面临的形势任务，反复调研论证、主动建言献策，为更好地发挥对总部的专业支撑作用创造了有利条件。认真落实公司党组统一安排，组建华北审计中心，完成分部机构编制优化方案的制定和细化工作。完成国网甘肃电力等 6 家单位 8 个审计项目，其中 1 项获评 A 类。完成国家电网公司新一轮农网改造“两年攻坚战”督导检查。参与国家电网公司《区域审计中心工作考核方案》制定。对区域内 5 家省公司和英大集团开展调研。组织开展 2016 年度优秀审计项目评审和审计案例审查，完成项目在线评审 22 个和案例集中审查 104 个。严格落实“七个阶段”任务和“四上四下”流程，梳理问题 17 项，形成专项报告清单和整改决议清单。参与区域电网输配电价定价机制研究，巩固成本监审成果，将特高压纳入有效资产范围，确保公司电网投资和运营成本回收。高质量完成总部交办的安全质量监督、审计监督、保密联查、工作报告分析评价等工作。“三供一业”分离移交完成协议签订。

深化“三精四化”管理，加强督察督办，65 项年度重点工作任务全部完成年度目标。坚持综合计划和预算管控跟踪分析，执行均衡性有效提升，全年计划目标完成。组织四期 146 名科级干部全员培训和两期 27 名基层党支部书记集中轮训。连续获得北京市社保代办业务考核优胜单位称号。

组织开展区域内基建工程春季复工安全监督和安全生产大检查督导工作，完成特高压施工跨越现场安全督查，协助总部开展跨区域春季安全生产大检查、基建现场反违章专项行动及迎峰度夏安全督查。配合总部开展资产全寿命周期管理体系建设深化应用及电能质量在线监测系统实用化提升工作，组织开展华北区域配网设备质量“两排查一整治”专项督查、电能质量专题大屏建设远程预审及现场督查。认真贯彻执行公司电网运行风险预警管控工作规范，华北分部共计发布电网运行风险预警22项。组织开展500kV安定、昌平主变压器增容改造、500kV京大线跨越大张高铁等迁改施工现场安全督察。2017年生产技改计划63项，生产大修计划91项。配合总部完成华北区域“十三五”电网主网架规划衔接咨询评估工作。推进华北区域抽水蓄能滚动规划相关工作。

北京电力医院明确发展目标和规划，高水平专家团队引进成效显著，重点特色学科建设步伐不断加快。全年完成门诊、急诊79.53万人次，出院患者1.87万人次，药占比降至39.98%，耗占比降至29.31%。保持“首都文明单位”“爱婴医院”“全国百姓放心示范医院”“平安医院”等称号。

科技管理 2017年科技研发项目9项，申请专利超过9项。国网华北分部作为主要完成单位，历时十年完成的“大型汽轮发电机组次同步谐振/振荡的控制与保护技术、装备及应用”项目获国务院颁发的2016年度国家科学技术进步二等奖。该项目首次完整解决了大型汽轮机组送出电网次同步谐振/振荡的控制与保护难题，填补了中国在该领域的技术研发、应用的空白。另外，国网华北分部研究的7个项目分别获得国家电网公司颁发的科技进步二等奖、全球能源互联网研究院颁发的科学技术进步一等奖、中国电子学会颁发的科技进步二等奖、中国电力企业联合会颁发的中国电力创新一等奖、中国电机工程学会和中国电力科学技术奖励工作办公室颁发的中国电力科学技术三等奖等8个奖项。

党群工作 坚持把学习宣传贯彻习近平新时代中国特色社会主义思想和党的十九大精神作为首要政治任务，着力在学懂弄通做实上下功夫。领导班子成员带头学习、带头宣讲，各党支部精心组织、周密安排，实现了学习宣贯全覆盖。扎实推进“旗帜领航·三年登高”计划，全面完成基础建设年各项任务，3个基层党委、2个党总支和35个党支部全部完成换届选举，建成覆盖40个基层党组织、1018名党员的基础档案信息库。按照国家电网公司党组统一部署，依据《中共北京市委组织部关于中共国家电网公司华北分部党组改设党委有关事宜的复函》（京组字〔2017〕186号）批复，召开国网华北分部第一次党员代表大会，选举产生第一届党委和纪委。持续加强党风廉政建设，深入学习习近平总书记关于纠正“四风”、加强作风建设的重要指示精神。制定分部党风廉政建设“两个责任”清单，压紧压实主体责任、监督责任和“一岗双责”。定期召开协同监督联席会议，常态化开展监督执纪。营造浓厚文化氛围，深入细致开展思想政治工作，重点时期全面排查维稳风险。组织开展基层生产一线和困难职工慰问活动。精心组织“书香国网”“走进博物馆”等主题活动，在国家电网公司系统健步走活动中取得团体第八名的好成绩，职工书屋被评为“北京市职工书屋示范点”。牵头组织华北区域离退休老同志文艺创作会演，四个节目分获一、二等奖。认真落实离退休人员两项待遇，服务保障水平稳步提升，离退休队伍保持和谐稳定。

（李　斌）

【国家电网有限公司华东分部】

分部概况 国家电网有限公司华东分部（简称国网华东分部）作为国家电网公司总部的派出机构，是国家电网公司部分管理职能的延伸。在国家电网公司授权范围内，负责区域电网调控运行、安全质量监督、审计监督，开展区域内跨省电网项目前期及电网规划等职责。加强对区域内省（区、市）公司的协调监督，确保国家电网公司的各项决策部署，以及重点工作在区域内的推进落实和贯彻执行。国网华东分部原与华东电网有限公司（简称华东公司）实行两块牌子、一套机构和人员合署办公。2016年4月28日，国家电网公司决定对华东公司实施改制重组，由国家电网公司吸收合并华东公司。华东公司有关资产、负债（担保）、业务、人员由国网华东分部继承，土地和房产的用途、性质不变，权属转移、变更至国家电网公司。2016年7月15日，华东电网有限公司注销。

组织机构 2017年10月31日，国家电网公司决定对分部机构编制进行优化调整，根据《国家电网公司关于优化分部机构编制的通知》（国家电网人事〔2017〕917号），国网华东分部内设机构调整为8个部门（中心），分别为办公室、安全质量监督部、财务部、规划统计部、党建工作部、工会办公室（离退休工作部）、国家电网华东电力调控分中心、华东审计中心。

电网概况 华东区域电网供电范围包括上海市、江苏、浙江、安徽和福建省，土地面积47.19万km^2，经济总量20.34万亿元，供电人口2.61亿。

截至2017年年底，华东电网装机容量34 821万kW，其中：火电装机容量25 961万kW，占74.56%；水电装机容量3042万kW，占8.74%；核电装机容量1729万kW，占4.96%；风电及其他装机容量4089万kW，占11.74%。华东电网全社会用电量15 564.49亿kWh，同比增长6.72%；全网最高用电负荷27 523万kW，同比增长8.38%，发生在7

月25日。华东全网累计发电量13 754亿kWh，同比增长5.53%。华东电网1000kV线路共19条，长度为3289km，500kV线路共596条，长度为33 087.8km。500kV厂站共232座，其中变电站157座，开关站3座，电厂72座。500kV变压器共370台，变电容量332 950MVA。

电网调度 电网运行保持安全稳定。2017年，华东电网遭遇了历史罕见的大范围持续酷热天气和“纳沙”“海棠”双台风侵袭。国网华东分部充分发挥“团结治网”的优势，全年累计发布预警43项。聚焦电网重大安全风险，牵头建立“三级联防、区域互动”的密集输电通道运维保障机制，三大特高压直流全年同时满功率安全运行1442h。

提升完善系统保护水平。2017年5月，国网华东分部和各省市公司实施华东电网频率紧急协调控制系统功能性演练，系统功能得到实际验证。截至2017年年底，频控系统可控资源达到1330万kW，降低单一特高压直流故障对华东电网频率安全的威胁。频控系统建设及演练工作受到中央电视台《走进中国》栏目的采访宣传。建成5个站域失灵保护试点工程，完成72条线路重合闸时间调整和126座变电站、520台开关的防拒动隐患排查治理。苏南电网500kV统一潮流控制装置投运。

完成金砖国家领导人厦门会晤等保电任务。总结G20杭州峰会及各省市公司保电工作经验，编制区域重大活动保电工作方案。举办联合专项反事故演习，统筹保电应急资源，切实加强值班值守，实现了保电目标，以实际行动为党的十九大的胜利召开、金砖国家领导人厦门会晤的成功作贡献。

配合特高压工程建设工作。平稳完成特高压南京、泰州站500kV交流系统及8回配套线路工程的启动调试，为雁淮、锡泰特高压直流工程的顺利投运奠定基础。精细开展重点工程配合停电工作，既保障工程按期推进，也未发生因工程配合停电造成的电网安全事件。编制《华东电网“十三五”滚动规划方案》，完成《关于华东电网“十三五”发展规划重大问题及思考的报告》。

电力交易 2017年，华东电网完成国家电力市场交易电量3215亿kWh，超过年初计划目标。全年接受区外来电2105.22亿kWh，同比增长29.26%。华东全年消纳清洁能源3490亿kWh，其中消纳风、光、核电1682.89亿kWh，增长24%。强化对发电企业指导协调，全年在福建电力外送年度计划28.58亿kWh的基础上，增至63.34亿kWh，特别是福建核电外送31.67亿kWh，超过原计划121.6%。

密切配合省市开展电力市场建设工作。组织直调电厂参与省市电力直接交易，中标电量205.6亿kWh。持续推进调峰辅助服务市场建设，编制上报市场规则方案，组织开展技术支持系统调试工作。根据国家电网公司安排部署，深度参与浙江电力市场制度建设和机制设计，充分反映国家电网公司意见和利益诉求。

开展电能置换交易。连续4年开展低谷电力电量置换交易，连续3年组织签订预置换框架协议，实现省间低谷调峰能力互助互济，为全力消纳区外清洁能源创造坚实条件。

分部管理 优化国网华东分部职能与机构编制。立足加强专业管理力量和优化人岗匹配的原则，梳理调整岗位94人。完成华东审计中心的组建工作，通过部分副处级岗位公开竞聘、加强培训等方式，配齐配优专业人员，业务实现有序衔接。相关专业加快梳理工作流程，构建责任落实体系，并编制上报各类专业支撑实施方案。

改革改制稳步推进。有效提高区域内各省市公司协同水平，科学制定合理目标和应对策略，分部输变电成本监审工作达到预期目标，输电成本核减率为3.5%。集体企业突出核心业务实施瘦身健体工作平稳有序，集体企业人财物集约化管理持续深化。

规范内部管理。形成分部问题清单梳理重点问题整改决议两项，制定整改措施，相关工作成效得到了国资委监事会的高度评价。全面贯彻落实《国家电网公司重大决策合法性审核实施办法》，要求法律专业全过程参与监督“三重一大”事项决策、合同与招投标管理等关键环节。提高绩效考核的刚性和科学性，出台预算和综合计划执行等考核指标的过程管理制度。完成公务用车制度改革。修订编制印章、档案和保密管理等多项规章制度。

队伍建设持续深化。举办华东交流特高压劳动竞赛，探索出一条服务特高压发展、培养特高压专业人才的新路。陈建民劳模工作室获评国家电网公司劳模创新工作室示范点称号。完善修订分部专家管理办法，首次举办分部专家论坛，选聘新一轮分部专家10人。拓宽员工职业发展通道，补强综合管理人才短板，首次举办复合型人才培训，20名员工获得结业证书，3人已经走上新的工作岗位。

科技管理 2017年，国网华东分部完成11项科技项目实施工作，获得各类科技进步奖3项。其中，“超大城市电网频率稳定智能防控体系研究及应用”成果获上海市科技进步奖二等奖，国网华东分部参与的“应对特高压直流输电大扰动冲击的安全稳定紧急控制技术及应用”和“国分协同调度防灾备用关键技术与应用”两项成果分别获得国家电网公司科学技术进步奖一、二等奖。

党群工作 党的建设全面加强。把迎接党的十九大召开、学习宣传贯彻党的十九大精神作为首要政治任务，坚持以习近平新时代中国特色社会主义思想为根本指导，深入贯彻落实公司党组“旗帜领航·三年登高”计划，全面加强党的建设，全力落实从严治党要求。召开分部首次党代会，完成党组改党委工作，梳理调整分部基层党组织设置，围绕运行机制、责任落实、组织建设、党风廉政和党员管理等各个方面，系统制定了 11 项规章制度。创新打造“流动党课”“党员墙”和支部“双结对”等一系列有效载体，全年开展各类党课、讲座和集中学习 32 次，学习宣传贯彻十九大精神，推进“两学一做”学习教育常态化制度化。

党风廉政建设不断加强。成立分部纪委，健全工作规则，确保“两个责任”落实到位。持之以恒抓好中央八项规定精神贯彻落实，在公车管理、公款购买高档白酒等重点领域和节假日等重点时段，严肃监督执纪问责，并按照国家电网公司要求认真落实区域内协查互查任务。全年约谈部门、单位党政负责人 19 人次，完成 46 名干部优化调整和职员晋级的任前廉政鉴定。发挥审计、财务、法律、纪检等协同监督作用，有力防范廉政风险。坚持问题导向，对照国家电网公司内部巡视中发现的共性问题和典型案例，以不留死角、不留尾巴、不留隐患为标准，把国网华东分部自身摆进去、严格查、彻底改。

举办华东交流特高压劳动竞赛，探索出一条服务特高压发展、培养特高压专业人才的新路。建立分部劳模（先进）代表工作联络制度，构建覆盖各层级的上下沟通渠道。陈建民劳模工作室获得国家电网公司劳模创新工作室示范点的荣誉称号。落实离退休老同志“两项待遇”，创建“三个百年”“四个百家”等工作载体，深受离退休人员欢迎好评，年内分部党委再次收到 6 封来自离退休人员的感谢信。举办华东区域离退休人员文艺创作和成果会演，组织工作得到了国家电网公司总部和省市公司高度评价。

（牟善科　李　曼）

【国家电网有限公司华中分部】

分部概况 2017 年，为深化总部分部一体化运作，完善专业协同机制，更好发挥分部作用，国家电网公司党组围绕分部职能定位，按照优化工作界面、实现业务贯通，落实技术支撑、规范保障行为，加强队伍建设，提升工作水平的原则，对分部的机构编制做出优化调整。调整后，增强分部党建工作，强化专业管理，调整了机构设置，并将通信调度职责由国网信通公司划转至国网华中分部。

国家电网有限公司华中分部（简称国网华中分部）作为国家电网公司总部派出机构，在总部授权范围内，承担区域电网调控运行、安全质量监督、电网规划、审计监督等职责，加强对区域内省公司的协调监督，确保国家电网公司各项决策部署，以及重点工作在区域内的有效落实；同时加强分部自身建设，做好党群、工会、队伍建设以及离退休服务等工作。

组织机构 国网华中分部内设办公室、安全质量监督部、财务部、规划统计部、党建工作部、工会办公室（离退休工作部）、调控分中心、审计中心等 8 个部门。其中，调控分中心内设的系统运行二科，作为区域电力交易业务的支撑机构，对外加挂北京电力交易中心有限公司交易四部。国网华中分部下设分支机构后勤管理中心。截至 2017 年底，国网华中分部共有长期职工 339 人，其中国网华中分部 231 人，后勤管理中心 108 人。

电网概况 华中电网覆盖湖北、河南、湖南和江西四省，区域面积约 73.16 万 km^2，人口约 2.7 亿。华中电网常规一次能源主要有水能、煤炭和油气资源，其分布特点呈现“南水、北煤、西气”的格局。水能资源主要分布在湖北、湖南省，同时接收或转送西南水电。煤炭资源主要分布在河南省。负荷主要集中在河南省中部南部、鄂东、长株潭以及南昌等地区。华中地区的能源和负荷分布，形成了华中电网“西电东送、南北互供”的特点。

华中电网“得中独厚”，处于“联网中枢、安全中坚、资源中继”的重要地位，与周边所有区域电网互联，是全国互联电网的枢纽，跨区通道达到 8 直 2 交，跨区交换送出能力 2076 万 kW，跨区交换受入能力 1811 万 kW。

其中，通过 1 回 1000kV 特高压交流线路（长南Ⅰ线）与华北电网相联；通过 4 回 500kV 交流线路（盘龙Ⅰ、Ⅱ线及张恩Ⅰ、Ⅱ线）与西南电网相联；通过 2 回±800kV 特高压直流线路（天中、祁韶直流）及 1 回背靠背直流（灵宝直流）与西北电网相联；通过 4 回±500kV 直流线路（葛南、龙政、宜华、林枫直流）与华东电网相联；通过 1 回±500kV 直流线路（江城直流）与南方电网相联。华中电网成为全国电网互联的中心和枢纽。

湖北电网通过 500kV 盘龙Ⅰ、Ⅱ线和张恩Ⅰ、Ⅱ线与西南电网相联。河南电网通过 1000kV 南荆Ⅰ线、500kV 卧贤Ⅰ、Ⅱ线和孝浉Ⅰ、Ⅱ回线与主网相联。湖南电网通过 500kV 葛岗线和孱澧Ⅰ、Ⅱ线与主网相联。江西电网通过 500kV 磁永线和咸梦Ⅰ、Ⅱ回线与主网相联。

2017年，华中电网新投产调度口径发电机组673台（座）（注：含110kV）、总容量12 182MW。其中火电7台、容量2250MW，占18.47%；水电31台、容量147MW，占1.21%；风电36座、容量2659MW，占21.83%；光伏568座、容量6709MW，占55.07%；生物质及其他340MW，占2.79%。新增单机容量1000MW及以上机组1台、容量1000MW，占新增总装机容量的8.2%。

2017年，新投产220kV及以上输电线路共125条，总长度2630km。其中500kV输电线路净增11条、长度645km，220kV输电线路净增114条、长度1985km。新投产220kV及以上变电站38座、变压器78台、容量合计21 576MVA。其中500kV变电站3座、变压器8台、容量7950MVA，220kV变电站34座、变压器70台、容量13 626MVA。

截至2017年年底，华中电网调度口径装机容量21 666万kW，同比增加1535万kW，其中火电占57%，水电占29%，新能源及其他占14%。调度口径机组发电量7280亿kWh，同比增长6.11%，其中火电发电量4946亿kWh（占比67.94%，同比增长6.14%），水电发电量2091亿kWh（占比28.72%，同比增长1.59%）。

截至2017年年底，华中电网1000kV交流输电线路1条，总长359km；1000kV变电站2座，变压器4台，变电容量12 000MVA；500kV交流输电线路363条，总长26 794km；500kV变电站112座，变压器188台，变电容量162 951MVA。

电网调度　2017年，国网华中分部按照对接特高压与500kV电网、省级与省级电网、规划与运行的工作定位，加强规划职能建设，首次召开华中电网规划工作座谈会。华中区域“十三五”主网架规划评估工作取得良好成效，“两纵两横”（两纵：南阳—荆门—长沙、驻马店—武汉—南昌，两横：南阳—驻马店、荆门—武汉）特高压交流网架纳入国核院正式上报方案，为华中电网未来发展搭建了良好的框架。三峡近区网架优化工作取得重大进展，规划成果进入国家电网公司和湖北省电网项目库。渝鄂通道四回交流线路增容改造方案得到总部采纳。

落实国家电网公司安全生产30条措施，启动安全生产问题清单专项梳理工作，压紧压实安全责任。牵头组织华中区域基建现场反违章、安全大检查“回头看”等专项行动，实施地脚螺栓专项整治计划，开展各类督查98次，推动国家电网公司安全生产部署在区域内有效落地。协助总部开展配电设备质量“两排查一整治”工作。全方位参与资产全寿命周期管理顶层设计。按照“五个最”的要求，领导带头、各级联动、各尽其责，完成十九大保电任务。发布9起5级及以上风险预警，应对渔峡“四线同停”三级风险。做好夏季洪涝、冬季雨雪冰冻等灾害应急工作，应对杆塔浸水、倒塔断线等极端状况。处置500kV系统异常跳闸情况42次。消除500kV盘龙Ⅰ线、渔兴双线、祁韶特高压直流杆塔滑坡重大隐患。彻底整改1148套保护装置家族性缺陷。首创调度员红蓝军无脚本反事故对抗演习，开展抽蓄电站黑启动研究，完成四省公司应急能力建设评估，应急工作持续加强。华中电网未发生四级及以上安全事件，四级以下安全事件同比下降26.4%，实现连续35年安全稳定运行。

面对夏季极端高温气候，在华中及四省用电负荷32次创历史新高的情况下，国网华中分部加强电网运行监控，优化跨区跨省电力调配，确保迎峰度夏电力安全可靠供应。深化华中电网安全稳定领导小组会议机制，就解决电网运行存在的重大问题分别与四省公司进行专题协商。首次大规模实施湖南110kV网络实测建模，提升祁韶直流送电能力25%。公司直流输电受端系统首台调相机——湘潭调相机工程2号机组一次并网成功。系统保护建设进展良好，河南、湖南精准负荷控制系统项目通过可研评审。首次实现备调系统对厂站AGC的闭环控制。

落实国家电网公司清洁发展战略，立足华中四省能源禀赋不同特点，制定实施“安全绿色调度”行动计划。深化政企协作，与长江防办、湖北省气象局、河南省发展改革委分别建立信息共享和联动机制。综合运用提前腾库、置换三峡电量、临时停运祁韶直流等多种措施，最大限度提高了区域内清洁能源利用效率。全网调峰弃水、弃风电量同比下降1.2亿、0.39亿kWh，弃水率、弃风率分别下降0.06、0.53个百分点，光伏电量实现全额消纳。

“船古Ⅰ线紧急停电消缺在线安全校核”入选国家电网公司典型案例。召开华中电网继电保护大会，明确变电站二次系统重构、基于云计算的保护整定两大技术发展方向。加强网源协调，完成直调电厂涉网安全防护实施方案备案和验收工作。首批试点部署新一代内网安全监视平台，建立常态化运行监视值班机制，提升网络信息安全保障水平。

电力交易　推动政府部门、省公司将跨区受入电能分省分月纳入各省的年度发用电计划，组织现货市场交易，开展西南水电年度交易，消纳祁韶直流电能，完成总部下达的年度交易任务。华中分部加入湖北电力市场管理委员会。

挖掘区域内四省电力消纳潜力，建立“华中—西北交易会商平台”，大幅度增加各省消纳西北新能源比例和总量。组织签订《2017年西南富余水电消纳框架协议》，保持“川渝—渝鄂”通道全汛期、满功率外送，首次开展藏区帮扶交易对接，推动湖北、河南接纳西藏富余水电，西南富余水电消纳翻番；组织湖南富余水电外送交易，近年来首次启动湖北富余水电应急交易，减少湖北弃水电量16亿kWh，有效应对湖北罕见秋汛带来的弃水压力。消纳区外清洁能源，创新实施华中抽水蓄能电站跨区消纳西北新能源2.58亿kWh，通过发电权置换交易实现西北新能源替代河南火电2亿kWh，帮助西南水电调峰电力最大达到110万kW。全年消纳西北新能源、西南水电分别达217.7亿、51.6亿kWh，同比增长165%和106%。

参与总部分部交易专业一体化运作模式研究，完成分部17项主要业务流程与总部对接的流程再造和运行，实现交易核心业务在平台上运行，无缝衔接新旧体制在线运行。开展《跨省区电力市场条件下的大容量输电优化与辅助服务的分担共享等技术研究》《华中电网跨省跨区电力交易低碳减排效益评估及电、碳交易协调机制研究》《电力市场信用评价体系》等市场建设研究工作。开展关口计量改造、测试、校准，综合治理跨省联络线负线损问题。

分部管理　开展29项重点课题研究，为分部科学决策提供重要支撑。首次召开区域内四省公司主要负责人会议，建立顶层会商机制，区域协作平台升级。有序推进问题清单梳理全覆盖工作，对国网湖北、河南电力的督导工作得到监事会高度肯定。

落实国家电网公司精准投资、精益管理要求，修编《国网华中分部综合计划考核评价实施细则》，加强问题分析与监督考核，分部综合计划管理的规范性、均衡性、准确性明显提升，分部经济活动分析考评有了新提升。论证国网华中分部2018年生产经营实际需求，生产技改和大修计划增幅分别达到90%和50%。完善预算管理和考核细则，开展资金安全专项检查，预算和资金管控能力增强。针对内控需求和短板工作建立专项指标，开展季度优劣点评，强化了绩效考核激励约束作用。办理完成驻马店变电站土地权证，彻底解决同类历史遗留问题。塔祥邵、川渝第三通道、渝鄂第二通道等项目环保遗留问题解决取得进展，万县变噪声治理主体工程建成完工。开展“精益化管理年”活动，着力提升后勤管理水平和服务质量。注重痕迹管理，改进保密薄弱环节，全年未发生失泄密事件。

落实国家电网公司党组关于完善“上审下”审计体制机制部署，按期组建华中审计中心。履行区域审计中心职能，完成总部下达审计项目四个（其中依法治企审计综合检查项目三个，任期经济责任审计项目一个），发现问题128个，提出审计建议16条；完成国家电网公司总部下达的后续审计项目七个，提出审计建议10条；完成分部专项审计调查项目三个，发现问题58个，提出审计建议13条；完成国家电网公司总部安排参与的扶贫和农网专项检查任务两项及“国网阳光扶贫工程”全过程跟踪审计相关工作。

争取总部政策支持，研究制订《国网华中分部干部及职员职级管理实施细则》，建立职务、职级并行、转任机制，缓解积压多年的分部干部员工晋升受限、职级偏低的问题。与国网华东分部联合举办骨干培训班，支持员工参加国际学术组织和学术会议，开展各类讲座、读书活动，多维度、多层面培养员工。主动向地方政府汇报沟通，拓宽职称参评范围，首次打通财会、审计等专业正高职称评审通道。新员工招聘在专业分布、计划数量上均取得突破。完善考核指标体系，创新考核方式方法，强化绩效考核激励作用。

科技管理　研究开发项目总经费1000.12万元，其中：新开项目15项，经费518万元，结转项目12项，经费482.12万元，技术服务17项，经费467万元。在超/特高压输变电技术、电网发展与规划技术、电力系统自动化技术、电网安全控制与保护技术、电网安全分析与仿真技术、电测量技术、信息通信及安全技术、输变电设备运行与防灾技术等领域，开展《基于电磁波遥测技术的超高压变电站局部放电精准定位方法研究》《新能源政策背景下新能源消纳优化模型及策略研究》《自然语言处理和机器学习技术在调度运行中的应用研究》《华中电网系统保护控制策略及关键技术研究》《新电改形势下的资源优化配置与售电企业参与跨省区电力交易的模式研究》《跨省输电线路线损精益化管理与负线损整治关键技术研究》等项目研究，填补了国内外相关研究领域空白。

获得省部级科技进步奖五项，主持研究的“特高压交直流跨区互联大电网频率安全防控技术研究与应用”项目获国家电网公司科学技术进步奖二等奖；主持研究的“提升跨区清洁能源消纳能力的交直流协调控制技术及示范应用”项目和“超大规模交直流混联电网继电保护整定系统”项目荣获湖北省科学技术进步奖二等奖；参与研究的“考虑多元能源协调优化的大电网多级调度计划关键技术与应用”项目和“电网调控多业务数据融合关键技术研究、开发及应用”项目分别荣获国家电网公司科学技术进步奖二等奖和三等奖。新申请专利24项，获授权专利25项。12项新技术在专项工程中得到广泛应用。

党群工作　学习贯彻党的十九大精神，开展多种形式的宣讲宣传活动，着力在学懂弄通做实上下功夫，将广大干部员工的思想和行动统一到习近平新时代中国特色社会主义思想上来。扎实推进“两学一做”学习教育常态化制度化，打牢做合格党员的思想基础。实施“旗帜领航·三年登高”计划，将计划细化到支部和党员个人，实现登高要求层层落地。制定完善党建工作责任机制和基层党组织工作规则，增强党建工作的严肃性和规范性。完成国网华中分部党组改党委工作，召开第一届党代会，产生华中分部第一届党委、纪委，全面完成基层党组织换届选举工作。制订《分部年度党风廉政建设及反腐败工作责任指标分解》和《党风廉政建设“两个责任”清单》，严格执行中央八项规定和公司实施细则，压实党风廉政建设“两个责任”。

塑造柳焕章劳模创新品牌，以其事迹为主要内容的报告文学《神秘的半波长》获国资委“国企好故事”征文活动一等奖，柳焕章劳模工作室被授予“公司劳模创新工作室示范点”称号。对口支援的罗田县鼓楼冲村如期实现脱贫，精准扶贫工作成为地方标杆，得到政府高度评价。发挥产业工会平台作用，组织四省公司开展华中电网调控系统劳动竞赛，举办华中电网2017年职工羽毛球比赛，组织华中电网基层劳模代表疗休养，增进区域各单位的相互交流。创新职工书屋运作模式，分部职工书屋成为湖北省图书馆第一家企业分馆，实现与省图书馆互联互通。服务离退休人员，举办华中区域离退休人员喜迎十九大文艺会演。国网华中分部连续七届获评“湖北省文明单位”，连续三届获评“全国文明单位”。

（李国柱）

【国家电网有限公司东北分部】

分部概况 国家电网有限公司东北分部（简称国网东北分部）于2011年4月成立，实行总部和分部一体化运作。国网东北分部作为国家电网公司总部的派出机构，是国家电网公司总部部分管理职能的延伸。在国家电网公司总部授权范围内，负责区域内电网调度运行管理、安全质量监督、审计监督以及分部电网资产管理，开展区域内跨省电网项目前期及电网规划工作。加强对区域内省（区、市）公司的协调监督，确保公司各项决策部署，以及重点工作在区域内的推进落实和贯彻执行。

组织机构 国网东北分部内设办公室（社保中心）、安全质量监督部、财务部、规划统计部、党建工作部、工会办公室（离退休工作部）、国家电网东北电力调控分中心、国家电网公司东北审计中心和中朝水力发电公司理事会中方业务局9个部门，下设后勤管理中心，直管中朝鸭绿江界河上的云峰、太平湾和长甸三个水电厂，以及望江楼水电站工程建设局、临江电站筹建处和图们江前期工作处。

电网概况 东北电网位于国家电网的东北部，通过鲁特—青州±800kV特高压直流联网工程（简称鲁固特高压直流工程）和高岭直流背靠背工程与华北电网相连，通过黑河直流背靠背工程与俄罗斯远东地区电网相连。东北电网以500kV电网为骨干网架，以220kV电网为供电主体，由多个电压等级组成，其中500kV主网架已基本覆盖东北地区全部电源基地和负荷中心。

截至2017年底，东北电网总装机容量为13 908.58万kW。火电装机容量为9251.18万kW，约占总装机容量的66.51%；水电装机容量为812.27万kW，约占总装机容量的5.84%；风电装机容量为2762.17万kW，约占总装机容量的19.86%；核电装机容量为447.52万kW，约占总装机容量的3.22%；太阳能装机容量为635.44万kW，约占总装机容量的4.57%。2017年东北电网总发电量4636.06亿kWh，同比上升5.10%；全社会用电量完成4351.17亿kWh，同比上升4.59%；最大发电电力6456万kW，同比增长7.05%；500kV线路长度19 867.36km，500kV变电容量10 674.9万kVA。

电网调度 围绕电网安全、新能源接纳两条工作主线，强化电网运行分析、落实风险管控措施、多措并举确保电网安全稳定和实现新能源接纳“双降”目标，实现安全运行6759天。

落实东北电网安全稳定运行领导小组会议精神，狠抓安全管理策划和调控系统本质安全。全面加强调度运行管理，强化全员安全风险意识，严格落实风险预控措施，完成党的十九大及重要节日的保电任务。加强汛期来水预报和二松流域联合优化调度，克服汛期降雨时空分布不均的不利情况，完成迎峰度夏和安全度汛工作，为丰满大坝建设创造有利条件。

发挥调峰辅助服务市场作用，实施火电热电解耦改造提升全网调峰能力200万kW，开展跨省调峰支援和跨区现货市场交易，组织812次省间新能源接纳支援和299笔弃风电量跨区送华北现货交易，多接纳风电16.56亿kWh。发挥区域资源优化配置作用，实行全网旋转备用统一预留调配，较2016年同期多接纳风电96.81亿kWh，同比增长22.1%。

全网新增500kV变电站5座、500kV变压器7台，变电容量690万kVA；新增500kV线路18条，新投电源576万kW。鲁固特高压直流工程的交流配套工程投产。鲁固特高压直流工程于12月31日正式投入商业运行，形成东北—华北第二个直流输电通道。

为保证鲁固特高压直流工程安全运行，完成东北电网系统保护的总体设计、评审并组织实施，电网安全三道防线得到完善。组织开展华能高力板风电机组高穿改造示范性工程并通过验收，为后续扎鲁特近区108家风电场的高穿改造奠定基础。

开展东北区域骨干通信网络建设和优化调整工作，强化电力监控系统安全防护技术监督，实施继电保护升级改造，通信运行可靠性、二次系统安全防护能力显著提高，对一次系统技术支撑和保障能力显著提升。

加强与地方政府、能监部门的沟通协调，紧密联系发电企业，在新能源消纳和跨区域现货市场交易上争取政府部门的支持。配合地方政府最大限度解决呼伦贝尔、兴安地区新能源受阻和冬季供热等问题，应对黑龙江省电煤紧缺和全区供暖期单机供热风险等不利局面。

电力交易　国家电力市场电量完成情况：2017年东北送华北电量完成215.46亿kWh，完成年度计划的101.63%，其中风电电量65.35亿kWh。国家电力市场非直调电量完成681.61亿kWh，完成年度计划的106.22%，其中火电送出493.65亿kWh，水电送出103.01亿kWh，东北电网省间送出84.95亿kWh。呼辽直流输电量159.69亿kWh，完成年度计划的107.9%。俄电完成27.66亿kWh，完成年度计划的100%。鲁固特高压直流工程完成5.21亿kWh。

公司间联络线互供电量完成情况：国网东北分部完成联络线送出637.49亿kWh，完成年度目标电量102.4%；国网辽宁电力完成联络线受入455.6亿kWh，完成年度目标电量102.8%；国网吉林电力完成联络线送出23.12亿kWh，完成年度目标电量100%；国网黑龙江电力完成联络线送出29.19亿kWh，完成年度目标电量81.47%；国网蒙东电力完成联络线受入41.19亿kWh，完成年度目标电量92.96%。完成东北送华北电量215.46亿kWh，完成年度计划的101.63%。完成俄电27.66亿kWh，完成年度计划的100%。鲁固特高压直流工程完成5.21亿kWh。

组织各类交易51轮次，交易电量410.07亿kWh，创造效益5.14亿元。组织大规模跨省电力直接交易工作，引进蒙东低价电入辽，交易规模达112.22亿kWh，同比增长350倍，占辽宁联络线受入电量的四分之一，为辽宁电力用户节约购电成本约10亿元。

结合东北电网实际情况，编制鲁固系统电量组织方案，组织开展东北送华北火电交易、富余风电交易、风电企业与北京供热企业直接交易等跨区域交易工作；分批次组织开展蒙东地区电力用户与发电企业直接交易；为缓解通铝的企业经营压力，根据该企业申请，经东北能源监管局和内蒙古经信委许可后，单独为该企业开展了挂牌交易，大幅降低该企业的交易电价，为企业继续经营创造了有利条件；为促进新能源消纳，开展风火替代交易工作。

中朝界河电厂　2017年，中朝界河鸭绿江流域来水量较多年平均值减少31.3%，通过科学调整发电目标、合理安排水库调度，共实现发电量50.01亿kWh，中朝电量差1.03亿kWh（中方多用）。界河电厂安全生产形势平稳，全年机组启停783次，完成电网调峰、调频和年度发电目标任务。

健全完善制度标准，编发国网东北分部设备事件处置等六项应急预案；建立里程碑信息报送制度，及时掌握项目实施进度，实现精准管控。完善标准化运行体系，定期开展设备设施运行分析。严格水电生产管理信息系统应用与考核，强化系统培训和线上流程闭环管控。加强工作督导，常态开展设备安全督查、红外热像测温、技术监督专项检查，筑实生产管理基础，坚守安全质量红线。加强缺陷隐患常态管理和闭环管控，确保设备稳定运行。按照公司总部统一部署，组织完成设备安全性评价、水电重大反措、防水淹厂房复核评估等工作，针对重点问题，合理制定整改计划，结合设备现状，动态修编水电生产三年滚动计划。

实施精准治理，稳步推进重点项目开展。完成云峰1号机整体改造、长甸2号发电机改造项目初设审查；督导长甸1号发电机改造、云峰东副厂房生产系统建设等项目有序进行；电缆综合治理工程按计划推进；根据集青公路现状，调整云峰2号机整体改造项目延期一年实施，并从安全运行、设备加工质量、设备安全保管、施工前方案准备等方面研究落实相关防控措施。组织开展云峰电厂主阀改造、大坝中孔弧门大修项目的前期可研设计工作。启动望江楼水电站生产准备，从建章立制、生产设施和物资、生产运营等四个方面切实抓好电站生产前期相关工作。

严格落实国网东北分部防汛标准化体系要求，汛前及时组织编制、完善防汛应急预案，完成全部预案演练，并在国网水电生产月度例会上进行防汛标准化工作交流。汛期时开展防汛值班，做好水情、汛情收集、分析与上报，针对8月初暴雨变化情况进行重点部署，认真落实现场各项应急措施，实现了平稳度汛。

采取多项有效措施保证涉朝外事工作基本顺畅。一是对2016年外事工作进行总结，同时对2017外事工作进行全面部署，对外事风险点进行分析，制定应对措施，并细化外事工作责任；二是中方生产理事对界河有关单位外事第一责任人及时通报涉朝外事情况，提出具体要求，研究落实了有关维稳措施；三是组织召开6次专务理事临时会晤会议，对外事工作中出现的问题及时进行了沟通协调，消除误会，避免外事风险；四是在基建工程施工现场组织召开外事工作会议，对参建各单位进行外事教育，制定并宣贯外事突发事件应急预案；五是根据对朝工作面临的形势，优化调整专业会议安排，全部在中方召开并全部完成，推迟召开理事会第69次会议；六是针对朝方理事会银行账户使用和物资采购问题，多次向中国政府部门进行汇报，并及时与朝方沟通关于中国银行执行联合国安理会相关决议的情况；七是积极协调，为朝方理事会购买360 t粮食，暂时解决朝方管理电站职工生活之急需，赢得朝方理事会的认可，有效缓解了双方的矛盾；八是组织召开云峰大坝过阀设备处置专题会议，再次明确对1、3号设备进行报废处置，对2号设备进行维修，在得到中国质检部门检验合格后方可投入使用的原则；九是认真落实国家电网公司总部《关于全面梳理排查涉及朝鲜业务的通知》要求，全面梳理排查国网东北分部的涉朝业务；十是积极协调朝方，并全力组织参建各方，汛前完成水丰副坝改造工程，移交朝方管理，保障水丰水库防汛安全。

分部管理 加强预算管理，严控各类成本支出。配合成本监审工作，维护电网利益，争取准许收入，促成输配电价方案落地实施。对工会账户归并管理。对照八项规定等要求，梳理防范财务管控风险。落实帮扶政策，承担国网吉林电力1.37亿元容量电费，助其实现扭亏为盈。组织问题清单梳理全覆盖工作，总结梳理三大类12个方面21项问题，推进问题整改，扎实督导国网吉林电力问题清单梳理工作。抢抓时机完成茂霖公司清算注销工作。

履行审计监督职能。率先组建东北审计中心，推进“上审下”工作机制建设。完成对国网高培中心、通航公司和太原供电公司等审计任务，参加2017年扶贫领域专项监督检查及新一轮农网改造升级“两年攻坚战”工程督查。开展对界河电厂依法治企检查和调度大厅改造、望江楼电站建设工程审计。组织审计案例培训，提升企业风险防控能力。建立数字化审计工作室，为开展非现场、数字化审计工作奠定基础。

落实法治企业建设要求。严格执行通用制度和统一合同文本，审核合同文本694份。加强物资采购管理，完成7个批次410项集中规模招标、非招标采购，中标金额3.64亿元，节约资金0.29亿元。落实集体企业改革改制要求，突出核心业务，实施瘦身健体。稳步推进界河电厂“两供一业”分离移交工作。

科技管理 2017年，国网东北分部界河电厂研究开发项目六项，计划资金350万元，科技资金投入率100%，所立项目均已完成；电网资产研究开发项目五项，计划资金700万元，均已完成项目的研发、内部验收和结算等工作。国网东北分部下达的技术服务项目11项，计划资金208万元，均已完成项目的实施、验收、决算等工作。

根据国家电网公司总部要求，组织开展国家电网公司年度科技进步奖和中国电力年度科技人物推荐工作，结合2016年度国网东北分部开展的科技创新成果应用展示与评优活动，向国家电网公司总部推荐两个国家电网公司科技进步奖候选项目和一名中国电力年度科技人物候选人。

配合国网科技部，协调相关省（区）公司，对涉及国网东北分部的遗留问题（包括500kV冯大哈Ⅱ回、冯大松输变电工程，白音华—赤峰—辽宁500kV输变电工程，科尔沁、沙岭、朝阳500kV变电站扩建工程，包家—东丰—徐家500kV输变电工程）开展变动环评、补充水保方案编制、竣工环保验收以及水保设施验收工作。

党群工作 国网东北分部学习贯彻习近平新时代中国特色社会主义思想和党的十九大精神，深入推进“两学一做”学习教育常态化制度化，落实国家电网公司党建工作会议精神，实施党的建设“旗帜领航·三年登高”计划，构建大党建工作格局，推动管党治党政治责任落地落实。全面履行党建工作责任制，推动党委书记述职评议、基层党建绩效考评整体联动、闭环管理。坚持“四同步”“四对接”，完成党组改党委和基层党组织换届选举工作，推动党的建设规范化制度化。从严规范民主（组织）生活会、“三会一课”等制度执行，促进基层党支部标准化建设。把党的政治建设摆在首位，认真抓好党委理论学习中心组和干部职工政治理论学习。组织开展党务工作业务培训，教育党员干部牢固树立“四个意识”，坚定“四个自信”，立足岗位发挥先锋模范作用。

开展庆祝建党96周年系列活动，引导党员干部不忘初心、砥砺前行。举办“喜迎十九大，跟党新长征”主题党课暨文化活动，创新实现党建工作与中心工作、精神需求深度融合。扎实推进公司统一的企业文化落地深植，持续开展精神文明创建活动。研究制定贯彻党的十九大战略部署32项重点任务，推动党的十九大精神与高质量发展有机统一、纵深推进。

学习贯彻十九届中央纪委七次全会精神和国家电网公司2017年党风廉政建设和反腐败工作部署，落实党风廉政建设约谈和报告制度，压紧压实“两个责任”。深入开展多种形式的党员干部理想信念教育和廉洁教育。践行监督执纪“四种形态”，健全完善特色惩防体系，织密协同监督网络，开展党风廉政建设定期督导和专项检查。严明党的政治纪律和政治规矩，锲而不舍落实中央八项规定精神，聚焦“四风”问题新动向新表现，持之以恒强化纪律作风建设。

加强民主管理，推进班组标准化和职工创新工作室建设，开展困难职工走访，深化“送温暖、送健康、送文化”活动。服务青年成长成才，发挥了青年的生力军和突击队作用。全面落实离退休人员“两项待遇”。

（王生龙）

【国家电网有限公司西北分部】

分部概况 国家电网有限公司西北分部（简称国网西北分部）是总部派出机构，是总部部分管理职能在西北区域的延伸。在总部授权范围内，负责西北电网调度运行管理、安全质量监督、审计监督以及分部电网资产管理，开展区域内跨省电网项目前期及电网规划工作，发挥对总部的支撑作用。

截至 2017 年底，国网西北分部共有在职员工 211 人。资产总额 34.85 亿元。电网资产主要包括：750kV 电网变电站 1 座，跨省输电线路 1 条；330kV 变电站 5 座，跨省联络线 7 条。此外，经营性租赁总部 750kV 变电站 2 座、750kV 输电线路 8 条。以上电网资产全部委托资产所在地省（区）电力公司运行维护。

领导班子

国家电网公司副总工程师，国家电网公司西北分部主任、党委书记：王风雷

国家电网公司西北分部副主任、党委委员、工会主席（正局级）：叶军

国家电网公司西北分部副主任、党委委员兼国家电网公司安全监察质量部副主任：左玉玺

国家电网公司西北分部副主任、党委委员兼国家电网公司审计部副主任：穆银安

西北分部副主任、党委委员兼国家电力调度控制中心副主任：韩悌

国家电网公司西北分部副局级调研员：房喜

组织机构 国网西北分部内设办公室、安全质量监督部、财务部、规划统计部、党建工作部、工会办公室（离退休工作部）、国家电网西北电力调控分中心（黄河上中游水量调度委员会办公室）、国家电网公司西北审计中心 8 个部门，另设正处级建制分支机构后勤管理中心。

电网概况 2017 年西北五省区系统发电设备新增机组 306 台（座），新增发电容量 18 644.55MW，较 2016 年年底总装机容量增长 8.47%。其中新增火电机组 38 台，新增发电容量 11 355.17MW，增长率为 9.96%；新增水电机组 53 台，新增发电容量 388.285MW，增长率为 1.27%；新增风电场 24 座，新增发电容量 2598MW，增长率为 5.93%；新增光伏电站 190 座，新增发电容量 3980.29MW，增长率为 13.1%。

2017 年西北分调直调发电设备新增机组 2 台（座），新增发电容量 1320MW，为新疆电网恒联电厂 2 号机组和紫荆电厂 1 号机组。

2017 年西北五省区（含西藏）系统新增 220kV 及以上降压变压器 101 台，新增容量 29 309MVA。其中，750kV 新增降压变压器 6 台，容量 10 800MVA，增长率为 7.78%；330kV 新增降压变压器 73 台，容量 15 039MVA，增长率为 13.8%；220kV 新增降压变压器 22 台，容量 4470MVA，增长率为 6.06%。另外，祁连换流站新增两台 750kV 无功变压器。

分省新增情况：陕西电网新增 330kV 变压器 41 台，新增容量 5279MVA；甘肃电网新增 330kV 变压器 13 台，新增容量 3840MVA；青海电网新增 330kV 变压器 9 台，新增容量 2560MVA；宁夏电网新增 330kV 变压器 10 台，新增容量 3360MVA。新疆电网新增 220kV 变压器 22 台，新增容量 4470MVA。

2017 年西北五省区（含西藏）系统 220kV 及以上交流输电线路新增 135 条，新增线路长度 4479.848km。其中，新建 750kV 线路 10 条，新增线路长度 402.998km；新建、改建 330（500）kV 线路 95 条，新增线路长度 3093.17km；新增 220kV 线路 30 条，新增线路长度 983.7km。

2017 年西北分调直接调管线路净增 8 条，均为 750kV 线路，长度 315.467km。

2017 年末，西北五省区调度口径装机 7144 台（座），容量 238 657.14MW，其中火电 125 649.7MW，占总装机容量的 52.64%；水电 30 974.77MW，占总装机容量的 12.98%；风电 45 593.2MW，占总装机容量的 19.10%；光伏 34 998.24MW，占总装机容量的 14.66%；其他 1441.2MW，占总装机容量的 0.6%。

西北电网 600MW 及以上大容量机组共计 60 台（含国调直调），容量 40 700MW，占总装机容量的 17.05%。

直接接入 750kV 及以上输电网络的机组 23 800MW（含国调直调），占总装机容量的 9.97%；直接接入 330（500）kV 输电网络的机组 65 215MW，占总装机容量的 27.33%；直接接入 220kV 网络的机组 55 394.6MW，占总装机容量的 23.21%。直接接

入 110kV 及以下网络的机组 94 248.45MW，占总装机容量的 39.49%。

各省（区）装机容量分别为：陕西 43 765.8MW，占总装机容量的 18.34%；甘肃 46 906MW，占总装机容量的 19.65%；青海 25 565.1MW，占总装机容量的 10.71%；宁夏 40 221.4MW，占总装机容量的 16.85%；新疆 82 198.9MW，占总装机容量的 34.45%。（其中西北分调直调 28 760MW，占总装机容量的 12.05%）。

截至 2017 年底，西北五省区（含西藏）系统 220kV 及以上降压变压器变电容量 361 001MVA，其中 750kV 变压器容量为 149 600MVA（49 站 84 变压器，其中含有 3 个 750kV 直流换流站），330kV 降压变压器变电容量为 136 485MVA（共 287 站 600 变压器，330 变电站包括牵引变压器、风光汇集站及用户自建变电站、开关站）。西北电网 220kV 及以上交流输电线路长度 73 815.377km（1554 条），其中 750kV 线路长度为 18 669.097km（126 条），330kV 线路长度为 30 960.91km（731 条）。

电网调度　2017 年西北电力调控系统严格落实总部、分部工作部署，全面推进本质安全建设，持续加强电网安全管控，深挖清洁能源消纳潜力，强化专业基础管理，推动技术创新与管理创新，完成了各项专业任务，实现了全年安全生产目标，西北主网没有发生电网事故和设备事故，运行指标持续向好，资源优化配置能力进一步提升。

电网保持安全稳定运行。合理安排电网运行方式，完善“4＋1＋*N*”预案体系，编制预案 220 余项，完成迎峰度夏、党的十九大等 13 项重要保电任务。持续强化电网运行结构管控，严格落实“三不”原则，合理安排停电计划，统筹安排主网 220kV 以上设备检修 652 台（条）次，年度检修计划完成率达 93%。滚动优化水库运行方式，保证了防凌期、汛期黄河中上游梯级水库安全运行及综合用水需求。深化隐患排查治理，组织春秋两季安全运行现场检查工作，完成整改 324 项，整改完成率达 90.3%。强化实时运行协同机制，处置柴拉直流双极闭锁、功率突降等电网故障，确保了主网安全稳定运行，配合国调成功处置“3·31”灵绍直流双极闭锁、“5·27”灵绍直流功率紧急回降等故障，年内主网安全自动装置累计动作 7 次，正确动作率 100%。

主网稳定管理基础进一步夯实。落实年方式提出的 13 项“大反措”及 90 项“重点任务分工”，完成甘宁、陕甘断面电磁环网解环和配套稳定控制措施实施，实现省际全部解环运行，提升省际交换能力 860 万 kW。推进系统保护专项研究和建设，提前实施了回降银东直流提升联网通道能力的相关功能，全面梳理主网受限断面约 40 处，提出了工程补强建议和稳控改造等措施，年内新疆联网通道、陕北和海西送出通道等 5 个关键断面输送能力提升 330 万 kW。提前介入，周密安排，保障了祁连换流站接入工程、750kV 郭隆输变电工程等重点项目投运，主网架结构进一步完善。跟踪柴拉直流极控系统相关异常情况，提出直流控保系统功率转带策略优化建议，加强现场落实直流控保系统相关整改措施，保障柴拉直流安全稳定运行。

实现了新能源“双升双降”目标。持续强化源网管理、扩大跨省跨区交易规模，严格落实新能源运行分析与目标管控措施，多措并举提升新能源消纳能力。全年消纳新能源电量突破千亿（1103.7 亿 kWh），同比增长 36.4%。发电占比达 18.8%，同比增加 4.1 个百分点。弃电量 298.1 亿 kWh，同比降低 10.4%，弃电率 21.3%，同比减少 7.9 个百分点，分别提升风电、光伏发电利用小时 246h、102h。同时，在青海首次实现连续 7 天全清洁能源供电，创造了新的世界纪录，全方位检验了大电网协作调整能力和调度控制水平。

专业管理精益化水平持续提升。深化网源协调管理，全面推进风机耐高压性能提升工作，年内累计完成 3100 万 kW 风机的耐高压能力改造，其中在甘肃完成约 10 万 kW 风机耐受 1.3p.u. 能力改造。在国内率先完成新能源 AVC 管理规定和子站接入规范编制，加快推进新能源 AVC 系统建设，建成全球接入光伏容量最大的新能源自动电压控制系统（已接入 303 座场站）。下发火电企业进行灵活性改造的相关要求，在“两个细则”修编中创新增补了火电机组深度调峰期间涉网性能指标，提高全网调峰能力。完成多轮次新能源可用功率统计及预测准确率核查提升工作，实现对并网发电的 1150 家新能源场站的全覆盖，提升各场站提升新能源预测水平。完成 10 家试点新能源场站快速频率响应第一阶段挂网实测，稳步推进新能源场站快速频率响应实用化。加大继电保护家族性缺陷管理力度，组织全网开展整改落实情况“回头看”，完成西北 750kV 电网全部 41 套问题设备的治理。充分发挥继电保护专家组技术优势，完成《750kV 基建（技改）工程继电保护设计审查要点》《继电保护现场工作事故案例》等编制工作，为强化现场工作安全防控提供技术支撑。开展电力监控系统涉网安全防护专项检查工作，持续完善安全防护相关考核指标。

开展西北电网一体化安全管控体系建设工作，确立建设思路和目标，部署了各省公司和相关单位的任务分工，启动全局化信息接入、风险评估及辅助决策功能开发，将 200 万 kW 新能源纳入高频切机防线。稳步推进清洁能源智能调度平台建设，开发完成西北各省（区）新能源断面受阻信息展示功能，完善新能源实时平衡能力监视功能。

电力交易　2017 年国网西北分部以新能源消纳和西北电力外送为目标，以健全省间交易市场体系为关键，创新交易品种、完善交易流程、加强交易管理，打破省间交易市场壁垒，促进了新能源优化配置，电力交易工作迈上了一个新台阶。

电力资源优化配置成效显著。省间交易规模大幅增长，截至 12 月底，西北电网完成跨区跨省交易电量 1328.63 亿 kWh，同比增长 32.74%。从交易周期看，长期交易电量 775.26 亿 kWh，中短期交易电量 455.63 亿 kWh，日前实时交易电量 41.41 亿 kWh，现货交易 55.75 亿 kWh。从交易类型看，跨区交易完成 1151.53 亿 kWh，同比增长 35.38%；跨省交易完成 177.08 亿 kWh，同比增加 17.72%。

清洁能源交易运营水平显著提升。适应新能源间歇性、波动性特性要求，采取优化新能源与火电打捆比例、灵活调整输电价格、合理确定电力曲线等多种措施，促进市场化交易达成。完成青海 168h 全清洁能源供电的交易组织和资源配置保障工作。黄河水电送山东 20 亿 kWh，首次实现全额送电。截至 12 月底，参与跨地区交易的新能源电量合计 346.65 亿 kWh，占西北新能源发电总量的 31.54%。其中，参与跨区交易的新能源电量 291.86 亿 kWh，参与跨省交易的新能源电量 54.79 亿 kWh。

交易品种持续创新。推广西北新能源与华中、西南地区火电的跨区发电权交易，累计实施 3.0 亿 kWh；实现西北低谷新能源与华中抽水蓄能电量交易实践突破，累计实施 2.37 亿 kWh。提出以新能源消纳为目标的跨区直流输电路径替代工作，协调推进甘肃送湖北、江西等试点交易实施。开展现货电力市场电价模式和技术支撑框架、清洁能源供暖等前瞻性研究。

政府间协议有效落实。针对电力援疆多落点、多通道、多价格等送电需求，多方协调并提出优化安排建议，完成 2017 年电力援疆电量 78.68 亿 kWh。坚持用足政府间协议外送市场，根据陕西送江苏、四川和重庆，青海送湖北、江苏等政府间协议，坚持早抓落实、多方沟通，结合实际，提出交易电量、交易价格、通道运用和电力曲线等优化建议，政府间协议电量全部足额完成。

交易运营机制不断完善。提出西北新能源电量库设想并编制交易运营管理要求，规范了工作界面和流程，充分利用甘新联网通道和“四鱼”（敦鱼、高鱼、泉鱼、河鱼）断面满足电力援疆送出需求。实现陕甘、陕青省间中长期调峰交易常态化运营，累计实施 20.66 亿 kWh。其中，青海光伏向陕西外送 3.45 亿 kWh。通过省间交易全力保障青海全年购电 131 亿 kWh，占青海统调用电量的 18.85%。构建中长期与短期相结合的交易机制，柴拉直流交易电量 16.28 亿 kWh（藏中水电外送 7.12 亿 kWh，藏中购电 9.16 亿 kWh）。

分部管理　2017 年各项工作全面有序推进，重点领域实现创新突破，电网保持长周期安全稳定运行。清洁能源消纳实现“双升双降”，超额完成目标任务。西北电网频率合格率 100%。纳入总部业绩考核的各项任务和指标完成。

持续深化总部分部一体化，分部组织机构进一步优化。加强职工培训，坚持全员轮训与专业培训并重，累计培训 43 期 3560 人次。开展分部全员考评，激励干部职工补短板、转作风、比贡献。鼓励创新创造，取得丰硕成果，获陕西省科技进步一等奖 1 项、二等奖 3 项，获国家电网公司创新创意大赛铜奖 1 项。征集“金点子”合理化建议 31 个，征集创新项目 31 项。严格保密管理，荣获陕西省迎接党的十九大专项保密检查优秀单位。职工文体活动丰富多样。后勤服务水平进一步提升，“三供一业”分离移交完成阶段任务。开展结对扶贫，受到地方党委政府表彰。

分部履职能力持续提升，安全质量监督开展。完成西北五省（区）公司基建复工、基建工程反违章、信息通信安全性评价等现场专项督查督导，对西北五省（区）和国网西藏电力开展专项质量监督。加强委托资产管理，完成 330kV 秦安变电站综合改造等一批重点工程结算审查。

审计任务高质量完成。组建成立西北区域审计中心，召开区域审计工作座谈会，完成总部安排的 8 项重点审计任务。配合分部任期经济责任审计迎审，按期完成审计整改。管理经营更加规范，完成跨省区电网输配电成本监审及输配电价测算方案等配合工作，达到预期目标。争取各项税收优惠政策，减免所得税额 2133 万元，减免税费 473 万元。深入开展问题清单梳理，问题整改全面完成阶段目标。严守中央八项规定精神，会议费、招待费分别下降 23%、44%。

党的建设全面加强。落实党建责任，实施“旗帜领航·三年登高”计划。严格程序，严密组织，在各分部率先完成党组改党委工作，完成分部机关党委、纪委换届选举。与分部机构调整同步完成支部设置和改选。“转观念、强创新、促升级”主题活动取得实效，“五个一”支部活动有声有色，“旗帜领航·党徽闪光”暨安全生产7000天主题宣传、党员示范岗等活动提振了士气，党组织的创造力、凝聚力、战斗力进一步增强，干部职工队伍得到有效历练，涌现出陕西省劳动模范、国家电网公司优秀共产党员、青年岗位能手等一批先进典型。

科技管理 2017年，国网西北分部强化科技项目全过程管控，持续开展科技项目后评估和创新工作，取得了一定实效，科技管理水平和科技项目计划完成率和完成质量均有显著提升。

加强科技项目全过程管控。编制印发《国网西北分部2017年科技项目年度监督检查实施方案》和《2017年国网西北分部科技项目验收计划》。组织召开项目启动会和季度考评会，按季度对分部管理的科技项目执行情况进行督查分析，赴课题组开展分部2017年8个在研科技项目执行情况中期检查和经费使用情况监督。2017年国网西北分部管理的4个当年科技项目已全部通过验收。2017年度科技项目执行计划完成率和验收通过率均为100%。加强科技项目经费过程管控，组织财务、审计开展了科技项目经费使用监督检查，确保科技项目经费使用合法合规。

持续推进分部创新工作。围绕分部“四个创新突破”“四个管理升级”重点行动计划，编制了创新活动实施方案，组织开展分部2017年管理、技术创新项目征集，并对创新项目开展情况进行了督查。2017年共征集创新项目31项，其中提升大电网的掌控能力创新14项；新能源消纳创新10项；电网规划整体协调创新1项；管理创新6项。进一步建立全员创新长效机制，营造了良好创新创意环境，激发了员工创新活力，促进了员工创新能力的提升，取得一定实效。西北调控分中心“搭建电网可控资源物联协调控制平台提升新能源消纳关键断面输送能力”项目代表国网西北分部获得2017年国家电网公司第三届青年创新创意大赛铜奖，并作为入选项目参加了国家电网公司“双创”交易展。

组织2017年度国网公司和陕西省科技进步奖申报、公示及推荐和答辩工作，2017年国网西北分部《源网协同提升西北新能源消纳能力关键技术研发与应用》和《青藏直流安全稳定运行关键技术研究及应用》2个项目分别荣获陕西省科技进步二等奖。

组织开展了2018年科研技术需求征集和项目储备工作。并规范流程，高效完成2018年分部科技储备项目可研论证、项目审定、评级、批复及入库工作。

党群工作 组织学习党的十九大精神，搞好党建工作。分部党委委员与全体党员观看了十九大开幕式、新一届政治局常委同中外记者见面活动，聆听了习近平总书记的报告。党委委员参加了国务院国资委、省国资委十九大精神学习报告会，党委中心组召开两次十九大精神专题学习会。各支部组织十九大学习会和学习十九大专题党课。召开了科级以上干部大会学习十九大精神。制作并组织全体党员干部学习观摩“不忘初心、牢记使命”十九大精神宣传展板，分部共制作宣传展板40余块，给每名党员订购发放党徽，订购学习十九大参考资料1600余份发放全体党员学习。分部党委书记王风雷在国家电网报等发表学习十九大文章两篇，分部学习贯彻情况获《国家电网动态》(2071期)编发。

分部党委研究制定了学习贯彻十九大精神措施，并以调控分中心安全生产7000天为契机，启动深入学习贯彻党的十九大精神“旗帜领航·党徽闪光”主题宣传活动，通过设置“党员创新项目组”“党员示范岗”“流动红旗”等，进一步发挥党员的榜样、示范、带动作用。

制定“旗帜领航·三年登高”计划。贯彻国网党建工作会，召开党委会专题研究制定了分部“旗帜领航·三年登高”计划，开展了党性体检，制定了支部工作任务清单，从党委和支部两个层面完善了党建基础工作，完成了党建基础年的工作任务。

组建分部党委、纪委。4月召开了机关党员大会，换届选举了新一届机关党委、纪委委员会。5月召开分部党员大会，组建了分部党委、纪委委员会。结合分部机构调整，对全部18个支部（总支）进行了换届或新组建。

“两学一做”常态化制度化。制定了西北分部推进“两学一做”学习教育常态化制度化实施方案，规范了“三会一课”制度。一年党委中心组学习8次，各支部每月组织一次理论学习，学习了十九大精神和习近平系列讲话精神，学习了国家电网公司党组重要会议精神。

开展党建主题活动。开展“转观念、强创新、促升级”党建主题活动，以党的建设促进了分部建设和业务工作，重点围绕推动分部管理水平升级、推动电网协调发展水平升级、推动大电网掌控能力升级、推动清洁能源消纳能力升级开展工作。

开展党支部扶贫慰问活动，组织各支部党员与周至县焦镇村9户贫困户结对进行帮扶慰问。

加强党风廉政建设。召开党组扩大会，传达学习国网党风廉政建设和反腐败工作会议精神，并在分部工作会议上向全体职工进行了传达学习。把廉政建设任务纳入分部2017年重点工作。组织签订党风廉政建设责任书。加强对干部的廉政教育和管理。

分部纪委书记与各处室负责人每半年进行一次谈话，调研了解廉政建设工作情况，加强对廉政工作的指导。对新提拔的干部进行严格的廉政审核。在分部全员培训中，进行专题廉政学习教育。开展协同监督工作。按照国家电网公司风险防控制度，对分部各处室风险防控点进行了重新梳理，细化了风险防控。通过每半年一次的协同监督会进行总结检查。办公室、财务部、后勤中心等部门严格遵守中央八项规定精神，对会议、接待、车辆等严格按照规定制度管理，未发生违反的情况。在元旦、春节、中秋、国庆等节日前夕，向全体员工发送廉洁警示短信，做到警钟长鸣。

开展“送温暖”节日慰问活动。分部领导带队，慰问分部退休老党员、退休劳模和一线员工；组织评选“金点子”合理化建议，评选出10条优秀金点子并送相关部门落实。

主要事件

2月15日，甘肃、宁夏实现750/330kV断面电磁环网解环。解环前，甘肃电网与宁夏电网通过四回750kV输电线路和五回330kV输电线路联网运行。解环后，甘肃电网与宁夏电网通过四回750kV线路联网运行，进一步增强750kV骨干网架，有效支撑甘宁两省（区）新能源消纳。

2月27日，国内首个包含新能源机组的高频切机防线在西北电网投入运行。

3月20日，黄河内蒙古封冻河段全线平稳开河，国网西北分部2016～2017年黄河宁蒙河段防凌工作结束。

3月22日，西北电网新能源发电量达4.03亿kWh，首次突破4亿kWh。

4月26日，西北能源监管局党组书记、局长黄少中，党组成员、副局长仇毓宏一行到国网西北分部调研。

4月28日，陕西省庆祝“五一”国际劳动节暨表彰省劳动模范大会隆重召开。国家电网公司西北电力调度控制分中心主任工程师（副总工程师）兼调度计划科科长马晓伟荣获陕西省“劳动模范”，并受到大会表彰。

截至4月30日，西北电网新能源月度发电量完成102.01亿kWh，首次实现月度发电量突破百亿千瓦时；新能源最大发电电力达到2674万kWh，创历史新高。同时，新能源、风电和光伏的单日发电量均创出历史新高（分别为4.58亿、3.61亿、1.44亿kWh）。

5月31日，甘肃陕西电网省间330kV联络线退出运行，甘陕电网750/330kV断面实现电磁环网解环，标志着西北五省（区）电网省间全面实现750kV电网互联。

6月1日，国网西北分部举办2017年西北电网大面积停电事件应急演练。本次演练模拟因大风、沙尘暴天气原因造成750kV线路、330kV线路、110kV线路及变电站故障，构成西北电网三级大面积停电事件，国网西北分部与国网宁夏、甘肃、陕西电力上下联动，及时处置，确保了电网安全稳定运行。

6月17～23日，国网西北分部、国网青海电力等相关单位开展了全部采用清洁能源为青海省供电的工作，时长168h，实现了新能源发电高占比的全清洁能源零排放供电，刷新此前葡萄牙电网清洁能源供电时长纪录。

7月10～12日，西北电网用电量分别为17.6亿、17.8亿、18.01亿kWh，连创历史新高。

7月12日，西北电网负荷首次突破8000万kW，达8077万kW，再创新高，比2016年最大负荷高出424万kW。

7月27日，国网西北分部协同国网宁夏电力组织开展了沙湖智能变电站750kV系统取消合并单位改造工作（全国首例）。

8月17日，国家电网公司西北分部成立大规模新能源智能管控与市场机制创新工作室。

8月25日，国家电力调度控制中心主任、党委副书记陈国平带领调研组一行到西北分部调研。

9月15日，国家电网西北电力调控分中心完成主备调切换48h演练。

9月22日，2017年第二届丝绸之路（敦煌）国际文化博览会落幕，国网西北分部完成供电保障任务。

截至9月24日，2017年西北五省（区）新能源年累发电量达到812.67亿kWh，超过2016年新能源全年发电总量811.81亿kWh。西北电网全网年累新能源消纳实现双升双降，新能源发电量同比增长38.09%，发电占比19.21%，同比增长4.33个百分点，年累弃电量210.86亿kWh，同比下降19.17%，年累弃电率20.60%，同比下降10.11个百分点，新能源消纳实现新的突破。

10月1～8日，西北电网运行平稳，电力电量供应有序，西北电网最大负荷7148万kW，同比增长8.74%，日均用电量15.53亿kWh，同比增长7.66%，最大外送电力1514万kW，外送电量19.75亿kWh，全网未发生大面积停电、电网稳定破坏和调度责任事故，各省（区）电网运行正常。

10月17日，在“国际消贫日”暨第四个“国家扶贫日”之际，国网西北分部驻西安周至县楼观镇焦镇村工作队受到表彰，获赠“驻村帮扶倾真情，携手脱贫奔小康”锦旗。

11月9日，国网西北分部举办2017年西北区域应急协调联动演练。分部副主任左玉玺出席并作总结讲话。

截至11月27日，西北电网新能源年累发电量首次突破1000亿kWh，达到1002.44亿kWh，同比增长36.85%，占用电量比例为19.11%，同比提高4.19个百分点；新能源弃电量255.79亿kWh，同比减少18.0%，弃电率20.22%，同比减少9.5个百分点。西北电网新能源消纳保持“双升双降”良好趋势。

11月29日，国网西北分部组织西北电网2017年迎峰过冬联合反事故演习。国家能源局西北监管局副局长仇毓宏，西北分部副主任、党委委员兼国家电力调度控制中心副主任韩悌在西北主会场观摩了本次演习，西北各省（区）电力公司相关领导在分会场观摩。

（程军生）

【国家电网有限公司西南分部】

分部概况 国家电网有限公司西南分部（简称国网西南分部）成立于2014年11月18日，是国家电网公司立足优化能源配置、服务西南清洁能源发展、促进西南（川渝藏）经济社会发展、推动电网互联互通需要而成立的非法人管理机构，与国家电网公司总部实现一体化运作。主要职责是协助总部开展西南水电开发规划、西南电网建设有关工作，承担区域电网调控运行、安全质量监督、电网规划、审计监督等核心职责。

组织机构 下设7个部门（中心），包括办公室、安全技术与工程管理部、财务部、规划统计部、党群工作部、调控分中心、西南审计中心。

电网概况 西南电网区域包括四川省、重庆市和西藏自治区，区域面积约177万km^2，覆盖人口1.15亿。西南电网是中国最大的清洁能源送端电网，东联华东和华中电网、北接西北电网，其中：与华东电网通过±800kV复奉、锦苏、宾金三大特高压直流输电线路相联，总输电容量2160万kW；与西北电网通过±500kV德宝直流、±400kV柴拉直流相联，输电容量360万kW；与华中电网通过盘龙Ⅰ、Ⅱ线，张恩Ⅰ、Ⅱ线共四回500kV交流线路相联，断面最大外送能力260万kW；西藏电网分为藏中电网、昌都电网和阿里电网不相联的三个部分，昌都电网通过川藏联络线与四川电网相联。

截至2017年底，西南电网调度口径装机容量1.16亿kW。其中，水电8247万kW（含国调直调机组），占71.3%；火电2836万kW，占24.5%；风电光伏等486万kW，占4.2%。网内500kV变电站60座，总变电容量1.08亿kVA；500kV线路219条，总长1.76万km。国网西南分部直调500kV线路36条，电厂1座（装机容量330万kW）。

2017年，西南电网调度口径总发电量3822.7亿kWh，较2016年增加219.3亿kWh，同比增长6.09%；西南电网调度口径用电量2694.9亿kWh，较2016年增加154.6亿kWh，同比增长6.09%。

电网调度 按照总部统一部署，深化国调、分调一体化工作。与各方完成调度权交接，调度管辖范围调整为：直调500kV川渝省间联络线（黄岩—万县、洪沟—板桥、资阳—思源共六回线）、220kV川藏省间联络线（巴塘—澜沧江双回线）、特高压宾金直流和复奉直流近区500kV线路（泸州—复龙三回线、叙府—宜宾双回线、叙府—泸州双回线）、特高压锦苏直流近区500kV线路（月城—沐溪双回线、月城—普提双回线）、德宝直流近区500kV线路（谭家湾—德阳双回线）、直调与国调设备同串500kV线路（木里—月城双回线、普提—南天一回线、沙南厂—南天一回线）、四川攀枝花地区500kV线路、二滩电厂及其送出线路，直调南天、月城、普提、橄榄、石板箐、甘泉500kVⅠ、Ⅱ母，授权四川省调、重庆市调管辖除上述设备外500kV设备。

藏中联网工程 藏中联网工程由西藏藏中和昌都电网联网工程、川藏铁路拉萨至林芝段供电工程组成，起于西藏昌都地区川藏联网工程连接点芒康县，由东至西横跨昌都、林芝、山南三个地区，止于山南地区桑日县，向西北与青藏电网连接。工程总投资约162亿元，新建、扩建110kV及以上变电站16座，新建110kV及以上线路2738 km。其中，新建500kV变电站（开关站）6座，扩建3座；新建220kV变电站2座，扩建3座；扩建110kV变电站2座；新建500kV线路1984km、220kV线路441km、110kV线路313km。

截至2017年底，工程完成投资89亿元，500kV变电工程土建完成95%，电气安装全面展开；线路工程基础浇筑全部完成，铁塔组立94%，放线45%。随着工程的不断推进，社会各界广泛关注，中央电视台等主流媒体持续报道，工程先后4次登上央视《新闻联播》，上百人的央视团队连续4天进行现场直播，中央戏曲频道深入现场慰问演出，《焦点访谈》的传播赢得社会高度赞誉，国网品牌传播取得重大突破，公司形象得到大力彰显。

电力交易 提前启动西南水电外送交易，缓解网内水电来水早、消纳困难的矛盾。开拓西藏昌都跨省区外送新市场，促成藏电入鄂、入豫、入渝交易，2017年西藏昌都跨省区外送交易规模再创新高。组织开展川渝水火发电权交易，推动实施丰枯期川陕渝互济交易和跨区川豫大用户直接交易，全力促进西南富余水电跨省区优化配置。在网内清洁能源装机增加660万kW、跨区外送通道无新增的形势下，2017年消纳水电3129亿kWh，同比增长5.9%，减少弃水128亿kWh。全年西南水电跨区外送1229亿kWh，同比增长7.5%，创历史最好水平。

分部管理 坚持标准化、规范化运作，梳理国网西南分部职责和工作界面，完善专业一体化协同机制。落实综合计划和预算管理，实现综合计划闭环管控。实行集中采购目录和批次计划管理，建立法律、审计、监察等多专业监督保障机制，推进数字化审计工作室建设。出台多项财务实施细则，全面运行财务管控、ERP集成业务等信息系统。履行合同签订审批制度，定期核查实施进度，同步开展档案管理。加强信息安全和机要保密，开展保密协作组自查互查督查工作，全年无失泄密事件发生。严控“三公”费用，加强规范会议管理、接待管理和公务用车管理，执行公司关于办公用房和周转房使用规定。

科技管理 开展国家电网公司首个500kV线路状态调度试点、首个高密度数据中心新技术试点。加强电网特性分析，辨识系统风险，编制超低频振荡抑制方案。编制完成西南电网调度控制管理细则等10项规程制度，实施调控系统全员宣贯培训。推进系统保护和备调建设。初步完成西南二级通信网双平面构建。完善应急体系，投运应急指挥中心，修编“1+9”应急预案。举办川渝鄂大面积停电事件跨区域联合应急演练、迎峰度夏等反事故演习13次。研讨西南电网主网架规划，启动“十四五”规划基础工作。

党群工作 深入学习贯彻党的十九大精神，制定学习宣传实施方案，明确9项重点任务。开展党委中心组专题学习4次，十九大代表作宣讲报告7次，现场讲党课14次，各党支部累计开展集中学习46次，借助辅导教材、网络专栏、知识竞赛等形式确保学习宣传全覆盖。完成国网西南分部党组改党委工作，完善党委运行机制。组织开展班子民主生活会和专题组织生活会，严肃党内政治生活。完成“旗帜领航·三年登高”基础建设年组织结构优化、标准化建设、党建工作能力提升等重点任务。扎实推进“两学一做”学习教育常态化制度化，完成基层党支部换届选举。深化党风廉政建设，开展廉政约谈，举办“人生之路，与廉同行”廉洁教育。

开展“党员先锋、电亮藏区”主题活动、“六比一创”劳动竞赛和“托起希望，藏区学子帮扶”青春光明行，建立20个“共产党员服务站”、34个“党员之家”，宣讲建设者故事，实现以党建促进工程建设。工程党建经验得到国家电网公司党组和国务院国资委党建局肯定，同时登上7月2日的央视新闻联播，具有示范推广意义。

举办国网西南分部成立三周年系列活动。1人获国家电网公司劳模，1个集体获国家电网公司总部先进集体、5人获先进个人，1个班组获先进班组。国网西南分部评选表彰1个先进部门、5个先进处室、10名先进个人。

（赵国富）

【全球能源互联网集团有限公司】

单位概况 全球能源互联网集团有限公司（简称全球能源互联网集团）成立于2015年12月31日，是国家电网公司的全资子公司，注册资本1亿元。全球能源互联网集团推动构建全球能源互联网，以清洁和绿色方式满足全球电力需求，实现联合国“人人享有可持续能源”和应对气候变化目标，服务人类社会可持续发展。主营业务范围包括：集团总部管理；全球能源互联网战略规划；跨国电网互联互通项目开发；投融资和资产运营管理；设计、制作、代理、发布广告；《全球能源互联网》《全球能源互联网（英文）》期刊出版。

组织机构 设立综合局、秘书局、运行局、发展局、合作局、保障局6个总部部门和经济技术研究院、新闻传媒中心两个直属单位，组建咨询（顾问）委员会和技术（学术）委员会；开设全球分支机构，共设置非洲、西亚—北非、欧洲、东欧—中亚、东南亚（南亚）、中南美洲和北美洲等7个区域办公室，实现总部—分支机构一体化高效运转。

人力资源 截至2017年底，全球能源互联网集团在岗职工158人，平均年龄36岁，硕士及以上学位150人，占比95%；中级及以上职称118人，占比75%。

开展全员培训。组织50人国际业务人员培训班，为国际业务开展提供人才储备；创建毕业生培养锻炼机制，加快从学生到合格员工转变；开设十期专家讲堂，搭建复合型国际组织人才成长平台；建立员工语言能力等级体系和语言能力档案，有针对性地分级开设商务英语培训班。

完善激励约束机制。施行职务能上能下、收入能增能减、人员能进能出的选人用人机制；健全薪酬管理体系，完善福利和保障制度，建立奖励基金、驻外人员激励机制；加大绩效考核结果与薪酬分配挂钩力度，充分反映岗位、能力和业绩贡献，激发广大员工主动性和创造性。

经营管理 坚持以提高质量效益和核心竞争力为中心，强化科学管理，提升发展能力，推动全球能源互联网集团持续安全健康发展。

依法从严治企。深入推进“三全五依”法治企业建设，强化通用制度执行，完善内控体系建设，健全风险管控机制，严格招投标、合同、小型基建、办公用房、公务用车等管理。加大成本管控力度，厉行勤俭节约，从严从紧控制各类支出。

提升发展质量。坚持稳中求进、强基固本、提质增效，加强综合计划和预算管控，强化资金资产管理，预算执行和各项财务指标完成情况良好，全年营业收入和利润总额呈上升趋势，有效确保国有资产保值增值。

加强外事管理。健全完善和严格执行外事管理制度，规范审批流程，力求精简高效，提高外事管理水平。共组织 123 个团组、270 人次，出访 44 个国家，重点覆盖东南亚、北非、北欧和南美四个区域，有效保障全球能源互联网理念传播、国际合作和项目推进等各项工作的顺利开展。

强化科技管理。制定《全球能源互联网集团有限公司科技项目管理办法》，健全科技项目立项及督导机制，加强科技项目中期督导，强化项目质量及进度管控，鼓励成果培育，完成中—韩—日联网工程系统方案及关键技术研究、海湾六国跨国跨洲电网互联方案研究等 8 个科技项目验收。

党的建设和精神文明建设 坚持党的领导，加强党的建设，依法从严治企，实现持续健康快速发展，推动“两个发展”迈上新台阶。

成立临时党委。按照中央关于做好党组清理规范工作要求，国家电网公司党组研究决定成立全球能源互联网集团临时党委。全球能源互联网集团临时党委累计召开临时党委会议 5 次，组织审议党组织建设和全球能源互联网集团发展有关重大事项。

严格决策程序。坚持民主集中制原则，制定《“三重一大”决策实施办法》，“三重一大”事项全部纳入党组集体决策，组织召开党组会 26 次、审议议题 73 项，确保依法、民主和科学决策。

加强队伍建设。坚持正确的选人用人导向，严格执行选人用人程序；加强党员干部党性修养，发挥示范作用，着力打造讲政治、作风硬、能力强的一流干部员工队伍，为全球能源互联网集团“两个发展”提供重要保证。

扎实开展“两学一做”学习教育，定期开展集中学习研讨，引导广大党员践行“四讲四有”合格党员标准。深入贯彻中央八项规定精神，持之以恒反对“四风”。

（梁奕庆　杨　松　刘　勇　胡　波）

【国家电网有限公司直流建设分公司】

单位概况 国家电网有限公司直流建设分公司（简称国网直流公司）为非独立法人机构，是国家电网公司的分公司，是国家电网公司直流电网建设的管理执行机构，为国家电网公司特高压和重点跨区直流工程项目建设提供专业化管理服务，主要开展特高压换流站工程现场管理、直流工程业务技术支撑和直流设备监造管理。

2017 年，国网直流公司获评国家电网公司基建管理先进单位，国家电网公司首批“容量提升、分层接入”特高压直流输电工程先进单位。向家坝—上海±800kV 特高压直流输电示范工程获国家科技进步特等奖。寻凯获国家电网公司特等劳动模范，关金锁获国家电网公司劳动模范，共计 19 人次获得国家电网公司各类表彰。

组织机构 国网直流公司本部设综合管理部、计划部、财务部、安全质量部、党建工作部 5 个职能部门，换流站管理部、线路管理部、物资与监造部、宜昌工程建设部、常州工程建设部、北方工程建设部、四川工程建设部 7 个业务部门。

人力资源 截至 2017 年底，国网直流公司人才当量密度达 1.284 2。研究生及以上学历人数 52 人，占比 39.1%；具有本科及以上学历人员 118 人，占比 88.72%。113 人具备专业资格技能，42 人具有各类管理证书。

建立专家团队工作机制，开展专家人才建设。国网直流公司 4 人获评教授级高工。开展青年员工专题培训，组织各类座谈活动。组织岗位建功立业劳动竞赛、劳模创新工作室等活动。开展“道德和家风”“文明办公室”创建等活动，开展“建和谐管理团队、创国优精品工程”主题活动。

国网直流公司换流站管理部获“国家电网公司一流班组”称号，国网直流公司四川工程建设部获“国家电网公司文明单位”称号。

电网建设与发展 完成国家大气污染防治行动计划特高压直流工程建设任务，年内实现“四投产”“一竣工”，稳步推进“两在建”。

酒泉±800kV 换流站工程、晋北±800kV 换流站工程 6 月投产，锡盟±800kV 换流站工程 9 月投产，扎鲁特±800kV 换流站工程 12 月投产，上海庙±800kV 换流站工程 12 月完成竣工预验收。昌吉—古泉±1100kV 特高压直流输电工程（简称吉泉工程）、渝鄂直流背靠背联网工程进度满足里程碑计划要求，吉泉工程直管线路段于11月率先实现全线贯通。张北柔性直流电网试验示范工程、雅中—南昌特高压直流输电工程、陕北—武汉特高压直流输电工程等工程开工准备工作推进。

±1100kV古泉换流站工程、上海庙±800kV换流站工程、吉泉工程直管线路段业主项目部获国家电网公司2017年度示范业主项目部称号。

经营管理 依法治企。国网直流公司总结提炼投资管控44项典型案例，指导后续工程依法合规建设。在建工程造价实施全过程管控，开展重大变更事项专项审查。京外工程建设部财务远程报销系统上线。健全内部账户体系，开展银行账户清理和资金安全自查，注销沉余账户，防范资金风险。落实依法治企综合检查问题整改闭环。清查整改公务用车、办公用房、周转住房，并完成公务用车改革。制定招评标采购活动管理办法，规范二级招标采购管理。依规选举产生国网直流公司党委、纪委，完成党组清理规范工作。完善“三重一大”决策实施细则等9项制度。推进国网直流工程建设有限公司和国家电网公司电网建设分公司工商注销前期工作。全面完成京外工程建设部工商注册。

技术管理。国网直流公司编制完成《特高压直流工程建设管理实践与创新》丛书。完成《±1100kV换流站换流阀施工及验收规范》等15项企业标准规范、31个标准化作业指导书编制，形成典型经验案例509项，修编行业标准1项。

技术支撑。国网直流公司完成“五站七线”（湘潭±800kV换流站、南京±800kV换流站、泰州±800kV换流站、临沂±800kV换流站、青州±800kV换流站，昌吉—古泉±1100kV特高压输电线路工程、上海庙—山东±800kV特高压直流输电线路工程、扎鲁特—青州±800kV特高压直流输电线路工程、酒泉—湖南±800kV特高压直流输电线路工程、晋北—江苏±800kV特高压直流输电线路工程、锡盟—泰州±800kV特高压直流输电线路工程、灵州—绍兴±800kV特高压直流输电线路工程）技术支撑工作，对巴西美丽山二期、拉默直流等海外工程在施工关键技术、重大施工方案和管理策划等方面提供技术支撑。完成5个受端换流站设备集中安装、分系统调试、带电安全隔离等重大技术方案审查。开展大截面导线施工关键技术培训，编制线路标准化作业指导书及技术支撑手册。

设备监造。国网直流公司同步实施十四站直流设备监造，“五直”工程设备监造及换流变压器就地转运完成；吉泉及渝鄂工程、调相机工程设备监造顺利开展。10GW工程换流变压器大批量产成，1100kV换流变压器通过型式试验。年度设备一次试验合格率达98.7%，较2016年提升1.4%。形成设备监造4项重大成果文件，提出标准化生产/监造要求1014条。

国网直流公司获国家电网公司年度档案工作示范级单位。

安全质量生产 国网直流公司开展“安全生产月”和“电力建设施工安全年”活动，组织安全问题清单梳理、安全生产大检查、反违章专项督察、协同监督检查，累计检查换流站42次，线路标段153次，查处问题1172条，均闭环整改。完善换流站土建、电气质量关键数据指标体系，以量化评价手段促进实体质量提升。实现酒泉、晋北、锡盟、扎鲁特站交、直流设备一次带电成功，换流阀一次解锁成功，首台首套新型调相机一次并网成功。昌吉站750kV GIS第一阶段耐压试验一次通过，古泉站主控楼首创“无尘化”交安。

±800kV灵州换流站工程获中国电力优质工程，上海庙±800kV换流站工程获评“电网建设安规执行示范站”称号。

科技与信息化 坚持创新驱动，优化管理创新工作体系，强化成果落地应用。国网直流公司组织完成国家电网公司直流工程现场建设集控平台一期开发上线，基建管控系统移动端重构并接入国家电网安全移动平台。建立特高压直流工程标准作业程序体系，推动“五位一体”末端融合。特高压影像采集和数码照片数字化平台搭建成功并平稳运行。

全年组织科技课题105项，获得中电建协电力建设科学技术进步奖一等奖1项、二等奖1项、三等奖7项；中电建协电力建设优秀质量管理QC成果奖二等奖2项，三等奖2项；中电联中国电力创新奖二等奖1项。完成3项公司科技项目验收结题。全年形成27项管理创新成果，11项调查研究成果，1项管理咨询成果。

党的建设和精神文明建设 国网直流公司深入学习贯彻习近平新时代中国特色社会主义思想和党的十九大精神，制定实施方案，党委班子带头学、反复学、全文学，先后专题学习9次，班子成员先后21次深入基层联系点党组织宣讲，组织基层党组织开展专题学习讨论59次。“两学一做”学习教育常态化制度化有序推进。成立党建工作领导小组，建立党建工作月度例会制度，开展政治巡察和党建体检，“旗帜领航·三年登高”基础建设年任务全面完成。建立党委成员抓党建联系点制度，将党建季度、年度考核纳入绩效考核。围绕工程建设开展 20 余项主题促进活动，宜昌支部评公司“电网先锋党支部”称号。开展党员之家阵地建设，规范和完善各支部“党员之家”活动室 9 个。制定《中共国家电网公司廉洁风险防控实施意见的通知》，形成符合专业化公司实际的廉政风险点和防控措施。

（熊　雄）

【国家电网有限公司交流建设分公司】

单位概况　国家电网有限公司交流建设分公司（简称国网交流公司）是国家电网公司的直属专业化电网建设管理单位，主要从事国家电网公司直接投资或担任项目法人单位的特高压交流输变电工程和跨区电网重点交流输变电工程的建设管理、技术统筹和管理支撑工作。

组织机构　国网交流公司共设置 12 个部门，分别是综合管理部、计划部、财务部、安全质量部、工程管理部、信息环保部、党建工作部（监察审计部）、宜昌工程建设部、武汉工程建设部、郑州工程建设部、华北工程建设部、华东工程建设部。

人力资源　截至 2017 年底，国网交流公司职工 116 人，其中：博士研究生 15 人、硕士研究生 48 人、本科 50 人，合计占员工总量的 97%；教授级高工 2 人、正高级职称 7 人、副高级职称 64 人，合计占员工总量的 63%；一级建造师 26 人、监理工程师 8 人、造价工程师 5 人、咨询工程师（投资）3 人、安全工程师 12 人、其他职业资格 18 人。2017 年组织各类培训 1942 人次。实施“交流接力棒”青年员工培养计划，开展专家梯队建设，共产生国家电网公司级专业领军人才 2 人，优秀专家人才 5 人、优秀专家人才后备 3 人、高级兼职培训师 5 人，增选国网交流公司级优秀专家人才 17 人、优秀专家人才后备 6 人。2017 年末国网交流公司人才当量密度为 1.397 4，人才引进指数 1.15。

经营管理　2017 年，国网交流公司直接管理 1000kV 变电站 3 座，协同管理 1000kV 变电站 14 座、线路 2898km，完成电网建设项目投资 7.1 亿元，投资计划完成 103%。规范综合计划储备项目入库管理，实现储备项目形成一批、检查一批、储备一批。统筹规范合同、采购和归档管理，采购文件归档及时率达 100%。组织完成 4 个批次、47 个项目集中采购，共计 1459.9 万元，完成合同签订 155 份，共计 1.72 亿元；招标和合同的法律把关率达 100%，规范采购与合同管理。

建立统筹支撑、综合服务、政治保障三个中心，推行“三级三维”绩效量化考核，配套完成绩效管理制度修订，启动应用绩效管理信息系统。共召开规章制度委员会 7 次，完成自有制度废止、内部规范发布等审核工作，修编制度 9 项，新增制度 2 项，编制规章制度汇编。完成公务用车制度改革。开通微信公众号和官方微博，拓展宣传平台。开展十年科技档案“抢救式”归档，堵塞档案管理漏洞。

推进问题清单梳理工作，梳理出 19 个问题，立行立改问题 11 个，编报重点问题专项报告 2 篇，形成整改决议 1 个。完成浙北—福州、平圩三期送出等工程竣工决算编制工作，推进蒙西—天津南、锡盟—山东和锡盟—胜利等工程的竣工决算编制工作。完成资金预算的申请与支付。编制 2016 年企业年度工作报告及全面风险管理报告。落实中央“八项规定”、预算控制“硬约束”，坚持勤俭办企业，从严从紧控制“三公”费用、非生产性和一般性开支。强化资金安全管理，组织开展 2017 年资金安全检查，问题整改到位。

安全管控　特高压交流工程协同安全质量监督工作。选派技术骨干 21 人次协助总部开展基建反违章专项督查。安全质量重点工作任务按计划完成，组织落实“安全生产月”“质量月”及“电力建设工程施工安全年”等活动要求。开展隐患排查、应急管理等工作，探索创新安全专业培训方式，组织 100 余名员工分两期开展以实操为主的安全专业体验式培训及应急救援实操技能竞赛。支撑总部工作取得新成效，对 9 家省公司开展特高压交流工程质量回访工作，收集回访问题 210 项，并形成调查报告和问题整改工作建议。推进送变电企业转型升级，完成施工承包商资信评价管理办法和指标修订。分层次开展《中华人民共和国网络安全法》宣贯培训，网络信息安全在直属单位中唯一实现零漏洞、零通报。开展项目经理培训和反违章专项督查等工作。

综合监督工作。推进综合监督平台建设，深化开展综合监督。将月度巡查以及工程建设关键环节、重大风险的“四不两直”督查纳入综合监督，建立常态监督工作机制，将环水保、档案等各专业督查工作纳入监督范围，实现业务范围、工程项目和建设过程全覆盖。累计监督检查各级项目部 219 个次，提出整改问题 529 项。延伸开展藏中联网工程安全监督检查，共检查各级项目部 19 个次，提出整改问题 94 项，及时纠正现场安全隐患。

质量监督和工程创优工作。浙北—福州工程正式获得 2016～2017 年度国家优质工程金质奖总结表彰，皖电东送工程获得 2016～2017 年度国家优质投资项目，蒙西变电站获得国家电网公司创优示范工程命名。

工程建设　2017 年，国网交流公司负责 3 个特高压交流变电站工程建设管理。

锡盟—胜利工程锡盟变电站扩建工程于6月30日投运。建设过程中构架及设备吊装作业临近高压带电区域，监控系统扩容及二次改造临近带电屏柜，施工区域狭小，安全风险高，安全管控要求高，现场采取严格落实岗位责任制、加强安全监督、全程旁站等措施，保证了现场安全。

胜利变电站新建工程于6月30日投运。按计划完成第二组主变压器安装、站内试验、系统调试、带电试运行等作业。胜利站所处地区的极端温度达−42.4℃，年有效施工期仅6个月，冬期施工要求高，混凝土浇筑、主设备油务处理、开关设备气室处理技术难度大，制订资源投入计划、物资排产与供应计划、设计图纸出版计划，建设过程中跟踪计划执行情况，定期组织召开工程调度会，及时解决问题，关注工程计划时间节点和工作接口，科学部署、动态调整，实现各工序的无缝衔接，确保工程计划有效落实。

皖南换流站—皖南变电站工程皖南变电站扩建工程于5月9日开工，克服临近带电体作业安全风险高、夏季气温炎热、扩建接入难度大等困难，采用移动式防尘室安装1000kV GIS设备来保证安装质量，2017年完成土建工程约98%，完成电气安装约88%，完成Ⅱ母停电期间施工任务，开始Ⅰ母停电施工作业。

统筹支撑 2017年，国网交流公司开展14个特高压交流工程“技术统筹、管理支撑”工作。完善组织制度体系，优化工作机制。建成“统筹支撑中心”，修订印发《特高压交流输变电工程统筹支撑工作管理办法》，编制发布《特高压交流输变电工程管理内部流程手册》，宣贯“深化基建队伍改革、强化施工安全管理”12项配套政策，并更新相关文件。完善“日控制、周协调、月分析、季考核、年度总结提高”的工程管理机制，每周召开统筹支撑中心领导碰头会、工程调度会，统筹协调国家电网公司资源、国家电网公司内外部关系、各工程间的关系，按月组织工程建设情况分析会，分析建设任务与形势，提出工程建设管理建议，形成分析报告，供国家电网公司总部有关部门、工程全体参建单位参考。

支撑工作平台建设。修订完善《特高压交流工程标准化手册》，规范工作行为，完善标准平台建设；健全物资质量管控预警机制与物资质量分析会制度，协调解决物资生产供货与工程建设的矛盾，建立监造周期报表与现场的对接机制，打造设备监造平台；推进档案平台建设，发布《工程档案管理工作内部规则》，明确管理职责、流程与要求，梳理现行相关档案管理制度，编印《档案管理制度汇编》，编制档案培训教材与知识题库，组织开展档案基础知识全员集中学习与考试，组织档案知识竞赛，落实档案年活动要求。

技术管理。组织完成2017年度特高压交流工程培训课件8项并上传国家电网公司网络大学。编写并出版《特高压交流工程施工管理与关键技术》《特高压交流工程现场建设管理》丛书，普及基础管理知识。组织开展特高压变电站施工工艺标准化研究，编制完成电气、土建两大类65项159个施工工艺初稿。

标准化、规范化工程建设。组织工程标准化开工核查，促进依法合规建设，落实“先签后建”要求；组织建设管理培训、技术培训、现场监督与指导，组织审查重大施工方案35项，统一各在建工程标准工艺和技术原则；牵头组织编写建设总结，完成淮南—南京—上海工程、锡盟—山东工程、蒙西—天津南工程等工程建设总结编写阶段性任务；按计划完成已投运工程约3万卷档案的核查和接收工作，锡盟—山东、蒙西—天津南工程通过档案预验收，淮南—南京—上海工程通过档案验收。应对国家行政许可政策调整，承担环保水保设计管理职责，主动介入初步设计环节。编制《输变电工程环境保护水土保持管理口袋书》，指导现场环保水保规范管理。

完成特高压交流工程结算管理“一库两规定”编制，基本建成技经管理标准化体系。114个典型案例库、58条管理规范、近4万字工作内容深度规定实现了技经标准的基本统一。完成合同技经条款专项梳理，技经全业务协同服务成效显著。通过对施工、设计、监理、保险、物资五大类合计15份典型合同所有条款进行梳理和深入分析，提出29条关键条款修改建议。完成结算审核全部工作计划，结算审核累计协调解决问题266项，“四交”工程结算审核工作全部完成。实现综合计划动态优化管理，新增扩建工程和已投运工程月报，档案、环水保、房屋拆迁扩充纳入月报展现内容。

科技创新 截至年底，国网交流公司在现场建设方面发布国家标准5项、电力行业标准12项、国家电网公司企业标准15项、国家电网公司典型施工方法22项，制定专业性指导意见16项，为特高压交流输变电工程规模化、标准化建设奠定基础。

针对特高压工程技术方案的优化提升、特殊地质条件、特殊气候条件带来的新挑战，国网交流公司组织开展相关专题研究，解决技术难题，取得系列化成果，获得9项国家电网公司、行业及国家级奖项，获得14项专利授权。变电施工方面，依托皖南站扩建工程，研发全封闭移动式车间，使得安装环境温湿度达到要求，洁净度达到百万级标准，革新现场GIS安装技术，印发《1000kV GIS移动式车间管理规定》和《1000kV GIS移动式车间验收标准（试行）》，规范GIS移动式车间现场管理；组塔施工方面，开展抱杆安全提升关键技术及组塔机具轻小型化研究，分析悬浮抱杆的安全薄弱环节，研制附着式抱杆、轻小型化平臂抱杆等机具，形成山区组塔系列化解决方案；针对8.8级大扭矩螺栓，研发电动扭矩扳手，保证紧固精度、降低劳动强度；架线施工方面，开展装配式架线研究，提高跨越架线工效，减少导线磨损，节约跨越时间，提高本质安全质量。开展特高压交流线路跨越重要设施新技术研究，组织研制吊桥式跨越设施、伸缩臂跨越设施及防跑线装置，解决快速封网、带电跨越等难题，其中吊桥式跨越设施已在工程中试点应用。

组织开展一系列前瞻性研究，“全过程机械化施工研究”对施工组织、施工效率、技术经济指标等进行详细测算，为特高压交流工程全过程机械化施工推广积累经验，提高施工本质安全水平。“解体变压器现场安装”针对特高压交流变压器运输难度大、周期长、费用高的特点，配合解体式变压器的研制工作进行现场安装研究，制定解体式变压器安装工艺导则。依托苏通GIL管廊工程，组织开展GIL运输与安装机具研究、安全防护措施研究等，确定管廊内运输安装初步方案和运输安装机具技术原则。《解体式特高压变压器现场安装技术》等8项研究课题成果获2017年度电力建设科学技术进步奖（一等奖2项、二等奖4项、三等奖2项）。

党的建设和精神文明建设 加强党的组织建设，召开党员大会，选举产生新一届国网交流公司党委和纪委。健全领导体制，实现党委书记、董事长“一肩挑”，及时制定相关工作规则、议事规则。开展国家电网公司直属党委党员代表大会的代表选举，组织国家电网公司十九大代表的选举推荐工作。加强基层党支部建设，全部党支部完成换届选举，配齐配强党建工作力量。有计划发展党员工作，把关严格，壮大党建工作队伍。

深入推进“两学一做”学习教育常态化制度化，落实“三会一课”、民主生活会、组织生活会等制度，严肃党内组织生活。坚持以党的建设“旗帜领航·三年登高”计划为引领，开展“基础建设年”各项工作。深入学习宣传贯彻党的十九大精神，抓牢党委理论中心组和基层支部学习教育，组织开展红色教育特色主题学习活动，全年开展党建学习350余次。完善党建绩效考评体系，组织开展4次季度巡察监督，压实管党治党责任。创新开展“基层党组织一本通”深化应用、党建工作档案标准化课题研究。

召开党风廉政建设工作大会，部署全年工作任务，及时传达公司纪检监察年中工作会议精神，落实中央八项规定精神。开展“三家建设”系列特色活动。配合依法治企综合检查，提升依法治企水平。开展企业文化传播工程，推动国家电网公司卓越企业文化落地。

（周万俊）

【国家电网有限公司信息通信分公司】

单位概况 国家电网有限公司信息通信分公司（简称国网信通公司）承担国家电网公司投资及组织的骨干通信网以及骨干信息网的建设管理，承担涉及国家电网公司总部电网调度和管理业务的通信网及骨干信息网的运行和维护等工作，承担国家电网公司总部、国家电网公司一级部署和相关直属单位集中部署信息系统的运行维护等工作，承担国家电网公司总部信息通信支持、科研成果和专利管理等服务工作。

2017年，国网信通公司通信系统运行可靠率100%，信息通信建设任务完成率100%，网络与信息安全任务完成率100%，完成公司各项考核目标。

人力资源 截至2017年底，国网信通公司有员工262人，本科及以上学历员工占比94%，研究生学历人员占职工总数72%；29岁及以下员工占比32.3%，30～39岁员工占比31.9%；信息和通信专业占比63%，电力专业占比8%，管理及其他专业占比29%。

安全生产 安全管控。完成本质安全年度重点任务，第一批通过国网信通部组织验收。推进风险清单化管理，梳理出61项新调规风险点、58个网络安全风险点，制定153项针对性预控措施。开展安全生产问题清单梳理，完成问题查找、组织整改。深化专业反措和应急管理，牵头完成国家电网公司“十八项反措”信息通信部分修编，在国网安质部应急体系评价中名列前茅。开展安全生产大检查、基建现场反违章专项行动。

系统架构优化。推进骨干通信网运行调优，利用二、三级网资源，补强51处网络薄弱环节。强化信息系统架构，采用解耦、降级备用等措施，完成协同办公等15套核心信息系统优化。故障次数同比下降62.14%，故障时长同比下降70.81%。

隐患治理。开展拉网式弱口令、漏洞整治专项行动，完成72万余个账号梳理，消除弱口令4172个，整改漏洞1056个。完成行政交换网单电源隐患和北京数据中心SAN网络单链路隐患治理。

网络安全防控。贯彻《中华人民共和国网络安全法》，落实网络安全职责，开展信息系统等级保护"回头看"。加快网络安全分析监控中心建设，率先开展网络安全分析监控全天候值班，监测拦截外网攻击415万余次，封禁恶意攻击者IP地址4239个。处置勒索病毒重大隐患，抵御大范围攻击感染风险。

专业发展 核心业务自主化。完成核心业务岗位、责任、人员"三项清单"梳理，涉及核心业务55类、工作职责360余项，分批次推进核心业务自主运维，实现信息安全、网络通信等核心业务全面回收，核心业务自主化率达93.5%。

专业工作。编制《信息通信定期检修工作规范》，创新开展邮件、协同办公等系统主备切换演练和验证，预防性检修主动性维护取得进展。统一应急指挥系统"端到端"一体化管理维护要求，系统可靠性得到提升。深化信息化项目管控，制定研发实施现场反违章措施二十条，组织研发现场抽检，消除安全隐患300余个。

专业工具优化。开展监控工具微应用建设，实现特高压"三大直流"、三套信息系统以及保密主题监控全景化展示。完善自动化巡检功能，实现自动化巡检覆盖率97%。推进应用程序故障"一键处置"，实现电子商务平台等62套信息系统快速恢复。

专业建设。加强调控工作标准化、规范化管理，获评公司信通调度唯一五星级评价。灾备中心升级为数据中心。对标国际标准，完善客服管理和工作机制，作为系统首家信通客服通过呼叫业务成熟度模型（CC-CMM）一级验评。强化应用软件功能检测能力建设，实验室通过CNAS认证。

服务保障 重大保障。按照"五个最""五个零""五个杜绝"的要求，完成十九大保电信息通信保障工作。完成"一带一路"国际合作高峰论坛、厦门金砖峰会、巴西美丽山特高压工程投运国际仪式等53项重大活动保障任务。

工程建管。"四交四直"特高压配套通信工程投产，新扩建站点112个、新建光缆9474.5km。藏中联网工程克服高海拔、站点多等困难，安全优质完成年度建管任务。京沪光通信系统改造通过竣工验收，西单机房搬迁改造及业务割接工作按时完成。全年完成244个公司统建信息化项目的建设工作，包括165个延期项目。

技术服务支撑。完成会议保障工作3227次，受理用户电话14.76万通。完成国家电网公司奖项推荐504项、查新课题503项，审核专利文件申请1200件，助力国家电网公司荣登全国专利排行榜榜首。完成国家电网公司外网网站改版工作。

科技创新。量子密钥快速偏振反馈装置研发等重点技术难题取得突破，量子保密通信网示范工程年度建设任务完成。超长距光通信技术创造扎鲁特—西郊工程402km 100G试验电路和上海庙—山东工程443.35km 10G系统的新纪录。耐极寒、超低损OPGW关键技术研究完成光缆、金具的研制。2017年荣获省部级奖励11项。

内控管理 开展问题清单梳理，形成两项重点整改决议、两项重点问题专项报告及16个问题专项整改报告。严格依法从严治企。配合依法治企综合检查等各类专项迎检工作，查出问题按期完成整改。开展重点工程项目和运维成本跟踪审计，开展工会经费审计。优化绩效考核管理。修订绩效考核办法，优化调整考核细则，强化绩效考核结果应用。设立安全生产专项奖励基金，引导和激励员工为安全生产做贡献。强化计划物资管控。强化资金刚性管控，严格费用审核，严控无预算支付或超期支付。优化调整综合计划管控指标。提升物资采购效率效益，集中采购率达100%，公开招标率达99.66%。提升综合管理服务水平。实现月度重点工作线上流转，强化重点工作督查督办。落实新员工生产值班宿舍，按期完成公务用车改革，实现"两供一业"分离移交年度目标。组织制定《外网计算机保密注意事项》，加强外网涉密行为管理。

党的建设和精神文明建设 从严治党。坚决贯彻中央全面从严治党要求，落实董事长、党委书记"一肩挑"。抓好党建工作落实，实施国网信通公司党建"旗帜领航·三年登高"计划。健全完善党建考核体系，推动支部党建工作责任落地。坚持融入中心抓党建。深化"两学一做"学习教育，推进"学习型、服务型、创新型"党组织建设。组织党员开展"三亮三比三无"主题活动，组织党支部联建，以党建为纽带推进业务协作。在十九大保障工作中，开展"党旗飘扬保电进行时"主题活动，发挥党支部战斗堡垒作用和党员先锋模范作用。

党风廉政建设。组织抓好党风廉政建设"两个责任"和"一岗双责"责任的层层落实。坚决反对"四风"，严格执行"八项规定"实施细则。开展党风廉政约谈，执行约谈和报告工作制度。履行监督责任，组织开展内部巡察，编制廉洁风险防控模板，加强关键环节廉洁风险管控。

队伍建设。实施职员职级管理，构建员工职业发展双通道。坚持选人用人标准，公开竞争择优选拔干部，优化干部岗位配置。制定专业能力培养提升计划，加强专业人才培养。强化干部作风建设，组织开展强化执行力建设专题培训。

企业文化建设。开展“信通讲堂”“班组微讲堂”和青年志愿服务活动，以党建带动群团工作。深化“五比一创”劳动竞赛。实行董事长联络员机制，听取职工群众意见建议，抓好意见落实工作。关心关怀员工，加大对困难职工慰问和帮扶力度。

（黄　荷）

中国南方电网有限责任公司

【公司概况】 中国南方电网有限责任公司（简称南方电网公司）是根据国务院关于电力体制改革的统一部署和国务院《关于印发电力体制改革方案的通知》（国发〔2002〕5号）、国务院《关于组建中国南方电网有限责任公司有关问题的批复》（国函〔2003〕114号）和国家发展和改革委员会《关于印发〈中国南方电网有限责任公司组建方案〉和〈中国南方电网有限责任公司章程〉的通知》（发改能源〔2003〕2101号）等文件精神，由广东省、海南省和国家电网公司在广西、贵州、云南所属电网资产为基础组建的国有企业。经国务院批准，2002年12月29日挂牌成立，2004年6月18日完成工商注册登记。南方电网公司总部设在广州市。南方电网公司属中央管理，在国家实行计划单列，财务关系在财政部单列，由国务院国资委履行出资人职责。根据《关于中国南方电网有限责任公司部分权益协议转让有关问题的批复》（国资产权〔2006〕1480号）和《关于调整国家电网公司所持中国南方电网有限责任公司部分股权有关事项的通知》（国资收益〔2012〕1117号），南方电网公司注册资本为人民币600亿元，各方比例为：广东省38.4%，中国人寿保险（集团）公司32%，国务院国资委26.4%（暂时由中国国新控股有限责任公司代持），海南省3.2%。

2017年南方电网公司系统没有发生较大及以上人身事故，没有发生设备和电力安全事故，没有发生对公司和社会造成重大不良影响的电力安全事件。全网统调最大负荷1.63亿kW，同比增长10.5%；完成售电量8902亿kWh，增长7.3%；西电东送电量2028亿kWh，创历史新高；客户平均停电时间20.08h，下降10%；中心城区客户年平均停电时间2.14h，下降21.3%；第三方客户满意度测评81分，提升1.5分，广东、广西电网公司及广州、深圳供电局连续多年在地方公共服务评价中名列第一。南方电网公司连续11年获得国资委年度经营业绩考核A级，在世界500强企业排名中，列第100位。

【领导班子】 2017年，南方电网公司领导班子发生调整。8月29日，免去杨晋柏中国南方电网有限责任公司党组成员、副总经理职务。12月5日，毕亚雄任中国南方电网有限责任公司党组成员、副总经理，免去王良友党组成员、副总经理职务。

截至2017年12月31日，南方电网公司领导共9位：

公司党组书记、董事长：李庆奎

公司党组副书记、董事、总经理：曹志安

公司党组副书记、副总经理：史正江

公司党组成员、副总经理：毕亚雄

公司党组成员、副总经理：贺锡强

公司总会计师：李文中

公司党组成员、党组纪检组组长：杨志宏

公司党组成员、副总经理：江毅

公司党组成员、副总经理：陈允鹏

【组织机构】 南方电网公司总部设有22个部门，下设总部后勤管理中心、年金中心2个直属机构，超高压公司、南网培训中心（南网党校、南网干部学院）、南网海外服务分公司等3家分公司；广东、广西、云南、贵州、海南电网公司，广州、深圳供电局、调峰调频公司、南网国际公司、鼎信科技公司、资本控股公司、南网物资公司、南网能源院、鼎元资产公司14家全资子公司；以及南网科研院、南网能源公司、南网财务公司、鼎和保险公司、广州电力交易中心、南网传媒公司6家控股子公司。职工总数30万人。2017年南方电网公司组织机构见图。

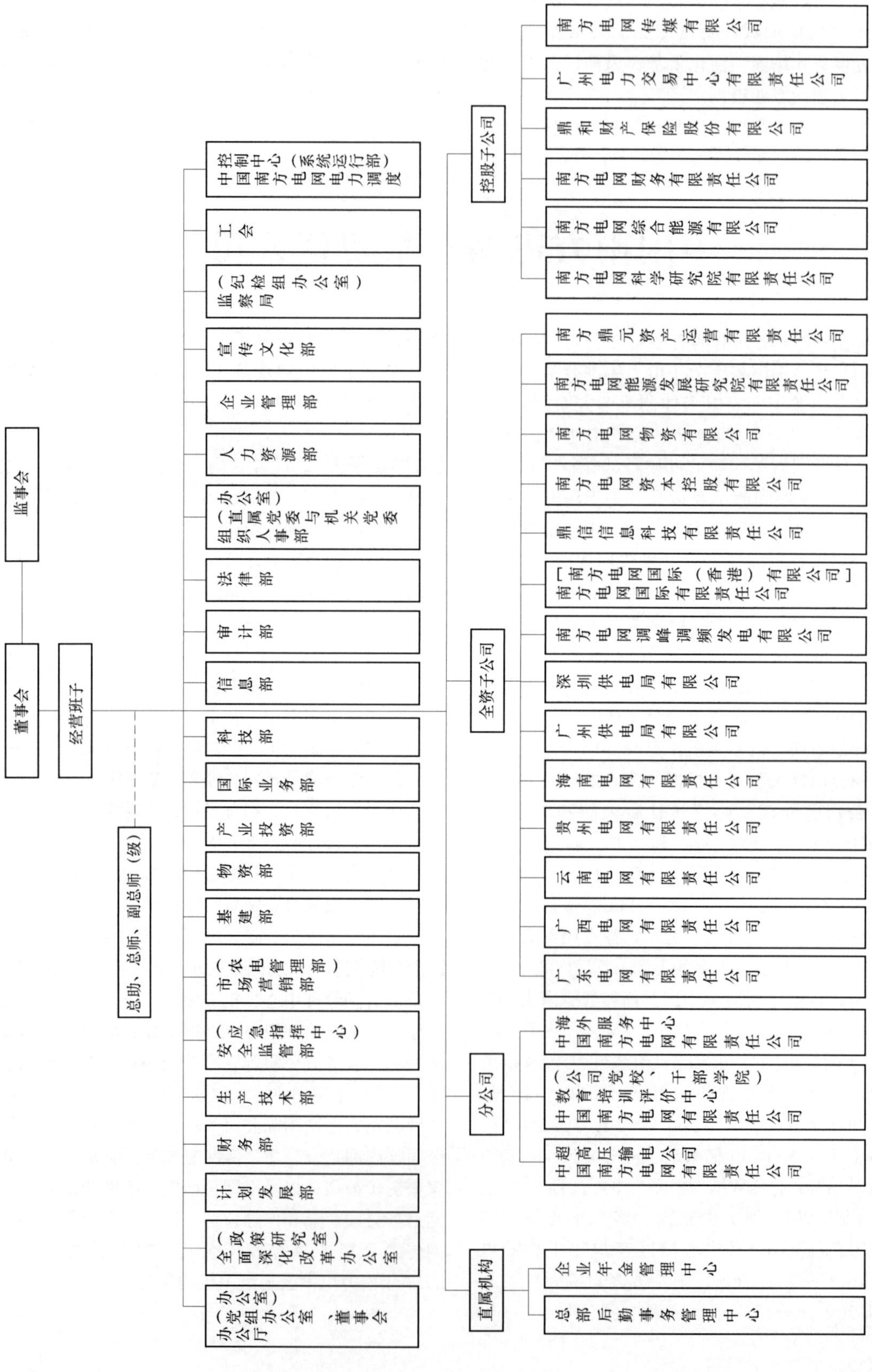

2017年南方电网公司组织机构图

【改革发展】 实现输配电价改革省级电网全覆盖，推进跨省跨区输电价格核定。省级电力交易中心全部设立。建立健全市场规则和技术平台，不断丰富交易品种，现货及辅助服务市场建设纳入国家首批试点并正式启动。持续扩大市场化交易规模，全年省内市场化交易电量 2680 亿 kWh，占全网售电量的 30.1%。通过输配电价改革、市场化交易和减税降费，降低实体经济用电成本 545 亿元。引导社会资本参与增量配电改革试点，第一批 18 个试点项目全部实现多方主体共同投资。新接收独立供电区 324 个。坚持互利合作，云南保山等地方电网改革取得历史性突破。推进国企改革，138 家子企业公司制改制完成。推进深圳前海混改试点，已实现供电、竞争性售电、综合能源服务三类业务实体化运作。稳步推进内部体制机制改革，进一步优化组织架构。完成调峰调频公司改制。“管办分离”的物资和招投标管理新体制基本建立。

【重大项目】 制定印发南方电网“十三五”智能电网发展规划、28 个重要城市保底电网规划，开展更高标准的对港澳供电保障能力建设。滇西北直流双极低端及受端配套工程、鲁西背靠背直流扩建工程、海蓄、深蓄电站首台机组等分别提前或按期投产，海南联网二回工程按计划推进。17 项工程获国家级电力行业优质工程奖。新一轮农网改造投资 340.6 亿元，全面完成 7665 个小城镇、中心村电网升级改造、4709 个机井通电、262 个贫困村通动力电任务。提前完成第一批 34 个边防部队电网建设项目，得到中央军委后勤保障部的肯定。

【安全生产】 有效管控云南异步电网频率失稳、海南“大机小网”、直流入地电流超标等风险，220kV 及以上故障快速切除率和安自装置正确动作率继续保持 100%。出台针对地方电网、自备电厂的调度管理规定，依法依规处置违反调度纪律事件。实现地市供电局调控一体化运行。强化设备全生命周期技术监督，严控入网设备质量，因设备原因导致的电力三级及以上安全事件同比下降 65%，变压器和 GIS 设备故障率同比分别下降 63%、65%。基建安全管理进一步强化，全系统没有发生基建安全事故。深圳、佛山、中山、珠海供电局获得安风体系“五钻”评级。“灾前防、灾中守、灾后抢”机制有效运转，沿海地区防风加固项目按时完成，抵御台风“天鸽”“帕卡”“玛娃”连续袭击，第一时间全面恢复灾区供电和对澳门供电，获得各级政府和社会各界的充分肯定。完成党的十九大、博鳌亚洲论坛、广州财富全球论坛等 7 项特级保供电任务。涉电公共安全隐患排查治理长效机制进一步健全，全年社会人员触电事故事件同比下降 71%。成功防范新型网络病毒勒索等攻击，没有发生二级以上网络安全事件。

【客户服务】 发布新版供电服务承诺，承诺指标高于国家标准。珠海、深圳、广州和中山供电局连续两年位列全国供电可靠性前四名。第三方客户满意度连续七年稳步提升。落实减少 12398 投诉十项举措，五省区 12398 投诉数量退出全国前列。营销创新扎实推进，全网智能电能表覆盖率 93%，低压集抄覆盖率 73%，分别提高 12 个百分点和 34 个百分点，海南、广州、深圳已实现全覆盖。完成五省区 95598 省级集中管理，95598 座席人员减少 27%，越级投诉下降 79%。南方电网公司获得国家质检总局专项计量授权证书，网省两级集中式计量自动化系统全面建成。建成南方电网公司互联网统一服务平台，注册客户突破 1300 万。建成网省两级营销监控平台，初步实现对电费、投诉、业扩等营销关键指标的在线监控。业扩报装效率进一步提升，业扩报装时间在完成国家要求压缩三分之一的基础上再压缩 11%，增加售电量 22 亿 kWh。彻底解决存量用电受限问题，全年没有新增用电受限。加快推进业扩投资界面延伸和客户资产接收，延伸投资 82 亿元，接收客户资产 85 亿元。

【走向海外】 南方电网公司与周边国家电网互联互通取得新进展，中国政府同意支持南方电网公司投资建设老挝国家骨干电网建设项目写入中老两国领导人见签谅解备忘录。越南永新一期项目和老挝南塔河一号水电站项目优于建设计划进度推进，越南永新项目总体进度完成 90%，老挝南塔河项目总体进度完成 94%。国际电网投资实现了零的突破，智利输电网（ETC）项目签署股权收购协议，进入交割准备阶段，马来西亚埃德拉项目即将交割，南方电网公司境外资产新增 93 亿元，占比 3.9%。完善驻外办事机构布局，海外服务分公司、南方电网公司驻欧洲代表处挂牌成立，驻柬埔寨办事处完成注册。全年共接待 52 批次、374 人次国外代表团来访交流。

【科技创新】 新增有效专利数 3310 件，累计 10 834 件。南方电网公司与国家电网公司联合申报的“特高压±800kV 直流输电工程”成果荣获国家科技进步奖特等奖，牵头完成的“特大型交直流电网技术创新及其在国家西电东送中的应用”项目获国家科技进步奖二等奖。研制世界首台 500kV 电压等级高温超导限流器工程样机和首台特高压柔直换流阀，建成投运集成可再生能源主动配电网示范工程，挂网运行世界首台机械式高压直流断路器，3 个国家重大科技项目通过验收。职工“双创”解决生产问题 1558 个，获专利授权 581 项，获全国电力职工技术成果奖 83 项。

【党建工作】 学习宣传贯彻习近平新时代中国特色社会主义思想和党的十九大精神，做到“全过程部署、全覆盖学习、全媒体宣传、全方位贯彻”。落实全国国有企业党的建设工作会议精神，履行管党治党责任，围绕“增强先进性、纯洁性，增强学习力、执行力”，常态化制度化开展“两学一做”学习教育。完成南方电网公司和各级子公司党建条款进章程工作。修订公司集体决策议事规则，确保把党组织研究讨论作为董事会、经理层决策重大问题的前置程序。完成二级单位党组改党委工作，实现二级单位党委书记和董事长“一肩挑”，10 家分子公司配备了专职副书记。落实党管干部原则，按照好干部标准和国有企业领导人员“20 字”标准，选优配强各级领导班子和领导人员。加大年轻干部选拔培养力度，二级单位班子中有 11 家配备了 45 岁以下的班子成员。对外讲好南网故事，在人民日报、新华社、中央电视台等三大央媒刊发报道 265 篇次，南方电网公司首次入选世界品牌 500 强，列第 299 位。持续推进党风廉政建设和反腐败斗争，坚持把纪律和规矩挺在前面，保持惩治腐败的高压态势，发挥巡视利剑作用，运用监督执纪“四种形态”，各级纪检监察机构共受理信访举报 423 件，处置问题线索 978 条，立案审查 185 件，给予党纪政纪处分 458 人，腐败存量大为减少，腐败增量得到有效遏制。抓实中央巡视反馈意见整改，持续深入开展五个专项治理，得到国资委党委巡视整改专项督查组的高度评价。在央企中率先出台产业工人队伍建设实施意见。广泛开展岗位练兵、技术比武活动 1082 项。全面深化职工小家建设，投入资金 1.5 亿元，改善 2218 个基层班站所职工工作生活条件，充分关心离退休干部，落实政治和生活待遇，提升了职工的获得感和归属感。

【履行社会责任】 推动能源结构转型升级，非化石能源装机和发电量占比分别达到 50.2%和 50.8%，远超全国平均水平。全力消纳清洁能源，西电东送电量中清洁能源占 87%，增加 5.3 个百分点。节能发电调度减少标煤消耗 1766 万 t，分别减排二氧化碳、二氧化硫 4698 万 t、34.6 万 t。并网接入风电、光伏等新能源容量 640 万 kW，同比增长 30%，风电、光伏发电量消纳比例分别达到 97.74%、99.41%。综合线损率 6.52%，比计划低 0.11 个百分点。新建充电站 225 座、充电桩 4992 个。完成电能替代项目 4232 个，新增电量 114 亿 kWh。

全力服务脱贫攻坚，完成电力行业扶贫建设投资 197 亿元，有效提高贫困地区供电质量，公司供电范围内 216 个贫困县售电量同比增长 13%，促进贫困地区经济社会发展。全力做好 485 个帮扶点的帮扶任务，派出扶贫干部 502 名，直接帮扶 3.6 万贫困人口脱贫。在国务院扶贫开发领导小组首次组织的 2017 年中央单位定点扶贫工作试考核中，荣获最高等次“好”，并连续两年获广东“红棉杯”金杯。

【瘦身健体提质增效】 适应输配电价改革新机制，开展 8 个专项行动。经营绩效持续提升方面，完成 8 户“僵尸企业”处置和 6 户特困企业治理，贵州电网公司提前完成扭亏。全民所有制子企业改制全部完成，累计压减法人户数 163 户。落实降杠杆减负债要求，负债率超 80%的企业户数同比减少 23 户，亏损企业数量和数额分别下降 67%、82%。清理低效无效投资 15 项。“两金”余额 232.8 亿元，同比降低 0.3%。抓好现金流精细化调度，实现资金运作收益 25 亿元。发行 15 亿美元国际债券。全面落实“营改增”政策，减免税款 18 亿元。环保风险治理方面，全面完成 104 项环保风险点整改和 9 项重大变动项目补充环评，基本化解存量环保风险。信息系统实用化提升与数据质量治理方面，全网四级单位功能应用覆盖率、业务线上办理率、基础数据一致性均达到 100%，站线变户一致性 99.4%，主网设备账卡物一致性 98.7%。结构性缺员治理方面，完成转岗培训 7662 人次，累计解决结构性缺员 1.2 万人，基本解决关键专业领域和生产一线关键岗位的缺员问题，用工总量实现“负增长”。历史遗留问题清理方面，完成 1058 家职工持股企业股权清退工作，清退非公股东 21 万人次、股本 60.12 亿元。“三供一业”供电设施完成接收或签订协议达 96%。解决了松山电厂购售电案等重大法律案件，全年避免或挽回经济损失 10.6 亿元。审计整改治理方面，开展审计项目 1472 项，促进增收节支 7.35 亿元；开展历次内外部审计整改专项治理，收回金额 9936.5 万元。资产产权证明清理方面，积极解决权属证书缺失问题，公司系统存量未办证房屋、土地数量下降 38.2%。清洁能源消纳方面，制定落实公司促进云南水电消纳 20 条措施，充分发挥大电网资源优化配置平台功能，全年累计增送云南水电 277 亿 kWh，云南水能利用率达到 88%，超额完成国家发展改革委下达目标。突破性实施云贵水火发电置换交易，开创西电东送交易机制新格局，实现多方共赢。精益管理体系初步建立，公司 78 家单位达到或超过国内、行业一流水平，38 个班站所达到五星标准。开展了班站所 7S 管理劳动竞赛，收集合理化建议 8 万余条，现场改善成果 5 万余项。

（刘之阳）

【广州电力交易中心有限责任公司】

公司概况 广州电力交易中心有限责任公司（简称广州电力交易中心）是根据中共中央、国务院《关于进一步深化电力体制改革的若干意见》（中发〔2015〕9 号）和改革配套文件规定，经国家发展改革委、国家能源局批准成立的全国两个国家级电力交易机构之一，于 2016 年 3 月 1 日挂牌成立，5 月 11 日完成工商注册正式开业。广州交易中心按照多家单位参股的公司制模式组建，注册资金 3000 万元，其中南方电网公司有限责任公司股比 66.7%，广东省粤电集团有限公司股比 9.3%，广西投资集团有限公司、云南省能源投资集团有限公司、贵州产业投资集团有限责任公司、海南省发展控股有限公司各占股 6%。

广州电力交易中心是区域电力交易市场平台，不以营利为目的，主要负责落实国家西电东送战略，落实国家指令性计划、地方政府间框架协议，开展跨区跨省市场化交易，促进省间余缺调剂和清洁能源消纳，逐步推进南方区域市场融合。经营范围包括：电力市场交易平台的建设、运营和管理；电力市场交易组织，提供结算依据和相关服务，汇总电力用户与发电企业自主签订的双边合同；市场主体注册和相应管理，披露和发布市场信息等。

领导班子

临时党委书记、董事长、企业法定代表人：张勉荣

临时党委副书记、董事、总经理：吴建宏

临时党委委员、董事、副总经理、总会计师：唐虎延

临时党委委员、副总经理：杨临

组织机构　按照组建方案，交易中心设置 8 个职能部门，编制 50 人。根据交易中心初期经营管理及业务运作需求，设置市场运营部、交易组织部、结算统计部、综合管理部、党建及企业管理部等 5 个职能部门。

西电东送　西电东送计划管控进一步强化。加强计划管理，建立了“年度制定计划、月度分解调控、月内临时调整”的闭环管控机制。着力提升计划执行的刚性，推动将西电东送计划分解到具体电厂，并签订了年度购售电合同。全年西电东送电量首次突破 2000 亿 kWh，达到 2028 亿 kWh，同比增长 3.8%，较年度计划多 216 亿 kWh，其中增送云南富余水电 277 亿 kWh。

电力市场作用进一步发挥。针对云南富余水电消纳困难、贵州电煤供应紧张等问题，积极引入市场化方式，进一步拓宽了水电消纳空间。1～5 月促成广东、云南省政府开展协商交易，实施“拉水腾库”，有效消落了各水库汛前水位。同时研究制定了云贵水火电量置换方案、云南增送广西市场化交易方案，并于 9 月突破性地开展了云贵水火电置换交易。全年市场化方式增送云南富余水电 268 亿 kWh，超额完成国家发展改革委 200 亿 kWh、网公司 239 亿 kWh 的增送任务。

市场建设　构建形成跨省跨区市场机制。于 2017 年 6 月正式印发执行南方区域跨区跨省月度电力交易规则，明确了交易品种、交易时序、交易收费等市场运行基本事项。谋划未来电力市场发展，开展了南方区域电力市场“十三五”规划、南方区域电力市场体系和交易品种等课题研究。

开发完成交易技术平台。交易平台功能基本完善，完成了月度发电合同转让交易、月度增量挂牌交易功能开发，并实现与营销系统、省级交易系统的互联互通。

有序组织了跨区跨省市场化交易。先后组织双边协商交易 2 次、月度挂牌交易 12 次、发电合同转让交易 6 次、云贵水火电置换挂牌交易 1 次。

进一步规范了市场管理。市场主体培育取得成效，推动广东 49 家、云南 16 家发电企业进入跨区跨省市场，并多次宣贯交易规则和平台应用。积极推进南方区域信用体系建设业务协同，建立了征信评价协同机构，制定了售电公司注册和征信评价统一标准。

两级市场协同机制进一步理顺。配合编制了关于有序推进电力交易业务的指导意见，进一步清晰了两级交易机构职责界面和管控要求。制定了南方区域电力交易衔接时序图和结算衔接算法，确保了两级市场电力交易的有效衔接。

经营管理　精益化管理逐步加强。贯彻精益化管理理念，制定了交易中心精益化管理方案，着力提升公司内部管理质量和效益。进一步规范公司治理和授权经营机制，修订“三重一大”、董事长办公会议等制度。充分发挥市场管委会的平台作用，成立秘书处专业工作组，促进交易机构规范运行和服务水平提升。联合北京电力交易中心，推动建立全国交易机构联盟，为规范交易机构运营提供了新的渠道。广州电力交易中心组建运营获得国家高度肯定，并被纳入全国《砥砺奋进的五年》大型成就展。

经营管理进入常态化。按照“不以营利为目的、三年累计保本、略有盈余”原则，制定了电力交易服务收费方案，并从 6 月交易电量开始收费，全年实现营收 2776 万元，营业利润 633 万元。强化预算管理，制定了公司预算管理办法，并成立全面预算管理委员会。推进依法治企，引入外部法律顾问，做好了全面风险的管理和防范。

综合管理水平有效提升。成立装修项目工作组，保质保量完成了新基地办公场所的装修工作，为公司搬迁奠定了良好基础。加强保密管理，成立保密管理委员会，并签订了保密承诺书和保密协议。

党的建设　学习贯彻党的十九大精神实现了全覆盖。把学习宣传贯彻党的十九大精神作为首要政治任务抓紧抓实抓好，通过临时党委中心组学习、“三会一课”等形式，引导党员干部反复学、深刻悟，并组织开展学习十九大精神的专题党课，促进全体党员干部结合实际理解党的十九大精神，推动把思想统一到党的十九大精神上来，把力量凝聚到党的十九大确定

的各项工作任务上来，把实际行动落实到推动公司改革发展工作上来。

党的建设进一步加强。结合临时党委会成立，梳理明确了临时党委决策流程，进一步完善了党组织的作用发挥机制。认真落实党风廉政建设责任，切实抓好党员干部教育监督，营造风清气正的良好氛围。常态化制度化开展“两学一做”学习教育，制定实施“三个计划”，全力打造“三个平台”，搭建“三亮三增”“交易直通车”等载体。严格贯彻新形势下党内政治生活的若干准则，组织召开支部组织生活会和主题党日活动。

队伍活力进一步提升。加强队伍建设，完成第二批员工招聘工作，签订全员岗位责任书，并制定了全员绩效考核暂行方案，强化了队伍激励。队伍工作作风有效提升，组织开展作风建设专题党课，带动队伍强化执行力。成立公司工会组织，并开展多次工会活动，营造出了团结和谐的干事创业氛围。

主要事件

1月11日，广州电力交易中心市场管理委员会在广州召开第一次全体会议，听取了广州电力交易中心工作情况汇报，审议并原则性通过了《南方区域跨区跨省月度电力交易规则》和市场管理委员会专业工作组设置方案等。

4月28日，广州电力交易中心首次通过电力交易平台组织开展跨省区电力市场化交易，最终两家发电企业成功摘牌，成交电量为95.1万kWh（送方电量），广东侧交易关口价格为0.397 03元/kWh，折算到云南电厂上网侧价格为0.202 82元/kWh。此次交易的顺利组织，成功检验了广州电力交易平台，标志着广州电力交易中心已经具备组织跨区跨省电力市场化交易的条件。

6月7日，广州电力交易中心正式印发《南方区域跨区跨省月度电力交易规则（试行）》（简称《规则》），这是全国首个跨区跨省月度电力交易规则。《规则》明确了南方区域跨区跨省的市场交易主体范围，设计了协议交易、发电合同转让交易、集中竞价交易以及挂牌交易四个交易品种和交易规则，规范了交易组织、安全校核以及交易计量、结算等工作流程和要求。

6月20日，为落实国家清洁能源消纳有关要求，促进云南富余水电在区域范围内充分消纳，广州电力交易中心组织开展了7月跨区跨省发电合同转让交易。此次交易规模为4.5亿kWh，交易方式为集中报价、统一出清，出让内容为广东发电企业基数合同。经过交易撮合和安全校核，广东、云南各有1家发电企业成交，出清电量（广东侧）为2400万kWh，出让电价为0.358元/kWh。

8月1日，广州电力交易中心正式印发《广州电力交易中心交易服务收费方案（试行）》（简称《方案》），明确从6月1日起收取电力交易服务费用。方案按照“不以营利为目的、三年累计保本、略有盈余”原则，明确框架协议交易电量按1元/万kWh、市场化交易电量按2元/万kWh的标准双向收费。

9月12日，广州电力交易中心组织开展云贵水火置换首次挂牌交易，发电侧上网电量6.2亿kWh全额成交，共有14家云南的水电厂竞争获得。这标志着南方电网公司以市场化交易方式促进云南水电消纳取得重大进展，也是对西电东送原有交易机制和格局的又一次突破。

9月25日，“砥砺奋进的五年”大型成就展是在北京展览馆举办，该展览展示了中国十八大以来以习近平同志为核心的党中央团结带领全党全国各族人民取得的辉煌成就。广州电力交易中心的组建运营作为电力体制改革的先进典型选入展览。

9月29日，广州电力交易中心举办“交易直通车”党员先锋队授旗仪式，正式成立公司“交易直通车”党员先锋队，进一步将党的建设与交易业务融合，促进支部战斗堡垒作用和党员先锋模范作用的充分发挥。交易直通车是交易中心推进学习型、服务型党建，为市场主体提供高效、便捷、及时的电力交易培训，与客户之间开展有效信息沟通的平台。

11月8日，全国电力交易机构联盟成立大会在北京召开，宣布全国电力交易机构联盟正式成立。按照全国电力交易机构联盟组建方案，北京电力交易中心有限公司为理事长单位，广州电力交易中心有限责任公司为副理事长单位，全国32个省级电力交易中心为成员单位。

12月26日12点，南方电网全年西电东送电量达到2001.85亿kWh，首次突破2000亿kWh，连续第7年创下历史新高。这个数字比南方电网成立之初增长了近3倍。

（刘金涛）

【超高压输电公司】

公司概况 超高压输电公司前身最早为原水利电力部于1984年成立的华南电网办公室，先后改组、更名为中国南方电力联营公司、国家电力公司南方公司。2002年底，南方电网公司成立后，改组为南方电网公司的分公司，负责管理、运营、维护和建设南方电网跨省区骨干网架和重要联络线，承担实施西电东送战略的职责。

截至2017年底，超高压输电公司运行管理的西电东送主通道形成了“八交九直”500kV及以上输电通道，即500kV贵广交流双回，施贤线双回等八条交流输电线路，以及±500kV天广直流、高肇直流、兴安直流、牛从甲乙直流、金中直流，±800kV楚穗直流、普侨直流、新东直流九条直流输电线路。拥有500kV及以上输电线路21 629km，其中800kV特高压输电线路4744km，500kV海缆3×31.4km。西电东送设计送电能力（送端）达到4610万kW，变电容量3600万kVA，换流容量3290万kW。拥有500kV变电站19座（花都、福山、青岩、黎平、崇左、独山、南宁、来宾、桂林、柳东、河池、平果、百色、永安、梧州、贺州、罗平、武平、如画），500kV及以上换流站15座（马窝、广州、高坡、肇庆、兴仁、宝安、牛寨、从西、楚雄、穗东、普洱、侨乡、鲁西、金官、桂中）、500kV串补站7座（平果、百色、河池、砚山、桂林、贺州、玉林）。目前正在建设的有滇西北直流、海南联网二回、乌东德直流等重点工程。

2017年超高压输电公司完成售电量1841亿kWh，实现主营业务收入588.79亿元，利润13.7亿元，EVA10.59亿元，超额完成考核指标。资产总额同比增长9.1%、达到637.35亿元。

领导班子

党委书记、执行董事：宫宇

党委副书记、总经理：赵建宁

党委委员、副总经理：庞准

党委委员、副总经理：俞彦

党委委员、纪委书记：黄立新

党委委员、副总经理：杜鹏

党委委员、总会计师：唐忠良

党委委员、工会主席：卢文生

党委委员、副总经理：李庆江

总经济师：邓庆健

组织机构 超高压输电公司本部设有办公室（党委办公室与行政办公室合署）、企业管理部、计划发展部、组织人事部（直属党委办公室）、财务部、生产技术部、安全监管部（应急指挥中心）、基建部、审计部、监察部（纪委办公室）、宣传文化部、工会办公室12个职能部门；设有检修试验中心（品控技术支持中心、机巡作业中心合署）、科技创新中心、信息通信运维中心、物流服务中心、培训与评价中心、综合服务中心（离退休服务中心）、南宁监控中心7个业务支撑和实施机构，以及海南联网工程项目部（简称海南联网项目部）、云南鲁西背靠背直流异步联网工程项目部（简称异步联网项目部）、滇西北送电广东±800kV直流工程项目部（简称滇西北项目部）、乌东德电站送电广东广西输电工程（特高压多端直流示范工程）项目部（简称乌东德项目部）4个业主项目部，其中检修试验中心（品控技术支持中心、机巡作业中心合署）、南宁监控中心按二级机构管理。管辖广州局、贵阳局、昆明局、南宁局、柳州局、梧州局、百色局、天生桥局、曲靖局、大理局10个超高压局（其中广州局、贵阳局、昆明局为特大型企业；广州局下设海口分局，贵阳局下设黎平分局）。另设有5个专业公司，包括广东南方电力通信有限公司、广东南电物资有限公司、广东天广工程监理咨询有限公司、广东美居物业管理有限公司、广东新天河宾馆有限公司。

截至2017年12月31日，超高压输电公司有员工5072人，其中劳动合同制用工3664人。全口径统计，本科2289人，研究生及以上学历421人；中级及以上职称员工1391人；40岁以下员工3515人。

安全生产运行 2017年，超高压输电公司直流综合能量可用率连续7年保持在96%以上。完善直流入地电流综合管控机制，溪洛渡直流工程闭锁次数同比下降50%。开展直流秒级过负荷、满负荷回线方式转换等重大技术问题研究，提出金中直流工程孤岛运行期间FLC控制策略优化建议。完成党的十九大、香港回归20周年庆典等8次重大保供电任务，抵御数次高强度台风等灾害的侵袭，未发生主设备因灾受损停运事件。科技创新、信息化建设取得新的进展。

1. 生产指标

全年未发生设备和电力安全事故。直流运行总体可控在控，直流综合能量可用率96.45%；全年未发生事故及有较大影响的电力安全事件，三级及以上事件数同比降低21%，线路跳闸降低32%；全年天广直流通道利用小时同比增加1006h；云广、糯扎渡直流工程由于云南送出电量同比增长12%，通道利用小时同比分别增加407h、660h。主要技术指标稳中有升，主设备可用系数99.766%，继电保护正确动作率99.6%，故障快速切除率、安自装置正确动作率连续多年保持100%，生产实时控制业务通道保持零分钟中断，关键应用系统可用率99.5%，信息网络可用率100%，均优于年度计划。

2. 风险管控

按期完成防范电网运行9大风险的15项重点工作。有效防范滇西北工程停电跨越等局部重大电网风险。在主网安全策略调整后稳控装置动作次数大幅增加的情况下，安稳装置正确动作率保持100%。完善直流入地电流综合管控机制，溪洛渡直流工程闭锁次数同比降低50%。开展低压送电线路社会人员触电隐患排查治理，完成11处输电线路与公路铁路交叉跨越隐患点整治。

3. 设备管理

开展设备整治，全年完成主设备整治10类3879台，存量隐患下降91%。完成鲁西换流站第一轮隐患整治及第二阶段深度隐患排查，同步形成涵盖38类柔性直流关键设备的70个运维规范。鲁西背靠背直流工程投运以来未发生重复性故障，四季度实现零闭锁。针对新建工程建立典型设备故障信息通报机制，健全生产运维向工程规划建设等前端环节的问题反馈渠道，推动技术标准贯穿工程建设各阶段。实现无人机巡视基层班组全覆盖，直升机巡视突破25 000km，机载激光雷达成功应用。以普洱换流站为试点推进智能换流站建设，完成可行性研究。建成由应急通信车、单兵应急通信系统、北斗应急指挥终端等组成的综合应急通信系统。

4. 应急保电

提级抓好防灾应急及保供电工作，应对7次台风、4轮冰冻、26轮强降雨及11次4级以上地震自然灾害，特别是8月底不到10天时间内抵御了“天鸽”“玛娃”“帕卡”3个高强度台风的侵袭，未发生主设备因灾受损停运事件。完成党的十九大、香港回归20周年庆典等8次重大保供电任务。

5. 科技工作

开展科技创新，参与完成的两项科技成果分别获得2017年国家科技进步特等奖和二等奖，6名专家首次获得国家级科技奖励。科技项目入库经费同比增长37%，南方电网级决策项目同比增长128%，国家重点研发计划课题“特高压设备安全运行与风险评估方法”成功立项实施。完成南方电网公司重大专项“提高直流控制保护运行可靠性研究”，依托项目实现关键板卡检测及故障定位向元器件延伸。全年申请、授权专利分别同比增长111%和55%，累计有效专利数增长44%、达到816件。职创项目及经费数增长25%、28%。

6. 通信信息工作

针对“通信网八大类23项运行风险”，梳理年度安全风险六大类9项，制定对应预控措施。建成由应急通信车、单兵应急通信系统、北斗应急指挥终端等多种应急通信方式组成的综合应急通信系统。结合党的十九大保供电开展通信系统应急演练。完成本部内外网隔离，按期完成了本部内外网隔离，在南方电网公司率先应用桌面虚拟化技术。全力做好滇西北直流工程配套通信系统建设，协调南网总调、相关中调，在两个月内完成通信设备安装、调试及系统并网工作。

电网发展 2017年，滇西北工程、鲁西站扩建工程以及桂南输变电工程等改扩建工程相继投产；海南联网二回陆地工程陆地工程部分完成近90%；乌东德工程完成全部核准支持文件办理，实现年底前上报核准的工作目标，并确定特高压混合直流的技术路线。全年完成固定资产投资92.6亿元，完成率100.5%，其中电网建设投资87.76亿元。人身死亡人数为0；投产计划完成率100%，里程碑进度计划完成率100%；工程造价控制指标100分，各项指标均优于年度目标。

主要工程建设进展：

（1）滇西北工程。9月初滇黔桂境内线路完工，9月底两端换流站交流场投运，11月22日直流线路全线贯通，12月5日工程极2低端解锁成功，标志着工程具备送电能力，12月27日双极低端投运，提前近1个月完成国务院“争取2017年形成送电能力”的责任状目标，兑现南方电网公司对国家的庄重承诺。工程攻克新松换流站高海拔、高地震烈度叠加的世界级技术难题，全线共实施3032次跨越安全施工，妥善解决多个关键设备供货问题，通过全过程全方位设备品控管理和工程质量管理实现全部设备一次带电成功，全年增加云南水电外送能力250万kW。

（2）乌东德工程。前期工作准备方面，3月底按期取得南方电网公司可研批复，项目核准共需办理11类支持文件，3月中旬取得工程沿线41县（市）510份可研路径协议，12月25日全部取得核准必备的160份支持性文件（不含非核准前置的支持性文件）。超高压输电公司先后70余次向国家能源局、国土部、环保部、水利部等国家部委和沿线各省市县汇报沟通，沿线各省（区）全部纳入年度重点项目推进。成立专项工作组不间断驻点贵州协调100余天，成功攻克贵州盘州路径难题，在15天内取得六盘水市及全部省级文件。针对工程技术路线开展研究论证，形成可研及专题研究报告10卷50册。完成换流站预初步设计和全线终勘。12月29日开展临时道路动土仪式。完成三通一平施工、监理、检测招标工作。

（3）海南联网二回工程。陆地工程方面，架空线路全长143km，共有铁塔382基，截至年底完成青赔374基、基础浇筑371基、组塔363基、架线124km。变电站方面，福山、徐闻、港城三站扩建土建基本完成，南岭终端站扩建基本完成，林诗岛终端站扩建12月底开始进场施工。海缆方面，4根海缆全部开始生产。依法办理海底电缆路由海域使用手续，在完成海底电缆路由海域使用论证的基础上，向国家海洋局申请海域使用权。海缆应急抢修关键技术国产化等重点项目也在按计划开展。

（4）鲁西换流站扩建工程。从可研到投产仅15个月。5月13日交流扩建部分启动投产，5月20日开始调试，15天完成41大项试验，6月2日满负荷、过负荷试验一次通过，开始送电。6月26日工程提前投产。

（5）其他工程。桂南输变电工程6月30日按期投产。平果站扩建至永安站出线间隔工程3月完工，7月线路接入后投产。平果站扩建至金陵站间隔工程完成初步设计评审。宝安站噪声治理10月6日完成施工并于12月8日通过验收。

经营管理 2017年，超高压输电公司全力落实国家和南方电网公司党组消纳云南水电工作部署，完成售电量1841亿kWh，连续第六年创历史新高，其中云南送出（含溪洛渡）电量1242亿kWh，比年度计划多277亿kWh，清洁水电占比提升至89%。价值创造方面，实现利润13.7亿元、EVA 10.59亿元，超额完成经营考核指标。资产总额同比增长9.1%、达到637.35亿元。万元固定资产售电量17.53×10^3 kWh/万元。全员劳动生产率192.29万元/（人·年），完成年初计划122%。信息化评级保持A级。

1. 精益管理

全面推行精益管理，构建“1+4+5+1”的总体实施方案及配套制度体系，建立“三会三报”、精益诊断等推进机制。全年实施精益项目585个，开展员工自主改善15 000余项，形成《优秀精益实践100例》等一批典型成果并全面推广应用。肇庆换流站、滇西北大理分部获评南方电网公司五星班站，比例居全网第一。聚焦重点领域和薄弱环节，在生产项目管理、综合计划管理、全面预算管理、资产全生命周期管理等方面开展一系列精益管理专项提升行动。其中生产项目精益管理专项提升可强化项目执行的计划性、规范性和协同性，推动生产项目完成率提升至98%的历史最好水平。

2. 专项行动

推进瘦身健体提质增效，做好提质增效工作机制，按月通报工作进展并持续抓好过程管控。开展7个专项行动，其中资产产权证明清理实现应办未办不动产存量下降30%，超出年度指标10个百分点；环保风险治理完成全部16项风险点整改；结构性缺员治理实现核心业务和生产一线人员配置率达到99%、优于南方电网公司控制目标2个百分点；实用化及数据质量治理实现信息系统支撑业务100%线上完成；经营绩效持续提升超额完成“两金”清理10亿元，实现新天河宾馆持续盈利。

3. 财务管理

做好经营管控工作，计划外多安排输送云南水电260亿kWh，全年可控成本较预算节约0.49亿元。减少汇兑损失，全年通过提前购汇归还美元贷款0.6亿美元，节约财务费用约1600万元。开展税务筹划、保险理赔，做好挖潜增效，研究税收政策、落实“营改增”，减少税费支出3.33亿元。通过研究开发费用税前加计扣除申报工作、“三免三减半”税收优惠备案工作、利用“营改增”政策等一系列措施，减少各项税费支出1.77亿元。

4. 审计工作

统筹制定审计项目计划，超高压输电公司全年高效完成33个项目审计和1项审计调查，披露问题411个，涉及金额1827万元。开展审计整改治理专项行动，对过去5年审计披露的919个问题逐条整改，集中解决一批历史遗留问题。修编制度87项，建立审计整改长效机制。加强审计过程控制，审计报告印发速度比往年提升30%。

5. 送电经营

落实南方电网公司水电消纳工作部署，将南方电网公司水电消纳20条措施细化为30项具体工作，做好通道运维和建设管理，直流回均临停次数同比下降8%，鲁西换流站扩建、柳贺甲乙线温升改造工程按期优质投产，提升云电送粤能力100万kW，年内新增送电23亿kWh。全年云南送出电量1242亿kWh，超计划277亿kWh。云南外送通道利用小时4815h，同比增加205h，其中单回通道（糯扎渡直流）最高5950h，同比增加661h。

6. 依法治企

落实南方电网公司加快依法从严治企意见，把法治工作融入改革发展大局，与各项业务融合，制定163条落实措施并按计划完成。执行重大决策法律审核制度，全年出具决策法律意见书72份，合同法律审核率保持100%。提升依法维权能力，全年主动提起诉讼13起，结案11宗并全部胜诉，经济损失额为0，全年未发生负有违约、侵权、违规等责任的法律案件。重要经营决策、经济合同、规章制度法律审核率100%。法律服务满意度达100%。完善重大项目法律顾问服务，防范重点工程签证等涉诉风险。

人力资源管理 围绕“超高压输电公司可持续发展”和“干部员工队伍可持续发展”，开拓进取、务实工作，各项关键指标有所提升。抓好新一轮专家选聘和责任制建设。站在更好支撑安全生产的角度，从严开展新一轮技术、技能专家选聘，首次采用无纸化评分系统，严格笔试、实操和面试流程，择优新聘26名技术和8名技能专家，引导更多员工专注技术技能，走进专家通道。

1. 干部队伍建设

抓好干部选拔培养和管理监督，科学选用各级干部，配强基层领导班子，优化基层班子搭配。全覆盖完成145名处级干部学习贯彻十八届六中全会精神轮训，党委书记讲授专题党课，分管领导进行专业授课，干部“四个意识”有所提高。加强年轻干部培养，举办2期科级干部综合能力提升培训班，组织基层单位13名员工到本部交流学习。抓好干部考核监督，规范开展基层领导班子和领导人员年度考评，完成领导人员因私出国（境）审批 63 人次。建立公司专业人才梯队库，组织各单位制定、落实一对一的培养措施。首次有员工获得国家青年科学基金项目支持，连续 2 年有员工获得广州开发区创新创业骨干人才称号。

2. 员工及组织管理

完成各级机构优化调整，加强组织机构运作管理，梳理明确本部部门及业务支撑机构的职责界面。抓好调控一体化组织机构建设，将原挂靠南宁局的南宁区控中心更名为南宁监控中心，实行独立运作。根据工程建设情况，做好业主项目部整合及人员调配，撤销“两渡”（糯扎渡和溪洛渡）项目部，设立乌东德项目部和 7 个地区分部，为推进工程建设提供组织保障。

3. 培训教育

培训体系逐步壮大，建立覆盖全部专业的学习地图，目前拥有专兼职培训师 158 名，具备 2 个专业培训基地和 20 个实训室，平果培训基地 8.4 万 m^2 扩建工程已经动工，其中专用的特高压线路实训场 2018 年建成投运后，将填补国内空白。启动南方电网公司“基于岗位学习地图的培训、评价、持证、上岗机制”改革试点，解决目前存在的评价标准与实际工作脱节等问题。抓好超级培训师团队建设，以竞争选拔的方式确定 30 名培养对象，按照 3 年的培养周期，采用学习与实操相结合、“请进来”与“送出去”培训相结合的方式进行系统培养，建立以内部考核和国际认证为主的考评机制，完成第一年培养目标。统筹推进员工能力提升工程，分层分类分阶段抓好员工基础素质和核心能力培养。

党群宣传 2017 年，超高压输电公司党委始终把贯彻落实南方电网公司党组一号文作为做好全年党建工作的总抓手，将南方电网公司党组一号文细化分解为 91 项具体工作举措。抓好党的十九大精神学习宣传贯彻，通过“十场辅导进基层，百场宣讲进支部，千里送课进工地”等载体营造了浓厚氛围。推进“两学一做”学习教育常态化制度化，严格落实“三个计划、三个平台”并切实抓好过程管控，确保学习教育质量和成效。将党的全面领导融入公司治理，建立完善“2+5+9”的基础管理制度体系。深化“支部建在站上”，在 26 个站点直接建立党支部，实现党支部在全部换流站和具备条件的变电站全覆盖，普洱换流站党支部作为南方电网公司唯一基层组织获评中央企业示范党支部。常态化抓好先进典型选树宣传，推动《南网总纲》进支部、进班组、进工地，使《南网总纲》成为全体员工的价值遵循。

1. 两学一做

推进“两学一做”学习教育常态化制度化，制定实施方案、任务清单和学习参考，逐级召开部署会。完善分层分级闭环管控机制，按月发布政治学习重点内容、开展党支部主题党日记录检查，按季督促检查基层单位中心组学习情况，做到认识到位、责任到位、措施到位。落实“三个计划”，超高压输电公司党委带头严格按新要求开展中心组学习。组织制定党支部主题党日工作规范，采取“亮身份、强党性、见行动”三部曲的模式增强组织生活的规范性和有效性，开展体验式教育、人人上讲台、知识竞赛等活动；督促各党支部按月对党员自学情况开展检查，确保学习质量。实施“三个平台”，严格执行“三会一课”等组织生活制度，常态化抓好党员教育管理监督，引导党员做到“四个合格”。推进党员作用发挥载体建设，建立党员责任区 354 个、党员示范岗 52 个、党员突击队 38 支，评定标杆党支部、先锋班站、先锋工作室 43 个。

2. 宣传文化建设

践行《南网总纲》，以企业文化示范单位、示范点创建为抓手，推动《南网总纲》和超高压输电公司党委《若干意见》在基层落地，在理念传播、主题提炼、阵地建设等方面丰富实践。全年在三大媒体上稿 14 条/篇，同比提升 40%，其中两条在央视新闻联播播出。推出的《中国建设者：巨龙在野》大型纪录片，以及精准扶贫专题纪录片，均宣传了“万家灯火、南网情深”的品牌形象。

3. 基层党组织建设

推动“支部建在站上”，在 26 个站点直接建立了党支部，实现党支部在全部换流站和具备条件的变电站全覆盖，2017 年新投运的鲁西、新松、东方等站点在建站之初均同步成立了党支部。构建达标党支部、标杆党支部、示范党支部的“三级联创”建设体系，开展达标对标，形成提升支部工作的长效机制。制定党支部标准化建设到位达标清单、党支部书记工作到位达标清单、合格党员标准等规范性文件，以及“三会一课”、党员示范岗、责任区等业务指导书，启用统一的《党支部组织生活记录本》，使支部工作规范高效。

4. 廉洁监督

按照南方电网公司部署，在超高压输电公司本部开展“四种形态”规范化试点工作，并延伸到下属柳州局，分层分级谈话 402 人次，纪检人员全程参与谈话过程，确保谈话严肃到位。编制超高压输电公司党委管理的144名领导干部廉洁情况“活页夹”，动态掌握廉洁自律情况。建立健全“第一种形态”分析研判机制，通过巡察、审计等途径多渠道收集问题线索，及时发现和处置苗头性、倾向性问题。构建“三不腐”机制扎牢不能腐的笼子，落实南方电网公司《构建“不能腐”体制机制的实施意见》，制定超高压输电公司工作方案，成立工作机构，健全完善权力运行制约、权力运行监督等6个工作机制，形成48项具体措施。连续6年举办领导人员廉洁从业研讨班，开展各类党章党规党纪教育292场，党员平均接受教育约5.9人次。

5. 巡察工作

按计划完成2017年巡察工作任务，完成对广州局、梧州局、大理局和南宁局四家单位的常规巡察，完成对昆明局、贵阳局、柳州局三家单位的“回头看”，完成对物资公司、通信公司、监理公司三家代管子公司的专项巡察，共访谈干部员工582人次，查阅资料2771份，发现问题154个。所有被巡察单位均按要求在规定时间内完成整改任务。

6. 团青工作

抓实团组织“三会一课”、志愿服务等基础工作，超高压输电公司福山变电站等3个集体个人获评中央企业级团青荣誉。围绕生产基建重点任务发挥青年生力军作用，开展“青春在安全生产、重点工程中闪光”等主题活动，组建“青年突击队”20余支。推进“青年文明号”和“青年安全生产示范岗”创建工作，组织“微创新”“青工五小”“青年创客”等评比，激发广大青年员工的创新热情。

7. 工会工作

开展厂务公开贯标认证工作，三级单位达标率100%。启动滇西北工程“中国梦　劳动美”劳动竞赛，组织参建单位强化工程强化进度、安全和质量控制。推进职工小家建设，向南方电网公司申报2个五星职工之家和4个五星职工小家。深入开展“培育好家风”“智慧女性　书香三八”等活动。

8. 扶贫工作

推进扶贫工作，点面结合推进产业扶贫和基础设施建设，组织青年支教、送课下乡等活动擦亮“南网教室”智力扶贫平台，各项扶贫任务按计划完成。

主要事件

1月19日，超高压输电公司召开党委扩大会议、第三届职工代表大会第六次会议暨2017年工作会议。

6月4日，南方电网公司党组书记、董事长李庆奎赴东方换流站，深入滇西北—广东±800kV特高压直流输电工程建设一线，就工程建设中基建安全、工程质量、成本监审、保证工期等问题进行督导。

6月26日，云南电网与南方电网主网鲁西背靠背直流异步联网二期扩建工程提前建成投运，标志着世界首个柔性直流和常规直流混合背靠背换流站全面建成投运。工程创新物资采购及管理模式，从项目可研到投产仅用时15个月，创造了世界直流工程建设工期最短纪录。

9月15日，±800kV普洱换流站党支部作为南方电网公司唯一基层组织获评中央企业示范党支部。

10月3日，滇西北—广东±800kV特高压直流工程入选央视献礼“党的十九大”大型纪录片《巨龙在野》，作为“中国智造”巅峰之作在国庆期间播出。

11月30日，超高压输电公司完成组织机构调整，调整后本部部门设12个职能部门，5个直属机构，4个项目部。各单位设12个局（中心），5家公司。

12月5日，滇西北—广东±800kV特高压直流工程极2低端解锁成功，形成送电能力，提前近1个月完成国务院“争取2017年形成送电能力”的责任状目标。

12月25日，±800kV乌东德电站送电广东广西输电工程完成全部核准支持文件办理，实现年底前上报核准的工作目标。

2017年，超高压输电公司完成西电东送售电量1841亿kWh，连续六年创历史新高，其中云南送出（含溪洛渡）电量1242亿kWh，比年度计划多277亿kWh，清洁水电占比提升至89%。

（马兆林　崔容健）

【调峰调频发电公司】

公司概况　调峰调频发电公司（简称调峰调频公司）是中国南方电网有限责任公司（简称南方电网公司）在鲁布革水力发电厂（简称鲁布革电厂）、天生桥水力发电总厂（简称天生桥电厂）和广东蓄能发电有限公司（简称广蓄公司，广蓄电厂）的资产（含股权）基础上组建的专业化分公司，受南方电网公司委托管理以上资产或行使相关的出资人权利，2006年7月成立，2006年11月挂牌，本部位于广东省广州市。

为提高电网稳定水平和优化配置资源能力的需要，2006年，南方电网公司印发《关于成立中国南方电网调峰调频发电公司筹备组的通知》（南方电网人〔2006〕10号）、《关于成立中国南方电网有限责任公司调峰调频发电公司的通知》（南方电网人〔2006〕34号）和《中国南方电网有限责任公司调峰调频发电公司组建方案》（南方电网战略〔2006〕8号）等文件，正式成立调峰调频发电公司。

调峰调频公司中文全称为南方电网调峰调频发电有限公司，英文全称为CSG Power Generation Company，英文缩写为PGC。按照南方电网公司的授权进行经营管理，负责南方电网的调峰调频发电业务，统一运营、维护、管理和建设南方电网调峰调频电厂，开展相关的电力购销、调峰调频服务、科学研究、技术开发、咨询服务和培训等业务，开展南方电网公司授权的其他业务，为南方电网公司安全、经济、优质运行服务。

调峰调频公司目前建成投运的电厂有5座，总装机容量800万kW；在建抽水蓄能电站有4座，装机容量420万kW（其中，深圳抽水蓄能电站已投产30万kW；海南琼中抽水蓄能电站已投产20万kW）；建成国内首个兆瓦级电池储能站深圳宝清电池储能站，已投运6MW。

领导班子

执行董事、党组成员、书记：梁周（2017年1～8月）

执行董事、党委委员、书记：梁周（2017年8～11月）

董事长、党委委员、书记：关雷（2017年11月起）

总经理、党组成员、副书记：刘国刚（2017年1～8月）

总经理、党委委员、副书记：刘国刚（2017年8～12月）

董事、总经理、党委委员、副书记：刘国刚（2017年12月起）

副总经理、党组成员：陈涛（2017年1～8月）

副总经理、党委委员：陈涛（2017年8～12月）

董事、副总经理、党委委员：陈涛（2017年12月起）

副总经理、党组成员：李品清（2017年1～7月）

党组成员、工会主席：李继宝（2017年1～8月）

党委委员、工会主席：李继宝（2017年8～12月）

董事、党委委员、工会主席：李继宝（2017年12月起）

副总经理、党组成员：李定林（2017年1～8月）

副总经理、党委委员：李定林（2017年8～12月）

董事、副总经理、党委委员：李定林（2017年12月起）

副总经理、党组成员：刘亚军（2017年1～8月）

副总经理、党委委员：刘亚军（2017年8～12月）

董事、副总经理、党委委员：刘亚军（2017年12月起）

党组成员、纪检组组长：祝谦（2017年1～8月）

党委委员、纪委书记：祝谦（2017年8～12月）

董事、党委委员、纪委书记：祝谦（2017年12月起）

总会计师、党组成员：唐生君（2017年1～8月）

总会计师、党委委员：唐生君（2017年8～12月）

董事、总会计师、党委委员：唐生君（2017年12月起）

组织机构 调峰调频公司本部设有办公室、计划发展部、财务部、生产技术部、安全监管部、基建部、审计部、组织人事部、企业管理部、宣传文化部、监察部、工会办公室12个部门，物流服务中心、培训与评价中心、综合服务中心、技术中心、征地移民办公室、信息通信中心（按公司二级单位管理）、检修试验中心（按公司二级单位管理）7个直属中心，生产检修试验基地建设办公室1个临时机构。下辖鲁布革水力发电厂1个分公司，清远蓄能发电有限公司（简称清蓄公司）、深圳蓄能发电有限公司（简称深蓄公司）、海南蓄能发电有限公司（简称海蓄公司）3个全资子公司，天生桥二级水力发电有限公司（简称天二公司，天生桥电厂）、广东蓄能发电有限公司、惠州蓄能发电有限公司（简称惠蓄公司，惠蓄电厂）3个控股子公司，梅州抽水蓄能电站建设管理局（简称梅蓄）、阳江抽水蓄能电站建设管理局（简称阳蓄）2个建设管理局。

安全生产及电厂运行

1. 安全生产总体情况

调峰调频公司系统坚持“安全第一、预防为主、综合治理”的方针和“一切事故都可以预防”安全理念，严控安全生产风险，全年落实5类20项安全生产主要风险的116项控制措施，实现安全生产稳定目标，未发生人身、设备事故，连续两年实现三级及以上电力事件零纪录，在南方电网公司年度安全绩效考核中并列第一。

编制调峰调频公司负责人和基层单位各级负责人安全职责到位标准，明确承接部门、岗位具体到位的工作，实现上下承接和逐级负责；采用“共享专家”模式，完成3家体系复审和11家单位初审，其中：广蓄电厂保持5钻水平，惠蓄电厂保持4钻水平，天生桥电厂、鲁布革电厂获得新4钻认证；统筹完成公司本部和10家单位应急建设能力评估，全年应急演练累计147次，调峰调频公司本部首次开展综合应急“双盲”演练，完成基于“事件—角色—任务—资源”的应急预案编制方法研究；梳理发布安全文化指标与体系要素之间的映射关系，用于基于业务推进安全文化建设与体系建设融合。组织开展安全文化示范单位评选和推荐，广蓄电厂被南方电网公司命名为“安全文化示范单位”。

2. 安全生产指标

安全指标：调峰调频公司系统全年未发生安全事故。未发生三级及以上电力事件，事件总数15起、同比减少6起，其中：二级事件发生0起，同比持平，三级事件发生0起，同比持平，四级事件发生5起，同比减少7起。

生产技术指标：调峰调频公司生产技术指标整体完成情况较好，其中有18项指标优于或等于去年同期值。生产实时控制业务通信通道连续7年保持“零中断”。

3. 电厂运行

2017年调峰调频公司各电厂运行正常，22项生产技术指标完成情况良好，完成南方电网公司下达计划值。2017年机组等效可用系数92.8%，同比增加1.8个百分点，机组启动成功率99.89%，同比增加0.09个百分点，机组强迫停运率0.2%，同比下降0.32个百分点，机组非计划停运小时18.65h/台，生产设备消缺及时率98.14%，220kV及以上继电保护正确动作率100%，故障快速切除率100%，安自装置正确动作率100%，生产实时控制业务通信通道连续2787天保持零中断。

2017年调峰调频公司共2台抽水蓄能机组投产，新增机组容量500MW，其中11月30日深圳抽水蓄能电站1号机组投产，12月23日海南抽水蓄能电站1号机组投产。至2017年底，调峰调频公司抽水蓄能机组装机22台，总装机容量6580MW，常规水电机组10台，总装机容量1920MW。

2017年调峰调频公司机组总启动21 099次，同比增加26.78%，其中机组发电启动10 217次，同比增加5.32%；抽水启动5207次，同比增加3.54%；机组调相运行4775次，同比增加5.08%。2017年蓄能电厂对电网事故应急响应28次，应急启动机组52台次，应急启动容量14 280MW，应急启动成功率100%。

2017年共完成2台次机组大修、30台次机组小修、149项预试定检，计划完成率100%。消除紧急缺陷52项、重大缺陷2项，紧急和重大缺陷消缺率100%，消除一般缺陷1392项，一般缺陷消缺及时率93.89%，同比提升2.29个百分点。

来水情况。2017年天生桥一级水库累计入库水量230.33亿m^3，去年同期145.28亿m^3，同比增加58.57%。鲁布革累计入库水量56.57亿m^3，去年同期38.39亿m^3，同比增加47.36%。2017年天生桥电厂泄洪39.42亿m^3，2016年未发生泄洪。2017年鲁布革电厂年累计泄洪24.09亿m^3，2016年同期5.75亿m^3。

上网电量情况。2017年，天生桥电厂累计上网电量83.35亿kWh，同比增加24.22%。鲁布革电厂年累计上网电量24.19亿kWh，同比减少3.82%。

4. 设备管理

设备管理制度和标准。修订安全生产管理制度，建立资产全生命周期技术标准体系。制定《水泵水轮机及其附属设备技术规范书》等4项调峰调频公司技术标准、《水电站设备在线监测系统技术规范》等3项南方电网公司企业标准。制定发电设备检修预试规程及23类设备146册检修维护手册，完成49 704条数据的台账功能实例验证。

生产风险控制。分解落实26项防范系统运行风险措施，完成8套安稳装置、4套失步解列装置的传动试验，完成134套二次装置的定检，制定128项继电保护精益化管理整改措施。制定4个方面20项设备风险控制措施，完成惠蓄电站机组主变压器保护跳闸回路双重化配置改造等11项反措计划，对天生桥电厂500kV GIS刀闸传动机构固定螺栓断裂及各电厂GIS隔离开关/接地刀闸动力电源非独立设置隐患进行分析并采取控制措施。

精益管理。制定7类班组规范化建设标准和星级评价标准，完成了55个班组评审，评选出三星班组18个、四星班组6个，天生桥电厂自动化班获评南网五星班组。开展生产项目、设备检修、备品备件等业务全过程的推演分析，完成基于“事件—角色—任务—资源”的应急预案编制方法研究。

5. 信息化建设

2017年，调峰调频公司关键应用系统运行率99.88%、信息网络运行率100%，全年信息化资产投资完成率100.08%。各业务域的实用化及数据质量指标总体90%以上，协同数据质量一致性相关指标均95%以上，完成网公司2017年考核目标要求。在维基平台推广方面，新建页面16 713份版本，平台用户1093人，建成站点空间231个，自主开发插件21款。在网络安全方面，统一布置无线网络，实现“有线访问内网、无线访问外网”的建设目标，推广桌面管理系统，办公终端全覆盖，接入终端2711台，注册移动介质6450个，推送高危漏洞补丁14个。

6. 科技创新

2017年调峰调频公司申报国家重点研发计划《海水抽水蓄能电站前瞻技术研究》获批，完成《海水抽水蓄能电站前瞻技术研究》申报书编制报送并通过答辩，成立《海水抽水蓄能电站前瞻技术研究》项目管理委员会并签订了项目实施协议和课题实施协议，制定了项目实施方案并召开项目启动会。组织863项目“大容量储能系统设计及其监控管理与保护技术”成果申报广东省电力行业科技创新成果奖，获广东省科学技术奖二等奖。

2017年荣获南方电网公司专利奖二等奖1项，职工技术创新奖三等奖2项。完成专利申请53项，授权39项。

物资管理　2017年，调峰调频公司实施物资和招标管理改革，印发调峰调频公司《招标管理办法》等B类管理制度，完成物资采购供应监控中心建设。调整内部机构，整合物资管理相关职能，撤销物资部，将原物资部职能调整至物流服务中心。

物资域各项监控指标完成情况：物资采购集中度97.5%，万元资产储备金额171.5元，闲置物资再利用率100%，需求计划准确率100%，公开采购率95.1%，评标专家入库率75.6%，招标采购计划完成率100%，品控物资品类覆盖度100%，品控供应商覆盖度100%，7天准时供货率100%，物资合同签订及时率94.7%，库存储备物资金额3.6亿元，储备物资库存金额占比98.9%，库存常规储备物资周转率17.9%。

2017年全年采购成交金额39.29亿元。发出公开招标火车24批次，非招标采购火车23批次，完成委托项目307个，平台采购成交金额38.73亿元，平台采购集中度98.6%。

电源建设

1. 总体规划

截至2017年底，调峰调频公司已投运天生桥二级水电站、鲁布革水电站、广州抽水蓄能电站、惠州抽水蓄能电站、清远抽水蓄能电站，深圳抽水蓄能电站和海南抽水蓄能电站于2017年末分别投产1台机组，投运电站装机容量850万kW；在建深圳抽水蓄能电站、海南琼中抽水蓄能电站、梅州抽水蓄能电站、阳江抽水蓄能电站，在建电站装机容量370万kW。深蓄电站和海蓄电站计划2018年机组全部投产，梅蓄和阳蓄电站计划2022年投产首台机组。

2. 项目前期工作

推进海南文昌项目前期工作。2017年9月，南方电网公司同意调峰调频公司开展清澜电厂扩建项目可行性研究等前期工作，12月，完成项目可行性研究报告审查；并取得核准前须15项支持性文件中的12项。

跟进蓄能电站选点规划。参与广西抽蓄选点规划审查、贵州抽蓄必要性及需求规模评审以及广东调峰电源发展规划研究成果讨论。

3. 在建工程管理

（1）深圳抽水蓄能电站。2017年，深蓄电站工程总体进度完成约86.36%。上水库蓄水位蓄至511.39m，库容为313.49万m^3，下水库水位蓄至72.32m，库容为979.41万m^3；尾水水道、引水水道充水成功；首台机安装按期完成并于11月30日投产发电（对比里程碑进度计划提前30天）。获得南方电网公司嘉奖。

（2）海南琼中抽水蓄能电站。2016年，海蓄电站工程总体进度完成约81.32%。上水库下闸蓄水，水位蓄至564.06m，库容为511.75万m^3；下水库于下闸蓄水，水位蓄至247.5m，库容为540.91万m^3；引水水道、尾水水道充水成功；首台机安装调试按期完成并于12月23日投产发电（对比里程碑进度计划提前3个月）。获南方电网公司嘉奖。

（3）梅州抽水蓄能电站。梅蓄电站工程总体进度完成18%。交通洞进尺944m（63%），通风洞进尺1192m（98%）；签订输水发电系统工程施工合同。

（4）阳江抽水蓄能电站。阳蓄电站工程总体进度完成20%。2017年7月8日主体工程正式开工；厂房首层中导洞开挖完成。

企业管理

1. 企业改制

推进公司“分改子”改制工作，采取资产重组与划拨新设的整体改制方式进行工商登记变更。完成新设子公司章程的设计及编制，开展公司改制法律尽职调查，排查改制过程中存在的法律风险，确保公司改制工作依法合规。

制定公司改制工作计划，明确公司改制各项流程节点和任务目标，完成改制工作的各项审批手续。办理南方电网调峰调频发电有限公司名称预核准及工商设立登记工作，于2017年12月28日在广东省工商局完成登记注册并领取营业执照。

2. 创先工作

2017年4月17日，编印《公司全面推行精益管理实施方案》和行动计划，以及《同业对标综合评价管理办法》等7份方案。成立精益管理推进机构，制定行动计划。建立沟通汇报和信息通报机制，刊发8期精益简报。开展实施方案巡回宣贯，统筹举办4期精益培训。标杆管理方面，构建涵盖4个维度、10项指标的公司同业对标综合评价体系，明确一流标准值和2017～2020年指标目标值。开展同业对标自评，2016年一流指数为82.1分。全员自主改善方面，探索奖励机制并试点建设。精益管理项目方面，按照本部做实、基层做精的指导定位，组织开展212项精益项目。

3. 法律事务

编制《调峰调频公司“十三五”法治建设规划》，开展“合同全过程管理精益改善”项目研究，推进资产产权证明专项清理工作，完成7宗土地权属证书办理。完成职工持股企业改革任务，改革后企业资产运营平台广州市广惠云天企业管理合伙企业（有限合伙）于6月2日注册成立，改革后企业全部转变为“产权公有、主业控制、收益归主业所有”的公有制企业。

完成管理制度合法性审核12项，合同审查1152份，涉及标的额1 358 339.18万元，完成重要经营决策法律审查24项，涉及金额1 128 623.77万元。出具法律意见书40份，法律风险尽职调查报告1份，规范重大经营决策、管理制度、经济合同的合法性审核，并实现三项法律审核率100%。

4. 制度建设

开展规范性文件文本审核，关注关联文件的管理要求，增加部门会签流程及集中评审环节，保证制度的协同性和可操作性。全年共召开6期制度集中评审会，印发管理制度12项、业务指导书10项。

经营管理

1. 电能指标完成情况

2017年调峰调频公司上网电量107.55亿kWh，比2016年同期92.25亿kWh增长16.6%。其中，天生桥电厂83.35亿kWh，比2016年同期67.10亿kWh增长24.23%；鲁布革电厂24.20亿kWh，比2016年同期25.15亿kWh减少3.79%。蓄能电厂累计上网电量63.81亿kWh，比2016年同期54.21亿kWh增加17.15%。深蓄电站和海蓄电站于2017年底均实现首台机组投产，两厂上网电量合计0.3亿kWh。机组总启动21 099次，启动成功率99.89%，机组等效可用系数92.8%，均达到历史最高水平。蓄能机组共应急启动28次，合计52台次。

2. 营销工作情况

与有关电网公司协调公司蓄能电厂结算方式，商订并规范结算流程。与广东电网公司协商，修订清蓄公司服务合同中不适应的结算内容。完成了广蓄电厂一期50%容量服务合同、鲁布革电厂年度购售电合同、天生桥电厂购售和输送电能合同签订工作。

研究国家关于天生桥电厂给贵州10%留存电补偿的事宜，提出了南方电网公司的意见和建议：一是沿用“留成电”，不宜使用“留存电”的提法；二是天生桥电厂留成电10%，黔桂各5%。落实“云南火电备用费分摊”及“广西丰期水电量消纳”事项。

深蓄电站机组投运后，为广东电网暨深圳电网提供电能转换及调峰等服务，经南方电网公司协商决定后由广东电网公司承担深蓄电站服务费用。目前广东电网公司与调峰调频公司正式启动深蓄电站服务合同商签事宜。

3. 财务管理

落实瘦身健体提质增效和降杠杆减负债专项工作，制定相关工作方案并完成既定目标；落实天二公司享受增值税即征即退和“西部大开发国家鼓励类产业企业”所得税优惠政策；深蓄公司完成企业所得税“三免三减半”税收优惠备案，深蓄电站容量电价通过广东省发展改革委审核，为每年7.08亿元；海蓄电站容量电价通过海南省物价局审核，为每年4.38亿元；宝清电池储能站2MW容量电费获得核价批复，为每年548万元。解决鲁布革电厂库区移民处置费用列支问题。明确费用列支的政策依据，确保费用合理合法如期列支。

修订《发电成本词典》，优化完善预算分层分级管控策略；选取资产总额、净资产收益率和资产负债率作为财务领域综合标杆对标指标；落实深蓄公司和海蓄公司注册资本金，取得梅蓄和阳蓄项目融资授权，融资按期到位；确保增值税“应抵必抵”；建立附属设备与主资产的对应关系，真实反映固定资产价值；剖析基建财务与生产财务并轨协同期间的折旧政策选择、融资筹划和暂估转固等重难点问题，形成对在建电站工程财务管理具有指导意义的研究成果，《工程财务管理在调峰调频电源工程建设中的应用研究》获得全国国企管理创新成果（2017年度）二等奖。

4. 节能降耗

2017年调峰调频公司开展以清蓄电站为试点的厂用电精益管理示范点建设工作，实现以厂用电分项计量和可视化为平台的精益化管理，厂用电率同期对比下降约0.15个百分点，建设成果作为2017年南方电网公司线损精益化管理工作组成部分，获得了南方电网公司2017年精益项目成果三等奖。

开展《南方电网调峰调频发电有限公司抽水蓄能电站绿色指标体系》（V2.0）（简称绿色指标体系）的编制工作，成果通过由环境保护部、水利水电规划设计总院、武汉大学等单位专家组成的专家组的评审；海南琼中绿色抽水蓄能电站达标设计方案在海蓄电站成功实施，标志着绿色抽水蓄能电站建设进入到工程实践阶段。

人力资源管理

1. 领导班子建设

截至2017年底，调峰调频公司处级干部共129人，其中正处级50人，副处级79人，平均年龄46.69岁。

干部选拔任用。全年调整处级干部125人次，充实所属单位特别是新建单位的班子力量，优化干部队伍的年龄和专业结构。

干部的管理和考核。突出干部“德”的重要性，将领导人员“品德素质”考核指标权重由20%上调至25%。优化完善领导干部个人信息清单，组织干部参加素质测评，以“一人一档”的方式建立干部评价档案，为干部选拔和使用提供依据。

干部培训。坚持党性修养和素质能力提升，举办十八届六中全会精神轮训、党性修养、财务管理、依法治企、青年干部等6期次培训班，培训干部288人次。

2. 人才队伍建设

印发《党委联系服务专家工作方案》，建立党委联系专家人才机制。印发《知识更新工程、领军人才培养工程及青年英才开发工程实施方案》，为人才创造能力提升环境。印发《人才短期调配管理实施方案》，组织选派7名短期调配人员赴深蓄公司、海蓄公司挂职锻炼，解决公司所属各单位短期生产、建设、经营管理力量薄弱问题。修订印发《技术专家管理细则》，细化信息、通信专业技术专家实绩考评标准，选拔出技术专家2名、助理级技术专家22名。

3. 劳资管理

工资分配方式。制定调峰调频公司深化绩效工资分配措施，将自主分配的其他绩效工资由工资总额的10%调整为15%，扩大内部薪酬分配自主权。调整考核系数设置，加大考核结果与薪酬收入挂钩力度。

激励约束机制。制定《调峰调频公司所属单位和本部部门负责人业绩考核奖励方案》，突出对重点人、重点领域、重点任务的考核和奖励。制定《调峰调频公司精益管理达标激励方案》，加大薪酬分配对精益管理的支持力度。制定《调峰调频公司劳务派遣用工岗位及薪酬规范方案》，对劳务派遣用工岗位设置、岗位编制、岗位岗级、工资点值等进行了统一规范，建立劳务派遣制用工工资正常增长机制。

4. 教育培训与人才评价

2017年，调峰调频公司启动水电厂仿真培训系统建设，完成沉浸式虚拟检修仿真软件平台搭建，完成天生桥电厂、清蓄电厂的大容量精确模型载入及基本功能测试；《电气二次系统扩展式移动实操平台》于2017年5月获得国家实用新型专利授权。实施本部层级36期集中培训，办班集约率同比提升78.7%，培训办班总体人力成本同比减少62.4%。开展境外项目人才培养，完成鲁厂非生产向生产岗位转岗员工。2017年12月，基于FAST模型的新员工培养模式获评南方电网公司第一届培训与发展年会最佳培训实践奖。天生桥电厂水电站三维精确建模及可视化仿真培训系统的开发与应用研究获南方电网公司第一届培训与发展年会最佳研究创新奖。截至2017年12月31日，全年共开展培训975期次、19 892人次、313 576人时。

监察审计

1. 纪检监察工作

2017年，调峰调频公司收到信访举报件17件、问题线索10条，其中受理纪检类信访举报5件，信访线索同比下降9.1%，及时处置率100%，纪检类谈话函询4件，同比上升100%，立案1件，下发监察建议书6份。开展主责约谈278人次，提醒谈话298人次，诫勉谈话5人。对长期以来在信息通信领域合作供应商的61个项目进行起底调查，对相关责任人进行诫勉谈话和提醒教育。引导有问题的同志主动认错改错，清退物品价值4.45万元、股权42万元，上交廉政账户11.5万元。在监督执纪中解决历史问题，开展专项治理，理清内外部债权合计金额2445.4万元。

2. 审计工作

2017年，按照南方电网公司统一部署，对公司系统2012～2016年开展的24个审计项目发现问题整改情况进行了专项检查。共梳理下发问题清单247个，问题整改综合完成率96.3%；承接南方电网公司下发问题清单13个，问题整改综合完成率为100%。

开展电源建设工程跟踪审计和经济责任审计，完成海蓄电站工程过程管理审计、基地前期投资审计、修试中心离任经济责任审计，发现问题61个，提出管理建议14条。

开展精益管理审计，对公司本部资产管理和招投标管理进行专项审计，打破“上审下”的审计惯例，共发现问题44个，提出管理建议9条。开展对公司直属党委党费账户收支情况的审计，为公司特殊资金的安全、合规行使监督。

党群宣传

1. 党建基础工作

全面贯彻党的十九大精神，以习近平新时代中国特色社会主义思想为指导，落实《南方电网公司党组关于全面推动党的建设重点任务落实落地的意见》，推进“两学一做”学习教育常态化制度化；完成公司党组清理规范工作和公司党委成立选举工作；完成了2个基层党委成立、24个基层党组织换届选举工作；公司党委与基层党委、基层党委与党支部层层签订党建考核责任书；开展党组织负责人述职评议考核工作；召开从严治党主体责任约谈会议；开展发展对象入党积分制；完成党员档案建档和核查工作。

2. 企业文化和精神文明

深化企业文化建设，举办公司践行“南网总纲”现场展示会，展现公司系统企业文化建设取得的优秀成果。择优推荐参加南方电网公司2015～2017年企业文化示范单位、示范点评选，分别获得南方电网公司综合文化示范单位（鲁布革电厂）、安全文化示范单位（广州蓄能水电厂）、廉洁文化示范单位（深圳蓄能发电公司）、班组文化示范点（天生桥水电厂自动化班）。按照《南方电网公司深化文明单位创建工作实施方案》要求，指导督促所属单位争创省级文明单位；以国防教育和党的优良传统为主题开展两期

“调峰调频讲堂”专题讲座；总结回顾公司10年发展历程，编辑印发了《调峰调频十年故事汇》；加强“幸福南网”微平台的运营推广力度，打造员工喜爱的网上精神家园。

3. 共青团工作

加强思想引导，组织开展“学习总书记讲话、做合格共青团员”教育实践；组织推荐蔡明志当选南方电网第七届“十杰青年”；运维“调峰调频青年”微信平台，发布原创图文信息537条。开展青年精益项目成果评比活动，征集成果60项，评选出17项优秀成果；组织186名一线青年员工开展指标竞赛活动；认定9个青年创新团队为公司首批“青年创客空间”并授牌。开展第三届“我为《南网总纲》代言”青年微电影比赛，征集优秀作品13部，组织860余名员工参加网络观影投票；通过网络公益平台完成4个爱心助学项目，组织547人次干部员工为207名贫困生筹集助学金174 400元。组织30余名团干部赴井冈山开展理想信念体验式培训。

2017**年度所获荣誉**　2017年，调峰调频公司共表彰了39名先进工作者，20个先进集体；广蓄电厂巩宇劳模创新工作室荣获“全国示范性劳模和工匠人才创新工作室”，阳蓄建管局获“广东省工业系统劳模和工匠人才创新工作室”。信通中心、惠蓄电厂荣获“南方电网公司模范职工之家”，广蓄电厂和天生桥电厂荣获“南方电网公司模范职工小家”荣誉称号。清蓄公司荣获“南方电网公司五一劳动奖状”。信通中心佘俊荣获“南方电网公司劳动模范”称号。

主要事件

1月19日，调峰调频公司召开第二届职工代表大会第五次会议暨2017年工作会议。

6月30日，缅甸勐瓦水电站1号机组正式投入商运，鲁布革电厂接管勐瓦水电站运维业务，调峰调频公司境外业务实现“零”突破。

7月27日，由南方电网公司牵头申报，调峰调频公司具体实施的国家重点研发计划智能电网技术与装备重点专项“海水抽水蓄能电站前瞻共性技术研究”项目获国家工信部批复立项。

11月30日，深圳抽水蓄能电站1号机组投入商业运行。

12月6日，调峰调频公司与武汉大学水利水电学院签订研究生工作站合作协议，加强与高等院校之间的产学研合作，培养、使用和吸引高素质人才，促进公司技术创新体系建设。

12月8日，南方电网公司印发《关于印发〈调峰调频公司改制工作方案〉的通知》，同意调峰调频公司采用“资产重组”整体改制方式，调峰调频公司由分公司改制为有限责任公司，成立南方电网调峰调频发电有限公司，作为专业化子公司运作，由南方电网公司全资拥有。

12月23日，海南琼中抽水蓄能电站1号机组投入商业运行。

（黄　纯　周　全）

中国华能集团有限公司

【公司概况】　中国华能集团有限公司（简称中国华能）是经国务院批准成立的国有重要骨干企业。公司注册资本349亿元人民币，主营业务为电源开发、投资、建设、经营和管理，电力（热力）生产和销售，金融、煤炭、交通运输、新能源、环保相关产业及产品的开发、投资、建设、生产、销售，实业投资经营及管理。

中国华能致力于建设具有国际竞争力的大企业集团。截至2017年底，中国华能境内外全资及控股电厂装机容量达到1.718 2亿kW，为电力主业发展服务的煤炭、金融、科技研发、交通运输等产业初具规模，公司在中国发电企业中率先进入世界企业500强，2017年排名第274位。

【领导班子】

董事长、党组书记：曹培玺

董事、总经理、党组副书记：黄永达

副总经理、党组副书记：邓建玲（2017年4月26日任）

副总经理、党组成员：刘国跃

副总经理、党组成员：孙智勇

党组成员、纪检组组长：赵建明

副总经理、党组成员：叶向东

副总经理、党组成员：范夏夏

副总经理、党组成员：王文宗

总会计师、党组成员：郭珺明（至2017年6月8日）

【组织机构】　见2017年中国华能组织机构图。

【生产经营】　坚持以习近平新时代中国特色社会主义思想为指导，贯彻党中央、国务院各项决策部署，

公司组织架构

总部部门

- 办公厅（党组办公室）
- 规划发展部
- 预算与综合计划部
- 企业管理与法律事务部
- 市场营销部
- 燃料部
- 财务部
- 资本运营与股权管理部
- 安全监督与生产部
- 科技环保部
- 基本建设部
- 采购管理部
- 国际合作部
- 人力资源部（离退休人员办公室）
- 纪检监察部
- 党组巡视办
- 审计部
- 党建工作部
- 直属党委
- 工会工作委员会

直属单位

- 中共中央党校中国华能集团有限公司党校（教育培训中心）
- 中国华能集团有限公司技术经济研究院
- 中国华能集团有限公司信息中心

产业公司

- 华能国际电力开发公司（集团公司电力开发事业部、集团公司页岩气开发利用办公室、绿色煤电有限公司）
- 华能国际电力股份有限公司
- 华能新能源股份有限公司
- 华能核电开发有限公司（集团公司核电事业部）
- 华能能源交通产业控股有限公司
- 华能煤业有限公司（集团公司煤炭事业部、集团公司煤化工管理办公室）
- 中国华能集团燃料有限公司
- 华能资本服务有限公司
- 中国华能财务有限责任公司
- 中国华能集团清洁能源技术研究院有限公司
- 华能置业有限公司（华能综合产业公司）
- 中国华能集团香港有限公司（华能海外企业管理服务有限公司）
- 西安热工研究院有限公司（华能集团技术创新中心）

区域分公司

- 中国华能集团有限公司华北分公司
- 中国华能集团有限公司东北分公司
- 中国华能集团有限公司华东分公司
- 中国华能集团有限公司华中分公司
- 中国华能集团有限公司南方分公司
- 中国华能集团有限公司河北分公司
- 中国华能集团有限公司山西分公司
- 中国华能集团有限公司吉林分公司
- 中国华能集团有限公司黑龙江分公司
- 中国华能集团有限公司江苏分公司
- 中国华能集团有限公司浙江分公司
- 中国华能集团有限公司安徽分公司
- 中国华能集团有限公司福建分公司
- 中国华能集团有限公司江西分公司
- 中国华能集团有限公司山东分公司
- 中国华能集团有限公司河南分公司
- 中国华能集团有限公司湖南分公司
- 中国华能集团有限公司广西分公司
- 中国华能集团有限公司海南分公司公司
- 中国华能集团有限公司重庆分公司
- 中国华能集团有限公司贵州分公司
- 中国华能集团有限公司青海分公司（华能青海发电有限公司）

区域子公司

- 北方联合电力有限责任公司
- 华能澜沧江水电股份有限公司（中国华能集团有限公司云南分公司）
- 华能呼伦贝尔能源开发有限公司
- 华能四川水电有限公司
- 华能陕西发电有限公司（中国华能集团有限公司西北分公司）
- 华能宁夏能源有限公司
- 华能甘肃能源开发有限公司
- 华能西藏雅鲁藏布江水电开发投资有限公司（中国华能集团有限公司西藏分公司）
- 华能新疆能源开发有限公司

直管单位

- 华能招标有限公司

2017年中国华能组织机构图

落实集团公司年度、年中工作会议和党的建设工作会议精神，始终坚持以提高发展质量和效益为中心，以供给侧结构性改革为主线，以提升竞争力为总抓手，以深化全面从严治党为重要保障，应对各种困难挑战，各项工作取得新成效。

安全绩效。未发生较大及以上安全事故。生产、经营、政治、形象安全保持良好态势。

经营绩效。完成发电量6608亿kWh，其中，国内发电量6496亿kWh；供电煤耗300.11g/kWh，同比下降2.24g/kWh。

发展绩效。截至2017年底，境内外全资及控股电厂装机容量17 182万kW，同比增长3.8%；低碳清洁能源装机比重达到31%，同比提高2个百分点。

党建绩效。认真学习宣传贯彻习近平新时代中国特色社会主义思想和党的十九大精神，牢固树立“四个意识”，坚定“四个自信”，在政治立场、政治方向、政治原则、政治道路上同以习近平同志为核心的党中央保持高度一致，党的路线方针政策和党中央各项决策部署在公司得到全面贯彻落实；党的领导、党的建设持续加强，全面从严治党不断向纵深推进，干部职工队伍总体保持稳定。

【结构调整】 中国华能持续推进结构调整，转型升级步伐加快，低碳清洁能源装机大幅增加，2012～2017年年均增长达17.5%，煤电结构持续优化，热电联产和30万kW及以上超临界、超超临界纯凝煤电装机占煤电比重达81%，比2012年底提高11个百分点，供电煤耗较五年前降低15g/kWh，二氧化硫、氮氧化物和烟尘排放绩效比2012年底均下降80%以上，保持行业最优。

【国际化经营】 中国华能国际化发展扎实推进。巴基斯坦萨希瓦尔煤电项目实现高质量双投，填补了该国四分之一的用电缺口；柬埔寨最大水电工程——桑河二级水电站两台机组投产发电，被誉为柬埔寨的“三峡工程”。深耕东南亚市场，中标新加坡裕廊岛海水淡化项目。成立香港财资公司，搭建起境外资金管理平台。加强境外企业管理，澳洲电力公司利润总额创历史最好成绩，国际电力公司实现扭亏为盈。

【科技创新】 中国华能科技创新成果丰硕。关键前沿技术研发迈出新步伐，IGCC机组性能大幅提高，700℃试验验证平台累计运行1.5万h，光伏储能、多能互补集成技术等实现新突破。清能院参与完成的“60万kW超临界循环流化床锅炉技术开发、研制与工程示范”项目获国家科技进步一等奖。“华创空间”一期上线试运行。围绕生产经营开展重大技术攻关，加快推进科技产业化步伐。

【企业管理】 中国华能全面深化改革扎实推进。落实公司全面深化改革指导意见，健全完善相关配套文件。混合所有制改革稳步开展。深化三项制度改革，加快推进“压减”工作，完成国资委第一年度消减高限目标。“三供一业”分离移交签约率100%，提前完成国资委年度计划。“处僵治困”成效显著，超额完成国资委阶段性任务。适应电力市场化改革，构建三级营销体系。内部管理持续提升，推进创一流工作，制定各领域专项规划。修订“三重一大”事项决策管理制度，制定容错纠错实施办法；完善采购与招投标等领域体制机制；建立学台塑方案体系；发挥审计监督作用；信息化建设取得新进展，生产大数据平台开发应用初见成效，移动办公试点运行。

【党建工作】 中国华能把学习宣传贯彻党的十九大精神作为首要政治任务和头等大事，牢牢把握习近平新时代中国特色社会主义思想是党的十九大的灵魂这条主线，抓紧抓实抓好。深入贯彻全国国有企业党的建设工作会议精神，各项重点任务全部落实。中国华能总部按时完成章程修订并获国资委批复同意，完成23家境内二级企业和392家基层企业章程修订的审核批复工作。建立健全党建工作责任制，压实管党治党责任抓基层、打基础，基层党组织覆盖率达到100%。推动党建工作与生产经营深度融合，定期召开党建工作领导小组会议，加强对党建工作的统筹推动；在年度工作会议、各专业年度工作会、经济活动分析会上，部署生产经营工作的同时部署党建工作；围绕瘦身健体提质增效等重点工作，广泛开展党员示范行动，充分发挥基层党组织战斗堡垒和党员先锋模范作用，实现党建工作和生产经营“一体化”运行。

党风廉政建设深入推进。创新实践监督意见书，强化职能监督，建立领导干部廉洁情况“活页夹”。深化中央巡视整改和国资委专项督查发现问题的整改，开展业务领域专项巡察和机动式巡察，推动了一批重点、难点和历史遗留问题解决。严格执行中央八项规定精神，坚决纠正“四风”问题。开展“四种形态”下的纪律谈话工作，让咬耳扯袖、红脸出汗成为常态。

队伍建设进一步加强。坚持党管干部、党管人才原则，优化班子结构，加强后备干部和年轻干部队伍建设，二级单位选人用人工作平均满意率98.9%。落实《组织人事部门对领导人员进行提醒、函询和诫勉实施细则》，用好组织措施，全年开展提醒889人次、函询86人次、诫勉21人次。规范机构编制和用工管理，人员效率稳步提升，每万kW用工人数同比下降4%。和谐企业建设取得新成效。加强职代会规范化建设，深化厂务公开民主管理。紧扣中心工作开展厂际竞赛和技能竞赛，上海检修公司王健同志获全国总工会“大国工匠”荣誉称号。深化职工之家建设，精准帮扶困难职工5863人。广泛开展“华能榜样”选树活动。天津IGCC等3家单位被评为全国文明单位，小湾电站被命名为“全国企业文化示范基地”，日照电厂被授予“全国五一劳动奖状”，布尔津风电公司等5家单位被授予“全国工人先锋号”荣誉称号。大力推进扶贫攻坚，扎实开展新疆、青海、陕西等地的扶贫援助工作，帮扶云南“直过民族”精准脱贫。信访维稳工作扎实推进，有效保障了公司安全稳定。

中国大唐集团有限公司

【公司概况】 中国大唐集团有限公司（简称大唐集团）成立于2002年12月29日，是中央直接管理的国有特大型发电企业集团，是国务院批准的国家授权投资的机构和国家控股公司试点。2017年11月，大唐集团完成公司制企业改制工作，注册资本金为人民币370亿元。

大唐集团实施以集团公司、分（子）公司、基层企业三级责任主体为基础的集团化管理体制和运行模式。拥有上市公司5家、区域分（子）公司29家、专业公司13家、直管企业2家；拥有世界在役最大火力发电厂——内蒙古大唐国际托克托发电公司和世界最大在役风电场——内蒙古赤峰赛罕坝风电场；拥有中国已建成投产发电的最大水电站之一的大唐龙滩水电站以及物流网络覆盖全国的中国水利电力物资有限公司等。截至2017年底，大唐集团在役及在建资产分布在全国31个省区市以及境外的缅甸、柬埔寨、老挝等国家和地区，资产总额达到7208亿元，营业收入达到1710亿元，装机规模达到1.37亿kW，全年完成发电量5169亿kWh，净利润50.81亿元，资产负债率降至79.96%。自2010年起，大唐集团连续八次入选世界500强。

【领导班子】

董事长、党组书记：陈进行

董事、总经理、党组副书记：陈飞虎

党组副书记、副总经理：邹嘉华

副总经理、党组成员：李小琳

副总经理、党组成员：胡绳木

副总经理、党组成员：王森

党组成员、纪检组长：熊皓

副总经理：金耀华

副总经理、党组成员：栗宝卿

总会计师、党组成员：刘传东

副总经理、党组成员：吴秀章

【组织机构】 见2017年大唐集团组织机构图。

【企业管理】 大唐集团全面贯彻落实党中央各项决策部署，以提质增效为中心，以结构调整为主线，以改革创新为动力，以加强党建为保证。

一是加快瘦身健体、处僵治困工作。结合瘦身健体，配套开展了对大唐集团股权结构的梳理优化工作，下发了《大唐集团本部及各分、子公司股权优化方案（含瘦身健体）》。截至2017年底，累计减亏106户，压减法人实体107户，处置僵尸企业10家，较2014年底减亏56.15亿元，超额完成了国资委下达的指标。

二是扎实推进“四最”企业建设。大唐集团按照全方位、被公认、可复制的总体要求，坚持科学性、先进性、时代性、前瞻性和认同性的“五性”统一原则，扎实推进“四最”企业建设，建设好标准体系，抓好重点企业突破，形成管理成果、技术成果和制度成果并加以推广，以点带面，带动基层企业管理水平和效益水平全面提升。

三是开展全面提升，深化对标管理。落实《全面提升工作计划》，持续加强计划管控。发挥“四全管理”体系和“四大中心”功能，狠抓火电、水电、风电等专项全面提升活动，深化对标管理，全方位降本增效，盈利能力和抗风险能力显著增强。持续加强统计分析管理，加大统计对外交流力度，为对标提供统计支撑，聚焦专题，开展全面对标分析。按照“一流牵引、机制驱动、对标推进、持续改善、全面提升”的要求，持续有效地开展发电量、利用小时等主要经营指标的对标活动。

四是落实全面深化改革方案。2017年底，大唐集团总部集中办公工作正式启动，仅用时9天，完成第一阶段“机构到位，人员到岗”的目标。启动了山西、江苏和云南省区域化管理，在精简机构、管理提升、提高区域竞争力等方面初步取得成效。继续推进大部制改革，累计完成22家二级企业的大部制改革。在市场化营销体系建设方面，已组建省级营销公司21家，参股2家、控股2家。

五是全面推进“法治大唐”建设。大唐集团推进法治建设第一责任人职责实施办法，开展了公司律师试点，深入开展形式多样的普法活动。开展境外项目审计，全年共实施审计项目647个，促进增收节支3.42亿元，挽回经济损失2400万元。开展工程专项审计项目91个，发现问题303个，涉及金额3.86亿元。开展管理审计项目25个，发现问题135个，涉及金额3.13亿元。针对燃料、物资管理及关键岗位人员开展专项审计项目131个，发现问题517个，涉及金额3.22亿元。

六是全面加强质量管理。年内完成大唐集团首份质量管理专项报告。积极组织参加2017年全国电力行业QC成果奖，获得1个特等奖、3个一等奖，获奖数量98项。36个班组被命名为全国电力行业质量信得过班组，占电力行业获奖总数的三分之一。安徽

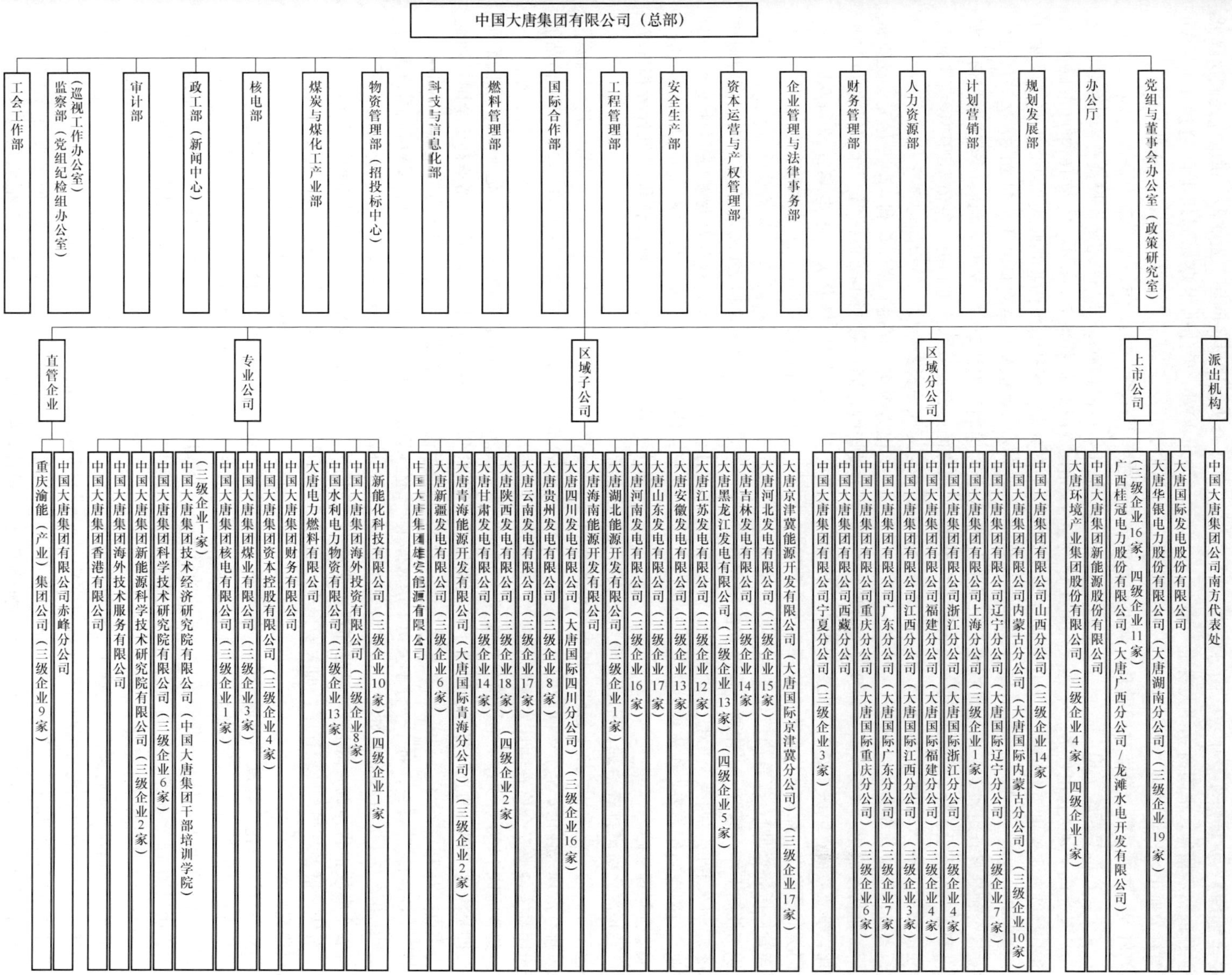

2017年大唐集团组织机构图

公司淮北电厂QC小组荣获“2017年全国优秀质量管理小组”称号，贵州公司一人荣获“全国质量管理活动优秀推进者”。

【安全管理】 贯彻落实党中央、国务院有关安全生产工作的指示精神，牢固树立“大安全”理念，以全面对标为抓手，持续深化“七个加强”及班组建设和检修管理，严抓严管，全面对标提升安全生产管理水平，安全生产形势持续平稳。

一是完成十九大保电任务。十九大保电工作贯穿全年，持续夯实保电工作基础。大唐集团1740多万kW装机承担北京一半以上的供电任务，在保电期间成立6个领导督查组和5个专业督查组，完成十九大保电和保空气质量工作。保电期间，大唐集团系统累计迎接国家、各级政府检查38次，环保部督查13次，省级环保检查5次。

二是持续深化“大安全”管理理念。吸取以往人身死亡事故教训，组织开展采样机专项检查，排查消除同类问题隐患。制定《岗位作业和环境安全风险辨识与管控指导意见》，规范岗位作业和环境安全风险辨识与控制工作。修订《工作票、操作票使用和管理标准》，开发新的“两票”信息管理系统，规范配合作业、有限空间作业等工作流程，防范作业风险，夯实大安全管理基础。

三是深化隐患排查治理。开展安全生产大检查、外包工程、危险化学品、热工管理、风电专业等专项隐患排查治理，强化安全生产问题隐患结案管理，大唐集团系统各类安全检查共计发现问题隐患15万余项，整改完成14万余项，安全风险可控在控。

四是深化“四不两直”督查。以分子公司责任落实为重点，对16家分子公司，35家基层企业，开展51次“四不两直”督查，对4个分子公司下达《停工令》，对相关责任人进行责任处理。修订《大唐集团生产安全事故报告与调查规程》，规范和严格事故归属、分级、报告及调查处理程序，加大安全生产责任考核追究力度。

五是持续深化“降缺陷、降非停、创金牌”行动。加强种子机组培育和动态管理，对非停机组开展“双查”并挂牌督办，对重点非停单位开展现场督导。年内大唐集团12台机组在电力可靠性评比中获奖，41台机组在全国能效对标竞赛中获奖。

六是全面加强技术管理。开展热工专业提升攻坚专项活动，机组自动化投入率和可靠性得到提升。加强新技术应用，年内召开3次火电机组灵活性调峰、4次生物质气化耦合发电技术研讨会，大力推进高背压供热、双转子供热、富氧燃烧、风机叶片加长等改造项目。完善并形成火、水、风、光伏发电专业齐全的技术监督管理体系，累计发现各类技术监督问题7856项，其中严重问题352项。

七是加强检修和技改管理。严抓检修技改承诺和后评价工作，提升检修技改质量和效益。已完工的15台A修机组因设备问题引发非停，供电煤耗同比降低3.04g/kWh，7台机组煤耗同比下降超过10g/kWh以上。

【生产经营】 2017年，大唐集团资产总额7208.06亿元，负债总额5763.53亿元，权益总额1444.53亿元，资产负债率为79.96%，较2016年度下降1.55个百分点。累计实现营业总收入1710.30亿元；累计盈利64.68亿元；净利润累计盈利50.81亿元；归母公司净利润累计23.09亿元。利润、经济增加值、费用总额占营业收入比重和资产负债率四项经济考核指标均完成国资委年度考核指标。

电力板块（含热）累计盈利42.12亿元，受煤价波动影响，同比减利142.94亿元。其中，煤电（含热）累计亏损41.23亿元；水电累计盈利53.33亿元；风电累计盈利26.76亿元；太阳能发电累计盈利3.26亿元。

非电板块累计盈利22.55亿元。其中，金融板块累计盈利14.13亿元；科技环保板块累计盈利9.24亿元；物流板块累计盈利2.75亿元；煤炭开采板块累计亏损2.15亿元；燃料经营板块累计亏损1.77亿元。

年内完成核准电源项目598万kW，清洁能源占比60.67%。全年投产发电容量844.5万kW，清洁能源占比55.31%。

2017年发电量完成5168.99亿kWh，同比增加508.42亿kWh，增长10.19%，增速高于全国日均电量增速3.59个百分点，其中水电发电量完成905.79亿kWh，同比增加101.85亿kWh，同比增长12.67%；火电发电量完成3974.78亿kWh，同比增长9.52%；风电发电量完成274.93亿kWh，同比增加58.93亿kWh，增长27.28%；光伏发电量完成13.49亿kWh，同比增长18.50%。

设备平均利用小时完成3899h，同比升高195h。其中：火电完成4315h，同比升高247h；水电完成3563h，同比升高138h；风电完成1938h，同比升高180h；光伏发电完成1472h，同比升高62h。

全年弃水损失电量131.43亿kWh，同比增加55.38亿kWh，增长72.82%；风电限电电量为42.39亿kWh，同比减少6.32亿kWh，限电率为13.53%，同比降低4.87个百分点；光伏限电电量为0.98亿kWh，限电率为6.77%，同比降低3.27个百分点。

2017年，大唐集团在25个地区共签约市场电量1323亿kWh。其中，省内直接交易1092亿kWh，跨省跨区交易231亿kWh。市场电总签约量高于准入装机占比 2.05 个百分点。完成市场电量 1389.55 亿 kWh，占大唐集团总销售电量比重的 28.54%。

2017 年，累计采购天然煤量 21 462.48 万 t，同比上升 3014.90 万 t，涨幅 16.34%。累计耗用天然煤量 21 144.31 万 t，同比上升 2716.94 万 t，涨幅 14.74%。入厂标煤单价累计完成 705.48 元/t，同比上升 181.4 元/t，涨幅 34.61%。

【全面创新】 科技获奖数量和等级再创新高。2017 年，大唐集团荣获国家科技进步二等奖，同时获得国家科技奖、行业及以上科技奖励共计 131 项，其中一等奖及以上奖项数量 17 项。科技成果及专利转化、推广应用为大唐集团增收 39.17 亿元，增利 13.14 亿元。

专利数量、质量持续增长。年内新增授权专利 1245 件，连续三年保持每年 1000 件以上的增长量。在确保总量稳定增长的基础上，提升专利质量，年度新增发明专利申请量达 204 件，同比增加 42%。推广专利应用，其中大唐河南公司专利应用率、企业覆盖率均达到 100%。新增主持、参与行业及以上技术标准 54 项，其中国际标准 6 项。获得 IEEE 协会“年度卓越贡献企业奖”。一人荣获 IEEE 标准贡献奖。

承担国家级前沿技术的研究。完成“863 计划”中的适用于风电的大规模压缩空气储能电站成套技术、1.5MW 槽式太阳能热与燃煤机组互补发电技术、海上风电送出系统设计技术、海上风资源与海况及地质勘测测量技术等课题研究。“全国太阳能光热发电标准化技术委员会”“电力行业供热标准化技术委员会”落户大唐集团。

全面提升科技研发水平和科技活动质量。郓城 630℃超超临界二次再热项目通过评优成为国家电力示范项目。燃煤机组机炉耦合深度节能技术、数据挖掘与设备状态智能预警技术、富氧微油点火与稳燃技术、水资源梯级利用及废水零排放技术、燃煤清洁高效热电冷分布式能源技术等项目取得阶段性成果。深度掺烧准东高钠、高钾、高水分煤创新成果取得良好效益。NCB 技术及离合器国产化研究课题取得阶段性成果，研究成果将实现供热能力最大化，提高运行灵活性。长山电厂作为目前全国唯一由国家批复的燃煤耦合生物质发电试点项目已完成可研工作。

软科学研究取得丰硕成果。大唐集团董事长、党组书记陈进行主创的《大型发电企业集团以战略为引领的全面创新管理》获得第二十三届国家级企业管理现代化创新成果奖一等奖，主创的《以文化引领全面创新建设实践，推动企业转型升级与提质增效》成果获得 2017 年全国电力创新大奖，主创的《中国特色现代国有企业制度研究与治理机制设计》成果获得首届中央企业智库联盟优秀课题一等奖。在“中国能源创新奖”评比中，大唐集团有 13 项成果获奖，获奖数量及等级在能源企业中名列前茅，居五大发电集团首位。同时大唐集团还荣获“2017 年度中国管理创新先进单位”等荣誉称号。

【国际业务】 秉持着“一带一路”倡议的“共商、共建、共享”原则，发挥自身优势，以基础设施互联互通为突破口，重点推进对“一带一路”建设起基础性作用和示范效应的项目。

重点在役项目运行稳定。截至目前，大唐集团境外投产运营项目有缅甸太平江一期水电站、柬埔寨斯登沃代水电站、柬埔寨金边至马德望输变电网项目，装机总量 36 万 kW，三座 230kV 变电站和 294km 线路，柬网项目被柬埔寨政府誉为“中资企业与柬政府合作的典范”。

重点前期项目取得突破。葡萄牙 Novenergia 61.3 万 kW 清洁能源收购项目交割协议文本内容初步达成一致；以联合体中标印尼国家电力公司 2×22.5 万 kW 火电项目，预计 2018 年开工建设；老挝北本水电项目开展各项开工前的准备工作；巴基斯坦卡西姆港 2×35 万 kW 火电项目取得突破性进展；对法电新能源希腊收购项目已完成基本情况调研报告。

对外承包工程带动中国技术装备“走出去”。印度古德洛尔脱硫项目稳步推进，该项目利用中国设备达 95%以上，成为印度国家脱硫工程的标杆项目；泰国 NPP5A 项目和 PP9 项目，均以移交业主；与泰国 TPC 能源控股公司签署 TPC50MW 生物质电厂总承包项目，项目覆盖电厂设计、采购、制造、运输、施工、安装、调试、试运行和性能试验等工作范围。

国际贸易创造新的利润增长点。国际贸易业务包括国际煤炭贸易、设备进出口贸易、环保产品贸易三大部分。其中煤炭贸易是对沿海、沿江电厂燃料供应的一条重要渠道，对保供应、控煤价、降低企业燃料成本起到了积极作用；环保产品贸易利用现有核心竞争优势，抢占市场先机，打造了“中国大唐”环保品牌。

【人力资源管理】 加强领导班子和干部队伍建设。针对重点关注的“十个方面问题”，加强领导班子建设的分析研判和考评反馈。严格执行干部调整配备“七个注重”原则，加强各级领导班子成员尤其是党政“一把手”的调整配备。加快年轻干部培养步伐，下发了《关于进一步加快优秀年轻干部培养选拔工作的通知》，制定了年轻干部培养“长板凳计划”工作方案，举办了党校第八期青年干部培训班和第三期优秀青年人才培训班。在中组部组织的选人用人满意度民主测评中，选人用人满意度大幅度提升，从 2012 年的 87.91%，升至 2013 年的 98.12%，2014 年的 99.06%，2015 年的 96.69%，持续保持较高水平。

以能力素质提升为重点开展人才开发工作。年内实施三级年度培训项目计划，系统培训项目共4.3万个，培训人才184万人次，人才受训率达到98.98%，人均68.34学时。举办了新提职领导人员能力提升、执行力提升、二级企业人资部主任、发电企业总工等培训班。以高端人才为引领，大力推进高层次专家人才队伍建设，遴选出首届集团公司级专家。加大年度技师、高级技师考评工作力度，促进生产技能人员力足岗位成才。积极参加行业竞赛，在电力行业青年培训师、焊工竞赛等大赛中获得优异成绩。

【信息化建设】 全面提升信息化建设与管理水平。燃机数据中心建设基本完成，煤电机组试点工作加快推进，并取得了较好成果。实施"四大中心"大屏展示优化提升。二期建设全面启动，财务及相关业务一体化系统建设正常进展，全面计划系统、项目全过程系统完成初步验收工作，办公及综合管理系统切换并实现了正常、稳定运行。积极推动大唐集团北京数据中心建设，有望2018年建设第一个大唐私有云。将煤炭、煤化工生产管理相关内容纳入大唐集团生产调度中心二期建设范围。

全面提升网络与信息安全水平。加强顶层设计，组织系统内外专家，结合《中华人民共和国网络安全法》实施及大唐集团实际情况的变化，在前期研究成果的基础上，进一步完善了网络安全规划，"CDT132"网络安全架构基本确立，使规划更具有指导性和引领性。积极参加央企网络安全大赛，获得优异成绩，是发电集团唯一获奖单位，大唐集团网络安全综合解决方案被评为央企"十佳"方案。再次荣获中央企业网络与信息安全通报先进单位。

【节能减排】 强化环保红线、底线意识。强化环保达标排放监管，检查环保达标排放实时监控、日分析、周通报、月点评工作机制，严格环保超标排放"说清楚"制度。规范环保设施的运行、检修管理，确保环保设施无条件达标排放。

圆满完成超低排放改造。全年完成36台机组超低排放改造任务，累计达到超低排放改造标准机组202台，共计8441万kW，占在役燃煤机组容量的87.5%。全年完成供电煤耗305.28g/kWh，同比下降1.57g/kWh。

提升环保规范化管理水平。编制脱硫、脱硝设施运行标准规程范本，下发规范环保迎检、应急和无组织排放和经济运行管理相关管理要求，明确日常控制污染物排放控制按70%标准控制的管理要求，健全重污染天气应急管理常态化工作机制，完成大唐集团102家发电企业排污许可证申领。编制《碳资产管理办法》，完成碳资产信息化管控平台一期上线运行，推进2台机组液案改尿素工作。全年大唐集团二氧化硫、氮氧化物、烟尘和废水排放绩效分别完成0.21、0.26、0.06、80g/kWh，分别较计划值低0.14、0.16、0.02、10g/kWh。

【员工发展与职工权益】 坚持以组织建设为基础，以职工创新创效为中心，以维护职工合法权益为重点，积极服务企业、服务职工，充分发挥桥梁纽带作用。

工会组织建设不断完善。年内，组建完成大唐集团工委经审委和集团公司总部工会。到2017年底已有31个二级企业建立了工会组织；三级企业建会率接近90%，系统职工入会率接近100%。

开展"建功立业十三五，提质增效争先锋"主题竞赛活动。组织大唐集团系统各级工会开展"大唐杯"劳动竞赛、"学习贯彻十九大精神，冲刺年度目标保A级"专题劳动竞赛活动。大唐集团系统企业全年共开展各类劳动竞赛、技能竞赛1500余项，参与职工6万余人次。

深化困难职工的精准帮扶工作。年内对系统困难职工情况及各级企业帮扶情况进行摸底调查，报送困难职工共计900余人。大唐集团对困难职工普遍采取了发放慰问金、定期走访慰问、调整到更适合的工作岗位等方式进行有效帮扶。

提高企业民主管理，维护职工合法权益。组织职工通过职代会（职工大会）、厂务公开、职工代表巡视等形式深化对重大经营决策的参与力度，加强对各级企业的民主管理工作督促检查工作，重点检查《职工代表大会提案工作管理办法》《厂务公开管理办法》《职工董事职工监事管理办法》等制度的落实情况，确保职工合法权益得到切实维护。

营造奋发向上的企业氛围。"劳模宣传月"期间，各级企业开展各类活动1050余项，走访慰问劳模1630多人，共有近65 000余人次职工参与活动。2017年，全系统共荣获"全国五一劳动奖状""全国五一劳动奖章""全国工人先锋号"等荣誉11个，"全国青年文明号""全国优秀团干部"等省部级及以上青年荣誉89个。

【党的建设】 学习贯彻党的十九大精神。下发了大唐集团党组《关于认真学习宣传贯彻落实党的十九大精神的通知》，以"学懂、弄通、做实"为总要求，以"贯彻落实党的十九大精神、建设国际一流能源集团"为总目标，确保学习宣贯工作落实落细。组织全系统2.3万名党员干部职工集中收听收看了党的十九大开幕会盛况。大唐集团党组先后举行3次理论学习中心组专题学习，系统各级中心组均开展了专题学习研讨，二三级领导班子研讨学习1100多次。实现了集中专题研讨对各级领导班子成员全覆盖。

推进党建工作进章程。大唐集团章程已经修订并报经国资委批准后执行，用专门一章明确了党组织在法人治理结构中的法定地位，使党组织发挥作用更加制度化具体化。二级公司党建工作进章程工作全部完成，三级企业基本完成。

推进领导体制调整。按照完善“双向进入、交叉任职”领导体制和推行党委书记、董事长由一人担任要求。按照试点先行、分步实施、分类管理、稳妥推进的原则，启动了二级企业领导体制调整工作，已有21家实现党委书记、董事长由一人担任，其他二级企业领导体制调整工作正在有序推进之中，保证了党委领导作用全面加强。

健全党组织决策制度流程。在总部设立了党组与董事会办公室，下设党组秘书处和专职党组秘书，具体负责党组工作的组织协调及“三重一大”制度落实和督办。修订了《党组工作规则》，规范了党组工作原则、职责及讨论决定重大事项的主要内容、决策程序等。坚持党的全面领导，坚持民主集中制原则，把党组织研究讨论作为重大决策前置程序。2017年，大唐集团党组累计召开会议25次，董事会5次，战略与投资委员会会议5次，集体研究决定重大事项239项，审议并通过大唐集团全面深化改革方案等32项议案。严格决策流程，建立了完善的《董事会议事规则》《总经理工作规则》等制度。

实现内部巡视全覆盖。年内成立11个巡视组，对22家分子公司开展了内部巡视，对2家分子公司开展了巡视“回头看”，实现一届任期内对所有分子公司巡视全覆盖。

实践运用监督执纪“四种形态”。贯彻“惩前毖后、治病救人”方针，把“四种形态”运用落实到监督执纪的全过程。全年共运用第一种形态223人次，占“四种形态”处理总人数的75.08%，第二种形态42人次，占总人数的14.14%。

抓好党建思政工作。向中央企业党建政研会推荐10个课题，有7个课题在初评中居于小组前15名。大唐集团董事长、党组书记陈进行专题采访等5篇大唐精神专题文章在中央企业政研会会刊《思想政治工作研究》杂志刊登。系统企业荣获全国企业文化“优秀成果奖”“优秀案例奖”4项，中电联企业文化建设示范单位3个。7家在京单位获得2015～2017年度首都文明单位（标兵）称号，12家基层单位获评第五届全国文明单位。

（杨新林　徐一鸣）

【大唐华银电力股份有限公司】

公司概况　大唐华银电力股份有限公司（简称大唐华银）成立于1993年1月。1996年8月，公司股票在上海证券交易所上市。经营范围涉足发电（火电、水电、风电）、煤炭开采、科技信息等领域。

大唐华银地处中国中部湖南省，是“西电东送”“北电南送”的重要战略通道，为湖南和所涉区域经济和社会可持续发展提供能源产品和服务。大唐华银一直积极开发新的电源点和发展相关非电项目，以提高公司核心竞争能力和盈利能力。截至2017年12月31日，大唐华银总资产188.55亿元，拥有18家子公司，2家分公司。大唐华银运营机组564.15万kW，其中火电524万kW，占92.88%，水电15.4万kW，占2.73%，风电等新能源24.75万kW，占4.39%。

领导班子

总经理、党组副书记：徐永胜

党组书记、副总经理：王万春

副总经理、工会主席、党组成员：周浩

副总经理、党组成员：韩旭东、赵云辉、吴晓斌

总会计师、党组成员：罗建军

纪检组长、党组成员：郭世新

组织机构　大唐华银本部设置10个部门，包括总经理工作部、规划建设部、计划营销部、人力资源部、财务管理部、资本运营部、安全生产部、燃料物资部、党群工作部、监察审计部。

下设18家全资和控股子公司，2家分公司。

企业管理　贯彻大唐集团“1126”总体要求和“全面提升年”各项工作部署，以对标、创一流为抓手，紧盯“华银健康发展”总体目标，激发“深化改革、全面创新”两大根本动力，抓牢“提高资产质量、优化人力资源、攻克节能减排”三大战略任务，遵循“集华银员工之智、走创新发展之路、强科学管理之基、办惠及民生之事”四项基本原则，强化“安全生产、提质增效、从严治党、管控体系、作风形象”五项核心工作，推进“12345”战略工程20个专项行动，在变化中捕捉机遇，在跑动中缩小差距，总体完成大唐集团下达的预算任务。

安全生产　贯彻党中央、国务院推进安全生产领域改革发展意见，深化“七个加强”和班组建设，落实企业安全生产主体责任。深入开展“反违章”活动，全年共排查隐患和设备缺陷11 173项，完成整改10 457项，整改率93.59%。开展“四不两直”安全检查41次，开展季节性安全检查、危险化学品安全综合治理、外包工程及外来人员安全专项治理、电力施工安全年等活动，有效管控各类安全风险，未发生安全生产事故。完成十九大期间安全保电。妥善应对历史最强洪水。火电机组非计划停运同比减少1次，石门发电公司实现“零非停”。完成9台机组超低排放改造，完成株洲温排口改造。加强环保设备运行管理和环保监管力度，未发生环保被考核、被通报和被曝光事件。

生产经营　适应电力体制改革，参与市场建设，

探索建立政策支撑、客户管理、激励机制、信息平台“四位一体”的电量营销体系，全年完成发电量196.04亿kWh，同比增加26.15亿kWh，其中火电利用小时3505h，较区域平均高205h。研究建立“以需求为导向，以采购外省煤为主”的燃料调运体系，入厂标煤单价完成924.1元/t，同比上涨185.1元/t，涨幅较区域其他发电公司平均涨幅低20.46元/t。加强财务管理，固定成本同比减少1.03亿元，财务费用同比减少941万元，火电企业单位容量可控费用、售电均价、单位容量财务费用跻身区域先进行列。推进瘦身健体，减少法人主体2个、分支机构1个，完成全民所有制企业改制3家。

电力建设 建立政策、技术、资源、市场“四位一体”的机会研究体系，加快发展清洁能源，完成益阳北港长河水面光伏项目（10万kW）和株洲联诚屋顶光伏项目（0.6万kW）备案；优化升级高效火电，开展株洲搬迁优化发展高效火电项目研究；积极探索智慧能源，启动长沙高新区智慧能源项目和常宁水口山智慧能源中心项目前期工作；协同发展服务产业，开展先一科技承接大唐集团信息业务模式研究，推进工程公司拓展广东检修业务，依托华银地产盘活电厂闲置土地。狠抓项目施工管理，开展优化设计19项，节省工程投资5000万元，推进城步五团风电项目（规划装机容量2.6万kW）、西晃山风电二期工程（规划装机容量4.2万kW）、宝鼎山风电二、三期工程（规划装机容量10万kW）建设，重启柳树冲煤矿工程，恢复怀化小洪电站（规划装机容量2.2万kW）施工，完成慈利岩泊渡电站（规划装机容量2.9万kW）初步设计。

节能减排 实行公司领导定点定期专项巡查机制，推动节能降耗“人民战争”全方位、多层次、立体化展开。强化节能管理，规范能耗统计分析，完成火电机组能耗诊断；成立专家组，开展节能专项督查，印发督查通报10期。开展优化运行，利用耗差在线分析系统严格控制小指标偏差；成立攻关小组97个，解决难点问题97项。集中开展设备“十漏”治理，处理内漏阀门626个，消除风烟系统泄漏点411处。统筹机组检修和重大技术改造，完成机组大小修12台次。金竹山1号机组大修及通流改造降低煤耗14.26g/kWh，湘潭1号机组大修降低煤耗5g/kWh。供电煤耗完成322.82g/kWh，同比下降5.48g/kWh。

科技创新 《大数据关键技术研究及其在智能发电中的应用》和《大型企业集团应用系统关键信息深度交互融合方面的研究与实践》获得中国电力创新一等奖；《大数据技术在智能配煤掺烧中的应用与实践》《集团化燃料调度中心闭环管控系统研究与实践》《大型发电集团全面计划管控平台的建设及应用》《火电厂全过程智能燃料系统研发与集团化应用》获得中国电力创新二等奖；《火电厂全过程智能燃料系统研发与集团化应用》获得中国电力科学技术进步三等奖，《基于物联网技术的集团化电力燃料全过程智能管控解决方案》获得中国信息化推进联盟电力专业委员会组织的第六届中国电力信息化优秀解决方案。

人力资源 精准开展干部综合考评，优化调整干部37人，“加长板凳”选拔80后年轻干部3人。完成本部大部制改革，精简本部部门2个、处室10个、编制24个，上下交流42人。研究雷州项目代维代运模式，优化火电企业人力资源配置。健全薪酬管控机制，规范专项奖励发放，修订基层企业月度绩效考核办法。扎实推进全员培训，初步建成支撑全系统日常培训的硬件体系，开展培训项目3171个，累计培训293 900人次，举办技能竞赛216项，2名选手在嘉克杯焊工国际大赛中名列前茅，1人获电力行业焊工大赛优秀选手称号，3人获中央企业技术能手称号，16人获大唐集团技术能手、优秀技能选手称号，公司获得大唐集团焊工、微课大赛团体特等奖。

党建工作 以“迎接十九大、宣贯十九大”为主线，全面从严治党。召开大唐华银第一次党代会，完成公司党组、纪检组改党委、纪委工作，完成公司及基层企业“党建进章程”工作。开展基层党组织负责人抓党建现场述职答辩，推动十二项党建重点工作措施落实。严守廉政红线，制订大唐华银党风廉政建设主体责任和监督责任清单、党风廉政建设风险点“负面清单”，党风廉政“画像”覆盖率100%；注重宣传舆论引导，开展“大唐精神在基层”宣讲和“心系华银放飞梦想”宣贯，参与4000余人次。推进民主管理，答复处理职代会职工代表提案（建议）24条、分组讨论意见（建议）76条。推进民生工程，完成“六最”项目26项。落实中央精准扶贫部署，履行央企社会责任，按期完成永顺县洗壁村127户499人“三年脱贫”攻坚任务。加强党建带团建，大唐华银团委被评为省直团工委“五星级团组织”。

主要事件

1月19日，大唐华银召开一届五次职工代表大会暨2017年工作会。

3月23日，大唐华银电力股份有限公司召开2017年第1次董事会、监事会。

3月28日，大唐华银与石门县人民政府在长沙签订风电建设意向协议。

4月5日，湖南省委副书记、省长许达哲到大唐华银所属基层企业湖南新能源公司南山风电场现场视察工作。

7月25日，大唐华银荣获2016届湖南省文明单位称号。

9月22～23日，大唐华银召开2017年软科学研究项目成果发布会。

10月30日，大唐华银被中国内部审计协会评为“2014—2016年度全国内部审计先进集体”。

11月3日，大唐华银员工许溅来荣获2017年全国电力行业焊工技能竞赛“电力行业优秀技术选手”称号。

11月17日，大唐华银所属企业株洲发电公司荣获第五届全国文明单位称号。

（颜辉轩）

【大唐环境产业集团股份有限公司】

公司概况 大唐环境产业集团股份有限公司（简称大唐环境）是大唐集团旗下唯一的节能环保类企业。长期以来，大唐环境遵循“五大发展”理念，以大唐集团“一五八”发展战略和“十三五”发展规划为统领，始终坚持“价值思维、效益导向”，专注于燃煤电厂环保节能全产业链及能源绿色、清洁、高效利用，致力于国家绿色发展，逐步形成了以运营类为主，兼顾工程建设和产品制造的综合性环保节能产业结构布局，业务涉及脱硫、脱硝特许经营、脱硝催化剂制造、环保工程、物料输送、电站总包、海外业务、节能服务、水务工程及运营、除灰除渣、烟囱防腐等11个板块。凭借领先的核心技术、完善的管理体系、突出的主营业务和优良的产业布局，大唐环境具备为客户提供便捷、优质的研发、设计、产品、服务、投资、运营等一揽子环保节能解决方案，已经成长为中国电力行业环保节能领域的主导者和领先者。

领导班子

总经理、党委副书记：邓贤东

党委书记、副总经理：路胜利

党委委员、副总经理：刘银顺、申镇、毛辉

党委委员、纪委书记、工会主席：曾兵

党委委员、总会计师：张克岩

组织机构 大唐环境本部设置12个职能管理部门，下属管辖11家业务单位，包括1个分公司、4个事业部、5家子公司及1家设计院。

经营业绩 2017年，大唐环境整体实现营业收入80.18亿元，其中上市部分系统外收入达到19.28亿元，占比达到24.09%。实现利润10.93亿元。上市部分实现利润10.92亿元、归属母公司净利润8.90亿元。全年完成经济增加值6.16亿元。

安全管理 2017年，大唐环境贯彻落实大唐集团安全生产工作部署，强化责任落实，完善制度建设，全面提升本质安全，完成了“两节”“两会”、党的十九大、“一带一路”峰会等重大节日、活动期间保电任务。

一是安全专项活动扎实开展。以安全生产1号文为指导，按照“1145”安全生产工作思路，牢固树立“大安全”理念，以“四不两直”督查为手段，以隐患排查与治理为重点，扎实开展春秋季安全大检查、安全生产月、危化品综合治理等专项活动，下发“四不两直”督查通报21期，整改问题437项。

二是标准化水平持续提升。落实《安全生产法》要求，组织对公司安全生产主要制度进行修订和完善，进一步明确责任界面，加大责任追究和考核力度。全年组织编制了《安全监督标准化管理手册》等6项安全管理手册，搭建安全一体化管控平台。组织安全生产管理人员进行业务培训，实现了100%持证上岗。积极推进安全风险控制评估，完成公司三体系标准转版并获取新版认证证书，有效提升了安全生产标准化水平。

三是设备治理不断加强。编制印发了《特许经营生产管理手册》，开展脱硫脱硝设备深度治理。组织对安阳等26个特许经营项目部进行领导分片包干督导，重点消除设备跑冒滴漏。深化环保设备运维管理，严控瞬时超排与小时均值超排，制定环境事件应急预案并进行演练，全年未发生被政府通报和媒体曝光的环保事件。

节能减排 2017年，大唐环境通过全面实施超低排放改造，分别减少了SO_2、NO_x排放量106.3万t、12.45万t，为中国大气污染治理做出了突出贡献。面对日益增长的成本和严峻的环保形势，通过全面实施优化运行、设备深度治理、新技术应用等大大降低了脱硫减排电耗和减排水耗，2017年脱硫减排电耗1.38kwh/kg、减排水耗率26.26kg/kg，脱硫减排石灰石耗率1.90kg/kg，脱硝减排还原剂耗率0.43kg/kg，全年更加节约生产成本。

科技创新 2017年，以大唐集团“一五八”战略为引领，发挥大唐集团科技环保板块重要平台作用，坚持科技引领、创新发展，不断推进公司科研工作再上新台阶。

科研平台实力日益增强。在现有科研平台基础上，正式成为清华大学国家级重点实验室的理事单位；大唐集团级研究中心已初步获得批准，并邀请中国工程院郝吉明院士入驻公司院士专家工作站，使工作站的院士数量增加到两位。

科研团队建设有序推进。推进专业技术岗位双序列工作，在脱硫、脱硝、除尘等7个专业方向推选出7位首席专家，确立了大唐环境各专业科研团队领军人物，促进公司科研水平再上新台阶。

科技成果转化取得新成效。自主研发的“节能型湍流管栅高效脱硫技术”累计应用于16家电厂、30台超低排放机组，总装机容量达18 180MW，可实现年脱除SO_2约44.5万t，脱除粉尘约5600t，近三年累计项目收入16亿元。

科技成果奖项取得新突破。获得新增专利授权277项，其中发明专利18项，主编国际标准1项、国家及行业标准7项。全年共获得28项行业级科技奖项，其中包括3项中国电力创新一等奖，2项电力建设科技进步二等奖，3项中国能源研究会能源创新奖二等奖。组织参评大唐集团软科学研究，获得4项奖励，其中脱硫脱硝生产指标对标研究成果荣获一等奖。

国际业务 2017年，大唐环境坚持市场化、国际化发展方向，强化管理、狠抓落实，成功签订泰国TPC公司50MW生物质EPC项目合同，合同额共计5.16亿元，中标阿根廷100MW风电项目、孟加拉2×200MW HFO电站总承包项目，预计形成合同额10亿元。催化剂业务继进军韩国、中国台湾市场后，又与JM公司强强联手，联合开发欧美市场，发展前景广阔。

人才队伍建设 大唐环境加强干部队伍建设。年内共进行副处级及以上干部选人用人69人次，其中提拔任职24人，平级任用40人次，大唐集团系统内平级调任3人，大唐集团系统外公开招聘2人。新提拔进入领导人员序列的全部为“70后”，“80后”干部达到了19%。

大唐环境加强年轻人才培养。大唐环境实施优秀青年人才培养“长板凳”计划，在深入研究、比对择优、广泛征求意见基础上，确定了两批共43名人选。

大唐环境加强海外队伍建设。为实施企业“走出去”战略和在海外“再造一个大唐环境”的目标，组织开展了为期3个月商务英语脱产培训班和“一带一路”海外业务人才储备商务英语研修班，共有80名员工参加了培训。

党建工作 大唐环境认真落实“全面从严治党向基层延伸”的总体要求，实现了党组织建设全覆盖；强化组织体系、骨干队伍、场所阵地建设，修订完善党委中心组学习等制度12项，党建工作更加规范化；制定“十九大”学习宣传贯彻方案，启动“同步学+专题学+深入学”中心组学习模式，撰写心得体会210余篇，收集意见或建议130余条。

加强党风廉政建设，成立党委巡察工作领导小组及办公室，开展巡查工作，提出整改建议29项，全面从严治党；开展“四类问题”整改情况专项整治，共整改问题75项；科学运用监督执纪“四种形态”，经审查，给予党纪处分6人次，给予行政处分5人次，组织处理5人次，诫勉谈话3人次。

注重革命传统教育和大唐精神落地。清明节期间组织500余名党员干部开展“缅怀革命先烈、坚定理想信念”清明祭扫系列活动，赴中共中央党校等8处爱国主义教育基地进行革命传统教育。“八一”建军节组织广大干部职工参观中国人民革命军事博物馆。连续5年举办大唐精神宣讲，涌现了众多感人的大唐故事和近百名优秀的大唐精神宣讲者；“一带一路故事”等3篇事迹材料被国资委网站、国企文化公众号推送宣传；7位宣讲者完成了为期两个月的央企创新成就展宣传讲解工作，大唐环境获国资委授予“央企创新成就展表现突出集体”，5人获评“央企创新成就展表现突出个人”。

以文明单位信息管理平台为载体，开展文明单位创建活动，大唐环境蝉联首都文明单位，获评2017年度全国电力行业企业文化建设示范单位，2012～2017年度企业文化建设优秀单位。大唐环境、南京环保公司分获大唐集团2017年度文明单位荣誉称号。

开展“六最”项目活动，使1300多名职工受益。完成本部四楼办公区装修、增设电动自行车充电装置等多项便民利民工作。节假日期间对一线职工、海外职工及家属共开展送温暖活动82次，慰问近千人次。建立困难职工档案，及时慰问困难职工66人次，发放慰问金12.35万元，切实增加广大职工的归属感和幸福感。

（杨振华）

【大唐京津冀能源开发有限公司】

公司概况 大唐京津冀能源开发有限公司（简称大唐京津冀公司）负责大唐集团在京津冀和内蒙古区域资产项目的开发、投资、建设和运营。截至2017年末，大唐京津冀公司所管理资产总额503亿元，在役装机容量1707万kW，在建机组容量222万kW，职工总数10 265人。

领导班子

董事长、党委书记：梁永磐

总经理、党委副书记：沈刚

副总经理、党委委员、纪委书记、工会主席：徐光

副总经理、党委委员：郭红

总会计师、党委委员：孙延文

副总经理、党委委员：白福贵、赵建军

总工程师：佟义英、刘福阁

组织机构 本部设立办公室、规划建设部、计划营销部、人力资源部、财务管理部、安全生产部、燃料物资部、党群工作部、监察审计部9个部门。

下设燃料公司、同舟科技公司2个专业公司，以及托克托发电公司、北京高井热电厂、陡河发电厂、张家口发电厂、下花园发电厂、盘山发电公司、王滩发电公司、唐山热电公司、丰润热电公司、迁安热电公司、张家口热电公司、河北新能源公司、蔚州能源公司、北京新能源公司等14家基层企业。

企业管理 大唐京津冀公司明确将火电结构升级、新能源发展、热力产业和分布式能源开发作为当前重点发展方向。组建唐山地区发展工作协调领导小组，实现了区域统筹管理。针对天津地区用能需求大、清洁供热市场规模大的优势，组建天津项目筹备处，加大天津区域项目开发布局。研究百万电源支撑项目开发思路，推进陡河燃机项目核准，获得了政府支持。推进张北、丰润背压机前期项目，加快布局沽源、丰宁、宽城、卢龙等背压机、分布式项目，积极开辟热力产业新板块。

生产经营 大唐京津冀公司组建以来，按照“四个尽快到位”要求，以人员到位、责任到位和建章立制为切入点，确保政令畅通、信息畅通，实现安全生产体系有效运转；面对“两会”保电任务，提出“五个到位”的具体要求。系统上下牢固树立“归零心态”，按照“一级保电”要求，层层落实责任，严密部署措施，生产系统全员不休，领导干部全程驻守，确保了“两会”期间安全生产、职工队伍稳定；完成民生供热任务，累计供热量同比增加 705 万吉焦；接受市级以上环保部门督查 32 次，未发生环保舆情事件。

党建工作 大唐京津冀公司组建的同时，成立了公司党委、纪委，并同步启动了党的建设。按照中纪委要求，迅速建立节日期间紧盯“四风”问题的值班、报告和督办制度。按照监事会集中重点检查通报会精神，成立组织机构，抓好相关问题整改，并同步推进长效机制建设。坚持关注员工、关心员工、宣传员工，组织开展节日慰问和送温暖活动。高井、托克托、张热、陡河、下花园、盘山 6 家企业荣获“全国文明单位”称号，托克托、张热、陡河、盘山、王滩、丰润 6 家企业荣获大唐集团“文明单位”称号。

（郭长林）

【中国大唐集团有限公司广西分公司】

公司概况 中国大唐集团公司广西分公司（简称大唐广西分公司）成立于 2007 年 9 月 30 日，是大唐集团的二级企业，由大唐集团授权经营管理集团在广西等区域内的资产。

大唐广西分公司与广西桂冠电力股份有限公司（简称桂冠电力）、龙滩水电开发有限公司（简称龙滩公司）、大唐集团广西聚源电力有限公司（简称聚源公司）实行“四位一体”的管理模式。大唐集团持股桂冠电力 51.55%、持股聚源公司 65%。大唐广西分公司拥有 14 家发电企业、3 家专业公司、1 个集控中心、2 个项目筹建处。公司系统共有在册员工 3814 人（含新能源广西公司 72 人）。目前，资产分布在以西南区域为主的全国 9 个省区（在役发电资产分布在 6 个省区）。

截至 2017 年末，大唐广西分公司在役总装机容量 1193.46 万 kW，其中在桂装机容量 1060.59 万 kW，分别占全区总装机容量和统调装机容量的 24.5%、33.0%，是广西区内最大的发电企业；拥有清洁能源装机容量 1060.46 万 kW，占比 88.86%，其中在桂清洁能源装机容量 927.59 万 kW，占比 87.46%，高出区内清洁能源装机占比 39.01 个百分点。共有 41 座水电站合计 1022.41 万 kW，区域一体化管理后 8 个风电场合计 38.05 万 kW、1 家火电 133 万 kW。

领导班子

总经理、党组副书记：李凯

副总经理、党组成员：罗赤橙

副总经理、党组成员、工会主席：罗书葵

总会计师、党组成员：曹军

党组成员、纪检组长：黄晓衡

副总经理：王询

副总经理、党组成员：施健升

组织机构 截至 2017 年底，本部共有 9 个职能管理部门，拥有龙滩水力发电厂等 13 家基层发电企业、3 个专业公司、2 个筹备处及 1 个集控中心。

企业管理 一是体制机制改革取得重大突破。综合绩效考评机制、动态的用人机制、灵活的分配机制、创新发展机制、精品工程机制和“对管理者的管理、对监督者的监督、对考核者的考核”（简称“三对”）“大监督”机制逐步落地，“六大机制”作用凸显；协同推进水电集控运营模式、财务中心、区域小水电集控、标准化检修等改革进程。落实集团改革要求，完成在桂区域风电一体化管理，实现资源优化配置。

二是生产组织模式实现重大创新。3 月 30 日建成投运了大唐广西分公司流域集控中心，成功、平稳接入并远程集控跨流域 10 个厂站 44 台机组，打造了优化电调、梯级水调、生产调度、应急指挥大数据平台，各厂“单兵作战”转向中心“协同作战”，集控效益日益显现。按照集团部署，探索了集控模式下的生产关系。

三是依法治企切实加强。落实企业主要负责人法治建设第一责任人制度，“法治大唐”建设取得成效。高度负责、有效整改监事会集中重点检查等问题。发挥巡视、审计利剑作用，组织 13 家基层企业加强内审，发现问题 94 项、完成整改 91 项。实施了 13 个工程项目造价审计，审减金额 898.17 万元。

安全管理 严格落实大唐集团安全管理制度、部署和要求，加强“7＋1＋1”工作落实，始终“九个坚持”，认真“双评价”，完成了十九大等重大、特殊时段政治保电任务，安全生产做到了“抓住、盯紧、管好”。“履职能力评价”发现隐患2.06万项、同比多诊断出1.27万项，发现和提出问题能力显著提升；治理隐患1.54万项、同比增治8903项，消除重大设备隐患26项，解决问题能力显著提升。“设备健康评价”推动消缺率达98.4%、同比提高1.6%，设备完好率100%，风机可利用率97.77%、同比提高1.01%。“双评价”有力促进了安全管控能力的整体提升。开展36次“四不两直”督查，发现问题525项、整改501项。着重演练防汛度汛预案，经受住了“7·1”洛清江流域百年一遇洪水的考验。

生产经营 “核心效益指标”超额完成。利润超大唐集团下达预算值2.59亿元，超争取值2.19亿元，同比增利1800万元。归母利26.03亿元，同比增加6700万元。经济增加值完成20.23亿元。

“关键运营指标”圆满实现。电量全面完成大唐集团考核目标，电价完成277.3元/MWh，批复电价执行到位、市场电价降幅区域最小。资产负债率完成62.28%，较2016年期末降低4.42个百分点。

“持续发展指标”攻坚克难。新投产去学电站24.6万kW。新开工宾阳马王一期风电10万kW。新核准遵义枫香一期风电5万kW。前期重点推进宾阳马王二期、遵义枫香二期、枫乐风电，松塔、八渡（已列入南盘江流域综合规划）、海外印尼等水电。创新区域发展机制，取得龙滩“风光水多能互补”“临桂六塘”风电项目开发权。合山燃煤耦合生物质发电项目、热电联产机组改造取得阶段性进展。龙滩通航建筑物工程按要求推进。

科技创新 获得国家知识产权局授权专利40项，其中发明专利9项、实用新型专利31项。科技成果22项获行业奖励、一等奖2项。

人力资源管理 坚持因事择人、人岗适配原则，跨年分两批次调整领导干部47人，领导干部队伍专业、知识、年龄结构得到初步改善，“70后”新增4人，占比35.34%、提升3.99个百分点，“80后”新增2人，占比2.59%。制定第一批年轻干部培养“长板凳计划”。完成2家单位公推直选团委书记。

节能减排 推进“创一流”，加强对标整改，狠抓火电提升，供电煤耗同比下降33.61g/kWh，挖潜增效4400万元；发电耗油同比下降1710t，节约燃油成本992万元，油耗区域对标最优；负荷率同比上升2.28%，高出区域12.28个百分点，区域第一。全年实现达标排放，环保满足国家要求。

党建工作 公司党委将学懂弄通做实十九大精神作为首要政治任务，融入“两学一做”学习教育常态化制度化，结合实际，扎实推进“学思悟践”。严格落实党建主体责任制，持续加强基层组织建设。完成公司党组改党委设置。坚决落实习近平总书记对“四风”批示精神，严格执行中央“八项规定”和实施细则，“四种形态”经常化，监督执纪问责走向深入。重视意识形态工作。履行企业社会责任，落实三年精准扶贫资金1200万元。弘扬大唐精神，群众性精神文明创建成效卓著，桂冠、岩滩创成“全国文明单位”，龙滩荣获“全国五一劳动奖状”、桂开一个班组荣获“全国工人先锋号”等。荣获国家级、省部级和央企级各类荣誉69个。

主要事件

1月19～20日，大唐广西分公司2017年工作会暨二届四次职代会在南宁召开。

3月13日，大唐广西分公司总经理、党组副书记李凯会见了来访的广西壮族自治区证监局局长万钧一行。

5月11日，南宁市委副书记、市长周红波到金鸡滩水电厂调研防汛工作。

5月30日，桂冠电力队获“中国体彩杯”第十三届中国·东盟国际龙舟邀请赛绿城组12人500米冠军。

6月1日上午，南宁市委常委、副市长陈颖，市政协副主席谭玫瑰一行到宾阳马王风电场调研指导工作。

7月4日，中国大唐集团广西分公司（红水河）集控中心通过了南方电网电力调度控制中心及广西电网电力调度控制中心验收，标志着集控中心电调业务等工作正式运行。

7月30日9时51分，大唐广西分公司去学水电站完成72h试运行，正式投产发电。

11月17日，广西桂冠电力股份有限公司荣获全国精神文明建设表彰大会“全国文明单位”称号。

12月18日，大唐集团定点帮扶大化县工作座谈会暨帮扶签约仪式在大化瑶族自治县举行。

12月29日，国家发展改革委经济运行调节局副局长李云卿率调研组到大唐广西分公司调研电力运行情况。

（魏中华）

【中国大唐集团有限公司赤峰分公司】

公司概况 中国大唐集团有限公司赤峰分公司（简称大唐赤峰分公司）于2017年12月28日正式划转中国大唐集团有限公司管理，成为大唐集团的直属企业。主要负责赤峰地区的风力发电、太阳能发电等新能源项目的开发、建设、生产运营。

大唐赤峰分公司于2004年开始开发赤峰地区的风力资源。2005年8月12日，塞罕坝一期工程首批机组并网发电，实现了大唐集团风电项目“零”的突破。2010年底，大唐赤峰分公司实现了在赤峰地区建成大唐集团第一个百万千瓦风电场的目标。2010年8

月24日，大唐赤峰分公司东山风电场正式通过东北电网有限公司验收，率先成为国内首家“电网友好型风电场”。2015年1月1日，大唐赤峰分公司全面推行了以“单台风机为经营单元”的管理模式，将各项生产指标和费用指标分解细化到每一台风机，实现了公司内部对标管理与全面预算管理的双提升。2015年11月22日，大唐赤峰分公司被确认为中电联4A级标准化良好行为企业。另外，大唐赤峰分公司还编制完成了涵盖9种风机机型的《风机检修规程》和《风机典型故障处理指导手册》。检修人员通过学习手册，能够迅速排除故障，恢复设备运行。2017年9月，大唐赤峰分公司紧紧围绕着“最强、最大、最优、最美”的“四最”企业创建目标，全面推进塞罕坝“四最”风电厂建设工作。2017年12月21日，随着阿旗罕山40万kW项目全部投产，大唐赤峰分公司已累计实现装机151.3万kW。

历经13年的发展，大唐赤峰分公司已投运风电场10座，安装风机1000余台，累计发电量近200亿kWh，利润近30亿元，实现了规模与效益的同步增长，取得了较好的经济效益和社会效益，在赤峰乃至整个蒙东地区树立了良好的社会形象。

领导班子

总经理、党委副书记：桑海洋

党委书记、副总经理：刘相锐

副总经理、党委委员：杨岗、杨立华、曹文娇、陈子新

党委委员、纪律检查委员会书记、工会主席：李艳芬

组织机构 大唐赤峰分公司设总经理工作部、规划发展部、人力资源部、计划与投融资部、财务与产权管理部、安全质量监督部、生产技术部、工程管理部、纪检监察部、审计部、思想政治工作部，共11个部门。

统筹管理包括大唐（赤峰）新能源有限公司、大唐中日（赤峰）新能源有限公司、中国大唐集团新能源股份有限公司塞罕坝分公司、赤峰唐能新能源有限公司、大唐翁牛特新能源有限公司、大唐三合（林西）新能源有限公司及大唐阿鲁科尔沁旗新能源有限公司，共7家法人单位。

企业管理 对外采取多层级协调电网调度；对内派驻专业管理人员深入现场解决疑难问题，并继续推动班组间发电小指标竞赛，利用系统小风期、停电期及限电期开展风电厂检修和预防性试验，千方百计抢发电量。加强风机定、巡检质量验收和风机运行数据分析，强化风机管理，全面提升风机可利用率。强化线路治理，开展现场集电线路全面体检，线路运行可靠性得到大幅提升。加大设备提质和提效技改项目的实施力度，风电机组健康水平和发电能力得到明显提升。

持续深化成本费用管控，通过深入推行单机成本核算和度电成本管理模式，使成本线不断下移。面对国家补贴不到位的不利形势，大唐赤峰分公司以现金流管理为核心，严防资金风险。通过强化税收风险管理，积极落实税收优惠政策，实现了政策效益最大化。依托单台风机成本控制管理系统提供的70余项风机基础数据指标，对单位时间内平均风速、可利用风时数、风频数据、单机度电成本、设备损失电量等进行综合对比，及时调整营销和发电策略，实现了设备出力最大化。全面落实“全员营销、情感营销、技术营销”策略，成立了以总经理为主要负责人的营销中心，通过梯级开展营销工作，实现了发电空间最大化。深入研究可再生能源“绿证”交易政策，加快已列入财政补贴名录项目的申报，积极做好“绿证”交易准备。

安全管理 始终坚持将安全作为开展一切工作的前提和保障，扎实开展“安全生产月”等专项工作。坚持“防大”与“抓小”并重原则，进一步强化全员“红线”意识、底线思维，真正把“七个加强”和班组建设落到了实处。全面推行精准“反违章”，建立典型违章库，极大地扩展了反违章工作的广度和深度。因地制宜编制风电厂应急处置卡，实现现场处置措施卡片化管理，切实提高生产人员应急处置能力。将“六道关口”管理细化为23项具体管理举措，对表把关，按流程落实，对高风险外委作业，严格制定“三措两案”，履行公司、风电厂两级审批，分级管理。公司通过宣传、教育、奖惩、形象、标识、文化活动与“安健环”管理理念有机结合，有序推进安全文化建设，初步形成了“以遵章守纪为荣，以违章违纪为耻”的安全文化氛围。

生产经营 2017年，大唐赤峰分公司年度发电量完成28.16亿kWh，同比增加6.59亿kWh，2017年11月，发电量高达3.87亿kWh，连续4次打破单日发电量记录，且年度、月度、单日发电量均创历史新高；实现利润总额4.71亿元，完成年初下达预算3.57亿元的131.93%，较同期2.48亿元增加2.23亿元，增幅达89.92%；净利润4.28亿元，归属母公司净利润3.33亿元。

科技创新 2017年，大唐赤峰分公司共获得发明专利2项，实用新型专利3项，软件著作权1项，其中“风电机组超速保护系统测试装置”专利入选大唐集团年度专利推广目录，并在多个风电场成功应用。“基于智能巡视的叶片故障诊断分析系统”获得2017年度中国电力职工科技成果三等奖，“风电机组超速保护系统测试装置研发”项目获得大唐集团年度科技

进步二等奖。大唐赤峰分公司积极参与国家高新技术企业评审，12 月 11 日获得内蒙古自治区高新技术企业资质。

党建工作 多层次、多角度地开展党的十九大精神学习，通过专题党课、中心组学习等方式，实现对党的十九大精神的再认识、再领会、再提高。继续坚持“系统性、常规化、针对性、抓重点、基础性”五原则工作思路，发挥国有企业党委的领导作用，依照规定讨论和决定企业重大事项。推进“两学一做”学习教育常态化、制度化，全面提升基本组织、基本队伍、基本制度建设。注重对外宣传，树立企业形象。2017 年，大唐赤峰分公司先后被评为全国文明单位、大唐集团文明单位、大唐集团先进单位、大唐集团一流企业，塞罕坝风电厂模型亮相国家“砥砺奋进的五年”大型成就展。大唐赤峰分公司的《推陈出新，抓住“两学一做”常态化教育工作关键》《“三把钥匙”打开经营安全之门》《凝心聚力促发展　砥砺前行谱新篇》等多篇深度报道在《中国发电》杂志等重要媒体刊发。

“四最”创建 全面贯彻落实大唐集团董事长、党组书记陈进行的讲话精神，组织召开专题会议、明确各单位职责和任务，深度分析外部形势和内部现状，充分发掘公司在经营管理、科技创新、品牌形象等方面的优势和亮点，查找短板和不足，全面推进“四最”风电厂建设工作。并已完成包括总纲、指标体系、评价体系、对标分析、三年滚动计划、里程碑计划、持续提升七部分实施方案的编制工作。

主要事件

1 月 23 日，大唐赤峰分公司召开二届一次职工代表大会暨 2017 年工作会议。

3 月 21 日，大唐赤峰分公司取得罕山后 20 万 kW 项目《国网经研院关于大唐赤峰罕山风电场三期项目（200MW）接入系统专题研究报告评审意见》。

5 月 23 日，大唐赤峰分公司在京组织召开中韩、中日两家合资公司三届一次董事会。

8 月 9 日，大唐集团董事、总经理、党组副书记陈飞虎，集团公司副总经理、党组成员吴秀章一行莅临大唐赤峰分公司塞罕坝风电厂调研。

8 月 30 日至 31 日，大唐集团董事长、党组书记陈进行莅临公司调研。大唐集团副总经理、党组成员栗宝卿，总工程师高智溥陪同调研。

9 月 15 日，大唐赤峰分公司在赤峰成功承办大唐集团风电深化对标管理提升现场会。

11 月 15 日，大唐赤峰分公司完成塞罕坝“四最”风电厂创建实施方案初稿的编制工作。

12 月 21 日，大唐赤峰分公司罕山后 20 万 kW 项目全部风机正式投产。

（林浩然）

中国华电集团有限公司

【公司概况】 中国华电集团有限公司（简称中国华电）是 2002 年底国家电力体制改革组建的国有独资发电企业集团，属于国务院国资委监管的特大型中央企业，2017 年底改制为中国华电集团有限公司。中国华电主营业务为：电力生产、热力生产和供应；与电力相关的煤炭等一次能源开发以及相关专业技术服务。公司资产主要分布在全国 32 个省（区、市）以及俄罗斯、印尼、柬埔寨、西班牙等多个国家。管理实体单位共计 494 家，其中二级单位 43 家，三级单位 450 家，控股 7 家境内外上市公司，现有职工 10.5 万人。世界 500 强排名第 382 位。中国华电发电、煤炭、金融、科工四大产业均保持良好发展态势。发电产业拥有煤电 9100 万 kW、水电 2700 万 kW、天然气发电 1432 万 kW、风光电 1589 万 kW、生物质能 5.3 万 kW，水电和天然气发电规模处于国内同类型企业领先地位。煤炭产业控股煤矿 32 处，资源量 220 亿 t，产能 5580 万 t/年，拥有 4 个千万吨级煤矿，2017 年煤炭产量 4466 万 t。金融产业拥有 6 家金融机构，取得财务公司、信托公司、证券、保险经纪等 4 类金融牌照。科工产业包含 3 家二级单位，涵盖自动化、信息化、环保水务、高端装备制造等业务，拥有国家级企业技术中心、国家能源分布式能源技术研发中心等多个科技创新平台。

【领导班子】

董事长、党组书记：赵建国

董事、总经理、党组副书记：温枢刚

党组副书记、副总经理：任书辉

党组成员、副总经理：陈建华

党组成员、副总经理：杨清廷

党组成员、总会计师：邵国勇

党组成员、党组纪检组组长：张本平

党组成员、副总经理：王宏志

领导人员变动情况：

2017 年 4 月，邓建玲不再担任中国华电集团公司党组成员、副总经理。

2017年6月，中国华电集团公司副总经理杨清廷、总会计师邵国勇试用期满转正。

2017年6月，杨清廷、邵国勇任中国华电集团公司党组成员。

2017年12月，王宏志任中国华电集团公司党组成员、副总经理。

【组织机构】 见2017年中国华电组织机构图。

【年度业绩】 2017年，中国华电学习贯彻习近平新时代中国特色社会主义思想，落实党中央、国务院以及国资委决策部署，坚持稳中求进工作总基调，全面贯彻落实新发展理念，以推进供给侧结构性改革为主线，按照公司党组确定的“五个坚持、五个转型”发展思路、“两低一高”发展要求和“2218”发展目标，积极应对煤价大幅上涨、发电利用小时下降、市场竞争加剧等严峻形势，加快转型发展，狠抓提质增效，深化改革创新，强化安全环保，加强党的建设，各项工作稳步推进，取得了积极成效。全年实现利润66亿元，销售收入2006亿元；核准电源项目1049万kW、投产557万kW，发电装机容量达1.48亿kW，清洁能源装机占38.6%；单位电能烟尘、二氧化硫、氮氧化物、二氧化碳排放量比“十二五”末分别下降58.5%、21.9%、36.6%、7.6%，单位电能化石能源消耗比“十二五”末下降6.71g。

【结构调整】 印发实施中国华电加快改革创新推动转型发展的一号文件，修订中国华电“十三五”规划，引领推动公司转型发展。一是结构布局持续优化。较早地停建、缓建12个煤电项目近1500万kW，关停淘汰煤电机组147万kW，完成关停计划。全年核准电源项目1049万kW均为清洁能源，新投项目清洁能源占70%。金沙江上游苏洼龙、叶巴滩两级电站开工建设，巴塘电站取得核准；与河北省政府正式签署金上电力送冀战略合作协议；金沙江中游龙头水库完成坝址比选。加快发展天然气发电，广东增城、山东章丘、河北裕华等7个重型燃机和4个天然气分布式项目共计652万kW获得核准，投产235万kW，装机容量达到1432万kW。投产风光电130万kW，装机容量达到1589万kW。设立雄安公司，融入雄安新区规划建设。上海奉贤南桥、江苏戚墅堰二期荣获国家优质工程奖。二是相关产业协同发展。小纪汗、下梨园煤矿取得安全生产许可证，隆德改扩建、西黑山一期获得核准。退出煤矿4处，产能99万t/年，提前完成煤炭去产能2020年目标任务。金融产业管理资产规模达到5119亿元，同比增长14%；回收金融产业涉险项目本金4.49亿元。科工产业新签系统外合同额达到120亿元，同比增长16.3%，华电水务在建在运规模达到55万t/天。三是国际业务明显提速。俄罗斯捷宁燃机电站投产，成为中国在俄投产的第一个电源项目。印尼玻雅燃煤电站签订购电补充协议。越南沿海二期燃煤电站通过财政部政治保险审批，取得中信保保险责任生效通知书。海外在运和在建装机容量已达271万kW，重点跟踪并且已经发起决策的项目超过1500万kW。

【深化改革】 中国华电完成公司制改制，由全民所有制企业改制为国有独资公司。修订党组会、董事会、董事长办公会、总经理办公会议事规则和“三重一大”实施办法。明确总部和区域公司定位及管理界面，调整优化跨区域上市公司管控模式，配套完善绩效考核与工作流程机制。在18个区域建立了售电公司或增项售电业务，区域一体化营销体系基本建立。深化金融改革，基本建立起以资本控股为基础的统一金融运作平台。创新监督体制机制，成立中国华电监督委员会、北京和济南2个监督中心以及8个派驻纪检组，进一步整合监督资源，强化了提级监督。

【生产经营】 确定提质增效5个方面40项工作任务，成立5个督导组进行重点督导，稳增长目标如期实现。全年利润剔除煤价减利因素后，可比利润同比增加135亿元。各产业板块中，水电盈利35.4亿元，新能源盈利34.4亿元，煤炭产业盈利25.5亿元，金融产业盈利29.4亿元，有力发挥了产业支撑作用。一是市场营销取得成效。争取市场电量1800亿kWh，同比增加457亿kWh，市场电量电价比2016年少降1.62分/kWh。24个煤电区域中有21个煤电利用小时超过“三同”。深入开展运营优化，火电优化转移电量220亿kWh，水电优化调度增发电量11亿kWh，合计增收6.7亿元。供热面积增长18.7%，热力收入增长16.5%，供热装机占比达到58%，同比提高6.4个百分点。二是成本费用有效控制。通过掺配掺烧和优化海运煤节支22亿元。开展集中统一招标和大宗物资集中采购，集团公司节资率达19.7%。深挖降本增效潜能，三项费用节约11.9亿元，压降9.3%。发行公司债、绿色债等共129.6亿元，完成综合资金成本率4.43%，资金归集率达到87.4%。清收科工企业存量应收账款109亿元，存量“两金”压降超过55%。三是资本运作有序推进。农行100亿元债转股项目落地。通过股权注入完成云南区域资产整合。全年共引入权益资金67.6亿元。完成140亿元可续期产品注册，发行永续债40亿元。金上公司和华电水务引入战投资金共计21亿元，国电南自非公开发行A股募集资金3.8亿元。处置低效无效资产77项，回收资金11亿元。

【安全环保】 完成党的十九大、全国“两会”“一带一路”峰会、厦门“金砖会晤”等重大活动和重要时

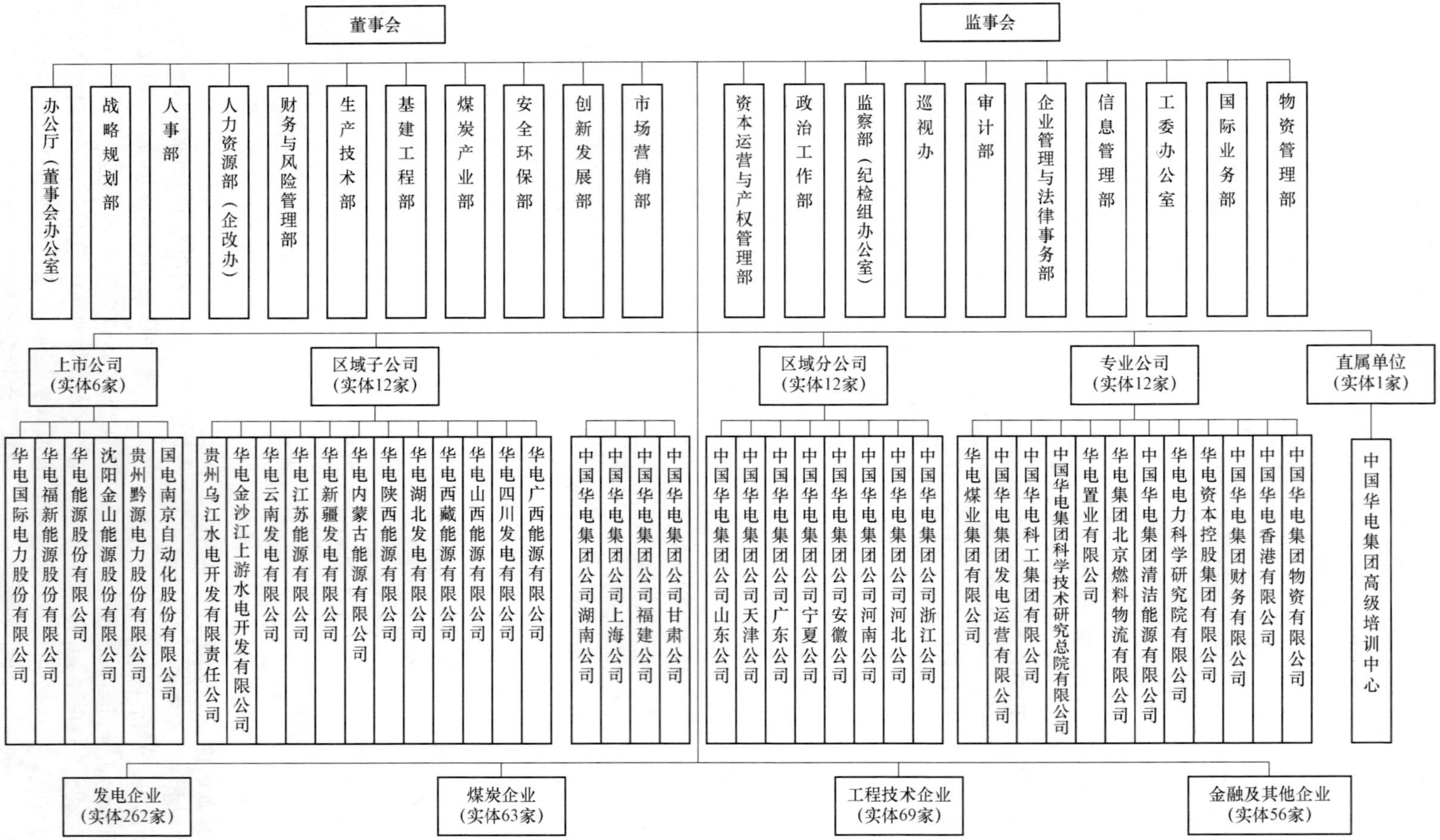

注：1. 二级实体机构43家。
2. 三级实体机构450家，其中：发电企业262家（火电132家、水电66家、风光电43家、分布式17家、秸秆等其他新能源4家）；煤炭（含生产和运销）企业63家；工程技术（含油气）企业69家；金融及其他企业56家。

2017年中国华电组织机构图

段的保电和空气质量保障工作。推进本质安全型企业建设，建立本质安全管理体系，实现公司各级企业全覆盖。健全完善全员安全生产责任制，重点强化区域公司安全监管体制和队伍建设，开展春检暨安全专项整治和“电力建设工程施工安全年”活动。火电机组台均非停 0.44 次，在逐年降低的基础上同比再降 12%。全年未发生信息安全事件。累计 170 台 6818 万 kW 煤电机组完成超低排放改造，容量占比达到 77%，东部地区煤电机组已全部实现超低排放，完成京津冀及周边“2+26”城市大气污染防治攻坚任务。开展“排污许可宣贯年”活动，火电企业全面完成排污许可证申领。加强水电站生态保护，全年放流珍稀特有鱼类 280 万尾。完成碳排放权试点履约。

【科技创新】 研发攻关 292 项科技和技术标准项目，燃煤电厂新型高效除尘技术及工程示范获得国家重点研发计划重大专项立项，并获 2307 万元中央财政经费；多能互补分布式能源项目获中国电力创新大奖；国电南自参与研发的《电力线路行波保护关键技术及装置》成果获国家技术发明奖二等奖。国家能源火电能效检测平台完成能效远程监测系统开发，国家能源分布式能源研发中心基本建成。探索研究数字化电厂，推进水电、新能源“远程集控和诊断”两个平台建设。试点建设了办公自动化、档案、商密“三合一”信息系统，推进战略经营驾驶舱、财务共享中心等信息系统建设，ERP 推广实现发电产业全覆盖。

【党建和队伍建设】 学习宣贯党的十九大精神，切实在学懂弄通做实上下功夫，通过集中学习研讨、讲党课、举办宣讲报告会等多种形式，在公司系统迅速掀起学习宣贯十九大精神热潮。推进“两学一做”学习教育常态化制度化，用好“党员活动日”，创新了微党课、红色讲堂等学习教育形式。发挥基层党组织战斗堡垒和党员先锋模范作用，服务企业经营发展中心工作。开展红色教育，征集红色故事 404 篇、企业好传统 326 个，创作报告文学集《红色品格》。命名中国华电首批红色教育基地，其中，3 家获“中国红色文化教育基地”授牌。层层落实“两个责任”，严明党的纪律，加大执纪审查力度。围绕生产经营重点，聚焦违规违纪易发多发领域和关键环节，开展“四项治理”（招标管理、煤炭营销、融资性贸易、个人经商办企业）、“一个清理”（“小金库”和违规发放薪酬清理检查）集中整治，着力发现问题，强化整改问责。加大人才培养力度，全年组织各类培训班 3400 余期，培训 32 万余人次。加强精神文明建设，27 家单位获得“全国文明单位”称号。深化“三力”工会建设，大力开展技能大赛和职工创新创效活动；实施素质登高和岗位建功工程，助力公司青年员工成长。举办社会责任月和公众开放日活动，连续 10 年发布社会责任报告，社会责任发展指数连续 3 年排名全国第二，树立“中国华电”良好品牌形象。积极开展定点扶贫和“救急难”扶贫工作，扎实做好对口支援新疆喀什、青海都兰和“央企入藏”等工作，较好体现了中央企业责任担当。

（谢一骏）

【华电国际电力股份有限公司】

公司概况 华电国际电力股份有限公司（简称华电国际）前身为山东国际电源开发股份有限公司（简称山国电公司），于 1994 年 6 月 28 日在山东济南注册成立，成立时总股本为 38.25 亿股，总装机容量 182.5 万 kW。

1999 年 6 月 30 日，山国电公司 H 股在香港联交所上市，总股本增至 52.56 亿股。其中，境外上市外资股为 14.31 亿股。2002 年底电力体制改革之后，山国电公司划归中国华电集团公司。为适应企业改革与发展需要，2003 年 11 月 1 日，山国电公司正式更名为华电国际电力股份有限公司。2005 年 2 月 3 日，华电国际 A 股作为国内询价发行第一股，在上海证券交易所正式挂牌上市。发行 A 股后，华电国际总股本达到 60.21 亿股。其中中国华电占 50.01%的股份；香港 H 股股东占 23.77%的股份。2009 年 6 月 20 日，华电国际办公地点由山东济南迁至北京，注册地未变。2009 年 12 月 1 日和 2012 年 6 月 21 日，华电国际先后非公开发行 A 股 7.5 亿股和 6 亿股，总股本增至 73.71 亿股，其中中国华电占 44.19%的股份，H 股股东占 19.41%的股份。2014 年 7 月 18～30 日，华电国际先后非公开发行 A 股 11.5 亿股和新增发行 H 股 2.86 亿股，总股本由 73.71 亿股增至 88.07 亿股，其中中国华电占 50.04%的股份，其他 H 股股东占 18.52%的股份，其他 A 股股东占 31.44%的股份。2015 年 9 月 8 日，华电国际非公开发行 A 股 10.56 亿股，总股本由 88.07 亿股增至 98.63 亿股，其中中国华电占 46.84%的股份，其他 H 股股东占 28.50%的股份，其他 A 股股东占 24.66%的股份。

华电国际主要业务为建设、经营管理发电厂和其他与发电相关的产业，发展领域由单一的火电拓展到水电、风电、生物质能发电、太阳能发电、核电和煤炭产业。发展区域由山东一地拓展到四川、宁夏、安徽、河南、河北、浙江、内蒙古、天津、山西、重庆、广东、湖北和陕西等 14 个省市（自治区、直辖市）。

领导班子

董事长：赵建国

副董事长：陈斌、王映黎

董事：田洪宝、苟伟、褚玉、张科

独立董事：丁惠平、王大树、王传顺、宗文龙

监事会主席：李晓鹏

监事：彭兴宇

职工监事：袁亚男、马敬安

独立监事：查剑秋

党委书记：陈斌

总经理：田洪宝

副总经理：彭国泉、陈存来、陈斌

财务总监：冯荣

纪委书记、工委主任：袁亚男

主要领导人员变动情况：2017 年 3 月 28 日，陈存来任副总经理，不再担任财务总监；李增昉任财务总监，并于 2017 年 8 月 21 日辞任。2017 年 6 月 30 日，刑世邦不再担任副总经理；谢云不再担任副总经理、总工程师；马敬安任职工监事；魏爱云不再担任职工监事。2017 年 11 月 13 日，冯荣任财务总监。

组织机构 本部下设“一室五部”，分别是办公室（人力资源部）、计划投资部、财务资产部、安全与运营管理部、证券合规部（内控部）、党建工作部（纪检办公室）。

截至 2017 年底，华电国际控股发电总装机容量 4933.01 万 kW，资产总额 2162.79 亿元。所属单位共有 136 家，其中：分公司 10 家，分别是华电国际北京分公司、华电国际山东分公司、华电国际安徽分公司、华电国际宁夏分公司、华电国际浙江分公司、华电国际河北分公司、华电国际河南分公司、华电国际天津分公司、华电国际广东分公司、华电国际四川分公司；子公司 1 家，为华电湖北发电有限公司；专业公司 4 家，分别是华电国际物资有限公司、华电国际项目管理有限公司、华电国际山东信息管理有限公司、青岛华拓科技有限公司；技术服务中心 1 家，为华电国际电力股份有限公司技术服务中心；全资及控股发电企业 85 家；控股煤炭企业 9 家；煤炭运销公司 4 家；投资管理公司 4 家；控股热力公司 11 家；港务公司 1 家。

年度工作业绩 2017 年，华电国际全年实现利润 12.98 亿元，同比减少 50.94 亿元；总资产达 2162.79 亿元；营业收入近 800 亿元，达 790.07 亿元；控股发电装机容量突破 4900 万 kW，达 4933.01 万 kW，其中清洁能源占比 20.54%；控股煤矿批复产能达 1050 万 t/年，控参股煤炭资源储量达 20.13 亿 t。资产负债率 74.37%。

生产经营管理 安全生产管理。开展季节性安全检查、隐患排查治理、高处作业安全防范、重大危险源安全监督管理、安全技能培训等工作，完成十九大期间电力安全保障任务，全年安全生产保持总体平稳。2017 年，水电板块实现“零非停”；火电机组强迫停运年台均次数 0.33，同比降低 0.06，12 个火电企业实现“零非停”。推进节能环保。供电煤耗完成 299.61g/kWh，同比降低 1.73g/kWh，在可比上市公司中排名第二，29 台机组荣获全国火电优胜机组称号。累计完成烟气超低排放改造 82 台 33 000MW，容量占比达 94%。新建燃煤火电工程全部实施超净排放技术路线，二氧化硫、氮氧化物、烟尘等环保排放指标均达到或优于国家及地方环保法规要求。所有火电单位均如期取得了排污许可证。

经营管理。面对利用小时大幅下滑，煤价持续高位运行，交易电量增加和电价下降等不利形势，深入推进提质增效增收节支堵漏工作，制定专项工作方案，从增收创效、节支增效、治亏堵漏、投资管控、资源配置、风险防范六个方面制定了 37 条具体措施，确定了“611”工作目标，组织开展“典型引路、解剖麻雀”工作，全面部署，重点帮扶，严控成本，提质增效，取得了较好成效。一是加大市场营销力度。争取市场电量 669 亿 kWh，同比增长 133 亿 kWh。6 个区域煤机利用小时超五大发电集团“三同”水平。拓展热力市场，供热业务实现效益 6.69 亿元。紧跟电力市场化改革和市场营销工作新形势，在山东、宁夏、安徽、河南等区域成立售电公司，力争在市场竞争中赢得优势。二是强化燃料管理。面对煤价大幅上涨，发挥规模采购优势，通过拓宽采购渠道、在煤炭市场淡旺季间有序调整库存等手段，控制燃料成本。合理掺烧节约采购成本 5.98 亿元。三是加强资金管控和亏损企业治理。合理控制债券融资规模，资金成本率完成 4.37%，同比降低 0.07 个百分点，财务费用较预算减少 1.42 亿元。深入分析研判政策形势，争取财税等政策资金 2.91 亿元。

项目发展 推进转型发展，全年核准电源项目 571.63 万 kW，全部为清洁能源项目。在经济发达区域、城市负荷中心优化布局热电冷多联供分布式能源项目，核准重庆江津等燃气分布式项目 3 项 12.48 万 kW。择优推进电热市场较好、建设条件落实、投资收益有保障的燃机热电项目发展，核准河北裕华燃机等 5 项 412 万 kW，新开工广东清远英德项目，天津南疆、河北石热燃机工程建设稳步推进。依托现有热源供热潜力和优势，积极拓展供热市场，加快热网项目发展，开工建设山东邹城热力二期、河南新乡铁西片区热网、宁夏灵武电厂向银川供热项目。有序推进风光电项目发展，核准山东莱州夏邱等风电项目 17 项 131.35 万 kW，投产山东肥城虎门等 5 个风电项目 29.69 万 kW。备案天津滨海长芦海晶盐场、浙江龙游经开区屋顶等光伏项目 10.8 万 kW，投产河南台前等 7 个光伏项目 19.4 万 kW。按照国家煤电规划建设调控政策要求，控制常规煤电发展规模和工作节奏，稳步推进天津南港热电项目；加强工程管理，投产山东十里泉 9 号机组 66 万 kW、湖北江陵一期 1 号机组 66 万 kW。

改革发展 贯彻中国华电党组决策部署，完成管控体制优化调整。落实区域“做实”方略，7 家单位获得“五星级发电企业”称号。面对煤价大幅上涨，发挥集约化采购、专业化管理优势，提高议价和保障供应能力；应对电力市场改革，成立区域售电公司，参股区域电力交易中心，力争在电改过程中抢占先机。深入推进信息化建设，逐步实现 FAM 财务系统核算全覆盖，推进 HFM 合并财务报表系统单轨运行，优化抵销规则；进一步优化 FAM 和数据中心的系统部署架构，提升系统性能。加大科技、管理创新力度，荣获中国电力创新奖 1 项，中国华电科技进步奖 23 项，中国华电创新创意大赛奖 4 项。推进内控要求与管理流程的紧密融合，促进管理制度化，制度流程化，发挥内控在风险防控中的积极作用；严格管控关联交易，确保年度关联交易数额不超过授权额度。完善法制建设，提高法律审核把关质量，加大法律纠纷案件处理力度，促进依法合规经营，防范法律风险。

党的建设和精神文明建设 学习宣传习近平新时代中国特色社会主义思想和党的十九大精神，推进“两学一做”常态化制度化，引导公司广大党员干部进一步统一思想、凝聚共识。夯实党建工作基础，加强公司党的组织建设，规范有序地完成了公司党委、纪委换届选举及本部党支部换届选举工作。不断健全党建工作体系，积极研究探索新形势下党建工作体制机制、方式方法，形成了论文《新形势下国有企业基层党支部发挥战斗堡垒作用的实践与探索》，荣获 2017 年度电力企业管理创新论文大赛一等奖。严明党的纪律规矩，落实全面从严治党要求，强化党风廉政建设责任落实，突出作风建设，狠抓八项规定精神落地，深入开展专项治理工作，强化监督执纪问责，党风廉政建设和反腐败工作进一步加强。强化理论教育和红色教育，引领岗位建功，开展首都文明单位标兵创建工作。

【华电福新能源股份有限公司】

公司概况 华电福新能源股份有限公司（简称华电福新）前身为华电福建发电有限公司（简称福建公司），福建公司成立于 2004 年 10 月，是中国华电集团有限公司在福建设立的全资子公司。2010 年 10 月福建公司更名为华电福新能源有限公司，并与华电新能源发展有限公司进行资产重组，2011 年 8 月改制为华电福新能源股份有限公司，2012 年 6 月在香港联交所上市，注册资本 76.22 亿元人民币。截至 2017 年 12 月 31 日，华电福新股权构成为中国华电集团有限公司占 59.57%、中国电力工程顾问集团投资有限公司占 3.03%、昆仑信托有限责任公司占 2.43%、贵州乌江水电开发有限责任公司占 2.25%、中国华电科工集团有限公司占 0.94%、兴证创新资本管理有限公司占 0.91%、福建华兴创业投资有限公司占 0.30%、流通股占 30.57%。

华电福新是华电集团清洁能源发展的主要平台，拥有包括水电、风电、煤电、太阳能、天然气（分布式）发电、生物质能和核电等多种发电类型，分布在全国 27 个省、市、自治区及海外的西班牙，截至 2017 年 12 月 31 日，华电福新投运控股装机 1554.02 万 kW，其中：风电 769.82 万 kW、太阳能发电 115.56 万 kW、水电 250.79 万 kW、煤电 360 万 kW、气电（分布式）发电 55.32 万 kW、其他清洁能源发电 2.53 万 kW。另外主要参股福清核电 39%股权和三门核电 10%股权，电源结构上水电、风光、高效煤电、气电、核电多个板块并驾齐驱、协同发展，呈现清洁化、多元化、国际化的鲜明特点。华电福新本部设有办公室（人力资源部）、计划投资部、财务资产部、安全与运营管理部、证券合规部（内控部）、党建工作部（纪检办公室）等 6 个部门。所属企业 216 家（分公司 53 家、全资单位 97 家、控股单位 62 家、参股单位 4 家）。

领导班子

党委书记、董事长、执行董事：黄少雄

执行董事、总经理、党委副书记：吴建春

执行董事：李立新

非执行董事：陶云鹏、李一男、梅唯一

独立非执行董事：张白、陶志刚、吴毅强

监事会主席：李长旭

监事：王崑、胡晓红、侯佳伟

职工监事：闫仲军、陈文新、朱德元

独立监事：丁瑞玲、郭小平

党委副书记、纪委书记、工委主任、总法律顾问：黄沈阳

党委委员、副总经理：马骏彪

党委委员、总会计师（财务负责人）：王会萍

党委委员、副总经理：孙涛

党委委员、副总经理：林文彪

主要领导人员变动情况：2 月 28 日，舒福平不再担任党委委员、总经理职务。3 月 14 日，黄沈阳任党委副书记职务。4 月 6 日，杨艺不再担任党委委员、总会计师职务。6 月 26 日，黄少雄任党委书记、董事长职务；吴建春任党委副书记、总经理职务；方正不再担任党委书记、董事长职务；王志军不再担任党委委员、副总经理职务。7 月 20 日，朱德元任职工监事。9 月 18 日，黄沈阳任总法律顾问；杨艺不再担任总法律顾问职务。10 月 30 日，黄沈阳任纪委书记、

工委主任；马骏彪任党委委员、副总经理；王会萍任党委委员、总会计师；闫仲军不再担任纪委书记、工委主任。12月24日，林文彪任党委委员、副总经理；霍广钊不再担任党委委员、副总经理。

年度工作业绩 2017年，华电福新完成发电量425.6亿kWh，实现利润28亿元，完成中国华电下达目标的124.8%，利润总额在中国华电系统排名第二、发电板块排名第一；净资产收益率达10.2%；资产负债率75.3%，同比下降3.1个百分点；全年核准容量217.6万kW，新增装机容量56.79万kW。

生产经营管理 生产方面。协助中国华电建立健全安全与运营监督管理体系，及时调整华电福新安全生产规范化监督工作标准，履行监管职责。开展对标管理，根据每周、每月对标电量、限电率等指标完成情况，发现问题并督促整改，保证了经营效益。严格控制检修技改费用支出，做好年度检修、技改费用审核把关，保证了检修技改资金有效管控。加大风光电设备整治投入，保证设备健康水平，抓住限电率下降的有利时机抢发电量，风光电板块利润得到大幅度提升。

经营方面。一是围绕提质增效增收节支，全面加强预算管理，增强预算执行的刚性约束。协调区域公司，对亏损严重的企业查找分析原因、制定解决方案、开展专项治理、争取政策支持，确保公司业绩目标圆满完成。二是拓宽融资渠道，开辟公司融资的新路径，降低融资成本。完成中国华电内首单40亿元可续债注册并发行20亿元，直接降低中国华电0.2%负债率；完成风光电绿色ABS债发行注册和DFI“储架发行”资格注册；不断加强与评级公司和银行的沟通，争取高信用等级和更多银行授信，本部累计授信已达245亿元。提升市值，开展市值对标和指数分析。华电福新股价全年收涨11.05%，较港股新能源综合指数涨幅高8.06%。推动华电福新股权融资运作，取得证监会关于华电福新H股增发的批复，研究增发内资股、回A、发行可转债股权挂钩融资产品等方案，推动多层次股权再融资运作。多措并举筹资金、降成本，协调各大金融机构，完成置换、新增贷款65.28亿元，年节约财务费用0.27亿元；开展一年期循环贷置换项目贷款11亿元，年节约成本485万元；新增统借统还资金14.15亿元，年节约基层单位财务费用0.26亿元，缓解了企业资金压力。三是推进“瘦身健体”，优化产权结构，及时处置低效无效资产。完成30家重点企业“压减”工作，超6户完成中国华电下达指标，在压减管理层级、提高管控效能的同时实现“创收”，收回资金近6000万元。

项目发展 根据中国华电转型升级要求，华电福新优化调整了“十三五”发展战略规划，提出了“2858”发展战略目标（到2020年公司装机容量超过2000万kW，清洁能源装机容量占比达到80%，利润总额50亿元，净资产收益率不低于8%），并加快推动目标落实。广州增城1200MW燃机、福清海坛海峡300MW海上风电、华电玉环1号海上风电一期工程等一批重点大项目落地，为华电福新到2020年实现清洁能源占比80%奠定了坚实基础。华电福新全年新增清洁能源装机容量46.82万kW，其中风电项目7个27.28万kW，光伏项目5个16.36万kW，气电项目1个3.18万kW；获得中国华电开工备案11个159.1万kW；取得项目核准批复13个217.6万kW；列入规划11个74.2万kW；签订合作开发协议3个215万kW；发起投资决策17个236.8万kW，完成投资48.71亿元。进一步完善新项目投资评价决策机制，从资源评价、设备选型、投资监督等角度审核把关，不断提升清洁能源发展的专业化服务水平。开展项目并购，完成山西盐湖风电项目收购，着力协调解决山西广灵等历史遗留问题。

改革发展 聚焦改革创新，全面落实优化管控新要求。华电福新上下统一思想、提高认识，紧紧围绕资本运作和投融资平台的核心定位，遵循加快“两个转变”、打造“两个平台”的工作思路，谋求公司更高质量发展；完成部门和人员岗位的优化配置，明确职责定位；进一步修订完善“三重一大”决策制度和会议管理制度，公司各项工作保持平稳高效运转；健全本部员工激励机制，提升员工工作积极性。聚焦合规管控，着力防范上市公司新风险。严格遵照监管要求推进法人治理，推进所属企业“三会”工作规范化，明确“三会”工作管理要求及办理流程。加强和规范公司系统内部监管，强化关联交易动态管控，及时修订相关管理办法，通过多种管控措施，确保各项关联交易满足全年额度控制的监管要求，不断提高公司管理效率和风险防范的能力。

党的建设和精神文明建设 以学习贯彻党的十九大精神为主线，以落实中国华电党组1号文件为抓手，推进“两学一做”学习教育常态化，通过组织开展党员活动日、党委中心组学习、专题党课、座谈研讨、辅导讲座等形式，引导广大党员干部把思想和行动统一到以习近平总书记为核心的党中央的战略部署上来。坚持将党的领导与完善公司治理相统一，完成党建进章程工作，明确党委在公司决策、执行、监督各环节的权责，坚持党组织在法人治理结构中的法定地位，落实党组织研究讨论作为董事会、经理层决策重大问题前置程序要求。加强基层党组织建设，建立健全党建工作机制，发挥各党支部的战斗堡垒作用和党员干部的先锋模范作用。持续抓好党风廉政建设和党员领导干部作风建设，强化廉政教育，始终把纪律和规矩挺在前面。充分发挥工团组织作用，健全“送温暖”工作机制，广泛开展群众性文体活动；组队参加中国华电法务管理技能大赛，三名选手全部进入个人赛决赛并取得团体赛第二名的好成绩；运用好“福新小政”微信宣传平台，加强团员青年思想引领，不断激发广大团员青年创新创效的热情和活力。

【华电煤业集团有限公司】

公司概况 华电煤业集团有限公司（简称华电煤业）成立于2005年8月，是中国华电集团有限公司旗下负责煤炭及相关产业开发的专业公司。近年来建成了以煤炭产业为核心，集煤、电、化、路、港、航为一体的综合能源企业，总体跨入5000万t级特大型煤炭企业行列。华电煤业在2017年中国煤炭企业50强中排名第25位，煤炭产量50强中排名第17位。

领导班子

党委书记、董事长：王旺旺

总经理、党委副书记：殷作如

党委副书记：李建伟

副总经理、党委委员（中国华电部门正主任级）：兰毅

中国华电派驻华电煤业纪检组组长、华电煤业党委委员、纪委书记：刘书德

副总经理、党委委员、工委主任：徐建伟

副总经理、党委委员：王秀林

总会计师：王世伟

主要领导人员变动情况：2017年5月31日，王旺旺任党委委员、书记；殷作如任党委副书记；李学军任党委副书记（中国华电部门正主任级），不再担任党委书记职务；王秀林任副总经理、党委委员；张忠贵任副巡视员，不再担任副总经理、党委委员职务；路万科任巡视员，不再担任副总经理、党委委员（中国华电部门正主任级）职务。2017年10月30日，李学军兼任工委主任；李建伟任中国华电派驻华电煤业纪检组组长、华电煤业党委委员、纪委书记；王世伟任总会计师；杨信不再担任党委委员、纪委书记、工委主任职务。2017年12月24日，李建伟任党委副书记，不再担任中国华电派驻华电煤业纪检组组长、华电煤业党委委员、纪委书记职务；刘书德任中国华电派驻华电煤业纪检组组长、华电煤业党委委员、纪委书记；徐建伟兼任工委主任；李学军任巡视员，不再担任党委副书记、工委主任职务；李强德不再担任副总经理、党委委员职务。

组织机构 下属基层企业（分支机构）共31个，其中，分支机构5个、基层企业26个（混合所有制企业10个），包括煤炭（含煤电路一体）企业18个、煤化工企业2个、港口和航运企业3个、运销和工程服务企业3个。截至2017年12月底，公司资产总额584.26亿元，在册员工10306人。

年度工作业绩 2017年，公司系统安全环保实现零事故；管理口径经营性利润总额41.84亿元，较中国华电下达值高19.48亿元；原煤产量4466万t；发电量80.94亿kWh；船舶货运量2474.95万t；港口接卸量1077.97万t；甲醇产量56.85万t；全面超额完成了中国华电下达的业绩考核指标，收入、利润双创历史新高，利润贡献度在中国华电排名第一。

生产经营管理 华电煤业把提质增效增收节支作为经营管理的重中之重，加强组织领导，落实目标责任，内挖潜力，外拓市场，经营效益大幅提升。向产量要效益。加大运营煤矿的生产组织力度，超前解决制约矿井生产能力的“短板”问题，科学组织采掘接续和设备回撤安装，加强现场机电设备管理，四大主力煤矿实现稳产高产，下梨园、天顺等专业化管理煤矿完成产量计划。加强沟通协调，金通、神通、东易煤矿成功复产，产能得到进一步释放。华电煤业原煤产量较中国华电下达值高166万t，增收4.65亿元。向销售要效益。贯彻价值营销理念，推行坑口竞价定价模式，通过市场发现价格，市场影响力和话语权明显提升。实施低库存策略，建立库存红绿蓝预警机制，稳健开展煤炭销售工作。推进品牌创建工作，注册“华榆”“不连混”“隆煤”等煤炭商标并推广使用。以签订煤炭中长期合同为纽带，稳定系统内外部大客户关系，不连沟公司兑现系统内下水煤长协合同量90%以上，榆横煤电系统内客户兑现率达到100%，隆德、石泉、万胜公司与优质客户建立点对点、长协等合作关系。锦兴公司开通铁路运输，实现运量390多万t，精煤销量同比增加29.7万t，增收3.72亿元。华电煤业系统全年销售煤炭4482.74万t，产销率100.4%，较中国华电下达值高5.4个百分点。向成本要效益。深化成本对标，开展全员、全要素、全过程成本管控，重点加强生产成本管控、期间费用管理、“两金”指标压降，煤直接生产成本37.47元/t，较中国华电下达值低7.63元/t，节约成本3.41亿元；费用占比5.09%，较中国华电下达值低0.71个百分点；两金周转率6.85次，较中国华电下达值高1.25次。加强集约化管理，全年招标节约支出6300万元。坚持有保有压，合理安排专项资金计划，严控一般费用支出，节约资金2.4亿元。向管理和政策要效益。加强煤矿井巷工程管理，通过优化巷道布置、顺槽煤柱宽度、支护设计等措施，增加效益约8600万元，节约成本约2300万元。推广“五小”科技创新成果，加

强修旧利废，创效约3500万元，节约成本约750万元。加强财税政策研究，积极争取政策支持，全年累计节约税收4.98亿元。

项目发展 主动适应供给侧结构性改革要求，落实中国华电煤矿分类管理思路，紧抓国家释放优质产能的有利时机，加大补短板、提产能、保矿权等工作力度，取得突破性进展。证照手续办理有序推进。小纪汗煤矿通过消防、档案、水保、安全设施等专项验收，取得700万t/年安全生产许可证。肖家洼煤矿产能置换方案取得国家发展改革委批复，采矿证办理取得山西省政府关于煤矿用地的关键性文件。产能提升取得重大突破。隆德煤矿改扩建工程项目（150万t/年改扩建至500万t/年）、白芦煤矿（120万t/年核增至180万t/年）产能置换方案取得国家发展改革委批复。甜水堡二矿产能置换方案取得国家发展改革委批复，维护性施工获得省发展改革委和市能源局批复，项目核准通过国家发展改革委评审。下梨园煤矿（90万t/年核增至150万t/年）产能置换方案报国家能源局待批。万通源煤矿（180万t/年核增至210万t/年）产能置换方案通过市政府审批。合计新增煤矿产能500万t/年。前期工作取得积极进展。西黑山露天煤矿一期工程项目（400万t/年）获得国家能源局核准，矿产资源开发利用方案通过新疆国土厅评审。西黑山煤矿二井田、淖毛湖煤矿二、三区探矿权保留取得新疆国土厅批复。东高家梁煤矿矿权延期取得国土部批复。基建工程稳步推进。小纪汗煤矿小苏计风井主通风机投运，煤矿至榆横电厂复用水输水管路全线贯通。肖家洼煤矿铁路专用线开通运营。隆德、下梨园煤矿通过竣工验收并取得批复。万通源煤矿转入联合试运转。曹妃甸公司翻车机主体交付安装，廊道回填完成，房建工程主要单体封顶。

改革发展 推进“僵尸企业”处置和“瘦身健体”工作，与延长石油集团深度合作取得重大进展，完成煤化工资产尽职调查、财务审计和资产评估等工作；完成华鲲、华晟、昌吉能化公司清算注销；完成万胜一矿“僵尸企业”处置。

党的建设和精神文明建设 学习宣传贯彻党的十九大精神，通过中心组学习研讨、党支部“三会一课”、班组政治学习等多种形式，迅速掀起学习宣贯热潮。推进“两学一做”学习教育常态化制度化，组织开展“党员活动日”“学习胡纯卿同志先进事迹，开展人生观、价值观教育”“红色教育周”等主题活动，强化党员“四个意识”，发挥示范作用。深入贯彻中国华电党组一号文件精神，完善党建工作体制机制，22项重点任务全部落实。深入开展基层党组织“达标、创优、建示范”活动，不连沟、华远星公司党委，福建储运公司生产操作部党支部被中国华电授予“先进基层党组织”荣誉称号。严明党的纪律，加大执纪审查力度，开展“四项治理”和“一个清理”集中整治，强化整改问责。加强精神文明建设，华电煤业本部争创“首都文明单位”取得成效，目前已经公示；榆横煤电公司荣获榆林市“市级文明单位标兵”称号；不连沟公司、锦兴公司、隆德公司等单位继续保持或获得中国华电“文明单位标兵”“文明单位”等荣誉称号。

【中国华电集团资本控股有限公司】

公司概况 中国华电集团资本控股有限公司（简称资本控股公司）成立于2007年5月，注册资本40亿元，是中国华电集团有限公司的全资子公司，是中国华电金融发展和资本服务的核心平台，负责推进中国华电金融机构发展，管理中国华电参股金融股权，开展投行、投资、融资和理财顾问等业务。主要业务包括投资业务、融资业务、资产管理业务、金融股权的投资与拓展，以及对中国华电现有参股金融机构股权的管理。

领导班子

董事长、党委书记：褚玉

总经理、党委副书记：金树成

党委副书记：龙德文

党委委员、副总经理：刘晖

党委委员：胡永庆

党委委员、副总经理、总会、工委主任：江涛

集团派驻纪检组组长、资本控股党委委员、纪委书记：李红淑

党委委员、副总经理：王志平

总经理助理：华淑蕊

主要领导变动情况：党委书记兰强离任，根据中国华电安排调往华电置业任总经理，资本控股原纪检组长、工委主任龙德文由中国华电党组任命为资本控股党委副书记，原华鑫信托纪检组长李红淑由中国华电党组任命为中国华电派驻资本控股纪检组组长、资本控股党委委员、纪委书记，副总经理、总会江涛由中国华电任命为工委主任。

组织机构 截至2017年底，资本控股公司共控股4家企业，华信保险经纪有限公司、北京华信保险公估有限公司、川财证券有限责任公司、华电融资租赁有限公司。参股6家企业，分别是建信基金公司、永诚财险公司、华泰保险集团公司、华电金泰基金公司、华电财务公司、华电置业公司。

年度工作业绩 2017年全年实现利润18.4亿元，同比增长21%，完成考核目标的102%，在中国华电33家二级单位排名第3，利润和排名均创历史最好成

绩。其中，本部实现利润6.69亿元，同比增长43%；华鑫信托实现利润8.25亿元，同比增长34%；华信保险（公估）实现利润1.61亿元，同比增长10%；川财证券实现利润4100万元，同比减少62%；租赁公司实现利润3.12亿，同比增长13%。实现净资产收益率10.5%，完成8.5%考核目标的124%；资产负债率60.5%，较年初下降13%。实现营业收入35.2亿元，除川财证券外，本部和其他机构均完成利润目标。

生产经营管理 推进涉险项目处置，着力提升风险管控。涉险项目处置取得新突破。全年累计收回涉险项目本金及欠息5.76亿元。其中收回圣达水电项目本金及欠息2.47亿元，覆盖全部本金和回购溢价款，项目风险化解。锦兴能源已支付欠息9634万元，为项目恢复正常打下了坚实的基础。信托公司成功化解鑫投18号、矿业六号项目，分别收回资金1.43亿元和1288万元，宝塔石化项目收回部分本息共计8500万元。风险管控制度进一步完善。制定《所属机构风险合规工作考核办法》《风险事项报告应急管理办法》《金融风险监督管理办法》及配套的风险监管指标细则，明确各所属机构的风险监管指标及要求，对所属机构风险管理体系基本建立。风险管理效果持续提升。对所属机构开展风险和内控管理评价，查找风险和内控管理的薄弱环节，研究解决完善的措施。结合目前市场上出现的假章、虚设机构、融资人不实等案例，在本部实行投资业务双人实地面签制度，且双人中必须有一人为风控部人员。借鉴市场做法，引入“风报”系统作为公司进行项目投前审查及投后跟踪的风险管理系统，2017年未出现新的涉险项目。

强化机构管理，着力推进机构发展。建立全面对标管理体系。制定对标管理办法，在所属机构开展全面对标管理工作，全年共分析选取59家对标企业样本进行深入研究，查阅各类报告近300份，整理对比72项经营指标，目前已经完成本部和所属机构的对标分析报告。稳步推进机构发展。与四川金控就川财证券增资签署合作备忘录，通过修改公司章程确保华电多数董事席位，以及董事长、总经理的提名权，稳固华电对川财证券的经营管理权。积极推进信托公司股权划转，基本完成信托公司、华信保险经纪（公估）、财务公司股权评估工作。启动信托引战工作，为提升信托公司核心竞争力奠定基础。推进金泰重组和新机构拓展，制定金泰基金过渡期管理方案，实现金泰基金的正常运转。新机构拓展方面，提出了银行、寿险发展思路，在此基础上开展对投资西藏银行、台州银行等5家机构的可行性研究。就寿险拓展与保监会进行沟通，确定借助华诚人寿曾获批筹的契机，作为控制类股东重新发起设立寿险公司，明确了寿险公司的拓展方向。

项目发展 业务持续创新。华鑫信托加快布局消费金融业务，探索“信托＋融资租赁”商业模式，深入推进家族信托、养老信托、产融结合等业务。创新可交换债业务，成功设立四单可交换债业务，累计规模7.2亿元，进一步丰富了固定收益类投资品种。华信保险加强“互联网＋”业务拓展，“华信e保”上线投入使用，注册用户超过万人，互联网业务取得突破。川财证券引入新的投行团队，投行业务布局逐渐深入，公司综合理财平台“明佣宝”上线，新设网络金融部，互联网金融业务加快拓展。租赁公司市场化业务规模12.36亿元，占比23.3%，同比增长21.7%，市场化业务占比不断加大。转租赁业务实现突破，完成同兴业租赁的首单3.5亿元转租赁合作。与天信租赁共同完成连云港风电2.7亿元项目投放，实现第一单联合租赁业务。

改革发展 改革任务落实到位。将中国华电金融改革分解成28项任务，明确完成时间、责任部门，确保全面推进落实中国华电金融改革部署，全年改革任务完成率84%。加快改革配套制度建设，围绕“12个方面改革核心制度”建设目标，制定相应制度22项。完成市场化身份选择，信托、证券、租赁全面实行市场化，负责人薪酬、工资总额核定实行业绩薪酬双对标，华信市场化业务激励机制顺利实施，各机构市场化运作良好。集团化管控稳步推进。制定信托公司过渡期间管控方案，实现管理职能的平稳过渡。进一步修改完善所属机构管理办法，对所属机构管理权限和职责分类、分层划分，机构管理界面更加清晰，管理流程更加规范。进一步优化月度机构协调分析会、机构管理联络人等制度，及时了解所属机构情况，重点对各机构发展中存在的问题提出对策及建议，提升集团化管控水平。2017年中国华电对资本控股增资73亿元，资本控股公司注册资本达到113亿元，资本实力显著提升。完成金融控股“十三五”规划修订。对金融板块“十三五”发展规划进一步进行修订和完善。到2020年资本控股公司本部和所属机构要实现利润36亿元，净资产规模达到270亿元，管理资产规模达到6000亿元以上，金融产业主要经营指标达到央企前列，核心竞争力水平显著提升。研究制定资本控股公司“十三五”信息化规划，以信息化手段支撑金融业务发展。

党的建设和精神文明建设 对照中国华电党组1号文件，落实从严治党新要求。组织各级干部员工学习好贯彻好十九大精神，把握坚持党的领导、加强党的建设、全面从严治党的新思想、新要求，确保党中央决策部署落到实处。坚持党委把方向、管大局、保落实，在深化改革中实现党对国有企业的政治领导、思想领导、组织领导有机统一。推进基层组织建设。研究印发《关于进一步加强所属机构党组织建设的意见》。明确所属企业党组织设置、机构人员配备、主要职责、工作要求等。与金融改革同步推进所属机构党群组织建设，三家机构完成支部换届，“一把手”兼任支部书记，班子成员进支部，健全了党组织参与重大决策的机制。通过抓基层、强基础、重创新、求突破，基层党建活力和成效不断增强。深化党风廉政建设，落实“两个责任”，层层分解落实党风廉政建设任务，党委书记与领导班子成员、领导班子成员与部门负责人分别签订党风廉政责任书，部门负责人与员工签订了廉洁从业承诺书，形成“一级抓一级、层层抓落实”的责任体系。先后组织开展了招标管理、“八项经费”执行情况和违规购买消费高档白酒情况检查、“小金库”和违规发放薪酬情况清理等检查，全面排查违规隐患和廉洁风险点，增强了在重要领域和关键节点的管控力度。加强企业文化建设。深入开展中国华电核心价值体系宣贯，按照一主多元和“三统一”原则，指导所属机构建立企业文化体系，结合资本控股公司成立十周年组织举办资本控股公司成立十周年座谈会，“十年辉煌路、蓝海新航程”团建、“喜迎十九大、蓝海铸辉煌”摄影比赛等一系列活动，开展岗位练兵、职工创新创效和“金点子”征集、法律技能比赛等活动。推进“职工之家”创建，定期组织职工舆情调查，畅通员工诉求表达通道，做好员工慰问帮扶，营造了良好的文化氛围。

【中国华电科工集团有限公司】

公司概况 中国华电科工集团有限公司（简称华电科工）是中国华电集团有限公司100%投资的有限责任公司，是中国华电科工产业板块的重要组成部分和发展平台。

2017年，华电科工应对错综复杂的内外经营形势，贯彻习总书记系列讲话精神和集团公司党组重大决策部署，以新发展理念为引领，加快转方式、调结构、推改革，超额完成了中国华电下达的各项指标任务。华电科工系统2家单位被认定为中国华电五星级企业，3家单位被认定为四星级企业，5家单位和项目被评为中国华电安全生产先进单位。

领导班子

党委书记、董事长：孙青松

党委委员、副总经理：刁培滨

党委委员、副总经理、工委主任：姜学寿

党委委员、副总经理：彭刚平

中国华电党组纪检组派驻华电科工纪检组组长，公司党委委员、纪委书记：徐磊

总工程师：沈明忠

党委委员、总会计师：李国明

副总经理：蒋方帅、田立

主要领导人员变动情况：2017年3月17日，免去李林威党委委员、副总经理职务，任中国华电香港有限公司副总经理；2017年7月3日，蒋方帅任副总经理；2017年10月3日，姜学寿兼任公司工委主任；2017年10月3日，徐磊任中国华电集团有限公司党组纪检组派驻中国华电科工集团有限公司纪检组组长，华电煤业党委委员、纪委书记；2017年10月3日，免去马骏彪党委委员职务；2017年10月3日，免去侯佳伟党委委员、纪委书记、工委主任职务；2017年11月23日，田立任公司副总经理；2017年11月23日，免去马骏彪党委委员、副总经理兼任华电重工股份有限公司党委副书记、总经理职务，任华电福新能源股份有限公司副总经理（中国华电部门正主任级）。

年度工作业绩 2017年，华电科工资产总额达到324.26亿元，实现营业收入140.31亿元，利润2.98亿元，资产负债率76.3%。以提质增效增收节支活动为抓手，全面提升经营效益，“两金”清理成果显著，209个完工项目完成结算，94个项目完成财务清算，存量“两金”压降58.5%，超过压降目标13个百分点，增量“两金”回收率77.8%，创历史最好水平。奋力开拓集团内外市场，公司系统新签合同额156.83亿元，其中集团外新签合同额65.15亿元，同比增长0.5%，完成中国华电考核指标的125%。坚持优中选优，不断拓展投资领域，提升投资质量，累计投资规模达到123.7亿元。巴淡、巴厘岛电厂超额完成年度发电量计划，全年发电38亿kWh，实现营业收入15.59亿元，利润1.93亿元。在运水厂制水0.5亿m^3，处理污水0.4亿m^3，出水合格率100%；正定等水厂正式投入商业运营，在建在运水厂规模55.2万t，同比增长26万t。

生产经营管理 安全生产方面。深入贯彻“五实”要求，以“安全管理提质年活动”为主线，进一步落实安全生产责任制，建立健全安全管理及监督体制机制，安全管理的穿透力不断增强，安全形势总体平稳，未发生较大及以上安全事故。增强全员安全生产意识，广泛开展安全生产月、“安全万里行”活动，举办安全体验馆、应急演练、实例教育和主要负责人安全知识考核等多层次、多形式的安全培训。延伸安全监审监理机制广度和深度，开展项目检查50次，各类培训、星级企业查评36次，外部专家智囊团、助推器作用充分发挥。加大反违章力度，查禁各类违

章5116次，处罚301万元。增加公司安全抽查频次，推进专业公司安全检查全覆盖，开展春秋季安全大检查、安全评价，强化重大节日安全检查及零事故报送，有效防止和遏制了安全事故发生。

市场营销方面。围绕客户需求，延伸上下游产业链，构建同质化业务准入和协同开发机制，完善售后服务数据库，探索开展市场调研、技术支持、业务培训等更全面、更深入的全生命周期服务，与电力规划设计总院、陶氏等40余家企事业单位开展战略合作，奋力开拓集团内外市场，公司系统新签合同额156.83亿元，其中中国华电外新签合同额65.15亿元，同比增长0.5%，完成中国华电考核指标的125%。

工程建设方面。江陵项目1号机组通过168h试运行，移交生产。印尼玛木朱项目2台机组冲转一次成功，等待指令适时并网。海上风电、燃机业务发展迅速，签署中电投大丰H3区、唐山乐亭菩提岛海上风电项目，中标京能钰湖、华电增城燃机项目。开拓发电机组供热改造市场，完成大唐华豫、江苏仪征等项目，合同金额1.5亿元；延伸工程监理服务范围，承接浙江石化码头机电安装监理项目，规模亚洲最大，填补了公司石化领域工程监理业绩空白。承建超低排放改造机组4174万kW，荣获中国大气治理行业领军企业等11项荣誉称号。越南沿海二期项目以打造“高效、环保、先进、安全、美丽”电厂、争创国家优质金奖为目标，牢牢把握前期、设计、执行三条主线，推进项目建设，中信保海外投资保险正式生效，技术设计文件越南方初步审查、厂区回填等工作基本完成。承建新能源机组109万kW，13个项目克服征地难、工期短、供货紧等诸多困难，如期实现并网目标；建立新能源电站运维服务体系，初步搭建备件联备联储、电气检验平台，承揽79万kW基础运维，实现了开门红。优化航改型燃机销售策略，拓展运维服务产业链，签署9台LM航改型燃机销售合同8.3亿元；完成TM2500机组技术转让和15台设备组装检测，为后续业务开展做好了充分准备。取得EMS管理体系认证证书，成为五大发电集团唯一具有质量、安全、环境认证资质的专业机构。

工程管理方面。成立设计管理部，完善设计管控体系，加强设计评审、设计管控和设计优化，充分发挥了设计龙头作用。完善采购管理及监督体系，扩大集采规模，完成354家供方考核评价，采购质量稳步提升。开展项目巡查、全国质量月、优质工程和优秀项目经理评选、三体系换版、工程创优和成果申报，质量管理手段更加丰富，成果更加显著，承建的国家电投滨海北H1区海上风电项目荣获国内风电工程首个国家优质工程金质奖，华电奉贤噪声治理项目荣获国家优质工程奖；华电土右电厂煤场封闭工程荣获中国钢结构行业最高奖“中国钢结构金奖”；4个项目被评为2017年度中国电力优质工程；1项成果荣获全国施工协会QC成果二等奖；17项成果荣获中电建协QC成果奖，14项成果荣获科技进步奖，参编行业标准7项。

运营管理方面。坚持“一厂一策”，突出抓好可靠性指标、消耗性指标和费用指标控制，开展7S管理和提质增效活动，各制造厂产品合格率同比均有提高；巴淡和巴厘岛电厂设备管理水平及生产运营指标明显改善，可用系数分别高出PPA要求9.3%和8.4%，实际运行煤耗分别低于核准煤耗1.6g/kWh和21.4g/kWh。

改革发展 深化改革方面。动态调整华电科工发展规划，明确国际业务收入占比达到20%，资产证券化率达到80%，净资产收益率不低于8%，资产负债率不高于75%的“2887”发展目标及实施路径，引领华电科工转型发展。规范治理结构，把加强党的领导和完善华电科工治理统一起来，将党建工作总体要求纳入华电科工章程，健全日常决策运行机制和“三重一大”民主决策制度，明晰管理界面和职责权限，党组织在公司治理中的法定地位进一步确立。推进瘦身健体，开展压缩管理层级、减少法人户数工作，4家单位完成清算注销，5家单位完成人员安置、股权转让等重点任务。成立专门机构，摸清管理现状，“三供一业”移交分离有序推进。深化三项制度改革，建立“五位一体”绩效考核评价体系，推进投资项目前期、建设、运营分类考核；持续完善薪酬制度和全员绩效考核体系，探索员工内部交流、换岗、退出机制，推进薪酬激励向核心骨干、业绩优秀员工和一线员工倾斜，形成奖勤罚懒、奖优罚劣的良好氛围。总结提炼管理创新实践经验，安全监审监理机制等2项成果荣获中国华电管理创新成果奖。

资本运作方面。华电水务完成三轮股改评审评估意见回复和上报，召开创立大会，整体变更为股份有限公司。

科技创新方面。强化顶层设计，修订实施“十三五”科技发展规划，初步建立科研组织、制度和人才体系，构建科技创新评价、考核、激励与约束机制，规范从立项申请到应用推广的全过程管理，完善高新资质维护和知识产权保护长效机制，优化研发资源配置，创新能力和科技实力进一步增强。华电科工全年共获得专利授权231项，同比增长104%；其中发明专利45项，全面超额完成中国华电科研考核指标，创历年最佳成绩。截至目前，华电科工共持有授权专利959项，其中发明专利132项。“高效除尘技术集成及工程示范”获国家重点研发计划项目立项；公司及系统10家单位获得高新技术企业资格；制定发布2项国家标准、1项行业标准；10项成果获得2017年“北京市新技术新产品（服务）”认证；15项成果荣获中国华电及行业科技进步奖。

党的建设和精神文明建设 夯实党建基础。不断深化全面从严治党，履行管党治党责任，落实“三会一课”、联系服务基层、双重组织生活等制度，加强党建工作综合考评，党建规范化、科学化水平不断提高；持续推进“两学一做”学习教育常态化制度化，开展“‘两学一做’当表率、立足岗位做贡献”主题实践活动，引导党员亮身份、亮标准、亮承诺，比技能、比作风、比业绩，增强了党员责任感、使命感。规范做实“党员活动日”，创新微党课、主题党日、道德讲堂等形式，深入学习党的十八大、十九大精神及习总书记系列讲话精神。整合项目资源，试点党风廉政共建、党群活动共建，区域化党建工作有序推进。

强化队伍建设。坚持党管干部原则，注重德才兼备、以德为先，通过纪委提前介入、偏远基层企业延伸考察、多角度多维度评价等办法，全面、客观、公允评价干部，选人用人的公信度不断提高。加强年轻干部选拔培养和使用，78名表现优秀、能力突出的年轻干部纳入后备干部人才库；完善人才引进、培养选拔、评价考核、保障激励机制，加强重点领域骨干人才培养，有效盘活人才资源。规范员工个人培训台账，强化培训计划过程管理，培训覆盖率达到100%。首次开展科技专家评选，37名科技工作者被聘为2017年首席、资深和高级科技专家。

加强党风廉政建设和反腐败工作。贯彻落实中国华电监督体制改革要求，制定下发监督体制机制改革方案，成立公司监督委员会，明确工作职责。严明纪律规矩，强化监督执纪问责，层层落实党风廉政建设“两个责任”，盯紧主要对象、重要时间节点、重要领域，开展廉洁承诺、谈话提醒，强化领导干部常态化监督和重要节日前的宣传教育，全面铺开四项治理、小金库和违规发放薪酬清理、中央八项规定精神执行情况抽查等自查自纠工作，14人受到党纪政纪处分，营造了违纪必究的震慑氛围。发挥审计职能，开展任期经济责任审计、经营管理专项审计、竣工决算审计8项，发现、整改问题28项；开展个人借款专项清理，清理金额1600余万元。

发挥工团组织作用。加强民主管理，开展职工代表巡视12次，排查各类安全劳动保护隐患40余项，职工代表提案答复满意率达到98.3%。推进“三力”工会建设，广泛开展多层次、多岗位的技能大赛、劳动竞赛以及先进典型评选，举办丰富多彩的文体活动，加大困难帮扶力度，员工幸福指数持续提升。坚持从严治团，深入开展“一学一做”教育实践、号手岗队、创青春活动，1项成果荣获中央企业青年创新银奖，青年卡通形象获得国家专利。加强信访维稳和新闻宣传工作，履行央企责任，荣获中国华电“最具责任品牌影响力奖”，华电水务荣获“最具网络人气奖”，《华电水务的“智慧”之路》被评为2017年度十佳社会责任案例。

【中国华电香港有限公司】

公司概况 中国华电香港有限公司（简称华电香港公司）是中国华电集团有限公司全资子公司，于2006年6月在香港注册成立。经过多次增资，目前实收资本21亿元人民币。主要从事在国外开发、建设、运营和管理发电厂，以及电力能源、煤炭、交通、海运、进出口及相关行业的投资和融资活动。

华电香港公司2014～2020年发展战略为：到2020年，实现“8281”发展目标，资产总额、销售收入、利润水平在2013年基础上实现跨越增长，成为具有国际竞争力的“走出去”综合型一流能源企业。

领导班子

党委书记、董事长：方正

总经理、党委副书记：文端超

纪委书记、工委主任、党委委员：付卫

副总经理、党委委员：李林威

总经济师、总法律顾问、党委委员：王勇

副总经理、党委委员：罗积满

总会计师、党委委员：李远志

副总经理：王志浩

主要领导人员变动情况：2017年2月，李林威任副总经理、党委委员。2017年6月，方正任党委书记、董事长；文端超任总经理、党委副书记；赵龙君不再担任董事长、总经理；陈全不再担任党委书记。2017年10月，叶德杰不再担任副总经理、党委委员；王勇任党委委员；李远志任总会计师、党委委员；王志浩任副总经理（试用期1年）。

组织机构 2017年，华电香港公司共有员工221人，下设综合管理部、人力资源部、计划发展部（风险管理与法律合规部）、项目开发一部、项目开发二部、生产运营部、投融资管理部、财务资产部、政治工作部（监察部）9个职能部门；华电香港公司内共有法人单位11家，其中二级法人单位1家、三级法人单位7家、四级法人单位3家，代表处1家；有实际经营业务的单位共8家，特殊目的实体1家。

年度工作业绩 2017年，实现利润总额8018万元，较2016年增长5.1%，完成全年目标的236%；

营业收入 26.68 亿元，较 2016 年增长幅度达到 33%，其中境外营业收入 12.10 亿元，同比 2016 年增加 28%；净资产收益率 5.81%，确保了国有资本的保值增值。2017 年底，公司资产总额为 110 亿元，负债总额为 75 亿元，资产负债率 68.20%，较 2016 年下降 0.91 个百分点，综合融资成本 3.75%，资产结构持续优化向好。

生产经营管理 安全管理。强化组织领导，健全管控体系，坚持“以人为本、全员尽责、防治并举”安全理念，严格落实“党政同责、一岗双责、齐抓共管、失职追责”的要求，全面落实安全生产责任制，组织编制安全职责细则，开展安全生产宣教活动，组织春季、秋季安全大检查，强化境外安全管理风险防范，深化安全隐患排查治理。2017 年安全形势平稳，未发生人身重伤及以上事故，未发生一般及以上设备事故，未发生造成严重社会影响或外交影响的不安全事件。

经营管理。强化生产经营，提质增效成效显著。一是额勒赛公司强化电站经济优质运行，加强市场营销，优化调度，提高水能利用率、降低发电耗水率。在流域来水量仅相当于设计年径流量 70.8%的情况下，完成年发电量 10.06 亿 kWh，实现利润 1.03 亿元，超额完成公司下达的年度指标，节能增发效益明显。项目竣工结算通过中国华电备案批复，基建全面结束。成为集团公司首个境外“四星级水力发电企业”。二是上海奉贤实施精益化管理，积极市场营销争取电量，集中采购、询价采购压降物资成本，选定 11 个课题开展精益改善活动，加强对标管理改进提升，实现提质增效多点开花。完成年发电量 11.98 亿 kWh，实现利润 1.87 亿元，超额完成中国华电下达的年度利润指标。奉贤南桥项目荣获国家优质工程奖。三是捷宁公司从基建期转入运行期，提质增效步入正轨。高度重视捷宁公司的管理规范和管理提升，根据股份制企业治理结构，因地制宜，有效发挥捷宁公司股东会的最终决定权和董事会的经营决策权，最大限度地表达股东意志、维护股东权益。不断理顺与俄方股东的关系，逐步完善捷宁公司管理架构和各项管理制度。捷宁公司研究当地税收创收政策，将捷宁项目申报为雅罗斯拉夫尔州的战略投资项目。全年完成年发电量 16.51 亿 kWh，超额完成年度发电量指标。四是贸易公司继续保持华电香港公司煤炭进口业务领先优势，累计完成 135.84 万 t 煤炭供货。做好捷宁公司、额勒赛公司备品备件采购，开拓第三类贸易业务。争取银行授信，跟进财政奖励返还和出口退税。五是搞活资本运作，降本增效。完成捷宁项目再融资工作，释放了中国华电担保，改善了还款现金流安排，降低了融资成本，缓解了捷宁公司因汇率问题带来的还本付息压力。优化债务结构，持续扩大融资额度，降低资金风险和贷款成本。紧跟郑煤机、华电国际、大唐环境股价行情，切实掌握金融产品创效能力。加强与香港资本市场的对接，正式成为香港金融管理局基建融资促进办公室的合作伙伴，为下一步切实发挥香港区域资本运作优势做好准备。

项目发展 以经济效益为根本，统筹国外发展资源配置，开拓国际市场，以印尼、柬埔寨、孟加拉等市场为基础，继续重点拓展东南亚、中东欧和南美市场的电力项目，为中国华电境外业务拓展持续创造可持续价值。2017 年，华电香港公司明确了 4 个重点突破项目，即印尼玻雅火电项目、柬埔寨维玛康水电项目、印尼占碑 2 号火电项目和柬埔寨西港火电项目，集中优势资源重点推进。同时，发展其他项目，增强后备资源，积极推进孟加拉、缅甸、厄瓜多尔、塞尔维亚、越南、秘鲁、老挝、沙特、摩洛哥等国家的多个项目。

改革发展 分析内外部环境，针对突出问题探求解决办法，进行了一系列改革创新。一是广交朋友，建立项目信息网络。与合作伙伴深入交流，拓展项目开发的信息来源。二是联手战略合作伙伴，合力出海。与国内有关设计院签署《战略合作协议》，明确以风险共担、合作共赢方式推进双方国际业务快速发展。与华电北京燃料物流公司签署《进口煤炭购销战略合作框架协议》，巩固贸易公司煤炭进口业务的领先优势。三是以会议制度改革为切入点，提高工作效率。新增公司领导周碰头会制度，每周沟通、把关重点工作。发挥党委会、总经理办公会、项目专题会在项目发展中的积极作用，科学决策、防范风险。明确月度例会原则上每月第 3 个工作日召开，强化月度任务的落实和督查，提高公司整体工作的计划性及科学性。四是深化人力资源改革，刚性管理与人本管理相结合。制定实施公司相关制度，规范管理，关爱员工。五是根据集团公司探索境外单位财务管理创新、加快财务管理改革的安排，代表集团公司初步编制了《集团公司境外财务管理办法和指引》。六是推进全面风险管理体系建设。进一步完善了全面风险管理组织体系，强化了党委会和总经理办公会的监督指导作用，发挥业务和职能部门、风险管理部门、内审部门的“三道防线”作用。深化“三标”体系建设，制定或修订 33 项制度，进一步规范了工作流程。法务管理、采购管理、监督审计、信息化建设等工作对项目发展起到规范和服务的作用。

党的建设和精神文明建设 以落实全面从严治党任务为主线，党建工作进一步加强。一是深入学习宣传贯彻十九大精神，党委中心组发挥表率作用，引导党员深入学习领会十九大精神实质，用以指导和推动公司各项工作。二是落实中央决策部署，公司境内的奉贤公司、贸易公司完成章程修订，将党组织职责权限、机构设置和运行机制等写入公司章程。三是全面从严治党，推进“两学一做”学习教育常态化制度化，修订公司党建工作考评办法，考评结果与薪酬绩效挂钩。四是召开 2017 年度反腐倡廉建设工作会议部署党风廉政建设和反腐败工作，落实“两个责任”，维护公司风清气正的氛围。针对俄罗斯、柬埔寨开展了国别腐败风险研究，助力境外企业防范腐败风险。

国家能源投资集团有限责任公司

【公司概况】 国家能源投资集团有限责任公司（简称国家能源集团）是经党中央、国务院批准，由中国国电集团公司与神华集团有限责任公司合并重组而成，2017 年 11 月 28 日正式挂牌成立，属中央直管国有重要骨干企业，主要经营国务院授权范围内的国有资产，开展煤炭等资源性产品、煤制油、煤化工、电力、热力、港口、各类运输业、金融、国内外贸易及物流、高科技、信息咨询等行业领域的投资和管理，注册资本 1020 亿元。总部设在北京。

国家能源集团拥有煤炭、火电、新能源、水电、运输、化工、科技环保、产业金融等业务板块。煤炭产能 5.2 亿 t，电力总装机容量 2.3 亿 kW，其中 60 万 kW 及以上火电机组占比接近 60%，风电装机规模居世界第一；拥有 2155km 的自营铁路、2.7 亿 t 吞吐能力的港口和煤码头，自有船舶 62 艘；建设并成功运营 400 万 t 级煤间接液化、百万吨级煤直接液化、60 万 t 级煤制烯烃等多个国家级示范工程；节能环保及高科技产业在行业内处于领先地位，拥有 3 个国家重点实验室，建立了 9 个国家级研发平台；拥有集财务公司、财险、寿险、保险经纪、商业银行等业务于一体的产业金融平台。资产总额 1.8 万亿元，职工总数 35 万人。

【领导班子】

党组书记、董事长：乔保平
党组副书记、总经理：凌文
党组副书记：韩建国
党组副书记：张国厚
党组成员、副总经理：李东
党组成员、副总经理：高嵩
党组成员、副总经理：米树华
党组成员、副总经理：王金力
党组成员、总会计师：陈斌
党组成员、纪检组组长：卞宝驰
党组成员、副总经理：王树民

【组织机构】 见 2017 年国家能源集团组织机构图。

（简金芝）

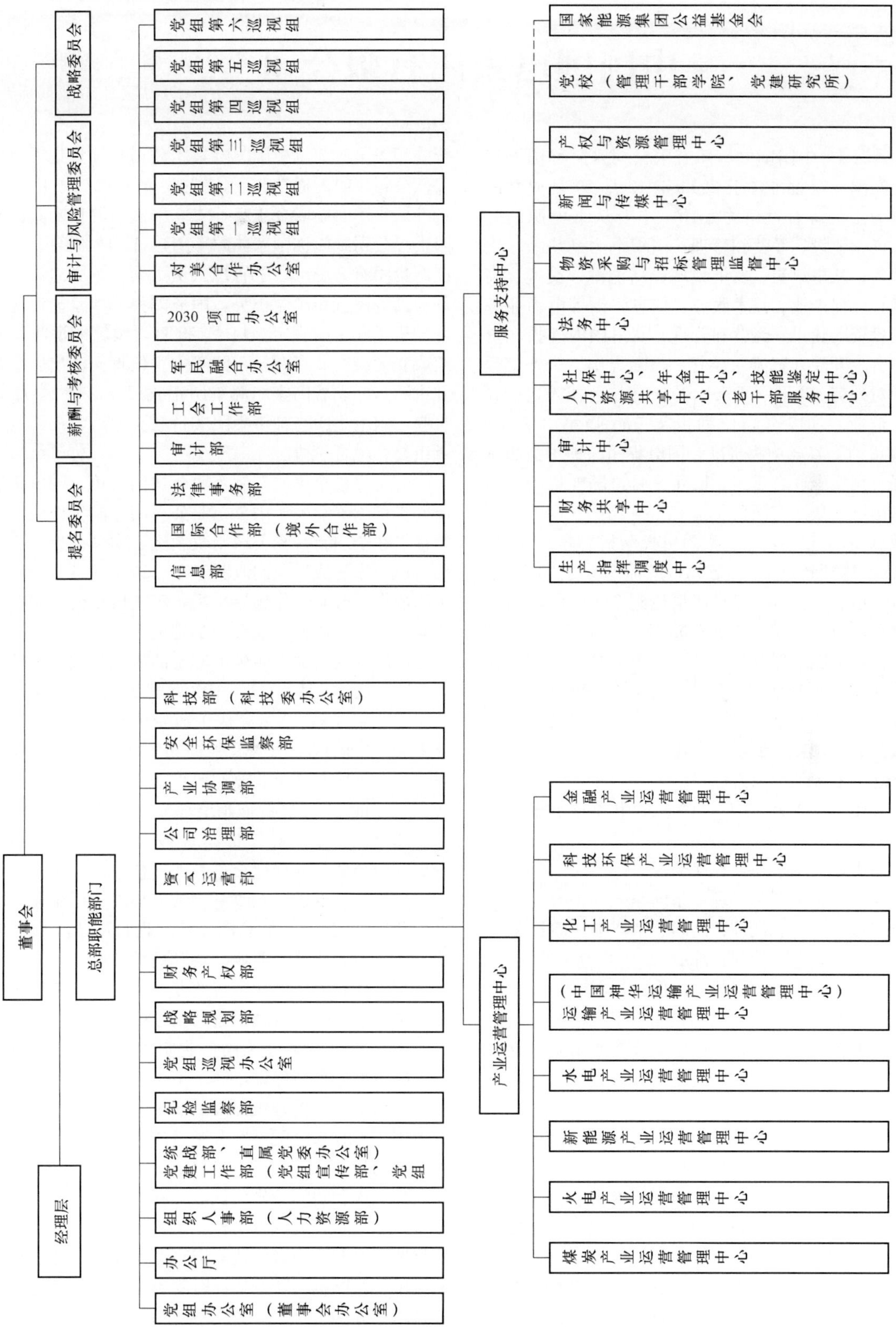

2017年国家能源集团组织机构图

中国国电集团有限公司

【公司概况】 中国国电集团有限公司（简称国电集团）是经国务院批准，于 2002 年 12 月 29 日成立的以发电为主的综合性电力集团，主要从事电源的开发、投资、建设、经营和管理，组织电力（热力）生产和销售；从事煤炭、发电设施、新能源、交通、高新技术、环保产业、技术服务、信息咨询等电力业务相关的投资、建设、经营和管理；从事国内外投融资业务，自主开展外贸流通经营、国际合作、对外工程承包和对外劳务合作等业务。2010 年，公司入选世界 500 强企业。2017 年，位列世界 500 强第 397 位。2017 年 8 月，经党中央批准，国电集团与神华集团有限责任公司实施联合重组。同年 9 月，国电集团更名为"中国国电集团有限公司"。

截至 2017 年底，国电集团可控装机容量 1.46 亿 kW，资产总额超过 8000 亿元，产业遍布全国 31 个省、直辖市、自治区。煤炭产量达到 7179 万 t。新能源发展独具特色，风电装机容量 2779 万 kW，位居世界第一。以节能环保及装备制造为主的高科技产业在发电行业处于领先地位，建成 8 个国家级科研平台，包括 2 个国家重点实验室，以及 15 个省部级研发平台，被命名为国家"创新型企业"。

【领导班子】

至 2017 年 11 月 19 日，国电集团领导班子成员包括：

党组书记、董事长：乔保平

党组副书记、副总经理：张国厚

党组成员、副总经理：高嵩、米树华、谢长军

党组成员、总会计师：陈斌

党组成员、纪检组组长：谢俊

【组织机构】 见 2017 年国电集团组织机构图。

【深化改革】 国电集团高度重视国企改革政策文件的学习和贯彻落实工作，积极推进企业改革，在一些领域取得重要突破。

一是推进企业战略性重组。在党中央、国务院的正确领导下，在国资委等有关部委的支持推动下，从 2017 年初开始，国电集团党组和神华集团党组主动对接，积极谋划，着手联合重组。5 月 23 日，国资委领导与国电集团、神华集团主要负责同志谈话，共同商讨两集团重组事宜。5 月 25 日，国电集团和神华集团共同成立重组领导小组和项目协调组，正式启动重组方案拟定工作。6 月 5 日，两集团联合向国资委上报了重组方案请示文件。8 月 25 日，经党中央同意，国资委印发了《关于中国国电集团公司与神华集团有限责任公司重组的通知》（国资发改革〔2017〕146 号），批准两集团实施联合重组，成立国家能源投资集团有限责任公司（简称国家能源集团）。11 月 20 日，国家能源集团召开中层以上管理人员大会，中央组织部副部长高选民宣布了党中央、国务院关于国家能源集团领导班子配备的决定。11 月 28 日，国家能源集团重组成立大会在北京召开，国资委主任肖亚庆出席会议并讲话，标志着国家能源集团正式成立。从 11 月 20 日起，国电集团与神华集团实行联合办公，正式进入重组整合融合阶段。

二是推进全民所有制企业公司制改革。国电集团研究贯彻国资委关于中央企业公司制改制工作座谈会精神，在全国新一轮公司制改制进程中，在央企集团层面第一家完成公司制改制工作。2017 年 6 月，国电集团成立了改制工作领导小组，正式启动公司制改制工作。在深入研究新政策的基础上，经过与国资委有关部门的反复沟通，明确了改制的流程与程序，确定了改制范围。8 月 31 日，国资委批复同意国电集团的公司制改制方案，9 月完成工商变更登记，公司名称变更为"中国国电集团有限公司"。国电集团所属企业涉及全民所有制企业改制单位 46 家。截至 2017 年底，第一批 23 家改制企业全部完成改制工作，进行了工商登记变更；第二批 23 家改制企业已完成工商变更或向当地工商局递交了办理材料。

三是分类推进国企改革。国电集团根据企业战略定位和发展目标，结合不同子企业的定位和发展需要，将二级企业分为商业一类和商业二类。同时，结合目标责任制考核办法，将商业一类细分为考核类和评价类，实施分类管理、差别化考核。

四是进一步完善现代企业制度。全面加强战略型、决策型董事会建设，健全董事会制度，完善公司法人治理结构，提升集团决策质量和治理水平。推进劳动用工和收入分配制度改革，研究制订规范劳动合同管理的指导意见，进一步规范劳动用工管理。推进职业经理人和薪酬差异化试点，在市场化程度较高的国电科环集团开展试点工作，积累改革经验。开展市场化选聘经营管理者，选取南京龙源作为职业经理人试点单位，国电科环、长江财险等单位市场化选聘经营管理者 37 人。

【转型升级和提质增效】 坚持以五大发展理念为引领，贯彻"一五五"发展战略，坚定不移做强做优主业。

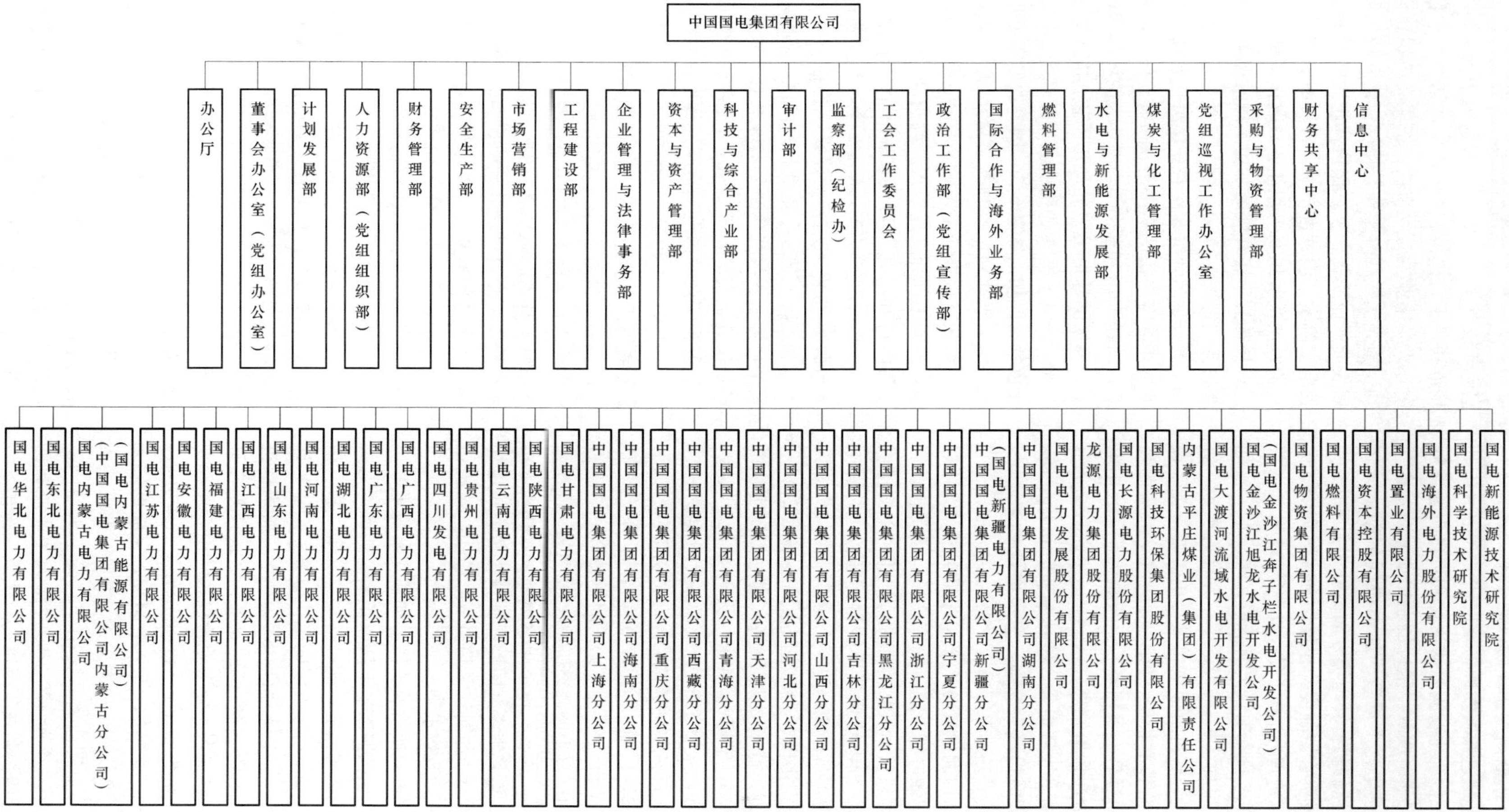

2017 年国电集团组织机构图

加强投资管控，不断向主业优质资源集中，着力优化布局结构。坚持绿色低碳发展，发展清洁高效火电和可再生能源，在传统化石能源清洁化和可再生能源规模化征程上取得显著成效。坚持创新驱动战略，在开拓创新思路、强化自主创新、加强协同创新、深化“双创”工作、抓好科技管理等方面做好相关工作。

建立健全投资管控制度。根据国务院国资委《中央企业投资监督管理办法》（国资委令第34号）、《关于印发〈中央企业投资项目负面清单（2017版）〉的通知》（国资发规划〔2017〕13号）等有关规定，研究制定了境内投资项目负面清单，提出“禁止类”投资11项，特别监管类投资5项，负面清单经集团公司党组会审议通过后上报国资委。组织编制了《国电集团投资项目负面清单管理办法》，于2017年8月1日正式印发。以“战略引领、依法依规、市场导向、能力匹配、合理回报”为原则，对负面清单的制定、执行、监督以及责任追究等进行严格规定。

深入调整结构优化布局。深入贯彻国家煤电调控产业政策，组织做好停缓建、缓核项目后续工作，规避法律和经济等风险。在国家能源局2017年衔接确定的2017年第一批停缓建项目的目标任务中，国电集团无违规停建项目；涉及的6个缓建项目共573万kW，2017年未安排投产。滚动调整国电集团2017～2019年发展规划。截至2017年底，国电集团可控电源装机容量14 557万kW。其中，火电9862万kW，风电2779万kW，水电1837万kW，太阳能发电78万kW。火电中百万千瓦机组11台，60万kW及以上装机占比50.8%，同比提高0.4个百分点；超（超）临界机组装机占比51.0%，同比提高0.7个百分点；新能源和可再生能源装机占比32.3%，同比提高1.8个百分点。风电装机稳居全球第一，在风电选址、工程设计、运营维修方面形成独特优势。供电煤耗完成306.8g/kWh，同比下降1.7g/kWh，煤机供电煤耗居可比企业先进水平。

推进瘦身健体提质增效工作。加快化解煤电和煤炭过剩产能。严格按照国家发展改革委、能源局有关文件要求，严控新增煤电产能、落实“三个一批”措施，制定了调控煤电有序发展的工作方案，全年累计退出5个前期火电项目合计384万kW。加快推进“处僵治困”和低效无效资产处置工作。按计划推进低效无效资产和“僵尸企业”处置以及特困企业专项治理工作，制定和修订了包括《资产处置管理办法》《资产评估项目管理办法》等7项制度，完成低效无效资产处置52项，处僵治困企业14户。推进“压减”和“三供一业”分离移交工作。截至12月底，国电集团减少法人企业129家，占法人企业总数的15.5%。管理层级控制在4级以内，法人层级由6级降至5级，集体企业数量减少7家。

【定点扶贫】 2017年，国电集团推动“公益国电”精准扶贫平台建设、“央企扶贫基金”项目对接、贫困户大学毕业生就业帮扶、基层党组织建设帮扶、筹划实施光伏扶贫等工作，持续优化专项扶贫基金，开展农业产业扶贫、生态保护就业扶贫和助学帮困托底扶贫，落实了内蒙古宁城、青海曲麻莱、山西右玉三县的定点扶贫年度工作任务，取得了良好成效。在各定点扶贫县年底开展的基层满意情况测评中，评价等级均为“好”。

国电集团党组3次召开党组会专题研究、制定和部署年度定点扶贫工作计划和重点任务，充分整合资源，加强创新和督导，实施精准扶贫，注重实际效果。根据国电集团“十三五”定点扶贫工作规划，设立的“国电宁城县金秋助学扶贫基金”“国电右玉县绿色生态保护扶贫基金”“国电曲麻莱县助学帮困帮扶基金”累计到位专项扶贫资金1700万元。国电集团各级扶贫负责同志先后深入定点县考察调研104人次，挂职干部开展进村入户调查26次、覆盖3县65个贫困村和722户贫困户；全年直接投入帮扶资金969.8万元，实施帮扶项目9个，帮助建档立卡贫困人口脱贫1242人；创新建设“公益国电”精准扶贫平台和“国电慧采”电商扶贫专区，帮助定点扶贫县贫困户打通农牧特色产品销售渠道，带动贫困县农特产品扶贫消费334.3万元，直接扶持贫困人口2100人，其中“公益国电”精准扶贫平台累计注册人数超过11万人、上架贫困县商品270余件。

【安全生产】 2017年，国电集团按照“党政同责、一岗双责、齐抓共管、失职追责”和“五落实五到位”要求，全面落实安全生产责任，针对重点领域、薄弱环节加大隐患排查力度，全年组织开展7次安全生产检查，完成对全部分子公司、139家基层企业现场检查和“四不两直”重点抽查，以及110家企业安全性评价，对重点问题限期督办。与原神华集团共同制定下发安全生产工作特别规定和“一学、两做、两查、四确保”专项行动方案，对16家企业开展联合互查，深入排查治理隐患，力保安全形势稳定。

开展安全生产风险预控。细化完善风险分析六大类内容，明确风电63项典型作业、323个风险因素，制定《危化品重大危险源安全管理标准》等10项防范标准，完善风险管控体系。督促指导企业员工在现场作业前认真填写《风险预控手册》，加强安全风险分析，严格落实预控措施。

推进安全生产标准化建设。下发《全面推进安全文明生产标准化工作指导意见》，在火电现场标准化建设基础上，启动推进水电、风电、光伏企业现场标准化建设。全年完成29家活动方案、11家风电、5

家水电企业现场验评以及58家企业复评。截至2017年底，全部火电企业达到标准化要求，强化职工标准化理念，改善作业环境，消除安全隐患，夯实了安全管理基础。

加强安全监督管理。研究制定企业安监机构设立标准，全年完成370人次安监负责人培训，实现了安监负责人持证上岗。制定《集团公司应急能力评估方案》，完成总装机规模60万kW及以上发电企业应急能力评估。编制下发《电力生产安全事故案例汇编》和安全学习资料汇编，组织开展事故警示教育，提高全员安全意识。2017年，国电集团电力生产系统未发生较大及以上安全事故，未发生有影响的供热中断事件，98%发电企业安全生产无事故，269家发电企业连续安全生产超过1000天，完成党的十九大等重大活动保电任务。

【节能减排】 国电集团高度重视节能减排工作，多措并举推进节能降耗和清洁生产。

推进整体运行优化。统筹开展了15台机组的优化试验，其中，泰州电厂3号机组供电煤耗降低2g/kWh；库车电厂4号机组低负荷工况下供电煤耗降低4g/kWh，氮氧化物排放浓度降低10%以上。安排哈密电厂等11家单位开展节能诊断，降低机组供电煤耗10g/kWh以上。指导东北、湖北等区域的发电企业优化电量结构，降低区域供电煤耗2.3g/kWh。

强化电力对标管理。2017年国电集团供电煤耗同比下降1.7g/kWh。在全国火电能效对标竞赛中，泰州电厂3号、荥阳电厂1号等57台机组获全国300MW级以上火电机组能效对标优胜，创历史最优成绩，连续3年保持行业对标领先。

优化电源结构。截至2017年底，国电集团非化石能源发电装机同比提高1.8个百分点，其中，风电装机规模仍居世界第一。火电超（超）临界机组占火电装机的51.0%，60万kW及以上机组占火电装机的50.8%，全年关停了谏壁电厂等8台30万kW及以下小机组，总容量达233万kW。

实施节能减排改造。全年投入57亿元实施节能减排技改，完成了99项节能改造、58项超低排放改造、12项目废水治理等。国电集团共计76%的火电机组实现超低排放，东部和重点地区全面实现超低排放，满足了国家环保政策及国电集团规划要求。

强化环保运行管理。推进环保排污许可制度，国电集团104家火电企业全部实现持证排放，排污许可要求有效落地。狠抓环保达标排放管理，火电环保排放稳定达标，43家企业通过中央环保督察。

有序推进京津冀及周边地区大气污染综合治理。完善并执行重污染天气应急预案、采暖季大宗物资错峰运输方案，落实了无组织排放综合管控措施。截至2017年底，区域内10家火电企业全部实现采暖季烟气超低排放，保证了重点区域环境质量。

规范碳排放管理。按照“四统一”的集中管理原则，制定碳排放管理规定等制度，建立三级管理网络，完善碳排放基础管理。碳交易试点区域11家发电企业全部按时履约。完成了104家碳排放企业的碳盘查工作，夯实了交易基础。

【科技创新】 国电集团高度重视科技创新工作，实施创新推动战略，被授予国家创新型企业。在科研平台建设方面，国电集团拥有8个国家级科研平台，包括2个国家重点实验室，以及15个省部级研发平台。在协同创新方面，国电集团与华北电力大学共同组建了“智能发电协同创新中心”，推进智能发电和智慧企业建设。建立协同创新中心运行机制，组织实施了一批科技项目，制定了《国电集团智能发电建设指导意见》《智能风电技术规范》《智能水电技术规范》和《智能火电技术规范》等规范性文件。在科技奖励方面，累计获得国家级科技奖励8项、省部级科技奖励108项。其中，“燃煤烟气选择性催化脱硝关键技术研发及应用”获得国家技术发明二等奖，“大型超超临界机组自动化成套控制关键技术及应用”“实现无燃油燃煤电厂的成套技术研究与应用”“煤粉锅炉等离子点火及稳燃技术”“大型火电机组空冷系统优化设计与运行关键技术及应用”“火电厂厂级运行性能在线诊断及优化控制系统”“大型电站锅炉混煤燃烧理论方法及全过程优化技术”“新能源发电调度运行关键技术及应用”等7个项目荣获国家科技进步二等奖。在成果转化方面，围绕节能、环保、新能源、控制与信息业务，共形成118项关键技术，专利实施率超过86%，近五年形成销售收入超过800亿元。

在煤炭清洁高效利用、新能源技术及装备制造、电站节能环保、智能发电等4个领域，共承担43个国家级科技项目，突破了一批核心技术，形成自主知识产权，通过成果产业化支撑了高科技产业发展。其中：

（1）依托国家重点研发计划项目“高效率低排放的超600℃百万kW等级超超临界机组关键技术研究与工程应用”，建成了泰州电厂世界首台百万kW超超临界二次再热机组，综合指标世界最优，整体技术达到世界领先水平。成果入选“国家‘十二五’科技创新成就展览”和阿斯塔纳世博会，习近平总书记亲自视察并听取了项目汇报，做出“煤电是件大事，一定要搞好”的重要指示。

（2）国电大渡河公司将先进的信息技术、工业技术、管理技术与电力工业深度融合，积极实践智慧企业建设，实现了企业风险识别自动化、决策管理智能化、纠偏升级自主化，这对于传统能源行业来说，是一次深刻的变革。

（3）国家863项目“高效脱硝催化剂开发及关键生产设备的研制”，研发了具有自主知识产权的SCR脱硝催化剂技术，达到国际先进水平。

（4）国家重点研发计划项目“燃煤电站多污染物综合控制技术研究与示范”，研发了燃煤电厂烟气一体化协同超净排放治理技术，实现燃煤电厂多煤种、宽负荷、变工况等复杂条件下三大污染物的超低排放。

（5）国家863项目“大型超超临界机组自动化成套控制系统”，突破了大型超超临界机组复合建模理论与状态重构技术、大型超超临界机组智能优化控制技术、自动化成套控制系统装备研发与集成应用技术，开发了具有自主知识产权的DCS系统。项目成果的成功应用，打破了国外产品与技术垄断中国大型超超临界机组自动控制系统的局面。

（6）研发中国首套“厂级监控信息系统（SIS）”，创新发展了对全厂生产过程信息高度集成和综合应用的火电厂运行优化监控技术，研发中国第一套火电厂厂级监控信息系统（SIS），形成了电力行业标准，成为中国火电厂监控信息系统典型设计模式，成果累计推广到140多家大型火电厂。

（7）“风力发电系统中关键问题研究”项目，攻克了低风速风电机组整机叶片集成优化设计、基于最优能量捕获的低风速控制技术、先进控制降载荷技术等多项难关，研制出了适用于低风速区域的UP1500-97、UP2000-115、UP2000-121等系列化风电机组。

【智慧企业建设】 国电集团编制下发了《智慧企业建设指导意见》，在集团层面提出了智慧企业建设的指导思想、总体规划和重点任务，明确了国电集团智慧企业建设的战略方向。2017年组织召开国电集团智慧企业建设现场会，推广国电大渡河公司智慧企业管理经验，全面启动国电集团智慧企业建设。国电大渡河公司按照“业务量化、集成集中、统一平台、智能协同”的思路开展了智慧企业建设，其成果经行业专家鉴定达到国际先进水平。为保证智慧企业建设成效，国电集团选定了4家火电、2家水电、2家风电企业分别编制试点建设方案，探索开展智慧企业试点建设，为全面推进智慧企业建设积累经验。

【海外业务】 国电集团重视开拓国际市场，发展海外业务。2017年主要开展了以下工作：

海外实体项目投资取得积极进展。南非德阿24.45万kW风电项目通过南非电网COD验收，提前2个月实现并网发电。该项目每年可提供清洁电力6.44亿kWh，在为南非提供清洁能源的同时，解决当地1000多个就业岗位。加拿大德芙林一期风电项目投产当年即实现盈利，该项目为中国发电企业在海外第一个风电项目，并获得“加拿大原住民社区贡献奖”。继续推进境外风电项目投资，以波兰、埃塞俄比亚、加拿大、巴基斯坦、哈萨克斯坦等国家为重点，积极争取在中东欧、东南非洲、北美、南亚和中亚等地区实现风电开发新突破。

配合国家总体外交，开展多双边高层交流。配合国家“一带一路”倡议，深化重点国际交流合作，全年协调集团领导参与国家级多双边外交活动12场，主要包括在中哈能源论坛上展现国电集团在清洁高效发电领域所掌握的世界领先技术；组织出国参加2017世界经济论坛年会、APEC工商领导人峰会、中欧工商峰会、中国—爱沙尼亚经贸论坛、中国—比利时经贸论坛、第14届中国—东盟博览会等高层交流活动；组织参加在国内举办的“一带一路”国际合作高峰论坛、厦门金砖五国峰会、中国发展高层论坛2017年会、夏季达沃斯论坛、台海两岸企业家南京紫金山峰会等重要多双边交流活动。

深度参与国际合作平台并发挥作用。发挥中国国际商会副会长单位和国际商会中国环境与能源委员会主席单位的作用，促进国内外企业交流，在国际平台发声。2017年承办了中国国际商会会长工作会议，促进商会内部协商和共建工作；组织参加国际商会环境与能源委员会秋季工作会议和《联合国气候变化框架协议》技术委员会专家组工作会议等，反映企业共性诉求，贡献中国经验；组织中国环境与能源委员会会员单位赴印度、柬埔寨、越南等国进行交流访问等。

深化国际技术交流对接。组织专业管理人员出国参加高级别国际研讨会，并赴各国际组织和国际公司进行技术交流，宣传中国电力企业及国电集团近年来在清洁能源和新能源等领域取得的成绩，开拓国际市场。组织非洲法语国家中非产业对接和产能合作研修班学员实地考察国电北仑电厂，组织东京电力访问团考察国电电力及大渡河公司的智慧企业建设情况等。

【党建和精神文明建设】 2017年，国电集团党组以迎接和学习宣传贯彻党的十九大精神为主线，深入贯彻落实全国国企党建会精神，按照“六个起来”的党建工作思路，突出政治引领，强化思想理论武装，夯实基层基础，深化企业文化、精神文明建设和团青工作。国务院国资委书记郝鹏到国电集团调研时，对党建工作给予肯定，认为国电集团党的建设走在了央企前列，工作很有特色和亮点，为中央企业党建工作创造了很好的经验。

强化政治责任，扎实抓好十九大精神学习宣传贯彻。制定了学习宣传贯彻工作方案，组织召开公司系统视频会，传达学习党的十九大精神，部署学习宣传贯彻工作。召开了学习贯彻十九大精神座谈会，组织公司系统出席党的十九大代表、党员干部及各类先进人物代表，座谈交流学习体会。印发了《关于认真学习宣传贯彻党的十九大精神的通知》，明确了牢牢把握一条主线、抓好“六个到位”、实现“五个全覆盖”的部署要求，推动各级党组织把学习宣传贯彻工作往实里走、往深里走。制定了宣讲工作方案，起草了宣讲提纲，统一汇编了宣讲材料，由集团领导带头组成19个宣讲组，深入基层单位和车间矿区班组，面对面宣讲，做到严谨规范、全面准确讲，联系实际、突出重点讲，深入干部群众、回应关切讲，确保十九大精神宣讲全面覆盖、入脑入心。

加强督导，推动全国国企党建会精神贯彻落实。国电集团党组对照贯彻落实全国国企党建会精神的20项重点任务、65条措施，实施挂图作战、销号管理，制定了“1+4”贯彻落实督导工作方案，召开了国电集团本部督查汇报会，分四个片区对二级单位专项督查指导，实现了全覆盖督导，推动了重点任务措施落实。针对国资委专项巡视整改指出的二级单位存在的问题，一对一发函，督促整改到位。国电集团贯彻落实情况，在国资委贯彻落实工作推进会上进行了交流。

严格落实，党建责任制考核趋向科学。国电集团党组制定了《党建工作责任制实施办法》，健全完善了党建工作责任体系。切实抓好二级单位党组织书记述评考结果反馈及运用，加强督促整改落实，深化述评考成果。组织开展二级单位党委委员抓党建工作“一岗双责”检查，推动党建工作齐抓共管责任有效落实。集团公司党建责任制体系建设和强化考核典型经验在中组部《央企情况》刊发，先后在中央企业党建工作推进会、落实中央企业党建工作责任制座谈会以及中组部举办的全国国企党务干部培训班上交流。

注重政治引领，思想建设成效不断加强。“两学一做”学习教育迈入常态化制度化轨道，国电集团党组制定了“两学一做”学习教育常态化制度化实施方案，分四个片区听取了二级单位工作情况汇报，对基层党组织全覆盖、全过程指导督查。政治生活严肃性充分体现，组织召开了国电集团领导班子民主生活会和专题组织生活会，开展了积极思想交锋，凝聚了思想共识。对二级单位民主生活会召开情况进行了督导检查。理论武装成效明显，制定了2017年国电集团中心组学习要点，建立了二级单位中心组学习报备机制，派人参加二级单位的中心组学习进行现场指导，加强了两级班子思想政治建设。国电集团中心组经验做法入选中宣部《〈党委（党组）理论学习中心组学习规则〉解读》。抓好意识形态责任制落实，制定了意识形态工作责任制实施办法和党员干部网络行为规范。组织开展了落实意识形态工作责任制情况检查，公司系统未发现在意识形态方面的明显问题。

坚持融入中心，创先争优活动扎实有效。组织开展了“畅谈辉煌成就，迎接十九大召开”“立业一五五　建功十三五”等系列创先争优活动，评选表彰了2016～2017年度97个基层党组织、111名优秀共产党员和34名优秀党务工作者，选树了一批“两学一做”先进典型，基层党组织战斗堡垒和党员的先锋模范作用充分发挥。北仑公司设备党支部被命名为中央企业首批示范党支部，2名党员当选十九大代表。推动基层党建工作创新，60个基层党建创新案例在人民网刊载推广，1个案例被评为第四届全国基层党建创新优秀案例，将这些创新案例汇编，推广到各单位学习借鉴。

加强基层组织建设，基层基础进一步夯实。国电集团党组建立了基层党组织按期换届提醒督促机制，推动基层党组织实现“应换必换”。实施“6+1”基层党支部工程，组织召开了首次党小组工作座谈会，推动全面从严治党向基层延伸。研究制定了二级单位党委、基层党委、基层党支部“三个工作规范”和20个基层党支部工作制度，提升了基层党建规范化、制度化、科学化水平。不断加强基层基础保障，指导基层单位建立健全党务工作机构，督促配齐配强党务人员，研究制定党建工作经费管理办法，纳入企业管理费用和预算管理。作为中组部、国资委党委的两家央企试点单位之一，成功举办了两期基层党支部书记集中轮训示范培训班，探索形成了可推广、可复制的党支部书记集中轮训模式，得到中组部、国资委党建局的认可。

聚焦问题，政研工作成果丰硕。研究新形势下企业党建和思想政治工作的新情况新问题，集中力量围绕机关党建、境外单位党建、混合所有制企业党组织建设、劳务派遣党员教育管理、共青团“推优入党”等重点课题，组织精干力量进行研究，取得了一批优秀成果。完成了央企党建政研会2017年度第三课题组牵头单位工作，先后召开了课题组启动会、中期研讨会、优秀成果初评会，推动课题组成员单位形成了36项课题成果。

深化“家园文化”特色实践，持续加强精神文明建设。组织各单位开展创新、安全、效益、廉洁等专项文化建设，促进观念创新、管理创新，推动以文化引领管理提升。组织系统内外专家深入调研总结，编撰出版了《精益衡丰》。指导各单位总结提炼企业文化建设成果，推荐申报了2017年中国电力创新奖企业文化类优秀项目，所属龙源电力公司被评为企业文化示范单位、五项建设成果获奖。拍摄制作国电集团宣传片并参与集团参展世博会筹备工作。加强学习调研，研究起草了国电集团重组后企业文化融合重构工作建议方案。围绕社会主义核心价值观培育和践行，开展“爱国爱企爱家庭、争做文明国电人”主题教育，通过“道德讲堂”“我们的节日”“企业开放日”“赠书促学”“文明家风”等系列活动，推动核心价值观在企业落地深植，促进企业和职工综合文明素养提升。以争创第五届全国文明单位为契机，推动各单位精神文明系列创建工作开展，全系统有 9 家单位新获、18 家单位保持全国文明单位称号。开展学雷锋志愿服务，以企业文明生产治理和社会公益为主要内容，开展志愿服务 1100 余场次、3 万余人次参与。强化典型培养选树和示范引领，龙源西藏公司张晞（作为电力央企唯一）荣获第二届“央企楷模”称号，在央企系统产生广泛影响。

加强团青工作，凝聚服务青年水平切实提升。开展了“一学一做”教育实践，通过“青年思想理论学习行动”教育引导团员青年。开展了“青春建功一五五”等主题实践活动，推进“青年创新工作室”建设，获得“航天科工杯”央企青年创新奖金银铜奖各一枚，30 个集体个人获中央企业团工委表彰。坚持服务青年，打造“浪漫国电”交友平台和“青春国电”微信平台，开展“奋斗的青春最美丽，青年对话首席师”巡回宣讲活动。完成国电集团团委换届选举，在央企中率先将一线优秀青年党员吸纳为团委班子成员，典型做法得到团中央和中央企业团工委充分肯定。

【干部队伍建设】 国电集团落实全国组织部长会议要求，坚持正确选人用人导向，不断完善选拔任用机制，着力选好、用好、管好干部，努力营造风清气正的选人用人环境，为国电集团改革发展稳定提供了坚强的组织保证。在中组部选人用人测评中，国电集团连续多年处于中管企业前列。

坚持党管干部原则，全面提升干部工作科学化水平。始终坚持党管干部原则不动摇，全面落实党组选人用人主体责任，把加强党的领导、发挥党组织把关作用贯穿选人用人全过程。完善了党组工作规则和议事规则，干部人事任免事项由党组研究决定，在动议提名、酝酿沟通、民主推荐、组织考察、讨论决定、公示任职等各个关键环节，发挥了党组的主导地位和把关作用。严格执行民主集中制，在干部选拔任用过程中，发挥党组会集体酝酿的作用，广泛征求各方面的意见，征求班子成员的意见，特别是主要领导和纪检部门的意见，确保人选得到充分酝酿，不同意见得到认真考虑。坚持做到“凡提四必”，对提任人选干部档案全部进行审核，对提任副主任以上人选的个人有关事项报告都进行了核查，所有拟调整人选均征求了纪检监察部门意见，对有关信访举报都进行了核查，不符合规定的坚决不上会。完善“双向进入、交叉任职”领导体制，坚持党员总经理兼任党委副书记，实现二级单位全覆盖，符合条件的党委班子成员通过法定程序进入董事会、监事会、经理层，在符合条件的二级单位推行了党委书记、董事长由一人担任的配备方式。健全选人用人制度体系，累计制定干部工作制度办法 35 项，进一步构建严格规范、简便管用、监督有力、责任明确的选人用人制度体系。为贯彻落实习近平总书记关于加强领导班子建设的重要讲话精神，2017 年 4 月国电集团党组研究制定了《关于进一步加强领导班子建设的意见》，从指导思想、主要目标、主要任务和措施、加强组织领导等方面，对系统加强各级领导班子建设提出了明确要求，推进各级领导班子建设。

坚持正确选人用人导向，选优配强各级领导班子。落实习近平总书记提出的“好干部”标准和国企领导人员“20 字”要求。把讲政治作为选人用人首要标准，注重干部是否牢固树立“四个意识”，能否在思想上政治上行动上同以习近平同志为核心的党中央保持高度一致，是否严格践行“三严三实”、落实“中央八项规定精神”等要求，对政治上不合格的，实行一票否决。坚持事业为上、人岗相宜，统筹考虑事业发展与干部成长两个关键性因素，坚持依事择人，用人所长，及时调整不胜任和不适宜担任现职干部，实现人尽其才、人岗相宜。注重基层导向，树立重视基层、关注一线的用人导向，明确要求提拔部门副主任级干部必须具有基层企业工作经历，全年共选拔 29 名具有基层工作经历的干部进入二级单位领导班子，不断激发基层干部干事创业的积极性和主动性。选优配强企业“一把手”，选拔政治强、懂专业、善管理、敢担当、作风正的复合型领导人员担任企业党政“一把手”，调整充实二级单位和基层骨干企业党政主要负责人 98 人次，全面增强各级领导班子凝聚力、战斗力。完善领导班子和机关干部配备，全年党组管理的干部调整 151 人次，对 26 家二级单位领导班子调整充实 60 人次；对国电集团本部处级以上干部调整补充 45 人次，干部队伍结构不断优化。加大干部交流力度，始终把干部交流作为培养锻炼干部的重要途径，全年党组管理的干部交流 33 人次，选派了 2 名援疆干部和 1 名驻村第一书记，完成双向交流挂职的 52 名干部期满考核。重视年轻干部培养选拔工作，组织召开了年轻干部座谈会，对系统年轻干部培养选拔提出了明确要求。国电集团党组共提拔年轻干部 21 人，占新提拔干部的 31.8%。注重关心关爱干部，根据工作需要和异地交流干部实际情况，国电集团党组安排 24 名长期异地交流干部到本部任职或就近安排任职；对 3 名干部因健康原因及时安排退二线，充分体现国电集团党组对交流干部的关心和爱护。

坚持从严管理干部，巩固拓展作风建设成果。落实中央关于从严管理干部部署要求，坚持从严监督、从严考核，确保把干部队伍建好、用好、管好。抓好领导干部报告个人有关事项“两项法规”贯彻落实，强化抽查核实结果处理。将“两项法规”纳入党组中心组学习内容和中层管理人员培训内容，组织发放“两项法规”百问学习辅导读本1302本，确保填报个人事项的领导干部人手一份；印发国电集团领导人员报告个人有关事项办法和查核结果处理办法，规范查核结果处理；组织国电集团系统正处级以上领导人员开展“两项法规”专题知识答题活动，加大法规学习宣传力度。中央“两项法规”实施以来，开展领导人员个人有关事项重点抽查核实共计42人次。从严审核干部档案，做好141人次领导人员干部人事档案任前审核，切实防止干部“带病提拔”。强化综合考核评价，按照新修订的领导班子和领导人员考核办法和实施细则，完成对44家二级单位领导班子和231名班子成员年度考核。结合年度考核工作和选人用人“一报告两评议”工作，强化选人用人工作监督检查。针对检查中发现的问题逐一进行书面反馈，对不满意率较高的单位和领导人员重点跟进分析，督促年内完成整改落实。加强领导人员因私出国（境）管理，进一步规范证件管理，严格因私出国（境）审批，及时做到应备必备、应批必批和应交必交。开展“裸官”专项清理，按规定对符合“裸官”情形的领导人员工作岗位进行调整。严格任前报备审查，对二级单位管理的领导人员从职数配备、任职资格、选用程序、廉洁自律等方面进行任前审核，累计审核批复590多人次，否决21人次。

（王　勇）

【国电电力发展股份有限公司】

公司概况　国电电力发展股份有限公司（股票代码600795，简称国电电力）是国电集团控股的全国性上市发电公司，是国电集团在国内资本市场的重要融资窗口和常规能源发电业务整合平台。截至2017年底，公司总股本为196.50亿股，其中，国电集团持股46.09%，证金公司持股4.50%（通过公开市场增持），社保基金持股3.67%（通过定向增发），其他流通股持股45.74%。国电电力资产总额2775.03亿元，控股装机容量5319.84万kW。

国电电力股票在二级市场表现良好，连续多年被评为最具发展潜力上市公司，先后入选上证50指数和沪深300指数，保持着国内A股证券市场综合指标名列前茅的绩优蓝筹股地位。国电电力先后荣获全国“五一”劳动奖状、全国文明单位、全国电力行业优秀企业，连续15年被国电集团评为目标责任制考核先进单位。

安全生产　树立安全发展理念，坚持关口前移、重心下移，推进本质安全型企业建设。

安全基础有效夯实。建立安全第一责任人述职制度，开展人身风险分析预控，实行安全监督清单化管理，加大隐患排查治理、挂牌督办力度，全年排查各类隐患8143项，隐患整改完成率达到95.3%。

生产运营持续加强。实施产业升级三年规划，开展节能提效改造、热网优化、热电解耦、灵活性改造等重大技改，加强检修技改全过程安全管控，设备可靠性和机组能耗水平稳步提升。2017年，机组非停次数同比降低5次；供电煤耗完成299.55g/kWh，同比降低0.6g/kWh；综合厂用电率完成4.65%，同比降低0.06个百分点；22台火电机组在全国大机组能效对标竞赛中获奖，获奖率达44%。深化理论发电量平衡分析法应用，风能利用率同比提高5.2个百分点，弃风率完成8.23%，同比降低5个百分点；水电在来水量降低19%的情况下，发电量增加2.1%，水能利用率同比提高6.6个百分点。

标准化建设工作扎实推进。以推动安全文明生产标准化、设备完好标准化、安全设施标准化等重点专项标准化工作为主线，推动安全生产标准化建设工作向纵深发展。火电机组全部通过国电集团验评，水电、新能源企业计划2018年全部通过验评。

环保能力实现稳步提升。2017年16台机组完成超低排放改造任务，机组二氧化硫、氮氧化物、烟尘达标排放率均超过99.8%。将废水回用、煤场扬尘控制纳入环保改造规划，启动煤场封闭和废水零排放改造，清洁生产水平明显提升。

科学发展　贯彻落实新发展理念，坚持质量第一、效益优先，加强投资管控，优化布局结构，从更深层次上提升发展质量。

投资管控扎实有效。严格执行投资决策程序，加强管控，进退有序，全年完成基建投资124.66亿元，完成投资计划的94.21%。

发展质量稳步提升。稳步推进重点火电项目，上海庙项目通过国电集团投资决策，邯郸老厂替代项目取得国电集团立项批复。朝阳热电、邯郸东郊项目已转入试运行并开始供热，南浔天然气项目并网发电，哈密大南湖工程荣获2017年国家优质工程金奖。加快优质风电资源开发，全年新增储备资源79万kW，核准54.25万kW，投产102.09万kW。国内最大陆上单个整装风电场——康保45万kW风电场建成投运，当年实现利润2.7亿元；国电电力首座海上风电——舟山海上风电、首台燃气机组——南浔1号机组并网发电，实现了历史性突破。

“走出去”工作步伐加快。紧跟国家“一带一路”倡议，加强投资机会研究，有序推进海外项目合作开发，巴基斯坦凯桥项目列入中巴经济走廊项目清单，哈萨克斯坦、莫桑比克等产能转移项目取得积极进展。

处僵治困成效明显。建立月度协调督办机制，宣威公司全年取得备用补偿金2.67亿元；国兴煤业实现复产，南峪煤矿、沙巴台煤矿完成井筒封闭。加强项目推介，海隆公司、朝阳水务完成转让，三间房、金湾、勐来河项目转让正在进行，宁夏太阳能股权转让有序推进。

提质增效 紧跟市场形势变化，及时调整优化竞争策略，把精细化管控落实到生产经营全过程，提升企业经营绩效。

强化市场营销。加强区域市场和交易规则研究，深化利用小时对标，争基数、抢市场、保电价，全年发电量完成2022.02亿kWh，同比增长2.71%；获得大用户直供电量590亿kWh；全年发电利用小时完成3962h，高于全国平均水平176h；90%火电企业利用小时高于区域“五大三同”平均水平。全年获得“两个细则”奖励1.52亿元，庄河公司通过调峰补偿增收1.1亿元。拓展热力市场，克拉玛依公司增加供热面积669万m^2。

强化燃料管控。加强市场动态跟踪研判，科学把握采购节奏，提升控价保供能力，全力平抑煤价上涨。入炉综合标煤单价完成585.38元/t，同比升高160.52元/t，涨幅低于国电集团涨幅23.79元/t。强化燃料集中管控和阳光采购，阳光采购保持100%全覆盖，累计节约成本6亿元；推进精细化配煤掺烧，全年掺烧经济煤种2904万t，节约成本11.71亿元。燃料智能化建设持续推进，东胜公司实现燃料成本实时智能核算，北仑公司斗轮机无人值守、大开厂数字化煤场等项目投入运行。

加强成本费用管控。深化“四个成本”分析，找准短板、精准发力，公司度电可控固定成本完成1.09分/kWh，同比降低0.02分/kWh。

推进重点企业治理。建立重点企业治理联系点制度，开展精准帮扶。新疆区域火电企业整体供电煤耗大幅降低6.2g/kWh，新疆新能源实现扭亏增利2.14亿元，晶阳公司同比减亏1.38亿元。

改革创新 实施创新驱动战略，破除束缚企业发展的体制机制障碍，激发企业发展新活力、新动能。

强化创新工作成效。加大科技创新投入，推进重点项目攻关，国家级科技项目“燃煤电站多污染物协同控制与资源化技术及装备”通过科技部评审并正式启动，“二氧化碳分解利用减排技术研究”进入设备安装阶段。坚持创新引领技术改造，大开厂实施热电解耦攻关改造，在保证供热前提下机组负荷可降至20%，为电网解决冬季弃风限电提供了解决方案，其灵活性水平世界领先。

全面启动智慧企业建设。成立智慧企业建设领导小组和工作推进组，确立“本部智能管控大数据中心和智慧火电、风电、水电、煤矿”总体布局，智慧企业建设总体规划和各板块规划全部通过专家评审。

深化企业内部改革。下发火电、水电企业“三改”意见，新能源企业“三改”成效明显；推进瘦身健体，全年压减法人企业户数14家，和禹公司、朝阳热电等23个“三供一业”分离移交项目正式签订移交协议；累计清理多经企业33家，实现全民多经“零目标”。实行人工成本“五全”管理，业务、定员与人工成本实现有效联动。建立以岗位绩效工资制为主体的工资分配体系，发挥专项奖励、重点关注事项的激励约束作用，提升重点工作绩效。

强化依法治企。推进依法治企，强化法律风险防控，跟踪处理重大法律纠纷案件，全年避免和挽回经济损失2780万元，国电电力被评为“法律风险指数最低央企上市公司”。全面修订公司制度，修编管理制度392项，国电电力合规管理水平明显提升。

资本运作 加强资金市场研判，发挥上市公司平台作用，在确保资金链安全的前提下，推进资本资金运作，提升价值创造能力。

资本运作稳步推进。按照国电集团统一部署，启动重大资产重组，各项准备工作有序进行。开展资本市场融资，80亿元公司债券发行工作通过证监会审核。强化投资者关系管理，国电电力荣获“全景投资者关系金奖”，入选《福布斯》首批世界最受信赖公司榜单，为中国传统能源企业唯一入选企业，企业软实力显著增强。

资金管理成效突出。应对资金链安全和融资成本高企的双重考验，通过搭建银企业务对接平台、资产融资租赁等多种方式，拓宽基层企业融资渠道。全年安全接续到期融资1284亿元，累计提供统借统还资金26.57亿元；综合资金成本率完成4.23%，低于一年期基准利率0.12个百分点，全年节约利息支出8.56亿元。争取财税政策支持，全年取得政府补助资金和税收优惠近5亿元。开展34亿元应收账款保理业务，“两压双控”目标基本完成。

党的建设 贯彻新时代党的建设各项要求，层层压实管党治党责任，切实抓好党建各项工作任务，发挥好党组织把方向、管大局、保落实的作用。

全面加强党的建设。学习宣传贯彻党的十九大精神，落实国企党建会精神，将党建工作与公司治理体系有效融合，所属基层党委年度考核全部创优。公司党委带头履行党委会前置决策程序，全年研究前置决策事项103项。健全党建制度体系，创新开展党委巡察工作，管党治党责任层层压实。深化“两学一做”

学习教育，开展“抓支部、强堡垒”活动，各级党组织紧密围绕中心开展工作，解决经营发展难题1048项，创效3.47亿元。北仑公司设备管理党支部被授予“中央企业基层示范党支部”称号。

持续推进从严治党。加强党风廉政建设，落实“两个责任”，狠抓党委委员、纪委委员履责，健全定期汇报、包点督导机制，促进责任有效落地。深化反腐倡廉教育，组织开展党规党纪和警示教育2000余场次；编制《领导人员廉洁从业风险防控手册》，梳理廉洁风险104项；制订实施贯彻落实中央八项规定精神实施办法，紧盯关键少数，经常抓、抓经常，严防“四风”问题隐形变异、反弹回潮，公司系统作风建设持续好转。

加强干部队伍建设。坚持党管干部原则，选优配强基层领导班子，全年提任干部82人，年轻干部占比达到26%。抓实培训工作，全年培训员工6.8万余人次。充分发挥工团组织作用，深入开展创新创效活动，公司系统新增中央企业技术能手1人、国电集团技术能手14人。

履行社会责任 开展青海曲麻莱县对口扶贫，捐助第二期生态保护扶贫基金350万元；新疆公司深入开展“访惠聚”驻村工作，促进疆区和谐稳定；深入实施“惠民工程”，着力增强员工幸福感、归属感，连续三届保持“全国文明单位”荣誉称号。加强信访维稳工作，完成十九大保电保稳定任务。

【龙源电力集团股份有限公司】

公司概况 龙源电力集团股份有限公司（简称龙源电力）成立于1993年，当时隶属国家能源部，后历经电力部、国家电力公司，在2002年电力体制改革中划归中国国电集团公司，是国内最早开发风电的专业化公司。2009年在香港成功上市，2015年成为世界第一大风电运营商。经过25年发展，龙源电力现已成为以开发运营新能源为主的大型综合性发电集团，在全国拥有300多个风电场、8个光伏电站和3个火电企业，以及生物质、潮汐和地热等发电项目，业务分布于中国32个省市区和加拿大、南非等国家。截至2017年底，龙源电力控股装机容量达20 520MW，其中风电控股装机容量18 395MW，继续保持全球最大风电运营商地位。

安全生产 2017年，龙源电力不断夯实安全管理基础，风电发生一类障碍5次、同比减少5次。龙源电力被国务院安委会授予全国安全生产月和“安全生产万里行”活动先进单位。一是创新完善“大安监”体系。严密构建四级安全监督网络，覆盖生产、工程、交通等各领域，推行《安全监督工作规定》和《安监人员工作手册》，制定实施新版《风电技术监督导则》，强化各专业全过程、无死角安全监督，推动各项安全规章制度刚性落地。二是构建安全保证体系。开展风电生产安全管控分析，重点增补了反事故和检修作业两方面规章制度；在行业内首次实施安全风险预控管理，创新研发风险预控APP，将安全风险点及防控措施嵌入其中，依靠技术进步加强事故防范。三是推进安全文明生产标准化创建。各单位将标准化创建作为“一把手工程”，梳理规章制度、强化设备治理、规范作业行为、完善设施配置，开展区域自评和公司查评，安徽、江苏、广西、湖北、上海5家目标单位的16个风电场全部高标准通过国电集团验评。四是加大安全检查和整治力度。将十九大安全保电作为重要政治任务，细化安保、生产、维稳等8方面45项措施，针对重点地区实施专人督导，完成十九大保安全促稳定任务。五是深化“三措一案”落实。制定实施“三措一案”管理办法及实施细则，提出审批、监督、落实等5方面28项管理要求，明确工作标准，强化刚性落实，严格督导检查，切实增强了现场作业安全性和规范性。六是加强安全生产能力建设。结合新能源安全生产特点，编写出版国内首套风电安全教材；开展5期安全管理培训，组织238名安监管理人员，系统学习安监制度、安全技术、应急预案等重要内容，提升了安监队伍整体水平。

经营管理 2017年，实施积极经营策略，强化资产管理，防控经营风险，盈利水平再创新高，18家单位利润过亿。一是压降成本费用。实施精益管理，创新完善多维经济运行分析模型，一体化高效管理生产经营全过程，科学压降经营成本。二是发挥资金成本优势。把握资金窗口，引入多种金融产品，继续保持资金成本可比优势。主体信用评级连续2年被穆迪评为A3，继续保持全球可比新能源上市公司最高评级。三是防控经营风险。制定全面风险防控体系建设方案，优化风险分析反馈模式，11家公司同步开展试点建设，初步形成风险预警长效机制。四是应对火电减利。苏龙、天生港公司内强管理、外拓热力市场，全力应对煤价高位运行等减利因素。五是治亏工作成效显现。坚持“一企一策”，聚焦核心问题，强化措施落实，风电亏损企业较年初预测减少4家。两家生物质公司发电3.34亿kWh，扭亏后持续增盈。六是深化星级企业创建。将“创星”作为提升公司综合实力的重要载体，分析管理短板，创新整改措施，扩大星级优势，18家单位被评为“五星级”企业。七是机构压减成效显著。坚持“一企一策”，创新资本运作方式，全年净压减法人企业37家、超额压减21家，为国电集团全面完成国资委年度考核任务做出了突出贡献，此项工作获国电集团总经理奖励基金特等奖。

企业发展 一是强化战略引领。分析政策环境及市场变化，科学调整龙源电力“十三五”风电发展规划，重点加强中东部、南部及东南沿海地区开发力度，提高非限电地区项目比重，持续优化开发布局。同时，调整光伏发展战略，制定各省光资源图谱和投资收益详查表，为有序储备和开发优质光伏资源奠定了技术基础。二是加强优质资源储备。坚持“全国布局、省内拓展”策略，综合采用激光测风、中尺度数值模拟等先进技术，详细评估各地风资源。三是加大前期工作深度。升级高剪切风资源图谱技术，加强尾流分析和数据建模运用，提高风电场宏观选址和整体设计水平；深度提炼龙源电力风电开发专业化管理体系，编制《风电开发技术与应用》教材和《可研设计导则》，系统提升前期管理水平和技术能力。四是科学有序开发海上风电。牢牢把握海上风电战略机遇期，发挥自身技术优势，抢占海上优质资源，累计储备超过 600 万 kW，海上风电装机规模继续保持国内领先。五是推进海外项目。密切关注中东欧波兰、塞尔维亚，中亚哈萨克斯坦等“一带一路”沿线国家新能源市场，为龙源电力加快拓展海外市场、提升国际竞争力创造了有利条件。

重大创新 2017 年，龙源电力提出的 6 项行业标准获国家能源局正式立项，新增授权专利 64 项、软件著作权 24 项。一是加大科技研发力度。完成国家 863 科技项目“海上风电建设关键技术研究”，并通过科技部验收；承担国电集团重点科技项目“风电大数据技术研究”，通过国电集团中期检查。针对福建南日海域地质条件复杂，创新研发国际首例“大直径”嵌岩单桩施工技术，提高施工效率约 5 倍，降低工程造价约 20%；自主研发全球最大自升式海上风电施工平台“龙源振华叁号”，集大型风电设备打桩、吊装、安装等功能于一体，为龙源电力近海高效施工提供了关键利器。二是加快风电大数据平台建设。创新研发多维数据分析、故障高效定位等 11 项功能模块，初步实现海量生产运营数据的实时采集处理和存储分析，探索多种数据挖掘技术，风电资产全生命周期管理能力持续提升。三是充分发挥技术支撑平台作用。完善全国风能资源勘查系统，为抢占优质资源提供技术支撑；强化数据质量管理，提升数据支撑能力；开展叶片和变桨系统缺陷研究，创新技术监督手段；自主研发海上风电场布机优化软件，提高海上科学开发水平。

工程建设 一是持续提升招标采购质量和效率。结合公司实际，制定《采购工作改进方案》，成立 4 个专业采委会，进一步规范管理，同时搭建采购管理信息系统，制定量化考核指标 41 项，促进采购效率持续提升，保障了工程建设有序开展。二是科学管控工程节点。运用基建流程标准化管控模型跟踪节点进度，实施表格化清单管理，超前评估、及时处置施工难点，确保工程按期推进。三是强化工程安全质量。以国家能源局“电力建设工程施工安全年”活动为抓手，采取 22 项重点措施，全面强化施工安全风险及过程管控；针对设计变更、施工反复等问题，梳理工程设计薄弱环节，并逐项对应制定优化措施，推动设计质量不断提高；全程监造主要设备，严格关键环节验收，现场督导监理单位履职尽责，有效保障了施工安全和工程质量。四是全力做好环保管控。制定实施《风电项目水保管理办法》，严格规范前期、设计、工程等各阶段水土保持工作；及时开展水土整治，切实做到“边施工边恢复”，有效规避了环保风险。五是严格控制工程造价。动态优化项目设计方案，准确把握主机价格下行趋势，强化最高限价管控，节约造价 4.1 亿元；修订完善工程造价管理办法，严格造价审计，25 个项目在结算中审减工程费用 1.88 亿元。六是创新打造一流风电场。以打造“安全、可靠、高效、智能”一流风电场为目标，从规划开发、工程建设、环境保护等 5 方面，研究制定《一流风电场建设标准》，推动公司风电项目建设质量全面提升。七是精心组织海上施工。2017 年新开工 90 万 kW，共 3 个海上项目，针对海上风电技术含量高、风险管控难等特点，创新运用新工艺新装备，江苏大丰 20 万 kW 项目安装了世界首座分体式 220kV 海上升压站，节约造价近亿元，目前已全部投产；福建南日岛 40 万 kW 项目成功实施国内首根“大直径”嵌岩单桩基础施工，首批 10 万 kW 容量已投产。八是高标准建成南非项目。2017 年 11 月，南非德阿一、二期 24.45 万 kW 风电项目正式投运，成为中国企业在非洲首个自主投资建设运营的风电项目。央视新闻联播、人民日报和南非工程报等中南主流媒体相继报道，盛赞该项目是“金砖”国家能源合作的典范。

党建与企业文化建设 全面加强党的建设。以习近平新时代中国特色社会主义思想为指引，全面落实从严治党新要求，严格履行管党治党责任。一是学习宣贯十九大精神。制定实施公司《学习宣贯党的十九大精神工作方案》，通过中心组学习、宣讲座谈、知识竞赛、开辟网络学习专栏等形式，掀起了学习宣贯十九大精神的热潮。二是坚持和加强党的领导。研究制定《党的建设全面提升方案》，成立了政工部，设立了党委办公室、组织部、宣传部，党的领导有效加强；把党建要求写入各级公司章程，确立了党组织在企业法人治理中的法定地位，为公司发展提供了坚强政治保障。三是纵深推进“两学一做”学习教育常态化制度化。各级领导干部带头讲专题党课 340 次，各级党委开展中心组学习 455 次、主题活动 592 次，本部党支部与基层一线党支部结对服务 12 次，“两学一做”学习教育成果不断巩固深化。四是持续提升党建水平。创新制定《“1+3+1”党建工作考核评价体系标准》，推进党建“量化对标”管理模式；不断完善党建管理信息系统，建设成果入选《紫光阁》和中国共产党新闻网；公司党建做法在国资委系统进行了经验交流。五是强化党组织战斗力。以“做安全卫士、做治企表率”活动为载体，促进党建工作与生产经营深度融合；开展党建“互学互查”“打品牌、创特色”等活动，党组织战斗堡垒和党员先锋模范作用得到有效发挥。

深入推进党风廉政建设。严肃党内政治生活，强化监督执纪问责，确保风清气正干事创业的良好局面。一是强化“两个责任”落实。严格落实党委主体责任和纪委监督责任，细化党风廉政建设责任清单，推行“一岗双责”考核，强化纪委书记述责述廉机制和月度例会制度，搭建纪检监察信息系统，层层传导压力，确保责任落实到位。二是强化监督执纪力度。编印《纪检监察工作标准化指导手册》，全面规范纪检监察工作；健全廉洁风险防控三级监督网络，构建全方位监督体系；准确把握运用监督执纪“四种形态”，加大专项检查及信访举报查处力度，公司党风廉政、执纪问责有效控制在了前两种形态。三是创新廉洁教育载体。开展“七个一、促廉洁、庆七一”党风廉政教育月活动，举办党风廉政知识竞赛，创新运用信息平台、微信公众号等多种方式，积极宣贯党规党纪，强化廉洁从业意识，营造健康政治生态。

持续深化和谐企业建设。践行社会主义核心价值体系，坚持两个文明一起抓，推动公司各项事业全面协调发展。一是深度提炼龙源文化。围绕“百年龙源”战略，挖掘提炼龙源精神，编制新版《企业文化手册》；张晞作为电力央企唯一代表荣获“央企楷模”，罗建鑫、李锦华荣获“国电劳模”，展示了龙源电力职工良好精神风貌。二是实施惠民工程。推进“绿色关爱”，持续加大帮扶力度，发放使用职工互助基金 92.4 万元，帮助困难职工 82 人次；举办了乒羽赛、“青年营”等特色活动，丰富职工业余文化生活，龙源电力工会荣获全国总工会发电企业最美工会特等奖。三是履行社会责任。组织参与“公益国电”扶贫行动，举办“右玉扶贫健康行”医疗义诊，着力构建精准扶贫长效机制；南非公司面向当地学校开展捐赠，设立助学金项目，资助大学生 70 余人，彰显了企业的责任担当。

【国电大渡河流域水电开发有限公司】

公司概况　国电大渡河流域水电开发有限公司（简称大渡河公司）于 2000 年 11 月在成都高新区注册成立，主要任务是以龚嘴、铜街子为母体电站，滚动开发大渡河流域水电站，大渡河公司股份为国电集团系统 90%（其中国电集团总部 21%、国电电力 69%），四川川投能源股份有限公司 10%。大渡河公司是国电集团所属最大的集水电开发建设和运营管理于一体的大型流域水电开发公司，拥有大渡河干流、支流以及西藏帕隆藏布流域水电资源约 3000 万 kW。截至 2017 年底，大渡河公司有在岗职工 2155 人，离退休人员 794 名，设有 14 个部门，有 19 家所属及控股二级单位。

大渡河公司坚持“流域、梯级、滚动、综合”的开发方针，科学有序推进流域开发，目前，大渡河公司投产装机容量 1156 万 kW，在川投运装机约占四川统调水电总装机容量的 1/4；在建电站有沙坪二级（已投产 3 台机组）、双江口（由公司代管）2 个电站，总装机容量 217.4 万 kW；前期筹建项目有金川、巴底、丹巴、老鹰岩等 8 个项目，总装机容量约 470 万 kW，形成了投产、在建、筹建稳步推进的可持续发展格局。

2017 年，大渡河公司坚定不移贯彻落实国电集团年度工作部署和改革重组系列要求，围绕“改革创新、做精主业，主动作为、多元发展，加强党建、和谐清廉”的年度工作主线，稳扎稳打、乘势而上，扎实推进各项工作。2017 年新增装机容量 187.4 万 kW，装机规模已达 1156.14 万 kW。全年完成发电量 370.96 亿 kWh，实现营业收入 76.55 亿元，再次获得国电集团考核 A 级。

安全管理　推进安全生产标准化建设，承办了国电集团安全生产标准化现场会，制定并落实了安全生产标准化三年达标计划，瀑电总厂、龚电总厂高标准通过国电集团达标验收。建成库坝安全预警系统，多次准确预测大岗山、猴子岩电站库区变形体垮塌等地质灾害，应对了大渡河上游百年一遇特大洪水。强化设备状态感知和智能预警，流域 37 台机组保持“零非停”，完成了十九大保电任务。

生产经营　注重市场营销策略，加强营销中心建设，优化调整公司、各电厂、售电公司职责定位，增强了市场应变能力。全力争取有利政策，促成瀑深枕三库联调、调峰调频等优惠政策落地，参与挂牌、富余等电量交易，与重庆、河南跨省跨区交易实现突破。不断强化经济运行，优化水库调度，加强与省调沟通协调，各项指标保持区域领先。落实提质增效举措，深入开展成本费用对标，全年节约财务费用 1.41 亿元。

工程建设　深化智慧工程建设，“五控制”管理更加有力，全年完成投资 30.35 亿元，控制在国电集团下达目标范围内，基建目标全面完成。猴子岩电站组织移民搬迁、机组启动验收等各项工作，高质量完成四阶段蓄水，年内实现了4台机组全部投产并盈利。沙坪二级电站强化技术创新应用，实现了3台国内最大单机容量灯泡贯流式机组安全投产，智慧工程建设成效显著，预计较可研概算节约近20%。双江口电站加强各方统筹协调，优化环境，破解施工困局，枢纽建设稳步推进，打造了智慧工程新亮点。大岗山、枕头坝一级电站竣工验收加快推进，瀑布沟完成了黑马料场复垦并全部移交。创新思路推进前期项目，金川通过了集团能源院投资决策阶段评估，具备投资决策条件。枕头坝二级、沙坪一级可研阶段正常蓄水位等专题通过总院审查，巴底、丹巴、安宁和老鹰岩一、二级前期项目持续优化，帕隆藏布完善了流域规划及规划环评报告。深入推进大渡河流域综合管理试点，形成了试点总体报告。

多元发展 相关产业平台围绕主业，加快向智慧企业新技术、新应用转型布局，取得了明显成效。参与低碳经济转型、低碳城市建设等相关课题研究，成功注册了四川省首批售电公司，与成都市、电网公司共同成立了清洁能源平台公司，完成了国电电力20家火电企业的碳盘查任务。推进智慧产业经营，打造中国工业设备管理平台，目前接入设备30万个，注册会员达240个；推出智能安全帽、智能巡检机器人和智能钥匙等新产品，已投入试点应用。推进传统相关产业升级，进一步明确了定位，开拓了外部市场。

智慧企业建设 成立了智慧企业研究发展中心，发布了《智慧企业理论体系2.0》，修订了《智慧企业战略规划V3.0》，经多名院士及行业专家鉴定，大渡河公司智慧企业达到国际领先水平，成为能源行业“两化”融合的试点标杆。聘任首批智慧企业专家，创建智慧沙龙，打造了知识分享平台。持续深化数据治理，完成了决策指挥中心一期建设，新投运了采购与合同数据中心、工程数据管控中心，持续提升了财务共享等现有中心功能。参加了国资委央企创新成果展，迎接了系统内外80余家单位3000余人参观学习，作为国务院国资委十九大精神进央企的典型，被新华社、人民日报、中央人民广播电台等26家主流媒体专题报道。

科技创新 成立由党政主要负责人为组长的青年创新工作领导小组，提高对青年创新工作的统筹协调力度。成立智慧企业研究发展中心，强化了对智慧企业建设及相关科技创新工作的规划和管理。各基层单位成立青年创新工作室、首席师工作室或劳模工作室，开展课题研究，进一步完善和强化公司科技创新工作网络。立足当前和长远可持续发展需求，加强科技创新人才队伍建设。通过“首席师”“后备干部”“青年英才”等人才选拔机制和年度“科技之星”等人才激励机制，加强科技骨干的选拔和培养。截至2017年底，大渡河公司共有博士9人，硕士217人，科技人才队伍更加壮大，为推进公司科技创新工作供了强有力的人才保证。坚持问题导向，加强了对科技项目立项的统筹管理；坚持效益导向，加大了科技创新成果的激励力度。2017年，各部门、各单位共申报大渡河公司科技进步奖15项、合理化建议92项、知识产权授权奖励29项，分别比2016年增长50%、53%和32%，申报项目数量和经济效益均较往年有大幅提升。组织精干力量，加强科技成果总结提炼和科技奖励申报工作，共有4项成果完成2018年度国家科技进步奖申报。其中“大渡河流域梯级电站群智慧化建设与运行关键技术”和“国电大渡河公司流域智慧化创新团队”分别获得中国大坝工程学会和中国电机工程学会提名；大渡河公司还作为主要完成单位，参与了另外两项国家科技进步奖的申报。此外，大渡河公司还获得中国电力创新奖一、二等奖各1项，中国电力科技奖二等奖1项，水力发电科技奖一等奖2项、三等奖1项，国电集团科技进步奖一、二、三等奖各1项，获奖数量及奖励等别均高于往年。

企业管理 开展组织机构压减，推进了“三供一业”分离移交和厂办大集体改革工作。加强年轻干部培养，先后选拔了45名优秀年轻干部参加各层次挂职锻炼和交流培训，首任副处级人员40周岁以下占比达77.8%。推进依法治企，成立了法律事务管理中心，健全了法务管理体系。落实集中管控要求，推进全面风险管理试点建设，大力抓好审计整改，有效防范了企业经营风险。

党建与精神文明建设 学习贯彻党的十九大精神，组织学习讨论、宣传宣讲、专题培训，掀起了学习热潮。落实全国国有企业党建工作会精神，党建工作要求全部进章程，修订完善公司“三重一大”决策制度，健全了党委办事机构。强化管党治党责任，突出政治功能，不断增强了基层党组织的组织力、战斗力，围绕中心任务深入开展服务型党组织建设，基层党支部标准化建设和特色化管理取得新成效。开展深化落实中央八项规定精神专项检查，推进电力生产、工程建设、相关产业领域廉洁风险防控研究，积极抓好巡视整改，把握运用监督执纪“四种形态”，强化对党员干部的教育管理监督，保持了风清气正的干事创业氛围。组织了猴子岩、沙坪电站投产发电劳动竞赛表彰，参加四川省第一届电力行业职业技能大赛，成绩位列发电企业第一，承办国电集团2017年水轮机运行值班员技能竞赛、四川省国企职工书画展，举办职工乒乓球、棋牌、才艺展示等文体活动，统筹实施了职工意外险、重疾险集中采购，完成了青年职工成都周转房改造等 243 项惠民工程项目，职工获得感进一步增强。深入开展“青春建功智慧企业”创新实践，1 项成果获得国电集团公司创新创意大赛第一名，青年教育引导、创新创效工作取得新进展。抓好定点扶贫工作，派驻 3 名干部职工挂职、入驻贫困村镇，利用“双同”爱心帮扶基金完成帮扶项目 11 个，捐赠扶贫资金、物资 300 余万元，组织干部职工向大渡河流域深度贫困地区捐款 17.77 万元。

【国电科技环保集团股份有限公司】

公司概况 国电科技环保集团股份有限公司（简称国电科环）成立于 2004 年 11 月，是国电集团整合所属高科技产业组建的企业集团，是目前中国最大的常规燃煤电厂节能环保服务商及领先的可再生能源系统服务及设备制造商。国电科环凭借在新能源装备制造等领域的卓越表现，荣获“2017 全球新能源 500 强”，名列榜单第 44 位。

经营管理 2017 年国电科环贯彻党的十九大精神和全国国有企业党建工作会精神，坚持以习近平新时代中国特色社会主义思想为指引，坚决在思想上、政治上、行动上同以习近平同志为核心的党中央保持高度一致。坚持党的领导、加强党的建设，践行五大发展理念，坚持稳中求进工作总基调，全力以赴打好瘦身健体和提质增效攻坚战，切实聚焦“六个力”，推进公司各项生产经营工作，保持了安全生产总体平稳、经营发展持续向好、职工队伍和谐稳定的良好态势。全年实现营业收入 131.42 亿元，报表利润 3.72 亿元，资产负债率 75.9%，经济增加值（EVA）2.56 亿元。荣获国电集团目标责任制考核 A 级企业，联合动力的“基于最优度电成本的超低风速 2MW 系列机组研发”和龙源环保的“建设科技创新平台，巩固行业领军地位”分别获得国电集团奖励基金特等奖和二等奖，龙源环保、联合动力、工程公司、国电智深、华电天仁、赤峰公司和节能公司获评国电集团五星企业。

2017 年，龙源环保脱硫脱硝除尘项目投产机组 62 台合计 2515 万 kW，其中，国电集团内超低排放改造机组 50 台合计 2173.5 万 kW，保障了国电集团节能提效改造的实施。联合动力生产风机 655 台合计 129.8 万 kW，发运风机 572 台合计 112.25 万 kW，其中，系统内发运风机 407 台合计 79.05 万 kW，保障了国电集团全年风电投产任务。

科技创新 创新驱动持续发力。一是突出科技研发引领作用。结合国电科环发展定位，制定了国电科环三年科技规划，确定 11 个方向 96 项重点研发任务，引领国电科环未来发展。二是推进科技研发项目化管控。搭建国电科环在研科技项目信息库，建立定期更新、月度总结、半年检查工作机制，对进度、预算执行等存在问题的项目及时提出整改，并监督执行。三是提升技术管理规范性。梳理科技研发相关制度，编制《科技管理手册》，完善国电科环科技规划、立项、执行、验收、成果转化等管理流程，开展主题培训 250 人次，多措并举提升公司科技管控实力。四是技术培育成效明显。全年获得专利 228 项（其中国际发明专利 1 项，国家发明专利 65 项），科技成果转化 29 项（新增 15 项），转化效率 86.2%，累计实现合同额 66.64 亿元。

科技创新成果丰硕。一是联合动力“基于柔性多体动力学的风电机组载荷耦合机理及控制关键技术与应用”等科技成果获得中国电力科技进步一等奖、河北省科技进步一等奖等 12 项重要奖励。二是龙源环保院士专家工作站获得北京市科协批准成立，承担了国家总理基金的雾霾成因研究专项子课题，高比表面积小孔催化剂开发完成并开始试用。三是朗新明“全膜法脱硫废水处理零排放系统研究与实践”获得 2017 年度电力建设科技进步二等奖。四是烟台龙源 AGC 优化控制系统在布连电厂 1 号机组实现成功应用。

智慧建设启动实施。组织落实智慧企业战略，推动智能发电技术研发工作，围绕“智慧企业、智能火电、智能风电、智能产品”四个方向进行科技攻关。智能火电方面，融合国电科环在环保、控制、信息化等技术优势，制定了智能火电整体解决方案。目前，华电天仁中标国电宿迁二期 2×660MW 机组工程数字化智慧电站管控系统项目，龙源环保智能环保平台已在 33 个电厂上线运行，节能降耗效果显著，国电智深正在研发火力发电厂平台开放型的智能 DCS 系统。智能风电方面，联合动力融合风电整机及关键部件制造、风场运维等技术优势，形成了智能风电整体解决方案，由联合动力、国电智深、华电天仁、龙源电气共同研发的“1.5MW 机组智能风电一体化控制系统样机”于 2017 年 5 月并网。智能水务方面，朗新明以自动水平衡和智能加药为研究方向，争取荥阳、汉川和宿迁电厂示范工程。智能产品方面，龙源电气探索开发智能巡检机器人、智能五防钥匙和智能安全防护产品，为电厂提供创新型的技术检测手段和全方位的安全保障。

党建工作与企业文化建设 聚焦党的十九大新航标。精心组织“高扬红色旗帜、共铸国电梦想”“畅谈辉煌成就 迎接十九大召开”等主题党日系列活动，开展宣传报道 130 篇次。国电科环系统党员干部职工共 2600 余人收看了党的十九大会议实况，党委委员带头下基层宣贯党的十九大精神 34 次，十九大代表陈峰围绕参会心得进行座谈交流，在国电科环系统迅速兴起学习宣传贯彻党的十九大精神热潮。

把牢思想行动“总开关”。国电科环党委开展中心组学习和专题学习18次，通过日常“集中学”、邀请专家“辅导学”、结合业务“嵌入学”、开班培训“大课学”等方式，抓好党的路线方针政策宣传和形势任务教育，引导党员干部职工自觉维护改革发展稳定大局。

扭住管党治党责任牛鼻子。全年召开党建党廉工作会2次，国电科环党委会专题研究党建工作18次、党风廉政工作15次，连续三年开展党建工作年度考评、书记抓党建述评考核工作。逐级明确党组织主体责任、书记第一责任和班子成员“一岗双责”，通过考评督导落实，推动党建工作由“软指标”变为“硬约束”。

筑牢基层组织硬磐石。推进“两学一做”学习教育常态化、制度化，开展基层党支部“联创共建 筑强堡垒”主题活动，基层党组织战斗堡垒作用不断增强。2017年，国电科环系统共有3个集体和5位个人荣获国电集团“一先两优”表彰。其中，联合动力、国电智深、龙源电气等4个基层党建创新案例，入选国电集团基层党建创新案例集，并在人民网刊发推广。

【国电资本控股有限公司】

公司概况 国电资本控股有限公司（简称国电资本控股公司）成立于2009年，是国电集团为贯彻落实科学发展观、实施企业转型战略、加快金融板块发展、构建多元化金融平台而依法设立的具有独立法人资格的全资子公司。注册资本金73.45亿元。国电资本控股公司依据现代企业法人治理结构，设董事会、监事会。在董事会层面设立风险管理委员会，在经营管理层设立信贷和投资管理委员会、预算管理委员会、采购管理委员会等各类专业委员会。截至2017年末，国电资本控股公司实现资产总额1349.79亿元，实现年度利润总额22.61亿元，资产负债率74.83%。

组织机构 本部共设19个部门，分别是办公室（党委办公室）、风险管理部、人力资源部（党委组织部）、投融资管理部、国际业务部、信贷管理部、资金结算部、财务管理部、审计部、合规与法律事务部、政治工作部（党委宣传部/工会办公室）、企业管理部、监察部（纪委办公室）、信息科技部、客户服务部、企业年金核算管理部、大额资金（流动）监控部、特殊资金（流动）监控部、财务共享中心。

经营情况

1. 不断深化改革，提升核心竞争力

优化公司顶层设计。执行“三重一大”制度，健全完善三会制度体系；进一步巩固和深化资本控股公司、财务公司重组整合的改革成果，实现了业务、机构、人员的整合。形成前、中、后台既相互监督制约，又运转顺畅的机构设置。构建了资金结算、信贷和票据、投融资三条业务线。实现了“两个公司、一体运营、一支队伍、优势互补、符合监管”的整合目标，实现国电集团整合发展战略意图的落地。

深化体制机制改革。推进内部改革，推进“三项制度”改革工作，探索研究以绩效为导向的激励约束机制，激发和调动全体员工的积极性。借鉴其他发电集团金融板块的成功经验，探索职业经理人制度。强化全员绩效考核，探索研究符合金融板块特点的综合考评体系，体现员工贡献程度，实现业绩考核与德能勤廉测评并举。因岗而宜，制定不同的考核指标。在部门考核中，加大横向考核的权重；在员工考核中，加大部门考核的权重。

完善客户服务体系。统一服务窗口，设立客户服务部，充实了一线服务人员，归口管理、强化、完善各区域客户服务部职能，不断加强营销推介，开展现场办公，共计走访成员单位24家，服务用户近千人，现场解决问题400余个。协助解决成员单位在资金和金融业务方面的需求，不断提高金融服务的深度和广度，获得了客户的广泛好评。

2. 着力提质增效，提升创效能力

在业务创新上要效益。抓住票据新政契机，在国电集团共享中心、财务部支持下，推动建设新型票据池商业模式，利用票据池扩大资金规模，形成利润空间；与外部金融机构合作，创新开展电费应收账款证券化项目，发行了应收电费资产支持证券化产品；加快实施外汇池、境外人民币资金池建设，成功接收到成员单位境外账户资金余额及交易明细。首次亮相资本市场，债券发行利率实现同评级、同期限、同时间段最低水平。

在资金管理上要效益。一是完善资金安全管理，制定了资金管理办法，建立流动性应急预案，建立“月计划、周平衡、日调节”的资金计划平衡机制，把监管指标、结算资金、信贷资金、投资运作、财务收支等都纳入了计划平衡内容。二是开展头寸预测管理，建立了公司资金日调度、月通报例会制度，合理调动资金，做好成员单位资金收支计划。三是合理调动资金，在保证公司资金“安全性、流动性、效益性”和满足监管指标的前提下，以质量效益为中心，进行主动的资产负债管理。统筹使用好信贷、票据、租赁、应收账款管理、资金计划等产品业务，合理控制负债水平，提高资金使用效率和效益。

3. 推动产融结合，更好服务主业

全力深化产融结合、融融协同。推进国电集团产融结合政策落地，努力拓展产融结合、融融协同空间，构建战略协同互保长效机制。财务顾问业务服务水平进一步提升，实现了上市公司发债零突破和国电集团全覆盖。开展债券分销业务。2017 年成功分销成员单位债券，为发行人降低财务成本发挥了重要作用。融资租赁业务规模不断扩大，租赁公司管理资产的规模创新高，业务结构进一步优化，资产质量持续提高。配合国电集团做好农行债转股项目。在国电集团安排及指导下成功与农业银行开展了“债转股”工作，为国电集团降低负债率。统筹开展系统内各单位直接融资工作，推动融资租赁公司在银行间市场注册发行绿色租赁资产支持票据工作，完成了基础资产梳理、资金结构性设计、发行方式、发行期限、发行成本、发行额度等相关方案设计。建立了国际业务服务体系。实现了外币资金归集和信息归集。服务国电集团做好企业年金的投资管理工作，受国电集团企业年金理事会委托，国电资本控股公司在严控风险的前提下，合理配置部分理财、保险等产品，有效提高投资收益，确保了集团年金资产的安全，实现了国电集团全体职工年金资产的保值增值。

4. 强化运营管理，加强风险管控

构建全面风险管理体系。坚持战略引领，结合巡视整改和各项监督检查的要求，制定了符合金融板块发展需求的全面风险管理体系建设方案。构建形成了以业务、风控、审计为核心的三道防线。发挥风控管理的把关作用，定期召开风险管理委员会议和投资与信贷管理委员会议，严格坚持“审贷分离、审投分离”原则，坚持把所有产品、所有业务纳入风控体系，把各种风险降到最低程度。成立风险管理部，调整合规与法律事务部工作职能，进一步优化了公司风险管控体系。高度关注市场风险事件，建立了“风险事件月度通报机制”，切实防止了各类风险事件在金融板块发生。

完善内控合规制度化建设。推进依法治企，切实加强公司法务平台建设，着力推进规章制度规范化建设。通过开展规章制度“立、改、废”工作，及时堵塞制度漏洞，形成制度体系完整闭环。2017 年，立项新建制度 55 项，修订制度 65 项，废止制度 6 项，填补了信息科技管理、反洗钱管理等制度空白，完善了现有的制度流程，基本实现管理制度化、制度流程化。

5. 全面从严治党，推动党建科学化

全面提升党建工作质量。学习宣传贯彻党的十九大精神，以座谈交流、基层宣讲、随机问题和实景教学等方式，组织广大干部员工学习十九大报告，力求学出自信、学出情感、学出温度、学出担当。实施公司抓党建及党风廉政工作“1+7”责任清单考核，推动党建工作各项任务和责任细化到人、量化到岗。建立了党建月度例会制度，提出了“四个不能”的工作要求，继党建工作进入章程后，推进落实党建工作进分工、进职能的“三进入”工作。开展“坚定理想信念强化责任担当”七一主题党日活动，推进创业型党小组项目 13 个，推进“两学一做”常态化。

紧抓党风廉政建设。一是夯实“两个责任”。以“月联席、季分析、半年考、全年评”为抓手，搭建贯穿全年的管理体系；二是注重“关口前移”。发挥业务部门主责作用，开展关键岗位廉洁风险点排查和治理工作。发挥基层支部堡垒作用和全体党员表率作用，夯实廉洁从业管理基础；三是聚焦“巡视整改”。国电集团巡视整改任务拟订的 83 项整改措施已完成 79 项。以“集团巡视、监事会检查、银监局检查、效能监察、内外部审计”为抓手开展“整改落实月”活动，促进党廉建设和管理水平双提升；四是把握运用“四种形态”。强化作风建设，坚持抓早抓小，制定《关于加强员工八小时以外行为规范的意见》《廉洁从业档案管理办法》等制度。严格责任追究，规范管理问题线索，坚持有件必办、有办必果。

6. 加强风管管控，防止国有资产流失

健全完善法律风险管理体系。把合法性审查、合规性审核列为涉法性“三重一大”决策的前置程序，深化重大决策、规章制度、经济合同三项法律审核，对外合同法律把关率连年保持 100%，力争把重大法律风险防范在决策立项和合同签署阶段。印发《关于加强集团公司法律组织体系建设的通知》，配齐配强法律机构人员，总部法律职能强化提升，二级企业以多种方式设立或明确了法律事务机构，全系统专门法律人员增长 16%。搭建国电集团总部、省（区）公司两级法务平台，创新建立“两集中、一监督”法律管控新机制，即对所属企业的较大以上法律风险和案件、较大以上法律事务实行分级集中管控，国电集团分层授权监督，以实现区域企业法律业务集约化、专业化，有效管控所属企业重大法律风险。

神华集团有限责任公司

【公司概况】 神华集团有限责任公司（简称神华集团）是于1995年10月经国务院批准设立的国有独资公司，属中央直管国有重要骨干企业，是以煤为基础，集电力、铁路、港口、航运、煤制油与煤化工为一体，产运销一条龙经营的特大型能源企业，是目前中国规模最大、现代化程度最高的煤炭企业和世界上最大的煤炭供应商。主要经营国务院授权范围内的国有资产，开发煤炭等资源性产品，进行电力、热力、港口、铁路、航运、煤制油、煤化工等行业领域的投资、管理；规划、组织、协调、管理神华集团所属企业在上述行业领域内的生产经营活动。由神华集团独家发起成立的中国神华能源股份有限公司分别在香港、上海上市。

2017年，神华集团自产商品煤5.1亿t，商品煤销售6.5亿t，发电量3650亿kWh，铁路货运量4.4亿t，港口吞吐量2.4亿t，航运量9313万t，油品化工品产量1200万t，其中煤炭销售总量、下水煤销量、发电量、铁路运量、两港装卸量、航运量等多项经营指标创历史最好水平。利润总额远超国资委下达指标，年利润总额在中央直管企业中名列前茅，国有资本保值增值率处于行业优秀水平，企业经济贡献率连续多年居全国煤炭行业第一，安全生产多年来保持世界先进水平。

【领导班子】

党组书记、董事长：张玉卓（2017年1月1日～3月27日）

党组成员、副董事长、总经理：凌文（2017年3月27日～11月28日全面主持工作）

党组副书记、副总经理、总裁、总信息师：韩建国

党组成员、副总经理、高级副总裁、总法律顾问：李东

党组成员、党组纪检组组长、直属党委书记：卞宝驰

副总经理、高级副总裁：王金力

【组织机构】 见2017年神华集团组织机构图。

【企业管理】 公司改革不断深化，企业内生动力进一步增强。探索股权激励方式，完善多元化激励手段，在市场化程度较高的科技型企业开展职业经理人选聘试点。推进中央批准的宁夏神耀科技公司员工持股试点改革工作，激发科研和骨干员工工作积极性。

优化激励分配机制，实施工资薪酬与业绩考核直接挂钩，打破管理人员能上能下、员工能进能出、收入能增能减坚冰。实行子分公司月度考核体系，完善了“效益升工资升，效益降工资降”的薪酬分配体系。

企业层级“压减”和“三供一业”分离移交深入推进。管理层级全面压缩至四级以内，累计精简各级法人机构164家。完成年度“三供一业”分离移交。

处僵治困工作取得新成效。2016～2017年完成44家僵尸和特困企业处置和专项治理工作，超额完成国资委年度考核指标。

低效无效资产稳妥处置。全年完成37项低效无效资产处置，累计完成低效无效资产处置115项。

【安全生产】 贯彻落实《中共中央国务院关于推进安全生产领域改革发展的意见》，按照“党政同责、一岗双责、齐抓共管、失职追责”原则，推进风险预控体系和安全生产标准化建设，开展安全环保大检查和安全环保管理审计，神华集团安全环保生产形势总体保持稳定，全年未发生较大及以上事故。

神华集团14个煤矿安全生产10周年以上，29个煤矿安全生产超过3000天，65个煤矿安全生产超过1000天，395个发电企业安全生产超过1000天。主要水电机组实现汛期零非停，风电设备故障小时同比减少29%，均为历年最优水平。在2016年火电机组可靠性和能效对标竞赛中，神华集团16台机组荣获可靠性优胜机组。铁路、港口、航运业务全部实现“零死亡”安全目标。

安全生产平稳向好，发电设备等效可用系数（EAF）由2010年的90.73%提高到2016年94.79%，2017年进一步达到95.28%，较2010年提高4.55个百分点；台均非计划停运次数由2010年的0.73次/台降低到2016年的0.458次/台，2017年进一步达到0.309次/台，较2010年降低58%。

【生产经营】 全年火电剔除燃料售电单位完全成本同比下降6.9%，火电盈利能力全国居首。煤矿全员工效是全国煤矿平均水平3.6倍，吨煤成本同比降低3.7元/t。优化运输组织，推进大物流建设，运输成本逐年降低。煤制油化工产品生产成本显著下降。

管理运营效率效益进一步提高。煤炭方面，强化生产组织，超前预判市场形势，灵活调整价格政策和经营策略，全年煤炭产量、销量、北方港占比均创历史新高，销售总量连续三年稳步增长。电力方面，完善营销考核体系，统筹平衡电量电价和风险收益，抢

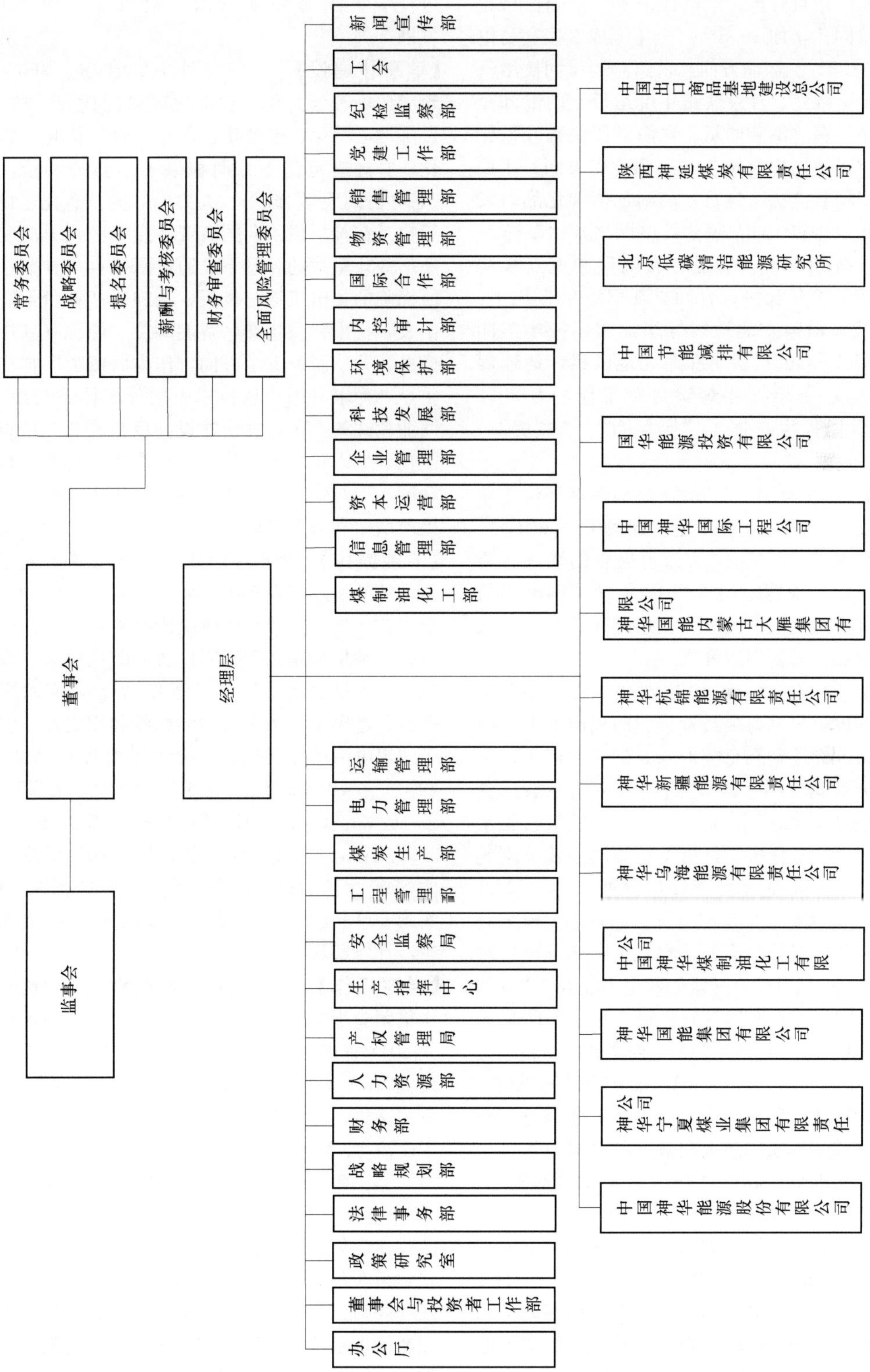

2017年神华集团组织机构图

抓市场电量。全年火电利用小时同比增加163h，高于全国207h；风电弃风限电同比减少5.5个百分点，低于全国平均1.5个百分点；水电在来水总量同比持平情况下发电量同比增加10.5%。全年完成直接交易电量同比增长38.3%。运输方面，铁路总运量同比增长10.4%。朔黄、准池、甘泉铁路年度运量、两港卸车均创历史纪录。黄骅港装船量、珠海煤码头吞吐量创历史新高。航运量同比增长30%。煤化工方面，主要装置实现“安稳长满优”运行，高附加值油化品研发与生产取得积极进展，油品销售终端网络开始布局。

释放煤炭先进产能。满足自有电厂和重点长协用户煤炭供应，全年长协煤合同兑现率达90%以上。组织生产会战，保障东北地区煤炭需求。神华集团调公司哈铁局1460辆自备车在东北地区累计运输煤炭1131万t。完成2018年煤炭订货工作，为2018年全国电煤市场稳定发挥了“压舱石”“稳定器”作用。

【科技创新】 神华集团“600MW超临界循环流化床锅炉技术开发、研制与工程示范”课题获得2017年度国家科学技术奖一等奖，“多维度融合的燃气智能电站研究与应用”课题，获得2017年度中国电力科学技术进步奖一等奖和中国电力创新奖一等奖，实现了创新驱动发展，创新创造价值。

【国际业务】 在煤电方面，推进在“一带一路”沿线国家的清洁煤电等电力项目发展。印尼南苏电厂投产六年来，累计完成利润总额近6.5亿元人民币，全厂安全运行天数达2310天，机组等效可用系数达到99%，利用小时4382h，在印尼电力行业处于领先水平。度电烟尘、二氧化硫、氮氧化物排放绩效分别为0.04、0.35、0.74g，远远优于印尼排放指标。11月23日，在印尼国家矿能部、能源部、印尼国家电力公司共同举办的印尼最佳电力颁奖典礼上，南苏电厂获评印尼“五佳电力企业”“五佳创新电力企业”“五佳100MW级以上电力企业”三个奖项，并荣获印尼电力行业中最高级别荣誉——“2017年度最佳创新电力企业”。目前南苏1号2×350MW煤电项目和爪哇7号2×1000MW煤电项目建设工作均在有序推进。在风电方面，继神华集团在澳大利亚的两个风电场（合计300MW风电机组）取得良好运营业绩的基础上，11月2日，神华集团新能源公司与希腊CG公司签署股权转让协议，神华集团将持有在希腊色雷斯地区4个风电场75%的股权。在天然气发电方面，11月9日，在国家主席习近平和美国总统特朗普的共同见证下，国家能源集团与美国西弗吉尼亚州政府签署战略合作谅解备忘录。在核电方面，推进与中核、中广核、美国泰拉能源等国内外主要核电企业的战略合作，作为股东与中国核电等企业共同发起成立了行波堆中方投资公司和原型堆公司，为进军核电领域奠定了基础。通过开拓国内国外两个市场和两种资源，推进神华集团海外项目由“走出去”到“走上去”发展。

【信息化建设】 2017年神华集团通过SH217工程、数字矿山等信息化、自动化项目的建设，在IT基础设施“云”化、虚拟化、信息平台一体化、数据标准化、管理规范化等方面积累了丰富的经验，建立了“管办分离”“六统一、大集中”的信息化建设体系及策略。在神华集团向国有资本投资公司方向变革和提质增效攻坚战的背景下，通过研究神华在数字化时代所面临的关键机遇与挑战，从神华产业价值链各环节出发，提出智慧生产、智能调度、能源互联网、电子商务、共享服务五个方向，作为后续数字神华建设的重点，力求利用信息技术引领分工体系与组织模式、商业模式的变革，加快建设高度自动化、信息化、智能化、少人化和清洁化的新能源供应体系，打造“互联网＋”时代的神华新型核心竞争力，助力神华集团提质增效和战略目标的实现。

【节能减排】 神华集团从2010年以来开始了煤电近零排放的技术研究和创新实践，自2014年6月25日全国首台近零排放新建燃煤机组在浙江舟山电厂投产以来，神华集团实现近零排放的燃煤机组已有67台，达到超低排放的燃煤机组已有97台，推动煤电补齐短板，走出了一条煤炭清洁高效利用之路，引领开创了“煤电清洁化”时代。火电供电煤耗由2010年的327.38g/kWh降低至2016年的310.95g/kWh，降低了16.43g/kWh，2017年神华集团火电供电煤耗309g/kWh，达到全国平均水平。2017年神华集团淘汰6900台落后机电设备，治理736台燃煤工业锅炉，实施60项废水防治工程，整改消缺15项重大环境隐患，环保实现“零事件”。

【党建工作】 学习宣传贯彻党的十九大精神。在神华集团党组统一部署下，举办15期专题培训班，成立50个宣讲团，坚持“六聚焦”“五到位”“五个全覆盖”，深入基层企业、厂矿、车间宣讲十九大精神，有关做法在国资委党委组织的中央企业学习会上进行了交流。

坚决履行管党治党主体责任。坚持抓党建工作“五个起来”总要求，制定党建工作“十三五”规划、廉政建设创优争先三年规划，修订神华集团章程，确立党组在公司治理中的法定地位。制定神华集团党组工作规则、党建工作责任制实施办法，建立党建工作定期报告制度。实施“6＋1”大力推进基层党支部工程、党员素质提升工程和标准化党支部建设，实现了基层党建与生产经营同步推进。强化责任考核，建立“一岗双责”责任体系和责任清单。持续加强思想建设，“两学一做”学习教育迈入常态化制度化轨道。

强化监督执纪问责。始终把纪律和规矩挺在管党治党最前沿。科学运用“四种形态”，不断加大纪律审查力度。持续加大内部巡视力度，十八大以来累计完成17轮内部巡视，实现对二级单位巡视全覆盖。推进巡察工作，抓好整改落实。坚决贯彻落实中央八项规定精神。

群团工作、统战工作不断创出新模式，新闻宣传、企业文化建设工作有了新提升，企业软实力进一步增强。

【社会责任】 开展精准扶贫工作，出资6亿元参与设立中央企业扶贫产业投资基金。积极开展援青援藏，全年安排援助资金4850万元，援助资金、援建项目、派驻干部继续位居央企前列。持续开展公益慈善活动，为内蒙古民生事业、宁夏老区教育办学、陕西困难地区给予大力支持。与中国银行共同发起成立扶贫战略联盟，联合首农集团实施“首农—宁城国际农产品物流园区”等扶贫项目，内蒙古宁城、山西右玉和青海曲麻莱定点扶贫工作取得积极成效。开展困难职工送温暖活动，走访慰问困难职工、劳模等3.8万人次，慰问一线职工9万人次。建立劳模工作室，推行“首席制”，组织开展系列劳动技能竞赛，促进职工成才成长。4月19日，陕西神木地方煤矿发生透水事故，神华集团救援连续奋战77h，6名被困矿工全部救出。参与榆林市子洲、绥德两县城区抗洪抢险工作，帮助灾民渡过难关，受到当地政府和社会高度评价。

（曹瑞光）

【神华国华电力公司】

公司概况 神华国华电力公司（简称国华电力）是北京国华电力有限责任公司和中国神华能源股份有限公司国华电力分公司的统称。北京国华电力有限责任公司成立于1999年3月，是原神华集团以火力发电为主营业务的全资子公司。2005年2月，按照原神华集团资产上市方案，北京国华电力有限责任公司部分资产注入上市公司，并设立了中国神华能源股份有限公司国华电力分公司。

国华电力主要业务范围包括：电力项目投资、开发及经营管理；发电、供热及其副产品的生产和销售；新能源项目的开发、生产及经营管理；电力、能源项目咨询；能源与环保技术开发、技术转让、技术咨询、技术服务等内容。

国华电力依托原神华集团“煤、电、路、港、航”一体化的资源优势，按照“点、线、面”相结合的方针策略，重点在坑口、港口、路口和负荷中心建设了一批高效率、高参数、大容量火电机组。国内资产主要分布在北京、天津、河北、内蒙古、辽宁、陕西、宁夏、河南、湖南、山东、江苏、浙江、江西、广东、广西、甘肃16个省、直辖市、自治区。境外投资项目分布在印度尼西亚苏门答腊岛和爪哇岛。

截至2017年底，国华电力拥有23家发电单位，运营装机容量3973万kW，其中60万kW机组及以上容量占比78.1%，超临界机组容量占比57.4%。资产总额达到1488亿元，较成立之初增长了6倍多，年均总资产报酬率达6.43%，实现了资产保值增值。从1999年3月成立到2017年底累计实现利润1270亿元，累计发电1.94万亿kWh，贡献税收946.1亿元。

国华电力响应国家创新驱动发展战略，推进相关基础技术、关键技术、前沿技术的科技研发，推动企业科技创新及成果转化应用，在超低排放、海水淡化、智能电站等方面取得了一大批科技创新成果。截至2017年底，国华电力累计获得省部级科技进步奖4项；中国电力科学技术奖58项，其中一等奖8项；中国电力创新奖14项，其中一等奖3项；累计获得国家授权专利870项，其中发明专利150项；累计获得软件著作权26项。

领导班子

中国神华能源股份有限公司总裁助理，北京国华电力有限责任公司董事长，中国神华能源股份有限公司国华电力分公司总经理，北京国华电力有限责任公司党委书记：肖创英

北京国华电力有限责任公司副董事长、党委副书记，中国神华能源股份有限公司国华电力分公司副总经理：夏利

北京国华电力有限责任公司总经理、中国神华能源股份有限公司国华电力分公司副总经理，北京国华电力有限责任公司党委副书记：李巍

北京国华电力有限责任公司、中国神华能源股份有限公司国华电力分公司副总经理、财务总监，党委委员：沈玉章

中国神华能源股份有限公司国华电力分公司总工程师、总信息师，党委委员：陈寅彪

中国神华能源股份有限公司国华电力分公司副总经理、总法律顾问，党委委员：耿育

北京国华电力有限责任公司党委副书记、纪委书记，北京国华电力有限责任公司、中国神华能源股份有限公司国华电力分公司工会主席：邢仑

中国神华能源股份有限公司国华电力分公司副总经理，党委委员：陈杭君

中国神华能源股份有限公司国华电力分公司副总经理、新闻发言人：许定峰

组织机构 2017年底，国华电力本部设有16个部门，分别是办公室、法律事务部、战略发展部、财务产权部、人力资源部、生产技术部、安健环监察

部、基建项目部、工程建设部、科技信息部、经营管理部、节能环保部、内控审计部、物资管理部、党建工作部、纪检监察部。

主要工作

（1）强化政治引领，落实全面从严治党要求，党的建设得到持续加强。一是深入学习贯彻党的十九大精神；二是认真落实党建主体责任；三是创新开展特色主题实践活动。

（2）安全生产态势平稳，节能环保再上台阶，多项指标创历史最优。一是安全基础持续夯实。贯彻《中共中央国务院关于推进安全生产领域改革发展的意见》，狠抓主体责任和监督责任落实。自查自纠阶段各单位共排查出问题2560项，均按“五定”闭环整改。全年开展应急演练94次，3611人参加。二是可靠性指标国内领先。全年机组非停11次，同比减少3次，65台机组中57台全年无非停，15家电厂实现全厂无非停，等效可用系数（EAF）完成95.48%。三是技术经济指标历史最优。全年完成3台、累计完成17台机组通流提效改造，2017年供电煤耗全口径降低1.09g/kWh。全公司供电煤耗完成301.84g/kWh。在中电联组织的全国火电600MW级机组能效对标及竞赛中，国华电力10台机组获奖，同比增加3台，4台机组在300MW级对标及竞赛中获奖。四是环保指标保持行业领先。全年完成10台机组超低排放改造，新投产的宁东二期3、4号机组同步达到超低排放。国华电力国内燃煤机组（舟山电厂1、2号机计划关停除外）已全部实现超低排放。

（3）市场营销开拓有为，提质增效成果丰硕，经营业绩远超预期。一是年度发电目标超额完成。全年完成发电量1883.5亿kWh，区域口径市场占有率达109.7%，同比增加5.1个百分点。机组利用小时4881h，较全国火电平均水平高672h，继续保持行业最好水平。二是提质增效成效显著。在全年煤价上涨减利46.9亿元的情况下，提前4个月完成年度利润目标。

（4）明确基建原则，实施“九化”管理，稳步推进清洁高效煤电项目。一是深入推行基建安全“九化”管理。组织开展“工程建设施工安全年”活动，成效显著。二是有序推进清洁高效煤电项目建设。宁东二期项目两台机组建成投产，新增容量132万kW，总装机达容量3973万kW。

（5）紧扣“一带一路”倡议，拓展海外项目，加快“走出去”步伐。一是深耕印尼电力市场。在印尼投资、建设、运营三个项目，并获得“2017年中国走进东盟成功企业奖”的美誉。二是甄选境外其他项目。有序推进孟加拉项目，多次就项目开发事宜进行协商沟通；希腊褐煤机组合作事宜已进行多次洽谈，技术路线和商业方案正在对接；土耳其煤电一体化项目签署了保密协议，并形成研究报告。

（6）应对电力改革，转型发展艰难前行，“一主四卫”格局初见端倪。一是售电业务取得突破。广东售电公司取得客户代理电量26.1亿kWh，全年实现利润4214万元，其中由市场获取净收益1800万元。二是分布式能源多点储备。紧抓“十三五”政策机遇，依据各区域政策和公司布局特点在14个省份区域多点发力，开发、储备分布式能源项目共83个。三是开拓新能源项目。四是启动碳资源管理。

（7）加大科技研发投人，选题对接发展需求，科技创新彰显价值创造。一是科技创新项目稳步推进。其中，国家科技支撑计划课题《燃煤电站污染物近零排放技术集成及中试试验研究》三河电厂中试平台建设成功，开展了多项真实烟气工况下多种污染物控制新技术的工业应用研究工作。二是科技创新成果丰硕。14项成果获得省部级及以上奖项，其中北京燃气热电等单位联合实施完成的“多维度融合的燃气智能电站研究与应用”获得2017年度中国电力科学技术进步奖一等奖和2017年度中国电力创新奖一等奖。三是信息系统集成深化应用。按照神华集团统建系统推广应用要求，启动了ERP-SAP建设项目，历时半年实施建设了包括人资、财务、物资、设备、燃料、工程6个模块在内的业务核心平台。

（8）体制机制创新创效，内部改革深化推进，企业的市场适应能力和竞争力有效增强。一是体制改革顺势而变。研究院以“转方式、接地气、再聚焦、求实效”为工作思路，坚持战略导向和问题导向，实现了技术业务转型和经营模式转换。二是机制建设不断完善。落实本部组织机构、管理定编及岗位定员设置方案，岗位人员较2016年精简26人。三是干部配置结构不断优化。全年干部交流调整205人次，提职19人，12人转任调研员。根据工作需要选拔了5位年轻干部到需要的地区任职锻炼。四是人才培养全面强化。组织开展“铜钥匙”电力工程技能大赛，选拔出242名各岗位优秀技能人才。

（9）联合监督多措并举，突出综合风险防控，依法依纪依规推进工作。一是全面落实“两个责任”。2017年内部巡察发现问题56项287个，巡察期间受理的9件问题线索均按规定移交处置，较好地发挥了巡察利剑作用。二是推进“法治国华”建设。至2017年底，国华电力所属32家单位共有高风险21项、中风险87项，均在受控状态。进一步加强公司法律纠纷过程管控，2017年共结案14件。三是实现审计监督全覆盖。2015～2017年普遍开展了一次经济责任审计，基本实现经济责任审计全覆盖。

（10）加强企业文化建设，持续打造幸福工程，进一步提升企业软实力。一是文化引领，提升国华美誉。国华电力所属 6 家单位（班组）获评神华集团文明单位，国华电力蝉联首都文明单位（标兵）、全国文明单位荣誉称号。二是关爱员工，建设幸福工程。国华电力获评“全国电力行业工会工作示范单位”，13 家厂级工会获得“全国发电企业最美工会”称号。

主要事件

2 月 7 日，神华国华玉门太阳能发电有限公司注册成立。

4 月 28 日，国华电力董事长肖创英在京会见了孟加拉国 SKS 公司主席 Firoz Hasan 及国朋实业有限责任公司董事长张俊国一行。

6 月 8 日，国华电力董事长肖创英一行到爪哇 7 号项目检查指导工作。

7 月 6 日，国华电力公司董事长肖创英，总经理李巍，副总经理沈玉章、陈杭君到国华盘山电厂 CIGS 光伏建筑一体化综合性能实验研究科技创新项目现场进行调研指导。

8 月 10 日，国华电力党委书记、董事长应邀出席 2017（第十三届）中国分布式能源国际论坛。

9 月 26 日，国华电力党委书记、董事长肖创英在孟加拉达卡，拜会了合作方 SKS 集团董事长、孟加拉陆军参谋总长 Abu Belal Muhammad Shafiul Huq。

10 月 4 日，神华集团总经理凌文一行到国华印尼南苏、美朗两厂视察工作，并对坚守岗位的全体员工慰问。

10 月 30 日，印尼南苏 1 号 2×350MW 燃煤发电工程获得印尼国家电力公司 PLN 出具的融资关闭证书，标志着项目正式核准，转入正式开工建设阶段。

11 月 1 日，国华电力董事长肖创英出席了由联合国经济和社会事务部及全球能源互联网发展合作组织在纽约联合国总部联合举办的“联合国全球能源互联网高级别研讨会”。

11 月 9 日，河北神华建投分布式能源有限责任公司在石家庄市行政审批局注册成立。

11 月 23 日 7:09，国华电力公司累计完成发电量 1675 亿 kWh，提前 39 天完成了神华集团下达的年度发电量任务。

11 月 23 日，国华南苏电厂获评印尼“五佳电力企业”“五佳创新电力企业”“五佳 100MW 级以上电力企业”三个奖项，并荣获印尼电力行业最高级别荣誉“2017 年度最佳创新电力企业”。

12 月 26 日 9:59，国华宁东电厂二期工程 4 号机组通过 168h 满负荷试运。

【神华国能(神东电力)集团公司】

公司概况　神华国能（神东电力）集团公司（简称国神集团）是神华国能集团有限公司与神华神东电力有限责任公司管理整合后的统称，是神华集团煤电板块的重要骨干企业。神华国能集团有限公司前身为国网能源开发有限公司，成立于 2008 年 4 月，2012 年 4 月成建制重组并入神华集团；神东电力有限责任公司成立于 1996 年 11 月，2007 年 8 月整体注入中国神华能源股份有限公司。2012 年 12 月，神华集团对两公司进行管理整合，实行“一个平台、两个公司、一体化运营”的管理模式。

国神集团主营业务为电力及煤矿项目的开发、投资、建设、经营管理；发电、供热、煤炭的生产和销售；风电、光伏等新能源项目的开发、生产机经营管理。依托神华集团“煤、电、路、港、航、煤制油化工”一体化产业优势，致力于开发新疆哈密、山西河曲、宁夏宁东等煤电一体化产业基地，规划建设了一批高参数、高效率、大容量火电机组和高产高效矿井，并立足国内前沿技术，开发建设了一大批资源综合利用发电机组。

【国华能源投资有限公司】

公司概况　国华能源投资有限公司（简称国华投资公司）成立于 1998 年 3 月，前身为“国家计委以煤代油专用资金办公室”，1999 年划归神华集团管理。国华投资公司以风电、太阳能光伏发电等可再生能源的开发、建设、运营为主业。近几年来，国华投资公司密切关注国家新能源产业发展，以开发可再生能源为己任，大力发展风电业务，在河北、山东、江苏及东南沿海、内蒙古、新疆及西北、东北等风资源丰富地区，形成了“六大区域”的风电发展格局。在大力发展风电的同时，开展对太阳能光伏发电、生物质能发电等其他可再生能源的研究和前期开发工作，拓宽可再生能源的开发领域。此外，国华投资公司开展投资及资产管理、物业及置业管理等相关业务，取得了良好的经济效益，为可再生能源业务的发展提供了重要支持。

【神皖能源有限责任公司】

公司概况　神皖能源有限责任公司（简称神皖能源公司）是中国神华能源股份有限公司控股子公司，由中国神华能源股份有限公司与安徽省能源集团有限公司按照 51%：49%的股权比例出资组建。神皖能源公司于 2011 年 7 月 8 日正式注册成立，注册资本金 46.96 亿元。经营范围涉及电力及附属产品的开发、煤炭销售、港口和码头开发、铁路建设及运营，以及能源技术开发、转让与研究等。

截至 2017 年底，神皖能源公司全资拥有安徽安庆皖江发电有限责任公司（简称安庆皖江公司）、安徽马鞍山万能达发电有限责任公司（简称马鞍山万能达公司）、安徽池州九华发电有限公司（简称池州九华公司）3个已运营的发电企业和神皖合肥庐江发电有限责任公司（简称神皖庐江公司）1家新建项目公司；已运营火力发电机组10台，总装机容量460万kW，在建机组装机容量132万kW，已运营火电装机容量居安徽省第二位

【神华(福建)能源有限责任公司】

公司概况 神华（福建）能源有限责任公司（简称神华福建能源公司）是中国神华的全资子公司，主要负责神华集团在福建省的能源项目开发及运营管理，范围涉及电力、煤炭、港口、铁路、粉煤灰提取氧化铝综合利用等多个领域的开发、生产和销售。

【神华四川能源有限公司】

公司概况 神华四川能源有限公司（简称神华四川能源公司）的前身是成立于1993年8月10日的四川巴蜀电力开发有限责任公司；2012年3月，由中国神华能源股份有限公司与四川省投资集团有限责任公司按照51%和49%的股权比例通过增资扩股方式组建神华巴蜀电力有限责任公司；2013年4月，经公司股东会审议批准，更名为神华四川能源有限公司。主要经营范围是煤炭批发经营，电力和电力相关产业的投资、管理、技术咨询；电力生产、电力工程；电力设备安装、检修、调试；招投标代理；废弃资源和废旧材料回收加工；商品批发与零售。

国家电力投资集团有限公司

【公司概况】 国家电力投资集团有限公司（简称国家电投）成立于2015年6月，由中国电力投资集团公司与国家核电技术公司重组组建。国家电投是中国五大发电集团之一。是一个以电为核心、一体化发展的综合性能源集团公司。截至2017年底，电力总装机容量12 613万kW，其中：火电7423万kW，水电2203万kW，核电448万kW，太阳能发电1166万kW，风电1383万kW，在全部电力装机容量中清洁能源占比重45.14%，具有鲜明的清洁发展特色。年发电量4226.09亿kWh，年供热量1.71亿GJ。煤炭产能7860万t/年，电解铝产能253.5万t/年，铁路运营里程627km。

国家电投是中国三大核电开发建设运营商之一。拥有辽宁红沿河、山东海阳、山东荣成等多座在运和在建核电站，以及一批沿海和内陆厂址资源，是实施三代核电自主化的主体、载体和平台，以及大型先进压水堆国家科技重大专项的牵头实施单位，肩负着推进国家三代核电自主化、产业化、国际化的光荣使命，具备核电研发设计、工程建设、相关设备材料制造和运营管理的完整产业链和强大技术实力。

国家电投是世界五百强企业。连续六年荣登榜单，2017年居第368位。公司注册资本金350亿元，资产总额10 012亿元，员工总数13万人。拥有9家上市公司、公众挂牌公司，包括2家香港红筹股公司和5家国内A股公司。

国家电投是一家致力于全球业务的国际化公司。境外业务分布在日本、澳大利亚、马耳他、印度、土耳其、南非、巴基斯坦、巴西、缅甸等41个国家，涉及电力项目投资、技术合作、工程承包建设等。境外资产780亿元，设有13个海外代表处，海外在运装机容量301万kW，全部为清洁能源；在建装机容量1290万kW；正在执行的电站工程承包项目12个，装机容量1288万kW；电站咨询设计、运维培训及其他服务项目36个。获得穆迪、惠誉、标普三大国际信用评级机构A类评级。

【领导班子】

董事长、党组书记：王炳华

总经理、党组副书记：孟振平

党组成员、副总经理：时家林

党组成员、副总经理：魏锁

党组成员、总会计师：王益华

党组成员、副总经理：夏忠

党组成员、纪检组组长：邓文奎

【组织机构】 见2017年国家电投组织机构图。

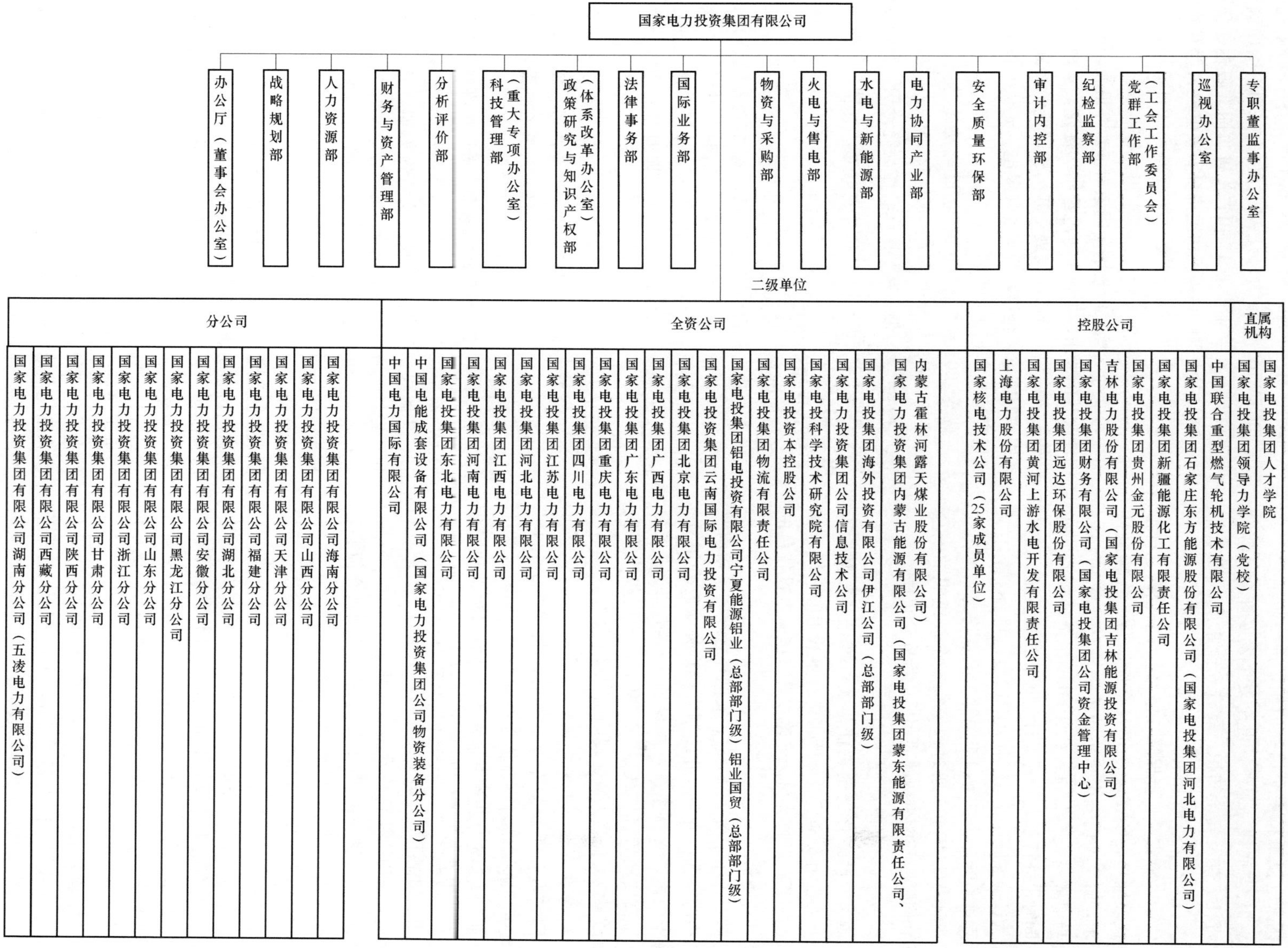

2017年国家电投组织机构图

【安全管理】

1. 筑牢核电安全

国家电投秉持安全第一原则，进一步强化“红线”意识、“底线”思维，健全安全发展理念、落实安全责任、普及安全知识、提升安全素质，2017 年实现“六不发生、两下降”的年度安全目标。

CAP1400 安全性能保障。作为全球三代核电自主化的代表堆型，CAP1400 不仅全面满足三代核电技术要求，而且关键安全指标较传统核电提高 100 倍，符合当前最高安全标准。CAP1400 在设计创新和改进的同时，进行了充分的设计论证和试验验证，完成了 6 大试验课题全部 17 项关键试验、共 887 个工况的独立试验验证，且每一个关键工况点均为国家核安全局见证。CAP1400 通过国家核安全局组织的安全审评和国际原子能机构的通用反应堆安全审评。

2. 夯实安全基础

国家电投强化安全责任落实、推进“三基”工作、开展班组安全建设、严肃进行事故追究，以“零事故、零死亡”作为目标，建立具有国家电投特色的安全管理体系。

对安健环体系管理手册、安健环管理体系指南及评估指南等进行升版，并编制安健环体系管理工具。推行安全管理支持系统，实现了“三防”的完美结合，提高安全管理实效。2017 年，国家电投生产安全事故起数、伤亡人数实现同比“双下降”。

3. 普及安全文化

国家电投重视安全文化建设，将“四个凡是”“一次就把事情做对”等核安全理念和方法引入到非核产业，全年定期组织开展电力产业宣贯培训和安全月活动，所属单位因地制宜开展应急演练，效果显著。组织编制了安全教育动漫片，采取“三分离”物防措施，采用模块化技术施工，注重“三防”应用。全年定期召开国家电投 HSE 管理提升经验交流会暨核安全文化宣贯会，学习推广良好实践。2017 年，东北公司朝阳燕山湖发电公司获得中国安全生产协会授予的“2017 年全国安全文化示范企业”称号。

2017 年，国家电投修订《基层单位应急能力评估标准》，发布电力建设企业和发电企业评估标准；通过开展应急能力评估和应急预案现场评审工作，在全系统推广应急处置卡试点成果，显著提高各二级单位应对突发事件的能力。

【生产经营】 2017 年，国家电投营业收入 2029 亿元，比 2016 年增长 3.4%。利润 93.69 亿元，净利润 56.95 亿元，均居五大发电集团第二位。市场化交易电量 1241 亿 kWh，与标杆电价相比相当于让利 62 亿元。在火电严重亏损的情况下，风电和光伏发电发挥了重要的利润支撑作用，金融、核电效益稳定增长，煤炭、铝业实现利润均创历史新高。全年发电量 4226 亿 kWh，比 2016 年增长 6.47%。供电煤耗 303.5g/kWh，下降 1.5g/kWh。2015、2016 年连续两年获得国资委年度业绩考核 A 级。标准普尔、穆迪、惠誉三大国际评级机构维持对国家电投 A 类信用评级。

1. 保障电力供应

2017 年，国家电投响应国家对能源领域供给侧结构性改革的要求，加快促进电源结构优化，实现电源结构的清洁化、低碳化发展；开拓智慧能源，满足更多用户的需求，全年新增水电、风电、光伏、核电等装机容量 660.6 万 kW。

截至 2017 年底，国家电投电力总装机容量 12 613 万 kW，年发电量 4226.09 亿 kWh，完成了春节、“两会”“一带一路”国际合作高峰论坛、迎峰度夏、厦门金砖会晤、十九大等重大事件、重要时段的电力稳定安全供应。

2. 保障热力供应

将保供热、暖人心、惠民生、促发展放在首位，促进产业升级，为用户提供清洁、稳定的热力供应；统筹规划发展，提升设备可靠性，保证供热需求；实施清洁供热替代，促进绿色，确保服务质量。2017 年，总供热量 28 757.0 万 GJ，供热面积 21 931.5 万 m^2。

3. 保障煤炭供应

以电为主体，协同发展煤炭产业，拥有煤炭产能 7860 万 t/年，生产煤矿 9 个，主要分布在内蒙古、新疆、贵州等地区。2017 年，煤炭产量 7531 万 t，确保了十九大、夏季电煤高峰、冬季供暖用煤高峰等关键时期煤炭稳定供应。

化解煤炭产能，煤炭产业结构更加优化。2017 年，贵州区域关闭退出桂箐、贝勒和左家寨 3 处煤与瓦斯突出矿井，退出产能 150 万 t/年。内蒙古区域产业集群中煤炭基础保障作用进一步提高，区位优势进一步增强。

【科技创新】 2017 年，国家电投完善科技创新体系，创新驱动能力不断增强。牵头组建核电材料产业发展联盟、光伏发电产业技术创新战略联盟，筹建重燃产业创新联盟。建立技术专家库。开展科技企业股权分红权激励试点。设立能源技术创新投资基金。制定推进“大众创业、万众创新”工作方案，建设双创线上平台“和创网”，构建“创客空间”。推进先进高效太阳能电池技术研发，启动光伏产业新兴技术研发平台建设。建立氢燃料电池和铁铬液流电池研发实验室。加强对小堆、海上核动力平台、熔盐堆等前沿技术研究。推进 630℃二次再热燃煤发电、火电超临界二氧化碳循环发电、火电综合节能一体化、深度调峰能力、低热值褐煤发电以及生物质耦合发电等技术研究。以中国重燃为平台和小核心，组织三大动力集团等企业、相关科研院所、高校努力初步建立了产学研用紧密结合的“大协作”平台，全力推进重燃项目各项工作，取得了积极进展。

1. 大型先进压水堆核电站

2017年，大型先进压水堆核电站CAP1400重大专项总体进展顺利，示范工程具备开工条件。专项课题立项、验收工作进展顺利。完成2017年16个课题立项，2018年15个课题通过国家能源局立项审查。截至2017年底，54项课题通过国家能源局组织的正式验收。

形成一批知识产权成果。截至2017年年底，形成知识产权成果3492项，申请中国专利1622项（其中发明专利700项），已获得中国授权专利1109项(其中发明专利250项)，各类标准751份，形成新产品、新材料、新工艺、新装置293项，新建43个试验台架，改造11个试验台架。

2. 重型燃气轮机

2016年底，国家“两机”重大专项领导小组正式确定国家电投为重燃专项的责任主体，开启了重型燃机自主化研发旅程。

2017年，国家电投组建“中国联合重燃公司”，构建了“小核心、大协作、专业化、开放式、轻资产”的技术创新体系，初步完成了300MW F级重型燃机概念设计，400MW G/H级和1600℃重型燃机技术方案概念设计，条件建设和试验验证基地建设可行性研究通过评审，重燃专项实现开好头起好步的目标。

【国际业务】 拓展发展空间，国际化经营取得新突破。以最低溢价中标巴西圣西芒水电站30年特许经营权并完成交割。巴基斯坦中电胡布项目实现融资关闭，越南永新、土耳其胡努特鲁等项目进展顺利。推进巴基斯坦卡拉奇电力公司并购交割和缅甸伊江水电项目重启。组建香港财资中心，初步形成全球统一资金池，打造服务跨国经营的金融体系。境外业务已涵盖41个国家（地区），境外资产总规模700亿元，在运电力装机容量301.5万kW，在建及储备项目1150万kW。

【节能减排】

1. 加强环境管理

严格遵守国家环保法律政策，确保合规运营。建立环保管理体系，开展环境风险评估，强化环保监督检查，开展环保合规培训。新建项目100%完成环境社会影响评估，全年未发生环保事件，污染物达标排放水平显著提升。

建立环保管理体系。修订《环境保护管理办法》《环境保护考核实施办法》《火电环保设施及信息系统运行监督管理办法》，制定《环境保护督查实施办法》，不断提升环保管理工作水平。

开展环境风险评估。开展企业环境风险评估及环境应急预案管理调查分析，修订并发布国家电投突发环境事件应急预案，不断完善环境风险评估及环境事件应急管理。

强化环保监督检查。加强环保监管能力建设，持续发挥环保监管信息系统远程监控作用，严控污染物达标排放。加大对煤电机组超低排放改造监督，对国家环保督察区域内重点企业进行环保调研、舆情跟踪和检查指导。

2. 坚持资源节约

2017年，国家电投狠抓节能管理，加大改造力度，有效控制能耗水平。2017年，投入节能改造资金13.61亿元用于降低机组能耗指标，火电机组供电煤耗完成302.65g/kWh，同比降低2.25g/kWh，降幅在五大发电集团中排名第一。

开展行业内同类机组能耗对标，狠抓能耗高于全国同类平均水平的机组，完成61台供电煤耗超330g/kWh火电机组的节能诊断分析报告，制定针对性节能降耗方案与措施。通过实施供热改造、通流改造、综合节能一体化改造、机组诊断分析等项目，切实降低机组能耗指标。

推进火电清洁转型，加快推进煤电机组超低排放改造。2017年，国家电投环保改造资金投入26.94亿元，全年改造机组33台，容量1390.4万kW，累计完成改造99台，完成国家电投“十三五”超低排放计划2017年改造任务。

3. 发展循环经济

注重资源的综合利用，开发循环技术，发展循环经济项目，加强对中水废水、垃圾、粉煤灰、脱硫石膏等的循环再利用，提升资源利用率，形成人与自然生态和谐发展现代化建设新格局。

【党建工作】 国家电投把学习贯彻习近平新时代中国特色社会主义思想作为首要政治任务，践行新思想、新理论，全面坚持党的领导加强党的建设，努力使党建成为企业最大的价值创造，为建设具有全球竞争力的世界一流综合能源集团提供坚强保证。

学习贯彻党的十九大精神。完善党组领导核心、党委政治核心和基层党支部战斗堡垒作用，开展“四好”领导班子创建活动，创新和落实党委（党组）中心组学习制度，提出6个方面、25项重点任务，使监督“三重一大”决策、选人用人等各项制度得到切实执行。把深入学习宣贯党的十九大精神作为首要政治任务，精心做出部署，举办各种学习会、宣贯会、研讨会1300多场次，举办20多万人次参加的十九大精神集中培训、轮训，推动党的十九大精神落地生根、开花结果。高举习近平新时代中国特色社会主义思想伟大旗帜，坚持把讲政治放在第一位，坚定不移地贯彻执行党中央重大决策部署，坚决维护以习近平同志为核心的党中央权威和集中统一领导，不断增强“四个意识”、坚定“四个自信”，强化“四个服从”，推动国家电投在建设具有全球竞争力世界一流综合能源集团的道路上阔步前行。

进一步完善“大党建”工作总体思路。始终把坚持党的领导摆在首要位置，着眼于中央全面从严治党新要求，牢固树立“四个意识”，与党中央同频共振，始终把加强党的领导和完善公司治理统一起来，明确党组织的法定地位。完善形成了“大党建、强体系、聚人心、创价值”的党建工作总体思路。制定了《国家电投党建工作五年规划》，明确提出2017～2021年分“两步走”，完成“强基固本”和“系统深化”两大阶段性目标，推动国家电投党建工作进入央企前列，实现党建工作作用和价值的整体提升。将党建总体要求纳入企业章程；坚持“三会一课”、党性分析、民主评议和主题党日等活动，提高党内生活的政治性、原则性、战斗性。

推进党建主体责任落实。落实《中央企业党建工作责任制实施办法》，研究制定了《国家电投党建工作责任制实施办法》，对各级领导班子成员的党建工作责任进行了深化、细化，把管党治党的主体责任牢牢抓在手上、扛在肩上。健全完善党建联系点制度，开展标准量化的党建考核和党组织书记述职评议考核，推动党建工作责任全面落实落地。

重视发挥党组织的领导作用。坚持把党的领导与完善公司法人治理结构统一起来，把党建工作要求纳入公司章程，把党组织研究讨论作为董事会、经理层决策重大问题的前置程序，明确了党组织在公司治理中的法定地位。坚持和完善“双向进入、交叉任职”的领导体制，56家二级单位实现党委书记、董事长（执行董事）“一肩挑”，17家二级单位设立了专职副书记，切实发挥党组织把方向、管大局、保落实的重要作用。

建设完善党建工作体系制度。坚持和完善“双向进入、交叉任职”的领导体制，设立专职党建工作党委（党组）副书记，建立与企业发展相适应的党建工作组织体系，依法依规建立健全各级党的组织，积极探索新模式，实现新发展。以价值为导向完善党建工作考核评价体系，全面推行述职评议考核制度，将党建履责作为年度和任期考核重要内容并与人员奖惩任免挂钩，发挥督促和激励作用。

坚决落实全面从严治党。从严落实“两个责任”，全年就落实管党治党责任与所属单位负责人谈话260人次；对42家直管单位进行党风廉政建设责任制检查；从严落实“5条禁令、30个不准”，对驻京办等问题反映集中领域进行监督。2017年，共查处违反中央八项规定精神问题16起，党政纪处分37人。正风肃纪，制定纪检监察工作指导手册，完善纪律审查集体决策机制；严肃查处违纪渎职失责等问题，全年立案41起，党政纪处分83人；坚持抓早抓小抓严，有针对性约谈函询、警示诫勉，发挥警示震慑作用。加强反腐倡廉宣传教育工作，共组织培训570场次，组织“三会一课”2890场次，共有46 595人参加党纪党规测试，29 745人次观看了廉政视频专题片；扎实开展新能源和扶贫项目专项监察，坚决防止不正之风；狠抓重点领域监督，建立廉洁档案376份。

推进党建工作创新。探索创新党建工作方式方法，初步构建形成了“工程化、项目化、标准化、模块化、信息化”的“五化”党建管理模式。健全完善了决策会议制度、季度例会制度、闭门研修制度、区域沟通协调机制和工作复盘制度五个“1＋1＋N”的工作机制，形成了系统党群工作纵向高效联动的工作格局。

【黄河上游水电开发有限责任公司】

公司概况　黄河上游水电开发有限责任公司（简称黄河水电公司）是国家电力投资集团公司控股的大型综合性能源企业，成立于1999年10月。主要从事电站的开发与建设；电站的生产、经营、测试及检修维护；晶硅产品、太阳能电池及组件的生产、销售；电解铝的生产、销售；矿产资源开发等业务。

领导班子

董事长、党委书记：谢小平

总经理、党委副书记：魏显贵

党委副书记、副总经理：白炎武

党委委员、副总经理：杨存龙

党委委员、副总经理、有色金属总工程师：于森

副总经理、新能源总工程师：刘柏年

党委委员、副总经理：周杰

党委委员、副总经理：胡一栋

党委委员、纪委书记、工会主席：孙蔚泓

党委委员、副总经理：王兴玉

财务总监：葛明波

副总经理：王思德

组织机构　机关本部：办公室（董事会办公室）、规划发展部、海外部、经营部、人力资源部（体制改革办公室）、财务产权部、物资与采购部、企业管理与法务部、科技管理部、工程技术部（征地移民办公室）、水电与新能源生产技术部、电力协同产业部、

火电部、安全质量部（环境保护部）、审计内控部、政治工作部、纪检监察部、工会办公室、扶贫工作办公室。

本部职能中心：生产信息调度中心、电力营销中心、纪检监察中心、安全环保中心、审计内控中心、会计核算中心、劳动人事与薪酬管理中心、新闻中心、档案管理中心。

下设基层单位：黄河电力技术公司、班多发电分公司、龙羊峡发电分公司、拉西瓦发电分公司、李家峡发电分公司、公伯峡发电分公司、积石峡发电分公司、陇电分公司、宁电分公司、中型水电公司、陕西能源公司、西宁发电分公司、兰州新区热电分公司、海南新能源发电部、海西新能源发电部、甘肃新能源发电公司、工程建设分公司、新能源集成公司、电力检修公司、物资公司、黄河配售电公司、羊曲发电分公司筹建处、非洲工作组、光热发电事业部、鑫业公司、矿业公司、光伏产业技术公司、新能源分公司、太阳能电力公司、培训中心。

主要指标 2017年完成发电量389.31亿kWh，生产电解铝56.22万t、多晶硅2324.91t、切片7014.55万片、电池663.12MW、组件778.36MW。实现营业收入175.18亿元，同比增长17.8%，利润总额完成国家电投下达目标的120.39%，同比增长110.84%。全年取得核准规模233.81万kW，其中：光伏102.81万kW，占青海省分配指标的63.1%；风电95万kW，占青海省分配指标的23.2%。班多项目取得核准。西宁火电供热改造取得备案。新投产容量达到85.8万kW，其中光伏36.5万kW、风电46.1万kW、水电3.2万kW。全年完成固定资产投资91.15亿元。截至2017年底，黄河水电公司装机容量1595.19万kW，其中水电1083.2万kW、光伏285.59万kW、风电94.4万kW、火电132万kW。资产总额918.96亿元。

创新发展 2017年黄河水电公司申请专利69件，已获得正式授权专利47件，其中发明专利12件。荣获“国家电投创新文化先进单位”称号。董事长、党委书记谢小平获得“中国电力科学技术杰出贡献奖”。黄河水电公司引入110亿元产业基金和债转股权益资金，优化了资本结构，资产负债率由最高时的85.93%大幅降至71.75%，增强了企业发展后劲。

建立适应新要求的体制机制，树立安全为基础、营销为核心、基建为生产服务、生产为经营服务的理念，强化本部经营主体、利润中心，基层单位生产主体、成本中心的职责，黄河水电公司产业优势和区域优势得到进一步发挥，为发展注入了新的活力。贯彻国家和青海省能源革命战略部署，结合产业结构和地域优势，以打造全国清洁能源示范省为契机，推进海南州和海西州两个千万千瓦级可再生能源基地建设，主动把企业发展高度融入地方经济发展规划中，转变发展方式，优化电源结构，为企业可持续发展奠定了良好基础。

安全管理 贯彻国家电投“零事故、零死亡”的安全目标要求和公司党委确定的8个方面33项安全生产工作措施，始终将安全放在首位，突出安全生产在经营、改革和发展中的全局地位和保障作用，推动公司系统安全生产局面持续稳定向好。按照“党政同责、一岗双责、齐抓共管、失职追责”的原则，明确各部门、各岗位安全生产责任，完善到位标准和考核标准，强化培训和督查，保持责任追究高压态势，有效促进了安全生产责任的落实。开展现场安全生产巡查，督促整改现场隐患，垂直安全监督体制作用初显。

发布《安健环体系提升手册》，推进HSE管理工具应用和固化工作。开展HSE管理工具应用情况评估和安健环体系第二方评审，跟踪指导各单位HSE KPI指标管理，安全生产管控能力不断加强。HSE管理工具应用率达81%，积石峡发电分公司达到体系“三钻”等级，安健环体系建设效果逐渐显现。发布《班组安全管理规定》，建立班组联点机制，开展班组安全生产督导和群众性安全监督，夯实班组安全管理。开展安全生产管理制度和技术规程修编工作，安全生产基础得到强化。组织编写公伯峡、积石峡技能教材和各级各类培训课件，开展矩阵式培训，员工业务技能和安全技能得到提升。设置违章曝光栏，将“四个一”罚则、“黑名单”制度纳入反违章管理，违章行为得到有效遏制。实施生产单位安全防护设施专项整治，提高设备设施本质安全。全年实现安全生产“零事故”“零死亡”目标。

经营管理 统筹电力营销和各产业整体效益，确保公司综合效益最大化。积极建言献策稳定青海省工业经济，全力协调各方关系，破解企业发展经营各种难题，超额完成国家电投经营目标任务。优化发电策略，充分发挥水、火、新能源发电的协同作用，最大程度提高综合效益。牢固树立“度电必争”“实时维护”的意识，开展新能源电站发电设备缺陷专项治理工作，全年共排查、消除零电流支路10 842条。光伏和风电故障弃光、弃风率同比分别下降0.01、0.27个百分点。开展流域电站防汛应急演练，检验了公司各单位防汛应急抢险人员调动和协同配合能力。加强水电站设备检修维护与技术改造，开展电缆敷设区域专项排查整治等综合治理工作，处理水电站重大缺陷6项。年内完成机组检修79台次。全年技改379项，投入资金1.51亿元，提高了发电设备可靠性。通过跨省区外送等各类市场化交易，新能源销售渠道不断扩大，限电弃光率同比下降10%，较好地完成了全年售电目标。年内水电跨区送山东17.89亿kWh，李家峡电站跨省送电8.48亿kWh，新能源外送电量6.84亿kWh。2017年已正式纳入国家新能源补贴目录28项，装机容量209.58万kW，当年收回新能源补贴33.98亿元，累计收回新能源补贴70.8亿元。

财务管理 挖掘税务和资金管理价值，2017年度实现增值税退税收益1.76亿元，太阳能电池争取到消费税免征政策，落实所得税15%优惠税率和“三免三减半”优惠政策。争取下浮利率贷款及权益融资，节约财务费用0.8亿元，优化了资本结构。强化全面预算管理，可控成本费用较国家电投下达指标大幅下降。加强财务监督，严控财务风险，年内完成13家单位财务监督检查。开展财务共享建设，所有单位纳入财务共享平台，信息资源和人力资源得到科学配置。

科技创新 围绕国家电投建设世界一流企业的目标，紧抓打造核心竞争力这一要求，发挥完整的光伏产业链优势，强化上下游产业协同，科技创新和光伏产业发展得到了中办回访组和省委省政府的肯定。以合作、开放、共享为原则，加强与地方政府、国内外高校、科研机构和知名企业的合作，高标准建设青海省光伏产业科研中心等7个科技研发平台和实验室。与西宁市政府共建光伏技术中心，启动光伏产业新型技术研发平台建设，推进先进高效太阳能电池技术研发。加强产学研协作，发起组建“光伏发电产业技术创新战略联盟”和“青海省太阳能产业技术创新战略联盟”，引领行业发展的软实力进一步增强。黄河水电公司水光互补科技成果获得国家电力管理创新奖及青海省、国家电投科技进步一等奖，太阳能光伏发电试验基地项目评价为国际先进水平。2017年，黄河水电公司主持编写国家标准1项，参与编写国家标准9项，参与编写行业标准9项，企业科技影响力进一步增强。

体制改革 顺应电力体制改革，紧密衔接国家电投战略管控调整，继续做好顶层设计和系统谋划，推动企业从规模思维向价值思维转变，从单一的发电企业向综合能源供应商转变，从生产型企业向生产经营型企业转变，实现公司升级发展。整合专业资源，加强沟通协作，推进大监督体系建设。明晰监督保障中心运作方式，以独立性、专业性和权威性的垂直监督，开展审计内控以上审下、纪检监察联点派驻、安全环保现场督查。财务、人力资源专业化服务水平逐步提高。拉开电站服务业发展序幕，实施鑫业公司内部模拟市场化改革，优化管理机构，建立市场化机制，员工工作积极性不断提高。依托大坝管理中心人员优势、技术优势，承担集团大坝中心组建任务，以专业化监督和技术支持为定位，完成大坝中心机构改制。签订“三供一业”分离移交框架协议26个，完成总项目的86.7%，开展17个项目可研设计，申报宁夏、甘肃地区8个项目分离移交补助资金，已拨付到位1175万元。

依法治企 明确党委在企业治理结构中的核心地位，完善总法律顾问制度并纳入公司章程。三项法律审核率持续保持100%。制度体系进一步完善，全年制定修订各类制度192部，形成公司有效规章制度345部。发布“十三五”知识产权发展规划，明确重点领域、关键技术发展方向，发挥知识产权推动创新发展的重要作用。修订完善公司权力清单和事权手册，在4个试点领域，建立了覆盖公司本部和28家基层单位的内控合规体系。通过月度跟踪督办和年底集中督导复核等措施，审计发现问题整改落实率大幅提升，以“整改促规范”专项活动取得实效。年内对基层单位以经济责任、工程管理审计、内控评价等方式进行全覆盖，过程监督控制得到强化，审计内控、监督、服务评价功能有效发挥。

党群工作 学习贯彻十九大精神，采取党委理论中心组学习、专家讲座、研讨会等多样化方式，全方位、多角度推进党的十九大精神宣贯，掀起了学习宣贯党的十九大精神热潮。将党建工作总体要求纳入企业章程，切实把党的领导融入公司治理重要环节。完成公司党组改党委工作。黄河水电公司19个基层党委（总支）完成换届。制定《党建工作责任制规定》，推进党建工作检查与党组织书记述职评议考核工作。加强党内监督，建立重点监督对象廉洁档案，开展党组织主要负责人和班子成员履行党风廉政建设主体责任及“一岗双责”情况评价。落实中央“八项规定”精神，严格执行国家电投“5条禁令、30个不准”，加强监督检查整改，巩固深化纠正“四风”成果，推动作风持续好转。培育“工匠精神”，举办两项省级技能竞赛和黄河公司第二届光伏产业技能大赛，营造了员工崇尚技术的浓厚氛围。召开团员代表大会，完成团工委改设团委工作。黄河水电公司系统职工（劳模）创新工作室增加到5个，陇电分公司“和鸣创新工作室”获青海省总工会命名。深入宣传贯彻国家电投“和文化”理念，制定公司企业文化建设方案，通过开展内外部调研，挖掘特质元素，提升品牌影响力，促进“和文化”在公司的落地与深植。在国家电投“秀安全、好声音、好故事”系列活动中取得优异成绩，形象展现了员工精神风貌与奋斗品格。荣获“青海省文明单位”“企业信用建设示范单位”等称号。多家单位获得地方政府先进荣誉。

环保工作 完成国家环保督查迎检工作。建成积石峡、纳子峡水电站鱼类增殖站，完成班多水电站环评备案和纳子峡水电站、西宁火电环保验收。开展大型光伏电站生态环境研究，实施光伏电站固沙草、针茅等牧草种植实验，光伏电站生态保护取得成效。完成西宁火电1号机组超低排放改造和鑫业公司1号脱硫系统改造，污染物排放满足限值要求。实施西宁火电废水零排放示范项目，引领火电废水治理新技术。

主要事件

1月3日，新能源分公司荣获“全国电力行业思想政治工作优秀单位”称号。

1月9日，光伏产业技术公司的“光伏电站移动监测平台设计与开发”和“无主栅晶硅太阳电池组件封装串焊工艺及焊带材料的研究”项目，荣获“2016年度中国光伏领跑者技术创新贡献奖”。

2月6日，国家能源局发布首批多能互补集成优化示范工程名单，黄河水电公司海南州水光风多能互补集成优化示范工程榜上有名。

2月8日，黄河水电公司与杜邦公司签署联合光伏创新中心合作意向书，双方将在光伏先进技术研发、电站现场技术服务与支援、海外市场开拓等方面深化合作。

2月28日，巨亭水电站2号机组并网发电。

2月28日，黄河水电公司与埃塞俄比亚电力公司签署哈雷雷—维尔巴萨水电项目购电协议大纲。双方将在水电项目建设方面进一步深化合作，加快相关协议签订及项目建设。

3月22日，太阳能电力公司单晶60片组件功率达到295W，效率等级达到CNCA/CTS0009：2014《光伏组件转换效率测试和评定方法》一级效率要求，获得中国质量认证中心颁发的效率一级领跑者认证证书。

3月23日，在2017中国半导体市场年会暨第六届中国集成电路产业创新大会上，新能源分公司电子级高纯多晶硅产品入围“第十一届（2016年度）中国半导体创新产品和技术”。

3月24日，共和115MW光伏发电项目正式开工建设。

4月23日，共和多能互补500MW光伏项目土建主体工程开工。该工程阵列区共建设35kV汇集站7座，每座汇集站设35kV母线两段，每段35kV母线通过一回35kV架空线路送至330kV升压站，装机容量为500MW。

4月27日，拉西瓦发电分公司机械班荣获中华全国总工会“全国工人先锋号”称号。

5月8日，光伏产业技术公司新研发的异质结组件，获得德国TUV南德认证中心认证，60片电池单玻组件功率超过312W，电池转化效率超过22.5%，达到国内领先水平。

5月9～11日，2017世界水电大会在非洲埃塞俄比亚首都亚的斯亚贝巴召开，黄河水电公司副总经理杨存龙应邀出席，并做了题为《以水电为主导的清洁能源互补技术研究及应用》的演讲，介绍了黄河水电公司水光互补清洁能源互补技术的研究与应用情况。

5月12日，西宁市人民政府、黄河水电公司、西宁经济技术开发区管委会，在西宁宾馆签订《西宁市·黄河水电共建光伏产业技术中心项目协议书》。该中心是西宁市打造国家光伏重点实验室的重要一步，为光伏产业的技术研究搭建了“产、学、研、用”合作交流平台。

5月23日，切吉敦曲49.5MW、切吉一中队49.5MW风电场并网投运。

5月，新闻中心制作的《生态修复绿荒漠》《黄河水电——全球光伏产业的引领者》，分别荣获第二届“中电传媒杯”全国电力行业优秀影视作品二等奖和三等奖。

6月1日，西宁火电2×660MW超超临界机组工程，荣获中国电力行业优质工程奖。

6月7日19时，切吉一中队25台风机全部并网。

6月9日17时，切吉敦曲25台风机全部并网。

6月9日20时46分，巨亭水电站3号机组完成72h+24h试运行正式归调，标志着水电站3台机组全部投产发电。水电站总装机40MW，于2008年9月开工建设，2014年12月、2017年3月前两台机组依次发电。

6月15日，由国家电投牵头组织、黄河水电公司具体负责的“光伏发电产业技术创新战略联盟”筹备会议在北京召开，国内光伏发电产业有一定代表性和影响力的55家企业、高校、研究机构代表参会。

6月25日9时18分，黄河水电公司共和115MW光伏发电项目并网投运。

6月27～28日，由黄河水电公司承担的青海省重大科技专项“太阳能光伏发电试验基地”通过青海省科技厅组织的成果评价和验收鉴定。成果评价为“国际先进水平”。

6月30日13时58分，黄河水电公司格尔木100MW光伏电站并网，标志着黄河水电公司“6·30光伏项目”完成。该项目于3月3日开工。

7月9日，海西新能源发电部明阳荣千五子湖49.5MW风电项目首台风力发电机组成功并网。该项目工程于2016年7月1日开工。

7月11日，中国光伏产业技术创新战略联盟在京成立。该联盟由国家电投发起，依托黄河公司百兆瓦光伏发电实证基地和国家电投能源大数据中心，建立产业链上下游对接、产学研用合作、资源共享的协同创新平台。

7月26日，黄河配售电公司甘河工业园区综合智慧能源工业管网（盐湖海纳）项目正式启动。该项目是体现园区节能减排和循环发展的示范工程，也是公司打造的青海省首个绿色、低碳、循环发展的综合智慧能源项目。

7月，龙羊峡发电分公司再获“全国文明单位”荣誉称号，这是该分公司第四次获此殊荣。

7月，国家工业和信息化部办公厅发布了《关于2017年第一批绿色制造示范名单的通知》（工信厅节函〔2017〕491号），鑫业公司荣获“绿色工厂”称号，成为青海省铝行业中目前唯一一家获此殊荣的企业。

9月19日，在中国电力企业联合会主办的“2017年风电运行指标发布会暨协作网第十一届年会”上，茶卡风电场荣获（西北地区青海省）二等奖。

9月22日23时18分，茶卡盐湖风电场首台风机并网发电。

10月20日16时28分，兰州新区热电分公司临时热源厂一号锅炉正式点火试运行。

10月20日，盐锅峡电站实现连续安全生产6000天，创历史新高。

11月1～4日，黄河水电公司应邀参加第九届中国（无锡）国际新能源大会暨展览，董事长谢小平作主旨演讲，并在“光能杯”CREC年度颁奖典礼上荣获年度行业创新贡献大奖，黄河水电公司荣获光伏电站优秀投资企业，太阳能电力公司荣获年度光伏组件企业。

11月5日15时37分，共和200MW风电项目首台风机并网投运。该项目是黄河水电公司目前装机最大的风电场项目，于4月20日开工，由新能源集成公司管理建设。工程安装90台单机容量2.2MW风电机组与1台单机容量2MW风电机组，与第三期风电场共用一座330kV升压站。

11月16日，“青海省太阳能产业技术创新战略联盟”成立大会在黄河水电公司召开。该联盟在青海省科技厅的支持与指导下，由黄河水电公司牵头，联合省内外知名科研院所、大专院校和上下游骨干企业组建；共有理事单位21家，黄河水电公司为理事长单位。

11月17日，在全国精神文明建设表彰大会上，宁电分公司荣获“全国文明单位”称号。

11月18日21时，大格勒北风电场50MW工程首台风机成功并网发电。该工程于2017年3月5日开工。

11月23日，国务院副总理、党组副书记张高丽，在青海省委省政府领导王国生、王建军、王晓等陪同下，到太阳能电力公司西宁分公司视察。张高丽听取了黄河水电公司董事长、党委书记谢小平就习近平总书记视察一年来黄河水电公司在创建平台建设、创新能力提升、科技研发推进、产业技术升级、提质降本等方面取得的成果，以及公司发电装机规模、光伏电站建设改善区域生态环境等情况的汇报，并到101厂房、太阳能电池生产线考察。

11月23日，黄河水电公司科技项目“12英寸集成电路硅片研发”获中国电力创新奖技术类二等奖。

11月24日，黄河水电公司董事长谢小平荣获中国电力科学技术杰出贡献奖。

11月29日，中国安装协会在北京召开2017年中国安装工程优质奖（中国安装之星）评审会。会议通过听取汇报、质询、评议，经无记名投票，黄河水电公司西宁火电2×660MW超超临界机组工程入选2017～2018年度（第一批）中国安装工程优质奖。中国安装工程优质奖是中国安装行业的最高荣誉奖项，代表国内安装行业的最高水平。

12月3日，中型水电公司大格勒北50MW风电场全部风机并网发电。

12月16日，黄河水电公司格尔木100MW光伏机电安装工程全部并网发电。

12月19日，拉西瓦发电分公司被全国总工会授予“全国职工书屋”荣誉称号。

12月21日，黄河水电公司定边新能源董新庄风电场1号风机正式并网发电。

（许为宁）

中国长江三峡集团有限公司

【公司概况】 中国长江三峡集团有限公司（简称中国三峡集团）是全球最大的水电开发建设运营管理企业和中国最大的清洁能源集团。截至2017年底，中国三峡集团已建、在建和权益总装机规模达到1.24亿kW，其中可再生清洁能源装机占99%，可控水电装机占全国水电装机的16%。中国三峡集团资产总额近7000亿元，利润总额、归属母公司净利润、成本费用利润率、全员劳动生产率、人均利润、人均上缴利税等指标在央企名列前茅。

中国三峡集团在长江干流拥有葛洲坝、三峡、向家坝、溪洛渡、白鹤滩、乌东德等已建和在建特大型水电站6座，其中全球装机排名前10位的水电站，有5座在三峡集团；全球70万kW以上的水轮发电机组，超过2/3在中国三峡集团；全球仅有的16台单机容量100万kW的水轮发电机组在中国三峡集团。

中国三峡集团将新能源作为第二主业进行打造并致力于成为海上风电引领者，国内新能源投产和在建装机规模超过1000万kW。

中国三峡集团围绕“一带一路”和重点区域市场开展清洁能源投资和工程承包业务，境外投资超过630亿元，境外资产超过1100亿元，海外可控和权益装机规模近1700万kW。

中国三峡集团已经初步形成工程建设与咨询、电力生产与配售、流域调度与运行、国际投资与承包、新能源开发与运营、资本运作与金融服务、资产管理与基地服务等七大业务板块，正在全力打造生态环保业务板块。拥有全资和控股子公司20家，控股上市公司2家，境内从业人员规模超过2.3万人。

【领导班子】

1. 董事会

董事长：卢纯

董事：王琳

外部董事：丁中智、王志森、李燕斌、张元荣

职工董事：田泽新

2. 领导班子

董事长、党组书记：卢纯

董事、总经理、党组副书记：王琳

党组副书记、副总经理：林初学

党组成员、副总经理：樊启祥

党组成员、副总经理：沙先华

党组成员、副总经理：王良友

党组成员、总会计师：杨亚

党组成员、纪检组长：龙飞

【组织机构】 见2017年中国三峡集团组织机构图。

【生产经营】

1. 装机容量

2017年，中国三峡集团新增装机容量100.55万kW，均为国内新增装机，其中风电30.48万kW、光伏发电51.57万kW、火电18.5万kW。

截至2017年底，中国三峡集团可控装机容量7001.73万kWh，其中，国内6148.37万kW，包括水电5064.19万kW（含抽水蓄能120万kW）、风电543.22万kW、光伏发电277.96万kW、火电263.0万kW；境外853.36万kW，包括水电817.81万kW、风电33.75万kW、光伏发电1.8万kW。

截至2017年底，中国三峡集团总装机规模1.24亿kW，其中可控装机容量7002万kW、权益装机容量1910万kW（国内1092万kW、境外818万kW）、在建装机容量3527万kW（不含已投产装机）。

2. 发电情况

2017年，中国三峡集团完成发电量2845.6亿kWh，同比增加8.4%。其中，国内大型水电2218.4亿kWh、国内中小水电24.4亿kWh、国内新能源133.1亿kWh、国内火电89.5亿kWh、国际项目380.2亿kWh。

2017年3月1日，三峡电站累计发电突破1万亿kWh；2017年7月3日，中国三峡集团累计发电量突破2万亿kWh。

【节能减排】 2017年，中国三峡集团完成发电量2465.44亿kWh，水电企业共完成发电量2242.83亿kWh，厂用电率0.097%；风电场、光伏电场等新能源企业发电量133.10亿kWh，厂用电率2.55%；火电企业发电量89.51亿kWh，供电煤耗317g/kWh，火力发电厂厂用电率6.7%，火电机组脱硫、脱硝、除尘设备装备率均达100%，全部实现达标排放。

2017年，中国三峡集团万元产值综合能耗（可比价）完成0.032 8t标准煤/万元，二氧化硫排放量为1595.37t，氮氧化物排放量为2144.24t。清洁能源生产相当于减排二氧化碳约18 845.96万t，二氧化硫197.34万t，氮氧化物56.53万t。

2017年，中国三峡集团全面评估节能减排管理制度体系，完成了11项配套管理制度的全面修（新）编。高度重视环境风险管理工作，监控、评价中国三峡集团各类环境风险，做到有效防范、及时督办整改。强化了环境保护专项计划和信息统计管理工作，开展了节能减排专项检查及总结考核等工作。

2017年中国三峡集团持续开展三峡、葛洲坝、溪洛渡、向家坝四库联合优化消落增发电量，持续推进长江上游水情信息共享机制，不断提高水情预报精度，深化梯级水库群优化调度研究。2017年溪洛渡、向家坝相继开展了首次生态调度试验，协调国家电网和南方电网，动态优化整水库调度计划和试验计划，合理控制上下游库水位，最大限度地减小了对水库调度和发电的影响。全年度流域梯级水电站（包括三峡、葛洲坝、溪洛渡、向家坝、水布垭、隔河岩、高坝洲等水电站）累计节水增发电量100.5亿kWh。其中三峡—葛洲坝梯级电站累计节水增发电量66.46亿kWh，水能利用提高率为6.10%；溪洛渡—向家坝梯级水电站累计节水增发电量29.86亿kWh，水能利用提高率为3.36%；水布垭—隔河岩—高坝洲梯级水电

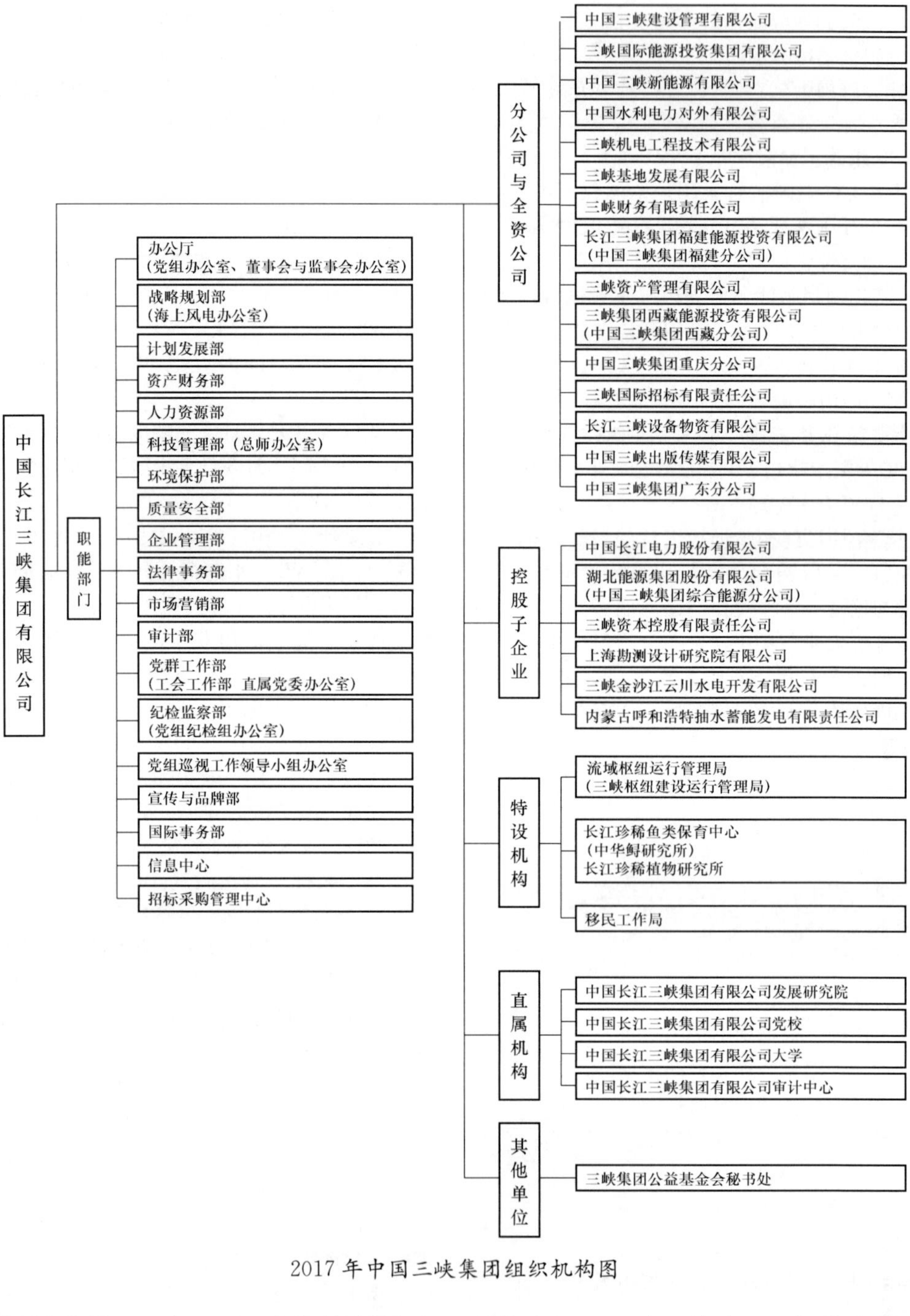

2017 年中国三峡集团组织机构图

站累计节水增发电量 4.18 亿 kWh，水能利用提高率为 4.17%。

中国三峡集团响应国家节能减排相关政策要求，加快淘汰能耗高、污染重的落后燃煤小热电机组，2016 年关停高新热电原有两台 25MW 燃煤机组，2017 年 7 月东湖燃机公司实现双机投产，实现了燃煤锅炉向高效清洁燃机的转变，实现了污染物“零”排放。鄂州电厂 3、4 号机组分别于 8 月、12 月完成超低排放改造，烟气污染物排放浓度明显下降，满足超低排放标准要求。其中，二氧化硫排放浓度由 90.28mg/m^3下降至 25.54mg/m^3；氮氧化物排放浓度由 55.83mg/m^3下降至 37. m^3。

持续加强新能源开发力度，风电、太阳能装机容量占比增长到 11.10%。继续保持同各类国内外大专院校、科研院所、民间组织的战略合作关系，强化节能减排的宣传核培训。

【信息化建设】 实现水电工程建设运行智能化，建成新能源业务多地域、多项目集群管理信息化平台。

乌东德、白鹤滩大坝智能建造信息管理平台为全面打造精品工程提供了可靠的技术支撑。工程管理系统在水电工程建设管理中创新并深化应用，结合二维码助力机电设备管理，在白鹤滩试点应用承包商物资管理“四级台账”功能，完成水电工程造价管理系统一期建设并试点应用。移民管理系统提高了乌东德、白鹤滩移民管理工作效率，为两大工程开工奠定了基础。电力生产管理系统实现流域检修和设备故障诊断远程技术支持，满足了中国三峡集团跨区域大型电站生产管理需要。

海外信息化建设持续推进。在三峡南亚建成中国三峡集团第一个海外财务共享服务中心和海外投资项目管理系统。在卡洛特建成“一带一路”上第一个大型水电工程局域网。完成香港网络接入中心建设。

高质量完成集团管控系统建设。生产建设指挥调度中心不断完善，实现应急指挥、宣传展示、视频会议等多项功能。办公自动化、邮件系统升级改造完成，党建管理系统、科技管理系统初步建成，预算管理系统、“三峡微视”APP上线运行，财务、人力资源、计划与统计管理等各类信息系统稳定运行，为中国三峡集团管控和高效运转提供信息化支撑。

网络安全情况良好，全年未发生重大网络安全事故。高效完成三峡升船机网络安全验收，完成集团网络安全管理体系顶层设计，初步形成中国三峡集团网络安全管理体系。

【党建工作】 学习宣传贯彻习近平新时代中国特色社会主义思想和党的十九大精神掀起热潮。中国三峡集团党组开展多次专题研讨，党组成员深入基层讲党课，发挥了示范带头作用。开展学习贯彻党的十九大精神干部轮训，增强了理论武装实效。综合运用“三会一课”、网络培训、主题党日等形式，实现基层党组织学习贯彻全覆盖。发挥网站报刊、“两微一端”的舆论主阵地作用，营造了浓厚学习氛围。

党建工作成果丰硕。完成党建工作要求进公司章程工作，修订所属单位“三重一大”决策制度和党委议事规则，在10家单位推行党委书记、董事长（执行董事）“一肩挑”。推进“两学一做”学习教育常态化制度化，创新党建工作方式方法，加强和规范境外党建工作，得到中组部干部五局、国资委党建局的充分肯定。

反腐败压倒性态势形成并巩固发展。落实中央八项规定精神，推进作风建设专项治理常态化。深化政治巡视，实现对二级单位和总部机关巡视全覆盖，对3家单位开展“回头看”，巡视利剑作用充分彰显。强化对选人用人、合同管理、兼并重组、招标采购等重点领域和关键环节的监督，深化海外业务廉洁风险防控，营造了风清气正的干事创业环境。

【社会责任】 履行社会责任持续加强。开展定点扶贫、精准扶贫、移民后扶、对口支援、援疆援藏等工作，全年对外捐赠14亿元。拓展云南、四川两省少数民族脱贫攻坚帮扶工作的深度和广度，得到中央领导同志肯定以及两省各级党委政府和人民群众赞扬。

【中国长江电力股份有限公司】

公司概况 中国长江电力股份有限公司（简称长江电力）是经国务院批准，由中国三峡集团作为主发起人发起设立的股份有限公司。

长江电力创立于2002年9月29日，注册资金165亿元。2003年11月在上交所IPO挂牌上市，发行股份23.26亿股，发行价4.30元/股，股票代码600900。

截至2017年12月31日，长江电力股权结构为：总股本220亿股，中国三峡集团持股57.92%，平安人寿普通保险占4.42%，香港结算占4.99%，四川能投占4%，三峡建管公司占4%，云南能投占3.67%，中国证券金融占2.76%，阳光人寿吉利两全占1.91%，中核集团占1.19%，阳光人寿万能保险占1.14%，其他投资者占14%。

领导班子

1. 董事会

董事长：卢纯

副董事长：张诚

董事：杨亚、张定明、洪文浩、李季泽、宗仁怀、黄宁、周传根、赵燕

独立董事：张崇久、吕振勇、文秉友、张必贻、燕桦、郑卫军

2. 监事会

监事会主席：林初学

监事：黄历新、莫锦和、夏颖、王新、卢丽平、黄萍

职工监事：姚金忠、王晓健、徐斌

3. 管理层

总经理、党委副书记：张定明

党委书记、副总经理：陈国庆

财务总监：谢峰

副总经理：薛福文、李平诗、关杰林、王宏

董事会秘书：李绍平

组织机构 设有董事会办公室、总经理工作部、党群工作部、战略投资部、财务部、人力资源部、企业管理部（审计部、法律事务办公室）、生产技术部、安全监察部、市场营销部（电能交易中心筹备组）、经营管理部、纪检监察部（纪委办公室）、信息化工作部等13个部门；三峡电厂、葛洲坝电厂、溪洛渡电厂、向家坝电厂、检修厂、梯调中心、乌白筹备组

和技术中心等8个生产单位；长电资本、国际运营公司（长电外事办）、长电国际、川云公司、三峡电能、三峡高科等6家子公司。

经营情况 2017年，全年实现利润总额266.5亿元，市值最高近3800亿元，发电量达2109亿kWh。

发电量再创历史新高。梯级电站全年发电量2108.93亿kWh，较年度计划1934亿kWh多发174.93亿kWh，与2016年同期相比多发48.33亿kWh。梯级电站全年未因设备原因产生弃水电量，发电量创历史新纪录。在三峡来水较多年均值偏枯6.6%、溪洛渡来水偏枯4.8%，以及电力市场严重供大于求的情况下，长江电力四座梯级电站仍超设计发电190.4亿kWh，增加收入41.9亿元。溪洛渡、葛洲坝电站和流域梯级电站群年发电量均再创历史新高。

设备管理创历史最好水平。2017年，长江电力坚持落实安全生产责任制，以重大人身伤亡、水淹厂房、大面积停电、重大设备设施损坏事故和重大网络信息安全事件五大安全风险管控为抓手，开展4轮巡查和整改，以点带面推进"双重预防机制"建设，实现了安全生产"零人身伤亡事故、零设备事故"的"双零"目标，三峡电厂、向家坝电厂实现"零非停"，葛洲坝电厂机组平均运行小时达7142h。梯级电站机组等效可用系数达95.22%，继续保持行业领先。

配售电业务实现新跨越。2017年，长江电力全力以赴开展配售电业务，全年市场化售电量约150亿kWh，配售电业务遍及全国十余个省市。获得三个国家级电改示范项目开发权，储备十余个天然气分布式能源项目和超过600WM分布式光伏项目，初步形成一支约300人配售电人才队伍。联合地方国企和民营资本设立重庆长电联合能源公司，被列入国家第二批混改试点企业。完成对乌江实业和聚龙电力两个地方电网的整合，成为涪陵能源最大股东，重庆区域电网融合工作取得重大突破，配售电业务布局实现新跨越。

企业管理持续加强。2017年，长江电力全面加强市值管理，在沪市大盘总体平稳的情况下，公司市值最高达3799.4亿元，巩固提升了公司在A股市场大盘蓝筹地位。在本部和3个生产单位完成"三项制度"改革试点，初步构建了"收入能增能减、管理人员能上能下、员工能进能出"的新机制。逐渐形成"能者上、庸者下、劣者汰"的选人用人导向，初步建立工效挂钩机制，深化实施闲庸懒散者退出机制，激发了公司发展内生动力，"三项制度"改革试点成效初显。持续优化经营管理，采购效率和质量提升，采购集中度及完成率同比大幅提高。基本实现定额管理、合同示范文本、通用物资框架协议的全覆盖。坚持依法治企，重大决策法律审核率100%。坚持"互联网+"和"两化融合"的基本思路，推进公司云计算大数据中心平台、移动办公平台、智能检索系统、数字化档案管理系统、水电厂供应商信息共享平台等一批基于新一代信息技术的项目建设，以信息化推动公司管理科学化、智能化取得显著成效。2017年，长江电力获得中国上市公司协会"最受投资者尊重的上市公司百强奖"、中国电力企业联合会"全国电力行业企业文化示范单位"、金融界"公司治理实践奖和杰出投资者关系团队奖"等多项荣誉。长江电力全年承担国家标准和行业标准编制任务18项，新获专利84项，软件著作权24项，30余项创新成果获得省部级及以上科技和管理成果奖。

主要事件

2月20日，长江电力印发《关于积极稳妥推进三项制度改革以及建立市场化经营机制相关事项的通知》（长江电力企〔2017〕38号），明确三项制度改革总体思路、基本原则、工作目标、实施步骤与时间安排等。

2月22日，长江电力、涪陵能源、新禹投资、两江集团、渝富集团五方共同出资1亿元人民币设立重庆长电联合能源有限责任公司。

3月1日，三峡电站累计发电量突破1万亿kWh。

4月15日，国家发展改革委批复《重庆长电联合能源有限公司混合所有制改革试点方案》，原则同意混改试点方案，并在以改革促电改、创新体制机制、实施员工持股及推进改革工作等方面提出了具体要求。重庆长电联合能源有限公司列为全国混合所有制改革第二批试点。

4月27日，长江电力2016年度董事会、监事会在北京召开。会议审议通过了《长江电力2016年度总经理工作报告暨2017年度工作计划》等14项议案和《长江电力2016年度监事会工作报告》等8项议案。

5月3日，深圳长江锦华能源有限公司成立，该公司是由长江电力控股的三峡电能联合深圳锦华、长江智慧发起成立的配售电运营公司，致力于在南方区域开展配售电业务。

5月9日，溪洛渡水库首次生态调度试验顺利完成，比计划试验完成时间提前了11天。

5月24日，由长江电力检修厂牵头组织实施的"500kV气体绝缘金属封闭输电线路（GIL）检修关键技术科研项目"取得重大突破。这标志着500kV GIL铝合金管道探伤、焊接的新方法已经研发成功，一举填补了国内行业空白。

6月10日，三峡水库库水位消落至145.35m，2017年汛前消落任务完成。

7月31日，长江电力召开公司科技创新大会，表彰公司科技创新成果，就通过重大科技攻关和自主科研，提高电力安全生产水平和效率，降低生产运营成本做出安排部署。

8月30日，国家防总正式批复《三峡水库2017年试验性蓄水实施计划》。

9月10日，三峡工程正式启动新一轮175m试验性蓄水，起蓄水位153.50m，待蓄库容174.86亿m^3。

9月20日，向家坝库水位蓄至379.58m，完成2017年汛末蓄水任务。

10月4日，溪洛渡库水位蓄至599.60m，完成2017年汛末蓄水任务。

10月21日，三峡库水位蓄至175m，完成2017年汛末蓄水任务。

11月1日，葛洲坝水利枢纽陆域正式实行全封闭管理，延续了36年的"以坝代路"正式宣告结束。

11月20日，梯级四座电站提前41天完成全年发电计划（1934亿kWh）。三峡、葛洲坝、溪洛渡、向家坝电站分别于11月13日（提前48天）、11月5日（提前56天）、11月26日（提前35天）、11月26日（提前35天）完成全年发电计划。

11月22日，长江电力收盘价17.27元，总市值达3799.4亿元，创历史新高。

（李栋梁）

中国广核集团有限公司

【公司概况】 中国广核集团1994年9月注册成立，由核心企业中国广核集团有限公司（简称中国广核集团）及40多家主要成员公司组成的国家特大型企业集团，以"发展清洁能源，造福人类社会"为使命，以"成为国际一流的清洁能源企业"为愿景。

2017年，中国广核集团发展质量稳步提高，经营业绩快速增长，综合实力持续提升，较好地完成了年度各项任务，继续保持国内第二大清洁能源发电企业、全球第三大核电企业和全球最大核电建造商、海外气电装机国内第一，是国务院国资委重点盈利企业和重点增利企业，综合业绩保持在央企第一方阵。

【领导班子】

党组书记、董事长：贺禹

党组副书记、总经理：张善明

党组成员、副总经理：谭建生

党组成员、副总经理：郑东山（自2017年6月8日起不再任党组成员、2017年6月23日起不再任副总经理）

党组成员、副总经理、总会计师：施兵（自2017年6月23日起不再兼任总会计师）

党组成员：高立刚

党组成员、纪检组长：李有荣

副总经理：束国刚（自2017年6月23日起）

副总经理：庞松涛（自2017年6月23日起）

总会计师：吴俊峰（自2017年6月23日起）

【组织机构】 总部设董事会办公室、办公厅、党组工作部、战略规划部、安全质保部、科技管理部、资本运营部、财务部、人力资源部、监察部、审计部、法律事务部、体系管理部、投资发展部、国际合作部、中广核大学（党校）、研究中心、文化宣传中心、财务共享中心、信息技术中心、核燃料事业部21个部门；新疆分公司、湖北分公司、浙江分公司、青海分公司、云南分公司5个分公司。共有二级企业32家，主要分布在核电站运营、核电站设计和建设，核电相关技术研究，铀资源开发，风电、水电、太阳能等清洁能源开发，以及相关配套服务等行业。

【企业管理】 2017年，面对复杂的电力市场形势，中国广核集团向安全质量要效益，向精益化要效益，向市场要效益，实现稳步增长。

第一，经营业绩良好，环保效益显著。营业收入同比增长29.3%，利润总额同比增长15.3%，上网电量同比增长20%，增速均位居电力央企首位。全年清洁能源上网电量2119亿kWh，相当于减少燃煤9200万t，对应减排二氧化碳2亿t、氮氧化物和二氧化硫各32万t，环保效益相当于造林57万hm^2。

第二，精益化管理成效明显。一是成本大幅下降。核电度电成本下降超额完成预定目标。二是集约化取得新成效。核电全年完成13次大修和2次小修，其中5个首次大修，5个深度重叠大修，在保证质量的同时，整体工期持续创优。其中宁德401大修工期54.2天，创国内同类型机组首次大修最好记录。招标中心实现全流程电子招评标，过程更加规范，效率显著提升。三是地完成年度"两金"压控目标，超额完成国务院国资委法人压减考核指标，累计压减法人50

户，压减比例达9%。

第三，电力市场营销取得进展。在电价下行、电量受限的情况下，中广核上下联动，度电必争、毫厘必争。核电实现上网电量1377亿kWh。红沿河努力多年的核南线正式投运，上网电量达到219亿kWh，比2016年增加41.7亿kWh。防城港抢抓机遇，争取到有利的市场电价。

第四，重大项目稳步推进。阳江4号机组建成投运，工期51.9个月，创全球同类机组最短纪录，中广核运行机组达到20台。

【安全生产】 为贯彻落实中央领导对核安全方面的指示精神，公司党组经过认真研究，将2017年定位为“核电安全管理提升年”，召开党组扩大会议，强调“没有核安全就没有中广核”，在8个领域部署153项安全提升行动。各单位一把手郑重宣誓，庄严承诺，迅速动员全体干部员工积极行动，狠抓落实。安全管理长效机制更加稳固，安全水平迈上新台阶，取得历史最好成绩，赢得国际声誉。

2017年，核电成熟机组72%的WANO指标达到前十分之一水平，新机组72%的WANO指标达到前四分之一水平。大亚湾基地在实现八个零安全指标基础上，上网电量达到457亿kWh；岭澳1号机组安全运行近4300天。核电工程建设连续四年零死亡，连续两年零重伤，各个项目现场安全全部达到或超过国际标杆7级水平，红沿河和防城港达到最高级别8级。10年来首次实现“零死亡”“零重伤”，20万工时事故率稳定在国际先进水平。

【科技创新】 科技研发工作紧密围绕中国广核集团科技“十三五”规划展开。2017年，中国广核集团进一步完善科技创新体系、推进战略专项和尖峰计划，强化国家科研项目管控、培育并新建研发中心、推进科技成果市场转化，取得丰硕成果。ACPR50S海上实验堆主设备及船体平台设计固化，一回路主设备合同签订，“两评”报告获国家主管部门受理。核级DCS完成阳江项目交付、高温气冷堆项目出厂、阿尔及利亚改造项目验收，并与斗山重工签订4台核电机组改造供货合同，成功打入韩国市场。自主设计的应急柴油机通过出厂验收，填补国内空白。

2017年，共申请专利1033项（其中发明专利545项），专利授权627项（其中发明专利303项），6项专利获得第十九届中国专利优秀奖。获得41项省部级以上科技奖励，中广核首次获得一项国家科技进步二等奖。

【党建工作】 2017年，紧跟中央部署，落实国务院国资委党委要求，推进党建工，成效显著。

第一，学习贯彻十九大精神，推进重点政治任务落地。一是把政治建设摆在首位，做好十九大精神学习贯彻。研究印发十九大精神学习宣贯实施意见，制定宣传大纲和培训大纲，明确22项重点任务，纳入战略焦点分解落实。二是贯彻落实全国国企党建工作会议精神。围绕30项重点任务，细化措施，分解责任，加强督导，推动党建总体要求进公司章程、探索党组织审议重大经营管理事项，以点带面，整体推进，党组织在公司治理中的法定地位更加牢固。三是精准扶贫取得阶段性成效。党组牵头，深入实地，研究落实扶贫工作，探索长效扶贫新路子。全年累计投入扶贫专项资金4144万元。其中国家定点扶贫投入2506万元，实施精准扶贫项目17个，帮助410户贫困户、共计1659人实现脱贫。开设“中广核—凌云县少数民族白鹭班”，资助贫困少数民族学生350名，得到当地政府和群众的充分肯定和高度评价。

第二，基层党建工作富有成效。创新推进“两学一做”常态化制度化，领导干部深入现场2750人次；当好中广核安全卫士，创建“党员安全示范岗”“党员安全责任区”等800多个。开展新任党支部书记履职能力提升培训129人次、在任党支部书记轮训180人次，支部书记党性观念、履职能力持续增强。研究落实混合所有制企业、境外企业党建工作实施办法，实现全覆盖。

第三，党风廉政建设和监督工作从严从实。坚持在完善“三位一体”监督体系、巡视巡察、综合监督等方面下功夫、见实效，推动集团全面从严治党向纵深发展。“不敢腐”的震慑作用充分发挥，“不能腐”的制度笼子更加严密，“不想腐”的思想堤坝更加牢固。开展对5家成员公司的内部专项巡视，发现并推动76个问题的处理和整改，巡视利剑作用有效发挥。

第四，关爱行动深入人心。一年来，各级领导干部身体力行，深入现场，慰问一线员工，与青年员工面对面，帮助解决基层实际困难，为职工“办实事、解难事”346项。落实深圳市配租的人才安居房分配，将有效缓解员工“居住难”问题。发布中国广核集团公司首个《中长期青年发展规划》，推进青年创新创效，开展各类青工技能竞赛，产生成果200多项，并在中央企业创新大赛上，获得金、银奖各1个，一大批优秀青年脱颖而出。

中国电力建设集团有限公司

【公司概况】 中国电力建设集团有限公司（简称中国电建）是经国务院批准，于2011年9月29日在中国水利水电建设集团公司、中国水电工程顾问集团公司和国家电网公司、中国南方电网有限责任公司所属的14个省（市、区）电力勘测设计、工程、装备制造企业基础上组建的国有独资公司。

中国电建是全球能源电力、水资源与环境、基础设施及房地产领域提供全产业链集成、整体解决方案服务的综合性特大型建筑集团，主营业务横向跨越国内外能源电力、水利、铁路（地铁）、公路、机场、房屋建筑、水环境治理、市政基础设施及大土木、大建筑多行业，纵向覆盖投资开发、规划设计、工程承包、装备制造、项目运营等工程建设及运营全过程，具有懂水熟电的核心能力和产业链一体化的突出优势。此外，受国家有关部委委托，承担了国家水电、风电、太阳能等清洁能源和新能源的规划、审查等职能。电力建设（规划、设计、施工等）能力和业绩位居全球行业第一。

位居2017年《财富》世界500强企业第190位、中国企业500强第42位；2017年ENR全球工程设计公司150强第2位，位居中资企业第一；2017年ENR全球工程承包商250强第5位；连续五年获评国务院国资委中央企业负责人经营业绩考核A级企业。

截至2017年底，中国电建共有6个国家级研发机构，76个省级研发机构，6个院士工作站，6个博士后工作站，80家成员企业及下属子企业被认定为省级高新技术企业，4家企业被认定为科技部火炬计划重点高新技术企业；获得国家科技进步奖106项、省部级科技进步奖1995项，拥有专利9493项（其中发明专利1470项）；制修订国家及行业标准514项。

【领导班子】

（1）中国电建。

党委书记、董事长：晏志勇

总经理、党委副书记、董事：孙洪水

党委副书记：马立（至2017年10月）

党委常委：王民浩

党委常委、纪委书记：符岳岩

党委常委：王斌、姚强、李跃平、孙璀

（2）中国电力建设股份有限公司。

党委书记、董事长：晏志勇

总经理、党委副书记、副董事长：孙洪水

党委副书记、监事会主席：马立（至2017年11月）

党委常委、副总经理：王民浩

党委常委、纪委书记：符岳岩

党委常委、副总经理：王斌、姚强、李跃平

党委常委、总会计师：孙璀

【组织机构】 见2017年中国电建组织机构图。

【战略定位】 服务“一带一路”建设的龙头企业，全球清洁低碳能源、水资源与环境建设领域的引领者，全球基础设施互联互通的骨干力量，为海内外客户提供全产业链集成、整体解决方案服务的工程建设投资发展商。战略目标是：致力成为能源电力、水资源与环境、基础设施领域具有国际竞争力的质量效益型世界一流综合性建设投资集团。战略方针是：发挥懂水熟电核心能力和产业链一体化优势，统筹国际国内两个市场，聚焦能源电力、水资源与环境、基础设施三大核心领域，深入实施“深化改革、全球发展、创新驱动、转型升级、人才强企”五大战略，协同推进“产融结合、优势多元、产业联动、规划先行、精益运营、风险平衡、产业培育、文化凝聚”八大举措。

【改革发展】 2017年，中国电建在世界500强企业第190位、中国企业500强第42位，在ENR全球工程设计企业150强中排名第2位、全球工程承包商250强中排名第5名。股份公司市值管理卓有成效，资本市场表现优异，股票被纳入A股“上证50”指数，深受广大投资者和社会各界的好评。

（1）稳增长任务全面完成，主要经营指标再创新高。2017年，落实“保增长”目标，开拓市场、调整结构、强化履约，提质增效，完成了主要经营业绩指标，生产经营继续保持良好态势。全年完成营业收入3550亿元，同比增长9.36%；实现利润总额130.03亿元，同比增长7.04%；实现经济增加值50.49亿元；全员劳动生产率达到190.8万元/人年，同比增长10.4%。年末资产负债率79.87%，较年初下降1.52个百分点；资产总额达到7098.67亿元，同比增长17.83%。

（2）结构调整步伐加快，各业务板块协同共进。

营销履约成果进一步显现。发挥“懂水熟电、擅规划设计、长施工建造、能投资运营”核心能力和独特优势，围绕三大核心主业，主动与广西、内蒙古、西藏、西安等10个市场潜力巨大的省（区、市）和华电、诚通、国新等8家产业链关联大型产学研机构

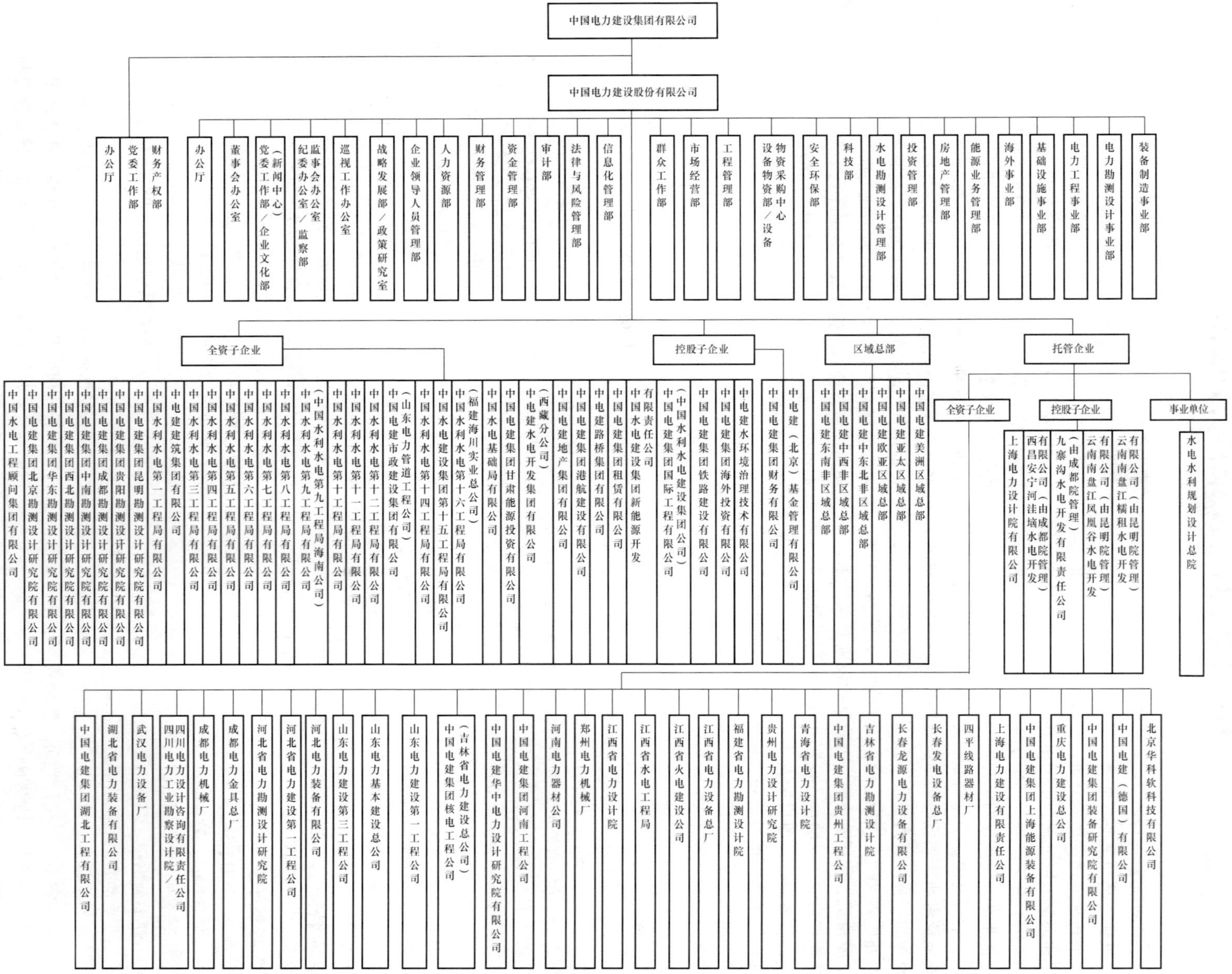

2017年中国电建组织机构图

建立了战略合作关系；参与各级地方政府产业对接、项目推介活动和“一带一路”国际合作高峰论坛、“世界水电大会”等行业高峰会议论坛，推介公司能力优势和品牌实力，持续拓展市场空间。服务国家战略，参与“一带一路”倡议、雄安新区建设、军民融合发展和新城镇化、京津冀协同发展、长江经济带发展战略，取得了较好的市场营销效果，在水利电力、轨道交通、高速公路等多个业务领域中标一系列“大单”，特别是深圳地铁12号线的中标创公司有史以来单项合同承包额最大的一个项目。白鹤滩、杨房沟、乌东德水电站、巴基斯坦卡西姆燃煤电站、中老铁路、科特迪瓦苏布雷水电站、赞比亚下凯富峡水电站、深圳茅洲河综合治理项目、池州骨料项目等重点大型特大型项目进展顺利。

电力能源业务进一步巩固。增强全产业链一体化综合服务能力，在主营业务领域向全球客户提供一揽子整体解决方案，优势地位持续提升。2017年，新签国内外水利电力合同2860亿元，国内中标签约辽宁清原抽水蓄能电站、木里河固增水电站、丰宁抽水蓄能电站机电安装项目等一批重大项目；辽宁清原抽水蓄能电站EPC总承包项目是公司承建的第一个含机电设备成套服务在内、完整EPC总承包模式的抽水蓄能电站项目，在抽水蓄能领域开启了设计—施工一体化履约新模式；山西大同左云地面光伏项目成为利用光伏发电治理煤矿沉陷区的典范。开展10个省（区）抽水蓄能规划调整，完成海水抽水蓄能资源普查成果发布。

国内基础设施业务进一步壮大。基础设施业务全年新签合同1792亿元，同比增长36.3%；完成营业收入1150亿元，同比增长20.2%。中标了成都地铁18号线、深圳地铁12号线、云南红河州高速公路、蒙自市地下管廊、新疆第十师北屯市公路、郑州航空港经济综合试验区城市基础设施等一批代表性项目。已实施的67个BT项目进展顺利，累计回款676.5亿元，回购完成率70%，四川成简快速路、天津武清新区等项目回购已全部完成，并拓展带动了其他项目的市场营销。在轨道交通领域取得发展，国内外承建的含高铁在内的铁路里程达到2000km，以地铁为主的城市轨道已覆盖9个城市，在建和竣工线路里程超过380km。

水资源与环境业务进一步发展。着力强化“规划先行、综合统筹、专业突出”的水环境系统治理营销理念，构建并完善水环境业务营销体系，全年新签水资源与环境业务合同超过300亿元。在规划实施深圳茅洲河治理项目的基础上，中标光明新区、东莞市管网河道工程，探索推动全流域水环境整治。中标成都李家岩水库、安徽阜阳城区水系统综合整治、河南郑州贾鲁河综合治理PPP项目及其他省市中小型项目。继发起成立“水环境治理产业技术创新战略联盟”后，挂牌成立了中国电建水环境治理研究实验中心，打造水资源与环境治理新技术、新设备、新模式的研发平台及专业技术人才科学实验平台。

投资业务进一步稳健。不断健全投资管理体制，完善投资项目评审决策、建设运营管理制度，着力提升投资专业化能力。根据国家政策调整和市场形势变化，及时调整投资方向、结构和项目，最大限度保障预期效益实现。2017年，稳步推进以水电、风电、太阳能等清洁能源为核心的电力投资业务，全年投资总额1234亿元，投资计划完成率102.8%；年末控股运营总装机容量达到1368万kW，其中水电625万kW、风电418万kW、火电227万kW、光伏98万kW。固定资产及经营性投资实现总收入387亿元，同比增长52.28%，实现利润21亿元，同比增长15%。同时，通过投资特别是小比例股权投资，累计拉动施工总承包业务收入981.57亿元，同比增长22.86%，推动了市场营销、调整转型、提质增效和业绩积累、资质获取。房地产业务严格贯彻中央提出的“房住非炒”政策，加大土地筹备、加强项目管理、加速库存去化，全年累计签约销售298亿元，为年度预算的135.4%；实现利润15亿元，为年度预算的111.12%，销售额名列2017年全国房地产公司100强第55位；累计实现去化率77.5%，经营质量稳步提升。

（3）全球化战略有力执行，海外业务集团化成效显著。

国际业务管理体系更加完善。召开国际业务工作会议，总结了海外经营发展所取得的成绩和经验，分析了面临形势和存在问题，宣贯了海外经营发展战略，部署了重点工作，国际经营发展“三步走”战略规划、“五个统一”管控原则深入人心。六大区域总部挂牌成立步入正轨，“五个中心”功能有效发挥，“大国际”格局基本成型，推动了国际业务全面发力、多点突破、纵深推进。国际业务制度建设卓有成效，以重组整合方案为纲领，以市场营销和履约管理为主线，全年制定印发了区域总部运行指导意见、品牌管理办法、市场布局管理办法、履约能力评价管理办法等35项管理制度，国际业务集团化制度体系基本建立。海外项目管理能力持续提高，建立了以QHSE为核心的履约标准体系、以履约能力为核心的评价体系和集团化海外综合风险防范和公共安全体系。2017年海外项目履约总体良好，质量、安全和环保等均符合有关标准和合同条款。

国际市场开拓能力有效提升。融入全球产业合作，参与中蒙俄、新亚欧大陆桥等六大经济走廊建设，推动项目纳入国家规划，争取亚投行、丝路基金等资金支持，深耕核心市场，挖掘潜力市场，把握机会市场，在以亚、非、拉为重点的全球市场全面布局、深度营销、规范竞争。目前在109个国家设立了330个驻外机构，在“一带一路”42个国家设有150个驻外机构，构建了覆盖全球、区域、国别的集团化、立体式国际市场培育开发和营销竞争体系。海外市场订单呈现“以我为主、多方合作”的特点，直接与国际项目业主或总包方签约的“一手单”继续增加，海外火电市场得到有效巩固。2017年实际新签国际业务合同2331.68亿元，同比增长15.24%，比同期行业增速高出6.54个百分点，是同期行业增速的1.75倍；完成营业收入875.24亿元，同比增长13.03%，比同期行业增速高约7.23个百分点，是同期行业增速的2.25倍。内部共有67家子企业开展国际经营，年末执行项目合同2586份，合同总金额8499.37亿元，同比增长8.45%；存量合同总金额4366.10亿元，同比增长5.93%。

国际业务经营模式不断优化。顺应国际建筑市场变化，发挥优势，扬长补短，加强与全球产业链、供应链合作伙伴特别是产业投资人、财务投资人的战略务实合作，共同参与项目开发、建设和运营。在巴基斯坦卡西姆燃煤电站项目开发营销中，创造性实现了中国设计、技术、设备、标准和部分国外高端资本、资源的有效整合，实现了中国要素和国际要素的良好协同，保证了项目经济可行、实施及首台机组提前交付，成为“中巴经济走廊”上的中国亮点和中资企业开展国际合作的范例。作为主要投资方和施工单位参与的中老铁路进展顺利。沙特阿美石油天然气加压站工程良好履约，推动公司成功进入国际油气建设领域。继收购德国TLT、哈萨克斯坦水利设计院后，完成了对意大利吉泰公司的并购，完善了公司地铁、铁路业务产业链，为开拓发达国家市场储备了设计资源。新能源、房地产等业务正在有序加快“走出去”。搭建技术设备物资“走出去”的综合服务平台，正式启动了工程相关国际贸易综合服务业务。

（4）改革不断深入推进，管理能力持续提升。

“十三五”规划逐步落地。编制了中国电建总体战略和“十三五”规划、12项业务规划、17项职能规划，子企业规划基本编报完成，形成统筹协调、相互衔接、互为支撑的战略规划体系，中国电建及子企业的战略定位和发展思路更加明确清晰。建立了年度战略实施程序，引入先进战略管理工具，有效地推动战略规划落地见效，中国电建主要经营指标总体上在发展规划的框架内稳步运行。

改革任务有序推进。推进内部金融分业发展，电建财务公司、电建基金公司有序运营，经纪保险业务积极推进。电力勘测设计、电力工程建设和装备制造板块全民所有制企业公司制改建工作有力推进，按照“重组上市”标准完成，企业市场化基础进一步筑牢。推动4组8家子企业实现内部重组整合，中国电建子企业户数减至73家，资源更加集中，布局更趋合理。“僵尸企业”和特困企业专项治理工作卓有成效，提前一年实现了三年处置治理目标任务。累计压减法人机构148家，142户厂办大集体企业改革方案已批复96.5%，完成率为57%；358家需清理规范的关联企业和自然人的改革方案已批复86.3%，完成率为56.1%，相关阶段性目标任务顺利实现。“三供一业”分离移交等工作有序进行，获得财政资金支持2.58亿元，部分区域总体解决了接收问题，为后期工作开展提供了有利条件。

经营管理亮点突出。中国电建96%以上的新开工施工项目纳入PRP项目管理系统运行，以进度为主线、成本为核心的工程项目全生命周期管控全面加强，管理系统被中国电力企业联合会授予“中国电力创新奖一等奖”。研究编制了水电工程设计采购施工总承包项目招标和合同文件范本，进一步理顺了行业EPC商业模式履约规则。搭建了公司“一库一平台”，公共资源交易系统平台荣获中国质量认证中心三星级证书，装备制造产品率先在该平台展示销售，“互联网+”营销取得实质性进展，内部交易活动更加公开、公平与公正。两级集中采购上下结合、有机互动，年度框架采购基本实现通用施工设备的全覆盖；深入探索大宗物资区域集中联采实现模式，全年设备物资集中采购率达到82%，同比提高3.9%；上网采购率达到75%，同比提高4%。

财务资金管理富有成效。完成年度非公开发行股票工作，成功募集资金120亿元，拓展了多元化融资方式和渠道。累计向35家子企业注入资本金139.26亿元，建立了资本金有偿使用机制，明确了资本金配置额度标准，有效引导资本流动，提升资本创效能力，并为能力培育、产业孵化提供了支撑。发挥全面预算管理功能，推进“两金”压控、亏损企业治理、债务风险管控、提质增效等重点工作统筹协调开展。资金一体化管控取得突出成效，达到行业领先水平。金融服务体系建设迈出新步伐，推出了内部保函、异地分离式保函和内部信用证明等多样化、定制化产品。通过内部存款利率上浮、贷款利率下浮、减免手续费、汇兑收益让利等措施，整体财务成本大幅降低。

法律合规与风险内控管理不断强化。中国电建对所承建项目的履约经营情况开展了全面系统排查、科学识别和评估风险，推动了重大风险项目专项管控处置。公司层面关注和督导的59个重大经营风险项目管控处置取得阶段性成效，越南松邦4水电站、马里塔乌萨水电站等项目的风险问题得到化解。开展国家审计署、国有重点大型企业监事会对公司审计意见和指出的整改，深究问题根源，建立长效机制。针对过往审计整改及巡视整改落实情况开展后续审计，强化管控和风险提示，推动监督整改力度不断加大。围绕重大项目和经营薄弱环节开展效能监察和专项治理，管理漏洞得到有效堵塞。完善法律风险防范机制，重大经营活动、重大投融资决策事项的法律审核把关不断加强，重大法律纠纷案件得到妥善处置。

(5) 创新驱动有效实施，科技产品创新实现突破。

科技创新取得新进展。贯彻落实创新驱动发展战略和“十三五”科技发展规划，编制了科技创新深入发展指导意见。举办了创新型企业建设研讨会和科技创新管理培训班，增强了中国电建内部创新工作的协同性。推进“垃圾焚烧技术与装备”国家工程实验室建设，占领相关行业发展先机。2017年，中国电建获得国家科技进步一等奖1项、二等奖1项；获得授权专利2048项，其中发明专利391项，291项科技成果获得省部级科学技术奖，其中55项成果获中国电力科学技术奖、水力发电科学技术奖等省部级一等奖。全球可再生能源储量评估、前景分析与规划平台入选世界互联网发展年度十佳实践案例。

产品创新实现新突破。高端装备制造的培育打造步伐持续加快，助力传统产业更新换代，推动供给侧结构性改革，拉动需求侧转型升级，中标了国家电网1000kV苏通廊道通风防灾系统，进入了船用烟气脱硫装置市场和综合能源管理市场。装备业务板块以全球供应链为抓手，打造以TLT公司为龙头的全球风机品牌，完成了目前国内最大的汽车风洞项目（中国汽车研究院重庆项目）建设，同时多个汽车风洞项目进入合同技术交底和拟建阶段。参股投资的中国自主研制的国内最大直径敞开式硬岩掘进机（TBM）“彩云号”成功下线。

(6) 安全生产可控好转，质量环境管理彰显成效。

安全生产和环境职业健康管理稳定向好。落实领导人员任期安全生产责任制和安全生产“一票否决”制，强化党政主要领导“安全第一责任人”的责任，推动安全生产工作与生产经营工作同部署、同落实、同检查。针对铁路、房地产、国际业务等出台了专项安全生产标准化评价标准，推动平台和投资运营企业开展安全管理标准化建设。开展安全教育培训，完成了分级安全管理轮训，领导干部和专业人员的安全生产、应急管理能力得到增强。针对安全领域的突出问题，开展安全隐患排查和专项治理，全年共计发现和整改问题近十二万项，保障了安全生产稳定向好局面。落实职业健康、环境保护、节能减排工作全环节、全员参与、全过程管控要求，示范先行、样板引领，完成了年度节能环保指标及目标。

质量品牌和资质管理成果丰硕。围绕中国电建战略目标和业务发展需要，坚持以创建优质工程为抓手，持续打造中国电建质量品牌。2016～2017年中国电建获得57个国家级优质工程荣誉表彰，其中国优金质奖16个、鲁班奖9个、国优奖32个。深圳地铁7号线项目获得国家优质工程金质奖，为中国电建在地铁建设行业树立起了标杆。资质体系在国家严格管理的背景下持续完备，全年新增10个市政、建筑、水利水电、电力特级资质，水电八局升级为全国为数不多的“三特”企业，多家设计院取得施工总承包一级资质。电建水环境公司资质快速到位，对推动中国电建水环境与治理业务的更大发展提供了有力支撑。

【党建工作】 2017年，中国电建党委学习宣传贯彻党的十九大精神和全国国企党建工作会议精神，以习近平新时代中国特色社会主义思想为指引，围绕“中央企业党建工作落实年”总体要求，以落实党建重点任务为抓手，以基层党组织和党员队伍建设为重点，落实全面从严管党治党责任，发挥“把方向，管大局，保落实”作用，为中国电建改革发展提供坚强保障。

(1) 强化理论武装，学习宣传贯彻党的十九大精神。

加强组织领导，精心安排部署。将学习宣传贯彻党的十九大精神作为当前首要政治任务，把握习近平总书记“学懂弄通做实”要求，坚持以上率下，制定印发并落实学习贯彻十九大精神的实施意见，先后安排5次党委中心组（扩大）学习，并召开专门会议交流学习体会，研讨贯彻落实措施。组织参加国资委召开的专题学习和报告会，全系统7万多人同步学习。召开全系统十九大精神专题辅导报告视频会，邀请中央宣讲团成员、社科院副院长蔡昉作辅导报告，全系统6900党员干部职工参加。举办两期总部处级及以上干部和在京企业领导班子成员参加的集中轮训班，邀请专家分专题宣讲。

坚持以上率下，深入基层讲党课。中国电建党委常委和各企业领导班子成员带头深入境内外项目部、海外区域总部、车间、班组等基层一线讲党课，以实际行动带动广大干部职工群众的学习。

开展主题活动，营造学习氛围。通过电建微言开展“学习贯彻十九大精神，电建红色答人挑战赛”，答题活动点击数1300万人次，参加答题人数达到9.2万人次。组织党员干部参加国资委培训中心开展的十九大精神网上学习，有4万人参加。通过学习，进一步坚定了广大党员干部职工做强做优做大企业的信心和决心，进一步树立起“四个意识”，强化了“四个自信”，用十九大精神武装头脑、指导实践、推动工作的自觉性和坚定性进一步强化。

推进“两学一做”学习教育常态化制度化。狠抓党员干部学习教育，印发《公司“两学一做”学习教育常态化制度化的具体方案》，加强各层级党员干部培训、轮训，抓好带头人队伍和执行人队伍专题学习，探索推广支部主题党日、党员固定活动日和网上组织生活，推动学习教育从关键少数向全体党员拓展、从集中性教育向经常性教育延伸。总结推广公司“三会一课”好的做法，完善相应管理制度，确保“三会一课”常态化长效化，党内政治生活的政治性、时代性、原则性、战斗性得到明显增强。公司被中宣部党建网、中国文化管理协会授予“企业微党课”优秀组织单位，8个微党课作品被授予首批“企业微党课优秀作品”并在中宣部党建网展播。

（2）全面落实管党治党责任，贯彻落实全国国企党建会要求。

党委法定地位有效落实。坚决落实两个“一以贯之”，把加强党的领导和完善公司治理统一起来，将党建工作要求纳入中国电建和中国电建股份公司章程，其中，中国电建股份公司修改章程的议案以99.9%的支持率获得股东大会高票通过。修订印发“三重一大”决策制度实施办法、公司工作规则、党委议事规则、董事会议事规则、总经理工作细则等制度，明确党组织在治理结构中的定位和决策程序中的工作方式。研究制定《关于落实国企党建会议精神完善成员企业领导体制的工作方案》，对完成公司制改革并建立了规范董事会治理结构的成员企业，逐步推行党委书记、董事长由一人担任。

党委领导作用充分发挥。修订印发《党委议事规则（2017年版）》，明确党组织与其他治理主体的权责、边界，明确党组织研究讨论是董事会、经理层决策重大问题的前置程序。全年召开党委常委会22次，涉及议案200余项，并严格督办落实，确保党委决策得到有效贯彻执行，党建工作与企业生产经营管理工作深度融合，始终把握企业改革发展的正确方向，履行“把方向、管大局、保落实”职责。坚持民主集中制原则，把“三重一大”民主决策制度执行情况作为党的建设和领导班子考核、民主生活会和领导干部述职述廉的重要内容，健全问责机制，保证重大决策民主化、科学化，切实将党和国家方针政策、重大部署贯彻落实到公司改革发展各项工作中。

党建制度体系更加健全。坚持制度治党贯穿始终，制定修订完善党建工作主要制度50余项，基本建立健全了务实管用的党建工作制度体系，增强党建制度的系统性和科学性，强化制度执行。制定了党的建设“十三五”规划、全面监督“十三五”规划、企业文化建设“十三五”规划，对全面加强党的建设、强化全面监督做出了总体规划。进一步健全中国电建党委全委会工作体制和学习制度，推动党委工作制度化、规范化、标准化，保证管党治党有据可依。

党建重点任务全面落实。贯彻国有企业党的建设工作会议精神，围绕国资委“中央企业党建工作落实年”总体要求，推进中央组织部、国资委党委制定的30项重点任务和国资委党委明确的23项重点工作落实，印发并督查落实《中国电建党委贯彻落实国企党建会重点任务实施方案》，党建28项重点任务和83项重点措施中，78项项重点措施已落实到位并持续推进，落实率为94%。组织召开中国电建党建工作会议，围绕贯彻落实十九大精神，进一步研究贯彻落实国企党建会精神的具体举措，继续推动重点任务全面落实和深化。

（3）坚持党管干部原则，干部队伍建设成效明显。

选人用人工作要求全面落实。坚持正确用人导向和好干部标准，把政治素质放在首位，严把干部选拔任用的“动议、考察、决策、任用”四个关键环节，认真开展工作纪实，强化干部能力素质培养，努力把更多“政治强、业务精、懂专业、善治理、作风正”的好干部充实到领导人员队伍中来。开展领导班子和领导人员年度综合考核评价，将考核结果与奖惩和薪酬挂钩，对班子和领导人员考核做到“三个100%”。在班子配备上，更加突出问题导向和战略导向，强调班子的整体结构、功能要求、作用发挥，结合班子换届和个别调整，不断加强干部队伍建设和后备干部队伍建设。强化组织纪律，加大干部人事档案审核、个人有关事项核查等专项工作力度，重点对填报不实进行了处理。进一步规范成员企业选人用人工作，领导人员队伍结构得到改善，能力素质得到持续提升，纪律规矩意识得到增强。

加强干部教育培训。以“培养意识、学习知识、提升能力”为主要目标，以理想信念与党性忠诚教育为重点，进一步扩宽培训资源，优化培训内容，规范培训管理，强化培训纪律。把反腐倡廉教育作为各类干部培训的“必修课”，切实加强对企业领导人员的党性教育、宗旨教育、警示教育和能力素质教育，严明政治纪律和政治规矩，突出政治素质，开展领导干部党性修养与素质能力培训，培训领导人员及后备干部374人，提升了领导人员队伍的政治素质和业务能力。加强科技创新领军人才队伍建设，实施院士后备人才培养计划和关键人才培养工程。

强化日常监督。结合巡视、班子换届、综合考评、一报告两评议、信访举报等发现的问题，组织开展成员企业选人用人及监督管理专项检查，着重对成员企业干部管理基础工作、选人用人、因私出国(境)、干部人事档案、干部教育培训以及后备干部管理等方面进行了监督检查。持续加强企业领导人员个人有关事项报告的抽查核实、企业领导人员因私出国(境)等的日常监督管理工作，对于存在和出现的问题严格按规定处理，不断增强领导人员的纪律规矩意识。

(4) 坚持党管人才原则，人才队伍建设成效显著。

制订和落实中国电建《人力资源（人才）“十三五”规划》。建立了人才工作目标责任制，落实国家重大人才工程和人才工作重点任务，实施了《院士后备人才培养计划》和企业领导人员、科技创新人才、国际业务人才、战略转型及新业务人才、经营管理人才、党群工作者、项目经理人才、高技能人才等8项关键人才培养工程，选拔培养了29名院士后备人才，选拔推荐了三批次国家级科技人才、专家，一人入选百千万人才工程国家级人选。

加强人才招聘工作，从源头上推动人才队伍的结构调整。修订了《招聘管理办法》，新制定了《在京单位高校毕业生招聘管理暂行办法》，开展了主营专业目录梳理工作。加强与高校的战略合作，开展“电建招聘进校园”活动。鼓励支持成员企业加大社会化招聘力度，通过猎聘高端人才、多平台发掘成熟人才、熟人推荐优秀人才等方式招聘吸纳社会上的战略转型新业务人才和急缺人才。组织参加了雄安新区往届毕业生双选会和在京随军家属专场招聘会，有效彰显了企业责任和信誉。2017年共招聘8489人，其中，战略转型新业务相关专业占比21%，研究生学历占比13.5%，社会成熟人才占比15.8%，专业结构、人员素质持续优化。

改进人才培训评价工作，推进人才队伍的素质提升。坚持战略导向、问题导向，突出主营业务和战略转型新业务能力提升，以企业领导人员、国际化人才、经营管理核心人才、项目管理人才为重点，全年共组织实施78个培训班，培训各类关键人才1.2万人次。启用网络职称评审系统，实现了职称网上评审，提高了工作效率和评审质量。加强职业技能鉴定，开展技师和高级技师评审，鉴定电力行业特有工种1400余人次，141名职工通过中电联高级技师终审。

创新人才激励和保障机制，激发人才的创造激情。在工资总额管理上，坚持“双挂”机制，引入“双效”指标和国际经营系数，强化了分配的导向作用。建立了合规性、激励性和约束性并存的企业负责人薪酬机制，对子企业负责人的薪酬结构、兑现原则进行了规范，并坚持“贡献大薪酬高”和“业绩升薪酬升”的原则，调整了2016年度子企业负责人基薪。启动了企业年金计划，开展管理机构招标，确定了中国电建企业年金的受托人、账户管理人、托管人和投资管理人，分片区完成对子企业的调研指导、与各网省公司的协商方案和资产移交，企业年金实现商业化运营。

(5) 加强基层基础工作，进一步提升党建科学化水平。

加强基层党组织建设。严格按照“四同步、四对接”的要求，梳理成员企业党委换届情况，建立换届工作台账，实行动态管理。加强与成员企业所属地方上级党组织沟通协调，印发《关于做好2017年度成员企业（单位）党委换届选举工作的通知》，完成了20家成员企业党委换届选举，除个别企业因企业重组或换届人事安排原因未能及时换届外，其余成员企业党委全面实现了应换尽换。加强项目党建工作，制定印发和落实《项目联合党工委实施办法》，探索在大型项目上建立联合党组织，统筹协调项目党的建设工作。加强境外党建工作，修订印发和落实《关于加强境外机构党建工作的指导意见（2017年版）》，成立了6个海外区域总部区域党工委，加强对境外党建工作的统筹管理和组织协调。在处置“僵尸企业”、内部重组整合过程中，做好党员组织关系接转、党组织隶属关系调整等工作。

开展党建工作责任制考核。根据国资委党委的文件和要求，重新制定了《成员企业党建工作责任制实施办法（2017年版）》《党建工作责任制考核评价暂行办法》和《党建工作责任制考核评价指标体系》，加大检查抽查力度，督促指导各企业建立健全并严格执行各项党建工作制度。组织开展对所属成员企业2016年度党委书记党建工作述职评议和落实党建工作责任制情况的考核，强化了企业党委履行主体责任工作，促进了企业党的建设，增强了党委书记聚焦主责主业的责任感。

明确“两个不低于1%”，做好人员和经费保障。先后两次对成员企业党务机构设置、党务人员配备进行摸底调查，确保专职党务干部配备不低于在职职工的1%。印发《党组织工作经费有关问题的通知》，要求成员企业党组织工作经费不低于工资总额的1%，并设立党组织工作经费专门科目。通过确保“两个不低于1%”，为党建工作的开展提供有力保障，推动党建工作迈上新台阶。

创新党建工作载体和方式方法。根据十九大精神和新时代党建工作新要求，积极推进党建工作创新。强化互联网思维，推进党建管理系统和信息公开平台建设，公司党建管理系统二期正式上线运行，在实现对成员企业党建工作的在线管控和考核评价的基础上，党建工作进一步向基层延伸，实现所属党支部全覆盖，党建信息化建设再上新台阶。鼓励并指导部分成员企业党委探索推广网上支部、网上党课、网上信箱、网上热线、网上举报、网上投票等党建工作活动载体，实现党建工作开放式、多层次、立体化，打造中国电建特色党建活动品牌。

推动信息公开工作，加强阳光央企建设。印发和实施《中国电建信息公开管理办法》《公司信息公开事项清单》(中电建党〔2017〕12号)，进一步明确信息公开渠道、公开流程和公开事项范围。加强信息公开平台建设，累计公开重大决策情况、经营管理情况、领导干部选聘及任用情况、工程项目招投标情况、设备物资采购情况等11大类信息5335项，接受职工群众和社会公众监督。开展对部分企业信息公开工作的效能监察，推进成员企业信息公开工作和公开平台建设，保障职工的知情权、参与权、监督权，推进依法行权用权。

(6) 加强党风廉政建设和反腐败工作，推动“不敢、不能、不想”取得初步成效。

推动“两个责任”全面落地。落实《党委主体责任的实施细则》，组织召开中国电建2017年党风廉政建设和反腐败工作会议、党风廉政建设联席会议，制定2017年党风廉政建设和反腐败工作要点，组织与71家成员企业、单位和总部28个部门、事业部签订了党风廉政建设责任书。围绕“两个责任”落实和构建不能腐体制机制情况，对部分企业及深圳茅洲河水环境治理项目、深圳地铁项目、白鹤滩水电站项目和印尼国别项目等进行监督检查。加强责任制考核，采取签字背书和约谈提醒等方式督促落实“两个责任”，不断加大问责追究力度，落实“一案双查”，以强力追责问责倒逼责任担当、倒逼“两个责任”落实。中国电建纪委被中央纪委表彰为“全国纪检监察系统先进集体”。

强化廉洁从业教育。学习传达中央和国资委、驻委纪检组有关会议精神，深入开展廉洁教育、纪律教育和警示教育，邀请中国纪检监察学院客座教授作习近平总书记党风廉政建设新思路新要求新举措专题报告，指导成员企业纪委开展“明准则、知条例、守纪律”主题教育活动，刻录派发驻委纪检组制作的《央企领导人员违纪违法警示录》，组织总部机关130多名处级及以上干部集中观看了《央企领导人员违纪违法警示录》《永远在路上》等警示教育片。坚持送教上门，2017年公司纪委为干部培训班作党风廉政建设和反腐败工作专题授课6场次，组织召开片区廉洁教育和廉洁风险防控座谈会8次。开展节假期间提醒教育，在春节、端午、中秋等重要节假日前夕印发通知，注重培育良好家风，弘扬正能量，持续推进廉洁文化建设，强化思想道德防线。

严格执纪问责。2017年中国电建及成员企业纪委受理信访举报454件，按照干部管理权限，对存在信访举报的成员企业领导班子成员约谈27人次，向被反映人所在党委及本人函询27人次，信访和问题线索受理、处置、上报完成率100%。实践运用监督执纪“四种形态”开展执纪审查工作，对收到的206件信访举报件进行了认真处理，对65名干部进行了党纪政纪处分，对66名进行了组织处理，始终保持执纪审查工作高压态势。

加强巡视工作。完成国资委巡视整改“回头看”和专项督查相关工作，逐项清理，确保整改措施到位、长效机制建设到位。整改工作方案中5个方面39项需要整改的问题，已整改36项，整改率为92%；151条具体整改措施，已落实145条，落实率为96%，工作成效得到了国资委党委督查组的肯定。建立了“四位一体”巡视工作制度体系，突出政治巡视，分4轮对35家企业开展了内部巡视，实现三年82家成员企业巡视全覆盖。

(7) 加强宣传思想工作，企业品牌形象有效彰显。

加强精神文明建设和企业文化建设。制定和落实《中国电建企业文化建设“十三五”规划》，推动企业文化核心理念深入人心。强化职工思想政治工作，推动党的理论创新成果进企业、进车间、进班组、进头脑，成立公司党建政研会，完善党建思想政治工作组织体系和运行机制。深入推进精神文明“三创建”活动，凝聚砥砺前行的正能量，营造和谐平稳的发展环境。荣获“2016～2017年度全国电力行业软实力建设贡献奖”；华东院、山东电建一公司、河北院、河北电建一公司等4家企业获得第五届“全国文明单位”荣誉称号，另有7家企业通过复评继续保持全国文明单位称号。1名职工获国资委评选的首届“央企楷模”。完成中国电建年鉴2016卷的出版发行工作，并荣获全国年鉴编校质量检查评比特等奖。

加强新闻舆论宣传工作。坚持党管宣传、党管意识形态不动摇，制定落实《公司党委意识形态工作责任制实施办法》和《关于进一步加强舆情监测和危机应对工作的意见》，强化落实意识形态工作责任制，掌握党对意识形态工作的领导权。加强舆情监测，防范舆情风险。统筹宣传资源，加强新闻策划，展示电建形象。在《人民日报》等主流媒体发表新闻宣传作品500多篇，中国电建党委书记、董事长晏志勇荣获“2017全国能源年度人物”，中国电建荣获2017中国企业海外形象高峰论坛“最佳海外形象企业”奖，入选2017年中国品牌100强等。

(8) 加强对统战群团工作领导，群众组织优势有效发挥。

加强党对统战工作的领导。落实国资委党委年度统战工作要点，召开党委专题会，研究侨联组织建设问题，开展统战工作调查摸底，重新梳理健全了公司和各企业统战工作分管领导、责任部门、工作负责人等组织机构。做好对统战对象的服务工作，学习传达中央有关精神，确保中央精神和政策的落实。做好统战对象对企业改革发展意见建议的征求工作，充分发挥他们参政议政的作用。

加强党对群团工作的领导。学习领会习近平总书记关于群团工作的新思想新观点新论断，提升理论修养和党性觉悟，推动群团组织发挥桥梁和纽带作用，组织召开职工队伍技能素质提升工作推进会，动员职工群众为企业改革发展建功立业。推进集团层面建立职代会制度，进一步规范成员企业职代会建设。组织开展职工经济技术创新工程，在多项全国技能大赛中取得优异成绩。组织开展了“提质增效我们在行动”主题演讲、“庆国庆、迎盛会——提质增效促发展，携手共建白鹤滩”主题演讲及慰问演出，举办“追梦电建　砥砺前行”网络春晚。健全特困职工档案，组织开展扶贫帮困和金秋助学活动，努力解决职工群众反映强烈的突出问题。加强维稳信访工作，确保了企业稳定。成立海外联合团工委，服务海外青年成长。推进“青年之声”“网聚青年 建功电建”“青年论坛”“青春电建校园行”等系列活动持续开展，发挥了青年突击队在急难险重任务中的重要作用。

【国际业务】 2017 年，电建集团继续推进集团化、属地化、全球化“三步走”战略实施，强化商业模式创新，提升项目履约能力，注重合规建设，国际业务呈现上升趋势，新签合同额、营业收入分别为 1945.40 亿元、875.24 亿元，新签和营收比 2016 年分别增长 8.05%、13.03%。

加强国际业务集团化建设，制定了国际业务品牌、营销、履约、风险、考核相应制度，形成了较为完善适宜的管控体系。加大国际业务经营、履约力度，集团及所属成员企业在 109 个国家设有 322 个驻外机构，电建国际与成员企业营销人员实现联合办公，立体营销体系初步建成，实现营销资源互补。注重属地化建设，加强六大区域总部管控、营销、监管能力建设，成立区域总部党工委，利用当地机构对项目前期进行咨询服务，项目本土化雇员明显增加。强化合规意识，推进项目全生命期合规要求。

商业模式不断创新突破，加大项目融资工作力度，开拓新业务，更加适应市场需要。以固定收益模式中标秘鲁亚马孙河道疏浚工程；以卖方信贷方式推动伊拉克鲁迈拉燃气电站；签署了以年金模式开发方式的肯尼亚公路项目。同加纳政府深度合作，与政府建立了例会制度，组织推动 26 个项目。参股投资并使用优买融资的津巴布韦旺吉燃煤电站实现融资关闭；在印尼投资的明古鲁燃煤电站实现融资关闭；以 EPC 完工担保推动的印尼巴丹图鲁水电站获得预付款。突破传统业务，首次签约伊拉克萨玛沃石油炼化厂和埃及苏赫纳燃油炼油厂等炼化项目；与中信、华为、金风等六家企业合作成立了国际新能源解决方案平台 INES，强化技术、信息共享和合作。并购意大利 Geodata 公司，提升了中国电建在地下工程、轨道交通等方面的专业能力和国际市场开发能力。

强化项目履约管理，项目实施总体平稳。投资建设的中巴经济走廊重点项目大沃风电、卡西姆燃煤电站和出口买方信贷方式建设的喀麦隆麦维莱水电站、科特迪瓦苏布雷水电站实现并网发电；中国铁路走出去的示范工程中老铁路建设进展顺利，印尼雅万高铁关键工点征地移交，首期贷款释放，项目正式开工；马来西亚皇京港等战略项目起步；已完工的加纳布维水电站、赞比亚卡里巴北岸扩机工程获中国境外工程鲁班奖。洪都拉斯帕图卡 3 水电站和缅甸莱比塘采矿项目被评为示范营地。2017 年，中国电建 67 家成员企业在 120 个国家执行 2586 份合同。

国际业务得到快速发展，项目规划、设计、施工等能力得到各种组织认可。2017 年，中国电建在 ENR 全球排名稳步前进，国际承包商排名第 10（中资企业第 2），国际设计企业第 17（中资企业第 1）。从行业排名来看，在电力领域持续第 1，在水利领域上升至全球第 3（中资企业第 1），首次进入污水和有害垃圾处理领域前 10 名，位列第 7（中资企业第 1）。在区域排名中，非洲第 2，亚洲第 7。首次进入中东、拉美前 10 名，分别为第 10（中资企业第 1）、第 7。

【科技创新】

1. 国家创新型企业建设

2017 年，科技部学习贯彻党的十九大创新理念及全国科技创新大会精神，全面推进中国电建“十三五”创新驱动发展战略，围绕建设创新型企业目标，持续推动成员企业创新型企业、高新技术企业建设工作。2017 年中国电建研发投入 104.4 亿元，研发投入比 2.94%，比 2016 年研发投入 88.4 亿元增加了 16 亿元。截至 2017 年底，中国电建共有 7 家企业认定为省级创新型企业，2 家企业认定为市级创新型企业，4 家企业确定为省级创新型企业试点企业；中国电建高新技术企业已增至 80 家。为促进集团与成员企业创新驱动、转型升级提供了有力支撑。

2. 强化集团创新驱动战略和科技规划贯彻实施

根据中国电建创新驱动发展战略和“十三五”科技发展规划要求，研究《国资委推动中央企业科技创新工作举措》等系列文件精神，围绕创新型企业建设工程、重大技术攻关工程、研发平台建设、创新成果推广应用工程、体制机制建设工程、科技人才队伍建设和营造创新环境等方面的实施方案开展深入系统研究，编制了《关于强化实施创新驱动发展战略，进一步推进科技创新深入发展的意见》。为中国电建“十三五”时期的科技创新工作有效开展提供了明确的任务清单和实施计划，为中国电建创新驱动发展战略和科技发展规划的持续有效推进奠定了基础。

为进一步加强中国电建科技创新驱动战略、科技发展规划实施，加大宣贯培训力度。分别在上海、南昌、天津、郑州等地组织召开中国电建创新驱动发展战略和科技发展规划宣贯会议，引导企业明晰中国电建科技创新发展战略和规划部署，创新型企业内涵和创新要素的同时，注重成员企业创新发展需求、反馈与交流，促进了成员企业创新驱动战略和科技发展规划，既符合自身的发展实际，又与中国电建的创新战略和科技规划相协同。

3. 科技创新体系建设

秉承创新驱动发展战略和科技发展规划引领，推动科技创新体系建设，进一步完善科技管理、研发平台、科技委“三位一体”的技术创新组织系统。持续推动符合创新型企业建设的科技管理工作；持续加强研发平台建设力度，不断提高企业自主创新能力；推进科技委工作，充分发挥科技委的智库作用。

（1）科技管理制度建设。重视科技创新管理制度建设，每年结合中国电建引领和管控要求，努力构建完善“系统完备、科学规范、运行有效”的科技管理制度体系，陆续制（修）定了《中国电力建设股份有限公司科技进步管理办法》《中国电力建设股份有限公司科技进步考核暂行办法》等十多项管理制度。完善《中国电力建设股份有限公司科技进步考核暂行办法》。系统研究集团科技发展要求，完善相关创新要素，每年针对不同类型企业科学调整指标权重，实施差异化的年度考核，实践证明能较好体现各企业功能定位和发展新要求。针对重大科技专项产学研用协同创新管理的新要求，开展了项目管理阶段与流程、项目组织管理及费用预算编制标准等专项研究，强化了项目顶层策划和阶段论证，进一步细化了立项论证流程及相关要求，制定了重大专项经费预算编制及审核原则，提高了重大科技专项管理质量。开展科技创新项目低息贷款方案研究，形成《中国电力建设股份有限公司科技项目优惠贷款管理办法》，不断拓宽为成员企业创新资金来源；研究《关于印发〈中央科技型企业实施分红激励工作指引〉的通知》文件精神，结合中国电建所属企业现状和成员企业实施分红激励意愿，探索集团股权激励和分红激励方案。持续完善科技创新管理体系建设，针对考核、评价、激励等内容开展科技创新管理活动。组织完成了2017年度科技进步考核及科技创新能力评价工作，引导企业不断提升创新能力；依据中国电建《科学技术奖励办法》制度，设立科技奖励专项资金，加大对科技人才的激励力度，表彰做出突出贡献的先进集体和个人。

（2）研发平台体系建设。2017年，中国电建结合公司发展战略需求，不断加强集团内外科技创新资源整合力度，围绕“清洁能源电力技术、水环境治理水生态修复技术、集成水资源开发利用和保护新技术、基础设施建造技术和服务、高端智能制造技术、海洋资源开发及利用技术、应急产业关键装备和技术、绿色低碳智能建筑技术、新一代信息技术应用”等九个业务技术领域，持续推进以集团统筹、成员企业实施的“两级三层”研发平台建设工程，逐步打造业务门类布局合理、产学研用深度融合协同创新的创新平台。截至目前共拥有国家级研发平台6家、省级研发平台76家、集团级研发平台3家。为贯彻十九大国际合作“引进来、走出去”精神，响应国资委“推动国际竞争力的优势产业走出去”号召，全面了解集团、成员企业海外业务发展现状和海外创新工作需求，组织开展专题研讨会议，谋划中国电建海外研发机构建设布局，明确推进建设的总体思路和原则。依托海投公司、昆明院、装备研究院、山东电建一公司等单位先行先试，加速海外研发机构建设进程。

（3）推进科技委工作。组织各专委会根据企业发展中遇到的问题展开研究，对新行业、新领域、新技术进行学习和交流，充分发挥科技委的咨询、议事、参谋和平台作用；组织专家参加集团科技项目立项实施中的方案论证、可行性分析、评估验收等工作，发挥了科技委的智库作用，逐步提高科技委的工作水平和质量，为推动中国电建创新驱动战略和科技发展规划的有效实施发挥应有的作用。

4. 科技项目管理

2017年，结合中国电建业务发展需要和技术优势，参与国家重大创新任务，申报并参与2017年度国家重大科技专项、重点研发计划及国家自然基金项目共17项。同时，围绕公司转型升级的迫切需求，发挥科技创新引领全面创新的作用，围绕构建现代业务技术体系建设要求，强化与现代信息技术深度融合，一方面谋划光热、城市轨道和核电等业务领域关键集成技术攻关，推进《城市河流水环境治理关键技术研究》《国际工程技术标准应用研究》，以及EPC商业模式工程项目现代信息技术应用研究等一批集团级重大专项研究工作，集成集约集团内外部创新资源，自上而下构建新兴业务领域技术体系；另一方面，围绕各业务领域核心关键技术突破和应用转化需求，在能源电力、基础设施等传统优势领域开展技术创新的同时，注重新兴业务（包括水资源与环境、光热、核能、地下空间等）重点技术研发的引导。2017年择优立项59项，其中战略新兴业务科技项目研究占37%。

5. 重大科技成果情况

2017年瞄准国家、行业重大创新需求，开展“梯级水库群风险等级确定与风险设计”等数十项国家级、省部级科技项目和课题研究。同时，面向集团发展战略和市场需求，以数字化、网络化、智能化、绿色化作为提升竞争力的技术基点，持续推进“城市河流水环境治理关键技术研究”等200余项集团重大科技专项、重点科技项目，以及各成员企业科技项目研究有效实施，取得大批具有良好经济社会效益的科技创新成果。通过精心组织集团优秀科技成果申报国家、省部级和各学协会科技技术奖。其中，“600MW超临界循环流化床锅炉技术开发、研制与工程示范”项目荣获国家科技进步一等奖、“锦屏二级超深埋特大引水隧洞发电工程关键技术”项目荣获国家科技进步二等奖，“超深与复杂地质条件混凝土防渗墙关键技术”等一批创新成果先后获得291项省部级科学技术奖项。

同时，知识产权战略和知识工程建设取得新进展。中国电建位列《2017年中国企业专利创新百强榜》第54位，股份公司企业技术中心经国家发展改革委的评价全国排名第15位，科技成果取得各方肯定。各子企业开展知识产权示范企业建设，贵阳院、水电五局分别获评为2017年度国家知识产权示范企业、优势企业。组织开展专利等知识产权战略布局和质量提升专题研究，促进了知识产权结构质量和数量的大幅提升。截至年底，2017年新申请专利2614项，其中发明专利804项，国际专利11项；新授权专利共计2048项，其中授权发明专利391项；累计有效专利9493项，其中发明专利1470项。

6. 协同创新情况

着眼于国家相关行业发展战略和自身技术优势，整合优质科技创新资源并联合国内相关产学研用各方技术优势资源，进行全方位、多层次科技合作，借助各级技术研发中心、院士工作站、博士后流动站等多种研发平台，积极开展国家重大科技项目攻关，为国家重点工程建设以及培育企业核心竞争力提供了有力支撑和保障。

（1）联合优势科研机构及企业开展重大技术攻关。加强与清华大学、中国水利水电科学研究院、河海大学、武汉大学、四川大学等一批国内高校、科研院所以及其他企业之间的合作，围绕行业重大技术难题和工程实践，组织开展重大技术攻关、重大工程建设咨询、院士学术讲座和专项技术培训，持续推进与外部创新资源的协同创新。2017年中国电建及所属成员企业开展的联合攻关项目达936项，投入研究经费达11 338.97万元。在水电业务领域，联合中国科学院武汉岩土力学研究所、四川大学、雅砻江流域水电开发有限公司等单位联合开展“锦屏二级超深埋特大引水隧洞发电工程关键技术”。联合同济大学、四川大学、河海大学等单位联合开展“300m级高心墙堆石坝施工关键技术研究及应用”。该项研究形成了系统的复杂地质条件高土石坝施工与质量控制技术，建立了300m级高心墙堆石坝施工的成套技术方法和标准体系，实现了土石坝精细化施工的重大创新。在新兴能源开发与利用领域，联合清华大学联合开展“智能电网下多种储能技术的工程实用性研究”，瞄准中国能源结构调整和储能技术发展的巨大需求，针对智能电网储能结构优化配置和大规模压缩空气储能工程应用的相关技术，开展了设计理论与方法的研究，研制了风光复合发电系统、含分布式电源的配电网、微网系统等应用场景下各类储能的优化配置研究；联合上海交通大学，江苏大学等高校院所联合开展了“太阳能光热发电高温熔盐泵研制”，针对光热发电熔盐泵工作环境温度高、轴系结构细长、加工装配工艺精度要求高等特点，自主研制光热高温熔盐泵成套设备，并在青海共和光热示范项目应用，实现光热发电关键设备国产化，促进了国内光热熔盐泵设计方法及标准体系建设。在海洋工程建设领域，联合长江科学院、华南理工大学、西南交通大学等单位联合开展“近海深厚软土地基工程建设的科学问题与关键技术及其产业化研究”，研究近海深厚软土地基工程建设和海洋勘探开发中地基基础的科学问题与关键技术，形成了近海深厚软土地基处理、围堰与导截流、陆域形成等多项关键技术。

（2）强化产业技术创新联盟建设和学术交流。牵头组织的水环境治理产业技术创新战略联盟自成立以来，规模不断壮大，2017年新增47家单位入盟，目前共计88家单位。围绕水环境领域科研和工程项目，先后组织联盟成员单位技术交流20余次，为完善水环境治理技术体系，加快水环境行业技术标准体系建立创造了良好条件；凭借在太阳能发电、供热领域规划、设计、建造及新能源多能互补等方面的建设优势和雄厚的技术开发与成果转化能力，中国电建集团西北勘测设计研究院有限公司成为光伏发电产业技术创新战略联盟副理事长单位、青海省太阳能产业技术创新战略联盟单位，促进了太阳能发电业务的发展；凭借多年水电工程超大型地下空间建设技术优势，中国电建市政建设集团有限公司成为中国城市地下综合管廊产业联盟副理事长单位，组织并开展了相关政策研究、标准编制、关键技术研发及创新成果市场推广工作，为培育集团城市地下管廊业务市场竞争力创造了条件。

7. 开展国际科技合作情况

按照全球化发展总体部署和科技创新驱动发展战略，围绕海外业务生产经营与技术创新需求，开展海外研发平台建设、技术研发、国内外标准对标研究、技术合作及科技资源整合等科技创新工作。

（1）着重引导成员企业推进海外研发机构建设。为贯彻落实“十九大”报告“坚持引进来和走出去并重，遵循共商共建共享原则，加强创新能力开放合作”精神，满足集团、成员企业日益增长的海外业新发展迫切需求，中国电建围绕集团创新驱动发展战略和全球发展战略，积极谋划海外研发机构建设布局，明确“市场化、属地化、集团化、信息化”建设原则，并以集团所属海投公司、昆明院、山东电建一公司、装备研究院等单位的典型平台建设为契机，加速海外研发机构建设进程。截至目前，老挝南欧江二期工程试验检测中心、巴西电网工程技术（美洲）研究院已挂牌成立，为老挝南欧江流域梯级开发、巴西美利山输变电工程建设提供了有力支撑，为中国电建持续开拓东南亚、南美洲等地区能源开发市场奠定了基础。

（2）推动优势技术“走出去”。响应国家“推动国际竞争力的优势产业走出去”号召，中国电建凭借丰富的海外工程建设实践经验，一方面秉承高端切入、规划先行的理念，开展“孟中印缅经济走廊能源合作框架下跨境河流开发研究”“孟加拉国全国流域综合治理规划”等专项研究工作，为开拓国际水电以及其他可再生能源市场创造有利条件；同时，依托海外拟建在建工程，与海外企业建立友好合作伙伴关系，共同开展技术合作和交流。2017 年与拉法基豪瑞集团、俄罗斯电力国际工程有限公司、巴基斯坦 FWO 公司等境外大型企业签订战略合作协议；与 GE 公司、AECOM 公司、Norconsult 公司等一批知名设计咨询企业针对以色列 KH 抽蓄电站、PNG Ramu 2、下凯富峡水电站等工程难题进行广泛的技术合作。另一方面，持续推进“国际工程技术标准应用研究”“中国水电标准‘走出去’”等项目研究，并推动“重点区域（国别）可再生能源发展基础研究和合作规划研究”“一带一路沿线及非洲重点国家水电开发现状与发展潜力分析研究”，为推动国家能源产业走出去做出积极贡献。

（3）加快先进技术“引进来”。联合境外丹麦科技大学、EMD 公司共同承担国家科技部国际科技合作专项项目，开展复杂地形风资源测量方法与风能分布预测研究、新型复杂地形空气动力场 CFD 计算模型、风机尾流模型与微观选址优化方法研究及软件平台开发，突破有关技术瓶颈，促进中国复杂地形风电场规划和设计技术的跨越式发展。与法国达索公司、美国 Bentley 公司等企业交流，并围绕工程设计、施工建设和 EPC 模式项目方面现代信息技术应用进行全方位深度合作，促进了国际合作创新和现代信息技术应用水平的提升。其中，与 Bentley 公司联合成立的 ECIDI-Bentley 中国 BIM 工程研究院，已逐步发展成为面向行业协会、政府部门以及工程领域相关企业的 BIM 解决方案及产品供应商和工程三维数字化技术人才的培养基地。同时加强与德国、美国等欧美发达国家先进企业技术合作，引进德国垃圾处理及生物制气发电技术、美国 Systech 公司 Biomax 小型分布式生物质发电技术，为支撑生物质制气、垃圾资源化处理等一批新兴业务的发展做出贡献。

（4）承办重大国际学术交流会议。承办第三届东亚峰会清洁能源论坛、中国大坝工程学会 2017 年学术年会等一批重大学术交流会议，展示了中国电建及所属成员企业集团在国内外水电领域技术与管理的实力。中国电建“全球可再生能源储量评估、前景分析与规划平台”入选“世界互联网发展最佳实践案例”，并在 2017 年世界互联网大会上发布，有力地增强了集团在国内外的品牌宣传效应。

8. 科技统计工作

重视科技信息统计和分析工作，为适应科技创新管理工作需要，推动科技进步，服务科学决策，结合国资委、科技部、中电联对科技统计报表的新要求，完成了科技统计系统的升级、测试和实操培训工作。通过对研发平台、科研经费、项目研发、获奖成果、知识产权、技术标准、高新技术企业建设等方面的信息统计与研究，编写完成《中国电建集团 2016 年度科技发展报告》。

中国能源建设集团有限公司

【公司概况】 中国能源建设集团有限公司（简称中国能建）是经国务院批准成立、由国务院国有资产监督管理委员会履行出资人职责的国有独资公司，成立于 2011 年 9 月 29 日，是集电力和能源规划咨询、勘测设计、工程承包、装备制造、投资运营等于一体的国内领先、国际先进的特大型能源建设企业，是世界

500 强企业。

2017 年，全年新签合同额同比增长 7.99%，营业收入和利润总额均实现较快增长。2017 年，公司位列“世界 500 强”榜单第 312 位，在 ENR150 强全球工程设计公司、225 强国际工程设计公司、250 强国际承包商及 250 强全球承包商均排名前列，获得国际机构良好信用评级，企业行业地位和品牌价值进一步凸显。

【领导班子】

（1）中国能建。

董事长、党委书记：汪建平

总经理、党委副书记、董事：丁焰章

党委副书记：张羡崇

党委常委：聂凯

党委常委：吴春利

党委常委：于刚

党委常委：周厚贵

党委常委：兰春杰

党委常委、纪委书记：李子勇

党委常委：陈关中

总工程师、首席信息官：吴云

（2）中国能源建设股份有限公司。

董事长、党委书记：汪建平

总经理、副董事长、党委副书记：丁焰章

党委副书记、董事、副总经理：张羡崇

党委常委、副总经理：聂凯

党委常委、副总经理：吴春利

党委常委、副总经理：于刚

党委常委、副总经理：周厚贵

党委常委、副总经理：兰春杰

党委常委、纪委书记：李子勇

党委常委、总会计师：陈关中

党委常委、副总经理、总工程师、首席信息官：吴云

【组织机构】 见 2017 年中国能建组织机构图。

【企业战略】 中国能建肩负“世界能源，中国能建”组织使命，秉承“行业领先，世界一流”的战略愿景，以打造“两型两化”（科技型、管理型，国际化、多元化）、具有国际竞争力的工程公司为主要目标，抓住保持稳定增长和推动高质量发展的中心任务，加快转型升级，优化产业结构，着力深化改革，强化规范管理，推进创新发展，全面加强党的领导和党的建设，促进中国能建全面、协调、可持续、高质量发展，实现国有资产保值增值、国有资本做强做优做大，提升中国能建的活力、竞争力和品牌影响力。2017 年，中国能建顺应市场环境的深刻变化，结合企业实际，持续强化战略管控，为企业改革发展谋篇布局，战略引领取得积极成果。集思广益，汇聚众智，确立了到 2020 年基本建成具有国际竞争力工程公司的战略目标。发布中国能建三年滚动规划、“十三五”人力资源发展和科技等专项规划，明晰了发展思路。推进放管结合，精简审批事项 14 个，调整干部管理关系，优化了总部管控。开展多领域、多途径战略合作和高端营销，与十多家相关政府、企业和金融机构签署战略合作协议，参加“一带一路”国际合作等高峰论坛，发起设立有关产业基金，不断提升中国能建品牌价值，为企业加快发展创造了良好条件。

【体制改革】 一是组织实施公司组织结构调整重组。在深入研究、反复论证、多方征求意见的基础上，制订了公司组织结构调整重组总体方案。第一阶段将完成中国能建所属勘测设计业务板块、电力建设业务板块的调整重组，设立规划设计公司，将中国能建 20 户勘测设计业务企业重组并入其中；设立北方、南方、华东、西北四家区域性建设投资公司，分别将区域内电建业务企业重组并入其中；完成公司内（不含葛洲坝集团、中能装备集团）的投资业务与国际工程业务资源的重组整合；完成中电工程公司所属企业的调整重组，将中电工程新能源公司并入中电工程咨询公司，同时将咨询公司提升为公司二级单位。二是混合所有制改革试点工作取得突破性进展。根据《中共中央 国务院关于深化国有企业改革的指导意见》《国务院关于国有企业发展混合所有制经济的意见》等有关混合所有制改革政策文件精神，向发展改革委上报了《关于申请成为中央企业混合所有制改革试点企业的请示》。11 月 20 日，国家发展改革委办公厅、国资委办公厅正式电发《关于做好第三批混合所有制改革试点有关工作的通知》，明确将中国能建所属江苏省电力建设一公司、湖南省电力设计院作为第三批混改试点企业。三是推进“处僵治困”工作。先后完成改革工作体制机制的建立工作、总体工作方案的上报下发工作、各单位工作目标和进度安排的核定工作、专项考核机制的建立工作、各单位具体实施方案的审核批复工作、内部配套政策的研究制定下发等各项工作。2017 年，32 户“僵尸企业”和特困企业共分流安置人员 13 313 人，其中：内退 7348 人，解除劳动合同 1886 人，转岗分流 1654 人，劳务输出 641 人，清退劳务派遣 1430 人，动员办理提前退休 354 人。32 户“僵尸企业”和特困企业中，盈利的有 13 户，利润总额 1.97 亿元；亏损额较 2015 年度减少的有 11 户，累计减亏 4.79 亿元；7 户企业完成了低效无效资产的处置工作。四是深入开展压缩企业管理层级、减少法人户数（简称压减）工作。根据《关于中央企业开展压缩管理层级减少法人户数工作的通知》（国资发改革〔2016〕135 号）精神，启动压减工作，通过

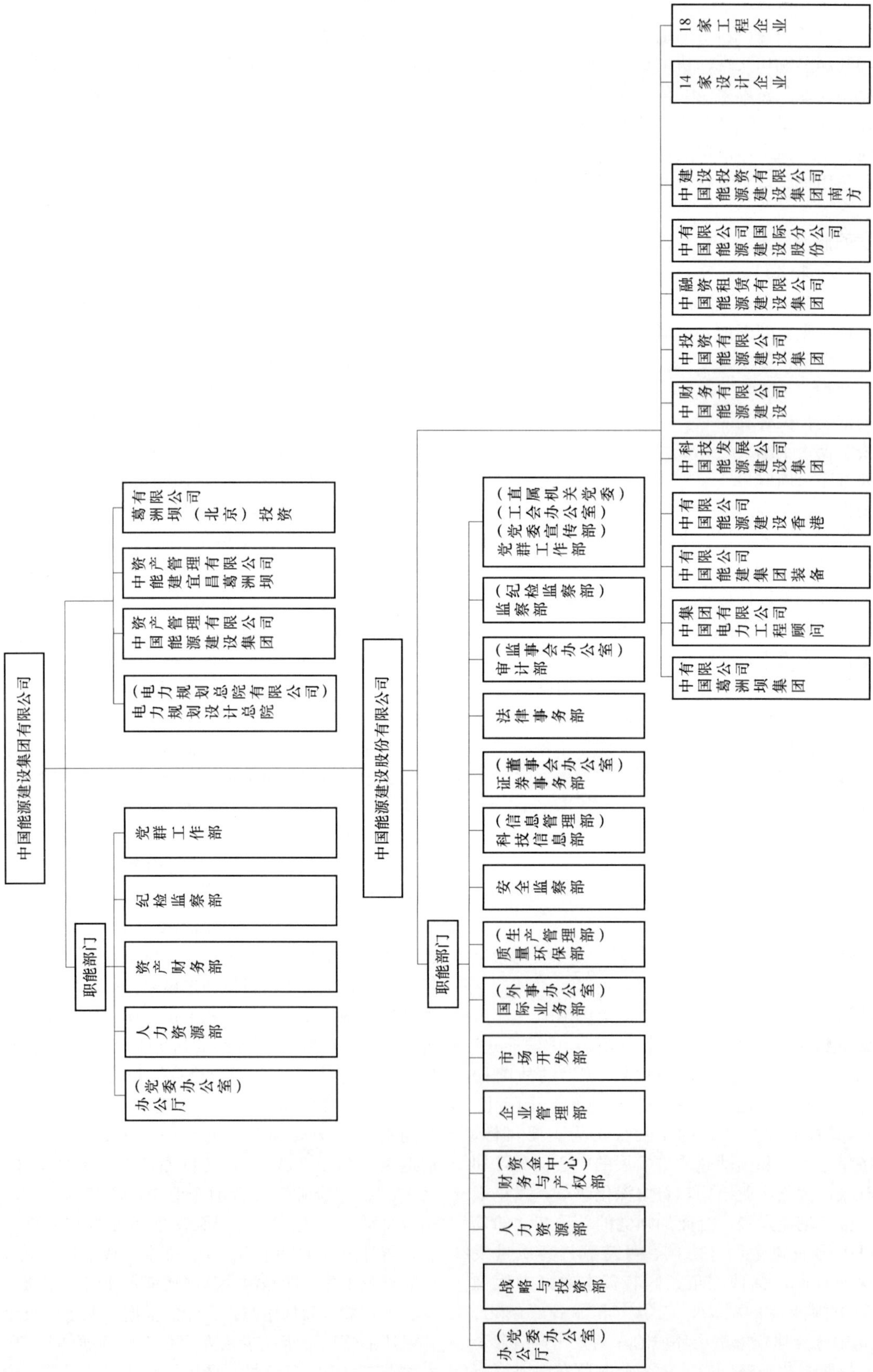

2017年中国能建组织机构图

采取重组整合、层级提升、注销法人、对外转让、破产撤销等途径与方式完成企业压减工作。2017年，已累计减少法人企业91家，按照管理层级划分，其中三级企业17家、四级企业43家、五级企业29家、六级企业1家、七级企业1家；按照产权层级划分，其中三级企业2家、四级企业16家、五级企业19家、六级企业35家、七级企业17家、八级企业1家、九级企业1家。管理层级由7级压缩至5级。五是推进公司制改制工作。根据国务院国资委有关工作要求，启动了剩余11户全民所有制企业改制工作，2017年，已完成4户拟改制企业的改制工作，关闭注销了2户企业，其余5户企业正在办理关闭注销手续。

【人力资源】 2017年末，中国能建在职员工共135 929人，其中在岗职工120 042人，不在岗职工15 887人；劳务派遣人员16 496人。员工学历结构情况，博士研究生446人，占比0.33%；硕士研究生10 466人，占比7.70%；本科45 368人，占比33.38%；专科31 347人，占比23.06%；中专及以下48 302人，占比35.53%。员工年龄结构情况，55岁及以上8024人，占比5.90%；50至54岁19 700人，占比14.49%；40至49岁44 718人，占比32.90%；30至39岁34 109人，占比25.09%；29岁及以下29 378人，占比21.61%。员工职称结构情况，正高级职称2238人，副高级职称14 333人，中级职称19 994人，初级职称26 093人。员工技能等级结构情况，高级技师2078人，技师7584人，高级工17 697人，中级工7145人，初级工2857人。

【生产经营】 2017年，中国能建主要经营指标创造历史最佳业绩，经营效益稳步提升。新签合同同比增长7.13%，其中，国内新签合同同比增长4.31%，国际新签合同同比增长14.43%；完成营业收入同比增长5.09%；资产总额比年初增长15.88%；所有者权益比年初增长9.07%。实现利润总额同比增长18.2%，实现净利润同比增长15.59%。

【安全管理】 2017年，中国能建坚守安全生产红线，推进安全生产领域改革发展，全方位加强安全生产管理，安全生产形势平稳，全年未发生较大及以上生产安全事故。一是落实安全生产主体责任。中国能建及所属单位进一步规范了安全生产委员会组成，中国能建及所属安全生产一、二类单位均设置了独立安全管理部门、配备了安全总监；建立健全了“安全生产明白卡”交底制度、领导干部任前安全谈话制度、安全生产履职与干部任用挂钩机制。二是推进安全生产管理依法依规。修订发布了《安全生产管理规定》等7项安全生产管理制度。三是加强安全生产风险管控和隐患排查治理。开展各级自查和督查共计6999次，各级企业主要负责人带队开展安全生产检查，发现并消除管理隐患（问题）12 127项，现场隐患（问题）17 383项。四是全面加大承（分）包管理力度。完善承（分）包管理制度，制定发布了《承（分）包安全生产管理办法》，以“树立承（分）包‘安全+’管理理念”为核心，对专业分包安全生产协议和劳务分包安全生产协议进行了规范。五是深入开展安全生产专项活动。积极开展“电力建设工程施工安全年”“安全生产月”等活动，扎实开展危险化学品安全综合治理、电气火灾综合治理、安全生产标准化建设、应急能力建设评估等专项工作；扎实开展安全生产教育培训，着力提升各级人员安全责任意识和能力。

【节能减排】 2017年，中国能建拓展绿色产业，承建绿色项目，坚持绿色发展。开展水务处理、垃圾固废处理处置与资源化利用、分布式能源设备生产、环境生态治理等技术服务业务。推进水泥窑协同处置固体废物业务，推进再生资源利用深加工业务，延伸产业链，完善全国网络布局，打造全国再生资源利用龙头企业，推动循环经济和绿色发展。其中，松滋、当阳水泥公司通过新建4500t/d熟料新型干法水泥生产线置换落后产能，调整优化水泥产能，降低了生产成本。

参与绿色工程项目建设，提供节能减排工程服务。2017年签约武穴市重点市政道路、城区黑臭水体整治和雨污分流PPP项目、开平市新一轮生活污水处理设施整市捆绑PPP项目、湘阴县污水处理厂改建项目、铁岭中电环保发电项目新建工程、葛洲坝湖北襄荆高速公路有限公司绿化与环境保护养护工程等多个环保绿色项目，为行业和社会提供了优质的节能减排工程建设服务。

发挥技术优势，推进行业节能减排技术应用。开展节能减排高端咨询、技术研究、规划、评审等工作，搭建节能减排技术平台。依托电力规划总院有限公司的技术资源，主导编制火电站、核电站常规岛及电网的勘测设计行业标准，开发超临界/超超临界燃煤发电技术，洁净燃煤发电、空冷机组、大型燃气—蒸汽联合循环发电等火电相关技术。

推动开展绿色施工管理。开展绿色施工示范项目创建活动并取得成效。江苏电建三公司承建的国电泰州二期2×1000MW二次再热燃煤发电机组工程被中国建筑业协会授予“第四批全国建筑业绿色施工示范工程”称号；承建的彩虹城二期项目，于2017年7月被镇江市住房和城乡建设局授予“镇江市标准化文明（绿色施工）示范工地”。安徽电建二公司被安徽省安环信用评估有限公司审核认定为“环保施工企业”，环保信用等级为AAA级。黑龙江火电三公司上海嘉定项目推广应用节能减排技术被授予“上海市重点工程实事立功竞赛特色项目”称号。

2017年未发生环境保护和节能减排违法、违规事件；万元营业收入能耗（可比价）同比下降0.65%；二氧化硫、化学需氧量、氮氧化物和氨氮排放总量分别同比略有下降。

【科技发展与创新】 2017年，中国能建参与国家重大科技专项，加大研究开发力度，加强产学研合作，推动科技成果转化，取得了显著的成效。公司不断完善科技创新体系，新增院士工作站2个，2家企业技术中心被认定为省级企业技术中心，1家企业研究院被认定为省级企业研究院。形成了以工程研究院、3个院士专家工作站、8个博士后科研工作站2个国家级和43个省级研究机构为主体的科技创新研发体系。新增高新技术企业4家，高新技术企业总数达到68家。

2017年产学研合作成效显著，所属单位与中国科学院院士，中国科学院大连化物研究所、中国电科院等科研院所，清华大学、武汉大学、河海大学、浙江大学、上海交通大学等多所高校联合开展技术研究和技术成果转移转化合作。与北京师范大学等单位合作组建了中国绿色发展协同创新中心，与河海大学合作组建了新能源研究中心，与华中科技大学合作组建了电网技术工程研究中心，与中国地质大学合作组建了电力岩土工程研究中心。与中国矿业大学共同搭建的半工业型中速磨煤机试验研究平台顺利建成，成立了中国矿业大学中速磨研究联合实验室，建立了中速磨研究基地。通过与高校、科研院所的合作共建，实现资源优势互补，促进了人才培养。

2017年，中国能建所属单位共获得国家级科技奖励3项，省部和行业级科技进步奖175项。其中，参与完成的“特高压±800kV直流输电工程”成果获国家科技进步特等奖，“600MW超临界循环流化床锅炉技术开发、研制与工程示范”成果获国家科技进步一等奖，“中国节水型社会建设理论、技术与实践”成果获国家科技进步二等奖。获得专利授权1349项，其中发明专利338项。共有128项科技成果进行了转化和推广应用。中国能建科技项目“近海风电支撑结构耐久性及结构选型与设计优化关键技术研究”成果在6个工程中应用。

【信息化建设】 推进公司管控平台建设，支持集团管控。继续进行人力资源系统的部署和实施，建立全集团统一的人力资源管理信息化平台，实现人力资源整体管控、分层管理的业务模式，支撑公司人力资源管理业务，为公司信息系统建设提供统一的组织结构及用户源。

进一步深化主营业务应用。研讨“智慧电厂数字化设计建设”，构建新一代平台级电厂数字化设计模式，在完成电力工程设计阶段的柔性化改造的同时，为客户提供个性化定制服务，并提高设计质量，为大规模智慧电厂的建设奠定行业基础，提升企业创新力。实现发电重点项目数字化设计与数字化安装、数字化运维对接和延伸，使数字化设计成果在施工安装和运维阶段得到有效利用和体现。将BIM技术和VR虚拟技术应用在方案优化设计、三维模拟、技术交底、安全体验等方面，各单位、各专业间沟通和配合更加顺畅，缩短了建设周期，降低了工程造价，提高了工程质量；积极应用信息技术、物联网、移动技术等探索智慧工地建设，在综合管廊和建筑类项目管理中开展劳务实名制考勤管理、大型机械防碰撞系统、环境监测管理系统、工程远程监控、二维码应用、安质环移动执法等信息化应用，提升了项目管理水平。为推动材料管理在设计、施工中的贯通，开展了EPC材料管控系统的编码建设工作。

云应用取得初步成果。开放思想，变自建为购买服务的信息化基础设施使用模式。继公司选择应用阿里云邮箱，将网站群部署到阿里云后，陆续在华为云上部署了科技管理信息系统、客户关系系统、档案管理系统、OA、费控系统等。初步掌握了公有云应用的部署方式、安全模式等，探索了一条“公有云”+“本地机房”的基础设施建设的融合之路。

【国际合作与交流】 2017年，中国能建国际业务新签合同同比增长14%。全年共在87个国家和地区实现项目签约，其中，亚洲、非洲地区占比81.55%，欧洲、大洋洲的市场份额大幅度提升。在“一带一路”沿线40多个国家签约大中型电力和基础设施项目130多个，签约金额占签约总额的57.02%。在中非“三网一化”、中东欧合作、中拉合作取得新收获，累计在相关地区签约占比35.59%。

【党建、工会、职工队伍建设】 截至2017年底，中国能建共有各级党组织3055个，其中党委187个，党总支281个，党支部2587个；党员71 028人，其中离退休党员26 545人。2017年，公司深入学习贯彻党的十九大精神，全面落实全国国有企业党建工作会精神，坚持党对国有企业的全面领导，不断把全面从严治党推向纵深。

抓学习，重提升。十九大召开后，中国能建党委迅速把学习宣贯作为当前首要政治任务，掀起学习宣传贯彻热潮。召开中国能建党委（扩大）会进行研究，两次印发学习通知，编制《“五个到位”36项具体措施》学习清单，扎实推进。组织专题党委中心组集中和扩大学习讲座10次，召开党委常委会进行座谈研讨，发挥中国能建党委的示范领学作用。开展中国能建党委常委赴基层宣讲活动，书记带头，10名党委常委每人至少宣讲一次。举办4期专家学者专题视频报告会；举办6期学习十九大精神中层干部轮训班，用习近平新时代中国特色社会主义思想武装头脑。用好中国能建“四位一体”宣传平台，精心策划，开设“十九大时光·能者善为”“十九大时光·建则善成”等专题专栏，开展了一系列学习宣传活动，营造出了浓厚的学习氛围。

规划引领，强化认识。提高思想站位，把握全国国有企业党建工作会要求，解决“要不要、怎么抓”这个核心问题，研究推动体制机制再造，为强党建奠定坚实保障。强化谋篇布局，印发党建行动计划70项清单，逐级逐项压实党建责任，年底完成率超过95%。突出重点任务，组织召开了首次党代会，所属企业党委换届选举已完成35家，实现“应换必换”的新突破。

“融入、内嵌”，改革体制。再造领导体制，实施党委书记、董事长“一肩挑”调整，列入计划的39家二级企业全部完成。落实前置程序，制定《党委会议事规则》，修订《党委常委会议事规则》，完善中国能建章程、《“三重一大”决策实施规定》，把党的领导融入公司治理。完成集团公司、股份公司章程修改，指导二级企业全面完成修订工作。

劳模工程建设体现作为。中国能建培养的国际焊接大赛冠军、全国劳模刘仔才当选党的十九大代表。“五一”前后，中国能建41个先进集体和个人荣获省级以上工人先锋号、劳模荣誉。选树“中国能建劳动模范”30名，既推“老黄牛”，又评“智多星”。大力弘扬劳模精神和工匠精神，编印《来自一线的故事》劳模故事集，在延安举办劳模疗休养红色教育活动。

争创特色实现重大突破。发布中央企业首份职工发展报告《转型期的选择——中国能建职工发展报告（2011～2016）》，探索职工全面发展新途径。《国资工作交流》简报及新华社、人民网、经济日报、工人日报等10余家主流媒体进行集中报道，相关研究成果荣获“2017年度党建思想政治工作研究成果一等奖”“中国电力创新奖一等奖”“金蜜蜂2017优秀社会责任报告·员工责任信息披露专项奖”。

精神文明建设硕果累累。一是牢固树立文明发展理念。中国能建举办“文明施工与CI导入”主题活动，开展现场观摩和座谈交流，取得较好效果。10月24日，菲律宾康塞普森遭受严重的山洪洪涝灾害，东电一公司主动参与救援，疏通河道，修复道路，转移并救济灾民，得到属地人民群众赞扬。开展道德讲堂活动。葛洲坝国际公司、中电工程华北院、广东院、东电一公司、安徽电建二公司、天津电建、西北电建等单位举办主题道德讲堂活动，促进了精神文明建设水平再上台阶。二是营造舆论宣传氛围。重大新闻上了人民日报头版、央视财经频道、经济日报头版头条，人民网、新华网等主流媒体发出专稿。仅“一带一路”论坛召开时，在中央媒体刊播稿件20余篇；十九大召开前后，在中央媒体，发表包括主要领导署名文章在内的各种稿件20余篇。

职工队伍建设成效显著。举办中国能建首次吊装技能大赛，组织参加3项高等级技能竞赛，荣获国际焊接大赛团队金奖。深化职工经济技术创新，荣获第九届全国电力职工技术成果奖等级奖25项、全国能源化学地质系统职工创新奖等级奖12项。举办“能建杯”第二届职工羽毛球赛，组织参加行业乒乓球赛，展示职工风采。开展“星级职代会”创建活动，葛洲坝集团荣获“全国厂务公开民主管理先进单位”称号。

责任对标，健全机制。完善党建责任体系，出台《党建工作责任制实施办法》，建立“述评考用”相结合的工作机制并与经营业绩考核挂钩。强化述职评议考核，首次安排12家二级企业党委书记现场述职评议，其他企业综合考评，实现全覆盖。开展工作督导，对25家二级企业进行党建督查，成效明显。

载体创新，管理升级。开发中国能建党群信息系统，在中组部、国资委组织的国企党的建设工作督查会上正式发布，用8个模块、44个子模块，让党群工作全部在线。该系统得到国资委的肯定和推介，被评为“全国能源化学地质系统创新成果一等奖”和中央企业政研会“2017年度党建思想政治工作研究成果二等奖”。

【中国电力工程顾问集团有限公司】

公司概况 中国电力工程顾问集团有限公司（简称中电工程），前身为中国电力工程顾问中电工程，于2002年底在原国家电力公司所属中国电力工程顾问（集团）有限公司基础上组建，现为中国能源建设集团（股份）有限公司的全资子公司。

领导班子

中国能建党委常委、股份公司副总经理、中电工程党委书记、执行董事、总经理：吴春利

党委常委、副总经理：李兵

党委常委、副总经理、总法律顾问（兼）：车洪林

党委常委、总工程师：李宝金

党委常委、副总经理、纪委书记：封静福

党委常委、副总经理：薛丹峰

组织机构 下属10家子公司，分别是东北电力设计院有限公司、华东电力设计院有限公司、中南电力设计院有限公司、西北电力设计院有限公司、西南电力设计院有限公司、华北电力设计院有限公司、中国电力建设工程咨询有限公司、中国电力工程顾问集团投资有限公司、中国电力工程顾问集团新能源有限

公司、中国电力工程顾问集团国际工程有限公司。

企业战略及体制改革 战略规划。中电工程于2016年启动“十三五”战略规划编制工作，2017年3月底，战略规划报告通过中电工程总经理办公会审定，并上报中国能建。战略规划确定了中电工程以“全球能源、缔造未来”为使命，以“行业引领，国际一流”为愿景，以打造科技型、管理型、国际型、多元化、平台化、一体化，“三型、三化”世界一流跨国工程公司为战略发展目标，以资源优化、科技领先、创新驱动、国际优先、产融结合、适度多元、风险管控、文化凝聚八大战略部署统领全局，着重聚焦“十三五”发展规划的目标、策略与行动路径，对中电工程的五大业务板块与十项重点职能建设做出了科学、全面、系统的规划。

体制改革。按照中国能建统筹安排，推动“三项”改革稳步开展。一是推进“压减”工作，确保方案按计划实施。根据中国能建要求，现已全部完成中电工程2017年“压减”4家法人单位的工作目标。此外，为加快推进“压减”工作进展，促进企业瘦身健体，提高核心竞争力。二是推动“三供一业”分离移交工作。2017年中电工程通过摸底调查，共有5家子企业涉及“三供一业”分离移交工作。目前已签订22项分离移交框架协议，5项分离移交正式协议，供水、供电、供热、供气、物业分离移交签订协议占比分别达到100%、100%、96%、100%、100%。三是开展剥离国有企业办社会职能及解决历史遗留问题工作。所属中南院和西北院涉及企业办社区管理职能，已上报工作方案，并督导所属单位开展办社区分离移交工作。所属西北院涉及办教育改革工作，已组织西北院初步编制了办教育改革的工作方案。

投资并购。2017年，中电工程实际完成投资为224 315.68万元。其中，固定资产投资完成109 566.77万元，股权投资完成2537.62万元，融资建设项目投资完成112 211.29万元。截至2017年底，中电工程已累计拥有浙江海盐、湖南白云仙一期、陕西黄龙界头庙、陕西黄龙金家山、浙江衢州5个已投产正在运营的控股投资风电项目以及越南海阳、湖南白云仙二期等多个在建的投资项目。2017年，上述5个投产控股项目共计实现营业收入18 570万元，实现利润总额7954万元，项目运营情况良好。

人力资源 截至2017年年底，中电工程共有职工9000余人，拥有国家级勘察设计大师11人，享受国务院政府特贴专家100人；拥有正高级专业技术职务人员1053人，拥有高级专业技术职务人员共计3607，拥有中级专业技术人员共计2201人；拥有大学本科及以上学历人员共计6812人，占全体职工比例74.8%，其中博士111人，硕士3082人，学士3619人。

生产经营 主要运营指标高质量完成。全年完成新签合同额520.25亿元，同比增长11.85%。其中：国内业务379.54亿元，同比增长14.68%；国际业务140.71亿元，同比增长4.46%。凭借优异成绩，中电工程在2017年中国勘察设计协会“工程总承包企业完成合同额百名排序”中荣登榜首。

全年实现营业收入235亿元，同比增长4.65%。实现利润总额22.76亿元，同比增长11.83%。实现经济增加值（EVA）13.5亿元，同比增长3%。截至2017年末，中电工程资产总额364.37亿元，同比增长11.18%；所有者权益总额122.1亿元，同比增长30.42%。

市场开发高站位谋划。一是提升战略布局，引领了市场开发。完成了中长期战略和“十三五”发展规划以及太阳能热发电发展战略大纲等专项规划编制。持续开展对外战略合作，加强了与地方省市政府、国内外大型能源企业的高层交流，为市场开发创造了有利条件。发挥总部和投资平台的牵头、协调和指导功能，协调开发项目，参与了并购境内外公司的前期工作，同时探索参与电力行业新业态。发挥国际公司平台功能，签订了一批海外合同，充分体现了一体化经营和集团化运作的国际市场开发优势。二是加强政策和行业研究，助推了市场开发。为应对传统主营业务市场萎缩局面，举全集团之力，开展了市场专题分析研究及拓展推介材料编制工作，为改进市场推介与研发产品互动模式，塑造竞争新优势，抢占市场制高点指明了方向。三是传统电力业务板块市场份额保持稳定。全年新签勘察设计合同49.06亿元，新签总承包合同额468.54亿元。总承包业务方面，加强集团化运作力度，签订了一批合同，继续保持了总承包业务规模化发展。四是清洁能源与能源新业态板块加速发展。重点承揽了光伏、光热和大型风电等项目。同时，开发增量配网、“互联网+能源”等新业态项目。全年新签新兴业务合同额112.25亿元，占全部新签合同额比例超过20%。五是国际业务板块稳中有升。全年新签国际项目61项，其中直接承揽的项目47项，自主开发国际业务的能力大幅提升。目前，中电工程国际业务合同额占全部合同额超过25%；“一带一路”沿线国家新签合同额占全部国际业务合同比例超过85%。六是投资业务板块成绩显著。中电工程控股的四个风电项目全年实现利润近8000万元。投资板块已经成为中电工程优化资产结构、提高利润水平、保持健康可持续发展的重要途径。七是非电业务板块高端布局持续深化。全面加强非电市场开发资质、人才、技术和工程业绩等资源储备，努力培育开发新项目。业务涉及了智慧能源、多能互补、交通、水利、旅游、土地开发、市政综合管廊、工业园区、军民融合等领域。

2017 年，中电工程全年未发生生产安全事故，安全生产形势可控，重点开展了以下安全生产工作：一是加强安全生产组织机构和人员建设。总部及各单位均成立了独立的安全生产管理部门、设立了安全总监，履行安全监督职责，共配备专职安全生产管理人员 77 人。二是安全生产制度体系。先后修订或新编了 11 项安全生产管理制度，新编了工程总承包项目安全生产管理责任清单；同时，各单位共修订完善各类公司级安全生产管理制度 400 余项，修订完善工程总承包项目管理制度 700 余项。三是组织开展安全生产检查和隐患排查工作，2017 年，中电工程先后成立了 15 个检查组，分 6 批次对在建工程总承包项目进行了 40 次安全生产大检查和隐患整改情况“回头看”检查，实现了中电工程在建重点监控项目安全生产全覆盖检查，对在建的主要总承包项目安全生产实现了全覆盖检查，共查出隐患 1068 项，目前均已整改完成。截至 2017 年 12 月底，总部及各单位共组织了 5583 次安全生产检查，28 520 人次参加了检查，查处违章人数 2121 人次，查处一般隐患 34 428 项，其中 34 338 项已整改，整改率 99.74%，下发隐患整改通知单 3567 份，投入整改资金 1170.71 万元。四是开展“11·24”特别重大事故专项整改工作。“11·24”事故发生后，中电工程吸取事故教训，在开展事故应急响应工作、配合事故调查工作的同时，开展事故整改工作，由公司安全生产委员会统一领导，实施了安全管理体系建设、在建工程总承包项目安全生产大检查、安全教育培训等一系列有力措施，组织对总部及各子企业安全生产工作存在的突出问题落实整改。

节能减排 2017 年，中电工程完成了环境保护和节能减排工作目标：未发生较大及以上环境事件，未发生对企业正常生产经营活动有较大影响的环境事件与节能减排违法、违规事件，严格按照中国能建下达的 2017 年节能减排指标进行过程控制。逐级签订了节能减排责任书；召开了环境保护和节能减排领导小组会议；开展了 2017 年“六·五”世界环境日活动全国节能宣传周、全国低碳日等活动；开展了重点监控工程总承包项目现场环境保护和节能减排专项检查工作，对检查情况进行通报并督促整改闭环。

科技创新 2017 年，中电工程完成了国家能源应用技术研究及工程示范项目“700℃超超临界燃煤发电关键设备研发及应用示范”等国家重大科技专项的研究工作；《电力工程设计手册》编制工作取得阶段性成果。编制完成 2 项国家标准和 10 项行业标准；编制完成中电工程企业技术标准 15 项，发布科研成果 23 项。

2017 年，中电工程科技创新成果丰硕，共获得各类科技奖励 54 项，其中，“特高压±800kV 直流输电工程”荣获国家科学技术进步奖特等奖，“600MW 超临界循环流化床锅炉技术开发、研制与工程示范”“中国节水型社会建设理论、技术与实践”分获国家科学技术进步奖一、二等奖，“1000kV 串补设计关键技术研发及应用”等 16 个项目获 2017 年度中国能建科技进步奖，“二次再热机组热力系统优化与集成”等 24 个项目获 2016 年度电力工程科学技术进步奖。

信息化建设 2017 年，中电工程围绕“十三五”信息化发展规划的目标，开展信息化工作。通过完善信息化基础设施，加大信息化投入，实行精细化管理，为公司转型升级、市场开发、提升管理水平和管理效率提供了支持。

在信息化基础设施建设方面，推进数据中心建设，扩大服务器虚拟化方面的应用，继续深化桌面虚拟化应用，提高了企业生产和管理效率。

在主营业务信息化方面，一是继续深化以系统设计和三维布置设计为主线的发电设计集成平台的应用；二是深入建设以三维为核心的送变电集成设计平台、一体化勘测平台；三是在新能源领域引入信息化工具，不断提升中电工程在风电、太阳能光伏、太阳能光热等领域的设计能力；四是建设和深化应用多项目 EPC 综合管控平台，进一步提升中电工程总承包项目的精细化管理水平。

国际业务 2017 年，中电工程国际业务实现新签合同 58 项，累计合同额人民币 140.71 亿元。

党建工作、工会工作和职工队伍建设 党的建设。学习贯彻党的十九大精神。党委中心组开展 5 次十九大精神专题学习和研讨，公司党委常委、所属企业党委委员到基层支部讲党课，各党支部书记在本支部讲党课，全面宣讲党的十九大精神。组织学习，通过多种方式在全集团掀起学习宣传贯彻党的十九大高潮。贯彻落实全国国企党建会重点任务，国资委党委党建重点督查工作，中国能建党建 70 项行动计划清单，已完成 46 项重点工作。建立健全党建责任制及其考核机制。党委履行主体责任，发挥党委的政治核心和监督保障作用。落实党委书记和执行董事一肩挑。落实党委研究讨论作为董事会、经理层决策重大问题前置程序要求，研究讨论企业重大经营管理事项。2017 年，对公司章程、“三重一大”决策实施规定和党委常委会会议议事规则进行了修订，在制度层面明确了将党委会研究作为公司决策重大问题的前置程序。落实党风廉政建设“两个责任”、加强对领导人员行权履职行为监督。合计发现巡察问题 70 个，提出巡察建议 40 条，移送问题线索 8 件。加强落实“两个责任”考核，组织开展 2017 年度党风廉政建设责任制自查和民主测评工作；组织各单位开展2016年度党风廉政建设“两个责任”的考评工作，推动了党风廉政建设和反腐倡廉工作的深入开展。推进“两学一做”学习教育常态化制度化。组织党委中心组进行了“两学一做”学习教育常态化制度化专题学习。为全体党员配发新党章和《习近平谈治国理政》（第二卷）等学习读本。各党总支、党支部以“三会一课”为基本制度，把“两学一做”作为基本内容，长期坚持、形成常态。领导和加强企业维护稳定工作。中电工程党委建立了党委书记负总责，分管领导及班子其他成员按分工范围负责，层层抓落实的信访维稳工作领导责任体系，建立了以党委书记为组长，分管领导为副组长的信访工作领导小组。落实领导包案制，针对职工群众提出的诉求，实行领导包掌握情况、包思想转化、包解决化解、包息诉息访的“四包”责任制。2017年，中电工程处理来信来访4件，处理解决4件，无群体性事件、无重大责任事故、无严重负面影响的上访事件。

精神文明建设。组织开展“道德讲堂”活动。挖掘模范，宣传先进典型，传播道德风尚，弘扬企业核心价值观。协同在京子企业举办六期“道德讲堂”，加强了在职员工和离退休职工思想道德教育，弘扬了社会主义核心价值理念，弘扬了中国能建企业精神。

工会工作及职工队伍建设总体情况。2017年，中电工程工会重点做了四项工作：一是以劳动竞赛、技能大赛为载体，调动广大职工的积极性，服务企业生产中心；二是以劳模工程为抓手，发挥典型模范的引领作用，带动职工队伍建设；三是以民主管理为切入点，发挥广大职工主人公精神和责任意识，保障企业健康发展；四是以职工需求为导向，保障职工权益，服务广大职工群众。中电工程工会获中国电力思想政治工作研究会授予的“2017年度全国电力行业工会工作优秀单位”称号。全国电力行业获此殊荣仅30家单位。

文化建设 中电工程党委贯彻落实中国能建“一新六强三转型”新闻宣传工作思路，做好党的十九大会议精神宣传和中国能建（股份）党代会会议精神宣传。加强对各单位新闻宣传工作的指导，制定新闻宣传工作管理与考核办法，制定年度重点宣传计划，确保全年宣传力度。全年共在各类主流媒体发表文章200余篇，组织大型媒体见面会多次。完成《中电工程品牌视觉形象管理规范》设计工作。开展了“第四届世界的CPECC英语演讲比赛”。

主要事件

2月13～14日，中电工程在北京召开2017年工作会议暨职代会。

2月28日，中电工程有关负责人在广州向李立浧院士颁发了院士进站聘书。这是中电工程院士专家工作站自成立以来，首次引进电力系统和电网领域的院士，也是院士专家工作站引入的第五位院士。

3月8日，中电工程在乌东德电站送电广东广西输电工程（特高压多端直流示范工程）勘察设计咨询招标中，中标多个标段。乌东德电站送电广东广西输电工程是国家“十三五”电力发展规划西电东送重点工程，是世界上首条特高压柔性多端直流工程。

3月24日，中电工程24项科研成果获2016年电力工程科学技术进步奖。二次再热机组热力系统优化与集成等8项成果获一等奖；循环流化床大容量石灰石粉一级气力输送研究和应用等8项成果获二等奖；新型高效节能烟气余热综合利用系统研究及工程应用等8项成果获三等奖。

荣获两项第八届优秀总承包项目金钥匙奖：从中国勘察设计协会文件获悉，中电工程申报的项目荣获全国工程勘察设计行业第八届优秀总承包项目金钥匙奖2项，占此次金钥匙奖获奖项目总数的33.3%；荣获优秀总承包项目银钥匙奖1项、优秀总承包项目铜钥匙奖1项。

5月，中国电力规划设计协会评选出2016年度电力行业“四优”奖。中电工程共有锡盟—胜利1000kV特高压交流输变电工程测量、神华国华寿光发电厂一期（2×100万kW）工程、新一代智能变电站典型设计、基于ANSYS的双曲线冷却塔结构计算、设计软件等89个项目获奖，其中一等奖30项、二等奖31项、三等奖28项。

6月，根据中国电力优质工程评审结果，中电工程设计的22项工程荣获2017年度中国电力优质工程奖，再次彰显了中电工程在电力勘察设计领域的领先优势。

6月9日，中电工程组织编写并联合中国电力出版社出版的中国第一部全面反映电力工程勘察设计的鸿篇巨著——《电力工程设计手册》（2017年3月《电力工程设计手册》列入国家出版基金资助项目）正式出版发行。整套丛书共31册，其中发电工程类19册、电网工程类4册、通用工程类8册，合计3000多万字。此次正式出版发行《电力工程设计手册》系列丛书中第一批10本手册。

6月28日，中电工程华东院承担总体勘测设计的苏通GIL综合管廊工程盾构机成功始发。这标志着世界首个特高压GIL综合管廊工程——淮南—南京—上海1000kV特高压输变电工程苏通GIL综合管廊工程进入了最为关键的盾构施工建设阶段。工程核准动态总投资约47.63亿元，计划2019年四季度建成投运。

9月，中国勘察设计协会公布了从事工程项目管理和工程总承包企业完成合同额2017年排序名单，中电工程以完成工程总承包合同额172亿元的成绩排名第一。

11月，中国施工企业管理协会发布《关于表彰2016—2017年度国家优质工程奖的决定》。中电工程8个项目荣获国家优质工程金质奖，24个项目荣获国家优质工程奖（其中，4项国家优质工程金质奖及10项国家优质工程奖已于2016年作为第一批获奖项目予以公布），业务涵盖勘察设计、工程总承包、监理等领域。

11月30日，美国《工程新闻纪录》(ENR) 和中国《建筑时报》两家权威媒体共同发布2017年度“中国承包商80强和工程设计企业60强”排名榜单。中电工程以优异成绩在“工程设计企业60强”中排名第4；在“承包商80强”中排名第46。此外，中电工程在“最具效益承包商”中排名第4，在“最具国际拓展力工程设计企业”中排名第5。

12月12日，中国科协公布2017年示范院士专家工作站评选结果。中电工程院士专家工作站获评“2017年度示范院士专家工作站”，成为电力工程建设行业唯一获此殊荣的院士专家工作站。

【中国葛洲坝集团股份有限公司】

公司概况 中国葛洲坝集团股份有限公司（简称葛洲坝集团）是一家集环保、建筑、高端装备制造、基础设施投资与运营、房地产、水泥、民用爆破和金融等主营业务为一体、具有国际竞争力的跨国集团。

截至2017年底，葛洲坝集团总资产达1869.24亿元，年营业收入达1068.07亿元，员工4万余人。

领导班子

董事长、党委常委：聂凯

党委书记、副总经理、董事：付俊雄

党委常委、总经理、董事：和建生

党委常委、总会计师：崔大桥

党委常委、副总经理、工会主席：周力争

党委常委、董事会秘书：彭立权

党委常委、副总经理：任建国

党委常委、副总经理：宋领

党委常委、副总经理：陈晓华

副总经理：郭成洲

副总经理：黄浩

副总经理、总工程师（2017年3月任）：邓银启

副总经理：龚祖春

总经理助理：刘灿学

总经理助理、安全总监：宋玉才

总经理助理、总法律顾问：徐志国

总经理助理：李恩义

总经理助理：何金钢

总经济师：吴平安

组织机构 中国葛洲坝集团股份有限公司设办公室（维稳办公室、信访办公室、保密办公室）、党委工作部（企业文化部、党委组织部、党委宣传部、党委统战部、团委）、直属机关工作委员会（直属机关党委）、企业管理部、财务产权部、证券部（董事会秘书室）、人力资源部、生产管理部、投资管理部、国际业务部（外事办公室）、市场开发部、科技信息部、安全监察部、质量环保管理部、集中采购中心、风险控制部（内部控制监督部）、审计部、董监事工作部、军民融合办公室、纪委工作部（监察部）、党委巡察办、工会工作部22个直属机关职能部门，22家子企业，资金结算中心、社会保险事业管理中心、离退休人员管理办公室、综合管理部、培训中心（党校）、传媒中心6个经营管理服务单位，PPP事业部，第一监事会、第二监事会、第三监事会、第四监事会、第五监事会5个派驻子企业监事会，北京办事处、上海办事处、新疆联络办公室3个办事处及4家其他成员单位。

企业战略及体制改革 结构调整方面。新设了党委巡察办公室、军民融合办公室，分设了安全监察部、质量环保管理部，调整了10个职能部门的管理职责，指导10家子企业优化了总部机构。成立装备公司，为快速发展高端装备制造业务奠定了良好基础。筹建京环公司，完善了垃圾回收和固废处置“一体化”产业链。关停并转低效无效资产，清理注销各类企业和机构170家，实现了企业“瘦身健体”。一点一策、分类设计混合所有制企业的治理结构和管理原则，在装备公司探索职业经理人制度下的企业治理，推动了治理结构进一步优化。环保、高端装备制造、基础设施投资与运营等新兴业务快速发展，非建筑业务规模不断壮大，营业收入同比增长22.5%，利润同比增长21.33%，公司业务结构调整进一步加快。

投资运营业务方面。进一步理顺了投资、建设与运营关系，使主体责任更清晰、投资功能更聚焦、建设实施更规范、资产运营更专业。全年实施投资并购41起，完成投资同比增长43.61%。巴西水务、宁波展慈等一批重点项目成功落地。加快环保及装备产业全国布局，江苏淮安循环经济示范园建成投产，武汉高端装备产业园落地。加大公路、水务、能源投资力度，建成和在建的高速公路总里程达到1422km、水处理能力达到272万t/d、水电装机容量达到1188MW。

人力资源管理 干部管理工作。从严规范，抓好干部选任工作；开展职业经理人试点工作；构建能力素质模型测评体系；持续开展领导干部能力素质提升。

员工管理工作。提升引才质量；创新工作机制；

规范员工管理。

培训管理工作。对标能力素质模型，精心设计培训课程。针对不同层级、不同类别培训对象的个性化需求，注重专业实操实训，加大案例分析、研讨交流课程广度和深度。

薪酬管理工作。强化薪酬激励作用，指导所属单位提高绩效工资比例，加强全员绩效管理；将企业负责人特别奖励和全员工资总额奖励指标紧密结合，将生产经营业绩扩大成为员工共同的价值取向；与专业咨询机构沟通交流，探索员工持股和股权激励等中长期激励分配机制。坚持"业绩决定薪酬"的理念，深化企业负责人薪酬管理。持续加强企业负责人副职业绩考核管理，按业绩考核结果拉开差距。单列高端人才工资总额，推行协议工资制，按岗位价值和工作业绩核定成熟人才薪酬。

系统建设工作。梳理各项专责流程，汇编出台了人力资源专责工作指引，明确总部和所属单位专责的职责和要求。强化系统人才队伍建设，从系统新规新法到行业前沿动态、从人力资源专责制度到业务模块专题研究，力求学习系统化、规划化、模块化。定期组织远程视频交流，开设"专责开讲了"论坛，先进单位分享经验和做法，促进系统人员能力提升。

生产经营 营业收入。2017 年全年完成营业收入 1068.07 亿元，同比增长 6.54%。其中：国际项目营业收入 206.04 亿元，同比增长 18.40%，占中国能建营业收入总额的 19.29%。

完成产值。2017 年全年共完成企业总产值 1081.82 亿元，比 2016 年同期增长 1.42%。其中：完成建筑业产值 643.94 亿元，与 2016 年同期相比增长 0.25%；完成工业总产值 335.72 亿元，与 2016 年同期相比增长 20.89%。

新签合同。全年新签约合同金额 2260.48 亿元，同比增长 5.83%，其中：新签约国内项目 1454.66 亿元，同比增长 1.70%；新签约国外项目 805.82 亿元，同比增长 14.30%。

承包工程合同执行情况。全年在建承包工程项目合同个数为 955 个，执行合同总金额约为 5745.1 亿元，剩余合同金额为 2987.0 亿元。其中：2018 年剩余 617.8 亿元，2019 年剩余 766.7 亿元，2020 年及以后剩余 1602.5 亿元。

电力建设 截至 2017 年底，葛洲坝集团在建承包工程项目（含已签约尚未开工和完工未竣工项目）合同个数为 955 个。项目履约情况总体良好。

俄罗斯阿穆尔天然气加工厂项目 P1 标段。8 月 3 日，由葛洲坝集团承建的俄罗斯阿穆尔天然气加工厂项目 P1 标段正式开工。俄罗斯总统普京，葛洲坝集团总经理和建生、总经理助理刘灿学及相关建设者代表出席开工仪式。阿穆尔天然气加工厂项目位于俄罗斯阿穆尔州斯沃博金区，距离中国黑河约 200km，是中俄第二条大型能源走廊——中俄天然气管道东线的源头，设计能力为年加工天然气 420 亿 m^3，年产氦气 600 万 m^3。该项目建成后将成为世界最大的天然气处理厂之一，对实现中国天然气进口多元化、保障能源供应安全、改善管道沿线区域生态环境、拉动中俄两国经济持续稳定增长具有重要意义。

白鹤滩水电站。8 月 3 日，中国三峡集团在四川省宁南县和云南省巧家县交界的金沙江畔白鹤滩峡谷召开白鹤滩水电站建设动员大会，此举标志着世界第三、中国第二座千万 kW 级大型水电站主体工程正式开工建设。这是继溪洛渡、向家坝水电站建成投产后，金沙江流域水电开发的又一重大里程碑。中国三峡集团董事长、党组书记卢纯，中国能建党委常委、副总经理周厚贵，葛洲坝集团副总经理、总工程师邓银启及各参建单位代表出席大会。葛洲坝三峡建设公司作为白鹤滩工程建设的主力军，前期承建了白鹤滩水电站右岸导流洞、排风洞、锚固洞及右岸引水发电系统工程项目，计划于 2020 年 3 月底完成首批发电机组混凝土浇筑及埋件安装，2023 年 6 月底合同工程完工。

河北丰宁抽水蓄能电站。由葛洲坝二公司承建的河北丰宁抽水蓄能电站总装机容量 360 万 kW，是目前世界上在建装机容量最大的抽水蓄能电站项目。电站分两期开发建设，于 2016 年实现同步建设，工程总投资 192.37 亿元，计划于 2021 年首台机组发电，2023 年 12 台机组全部投产运行。上水库大坝面板混凝土浇筑计划将于 2018 年 9 月 30 日完成。2017 年 10 月 26 日丰宁大坝填筑到顶，是丰宁抽水蓄能建设史上重要的里程碑，为大坝后续施工奠定了基础。

巴基斯坦 N－J 水电站引水隧洞全线贯通。5 月 5 日，葛洲坝集团承建的巴基斯坦 N－J 水电站引水隧洞右洞贯通。至此，N－J 水电工程引水隧洞全线贯通，标志着葛洲坝集团在"一带一路"和中巴经济走廊重要标志性项目——N－J 水电站建设中取得阶段性重大成果。巴基斯坦总理谢里夫出席庆典仪式。N－J 工程是巴基斯坦最大的在建水电工程项目，也是"一带一路"和中巴经济走廊重点能源项目之一。该工程为长隧洞引水式发电站，总装机容量 969MW，电站机组 2018 年全部发电后，年发电量约为 51.5 亿 kWh，占巴基斯坦水电发电量的 12%，能解决巴基斯坦全国 15%人口的用电紧缺问题，并带来 450 亿卢比（约合 27 亿人民币）的财政收入。

安全管理 2017 年，葛洲坝集团以深化安全生产领域改革发展为契机，以安全生产"双重预防机制"建设为抓手，以贯彻落实安全管理"十一条要求"为指南，创新安全管理手段和监管机制，强化安全风险管控和隐患排查治理，提升安全教育培训质量，健全安全生产约束激励机制，促进了安全生产主体责任落实，提高了企业安全生产管控能力和作业人员安全作业能力，进一步改善了作业安全生产条件，保持了年度安全生产形势的稳定。

节能减排 2017年，全年未发生环境事件；节能减排指标优于中国能建下达的年度控制指标：二氧化硫排放量7678.84t，化学需氧量排放量7142.94t，氮氧化物排放量17 337.63t，氨氮排放量1077.23t，分别比2016年下降0.81%、0.5%、0.8%、0.5%。葛洲坝水泥公司、葛洲坝绿园公司、葛洲坝水务公司获中国能建“2017年度环境保护和节能减排先进单位”。

科技创新 2017年，葛洲坝集团创新管理，督促中国能建所属各单位加强科技信息工作的组织领导、调整科技信息管理组织机构，明确管理职责，完善制度体系，强化制度管理；加强知识库、专家库建设，目前知识库已收录科技成果、技术方案等5000余项成果；专家库入库各专业领域专家合计434人，其中，外聘专家120人；组建成立院士专家工作站，强化关键技术研发、科技成果转化和高端人才培养，完成公司博士后科研工作站在站博士后中期考核和出站工作，先后成立水务研究所、高端装备研究院、环保经济研究院，搭建高端科研平台，自主研发能力大大提升；获得国家高新技术企业认定，技术中心通过国家企业技术中心评价；开展科研立项，推动科技进步，提升科技成果质量，加快科技成果转化。

2017年，葛洲坝集团新增国际公司、三公司等“省级技术中心”，累计拥有省级及以上技术中心16个；在研的科技项目共374个，其中向中国能建推荐科技项目12项；向国家发展改革委基础产业司申请课题研究4项；与海军工程大学联合申报能源领域国家重点研发项目1项。研发投入22.53亿元，较上一年度的15.61亿元有大幅度提高。

信息化建设 2017年，葛洲坝集团信息化建设整体规划，发布总体建设要求和各类指南54项；加强各单位信息化项目立项审核，规范信息化项目全生命周期管理，切实解决信息化建设各自为政、不成系统、不能相容、水平低下的问题；搭建数据资源共享平台，助推企业管理水平提升；建立高清视频辅助管理系统，实现远程指挥、专家诊断、视频会议等功能；启动私有云平台建设，平台建成后，企业信息化水平和信息安全将提升至新台阶；开展物联网、工控系统、无人机、BIM等技术研究、应用和推介工作，促进管理水平提升。

国际业务 截至2017年底，葛洲坝集团国际工程在建项目共有106个，分布在全球35个国家和地区，国际承包工程经营领域涉及水利水电、火电、房建、市政、桥梁、公路、铁路、港航、风电、输变电、设备供货等十多个行业。国际工程在建项目总体履约顺利，全年安全质量环保实现“零事故”“零投诉”目标，各项经营指标实现新增长。

生产经营指标。截至2017年年底，葛洲坝集团国际业务新签合同同比增长14.2%。公司实现营业收入同比增长9.52%，实现利润同比增长1.13%。

“走出去”战略实施。2017年，葛洲坝集团国际公司积极引领非建筑企业“走出去”，积极开展环保、装备、水泥、民爆、房地产、水务等非建筑业国际市场调研，通过投资环境分析、投资项目筛选、投资运作指导等方式推进包括重点项目取得实质性进展；加快启动战略性业务，紧跟国家政策导向，与国家“一带一路”建设专项规划全方位对接，在轨道交通、港口航道、机场和工业园区等领域甄选了一批项目；大力进军火电、输变电和新能源项目，成功签署越南南定燃煤电站、加纳和尼日利亚燃气联合循环电站等，实现了火电业务新突破。

党建工作 2017年，葛洲坝集团股份公司党委按照中央和上级党委要求，学习贯彻党的十九大和全国国有企业党建工作会议精神，切实落实全面从严治党主体责任，充分发挥党委的领导核心和政治核心作用，坚持把方向、管大局、保落实，推动党的领导和党的建设得到切实加强。

一是学习贯彻中央全面从严治党新要求。组织中心组集中学习研讨、邀请专家作专题报告、开展十九大精神主题党日、组织公司和子企业主要领导到基层讲党课、支部“三会一课”等，推进党的十九大精神特别是习近平新时代中国特色社会主义思想进基层、进项目、进班组。落实全国国有企业党建工作会议精神，通过制定工作清单推进全国国有企业党建工作会、党的十八届六中全会精神和相关要求落实落地，对照“四个化”问题全面加强“三个基本”建设。同时，在子企业层面全面实施党建入章，全部子公司实现董事长、党委书记“一肩挑”，探索落实了党委研究讨论作为董事会、经理层决策重大问题前置程序要求，保证了党的领导和党的建设得到切实体现。二是推进“两学一做”常态化制度化。制定“两学一做”学习教育常态化制度化方案，坚持用党章党规规范党组织和党员行为，用习近平新时代中国特色社会主义思想武装头脑，切实增强党内政治生活的政治性、时代性、原则性、战斗性。持续推动形成了重点学习内容重计划、学习方式要创新、立足岗位讲作用、创先争优树标杆、整改落实说问题、主体作用靠支部的六个常态；探索建立了合格党员标准、组织生活标准化、党员教育管理、党员权利保障、领导干部带头学做、严格督导检查六项制度，在完成规定动作的同时，形成了自身的制度化、常态化特色，学习教育取得了实效。三是完善工作机制强化党建工作督查。建立党建清单，明确了工作内容、责任部门、完成时限。并向所属单位广泛推广，实现了党建工作有重点、好督办、易检查、量化考核的目标。建立党建重点工作督察机制，对20余家单位开展了党建重点工作督查，针对国资委党委党建重点督查工作和中国能建党委行动计划清单要求，做到了督查范围全覆盖、反馈意见一对一，对存在的痕迹管理不强、基层支部政治生活不规范、批评与自我批评不够等问题，提出了明确的整改意见和整改时限，有效推动了党建重点工作落地。建立党建工作月推进机制。四是坚持抓好作风建设。组织党员干部学习习近平总书记关于“纠正四风永不止步，作风建设永远在路上”的重要批示精神，执行中央“八项规定”，反对“四风”，制定了《企业领导人员履职待遇和业务支出管理办法》，并按照《办法》进行督查检查。学习落实十九大精神，根据“四风”情况变化，修订了《管理禁令》，对违反《管理禁令》规定的具体认定标准、处罚依据和责任追究进行了明确，从顶层设计的角度把权力的“笼子”越扎越牢靠。

党组织建设工作概况。截至2017年底，葛洲坝集团股份公司共有党员23 713名，其中在职职工党员11 989名，离退休党员11 049名，学生党员103名。有直属党委26个，基层党总支150个，党支部869个。2017年，葛洲坝集团股份公司党委共发展党员524名。

精神文明建设 修订印发了《文明单位管理办法》，规范了文明单位创建及评选。根据湖北省文明办的关工作部署，葛洲坝集团组织所属企业广泛开展了“倡导绿色生活、反对铺张浪费”“传家训 立家规 扬家风”“讲文明树新风”公益广告征集、社会主义核心价值观公益广告征集、道德讲堂，加强基地精神文明建设等系列文明创建活动。葛洲坝集团所属水泥公司获“全国文明单位”，国际公司继续保持“全国文明单位”。17家企业成功荣获2015～2016年度湖北省文明单位，分别是葛洲坝集团股份公司、国际公司、一公司、二公司、三公司、五公司、六公司、三峡建设公司、电力公司、机电公司、基础公司、水泥公司、易普力公司、房地产公司、机船公司、宜昌基地局、三峡电院。

工会工作 截至2017年底，葛洲坝集团股份公司设有二级工会组织26个，三级工会425个，工会小组3082个，共有工会会员44 598个，专兼职工会干部896人。获评全国厂务公开民主管理先进单位，工会获评全国总工会市级工会财务先进单位。

组织开展了“直面新挑战、建功葛洲坝”劳动竞赛，指导各单位制订了劳动竞赛方案和重点项目计划，全年有31个集体和个人在省内外重点工程劳动竞赛中受到表彰。组织职工开展职业技能大赛，荣获湖北省焊工比赛团体亚军和个人第二、五名的成绩，2名选手荣获全国电力行业焊工比赛优秀技能选手称号，4人荣获中央企业和省级技术能手称号。落实班组长岗位津贴制度，试点开展大学生班组长选拔聘用工作。通过送教上门、网络远程培训等方式加强班组长培训，开展班组长培训情况问卷调查，建立班组大数据。首次评选10位劳模，表彰了10位“最美一线职工”。借助“五一”系列评先、重点工程劳动竞赛、属地工会等平台推荐各级劳模，8人荣获省级劳模和“五一”劳动奖章。搭建职工创新创效平台，加强职工（劳模）创新工作室创建和管理，新建了5个公司级创新工作室，机船公司毛建根工作室被命名为湖北省创新工作室，基础公司黄胜利创新工作室1个创新项目获得全国总工会20万元的创新项目资助，易普力公司陈远春被授予湖北省首批“荆楚工匠”称号。

组织召开了公司三届三次职代会，交办处理了32条职工代表提案，审议通过了职工补充工伤保险等涉及职工切身利益的重大事项，开展了职代会制度执行情况检查，获评中国能建五星级职代会称号。组织开展“安全隐患随手拍”和“十个一”安全文化活动，在四川两河口和广西大藤峡项目部举办了一线职工心理健康知识培训，万名女职工参与了安康保险。开展精准帮扶，为372名困难职工建立了档案；出台了因病不在岗困难职工帮扶办法和提高退休劳模待遇办法，落实了省部级退休劳模荣誉津贴，帮助14名“零就业”家庭和困难职工子女解决了就业。开展“两节”送温暖、领导对口帮扶、金秋助学等活动，帮扶金额512万元，全年帮助53人实现解困脱困。积极推进外营职工服务站点建设，利用网络、微信等新媒体服务职工，6家外营职工服务站点成功挂牌。出台了对外捐赠管理办法，对口支援了长阳、五峰等困难地区，为四川泥石流灾区、湖北省残疾人福利基金会等进行了捐款。

策划举办了元旦万人长跑、“创新杯”职工篮球赛、“明天会更好”葛洲坝之夜职工文艺汇演、“春满葛洲坝”职工新春联欢会、“书香葛洲坝”女职工读书等文体活动品牌。强化一线职工活动阵地建设，在国内外重点工程项目新建了12个职工书屋。各级工会结合实际开展了文体活动近800次。承办了湖北省上市公司协会篮球友谊赛和湖北省总工会“江城梦·地铁美·葛洲坝情”送文化演出活动，参加了湖北省总工会女职工太极拳比赛。

公司领导人员能力模型和素质模型学习宣贯，举办工会干部培训，选拔部分单位工会干部进行交流学习，组织开展工会主席述职和工会系统岗位胜任力评价活动。推行工会工作责任清单制度，实行压力传导，加强监督考核，促进责任落实。依法做好工会经费收缴，规范经费使用和管理。

文化建设 一是企业文化体系不断完善。结合公司战略，提炼形成了企业使命、企业愿景、企业核心价值观等核心理念、人才理念、安全理念、质量理念等专项理念以及阳光文化、创新文化、诚信文化等专项文化，形成了较为完整的葛洲坝集团企业文化理念体系，编印形成企业文化理念手册。二是全员品牌意识得到提升。组织举办3期子品牌模拟推介活动，26家子企业的企业家们上台进行了模拟推介，促使各单位对自身品牌资源进行梳理，有效提升了企业家们品牌意识、推介能力，促进了全员品牌意识的提升。积极督促所属企业开展品牌模拟推介活动，一公司、二公司、三峡建设公司、房地产公司等子企业纷纷组织开展相关品牌模拟推介活动。总结公司近年来品牌建设的先进经验，申报并荣获“2012—2017品牌文化建设十大典范组织”。三是推动企业文化落地。组织设计制作了公司“两会”宣传册，策划、组织完成了公司2017年“两会”精神宣讲，将公司“两会”实质精神传达到基层。修订完善了企业文化理念解读的课件，先后在中层干部培训班、新员工培训班等13个培训班中为2300余人宣讲了企业文化理念。开展了“葛洲坝人海外故事”征集活动，重点征集葛洲坝人在海外践行“改善人民生活，促进社会发展”的具体故事。设计制作了新版的施工项目标识规范，进一步规范了基层施工项目的标识使用。四是加强企业文化系统建设。组织举办2017年企业文化与品牌建设培训班，对公司所属各单位的企业文化部门负责人、企业文化专责人员进行了系统的培训，形成了文化共识，有效提升了企业文化系统人员的理论素养及实践能力。五是加强企业文化工作考核。制定并下发《关于加强企业文化建设工作的通知》，从企业文化建设体制机制保障、重点工作落实等方面分别提出了要求，注重加大重点工作的检查力度，把企业文化重点工作落实情况纳入各单位约束性指标进行了考核，从而将年终的评比转变为日常考核，提升了各单位加强企业文化建设的积极性。依据日常工作及企业文化工作成效等维度，年终评选出企业文化先进单位8家，分别是水泥公司、三公司、国际公司、三峡建设公司、一公司、易普力公司、五公司、二公司，评选出企业文化先进个人8人。六是企业文化理论创新取得新突破。开展了并购企业文化融合情况的调研，设计了调研问卷，并赴水泥公司、易普力公司、机电公司、绿园公司、水务公司、装备公司等子企业的所属单位开展了实地调研，形成了《关于促进并购企业文化融合的实施方案》，对做好并购企业文化融合具有重要的现实指导意义。开展了母子企业文化关系处理研究，形成了研究报告。公司创新文化研究成果荣获中电联企业文化建设优秀成果二等奖，《并购企业文化融合探索与实践》等4项成果获得中国电力创新奖二等奖。

中国核能电力股份有限公司

【公司概况】 中国核能电力股份有限公司（简称中国核电，股票代码601985），总部设在北京，由中国核工业集团有限公司、中国长江三峡集团有限公司、中国远洋海运集团有限公司、航天投资控股有限公司共同出资设立，中国核工业集团有限公司控股。经营范围涵盖核电项目的开发、投资、建设、运营与管理，核电运行安全技术研究及相关技术服务与咨询业务、清洁能源项目投资、开发；输配电项目投资、投资管理；售电等领域。

【领导班子】

中国核电董事长、党委书记：陈桦

中国核电总经理、党委副书记：张涛

中国核电副总经理：何小剑

中国核电副总经理：郑砚国

中国核电纪委书记：胡松

中国核电副总经理：吴忠俭

中国核电副总经理：顾健

中国核电副总会计师：张勇

中国核电董事会秘书：罗小未

【组织机构】 见2017年中国核电组织机构图。

【主营业务】 2015年6月10日，公司作为A股第1家纯核电企业成功上市。截至2017年底，公司拥有控股子公司25家、合营公司2家、参股公司4家；控股在役核电机组17台，装机容量1434万kW；控股在建核电机组8台，装机容量928.7万kW，总资产规模超3000亿元，累计发电量7175亿kWh，员工

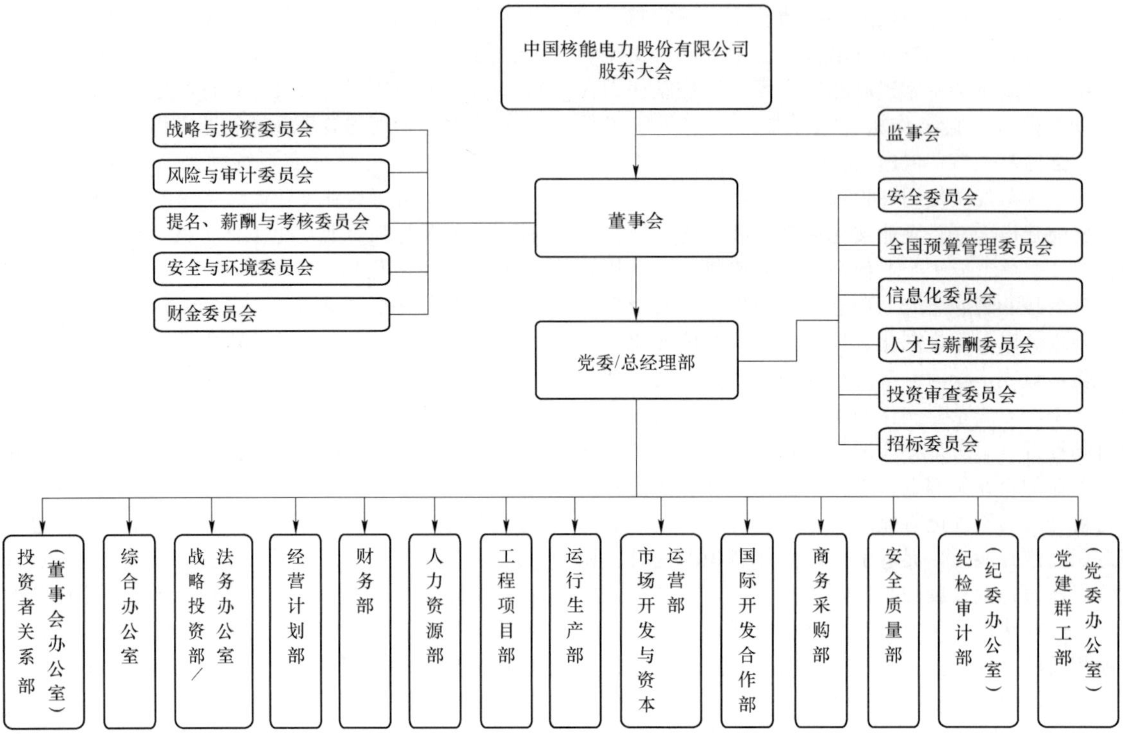

2017 年中国核电组织机构图

总数超过 13 000 人。2017 年，公司运行机组累计安全运行 133 堆年，秦山核电基地实现安全运行 100 堆年，田湾核电一期工程安全商运十周年。秦山 1 期、秦山 2 期 1/2/3 号、田湾 2 号、福清 1 号机组等六台机组获得世界核电运营者协会（WANO）综合指标 100 分，并列排名第一。在核工业全产业链体系的支撑下，中国核能电力股份有限公司将秉承“事业高于一切、责任重于一切、严细融入一切、进取成就一切”的核工业精神，践行“开放、包容、合作、共赢”的理念和“追求卓越、超越自我”的价值观，致力于为企业创造价值、为股东创造利润、为员工创造幸福、为社会创造财富，树立安全清洁、高效环保、勇担责任的核电企业形象。

【经营状况】 2017 年，中国核电围绕年度经营计划目标和重点任务，以计划—预算—考核（JYK）为抓手，坚定“指标不能退、任务不能减、标准不能降”目标，各项工作均取得成效。董事长陈桦荣获“最具影响力上市公司领袖”，中国核电荣获中国证券“最佳上市公司”金紫荆奖、全国企业文化优秀成果奖、全国电力行业企业建设示范单位、金蜜蜂 2017 优秀企业社会责任报告领袖企业奖、上海证券交易所信息披露 A 级评价等。

【成员单位】 中核核电运行管理有限公司、秦山核电有限公司、核电秦山联营有限公司、秦山第三核电有限公司、江苏核电有限公司、三门核电有限公司、福建福清核电有限公司、中核海洋核动力股份有限公司、海南核电有限公司、湖南桃花江核电有限公司、中核辽宁核电有限公司、福建三明核电有限公司、河南南阳核电有限公司、中核苏能核电有限公司、中核国电漳州能源有限公司、中核华电河北核电有限公司、中核河北核电有限公司、中核霞浦核电有限公司、中国核电山东能源公司、中核（上海）企业发展有限公司、中国核电（英国）有限公司、中核技术投资有限公司、中核（西藏）实业发展有限公司、中核重水堆技术研发中心有限公司、中核坤华能源发展有限公司、中核广西来宾核电有限公司、中核浙能能源有限公司、中英核联合研发与创新中心。

【民品科研与军转民推广】 “华龙一号”是中国 30 年自主创新、成功孕育的具有完整自主知识产权的三代核电品牌，“华龙一号”的诞生标志着中国迈入世界先进核电技术的“第一阵营”。2015 年 5 月 7 日自主三代核电技术“华龙一号”全球首堆示范工程——福清核电 5 号机组开工建设，目前进展顺利。“华龙一号”的诞生，使中国成为继美国、法国、俄罗斯等之后，又一个具有独立自主的三代核电技术的国家。

【主要民品生产】 2017 年，中国核电发电量超过 1000 亿 kWh，比 2016 年增长 15.71%，单位售电成本控制有效。一台机组投产，2017 年 9 月 17 日福清

4号机组提前实现商运。在建机组工期稳步推进，华龙一号示范工程——福清5号机组于2017年5月25日实现穹顶吊装，比预计工期提前66天；田湾3号机组12月30日首次并网；田湾5号机组9月26日实现穹顶吊装；三门1号机组现场8月25日具备装料条件。全年完成10次大修，实际工期比计划工期提前47.9天，多发电11.12亿kWh。存量机组负荷因子达84.97%。

【现代企业制度建设】 在核电项目运行良好的基础上，根据发展需要，一批风电、光伏、抽水蓄能项目及西藏地热、行波堆、海洋核动力等新项目、新产业有序推进；深入研究相关政策，探索开展售电业务，注册成立售电公司；在核电技术服务方面，正式对外发布并推广核电技术服务“八大产品”，为后续产品推广和技术服务市场开发奠定良好基础。推进资本运作，成功增资中核武汉实现控股，公司“同心多元”的发展格局初步显现。

【生产管理】 坚持创新、协调、绿色、开放、共享的发展理念，以“奉献安全高效能源 创造清洁低碳生活”为使命，不断提升核电发电能力，为社会提供稳定可靠的绿色能源。截至2017年底，中国核电控股在役核电机组17台，装机容量1434万kW；控股在建核电机组8台，装机容量928.7万kW；2017年度发电量为1006.94亿kWh，累计发电超过7000亿kWh，相当于造林约196万hm^2，为改善区域能源结构，治理大气污染、缓解雾霾作出贡献。

【质量控制】 中国核电建立健全现代企业制度，公司治理结构、管理制度与内控体系建设不断完善；实施前期开发、工程建设、运行管理、安全质量、集中采购、信息化、组织机构、岗位设置、薪酬福利、成本管理、企业文化、公众沟通等各领域的标准化建设。从组织、制度、程序等层面加强安全管理体系建设并持续改进，不断提升安全质量管理水平。

【安全生产】 核安全文化是中国核电企业文化的灵魂，确保核安全是中国核电追求的永恒主题。中国核电时刻牢记核安全高于一切，用高度的责任心对待核安全。2017年，中国核电强化文化引领、注重安全意识培养，持续提升全员核安全文化水平，倡导将核安全文化推广到生活的方方面面。组织开展防人因失误培训、第四届防人因失误职工技能竞赛等活动，不断提升员工安全技能。进一步从组织、制度、程序等层面加强安全管理体系建设和完善贯穿核电规划、选址、设计、建设、运行各阶段的全过程安全管理模式，用规范管理守护核电安全，实现运行机组累计安全运行超过140堆年。

【财务管理】 进一步完善成本管理领域的标准化建设。

【劳资管理】 2017年，中国核电通过促进人力资源标准化体系建设，推进岗位标准化建设，加强关键岗位人才管理，为新建项目人员引进及培养提供了依据，实现了公司套改，统一了成员公司的薪酬结构。

【人才队伍建设】 建立完善的职业发展体系，为员工提供平等的发展机会和灵活的发展空间。注重提升员工技能，建立完善的人才培养体系，提升员工综合素质。为提高员工综合素质、业务技能及管理水平，从专业技术能力、管理能力、领导能力等方面，开展国际化业务培训、法务业务培训、卓越领导力训练营、外语培训等多项专项培训。

【技术引进与合作】 2017年，中国核电贯彻“国际化”发展战略，立足自身在核电领域的资源、技术、人才优势，推进国际合作，成果显著。国际化平台体系已初步搭建完成，中国核电（英国）有限公司制度体系建立，公司首期资本金注入完成；推动国际核能科技合作，与俄罗斯、英国、加拿大等国科技合作取得新进展；WANO上海中心顺利推进，取得阶段性成果。

【节能减排】 “奉献安全高效能源，创造清洁低碳生活”是中国核电的公司使命。中国核电举办节能宣传周，设立低碳日和能源紧缺体验日，编制环保教材，举行主题环保活动，保护生物多样性，实施绿色办公。累计发电超过7000亿kWh，相当于造林约196万hm^2；2017年，即相当于减少标准煤消耗3129万t，减少二氧化碳7441万t，为改善区域能源结构，治理大气污染、缓解雾霾作出贡献。

国投电力控股股份有限公司

【公司概况】 国投电力控股股份有限公司（简称国投电力公司），英文名SDIC Power Holdings CO.，LTD，前身是中国石化湖北兴化股份有限公司（简称湖北兴化），主营业务为石油化工。国投电力公司是由湖北兴化与国家开发投资集团有限公司（简称国投）于2002年进行资产置换后变更登记设立的股份有限公司，核心业务是发电。至此，国投成为国投电力公司第一大股东。国投电力公司总股本6 786 023 347股，其中，国投持股3 337 136 589股，占总股本的49.18%。

国投电力公司是一家以水电为主、水火并济、风光为补的综合电力上市公司。

截至2017年底，国投电力公司已投产控股装机容量3162万kW，其中水电1672万kW，占比52.88%，火电1375.6万kW，占比43.5%，风电98.6万kW，占比3.12%，光伏15.8万kW，占比0.5%，是国内第三大水电装机规模的上市公司，处于行业领先地位。

截至2017年底，国投电力公司总资产2082.88亿元，归属于上市公司股东的净资产305.55亿元，归属于上市公司股东的净利润32.32亿元，资产负债率70.85%。

国投电力公司是一家国内为主、海外开拓的电力上市公司，境内项目主要分布在四川、云南、天津、福建、广西、安徽、甘肃等十多个省区，境外项目分布于英国和印度尼西亚两个国家。

【领导班子】

董事长、党委书记：胡刚

总经理、党委副书记：朱基伟

党委副书记：李俊

纪委书记：王立民

副总经理：曲立新、赵风波、江华

董事会秘书：杨林

【组织机构】 见2017年国投电力公司组织机构图。

【经营管理】 2017年完成了年度经营目标，主要经济指标处于行业领先，各项重点工作顺利推进。

1. 落实绿色发展理念，加快公司结构调整

推进雅砻江中游水电项目持续开发，加快推动送出通道落点确定。雅砻江风光水互补示范基地规划已纳入国家能源发展“十三五”规划，首批100万kW试点方案已通过四川省能源局审批。取得了青海、云南、广西等地超过100万kW风电、光伏项目的开发权。

2. 创新发展模式，开拓业务领域，打造综合能源上市公司

立足发电领域，寻求国内外项目并购机会，以期实现规模和效益的有效提升。筹备成立产业基金，为国投电力公司并购业务做好资金保障、项目培育和信息收集服务。寻找上下游业务拓展机会，实现国投电力公司产业链纵深发展。推进增量配电网示范项目进展，推进兰州新区职教园区配售电公司与厦门海沧信息产业园区配售电公司相关工作。协调和推动华夏冷链物流项目前期工作。开展储能方面技术研究和项目探索。

3. 提升存量资产效益，确保当年利润目标

火电扭亏减亏。细化控制目标，针对性开展工作。密切关注靖远二电、钦州电厂等火电企业经营情况，按可分解、可量化、可考核原则，“一企一策”分别制定扭亏减亏目标和方案，明确增收节支具体措施，火电总体实现了扭亏减亏目标。

水电保量稳价。利用水电优先发电权政策，争取雅砻江、大朝山、小三峡三家水电企业的电量消纳和电价稳定，为国投电力公司全面完成经营目标做出贡献。

加强成本管理。一是提早启动融资安排，落实资金方案。二是狠抓厂内燃料管理，完成入厂入炉热值差的有效控制。三是盘查两金占用存量，严控增量，超额完成应收账款、存货的压降目标。

4. 严抓安全生产和工程管理

狠抓安全生产责任制落实，启动安健环管理体系评审，集中力量开展安全生产大检查，对检查发现的问题建立问题库并分类统计分析，深挖根源，落实整改，切实解决了一批影响公司安全生产长治久安的深层次问题；推进节能减排，深入开展月度能效对标分析，年内完成7台机组超低排放改造，提前完成国家要求的中东部地区改造任务；组织开展“检修质量提升”专项工作，提升设备可靠性，公司年度可靠性指标创历史最好水平；加强基建项目闭环管控，湄洲湾二期两台百万机组高标准一次通过168h满负荷试运行，获得中国首个“国际卓越项目管理大奖”金奖。

【发展战略】 当前，能源行业处于转型关键期和改革攻坚期。通过对宏观经济形势和能源行业形势分析，国投电力公司未来的发展思路是贯彻新发展理念，推动高质量发展。按照国家能源发展战略部署，加快退出低效火电，有序开发水电，布局新能源，适时进入新领域新业务，开拓境外投资业务，努力做优、做强、做大公司业务，打造具有国际竞争力的一流综合能源公司。

2017 年国投电力公司组织机构图

地区电力

华 北 地 区

【国家能源局华北监管局】

基本情况 国家能源局华北监管局（简称华北能源监管局）是国家能源局的派出机构，设于北京市，负责北京、天津、河北和内蒙古（西部地区）的能源监管工作，及对山西、山东能源监管办的业务指导。2013年11月21日成立，前身是国家电力监管委员会华北监管局。

领导班子

局长、党组书记：郭智

副局长、党组成员：郝瑞锋

副局长、党组成员：程裕东（自2017年3月28日起）

组织机构 内设综合处、市场监管处、行业监管处、电力安全监管处、资质管理处、稽查处和监察室（机关党委），天津、河北和内蒙古业务办公室。

主要职能 监管电力市场运行，规范电力市场秩序；监管电网和油气管网设施的公平开放；监管电力调度交易，监督电力普遍服务政策的实施；负责电力等能源行政执法工作，依法查处有关违法违规行为，监督检查有关电价；负责除核安全外的电力运行安全、电力建设工程施工安全、工程质量安全的监督管理以及电力应急和可靠性管理，依法组织或参与电力事故调查处理；负责组织实施电力业务许可以及依法设定的其他行政许可；负责协调有关跨省跨区能源监管业务，以及对山西、山东能源监管办进行业务指导；负责法律法规授权以及国家能源局下达或交办的有关事项监管。

主要工作

1. 全面提升“双随机”综合监管，深入落实“放管服”

（1）落实“双随机、一公开”探索综合监管。华北能源监管局在国家能源局的指导下印发了《华北能源监管局关于开展2017年“双随机”综合监管工作的通知》，将市场、安全、行业、资质、稽查五个专业23项监管检查项目合并为一次综合监管，最终随机抽取冀北地区为年度“双随机”综合监管重点地区，并摇号确定现场抽查单位，经过两个多月的现场检查，共发现21类117项问题，综合监管报告通过网站向社会公开，督促企业整改，工作效果明显；研究优化监管流程，搭建符合实际需求的综合监管工作平台，形成“互联网+监管”的服务理念，完成各项监管业务平台处理、监管信息网上汇集，实现了监管信息的互联互通。

（2）落实“放管服”改革，服务社会民生。华北能源监管局进一步落实“放管服”改革措施，完善许可流程，建成行政许可在线平台，实现网上申请、网上审核；严格落实《国家能源局关于加强发电许可监督管理有关事项的通知》要求，持续推动解决进程，为具备条件的企业做好服务；实施许可流程能效监察，加强过程监督；推行一线许可服务，三地业务办直接受理许可申请，一线窗口单位根据实际开展“为民、高效、务实”服务；提供许可证免费快递服务，从各方面努力让企业“少跑腿、不跑腿，少花钱、不花钱”；积极推进信用体系建设和许可标准化工作，承担了信用体系初始数据归集试点工作，印发手册及时向企业宣传许可标准化内容及流程。

（3）保护市场主体合法利益，维护市场秩序。通过分析历年举报投诉信息、监管报告和典型案例，找准多发性、倾向性问题，为问题监管提供定位。2017年华北能源监管局的12398能源监管投诉举报热线共收到有效信息10 262件，其中受理1071件，已办结964件，依法保护了各主体合法权益；2017年华北能源监管局在涉及安全、许可和供电服务等方面共对55家有关企业进行约谈或通报，对21家企业提出整改要求，发出现场整改通知单29份，印发《监管整改通知书》5份，对20多个项目要求停工整顿，保护了人民群众的合法权益，维护了公平公正的市场秩序。

2. 推进电力市场建设，确保规范运行

（1）推进华北区域电力市场建设。华北能源监管局贯彻落实电改9号文件精神，在国家能源局指导下印发了《京津唐电网电力中长期交易暂行规则》《华北能源监管局京津唐电网中长期交易监管暂行办法》，推进京津冀电力市场建设，持续推动电力市场规范化运行；推动内蒙古电力现货市场建设，形成方案并向国家发展改革委、国家能源局汇报，为实现准现货交易做好充分准备；推动辅助服务市场建设，制定了《京津唐电网辅助服务市场建设方案》，进一步优化调峰补偿机制。

（2）促进可再生能源消纳。华北能源监管局结合张家口可再生能源示范区建设，会同河北省发展改革委印发《可再生能源市场化交易规则》，并于10月27日开展交易，为张家口市509万 m^2 电采暖改造项目提供绿色电力；开展可再生能源消纳监管、可再生能源补贴落实情况监管、新能源项目建设及并网监管、协调森吉图风电场等多起并网和商业运营争议，维护可再生能源企业合法权益，进一步减少弃风弃光。

（3）突出合规性检查作用，保障市场秩序规范。华北能源监管局对河北电力交易中心开展交易合规性专项监管，开展京津唐电网热电联产机组监管，开展冀北地区调度和市场秩序监管等，保障电网可靠运行和市场秩序规范。

（4）完善规范信息报送制度，强化监管信息作用。明确电力市场信息披露内容，规范电网运行及电力调度信息报送，完善价格成本信息报送制度，做好“两个细则”信息发布等，并着重分析异常数据，切实做好非现场监管工作。

3. 加强能源行业规划政策监管

华北能源监管局探索建立华北区域电力规划监管机制，提出评价指标体系设想，进一步完善电力项目规划建设台账登记制度，开展煤电机组“三个一批”专项监管，确保各项规划要求落地；通过监管规范可再生能源示范区、智慧能源建设，以及灵活性改造、电储能等绿色创新技术应用，引导新业态有序发展；推进节能减排监管，开展燃煤机组节能减排升级改造监管，促进东部地区现役煤电机组煤耗在2017年实现达标；开展天然气保供监管，邀请能源局油气司、市场司、发展改革委运行局组成联合调研组，掌握基本情况，了解京津冀冬季保供准备措施、应急方案，协调有关问题和困难，为领导决策提供参考；深化北京市充电桩热线服务，建立了多方互联互通机制，按月发布监管简报。

4. 落实企业主体责任，强化安全监管

（1）提早准备完成保电任务。华北能源监管局制定重大政治活动电力安全保障监管工作方案，建立健全重大政治活动隐患排查、预案编制、应急演练、应急值守等工作机制，坚持“四早两多”监管工作原则，主要负责人带队开展多轮次保电督导检查，强化责任落实与工作督办，切实督促有关电力企业和重要用户落实电力安全保障主体责任。完成党的十九大、全国“两会”“一带一路”高峰论坛活动、建军90周年阅兵、天津全运会、内蒙古自治区成立70周年庆典等重大政治活动的保电任务。

（2）推动安全应急管理体系再上新台阶。华北能源监管局建立了华北区域电力应急管理专家库，发挥电力应急管理专家在电力应急决策建议、预案评审和技术支持等方面的作用；开展“大面积停电背景下的京津冀应急协同联动策略”课题研究，促进相关研究成果的应用转化，为服务区域应急协同大局，起到促进作用；在国家能源局的指导下，华北能源监管局协调和推动了2017年京津冀三地大型电力应急演练，提升了区域应急能力和水平。

（3）开展电网安全形势分析，推动电力安全监管机制创新。掌握电网运行态势和系统性风险，开展迎峰度夏、度冬安全保电工作，针对京津冀迎峰度夏期间出现硬缺口情况进行专题报告；加强央地、政企联动，努力打造上下合力、政企联动的保电工作新格局，按照“三管三必须”原则，联合开展系列安全生产监督检查，提升全社会安全生产治理能力。

【国家能源局山西监管办公室】

基本情况 国家能源局山西监管办公室（简称山西能源监管办），原国家电力监管委员会山西省电力监管专员办公室（简称山西电监办）于2013年12月更名为国家能源局山西监管办公室。

领导班子

党组书记、监管专员：薛浒

党组成员、巡视员：宋晋冀

党组成员、监管副专员：谢康

组织机构 内设综合处、市场监管处、行业监管处、电力安全监管处、资质管理处、稽查处六个职能处室。

主要职能 监管电力市场运行，规范电力市场秩序；监管电网和油气管网设施的公平开放；监管电力调度交易，监督电力普遍服务政策的实施；负责电力等能源行政执法工作，依法查处有关违法违规行为，监督检查有关电价；负责除核安全外的电力运行安全、电力建设工程施工安全、工程质量安全的监督管理以及电力应急和可靠性管理，依法组织或参与电力事故调查处理；负责组织实施电力业务许可以及依法设定的其他行政许可；负责法律法规授权以及国家能源局下达或交办的有关事项监管。

主要工作

1. 电力安全监管

2017年全年，全省电力行业没有发生较大以上人身伤亡事故，没有发生电力安全事故，没有发生较大以上设备事故，没有发生水电站大坝漫坝、垮坝以及对社会有较大影响的电力安全事件。2017年3月荣获山西省人民政府2016年度目标责任考核“优秀”单位。

编制了《山西电网运行安全风险分析报告（2016—2017年度）》，准确分析电网运行安全风险，切实强化山西电网更加坚实可靠；部署地开展了安全生产大检查工作；高度重视党的十九大全省保电工作，坚决防范重要时期电力安全生产事故，保障电力可靠供应；深化开展多个专项行动（涉网设备安全专项工作、电力监控系统安全防护专项检查、电力建设工程安全督查、燃煤电厂超低排放和节能改造专项检查），针对山西电力安全生产实际，组织专项行动，提升山西电力行业安全生产水平；认真组织安全生产月活动，开展“班组电力生产事故案例分析竞赛”及“班组长安全生产主题签名”专题活动，不断增强班组长遵章守纪意识和安全管理理念，提高事故防范和处理能力。

2. 推进电力体制改革

一是牵头制定的3项方案和规则，其中《山西省电力中长期交易规则》《山西电力辅助服务市场化建设方案》《山西省可再生能源参与调峰市场实施细则》已印发执行。并参与省内其他全部10项专项改革工作。二是与省经信委、省发展改革委等建立了分工协作的良好工作机制。三是配合完成输配电价成本监审工作。配合国家发展改革委和北京市物价局对山西开展的输配电成本监审工作，厘清山西电网资产和成本，剔除不合理的投资成本费用，核减不属于或利用率低的山西电网资产，以电网有效资产为基础形成真实合理的输配电价。

3. 推进电力中长期交易工作

《山西省电力中长期交易规则（暂行）》印发后，组织交易、调度将实施准备工作细化为7项具体任务：一是编制中长期交易实施细则；二是建设完善技术支持系统；三是组织平台模拟运行；四是建设辅助服务结算系统；五是建设电力交易数据分析系统；六是做好中长期交易规则培训；七是开展电力市场建设调研。

4. 电力辅助服务市场化试点工作

一是成立调度、交易系统建设工作组；二是印发调频、调峰两个运营细则——《山西电力调频辅助服务市场运营细则》《山西电力风火深度调峰市场操作细则》，2018年1月1日起正式执行。三是配合辅助市场建设，印发《关于“十九大”保电期间加强电厂并网运行管理考核的通知》《山西能源监管办关于进一步加强“两个细则”管理工作的通知》《关于修订〈山西电力调频辅助服务市场运营细则〉有关条款的通知》。四是印发《关于调整山西电网有偿调峰补偿标准有关事项的通知》，解决可再生能源消纳的突出问题。充分调动发电企业调峰积极性，五是按照国家能源局关于储能试点的工作要求，出台《关于鼓励电储能参与山西省调峰调频辅助服务有关事项的通知》，主要明确了试点原则、技术路线、申请程序和电网公司配合程序等内容。

5. 电力市场秩序

一是在市场准入方面，从严审核入围2017年度电力市场发电企业的许可，将山西国锦煤电2号机组未持发电许可证、繁峙云雾峪风电场市场准入信息与电力业务许可不一致的问题反馈省经信委。二是对交易过程中出现的问题，多次会同省经信委、省发展改革委对月度交易方案进行补充完善，明确约束机组、结算安排等相关问题。三是对于部分风电企业提出的交易电量执行问题，下发《关于优先保障参与年初重点交易部分风电企业合同电量等有关事项》的通知，责成调度和交易机构保证交易的执行和结算。四是针对2016年直接交易中50余家用户违约问题，会同省经信委下发了违规处理意见，提出全省通报批评。

6. 煤电项目核准建设监管

一是督促省内在建煤电项目开工建设前按程序办理报建审批事项，并将项目情况及开工支持性文件报告备案；二是梳理省内未批先建、批建不符、开工手续不全等煤电项目情况上报国家能源局，防范化解煤电产能过剩风险；三是建立电力项目台账制度，跟踪掌握省内煤电项目规划、核准建设情况，督促企业按季度上报工程进度及投资完成情况；四是结合国家发布的风险预警和年度投产规模，密切跟踪关注山西煤电项目规模控制情况，会同省发展改革委对省内停缓建项目开展督查。

7. 可再生能源全额保障性收购

一是制定政策规范。牵头会同省发展改革委、经信委和财政厅联合印发《山西省可再生能源发电全额保障性收购暨补贴管理办法》，明确要在合理规划的基础上，运用计划和市场两种方式，确保全额保障性收购。二是跟踪规划落实。向省发展改革委了解掌握风电、光伏年度规模落实情况，配合开展新能源发电项目施工备案审查，查验各项目主要报建审批事项的合规性。

8. 电力企业节能减排

一是梳理核实省内30万kW及以上燃煤发电机组超低排放改造情况上报能源局。二是分北中南区域现场检查不同类型煤电机组节能减排及超低排放改造情况，对供电煤耗高、排放超标、改造滞后的企业进行通报，提出监管建议。三是梳理2016年全省燃煤发电企业节能减排指标，并在门户网站发布，促进同业对标。四是会同省发展改革委、经信委、环保厅，对省内主要燃煤自备电厂节能减排改造及指标排放等情况开展专项督查。

9. 资质许可

截至目前，全省发电类电力业务许可证持证数量为434家，持证装机容量7657万kW。新颁发电类许可证62家（火电16家，水电0家，光伏、风电46家），许可事项变更33家，登记事项变更29家，注销1家发电许可证。全省承装（修、试）电力设施许可证持证企业累计400家，一级10家（无民营企业），二级28家（民营企业10家），三级63家，四级263家，五级36家。全省电工进网作业许可证131 099张，其中高压111 489张；低压11 920张；

特种 6840 张；多类别 850 张。

10. 推进增量配电业务改革试点

一是积极推进增量配电业务电力业务许可证（供电类）颁发工作；二是主动服务，指导增量配电业务改革第一批试点项目办理电力业务许可；三是开展发证企业经营调研工作，了解山西配电业务开展现状；四是参加国家能源局资质中心增量配电业务划分研究组；五是协调山西省经信委增量配电业务许可管理有关问题。

11. 供电监管

一是完成 2016～2017 年度供电监管暨用户受电工程监管，按时编写《2016—2017 年山西省供电监管情况报告》和《山西用户受电工程市场秩序专项监管报告》，督促企业认真开展整改闭环工作。为强化整改效果，针对 2016～2017 年度供电监管检查发现的 5 大项 29 小项 119 个问题，在省、市供电公司两个层面分别下发整改通知书。组织开展了 2017～2018 年度供电监管工作，依托 12398 投诉举报所反映的突出问题为导向，安排部署检查内容，明确将信息公开、供电能力、供电普遍服务、业扩报装接电市场行为、新建住宅小区配套费以及 12398 能源监管热线标识普及宣传等方面作为监管检查的重点。二是开展优化营商供电环境专项行动。为进一步落实国家能源局加强供电监管和山西省委省政府优化营商环境的工作部署，研究制定了《提升供电服务水平 优化营商供电环境专项行动工作方案》。

12. 行政执法

一是调查取证，在专项监管了解基本情况的基础上，安排执法人员赴相关企业调查取证，进一步掌握详细信息，并撰写案件调查报告；二是广泛征求意见，一方面征求相关处室日常监管信息和对案件的处理意见，另一方面调研供电企业，了解相关承装（修、试）电力企业近年来承揽工程的情况；三是借助外脑，邀请知名律师介绍经验、讨论案件，达到了“交流经验、务实基础、强化能力”的目的；四是沟通交流，提前组织召开拟处罚案件讨论会和行政处罚委员会预备会议，确保拟处罚案件事实清楚，法律依据准确，处理意见客观合理，符合法律程序。

13. 12398 投诉举报

截至 2017 年底，受理有效信息 2380 件。其中投诉 205 件，举报 6 件，办结率为 100%。在直接调查处理的 205 件投诉举报信息中，约谈企业负责人 6 次，下达整改意见书 4 份，要求供电企业举一反三，防范类似事件再次发生，同时及时分析 12398 能源监管热线情况通报的内容和格式，并按月及时发布通报，维护了能源领域消费者的合法权益。

【国家能源局山东监管办公室】

基本情况 国家能源局山东监管办公室（简称山东能源监管办）于 2013 年 12 月 2 日正式挂牌成立。

领导班子

监管专员、党组书记：付海波

副专员、党组成员：左卫华

组织机构 综合处、市场监管处、行业监管处、电力安全监管处、资质管理处、稽查处。

主要职能 山东能源监管办依据国家能源局的授权，履行山东省内的能源监管职责。具体履行以下监管职责：监管电力市场运行，规范电力市场秩序；监管电网和油气管网设施的公平开放；监管电力调度交易，监督电力普遍服务政策的实施；负责电力等能源行政执法工作，依法查处有关违法违规行为，监督检查有关电价；负责除核安全外的电力运行安全、电力建设工程施工安全、工程质量安全的监督管理以及电力应急和可靠性管理，依法组织或参与电力事故调查处理；负责组织实施电力业务许可以及依法设定的其他行政许可；负责法律法规授权以及国家能源局下达或交办的有关事项监管。

主要工作

（1）履职创新主动作为，服务能源改革发展大局。贯彻落实国家能源局党组的各项工作部署，围绕“四个革命、一个合作”能源发展战略，以推进能源供给侧结构性改革为主线，推市场、促改革、严监管、强服务，完成了全年 12 项重点监管工作任务，维护了全省能源市场秩序和市场主体各方合法权益。

从加强电力供给侧结构性改革监管入手，落实能源规划和产业政策监管职责，妥善解决全省并网未许可机组问题，依法对 850 万 kW 机组核发了许可，对未达到许可条件的 300 万 kW 机组不予发放许可证、不允许发电上网，促进了全省电源结构调整和新旧动能转换。开展煤电规划建设落实情况监管，防范化解煤电产能过剩风险，对 9 台未核先建机组上报国家能源局，暂停 3 台未核在建机组建设，腾出空间引导风电、光伏等新能源发电项目建设，全省新能源装机容量新增 820 万 kW，同比增长 63.4%，新能源发电实现全部足额上网消纳结算，是全国为数不多的省份之一。持续推进煤电节能减排监管，省内主要发电集团完成超低排放升级改造机组 26 台、容量 644.5 万 kW，全年可减排二氧化硫 8.5 万 t、氮氧化物 4.3 万 t、烟尘 2.2 万 t，提升了全省煤电高效清洁发展水平。

（2）推进市场化改革，优化交易方式。牵头制定了《山东省电力中长期交易规则（试行）》和《山东省关于加强和规范自备电厂监督管理的实施方案》，初步形成了运作规范、参与积极、竞争有序、监管有力的市场运行机制。针对电网调峰调频问题日益突出的形势，制定了《山东电力辅助服务市场运营规则（试行）》，发挥市场在资源配置中的决定性作用，激发各发电主体深度参与调峰、调频的积极性，促进风电、光伏发电等清洁能源消纳。

坚持市场化改革方向，不断改进、优化交易方式，启动月度双边交易和月度集中竞价交易，探索建立市场合同偏差处理机制，实现了按月考核、按月平衡偏差、按月结算，全年交易电量达到 944 亿 kWh。推动放开售电企业参与电力直接交易，激发社会力量参与电力市场的热情，全省累计完成注册售电公司 403 家，进入市场发电企业 48 家（141 台机组）、电力用户 1721 家。

（3）加强公平开放监管，推进配电侧改革。组织召开油气管网设施公平开放供需见面会，推动管网企业开放意向落地。原油管道开放工作进展顺利，烟淄、黄潍两条原油管道相继实现对外开放，成为山东省首批市场化的多批量、多用户公共输油管道，全年累计为 20 家炼化企业输送原油 2000 多万 t，节约物流成本 10 亿元以上。协调省发展改革委、经信等部门和油气企业，建立油气管网设施公平开放联席会议制度，搭建起了沟通交流、协调议事的平台。

先后赴胜利油田、兖矿、枣矿等存量配电企业，以及中德生态园、泰开工业园等微电网主体开展实地调研和座谈交流，引导基础条件较好、基本符合电改“9 号文”及配套文件精神的企业开展前期准备工作。在充分调研、广泛征求意见的基础上，向国家能源局请示汇报，明确了“非电网企业存量配电项目核准、配电区域划分”等关键问题，为调解决历史遗留问题、加快推进配售电侧改革奠定了基础。

（4）抓好依法监管，健全电力安全监管体系。贯彻落实中央关于推进安全生产领域改革发展的意见，督促全省各级电力企业建立健全“党政同责、一岗双责、齐抓共管、失职追责”的责任体系，形成了一级抓一级、人人有责任的全员安全生产管理机制。组织开展安全生产隐患大排查、快整治、严执法集中行动，对电力监控系统存在重大安全隐患、未按期整改的 18 家新能源场站解除并网运行，确保了电网安全运行。开展十九大保电督查，现场检查在建项目、骨干电厂、枢纽变电站等重点单位 20 余家，发现问题 135 项，现场下达 6 份整改通知书，完成保电任务。

联合安监部门对地方政府进行安全督查，强化地方属地监管责任和企业主体责任，济宁、威海等多个地市先后通过政府文件形式明确了属地监管部门，逐步健全了市、县两级电力安全监管体系。牵头组织编写了《电力企业安全生产风险分级管控体系细则》和《电力企业生产安全事故隐患排查治理体系细则》，并列入山东省地方标准，推进了“两个体系”建设。

（5）落实“放管服”政策，服务企业和民生。优化电力业务许可审查流程，推进“互联网＋政务服务”，在全国率先开通电力行政许可微信服务平台，全年累计推送各类信息 200 余条，依托“ASK NEA”专栏分类许可答疑 18 期，印制发放行政许可“百问百答”手册，通过政务咨询平台、热线电话等渠道回复各类咨询 1300 余条次，累计向申请人发放廉政回访表 200 余张，受到办事企业和群众的普遍好评。

把保障和改善民生问题作为供电监管工作的出发点和落脚点，全年共处理人民群众反映的低电压、供电服务等问题 379 例，采取“双随机、一公开”方式对供电企业供电服务、城农网改造、老旧供配电设施、供电能力等开展现场检查，及时回应了群众呼声，解决了群众关切的问题。查处各类投诉举报 212 项，约谈供电企业 4 家、可再生能源企业 5 家、电力施工企业 4 家，纠正电力企业违规行为 26 项。搭建法律咨询援助平台，实施精准法律援助，累计开展 42 次咨询服务活动。

（6）突出党建引领，促进党务业务融合发展。以习近平新时代中国特色社会主义思想引领全面工作，推进机关党建和监管业务“双过硬、双落实”。成立党建工作领导小组，构建“大党建”工作格局，办党组书记坚持“一把手”带头，履行“第一责任人”的责任。把党建工作、落实巡视发现问题整改、“两学一做”学习教育列入各处室月度工作计划，与监管业务同部署、同落实，同考核。党建工作一岗双责，人人有责，统筹党务、业务、队伍融合发展的要求真正落到了实处。

2017 年，围绕驻村“第一书记”工作实际，组织开展了“抓党建促脱贫攻坚”主题实践活动，完成了临沂平邑金鹊庄村饮水、亮化、分布式光伏、农网提升改造、美丽乡村建设及教学设施改善等各项扶贫工作，全村实现“五通十有”，106 户贫困户稳固脱贫，贫困村实现脱贫摘帽。坚决落实中央能源供给侧结构性改革决策部署，向 1321 台 1607 万 kW 未许可发电机组下达责令整改通知书，坚决停止 300 万 kW 违规机组并网发电，有力促进了山东省经济转方式、调结构和新旧动能转换。

【国网北京市电力公司】

企业概况 国网北京市电力公司（简称国网北京电力）是国家电网公司的子公司，负责北京地区 1.64 万 km^2 范围内的电网规划建设、运行管理、电力销售和供电服务工作。下辖二级单位 29 个，包括供电公司 16 个、业务支撑和实施机构 10 个、其他单位 3 个。2017 年完成售电量 968.01 亿 kWh，同比增长 5.41％。

2017 年，国网北京电力业绩考核连续三年位列 A

段，荣获国家电网公司2017年度基建管理先进单位。对标位列综合标杆第四名，并获得管理标杆和六项专业标杆。

领导班子

国家电网公司副总工程师兼国网北京电力董事长、党委书记：李同智（2017年5月改任董事长、党委书记，原任总经理、党委副书记）

董事、总经理、党委副书记：万志军（2017年5月任）

副总经理、党委委员：刘润生

副总经理、党委委员：安建强

副总经理、党委委员：唐屹峰

总会计师、党委委员：李路

副总经理、党委委员、工会主席：王西胜

副总经理、党委委员：张铁恒

副总经理、党委委员，通州公司总经理、党委副书记：赖祥生

副总经理、党委委员，城区公司总经理、党委副书记：孙兴泉

党委委员、纪委书记：闫承山

总工程师：陈守军

党委书记、副总经理：杨新法（2017年5月离任）

组织机构 本部设办公室（党委办公室）、发展策划部、党委组织部（人事董事部）、人力资源部（社保中心）、财务资产部、安全监察质量部（保卫部）、运维检修部（政治供电办公室）、建设部、营销部（农电工作部）、科技信通部（智能电网办公室）、物资部（招投标管理中心）、审计部、监察部（纪委办公室）、党建工作部（机关党委、公司团委）、离退休工作部、经济法律部（体改办）、对外联络部（品牌建设中心）、后勤工作部、运营监测（控）中心、电力调度控制中心、工会、企协分会22个职能部门，下设城区供电公司、通州供电公司、朝阳供电公司、海淀供电公司、丰台供电公司、石景山供电公司、亦庄供电公司、昌平供电公司、门头沟供电公司、房山供电公司、大兴供电公司、平谷供电公司、怀柔供电公司、密云供电公司、顺义供电公司、延庆供电公司16个地市供电企业，经济技术研究院（北京电力经济技术研究院有限公司）、电力科学研究院、北京电力工程有限公司、检修分公司、信息通信分公司、培训中心、物资分公司、综合服务中心、客户服务中心、国网北京电动汽车服务有限公司10个业务支撑机构，首都电力交易中心有限公司、北京供用电建设承发包有限公司、北京市城市照明管理中心、国网北京市电力公司物业管理公司4个其他单位。

电网概况 截至年底，北京电网内共有电厂29座，机组274台（含124台风力发电机和73台光伏逆变器），总装机容量10 453.08MW。并入110kV及以上的升压变压器共有64台，变电容量13 739.5MVA，其中并入220kV的升压变压器37台，变电容量12 570MVA，并入110kV的升压变压器27台，变电容量1169.5MVA。北京地区运行的110kV及以上变电站498座，变压器1252台，变电容量117 078.3MVA。500kV变电站10座，变压器28台，变电容量29 703MVA。220kV变电站87座，变压器233台，变电容量40 795MVA。其中，国网北京电力所属变电站80座，变压器210台，变电容量39 680MVA；用户变电站7座，变压器23台，变电容量1115MVA。110kV变电站401座，变压器991台，变电容量46 580.3MVA。其中，国网北京电力所属变电站352座，变压器880台，变电容量42 487MVA；用户变电站49座，变压器111台，变电容量4093.3MVA。北京电网共有110kV及以上架空线路603条，共7067.35km，110kV及以上电缆线路986条，共2076.75km。500kV架空线路8条，312.706km；500kV电缆线路2条，13.372km（其中昌海、门海线为架混线路）。220kV架空线路213条，2896.02km；220kV电缆线路143条，620.29km。110kV架空线路382条，3858.63km；110kV电缆线路794条，1443.09km。

人力资源 截至12月底，共有全民职工8156人，其中研究生及以上学历1628人，本科学历3923人，专科学历1527人；高级职称1470人，中级职称1846人；技师及以上职业资格4041人，高级工1709人，中级工469人。

推进前端全能型班组和后台智能管控平台建设工作，形成相对完整的业务集约融合体系。创新建立智能安全管控和配网运维管控平台，完善并推广“智慧工地”管控系统，实现各类作业现场全覆盖和安全质量全流程监控。在城市化区域试点将10kV生产营销服务等业务下放至营业所，为辖区客户提供立体式、综合式服务。创建首钢冬奥供电服务中心，拓展供电范围。完成北京城市副中心、雁栖湖等供电服务中心建设。所属单位企业负责人推行“关键业绩制”考核、各级管理机关推行“目标任务制”考核、一线员工推行“工作积分制”考核。

聚焦国家电网公司重点工作、核心业务，重点组织开展十九大保电、“煤改电”供电服务、继电保护专业和供电所业务青年员工“回炉”等培训。提升专业培训的精准性、系统性，制定落实业务岗位培训、人才培养方案。新增各级各类专家人才125人。加强培训资源建设，在平谷、城区公司挂牌建设配电与营业、供电服务实训基地，在培训中心组建基建、生

产、营销等教研室，选拔认证755名初、中级兼职培训师。

电网建设与发展 滚动修编“十三五”电网规划并获得政府批复，总投资1000亿元全部纳入输配电价核定范畴。持续优化冬奥会、怀柔科学城等重点区域专项规划，发挥电网规划在履行首都供电政治责任上的引领作用。

与16个区政府签订战略合作协议，实现区县战略合作全覆盖。将配网投资范围延伸至首钢园区和机场红线以内，将136项工程纳入政府督办任务和“一会三函”审批流程，56项工程纳入绿色通道审批流程。取得张北柔性直流示范工程等73项重大项目立项核准。

《基于卓越管理理念的同期线损精益化管理创新与实践》入选国家电网公司“五位一体”典型案例库并获得国家电网公司系统管理创新一等奖；《政企合作拓展电网规划前期工作的管理实践》获第三十二届北京市企业管理现代化创新成果二等奖；《国际、国内一流城市电网发展对比和北京电网发展定位研究》等两篇分析成果获中电联2017年度全国电力行业统计与分析优秀论文。

全年开工110kV及以上输变电工程60项，新建变电容量701.5万kVA、线路809.28km；投产110kV及以上输变电工程31项，新建变电容量326.15万kVA、线路340.31km；完成电力线路迁改工程10项，长度42.11km。首都核心区58条道路、50.61km架空线入地工程按期完成；副中心行政办公区配套市府东110kV输变电工程如期投产，为市政府启动搬迁入驻提供可靠保障；新机场配套110kV张华输变电工程提前建成，走在各项基础设施建设前列；如期建成蔚县—门头沟500kV线路工程（北京段）；完成张北柔性直流示范工程四通一平并突破文保审批手续。完成安定500kV增容工程全部4组变压器更换；开工建设500kV张昌三、房山—南蔡线路工程以及南苑、聂各庄加装调相机工程。

推进基建现场反违章专项行动，开展电力建设工程施工安全年活动，实施安全责任量化考核，基建工程全覆盖建设和应用“智慧工地”系统实时监督管控现场作业情况，通报、整治现场违章问题，基建安全质量局面稳定。推广土建工程预制技术，对围墙压顶、井口等建（构）筑物实施工厂化预制，减少现场湿作业，提高工程实体质量，开展创优示范工程建设和标准工艺竞赛活动，完成年度创优输变电工程26项，优质工程率100%，马坡220kV变电工程、团结湖220kV送电工程荣获国家电网公司2017年度创优示范工程。深化110kV变电站钢结构模块化建设，全过程应用变电站、架空线路、电缆机械化施工；完成基建骨干人才储备库三年建设计划，推动基建专家骨干人才“红、黄、蓝”队伍常态化运转，启动基建教研室建设。北京经济技术研究院依托三营门220kV变电站工程获得国家电网公司“三维设计”专项竞赛优胜奖。

经营管理 2017年，固定资产投资完成227.98亿元。借助核心区架空线入地、新机场、“煤改电”等工程，全年争取外部资金41.4亿元，超过全年电网投资的20%。科学编制发电量计划，有效化解华能煤机停备带来公司成本增加风险。分线分台区线损合格率提升40个百分点以上，综合线损率下降0.03个百分点，累计结余碳排放配额27.5万t，带来经济效益3200万元。

克服折旧、财务费用刚性增长的影响，消化十九大保电等成本增长，完成了利润目标；把握煤电联动、清洁能源采暖等政策调整契机，扩大购售价差，落实输配电价上涨空间，提升盈利能力；开展问题清单梳理，391项问题得到有效整改；严把决算质量，推进工程决算转资，转资率达到88.5%。

深化运监大数据平台建设，开展七大类主题监测工作，监测内容覆盖11个主营业务部门，基本实现对公司业务监测的全覆盖；推进30套信息系统查询权限和21套系统数据库读取权限开通工作；应用“大数据”分析技术，完成售电量、物资采购价格、电网运营成效及充换电设施4项大数据专题分析；设计“数据宝宝”卡通形象，设立“数据宝宝讲数据”系列微讲堂，邀请国内知名企业分享数据管理及应用经验。

首都电力交易中心有限公司按照金融监管部门要求实现了交易机构开业运营所有条件，建立交易机构行政、管理制度体系。全年北京电网全口径购电交易电量1036.98亿kWh，同比增长5.73%。完成市场化交易电量144.25亿kWh，同比增长66.51%。落实政府节能减排要求，完成发电权交易电量57.45亿kWh，节约标煤33.59万t，减排二氧化硫7067.75t、二氧化碳87.33万t，为完成非首都功能有序疏解和北京地区节能减排、低碳转型发挥作用；集中电采暖直接交易电量0.41亿kWh，“煤改电”居民用户电力直接交易电量2.54亿kWh，新疆送北京交易电量5.95亿kWh。

全年完成54个批次的物资和服务采购工作，集中采购金额128.58亿元。签订采购合同5293份，金额84.47亿元，全年处理违约金额80.89万元。废旧物资处置金额达到5296.51万元，较2016年提升118.74%。完成监造工程89项，下达检测任务2684条，检测物资21155台（套），整改设备质量问题284项。

完成对英大人寿保险、英大传媒集团等5项国家电网公司委派审计项目，其中4项获得总部考评A类。开展22家258项电网建设项目的竣工决算“回头看”审计；累计对1454个村和街道、60.51万户居民“煤改电”工程持续跟踪，共计下达整改意见书269份，累计纠正、调整结算4396项；成立审计中心并实施一体化管理，明晰职责界面，确立资源共享机制，“上审下”监督格局初步形成；探索数字化审计实践，针对“煤改电”电费补贴发放开展专项审计，对30万居民逐户进行资金核查，远程调取数据72.02万条，确保政府补贴到户，对充电桩的合规性及运用过程的效益性进行分析，拓展新业务领域中审计的监督保障作用。荣获国家电网公司审计先进单位，昌平供电公司获评先进集体。

组织开展制度评估，废止与管理现状不符的制度158项。开展制度落地执行检查，发现整改问题87项，提出意见建议154项。编制合同承办审核手册，收列常用合同类型5类33项。印发法律风险提示书60份，为2016年同期的5倍。梳理规划建设、电网运维、营销服务、人力资源等主要领域涉法问题1175项，形成涉法问答丛书。

完成公务用车改革，实现公务用车数量和运行成本“双降10%”目标。梳理2184处房屋资源，形成“一房一册”信息图集。推行《国家电网公司小型基建项目管理手册》，编制《小型基建项目前期工作手册》。施行项目全过程管控，后勤项目初设评审覆盖率、评审合格率、竣工完成率、结算完成率均达100%。完成《国家电网公司非生产性技改项目技术规范》等5项技术标准的编写。建立“专职—专业—专家”三级精准健康管理体系，试点开展“面对面”专家健康咨询。推进健康食堂创建，所属247个食堂100%全部达标。在十九大电力保障期间，完成2.3万余名干部职工和1609名支援人员的保障任务。推进后勤“精益化管理年”活动，围绕后勤8个方面年度重点工作，细化21项重点任务。出版发行《非生产性房屋及其配套设备设施维修改造典型方案》《“互联网+”与电力后勤的融合与发展》等专业管理书籍。

安全生产 成立国内首家两级配网管控运维中心，建成国内首套“一体双核”配电自动化主站系统；接入6575条配电自动化线路，提前实现北京城市区域覆盖率100%。以防范外力和用户内部故障为重点，安装1187台视频监控装置和10 585台用户分界断路器，全面应用生产移动作业终端。综合运用人防、物防和技防措施，输电、变电、配电设备故障同比下降41.2%、36.4%和69.2%。

全年共完成保电任务178项，累计保电328天。完成全国“两会”、“一带一路”高峰论坛、党的十九大、天舟一号航天任务以及党中央、国务院重要会议等政治供电任务。北京电网未发生造成保电客户供电影响的电网故障。

组建国内首家省地两级安全监控中心，创新建立可视化智能安全管控系统，持续完善生产作业安全规范化管控平台及APP功能，实现施工现场视频监督、作业流程管控全覆盖。应用“互联网+”技术，深化安全双准入手段，建立外包企业和人员安全质量信用评价体系，形成“严格准入”和“动态淘汰”相结合的安全质量管控长效机制。开展配网设备质量专项行动，排查并治理配网设备质量问题326项，完善隐患排查治理管理体系，建立政治保电专项排查治理组织模式，完成各项重大活动专项隐患排查治理任务。强化应急队伍能力建设，开展度夏防汛、政治保电等应急演练114次，综合应急救援队获得“北京市电力市级专业应急队伍”资格。加强风险预警管控，定期发布电网风险预警单，实现电网风险分析、预警、控制全过程规范管理。建立常态预案、检修预案和专项预案三级预案管理体系，在严重故障处置、典型设备异常处理、拉路限电方案执行等方面应用“一键操作”技术，缩短故障处置时间。编制故障处置预案1469份，实施方式调整措施47项，开展联合反事故演练14次，确保电网平稳应对2254万kV历史最大负荷和1960万kV冬季最大负荷考验。

成立后勤安全巡检组，围绕工程项目、消防安全、交通出行、办公场所、设备设施、食品卫生等重点领域开展全口径安全检查。开展后勤专业“百日安全”消防隐患排查专项行动，共计发现问题隐患808项，全部完成整改，整改率100%。

营销工作 超额完成市政府下达“煤改电”配套电网建设任务，总建设规模达到904个村、40.77万户，基本实现南七区平原地区“无煤化”。截至2017年采暖季前，北京电采暖用户已达到110万户。全年完成84项公交充电站外电源工程；完成17个居民小区充电设施电源改造；新建公共充电桩2930个，建成国内首个城市10分钟充电圈。综合能源服务业务收入实现跨越式增长，全年完成5003万元，同比增长138%。

售电量完成968.01亿kWh，同比增长5.41%。年内新增用电客户16.5万户，新增接电容量1333.33万kVA，同比增长3.90%，拉动电量增长3.89个百分点，完成电能替代电量25.58亿kWh。完成城市公共事业附加费取消、居民峰谷时段延长等5次电价政策调整。开展电价执行情况稽查，整改电价执行差错83户次。加强电费回收管控，当年电费回收率实现100%。联合市发展改革委、公安局开展反窃电行动，全年累计追补电量 809.18 万 kWh，补收电费及违约金 3374.91 万元。

全年换装智能电能表 23.23 万只，采集覆盖率达到 99.6%。优化采集系统网络，全年更换 1.66 万台非互通集中器及采集模块，分装 1.2 万台集中器，实现采集网络全网互通，采集成功率由年初 99.1%提升至 99.5%，购电费平均下发时间由 7.3min 降低至 5.8min。电科院计量中心建成智能仓储及自动化流水线，形成覆盖计量资产全寿命周期的管理体系。推广“互联网+”线上办电业务，实现业扩线上报装率达到 96.06%。全年累计签订内外部“契约”服务书 554 项，容量 378.48 万 kVA。实现 308 个小区、23.36 万户供电接收协议签订率和方案制定率均达到 100%。

科技与信息化 牵头的“863”课题“主动配电网关键技术研究及示范”通过国家科技部验收。“电能替代综合技术联合实验室”获批国家电网公司联合实验室称号；状态检测实验室获批国家电网公司技术标准验证实验室；获省部级及以上科技成果奖励 24 项，其中中国专利优秀奖 1 项，中国电源学会科学技术特等奖 1 项，中国电力科学技术奖 3 项，中国电力创新奖 2 项，中国机械工业科学技术三等奖 1 项，省级人民政府科技奖励 12 项，国家电网公司科技奖励 8 项。围绕“煤改电”电动汽车、分布式电源等开展专利布局，全年共申请专利 326 件，累计拥有授权专利 2199 项。

新开工 110kV 及以上电网建设项目环评率 100%，110kV 及以上电网建设项目竣工环保验收率 100%。完成 109 座变电站电磁环境和噪声监测，以及 40 座有办公人员的变电站废水监测。完成 3 座噪声超标扰民变电站的治理工程立项，试点开展 7 座变电站全过程精细化环保技术监督。结合“六五”世界环境日、全国科普日、北京科学嘉年华等活动，开展环保科普宣传。

成立网络安全与信息化工作领导小组，组织各部门、各单位签订网络安全责任书和网络安全承诺书。组织评审信息系统安全防护方案 24 项，完成 63 套管理信息系统、26 套电力监控系统等级保护测评和备案工作。对信息系统和电力监控系统开展渗透测试和木马检测。

在国家电网公司率先成立网络安全分析室，建立信息专业预案体系，编制专项预案 30 个，编制现场处置预案 60 个。完成北京市公安局组织的“护网 2017”之十九大网络攻防演习，拦截外部攻击 267 次，抵御演习攻击 90 次。在“一带一路”和十九大保障期间，阻断勒索病毒传播。开展全国两会、“一带一路”、十九大、集体企业、研发安全、营业厅摄像头、自建系统等 14 项信息安全专项督查，全年开展现场检查 200 余次，发现隐患 3289 个，隐患整改完成率 100%。

完成电网信息化项目 133 个，建成涵盖安全生产、经营管理、营销服务、企业文化、审计监察等多个领域的移动应用，通过“一个终端、一张 SIM 卡、一套通道、一个商店、一笔预算”强化移动应用标准化建设管理，推进国家电网三个移动应用商店实用化，实现了移动应用的统一管理。企业领导决策支持移动应用上线，“互联网+”与公司经营管理深度融合。完成 83 个功能模块，1792 个功能点的设计开发，实现对电网负荷、故障、投诉工单、经营绩效等指标数据在线监测。

完成骨干通信网建设任务，35kV 及以上变电站、主要办公场所、营销网点、分支机构的光纤覆盖达到 100%。加快北京副中心通信网建设，构建潞城站、东夏园站、新胡各庄站和辛安屯站的骨干通信系统，初步建成 12 座开关站、用户配电室的核心区高端智能配电通信网。完成 16 个供电公司第一会场分体式高清会议系统覆盖。

完成 13 套通信设备网管系统等级保护测评工作，完成通信系统电气火灾综合治理工作。完成线路走廊存在隐患的 14 条通信光缆专项整改，部署光缆反外力视频监控系统，光缆缺陷同比下降 34.2%。开展 42 个通信系统运行方式深度分析，完成 1297 条继电保护、1518 条调度数据网等六大类重点业务通道风险分析和完善提升工作。健全公司通信系统预案体系，修订公司通信系统突发事件应急预案，完善光传输设备、会议电视系统等现场处置预案 13 个，编制十九大保障重点站线现场处置预案 189 个。

制定通信专项保障方案，开展隐患排查治理及应急预案演练，开展重要通信系统专项检查及运行方式分析。综合运用 4G 单兵、800M 集群等信息通信技术实现现场保障人员与指挥中心的音视频双向互动，创新应用量子通信技术传输配电自动化数据，安全加密能力达到国内最高级别。

优质服务 与中央军委机关事务管理局签署战略合作协议，为京港地铁、中国联通等 5 大集团客户开展特色集团缴费服务，深入国管局、中直机关等 110 个重点小区开展便民服务。

在工程建设、电网运维、客户服务、后勤保障等专业，组建党员突击队 95 支、党员保障队 79 支、党员服务队 88 支，标准化建设各类党员服务站、示范岗 2107 个，开展“卫蓝暖心”专项行动，组建 89 支党员服务队，村村设党员电力管家、发放服务联系卡，入户服务 10 万余次。发放“爱心卡”，连续 16 年开展“青春光明行”青年志愿服务。

开展“保卫首都蓝天，创造美好生活”清洁供暖主题活动，推出“煤改电”居民“日常购电不出村”“应急服务全天候”等五项保障措施，共产党员服务队驻村服务全覆盖，累计入户服务20余万次。推出“微支付”购电新方式，推广支付宝、微信、“电e宝”等线上服务渠道。截至年底，“掌上电力”APP居民版注册客户195.7万户，企业版客户注册率100%，“电力微信”公众号关注客户147.83万户；居民线上交费率71.26%。完善末端融合APP功能，抢修电子接单率达到97.2%。自主研发“煤改电”电费补贴代发放系统，实现补贴实时直补到户，累计下发补贴76.16万户。结合“煤改电”冬季供暖服务，进村入户发放学习资料10万余册。

建立窗口服务现场、一线服务现场、第三方明察暗访“三位一体”监控机制，健全完善两级供电服务投诉分析例会机制。投诉压降率达到42.06%。

党的建设和精神文明建设 坚持把学习宣传贯彻党的十九大精神作为首要政治任务，召开党委中心组学习扩大会、专题工作会，部署学习宣传贯彻工作。针对党委、党支部和党员三个层面分别提出学习要求，两级中心组累计学习135次。成立“1＋N＋X”宣讲团，深入机关、基层、班组、社区、农村、客户开展党的十九大精神“六进”宣讲活动。成立公司党建工作领导小组，将党建工作要求写入公司章程，落实党建工作责任制，完成各级党组织书记述职评议考核，开展大党建联合考评。优化基层支部设置，党组织数增加到540个。编印《党建工作手册》《阵地建设标准化指导手册》，建设89个支部规范化试点。崇文党支部获评国家电网公司中央企业示范党支部。开发应用“首都电力先锋”党建微信订阅号。党建工作实践成果在《北京日报》《人民政协报》《党建》杂志等党报党刊刊发。在党的十九大保电中，组建前线联合指挥部临时党委，下设4个临时党总支、305个现场临时党支部，统筹开展综合保障。实行“一线工作日”制度，各级领导干部深入基层一线现场办公累计600余次。选优配强干部队伍，将“党政分设、交叉任职”领导体制拓展至集体企业。

细化界定“两个责任”（党委负主体责任，纪委负监督责任）任务清单。强化全面履责约谈报告机制，两级党委共约谈下级负责人3269人次。成立巡察组，完成对6家基层单位的巡察工作。开发“首善清风”廉政教育APP传播廉洁知识，直接受众6万余人次。动态梳理重点岗位人数1832人，累计交流2299人。

开展“百佳支部”“百佳党员”和“百佳班组”“百佳工匠”联合创建。在基层一线广泛建设企业文化宣传阵地，建成职工文化活动中心。3个单位获评“全国文明单位”称号，28个单位保持首都文明单位（标兵）荣誉，3个单位获评国家电网公司文明单位。荣获全国群众体育先进单位，获得国家电网公司青创赛金奖。5个集体荣获“北京市青年安全生产示范岗”称号。

开展“我为企业献一策”合理化建议征集工作，采纳优秀建议124条，5条建议被国家电网公司评为优秀合理化建议。10名女职工获国家电网公司十九大供电保障先进个人称号，130余名女职工获公司功臣个人称号；1人获国家电网公司“十佳服务之星”称号，1人获北京市首届“北京大工匠”称号。获得全国“安康杯”竞赛安全文化宣传先进单位，1人被评为国家电网公司特等劳动模范，4人被评为国家电网公司劳动模范；照明中心荣获全国五一劳动奖状；海淀公司配电运营指挥室荣获北京市工人先锋号；建立劳模（职工）创新工作室33家，取得创新成果580余项。陈牧云创新工作室被中华全国总工会授予“全国示范性劳模和工匠人才创新工作室”，陈牧云、冯丽利、王朴创新工作室被评为“国网公司劳模创新工作室示范点”。获得北京市2016年度首都全民义务植树先进单位、北京市2016年度市级交通安全先进单位、北京市2016年度市级交通安全优秀系统称号。

全年组织集中新闻发布68次，传播重点议题63项，同比增长57.7%。在中央及市属媒体刊发报道2842篇次，其中在《人民日报》刊发72篇，包括头版及长篇通信15篇；在新华社《国内动态清样》4篇。中央电视台《新闻联播》等栏目播出时长238分钟。实现十九大供电保障全过程“零舆情”，全年舆情形势保持平稳。开展社会责任实践，跨区合作推进根植项目，获得中国电力行业企业最佳透明度管理奖。深化“一站一刊两微”全媒体格局，加强新闻采写、网站及报刊编辑、视频制作等业务融合和集约管理。记者站被评为中国电力报“先进记者站”和英大传媒集团“十佳记者站”。

十九大保电 党的十九大供电保障任务保障涉及62户重要客户、120座重点站室、9605km 10kV及以上重点线路，坚持最高的保障标准，得到山东、河南等10个兄弟单位支援，23 793人参与保障工作；9月30日起，全面进入保障阶段，全面升级重点站线和重要客户安保防恐标准，采取运维、安保双看护；将保电科学划分为“备战、决战、决胜”三个阶段，细化38项重点任务、456项工作计划。以变电站、线路和客户为单位，组建融合运维、安保、客户服务等专业的287个保障团队，构建“整体指挥、专业协同、团队合作”的模式，研发运检智能管控平台、政治供电监测、气象灾害精准预报预警等8个先进信息系统，运用移动应用等先进手段，实时掌握客户、气象等关键信息，实现智能化指挥、智能化管控、智能化保障。针对会场、驻地等重要客户，专门配备大容量飞轮储能和UPS电源车、110kV车载移动式变电站、10kV移动箱变车等先进装备，运用“固态切换开关+不间断电源”等先进技术，为客户零闪动提供了坚强保障。17 000余名一线保障人员昼夜守护重点站线。

（吴国建）

【国网天津市电力公司】

企业概况 国网天津市电力公司（简称国网天津电力）负责天津市电网规划、建设和运营，致力于为天津经济社会发展提供安全、经济、清洁、高效的电力能源供应。供电面积1.19万m^2。供电服务人口超过1500万。2017年销售电量683.2亿kWh，营业收入426.23亿元，实现利润16.04亿元，截至年底，资产总额达759.86亿元。2017年天津电网最大负荷1515.5万kW，电网始终保持稳定运行，连续十二年没有拉路限电。国网天津电力创新构建全网保电、科学保电、全员保电、专业保电的“四个保电”模式，完成第十三届全运会保电任务。全国优秀共产党员、电力工匠张黎明当选党的十九大代表。连续6年获国家电网公司业绩考核A级。

电网概况 天津电网是华北电网的重要组成部分。目前通过锡盟—廊坊—海河—泉城双回1000kV交流线路及鄂尔多斯—北岳—保定—海河双回1000kV交流线路与华北特高压主网相联。通过北郊—安定、盘山—安定两回500kV交流线路与北京电网相联，通过吴庄—霸州双回、芦台—裕丰双回500kV交流线路与冀北电网相联，通过静海—黄骅双回500kV交流线路与河北南网相联。

截至年底，天津电网共有1000kV变电站1座，1000kV主变压器2台，变电容量6000MVA；500kV变电站8座，500kV主变压器18台，变电容量17 253MVA；220kV公用变电站73座，220kV主变压器169台，变电容量30 576MVA。天津电网共有1000kV线路8条，天津维护段长度577.894km；500kV线路28条，天津维护段长度917.656km；220kV线路257条，线路长度3262.838km。

人力资源 一是创新支撑国网天津电力“三个转型”。完成26项组织机构、编制优化调整；开创新型“柔”性组织运行模式；出版“五位一体”专著，发行覆盖27家省公司和部分系统外单位。实现基层单位部门负责人跨单位交流；实现跨单位人员软配置，支撑“煤改电”等公司重点工作；开展人力资源经济活动分析，运用“三张表”实施人力资本价值评估；实施绩效经理人履职成效评估，优化“刚柔并济”的绩效管理体系。二是人才培养积累智力资本。实施青年员工成长“精鹰计划”；实现员工技能等级、技术职称互评；创新建立“平战结合”模式的配网应急抢修“特训营”，开创人员培养新模式；健全人才选拔考核机制，形成覆盖全专业的1327名优秀专家人才库，其中省公司级及以上597名，国家电网公司级优秀人才年度考核优秀率较2016年提升11.25%，专业技术资格复审通过率较2016年提升2.97%，正高级工程师通过13人。三是基础夯实有效防范风险。全年修编专业管理制度12项；发布《人力资源管理八项问责意见（试行）》及《人力资源专业评价标准（2017版）》；初步建立人力资源风险管控体系，制定《人力资源专业审计检查、信访事件、诉讼案件风险预警机制（试行）》，提升风险预防能力。

电网建设与发展 电网发展实现新突破。天津电网“十三五”规划500kV项目全部纳入国家能源局组织的主网架规划衔接咨询评估意见。配合国家电网公司完成雄安新区配电网规划。全年召开4次电力工程联席会，破解20项前期难题。完成发展总投入73.94亿元，其中固定资产投资68.1亿元。110 kV及以上线路开工235.61km，投产289.05km；变电容量开工278万kVA，投产424万kVA。投产南蔡500kV、高场220kV等输变电工程，西部电网供电能力有效提升。服务清洁能源发展，沙井子风电等3项新能源项目按期并网。完成新一轮农网改造“两年攻坚战”任务，投产官坑等7项基金农网工程，完成204个中心村电网改造升级。立新、海滨110kV变电站工程获评国家电网公司创优示范工程。强化1424项特许施工项目现场环保监管，严守“环保三道防线”。

一是完成特高压工程建设任务。6月、9月，锡盟—泰州、扎鲁特—青州两项±800kV特高压直流工程竣工，完成“两交两直”入津特高压工程建设，支撑国家大气污染防治行动计划特高压建设。二是“煤改电”工程建设首战告捷。落实《京津冀大气污染防治强化措施》，实现500kV南蔡、220kV高场等11项“煤改电”工程按期建成投产，为武清区冬季采暖负荷需求增长提供坚强支撑。三是重点配套工程建设取得突破。落实国务院新一轮农网改造升级意见，官坑等7项农网专项基金工程按期投产，北疆、洒金坨等4项电厂并网工程按期投产，陈台子等10项全运会配套工程按期投产，西堤头等2项电铁电源线工程送电。

经营管理 经营管理水平不断提升。面对严峻的经营形势，增供扩销、挖潜增效、强基固本。争取直接交易收取上级传导输电费，增加收入1.44亿元；加大资金运作，实现收益0.6亿元；推动迁改、排管等用户工程调整转型，转增有效资产1.23亿元；争取财税资金补贴1.2亿元。落实国家电网公司问题清单梳理工作部署，整改问题199项。搭建集团账户体系，存量账户压降38.46%。完成送变电公司经营诊断及3家子公司税务注销。应对经济下行，增供扩销、挖潜增效，全年接电718.6万kVA，替代电量29.7亿kWh，分别同比增长20.5%和16.2%。优化采购策略，提升采购质效，全年完成采购109亿元。成立电动汽车服务（天津）有限公司，上线“津e行”新能源汽车分时租赁业务，全年累计充换电量超过5200万kWh。稽查增收9217万元，全年电费结零。清理往来款项和“两金”64.87亿元，实体库存压降35%。健全依法治企责任体系，成立两级法治企业建设领导小组。落实国家电网公司问题清单梳理工作部署，整改问题199项。“风险问题深化治理年”审计问题销项率达95%。实施改革“一把手工程”，改革任务总分“一本账”管控。争取区域电网输电费政策，配合完成输配电价首个监管期电价调整。推动晋电疆电入津，市场化交易53.17亿kWh，释放改革红利3.5亿元。“两供一业”分离移交框架协议签订率100%，供电接收协议签订率97.3%。推进集体企业瘦身健体，压减3户亏损企业。资金收益年增7000万元。启动集体企业瘦身健体改革工作。集体企业探索混合所有制改革取得重大突破，三源信息公司在“新三板”挂牌上市。

安全生产 全面推进本质安全体系建设。贯彻本质安全30项措施，细化115项本质安全重点任务清单，建立双周反馈机制。成立9个安委会专业分委会，首次建立“联系督导点”机制，推动安全责任层层压实。搭建两级违章曝光台，累计曝光问题1055项。坚持安全文化和风险管控双轮驱动，推进高危作业管控、承包商评价管理等6项安全管理实践的落地。引入国际标准，按照PDCA流程，启动职业健康安全管理体系建设。压实安全责任，强化风险隐患源头防治。强化领导干部和专业直线责任落实，建立安全“联系督导点”，健全专业分委会工作机制。深化电网运行风险管控，发布管控风险386项，五级及以上风险实行领导干部到岗到位制。全面应用作业现场安全管控系统，实施分包队伍安全资信报备和等级评价。开展14个专业33个专项隐患排查，及时排查治理特高压廊河线杆塔加强筋焊缝开裂等7项重大隐患。提升全员安全素质能力，组织班组安全“家”文化建设观摩。组织“公司管干部”安全知识考试，开展全员安全能力测评，严格“三种人”复核考试和分包队伍“关键人”准入。建立违章曝光、反思机制，强化实战演练，增强应急救援处置能力。政企联动开展全运会供用电保障综合应急演练和迎峰度夏防汛无脚本实战演练。组织应急装备实操演练及基干队伍技能比武，开展应急能力评估，完善工作机制。开展配网设备“两排查一整治”，建立供应商“黑名单”机制，纳入招标管理。开展运检、物资、建设专业质量管理评价，开展资产全寿命周期管理行标制定和国网“卓越型”标准探索，将核心要求固化到“五位一体”流程中。

营销工作 营销工作成效显著。加快业扩接电速度，创新大容量客户10kV供电模式，确保大众汽车等大项目快速接电。市场化转型稳步推进，实施“三个三”主动营销战略，以“台区经理制”和“综合柜员制”为核心，构建网格化服务模式，国网天津城南公司小站和国网天津滨海公司生态城供电服务中心获评国家电网公司“五星级供电所”。编制完成107个园区电网规划，与104个园区签订战略合作协议；引导地区增量配电改革试点在泰达等既定区域开展，推动国有企业职工家属区“三供一业”供电分离移交，与大港油田签订供电移交框架协议。完成17.3万户居民“煤改电”和906台燃煤供热锅炉集群改电，全年实施电能替代项目1320个，替代电量完成29.7亿kWh，支撑售电量同比增长4.35%。注册成立综合能源服务公司；国网天津城东公司建成北辰商务中心“地源热泵＋风光储”示范工程；创新“节能公司与供应商共担初期投资、政府分期付款、用户自行维护”的商业模式。营销创新争先取得新突破。《深化“以电代煤”市场开拓及应对措施研究》获得国家电网公司软科学研究一等奖，北辰国家产城融合综合能源示范工程获得国家电网公司电能示范最佳工程项目奖。计量中心“主动式计量智慧生产体系”荣获第二届全国质量创新大赛一等奖，客服中心“数据驱动精准触达一基于大数据分析的缴费渠道优化与精准引流项目”获得国家电网公司第三届青创赛金奖，客服中心程欣欣荣获国家电网公司首届营销专业“班组微讲堂”十佳主讲人。营销系统56个集体、73名个人获得“全国实施用户满意工程先进”“天津市工人先锋号”“津电工匠”等称号。

科技与信息化 科技创新收获新成果。实施创新驱动发展战略，依据“规划引导、突出重点、注重实效”的原则，重点在配电网技术、输变电设备运行与管理技术、大电网安全分析与规划技术、电力系统自动化技术、电网安全控制与保护技术等领域开展研究工作，共计开展研究项目103项，投入11 711万元。修编科技“十三五”规划，明确科技发展目标和方向，获国家科技进步二等奖1项和国家电网公司科技进步一等奖，获天津市科技进步一等奖1项、国家电网公司科技奖13项。完成专利申请861项（其中发明439项），获得专利授权635项（其中发明194项）。智能微网863课题高水平通过国家科技部验收，组织参展首届世界智能大会和世界智能科技展。谋新一代综合能源电力系统研究建设，申报国家重点研发计划。开展网络与信息安全实验室建设，建成具备监控预警、安全测评、应急响应、新技术研究、攻防实训等功能为一体的综合性实验室。推进信息通信重点项目建设，获评“国家电网公司2017年度信息通信建设优质优秀集体”称号。完成全业务统一数据中心分析域建设，全业务统一数据中心分析域建设、同期线损系统建设项目入选国家电网公司2017年信息化建设实施优质项目。3个项目获国家电网公司2017年信通新技术创新发展行动计划优秀成果一、二、三等奖，通过国家电网公司企业信息化验评。牵头申报国网级科技项目“多业务广覆盖的窄带物联网（NB-IoT）电力应用技术研究”。

优质服务　“互联网＋”营销服务明显提升。实现112个供电营业厅无线WIFI全覆盖，国网天津东丽、宝坻公司试点开展智能化营业厅转型建设。拓展网络缴费功能和线上办理业务渠道，电子化缴费比例达到51.24%，高、低压业扩线上办电率分别达到92.46%和83.36%。推广移动作业模式，累计开展PDA现场作业9936次。拓展用电信息采集系统应用功能，实现电、水、气、热“多表合一”计量采集5.3万户。

以“双走访”“六进”和“四心服务”为载体，对接融入区域经济发展和民生工程。连续12年实施“天津电力心连心工程”，蝉联七届“榜样天津·城市民生贡献奖”。完成银隆新能源等重点项目、保障性住房、天津市视频监控网和906处电子卡口的电力接入。完成全运会、党的十九大等各项重要活动保电任务。

完成18条道路2380余基路灯油饰、28条道路2664套灯具更换、全运村8条道路410基和2条河道476基路灯的新建、26条精品道路4800m临时架空线入地改造及2万余基灯杆公益广告悬挂任务。

党的建设和精神文明建设　学习宣贯党的十九大精神。组织全体干部职工收听收看大会盛况，聆听习近平总书记重要讲话；聚焦“学懂、弄通、做实”，抓好党员、干部政治学习；两级班子讲党课136人次，各级党组织开展学习讨论500余次，网页刊登干部学习体会88篇；组织十九大代表张黎明宣讲十九大精神，传播习近平新时代中国特色社会主义思想，黎明理论宣讲团获评“天津市基层理论宣讲先进集体”。

完善公司法人治理结构，党委书记、董事长实现“一肩挑”。做好天津市出席党的十九大代表推荐工作，张黎明当选十九大代表。开展基层单位党建工作绩效现场考评，开展基层党组织书记抓党建工作述职评议。推进“两学一做”学习教育常态化制度化，开展“严党建、强管理、促提升”党建专项工作检查“回头看”。开展“定位争先”两级党组织对标，形成涵盖93个指标的党委指标体系和52个指标的党支部指标体系。落实“旗帜领航·三年登高”计划，与国家电网公司党建部共同完成《具有国家电网特色的党建模式构建与实施》管理创新项目研究。参与国家电网公司承担中组部、国务院国资委党建课题研究。开展“一党委一品牌”“一支部一项目一特色”活动，开展“献礼十九大　卓越当先锋”活动。

3个单位获评“全国文明单位”；4个单位保留“全国文明单位”称号。10个单位获评“天津市文明单位”。3个基层单位获评“第六届国家电网公司文明单位”。承办国家电网公司第三届青年创新创意大赛第一赛区复赛，获3金1银2铜及1项优秀小革新奖。建成职工“创新空间”，与劳模创新工作室、创匠坊平台和创新孵化基地共建职工创新“四轮驱动”模式。获评“全国厂务公开民主管理先进单位”和“中国产学研创新合作示范企业”。获评“全国市级工会财务工作先进单位”和“国家电网公司工会工作先进单位”；工会女工部获评“2017年全国巾帼文明岗”。1人获评“全国五一劳动奖章”。张黎明创新工作室荣获“全国示范性劳模和技能人才创新工作室”及获天津市第二届“津门工匠”称号；黄旭创新工作室荣获“天津市十大劳模创新工作室”及“国网工匠”称号。

推进“职工健康促进计划”，树立“大健康”理念，实施“慢病风险监测－评估－干预链式管理”，推行“健康进班组”等活动，推动“健康服务”向“健康促进”转变，上线“津电心服务”平台优化便捷服务资源。离退休工作荣获国资委天津市老干部工作先进集体及国家电网公司离退休老干部文化展示优秀组织奖。举办《毕生心理繁荣视角下的EAP建设》培训暨离退休工作研讨会，编制《离退休人员健康服务手册》，举办“畅谈建言”“聚焦公司发展”“文艺成果展示”等活动。

（王　媛）

【国网河北省电力有限公司】

企业概况　国网河北省电力有限公司（简称国网河北电力）是国家电网公司的全资子公司，负责河北南部电网的规划建设和运营管理，营业区域覆盖石家庄、邯郸、保定、沧州、邢台、衡水六市及雄安新区，供电面积8.4万km^2，服务人口5100余万，供电客户2100余万。现有基层单位16个、县级供电企业98个。2017年，完成售电量1688.85亿kWh，营业收入875.15亿元。资产总额909.7亿元，资产负债率64.16%。

电网概况　河北南部电网处于全国西电东送、南北互供的核心通道，是华北区域电力潮流汇集和输送的重要枢纽，承担着服务河北经济社会发展、保障首都电力供应的重要职责。全网形成特高压“双落点”、500kV“三横两纵”骨干网架、220kV分区供电的整体格局，现有1000kV变电站2座、容量1200万kVA，500kV变电站21座、容量4350万kVA，220kV变电站201座、容量7430万kVA。网内发电装机容量3437万kW，2017年统调最大负荷达到3545万kW，最大外受电力1115万kW。

2017年，雄安新区供电公司在雄安新区首批首家注册成立，“五部三中心”机构设置方案得到批复。创新建立“雄电加速度创客空间”，启动智能电网数字化工程管理平台、智慧能源系统关键技术等重大创新课题研究。中标雄安市民服务中心终端用能服务项目。

人力资源 2017年，全口径用工总量和人事费用率分别同比压降2.3%和2.6%，全口径劳动生产率和人才当量密度分别同比提升8.2%和1.3%，人力资源专业同业对标指标值和段位呈现提升、增比进位态势。全面优化党建机构设置和人员配置，谋划雄安新区供电公司组织架构和人员配置，为打造国际一流能源互联网企业提供人力资源支撑；审计中心组建完成，审计质量和水平提升；拓展新业务、培育新业态，电动汽车公司组建完成，综合能源服务公司着手组建。试点优化供电服务和抢修指挥体系，全面优化供电所布局和园区供电机构设置，优化“全能型”供电所班组和岗位设置，新型客户服务体系逐步形成。

推进全员绩效管理制度落实和培训宣贯，提高绩效管理规范性，加强考核结果与员工薪酬分配、岗位晋升挂钩联动，有序推进岗位薪点工资薪级动态调整。福利管理实现方案制定、计划控制、项目实施、财务核算、资金支付等环节在线全过程管控，福利支出更加规范。

完善员工配置策略，通过岗位竞聘、挂职挂岗、人才帮扶等6种方式，优化人员配置1755人，加快人才培养步伐，提升员工队伍素质，116人通过正高级工程师评审，评选优秀人才350人。参加12项上级竞赛调考，获得11项团体表彰，14人获得个人表彰，1人获“全国电力行业技术能手”称号。

电网建设与发展 完成榆横—潍坊等“一交四直”特高压建设，形成特高压交流双落点。北京西—石家庄、山东—河北环网特高压交流工程获得核准。500kV工程实现“四开工、四投产”，220kV电网形成“五分区”，易县抽水蓄能电站开工建设，石济客专配套、涿州热电送出等民生工程按期投产。

完成30.2万眼机井通电、3076个小城镇（中心村）电网升级、915个村动力电改造，保定“禁煤区”及大气污染传输通道城市“煤改电”工程全部按期投产，惠及598个村、17.8万用户和3273家单位。营业区内高速公路充电设施实现全覆盖。完成801个贫困村电网建设改造，599个光伏电站按期接网。1项工程荣获中国安装工程优质奖，4项工程分别荣获中国电力工程优质奖和国家电网公司优质示范工程，4家市公司通过国家电网公司配电网建设改造标准化达标验收。

经营管理 建立集团账户体系，实现电费“一市一行一户”，账户总量压减50.72%。应收账款和存货期末余额同比下降8%以上。工程自动竣工决算率达到100%。拓展电能替代领域，在廊桥岸电、沿海造田、精密冶炼等方面取得新突破，累计替代电量81.75亿kWh。推进问题清单梳理全覆盖，完成问题整改1505项。长达5年的陈欠电费全额收回。送变电公司实现海外市场“零突破”。“智能微电网关键技术研究”通过国家863项目验收，获评国家电网公司信息化企业、河北省实施卓越绩效模式先进企业称号。完成公司制改制，解决“子改分”遗留问题。疏导电价矛盾，优化峰谷电价政策。组织直接交易302.3亿kWh，降低客户购电成本7亿元。争取西南水电、西北东北风电等市场化电量133亿kWh，降低购电成本5.4亿元。抢占配售电市场，与全部园区签订战略协议。沧州临港增量配电试点实现绝对控股、委托运营。组建省级审计中心，成立电动汽车合资公司，完成培训医疗机构改革。“三供一业”改革加快推进，供水、供热、物业管理移交协议签订率100%，供电设施接收率达到67.17%。完成石家庄、邯郸供电服务指挥平台试点建设任务，抢修工单一次解决率提高13.34%。推进“全能型”乡镇供电所建设，10个供电所被评为国家电网公司五星级乡镇供电所。规范集体企业法人治理结构，完成公司制平台搭建，压减集体企业24户，资金归集率提升至99.57%。

安全生产 聚焦“愿、能、制、效”四个维度，狠抓“人、网、管”三要素。建立安全责任清单、报告、问责制度，开展安全生产大检查和问题清单专项梳理。健全电网风险预警预控机制，防控风险事件1175项。推进电力建设工程施工安全年、基建现场反违章、配网“两排查一整治”专项行动，百个现场查处违章数同比下降42.9%。建立通用物料标准库，物料种类压减89%。特高压密集输电通道纳入政府安全保障体系，跨高铁区段实现可视化全监控。开展大面积停电应急演练和华北七省市联合应急演练。建成网络安全分析室和数据操作中心，实现信息网络安全实时监测预警。完成十九大电力保障任务，荣获国家电网公司保电先进单位称号。资产全寿命周期管理体系达到“领先型”。

营销工作 2017年售电量完成1688.85亿kWh，同比增长8.14%，电费突破千亿。强化电费风险管控，当年电费结零，全额收回3624万元陈欠电费。开展电价执行专项稽查，平均售电价同比提高0.57元/MWh。建立台区线损责任制，治理异常台区7.6万个，台区线损率下降4.55个百分点。

开展营销服务转型升级专项行动，规范基础数据4382万项。建立省市县三级线损监控体系，治理线损异常台区7.6万个，精准查窃并追补违约电费1.03亿元，同比提高44.7%。

科技与信息化 协同国网经研院等单位完成雄安新区供电公司信息化和通信网规划编制，策划雄安新区战略研究课题，支撑数字雄安建设；联合中国电科院等科研力量，完成“雄安新区高可靠配电网关键技术研究”等总部指南项目申报。组织完成“雄安新区电网数字化工程管理平台开发实施”信息化项目立项，支撑雄安新区电网全方位建设管控需求。

9项科技成果获国家电网公司科学技术奖，3项成果获中国电力奖，6项成果获省科技奖。完成国内专利申请799项、取得专利授权555项，国际专利申请4项，累计拥有有效专利4306项。完成国家863项目“智能微电网关键技术研究”在沧州落地示范，通过国家科技部验收。完成保定电谷智能电网创新示范工作研究和展示，实现服务新能源接入等方面的创新示范。保定供电公司电力企业标准化良好行为试点工作通过中电联确认验收，保持4A水平。

优化特高压等建设项目环保管理，试点开展环保自验收工作，推进废旧电力设备封存点处置；根据国家电网公司噪声专项计划，完成47座城区典型变电站噪声超标复核性详测。建立公司级电网环境保护及预控技术实验室；推动噪声、电磁、废水、废油、废铅酸蓄电池等电网全环境影响因子全过程监督管理。

开展信息通信本质安全提升工程，完成责任落实、风险管控等8个方面30项重点任务。完成承载国家电网一二级骨干通信网的站端设备、通信电源及重要信息系统的隐患排查，开展《网络安全法》普法教育，组织各单位签订网络安全责任书与安全承诺书。强化网络安全技防体系建设，实现所有网络边界、所有信息系统、所有平台软件的实时监测与风险预警。

优质服务 建设“全能型”乡镇供电所，构建网格化农村供电服务模式，实现人员一专多能、服务一次到位。因地制宜设立34个园区机构，及时对接客户用电需求。深化业扩全流程实时在线管控，高压客户平均接电时间同比缩短6.94天，结存容量占比较年初压降74%，新增负荷对电量增长的贡献率达到67%。

推广“掌上电力”“电e宝”等“互联网+”渠道，线上注册客户达到1202万户，占总户数的54%，线上办电率和交费率分别达到99.7%和39.8%。“多表合一”信息采集累计接入15.3万户，用电信息采集成功率和智能交费覆盖均达到99%，满足客户多样化需求。

开展95598重要服务事项报备和客户诉求服务风险预警，完善供电服务闭环管控机制，开展营销服务转型升级专项行动，营业服务类投诉同比下降19.8%。石家庄、邯郸供电服务指挥平台试点运行，服务响应速度提高，抢修工单一次办结率提高13.3个百分点，平均恢复时间缩短123min。

初步建立新兴业务服务体系，实现高速公路服务区快充网络覆盖，充电量同比增长285%。完成电能替代项目8529个，替代电量81.75亿kWh。节能业务收入3330万元，同比增长180%。

党的建设和精神文明建设 以迎接、学习、贯彻党的十九大精神为主线，全面实施“旗帜领航·三年登高”计划，建体系、夯基础、补短板，加强党的建设，召开公司第一次党代会，成立公司第一届党委，党建要求写入公司章程。以“建体系、夯基础、补短板”为重点，深入实施“旗帜领航·三年登高”计划，层层落实党建工作责任，健全领导班子“一岗双责”、基层党组织书记述职评议、党建绩效综合考评等制度，党建工作体系全面建立。开展“党建+”“支部+”项目。配合国家电网公司巡视，89项反馈意见全部整改到位。成立三个专职巡察组，开展市县一体化巡察。加强干部梯队建设，加大跨专业、跨层级交流力度，注重年轻干部培养选拔，干部结构优化。

（郑雪胜）

【国网冀北电力有限公司】

企业概况 国网冀北电力有限公司（简称国网冀北电力）隶属国家电网公司，肩负着保障首都供电安全、服务冀北地区经济社会发展、服务国家新能源发展的特殊职责使命。供电营业区域包括唐山、张家口、秦皇岛、承德、廊坊5市，43个县（区、市），供电面积约10.41万km²。截至2017年底，国网冀北电力本部设置22个部室（中心），所属基层单位20家，职工总数24 412人；2017年投产110kV及以上工程46项，线路长度1333km、变电容量834kVA，里程碑计划100%完成；实现售电量1267.41亿kWh。

电网概况 冀北电网属于“西电东送、北电南供”的受电方，主要由河北省北部的唐山、张家口、秦皇岛、承德和廊坊五个地市电网组成，其中秦皇岛地区还承担着北戴河暑期保电任务。截至2017年底，冀北地区总装机容量3429.62万kW，其中清洁能源装机占比46.4%，最大负荷2240万kW，全社会用电量1494.10亿kWh；运维500kV变电站31座，线路10 257.98km；220kV变电站123座，线路10 808.8km。

人力资源 加大干部培养力度，持续加强干部队伍建设。开展“领导干部上讲台”活动，领导班子成员、助理副总师、本部各部门（中心）主要负责人全部上讲台。完成领导干部全员轮训，举办4期处级领导干部培训班、5期县级供电企业负责人培训班，首期80后科级管理骨干培训班，培训学员494人。实施本部招聘选聘，开展双向挂职（岗）锻炼、关键岗位人员交流、跨省公司人才交流。22人通过北京市教授级高级工程师预审，482人通过国网公司高级专业技术资格评审。持续完善岗位绩效工资制度，推进职员职级通道建设。开展各级各类培训3076期、近20万人次。

电网建设与发展 优化调整“十三五”电网规划方案，编制冬奥会张家口赛区电网规划，张北柔性直流、主网强化、智能配网、清洁取暖、高铁配套等涉奥工程前期工作全部完成。张北柔性直流及3项500kV配套、北京东—通州500kV工程获得核准。锡盟—泰州、扎鲁特—青州特高压直流工程（冀北段）全线投产。北京东变电站荣获中国电力优质工程奖和国家优质工程奖。承德东、张北西两项工程获评国家电网公司创优示范工程，5项工程入选百佳工程。全年累计投产110kV及以上线路1333km、开工1784km，投产变电容量834万kVA、开工432万kVA。开展配电网专项诊断分析，形成“1+5”报告体系，为补强配电网短板提供科学依据。打赢新一轮农网改造升级“两年攻坚战”，完成2410眼平原地区农田机井通电、282个小城镇（中心村）电网改造升级任务。按期完成廊坊7.4万户居民“煤改电”任务。

经营管理 完善“十三五”发展规划和区域战略报告。加强法人授权委托管理，完善优化规章制度136项。完成3家全民所有制单位公司制改制，修订公司及12家子公司章程。智能配电网中心（北戴河供电保障指挥中心）揭牌成立。省级审计中心组建。出台《成本类项目管理指导意见》，压降成本1.6亿元。加强亏损企业治理，减少亏损企业2户，减亏1.41亿元。完成问题清单梳理全覆盖年度任务，查改问题743项，形成142项整改决议。完成全部“两供一业”分离移交协议和国有企业职工家属区供电设施接收框架协议签订工作。分类制定96项对标管理提升措施，82项指标进入A段，得分率同比提升10.49%，荣获国家电网公司业绩进步标杆，2个典型经验入选典型经验库。开展卓越绩效管理与评价，荣获2017年全国实施卓越绩效模式先进企业、全国电力行业实施卓越绩效模式先进企业特别奖。

安全生产 深化本质安全建设，强力推进50项重点任务和100条细则措施一贯到底。开展电力建设工程施工安全年、基建现场反违章、安全生产大检查、配电网设备质量“两排查一整治”等专项行动，发布风险预警785项，排查治理隐患4161项，处理不良行为供应商37家。推进安全问题清单专项梳理，排查问题247项。完成特高压廊坊站首检、安定站主变压器增容改造、顺通线迁改等25项重点任务和120处京哈跨越隐患专项治理。应对负荷再创新高、新能源大规模接入、极端恶劣天气考验，确保了电网安全运行和电力可靠供应。落实“五个最”“四个零”要求，实施“专群定驻”一体化作战和“总指挥部+七大防区”立体化管控模式，累计出动人员52.1万人次、车辆5.3万台次，巡护线路20 079条次、变电站8486座次，强化25项网络信息通信安全措施，完成十九大保电任务，荣获国家电网公司十九大保电突出贡献单位称号。

营销工作 推广清洁取暖、港口岸电等电能替代项目2783个，完成替代电量65.52亿kWh。加大与政府部门汇报沟通力度，实现核定输配电价高于实际输配电价水平，为解决输配电价偏低矛盾、争取价格政策支撑打下坚实基础。加强电费风险防控，制定1423户高风险企业“一户一策”措施，电费回收率100%。强化营销稽查和“量价费损”专项监测，开展打击窃电及违约用电专项行动，挽回损失5910.5万元。深化交易机构规范运作，市场化交易电量118.93亿kWh，降低企业用能成本2.84亿元。创新开展张家口可再生能源示范区清洁供暖交易，交易电量4730万kWh，改造燃煤取暖建筑140万m^2。增量配电业务试点取得突破，唐山德宁供电公司成功中标曹妃甸化学园区项目。

科技与信息化 推进资产全寿命周期管理，高分通过“领先型”评价验收。张家口低碳冬奥示范工程入选国家电网公司双创示范基地“1212”重点工作任务。建成投运世界首座大容量新能源虚拟同步机电站、首个基于新型电力电子变压器的交直流配电网、首套大规模电池梯次利用储能系统。风光储输示范工程荣获第十七届全国质量奖卓越项目奖和国家优质工程金质奖。荣获省部级以上科技奖38项、国家专利授权269项、国家管理创新二等奖2项、电力行业一等奖1项、省市级奖96项，荣获国家电网公司管理创新成果和管理创新推广成果“双一等奖”。

优质服务 坚持“你用电，我用心”，深化营配调业务协同融合，完成秦皇岛、承德2家供电服务指挥平台试点建设，设立6个园区供电服务机构，创建五星级供电所6个，四星级供电所89个，完成廊坊“一型四化”试点营业厅建设，实现“全能型”乡镇供电所建设全覆盖。拓展“互联网＋营销服务”，线上交费应用率从6.9%提升至64.1%，高、低压业扩报装线上办电比例分别达到91.75%、88.86%。“多表合一”信息采集达到6.3万户。开展配电网不停电作业2.05万次，同比增长14.5%，故障修复时间缩短至3.38小时。实施《卓越电网·蔚蓝京畿——电能驱动京畿地区清洁发展行动计划》，首家发布《新能源并网服务手册》，缩短办理时间27个工作日。全额保障性收购新能源电量214.5亿kWh，同比提高26.5%，实现弃电量、弃电率“双降”目标。并网村级光伏扶贫电站418个、集中式光伏扶贫电站10个，张家口孟家堡村等32个精准脱贫驻村工作有序推进，4名驻村干部获评河北省优秀驻村第一书记和优秀驻村工作队员。

党的建设和精神文明建设　推进“两学一做”学习教育常态化制度化，完成“旗帜领航·三年登高”基础建设年任务。出台加强基层供电所党支部建设指导意见，开展党员示范岗、责任区创建，加强共产党员服务队管理，评定“星级”党群工作示范点47个、“星级”职工文化工作室10个，建成本部党员之家、职工书屋和职工文化交流基地。健全党建工作机构设置，公司系统专职党务人员编制增加98人。落实“两个责任”，完善党风廉政“三级约谈”模式，约谈全部单位和本部部门主要负责人。推动巡察全覆盖，完成10家单位现场巡察。评选“感动冀北电力年度十大人物”和首届“冀北电力工匠”。开展安全、精益、和谐文化研究，印发“安为先”“和致远”文化手册。成功举办第五届职工文化体育艺术节。大学生党员代表冀北电力行活动获得中央网信办充分肯定。落实离退休老同志“两项待遇”。加强信访和保密管理，强化舆情监测处置。3家单位分别荣获“全国文明单位”“全国青年文明号”“全国青年安全生产示范岗”，两个劳模工作室分别被评为全国示范性劳模和工匠人才创新工作室、河北省技能大师工作室，6家单位被授予国家电网公司文明单位称号，9个班组分获河北省和国家电网公司工人先锋号，16名职工分获全国五一劳动奖章、河北省五一劳动奖章、首都劳动奖章、国家电网公司劳动模范和“国网工匠”。荣获国家电网公司青年创新创意大赛金奖。

（赵哲源）

【国网山西省电力公司】

企业概况　国网山西省电力公司（简称国网山西电力）是国家电网公司全资子公司，以电网规划、建设、运行管理及电力调度、经营等为主营业务，资产总额823.49亿元（截至2017年底），员工2.88万人，下设11个市供电公司、102个县级供电公司，供电区域覆盖山西省除12个趸售县以外的108个县（市、区），直供营业区面积13.55万km^2，直供用电客户1076.76万户，并承担着向京津唐、河北、江苏、湖北、山东等地外送电力的重要任务。

电网概况　截至2017年底，山西电网总装机容量80 693.777MW。按调度单位划分，江苏省调装机容量3300MW，为阳城电厂，以点对网方式送江苏电网；华北网调直调机组容量5920MW；省调装机容量66 655MW；地区小电厂合计容量4818.777MW。省调机组按机组性质划分，火电机组172台，容量48 545MW（其中供热机组119台，容量30 335MW，占比为62.48%；空冷机组137台，容量40 175MW，占比82.75%；循环流化床机组67台，容量12 085MW，占比为24.89%），占比72.83%；风电场89座，容量8906.8MW，占比13.36%；光伏电站90座，容量4950.2MW，占比7.44%；水电厂4座（含抽水蓄能），16台，容量2288MW，占比3.43%；燃气机组9台，容量1845MW（全部供热），占比2.76%；煤层气电厂1座，容量120MW，占比0.18%。

共有220kV及以上电压等级变电站257座，主变压器577台（含换流变24台），变电容量133 068.694MVA（含换流变容量9723.12MVA）。其中，1000kV交流特高压变电站3座，变压器5台，容量15 000MVA；±800kV直流特高压换流站1座，换流变24台，容量9723.12MVA；500kV变电站23座（含榆社开闭站），主变压器43台，容量37 500MVA；220kV变电站230座，主变压器505台，容量70 845.574MVA。

共有220kV及以上输电线路802条，线路长度24 306.683km（不含过境跨省输电线路）。其中1000kV交流特高压线路9条，境内长度1283.92km；±800kV直流特高压双极线路2条，境内长度615.822km；500kV线路93条，长度6000.423km；220kV线路698条，16 406.518km（其中省调线路608条，15 032.41km）。另有过境跨省输电线路（资产属于国家电网公司、国网华北分部及国网浙江省电力公司等单位）42条，全长15 761.477km，山西境内长度5404.887km。

人力资源　在执行国家电网公司人资管理通用制度的基础上，补充制定省公司《人力资源工作督查督办方案》等19项实施细则和《社保基数申报指导意见》等7本专业规范管理操作手册，加强对基层单位规范化管理监督检查，强化人资规范化管理的红线意识。建立人力资源管理工作贡献度清单，运用“360

度四维多指标综合评价”模型，实现对省、市、县三级人资贡献度由定性评价到定量评价转变。成立省级审计中心和山西晋电电力科技有限公司，完成省公司及11家子公司改制任务，组建山西电力交易中心。落实国资委降本增效要求，撤销11个市公司培训中心。创新“全能型”乡镇供电所机构设置，实施营配合一；向国家电网公司报批设置阳泉平坦和运城经济开发区县级园区供电机构，批复11个地市公司设置供电服务指挥中心。

完成2017年高校毕业生招聘工作。全年累计核准录用568人，学历层级大幅提升，硕士以上占比达到37.3%，较2016年提高11.6个百分点。开展内部市场通用制度宣贯培训，完成全员28 378名员工签字背书。利用内部人力资源市场，盘活全省人力资源存量1621人次，清理不在岗人员91名；试点开展员工履职积分、薪酬激励、定员应用等欠发达地区人力资源方案，解决偏远地区优秀人才“招不到、留不住、干不好”等问题；完成东西人才帮扶工作，选派18名长期帮扶员工和437名短期帮扶员工，支援西藏昌都新一轮农网改造升级工程，勇夺藏区工程“三个第一”。

参与制定国家电网公司《机构编制管理办法》《复转军人岗前培训管理办法》等六项规章制度，争取参与补充医疗保险统筹改革等三项国家电网公司人资专业重点工作，承办国家电网公司劳动组织专题研讨会等五项专业会议。创新供电服务组织模式工作经验在《国家电网报》报道，劳动定员深化应用、东西部人才帮扶工作经验在《国家电网工作动态》进行宣传交流。

电网建设与发展　完成固定资产投资97.78亿元，其中电网投资82.54亿元。纳入国家大气污染防治行动计划的特高压“三站五线”建设任务收官，外送能力达到3830万kW。500kV北电南送“西通道”全线贯通，“三纵四横”主网架正式形成。加强规划和前期工作，滚动优化“十三五”电网发展规划，晋北特高压配套电源改接工程通过可研评审，蒙西—晋中交流、陕北—湖北直流前期手续全部取齐，晋中东等3项500kV项目取得核准。推进配电网建设，提前打赢新一轮农网改造升级“两年攻坚战”，累计完成4.5万眼机井通电、1491个小城镇（中心村）电网改造升级、460个自然村通动力电任务。帮扶昌都电网实现升级换代。强化工程质量管控，运城东500kV变电站工程获国家优质工程奖和“中国安装之星”。

经营管理　2017年，国网山西电力完成省内售电量1512.87亿kWh，同比增长13.04%；外送电量351.15亿kWh，同比增长20.31%。营业收入816.85亿元，同比增长11.65%；实现利润13.35亿元。

推进电力体制改革，2017～2019年输配电价批复实施，有效化解各方不合理降价预期。股份制交易机构规范运营，注册各类市场主体1028家，直接交易电量526.59亿kWh。全国首个调频辅助服务市场启动试运行。首批增量配电试点项目取得突破，综改示范区、工业新区项目进入混合所有制公司组建阶段。推进国资国企改革，打开合表用户60.5万户，“两供一业”分离移交协议签订率92.9%，超额完成年度目标。集体企业改革实现新突破，瘦身健体方案通过审核，两级经营平台法人治理结构全部规范，超额完成9家“僵尸”、亏损企业清理处置任务。提前完成资金集中管理工作，银行账户数量压减38%，资金归集率达到95%。加大支持力度，集体企业利润同比增长12%。内部改革有序推进，整合减少晋缘网络等3个机构，清算电力实业总公司、贸易公司所属25个分子机构。组建省级审计中心，“上审下”监督效能得以发挥。

坚持创新发展，完善科技和管理创新“两个体系”“两个平台”，多元支撑、多点发力、多维保障、多方共享的创新格局初步形成。打造“十大管理创新工程”，实施105项重大重要管理创新项目，《基于协同高效和集约贯通的督办体系研究与实践》等7项成果荣获国家电网公司管理创新成果奖。深化“双创”，开展大数据分析应用大赛、职工技术创新大赛等活动，两个项目分别荣获全国电力职工技术创新一等奖和国家电网公司青创赛金奖，35项成果荣获省“五小”竞赛优秀成果奖。持续推进基层基础和机关本部建设，推广应用159项典型经验，建成159个“全能型”供电所，41项小型基建工程投入使用，基层软硬件水平明显提升；整改各级机关本部377项短板，提炼推广26项优秀案例，深化“一清理三加强”制度体系建设，“五型”本部建设转入常态化，本部依法治企、规范管理、服务基层能力有效提升。

安全生产　坚持安全第一、预防为主、综合治理的安全管理理念，持续强化本质安全，全年未发生人身、设备、电网事故和信息安全事件。组织安全生产大检查、安全生产问题清单梳理等专项行动，排查整治各类隐患1.09万项。强化现场安全管控，把保障人身安全、杜绝人身事故作为首要任务，全面推行军事化管理和危险点管控，开展安全督（纠）察1.38万次，覆盖现场1.53万个，确保了现场作业平稳有序。提高大电网驾驭能力，深化交直流大电网运行分析和风险管控，科学安排电网运行方式，成功应对恶劣天气频发、负荷屡创新高等多重考验，确保了电网安全运行和电力可靠供应，完成十九大等重大保电任务。加强设备运维改造，启动整站整线五年滚动综合整治，开展“双百创优”，治理100座老旧变电站，完成所有35kV及以下跨高铁线路改造，输电线路故障停运率同比下降16%。组建多专业联合运维保障团队，确保了雁门关换流站平稳运行。

营销工作 拓展线上办电渠道，高压客户平均接电时间缩短9天，净增接电容量1283万kVA。开拓新兴市场，电能替代电量52亿kWh，拉动售电量增长3个百分点。投运40座高速快充站，形成覆盖省内国家级高速公路的“两纵三横”充电服务网络。制定“多表合一”地方标准，新增一体化采集10万户。狠抓“三高”治理，线损合格台区占比达91.6%，平均线损率下降1.84个百分点；整治300条高掉闸线路，10kV线路停运率下降73.53%；业扩结存占比压降至21%，低于国家电网平均水平19个百分点。加强电费管理，月均预付电费占比达到80%，电费回收保持100%。“以热定电”“以收定支”减少燃气电厂补贴支出3.36亿元。追缴窃电费和违约金5326万元。着力挖潜增效，“两金”压降7.48亿元，争取税收优惠及财政补贴4.3亿元，降低融资成本3000万元，废旧物资处置收入突破7000万元。深入推进问题清单梳理，形成300项整改决议，编制348个专项报告，转入整改提升阶段。

科技与信息化 围绕国家电网公司“175”网络安全工作部署，开展违法隐患排查专项工作，推进落实重大安全项目，完善主动防御措施，提升预警监测能力，全年未发生有人为责任的网络安全事件和重大信息通信系统运行事故，完成全国两会、“一带一路”、天津全运会、十九大等活动信息通信网络安全保障任务。

印发科技创新平台建设方案，健全省、市（包括直属单位）两级科技委员会，建立省公司专家咨询机制，推动国网山西电科院成立院级学术委员会，建立以学术委员会为核心的科技创新管理体系和组织架构。新组建5支科技攻关团队，完成省公司12支攻关团队布局。三个省部级实验室完成三年发展规划编制，9类41项实验项目通过CNAS实验能力认证复审，“电网设备影像诊断技术实验室”完成120m²实验场地的建设和第一批仪器设备配置。配网可视化、小现场安全管控系统等重大科研成果投入使用，《新能源安全“四位一体”调控技术应用》等18项科技成果获省部级以上奖励，全年申请发明专利270项、授权发明专利111项，《一种充气组装式高电压均压环》荣获中国专利优秀奖。

优质服务 服务党和国家工作大局，对接国发42号文件，促成国家电网公司在央企中首家出台支持山西资源型经济转型发展意见，细化制定21条举措，得到省政府通报表扬。服务脱贫攻坚，国家首批582座分布式和10座集中式光伏扶贫电站全部并网，累计支付电费2.56亿元。加大定点扶贫力度，58个村、2679户、7436人实现脱贫。服务人民美好生活用电需求，3.3万户“煤改电”配套电网工程提前投运，推广电采暖近1000万m²。“网上营业厅”注册用户781.7万，居民智能交费实现全覆盖。11个地市供电服务指挥平台上线应用，快速响应能力大幅提升。服务新能源发展，制定促进新能源消纳“17条”，保障阳泉、芮城光伏领跑基地投运，消纳新能源电量同比增长33.4%，实现弃风弃光电量和弃风弃光率双下降。

党的建设和精神文明建设 坚持党的领导，把学习宣传贯彻党的十九大精神作为最重要的政治任务，紧扣“十个深刻领会”“六个聚焦”，在学懂弄通做实上下功夫，各级党委中心组开展学习研讨373次，主题宣讲近1500场次，推动十九大精神进机关、进一线、全覆盖。贯彻“旗帜领航·三年登高”计划，启动“亮旗工程”，推进“三基建设”，完成党组改党委，优化调整党建工作机构，充实党务工作者。推动“两学一做”学习教育常态化制度化，开展“三亮三比”主题活动，广大党员“四个意识”显著增强。深化党风廉政建设，开展党风廉政约谈，纪委书记面对面报告工作，“两个责任”有效落实。完成4批12家二级单位巡察，市公司全部开展县公司巡察，推动全面从严治党向基层延伸。打造高素质干部职工队伍，优化干部队伍结构，开展“上挂下派”双向培养。出台人才工作纲要，加强各级各类人才培养，干部职工履职能力不断增强。本部和10个二级单位实施职员职级序列管理，一线工时积分同价计酬机制深入推广，评选表彰百个先进班组和优秀班组长。获评山西省优秀企业，10个集体分别荣获山西省“五一”劳动奖状、工人先锋号，18名个人分别荣获全国和山西省“五一”劳动奖章。

（龙　云）

【国网山东省电力公司】

企业概况 国网山东省电力公司（简称国网山东电力）是国家电网公司的全资子公司。本部设22个部门，下属129家单位（17家市供电公司、15家业务支撑单位和综合单位，97家县供电公司），代管1家县供电公司，服务电力客户4330多万。2017年，全省全社会用电量5430.16亿kWh，同比增长0.73%。完成售电量3377亿kWh，同比增长5.66%。8个专业获得标杆单位。

电网概况 山东电网是以火电为主，已覆盖全省17个地市，成为以300MW和600MW级发电机组为主力机型、1000kV泉城站落点济南、1000kV昌乐站落点潍坊、±800kV广固直流落点青州、±660kV银东直流落点青岛、500kV为主网架、220kV为市域电网主网架，发、输、配电网协调发展的大容量、高参数、高自动化的大型现代化电网。通过6条输电大通道与内蒙古、天津、河北、宁夏等省（市）互联互通，接受省外来电能力达到1000万kW以上。截至2017年底，山东电网电源总装机容量12 556.2万kW，拥有110kV及以上变电站（换流站）1900座、变电（换流）容量3.89亿kVA（kW），线路6.46万km。

人力资源 截至2017年底，国网山东电力全口径用工总量为143 146人，同比减少4457人。全口径劳动生产率完成621 137元/人年，同比增长2.71%。全口径人才当量密度1.0977，同比增长1.67%，高技能人才比例92.3597%，同比增长0.7981个百分点。技师、高级技师占技能人员比例71.0062%，同比增长0.6475个百分点。

实施人工成本管控、用工配置看板、人岗匹配监测、全员考勤系统等组合措施，引导各单位压减用工。综合运用“上挂下派”等6种员工流动方式推进人员优化配置，全年完成人员流动7000余人次。落实宣贯绩效经理人手册和全员绩效管理手册，培训绩效经理人4600余人。修订完善班组绩效量化积分标准2718项，覆盖9大专业51类班组日常业务。建立健全长期职工、农电用工、集体企业用工工资总额分配模型，实现各类工资计划科学核定。深化岗位绩效工资制度建设，完成市公司级单位首轮薪档调整，5586名员工实现薪档晋升。115家供电服务公司全部推行岗位绩效工资制度。开展岗位价值评估，优化核定13类156个岗位岗级。修订职员职级实施细则，聘任职员217人。印发班组长管理办法，完成班组长轮训3460人，组织4期“金种子”优秀班组长培训。完成各类培训4138期、21.32万人次。组织正高级工程师申报，139人通过评审，各级职称评审通过人数增加92%。新增初中高级工6056人、技师和高级技师4110人。新增享受国务院政府特殊津贴专家1人、中央企业技术能手4人、山东省技术能手4人、齐鲁首席技师16人、全国电力行业和国家电网公司技术能手15人，四级四类人才总量达到4964人。竞赛调考获得团体一等奖3项、二等奖3项、三等奖2项。

电网建设与发展 修编电网“十三五”规划，完成国家能源局“十三五”主网架规划衔接评估，与17个地市政府举行战略会谈并签署合作协议。完成电网基建投资531.85亿元，开工35kV及以上工程230项，开工线路长度5328.27km、变电容量1621.6万kVA；投产35kV及以上工程202项、变电容量4584.2万kVA、线路7029.42km。“三交四直”特高压工程安全优质建成投运，投产规模占全国同期投产总规模30%。昌乐1000kV变电站成为全国一次性投运容量最大和抗震等级最高的变电站，潍坊“一站一线”工程创全国特高压工程建设最短工期纪录，500kV高青站荣获国家优质工程奖，电网建设连续9年获得国家级优质工程。完成46项日喀则帮扶工程。

完成42.08万眼机井通电、7276个小城镇（中心村）电网改造升级和192个村动力电不足改造任务，累计新建改造中低压线路12.07万km，新增配电变压器6.03万台，居民户均容量提升19.8%。青岛、烟台、威海3个通“大网电”项目提前2个月竣工。全省10kV分线线损达标率达90.2%。组建工厂化预制车间，工厂化装配平台荣获国家电网公司第三届青创赛、运检群创赛一等奖。7个配电网工程入选“百佳工程”。

经营管理 深化“三全五依”法治企业建设，评选发布“五个十佳”成果，清理废止制度922项、修编359项。完成问题清单梳理“四上四下”，编制整改决议293项、专项报告283项，清理撤销账户456个。启动“财务安全年”活动，建成省市县三级资金分级授权体系。完善省级审计机构设置，成立审计中心。实施各类重点审计项目383项，结决算及签证审计12 266项，审减支出8.38亿元。完成77批次、468.07亿元采购任务，物资集中采购率100%，节约资金25.33亿元，服务集中采购率99.29%，完成废旧物资处置2.2亿元。

推动52项年度改革任务落地实施。推动省政府出台8个电改专项实施方案。促成山东省电力市场管理委员会组建，全年市场化交易电量突破1000亿kWh。实施集体企业瘦身健体提质增效，开展集体企业横向联合、纵向重组和专业化整合。

安全生产 开展安全生产大整顿、基建现场反违章等一系列活动，集中查改问题16 895项，清退不合格外包队伍145家。建成现场作业安全管控平台，实现对公司系统各类现场作业全过程、全方位安全管控。出台《发承包工程管理30条禁令》等16项制度文件，优化集体企业安全技术监管机构，充实各级督察队伍197人，累计开展带班值班、到位监督93 628人次，查处违章7316起。省、市两级累计发布电网风险预警3850项，全年排查治理隐患1.42万项。落实15类人身风险预控措施，完成35kV及以上春秋检10 076项。实施重大隐患反措整改，专项治理抗短路能力不足变压器31台、线路“三跨”379处。对市县公司逐一开展运检本质安全诊断分析，形成一市县一报告，一问题一方案。开发现场作业安全管控平台，累计视频监控现场14.2万处、施工人员148.4万人次、分包队伍18 175支，远程查处违章297起。组建精益运检协同体，输电可视化监拍装置突破2万台，实现重要通道、线路“三跨”全可视，外破跳闸同比下降43%。制定印发十九大“1+9”保电服务稳定工作方案，落实“八个确保”工作要求，完成保电稳定服务工作。

营销工作 组建7家园区供电中心和127个园区供电所，实施“一园一策”，实现省级及以上园区“门对门”服务全覆盖。建成3个市供电服务指挥中心，实现客户服务“四统一”管理；率先完成“全能型”乡镇供电所建设推广，建立星级台区经理聘任机制。国家电网公司在山东召开供电服务指挥平台暨“全能型”乡镇供电所推进现场会，建设经验在国网山东电力系统推广。下放110kV及以下业扩报装权限，利用项目包资金6.73亿元，释放用电容量252.1万kVA。建成电能替代十大示范工程，完成替代电量106.2亿kWh，万亩农田电气化综合应用项目荣获国家电网公司电能替代优秀示范工程奖。“三供一业”移交框架协议签订率完成100%，完成36.34万户接收工作。推广“煤改电”清洁取暖10.3万户。建成港口岸电系统139套，初步形成全省“两海、一运河”岸电服务网络。发起成立国内唯一一家经政府批准成立的电能替代产业协会。建成省级车联网运营监控中心，建成并投运充换电站628座，各类充电桩5359个，充换电量9636.92万kWh。

科技和信息化 深化“六统一”创新创效体系运转，荣获省部级及以上科技奖励39项、职工技术成果奖53项。发布2017年度国网山东电力创新成果转化和推广目录，组织144项技术成果转化和推广对接落地。研发第六代变电站巡检机器人，负责牵头的能源行业电力机器人标委会获批成立。组织召开国际大电网委员会B3.47工作组会议，电力机器人标准国际化进程进一步加快。海上风电和电网人工智能两个实验室获得国家电网公司实验室命名，机器人重点实验室通过国家工业设计中心和省示范工程技术中心认定，全球能源互联网（山东）协同创新中心获批省级中心，技术标准创新基地通过国家电网公司验收。

初步建成公司级全业务数据中心，构建配网指挥管控平台、特殊时期保供电等3个应用场景。推广应用班组建设一体化管理平台，配发终端5054台，移动终端实现市公司运检、营销、信通班组全覆盖。国网山东电力作为唯一电网企业，荣获两化融合管理体系贯标示范企业和创新型企业两项荣誉称号。

优质服务 全面构建客户导向型“大服务”机制，建立专业高度协同的春节保电工作机制，连续四年实现除夕台区“零停电”。常态化开展配网不停电作业28.9万次，增供电量8.98亿kWh。开展“阳光扶贫”行动，全部完成7005个省定贫困村电网改造升级。机井通电数量居全国首位，惠及2.4万个村、1401万农民，报装率达94.9%。率先构建“多表合一”省级地方标准体系，累计接入突破70万户。深化“互联网+供电服务”，率先应用扫码交费和电e宝代扣服务，统筹开展电子渠道推广策划，电子渠道服务客户2603万户。“扫码灌溉”项目获国家电网公司“微讲堂劳动竞赛”第一名、第三届青创赛金奖。开展“彩虹·新价值·新服务”主题活动，向社会对外公开并全面践行30项服务举措，荣获国家电网公司市场营销突出贡献单位。

党的建设和精神文明建设 以“旗帜领航·三年登高”为引领，以实施“筑堡垒、壮筋骨、严履责、强引领”四项党建工程为载体，持续推进公司党建和精神文明建设。学习宣贯党的十九大精神，公司领导带头作辅导报告11场次，董事长、党委书记开讲“第一课”。各级党委书记宣讲十九大精神53场次，各基层党组织举办专题宣讲379场次。组织三级党组织书记专题培训班17期，培训1959人次。开展党建“基础建设年”活动，落实基层党组织按期换届制度，完成472个党（总）支部换届选举。搭建业务学习和交流平台，累计开展政工专业“大讲堂”154场次，展评优秀课件50个。加强党员教育管理全覆盖工作，8386名农电工党员纳入国网山东电力统一管理。充实和规范党建工作部门机构设置，核增专职党建人员编制153人。落实党组织书记抓党建工作述职评议考核制度，完成1883个党（总）支部、130名党委书记述职评议考核工作。坚持党委中心组学习制度，严格落实学习计划，各级党委中心组集体学习1771次。严肃党内政治生活，全年各级党组织开展“三会一课”、主题党日37 664次，举办书记故事汇、报告会等3039场次。开展“三亮三比”主题活动，推进“党员责任区”“党员示范岗”创建，国网山东电力120支党员服务队、5024个党员责任区示范岗，帮扶群众8.7万人次，抢修抢险、工程攻坚3.3万人次。持续推进精神文明创建工作，国网潍坊、日照供电公司被评为第五届全国文明单位，国网枣庄供电公司等15家单位通过全国文明单位复查，国网东营供电公司等13家单位被评为第六届国家电网公司文明单位。实施“美丽彩虹·卓越实践”企业文化重点项目建设14项，9项入选国家电网公司储备项目，3个项目荣获全国企业文化优秀成果奖，1个项目荣获中国电力创新奖企业文化类二等奖。组织第三届青年创新创意大赛。参加国家电网公司第三届青创赛，荣获2项金奖，2项铜奖，1项小革新奖。深化“青春建功特高压”青年突击队竞赛。2个项目、1个集体分获第三届中国青年志愿服务项目大赛铜奖和优秀组织奖。青年党员王进光荣出席党的十九大，并获得第六届山东省道德模范荣誉称号和第六届全国道德模范提名奖。青年党员王东当选全国“四个100”最美志愿者，受到国家电网公司通报表扬。代表国家电网公司参展2017国际双创博览会，荣获2017年中央企业“双创”示范奖。

（郝爱军）

【内蒙古电力(集团)有限责任公司】

公司概况 2017年，内蒙古电力（集团）有限责任公司（简称内蒙古公司）售电量完成1678.87亿kWh，同比增长14.63%。其中，区内售电量完成1414.76亿kWh，同比增长18.03%。东送华北电量264.11亿kWh，同比下降0.71%。线损率完成4.43%，低于年度计划0.57个百分点。营业总收入实现640.12亿元，利税总额27.17亿元。固定资产投资完成150.1亿元，同比增加3.4亿元。截至2017年底，内蒙古公司电网统调装机容量6599万kW，资产总额达到899.15亿元，较2016年减少23.32亿元，资产负债率56.38%。在中国企业500强名列第252位，服务业企业500强名列第97位，连续6年获评自治区国资委业绩考核A级企业。全年未发生一般以上电网、设备、信息安全事故，未发生交通、消防安全事故。完成党的十九大、建军90周年朱日和阅兵、《联合国防止荒漠化公约》第十三次缔约方大会、自治区成立70周年系列庆祝活动、第二届中蒙博览会等重大保电任务。截至12月31日，内蒙古电网实现安全运行7433天的长周期记录。

2017年，内蒙古公司获得第二十四届国家级企业管理现代化创新成果一等奖，实现了国家级管理创新一等奖“零突破”。九原工业园区220kV变电站、马场地110kV变电站2项工程获“中国安装工程优质奖”，鄂尔多斯水洞沟工程获自治区“草原杯”优质工程。获评“2017年度中国最佳战略性法务团队”“电力行业电力设施保护先进单位”。7个QC小组被命名为“2017年度全国优秀质量管理小组”。审计部获得了自治区、全国“内部审计工作先进单位”荣誉称号。

领导班子

党委书记、董事长：王玉成（蒙古族）

总经理、党委副书记、董事：贾振国

党委副书记、副总经理、董事：郝智强（2017年7月任党委副书记；2017年8月免副总经理、任董事）

党委副书记：耿白（2017年11月退休）

党委委员、纪委书记：张日成

党委委员、总会计师、董事：孙文彪（2017年7月免党委委员）

党委委员、总法律顾问、董事：李普强（2017年7月免党委委员）

党委委员、工会主席、董事：白振英

党委委员、副总经理、总工程师：魏哲明（蒙古族，2017年9月退休）

党委委员、副总经理、总经济师：侯生明

党委委员、副总经理：牛继荣

副总经理：蔺蒙

党委委员、党委组织部部长：石文斌（2017年7月任党委委员）

党委委员、党委宣传部部长：燕林生（2017年7月任党委委员）

副总经理：王伟光（2017年7月任；2017年12月调离）

副总经理：梁景坤（2017年7月任）

组织机构 供电生产及业务支撑单位（35个）。供电单位：包头供电局、呼和浩特供电局、鄂尔多斯电业局、乌兰察布电业局、巴彦淖尔电业局、乌海电业局、锡林郭勒电业局、阿拉善电业局、薛家湾供电局、内蒙古超高压供电局、乌海超高压供电局、锡林郭勒超高压供电局。分公司：电力科学研究院、电力经济技术研究院、电力信息通信中心、电力调度控制中心、营销服务与运营管理中心、电力培训中心、供用电稽查（局）分公司、物资供应公司、北京办事处（京蒙大厦）。子公司：财务有限责任公司、综合能源有限责任公司、国合电力有限公司、蒙电控股有限公司、电力交易中心有限公司、经济技术研究有限公司、康远监理公司、满都拉电力房地产公司、蒙能物业管理有限公司、满都拉资产管理公司、对外经济技术开发公司、蒙电信产有限责任公司。控股公司：蒙能招投标有限公司、足球产业投资基金公司。

总部职能部门及挂靠机构（38个）。总部职能部门：综合管理部、企业管理部、改革办公室、人力资源部、财务资产部、离退休管理部、计划发展部、物资管理部、科技信通部、生产管理部、市场营销部、工程建设部、配电网建设办公室、农电部、系统运行部、电力交易中心、安全质量监察部、审计部、纪委监察部、党委组织部、党委宣传部、工会、机关党委（公司团委）。总部内设机构：党委巡察办公室、党委巡察一组、党委巡察二组、第一监事会、第二监事会。总部挂靠机构（10个）：新闻中心、住房资金管理中心、质量监督检测中心、管理科学研究中心、企业管理协会、政研会（文协）、电机工程学会、东郊工程建设办公室、老干部（职工）活动中心、机关事务中心。

电网概况 截至2017年底，内蒙古公司拥有盟（市）级供电企业12个，供电面积72万km^2。内蒙古西部电网统调装机容量6599万kW（直调装机容量6358万kW）；其中新能源（风电和光伏）装机容量2226万kW，占全网33.73%；上网电量427.58亿kWh，占全网24.55%。2017年，最大发电负荷3183.9万kW（11月28日）；最大供电负荷2429万kW（11月28日）。2017年，新投产火电机组150.3万kW，风电45.45万kW，光伏发电38.52万kW。截至12月底，内蒙古电网风电容量为1649万kW，有风电场157座，风电发电量342.76亿kWh，同比增长15.79%，约占全国风电发电量的11%。光伏发电并网装机容量576万kW，发电量91.16亿kWh，同比增长27.64%。2017年，火电、风电设备平均利用小时分别达到4627h和2115h。2017年底，内蒙古公司共有500kV线路66条，长度5269.67km，变电站26座；220kV线路496条，长度16 531.11km，变电站146座；110kV及以下线路823条，长度18 549km，变电站448座。

企业管理 2017年，内蒙古公司健全完善了内蒙古公司《章程》《董事会议事规则》《党委会议事规则》《经理层议事规则》《公司“三重一大”事项集体决策制度实施办法》。制定公司《创新管理提质增效工作方案》，14项创新管理提质增效重点任务稳步推进。

印发内蒙古公司《全面深化改革工作若干意见》和《深化国企改革加强子公司管理指导意见》，编制并执行内蒙古公司《“三供一业”分离移交实施方案》，制订公司理顺多经产权及公司制改制工作方案。制定公司《关于在深化企业改革中坚持党的领导加强党的建设的实施意见》《厂局级领导人员选拔任用工作纪实办法》《实名制推荐厂局级领导人员意见》《建立领导干部容错纠错机制实施办法》《践行监督执纪“四种形态”实施办法》《关于进一步落实主体责任和监督责任推进干部约谈工作常态化实施办法》，完善了领导干部的监督检查机制。

2017年，召开首届管理创新大会，表彰奖励48项成果，其中《基于“共享共赢”理念电力多边交易市场的创建和管理》参与国家级评选，获得第二十四届国家级企业管理现代化创新成果一等奖。推进公司标准化建设，一期共计3669个标准进入实施运行阶段，二期建设全面启动，已实现各单位标准化工作全覆盖。完成了国家档案局电子档案管理工作。7个QC小组被命名为“2017年度全国优秀质量管理小组”。借助“银企直联”通道实现银企数据交互，建成电费统计入账平台，提升了内蒙古公司对银行账户、支付结算、资金安全的管控能力。全年开展各类工程造价审计253项，节约投资0.83亿元。2017年，内蒙古公司审计部获得了自治区、全国“内部审计工作先进单位”荣誉称号。全年共审查总部各类合同868份，协调处理各类纠纷案件39起，对内蒙古公司89项重大决策提供法律支持。内蒙古公司连续6年获评自治区国资委经营业绩考核A级企业。

人力资源 2017年，内蒙古公司长期合同职工28 627人，平均年龄38.6岁。2017年全员劳动生产率为69.46万元/人，人才当量密度为93.03%，高技能人才比例为58.8%。2017年，有享受国务院特殊津贴1人（电科院副总工程师姚树华）、“全国技术能手”1人（乌海电业局输电处王永强）、“全国电力行业技术能手”20人。“蒙电工匠”孙利强获全国电力系统“大国工匠”称号。本科及以上学历人员占总人数的58%，其中博士32人，硕士2144人，本科生14 421人；取得职称人员占总人数的54%，其中正高级41人、副高级2243人，中级3257人；取得职业技能等级人员占总人数的55%，其中高级技师762人，技师1249人，高级工5581人。

制定并印发了内蒙古公司《关于进一步深化企业劳动用工和收入分配制度改革的实施方案》《38家旗县供电分局人力资源管理相关工作的调整规范意见》《工资收入分配管理办法》和《奖励资金管理办法》。修订公司企业年金方案相关条款，发布《内蒙古电力公司企业年金管理委员会工作制度》《企业年金基金管理机构考评评估办法》。实现公司企业年金规范投资运营管理，在建账户29 000余户，共缴费23亿元。2017年择优面向社会公开招聘785名高校毕业生。2017年，内蒙古公司系统共举办培训班5842期，培训量共计524 267人天。其中，内蒙古公司所属各单位举办培训班5668期，培训量达到388 003人天；内蒙古公司各专业部室在内蒙古电力培训中心举办各类中、长期及短期专业技术培训班136期（含京蒙大厦23期），培训量达120 659人天；外送公司系统生产、经营和管理人员等到高校培训38期，共2687人参培，培训量15 605人天。培训总量较2016年增长2.41%，全员培训率达到98.57%。2017年，制定下发《专家人才评聘管理实施细则（试行）》《一、二、三级师评聘管理暂行办法》，开展试点单位评聘工作并在全公司推广实施。全年共完成8198人次的技能鉴定工作。

安全生产 全口径供电可靠率（RS-1）完成99.781 9%，综合电压合格率累计完成97.82%，同比提高0.98个百分点，其中城市综合电压合格率完成98.48%，农村综合电压合格率完成97.24%。2017年未发生电力生产人身事故，未发生五级以上电网、设备事件，未发生交通、火灾、信息安全事故，安全生产形势总体平稳。完成党的十九大、建军90周年朱日和阅兵、《联合国防止荒漠化公约》第十三次缔约方大会、庆祝自治区成立70周年系列庆祝活动等重大保电任务。截至12月31日，电网保持了7433天长周期安全运行记录。

修编《安全责任规范》《领导干部和管理人员安全责任到岗到位管理办法》，制定《强化本质安全实施意见》，下发《关于进一步加强安全生产工作的决定》，修编并重新发布《内蒙古电力公司应急预案》，查新并发布现行法规标准370余项，废止了施工保证金和安全风险抵押金制度。成立500kV电力设施保护办公室。内蒙古公司被中国电力技术市场协会授予“电力行业电力设施保护先进单位”。

全年开展12项专业隐患排查治理，公司系统未发现重特大隐患，发现一般隐患5154项，已整改5137项，整改率99.68%。全年共计督查作业现场13 019处，共安排重要政治保电人员11 022人次，生产车辆2352辆次，应急发电车202台次，发电机89台次。2017年共发现电网（含旗县）设备缺陷共计44 645项，其中：危急缺陷1616项，消除率100%；严重缺陷4544项，消除率96.32%；一般缺陷38 485项，消除率93.5%，全网总缺陷消除率94.05%。2017年，组织网内首次宝山220kV变电站带电水冲洗技术应用，开展国内首次500kV变电站断路器动操作机构改液压机构现场技术改造。

制定发布了《内蒙古电力公司软件正版化工作管理办法》。全年共查杀病毒627 580条，修复存在漏洞计算机41 055台次，阻止违规外联计算机102台。

电网建设 完成《内蒙古电网“十三五”主网架规划衔接方案》，异步联网和500kV金山、巨宝庄等11项重点项目全部纳入到国家“十三五”主网架衔接规划中。协助国家能源局、内蒙古自治区能源局编制完成《内蒙古自治区输电网“十三五”发展规划方案》和《蒙西电网中长期电源规划》。

2017年，电网工程实现开工173项，投产97项，完成投资71.18亿元，完成结算130项，结算金额47.79亿元。完成历年遗留的53项土地权证的办理工作，确保工程依法合规。自治区成立70周年庆祝活动重点项目呼张客专、呼准鄂2项铁路供电工程顺利投产。大路、红庆河、圣园、天皮山、杭宁达莱等重点工程顺利推进，其中大路、天皮山、杭宁达莱3项工程于12月建成投产。九原、马场地工程荣获“中国安装工程优质奖”。鄂尔多斯水洞沟工程荣获自治区“草原杯”优质工程。对10项工程试点应用了装配式变电站、预制仓式变电站、整站设备招标、EPC总承包模式等创新建设形式，其中自治区首座预制仓式智能变电站兴旺110kV工程于5月31日投产。2017年有16项QC成果、2项工法、1项专利荣获自治区、电力行业奖项。

2017年全年配电网工程实现开工332项，竣工298项，结算251项。全年安排应急工程10项，竣工6项。2017年，农网中心村升级改造、机井通电工程全部竣工，共完成2354个村用电升级改造、15 304眼机井的通电工程。2017年共架设10kV线路5782km，0.4kV线路7441km，安装变压器9691台，安装电能表126 200块。

完成《内蒙古电网“十三五”主网规划衔接方案》的起草工作。组织完成7个盟市分散式风电接入和就地消纳研究。完成吉铁、蒙泰、京运通等重大用户供电方案论证和项目前期。全年完成清洁能源结网评审94项、签订并网协议39份。2017年，内蒙古公司首次开展可研报告质量评定，推广二次制定仓和变电站装配式建筑，发布内蒙古电网发展报告。

经营管理 2017年，全年售电量完成1678.87亿kWh。日售电量突破5亿kWh，月售电量突破150亿kWh，超国资委考核指标1560亿kWh超118.87亿kWh。线损率完成4.43%低于年度计划0.57个百分点。

2017年，全年累计完成交易电量983.9亿kWh，同比增长25.1%，占售电量的58.6%，占区内售电量的71%，平均差价73元/MWh，降低用户电费71.8亿元，有效拉动地区优质负荷增长。全年完成263家市场主体准入工作，其中124户用电企业，139家发电企业。截至2017年底，电力多边交易市场成员有1006户。2017年完成国内首个电力市场建设规划——《内蒙古电力多边市场五年规划》。制定《内蒙古电力多边交易市场现货交易市场方案》。在电力交易领域率先建设了基于云技术的电力交易平台。“内蒙古自治区创新电力交易机制减少企业用能成本”被国务院办公厅列为典型做法进行通报表扬。

2017年，“三供一业”分离移交工作全年完成移交企业43家21.16万户，签订框架协议达96.75%，超额完成自治区国资委下达的80%任务目标16.75个百分点。百万客户投诉量全年完成114次，超额完成了国资委120次的考核指标。95598大集中业务信息系统已上线运行完成“蒙电E家”APP、微信缴费平台的建设工作，全区微信绑定户数高达30.3万户，累计收费382.42万笔，回收电费6.78亿元。“电能采控终端使用率”达94.26%，“智能费控电能表远程费控开通率”达75.67%。2017年，累计回收50家自备电厂政府性基金及专项资金10.46亿元，追收部分企业扶持差价电费3.15亿元，回收往年欠费2337.23万元，当年电费回收率完成99.99%。

制定发布《物资管理标准》《物资采购管理标准》等16项管理标准、9项工作标准，修编发布《物资供应商不良行为管理标准》。除住建厅所属交易平台以外，拓展了内蒙古产权交易中心、内蒙古招投标协会交易平台、自治区政府采购中心等3个平台，实现多平台开展招标采购业务。按照国家2019年全面实现全流程电子化招标采购的要求，成立电子化招投标工作组，与自治区政府采购中心、内蒙古电子招投标中心，中国公共采购有限公司等平台深入对接电子化招标业务。2017年度采购计划共安排物资招标采购14批，末班车采购1批。

科技创新与信息化建设 2017年修编了《科技管理标准》等5个管理办法。建立两级科技储备库，实现ERP系统的全覆盖。参与国家重点科技支持项目"基于热电解耦的风电消纳技术研究及示范"研究。完成信息通信工程固定资产投资28 064万元，组织建设完成了134项信息通信工程。完成通信保障工作77项，地区网通信带宽由2.5G提升至10G。"内蒙古电网供热机组远程监测系统研发与应用"等4个项目分获自治区科技进度三等奖、自治区电力行业协会职工技术成果一等奖、二等奖和中电联科技创新三等奖。与浙江大学、华北电力大学、南瑞集团等战略合作方开展技术合作，推动区内首家新能源电力系统国家重点实验室试验研究基地建设。分别获得2015、2016年度自治区科技进步奖10项，其中"专用型在线式工业离子色谱分析测量装置的研制"获得自治区科技进步一等奖。

国际业务 完成对蒙古国售电量12.048亿kWh，较2016年同期增长9.92%，日最大供电负荷达16.2万kW，电费回收和上交均按期"双结零"。"远程视频监视指挥信息系统平台"建成运行，确保跨境供电安全稳定运行，提升事故应急指挥能力。有序推进策口岸110kV输电线路的项目前期工作，已完成项目境内部分监理、设计招标工作。开展庆华35kV线路资产实地查勘工作。为蒙古国用户电网调度、继电保护、变电运行等专业共计44人次提供技术培训服务。

电力扶贫 深入定点帮扶的兴安盟吉力化嘎查及所属10个供电单位对的14个扶扶点，开展了扶贫督查工作。全年共安排扶贫资金417.08万元，出台《关于加强扶贫项目和资金管理的通知》。针对有劳动能力的建档立卡贫困户确定以发展养殖产业为主的帮扶方式；针对低保户和五保户采取捐资助学以及在自治区70年大庆和春节等重大节日访贫济困等方式进行精准帮扶，共落实扶贫资金307.78万元。根据阿拉善电业局扶贫点因地震房屋受损的实际情况，及时追加扶贫资金7.5万元。

工会工作 走访慰问各级各类劳模430人，发放慰问金80.4万元。开展"送温暖"工程，明确帮扶层级，形成帮扶合力，深入基层走访慰问困难职工580人，大病职工32人，补助资金196.8万元。深入开展金秋助学活动，资助9名困难职工子女。向自治区青基会捐赠2.8万元，帮助7名社会贫困大学生圆了大学梦。开展暑期"送清凉"慰问和定点"送温暖"活动，对10家单位和27个基层一线班组进行慰问，发放慰问金104万元。在庆祝自治区成立70周年期间，慰问奋战在保电一线的广大职工，发放慰问金11万元。

举办两期职工大讲堂，分层次分专业举办各类工会干部培训班6期，开展井冈山精神等革命传统教育。应用"蒙电家园"微信平台，开展了"我和我的祖国—蒙电映像"和"讲好中国故事、传播蒙电声音"活动。组织开展了"践行新理念、建功十三五"劳动竞赛活动。举办了全区电力系统职工职业技能比赛开闭幕式。实施职工创新工作室星级评定管理。全年投入创建经费290多万元，新建创新工作室43个；投入研发经费600多万元，研发创新成果351项，取得国家专利27项，获得各类奖励223项，被评为自治区电力职工技术创新优秀组织单位，职工技术创新工作取得丰硕成果。电科院姚树华创新工作室荣获"全国示范性劳模和工匠人才创新工作室"。举办公司首届"蒙电工匠"命名表彰大会，10名基层职工受奖。

节能减排 2017年全年未发生重特大环境污染事故。科学安排电网运行方式，全力保障新能源消纳，全年累计消纳新能源电量427.1亿kWh，按等量替代火电计算，节约标煤1452.14万t，分别减少排放二氧化碳、二氧化硫、氮氧化合物3203.25万、3.63万、7.05万t。

2017年组织开展挂牌交易消纳新能源，稳步扩大区内绿电交易规模。积极研究新能源交易、抽水蓄能交易等新能源交易新品种，组织开展新能源替代自备电厂准现货交易，提高新能源消纳水平，全年通过电力交易平台实现消纳新能源电量约88亿kWh。

队伍建设 2017年，制定了《厂局级领导人员选拔任用工作纪实管理办法》《实名制推荐拟任厂局级领导干部人选实施办法（试行）》《领导人员选拔任用廉洁从业结论性评价实施细则（试行）》《干部任前公示办法》《关于对领导人员进行提醒、函询和诫勉的实施细则》和《关于加强和改进优秀年轻干部培养选拔工作的实施意见》等制度。2017年，公司系统所属各单位党委（总支）列入整改工作台账问题573项，完成531项，其余42项为中长期任务，制定了分阶段目标和措施。编印了《党建理论文集》和《红色印象》，2个基层党支部的特色党建工作入选自治区典型案例。全年举办2期专题干部培训班、2期党支部书记示范培训班和1期党务专责主体培训班。2017年发展新党员57名。

党建工作 推进《公司党委进一步加强和改进企业思想政治工作实施意见》落地，承办了全区企业思想政治工作暨企业文化建设现场经验交流会。制定下发《公司关于进一步加强和规范党委中心组理论学习的通知》，编制刊印《优秀成果集》。组织开展“学习贯彻十九大精神进基层进一线微理论微宣讲”竞赛活动、“微信送学”和学习贯彻十九大精神微信答题活动和“不忘初心跟党走”等主题团日活动 1494 次。在公司门户网和官方微信开辟“喜迎十九大”“庆祝内蒙古自治区成立 70 周年”专题宣传栏。先后组织开展了“贯彻十九大精神·聚焦战略目标”交流采访活动、“庆祝自治区成立 70 周年·看蒙电创新发展”主题采访活动。利用中央电视台等主流媒体推出了《贯彻十九大精神·助力绿色发展》《内蒙古电力助力特色优势产业·稳增长降成本》《内蒙古电力：自治区重点工程配套供电项目全力推进》《电力特种兵这样炼成》等一系列重大主题和典型报道，诠释“全新责任蒙电”深刻内涵，塑造“全新责任蒙电”良好形象。开展青工与榜样、与领导、与职代会代表的“三对话”活动 579 次，建立“1+100”青工思想交流季度反馈机制。全年组织团干部培训班 5 次，230 余人受到培训。不断规范团员关系转接、到龄离团等工作，向党组织推荐优秀团员 66 人。依托“志愿汇”平台，各级团组织常态化开展“青春献礼 70 载·蒙电服务亮北疆”“蒙电青春情·爱心光明行”“学雷锋志愿服务在行动”等各类志愿服务活动 1500 余次。

主要事件

1 月 11 日，“上善若水 德耀草原”内蒙古自治区第五届道德模范颁奖典礼在呼和浩特市举行。内蒙古公司系统职工郑璐、郭建刚获全区道德模范，白雪莲、贾鹏、阿拉腾格日勒、王茜获得全区道德模范提名奖。

1 月，呼和浩特海关向内蒙古国合电力有限责任公司颁发“海关一般认证企业证书”，该公司成为《中华人民共和国海关企业信用管理暂行办法》实施以来，蒙西电网首家通过海关认证的一般认证企业。

2 月，内蒙古公司完成 2017 年内蒙古电网省地调控联合计算工作。

3 月 9 日，ABB（中国）公司高级副总裁、中国及北亚区电网事业部负责人张金泉及相关负责人一行同内蒙古公司负责人进行工作座谈。

3 月 24 日，内蒙古公司总经理贾振国，蒙古国国家电网公司总经理博·尼玛桑布在呼和浩特市签署《中国内蒙古电力（集团）有限责任公司与蒙古国国家电网公司电力合作会谈备忘录》（简称备忘录）。同时，内蒙古国合电力有限公司与蒙古国国家电网公司签署了《跨国电力输送线路资产和操作责任区认证书》。

3 月 25 日，内蒙古国合电力有限责任公司对蒙古国出口电量达 3.004 亿 kWh，同比增长 5%，实现自 2012 年对蒙古国供电以来单一季度供电量首破 3 亿 kWh。

4 月 7 日，浙江大学技术转化研究院院长赵荣祥一行到访，双方就推进校企合作事宜进行交流会谈。

4 月 12 日，全国政协常委、浙江省工商联主席、正泰董事长南存辉率领正泰相关人员一行到访，双方就加强合作事宜进行了交流对接。

4 月，内蒙古自治区总工会决定授予乌海电业局贾鹏，鄂尔多斯电业局汤强、刘源，包头供电局丛伟岩、王飞龙、张瑞、李洁、张文俊自治区“五一劳动奖章”。

5 月 12 日，内蒙古公司总经理贾振国应邀出席“一带一路”国际合作高峰论坛活动之一——“中蒙合作项目签约仪式”，与蒙古国总理额尔登巴特、蒙古国能源部部长刚呼、中国驻蒙古国大使邢海明等中蒙政府官员及企业界代表，在北京钓鱼台国宾馆共同出席了为期 6 年的《蒙古国奥尤陶勒盖铜矿项目购售电协议》的签字仪式。

5 月 12 日，由中国电力传媒有限责任公司主办，国家电网公司、南方电网公司共同协办的第四节全国基层供电所建设经验交流研讨会暨 2016 年度“寻找最美供电所”表彰活动在北京举行。乌兰察布电业局吉生太供电所荣获“中国金牌最美供电所”称号，巴彦淖尔电业局甘其毛都供电所、阿拉善电业局黑鹰山供电所荣获“中国最美供电所”称号。

5 月 25 日，第十二届“中电传媒杯”全国电力行业优秀影视作品决赛暨颁奖盛典于北京举行。内蒙古公司选送的作品获一等奖 3 项、二等奖 4 项、三等奖 1 项。

5 月 31 日，在内蒙古电子招标投标交易平台开标室，“内蒙古电力（集团）有限责任公司 2017 年生产主网技改、配网行动计划设备材料（三）（部分设备）招标”项目首次实现全流程电子化开评标。

5 月 31 日，自治区首座预制仓式智能变电站兴旺 110kV 工程投产。

6 月 5～9 日，内蒙古公司董事长、党委书记王玉成率团出访蒙古国，参加内蒙古国合电力有限责任公司、巴彦淖尔电业局与蒙古国奥尤陶勒盖有限公司（简称 OT 公司）签署《OT 矿区供电运维及调度协议》仪式，考察和访问蒙古国有关方面及合作企业。

6 月 21 日，由国务院国资委新闻中心、中央企业媒体联盟联合主办的“一线故事”第三季发布会在北京举行。内蒙古公司报送的 3 部“一线故事”作品获奖。阿拉善电业局的《鏖战黑鹰山》荣获“中国建设者”十大故事奖，包头供电局的《鸿雁北来万家明》、物资供应公司的《献血大王的生命之源》2部故事获得优秀作品奖。

6月25～27日，由华北网调和公司系统运行部（调控中心）牵头，内蒙古超高压供电局、冀北检修公司、各相关发电厂齐力配合，内蒙古电网开展了首次外送通道安全稳定控制系统的全面校验工作。

6月，内蒙古公司总经理贾振国率队赴丹麦、西班牙就大规模新能源集中并网系统关键技术及解决方案进行访问。与西班牙阿西亚·布朗·勃法瑞公司签署“大规模新能源集中并网系统关键技术及解决方案研究”项目的战略合作备忘录。

7月1日，内蒙古国合电力有限责任公司对蒙古国OT供电项目开启第二个合约期。在首个合约期项目内，内蒙古国合电力有限责任公司连续安全运行1827天，完成售电量45.61亿kWh，累计实现出口创汇29.37亿元人民币。

7月18日，内蒙古电网发电突破3000万kW、日发电量达6.7亿kWh，所辖9个盟市供电区域用电负荷及售电量均创新高。

7月27日，中国共产党内蒙古电力（集团）有限责任公司第一次党代表大会召开。

8月1日，中国三峡集团总会计师杨亚一行到访，双方就呼和浩特抽水蓄能电站收购事宜进展情况进行座谈。

8月3日，乌兰察布电业局完成为呼和浩特铁路局卓资东、平地泉两座牵引站的送电任务，确保内蒙古首条高铁线路正式通车。

8月9～11日，内蒙古公司及所属各单位完成内蒙古自治区成立70周年各项保电任务。

8月18～22日，内蒙古公司董事、党委委员、工会主席白振英应邀访问蒙古国国家电网公司。

9月6～17日，鄂尔多斯电业局完成为《联合国防治荒漠化公约》第十三次缔约方大会的保电任务。

9月10日，由中国企业联合会、中国企业家协会连续第16次发布的“2017中国企业500强”排行榜出炉，内蒙古公司以营业收入598.440 2亿元，利润5.778 8亿元的优良业绩，排名252位。

9月，内蒙古公司副总经理蔺蒙应邀出席第14届中国—东盟博览会重要活动——2017中国—东盟电力合作与发展论坛。

10月27日，内蒙古超高压供电局完成中国共产党第十九次全国代表大会大保电工作。

12月8日，ABB（中国）公司高级副总裁、ABB中国及东北亚区电网事业部负责人张金泉一行13人来访，与内蒙古公司领导进行工作座谈。

12月19日，由法制日报社、中国公司法务研究院、中国第一法务协会举办的“2017年度中国优秀法务评选活动”揭晓，内蒙古公司法律团队获评“最佳战略型法务团队奖”。

12月31日，内蒙古公司实现安全运行7433天，全年完成售电量1678.87亿kWh。

（姜 欣）

【北京能源集团有限责任公司】

公司概况 北京能源集团有限责任公司（简称京能集团）前身是北京国际电力开发投资公司，成立于1993年，随后分别与北京市综合投资公司、北京市热力集团有限责任公司、北京京煤集团有限责任公司进行合并重组。京能集团是以“电力生产和供应，热力生产和供应，煤炭生产和销售，房地产开发经营、物业管理”为主营业务，实施“能源为主、适度多元、产融结合、协同发展”的业务组合战略与“立足首都、依托京津冀、拓展全国、走向世界”的空间布局战略的综合性能源服务集团，是北京市国资委管理的国有独资企业，注册资本204亿元人民币。

2017年，京能集团位居中国企业500强第259位，中国服务企业500强排名第100位。截至2017年底，京能集团总资产2628亿元，实现利润总额30.85亿元。拥有全资、控股企业260余家，控股京能清洁能源（00579.HK）、京能电力（600578.SH）、昊华能源（601101.SH）、京能置业（600791.SH）四家上市公司。

京能集团主要业务涵盖电力能源、热力供应、煤炭经营、地产置业、节能环保和金融证券等多个板块。控股电力装机容量超过19 070MW，在建电力项目装机容量超过8000MW；拥有亚洲最大的供热管网，供热面积约3.26亿m^2；煤炭产能达1050万t/年；房地产开复工面积200万m^2，储备项目近600万m^2。

京能集团投资区域遍及国内25个省、市、自治区，并积极向海外市场拓展。旗下上市公司京能清洁能源（00579.HK）控股澳大利亚Gullen Range（165.5MW）风电项目；旗下上市公司昊华能源（601101.SH）是非洲煤业第一大股东；在北美地区成立办事机构，负责拓展油气资源项目。

领导班子

党委书记、董事长：姜帆

党委副书记、总经理：阚兴

副总经理、北京热力党委副书记、总经理：刘水洋

党委副书记、职工董事：李迅

党委常委、纪委书记：段梓斌

副总经理：刘海峡

副总经理：王永亮

总工程师：关天罡

副总经理：孟文涛

副总经理：李育海

财务总监：朱保成

组织机构 总部设董事会办公室、集团办公室、经营计划部、党委组织部、电力能源建设部、煤化事业部、实业管理部、法律事务部、纪检监察室、党群工作部、战略规划部、财务管理部、人力资源部、生产管理部、安全与科技环保部、证券与资本运营部、审计与内部、燃料管理部18个部室。

控股企业包括：北京热力、清洁能源、京能置业、京煤集团、京能电力、吴华能源，其他二级以及控股子企业。

参股企业包括：华能北京热电、国电电力、北京银行、首创股份、大唐国际、国华能源、光大银行、北京汽车及其他参股企业。

主要项目 内蒙古京能盛乐热电项目。内蒙古京能盛乐2×350MW冷热电联供机组工程位于呼和浩特市和林格尔县盛乐镇，本期工程建设2×350MW超临界空冷燃煤机组，项目总投资约33亿元，工程于2016年1月23日通过168h试运，投产运行。该项目是国内首次实行冷、热、电三联供的大型燃煤机组，在国内首次采用“三塔合一”、“两机一塔”技术，在内蒙古自治区及集团内首次实现“超低排放”和采用双水内冷发电机组。项目于2017年5月获得中国电力行业优质工程奖，2017年11月获得中国施工企业管理协会评选的国家优质工程奖。

北京西北热电中心京西燃气热电项目。北京京西燃气热电有限公司（称为京西热电）负责建设、运营，建设规模为1套“二拖一”和1套“一拖一”燃气—蒸汽联合循环热电联产机组，投资规模为52.52亿元，发电装机容量为1307MW，年发电量58.81亿kWh，供热能力915MW，折合供热面积约1800万m^2（满足20万户居民供热）。京西热电将大数据、互联网和人工智能等数字技术引入生产管理中，推进安全、绿色、高效的数字化电厂建设：通过燃机叶片、轮盘、扭力盘、密封面结构优化，采用汽轮机SSS离合器技术，余热锅炉尾部设置扩大低压省煤器等先进手段，实现超强机组效率、超大供热能力；通过国内首创的四分格凝汽器结构，全程自动无断点APS自启停技术等，实现操作智能化、节能低碳化、减排清洁化；通过“智能两票系统，仓储管理系统、点检一体化系统、燃机经济性小指标分析系统”的成熟应用，实现整个电厂安全、高效、环保运转。该项目先后荣获“2016年亚洲电力奖——年度发电创新技术金奖”；获得中国投资协会“2016－2017年度国家优质投资项目特别奖”。

河北涿州京源热电项目。河北涿州京源热电有限责任公司2×350MW超临界燃煤空冷热电联产机组工程，是落实京津冀协同发展战略，实现区域能源合作的河北省重点项目。项目直接替代京冀两地高能耗、高污染的燃煤小锅炉488台，对改善周边区域大气环境质量具有重要意义。本期工程建设2×350MW超临界空冷燃煤机组，实现超低排放和全厂零水排放，项总投资约35亿元，工程1号机组于11月11日完成168小时试运，在正式供暖前投产运行，并完成了2017～2018年采暖季保京冀两地供热的政治任务。

科技创新 推进创新型企业建设，发挥科技创新驱动作用。紧盯行业前沿技术，依靠科技创新提高生产力，实现集约化增长和创新发展。推动数字化电厂、大数据分析与应用、智能热网、余热利用、分布式能源与智能微电网等科技攻关项目落地。余热利用取得突破，在京能集团燃气热电厂推广应用，大幅提高了供热效率，实现了余热回收、减排节水一体化，形成产业化能力。《全热回收的天然气高效清洁供热技术及应用》荣获北京市2016年度科学技术奖一等奖。建成了具有京能特色的数字化电厂，实现了提质增效、智能化管控。自主研发的智能立体车库，已批量投放市场，产品竞争力强，市场前景广阔。全预混金属纤维超低氮燃烧器项目推出“迈夫特”品牌，实现低氮减排技术成果产业化。自主研发的电厂制粉系统温度提升优化、风烟系统流场优化及精确测量、3.5分仓空气预热器、主蒸汽参数优化等多项节能技术在集团各电厂广泛应用，取得了良好的节能减排效果。截至2017年底，京能集团累计获得专利授权559项，其中发明专利65项，主导、参与编写国家、行业和地方标准34项，获得软件著作权112项，各类获奖科技成果178项，为集团转型升级、创新发展提供了科技支撑。

节能环保 2017年按照环境保护工作“一岗双责、党政同责、齐抓共管、失职追责”的要求，强化企业主体责任，以贯彻党的生态文明建设战略思想，推动环境保护工作实现体系化、系统化管理，完成各项任务。

“清煤降氮”工作。为落实2017年1月22日市长蔡奇在北京市政府第六次全体会议上提出的“要痛下决心，铁腕治霾，采取超常规措施”和2017年2月7日副市长张工在全市“清煤降氮”工作部署推进会上强调以超常规的力度和措施，全力以赴，坚决打好“清煤降氮”攻坚战的有关要求。京能集团进一步强化“四个意识”，增强环保工作的责任感、紧迫感，提高政治站位，统筹谋划安排，聚焦重点工作。多次组织专题会议对改造过程中遇到的难题进行协调，取得了环保局、发展改革委、规划委、市政市容委以及当地区政府的支持。京能集团领导多次带队到现场进行专项督查，京能集团各有关企业高度重视“清煤降氮”工程，施工一线各级负责人加班加点、彻夜奋战，2017年度“清煤降氮”改造任务完成。

京能集团所属8家企业，2017年共完成了1620台11 486.15t的锅炉改造，含拆除燃煤锅炉，进行煤改气；含拆除燃油锅炉，进行油改气；含燃气锅炉低氮燃烧器改造加烟气再循环；含建设涿州热电厂向房山区供热的供热主干线等。改造过程中，将部分锅炉进行了合并，部分锅炉拆除后，将热源改由供热母管提供，因此改造后锅炉总台数减少。完成清煤降氮改造后，燃煤锅炉清零，燃气锅炉总计989台13 604.06t，污染物均达标排放，其中，低于30mg/m^3（标况）的锅炉共计880台11 628.71t，台数、蒸吨（分别占比为89%、85.48%），超额完成了北京市环保局的总量控制任务要求。完成清煤降氮改造后，与改造前供热季相比，每年削减燃煤87.01万t，减排氮氧化物2547.18t，减排二氧化硫117t，减排颗粒物62.91t，为北京市的蓝天白云做出了突出贡献。

超低排放改造工作。京能集团共计9家发电公司、22台机组、10 040MW容量需进行超低排放改造，改造后氮氧化物、二氧化硫、烟尘预计年度减排量分别为11 227.1、11 879.1、2221.4t。完成改造后三项大气污染物排放浓度为国家超低排放标准限值的一半，即氮氧化物排放浓度为25mg/m^3、二氧化硫排放浓度为17.5mg/m^3、烟尘排放浓度为2.5mg/m^3，改造完成后排放指标远远优于国内其他发电集团公司。目前宁东公司、京隆公司、漳山公司、京宁公司、京玉公司、京海公司6家公司已完成了改造，岱海公司、康巴什公司完成了部分机组的超低排放改造。至2017年底，已经完成了17台机组、7890MW容量的超低排放改造。岱海公司2台机组、京泰公司2台机组、康巴什公司1台机组的超低排放改造将于2018年完成。

主要事件

4月，源深节能公司参与申报的《全热回收的天然气高效清洁供热技术及应用》项目，经过专家的初审、复审和终审，荣获北京市科学技术创新一等奖。

8月15日，澳洲格伦太阳能项目并网成功，实现了清洁能源海外光伏“零”的突破，也完成了澳洲历史上首个大规模风光共置项目实际发电的里程碑。

8月15日，内蒙古自治区发展改革委印发《关于内蒙古京泰发电有限责任公司酸刺沟电厂二期项目核准的批复》（内发改能源字〔2017〕1040号），标志着内蒙古京泰发电有限责任公司二期2×660MW超超临界直接空冷燃煤发电机组项目正式获得核准。该项目是京能集团首个超超临界直接空冷煤电一体化坑口电厂扩建工程。

9月10日，由中国企业联合会、中国企业家协会主办，江西省人民政府承办的“2017中国500强企业高峰论坛”在南昌市召开。京能集团继续入围中国企业500强，排名第259位；入围中国服务企业500强，排名第100位。

11月10日，冬季供暖前夕，中央政治局委员、北京市委书记蔡奇来到京能北京热力调度中心，检查供暖保障工作。

11月，河北涿州京源热电项目正式投产，工程1号机组正式投产运行，该项目总投资约35亿元，建设2×350MW超临界空冷燃煤机组，实现超低排放和全厂零水排放。

11月11日，涿房大线全线贯通。项目建成后，将为房山区供热，面积大约2200万m^2，远期还将向城关地区、韩村河镇、长沟镇供热，总供热面积将达到3500万m^{2}左右。

东 北 地 区

【国家能源局东北监管局】

基本情况 国家能源局东北监管局（简称东北能源监管局）于2013年12月13日正式挂牌，是国家能源局在东北区域的派出机构，负责辖区内电力等能源的监督管理和行政执法工作，以及电力安全监管工作。

东北能源监管局主要职能为：在东北区域内，监管电力市场运行，规范电力市场秩序；监管电网和油气管网设施的公平开放；监管电力调度交易，监督电力普遍服务政策的实施；承担电力等能源行政执法工作，依法查处有关违法违规行为，监督检查有关电价；承担除核安全外的电力运行安全、电力建设工程施工安全、工程质量安全的监督管理以及电力应急和可靠性管理，依法组织或参与电力生产安全事故调查处理；实施电力业务许可以及依法设定的其他行政许可；承办法律法规授权以及国家能源局交办的其他事项。

领导班子

党组书记、局长：戴俊良

党组成员、副局长：吴大明

党组成员、副局长：郭建宇

党组成员、综合处处长：张锐

组织机构 东北能源监管局内设 9 个职能处室：综合处、市场监管处、行业监管处、电力安全监管处、资质管理处、稽查处、综合监察室（机关党委）、吉林监管业务办公室、黑龙江监管业务办公室。全局编制 48 人，现有在职人员 39 人。

主要业务工作

1. 推进能源体制革命，能源发展内生动力增强

一是电力市场化建设取得新突破，电力体制改革红利释放。电力辅助服务市场成效斐然，新挖掘火电调峰潜力 300 万 kW 以上，缓解电力调峰困难局面，系统供热可靠性大幅提升，促进清洁能源消纳；牵头制定并印发东北各省（区）电力中长期交易规则，使东北成为全国首个实现能源监管机构电力中长期交易规则全覆盖的区域，全区电力直接交易电量突破 800 亿 kWh，同比增长 150%，共降低东北电力用户成本 39.8 亿元。整体来看，具有东北特色的“两类三级”区域电力市场框架已经确立，交易品种更加齐全，市场体系更加完善，各类交易均依规则开展。

二是构建“一体两翼”新格局，政府能源治理体系不断完善。建立了能源协同监管会议制度，实现能源规划、项目核准（备案）信息共享，重大能源政策充分沟通，重要监管协同开展，监管合力初步形成；推动属地监管责任落实，构建安全监管新机制。目前吉林省已经成立了能源局安全生产监督管理处，明确了电力安全生产监管责任，建立了省、市、县三级电力安全监管体系。辽宁省在电力基建安全和电力质量安全方面也初步建立省、市、县电力安全监管体系。

三是开展能源体制改革新探索，能源领域固有利益藩篱初步打破。推动增量配电业务试点工作，为龙煤集团等试点项目提供咨询服务及业务指导，受国家能源局资质中心委派，牵头组织开展《增量配电业务配电区域划分管理办法》的前期编制工作；配合各省区发展改革、物价等部门开展交易机构组建、市场管理委员会组建、输配电价成本监审，确保改革落地不走样。

2. 推进能源供给革命，东北电力运行态势改善

东北电网迎来五年来第一个没有“硬缺口”的春节，第一个没有单机供热的春节，预计供暖期风电弃风率下降 50%，核电机组运行实现“保二争三”，电力系统运行效能及可靠性提升。

一是做好冬季“三保”工作。2016 年供热期，通过火电厂最小运行方式核查工作，实施春节期间台供热机组轮停，确保了春节期间东北地区没有发生一起大面积停电或城镇热网停热事故；在 2017 年供热期前完成东北区域 21 家火电企业最小运行方式核查工作，火电厂最小运行方式覆盖的供热面积达到 7.5 亿 m^2。

二是做好煤电项目调控。落实“三个一批”政策，提出了得到地方政府和企业认可的增加 280 万 kW 的缓建调控措施意见和既兼顾地方民生供热又防范产能过剩风险的监管建议；稳步推进淘汰小火电落后产能工作，共淘汰关停 10 家煤电家企业的 29 台机组，容量 46 万 kW。

三是促进可再生能源有序发展。收集掌握可再生能源规划建设实情况，落实风电红色预警政策，严格督查预警前未开始吊装或升压站及送出线路未完成、不具备并网条件的风电项目违规并网；针对辽宁省光伏电站备案规模过高，易引发盲目建设问题，建议进一步优化光伏发电“先建先得”管理制度。

四是做好辅助服务市场。通过辅助服务市场化机制至少能够释放 300 万 kW 调峰空间，可以解决春节期间一半以上的电力缺口。

五是做好电力外送工作。开展外送通道份额分配研究，为国家能源局决策提供依据；稳妥推进鲁固直流工程建设，现已投产见效；向国家能源局争取，春节期间东北送华北“背靠背”直流电力达到 300 万 kW 满送；组织市场化送华北交易电量 210 亿 kWh。

3. 强化监管，落实国家各项能源产业政策

一是做好安全监管。做好应急预案和电力建设工程备案，推进安全标准化检查，加强安全隐患排查治理；加强组织领导和培训教育，增强电力企业安全生产红线意识和安全防护能力；以党的十九大保电等活动为抓手，加强重点时期、重点项目安全监管，共检查企业 80 余家，远超年度电力安全监管工作计划标准；应对电力突发事件，开展事故调查，严格电力安全执法，严厉查处违法违规行为。全年未发生较大及以上电力生产安全事故，东北区域电力安全生产形势继续保持稳定。

二是做好市场监管。开展 2017 年辽宁省电力调度交易与市场秩序专项监管；组织开展发电权交易 60 亿 kWh，节能减排效果显著；开展区域内电力企业价格财务和经营信息报送和火电企业成本监测工作。

三是做好行业监管。开展燃煤电厂节能减排在线监管；开展发电企业项目建设合规性审查，避免违法违规机组获得许可证。

四是做好行政许可。全年共审核电力业务许可申

请4607项，承装（修、试）电力设施许可申请9503项，许可管理更加规范；发挥年度自查报告平台作用，排查机组超期服役、特别备注事项等情况；推进超期服役机组改造、风电项目环保验收、进网作业电工许可移交等问题。

五是做好稽查工作。全年共处理投诉举报信息400余件，同比增加270%，投诉举报处理完成时间提高约30%，解决了近10万人的停电抢修问题；开展供电监管工作，全面提升东北区域供电服务质量和效率；加大行政处罚力度，对违法违规企业采取罚款、移交、责令改正及约谈等监管手段，有效震慑违法违规行为。

4. 优化服务，获得能源企业用户一致好评

一是服务能源企业，打破行业发展瓶颈。协调辽宁省相关部门和电网公司，理顺超低排放电价结算机制；促成已进入环评公示期的光伏项目办理并网手续，实现“6·30”前并网。向国家能源局反映蒙东锡林郭勒盟3家煤矿实际困难，力促东北地区电煤稳定供应；汇报华润富锦项目情况，促成黑龙江64万kW风电规模补充认定；稳妥推进风电红色预警前已具备并网条件的风电项目并网，目前已有6个项目取得发电业务许可。督促国网辽宁、吉林、蒙东电力，调整丹东金山电厂、调兵山电厂等灵活性改造机组月度计划，保障火电灵活性改造发挥实效；解决双辽电厂发电计划完成率过低问题；安排兴安热电机组开机方式。

二是服务广大用户，解决民众关心问题。解决辽、吉、黑三省负控装置收费问题，仅2017年就将为三省用户节省资金近3亿元；协调吉林省物价局出台文件不再执行新建小区配套费政策，实行市场调节价，东北区域全部取消住宅小区配套费统一收费政策；治理“低电压”用户约40万户，辽宁省基本解决现存低电压问题，吉林省和蒙东地区基本实现了村村通动力电。

【国网辽宁省电力有限公司】

企业概况 国网辽宁省电力有限公司（简称国网辽宁电力）成立于1999年，是国家电网有限公司的全资子公司，以建设运营辽宁电网为核心业务，供电营业区域14.75万km^2，供电服务人口超过4216万人。截至2017年底，资产总额930.43亿元，拥有66kV及以上输电线路51 829.27km、变电站1763座、变电容量18 594.69万kVA。2017年，完成售电量1711.81亿kWh，实现利润15.23亿元。

领导班子

董事长、党委书记：谭洪恩

总经理、党委副书记：冯凯

副总经理：董恩伏

副总经理、沈阳供电公司总经理、党委副书记：辛国良

副总经理：路俊海

副总经理：刘富家

工会主席：马曙光

副总经理、大连供电公司总经理、党委副书记：王如伟

副总经理：沈力

纪委书记：李旸

总工程师：袁骏

总会计师：赵洪伟

组织机构 本部机构设置为办公室（党委办公室）、发展策划部、党委组织部（人事董事部）、人力资源部、财务资产部、运维检修部、安全监察质量部（保卫部）、调度控制中心、运营监测中心、电力交易中心、营销部（农电工作部）、科技信息部、物资部、审计部、经济法律部、后勤工作部、离退休工作部、党建工作部（直属党委办公室、团委）、监察部、工会、对外联络部、企协分会。下设沈阳、大连、鞍山、抚顺、本溪、丹东、锦州、阜新、营口、辽阳、盘锦、铁岭、朝阳、葫芦岛等14个供电公司；下设国网辽宁服务中心、辽宁经研院、辽宁电科院、检修公司、送变电工程公司、辽宁信通公司、辽宁物资公司、辽宁管培中心、辽宁技培中心、辽宁电力建设监理公司、辽宁计量中心、辽宁建设管理中心、辽宁客户服务中心等13个技术业务支撑单位；附设其他单位9个。

电网概况 辽宁电网是东北电网的负荷中心，通过500kV蒲梨、丰徐四回线与吉林电网相联，通过科沙双回线与蒙东通辽电网相联，通过青燕、青北四回线与蒙东赤峰电网相联，通过±500kV伊穆直流直接受入蒙东呼伦贝尔地区电力，通过500kV高岭换流站与华北电网相联。

辽宁电网分为辽西、中部、辽南三大系统，负荷主要集中在中部地区，沈阳—辽阳—鞍山—营口—大连构成了辽宁电网负荷的中轴线。中部电网形成内外层双环网为核心的500kV骨干网架，内外环网间通过4回500kV线路相连，辽南电网经6回500kV线路（南瓦一、二线，瓦渤一、二线，丹程一、二线）与辽宁中部电网相联。辽西电网经5回500kV线路（董辽双回、北王线、北鹤双回线）与辽宁中部电网相联。省内220kV电网以500kV变电站为核心形成不完全独立的10个供电分区。

截至2017年底，辽宁电源装机总容量为4868.70万kW（若剔除绥中电厂3、4号机，全省发电装机容量4668.70万kW），其中：水电295.09万kW，火电3192.89万kW（若剔除绥中电厂3、4号机，火电装机容量2992.89万kW），风电710.64万kW，太阳能

222.56 万 kW，核电 447.52 万 kW。

截至 2017 年底，辽宁电网共有 500kV 换流站 2 座，换流变压器 36 台，换流变容量 1060 万 kVA；500kV 变电站 28 座，主变压器 59 组，变电容量为 5433 万 kVA；220kV 变电站（开关站）230 座，主变压器 434 台，变电容量 7613.9 万 kVA；66kV 变电站 1537 座，主变压器 2943 台，变电容量 7449.79 万 kVA。

500kV 线路 102 条（含 1 条直流），线路总长度为 8202.34km（含直流线路 192.53km）；220kV 线路 825 条，线路总长度为 18 515.55km；66kV（含 35kV）线路 2717 条，线路总长度为 35 517.94km。

人力资源 截至 2017 年末，国网辽宁电力全口径用工总量 71 587 人，同比减少 2536 人；全口径劳动生产率完成 61.73 万元/人年，同比增加 9.0%；全口径人工成本投入产出效率指数 0.56，同比提升 1.81%；人才当量密度达到 1.0522，同比增长 1.46%。

适应改革创新发展，优化组织机构和业务流程。推动机构改革试点任务，完成供电服务指挥平台和“全能型”供电所建设试点任务，推进组织模式优化试点工作，推进机构调整。

深化内部人力资源市场机制建设，全年通过内部市场完成人员配置 1744 人，员工流动实现常态化。全年招聘高校毕业生 745 人，接收安置复转军人 39 人。规范用工管理，清理规范长期不在岗职工 36 人，基于绩效考核结果执行降岗待岗 90 人，关键岗位交流轮岗 168 人。

优化工资总额分配机制，调控公司本部、省级业务支撑单位和偏远地区单位收入水平增幅。规范本部各部门和所属单位正职负责人薪酬水平，深化岗位绩效工资制度建设，薪酬分配与绩效结果挂钩力度加大。出台急难险重任务奖励实施方案，激励广大干部员工勇于担当、履职尽责。在省、市两个层面全面推广职员职级序列建设，拓展员工职业发展空间。

加强企业负责人业绩考核，各单位绩效管理制度体系持续完善。在本部建立企业负责人业绩考核评价机制，实现业绩考核结果与员工绩效结果联动。

创新全员培训模式，年度培训人天数同比增长 28.78%，网络培训同比增长 3.7 倍。加快专家人才培养，推荐辽宁省第七批专家人选 12 人，当选辽宁省“百千万人才工程”人选 9 人、首批“辽宁工匠” 3 人，新增中央企业技术能手 1 人，引进博士后工作站高层次人才 1 人。

电网建设与发展 全年累计完成建设投资 58.61 亿元，投产 66kV 及以上输变电工程 83 项，线路长度 1335.68km，变电容量 671 万 kVA；开工 66kV 及以上输变电工程 144 项，线路长度 2033.86km，变电容量 686.15 万 kVA。其中，500kV 红沿河—南关岭线路工程提前投产，500kV 程渤甲乙线、黄海扩建、220kV 本溪中电投热电厂送出、火渤铁路供电工程等一批重点项目按期建成投产，500kV 宽邦、阜新等输变电工程建设稳步推进，220kV 京沈客专供电工程完成 3 座牵引站送电，满足铁路用电要求。

500kV 利州变电站新建工程荣获国家“鲁班奖”。丹东 66kV 北山变电站、大连 220kV 岫庄线 Ⅱ 入黄海变工程获得国家电网公司创优示范工程。500kV 鹤乡变电站获得国家电网优秀设计一等奖。参加国家电网公司质量技能竞赛获得电缆专业二等奖。

经营管理 国网辽宁电力与国网能源院、国网高培中心、沈阳铁路局、沈阳工程学院及朝阳、阜新市政府签订战略合作框架协议，为国网辽宁电力和电网发展营造良好外部环境。落实瘦身健体提质增效 171 条措施，完成“三降一去”等监事会重点整改任务。完成 35 户“僵尸”企业清理处置，33 户亏损企业实现扭亏为盈。争取外受低价电量、提高核电市场化比例，节约购电成本 2.91 亿元。完善辽宁省清洁供暖电价机制，配合制定居民电采暖峰谷分时电价政策。实行“一市一行一户”电费账户管控模式，账户压降率 60%。深挖内部资金潜力，归集集体企业资金 28.9 亿元。开展资产清查“回头看”，账卡物相符率提升至 99.71%。持续推进在建工程清理，累计压降在建工程余额 158.7 亿元。推动“两金”压降工作，压降三年以上债务 2.07 亿元。开展业财融合专项治理，落实 161 项问题解决措施。物料主数据库上线运行，标准物料库使用率 100%。开展清仓利库专项行动，处置金额 7719.11 万元，同比增长 103%。优化党建、审计、培训、集体企业平台等机构设置和人员配置，完善薪酬分配机制建设，强化绩效管理，推进职员职级序列建设。建立全方位运营指标及业务监测体系，推进运营分析与辅助决策平台建设。实施同业对标“135 工程”，获国家电网“业绩标杆”和“综合进步标杆”“管理进步标杆”，沈阳、大连供电公司获国家电网“业绩进步标杆”，2 项成果入选国家电网对标典型经验库。卓越绩效体系应用实现全覆盖，9 项成果荣获国家电网卓越绩效典型案例奖。

安全生产 贯彻国家电网安全生产工作部署，推进本质安全建设，开展安全生产大检查和作业现场反违章专项行动。强化现场安全管控，发挥各级安全稽查作用，查处各类违章 9560 起。深化基建队伍改革，规范分包队伍管控，将 226 家单位纳入“安全负面清单”。加强电网运行控制和设备运维，发布风险预警 1340 项，处理重大缺陷隐患 44 起。智能运检管控中心投入运行。完成迎峰度夏（冬）和春秋检任务，完成21座220kV变电站综合大检修和高岭、穆家换流站年度检修，消除输电线路“三跨”隐患82处。完成达沃斯论坛等重大保电任务。加强应急管理，开展辽宁省大面积停电事件社会联合应急演练。应对“8·3”暴雨洪灾，以最短时间恢复受灾地区供电。全年未发生人身、信息及造成重大影响的安全事件，电网设备事件同比下降11.7%，杜绝五级及以上电网、设备事故，被国务院安委会评为全国安全生产万里行先进单位。

营销工作 售电量完成1711.81亿kWh，同比增长5.46%；业扩新装、增容1423.15万kVA，净增容量923.65万kVA，同比增长41.13%；电能替代电量完成56.93亿kWh，占售电量的3.33%；发行电费1077.96亿元，当年电费回收率完成99.98%；可比口径售电均价完成599.51元/MWh；安装智能电能表82.2万只，实现信息采集81.2万只，采集成功率99.42%；供用电合同签约率100%；营销服务承诺兑现率、回访满意率均为100%，没有发生有社会影响的供电事故。

完善预警机制，实施“一户一策”和“一类一策”全覆盖动态管理，严控电费回收风险。坚持实行购电制，预购电余额82.88亿元，占月均应收电费92%，2017年以前居民陈欠电费全部结零。促成辽宁省政府出台《关于加快推进电化辽宁工作方案》，完成电能替代重点项目959个，替代电量56.93亿kWh，同比提高15.38%。实施“煤改电”改造工程657项，供暖面积555.56万m^2，完成替代电量2亿kWh。

开展电力直接交易，组织首批87户市场化零售客户电费结算，完成686户、542亿kWh直接交易电量，减少企业用电成本21亿元。

推进电费抄核收一体化，沈阳、大连、本溪、营口供电公司上线智能化核算业务，全省自动化抄表应用率达到99%以上，电子化催费率超过70%。

推进“全能型”乡镇供电所建设。全省供电所100%实现营配业务融合，配备台区经理、综合柜员等复合型岗位，实现“全能型”乡镇供电所全覆盖。

印发《关于推进供电服务指挥中心建设的通知》，试点单位沈阳、大连供电公司完成机构组建、岗位配置和场所安排，整合营销工作质量管控、95598非抢修工单接派、现场稽查、线上电子渠道运营等工作。

科技与信息化 获批国家级项目3项（牵头2项），在研国家级项目达到5项（牵头4项）；获批国家电网公司科技项目25项（牵头7项），在研国家电网公司科技项目56项（牵头15项）。落实“双创”要求，完成首批10支公司级科技攻关团队和5个公司级实验室遴选命名；推动科技成果转化，依托国家电网首个省级电网科技成果孵化转化中心，建成省级科技成果孵化转化管理信息平台，全年完成11项科技成果孵化转化及产业化工作；科技人才培养取得成效，2人次荣获“中国电力优秀科技工作者”和“辽宁杰出科技工作者”荣誉称号；18人次获批国网技术标准工作组委员。

与东北电力大学主导完成的“大规模风电联网高效规划与脱网防御关键技术及应用”荣获2017年度国家科技进步二等奖；获得省部级科技奖励32项，其中国家电网公司科技奖11项（包括特等奖1项、一等奖1项）、中国电力科技奖5项（其中包括一等奖1项、二等奖2项）、省政府科技奖12项（其中包括一等奖1项、二等奖6项）、中国自动化学会科技奖（1项一等奖）和中国电子学会科技奖3项（其中二等奖1项）。

国网辽宁电力完成88项信息化项目建设任务，国家能源局“互联网＋”智慧能源（能源互联网）示范项目获批。构建供电服务指挥平台，建成全业务统一数据中心分析域，完成41套系统数据接入及12个场景建设，构建传统架构与新型互联网架构并存的“双态”IT环境，建成一体化“国网云”平台。未发生重大网络安全和信息通信事件，发现并整改网络安全漏洞隐患1041项。获得国家电网公司新技术安全研究流动红旗，被评为“信息化企业”，列入工信部两化融合管理体系贯标试点和两化融合创新型企业。2项信息化成果荣获国家电网公司第三届青创赛金奖。

优质服务 强化变更类业务流程精简，报装环节压减50%。建立业扩工程挂牌督办机制，开展业扩提速压结存活动，业扩结存容量压降30%。A/B级营业厅增设合同签订座席，主业合同实现了一站式签订，明显改善客户办电体验。开展业扩工程规范性管理协同监督，严查“三指定”行为。主动承担社会责任，分布式电源并网新增6685个合计24.58万kW；完成国家光伏扶贫项目接网总容量1.53万kW，惠及7116户贫困户。

重视省营商环境监督局、东北能源监管局、民心网等政府和社会渠道反馈的供电服务问题，转办件办结率100%。推行客户经理全过程跟踪服务，促成恒力石化、忠旺铝业等重大项目尽早落地；配合政府对574户违法违规企业实施停限电。服务“放管服”改革大局，执行取消城市附加费和降低一般工商业、大工业销售电价政策，降低企业用电成本16亿元。

强化典型投诉督办，客户投诉同比下降4.26%。省客户服务中心通过客户回访、营业厅视频监控等方式全方位分析供电服务短板，完善闭环管理机制，提升95598协同运营效率。参加国家电网公司第六届供电“服务之星”暨营销专业“班组微讲堂”劳动竞赛，荣获团体三等奖，辽阳供电公司田密密荣获“十佳服务之星”称号。营口、盘锦、葫芦岛供电公司荣获“供电服务明星单位”称号。

制定客户侧保电方案，提供业务指导和技术服务，全年执行重大保电任务178次，完成党的十九大、达沃斯论坛等保供电工作。

党的建设和精神文明建设 以“强基础、抓攻坚、管长远”为年度主题，制定实施“旗帜领航·三年登高”计划，构建“六位一体”新格局和从严治党“六大工作体系”，提升专业管理和价值创造能力，党建工作扎实开展，“六个力量”作用有效发挥。

贯彻供给侧结构性改革、振兴东北老工业基地等重大战略部署，统筹推进电网与经济、电网与新能源之间协调发展。细化全面从严治党80项年度重点，分解三年登高计划25项特色任务。修订《党委议事规则》，完善党建例会机制，召开35次党委（组）会研讨“党建纳入公司章程”等235项重要议题。健全考评体系，强化述职评议，实现大党建责任考评全覆盖，以任务项目化、项目责任化推动全面从严治党落地生根。

围绕“东北站排头，国网争先进”目标，确立“强基础、抓攻坚、管长远”主题，引领发展方向。开展“献礼党的十九大 责任央企作表率”主题活动，召开“老、中、青三代党务工作者谈党建”“青年党员代表议发展”等专题座谈会。以“砥砺奋进，党旗飘扬”为主题，开展纪念建党96周年“七个一”系列活动。评选表彰第五届“十佳道德模范”，开展“德耀辽电”系列宣传。创建“辽电精神家园”，实施卓越文化“深耕”工程，加强青工“政治·价值”双引领，推进职工心理关爱和文化养老。3个单位荣获全国文明单位称号，5个县公司保留国家电网公司文明单位称号，4个直属单位、7个县公司荣获第六届国家电网公司文明单位称号。

以“1＋2”配套方案推进“两学一做”学习教育常态化制度化，完成10次中心组集中学习、6次专题研讨，编印《示范之路》《党旗之魂》等5部“两学一做”系列丛书。学习习近平新时代中国特色社会主义思想和党的十九大精神，开展中心组学习研讨200余次，集中宣讲628场、辅导报告会90场、专题培训110期。大连培训中心被确定为国网党校分校。深化“电网先锋讲坛”建设，开展支部书记、青年党员党课竞赛。

召开第一次党代会，完成党组改设党委工作。完成近3万名党员组织关系上划工作，实现全系统党员垂直管理。动态调整基层党组织换届台账，652个基层党组织做到年内应换必换，完成率100%。开展“基层党支部建设年”活动，抓基层、打基础、强化基本功，不断深化党建登高实践，典型经验在辽宁省国资委系统全面推广，69家省（中）直企业赴国网辽宁电力观摩学习。召开“转变作风、服务群众”专题组织生活会，推进党内政治生活制度化、规范化。

坚持党建带团建“双轮驱动”，开展“育才、引领、创新、对标”青春建功四大工程。探索建设以“发展通道、成长路径、人才地图”为核心的“青年人才培养模型”。设计青工“学习引导计划”“实践行动计划”“精英培养计划”三项平台，稳步推进“辽电青年人才培养体系”建设工作。坚持“多元化、身边化”原则，以道德、技能、精神为标准，持续开展“三亮工程”（团委亮标准、支部亮考核、团员亮业绩）岗位建功行动。深化“青年科技促进费”，组建“青创之星”顾问团，建设“青创空间”。开展“团青量化工程”，推进共青团工作标准化、系统化、项目化建设。团委被评为“辽宁省五四红旗团委”，并被确定为辽宁省“基础团务示范单位”，在国家电网公司青年创新创意大赛中获2金2铜。

（杨　明　赵永华）

【国网吉林省电力有限公司】

企业概况 国网吉林省电力有限公司（简称国网吉林电力）是以经营、管理、建设电网为主营业务的国家大一型企业，是国家电网公司全资子公司，对所属企业和单位的国有资产承担保值增值责任，依法对省内及相关电网实施调度管理，承担着保障安全、经济、清洁、可持续的电力供应的使命。供电营业面积18.74万km^2，拥有供电客户1392万户，供电服务人口2733万人。本部设置职能部门22个，省公司层面业务支撑和实施机构8家，地市供电公司9家，县公司49家。截至2017年末资产总额517.69亿元，用工总量36 547人。全年完成固定资产投资91.43亿元，同比增长33.30%；售电量556.07亿kWh，同比增长6.51%；当年电费回收率100%，连续实现第12个安全年。

领导班子

董事长、党委书记：王金行

董事、总经理、党委副书记：蔡敬东

副总经理、党委委员：马明焕

党委委员、纪委书记：张成军

副总经理、党委委员、工会主席：周艾辉

副总经理、党委委员，国网长春供电公司总经理、党委副书记：李国辉

副总经理、党委委员：吴越

副总经理、党委委员：孙文胜

副总经理、党委委员：鲁海威

总工程师：李大勇

总会计师：牛殿峰

电网概况 吉林电网位于东北电网的中部，北联黑龙江电网，南接辽宁电网，西临内蒙古东部电网，在满足全省电力供应的同时，还是东北电网北电南送的重要通道。截至2017年末，吉林省电网共有500kV线路3284.91km；500kV变电站13座，变电容量2196.5万kVA。220kV线路11 554.63km；220kV变电站84座，变电容量2277.6万kVA。66kV线路20 869.89km；66kV变电站971座，变电容量2462.41万kVA。目前，已形成全省500kV“井”字形骨干网架、各地区220kV环网结构的坚强吉林电网，并分别与辽宁、黑龙江、蒙东电网相联，电力交换能力和资源优化配置能力显著提高，电网供电能力和运行可靠性明显增强。

吉林省电源分布特点是水电主要分布在东部，西部以风电为主，火电以城市热电联产机组为主。2017年末吉林省全口径装机容量2864.21万kW，其中：水电380.40万kW，占13.29%；火电1819.89万kW（其中热电1301.14万kW），占63.54%；风电504.68万kW，占17.62%；太阳能159.23万kW，占5.56%。

人力资源 坚持正确用人导向，强化人才选拔培养，加大干部锻炼交流，深化全员教育培训，增强队伍能力素质。应届高校毕业生98%以上充实到生产经营一线岗位，优化基层员工学历结构。完善企业负责人业绩考核体系，修订公司企业负责人业绩考核管理实施细则，细化减项指标考核内容，拓宽专业考核范围，减项指标由308项增加至335项，专业考核由1647项增加至1851项。夯实全员绩效管理，修订完善公司绩效管理实施细则，进一步优化全员绩效管理体系。完成国家电网公司全员绩效系统实用化评价验收和年度全员绩效工作评价。印发国家电网公司《绩效经理人手册》《全员绩效管理宣贯手册》，培训覆盖率实现100%。加大教育培训力度，举办各级各类培训班2242期，全员培训率达到94.33%，4人当选吉林省第六批拔尖创新人才，1人当选吉林省优秀农技工，“吉电师傅”获吉林省农技工品牌。严把员工入口关，妥善接收安置复转军人，择优招聘高校毕业生456人。加大职工工资总额、企业负责人收入与企业人均售电量、人均利润、人均成本等效率效益指标的挂钩力度。持续深化福利项目全过程管控平台推广应用工作，逐步形成福利计划、费用管控、财务结果一体化管理。在国家电网公司《电力安全工作规程》专业调考中取得第四名；在中电联组织的首届电力行业青年培训师教学技能竞赛中获得国家电网公司第十一名，团体三等奖、优秀组织奖，2人获三等奖同时荣获“电力行业优秀技术能手”称号；招标投标法律法规专业调考获国家电网公司优秀组织奖。截至2017年底，共有全民所有制在职职工24 291人，其中具有大学专科及以上人员19 240人；中级及以上专业技术资格人员6398人，高级工及以上职业资格人员10 594人。

电网建设与发展 促成110名全国政协委员联名提交东北交流特高压提案，并取得国家能源局答复函，完成“十三五”电网规划滚动调整。与省政府相关部门协调沟通，将电网规划项目全部纳入省电力发展规划、土地利用总体规划等政府专项规划，其中500kV项目全部纳入国家电力发展“十三五”规划。编制90个各类园区电网规划，并纳入地方能源主管部门主导的配电网规划。加快推进电网项目前期工作，取得吉林省发展改革委关于敦化抽水蓄能500kV送出工程核准批复，取得49项2018年新开工220kV及以下项目核准（审批）批复，完成新建洋浦变电站等131项220kV及以下电网项目可研评审和批复。完成电网建设任务，完成电网建设投资79.90亿元，投产输电线路879.64km，变电容量179.91万kVA。500kV扎鲁特—向阳—甜水线路及向阳变电站新建工程提前7个月建成，形成吉林电网第二个500kV外送通道。吉林—扎鲁特四回电力外送通道全面建成投运，提高吉林电网清洁能源外送能力，为扎鲁特—青州特高压直流工程按期开展大负荷调试和大功率运行奠定基础，目前已外送电量3.6亿kWh。500kV扎昌线及昌盛、龙凤、茂胜变电站进入调试、验收阶段。长白铁路配套工程8个牵引站按期投产。县级通信网络全面建成。促成省政府拨付11亿元用于“井井通电”低压工程建设，完成9.3万眼机井通电、609个小城镇（中心村）电网改造升级，实现2141个自然村通动力电。落实扶贫攻坚战略，建成投运白城炭窑村光伏扶贫电站，完成白山边防部队哨所电网建设。施工监理设计单位市场竞争能力增强，2017年送变电公司中标总额18.25亿元。

经营管理 智能交费已达到1362万户，占99.48%。月末电费余额达到22.24亿元，每年减少财务费用1.05亿元。加快同期线损系统建设，提高线损管控能力。2017年，综合线损率完成7.49%，同比下降0.05个百分点，农电县公司综合线损率同比下降0.18个百分点；持续压降中低压线损率，加强对高损台区的监控、治理，台区线损合格率提高至93.1%。降低线损增效2.24亿元，远程停复电降低成本0.52亿元。传统的抄收催停人员中有60%（6634人）向全能型转变，20%（2212人）转至非营销岗位，减少社会用工成本约1亿元。2017年3月国家电网公司在延边召开智能交费现场会，国网吉林电力经验在会上进行交流，并在国家电网公司年中会上作典型发言，在年终企业负责人业绩考核中，国家电网公司将智能交费作为效益提升特殊贡献奖给予加分奖励。2017年可控费用完成23.94亿元，资产运维费用水平显著提升。通过争取稳岗补贴、环保电价缺口补偿款增收0.6亿元。完成电能替代电量22.53亿kWh，占售电量4%。推动省政府出台大用户新增用电每度电补贴0.12元政策，交易电量完成83.06亿kWh（占售电量的14.92%），拉动售电量增长15亿kWh。外送电量完成57.97亿kWh，收益同比增加0.21亿元。电费连续11年实现“双结零”。全年完成采购64.93亿元，节资3.91亿元。供电营配调贯通一致率达到96.74%，农电完成全部设备数据采录。

2017年首次实现扭亏为盈。全口径劳动生产率38.58万元/人年，同比增长1.23%。

安全生产 贯彻国家电网公司安全生产各项部署，开展安全生产大检查和问题清单专项梳理，本质安全水平进一步提升。面对电网结构重大变化和风电消纳严峻形势，优化电网运行方式。完成配网“两排查一整治”专项行动和电网资产实物“ID”编码试点建设任务。在国家电网公司安规调考中取得第四名，1人获“优秀个人”称号。资产全寿命周期管理体系建设通过国家电网公司“领先型”评审。69%的66kV及以上隔离开关实现调控远方操作。落实迎峰度夏、抢险救灾等措施，严格“三人三岗”值班，应对吉林、延边强降雨、松原大风极端天气和地震灾害。赴北京保电团队完成十九大专项保电任务。电力高层消防安全隐患得到解决。信息、交通、消防、通信、安保等各项安全工作均保持平稳态势，实现连续第12个安全年。

营销工作 售电量完成556.07亿kWh，同比增长6.51%；市场占有率完成93.97%，同比提高1.88%；售电平均单价完成645.89元/MWh，可比口径提高2.46元/MWh；营业外增收完成1735万元，完成年计划的166.19%；客户满意率完成99.57%，蝉联吉林省消费者满意单位称号。推进营配贯通建设，完成1290万户的数据采录并实现关系准确对应。召开营销集约化管理现场会，总结推广延边经验，费控用户达到99.48%，基本实现了全费控目标。

业扩全流程实时管控平台上线运行，对5个跨专业流程、45个协同环节实施线上流转与实时监控；开展业扩结存专项治理，业扩报装“五个时限”实现“零超时”，高压业扩报装接电时间平均缩短3.9个工作日，增加售电量3.29亿kWh。与通化钢铁集团等99户企业开展直购电交易，新增各类电采暖用户6594户，增加供暖面积545万m^2，年使用电量1.49亿kWh。

贯彻落实国家电网公司电能替代工作的部署和要求，重视电能替代工作，在支持政策、替代领域、工作机制体制创新等方面发力。一是紧抓政策机遇，促请政府出台支持政策，推动电能替代工作。促请政府出台《推进电能清洁供暖实施意见》《调整电能清洁供暖电价政策》等文件，实现了对电采暖建设方23～30元/m^2的补贴落地；落实了蓄热式电锅炉谷段由7h延长至10h以及允许符合条件的电能清洁供暖用户参与电力市场等政策，累计推广电能替代增加电量23亿kWh，拉动售电量增长4.16个百分点。二是打造电能清洁供暖“十百万”示范工程，推动电能清洁供暖示范工程落地。通过成立电能替代领导小组、召开“电能清洁供暖现场会”、建立新能源展示厅、成立新能源管理机构、开辟电能替代“绿色通道”、搭建电采暖推介平台等方式多措并举，促成127个单体面积超过5000m^2的电能清洁供暖项目落地。三是科学编制电能替代规划，助力电能替代发展。开展吉林省各行业耗煤情况和交通领域专项调查，摸清了“煤改电”和“油改电”领域的电能替代潜力。结合吉林省大气污染“十三五”规划和吉林电网“十三五”规划，滚动修订了《电能替代2018～2020年规划》。四是加强技术创新，为实施电能替代提供有力支撑。研发“智能负载调配器”，实现家庭用电与电采暖负荷错峰运行，解决局部电网供电容量不足和电力工程费用较高等制约着电采暖产业快速发展的问题。开发基于BP神经网络算法的电供暖经济效益分析模型，建立“电采暖经济运行典型方案推荐平台”，分析预测电采暖初投资费用和运行费用，为客户优先选择电采暖提供增值服务。五是深化开展“电网连万家、共享电气化”主题活动。编制下发了《2017年电能替代行动计划》《关于深化“电网连万家、共享电气化”主题活动的通知》等系列文件，保证主题活动有序开展。联合地方家电卖场和品牌经销商，合作开展“买电器、送电费、送积分”活动，向居民推广使用节能家电产品，拓展电能替代应用领域。综合运用营业窗口、报刊、广播、电视、网络、微信平台以及户外广告等传播媒介，推介电能替代，在省级以上媒体发表电能替代宣传报道110篇。

能效服务工作实现新跨越。通过能效服务的全面实施，2017年完成节约电量17 074.9万kWh，超额完成能源局核准指标15 663万kWh，完成比为109%；完成节约电力5.29万kW，完成年度核准指标3.04万kW的174%。

科技与信息化 科技创新成果丰硕，参与完成的“大规模风电联网高效规划与脱网防御关键技术及应用”项目获得国家科技进步二等奖，获得吉林省科技进步一等奖1项、二等奖6项、三等奖5项，国家电网公司科技进步三等奖2项，科技奖119项，其中科技进步奖成果81项、技术标准创新贡献奖成果4项、专利奖成果34项；申请专利108项，其中申请发明专利81项；获得专利授权56项，其中发明专利授权23项。

信息系统建设任务全面完成。启动全业务统一数据中心分析域建设，初步实现数据统一汇聚和整合。发布“输配电价标准作业成本分析”“公配台区电压大数据分析”典型应用场景，项目建设经验入选国家电网公司工作动态。开展电网资产统一身份编码信息化建设。ERP集中部署推广实施扎实推进。完成配网运维管控二期建设任务，系统上线试运行。统筹推进县公司“子改分”信息系统适应性调整，建设供电所综合业务监控平台。“营销远程实时费控应用”获得国家电网公司信息化建设实施优质项目。“智能缴费新模式创新研究与实践”获得信通新技术创新发展行动计划优秀成果二等奖。在国家电网公司第三届青创赛中获得一金一铜。

信息运行管理水平不断提升。落实本质安全行动计划，推广使用运维安全审计平台，实现运维操作过程可视可控。组建应急基干队伍，举办网络与信息系统无脚本应急演练现场观摩会。完成党的十九大、全国“两会”、延边智能交费现场会等重要会议期间网络与信息运行保障任务。开展“3·15”信通客服优质服务行动，实现全省“186”客服热线号码统一简化，打造“信畅通、心相通”服务新品牌。

网络安全管理全面加强。启动“2017年网络安全宣传年”专题活动，全方位、立体式开展宣传和培训。开展等级保护“回头看”，完成4套三级系统等级保护测评及公安机关报备信息更新。新增网络安全管理人员到岗到位。完成各层级网络安全责任书签订。开展关键信息基础设施网络安全专项提升行动计划，部署网络安全风险监控预警平台，启动集中防病毒云平台试点建设。处置比特币勒索病毒事件。2名员工入选国家电网公司网络安全红队。全年共发现国家电网公司认定的信息安全首发漏洞25个，获评网络安全特色督查3项、典型经验2项，督导漏洞隐患消缺287个。获评国家电网公司网络安全“零泄露、零篡改、零入侵、零漏洞”（四个零）优秀工作单位。

优质服务 开展供电服务提升“五进”活动，实施大客户经理制和台区经理制。高压业扩接电时间缩短3.6个工作日，业扩结存容量占比压降20.67个百分点。超额完成2017年“多表合一”信息采集建设任务。促成省能源局出台文件，进一步规范分布式光伏并网管理。新增集中式和分布式光伏并网分别达到56.8万kW和48.8万kW。组织风电参与跨区外送、大用户直供电及外送现货交易，风电市场化交易电量占比达到18.78%。2017年，风电、太阳能消纳同比分别增长29.79%和278.83%，弃风率同比下降10个百分点，超额完成国家电网公司“双降”任务。

依法治企 开展问题清单梳理及整改，梳理问题990项，整改533项，超计划完成整改任务。组建审计中心，完善“上审下”机制。完成各类审计项目2067项，增收节支0.8亿元。完成审计署、国家电网公司关于国家重大政策贯彻落实、物资及招投标迎审工作。与英大人寿公司签署战略合作协议。坚持决策前法律诊断把关和风险评估工作机制，修订完善公司党委、总经理办公会议事规则，召开党委（组）会、总经理办公会54次，研究讨论“三重一大”事项159项，做到依法、民主、科学决策。

党的建设和精神文明建设 把学习贯彻党的十九大精神作为首要政治任务。突出全面从严治党，推行党建与业务工作“五同时”，将主体责任落到实处。完成公司党组改党委工作，健全完善党建工作机构设置，将党建工作要求写入公司和各级子公司章程。实施“五大工程”，落实三年登高计划，53个党支部围绕20个项目 开展“专业＋一线”党支部联建活动。建成党建云平台，党建成果展示厅和党性提升教育展室成为党员教育培训的有效阵地。完成国家电网公司党组巡视配合工作，处置立行立改问题109项，制定整改措施295条。以“六步工作法”、作风建设“四个清单”、行风“三维评价”、市县纪检监察业务“六统一”管理等特色工作为载体，落实“两个责任”。在国家电网系统率先制定诉求服务管理办法。职工十大关爱工程取得新成效，班组建设实现“3个100”，累计完成301个旱厕改造和552个班组配餐室标准化建设。在中央主要媒体发稿130篇；105条信息在国家电网系统刊发交流，7次被转报至中办、国办。5个班组被评为全国工人先锋号，1个集体被评为全国五四红旗团委。1项成果获全国企业管理现代化创新成果二等奖。董事长王金行、长春周凯峰、吉林姜秀哲、电科院列剑平4人被评为劳动模范，四平据永安被评为国网工匠，8个班组被评为工人先锋号，7人被评为优秀班组长，56个班组被评为先进班组。1项成果获国家电网公司QC小组活动成果一等奖。

主要事件

1月1日零时，36座66kV并网电厂正式由国网吉林电力调控中心移交至地市公司调度管辖。

2月24日，第十四届“感动吉林”颁奖典礼在吉林省图书馆报告厅拉开帷幕，国网通化供电公司员工初建美获评第十四届“感动吉林”2016年度人物。

3月14日，在吉林省2017年“3·15”国际消费者权益日纪念大会上，国网吉林电力被省消费者协会授予2016年度吉林省消费者满意单位荣誉。

3月17日下午，国网吉林电力与吉林油田签订《供电业务分离移交协议》，标志着国网吉林电力“三供一业”供电分离工作进入实操阶段，也标志着吉林油田配售一体供电公司不再成立，省内用电市场进一步巩固。

3月29日，国家电网公司智能交费业务推广经验交流现场会在延边召开。国家电网公司副总经理韩君出席会议并讲话，国家电网公司副总工程师苏胜新主持会议，国网营销部主任姜雪明出席会议。国网吉林电力总经理王金行代表国网吉林电力在会上做经验介绍。

4月25日，国家电网公司总经理、党组副书记寇伟到国网吉林电力调研，肯定公司在各项工作中取得的工作成绩，要求国网吉林电力认真贯彻国家电网公司二季度工作会议精神，在已取得成绩基础上，锐意进取、攻坚克难，推动各项工作再上新台阶，为全面建成“一强三优”现代公司、更好地服务吉林省经济社会发展作出新的更大贡献。

5月5日，吉林省电力市场管理委员会成立大会暨第一次会议在长春南湖宾馆召开。吉林省电力市场管理委员会正式成立，由此标志着吉林省贯彻落实中发9号文件和改革配套文件的重要举措落地，电力市场建设迈出了重要一步。

6月6～9日，新华社、人民日报、吉林日报等多家媒体，走进藏中联网工程吉林包段，现场体验高原电网建设的艰苦条件，感受电网员工在高原工作的艰辛。

7月7日，国网吉林电力完成2017年第一批共17家售电公司的电力交易市场成员注册申请受理及信息公示工作。

7月27～28日，中国共产党国网吉林省电力有限公司第一次代表大会在长春胜利召开。大会选举王金行等9人为中国共产党国网吉林省电力有限公司第一届委员会委员。选举张成军等7人为中国共产党国网吉林省电力有限公司纪律检查委员会委员。

9月15日，国家电网公司下发2017年度营销专业网络与信息安全调考情况通报，国网吉林电力营销部颜佳在参加调考的90名选手中个人成绩排名第一，创国网吉林电力营销专业历年参加国家电网调考个人最好成绩。

9月29～30日，国家电网公司党组副书记、副总经理辛保安到国网吉林电力调研。辛保安对国网吉林电力近年来取得的丰硕成果表示充分肯定，要求公司站在新的历史起点上，旗帜领航促发展，砥砺奋进做贡献，团结拼搏，真抓实干，攻坚克难，勇攀高峰，以优异成绩向党的十九大献礼，为国家电网公司做强做优做大作出新的更大贡献。

10月26日，国网吉林电力在北京召开十九大专项保障工作总结大会，国网吉林电力董事长王金行赴十九大保电一线，实地慰问国网吉林电力在北京执行供电保障任务的干部员工。

12月15日，吉林—扎鲁特配套工程投运，吉林省人民政府发来贺信，并向参与工程建设的全体工作人员表示慰问。

（李青春）

【国网黑龙江省电力有限公司】

企业概况 国网黑龙江省电力有限公司（简称国网黑龙江电力）是国家电网公司全资子公司、特大型国有骨干企业。资产总额637.8亿元，供电面积47万km^2，各类用电客户1659万户。直接管理单位26个，其中地（市）供电公司13个，直属单位13个。代管农电企业131个。2017年，售电量723.09亿kWh，同比增长3.3%；净南送电量30.9亿kWh，同比增长3.7%；电网投资完成96.8亿元，同比增长37.8%。

领导班子

总经理、党组副书记、党组成员：丁　扬（至2017年9月）

党组书记、副总经理、党组成员：李永莱（至2017年9月）

董事、董事长、党组书记、党组成员：李永莱（2017年9月任）

董事、总经理、党组副书记、党组成员：胡卫东（2017年9月任）

党组成员、工会主席：吴德义

副总经理、党委委员、工会主席：吴德义（2017年12月任）

副总经理、党组成员：李运灵

副总经理、党组成员：张满洲

副总经理、党组成员：许传辉

副总经理、党组成员：李长林

党组成员、纪检组长：陈晓东

副总经理、党组成员：王志伟

副总经理、党组成员，国网哈尔滨供电公司总经理、党委副书记、党委委员：王志伟（2017年12月任）

党组成员，国网哈尔滨供电公司总经理、党委副书记、党委委员：朱玉库

副总经理、党委委员：朱玉库（2017年12月任）

总会计师：梅仉和

总工程师：纪会争（2017年7月任）

11月10日起，国网黑龙江省电力有限公司党组改为国网黑龙江省电力有限公司党委，党组书记、党组成员改为党委书记、党委委员，党组副书记、党组成员改为党委副书记、党委委员，纪检组长改为纪委书记，其他党组成员均改为党委委员。

组织机构 本部职能部门：办公室、发展策划部、财务资产部、安全监察质量部（保卫部）、运维检修部、营销部、科技信通部（智能电网办公室）、建设部、物资部（招投标管理中心）、对外联络部（品牌建设中心）、审计部、经济法律部（体改办）、人事董事部、人力资源部（社保中心）、离退休工作部、后勤工作部、党建工作部（直属党委办公室、团委）、监察部（纪委办公室）、电力调度控制中心、运营监测（控）中心、电力交易中心、工会、企协分会。直接管理单位 26 个，其中地（市）级供电企业 13 个。

电网概况 黑龙江电网位于东北电网最北部，南部通过吉林、黑龙江省间 4 回 500kV 线路与吉林电网相联，西部通过 500kV 伊冯甲、乙线与蒙东电网相联，北部通过 500kV 阿黑线和黑河换流站与俄罗斯阿穆尔州电网直流背靠背互联。

截至 2017 年末，黑龙江电网共有 500kV 站 17 座，运行容量为 16 666.0MVA；220kV 系统变电所 136 座，运行容量为 30 309.0MVA；500kV 线路 40 条，线路总长度为 5577.95km；220kV 线路 392 条，线路总长度为 14 528.8km。并网运行电厂 357 座，总装机容量为 29 558.68MW，其中火电厂 167 座，装机容量为 22 051.4MW，占比 74.6%；水电厂 70 座，装机容量为 1033.98MW，占比 3.5%；风电场 75 座，装机容量为 5715MW，占比 19.33%；光伏电站 45 座，装机容量为 758.3MWp，占比 2.57%。大容量火电厂主要分布在中、西部负荷集中区和东部的煤矿坑口地区，风电场主要集中在东部地区及大庆地区。

人力资源 用工总量 62 484 人，职工劳动生产率 38.1 万元/人·年，全口径人事费用率 11.81%，人才当量密度 1.0232，教育培训投入 5500 万元，全员培训率 95.12%。

完善党建机构设置，组建公司层面审计中心，组建哈尔滨新区供电公司，优化继电保护机构设置，探索运维检修等专业资源共享的市场化劳动组织模式。完成供电服务指挥平台试点，推进业务末端融合。建设全能型乡镇供电所，乡镇供电所净减 135 个，压减率 11.4%。

清退不在岗人员，择优招录高校毕业生 327 人，用工总量减少 1768 人。宣贯人力资源市场十项通用制度，规范业务外包管理，盘活人力资源存量，优化配置 2703 人。选派 15 人完成对藏和东西帮扶，1 个单位和 2 名员工分别获得国家电网公司对藏帮扶先进单位和先进个人荣誉称号。

下发薪档动态调整积分管理办法，制定业绩考核提升方案，签订两级业绩考核责任书，按月发布业绩考核看板。完善绩效考核实施细则，开展管理机关“目标任务制”、一线员工“工作积分制”考核。推进福利项目管控平台应用，加强属地住房公积金及福利管理，滚动修编福利项目标准，完成住房公积金缴存标准调整报备。

完成教育培训专项计划投入，脱产培训各级各类人员 48.8 万人天，直管单位消除“三无”人员。修订完成国家电网公司营销专业 7 个技能类岗位题库，网络大学 36 个开发项目入选国家电网公司“三优”评选。撤销 13 家地市公司级培训分中心，完成公司级培训单位年度成本压降任务。加大一线技能专家参与职业技能鉴定评审的比例，通过中电联职鉴站评估检查。新增享受省政府特殊津贴人员 6 人、龙江技术能手和大工匠 4 人，专业技术资格评定通过 1413 人，正高级工程师评审（委托地方）通过 31 人，“四级四类”人才达 1539 人。

电网建设与发展 完成电网建设投资 66 亿元。35kV 及以上工程开工 243 项、投产 227 项。35kV 及以上线路开工 2891.68km、变电容量 4384.5MVA；35kV 及以上线路投产 1722.71km、变电容量 4037.5MVA。

编制“十三五”主网架、经营区域配电网滚动规划，修编黑龙江省“十三五”配电网、农村电网改造升级规划。完成《以黑龙江为起点的特高压电力外送通道规划方案研究》初稿。与 13 个地市政府签署“十三五”电网发展合作框架协议。编制《加强电网精准投资指导意见》，制定《在运 220kV 变压器优化调串方案》。取得 2017、2018 年农网改造升级常规项目、机井通电低压项目等工程的可研批复。完成安北 500kV 输变电工程、哈牡客专牵引站供电工程等 29 项工程的核准任务。配合省水利厅等部门开展农村通电机井复核工作。落实《哈尔滨市压减燃煤推进清洁能源使用工作方案》，优化“煤改电”项目接入系统设计 11 个，下达投资 1015 万元。

经营管理 实现微利的盈利目标，经营效益水平保持稳定，配合完成黑龙江省首轮输配电价改革。依法追回亿阳集团欠款 5447 万元，“两金”余额较年初降低 42.43%。清理三年以上长期挂账工程，挂账金额压降 35.33%。深化资金管理，撤并账户 69 个。优化账户体系，资金归集率保持 100%。优化贷款结构，加强资金运作，现金流动负债比较同期提升 0.53 个百分点。组织代管农电企业偿还农网贷款 2 亿元。建立全级次问题清单 29 套，编制完成专项报告 67 份，形成重点问题整改决议 93 份。

安全生产 完成春秋检、技改大修等工作，累计完成电网技术改造项目 341 项、设备大修项目 467 项。完成 500kV 大松 2、3 号线浸泡区段铁塔基础改造任务，开展 500kV 输电线路运维业务委托工作。组织变压器大修现场质量评优工作，进行老旧变电站文明生产专项治理。开展配电作业现场安全管理专项整治活动，集中治理配网薄弱环节。2017年，未发生电网稳定破坏、电网瓦解、大面积停电及重大设备损坏事故；未发生误操作事故；发电企业没有发生重大及以上发电设备事故。截至12月31日，城市供电可靠率完成99.938 9%，农村供电可靠率完成99.722 5%。

夯实各级安全生产责任，开展“四不两直”三级（省、市、县）督查799次。进行作业承载力分析，强化作业现场内外部监督。开展安全生产问题清单专项梳理，上报并整改问题221条。开展配网设备质量“两排查一整治”专项行动，累计发现设备质量问题64项，处理不良供应商51家。全年开展应急培训33次、应急演练108次，组织安规考试25 000人次。

营销工作 售电量723.09亿kWh，同比增长3.3%；替代电量24亿kWh，占国网黑龙江电力售电量的3.33%；销售收入384.55亿元，同比增长1.3%；售电平均单价531.82元/MWh；电费回收率100%；供电服务“十项承诺”兑现率100%，未发生造成重大社会影响的供电服务事件。

2017年，对俄罗斯购电量完成33.19亿kWh（其中：交流线路进口结算电量5.17亿kWh，直流线路进口结算电量28.02亿kWh），累计进口额1.43亿美元。

与哈尔滨经济技术开发区签订战略合作协议，接收哈南工业新城供电资产23.7亿元。与大庆油田签订股份制合作框架协议，控股比例达51%。完成227个项目20.2万客户的供电分离移交协议签订工作，改造接电14.64万户，超出年度目标22.3个百分点。引导大用户进行平台交易，直接交易电量86.7亿kWh，减少企业用电成本约4.27亿元。

与龙煤集团和四大发电集团签署煤电抹账框架协议，全年煤电抹账16.26亿元。促成建龙集团投资租赁阿城钢铁集团，回收阿城钢铁集团陈欠电费1986.65万元。推广居民智能交费，协议签约率突破85.67%。引导高压客户执行预购电制度或“分次结算”制度，电费预收比例实现提升。获得2017年国家电网公司电费回收突出贡献单位称号。

强化营销账务管理，实现营、财账务一致对应。全年治理高损台区8241个，线损合格台区占比86.45%，较年初提升23.5个百分点。开展打击窃电及违约用电专项行动，查处案件2747起，追补电量656万kWh，追缴电费及违约金2536万元。推进光伏扶贫活动，完成并网项目2024个149MW，惠及贫困户近3万户。

全年受理线上办电工单9129件，线上交费2075万笔24.84亿元，线上交费率同比提升34.72个百分点。优化微信公众平台功能，全年受理在线咨询7437条，推送电费账单56.26万份，提供用电查询132.54万次，实名绑定用户达22万，粉丝关注突破38万。

参与编制国家计量标准2个。“四线一库”工作通过国家电网公司验收。开展计量装置隐患治理和作业现场安全整治专项活动，维修计量箱1.9万个，消除安全隐患8971个。智能电能表采集覆盖742.53万户，采集“多表合一”信息5万户。完成农网改造机井通电、村村通动力电和中心村改造电表校验53万块。完成高寒环境计量设备性能试验基地建设。完成“钻机油改电”“电力挖掘技术”“电动公交车”等电能替代项目512个。

建立营销网络安全防护组织机构，覆盖全省各级营销单位和系统运维厂商。开展网络信息安全培训，组织网络信息安全调考。进行自建系统安全评估和渗透测试，清理“不合规”自建系统23个。开展营配基础数据常态治理，营销高、低压用户一致率均超过96.05%，客户标准化地址维护率超过99.8%。

完成农网“两年攻坚战”工程建设任务，并通过国家电网公司督查验收。实现527个自然村通动力电，完成3165个小城镇（中心村）电网改造升级。推动省发展改革委出台《关于支持配合省电力公司完成机井通电低压工程任务的紧急通知》和《2016～2017年农村通电机井低压电力设施运行维护和安全管理协议》。

筹措资金近0.8亿元支持14个重点供电所建设；精简乡镇供电所135个，网格化管理供电所913个，设立台区经理6996名，覆盖台区106 775个；新增乡镇供电所生产用车114台；开展现场督导和专家互查，创建国家电网公司五星级供电所7个。抚远、兰西等7个市县光伏扶贫项目实现并网，当年累计并网光伏扶贫项目1797个总容量96MW。

科技与信息化 11项成果分别获得国家电网公司及省政府科技进步奖，全年共申请专利203项，获得专利授权125项。牵头完成2项国家标准和1项行业标准的制定，其中，《电子数据恢复和销毁技术要求》填补了电力行业在该领域的技术标准空白。参与完成11项国家电网公司企业标准的制修订工作。开展技术标准实施评价工作。

参与的国家重点科研项目“常规/供热机组调节能力提升与电热综合协调调度技术”获批立项。牵头完成的总部管理项目“寒冷地区电动汽车充电设施温度适应性评价技术”“空间图像测量与故障识别在输电线路维护中的应用研究”和参与的“特高压同塔双回线路带电作业实用技术研究”“耐寒电缆关键技术研究”通过国家电网公司的科技验收。

联合开展极端环境输变电技术研究工作和IEEE

国际标准制定工作。联合俄罗斯、加拿大、荷兰等国的高校和研究机构，探索建立长期合作机制，完善联合实验室的试验研究能力。

完成110个国家电网公司统推信息化项目建设任务，承担3项国家电网公司信息化试点项目建设，"高密度绿色机房建设"获得国网信通部信息化建设实施优质项目。牵头国家电网公司SG-ITOM3.0总体设计。开展全业务统一数据中心分析域项目建设。进行信息系统实用化诊断分析、大数据分析、信息系统账号权限治理。完成一体化国网云平台上线运行。建成工业化与信息化融合的示范性企业，通过国家工信部认定审核。

深化信息通信本质安全建设，开展网络信息安全年活动。组建两级信息通信应急基干队伍，组织开展应急演练。开展数据基础运维提升工作，实现统一的标准化运维管理。完成网络安全风险监控预警平台（S6000）建设，深化红蓝对抗体系，发现并整改漏洞72项。应对"比特币勒索病毒"等突发事件，保障各业务系统及网络安全。代管企业部署安装网络安全设备。通过全国人大常委会"一法一决定"执法检查。

优质服务 坚持"日跟踪、周分析、月通报"工作制度，明察暗访区县215个，整改问题403件。开展服务投诉专项治理行动，现场检查投诉前三名的单位，约谈投诉频发或情节严重的单位。组织非营业厅人员进行服务规范培训和网络答题，参加人员8773名。开展"三比一争"竞赛活动，评定"五星级营业厅""年度红旗标杆窗口"，评选"十佳营销服务之星""优秀营销服务之星"。

跟踪服务哈牡铁路、哈佳客专等大项目，挂牌督办重点项目32个。开展"进园区、进社区、进企业"活动，走访园区154个、社区368个、直购电企业及省重点企业254个。开展电采暖项目运营成本分析，完成哈市26个"煤改电"项目红线外供电设施建设。开展"电网连万家、共享电气化"主题活动，推广家电16.58万台。完成国际冰雪节、央视春晚哈尔滨直播分会场、央视中秋晚会、中俄博览会等重大活动保电147件次，累计保电时间1860h。

党的建设和精神文明建设 学习贯彻党的十九大精神，各级党员领导干部深入基层宣讲十九大精神2510余场，开展党组织书记及基层党务工作者十九大精神轮训5219人次，完成在岗党员教育培训29 851人次。推进"旗帜领航·三年登高"实施方案，完成基础建设年任务50项。完成党组清理规范任务，召开国网黑龙江电力第一次党代会。完善党建工作机构，完成65个基层党组织换届选举。实施党员"一带二"工程，创建党员责任区2319个、党员示范岗1927个。完成"大党建"考核。

推进"两学一做"学习教育常态化制度化，完成重点工作28项。实施"1123"学习工程，建立专题联系点167个，开展专题调研187次。组织开展"党员身边无违章"专题活动和纪念建党96周年等系列活动。制定"深化（李庆长）共产党员服务队建设规划方案"，推进三个基地（职工道德教育基地、党员教育基地、共产党员服务队示范基地）建设，打造两个示范平台（"两学一做"学习教育示范平台、"不忘初心、牢记使命"主题教育示范平台），开展"履行公司社会责任"窗口建设。

本部和17个单位通过第五届全国文明单位创建或复查验收。开展38项企业文化重点项目的实施和评选表彰工作，完成国家电网公司布置的"落点'小、细、实'，深化企业文化示范点建设"和"优化企业文化'五统一'在优质服务中的落地实践"两项重点项目建设任务，并分别被评价为优秀和良好。开展"青春光明行"志愿服务活动516次，服务19 000余人次。组织参加国家电网公司青年创新创意大赛，1个项目获得银奖，1个项目获得小工器具奖。

主要事件

1月3日，国网黑龙江电力召开2017年安全生产委员会会议。

1月27日，黑龙江省委书记王宪魁一行来到国家电网黑龙江电力（李庆长）共产党员服务队，向春节期间坚守岗位的电网系统干部员工致以新春问候和节日祝福。

3月31日，国网黑龙江电力召开黑龙江省农网机井通电和中心村改造升级两年攻坚战推进会议。

4月26日，国家电网公司总经理、党组副书记寇伟到国网黑龙江电力调研工作。

5月21日15时，国网黑龙江电力完成勒索病毒漏洞排查及系统升级加固工作，确认无感染症状，保障了信息通信系统安全稳定运行。

6月16日，国网黑龙江电力召开《情系龙江·2016年服务经济社会发展白皮书》发布会，发布黑龙江省内央企第一份服务地方经济社会发展白皮书。

6月30日，黑龙江省委书记张庆伟主持召开电力建设专题会议，研究推动黑龙江电力发展问题。

7月27～28日，2017年中国电机工程学会院士专家专题研讨会在哈尔滨召开。中国电机工程学会理事长郑宝森出席并主持会议。中国电机工程学会20余位院士专家研讨了未来中国电网发展走向。

9月26日，全国人大常委会副委员长张平、全国人大财经委副主任委员彭森带队的全国人大常委会"一法一决定（网络安全法、关于加强网络信息保护的决定）"执法检查组，到国网黑龙江电力检查网络安全工作情况。

10月11日，国家电网公司党组第二巡视组巡视国网黑龙江省电力有限公司工作动员会在国网黑龙江电力本部召开。

10月10日，国家电网公司党组副书记、副总经理辛保安到国网黑龙江电力进行工作调研。

10月18日，国网黑龙江电力组织23 500多名党员，在459个会场，集中收听收看了党的十九大开幕会盛况。

11月9～10日，中国共产党国网黑龙江省电力有限公司召开第一次代表大会。会议选举产生中国共产党国网黑龙江省电力有限公司第一届委员会、中国共产党国网黑龙江省电力有限公司纪律检查委员会，选举第一届党委书记、党委副书记和纪委书记、纪委副书记。

11月29日，国网黑龙江电力召开推进清洁取暖工作新闻发布会。

12月3日，国网黑龙江电力定点扶贫项目、投资350万元的抚远市浓江乡生德库村光伏发电站正式并网发电。

12月3日11时13分，哈尔滨首座500kV全智能化变电站——五家500kV变电站开始送电倒闸操作。

（公　锐　蒋　励）

【国网内蒙古东部电力有限公司】

企业概况　国网内蒙古东部电力有限公司（简称国网蒙东电力）成立于2009年6月，以建设运营电网为核心业务，负责内蒙古东部赤峰、通辽、兴安、呼伦贝尔四盟（市）电网的规划建设、运营管理、供电服务等工作，承担着内蒙古境内特高压工程的前期协调、建设管理任务。国网蒙东电力本部设置22个部门，有7家业务支撑和实施单位、4家盟市供电公司，供电面积47万km^2，占内蒙古自治区总面积的40%，供电人口1160万，占内蒙古自治区总人口的50%。

2017年，资产总额467.85亿元，资产负债率82.61%。完成固定资产投资88.50亿元，其中电网投资84.50亿元；投产66kV及以上线路长度3337.62km，变电容量331.08万kVA；售电量293.30亿kWh，同比增加4.62%；外送电量610.51亿kWh，同比增加25.25%，其中特高压外送电量73.7亿kWh；电费回收率100%，连续9年实现100%；市场占有率65.98 %，同比增长0.14个百分点；综合线损率8.15%，同比降低0.03个百分点。

领导班子

董事长、党委书记：王国春

董事、总经理、党委副书记：潘秀宝

副总经理、党委委员：来文青

副总经理、党委委员：徐润生

党委委员、纪委书记、工会主席：石志忠

总会计师、党委委员：陈　浩

总工程师、党委委员：李　岩

组织机构　本部设办公室（党委组办公室）、发展策划部、党委组织部（人事董事部、离退休工作部）、人力资源部（社保中心）、财务资产部、安全监察质量部（保卫部）、运维检修部、建设部、营销部（农电工作部）、科技信通部（智能电网办公室）、物资部（招投标管理中心）、审计部、监察部（纪委办公室）、党建工作部（直属党委办公室、团委）、经济法律部（体改办）、对外联络部（品牌建设中心）、后勤工作部、运营监测（控）中心、电力调度控制中心、工会、企协等职能部门，及基地建设管理办公室、内蒙古东部电力交易中心有限公司，直接管理单位11个，其中地（市）级供电企业4个。

电网概况　内蒙古东部（简称蒙东）电网位于内蒙古自治区东部地区，包含赤峰、通辽、兴安、呼伦贝尔四个盟（市）电网，是典型的“大电源、小负荷”外送型电网，通过14回500kV交流线路和伊穆直流与东北主网联网，通过±800kV鲁固直流与华北电网联网。其中，赤峰电网通过青燕1、2号线和青北1、2号线与辽宁电网联网；通辽电网通过科沙1、2号线与辽宁电网联网，通过扎向1、2号线和扎昌1、2号线与吉林电网联网，通过±800kV鲁固直流与山东电网联网；兴安电网通过兴甜1、2号线与吉林电网联网；呼伦贝尔电网通过伊冯甲、乙线与黑龙江电网联网，通过伊穆直流与辽宁电网联网。在正常方式下，兴安电网与呼伦贝尔电网通过伊红1、2号线联网运行。

2017年，蒙东电网联络线外送电量610.51亿kWh，为蒙东地区年售电量的2.08倍。截至2017年底，蒙东电网装机总容量32 136MW，其中，火电20 491MW，占63.76%；风电9714MW，占30.23%；太阳能发电1595MW，占4.96%。拥有特高压交流变电站3座，变电容量1500万kVA，线路长度468km；特高压直流换流站1座，换流容量1000万kVA，线路长度995km；500kV变电（换流）站8座，变电（换流）容量1440万kVA，线路长度3720km；220kV变电站80座，变电容量1720万kVA，线路长度13 190km；66（110）kV变电站577座，变电容量1619万kVA，线路长度19 030km。

人力资源　完成党组清理规范工作及党组改党委工作，完成四个批次干部调整工作。开展“一报告两评议”（选人用人工作报告；干部选拔任用工作进行民主评议，对新提任的党政主要领导干部进行民主测评）和干部年度考核工作。针对领导班子成员岗位角色不同，分别制定10项评价标准。深化开展干部双向挂职（岗）锻炼工作。改进本部绩效管理，突出考核重点，加强过程管控。完成本部岗位竞聘、典型岗位名录优化和人员调整。规范本部薪酬福利保障管理，全面应用福利保障系统。落实离退休“两项待遇”（政治待遇、生活待遇）要求。编制《选人用人标准化工作手册》和《本部绩效管理标准化工作手册》。推广实施《适应国网蒙东电力健康发展需求的领导班子考评体系建设实施方案》管理创新成果。

企业负责人业绩考核首次进入B级；荣获中电联“青年培训师教学技能竞赛”优秀组织奖；“基于‘行动学习’的关键人才培养研究与实践”获国网蒙东电力管理创新项目一等奖。健全完善党建工作机构设置，党建人员编制增加24%。组建审计中心，完善“上审下”工作机制。开展增量配电试点混合所有制公司组建。完成市级公司培训分中心撤销任务。组织开展岗位竞聘，择优选拔75名员工向上流动。加强内部市场10项制度宣贯。协同政府有关部门，完成2017年退役士兵接收任务。录取毕业生接收489人，牵头完成国家电网公司“订单”培养策略优化专题研究，招收定向培养学生50人。

组织建设员工档案库房。贯彻落实国家电网公司《企业负责人薪酬管理办法》，加大企业负责人业绩考核结果与薪酬挂钩力度，统筹考虑企业经营业绩和管理难度，合理拉开收入分配差距。按照分类管理、业绩贡献导向、效率公平兼顾、强化“双控”等原则，优化工资总额分配模型，工资总额分配向生产一线倾斜。建立供电服务公司员工薪酬持续增长机制。修订《直属单位企业负责人业绩考核管理办法》等3项制度，全员发放掌上手册，强化绩效提升意识。加强竞赛调考归口管理，通过“定目标、给资源、强督促、要成效”方式，4项竞赛调考排名国家电网公司前19名。创新实施青年人才培养“五大工程”：“速融工程”入职培训487人，“青蓝工程”师徒结对1658人，“锻金工程”一线历练312人，“淬火工程”轮岗实习322人，“英才工程”杰出评选277人。选拔7名优秀员工赴国网浙江电力实践锻炼，发布调研报告等35篇。组织专业技术资格评审，9人通过正高级评审，中级以上人员占比提升5.40%。

修订8项福利费及2项保险管理制度，梳理6个维度10项重点工作，提出42项具体措施。组织开展“两审一核查”，建立重大事项报备等机制，解决审批滞后问题，核查基本养老保险个人信息。国网蒙东电力机关本部及驻呼直属单位主动申报稳岗补贴，依法依规节约保险成本。“三金”管理取得新进展，探索补充医疗保险省级统筹管理模式，开通住房公积金转移接续专线，提高资金利用率。加强企业年金运营监管，优选投资产品，强化直投管理，促进年金保值增值。

电网建设与发展 颁布《蒙东电网2017～2021年电网项目建设时序表》。完成呼伦贝尔经济开发区增量配电试点项目可研报告。推进电网项目前期工作，任务完成率100%。追赶同期线损建设步伐，由国家电网公司第二批次赶上第一批次建设进度。完成精益管理综合计划。零购管理模式、精准投资决策研究成果获得国家电网公司发展部认可，“基于生态价值优化的特高压选址选线”获第二十三届自治区级企业管理现代化创新成果二等奖。

完成“井井通电”、小城镇（中心村）电网改造升级、村村通动力电等工程建设任务，对1455个中心村进行电网改造，解决3.48万眼机井供电问题，实现397个村通动力电。截至年末，蒙东地区新能源装机1136万kW，占地区总装机容量的35%，发电量213亿kWh，占地区网供电量的66%。

2017年，新开工500kV扎鲁特—兴安等81项工程，66kV及以上线路长度3471.83km、变电容量177.55万kVA；投产扎鲁特—科尔沁等83项工程，投产66kV以上线路长度3337.62km、变电容量331.08万kVA；扎鲁特—兴安、扎鲁特—吉林、科尔沁—阜新、齐南—兴安、冯屯—岭东等特高压配套工程顺利开工，伊敏—兴安—乌兰浩特和海北—牙克石—岭东等500kV联网工程有序推进；电气化铁路改造外部供电、农网改造升级等重点工程均按计划实施，荣获国家电网公司基建管理先进单位荣誉称号。兴安、通辽公司被评为国家电网公司基建信息化应用先进单位。建立地市公司交叉互查及省公司抽检考核评价工作机制。新开工、投产工程视频系统接入率、在建工程现场人员管理系统应用率100%。

伊敏—兴安—乌兰浩特500kV输变电工程于2017年12月15日建成投产，实现呼伦贝尔与兴安500kV主网架互联；220kV白阿电气化铁路改造和滨州电气化铁路改造外部供电工程分别于6月8日、12月27日分别正式投产。锡盟—胜利特高压交流工程、锡盟—泰州特高压直流工程、扎鲁特—青州特高压直流工程分别于7月1日、9月30日、12月31日正式投入运行。上海庙—山东特高压直流工程于11月18日完成竣工验收，正式启动系统调试。国网蒙东经研院等4家单位荣获国家电网公司特高压直流工程建设先进单位，国网蒙东检修公司等3家单位荣获国家电网公司特高压交流建设先进集体。

220kV马林变电站等15项工程被命名为国家电网公司优质工程，优质工程率保持100%；扎鲁特—吉林、扎鲁特—兴安2个业主项目部被评为国家电网公司示范业主项目部；赤峰南班组式项目部被评为国家电网公司班组式示范业主项目部。初设评审、竣工结算规范完成率100%，500kV科开线等3项工程获得国家电网公司优秀设计三等奖。开展4次结算督察工作，完成82项工程竣工结算，年度完成率100%。

经营管理 2017年，国网蒙东电力实现营业收入196.77亿元。亏损企业1户，同比减少17户；盈利9户，同比减少14户（31户子公司上划为分公司）。截至2017年12月末，资产总额467.85亿元，负债总额386.51亿元，资产负债率82.61%，所有者权益81.34亿元；净资产收益率−10.84%，国有资本保值增值率85.75%。完成“子改分”财务工作，实现亏损户数、金额双压降。争取到东西帮扶资金3亿元足额到位。核定的输配电价较购售价差提高8.95分/kWh，争取到有利于国网蒙东电力的特高压项目运营模式、1.5～3分/kWh输电价格政策和跨省送电3分钱价格政策。落实蒙东地区同网同价政策，年争取财政补助资金12.28亿元，解决东西部电价差异大等突出矛盾。推进财务信息化“五棵树”项目试点建设，功能部署基本完成。开展问题清单梳理，累计梳理问题776个。制定整改决议83项，专项报告95个，问题整改完成率51%。成立审计中心，审计问题“专业+单位”的双整改模式及取得的成效，被国家电网公司审计部作为典型经验写入向国家电网公司党组会议汇报的材料。

全年共组织开展57个批次的招标及非招标采购工作，采购金额41.27亿元，节资率8.61%，物资采购计划完成率100%，物资采购标准执行率98.45%，省公司公开采购率99.47%，物资合同履约完成率99.50%，完成物资抽检计划2327条，监造任务73条（281台套），质量监督覆盖率100%。

完成35家旗县“子改分”工作，同步解决不动产确权难题。开展通用制度评估检查，压减补充制度158项。从严管控诉讼风险，全年处理案件181件，胜诉率77%，挽回或避免经济损失2816.7万元。实施集体企业常态化督导检查，形成专项报告10篇，整改问题96项。清理处置亏损企业13户。

完成呼伦贝尔原生产综合楼的平衡利用工作。统筹规划通辽电力医疗改革后腾退房产。全部签订26个“两供一业”分离移交项目正式移交协议，完成项目可研编制、审查和批复工作。5月16日，完成内蒙古东部电力市场管理委员会组建工作，成为国家电网公司系统第7家完成组建工作的单位。国网蒙东电力创新电力交易机制减少企业用电成本得到国务院办公厅通报表扬。

2017年2月，国网蒙东电力启动开展“管理提升年”活动。2017年度，系统同业对标获得综合、业绩、管理三项进步标杆荣誉。专业机构对标取得新的突破，国网蒙东信通公司连续两年荣获东北区域标杆。

安全生产 制作本质安全建设学用手册及宣传片，推进“一标双控”模式落地。建设正向激励机制，全年兑现安全生产奖励近700万元。强化春检、秋检预试工作督导检查，国网蒙东电力领导班子带队对9家单位开展全覆盖督查。全年发布五级及以上电网风险预警52项，建设工程风险预警29项，强化专业协同和过程管控，预警期间保持安全平稳。吸取事故教训，组织停产整顿、专题安全日活动，开展覆盖所有现场的反违章专项行动，开展安全生产大检查，全年排查治理安全隐患6184项。组织修编专项应急预案，开展71次应急演练，完成10家公司应急能力建设评估。

针对迎峰度夏期间暴雨洪水、龙卷风等极端天气，及时启动应急响应，保障快速恢复供电。完成呼伦贝尔森林火灾突发事件、内蒙古自治区成立七十周年、党的十九大等重要时期应急值班及应急保电工作。开展配电网设备质量“两排查一整治”专项行动、质量月活动。通过国家电网公司资产全寿命周期管理体系复评价。

开展输电“三跨六防”和变电反事故措施落实等专项隐患排查活动，强化反措落实和隐患跟踪治理。未发生7级及以上设备事件，220kV及以上输电线路跳闸率为0.298次/（百km·年），同比降低0.05次/（百km·年）；220kV及以上变压器、断路器故障停运率均为0次/（百台·年），换流站闭锁1次，同比持平；城网、农网电压合格率分别为99.995%、99.500%，同比提高0.008、0.356个百分点。

编制全专业全岗位“一规范一手册”，实现全业务流程标准化。推广配网抢修APP，提升优质服务水平。在国网蒙东检修公司成立智能运检管控中心，管理穿透至班组。完成春/秋检、特高压年度检修、大负荷试验、电铁配套工程投运等重点任务。12月31日，扎鲁特换流站成功投运，连续创造国家电网特高压站启动调试零缺陷和用时最短纪录。

获国家电网公司无人机竞赛个人项目第5名，特高压技术监督等8项特色工作在《国网动态》刊发，6篇论文在核心期刊发表，取得13项发明专利。特高压管理成果论文获得中企联电力管理创新论文大赛一等奖、内蒙古自治区第二十四届管理创新成果二等奖。牵头申报的2项运检项目入选国家电网公司科技指南。

农网改造工程按计划完成投资33.21亿元，新建和改造110（66）kV变电站26座，容量49.08万kVA，线路长度417.38km；10kV变压器7798台，容量 92.59 万 kVA、线路长度 10 466.76km；0.4kV 线路长度 6743.84km。共计完成 34 810 眼机井通电、397 个自然村通动力电和 1455 个中心村电网建设改造任务，工程惠及 39 个旗县、3055 个村、40.12 万户、139.11 万人。机井工程解决 319.84 万亩农用电灌溉问题，预计每年替代原油 5.86 万 t，村村通动力电工程解决 3714 台（套）动力电设备用电问题。

营销工作 完成呼伦贝尔增量配电业务试点项目可研编制、合作意向书签订、配售电公司组建及工商注册，实现国网蒙东电力绝对控股。对接政府和企业。“三供一业”（供水、供电、供热和物业管理）供电分离移交框架协议签订率 100%，接收户数 13.43 万户，促成 8 家央企无偿移交自供区电网资产。

高压、低压业扩办理时间平均缩短 8%和 6%，业扩容量净增 287.29 万 kVA。对 113 个业扩重点项目实施督办。电费回收率连续 9 年实现 100%。增设乡镇供电所 48 个，推进设立 8 个园区供电服务机构。完成电能替代项目 2891 个，促成燃煤自备电厂关停 9 户，电能替代电量 21 亿 kWh，完成率 172%，其中清洁替代电量 3 亿 kWh。

推动营销移动作业实用化，实现电子发票和电子账单全覆盖，智能交费比重 96.56%。推进客户办理一般性业务“一次都不跑”，客户线上办电率 99.98%。推进“多表合一”信息采集，累计接入 7.62 万户。全年安装智能电能表 78 万只，安装户数占总户数的 13%。建立电动汽车、综合能源服务、光伏云网、能源电商等新兴业务服务体系。深化营配调贯通、同期线损在线监测成果应用，0.4kV 损失率完成 4.90%，同比减少损失电量 4015 万 kWh。

科技与信息化 开展 19 次隐患排查和安全督查，处置“勒索病毒”。未发生八级及以上通信设备事件和信息系统事件，实现信息通信安全运行“四个零”。完成研究开发项目 29 个，信息项目 87 个，通信项目 78 个，项目计划完工 100%。申请发明专利 54 项。荣获省部级及以上科技奖励 16 项，其中中国电力创新奖 1 项，中国电力科技技术奖 2 项，国家电网公司科技进步奖 4 项，省级科技进步奖 9 项。获得内蒙古自治区科技进奖 5 项。牵头获批 2 项国家电网公司指南科技项目和 1 项国家电网公司企业标准。获批下发 4 项企业标准、1 项行业标准。获内蒙古自治区网络安全攻防大赛二等奖、国家电网公司网络安全攻防年度总决赛优胜奖、2017 年国家电网公司公司网络安全攻防比赛区域赛东北区域红队第 1 名及蓝队第 2 名和国家电网公司 2017 年信息通信运维技能竞赛第 19 名。

推进全业务统一数据中心、一体化国网云、5 棵树、同期线损、营销搬迁等重点项目。全业务统一数据中心分析域建成“10kV 配网精准运维与精准投资”等 3 个大数据分析应用场景；完成 ERP、财务管控等 40 余套信息系统的适应性调整；自主研发“电票系统”，覆盖电子汇票全业务。完成国网蒙东电力本部及呼伦贝尔供电公司的调度通信楼信息通信系统建设、搬迁。配合完成锡盟—胜利、锡盟—泰州、扎鲁特—青州特高压配套通信系统建设、验收。随基建项目建设 500kV 及以上站点骨干传输网及呼伦贝尔北部、西部光缆环网。完成 IMS 行政交换网呼和浩特核心节点及呼伦贝尔接入层建设，实现国网蒙东电力本部与国家电网公司及盟（市）公司的互联互通。建成全省统一的动力环境监控平台，完成视频会议系统 8 组会议能力基础建设。完成旗（县）公司光缆双路由、数据通信网双设备双上联，基层网络稳定性和承载能力增强。完成 685 座变电站、551 座供电所（营业厅）带宽提升与 155 座供电所、营业厅通信系统智能化改造。推进无线公网统一租用工作，完成与中国移动内蒙古分公司框架协议的签订，SIM 卡租用资费节约 5%。

优质服务 深化供电服务优胜单位评比，常态开展投诉、举报、故障报修全回访，完善供电服务闭环管控机制，客户服务类投诉同比下降 43.60%。通辽供电公司开通“服务微播报”，提高投诉处理效率。深化供电服务优胜单位评比，推进供电服务指挥平台试点建设。服务响应速度提升，抢修恢复时间缩短。通辽供电公司供电服务指挥平台实体化运营，抢修工单一次解决率提高 8.4 个百分点，抢修恢复时间平均缩减 68min。“全能型”乡镇供电所建设全覆盖。构建农村供电服务网格化新模式，强化台区经理队伍建设，推进营业厅转型升级，基本实现人员一专多能、服务一次到位，营配业务融合乡镇供电所比率 100%。赤峰供电公司完成国家电网公司重点培育全能型试点供电所建设，起到标杆示范引领作用。修订应急处置预案，启动国网蒙东电力供电服务重要信息“零报告”制度，完成全国两会、党的十九大、内蒙古自治区成立七十周年等重要时期保电服务任务，未发生服务事件和负面舆情，做到重点节日优质服务保电工作万无一失。

党的建设和精神文明建设 贯彻落实党组一号文件。完成党组一号文件七个方面 48 项重点工作任务。推进“旗帜领航·三年登高”计划实施。开展公司“基层组织建设年”活动，完成 16 项重点任务，选树表彰国网蒙东电力系统标准化党支部示范点，开发党建工作管控系统，实现基层党组织“三会一课”、重点任务完成情况等在线实时监控。宣传贯彻党的十九大精神。基层党组织书记及党务工作者培训率 100%，层层组织十九大精神宣讲活动，覆盖全体在岗党员干部职工。“党员‘一标双控’行为导引体系研究与实践”被评为中央企业党建政研会重点课题并进入优秀以上行列。11月22日，中国共产党国网内蒙古东部电力有限公司第一次代表大会胜利召开，基层党组织按期换届率保持100%。成立纪委，制定纪委工作规则，协助党委加强党风廉政建设和反腐败工作，研究并落实党风廉政建设重点任务，推动“两个责任”落实。开展巡察问题整改“回头看”专项督导，上下联动强力推动问题整改。

开展“三重一大”决策监督检查，督促各单位明确决策主体、决策事项，规范决策程序。选派30名纪检监察干部参加国家电网公司组织的业务培训。选派4名纪检监察干部参加并通过内蒙古自治区纪检业务调考。成立省、盟（市）、旗（县）职工诉求中心。开展职工代表提案征集工作，征集各类提案41件、立案6件，另有2件提案在国家电网公司立案。征集合理化建议421条，评选出26条优秀建议，其中3条在国家电网公司获奖。组织开展班组职工技术创新优秀成果征集和现场发布，征集创新成果98项，表彰29项，其中2项成果入选全国电力职工优秀技术成果、5项成果在全国能源化学地质系统优秀职工技术创新成果中获奖。

主要事件

2月21日，国家电网公司董事长、党组书记舒印彪，总经理、党组副书记寇伟在北京与内蒙古自治区党委书记李纪恒一行举行会谈。

2月27日，内蒙古自治区与中央企业合作恳谈会在北京举行。

3月7日，国家发展和改革委员会正式下发文件，核准建设扎鲁特—吉林等四项500kV输变电工程。至此，扎鲁特—山东青州特高压直流配套500kV输变电工程已全部完成核准。

4月19日上午9时，上海庙—山东临沂±800kV特高压直流输电线路工程（内蒙古段）在沿线6家省级公司中率先实现全线贯通。

5月16日，内蒙古东部电力市场管理委员会成立大会暨第一次委员代表会议在呼和浩特市召开。

6月5日，锡盟—胜利1000kV交流输变电工程正式启动系统调试工作。

6月8日，白阿铁路兴安盟乌兰浩特牵引站220kV外部供电工程正式投入运行。

6月15日，内蒙古自治区发展改革委同意并出具了上海庙—沙湖750kV工程建设意见的函，标志着国网蒙东电力负责的上海庙—沙湖750kV输变电工程内蒙古境内项目前期工作已全部完成。

6月19日，电科院在锡盟±800kV换流站现场组织召开锡盟换流站交流站系统调试启动会。

6月20日，500kV胜林Ⅰ、Ⅱ、Ⅲ线路一次带电成功，标志着华润、京能五间房电厂500kV送出工程和锡盟换流站配套500kV送出工程，由特高压胜利站至换流站间三条联络线路正式投入运行。

6月23日，国网蒙东电力机井通电工程已全部竣工。

6月25日，国网蒙东电力完成锡盟±800kV换流站500kV交流站启动调试工作。

6月27日，国家电网公司总信息师孙正运一行到国网蒙东电力开展“5棵树”项目试点情况调研工作。

6月28日，锡盟—泰州±800kV特高压直流输电线路工程一次带电成功。

6月6日18时8分，1000kV胜锡Ⅱ线带电成功。

7月1日3时59分，1000kV胜锡Ⅰ线带电成功，标志着锡盟—胜利1000kV特高压交流输电线路工程双线正式投入试运行。

7月29日，京能五间房电厂—胜利站500kV送出线路最后一根导线牵引到位，至此锡盟特高压配套500kV工程全线贯通。

8月8日下午14时30分，扎鲁特—青州特高压直流线路工程蒙2标段在沿线4个省市、13个标段中率先实现全线贯通。

9月10日下午18时45分，扎鲁特—科尔沁500kV输变电工程实现了全线贯通，为扎青特高压按期投运提供了重要保障。

9月19日，扎鲁特—科尔沁500kV输变电工程投运成功。

9月21日，国网蒙东电力全面完成新一轮农网改造“两年攻坚战”建设任务，比预定日期提前9天。

9月27日21时45分，内蒙古扎鲁特—山东青州±800kV特高压直流线路内蒙古段工程、接地极线路工程、接地极工程实现成功带电。

10月15日，扎鲁特—青州±800kV特高压直流工程完成第一阶段直流系统调试工作，工程具备送电条件。

9月27日，由国网蒙东电力与呼伦贝尔盛业建设开发投资（集团）有限责任公司（呼伦贝尔经济技术开发区投资平台）联合组建的“呼伦贝尔市清源配售电有限责任公司”正式注册成立。该公司是内蒙古东部地区首家增量配电业务改革试点项目，它的成立标志着内蒙东部地区电力体制改革实现新跨越。

11月3日10时整，伊—兴—乌500kV输变电工程8标段最后一段导线缓缓牵引到位，标志着伊兴乌500kV输变电工程全线贯通。

11月16日，国家电网公司促进新能源消纳专题工作会议在国网通辽供电公司召开。

11月22日8点30分，中国共产党国网内蒙古东部电力有限公司第一次代表大会在呼和浩特市举行。

12月5日，扎鲁特—向阳500kV线路工程（内蒙古段）实现全线贯通，标志着国网蒙东电力完成了扎青特高压配套工程第二阶段建设任务。

12月15日，扎鲁特—向阳500kV线路工程（内蒙古段）一次送电成功，正式投入运行。

12月15日，伊敏—兴安（红城）—乌兰浩特（兴安）500kV输变电工程完成充电投入运行。

12月20日，国家电网公司总经理助理李一凡到国网蒙东电力督导问题清单梳理工作，并召开问题清单梳理督导会。

12月22日，内蒙古芝瑞、河北易县、浙江宁海、浙江缙云、河南洛宁、湖南平江抽水蓄能电站工程开工动员大会在北京召开。

12月24日，冯屯—岭东500kV输变电工程（蒙东段）实现全线贯通，标志着国网蒙东电力又完成一项跨省输变电工程建设任务。

12月25日，国家大气污染防治行动计划特高压交直流工程全面竣工大会在北京召开。

12月31日，国网蒙东电力在内蒙古大兴安岭腹地的奇乾乡投建的140kW光电项目正式通电。至此内蒙古全部乡镇结束了无长电历史。

（高　璐　那心遥）

华　东　地　区

【国家能源局华东监管局】

基本情况　国家能源局华东监管局（简称华东能源监管局）是国家能源局在华东区域的派出机构，负责上海市和安徽省能源监管和能源行政执法各项工作，负责国家能源局江苏、浙江、福建省能源监管办公室的业务指导工作。

主要职责是：监管电力市场运行，规范电力市场秩序；监管电网和油气管网设施的公平开放；监管电力调度交易，监督电力普遍服务政策的实施；负责电力等能源行政执法工作，依法查处有关违法违规行为，监督检查有关电价；负责除核安全外的电力运行安全、电力建设工程施工安全、工程质量安全的监督管理以及电力应急和可靠性管理，依法组织或参与事故调查处理；负责组织实施电力业务许可以及依法设定的其他行政许可；负责协调有关跨省、跨区能源监管业务；负责法律法规授权以及国家能源局下达或交办的有关事项监管。

领导班子

党组书记、局长：邱水录

党组成员、副局长：郑逸萌（正局级）

党组成员、巡视员：何昌群

党组成员、副局长：杨梦云

组织机构　内设综合处、市场监管处、行业监管处、电力安全监管处、资质管理处、稽查处、监察室（机关党委）和安徽监管业务办公室（办公地点设在安徽省合肥市）共8个处室。

主要工作　2017年，在国家能源局党组的坚强领导下，在地方政府相关部门、电力企业的支持和配合下，华东能源监管局党组以“四个革命、一个合作”战略思想为引领，贯彻落实党中央、国务院重大决策部署，按照“简政放权、强化监管”的总要求，结合上海、安徽实际，创新监管方式方法，开展专项监管和问题监管，监管效能不断提升。一是电力安全监管持续加强，电网安全风险管控不断强化，专项安全监管督查深入开展，华东电网平稳运行；二是电力用户与发电企业直接交易扎实推进，华东跨省电能交易平台建设不断完善，跨区辅助服务补偿试点全面启动，电力体制改革有效推进；三是行政执法力度不断加大，电力民生保障监管不断强化，市场主体合法权益得到有效维护，人民群众用电满意度不断提升；四是电力节能减排积极推进，企业升级改造和达标排放工作得到督促落实；五是网上许可和在线监管平台不断完善，实现便民、阳光、高效许可，许可后续监管进一步强化。2017年度各项监管工作取得了积极成效，为上海、安徽电力行业健康持续发展提供了有力监管保障。

电力监管

1. 履行电力安全监管职责，确保华东电网安全稳定运行

（1）强化电网风险管控，确保电网安全稳定运行。一是聚焦大受端电网运行安全主要风险，组织电力企业开展了华东电网频率紧急控制系统性能优化完善和演练、发电厂涉网安全和电力监控系统安全防护专项检查“回头看”等工作，提升电网整体抗干扰能力，防御了12起直流外来电故障冲击，确保了华东区域电网安全稳定运行。二是部署党的十九大和厦门金砖会晤等重大保电工作，完成了重大政治保电任务。三是督促指导电网企业加强日常运行风险识别和

管控，确保全年133项电网运行风险得到有效管控，维护了系统长周期稳定运行和可靠供电。四是强化自然灾害预警应对工作，督促指导电力企业应对夏季连续极端高温和冬季寒潮的袭击，实现了电力安全迎峰度夏、迎峰度冬的目标。

（2）强化监管督查考核，有效提升电力安全管控水平。一是建立实施了安全监管对表督查机制，开展了电力行业安全生产大检查现场督查，集中整治了一批突出问题。二是建立实施了安全隐患限期督办机制，按期完成了辖区全部17台超超临界机组783螺栓重大隐患治理和毛尖山水电站溢洪道隐患治理工作。三是发挥上海、安徽电力安委会的部署协调和检查通报机制功能，推进电力安全生产标准化创建、电力行业危化品风险排查建档、燃煤电厂贮灰场大坝安全评估等重点工作，进一步夯实监管辖区电力安全基础。

（3）强化施工安全整治，有效防范重特大事故发生。一是吸取江西丰城电厂“11·24”特别重大事故教训，组织开展“电力建设工程施工安全年”活动。二是严格电力建设工程安全备案管理，促进了电力工程保证施工安全措施的落实。三是针对安徽电网建设施工领域事故事件多发和信息报送普遍违规的情况，原则组织现场核查，对相关单位负责人实施了监管督导和诫勉约谈，有力促进了安徽电网建设施工秩序好转。四是聚焦重大施工风险管控，对金寨抽蓄、准东直流输电工程及配套电网工程等重点在建项目实施现场督查，跟踪督促金寨抽蓄工程开展危险性较大部分工程施工风险管控和地质灾害隐患专项治理，有效防范重特大事故发生。

（4）强化安全监管研究探索，推动电力安全生产改革发展。一是组织学习《中共中央 国务院关于推进安全生产领域改革发展的意见》，参与《国家发展改革委 国家能源局关于推进电力安全生产领域改革发展的实施意见》研究制定工作，组织开展电力安全调研并向国家能源局提交专题报告2份、专题请示2份，提出了完善电力安全监管体制机制、改进电力安全监管工作的建议。二是协助国家能源局完成了《电力安全生产监督管理办法（修订稿）》《电力可靠性监督管理办法（修订稿）》两部规章的修法调研和起草工作。三是组织完成了《受端电网运行安全机制》课题研究，提出了理顺电力跨区域监管体制、落实多层级运营主体安全责任的相关建议。

2. 推进电力体制改革，电力市场建设取得新进展

（1）电力市场建设有效推动。一是上海直接交易工作试点破冰起步，实现零的突破。外高桥第三发电有限责任公司与上海赛科石油化工有限责任公司正式签下2017年上海电力双边交易合同第一单，标志着上海市电力用户与发电企业直接交易试点工作正式启动，年内实现直接交易共计36.9亿kWh。二是跨省发电权交易实现新突破。协调大唐福建宁德公司和大唐安徽洛河发电公司开展跨省发电权交易3亿kWh，利用宁德公司机组的高效率和沿海地区煤价较低的优势，增加了企业经济效益。三是配售电侧改革进一步推进。会同安徽省省能源局制定了市场交易主体准入退出实施细则，金寨现代产业园区等六个项目被国家列入第一批新增配电网改革试点名单。

（2）辅助服务市场（补偿）机制不断拓展。一是根据华东电网运行的新情况，修订了一次调频考核条款，深化对发电机组一次调频考核的精细化管理，加大了考核力度，提高了考核的精确度和针对性。二是建立了上海燃机低功率因数无功调节补偿机制。消纳西南水电等区外来电，缓解受端电网电压和频率调节问题，为上海电网外来清洁能源消纳提供了保障。三是形成了深化跨区辅助服务补偿试点方案和华东电网跨省调峰辅助服务市场方案，进一步推进了辅助服务市场化。

（3）电力市场秩序不断规范。一是会同安徽省能源局、物价局严肃处理了安徽省直接交易异常报价行为，取消了32家市场主体的异常报价，维护了电力用户直接交易的市场秩序。二是开展了上海价格和成本信息现场核查，对发现信息报送不规范、未按规定进行招投标、关联交易不合理等方面的问题提出了整改要求和监管意见。三是有序开展输配电价核定工作。先后会同地方政府有关部门完成了华东区域和上海输配电价监审工作。2017年9月上海输配电价正式出台。

（4）破除省间壁垒，推动福建核电外送。按照国家能源局会议精神，牵头赴江苏、浙江、福建、安徽、上海四省一市地方政府多次协调沟通福建核电消纳事宜，向国家能源局上报了《福建核电消纳方案》并获批。经过多方协调，发挥区域电力市场作用，华东区域各省市2017年共计消纳福建核电打捆电量超68.1亿kWh，有效缓解了福建核电窝电困境，实现区域清洁能源资源的优化配置。

（5）区域电力供需形势分析制度初步建立。定期牵头组织华东区域各省能源监管办共同开展华东区域电力形势分析工作，总结改革发展形势，提出重点热点问题工作建议。电力形势分析报告得到了四省一市地方政府认可，产生了一定的影响力，发挥了能源监管机构建言献策的参谋助手作用。

3. 深化落实“放管服”改革工作要求，强化能源规划与产业政策监管

（1）创新工作机制，推动能源规划政策落地。一

是建立了上下联动的纵向合作机制，推动国家能源规划与地方能源规划有效衔接。配合上海市、安徽省职能部门做好能源规划编制工作，并提出针对性监管建议。二是建立了规划执行情况监管工作机制。对辖区内能源规划所涉重点项目进行全面梳理排查，促进国家及地方规划有效落实。三是对上海天然气分布式能源项目进行全面深入调研，向国家能源局、上海市政府提出可操作性监管建议，推动上海能源体制改革和规划发展相关政策落地。

（2）严把市场准入，有效促进煤电淘汰落后产能政策落实。按照国务院化解5000万kW装机煤电产能要求，严格执行发电业务许可制度，加大对无证并网运行机组、超期服役机组以及列入政府关停计划机组的监管力度，与地方政府协调沟通，通过监管约谈，下发限期整改通知书，落实电网企业准入把关责任，多措并举，监管成效显著。上海、安徽共计257万kW无证并网机组取得发电许可；依法注销辖区内4台不符合产业政策的超期服役机组许可证；督促完成7台超期服役机组的延寿改造和许可延续工作；安徽省2家发电企业按照计划关停3台共计40万kW煤电机组，有力推动了国家化解煤电过剩产能和节能减排政策落地。

（3）强化协调推进，全面完成辖区内煤电机组节能减排升级改造任务。与地方能源主管部门和环保部门建立联合工作机制，协调解决煤电机组升级改造重大问题，推动上海市4台共计4.8万kW煤电机组加快实施“煤改气”清洁化改造；推进上海市11台共计286万kW和安徽省23台共计1220万kW煤电机组按照计划完成超低排放升级改造工作，全面完成辖区内煤电机组升级改造任务。

（4）规范建设秩序，促进可再生能源规范有序发展。一是组织开展了安徽省风电、光伏发电项目开发建设情况专项监管，针对检查发现的风电实际核准规模与方案要求存在差距、光伏发电总体发展速度过快，造成开发建设指标缺口巨大以及局部地区出现电量消纳和电网安全隐患等问题提出监管意见建议。二是协调安徽省能源主管部门加快风电项目核准进度，确保年内完成风电项目开发建设计划；改变了项目“先建先得”的粗放管理模式，建立了风险预警机制，为安徽可再生能源局部地区发展过热把脉降温。

4. 突出民生服务监管，维护公平公正市场秩序

（1）强化供电监管，营造良好营商环境。一是探索“互联网＋监管”模式，建立线上调查评价机制，组织研发了“用户满意度调查微信平台”，对辖区内7524户电力用户开展微信调查评价，拓宽供电服务评价渠道，掌握用户的焦点问题和问题聚集区域，为精准监管指明方向。二是针对用户投诉反映的热点民生问题，对13家供电企业开展了供电专项监管，发现了违规收费、虚增用户投资、虚列项目、违规关联交易等49项问题。督促供电企业全面整改，推动提升供电服务水平，减轻用户负担。三是持续强化配电网供电能力监管。针对安徽省配网比较薄弱问题，对安徽省配网供电能力进行了全面评估，提出了监管要求，推动国网安徽电力提高了配网投资改造精准性。

（2）深化简政便民，优化许可服务。许可“一站式”服务全面普及，各类许可事项全部实现网上申请与审核，全年共完成各项行政许可审批事项705件。华东版许可监管信息服务系统推广至全国9个派出机构使用。对光伏、风电等国家鼓励的新能源发电项目，全面简化许可条件、优化许可程序；放宽承装（修、试）许可事项对工程业绩和人员数量的要求，优化施工机具设备标准，降低市场准入门槛，减轻企业负担，释放改革红利。

（3）发挥热线作用，提高监管针对性和有效性。一是研发使用12398能源监管热线投诉处理管理系统，投诉举报处理时间缩短一半，12398的办结率、回访率均居国家能源局派出机构前列。二是建立了12398数据交换和信息共享机制，实现了投诉管理与国家能源局12398热线、地方政府12345服务热线以及电力95598服务平台的全方位联动，提高了解决群众反映问题的时效。三是以点带面，提高投诉举报监管成效。以投诉举报反映问题为线索，开展问题监管，及时解决用电纠纷，化解涉能矛盾，得到用户的肯定与认可。

（4）加大行政执法力度，切实提高监管权威。一是2017年以来共受理有效举报线索452件，重点查办了光伏补贴发放不及时、信息不公开、无证及越级施工、资质出借挂靠资质等20起案件。对21家企业进行了监管约谈、公开通报了30家企业的违规行为，对28家企业和个人进行了罚款。二是对违规收费、虚列项目、虚增投资、转包工程、出借挂靠资质等14家企业开展了监管约谈，对11家企业予以警告并下达了责令整改通知书，全年共注销30家承装（修、试）企业，7家企业被列入黑名单。

【国家能源局江苏监管办公室】

基本情况 国家能源局江苏监管办公室是国家能源局在江苏省设立的派出机构，依据国家能源局的授权，履行江苏省能源监管和行政执法职责。2013年10月单位名称由国家电力监管委员会江苏省电力监管专员办公室变更为国家能源局江苏监管办公室（简称江苏能源监管办）。

依据中编办和国家能源局有关文件，江苏能源监管办主要履行以下监管职责：监管电力市场运行，规

范电力市场秩序；监管电网和油气管网设施的公平开放；监管电力调度交易，监督电力普遍服务政策的实施；负责电力等能源行政执法工作，依法查处有关违法违规行为，监督检查有关电价；负责除核安全外的电力运行安全、电力建设工程施工安全、工程质量安全的监督管理以及电力应急和可靠性管理，依法组织或参与电力事故调查处理；负责组织实施电力业务许可以及依法设定的其他行政许可；负责法律法规授权以及国家能源局下达或交办的有关事项监管。

领导班子

党组书记、专员：郑逸萌

党组成员、副专员：宋宏坤

党组成员、综合处处长：王勤

组织机构 下设综合处、市场监管处、行业监管处、电力安全监管处、稽查处和资质管理处等 6 个处室。

主要工作

1. 履行电力安全监管职责，为江苏经济社会发展提供坚强的电力保障

强化电力安全监督管理，落实企业主体责任，夯实安全生产基础，全年未发生电网安全事故、电力设备事故和较大以上人身伤亡事故，全省电力安全生产形势继续保持平稳态势。

（1）推进电力企业安全生产主体责任落实。一是落实电力安全生产工作目标管理责任书制度。二是组织开展电力企业落实安全生产主体责任专项行动。三是开展电力安全监管信息系统建设。四是推进电力安全隐患排查治理。五是加强电力行业危险化学品安全监管。

（2）加强电网风险管控。排查梳理江苏电网薄弱环节和事故风险，加强电网安全风险管控，开展安全督查，加大重要输电通道监管力度，严防电网大面积停电风险。根据特高压电网建设规划和江苏电网特点，开展“十三五”期间江苏电网特高压输电对受端电网安全影响专题研究，梳理电网重大风险，提出对策措施。

（3）狠抓电力建设工程施工安全监管。一是组织电力企业开展“电力建设工程施工安全年”活动。二是修订《江苏省电力建设工程安全管理备案实施细则》。三是针对电力建设施工人身伤亡事故多发易发现象，对 26 家在建工程开展现场检查，下达整改通知书 26 份并全部完成整改闭环。

（4）组织开展电力行业安全生产大检查。按照国家能源局、省委省政府开展安全生产大检查的有关部署，组织开展电力行业安全生产大检查，并实行企业自查、上级单位复查工作机制。

2. 开展电力市场化交易工作，加快江苏电力体制改革步伐

根据国家有关要求和省政府的职责分工，江苏监管办作为江苏电力体制改革工作牵头部门之一，落实推动江苏电力体制改革与电力市场建设工作。

一是推进江苏电力市场建设。2017 年，直接交易电量规模达到 1265 亿 kWh，同比增长 112.6%，占全社会用电量比重达 1/4 左右。已执行的合同度电平均降价 2.4 分，降低用户用电成本约 30 亿元。二是牵头组织编写《江苏电力市场建设方案》，并得到江苏省政府批准正式发布实施。三是会同相关部门制定印发《江苏省电力中长期交易规则（暂行）》。四是进一步完善辅助服务分摊措施，客观反映辅助服务价值，促进辅助服务发展。五是编制印发了《售电公司与电力用户购售电合同（示范文本）》《江苏电网公司（输配电公司）、售电公司、电力市场化零售用户三方购售电合同（示范文本）》。六是与省能源局共同制定《江苏省售电侧改革实施方案》《江苏省售电侧改革试点实施细则》《江苏省增量配电业务改革试点实施细则》。

3. 加大监管工作力度，维护电力市场公平公正

（1）加强电力市场秩序监管。一是开展电力交易与市场秩序约访约谈工作。二是开展电力调度交易市场秩序专项监管工作。三是落实输配电成本监管工作。四是开展发电企业财务成本及投资运行情况专项检查。

（2）加强发电企业许可监督管理工作。一是成立监管工作领导小组，开展许可专项监管工作。二是多次召开部门间协调会，统一思想认识，形成工作合力，协同开展有关发电机组的梳理排查及落实整改工作，会同省发展改革委、省经信委联合下发《关于加强发电企业许可监督管理有关事项的通知》。三是加强许可服务，解决办证过程中遇到的困难和问题。

（3）加强资质许可审查和后续监管。执行许可标准化要求，保证许可审查质量。加大对许可申请中违规行为的打击力度。

（4）规范开展立案调查、行政处罚和投诉举报受理调查工作。全年共受理投诉 175 件、举报 21 件，已办结 185 件，维护市场的公平公正，促进江苏电力市场健康发展。起草《江苏能源监管办行政处罚程序规定》《江苏能源监管办投诉举报办理制度》，进一步规范行政处罚和投诉举报工作流程。

（5）开展供电监管等重点专项监管和问题监管。一是加强春节期间人民群众满意用电监管。二是开展供电现场检查和整改复查。三是开展居配工程管理和服务工作调研。

(6) 稳步推进节能减排和可再生能源监管工作。一是开展节能减排升级与改造情况专项监管工作。二是持续跟进江苏节能发电调度和发电权交易。2017年，江苏共完成发电权交易电量210.5亿kWh，分别减少二氧化硫、氮氧化物、二氧化碳排放2.3万、2.4万、304万t，节约标煤117.6万t，节约燃料成本9亿元以上。通过节能发电调度，高效环保机组利用小时显著提高。三是严密监督环保设施建设及运行情况，加强污染物排放在线监测工作。1～12月，全省燃煤电厂二氧化硫平均排放浓度为19.7mg/m^3，同比下降6.9mg/m^3；氮氧化物平均排放浓度为37.1mg/m^3，同比降低7.9mg/m^3；烟尘排放浓度平均3mg/m^3，同比下降2.4mg/m^3，均低于国家排放标准。四是会同省发展改革委（能源局）委托国家太阳能光伏产品质量监督检验中心开展“领跑者”计划项目的光伏组件和逆变器转换效率的检测工作，切实加强对省光伏“领跑者”计划项目的事中事后监管。

4. 落实简政放权工作要求，促进能源项目投资开发规范有序

一是结合江苏天然气市场发展条件，提出在江苏开展LNG接收站公平开放试点，并拟定试点初步方案。按照国家能源局信息公开要求和《江苏省油气管网公平开放监管办法》，公开相关企业信息。二是组织燃气电厂天然气供应及运行情况约谈调研、天然气管网公平开放约访约谈、成品油质量升级供应使用情况座谈、天然气市场发展及监管调研等，提出政策建议。向省政府专题上报《关于江苏国Ⅴ车用油品升级情况及有关问题的报告》。三是开展储能项目调研，结合《江苏省分布式能源微电网发展研究及政策建议》课题，对推广应用过程中的问题和政策瓶颈提出解决方案和监管建议。四是对在建电力项目重要建设节点、基建安全、是否符合相关政策规定、是否批建一致等进行重点监管，将市场准入关口前移，维护建设市场秩序。对监管过程中发现的未批先建项目，将有关情况通报省能源主管部门，并提出监管意见。五是参加项目优选工作。配合省能源局研究制定《江苏省2017年度天然气发电项目优选办法》并参加天然气发电项目优选评议。参与江苏省光伏指标分配方案的制定以及“光伏发电领跑者优选计划”评议。六是针对江苏省天然气需求快速增长形势，加强天然气每日供应情况监测，并积极与相关供应企业协调联系。

【国家能源局浙江监管办公室】

基本情况 国家能源局浙江监管办公室（简称浙江能源监管办），组建于2005年4月22日。

主要职能：监管电力市场运行，规范电力市场秩序；监管电网和油气管网设施的公平开放；监管电力调度交易，监督电力普遍服务政策的实施；负责电力等能源行政执法工作，依法查处有关违法违规行为，监督检查有关电价；负责除核安全外的电力运行安全、电力建设工程施工安全、工程质量安全的监督管理以及电力应急和可靠性管理，依法组织或参与电力事故调查处理；负责组织实施电力业务许可以及依法设定的其他行政许可，组织开展电力业务许可持续性监管以及相应的市场准入监管；负责法律法规授权以及国家能源局下达或交办的有关事项监管。

领导班子

党组书记、专员：周志明

党组成员、副专员：郭昌林

党组成员、综合处长：卢延国

电力安全监管处处长：戴天将

市场监管处处长：应华泉

行业监管处调研员：金华征（主持工作）

资质管理处处长：黄瑞意

稽查处副处长：梅天华（主持工作）

组织机构 内设综合处、市场监管处、行业监管处、电力安全监管处、资质管理处、稽查处六个处。

主要工作

(1) 电力安全监管。把十九大保电工作作为今年电力安全监管的首要任务，成立由办主要负责人为组长，省级电力企业负责人为成员的浙江省电力安全生产大检查工作领导小组，组织开展和统筹推进党的十九大保电工作，确保了十九大期间全省电力系统安全稳定运行和电力可靠供应。高度重视企业安全生产主体责任落实，严格按照《电网安全风险管控办法（试行）》有关规定，加强对二级电网风险管控措施落实情况的监督检查，推动企业真正把有关管控措施落到实处。吸取江西丰城电厂“11·24”特别重大事故，切实加强对在建电力工程安全的监管，所有在建工程项目都建立了台账，改变了以往建设项目底数不清的状况，为开展项目建设施工安全和质量安全监管创造了前提条件。对电力安全监管工作责任进行全面梳理，从保证不失职、不渎职的基本履职要求出发，从非现场监管和现场监管“两手抓、两手硬”的角度，组织开展电力监管工作规范化标准化的探索和实践。

(2) 市场监管。发扬“钉钉子”精神，对2016年开展的专项监管全面实行“回头看”，先后开展了可再生能源发电调度专项监管“回头看”、电力直接交易专项监管“回头看”、用户受电工程专项监管“回头看”。在可再生能源发电调度专项监管“回头看”中，发现2017年电力直接交易准入管理中8个地市86家企业仍存在环保违规准入的情况，继续对政府有关部门发出监管意见书，要求及时组织整改，追缴违规用户的电费差额资金499.86万元。坚持问题导向和目标导向，组织开展了供电专项监管、浙江

省“两个细则”考核补偿执行情况的专项监管和新建机组进入商业运营的专项检查。组织编制全国首个《网源协调监管办法》，探索建立了网源协调监管体系和监管机制，得到全省电力企业的充分认可。深入贯彻全国电力体制改革座谈会精神，专题组织浙江深化电力改革专题研讨会，努力在推动推进浙江深化电力体制改革中发挥应有的积极作用。继续强化电力市场监管相关制度的修编，编制完成《浙江省电力交易规则（暂行）》（报备稿）。

（3）行业监管。着力加强非电能源行业监管工作研究，制定非电能源行业监管工作方案，明确非电能源行业监管工作重点，落实非电能源行业监管任务。继续开展煤电项目规划建设情况监管，建立企业定期报告项目前期工作与建设进度的监管机制，全面掌握煤电项目核准和建设情况。建立煤电机组关停计划台账，跟踪计划关停的煤电机组相关工作进展，确保浙江省按时保质保量完成国家下达的煤电落后产能淘汰任务。开展农林生物质发电项目掺煤情况监管，形成监管报告抄送省有关部门。组织开展全省天然气经营情况调研，形成了《关于浙江省天然气经营管理情况的报告》上报省政府，为浙江省推进油气经营管理体制改革，推动推进油气管网公平开放作了必要准备。继续开展成品油质量升级监管，全面掌握全省国Ⅴ标准汽柴油生产情况，了解普柴升级改造情况。完善超低排放改造情况监测体系，每季度向政府有关部门和各发电企业通报超低排放改造情况等节能减排信息。开展能源监管信息系统的研究，按照全面掌握能源行业基本情况和发展变化趋势，创新非现场监管方式方法，基本完成能源监管信息系统建设。

（4）稽查和行政执法。制订出台《浙江能源监管办12398能源监管热线投诉举报内部管理流程规定》，从投诉举报受理、办理、办结、告知、处室分工配合、结案归档、台账管理等方面进行细化闭环管理，为12398投诉举报处理工作的规范管理建立制度基础。在全国各派出机构中率先开展12398热线社会知晓度调查，制作12398热线动画宣传片，有效做好12398热线标识普及和宣传工作，积极提高热线知晓度。加强投诉举报案件处理，对每件投诉举报事项和求助事项100%办结、100%回复。践行绿色发展理念，通过投诉举报处理促进光伏等新能源发展，为550户居民解决屋顶光伏并网或电费补贴结算问题。制订《浙江能源监管办行政处罚程序规定》，进一步规范行政处罚工作行为。

（5）资质许可和管理。落实省政府“最多跑一次”改革工作要求，推进行政许可标准化工作，组织修订《浙江能源监管办行政许可工作规范》等多个行政许可文件，使行政许可事项、办事指南、业务流程进一步标准化、规范化，电力行政许可全程网上申报、资料网上上传、证件快递送达，实现企业和群众办理行政许可事项“一次也不用跑”，“最多跑一次”。针对国家能源局一直高度关注的未许可机组处理问题，按国家能源局明确的时间节点在2017年6月底前实现了未许可公用机组全部持证经营的目标，解决了多年以来想解决而没有解决的历史遗留问题，实现了全国第一个公用发电企业全部持证经营的省份。梳理浙江省超期服役机组情况，按照国家能源局文件要求分类处理。

【国家能源局福建监管办公室】

基本情况 国家能源局福建监管办公室（简称福建能源监管办）是国家能源局派驻福建、对能源行业实施统一的专业化监管的正局级管理机构。福建能源监管办的前身是国家电力监管委员会福建省电力监管专员办公室（简称福建电监办），根据国务院机构改革的要求和中央编办发〔2013〕130号文件精神，于2013年11月变更为现名。

福建能源监管办依据国家能源局的授权，在福建省范围内履行能源监管、行政执法的职能。具体工作职责有：监管电力市场运行，规范电力市场秩序；监管电网和油气管网设施的公平开放；监管电力调度交易，监督电力普遍服务政策的实施；承担电力等能源行政执法工作，依法查处有关违法违规行为，监督检查有关电价；承担除核安全以外的电力运行安全、电力建设工程施工安全、工程质量安全的监督管理以及电力应急和可靠性管理，依法组织或参与电力生产安全事故调查处理；实施电力业务许可以及依法设定的其他行政许可；承办法律法规授权以及国家能源局交办的其他事项。

领导班子

党组书记、专员：张建平

党组成员、副专员：朱文毅

党组成员：曹祥云

组织机构 内设综合处、市场监管处、行业监管处、电力安全监管处、资质管理处、稽查处六个处。

主要工作

（1）电力安全监管。没有发生重大以上电力人身伤亡责任或电力设备损坏事故以及对社会造成重大影响的事故。厦门金砖会晤电力保障工作实现“六个零”目标，被中共福建省委、福建省人民政府表彰为“厦门会晤筹备和服务保障工作先进集体”。主要开展了以下工作：落实企业安全生产主体责任，督促电力企业全面开展防汛备汛、风险管控、隐患排查、反恐怖防范等工作；强化电力安全生产专项监管，开展电力安全生产、防台防汛、反恐怖防范、网络信息安全、“三电”设施保护、建设工程及煤电超低排放节能改造项目督导检查、并网电厂涉网安全和电力监控系统排查综合督查等；加强电力安全应急管理工作，开展应急预案编制修订、评审与备案工作，做好抵御自然灾害等重要时段、法定节假日以及党的十九大会议期间的值班值守、信息对接、跟踪工作，营造电力安全稳定环境；强化电力安全生产信息报送，完善信息报送、隐患排查、事故分析制度，突出案例监管；开展电力建设工程施工安全和工程质量专项监督检查，规范质量监督行为；完善福建省电力安全监管体制，配合地方政府制定《福建省关于推进电力行业安全生产领域改革发展的实施意见》，落实电力行业属地电力安全管理部门。

（2）电力体制改革。围绕电力体制改革的重大问题，先后10余次向福建省委省政府领导专题汇报。推动电力直接交易、售电侧改革、增量配电放开、电力辅助服务市场、电力现货市场、油气改革等试点工作，市场化改革步伐加快。主要成果有：牵头制定了福建电改配套3个操作文件；电力辅助服务市场建设试点在全国率先进入试运行，2017年为有关发电企业返还辅助服务补偿费用超过4亿元；推动油气市场化改革稳健起步，推动福建省两大主干油气管网互联互通和公平开放。

（3）市场监管。加强电力市场交易规则和秩序监管，组织修订并印发交易合同范本，保证交易工作有序开展；加强价格成本监管，开展电费结算专项监管检查，对福建省输配电核价以及降低实体经济用电成本若干问题提出意见和建议；抓好供电监管工作，组织开展年度供电监管检查，开展压缩用电报装时间监管专项督查，优化营商环境；与省住建厅联合发文删除废止原《福建省新建住宅小区供配电设施建设与运行维护监督管理暂行办法》中部分条款，要求各电力企业不得排除、限制市场竞争；做好电力和能源运行形势分析报告，推动了相关工作落实；坚持问题导向，协调城市燃气管网特许经营权纠纷、购售电合同签订、电费结算投诉举报、发电机组未持证经营等问题，反馈省人大代表有关台商开发区售电侧改革试点、延平区水口电站库区用电优惠、闽清水口集团下属多经公司属地纳税等提议的处理意见建议。

（4）能源行业规划、政策和项目执行情况监管。落实能源革命战略部署，开展国家能源战略、规划、政策、标准在福建落实情况的监管工作，对煤电缓建项目提出3条建设性处理建议并得到国家能源局采纳，按期完成煤电机组节能改造计划目标，超额实现了全省单机10万kW及以上煤电机组烟气污染物超低排放，按期保障国Ⅴ标准车用汽、柴油的供应，实施2017年金砖会晤能源领域环境质量监管工作，促进储能技术与产业发展，为清新福建作出了贡献。协调推进核电跨省消纳工作，促成国家能源局批复同意《福建核电消纳方案》，全年累计促成超过70亿kWh的外送交易电量，为福建电力企业增收超过22亿元。研究优化清洁能源运行调度等工作的措施和办法，与省经信委、物价局联合印发关于进一步优化全省清洁能源运行调度实施方案。持续推动闽粤联网工程建设，促成国家能源局成立了“闽粤联网”项目规划推进工作组。推动、指导第九届海峡论坛·海峡两岸新能源发展研讨会相关工作，达成厦门向金门供电等多项共识。开展调查研究，疏解内陆煤电企业经营困局，寻求中央扶持老区政策。

（5）资质许可。推进资质受理场所管理和监督检查“标准化”，完成资质大厅的标准化整改工作；强化“放管服”落实，简化了资质许可管理有关条件，完成对行政许可申请平台的升级改造工作，开展许可申请证前辅导和承装（修、试）企业专家就近服务，推行“一趟不用跑、最多跑一趟”便民服务措施，只要不需进行现场核查的许可事项，全部压缩一半的审批时间；加强事中事后监管，严格持证管理，协调解决3家无证发电企业历史遗留问题，开展持证企业年度自查工作；深化“双随机一公开”监管抽查工作，明确现场检查的方法、要求和标准，体现了公平性、公开性和公正性；推进能源信用信息体系和黑名单制度及信息平台建设，取得了阶段性进展。截至2017年底，监管发电企业1457家，供电企业80家，输电企业1家，承装（修、试）电力设施企业327家。

（6）行政执法。完善行政执法工作机制，调整办行政处罚委员会及办公室成员，建立行政处罚工作会议制度；进一步规范行政执法程序，编制行政处罚现场检查文书，完善投诉举报卷宗，增加《调查事实与结论》内页资料，制定印发了《福建能源监管办行政处罚程序规定》《福建能源监管办能源争议纠纷调解规定》；聘请法律顾问，在重大决策、疑难案件办理、法律事务处理时，吸收和采纳法律顾问提出的意见建议，确保各类行政行为合法、规范、有效；建立“一事一档一报告、一案一查一回访”制度，加强行政处罚力度，维护了市场主体合法权益。2017年收到投诉举报和有效咨询信息2268件，其中属于监管职责范围内的投诉举报162件，均按时办理办结，按月、季发布受理情况通报。针对发现问题和线索，下发整改通知书27份、立案调查16起、通报15起、行政处罚3起。

【国网上海市电力公司】

企业概况 国网上海市电力公司（简称国网上海电力）隶属于国家电网公司，是上海地区电力输、配、售的特大型企业，负责统一调度上海电网，参与制定、实施上海电力、电网发展规划和农村电气化等工作，并对全市的安全用电、节约用电进行监督和指导。服务客户1055.9万户，供电区域包括整个上海市行政区。

2017年，国网上海电力全面和超额完成安全生产、电网发展、经营管理、优质服务等各项年度重点任务和年初职代会确定的各项目标。安全生产保持长周期平稳局面，电网规划全面对接地方并加快落地，经营业绩稳健增长，改革创新卓有成效，政策环境不断改善，连续三年获国家电网公司企业负责人业绩考核A级、同业对标综合标杆，连续17年保持市政风行风和12345市民热线考核第一名，获评全国文明单位和上海市文明行业，基层单位实现上海市文明单位全覆盖。

组织机构 下设22个部门，直接管辖各类电网企业、发电企业、施工、科研、医院、能源服务、培训中心等单位26家（含11家供电公司、14家业务支撑和实施机构，1家代管单位）。

电网概况 上海电网已形成“五交四直”特高压和500kV跨区电网组成的市外来电主通道，500kV电网建成双环网和南外半环，通过练塘1000kV变电站和徐行、黄渡、三林500kV变电站与华东主网连接，又通过1回复奉800kV直流线路及宜华、葛沪、林枫3回500kV直流线路同西南电网和华中电网相连。220kV电网是上海电网主要供电网络，已实现杨行、徐行、亭卫、远东等14个分区运行。城市综合电压合格率99.996%，供电可靠性99.983%。

人力资源 推进劳动组织管理。落实从严治党要求，健全完善党建机构，核增党建工作人员编制67人。按期完成国网上海电力和送变电公司等五家子公司的公司制改革。完成电力交易公司、综合能源服务公司组建和调整。组建审计中心，初步形成“上审下”机制。聚力人才队伍建设。完善高端人才培养的交流平台和跟踪机制，量身定制差异化培养计划。突出青年人才培养，系统开展“卓越新星”培养工程，已实现2589名30岁以下的青年员工全部纳入。强调“以赛促培”，共计70名青年人才在国网级、外部机构举办的竞赛调考活动中脱颖而出。完善全员绩效考核体系。优化分解企业负责人业绩指标，确保指标设置更合理、更有效，加强过程监控，注重亮点展示，确保企业负责人业绩考核进入省公司A级；推进一线员工工时积分同价计酬机制建设，总结机制建设工作经验，逐步扩大机制推广范围。推进内部人力资源市场建设。通过岗位竞聘、挂职锻炼等6种方式，加大员工自主流动和优化配置，共计实现各类配置单1274张、市场流动配置1272人次。

电网建设与发展 配合完成国家电网公司与市政府签订战略合作协议，配合编制国家“十三五”主网架规划衔接评估报告和上海“十三五”电力规划，优化公司发展战略和电网规划。100项35kV及以上项目获得核准。累计投产110kV及以上交流线路567km，变电容量1000万kVA。新开工110kV及以上交流线路423km，变电容量676万kVA。国内第二座全地下500kV虹杨输变电工程历时5年投运。崇明电厂送出等15项220kV工程、津航等37项110kV工程和全部43项小城镇（中心村）电网改造升级项目顺利完成。固化“政府主导、依法合规、企业实施”的应急施工模式，平稳开复工220kV亭大、110kV大康等8个受阻工程。世界一流城市配电网建设启动实施，编制配网不停电作业管理提升方案，配网自动化覆盖率突破50%。110kV模块化建设变电站率先实现全标准化。格构式跨越系统、盘扣式脚手架全面推广应用。2个项目获评国家电网公司创优示范工程。

经营管理 适应电量变化和输配电价改革，科学优化经营策略，推进提质增效，经营业绩保持领先。加强精益管理，率先建成应用成本费用储备库，全年压降银行账户27个，压降“两金”5亿元，委贷净收益1.27亿元；完成110kV北水变电站整站招标试点，全年集中采购239亿元，废旧物资处置回收1.25亿元；实施电能表状态更换节省2018年投入1.33亿元；央企二级单位中首次同获中、美、英权威机构三项管理会计大奖。与全市98个区级以上园区签订共建协议，业扩平均接电周期、结存项目容量分别下降11%、90%，市场占有率提升2.4个百分点。替代电量超额完成，达46.6亿kWh。追补电费和违约使用电费近1亿元、同比增长64%。

安全生产 贯彻上级安全生产工作部署，落实安全生产“十三五”规划和安全工作意见，实现年度安全目标。构建完善各专业、各层级、各岗位的立体化安全责任体系，深化标准化作业建设，将生产计划刚性管理延伸覆盖至10kV等级。统筹开展安全生产大检查、安全生产问题清单专项梳理、配网设备“两排查一整治”“电力建设工程施工安全年”等活动，从严整改消除了一批安全隐患和设备质量问题。发布管控电网和施工风险预警约1500项，及时消除枫泾、华新换流站、杨高主变压器等严重隐患，反违章检查现场3000余个。经受住了夏季极端高温、冬季供气紧张等考验，完成党的十九大、中共一大会址、全国“双创周”等87项重大保电任务。采用政企联合查评方式开展应急能力建设评估。电力设施偷盗案发数、直接经济损失同比分别下降42.1%和42.8%。加大安全警示教育培训力度，常态化开展安全普考、抽考、调考。保持反违章高压态势，以铁的纪律抓规章制度执行。

营销工作 2017年，完成售电量1277亿kWh，同比增加3.4%；新增接电容量910.1万kVA；完成电能替代46.58亿kWh，同比增长6.35%。漕河泾松江产业园区综合能源中心一期“电热+冰蓄冷”示范项目推进；实施长兴地区热网集中供热系统电能替代改造项目。打造洋山深水港、外高桥集装箱码头8MW岸电、安缦酒店一期综合能源等示范工程，浦东、虹桥两大国际机场实现廊桥APU全覆盖。全年建成各类充电站119座、充电桩1395台，建成中心城区2km服务网络，建成上海首座光储充一体化充电站，全市新能源汽车年充电电量实现再翻番，突破2亿kWh。组建国网（上海）新能源汽车服务有限公司。

科技与信息化 创新能力不断提升。UPFC、崇明智能电网综合示范工程等国家级项目通过验收。牵头完成钠硫电池储能等3个总部项目，立项国产公里级高温超导电缆、深远海风电并网等13个总部项目。主导编制的中国首个变压器行业IEC技术标准正式发布。首批通过国家电网公司技术标准创新基地验收。首家通过电网资产实物统一身份编码试点验收。联合复旦大学建成电力大数据实验室。开展“卓越管理年”活动，完成精益管理试点，构建一体化精益管理体系，形成卓越管理案例74篇，实现专业指标提升17项。发布东京电力对标成果和三年行动计划。设立创新成果专项奖励。获国家电网公司、上海市科技奖36项、创新奖3项。获国家专利授权199件，首获中国专利优秀奖，创历史最好水平。网络安全和信息化建设深化推进。完成全业务统一数据中心32套系统数据接入和分析域场景建设。国网上海灾备机房二期建设项目获国家电网2017年度优秀信息化项目。首批通过信息通信调度同质化评价和国家电网I6000实用化验收。获国家电网公司信息安全网络对抗赛中团体二等奖。

优质服务 打造集成“网上购电、线上签约、实时查询、电子账单、用电分析”等多种增值服务的“慧用电”服务品牌，智能交费推广突破100万户，线上交费比例、办电率分别超过75%、96%，包揽“互联网+”技能竞赛团体、个人一等奖，1人获评国家电网公司“十佳服务之星”。三年315万户“光明工程”收官，累计完成7000个小区改造，用电量平均增加15%。完成30万户“多表集抄、多单合一、多费合收”，并实现“三单合一、一键支付”，建成电水气公用事业综合信息平台。建成56个“全能型”供电营业站、4个国网“五星级”乡镇供电所。故障修复时间下降17%。“强管控、降投诉”专项整治成效明显，有责投诉、重复投诉同比分别下降21%、80%。

党的建设和精神文明建设 学习宣贯党的十九大精神掀起热潮。坚持把学习宣传贯彻十九大精神作为首要政治任务，把握“学懂弄通做实”关键，结合国家电网公司“五个围绕”，制定学习宣传贯彻实施方案，细化推进50项重点任务。国家电网公司副总经理韩君到国网上海电力做专题学习辅导；国网上海电力党委和各级党组织累计开展党委中心组学习、支部主题党日、专题培训600余次，做到多形式、分层次、全覆盖；组织党的十九大代表、各级班子成员累计宣讲70余次，推动十九大精神进基层、进班组、进现场。全方位宣传展现学习新氛围、贯彻新实践、落实新成效。治党治企从严加强。推进“两学一做”学习教育常态化制度化。召开党建工作会议，实施党的建设“旗帜领航·三年登高”计划，落实基础建设年六大重点任务，在国家电网公司首次党建综合考评中名列前茅。将党建工作要求纳入企业章程，规范了公司各级党组织议事决策机制，健全党建工作机构设置。坚决抓好巡视巡察及问题整改，实现供电公司内部巡察和基层单位党风廉政建设约谈“两个全覆盖”。推进问题清单梳理全覆盖工作，配合做好电力价格、供电监管、审计、通用制度等专项检查，消除了一批风险点、薄弱点。1个课题获得第四届全国基层党建创新最佳案例。党的十九大代表、获评全国“五一劳动奖章”“中国好人”和国家电网公司特级劳模各有1人当选，3人获评国家电网公司劳模，1个班组获评“全国巾帼文明岗”，16个单位、个人和集体获评上海市、国家电网公司五一劳动奖状、奖章和工人先锋号。获评上海市和国家电网公司劳模技师创新示范工作室7个、第二批“上海工匠”3人、专家领军人才10人；调考竞赛5个专业进入团体前六、位列A段，荣获市首届企业法务技能大赛一等奖。

（龙　飞）

【国网江苏省电力有限公司】

企业概况 国网江苏省电力有限公司（简称国网江苏电力）隶属于国家电网公司，从事江苏省境内电网建设、运行与管理，经营江苏电力销售业务。2017年国网江苏电力辖13个市、52个县（市）公司及14个科研、检修、建设等单位，服务全省4194.67万电力客户。现有职工37 546人，农电工38 536人。拥有35kV及以上变电站（换流站）3109座、输电线路9.50万km，变电容量53 219万kVA，电网规模超过英国、意大利等国家。电压合格率、电网抵御风险能力达到国际先进水平。江苏电网已进入特高压、大电网、高负荷时代。

2017年，江苏全社会用电量5807.89亿kWh，增长6.39%；调度口径最高用电负荷10 218.60万kW，增长10.14%。国网江苏电力完成售电量

4930.58 亿 kWh，增长 7.29%；完成固定资产投资 466.91 亿元；投产 110～500kV 线路 3294.28km，变电容量 2951.65 万 kVA；线损率 4.08%，下降 0.1 个百分点。连续 4 年囊括国家电网公司同业对标“综合标杆”“业绩标杆”“管理标杆”3 项第一；获得全部 10 项“专业标杆”，其中 7 项位列第一；连续六年获得国家电网公司企业负责人业绩考核 A 级第一名。

领导班子

董事长、党委书记：尹积军（2017 年 9 月 20 日任职）

董事、总经理、党委副书记：石华军（2017 年 9 月 20 日任职）

副总经理、党委委员：李作锋

副总经理、党委委员，兼南京供电公司总经理、党委副书记：李斌

纪委书记、党委委员：王树炎

副总经理、党委委员：张龙

副总经理、党委委员：黄志高

副总经理、党委委员，兼苏州供电公司总经理、党委副书记：韩冰

副总经理、党委委员：陈庆

副总经理、党委委员：夏勇

工会主席、党委委员：陈宏钟

总会计师：王小兵

总工程师：陈刚

组织机构 本部设有 22 个职能部室：办公室（党委办公室）、发展策划部、财务资产部、安全监察质量部（保卫部）、运维检修部、营销部（农电工作部）、科技信通部（智能电网办公室）、建设部、物资部（招投标管理中心）、对外联络部（品牌建设中心）、审计部、经济法律部（体改办）、党委组织部（人事董事部）、人力资源部（社保中心）、离退休工作部、后勤工作部、党建工作部（机关党委办公室、团委）、监察部（纪委办公室）、电力调度控制中心、运营监测（控）中心、工会和企协分会。下辖 13 个地级市供电公司、52 个县级供电公司及 14 个业务支撑实施单位。

电网概况 江苏电网东联上海、南邻浙江、西接安徽，是华东电网重要组成部分。现有特高压 1000kV 变电站 3 座，容量 1200 万 kVA，±800kV 特高压直流换流站 3 座，容量 2928 万 kVA，特高压线路长度 1433km。500kV 变电站 57 座、容量 11 993 万 kVA，线路长度 11 813km。220kV 及以下变电站 3046 座、容量 37 098 万 kVA，线路长度 81 759km。特高压“一交三直”工程基本落地，初步形成特高压交直流混联电网格局。500kV 电网形成“六纵五横”电网结构。220kV 电网细化为 28 个分区运行，各分区互联互济，有效提高电网安全水平；110kV 及以下配网基本形成高效、灵活、可靠的网络结构，满足江苏经济社会发展和人民生活用电需求。

截至 2017 年底，江苏共有统调电厂 930 座、机组 4102 台（其中风电机组 3154 台），总装机容量 10 980 万 kW，其中火电机组 9355 万 kW，核电机组 200 万 kW，抽水蓄能机组 10 万 kW，风力发电机 655kW，太阳能发电机组 130.72 万 kW（另有非统调太阳能发电机组 630.3 万 kW）。接入 220kV 及以下电网装机容量 5587 万 kW，接入 500kV 电网装机容量 4131 万 kW。

人力资源 开展巡视整改及问题清单梳理工作，完成 515 名延退返聘人员规范整改、集体资产收购等工作，撤销 2 家培训中心和 5 家地市级公司培训分中心。开展专项审计及“一对一”诊断，下发《问题整改通知单》和《人力资源典型问题及规范意见指导手册》，提升专业管理水平。开展 6 场“人资专业访谈下基层”活动，征集专业管理、队伍建设等 7 方面 462 条意见建议，制定专项提升措施。深化主业、集体“三定”管理，开展劳动合同、上岗合同及人事档案管理规范性检查，防范用工风险。

按照企业改制要求，明确公司法人治理结构“三会一层”人员配置规则。加强专业机构设置，成立法律服务中心，拓展审计中心业务范围。完成省内培训机构调整，理顺电机工程学会等单位管理关系。健全农电公司组织机构，配合制定集体企业“瘦身健体”工作方案。

拓展职员职级发展通道，实现职员管理向技能人员、农电人员延伸。构建处级后备等 7 个核心人才培训项目体系，实施人才梯队精准储备和培养。推进“领头雁”人才培养，开展管理人员标准化培训，试点技能岗位能力评价，在网络学院、掌上学院“双线”部署新员工入职引导课程，开展入职三年及五年员工能力评价。对“大检修”“大营销”专业的 137 个班组开展复合型班组建设，推进班组专业大融合和复合型人才培养。新增 1 名“全国创新争先奖”获得者，2 名“全国电力行业技术能手”。

构建与人员配置强关联的绩效工资分配机制，薪酬分配向“业绩好、用人少”的团队倾斜。开展 43 场薪酬绩效“大讲堂”活动，提升员工薪酬绩效满意度。开展岗位薪酬、培养考评、选拔使用“三个一体化”试点建设，促进薪酬“能增能减”、岗位“能上能下”、员工“能进能出”，对 37 名员工实施待岗和降岗。强化农电队伍建设，省、市农电公司分别选拔 81 名、238 名优秀人才。试点提高农电意外伤害保险标准，规范农电员工保障待遇管理。

组建 1 家园区供电公司、3 个供电服务中心、75

个供电服务站（组），完善园区供电机构薪酬管理制度。组建3家混合所有制配售电公司，参与市场竞争。组建苏州城市能源研究院和苏州公司典范城市建设办公室、电动汽车分公司，适应能源变革发展战略要求。

电网建设与发展 建成“一交三直”特高压网架，特高压交直流混联电网格局初步形成。承接区外来电超过2300万kW，清洁能源装机容量超过1900万kW。±800kV直流晋北—南京、锡盟—泰州特高压工程建成投运。国家电网公司重点科技项目、世界首个500kV统一潮流控制器（UPFC）示范工程投运。开工输变电工程466项，投产261项。新增10kV配电变压器1.99万台，线路2.46万km。完成配农网项目12.8万个，农村低压绝缘化率、配电自动化覆盖率分别提升至84%、70%。提前完成794个小城镇（中心村）建设任务，实现新一轮农网改造升级“两年攻坚战”目标。帮扶西藏18项农网升级改造工程投运。237项输变电工程高分通过国家电网公司优质工程核检，宿迁瑶沟220kV变电站、晋北一江苏±800kV特高压直流线路（江苏段）获得国家电网公司“创优示范工程”，南京1000kV特高压变电站获得2017年度中国电力行业优质工程奖。

启动高端电网研究，滚动调整“世界一流电网”指标体系，编制“国际高端智能电网建设总体方案”，形成“高端智能电网规划技术原则”。成立国网（苏州）城市能源研究院，编制典范城市智能电网建设总体方案，推进“四大示范区”建设，打造苏州同里新能源小镇。完成源网荷友好互动系统负荷实切演练与二期扩建，国务院参事组对此高度肯定并向国务院领导提出建言。与镇江、泰州、盐城、淮安市政府签署建设坚强智能电网战略合作协议。

经营管理 从电网坚强、资产优良等五个维度确定率先全面建成“一强三优”现代公司，构建“能力+品质”评价指标体系，通过第三方专家评估。国网江苏电力的建设实践和相关做法科学先进，运营状态指标全面领先。总结提炼资产组管理创新实践成果，荣获“CGMA全球管理会计2017年度中国大奖——最佳管理实践”大奖第一名。

完成“改革攻坚年”活动126项重点任务。完成公司改制任务，公司法人治理结构初步建立。编制配电网业务放开技术规范和《增量配电业务实施意见》。控股南京、镇江、南通、宿迁增量配电试点项目，挂牌成立3家混合所有制增量配售电公司。开展市场化业务办理和电费结算。规范运作电力市场交易，全年直接交易和跨区跨省交易量均突破1000亿kWh。搭建省市层面集体平台企业，整合集体企业118户，完成企业清理及年度重组任务，出台加强集体企业规范管理的意见，健全集体企业全面风险内控体系。加快“三供一业”分离移交，完成移交协议签订，供电分离接受超过87%。与省农垦集团签订农场电力体制改革和电网移交改造框架协议。

严格全面预算和资金投入产出管理，利润水平保持领先。开展预算项目清理专项行动，清查项目24万个。深化物资电商化采购，完成集中采购357亿元。建立配网协议库物资闭环管控机制，全年112亿元配农网物资供应有序。加强清仓利库长效管控，平衡积压物资10亿元。严格“一市一行一户”电费账户管控标准，压减银行账户350个。成立省级法律服务中心，启动法治企业成熟度评价。初步建成运营数据应用仓库，健全数据仓库管理制度和标准。建立任中审计轮审制度，完善“上审下”机制，充实审计中心力量，完成国家电网公司任中经济责任迎审工作。

安全生产 建立本质安全实践典型库。组织开展安全生产大检查、基建现场反违章和物资质量提升专项行动。推进输电主通道“六防”治理行动，线路本质安全水平稳步提升。通道外力破坏得到有效遏制，实现500kV及以上线路“零外破”。建立健全“现场、管理”两个维度反违章工作体系，开展专项督察23次和远程视频监督2次，开展专项排查和整治。开展安全生产专题职工代表巡视。通过简报、网站等形式曝光典型违章行为14类309项。实现“五通”制度有效落地，提升变电管理精益化水平；落实隐患治理和反措要求，完成年度4980项反措的整改。

实施迎峰度夏技改、大修、配网项目，完成特高压变电站年度检修，落实夏季高温高负荷设备运维措施。执行特高压直流满送运维保障方案，实现江苏境内2条特高压直流及94条涉保线路“零故障”记录。完成省级应急指挥中心升级，实现全省突发事件“可视化、智能化、互动化”应急管理，应对局部龙卷风、暴雪冰冻等恶劣天气影响。开展源网荷友好互动系统安全政策研究，推动国家能源局启动国务院599号令释义修订。开展物联网标签寿命和制作工艺研究，完成实物ID试点建设。完成党的十九大、国家公祭日等重大活动保电。开展特高压直流、500kV UPFC生产准备工作。开展配农网低压设备隐患排查治理，强化投诉报修分析管控，配电线路故障跳闸率同比下降21.07%，配电变压器重复停运率同比下降65.17%，故障报修率同比下降25.3%。

开展迎峰度夏消防安全隐患专项排查、电气火灾综合治理、高层建筑消防安全综合治理等工作，查改消防隐患356项；组织消防应急疏散和灭火救援演练72场次。推进500kV变电站警务室设立和变电站安防信号与110指挥中心联网。开展全省电网企业反恐怖防范达标建设“回头看”暨反恐怖知识宣传教育，查改治安隐患 59 处。加强重要时段信访和舆情专业协同。

营销工作 开展“绿色苏电，智联万家”优质服务主题活动，完善以客户为中心的服务体系。组建园区重要客户专属供电服务机构，建成各类园区供电服务中心、站、组 75 家，在班组层面实现营配业务、岗位职责和信息系统的融合，实现大客户“一站式”高效服务。组建省综合能源服务公司。建成综合能源服务中心 10 家、签约客户 600 余户，满足重点客户用电需求。

探索构建市场化原则下的居配工程专业化管理新模式，推动省政府修订现行居配工程标准，明确居配项目必须通过政府公共资源交易平台实施公开招标，2017 年起所有居配项目均通过平台实现预选招标，大幅缩短招标周期，同时保障工程质量。强化供电服务专业协同和溯源管理，完善作业服务规范，全年投诉同比下降 39%。

建成南京、苏州、扬州供电服务指挥平台，“全能型”乡镇供电所实现全覆盖，所有供电所实行台区经理制和综合柜员制，完成营配班组融合，所有台区经理配备移动作业终端，外勤作业线上派单率 100%。健全农电公司组织机构，充实管理力量，建立农电公司同业对标体系，对 72 个农电公司、144 个供电所开展现场综合稽查。

科技与信息化 构建网络安全跨部门督查和通报机制，完成各类泛在接入安全防护方案设计和整改优化。开展保护单通道、三跨光缆隐患专项排查治理，强化网络边界及端口管控，抵御勒索病毒攻击。推进信息通信专业深度融合，组织新进员工集中培养，开展信息通信安全运维技能培训，在国家电网公司信通技能竞赛获得团体第二。

加强无线专网建设，牵头编制国家电网公司系统企业标准，完成总体规划，落实资金保障。完成工业级通用型无线终端研制，开展带业务试运行。探索与运营商、铁塔公司共享基站建设模式。移动作业平台实现内外贯通。创新研发微应用和移动交互平台，试点开展门户 2.0、邮件等移动应用建设。开展信息基础架构云化顶层设计，完成计算资源云化部署，初步具备资源柔性分配能力。获得省部级及以上科技奖励 54 项，其中国家科技进步二等奖 1 项，省部级一等奖 5 项。

优质服务 国家重点科技项目“城区用户与电网供需友好互动系统”在居民侧应用非侵入负荷辨识终端，在不入户的情况下，在线识别用户内部用能设备使用状况，并通过互动 APP 为居民提供分项能耗可视化、节能诊断、需求响应等服务。推动政府出台多表采集政策 55 项，实现“多表合一”信息采集接入用户 105 万户。自主研发新型智能表和采集终端，在苏州投用基于新型智能电能表的配网主动抢修系统，实现各级停电故障 20s 内实时上报、快速抢修、精准服务。推广港口岸电、粮食烘干等电能替代项目 3252 个，建成运河服务区岸电互联互通工程，实现车船联网，替代电量 130 亿 kWh。全省电动汽车充电桩接入车联网平台实现 100%。荣获“全国用户满意标杆企业”称号。

实施电力需求响应，夏季负荷高峰期实现需求响应分区精准控制和实用化运行，启动需求响应，单次最大错峰负荷 128 万 kW，累计错峰 375 万 kW，保障电网安全稳定运行。

党的建设和精神文明建设 学习宣贯党的十九大精神，学习宣传党的十九大精神实施意见，领导班子成员分赴基层单位宣讲，党的十九大代表、各级领导干部结合实际开展各种宣讲活动，累计开展中心组集体学习、集中宣讲、辅导报告会等活动 2580 场。推进“两学一做”学习教育常态化制度化，实施党的建设“旗帜领航·三年登高”计划。开展政治素养与业务素质“双提升”党员培育体系研究和实践，启动“不忘初心·坚守信仰”红色实景党课，举办“苦难·辉煌”专题党课教育，开展党员“周周练”，推动教育常态化、特色化。出台《关于深化落实全面从严治党主体责任的实施意见》，实施党委委员复合式分工。开展基于能力模型的党支部书记实操培训，发挥书记专家团“调、研、讲、辅”作用。制定党建工作考核办法，开展年度党建工作绩效综合考评。

配合国家电网公司党组巡视，落实巡视整改反馈意见，部署落实整改措施 675 条，制定出台 50 多项制度和规范性文件，整改结果经党委审定逐一销号，通过国家电网公司巡视整改督导。成立党委巡察工作领导小组、巡察办和 3 个巡察组，完成对徐州、无锡、南通等 3 家单位的内部巡察，推进从严治党向基层延伸。组织“履责任、守纪律、促廉洁”党风廉政主题教育，实施“明责履责”“遵规守纪”“暖心防险”三大工程。开展明责履责宣讲活动 307 场次，各级纪检监察干部与重要岗位及关键业务领域人员开展暖心防险谈话 9987 人次。创建网上廉洁教育馆，打造特色教育阵地。

推动价值理念落地，承担国家电网企业文化“统一性与多样性研究”示范项目，完善行为信条体系、故事体系，完成国家电网公司“员工情绪调查分析模式”研究项目，组织企业文化师轮训，推广“尚德四礼”模式，推广班组文化传播终端。企业文化示范点建设项目获中国电力创新一等奖。

开展团员青年“一学一做”学习教育活动，组建青年发展协会，开展青年创新创意大赛。荣获“央企五四红旗团委”、国家电网公司青创赛金奖第一名。创成25个全国“青年文明号”、2个全国“青年安全生产示范岗”。

品牌传播注重高端和品质，在人民日报、新华社、中央电视台三大中央权威媒体发稿646篇，在中国电力报、国家电网报头版头条发稿10篇。微信服务平台用户关注和绑定数均突破千万大关，微博、微信账号连续三年蝉联“2017年度央企最具影响力新媒体二级账号”和“2017年度中国企业新媒体品牌创新奖”两项大奖。开展“责任电靓品质生活”主题沟通行动，连续六年发布服务经济社会可持续发展白皮书，被中国企业管理研究会授予中国电力行业“最佳透明度管理”奖。

开展以特高压、供电服务为重点的20项劳动竞赛。实施“5980互联网+”职工服务，推广“苏电家园”“苏电娘家人”等线上平台，举办“书香苏电”读书主题活动。推进业务融合复合型班组，建立班组管理新体系。实施职工创新项目257个，1项成果获国家电网公司科技进步一等奖，5项成果获中电联职工技术成果一等奖。1个单位、3名个人荣获全国“五一”劳动奖状、奖章，4个集体分获全国示范创新工作室、全国工人先锋号，1名个人获评“江苏大工匠”。试点开展饮用水净化改造，办公用房空气治理全覆盖。完成全省职工年度健康体检。持续做好藏中联网工程后勤援建工作。打造“苏电心桥”为老服务品牌，完成“为老服务十项实事”。

主要事件

2月24日，由国网江苏省电力科学研究院牵头负责的《电力工控系统信息安全主动防御关键技术及核心装备》和《全系列国家工频高电压标准装置研制与应用》两项成果荣获江苏省科学技术一等奖。

3月6日，晋北—江苏±800kV特高压直流输变电工程江苏段线路验收现场，国网江苏省电力公司创造了一项“世界第一”——在国际上首次使用具有完全自主知识产权的电网异物激光清除器成功处置了特高压线路异物挂线隐患。

3月17日，1000kV泰州、苏州变电站主变压器扩建工程开工建设。1000kV泰州、苏州站主变压器扩建工程核准动态总投资分别为4.27亿元、9.45亿元，计划分别于2017年12月、2018年5月建成投运。

3月22日，由国网江苏电力牵头制定的《统一潮流控制器（UPFC）工程可行性研究内容深度规定》《统一潮流控制器工程设计导则》《统一潮流控制器工程分系统调试规范》等10项UPFC技术标准通过审查，成为国家电网公司标准并正式发布。这是国内首套UPFC技术标准。

4月7～8日，国务院参事张纲一行7人来国网江苏电力调研大规模源网荷友好互动系统建设发展情况，并肯定国网江苏电力贯彻落实习近平总书记“四个革命、一个合作”战略思想和李克强总理政府工作报告中关于能源发展的指示精神，为优先保障清洁能源发电上网，有效解决弃水、弃风、弃光的状况作出的率先实践。

4月12日，在2017年全国企业管理创新大会上，国网南京供电公司的《供电企业面向市场的一体化柔性运营管理》荣获一等奖，国网苏州供电公司的《供电企业基于云平台的电缆建设与运检管理》荣获二等奖。

4月26日，在北京举行的“最美职工”发布仪式上，来自国网江苏电科院的一线职工朱洪斌作为国家电网公司系统唯一入选者被授予“最美职工”荣誉称号。

5月19日，苏通GIL综合管廊工程“卓越号”盾构机刀盘被260t履带吊和500t履带双机缓缓吊起，顺利下井，标志着盾构机现场组装取得了阶段性突破。“卓越号”盾构机是为苏通GIL综合管廊江底隧道盾构施工量身打造的最关键设备，其刀盘直径达12.07m、重达262t，开口率为36%，配备212把刀具。

6月4日23时25分，随着最后一组1000kV交流滤波器投切试验结束，内蒙古锡盟—江苏泰州±800kV特高压直流输电工程泰州换流站1000kV交流系统调试成功，正式启动投运。泰州站是世界上首个千万kW级分层接入1000kV及500kV交流电网的特高压交直流深度融合变电站。

6月28日，淮南—南京—上海1000kV交流特高压输变电工程苏通气体绝缘刚性输电线路综合管廊工程江底隧道始发掘进。这是目前国内埋深最深、水压最高、超长距离的隧道，也是世界上首个特高压气体绝缘输电线路综合管廊工程建设关键工程。

6月30日，山西晋北送电江苏的±800kV雁淮（原名晋苏）特高压直流输电工程正式投入运行。这是继500kV山西阳城至江苏淮安输变电工程之后，晋电第二次“下江南”，也是继锦苏特高压之后落地江苏的第二条特高压直流输电工程。该工程线路全长1119km，最大输电能力达800万kW，预计年送电量达450亿kWh。

7月24日21时10分，江苏电网调度用电负荷达到10 218.6万kW，成为国家电网公司系统首个负荷突破1亿kW的省级电网。

8月5日，在中国青年志愿服务项目大赛获奖项目交流会上，国网江苏电力“蜜蜂行动、电亮心灯”志愿服务项目入选历届中国青年志愿服务项目大赛10

大经典案例。

8月9日，国家电网公司董事长、党组书记舒印彪在副总经理、党组成员王敏的陪同下来国网江苏电力调研，深入了解公司发展和江苏电网建设情况，慰问坚守岗位的一线员工。

8月9日，国家电网公司董事长、党组书记舒印彪分别与江苏省委书记、省人大常委会主任李强，省委副书记、省长吴政隆举行会谈，就加大江苏电网建设力度、推动外电入苏和电能替代、加快智能电网产业发展、促进能源转型升级等方面展开交流。

8月10日，国网（苏州）城市能源研究院揭牌，标志着中国在推动能源变革、深化城市能源领域重大问题研究、促进城市电网与能源协调发展、打造建设苏州国际能源变革发展典范城市等方面，迈出战略性一步。

8月28日，国网江苏电力召开六届三次职工代表大会，审议并一致通过了《国网江苏省电力有限公司制改制方案》。

9月20日，国家电网公司干部任免：尹积军任国网江苏省电力有限公司董事、董事长，中共国网江苏省电力有限公司委员会书记，免去其国网江苏省电力公司总经理职务；石华军任国网江苏省电力有限公司董事、国网江苏省电力有限公司总经理，中共国网江苏省电力有限公司委员会副书记，免去其中共国网江苏省电力公司委员会书记职务。

9月30日10时45分，±800kV内蒙古锡盟—江苏泰州特高压直流输电工程圆满完成168h试运行。期间，电网运行平稳，特高压设备运行正常。这标志着锡泰特高压直流工程江苏段投运，江苏由此初步形成了“一交三直”特高压交直流混联电网格局。

10月26日，党的十九大代表，国网江苏省电力公司总经理、党委副书记石华军和丹阳市供电公司线路二班副班长方美芳载誉归来。

11月8日，国网南京供电公司荣获国家最高质量奖——第十七届“全国质量奖”。

11月10日，江苏电力体制改革迈出重要步伐，首家从事增量配电业务的混合所有制配售电公司——扬中高新区配售电有限公司正式成立。

11月14～16日，国家电网公司第三届青年创新创意大赛在北京举行，国网江苏电力共获3金1银2铜。

11月22日，在中国质量协会2017满意中国年会上，国网江苏电力获评“全国用户满意标杆”，继2014年后连续两届获此殊荣。国网南京供电公司首次获评“全国用户满意标杆”。

12月14日，在2017年中国电力创新奖优秀获奖项目交流会上，国网江苏电力《统一潮流控制器（UPFC）关键技术、设备研制及示范应用》《超大规模省级电网运行控制关键技术及应用》两项成果荣获技术类创新大奖，《促进新能源规模化发展的源网荷友好互动管理》获管理类创新一等奖，《局域能源互联网关键技术及应用》等两项成果获技术类创新一等奖，《基于移动互联技术的电力物资全供应链管理系统》等两项成果获信息化类创新一等奖，《企业文化示范点量化评价体系构建及实践》获企业文化类创新一等奖，此外，《大型供电企业电能绿色供应的价值管理体系建设》等12项成果获得创新二、三等奖。

12月13日，江苏省年度跨区跨省交易量突破1000亿kWh，达到1006亿kWh，是江苏电力交易史上一次重要的里程碑。其中，外购入电量953亿kWh，同比增长30%，送出、置换电量53亿kWh。

12月15日11时46分，江苏电网大规模源网荷友好互动系统（简称源网荷系统）二期扩建工程顺利启动投运。至此，江苏电网“虚拟电厂”再增加100万kW，具备200万kW毫秒级可中断负荷控制能力。

12月15日，CGMA全球管理会计2017年度中国大奖颁奖典礼暨CFO高峰论坛会上，国网江苏电力以总分第一的成绩，荣获“CGMA全球管理会计2017年度中国大奖——最佳管理会计实践”大奖。

12月19日，世界上电压等级最高、容量最大的苏州南部电网500kV统一潮流控制器（UPFC）示范工程正式投运，首次在世界范围内实现500kV电网电能流向的灵活、精准控制，最大可提升苏州电网电能消纳能力约130万kW。

（缪莉庆）

【国网浙江省电力有限公司】

企业概况 国网浙江省电力公司（简称国网浙江电力）是国家电网公司的全资子公司，2017年9月底完成公司改制，更名为国网浙江省电力有限公司。

2017年，成立国网浙江省电力有限公司杭州市大江东供电公司（县级供电企业），撤销国网浙江省电力公司电动汽车服务分公司。完成省公司及所属54家法人企业公司制改制。

2017年，完成固定资产投资278亿元，其中电网投资274亿元；售电量3612亿kWh、增长8.5%。资产总额2108亿元；资产负债率62.9%。全员劳动生产率145.2万元/人年。对标综合评价列国家电网系统省市公司第二，8个专业均获管理标杆；杭州、宁波公司蝉联大型供电企业对标标杆。

领导班子

董事长、党委书记：肖世杰（2017年9月由总经理、党委副书记转任董事长、党组书记）

董事、总经理、党委副书记：陈安伟（2017年9

月由党委书记、副总经理转任董事、总经理、党组副书记）

党委副书记、副总经理（正局级）：单人（2017年9月任）

副总经理、党委委员：阙波

副总经理、党委委员：赵光静（2017年9月任）

副总经理、党委委员：吴国诚

副总经理、党委委员，国网杭州供电公司总经理、党委副书记：杨勇

副总经理、党委委员：黄晓尧

总工程师、党委委员：凌卫家（2017年11月任党委委员）

党委委员、纪委书记：司为国

党委委员、工会主席：杨玉强

总会计师：陈树国

副总经理，国网宁波供电公司总经理、党委副书记：王凯军

副局级调研员：陈卫中

副局级调研员：孔繁钢

组织机构 本部职能部门22个，办公室（党委办公室）、发展策划部、财务资产部、安全监察质量部（保卫部）、运维检修部、营销部（农电工作部）、科技信通部（智能电网办公室）、建设部、物资部（招投标管理中心）、对外联络部（品牌建设中心）、审计部、经济法律部（体改办）、党委组织部（人事董事部）、人力资源部（社保中心）、离退休工作部、后勤工作部、党建工作部、监察部（纪委办公室）、电力调度控制中心、运营监测（控）中心、工会、企协分会。地市供电公司11家，分别为国网浙江省电力有限公司杭州供电公司、国网浙江省电力有限公司嘉兴供电公司、国网浙江省电力有限公司湖州供电公司、国网浙江省电力有限公司绍兴供电公司、国网浙江省电力有限公司衢州供电公司、国网浙江省电力有限公司宁波供电公司、国网浙江省电力有限公司金华供电公司、国网浙江省电力有限公司温州供电公司、国网浙江省电力有限公司台州供电公司、国网浙江省电力有限公司丽水供电公司、国网浙江省电力有限公司舟山供电公司。公司层面业务支撑和实施机构9家，分别为浙江电力交易中心有限公司、国网浙江省电力有限公司经济技术研究院、国网浙江省电力有限公司电力科学研究院、浙江省送变电工程公司、国网浙江省电力有限公司检修分公司、国网浙江省电力有限公司信息通信分公司、国网浙江省电力有限公司物资分公司、国网浙江省电力有限公司培训中心、国网浙江省电力有限公司综合服务中心。公司层面其他机构4家，分别为国网浙江省电力有限公司紧水滩水力发电厂、国网浙江省电力有限公司综合服务分公司、浙江华电器材检测研究所有限公司、国家电网公司职业病防治院。

电网概况 通过淮南—浙北—上海特高压交流、浙北—福州特高压交流、溪洛渡—浙西特高压直流、灵州—绍兴特高压直流线路，与四川、宁夏等全国能源基地联通，通过9条500kV线路与上海、江苏、安徽及福建电网相联，基本形成了以“两交两直”特高压为骨干，主网架南北贯通、东西互供、交直流互备的坚强智能电网。特高压电网增加浙江省供电能力2500万kW，全年经特高压通道受入电量563.3亿kWh，为保障电力供应、促进节能减排提供支撑。

截至2017年底，浙江电网共有1000kV变电站3座，变电容量1800万kVA；±800kV直流换流站2座，容量1600万kW；500kV变电站42座，变电容量9505万kVA；220kV公用变电站317座，变电容量13 626万kVA；110kV公用变电站1334座、变电容量13 096万kVA。

截至2017年底，浙江省全口径发电装机容量8898.61万kW，全省6000kW及以上发电装机容量8175.43万kW，其中浙江省统调装机容量5889.02万kW，非统调装机1090.01万kW，华东分部统一调度电厂装机容量1196.40万kW；6000kW以下发电装机容量723.18万kW。浙江省统调电源以火电为主，总装机规模5461.68万kW，约占92.74%，水电17.83万kW，核电32万kW，风电24.24万kW，太阳能192.82万kW。

人力资源 全面深化内部人力资源市场建设，做好对藏帮扶和西部企业骨干赴东部企业实践锻炼。深化“五位一体”应用，梳理公司业务流程清单形成廉洁风险名录115项。优化业绩考核评价体系，强化激励导向作用，稳步提升各单位关键业绩。优化薪酬分配机制，推进员工职员职级序列管理。切实落实各项社保政策，规范企业年金和补充医疗保险管理。截至2017年末，公司全口径用工总量76 916人，实现全口径劳动生产率116.4万元/人年，较2016年同比增长9.86%；实现职工劳动生产率145.2万元/人年，较2016年同比增长8.93%。公司人才当量密度达1.1691。

加大各级各类人才培养力度。开展公司高端人才培养的研究和规划，深化复合型人才培训和人才梯队建设。参加省部（行业）级、国家级专家人才推荐申报，其中3人入选浙江省151人才工程第三层次培养人员，1人入选浙江省技能大师工作室。与中国电科院、国网高培中心、浙江大学签署《战略合作协议》，共同建设人才队伍。全面开展劳模跨区、班组长、集体企业注册师培训，班组长培训计划完成率100%。

在国网公司级以上竞赛调考中位列总成绩第二。2人获“电力行业技术能手”称号，4人获“国家电网公司技术能手”称号。

电网建设与发展 110kV及以上线路开工1959km，投产2950km；变电开工1908万kVA，投产2442万kVA。主导完成浙江省“十三五”电网系列规划，制定三年913亿元电网投资方案和行动计划。结合配网国际对标，完善配电网发展战略，推进杭州、宁波世界一流配电网建设，完成全省特色小镇、产业园区配套配电网规划。完成“十三五”500kV电网规划项目可研，2018年建设项目全部取得核准，宁海和缙云两座抽水蓄能电站开工。围绕提升发展质量和效益，超前研究“十四五”电网规划。完成典型工程后评价和区域全覆盖投资评价试点，建设大数据投资辅助决策平台。

舟山500kV联网工程稳步推进，380m世界第一输电高塔完成首个平台搭设。边防部队“通大网电”、九景衢高铁配套和明州、洪明输变电等重点工程投运。完成西藏那曲29个主网、1951个配网工程“对口帮扶”任务。推进小城镇电网综合整治，率先完成新一轮农网改造升级，3014个小城镇（中心村）供电可靠率达到国内城市水平。初步建成电网建设现场数字化系统，国家电网优质工程率100%，500kV永康变工程获国家优质工程奖。

经营管理 深化公司战略研究，建立总战略引领、分战略支撑、行动计划细化和实施举措落地的战略管理体系。试点推广员工职员职级序列管理，优化内部人力资源市场配置，完善全员绩效管理，构建基于价值创造导向的人力资源管理体系。推进问题清单梳理全覆盖，建立问题清单90套，整改决议118份。创新开展融资租赁，加强项目转资管理，做大做实有效资产。强化资金安全管控，建成集团账户体系。深入推进资产清查，清理长期挂账项目326个，确认有效资产77.2亿元。率先建成物资调度控制中心，有效控制库存规模。完善省、市两级物资检测中心和质量监督技术支撑体系，实现配网物资抽检全覆盖。

全面推进法治企业建设，实现重大决策法律审核全覆盖。开展依法合规评价专项活动，纠正502项制度执行偏差。严格合同时限管控，提升合同流转效率。健全依法治企审计体系，组建审计中心，强化审计监督和审计成果应用，实施审计项目3115项，促进增收节支3.34亿元。开展国际、国内、内部三个层面对标，推进管理创新和卓越绩效管理评价，港口岸电管理获全国企业管理现代化创新成果一等奖。承接国家电网公司数字化企业研究，深化数据资产管理和质量治理，建成全业务统一数据中心。创新科技管理体制，投运“互联网+智慧能源”双创示范基地。“电能表智能化计量检定技术与应用”荣获国家科技进步二等奖。

安全生产 贯彻《中共中央、国务院关于推进安全生产领域改革发展的意见》，化解电力行业安全事故多发、电网建设运行任务重的压力，全力抓本质安全，强化责任落实，补强电网结构，整治设备隐患，保持安全稳定局面。深化依法依规治安，进一步明确各级组织和人员安全职责。启动安全生产问题清单专项梳理，实施安全整治专项行动，全方位开展安全监督和检查稽查，切实整改问题、消除隐患。严格质量监督，完成全部地市公司资产全寿命周期管理体系评价。开展主要设备质量抽检，梳理整治典型设备故障。建立完善网络安全工作体制机制，提升网络安全综合防御能力。

面对电网负荷屡创新高、迎峰度夏、三大直流满送等形势，加强电网调控管理，优化电网运行方式，开展跨区跨省交易，确保电网安全运行和电力可靠供应。特高压直流绍兴站完成首次年度检修。基本建成地市公司生产指挥中心、供电服务指挥中心，配网“两系统一平台”成为国家电网系统示范。开展输电线路差异巡检，优化变电运维管理模式，全面推进智能巡检机器人实用化，电网智能运检体系初具雏形。健全应急体系，提高应急处置能力。建成国网台风监测预警中心。完成党的十九大、第四届世界互联网大会等保电任务。

营销工作 以服务赢取市场，新增园区服务机构55个，开辟园区业扩“绿色通道”，办电效率提升28%。推动港口岸电、全电景区、电采暖等电能替代工程，全年替代电量81.6亿kWh。促成交通运输部、国家能源局、国家电网公司运河岸电战略合作，建成浙江段135套岸电设施。践行“绿水青山就是金山银山”理念，试点“全电景区”建设。完成锅（窑）炉煤改电项目2485个、推广电采暖住宅1.5万套、“气改电”4.1万户。加快智慧城市“电动汽车动力服务网络”建设，累计投运充电站587座，快充桩3935个、慢充桩2480个，全年开展充电服务129万次，促成浙江省出台电动汽车支持文件，完成充电量2478万kWh。服务光伏并网，新增并网容量475.5万kW。截至2017年底，全省新能源装机容量1105万kW，同比增长90.6%，实现新能源全消纳。探索开展综合能源服务，筹建综合能源服务有限公司。

科技与信息化 “电能表智能计量检定技术与应用”获国家科技进步二等奖；荣获国家电网科学技术奖励31项，浙江省科学技术奖11项，中国电力科学技术奖5项。申请发明专利494项，获授权243项。牵头制定的1项国家标准、2项行业标准、3项团体标准和6项国家电网标准获批发布。申报的《绝缘穿刺线夹》标准提案通过 IEEE 标准组织投票，获准立项。

贯彻落实创新发展战略，组织编制完成科技创新战略报告。围绕构建能源互联网和创建清洁能源示范省的发展大局，启动国网浙江电力“互联网+智慧能源”双创示范基地。组织重大科技项目研究。完成国家 863 课题“高密度分布式能源接入交直流混合微电网关键技术”研究任务，上虞交直流混合微电网示范工程正式投入运行，实现用户侧商业化运营，为可再生能源高密度接入和高效利用探索适合推广的模式。国家重点研发计划“智能配电柔性多状态开关技术、装备及示范应用”获批立项并正式启动。开展“500kV 交联聚乙烯海缆工程技术攻关”，完成 11 个专题研究，取得工程设计、制造和试验等环节的阶段性成果。

推进“大云物移智”信通新技术研发与应用，全面建成全业务统一数据中心和企业云平台，开展云平台和大数据资源面向基层开放支持基层创新工作，先后已有 12 个业务领域基于“浙电云”平台开展各类“互联网+”创新应用。开展“网络与信息安全年”专项活动，组建网络安全分析室，建立常态化网络安全工作机制。在国家电网第三届青年创新创意大赛中获 3 金 1 银。

优质服务 推动办电提质提速，深化新装、增容等业扩业务一证受理、线上办电、预约服务等新举措，高压、低压非居、低压居民客户业扩报装平均时限分别下降 21.8%、35.7%和 30.4%。对接政府重大项目，设立“中国制造 2025 浙江行动”“两美浙江”等重点项目“一对一”专属客户经理和服务团队，1717 个意向项目实现提前送电。落实浙江省“最多跑一次”改革部署，联合政府五部门在全国首推房产和电水气联动过户，实现 16 类业务“一次都不跑”、5 类业务“最多跑一次”，148 万笔居民和 6 万笔企业办电业务做到了“最多跑一次”和“一次都不跑”，得到国务院副总理马凯、浙江省委书记车俊的批示肯定。深化“互联网+”供电服务，以“掌上电力”APP 等方式，为客户提供快捷和个性化增值服务。电子渠道客户数达 2002 万户，累计线上交费 2 亿笔。打造“全能型”乡镇供电所，建成 14 家“三型一化”营业厅。新建精品台区带 20 条、精品台区 100 个，服务美丽乡村建设。投入整治资金 35 亿元，完成 443 个小城镇电力线路整治工作。

党的建设和精神文明建设 学习贯彻党的十九大精神，公司党委带头、以上率下，学懂弄通做实。开展学习宣贯，推动十九大精神进基层、进班组、进站所，强化理论武装。完成党组清理规范工作，11 月 19～21 日召开第一次党代会，选举产生首届党委和纪委，明确新时期公司党建工作任务。推进“两学一做”学习教育常态化制度化，实施党的建设“旗帜领航·三年登高”计划，培育“旗帜领航·勇立潮头”基层党建示范基地，“党务业务融合发展”的做法在《人民日报》刊发。集体企业党建工作纳入公司统一管理。深化党风廉政建设，落实“两个责任”“三书两报告”制度，推进廉洁教育“四进”工程。完成国家电网公司党组巡视反馈问题整改落实，开展公司内部四轮 10 家单位的巡察。

按照现代企业制度要求，规范子公司决策机制，实行执行董事、党委书记“一肩挑”。推进国家电网卓越企业文化落地深植，荣获中国电力创新奖企业文化建设示范单位。完成集体企业工会组建，全面加强职工民主管理。持续推进班组减负，培育精品示范班组。开展品牌传播，完善智慧健康食堂建设，开展爱心互助和帮扶，促进员工身心健康、家庭和美。加强离退休“两项建设”，创新离退休服务管理模式，深化生活服务、倾情关爱和困难帮扶。常态化排查化解企业不稳定因素和信访矛盾。激发青年创新活力，在国家电网公司“青创赛”决赛中，以 3 金佳绩居领先地位。1 人入选全国道德模范提名奖，2 人获评省道德模范；1 家单位、1 人荣获全国“五一”奖状、奖章；1 个集体荣获全国“工人先锋号”；5 人荣获国家电网公司劳模，1 人入选国家电网十大工匠。

（郑洪华）

【国网安徽省电力有限公司】

企业概况 国网安徽省电力有限公司（简称国网安徽电力）是国家电网公司的全资子公司，主要负责安徽省域电网的建设、管理和经营工作，从事电网建设、电力经营、电力施工、电力设计、电力科研和教育培训等业务，承担优化全省电力配置、满足经济社会发展电力需求供应的重要职责。2017 年，安徽省全社会发电量为 2470.25 亿 kWh，同比增长 9.66%；全社会用电量 1921.48 亿 kWh，同比增长 7.05%；完成省内售电量 1482.75 亿 kWh，同比增长 8.29%；向华东电网净送电量 548.77 亿 kWh，同比增长 19.89%；综合线损率 7.18%，下降 0.18 个百分点。

组织机构 本部设 21 个职能部室（中心）、1 个电力工会委员会，另设国家电网企协安徽分会 1 个机构。国网安徽电力现下设 16 个市公司、72 个县公司和 9 个直属单位，管理各类员工近 7.6 万人，服务电力客户达 2660 万户。

电网概况 安徽电网已经形成以 1000kV 和 500kV 电网为骨干、220kV 电网覆盖全省的电网格局。截至 2017 年底，安徽电网拥有 1000kV 变电站 2 座，主变压器 3 台，变电容量 900 万 kVA，输电线路长度 1299km；500kV 变电站 26 座，主变压器 42 台，变电容量 3460 万 kVA，输电线路长度 5599km；

220kV 变电站 213 座，主变压器 389 台，变电容量 6413 万 kVA，输电线路长度 15 994km；110kV 变电站 599 座，主变压器 1128 台，变电容量 5320 万 kVA，输电线路长度 20 849km。全社会装机容量 6468.44 万 kW，统调装机容量 5379.37 万 kW，其中省内统调机组装机容量 3865.37 万 kW，皖电东送机组装机容量 1354 万 kW，华东网调抽水蓄能装机容量 160 万 kW。

人力资源 完成职员职级实施计划，拓展各岗位类别优秀员工的职业成长空间。批复下达各级职员职数 3347 人。累计聘任 3～7 级职员 955 人，占职员编制总数的 28.5%。加强四级四类人才选拔培养，5 人获国家电网公司技术能手称号，1 人获电力行业优秀选手称号。印发岗位管理、定员管理实施细则，编审 25 家单位"一企一策""一专业一方案"配员策略，细化低端业务分类标准，平衡配置专业间用工。按照"全能型"要求完成乡镇供电所布局优化、机构岗位人员调整工作，乡镇供电所个数压降 6.7%。做好增量配电业务改革试点，成立 2 家增量配电网售电公司。制定交易、继电保护等专业机构调整方案。研究组建电动汽车服务公司。深化全员培训。完成 1022 个培训项目共 1807 期培训班，参培人工总数达到 80 418 人次。全员劳动生产率 72.59 万元/人年，增长 6.47%。

电网建设与发展 发挥规划引领作用，衔接政府能源规划，滚动修编公司"十三五"主网架和配电网规划，联合印发安徽省 500kV 及以上电网布局规划。专题研究新能源消纳等课题，编制完成全省电网安全性评估报告。500kV 同乐变电站等 19 项工程取得核准批复。

加快骨干电网建设。境内特高压建设快速推进，±1100kV 昌吉—古泉特高压工程线路基础、组塔任务全面完成，古泉换流站建设进展顺利；±800kV 晋北—江苏特高压工程正式投运。完成 500kV 肥北变电站、沙河变电站扩建等 81 项工程建设。35～110kV 新建变电站全面采用模块化设计，在建线路工程机械化施工覆盖率 100%。提前 3 个月打赢农网改造升级"两年攻坚战"，累计完成 8.2 万眼机井通电、9680 个中心村电网改造和 1685 个村通动力电，被评为国家电网公司"两年攻坚战"先进单位。助力西藏农网建设，山南公司农网改造帮扶任务完成。

经营管理 落实中央精神和国家电网公司部署，加快电力市场化建设，完成直接交易电量 550 亿 kWh，降低企业用电成本 36 亿元。推进增量配电项目试点工作，宁国河沥、六安金寨增量配电混合所有制公司正式挂牌。推进"三供一业"分离移交，超额完成国家电网公司下达年度任务，公司系统"两供一业"分离移交框架协议签订率 100%。编制完成市县业务集约融合试点方案，推进试点工作。推进集体企业改革改制，编制完成瘦身健体改革方案，实现所有平台企业公司化运作，完成资金集中统一管理，清理处置 12 家"僵尸"、亏损企业，建立省公司层面集体企业资本纽带关系。加快完善"上审下"机制，完成省级审计中心组建。推进省水电供区资产移交工作。落实台区线损管理责任制，集中力量治理高损台区和数据问题，推进同期线损系统建设，开展"两金"清理、亏损企业治理等专项工作。

坚持开源节流，筹措各类资金 173 亿元，节约成本 1.16 亿元；成本费用压降 6.03 亿元，万元电网资产运维成本下降 23.84%；落实税收优惠政策，节税 0.4 亿元。完成物资集中采购 116 亿元，推行整站招标和配网设备成套化采购，清理库存物资 6.86 亿元，物资合同实现"统签统付"。落实监事会要求，推进问题清单梳理全覆盖工作，完成"四上四下"工作任务，整改发现问题。开展计划预算、电网运营等常态监测，完成项目执行、业扩报装等专题分析。2 项成果获全国企业管理现代化创新成果二等奖。

安全生产 树立安全发展理念，贯彻党中央、国务院和国家电网公司党组安全生产工作要求，推动公司安全发展。围绕人员、电网和设备（装备）等三个方面着力推进本质安全建设，明确重要环节工作要求，完成年度建设任务。落实"三种人"责任，推行"两票十制一单"管理，建立作业现场安全规范秩序。各类安全事件较 2016 年减少 10 起，配电线路跳闸次数下降 56%。强化电网风险管控，应对持续高温和严重雪灾等挑战，完成迎峰度夏及十九大保电任务。

推进配网设备质量"两排查一整治"专项行动。梳理重要用户供电方式，逐步整治"双电源"问题。保障网络与信息安全，应对勒索病毒爆发事件。吸取各类事故教训，组织开展安全生产大检查等活动，坚决整改安全薄弱环节和突出问题。开展安全生产问题清单专项梳理工作，逐项整改八个方面问题。落实国家电网公司"深化基建队伍改革、强化施工安全管理"有关要求，编制完成公司实施方案。

营销工作 助力安徽绿色发展，推进电能替代，推动地方出台支持政策，提前完成国家电网示范工程建设，完成年度替代电量 40.2 亿 kWh。配合做好电价调价工作，强化电费回收风险管控，开展反窃电和反违约用电行动，维护公司合理利益。构建"线上全业务受理、线下一站式办理"模式，推行营业厅一站式服务。推广居民智能交费 1815 万余户，占居民客户总数的 75%。

推进电能替代工作，编制公司深入推进电能替代方案的指导意见，促请政府部门出台更多支持政策，实施“一地一品”战略，促进电能替代深入城乡居民用电领域。强化电费回收风险管控，研究通过社会信用体系防控电费风险，确保电费颗粒归仓。

科技与信息化 学习贯彻国家网络安全法，提升网络安全技术防护水平，应对勒索病毒爆发事件。开展业务专网划分策略、信息网络边界安全防护规范等专项研究，提升信息安全综合保障能力。完善骨干网迂回通道，做好信息通信安全运行工作。开展全业务统一数据中心建设，推进一体化“国网云”建设，加快电网运检智能化分析管控系统实施。推进数据治理工作，印发数据治理工作实施方案，数据共享和数据质量管控平台加快建设。资产全寿命周期管理“领先型”体系建设通过国家电网公司验收。1个项目获省科技进步一等奖。

优质服务 立足服务经济社会发展，强化主动服务意识，加强与政府部门的沟通交流、与各类市场主体的沟通对接，提升供电服务水平。加快推进“多表合一”工作，实现15.7万户远程采集。打通农户服务“最后十米线”，全面完成481万户“表后线”整治任务，总保、中保安装率分别为98.8%、58.2%。建立农村网格化供电服务模式，建成10个“全能型”供电所示范点，获评11个国家电网五星级供电所。

完成“6·30”光伏扶贫任务，累计并网项目234万kW，国务院扶贫办专报介绍安徽省光伏扶贫工作，金刚台村定点扶贫完成年度任务。服务电动汽车发展，加快充换电网络设施建设，实现全省高速服务区充电全覆盖。

党的建设和精神文明建设 学习贯彻党的十九大精神，制定公司学习宣贯方案，明确提出60项重点任务，运用宣讲会、报告会、讲党课、研讨培训等多种方式，掀起学习宣传贯彻十九大精神热潮。突出问题导向，分层分类制定公司党的建设“旗帜领航·三年登高”计划，完成“基础建设年”各项任务。完成党组改设党委工作，将党建工作要求纳入公司章程，明确公司党委在公司治理中的法定地位。印发公司党建工作绩效考核评价指标体系，制定领导班子成员党建工作“一岗双责”履责要点。推进基层党组织标准化建设，完成基层单位党委书记抓党建述职评议工作。成立公司党建工作领导小组，完善工作机构设置，配齐配强党建工作人员。

强化党风廉政建设“两个责任”落实，深化“两单两录”应用，深入开展廉政约谈。配合完成国网党组巡视组巡视、督导，立行立改、全面整改发现问题。突出政治巡察，启动公司内部巡察，完成对7家市公司的巡察工作。一线员工许启金当选党的十九大代表和省总工会兼职副主席。新增9家省部级劳模创新工作室。1个项目获国家电网青创赛金奖，1名员工获全国“五一劳动奖章”，2个班组获全国工人先锋号。

（时　伟　伍　飞　宋贤睿）

【国网福建省电力有限公司】

企业概况 国网福建省电力有限公司（简称国网福建电力）是国家电网公司的全资子公司，以投资建设运营福建电网为核心业务。供电面积12.4万km^2，供电客户1748万户。同业对标获国家电网公司综合标杆、管理标杆，运行管理、物力管理、配套保障获得专业标杆；国网厦门、福州供电公司分获国家电网公司大供业绩标杆、业绩进步标杆，国网福建检修公司、电科院、物资公司获国家电网公司省级专业机构标杆。

领导班子

董事长、党委书记：陈修言

董事、总经理、党委副书记：金炜

党委委员、纪委书记：李学军

副总经理、党委委员：蔡咸宜

总会计师、党委委员：李随东

副总经理、党委委员：郑家松

副总经理、党委委员：李功新

党委委员、国网福州供电公司总经理、党委副书记：郑佩祥

副总经理、党委委员、国网厦门供电公司总经理、党委副书记：丛阳

副总经理、党委委员、工会主席：黄惠英

总工程师：周刚

组织机构 本部设22个职能部门，公司辖9个市供电公司、1个水电企业、14个直属单位、62个县级供电公司，全口径用工5.8万人。

电网建设与发展 开展2017年电网发展诊断分析，完成《福建省“十三五”电网滚动规划》《2018—2022年主干电网滚动规划》；福建北电南送新增输电通道方案研究通过省发展改革委组织的专家论证，“十三五”主网架规划项目通过国家能源局组织的咨询评估，全部纳入《福建“十三五”电网主网架规划衔接评估报告》；编制《福建省海上风电输电规划》；完成全省40个区域配电网目标网架规划以及福州、厦门世界一流城市配电网专项规划。

园顶500kV变电站二期扩建项目取得核准。投运崇儒输变电、湄洲湾二厂送出等5项500kV工程，投产厦门松柏220kV输变电等16项金砖厦门会晤保电、23项迎峰度夏、49项中央农网、23项西藏林芝农网建设帮扶等重点工程。厦门柔性直流工程获评“中国电力优质工程奖”和“国家优质工程奖”，漳州东林500kV变电站工程、崇儒—溪尾变220kV线路工程获评国家电网公司“创优示范工程”，52项输变电工程

获评国家电网公司“优质工程”。截至 2017 年底，主干电网现有 1000kV 特高压变电站 1 座，容量 600 万 kVA，线路 342km；±320kV 柔性直流换流站 2 座，输送容量 100 万 kW，线路 21.8km；500kV 变电站 23 座，容量 4140 万 kVA，线路 5319km；220kV 及以下变电站 1397 座，容量 1.23 万 kVA，线路超过 20 万 km。

推进配电网“三个项目部”标准化建设，建立 86 个业主项目部、122 个施工项目部、76 个监理项目部；3 个项目获国家电网公司 2017 年配电网“百佳工程”称号。加快新一轮农村电网改造升级，完成 1765 个小城镇（中心村）电网改造、11 038 个自然村新通及改造动力电任务；累计整改供电半径超 15km 的配电线路 290 回、低电压台区 4143 个、重载配电变压器 2685 台、过载配电变压器 1084 台、低电压用户点 3.89 万户；户均配电变压器容量提高 0.6kVA。编制防台、防雷、防洪等差异化设计手册，完成 52 座易涝配电站房防洪改造，完成沿海高风速区窄基塔改造 1218 基，增补防风拉线 1971 处。差异化推进配电自动化建设，建成 542 条保护级差式和 31 条就地型馈线自动化线路，实现故障分段快速隔离及恢复；打造南安配电自动化示范县，试点应用一、二次融合开关，全县自动化线路占比提升至 50%；全省配电自动化覆盖率 82.6%，终端设备平均在线率 99.2%，遥信动作正确率 96.1%，遥控成功率 88.2%。加快建设福州、厦门世界一流城市配电网综合示范区，试点应用新设备、新技术，实现配电网高可靠性供电和故障快速自愈。

保障清洁能源发展。截至 2017 年底，全省除煤电以外的清洁能源装机容量 3052 万 kW，比重达到 54%，其中，水电、核电、风电装机比重分别为 23%、16%、5%。推行电源集约化送出和走廊整合优化的规划设计方案，推广风电场群集中送出模式；并网光伏等分布式电源项目 8568 个，总容量 55.46 万 kW。清洁能源发电 1046 亿 kWh（占全省发电量 48%），核电、光伏发电量分别增长 38%、290%，风电发电小时连续五年全国第一。

经营管理 加强电力体制改革政策研究和沟通汇报，配合制定福建省电改试点方案及售电侧改革配套制度；制定《全面深化改革实施方案》；推进电价改革；增量配电试点进展顺利，中标宁德、江阴和泉惠等第一批试点项目并组建项目公司；交易机构实现相对独立运作，完成首批售电公司注册，直接交易电量达到 380 亿 kWh，同比增长 70.8%。推进“子改分”工作，稳步剥离企业办社会职能和解决历史遗留问题，完成培训机构和职业院校改革任务。

推进问题清单梳理全覆盖工作，建立问题清单 91 套，编制完成专项报告 323 份，围绕集体企业改革、“三降一去”、亏损企业治理等难点领域，制定整改决议 169 个。

开展逾期应收账款和存货清理。当年电费回收率达 99.997%，无欠费百万元及以上用户；跨省外送电 68 亿 kWh，同比增长 113%。推行集体企业省市两级集中采购；开展增量配电业务改革试点项目招投标全过程管理深化课题研究，为国家发展改革委提供《增量配电业务改革试点项目投资人选择招标文件》范本。

全面应用卓越绩效，实施范围拓展至全部市公司、国网福建检修公司和 8 家县级供电企业，10 项卓越管理案例获国家电网公司表彰。深化“四好”本部建设，推行“一次不用跑”“最多跑一次”办事服务新机制和“双随机一公开”综合检查新机制。完善 65 类班组建设规范，命名五星级班组 219 个（含供电所 30 个）。开展立足基层、改进作风、促进管理提升的“双全”体验管理创新实践，总结提炼管理创新成果（含推广）142 项，获得中企联二等奖 2 项、中电联二等奖 1 项，国家电网公司二等奖 1 项、三等奖 5 项（含推广 3 项），电力企业管理创新论文大赛一等奖 1 篇、二等奖 3 篇。围绕资金收支、工程及资产管理、物资管理、营销服务等风险隐患高发领域，开展 32 项重点主题监测，形成管理建议书 27 份，发出风险提示单 67 份，10 条建议被纳入协同监督事项，推动管理改进提升 61 项。开展“数字化企业建设”课题研究及“业务数据体系”差异化分析，提出《数据管理现状调研诊断报告》和《数据管理与共享应用工作思路》。

推行全员学法，严格执行党组（委）中心组学法制度；分层次开展《法治企业行为指引》宣贯。《欠费与失信》等 3 项动漫作品获国家电网公司 2017 年度法治动漫作品竞赛优秀作品奖，5 篇案例入选国家电网公司法治企业建设最佳实践案例。在国务院国资委主办、国家电网公司组织的法治央企建设媒体采访会上，介绍公司法律风险管控成效；在法治国家电网大讲坛作《法律风险控制的探索与实践》主题发言。规范集体企业经营平台法人治理结构，创新构建直属单位集体企业与亿力集团资本纽带，完成 16 户企业整合处置任务；集体企业瘦身健体改革方案通过国家电网公司审核。

安全生产 坚持“自上而下抓安全”和“自下而上保安全”相结合，实行安全生产责任制任务清单式管理，推行安全正向激励机制，全面构建“预防为主”的安全管理体系。落实国家电网公司本质安全 30 条要求，制定 195 项具体措施，严格实行挂网公示、销号管理。制定班子成员安全责任清单、本部部门“管业务、管安全”任务清单；运用“两单一表”加强安全问题整改落实和闭环管控。实行领导干部安全履责量化评价、痕迹化管理。开展“四不两直”安全检查，开展稽查10.6万余次、查处各类违章3.3万余次。

实行重大施工、危险作业、关键环节的全过程实时监督；推进配网工程施工项目部标准化建设，强化分包队伍同质化管理；开展小型分散作业现场反违章专项整治，规范低压作业模式和工器具配备；推进企业安全诚信系统的运用，统一无违章班组的评比标准和评比方式；运用安规机考系统，推行“辩论式”安全学习。

持续提升应急管理水平。发布防抗台风应急作业指导书、安规（配电部分）应急抢修补充条款，开发应急指挥管理系统，整合各专业信息，提供应急指挥决策数据支撑；完成公司系统全部专项应急预案修编，完成省公司本部及各地市公司应急能力建设评估，深化评估成果应用；配合福建省经信委举办“厦门市保供电暨福建省大面积停电应急演练”。抵御“纳沙”“海棠”双台风24h内连续正面袭击的灾害。

修编优化资产管理手册，开展资产管理指标评价体系建设。持续开展电能质量数据整治；开展可靠性指标同比和预测偏差分析。完成配电网可靠性评估试点工作，编制可靠性管理规范（工作指南）。试点开展“可靠性指标分析应用深化提升”和“可靠性运维场景构建”。开展配网设备质量“两排查一整治”专项行动，发现整改问题195项。

营销服务 规范生命线工程用户、大中型小区管理，实施24h停电监测，健全灾害天气应急响应机制。城区推行“一格两员”网格化服务；完成人员配置及片区内服务闭环管理。推进“全能型”乡镇供电所建设，深入开展“一专多能”的片区、台区经理队伍建设，台区经理覆盖率达99%。建设“全能型”服务窗口，实现“综合柜员制”全覆盖。建立问题导向、客户导向的诉求倒逼业务改进管理机制。建设供电服务指挥中心，开展投诉“顽症”调研和改进措施落地，累计百万客户投诉量在国家电网公司系统正向排名第4位。累计签约智能交费用户744.33万户，占比42.6%。

在全省范围内推广横向协同、集中办公的业扩联合服务中心，10kV全流程平均时长同比缩短32.8%。推进“互联网+”营销服务，上线电子账单、电子发票等14项办电业务；推动营销服务线上、线下运营的业务融合，线上办电率达98.33%。深化智能电能表数据应用，开展重要用户信息实时监测。

成立省、市、县市场化售电业务工作小组，开展用户走访和市场开拓，省节能服务公司完成15家用户2.43亿kWh市场化售电的合同签订。推动地方政府出台电能替代支持政策157项；实施工业、农业、港口岸电、空港陆电等重点领域电能替代，实施替代项目2417个，完成替代电量71亿kWh，同比增长65%。全省建成充换电站592座、充电桩1.2万个，高速公路实现充电全覆盖，充电量1298万kWh；成立国网电动汽车服务（福建）公司，初步建成全省充电设施一体化运营运维体系。“多表合一”信息采集累计接入18万户。

推行小型分散作业可视化监督管控，完善作业安全风险库；融合标准化作业流程和通用安全措施，修订计量作业现场任务派工单。深化“四位一体”供用电安全隐患排查治理，推进教育、医院行业的用电安全隐患整治，开展827户、887次排查。强化系统网络安全防护，健全信息安全管理体系。建立台区同期线损管理承包责任制，提高线损异常台区分析效率。推行电能表状态检测，减少现场检验1662架次。国企职工家属区供电分离移交率66%，开展营业、计量、客户服务等专业10个基础业务管理评价。

金砖厦门会晤政治保电 8月10～11日，国家电网公司董事长、党组书记舒印彪亲临厦门视察指导金砖厦门会晤保电工作，肯定国网福建电力在“思想上、政治上、技术上都准备非常充分”。9月5日，舒印彪再次莅临厦门保电指挥中心慰问并到现场调研，评价国网福建电力保电所作的贡献，肯定广大干部职工发扬电力铁军精神是保电胜利的关键，要求认真总结保电经验，提升整体管理和电网发展水平。国网福建电力认真落实舒印彪提出的“最严密的组织、最可靠的技术、最好的精神状态、最严明的纪律”要求，完成金砖厦门会晤保电任务，实现“五个零”目标。

科技与信息化 参与“支撑大电网安全高效运行的负荷建模关键技术与应用”项目获国家科技进步二等奖，牵头“变压器超高频（UHF）局部放电检测技术研究与应用”项目获福建省科技进步奖一等奖，牵头“±320kV大容量真双极柔性直流输电关键技术及示范应用”项目获国家电网公司科技奖一等奖。获得福建省科技进步奖二等奖4项、三等奖9项，国家电网公司科技奖二等奖1项、三等奖3项，中国电力科技进步奖三等奖1项；在国家电网公司第三届青年创新创意大赛中获得1金3银。授权专利407项。

信息系统运行率99.97%，网络设备可用率达99.99%，信息系统检修合格率、通信计划检修率、业务保障率100%，通信设备平均运行率99.999以上。通过国家工信部“两化融合”管理体系现场年度评估审核；牵头编制国家电网公司信息化项目建设管控体系顶层设计—建设过程管理分项设计；完成网络与信息安全风险预警分析平台深化应用；完成基于全业务统一数据中心的数据开放服务和大数据共享发布创新应用。发现111个信息系统首发漏洞，6篇信息安全典型经验、1项网络安全红队特色工作被国家电网公司采纳。获得国家电网公司网络安全攻防比赛总决赛第五名、国家电网公司信息通信运行安全技能竞赛第七名。

人力资源管理 建立健全全方位、立体化干部考核评价体系，推行处级干部月度工作写实，深化领导班子和领导人员季度分析、半年评价、年度履职测评。分层实现处科级干部谈心谈话全覆盖。开展本部全员年度测评，建立健全本部“能进能出”机制；搭建福州地区科级干部交流平台，交流调整科级干部37人；编制《国网福建省电力有限公司职员职级实施方案（试行）》，将使用范围扩展至县公司。

从用工数量、学历、职称、技能等级多个维度建立人力资源“一本账”，以挂职锻炼、岗位竞聘、组织调配、人才帮扶等形式，优化配置均衡率。加大缺员单位、紧缺专业、供电所人员配置力度，录用电工类毕业生599人。选派26名管理、技术骨干赴西藏公司开展人才帮扶，获评国家电网公司东西人才帮扶工作先进集体。

举办各类培训班5297期20.1万人次，完成新一轮班组长集中轮训，新员工师徒结对4371人次。实施供电所全员营配业务融合培训，7280人取得供电所全能型岗位证书。15人取得正高级工程师职称，14人入选国家电网公司专业领军人才。

人才当量密度达到1.1088，同比提高3.7%；技师及以上技能人员比例达到37.8%；中级职称及以上管理和技术人员比例达到66.8%。7人获评省部级劳模、3人获评全国巾帼标兵、冯振波获评全国能源系统大国工匠，6人获评福建省金牌工人，4人获评国家电网公司劳动模范，7个班组获评国家电网公司一流班组（工人先锋号），7人获评国家电网公司优秀班组长。

党的建设与精神文明建设 突出全面从严治党这条主线，坚持思想建党、制度治党相结合。推进“两学一做”学习教育常态化制度化。召开第一次党代会，完成党组改党委，纪检组改纪委。实施“旗帜领航·三年登高”计划，完成基础建设年任务，完善29个党建业务流程；编制支部七项组织生活“一本通”手册。金砖厦门会晤期间实施“旗帜领航 光耀峰会”先锋工程，成立22支党员服务队、105个党员责任区、541个党员“一带二”攻坚小组；南平公司员工洪燕当选党的十九大代表。修订责任、问题、问责“三个清单”，推进“两个责任”落实，责任制考核评价实现全覆盖；开展贯彻执行中央八项规定精神“九个一”专项学习教育活动；建立公司党委巡察工作制度，制定“一办法三手册”，完成2个批次、4个单位的内部巡察，出台《关于运用监督执纪“四种形态”，推进全面从严治党的实施办法》。

打造“光耀八闽”文明特色品牌，本部和9个市公司等12家单位继续保留、4家培育单位新晋荣获全国文明单位称号。创新开展企业文化“一单位一项目一品牌”，策划实施特色亮点落地项目。企业文化项目荣获2017年度中国电力创新二、三等奖。召开青年创新工作座谈会；实施青年“58”关爱工程（入职五年青年员工关爱行动和续航“八小时”外关爱行动），落实为青年办实事项目123项。持续开展电力希望小学结对帮扶，结对挂钩贫困生221名；成立敬老志愿服务队，开展“青老结对”帮扶。十九大代表回基层等多篇新闻登上央视、新华社、人民日报。

主要事件

2月3日，福建省委副书记、省长于伟国一行到国网福建电力看望慰问干部职工，并召开调研座谈会。

3月23日，国网福建电力总经理陈修言在厦门拜访省委常委、厦门市委书记裴金佳，与厦门市委副书记、市长庄稼汉举行会谈。双方就加强政企对接合作、共同推动厦门电网发展、做好金砖会晤供电保障等进行充分交流。

4月6日，国网福建电力总经理陈修言与福州市委副书记、市长尤猛军举行会谈。双方就加强政企对接合作、加快福州电网发展等展开深入交流。

5月22日，国家电网公司党组第四巡视组巡视国网福建省电力有限公司工作动员会在福州召开。上午，国网福建电力召开党组工作汇报会，向国家电网公司党组第四巡视组汇报公司党组全面从严治党、依法从严治企有关工作情况。

6月5日，福建省委召开全省国有企业党建工作会议。国网福建电力作了《突出三个强化——为福建经济社会发展提供电力保障》典型经验发言，是唯一一家驻闽央企发言单位。

6月12日，国网福建电力召开干部任免宣布大会。根据工作需要，经国家电网公司党组研究并征得中共福建省委同意，陈修言调整担任国网福建省电力有限公司董事长、党组书记；马士林调整担任国网福建省电力有限公司董事、总经理、党组副书记。蔡咸宜调整担任国网福建省电力有限公司副总经理；黄惠英调整担任中共国网福建省电力有限公司党组成员、工会主席。

8月7日，召开中共国网福建省电力有限公司第一次代表大会。完成公司党组改党委、纪检组改纪委。

8月11日，国家电网公司董事长、党组书记舒印彪在金砖国家领导人厦门会晤保供电现场、福建省市一体化保电指挥中心检查工作，并在厦门供电公司召开工作汇报会。

9月5日，金砖国家领导人第九次会晤活动期间，国家电网公司董事长、党组书记舒印彪来到福建省市一体化保电指挥中心、国网鹭岛±320kV换流站、马厝电动汽车充电站考察调研，慰问参与保电的干部员工。

9月6日，厦门会晤保电工作取得成功。9月29日上午，福建省召开厦门会晤筹备和服务保障工作总结会议，国网福建电力荣获“福建省金砖厦门会晤筹备和服务保障工作先进集体”。

11月10日下午，国网福建电力举办党的十九大精神学习辅导报告会，邀请全国政协委员，中央党校原党建教研室主任、一级教授、博士生导师王长江作学习辅导报告。

11月14日下午，国网福建电力召开贯彻党的十九大精神首场宣讲报告会。党的十九大代表、南平“女子电缆班”班长洪燕出席会议。

11月17日，国网福建电力本部、9家地市公司、水口发电集团公司、晋江供电公司12家单位经总评复查确认，继续保留全国文明单位荣誉称号。福清、平潭、东山供电公司，管培中心4家培育单位新晋荣获第五届全国文明单位称号。

11月23～24日，国家电网公司党组副书记、副总经理辛保安到国网福建电力宣讲党的十九大精神。活动期间，辛保安先后前往宁德、福州供电公司，调控中心、党委组织部、党建工作部调研慰问，听取公司有关工作汇报。

（苏余泉）

【浙江省能源集团有限公司】

企业概况　浙江省能源集团有限公司（简称浙能集团）成立于2001年2月，总部位于杭州，目前主要从事电源建设、电力热力生产、石油煤炭天然气开发贸易流通、能源服务和能源金融等业务。

截至2017年底，浙能集团资产总额为1927亿元，所有者权益为1039亿元；2017年营业收入为813亿元。

浙能集团自成立17年来，为浙江省提供电力14 858亿kWh，其中：浙江省统调发电量为13 607亿kWh，占全省统调发电量的52%；累计销售煤炭6.65亿t；供应天然气538亿m^3；控股管理电厂平均供电煤耗降到297.34g/kWh。

电力产业：截至2017年底，浙能集团控股管理发电装机容量3343.23万kW，其中在省内的统调装机容量为2817.16万kW，占全省统调装机容量的47.84%；年发电量1336.74亿kWh，同比增长10.92%，其中在省内的统调发电量为1169.01亿kWh，占全省统调发电量的50.73%。60万kW及以上煤电机组占煤电总装机的74.86%，率先完成所有煤机的脱硫、脱硝、超低排放三轮环保升级改造。

煤炭产业：2017年完成煤炭供应6100万t，同比增长23.54%，占全省用煤量的47%；拥有43条船舶，海运运力达到175.68万t；2017年采购990.75万t进口煤，实施煤炭专业化管理；统筹建设配套港口、船舶和储运中心，形成煤炭开采、运输、检测及销售一体化。

石油产业：石油公司成立，推进石油储运贸易、燃料油加注规划编制；完成综合能源服务站规划布点。

天然气产业：建成省级天然气管道干线、支线共1505km，在建管线370km；2017年完成天然气供应87.09亿m^3，占全省天然气消费总量的83%；经营的城市燃气公司25家，合计实现销售气量7.17亿m^3，同比增长63%。

可再生能源产业：截至2017年底可再生能源装机容量达119.47万kW，同比增长24.25%。已建成、管理水电总装机容量85.146万kW，风电装机容量1.35万kW，生物质发电装机容量6万kW，太阳能光伏发电容量26.97万kW；推进大型海上风电项目开发，嘉兴1号海上风电获得核准。

能源化工产业：推进煤炭深加工产业发展，研究开发副产品深加工和三废综合利用，延长煤制气产业链。世界上单体规模最大的煤制气项目新天煤化工两列于2017年6月产出合格气，2017年试生产天然气3.6亿m^3。

能源服务产业：煤机脱硫、脱硝、超低排放全部投运；取得专利授权58项（其中发明专利12项），获得软件著作权9项；浙能智慧产业园开园。

金融地产业：拥有资本控股公司、基金管理公司、创投公司、财务公司、融资租赁公司、房地产公司、资产经营管理公司、国信控股集团公司等10家机构，管理资产超过480亿元；财务公司资金归集率保持在85%以上；控股房地产业累计实现销售面积177万m^2。

浙能集团共有控股、管理企业205家（2家A股上市公司），企业员工近22 000人。“浙能商标”被认定为“浙江省著名商标”，连续15年在浙江省政府年度安全生产目标管理责任考核中，被评为优秀单位。

领导班子

董事长、党委书记：童亚辉

董事、总经理、党委副书记：柯吉欣

董事、党委副书记：耿平

董事、副总经理、党委委员：范小宁

董事、副总经理、党委委员：赵建林

纪委书记、党委委员：张荣博

董事、党委委员：孙玮恒

副总经理、党委委员：徐小丰

副总经理、党委委员：朱松强

董事、工会主席、党委委员：许强

党委委员：倪震

组织机构　本部设有16个职能部门，共有控股管理企业205家，均股企业4家，代为管理的参股子公司3家。

企业管理 履行国有企业经济、政治和社会责任，拓展“四业”发展路径，持续打好转型升级组合拳，顶住了能源需求形势逆转、资源价格大幅反弹的冲击，企业生产经营和改革发展取得新突破，综合实力获得新提升。

“四业”发展显成效。坚持走“能源立业、科技兴业、金融富业、海外创业”改革发展之路，能源主业稳固发展，科技兴业逐步发力，金融资本良好起步，海外产业运筹落子。能源全产业布局初步形成，“电力、油气、能源服务”绘制的“新浙能”蓝图实现开篇。

转型升级、创新发展为目标。结构调整，从一业独大调整为多业互补、协同发展，从发电厂商为主，转变为集电、煤、油、气、冷、热等多能为一体的综合能源供应服务商；动能转换，多业态、新产业的发展，有效增强抗风险能力；发展质量，从发展方式上单纯的数量扩张型、粗放型、资源消耗型转到内涵提升、全面协调可持续发展；体制改革，从传统的行政式的管理体制转向效率优先、兼顾公平、激励约束适当的现代企业制度。

“四化”管理提效率。持续推进“规范化、集约化、精细化、信息化”管理，《创新发展与体制机制改革方案》全部落地，2017年新增制度28项，修订制度50项，废止17项，截至2017年底总部规章制度和管理标准总数达364项。共排查出法律风险点309项，开展效能监察30余个，坚持“五个必审”，推进机关作风年建设；制定2017年版《浙能集团管控优化方案》，事权进一步下放，板块公司履行经营主体责任，实体化运作。全年签署84个战略合作协议，搭建财务共享中心，组建电力工程技术公司，建立备品备件联合储备机制。推广生产指标对标管理，推动以ERP为核心的“ZN163”信息化工程建设。海创园数据中心投入使用，初步具备“同城双中心”的容灾能力和“浙能云平台”服务能力，推进系统之间、系统与产业的双向融合。

安全管理 连续15年获评浙江省安委会年度安全生产优秀单位，全年发电机组平均非计划停运次数为0.22次/台年，平均等效强迫停运率为0.08%。嘉华3号、兰电1号和凤电4号3台机组荣获“全国火力发电可靠性金牌机组”称号。安全生产标准化达标评级全面展开，110家企业完成达标评级。共对23家营运企业开展了29轮次安全专项稽查，发现问题211项，已全部整改完成。公司系统隐患排查工作实现常态化，全年共发现各类安全隐患7868项，整改完成率98.9%。

生产经营 全年实现营业收入813亿元，同比增加151.3亿元。截至2017年底，浙能集团资产总额1927亿元，所有者权益1039亿元，资产负债率46.09%。全年完成发电量1337亿kWh，完成煤炭供应6100万t，天然气供应87亿m^3（含代输），同比分别增长11.3%、23.5%、20.5%。

2017年，浙能集团省内常规统调煤机年度基数计划完成率102.63%，创集团历史最好成绩。竞得电量287亿kWh，年替代发电交易同比多获益近1亿元，保持了全省电力市场稳定。完成市场煤销售1535万t，同比增长67.58%。新增天然气管网464.4km，省级天然气管网干线总长达1505km，天然气市场占有率（剔除燃机发电用气和代输）较2016年提高3.6个百分点。新增城燃企业3家，城燃公司实现销售气量7.17亿m^3，同比增长63%。科服板块市场化业务收入同比增长5.1%。

电力建设 2017年，浙能集团在“四业”发展路径的引领下，一批电力建设项目投产。

（1）浙能阿克苏纺织工业城热电厂2号机组。5月24日0点28分，2号机组通过168h试运行投产发电。至此，浙江省最大的产业援疆项目浙能阿克苏纺织工业城热电厂全面投产。该工程投资建设两台35万kW超临界热电联产机组和配套供热管网，具备每小时700t供工业蒸汽能力和400万m^2的供暖能力，总投资约34亿元。

（2）绍兴滨海热电厂二期扩建工程3、4、5号机组。3、4、5号机组分别于4月22日、7月20日、12月5日完成“72h+24h”满负荷试运，脱硫、脱硝、除尘环保设施同步通过试运，动态移交生产。至此，绍兴滨海热电厂二期扩建工程共4台57MW机组实现了“一年三投”的工程目标。

（3）宁夏枣泉电厂一期工程1、2号机组。浙能集团控股建设的宁夏枣泉电厂一期工程1、2号机组分别于11月30日、12月21日完成168h满负荷试运行后投入商业运营。至此，该工程两台66万kW超超临界空冷机组先后建成投产，成为宁东—浙江±800kV特高压直流输电工程6个配套电源项目中第二个竣工投产的项目。

（4）光伏发电项目。2017年控股管理的光伏增加容量233.17 MW，其中新建设投产218.12MW，具体为嘉兴发电厂黄姑水泵房分布式光伏项目投产0.15MW、温州发电厂厂内光伏项目投产3.6MW、乐清电厂厂内光伏项目投产25MW、凤台发电分公司厂内光伏项目投产5.85MW、嘉兴发电厂厂区光伏项目投产30MW、六横发电厂光伏项目投产32.91MW、长兴发电厂厂区光伏项目投产4.18MW、长兴诺力屋顶光伏项目投产4.07MW、浙能长兴地面光伏项目投产84MW、台州发电厂光伏项目投产10.442MW、东风氿光伏项目投产10.272 46MW、衢州力诺光伏项目投产 1.023MW，余杭梦想小镇屋顶分布式光伏项目投产 1.142MW、江西京九分布式光伏项目投产 5.4808MW。

科技创新 加强科技创新顶层设计，编制完成了浙能集团 2018～2022 年及中长期的科技创新规划，为浙能集团实施科技创新变道超车提供了行动指南。首创的燃煤机组超低排放技术参展阿斯塔纳世博会，获得习近平总书记肯定，荣获国家技术发明奖一等奖；自主研发的脱硫废水烟气蒸干技术，进入产业化推广。强化科技投入产出，推进废水零排放、智能电厂、储能电池等新技术和新工艺研发，完成螺栓断裂、锅炉防爆泄检查等专题攻关，年度共取得专利授权 58 项、软件著作权 9 项。加快多层面科技平台建设，浙江省火力发电高效节能与污染物控制技术研究重点实验室、浙江省国家科技成果转移转化区示范工程获批建设。产学研合作交流取得实质进展，与中科院上海硅酸盐研究所成立新能源联合研发中心，开展新一代太阳能电池、储能电池技术研究。

国际业务 浙能集团以超低排放环保岛技术亮相世博会中国国家馆“全球使命与伙伴”展区，该技术可实现燃煤机组主要污染物排放指标达到天然气燃气机组排放标准，排放量是欧盟环保标准的六分之一，成为目前全球最低污染物排放的燃煤机组，得到观展各国人士的赞赏。

浙能集团跟踪 10 余个海外项目，参股巴西圣西芒水电站项目。巴西当地时间 11 月 28 日，浙能集团首个海外投资项目——巴西圣西芒水电站完成特许经营权交割。浙能集团投入 10.19 亿巴西雷亚尔资本金参与该项目的投资和运营，股比占项目公司的 35%，获得 30 年特许经营权。这标志着浙能集团海外创业实现了零的突破。

人力资源管理 修订《领导人员管理办法》《后备领导人员管理办法》，规范选人用人工作，组织所属企业 22 名年轻中层干部到地方政府部门挂职锻炼。制定《职业经理人管理办法》（试行），已引入 4 名职业经理人。完善用工管理，建立火力发电企业标准定员体系；盘活存量，内部挖潜，全年系统内人才调配 400 余人；多渠道、多维度引才引智，优化人力资源结构。推进约束激励机制改革，建立分层管理、分类考核的绩效考核制度，加大绩效薪酬占比，实施市场化业务激励。整合内部教培资源，推广 E-learning 系统，推进教育培训产业化。推进人力资源信息化，完善 ERP 人资模块建设。

信息化建设 持续推进以 ERP 为核心的“ZN163”信息化工程建设，基本实现了 ERP 系统、合同管理系统在集团二级企业的全覆盖，并根据管理需要，对系统功能进行优化、完善。完成了安健环及技术管理系统在全集团的推广建设，实现了安全、环保、技术监督、职业健康、网络安全的信息化管理。制定了统一的移动办公平台技术规范，完成了 OA 移动办公平台的建设，开发了 ERP 及合同管理系统手机端待办查询、待办推送服务和合同审批功能。开展了财务共享中心系统建设，完成集团本部等 5 家单位同步上线试运行。完成统一权限平台的试点建设并在电力板块进行推广。以核心管理信息系统深化应用为目标，推进集团数据总线（ESB）建设，优化完善 ERP 系统、合同管理系统、财务公司代理支付系统、财务共享中心系统、基建管理系统、安健环管理系统的接口，不断加强信息系统的优化融合。海创园数据中心投入使用，实现了信息系统的双活容灾，初步具备“同城双中心”容灾能力和“浙能云平台”服务能力。

节能减排 燃煤机组提前半年完成超低排放改造，二氧化硫、氮氧化物、烟尘排放总量分别为 0.73 万、1.47 万、0.1 万 t，分别同比减少 21.93%、3.64%、32.13%。平均单位电量二氧化硫排放率 59mg/ kWh、氮氧化物排放率 117mg/kWh、烟尘排放率 8mg/kWh，分别同比下降 29.72%、13.25%、38.90%。浙能集团管理火电机组累计平均供电标准煤耗 297.34g/kWh，同比下降 0.2g/ kWh，全年对外供热 1503.5 万 t，同比增加 40%，全面完成汽轮机节能改造计划，累计改造机组 29 台，总容量 1332 万 kW，年节约标准煤 50 万 t 以上。

工会工作 深化“中国梦·劳动美”主题教育，浙能集团工会荣获“全国发电企业最美工会”特等奖。弘扬劳模精神、劳动精神、工匠精神，开展重大工程建设项目立功竞赛活动。荣获“浙江省模范集体”“浙江省工人先锋号”“浙江省劳模创新工作室”“浙江省劳动模范”各 1 个（名）。8 位职工、19 对师徒被授予为省部属企事业工会“能工巧匠”“名师高徒”荣誉称号。

引领丰富职工的精神文化生活。完成浙能集团文联体协及其所属十个协会的成立和换届工作，举办“浙能杯”第二届全国电力职工摄影大展，开设“浙能职工文化大讲堂”、创办《浙能文艺》季刊，优化升级职工电子书屋，组织文艺志愿者前往所属企业开展文艺志愿服务活动。

持续加大职工关爱帮扶工作力度。出台“五必访”“浙能娘家人”志愿服务制度，修订完善浙能集团《职工关爱互助会章程》，共 51 家单位参加职工关爱互助会，入会会员总人数 16 935 人，达 90%以上，参加省产业工会职工大病医疗互助职工人数达 4000 余人。进一步扩大职工之家建设覆盖面，2 个集体被省部属企事业工会评为“三外”项目先进职工之家。

加强网上工会建设，开通“浙江能源娘家人”微信公众号，2017年共推送信息200余条，关注人数达5500余人，总阅读量达26万人次。

党建工作 把握新形势下国有企业坚持党的领导、加强党的建设的总要求，突出党委在国企中“把方向、管大局、保落实”的领导作用，坚持党的建设与企业发展和改革同步谋划，进一步促进党建工作成效转化为集团改革发展动力和竞争力。

学习贯彻落实党的十九大精神。组织党员干部学习党的十九大精神及习近平新时代中国特色社会主义思想，开展“千名书记带你学”十九大精神专题党课视频展播活动，成立宣讲团进行巡回宣讲。集团班子成员讲党课13场次，覆盖40多个单位，系统各单位领导累计讲党课150余场，掀起了广大干部职工学习十九大精神的热潮。

落实“两个责任”。履行党委主体责任，落实国有企业党建工作要求写入公司章程。落实《省属企业党委履行党建工作责任清单》和《省属企业落实党风廉政建设党委主体责任和纪委监督责任清单》要求，制订党建和党风廉政建设工作责任清单，落实各级党委书记抓基层党建述职评议工作。建立党委巡察工作机制，启动首轮对15个次单位的党委巡察。践行“四种形态”，坚决从严监督执纪问责。建设实施廉洁风险防控三级联动机制，逐级务实“两个责任”和“一岗双责”。累计开展正风肃纪督查300余次，严控“四风”反弹。

发挥基层党组织战斗堡垒作用。推进“互联网+党建”新模式，深入开展党内“两先两优”评选及基层党组织星级、党建创新奖和示范点创建考评工作，命名表彰54家五星级、97家四星级党组织、14个“五好”党支部，确定30个基层党建工作示范点。系统累计开展各类主题教育活动700余场次，受众4万余人次。基层单位负责人上廉课百余次，参加人员3400余人次。

从严从优选用管育领导人员队伍。所属企业领导班子基本实现“双向进入，交叉任职”，42家企业所属企业实行党组织书记、董事长一人担任或总经理兼任党组织书记，8家企业配备专职党组织副书记。

主要事件

1月7日，浙能集团开拓江西能源市场的主平台——赣浙能源有限公司在江西南昌揭牌。该公司注册资本30亿元。

4月19日，浙江省科学技术奖励大会在浙江省人民大会堂举行，浙能集团超低排放环保岛作为一等奖获得项目受邀参与大会。

4月21日，浙能集团煤炭分公司与中国（浙江）大宗商品交易中心在杭州签署战略投资协议，重点就双方共同投资组建“舟山煤炭交易市场有限公司”整体合作战略及相关重要条款进行了明确。至此，浙能集团打造的区域性煤炭交易平台项目正式落定。

5月11日，浙能集团与正泰集团在杭州签署了《战略合作框架协议》。双方将重点在新能源、能源服务、储能、智能仪表、电气设备、金融与投资、全球化拓展等多个领域推进深度合作，打造双赢和可持续发展的战略合作关系。

5月24日，浙能阿克苏纺织工业城热电厂2号机组通过168h试运行投产发电。至此，浙江省最大的产业援疆项目浙能阿克苏纺织工业城热电厂全面投产。项目投资建设两台35万kW超临界热电联产机组和配套供热管网，具备每小时700t供工业蒸汽能力和400万m^2的供暖能力，总投资约34亿元。

5月25日，由浙能集团发起，联合国内投资及金融机构共同组建的国内首支绿色能源产业基金——“浙江浙能绿色能源股权投资基金”在杭州举行签约仪式，基金目标规模500亿元，首期规模150亿元。

当地时间6月8日下午4时30分，中共中央总书记、国家主席习近平与哈萨克斯坦总统纳扎尔巴耶夫一同参观了2017年阿斯塔纳世博会中国馆浙能集团超低排放展区。习近平详细听取了浙能集团董事长童亚辉关于超低排放技术成效及推广应用情况的汇报，称赞“浙能集团的超低排放这项技术好!”

6月16日，世界上最大的单体煤制气项目——新疆伊犁新天煤化工有限责任公司年产20亿m^3煤制天然气项目开始试生产，可以有效增强未来浙江天然气的安全可靠供应。

6月30日，浙能集团提前完成国家提出的实现煤电机组超低排放的任务。至此，浙能集团成为全球首个煤电机组全面实现超低排放的大型发电集团，为中国的18亿t电煤实现清洁利用提供了解决方案，成为破解中国能源需求和环保要求矛盾的金钥匙。

9月6日，浙能智慧能源科技产业园管委会在长兴成立。

9月29日，浙江省石油股份有限公司在杭州隆重揭牌。该公司注册资本为110亿元人民币，由浙能集团公司控股（占比60%）设立。浙江省委书记、省人大常委会主任车俊，省委副书记、省长袁家军共同为浙江省石油公司揭牌。

11月10日，中国施工企业管理协会正式发文，中国首个实现大气、海洋、陆地全方位超低排放的绿色环保电厂浙江浙能台州第二发电厂“上大压小”新建工程获得中国工程建设领域的最高荣誉——国家优质工程金质奖。

11月13日，浙能集团与同煤集团在山西大同签订战略合作框架协议，双方将以深化贸易合作、资本合作为基础，进一步拓展优化合作领域、转型升级合作模式，共同打造可持续发展的战略合作关系。

11月27日，浙能集团与中国电信浙江分公司在杭州签订战略合作框架协议。双方将重点在信息化建设、综合能源供应、通信服务合作、金融服务等多个领域推进深度合作，打造双赢和可持续发展的战略合作关系。

当地时间11月28日10点37分，浙能集团首个海外投资项目——巴西圣西芒水电站完成特许经营权交割。圣西芒水电站是巴西第9大水电站，装机容量171万kW。浙能集团投入10.19亿巴西雷亚尔（约20亿元人民币）资本金参与该项目的投资和运营，股比占项目公司的35%，获得30年特许经营权，标志着浙能集团海外创业实现了零的突破。

12月5日，绍兴滨海热电厂二期扩建工程5号机组完成72h+24h满负荷试运，脱硫、脱硝、除尘环保设施同步通过试运，5号机组动态移交生产。至此，该电厂实现了“一年三投”的工程目标，供热能力达到1775t/h。

12月21日，浙能集团控股建设的宁夏枣泉电厂一期工程2号机组完成168h满负荷试运行后投入商业运营。至此，该工程两台66万kW超超临界空冷机组先后建成投产，是宁东—浙江±800kV特高压直流输电工程重要配套电源项目。

（胡冬梅）

华　中　地　区

【国家能源局华中监管局】

基本情况　国家能源局华中监管局（简称华中能源监管局）是国家能源局在华中区域的派出机构，接受国家能源局的垂直领导，依据国家能源局的授权履行区域电力等能源行政执法职能。经中编办批准，原华中电监局于2013年11月更名为华中能源监管局（2014年1月正式挂牌），设于武汉市，目前主要负责湖北、江西、重庆、西藏四省（市、区）的电力等能源监管工作。

领导班子

党组书记、局长：薛浒

党组成员、巡视员：罗毅芳

党组成员、巡视员：葛才胜

党组成员、副局长：唐俊

主要职责　在所辖区域内，监管电力市场运行，规范电力市场秩序；监管电网和油气管网设施公平开放；监管电力调度交易，监督电力普遍服务政策的实施；承担电力等能源行政执法工作，依法查处有关违法违规行为，监督检查有关电价；承担除核安全外的电力运行安全、电力建设工程施工安全、电力工程质量安全的监督管理以及电力应急和可靠性管理，依法组织或参与电力安全生产事故调查处理；实施电力业务许可以及依法设定的其他行政许可；承办法律法规授权以及国家能源局交办的其他事项。

（1）推进各项电力安全监管工作。一是完成党的十九大等重点时段保电工作。制定辖区《电力安全生产大检查实施方案》和《党的十九大保电工作方案》，班子成员带队对重点电力企业开展现场督导，确保重点时段内辖区内电力安全形势平稳。二是督促企业落实主体责任。构建区域派出机构协商共享、厂网联系紧密、政企沟通顺畅的监管工作机制，凸显企业的主体责任；约谈国网江西电力等9家电力企业，督促企业夯实安全管理基础。三是全力做好电力施工、运行及质量安全监管。开展防汛抗旱专项督查，配合地方政府部门督查在建工程施工现场；加强对质监中心站的指导；抓好重大隐患挂牌督办；参与水电站大坝注册检查和定期检查工作，督促企业按照大坝中心要求及时整治安全隐患，探索水电和新能源建设项目工程质量监管方式；对重大电网运行风险要求有关单位严格落实管控措施，关注风险变化情况。四是进一步提升尽职履责能力，有效提升电力安全生产水平。发挥电力企业等社会力量的作用，充实局电力安全监管专家库；初步实现政企联动共同防御气象灾害等突发事件的良性工作机制。

（2）深化电力体制改革。一是发挥一线监管作用。对三省市电力市场管理委员会组建方案提出意见建议并多获采纳；调研协调国网重庆电力与两江长兴售电公司在配网建设方面的争议；及时向国家能源局报送电力市场建设情况。二是推进增量配电业务试点工作。配合国家能源局资质中心开展增量配电业务改革第一批试点项目现场调研，组织召开研讨会，起草完成《华中区域拥有配电网运营权的售电公司电力业务许可证（供电类）管理办法（试行）》。三是组织起草华中区域电力中长期交易实施规则。组织起草了《华中区域电力中长期交易实施规则》，并广泛征求建议后报国家能源局备案。

（3）抓好专项监管及问题监管。一是配合国家能源局开展监管工作，维护市场秩序。配合国家能源局开展电力调度交易与市场秩序驻点江西监管工作；督促企业整改，专项核查增容机组商业运行问题。二是开展防汛抗旱专项督查。贯彻落实国家防总全体会议及全国水电站大坝安全工作会议精神，重点督查辖区内电力企业防汛抗旱工作。三是抓紧抓实两个专项“回头看”督查。督促企业开展两个专项自查和“回头看”问题整改工作并开展“回头看”现场抽查，维护了电力系统安全稳定运行。四是开展供电专项监管和问题监管。实施“双随机”供电监管新模式，完成鄂赣渝三省市年度供电监管工作，发布供电企业主动公开信息情况年报。五是加强煤电项目规划建设情况监管和电网项目建设情况监管。审阅鄂渝赣三省市 19 个煤电项目，调研 500kV 及以上电网项目规划建设情况。六是开展燃煤电厂超低排放和节能改造情况监管和新建电源接入电网监管。调研燃煤电厂超低排放和节能改造完成情况和风电项目配套送出工程建设情况，提交监管报告。七是加强油气监管工作。落实成品油质量升级监管工作，调研炼化企业，掌握企业普通柴油质量升级工作进展情况；掌握辖区内三省市油气管网分布情况。

（4）促进清洁能源充分利用。一是组织召开华中区域 2017 年厂网联席会议、电网运行方式报告会及电能交易会商会等多个会议。部署市场监管重点工作，总结 2016 年电力调度交易与市场秩序情况、运行方式执行情况，分析研讨 2017 年电力供需形势和运行方式安排。二是坚持流域水电优化调度协调制度，促进水能优化利用。坚持并完善乌江流域和嘉陵江流域水电站优化调度协调会议制度，努力实现流域水电优化利用。三是坚持电能交易会商和电网运行方式汇报制度，促进科学调度。重点就汛期富余水电消纳问题和交易计划安排，明确富余水电消纳相关原则和要求，督促相关调度交易机构做好协调服务工作，监督电力调度机构贯彻落实。四是围绕节能减排，加强沟通协调，促进清洁能源消纳利用。与西北能源监管局等协商消纳华中富余水电和西北风光电事宜并联合印发会议纪要，研究可再生能源电量消纳问题及新能源参与跨省应急交易有关问题，提出新能源参与跨省应急交易的前提及就近消纳原则。

（5）推进证后监管。一是围绕能源供给侧结构性改革，落实防范化解煤电产能过剩风险工作部署。加强发电企业持证监管，先后对 82 家未持证发电企业下发整改通知书，关停 11 家无证小火电机组，许可退出机制得到有效贯彻落实。二是落实国家能源局关于发电业务许可、承装（修、试）电力设施业务许可相关简政放权要求。调整小水电站的发电业务许可豁免范围和部分承装（修、试）电力设施许可条件及审查标准；进一步研究简化《购售电合同》和《并网调度协议》备案方式；稳妥推进电工进网作业许可证改革有关工作。三是执行市场主体退出机制。2017 年共注销 158 家承装（修、试）电力设施企业，并对不符合国家产业政策和节能减排政策的超期服役机组按规定进行严肃处理，许可退出机制得到有效贯彻落实。四是推进证后监管监督检查。开展 2017 年电力业务许可证证后监管监督检查工作；建设完善资质许可管理及证后监管系统和专家库。五是做好日常行政许可工作。进一步规范行政许可工作流程和职责分工。逐条梳理行政许可工作风险点并研究防范措施；加快信用体系建设工作，探索承装（修、试）电力设施企业信用评价体系。

（6）全面适应稽查新机制、新模式。一是实现 12398 能源监管投诉举报热线平稳过渡。制定发布《华中能源监管局 12398 能源监管热线投诉举报处理实施办法》，完成 12398 热线业务在京集中管理的相关工作，实现运行模式的根本转变。二是稽查工作制度建设得到进一步健全。对稽查工作制度进行了全面摸排和重建。稽查工作制度基本完善。三是响应群众诉求，切实维护用户合法权益。及时处理好人民群众的来电、来信，做到“件件有回音，事事有着落”；完成两起行政处罚和对施工隐患举报的及时处理。

【国家能源局河南监管办公室】

基本情况 国家能源局河南监管办公室（简称河南能源监管办）是国家能源局派驻河南省的监管机构，内设综合、市场监管、行业监管、电力安全监管、资质管理、稽查等 6 个处，主要职责是：监管电力市场运行，规范电力市场秩序；监管电网和油气管网设施的公平开放；监管电力调度交易，监督电力普遍服务政策的实施；负责电力等能源行政执法工作，依法查处有关违法违规行为，监督检查有关电价；负责除核安全外的电力运行安全、电力建设工程施工安全、工程质量安全的监督管理以及电力应急和可靠性管理，依法组织或参与电力生产安全事故调查处理；负责电力业务许可及依法设定的其他行政许可；负责法律法规授权以及国家能源局下达或交办的有关事项监管。

领导班子

党组书记、专员：王笃奎

党组成员、副专员：沈军

主要工作

（1）电力安全监管工作。2017 年，贯彻落实国家能源局关于党的十九大电力安全保障工作要求，加强组织领导，狠抓责任落实，主动作为，组织全省电力行业开展党的十九大电力安全保障工作，确保了党的十九大期间河南省电力安全生产形势总体平稳，为党的十九大胜利召开营造了和谐稳定的电力安全生产环境。及时安排部署，明确工作要求。结合实际，会同河南省发展改革委制定了《党的十九大河南电力安全保障工作方案》，督促各省辖市、省直管县（市）负责电力安全监管部门，全省各主要电力企业认真抓好贯彻落实。强化督导检查，督促落实整改。国庆前夕，召开十九大保电工作协调会议，对工作进行再检查、再落实。单独或会同有关地方属地监管部门分别对洛阳、三门峡、平顶山、焦作、新乡、郑州等地区2家电力基建工程、6家电力企业开展了包括保电工作措施落实、安全生产大检查开展、安全风险管控及隐患排查治理情况的现场督查。办领导带队，对国网郑州电力、天中直流及中州变电站开展了现场督查。党的十九大召开期间，又分别对三门峡灵宝换流站、信阳浉河变电站等重要变电站和输电通道开展了现场督查。

（2）电力市场准入监管。电力业务许可证颁发工作稳步推进，截至年底，全省持证发电企业439家，持证输电类企业1家、供电类企业134家，持证承装（修、试）电力设施企业1200余家。落实“双随机一公开”要求，开展对持证企业许可保持和经营情况检查，资质许可后续管理进一步加强。严格资质许可注销管理，对到期未续期及不保持许可条件的企业依法注销。加强发电企业许可监督管理，落实国家能源局关于6月30日后未取得发电业务许可不得并网发电的要求，对未取得许可发电机组的所属企业下发责令整改通知书，在规定时间内未取得电力业务许可的机组不得发电上网。

（3）电力交易监管。推进电力直接交易工作。2017年河南实现售电公司参加直接交易，打破单一售电渠道，多家买电，多家卖电格局初步形成。全年成交电量560.2亿kWh，占全社会用电量的17.67%，平均降低用电企业价格27.58元/MWh，降低企业用电成本15.45亿元。

（4）供电监管。推动河南省供电领域进一步深化“放管服”改革，与国网河南电力联合成立落实“放管服”工作领导小组，建立周通报、月会商的工作机制，重点解决企业、群众在办理用电业务时遇到的具体困难和反映强烈的突出问题。全面贯彻“双随机一公开”工作机制，建立完善供电监管、资质许可、电力市场监管专家库，修订随机抽查事项，规范事中事后监管。开展2017年迎峰度冬及春节保电监管，对6家供电企业进行了现场督导，督促电力企业加大农配网投资，确保电力的安全、稳定、可靠供应，持续提升人民群众用电满意度。

（5）电力市场监管。研究河南电力发展形势和发供电企业不同时期关注的主要问题，有针对性地开展调度交易和市场秩序监管。组织召开2017年河南电网运行方式汇报会、河南电网迎峰度夏运行工作汇报会，“十九大”电网保电措施汇报会。执行“两个细则”的考核补偿，根据河南电力形势，印发了《河南电网并网发电厂调峰辅助服务补充规定（试行）》征求意见稿，进一步规范电力辅助服务工作。开展电力调度交易、电费结算、合同备案等情况监管。做好购售电合同、发电权交易等并网调度协议等备案工作。重点关注发电权、跨省跨区、抽水蓄能电量招标等电能交易信息，及时跟踪掌握情况。

（6）电力监管行政执法。畅通群众投诉举报渠道，及时受理和处理投诉举报事项。2017年，12398热线共接到河南区域有效信息6570件，其中投诉814件，举报11件，收到的投诉举报事项均在规定时限内办结。进一步加大现场调查力度，建立与95598热线联动机制，快速处理群众投诉事项，平均办结时间逐步缩短，群众满意率稳步提升。

【国家能源局湖南能源监管办公室】

基本情况 国家电力监管委员会华中监管局长沙监管办公室于2006年4月26日挂牌成立，后变更为国家电力监管委员会湖南监管办公室；机构改革后，国家能源局湖南监管办公室（简称湖南能源监管办）于2013年11月1日挂牌成立。

领导班子

党组书记、专员：夏旭（2017年10月26日退休）

党组成员、副专员：陈显贵

党组成员、综合处处长：王朝晖

组织机构 下设综合处、市场监管处、行业监管处、电力安全监管处、资质管理处、稽查处。

主要职能 负责监管能源规划、计划、产业政策和重大项目的执行情况，负责对取消和下放的能源行政审批项目的后续监管，监管节能减排和资源综合利用等工作；监管电力市场运行，规范电力市场秩序；监管电网和油气管网设施的公平开放；监管电力调度交易，监管电力普遍服务政策的实施；负责电力等能源行政执法工作，依法查处有关违法违规行为，监督检查有关电价；负责除核安全外的电力运行安全、电力建设工程施工安全、工程质量安全的监督管理以及电力应急和可靠性管理，依法组织或参与电力事故调查处理；负责组织实施电力业务许可以及依法设定的其他行政许可；负责法律法规授权以及国家能源局下达或交办的有关事项监管。

主要工作

（1）市场监管方面。一是电力市场建设取得突破。制定湖南电力市场建设方案；印发湖南省电力中长期交易规则；建立配套制度，正式启动湖南中长期交易。全年交易电量85亿kWh，用户侧获得红利约5.62亿元。二是维护电力市场秩序。持续开展用户受电工程市场秩序监管，实现湖南省域监管全覆盖，对“三指定”行为形成持续有效震慑；开展可再生能源消纳问题监管，印发做好可再生能源消纳的通知；根据日常监管及专项监管工作提供的问题线索，行政处罚2起案件，立案7起开展行政处罚调查。三是加强能源规划计划项目落实情况监管。会同湖南省能源局排查湖南“十三五”风电计划落实情况；助推“气化湖南”工程，针对湖南天然气应用水平严重偏低现状，加强天然气管网规划建设监管；开展煤电超低排放和节能改造计划落实情况监管。

（2）行业监管方面。一是开展农村电网改造升级工程计划落实情况监管。印发《关于加强湖南省农网改造升级工程监管工作的通知》，后置或简化农网改造项目行政审批，加快项目实施；组成专业检查组采用“双随机”方式开展现场检查，发现行政处罚案件线索4件，联合省能源局通报监管情况，向国家能源局、省政府报送专项监管报告。二是推进电源项目自建送出工程回购监管。召开第三次回购联席会，加快推进第二批9个风电项目配套送出工程回购进度，明确2018年全面完成回购工作，落实月报告制度，积极响应发电企业提出的最新回购诉求。三是提升人民群众用电质量。建立应急联络员机制，及时处理突发情况；规范自然人光伏发电管理，从精简并网程序、加强报装管理、落实补贴政策等方面维护屋顶光伏建设自然人合法权益；开展压缩用电报装时间情况监管。

（3）电力安全监管方面。一是做好党的十九大保电工作。成立十九大电力安全保障工作领导小组；与省直有关部门联合印发党的十九大保电方案，组织召开全省保电工作动员部署会；赴重要保电单位就党的十九大保电工作进行明察暗访；从严肃值班纪律、落实“零报告”制度、加强舆情监测、紧密协调联系、启动应急响应等5个方面强化安全保障措施。二是应对连续强降雨对电力安全生产造成的威胁。印发关于加强汛期电力安全生产工作的通知；与省防指联合召开防汛会商会，组织23座水电站负责人研究防洪度汛工作，落实防汛救灾信息日报制度，向国家能源局报告电力设施受损及恢复等情况；在防汛救灾重要时段，加强对防汛重点单位的检查指导，督促企业争分夺秒做好灾后重建工作。三是加强电力安全隐患监督管理。印发关于进一步加强重大事故隐患报送工作的通知，进一步明确重大事故隐患界定和监管要求；建立湖南省电力企业重大事故隐患清单，对重大事故隐患实行“一单四制”（交办制、台账制、销号制、通报制）管理；四是加强电力建设安全质量监管。联合省安监局、省能源局、省质监局、省水利厅等6部门，对省内在建项目开展集中督查，并将督查情况进行全省通报；会同省能源局印发《湖南省“电力建设施工安全年”活动方案》，推进“安全年”活动开展；组织电力建设领域安全生产“打非治违”专项行动；印发《关于加强光伏发电项目工程质量监督管理工作的通知》，实现了“630”光伏发电项目质监注册全覆盖，确保了工程质量安全。

（4）资质监管方面。一是依法开展行政许可审批。落实“阳光审批”和限时办结要求，做好行政许可审查和意见反馈，加强行政许可信息公开工作。二是开展电力市场主体执行许可制度情况专项监管。完成2017年湖南省承装（修、试）电力设施许可制度情况专项监管。三是配合做好电力体制改革工作。落实国家能源局增量配电业务改革试点战略部署，提前谋划，推进售电侧改革。规范有序开展拥有配电网运营权售电公司电力业务许可管理工作，为电力体制改革创造安全、高效的社会条件。向资质管理中心上报《关于增量配电业务改革第一批试点项目电力业务许可情况的报告》。

（5）稽查监管方面。一是畅通12398能源监管投诉举报热线。推进12398热线标识宣传普及工作，认真受理处理能源投诉举报案件，共受理投诉举报、咨询等事项436件。二是开展用户受电工程市场秩序专项监管。对用户受电工程市场秩序专项监管工作开展重点问题“回头看”；全面部署湖南省2017年用户受电工程市场秩序专项监管，向各有关供电企业印发《关于开展用户受电工程市场秩序重点问题监管工作的通知》。向国家能源局上报《2017年湖南省供电监管报告》。三是行政处罚工作成效显著。通过各处室卓有成效的专项监管和日常监管，利用行政处罚这一重要抓手，严厉打击能源企业违法违规行为，树立监管权威。

【国家能源局四川监管办公室】

基本情况 国家能源局四川监管办公室（简称四川能源监管办）是国家能源局派驻四川的机构，因国家机构改革，在原国家电力监管委员会四川监管办公室基础上设立，于2013年12月16日正式挂牌。主要职责是：监管电力市场运行，规范电力市场秩序；监管电网和油气管网设施的公平开放；监管电力调度交易，监管电力普遍服务政策的实施；负责电力等能源行政执法工作，依法查处有关违法违规行为，监督检查有关电价；负责除核安全外的电力运行安全、电力建设工程施工安全、工程质量安全的监督管理以及电力应急和可靠性管理，依法组织或参与电力事故调查处理；负责组织实施电力业务许可以及依法设定的其他行政许可；负责法律法规授权以及国家能源局下达或交办的有关事项监管。

领导班子

党组书记、专员：马军杰

党组成员、副专员：何淑兰

党组成员、副巡视员：高晓楠（现已退休）

组织机构 内设机构：综合处、市场监管处、电力安全监管处、行业监管处、资质管理处、稽查处。

主要工作

1. 电力安全监管

2017年，四川电力行业没有发生重大以上电力人身伤亡事故，没有发生电网大面积停电事故，没有发生较大以上电力设备事故，没有发生水电站大坝垮坝、漫坝以及对社会造成重大影响的事件。全年共发生电力人身伤亡事故4起，死亡6人，事故起数和死亡人数与2016年持平。未发生自然灾害造成的人身伤亡事故。

（1）定期督促电网企业完善各项电网安全风险管控措施，组织召开了四川一、二级电网风险管控工作会商会，保证各项运行安全风险可控、在控。

（2）电力行业网络与信息安全管控。组织专家开展四川电力行业网络与信息安全检查，落实国家能源局电力监控系统安全防护专项监管“回头看”工作，督促电力企业强化网络安全事件的监测、预警。通过检查发现相关电力企业在管理制度、软硬件系统安全等方面存在的问题。

（3）开展迎峰度夏安全管控。四川能源监管办负责人带队赴甘孜州等地开展汛期安全督查，督促相关电力企业切实做好迎峰度夏各项安全管控措施，全面落实迎峰度夏各项管控措施，确保电力系统安全稳定运行。

（4）完成四川电力行业党的十九大电力安全保障等重要保电任务。针对特殊时期保电工作，开展党的十九大和中秋、国庆“两节”期间保电安全督查，多次召开工作协调会，完善各项应急措施，为党的十九大胜利召开营造了稳定的电力安全环境，完成了十九大保供电任务。

（5）开展“电力建设工程安全年”活动。在全省电力企业组织开展以“生命至上、安全发展”为主题的“电力建设工程安全年”活动，通过安全年活动，企业加强了安全教育培训和应急管理，提高了电力建设施工安全管理水平，有效防范了人身事故风险。

（6）创新非现场监管手段，开展同业对标管理。将事前预防与事后监管相结合，实现电力安全监管关口前移，利用“互联网＋”信息化手段，开发了四川电力企业安全监管同业对标系统。

（7）加强电力应急管理，抓好防灾减灾工作。坚持开展汛期前“防范地质灾害应急演练月”活动，督促全川各电力企业开展各类防汛、防地灾应急演练。2017年，72家电力企业完成了电力安全类相关应急预案评审和备案。

（8）强化水电站大坝安全管控，加强对问题大坝整改落实情况的督查确保安全度汛。推进四川水电站大坝备案注册工作。目前，四川共计完成注册备案水电站大坝共计141座，其中注册大坝93座，备案大坝48座。

“8·8”九寨沟地震发生后，四川能源监管办在大坝中心的配合下，从专业监管角度对灾区主要水电站大坝震后安全状况进行了现场核查评估，解决了国家能源局和四川省委、省政府相关领导所担心的水电站大坝安全问题，确保了震区水电站大坝安全稳定运行。

（9）加强电力安全监管执法程序化、制度化。制定完善了《四川能源监管办电力安全监管诫勉约谈制度（试行）》《四川能源监管办行政处罚程序规定》等制度，进一步规范了监管约谈、执法程序、执法文书等内容，使电力安全监管执法规范化、程序化、制度化。

2. 市场监管

（1）推进电力体制改革专项工作，电力市场建设成效显著。牵头开展四川电力市场建设和四川电力交易机构组建工作，承担了全省5个专项改革方案中的2个方案。出台了《四川省电力市场建设试点方案》，提出了《四川省电力市场管理委员会组建方案》，市场管委会挂牌实现规范运作。完成电力交易机构组建初步方案，发挥新成立的市场管委会议事作用，有序推进四川电力交易机构组建。组织电力市场业务培训4期，累计培训千余人次，出台了《四川电力市场信息披露管理办法》，推进《四川电力交易平台技术支持系统功能规范》编制。

（2）推动四川清洁能源基地建设，多措并举促进清洁能源消纳。牵头会同省有关部门出台《四川省可再生能源发电全额保障性收购实施细则》，统筹将水电纳入保障性收购范围，促进四川能源绿色低碳发展。

（3）加强统调及地县调发电厂并网运行管理，促进网源协调发展。建立健全新能源并网运行管理机制，印发《四川风电场及光伏电站并网运行管理实施细则（试行）》，完成对四川省电力公司技术支持系统现场功能验收并启动正式考核。组织编制《四川地县调电厂并网运行管理实施细则》（征求意见稿），维护电力企业合法权益。

（4）深化电力专项监管，有效维护电力行业正常秩序。落实国家能源局2017年市场监管重点问题监管工作计划要求，开展四川省新建发电机组商业运营专项监管。

3. 资质管理

截至年底，四川能源监管办完成电力业务许可证颁发184家，完成承装（修、试）电力业务许可证颁发353家，完成电工进网作业许可证共颁发19 508个。

（1）贯彻落实电力业务行政许可标准化。贯彻执行《电力业务行政许可、承装（修、试）电力设施行政许可流程规范》等文件要求，完成了许可流程的规范化、标准化建设，明确了许可各环节办理流程及职责分工，实现了网上受理平台同步更新、许可证办理服务指南的印制、服务大厅设置。

（2）加强发电企业许可监督管理。对省、市、县电网企业所属调度范围内未取证的发电企业进行清理。

（3）梳理供电企业许可情况，为售电市场的开放做准备。四川能源监管办按调度级别、权限对供电企业进行分析汇总。

（4）推进“放、管、服”改革工作，加大对承装（修、试）设施许可监管力度。严格按照国家能源局文件的要求，降低了市场准入门槛，对工程业绩、专业人员、社保进行了降低要求；简化许可有效期延续申请材料；取消了承装（修、试）电力设施企业分公司备案制度以及电力建设工程备案制度。召开新申请企业承装（修、试）许可政策宣贯会，让企业及时了解申报相关政策及相关流程，同时，对2017年即将到期的承装（修、试）设施企业，发布温馨提示，提醒企业在有效期内办理许可延续业务。

4. 能源执法

建立制度，规范行为，提升效率。制定《四川省10kV及以上用户受电工程业务办理指引》《四川能源监管办12398能源监管热线投诉举报处理办法（试行）》《四川能源监管办12398能源监管热线投诉举报转办机制》和《四川能源监管办投诉举报办理中涉嫌犯罪案件移送办法》，起草《四川省电力用户受电工程市场监管办法》《关于开展供电监管同业对标工作的通知》《四川能源监管办行政处罚程序规则》《关于依法开展行政处罚工作有关事项的通知》《能源争议纠纷调解及电力并网互联争议处理工作程序规则》。

以12398投诉处理为抓手，促进供电普遍服务水平提升。积极宣贯国家能源局《关于进一步加强12398能源监管热线标识普及和宣传工作的通知》，制作12398热线宣传动画短片、12398热线宣传册，开展四川省12398能源监管热线社会知晓度调查。2017年，四川能源监管办受理投诉举报271件，已办结投诉举报239件，均在规定期限内办结，满意率达到93.13%。

以用户监管平台为抓手，提高非现场监管能力。一是落实《国家能源局关于印发〈压缩用电报装时间实施方案〉的通知》要求，完成监管平台升级相关工作。二是开展用户受电工程市场运行情况监控，定期分析形成22份分析报告和3份通报。三是利用平台数据发现违法违规行为线索，确定现场检查重点。四是深入分析监管平台采集的信息，及时发现并遏制苗头性、倾向性问题。

【国网湖北省电力有限公司】

企业概况 国网湖北省电力有限公司（简称国网湖北电力）是国家电网公司的全资子公司，以电网建设、管理和运营为核心业务，负责电网安全稳定运行，为湖北地区经济发展和人民生活提供电力保障。至2017年底，有直属单位31家，其中地市供电企业14家，直供直管县级供电企业83家；用工总量83 915人，其中职工47 504人，同口径同比分别下降6.14%、2.03%；营业户数2387.56万户，其中居民2207.71万户，大工业1.55万户，一般工商业115.17万户，其他63.13万户；投产110kV及以上输电线路1368km、变电容量787万kVA；完成售电量1508.03亿kWh，同比增长6.14%。

领导班子

董事长、党委书记：肖黎春

董事、总经理、党委副书记：郧捷龙

党委副书记、副总经理：侯春

总会计师、党委委员：许毅蒙

副总经理、党委委员：李政、傅景伟、余先进

副总经理、党委委员、国网武汉供电公司总经理、党委副书记：明煦

副总经理、党委委员：张立庆

党委委员、工会主席：周新风

党委委员、纪委书记：姚志荣

总工程师：吴耀文

电网概况 湖北电网500kV及以上网架形成1个中部主框架、2个“西电东送”大通道及1个受端双环网格局；与河南、湖南、江西、重庆电网分别通过4回、3回、3回及4回500kV交流线路联网；与华东、广东电网分别通过4回、1回±500kV直流联网；通过荆门—南阳—晋东南1000kV特高压交流线路与华北电网相联。湖北电网以220kV电网为主要供电网络，并依托500kV变电站逐步实现分片区运行。110kV电网以220kV电网为中心，实现分片分区运行，向配电网络和用户供电。

2017年，湖北电网有1000kV特高压变电站1座，500kV变电站31座，220kV公用变电站188座，35kV及以上公用变电容量17 159万kVA、输电线路7.28万km。至年底，湖北全口径发电装机容量7124万kW（含三峡2240万kW），同比增长5.62%，居全国第11位。其中，水电、火电装机容量分别占51.5%和39.1%，风电253万kW，占3.6%，光伏413万kW，占5.8%。全年发电量2646亿kWh，同

比增长6.1%。全社会用电量1869亿kWh，同比增长6.0%。2017年湖北电网规模详见表1。

表1　2017年湖北电网规模一览

指标名称		单位	2016年	2017年	增幅(%)
全口径发电设备装机容量	合计	万kW	6745.49	7124.48	5.62
	水电	万kW	3663.36	3671.49	0.22
	火电	万kW	2694	2786.71	3.44
	风电	万kW	201.03	252.83	25.77
	太阳能发电	万kW	187.1	413.45	120.98
110～1000kV公用变电站	合计	座	1019	1049	2.94
	110kV	座	813	834	2.58
	220kV	座	180	188	4.44
	500kV	座	25	26	4.00
	1000kV	座	1	1	0.00
110～1000kV公用变压器容量	合计	万kVA	15 470	16 097	4.05
	110kV	万kVA	5552	5765	3.84
	220kV	万kVA	5419	5632	3.93
	500kV	万kVA	3899	4100	5.14
	1000kV	万kVA	600	600	0.00
110～1000kV输电线路回路长度	合计	km	49 363	50 527	2.36
	110kV	km	22 406	23 112	3.15
	220kV	km	14 308	14 444	0.95
	500kV	km	9689	9806	1.21
	±500kV	km	1798	1798	0.00
	±800kV	km	981	1185	20.78
	1000kV	km	180	180	0.00

注　1. 全口径发电设备装机容量栏目中，“火电”包含生物质发电和垃圾发电。
2. 500kV变电站座数不包含换流站和开关站。
3. 输电线路统计包括架空线路和电缆线路。

湖北省水火电合计发电装机占比90.64%，同比下降3.61个百分点，在国家防范化解煤电产能过剩风险背景下，年内全省仅投产1台66万kW大型火电机组，全省水火电为主格局仍然维持，但逐年下降趋势已经显现。全省新能源继续呈快速发展势头，风电、太阳能装机容量占全省总装机容量的9.35%，同比提高2.64个百分点，电源结构进一步优化。电网建设投资向配网倾斜，配网和农网供电能力和可靠性不断提高。全年，湖北电网完成建设和改造投资193.6亿元。其中，220kV及以上电网投资36亿元，主要用于十堰水电外送及局部电网优化等；配网和农网投资157.6亿元，主要用于解决老城区和农网低电压问题，以及农村所有机井、排灌站、村庄通动力电。至6月底，完成新一轮农网改造升级“两年攻坚战”三大专项任务，完成4664个小城镇（中心村）电网改造升级、34 516眼机井“井井通电”、21 850个自然村“村村通动力电”。渝鄂直流背靠背联网工程开工建设。500kV随州输变电等22项重点工程按期投产。湖北电网开工110kV及以上输电线路1482.61km、变电容量886.95万kVA。全省首座全装配式建设的500kV卧龙变电站获得国家优质工程奖。±800kV酒泉—湖南特高压直流线路（湖北段）等工程获评国家电网公司输变电创优示范工程。

全口径发电量稳步增长，发电计划执行情况良好。全年发电计划完成率100.73%。其中，水电100.59%，火电101.05%，风电98.41%，太阳能100.04%。全省各主要流域来水较多年平均增加1～3成，主力水电厂不同幅度增发。非统调水电厂全年发电同比增长16.67%。2017年湖北省发电情况详见表2。

表2　2017年湖北省发电量情况一览

单位：亿kWh

发电量			2016年	2017年	增幅(%)
全口径	合计		2493.57	2645.58	6.10
	水电	合计	1399.05	1493.71	6.77
		三峡	930.57	971.17	4.36
	火电		1047.96	1075.35	2.61
	风电		35.15	48.32	37.46
	太阳能发电		11.41	28.21	147.24
全口径（不含三峡）	合计		1563	1674.41	7.13
	水电（不含三峡）		468.48	522.53	11.54
统调（不含三峡）	合计		1290.26	1357.16	5.18
	水电（不含三峡）		359.15	394.98	9.98
	火电		913.87	933.43	2.14
非统调电厂	合计		272.74	317.26	16.32
	水电		109.33	127.56	16.67
	火电		134.09	141.91	5.83
	风电		23.51	29.16	24.03
	太阳能发电		5.8	18.63	221.16

全省火电发电量占全省全社会用电量的

57.54%，其稳定出力支撑了全省电力正常供应，不仅保障了工业生产用热，也为新能源和水电上网腾出通道。全年统调火电机组平均利用小时3920h，同比减少40h。

电力供应 500kV及以上网架保持2016年格局。湖北电网以220kV电网为主要供电网络，并依托500kV变电站逐步实现分片区运行。110kV电网以220kV电网为中心，实现分片分区运行，向配电网络和用户供电。湖北电网建成省地一体化电网风险防控平台，处置酒泉—湖南特高压直流线路跨越施工三级电网风险。迎峰度夏期间，梳理并逐项落实30项主网运行风险防控措施。解开随州—孝感、荆门—襄阳电磁环网，完成锦苏和祁韶特高压直流杆塔地质灾害、220kV徐巡线跨长江、配电线路跨高铁等隐患治理工作。换流站单极闭锁事件和220kV及以上输、变电设备故障停运事件分别同比下降50%、32.7%、16.7%。全年，国网湖北电力经营区域完成售电量1508.03亿kWh，同比增长6.14%。完成党的十九大等重大保电任务，应对夏季多轮强降雨、极端高温天气及华西罕见秋汛等考验，实现连续安全稳定运行35周年。

电力供给侧改革 电力直接交易工作在煤价高企、火电企业处于全面亏损边沿的不利局面下，按照适度扩大规模、调整供给结构、重点支持高新技术企业和战略性新兴产业的思路展开。直接交易完成签约电量351.44亿kWh，超额完成省政府确定的目标任务。其中，高新企业成交电量占比达60.00%。为用户节约电费支出14亿元。电力市场化改革稳步推进，跨省跨区电力资源得到优化配置。暨湖北电力交易中心股份有限公司成立之后，售电侧改革、售电公司准入与退出等相关营运规则完善及电力市场管理委员会组建工作陆续完成。利用湖北电网全国联网优势，实施跨省跨区电力资源优化配置，全年购华北特高压电量20.5亿kWh，购西北新能源电量21.11亿kWh，购西藏及西南、湖南应急水电等14.78亿kWh，不仅缓解了全省迎峰度夏高峰电力应急保障，也完成了省政府援疆及与省外能源战略合作等政治任务。

电力消费 全社会用电同比增长6.01%，第二、三产业对全社会用电增长的贡献率分别为53.46%、25.16%，城乡居民生活对全社会用电增长的贡献率为21.29%。全年，工业用电同比增长4.81%，较2016年提高2.89个百分点。其中，轻、重工业用电量同比分别增长9.32%和4.07%，轻、重工业用电比为14.6∶85.4，基本与2016年持平。2017年湖北省全社会用电构成情况详见表3。

表3 2017年湖北省全社会用电构成情况一览

指标	单位	2016年	2017年	增幅（%）
全社会用电量	亿kWh	1763.11	1869.00	6.01
第一产业用电量	亿kWh	29.51	29.61	0.35
第二产业用电量	亿kWh	1143.76	1200.36	4.95
第三产业用电量	亿kWh	274.54	301.18	9.70
城乡居民生活用电	亿kWh	315.3	337.84	7.15
城市	亿kWh	209.49	222.71	6.31
乡村	亿kWh	105.81	115.13	8.81
人均用电量	kWh/人	2995.94	3166.72	5.70
人均生活用电	kWh/人	535.77	572.42	6.84

注 2016年常住人口5885万，2017年常住人口5902万。

工业内部主要行业中，采矿业用电下降8.50%，制造业用电增长10.78%，电力燃气水的生产和供应业用电下降8.21%，制造业用电快速增长是拉动工业用电增长的主要动力。月均用电超过2亿kWh的十个主要制造行业用电“九升一降”。其中，六个行业用电增幅在两位数以上，分别是有色金属（56.00%）、石油加工（21.65%）、通用及专用设备制造（15.08%）、黑色金属（14.34%）、交通运输电气电子设备制造（19.23%）和金属制品（11.51%），纺织（8.27%）、食品饮料烟草（7.38%）、非金属矿物制品（5.78%）三个行业用电平稳增长，仅化工（−2.27%）行业用电微降。

除工业外，全社会用电其他七大类行业用电普遍增长，分别为农林牧渔业（0.35%）、建筑业（10.35%）、交通运输仓储邮政业（15.48%）、信息传输计算机服务和软件业（15.99%）、商业住宿餐饮业（5.63%）、金融房地产业（14.35%）和公共事业及管理组织（7.29%）。

全省14个用电统计地区中，武汉等13个地区全社会用电同比增长，其中咸宁、恩施、神农架林区3地全社会用电增幅在两位数以上。各地工业用电基本与全社会用电同步增长，仅鄂州市受钢铁行业淘汰落后产能影响工业用电下降。“一主两副”城市武汉、宜昌、襄阳3市全社会用电量占到全省的47.16%，工业用电量占全省的44.63%，3市全社会和工业用电均增幅稳健，有力促进了全省用电的增长。

电力环保 全省电力行业严格贯彻绿色发展理念，通过全面放开新能源发电计划、优先安排水电、对火电机组实行差别电量计划等措施，确保了增发的100亿kWh水电上网消纳，全额收购风电、太阳能电量70亿kWh，组织转让电量11.48亿kWh，关停小火电机组27.6万kW。通过采取以上各种措施，全年全省减少电煤消耗850万t，减排二氧化硫1.2万t。

供电服务 试点地市公司供电服务指挥平台建设，各县级供电公司均完成1个“全能型”乡镇供电所建设目标，工单平均处理时长降低27.21%。优化园区服务机构，落实园区客户经理制，成立县级园区供电公司1家，新增园区供电机构26个。加强“互联网+”营销服务体系建设，“多表合一”累计接入21.83万户，电子渠道用户达到660万户，智能电管家用户覆盖率达到92.95%。开展掌上电力集中运营，“互联网+”线上办电率达到98.49%。主动对接地方政府和196家移交企业，“三供一业”分离移交框架协议签订率达到96.87%，接电完成率56.43%。“三横两纵一圈”城际互联快充网络基本形成，全年充电电量同比增长269.06%。供电服务“一格双员”网格化服务体系基本形成。规范线上线下、前台后台一体化服务流程，开展营业厅转型升级试点。建立“零投诉”机制，制定投诉分级分类考核办法，抢修时长同比平均缩短27min。

国网阳光扶贫行动 2016年国家电网公司响应启动“国网阳光扶贫行动”计划。2017年为湖北“三县一区”236个建档立卡贫困村每村捐建1座200kW光伏电站。国网湖北电力作为具体实施单位，全力推进工程建设实施。236座村级光伏电站于6月15日投产，并于9月将236个村级光伏电站捐赠移交给“三县一区”贫困村。截至12月31日，6个集中式光伏电站累计发电2169万kWh；236个村级光伏电站累计发电2929万kWh。湖北“三县一区”村级光伏电站累计结算电费1050万元。

5月26日，国务院扶贫办、国家能源局在宜昌召开全国光伏扶贫现场会，将国网村级光伏扶贫模式向全国推广，起到较好示范效应。国家标准委员会已将“三县一区”村级光伏电站建设纳入国家标准目录。

湖北完成新一轮农网改造升级“两年攻坚战” 6月底，国网湖北电力完成新一轮农网改造升级“两年攻坚战”三大专项工程建设任务，完成投资137亿元，完成4664个小城镇（中心村）电网改造升级、3.45万眼机井“井井通电”、21850个自然村“村村通动力电”。

通过“两年攻坚战”工程的实施，完成新建（改造）10kV线路2万余km，新建（更换）配电变压器2.83万台、容量36.53万kVA，新建（改造）低压线路7.57万km，提高了湖北农村电网供电能力和供电可靠性，农村电网结构渐趋坚强。通过农村机井（小型泵站）通电项目，惠及机井（小型泵站）3.45万眼，受益农田面积1100多万亩，每年减少农民灌溉燃油支出1.34亿元。小城镇（中心村）电网改造，着重解决中心村电网低电压、过负荷、线径过细、设备老化等问题，提高了农村小城镇（中心村）电网供电能力和电能质量。村村通动力电工程实施后，新增及改造台区低压供电半径控制在500m以内，户均配变容量较2015年提升了0.18kVA/户。解决了农业生产用电突出问题，对粮食主产区农田灌溉、农村经济作物和农副产品生产加工、畜禽水产养殖设施等供电设施进行改造，满足了农业生产用电需要。

中国跨江输电第一塔拆除 12月26日，建于1957年高147m的220kV徐巡ⅠⅡ回跨江塔（石咀塔）被爆破拆除。武汉220kV徐巡ⅠⅡ回（建成初期名为珞锅线，运行电压等级为110kV，后升压为220kV运行）跨江高压输电工程，在武昌石咀与汉阳沌口间跨越长江，由两座特高钢筋混凝土塔架起输电线路跨越长江。两塔架起6根输电导线和2根架空地线。

主要事件

1月6日，国网湖北电力召开干部大会，宣布国家电网公司调整国网湖北电力领导班子的决定。其中，肖黎春任国网湖北电力总经理、党委副书记，不再担任党委书记职务。尹正民不再担任国网湖北电力总经理、党委副书记、党委委员职务，另有任用。

1月24日，湖北电力交易中心有限公司成立，该公司由国网湖北电力与国电集团、中国华电、中国华能、华润、国家电投、湖北能源6家在鄂发电企业共同出资组建，注册资本一亿元人民币。其中，国网湖北电力占股70%，其他6家分别占股5%。

1月下旬，国网湖北电力科技项目《架空输电线路工频电场对周边建筑物的影响及改善措施的研究》被中国电力企业联合会评为全国电力职工技术成果一等奖。

3月8日，“国网阳光扶贫行动”湖北“三县一区”（巴东县、秭归县、长阳土家族自治县和神农架林区）村级光伏电站建设启动仪式在武汉举行。

4月12日，全国能源化学地质系统职工队伍技能素质提升工作推进会在武汉召开。会议期间，与会代表现场观摩了国网湖北电力职工的实操演示和创新工作室，观看了国网湖北电力制作的专题片《锻造“国网工匠”的竞技场》，国网武汉供电公司、国网湖北技培中心、国网湖北检修公司及职工代表在会上做了交流发言。

4月，1000万kWh的西藏水电通过川藏—川渝—渝鄂通道“电力天路”首次送入湖北电网，这是川藏联网工程竣工以来西藏水电首次落地华中区域。

5月25日，渝鄂直流背靠背联网工程在湖北宜昌、恩施两地同时举行开工仪式。该工程的建成，将实现川渝电网与华中电网异步互联，在世界上首次将柔性直流输电电压提升至±420kV，电力输送容量将达到500万kW。

5月26日，全国光伏扶贫现场观摩会在宜昌举行。会议举行了国家电网公司向湖北“三县一区”政府捐建村级光伏扶贫电站签字仪式。

6月7日，国网湖北电力召开干部大会，宣布国家电网公司调整国网湖北电力领导班子决定。其中，肖黎春任国网湖北电力董事、董事长、党委书记，不再担任总经理、党委副书记职务。郳捷龙任国网湖北电力董事、总经理、党委委员、党委副书记。

6月30日，国网湖北电力完成新一轮农村电网改造升级“两年攻坚战”。

8月22～24日，由中国电力企业联合会主办、国网湖北电力承办的首届全国电力行业青年培训师教学技能竞赛在国网湖北技培中心举行。来自全国43家电力集团、企业单位的51支参赛队伍经过选拔，最终102名参赛选手参加此次竞赛。国网湖北、江苏、山东电力3支代表队获得团体一等奖。

8月24日，国网湖北电力五届五次职工代表大会在武汉召开。与会代表听取并审议了《关于国网湖北省电力公司公司制改制方案的说明》和《关于国网湖北省电力公司公司制改制职工安置方案的说明》。完成公司制改制后，国网湖北电力为国家电网公司全资子公司，经营范围保持不变。

8月25日，国网湖北电力召开职工文艺座谈会暨中国电力作家协会湖北电力分会成立大会。

11月8～10日，国家电网公司首届输电线路无人机巡检技能大赛在武汉举行。

11月13日，国网湖北电力发明专利“一种智能变电站二次虚回路检测装置及检测方法”获得第十九届中国专利优秀奖，这是国网湖北电力首次获得国家级科技奖励的中国专利奖。

12月中旬，2016～2017年度国家优质工程奖总结表彰大会在北京召开，国网湖北电力500kV卧龙变电站新建工程获得“国家优质工程奖”。该工程2014年8月开工，2016年3月投产送电。2017年5月30日，该工程获得“中国电力优质工程奖”。

12月21日，湖北电力市场管理委员会在汉成立，该委员会是由全省发电企业、电网企业、售电企业、电力用户等市场主体，按类别推荐代表组成、参与湖北电力市场的建设运营和监督管理的自治性议事机构。

（杨　倞）

【国网湖南省电力有限公司】

企业概况　国网湖南省电力有限公司（简称国网湖南电力）是国家电网公司全资子公司，主营业务为湖南省电网的规划、建设、运行、检修和营销。现设职能部门22个，下辖市州供电公司14家、县供电公司109家，员工总人数7.55万人（全口径）。2017年完成年度业绩考核目标，公司发展稳中向好、转中有进。完成售电量1206.2亿kWh，同比增长7.58%；资产总额1024.1亿元，同比增长4.84%；营业总收入738.3亿元，同比增长6.05%；全口径劳动生产率52.36万元/人年，同比提高14%。电费回收率100%，连续9年实现“双结零”。

电网概况　截至2017年底，湖南电网发电设备装机容量4348.9万kW，比年初新增装机容量152.9万kW。其中：水电装机容量1702.4万kW，占39.15%；火电装机容量2207.3万kW，占50.76%；风电装机容量263.47万kW，占6.06%；太阳能发电装机容量175.7万kW，占4.04%。拥有35kV及以上输电线路6.6万km，变电容量1.18亿kVA。

2017年，湖南电网发电量1342.8亿kWh，同比增长1.44%。统调外省净输入电量181.8亿kWh，同比增长45.43%。最大负荷2658.6万kW，同比增长11.5%。日最大电量5.43亿kWh，同比增长9.28%。全省全社会用电量1581.5亿kWh，同比增长5.74%。分行业看，第一产业用电量19.3亿kWh，占1.22%；第二产业用电量886.8亿kWh，占56.07%；第三产业用电量266.5亿kWh，占16.85%。

人力资源　落实电力体制改革和国资国企改革要求，成立深化改革领导小组，集中全公司力量，纵深推进33项重点改革任务。输配电价改革实施平稳。完成年度电力市场化交易工作，成交电量85.18亿kWh。牵头成立的4家联合体在增量配电试点项目中全部中标，湘潭混合所有制公司挂牌成立，长沙、永州、怀化、岳阳、邵阳建成园区供电服务机构。公司制改制完成。撤销省带电作业中心处级构架，组建公司供电服务中心、审计中心。送变电施工企业优化整合稳步推进，成立国内首家输电检修分公司。启动水电厂集中管理改革，“一县两公司”合并、“全能型”供电所建设取得阶段性成效。疗养、培训机构改革有序开展，医疗机构改革按期完成，职工家属区“两供一业”分离移交框架协议全部签订完毕。推进人员正向流动，创新开展集中待岗培训，盘活人力资源存量1619人。成立省公司层面集体企业集团和集体资产管理中心，完成18家平台企业搭建，压减集体企业32户，归集资金33.41亿元。关联民营企业清理规范工作全面完成。

电网建设与发展　完成“十三五”电网滚动规划，特高压“华中环网”纳入“十三五”主网完善方案并上报国家能源局。建成投运祁韶特高压直流工程，年内消纳电量56.52亿kWh。世界首台双水内冷

300Mvar 调相机组在韶山换流站并网。500kV 常德北、220kV 巴陵扩建等重点工程按期投产，平江抽水蓄能电站开工建设。针对长沙电网发展短板，打造政企合作新版本，精心组织启动供电能力提升三年行动计划和“6·30”攻坚战。提前打赢新一轮农网改造升级“两年攻坚战”，实现村村通动力电。改造贫困村电网 4305 个，完成 12 个脱贫摘帽县 497 个贫困村、省政府“重点民生实事”项目 1000 个行政村的电网改造任务。严格规范分包管理，统一分包队伍管理标准，实施全方位动态管控。500kV 岳阳南变电工程获中国电力优质工程和国家优质工程奖。

经营管理 完善成本管理工作规定、成本考核方案，推行项目储备全覆盖和人工成本全口径管控，基本建成精益成本管控体系。全力扩大有效资产，完成电网基建项目决算转资 131 亿元，其中历年已竣工项目决算转资 77 亿元。持续降低资产负债率，接收用户资产规模 30 亿元。开展经营诊断分析和财务稽核，优化融资结构和时序，带息负债比年初下降 32.7 亿元。完成所有银行账户实时监控、公司级集团账户体系搭建。规范业务外包管理，明确 257 项典型业务外包项目及 3847 项外包费用测算标准，强化全程闭环管控。深化激励保障机制，分类修订企业负责人业绩考核体系，完善职员职级制度，全面推行量化考核。加强适岗培训，人岗匹配率上升 4.1 个百分点。整治电价挽回直接经济损失 3805.6 万元，整治台区线损少损电量 4.27 亿 kWh，反窃查违追补损失 1.18 亿元。应诉案件，依法维权，避免和挽回直接损失 1.74 亿元。物资去库存累计完成 1.34 亿元。实践大数据应用与管理，强化重点指标专项监测，挽回经济损失超过 4000 万元。

安全生产 落实本质安全建设要求，推进 50 项重点任务实施落地，开展安全生产问题清单专项梳理，逐级压紧压实安全责任，提升本质安全水平，实现连续第 8 个“安全年”。吸取系统内外事故教训，推进现场反违章、安全生产大检查和“电力建设工程施工安全年”活动，整改问题 6154 项，治理隐患 10 770 项，查处违章 3213 起。强化电网运行控制、设备维护、风险管控和稳定管理，切实抓好迎峰度夏、防冻融冰、防雷防汛防山火等工作，完成党的十九大等重大供电保障任务。重要输电通道实现全年“零故障停运”，连续 4 年实现满功率保电期间特高压直流线路“零跳闸”，湖南电网安全稳定运行 36 周年。

营销工作 供电服务管控，推进营销现代化建设，实现了营销服务工作全面提升。营销服务规范率 99.63%，营销体制机制建设深入推进，实现 1648 万客户电费智能核算与发行，远程费控客户占比达 95%，预收电费余额达 64 亿元。供电服务指挥平台试点建设完成阶段任务，配合做好验收准备。“全能型”供电所建设扎实推进，基本实现营配业务末端融合、服务快速响应新要求。增供促销挖潜增效成效显著，全年替代电量累计完成 45.8 亿 kWh，建成一批优秀典型示范项目，并荣获人民日报评选的“2017 年全国优秀民生项目”。智能计量建设取得突破。安装智能电能表 614.58 万只，智能电能表采集实现全覆盖，“多表合一”建设完成 21.02 万户。完成公司负荷管理系统建设实施方案编制与 9397 户专用变压器用户施工设计，建成后可控负荷达 200 万 kW。营销信息化支撑能力明显增强，完成停电信息系统集成、基于营配调贯通的业扩交互流程建设、市场化售电系统试点上线等信息化项目，开展营销自建系统及终端清理，下线自建系统 74 套，关停整改自助交费终端 65 台，营销信息支撑能力与安全管控水平大幅提升。

科技与信息化 获省部级及以上科技奖励 24 项，获得国网山火监测、覆冰及舞动预测三大预警中心命名，“智能电气量测与应用技术实验室”获批建设湖南省重点实验室，“带电巡检与智能作业技术实验室”通过国网公司实验室现场考察。环境保护工作连续实现“两个百分之百”目标。梳理环保历史遗留问题，并制订计划全面开展治理。针对环保新形势开展环保管理改革探索，并参照湖南模式编制下发国网环保管理新规定和要求。实现省市公司网络安全管理专责到岗到位，印发《公司加强自建业务系统管理的意见》、制订《网络安全管理工作细则》，形成公司层面部门间横向协同、纵向联动的网络安全管理格局；全业务统一数据中心、ERP 集中部署、供电服务指挥系统、规划计划管理系统 2.0 等重点项目如期实现阶段性目标；实施营销和费控系统数据库架构优化改造主要做法入选国家电网同业对标典型经验；通过国家电网信息化企业验评；在国家电网年度信息安全红蓝队攻防总决赛中取得第一名；在国家电网公司第三届青创赛获得三金。完成 IP 多媒体子系统（IMS）行政交换网备用核心建设和通信网管省级集中部署，系统运行可靠性和省级集中监控能力得到提升；组织完成“十三五”通信网滚动规划修编，完成系统保护通信网、精准切负荷通信系统、电力无线专网、10 个地市光缆与光通信系统等重大通信建设项目前期工作。220kV 及以上、110kV、35kV 变电站、供电所（营业厅）专网光纤覆盖率分别达到 100%、99.5%、97.4%、96.7%，未覆盖的变电站通信建设已全部纳入独立二次通信项目储备。

优质服务 释放电价改革红利，降低用户用能成本 5.45 亿元。实现城乡用电全面同价，降低农村用电成本 4 亿元。深化营销现代化应用，推广电费智能核算。远程费控客户占比达98.5%，预收电费余额达64亿元。推广“互联网+营销服务”，95598网站、APP、微信线上交费率达45%。开辟业扩受理绿色通道，线上受理率99.27%。严格人为责任投诉考核，投诉总量同比下降13.28%。供电服务指挥平台试点完成阶段任务。安装智能电能表627.5万只，实现集抄全覆盖。推进负荷管理系统建设，完成9397户施工设计。成立综合能源服务公司和电动汽车服务有限公司，推广42种电能替代技术，完成替代电量47.8亿kWh。用心服务脱贫攻坚，累计并网光伏扶贫项目1888户，容量9.92万kW。组建112支扶贫工作队，精准脱贫5141户、18 318人。

党的建设和精神文明建设 坚持把学习贯彻党的十九大精神作为首要政治任务，举行9次党委中心组集体学习研讨，2万余名职工参加十九大精神知识竞赛。各级领导班子成员走进一线、走进基层，深入透彻宣讲十九大精神，实现宣讲全覆盖。落实27项重点措施和4项配套方案，推动“两学一做”学习教育常态化、制度化。实施党建“旗帜领航·三年登高”计划，细化41项管党治党措施，对30家单位开展绩效综合考评。召开公司首次党代会，完成党组改设党委工作。健全完善党建机构设置，在90个县公司成立党委，建立555个农电党支部。推行领导班子和领导干部预警管理，发布26项干部预警重点工作，对9家单位领导班子实施提醒谈话，对20家单位实施书面提醒。分4批对12家单位开展内部巡察，发现问题线索376条，问责237人。审计监督、舆情防控、信访维稳和保密工作持续加强，公司系统保持和谐稳定。

（汤日成）

【国网河南省电力公司】

企业概况 国网河南省电力公司（简称国网河南电力）是国家电网公司的全资子公司，国有特大型企业，肩负着为河南省经济社会发展提供可靠电力保障的重要任务。截至2017年底，用工总量14.95万人，资产总额1462亿元，当年完成售电量2501亿kWh，营业收入1298亿元，两项指标均居国家电网公司系统第四位。

领导班子

董事长、党委书记、党委委员：侯清国（2017年9月前任总经理、党委副书记、党委委员）

董事、总经理、党委副书记、党委委员：曹世强（2017年9月由国家电网公司调入）

副总经理、党委委员：畅刚

总会计师、党委委员：陈昭功

副总经理、党委委员、工会主席：王刚

副总经理、党委委员：张中青（2017年9月前任党委委员、郑州公司总经理、党委副书记）

副总经理、党委委员、郑州公司总经理、党委副书记：刘长义（2017年9月前任副总经理、党委委员）

副总经理、党委委员：吴云喜、安军

党委委员、纪委书记：张立军

总工程师：陈红军

组织机构 截至2017年底，国网河南电力省市县三级单位合计142家，其中直属单位14家、市供电公司18家、县供电公司110家（含代管县供电公司1家）。公司本部设置22个职能部门。

电网概况 截至2017年底，河南电网110kV及以上变电站1380座，变电容量2.51亿kVA，线路长度5.21万km。全省发电装机容量7992.58万kW，其中统调装机容量7293.51万kW。2017年，全省全社会用电量3166.17亿kWh，同比增长5.92%；发电量2702.68亿kWh，同比增长4.11%。

人力资源 制定《关于市供电公司对县级供电公司负责人业绩考核的意见》《关于加强班组绩效管理的意见》等5项制度；制定《国网河南省电力公司关于规范社会保障管理的通知》（豫电人资〔2017〕836号），规范公司系统主业、集体企业、供电服务公司的长期职工、集体企业用工、农电用工社会保障管理，省市县三级单位全部依法建立“五险一金”。业绩考核在国家电网公司排名A级第7。获得国家电网公司东西人才帮扶先进单位、河南省构建和谐劳动关系先进单位、省直养老保险工作先进单位等多项荣誉称号。

电网建设与发展 推动2020年及之前规划投产的各级电网项目前期工作，完成5项500kV项目可研和核准；完成289项220、110kV可研编制和评审，取得318项110kV及以上项目核准批复。

在豫“一交三直”特高压工程建设有序推进。主网网架结构进一步优化，许昌西等4项500kV、洛阳洛宁等52项220kV及以上输变电工程投运，河南电网整体供电能力增至6400万kW，支撑了河南电量、负荷分别迈上3000亿kWh和6000万kW台阶；新扩建110～35kV变电站120座，新建及改造配电变压器6万余台，10kV及以下线路10.4万km。

特高压晋北—南京直流工程于6月投运。上海庙—临沂直流工程全线架通。昌吉—古泉工程年底前架线完成70%，实施世界最高电压等级直流跨越交流线路施工，世界首例大截面1660mm^{2}碳纤维芯导线展放试验。50项迎峰度夏重点工程全部在“6·30”前建成投运，500kV涂武线增容线路提升豫中—豫南断面东通道南送电能力90万kW。组织参加“国网基建工匠”比武，在国家电网公司输变电工程质量工艺技能竞赛中获团体第六名。两项基建工程获评国家电网公司创优示范工程。河南汝州500kV变电站工程、驻马店北500kV变电站工程荣获国家优质工程奖。获得10项国家电网公司优秀设计奖项和10项设计竞赛奖项。电网建设获得国家电网公司专业标杆称号。完成38个贫困县、3943个贫困村电网改造任务。被国家电网公司评为新一轮农村电网改造升级“两年攻坚战”先进单位。

经营管理 深化瘦身健体提质增效，降杠杆减负债，强化资金安全保障，财务状况持续改善，经营业绩稳步提升。历史形成累计亏损及亏损单位全面消除。完成河南省输配电成本监审、输配电价核定工作，输配电价水平符合各方预期。

推动电力市场管理委员会组建并规范运行，扩大电力直接交易规模，累计完成直接交易电量560亿kWh。完成87家县公司“子改分”及两家郊区供电公司改制，106家上划县公司全部实现了分公司运行，平顶山华辰、石龙供电公司产权平稳划转。完成省公司和3家下属子企业公司制改制，建立健全公司法人治理结构。

推进集体企业瘦身健体改革发展，完成“1+18”省市集体企业平台搭建，制定省、市两级实施方案。完成16家省属国企职工家属区共计38.7万户供电分离移交，荣获河南省国企改革攻坚战4家突出贡献单位之一。

落实“严肃审计、严肃整改、严肃问责”的工作要求，坚持问题导向，加大审计力度，提高审计质量，狠抓问题整改和成果落实，提升履职能力和工作水平。2017年，共开展各类审计项目926项，提出审计建议1.3万条。

安全生产 贯彻国家电网公司安全生产工作部署，推进本质安全建设，严格落实各级安全责任。编制企业安全生产主体责任清单，明确各级各类从业人员的42个责任事项、113项责任内容。开展季节性安全检查、工程开复工安全督查、安全生产大检查、基建现场反违章等系列专项督查，加大现场督查和反违章力度，有效防控现场安全风险。开展基建和农配网工程施工、迎峰度夏和防洪度汛、集体企业和信息通信、消防安全保卫暨反恐怖防范等领域安全隐患排查治理专项行动。

持续提升大电网运行管控能力，应对大电网“强直弱交”复杂特性，计算分析特高压电网整体运行情况，统筹制定控制策略，建成国分省调实时平衡能力监视功能，实时提供可再生能源发电能力、电网调峰备用能力和跨区通道裕度。强化安全风险管控，完成718项计划停电工作，落实“先降后控”原则，全年无四级及以上风险停电项目，有效管控五级风险停电项目。

修订印发公司《突发事件总体预案》和《人身伤亡事件处置应急预案》，配合国网华中分部成功举办天中直流双极闭锁大面积停电事件应急演练，采取“无预告、随机式”的无脚本演练模式完成18个地市公司的大面积停电事件应急演练，完成省市公司应急能力建设评估。安排公司系统迎峰度夏安全生产值班，及时发布灾害预警，落实响应措施，应对5785万kW省网历史最高负荷考验和信阳、南阳等地区暴雨灾害。

开展重要输电通道风险评估，组织运维单位加强特高压、跨越电网及重要输电通道运维管理，组织做好特高压线路年度检修工作，开展新建特高压线路生产准备工作。落实配电线路“防雷击、防用户越级、防外破、防树竹、防小动物、防风偏故障”各项措施，统筹推进配电线路综合治理工作。

加强各领域安全管理，健全完善“风险分级管控和隐患排查治理”双重预防机制，生产、基建、营销、集体、信息等领域安全局面稳定，没有发生国家电网公司考核的各类安全责任事故，没有发生有较大影响的安全事件。

营销工作 2017年售电量完成2501.02亿kWh，同比增长7.56%；市场占有率91.96%；电费回收率100%；全省业扩报装新增容量3953.35万kVA，同比增长16.92%。创新实施电能替代“打包交易”，完成528家用户“打包交易”协议签订，替代交易电量8.9亿kWh；配合政府完成111万户居民“电代煤”，探索并实践安阳农村“电代煤”商业化市场运营模式；完成300个电能替代典型示范项目建设，实现典型示范项目省市县全覆盖，全年电能替代电量115.6亿kWh。有序推进售电侧改革，河南省首批6个增量配电试点项目全部完成规划和建设方案编制，2017年全省新增市场交易用户3730家，完成8批560亿kWh电量直接交易。落实欠费风险企业预付费和电费保全措施，推进用电诚信体系建设，提前实现电费“双结零”目标。建成11个国家电网公司五星级乡镇供电所、92个国家电网公司四星级乡镇供电所。

科技与信息化 开展各级技术标准制修订工作，牵头制订或重点参与的5项国家标准、3项行业标准和13项企业标准正式发布。研发基础能力稳步提升，“电力气象实验室”获国家电网公司第五批实验室命名，拥有国家电网实验室5个。“国网舞动预测预警分中心”获得国家电网公司命名。跨单位完成“河南输配电运维检修专业科技攻关团队”等4个科技攻关团队组建。申请专利499项，同期获得专利授权350项。推动智能电网发展，启动国家电网公司《多点布局分布式储能系统在电网的聚合效应研究及应用示范》研究，开展国内电网侧规模最大的100MW电池储能示范工程建设工作。获国家科技进步二等奖1项，2017年河南省科技进步奖15项，其中“基于动力电池梯次利用的低成本储能技术及应用”获一等奖，连续四年荣获省部级科技进步一等奖。

乡所通信网络覆盖和带宽提升工程完成，106家县公司2002个供电所（营业厅）实现“光纤专网覆盖、千兆带宽提升”，建成公司IMS行政交换双核心网。统筹公司无线公网统租管理，签订无线公网租赁业务服务框架协议。启动实施公司电力关键信息基础设施网络安全专项提升行动计划，全年未发生八级及以上信息安全事件。通过工信部组织的“信息化与工业化（两化）融合”管理体系评估，获得国家电网公司授予的“信息化企业”称号。“河南省电力工控信息安全院士工作站”和“河南省电力工控信息安全创新型科技团队”获得河南省科技厅命名。

成立河南电力大数据中心，“基于大数据的电力市场预测分析应用”项目荣获国家电网公司2017年信通新技术创新发展行动计划优秀成果一等奖。荣获国家电网公司2017年信息通信运行安全技能竞赛团体三等奖，荣获国家电网公司网络安全攻防赛决赛优胜奖，荣获“4·29首都网络安全日”国际网络安全挑战赛企业组第三名。

2017年共获得国家级管理创新成果2项、电力行业成果2项、国家电网公司成果7项、河南省成果15项，其中“基于项目群管理的省级配电网工程管理体系构建”荣获国家电网公司一等奖。在国家电网公司首届QC发布赛上，获得一等奖1项、二等奖3项、三等奖4项，被授予“最佳发布奖”“最佳组织奖”。15个小组被全国总工会、工信部、中质协等多家单位联合授予“全国优秀质量管理小组”荣誉称号，4人被授予“全国质量管理小组活动优秀推进者”，1家单位被授予“全国质量管理小组活动优秀企业”。

优质服务 落实2017年供电服务提升方案，常态化开展省市县三级全天候、全方位明察暗访。制定“放管服”改革业扩报装实施方案，初步建成以“资料最简、流程最优、时限最短”为目标的“放管服”业扩报装新模式。建成1868个“全能型”乡镇供电所，营配末端业务加速融合，建立综合柜员制、台区客户代表制、线损承包制等工作机制，实现业务协同运行、人员一专多能、服务一次到位。

优化供电服务机制，完成洛阳、安阳供电服务指挥平台试点组建，实现配电运行信息集中监控、95598工单集中受理、供电服务集中指挥。组建7个园区供电服务中心、53个园区供电所，高效精准响应地方政府和园区企业用电需求。做好电力保障工作，完成十九大、重要节日及迎峰度夏、度冬期间供电安全保障及优质服务工作。做好重要场所及重要客户安全管理，完成全省1250户重要客户清单梳理。重要客户安全隐患排查治理四到位率100%。

服务光伏扶贫工作，2017年河南省并网村级及户用光伏电站1.28万个，规模118万kW，累计发电1.99亿kWh。服务国企改革攻坚，完成省属国企职工家属区38.7万户、驻豫央企职工家属区10.45万户供电分离移交，改造完成率62.5%，荣获河南省国企改革攻坚战4家突出贡献单位之一。服务环境治理攻坚，推进电能替代和居民“煤改电”清洁取暖工作，配合政府做好河南省2121家错峰生产企业、11 002家应急管控企业和7348处“封土行动”施工工地停限电，被评为环境治理先进单位。服务转型发展攻坚，协助政府编制《河南省煤电行业淘汰落后产能专项行动方案》，配合政府超额完成103万kW落后煤电机组关停任务，引导利用“打包交易”关停替代2台共计8万kW燃煤自备机组。

党的建设和精神文明建设 学习贯彻党的十九大精神，推进“两学一做”学习教育常态化制度化，落实国家电网公司“旗帜领航·三年登高”计划和系列党建制度要求，各级中心组组织专题学习870余次、领导干部带头宣讲1050余人次、主题党日活动5700余场。基层党建工作细化为90项举措，纳入年度综合考核，基层党建工作在国家电网公司党建绩效考核中位居第一（并列）。建立省市县公司三级党建工作领导小组，健全完善党建机构设置，新增定编92人。开展党组织书记抓党建述职评议考核，142名基层党委书记述职接受评议。持续开展省市县公司“三级联创”电网先锋党支部活动，分层分类分岗位开展“三亮三比”活动，荣获国网公司电网先锋党支部16个、优秀党务工作者15名、优秀共产党员35名。

围绕依法从严治企和公司本质提升，推动全面从严治党，落实“两个责任”，夯实管党治党基础。组织签订党风廉政建设责任书6.7万余份，对1600个单位（部门）、3074名中层及以上干部进行党风廉政建设约谈，实现本部部门的全覆盖。创新开展纪委书记巡回廉政讲堂活动，组织豫剧现代戏《焦裕禄》巡演19场；组编图文并茂的廉洁教育口袋书，用身边事教育身边人；创新运用虚拟现实技术，网上廉政教育基地上线试运行。

围绕脱贫攻坚、民生实事等工作，开展专项协同监督，防控化解风险；加强扶贫领域监督，专项治理干部作风和侵害群众利益问题。省市县三级纪检监察部门在公司纪委的统一指挥下，以四个协作组为依托，推进省市县一体化监督体系建设，统筹形成监督执纪合力。坚持问题导向，做好巡视配合和内部巡察。支持配合国家电网公司党组第三巡视组现场巡视和整改督导，巡视反馈意见基本整改到位，县公司提升、财务风险管控、集体企业管理三大专项提升成效明显。在国家电网公司系统内率先开展市县一体化巡察。积极实践“四种形态”，加大纪律审查力度。

落实国家电网公司“十三五”企业文化建设规划，组织实施企业文化建设重点项目52项，评选16项优秀成果，推进企业文化建设和道德讲堂“双示范”创建，评选“示范点”各20个，举办道德讲堂900余场次。11家单位保持或新获全国文明单位称号。规范实施“厂务公开‘531’工作推进法”，荣获“全国厂务公开示范单位”。

举办以“提素质、展风采、助跨越”为主题的18项劳动竞赛，职工创新工作室全年推出创新成果1661项。征集职工合理化建议2万余条，5条建议被评为国家电网公司优秀合理化建议。创新劳模先进评选方式，选树“实干型”“创新型”劳模先进，23名个人、21个集体和单位获得省部级及以上荣誉称号。

拓展职工文化工作内涵，各单位新建成职工文化工作室20个、职工书屋42个，其中6个职工书屋被评为“国家电网公司职工书屋示范点。发挥劳模工作室作用，推出创新成果659项，4个工作室被评为国家电网公司、河南省示范点。发挥先进班组创建载体作用，全年创建国家电网公司一流班组和先进班组93个，一流班组和先进班组400个。探索新形势下班组建设的新模式新方法，完成19个班组试点实践活动项目。组织129个供电所开展“全能型”供电所试点创建。

主要事件

1月18日，国网河南电力召开第七届职工代表大会第二次会议暨2017年工作会议。

2月28日，国务院国资委副主任徐福顺一行到公司调研。

3月20～21日，河南省副省长张维宁到国网河南电力开展扶贫工作调研。

3月22日，国家电网公司党组成员、中纪委驻国家电网公司纪检组组长潘晓军一行到国网河南电力调研。

3月29日，国家发展改革委价格司巡视员张满英一行到国网河南电力调研。

4月27日，国网河南电力召开推进“两学一做”学习教育常态化制度化暨2017年二季度工作会议。

6月9日，共青团中央书记处第一书记秦宜智在兰考县考察工作期间，接见兰考县供电公司团员青年。

7月5日，由国网河南电力与国网电动汽车服务有限公司共同出资组建的国网河南电动汽车服务有限公司正式揭牌成立。

8月2～3日，国家电网公司党组副书记、副总经理辛保安到国网河南电力调研。

8月24日，公司召开七届三次职工代表大会，审议并通过《国网河南省电力公司改制方案》。

8月29～31日，国家电网公司副总经理、党组成员王敏到国网河南电力调研。

8月31日，国网河南电力与郑州铁路局就构建长效沟通机制、交叉跨越线路费用、铁路新建住宅小区供配电支持措施等事宜，签署合作补充协议。

10月12日，国网河南电力召开干部任免宣布大会。根据工作需要，经国家电网公司党组研究并征得中共河南省委同意，侯清国任国网河南省电力公司董事长、党委书记，免去其国网河南省电力公司总经理职务；曹世强任国网河南省电力公司董事、总经理、党委副书记；免去单人国网河南省电力公司党委书记、副总经理职务；免去周凯国网河南省电力公司副总经理、党委委员职务；刘长义任国网郑州供电公司总经理、党委副书记；张中青任国网河南省电力公司副总经理，免去其国网河南省电力公司郑州供电公司总经理、党委副书记职务。国家电网公司党组副书记、副总经理辛保安，河南省委组织部副部长朱是西出席会议并讲话。

11月3日，国网河南电力被国家电网公司评为新一轮农网改造升级“两年攻坚战”工作先进单位。11月10日，国网河南电力汝州500kV变电站工程、驻马店北500kV变电站工程荣获2016～2017年度国家优质工程奖。

（申雁冰）

【国网江西省电力有限公司】

企业概况 国网江西省电力有限公司（简称国网江西电力）是国家电网公司的全资子公司，负责江西电网的建设、管理和运营。

2017年，全年完成固定资产投资119.44亿元，110kV及以上线路开工1618km，投产1674km，变电容量开工935万kVA，投产592万kVA。售电量1044.82亿kWh，增长9.92%。综合线损率6.92%，下降0.03个百分点。营业收入608.72亿元，增长7.34%，实现利税35.41亿元。资产总额682.8亿元，增长6.09%；资产负债率72.56%，下降1个百分点。经济增加值较国家电网公司考核指标增加1.03亿元。电费回收率100%。职工劳动生产率48.78万元/人年，同比增长5.78%。

组织机构 本部设有22个部门，所属单位120家，其中市级供电公司12家、直属单位11家、县级供电公司97家。

电网概况 江西一次能源缺乏，电源以火电为主，水电资源开发潜力有限，近年新能源发展迅猛。截至2017年底，江西电网统调发电厂69座，其中火电厂13座、水电厂12座、风电场25座、光伏电站19座。全网统调装机总容量为22 902.4MW，其中：

火电装机容量为 16 940MW，占总装机容量的 73.97%；水电装机容量为 1766.7MW，占总装机容量的 7.71%；新能源发电装机容量为 2995.7MW，占总装机容量的 13.08%。

江西电网以南昌为中心，北起九江，南接赣州，东至上饶，西抵萍乡。±800kV 宾金线（特高压直流输电线路）过境江西。全网 500kV 公用变电站 21 座，公用变电容量 2575 万 kVA，输电线路 56 条，长度 4609km；220kV 公用变电站 152 座，公用变电容量 4116 万 kVA，输电线路 494 条，线路长度 12 338km；110kV 公用变电站 504 座，公用变电容量 3487.68 万 kVA，输电线路 1051 条，长度 15 436km。目前，江西电网已形成 500kV 双回路主干网架，通过 3 回 500kV 线路与华中电网联网，所有县域电网实现 110kV 线路双电源供电。

人力资源 2017 年，用工总量 57 904 人，其中主业用工 40 722 人；集体企业用工 17 182 人；人才当量密度 1.154 9，同比提升 3.57%。职工人数 38 750 人，同比减少 647 人。

持续优化劳动组织机构。组织南昌、九江公司开展供电服务指挥中心实体化试点，统一完善省市供电服务指挥中心职责及工作流程，成立省级供电服务指挥中心。围绕提升供电服务水平，优化调整供电所布局，完善园区供电机构设置及人员配置。设置全能型班组及岗位，助力全能型供电所建设，支撑供电服务指挥中心高效运转。健全完善党建工作机构设置，加强党建工作力量。完善省级审计机构设置，成立省公司审计中心，充实省级审计力量，建立“上审下”工作机制。完成地市公司级培训机构改革。优化继电保护工作机构，加强二次专业工作力量。撤销本部交易中心，江西电力交易有限公司相对独立运作。

转变培训方式，突出抓好现场技能培训和以赛促培工作。新增 3 个省级及以上技能大师工作室、3 个劳模创新工作室示范点。竞赛调考综合成绩位列国家电网系统第四名。

用工配置持续优化。针对近两年绩效双 D 和 C—D 人员，执行待岗、降岗处理。摸底分析集体企业管控系统各类用工情况，排查清理不在岗人员。制定新进员工三年人文关怀计划，选拔专业人员到省市两级业主项目部岗位锻炼，在管理技术岗位实施职员职级序列管理。

深化全员绩效管理，实现考核考勤全覆盖。完善市县公司一体化考核制度。制定一线员工积分制考核标准和积分库，构建全能型供电所指标体系。修订考勤制度，实现公司系统人面识别电子化考勤全覆盖。

持续规范福利保障管理。修订食堂经费、职工疗养费、职工供养直系亲属医疗费等 6 项福利制度。制定多维度福利管控平台应用评价指标。开展社保管理提升专项活动，强化退休预审机制。制定三项社保移交地方管理工作方案，完成所属单位基本医疗、工伤和生育三项社保移交地方管理。

加强人资基础管理。组织开展人资管理问题自查自纠，并抓好国家电网公司内部巡视及人资专项审计问题整改、建章立制，整改完成率 100%；组织制定《关键岗位交流制度落实情况专项协调监督工作方案》，督促各单位做好关键岗位交流工作；建立关键岗位预警监督机制，有效防范岗位廉政风险。

电网建设与发展 2017 年，投产 110kV 及以上输变电工程 70 项，投产线路 1674km，592 万 kVA；投产 500kV 鹰潭—抚州—罗坊二回线路、九江神华电厂送出线路、上饶东；投产 220kV 陈家山、拖船、前头、黄溪及九景衢电铁配套等 27 项输变电工程。

2017 年，开工 110kV 及以上输变电工程 85 项，开工线路 1618km，935 万 kVA；开工建设 500kV 锦江扩建、红都扩建，开展 500kV 赣州西场平；开工 220kV 九江威家、江州风电送出、昌西南配套等 17 项输变电工程。

强化依法合规开展电网建设。与地方政府主管部门沟通，明确电网建设工程施工许可手续办理原则与要求。

强化里程碑节点计划刚性执行。加强工程建设过程管控，针对近年来江西省电网建设工程多、规模大，加强日常总体信息报送、收集、分析，建立每旬信息汇总、月度通报机制，及时发现问题，解决问题。建立重点工程协调推动机制，专人负责推动，按要求完成各批次中心村、城镇配电网项目建设。

做好开工管理交底。梳理开工项目前期工作，抓紧落实路径、站址协议，加快开工要件办理，按标准化开工交底手册要求严格落实开工条件。完善各专业开工管理要求，组织做好开工管理交底工作。

应用基建信息化管理手段。落实国家电网公司要求，推动项目部信息化工作减负、流程调整的工作要求，推动视频监控、现场人员管理系统部署到位。加强专业管理与基建信息化的融合应用，利用信息可视化手段提升管理效率，适时掌握施工现场动态。

经营管理 实施增供扩销、挖潜增效。完成电能替代项目 1299 个，替代电量 23.35 亿 kWh，增长 13.35%。接收客户电力资产 3.87 亿元，累计接收 45.2 亿元。积极争取电价财税政策，增加效益 3.77 亿元。筹措低成本融资 118.7 亿元，节约财务费用 1.66 亿元。持续开展资产设备清查，账卡物一致率提升至 98.6%。常态开展“量价费损”监控，追补电费及违约金 1.04 亿元。加强与国网浙江电力对标交流，通过卓越绩效管理提升短板指标 1612 个，提升 1.39

个段位。人资计划管理、财会队伍建设典型经验被评为国家电网公司领先型标杆，1项管理创新成果获国家级二等奖，1项QC成果获国家电网公司一等奖。

推动特高压入赣。国家发展改革委、能源局发文明确开工四川水电外送江西特高压直流输电工程；雅中—南昌直流、华中交流环网等特高压工程以及全省500kV电网规划通过评审。参与省能源主管部门电网规划编制，发展所需的595项输变电工程纳入2017～2022年江西电网发展规划。

围绕“降低负债率，提升经营效益”目标，推进电力市场建设。组织完成直接交易电量151.64亿kWh，释放改革红利、降低企业用电成本24.7亿元。持续强化成本精益管控，做好两供一业移交、培训医疗机构等预算及成本管理，系统86个职工家属区全部完成供水、物业分离移交协议签订，2017年压降相关成本1.56亿元；开展营改增税收管理适应性调整，用足用好“三免三减半”等税收优惠政策，合计减免税款1.19亿元，所得税税负水平同比下降2.94%。配合26家国企实施供电改造，接收客户11.94万户。多措并举督促保险公司提高服务质量，综合赔付率同比提高17%，全年保险赔款1.07亿元。

强化依法治企和规矩意识。推进“三全五依”法治企业建设，落实93项核心业务领域风险管控措施，推进法律风险管控与各项业务有机融合。落实国家电网公司党组巡视反馈意见，制定整改措施198条，修订完善规章制度74项，严肃问责31人。完成6家单位内部巡察，发现并解决问题116个。组织开展问题清单梳理，完成问题清单“四上四下”阶段任务，形成重大问题专项报告264个，整改决议275项，立查立改问题1595个。组建省级审计中心，开展“常态体检”式审计，协同监督整改问题352项。完成国家电网公司人力资源管理专项审计意见整改，构建资金风险预警和过程控制体系，随机对36家供电单位开展资金安全突击检查；严格经济合同线上审核，实现法律审核把关率100%；强化“六凡六必”案件管理要求落实，全年共处理案件数量267起，标的总额19 763.36万元，全年共避免和挽回经济损失额6694.86万元，实际挽回经济损失1802.89万元，未发生负面典型败诉案件；制定分支机构授权管理意见，组织制定9项法律风险控制计划。开展国家电网公司通用制度评估，新建制度11项，修订制度25项，废止制度171项。发现问题28项，提出整改建议28条。完成120家单位、730项制度落地执行情况检查，立行立改问题717项。

推进市县公司营销和财务电费业务融合。撤销县公司电费账户243个，实现电费资金“一市一行一户”集约管理。强化工程全过程财务管理，清理存量农网基建项目923项；完成了260项久拖未决农网项目的竣工决算，决算金额30.71亿元；全年完成转资90.09亿元，较2016年增加15.7亿元。

严格规范招投标活动。招评标活动实现电子化单轨制。编制《公司服务类招标采购文件审查标准化指导手册（试行）》，严禁设置不合理资质业绩条件，防范拆分项目或变相计划等应招未招行为。强化非招标方式采购报批手续，所有非招申请须经公司招投标领导小组会议审议通过后再予实施，开发辅助决策功能，为实现非招采购全流程电子化奠定基础。

推动集体企业改革发展，完成预算进度的136%；开展集体企业公司化改制，以集体所有制平台出资人模式全面完成14户公司制平台企业搭建；清理处置低效无效资产，所有平台企业资产负债率下降至80%以下，12户亏损企业全部实现扭亏为盈；集体企业资金归集率93.65%；清理核查集体企业车辆2266辆。

安全生产 强化安全监督检查。结合季节特点和公司安全生产形势，先后组织开展春节复工、春季安全大检查、百日安全管理隐患排查和安全生产大检查等多次检查，排查问题24 244项。建成全口径作业全过程管控系统，内、外网及手机APP同步运行，实现工程施工计划、作业、人员、分析、监督全过程安全管控。运行省公司安全稽查队，常态化开展“四不两直”现场督查。

推进全面质量监督管理。通过国网资产全寿命周期管理体系复评价，体系保持“成熟型”标准。深入开展配网设备质量“两排查一整治”专项行动，排查配网新到货、在运设备质量问题，停标处理供应商109家，并集中整治、确保闭环。

做好应急保障工作。完成国庆、迎峰度夏及十九大保电值班和信息报送，投入值班16 050人次，编制值班日报302期，完成供电保障任务。完成2017年南昌市大面积停电事件应急演练，应对6月以来江西境内多轮暴雨持续侵袭，适时启动Ⅱ级应急响应，以最快时间恢复了因灾停电的103.34万用户供电。

开展设备运检，主要运检指标实现预期目标。紧扣当前电网设备本质安全形势，制定防烧变、防烧柜、输电“三跨”线路整改以及配网频繁跳闸线路整治等10项运维检修重点工作，以“三定”方式，集中资源、集中精力抓好10项重点工作的贯彻执行。针对反措在设备全寿命周期各阶段全面贯彻难问题，以工程为主线，推进全过程技术监督，确保反措在各阶段落实到位；针对生产技改大修项目管理难问题，强化“五精”管理和协同监督，推动项目规范执行。推进运检专业百日安全隐患排查治理行动和安全生产大检查，杜绝运检人身伤亡事件发生；闭环重大设备隐患排查治理，杜绝220kV及以上变压器等重大设备烧损事件发生。

截至12月底，江西电网未发生运检作业人身伤亡事故和6级及以上设备事件，±800kV宾金线和500kV主变压器实现零跳闸，35kV及以上主变压器跳闸数同比减少19.51%，线路故障停运率下降18.8%，10kV线路故障停运率下降39.27%。输电无人机、金属监督竞赛及变电“五通”调考均名列国家电网公司第三名。

营销工作 全年完成售电量1044.82亿kWh，电费回收率100%；实施电能替代项目1299个，累计完成替代电量23.35亿kWh；营业收入608.72亿元，台区线损率5.32%；营销专业同业对标取得15个指标均在A段的成绩；服务满意度持续提升，投诉总量下降45.99%，16个单位、70.57%的供电所实现全年零投诉，每百万客户投诉指标列国家电网系统第1名；业扩净增容1905.89万kVA，同比增长1.71%；新增风电容量74.5万kW、光伏容量205万kW，新能源发电实现全额上网；主导建成江西省充电设施运营监控平台，完成114个充电站建设，充电设施布点基本覆盖省内骨干高速公路。面对度夏期间负荷五创新高和省内电力供应存在缺口的考验，加大临时外购电力度，实现了2003万kW统调最高负荷未拉闸限电。

推进“互联网+”，服务广大用电客户居民。智能交费实现全覆盖，预存电费余额19亿元，线上交费率64.37%，企业电费代收14.5亿元。深化“客户经理进万家”和“访客户、进班组、解难题”活动，累计走访客户824.3万户。“多表合一”抄收系统首家上线运行，实现“一单式”交费，鹰潭“多表合一”信息采集示范区受到国家质检总局高度评价。

构建“三维度、六区段、五分位”的全能型供电所对标体系，形成可复制推广的“赛阳模式”。建立省级及以上园区供电所110个，实现供电服务站全覆盖。简化业扩流程，220kV及以上业扩报装权限下放至地市公司，35～110kV业扩报装权限下放至园区供电服务机构。实施打击窃电及违约用电专项行动，查处窃电及违约1339户，追补电费及违约金597万元。按照“1+31+N”模式，完成全省893个“全能型”供电所建设。九江濂溪区赛阳供电所全能型试点建设获得国家电网公司肯定。2017年，11个供电所获得国家电网公司五星级供电所命名；117个供电所获得四星级供电所命名。

开拓新型业务，服务江西绿色发展。推动全省电力需求侧管理平台建设和电能替代财政奖励工作，75家企业获省政府财政奖励1267万元。发挥国家电网车联网平台技术优势，促成政府出资建设省级充电设施信息服务平台。续建16对、新建13对服务区乘用车快充站，基本实现省内骨干高速公路充电站全覆盖。

科技与信息化 2017年，共获得省部级科技成果类奖励22项，其中江西省技术发明一等奖1项，获奖数量和获奖等级双攀高峰。组建并命名15支科技攻关团队和5个国网江西电力实验室。

精益化管理取得实效。出台国网江西电力三年科技成果培育计划、技术标准人才梯队建设及实施标准人才“百人计划”和技术标准战略纲要实施行动计划。

信息通信保障。完成全国“两会”、党的十九大等重大活动期间信息通信保障。持续开展营销等重要业务系统性能调优工作，通过国家电网公司信息化企业验评。

本质安全建设取得实效。信息系统可用率99.99%，未发生信息通信安全事件。贯彻落实网络安全法，印发网络安全管理职责等工作规范，完成等级保护“回头看”，开展通信电源安全年等活动，印发防范通信系统六级及以上安全责任事件行动方案。

信息通信建设有序推进。组织开展全业务统一数据中心建设，完成32套统推业务系统数据全量接入；协同推进工程施工全过程管控等重大项目建设。实施省干西南部光传输网改造，启动省干东北部光传输网改造；完成基层站所网络覆盖及带宽提升二期工程，实现全省110kV及以上变电站数据通信网全覆盖。

优质服务 坚持以客户为中心，在国家电网系统组建省级供电服务指挥中心，南昌、九江公司完成实体化运作。城区网格化抢修布点优化，园区服务机构功能完善。推广“互联网+营销服务”，1649万户低压客户实现智能交费，线上交费率达到64.37%。常态实施“客户经理进万家”“访客户、进班组、解难题”活动，投诉总量下降45.99%，16家县公司和70.57%的供电所实现“零投诉”。鹰潭“多表合一”示范区首批通过总部验收，实现主城区全覆盖。主导建成江西省充电设施运营监控平台，完成114个充电站建设，充电设施布点基本覆盖省内骨干高速公路。

落实国家新一轮农村电网建设部署，完成6396个自然村电网改造，实现村村通动力电，惠及150.84万户591.44万人。完成11个地市95个县区6396个小城镇（中心村）和村村通动力电的“两年攻坚战”任务，推进常规城、农网工程建设改造任务。

建立健全扶贫组织体系和日常协调机制。强化驻村第一书记履责，推进定点扶贫工作，国网江西电力系统各级单位在全省扶贫点共143个，下派71名驻村第一书记，261名驻村工作队成员，结对帮扶人员1514人，结对贫困户4625户，截至12月，累计帮扶3715户贫困户脱贫。做好光伏扶贫项目接网服务，实施“村村通动力电”工程，加快贫困地区电网建设。投入电网改造资金7547.42万元，累计完成新建及改造10kV线路80.57km，配电变压器289台45.04MVA，低压线路594.68km，惠及4.59万户18.36万人；变“输血”为“造血”，完成一批光伏扶贫电站并网，惠及村民18.43万户。被授予“省直单位定点帮扶贫困村工作先进单位”荣誉称号。

党的建设和精神文明建设 学习宣传贯彻党的十九大精神，各级领导班子成员宣传宣讲1303次，实现了学习贯彻全员覆盖。推进“两学一做”学习教育常态化制度化，广大党员“四个意识”更加牢固、“四个自信”更加坚定。实施“旗帜领航·三年登高”计划，开展党建健康体检，完成公司党组改党委，完善党委议事规则，充实党建工作力量，将党建工作要求纳入公司章程，实现党的领导和公司治理有机统一。逐级开展党组织书记抓党建述职评议考核，推行党建工作绩效考核评价，抓党建强党建的氛围更加浓厚。持续加强党风廉政建设，细化落实“两个责任”清单，强化专项协同监督和风险防控，严肃查处各类违规违纪人员217人。夯实党建基础，加强工程项目党建工作，打造了井冈山大陇、玉山怀玉供电所等一批基层党建示范点。实施“一个导向、三个服务”工作机制，常态推进“讲规矩、守纪律、作表率”活动，推动基层党建工作与生产经营工作同频共振。评选表彰国网江西电力第六届道德模范，14家单位荣获第五届全国文明单位，74家单位荣获省第十四届文明单位，6人被评为“中国好人”，4人获评“江西好人”，4人当选第六批江西省“十大雷锋哥（姐）”，1个家庭获评全省首届20个文明家庭。推进企业文化建设，建成4个国家电网公司级、30个省公司级企业文化建设示范点。加强和改进群团工作，2家单位获全国厂务公开民主管理先进单位，2个集体获全国工人先锋号，2家单位获全国职工书屋示范点，2个青年集体分获“全国青年文明号”“全国青安示范岗”。连续7年荣获全省机关党的工作特别优秀奖，党建研究课题荣获全国党建研究会优秀成果三等奖。

（孙目元　朱芳芳）

【国网四川省电力公司】

企业概况 国网四川省电力公司（简称国网四川电力）是国家电网公司的全资子公司，主要负责四川境内国家电网的规划建设、运营管理和电力供应。截至年底，完成售电量1770.57亿kWh，同比增长5.79%。营业收入973.38亿元，同比增长6.64%。固定资产投资169.05亿元，其中电网投资162.96亿元。投产110kV及以上变电容量1515.3万kVA，输电线路2529.61km。利润5.36亿元，同比增加0.41亿元。资产负债率71.13%，同比下降2.66个百分点。净资产收益率0.9%，同比增加0.44个百分点。企业负责人业绩考核列国家电网公司第10名。

领导班子

董事长、党委书记：石玉东

董事、总经理、党委副书记：谭永香

总会计师、党委委员：杨桂荣

副总经理、党委委员，国网成都供电公司总经理、党委副书记：褚艳芳

副总经理、党委委员：谭志红

副总经理、党委委员：董京营

副总经理、党委委员：刘勇

党委委员、工会主席：左宇龙

副总经理、党委委员：陈云辉

总工程师、党委委员：石俊杰

总经理助理：凌廷亮

副总工程师：韩晓言

副总工程师、人才交流服务中心主任：林敏

副总经济师、党委组织部（人事董事部）主任：刘洋

副总工程师、安全监察质量部（保卫部）主任：郑卫东

副总工程师，电力调度控制中心主任、党委副书记：李镇义

副总政工师：杜树兴

正处级调研员（副总师级待遇）：吕道斌

2017年领导班子调整情况：总经理、党委副书记石玉东转任董事长、党委书记，原党委书记、副总经理潘敬东调离国网四川电力，谭永香由国网华中分部调至国网四川电力担任董事、总经理、党委副书记，原副总经理、党委委员李华调离国网四川电力，谭志红由国网西藏电力调至国网四川电力担任副总经理，原党委委员、纪委书记周群调离国网四川电力。

组织机构 本部职能部门25个，下属二级单位37个（其中发供电企业23个、直属单位13个）；上市公司及控（参）股公司6个；县级供电企业153个（其中全资105个，控股47个，代管1个）。

电网概况 国家电网公司与四川省政府、国网四川电力与全部21个市（州）签订战略合作协议。完善深度贫困地区电网专项规划和144个重点园区“一园一册”规划。推进外送通道建设，推动国家能源局明确雅中特高压直流落点江西，提前7个月建成川渝第三通道。实施“情暖藏羌”工程，开工500kV马尔康等重点项目。推进500kV盐源、会东和220kV兴文等工程。建成500kV新都（百泉）、宣汉（玛瑙）输变电、西成客专供电配套、九寨沟地震灾后抢建等一批强结构、补短板、惠民生重点工程。3个单位配网建设改造标准化通过国家电网公司达标验收。强化

农村和贫困地区供电保障，提前打赢新一轮农网改造升级“两年攻坚战”，户均配电变压器容量较“十二五”初提升94%，惠及1141万农村人口。开展“三位一体”精准扶贫，67个定点帮扶村实现脱贫摘帽，志愿服务工作荣获“2017民生示范工程”，承办全省国有企业扶贫成果展。

电源侧“一盘棋”发展成效明显，促成出台缓建绵阳江油煤电项目、停止发展火电和天然气发电、合理安排新能源发展等政策，逐步实现各类电源有序发展。面对全省装机新增613万kW、来水同比增长20%以上的巨大压力，发挥大电网、大市场、大平台资源优化配置优势，实现新能源全额消纳，调峰弃水首次下降。2017年，四川全口径外送电量1389.34亿kWh，同比增长7.95%。其中：二滩送重庆40.67亿kWh，同比减少9.87%；国调直调大型电站送出991.63亿kWh，同比增长1.45%；国网四川电力外送电量357.04亿kWh，同比增长35.03%。当选四川清洁能源产业联盟主席单位。电网侧“一张网”建设加快实施，促成四川省政府多次专题研究并重点督办，控股成立四川宜宾电力有限公司，探索出多方共赢、专业高效的电网资源整合模式。需求侧“一同价”管理稳步推进，用好输配电价改革成果，54家改制县公司各类电价与直供区全面同价，居民用电同价达60家。

人力资源 围绕“改革发展”和“提质增效”两大主题，以落实52项重点任务为抓手，加强基层调研和专业督导，注重业务协同和规范管理，提升战略支撑力和集约调控力。人力资源各项工作有序推进，机制建设、“三定”管理、用工规范管理、薪酬管理、福利保障管理、绩效管理、人才援藏、人才培养等工作取得新成效，人力资源管理水平大幅提升，用工总量和机构编制不断精简，员工队伍结构进一步优化。截至年底，全口径用工10.34万人，同比减少2.46%，其中主业用工8.52万人，减少1.68%；全口径劳动生产率44.62万元/人．年，同比增长4.91%；人才当量密度1.0094，同比增长2.01%。全员培训率达96.02%，培训经费投入1.27亿元，累计举办各类培训班4824期，培训考核28.52万人次，人才当量密度达到1.0094。

按照“全员培训，分级实施”的原则，加强内部人力资源市场通用制度的贯彻落实。应用内部市场6种配置方式，完善配套制度和保障措施，加大劳务协作和人才帮扶力度，挖掘县公司人力资源存量潜力，鼓励员工向艰苦边远、内部欠发达地区以及一线核心岗位、供电所缺员岗位流动，高质高效完成国家电网下达盘活存量计划1384人（其中盘活到供电所核心岗位330人），推进解决公司用工结构性矛盾。将考核降岗、待岗、解除劳动合同等人员情况纳入流动管理，稳妥完成177人考核降岗和41人待岗工作，实现人员流动“能进能出”。

坚持人才强企战略，提升员工队伍素质。加强人才队伍建设，组织选拔省公司级优秀技能人才184人、“电力雏鹰”50人。评定和认定确认中级及以上职称3915人，44人通过教授级高级工程师答辩；2621人取得技师任职资格，考评推荐高级技师310人。加快藏区人才培养，完成“521”人才援藏、藏区“四基”和藏区电网运维等培训350人次，持续开展“送考进藏”活动。强化竞赛调考管理，举办四川省首届“四川工匠杯”职业技能大赛，获优秀团体奖8个、优秀个人奖21人，其中2人获得“四川省五一劳动奖章”“四川工匠”等荣誉称号。

电网建设与发展 全年完成电网投资162.96亿元，110kV及以上项目核准54项，开工54项，线路长度1577.79km，变电容量586.8万kVA；投产82项，线路长度2529.56km，变电容量1515.3万kVA；35kV项目开工30项，线路长度386.25km，变电容量19.415万kVA，投产100项，线路长度1078.44km，变电容量58.7万kVA。

建成投运新都500kV输变电工程、沐川500kV开关站扩建工程、沙坪二级电站500kV送出工程、宣汉500kV输变电工程、川渝第三通道500kV工程、黄金坪/长河坝电站500kV送出工程等6项500kV输变电工程。在建110kV及以上输变电工程共86项，线路长度3273.93km，变电容量1193万kVA。在建500kV项目为水洛500kV变电站扩建工程、四川蜀州—丹景第三回500kV线路工程、巴塘/乡城500kV扩建工程、猴子岩电站500kV送出工程、凉山盐源500kV输变电工程、凉山会东500kV输变电工程、路平—绵阳500kV输变电工程、四川江油500kV输变电工程、四川桃乡500kV变电站扩建工程等9项。33项110kV及以上电压等级工程达标投产，其中220kV变电站工程5项，110kV变电站工程19项，500kV线路工程1项，220kV线路工程2项，110kV线路工程6项。九江500kV变电站获中国电力优质工程奖。国网四川电力重点工程主要包括猴子岩电站500kV送出工程、路平—富乐500kV输变电工程、盐源500kV输变电工程、会东500kV输变电工程、江油500kV输变电工程、巴塘/乡城500kV扩建工程、水洛500kV变电站3号主变压器扩建工程、雅安加强工程、马尔康500kV输变电工程。

经营管理 开展“管理提升年”活动，完成137项重点任务和50项卓越项目，7项成果入选对标典型经验，6个管理案例获国家电网公司表彰。接受监事会问题清单梳理现场辅导，配合做好集中重点检查，建立问题清单1347个，制订整改决议433项，完成年度整改目标，其中纳入重点管控的“三降一去”、低效无效资产处置、管理层级压减等4项任务超额完成。全年减少亏损子公司32家、减亏1.75亿元。压降“两金”存量5.01亿元，争取减免税费、财政补助、保险理赔35.14亿元。累计利库3.56亿元，处置废旧物资回收6490万元。启动内部模拟市场建设，出台管理规范和考核激励办法。拓展电能替代深度广度，完成替代电量46.56亿kWh，同比增长10.25%，占新增售电量近一半。营销“三全”建设全面推进，开展在线智能稽核，挽回电费损失8908.9万元，新增智能电能表403.5万只，覆盖率达98.86%，全口径自动采集成功率达96.43%。强化审计成果运用，促进增收节支1.27亿元，组建省级审计中心。强化运营监控和法律风险防控，避免或挽回经济损失超过4亿元。加强同期线损管理和高损台区、三相不平衡治理，线损率同比降低0.49个百分点。追收广铝欠费1.59亿元、超计划400万元，陈欠电费压降至5亿元以内。实现回收川威陈欠节能服务费2088万元、不发生新欠的年度目标。医疗机构改革有序推进。完成国家电网公司唯一煤矿石龙桥煤矿“去产能”处置，妥善安置775名人员，得到国务院国资委肯定。

安全生产 探索安全生产风险清单梳理，整改重点问题294项，夯实安全基础。开展安全生产大检查等专项活动，落实作业精准化日管控，整治隐患2万余条，查处违章2122项。制定基建领域配套改革措施，推动基建安全管理不断加强。面对“强直弱交”特性突出、负荷屡创新高、灾害频发等严峻形势，优化运行方式，强化运维保障和电力设施防外破，预警管控五级及以上风险443项，三大直流连续4年长周期满功率运行，确保了电网安全和电力可靠供应。深化停电计划刚性执行和配网调控管理，主网停电计划执行率提高4个百分点，配网临停率下降45.7%。实施线路温升校核改造、“六防”整治等低投入高效益措施，线路输送容量提升26%，故障跳闸及停运率分别下降35.8%和49.2%。制定高压电缆隧道综合整治标准，完成成都示范隧道治理。智能运检管控系统完成省内全覆盖，无人机巡检实用化工作实现常态化。执行“五个最”的十九大保电标准，完成供电保障、维稳保密等工作，实现“四个零”目标。举办四川电网防汛减灾暨大面积停电联合反事故演练，高效应对“6·24”茂县山体垮塌、“8·8”九寨沟地震等灾害，第一时间恢复灾区供电，有力驰援地方电网，高效推进灾后重建，得到国家电网公司、省委省政府和社会各界肯定，荣获国家电网公司安全管理专业标杆。快速处置500kV九石一线险情，畅通水电送出“动脉”。

营销工作 2017年完成省内全口径售电量1770.58亿kWh，同比增长5.80%。从2017年整体用电情况来看，第一产业用电量13.58亿kWh，同比增长16.35%，其中，农业排灌用电量3.26亿kWh，同比增长20.28%。第二产业用电量1051.04亿kWh，同比增长5.49%，其中，工业用电量1013.99亿kWh，同比增长5.47%（轻工业用电量为133.41亿kWh，同比增长10.40%，重工业用电量为827.95亿kWh，同比增长4.68%），建筑业用电量37.05亿kWh，同比增长6.04%。第三产业用电量316.39亿kWh，同比增长5.32%，其中，批发和零售业用电量87.64亿kWh，同比增长10.84%。居民生活用电量389.17亿kWh，同比增长6.67%，其中城镇居民用电量218.48亿kWh，同比增长2.36%，乡村居民生活用电170.69亿kWh，同比增长12.75%，乡村生活用电增速高于城镇居民生活用电。

2017年完成国家电网口径替代电量46.56亿kWh（国家四川电力口径60.23亿kWh），居国家电网第九名，占国家四川电力2017年售电量增长电量的48.01%，分别减排二氧化碳399.48万t、二氧化硫1.3万t、氮氧化物1.14万t；促请各级政府出台电能替代专项政策51项，其中省级政策9项，市县级政策42项，涵盖总体实施意见、改造补贴、强制“油改电”等领域；自备替代方面，在稳定30亿kWh存量市场的基础上，新增16.5万kW燃煤自备电厂参与停（减）发替代，年增加替代能力5.4亿kWh；锅炉“煤改电”方面，在补贴及“峰期弃水+枯期弃风光”交易支撑下，抓住天然气供应紧张的契机，开展及完成改造480.16t，预计增加用电负荷23.54万kW；机场及港口方面，全省89座登机桥已完成桥载电源替代82座，双流等5座机场实现了桥载电源全覆盖，年替代能力5300万kWh；火锅“气改电”方面，全省2万余家火锅店已推广8138家，年替代能力8亿kWh。

科技与信息化 开展智能电网调度控制系统图模维护优化和共享平台关键技术研究，实现一体化保护整定计算和在线安全稳定分析等功能，助推电网实时监控、调度分析和计划编制等业务协同运作。整合设备状态评价、故障诊断功能以及覆冰等风险评估，以信息流为基础创建现场作业远程管控模式，初步建成四川电网智能运检分析管控系统，切实提高设备状态管控力、运检管理穿透力和运检管理质效。围绕滑坡、沉降等系列地质灾害预警难题，研发输电通道滑坡预警评估系统和应急勘测指挥装备系统，提升输电通道地质灾害预防水平。

在电网建设发展、运行控制等方面培育了一批重要的科技成果。组织申报国家重点专项、国家自然科学基金等项目2项，“分布式光伏与梯级小水电互补联合发电技术研究及应用示范”通过答辩，“基于高频注入信号时空分布特性的特高压直流接地极线路保护及故障”成为首个由国网四川电力员工担任项目负责人的国家自然科学基金项目。立项牵头国家电网总部科技项目9项，其中1项中期督导获评为“优”、2项验收评价为“优”。全年累计获得省部级（含行业奖）奖励24项。完成技术标准创新基地2017年建设任务，并通过国家电网公司验收。围绕“10个100%”工作目标，持续深化技术标准实施评价，组织开展标准化良好行为企业试点。“电力系统厂站低压供电技术”能源行业标委会完成审批和公示。申报“数字化计量设备检测技术标准验证实验室”获得国家电网公司命名。获准成立CIGRE C4.45工作组，3项IEEE国际标准立项。

2017年获得省部级（含行业奖）奖励24项。其中2016年度四川省科技进步二等奖1项，三等奖6项；2017年中国电力科技进步奖一等奖1项，二等奖2项，三等奖1项；2017年国家电网公司科技进步奖特等奖1项、二等奖3项、三等奖6项；技术标准贡献奖二等奖1项、三等奖1项；技术发明奖三等奖1项。全年申请专利435件，其中发明专利189件；获得专利授权230件，其中发明专利105件。

优质服务 开展电力市场交易信息的公开工作。通过省经信委召开的信息披露会、国家能源局四川监管办公室召开的厂网联席会，利用四川电网调度日报、电力交易大厅服务业务、电力生产电话例会、公司文件、联络员QQ群等方式向不同市场主体开展信息公开工作。在交易平台、交易大厅大屏幕上实时发布交易公告、交易计划、通道能力、发电出力等内容，并在交易期间进行实时交易展示。开设四川电力交易中心公众号，多渠道披露市场交易信息。

深化四川电力交易大厅服务功能，提升市场服务水平。运用智能化服务管理系统，提升优质服务品质，规范标准化服务流程，实现了服务全过程高效率和智能化。2017年，客户评价系统共采集信息3366条，客户满意率100%。面向发电企业、电力用户、售电公司等三大市场主体，开展服务满意度调查，听取各方建议及意见。多途径开展市场宣贯，加强沟通。配合政府相关部门和北京交易中心开展了北京电力交易平台应用培训、四川电力市场政策及规则培训、丰水期偏差调整规则介绍、成阿德阿首批售电公司直购电试点规则宣贯等，主动听取各方意见。接待来电来访、多平台处理问询答复超3.5万次，重大接待超30次。实施注册预约制，新增注册售电公司146家；新增注册电力用户482户。受理新机并网业务共计227台机；处理购售电合同业务288厂次；处理发电企业、电力用户及售电公司相关业务邮件共计4569封；通过短信平台发布信息共计62 343条。

党的建设和精神文明建设 国网四川电力共有党组织2600个，其中党委285个、党总支部114个、党支部2201个，共有党员37 716名。2017年国网四川先后有16个基层党组织、52名党员受到四川省委、国家电网公司党组表彰。全省国有企业党建工作现场推进会在国家四川电力召开，四川省委组织部、四川省国资委党委组织各市（州）组织部门和国有企业调研学习国家四川电力党建经验。共产党员服务队典型经验在国家电网公司党建工作会上作交流。编写出版《先锋讲堂》。建立党建工作领导小组，加强党建工作领导。以“卓越之路”为主题，举办2017年度企业文化节，组织开展“文学创作、文化展示、典型选树、体育竞技”等系列活动。表彰2015～2016年度企业文化建设工作先进单位（集体）30个、先进个人25名，命名企业文化示范点40个、示范文化长廊10个，编印《卓越之路——国网四川省电力公司企业文化建设示范点案例集》。创建成全国电力行业企业文化建设示范单位。同时，新创建成22家国家电网公司文明单位、6家全国文明单位、30家四川省（最佳）文明单位。员工刘源被评选为第六届全国道德模范，员工鲁鹏被评选为全国“100名最美志愿者”，14名员工登上“四川好人”榜，5名员工和1个集体被评为第五届四川省道德模范。

主要事件

3月13日，国家电网公司董事长、党组书记舒印彪在北京与四川省政府会谈，双方就加快四川水电外送通道建设、推动水火互济、加大四川藏区电网建设力度、积极稳妥推进输配电价改革试点等展开深入交流。

3月15日，四川省与世界500强央企投资合作座谈会暨项目合作协议签署仪式在北京举行。国家电网公司与四川省政府签署合作协议，加快四川电网发展，促进四川构建清洁低碳、安全高效的现代能源电力供应体系。

6月24日凌晨5时45分，茂县叠溪镇新磨村突发山体高位垮塌，国网四川电力紧急驰援受灾地区，全力配合地方政府开展抢险救援工作，帮助地方电力公司抗灾保电，点亮了茂县叠溪镇新磨村山体垮塌救援现场的第一盏应急照明灯。

6月26日，“十三五”期间四川首条电力外送通道——500kV川渝电网第三条通道工程建成投运，新增川电外送能力最大200万kW。

6月27日，四川省能源局在四川电力交易大厅组织召开四川省售电公司市场注册启动仪式，标志着四川省售电侧改革进入落地实施阶段。

8月8日21时19分46秒，7.0级地震突袭九寨沟县，国网四川电力以最快的速度冲在救灾第一线。

8月10日22时30分，110kV九寨沟变电站恢复送电，地震中受损的国家电网供区所属线路和变电站全部恢复送电。

9月22日，由四川省委、省政府主导，国网四川省电力公司、四川能投集团、宜宾市国资公司经过协商，以新设合并的方式对宜宾电网企业进行重组后的“四川宜宾电力有限公司”正式挂牌成立。

12月，2017年完成替代电量45亿kWh，预计“十三五”期间四川省将完成电能替代电量200亿千瓦时。同时，四川水电外送形成“1525”新格局，即利用10大外送通道，面向5个市场（华东、华北、华中、西北、重庆），依托2级平台（北京＋四川），实施5项举措（深化战略合作、推动市场定价、丰富交易品种、挖掘通道能力、完善周期组合），四川水电外送电量不断创新高，预计今年全口径水电外送超过1300亿千瓦时。

12月7日，四川2017年调峰弃水电量同比减少1.47亿kWh，降低1%，这是四年来四川调峰弃水电量首次下降。这些都是公司优化电源结构，化解电力产能过剩，坚持电源侧“一盘棋”，促进清洁协调有序发展；加快大小电网整合，打破管理壁垒，坚持电网侧“一张网”，促进安全绿色智能发展；逐步统一电价标准，实现城乡服务均等化，坚持需求侧“一同价”，促进开放普惠共享发展的具体体现。

12月12日，总投资3500多万元的九寨沟灾后抢建项目——九寨沟灾区电网并网工程全面完工投入运行，使九寨沟受灾群众温暖过冬和灾后重建项目开工用电更有保障。

12月28日，在北京人民大会堂举行的第五届中国民生发展论坛暨第十一届国际公益慈善论坛上，国网资阳供电公司“红细胞”志愿服务荣获2017年“民生示范工程”。国网攀枝花供电公司员工廖宗毅、国网绵阳供电公司员工邹鑫伟、国网南充供电公司员工周娟、国网凉山供电公司员工王小兵、国网广元供电公司员工杨奇国、国网乐山供电公司员工摸西支子、国网巴中供电公司员工周天俊荣获2017年“精准扶贫带头人”称号。

（李　庆　何　飞）

【国网重庆市电力公司】

企业概况　国网重庆市电力公司（简称国网重庆电力）于1997年6月6日随重庆市直辖而成立，是国家电网公司的全资子公司，负责重庆电网统一调度以及规划建设、运营管理。经营区域覆盖全市38个区县，面积7.9万km^2，服务人口约3000万人。2017年，完成售电量735.7亿kWh，同比增长5.67%。

领导班子

董事长、党委书记：陈连凯

董事、总经理、党委副书记：周雄

副总经理、党委委员：莫文强

副总经理、党委委员：曹宁

总工程师：刘昌盛

副总经理、党委委员：吕跃春、孙铁群

党委委员，国网重庆市区供电公司总经理、党委副书记：钟筱军

党委委员、工会主席：何建军

总会计师：陈虹

党委委员、纪委书记：肖兴立

党委书记、副总经理：陶时伟

组织机构　本部设置23个部门，下设二级单位42个，包括供电分公司32个、业务支撑和实施机构10个。

电网现状　重庆电网西接四川、东联湖北、南临贵州，复奉、锦苏、祁韶（酒湖）三条直流特高压线路横贯重庆，是“西电东送”中枢通道。重庆电网西部通过六回500kV线路与四川电网相联，东部通过四回500kV线路与湖北电网联系。重庆电网是典型的城市受端电网，承担了西部唯一直辖市的供电任务，每年约1/3的电力电量需要从外部购入。

截至年底，重庆电网总计发电设备容量2457.8万kW，同比增长6.38%。重庆电网直调装机容量为1967.2万kW，其中火电1418.1万kW，占总装机容量72.09%；水电481.4万kW，占总装机容量24.47%；风电32.775万kW，占总装机容量1.67%；光伏34.94万kW，占总装机容量1.78%。

重庆电网规模持续扩大，形成了以500kV网络为骨干结构的省级电网和以220kV网络为支撑的地区电网，电网呈双“日”字环形结构。酒泉—湖南（祁韶）±800kV特高压直流线路建成投运，国网重庆电力负责运维三条过境直流特高压输电线路。川渝电网三通道500kV资思线路投运后，川渝断面送电能力提升至500万kW，对重庆电网加大四川水电消纳，保障度夏电力供应发挥了重要的作用。

截至2017年底，重庆电网220kV及以上变电容量6504万kVA，其中500kV变电站14座（含奉节串补站），容量2727万kVA；220kV变电站97座，容量3777万kVA。220kV及以上线路11 331km，其中500kV线路3402km，220kV线路7253km。

2017年重庆电网统调用电量774.53亿kWh，同比增长6.98%；统调发电量525.68亿kWh，同比增长3.57%；最大峰谷差762.57万kW，同比上升

15.57%；统调最高用电负荷 1942 万 kW，同比增长 7%；最高日用电量 3.93 亿 kWh，同比增长 6.68%；外购最大电力 436 万 kW，同比降低 10.6%；外购电量 234.22 亿 kWh，同比增长 13.64%，全年未出现拉闸限电。

电网规划与发展 6 月 22 日，服务“一带一路”倡议的国家重点工程——酒泉—湖南±800kV 特高压直流输电工程建成投运。酒湖线全长 2400km，其中重庆段 101km，铁塔 212 基，是国网重庆电力首次承担建管任务的特高压项目。500kV 川渝三通道四川资阳—重庆思源 500kV 线路是优化资源调配的战略性工程，于 6 月 26 日投产。一批重点工程相继完成：500kV 智能变电站涪陵五马输变电工程建成投运；促成地方政府合力推进严重受阻的 110kV 南岸铜元局、江北溉澜溪变电站工程；建成投运服务重庆“米字型”高铁网络的渝贵铁路全部配套供电工程。北碚、长寿、铜梁通过国家电网公司配电网标准化创建达标验收。荣获国家电网公司基建创优示范工程 2 项、配网“百佳工程”5 项。

实施农网改造升级“两年攻坚战”，改造 922 个中心村电网，解决 317 个自然村动力电问题，180 余万人用电质量得到改善。累计新建及改造农网 10kV 线路 623km，新建及改造配电变压器 2533 台、容量 355.5MVA，新建及改造低压线路 2144km。建成智能变电站座 17 座，累计建成智能变电站 106 座，其中 500kV 2 座，220kV 23 座，110kV 81 座。累计建成 12 个公交专用充电站，9 个市内公用快充站。布局“一环八射”高速公路充电服务网络，累计建成 82 个充电站、1269 个充电桩。

11 月，重庆市正式发布《重庆市“十三五”电力发展规划》，“十三五”电网规划项目全部项目纳入重庆市“十三五”电力发展规划，主城区电力设施布局规划得到市政府正式批复。国网重庆电力与全市 18 个区（县）政府与公司签署战略合作协议，促进规划落地。

开展“十三五”配电网滚动规划工作，加快构建现代化智能配电网。编制下达 2017～2020 年 35kV 及以上电网项目前期计划，明确到 2020 年基本建成结构合理、运行可靠、经济高效、智能化水平显著提升的配电网，扭转配电网发展滞后局面，满足经济社会快速发展和城镇化发展用电的需要。联络率、$N-1$ 通过率、配电自动化覆盖率、供电可靠率等关键指标达到国家电网公司要求。供电能力持续提高，解决供电“卡脖子”、农网低电压问题。实现电动汽车、储能装置的“即插即用”。同时对接重庆市“十三五”电力发展规划，编制下达 2017～2020 年 35kV 及以上电网项目前期计划，取得 46 个项目核准。

人力资源 人力资源管理成效明显提升，人才当量密度 1.066，同比提高 0.043。加强人员培训，分专业、分单位、分个人建立 2017～2019 年三年人才培训计划，初步建成覆盖全体技能人员的岗位能力分级培训考试机制。举办领导干部、专业管理（技术）人员等各类培训 7.1 万人天。新增高端人才 6 人，国家电网公司领军人才 13 人。

按照“三全”管理思路，深化人力资源内涵式发展。坚持“核心资源集约管控，实施因地制宜”的原则，构建管放结合、刚柔并济的“管放服”管理体系。坚持战略导向、目标导向和问题导向，采用月度看板跟踪、季度分析、年度综合考核的方式，实施基层单位负责人业绩考核工作。采用“关键业绩制”模式，针对性设置考核指标，健全绩效制度体系，通过“三个转变”优化一线员工考核模式。

适应电力市场改革，建立相对独立、规范运行的电力交易机构。启动混合所有制公司组建，化解“四网”物理融合风险。制定集体企业瘦身健体改革实施方案，健全“三会一层”法人治理结构，完成 9 户集体企业子改分，2 户对外参股集体企业处置。加快推进公司制改革，修订公司及 5 家子公司章程，完成全民所有制企业改制任务。确定重庆电力高等专科学校、电力医院改制方式，撤销 5 家培训分中心，启动电力高等专科学校移交地方工作。

安全生产 持续推进本质安全建设，编制本质安全任务清单，细化 108 条专业任务。狠抓安全“三提升”和运检“六提升”，落实 17 个工作目标和 19 项重点措施。加强“两票”管理，深化移动终端开票运用。开展反违章专项行动，加强配网作业现场安全管控力度，使用低压作业“五件宝”，坚持“四措一案”编审批制。推进“电力建设工程施工安全年”活动，开展电网工程跨越施工安全监督专项行动。整治线路“三跨”隐患，开展配网设备质量“两排查一整治”专项行动，落实重大隐患治理“双报告”制度。整治各类安全隐患 9800 余项，发布电网风险预警 2143 次。

开展电网风险预警管控月度、季度总结评估，组织电网风险预警管控专项监督检查。落实特高压祁韶直流跨越施工电网风险管控措施，建立三级运维保障体系，实行每日风险管控“零报告”制度，成功处置祁韶线地质滑坡灾害。制定 500kV 川渝三通道跨越施工专项安全风险管控方案，保障了施工安全和三大直流安全稳定运行。精细统筹内发外购，保证可靠供电，经受了度冬电煤紧缺、度夏负荷创新高的考验，受到市委市政府肯定。完成党的十九大等 6 次特级保电任务。国网重庆电力及 10 家基层单位被重庆市评为“三电”设施安全保护工作成绩突出集体。盗窃电力设施发案大幅降低且持续保持低发态势，全年盗窃电力设施刑事案件同比下降65%。

经营管理 深化电力市场改革，突出效益导向。争取合理输配电价，疏导电价矛盾，落实财政补贴。深度参与增量配网项目协议谈判及相关规则制定等工作，争取到增量配电项目公平参与权。配合做好新增试点项目申报，新的输配电价平稳执行。通过电力直接交易和降价降费等措施，降低客户用电成本超过16亿元。争取各级政府出台电能替代支持文件28个，实现替代电量16亿kWh。与190家驻渝央企和地方国企签订供电接收协议。

制定"降本增效激励约束"11条和"瘦身健体提质增效"32条措施。制定线损管理实施意见，理顺关口计量故障处理流程，同期线损综合排名提升6位。深化内部改革，研究制定内部模拟市场深化方案。加强资金统筹平衡，控制融资成本，年节约利息1.5亿元。加强资产全寿命周期管理，创新提炼"四个阶段、四个保障"资产管理经营业务体系，被国家电网公司评为"领先型"单位。

实施管理创新，组织重大管理创新示范项目26项，重要管理创新示范项目94项，推广50项国家电网优秀成果。3个示范项目和4个推广项目入选国家电网公司管理创新项目计划。获得国家级管理创新成果二等奖1项、省部级管理创新成果奖38项、国家电网公司质量管理成果（QC）一等奖1项，优秀卓越管理案例一、二、三等奖各1、2、3项。组织54项对标问题指标预警攻关，10个专业同比提升，综合得分率提高8.8个百分点。

依法从严治企，落实监事会要求，梳理问题清单，整改问题321个，完成"三降一去"等8项整改决议年度目标。组织实施审计项目15项，委托审计3261项。开展物资授权采购专项协同监督，建立协同监督卡，检查授权采购项目1915个。落实中央"八项规定"，从严从紧控制非生产性和一般性开支。清查本部及所属单位1777项制度。完成"两供一业"分离移交协议签订及公务用车改革"双降"目标。

营销工作 全年新增用电客户74.26万户，业扩净增容量783.8万kVA。推进售电侧改革，固化市场化业务工作流程，制定"三个规范"市场化业务防范风险。引导电力用户参与电力直接交易，交易电量同比增长106%。供电分离移交《实施协议签订率》达到84%。推进电能替代，打造电能替代示范工程，"江北嘴江水源热泵"获国家电网"电能替代优秀示范工程"称号。大客户直接交易1436户，电量190亿kWh；市场化零售45户，电量2.07亿kWh。落实"一户一策"电费风险管控措施，超前防控重钢破产重组电费风险，全年电费颗粒归仓。开展反窃电专项行动，追补电费0.48亿元。

智能电能表累计安装1487万只，新增"多表合一"信息采集6.8万户，累计13万户，采集覆盖率99.32%。深化智能电能表非计量功能应用，13万台区关口、40万低压客户实现电能表数据的小时级采集。全年实施节能项目217项，完成节电量2.09亿kWh，节电力7.34万kW。业扩报装质效提高，变更用电流程环节精简30%以上，35kV客户平均接电时间减少17.1%，110kV客户平均接电时间减少13.5%。实施业扩配套项目165个，压降报装结存容量超过1000万kVA。深化营配调贯通，营配调贯通数据对应率超过99%。推进"台区线损承包"和台区线损协同管理，台区线损合格率92.1%。

科技与信息化 强化科技创新引领作用，持续开展全球能源互联网关键技术攻关，申请发明专利5项。挂网运行西南首个光伏虚拟同步机，会同中国电科院共同加快推进江北电网与分布式储能系统双向互动项目建设。国家科技项目武隆230M无线专网和两化融合体系贯标、山地无线专网试点通过国家工信部验收。构建三级科技攻关团队，开展分布式储能的优化配置与运行控制关键技术、西南电网阻尼提升方法等研究。电网互动与电池梯次利用示范工程建成投运。

推进系统整合，建成全业务统一数据中心，实现19套ERP业务系统全量接入，信息系统可用率达99.96%。实现1487多万用户用电信息自动采集，完成营销移动业务平台试点应用，"营财一体化适应性改造"被评为国家电网信息化建设实施优质项目。提升一体化平台支撑能力，实现统一视频平台与业务系统集成。应用营配调贯通业务数据，实现主动抢修功能和同期线损应用。推进I6000系统实用化，完成海量历史/准实时数据管理等系统基础平台软件版本升级。信息系统保持安全稳定运行，信息系统可用率达99.96%。连续8年荣获重庆市网络安全等级保护先进单位称号。

荣获省部级及以上科技成果奖励15项，取得授权专利120项，申请海外专利3项，获得软件著作权2项，出版专著2部。1项自主创新成果在6家省公司推广应用。牵头完成1项国家电网公司技术标准，主导编制1项国家标准、参与编制12项国家标准。

优质服务 推进服务业务集约融合，建成2个供电服务指挥中心，客户诉求一次解决率93.1%。成立13个园区供电服务机构，实现"门对门、面对面"园区服务。持续提升95598服务效能，创新开展停送电信息与低压多户故障报修关联性核查，制定并实施投诉压降预警方案，编制"营业厅服务态度类触点管理示例"，95598客户满意度98.81%。拓展线上电子化缴费渠道，提供 19 种缴费方式，线上缴费应用率 39.36%。实现客户“掌上电力”、手机 APP 及 95598 互动服务网站“全天候 24 小时”线上办电和用电报装一体化作业，线上办电率达 80.5%。

建设星级供电所与“全能型”供电所相结合，建成 6 个“五星级供电所”，31 个“四星级供电所”，供电所网格化服务全覆盖。举办“电网连万家、共享电气化”活动 199 次。开展“聚光行动”，服务光伏扶贫，并网 881 个光伏扶贫站点，助力 272 个村 6900 余户贫困户脱贫。投资 7000 多万元，完善贫困乡镇配电设施改造。光伏扶贫工作纳入国网营销（农电）典型经验，获市扶贫先进集体荣誉称号。

开展营业收费政策调整实施情况在线监督、电话回访和现场检查。每月在线监控合同签订质量，新增高压和临时用电客户合同签订率、有效率达 100%。通过大数据分析，分类别逐项开展电价异常系统核查，保证电价调整执行规范实施。组织 18 个暗访组对 21 个供电单位、120 个供电营业厅（所）开展明察暗访。参加《政风行风热线》和《阳光重庆》节目，受理客户意见建议咨询 173 件，回访客户满意率达 99.5%。

党的建设 学习宣传贯彻党的十九大精神，成立 58 支宣讲队，到基层开展宣讲，各级领导干部进行宣讲调研。各级党组织开展“旗帜领航·党徽闪光”主题宣传，推动十九大精神进基层、进班组、进现场。组织两级中心组集中学习研讨 87 次，开展集中宣讲和专题党课 400 余次，举办辅导报告会 3 场、专题培训 2 期。召开第一次党代会，完成党组改党委工作，8 家基层党委完成换届。推进“两学一做”学习教育常态化制度化，落实“旗帜领航·三年登高”计划，量化党建工作绩效考核评价指标。开展“三无四当”主题实践活动。实施红岩共产党员服务队深化建设十项行动，101 支服务队开展重大保电 800 余次，抢修抢险 5200 余次。

建立全面从严治党责任清单，严格落实“两个责任”。组织 15 家基层党委书记现场述职，32 家书面述职。对基层单位班子成员开展廉政约谈。配合国家电网公司做好巡视工作，内部巡察 9 家单位，完善整改措施 130 项，问题整改率分别达到 96%、80%。

工会工作 加强工会建设，7 个基层工会完成换届选举，开展 7 个基层单位职工代表巡视检查，各基层单位三级公开实现常态化和长效化。国网重庆电力成为国家电网公司工会班组公开试点单位，厂务公开知情度和满意度平均达到 98.91%。完成新一轮集体合同和专项集体合同的合法合规性审核及平等协商。组织员工参与“我为企业献一策”合理化建议活动，3 条建议入选国家电网公司 2017 年优秀合理化建议。

实施“十三五”班组建设再提升工程，组织对口帮扶班组建设工作，举办《筑垒强干与管理突破——渝东南在行动》班组建设专题访谈活动和《互联网＋思维下的创新之路》专题培训。开展“五比五赛四创”系列劳动竞赛，与重庆市总工会、共青团重庆市委共同举办重庆市首届供电服务之星劳动竞赛活动。

成立重庆市电力作家协会、中国电力作家协会重庆分会，举办文学大讲堂、鉴赏沙龙、采风指导等活动。开展职工美术书法摄影作品征集活动。持续推进职工书屋建设，两个基层单位职工书屋被全国总工会授予“全国职工书屋示范点”，3 个职工书屋被命名为“国家电网公司职工书屋示范点”。

国网重庆电力荣获全国厂务公开民主管理示范单位称号，国网重庆电力系统 4 个劳模创新工作室获省部级劳模创新工作室示范点称号，12 人荣获国家电网公司及重庆市劳动模范，3 人被授予重庆“五一劳动奖章”，南岸公司职工张毅荣获国家电网公司“国网工匠”称号。

企业文化和精神文明建设 牵头承担国家电网公司《卓越文化体系研究》示范项目，形成一批具有实践特色的创新做法或经验。深化“最美国网人”活动，以“新时代·新作为”为主题举办卓越故事会文化活动。利用“互联网＋”模式开展文化传播，改版企业文化网络课堂，探索线上线下相结合的专业队伍培训教育模式。集中组织实施“知—信—行企业文化在班组落地实践”。举办第三届“青创赛”，组织青年志愿服务队员走进“国家电网春苗之家”，结对帮扶 100 名贫困农村留守儿童。编制国网系统首个社会责任边界管理手册。“重庆深化电力体制改革主题传播”等 6 个项目入选“国家电网”品牌贡献度榜单。7 家单位保持全国文明单位，6 家单位被命名为全国文明单位。

主要事件

3 月 15 日，国网重庆电力承建的重庆市新能源汽车监测平台完成与国家监测平台的技术联调工作，成为首个接入国家平台的省级平台。

3 月 20 日，由中国电科院牵头，国网重庆电力等公司共同承担的位于重庆巫溪县的西南首个光伏虚拟同步机挂网运行。虚拟同步机技术被国家电网公司列入“十大重点科技创新工程”。

4 月 17 日，地处重庆东南部的首座 500kV 智能变电站建成并投入运行。

6 月 22 日，酒泉—湖南±800kV 特高压直流输电工程正式带电运行。

6 月 26 日，川渝三通道工程——四川资阳至重庆思源 500kV 输变电工程全线贯通并投产。

7 月 24 日，重庆电力设计院完成公司制改制工作，成为国家电网公司启动该项工作以来，首家完成改制的企业。

8月15日，中共中央政治局委员、重庆市委书记陈敏尔和重庆市委副书记、市长张国清一行来到国网重庆市电力公司，看望慰问高温下战斗在一线的电力员工。

8月17日，重庆电力交易中心有限公司正式成立。

9月27日，重庆电力市场管理委员会组建成立。

9月29日，在全国厂务公开民主管理工作经验交流暨先进单位表彰会上，国网重庆电力获得“全国厂务公开民主管理示范单位”荣誉称号。

（何润生　廖　爽）

西　北　地　区

【国家能源局西北监管局】

基本情况　国家能源局西北监管局（简称西北能源监管局）于2013年12月12日正式挂牌成立。按照“三定方案”规定，主要职责为：监管电力市场运行，规范电力市场秩序；监管电网和油气管网设施的公平开放；监管电力调度交易，监督电力普遍服务政策的实施；负责电力等能源行政执法工作，依法查处有关违法违规行为，监督检查有关电价；负责除核安全外的电力运行安全、电力建设工程施工安全、工程质量安全的监督管理以及电力应急和可靠性管理，依法组织或参与电力事故调查处理；负责组织实施电力业务许可以及依法设定的其他行政许可；负责协调有关跨省、跨区能源监管事务；负责法律法规授权以及国家能源局下达或交办的有关事项监管。

领导班子

党组书记、局长：黄少中

党组成员、巡视员：雷金娥（2017年10月26日前）

党组成员、副局长：仇毓宏

组织机构　内设综合处、市场监管处、行业监管处、电力安全监管处、资质管理处、稽查处、监察室（机关党委）。同时向青海、宁夏两省（区）分别派驻监管业务办公室。

主要工作

第一，不断推进依法治安，电力安全监管态势平稳。一是在电力安全监管方面，敢于对重大安全隐患叫“停”，先后对4家发电企业下达“停工令”“停机令”，依法约谈7家电力企业主要负责人，参与事故调查2次。二是深入电网企业、发电企业及电力施工企业现场督查，开展安全生产大检查、“电力建设项目施工安全年”等活动，明确提出整改要求；全力以赴做好党的十九大电力安全保障工作。三是针对榆林绥德、子洲突发洪涝、滑塌、泥石流等自然灾害，迅速启动应急响应，指导协调电力企业做好应对处置工作，保障了灾区电力安全生产形势的持续稳定。

第二，结合实际积极推进，电力市场建设取得新进展。一是研究制定电力中长期交易规则，印发《青海省电力中长期交易规则（试行）》。二是推进宁夏辅助服务市场建设，制定了《宁夏电力辅助服务市场建设工作方案》，起草并完善了《宁夏电力辅助服务市场运营规则》。三是开展2017年度宁夏热电联产机组调峰能力核定，完成陕西热电联产机组调峰能力核定工作，启动青海省有关核定工作。四是配合三省（区）政府主管部门推进电力直接交易、建立和完善市场管理委员会等工作，研复国家能源局和三省（区）政府对有关配套改革工作的意见。五是推进增量配电改革试点项目，宣贯许可政策，加强业务指导。

第三，针对问题强化监管，西北能源市场秩序不断规范。一是开对典型问题进行回头看，督促整改落实；不断加强日常监管，及时纠正市场违规行为。二是完成“两个细则”的修订工作，按月审核发布运行结果，按季向国家能源局上报，协调解决运行中出现的问题。三是召开2017年陕宁青三省（区）电力企业价格与财务监管工作座谈会，发布电力企业价格与成本情况报告、财务经营分析报告、西北区域电价水平简析等。四是选取典型配电网工程12项，从政策落实、配电网供电能力、造价控制、运行实效、经济效益、建设管控、环境保护等方面进行定性和定量分析，规范配电网规划、投资、建设与改造行为。

第四，坚决落实国家要求，行业监管工作实现新突破。一是落实防范化解煤电产能过剩风险的要求，对辖区11个停缓建煤电项目开展检查。二是密切关注天然气供应形势，及时向国家能源局报告有关情况；率先启动天然气购销合同备案工作，规范了天然气购销市场秩序。三是建立信息报送机制，定期公开管网剩余能力、第三方准入、代输情况等信息；对成品油质量升级进行动态监管，定期发布通报。四是对三省（区）4家电网企业农网改造升级工程进行“回头看”五是开展三省（区）新能源并网运行专项监管、分散式接入风电项目核查评估、光伏扶贫项目信息核查等工作。

第五，多措并举综合施策，西北新能源消纳取得新成效。一是完善跨省区电力交易机制，发挥大电网互济优势，实现了新能源消纳的“双升双降”。二是开展西北新能源消纳机制研究，提出针对性的意见建议。三是针对新能源发展和弃风弃光矛盾、电量消纳、补贴滞后等问题，开展宁夏新能源发电运营及保障性收购监管。

第六，聚焦人民群众利益，服务民生工作呈现新局面。一是抽取3家地市级、8家县级供电企业开展供电综合监管检查；选取12条10kV供电线路和24个D类电压监测点，持续开展供电“两率”定点监测；抽取4家地市级、5家县级供电企业开展供电企业信息公开情况专项监管，督促企业落实整改。二是完善和修订行政处罚、行政调解、投诉举报方面的规范性文件；依法对陕西3家地市级供电企业“三指定”行为作出罚款95万元的行政处罚。三是开展青海玉树、海西开展藏区电力普遍服务调研，有针对性地提出了加大帮扶力度、建立普遍服务补偿机制等方面的监管意见和政策建议。四是举办2017年陕宁青三省（区）供电监管知识竞赛。

第七，持续优质高效服务，电力业务许可工作依法开展。一是落实放管服改革要求，编制许可标准化流程规范、编印许可业务办理指南、完成许可大厅标准化改造。二是梳理未取证发电机组情况，提出了分类处理的意见。三是调研陕西、宁夏增量配电项目，以陕西铜川矿业增量配电试点项目为切入，推动许可工作。四是各类许可工作依法有序开展。五是调整优化许可业务平台各功能模块，许可信息平台建设不断加强。

【国家能源局甘肃监管办公室】

基本情况 国家能源局甘肃监管办公室（简称甘肃能源监管办），组建于2013年12月。主要职能：负责所辖区域内电力等能源的监督管理和行政执法工作，以及电力安全监管工作，具体包括：监管电力市场运行，规范电力市场秩序；监管电网和油气管网设施的公平开放；监管电力调度交易，监督电力普遍服务政策的实施；负责电力等能源行政执法工作，依法查处有关违法违规行为，监督检查有关电价；负责除核安全外的电力运行安全、电力建设工程施工安全、工程质量安全的监督管理以及电力应急和可靠性管理，依法组织或参与电力事故调查处理；负责组织实施电力业务许可以及依法设定的其他行政许可；负责法律法规授权以及国家能源局下达或交办的有关事项监管。

领导班子

监管副专员、党组成员：王毅敏

党组成员、机关党委书记、稽查处处长：金涛

组织机构 行政编制19人，下设综合处、市场监管处、行业监管处、电力安全监管处、资质管理处和稽查处等六个职能部门。2009年12月，经甘肃省编办批复成立甘肃电力咨询服务中心，处级建制，隶属甘肃能源监管办管理，核定编制8人。

主要工作 学习贯彻党的十九大精神，领会和把握习近平新时代中国特色社会主义思想，坚持全面从严治党，落实管党治党“两个责任”，巩固提高巡视整改成果，持续推进“两学一做”学习教育常态化制度化。坚持“严监管、推市场、强服务”工作要求，完善规划、政策、标准执行的事中事后监管方式方法，突出有效监管。严格依法监管，深化日常监管，实施“双随机一公开”全覆盖，提高监管的权威性和公正性。把人民群众满意度作为检验监管成效的标准，努力推动能源监管事业迈上新台阶。

市场监管 配合电力体制改革，参与甘肃省输配电价改革试点工作，推进酒泉—湖南特高压工程直流输电价格核定；参与评审增量配售电业务试点方案，监管售电公司参与市场化交易，首次实现售电侧放开；与省发展改革委、工信委联合印发《电力用户与发电企业直接交易实施细则》，全年签订直接交易合同火电223亿kWh、水电56亿kWh、新能源1.91亿kWh；按照《甘肃省可再生能源就近消纳试点方案》，开展新能源发电企业与燃煤自备电厂发电权置换，组织签订新能源替代自备电厂电量19亿kWh。完善电力市场建设和交易机制，制订《甘肃省电力中长期交易规则（征求意见稿）》；建立富余新能源跨省跨区增量现货市场，制定《甘肃省富余新能源跨省跨区增量现货交易规则》；加快推进甘肃省辅助服务市场建设，制订《甘肃省电力调峰辅助服务市场运营规则（征求意见稿）》；开展集团内部电量优化调剂和合同电量转让交易，确保完成大用户直接交易合同。加强市场监管，规范市场秩序，先后开展了祁韶特高压直流输电工程运行、电量输送及配套项目建设情况专项监管调研，电力调度交易及市场秩序专项监管及新能源并网消纳问题监管，光伏扶贫建设问题监管，可再生能源发电全额保障性收购监管，以及价格成本监管、厂网界面监管、油气管网公平开放监管等工作，促进能源基础网络设施公平开放，交易规范和信息公开。

行业监管 对国家能源局取消和下放的审批项目，加强日常监管和定点核查，开展新建电源项目投资开发秩序专项监管，跟踪监测预警机制执行及项目建设进度；开展甘肃省新能源发电项目建设“放管服”专项监管，严格控制风电并网，合理控制光伏并网；开展酒泉—湖南特高压直流配套的500万kW风电和150万kW光电项目监管，确保电源与配套电网同步投运；开展新能源发电项目并网监管，多次配合

省有关部门协调解决新能源企业建设、并网、运行等存在的矛盾；实地查看炼油企业成品油质量升级改造项目，抽检相关油品质量，督促企业报送大气污染防治成品油质量升级改造有关信息；按照燃煤自备电厂规范建设及运行专项督查要求，加强和规范燃煤自备电厂监督管理，落实防范化解煤电产能过剩风险；开展超低排放和节能改造专项监管，掌握全省持证燃煤发电项目环保建设完成情况。

电力安全监管 围绕“电力建设施工安全年”“安全生产月”主题，严厉打击安全生产非法违法和违规行为，32家电力企业开展行业互查，对45家重点电力企业进行督查，累计排查隐患4407项，已整改4081项，限期整改326项；其中，现场督查反馈问题122项，对5家水电企业安全约谈，对3家在建火电工程停工整改，对4家生产区违规与外网互联的企业责令停产整顿，基本实现重点地区和企业全覆盖。突出电力应急能力建设，现场调查处理了2起电力安全事故、事件，有效应对电力施工引发的群体事件和供热突发事件；开展电网安全风险管控，针对甘肃电网安全风险清单，制定治理管控措施。发挥省安委会成员单位职责，开展全省煤矿供电安全检查、防汛抗旱安全检查、危险化学品安全综合治理、电力监控及网络信息安全管控、第二届敦煌文博会保电、打击“三电”专项行动等一系列工作，强化企业安全生产主体责任，夯实安全管理基础。成立党的“十九大”保电工作领导小组并落实各级人员责任，现场督查重点电力企业，慰问一线保电工作人员，加强应急值班联络，落实电力供应保障措施，为十九大胜利召开营造电力安全、可靠、稳定的良好局面。

资质许可监管 注重行政许可法治建设和宣传引导，制定了《电力业务、承装（修、试）电力设施许可基本工作制度》《现场核查专家承诺制度》《承装（修、试）电力设施许可跨区作业企业承诺制度》等，提升优质服务水平。开展增量配电业务试点项目电力业务许可情况专题调研，为社会资本参与增量配电业务创造条件。加强发电企业许可监督管理，排查无证经营和超期服役机组，发现无证经营企业122户，装机容量1211万kW；发现超期服役企业53户，涉及173台机组，装机容量231万kW，依法依规妥善处理。限期整改阶段，充分考虑历史遗留因素，结合地方经济发展诉求和社会稳定大局，帮助酒钢集团、金川集团等地方国有企业解决难题。2017年，共颁发电力业务许可证（发电类）70家，变更登记事项24家，变更许可事项13家，许可注销5家；颁发承装（修、试）电力设施许可证26家，许可延续8家，变更登记事项30家，变更许可事项4家，重新核定许可等级5家，许可注销58家。颁发电工进网作业许可证4873人（其中：高压4224人，低压30人，高压试验231人，继电保护223人，电线电缆165人），续期注册5762人。

电力稽查 全力保障供电民生工程，开展供电能力、供电质量以及供电服务监管，督促供电企业履行社会责任保障正常供电；开展甘肃省重点地区供电质量提升问题监管，现场督查庆阳、白银、陇南、武威供电公司农配网投资成效和农网建设，督促企业向农配网薄弱地区倾斜投资；开展压缩用电报装时限工作，督促供电企业建立以客户需求为导向的服务体系，有效简化报装流程、提高效率；监管《精准扶贫贫困村动力电覆盖支持计划》实施情况，提前解决了全省尚未通动力电的891个贫困村、2404个贫困自然村的动力电覆盖问题；完成12398能源监管热线标识普及和宣传工作，全力保障12398热线民生通道通畅，及时查处人民群众反映的问题；全年，国家能源局12398热线中心累计下发工单214件，其中投诉134件、举报1件、咨询40件、其他42件，按时办结率100%。

机关党建 坚持用习近平新时代中国特色社会主义思想建好班子、带好队伍，教育引导党员干部围绕党的十九大主题，牢固“四个意识”、坚定“四个自信”、做到“四个合格”。开展巡视整改制度建设“回头看”，修订完善《处室工作职责及岗位设置》《机关党建工作规范化建设实施细则》《党支部“三会一课”实施办法》等17项制度。突出责任担当，列出《党支部书记责任清单》，及时制定计划、跟踪督办、检查考核；开展“七一”主题党日活动，开展“守纪律、讲规矩，勇担当、有作为”警示教育暨作风建设活动，推进全面从严治党向纵深发展。落实巡视整改，列出《问题清单》，制定《整改方案》，在35个具体任务中，6个“立行立改”任务已全部完成，25个“限期整改”任务已全部完成预期目标，4个“长期坚持”任务已完成阶段性目标。

精准扶贫 落实甘肃省《“十三五”脱贫攻坚规划》，探索出“规划先行、项目主导、电力突破、关注民生”的帮扶途径。对口帮扶通渭县寺子川乡郑阳村、吊咀村期间，协调开展水、电、路、房等基础设施项目，实施道路绿化、幼儿园援建、漫水桥加固、互助资金协会扶持、电子商务等民生项目，积极组织政策宣讲、文化下乡、专家授课、安全用电宣传等社会项目，组织了北京专家讲座、华北电力大学暑期支教、贫困地区优秀小学生北京游学等活动，帮助两村基本实现脱贫摘帽，当地干部群众赠送“能源监管情暖山乡、真心帮扶奔向小康”锦旗致谢；9月起，接手帮扶贫困面更深的通渭县陇川乡李岘村，继续派驻驻村帮扶工作队队长兼第一书记，确保把优秀干部派到帮扶攻坚一线。探索形成的农网升级改造贫困村动力电全覆盖工程监管、"新能源＋"精准扶贫开发、青年干部双向挂职锻炼、暑期支教游学、"两学一做促建联、精准扶贫助发展"主题党日活动等帮扶经验得到了上级肯定。

【国家能源局新疆监管办公室】

基本情况　国家能源局新疆监管办公室（简称新疆能源监管办）于2013年11月6日经中央编办批准正式成立（中央编办发〔2013〕130号），于2013年11月21日经国家能源局授权（国能人事〔2013〕438号），依照《电力监管条例》等法律法规，在新疆范围内履行能源监管和行政执法职能。

领导班子

党组书记、专员：李悠勇

党组成员、副专员：张志平

党组成员、综合处处长：师建中

组织机构　内设6个处室，分别综合处、市场监管处、行业监管处、电力安全监管处、资质管理处、稽查处。

主要工作

（1）明确2017年为"电力安全监管年"，完成全国"两会"、党的十九大等重大会议以及节假日、度冬供电供暖等保电工作。

1月，办党组研究决定，将2017年确立为新疆监管办"电力安全监管年"，通过厘清职能、确定目标、主动作为、敢于担当，履行国家能源局赋予的电力安全监管职责。

3月，召开2017年度新疆电力安全监管工作会议，部署落实"电力安全监管年"工作方案；与全口径电力企业签订电力安全生产责任承诺书，明确安全生产责任主体；选定"加强电力建设工程施工安全和工程质量安全监管"等八项专项监管工作，每月一个专题开展重点监管；与新疆维吾尔自治区安监局联系，协商建立电力安全联防机制。

9月，新疆能源监管办全面贯彻落实国家能源局党的十九大保电工作动员部署电视电话会议精神，把党的十九大保电工作作为安全监管工作的重中之重，研究制定保电工作方案，会同自治区和兵团有关部门，启动党的十九大电力安全保障检查督查工作，确保各项保电措施落实到位，完成党的十九大保电任务。

通过一系列主动作为，2017年，新疆未发生特大、重大电网及人身事故，电力系统保持安全稳定运行。

（2）开展新建电源建设项目、燃煤电厂超低排放和节能改造等专项监管工作，促进规划、政策有效实施。

8月，为贯彻落实国家发展改革委、国家能源局《关于进一步调控煤电规划建设通知》（国能电力〔2016〕275号）和《关于促进我国煤电有序发展的通知》（发改能源〔2016〕565号）等文件精神，结合近期国家发展改革委等16部委联合印发的《关于推进供给侧结构性改革防范化解煤电产能过剩风险的意见》（发改能源〔2017〕1404号）文件要求，新疆能源监管办在梳理、分析项目单位上报自查材料的基础上，对新疆区域24家在建煤电项目开展了专项监管工作，涉及燃煤发电机组48台，总装机容量2590万kW，并形成专项监管报告，上报国家能源局。

10月，为进一步加快新疆区域燃煤电厂超低排放和节能改造进程，按照国家发展改革委、环境保护部、国家能源局关于《煤电节能减排升级与改造计划（2014—2020年）》及关于印发《全面实施燃煤电厂超低排放和节能改造工作方案的通知》（环发〔2015〕164号）文件要求，新疆能源监管办对辖区内23家燃煤电厂进行了超低排放和节能改造专项监管工作，涉及燃煤发电机组51台，总装机容量1533万千瓦，并形成专项监管报告，上报国家能源局。

通过以专项监管促日常监管等一系列有效措施，新疆区域煤电规划建设有序规范推进，新能源发展增速得到控制。

（3）集中力量开展市场监管，规范调度交易市场行为，维护市场公平、公正秩序。

6月，为进一步加强电价执行和电费结算监管工作，维护电力市场主体的合法利益，促进电力市场公平、公正、公开，新疆能源监管办正式启动了2016年、2017年1～6月电价执行和电费结算专项监管工作，对国网新疆电力公司及其所属供电公司、部分发电企业等进行了现场检查，并形成专项监管报告，上报国家能源局。

11月，按照《2017年能源工作指导意见》《国家能源局2017年市场监管工作要求》具体安排和国家能源局电力调度与市场秩序专项监管工作启动会上的总体部署，新疆能源监管办会同西北能源监管局等单位开展了新疆区域电力调度交易与市场秩序监管工作，进一步规范了新疆区域电力调度交易行为，维护了良好的电力市场秩序，并形成专项监管报告，上报国家能源局。

（4）稳步推进电力市场改革，启动辅助服务市场化建设，并推动新疆电力辅助服务市场列入国家试点范围。

3月，新疆能源监管办会同自治区经信委、自治区发展改革委（能源局）、兵团发展改革委、兵团工信委共同启动了新疆电力辅助服务市场建设工作，并成立联合调研组，赴东北考察调研。7月，在联合调研的基础上，进一步落实国家电力体制改革相关政策，切实推进新疆电力辅助服务市场建设，探索辅助服务市场化新机制，联合印发《新疆电力辅助服务市场建设工作方案》。9月，联合印发《新疆电力辅助服务市场运营规则》，为规范新疆电力辅助服务市场交易，依法维护电力市场主体合法权益，保证新疆电力市场建设工作统一、开放、竞争、有序提供了依据，对保障电网安全稳定运行，促进清洁能源消纳具有重要意义。11月，取得国家能源局复函，新疆电力辅助服务市场列入国家试点范围。

10月，新疆能源监管办为贯彻落实国家电力体制改革相关政策文件精神，结合新疆实际，进一步推进电力市场改革，完善发电权替代交易市场机制建设，实现电力交易的公开、公平、公正，印发《新疆区域发电权交易实施细则》《新疆电力用户与发电企业直接交易实施细则》，编制、印发了《新疆区域电力中长期交易规则（细则）》，初步建立电力中长期交易机制。按期组织召开厂网联席会议，披露了电网运行、交易、调度相关情况，研判电力发展形势，发掘电力行业发展深层次矛盾和问题，提出解决思路和措施，促进厂网和谐、维护市场秩序。

（5）搁置争议，多措并举，协调推进，新疆售电侧改革迈出坚实一步。

新疆获得国家发展改革委、能源局批复第一批唯一的售电侧改革试点，是由兵团十三师（驻哈密地区）、兵团国资委、大唐新疆发电集团三家发起，组建红星配售电公司并注册成立。兵团与大唐发电集团合作申请售电侧改革试点的核心目的，是拟在兵团体制改革——“师市合一”、成立红星市的大背景下，用配售电公司打造电价优势，吸引重大投资项目落地，推动地方经济社会发展。

为推进售电侧改革试点成功，新疆能源监管办做了大量的协调引导工作，督促兵团与电网公司相互沟通协商，讨论划分配售电公司供电营业区域；推进各方协商入股比例、入股方式、供电营业区划分、后期运维等重点问题。最终，新疆能源监管办对售电侧改革试点采取“搁置争议、团结协作、小步稳进、推动改革”的基本原则和处理方式，得到各方的支持和认同。9月26日，新疆办向新疆大唐红星售电有限公司颁发了电力业务许可证（供电类），这标志着新疆售电侧改革迈出坚实一步，为有序推动新疆售电侧改革工作，并为2018年全面推进电力综合体制改革打下了坚实基础。

（6）颁发新疆区域内拥有配电网运营权的售电公司获得的第一张许可证。

2月，新疆能源监管办向龙源吐鲁番新能源有限公司颁发供电类电力业务许可证，许可证的颁发确定了该公司的法律定位，以及依法享有的权利和责任义务。这是新疆区域内拥有配电网运营权的售电公司获得的第一张许可证，标志着新疆区域新能源城市微电网示范工作迈出实质性步伐。

（7）开展供电质量专项监管，切实做到监管全覆盖。

9月，为规范供电市场行为和供用电秩序，促进供电企业不断提升供电服务水平，切实解决人民群众反映强烈的用电诉求，保障人民群众方便、快捷、高效用电，新疆能源监管办全面梳理2011～2016年供电监管现场检查对象，针对检查次数较少甚至未检查的供电单位重点开展现场监管，并形成专项监管报告，上报国家能源局。

（8）加大12398热线宣传普及，畅通能源监管民生通道。

3月，结合3月15日“国际消费者权益日”，新疆能源监管办组织印制了21 900份12398能源监管热线宣传页，在全疆范围内的13个主会场，若干分会场发放。覆盖小区、商场、学校、营业厅、街道、企业等用户，并对12398能源监管热线的职能和受理范围、安全用电常识、节约用电、电能替代、变更用电、智能电网等知识进行宣传和讲解，提高了12398热线社会知晓度，畅通了能源监管民生通道，打造了务实为民政府形象。

（9）主动向自治区领导汇报，与自治区综合经济管理部门定期召开工作协调会议。

主动向自治区分管领导汇报新疆监管办开展的主要工作，对新疆能源发展中出现的问题和矛盾提出意见和建议。9月，自治区副主席张春林在《关于新疆区域自备电厂获取资质许可和调峰辅助服务市场建设取得显著成效工作情况的报告》上批示：“新疆能监办围绕中心、服务大局，在新疆区域自备电厂资质许可方面取得了实质性突破，应予以充分肯定。望区发展改革委、能源局学习借鉴经验，推动新疆能源产业持续健康发展”。

2月，新疆能源监管办组织召开了“电气化新疆”工作研讨会，传达学习了自治区“电气化新疆”工作会议精神和自治区主席雪克来提·扎克尔提出的实施“电气化新疆”战略五项原则，对电力投资改革、电价改革和自备电厂管理等方面工作逐项展开讨论，并发挥能源监管机构的专业优势，提出贯彻落实的意见和建议。

4月，与自治区经信委召开工作协调会议，就新疆电力市场管理委员会组建方案、新疆电力辅助服务市场建设、自治区宏观经济形势和能源行业监管等信息共享、资质管理等方面工作进行了交流和探讨，并达成了共识。

5月，与自治区发展改革委召开工作协调会议，就新疆部分自备电厂未取得发电业务许可证、新疆电力辅助服务市场化建设等两项重点工作的政策背景、工作成果、初步意见及下一步打算进行了充分研究和讨论，并达成了共识。

（10）服务新疆工作大局，千方百计助力地方经济发展。

3月，新疆能源监管办领导带队，专程赴国网西北分部调研座谈，希望在新疆电网主网建设、与西北电网联网建设、疆电外送、冬季供暖期电网调峰等方面给予支持。经过两个月的讨论研究，5月，创建“疆电外送电量库”办法，试行后，缓解新疆发电企业经营压力和严峻地供需形势。

12月，按照自治区领导工作安排，新疆能源监管办领导带队赴上海、江苏、浙江等省市，与当地发展改革委（能源局）座谈交流，加快推进“疆电外送”第三通道规划建设工作，取得丰硕成果。

新疆能源监管办按照自治区政府统一部署，配合相关部门实施“电力援疆＋市场化”方案，与7个省（市）签订电力援疆协议，在拉动新疆GDP增长的同时，也助推了中东部援疆省份的节能减排，实现了多方共赢。

（11）发挥政企会商机制作用，加强深入企业调研，倾听企业心声，强化电力行业监管。

5月，新疆能源监管办与新疆主要发电集团召开定期召开协调工作会议，通报新疆电力辅助服务市场化建设工作推进情况，并就新疆能源形势分析、保障电力安全和规范电力市场秩序等方面进行充分交流和探讨。

4、6、7、9月，新疆能源监管办先后多次赴国网新疆电力、兵团部分电力、中国华能、大唐集团、神华集团、国家电投新疆公司等单位进行实地调研，并就新疆电力发展和电网建设、售电侧电力改革以及新能源发展和消纳情况等进行座谈。

（12）联合外部科研力量，研究新疆能源发展重大问题，初步取得较好成果。

6月，新疆能源监管办牵头组织完成的《新疆煤炭资源开发利用现状及监管对策研究》研究课题被中国煤炭建设协会和中国工程咨询协会煤炭专业委员会评为2016年度煤炭行业（部级）优秀工程咨询成果二等奖。该研究成果得到了国家能源局的肯定，填补了国家能源局派出机构煤炭行业监管成果的空白，对新疆煤炭行业发展和监管具有指导性作用，对各派出机构开展煤炭行业监管具有借鉴意义。

【国网陕西省电力公司】

企业概况 国网陕西省电力公司（简称国网陕西电力）是国家电网公司的全资子公司，是陕西省电力建设、输送、销售的独立法人，是全省电网规划、建设和运营的公用事业企业，承担着为陕西经济社会发展和城乡广大电力客户提供安全可靠电力供应的重要职责。

截至2017年底，国网陕西电力员工2.27万人，资产总额619.47亿元。截至2017年底，陕西电网总装机容量3832.35万kW，其中火电2783.61万kW、水电326.33万kW、风电288.44万kW、光伏433.97万kW。外送能力1171万kW。陕西电网共有750kV变电站6座，变电容量2310万kVA；330kV变电站64座，变电容量3633万kVA；110kV变电站共计468座，变电容量3539万kVA。陕西电网共有750kV线路20条，长度2324.8km，330kV线路263条，长度12 613.8km。2017年电网最大负荷2387万kW，同比增长13.1%，用电量为1274.52亿kWh，同比增长10.09%。

领导班子

董事长、党委书记：卓洪树

董事、总经理、党委副书记：沈同

党组成员、副总经理：王成文

党组成员、工会主席：王向红

党组成员、纪检组长：张智民

党组成员、副总经理：何晓英、邢晨、许子智、周军义

党组成员：余先进

总会计师：曹海东

总工程师：刘太洪

组织机构 下辖11个地市级供电单位（含西咸新区供电公司）和12个综合单位，28个县级供电企业。

电网建设与发展 陕西电网“十三五”滚动规划通过国家能源局审查。编制完成小火电关停前的电网补强方案。陕西省住建厅同意电网工程免办施工许可证，电网发展环境持续改善。

陕西首条特高压1000kV榆横—潍坊工程建成投运，陕西电网迈入特高压新时代。±800kV酒泉—湖南特高压工程投入运行。±800kV上海庙—山东特高压工程（陕西段）全压带电。58项110kV及以上工程获得核准。开工750kV陕北—关中第二通道等110～750kV工程41项，投运330kV西成客专供电等110～750kV工程36项。断开从周边省份引入的20条110kV输电线路，解决了制约全省电网安全、协调发展的历史难题。加快实施西安电网补强工程，开工27项、投产8项110kV输变电工程。农网改造升级“两年攻坚战”告捷。建成投运7项光伏扶贫送出工程。5个市公司入选国家电网百家配网标准化改造建设达标单位。编制出版《35～110kV变电站通用施工

图设计和施工图预算、通用施工图设计工作手册》。西安南（南山）750kV 变电站荣获 2016～2017 中国建设工程鲁班奖。

安全管理 推进本质安全建设，开展安全大检查、安全生产问题清单梳理和“电力建设工程施工安全年”活动，实现全年安全生产目标。严格落实“管业务必须管安全”要求，修订安全职责清单和安全工作奖惩规定，开展管理人员《安规》普考，推行“百条千分”安全管理评价，安全管理穿透力和执行力显著增强。开展基建安全量化考核，三个项目部安全管理不断强化。设立安全奖励专项基金 1.672 亿元。推行作业现场“十条禁令”，检查作业现场 18 312 个，查处违章 4125 条，处罚 328.6 万元，表彰无违章现场 879 个，奖励 374.8 万元，各类违章得到有效遏制。完成检修工作 3909 项，消除隐患缺陷 26 786 项，设备健康水平持续提升。“1＋9”智能运检体系建设加快推进。应对高温大负荷、特高压集中跨越、灾害天气和外力破坏频发等挑战，确保了电网安全稳定运行，完成十九大、李克强总理来陕视察等 24 项重要保电任务。

生产经营 深化同业对标“三张表”管理，实施短板指标督办制，基础管理持续提升。开展“三提升、三促进、三评选”主题活动，三级本部建设不断加强。完成“两化”县公司建设 123 项重点任务。班组建设持续加强。建成省公司智库。推进科技创新，参与完成的“电力线路行波保护关键技术及装置”获国家技术发明二等奖，荣获国家电网公司、陕西省等科技奖 20 项。成立国家级能源行业电力接地技术标委会。技术标准创新基地通过国家电网公司验收。荣获国家级和中国电力创新奖 4 项。通过工信部“两化”融合管理体系认证，被国家电网公司授予信息化企业。在国家电网公司系统首家上线电网资产统一身份编码系统，建设成果纳入国网顶层设计，为国家电网贡献了“陕西智慧”和“陕西方案”。全业务统一数据中心完成数据接入，卓越运营平台上线运行，17 项主题监测深入推进。

配合完成陕西电网首个监管期输配电价核定。交易公司成功组建市场管理委员会和专家委员会。跨省区外送电量首次突破 100 亿 kWh，组织大用户直接交易电量 324.5 亿 kWh，同比增长 65.45%。参与配售电市场竞争，修编 55 个工业园区配电网规划，实现 89 个园区营配合一供电机构全覆盖，绝对控股铜川坡头、渭南韩城增量配电试点项目。加快“三供一业”分离移交，国企家属区供电设施接收、公司“两供一业”分离移交正式协议签订率分别达到 82.58%、93.57%。完成公务用车改革。完成地县业务集约融合等 7 项改革试点任务。省市两级集体企业经营平台搭建完成，关闭整合集体企业 10 户，资金归集率达 95.49%。

人力资源管理 加强选人用人监督，审批干部选拔任用事项 77 人次，建立干部信息专报，搭建交流学习平台。推进“职务、职级、人才”三个通道建设，指导 20 家单位完成职员职级聘任。举办 25 期处、科级干部培训班和 3 期新任科级干部培训班，培训 1668 人。选派 42 名干部赴国家电网公司总（分）部、直属单位、西藏、新疆、甘肃、蒙东、冀北、榆林等地方培养锻炼。印发《加强后备干部队伍建设实施意见》，推进后备干部队伍建设“动力”工程，规划处、科、股三级六个层次后备干部队伍三年建设里程碑计划和例行任务“节气表”。

成立审计中心，增设二次专业机构 13 个，组建省市两级集体企业经营平台，优化供电所机构岗位设置。成立各级园区机构 45 个，争取鲁能置业机构编制。创新构建“三库一表”任职资格体系并推广应用，成果纳入总部“五位一体”信息平台顶层设计。创新构建“一意见三标准”业务外包管控体系，压缩经营成本、规范外包行为，将业务外包纳入全过程计划管控。持续推进“五位一体”优化提升，夯实岗位、定员和信息化管理基础。

落实国家电网公司内部人力资源市场各项制度，多措并举完成内部市场通用制度宣贯，举办集中讲座培训 11 次。持续推进内部人力资源优化配置一揽子方案，优化配置各类人员 1452 人次，优化高校毕业生招聘补员策略，定向精准补充省检修公司及陕南、陕北供电单位高校毕业生 78 人，促进员工队伍稳定。开展长期不在岗人员多轮次深度排查，建立不在岗人员“一人一册”规范档案，清理规范不在岗长期职工 172 人。

举办各类培训班 1454 期、累计培训 6.07 万人次；印发 46 个生产技能岗位 568 项实操能力测评标准；组织完成输、变、配、调等 8 个专业、3914 人的专业实操能力测评认证，生产技能人员岗位练兵模式实现突破。制定实施《实训安全风险隐患防控手册》，梳理明确 8 个方面 139 项实训风险隐患点、348 项预控措施，推进培训全过程规范管理及员工培训积分结果应用两项试点工作。开创典型工作任务课程体系建设，提升兼职培训师授课能力，拓展开办党建培训师资格认证，提前储备党校师资队伍。

成立人力资源专业创新工作室，形成人资重大课题研究成果 9 项。牵头承担总部人事人资课题 6 项，其中任职资格体系建设、内部人力资源市场流动积分试点、总部绩效管理体系优化研究等工作成果获总部高度评价。承办国家电网公司各类研讨会议 15 次，6 项经验被《国家电网公司工作动态》刊载交流。以

"大经营"体系建设为契机，推动组织机构、绩效考核、薪酬福利等8项重点工作，增收节支5000余万元。荣获国家电网公司人力资源工作先进单位和电网先锋党支部，荣获陕西省养老保险、基本医疗保险管理先进单位。

信息化建设 通过"以测代评代验"，一次性彻底解决710项历史遗留电网建设项目环保手续不全的问题；开展电网建设项目环保（水保设施）自主验收工作；新建110kV及以上电网建设项目环评（水保）方案批复率和竣工环保（水保设施）验收合格率保持100%。

成立能源行业电力接地技术标准化技术委员会。技术标准创新基地持续深化建设，通过国家电网公司验收。咸阳市杨凌公司作为国家电网公司唯一县级电力企业"标准化良好行为"试点单位，通过中电联AAAA级标准化良好行为企业确认。

330kV富平新一代智能变电站示范工程运行情况良好，完成富平变现场运行规程编写及验收规范编制，"330kV富平新一代智能变电站关键技术研究"获2017年陕西省公司科技进步一等奖；完成延安新区智能电网支撑智慧城市建设方案可研评审；完成西安高新区智能电网综合建设项目验收。"噪声定位测量系列装置及降噪新材料应用"项目被国家电网列为首批两个科技成果孵化试点之一，在灵州±800kV换流变电站、宁夏黄河750kV变电站等六个变电站降噪工程应用效果显著。

荣获国家电网公司科技工作先进单位、环境保护工作先进单位。荣获国家技术发明奖二等奖一项。荣获7项国家电网公司科技奖。荣获3项中国电力科技奖。陕西省科技奖共荣获10项。"电网接地性能优化与检测技术科技攻关团队"取得省级电力公司国家电网攻关团队排名第一。"变电站（换流站）噪声监测与治理科技攻关团队"获得国家电网公司第四批科技攻关团队称号。电科院王森被评为国家电网公司"特等劳动模范"。

党建工作 完成"旗帜领航·三年登高"基础建设年任务。推进"党旗红·国企兴"党建提升工程和"两学一做"学习教育常态化制度化。召开第一次党代会，完成党组改设党委工作。构建"六位一体"大党建工作格局和"六大工作体系"，健全各级党建工作机构，新增党务工作者52人，制定完善党建制度38项，公司领导带队督导党建工作，实施"党建+"项目45个，各级党组织创造力、凝聚力、战斗力持续增强。深化党风廉政建设，细化各级党组织主体责任和监督责任清单，探索构建"大监督"体系。严格贯彻中央八项规定精神，严防"四风"问题反弹。高度重视巡视巡察工作，完成对8家二级单位内部巡察。

营销工作 资产规模突破600亿元，所有者权益突破200亿元，营业户数突破600万户。促成政府出台电能替代政策48个，电能替代电量39.98亿kWh，同比增长18.99%。开展自备电厂清洁替代，替代电量4.04亿kWh。净增业扩容量同比增长31.49%。促成10个地市出台费控政策，实现低压居民客户费控全覆盖，月均预收电费同比增长36.1%，年底预收电费结余突破35亿元，电费回收率100%。实施资金"零余额"管理，争取税收优惠政策，节约支出1.78亿元。清理逾期应收账款2386万元，存货、系统外应收账款存量分别压降23.86%和70.73%。集中招标节约资金9.98亿元。开展重点项目、经济责任和营销审计成效显著。强化电网工程造价管控，节约投资4.82亿元。修订公司章程，完善法人治理结构。

提出在智能电能表双模通信模块中增加超级电容和分布式存储单元的技术方案，实现了客户台区、相位自动识别，以及停电信息自动上报并精准推送至客户的功能应用。试点台区采集成功率稳定保持在99.5%以上，停电事件实时上报准确率100%，上报至采集系统主站用时50s以内；台户关系识别准确率达到99%以上，远程费控成功率由85.44%提高到99%以上。

建成省、市、县"三级"业务管控机制。开展营业厅视频监控工作，全年发现设备异常118起，不规范服务行为137起，促进了营业厅优质服务水平提升。开展现场稽查9次，发现问题用户32户。2017年全省共计堵漏增收1.06亿元。

开展以"标准化、精益化"县公司建设为引领的县公司"两化"建设工作。建立了县公司77项指标的同业对标指标体系。宝鸡市陈仓供电公司等15家县公司实现"两化"县公司命名。

优质服务 构建"五个服务"内部运营机制，在西安、铜川公司建成供电服务指挥平台，抢修工单一次解决率提高15.14%，抢修恢复时间缩短8.84%。实现"全能型"乡镇供电所全覆盖，建成10个国家电网五星级乡镇供电所。推进营配调贯通数据治理。推行VIP客户差异化服务、营业窗口业务工单制、台区经理制、综合柜员制。试点开展实体供电营业厅转型。"掌上电力""电e宝"等电子渠道应用客户达到248.93万户，高、低压线上办电率分别达到99.72%、100%。配合出台居民分时电价与电采暖价格政策。新能源并网突破700万kW，消纳新能源电量同比增长64.26%。与中移动、中石油陕西公司开展跨界合作。"多表合一"接入7.79万户，开展水表有偿代抄业务。组建国网电动汽车服务（陕西）有限公司，基本实现全省"米字形"高速公路充电站战略布局和省市政府机关充电设施全覆盖，建成充电桩

1008 个，充电量突破 1 亿 kWh。

主要事件

2 月 20 日，国家电网公司 2017 年品牌建设工作会议在北京召开，国网陕西电力荣获“国家电网公司品牌建设先进单位”荣誉称号。

4 月 11 日，国网陕西电力总经理卓洪树与华电陕西能源有限公司董事长、党组书记曾庆锋座谈，并代表双方共同签署了战略合作协议。

6 月 3 日，中央电视台 1 套《晚间新闻》以《陕西米脂：创新模式精准扶贫》为题，报道了国网陕西电力在米脂县扶贫工作基本情况，并对国网陕西电力帮扶的七里庙村光伏发电项目和老年幸福苑建设进行了详细报道。

6 月 4 日 10 时 52 分，西成客专 330kV 供电工程 330kV 佛坪变电站—佛坪牵引变电站Ⅰ、Ⅱ回线路顺利带电，标志着西成客专供电工程第二阶段“两站五线”项目顺利投运，为全面完成西成高铁供电任务奠定坚实基础。

6 月 7 日，在北京举行的第十二届中国企业社会责任国际论坛暨 2016“金蜜蜂企业社会责任·中国榜”发布典礼上，国网陕西电力获颁“金蜜蜂·生态文明奖”。国网陕西电力申报的责任竞争实践案例“合力提升煤矿采空区可持续发展能力”入选《金蜜蜂中国 2016 责任竞争力案例集》。

6 月 27 日，酒泉—湖南±800kV 特高压直流输电线路工程试运行结束，正式移交运行单位运行维护。

6 月 30 日，国家电网公司乡镇供电所综合业务监控平台推进会在陕西临潼召开，来自国家电网公司系统 24 个省公司代表 100 余人参加会议。

7 月 3～5 日，电力工程质量监督总站专家组一行 8 人对昌吉—古泉±1100kV 特高压直流输电线路工程陕西段开展导地线架设前质量监督验收。

7 月 13 日，国网电动汽车服务陕西有限公司与吉利汽车有限公司开展合作，以“曹操专车”登陆西安为契机，实现首批网约车销售。

7 月 19 日，国网陕西电力团委被授予“中央企业五四红旗团委”荣誉称号。

9 月 14 日，国网陕西电力与陕西煤业化工集团签署战略合作协议。

10 月 11～13 日，中国电力传媒集团召开 2017 年度全国记者工作会，《中国电力报》陕西记者站被授予 2016 年度优秀记者站称号。

11 月 7 日，位于陕西榆林的榆能横山电厂 1000kV 送出工程线路工程、陕能赵石畔电厂 1000kV 送出工程线路工程进行铁塔组立首基试点，标志着该工程正式进入铁塔组立施工阶段。

11 月 13 日，国网陕西电科院自主研发的“噪声精确定位系统”在北京“中央企业贯彻落实新发展理念、深入实施创新驱动发展战略、大力推动双创工作成就展”展出。

11 月 19～20 日，位于陕西榆林的内蒙古上海庙—山东临沂±800kV 特高压工程（陕西段）完成国家电网公司总部竣工验收。

11 月 24 日，2017 年（第四届）中国电力行业企业公众透明度论坛暨颁奖典礼在北京举行，国网陕西电力荣获“最佳专项报告奖”。国网陕西电力选送的《扶贫白皮书 1998～2016》荣获“最佳专项告奖”。

11 月 30 日，昌吉—古泉±1100kV 特高压直流输电线路工程陕 3 标段完成了 813m 超大挡距带电跨越 330kV 鹿张Ⅰ、Ⅱ线架线施工任务。

11 月 28～30 日，中国质量协会主办的首届“全球卓越大会暨第十七届全国追求卓越大会”在北京召开。国网陕西电力西安、咸阳、宝鸡、汉中 4 家地市公司荣获 2017 年“全国实施卓越绩效模式先进企业”荣誉称号。

12 月 1 日，国网陕西电力获得国家电网公司“物资供应基础管理年”西北区域标杆单位荣誉称号。

12 月 6 日，随着 11 月最后一笔大工业客户电费结算完毕，国网陕西电力 1～11 月共完成售电量 1000.47 亿 kWh，同比增长 11.55%，售电量首次突破千亿大关。

（陈　燕）

【国网甘肃省电力公司】

企业概况　国网甘肃省电力公司（简称国网甘肃电力）更名于 1990 年 2 月，是国家电网公司的全资子公司，承担着建设、运行、管理、发展甘肃电网的任务，为甘肃省地方经济和社会发展提供安全可靠的电力保障。截至 2017 年底甘肃公司有各类用电客户 823.524 2 万户，其中大工业用户 0.51 万户，居民用户 722.97 万户及其他用户 100.04 万户。全口径用工总量 47 387 人，其中长期职工 31 317 人，劳务派遣用工 2505 人，集体企业用工 6690 人，供电服务公司用工 6875 人。

2017 年全年完成固定资产投资 54.61 亿元，110kV 及以上输电线路开工 555km，投产 2535km；变电容量开工 517 万 kVA，投产 749 万 kVA。

领导班子

董事、董事长、党委书记：李明

董事、总经理、党委副书记：王江亭

副总经理、党委成员：王永平、毛光辉、魏琦、王多

纪检组长、党委成员：杨列銮

总会计师：张治强

副总经理、党委成员：李俭

副总经理，国网兰州供电公司总经理、党委副书记：路民辉

组织机构 本部设置22个职能部门（含工会、企协分会），下属13个市（州）供电公司、8个业务支撑单位、1个水电厂和1个交易公司及4个综合产业单位。

电网概况 甘肃电网处于西北电网中心位置，是西北电网水火（新能源）互济，跨省功率交换的核心枢纽。甘肃电网主网与新疆、青海、宁夏、陕西四省（区）电网通过18回750kV省际联络线联网运行。2017年甘肃电网主网架结构变化较大，甘陕、甘宁750/330kV电磁环网解环，多条330kV甘陕、甘青跨省联络线退役。酒泉—湖南±800kV特高压直流输电工程投运后，缓解甘肃省新能源发展受限，促进经济社会清洁及绿色发展，提高甘肃电网主网运行的安全稳定。

甘肃电网网架电压等级为750/330kV。中部以兰州、白银750kV电网为核心，330kV电网为骨干的坚强环网。河西新能源通过沙洲—敦煌—酒泉—河西—武胜750kV通道与中部环网相联。陇东煤电基地通过330、750kV线路与中部电网相联。随着甘陕、甘宁750/330kV电磁环网解环运行，甘肃中东部电网、北部电网与主网联络比较薄弱，地区电网网架电源点单一，能源消纳矛盾更加突出。完成甘肃电网“十三五”规划调整，推动建立电网规划、建设、运营全过程协调机制，与兰州铁路公司、甘肃省交通厅签订战略框架合作协议，完成多座330kV变电站和多条330kV输电线路工程施工任务，确保宝兰客专电气化铁路供电工程（甘肃段）按期投运。

截至年底，甘肃电网统调装机容量4690.6kW，其中水电 872.8kW，火电 1846.8kW，风电12 773kW，光伏693.7kW；全网用电量951.941 4亿kWh；甘肃电网日最大用电负荷为1468.7kW。

甘肃电网有750kV变电站10座，主变压器17台，容量3390kVA；330kV变电站67（含1座开关站）座，主变压器143台，容量3909kVA；220kV变电站7座（含1座开关站），主变压器18台，容量237kVA；750kV线路41条，省内长度5608km；330kV线路252条，长度10 733km；220kV线路40条，长度883km。

甘肃电力市场跨区跨省交易外送电量202.9亿kWh，其中：送华中80.54亿kWh，送山东10.64亿kWh，送西藏8.66亿kWh，送四川1.3亿kWh，送青海及网损补偿电量51.27亿kWh，直流通道现货交易送出32.78亿kWh，日前实时、调峰互济及偏差送出17.71亿kWh；外购电交易，跨区跨省购入电量22.62亿kWh。大用户直购电交易，火电企业用户侧完成电量198.48亿kWh，水电企业执行年度大用户直接交易电量56亿kWh，新能源与大用户直接交易电量1.91亿kWh。发电权交易，火电企业间执行发电权交易电量7.50亿kWh，发电企业替代自备电厂执行电量20.54亿kWh。

人力资源 优化劳动组织体系结构。精简优化供电所组织体系，乡镇供电所由828个整合为706个；组建14家供电服务中心；成立审计中心、规范安全质量监督机构设置、明确交易公司机构设置与人员编制、撤销培训中心桃林分部及七家培训分中心；推进“一县两公司”整合，按属地原则将定西市陇西县供电公司班组和人员管理调整至天水市武山县、甘谷县供电公司，理顺管理关系。

队伍建设。完成16名处级干部、24名科级干部试用期满考核，形成考核报告。完成4个批次、17个部门、39个空缺岗位公开招聘。完成24家基层单位领导班子和选人用人满意度综合评价，对处级、新提任科级干部进行民主测评。

统筹调配各级40名优秀人才，对所辖临夏回族自治州、甘南州藏族自治州等艰苦边远县供电公司重点帮扶。招聘大学生553人。运用内部人力资源市场优化配置1097人，盘活人力资源存量。分流培训中心105名职工，解决培训中心多次整合造成的严重超编问题。清理规范不在岗人员。开展专业培训252期、送培上门172期、现场培训655期，实施网络培训17.1万人次。加强专业竞赛调考管理。在国家电网招投标法规调考取得团体第11、个人第1名，金属技术监督检测竞赛取得团体第13名，无人机巡检竞赛取得团体第15名。新增专业技术资格正高级13人、副高级332人、中级303人，新增技师1738人。

激励约束机制。推进岗位绩效工资制度全覆盖，新增27家上划县供电公司、3家供电服务公司实施岗位绩效工资制度。拓展职员职级序列发展通道和层级，6家单位实施职员职级首聘。围绕重点工作滚动修订企业负责人业绩考核办法指标体系和评价标准。解决取暖费标准较低问题，规范社保管理。

人力资源基础管理。制（修）订《国网甘肃省电力公司因私事出国（境）管理暂行办法》等4项制度。梳理现行干部核心及配套制度2个层次共34项，提高制度与管理流程的匹配度。重视国家电网公司巡视、监事会“问题清单梳理”“人资审计回头看”等专项任务，整改解决制度执行、管理不规范问题，通过整改，修订制度9项，废止制度5项，优化工作流程10项。开展人力资源诊断分析，核查人力资源基础数据。

电网发展与建设 衔接国家电力“十三五”规划，滚动修编甘肃“十三五”电网规划通过国家电网

评审。《甘肃“十三五”电网主网架完善方案》取得国家能源局评估意见，重点电网项目全部纳入国家电力规划。“十三五”电网重点项目全部列入甘肃省政府规划并纳入输配电价核价范围。

电网建设执行“三通一标”“四统一”应用，推行模块化建设、机械化施工。新开工 110kV 及以上线路平地及丘陵全面应用机械化技术方案。深化政企联动机制、“一口对外”和属地化协调机制，省公司、市（县）公司分别对口负责省、市（县）政府及相关部门，推动省政府、市（县）政府及相关部门协调解决重大问题。促成政府成立各级电网建设领导小组，协助政府召开电网建设协调推进会、签订年度电网建设协议，为协调解决电网建设重大问题打基础，供电营业所负责对口衔接乡镇（街道）开展电网建设通道清理工作。构建“横向对接，内部整合”的内部资源共享机制，“以低压促高压”的电网建设新机制，宣传“你支持电网建设，我服务地方发展”的理念，统筹政府关心项目与电网建设工程的联系，引导地方政府主动推进大网建设，形成“高、中、低”各级电网协调发展的局面。建立建设管理单位、属地公司、设计单位和施工单位联动工作机制，330kV 及以上工程建管费用向属地单位市县倾斜。

2017 年新开工 24 项，其中 750kV 工程 2 项，330kV4 项，110kV 18 项，线路 903km，变电 518 万 kVA；投产 110kV 及以上工程 27 项，其中 750kV 2 项，330kV 7 项，110kV 18 项，线路 1285km，变电 783 万 kVA。

特高压、重点工程建设。酒泉—湖南±800kV 特高压直流输电工程完成竣工验收、通道清理、档案资料移交、环评水保验收，具备带电条件和启动投运，1 家参建单位获得甘肃省“五一劳动奖状”，10 家参建集体获得甘肃省工人先锋号荣誉称号。昌吉—古泉±1100kV 特高压直流输电线路工程建设，完成铁塔转序进入架线阶段，按期完成 2017 年年度建设目标。完成麦积 750kV 扩建、常乐电厂 750kV 送出、330kV 成纪、金泉、酒泉风电二期第二批送出等 110kV 及以上工程开工 24 项工程建设，完成 750kV 兰州东、平凉主变压器扩建，330kV 金塔、民乐扩、骆驼城扩、武威热电 330kV 送出等 110kV 及以上工程投产 27 项。330kV 宝兰客专供电工程提前 10 天完成新建 2 座 330kV 变电站、21 条线路的启动投运工作，330kV 尚家塬、上川、民乐扩、金塔、桥湾配套 330kV 送出、武威热电送出等工程按期投产。2016 年各批次农配网工程具备项目法人验收条件，2017 年新开工 30 项 35kV 工程年底投产。

质量管理。落实《国家安全生产法》与建设、施工、设计、监理等单位安全责任，建立防控结合的工程建设本质安全体系，做到基建施工风险可控、能控、在控。规范施工方案管理，开展重大作业风险预警和挂牌督查，细化跨越重要输电通道和公路铁路、高大模板支护拆除、近电等重大风险作业管控，规范施工方案编写与审查，突出安全防护措施的针对性和有效性。提高现场管控实效，加强重大项目、特殊工艺、危险性作业的现场指导和监护，强化施工方案作业过程的监督管理，针对重点工程、重点工序、重点时段、重点区域现场监督检查，靠前指挥提高现场安全管控实效。加强施工装备和工器具状态管控，严格进场审核，防止因不合格机械酿成事故，并对三级自检、监理复检、中间验收、竣工验收环节加强监督。深化合格分包商管理，按季度开展分包商审核上报发布工作。落实分包合同网上签订管理要求，以技术手段杜绝分包挂靠、冒名等违法行为。开展月度分包商及其项目经理评价，促进分包商规范自身管理，推广应用“二维码”分包人员电子身份认证，对分包人员实行精准管控。

电网建设管理。以标准化、规范化、专业化为抓手提升电网建设管理水平。推行工程设计、设备材料、造价管理、施工工艺、安全文明设施标准化。推进市县电网建设一体化融合管控，统一编制 35kV 及以上工程建设进度计划，监督指导地市公司开展建设管理工作，各单位建立“一口对外”协调机制。

设计管理。通过 BIM（建筑信息化模型）应用提升设计水平，形成施工详图版“通用设计图纸”；推行模块化建设，实施标准化设计、工厂化加工、装配式安装，推进机械化施工，110kV 及上线路工程在平地及丘陵地形条件执行“标准化设计、机械化施工”建设模式；执行“一单一册”，提出设计质量控制“十不准”，设计质量重点向 35kV 电压等级项目覆盖延伸。

造价管理。应用审计结果，梳理和整改内外部审计发现的问题；对估、概算的质量管理，要求设计单位做深做细设计阶段的勘测，考虑施工措施，提供多种方案进行技术经济比选，精确指导工程投资；强制执行施工图预算管理的要求，35kV 及以上输变电工程在没有完成施工图预算编制和审核时不得开展施工招标工作；工程造价过程控制，强化分阶段结算、工程变更费用审批等环节的管控，在招标公告发布前，组织最高限价和工程量清单的审查；开展基建技经管理风险防控工作，在建设全过程、各阶段，采取事前控制措施，预防可研支持性要件是否可行、初步设计与施工图预算质量、重大设计变更、超期结算、违规结算等风险；技经业务全覆盖帮扶机制，通过委托培养、培训、专业交流等平台拓展和提升甘肃省技经业务水平。

工程现场管理。加大对110kV及以下工程的现场管控力度，加强对施工班组及分包队伍管理，强化技术培训与交底，狠抓管控措施落实，通过加大现场抽查频次、市州公司互查等方式，做到现场进度、安全、质量管理可控、在控。

建设队伍专业管理。加强施工企业管理。送变电公司加强施工核心能力建设，剥离非核心业务，合理安排冗余人员，推进送变电公司转型升级。遵循用工政策的要求，与劳务公司开展战略合作，形成正式职工、劳务派遣、业务外委组成的现场施工班组，改变现场管理人员不足和现场经验缺乏的现状。强化地市施工企业管理，严格落实国网甘肃电力、主办单位和施工企业责任，加强核心资源能力建设。加强基建综合管理。组织开展施工分包管理专项行动，落实施工企业主体责任、监理单位把关责任、建管单位监督责任。分层分级开展各项培训，重点开展特高压建设管理、现场项目经理、智能变电站调试技术等培训。组织输变电工程质量工艺竞赛，评选基建工艺能手。优化地市公司和专业机构同业对标体系。

经营管理　坚持以问题为导向加强管理、谋划发展，依托省市县公司三级问题库，强化问题解决的全过程管控，推动工作责任落实，体现领导干部、管理人员的担当和价值。全年治理人身伤害安全隐患11.52万处，人身损害赔偿案件同比降低52.5%。开展同期线损系统建设，基本实现发供用电全采集，生产经营数据全贯通。累计治理配网高损线路124条，整治异常数据7.5万条，推动高损、负损台区减少4.05万个，综合线损率同比下降0.08个百分点，完成2016年度及以前117个220kV及以上工程2.12万卷档案移交。

投资与计划管理。统筹投资能力及项目硬需求，从严从实安排基建投资。落实提质增效工作方案，强化经营计划、预算执行和成本管控，注重市场开拓，加强电能替代和电费风险防范，加大电力外送，推进运营大数据监测。争取国家电网公司政策支持，获得东西帮扶资金3亿元。加快"两供一业"分离移交，获得中央财政补助资金1.64亿元。协调人社部门，争取稳岗补贴3035万元。优化县公司和乡镇供电所主要经营指标对标考核，县公司加强经营管理，销售收入增加8.38亿元。实施大用户直购电交易，全年交易电量248.81亿kWh。实施电能替代项目3432个，电量59.18亿kWh。接收两批跨省调拨物资，价值2670万元。接收客户资产2.07亿元，降低资产负债率0.24个百分点。加快岗位绩效工资制度实施，县公司覆盖率达90%。落实监事会要求，梳理各专业领域问题，完成"四上"问题清单，"三降一去"阶段性目标全面完成。

电力市场改革。配合政府部门开展成本监审和测算工作，完成甘肃电网输配电价核定。本部电力交易中心改制为交易中心有限公司并相对独立运作。开展中长期交易和现货交易，促进新能源发电量增长32%。主导组建联合体参与增量配电投资试点，中标盈利预期较好的兰州新区职教园区和平凉工业园区项目。

公司制改制任务。"两供一业"分离移交框架协议签订率100%，供电接收协议签订39.03万户。设置省级审计中心。建成14家供电服务中心，实现营配末端融合。建立投诉典型案例通报机制，出台供电服务红线制度。强化本部与业务支撑单位协同，切实提升业务支撑能力和运转效率。开展集体企业突出核心业务实施瘦身健体改革改制，清理处置僵尸、亏损、管控外集体企业44户，完成平台企业搭建和资金集中统一管理。

出台加强创新管理的意见和大众创业万众创新工作方案。创新月度例会内容，"一月一主题"针对性破解公司发展难题。获国家科技进步二等奖1项、省部级科技进步奖13项。推进管理创新，问题库管理等3个项目获中国电力管理创新奖，目标任务管控研究获国家电网公司管理创新推广成果二等奖。职工创新李宏创新工作室被命名为全国示范性劳模创新工作室，3个工作室成为国家电网公司劳模创新工作室示范点，1项成果获国家电网公司优秀QC成果一等奖，5项职工创新成果获全国发明展职工创新银、铜奖。通过国家工信部"两化融合"贯标试点企业验评。"电网大数据备份统一监测平台"在国家电网公司系统推广应用，"现场E控"获国家电网公司青创赛金奖。"小飞人"带电作业法获国家电网公司第二届运检业务创新竞赛输电类第一名。

安全生产与生产运维管理　安全生产管理。制定2017年安全生产工作意见，履行综合协调和安全监督管理职责，实现"八不发生一降低"安全目标，未发生七级及以上的安全事件，业绩指标位居国家电网公司A段。召开5次安委会会议，研究解决安全生产重点问题。坚持每周召开省、市两级领导班子成员参加的生产调度例会。组织开展春（秋）季安全大检查、基建反违章专项行动、安全生产大检查。建立省公司部门安全责任清单，对基层207名领导干部开展安全履职评价。完善县公司、集体企业安监机构设置，在电科院设立安全质量检测评价室。完成9期县公司关键岗位人员培训班。

修订完善违章积分标准和71条专业安全红线，公司层面安全稽查各类违章576起，记分2486分，推动安全生产"一级抓一级、一级对一级负责"要求落实。对6家单位实行安全生产"红、黄"牌警告和分管领导的安全约谈。“触红线即离岗”的安全理念深入人心，员工的“红线”意识和底线意识明显增强。围绕±1100kV吉泉直流的施工跨越，±800kV祁韶直流、宝兰客专供电工程等重点工作，管控六级以上的电网风险522项（其中五级57项）。落实“全面评估、准确定级、先降后控”要求，发挥专业协同、网源协调、政企联动等措施，减少3项电网事故风险，并按季向甘肃能监办汇报风险治理管控情况。

组织配网设备质量“两排查一整治”专项行动，通报207项问题。查获多起配电变压器、刀闸、电力电缆等质量问题，退换货及追补物资金达到3100万元。出台质量监督工作意见，完善物资质量“委员会全面管、保证部门分段管、监督部门全面监督”监督管理体系。完成所辖市、县公司大面积停电应急预案评审、报备工作。与兰州铁路局开展首次春运供电保障的联合反事故演习。与兰州市人民政府联合举办首次兰州市大面积停电事件综合应急演练，社会联动大面积停电事件应急演练获国家电网公司优秀组织奖和最佳导调奖。完成第二届敦煌文博会、十九大支援冀北公司等重要活动保电任务。

生产运维管理。运检专业逐渐从以人力资源投入为主的传统模式向以“大云物移”现代信息技术为支撑的“互联网＋检修”模式转变。创新运维管理模式，输电专业利用微信平台管控人员巡视到位率和巡视质量。变电专业推行设备运维主人制和持卡巡视制度。配电专业建立台区运维管理责任人体系。按照“一市一县一站”原则，对边远少数民族地区县公司开展专业对口技术帮扶，针对330kV多座变电站地处边远问题，试点开展变电站属地化辅助运维。举办首届职工创新成果运检专业发布活动，超（特）高压输电线路无人机结合电动升降装置进出等电位作业方法，在国家电网公司第二届运检业务职工创新实践活动大赛上获输电类一等奖。举办首届金属检测技能竞赛和无人机应用技能竞赛，完成±800kV祁韶特高压直流工程送端直流偏磁治理。完成敦煌文博会保电、支援冀北保电、酒泉卫星发射等8项重大保电任务，荣获“党的十九大保电工作先进单位”。开展东乡县国家级贫困县精准脱贫电网改造“两年攻坚战”帮扶专项行动。

重视管控能力建设，完成包含109条线路在内的43个重要输电通道风险评估和运维保障方案制定，准确处置750kV主变压器油色谱突增等20项危急缺陷，500kV及以上架空输电线路故障停运率、330kV及以上变电设备故障停运率两项业绩指标实现“双零”。实现地级城市输电线路视频监控高速信息通道和监控平台全覆盖，在全省建成县域配网故障快速定位系统和全省统一集中监控平台，故障定位准确率93.95%，运检效率提高70%以上，促进配网降低人身风险、降低运检成本、降低服务投诉、降低停电损失的四降管理。集中开展老旧及异常设备整治，完成330kV秦安变电站整体改造。深入输电线路“三跨”“六防”问题整治，与铁路部门签订互保协议，完成9处110kV跨越高速铁路线路非独立耐张段改造，140处交跨点视频、图像监控装置加装，25 347处“六防”隐患治理，整改变电站交、直流系统问题2371项。

完成“两年攻坚战”575个机井通电项目和1441项2017年农网升级改造工程。开展配网“七项综合治理”专项活动，完成636条频繁跳闸线路治理。应用APP提升抢修服务水平，配抢APP接单率达73.61%。完成8572根三线搭挂治理，创建四星级及以上配电线路471条、配电站房54个、标准化变台1618个。组织现场数据与系统数据一致性核查，同期线损10kV分线模型配置率99.34%，达标率85.82%，站、变、线营配对应一致率均达100%。

营销工作 省内售电量完成789.01亿kWh，增速7.89%。电能替代完成3432项59.18亿kWh，完成率147.96%。新能源替代自备电厂21亿kWh。累计净增客户25.67万户，完成容量953.49万kVA。线上办电办理率高压客户99.14%，低压客户97.19%。直接交易电量248.81亿kWh，降低电度电费14.27亿元，平均降幅5.71分/kWh。“三供一业”供电分离移交签订框架协议316个小区28.67万户，10个地市出台支持文件。加强充换电设施运行维护，1座充电站156个充电桩设施完好率达到100%，充电量57.49万kWh。新建社会化充电桩1185个，充电量4069万kWh。1455户户用发电设施、107个村级电站并网，助力15 000余户脱贫。代理客户交易电量20.3亿kWh。荣获国家电网公司“优质服务之星”暨营销专业“班组微课堂”劳动竞赛优秀组织奖，1人荣获“优秀服务之星”、2人荣获“服务之星”，1人荣获微课堂“优秀主讲人”。在甘肃省“互联网＋”电子渠道运营知识与功能技能竞赛中，1人荣获“甘肃省技术能手”称号，9人荣获“甘肃省技术标兵”称号。

陈欠电费实现压降3091.15万元，完成监事会、国家电网公司下达的陈欠电费清欠任务。推广智能抄核收客户718.43万户，电费账务自动核销占比48.33%，低压居民智能交费416.62万户，占比50.80%。开展营业普查和反窃电专项活动，普查增收6151万元，完成年度计划的123%。制定供电服务工作“十五条红线”规定，优化县供电公司、供电服务中心和客户服务中心主要经营指标方案，供电服务典型案例通报工作规定等三项管理要求，健全供电服务管控机制。

安装智能电能表140.36万只，累计采集接入789.19万户，覆盖率达95.79%。"多表合一"完成5.2万户。一体化管理平台推广27套，同步推进代抄算。安装北斗客户终端机804套。更换5.48万只计量箱。开展异常数据治理，停运不安全无线终端设备700台，整改台区异常问题3673条，电量异常问题820条。营配调贯通采录任务完成高压客户建模率99.98%，低压客户建模率99.97%。高压专用变压器营配对应一致率99.87%，低压运行电能表变户关系一致率99.92%。全省台区模型配置率为99.8%。完成节能项目366项，节电量2.36亿kWh，节电力8.87亿kW，拓展多元化节能市场，实现节能产品代理购销210项。需求侧管理自建和营销项目测点1.37万个。充电设施完好率达100%，在线率99.90%累计充电29 008次。光伏扶贫容量6.26万kW。完成乡镇供电所及基层班组、岗位设置和人员优化调整工作。646个乡镇供电所推行"台区经理制"和"网格化"管理新管理模式。建成国家电网五星级供电所10个，国网甘肃电力四星级供电所80个、三星级供电所410个。试点建设"全能型"供电所20个。

科技与信息化 2017年获得省部级及以上科技进步奖励13项，其中荣获国家科技进步二等奖1项，荣获甘肃省科技进步一等奖1项，获国家电网公司科技奖励6项，获其他甘肃省科技奖励5项。牵头9项（参与26项）国家电网公司管理科技项目，承担的"全球能源互联网西部示范基地广域荷一网一源多元互补控制技术研究与示范"项目完成阶段性研究任务。组建微电网研究工作组，明确微电网研究13项重点任务，对并网型微电网建设试行办法进行解读，完成1项重点课题研究、3项科技项目立项。牵头开发的青创项目"现场E控一现场人员信息智能管控系统""'数据卫士'一安全可再生存储系统"分获国家电网公司青年创新创意大赛金、银奖。挖掘电力数据价值，探索大数据规范运营，推进全业务数据治理，开展基于全业务数据中心的《大数据环境下内部监督和监控信息共享与工作协作机制研究》，通过国家电网公司验收。在现有通信调度、信息调度基础上，提出"数据调度"概念。信息通信运行实现"三个零"，获得"国家电网公司2017年信息通信项目建设管理流动红旗"。促成甘肃省能监办印发《甘肃电力并网电厂监控系统安全防护工作考核实施细则（试行）》，创新建立"外部风险预警管理体系"，发起风险预警61起，有效规避电网运行风险。承办甘肃省"信息通信运行安全"省级一类技能大赛。完成涉及祁连山保护区和甘肃省60个自然保护区601项输变电项目环评梳理核查整改工作。巩固打捆验收机制，完成53项110kV及以上电网环保验收。解决环保遗留问题454项，荣获国家电网公司环境保护工作先进单位、先进集体。"标准化良好行为企业"试点创建工作通过企业标准化等级认证——中电联AAAA级认证。

优质服务 落实国家电改政策，推进电力市场建设，完成交易平台注册、公示市场主体1404家，其中在甘肃交易平台注册的发电企业963家，电力用户280家，售电公司198家，省内注册售电公司71户。配合新能源消纳，服务电力用户与发电企业，开展市场成员培训50余次，参与人数达8000余人。

实现省地调负荷批量控制功能建设全覆盖，甘肃电网远方遥控操作数达37 492，日均124.97次。联合甘肃能源监管办公室先后开展3次网络安全法宣贯及安全防护方案培训，促使出台《甘肃电力并网电厂监控系统安全防护工作考核实施细则》。组织地市公司和涉网电厂电力监控系统安全现场全覆盖检查，共计检查电厂361座，发现问题1245项，整改946个，反馈率100%。

甘肃电网330kV 18个新能源升压站共接入51个新能源电厂。31个风电场和2个光伏电站风机及逆变器完成AVC（电网自动电压无功控制智能化系统）控制调试工作，与省调AVC闭环运行。开发调控移动应用APP，完成西北网调备调系统建设，完成110kV及以上电网事故集中告警功能自主开发及部署。完成可再生能源跨省区现货市场，技术支持系统主要功能开发上线运行。完成D5000系统35kV以上电网模型的拼接工作。

坚持月度主题投诉分析会议制度，强化95598运营业务分析，加强营业厅视频监控，常态化开展明察暗访，开展供电所、营业厅专项考评活动，184个供电所（营业厅）年度实现"零投诉"。按照甘肃省委办公厅、省政府办公厅《关于调整加强全省脱贫攻坚帮扶工作力量的意见》（甘办发〔2017〕45号）工作要求，成立脱贫攻坚帮扶工作领导小组和办公室，完成《国网甘肃电力脱贫攻坚帮扶工作行动方案》，制定领导包村、处级干部包户的方案，统筹推进脱贫攻坚工作，组织11家基层单位及包户领导干部，组成5个驻村工作队，深入韩河村、小山村、王山村、李坪村、郭坝村5个帮扶村311户贫困户走访慰问，解决贫困户生产生活困难，驻村开展脱贫攻坚帮扶工作，做到一户一表，一村一册，投入帮扶资金120余万元。

党的建设和精神文明建设 完成2017年党组1号文件和"旗帜领航·三年登高"计划119项重点任务，构建"六大工作体系"和大党建格局。党委书记、董事长李明当选为十九大代表，2名员工事迹入选《中央企业全国道德模范群英谱》，8个支部、25

名党员获国家电网公司党组表彰。

学习贯彻十九大精神。制定实施方案，细化64条措施。开展集中宣讲700余次，实现2330个基层班站所全覆盖。召开中共国网甘肃省电力公司第一次党员代表大会，选举产生第一届党委、纪委。把党建工作要求写入公司章程。完成8个单位组织关系划转，规范66个基层党组织设置。修订《党委议事规则》等决策制度，明确党委领导作用。制定党建责任清单，建立省市两级公司党建工作领导小组和领导班子成员党建联系点，健全党建绩效考核体系，开展年度党建绩效综合考评和党委书记抓党建现场述职评议，将日常工作及违反规定情况，计入年度考评结果，推动责任落实。

“两学一做”常态化制度化，制定指导意见，组织支部定期开展集体学习和专题讨论。各级领导干部深入基层，讲授党课、参加支部生活110余次。研发推广“陇电党建”APP，开展“党旗飘扬”主题活动，深化党员“双卡双带双联”先锋工程，结合生产实际开展“三亮三比”，推动“党员责任区”和“党员示范岗”建设。建成7个国家电网“五星级”卓越文化示范点，65家单位通过各级文明单位复查验收，新增2家全国文明单位、11家省级和国家电网公司文明单位。

修订完善党风廉政建设“两个责任”清单，制定《领导干部履行“一岗双责”任务清单》。改进廉政建设考评机制，持续健全两级巡察监督工作。制定《廉洁风险防控工作方案》，加大招标采购监督力度。2017年，共受理信访举报77件，处置问题线索65件，自办立案12件，国家电网公司直接督办调查问题线索3件。

制定“技能提升千人计划”工作实施方案，举办首届职工技能运动会启动仪式。组织开展甘肃省重点工程暨±1100kV吉泉特高压直流输电工程“六比一创”劳动竞赛活动。在“安康杯”竞赛活动中连续四年评为全国“安康杯”优胜单位，3人获得甘肃省安康企业家。开展小食堂、小书屋、小淋浴间、小公寓、小菜园为重点的“职工小家”创建活动，形成了“五小”活动品牌。完成职工互助保险赔付和困难职工帮扶工作，“两节”期间慰问特困职工118户、困难职工81户、省部及及以上劳模74名。慰问藏区、吉泉工程、酒湖工程、十九大保电等一线职工3000多人，开展金秋助学等慰问活动，发放慰问金160余万元。

荣获甘肃省厂务公开民主管理示范单位称号。1个班组荣获甘肃省十佳创新明星班组，5个班组荣获创新型班组，2个劳模创新工作室被评为甘肃省示范性劳模创新工作室。推荐国网甘肃电力全国劳模洪鎏、全国“五一劳动奖章”郑智威为国家电网公司青年联合会理事候选人。创作音乐舞蹈史诗“长征精神耀国网”，承办国家电网公司“卓越之路”职工书法美术摄影作品巡回展览。完成2个国家电网公司2016～2017年度职工文学创作重点选题任务，出版4本电力题材职工原创文学作品集。举办6项“卓越文化”主题产业工会级职工文体大赛和44项协会级文体活动，桥牌女队代表甘肃省参加第十三届全运会荣获女子团体铜牌。

开展团内“一学一做”活动，借助“青春陇电”微信平台，加强青年思想引导。组织第三届青年创新创意大赛，在国网公司决赛中2个项目分获金、银奖。表彰10名“五四青年奖章”，出台《关于深化青年员工“关怀·成长”工作的意见》，举办第四届青工联谊会、“青春唱响十九大·建功陇电争先锋”青年歌手暨主持人大赛。开展“青春光明行”十五周年系列活动。7个集体和13人获上级团组织表彰，兰州新区供电公司营业班获“全国青年文明号”。连续3年获全省脱贫攻坚“民心奖”，1人荣获全省帮扶工作先进工作者。

主要事件

6月19日20时12分，随着330kV兴仁变电站—窑湾牵引站的两条输电线带电启动，宝兰客专供电工程2站22线全部投运，比原计划提前10天带电。

6月23日7时45分，随着酒泉（祁连）换流站最后一个换流阀组解锁，标志着酒泉（祁连）至湖南（韶山）特高压直流工程正式投入运行，酒湖±800kV特高压直流输电工程（甘肃段）建设任务全面完成。

8月10日，国网甘肃电力召开干部大会。经国家电网公司党组研究，并征得甘肃省委同意，李明任国网甘肃电力董事、董事长、党组书记，王江亭任国网甘肃电力董事、总经理、党组副书记，魏琦任国网甘肃电力副总经理、党组成员，李俭任国网甘肃电力副总经理、党组成员，路民辉任国网甘肃电力副总经理，国网兰州供电公司总经理、党委副书记。

9月14～16日，中国共产党国网甘肃省电力公司第一次党员代表大会召开。选举产生中国共产党国网甘肃省电力公司第一届委员会和纪律检查委员会。

10月18日，国网甘肃电力董事长、党委书记李明在北京参加中国共产党第十九次全国代表大会。

11月3日，国网张掖高台县供电公司QC小组成果《手持电动剥线器的研制》，荣获全国第39次质量管理小组成果发布铜奖，该小组同时获得“全国优秀质量管理小组”称号。

11月4日，甘肃检修公司运用“无人机＋小飞人”新型作业法，完成±800kV天中线缺陷消除，实现国内特高压线路消缺方式新突破，并在“国家电网公司第二届运检业务职工创新实践活动”中获得输电类第一名。

11月25日，中国电力企业联合会专家组对国网甘肃平凉供电公司2017年标准化良好行为创建工作进行现场验收确认，该公司以总分465分（其中基本分385分，加分80分）被评为中电联“AAAA级标准化良好行为企业”。

11月27日，中国电力建设企业协会公布2017年度电力建设信用评价结果，国网甘肃电科院获得“AAA”级信用评价。

12月10日18时，国网甘肃电力营销系统购售电业务模块部署完成。

12月22日，昌吉—古泉±1100kV特高压直流输电线路在甘肃景泰县境内成功跨越黄河，跨越线路段长7350m，共有铁塔14基，其中两基主跨越塔档距922m，塔顶距离黄河水面的垂直高度为260m。

（魏琦 吉炜 赵艳玲）

【国网青海省电力公司】

企业概况 国网青海省电力公司（简称国网青海电力）成立于2002年，是国家电网公司的全资子公司，主要负责省内电网规划、建设、运营和电力供应，承担着为青海省经济发展提供安全、经济、清洁、可持续的电力供应的基本使命。从事电力输配、调度和购销业务，负责省内电网的输配电运行管理和省际电力交易；投资、建设和经营辖区输变电、配电和联网工程；协助省能源主管部门制定青海省能源规划和电力规划。并从事与电力有关的科学研究、咨询服务等其他业务。

2017年完成固定资产投资55.69亿元，其中电网投资47亿元。完成售电量639.39亿kWh，营业收入212.04亿元，资产总额414.51亿元，资产负债率42.69%，线损率3.49%。供电区域72.1万km²，供电人口580万。获2017年度全省工业经济运行突出贡献奖。

领导班子

董事、董事长、党委书记：全生明

董事、总经理、党委副书记：董天任

副总经理：祁太元

党委委员、工会主席：毕红卫

党委委员、副总经理：李生

党委委员、总会计师：高浦

党委委员、副总经理：巩正俊

党委委员、副总经理、国网西宁供电公司总经理：刘文泉

党委委员、纪委书记：杨明凯

党委委员、副总经理：范越

总工程师：朱罡

组织机构 国网青海电力本部设职能部门20个，下辖8个地市供电公司，10个业务单位，县供电公司40家。

电网概况 青海电网覆盖西宁市、海东市以及海西、海南、海北、黄南、果洛和玉树州，电网覆盖全省所有县域，供电服务覆盖全省。截至年底，青海电网电源总装机容量2556万kW，共有750kV变电站8座（含1座开关站），主变压器容量2460万kVA，线路3036km；330kV变电站35座（含2座开关站），主变压器容量1929万kVA，线路6699km；110kV变电站148座，主变压器容量1048万kVA，线路14 805km；±400kV换流站1座，容量60万kW，线路长度608km。750kV电网形成“一横三纵”骨干网架，与西北750kV主网形成双环网，东部形成拉西瓦—西宁—官亭三角环网，750/330kV电网分层运行，电网结构更加合理。

建成郭隆750kV输变电等3项330kV及以上输变电工程和徐家寨等5项110kV输变电工程。落实习近平总书记青海视察指示精神，推进青海清洁能源外送通道规划建设工作。格库电气化铁路工程以及大格勒、尕海等3座330kV送出工程开工建设。

人力资源 截至年底，长期职工人数8080人。其中，研究生及以上学历250人，大学本科学历4763人，大学专科学历1979人；高级职称864人，中级职称1901人，初级职称4007人；人才当量密度达到1.024 7，同比增长1.40%。年内择优招录高校毕业生310名。调整处级干部三批52人次。试点农电业务外委工作，实施职员评聘工作，共聘任各级职员348名。

强化绩效管理过程管控，完善管理机关“三级三维三元”量化考核，优化一线班组“工时积分”考核模式。

完成22个技能岗位能力测评标准开发，形成18项公司级技术标准。选拔产生专业领军人才4名、优秀专家人才11名、优秀专家人才后备19名；地市公司级优秀专家人才72名、优秀专家人才后备169名，初步建成覆盖全部专业的四级四类人才梯队。全年投入教育经费2118万元，脱产培训33 320人次，网络培训7557人，全员培训率93.88%。

电网建设与发展 服务新能源并网工作。截至年底累计新能源并网952万kW，占全网总装机的37.44%，年发电量130.9亿kWh，光伏利用小时为1515h，风电年利用小时为1664h。落实国家电网公司促进清洁能源消纳20项措施，全年完成核准330kV及以上项目11项，西宁北750kV输变电工程突破系列难题。完成审批34项110、35kV项目可研及20项用户、电源接入系统方案。577项农网改造升级工程

取得省能源局可研批复。

开展“十三五”电网规划工作。围绕青海清洁能源示范省建设及特高压直流外送，系统研究青海电网远期发展定位及关键问题，梳理目标网架及项目建设时序。海南750kV输变电工程、海西—塔拉750kV线路、西宁北—日月山750kV线路等重大项目纳入国家电网公司规划库，同时通过国家能源局“十三五”电网规划评估。完成青海清洁能源基地多能互补集成优化专题研究。多能互补课题通过专家验收。推进青海抽水蓄能选点规划工作。投资18.23亿元，实施593个贫困村电网改造。

经营管理 完成国家电网公司下达的年度资产经营考核指标，资产总额414.71亿元，实现利润0.16亿元；推进输配电价改革工作，争取到国家调整基金空间疏导公司矛盾。完成分布式发电补助目录申报，补贴收入0.3亿元。完成西部大开发优惠政策备案，继续享受15%所得税优惠税率，落实研究开发费加计扣除、新建电网项目“三免三减半”、农维费等税收优惠政策，减免税金0.57亿元。发挥内外部集团账户资金集中管理优势，提前偿还邮储银行专项借款3亿元，统筹运作专项资金28.08亿元。

定期开展经营效益测算分析。强化5万元以上项目管理，累计下达六批1000余个项目。开展资金安全检查，梳理问题899个，完成6个专项报告、5个整改决议。入围国家电网公司资金管理、财会队伍建设、电价管理三个典型经验，其中资金管理、财会队伍建设为区域标杆。

安全生产 开展“五查一参加”安全责任制专项监督。建立安全履职约谈机制。实施公示销号制度，挂牌督办高等级风险，应对宁月电磁解环四级风险，发布六级以上电网风险355项，五级及以上督查覆盖率100%。开展“实物ID”等5项重点课题研究，新建330kV拓实变电站主设备全部利旧，节约资金4000万元。全年追溯24起安全质量事件。

强化调控运行管理。优化校核特殊电网运行方式停电方案，减少负荷损失1302万kWh，减少弃光8460万kWh。完成郭隆输变电工程等39项330kV及以上基建工程投运。提升柴海西部断面30万kW、宁塔月中部断面175万kW、省际断面50万kW输送能力。完成西宁等7个地调D5000系统实用化验收。综合整治156座110kV变电站监控信息。完成199座110kV及以上变电站继电保护精益化自评价，整改问题8749项。开展省际调峰互济、组织新能源跨区现货交易，减少光伏受限5.95亿kWh。建成多能协调AGC控制系统和全国最大的新能源AVC系统，实现新能源电站全覆盖。

完成62座变电站精益化评价，发现问题3.77万项，整改3.21万项。

安全大检查共排查11个方面269项具体内容，发现问题4427项，整改3632项。发现隐患726项，整改721项。完成输变电设备反措落实情况排查，查出问题2684项，年内治理1532项。完成8座750kV和29座330kV变电站，消除隐患2463处。

全年开展迎峰度夏、地震、消防等各类演练50次，参加人数1286人次。完成西宁变电站750kV GIS刀闸及电抗器故障、330kV龙乌线倒塔等应急抢修任务，高效应对“4·10”冰雪灾害和果洛地区泥石流灾害。完成“十九大”“环湖赛”等116项重要保供电任务。

营销工作 实施铁合金直购电，签订不避峰履约合同，加大电解铝、铁合金扶持力度，带动售电量快速增长，售电量增幅列国家电网公司第七位，市场占有率指标进入国家电网第一方阵，全网日用电量和最大日负荷均创历史新高，全年售电量完成639.39亿kWh，同比增长8.81%。

应对市场及企业经营困局，紧盯重点客户，电费回收连续147个月“月结月清”。

履行央企责任，贯彻习近平总书记保护三江源“中华水塔”和两个“扎扎实实”的重要指示精神，推进青海省果洛州玛多县民族寄宿中学清洁取暖示范项目落地与实施。380个电能替代项目投入运行，电能替代完成21.6亿kWh，占售电量的3.38%；市场占有率98.47%，占有率空间占比提升40.98%。

推进“掌上电力”、“电e宝”、95598网站有机融合，电子渠道交费1684万笔，金额1.84亿元，线上交费率达到30.13%。

率先在国家电网公司系统开展营配业务“末端融合”试点工作，以“服务+效益”为目标，初步建成“全能型”乡镇供电所29个。

科技与信息化 完成信息通信投资1.34亿元，科技投资4800万元。国家科技支撑项目“风光水气多种能源发电联合运行控制关键技术研究及示范”一次性通过验收，国家科技重大专项项目“多能源电力系统互补协调调度与控制”获批立项。建设运营青海新能源大数据创新平台，实现新能源电站集中监控，集中应用多能互补、柔性并网等先进能源科技。新能源并网消纳技术成果在中国工程院全球能源互联网学术论坛上发布，“绿电7日”实践获得业界认可。8项成果获省部级科学技术进步奖，年度申请专利253件，其中发明专利126件，累计拥有专利456件。牵头承担2项国家电网技术标准编制，14人被聘任为国家电网公司第二届技术标准专业工作组委员。

全业务统一数据中心建设典型经验入选国家电网工作动态。初步建成基于全业务统一数据中心的供电服务指挥平台，业扩全流程监控督办、故障报修指挥、主动抢修指挥、配网运营全景展示等核心模块在西宁、海东公司全面应用。完成玉树公司通信网和各类信息系统建设。

优质服务 深化营业厅视频监控预警机制，及时预警营业厅风险点，纠正营业偏差，建成24h自助营业厅80个，玉树、果洛等藏区供电营业厅上墙公示内容实现藏汉双语。

开展“党员岗位零投诉”、“零度户”专项治理等专项活动。加强省、地两级分级管控力度，累计开展明察暗访75次，查出并整改问题194条，发布服务预警信息和敏感信息89条。95598客户满意率达99.35%。

完成西宁、海东供电公司供电服务指挥平台建设试点工作，营配调服务资源统筹、事件预警、客户服务快速响应和服务管控能力进入全面提升阶段。

党的建设和精神文明建设 学习宣传贯彻党的十九大精神。营造“大学习”“大调研”“大宣传”氛围。开展“坚持新发展理念，致力构建清洁低碳、安全高效的能源体系，服务青海清洁能源示范省建设”主题研讨活动与“坚持以人民为中心践行人民电业为人民服务宗旨”主题实践活动。“两学一做”学习教育常态化制度化。

开展高原电网先锋党支部创建和共产党员服务队特色建设。选树与党员“双培养”活动，吸收94名骨干入党、396名党员成为各类型骨干。

推进党建“旗帜领航·三年登高”计划。实施责任落实、状态管控、知识测评、价值贡献“四位一体”考评模式。

推进团组织“一学一做”教育实践活动，70个优秀青年集体及个人获得全国及省部级表彰。

实现二级单位企业文化阵地100%覆盖，企业文化活动100%落地，员工企业文化认知率达到100%。选树第三届“最美青电人”。荣获“中国电力创新奖”企业文化示范单位称号。2家单位获得第五届“全国文明单位”称号，4家单位继续保持第五届“国家电网公司文明单位”荣誉。

细化“两个责任”任务落实分工，明确各级领导干部“一岗双责”履责要点。成立配合巡视、立行立改、意见整改领导小组。完成10家单位巡察，下达立行立改问题115个。处级干部年度履责评价优秀率占比97.27%。

（贾宝钦）

【国网宁夏电力有限公司】

企业概况 2017年8月27日，国网宁夏电力有限公司（简称国网宁夏电力）完成公司制改制，由原全民所有制企业改制成为按照《中华人民共和国公司法》注册登记的有限责任公司，公司名称由国网宁夏电力公司变更为国网宁夏电力有限公司。国网宁夏电力有限公司是国家电网公司全资子公司，属国有特大型能源供应企业，主要从事宁夏回族自治区（简称宁夏自治区）境内电网的建设、运行、管理和经营，为宁夏经济社会发展和人民生产生活提供可靠电力供应和优质供电服务，是国家能源优化配置的参与者和宁夏能源战略的推动者，是关系宁夏能源安全和经济社会发展的国有重要骨干企业。

2017年完成固定资产投资45.99亿元，其中电网投资44.12亿元。区内售电量680.37亿kWh，同比增长11.68%。外送电量433.66亿kWh，同比增长41.4%。线损率3.52%，同比下降0.03个百分点。营业收入378.70亿元，同比增长16.26%。年末资产总额341.23亿元，较年初增加5.46亿元。资产负债率67.81%，同比下降1.02个百分点。全口径劳动生产率71.84万元/人年，同比增长1.3%。

领导班子

董事长、党委书记：赵亮

董事、总经理、党委副书记：张徐东

副总经理、党委委员、工会主席：马家斌

总会计师、党委委员：李英

党委委员、副总经理：赵大光

党委委员、副总经理：赵青山

党委委员、银川供电公司总经理：张小牧

党委委员、副总经理：姚鲁

党委委员、纪委书记：董安有

总工程师：季宏亮

组织结构 国网宁夏电力现行的组织结构采用以行政区划设置各级供电公司和以专业化管理设置分公司（机构）相结合的组织模式。截至年底，设置21个职能部室，下辖6个地市供电公司、12个专业化分（子）公司、18个县级供电公司。

电网概况 宁夏电网是国家主要的送端电网，是典型的“小省区、大电网”。截至目前，统调总装机容量39 818MW，其中火电23 430MW，占比58.84%；水电422MW，占比1.06%；新能源15 966MW，占比40.1%，其中风电9764MW、光伏6202MW。宁夏电网主网由750kV、330kV、220kV三个电压等级构成，目前通过4回750kV与西北电网连接，通过宁东—山东±660kV直流输电工程向山东送电，输电容量4000MW；通过宁东—浙江±800kV特高压直流输电工程向浙江送电，输电容量8000MW。

截至2017年底，宁夏电网统调220kV及以上变电站82座，容量57 970MVA。其中750kV变电站6座，降压变压器10台，总容量为18 600MVA；

330kV变电站34座（包括330kV用户变电站12座），降压变压器79台，总容量22 900MVA；220kV变电站42座（包括220kV用户变8座），降压变压器91台，总容量16 470MVA。宁夏电网220kV及以上电压等级交流线路共计252条，其中750kV线路25条、330kV线路92条、220kV线路总计135条；直流线路共计2回，其中±660kV银东直流1回，±800kV灵绍直流1回。

电网建设与发展 完成电网“十三五”滚动规划及宁夏电力发展规划，主网架规划方案通过国家能源局咨询评估，各地市公司配电网规划修订全部获得地方政府批复。上海庙—山东特高压直流送端750kV接入工程、六盘山主变压器扩建工程等20项110kV及以上工程获得核准。±1100kV昌吉—古泉线路和750kV沙坡头、杞乡等重点工程建设有序推进。各级电网协调发展，新开工35kV及以上线路636.96km，变电容量4212MVA，投产35kV及以上线路612km，变电容量2436MVA，全年开工、投产任务全部完成。打赢新一轮农网改造升级“两年攻坚战”，完成2718眼机井通电、578个自然村通动力电任务和230个小城镇（中心村）电网改造升级。城市配电网自动化覆盖率达到100%，农村配电网自动化覆盖率提升至32.40%。

经营管理 开展业扩报装“百日攻坚”，业扩结存容量压降64.68%，恢复停产容量1192.4MVA，累计完成新装增容6297.2MVA。宁夏电网最大负荷达到12 660MW。促成宁夏自治区物价局规范电采暖用电价格，疏导超低排放等电价矛盾2亿元。坚持精准投资理念，优化调减年度电网基建投资17.13亿元。统筹安排全年采购计划，物资、服务采购集中管控范围100%。实现同期线损“四分”管理，10kV线路和台区线损达标率提升至85.37%、85.86%。全年开通远程充值用户39.23万户，日线上缴费率突破10%。首批4个增量配电业务试点项目全部与地方签署合作意向书并完成可研上报。截至2017年末注册市场主体574个，区内售电公司首次进入大用户直接交易市场。完成直接交易电量274.30亿kWh，占全年售电量比重的40.3%，降低区内工业企业用电成本。

安全生产 健全安全监督体系，所有县供电公司增设安全监督机构，建立完善省市县三级安全稽查队伍。压紧压实各级安全责任，严格落实管理人员到岗到位制度，通报整改各类问题661项。完成甘宁断面电磁环网解环，750kV主网架输电能力进一步增行。110kV及以上输变电设备故障跳闸次数同比下降30.56%。强化风险预警管控，完成沙湖变电站合并单元改造、68条输电线路短路电流直流分量隐患治理等重大安全生产任务。配合城际铁路、银西高铁和京藏高速建设，迁改输电线路145条，抬高改造189处。完成十九大、中阿博览会等重大保电任务。截至2017年12月31日，宁夏电网长周期安全运行6421天。

营销服务 促请宁夏自治区政府下发了《宁夏回族自治区电能替代实施意见》，配合自治区发展改革委确定电能替代典型项目20个，累计推动实施电能替代项目666个。服务自治区新能源发展，年内新能源发电量230.46亿kWh，同比增长25.44%。制定并落实25项新能源消纳重点措施，投运330kV宋堡、同利、华严等新能源送出工程，开展跨省跨区交易，在新能源总装机容量达到15 616MW，占比39.9%的情况下，弃电率降至5.3%，同比降低6.27个百分点。宁夏电网消纳新能源电量首次超过200亿kWh。促请宁夏自治区政府出台了“三供一业”供电设施移交改造费用标准，累计完成15家央企和4家地方国有企业的供电设施分离移交框架协议签订工作，涉及项目135个，用户10.17万户，框架协议签订户数占应签订户数的100%，与长庆石油勘探局就燕鸽湖社区等4个小区供电资产划转签订协议。

科技与信息化 坚持实施创新驱动发展战略，获省部级及以上科技奖励12项，获发明专利授权18项，其中1项首次获中国专利优秀奖。合作完成的“大规模风电联网高效规划与脱网防御关键技术及应用”项目获得国家科技进步二等奖。宁夏电力能源安全实验室获批成为宁夏自治区重点实验室，并得到自治区专项建设资金支持。代表国家电网公司牵头申报国家重点研发项目500kV电网多层级优先调度评价技术推广应用到其他省级电网。研制世界首台110kV变阻抗节能变压器，并挂网试运行。2项成果分获全国能源化学地质系统职工技术创新一、二等奖。贯彻落实《网络安全法》，组织23个部门14家单位的12 310人签订网络安全责任书、网络安全承诺书。

优质服务工作 践行人民电业为人民的企业宗旨，试点建设供电服务指挥平台，银川公司、石嘴山公司供电服务指挥中心挂牌运营。畅通园区业扩报装“绿色通道”，积极跟进园区招商引资及项目进展情况，组织实施中宁隆基硅110kV等4个业扩配套项目。开展“进园区、访客户、讲政策、提建议、促和谐、树形象”用电服务专项活动，走访客户1016户，提出优化建议1470条。因地制宜优化供电所机构调整及岗位设置，推进“全能型”乡镇供电所建设，服务“最后一公里”能力进一步提升。出台《国网宁夏电力有限公司95598服务风险防范和服务应急管控实施细则》《国网宁夏电力有限公司人民群众满意用电营销专项自查自纠工作方案》，进一步加强服务风险防范和服务应急管控。在西北能源监管局举办的能源监管知识竞赛中获得团体一等奖。在第六届供电“服务之星”暨营销专业“班组微讲堂”劳动竞赛中，4人分获国家电网公司“优秀服务之星”“服务之星”及班组微讲堂“优秀主讲人”称号。

党的建设和精神文明建设 落实全面从严治党要求，扎实推进“两学一做”学习教育常态化制度化，在宁夏自治区国有企业党的建设工作会议上作经验交流。召开国网宁夏电力有限公司第一届党代会，各级党组织全部完成换届选举，1人当选党的十九大代表。深化精神文明创建，涌现出全国文明单位5家、自治区文明单位24家、国家电网公司文明单位7家；国网宁夏电力被评为宁夏自治区企业文化建设优秀单位；4个基层党组织、16名共产党员和4名党务工作者分获国家电网公司党组和宁夏自治区国资委党委表彰；2个党建工作案例获评国家电网公司党建创新实践案例；1个项目获中国电力企业文化创新三等奖。2个基层团组织、2名青年获宁夏自治区国资委表彰，1项创新创效成果获国家电网公司青创赛银奖。

主要事件

1月19日，宁夏自治区政府专门对国网宁夏电力进行通报表彰，高度评价国网宁夏电力有限公司对促进全区经济社会发展所作的贡献。

2月1日，国网宁夏电力有限公司召开第一次党员代表大会，选举国网宁夏电力有限公司第一届党委委员和纪委委员，选举出了出席中国共产党宁夏回族自治区第十二次代表大会的代表。

2月15日，宁夏电网与西北电网间5回330kV联络线全部停运，甘肃宁夏省间750/330kV电磁环网解环运行，宁夏电网与西北主网的联网运行方式步入四回750kV线路联络的新里程。

3月8日，国家电网公司董事长、党组书记舒印彪，总经理、党组副书记寇伟在北京与宁夏自治区党委书记、人大常委会主任李建华，党委副书记、主席咸辉一行举行会谈。双方就推动宁夏各级电网发展、加快电力外送通道建设、推进清洁能源供暖、积极稳妥推进增量配电业务等展开深入交流。

4月10日，国网宁夏电力牵头研制的世界首台63MVA 10kV三绕组快速开关型变阻抗节能变压器通过国家变压器质量监督检验中心（沈阳变压器研究院）型式试验及突发短路试验，试验结果符合要求。

5月30日，随着银川灵武市崇兴镇榆木桥村最后一眼机井顺利通电，国网宁夏电力“两年攻坚战”2718眼机井通电工程完工，在全国范围内率先完成机井通电工程建设任务。

6月9日，中国共产党宁夏回族自治区第十二次代表大会在银川胜利闭幕，国网宁夏电力总经理、党委副书记赵亮同志全票当选中国共产党宁夏回族自治区第十二届委员会委员。

8月25日，国家发展和改革委员会印发《国家发展改革委关于上海庙换流站750kV接入工程项目核准的批复》，批准建设上海庙换流站750kV接入工程。

9月28日，国网宁夏电力完成工商变更登记手续，取得变更后营业执照，国网宁夏电力公司更名为国网宁夏电力有限公司。

11月23日，2017年宁夏电网新能源发电量达到202.21亿kWh，新能源年度发电量首次突破200亿kWh，同比增长约23%。至此，宁夏新能源总装机容量15 295.01MW，占统调总装机容量的41.81%。其中风电总装机容量9416.18MW，光伏总装机容量5878.83MW。

12月17日，宁夏电网通过±660kV银川东—山东直流输电工程，累计向山东电网输送电量突破2000亿kWh。

（田凤廷）

【国网新疆电力有限公司】

企业概况 国网新疆电力有限公司（简称国网新疆电力）是国家电网公司的全资企业，是以经营新疆电网为核心业务的国有企业。本部设23个职能部（室、中心），所属供电企业14家，业务支撑、实施和集体企业等单位10家。

领导班子

董事长、党组书记：刘劲松

总经理、党组副书记：开赛江·阿不都如苏里

工会主席：孙涛

副总经理：徐建忠

副总经理：白伟

总会计师：涂海江

副总经理：张龙钦

副总经理兼乌鲁木齐供电公司总经理、党委副书记：黄震

副总经理：阿斯卡尔·阿合买提

副总经理：谢恒

纪检组长：党晓峰

组织机构 办公室（党组办公室）、发展策划部、党组组织部（人事董事部）、人力资源部（社保中心）、财务资产部、安全监察质量部、运维检修部、建设部、营销部（农电工作部）、科技信通部（智能电网办公室）、物资部（招投标管理中心）、审计部、监察部（纪检组办公室）、党建工作部（机关党委、团委）、离退休工作部、经济法律部、对外联络部（品牌建设中心）、后勤工作部、运营监测（控）中心、电力调度控制中心、工会、公安保卫部（武装部）、企协分会共23个职能部（室、中心）。

电网概况 截至年底，国网新疆电力拥有750kV

线路22条3752.4km，变电站10座2033.6万kVA；500 kV线路7条195.71km；220kV线路457条20 286.58km，变电所111座3616.6万kVA；110kV线路936条23 618.4km，变电所451座3082.73万kVA。统一调度的新疆电网已覆盖自治区全部14个地州（市）。

人力资源 落实十九大对干部管理的新要求，突出党管干部的原则和政治标准，制定修订了科级干部选拔任用、领导班子和领导干部考核评价、干部教育培训等共4项干部管理制度。在地市级单位增加党建业务编制，43家县公司新增党建机构，22家县公司设置专职书记，健全党建机构116个。建立公司、基层单位两级问题整改清单，通过巡视、专业检查以及自查列入组织人事工作整改事项334项，全部整改销号。实施多元化的用工策略，完成10名订单培养、54名定向培养学生的签约和跟踪培养。组织研发的干部网络测评系统上线运行，通过网络完成了28家单位领导班子和193名领导干部的民主测评。深化全员绩效管理，推行管理机关目标任务制考核和一线员工工作积分制考核。举办处级领导干部深入学习党的十八届六中全会精神集中轮训班，238名处级领导干部参加轮训。开办各类管理和技术类培训2468期，组织送培训下供电所306期，培训1532人次。

电网建设与发展 促成国家电网公司与自治区人民政府签订《“十三五”电网发展合作框架协议》，形成共促电网发展的良好局面。贯彻中央关于重点攻克深度贫困地区脱贫任务部署，编制南疆四地州深度贫困地区电力专项规划，并纳入国家电网公司专项规划。结合贯彻党的十九大精神和国家电网公司新战略要求，修订公司五年发展规划。编制了“十三五”园区供电规划，开展500kV及以上工程“先签后建”工作，协调自治区国土厅、林业厅等相继出台电网建设支持性文件，14个地（州、市）全部出具电网工程可不办理施工许可证的支持性意见。750kV阿勒泰、博州、乌昌输变电工程和芨芨湖变电站扩建工程获得核准，220、110kV项目共核准75项。

电网建设优质高效。自治区特批每年给予国网新疆电力电网建设9000万元贴息支持，争取到2018年农网建设中央资本金10亿元。在国家电网公司支持下，完成自治区政府确定的176亿元投资目标。±1100kV昌吉—古泉特高压直流工程等重点工程稳步推进，750kV南疆电网延伸补强工程开工建设。全年累计开工35kV及以上工程79项，建成投运65项。提前3个月打赢农网改造升级“两年攻坚战”，累计投资33.7亿元，惠及58万亩农田、26万贫困人口。750kV喀什变电站获得国家优质工程奖，送变电公司承建的福建通港500kV工程被作为样本工程观摩推广。

经营管理 完成公司制改制，成立运营克州供电公司。优化完善企业负责人业绩考核体系，突出效益导向，深化内部模拟市场建设，构建全员绩效管理模式，激发内部管理活力。创新制定本部部门集体决策报告事项清单，组建了省级审计中心。全覆盖开展资金安全管理专项行动，对关键业务领域实施财务风险监控。多渠道引入低成本资金，节约财务费用。用足用好税收优惠政策，争取到免征临时耕地占用税政策。通过精简批次提高规模采购效率，物资一次采购成功率达到97.99%。依法合规处置39座小水电资产，平稳安置939人。

科技、创新工作成果丰硕。2项科技成果分获国家科技进步一、二等奖。获得自治区科技成果奖13项、自治区管理创新成果奖46项。获得国家电网公司青年创新创意大赛金奖，QC成果在各层级的获奖数量创历史最好水平。“电力器材安全性能技术标准验证实验室”获国家电网公司命名，开工建设国家电网首家高温干热实验基地。

安全生产 落实国家电网公司关于强化本质安全的决定，持续深化本质安全建设。克服强直弱交混联、多级电磁环网、新能源占比高、过渡方式多、自然灾害频发等多重挑战，强化电网运行分析，确保大电网安全。有效应对155项省级电网风险预警。及时发现处置750kV高抗隐患，完成天中直流检修等3029项检修任务。设备标准化建设、精益化运维效果显著，变电设备、输电线路、配电线路故障跳闸率实现“三降”目标。吸取国家电网系统基建分包人身伤亡事故教训，开展为期4个月的安全生产大检查和基建现场反违章专项行动，整改各类问题6710项。完成党的十九大等省级及以上保电任务328项。妥善处置精河县6.6级地震、“12·27”暴风雪等自然灾害对电网安全造成的影响，以最快速度恢复供电。

援疆维稳 国家电网公司在疆召开援疆工作座谈会，部署2017～2018年援疆工作任务，推动各项援疆措施全面实施。国家电网公司在持续控制员工总量、大规模压降成本的情况下，保持了对国网新疆电力的大规模补员支持和维稳资金投入。支持国网新疆电力每年1500人的招聘规模，建成84座维稳值班用房，配备6辆国内最先进的后勤应急保障车，增加应急通信维稳专项资金，同意工程资金中增列施工现场、人员驻地维稳安防专项费用等一系列差异化政策落地，构建了全方位援疆新格局。

贯彻自治区党委稳定工作部署，实行全年维稳一级响应，常态开展维稳值班、应急演练，每天有5200人维稳值班守护电网安全和家园安全。促成自治区出台全国首个电网反恐怖防范标准，填补了国内空白。

将重点安防视频监控及用电数据接入公安系统，实现对自治区稳定工作大数据支撑。高效完成 2447 个新增便民警务站供电，提前建成 19 个边防连队、77 个边境防控点供电项目。171 名驻村队员坚守岗位，高质量完成当年驻村任务。各级领导带领 1426 名干部员工参加了民族团结“结亲周”活动。

营销与优质服务 经营业绩大幅增长。面对复杂多变的市场环境，发挥经营协同作用，统筹疆内外两个市场，推广电能替代项目 2628 项，完成电量 28.72 亿 kWh，同比增长 26.7%。通过直接交易、新能源替代自备电厂发电、发电权替代等多种方式，完成疆内市场化交易电量 294 亿 kWh，占售电量的 33%。持续深入推进“政府间协议援疆”，向 14 个援疆省市送电 78.68 亿 kWh，占外送电量的 18%。创新建立西北援疆电量库，增加外送电量 10.3 亿 kWh。

管理质效明显增强。推进重点业扩项目全过程管理，持续精简业务流程，完成业扩项目送电 1.62 万项，新增用电容量 1273 万 kVA。连续 12 年实现电费回收“双结零”。加强台区线损在线监测，台区线损同比下降 1.58 个百分点。从浙江无偿调拨配电变压器 330 台，缓解迎峰度夏期间设备短缺困难。重视输配电价核价工作，经过沟通、汇报，反映新疆实际的输配电价获批。

服务能力显著提升。落实全疆同价工作，争取居民用电按国家发展改革委批复的目录电价同价政策，同价资金由财政补贴解决，完成 680 万户居民电价调整，保障了重大惠民政策落地。配合成立新疆电力市场管理委员会，持续扩大交易品种和规模，组织 11 家售电公司首次入市参与直接交易，推动疆内电力市场建设取得成效。服务新能源并网、消纳，通过自备电厂参与调峰、新能源优先调度等多种方式，实现“双升双降”目标，新能源发电量同比净增 128.7 亿 kWh，位居国家电网系统第一。完成 2 个供电服务指挥平台、3 个“全能型”乡镇供电所的试点建设任务。健全投诉“一事一档”管理机制，实现国网“零督办”。推广“互联网+营销服务”、手机 APP、“电 e 宝”等网上办电业务，为广大客户提供更便捷的服务。“三供一业”框架协议签订率 100%，新增服务客户 11.8 万户。推动“多表合一”采集建设标准纳入自治区《住宅小区供电设施建设和改造技术标准》，完成“多表合一”表计安装 3 万余户。

党的建设和精神文明建设 坚决贯彻党中央全面从严治党要求，结合自治区“学、转、促”主题活动，推进“两学一做”学习教育常态化制度化。实施党的建设“旗帜领航·三年登高”计划，完成基础建设年各项工作任务。成立各级党建工作领导小组，将党建工作要求写入公司章程。完善党建工作机构设置，增设 22 个县公司专职副书记职数，健全各级党建机构 116 个，增加专职党建人员编制 305 人。全面开展党委书记抓党建述职评议，首次对各单位党建工作绩效实施考评。开展“三亮三比”“党员身边无违章、无事故”等主题活动，105 支共产党员服务队在各类急难险重任务中发挥了先锋模范作用。基层党组织换届率实现 100%，消除基层无党员班组 100 个。全力配合国家电网公司党组完成巡视工作及回头看检查，对 9 家单位实施内部巡察。连续九年荣获国家电网公司党风廉政建设责任制考核优秀单位。

持续加强媒体品牌传播，中央媒体发稿超过 200 篇。国网新疆电力优秀共产党员事迹在央视播出。完成伊库大巡线央视直播活动。被国家电网公司评为季度品牌贡献度 A 级卓越贡献奖，10 个项目被列为国家电网公司企业文化重点项目和储备项目。国网新疆电力本部及 6 家基层单位创建为全国文明单位，61 家基层单位创建为自治区文明单位。

主要事件

1 月 2 日，新疆维吾尔自治区党委副书记、政法委书记朱海仑，和田地委副书记、行署专员艾则孜·木沙等来和田策勒县恰合玛村，对国网新疆电力驻村工作进行调研，实地查看驻村工作队帮助运营的电子商务中心、农副产品合作社、恰合玛村多位一体工作站等。

2 月 28 日，国网新疆电力第四批驻村工作队 30 名队员全部到位，分别入驻策勒县亚博依村、巴什科克买提村、乌喀迪村、托格拉克艾格勒村开展为期一年的驻村工作，并在策勒县供电公司召开工作启动会。

3 月 15 日，国网新疆电力以“电网连万家、共享电气化”为主题，组织各单位在 13 个地（州、市）同步开展形式多样的“3·15”宣传咨询服务活动。宣传安全、科学用电、节能减排，开展“电力义诊”“掌上电力”App 客户体验问卷调查及“电采暖”“电动汽车”等项目市场前景排查、调研。

3 月 19 日，国网新疆电力所属 750kV 伊犁—库车超高压输电线路实施空地结合巡检。

5 月 12 日，国网新疆电力所属南疆 750kV 电网延伸补强工程开工，工程由 750kV 巴楚—莎车、喀什—莎车、莎车—和田输变电工程及配套工程组成。

7 月 3 日，国网新疆电力党组理论学习中心组集中传达国家电网公司董事长、党组书记舒印彪在纪念建党 96 周年暨“两学一做”基层党支部书记座谈会上的讲话精神、自治区党委关于进一步抓好向吾布力喀斯木·买吐送学习的有关精神。

9 月 8 日，国家电网公司援疆工作座谈会在新疆乌鲁木齐召开。会议深入贯彻落实党中央关于新疆工作的一系列重大决策部署，特别是第二次中央新疆工作座谈会和第六次全国对口支援新疆工作会议精神，全面总结公司援疆工作成绩，明确新形势下的重点任务。国家电网公司董事长、党组书记舒印彪，党组副书记、副总经理辛保安，自治区副主席张春林等相关单位和部门同志参加会议。

12月22日，自治区政府在乌鲁木齐举行2018年“电力援疆”签约仪式。自治区把“电力援疆”纳入产业援疆的重要内容，启动了“电力援疆＋市场化”外送电模式，通过国网新疆电力有限公司的750kV和特高压输电线路送出。

（旷路明）

【国网西藏电力有限公司】

企业概况 2007年7月，国家电网公司控股、西藏自治区人民政府参股，共同组建国网西藏电力有限公司（简称国网西藏电力）。国网西藏电力统一规划、统一建设、统一管理地市电网，经营相关发输配电业务；按照国家统一规划，合理有序开发西藏电力资源，投资或参与投资建设相关电源项目，促进国家规划电源基地开发和前期工作开发；制定并组织实施国网西藏电力发展规划和重大生产经营决策；开展电力建设项目前期工作和其他工作。截至2017年底，实现对西藏全区农电代管全覆盖。

组织机构 本部设立21个职能部门，下辖正处级建制单位22个（地市供电公司7个、发电公司6个、支撑单位8个、交易中心1个），其中分公司18个、子公司3个，分子公司合署办公1个。正科级建制子公司3个（作为分公司的二级机构管理）。

电网概况 西藏电网由西藏中部（简称藏中）、昌都、阿里电网构成。藏中电网覆盖拉萨市、日喀则市、山南市、林芝市和那曲地区。截至年底，藏中电网110kV及以上主网架结构基本保持不变，藏中电网（除那曲地区）均通过220kV线路相联，220kV主网络形成“日”字型环网和外环网结构。藏中电网通过±400kV青藏直流和青海电网相联，昌都电网通过220kV双回交流线路与四川电网联网，阿里电网仍作为独立电网运行。

截至年底，西藏自治区发电装机容量309万kW，其中水电176.9万kW（常规水电167.9万kW、抽水蓄能9万kW），火电41.25万kW，太阳能光伏87.39万kW，地热2.72万kW，风电0.75万kW。藏中电网装机容量245.42万kW，新增44.4万kW（同比增长22.09%），其中水电增加1.9万kW、太阳能光伏增加42.5万kW。

2017年，西藏自治区全年发电量58.44亿kWh，全社会用电量58.19亿kWh。国网西藏电力管理机组发电量15.78亿kWh，同比增长2.95%。青藏联网送入电量8.93亿kWh，外送电量6.91亿kWh。川藏联网送入电量877.8万kWh，外送电量2.36亿kWh。

人力资源 2017年，国网西藏电力全口径用工5087人，同比增加244人；全口径人事费用率31.1%，同比降低3.23%；全口径劳动生产率43.79万元/人年，同比增长65.8%；人才当量密度0.874 9，同比提升0.020 7；招聘高校毕业生456人。

调整优化内部组织机构。适应外部电力体制改革要求，撤销国网西藏电力本部电力交易中心，规范电力交易机构、各层级党建机构设置，制定国网西藏电力党委党校、集中核算中心、审计中心和社保机构设置方案。调整农电管理职责，优化继电保护专业工作机构设置，成立江孜等四个直供县供电服务中心。

加大员工教育培训与队伍建设。加强用工计划管控，规范劳务派遣和业务外包用工，规避混岗作业和用工风险，编制相关费用标准，控制用工成本。提升招聘工作科学性和针对性，降低新员工流失率。规范代管县供电公司各类用工1114人。加强人才队伍建设，完成本部及地市供电公司职员职级聘任工作，拓展员工职业生涯成长通道。选派35名优秀管理、技术人员赴东部实践锻炼，完成554名新员工入职岗前培训和476名新员工集中送培工作。加快四级四类人才队伍建设，编制印发《国网西藏电力有限公司优秀人才管理手册》和《国网西藏电力有限公司专业技术资格及技能等级管理实施细则》，组织开展公司级、地市公司级优秀专家人才选拔，初步建成优秀人才选拔评价体系。开展专业技术资格评审和技能鉴定，中级及以上专业技术人员同比增加140人，高级技师同比增加11人，兑现专业技术资格、技能等级一次性奖励。国家电网公司选派371人进藏开展帮扶，其中常规帮扶87人、农网建设和变电运维专项帮扶121人、代管县供电公司对口帮扶135人、藏中联网工程专项帮扶28人。人才帮扶管理创新项目“云智囊——从人才帮扶到智力帮扶的变革”，获国家电网公司第三届青创赛铜奖。完成6个实训室改造和应用培训，依托实训室组织开展国网西藏电力第五届技能竞赛。开展兼职培训师素质提升培训，选拔兼职培训师21名。完成国家电网公司网络大学深化应用援藏培训项目，开展人力资源、变电五通、网络安全等在线竞赛答题活动，提高培训信息系统应用能力。

完善薪酬福利激励约束机制。印发各工种工资核定标准，明确工资结构，建立薪酬增长机制。研究制定薪档调整规范，开展年功工资调整和薪档动态调整。加强退休工作管理，修订离岗休养管理办法和补充医疗管理办法，提高门诊补助年人均标准，增加大病医疗补助，减轻大病职工医疗负担。加强年金管理，研究投资策略，确保年金收益与风险可控。完善体检费用管理制度，科学合理使用体检费。增加职工食堂经费标准，提高供暖费补贴标准，落实西藏“特殊津贴”政策。建立社保中心，推进各项保险自治区级统筹，完成公司系统 10 家单位基本养老保险、基本医疗保险、工伤保险、生育保险和失业保险转移接续工作，涉及职工 2437 人。加强政策研究，落实自治区生育政策，规范女职工二孩产假假期、待遇和各项福利保障制度。

电网建设与发展 完成电网投资 145.94 亿元，同比增长 124.11%，其中：新开工 110kV 及以上线路 2756.71km，变电容量 938.60 万 kVA；投产 110kV 及以上线路 2667.37km，变电容量 123.30 万 kVA；新开工 35kV 及以下线路 11 752.46km，变电容量 79.89 万 kVA；投产 35kV 及以下线路 1229.53km，变电容量 8.04 万 kVA。主网基建工程未发生基建人身伤亡事故、一般及以上电网设备事故。

加强重点工作推进，推进技术引领、管理提升等 19 项基建重点工作计划落实。深化“周督办、月总结”工作机制，明确目标、责任到人，提高基建管理水平，并将有关成果在阿里联网工程中应用。落实里程碑计划，确保工程进度，通过按月通报和考核，重点月推行周预测管理方式，确保问题及时解决、节点刚性完成。提升细化节点科学性，计划安排杜绝前松后紧，节点完成实行提前预警，节点管控坚持动态调整，整体工作节奏可控。强化协调管理，突出问题导向，落实属地建管责任，加强与地方政府协调汇报，统筹协调解决柳梧 220kV 输变电工程金曲 110kV 线路跨越房屋、110kV 教育城输变电工程线路基础征地及 110kV 聂当输变电工程线路跨高速公路施工等事宜。抓好造价管理，规范结算管理流程，明确专业部门结算管理职责，推行分部结算，组织专业管理培训，提高结算质量，加快结算进度。加强西藏电力定额站管理工作，完成西藏地区 2017 年输变电工程技术经济指标分析工作，定期收集、发布设备材料价格信息，为投资管理提供支撑依据；不定期开展技经交叉检查，促进依法规范管理；引入造价咨询单位开展工程结算审核，规避技经风险。加强质量安全管理，完善安全责任体系、保证体系、监督体系，提高工程本质安全。落实基建安全生产责任制，确保“凡事有人负责”，做到制度执行“零偏差”、措施方案实施“不走样”。确保建设管理策划、监督检查到位，控制施工安全，确保施工“同进同出”管理力量和能力满足建设要求。落实各设计阶段勘测要求，严格遵循初步设计、施工图设计内容深度规定，开展多方案优化比选，提高工程设计质量，确保技术方案科学合理。深化标准工艺研究与应用，开展标准工艺应用专项检查，对应用策划、实施成效等进行检查评价，加大管理与考核力度，提升标准工艺应用实效。落实建设工程质量责任终身制，强化质量责任意识，确保工程质量责任可追溯。强化基建信息管理，开展信息化全员应用，建立基建信息化专业联系人机制，强化数据源头治理。

经营管理 全年完成固定资产投资 151.52 亿元（同比增长 121.82%），资产总额 515.29 亿元（同比增长 46.13%），资产负债率 41%（同比增加 11.39%），营业总收入同比增长 23.53%，同比减亏 648 万元，综合线损率同比降低 0.09 个百分点，配电网建设任务完成率 100%，城市综合供电电压合格率同比提升 0.064 个百分点，完成国家电网公司业绩考核目标，严控综合计划和财务预算。完成跨区交易电量 18.61 亿 kWh，实施“两个替代”，严控工程造价，审减工程投资 1.07 亿元。开展问题清单梳理并整改落实，3 家子公司按整改决议完成资产负债率压降工作，历史陈欠电费清理完毕，培训机构经费、“两金”指标、诉讼赔偿费用等有效压降至指标之内。多方协调争取优惠贷款利率政策，争取落实中央财政资金、国家电网公司“东西帮扶”资金及自治区扶贫贴息贷款，缓解电网建设投资压力，降低财务费用。落实国家电网公司资金分级授权审批制度，防范资金管理风险。开展各类电价方案测算，争取电价政策。完成丰枯电价、电能替代电价、大数据产业电价测算，并形成建议方案报自治区发展改革委。开展增收节支、提质增效工作，实现可控成本压降及亏损企业治理目标。深化农电体制改革，落实《西藏自治区人民政府、国家电网公司关于西藏自治区 16 县农电代管框架协议》，完成主网外 16 县农电代管，实现自治区 74 县农电统一管理模式。提升代管县供电公司综合计划、财务、绩效考核、安全生产、运维和营销管理水平，2015 年之前完成代管的 50 个代管县供电公司完成售电量 8.25 亿 kWh（同比增长 12.52%）、营业收入 5.55 亿元（同比增长 14.79%）、线损率 17.08%（同比下降 0.36 百分点），农网综合供电电压合格率同比提升 0.26 个百分点。统一代管县供电公司财务核算科目体系，制定会计核算规则，规范业务处理，全面部署固定资产管理模块上线应用。汇报争取农电支持政策，自治区政府新增安排专项资金解决代管县供电公司生产经营困难问题。

安全生产 2017 年全年未发生人身安全事件，未发生五级及以上电网、设备事件，未发生交通、消防和信息安全事件。发生其他安全事件 32 起（同比下降 15 起），实现 2017 年度安全生产工作目标。

贯彻《中共中央、国务院关于推进安全生产领域改革发展工作的意见》，落实国家电网公司强化本质安全30条措施，重视安全基础管理，加强组织领导，出台安全生产工作意见，完善安全管理制度和工作措施，推进安全例行工作规范化和常态化，健全安全生产激励机制。定期召开安全生产委员会会议、安全分析会、安全周例会及视频例会，综合分析安全生产趋势，研究采取预防事故对策。对涉及人身、电网、设备安全运行重大问题，研究分析存在问题及薄弱环节，提出防范措施，及时解决，确保安全生产局面平稳。完成春秋季检修、基建反违章、迎峰度夏、安全生产大检查、党的十九大保电等重点工作。深入施工作业现场，开展安全督查117次，完成问题整改796项；开展常态化安全监督检查，下发督察督办单16份，发现问题381项，提出整改建议485条，形成安全周报21期。

提高电网本质安全水平，提高设备设计标准，优化招标采购策略，提升电网装备水平。加强电网规划、设计、招标、建设、运维全过程质量管控，推行资产全寿命周期管理。开展高寒高海拔安全差异化和运维措施研究，推广应用自动化程度高、免维护、少维护的设备。突出电网安全和基建安全两个重点，严格落实各级安全生产责任制，强化现场作业安全管理，累计派出203个次督查组（693人次），组织开展春秋季安全大检查和防误闭锁专项隐患排查，强化各类问题整改和隐患风险预防。组织开展安规普考，实行公司系统每月一考、班组每周一课活动，共组织安规考试225次（参考5365人次）。提升应急管理水平，组织开展大面积停电事件应急演练17次，梳理补充应急电源、应急物资等设备物资储备。本部应急指挥中心与各地市供电公司应急指挥中心互联互通，确保指挥高效、反应迅速、处置有力，完成11月18日林芝市6•9级地震抢险救灾工作。重视交通安全，推行交通安全“十条禁令”，规范司驾人员交通行为；加强重大节假日、雨雪等恶劣天气应急抢修车辆、公务用车行车管理，杜绝交通安全事故。加强消防安全管理，对易燃易爆物品进行专项清理检查登记完善安全管理，加强消防安全宣传教育。调整补充信息安全管理机构和人员，提升信息安全水平。

营销工作 完成售电量49.72亿kWh（同比增长18.72%），电费回收率100%。贯彻落实国家电网公司电能替代工作部署和自治区减少弃水弃光措施，服务清洁能源发展。协调促请自治区能源局等9部门印发《西藏自治区电能替代工作方案》，出台“煤改电”项目电价优惠政策，建立电能替代电网配套项目机制，开辟绿色通道，推进“煤改电”。推进清洁取暖，提出“电能+光伏等清洁能源互补”采暖方式，论证通过那曲地区10县供暖热源方式并逐步实施。开拓电力市场，开展“电网连万家、共享电气化”活动，增加潜力负荷约8万kW。2017年，完成替代电量2.37亿kWh。持续加大采集建设力度，采集覆盖率达到100%，提升14个百分点。狠抓新装用户采集建设管控，累计新增采集成功用户3.4万户，整体采集指标突破98%。依托采集系统核实窃电线索，挽回经济损失。持续开展打击窃电和违约用电专项行动，处置违约用电、配合查处窃电案件102件，追收供用电违约补偿金114万元，追回电费损失654万元。加大台区同期线损治理力度，建立完善台区同期线损治理流程和机制，同期线损管理意识不断加强，台区线损责任承包制在全区逐步推行。推进业务创新，支持改革和参与市场竞争，建立健全分布式电源项目并网抄表结算机制，推进国有企业供电设施分离接收工作。完成羊八井计量高海拔试验基地一、二期建设。开展计量资产清仓利库工作，实施计量封印标准化管理，巩固智能电能表推广应用及同期线损治理成果。推进新一轮农网计量装置改造规范。

科技与信息化 2017年获得国家级科学技术进步奖1项，自治区级科学技术进步奖4项，“西藏雷电实验室”荣获“自治区优秀重点实验室”称号。完善科技奖励机制，开展科学技术奖评选活动。“拉林电气化铁路对西藏电网电能质量影响分析评估及措施研究”项目建立首个西藏电网电能质量仿真数据模型。“10kV配网不停电作业关键技术研究”项目通过国家电网公司验收，并形成国家电网公司技术标准颁布实施。

贯彻执行网络安全法，健全网络与信息安全组织机构，开展网络安全普法教育，开展等保“回头看”等保备案和测评工作。落实安全防范措施，深化隐患排查治理，发布网络安全周报43期，发布信息通信风险预警14次，完成问题整改149项。开展“勒索”病毒防护治理。强化电网工控安全意识，完善电网工控安全工作机制与防护策略，建成调度数据网内网安全监控系统，实现对调管厂站安全防护设备监管。成立信息通信应急基干队伍，充实网络安全攻防“红”“蓝”队力量，完成十九大等重大活动和节假日信息通信保障工作，全年没有发生八级及以上信息通信事件。完成ERP集中部署后续工作，实现ERP全覆盖；推进单轨运行，对ERP应用情况进行考核。推进线损系统优化完善和线损数据治理，降低综合线损率。完成全业务数据中心及2个分析域、网络与信息安全风险预警分析平台、增值税发票系统等重点项目建设。对2015～2016年度信息化项目进行后评估，整改149项问题。全年新增光通信站点68座，新增光缆2868km，新增光传输设备114台，光通信站点达到350座，光缆长度达到17 234km。开展藏中联网光传输系统、数据通信网建设及B平面传输网扩容升级改造。开展新一轮农网改造通信项目建设，35kV变电站光通信覆盖率达到73.2%。完成公司IMS行政电话交换网核心网备用节点建设，与国家电网公司IMS行政交换网实现互联互通。开展阿里联网工程信息通信保障体系建设前期工作。

优质服务 营销服务规范率同比增长0.52个百分点，优质服务承诺兑现率100%，95598业务处理满意度98.08%（同比增长0.4个百分点），全年未发生营销安全责任事件。规范窗口服务行为，进一步转变工作作风，落实服务承诺，提高办电效率。执行“一口对外、首问负责、一次性告知、限时办结”要求，推行“一证受理”等便民服务举措，提升窗口服务质量。强化用电安全管理，落实高危及重要用户政府认定制度，建立和完善重要用户“一户一案”管理机制，制定“一对一”供电保障应急处置预案，签订重要供电保障安全责任书，开展用户侧现场隐患排查和用户电工培训班，落实高危及重要客户“服务、通知、报告、督导”四到位。开展用电现场检查，查处各类隐患9762件，下发书面隐患整改通知473份。完成2017年全国“两会”、党的十九大等一系列重大活动保电工作。全年完成各类保电任务651次，投入现场保电人员2986人次，出动抢修车和应急电源车1764台次，实现供电保障“零故障、零闪动”目标。构建“互联网+营销服务”模式，“掌上电力”手机APP、“电e宝”、支付宝、远程费控系统、营销移动作业应用系统上线运行。深化95598服务建设，优化座席人员选聘，完成西藏各地市数字、时间、常用短语和对话场景等10种类型藏语方言归纳收集，滚动修订95598知识库内容，优化95598服务平台功能，实现服务热线沟通交流无障碍。成立国网西藏电力供电服务指挥平台建设领导小组，完成国网林芝供电公司供电服务指挥平台试点建设，提高故障精准研判和工单问题一次解决率，提升抢修效率和服务质量。国网西藏电力营销部荣获“西藏自治区民族团结进步模范体集体”荣誉称号。

党的建设和精神文明建设 以习近平新时代中国特色社会主义思想为指导，实施“旗帜领航·三年登高”计划，推进新时期党建工作，完成年度各项目标任务。执行《党建工作责任实施细则》，制定印发党建工作责任清单，层层签订党建责任书。成立各级党建工作领导小组及办公室，落实联系点制度，领导班子成员在分管领域履行“一岗双责”。学习宣贯党的十九大精神，各级党委中心组学习研讨65次，领导干部讲党课104场、基层调研81次，举办辅导报告会26次、培训班20期，轮训各级党员干部485人次，开展主题党日226次，在人民网等主流媒体发表理论和宣传文章25篇。加强政治建设，细化制定57项党建重点工作任务，抓好推动落实。推进“两学一做”常态化制度化。加强组织建设，完成公司党组改党委，建立按期换届提醒机制，督导公司系统7个党委、16个党支部换届选举。推进党内民主和班子建设，开展支部标准化建设，规范组织生活和运行机制。规范帮扶挂职挂岗党员管理。全年发展党员80名，设立“党员责任区”73个、“党员示范岗”69个。开展“新一轮农网改造升级先锋工程”主题活动。落实党员直接联系服务群众制度，建立“藏中联网工程共产党员服务站”服务318国道进藏游客。加强驻村管理，选派2批84人完成第六轮驻村工作，组织650多名党员干部与驻村点310户贫困群众结成帮扶对子。开展党内激励帮扶，分级开展典型选树，慰问困难党员38名。加强体系建设，完成党建工作要求进章程，修订各级章程8个。开展党建制度废改立工作。规范设置各层级单位党的工作机构，增加党建岗位编制19人。开展党建课题研究，形成理论文章40余篇。坚持党建带团建，以服务青年成长成才、深化青年岗位建功为抓手，开展团青建设活动。印发《国网西藏电力有限公司党建工作绩效考核评价实施细则（试行）》，对各单位进行现场考评。召开基层党组织书记现场述职会议，促进党建工作补短板、提水平。完成国家电网公司首次党建工作绩效考核评价迎检工作。

落实领导责任制，将文明创建活动与公司中心工作同安排、同部署、同考评，并纳入党建绩效考核，做到年初有计划、年中有检查、年末有总结。加强创建工作领导，进一步明确工作职责。印发《围绕“四讲四爱”主题实践活动深入推进群众性精神文明创建的工作方案》，明确重点措施，深化创建活动。承担国家电网公司2017年企业文化示范项目建设任务，印发编制《企业文化“双语”读本工作方案》，编制《国家电网公司企业文化手册（藏汉）》，承办国家电网公司企业文化“双语”（藏汉、维汉）评审会议。开展企业文化论文、案例、成果评选，3个企业文化典型案例入选国家电网公司《卓越之星——企业文化系列丛书》。深化道德讲堂创建活动，举办道德讲堂15期。开展“学雷锋志愿服务”活动，参与“学雷锋示范点”等评选活动。开展“我的家规、家训和家风”主题征文活动。开展思想宣传活动、爱国主义、民族团结和反分裂斗争教育，凝聚力量，提升形象。开展文明单位创建活动，荣获“全国文明单位”“国家电网公司文明单位”“自治区民族团结进步模范集体”等多项称号。

（郝占启　龚喜勇）

南 方 地 区

【国家能源局南方监管局】

基本情况 根据《中央编办关于国家能源局派出机构设置的通知》和《国家能源局派出机构主要职责内设机构和人员编制规定》国家能源局南方监管局（简称南方能源监管局）于2013年12月20日正式挂牌成立。

南方能源监管局是国家能源局派驻南方区域的监管机构，根据国家有关法律法规和国家能源局授权，依法履行对广东、广西、云南、贵州、海南五省（区）电力等能源行业的监管和行政执法，以及电力安全监督管理职责。

领导班子

党组书记、局长：陈建长

党组成员、副局长：高玉樵、郑毅

副巡视员：曾壮鹏

组织机构 内设机构有综合处、市场监管处、行业监管处、电力安全监管处、资质管理处、稽查处、监察室（机关党委）。同时向广西壮族自治区、海南省分别派驻监管业务办公室。

主要工作

（1）强监管优服务，推进“放管服”改革。

1）梳理三省（区）未批先建、批建不符、开工手续不全的项目并开展监管调研，坚决防范化解煤电产能过剩风险。现场调研部分煤电企业2017年改造工作开展情况、环保设施运行情况和污染物排放情况、电网企业执行超低排放和节能改造政策情况，促进完成改造计划，确保“提速扩围”政策的全面实施。跟踪滇西北送广东直流工程建设进展情况，配合国家能源局开展专项督查，确保工程按规划要求建成投运。借鉴国内外先进经验，学习电网工程投资成效的评价方法和标准，全面掌握三省（区）电网企业投资情况和运行关键指标的完成情况，倒逼电网企业提高运行实效，节约投资成本。

2）全方位调研掌握辖区炼化企业石油焦生产销售情况，继续做好大气污染防治成品油质量升级监管。与广东省发展改革委深入探讨广东省油气体制改革的方向、重点、实施主体及申报试点流程等关键问题，共同推动天然气体制改革在广东先行先试。开展广东、广西和海南三省（区）油气监管调研和油气供需分析监测，组建油气监管专家库，宣贯石油天然气体制改革精神，部署天然气保供相关工作。

3）开展许可管理信用体系建设，制定信用信息归集工作方案，建立承装（修、试）电力设施许可管理“黑名单”制度。开展承装（修、试）电力设施许可制度执行情况重点问题专项监管，认真组织排查超期服役机组，强化证后持续性监管。简化承装（修、试）电力设施许可管理事项，逐项规范完善许可制度、标准和流程，做到许可只有执行权，没有裁量权，有效防范了许可法律风险、行政风险和廉政风险。

4）持续做好广西区域电网及自备电厂规划建设运行情况监管工作，调研广西百色、来宾区域电网发展情况，配合国家部委开展广西燃煤自备电厂专项督查，积极参与督查报告编写，并为国家部委出台专项治理方案建言献策，有效促进燃煤自备电厂规范建设及运行。开展三省（区）电动汽车充电基础设施建设和运营情况调研，促进地方电动汽车充电基础设施加速发展。采取“双随机”方式集中力量开展用户受电工程施工企业许可制度执行问题监管，有效维护了电力施工市场秩序。

（2）强化安全监管能力建设，确保南方区域电力安全可靠。完成党的十九大、博鳌论坛、海南文昌火箭发射等重要活动保供电任务。协调化解或降低重点地区和关键行业的停电风险，避免功率振荡引发“西电东送”不安全风险。举办全国首次省级电力系统网络安全攻防演练，为电力行业网络安全监管贡献经验。探索尝试联合监管，初步打开齐抓共管、协同监管的局面。坚持“抽查—责令整改—回头看”闭环监管，遏制住人身伤亡事故频发态势。推进电网安全风险监管、水电站大坝运行安全监管、电力建设施工安全监管等三项重点监管工作。有序应对台风“天鸽”“帕卡”连续袭击严重影响广东、澳门电力系统等突发事件。开展电力监控系统防护安全和电厂涉网安全管理“两个专项”回头看监督检查。

（3）敢于担当勇于创新，开展市场监管工作。广东调频辅助服务市场模拟运行，南方区域“两个细则”已正式印发，增加年度合同集中交易品种，坚持牵头制定交易规则，在全国率先建立起较为完善的市场机制，发挥出市场要素在资源配置中的决定作用。推进市场化竞争的售电侧改革，通过售电领域的充分竞争，释放改革红利、优化增值服务，真正实现供给侧结构性改革中降成本的目标。促成广东电力现货市场建设启动，首创售电公司履约保函机制，主动与广东省价格监督部门沟通，在全国率先出台了市场力控制监管联合工作机制，化解 2018 年长协交易风险，基本解决无证企业上网发电问题，引领市场化改革走在前。

（4）提升“获得电力”便利水平，优化用电营商环境。

1）不断加大 12398 热线宣传力度，督促供电企业切实做好投诉事项处理工作，进一步提高为投诉群众办实事、解难题的效率。率先在珠三角地区选取广州、佛山、东莞工商业用户开展用电满意度调查，通过“双随机”落实监管闭环回头看，创新监管方式，以党建帮扶“柔性监管”形式，促进广西边远山区供电企业不断提升边远民族地区供电服务水平。

2）开出全国首张吊销电力业务许可证罚单并首次对违反资质许可法规的个人进行处罚，挖掘并解决一批影响电力等能源行业发展和维护用户权益面临的问题。对广西百色银海发电有限责任公司擅自解网运行的违规行为作出罚款和开出全国首张吊销电力业务许可证罚单，有效地维护了电力市场运行规则的权威。严厉查处了承装（修、试）电力设施施工市场出借许可证、无证施工等违法违规行为，首次对无证个人作出了行政处罚，有力震慑了个人的违法行为。

【国家能源局云南监管办公室】

基本情况 国家能源局云南监管办公室（简称云南能源监管办）是国家能源局派驻云南省的正厅级行政机构，组建于 2013 年 10 月 31 日。按《中央编办关于国家能源局派出机构设置的通知》（中央编办发〔2013〕130 号）规定，负责云南省行政辖区内电力等能源的监督管理和行政执法，以及电力安全监管等工作。

领导班子

党组书记、专员：周光灿

党组成员、副专员：高进

党组成员、行业监管处处长：杨新红

组织机构 设综合处、市场监管处、行业监管处、电力安全监管处、资质管理处、稽查处 6 个职能处室。

主要职能 监管电力市场运行，规范电力市场秩序；监管电网和油气管网设施的公平开放；监管电力调度交易，监督电力普遍服务政策的实施；负责电力等能源行政执法工作，依法查处有关违法违规行为，监督检查有关电价；负责除核安全外的电力运行安全、电力建设工程施工安全、工程质量安全的监督管理以及电力应急和可靠性管理，依法组织或参与电力事故调查处理；负责组织实施电力业务许可以及依法设定的其他行政许可；负责法律法规授权以及国家能源局下达或交办的有关事项监管。

主要工作 2017 年，在国家能源局党组的领导下，云南能源监管办深入学习领会和贯彻落实习近平新时代中国特色社会主义思想，做好办党组巡视整改工作、“两学一做”学习教育常态化制度化工作，党的建设和能源监管工作制度化规范化水平显著提高，党内政治生活更加严肃规范，全面从严治党迈上新台阶；按照“五位一体”总体布局和“四个全面”战略布局，以五大发展理念为指引，落实全国能源工作会议和能源监管工作会议部署，结合云南实际全面履行能源监管各项职责，推进“四个革命、一个合作”能源发展战略，推动云南电力市场化改革走在全国前列，电力安全生产形势保持平稳，实现事故起数和死亡人数“双下降”，全省群众用能质量和用能水平显著提升、获得感明显增强，为推进云南清洁低碳、安全高效能源体系建设作出贡献。

（1）深化改革，清洁发展，推动云南电力市场建设走在全国前列。云南能源监管办以提高能源发展质量和效益为中心，促进电力结构进一步优化，推动云南能源清洁化发展再上新台阶。2017 年底云南电力装机容量达到 8706 万 kW 左右，其中以水电为主的清洁能源装机容量将达 7200 万 kW（水电 6243 万 kW，风电、光伏 1076 万 kW），清洁电力装机占比 84%；火电装机容量 1387 万 kW，仅占全省电力装机容量的 16%。2017 年，云南以水电为主的清洁能源发电量占比 94%；火电发电量仅占全省发电量的 6%左右。参与深化云南电力体制改革工作，加快推进云南电力市场化建设，优化云南电源建设规模和投产时序，推进云南增量配电业务改革工作，推进《云南电力市场中长期交易实施细则》出台实施，推动出台《2017 年云南电力市场售电公司信用评价机制（试行）》，规范云南电力市场运行秩序。电力体制改革进一步深入推进，电力市场建设进一步成熟规范，市场开放程度、交易主体数量、交易规则成熟度、交易品种种类、交易规模、降价幅度全国领先。

（2）生命至上，安全第一，实现云南电力安全生产事故起数和死亡人数均同比下降 60%。贯彻落实习近平总书记关于安全生产工作的指示批示，牢固树立安全发展、生命至上、安全第一理念，以为党的十九大胜利召开营造良好安全生产氛围为核心，以电力行业安全生产大检查为主线，全力做好电网安全风险管控、迎峰度夏和防洪度汛、“安全生产月”、“电力建设施工安全年”等各项工作。2017 年，云南能源监管办先后组织召开 4 次全省范围的电力安全生产专题会议，研究部署云南电力安全生产各项工作，累计组织 16 个检查、督查组分赴一线电力企业和建筑工地 30 余处，累计提出监管意见 810 余条，要求企业限期整改到位。对发生电力事故的 2 家电力企业、发生水淹厂房事件的 1 家电力企业和严重违反调度纪律的 1 家电力企业安全生产第一责任人及相关负责人进行约谈警示，坚决追责问责，并在云南全省进行通报批评。乌东德工程“4·10”人身伤亡事故、云南电网有限责任公司曲靖供电局“9·24”一般电力人身伤亡事故发生后，立即下发停工整改通知，要求乌东德工程建设部对十八个工作面进行全面停工整改，彻底梳理存在问题和安全隐患，整改合格一个复工一个；责成云南电网有限责任公司对曲靖供电局范围内所有业扩装表接电工作实施停工整改，按照“四不放过”原则，分析事故原因，全方位剖析安全生产管理中存在的漏洞和薄弱环节，狠抓整改和责任落实，严防各类事故再次发生。通过不懈努力，在云南在建（在建水电站高达3160万kW）和已建（建成投产的水电、火电超过7500万kW）电力项目众多、汛期地质和洪涝灾害频发、电网复杂性和驾驭难度日益增加等不利形势下，2017年，云南电力安全生产形势继续保持平稳，未发生较大及以上电力事故，发生2起一般电力人身伤亡事故、死亡2人，事故起数和死亡人数均同比下降60%。

（3）监管为民，改善民生，促进群众用能水平和用能质量显著提高。做好城乡电网升级改造特别是农村电网升级改造监管工作，对配网问题突出片区开展现场督查，针对停限电未按规定事先告知、故障抢修不及时、用电业务办理繁冗等问题，督促企业落实《压缩用电报装时间实施方案》，简化手续、优化流程，切实提高效率，全面提升供电服务质量和效率，群众获得感明显增强。2017年云南电网公司投资120亿元用于电网建设和升级改造，其中农网改造投资50亿，占比42%；辖区内所有小城镇、中心村全部完成电网改造升级，所有贫困村全部接通动力电，农村地区一户一表改造全部完成。加强12398能源监管民生通道建设，配合国家能源局做好12398热线业务集中管理工作，建立健全投诉举报处理等相关规定，加大直接查办力度，采取协调督促、责令整改、监管约谈等措施，解决群众反映的投诉举报事项。2017年，云南12398能源监管热线共收到有效信息1328件，其中答复群众政策咨询1164件，为群众解决相应投诉举报164件。同时督促供电企业扎实做好95598供电服务热线省级集中管理，热线接通率、处置效率大幅提升。完成油品质量升级和保障民生用气工作。加强监管跟踪督促，全省按时完成国Ⅴ标准车用汽柴油、国Ⅳ标准普通柴油油品质量升级工作。成品油市场保供能力显著提升，年内中石油云南石化炼厂投产运行，配套的三条成品油管道也同步投产，新增管道里程733km。云南乃至西南地区的油品供应能力大大增强，全省已形成集油品加工、管输、分销为一体的完整产业链，市场竞争更加充分。进一步加强能源供需形势监测分析和预测预警，保障天然气尤其是民生用气稳定供应。2017年全省纳入统计天然气用气量将达6亿m^3左右，同比增长200%以上；中缅天然气管道省内下载量达4.5亿m^3，同比增长240%。

（4）建章立制，立行立改，全办党的建设制度化规范化水平显著提升。将履行党建职责放在首位，履行党要管党、从严治党主体责任，研究、部署和落实我办全面从严治党工作，切实发挥总揽全局、协调各方的领导核心和战斗堡垒作用。全年共调整充实各类工作机构7个，党要管党、从严治党责任体系进一步健全；制定、修订有关制度性文件23份，党组工作规则、“三重一大”集体决策实施办法、党员领导干部双重组织生活制度、干部廉政谈话制度、党员干部教育培训制度、廉政风险防控制度等一系列制度得到修订完善和严格执行。云南能源监管办党组总揽全局、协调各方的领导核心作用进一步增强，党建责任层层压实，党内政治生活进一步规范和严肃，全办党员干部“四个”意识、纪律规矩观念进一步增强，精神面貌焕然一新，党组织的凝聚力、战斗力进一步增强。

（5）精心组织，迅速行动，掀起学习宣传贯彻十九大精神热潮。坚持“随会”学习、第一时间传达，组织全办干部职工认真观看十九大开幕式和十九届中央政治局常委中外记者见面会，聆听习近平总书记报告和重要讲话。2017年，云南能源监管办先后参加中央宣讲团集中宣讲、局党组、省委集中传达和组织召开党组（扩大）会、党组理论学习中心组集中学习、全办党员干部职工大会等10次会议，传达学习十九大精神，研究贯彻落实措施；为全办党员干部职工配发十九大报告、党章等学习材料，党组书记带头、全办党员干部职工积极撰写学习心得，全办学习宣传贯彻十九大精神热潮已经形成，各项工作正在积极有序推进。

【国家能源局贵州监管办公室】

基本情况 国家能源局贵州监管办公室（简称贵州能源监管办）是国家能源局在贵州设立的派出机构。2013年11月21日单位名称由国家电力监管委员会贵州省电力监管专员办公室变更为国家能源局贵州监管办公室。

领导班子

党组书记、专员：潘军

党组成员、副专员：汪拥军

党组成员：陶少刚

组织机构 内设综合处、市场监管处、行业监管处、电力安全监管处、资质管理处、稽查处6个职能处室。

主要职责 监管电力市场运行，规范电力市场秩序；监管电网和油气管网设施的公平开放；监管电力调度交易，监督电力普遍服务政策的实施；负责电力等能源行政执法工作，依法查处有关违法违规行为，监督检查有关电价；负责除核安全外的电力运行安全、电力建设工程施工安全、工程质量安全的监督管理以及电力应急和可靠性管理，依法组织或参与电力事故调查处理；负责组织实施电力业务许可以及依法设定的其他行政许可；负责法律法规授权以及国家能源局下达或交办的有关事项监管。

主要工作 以习近平新时代中国特色社会主义思想为指导，认真贯彻落实国家能源局各项决策部署，探索新形势下能源监管工作思路和方法，推进党务业务队伍融合发展，完成各项工作任务。

电力安全监管 2017 年，贵州电力系统未发生较大以上电力人身伤亡事故，未发生电力安全事故，未发生电力系统水电站垮坝漫坝事故，未发生较大以上环境污染、主设备严重损坏以及对社会造成较大影响的事故，电力安全生产形势平稳。

履行电力安全监管职责，全年共召开电力安全生产工作会议 5 次，培训 2 次，现场会 2 次；开展电力安全生产检查和督查 16 次，联合执法检查 15 次；监管约谈 9 人次，督促电力企业处理相关责任人 49 人。组织开展“安全生产月”、“电力建设工程施工安全年”、安全生产警示教育等活动，督促电力企业落实安全生产主体责任，及时化解安全风险，确保贵州电力安全生产形势平稳向好。组织省政府有关部门及贵州电力企业参加国家能源局召开的党的十九大保电工作动员部署电视电话会议。召开党的十九大贵州保电工作动员部署会议，对贵州电力行业做好党的十九大保电工作进行再动员、再安排、再落实。成立检查组对电力企业和重要电力用户开展督查。严格值班值守，畅通信息报送，确保了党的十九大期间贵州电力系统安全稳定运行。

电力市场监管 2017 年，贵州能源监管办通过推动贵州电力体制改革和开展电力调度监管、电力价格和成本监管、电力市场交易监管等工作，规范了市场行为和市场秩序，促进了贵州电力工业健康可持续发展。一是按照国家能源局《电力中长期交易基本规则（暂行）》，对《贵州省电力市场交易规则（试行）》进行修订完善并召开宣贯培训会。二是多次参加市场管理委员会会议，对维护电力市场公开、公平、公正提出监管意见。三是对集中竞价交易开展现场监管，全程监管双边交易合同签订和集中竞价交易过程。开展非现场监管，实现贵州能源监管办门户网站与电力交易机构技术支持系统连接，可随时登录交易系统抽查相关信息。四是召开厂网联席会议，研究厂网关注的重点难点问题，加强合同备案监管，统调电厂合同签订率和备案率均达到 100%。五是强化“三公”调度监管，全年未出现调度原因产生的弃水、弃风、弃光情况，确保贵州可再生能源全额保障性收购。六是有序推进风电纳入“两个细则”，充分发挥“两个细则”保障电力系统安全、优质、经济运行的作用。

行业监管 2017 年，贵州能源监管办探索煤炭、油、气等能源行业监管方式，加强能源规划实施情况监管，做好能源行业化解过剩产能监管。一是参与贵州能源工业运行新机制实施方案、贵州煤炭工业淘汰落后产能加快转型升级及实施意见的有关工作，与贵州省能源局、省经信委联合开展煤电自备电厂规范建设及运行专项督查。二是会同贵州省环保厅、省能源局督促煤电企业签订目标责任书并开展煤电机组超低排放和节能升级改造工作现场督查。三是进一步督促电网企业做好中心村农网改造升级、贫困村通动力电、低电压治理和小康电示范县建设等重点工作，督促农网改造升级规划和各专项实施方案落地落实。委托中电建贵州电力设计研究院启动贵州“十三五”电力规划中期评估。四是汇总统计 2014～2016 年贵州油气管网设施数据，查找和梳理油气企业信息公开和公平开放工作中存在的盲区和问题。密切关注贵州民生用气，按时报送天然气监管信息日报和月报。

电力稽查和供电监管 2017 年，贵州能源监管办受理处理投诉举报事项，调解电力争议纠纷，解决一些反映强烈、群众期待的突出问题，切实维护了电力消费者的合法权益。一是召开供电监管有关会议 3 次，修订完善 12398 能源监管热线有关工作规定，调整充实人员。2017 年共办理投诉举报 255 件，办结率、回访率均 100%。按月对 12398 热线情况进行通报，尤其是对涉及电网企业的 12398 投诉举报信息，按照所在区域进行排序，对典型案件点名通报。组织召开 12398 能源监管热线培训暨工作座谈会，提高投诉办理质量和工作效率。委托中电传媒集团开展贵州 12398 能源监管热线知晓度调查。二是开展供电监管。抽取部分供电局重点就业扩报装、停限电管理、供电可靠率及电压合格率、投诉处理及信息公开等方面工作开展现场检查，形成供电监管报告，披露了 4 个方面 18 个问题，并督促供电企业做好问题整改。三是开展压缩用电报装时间问题监管，督促供电企业推行“三免”服务（客户受理免填单、标准化供电方案免审批、标准化设计免审批），精简报装申请资料 26 项，减少客户盖章 15 项，实现了“精简申请资料、简化业务流程、压缩报装时间”三大目标。四是开展规范居民欠费停（复）电行为问题监管，重点对电费缴纳不便捷、停限电未按规定事先告知、复电超时等涉及人民群众切身利益和群众投诉举报集中的事项开展问题监管和现场检查，实现了畅通电费缴纳渠道、规范停限电流程、提高复电及时性 3 个监管目标。

电力业务许可监管 2017 年，贵州能源监管办落实“放管服”改革要求，实现行政许可规范化、流程化、标准化，推行阳光许可。一是在电力业务许可（发电类）方面，取消了环保试生产要求、简化财务资料及人员要求、豁免 6MW 以下新能源发电等电力项目的电力业务许可。在承装（修、试）电力设施许可方面，简化了业绩、人员要求，停止执行分公司备案和电力建设工程备案制度，简化了许可延续申请材料。二是实现行政许可规范化、流程化、标准化。修订各项行政许可服务指南，启用新许可表单，编制用户手册，并在门户网站上更新。三是通过资质管理系统，办理发电类电力业务许可 18 家，供电类电力业务许可 2 家，承装（修、试）电力设施许可 84 家，其中新申请 27 家，许可变更 5 家，许可延续 52 家，许可注销 4 家。办理电工进网作业许可 9823 本，其中新申请 5723 本，续期 4100 本。

【广东电网有限责任公司】

企业概况 广东电网有限责任公司前身是广东省广电集团有限公司，2002 年 12 月 29 日，国家电力体制实施重大改革，广东省广电集团有限公司划归中国南方电网有限责任公司。根据《国务院关于组建中国南方电网有限责任公司有关问题的批复》（国发〔2002〕5 号）和国家发展改革委批准的《中国南方电网有限责任公司组建方案》规定，并经广东省人民政府同意，2005 年 3 月 31 日，广东省广电集团有限公司完成工商登记注册，更名为广东电网公司。根据南方电网公司决议，2010 年 12 月 31 日，广东电网公司与广州供电局有限公司、深圳供电局有限公司分立。2014 年 6 月 4 日，广东电网公司完成工商登记注册，更名为广东电网有限责任公司（简称广东电网公司）。

广东电网公司是统一管理广东电网（广州市和深圳市的电网和业务除外）的企业法人，经营范围包括：投资、建设和经营管理广东电网，经营相关的输配电业务；参与投资、建设和经营相关的跨区域输变电和联网工程；从事电力购销业务，负责电力交易和调度；电力设备、电力器材的销售、调试、检测及试验；从事与电网经营和电力供应有关的科学研究、技术监督、技术开发、电力生产调度信息通信、咨询服务、电力教育和业务培训。

至 2017 年底，广东电网公司直管 19 个地市供电局，88 个县区供电局（分公司）、20 个县级供电局（子公司）、54 个供电分局，1089 个乡镇供电所。供电面积 16.84 万 km^2，供电客户 3310 万户。

2017 年末，广东电网公司有职工 101 379 人，其中博士 197 人、硕士 3207 人、本科 33 322 人、专科 24 426 人，正高级职称 90 人、副高级职称 4317 人、中级职称 13 159 人、初级职称 15 666 人，以及高级技师 1376 人、技师 9636 人、高级工 38 859 人、中级工 14 219 人、初级工 6477 人。

广东电网公司是南方电网公司的全资子公司，注册资金 429.975 亿元。截至 2017 年底，资产总额 2438 亿元，资产负债率 49.77%。

领导班子

董事长、党委书记：刘启宏

董事、副总经理、党委委员、副书记（广东电网公司正职级）：王江

董事、副总经理、党委委员：陈山

董事、副总经理、党委委员、总会计师：莫锦和

董事、党委委员、纪委书记：李欢

董事、副总经理、党委委员：钟连宏

董事、副总经理、总法律顾问：贺金生

党委委员兼佛山供电局局长、党委副书记：张良栋

董事、副总经理：陈晔

组织机构 本部设有办公室（党委办公室、董事会办公室）、组织人事部（直属党委办公室）、宣传文化部（公司团委）、企业管理部（全面深化改革办公室）、人力资源部、财务部、物资部、计划发展部、基建部、生产技术部、安全监管部（应急指挥中心）、市场营销部（农电管理部）、科技部、信息部、法律部、审计部、监察部（纪委办公室、直属纪委办公室、党委巡察办公室）、工会、产业投资部、系统运行部（电力调度控制中心）共 20 个部门，以及防范窃电与电力设施保护中心 1 个挂靠机构，下辖佛山、东莞、中山、惠州、江门、韶关、湛江、茂名、清远、珠海、汕头、梅州、阳江、肇庆、揭阳、河源、汕尾、潮州、云浮供电局等 19 个地市供电局，广东电网有限责任公司电力调度控制中心（系统运行部），广东电网有限责任公司电力科学研究院（广东电网有限责任公司电网器材检验中心、广东电网有限责任公司计量中心、广东电网有限责任公司物资品控技术中心、广东电网有限责任公司科技成果转化中心）、广东电网有限责任公司电网规划研究中心、广东电网有限责任公司信息中心、广东电网有限责任公司物流服务中心（广东电网有限责任公司招标服务中心）、广东电网有限责任公司教育培训评价中心（广东电网有限责任公司党校、广东省电力工业职业技术学校、广东省电力技工学校）、广东电网有限责任公司管理科学研究院（广东电网有限责任公司安全生产风险管理体系建设指导中心）、广东电网有限责任公司新闻中心、广东电网有限责任公司综合服务中心、广东电网有限责任公司应急抢修中心、广东电网有限责任公司机巡作业中心、广东电网有限责任公司客户服务中

心、广东电网有限责任公司财务共享服务中心、广东电网有限责任公司审计中心等14个直属中心机构，以及广东电力交易中心有限责任公司、广东省输变电工程有限公司、广东电网物资有限公司、广东电网发展研究院有限责任公司、广东电网综合能源投资有限公司、广东省电力通信有限公司、广东电科院能源技术有限责任公司、广东电网电力设备制造有限公司、广东电网汕头新能源有限公司、汕头经济特区万丰热电有限公司等单位。

电网建设与发展 完成广东电网公司“十三五”发展规划修编。研究建立适合广东电网公司的“1＋13”发展规划体系，以“输配电平台”和“综合能源平台”为核心业务发展架构，推进“管制业务”和“竞争性业务”版块协同发展，完成发展规划总报告和十三个专业规划的初步编制。推动增量配电业务改革。编制《广东电网公司参与增量配电网项目竞争业务指导意见》及5个范本，实现管理制度全过程覆盖，工作指导全业务渗透。

截至年底，全省（不含广州、深圳）共有35kV及以上输电线路66 074km，变电站2064座，主变压器4417台，变电容量36 268万kVA。其中：500kV线路8524km，变电站41座，主变压器295台，容量9111万kVA；220kV线路19 702km，变电站287座，主变压器678台，容量13 054万kVA；110kV线路32 361km，变电站1447座，主变压器2961台，容量13 775万kVA；35kV线路7275km，变电站289座，主变压器483台，容量327万kVA。

电网规划 推进智能电网建设。承接南方电网公司“十三五”智能电网发展规划，按“全面推进、示范引领”的思路，构建广东电网公司“1＋7”（统一推进和7个示范区）智能电网规划建设推进模式。完成珠海横琴自贸区、佛山金融高新区、东莞松山湖、中山、韶关乳源、云浮新兴、汕头南澳等七个智能电网示范区规划。配合开展清洁能源消纳专项行动。承接南方电网公司清洁能源消纳专项行动方案，印发《广东电网公司2017年清洁能源消纳专项行动工作方案》，提出2大类共10项重点举措。助力西南水电消纳，推动“西电东送”受端配套工程建设。进一步系统性研究保底电网设防标准、设备防风加固策略及线路电缆化、变电站户内化等重点内容，做好珠海保底网架完善、对澳供电保障能力提升、沿海地市保底网架规划优化。联合广东省电力设计院完成《电网抗台风灾害能力有关问题专题研究》。组织完成2017年网架完善措施滚动修编，开展重点工程推进专项行动。将涉及电网安全、供电能力、保底网架、重要用户配套、长期挂账等列为重点工程，与相关地市局签订责任状，加快重点工程的前期和建设进度。组织开展城市燃煤电厂淘汰搬迁研究论证。提出广东电网供电能力提升措施并组织实施。在2017年高峰负荷分析的基础上，完成2018～2020年广东电网供电形势分析及应对措施研究。加快开展新一轮农网改造升级。完成小城镇、中心村农网改造项目和机井通电任务。将部队电网纳入广东电网建设总体布局，投产3项网公司边防部队供电重点工程。提升配电网建设运营管理水平，构建“统一规划、统一建设、统一运维、统一服务”工作体系。2017年年中调整及2018年新建项目基本实现以“馈线、台区”为单位统一立项。完成对19个地市局开展配网工作全过程督查，发现653项问题并逐一制定整改措施。完成配网规划辅助决策支持系统改造。

严格执行“两库、两门、两计划”管理要求，印发《广东电网有限责任公司2017年投资项目负面清单》，明确禁止类和特别监管类项目类型。加强投资全过程管理。加快推进基层供电所技术业务用房项目建设，推广供电所典型设计方案，加快设计进度，提升设计深度。

500kV祯州—现代线路工程投产，500kV博罗—福园双回工程进度受控。49项广东电网公司重点投产项目按期投产，珠海人工岛输变电项目竣工投产，为港珠澳大桥提供充足电力支撑，全年建成高铁牵引站供电工程11个。按期完成滇西北—广东直流线路6个属地供电局属地化工作，完成塔基交地1116基。全年13 425项农网升级改造项目全部投产，加快47个省定点扶贫村电网建设，完成261个小水电自供区电网改造项目，助力现代新农村建设。全省305项机井项目全部完成，实现3945个机井通电。

连续8年开展“安全、优质、文明”样板工程创建活动，逐步消除区域差异。2项工程获中国“安装之星”奖，3项工程获中国电力优质工程奖，7项工程获广东省建设优质工程奖，10项工程获南方电网优质工程奖。

加强物资精益化管理，建设智慧供应链体系。全网率先完成LCC采购，开展变电站整站设备采购，推进资产全生命周期管理。完成省级集采金额277.93亿元，同比增长66.15%，采购集中度达98%，新签合同47 622份，准时供货率99.7%，做好强台风“天鸽”的应急抢修工作，组织物资应急队伍855人次，快速调配5622万元物资，连续奋战6昼夜，确保抢修工作顺利开展。建立省公司统筹的报废物资“班车制”处置模式。处置报废物资4批次，拍卖成交率由62%提升至97%，处置周期由48天缩短至23天，实现报废物资周期清理及零纠纷。物资域信息系统各项指标达预期目标，实用化率保持100%。全网率先推广应用电商系统，确保所有采购项目“上平台”，实现采购全流程可监督、可追溯。在全网率先开展物资供应链编码研究工作，实现供应链内部系统模块之间的信息共享。

电网运行与安全生产　2017年全广东省用电需求保持平稳增长，最高统调负荷10 858万kW，同比增长8.5%。吸纳西电1768亿kWh，超计划213亿kWh，多消纳云南富余水电268亿kWh。全省电力供应平稳有序，全年未出现电源性错峰。及时发布电力供应风险预警，调整26项发输变电检修，协同燃气商优化天然气供给增开250万kW燃机，采取特殊方式释放100万kW受限出力，应对负荷超预期增长导致的5年来首次出现的电力供应紧张。解决四季度51台2586万kW煤机超低排放改造集中、燃气短缺等导致的供应紧张问题。针对滇西北直流施工期间错峰问题，优化煤机环保改造停机窗口，化解140万kW的错峰风险。防风加固方面，制定《沿海地区变电站附属设施防台风指导意见》，完成变电站防洪防涝问题整改65个，完成全省567个配网防风加固项目实施。2017年完成“十九大”、卫星发射、博鳌论坛等各类保供电13次，其中特级5次、一级2次、二级6次。累计投入保供电人员64万余人次，车辆11.8万余辆次。

建立健全省地县三级领导班子的职责规定，逐级签订安全责任书5.7万份。防范事故事件的重复发生，责任事件从2016年的6起下降到1起。制定《2017年度安全风险监督方案》，季度编制督查重点，每月发布主要风险和重大隐患治理监督计划，每周现场督查并跟踪各单位执行情况。运用“互联网+”技术，开展现场作业风险可视化管控，可视化覆盖率达82%，监控23万多个作业现场，严控3119项中高风险作业，实现人身零死亡目标。将减少社会人员触电事故事件列入安全生产目标，社会人员触电事件数量同比减少3起。克服2017年“多、强、密”台风特点，全年成功应对7次台风及19轮强降雨。应用卫星开展山火预警，甄别110kV及以上预警76处，预警准确率达到94%；发挥无人机巡检优势，发现火点12处；建立“政府、林业、消防、气象”等多方联动机制。完成11个沿海供电局567个防风加固项目。对19家供电局开展风险管理体系运用监督，发现问题456项。坚持“一二三”安全生产主线，1家供电局获评国家级安全文化示范企业，3家供电局获南方电网公司示范单位。

2017年广东电网公司用户平均停电时间10.53h，综合电压合格率99.960%。建成配电网运行管理技术支持平台，实现配网调度、抢修和客服业务信息的融合应用和自动流转，提升配网故障处理效率，缩短故障停电时间。建立客户投诉应对机制。制定《安全生产领域减少停电和电压质量投诉专项工作指导意见》，建立并推行客户投诉五大机制（快速响应机制、预防机制、减少投诉长效机制、处置监督机制和考核奖惩机制）。开展低压台区治理专项工作。提升信息系统的监控支持功能，扩大电压监测范围，主动在农村、城中村等地区增加6172个监测布点，全省监测点总数同比增加36.4%；加强低电压综合治理，完成2231个低电压台区整改，整改计划完成率106%。

制定国家标准5项、行业标准28项、南网标准和技术规范书67项。建立机巡发现树障缺陷的闭环管控机制，利用台风登陆及“十九大”保供电契机，组织完成500kV及关键、重要220kV线路重大树障缺陷清理处置工作。做好退役审批，把好审批管控，把退役审批提前到可研阶段，提高报废资产净值率在生产项目立项中的权重，严防健康设备提前退运。

组织制定、修编国家、行业、南方电网公司企业标准100份。构建电网设备与环境智能监测及评价体系，实现设备状态检修与定期维保。建成直升机、无人机巡检智能分析管理平台，实现输电班组多旋翼无人机配置全覆盖。

成功研制世界首台500kV高温超导限流器。完成世界首台机械式高压直流断路器示范工程建设并成功投入运行，联合攻克高压储能、快速开断、系统控制等核心技术。完成世界首例500kV变压器全系列故障机理研究及预警系统的开发及应用。研制第二代全自动巡检大型无人机、新一代自动化光电巡检吊舱系统。研制并示范应用国内首台数字电驱高压断路器，成功研制并投入示范的绿色绝缘高过载配电变压器。建成南方电网公司首个精准数值气象预报系统，构建涵盖台风、覆冰、山火、微气象的全面灾害监测预警体系，大幅提升灾害预测水平；卫星及临近空间技术开发成效初显，构建卫星综合应用体系，率先实现遥感卫星10min山火高频监测、提前预警和主动避险；数字化雷电监测研究深入推进，实现雷电准确监测与定位。带电作业机器人技术研发取得突破，初步实现导线修补等作业功能；巡检机器人开发成效显著，实现机器人变电站完全自主巡视及辅助遥控操作功能。获得2018年国家科技进步奖提名、中国电力科技进步一等奖1项、全国电力职创成果一等奖2项、中国能源创新一等奖1项、南方电网公司科技奖励一等奖6项，共计获得南方电网公司及省部级奖励158项。

综合电压合格率99.958%，城镇居民端电压合格率99.945%，农村居民端电压合格率99.903%；中心城市（区）用户平均停电时间3.01h，城镇用户平均停电时间8.74h，农村用户平均停电时间28.99h，全口径用户平均停电时间 21.22h；500kV 架空线路可用系数 99.856%，500kV 变压器可用系数 99.851%，500kV 断路器可用系数 99.867%；220kV 架空线路可用系数 99.884%，220kV 变压器可用系数 99.891%，220kV 断路器可用系数 99.915%。

完成广东电网公司信息化支撑子规划编制，全面落实南方电网公司“十三五”信息化子规划修编要求。建成省级大数据平台，完成营销监控平台开发应用和建成生产运营监控平台，营销低压集抄系统可有效支撑全省 3300 万居民自动抄表和电子化结算。将网络信息安全全面纳入安全管理体系，建立信息安全管理、监督、问责机制，完成全体员工网络安全责任书的签订工作，整改 10.4 万台终端安全风险，获得省部级以上级信息安全技能竞赛奖项 11 项。

市场营销 2017 年广东电网公司完成购电量 5128 亿 kWh，增长 6.1%；售电量 4933 亿 kWh，同比增长 5.5%。2017 年，全口径当年回收率累计完成 99.98%，同比增长 0.01 个百分点。1 年期、2～3 年、3 年以上陈欠分别完成 90.09%、61.23%、25.63%。

制定公司 12 大项 33 小项工作措施，建立各层级、各专业合力“围剿问题”的闭环管控机制，解决客户诉求，12398 投诉总量呈下降趋势。推进电能计量集约化管理，开展省级计量检定中心建设。完成项目初步设计与审查批复，严格遵循“一流水线一设计”的基本原则，对检定流水线整体布局和技术细节、建筑方案、消防要求、信息系统集成、通信网络规划、实验室环境和能效管理等进行周密细致的设计分析，制订优选方案。

开展电力需求侧管理工作，通过国家发展改革委关于电力需求侧目标责任考核。促进节能改造项目 230 个，节约电量 5.3 亿 kWh。优化光伏并网服务流程，实施远程服务“一口受理”，2017 年新增光伏并网项目 8338 个，新增装机容量 36.53 万 kW。全面推广电能替代，新增电替代项目 514 个，累计实施电能替代项目 1993 个，年度替代电量 66.37 亿 kWh。编制完成电能替代“十三五”规划，珠海高栏港港口岸电项目成为南方电网公司首个获得国家补贴的电能替代项目。在城市公共、高速公路、内部机构、居民区停车位电气化、停车场充电一体化等领域完成 1801 个充电桩的建设任务，争取到港珠澳大桥人工岛以及佛山、汕尾等开展电动公交试点城市等优质资源充电设施建设权。牵头组建广东省电动汽车充电基础设施促进联盟。

推进智能电能表与低压集抄全覆盖建设工作，完成 1448 万只智能电能表和 1925 万户低压集抄安装。建立降损治理协同机制，完成 1500 条高损线路和 15 000 个高损台区“精准”降损任务。开展低压集抄“自主运维、采维一体”工作。按照低压集抄“三个一片”的工作要求，在汕头、佛山试点低压集抄自主运维，打造低压集抄自主运维标杆。

建成省级营销监控平台，首创网省级监控同步准实时传送，实现 258 个营销业务核心指标实时展现，支撑营销管理提升。推进营销作业移动终端试点应用。

稽查样本 126.70 万个，发现问题样本 10.17 万个，处理营销差错 10.29 万宗，问责 1764 人；查处窃电及违约用电行为 5611 宗，追回电费及违约金 7635.00 万元。重要客户供电电源、自备应急电源合格率均达 100%。

创新建立业扩项目主人制，在全网首推取消低压非居民供电方案制定，率先试点低压业扩配套项目按“乙供材料”方式管理，中压业扩报装平均用时、业扩配套建设用时分别压缩至 73、58 个工作日。完成“一户一表”小区改造，共接收改造 20.68 万户，提前完成国企家属区“三供一业”所有小区移交框架（实施）协议签订。

人力资源管理 2017 年调整处级干部 230 人次，其中新提拔 47 人。新提拔处级干部中，1975 年及以后出生的 19 名，1980 年及以后出生的 5 名。19 个直属供电局中，8 个直属供电局的领导班子有 1980 年及以后出生的班子成员。以江门、清远、汕尾供电局为试点，推行“党政一肩挑”模式。建立直属单位领导班子分析评价模型，考核调研 39 个直属单位领导班子和领导人员情况，综合分析诊断各单位班子、干部的优缺点。改进干部考核模式，按分管专业对直属单位班子副职进行排名考核。加强涉密岗位人员因私出国（境）管理。出台公司组织人事领域“不能腐”体制机制构建工作实施方案。

研究出台《公司党委联系服务专家工作方案》，从“加强人才队伍建设”“加强政治引领”“支持专家工作”“关心专家生活”和“宣传激励专家”等方面提出 27 项工作举措。截至年底，广东电网公司技术、技能、管理专家总数达 1486 人。依托“五站、三库、一平台”，整合系统内外人才资源，实现“五站”之间资源互通互用。与清华大学、华中科技大学合作举办人才培训班，共培训高层次人才和年轻技术人才 110 人。举办 5 期院士专家大讲堂，组织 4 批技术技能专家赴高校开展培训讲座。引进 4 名博士后、62 名研究生进站工作，1 名博士后获得中国博士后科学基金面上二等资助，1 名博士后出站留用公司。

管制类业务方面，研究制定省地县各级组织机构调整方案，完成广东电网公司本部机构设置优化调整，陆续成立广东电网公司客户服务中心、科技成果转化中心、财务共享服务中心、审计中心等省级业务支撑服务机构，明确与职能部门的职责界面。按照电网“四个统一”要求，试点开展统一运维、统一服务班组设置和劳动组织形式优化，加强配网二次设备运维力量。竞争类业务方面，落实深化电改部署，成立广东电力交易中心有限责任公司。成立广东电网公司综合能源投资公司、能源技术公司，配合成立各地市局焕发公司分支机构及改革后企业管理平台，支撑广东电网公司综合能源领域业务拓展。

制定标准并推进供电所简易实训场建设，“一所一场”覆盖率增至87.7%。全年新增各级技术专家439人、技能专家602人、省公司级管理专家11人，高级职称652人、中级职称3641人，高级技师172人、技师2067人，中高级技术人才比例达46%，高技能人才比例达73%，班组持证上岗率保持100%。开展岗位胜任能力抽考专项行动，完成配电运维等5类班组统一抽考和巡维中心站等10类班组技能大比武，参加人数超过1800人，合格率93.1%。

经营管理 广东电网公司在全面承接南方电网公司精益管理总体部署的基础上，探索具有广东电网公司特色的精益管理之路，运用“一套标准、两个抓手、三个导向、四项机制”的基本策略，系统构建“1+3+9”的精益管理工作方案体系，在管制业务和竞争性业务全面推行精益管理，加快向世界一流的综合能源服务公司迈进。2017年，广东电网公司综合标杆一流评价达到国内一流水平，19个班站所荣获南方电网公司五星班站所称号，5个精益项目荣获南方电网公司一等奖。

落实南方电网公司瘦身健体提质增效总体部署和安排，围绕“强组织、增效益、促改革、补短板、控风险”，全面承接制定“1+8”工作方案，细化123项工作措施，狠抓工作落实，达到预期目标。面对全年电量增长呈U字型走势及输配电价改革降价压力，加大经营力度，加强业扩报装时限管理，加大电能替代，全年售电量4932.6亿kWh，同比增长达5.48%；加大电价的执行、检查、考核，实际平均销售电价（剔除政策性调价因素影响）每kWh提高1.57厘钱，全年增收7.74亿元；全力吸纳水电、西电，合理安排高价燃气机组上网，降低购电成本约1亿元。参与发电合同电量转让交易、售电公司履约保函办法等交易规则制定，争取有利的政策，把握市场化交易结算权，2017年完成与电厂结算市场化交易电费510亿元，与售电公司结算电费8.72亿元。2017年安排修理项目18 831项、87.6亿元，安排智能电能表专项材料修理费54.93亿元。优化完善成本管理机制，完成57项一级科目、160项二级科目供电成本标准修编，编制《工程成本词典》，修订《供电成本词典》。提出8方面23条改进举措并推广应用，单项修理费成本平均节约率6.36%，获南方电网公司精益项目评审一等奖。探索建立竞争性业务投资分析评价体系，组建投资分析团队，分析制定13类行业的项目经济性评价标准值。有9人被录取为广东省会计领军（后备）人才，139人申报财务管理专家，8人获评公司级管理专家。共完成财务经营软课题183篇。5篇论文获全国电力行业优秀管理论文一等奖，1项成果、2篇论文获全国国有企业财务管理创新成果和优秀论文二等奖，1项成果获中国企业改革发展成果二等奖。

农电体制改革。完成181个小水电自供区、2个趸售镇（云浮腰古镇和潮州市枫溪区）改革协议签订，涉及12个地市，668个自然村，11.80万用电客户、33.42万用电人口受惠，年用电量6.88亿kWh。2017年完成广东电网茂名电白供电局等23家县级供电企业“子改分”。

编制《广东电网公司2017年提升县级供电企业可持续发展能力行动计划表》，共8个领域37项工作举措77项二级任务。投资3.18亿元开展供电所光缆覆盖专项建设，完成730条光缆覆盖建设和接入。开展供电所小型基建工作，累计建成31个。编制广东电网公司《供电所标杆评价标准（2017年版）》和《2017年供电所标杆星级建设工作方案》，建立联动培养关系，推进准五星、准四星建设。

2017年，广东电网公司开展17类198项审计项目，抽查项目金额227.83亿元，抽查项目9714项；审计发现问题2826个，提出审计建议2557条；审计发现违规金额2.2亿元，增收节支3306.87万元。编写《公司内部审计体系框架》，明确内部审计体系的6个要素，确立内部审计的运行机制与发展方向。开展“优化审计项目流程”精益项目，对审计项目管理流程节点进行优化。2017年，公司系统“广东电网2016年技改修理专项审计”等项目，荣获南方电网公司优秀审计项目一等奖1项、二等奖2项。编写专业实施细则4份，完善项目质量控制、审计问题处理及整改、审计档案管理等方面的工作流程和标准，修编7个领域审计规范化指南，对审计署、网省公司、地市局审计发现问题进行梳理，下发审计专项治理问题4650个。下发审计问题整改完成率100%，累计回收金额1.99亿元，促进完善制度流程431项，责任追究1465人次。

法治工作。2017年，广东电网公司法治系统审核重要经营决策500项，管理制度27项，经济合同108 814份，实现三项法律审核100%；办结法律案件245宗，胜诉率95.9%，避免或挽回经济损失1.3亿元。开展法律案件隐患排查处置工作，排查处理78项法律案件隐患。对2宗法律案件启动问责程序，问责人员5人、单位1个。推动地方电力立法出台与实施。提升法律服务保障水平。研究各项改革政策法律规定，加强法律风险管理，建立重大合同资信调查机制，加强合同履行管理，开展合同法律风险专项排查，防范合同履行法律风险。加强法治文化建设。

党建和精神文明建设 完善党建工作责任体系。建立公司党建工作领导小组例会机制，每季度至少召开一次会议研究部署党建工作。制定领导班子成员全面从严治党责任清单，明确党委书记、党委副书记和领导班子成员的党建工作责任。制定《基层党支部建设标准工作清单》，明确党支部的职责与标准，推进规范化建设。推进“两学一做”学习教育常态化制度化。规范主题党日活动，形成“一季度一主题”组织生活会模式，全年组织召开四次专题组织生活会，进一步严肃党内政治生活，开展“党员走在前”系列活动。完善党建工作考核评价体系。承接完成《南方电网公司党建工作绩效评价体系建设研究》课题，成果获国资委中央企业政研会2017年度优秀研究成果一等奖。推进党组织规范化建设。

制定实施公司学习宣传贯彻党的十九大精神工作方案和工作推进表。各级党委理论学习中心组围绕党的十九大精神，聚焦习近平新时代中国特色社会主义思想，开展专题学习研讨50多场次。落实《中国共产党党委（党组）理论学习中心组学习规则》，《“牵手行动”品牌建设的探索与实践》获中国政研会二等奖，《基于电网企业视角的社会主义核心价值观培育与践行路径研究》获中央企业党建思想政治工作优秀研究成果二等奖。强化新闻宣传促进企业形象提升。坚持正面宣传为主，全年外宣累计发稿627篇，其中三大央媒85篇。各单位新媒体意识整体提升，及时发现和处置舆情，网络舆论引导的针对性、及时性日趋增强，广东电网微信粉丝同比增长400%。

印发《关于开展“一班组一特色”班组文化创建工作的通知》，发布班组文化创建指引，开展“我为班组代言”宣介活动，规范并推广入职礼、凯旋礼等文化礼仪，组织开展“道德讲堂”85场次。惠州供电局、湛江供电局、潮州供电局、韶关曲江供电局获评第五届全国文明单位。

全面从严治党责任取得成效。印发领导班子成员全面从严治党“一岗双责”责任清单，以廉洁教育月和纪律教育月活动为载体，在所属39个单位实践“四种形态”及回头看工作。对2015年制定的167条整改措施完成情况开展回看回查，对107条整改措施进行持续深化。配合开展国资委巡视专项督查整改，拟定77项整改措施、29项落实措施，推动督查反馈意见整改工作落实，持续深化电力营销领域权力寻租等五个专项治理。以“五结合”和“1+10”的整改思路，落实南方电网公司巡视及问题整改。紧盯重要节假日，注重加强廉洁提醒和教育。开展公款违规购买高档白酒、抢修复电、工作作风等专项督查，组织明察暗访2164次。执纪审查保持领先。全年处置问题线索298条，受理信访举报90件，自办案件50件，已结案29件，给予党政纪处分58人（轻处分50人，重处分6人，司法判决后双开2人），全年未发生执纪安全事故。建立实施“案件通报曝光机制”和“信访举报办理情况呈阅机制”。“不能腐”体制机制完善。印发监督问责实施细则，督促职能部门制定自主监督计划99项，组建专业监督队伍，开展季度监督检查4次，发现问题34个，提出整改措施14条。紧盯领导干部这个“关键少数”，连续七年举办领导人员廉洁从业培训班，发挥以上率下的示范作用。开展以“实践‘四种形态’，推进从严治党”为主题的廉洁教育月活动和以“做忠诚干净担当合格党员”为主题的纪律教育学习月活动。抓管理带队伍水平提升。修订广东电网公司纪检监察体系业务工作手册，优化执纪审查工作程序，规范线索处置及信访案件档案。对照纪检干部监督执纪负面清单，对有问题反映的11名纪检干部开展核查，诫勉谈话1人，提醒谈话3人，坚决防止“灯下黑”。举办2期培训班，113名专职纪检监察干部参加培训。采用“以案代培”、“交互初核”等方式培训28人次，选拔46名专业骨干充实完善执纪工作人才库，纪检监察队伍理论水平和专业技能持续提升，3人荣获南方电网公司党组纪检组“6·2”专案组集体一等功。与清华大学廉政研究中心、中山大学廉政与治理研究中心合作，就廉洁风险防控、纪检监察工作机制等开展理论研究，形成高质量的研究报告3篇。在《广东党风》杂志刊登8篇。

2017年，广东电网公司系统召开职代会及职代会联席会议259次，审议通过《公司奖励管理办法》等涉及企业改革改制和职工切身利益的重大事项和规章制度164项，解决职工普遍关心的问题175个，办理职代会提案153件，办结率为100%。承办广东省职工技术大赛装表接电工竞赛。举办公司级技能竞赛12项和工会系统大比武大练兵活动，组队参加南方电网公司“精益杯”系列竞赛5项（其中承办3项），获团体一等奖3项，个人一等奖6名。组队参加省企业班组安全知识培训大赛获一等奖。组织参加全国“安康杯”竞赛和广东省十项工程劳动竞赛。组织开展并参加南方电网公司“精益杯”7S管理劳动竞赛。推进职工之家建设。开展“幸福南网—职工之家”建设工作，承办南方电网公司“幸福南网—职工之家”建设工作现场经验交流会。健全广东电网公司爱心帮扶资金全面帮扶、直属单位助困资金重点帮扶、县（区）供电局自主帮扶的三级立体帮扶机制。组织开展读书、朗诵、书画摄影、亲子手抄报等培育好家风系列活动。获国家级表彰的集体 6 个，省级表彰的集体 20 个、个人 6 名；南方电网公司级表彰的集体 5 个、个人 11 名。

深化共青团改革。召开共青团广东电网有限责任公司第一次代表大会，指导基层团组织按期换届。制定“学习总书记讲话做合格共青团员”工作计划，印发公司《团支部工作手册》。完善“亲青广东电网”微信公众号运营，组织“清明网上祭英烈”“点亮青春”风采展示等网络互动活动，开展“点亮青春”“五四”系列主题活动。在抗击“天鸽”“帕卡”“玛娃”等台风和党的十九大保供电等急难险重任务中，组建“青年突击队”299 支。推进公司“青年创客”工作，开展“精益在我身边”“金点子”创意征集活动。促进青年成长更快发展。出台《关于促进青年更好成长、更快发展的若干意见》，落实国家《中长期青年发展规划（2016～2025 年）》。打造志愿服务“三化”管理模式（管理项目化、工作品牌化、服务常态化），探索“志愿＋扶贫”工作模式。

扶贫工作。抓好公司新一轮农网升级改造“十三五”规划实施，研究制定《2017 年新一轮农网改造升级实施计划》。农网投资计划 140.8 亿元，全年完成投资 148.5 亿元，投资完成率 105%，超过年初投资资金计划 5%，其中完成贫困村改造投资 6.03 亿元，完成 535 个村农网改造。保障社保兜底的基本用电需求，累计对全省 55.96 万“低保户”“五保户”减免电费 5350.78 万元。全省各级单位并网发电光伏项目 12 个，总投资约 450 万元，总装机容量约 3 万 kW，已发电量 35.29 万 kWh，年产生经济效益约 333 万元，受益覆盖贫困人口 1201 人。与西湖村党支部定期开展牵手共建活动，帮助西湖村党支部建强“桥头堡”。调拨 480 台全新教学电脑进村。利用“光明学堂”“金秋助学”等群团志愿服务品牌，提高村小学“图书角”藏书量，利用南方电网公司示范村“未来·蓝”教育资金，改善学校教育设施，平整操场，修缮教室。广东电网公司纪委会同宣传、审计和财务等部门，组成 3 个检查组对 12 个重点省定帮扶村开展重点监督检查。

主要事件

2 月 13 日，广东电网综合能源投资有限公司正式挂牌成立，增设综合能源等六个模块。

2 月 23 日，广东电网电科院能源技术有限责任公司挂牌成立。

6 月 22 日，国家能源局和中国电力企业联合会在北京联合召开 2017 年电力可靠性指标发布会，发布 2016 年度电力可靠性指标。珠海、中山、佛山供电局分列全国第 1、4、8 名。

7 月 1 日，广东省首部供用电法规《广东省供用电条例》正式实施。

7 月 19 日，电网的“隐形大坝”——全球最高电压等级、全球首台由中国自主研发的 500kV 电压等级超导限流器样机由广东电网公司研制成功，迈出超导技术向超高压电网应用的重要一步。

8 月 21 日，广东统调负荷年内第五次创新高，达到 10 858 万 kW，比 2016 年最高负荷（10 007 万 kW）增长 8.5%。

9 月 15 日，广东省电动汽车充电基础设施促进联盟召开第一次动员大会，广东电网公司当选广东省电动汽车充电基础设施促进联盟第一届理事长单位，研发建设的全国最大省级充电设施智能服务平台“粤易充”app 上线。

11 月，广东电网公司 7 个智能电网示范区全部完成规划编制。

12 月 20 日，世界首台机械式高压直流断路器在南方电网±160kV 广东汕头南澳多端柔性直流输电系统投运，中国成为全球首个掌握机械式高压直流断路核心技术并投入实际运行的国家。

【广西电网有限责任公司】

企业概况 广西电网有限责任公司（简称广西电网公司）是南方电网公司的全资子公司，位于“西电东送”主通道的中部，注册资金 83.02 亿元，资产总额 765.58 亿元。主营广西电网规划、投资、建设和经营管理；负责电力购销、电力交易与调度、电力资源优化配置、电力科学研究、技术开发、技术监督、技术服务、电力工程承试、修配、咨询服务等业务，承担着为广西经济社会发展提供可靠优质电力保障的重任。

广西电网公司直管 14 个供电局，管理 43 家县级供电企业，供电面积 23.67 万 km^2，供电服务人口约 5200 万人；供电量 1183.34 亿 kWh，服务客户 1142 万户；累计拥有 35kV 及以上输电线路 4.93 万 km，公用变电容量 8770.82 万 kVA。其中：35kV 输电线路 15 868km，35kV 公用变电站 610 座，容量 643 万 kVA；110kV 输电线路 15 232km，110kV 公用变电站 400 座，容量 2900 万 kVA；220kV 输电线路 15 825km，220kV 公用变电站 147 座，容量 3903 万 kVA；500kV 输电线路 2348km，500kV 公用变电站 9 座，容量 1325 万 kVA。

领导班子

党委书记、董事长：揣小勇（法定代表人）（2017年3月14日任职）

党委副书记、董事、总经理：吴小辰（2017年6月27日任职）

党委副书记、董事、纪委书记：瞿佳兵

党委委员、董事、副总经理：黄家林

党委委员、董事、工会主席：林辉

党委委员、董事、副总经理：陶先文

党委委员、董事、副总经理：叶雄

总会计师、总法律顾问：李欣

党委委员、董事、副总经理：陈伟荣（2017年6月27日任职）

党委委员、董事：陈邦宇（2017年6月27日任职）

党委委员、董事：陈承林（至2017年6月27日）

组织机构 2017年，广西电网公司开展优化结构调整，优化本部部门设置，实施核心资源集约化管控，关键业务专业化管理。本部设20个部门（其中系统运行部与电力调度控制中心合署）、14个业务支撑和实施机构，下辖43个分公司、20家全资子公司，控股3家公司。

人才结构 至2017年末，广西电网公司用工总量为4.5万人，全年用工总量同比下降0.64%。其中博士生30人，硕士研究生1412人，本科生13 360人。具备专业技术资格18 265人，具备技能等级资格25 871人；新增高技能人才4040人，同比提升20%，高技能人才占比达62%；新增技能专家79名，专家队伍（含后备级）总量达218名。

电网规划 电网前期规划。2017年，完成自治区级政策研究及规划8项，南方电网公司级重大规划研究课题13项，广西电网公司级规划研究课题33项；评审35～500kV输变电项目可研报告133项，上报可研评审意见104项，复核10kV可研项目256项，完成初设评审6项，施工图设计评审3项；35kV及以上项目审定投资35.4亿元，核减率3.2%。受自治区能源局委托，主导完成了《广西电网规划建设管理暂行办法》《广西企业自备电厂管理暂行办法》和《广西电源项目投资体制改革方案》等3个电改配套文件。承接广西光伏电站评优推荐工作，引导广西光伏电站项目健康有序发展；向自治区能源局提出广西后三年云电送桂建议，助推南网能源战略布局。开展广西弃水问题专题研究、广西沿海电网送电广东专题研究，提出了8项化解弃水问题的建议，力求实现2018年零弃水；开展广西电网网架完善等5项防范电网运行风险重点工作，化解沙塘站短路电流超标等6项电网运行重大风险；主导编制广西输电网规划、14个地市配电网规划、50个园区增量配电网规划。推动政府印发了《广西“十三五”110kV及以上电网规划》《广西农村电网改造升级“十三五”规划》。完善新能源接网策略，做好风电等新能源并网服务，加强与政府部门的沟通、协调，有序指导区域内新能源发展项目并网管理工作；全面落实清洁能源消纳专项行动，落实国资委瘦身健体、提质增效工作，确保清洁能源消纳取得明显成效，全年完成云电送桂目标，区内未出现弃风、弃光现象。抓好项目前期储备，基本完成2020年以前投产主电网项目和2018年以前投产配电网项目前期工作；加快推进500kV金陵、百矿三个铝供电工程等重点项目尽快建设；完成乌东德项目广西段的前期工作；完成《广西电网有限责任公司电网基建项目前期管理实施细则》修编，指导各项目责任单位规范有序开展。落实国家化解煤电产能过剩风险的要求，全面停止神华电厂等3个煤电项目送出工程的前期和建设工作。

主电网规划。开展北部湾城市群和珠江—西江经济带等专项规划，完成广西远景目标网架适应性研究；转化电网发展方式，提升电网发展质量，常态化开展广西电网设备利用效率研究，全面总结分析电网设备运行利用情况以及新建输变电项目可研论证；推动提升电网防灾抗灾向“主动防御”转变，降低极端自然灾害可能造成的重大社会经济影响。加强规划与生产运行的衔接，完成广西电网网架完善方案和三年系统运行方式分析，确保规划与运行对接；针对电网调度运行部门提出电网运行风险和薄弱环节，组织开展南宁西部网架完善等专题研究，注重方案有效性和可实施性，远近结合，有效解决电网存在问题。

配电网规划。修编“十三五”配电网（农网）一、二次规划，重点承接南网智能电网发展、创建城市停电时间1h，落实自治区脱贫攻坚工作部署，将贫困村、贫困户、移易地扶贫搬迁的供电需求纳入规划实施。承接南方电网“十三五”智能电网发展规划专题研究，制定智能电网发展实施方案，提出重点任务、关键指标、示范项目，明确智能电网发展技术路线和实施路径。

电网建设 2017年，广西电网基建项目计划投资96.92亿元，完成电网基建项目投资98.68亿元，完成年度计划的101.82%。其中：自筹资金项目投资计划为92.06亿元，完成投资93.79亿元，完成年计划101.88%；中央预算内投资农网改造升级项目投资计划为4.86亿元，完成投资4.89亿元，完成年计划的100.82%；项目进度计划完成率100%。基建项目累计投产18 484项。其中：主网49项，配网1402项，农网17 033项。新增生产能力投产110kV及以上线路1263.39km，其中500kV线路249.97km，220kV

线路618.50km，110kV线路394.92km；新增变电容量416万kVA，其中：500kV变电站容量150万kVA，220kV变电站容量162万kVA，110kV变电站容量104万kVA。投产500kV福成输变电工程、500kV平永线路工程等一批重点项目，开工建设500kV金陵输变电工程等一批重点项目。基建关键指标总体良好，优于年度目标值，其中：基建人身零死亡；进度计划完成率100%（南网基本值95%）；工程造价控制指标97.78分（南网基本值90分）。

主网建设。攻坚克难投产500kV平永线、500kV北海送变电及220kV配套送出、220kV客家站、盐田站、定石线、柳南配套等一批重点项目，完成110kV洋田站等长期挂账项目建设，220kV骆驼站等长期受阻项目取得实质性突破，停电1h提升项目按计划有序推进，广西电网网架结构得到进一步加强。

配网建设。高标准建成边防部队用电项目，彰显企业担当和军民融合精神。对25项未通电户、79项低电压及过载、23项移民搬迁配套、6个定点扶贫村配套等年内重点项目实行专人跟踪，定期督促管控。完成中央投资农网、中心村、机井通农网升级改造工程建设任务，贫困村通动力电工程于8月全部完成。

小型基建项目建设。重点加快供电所技术业务用房的建设，完成仓库、供电所标准设计和典型造价的宣贯培训，推进供电所和仓库标准化建设的落地。

质量管理方面。宣传贯彻执行2017年新版基建质量控制标准（WHS），2017年，220kV排岭站荣获中国电力优质工程奖，同时首次荣获国内安装行业工程质量最高奖“中国安装工程优质奖”；500kV防城港核电送出线路等9项工程荣获南方电网公司基建优质工程奖；220kV排岭送变电等14项工程荣获南网公司基建工程优秀设计奖；南宁局《便携式声光核相器的研制》课题在2017年南方电网基建优秀QC成果发布中排名第一。

安全生产管理　电力供应。2017年，广西境内电厂装机容量4331.81万kW，比2016年增长4.32%。其中：水电1669.32万kW，比2016年增长0.29%，占当年全部装机的38.5%；火电2217.27万kW，比2016年增长1.5%，占当年全部装机的51.2%；核电217.2万kW，同比持平，占当年全部装机的5.0%；风电149.84万kW，比2016年增长115.29%，占当年全部装机的3.5%；光伏78.18万kW，比2016年增长377.77%，占当年全部装机的3.83%。广西境内电厂发电量1345.08亿kWh，比2016年增长5.44%，其中：水电完成发电量613.82亿kWh，占45.6%，火电完成发电量575.49亿kWh，占42.8%，核电完成发电量126.81亿kWh，占9.4%，风电完成发电量24.88亿kWh，占1.8%，光伏完成发电量4.07亿kWh，占0.3%。广西全社会用电量1444.95亿kWh，比2016年增长6.27%。第一产业用电量为30.4亿kWh，比2016年增长6.1%；第二产业用电量为940.9亿kWh，比2016年增长4.6%；第三产业用电量为186.0亿kWh，比2016年增长15.2%；城乡居民生活用电量为287.6亿kWh，比2016年增长6.4%。购外省电量202.72亿kWh，售外省电量102.85亿kWh。

电网运行。2017年，广西电网统调负荷11次创新高，最高负荷出现在12月15日，为2012万kW，比2016年的1743.56万kW增长15.40%；日电量3次创新高，2017年8月22日电量为全年最高值，达到3.90亿kWh，比2016年的3.65亿kWh增长6.87%。统调发受电量1210.40亿kWh（含龙滩转送广东），同比增长8.3%。区内统调发电量856.20亿kWh，同比增长4.9%，其中：区内统调水电发电量345.40亿kWh，同比减少2.5%；区内统调燃煤火电发电量346.50亿kWh，同比增长1.5%；区内统调燃气火电发电量0.9亿kWh，同比减少6.6%；区内统调风电发电量23.60亿kWh，同比增加93.8%；区内统调其他（生物质）发电量10亿kWh，同比增长0.6%；区内统调光伏发电量3.30亿kWh，同比增长517.2%；区内统调核电发电量126.60亿kWh，同比增长30.4%。购西电电量354.10亿kWh（含龙滩转送广东、购云南），同比增长17.6%。全年主汛期区内来水偏丰3成，云电入桂电量猛增32%，区内电力市场交易同比增长1.7倍，发电产能严重过剩，水火核云电矛盾突出，弃水电量扩大。电网停电检修作业多、高风险停电任务重、区域电网无序发展，电网运行风险依然突出。加强防范电网风险重点项目、重点工作的管控，优化机组开机和云电、西电曲线，吸纳可再生能源，确保了电网安全、稳定、经济、优质运行和电力可靠供应。

可靠性供电。发布《关于重新完善电压监测点的通知》电压监测仪数量由6830个增加至2017年的10 195个，助力电能质量精益化管理和针对性提升。开通低电压台区改造项目绿色通道，重点解决存量低电压台区，全年完成重过载及低电压台区改造7142个。综合电压合格率99.27%，比2016年降低0.21个百分点；城市居民端电压合格率99.64%，比2016年降低0.24个百分点；农村居民端电压合格率为98.19%，比2016年降低1.11个百分点，主要是电压监测点规模扩大，增加了536个。中心城区客户平均停电时间3h/户。全口径客户平均停电时间22.99h/户，同比降低7.3%，比年度计划降低1.01h/户。化解五级及以上风险320项，完成8座500kV变电站、52座重要220kV变电站隐患精益化排查，整改重要设备476台。排查整治城中村供电等涉及公共安全的重大隐患8951处；累计对1264项Ⅴ级以上电网风险及Ⅱ级以上管控设备开展26 913台（条）次特巡特维，输电线路跳闸次数比2016年下降8.8%。

安全管理。2017年广西电网保持安全稳定运行，未发生大面积停电、电网瓦解和重大设备损坏事故。全年全网发布风险预警通知单101份，成功化解Ⅴ级及以上电网风险320项，实现Ⅲ级及以上电网风险降级工作7项。通过110kV及以下系统运行方式调整，转供部分负荷由国网供电，化解了220kV桂湘线、桂南Ⅰ线同停的较大电力安全事故风险。全网1383项220kV及以上输变电设备检修作业全部有序执行，完成了220kV渡江站接入、紫荆站接入、沙银双线轮停，柳钢线、盘钢线停电，220kV柳杨Ⅰ线、柳钢线同停，500kV福成站接入、220kV磨东站整体搬迁、220kV亭洪站、220kV翰峰站接入、220kV迁铝二站及220kV田阳铝站接入工程等影响较大的停电检修工作。全年没有发生一般及以上电力生产事故，没有发生二级及以上的电力事件，连续5年没有发生恶性误操作事件，三级及以上事件数为南方电网五省区最少。发生电力事件33起，安全生产事故事件数比2016年降低27%。开展"治理违法违规，确保人身安全"100项工作，查处各类违法违规行为1704多起。安全生产风险管理体系评价指标实现三钻100%，四钻37.5%。应对3个台风（天鸽、帕卡、卡努）、20轮强降雨、2轮强冷空气、4次有感地震等自然灾害对电网造成的影响。完成党的十九大、习近平总书记到广西考察调研、第十四届中国—东盟博览会、2017年央视春晚桂林分会场等重要保供电任务326项，累计投入33.9万多人次、3.9万多台次车辆、1074台次发电车、1238台次发电机。

物资管理 2017年，广西电网公司落实物资和招标管理改革任务，提升装备水平和采购质量。各项关键指标稳中向好，全年完成物资采购金额56亿元，较预算相比节约1.72亿元，节支率3%。物资需求计划准确率、合同签订及时率、7天准时供货率、品控品类覆盖度等指标在南方电网公司排名前列。加强物资缺陷处理工作，针对发现的水泥杆保护层厚度不合格等6类物资质量问题，约谈供应商、限期整改、现场复查等方式，有效保障电网物资入网质量。开展具有广西电网特色的物资品控"省地两级"体系建设，南宁供电局完成电缆保护管、光缆等物资自主品控工作。

节能减排 主要指标。2017年，全口径综合线损率完成5.78%，同比下降0.5个百分点。万元产值综合能耗完成0.148t/万元（标煤）（按2015年可比价），同比降低0.01t/万元（标煤），节约电量2.68亿kWh，客户侧节约电力5.96万kW，助力客户节能1.12亿kWh，分别完成年度"两个千分之三"考核目标107.2%和114%。非化石能源电量占比完成59.61%。单位发受电量化石能耗91.27g/kWh（标煤），比2016年降低了15.45%。

线损管理。线损精益管理水平逐步提升。2017年印发《全面加强线损精益管理工作方案和同期线损实施工作方案》，推进河池、柳州、崇左、百色同期线损试点，35kV及以上分压同期线损指标数据质量大幅提高，合格率由17%提高到100%以上；理论线损计算首次开展省市县所四级同步计算、分级汇总，计算结果更有指导意义。有序落实11类25项降损措施，44家县级供电企业综合线损率累计完成5.54%、同比下降0.17个百分点，有损线损连续7年下降，各县公司综合线损率继续保持在7.8%以下。

推动能源结构调整。应用先进适用的新技术、新设备，推进"十三五"配电网节能改造升级，淘汰高能耗配电变压器2014台、改造7142个重过载及低电压台区，完成三相不平衡台区治理756个，轮换改造淘汰类及超期服役电能表106万只，智能电能表覆盖率达到97%，新采用一、二级能效配电变压器比达到98%以上，提升了配电变压器能效水平。制定分布式光伏发电项目电费（补贴）结算指导意见。新增并网新能源发电项目1228个，容量165.01万kW，其中风电项目13个，容量92.21万kW，集中式光伏电站项目15个，容量67.5万kW，分布式光伏发电项目1197个，容量2.52万kW，生物质发电项目3个，容量5.3万kW。新增风电、光伏发电容量占各类新增发电容量的71.87%，风电、光伏发电量28.87亿kWh、同比增加107.5%。推进港口岸电、电磁厨具改造等电能替代项目，电能替代电量1.78亿kWh。利用丰水期富余水电政策，推动百色信发铝、锦盛化工等企业燃煤自备机组减发停发，增加清洁能源消纳16亿kWh。建成南宁、柳州充电桩示范项目62个，充电桩370个，推进防城港港口岸电二期项目进场施工和梧州赤水港港口岸电项目合作协议签订，完成电能替代电量20亿kWh，实现年度目标翻番。

促进清洁能源消纳。优化区内水火核电及外购电调度策略，优先安排节能环保高效煤电机组和水核风光生物质等清洁能源发电上网，统调优先发电计划占广西发受电量的88%，全年未发生弃风弃光情况，实现了新能源的全额消纳。增加消纳云南富余水电电量14亿kWh。累计签订发电权交易电量14.02亿kWh，水火发电权交易电量6.77亿kWh。

服务社会节能减排。实施需求侧管理，2017年举办节能宣传活动240期，节能培训15次。全年完成需求侧节约电力 5.96 万 kW，需求侧节约电量 2.68 亿 kWh。配合自治区政府推进煤电节能减排升级与改造行动计划，超低排放机组容量占火电装机容量的 50.5%。做好煤电污染排放监测，统调 32 台煤电机组已全部安装了脱硫脱硝设施，脱硫设施投运率 100%，平均脱硫效率 94.75%，全年减排二氧化硫约 45.9 万 t；脱硝装置平均脱硝效率 82.14%，减排氮氧化物约 7.91 万 t。

服务生态和谐发展。推进绿色变电站建设。遵循“预防为主、防控结合”原则，加强环保风险管控，以“解决存量、严控增量、强化监督”为目标，完善环保风险常态化管控机制和管控长效机制，落实《广西电网公司环境保管理指导意见》，运用环境危害辨识、危害核定、危害定性、风险评级、风险控制流程，有效管控新增环境风险，全面完成 14 项环保风险专项行动任务，完善突发环境事件应急响应机制，环评和竣工环保验收批复率 100%；广西首个变电站电磁环境监测系统在南宁 110kV 长堽变电站建成投产，完成环保风险整改计划。开展电网建设项目、输变电设备运行过程、生产过程“三废”环保风险梳理和重大变动在建输变电项目补充环评工作，推进六氟化硫回收中心建设，110kV 及以上电网建设项目环评率和竣工环保验收批复率达到 100%。开展“三废”回收处置，落实《南网公司危险废物回收处置管理办法》要求，2017 年处置废气 3t、废油 1t、废蓄电池 35t，六氟化硫气体、废油及固体废弃物回收率达到 100%。加大闲置物资管控力度，编制并实施闲置物资管控方案，全年闲置物资利用率 76.45%，累计利用闲置物资 8910.48 万元，项目物资剩余率 15.1%，同比降低 2%。

科技创新 2017 年共获得省部级以上科技奖励 46 项，新增专利授权 230 件，完成全年目标的 115%。实施 6 项南方电网公司重点科技项目，承办中国电机工程学会年会。

信息化建设与信息安全。2017 年完成科技项目投资 0.95 亿元，完成信息化项目投资 2.6 亿元，完成率 100.8%。实现协同办公、营销、生产、基建现场作业、物资仓储、应急指挥平台等 11 个 APP 应用，大大提升工作效率和服务质量。制定了 2017 年信息安全风险分析和“五纵七横”安全防护策略，消除了 22 项高中危风险，完成了 75 项措施的整改；完成双网分离和 U 盘加密，落实了“进不来、拿不走”要求。全年共抵御境内外黑客攻击 42 万次，抵御“勒索病毒”“震网三代”“Apache Structs 漏洞”等高危风险攻击；完成了十九大、央视春晚桂林分会场等 8 项重大活动的信息安全值守和保障工作。

市场服务 2017 年广西区内售电量规模首次突破千亿大关，售电量完成 1119.9 亿 kWh，同比增长 6.7%；区内售电量完成 1035.2 亿 kWh，同比增长 6.0%，当年电费回收率 99.999 4%，同比上升 0.002 3 个百分点。陈欠 1 年期电费回收率 78.34%，2～3 年期 50.40%，3 年以上期 17.79%。推动广铁、南方冶炼等 33 家企业增加生产，拉动负荷 46 万 kW；促成百色银海铝停产多年的 15 万 t 电解铝产能复产，拉动负荷 22 万 kW，全年拉动增量约 62 亿 kWh。来宾银海铝二期投产，保住电量 70 亿 kWh。推动政府将市场准入范围扩大到 35kV 以上全部大工业用户和部分增量 10kV 用户，推动火电全电量及核电 2/3 电量入市。全年签约电量 410.9 亿 kWh，实现市场化交易电量 394 亿 kWh，为用户直接降低购电成本 21.8 亿元。首次开展水火发电权交易，成交电量 7.6 亿 kWh。加大力度推进客户资产接收，全年接收小区资产 194 个，资产原值 6.64 亿元；接收重要性客户资产 77 个，资产原值 1.66 亿元。居民、低压零散客户免费装表到户，全年业扩投资界面延伸客户共 29.9 万户。全面推进“三供一业”工作。梳理掌握供电设施分离移交小区 771 个，共 27.39 万户，签订移交协议小区 758 个，共 27.29 万户。

客户服务。2017 年广西电网公司在广西公共行业满意度测评得到 87.17 分。全面实现 95598 省级集约化管理，解决客户问题效率大幅提升，人工接通率达到 93.46%（全区口径），工单处理及时率 99.10%，两项指标分别提升了 54 和 31 个百分点，客户诉求响应和客户问题解决速度提升。缩减业扩报装时间，精减报装环节、强化报装协同，使得高、低压业务办理时间分别减少 19.6 个工作日，零散居民和低压客户装表接电平均时间分别缩减 5.63 和 9.85 个工作日，实现抄表、算费、催费、收费、停电、复电一体化、自动化运行，2017 年底实现费控业务比例达 30.11%、接入费控客户 85 万户，欠费客户自动停复电 2.4 万户，此项目作为营销创新获得南方电网公司二等奖。

农电管理。出台发布了《县级供电企业管理提升“十三五”规划》，明确县级供电企业创建综合标杆国内一流和网内一流目标。强化落实供电局管理主体责任到位，组织开展对隆林供电公司结对帮扶，农电体制改革取得新成效，制定专项工作方案和工作指引，建立内外部协调机制，2017 年 24 家单位实施“子改分”改革，16 家单位完成“制改制”，实现了县级企业体制机制重大转变，接收 79 个独立供电区域。全面完成 962 户未通电户整改工作。

经营管理 企业管理。编制印发了《公司全面推行精益管理总体实施方案》；制定了《2017 年综合标杆达标策略》对综合计划指标进行年中调整；印发了

《广西电网公司2017年星级班站所标杆培育总体工作方案》及7大专业星级班站所培育方案。2017年系统共评选出三星班站所246个，四星班站所48个，获评南方电网网五星班站所4个。首创精益管理“一把手”项目制，印发了《关于纵深推进精益管理全面促进公司各项工作提升的指导意见》，在公司各部门、各单位实施30个主任项目、32个局长（总经理）项目、29个书记项目，聚焦解决客户投诉、低电压、低压集抄等痛点难点问题，取得良好成效。2017年，各领域重大风险均可控在控，没有发生对公司造成重大影响或损失的风险事件。

财务管理。落实公司瘦身健体提质增效“1＋8”系列工作方案，全力以赴抓好电价改革、经营统筹、财务精益管理等各项工作落实落地，利润总额完成南方电网考核目标107.57%；经济增加值、资产负债率完成南方电网考核目标；净资产收益率2.73%，比南方电网考核目标高0.43个百分点。

审计管理。全年累计完成各类审计项目538项，提出审计建议781条，纠正管理不规范问题1185个，促进增收节支4045万元；累计完成8926项工程项目竣工决算审计，涉及投资53.2亿元；累计完成大修技改结算签证审计4710项，审签金额8.45亿元，审减金额或降低风险3175万元。全年累计完成财务收支、资金安全以及工程项目管理等各类专项审计89项。开展历次审计整改治理专项行动，开展审计决定执行情况专项检查，调整纠正不规范业务或账务处理253项，完善制度或工作机制46项。

法制事务。全年办结法律案件144宗，挽回经济损失约8000万元。推进广西电网公司领导干部法治建设“六个一”活动，开展“依法治安”法治宣传教育主题活动；推动自治区司法厅将《广西安全用电管理办法》作为统编教材纳入广西普法体系；联合自治区司法厅在防城港正式挂牌成立国内首家电力行业人民调解委员会。强化重大法律风险管理，全系统三项法律审核率达100%，产权证明清理年度考核指标超额提前完成。

国际合作。在尼泊尔中标220kV GIS变电EPC项目，首次签订几内亚OMVG冈比亚河流域能源系统工程225kV输电线路项目施工总承包，中标老挝首个500kV变电站场地平整工程；继续深化与中国重型机械有限公司、中水集团对外公司的合作，取得柬埔寨农网第五、六期工程项目、柬埔寨东环一期Ⅳ标工程分包项目和几内亚林桑—弗米—康康段225kV输变电工程设计项目。全年海外合同总额约3.76亿元。

党风廉政建设 管党治党责任落实。党委带头履行主体责任，抓住各级党政一把手这个“关键少数”，带动各级党委、纪委和班子成员落实“两个责任”“一岗双责”的意识和成效明显提高。党委研究党风廉政建设工作25次，带头运用第一种形态开展提醒谈话、诫勉谈话27人次，3次集体约谈公司系统党政主要负责人。开展党规党纪教育1142场次、警示教育419场次，通报曝光典型违纪案例45起，警醒广大干部员工知敬畏、存戒惧、守底线。

落实中央八项规定精神。党委带头严格落实中央八项规定精神，自觉接受监督，发挥了表率作用。组织开展落实中央八项规定精神“回头看”、企业奢侈浪费问题专项治理及违规购买消费高档白酒集中整治，紧盯公车私用、私车公养、变相福利等“四风”隐形变异问题加强监督检查。公司业务接待费在连续多年大幅下降的基础上再下降5.02%；公务用车改革取消公务用车711辆，减少46%，费用下降23.4%。加强元旦春节、五一、中秋国庆等重要节假日的常态化监督检查，累计发送廉洁提醒短信9.12万条、开展监督检查415次，发现并督促整改不规范问题33个。

巡察监督工作。贯彻落实中央和南方电网公司巡视巡察工作要求，印发《公司党委巡察工作指引》，强化巡察力度，深化巡察内容，巡察工作效果和影响不断提升。增配巡察组组长、副组长3名，在公司监察部增设一个科室专门负责协调巡察工作，充实了巡察力量。完成对5家单位的政治巡察、14家县级供电企业的巡察“回头看”，实现公司所属67家单位第一轮巡察监督全覆盖。推动五个重点业务领域深入开展专项治理，工程和设备采购领域检查项目426个，整改不规范问题129项，处理违规供应商25家，扣分39家，市场禁入6家；营销领域纠正业务差错问题29个，查处损害客户利益问题3起；深化职工持股企业改革，全面完成非公股权清退。持续巩固巡视整改成果，完成了中央巡视、南方电网巡视和公司内部巡察整改“回头看”，落实国资委党委深化巡视整改专项督查反馈意见整改，确保上级巡视指出问题“件件跟进落实、事事整改到位”。梳理十八大以来巡察共性问题清单，组织各单位对照检查整改，发挥巡察治本作用。监督执纪“四种形态”运用。坚持把实践监督执纪“四种形态”作为落实全面从严治党的重要抓手。

保持反腐败高压态势。落实“以上为主”工作要求，统筹协调纪律审查资源，7个纪检监察中心聚焦执纪核心业务，充分发挥纪律审查主力军作用，有效提高了发现问题线索的能力和办案质量。开展244名十八大以来受党纪政纪处分人员的回访工作。

“不能腐”体制机制建设。明确16项工作任务51条具体措施，推动健全权力运行制约、权力运行监督、廉洁风险防控、责任追究和容错纠错机制。建立健全“不能腐”领导体制，形成“党委牵头、纪委协调、责任部门组织实施”的工作格局，初步建立了覆盖20个业务领域的廉洁风险防控体系。各业务部门聚焦关键环节、关键岗位，共梳理排查廉洁风险258项，落实风险管控措施387项，完善监管制度15项，利用信息化手段管控廉洁风险25项。召开“不能腐”体制机制建设推进会，督促业务部门切实履行主体责任，按照“管业务必须管廉洁风险防控”的要求，强化顶层设计，重视对基层单位的指导。

纪检监察机构“三转”。注重加强纪检监察队伍自身建设，做到“打铁必须自身硬”。组织广西电网公司系统广大纪检监察人员认真学习党的十九大精神，自觉用习近平新时代中国特色社会主义思想武装头脑，不断提高思想政治水准和把握政策能力，牢记职责使命，忠实履行职责。严格落实《中国共产党纪律检查机关监督执纪工作规则》，印发了《公司纪检监察业务领域构建“不能腐”体制机制工作指导意见》，梳理监督执纪责任事项12个、风险事项23个、防控措施26条，强化自我监督管理，严防“灯下黑”。

人资管理　优化机构。成立省级审计中心、法律服务中心，审计人员配置总体精简12%。加强电网规划机构设置和人才引进，规划中心编制由35个增加到75个；成立全面深化改革办公室。统筹各支撑机构业务特点，进一步规范岗位设置和薪酬分配，合理拉开了收入差距。开展本部科级及以下岗位全员择优选聘工作，打破机关队伍客观存在的能进不能出、能上不能下的现象。

干部管理。2017年，按照好干部标准和国有企业领导人员要求，调整充实公司党委管理干部261名(处级173名，科级88名)，其中提拔74名（处级27名，科级47名)；注重持续优化干部队伍结构，调整直属机构和地市级单位主要负责人22名，调整县级供电企业主要负责人11名，地市级单位与县级供电企业相互交流干部6名。

加强干部考核评价。修订年度考核评价工作方案，提高考核的针对性。组织对公司所属25家单位的领导班子和269名领导人员进行年度考核。

用工管理。贯彻用工总量“负增长”和“9876”减员目标，强化“四定”机制。

教育培训。首先抓紧落实“十三五”培训基地规划。完成公司营销实训基地220kV及以下互感器现场校验实训场建设；启动公司生产实训基地户外实训项目建设，全年累计完成固定资产投资5200万元，新建、改造公司级实训场（室）10个，地市级简易实训场27个，为公司队伍建设提供了硬件支撑。全年“脱产轮换”师资47人次，以中青年培训师教学技能竞赛和“金牌内训师”评比为契机，持续提升师资队伍综合水平。

党群宣传　党建工作。2017年，广西电网公司把学习贯彻落实习近平新时代中国特色社会主义思想和党的十九大精神作为首要的政治任务，加强党中央权威和集中统一领导。以“三抓三促进”“三比三带头”为实践特色，抓严“三个计划”，做实“三个平台”，深入推进“两学一做”学习教育常态化制度化。坚持党管干部原则，调整充实公司党委管理干部197名(其中提拔27名)。坚持党管人才，理顺规范党组织管理关系，胜利召开第一次党代会，全系统市、县两级57个党委、16个党总支、696个党支部和党员党组织关系整建制转接至广西电网公司党委。编制《各级党组织落实党建主业主责清单》，推进“一所一支部”建设，供电所党支部设置率达到100%，涌现出河池供电局武篆、石别供电所党员“特权”清单等基层党建工作经验。

印发广西电网公司《关于认真学习宣传贯彻党的十九大精神的实施方案》。把党的十九大报告和新党章纳入各级中心组学习、党支部（党小组）“三会一课”、主题党日活动计划，组织广大党员重点学、带头学。制定下发《公司党委关于全面推动党的建设重点任务落实落地的实施方案》，明确了35项重点任务，逐一分解落实，并加强对基层党建工作的日常管控和专项督导。编制《公司各级党组织落实党建主业主责清单》，首次将党建主业主责清单覆盖到各级党委、纪委、党支部及其组织成员，明确细化6个层级24个责任主体管党治党履职要求。组织开展2017年基层党组织负责人述职评议考核，完成22家三级单位考核评议，市县两级对所辖党组织进行述职评议考核，实现公司、供电局、县级供电企业党组织全覆盖。优化党建责任制考核权重，将党建综合业绩纳入2017年本部各部门、所属各单位组织绩效考核，所占权重提高至10%。制定下发《意识形态工作责任制实施细则》，明确各级党委、党支部、党小组等责任。开展2017年意识形态工作专项督查，对所属23个地市级单位开展意识形态工作专项督查。

工会工作。2017年共开展配电带电作业等8个专业领域的技能竞赛，共有3000多人参加，专业人员参与率达95%以上。组队参加南方电网公司技能竞赛全部荣获团体二等奖及以上的成绩，17人荣获个人奖；“精益杯”7S劳动竞赛荣获优秀组织奖，总成绩排名第二。建成职工创客空间22个，覆盖各地市供电局；连续2年荣获广西十大工匠，2人荣获首届南方电网公司工匠，4人荣获南方电网公司创客；柳州供电局荣获南方电网公司配电专业劳模（技术能手）工作室联盟，黎玉庭劳模创新工作室荣获全国示范性劳模和工匠人才创新工作室；荣获全国电力职工技术成果奖5项、全国能源化学工会职工创新成果奖9项、南方电网公司职创成果一等奖2项。全面推进职工小家文化体系建设，在基层班站所实现全覆盖，打造了“我的设备我做主、我的班站我的家”文化品牌和职工创新“3＋5工作法”、技能竞赛“345工作法”、服务职工“三互促三保”等工作品牌。

共青团工作。落实团中央、南方电网公司团委开展“学习总书记讲话，做合格共青团员”教育实践的各项部署，公司所属团支部全部召开组织生活会。持续推进青年“号”“手”“岗”“队”系列活动，南宁供电局朱瑾花团员保电先锋队被授予首批“广西共青团员先锋岗（队）”。组织开展南方电网公司和公司第七届“十大杰出青年”评选，南宁供电局李炎荣获南方电网公司“十大杰出青年”。在青年员工中广泛开展“＋1度温暖”“责任央企志愿先行”学雷锋志愿服务活动，开展青春扶贫行动，完成2017年中国电机工程学会年会会议志愿服务工作。打造“志愿服务基地＋春苗成长营＋志愿者服务队”的青春扶贫工作模式，开展“爱在南网·春苗成长营”公益活动，建立“电亮八桂”志愿服务基地，开展公益活动256次。全系统青年集体和个人荣获“全国青年安全生产示范岗”“全国优秀共青团员”等全国荣誉3个；荣获“中央企业青年文明号”“中央企业优秀共青团干部”“广西五四红旗团委”“广西五四青年奖章”“南方电网公司十大杰出青年”等省部级荣誉55个。

扶贫工作。向贫困村选派66名政治素质好、工作能力强的挂职干部、第一书记和驻村工作队员，直接帮扶贫困户5553户，贫困人口21 998人。加大对扶贫先进典型的选树宣传，广西卫视录制播出以东兰县花香乡坡索村为拍摄对象的《第一书记》节目。在年度定点扶贫工作总结会暨扶贫工作领导小组会上，表彰5个2017年脱贫攻坚先进集体、10位2017年脱贫攻坚优秀工作者及4位2017年爱心帮扶先进个人，树立标杆、以点带面。全年安排19.5亿元在19个贫困县实施农网改造升级，实现供电区域内贫困村“村村通动力电”目标。投入定点扶贫资金998.57万元用于定点帮扶自治区下达的“1县1区6村”任务，2017年3月经认定东兰县坡索村实现整村脱贫摘帽；融安县安宁村、大化县加城村于2017年12月通过自治区脱贫攻坚“四合一”核验实现预脱贫。全年共计帮扶765个贫困户、3001名贫困人口脱贫摘帽。各单位驻村干部先后荣获“优秀贫困村党组织第一书记”“优秀工作队员”“精准扶贫脱贫攻坚先进个人”等荣誉27人次，其中：派驻东兰花香乡坡索村第一书记周晨获评全国电力行业2017年度“十佳最美电力人”、2017年度南方电网公司劳动模范、南方电网公司个人三等功；派驻东兰县长乐镇永模村扶贫工作队员龙梅获得“中央企业优秀党务工作者标兵”称号、中央企业2017年度“最美扶贫人”荣誉称号。

主要事件

5月12日，在广西电网公司的推动下，自治区人民政府召开研究加快电力体制改革促进产业发展工作会议，并在会上首次提出“四个结合”（推进大电网与区域电网、农村电网和小电网相结合，电力发展与产业发展相结合，经济社会发展与电力企业发展相结合，电力发展与城乡一体化发展相结合）新思路，开创了主电网与区域电网合作共赢新局面。

8月26日，中国共产党广西电网有限责任公司第一次代表大会胜利召开。会议总结了广西电网公司党的建设取得的成绩，提出今后五年党的建设总体任务。会议选举产生了中国共产党广西电网有限责任公司第一届委员会和第一届纪律检查委员会。

9月15日，广西电网公司完成第14届中国—东盟博览会、中国—东盟商务与投资峰会特级保供电任务，累计投入保供电人员4897人次、车辆1439台次，应急发电装备20台，执行保供电任务127次，实现了保供电可监测、可视化，打造了“精益保电”广西样板。

9月28日，广西电网公司500kV北海输变电工程投运，实现了500kV系统在广西14个市全覆盖，广西电网南北纵向通道支撑能力得到增强，为“一带一路”海上丝路北部湾发展提供了可靠的电力保障。

11月3～27日，广西电网公司全面开展自2004年以来首次机关科级及以下干部员工全员择优选聘工作。本部20个职能部门、8个业务支撑机构的137个科级岗位和279个专责岗位均通过“全体起立”和“双向选择、择优选聘”重新确定工作岗位。

12月15日，广西电网统调负荷年内第11次创新高，首次突破2000万kW，最高达到2012万kW，比2016年最高负荷增长15.4%。

12月20日，2017年广西公共行业客户满意度测评报告向社会公布，广西电网公司供电服务总体满意度得分87.17分，比平均分高出9.64分，连续五年在政府机构组织开展的八大公共服务行业满意度评价中排名第一。

12月29日上午，由广西电网公司完全控股，与新奥（广西）能源公司、广西水电集团公司、河池市国有资产投资经营有限责任公司联合组建的广西大任能源有限责任公司在广西河池市举行签约揭牌仪式，标志着广西首家增量配电业务改革试点项目正式投入运营，成为国家增量配电业务改革在广西试点项目的首个实质性成果。

12月31日，广西电网公司完成售电量1119.9亿

kWh，全年同比增长6.7%。其中，区内售电量首次突破千亿大关，达到1035.2亿kWh，同比增长6%。最高统调负荷出现在12月15日为20 120MW，同比增长15.40%；最大日电量出现在8月22日为3.90亿kWh，同比增长6.85%。

（傅光虹）

【云南电网有限责任公司】

企业概况 云南电网有限责任公司（简称云南电网公司）是云南省域电网运营和交易的主体，是云南省实施“西电东送”“云电外送”和培育电力支柱产业的重要企业。截至2017年底，云南电网公司员工总数6.77万人，拥有110kV及以上电压等级变电站668座、输电线路5.39万km。全省发电装机容量（含向家坝）8960万kW，以水电为主的清洁能源装机容量7293万kW（水电6231万kW，风电824万kW，光伏238万kW），占比81.4%；火电装机容量1667万kW，占比18.6%。

云南电网是世界上技术最先进、运行最复杂的送端大电网之一，国内通过多回直流向华南、华东远距离大容量送电，国外辐射越南、缅甸、老挝等国家。云南西电东送主要依托3回±800kV特高压直流、5回±500kV超高压直流送电和鲁布革电站送电广东、广西，最大送电能力2865万kW。

云南电网公司全年完成固定资产投资120亿元；实现营业收入748.06亿元，同比增长6.05%；实现利润总额6.01亿元；实现经济增加值（EVA）－1.86亿元。截至2017年底，资产总额1193.57亿元，资产负债率76.48%。

2017年，云南电网公司完成售电量2212.5亿kWh，同比增长12.43%。其中，省内售电量1211.5亿kWh，同比增长10.47%；西电东送电量986.6亿kWh，同比增长15.53%；云南省西电东送电量（含溪洛渡）1242.2亿kWh，同比增长12.88%。对国外送电14.4亿kWh，同比减少17%。

领导班子

党委书记、董事长：薛武（法定代表人）

党委副书记、董事、总经理：汤寿泉

党委委员、董事、副总经理（正职级）：佀蜀明

党委副书记、董事、纪委书记：郑立春

党委委员、董事、副总经理：王文

党委委员、董事、副总经理、总会计师：周正风

党委委员、董事、副总经理：高孟平

工会主席：赵建华

党委委员、董事，昆明供电局局长、党委副书记：徐尤峰

总工程师：张虹

副巡视员：邹立峰、杨波

组织机构 云南电网公司管辖单位160家。本部设办公室（与党委办公室、董事会办公室合署）、计划发展部、财务部、生产技术部、安全监管部（与应急指挥中心合署）、市场营销部（与农电管理部合署）、基建部、物资部、产业投资部、科技信息部、审计部（与监事会办公室合署）、法律部、组织人事部（与机关党委办公室合署）、人力资源部、企业管理部（与全面深化改革办公室合署）、宣传文化部、监察部（与纪委办公室合署）、工会办公室、云南电力调度控制中心（与系统运行部合署）19个部门；设云南省公安厅防范和打击涉电违法犯罪中心（保卫处）、新闻中心、社保（年金）中心、财务共享服务中心、电力客户服务中心、计量中心6个直属机构；设节约用电服务中心1个挂靠机构。设有昆明供电局等地市单位（三级单位）分公司26家，县级单位（四级单位）分公司50家。云南电力试验研究院（集团）有限公司等10家控股子公司。

安全生产 电网运行。制定并落实防范年度9大电网运行风险的33项重点工作59项措施，加强电网安全风险管控。开展风险实时滚动评估，防范基于问题的电网Ⅲ级风险49次，Ⅳ级风险338次。研究云南异步运行的电网特性，处置10次持续性系统频率波动。开展调控一体化建设，调控端变电站集中监控率由65.79%提升到79.98%。落实防止电力监控系统网络安全事故11项反事故措施，完成勒索病毒、“震网三代”病毒等专项排查治理工作。

安全基础管理。实施安全生产绩效专项考核，调动各单位落实安全生产责任的积极性。开展设备差异化运维和规范化检修，完成省内首条直流工程±500kV永富直流首检工作。建成省级设备状态监测中心。开展设备隐患治理，输电线路跳闸率同比下降29.59%，10kV配网线路跳闸率同比下降19.36%。推广直升机巡视，巡视线路3.5万km。开展电能质量和供电可靠性管理综合提升工作。运用安全监管精益化工具，对7家生产安全状态不良的单位进行预警和处置。玉溪供电局获“国家级安全文化示范企业”“南方电网公司第二批安全文化示范单位”称号。

应急管理。理顺应急管理界面，完成本部及19家单位应急能力评估。开展西双版纳和普洱地区跨区域联动大面积停电应急演练。完成党的十九大等特级保供电任务2项、一级保供电任务4项、二级保供电任务52项。应对6次4级以上地震灾害、4次洪灾和年初全省性雨雪冰冻灾害，完成云南与缅北果敢相邻地区应急及保电工作。

电力体制改革 电力市场化交易。发挥昆明电力交易中心平台作用，完善交易规则，丰富交易品种，市场化交易电量突破700亿kWh，同比增长19%。

云南省超过92%的大工业用户参与电力市场化交易，全国20余省（区、市）政府有关部门、交易机构到昆明电力交易中心调研交流。

输配电价改革。研究制定西电东送增送电量临时性、季节性价格调整措施，促进富余水电消纳。开展分区输配电价机制研究，在全国首家测算并提出政策性交叉补贴标准。

售电侧改革。参与售电市场竞争，云南电网公司所属售电公司完成市场化售电量166.05亿kWh。与曲靖、丽江、滇中新区等政府签订合作协议，推进第一批5个增量配电网改革试点项目。与保山市委、市政府就实现保山地方电网厂网分开、220kV及以上电网建设运维等达成共识，共同组建保山工贸园区配售电有限公司。

电力供应与客户服务 增供扩销。制定增供扩销30项具体措施，鼓励工业企业积极参与市场化交易。主要用电行业开工率由42%提升到67.6%。落实南方电网公司关于2017年云南水电消纳的20条举措，云南西电东送电量同比增长12.88%，弃水电量由年初预计的550亿kWh减少至288亿kWh。

供电服务。拓展缴费渠道，非现金缴费比例88.6%。提高业扩远程报装比例，业扩办理时间缩短1/3。成立省级客户服务中心，实现95598全业务省级集中，12398投诉量由全国第9下降到全国第22。第三方客户满意度79分，在南方电网公司系统内单位排名第四。推广“互联网+”营销服务和互联网统一服务平台，提高电子化服务渠道与实体营业厅业务同质化办理覆盖面。

扶贫工作。推进电力行业扶贫和定点扶贫，完成84个贫困县电网固定资产投资35.17亿元。贫困县供电可靠率99.459%，综合电压合格率97.587%。开展教育扶贫，招收培养46个国家级贫困县的337名学生。发展地方特色产业，聚焦“三区三州”深度贫困地区，完成特色农产品销售额523万元，注资290万元入股村集体经济。

电网规划建设 规划研究。开展2018～2020年电力供需形势分析研究，分析云南电力对相关产业发展的支撑能力，提出供需平衡建议方案。国家级新区滇中新区电网规划已经政府部门审核发布。完成云南电网公司“十三五”电网发展规划、配电网规划等重要规划编制。完成“十三五”保山电网规划修编，统一保山各电压等级电网布局。配合做好与周边国家电网互联互通相关统筹工作，完成中老联网系统方案、中（老）越联网系统方案等专题研究工作。

电网建设。500kV苗尾交流送出、滇西北直流配套通信等重点工程投运。投资5.5亿元，完成鲁甸“8·3”地震电网灾后重建。落实业扩工程投资界面延伸至客户红线，完成鲁甸灾后重建水电铝、华坪工业园区增量配电试点等项目阶段性目标。印发《20kV及以下业扩配套项目建设操作手册》，细化业扩配套项目建设管理。建成投用67个供电所，改善基层班站所生产生活条件。±500kV富宁换流站获2016～2017年度中国建设工程鲁班奖，±500kV永仁换流站获国家优质工程奖。

工程建设管理。开展“电力建设工程施工安全年”活动，严守施工安全底线。以500kV马金铺输变电工程等4个项目为试点，开展基建项目7S管理。加强工程精益化管理，已结算项目整体投资结余率12.68%。完成6项设计自主评审工作，部署上线主配网设计平台。落实物资及招标管理改革要求，制定改革实施方案和物资公司组建方案。开展无人值守智能急救包示范应用并在74个急救包推广建设。配网物资储备管理精益化水平进一步提升，储备物资周转率736.5%，闲置物资再利用率从2016年底的87.6%提升至2017年底的96.86%。

企业管理 瘦身健体提质增效。制定云南电网公司瘦身健体提质增效工作实施方案，推动“8个专项行动”取得实效。单位供电成本同比下降4.91%，实现资金运作效益1.9亿元，资金集中率95%以上。完成“僵尸企业”云电财金公司吸收合并和11家县级供电企业“子改分”任务。推进亏损企业专项治理，亏损户数和金额分别下降61.11%和60.73%。补办固定资产权证655项，占应办必办的54%。

财务管理。开展减免备案工作，减免企业所得税2622万元。落实“营改增”政策红利，新增可抵扣增值税进项税6.02亿元。加强工程财务管理，制定25项工作措施，实现投资及时、足额转换为有效资产。组织“财务管理年”系列活动，2个项目分获中国电力创新二等奖和全国国有企业管理创新成果一等奖。

基础管理。完成云南电网公司本部机构优化调整，理顺部门及业务领域职责界面。完成结构性缺员治理专项行动，地、县级供电单位一线缺员率分别降低至3%、4%以内。构建各业务领域风险库及分类清单，编制全面风险管理报告。完成审计项目740项，提出管理建议2485条，修编完善内控制度43项。加强法律纠纷案件管控，避免和挽回经济损失1.03亿元。

竞争性业务 落实南方电网公司关于职工持股企业改革股权规范要求，完成274家职工持股企业、84 510人的非公股东股权清退，确认退股资金21亿元。开展“回头看”及问题整改，检查发现55个问题，形成《非公股权清退工作“回头看”遗留问题清单》，实行销号式追踪管理。注资2.1亿元成立云南电网能源投资有限责任公司。

成立云南云电投资控股有限责任公司，与76%的地市级平台公司建立股权纽带关系并完成工商注册变更。制定《推进公司竞争性业务发展的实施意见》，搭建“1＋N”政策框架。按照“四个一批”盘活发展策略，印发《职工持股改革后企业盘活发展方案》。

科技创新　科技和信息化工作。选拔30名优秀科技创新人才，分批次进行体系化培养。依托云南送变电工程有限公司，对自主研制的带电预警智能安全帽、输电线路绝缘子快速取销器2项成果开展科技成果转化。构建智能型混合云平台，并在此基础上构建云南电网公司电力大数据中心。信息安全队伍获央企网络安全技术大赛团体第七名、云南省第三届网络安全大赛社会组一等奖、南方电网2017年“素质杯”信息安全技能竞赛团队一等奖。

精益管理。设立“国际一流、国内一流、网内一流、网内平均、省内平均”5个综合标杆台阶，为各单位分梯队设定切合实际的目标。实施全员自主改善2788项、提出合理化建议8273条，培育出3个五星、49个四星级班站所。云南电网公司100个重点精益项目中，2个获南方电网公司二等奖、1个获三等奖。

职工创新。42项科技成果获省部级及南方电网公司科技进步奖、21项职工创新成果获省部级职创奖励，新增专利授权584件。开展职创成果颁奖及交流，2名员工获“南网创客”称号。完成南方电网公司双创平台升级及内测，并正式发布上线运行。

队伍建设　班子建设和干部管理。坚持党管干部，严把干部政治关、品行关、作风关和廉洁关。加强基层班子配置，优化干部队伍结构，增强整体功能。试点开展“党政一肩挑”，推进企业党的建设和改革发展两手抓、两手硬。完成处级后备干部集中调整，组织开展38名正科级干部挂职锻炼。选优配强云电投控等竞争性业务企业领导班子。完善干部日常监督机制，探索开展正科级以上干部监督信息档案建设。开展“机关建设年”活动，促进各级机关作风转变和能力提升。

员工队伍建设。连续6年开展技能专家选聘，技能专家总量650人，覆盖88%的县级供电企业。在聘技术专家485人，其中县级供电企业73人，居南方电网公司系统首位。实施员工能力提升工程，新建68个实训场，安全生产领域关键技能岗位持证上岗率100%。技术专家在聘总数485人，人数规模居南方电网公司第一。“一分二合三评四用”技术专家管理模式获南方电网公司管理创新奖。培养出18名云岭首席技师、16名云岭技能大师、23名云岭技能工匠。2名员工获“南网工匠”称号，2名员工获省政府特殊津贴。

党的建设　学习宣贯党的十九大精神。按照学懂弄通做实的要求，深入学习宣贯十九大精神。制定云南电网公司宣传贯彻党的十九大精神工作实施方案及推进计划表，细化78条工作任务。

党建基础管理。承接落实南方电网公司党组1号文，制定云南电网公司全面推动党的建设重点任务落实落地的实施方案。召开第一次党代会，完成党组改党委、纪检组改纪委工作。推进“两学一做”学习教育常态化制度化，实施“三个计划”，建设“四个学堂”，打造“三个平台”，实施“四个工程”。运用“4＋N”模式开展“党建精益行动”，发挥党组织党员作用。《高原巡线》获第23届中国纪录片学术盛典“中国纪录片好作品奖”。

反腐倡廉建设。坚持惩治腐败零容忍，各级纪检监察机构受理信访举报76件，处置问题线索182件，党政纪处分67人，信访举报和问题线索数量同比双下降。推动“大监督”体系落实落细，制定26个业务领域的监督问责业务指导书。开展云南电网公司机关党委巡察和“基层党组织在安全生产工作中发挥作用”专项巡察。

群团工作。推进“职工之家”“和谐温馨站所示范点”“职工文化工作室”“爱心妈咪小屋”等建设，关心关爱员工生活。启动26个职工文化工作室试点及云电青年佳缘平台创建工作。制定加强共青团工作的指导意见，召开云南电网公司第一次团代会，按期完成团委换届。深化“青年学堂”特色品牌，开展“不忘初心跟党走”团日活动和“精益管理 青年先行”主题活动。

主要事件

1月10日，在中国信息协会主办的“第六届中国能源企业信息化大会”上，云南电网公司研究项目“信息服务化架构的研究与实践”荣获“中国能源企业信息化管理创新奖”。

2月6～7日，国家能源局副局长李仰哲一行到昆明电力交易中心和云南电力调度控制中心现场调研。李仰哲肯定2016年云南电力市场化交易工作取得的成绩，认为云南电力市场交易促进工业开工率回升，要求进一步研究建立电力现货市场，探索通过电力市场交易模式，加强富余水电消纳。

3月6日，柬埔寨王国国家电力公司（EDC）总裁盖·达拉那一行视察云南送变电工程有限公司承建的115kV Laosboundary - CheySen输电线路工程及115kV CheySen变电站。

4月1日，国内最高电容器塔在±800kV滇西北直流工程新松换流站建成。该塔为悬吊式结构，高40m，有32层，重45t，由256只电容器单元、164支绝缘子、4支长11m的悬垂绝缘棒组成，能满足九度抗震烈度设防要求。

7月12日，云南电网公司与滇中新区管委会签订战略合作框架协议，共同设立专业配售电公司。与云南滇中汇能智慧能源有限公司、华能澜沧江能源销售公司三方签订投资协议书，约定共同出资2亿元组建云南滇中新区配售电有限公司。云南电网公司与云南滇中汇能智慧能源有限公司各出资0.7亿元，华能澜沧江能源销售有限公司出资0.6亿元，分别占比35%、35%、30%。

7月19日，南方电网公司党组书记、董事长李庆奎到云南电网公司调研，先后到云南电网电力客户服务中心、昆明供电局安宁连然供电所现场调研，了解95598省级集中建设、精益管理、营销服务等工作情况。

8月30日，云南电网公司召开干部大会，宣布南方电网公司党组对云南电网公司干部调整的决定，南方电网公司江毅副总经理出席会议并作重要讲话，云南省委组织部副部长杨国宗、干部五处处长杨儒正参会，该次干部调整涉及薛武、汤寿泉、郑之茂、郑立春、高孟平、徐尤峰、张虹等7人。

9月29日，云南电网公司联合西双版纳州、普洱市政府开展2017年处置电网大面积停电事件应急演练，西双版纳州、普洱市38个政府部门、18家重点企业共400余人参与演练。

10月10日，云南电网公司与保山市政府在保山市举行500kV永昌输变电工程开工暨配售电公司股东合作、资产转让框架协议签署仪式。云南电网公司董事长薛武、保山市委书记赵德光、市长杨军出席签署仪式。

11月3日，±500kV富宁换流站获住房城乡建设部2016～2017年度中国建设工程鲁班奖。

【贵州省电力工业】

概况 截至2017年底，全省发电总装机容量达到5778万kW，其中水电2119万kW、火电3160万kW、风电363万kW、太阳能135万kW，全省完成发电量2012亿kWh，同比增长2.9%，其中：水电733亿kWh，同比增长0.8%，火电1210亿kWh，同比增长3.3%，风电63亿kWh，同比增长14%，太阳能发电6亿kWh。全省发电机组平均利用小时为3568h，其中火电机组平均利用小时为3899h，水电机组平均利用小时3463h，风电机组平均利用小时为1818h，太阳能发电平均利用小时为793h。截至2017年底，贵州电网公司已累计建成投产500kV变电站19座，变压器33台，变电容量24 500MVA，500kV线路53条，总长度3498km；220kV变电站124座，变压器208台，变电容量38 100MVA，220kV线路395条，总长度11 973km。兴义市电力有限责任公司累计建成投产220kV变电站6座，变压器8台，变电容量1590MVA，220kV线路18条，总长度431km。

电力调度 2017年累计完成贵州电网发电量1526.3亿kWh，同比增加2.7%，完成年初计划的95.9%。其中火电981.9亿kWh，同比增加6.5%，利用小时3781h，同比减少104h；水电468.5亿kWh，同比减少6.7%，利用小时2858h，同比减少318h；风电63.3亿kWh，同比增加14.7%，光伏及其他12.5亿kWh，同比增加113.5%。黔电送粤累计完成344.6亿kWh，同比减少21.9%，比年度计划500亿kWh少送155.6亿kWh。2017年最高发电负荷为2575万kW（12月14日），其中统调最高负荷为2207.3万kW（12月18日），黔电送粤最高负荷为880万kW（7月26日）。

2017年，全网净增装机容量252.4万kW。其中，煤电新增66.0万kW、水电新增32.3万kW、风电新增52.0万kW、光伏新增93万kW、生物质及其他新增9.1万kW。截至2017年底，贵州电网全网装机容量4794.3万kW，其中煤电2601万kW、水电1639.6万kW（直调水电1262.9万kW，地县调水电376.7万kW），风电404.2万kW，光伏132.0万kW，生物质及其他17.5万kW。

输变电设备规模。2017年贵州电网发展迅速，网架结构进一步增强。新（改）建500kV线路净增2条，线路里程净增7.87km。新建220kV变电站4座，变压器6台，变电容量1290MVA，新（改）建220kV线路净增32条，线路里程净增664.217km。

电网运行指标方面。220kV及以上系统频率、电压合格率均为100%，主网网损2.34%，电网系统运行主要指标情况见表1。

表1　2017年贵州省电网系统运行主要指标

指标名称	计划值	年累计值	与计划比	同比	三年平均比
电网频率合格率（%）	99.998 4	100	0.001 6	持平	持平
省（区）电网电压合格率（%）	99.9	100	0.1	持平	持平
500kV保护正确动作率（%）	99.46	100	0.54	持平	持平
220kV保护正确动作率（%）	99.75	99.93	0.11	0.06	0.03

续表

指标名称	计划值	年累计值	与计划比	同比	三年平均比
220kV 及以上电压等级保护正确动作率（%）	99.68	99.94	0.20	0.05	0.02
故障快速切除率（%）	100	100	持平	持平	持平
安自装置正确动作率（%）	98.7	100	1.3	持平	0.67
调度自动化主站系统失灵次数（次）	0	0	持平	持平	持平
生产实时控制业务通信通道平均中断时间（min）	2	0	−2	0.628	1.929

2017 年贵州电网公司全力保障电力供应。有序应对一次能源复杂供应形势，严守了电网安全稳定运行和省内不发生大面积停电的底线。面对全年电煤紧张和年初、年末电煤供给严重不足的局面，面对全年电网和多家电厂电煤多次红色预警及局部时段火电出力严重不足的局面，面对全年来水呈前低后高且 6～7 月集中来水等局面，动态跟踪煤、水和负荷变化情况，提前预判并揭示电煤不足可能导致错峰用电等风险，及时、主动向政府、南网公司报告，优化水火电安排和电网检修计划，为省内售电量突破 1000 亿 kWh 和年底省内电力电量屡创历史新高（日统调最高负荷 2207.3 万 kW，日最高供电量 3.87 亿 kWh）提供了坚实的保障。有序用电及错峰期间，铜仁、都匀等 6 个地区供电局严格执行中调调度令，将电力负荷限制到位。同时让电网运行更加优质、经济。推进综合停电精准管理，全网 220kV 及以上主网设备综合停电计划完成率连续三年保持 100%；配网综合停电计划完成率各供电局均达到 85%以上，其中最高的为安顺供电局。制定“降损利剑”调度专项方案，优化 AVC 闭环策略，全网 A 类电压合格率达 98.27%，同比提高 1.33%，其中安顺地区全网最高，达 99.43%；抓细分压网损、供电量及母线电量不平衡率的管理，年底 220kV 及以上母线电量平衡合格率达 100%，10kV 母线电量平衡合格率达 98.7%。进一步优化 AGC 系统功能，AGC 系统可用率 100%，CPS 控制合格率 95.44%，同比提升 2%。出台贵州电网负荷预测提升专项方案，加强对日常负荷预测的分析修正，负荷预测准确率达 97.47%，同比提高 1.12%，中调负荷预测水平从南网第六名提升到第二名，同时贵阳地调负荷预测水平最高，负荷预测准确率达 96.43%，毕节地调负荷预测水平提升最快，同比提升 6 个百分点。

贵州电网主要水库运行情况 2017 年贵州全流域来水属平水年。全年全流域天然来水发电量 382.32 亿 kWh，比多年平均偏少 6%。截至年底，梯级水电蓄能值为 74.78 亿 kWh，同比增加 29.34 亿 kWh，详见表 2。

2017 年 1～12 月，贵州全流域来水量 408.39 亿 m^3，较多年平均偏少 5%。其中，乌江干流较多年偏少 12%，三岔河流域来水较多年偏少 15%，北盘江流域来水较多年偏多 10%，清水河流域来水较多年偏多 23%。

汛期来水总体偏多，并且由于时间分布不均，6～9月流域发生多次较为明显的洪水，除洪家渡、东风以外的所有直调电厂都曾开闸溢洪。全年全流域累计溢洪水量 108.23 亿 m^3，其中乌江流域溢洪量 83.49 亿 m^3。

表 2　　2017 年各月贵州电网天然来水发电量统计　　单位：亿 kWh

全网	1月	2月	3月	4月	5月	6月	7月	8月	9月	10月	11月	12月	1～5月	6～10月	11～12月	全年
2017 年	9.39	7.58	8.40	8.34	17.17	94.50	91.45	39.22	55.50	27.25	12.77	10.74	50.89	307.91	23.52	382.32
2016 年	13.52	9.72	14.42	24.48	28.08	77.61	62.31	37.91	21.96	14.48	13.08	9.21	90.20	214.27	22.29	326.76
同比（%）	−30.50	−21.98	−41.72	−65.93	−38.83	21.76	46.77	3.43	152.73	88.22	−2.34	16.67	−43.58	43.70	5.51	17.00
多年平均	11.31	10.19	11.41	19.66	43.61	77.00	76.37	52.44	37.81	32.82	21.26	13.71	96.18	276.44	34.97	407.60
比多年平均增减（%）	−16.94	−25.62	−26.38	−57.58	−60.62	22.73	19.75	−25.22	46.78	−16.98	−39.93	−21.65	−47.09	11.39	−32.76	−6.20

电网建设 2017 年，贵州电网有限责任公司完成电网建设投资 64.98 亿元，完成年度投资计划 64.78

亿元的100.3%；完成小型基建项目投资3.86亿元，完成年度投资计划的100%。投产35kV及以上输变电工程123项，新增35kV及以上线路1916km，变电容量539万kVA。基建管理级指标完成较好，公司基建系统全年未发生基建安全事故事件，连续6年保持基建人身"零死亡"；设计评审计划完成率100%，验收合格率100%，进度计划完成率99.7%，造价控制指标95.73分。

制定下发《贵州电网公司提升设备和工程质量实施方案》，牵头全面实施设备和工程质量提升工作。强化隐蔽工程验收、设备材料到货验收、重要设备安装质量验收等关键环节的质量管控，严格督促基建工程质量控制（WHS）及量化评价标准、施工作业指导书等网公司质量制度标准运用落地。积极开展基建工程达标投产及创建优质工程活动，凯里500kV舟溪变获国家优质工程奖（全国工程建设质量最高奖项）、中国电力优质工程奖，4个工程获得2017年度网优工程奖。

市场营销 2017年贵州电网公司累计购电1449.5亿kWh，同比增长2.77%。其中统购火电904.2亿kWh，同比增长4.61%；统购水电411.7亿kWh，同比降低5.24%；统购风电62.3亿kWh，同比增长20.01%；生物质发电上网1.07亿kWh；供电局自购电量71.2亿kWh，同比增长17.66%。

2017年贵州电网公司售电量完成1372.6亿kWh。其中省内售电量1024.3亿kWh，同比增长15.1%，首次历史性突破千亿大关，增速位居南网五省区第1；西电东送完成348.3亿kWh，其中黔电送粤完成345.0亿kWh。

贵州电网公司继续深入开展精准扩销"十百千"专项行动，通过发挥片区客户经理"属地化"蜂窝式管理、协调各级政府进行政策倾斜和扶持等，稳定了省内企业的生产。截至2017年末，省内售电量1024.3亿kWh，同比增长15.1%，首次历史性突破千亿大关。积极推进市场化交易，完成直接交易电量436.48亿kWh。努力促成云贵水火置换，全年完成置换电量6.2亿kWh，跨出了云贵水火置换艰难的一步，既完成了国家对清洁能源消纳的政治任务，同时在一定程度上又缓解了省内电力供应紧张局面。2017年，贵州电网累计实增容量1281.5万kVA，其中新增大工业客户901户，新增容量415.9万kVA。

贵州电网公司以市场化改革为导向构建"互联网+大数据+电动汽车"新型服务体系，牵头组织开发了全国首个省级统一电动汽车充电公共服务平台并上线运行。2017年实现节约电力5.24万kW，完成指标任务的110.32%；节约电量2.733亿kWh，完成指标任务的106.34%；通过国家发展改革委2016年电力需求侧管理目标责任考核。

贵州电网公司提前完成省级95598集中运营建设，开创95598"一键投诉"功能，截至2017年12月，95598业务20秒接通率99.43%，同比提高3.45个百分点，95598问题解决能力大幅提升。实现"网格化"服务全覆盖，全省设立6750名片区客户经理，覆盖全省18 270个村寨和社区，建立2742个"片区电力服务客户微信群"，充分发挥片区客户经理"属地化"问题解决作用，减少95598、12398话务量和投诉量。建立客户投诉管控"六项机制"，严格落实公司董事长、总经理、分管领导分层分责约谈机制；客户投诉"双向"组织绩效考核与有责投诉责任追究机制，"六项机制"连环相扣、持续管控客户投诉。实现业扩报装关键环节时限压缩目标，进一步优化业扩全流程管理，深化业扩报装"五项机制"和"三免"服务，实现了公司业扩报装关键环节时间在国家标准已经压缩三分之一的基础上，再压缩11%以上。2017年8月实施以来，居民报装平均用时比国家规定时间缩短32.9%；低压报装平均用时比国家规定时间缩短58.9%；高压报装平均用时比国家规定时间缩短24.7%。

电力交易 2017年贵州电力交易中心首创三个全国第一：率先出台电力市场主体市场化交易行为星级信用评价标准，有效维护了市场秩序；交易中心首家向市场主体收取交易手续费，确保交易中心的正常运营；搭建了首个电机工程学会电力交易专委会专业学术交流平台。

截至2017年底，贵州电力交易中心接待了全国30多个省区级单位共计300余人次的参观调研，有效传递了电力市场化改革试点经验。

2017年2、4月，贵州电力交易中心参加了全国电力体制改革座谈会、国家发展改革委召开的电力交易机构座谈会，并作典型发言和经验介绍，提出的"强化市场主体信用评价、发挥市场管理委员会作用及核定分压线损率"等建议得到国家发展改革委复函明文采纳，这也是全国唯一一家电力交易中心的意见被采纳，并促成贵州2017年出台了分压线损，保障了市场主体的合法权益。3月10日，贵州省经信委发文对贵州电力交易中心进行通报表彰，肯定了交易中心为贵州电力市场建设及市场化改革、支持贵州经济发展做出的重要贡献。12月22日，贵州省能源局发文对贵州电力交易中心进行通报表彰，高度评价了交易中心为全省售电侧改革做出的重要贡献。此外，贵州电力交易中心主创的"电力市场化改革在贵州的实践与创新"管理成果，获得中国企业改革与发展研究会颁发的"中国企业改革发展优秀成果"一等奖。

截至2017年底，全省累计完成交易电量1009亿

kWh，突破千亿大关，减少用户用电成本108亿元(其中发电企业通过交易电价减少64亿元，电网企业通过输配电价减少44亿元)，保住大工业用电量384亿kWh，新增大工业用电量88亿kWh，释放了供给侧结构性改革红利，实现了共赢，有力支持了省内工业经济的发展。

2017年，面对煤价上涨、发电企业交易降价空间收窄的严峻市场环境，交易中心在年度双边协商交易中组织了多方协调，力促交易各方达成一致，并鼓励市场主体建立电煤、产品价格与电力交易价格联动机制，促进市场各方利益共赢、风险共担。除了组织年度交易外，为提高市场活跃度，发现市场价格，组织开展了11次月度集中竞价交易和6次挂牌交易。全年共有34家发电企业、13家售电企业和317家电力用户参加电力市场化交易，签约电量453.55亿kWh，实际完成436.48亿kWh，同比增长9.05%，占省内售电量的42.6%，合同履约率96.24%，市场交易均价0.310 3元/kWh，火电企业市场化电量发电利用小时2147h。其中：省内交易完成391.56亿kWh，同比增长10.89%，合同履约率96.22%，大工业用电量市场化比例为74.9%；周边跨省区交易完成44.91亿kWh，同比降低4.68%，合同履约率96.4%。通过市场化交易，减少用户用电成本47.63亿元(其中发电企业通过交易电价减少25.26亿元，电网企业通过输配电价减少22.38亿元)，保住大工业用电量123.5亿kWh，新增大工业用电量56.9亿kWh，助推省内售电量同比增长15.1%，为省内售电量历史首次突破千亿大关奠定了坚实的基础。

2017年度各交易品种及完成情况如下：

(1) 年度双边协商交易。年度双边协商交易分为省内年度双边协商交易和周边跨省跨区年度双边协商交易，签约电量427.63亿kWh，完成电量410.68亿kWh，分别占总签约电量和总完成电量的94.28%和94.09%。其中：省内年度双边协商交易21家火电企业与133家电力用户和11家售电公司签订了202份双边协商交易合同(电力用户签订了152份合同，售电公司签订了50份合同)，签约电量381.04亿kWh，完成电量365.77亿kWh，合同履约率95.99%。周边跨省跨区交易7家发电企业和9家电力用户签订11份交易合同，签约电量46.59亿kWh，完成电量44.91亿kWh，合同履约率96.39%。

(2) 月度集中竞价交易。组织开展11次月度集中竞价交易，14家电厂与111家电力用户和8家售电企业参加交易成交，累计签约电量12.55亿kWh，完成电量12.42亿kWh，合同履约率98.96%。

(3) 月度挂牌交易。组织开展6次月度挂牌交易，7家电厂与4家电力用户和8家售电企业共签约电量1.35亿kWh，完成电量1.37亿kWh，合同履约率101.48%。

(4) 水火电发电权交易。根据省经信委《2017年贵州省水火电发电权交易方案》(黔经信运行〔2017〕35号)，9月5日启动水火电发电权交易，16家火电企业与24座水电站签订交易协议，预成交电量12.01亿kWh，占总签约电量的2.65%。

(5) 合同电量转让交易。按照《贵州电力市场合同电量转让实施办法(暂行)》(黔电交易〔2017〕48号)和省经委下发的《关于同意开展电力市场合同电量转让交易的通知》要求，为提高年度双边协商合同履约率，组织开展3次合同电量转让交易(发电权)，9家发电企业参与，交易完成电量31.71亿kWh。详见表3。

表3 2017年贵州省各发电集团市场化交易电量完成情况 单位：万kWh

序号	发电集团	合同计划电量	完成电量	合同履约率
全省合计		4 415 404	4 244 674	96.13%
1	金元集团	1 031 458	1 006 362	97.57%
2	国电贵州公司	321 630	295 349	91.83%
3	大唐贵州公司	691 014	641 091	92.78%
4	贵州华电公司	835 795	792 087	94.77%
5	粤黔电力	280 500	270 585	96.47%
		临时结算	50 142	
6	黔桂公司	393 177	355 474	90.41%
7	兴义发电公司	266 073	261 117	98.14%
8	国投盘江	170 005	170 871	00.08%
9	华润电力	424 852	401 596	94.53%

注 表中未含水火电发电权交易预结算电量12.01亿kWh。

节能减排 2017年，贵州省发供电企业积极响应国家节能减排和火电厂“超低排放”改造政策，重视环保工作，承担社会责任，深挖节能减排潜力，加大资金投入，深度治理污染，在废气治理特别是火电厂烟气“超低排放”、固体废物综合利用、废水减排、灰场安全稳定运行等方面取得了很大成绩，在制度建设、环境意识提高等方面，也有长足进步。

节能发电调度。坚持绿色发电调度，全力消纳清洁能源。通过优化发电方式、优化水电梯级调度、挖掘小水电能力等措施消纳清洁能源，减少弃水3.8亿kWh，节水增发电量21.91亿kWh，同比增加2亿kWh，水能利用率达99.6%，风电、光伏等新能源发电量为75.8亿kWh，同比增加24.2%，全年没有发生有责任的弃水弃风弃光。盘南、盘县、发耳、纳雍电厂完成5台共计276万kW的火电机组超低排放改造，火电机组平均脱硫效率达97.48%，全网单位发电量化石能耗194.04g/kWh，累计节约标煤1471.1万t，减少向大气排放二氧化硫91.21万t。

废气污染物治理。贵州省除盘北和毕节电厂锅炉系循环流化床外，其他火电机组均采用石灰石－石膏湿法烟气脱硫工艺，其中都匀电厂两台600MW机组原采用有机胺脱硫，现正进行停机改造，也将改为石灰石－石膏湿法烟气脱硫工艺。2012年以后新建机组脱硫装置均与主机同步建成并投运。2017年，各厂脱硫系统平均投运率达到100%，平均脱硫效率达到97.34%，二氧化硫排放达到了国家标准。脱硫系统存在在问题主要集中在在线表计故障率和石膏含水率偏高两个问题上。

除尘器运行情况。贵州省目前运行的各火电厂锅炉均配置高效静电除尘器，后来部分电厂改造为电除尘＋布袋除尘的组合方式，2012年以后部分新建机组则直接采用电除尘＋布袋除尘的组合方式或双室五电场方式，个别双室五电场除尘器的第五电场采用旋转电极。很好地满足了《火电厂大气污染物排放标准》（GB 13223—2011）的烟尘排放要求，大大减少了烟尘排放量，同时为脱硫系统的高效、稳定运行创造了良好条件。2017年省内各火电厂平均电场投运率为99.66%，烟尘排放达到国家标准。

烟气脱硝系统运行情况。除毕节（无需脱硝系统）、盘北（采样SNCR脱硝）两厂外，贵州省火电厂烟气脱硝系统基本上采用选择性催化还原法（SCR）工艺。2017年各火电厂脱硝投运率为99.5%～100%，平均值为99.92%，脱硝效率为72.4%～93.8%，平均值为82.8%，氮氧化物排放达到国家标准。脱硝系统总体运行情况较好，但也存在AB侧喷氨不均匀，喷氨过量及系统堵塞等问题。

超低排放技改情况。燃煤机组“超低排放”，是指利用新设备、新技术，大幅度降低燃煤机组烟气污染物的排量，在标态、干基、6%氧量下，烟气氮氧化物、二氧化硫及烟尘浓度分别达到50、35、5mg/m^3的排放标准，实现煤炭的清洁发电。根据国家环保部等相关部委要求，2016年，贵州省制定了《贵州省煤电机组超低排放和节能改造实施方案》，要求省内相关机组在2020年前全部完成超低排放技改，各相关电厂都积极响应，2017年已有发耳、盘南、纳雍、盘县等厂多台机组陆续完成技改，且都已达到超低排放要求，其他机组则仍在抓紧实施。

六氟化硫气体处理情况。2017年贵州电网继续加强六氟化硫充气设备监督管理。全年对全网110 kV及以上电压等级的漏气缺陷设备共40台进行了检漏，已检出漏点39台，并对查到的漏点进行封堵消缺，既保障了电网充气设备的安全运行，也降低了SF_6气体外泄对环境的影响。各供电局积极开展SF_6回收工作，2016年共回收SF_6气体516kg。

废水处理设施运行情况。2017年，大部分火电厂工业废水处理系统、煤泥水处理系统、生活污水处理系统运行情况较好，但也存在水量不平衡，废水回用率较低，水资源浪费严重的问题。部分厂脱硫废水处理系统投运不正常。

灰场运行情况。2017年绝大部分火电厂灰场管理到位、规章制度明确、设专人管理、按时巡查，全年灰场运行安全稳定。但个别电厂灰场满库却仍继续使用，堆灰高程大大超出坝体高程，堆灰方式不合理，存在一定安全隐患。

固体废物综合利用。2017年全省火电厂年度粉煤灰综合利用量约1688万t，较2016年1474.6万t实际上升约12.7%；石膏综合利用量约570.9万t，较2016年418万t实际上升约36.6%，取得了可喜的成绩，创造了良好的经济效益、环境效益和社会效益。其中，安顺、鸭溪等电厂粉煤灰综合利用率位居前列，安顺、野马寨等电厂的石膏综合利用率位居前列。

环境监测工作。2017年大部分火电厂严格按照《火电厂环境监测技术规范》《电力行业劳动环境监测技术规范》的要求开展了废水、厂界噪声、生产场所噪声及粉尘项目的监测，监测周期达到要求，原始记录完整，数据统计资料齐全，试验室干净整洁，报表填报审核制度规范，监测工作开展良好，部分厂还开展了电磁环境监测。贵州电科院依据相关标准，结合各县级供电局所报需要监测的变电站计划，于2017年3月7日～10月27日对贵州电网所属县局共117座110kV及以上城区变电站进行了站界噪声和电磁环境的普测。

技术监督工作。贵州电网有限责任公司电力科学研究院2017年每月定期对国电投贵州金元集团股份有限公司、中国华电集团贵州公司及国电贵州电力有限公司所属的发电厂进行定期报表分析，平时对电厂提供技术支持和技术服务工作，有力地支持了火电厂安全生产和环境保护工作。全年评选出环保技术监督先进单位一等奖1名（盘南电厂），二等奖两名（茶园电厂、发耳电厂），三等奖3名（黔西电厂、黔北电厂和盘县电厂）；环保技术监督单项奖4项，分别是盘南电厂“串联塔在超低排放方式下的运行优化”、盘南电厂“管式湿式电除尘器运行防火灾管理”、茶园电厂“振打清灰装置在脱硝烟气流量测量上的应用”及兴义电厂“脱硫石膏脱水系统脱水滤布化学清洗”。国家电投集团贵州金元股份有限公司认真开展环保设施运行监督，确保主要污染物达标排放；修编了《贵州金元环境保护考核实施办法》，将环境污染事件、环保日常管理纳入《安全环保激励奖惩细则》；加强环保信息监管系统管理，每月对环保指标超标、中断情况进行通报、考核，约谈了环保中断较多三级单位分管领导，环保指标超标及传输中断实现根本好转，在国家电投内排名已从去年的垫底到名列前茅。积极完成了中央环保督查问题整改，完成了国家电投下达的主要污染物减排目标。按时完成了火电和水泥行业新排污许可证申报，完成了纳雍电厂2号机组超低排放改造。积极推进碳资产履约工作，已完成数据采集和碳排放核算、分析工作，为开展碳资产履约打下了基础。

各发电集团绿色环保工作。国家能源集团贵州公司坚持绿色环保发展理念，有序推进风电项目建设。螺丝壳风电全年完成发电量13 498万kWh，超额完成年度发电量目标任务，实现利润3745万元，发电设备平均利用小时为2727h，在贵州省已投运的74个风电场中排第3位，设备等效可用系数99.42%。高度重视环保工作，启动了螺丝壳工程生态恢复专项治理。遵循绿色发展理念，主动放缓松桃盘石建设进度，扎实做好项目前期工作。贵州黔源电力股份有限公司践行“五大发展理念”，稳步推进绿色发展。一是持续加强生态建设。2017年，黔源公司向北盘江流域投放长臀鮠、光倒刺鲃、白甲鱼、云南光唇鱼、乌原鲤、光唇裂腹鱼、墨头鱼等北盘江珍稀及特有保护鱼苗共61.3万余尾。大唐贵州发电有限公司节能减排实现区域领先，一是能耗指标区域领先。强化三级节能体系建设，深入开展“达设计值”问题库管理。供电煤耗完成319.99g/kWh，同比下降2.00g/kWh，区域排名第二，厂用电率、燃油单耗在黔四大集团排名领先，指标达标率同比上升60%。开展综合节能改造，发耳公司3号机组改造后汽轮机通流热耗降至7840kJ/kWh，60万kW工况供电煤耗308.31g/kWh，完成310g/kWh改造目标。二是保持环保达标排放。严格执行环保政策，落实主体责任，守住底线，不触红线。加强环保设施维护，开展互查，落实整改。提高环保监控水平，保持数据在线监测和统计分析，脱硫、烟尘设施同步投运率达100%，二氧化硫、氮氧化物等主要污染物达标排放。响应国家政策，落实贵州省超低排放改造计划，12月20日，发耳公司4号机组超低排放改造正式启动。

扶贫工作 贵州电网有限责任公司始终秉持“人民电业为人民”的企业宗旨和主动承担三大责任的企业使命，从讲政治的高度，狠抓脱贫攻坚工作。进一步建立健全扶贫工作体系和责任体系，按照“省、市、县”三级联动扶贫工作机制和《贵州电网有限责任公司“十三五”精准扶贫工作规划》，制定《2017年精准扶贫行动计划》，明确“责任清单”。与10家地市供电局签订精准扶贫责任书。利用“扶贫地图”，实现扶贫工作精益管理，将脱贫攻坚“四项行动”推进情况以及全省66个重点贫困县相关信息录入系统，明确扶贫地区区域环境、贫困村和贫困户等具体情况，对各单位扶贫工作推进情况进行动态管控。

实施“电力行业扶贫、结对帮扶、驻村帮扶、公益帮扶”四项行动。2017年，累计完成农网建设投资65.6亿元，重点解决贫困地区群众用电问题。全面完成公司供电范围内1274个中心村电网改造升级和贫困村通动力电，惠及368万人。开展全省易地扶贫搬迁电力配套工程建设，全力保障251个搬迁安置点和76万搬迁人口用电。在紫云县，除电网建设投资外，直接投入、整合资金2300万元，在“一镇三村”建成养牛场、鱼塘等产业项目35个，修建文化广场等基础设施14个，并通过投建电杆厂等项目开展园区共建，形成直接经济输入和间接经济拉动的双轨扶贫形式。在凯里阳芳村摸索出了“阳芳四化”（党支部主导引领，推动扶贫资金股份化、承载主体组织化、经营责任集中化、受益对象精准化）的扶贫路子，成立了农家乐、五彩米种植、“水迢情深”民宿酒店等7个合作社，仅2017年通过产业带动参与的贫困户户均增收3000元，为集体经济增收40余万元。阳芳村也创建为南方电网公司首批精准扶贫示范村。选派69名驻点驻村干部开展驻村帮扶工作，累计帮助协调资金3930万元，引进项目82个，解决困难问题229个。杨斯瀚荣获南方电网公司个人一等功，获得黔东南州“全州最美第一书记”称号。持续打造“电亮·同步小康梦”扶贫公益品牌，聚焦留守儿童、贫困学生、残障人士及空巢老人等各类困难群体开展“电亮·助学梦、亲情梦、自立梦、暖家梦”活动，结对3133人，共计捐款、捐物140余万元，建设留守儿童之家、书屋37个，各类公益帮扶活动惠及2万余人。持续实施“黔电菜园”计划。建立了148种特色农产品档案，通过“幸福南网”和“企信”等内部平台发布农产品信息。2017年，通过“黔电菜园”平台，销售额超过200万元，带动50余户贫困户增收，同时解决8个贫困村村集体经济收入问题。

2017年，贵州电网有限责任公司25个集体和个人获得贵州政府的表彰和肯定。

贵州乌江水电开发有限责任公司响应省委、省政府“力促精准扶贫，全力推进扶贫攻坚”号召，安排6名干部驻村扶贫，投入1300万元帮助沿河县完成4个产业建设项目，投入231.5万元开展脱贫攻坚秋季攻势，投入290万元用于开展同步小康驻村、威宁县板底100kW光伏项目、省生态环境保护基金项目，切实履行国有企业社会责任，为贵州实现同步小康积极贡献力量。

国家电投集团贵州金元股份有限公司发挥央企优势，积极参与脱贫攻坚，援建农村基础设施，推动城乡协调发展。2017年开展的扶贫、救困、助学、援助等社会公益事业，获社会各界广泛赞誉。2017年实际支付结对帮扶纳雍援助款824.55万元，通过产业带动项目，帮扶成效惠及上千人。其中：坐窝底村能繁母牛项目，涉及受益农户共计92户391人，项目每年总收益82.8万～101.2万元，能为项目覆盖的贫困群众人均增收2117～2588元。海雍村能繁母牛项目，项目每年总收益102.6万～125.4万元，能为项目覆盖的117户364名贫困群众人均增收2818～3445元。2017年援建纳雍县河沟村至陈家寨3.061km通组公路建设项目，有效地改善了河沟村交通，直接受益农户196户882人，其中贫困户78户327人。援建的车田小河桥梁建设工程，项目覆盖罗家寨、车田、大水沟三个村民组，直接受益农户166户568人，其中贫困户30户79人。

贵州黔源电力股份有限公司全面贯彻落实党中央、国务院、贵州省扶贫工作重大部署，成立由总经理担任组长的扶贫工作领导小组，组织开展公司系统扶贫工作。组建同步小康工作组，选派"第一书记"和驻村干部到贵州省安顺市平坝区齐伯镇水江村开展驻村扶贫帮扶工作。全年放流珍稀特有鱼类61.3万尾，发布第九份社会责任报告，获得2017年贵州省履行社会责任五星级企业称号，进一步提升"黔源电力"社会责任品牌的影响力。

（莫　莉）

【贵州电网有限责任公司】

企业概况　贵州电网有限责任公司（简称贵州电网公司）是南方电网公司的全资子公司，负责贵州省内电网建设、运营管理和客户服务，承担西电东送任务。供电面积17万km^2，供电户数1378.04万户。连续8年蝉联贵州省百强企业榜首；连续7年在地方政府组织的多行业客户满意度调查中排名第一。

2017年安全生产保持平稳，电力安全生产事件同比下降39.4%，实现事件总数和三级及以上事件"双下降"；连续6年未发生基建外包人身伤亡事故。完成售电量1372.6亿kWh，同比增长1.9%。其中，省内1024.3亿kWh，增长15.1%，首次突破千亿大关；黔电送粤345亿kWh，降低21.8%。完成固定资产投资89.5亿元。全年客户平均停电时间27.26h，同比下降21%；中心城区客户平均停电时间2.91h，同比下降53.7%；第三方客户满意度77分，同比提高1分。当年电费回收率99.93%。综合线损率5.90%，同比降低0.38个百分点。利润总额2.03亿元。经济增加值－2.87亿元，营业收入596亿元，资产总额796.44亿元，资产负债率78.58%。累计拥有有效专利1016件，首次承担的国家863计划课题通过国家科技部验收。

领导班子

董事长、党组书记：尚春

董事、总经理、党委委员：郑之茂

董事、总经理、党委委员：唐广学（至2017年12月14日）

董事、副总经理、党委委员：邱跃丰

董事、党委委员，贵阳供电局局长、党委委员、副书记：何愈国

董事、副总经理、党委委员：时蕴伟

董事、党委委员、纪委书记：晋晓越

董事、党委委员、总会计师兼总法律顾问：郑添

党委委员、工会主席：张帆

董事、副总经理、党委委员：刘强

董事、副总经理、党委委员：徐兵（至2017年12月14日）

总工程师：毛时杰

副巡视员：王玉萍

组织机构　贵州电网公司下属18家地市级分公司中，供电企业10家，其他管制性业务单位6家，竞争性业务单位2家。84家县级分公司均为供电企业。

人员状况　2017年末用工总量（46 457）人，其中：劳动合同制用工（39 705）人，占比85.47%；劳务派遣制用工（2031）人，占比4.37%；非全日制用工（4721）人，占比10.16%。

电网规划与建设　电网规划。配合贵州省发展改革委、能源局编制《贵州省电力发展"十三五"规划》，实现省级电力规划与企业规划的协调统一。开展网架完善研究工作，在南方电网五省中率先实现"$N-1$"一般及以上事故零风险。开展重要城市保底电网规划研究，提高城市电网综合防灾保障能力，编制《全省14个深度贫困县电网规划》等5个专项规划，全面启动全省"十三五"农村电网规划完善工作。2017年底，贵州电网初步形成"三横一中心"500kV主网架，实现各市州500kV电网全覆盖，形成以环网结构为中心的220kV坚强地区骨干网架。

电网建设。完成电网建设投资64.98亿元，投产35kV及以上电网项目123项，完成率100%。新增35kV及以上线路1916km、变电容量539万kVA。开展基建工程创优，凯里500kV舟溪变获国家优质工程奖。投产贵阳西500kV输变电工程，国家重点项目渝黔快铁6个牵引变电站双回220kV线路供电工程，中铝"退城进园"项目配套供电工程等政府关注项目；

全面建成小城镇中心村、中央投资、贫困村通动力电工程，完成新一轮农网升级改造阶段目标，投用供电所项目78个。

物资管理。完成物资采购74.4亿元，同比增长55%，省级采购集中度分别为91.4%。累计签订物资合同20 968份，金额68.14亿元。完成15 436份合同物资供应，合计金额51.77亿元。完成26个品类、2820件物资样品抽检，同比增长44%、9.7%，实现抽检品类和供货商两个"全覆盖"。调整以储备库存物资为主，项目物资、闲置物资为辅的库存管理结构，储备物资库存1.8亿元，占比57.87%。加快无效库存物资报废处置，年末存货总量2.14亿元，完成"两金清理"库存控制目标。

电网运行 2017年底，贵州电网输变电设备情况见表1。

表1 2017年贵州电网输变电设备情况

电压等级（kV）	变电站（座）	变压器（台）	变压器容量（MVA）	线路条数	线路长度（km）
500	16	81	20 790	53	3498
220	123	203	35 710	395	11 973
110	495	811	35 262	936	16 140
合计	634	1095	91 762	1384	31 611

注 500kV不含超高压公司青岩变电站、黎平变电站及独山变电站，含八河开关站。

主要运行指标。2017年生产设备运行总体稳定可靠，27项技术指标完成情况良好。其中南方电网公司下达考核指标客户平均停电时间（低压）为27.26h/户，同比减少7.24h/户；综合电压合格率98.47%，同比提升1.14%，均优于计划值。

电网运行管理。贵州电网共计195座集控或巡维中心，500kV变电站均为有人值守变电站；220kV变电站有83座实现无人值守，占220kV变电站总数的67.5%；110kV变电站有435座实现无人值守，占110kV变电站总数的87.9%。全省110kV及以上变电站和纳入集控管理的35kV变电站全部实现变电运行标准化管理。截至2017年底，贵州电网公司共有10kV馈线0.883 8万回，其中公用馈线0.673 7万回，专用馈线0.210 1万回。10kV公用线路长度16.365 6万km，同比增加0.490 8万km。共有10kV配电变压器27.080 3万台，容量为54 612.355MVA，同比增加1.383 7万台，容量增加2248.449MVA。其中公用配电变压器14.180 6万台，容量为21 118.932MVA，专用配电变压器12.899 7万台，容量为33 493.423MVA。

安全生产 把满足人民追求美好生活的电力需要作为一切工作的出发点和落脚点，以精益管理为手段，狠抓安全生产工作落实，强化安全生产风险管控，有力保障贵州电网安全稳定运行和电力有序供应。全年未发生电力安全、设备事故，未发生对社会和公司造成重大不良影响的安全事件，未发生外包项目人身事故，发生一般人身事故1起。

安全生产形势。实现事件总数和三级及以上事件双下降，发生电力生产安全事件20起（同比减少13起），降幅39.4%。发生社会人员触电事件12起，伤亡13人。系统运行9项指标均为满分值，调度自动化主站系统连续八年没有失灵故障，安自装置和500kV保护正确动作率连续四年达100%。综合电压合格率98.47%，同比提升1.14个百分点。

科技创新 科技研发全口径投入5.7亿元，科技投资计划完成率100%。2017年共策划申报国家计划课题3项，正式立项1项；策划南方电网公司重大科技项目6项。承担的863课题"集成可再生能源的主动配电网运行关键技术研究及示范"课题，得到专家的认可，评价为主动配电网的实施典范。与国网青海电力共同承担的国家支撑项目"风、光、水气联合发电控制关键技术研究及示范"通过国家科技部组织的项目验收。组织国家奖励申报工作，2017共参与四项国家奖励的申报工作，其中3项成果申报中国电力进步奖。遴选39项成果推荐至中电联参加全国电力职工技术成果奖励申报，12项入围并参加答辩。推荐60项参加南方电网公司2017年科技奖励评审。参与申报的"强电磁环境下复杂电信号的光电式测量装备及产业化"获得国家科技进步二等奖。累计有效专利达1016件，年度新增专利申请442件，授权282件，超额完成了年度指标。核心期刊论文95篇，SCI/EI检索论文13篇，其中SCI检索3篇。获省部级科技奖励34项，其中省级及以上奖励16项。持续加大科技成果推广力度，安排成果推广项目79个，推广资金4744.8万元。

信息化建设 2017年信息化投资3亿元，投资计划完成率99.81%。年度关键应用系统运行率99.99%，核心网络运行率100%，信息系统支撑业务

100%线上完成，业务指标实用化率100%，数据准确率100%，数据协同治理通过率99.9%。全省信息安全态势平稳，未发生信息安全事件。

信息化管理。在全省选取试点供电所，开展GIS、生产、营销系统中数据一致性整改工作，标杆供电所三个系统间站线变存量数据一致性达到100%。开展全省IT运维服务质量提升暨信息用户全方位服务专项行动，在细分目标用户上提出重要用户“保姆式”服务、专业用户“兄弟式”服务、普通用户“体验式服务”的“三式服务”。重点对目标用户建立服务经理制、增加企信报送故障的服务渠道、落实信息故障“两个五分钟”传递实现要求。3月蠕虫病毒、5月勒索病毒、6月震网三代病毒等风险的防范病毒防范工作有效，实现公司范围内IT设备零感染。

市场营销 2017年累计购电1449.5亿kWh，同比增长2.77%。其中统购火电904.2亿kWh，同比增长4.61%；统购水电411.7亿kWh，同比降低5.24%；统购风电62.3亿kWh，同比增长20.01%；生物质发电上网1.07亿kWh；供电局自购电量71.2亿kWh，同比增长17.66%。

营销分析。开展精准扩销“十百千”专项行动，通过发挥片区客户经理“属地化”蜂窝式管理、协调各级政府进行政策倾斜和扶持等，稳定省内企业的生产。推进市场化交易，完成直接交易电量436.48亿kWh。促成云贵水火置换，全年完成置换电量6.2亿kWh，缓解了省内电力供应紧张局面。2017年，贵州电网累计实增容量1281.5万kVA，其中新增大工业客户901户，新增容量415.9万kVA。

电费回收。印发电费回收11项重点措施。开展征信建设，与中国人民银行协商签订合作协议，将客户失信行为纳入征信系统。按照“一户一策”制定陈欠电费专项催收方案等。2017年，当年电费回收率99.93%；3年以上陈欠电费回收率24.16%，超额完成南方电网公司下达的10%回收率指标。

需求侧管理。以市场化改革为导向构建“互联网＋大数据＋电动汽车”新型服务体系，牵头组织开发全国首个省级统一电动汽车充电公共服务平台并上线运行。2017年实现节约电力5.24万kW，完成指标任务的110.32%；节约电量2.733亿kWh，完成指标任务的106.34%。通过国家发展改革委2016年电力需求侧管理目标责任考核。

电能计量。完成省级集中计量自动化系统建设，实现电能计量数据的全省集中监管，电厂及高、低压客户电子化结算。成立省地县三级项目实施督导组，出台《贵州电网公司低压集抄建设管控方案》《贵州电网公司低压集抄技术选型指导意见》和《关于进一步加强低压集抄建设的通知》等文件，确保项目实施进度及施工质量可控、在控。智能电能表覆盖率81%，低压集抄覆盖率35%，分别较2016年提升11个百分点、19个百分点。

用电检查及营销稽查。针对市场营销领域关键环节和重要岗位，在安顺和都匀两家地市供电局开展“不能腐”体制机制建设试点，实现“事前”精准防控、“事中”管控到位、“事后”追责有力的目标。查处差错案件815件，挽回电量损失2523.95万kWh，挽回经济损失2145.60万元。出台《奖励举报、查获违约用电和窃电行为管理办法》，累计检查客户43.0943万户，查处违约客户575户，涉及违约电量64.41万kWh；查处窃电户1374户，追补窃电电量630.06万kWh。

客户服务。提前完成省级95598集中运营建设，开创95598“一键投诉”功能，截至2017年12月，95598业务20s接通率99.43%，同比提高3.45个百分点。实现“网格化”服务全覆盖，全省设立6750名片区客户经理，覆盖全省18270个村寨和社区，建立2742个“片区电力服务客户微信群”，发挥片区客户经理“属地化”问题解决作用，减少95598、12398话务量和投诉量。深化业扩报装“五项机制”和“三免”服务，实现公司业扩报装关键环节时间在国家标准压缩1/3的基础上再压缩11%以上。

农电管理。农电系统86家县级供电企业完成售电量693.67亿kWh，同比增长16.51%，占省内售电量的67.7%；完成综合线损率5.15%，同比降低0.51个百分点。贯彻落实国务院国资委“压缩管理层级、减少法人户数”和国务院办公厅关于中央企业公司制改制工作要求，完成全部79家县级供电子公司“子改分”工作。推进县级供电企业精益管理。全省易地搬迁配套电网项目完成投资1730万元，全力保障了251个搬迁安置点和76万搬迁人口用电；全省贫困村通动力电行动投资1778万元，项目覆盖全省3个市州、5个区县和143个自然村，惠及农村贫困人口1.99万人。

经营管理 资金管理。持续完善资金集中管理，将小区配套账户纳入集团账户管理体系，归集资金日均增加9.5亿元。结合县局“子改分”工作，完成收支两条线的零余额账户管理体系调整。充分依托网公司金融平台，加强票据运作，推进应付票据支付业务，全年转帖支付应收票据180.5亿元，全年开具票据19.8亿元，节约财务费用3.5亿元。组织开展职工持股改革后企业资金管理风险治理专项行动，防范改革后企业在改革、改制，以及资产运营平台搭建、整合发展过程中的资金安全风险。

预算管理。继续强化“瘦身健体”提质增效工作各个专项行动，解决经营管理上存在的短板，利润总额、经济增加值、资产负债率、净资产收益率四个核心效益指标全面完成。提前1年完成国资委亏损治理工作任务。两家“僵尸企业”和两家特困企业完成处置，包括贵州电网公司在内的三家特困企业扭亏为盈，二级子公司全面盈利。

资产管理。2017年纳入合并范围总户数14个，包括贵州电网本部及所属各级分公司、全资和控股子公司。其中，全资子公司9个，控股公司4个，事业单位1个，与2016年合并范围94户相比减少81户、增加1户，更名4户。贵州电网纳入合并范围总户数比2016年度减少81户（其中完成县级供电企业“子改分”79户，“处僵治困”关闭撤销2户）。

电价管理。6月1日起，全面取消电网企业对铁路运输企业收取的电气化铁路配套供电工程还贷电价；7月1日起，贵州统调燃煤机组上网电价每千瓦时提高1.52分，调整后燃煤标杆上网电价为0.351 5元/kWh（含脱硫、脱硝、除尘电价0.033 6元/kWh），将国家重大水利工程建设基金调整为0.3分/kWh，大中型水库移民后期扶持资金居民生活用电征收标准调整为0.42分/kWh，其他用电标准调整为0.47分/kWh，取消城市公用事业附加，降低一般工商业和低电压等级大工业输配电价标准。

会计核算。2017年，贵州电网公司资产总额796.44亿元，同比增长5.04%；负债总额627.71亿元，同比增长4.90%；所有者权益总额168.73亿元，同比增长5.57%。主营业务收入实现584.15亿元，同比增加42.97亿元，增幅7.94%。主营业务成本完成563.17亿元，同比增加36.82亿元，增幅7.00%。购电成本完成394.03亿元，同比增加23.66亿元，增幅6.39%。其中，购电平均单价完成273.04元/MWh，同比增加10.96元/MWh，增幅4.18%。供电成本完成160.76亿元，同比增加13.85亿元，增幅9.43%，单位供电成本117.12元/MWh，同比增加8.11元/MWh，增幅7.44%。

税收管理。2017年共计缴纳各项税费38.95亿元（含个人所得税），其中增值税32.89亿元、企业所得税0.31亿元、城建税1.45亿元、教育费附加1.15亿元、个人所得税1.91亿元、其他税费1.24亿元。继续落实农村电网维护费免征增值税政策，全年免征增值税2.9亿元。落实企业所得税优惠政策，研究开发费加计优惠3863万元、残疾人员工资加计优惠737万元、对居民企业投资收益免税优惠3675万元、购置节能环保设备抵减税额790万元、电网新建项目“三免三减半”减免应税所得2105万元。

人力资源管理 领导班子建设。完善“双向进入、交叉任职”领导体制，在所属22家单位全面开展党政领导交叉任职。在设立董事会的4家竞争性业务公司，推行党委织书记、董事长由一人担任，董事长、总经理分设，董事会、经理层成员与党委织班子成员实行交叉任职。所属13家基层单位开展2016年度干部选拔任用“一报告两评议”工作，共890名干部职工代表对180名新提拔干部开展了评议，13家单位选人用人平均满意度达98.88%，拓宽优秀年轻干部晋升发展通道，在贵州电网公司所属2家单位中配备35岁以下的班子成员。启动“ATP”培养计划，加速培养储备年轻干部，共提拔10人。完善后备干部选拔方式，对所属22家单位上报的173名党委管理后备干部初步人选开展调研工作，了解后备干部初步人选的能力素质和工作表现。开展处级干部日常谈话251人次、任前谈话6人次、离职谈话7人次、提醒谈话9人次、诫勉谈话5人次。

人才队伍建设。完成公司技术专家、助理技术专家选聘工作，选聘技术专家14名、助理技术专家74名。完善技术人才发展通道建设，选聘助理技能专家103名、三级技能专家6名、二级技能专家1名、一级技能专家3名。选拔6人参加西部优秀创新人才交流培养工作。深化岗位胜任能力评价，组织完成9136人的岗位胜任能力评价。开展职业技能鉴定理论计算机网络考试，技能鉴定2571人，新增技师231名。推进标准作业制（工分制）考核方式，在1749个技能班组和686个供电所的推广应用，覆盖率100%。

教育培训。开展2018年培训需求调查，收集培训需求13 504个，其中员工个人提出培训需求10 217个，占比76%。按照“干什么学什么”的要求，实施集中培训717期，培训31 082人次。完成班组长三年轮训，轮训率100%。4人获聘南方电网公司级培训师，1个微课在中央企业联盟微课大赛中获得一等奖，《构建基于岗位胜任能力的学习地图》入选中国电力教育培训2017年度最具影响力事件。

党建和精神文明建设 党建工作。修订印发《“三重一大”决策管理实施细则》《党委议事决策规则》等5项制度，把党组织研究讨论作为董事会、经理层决策重大问题的前置程序。将南方电网公司2017年党组一号文要求细化分解为84项内容、186条措施，按月管控，按期完成率100%。建立各级领导班子基层党建联系点1239个，指导推动党的建设重点任务落实落地。编制《“两学一做”学习教育常态化制度化工作指导手册》，梳理整合11项业务流程、27项作业表单。开展“电亮先锋”党建品牌建设，实施“降损利剑、强化配网运维、党员无违章、提质增效、客户服务提升、迎峰度冬”六项行动，共明确了1100条党员示范线路和1760个党员示范台区，建立了1243个党员安全示范岗，1200个党员监督哨，6781名党员围绕提质增效开展公开承诺。承担南方电网公司《关于引入精益管理理念提高党支部工作质量》重点课题研究，获中央企业党建思想政治工作研究会2017年度优秀研究成果二等奖。开展标杆党支部创建工作，命名示范党支部24个、标杆党支部19个，获南方电网公司党组命名标杆党支部1个、贵州省国资委党委命名样板党支部3个。

思想政治工作。抓实中心组学习和研讨，公司党委中心组集中学习28次，学习研讨5次。制定《学习宣贯党的十九大会议精神新闻宣传实施计划》，刊发13期《学习宣传贯彻落实党的十九大专刊》。制定下发《“南网总纲·黔行力量”宣贯实施方案》，培养内训师230名，新入企员工宣贯率100%，460个党支部学习完成率100%。开展企业文化示范单位创建，各单位举办186期培训班，共计6506人次参培。参加南方电网公司首届党建宣传思想工作技能竞赛，获得团体优胜奖。

扶贫工作。按照“省、市、县”三级联动扶贫工作机制和《贵州电网有限责任公司“十三五”精准扶贫工作规划》，制定《2017年精准扶贫行动计划》，明确“责任清单”。与10家地市供电局签订精准扶贫责任书。利用“扶贫地图”，实现扶贫工作精益管理，将脱贫攻坚“四项行动”推进情况以及全省66个重点贫困县相关信息录入系统，明确扶贫地区区域环境、贫困村和贫困户等具体情况。2017年累计完成农网建设投资65.6亿元，重点解决贫困地区群众用电问题。完成供电范围内1274个中心村电网改造升级和贫困村通动力电，惠及368万人。开展全省易地扶贫搬迁电力配套工程建设，全力保障251个搬迁安置点和76万搬迁人口用电。

企业文化建设。以《南网总纲》引领企业文化建设，命名31个2015～2017年度企业文化示范单位。培育形成“共同家园”“龙舟文化”等文化品牌，“团队互助”“苗岭清风”“明心·正行”等专业文化主题。毕节供电局、六盘水供电局《“情暖凉都　光明无限”文化体系助推服务水平提升》分获中国电力创新奖之企业文化示范单位及优秀成果奖。完成711名新分员工《南网总纲》宣贯工作，实现新员工宣贯率100%。

共青团工作。2017年获省国资系统“五四红旗团委”。完成团工委改团委工作，召开第一次团员代表大会。首次在新员工入企培训中开讲团课，推进“1+100”直接联系青年工作，推广应用“青年之声”网络平台，7家试点单位完成“青年之家”建设。

主要事件

5月19日，贵州电网公司承担的首个国家863计划课题“集成可再生能源的主动配电网运行关键技术研究及示范”通过国家科技部验收，被选中参加第19届中国国际工业博览会并获评为主动配电网的实施典范。

7月8日，贵州电网公司客户服务中心挂牌成立，对公司95598客户服务省级集中运营开始进行集约化管理，实现全省客户投诉业务“一键投诉”。

11月14日，贵州电网公司召开党委理论学习中心组（扩大）学习会议，开展党的十九大精神专题学习研讨。

11月28～29日，由中央网信办网络新闻信息传播局、国务院国资委宣传局、国务院国资委新闻中心联合组织开展的“十九大精神走进央企”网络主题活动走进贵州电网公司结对帮扶的安顺市紫云自治县，聚焦贵州电网公司扶贫工作，了解贵州电网公司学习贯彻党的十九大精神、让广大人民群众“用上电”更要“用好电”、全力做好精准扶贫的措施与成效。

12月27日，年度省内售电量突破千亿千瓦时大关，全年省内售电量1024.2亿kWh，同比增长15.1%，增速位居南网五省区第1，全国第3。

截至12月31日，贵州电网公司投资23.2亿元，全面完成贵州省1274个小村镇和中心村电网改造升级，惠及农村人口144万人，占贵州省常住人口的4%，完成国家对小城镇和中心村电网改造的目标任务。

（蔡靖波）

【海南电网有限责任公司】

企业概况　海南电网有限责任公司（简称海南电网公司）是南方电网公司的全资子公司，负责经营南方电网在海南投资的国有电网资产，承担国有资产保值增值责任；对海南电网实行“统一规划、统一建设、统一调度、统一管理”，负责全省电网的安全生产工作，保证全省电网的安全、稳定、经济、优质运行，不断提高供电可靠性和服务质量；依法统一调度与省电网联网的电厂，并监督和指导电厂的安全生产工作。

截至2017年12月31日，海南省统调装机总容量688.1万kW，统调最高负荷457.1万kW。完成售电量236.39亿kWh，同比增长6.49%，资产总额273.95亿元。全省已形成“双环网沿海覆盖，三通道东西贯通”的坚强骨干网架，并通过1回500kV海底电缆（容量60万kW）与南网主网相联。建成投运220kV变电站29座，容量843万kVA，220kV线路总长4015.34km；110kV变电站122座，容量889.95万kVA，110kV线路总长3995.25km；35kV变电站152座，容量146.54万kVA，35kV线路总长2778.94km。供电户数257.5万户，乡镇、行政村和自然村的通电率均达到100%。

领导班子

党委书记、董事长：邓恩宏

党委副书记、董事、总经理：郑外生

党委副书记、董事、副总经理：詹晓晖

党委委员、董事、副总经理：林芳泽

党委委员、董事、纪委书记：郭可青

党委委员、董事、副总经理：殷健

党委委员，海口供电局局长：陈东

工会主席：陈琼生

总会计师：林潮光

党委委员、董事、副总经理：符永锋

党委委员、董事、副总经理：程其云

组织机构 海南电网公司实行省公司直管市县供电局两级管理，本部设置19个职能部门，包括办公室（党委办公室、董事会办公室、督查办公室）、计划发展部、财务部、生产技术部、安全监管部（应急指挥中心）、市场营销部（农电管理部）、基建部、物资部、产业投资部、科技信息部、审计部、法律部、组织人事部（机关党委办公室）、人力资源部、企业管理部（全面深化改革办公室）、宣传文化部、监察部（纪委办公室）、工会、系统运行部。设置直属机构10个，包括电力调度控制中心、物流服务中心、培训与评价中心（与党校、电力学校合署）、信息中心（与信息通信分公司合署）、综合服务中心、社保（年金）中心、新闻中心、电网规划设计研究中心、客户服务中心、电能计量中心。

下辖单位31个，包括19个供电局（即海口、三亚、儋州、琼海、三沙、文昌、澄迈、万宁、昌江、东方、乐东、陵水、临高、定安、屯昌、琼中、保亭、白沙、五指山供电局），7个按分公司管理的单位（海南电网有限责任公司电力科学研究院、海南电网有限责任公司信息通信分公司、海南电网有限责任公司物流服务中心、海南电网有限责任公司建设分公司、海南省电力学校、海南电网清澜电厂、海南电网有限责任公司输变电检修分公司），4个全资子公司（海南送变电工程有限公司、海南电力物业管理有限公司、海南电力产业发展有限责任公司、海南电力置业有限公司），1个控股子公司（海南联网二回项目管理有限公司）。

人员状况 截至2017年12月31日，海南电网公司拥有员工10 866人。其中，博士研究生9人，硕士研究生205人，大学本科3174人，大学专科2984人，中专及以下4494人；高级职称251人，中级职称800人，初级职称4097人；高级技师7人，技师145人，高级工4670人，中级工717人，初级工501人；离退休人员4127人。

电网规划与建设 电网规划。立足海南改革发展实际，完成海南电力产业结构分析及未来电源发展思路研究，编制海南中长期电力发展规划建议。落实海南建设智能电网综合示范省要求，研究提出海南智能电网全景构架图，完成海南智能电网综合示范省发展规划，并对“十三五”电网规划和各专项规划进行优化修编。完成琼中抽水蓄能机组对系统影响、网源协调发展两项专题研究，为海南后续电源发展建言献策。加强配电网规划研究，独立完成中心城区停电1h专项规划、海南防风规划修编以及各市县“十三五”配网规划滚动修编。

电网建设。启动实施《提升电网供电保障和抗灾能力三年行动计划》，争取省政府印发《关于加快推动电网建设的意见》，合力开展电网建设“百日大会战”，妥善解决全省312项输变电工程环评验收等历史问题，破解141个电网建设受阻难题，保障联网二回等一批重点工程有序推进，推动边防部队电网建设提前一个月完成，覆盖全省的配网自动化建设全面启动，全省246个中心村完成电网升级改造。全年攻坚克难投产65个遗留项目，主网长期挂账的遗留项目数量降至近5年最低值，电网建设共完成投资37.93亿元，完成年计划的108.47%，创历史新高。220kV龙泉站、滨廉新村14号公用变压器新建工程被评为南方电网优质工程。

电网运行与安全生产 电网调度。严控“大机小网”等八大电网运行安全风险，制定80项重点工作，有效防范三级及以上事件风险248项，有效管控2个一级事件、118个二级事件、128个三级事件的发生。完成永久备调中心建设，7个供电局配电自动化主站竣工验收，配电自动化覆盖率达88.9%，线路主保护通道实现100%光纤化，二次系统支撑保障水平得到提升。落实电力监控系统安全防护措施，严格防范网络恶意攻击引发误调误控等重大网络安全事件，并成功开展首次电力系统网络安全攻防演练。梳理大负荷期间电网设备重过载，通过优化机组检修安排，有效缓解调峰困难，保障居民生活用电。

安全管理。建立分级管控和挂牌督办工作制度，实行销号闭环管理，共排查并完成整改安全隐患1025项。开展十九大保供电安全生产大检查，通过自查自纠和督查发现问题2892项，全部完成整改。出动三级安全网开展16 586次现场监察，及时查处严重违章行为72起、纠正一般违章行为791起。清理树障312万棵，严管严控重复停电，开展带电作业1099次，同比翻番，推动全省户均停电时间降幅达到26.5%。全年未发生各类事故，发生三级及以下电力安全事件34起，同比增加1起。

重大保电。建立常态化保电机制，有序推进各项保电各阶段性任务，完成十九大、省党代会、两次航天发射等重大政治国防保电，博鳌保电连续16年万无一失，全年共完成554次保电任务。健全完善“灾前防、灾中守、灾后抢”应急机制，抵御“卡努”等3个台风袭击。

市场营销 营销管理。开展营销班组标杆评价建设，推广复制标杆精益管理经验，加强基层营销班组建设，促进全省营销管理水平明显提升。结合海南扁平化管理特点，加快落实网、省公司创新战略部署，在南方电网五省区率先实现智能电能表和低压集抄全省覆盖，实现自动抄表结算、线损自动统计计算、低电压监测、电表开盖窃电在线监控等实用化应用，计量集约化管理水平大幅提升。强化电费回收风险预警和管控，实现电费营销与财务账务一致。

需求侧管理。推行客户经理网格化，将优质服务延伸至12大产业、6类园区和美丽海南百镇千村，实现快报快装和减少客户停电时间增供电量2.4亿kWh，售电量同比增长6.49%。联合各级住房城乡建设部门对全省3437个住宅小区进行常态用电安全检查和隐患整改，重要客户供电电源和自备电源合格率均提高到85%以上。将业扩投资界面均延伸至全省所有工业产业、开发园区和35kV及以上客户，以及报装容量达5000kVA及以上的10kV大型工商业客户红线。完成2个独立供电区和1.94亿元客户资产接收。

客户服务。开展高温停电引发民众“抱怨”全员大反思，出台最严厉的客户服务六条禁令，并首次通过召开新闻发布会的形式，向社会公布供电服务惠民便民八大举措，用群众监督倒逼客户服务加速提升，95598热线20秒接通率达96.8%，客户投诉同比减少21%，客户诉求平均处理时间同比减少49.8%，远程报装比例提升至98%，用电报装时间缩短30%以上，集中消除低电压台区596个。推广“互联网+”电力服务，统一服务平台关注数21万人，同比增长176%，远程服务比例达65%，非现金缴费客户比例达98.4%，同比提高2.31个百分点，连续17个月保持在96%以上。第三方客户满意度提升11分，百万客户投诉率减少90次/百万户，降幅562%。

科技信息管理与节能降耗 科技创新。坚守网络安全底线，承办中国首次电力系统网络安全攻防演练，快速处置“勒索病毒”“震网三代”等安全威胁，未发生感染事件，荣获2017年度海南省网络安全等级保护先进单位荣誉称号。在南方电网公司信息化水平评价为A级，全省信息网络运行率达100%、关键应用系统运行率99.92%，未发生三级及以上信息安全事件。依托863计划与国家科技支撑计划课题深入开展智能电网建设研究，“多类型新能源发电综合消纳关键技术”和“区域智能电网综合示范工程”两个国家级科技课题整体达到国际先进水平，关键成果达到国际领先水平；“多类型新能源多层级接入的区域智能电网关键技术研究和集成应用”处于国际领先水平。全年共获得省部级或网公司级科技奖励14项，有效专利拥有数累计达143件，同比增长43%。

电网节能降耗。持续强化节能发电调度，吸纳清洁能源113.55亿kWh，完成5台300MW机组超低排放改造，全年非化石能源发电量106.25亿kWh，占比达42.43%，全网发受电化石能耗170.61g/kWh，同比下降22.03g/kWh，相当于节约标煤257.75万t，减少CO_2排放量675.30万t。组建“海南省新能源汽车发展促进联盟”，在公共服务场所、加油站（服务区）等区域建成167个充电桩，在全国率先实现电动汽车城际快充网络全域覆盖。全年电能替代电量完成3.03亿kWh，完成全年指标1.6亿kWh的187%。

改革发展 企业改革。统筹推动17项企业改革重点任务、76项具体工作，稳扎稳打、纵深推进，电力体制改革取得多项重要突破，完成电力交易中心和省级售电公司的组建。“三供一业”供电分离维修改造框架协议签订完成率已达97.6%。注册成立资产运营平台公司，通过吸纳股权完成5家职工持股企业的股权清退工作。机构优化调整取得明显成效，基本完成本部组织机构优化调整。

竞争性业务。健全竞争性业务组织架构，成立产业投资部，组建全资企业资本运营平台公司和集体企业资产运营平台公司。完成2个独立供电区和1.94亿元客户资产接收。牵头组建“海南省新能源汽车发展促进联盟”，在公共服务场所、加油站（服务区）等区域建成167个充电桩。

经营管理 财务管理。制定瘦身健体提质增效“1+9”系列工作方案，细化分解28项关键指标、146项工作举措，累计增加效益2亿元，9个专项行动取得明显成效。提升资金精益管理水平，加强重大成本费用项目事权审批，对重点管控成本项目实现“预算一合同一报账一付款”全流程管理，资金计划准确率持续达95%以上，资金归集率均达98%以上。

审计管理。突出风险管控和审计整改专项治理，充分整合审计资源，推进经济责任审计监督全覆盖，落实工程项目全过程审计监督，全年共开展迎审配合工作3项，审计整改工作30项，审计项目175项，提出审计意见及建议590条，促进增收节支3747.07万元。专项清查历年整改追回工程款4196.46万元。

基础管理。全面推行精益管理，举办精益培训42期4068人次，并建立起省、地两级精益项目库。“便携式多功能验电小车的研制”和“SAN网络存储数据迁移新方法”2个精益管理QC成果小组荣获国家优秀质量管理小组称号。

法律事务。推进依法从严治企。专题分析公司营销、基建、劳动用工、安全生产等关键业务领域近三年案例，编制风险防控报告。推进法律风险体系岗位防控，构建风险防控和岗位职责相融合的风险体系，在营销领域探索岗位风险、防控措施、绩效考核相联动的信息化开发。主动与省国土厅沟通，取得省政府支持，专门为海南电网在南方五省区率先出台全省性的历史遗留土地产权确权指导意见，全年共完成 221 宗权属证书的补办，超额完成率 146%，位居南网各单位前列。完善合同标准文本信息库，发布标准文本 116 个。制定出台案件和纠纷全过程管理指导意见，强化案件维权管控实效，全年共处理案件 154 宗，避免和挽回经济损失 3431.72 万元，已办结案件胜诉率保持在 85%以上。

人力资源管理 队伍建设。持续加强队伍建设，曝光各类问题共 282 期、2389 人次，占在岗人员 28%，推动队伍作风显著好转。推进技能人员培训评价、持证上岗工作，一线技能人员岗位胜任能力持证人员新增 1000 人，持证率达 77%，同比提高 32%，创历史增幅之最。修编完善《员工处分实施细则》，试点施行供电所工分制考核，出台《精益管理达标激励方案》，形成奖励与惩处并重的有效激励机制。全年从高岗位调整到低岗位共 276 人（其中管理人员 18 人），解除劳动关系 12 人。

劳动管理。出台《本部及所属供电局组织机构优化调整方案》《公司本部组织机构优化调整实施工作方案》及薪酬配套方案等，基本完成公司本部组织机构优化调整；110kV 及以下变电站全部实现属地化管理。深化结构性缺员治理专项行动，印发《深化结构性缺员治理专项行动实施方案》和《业务外委管理实施细则》等，建立业务外委与定员定编核定、工资总额核定等互相挂钩的闭环管理机制。完成对全省 139 个供电所组织机构进行优化调整，横向整合一线班组同类业务职责，班组类型由原来的配电班、营配班等 8 类整合为配电运维班、营业服务班、营配综合班 3 类，班组个数由原来 695 个精简到 532 个。设立资产产权证明清理专项奖、客户平均停电时间管控奖、客户满意度提升奖等专项奖促进重点工作突破。优化提升供电所岗位归级，通过组竞聘有近 2800 名一线技能人员提升岗级。

教育培训。组织全体一线涉电人员共 5400 人开展“十个规定动作”培训评价，促进人人安全技能过关。举办 6 期共 313 名供电所负责人综合能力培训班，综合评价合格率 92%。通过建立“全过程”管控、“精准帮扶”培训、“奖惩并重”传递压力三个工作机制，完成涉及占供电所一线班组 20%约 900 人的转岗人员培训试点工作；建立“精准培养”的员工培训机制，有效减轻转岗工学矛盾；建立“奖惩并重”的转岗压力机制。全员劳动生产率达 39.54 万元/人年。

党建和精神文明建设 党建工作。十九大精神宣讲覆盖全部二级单位。细化制定并严格落实 19 条党建工作要点、64 条全面从严治党具体措施。完成党组改党委工作，制定各级班子成员“一岗双责”责任清单，增加党建工作考核权重，确保全面从严治党责任落实。推动“两学一做”学习教育走向常态化制度化，党委全年召开 8 次理论学习中心组研讨会，中心发言 19 人次；各单位累计召开理论中心组学习 261 次，中心发言 522 人次。

反腐倡廉工作。制定巡视整改总体方案和 7 个专项治理方案，明确 229 项具体任务，已全部完成整改。成立 8 个专项治理小组，派出 2 个督查组，随机对 8 家所属单位开展巡视“回头看”检查，及时发现曝光 20 项具体问题。持续保持正风肃纪高压态势，累计开展“四种谈话”3093 次，整治基层一线损害群众利益不正之风，对公司系统近 2 年发生的损害群众利益不正之风典型问题通报曝光。全年给予党政纪处分 27 人。

民主管理。落实职代会职权，组织职工代表审议通过《公司员工惩处实施细则（2017 年修订）》和《关于贯彻落实网公司党组对有关违纪人员的处分意见》2 项制度，办理有效提案 9 件，办复率 100%。强化职代会民主监督，组织 3 批次公司职工代表赴基层单位开展专项巡视。实现厂务公开民主管理认证全覆盖，19 个市县供电局、9 个直属单位全部通过认证审核，通过率 100%。

精神文明建设。推进第一批企业文化示范单位、示范点创建和评选工作，4 家单位获得南网文化示范单位和示范点称号。深化“青”字品牌，重点在脱贫攻坚、爱心助学、重大保供电、抗风抢险、节能环保等领域广泛开展团员志愿服务活动，全年共获省部级以上奖项 36 个。精准扶贫完成既定目标，通过产业扶贫帮助 1681 人脱贫。

主要事件

2 月 15 日，由海南电网公司建设的海南环岛高速及中线高速公路快速充电桩全部正式投入商业运行，在全国率先实现电动汽车城际快充网络全域覆盖，海南进入新能源电动汽车环岛充电时代。

3 月 1 日，海南电网公司召开干部大会，宣布南方电网公司党组关于海南电网公司干部任免的决定：聘任邓恩宏为海南电网公司党组书记、董事长，免去金戈鸣海南电网公司党组书记、董事长职务，另有任用。

3 月 23～26 日，海南电网公司投入保供电人员

4323人次，保供电车辆594辆次，完成博鳌亚洲论坛2017年年会特级保供电工作，连续16年实现博鳌年会保供电万无一失。

4月20日和7月2日，海南电网公司累计投入保供电人员19 765人次，出动车辆4385辆次，圆满完成天舟一号货运飞船和长征五号遥二火箭发射特级保供电任务，确保航天发射期间重要设备零跳闸，重要场所零停电，信息安全零事故。

6月19日，海南省政府审议通过《提升电网供电保障和抗灾能力三年行动计划》。6月20日，海南电网公司召开会议全面启动提升电网供电保障和抗灾能力三年行动计划，着力通过三年时间实现海南电网脱胎换骨，经营管理全面提升，将海南电网打造成为南网靓丽形象窗口。

6月28日和7月19日，海南电网公司召开干部大会，宣布南方电网公司党组关于海南电网公司干部任职的决定：聘任詹晓晖为海南电网公司党组副书记，符永锋为海南电网公司董事、副总经理、党组成员，程其云为海南电网公司董事、副总经理、党组成员。

7月4日，国家发展改革委核定海南电网2017～2019年输配电价，海南输配电价政策正式实施，标志着南方电网五省区输配电价改革实现全覆盖。

9月15日，中国共产党海南电网有限责任公司第一次代表大会在海口召开，选举产生中共海南电网有限责任公司第一届委员会和第一届纪律检查委员会，标志着海南电网公司党组改党委工作全面完成。

11月10日，海南省委书记刘赐贵率队到海南电网公司调研并宣讲党的十九大精神。要求全省电力战线及有关部门积极推进智能电网建设，落实电网三年行动计划，力争提前半年实现海南电网“脱胎换骨”。海南省副省长李国梁参加调研并主持座谈会。

12月25日，海南电力交易中心正式成立，为海南构建公正、公平、公开的电力竞争市场体系奠定坚实基础。

【广州供电局有限公司】

企业概况 广州供电局有限公司（简称广州供电局）是南方电网公司的全资子公司，于2012年2月22日正式挂牌运作，注册资本75亿元，主要从事广州电网规划、投资、建设与运营，负责广州市的电力供应与服务。截至2017年12月底，广州供电局供电面积7434 km^2，供电客户数577万户，拥有110kV及以上变电站334座，主变压器容量80 160MVA，输电线路7433km。2017年完成供电量829.64亿kWh，同比增长5.83%；最高负荷17 711MW，同比增长11.66%。

领导班子

党委委员、书记、董事长：甘霖

董事、总经理、党委委员、副书记：胡帆

巡视员、党委委员、副书记、副总经理（副局长）：齐文京

党委委员、纪委书记：张曙华

副总经理（副局长）、党委委员：杜满权

党委委员、工会主席：张泽华

总会计师：孙宏兵

副总经理（副局长）、党委委员：刘育权

组织机构 2017年，共设置17个职能部门，直接管理17个直属机构、15个业务支撑和实施机构、2个全资子公司。其中，内设机构282个、供电所43个、班组587个。

电网运行与安全生产 用电需求攀升，全年电网负荷4次创历史新高，最高负荷达1771.1万kW，同比增长11.66%；年供电量829.64亿kWh，同比增长5.83%。电力供需基本平衡，因高温天气引起负荷攀升，部分时段供气不足以及省内部分燃煤电厂临时故障，导致全省电力供应紧张，全年执行电源性错峰4天，最高错峰负荷397 MW，无网络受限错峰。连续安全运行10 446天，化解主网风险220项、配网风险70项、风险设备3707项，应对110kV及以上设备跳闸109起、紧急停运98起。电网主要运行指标均高于年度计划值，其中全部保护正确动作率、故障快速切除率连续5年保持100%。

电网运行。加强大电网分析辨识能力，完成基于广州核心区域、重要用户和大型居民密集区为目标的保底电网方案编制，推进电网风险防控由“防御型”向“主动型”转变。

设备管理。建立完善设备运维体系，开展差异化运维，优化设备检修维护策略，抓好三未设备、老旧设备和隐患设备整治，实现设备运维精细化、标准化管理。消除紧急缺陷198项、重大缺陷422项，一般缺陷3082项，紧急重大缺陷消缺率和消缺及时率均为100%，化解电网风险215项和设备风险3495项，电网及设备稳定运行。加强设备运维检修试验管理，完成三年检修规划2907项，完成三未设备3437项，实施检修费用约12 412万元。

安全管理。严抓安全生产责任落实，印发安全生产权责清单，实现机构、岗位安全职责全覆盖。建立局领导班子成员安全生产全过程履责档案，记录履责情况1056条。完成十九大及2017《财富》全球论坛保供电等保供电任务68项。全年累计应对各类突发事件54起，完成“5.7特大暴雨”以及台风“天鸽”“帕卡”等多起应急处置。调配53台应急发电机支援澳门灾后重建。

可靠性管理。编制《广州供电局提升供电可靠性暨“185611”停电时间1小时行动方案》，实现停电时间（低压）3.25h。

科技创新 技项目投资8529万元，推进2项国家级项目和5项南网重大科技专项的实施，863计划课题“基于大数据分析的城市电网状态评估系统开发与应用”进入验收准备阶段。策划入库“电力调度机器人关键技术研究与应用（一期）”等2项南网重大科技专项。累计有效专利数为757件，其中发明专利241件。

信息化管理 完成网公司党组“充分发挥信息技术的倍增器作用，提升信息化保障能力”重点工作，优化完善系统功能。完成资产域的投资计划、项目管理、物资管理以及人资域、财务域的实用化和数据质量提升工作建设移动应用32个，实现“一张图”“五可”“三化”的现场精益化管理目标。搭建开放性大数据平台和时空大数据云平台，支持企业运营管控和为广州供电局竞争性业务提供安全可靠的时空大数据应用服务，向综合能源服务公司转型。通建立培育项目库，完成电动汽车运营模式调研并推进充电桩运营平台建设和推进棠下基地数据中心建设，开拓IDC业务。

电网规划与建设 2017年初，广州市政府颁发《2017年广州市电网建设责任书》。市、区两级电力建市、区两级政府全年召开电力协调会议211次，议定事项773项，协调500kV穗西、220kV磨碟洲等一批重点项目，解决变电站项目核准和规划指标、变电站与周边开发项目土地捆绑出让、南网重点工程滇西北从化段线路青赔等重要问题。

电网发展。主网方面，完成广州电网化解风险专项提升工作，提出2018年基本消除，2020年全面解决主网存在问题的目标；梳理了264项“十三五”需开展建设工作的110kV及以上输变电工程，并纳入广东省发展改革委编制的《广东省“十三五”电网规划》；完成广州市新一轮总体规划配套电网专项规划提纲的编制，并纳入广州市城市总体规划征求意见稿，通过市常务会审议；推行度夏项目督办机制，集中力量解决“两消除、一控制”及城中村存量问题。

基建管理。完成基建工程投资67.1亿元，投资计划完成率100.3%，投资完成金额同比增长6.7%。主网方面，投产变电站14座，新增变电容量3851MVA，同比增长16.7%；投产220kV化龙等6项迎峰度夏及重点工程，化解电网一级风险6项，解决重载变电站4座、重载线路2回，解决不满足$N-1$变电站11座、线路4条，广州首个220kV直降20kV绿色智能变电站知识城站正式投运，采用高可靠性20kV“花瓣型”接线方式，用户用电满足“$N-2$”；220kV镜湖变电站工程获“中国安装之星”奖和中国电力建设企业协会2017年度中国电力优质工程奖。

物资管理。深化物资和招标改革，优化招标组织架构及业务流程，权力制衡、管办分离，实现采购活动“进平台、上基地”。完成基建类物资采购32.7亿元，完成电商竞价平台开发，规范电商采购行为，节约成本692.02万元。落实设备质量提升举措，完善抽检流程，组建到货抽检工作小组，实现品控目录到货抽签全覆盖，完成到货抽检26类1445件次物资，检出不合格样品70件，总体缺陷率4.8%，其中重大缺陷率0.48%，同比下降90%，完成供应商资质能力评估110家次，通过率41.82%，处罚违约供应商107家次。设置“1+5”应急物资储备点，完善应急储备495万元，提高实用率及覆盖率；定期核查应急物资可用性，出库即可用。试点打造网购式物资域移动应用平台，完成应急物资功能移动应用项目建设。

经营管理 市场营销。全年电力供应形势保持平稳，全市最高用电负荷达到17 711MW（8月22日），同比增长11.66%。年售电量达到798.15亿kWh。电费回收过程管控，当年电费回收率达99.99%，超额完成网公司下达的当年电费回收指标。推行电费抄收管理新模式，利用计量自动化系统进行远程抄表，实现低压远程全覆盖，推进采维一体实施；优化营销系统对账规则，自动对账率上升至85%；推广应用移动作业APP，规范现场抄录、停复电工作。推进计量管理精益化，完成142万只智能电能表和160万户低压集抄的现场安装，实现数据远程自动采集。

客户服务。提高供电服务能力，实现客户投诉问题标本兼治，推进服务渠道转型升级，建立投诉问题库，采用销号式管理，重复投诉率下降80%；扩充95598通道20%，优化应急话务配置策略，迎峰度夏话务高峰期20秒接通率同比上升5个百分点。推行“互联网+”服务，远程渠道服务比例超97%。创新业扩管理新模式，推动实行业扩报装“三免”服务与业扩配套项目全延伸至客户红线以内，形成低门槛、简手续、高效率多方面的系列具体措施。基本解决城中村频繁停电矛盾，全市累计推动新增城中村配电变压器共2874台。推进“互联网+充电设施”建设，累计完成充电桩合作协议签订超2000个，完成充电桩建设1446个。

资产管理。成立运营监控中心，建立核心业务常态监控、异动预警和闭环管控机制，实现运营监控体系运作。建立市局和区局两级运监机制，发挥属地电网态势感知、协同支持和绩效考核三大作用，实现配网业务管理和现场作业全过程可观、可测、可控、可追溯、可考核。完成运营监控系统第一批功能模块上线试运行，进一步支持区局运监业务运作。依托运营监控完成运作数据质量闭环管控机制，优化客户资产移交、配网基建项目增资结算等增量过程管控以提升基础数据质量，结合运监系统建设与实用化以提升业务数据质量。

财务管理。完成经营考核目标，开展提质增效，全面完成 23 项考核指标。超额完成两金清理任务，两金余额较压降目标少 0.27 亿元。争取税收优惠节约 1.3 亿元。节约财务费用 0.2 亿元。应对输配电价改革，完成分电压等级电价测算。

审计管理。配合国家审计署开展涉企收费延伸审计，完成对广州供电局收费项目规范性全面检查。开展审计整改专项行动，100%完成整改目标，完善制度流程 36 项，在南方电网公司检查考评中获满分。对审计发现突出问题严肃问责，运用监督执纪“四种形态”对责任人进行处理。

行政管理 印发党委议事决策规则等 4 份制度规范和工作指引，规范基层单位议事决策程序和决策内容。建立常态化政策收集和学习分享机制，构建形成“系统督办、专项督办、月度督办、周督办、挂牌督办”的工作体系，完成十九大、《财富》论坛等重大活动的安全保卫工作，组建 46 人专业“安保机动队”。

法律工作。全年局规章制度、经济合同及重大涉法经营决策三项审查率保持 100%；共审批经济合同 9367 份，涉及合同金额 125.58 亿元；办结法律案件 44 宗，案件胜诉率 95%，避免或挽回经济损失 4025 万元；开展法律培训 57 次，培训 5000 人次。印发《关于加快推进依法从严治企的实施方案》，完成领导干部法治建设“六个一”活动第一阶段工作任务。牵头推进资产产权证明专项清理工作，全年完成 40 宗产权办理。推动全局竞争性业务拓展，提出综合性法律解决方案。推动职工持股企业改革，解决重难点问题 27 项，深度参与设计院公司制改制。落实合同全过程管理，建立合同承办人持证上岗机制。开展配网规划建设领域专项法律服务，实施 12 项重点措施。被评为南方电网公司 2017 年度法治工作先进单位。

纪检监察。组织开展机关“四种形态”规范化试点和“回头看”，引导存在问题的 25 名党员干部主动说明情况，退回或上缴违规违纪款项 13.55 万元。抓早抓小实现关口前移，运用“第一种形态”2638 次，同比大幅提升 6 倍，制定“不能腐”体制机制总体工作方案和 8 个重点领域子方案，细化落实 229 项具体工作任务和责任分工。深化廉洁风险防控，排查重大廉洁风险 61 项，制定防控措施 176 条，嵌入制度流程和信息系统。开展供电所廉洁问题与风险专项整治，纠正问题 448 项、排查廉洁风险 21 项，完善制度 10 项，提出工作建议 13 条，对 822 名责任人进行提醒谈话。选优配强纪委班子和纪检监察干部，充实调整纪委书记、副书记 7 人，选拔任用科级干部 3 人。

人力资源管理 优化组织机构，提高组织运作效率。在全网率先完成职能部门和业务支撑实施机构优化调整，论证中心机构设置的必要性，保留了原要求取消的 13 个中心机构。优化区局组织架构，总结番禺局经验，吸取各方意见，推动运规合一、强化工程管理、整合营销班组等。成立电力行政执法协助中心。成立输电线路搬迁管理中心，解决输电搬迁工程量大、现场安全管控难度大等问题。全面规范用工管理，优化人员配置。

薪酬绩效管理。优化薪酬分配管理，将固定工资和绩效工资分配比例由 6∶4 调整为 5∶5，绩效自主分配权由 40%放开至 50%，加大绩效激励力度。全年设置董事长奖励基金、精益管理等 11 项专项奖，安排专项资金，对在重点领域、重点工作中作出突出贡献的集体和个人加大激励力度。

干部管理。坚持党管干部原则，按照好干部标准和国有企业领导人员“20 字”要求，完成干部选拔任用工作，严格用人标准，选优配强各级领导班子特别是主要领导。

教育培训。常态运作闭环管理机制。评价认证中，结果与岗位（岗级）紧密联动，3446 人获得更高岗级晋升，1264 人获更高岗级竞岗资格，220 人获得其他专业转岗资格，授权复核 2514 人，4930 人获一次性奖励，金额 246.5 万元。搭建四级人才梯队。全网率先开展领军人才选拔，共选聘 73 名领军人才，发挥示范引领作用；新聘 67 名专家技术技能专家，壮大专家队伍；新增调整 174 名专才入库，并开展培育；选拔 106 名百名班站长接班人和 105 名百名高级作业员人才。获电力行业技能人才培育突出贡献单位、中国人才发展菁英奖创新企业、南方电网公司人才体制机制创新专项试点单位。

党的建设 广州供电局党委从“五个坚持”用劲发力，一是坚持谋划、多措并举，通过集体学习、基层宣讲、专题培训等，学习宣传贯彻党的十九大精神兴起热潮。二是坚持总揽全局、协调各方，印发党委议事决策规则，滚动更新公司章程党建条款，成立组织人事部实现人事和党建一个部门管，党的领导融入公司治理。三是坚持“两学一做”、铸魂补钙，以政治建设为统领，抓住“关键少数”、抓实基层支部，践行“一示范七争先”，理想信念根基深厚。四是坚持强基固本、开拓创新，实施党建工作“三个清单”（责任清单、任务清单、问题清单），优化“年终考核、述职评议、绩效挂钩”党建考核办法，上线试运行全网首款“党员思想教育 APP”。五是坚持选贤任能、正确导向，严格干部选拔任用和监督管理，全面构建起领军人才、技术技能专家、专才及班组重要岗位人才四级人才梯队，干部人才队伍进一步优化。

党风廉政建设 推动管党治党责任落地见效，按照“一岗双责”要求，局党委书记、纪委书记分别约谈下属单位负责人 62 人次、143 人次；所属各级党组织逐级开展约谈 184 人次。对履行管党治党职责不到位、落实巡视整改不力、“四风”问题突出的党组织和党员干部进行严肃问责，提醒谈话 55 人次，通报批评 22 人次，扣减 6 个单位组织绩效。共受理信访举报 39 件，处置问题线索 65 条，立案审查 7 件 11 人，回访教育 38 名受处分的党员干部。突出重要时间节点，坚持暗访、查处、追责、曝光“四管齐下”，累计发送廉洁短信约 6 万条，抽查各类费用凭证 4 万余张，开展明察暗访 795 次，发现并纠正违规问题、苗头性问题 13 个，提醒谈话 24 人次，从严查处并公开通报曝光顶风违纪问题 1 件 3 人。瞄准“四风”顽疾开展集中整治，排查“四风”问题 85 个、清退违规款项 20.64 万元，问责党组织 8 个，通报批评 22 人。完成网公司巡视配合及整改工作，立案审查 1 件 1 人，给予党政纪处分 1 人。统筹抓好中央巡视整改“回头看”、国资委党委深化巡视整改专项督查反馈意见等整改任务落实，追回违规款项 83.17 万元，开展提醒谈话 105 人次。

企业文化建设 按照“五个一”的创新文化建设思路，将文化建设与生产经营工作同步开展，成功推动 7 家单位荣获网公司第二批企业文化示范单位、示范点荣誉称号。举办首届企业文化建设成果展示交流会，以文化成果风采展示、企业文化展等多样化形式，集中呈现我局深耕企业文化的丰硕成果，以点带面推进企业文化建设，以及员工的认知度、认同感。获得全国职工创新成果奖 11 个，中国电力职工创新成果奖（技术类）14 个，获能源化工系统职工成果奖 9 个，获得国资委中央企业熠熠大赛一等奖 1 个。1 人获评南网劳模及“南粤匠心”，1 人获评南网首届“南网工匠”及全国能源化工“大国工匠”，3 人获评为南网创客，1 人获南网五一劳动奖章，1 个集体获“广东省五一劳动奖状”，获省、市职工创新示范基地 2 个，省、市劳模创新工作室 1 个，“若水创新工作室”获“广州市工人先锋号”的称号，“陈昌娜创新工作室”获广东省和广州市女职工创新工作室。获由国家体育总局颁发的 2013～2016 年度全国群众体育先进单以及获全国巾帼书香读书活动优秀组织奖。

团建工作。动员全局团员青年学习宣传贯彻党的十九大精神。围绕学习研讨《习近平的七年知青岁月》，开展“学岁月　有理想”主题活动。开展“青”字品牌活动，荣获全国青年文明号和全国青年安全生产示范岗称号。打造专业化志愿服务队伍，连续三年选派电力工程师参与中国·广州青年志愿者塞舌尔项目，连续两年被团市委评为优秀团委标兵。

（黄　婷）

【深圳供电局有限公司】

企业概况 深圳供电局有限公司（简称深圳供电局）成立于 1979 年。2012 年，为更好地服务深圳经济社会发展，南方电网公司做出深圳供电局分立直管的战略部署，深圳供电局成为南方电网公司直接管理的全资子公司，并于 2012 年 2 月 22 日正式挂牌成立。2015 年底成立董事会，进一步完善现代企业治理。

深圳供电局承担着深圳市（蛇口除外）的供电任务，供电面积 1952.8km^2，用户数 311 万户。截至 2017 年底，共有 110kV 及以上变电站 238 座，110kV 及以上输电线路 4621km。

深圳电网是全国第四个最高负荷突破 1600 万 kW 的城市电网，也是中国供电负荷密度最大、供电可靠性领先的特大型城市电网之一。2017 年最高负荷 1753 万 kW；售电量 823.8 亿 kWh；客户年平均停电时间 2.6h/户，供电可靠率行业对标连续 7 年全国前 10。供电服务连续 7 年位居深圳市 40 项政府公共服务满意度第一位，第三方客户满意度 84.13 分。

领导班子

党委书记、董事长：廖建平

党委副书记、董事、总经理：庞骁刚

巡视员：赖佳栋

党委副书记、董事、副总经理：潘超

党委委员、董事、副总经理：胡帆、吴宇宁、胡子珩

党委委员、董事、工会主席：牟宗平

总会计师：杨志鹏

党委委员、董事、纪委书记：李毅

注：2017 年 3 月，根据南方电网组织〔2017〕6 号，免去胡帆深圳供电局有限公司董事、副总经理（副局长）职务。

组织机构 2017 年 9 月 14 日，成立资产管理部，撤销计划发展部、生产技术部、物资部；成立市场及客户服务部，撤销市场营销部、节约用电服务中心；成立创新及科技信息部，撤销信息部；成立组织人事部（直属党委办公室），撤销党建工作部；保留人力资源部；成立宣传文化部；成立改革及产业发展部；成立工程项目管理中心；成立财务共享中心；成立综合服务中心（离退休服务中心），撤销员工服务中心；成立员工技术技能实训中心，撤销培训与评价中心；成立工程项目评审中心（规划建设研究中心），撤销

电网规划研究中心（挂靠计划发展部）、造价核算中心；保留物流服务中心。调整后，截至 2017 年底，深圳供电局二级机构共 33 个，其中本部部门 17 个、直属单位 14 个；挂靠机构 2 个。

电网发展 强化规划引领作用，科学编制电网规划并与政府部门合作，针对深圳重点片区开展专项规划，加速电网规划落地，满足广大客户的电力需求。2017 年，完成《深圳市 2017～2018 年城中村供电设施改造计划》，并推动市政府审议印发，成为深圳首个由政府印发的城中村改造规划。提高电网智能化水平和快速复电能力，连续两年配网投资超过主网投资，实现智能电能表、低压集抄全覆盖，深圳全市可转供电率提升至 97.4%。建成电力行业首家集智能服务和展示体验为一体的“智慧营业厅”，网上业务办理占比 90.9%，非现金缴费率达到 100%，提高了客户办事便捷度。投产 500kV 祯州—现代线路工程，增加深圳近 300 万 kVA 容量的粤东电力接收能力。投产深圳抽水蓄能配套 220kV 线路工程（至深圳站），推动实现深圳抽水蓄能电站首台机组投入运行。支持政府盘活土地资源，投产南方电网首座附建式变电站、首座全预制式变电站。推动首次以市政府名义印发“十三五”电网规划，纳入深圳市“十三五”能源规划，健全了市区两级政府电网建设协调和考核机制，政府进一步把电网建设当作自己的事来紧抓督办。

安全生产运行 健全深港供电应急保电机制，加强对港保障能力。推进实施 13 项深圳保底电网完善项目，建成后严重故障下可保障深圳市 30%负荷、全部一级重要用户和 80%以上二级重要用户供电。推进城中村用电安全、社会公共触电事件、电力设施外部安全隐患等专项治理行动，力争至 2018 年底从根本上消除城中村配电网用电紧张、安全隐患突出等问题。严守电网安全底线，强化安全生产责任制落实，有效运作安全生产大检查及飞行督查机制，深入开展“反违章、守安规、遵两票”百日行动。强化政企应急联动机制，开展深圳市大面积停电政企联合应急演练，应急能力进一步提升。成功应对台风“苗柏”正面袭击和“天鸽”“帕卡”“玛娃”三连击，防灾抗灾能力经受住了考验。全年完成 152 项保供电任务，包括党的十九大和香港回归 20 周年特级保供电工作，实现了“零事故、零差错、零投诉”。完成深圳市“城市质量提升年”专项治理任务，推进消防和电气设备火灾隐患治理，排查整治 209 段高风险电缆沟，完成长达 12 年的深李、马李甲乙线交叉跨越隐患治理，公共安全风险防范能力进一步提升。落实系统运行 31 项风险预控措施，切实管控滇西北工程、穗莞深改迁等重点工程停电风险，实现系统始终平稳运行。推进设备主人制建设，全年主变压器、GIS、断路器零故障，输电线路跳闸数量持续降低。加强电力监控系统和管理信息系统等关键基础设施的网络安全防护，防御系统共拦截恶意访问超过 107 万次，实现全年网络安全“零事件”。依托政府电力行政执法平台，全年查处损坏案件 45 起，发挥了电力行政执法的震慑作用。

科技信息 持续开展技术攻关和项目研究，取得多项技术突破和科研项目成果的转化应用，为电网可持续发展提供可靠保障。2017 年获各类科技奖励 52 项，并首次同时获得南方电网公司科技、技改、专利、职创一等奖。“基于智能终端的电动汽车充电云平台研究与应用”项目通过南方电网公司科技成果鉴定，项目整体达国际先进水平，对推动电动汽车充电平台建设及充电桩智能终端研发工作具有重要的实用价值和示范作用。参研的首个国家 863 计划项目“柔性直流输电装置关键技术与应用”通过国家科技部验收，填补了中国在中压直流配电技术领域研究的空白。建成深圳主流电动汽车智能充电信息平台及终端 APP“小南充电”，在线用户数达 1.8 万户，累计充值金额超过 1000 万元。建成全国最大交通枢纽民乐“P+R”充电站，提高了土地利用效率。

市场服务 营销创新成效显著，提前实现智能电能表、低压集抄两个全覆盖，远程抄表投入率和电子化结算率全网第一。智能电能表、低压集抄覆盖率从 2015 年底的 54.0%、13.9%均提升到 100%。投入远程抄表用户 298 万户、投入率 98.3%，全口径电子化结算率达 98%。网上业务办理占比 90.9%，非现金缴费率达到 100%，均位于全网第一。电子发票在全市推广，提升了经济、管理及社会效益。智慧服务取得突破，建成集三表合一、四网融合为一体的“智慧小区”以及全行业首家集智能服务、展示体验为一体的“智慧营业厅”。研发具有自主知识产权的智能用电设备，全市部署，并在南网商城线上销售。建成覆盖营销全部 6 类业务共 45 个场景的移动作业体系，经网公司组织评定位于国内领先水平，成为全网首个全面应用单位。加强电力科普，举办“绝电挑战”大赛等活动，企业品牌力指数连续 3 年在深圳公用事业单位中排名第一。首创并实施“1+1+N”依法治企主体责任体系，发挥法治在公司治理和生产经营中的重要作用，持续推动法律风险管理体系常态化运作。

财务审计 输配电价改革首个监管周期运行良好，电网企业经营质量持续改善，深圳电网保持健康可持续发展，同时每年可为深圳用户节约电费成本 9 亿元，改革经验得到了推广应用。做好全国首批增量配电网试点和电力行业首个混合所有制试点——前海增量配电网混合所有制项目，南方电网公司集团层面组织实施《前海供电改革发展纲要》和《行动计划》，已投产前海首座220kV变电站和首条20kV永久供电线路，助力打造优质营商环境。经营管理审计精益求精，运用审计立项评估模型，实现审计立项的科学决策；运用审计结论评价模型，实现审计结果的量化评价。2017年共完成35项经营管理审计，其中包含对5个部门（单位）开展的第二轮经营管理审计，同时也实现对所有区局的审计全覆盖。

企业管理 推进前海供电混合所有制改革，落实对前海供电公司的战略型管控，组织对《2016年度工作报告》《2017年度投资计划》等9项议案开展研究、提交审定并完成表决推动前海供电公司编制完善《三会工作业务指导书》，进一步完善法人治理结构运作机制。总结前海混改试点经验，提出政策建议。全面实施精益管理，以人的精益化为核心，全方位推进标杆建设和全员自主改善。全面推行7S管理，打造具有示范意义的7S标杆单位和标杆班组，营造浓厚精益文化氛围。人均7S随手拍、人均精益成果上传数均达到全网第一。成立深圳南方和顺电动汽车产业服务公司和华睿丰盛投资合伙企业，统筹对涉电竞争性业务的7个板块、27项业务开展产业布局，加速向综合能源服务公司转型。南方和顺公司正式开展综合能源业务仅2个月就取得售电资质，完成首单售电合同签订及首次月度竞价交易，签订了2笔综合能源服务合同，实现综合能源业务收入零的突破。华睿丰盛围绕电网产业链开展“四个一批”分类施策，制定整合发展实施方案，推进“调结构、促发展、抓试点”，完成改革后企业“产权三级、管理两级”运作模式下的组织机构调整，整合、试点工作平稳有序，确保了改革后企业安全生产、经营、队伍“三稳定”。

人力资源管理 重视员工的个人成长与发展，建立了全面的人才培训体系和多通道的职业发展路径，并通过奖励金等激励机制激发员工创造力，不断提升员工职业发展竞争力，实现快速成长。开展“学习发展体系在深圳的探索与实践项目”建设，荣获ATD卓越实践奖及2017年度中国电力创新奖管理类一等奖，员工培训体系化、针对性进一步增强。开展“微课生态圈”建设，通过搭建“网上学院”平台，实现500名微课开发人才的培养和1000多门微课成品的开发。建立透明、高效的内部人才市场，完成20个部门32个岗位的组竞聘工作，促进人才有序流动。发挥爱心帮扶互助会的作用，全年对177名生病、困难职工发放52.5万元帮扶、救助款。举办2017年“万家灯火迎春曲”职工文艺汇演以及公司迄今为止参与规模最大的群众性综合运动会。17个基层单位全部创建模范和星级职工之家。4家爱心妈咪小屋被网公司授予“爱心妈咪小屋”示范点。

党群工作 党建责任落实落地更加扎实，强化“第一责任”落实，党委书记10余次深入基层督导党建工作，主责约谈51人次。党委书记以“固根铸魂”为主题讲授专题党课，全面深入贯彻全国国有企业党的建设工作会议精神，并深入基层督导，与每家单位的每位班子成员及科级干部代表一对一谈心谈话，掌握基层现况，解读工作安排。紧紧围绕“党建质量提升年”主旨，将党建精益化管理作为推动落实全面从严治党主体责任的重要抓手和党建质量提升的有效途径，围绕提升质量，细化工作要求、标准和程序，推动党建工作规范化、科学化、流程化、标准化。加强思想引领，团结带领广大青年建功立业。注重加强团员青年思想引领，深入开展“学习总书记讲话　做合格共青团员”教育实践、掀起学习《习近平的七年知青岁月》热潮，以纪念建党96周年及喜迎十九大为契机，举办主题团课46场，专题学习20场，征集学习心得867篇。“四种形态”运用不断深化，全年开展五类谈话5430人次，共受理信访举报8件，严格按规定处置问题线索36件，立案2件，党纪处分2人。落实中央巡视组和网公司巡视组巡视整改要求，对网公司党组巡视发现的问题即知即改、立行立改。完成了对全部14个直属单位的常规巡察、对4个直属供电局的专项巡察。

主要事件

1月，深圳市经信委、市发展改革委正式印发了《深圳市“十三五”电网规划》。为深圳“十三五”电网发展提供了有力的政策支持。

1月，2017年广东省地方政府公共服务公众评价调查报告公布。深圳供电局的供电服务总体满意度达到84.13分，连续7年位居深圳市40项政府公共服务满意度第一位。

2月15日，深圳供电局下属全资子公司——深圳南方和顺电动汽车产业服务有限公司正式挂牌成立。

6月8日，深圳供电局建设的全国首个“变＋充电站”站点——莲花山充电站正式投运，该充电站拥有9个60kW快速直流充电桩、41个42kW快速交流充电桩，一天可满足720辆电动车的快充需求。

6月22日，国家能源局在北京召开电力可靠性指标发布会，发布了2016年度全国供电企业可靠性指标，深圳供电局以用户平均停电时间2.96h，排名全国第2，连续7年进入全国前10。

6月28日，由深圳供电局建设的前海蛇口自贸区首座220kV直降20kV变电站——兴怀站正式投运，该站的投运标志着前海电网网架的正式构建，将有效保障桂湾金融先导区重要项目的安全可靠用电，使该片区的建设项目彻底告别临时用电时代。

8月21日，深圳统调电网负荷达到1753.01万

kW，比2010年最高负荷1626.2万kW（2016年8月8日）增长7.8%，最高负荷位列全国第六。

10月9日，500kV现祯甲乙线（深圳段）投产送电。该线路是广东省重点工程，也是国家重点工程±800kV滇西北输变电工程的配套项目，是深圳电网目前线路最长、杆塔最多的输电线路。

10月初，深圳供电局建成全国首个“智慧停车+充电一体化”路边充电桩试点项目，通过“停车即可充电”的模式，有效解决当前深圳电动汽车充电站建设布点不均衡、充电设施建设用地资源极度紧张等问题。

11月27日，深圳供电局取得深圳市发展改革委函复同意备案2018年固定资产投资规模，这是目前全网首张2018年固定资产投资规模的“政府备案许可证”。

（刘振宗　孔　灿　王燕玲）

大 事 记

1月 总部设于美国纽约的《拉丁金融》(Latin Finance)杂志，将国家电投对澳大利亚太平洋水电公司的收购评选为“2016年度跨境并购交易奖”。

1月 由中国电建旗下中南院设计，水电建设工程咨询西北公司监理，水电十二局、水电五局、水电六局、水电三局、水电一局等承建的江苏溧阳抽水蓄能电站首台机组正式投产发电。该工程核准概算76.35亿元，安装6台单机容量25万kW的国产化可逆式水泵水轮发电机组，建设总装机容量150万kW，年发电量20.07亿kWh。

1月2日 世界品牌实验室发布“世界品牌500强”排行榜，国家电网公司位列“世界品牌500强”第36位，较2015年排名（第56位）提升20位，在上榜的中国品牌中排名第一。

1月3日 国投电力公司首个EPC总包模式工程——国投湄洲湾第二发电厂2×1000MW机组总承包工程荣获“全国电力行业现场管理星级评价五星级现场”称号。

1月5日 国家电投在北京宣布，中国具有完全自主知识产权的核电站反应堆保护系统平台（NuPAC平台），通过了中国国家核安全局和美国核管理委员会的许可，成为全球首个通过中美政府核安全监管机构行政许可的核电站反应堆保护系统平台。

1月6日 南方电网公司与中国广核集团在深圳签署了马来西亚埃德拉公司股权收购项目交易文件。

1月6日 中电投先融期货股份有限公司（简称“先融期货”）在全国中小企业股份转让系统举办了“新三板”挂牌仪式，股票名称为“先融期货”，股票代码为“870 115”。

1月8日14时09分 阳江核电4号机组首次并网发电，这是2017年国内首台实现并网发电的核电机组，也是中广核第20台具备发电能力的核电机组。

1月9日 国家电网公司“互联电网动态过程安全防御关键技术及应用”获国家科学技术进步奖一等奖，“±800kV特高压直流输电换流阀关键技术及应用”获国家技术发明奖二等奖，7项成果获国家科学技术进步奖二等奖，获奖数量创历史最高水平。

1月9日 国家科学技术奖励大会在北京人民大会堂隆重举行并颁发2016年度国家科学技术奖。其中，中国华能《250MW级整体煤气化联合循环发电关键技术及工程应用》《大型汽轮发电机组次同步谐振/振荡的控制与保护技术、装备及应用》《高混凝土坝结构安全关键技术研究与实践》荣获国家科技进步奖二等奖。

1月10日21时28分 国投东川风电二期48MW项目首台风机成功并网发电。

英国当地时间1月10日 英国政府发布声明，正式受理中广核与法国电力集团（EDF）联合提交的华龙一号“通用设计审查（GDA）”申请。

1月12日 国家能源局在北京召开全国电力安全生产电视电话会议，要求各单位要以更加严格管理，更加扎实的做法，更加有效的措施，认真做好2017年电力安全生产工作，切实做到“五个到位”。

1月12日 神华集团荣获“2016中国融资上市公司大奖——最具品牌价值奖”。

1月15日 中国华电印发2017年1号文，明确“五个坚持、五个转型”发展思路、“两高一低”发展要求，力争实现“2218”发展目标。

当地时间1月16日 中国能建浙江火电总承包的中国第一个海外百万千瓦级IPP火电项目——印尼爪哇7号项目在万丹省举行桩基工程开工典礼。

1月17日 国家主席习近平在达沃斯国际会议中心出席世界经济论坛2017年年会开幕式，发表题为《共担时代责任 共促全球发展》的主旨演讲。国务院国资委主任肖亚庆和国电集团等13家中央企业负责人应邀出席开幕式及相关活动。与会期间，国电集团党组书记、董事长乔保平参加年会会议和主题为“能源应用与能源技术”的能源行业闭门会等8场活动，1场分论坛发言，3场一对一企业会谈，1场媒体采访。

瑞士当地时间1月17～18日 中国广核集团董事长贺禹出席世界经济论坛开幕式，代表中国企业在“能源企业及能源科技高管分论坛”上发表主旨演讲。

1月18日 国家能源局、国家发展改革委、财政部联合印发《关于试行可再生能源绿色电力证书核发及自愿认购交易制度的通知》（发改能源〔2017〕132号），明确自2017年7月1日起正式开展绿色电力证书认购工作。

1月20日 中国同圣多美和普林西比民主共和国建交后，大唐集团海外技术服务人员赴圣多美和普林西比民主共和国进行电力紧急援助，并在48h内恢复圣普首都圣多美电力生产。

1月20日 重庆神华铜铟镓硒薄膜太阳能电池组件项目签约仪式在重庆举行。

1月22日 2017年煤炭中长协产运需三方铁路运输互保协议签约仪式在北京举行。中国铁路总公司所属三大铁路局与四大煤炭企业、五大发电集团，共同签订互保协议，标志着煤炭、铁路、电力产运需三方战略合作融合发展实现新的突破，对保障电煤稳定供应、促进国民经济平稳运行具有重要意义。

1月22日 中国能建天津电建获评中国安全生产协会“2016年全国安全文化建设示范企业”。

1月23日 国家电网公司与巴西卡玛古集团、普瑞维基金、博内尔基金在巴西里约热内卢完成股权交割，收购巴西CPFL公司54.64%股权。

1月23日 国家能源局、国家发展改革委、国土资源部联合印发《地热能开发利用“十三五”规划》（发改能源〔2017〕158号），明确“十三五”时期，新增地热能供暖（制冷）面积11亿m^2，新增地热发电装机容量500MW。到2020年，地热供暖（制冷）面积累计达到16亿m^2，地热发电装机容量约530MW。

英国当地时间1月23日 英国48家集团俱乐部与毕马威联合在伦敦举行2017年新春晚宴，向中广核颁发2017年度“中国对英投资大奖”，国务院副总理马凯为活动发来贺信。

1月24日 三门核电2号机组最后一台主泵安装工作结束，标志着三门核电一期工程8台主泵安装工作全部完成。

1月25日 中电联在北京召开2016～2017年度全国电力供需形势分析预测报告新闻发布会，为社会和有关部门了解电力行业形势、出台有关政策，以及企业生产经营决策提供参考，中央电视台、新华社、新华网等媒体对发布会进行了报道。

1月29日 在中国广核电力股份公司总裁高立刚与韩国斗山重工（Doosan）核电事业集团总裁罗基龙的共同见证下，北京广利核系统工程有限公司与韩国斗山核电集团在深圳签署合作协议及韩国古里3&4、韩光1&2号核电机组棒控系统改造项目供货合同。

2月 中电联完成《中国电力工业现状与展望（2016）》服务手册编辑出版工作，并向电力行业全国两会代表、委员及各会员单位进行发放。

2月 中国三峡集团“对地观测传感网实时动态GIS及长江流域典型应用”荣获中华人民共和国教育部科学技术进步奖一等奖。

2月2日10时30分 由中国电建下属水电五局、水电七局等承建的苏丹上阿特巴拉水利枢纽项目举行发电仪式，苏丹总统巴希尔、项目各投资方及电站所在州州长分别讲话，中国驻苏丹大使李连和、经商处参赞周春林及中国电建代表受邀在观礼台上就座。

2月8日 杨昆会见哈萨克斯坦中国贸易促进协会会长哈纳特·拜赛克一行。双方就促进中哈两国电力行业合作进行会谈，并签署了交流合作备忘录。

2月9日 中国能建承建的世界最高碾压混凝土双曲拱坝云南万家口子水电站正式下闸蓄水。

2月13日 中国能建3家单位入选“2016年中国对外承包工程业务完成营业额前100家企业”，8家单位入选“2016年中国对外承包工程业务新签合同额前100家企业”。

2月14日 南网科研院牵头的高压直流输电控制与保护设备技术导则（IEEE1899）正式通过了IEEE理事会审批。

2月14日 由北京广利核系统工程有限公司负责供货的石岛湾核电站高温气冷堆示范工程核级DCS设备出厂，这是中国自主核级DCS设备首次应用于第四代核电机组，具有重要的示范意义。

2月14日 中国华能与南方电网公司签署战略合作框架协议。根据协议，合作双方将以国家“一带一路”倡议为引领，本着“资源共享、优势互补、合作共赢、风险共担”的原则，依托各自优势，通力合作，促进大湄公河次区域电力贸易发展，拓宽双方境外业务发展空间，共同为提升中国与东南亚周边国家能源基础建设水平、促进实现互联互通互利贡献力量。

2月14日 中国神华在香港董事学会发布的上市公司企业管治水准报告（2016）中获评香港上市公司企业管治十佳。

2月16日 在中国广核集团董事长贺禹、中国联合网络通信有限公司董事长王晓初的共同见证下，中广核与中国联通在深圳签署《“互联网+”智慧能源战略合作框架协议》。

2月17日 大唐集团董事、总经理、党组副书记陈飞虎在总部会见了金风科技集团总裁王海波一行。

2月17日 国家能源局印发《2017年度风电投资监测预警结果的通知》（国能新能〔2017〕52号），结果显示，内蒙古、黑龙江、吉林、宁夏、甘肃、新疆（含兵团）等省（区）为风电开发建设红色预警区域，其他省份为绿色区域。

2月21日 杨昆会见国际能源宪章助理秘书长中田真佐美。双方表达了在各项活动中相互支持的合作愿望，并初步沟通了关于共同成立能源宪章北京研究中心进行合作的前景。

2月22日 国家发展改革委、国家能源局在昆明市召开全国电力体制改革座谈会。会议总结交流了前一阶段电力体制改革进展情况，深入分析改革中存在的问题，研究部署进一步加快电力体制改革工作。

2月22日 杨昆会见爱迪生电力协会（EEI）副主席劳伦斯·琼斯，就双方下一步的技术交流合作、信息共享、共同主办活动及会员服务等方面工作进行深入沟通。

2月23日 纳米比亚总统根哥布向中广核斯科公司发来贺信，祝贺湖山铀矿产出第一桶铀。

2月24日 由中国申请提出的电动汽车充电服务国际标准《电动汽车充电漫游服务信息交互 第1部分：总则》获得国际电工委员会批准立项。这是世界上首个电动汽车充电服务领域的标准，也是中国电力企业联合会团体标准第一个成为国际化的标准。

2月25日15时18分 中国能建承建的大唐托克托电厂五期工程10号机组通过168h试运行。至此，该电厂总装机容量达到672万kW，成为世界在役最大火力发电厂。

2月27日 内蒙古自治区与中央企业合作恳谈会在北京举行，大唐集团董事长、党组书记陈进行出席会议，并作发言。

2月28日 国家能源局副局长李仰哲一行赴龙源如东海上风电场调研，听取龙源江苏海上公司工作汇报，并乘船出海实地考察海上风电场运行情况。

2月28日 国家能源局在杭州召开2017年全国水电站大坝安全工作会议，进一步贯彻落实全国安全生产电视电话会议、全国能源工作会议和全国电力安全生产电视电话会议精神，对水电站大坝安全工作及电力行业防汛抗旱工作提出明确要求。

2月28日 国家能源局在杭州召开全国电力安全监管工作会议，进一步贯彻落实全国能源工作会议和全国电力安全生产电视电话会议精神。会议介绍了《电力安全生产监督管理办法》《电力建设工程施工安全监督管理办法》（即国家发展改革委21号令、28号令）的修订情况和贯彻落实《中共中央国务院关于推进安全生产领域改革发展的意见》的3个规范性文件的起草情况。

2月28日 在中国广核集团副总经理郑东山（时任）和罗伊斯·罗尔斯仪控公司全球核能业务总裁哈利（Harry）的见证下，北京广利核系统工程有限公司总经理江国进与罗罗公司（法国）总经理艾瑞克在英国伦敦签署合作意向书，双方将就下一代安全级仪控系统平台研发等加强合作。

2月28日 中国能建第一届董事会第十三次会议审议通过，赵洁辞任股份公司副总经理职务。

3月 泰国国家电力公司下属RATCH发电集团与中广核签署《关于合资建设防城港核电项目二期的合作协议》和《关于合作建设防城港核电项目三期的框架协议》等合作文件。

3月 应肯尼亚邀请，中广核牵头组织中国驻肯尼亚大使馆经济商参处、东方电气集团、哈尔滨工程大学及中国银行等参加肯尼亚核能周及利益相关方论坛，与肯方全面分享中国核电发展经验及中国三代核电技术“华龙一号”，展示中国强大的核电开发实力。中广核还与肯方就合作等相关事宜进行沟通和交流。

3月 由南网能源公司投建的“广州超级计算中心天然气分布式能源站项目”投产。该项目是目前全国已建成最大的地下室布置的分布式能源项目，也是国内首个配套脱硝设备的分布式能源项目。项目投运后，将有效提高超算中心能源供应的可靠性、缓解电网压力，能源利用效率超过70%，具有良好的环保效应和社会效益。

3月1日 三峡电站累计发电突破10 000亿kWh大关，成为中国第一座发电量突破10 000亿kWh的发电站。

3月6日 中央宣传部常务副部长、中央文明办主任黄坤明率队到华电金沙江中游水电开发有限公司调研精神文明建设工作。

3月10日 酒泉—湖南±800kV特高压直流输电工程启动送电。

3月10日 由国家电网公司主导发起的国际电工委员会（IEC）分布式电力能源系统分技术委员会获批成立。

3月15日 国家能源局印发《海水抽水蓄能电站资源普查成果》（国能新能〔2017〕68号），成果显示中国海水抽水蓄能资源站点达238个，总装机容量可达4208.3万kW。

3月15日 王志轩会见日本能源经济研究所主任研究员井上洋文，双方就中日两国电力发展最新情况及共同面对的问题进行了深入交流，并希望在"一带一路"倡议实施过程中加强合作。

3月15日0时30分 阳江核电4号机组完成所有调试工作，具备商运条件，并创全球同类机组51.9个月的最短工期纪录，这也是2017年国内首台具备商运条件的核电机组。

3月16日 大唐集团董事长、党组书记陈进行在北京会见了GE公司董事长兼首席执行官伊梅尔特一行，双方就电力市场尤其是清洁能源的发展现状和前景进行了深入的沟通交流。

3月17日 由国家电投上海核工院独立自主设计、中国一重自主制造，采用世界最先进的制造工艺的重大专项CAP1400示范工程1号机组反应堆压力容器水压试验顺利完成。

3月18～20日 中国发展高层论坛2017年会在北京举行，中共中央政治局常委、国务院副总理张高丽出席开幕式并致辞。国电集团党组书记、董事长乔保平应邀参加论坛并在主题为"《巴黎协定》：前进还是后退"的经济峰会上作主题发言。

3月21日 国家发展改革委办公厅、国家能源局综合司印发《关于福建省电力体制改革综合试点方案的复函》（发改办经体〔2017〕493号），批准福建省电力体制改革综合试点方案。

3月21日 由中国核学会和中国核电主办的第五届"魅力之光"杯全国中学生核电科普知识竞赛在中国科技馆正式启动。

3月21日 中国电力国际有限公司参与投资建设的胡布燃煤电站项目21日在巴基斯坦俾路支省胡布地区举行开工仪式。这标志着中巴经济走廊又一大型能源项目正式破土动工。

3月22日 国家电投董事长、党组书记王炳华在巴基斯坦首都伊斯兰堡拜会巴总理纳瓦兹·谢里夫，双方就加强在电力能源等领域务实合作交换意见。

3月23日0时35分 防城港核电1号机组首次大修（F101）实施"压力容器顶部热电偶导管堵管"特殊重大项目。

3月23～24日 由中广核研究院有限公司承担的国家科技重大专项课题"核电厂气载碳14处理关键技术研究"通过国家能源局验收。

3月24日上午 中广核参股的英国核电项目——欣克利角C项目（HPC）进行了核岛廊道第一罐混凝土（安全级）的浇筑，标志着中、英、法三国合作的"旗舰项目"正式启航。

3月24～25日 中国电建集团暨股份公司董事长晏志勇在海南博鳌出席"一带一路"政商对话和博鳌亚洲论坛开幕式。论坛期间，晏志勇还会见了法国达索系统公司总裁兼首席执行官伯纳德·查尔斯、德勤中国首席执行官曾顺福。

3月25日 大唐集团董事长、党组书记陈进行主持的"大型发电企业集团以战略为引领的全面创新管理"课题，荣获全国企业管理创新大会"国家级企业管理现代化创新成果"一等奖。

3月27日 国家能源局印发《国家能源局2017年市场监管工作要点》（国能监管〔2017〕81号），明确2017年市场监管要突出抓好五方面重点工作：一是进一步健全市场监管法规及标准；二是进一步强化市场秩序监管；三是加快推进电力市场建设和市场化交易；四是强化保障民生事项监管和行政执法；五是进一步加强监管能力建设。

3月27日 王志轩会见国际能源署洁净煤中心（IEA CCC）总经理安德鲁·敏庆纳，双方探讨了全球清洁煤电的发展问题和中国煤电发展的情况和意义。

3月28日 国投电力公司参股投资建设的印尼万丹一期火电项目转入商业运行。万丹一期火电是国投电力首个投入运营的海外项目，是海外业务从投资到运营的重要里程碑。

3月28日 经中共中央批准，神华集团董事长、党组书记张玉卓调任天津市委常委、滨海新区区委书记，党组副书记、总经理凌文暂时主持神华集团全面工作。

3月28日 中国能建首个众筹科技项目"智能变电站二次系统模块化建设关键技术研究"通过验收评审。

3月29日 国家发展改革委、国家能源局印发《关于有序放开发用电计划的通知》（发改运行〔2017〕294号），明确将逐年减少既有燃煤发电企业计划电量，2018年以后计划发电量比例配合用电量放开进展逐年减小。

3月29日 国家发展改革委副主任、国家能源局局长与泰国能源部部长阿兰他蓬·甘乍纳拉在北京签署《中华人民共和国政府和泰王国政府和平利用核能合作协定》，双方还就两国在核电、电力联网、电力贸易等领域的合作深入交换了意见。

3月30日 中国三峡集团投资建设的海上风电项目——三峡新能源大连庄河Ⅲ海上风电项目建设正式启动。这是中国北方地区最大的海上风电项目，也是东北地区首个海上风电项目。

3月30日 中国能建所属电力规划设计总院首次发布《中国能源发展报告2016》，这是电规总院能源智库系列丛书的首份报告。

3月31日 国家发展改革委、国家能源局综合司发布《关于同意开展宁东增量配电业务改革试点的复函》（发改办经体〔2017〕570号），同意将宁东增量配电业务试点项目列入增量配电业务改革试点。

3月31日 中国能建发布《中国能源建设股份有限公司2017～2019年滚动发展规划》。

4月10日 国家能源局印发《2016年度全国可再生能源发展监测评价报告》（国能新能〔2017〕97号），报告显示，到2016年底，全国可再生能源发电装机容量5.7亿kW，占全部电力装机容量的34.6%。2016年，各省（区、市）包含水电在内，全部可再生能源电力消纳量为15 058亿kWh，占全社会用电量的比重为25.4%，同比上升0.9个百分点。

4月10日 随着汕头、云浮供电局的"95598"话务业务顺利切割到省级客服话务平台，广东省 19 个地市的“95598”话务全面实现全业务集中。至此，广东电网公司在全网率先完成“95598”全业务省级集约运营。

4月12日7时02分 红沿河核电站5号机组反应堆厂房穹顶吊装完成。吊装历时62min，穹顶周长误差为2mm。

4月13日 大唐集团董事长、党组书记陈进行，董事、总经理、党组副书记陈飞虎会见来访的圣多美和普林西比总理帕特里·特罗瓦达及夫人一行，特罗瓦达对大唐集团提供的支援表示感谢，并对大唐集团给予高度评价。

4月14日 第十四届中国土木工程詹天佑奖颁奖大会在北京隆重举行。中国电建下属成都院勘测设计、水电七局、水电五局参加建设的瀑布沟水电站获此殊荣，是 29 个获奖项目中唯一水电工程。

4月15日上午 中共中央政治局委员、国务院副总理马凯，中共中央政治局委员、广东省委书记胡春华在深圳会展中心参观第十五届中国国际人才交流大会中广核展台，并听取中国广核集团党组书记、董事长贺禹，党组副书记、总经理张善明的工作汇报。

4月19日 南方电网公司党组书记、董事长李庆奎在《学习时报》发表署名文章《切实发挥国有企业党组织核心作用》。

4月19日 中国华电党组成员、副总经理邓建玲会见了莫桑比克驻华大使艾雷斯·阿里、驻华公使安东尼奥·罗德里格斯一行，双方就开展能源领域合作交换了意见。

4月20日 国家能源局发布《2020 年煤电规划建设风险预警的通知》（国能电力〔2017〕106 号），防范化解煤电产能过剩风险。全国 25 个省网地区煤电规划建设风险预警为红色，4 个地区为橙色，只有湖南、海南两省为绿色，反映出现阶段中国煤电规划建设风险普遍较高。

4月21日 国电集团与成都市签署战略合作框架协议。

4月21日 中国华能 2016 年度专家委员会年会召开。岑可法、郑健超、倪维斗、李冠兴、马洪琪、谢克昌、彭苏萍、刘吉臻、陈维江、何雅玲等 10 位院士，提出了许多具有指导性、针对性的意见建议。

4月21日 中国电建完成了非公开发行 A 股股票工作，成功募集 120 亿元资金，将投资于涵盖公司能源投资板块、基础设施投资板块及水环境治理投资板块共计 7 个国内重点项目及“一带一路”沿线重点工程及补充公司流动资金。此次共发行 15.44 亿股股票，发行价格为 7.77 元/股，较发行底价（5.86 元/股）高出 32.59%。

4月24日 南方电网公司与中国长江三峡集团公司在北京签署了“十三五”战略合作协议，双方将在三峡、溪洛渡、乌东德和白鹤滩电站电能消纳、配售电业务和综合能源开发建设、新能源、抽水蓄能电站、国际业务、金融资本等六方面加强合作。

4月24日 辽宁清原抽水蓄能电站 EPC 总承包合同签订仪式在北京举行，该项目由中国电建旗下北京院、水电八局、水电六局组成联合体中标。该项目位于清原满族自治县北三家乡，属于大（1）型一等工程，规划装机容量 180 万 kW，单机容量 30 万 kW，装机 6 台。设计年发电量 30 亿 kWh。枢纽工程主要由上水库、下水库、输水系统、地下厂房系统和地面开关站等建筑物组成，建设总工期 84 个月，计划 2022 年首台机组发电。

4月27日 国家能源局在北京召开 2017 年电力系统运行方式汇报分析会及两个专项检查“回头看”工作部署会，研究分析本年度电力系统运行的主要特点及存在的主要风险和隐患，部署两个专项检查“回头看”工作。国家能源局总工程师韩水出席会议并讲话。

4月27日 在第十二届中国国际核电工业展览会现场，中国核电主导编制的《公众沟通通用指南》正式发布。

4月27日 （美国东部时间）南方电网公司在美国纽约首次成功发行国际美元债券。

4月28日 大唐集团董事长、党组书记陈进行会见了法国电力集团董事长兼首席执行官乐维一行。双方就深化全面战略合作伙伴关系，进一步开展国际项目合作进行了深入交流。

4月28日 中国华能与法国电力集团签署《华能与法电交流培训合作计划》，双方人力资源部负责人在计划书上签字。双方就进一步加强合作、实现互利共赢进行了交流。

5月 中电联技经中心取得了 RICS（英国皇家特许测量师学会）规管公司资格，成为造价领域第一家获得该资格的中资机构。这标志着电力发展研究院（中电联技经中心）的成果文件，不但符合中国的行业标准，而且达到了 RICS 的相应标准，将被国际广泛认可。

5月3日 国家能源局印发《电力业务行政许可承装（修、试）电力设施行政许可流程规范》《电力业务行政许可承装（修、试）电力设施行政许可服务规范》《电力业务行政许可承装（修、试）电力设施行政许可受理场所管理办法》及《电力业务行政许可承装（修、试）电力设施行政许可工作监督检查评价办法》，以进一步规范电力业务行政许可行为，提高审批效率，提升服务水平。

5月3日 杨昆会见台湾旅沙电力协会理事长郑翔之，双方表示，通过行业协会平台联系双方的企业，进而促成两岸电力合作是双方共同的目标；希望更多地交流促进福建与金门的电力尽快实现联网。

当地时间5月4日上午 山东电建三公司与巴基斯坦国家电力工业园管理有限公司（NPPMCL）在拉合尔正式签署了巴基斯坦赫维利 1230MW 联合循环燃气电站项目 12 年长期运行维护合同。巴基斯坦赫维利 1230 MW 联合循环电站位于巴基斯坦旁遮普省赫维利·巴哈杜尔·尚地区，主机岛采用“二拖一”配置，包括 2 台燃机、2 台余热锅炉及 1 台汽轮机组，设计总出力 1230MW。

5月4～5日 巴基斯坦总理纳瓦兹·谢里夫视察中国能建所属葛洲坝集团承建的 E-35 公路项目施工现场，并出席巴基斯坦 N-J 水电站引水隧洞右洞贯通庆典仪式。

5月5日 B20 中国工商理事会成立大会在北京举行，国家电网公司董事长、党组书记舒印彪任理事会首任主席。

5月5日 国家发展改革委、国家能源局发布《关于新能源微电网示范项目名单的通知》（发改能源〔2017〕870 号），28 个新能源微电网示范项目获批。

5月10日 中国离岸距离最远的海上风电项目——三峡新能源江苏大丰 30 万 kW 海上风电项目建设正式启动。

5月11日 中国华能与奥地利安德里茨股份公司签署战略合作框架协议。根据协议，双方将发挥各自优势，加强战略对接，在水电技术研发、共建实验室、设备采购等方面深化合作，推动中国水电事业再上新台阶，为中国清洁能源发展作出应有贡献。

5月11日上午 科技部党组书记、副部长王志刚，广东省副省长袁宝成到深圳大亚湾核电基地调研。王志刚表示，希望中广核加大科研投入，持续进行科研体系建设，通过科技创新，提升能力、提升思维，为实践提供新思路，为操作提供新工具，使各项工作取得更好的成效。

5月12日 国家发展改革委、国家能源局印发《依托能源工程推进燃气轮机创新发展的若干意见》（发改能源〔2017〕920号），明确到2020年，结合引进技术消化吸收，突破重型燃气轮机设计技术、高温部件制造技术和运行维护技术，解决燃气发电项目设备瓶颈，国内基本形成完整的重型燃气轮机产业体系。

5月12日 神华集团与希腊Copelouzos集团（CG公司）签署能源开发合作协议。

5月12日 由中国工程院和神华集团联合主办的2017年“清洁能源技术与工程管理”国际工程科技发展战略高端论坛在北京神华管理学院隆重举行。

5月13日 大唐集团董事长、党组书记陈进行在北京拜会了蒙古国总理额尔登巴特，双方就能源领域的合作事宜进行了会谈。

5月13日 国电集团党组书记、董事长乔保平在北京会见了来华参加“一带一路”国际合作高峰论坛的埃塞俄比亚总理海尔马里亚姆·德萨莱尼一行。

5月13日 神华集团总经理凌文在北京会见蒙古国总理额尔登巴特一行，就双方加强合作事宜进行了交流。

5月13日 在巴基斯坦总理谢里夫与国家发展改革委副主任、国家能源局局长的共同见证下，国家能源局副局长李凡荣与巴基斯坦水电部常秘尤素福共同签署了《中国国家能源局与巴基斯坦水电部关于中巴经济走廊能源项目清单调整的协议》和《中国国家能源局和巴基斯坦水电部关于巴沙项目及巴基斯坦北部水电规划研究路线图的谅解备忘录》。

5月13日 中国华能董事长、党组书记曹培玺拜会了来京出席“一带一路”国际合作高峰论坛的柬埔寨王国首相洪森。双方就加强在柬电力合作，推动合作项目如期投产进行了友好会谈。

5月14日 国家电网公司董事长、党组书记舒印彪作为第11届世界经济论坛新领军者年会（即夏季达沃斯）联席主席参加世界经济论坛董事会招待会。

5月14日 大唐集团董事长、党组书记陈进行在北京拜会了老挝人民革命党中央总书记、国家主席本扬·沃拉吉，双方就老挝北本、萨拉康水电项目进行了实质性磋商。

5月14日 中国能建入选由商务部、国资委及联合国开发计划署共同编制的《中国企业海外可持续发展报告2017》。

5月15日 大唐集团董事、总经理、党组副书记陈飞虎出席“一带一路”产业金融高级国际研讨会，并作主旨发言。

5月16日 成立南方电网资本控股有限公司。

5月16日 大唐集团董事长、党组书记陈进行在北京会见了沙特电力部副部长、沙特国家电力公司董事长萨利赫·阿瓦基一行。双方就开展电力市场合作进行了深入交流。

5月16日 国家发展改革委、国家能源局、人民银行、最高人民检察院等17部门联合印发《关于对电力行业严重违法失信市场主体及其有关人员实施联合惩戒的合作备忘录》（发改运行〔2017〕946号），将包括强制退出电力市场在内的13项联合惩戒措施列入在内。

5月16日 中国华能董事长、党组书记曹培玺会见了来京出席“一带一路”国际合作高峰论坛的巴基斯坦旁遮普省首席部长夏巴兹·谢里夫。双方就进一步深化合作、共同发展进行了友好会谈。

5月17日 国家能源局综合司印发《关于开展风电平价上网示范工作的通知》，要求各地于6月30日前申报风电平价上网示范项目。根据相关规划，到2020年，风电项目电价可与当地燃煤发电同平台竞争，光伏项目电价可与电网销售电价相当。

5月17日 中共中央总书记、国家主席习近平在北京人民大会堂同阿根廷总统马克里举行会谈，共同见证了双边多个合作文件的签署。其中，中国电建集团党委书记、董事长晏志勇和阿根廷胡胡伊省省长莫拉莱斯在人民大会堂共同签署了阿根廷高查瑞光伏项目协议。高查瑞光伏电站位于阿根廷西北的胡胡伊省，总装机容量300MW。

5月18日 魏昭峰会见ID投资公司智慧城市数字基金总经理曹军。双方为促成中国企业与先进技术的对接及合作事宜进行了沟通。

5月18日 中国核电举行了首次投资者接待的反向路演活动。

5月24日 中电联在江苏省泰州市召开“全国火电600MW级机组能效水平对标及竞赛第二十一届年会”。会议发布了2016年度全国火电600MW级（含1000MW级）机组能效对标指标，揭晓了年度机组竞赛结果。

当地时间5月24日7时10分 华能巴基斯坦萨希瓦尔燃煤电站1号机组通过168h满负荷试运行，成为中巴经济走廊首台投产的高效清洁燃煤发电机组。

5月25日 大唐集团董事长、党组书记陈进行，中国科学技术协会党组成员兼学术部部长、企业工作办公室主任宋军共同为大唐集团科学技术协会成立揭牌。

5月25日 “华龙一号”全球首堆福清核电5号机组完成穹顶吊装。

当地时间5月25日 由中国能建所属中电工程东北院设计、天津电建承建的中东地区首个清洁燃煤电站——迪拜哈翔4×60万kW清洁燃煤电厂举行全厂安装工程开工仪式。

5月27日 国家能源局发布《关于加快推进分散式接入风电项目建设有关要求的通知》（国能发新能〔2017〕3号），提出分散式接入风电项目开发建设应按照“统筹规划、分步实施、本地平衡、就近消纳”的总体原则推进。项目建设应严格满足以下技术要求：接入电压等级应为35kV及以下电压等级。如果接入35kV以上电压等级的变电站时，应接入35kV及以下电压等级的低压侧。

6月1日 在国务院总理李克强和德国总理默克尔共同见证下，中国三峡集团与德国福伊特集团在柏林签署《关于巴西圣保罗州巴拉那河流域伊利亚电站和朱比亚电站机组改造项目协议》。

6月5日上午 国资委党委书记郝鹏到深圳大亚湾核电基地调研。中国广核集团党组书记、董事长贺禹，党组副书记、总经理张善明陪同调研。郝鹏表示，希望中广核作为中央企业，要落实好党中央、国务院重大决策部署，落实习近平总书记“一带一路”重要指示精神，坚持“安全第一、质量第一”，确保在安全的前提下用优异业绩迎接党的十九大召开。

6月7日 广州电力交易中心印发《南方区域跨区跨省月度电力交易规则（试行）》，这是全国首个跨区跨省月度电力交易规则。

6月7日 国家能源局、水利部、农业部印发《关于建立健全农村机井通电长效机制有关要求的通知》（国能发新能〔2017〕11号），要求各地在实施农村电网改造升级工程规划时，要做好与高标准农田建设、小型农田水利建设、农业综合开发、土地整治等的衔接。

6月7日 中国华电党组书记、董事长赵建国会见了来访的印度尼西亚能矿部长佐南，印度尼西亚达尼多集团董事长兼总裁纪辉琦一行，双方就深化能源合作等事宜交换了意见。

6月7～10日 国家主席习近平应邀对哈萨克斯坦进行国事访问并出席上海合作组织成员国元首理事会第十七次会议和阿斯塔纳世博会开幕式。6月8日，国家主席习近平在哈萨克斯坦总统纳扎尔巴耶夫陪同下，参观了阿斯塔纳世博会中国国家馆国电集团展台。国电集团党组书记、董事长乔保平陪同参观。

6月8日 国家主席习近平在哈萨克斯坦总统纳扎尔巴耶夫陪同下，参观阿斯塔纳专项世博会中国国家馆国家电网公司展位。

6月8日 国家主席习近平参观2017阿斯塔纳世博会中国馆，观看中广核展台和"华龙一号"技术模型，对自主核电技术发展表示肯定。

6月8日 中国能建承建的中巴经济走廊首个能源项目——萨希瓦尔燃煤电站2号机组正式建成投产。

6月9日 中广核在2017阿斯塔纳世博会上，展示和推介在清洁能源领域的全产业链能力，为中国进一步深化与世界各国的能源合作展开探索。世博会期间，中国广核集团董事长贺禹在阿斯塔纳与哈萨克斯坦等国相关合作方举行会谈，受邀参加世界核能发展论坛并在"核能——未来能源"分论坛发表题为《低碳发展，核能引领》的演讲。

6月9日 中国华电与美国加州能源委员会签署合作谅解备忘录。中国华电党组书记、董事长赵建国，美国加州能源委员会主席罗伯特·维森米勒出席签约仪式。

6月10日 作为中国核电的发源地——秦山核电基地安全运行100堆年。秦山核电基地成为中国首个达到"百堆年"运行的核电基地。

6月11日 国电科环联合动力获得南非国家电网公司（ESKOM）签发的并网模型及测试一致性验证报告，一次性通过南非电网验收，标志着通过了全球最严格的欧洲并网标准验证。

6月11日 国家发展改革委和北京市人民政府联合在北京举办了"2017年全国节能宣传周全国低碳日暨北京市节能宣传周低碳日活动启动仪式"。神华集团作为5家重点用能央企之一，受邀现场签署了"节能自愿承诺书"。

6月12日 中国华电董事、总经理、党组副书记温枢刚会见了新加坡国际企业发展局副局长萨特温德尔·辛格先生一行，双方就进一步加强合作交换了意见。

6月12日 央企助力青海持续健康发展座谈会暨战略合作签约仪式在青海西宁举行。国家电投总经理、党组副书记孟振平代表国家电投与青海省人民政府签订项目合作协议。

6月13日 全球能源互联网研究院自主研发的柔性直流输电技术中标英国设得兰（Shetland）柔性直流输电工程。该项目是中国柔性直流输电技术走向国际的第一个项目。

6月13日 "央企助力富民兴藏"会议暨战略合作签约仪式在西藏拉萨举行，国务院国资委主任肖亚庆、西藏自治区党委书记吴英杰出席会议并讲话。中国华能与西藏自治区人民政府签署了《西藏自治区人民政府与中央企业"十三五"时期"央企入藏"项目战略合作协议》，华能雅江公司与农行西藏自治区分行签署了《中央企业与中央金融企业"十三五"时期金融支持"央企入藏"项目合作协议》。

6月13日 中电联按照国家发展改革委授权制定了《售电公司信用备案工作规范》，并在全国首次开展售电公司信用备案核验工作，完成了对内蒙古地区74家售电公司信用备案核验工作，与当地政府部门、交易中心和市场主体实现信息共享。

6月13～22日 国家电网公司董事长、党组书记舒印彪出访瑞士、德国、英国、希腊。参加在瑞士召开的国际电工委员会（IEC）高层管理系列会议及在德国召开的市场战略局会议和新能源发展与技术国际研讨会；出席在牛津大学召开的电力生产与输配前沿会议和"政府面临的挑战"论坛；出席国家电网公司入股希腊国家电网公司股权交割仪式，并与希腊总理齐普拉斯举行会谈。

6月14日 中核集团与西藏自治区政府在拉萨举行"在藏产业发展座谈会暨合作协议签约仪式"，成立了中核集团西藏联络部和中核（西藏）实业发展有限公司。

英国当地时间6月14日 中共中央政治局委员、广东省委书记胡春华，中国驻英国大使刘晓明和集团公司董事长贺禹在伦敦共同为中广核在英设立的布拉德韦尔电力有限公司（BRB公司）、通用核能系统有限公司（GNS）、通用核能国际有限公司（GNI）揭牌。

6月15日 湖北省巴东县蔡家村200kW光伏电站并网发电，标志着国家电网公司在定点扶贫地区湖北省长阳县、秭归县、巴东县、神农架林区（简称"三县一区"）捐建的236个村级光伏扶贫电站全部建成投产。

6月15日 国家电投总经理、党组副书记孟振平在总部会见了马来西亚能源、绿色科技与水务部部长马克西姆斯·翁基利一行，双方就共同推进光伏发电、风电、水电、产业园区综合智慧能源等领域的合作交换意见。

6月16日 中国华能与北京控股集团有限公司签署战略合作框架协议。根据协议，双方将充分利用自身资源和优势，在合作落实国家重大部署、剥离国有企业办社会职能、城市基础设施和能源、金融等领域开展战略合作，实现互利共赢、共同发展。

莫斯科时间6月17日 中国在俄首个大型电源投资项目、中国华电在俄第一个投资建设运营的绿地项目——华电捷宁斯卡娅燃气-蒸汽联合循环供热电站通过72h满负荷试运行，正式投入商业运营。

6月20日 国家电网公司入股希腊国家电网公司股权交割仪式在希腊首都雅典正式举行，至此国家电网公司投资收购希腊国家电网公司24%股权项目取得成功。

6月21日 国家电网公司、中国航空工业集团等10家中央企业入选国务院第二批"双创"示范基地。

6月21日 中国三峡集团发行6.5亿欧元7年期绿色债券。这是首单中国实体企业绿色欧元债券，也是首单中国发行人气候债券，被国际权威财经媒体《财资》（The Assets）评为2017年度最佳绿色债券。

6月22日 国家能源局和中电联在北京联合召开2017年电力可靠性指标发布会。会议发布了2016年度电力可靠性指标，通报了电力可靠性监督管理工作情况。

6月22日 神华集团首个海上风电场——国华投资公司江苏东台四期（H2）300MW海上风电项目正式开工。

6月23日 大唐集团董事长、党组书记陈进行会见了诺文基基金公司监事会（控股公司股东）主席、诺文基公司董事卡洛斯·皮曼托一行。双方就共同推进能源项目合作进行了深入交流。

6月23日 中电联在北京召开"加快构建全球能源互联网、服务'一带一路'建设"论坛。论坛旨在贯彻落实习近平总书记重要指示和中央"一带一路"国际合作高峰论坛精神，推动全球能源互联网发展，同时呼吁各方加强合作协调，形成合力，共同推动全球能源互联网发展。

6月23日 中国华电首期绿色公司债券挂牌上市仪式在上海证券交易所举行。华电集团总会计师邵国勇出席仪式并致辞。

6月24日 神华集团所属北京燃气热电项目、万州港电2×1000MW新建工程等荣获"2016～2017年度国家优质投资项目"奖。

6月24日 雅砻江水电申报的雅砻江锦屏水电站（锦屏一级、锦屏二级）项目荣获2016～2017年度国家优质投资项目特别奖。

6月26日 川渝第三通道500kV输变电工程投入试运行。

6月26日 南方电网公司党组书记、董事长李庆奎赴澳门出席南方电网公司与澳门特别行政区能源业发展办公室《关于2010～2020年电力合作框架协议》补充协议签署仪式，将该框架协议有效期延长至2026年。

6月26日 王志轩会见日本电源开发株式会社中国总代表井川太，双方探讨了在"一带一路"倡议实施以及推进全球能源互联网过程中的合作机会。

6月26日 云南电网与南网主网鲁西背靠背直流异步联网二期扩建工程建成投运，标志着世界首个柔性直流和常规直流混合背靠背换流站全面建成投运。

6月26日 中国华能与泰康保险集团股份有限公司签署战略合作框架协议。根据协议，双方将本着互惠共赢、和谐发展的原则，在基金投资业务、投融资领域、企业年金领域、保险服务领域进一步深化合作。

6月27日 国投电力公司完成9家火电企业国家版排污许可证申请与核发工作，按照环境保护部《关于开展火电、造纸行业和京津冀试点城市高架源排污许可证管理工作的通知》要求，完成目标任务。

6月27日 南方电网公司在南网科研院增挂南方电网计量中心牌子。

6月27～29日 第十一届夏季达沃斯论坛在大连举行。国务院总理李克强出席论坛开幕式并与中外企业代表进行对话。国电集团党组书记、董事长乔保平应邀出席开幕式、"引领共享经济"专题论坛及总理对话会。出席论坛期间，乔保平先后会见了世界经济论坛全球董事谢丽尔·马丁，加拿大驻华大使麦家廉，麦肯锡公司高级合伙人、"中非合作研究报告"项目负责人卡缇克·加亚让姆。

6月28日 国家能源局印发《国家能源局关于公布首批"互联网+"智慧能源（能源互联网）示范项目的通知》（国能发科技〔2017〕20号），正式公布了首批55个"互联网+"智慧能源（能源互联网）示范项目，其中包括风光氢储互补型智能微电网项目、张北县"互联网+智慧能源"示范项目等。

6月28日 中电联在北戴河召开2017年电力行业国际合作会议。会议通报了2016年全国电力行业国际合作情况并就企业"走出去"经验进行了广泛交流，邀请有关专家做了专题讲座。会议审查了《2016年度电力行业国际合作发展报告》。

6月29日 国家电网公司2016～2017年投资建设的"井井通电"工程全部竣工，提前半年完成国家下达的150.73万眼农田机井通电任务。

6月29日 中国能建在伦敦签订欧美发达国家的首个签约项目——英国Reliable Energy Solution公司的两个16MW垃圾电站项目EPC合同。

6月30日 "金砖国家技能发展与技术创新大赛——IIW·CWS·Arc Cup2017国际焊接大赛（第五届嘉克杯）"在上海落下帷幕，中国华能12名选手组成的代表队荣获团体银杯奖。其中，德州电厂程平夺得个人表演赛第一名，上海电力检修公司邹豪华夺得手工焊条电弧焊第二名，上都电厂王伟夺得氧乙炔气焊第二名，上海电力检修公司钱冬磊夺得手工焊条电弧焊第四名，其余选手分别获得"最佳试件"奖及"优秀选手"称号。

6月30日 大唐集团董事、总经理、党组副书记陈飞虎当选中国共产党第十九次全国代表大会代表。

7月 为了进一步保护认证中心已使用多年的"中国电力认证"标识，中电联在国家版权局注册了"CECC"一般作品著作权。

7月 美国《工程新闻记录》（ENR）发布2017年度150强全球工程设计公司及225强国际工程设计公司排名，中国能建首次参选，分别排名第4位、第29位。

7月1日 广东省首部电力法规——《广东省供用电条例》正式实施。

7月3日 华能巴基斯坦萨希瓦尔燃煤电站项目竣工仪式在巴基斯坦旁遮普省萨希瓦尔举办，中国国家发展改革委副主任、国家能源局局长出席仪式并讲话。巴基斯坦旁遮普首席部长夏巴兹·谢里夫、中国驻巴基斯坦大使孙卫东出席活动。竣工庆典仪式的举行，标志着中巴经济走廊框架内首个早期收获重大能源项目暨中国企业在海外投资建设的最大规模燃煤电站全面建成并投产发电。

7月3日 中国华能与巴基斯坦旁遮普省在巴基斯坦拉合尔签署电力开发、社会责任、技能培训合作协议。根据协议，双方将携手推进旁遮普省拉西姆·亚尔汗2台66万kW燃煤发电项目开发。

7月3日 中国三峡集团累计发电量突破2万亿kWh，其中，清洁能源发电量占全部电量的99.3%，相当于减少燃烧标准煤6.3亿t，减少碳排放16.2亿t。

7月4日 中共中央政治局委员、国务院副总理马凯到国家电网公司调研了解智慧车联网平台建设情况。

7月5日 在国家主席习近平和德国总理默克尔共同见证下，中国三峡集团与德国福伊特集团在柏林签署《关于浙江长龙山抽水蓄能电站机组及其辅助设备采购及深化非洲市场合作的协议》。

泰国当地时间7月5日下午 中广核与广西投资集团有限公司、泰国RATCH发电集团在泰国签署防城港核电三期项目合作框架协议。

7月6日 中国三峡集团完成市场首单20亿元债券通短融发行，在债券通首批中国企业发行人中发行规模最大、利率最低、期限最长、境外投资者占比最高。

7月12日 国务院国资委公布了2016年度中央企业负责人经营业绩考核结果，南方电网公司连续11年获得A级。

7月12日 国资委公布2016年度中央企业负责人经营业绩考核A级企业名单，大唐集团连续第五年荣获国资委经营业绩考核A级。

7月12日 神华集团荣登由美国《机构投资者》主办的"2017全亚洲（日本除外）管理团队排名榜"，位列基础原材料类别"最佳投资者关系"首位。

7月13日 华电国际十里泉电厂"上大压小"扩建项目第二台66万kW机组一次通过168h满负荷试运行，标志着中国华电也是全国首个高效超超临界抽凝供热项目竣工投产。

7月14日 APEC中国工商理事会2017理事年会暨全球创新者大会（GIC）上海论坛在上海举行。此次会议由中国国际商会、亚太经合组织（APEC）中国工商理事会共同主办。国电集团党组书记、董事长、APEC中国工商理事会副主席乔保平应邀出席并分别作主旨发言。

7月14日 中国电建所属西北院与电建国际联合收购欧洲全球知名设计咨询公司——意大利Geodata（吉泰）公司项目正式完成交割。

7月15日 神华集团援疆干部团队荣获"第八批中央和国家机关、中央企业优秀援疆干部优秀团队"称号，两位援疆干部荣获"第八批中央和国家机关、中央企业优秀援疆干部人才"称号。

7月17日 国家发展改革委、国家能源局印发《推进并网型微电网建设试行办法》（发改能源〔2017〕1339号），提出推进能源供给侧结构性改革，应促进并规范微电网健康发展，引导分布式电源和可再生能源的就地消纳，建立多元融合、供需互动、高效配置的能源生产与消费模式，推动清洁低碳、安全高效的现代能源体系建设。

7月18日 国家能源局、工业和信息化部、国家认监委联合印发《关于提高主要光伏产品技术指标并加强监管工作的通知》（国能发新能〔2017〕32号），对现行多晶硅电池组件和单晶硅电池组件光电转换效率市场准入和"领跑者"技术指标进行适当提高。该通知规定，自2018年1月1日起，新投产并网运行的光伏发电项目的光伏产品供应商应满足《光伏制造行业规范条件》要求。

7月18日 中电联在北京召开"电力行业信用体系建设工作会"，国家发展改革委、国资委、国家能源局等国家部委领导出席会议。现场表彰了"信用电力"知识竞赛获奖单位和个人，颁发了2016年度信用企业铜牌及证书，并与国家电网公司、中国华能集团公司等企业签署《信用电力自律公约》，目前已有300余家企业自愿加入公约。

7月19日 河北省发展改革委核准建设北京西—石家庄1000kV交流特高压输变电工程项目。

7月19日 国家能源局印发《关于可再生能源发展"十三五"规划实施的指导意见》（国能发新能〔2017〕31号），明确2017～2020年光伏电站、风电建设规模分别为86.5GW、110.41GW。为有效解决可再生能源发展中出现的弃水弃风弃光和补贴资金不足等问题，在严控部分地区新增建设规模的同时，要求加强电网接入和市场消纳条件落实，发挥跨省跨区特高压输电通道消纳可再生能源的作用。同时，开源节流，鼓励多措并举扩大补贴资金来源，并创新发展方式促进技术进步和成本降低，减少补贴需求。

7月20日 美国《财富》杂志发布2017年世界500强企业最新排名，国家电网公司以3151.986亿美元的营业额位居第2名。南方电网公司排名第100位，连续第二年进入前100强。中国华能位列第274位。大唐集团位列第454位，连续第八次入选。中国华电位列第382位，自2012年以来连续第六年进入该榜单。中国能建排名第312位，连续第四年入选。国家电投以营业收入294.93亿美元位列第368位。

7月20日 国电集团获评2016年度《企业年度工作报告》填报工作优秀企业。

7月20日 神华集团获评2016年度《企业年度工作报告》填报工作优秀企业。

7月21日 三门核电1号机组通过首次装料前核安全综合检查。

7月21日 中国华电日发电量完成19.17亿kWh，首次突破19亿kWh。同时，火电发电量创历史新高，达到14.5亿kWh，燃机发电量创历史新高，达到1.7亿kWh。

7月21日18时 中广核阳江核电站5号机组完成核岛冷态功能试验，进入调试启动阶段。

7月22日 中国核电申报的《中国核电卓越文化的实践与创新》荣获2016～2017年度全国企业文化优秀成果奖。

7月25～27日 土耳其能源与自然资源部副次长雅马奇先生率团访问国家电投总部，并对国家核电本部及有关单位、产业合作伙伴进行技术访问。

7月26日 第二届国企改革前沿论坛在广州举办，本次论坛主题为"新动能新活力——国企国资改革的创新与实践"，由国务院国资委新闻中心、国务院国资委研究中心、南方电网公司、广东省国资委主办，南网传媒公司承办。

7月26日 国家发展改革委、工业和信息化部、国土资源部、环境保护部、水利部、国家能源局等16部委联合印发《关于推进供给侧结构性改革 防范化解煤电产能过剩风险的意见》（发改能源〔2017〕1404号），指出"十三五"期间，全国停建和缓建煤电产能1.5亿kW，淘汰落后产能0.2亿kW以上，实施煤电超低排放改造4.2亿kW、节能改造3.4亿kW、灵活性改造2.2亿kW。到2020年，全国煤电装机规模控制在11亿kW以内，具备条件的煤电机组完成超低排放改造，煤电平均供电煤耗降至310g/kWh。

7月26日 中电联在北京举办以"精准扶贫 电力情深"为主题的2017中国电力主题日主会场活动。国务院扶贫办、国务院国资委、国家能源局领导和理事长、各副理事长单位高层领导亲自参会，为活动举办和对外宣传起到了推动作用。

7月26日 由中国电建设计、施工安装的国内单机容量最大灯泡贯流式机组——沙坪二级水电站首台（1号）机组投产发电。该工程由华东院设计，水电八局负责施工，水电七局负责机电安装，沙坪二级水电站位于乐山市峨边县和金口河交界处，是大渡河规划的22个梯级水电站中的第20级，上接沙坪一级水电站，下邻已建龚嘴水电站。总装机容量348MW，装设6台单机容量58MW、目前国内单机容量最大的灯泡贯流式机组。

7月27日 国电集团党组书记、董事长乔保平会见了来访的戴尔公司全球总裁马吕斯·哈斯（Marius Haas）、大中华区总裁黄陈宏一行。双方就数字化转型、人工智能及"一带一路"建设等话题交换了意见。戴尔公司大中华区财务副总裁迈克尔·肯尼（Michael Kenny）、副总裁吴海亮、副总裁吴冬梅，英才杂志社社长宋立新，国电集团安全生产总监和相关部门负责人参加会见。

7月27日3时43分 台山核电1号机汽轮机组在冲转至1500r/min并稳定运行后，主控室手动打闸汽轮机，经过临界转速区并惰走至盘车转速，台山核电1号机非核冲转结束，标志着全球首台EPR核电机组非核冲转一次成功。

7月28日 由中广核主办的"'华龙一号'项目高层峰

会”（H10 峰会）第一次会议在防城港核电基地召开。中国广核集团党组书记、董事长贺禹主持会议。10 家国内主要核电工程建设、装备制造企业参会并共同签署 H10 峰会联合宣言。中国核工业建设集团公司等其他 9 家与会企业负责人承诺，将发挥各自在核电产业链上的优势，与中广核一道致力于全面提升华龙一号的核心竞争力，创优“中国标准、中国制造、中国建造”的自主核电品牌，使“华龙一号”代表中国核电走向世界。

8 月 美国《工程新闻纪录》（ENR）杂志公布 2017 年 ENR250 强国际承包商及 ENR250 强全球承包商双榜排名。中国能建首次参选，分别位列第 27 位、第 11 位。

8 月 1 日 在中国广核集团党组书记、董事长贺禹，国家电投集团董事长王炳华的见证下，中广核与国家电投在北京正式签署《关于红沿河核电项目相关合作事项备忘录》。

8 月 1 日 中国自主研制的国内最大直径敞开式硬岩掘进机（TBM）“彩云号”在昆明电建集团所属中铁电建总装车间成功下线，即将投入到亚洲第一长铁路山岭隧道——大瑞铁路高黎贡山隧道的施工。

8 月 3 日 南方电网公司成立南方电网物资有限公司。

8 月 3 日 装机规模全球第二大、在建规模全球第一大水电站——白鹤滩水电站主体工程全面启动建设。这是中国乃至世界水电史上又一具有里程碑意义的重大事件，中国三峡集团成为全球唯一具备同时建设两座千万千瓦级水电站能力的企业。该工程由中国电建下属华东院承担工程设计任务，成勘院二滩国际承担工程监理任务，水电八局承建右岸坝肩边坡开挖、右岸大坝土建及金属结构安装等工程，水电四局承建左岸坝肩边坡开挖、左岸大坝土建及金属结构安装等工程，水电五局承建泄洪洞工程，水电七局承建左岸引水发电系统土建及金属结构安装工程，水电十四局承建左右岸引水发电系统土建（尾水部分）工程。

8 月 3 日 俄罗斯总统普京出席中国能建葛洲坝集团承建的俄罗斯阿穆尔天然气加工厂项目开工仪式。

8 月 7 日 “中国神华能源之旅——香港通识教师走进神华”活动结束。在为期 6 天的神华之行中，40 多名香港教师代表行程跨越北京、河北、内蒙古三省（区、市），深入到神华集团所属矿山、电厂、铁路、港口一线和井下煤矿采掘现场，通过近距离接触体验和面对面交流，全面了解神华清洁发展理念，充分感受到安全神华、高效神华、绿色神华、科技神华、责任神华的发展路程和责任担当。

8 月 8 日 中国核电荣获 2016 到 2017 年度全国电力行业软实力建设贡献奖。

8 月 9 日 中国核电荣获上交所 2016 年度上市公司信息披露工作评价 A 级。

8 月 10 日 在第十三届中国分布式能源国际论坛上，南方电网公司荣获中国分布式能源突出贡献奖。

当地时间 8 月 13 日 巴基斯坦总理阿巴西在伊斯兰堡会见了前来出席巴基斯坦独立 70 周年纪念活动的国务院副总理汪洋。双方就推动中巴务实合作深入交换意见，达成广泛共识。会见后，汪洋和阿巴西共同为中国电建在巴基斯坦投资的大沃（Dawood）风电项目和萨察尔（Sachal）风电项目竣工揭牌。

8 月 14 日 榆横—潍坊 1000kV 特高压交流输变电工程完成试运行并正式投运，标志着列入国家大气污染防治行动计划重点输电通道的“四交”特高压工程建设任务全部完成。

8 月 16 日 中电联在辽宁省营口市召开“全国火电 300MW 级机组能效水平对标及竞赛第四十六届年会”。会议发布了 2016 年度全国火电 300MW 级（含 100～200MW 级）机组能效对标指标，揭晓了年度机组竞赛结果。

8 月 16 日 10 时 18 分 青海贝壳梁 49.5MW 风电项目首台机组顺利并网发电。

8 月 17 日 “中国能源变革与合作”2017 第七届中国能源高层对话活动在北京举行，国家电网公司董事长、党组书记舒印彪当选“2017 年中国能源影响力人物”。

当地时间 8 月 18 日 安哥拉总统多斯桑托斯出席中国能建葛洲坝集团承建的桑比赞加市政基础设施项目 DC－01 主干道启用仪式。

8 月 21 日 成立南方电网能源发展研究院有限责任公司。

8 月 21 日 南方电网统调最高负荷达 1.63 亿 kW，同比增长 10.5%。

8 月 23 日 中电联与上海期货交易所在北京续签战略合作框架协议。双方将进一步深化战略合作，发挥各自优势，在电力期货及其他电力衍生品开发等方面开展针对性的研发和创新。双方要继续加强电力市场体系建设等前瞻性课题研究，并在信息交流、人员培训等方面开展进一步合作。

8 月 25 日 国务院国资委印发《关于中国国电集团公司与神华集团有限责任公司重组的通知》（国资发改革〔2017〕146 号）。经国务院批准同意，中国国电集团公司与神华集团有限责任公司实施重组，重组后的公司名称为“国家能源投资集团有限责任公司”。

8 月 25 日 神华集团承担的《中央企业数字档案馆建设与发展——神华档案信息化实践》课题，被国家档案局评为 2017 年度优秀科技成果二等奖。

8 月 25 日 丝绸之路商务理事会中国委员会在北京成立。该委员会旨在推动“一带一路”沿线各国工商界深入开展合作，更好地帮助中国企业“走出去”。中国贸促会会长姜增伟出席会议并讲话。大唐集团董事长、党组书记陈进行当选委员会主席，国电集团党组书记、董事长乔保平当选委员会副主席。

8 月 27 日 中共中央政治局常委、国务院副总理张高丽视察中国在非洲最大的实体投资项目——中广核湖山铀矿。中国广核集团董事长、党组书记贺禹陪同视察。

8 月 28 日 国电集团荣获国务院国资委 2016 年度经营业绩考核 A 级。

8 月 28 日 南方电网公司安全、快速完成抗击强台风“天鸽”“帕卡”抢修复电工作，受影响用户全部复电。

8 月 28 日～9 月 1 日 以“女性、核能、合作、和谐”为主题的第 25 届世界核妇女大会在北京国家会议中心开幕。本届大会由世界核妇女组织（WiN Global）与中国核学会共同主办，由国家电投承办。

8 月 29 日 中电联专职副理事长兼秘书长于崇德会见日本煤炭能源中心冢本修理事长一行，并主持召开中日联合委员会 2017 年第一次会议。

8 月 29～30 日 由俄罗斯能源系统研究院、联合国亚太经社会（ESCAP）、中电联和全球能源互联网发展合作组织联合主办的东北亚电力联网和合作论坛第二次会议暨东北亚区域电力互联的联合会议在俄罗斯伊尔库茨克市召开。会议就东北亚电力联网与合作的进展、可行性研究及规划成果、电力联网政府间及企业间的多边合作机制、东北亚电力联网与合作论坛建立方案等专题进行交流和讨论。

8月30日 中国华能与大同煤矿集团有限责任公司签署战略合作框架协议。根据协议，双方将本着互惠互利、诚实信用的原则，加强煤矿项目合作，探讨煤电一体化、新能源开发、港口航运、金融、境外项目等领域的合作。

8月31日 国务院国资委批复原则同意国电集团改制方案，将中国国电集团公司由全民所有制企业改制为国有独资公司，改制后公司名称为中国国电集团有限公司，由国务院国有资产监督管理委员会代表国务院履行股东职责。

8月31日 国家电投黄河公司青海海南州太阳能生态发电产业园区100MW地面光伏电站并网。至此，国家电投已投运的光伏发电装机容量已达到1002万kW，继续高居全球第一，进入“千万千瓦”里程碑式的发展阶段。

8月底 国家电投光伏产业已覆盖全国27个省区市，并走出国门落户日本，光伏发电装机总量继续领跑全球，是全球最大的光伏电站运营商。

9月 中广核与英国曼彻斯特大学签署关于成立联合研发中心的谅解备忘录，联合研发中心拟利用双方在核能研发方面的优势，在事故容错燃料、放射性废物处理以及“华龙一号”GDA等领域开展合作，并探索中广核在全球配置研发资源的可行之路。

9月1日 在国家主席习近平和巴西总统特梅尔的共同见证下，巴西矿产和能源部部长费尔南多在北京人民大会堂向国家电网公司董事长、党组书记舒印彪正式颁发巴西美丽山水电送出特高压直流输电二期项目开工许可证。

9月2日 在国务院副总理汪洋与巴西总统特梅尔共同见证下，中国三峡集团与伊泰普公司在北京签署《关于加强技术合作的谅解备忘录》。

9月3日 金砖国家工商论坛在福建厦门开幕，国家主席习近平出席开幕式并发表主旨演讲。国电集团党组书记、董事长乔保平应邀出席开幕式和相关主题活动。

9月3日 国家电投董事长、党组书记王炳华在北京会见巴西规划、发展、管理部（规划部）部长奥利韦拉和能源矿业部部长（能矿部）科埃略一行，双方就能源领域的合作事宜进行了交流。

9月3～5日 国家电网公司董事长、党组书记舒印彪应邀参加金砖国家工商论坛、金砖国家领导人与工商理事会对话会等多项重要活动，并在工商论坛发言。参会期间与埃及电力和可再生能源部部长谢克尔进行会谈并签署埃及500kV输变电项目二期协议。

阿斯塔纳当地时间9月4～7日 第30届IPMA（国际项目管理协会）世界大会在哈萨克斯坦首都阿斯塔纳举行。9月6日，国家电投山东电力工程咨询院有限公司总承包建设的国投湄洲湾第二发电厂2×1000MW工程项目，被授予“国际卓越项目管理大奖金奖”，这是本届超大型项目评选出的唯一金奖，也是中国首个获此殊荣的电力项目。

9月4～7日 神华集团与印尼国家电力公司签署战略合作框架协议。

9月5日 杨昆、魏昭峰会见日本海外电力调查会会长增田祐治。双方表示将继续保持密切沟通，开展全球电力信息交换。

9月6日 全国政协委员、大唐集团董事长、党组书记陈进行《关于全面实施能源创新驱动战略，提升发电行业装备科技含量及节能减排水平》提案获得政协第十二届全国委员会“优秀提案奖”。

9月7日 中电联与金风科技在北京签署战略合作协议。双方达成共识，通过建立全面战略合作关系，突出优势互补、强化资源整合，探索“产业龙头+行业平台”携手发展的融合新模式。

9月8日 重大专项“CAP1400核电站数字化仪控系统研制”课题在上海通过了国家能源局组织的正式验收，标志着中国首个具有完整自主知识产权和国际市场准入资质的核电站数字化仪控系统研制成功。

9月8日6时15分 红沿河核电6号机组反应堆穹顶吊装成功，历时59min。

9月9～10日 神华集团成功参展由中国担任主宾国的第82届萨洛尼卡国际博览会。

9月11日 三峡集团和葡萄牙电力公司（简称“葡电”）联合投标的95万kW英国Moray海上风电项目中标。此次成功中标标志着中国三峡集团成功进入全球最大的海上风电市场，成为中国第一家中标欧洲大型海上风电项目电价补贴的企业，也是首个投资全球近百万千瓦级海上风电项目的中国企业。

9月12～13日 中电联在南宁举办2017中国一东盟电力合作与发展论坛暨展览会。活动以“发展清洁电力，共促经济发展”为主题，针对中国与东盟能源国际合作机制、清洁能源发展前景、区域能源互联等相关议题展开交流讨论。

9月13日 国务院国资委党委书记郝鹏，党委委员、副主任刘强率党委办公厅、财务监管局、改革局、党建局、宣传局、研究局负责人一行到神华集团调研并座谈，总经理凌文陪同调研。

9月14日 “中央企业贯彻落实新发展理念、深入实施创新驱动发展战略、大力推动双创工作成就展”（简称“中央企业创新成就展”）在北京开展。国务委员王勇在国务院国资委党委书记郝鹏、主任肖亚庆陪同下参观了国电集团展台，肯定了国电集团创新发展取得的成就。

9月15日 国家能源局综合司印发《加强监管促进供电企业提升供电服务质量和效率工作方案》（国能综通监管〔2017〕78号），要求各派出能源监管机构，开展供电服务质量监督检查，着重对停限电未按规定事先告知、故障抢修不及时、电费缴纳不便捷、用电业务办理繁冗等涉及人民群众切身利益和群众投诉举报集中的事项开展问题监管和现场检查。

9月17日 中共中央政治局常委、中央书记处书记刘云山和刘延东、刘奇葆、李源潮、万钢等领导同志来到中国科技馆，参加全国科普日北京主场活动。在绿色核能展区，刘云山在“华龙一号模拟主控室”展台前，听取中广核集团公司总经理张善明工作汇报，亲自扮演主控室操纵员，按下“华龙一号示范机组”防城港3号机组模拟并网发电按钮，模拟启动核电电厂运行、发电并网的全过程，充分了解主控室如何保障核电站安全有效运行。刘云山还仔细询问防城港二期“华龙一号”示范工程进展情况以及主要设备国产化率等情况。在国家电投展台，刘云山驻足国家重大科技专项、中国自主知识产权的CAP1400核电站模型前，听取了国家电投董事长、党组书记王炳华，国家核电副总经理、CAP1400总设计师郑明光的相关汇报。

9月17日14点57分 福清核电4号机组正式具备商业运行条件，中国核电控股在役核电机组数达到17台。

9月18日 国电浙江北仑发电公司设备党支部被国务院国资委党委命名为中央企业首批示范党支部。

9月19日 中电联联合中国环境保护产业协会、清华大学、新华网在北京举办中国煤电清洁发展与环境影响发布研讨会，发布《中国煤电清洁发展报告》，王志轩致开幕辞并参与答记者问。

9月20日 中国华能与中国人寿保险（集团）公司合作的100亿元债转股资金到位，标志着电力央企首单债转股项目成功实施。

9月21日 以“能源革命与电力创新”为主题的第四届能源论坛暨国际工程科技发展战略高端论坛在北京开幕。论坛由中国工程院、国家能源局主办，国家电网公司、南方电网公司等单位协办，南网科研院等单位承办。李庆奎出席论坛并做了题为《广义直流输电技术对电网发展格局的影响》的主旨报告。

9月22日 国家发展改革委、国家能源局等五部门联合印发《关于促进储能技术与产业发展的指导意见》（发改能源〔2017〕1701号），明确了促进中国储能技术与产业发展的重要意义、总体要求、重点任务和保障措施。

9月22日 国家能源局印发《关于推进光伏发电“领跑者”计划实施和2017年领跑基地建设有关要求的通知》（国能发新能〔2017〕54号），指出应用领跑基地的建设模式为：进入国家能源局优选范围的基地所在地政府采取竞争性优选方式选择基地项目投资者，要求投资者选用达到领跑技术指标的光伏产品，并将比当地光伏发电标杆上网电价低10%的电价作为企业竞价的入门门槛。

9月25日 国土资源部、国务院扶贫办、国家能源局联合印发《关于支持光伏扶贫和规范光伏发电产业用地的意见》（国土资规〔2017〕8号），要求各地应当依据国家光伏产业发展规划和本地区实际，加快编制本地区光伏发电规划，合理布局光伏发电建设项目。

9月25日上午 由中国华能投资建设、中国电建所属华东院勘测设计、水电八局施工的亚洲第一长坝、柬埔寨最大的水电工程——桑河二级水电站大坝和厂房工程举行下闸蓄水仪式。柬埔寨首相洪森、中国驻柬埔寨大使熊波及柬埔寨政府各个部长出席仪式。

当地时间9月25日 亚洲第一长坝、柬埔寨最大的水电工程——华能桑河二级水电站开始蓄水。

9月26日 神华集团、中国核电、浙能国电和建投能源四公司签署行波堆投资协议，并成立行波堆科技投资公司。

9月26日 由全球能源互联网发展合作组织主办的2017全球能源互联网高端论坛在北京召开。论坛围绕全球能源互联网行动实践和发展机遇展开高层次交流，共商全球能源互联网发展大计。国电集团党组书记、董事长乔保平应邀出席论坛，并在“全球行动”板块发表主题演讲。

9月26日 中国华电迎接十九大弘扬国企精神红色教育报告会在北京举行。会上，中国华电命名了石龙坝电厂、哈尔滨发电公司、构皮滩电厂、青岛发电公司、佳木斯热电厂、戚墅堰发电公司6家企业为红色教育基地，其中戚墅堰发电公司、佳木斯热电厂、石龙坝电厂等3家企业被中国红色文化研究会命名授予“中国红色文化教育基地”并进行了授牌。会上还举行了华电红色报告文学集《红色品格》首发式。

9月26～30日 国家电网公司董事、总经理、党组副书记寇伟赴巴西出席巴西美丽山水电送出特高压直流输电二期项目开工仪式，巴西矿能部部长费尔南多、巴西里约州州长佩藏、中国驻巴西大使馆公使宋扬出席开工仪式并致辞。

9月27日 由中电联和国际能源宪章组织共同发起的中国电力企业联合会－国际能源宪章联合研究中心在北京成立。该中心是中电联与国际能源组织建立的首个非机构性合作机制，双方将在该机制下开展联合研究、组织相关活动并进行人员交流。

9月28日 国务院国资委隆重举行第二届“央企楷模”发布仪式，国电龙源西藏新能源有限公司总经理张晞获此殊荣并接受表彰。

9月30日 锡盟—泰州±800kV特高压直流工程通过168h试运行，全面建成投产。

9月30日 成立中国南方电网有限责任公司海外服务分公司。

9月30日 设立南方电网公司驻欧洲代表处、南方电网公司驻柬埔寨办事处。

9月30日 行波堆中美合资公司——环球创新核能技术有限公司成立。中核集团在北京举行了中美行波堆合作成果汇报推进会。

10月 第五届中国责任投资论坛年会在北京召开，国投电力入选了由商道融绿与财新传媒共同发布的“融绿－财新ESG美好50指数”。

10月 中广核研究院与西班牙核企联盟签署核电站技术服务、产品研发和推广领域的谅解备忘录。

10月3日 大型纪录片《巨龙在野》在CCTV－10播出，讲述了南方电网滇西北特高压直流输电工程建设历程和背后的故事。

10月5日 印度尼西亚共和国总统左科（Joko Widodo）亲临神华集团国华电力公司印尼爪哇电厂出席奠基仪式。

10月9日 国务院国资委党委书记郝鹏到国电集团检查调研迎接党的十九大安全生产、服务保障等重点工作落实情况，并与国电集团领导班子进行座谈。

10月10日 中国人民解放军海军某部队发来感谢信并送来锦旗，对南方电网公司大力支持边防部队电网建设表示感谢。

10月12日 杨昆、魏昭峰会见美国造价工程师协会（AACE）全球主席约翰·利文古德，双方续签了战略合作协议书，并为新加入AACE会员代表颁发证书。

10月15日 扎鲁特—青州±800kV特高压直流工程完成第一阶段直流系统调试，送受端各有3个换流器（额定输电容量3×250万kW）投入运行，标志着东北首个特高压送出通道形成送电能力。

10月15日 神华集团总经理凌文在集团总部会见了来访的美国西弗吉尼亚州商务卿亨利·伍德·斯拉舍一行，双方在热情友好的气氛中，就加深在化工领域合作，共同打造中美两国能源合作示范项目等事宜展开了深入的交流和讨论。副总经理李东陪同会见。

10月15日05时09分 宁德核电4号机组完成首次大修（N401）后一次并网成功。大修实际工期54.2天，创造国内同类机组首次大修工期最优记录。

10月16日 国家电网公司获国务院安委会2017年全国“安全生产月”和“安全生产万里行”活动“优秀组织单位”称号，国网辽宁电力获“先进单位”称号。

10月16日上午 “华龙一号”示范项目——防城港二期工程3号机组现场开始启动EM4工作包第一个支架的焊接工作，标志着防城港二期工程3号机组核岛安装工作正式开始，“华龙一号”首台示范机组由此正式进入核岛安装阶段。

10月19日 国家发展改革委、国家能源局印发《关于促进西南地区水电消纳的通知》（发改运行〔2017〕1830号），要求建立市场和鼓励政策等长效机制；推进跨省跨区水电市场化交易；进一步放开发用电计划，推动送受双方通过自主协商、集中竞价等方式开展跨省区市场化交易；研究开展跨省跨区水火发电置换交易，促进跨省跨区资源优化配置；制定鼓励水电消纳的节能绿色低碳政策。

10月21日 三峡水库连续第八年成功完成175m试验性蓄水。

10月21日 随着最后一项试验倒计时的归零，由广州供电局牵头研发的国内首台110kV植物绝缘油电力变压器宣告研制成功，这标志着植物油电力变压器高端装备制造领域突破国外技术封锁，实现"中国制造"。

10月22～24日 魏昭峰出席东亚及西太平洋电力工业协会（简称亚太电协）首席执行官（CEO）会议。会议在马来西亚槟城举行。魏昭峰还代表中国出席了亚太电协国家理事会，听取了亚太电协过去一年的发展报告，审议了财务报告。

10月23日 龙源电力福建莆田南日岛海上风电场一期项目首根"植入式"嵌岩单桩基础施工圆满完成，标志着世界海上风电领域"植入式"嵌岩单桩施工实现零的突破，实现了中国对所有海域地质施工技术方案的全覆盖，对海上风电规模化开发具有重大意义。

10月24日 中国共产党第十九次全国代表大会选举产生新一届中央委员会和中央纪律检查委员会，国家电网公司董事、总经理、党组副书记寇伟当选为中国共产党第十九届中央委员会候补委员。

英国当地时间10月26日下午 "华龙一号"通用设计审查（GDA）初步安全报告（PSR）通过通用核能系统有限公司（GNS）正式向英国GDA审管部门英国核安全监管办公室（ONR）和英国环境署（EA）提交。这是"华龙一号"GDA首份送审的综合性报告。

10月27日 巴基斯坦电监局签署了华能巴基斯坦萨希瓦尔燃煤电站发电执照的行政命令，中央购电局随后发布了萨希瓦尔电站商业化运营信函，标志着该电站正式进入商业化运营。

10月27日 由南方电网公司承办的中国—老挝能源合作工作组第一次会议在广州召开。

10月28日 龙源电力与振华集团合资建造的国内最大海上风电施工平台——"龙源振华3号"在江苏南通举行下水仪式。该平台是自主研发、设计、制造的集大型设备吊装、基础打桩、风机安装于一体的风电施工平台，在目前全球自升式风电安装平台中拥有最高的吊高高度。

10月30日 大唐集团启动"一五八"发展战略深化研究工作。主要内容是：结合内外部形势变化，对"一五八"发展战略全面提升阶段进行全面总结，对逐步赶超阶段进行深化细化研究，对迈向领先阶段进行展望。

10月30日 阳江5号机KCS系统（安全级数字化控制系统）正式宣布可用，标志着首套国产化核级DCS平台FirmSys系统达到调试可用状态。这是国内首台具有自主产权的国产化核级DCS平台系统。

10月31日 国家发展改革委、国家能源局印发《关于开展分布式发电市场化交易试点的通知》（发改能源〔2017〕1901号），指出试点地区重点选择分布式可再生能源资源和场址等发展条件好，当地电力需求量较大，电网接入条件好，能够实现分布式发电就近接入配电网和就近消纳，并且可以达到较大总量规模的市（县）级区域以及经济开发区、工业园区、新型城镇化区域等。

10月31日 国家发展改革委副主任、国家能源局局长与国家开发银行董事长胡怀邦共同签署《关于支持核电技术创新及"走出去"的战略合作协议》。

10月31日 中国在非洲的第一个集投资、建设、运营为一体的风电项目——龙源电力南非德阿24.45万kW风电项目实现并网发电。

10月31日 中国能建东电一公司建设的河南鹤壁鹤淇电厂"上大压小"新工程、安徽电建一公司建设的浙江苍南2×1000MW超超临界燃煤发电机组一期工程、西北电建参建的±800kV特高压直流双龙换流站荣获"2016～2017年度中国建设工程鲁班奖（国家优质工程）"。

11月2日 广东省商务厅、广东省国家税务局正式批复同意南网融资租赁有限公司成为中国（广东）自由贸易试验区内资融资租赁试点企业。

11月2日 国家发展改革委批复《关于新核准煤电机组电量计划安排的复函》（发改办运行〔2017〕1794号），明确2015年3月15日"9号文"颁布实施后核准的煤电机组，原则上不再安排发电计划，投产后一律纳入市场交易和由市场形成价格。政府制定优先发电、优先购电计划，保障清洁能源发电、调节性电源发电优先上网。

11月2日 国家重点研发计划项目"燃煤烟气硫回收及资源化利用技术"项目启动会在北京召开。

11月3日 云南电网公司±500kV富宁换流站工程荣获中国建设工程领域最高荣誉——2016～2017年度中国建设工程鲁班奖（国家优质工程）。

11月3日 2016～2017年度中国建设工程鲁班奖入选工程名单揭晓，中国电建承建与参建的9项工程获奖。其中，境外工程5项，境内工程4项。

11月4～7日 国电集团党组书记、董事长乔保平作为中国国际商会副会长、国际商会中国国家委员会（ICC China）能源与环境委员会主席，带领委员会主要企业赴柬埔寨进行能源与环境领域的交流和调研。乔保平先后与柬埔寨国家电力公司总经理罗洛达、柬埔寨商会会长陈丰明进行了友好会谈，并赴中国电力建设集团在柬埔寨的开发项目进行调研。

11月8日 国家电投总部取得了中质协质保中心颁发的质量管理体系认证证书，标志着国家电投总部遵循国际标准建立的管理体系符合GB/T 19001—2016/ISO9001：2015标准要求，并持续有效运行。

11月8日 国家发展改革委、国家能源局联合印发《解决弃水弃风弃光问题实施方案》（发改能源〔2017〕1942号），指出2017年可再生能源电力受限严重地区弃水弃风弃光状况实现明显缓解，其他地区风电和光伏发电年利用小时应达到国家能源局2016年下达的本地区最低保障收购年利用小时（或弃风率低于10%、弃光率低于5%）。弃水弃风弃光电量和限电比例逐年下降。到2020年在全国范围内有效解决弃水弃风弃光问题。

11月8日 神华集团与美国卡特彼勒公司签署五年战略合作框架协议。

11月8日 在2017中国社会责任百人论坛暨首届北京责任展上，南方电网公司发布首份关于精准扶贫的专项报告——《中国南方电网公司精准扶贫白皮书2013～2017》。

论坛上，南方电网公司相关扶贫举措和典型实践荣获“企业扶贫优秀案例”证书，并入选“最美扶贫图片”“最美扶贫人”。

11月8～10日 2017年APEC工商领导人峰会在越南岘港召开，国电集团党组书记、董事长乔保平应邀出席会议。会议期间，乔保平聆听了各国领导人的主旨演讲，参与了各界工商领袖关于全球化未来、互联互通促进增长、贸易新前线、未来工作等话题的热烈讨论；应邀参加了中美企业家对话会，与20位中美企业家代表交流讨论；并与美国埃克森美孚气电公司总裁罗伯特·法兰克林会谈，就中美双方在气电领域的发展前景进行了深入交流。

11月8～10日 于崇德出席中国－中东欧（16＋1）能源博览会暨论坛。会议在罗马尼亚首都布加勒斯特召开。中电联组织中国南方电网有限责任公司、中国广核集团有限公司、中国电力建设集团有限公司、中国能源建设集团有限公司等10余家电力企业出席会议并参与展览展示。

11月8～14日 南方电网公司党组书记、董事长李庆奎应邀赴越南岘港参加2017亚太经合组织（APEC）工商领导人峰会期间。拜会了越南总理阮春福、老挝副总理宋迪·隆迪，同越南、老挝有关政府部门和企业负责人进行会谈，积极响应“一带一路”倡议，开拓更广泛领域合作。

11月8～14日 国家电网公司董事长、党组书记舒印彪出访越南、德国，应邀参加在越南岘港举行的APEC工商领导人峰会，分别与越南电力集团董事长和中菲商务理事会菲方主席举行会谈；赴德国波恩参加可再生能源日会议，与国际可再生能源署总干事阿南·阿明共同签署派驻员工协议。

11月9日 国家电网公司系统有3名员工被中央文明办评为全国道德模范，4名员工获得第六届全国道德模范提名奖。

11月9日 十九大精神宣讲团成员、国资委党委副书记、主任肖亚庆到宁德核电现场调研。中国广核集团党组副书记、总经理张善明陪同调研。肖亚庆表示，央企要充分发挥企业优势，联系周边群众，积极回馈社会，为打赢脱贫攻坚战贡献力量。肖亚庆要求中广核对标国际一流企业，研发领先技术、培育更多“大国工匠”，争创具有全球竞争力的世界一流企业。

11月9日 在国家主席习近平和美国总统特朗普的共同见证下，国家能源集团与美国西弗吉尼亚州政府签署战略合作谅解备忘录。

11月10日 国家电投海外投资有限公司下属巴西圣西芒水电能源股份有限公司与巴西电力监管局正式签署了巴西圣西芒水电站30年期特许经营权协议，这是国家电投参与本次巴西政府特许经营权招标项目并成功中标后的又一重要里程碑节点。

11月10日 2016～2017年度国家优质工程奖获奖名单揭晓。由中国电建集团建设、勘察设计、监理、施工总承包、参建的深圳市城市轨道交通7号线等16项工程荣获国家优质工程金质奖，东阳市江滨景观带湿地公园工程等32项工程获国家优质工程奖。

11月10日 国家电投滨海北H1号100MW海上风电项目荣获国家优质工程金质奖，成为国内风电行业首个国家优质工程金质奖项目，标志着国家电投掌握了大功率、大规模、深海海上风电建设的世界领先技术，成为国内少数几个具有大容量、大规模海上风电开发建设能力的企业之一。

11月10日上午 “2017中国能源年度人物”颁奖典礼暨“一带一路”能源合作研讨会在人民日报社举行。中国电建集团暨股份公司党委书记、董事长当选“2017中国能源年度人物”，人民日报社社长杨振武出席颁奖仪式并颁奖。

11月10日下午 国务委员王勇在国资委党委书记郝鹏陪同下，参观央企创新成就展中广核展台。王勇对“华龙一号”产业效应给予肯定并强调，由中广核牵头的中企联盟要采取积极、稳妥的态度，推动“华龙一号”这一自主核电品牌走出去。王勇在湖山铀矿模型前强调，中广核要认真落实张高丽视察湖山铀矿时的重要指示，坚守安全、保证质量，把湖山铀矿运营好，为中国核电发展提供好资源保障。

11月13日 中国华能与中国国新控股有限责任公司签署战略合作协议。根据协议，双方将充分利用自身资源和优势，在混合所有制改革、新能源、传统能源高效清洁利用，以及海外投资、金融服务、资本运作、资产管理等领域开展战略合作，实现互利共赢、共同发展。

11月14日 中国华能与三一集团有限公司签署战略合作框架协议。根据协议，双方将充分利用自身资源和优势，秉承共担风险、共享利益的原则，在境内外风电项目、海上风电技术、能源供应服务、金融等领域开展务实合作。

11月15日 大唐集团成立脱贫攻坚领导小组及办公室，大唐集团董事长、党组书记陈进行任组长。办公室设在党组与董事会办公室（政策研究室）。

11月15日 国家能源局印发《关于贯彻落实〈国务院安委会办公室关于全面加强企业全员安全生产责任制工作的通知〉的通知》（国能发安全〔2017〕69号），指出电力企业要全面落实安全培训的主体责任，制定并实施本单位的安全生产教育和培训计划，建立安全培训管理制度，如实记录安全生产教育和培训的情况。

11月15日 国家能源局印发《完善电力辅助服务补偿（市场）机制工作方案》（国能发监管〔2017〕67号），提出实现电力辅助服务补偿项目全覆盖，鼓励采用竞争方式确定电力辅助服务承担机组，鼓励储能设备、需求侧资源参与提供电力辅助服务，允许第三方参与提供电力辅助服务。

11月15日 国家质量监督检验检疫总局向南方电网公司颁发了国家专项计量授权证书，标志着南方电网公司正式获得国家授予的跨区域关口计量授权资质，对完善公司计量管理体系、强化南方电网公司“公平、公正”的社会形象、开展跨境电力交易具有重要意义。

11月15日 中国华能与中国人寿保险（集团）公司签署战略合作框架协议和银企战略合作协议。根据协议，双方将在巩固企业年金、债转股及现有板块业务合作基础上，进一步拓展在投融资、结算、保险、投行、金融市场及金融同业领域的合作。

英国当地时间11月16日上午 英国核能监管办公室（ONR）和英国环境署（EA）发布联合声明。声明指出中国第三代核电技术“华龙一号”在英国的通用设计审查（GDA）第一阶段工作完成，正式进入第二阶段。

11月16日 国家能源局印发《承装（修、试）电力设施许可证所需施工机具设备条件》（2017版）（国能发资质〔2017〕70号），新版机具设备条件自2017年12月1日起施行，原《承装（修、试）电力设施许可证施工机具设备参考标准》同时废止。

11月16日 全国政协副主席、科技部部长万钢，广东省委常委、深圳市委书记王伟中在深圳会展中心参观中国国际高新技术成果交易会中广核展台，听取中国广核集团副总经理束国刚关于“华龙一号”重大科技创新成果和防城港“华龙一号”示范工程项目建设情况汇报。

11月16日 由广东电网公司投资建设的港珠澳大桥110kV人工岛输变电工程竣工投产，为港珠澳大桥按时通车创造了条件。

11月16日 中国华能与深圳华侨城集团公司、云南省能源投资集团有限公司、中国国新控股有限责任公司、中国诚通控股集团有限公司、北京城建集团有限责任公司等5家企业签署华能资本服务有限公司增资协议。根据增资协议，资本公司注册资本将由60亿元增至98亿元，5家企业合计出资142.5亿元，合计持股38.78%，资本公司将由华能集团全资子公司转变为股权多元化的混合所有制企业。

11月17日 全国精神文明建设表彰大会在北京举行，国家电网公司有88家单位受到表彰，继续在中央企业名列首位。

11月17日 《中国电力行业人才发展年度报告2017》在北京发布。报告阐述了中国电力行业人力资源和教育培训的发展状况及变化趋势，梳理了电力行业在人才体制机制、培养平台载体建设中的有效举措，展现了电力人才队伍建设的工作成效，剖析了电力行业人才建设中的矛盾和短板，并对人才发展趋势进行了展望。

11月17日 中电联牵手国家电网公司、南方电网公司、中国大唐集团公司等16家大型能源电力企业和清华大学、浙江大学、武汉大学、华北电力大学等30所高校成立“电力行业卓越工程师培养校企联盟”。为解决高等工程人才培养与行业企业需求脱节问题，增强学生的实践能力和创新能力。

11月17日 国家发展改革委、国家能源局印发《关于推进电力安全生产领域改革发展的实施意见》（发改能源规〔2017〕1986号），指出加强对核准（备案）电力项目监督管理，将安全生产条件作为电力项目核准（备案）项目事中事后检查的重要内容，加大电力项目建设和验收阶段检查力度，对未核先建、核建不符、超国家总量控制核准以及不符合安全技术标准的电力工程项目，立即停工整改。

11月17日 国家能源局发布《关于做好2017年电力迎峰度冬工作的通知》（国能综通安全〔2017〕106号），指出要加强迎峰度冬组织领导，消除迎峰度冬安全隐患，确保电力系统安全稳定，加强电力安全监管。

11月17日 中国电煤采购价格指数——CECI沿海指数发布会在北京召开。杨昆出席发布会并讲话，于崇德主持会议。国家发展改革委、交通运输部、国家能源局等有关单位的领导出席会议并致辞。

11月17日 全国精神文明建设表彰大会在北京举行。中共中央总书记、国家主席、中央军委主席习近平在人民大会堂亲切会见参加大会代表，向全体代表表示热烈的祝贺，勉励他们再接再厉，在社会主义精神文明建设中再立新功、做出表率。南方电网公司系统共有11个单位被评为第五届全国文明单位。中国电建下属华东勘测设计研究院有限公司、山东电建一公司、河北省电力勘测设计研究院、河北电建一公司4家企业获得第五届“全国文明单位”荣誉称号。

11月18日 中国神华上榜“2017 A股最佳上市公司最佳投行暨行业冠军排行榜”，荣获“2017最佳上市公司”称号。

11月20日 国家能源集团董事会第一次会议在北京召开，审议通过公司经理层人事议案。

11月20日 国家能源集团召开外部董事宣布会，正式聘任刘国胜、田会、史丹、曲大庄、赵吉斌为集团公司外部董事。

11月20日 国家能源集团召开中层以上管理人员大会，中共中央组织部宣布关于领导班子配备的决定。

11月20～22日 中电联在上海举办第11届上海国际电力设备和技术展览会（EP展）。展会以展示全球能源互联网技术装备为中心，设立全球能源互联网技术装备成果专区、智能电网、电力安全与应急、节能环保、电力检测、电力自动化、工业水处理等专业展区。展览同期还举办了“一带一路电力合作”“能源互联网标准”“智能配电”“节能环保”等多个主题会议及举办十余场新产品发布会。

11月21日 国电泰州电厂二次再热燃煤发电示范工程、国电哈密大南湖煤电一体化2×660MW工程荣获中国施工企业管理协会2016－2017年度国家优质工程金质奖。

11月21日 国家发展改革委、国家能源局印发《关于规范开展第二批增量配电业务改革试点的通知》（发改经体〔2017〕2010号），确定秦皇岛经济技术开发区试点项目等89个项目，作为第二批增量配电业务改革试点。

11月21日 金沙江上游干流核准开工的第一个项目、国家“西电东送”接续基地的重要内容和先导工程——苏洼龙水电站成功实现大江截流。

11月22日 北京市工商管理局为国家能源集团正式核发营业执照和企业集团登记证。

11月22日 国家发展改革委印发《关于做好2018年电力供需平衡预测和制定优先发电优先购电计划的通知》（发改运行〔2017〕2015号），要求做好2018年电力供需平衡预测和制定优先发电、优先购电计划工作，以深入贯彻落实党的十九大精神，贯彻新发展理念，推进供给侧结构性改革，深化电力体制改革，保障电力安全稳定运行。

11月22日 CAP1400示范工程使用的DN450爆破阀顺利完成热态开启试验。本次试验标志着CAP系列爆破阀顺利通过全部鉴定，自主化研制取得圆满成功。

11月23日下午 国务院副总理张高丽到国家电投黄河公司太阳能电力公司视察。

11月25日 大渡河猴子岩水电站第4台机组通过72h试运投产。至此，猴子岩水电站4台机组全部投产。

11月27日 中国电力企业联合会通报表彰2017年度中国电力创新奖获奖项目。国家电网公司22项企业文化建设优秀成果受到表彰，其中一等奖6个，4家单位被命名为企业文化建设示范单位。

11月27日 中国工程院2017年院士增选结果公布，国家电网公司推荐的汤广福当选中国工程院能源与矿业工程学部院士。

11月27日 国家能源局、环境保护部印发《关于开展燃煤耦合生物质发电技改试点工作的通知》（国能发电力〔2017〕75号）指出，重点在十三个粮食生产省份优先选取热电联产煤电机组，布局一批燃煤耦合农林废弃残余物发电技改项目。

11月27日 中国能建与波黑联邦政府在布达佩斯签署波黑卡门格拉德2×215MW燃煤电站项目合作谅解备忘录。波黑联邦政府副总理米尔科·萨罗维奇出席仪式。

11月27日 中国能建在匈牙利布达佩斯召开的第七届中国—中东欧国家经贸论坛上签署波黑图兹拉7号火电项目贷款协议。中国国务院总理李克强和中东欧16国领导人出席签署仪式。

11月28日 国家电投海外公司完成巴西圣西芒水电站特许经营权费支付工作，标志着项目交割完成，获得圣西芒水电站30年特许经营权。至此，国家电投在巴西拥有2个风电场，1个水电站的特许经营权，总装机容量176.82万kW，在南美洲地区（智利、巴西）总装机容量达226.02万kW。

11月28日 国务院国资委在北京召开国家能源投资集团有限责任公司重组成立大会，颁发企业营业执照、企业集团登记证。

11月28日 国有重点大型企业监事会召开正式进驻国家能源集团见面会。

11月29日 大唐集团完成全民所有制企业变更为公司制企业的改制工作，中国大唐集团公司正式更名为中国大唐集团有限公司。

11月29日 “推进绿色发展·建设美丽中国”国家电投首届企业开放日活动成功举行。本次活动在国家电投总部、国家核电本部以及10家所属企业联动展开。作为国内唯一同时拥有核电、水电、火电、新能源资产的综合能源企业集团，国家电投本次活动开放内容涵盖了核电、水电、火电、新能源、电力协同产业等多种业务形态。

当地时间2017年11月29日下午16:30 中国电建投资建设的“中巴经济走廊”首个落地能源项目——巴基斯坦卡西姆港燃煤电站首台机组发电仪式在电站隆重举行，巴基斯坦总理阿巴西、中国驻巴基斯坦大使姚敬、中国电建集团董事长晏志勇、卡塔尔AMC公司董事长贾西姆等与会嘉宾共同触摸启动机组的水晶球，为巴基斯坦电网送入了源源不断的强劲电流，这标志着又一座中企投资的海外最大规模火力电站正式投产发电。

11月29～30日 由中国质量协会主办的全球卓越大会暨第十七届全国追求卓越大会在人民大会堂召开。国家电网公司“国家风光储输示范工程”获得全国质量奖卓越项目奖，国网江苏电力南京供电公司获得全国质量奖组织奖，国网北京、冀北、浙江电力获得全国实施卓越绩效模式先进企业奖。

11月30日 国家电网公司取得北京市工商行政管理局颁发的改制后公司营业执照，国家电网公司总部的公司制改制工作完成。按照国资委的部署和《中华人民共和国公司法》规定，国家电网公司由全民所有制企业整体改制为国有独资公司，公司名称由“国家电网公司”变更为“国家电网有限公司”。

11月30日 国家发展改革委、国家能源局印发《关于加快推进增量配电业务改革试点的通知》（发改办经体〔2017〕1973号），决定启动第三批增量配电业务改革试点。

11月30日 龙源江苏大丰项目建成国内距离最长容量最大的单芯海底电缆和世界首个分体式海上升压站，高质量投产20万kW海上风电项目。

11月30日 南方电网公司首座全面国产化的抽水蓄能电站——调峰调频发电公司深圳抽水蓄能电站首台机组投入商业运行。

11月30日 为配合第五次中法高级别经济财金对话，国家能源局与法国生态转型部在北京举办首次中法能源对话。会后，国家能源局分别与法国生态转型部、法国核电标准协会签署了《第一次中法能源对话纪要》和《中法核电标准规范合作协议》两份合作文件。

11月30日 中国核电荣获第七届中国证券金紫荆奖“最佳上市公司”，中国核电董事长、党委书记陈桦荣获“最具影响力上市公司领袖”。

11月30日 中国能建在第七届香港国际金融论坛暨中国证券“金紫荆”奖典礼上获得“最具投资潜力上市公司”奖。

12月 中国能建电力规划设计总院入选中国社会科学院中国社会科学评价中心主办的中国智库综合评价AMI指标体系“中国核心智库（2017年度）”。

12月1日 国家西部大开发重点项目——长河坝水电站末台（1号）机组顺利通过72h试运行，正式投入商业运营。至此，大唐集团长河坝水电站成功实现“一年四投”。

12月1日 由WTO经济导刊、中国可持续发展工商理事会主办，瑞典驻华使馆CSR中心联合主办的第十届中国企业社会责任报告国际研讨会在北京召开。其中，原神华集团编制的《神华集团公司2016年度社会责任报告》被评为最高的“金蜜蜂优秀企业社会责任报告·长青奖”，并已连续四年获得该奖项。《中国能建2016年社会责任报告》《中国能建职工发展报告（2011－2016）》荣获“金蜜蜂优秀企业社会责任报告·员工信息披露专项奖”。

12月1日 中国核电荣获“金蜜蜂优秀企业社会责任报告最高奖·领袖企业奖”。

12月2日 国家能源集团与美国西弗吉尼亚大学签署校企合作谅解备忘录。

12月4～5日 南方电网公司在广州南方电网举办以“创新驱动与电网发展”为主题的2017中国南方电网国际技术论坛。李庆奎出席论坛并致辞。

12月5日 世界上海拔最高、距离最长的±800kV特高压输电工程——滇西北—广东±800kV特高压直流输电工程形成送电能力。

12月5日 中国华能技术经济研究院联合意大利国家电力公司（Enel）研究院在北京举办“世界能源变革和电力企业转型”研讨会，双方共同发布了合作的研究报告——《欧盟能源转型及Enel战略转型——对中国的启示及对华能的借鉴》。

12月7日 国家电投与中国人寿资产管理有限公司共同发起设立总规模超100亿元的市场化债转股基金——电投黄河（嘉兴）能源投资合伙企业募集资金全部到位，标志着国家电投百亿级市场化债转股基金成功落地。

12月7日 国家能源局在北京召开并网电厂涉网安全管理联席会议第一次全体会议暨2017年度电网安全风险管控工作汇报会，研究加强电网安全风险管控和并网电厂涉网安全管理工作，全面提升电网安全稳定运行水平，维护电力工业安全、科学、健康发展。

12月7日 十九大精神宣讲团成员、国资委主任、党委副书记肖亚庆到大亚湾核电基地调研。中国广核集团党组书记、董事长贺禹，党组副书记、总经理张善明陪同调研。肖亚庆表示，十九大提出“培育具有全球竞争力的世界一流企业”，中广核作为央企代表，在贯彻落实党中央、国务院战略部署上走在了前面，在核电技术、建设、管理方面均已跻身行业一流水平，在后续创建一流国有企业道路上，中广核要带头走在前列。肖亚庆还对中广核学习贯彻落实十九大精神和2018年工作提出具体要求。

12月8日 杨昆会见哈中贸促会会长哈纳特·拜赛克。双方探讨了未来的合作，并将共同促进两国企业开展能源电力项目对接。会后双方签署了合作谅解备忘录。

12 月 8 日 中核集团地热产业联盟在北京成立。

12 月 8 日 国际能源署、中国能建电规总院、中国石油天然气集团公司在北京联合举办《世界能源展望 2017 中国特别报告》发布会。

当地时间 12 月 9 日 亚洲第一长坝、柬埔寨最大的水电工程——华能桑河二级水电站首台机组通过 72h 试运行，正式投产发电。

12 月 10 日 全球最大的水面漂浮光伏电站——中国三峡集团安徽淮南 150MW 水面漂浮光伏项目正式并网发电。

12 月 10 日 中国核电与华北电力大学核电人才订单联合培养协议签约仪式在华北电力大学北京校区举行。

12 月 11 日 国家电网公司董事长、党组书记舒印彪主持召开领导班子扩大会议，通报党中央、国务院关于罗乾宜任国家电网公司总会计师、党组成员，免去李汝革国家电网公司总会计师、党组成员职务（另有任用）的相关决定。

12 月 12 日 全国政协副主席、国家科技部部长万钢到国家电网公司调研，考察国家电网公司运营监测（控）中心、国家电力调度控制中心和总部电动汽车充电设施。

12 月 13 日 在中国广核电力股份有限公司总裁高立刚和罗尔斯·罗伊斯集团（Rolls-Royce）全球核能业务总裁 Harry Holt 的共同见证下，北京广利核系统工程有限公司总经理江国进与 Rolls-Royce 民用核电仪控总经理 Eirc Blanc 在英国驻华大使馆官邸签署谅解备忘录（MOU）。

12 月 13 日 中电联在广东珠海召开“2017 年全国电力行业两化融合推进会暨全国电力企业信息化大会”。会议主题是“数字化时代引领电力与能源发展”。

12 月 13 日 中国三峡集团总经理、党组副书记王琳参加推动长江经济带发展领导小组办公室会议暨省际协商合作机制第二次会议。会议明确了中国三峡集团在共抓长江大保护中的骨干主力作用，讨论了推动长江经济带发展 2018 年工作要点、关于推动中国三峡集团在长江经济带共抓大保护中发挥骨干主力作用的工作方案等文件，发挥中国三峡集团在共抓大保护中的骨干主力作用被列入推动长江经济带发展 2018 年的十五项工作要点之一。

12 月 13～17 日 国家电网公司举办学习贯彻习近平新时代中国特色社会主义思想和党的十九大精神研讨班。

12 月 14 日 中电联在珠海召开“2017 年（第九届）全国电力职工技术成果奖颁奖大会暨优秀成果交流会”。会上公布了 2017 年（第九届）电力职工技术成果奖获奖项目，其中一等奖 66 项，二等奖 174 项，三等奖 281 项。

12 月 15 日 大唐集团董事长、党组书记陈进行主创的《以文化引领全面创新建设实践推动企业转型升级与提质增效》作为唯一的企业文化类项目荣获 2017 年度中国电力创新大奖。

12 月 15 日 中电联在北京举办 2017 年中国电力造价高端论坛暨第三届全国电力造价咨询企业年会。会议以“知行合一，用我知，助你行”为主题，围绕电力行业政策调整、发展趋势分析、国际业务交流、咨询服务应对等焦点问题进行共享与探讨。

12 月 19 日 世界上电压等级最高、容量最大的江苏苏州南部电网 500kV 统一潮流控制器（UPFC）科技示范工程正式投运，国家电网公司副总经理、党组成员杨晋柏宣布工程启动投运成功并讲话。

12 月 19 日 国家电网公司承担的“十二五”国家“863”计划“电网潮流控制技术及装置研发”课题通过国家科技部验收。

12 月 20 日 澳门回归祖国 18 周年之际，南方电网累计对澳供电量突破 400 亿 kWh，达到 403.02 亿 kWh，实现对澳供电量的历史新突破。

12 月 20 日 中电联在北京召开 2017 年全国电力工程造价与定额管理工作会议。与会代表围绕会议主题，结合发展、改革面临的问题和挑战，就如何提高电力工程造价与定额管理工作水平、相关重点课题研究、人才培养等方面进行了热烈讨论，提出了意见和建议。

12 月 21 日 巴西美丽山±800kV 特高压直流输电一期工程在受端巴西伊斯特雷都换流站举行投运仪式，这标志着中国特高压“走出去”的首个项目正式投入商业运行。巴西总统府首席部长佛朗哥、中国驻巴西大使李金章、巴西矿能部部长费尔南多、巴西国家电力公司总裁威尔逊在巴西主会场出席投运仪式并致辞，国家电网公司董事长、党组书记舒印彪在北京分会场出席投运仪式并致辞，国家电网公司副总经理刘泽洪在北京分会场出席投运仪式。

12 月 21 日 中电联在北京召开“2017 年电力需求侧管理技术创新交流会”。会议以“新时代引领新方向，新技术促进新发展”为主题，邀请国家行业主管部门、权威专家、工业企业、从事电力需求侧管理相关工作的代表，共同探讨新形势下电力需求侧管理发展新方向和新定位，并围绕综合智慧能源、智能用电管理和电能质量治理等专题进行深入交流。

12 月 22 日 河北易县、内蒙古芝瑞、浙江宁海、浙江缙云、河南洛宁、湖南平江抽水蓄能电站工程开工动员大会在北京召开，国家电网公司董事长、党组书记舒印彪宣布工程开工。

12 月 22 日 中国华电完成工商登记变更，按期完成公司制改制。改制后公司成为国有独资公司，公司名称变更为“中国华电集团有限公司”，公司注册资本为 370 亿元。

12 月 22 日 中国华电与中国农业银行合作的市场化债转股资金到位。

12 月 23 日 海南岛首个调峰调频电源项目——调峰调频发电公司海南琼中抽水蓄能电站首台机组正式投运。

12 月 25 日 国家大气污染防治行动计划特高压交直流工程全面竣工大会在北京主会场和 17 个分会场同时召开。国家电网公司董事长、党组书记舒印彪出席会议并讲话。

12 月 25 日 中电联与美国环保协会在京签署合作备忘录，就未来三年合作方向及内容达成合作意向。王志轩出席签署仪式。

12 月 25 日 中国核电与中国核电工程有限公司联合成立核电技术联合研发中心。

12 月 26 日 2018 年全国能源工作会议在北京召开，国家发展改革委副主任、国家能源局局长出席会议并讲话。会议指出，党的十九大对能源发展作出一系列重大决策部署，进一步指明了新时代能源发展的方向，提出了新的更高要求。能源行业要坚持以习近平新时代中国特色社会主义思想为指导，全面贯彻党的基本理论、基本路线、基本方略，着眼“两个一百年”的战略安排和部署，进一步找准职能定位、明确目标任务，为满足人民群众多层次多样化高质量用能需求、实现党和国家奋斗目标，提供有力服务和坚强支撑。

12 月 26 日 国投北部湾申报的“W 型火焰锅炉提高煤

种适应性改造”项目经第六届全国电力行业设备管理创新评审委员会评审，荣获技术类一等奖。

12 月 26 日 南方电网全年西电东送电量达到 2001.85 亿 kWh，首次突破 2000 亿 kWh 大关，连续 6 年创下历史新高，比南方电网公司成立之初增长了近 3 倍。

12 月 27 日 国家风光储输示范工程的虚拟同步机启动，这标志着世界首个具备虚拟同步机功能的新能源电站正式投运。

12 月 27 日 国家能源局副局长刘宝华在北京与印度尼西亚原子能机构主席贾洛特共同签署了《中国国家能源局与印度尼西亚国家原子能机构关于在和平利用核能研发领域开展合作的谅解备忘录》。

12 月 27 日 由中广核研究院有限公司设计并供货的红沿河二期工程应急柴油发电机组（EDG）首台机通过出厂验收试验。标志国内首次实现百万千瓦级核电机组 EDG 的完全自主设计及自主制造。

12 月 28 日 国家发展改革委、国家能源局印发《关于开展分布式发电市场化交易试点的补充通知》（发改办能源〔2017〕2150 号），提出分布式发电市场化交易有三种可选的模式：分布式发电项目与电力用户进行电力直接交易的模式；分布式发电项目单位委托电网企业代售电的模式；电网企业按国家核定的各类发电的标杆上网电价收购并在 110kV 及以下的配电网内就近消纳的模式。

12 月 28 日 三峡福建海上风电产业园和海上风电项目集中开工，福建漳浦、长乐两个百万千瓦级海上风电先行工程建设准备工作正式启动。

12 月 28 日 中国华能完成公司制改制的工商变更登记。改制后，公司由全民所有制企业变更为国有独资公司，公司名称由“中国华能集团公司”变更为“中国华能集团有限公司”，注册资本为 349 亿元。

12 月 28 日 中国能建第二届董事会第一次会议审议通过，聘任吴云为股份公司副总经理。

12 月 29 日 海阳核电项目 C102 换料组件用锆合金材料发运仪式顺利举行。这标志着国核锆业 AP1000 核级锆材国产化工作迈出了坚实的一步，是技术受让成功的关键性标志。

12 月 29 日 国家能源局、国务院扶贫办联合发布《关于下达“十三五”第一批光伏扶贫项目计划的通知》（国能发新能〔2017〕91 号），本批下达 14 个省（自治区）、236 个光伏扶贫重点县的光伏扶贫项目，共 8689 个村级电站，总装机规模 4 186 237.852kW，扶持对象为 14 556 个建档立卡贫困村的 710 751 户建档立卡贫困户。

当地时间 12 月 30 日 桑河二级水电站 2 号机组完成 72h 试运行，提前投产发电，实现“一年两投”目标。

文　献

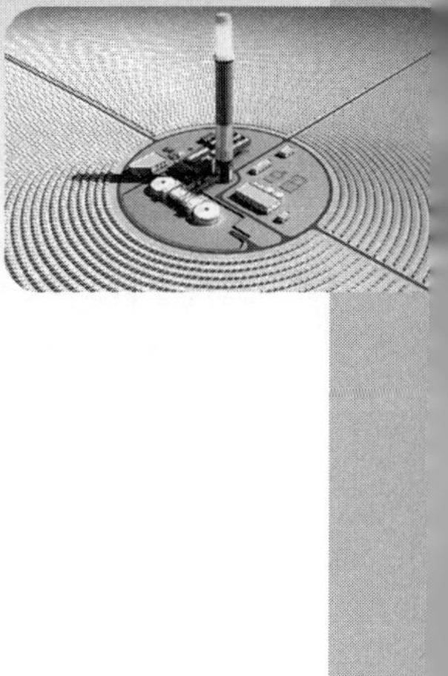

国务院文件

中共中央、国务院关于推进安全生产领域改革发展的意见

（2016 年 12 月 9 日）

安全生产是关系人民群众生命财产安全的大事，是经济社会协调健康发展的标志，是党和政府对人民利益高度负责的要求。党中央、国务院历来高度重视安全生产工作，党的十八大以来作出一系列重大决策部署，推动全国安全生产工作取得积极进展。同时也要看到，当前我国正处在工业化、城镇化持续推进过程中，生产经营规模不断扩大，传统和新型生产经营方式并存，各类事故隐患和安全风险交织叠加，安全生产基础薄弱、监管体制机制和法律制度不完善、企业主体责任落实不力等问题依然突出，生产安全事故易发多发，尤其是重特大安全事故频发势头尚未得到有效遏制，一些事故发生呈现由高危行业领域向其他行业领域蔓延趋势，直接危及生产安全和公共安全。为进一步加强安全生产工作，现就推进安全生产领域改革发展提出如下意见。

一、总体要求

（一）指导思想。全面贯彻党的十八大和十八届三中、四中、五中、六中全会精神，以邓小平理论、“三个代表”重要思想、科学发展观为指导，深入贯彻习近平总书记系列重要讲话精神和治国理政新理念新思想新战略，进一步增强“四个意识”，紧紧围绕统筹推进“五位一体”总体布局和协调推进“四个全面”战略布局，牢固树立新发展理念，坚持安全发展，坚守发展决不能以牺牲安全为代价这条不可逾越的红线，以防范遏制重特大生产安全事故为重点，坚持安全第一、预防为主、综合治理的方针，加强领导、改革创新，协调联动、齐抓共管，着力强化企业安全生产主体责任，着力堵塞监督管理漏洞，着力解决不遵守法律法规的问题，依靠严密的责任体系、严格的法治措施、有效的体制机制、有力的基础保障和完善的系统治理，切实增强安全防范治理能力，大力提升我国安全生产整体水平，确保人民群众安康幸福、共享改革发展和社会文明进步成果。

（二）基本原则

（1）坚持安全发展。贯彻以人民为中心的发展思想，始终把人的生命安全放在首位，正确处理安全与发展的关系，大力实施安全发展战略，为经济社会发展提供强有力的安全保障。

（2）坚持改革创新。不断推进安全生产理论创新、制度创新、体制机制创新、科技创新和文化创新，增强企业内生动力，激发全社会创新活力，破解安全生产难题，推动安全生产与经济社会协调发展。

（3）坚持依法监管。大力弘扬社会主义法治精神，运用法治思维和法治方式，深化安全生产监管执法体制改革，完善安全生产法律法规和标准体系，严格规范公正文明执法，增强监管执法效能，提高安全生产法治化水平。

（4）坚持源头防范。严格安全生产市场准入，经济社会发展要以安全为前提，把安全生产贯穿城乡规划布局、设计、建设、管理和企业生产经营活动全过程。构建风险分级管控和隐患排查治理双重预防工作机制，严防风险演变、隐患升级导致生产安全事故发生。

（5）坚持系统治理。严密层级治理和行业治理、政府治理、社会治理相结合的安全生产治理体系，组织动员各方面力量实施社会共治。综合运用法律、行政、经济、市场等手段，落实人防、技防、物防措施，提升全社会安全生产治理能力。

（三）目标任务。到 2020 年，安全生产监管体制机制基本成熟，法律制度基本完善，全国生产安全事故总量明显减少，职业病危害防治取得积极进展，重特大生产安全事故频发势头得到有效遏制，安全生产整体水平与全面建成小康社会目标相适应。到 2030 年，实现安全生产治理体系和治理能力现代化，全民安全文明素质全面提升，安全生产保障能力显著增强，为实现中华民族伟大复兴的中国梦奠定稳固可靠的安全生产基础。

二、健全落实安全生产责任制

（四）明确地方党委和政府领导责任。坚持党政同责、一岗双责、齐抓共管、失职追责，完善安全生产责任体系。地方各级党委和政府要始终把安全生产摆在重要位置，加强组织领导。党政主要负责人是本地区安全生产第一责任人，班子其他成员对分管范围内的安全生产工作负领导责任。地方各级安全生产委员会主任由政府主要负责人担任，成员由同级党委和政府及相关部门负责人组成。

地方各级党委要认真贯彻执行党的安全生产方针，在统揽本地区经济社会发展全局中同步推进安全生产工作，定期研究决定安全生产重大问题。加强安全生产监管机构领导班子、干部队伍建设。严格安全生产履职绩效考核和失职责任追究。强化安全生产宣传教育和舆论引导。发挥人大对安全生产工作的监督促进作用、政协对安全生产工作的民主监督作用。推动组织、宣传、政法、机构编制等单位支持保障安全生产工作。动员社会各界积极参与、支持、监督安全生产工作。

地方各级政府要把安全生产纳入经济社会发展总体规划，制定实施安全生产专项规划，健全安全投入保障制度。及时研究部署安全生产工作，严格落实属地监管责任。充分发挥安全生产委员会作用，实施安全生产责任目标管理。建立安全生产巡查制度，督促各部门和下级政府履职尽责。加强安全生产监管执法能力建设，推进安全科技创新，提升信息化管理水平。严格安全准入标准，指导管控安全风险，督促整治重大隐患，强化源头治理。加强应急管理，完善安全生产应急救援体系。依法依规开展事故调查处理，督促落实问题整改。

（五）明确部门监管责任。按照管行业必须管安全、管业务必须管安全、管生产经营必须管安全和谁主管谁负责的原则，厘清安全生产综合监管与行业监管的关系，明确各有关部门安全生产和职业健康工作职责，并落实到部门工作职责规定中。安全生产监督管理部门负责安全生产法规标准

和政策规划制定修订、执法监督、事故调查处理、应急救援管理、统计分析、宣传教育培训等综合性工作，承担职责范围内行业领域安全生产和职业健康监管执法职责。负有安全生产监督管理职责的有关部门依法依规履行相关行业领域安全生产和职业健康监管职责，强化监管执法，严厉查处违法违规行为。其他行业领域主管部门负有安全生产管理责任，要将安全生产工作作为行业领域管理的重要内容，从行业规划、产业政策、法规标准、行政许可等方面加强行业安全生产工作，指导督促企事业单位加强安全管理。党委和政府其他有关部门要在职责范围内为安全生产工作提供支持保障，共同推进安全发展。

（六）严格落实企业主体责任。企业对本单位安全生产和职业健康工作负全面责任，要严格履行安全生产法定责任，建立健全自我约束、持续改进的内生机制。企业实行全员安全生产责任制度，法定代表人和实际控制人同为安全生产第一责任人，主要技术负责人负有安全生产技术决策和指挥权，强化部门安全生产职责，落实一岗双责。完善落实混合所有制企业以及跨地区、多层级和境外中资企业投资主体的安全生产责任。建立企业全过程安全生产和职业健康管理制度，做到安全责任、管理、投入、培训和应急救援“五到位”。国有企业要发挥安全生产工作示范带头作用，自觉接受属地监管。

（七）健全责任考核机制。建立与全面建成小康社会相适应和体现安全发展水平的考核评价体系。完善考核制度，统筹整合、科学设定安全生产考核指标，加大安全生产在社会治安综合治理、精神文明建设等考核中的权重。各级政府要对同级安全生产委员会成员单位和下级政府实施严格的安全生产工作责任考核，实行过程考核与结果考核相结合。各地区各单位要建立安全生产绩效与履职评定、职务晋升、奖励惩处挂钩制度，严格落实安全生产“一票否决”制度。

（八）严格责任追究制度。实行党政领导干部任期安全生产责任制，日常工作依责尽职、发生事故依责追究。依法依规制定各有关部门安全生产权力和责任清单，尽职照单免责、失职照单问责。建立企业生产经营全过程安全责任追溯制度。严肃查处安全生产领域项目审批、行政许可、监管执法中的失职渎职和权钱交易等腐败行为。严格事故直报制度，对瞒报、谎报、漏报、迟报事故的单位和个人依法依规追责。对被追究刑事责任的生产经营者依法实施相应的职业禁入，对事故发生负有重大责任的社会服务机构和人员依法严肃追究法律责任，并依法实施相应的行业禁入。

三、改革安全监管监察体制

（九）完善监督管理体制。加强各级安全生产委员会组织领导，充分发挥其统筹协调作用，切实解决突出矛盾和问题。各级安全生产监督管理部门承担本级安全生产委员会日常工作，负责指导协调、监督检查、巡查考核本级政府有关部门和下级政府安全生产工作，履行综合监管职责。负有安全生产监督管理职责的部门，依照有关法律法规和部门职责，健全安全生产监管体制，严格落实监管职责。相关部门按照各自职责建立完善安全生产工作机制，形成齐抓共管格局。坚持管安全生产必须管职业健康，建立安全生产和职业健康一体化监管执法体制。

（十）改革重点行业领域安全监管监察体制。依托国家煤矿安全监察体制，加强非煤矿山安全生产监管监察，优化安全监察机构布局，将国家煤矿安全监察机构负责的安全生产行政许可事项移交给地方政府承担。着重加强危险化学品安全监管体制改革和力量建设，明确和落实危险化学品建设项目立项、规划、设计、施工及生产、储存、使用、销售、运输、废弃处置等环节的法定安全监管责任，建立有力的协调联动机制，消除监管空白。完善海洋石油安全生产监督管理体制机制，实行政企分开。理顺民航、铁路、电力等行业跨区域监管体制，明确行业监管、区域监管与地方监管职责。

（十一）进一步完善地方监管执法体制。地方各级党委和政府要将安全生产监督管理部门作为政府工作部门和行政执法机构，加强安全生产执法队伍建设，强化行政执法职能。统筹加强安全监管力量，重点充实市、县两级安全生产监管执法人员，强化乡镇（街道）安全生产监管力量建设。完善各类开发区、工业园区、港区、风景区等功能区安全生产监管体制，明确负责安全生产监督管理的机构，以及港区安全生产地方监管和部门监管责任。

（十二）健全应急救援管理体制。按照政事分开原则，推进安全生产应急救援管理体制改革，强化行政管理职能，提高组织协调能力和现场救援时效。健全省、市、县三级安全生产应急救援管理工作机制，建设联动互通的应急救援指挥平台。依托公安消防、大型企业、工业园区等应急救援力量，加强矿山和危险化学品等应急救援基地和队伍建设，实行区域化应急救援资源共享。

四、大力推进依法治理

（十三）健全法律法规体系。建立健全安全生产法律法规立改废释工作协调机制。加强涉及安全生产相关法规一致性审查，增强安全生产法制建设的系统性、可操作性。制定安全生产中长期立法规划，加快制定修订安全生产法配套法规。加强安全生产和职业健康法律法规衔接融合。研究修改刑法有关条款，将生产经营过程中极易导致重大生产安全事故的违法行为列入刑法调整范围。制定完善高危行业领域安全规程。设区的市根据立法法的立法精神，加强安全生产地方性法规建设，解决区域性安全生产突出问题。

（十四）完善标准体系。加快安全生产标准制定修订和整合，建立以强制性国家标准为主体的安全生产标准体系。鼓励依法成立的社会团体和企业制定更加严格规范的安全生产标准，结合国情积极借鉴实施国际先进标准。国务院安全生产监督管理部门负责生产经营单位职业危害预防治理国家标准制定发布工作；统筹提出安全生产强制性国家标准立项计划，有关部门按照职责分工组织起草、审查、实施和监督执行，国务院标准化行政主管部门负责及时立项、编号、对外通报、批准并发布。

（十五）严格安全准入制度。严格高危行业领域安全准入条件。按照强化监管与便民服务相结合原则，科学设置安全生产行政许可事项和办理程序，优化工作流程，简化办事环节，实施网上公开办理，接受社会监督。对与人民群众生命财产安全直接相关的行政许可事项，依法严格管理。对取消、下放、移交的行政许可事项，要加强事中事后安全监管。

（十六）规范监管执法行为。完善安全生产监管执法制度，明确每个生产经营单位安全生产监督和管理主体，制定实施执法计划，完善执法程序规定，依法严格查处各类违法违规行为。建立行政执法和刑事司法衔接制度，负有安全生产监督管理职责的部门要加强与公安、检察院、法院等协调配合，完善安全生产违法线索通报、案件移送与协查机制。对违法行为当事人拒不执行安全生产行政执法决定的，负有安全生产监督管理职责的部门应依法申请司法机关强制执行。完善司法机关参与事故调查机制，严肃查处违法犯罪行为。研究建立安全生产民事和行政公益诉讼制度。

（十七）完善执法监督机制。各级人大常委会要定期检查安全生产法律法规实施情况，开展专题询问。各级政协要围绕安全生产突出问题开展民主监督和协商调研。建立执法行为审议制度和重大行政执法决策机制，评估执法效果，防止滥用职权。健全领导干部非法干预安全生产监管执法的记录、通报和责任追究制度。完善安全生产执法纠错和执法信息公开制度，加强社会监督和舆论监督，保证执法严明、有错必纠。

（十八）健全监管执法保障体系。制定安全生产监管监察能力建设规划，明确监管执法装备及现场执法和应急救援用车配备标准，加强监管执法技术支撑体系建设，保障监管执法需要。建立完善负有安全生产监督管理职责的部门监管执法经费保障机制，将监管执法经费纳入同级财政全额保障范围。加强监管执法制度化、标准化、信息化建设，确保规范高效监管执法。建立安全生产监管执法人员依法履行法定职责制度，激励保证监管执法人员忠于职守、履职尽责。严格监管执法人员资格管理，制定安全生产监管执法人员录用标准，提高专业监管执法人员比例。建立健全安全生产监管执法人员凡进必考、入职培训、持证上岗和定期轮训制度。统一安全生产执法标志标识和制式服装。

（十九）完善事故调查处理机制。坚持问责与整改并重，充分发挥事故查处对加强和改进安全生产工作的促进作用。完善生产安全事故调查组组长负责制。健全典型事故提级调查、跨地区协同调查和工作督导机制。建立事故调查分析技术支撑体系，所有事故调查报告要设立技术和管理问题专篇，详细分析原因并全文发布，做好解读，回应公众关切。对事故调查发现有漏洞、缺陷的有关法律法规和标准制度，及时启动制定修订工作。建立事故暴露问题整改督办制度，事故结案后一年内，负责事故调查的地方政府和国务院有关部门要组织开展评估，及时向社会公开，对履职不力、整改措施不落实的，依法依规严肃追究有关单位和人员责任。

五、建立安全预防控制体系

（二十）加强安全风险管控。地方各级政府要建立完善安全风险评估与论证机制，科学合理确定企业选址和基础设施建设、居民生活区空间布局。高危项目审批必须把安全生产作为前置条件，城乡规划布局、设计、建设、管理等各项工作必须以安全为前提，实行重大安全风险“一票否决”。加强新材料、新工艺、新业态安全风险评估和管控。紧密结合供给侧结构性改革，推动高危产业转型升级。位置相邻、行业相近、业态相似的地区和行业要建立完善重大安全风险联防联控机制。构建国家、省、市、县四级重大危险源信息管理体系，对重点行业、重点区域、重点企业实行风险预警控制，有效防范重特大生产安全事故。

（二十一）强化企业预防措施。企业要定期开展风险评估和危害辨识。针对高危工艺、设备、物品、场所和岗位，建立分级管控制度，制定落实安全操作规程。树立隐患就是事故的观念，建立健全隐患排查治理制度、重大隐患治理情况向负有安全生产监督管理职责的部门和企业职代会“双报告”制度，实行自查自改自报闭环管理。严格执行安全生产和职业健康“三同时”制度。大力推进企业安全生产标准化建设，实现安全管理、操作行为、设备设施和作业环境的标准化。开展经常性的应急演练和人员避险自救培训，着力提升现场应急处置能力。

（二十二）建立隐患治理监督机制。制定生产安全事故隐患分级和排查治理标准。负有安全生产监督管理职责的部门要建立与企业隐患排查治理系统联网的信息平台，完善线上线下配套监管制度。强化隐患排查治理监督执法，对重大隐患整改不到位的企业依法采取停产停业、停止施工、停止供电和查封扣押等强制措施，按规定给予上限经济处罚，对构成犯罪的要移交司法机关依法追究刑事责任。严格重大隐患挂牌督办制度，对整改和督办不力的纳入政府核查问责范围，实行约谈告诫、公开曝光，情节严重的依法依规追究相关人员责任。

（二十三）强化城市运行安全保障。定期排查区域内安全风险点、危险源，落实管控措施，构建系统性、现代化的城市安全保障体系，推进安全发展示范城市建设。提高基础设施安全配置标准，重点加强对城市高层建筑、大型综合体、隧道桥梁、管线管廊、轨道交通、燃气、电力设施及电梯、游乐设施等的检测维护。完善大型群众性活动安全管理制度，加强人员密集场所安全监管。加强公安、民政、国土资源、住房城乡建设、交通运输、水利、农业、安全监管、气象、地震等相关部门的协调联动，严防自然灾害引发事故。

（二十四）加强重点领域工程治理。深入推进对煤矿瓦斯、水害等重大灾害以及矿山采空区、尾矿库的工程治理。加快实施人口密集区域的危险化学品和化工企业生产、仓储场所安全搬迁工程。深化油气开采、输送、炼化、码头接卸等领域安全整治。实施高速公路、乡村公路和急弯陡坡、临水临崖危险路段公路安全生命防护工程建设。加强高速铁路、跨海大桥、海底隧道、铁路浮桥、航运枢纽、港口等防灾监测、安全检测及防护系统建设。完善长途客运车辆、旅游客车、危险物品运输车辆和船舶生产制造标准，提高安全性能，强制安装智能视频监控报警、防碰撞和整车整船安全运行监管技术装备，对已运行的要加快安全技术装备改造升级。

（二十五）建立完善职业病防治体系。将职业病防治纳入各级政府民生工程及安全生产工作考核体系，制定职业病防治中长期规划，实施职业健康促进计划。加快职业病危害严重企业技术改造、转型升级和淘汰退出，加强高危粉尘、高毒物品等职业病危害源头治理。健全职业健康监管支撑保障体系，加强职业健康技术服务机构、职业病诊断鉴定机构和职业健康体检机构建设，强化职业病危害基础研究、预防控制、诊断鉴定、综合治疗能力。完善相关规定，扩大职业病患者救治范围，将职业病失能人员纳入社会保障范围，对符合条件的职业病患者落实医疗与生活救助措施。加强企业职业健康监管执法，督促落实职业病危害告知、日常监测、定期报告、防护保障和职业健康体检等制度措施，落实职业病防治主体责任。

六、加强安全基础保障能力建设

（二十六）完善安全投入长效机制。加强中央和地方财政安全生产预防及应急相关资金使用管理，加大安全生产与职业健康投入，强化审计监督。加强安全生产经济政策研究，完善安全生产专用设备企业所得税优惠目录。落实企业安全生产费用提取管理使用制度，建立企业增加安全投入的激励约束机制。健全投融资服务体系，引导企业集聚发展灾害防治、预测预警、检测监控、个体防护、应急处置、安全文化等技术、装备和服务产业。

（二十七）建立安全科技支撑体系。优化整合国家科技计划，统筹支持安全生产和职业健康领域科研项目，加强研发基地和博士后科研工作站建设。开展事故预防理论研究和关键技术装备研发，加快成果转化和推广应用。推动工业机器人、智能装备在危险工序和环节广泛应用。提升现代信息技术与安全生产融合度，统一标准规范，加快安全生产信息化建设，构建安全生产与职业健康信息化全国“一张网”。加强安全生产理论和政策研究，运用大数据技术开展安全生产规律性、关联性特征分析，提高安全生产决策科学化水平。

（二十八）健全社会化服务体系。将安全生产专业技术服务纳入现代服务业发展规划，培育多元化服务主体。建立政府购买安全生产服务制度。支持发展安全生产专业化行业组织，强化自治自律。完善注册安全工程师制度。改革完善安全生产和职业健康技术服务机构资质管理办法。支持相关机构开展安全生产和职业健康一体化评价等技术服务，严格实施评价公开制度，进一步激活和规范专业技术服务市场。鼓励中小微企业订单式、协作式购买运用安全生产管理和技术服务。建立安全生产和职业健康技术服务机构公示制度和由第三方实施的信用评定制度，严肃查处租借资质、违法挂靠、弄虚作假、垄断收费等各类违法违规行为。

（二十九）发挥市场机制推动作用。取消安全生产风险抵押金制度，建立健全安全生产责任保险制度，在矿山、危险化学品、烟花爆竹、交通运输、建筑施工、民用爆炸物品、金属冶炼、渔业生产等高危行业领域强制实施，切实发挥保险机构参与风险评估管控和事故预防功能。完善工伤保险制度，加快制定工伤预防费用的提取比例、使用和管理具体办法。积极推进安全生产诚信体系建设，完善企业安全生产不良记录“黑名单”制度，建立失信惩戒和守信激励机制。

（三十）健全安全宣传教育体系。将安全生产监督管理纳入各级党政领导干部培训内容。把安全知识普及纳入国民教育，建立完善中小学安全教育和高危行业职业安全教育体系。把安全生产纳入农民工技能培训内容。严格落实企业安全教育培训制度，切实做到先培训、后上岗。推进安全文化建设，加强警示教育，强化全民安全意识和法治意识。发挥工会、共青团、妇联等群团组织作用，依法维护职工群众的知情权、参与权与监督权。加强安全生产公益宣传和舆论监督。建立安全生产“12350”专线与社会公共管理平台统一接报、分类处置的举报投诉机制。鼓励开展安全生产志愿服务和慈善事业。加强安全生产国际交流合作，学习借鉴国外安全生产与职业健康先进经验。

各地区各部门要加强组织领导，严格实行领导干部安全生产工作责任制，根据本意见提出的任务和要求，结合实际认真研究制定实施办法，抓紧出台推进安全生产领域改革发展的具体政策措施，明确责任分工和时间进度要求，确保各项改革举措和工作要求落实到位。贯彻落实情况要及时向党中央、国务院报告，同时抄送国务院安全生产委员会办公室。中央全面深化改革领导小组办公室将适时牵头组织开展专项监督检查。

国务院关于印发“十三五”节能减排综合工作方案的通知

（国发〔2016〕74号）

各省、自治区、直辖市人民政府，国务院各部委、各直属机构：

现将《“十三五”节能减排综合工作方案》印发给你们，请结合本地区、本部门实际，认真贯彻执行。

一、“十二五”节能减排工作取得显著成效。各地区、各部门认真贯彻落实党中央、国务院决策部署，把节能减排作为优化经济结构、推动绿色循环低碳发展、加快生态文明建设的重要抓手和突破口，各项工作积极有序推进。“十二五”时期，全国单位国内生产总值能耗降低18.4%，化学需氧量、二氧化硫、氨氮、氮氧化物等主要污染物排放总量分别减少12.9%、18%、13%和18.6%，超额完成节能减排预定目标任务，为经济结构调整、环境改善、应对全球气候变化作出了重要贡献。

二、充分认识做好“十三五”节能减排工作的重要性和紧迫性。当前，我国经济发展进入新常态，产业结构优化明显加快，能源消费增速放缓，资源性、高耗能、高排放产业发展逐渐衰减。但必须清醒认识到，随着工业化、城镇化进程加快和消费结构持续升级，我国能源需求刚性增长，资源环境问题仍是制约我国经济社会发展的瓶颈之一，节能减排依然形势严峻、任务艰巨。各地区、各部门不能有丝毫放松和懈怠，要进一步把思想和行动统一到党中央、国务院决策部署上来，下更大决心，用更大气力，采取更有效的政策措施，切实将节能减排工作推向深入。

三、坚持政府主导、企业主体、市场驱动、社会参与的工作格局。要切实发挥政府主导作用，综合运用经济、法律、技术和必要的行政手段，着力健全激励约束机制，落实地方各级人民政府对本行政区域节能减排负总责、政府主要领导是第一责任人的工作要求。要进一步明确企业主体责任，严格执行节能环保法律法规和标准，细化和完善管理措施，落实节能减排目标任务。要充分发挥市场机制作用，加大市场化机制推广力度，真正把节能减排转化为企业和各类社会主体的内在要求。要努力增强全体公民的资源节约和环境保护意识，实施全民节能行动，形成全社会共同参与、共同促进节能减排的良好氛围。

四、加强对节能减排工作的组织领导。要严格落实目标责任，国务院每年组织开展省级人民政府节能减排目标责任评价考核，将考核结果作为领导班子和领导干部年度考核、目标责任考核、绩效考核、任职考察、换届考察的重要内容。发挥国家应对气候变化及节能减排工作领导小组的统筹协调作用，国家发展改革委负责承担领导小组的具体工作，切实加强节能减排工作的综合协调，组织推动节能降耗工作；环境保护部主要承担污染减排方面的工作；国务院国资委要切实加强对国有企业节能减排的监督考核工作；国家统计局负责加强能源统计和监测工作；其他各有关部门要切实履行职责，密切协调配合。各省级人民政府要立即部署本地区“十三五”节能减排工作，进一步明确相关部门责任、分工和进度要求。

各地区、各部门和中央企业要按照本通知的要求，结合实际抓紧制定具体实施方案，明确目标责任，狠抓贯彻落实，强化考核问责，确保实现“十三五”节能减排目标。

国务院（印）

2016年12月20日

附件

“十三五”节能减排综合工作方案（摘要）

一、总体要求和目标

（一）总体要求。（略）

（二）主要目标。到2020年，全国万元国内生产总值能耗比2015年下降15%，能源消费总量控制在50亿t标准煤以内。全国化学需氧量、氨氮、二氧化硫、氮氧化物排放总量分别控制在2001万t、207万t、1580万t、1574万t以内，比2015年分别下降10%、10%、15%和15%。全国挥发性有机物排放总量比2015年下降10%以上。

二、优化产业和能源结构

（三）促进传统产业转型升级。深入实施“中国制造2025”，深化制造业与互联网融合发展，促进制造业高端化、智能化、绿色化、服务化。构建绿色制造体系，推进产品全生命周期绿色管理，不断优化工业产品结构。支持重点行业改造升级，鼓励企业瞄准国际同行业标杆全面提高产品技术、工艺装备、能效环保等水平。严禁以任何名义、任何方式核准或备案产能严重过剩行业的增加产能项目。强化节能环保标准约束，严格行业规范、准入管理和节能审查，对电力、钢铁、建材、有色、化工、石油石化、船舶、煤炭、印染、造纸、制革、染料、焦化、电镀等行业中，环保、能耗、安全等不达标或生产、使用淘汰类产品的企业和产能，要依法依规有序退出。（牵头单位：国家发展改革委、工业和信息化部、环境保护部、国家能源局，参加单位：科技部、财政部、国务院国资委、质检总局、国家海洋局等）

（四）加快新兴产业发展。加快发展壮大新一代信息技术、高端装备、新材料、生物、新能源、新能源汽车、节能环保、数字创意等战略性新兴产业，推动新领域、新技术、新产品、新业态、新模式蓬勃发展。进一步推广云计算技术应用，新建大型云计算数据中心能源利用效率（PUE）值优于1.5。支持技术装备和服务模式创新。鼓励发展节能环保技术咨询、系统设计、设备制造、工程施工、运营管理、计量检测认证等专业化服务。开展节能环保产业常规调查统计。打造一批节能环保产业基地，培育一批具有国际竞争力的大型节能环保企业。到2020年，战略性新兴产业增加值和服务业增加值占国内生产总值比重分别提高到15%和56%，节能环保、新能源装备、新能源汽车等绿色低碳产业总产值突破10万亿元，成为支柱产业。（牵头单位：国家发展改革委、工业和信息化部、环境保护部，参加单位：科技部、质检总局、国家统计局、国家能源局等）

（五）推动能源结构优化。加强煤炭安全绿色开发和清洁高效利用，推广使用优质煤、洁净型煤，推进煤改气、煤改电，鼓励利用可再生能源、天然气、电力等优质能源替代燃煤使用。因地制宜发展海岛太阳能、海上风能、潮汐能、波浪能等可再生能源。安全发展核电，有序发展水电和天然气发电，协调推进风电开发，推动太阳能大规模发展和多元化利用，增加清洁低碳电力供应。对超出规划部分可再生能源消费量，不纳入能耗总量和强度目标考核。在居民采暖、工业与农业生产、港口码头等领域推进天然气、电能替代，减少散烧煤和燃油消费。到2020年，煤炭占能源消费总量比重下降到58%以下，电煤占煤炭消费量比重提高到55%以上，非化石能源占能源消费总量比重达到15%，天然气消费比重提高到10%左右。（牵头单位：国家发展改革委、环境保护部、国家能源局，参加单位：工业和信息化部、住房城乡建设部、交通运输部、水利部、质检总局、国家统计局、国管局、国家海洋局等）

三、加强重点领域节能

（六）加强工业节能。实施工业能效赶超行动，加强高能耗行业能耗管控，在重点耗能行业全面推行能效对标，推进工业企业能源管控中心建设，推广工业智能化用能监测和诊断技术。到2020年，工业能源利用效率和清洁化水平显著提高，规模以上工业企业单位增加值能耗比2015年降低18%以上，电力、钢铁、有色、建材、石油石化、化工等重点耗能行业能源利用效率达到或接近世界先进水平。推进新一代信息技术与制造技术融合发展，提升工业生产效率和能耗效率。开展工业领域电力需求侧管理专项行动，推动可再生能源在工业园区的应用，将可再生能源占比指标纳入工业园区考核体系。（牵头单位：工业和信息化部、国家发展改革委、国家能源局，参加单位：科技部、环境保护部、质检总局等）

（七）强化建筑节能。实施建筑节能先进标准领跑行动，开展超低能耗及近零能耗建筑建设试点，推广建筑屋顶分布式光伏发电。编制绿色建筑建设标准，开展绿色生态城区建设示范，到2020年，城镇绿色建筑面积占新建建筑面积比重提高到50%。实施绿色建筑全产业链发展计划，推行绿色施工方式，推广节能绿色建材、装配式和钢结构建筑。强化既有居住建筑节能改造，实施改造面积5亿m^2以上，2020年前基本完成北方采暖地区有改造价值城镇居住建筑的节能改造。推动建筑节能宜居综合改造试点城市建设，鼓励老旧住宅节能改造与抗震加固改造、加装电梯等适老化改造同步实施，完成公共建筑节能改造面积1亿m^2以上。推进利用太阳能、浅层地热能、空气热能、工业余热等解决建筑用能需求。（牵头单位：住房城乡建设部，参加单位：国家发展改革委、工业和信息化部、国家林业局、国管局、中直管理局等）

（八）促进交通运输节能。加快推进综合交通运输体系建设，发挥不同运输方式的比较优势和组合效率，推广甩挂运输等先进组织模式，提高多式联运比重。大力发展公共交通，推进“公交都市”创建活动，到2020年大城市公共交通分担率达到30%。促进交通用能清洁化，大力推广节能环保汽车、新能源汽车、天然气（CNG/LNG）清洁能源汽车、液化天然气动力船舶等，并支持相关配套设施建设。提高交通运输工具能效水平，到2020年新增乘用车平均燃料消耗量降至5.0L/100km。推进飞机辅助动力装置（APU）替代、机场地面车辆“油改电”、新能源应用等绿色民航项目实施。推动铁路编组站制冷/供暖系统的节能和燃煤替代改造。推动交通运输智能化，建立公众出行和物流平台信息服务系统，引导培育“共享型”交通运输模式。（牵头单位：交通运输部、国家发展改革委、国家能源局，参加单位：科

技部、工业和信息化部、环境保护部、国管局、中国民航局、中直管理局、中国铁路总公司等）

（九）推动商贸流通领域节能。推动零售、批发、餐饮、住宿、物流等企业建设能源管理体系，建立绿色节能低碳运营管理流程和机制，加快淘汰落后用能设备，推动照明、制冷和供热系统节能改造。贯彻绿色商场标准，开展绿色商场示范，鼓励商贸流通企业设置绿色产品专柜，推动大型商贸企业实施绿色供应链管理。完善绿色饭店标准体系，推进绿色饭店建设。加快绿色仓储建设，支持仓储设施利用太阳能等清洁能源，鼓励建设绿色物流园区。（牵头单位：商务部，参加单位：国家发展改革委、工业和信息化部、住房城乡建设部、质检总局、国家旅游局等）

（十）推进农业农村节能。加快淘汰老旧农业机械，推广农用节能机械、设备和渔船，发展节能农业大棚。推进节能及绿色农房建设，结合农村危房改造稳步推进农房节能及绿色化改造，推动城镇燃气管网向农村延伸和省柴节煤灶更新换代，因地制宜采用生物质能、太阳能、空气热能、浅层地热能等解决农房采暖、炊事、生活热水等用能需求，提升农村能源利用的清洁化水平。鼓励使用生物质可再生能源，推广液化石油气等商品能源。到2020年，全国农村地区基本实现稳定可靠的供电服务全覆盖，鼓励农村居民使用高效节能电器。（牵头单位：农业部、国家发展改革委、工业和信息化部、国家能源局，参加单位：科技部、住房城乡建设部等）

（十一）加强公共机构节能。公共机构率先执行绿色建筑标准，新建建筑全部达到绿色建筑标准。推进公共机构以合同能源管理方式实施节能改造，积极推进政府购买合同能源管理服务，探索用能托管模式。2020年公共机构单位建筑面积能耗和人均能耗分别比2015年降低10%和11%。推动公共机构建立能耗基准和公开能源资源消费信息。实施公共机构节能试点示范，创建3000家节约型公共机构示范单位，遴选200家能效领跑者。公共机构率先淘汰老旧车，率先采购使用节能和新能源汽车，中央国家机关、新能源汽车推广应用城市的政府部门及公共机构购买新能源汽车占当年配备更新车辆总量的比例提高到50%以上，新建和既有停车场要配备电动汽车充电设施或预留充电设施安装条件。公共机构率先淘汰采暖锅炉、茶浴炉、食堂大灶等燃煤设施，实施以电代煤、以气代煤，率先使用太阳能、地热能、空气能等清洁能源提供供电、供热/制冷服务。（牵头单位：国管局、国家发展改革委，参加单位：工业和信息化部、环境保护部、住房城乡建设部、交通运输部、国家能源局、中直管理局等）

（十二）强化重点用能单位节能管理。开展重点用能单位“百千万”行动，按照属地管理和分级管理相结合原则，国家、省、地市分别对“百家”“千家”“万家”重点用能单位进行目标责任评价考核。重点用能单位要围绕能耗总量控制和能效目标，对用能实行年度预算管理。推动重点用能单位建设能源管理体系并开展效果评价，健全能源消费台账。按标准要求配备能源计量器具，进一步完善能源计量体系。依法开展能源审计，组织实施能源绩效评价，开展达标对标和节能自愿活动，采取企业节能自愿承诺和政府适当引导相结合的方式，大力提升重点用能单位能效水平。严格执行能源统计、能源利用状况报告、能源管理岗位和能源管理负责人等制度。（牵头单位：国家发展改革委，参加单位：教育部、工业和信息化部、住房城乡建设部、交通运输部、国务院国资委、质检总局、国家统计局、国管局、国家能源局、中直管理局等）

（十三）强化重点用能设备节能管理。加强高耗能特种设备节能审查和监管，构建安全、节能、环保三位一体的监管体系。组织开展燃煤锅炉节能减排攻坚战，推进锅炉生产、经营、使用等全过程节能环保监督标准化管理。“十三五”期间燃煤工业锅炉实际运行效率提高5个百分点，到2020年新生产燃煤锅炉效率不低于80%，燃气锅炉效率不低于92%。普及锅炉能效和环保测试，强化锅炉运行及管理人员节能环保专项培训。开展锅炉节能环保普查整治，建设覆盖安全、节能、环保信息的数据平台，开展节能环保在线监测试点并实现信息共享。开展电梯能效测试与评价，在确保安全的前提下，鼓励永磁同步电机、变频调速、能量反馈等节能技术的集成应用，开展老旧电梯安全节能改造工程试点。推广高效换热器，提升热交换系统能效水平。加快高效电机、配电变压器等用能设备开发和推广应用，淘汰低效电机、变压器、风机、水泵、压缩机等用能设备，全面提升重点用能设备能效水平。（牵头单位：质检总局、国家发展改革委、工业和信息化部、环境保护部，参加单位：住房城乡建设部、国管局、国家能源局、中直管理局等）

四、强化主要污染物减排

（十四）控制重点区域流域排放。推进京津冀及周边地区、长三角、珠三角、东北等重点地区，以及大气污染防治重点城市煤炭消费总量控制，新增耗煤项目实行煤炭消耗等量或减量替代；实施重点区域大气污染传输通道气化工程，加快推进以气代煤。加快发展热电联产和集中供热，利用城市和工业园区周边现有热电联产机组、纯凝发电机组及低品位余热实施供热改造，淘汰供热供气范围内的燃煤锅炉（窑炉）。结合环境质量改善要求，实施行业、区域、流域重点污染物总量减排，在重点行业、重点区域推进挥发性有机物排放总量控制，在长江经济带范围内的部分省市实施总磷排放总量控制，在沿海地级及以上城市实施总氮排放总量控制，对重点行业的重点重金属排放实施总量控制。加强我国境内重点跨国河流水污染防治。严格控制长江、黄河、珠江、松花江、淮河、海河、辽河等七大重点流域干流沿岸的石油加工、化学原料和化学制品制造、医药制造、化学纤维制造、有色金属冶炼、纺织印染等项目。分区域、分流域制定实施钢铁、水泥、平板玻璃、锅炉、造纸、印染、化工、焦化、农副食品加工、原料药制造、制革、电镀等重点行业、领域限期整治方案，升级改造环保设施，确保稳定达标。实施重点区域、重点流域清洁生产水平提升行动。城市建成区内的现有钢铁、建材、有色金属、造纸、印染、原料药制造、化工等污染较重的企业应有序搬迁改造或依法关闭。（牵头单位：环境保护部、国家发展改革委、工业和信息化部、质检总局、国家能源局，参加单位：财政部、住房城乡建设部、国管局、国家海洋局等）

（十五）推进工业污染物减排。实施工业污染源全面达标排放计划。加强工业企业无组织排放管理。严格执行环境影响评价制度。实行建设项目主要污染物排放总量指标等量或减量替代。建立以排污许可制为核心的工业企业环境管理体系。继续推行重点行业主要污染物总量减排制度，逐步扩大总量减排行业范围。以削减挥发性有机物、持久性有机物、重金属等污染物为重点，实施重点行业、重点领域工业特征污染物削减计划。全面实施燃煤电厂超低排放和节能改造，加快燃煤锅炉综合整治，大力推进石化、化工、印刷、工业涂装、电子信息等行业挥发性有机物综合治理。全面推进现有企业达标排放，研究制修订农药、制药、汽车、家具、印刷、集装箱制造等行业排放标准，出台涂料、油墨、胶黏剂、清洗剂等有机溶剂产品挥发性有机物含量限值强制性环保标准，控制集装箱、汽车、船舶制造等重点行业挥发性有机物排放，推动有关企业实施原料替代和清洁生产技术改造。强化经济技术开发区、高新技术产业开发区、出口加工区等工业聚集区规划环境影响评价及污染治理。加强工业企业环境信息公开，推动企业环境信用评价。建立企业排放红黄牌制度。（牵头单位：环境保护部，参加单位：国家发展改革委、工业和信息化部、财政部、质检总局、国家能源局等）

（十六）促进移动源污染物减排。实施清洁柴油机行动，全面推进移动源排放控制。提高新机动车船和非道路移动机械环保标准，发布实施机动车国Ⅵ排放标准。加速淘汰黄标车、老旧机动车、船舶以及高排放工程机械、农业机械。逐步淘汰高油耗、高排放民航特种车辆与设备。2016 年淘汰黄标车及老旧车 380 万辆，2017 年基本淘汰全国范围内黄标车。加快船舶和港口污染物减排，在珠三角、长三角、环渤海京津冀水域设立船舶排放控制区，主要港口 90%的港作船舶、公务船舶靠港使用岸电，50%的集装箱、客滚和邮轮专业化码头具备向船舶供应岸电的能力；主要港口大型煤炭、矿石码头堆场全面建设防风抑尘设施或实现煤炭、矿石封闭储存。加快油品质量升级，2017 年 1 月 1 日起全国全面供应国Ⅴ标准的车用汽油、柴油；2018 年 1 月 1 日起全国全面供应与国Ⅴ标准柴油相同硫含量的普通柴油；抓紧发布实施第六阶段汽、柴油国家（国Ⅵ）标准，2020 年实现车用柴油、普通柴油和部分船舶用油并轨，柴油车、非道路移动机械、内河和江海直达船舶均统一使用相同标准的柴油。车用汽柴油应加入符合要求的清净剂。修订《储油库大气污染物排放标准》《加油站大气污染物排放标准》，推进储油储气库、加油加气站、原油成品油码头、原油成品油运输船舶和油罐车、气罐车等油气回收治理工作。加强机动车、非道路移动机械环保达标和油品质量监督执法，严厉打击违法行为。（牵头单位：环境保护部、公安部、交通运输部、农业部、质检总局、国家能源局，参加单位：国家发展改革委、财政部、工商总局等）

（十七）强化生活源污染综合整治。对城镇污水处理设施建设发展进行填平补齐、升级改造，完善配套管网，提升污水收集处理能力。合理确定污水排放标准，加强运行监管，实现污水处理厂全面达标排放。加大对雨污合流、清污混流管网的改造力度，优先推进城中村、老旧城区和城乡接合部污水截流、收集、纳管。强化农村生活污染源排放控制，采取城镇管网延伸、集中处理和分散处理等多种形式，加快农村生活污水治理和改厕。促进再生水利用，完善再生水利用设施。注重污水处理厂污泥安全处理处置，杜绝二次污染。到 2020 年，全国所有县城和重点镇具备污水处理能力，地级及以上城市建成区污水基本实现全收集、全处理，城市、县城污水处理率分别达到 95%、85%左右。加强生活垃圾回收处理设施建设，强化对生活垃圾分类、收运、处理的管理和督导，提升城市生活垃圾回收处理水平，全面推进农村垃圾治理，普遍建立村庄保洁制度，推广垃圾分类和就近资源化利用，到 2020 年，90%以上行政村的生活垃圾得到处理。加大民用散煤清洁化治理力度，推进以电代煤、以气代煤，推广使用洁净煤、先进民用炉具，制定散煤质量标准，加强民用散煤管理，力争 2017 年底前基本解决京津冀区域民用散煤清洁化利用问题，到 2020 年底前北方地区散煤治理取得明显进展。加快治理公共机构食堂、餐饮服务企业油烟污染，推进餐厨废弃物资源化利用。家具、印刷、汽车维修等政府定点招标采购企业要使用低挥发性原辅材料。严格执行有机溶剂产品有害物质限量标准，推进建筑装饰、汽修、干洗、餐饮等行业挥发性有机物治理。（牵头单位：环境保护部、国家发展改革委、住房城乡建设部、国家能源局，参加单位：工业和信息化部、财政部、农业部、质检总局、国管局、中直管理局等）

（十八）重视农业污染排放治理。大力推广节约型农业技术，推进农业清洁生产。促进畜禽养殖场粪便收集处理和资源化利用，建设秸秆、粪便等有机废弃物处理设施，加强分区分类管理，依法关闭或搬迁禁养区内的畜禽养殖场（小区）和养殖专业户并给予合理补偿。开展农膜回收利用，到 2020 年农膜回收率达到 80%以上，率先实现东北黑土地大田生产地膜零增长。深入推广测土配方施肥技术，提倡增施有机肥，开展农作物病虫害绿色防控和统防统治，推广高效低毒低残留农药使用，到 2020 年实现主要农作物化肥农药使用量零增长，化肥利用率提高到 40%以上，京津冀、长三角、珠三角等区域提前一年完成。研究建立农药使用环境影响后评估制度，推进农药包装废弃物回收处理。建立逐级监督落实机制，疏堵结合、以疏为主，加强重点区域和重点时段秸秆禁烧。（牵头单位：农业部、环境保护部、国家能源局，参加单位：国家发展改革委、财政部、住房城乡建设部、质检总局等）

五、大力发展循环经济

（十九）全面推动园区循环化改造。

（二十）加强城市废弃物规范有序处理。

（二十一）促进资源循环利用产业提质升级。

（二十二）统筹推进大宗固体废弃物综合利用。加强共伴生矿产资源及尾矿综合利用。推动煤矸石、粉煤灰、工业副产石膏、冶炼和化工废渣等工业固体废弃物综合利用。开展大宗产业废弃物综合利用示范基地建设。推进水泥窑协同处置城市生活垃圾。大力推动农作物秸秆、林业“三剩物”（采伐、造材和加工剩余物）、规模化养殖场粪便的资源化利用，因地制宜发展各类沼气工程和燃煤耦合秸秆发电工程。到 2020 年，工业固体废物综合利用率达到 73%以上，农作物秸秆综合利用率达到 85%。（牵头单位：国家发展改革委，参加单位：工业和信息化部、国土资源部、环境保护部、住房城乡建设部、农业部、国家林业局、国家能源局等）

（二十三）加快互联网与资源循环利用融合发展。

六、实施节能减排工程

（二十四）节能重点工程。组织实施燃煤锅炉节能环保综合提升、电机系统能效提升、余热暖民、绿色照明、节能技术装备产业化示范、能量系统优化、煤炭消费减量替代、重点用能单位综合能效提升、合同能源管理推进、城镇化节能升级改造、天然气分布式能源示范工程等节能重点工程，推进能源综合梯级利用，形成 3 亿 t 标准煤左右的节能能力，到 2020 年节能服务产业产值比 2015 年翻一番。（牵头单位：国家发展改革委，参加单位：科技部、工业和信息化部、财政部、住房城乡建设部、国务院国资委、质检总局、国管局、国家能源局、中直管理局等）

（二十五）主要大气污染物重点减排工程。实施燃煤电厂超低排放和节能改造工程，到2020年累计完成5.8亿kW机组超低排放改造任务，限期淘汰2000万kW落后产能和不符合相关强制性标准要求的机组。实施电力、钢铁、水泥、石化、平板玻璃、有色等重点行业全面达标排放治理工程。实施京津冀、长三角、珠三角等区域“煤改气”和“煤改电”工程，扩大城市禁煤区范围，建设完善区域天然气输送管道、城市燃气管网、农村配套电网，加快建设天然气储气库、城市调峰站储气罐等基础工程，新增“煤改气”工程用气450亿m^3以上，替代燃煤锅炉18.9万蒸吨。实施石化、化工、工业涂装、包装印刷等重点行业挥发性有机物治理工程，到2020年石化企业基本完成挥发性有机物治理。（牵头单位：环境保护部、国家能源局，参加单位：国家发展改革委、工业和信息化部、财政部、国务院国资委、质检总局等）

（二十六）主要水污染物重点减排工程。

（二十七）循环经济重点工程。

七、强化节能减排技术支撑和服务体系建设

（二十八）加快节能减排共性关键技术研发示范推广。启动“十三五”节能减排科技战略研究和专项规划编制工作，加快节能减排科技资源集成和统筹部署，继续组织实施节能减排重大科技产业化工程。加快高超超临界发电、低品位余热发电、小型燃气轮机、煤炭清洁高效利用、细颗粒物治理、挥发性有机物治理、汽车尾气净化、原油和成品油码头油气回收、垃圾渗滤液处理、多污染协同处理等新型技术装备研发和产业化。推广高效烟气除尘和余热回收一体化、高效热泵、半导体照明、废弃物循环利用等成熟适用技术。遴选一批节能减排协同效益突出、产业化前景好的先进技术，推广系统性技术解决方案。（牵头单位：科技部、国家发展改革委，参加单位：工业和信息化部、环境保护部、住房城乡建设部、交通运输部、国家能源局等）

（二十九）推进节能减排技术系统集成应用。推进区域、城镇、园区、用能单位等系统用能和节能。选择具有示范作用、辐射效应的园区和城市，统筹整合钢铁、水泥、电力等高耗能企业的余热余能资源和区域用能需求，实现能源梯级利用。大力发展“互联网+”智慧能源，支持基于互联网的能源创新，推动建立城市智慧能源系统，鼓励发展智能家居、智能楼宇、智能小区和智能工厂，推动智能电网、储能设施、分布式能源、智能用电终端协同发展。综合采取节能减排系统集成技术，推动锅炉系统、供热/制冷系统、电机系统、照明系统等优化升级。（牵头单位：国家发展改革委、工业和信息化部、国家能源局，参加单位：科技部、财政部、住房城乡建设部、质检总局等）

（三十）完善节能减排创新平台和服务体系。建立完善节能减排技术评估体系和科技创新创业综合服务平台，建设绿色技术服务平台，推动建立节能减排技术和产品的检测认证服务机制。培育一批具有核心竞争力的节能减排科技企业和服务基地，建立一批节能科技成果转移促进中心和交流转化平台，组建一批节能减排产业技术创新战略联盟、研究基地（平台）等。继续发布国家重点节能低碳技术推广目录，建立节能减排技术遴选、评定及推广机制。加快引进国外节能环保新技术、新装备，推动国内节能减排先进技术装备“走出去”。（牵头单位：科技部、国家发展改革委、工业和信息化部、环境保护部，参加单位：住房城乡建设部、交通运输部、质检总局等）

八、完善节能减排支持政策

（三十一）完善价格收费政策。加快资源环境价格改革，健全价格形成机制。督促各地落实差别电价和惩罚性电价政策，严格清理地方违规出台的高耗能企业优惠电价政策。实行超定额用水累进加价制度。督促各地严格落实水泥、电解铝等行业阶梯电价政策，促进节能降耗。研究完善天然气价格政策。完善居民阶梯电价（煤改电除外）制度，全面推行居民阶梯气价（煤改气除外）、水价制度。深化供热计量收费改革，完善脱硫、脱硝、除尘和超低排放环保电价政策，加强运行监管，严肃查处不执行环保电价政策的行为。鼓励各地制定差别化排污收费政策。研究扩大挥发性有机物排放行业排污费征收范围。实施环境保护费改税，推进开征环境保护税。落实污水处理费政策，完善排污权交易价格体系。加大垃圾处理费收缴力度，提高收缴率。（牵头单位：国家发展改革委、财政部，参加单位：工业和信息化部、环境保护部、住房城乡建设部、水利部、国家能源局等）

（三十二）完善财政税收激励政策。

（三十三）健全绿色金融体系。

九、建立和完善节能减排市场化机制

（三十四）建立市场化交易机制。

（三十五）推行合同能源管理模式。

（三十六）健全绿色标识认证体系。

（三十七）推进环境污染第三方治理。

（三十八）加强电力需求侧管理。推行节能低碳、环保电力调度，建设国家电力需求侧管理平台，推广电能服务，总结电力需求侧管理城市综合试点经验，实施工业领域电力需求侧管理专项行动，引导电网企业支持和配合平台建设及试点工作，鼓励电力用户积极采用节电技术产品，优化用电方式。深化电力体制改革，扩大峰谷电价、分时电价、可中断电价实施范围。加强储能和智能电网建设，增强电网调峰和需求侧响应能力。（牵头单位：国家发展改革委，参加单位：工业和信息化部、财政部、国家能源局等）

十、落实节能减排目标责任

（三十九）健全节能减排计量、统计、监测和预警体系。

（四十）合理分解节能减排指标。实施能源消耗总量和强度双控行动，改革完善主要污染物总量减排制度。强化约束性指标管理，健全目标责任分解机制，将全国能耗总量控制和节能目标分解到各地区、主要行业和重点用能单位。各地区要根据国家下达的任务明确年度工作目标并层层分解落实，明确下一级政府、有关部门、重点用能单位责任，逐步建立省、市、县三级用能预算管理体系，编制用能预算管理方案；以改善环境质量为核心，突出重点工程减排，实行分区分类差别化管理，科学确定减排指标，环境质量改善任务重的地区承担更多的减排任务。（牵头单位：国家发展改革委、环境保护部，参加单位：工业和信息化部、住房城乡建设部、交通运输部、国管局、国家能源局等）

（四十一）加强目标责任评价考核。

十一、强化节能减排监督检查

（四十二）健全节能环保法律法规标准。加快修订完善节能环保方面的法律制度，推动制修订环境保护税法、水污染防治法、土壤污染防治法、能源法、固体废弃物污染环境防治法等。制修订建设项目环境保护管理条例、环境监测管理条例、重点用能单位节能管理办法、锅炉节能环保监督管理办法、节能服务机构管理暂行办法、污染地块土壤环境管理暂行办法、环境影响登记表备案管理办法等。健全节能标准体系，提高建筑节能标准，实现重点行业、设备节能标准全覆盖，继续实施百项能效标准推进工程。开展节能标准化和循环经济标准化试点示范建设。制定完善环境保护综合名录。制修订环保产品、环保设施运行效果评估、环境质量、污染物排放、环境监测方法等相关标准。鼓励地方依法制定更加严格的节能环保标准，鼓励制定节能减排团体标准。（牵头单位：国家发展改革委、工业和信息化部、环境保护部、质检总局、国务院法制办，参加单位：住房城乡建设部、交通运输部、商务部、国家统计局、国管局、国家海洋局、国家能源局、中直管理局等）

（四十三）严格节能减排监督检查。

（四十四）提高节能减排管理服务水平。

十二、动员全社会参与节能减排

（四十五）推行绿色消费。

（四十六）倡导全民参与。

（四十七）强化社会监督。

附件 1

“十三五”各地区能耗总量和强度“双控”目标

地区	“十三五”能耗强度降低目标（%）	2015 年能源消费总量（万 t 标准煤）	“十三五”能耗增量控制目标（万 t 标准煤）
北京	17	6853	800
天津	17	8260	1040
河北	17	29 395	3390
山西	15	19 384	3010
内蒙古	14	18 927	3570
辽宁	15	21 667	3550
吉林	15	8142	1360
黑龙江	15	12 126	1880
上海	17	11 387	970
江苏	17	30 235	3480
浙江	17	19 610	2380
安徽	16	12 332	1870
福建	16	12 180	2320
江西	16	8440	1510
山东	17	37 945	4070
河南	16	23 161	3540
湖北	16	16 404	2500
湖南	16	15 469	2380
广东	17	30 145	3650
广西	14	9761	1840
海南	10	1938	660
重庆	16	8934	1660
四川	16	19 888	3020
贵州	14	9948	1850
云南	14	10 357	1940
西藏	10	—	—
陕西	15	11 716	2170
甘肃	14	7523	1430

续表

地区	“十三五”能耗强度降低目标（%）	2015年能源消费总量（万t标准煤）	“十三五”能耗增量控制目标（万t标准煤）
青海	10	4134	1120
宁夏	14	5405	1500
新疆	10	15 651	3540

注　西藏自治区相关数据暂缺。

附件2

“十三五”主要行业和部门节能指标

指标		单位	2015年实际值	2020年	
				目标值	变化幅度/变化率
工业：					
单位工业增加值（规模以上）能耗					[−18%]
火电供电煤耗（标准煤）		g/kWh	315	306	−9
吨钢综合能耗（标准煤）		kg	572	560	−12
水泥熟料综合能耗（标准煤）		kg/t	112	105	−7
电解铝液交流电耗		kWh/t	13 350	13 200	−150
炼油综合能耗（标准油）		kg/t	65	63	−2
乙烯综合能耗（标准煤）		kg/t	816	790	−26
合成氨综合能耗（标准煤）		kg/t	1331	1300	−31
纸及纸板综合能耗（标准煤）		kg/t	530	480	−50
建筑：					
城镇既有居住建筑节能改造累计面积		亿m^2	12.5	17.5	+5
城镇公共建筑节能改造累计面积		亿m^2	1	2	+1
城镇新建绿色建筑标准执行率		%	20	50	+30
交通运输：					
铁路单位运输工作量/百万换算吨公里综合能耗（标准煤）		t	4.71	4.47	[−5%]
营运车辆单位运输周转量能耗下降率					[−6.5%]
营运船舶单位运输周转量能耗下降率					[−6%]
民航业单位运输周转量能耗（标准煤）		kg/（t·km）	0.433	<0.415	>[−4%]
新生产乘用车百公里平均油耗		L	6.9	5	−1.9
公共机构：					
公共机构单位建筑面积能耗（标准煤）		kg/m^2	20.6	18.5	[−10%]
公共机构人均能耗（标准煤）		kg/人	370.7	330.0	[−11%]
终端用能设备：					
燃煤工业锅炉（运行）效率		%	70	75	+5
电动机系统效率		%	70	75	+5
一级能效容积式空气压缩机市场占有率	小于55kW	%	15	30	+15
	55kW至220kW	%	8	13	+5
	大于220kW	%	5	8	+3

续表

指标	单位	2015年实际值	2020年	
			目标值	变化幅度/变化率
一级能效电力变压器市场占有率	%	0.1	10	+9.9
二级以上能效房间空调器市场占有率	%	22.6	50	+27.4
二级以上能效电冰箱市场占有率	%	98.3	99	+0.7
二级以上能效家用燃气热水器市场占有率	%	93.7	98	+4.3

注 [ ] 内为变化率。

附件 3

“十三五”各地区化学需氧量排放总量控制计划

地区	2015年排放量（万t）	2020年减排比例（%）	2020年重点工程减排量（万t）
北京	16.2	14.4	2.33
天津	20.9	14.4	2.47
河北	120.8	19.0	16.14
山西	40.5	17.6	4.75
内蒙古	83.6	7.1	5.19
辽宁	116.7	13.4	8.41
吉林	72.4	4.8	2.32
黑龙江	139.3	6.0	7.33
上海	19.9	14.5	2.72
江苏	105.5	13.5	10.39
浙江	68.3	19.2	7.64
安徽	87.1	9.9	7.70
福建	60.9	4.1	2.14
江西	71.6	4.3	2.73
山东	175.8	11.7	13.30
河南	128.7	18.4	16.98
湖北	98.6	9.9	8.25
湖南	120.8	10.1	10.49
广东	160.7	10.4	11.06
广西	71.1	1.0	0.35
海南	18.8	1.2	0.16
重庆	38.0	7.4	2.36
四川	118.6	12.8	14.09
贵州	31.8	8.5	2.77
云南	51.0	14.1	5.85
西藏	2.9	—	—
陕西	48.9	10.0	2.63
甘肃	36.6	8.2	2.40

续表

地区	2015年排放量（万t）	2020年减排比例（%）	2020年重点工程减排量（万t）
青海	10.4	1.1	0.07
宁夏	21.1	1.2	0.10
新疆	56.0	1.6	0.71
新疆生产建设兵团	10.0	1.6	0.04

注　2020年减排比例根据各地区地表水质量改善任务确定，重点工程减排量根据“十三五”规划纲要、《水污染防治行动计划》及相关规划提出的环境治理保护重点工程确定。

附件4

“十三五”各地区氨氮排放总量控制计划

地区	2015年排放量（万t）	2020年减排比例（%）	2020年重点工程减排量（万t）
北京	1.6	16.1	0.24
天津	2.4	16.1	0.38
河北	9.7	20.0	1.59
山西	5.0	18.0	0.61
内蒙古	4.7	7.0	0.28
辽宁	9.6	8.8	0.85
吉林	5.1	6.4	0.20
黑龙江	8.1	7.0	0.48
上海	4.3	13.4	0.53
江苏	13.8	13.4	1.25
浙江	9.8	17.6	0.85
安徽	9.7	14.3	1.07
福建	8.5	3.5	0.30
江西	8.5	3.8	0.32
山东	15.3	13.4	1.49
河南	13.4	16.6	1.93
湖北	11.4	10.2	1.02
湖南	15.1	10.1	1.41
广东	20.0	11.3	1.54
广西	7.7	1.0	0.08
海南	2.1	1.9	0.04
重庆	5.0	6.3	0.32
四川	13.1	13.9	1.74
贵州	3.6	11.2	0.41
云南	5.5	12.9	0.67
西藏	0.3	—	—
陕西	5.6	10.0	0.38
甘肃	3.7	8.0	0.28

续表

地区	2015年排放量（万t）	2020年减排比例（%）	2020年重点工程减排量（万t）
青海	1.0	1.4	0.01
宁夏	1.6	0.7	0.01
新疆	4.0	2.8	0.09
新疆生产建设兵团	0.5	2.8	—

注 2020年减排比例根据各地区地表水质量改善任务确定，重点工程减排量根据“十三五”规划纲要、《水污染防治行动计划》及相关规划提出的环境治理保护重点工程确定。

附件5

“十三五”各地区二氧化硫排放总量控制计划

地区	2015年排放量（万t）	2020年减排比例（%）	2020年重点工程减排量（万t）
北京	7.1	35	1.8
天津	18.6	25	2.8
河北	110.8	28	18.4
山西	112.1	20	22.4
内蒙古	123.1	11	13.5
辽宁	96.9	20	14.4
吉林	36.3	18	5.2
黑龙江	45.6	11	4.3
上海	17.1	20	3.4
江苏	83.5	20	13.3
浙江	53.8	17	9.1
安徽	48.0	16	5.2
福建	33.8	—	3.5
江西	52.8	12	6.3
山东	152.6	27	35.0
河南	114.4	28	20.5
湖北	55.1	20	10.9
湖南	59.6	21	8.5
广东	67.8	3	2.0
广西	42.1	13	4.5
海南	3.2	—	0.4
重庆	49.6	18	8.1
四川	71.8	16	11.2
贵州	85.3	7	6.0
云南	58.4	1	0.6
西藏	0.5	—	—
陕西	73.5	15	11.0
甘肃	57.1	8	4.6

续表

地区	2015 年排放量（万 t）	2020 年减排比例（%）	2020 年重点工程减排量（万 t）
青海	15.1	6	0.9
宁夏	35.8	12	4.3
新疆	66.8	3	2.0
新疆生产建设兵团	11.0	13	0.9

注　2020 年减排比例根据各地区空气质量改善任务确定，重点工程减排量根据“十三五”规划纲要、《大气污染防治行动计划》及相关规划提出的环境治理保护重点工程确定。

附件 6

“十三五”各地区氮氧化物排放总量控制计划

地区	2015 年排放量（万 t）	2020 年减排比例（%）	2020 年重点工程减排量（万 t）
北京	13.8	25	0.7
天津	24.7	25	3.5
河北	135.1	28	19.9
山西	93.1	20	16.3
内蒙古	113.9	11	12.5
辽宁	82.8	20	14.9
吉林	50.2	18	9.0
黑龙江	64.5	11	7.1
上海	30.1	20	5.2
江苏	106.8	20	18.7
浙江	60.7	17	10.3
安徽	72.1	16	9.0
福建	37.9	—	4.6
江西	49.3	12	5.9
山东	142.4	27	31.0
河南	126.2	28	15.8
湖北	51.5	20	5.9
湖南	49.7	15	6.3
广东	99.7	3	3.0
广西	37.3	13	3.3
海南	9.0	—	1.2
重庆	32.1	18	2.8
四川	53.4	16	3.7
贵州	41.9	7	2.9
云南	44.9	1	0.4
西藏	5.3	—	—
陕西	62.7	15	9.4
甘肃	38.7	8	3.1

续表

地区	2015 年排放量（万 t）	2020 年减排比例（%）	2020 年重点工程减排量（万 t）
青海	11.8	6	0.7
宁夏	36.8	12	4.4
新疆	63.7	3	1.9
新疆生产建设兵团	9.9	13	1.3

注 2020 年减排比例根据各地区空气质量改善任务确定，重点工程减排量根据“十三五”规划纲要、《大气污染防治行动计划》及相关规划提出的环境治理保护重点工程确定。

附件 7

“十三五”重点地区挥发性有机物排放总量控制计划

地区	2015 年排放量（万 t）	2020 年减排比例（%）	2020 年重点工程减排量（万 t）
北京	23.4	25	3.5
天津	33.9	20	4.6
河北	154.6	20	19.5
辽宁	105.4	10	10.5
上海	42.1	20	8.4
江苏	187.0	20	31.2
浙江	139.2	20	25.5
安徽	95.9	10	9.2
山东	192.1	20	38.4
河南	167.5	10	16.6
湖北	98.7	10	9.9
湖南	98.3	10	7.9
广东	137.8	18	20.7
重庆	40.2	10	4.0
四川	111.3	5	5.6
陕西	67.5	5	3.4

注 “十三五”期间主要推进石化、化工、包装印刷和工业涂装等重点行业挥发性有机物减排，相关指标根据重点行业减排潜力、环境质量改善需求等因素分解落实到各有关省份。

国务院关于修改《大中型水利水电工程建设征地补偿和移民安置条例》的决定

（国务院令第 679 号）

现公布《国务院关于修改〈大中型水利水电工程建设征地补偿和移民安置条例〉的决定》，自 2017 年 6 月 1 日起施行。

总理　李克强

2017 年 4 月 14 日

国务院决定对《大中型水利水电工程建设征地补偿和移民安置条例》作如下修改：

将第二十二条修改为：“大中型水利水电工程建设征收土地的土地补偿费和安置补助费，实行与铁路等基础设施项目用地同等补偿标准，按照被征收土地所在省、自治区、直辖市规定的标准执行。

被征收土地上的零星树木、青苗等补偿标准，按照被征收土地所在省、自治区、直辖市规定的标准执行。

被征收土地上的附着建筑物按照其原规模、原标准或者恢复原功能的原则补偿；对补偿费用不足以修建基本用房的贫困移民，应当给予适当补助。

使用其他单位或者个人依法使用的国有耕地，参照征收耕地的补偿标准给予补偿；使用未确定给单位或者个人使用的国有未利用地，不予补偿。

移民远迁后，在水库周边淹没线以上属于移民个人所有的零星树木、房屋等应当分别依照本条第二款、第三款规定的标准给予补偿。”

本决定自2017年6月1日起施行。

《大中型水利水电工程建设征地补偿和移民安置条例》根据本决定作相应修改，重新公布。

大中型水利水电工程建设征地补偿和移民安置条例

（2006年7月7日中华人民共和国国务院令第471号公布　根据2013年7月18日《国务院关于废止和修改部分行政法规的决定》第一次修订　根据2013年12月7日《国务院关于修改部分行政法规的决定》第二次修订　根据2017年4月14日《国务院关于修改〈大中型水利水电工程建设征地补偿和移民安置条例〉的决定》第三次修订）

第一章　总　　则

第一条　为了做好大中型水利水电工程建设征地补偿和移民安置工作，维护移民合法权益，保障工程建设的顺利进行，根据《中华人民共和国土地管理法》和《中华人民共和国水法》，制定本条例。

第二条　大中型水利水电工程的征地补偿和移民安置，适用本条例。

第三条　国家实行开发性移民方针，采取前期补偿、补助与后期扶持相结合的办法，使移民生活达到或者超过原有水平。

第四条　大中型水利水电工程建设征地补偿和移民安置应当遵循下列原则：

（一）以人为本，保障移民的合法权益，满足移民生存与发展的需求；

（二）顾全大局，服从国家整体安排，兼顾国家、集体、个人利益；

（三）节约利用土地，合理规划工程占地，控制移民规模；

（四）可持续发展，与资源综合开发利用、生态环境保护相协调；

（五）因地制宜，统筹规划。

第五条　移民安置工作实行政府领导、分级负责、县为基础、项目法人参与的管理体制。

国务院水利水电工程移民行政管理机构（以下简称国务院移民管理机构）负责全国大中型水利水电工程移民安置工作的管理和监督。

县级以上地方人民政府负责本行政区域内大中型水利水电工程移民安置工作的组织和领导；省、自治区、直辖市人民政府规定的移民管理机构，负责本行政区域内大中型水利水电工程移民安置工作的管理和监督。

第二章　移民安置规划

第六条　已经成立项目法人的大中型水利水电工程，由项目法人编制移民安置规划大纲，按照审批权限报省、自治区、直辖市人民政府或者国务院移民管理机构审批；省、自治区、直辖市人民政府或者国务院移民管理机构在审批前应当征求移民区和移民安置区县级以上地方人民政府的意见。

没有成立项目法人的大中型水利水电工程，项目主管部门应当会同移民区和移民安置区县级以上地方人民政府编制移民安置规划大纲，按照审批权限报省、自治区、直辖市人民政府或者国务院移民管理机构审批。

第七条　移民安置规划大纲应当根据工程占地和淹没区实物调查结果以及移民区、移民安置区经济社会情况和资源环境承载能力编制。

工程占地和淹没区实物调查，由项目主管部门或者项目法人会同工程占地和淹没区所在地的地方人民政府实施；实物调查应当全面准确，调查结果经调查者和被调查者签字认可并公示后，由有关地方人民政府签署意见。实物调查工作开始前，工程占地和淹没区所在地的省级人民政府应当发布通告，禁止在工程占地和淹没区新增建设项目和迁入人口，并对实物调查工作作出安排。

第八条　移民安置规划大纲应当主要包括移民安置的任务、去向、标准和农村移民生产安置方式以及移民生活水平评价和搬迁后生活水平预测、水库移民后期扶持政策、淹没线以上受影响范围的划定原则、移民安置规划编制原则等内容。

第九条　编制移民安置规划大纲应当广泛听取移民和移民安置区居民的意见；必要时，应当采取听证的方式。

经批准的移民安置规划大纲是编制移民安置规划的基本依据，应当严格执行，不得随意调整或者修改；确需调整或者修改的，应当报原批准机关批准。

第十条　已经成立项目法人的，由项目法人根据经批准的移民安置规划大纲编制移民安置规划；没有成立项目法人的，项目主管部门应当会同移民区和移民安置区县级以上地方人民政府，根据经批准的移民安置规划大纲编制移民安置规划。

大中型水利水电工程的移民安置规划，按照审批权限经省、自治区、直辖市人民政府移民管理机构或者国务院移民管理机构审核后，由项目法人或者项目主管部门报项目审批或者核准部门，与可行性研究报告或者项目申请报告一并审批或者核准。

省、自治区、直辖市人民政府移民管理机构或者国务院移民管理机构审核移民安置规划，应当征求本级人民政府有关部门以及移民区和移民安置区县级以上地方人民政府的意见。

第十一条　编制移民安置规划应当以资源环境承载能力为基础，遵循本地安置与异地安置、集中安置与分散安置、政府安置与移民自找门路安置相结合的原则。

编制移民安置规划应当尊重少数民族的生产、生活方式和风俗习惯。

移民安置规划应当与国民经济和社会发展规划以及土地利用总体规划、城市总体规划、村庄和集镇规划相衔接。

第十二条　移民安置规划应当对农村移民安置、城（集）镇迁建、工矿企业迁建、专项设施迁建或者复建、防护工程建设、水库水域开发利用、水库移民后期扶持措施、征地补偿和移民安置资金概（估）算等作出安排。

对淹没线以上受影响范围内因水库蓄水造成的居民生产、生活困难问题，应当纳入移民安置规划，按照经济合理的原则，妥善处理。

第十三条　对农村移民安置进行规划，应当坚持以农业生产安置为主，遵循因地制宜、有利生产、方便生活、保护生态的原则，合理规划农村移民安置点；有条件的地方，可以结合小城镇建设进行。

农村移民安置后，应当使移民拥有与移民安置区居民基本相当的土地等农业生产资料。

第十四条 对城（集）镇移民安置进行规划，应当以城（集）镇现状为基础，节约用地，合理布局。

工矿企业的迁建，应当符合国家的产业政策，结合技术改造和结构调整进行；对技术落后、浪费资源、产品质量低劣、污染严重、不具备安全生产条件的企业，应当依法关闭。

第十五条 编制移民安置规划应当广泛听取移民和移民安置区居民的意见；必要时，应当采取听证的方式。

经批准的移民安置规划是组织实施移民安置工作的基本依据，应当严格执行，不得随意调整或者修改；确需调整或者修改的，应当依照本条例第十条的规定重新报批。

未编制移民安置规划或者移民安置规划未经审核的大中型水利水电工程建设项目，有关部门不得批准或者核准其建设，不得为其办理用地等有关手续。

第十六条 征地补偿和移民安置资金、依法应当缴纳的耕地占用税和耕地开垦费以及依照国务院有关规定缴纳的森林植被恢复费等应当列入大中型水利水电工程概算。

征地补偿和移民安置资金包括土地补偿费、安置补助费，农村居民点迁建、城（集）镇迁建、工矿企业迁建以及专项设施迁建或者复建补偿费（含有关地上附着物补偿费），移民个人财产补偿费（含地上附着物和青苗补偿费）和搬迁费，库底清理费，淹没区文物保护费和国家规定的其他费用。

第十七条 农村移民集中安置的农村居民点、城（集）镇、工矿企业以及专项设施等基础设施的迁建或者复建选址，应当依法做好环境影响评价、水文地质与工程地质勘察、地质灾害防治和地质灾害危险性评估。

第十八条 对淹没区内的居民点、耕地等，具备防护条件的，应当在经济合理的前提下，采取修建防护工程等防护措施，减少淹没损失。

防护工程的建设费用由项目法人承担，运行管理费用由大中型水利水电工程管理单位负责。

第十九条 对工程占地和淹没区内的文物，应当查清分布，确认保护价值，坚持保护为主、抢救第一的方针，实行重点保护、重点发掘。

第三章 征地补偿

第二十条 依法批准的流域规划中确定的大中型水利水电工程建设项目的用地，应当纳入项目所在地的土地利用总体规划。

大中型水利水电工程建设项目核准或者可行性研究报告批准后，项目用地应当列入土地利用年度计划。

属于国家重点扶持的水利、能源基础设施的大中型水利水电工程建设项目，其用地可以以划拨方式取得。

第二十一条 大中型水利水电工程建设项目用地，应当依法申请并办理审批手续，实行一次报批、分期征收，按期支付征地补偿费。

对于应急的防洪、治涝等工程，经有批准权的人民政府决定，可以先行使用土地，事后补办用地手续。

第二十二条 大中型水利水电工程建设征收土地的土地补偿费和安置补助费，实行与铁路等基础设施项目用地同等补偿标准，按照被征收土地所在省、自治区、直辖市规定的标准执行。

被征收土地上的零星树木、青苗等补偿标准，按照被征收土地所在省、自治区、直辖市规定的标准执行。

被征收土地上的附着建筑物按照其原规模、原标准或者恢复原功能的原则补偿；对补偿费用不足以修建基本用房的贫困移民，应当给予适当补助。

使用其他单位或者个人依法使用的国有耕地，参照征收耕地的补偿标准给予补偿；使用未确定给单位或者个人使用的国有未利用地，不予补偿。

移民远迁后，在水库周边淹没线以上属于移民个人所有的零星树木、房屋等应当分别依照本条第二款、第三款规定的标准给予补偿。

第二十三条 大中型水利水电工程建设临时用地，由县级以上人民政府土地主管部门批准。

第二十四条 工矿企业和交通、电力、电信、广播电视等专项设施以及中小学的迁建或者复建，应当按照其原规模、原标准或者恢复原功能的原则补偿。

第二十五条 大中型水利水电工程建设占用耕地的，应当执行占补平衡的规定。为安置移民开垦的耕地、因大中型水利水电工程建设而进行土地整理新增的耕地、工程施工新造的耕地可以抵扣或者折抵建设占用耕地的数量。

大中型水利水电工程建设占用25°以上坡耕地的，不计入需要补充耕地的范围。

第四章 移民安置

第二十六条 移民区和移民安置区县级以上地方人民政府负责移民安置规划的组织实施。

第二十七条 大中型水利水电工程开工前，项目法人应当根据经批准的移民安置规划，与移民区和移民安置区所在的省、自治区、直辖市人民政府或者市、县人民政府签订移民安置协议；签订协议的省、自治区、直辖市人民政府或者市人民政府，可以与下一级有移民或者移民安置任务的人民政府签订移民安置协议。

第二十八条 项目法人应当根据大中型水利水电工程建设的要求和移民安置规划，在每年汛期结束后60日内，向与其签订移民安置协议的地方人民政府提出下年度移民安置计划建议；签订移民安置协议的地方人民政府，应当根据移民安置规划和项目法人的年度移民安置计划建议，在与项目法人充分协商的基础上，组织编制并下达本行政区域的下年度移民安置年度计划。

第二十九条 项目法人应当根据移民安置年度计划，按照移民安置实施进度将征地补偿和移民安置资金支付给予其签订移民安置协议的地方人民政府。

第三十条 农村移民在本县通过新开发土地或者调剂土地集中安置的，县级人民政府应当将土地补偿费、安置补助费和集体财产补偿费直接全额兑付给该村集体经济组织或者村民委员会。

农村移民分散安置到本县内其他村集体经济组织或者村民委员会的，应当由移民安置村集体经济组织或者村民委员会与县级人民政府签订协议，按照协议安排移民的生产和生活。

第三十一条 农村移民在本省行政区域内其他县安置的，与项目法人签订移民安置协议的地方人民政府，应当及时将相应的征地补偿和移民安置资金交给移民安置区县级人民政府，用于安排移民的生产和生活。

农村移民跨省安置的，项目法人应当及时将相应的征地补偿和移民安置资金交给移民安置区省、自治区、直辖市人民政府，用于安排移民的生产和生活。

第三十二条　搬迁费以及移民个人房屋和附属建筑物、个人所有的零星树木、青苗、农副业设施等个人财产补偿费，由移民区县级人民政府直接全额兑付给移民。

第三十三条　移民自愿投亲靠友的，应当由本人向移民区县级人民政府提出申请，并提交接收地县级人民政府出具的接收证明；移民区县级人民政府确认其具有土地等农业生产资料后，应当与接收地县级人民政府和移民共同签订协议，将土地补偿费、安置补助费交给接收地县级人民政府，统筹安排移民的生产和生活，将个人财产补偿费和搬迁费发给移民个人。

第三十四条　城（集）镇迁建、工矿企业迁建、专项设施迁建或者复建补偿费，由移民区县级以上地方人民政府交给当地人民政府或者有关单位。因扩大规模、提高标准增加的费用，由有关地方人民政府或者有关单位自行解决。

第三十五条　农村移民集中安置的农村居民点应当按照经批准的移民安置规划确定的规模和标准迁建。

农村移民集中安置的农村居民点的道路、供水、供电等基础设施，由乡（镇）、村统一组织建设。

农村移民住房，应当由移民自主建造。有关地方人民政府或者村民委员会应当统一规划宅基地，但不得强行规定建房标准。

第三十六条　农村移民安置用地应当依照《中华人民共和国土地管理法》和《中华人民共和国农村土地承包法》办理有关手续。

第三十七条　移民安置达到阶段性目标和移民安置工作完毕后，省、自治区、直辖市人民政府或者国务院移民管理机构应当组织有关单位进行验收；移民安置未经验收或者验收不合格的，不得对大中型水利水电工程进行阶段性验收和竣工验收。

第五章　后　期　扶　持

第三十八条　移民安置区县级以上地方人民政府应当编制水库移民后期扶持规划，报上一级人民政府或者其移民管理机构批准后实施。

编制水库移民后期扶持规划应当广泛听取移民的意见；必要时，应当采取听证的方式。

经批准的水库移民后期扶持规划是水库移民后期扶持工作的基本依据，应当严格执行，不得随意调整或者修改；确需调整或者修改的，应当报原批准机关批准。

未编制水库移民后期扶持规划或者水库移民后期扶持规划未经批准，有关单位不得拨付水库移民后期扶持资金。

第三十九条　水库移民后期扶持规划应当包括后期扶持的范围、期限、具体措施和预期达到的目标等内容。水库移民安置区县级以上地方人民政府应当采取建立责任制等有效措施，做好后期扶持规划的落实工作。

第四十条　水库移民后期扶持资金应当按照水库移民后期扶持规划，主要作为生产生活补助发放给移民个人；必要时可以实行项目扶持，用于解决移民村生产生活中存在的突出问题，或者采取生产生活补助和项目扶持相结合的方式。具体扶持标准、期限和资金的筹集、使用管理依照国务院有关规定执行。

省、自治区、直辖市人民政府根据国家规定的原则，结合本行政区域实际情况，制定水库移民后期扶持具体实施办法，报国务院批准后执行。

第四十一条　各级人民政府应当加强移民安置区的交通、能源、水利、环保、通信、文化、教育、卫生、广播电视等基础设施建设，扶持移民安置区发展。

移民安置区地方人民政府应当将水库移民后期扶持纳入本级人民政府国民经济和社会发展规划。

第四十二条　国家在移民安置区和大中型水利水电工程受益地区兴办的生产建设项目，应当优先吸收符合条件的移民就业。

第四十三条　大中型水利水电工程建成后形成的水面和水库消落区土地属于国家所有，由该工程管理单位负责管理，并可以在服从水库统一调度和保证工程安全、符合水土保持和水质保护要求的前提下，通过当地县级人民政府优先安排给当地农村移民使用。

第四十四条　国家在安排基本农田和水利建设资金时，应当对移民安置区所在县优先予以扶持。

第四十五条　各级人民政府及其有关部门应当加强对移民的科学文化知识和实用技术的培训，加强法制宣传教育，提高移民素质，增强移民就业能力。

第四十六条　大中型水利水电工程受益地区的各级地方人民政府及其有关部门应当按照优势互补、互惠互利、长期合作、共同发展的原则，采取多种形式对移民安置区给予支持。

第六章　监　督　管　理

第四十七条　国家对移民安置和水库移民后期扶持实行全过程监督。省、自治区、直辖市人民政府和国务院移民管理机构应当加强对移民安置和水库移民后期扶持的监督，发现问题应当及时采取措施。

第四十八条　国家对征地补偿和移民安置资金、水库移民后期扶持资金的拨付、使用和管理实行稽查制度，对拨付、使用和管理征地补偿和移民安置资金、水库移民后期扶持资金的有关地方人民政府及其有关部门的负责人依法实行任期经济责任审计。

第四十九条　县级以上人民政府应当加强对下级人民政府及其财政、发展改革、移民等有关部门或者机构拨付、使用和管理征地补偿和移民安置资金、水库移民后期扶持资金的监督。

县级以上地方人民政府或者其移民管理机构应当加强对征地补偿和移民安置资金、水库移民后期扶持资金的管理，定期向上一级人民政府或者其移民管理机构报告并向项目法人通报有关资金拨付、使用和管理情况。

第五十条　各级审计、监察机关应当依法加强对征地补偿和移民安置资金、水库移民后期扶持资金拨付、使用和管理情况的审计和监察。

县级以上人民政府财政部门应当加强对征地补偿和移民安置资金、水库移民后期扶持资金拨付、使用和管理情况的监督。

审计、监察机关和财政部门进行审计、监察和监督时，有关单位和个人应当予以配合，及时提供有关资料。

第五十一条　国家对移民安置实行全过程监督评估。签订移民安置协议的地方人民政府和项目法人应当采取招标的方式，共同委托移民安置监督评估单位对移民搬迁进度、移民安置质量、移民资金的拨付和使用情况以及移民生活水平的恢复情况进行监督评估；被委托方应当将监督评估的情况及时向委托方报告。

第五十二条　征地补偿和移民安置资金应当专户存储、专账核算，存储期间的孳息，应当纳入征地补偿和移民安置资金，不得挪作他用。

第五十三条　移民区和移民安置区县级人民政府，应当以村为单位将大中型水利水电工程征收的土地数量、土地种类和实物调查结果、补偿范围、补偿标准和金额以及安置方案等向群众公布。群众提出异议的，县级人民政府应当及时核查，并对统计调查结果不准确的事项进行改正；经核查无误的，应当及时向群众解释。

有移民安置任务的乡（镇）、村应当建立健全征地补偿和移民安置资金的财务管理制度，并将征地补偿和移民安置资金收支情况张榜公布，接受群众监督；土地补偿费和集体财产补偿费的使用方案应当经村民会议或者村民代表会议讨论通过。

移民安置区乡（镇）人民政府、村（居）民委员会应当采取有效措施帮助移民适应当地的生产、生活，及时调处矛盾纠纷。

第五十四条 县级以上地方人民政府或者其移民管理机构以及项目法人应当建立移民工作档案，并按照国家有关规定进行管理。

第五十五条 国家切实维护移民的合法权益。

在征地补偿和移民安置过程中，移民认为其合法权益受到侵害的，可以依法向县级以上人民政府或者其移民管理机构反映，县级以上人民政府或者其移民管理机构应当对移民反映的问题进行核实并妥善解决。移民也可以依法向人民法院提起诉讼。

移民安置后，移民与移民安置区当地居民享有同等的权利，承担同等的义务。

第五十六条 按照移民安置规划必须搬迁的移民，无正当理由不得拖延搬迁或者拒迁。已经安置的移民不得返迁。

第七章 法 律 责 任

第五十七条 违反本条例规定，有关地方人民政府、移民管理机构、项目审批部门及其他有关部门有下列行为之一的，对直接负责的主管人员和其他直接责任人员依法给予行政处分；造成严重后果，有关责任人员构成犯罪的，依法追究刑事责任：

（一）违反规定批准移民安置规划大纲、移民安置规划或者水库移民后期扶持规划的；

（二）违反规定批准或者核准未编制移民安置规划或者移民安置规划未经审核的大中型水利水电工程建设项目的；

（三）移民安置未经验收或者验收不合格而对大中型水利水电工程进行阶段性验收或者竣工验收的；

（四）未编制水库移民后期扶持规划，有关单位拨付水库移民后期扶持资金的；

（五）移民安置管理、监督和组织实施过程中发现违法行为不予查处的；

（六）在移民安置过程中发现问题不及时处理，造成严重后果以及有其他滥用职权、玩忽职守等违法行为的。

第五十八条 违反本条例规定，项目主管部门或者有关地方人民政府及其有关部门调整或者修改移民安置规划大纲、移民安置规划或者水库移民后期扶持规划的，由批准该规划大纲、规划的有关人民政府或者其有关部门、机构责令改正，对直接负责的主管人员和其他直接责任人员依法给予行政处分；造成重大损失，有关责任人员构成犯罪的，依法追究刑事责任。

违反本条例规定，项目法人调整或者修改移民安置规划大纲、移民安置规划的，由批准该规划大纲、规划的有关人民政府或者其有关部门、机构责令改正，处10万元以上50万元以下的罚款；对直接负责的主管人员和其他直接责任人员处1万元以上5万元以下的罚款；造成重大损失，有关责任人员构成犯罪的，依法追究刑事责任。

第五十九条 违反本条例规定，在编制移民安置规划大纲、移民安置规划、水库移民后期扶持规划，或者进行实物调查、移民安置监督评估中弄虚作假的，由批准该规划大纲、规划的有关人民政府或者其有关部门、机构责令改正，对有关单位处10万元以上50万元以下的罚款；对直接负责的主管人员和其他直接责任人员处1万元以上5万元以下的罚款；给他人造成损失的，依法承担赔偿责任。

第六十条 违反本条例规定，侵占、截留、挪用征地补偿和移民安置资金、水库移民后期扶持资金的，责令退赔，并处侵占、截留、挪用资金额3倍以下的罚款，对直接负责的主管人员和其他责任人员依法给予行政处分；构成犯罪的，依法追究有关责任人员的刑事责任。

第六十一条 违反本条例规定，拖延搬迁或者拒迁的，当地人民政府或者其移民管理机构可以申请人民法院强制执行；违反治安管理法律、法规的，依法给予治安管理处罚；构成犯罪的，依法追究有关责任人员的刑事责任。

第八章 附 则

第六十二条 长江三峡工程的移民工作，依照《长江三峡工程建设移民条例》执行。

南水北调工程的征地补偿和移民安置工作，依照本条例执行。但是，南水北调工程中线、东线一期工程的移民安置规划的编制审批，依照国务院的规定执行。

第六十三条 本条例自2006年9月1日起施行。1991年2月15日国务院发布的《大中型水利水电工程建设征地补偿和移民安置条例》同时废止。

国家发展和改革委员会文件

关于印发《“十三五”全民节能行动计划》的通知

（发改环资〔2016〕2705号）

各省、自治区、直辖市及计划单列市、新疆生产建设兵团发展改革委、经信委（工信委、工信厅）、科技厅（局）、财政厅（局）、住房和城乡建设厅（局）、交通运输厅（局、委）、人民银行分行、国家税务局、地方税务局、质量技术监督局（市场监督管理部门）、统计局、机关事务管理局、能源局，有关中央企业，有关行业协会：

为贯彻十八届五中全会和“十三五”规划《纲要》要求，切实落实节能优先战略，推动能源生产和消费革命，把节能贯穿于经济社会发展全过程和各领域，形成政府率先垂范、企业积极行动、公众广泛参与的全民节能氛围，大幅提高能源资源开发利用效率，有效控制能源消耗总量，发展节能产业，确保完成“十三五”单位国内生产总值能耗降低15%、2020年能源消费总量控制在50亿t标准煤以内的目标任务，我们制定了《“十三五”全民节能行动计划》，现印发你们，请结合实际认真贯彻执行。

国家发展改革委
科技部
工业和信息化部
财政部
住房城乡建设部
交通运输部
人民银行（印）
国资委
税务总局
质检总局
统计局
国管局
能源局
2016年12月23日

附件

“十三五”全民节能行动计划

按照十八届五中全会和“十三五”规划《纲要》要求，为切实贯彻落实节能优先战略，把节能贯穿于经济社会发展全过程和各领域，形成党政机关及公共机构率先垂范、企业积极行动、公众广泛参与的全民节能氛围，推动能源生产和消费革命，大幅提高能源资源开发利用效率，有效控制能源消耗总量，确保完成“十三五”单位国内生产总值能耗降低15%、2020年能源消费总量控制在50亿t标准煤以内的目标任务，加快建设能源节约型社会，促进生态文明建设，推进绿色发展，特制定本行动计划。

一、节能产品推广行动

用能产品是能源消费的重要载体。提高用能产品能效，加快高效节能产品推广，提高节能产品市场占有率，有利于减少能源消费，降低用能成本，引导产业转型升级，促进节能环保产业发展。行动内容包括：

（一）高效节能产品倍增行动。建立节能产品消费积分制度，鼓励大型超市、龙头电商开辟节能产品销售专区，集中推进节能产品进家庭、节能设备进企业，通过强化认证标识等方式，引导消费者和企业选购高效节能产品和设备。发展节能电子商务、体验馆、博览（展示馆）等新业态，实现线上线下共同发展，重点推广高效节能家电、灶具、热水器、LED照明产品等家庭用能产品，及高效节能电机、工业锅炉等工业用能设备，2020年主要节能产品和设备销售量比2015年翻一番。

（二）用能产品能效领跑者引领行动。选择量大面广、节能潜力大、基础条件好的变频空调、电冰箱、滚筒洗衣机、平板电视、空气净化器等家电产品、办公设备、商用设备、照明产品、工业设备以及交通运输工具等用能产品，实施能效领跑者引领行动。国家鼓励支持能效领跑产品的技术研发、宣传和推广。建立能效领跑产品指标的标准转化机制，根据具体产品的节能技术发展情况，明确领跑产品能效水平转化为产品能效强制性国家标准的时间表，倒逼产品制造企业加快提升技术水平。

（三）完善节能产品推广政策机制。健全节能产品认证制度，引导消费者购买高效节能产品。强化能效标识管理制度，扩大实施范围，实现主要终端用能产品全覆盖，严厉打击能效虚标行为。完善政府强制采购和优先采购制度，推行政府绿色采购，提高采购节能产品的能效水平，扩大政府采购节能产品范围。建立节能产品、技术和装备的绿色招投标制度。完善《节能节水专用设备企业所得税优惠目录》，进一步落实节能节水专用设备投资抵免企业所得税优惠政策。

二、重点用能单位能效提升行动

重点用能单位是我国能源消费的主体，占全国能源消费总量的60%以上，重点用能单位的节能成效，决定了全社会节能工作的成效。把提升重点用能单位的能效水平作为实现能源消耗总量和强度“双控”目标的“牛鼻子”，“十三五”重点用能单位实现节能2.5亿t标准煤。行动内容包括：

（一）重点用能单位“百千万”行动。对重点用能单位实行属地管理基础上的分级监管，落实各级节能主管部门监督管理责任，严格考核问责。全国能耗最高的一百家企业（集团）纳入中央政府重点监督管理范围，能耗较高的一千家重点用能单位纳入省级政府重点监督管理范围，其他重点用能单位（约1.6万家）由各市（区、县）负责节能监督管理。

（二）重点用能单位节能自愿承诺活动。鼓励重点用能单位在完成国家能源消费总量控制和节能量目标要求基础上，自愿追求更高能效并向政府管理节能工作的部门作出承诺。实施重点用能单位综合能效提升工程，支持500家自愿承诺的重点用能单位实施能效综合提升改造，推动用能管理水平和能源利用效率达到国际先进水平。

（三）提升重点用能单位节能管理水平。推动用能单位加强全过程和各环节用能管理，促进节能管理持续改进，节能技术持续进步，能效指标持续提升。加快推进重点用能单位能源管理体系建设，到2020年全部重点用能单位基本完成能源管理体系建设。落实能源管理岗位和能源管理负责人制度，强化能源计量器具配备与智能化升级，加强能耗在线计量分析，严格能源利用状况报告制度，推广能耗在线监测系统。鼓励重点用能单位把能源节约作为降低运行成本、提高竞争力的重要途径。鼓励重点用能单位利用第三方认证提升能源管理水平和绩效，推动各方采信认证结果。

三、工业能效赶超行动

工业能源消费是我国能源消费的重点领域，通过全面落实《中国制造2025》，推动工业绿色转型升级，全面提高工业能源利用效率和清洁化水平，“十三五”时期规模以上单位工业增加值能耗降低18%，力争2020年工业能源消费达到峰值，电力、钢铁、建材、石化、化工、有色、煤炭、纺织、造纸等重点耗能行业能效水平达到国际先进水平。行动内容包括：

（一）推动工业结构优化升级。加快发展先进制造业等高附加值产业，培育战略性新兴产业等新的经济增长点，合理规划产业和地区布局，推动工业发展逐步从资源、劳动密集型向资本、技术密集型转变。有效化解过剩产能，严格节能审查，严控高耗能行业产能扩张。加强工业领域节能监察，组织实施国家重大工业节能专项监察，强化能耗执法，依法淘汰落后的生产工艺、技术和设备。探索从全生命周期推动工业节能，不断优化工业产品结构，推进产品生态设计，推广复合材料和高强度材料，减少生产过程中初级原材料投入和能源消耗，积极开发高附加值、低消耗、低排放产品。

（二）大力推进工业能效提升。贯彻强制性单位产品能耗限额标准，在电解铝、水泥等行业落实阶梯电价和差别电价相关价格政策，定期开展能源审计、能效诊断，发掘节能潜力。加强工业能源管理信息化建设，进一步提升钢铁、建材、石化、化工、有色、轻工等行业能源管理信息化、智能化水平，推进新一代信息技术与制造技术融合发展，把智能制造作为信息化和工业化融合主攻方向，用互联网+、云计算、大数据、工业机器人、智能制造等手段，提升工业生产效率，降低工业能耗。开展节能低碳电力调度。推进工业领域电力需求侧管理，从供需两侧共同发力，促进电力需求侧与供给侧互动响应，贯彻工业领域电力需求侧管理规范指南、建设工业领域电力需求侧管理数据平台，提升工业企业电力需求侧管理水平。鼓励采取合同能源管理方式实施节能技术改造，探索通过能源托管方式降低用能成本。

（三）开展高耗能行业能效对标达标。选择电力、钢铁、建材、石化、化工、有色、煤炭、纺织、造纸等高耗能行业，从单位产品能耗领先企业中遴选领跑者，编制行业能效对标指南，鼓励全行业以能效领跑企业为目标开展能效对标达标活动，适时将能效领跑者能效指标纳入能耗限额强制性国家标准，加快行业整体技术进步。

四、建筑能效提升行动

建筑是节能的重点领域之一，建筑能耗具有能耗“锁定”效应。我国存量建筑有500多亿m^2，每年新建建筑约有20亿m^2，建筑能耗在我国能源消费中比重不断提升。进一步加强建筑节能工作，在达到同样舒适程度的同时有效控制建筑能耗过快增长。行动内容包括：

（一）大幅提升新建建筑能效。编制绿色建筑建设标准，提高建筑节能标准要求，严寒及寒冷地区城镇新建居住建筑加快实施更高水平的地方建筑节能强制性标准，逐步扩大绿色建筑标准强制执行范围。实施绿色建筑全产业链发展行动，推进高水平高性能绿色建筑发展，积极开展超低能耗或近零能耗建筑（小区）建设示范。推进建造方式绿色化，推广装配式住宅，鼓励发展现代钢结构建筑。推动绿色节能农房建设试点。引导绿色建筑开发单位及物业管理单位更加注重绿色建筑运营管理，实现绿色设计目标，加快培育绿色建筑消费市场，定期发布绿色建筑信息。到2020年，城镇新建建筑能效水平较2015年提升20%，城镇绿色建筑占新建建筑比重超过50%，比2015年翻一番。

（二）深化既有居住建筑节能改造。深入推进既有居住建筑节能改造，因地制宜提高改造标准，开展超低能耗改造试点。在夏热冬冷地区，积极推广以外遮阳、通风、绿化、门窗及兼顾保温隔热功能为主要内容的既有居住建筑节能和绿色化改造。积极探索夏热冬暖地区既有居住建筑节能和绿色化改造技术路线。

（三）大力推动公共建筑节能运行与改造。深入推进公共建筑能耗统计、能源审计及能效公示工作。进一步加强公共建筑能耗监测平台建设。探索建立基于能耗数据的重点用能建筑管理制度及公共建筑能效比对制度。支持采用合同能源管理、政府和社会资本合作（PPP）等市场化方式，对公共建筑进行节能改造。继续做好节能型学校、医院、科研院所建设，积极开展绿色校园、绿色医院政策标准制定及建设试点工作。

（四）优化建筑用能结构。大力推广可再生能源与建筑一体化，推动太阳能光伏在建筑上的分布式应用，鼓励推广太阳能热水器、空气源热泵热水器，有条件地区新建建筑应当按相关技术规范要求预留安装位置等。实施城市智慧热网试点，科学推进供热计量，条件适宜地区优先利用工业余热和浅层地能为建筑供暖。加快新型可再生能源建筑应用技术、产品、设备的研发与推广。在夏热冬冷地区积极推广水源、空气源、污水源热泵等。推广红外线灶、聚能灶等高效清洁灶具，鼓励太阳能、生物质能等在农村地区规模化应用，推广被动式太阳能房建设。

五、交通节能推进行动

交通运输是石油消费的主要行业，也是节能的重要领域。能源成本占交通运输企业总成本的30%～40%左右。大力推进交通运输节能，不仅是推进交通运输绿色发展的重要内容，也是降低企业用能成本的重要途径。“十三五”时期，铁路单位运输工作量综合能耗降低5%，营运客车、货车单位运输周转量能耗降低2.1%、6.8%，营运船舶单位运输周转量能耗降低6%，民航业单位运输周转量能耗降低7%。行动内容主要包括：

（一）构建节能高效的综合交通物流体系。加快高铁和铁路基础设施建设，提升核心铁路网的密度和运输能力。打造完善、无缝衔接、方便舒适的城市公共交通服务体系，提升公共出行比重。加快内河高等级航道及港口等物流节点集疏运体系建设，大力发展铁水联运、公铁联运等多式联运和铁路集装箱运输、水水中转，促进不同运输方式的合理分工和有效衔接，提高铁路和水运在中长距离货物运输中的比重。发展甩挂运输，建设便捷、高效、信息化的物流平台、物流园、物流中心。到2020年，常住人口百万人以上大城市公共出行比重达到30%以上。

（二）推进交通运输用能清洁化。在资源适宜地区推广天然气车船，加强主要高速公路、道路沿线天然气加气站建设，稳步推进水上液化天然气加注站建设。提升铁路系统电气化水平，实施港口岸电改造工程。大力推广节能与新能源汽车，集中突破电动汽车关键技术，健全消费者补贴及递减退出制度，适度超前建设充电桩、配套电网等基础设施，依托充电智能服务平台，形成较为完善的充电基础设施体系。到2020年，新能源汽车保有量提高到500万辆。

（三）提高交通运输工具能效水平。逐步提高车辆燃油经济性标准，加快油品质量升级。发展高效载货汽车，采用制动能量回收系统、复合材料等提高车辆燃油经济性。发展智能交通，建立公众出行信息服务系统，降低空载率和不合理客货运周转量。到2020年，节能型汽车燃料消耗量降至4.5升/百公里以下，新增乘用车平均燃料消耗量降至5.0升/百公里。

六、公共机构节能率先行动

公共机构是社会行为的示范和标杆，公共机构的节能行为受到社会广泛关注。通过深入推进节约型公共机构创建，降低能源资源消耗，切实发挥公共机构的表率示范作用，引导和带动全社会做好节能减排工作。“十三五”时期，公共机构单位建筑面积能耗降低10%，公共机构人均能耗降低11%。行动内容包括：

（一）全面建设节约型公共机构。公共机构新建建筑率先普及绿色建筑，率先完成既有建筑节能改造、实现按热计量收费，率先实现新购公务用车普及节能和新能源汽车，率先采购和使用节能、节水、环保等绿色产品、设备。推进公共机构数据中心节能改造，建设绿色数据中心。

（二）强化公共机构节能管理。明确公共机构节能目标责任，开展目标评价考核。鼓励公共机构率先建立能源管理体系，加强能源计量基础建设，开展能源审计，实施用能独立核算，鼓励推行能耗定额管理。开展公共机构用能大数据管理，对公共机构重点用能单位实施能耗在线监测和用能优化。推行合同能源管理模式实施节能改造，鼓励公共机构开展用能托管。

（三）公共机构节能自觉行动。倡导各级公共机构用电高峰时段每天少开一小时空调，使用空调时关好门窗，夏季室内空调温度设置不得低于26℃，冬季室内空调温度设置不得高于20℃，日常办公尽量采用自然光，离开会议室等办公区时随手关灯。开展零待机能耗活动，推广使用节能插座等降低待机能耗的新技术和新产品。提倡高层建筑电梯分段运行或隔层停开，上下两层楼不乘电梯，尽量减少电梯不合理使用等。开展公务自行车试点。机关工作人员每月少开一天车。

（四）示范推广公共机构节能典型经验。遴选发布一批政府机关、学校、医院等不同类型公共机构能效领跑者，引导公共机构以能效领跑者为标杆不断提升能效水平。对被评为能效领跑者的公共机构及其节能管理人员给予表彰和奖励。建立公共机构能效领跑者案例库并向社会发布。将能效领跑者指标作为开展公共机构节能目标责任评价考核的重要依据。深化节约型公共机构示范单位创建活动，创建3000个国家级示范单位，推动省级、地市级示范单位创建工作，实现县县有示范。

七、节能服务产业倍增行动

节能服务业是为用能单位节能提供咨询、诊断、设计、改造、托管等服务的产业。加快发展节能服务产业，不仅可以为节能提供重要支撑，也是培育经济增长新动能的重要内容。到2020年，节能服务产业产值比2015年翻一番。行动内容包括：

（一）推进节能服务产业创新发展。全面推行效益分享型、能源费用托管型、节能量保证型、融资租赁等多种形式的合同能源管理模式。鼓励节能服务公司创新服务模式，为用户提供节能咨询、诊断、设计、评估、检测、审计、认证、改造、托管等“一站式”合同能源管理综合服务。积极培育第三方节能量审核和节能评估、检测、审计、认证机构。

（二）优化节能服务产业发展环境。全面清理和废除妨碍公平竞争的各种制度、政策和措施，建立全国统一开放、竞争有序的节能服务市场。落实合同能源管理税收优惠政策。鼓励银行等金融机构探索开展合同能源管理项目收益权质押贷款，支持节能服务公司发行绿色债券，鼓励社会资本按市场化原则设立节能服务产业投资基金。

（三）强化节能服务产业管理。建立健全节能服务机构管理制度，依法查处节能咨询、设计、评估、检测、审计、认证等服务机构提供虚假信息行为。营造促进合同能源管理健康发展的市场环境，建立合同能源管理合同注册登记管理服务平台，鼓励用能单位、节能服务公司将节能服务合同在平台登记注册。实施节能服务公司、用能单位、第三方机构失信黑名单制度，依法在主管部门网站向社会公开，建立信用记录，纳入全国信用信息共享平台。

八、节能科技支撑行动

科学技术是节能提高能效的重要支撑。针对节能技术需求，加强关键共性技术研发、示范、推广，推进科技成果的转化应用，全面提升节能技术水平。行动内容包括：

（一）加快共性关键技术开发。推动节能领域建设一批工程技术研究中心及节能领域研发基地和平台，促进节能高新技术和产品研发创新。在国家、地方科技计划（专项）中，统筹支持符合条件的节能共性关键技术研发。支持建立各类节能技术支撑机构。加强产学研用结合，推进校（研）企联合，共同研究解决节能关键和共性技术问题。引进、消化、吸收和再创新节能关键技术和装备。

（二）加快先进适用技术推广应用。修订《中国节能技术政策大纲》。修订《节能低碳技术推广管理暂行办法》，完善节能技术遴选、评定及示范推广机制，定期发布《国家重点节能低碳技术推广目录》和《节能减排与低碳技术成果转化推广清单》，组织有关方面开展节能技术供需对接会，组织实施节能技术示范工程。积极参加国际节能技术装备推广合作，推动中国先进的节能技术装备走出去。

（三）健全节能技术服务体系。鼓励发展节能技术服务机构，鼓励科研院所、行业协会特别是各级节能中心为企业提供节能技术咨询服务。建立全国性、行业性的节能技术推广服务平台，为节能技术推广提供服务，便于用能单位选用适用的技术装备。鼓励有条件的技术单位建立节能技术装备的展示、展览、交易平台，建设一批节能技术示范推广中心和教育示范基地，综合采取采用“互联网＋展览展示”等模式，提升节能技术服务能力。

九、居民节能行动

家庭是社会的基础，也是能源消费的重要主体之一。随着城镇化加快推进和人们生活水平持续提高，居民生活用能需求呈现刚性增长态势。要广泛动员居民参与节能，全面推进家庭节能，夯实全社会节能工作基础。行动内容包括：

（一）提升节能意识。突出节能日常宣传，组织好每年一度的全国节能宣传周，宣传节能成效、经验和做法，宣传我国经济社会发展面临的资源环境形势，突出节能就是减排的理念，树立“少用一半能源，就是少排放一半空气污染物”的观念。加强节能教育，在中小学校设立节能宣传栏，引导青少年树立节能意识。通过广播、电视、报纸、网络等向全社会倡议开展能源紧缺体验活动，如夏季用电高峰时段少开一小时空调，每月少开一天车，6楼以下每月一天不乘电梯，通过日常小事提醒大家注意能源对居民生活的重要性，提高节能意识。

（二）普及节能知识。围绕百姓日常生活中节能问题，编写《家庭节能指南》，普及百姓日常生活节能小窍门和使用方法，介绍先进实用技术、科技成果，如选用和正确使用节能电器等，广为传播、普及节能科学知识和方法，帮助广大居民掌握节能基本知识，让居民认识节能、掌握节能、践行节能。

（三）强化节能实践。倡导居民对低消耗、少用能、低排放的节能型生活方式身体力行，采取步行、骑自行车、乘公交等绿色出行方式代替驾驶机动车出行，自觉选购节能家电和高效照明产品，随手关灯，杜绝白昼灯、长明灯，及时关闭家用电器，减少待机能耗。在社区组织居民开展节能志愿活动，交流节能经验，曝光浪费能源行为，积极发挥居民监督作用。

十、节能重点工程推进行动

组织实施节能重点工程，激发市场主体节能的主动性，促进先进节能技术、装备和产品的推广应用，2020 年力争工业锅炉（窑炉）、电机（水泵、风机、空压机）系统、变压器等通用设备运行能效提高 5 个百分点以上，重点行业主要产品单位能耗指标总体达到国际先进水平，“十三五”期间形成 3 亿 t 标准煤左右的节能能力。

（一）余热暖民工程。选择 150 个具备条件的市（县、区），开展余热暖民项目示范，通过建设高效采集、管网输送、终端利用供热体系，回收工业低品位余热为居民供热，探索建立余热资源用于供热的典型模式。到 2020 年替代燃煤供热 20 亿 m^2以上，减少供热用原煤 5000 万 t 以上。

（二）燃煤工业锅炉节能环保综合提升工程。发布高效节能锅炉推广目录，推进燃煤锅炉“以大代小”，推广节能环保煤粉锅炉。鼓励综合采取锅炉燃烧优化、二次送风、自动控制、余热回收、太阳能预热、主辅机优化、热泵、冷凝水回收等技术实施锅炉系统节能改造，提高运行管理水平和热效率。改善燃料品质，力争 2020 年燃煤锅炉全部使用洗选煤，逐步提高工业锅炉燃用专用煤的比例。“十三五”时期形成 5000 万 t 标准煤的节能能力。

（三）电机系统能效提升工程。推进电机系统调节方式改造，重点开展高压变频调速、永磁调速、内反馈调速、柔性传动等节能改造，支持基于互联网的电机系统能效监测、故障诊断、优化控制平台建设。鼓励采用高效电动机、风机、压缩机、水泵、变压器替代低效设备，加快系统无功补偿改造。2020 年电机系统运行效率比 2015 年提高 3～5 个百分点，形成 4000 万 t 标准煤的节能能力。

（四）绿色照明工程。以城市道路/隧道照明节能改造为重点，加快半导体照明关键设备、核心材料研发和产业化，支持技术成熟的半导体通用照明产品推广应用。到 2020 年，在 200 个城市、县实施道路照明节能改造工程，推广 1000 万余盏 LED 路灯，形成节电能力 100 亿 kWh 左右。

（五）重点用能单位综合能效提升工程。围绕高耗能行业企业，加快工艺革新，实施系统节能改造和能效提升，鼓励先进节能技术的集成优化运用，推动节能从局部、单体节能向全流程、系统节能转变。以电力、钢铁、建材、石化、化工、有色、煤炭、纺织、造纸等行业为重点，深入开展重点行业重点用能单位能效综合提升工程，支持约 500 家大型重点用能单位实施能量系统优化、燃煤锅炉节能改造、电机系统等用能设备节能改造、生产工艺节能改造，并建立能源管理体系。

（六）合同能源管理推进工程。扎实贯彻党中央国务院关于推广合同能源管理工作要求，落实支持政策，实施节能改造，降低企业用能成本。鼓励合同能源管理项目融资创新，通过“债投”“债贷”结合等方式支持项目实施。“十三五”时期形成 8000 万 t 标准煤的节能能力。

（七）城镇化节能升级改造工程。优化升级城市能源基础设施，加快电力需求侧管理平台开发建设，统筹规划新增用能区域和既有用能区域系统改造。推动用能单位实施需求侧和供给侧互动响应、电能替代和用电设备智能化改造，针对电、热、冷、气等多种用能需求，因地制宜、统筹开发、互补利用传统能源和新能源，优化布局建设一体化集成供能基础设施，通过分布式供能系统和智能微网等方式扩大天然气、电力、分布式可再生能源等清洁能源供应和消纳能力，实现多能协同供应和能源综合梯级利用，系统提升城市终端供用能效率。对企业用能较为集中的园区、开发区等区域，将生产用蒸汽和热水供应纳入能源基础设施建设，减少小锅炉使用。对集中供热地区实施节能升级改造，减少管网漏损。对未纳入集中供暖的长江经济带等夏热冬冷地区，推广高效地能、江水源热泵，加大浅层地能开发力度，实施城镇冷热一体化供应节能改造。

（八）煤炭消费减量替代工程。大力化解钢铁、水泥、玻璃等高耗能行业过剩产能，大幅压减煤炭消费。实施煤炭清洁高效利用行动计划，在焦化、煤化工、工业锅炉、窑炉等重点用煤领域，推进煤炭清洁、高效、分质利用。有条件的地区，有序推进煤改气、煤改电、工业副产可燃气制备天然气，利用可再生能源、天然气、电力等优质能源替代煤炭，特别是散煤的消费。实施“地能暖村”节能减煤示范工程，鼓励因地制宜开发利用浅层地能替代散煤。到 2020 年，形成减量和替代原煤消费能力 6000 万～9000 万 t。

（九）能量系统优化工程。按照能源梯级利用、系统优化的原则，对工业窑炉实施节能改造，推广应用热源改造、燃烧系统改造、窑炉结构改造等技术。推广普及中低品位余热余压利用技术，尤其是提高中小型企业余热余压利用率，推进余热余压利用技术与工艺节能相结合，提高企业余热余压回收利用效率。深入挖掘系统节能潜力，提升系统能源效率。推广新型高效工艺技术路线，提高行业能源使用效率。到 2020 年，形成 5000 万 t 标准煤的节能能力。

（十）节能技术产业化示范工程。围绕节能减煤和化石能源清洁高效燃烧，重点支持中低品位余热的有机朗肯循环和螺杆膨胀发电、低品位余热用于城镇供热、燃煤锅炉超高能效和超低排放燃烧、工业用煤气化燃烧、水煤超临界制氢、民用散煤清洁高效燃烧、浅层地能开发利用、半导体照明等关键技术和装备产业化示范，加快推广高温高压干熄焦、无球化节能粉磨、新型结构铝电解槽、电炉钢等短流程工艺、铝液直供，智能控制等先进技术，实施一批重大节能技术示范工程。

国家发展改革委关于印发《省级电网输配电价定价办法（试行）》的通知
（发改价格〔2016〕2711 号）

各省、自治区、直辖市发展改革委、物价局、电力公司，国家电网公司，南方电网公司，内蒙古电力公司：

根据《中共中央国务院关于推进价格机制改革的若干意见》（中发〔2015〕28 号）、《中共中央国务院关于进一步深化电力体制改革的若干意见》（中发〔2015〕9 号）的相关规定，为推进输配电价改革，建立规则明晰、水平合理、监管有力、科学透明的独立输配电价体系，经商国家能源局，我们制定了《省级电网输配电价定价办法（试行）》，现印发给你们，请按照执行。试行过程中如遇相关问题和情况，请及时报告。

国家发展改革委（印）
2016 年 12 月 22 日

附件

省级电网输配电价定价办法（试行）

第一章　总　　则

第一条　为科学合理核定电网企业输配电价，建立规则明晰、水平合理、监管有力、科学透明的独立输配电价体系，根据《中华人民共和国价格法》、《中华人民共和国电力法》、《中共中央国务院关于推进价格机制改革的若干意见》（中发〔2015〕28 号）、《中共中央国务院关于进一步深化电力体制改革的若干意见》（中发〔2015〕9 号）的相关规定，制定本办法。

第二条　本办法适用于省级电网共用网络输配电价（以下简称“省级电网输配电价”）的核定。省级电网输配电价，是指省级电网企业为使用其经营范围内共用网络的用户提供输配电服务的价格。

第三条　核定省级电网输配电价遵循以下原则：

（一）建立机制与合理定价相结合。以制度、规则、机制建设为核心，转变政府价格监管方式，既要提高政府定价的科学性，最大限度减少自由裁量权；又要规范电网企业的价格行为，通过科学、规范、透明的制度形成合理的输配电价。

（二）弥补合理成本与约束激励相结合。按照“准许成本加合理收益”的办法核定输配电价，以严格的成本监审为基础，弥补电网企业准许成本并获得合理收益；同时，建立激励约束机制，调动电网企业加强管理、降低成本积极性，提高投资效率和管理水平。

（三）促进电网健康发展与用户合理负担相结合。通过科学、合理、有效的价格信号，引导电网企业的经营行为和用户的用电行为。既要促进电网健康可持续发展，确保电网企业提供安全可靠的电力，满足国民经济和社会发展的需要；又要使不同电压等级和不同类别用户的输配电价合理反映输配电成本，以尽可能低的价格为用户提供优质的输配电服务。

第四条　核定省级电网输配电价，先核定电网企业输配电业务的准许收入，再以准许收入为基础核定输配电价。

第五条　省级电网输配电价实行事前核定，即在每一监管周期开始前核定。监管周期暂定为 3 年。

第六条　电网企业应对各电压等级的资产、费用、供输售电量、负荷、用户报装容量、线变损率等实行单独计量、合理归集，并按要求报送政府价格主管部门。

第二章　准许收入的计算方法

第七条　省级电网输配电准许收入的计算公式为：准许收入＝准许成本＋准许收益＋价内税金　其中：准许成本＝基期准许成本＋监管周期新增（减少）准许成本

准许收益＝可计提收益的有效资产×准许收益率

第八条　准许成本的计算。

（一）准许成本由折旧费和运行维护费构成，区分基期准许成本和监管周期新增（减少）准许成本分别核定。

（二）基期准许成本，是指根据《国家发展改革委国家能源局关于印发〈输配电定价成本监审办法（试行）〉的通知》（发改价格〔2015〕1347 号）等规定，经成本监审核定的历史成本。

（三）监管周期新增（减少）准许成本，是指电网企业在监管期初前一年及监管周期内预计合理新增或减少的准许成本。

1. 监管周期新增准许成本。

（1）折旧费。折旧费的计算公式为：

折旧费＝规划新增输配电固定资产投资额×
新增投资计入固定资产比率×定价折旧率

其中：规划新增输配电固定资产投资额。按照有权限的政府主管部门预测的、符合电力规划的电网投资计划，并根据固定资产投资增长应与规划电量增长、负荷增长、供电可靠性相匹配的原则统筹核定。

新增投资计入固定资产比率。指规划新增输配电固定资产投资额转为用于计提折旧的新增输配电固定资产原值的比率。原则上参考电网企业输配电固定资产的历史转资情况，并考虑今后经济发展需求，输配电线路设备投资进度及实际利用效率等因素统筹核定。首个监管周期，新增投资计入固定资产比率按不超过 75%计算。

定价折旧率。根据新增的输配电固定资产分类定价折旧年限（附后）和新增固定资产结构核定。新增固定资产结构无法确定的，可参照历史资产实际结构核定。

（2）运行维护费。运行维护费由材料费、修理费、职工薪酬、其他费用组成，按以下方法分别核定。

材料费。参考电网经营企业监管期初前 3 年历史费率水平，以及同类型电网企业的先进成本标准，按照不高于监管周期新增固定资产原值的 1%核定。

修理费。参考电网经营企业监管期初前 3 年历史费率水平，以及同类型电网企业的先进成本标准，按照不高于监管周期新增固定资产原值的 1.5%核定。

职工薪酬。参考国务院国有资产管理部门核定的职工工资总额核定。

其他费用。参考不高于电网经营企业监管期初前 3 年历史费率水平的 70%，同时不高于监管周期新增固定资产原值的 2.5%核定。

2. 监管周期减少准许成本。

（1）监管周期内退役、报废的固定资产和摊销完毕的无形资产，相应减少的成本费用。成本费用率标准参照监管期初前 3 年历史费率水平。

（2）监管周期内已计提完折旧仍在使用的固定资产，不再计提定价折旧费。

3. 监管周期新增输配电资产增长与电量增长、负荷增长、供电可靠性提升的偏差部分，相关输配电资产产生的折旧费、运行维护费可以暂不计入该监管周期输配电价。

第九条　准许收益的计算。

（一）准许收益的计算公式为：

准许收益＝可计提收益的有效资产×准许收益率

（二）可计提收益的有效资产，是指电网企业投资（包括政府投资或财政拨款投资）形成的，为提供共用网络输配电服务所需的，允许计提投资回报的输配电资产，包括固定资产净值、无形资产净值和营运资本。

1. 可计提收益的固定资产范围。包括但不限于：输配电线路、变电配电设备，电网运行维护与应急抢修资产，电网通信、技术监督、计量检定等专业服务资产。以下资产不得纳入可计提收益的固定资产范围：

（1）与省内共用网络输配电业务无关的固定资产。该类固定资产包括但不限于：电网企业的辅助性业务单位、多种经营企业及“三产”资产，如宾馆、招待所、办事处、医疗单位等固定资产；发电资产（指电网所属且已单独核定上网电价的电厂，2002年国务院发布的电力体制改革方案中明确由电网保留的内部核算电厂除外）；抽水蓄能电站；与输配电业务无关的对外股权投资；投资性固定资产（如房地产等）；其他需扣除的与省内共用网络输配电业务无关的固定资产等。

（2）应由有权限的政府主管部门审批而未经批准投资建设的固定资产，或允许企业自主安排，但不符合电力规划、未履行必要备案程序投资建设的固定资产。

（3）国家单独核定输电价格的跨省跨区专项输电工程固定资产。

（4）企事业单位、用户投资或政府无偿移交的非电网企业投资部分对应的输配电固定资产。

（5）其他不应计提收益的输配电固定资产。

2. 可计提收益的无形资产，主要包括软件、专利权、非专利技术、商标权、著作权、特许权、土地使用权等方面。

3. 可计提收益的营运资本，指电网企业为提供输配电服务，除固定资产投资以外的正常运营所需要的周转资金。

（三）可计提收益的有效资产的计算公式为：

可计提收益的有效资产＝基期有效资产±监管周期新增（减少）有效资产

1. 基期有效资产。可计提收益的基期有效资产中，固定资产净值和无形资产净值通过成本监审核定；营运资本按不高于监管周期前一年电力主营业务收入的10%核定。

2. 监管周期新增有效资产。根据规划新增输配电固定资产投资额乘以新增投资计入固定资产比率并扣减监管周期相应折旧费核定。

3. 监管周期减少有效资产。根据监管周期内预计退役、报废或已计提完折旧的固定资产核定。

（四）准许收益率的计算公式为：

准许收益率＝权益资本收益率×(1－资产负债率)＋债务资本收益率×资产负债率

其中：权益资本收益率，等于政策性有效资产（政府投资或财政拨款等形成的输配电资产，包括财政专项支持的城乡电网完善、无电地区建设、老城区配电改造等资金支持部分对应的输配电固定资产）的比重和非政策性有效资产的比重与各自对应的权益资本收益率的加权平均。其中，政策性有效资产的权益资本收益率，按1%核定；非政策性有效资产的权益资本收益率，按本监管周期初始年前一年1月1日～6月30日国家10年期国债平均收益率加不超过4个百分点核定。首个监管周期，权益资本收益率可参考省级电网企业监管周期前3年实际税后净资产收益率核定。

债务资本收益率。参考同期人民币贷款基准利率与电网企业实际融资结构和借款利率核定，如电网企业实际借款利率高于基准利率，按照基准利率核定；如电网企业实际借款利率低于基准利率，按照实际借款利率加二者差额的50%核定。

资产负债率。参照监管期初前3年电网企业实际资产负债率平均值核定。

为引导电网合理投资，条件成熟的地区，准许收益率可在上述定价公式基础上，根据电网的资产实际利用率、供电可靠性及服务质量相应上下浮动。

第十条 价内税金依据现行国家相关税法规定核定，计算公式为：

价内税金＝所得税＋城市维护建设税＋教育费附加

其中：所得税＝可计提收益的有效资产×(1－资产负债率)×权益资本收益率÷(1－所得税率)×所得税率

所得税率。按照税法有关规定核定。

城市维护建设税及教育费附加＝(不含增值税的准许收入×增值税税率－准许成本进项税抵扣额)×(城市维护建设税税率＋教育费附加计征比率)

第十一条 通过输配电价回收的准许收入，是指通过核定省级电网输配电价向所有使用共用网络的电力用户回收的准许收入，不包括以下项目：

1. 通过其他独立或专门渠道向特定电力用户回收的收入，包括但不限于：电气化铁路供电配套工程还贷电价加价收入、自备电厂备用容量费、可再生能源电价附加收入（对应电网企业投资的接网工程）、高可靠性供电收入、一省两贷或多贷农网还贷资金收入；

2. 省内共用网络服务于跨省跨区电力交易取得的输电收入等；

3. 特定项目或特殊情况的政府补贴收入，如国家对农村电网维护费免征的增值税及其附加等；

4. 已经在准许成本中扣除的项目；

5. 其他应予扣除的项目。

第三章 输配电价的计算方法

第十二条 省级电网平均输配电价的计算公式为：

省级电网平均输配电价（含增值税）＝通过输配电价回收的准许收入（含增值税）÷省级电网共用网络输配电量

其中，省级电网共用网络输配电量，参考历史电量增长情况以及有权限的省级政府主管部门根据电力投资增长和电力供需情况预测的电量增长情况等因素核定。

第十三条 依据不同电压等级和用户的用电特性和成本结构，分别制定分电压等级、分用户类别输配电价。

（一）电压等级分为500kV（750kV）、220kV（330kV）、110kV（66kV）、35kV、10kV（20kV）和不满1kV等6个电压等级。相邻电压等级用户数较少的，电压等级可适当合并。

（二）用户类别分类，以现行销售电价分类为基础，原则上分为大工业用电、一般工商业及其他用电、居民用电和农业用电类别。

第十四条 计算分电压等级输配电价，先将准许收入按资产价值、峰荷责任、输配电量、用电户数等因素分配至各分电压等级，下一电压等级的准许总收入由本电压等级准许收入和上一电压等级传导的准许收入构成。

各电压等级输配电价为该电压等级准许总收入除以本电压等级的输送电量。

第十五条 分用户类别输配电价，应以分电压等级输配电价为基础，综合考虑政策性交叉补贴、用户负荷特性、与现行销售电价水平基本衔接等因素统筹核定。条件成熟的地区，可在不扩大交叉补贴规模情况下，结合政策性交叉补贴的理顺，逐步调整到合理水平。

第十六条 现行目录销售电价中执行两部制电价的用户

应当执行两部制输配电价，其他用户可根据自身用电情况自主选择执行两部制输配电价或者单一电量制输配电价。有条件的地区，可以探索结合负荷率等因素制定输配电价套餐，由电力用户选择执行。

第十七条　省级电网综合线损率参考监管周期初始年前3年实际综合线损率平均值核定。实际运行中线损率超过核定值的风险由电网企业承担，实际运行中线损率低于核定值的收益由电网企业和电力用户各分享50%。

第十八条　结合电力体制改革进程，妥善处理政策性交叉补贴。输配电价改革初期，暂按居民和农业用电量乘以其合理输配电价与实际输配电价之差计算居民、农业用电等享受的政策性交叉补贴总额。具备条件的地区，可进一步测算更加准确合理的分电压等级、分用户类别政策性交叉补贴。

第十九条　政策性交叉补贴由省级电网企业测算并申报，经省级政府价格主管部门审核后报送国家发展改革委。

第四章　输配电价的调整机制

第二十条　监管周期内电网企业新增投资、电量变化较大的，应在监管周期内对各年准许收入和输配电价进行平滑处理。情况特殊的，可在下一个监管周期平滑处理。

第二十一条　建立定期校核机制。电网企业应定期向省级政府价格主管部门上报输配电投资规划完成进度及情况。当电网企业实际投资额低于监管周期规划新增输配电固定资产投资额时，对差额投资对应的准许收入的70%予以扣减。当电网企业实际投资额超过监管周期规划新增输配电固定资产投资额时，差额投资对应的准许收入不再上调。

第二十二条　监管周期内遇有国家重大政策调整、发生重大自然灾害、不可抗力等因素造成的成本重大变化，电网企业可以建议政府价格主管部门对准许收入和输配电价作适当调整。

第二十三条　具备条件的地区，可建立考核电网企业供电可靠率、服务质量等的输配电价调整机制。政府价格主管部门可根据政府能源主管部门的考核结果，适当调整下一监管周期准许收入，供电可靠率、服务质量等超过规定标准一定幅度的，可适当提高下一监管周期准许收入；达不到规定标准的，应降低下一监管周期准许收入。

第五章　附　　则

第二十四条　本办法由国家发展改革委负责解释。

第二十五条　本办法自发布之日起实施，有效期5年。

附件

电网企业固定资产分类定价折旧年限

序号	资产类别/名称	折旧年限
一、	输配电线路	
1	500kV（330kV）及以上	30～35
2	220kV	28～32
3	110kV（66kV）	24～30
4	35kV	18～25
5	10kV及以下	15～22

续表

序号	资产类别/名称	折旧年限
二、	变电配电设备	
1	110kV以上	20～30
2	110kV及以下	15～22
三、	其他	
1	用电计量设备	6～9
2	通信线路及设备	6～9
3	自动化设备及仪器仪表	8
4	检修维护设备	10
5	运输设备	10
6	生产管理用工器具	10
7	非生产用设备及器具	20
8	房屋、建筑物	30

国家发展改革委　国家能源局关于印发《电力中长期交易基本规则（暂行）》的通知

（发改能源〔2016〕2784号）

国家能源局各派出机构，各省（自治区、直辖市）和新疆生产建设兵团发展改革委（能源局、物价局）、经信委（经委、工信厅），国家电网公司、南方电网公司，华能、大唐、华电、国电、国家电投集团公司，三峡集团公司，神华集团公司，国家开发投资公司，内蒙古电力（集团）公司，有关电力企业、电力用户：

为贯彻落实《中共中央　国务院关于进一步深化电力体制改革的若干意见》（中发〔2015〕9号）及相关配套文件工作要求，加快推进电力市场建设，规范各地电力中长期交易行为，现将《电力中长期交易基本规则（暂行）》（以下简称《基本规则》）印发给你们，请遵照执行。

国家能源局各派出机构要会同地方政府电力管理等部门根据《基本规则》抓紧制订或修订各地交易规则，报国家发展改革委、国家能源局备案。

《基本规则》适用于现阶段各地区开展年、月、周等日以上电力直接交易、跨省跨区交易、合同电量转让交易等。随着竞争性环节电价放开或者发用电计划电量放开达到一定比例，以及合同执行偏差电量无法按照《基本规则》规定的方法解决时，各地应当建立电力中长期交易和现货交易相结合的市场化电力电量平衡机制。

京津冀等开展电力市场试点的地区，近期要重点做好市场方案和交易规则制定、技术支持系统建设、相关人员培训等工作，具备条件后适时启动电力现货交易。涵盖电力现货交易的电力市场交易基本规则另行制定。

国家发展改革委
国家能源局
（印）
2016年12月29日

附件

电力中长期交易基本规则（暂行）

第一章 总 则

第一条 为规范各地电力现货市场启动前的电力中长期交易，依法维护电力市场主体的合法权益，保证电力市场建设工作统一、开放、竞争、有序，根据《中共中央国务院关于进一步深化电力体制改革的若干意见》（中发〔2015〕9号）及其配套文件和有关法律、法规规定，制定本规则。

第二条 本规则适用于中华人民共和国境内现阶段各地开展的电力直接交易、跨省跨区交易（指跨越发电调度控制区）、合同电量转让交易等。随着竞争性环节电价放开或者发用电计划电量放开达到一定比例，或者合同执行偏差电量无法按照本规则规定的方法解决时，各地应当启动电力现货市场建设，建立以电力中长期交易和现货交易相结合的市场化电力电量平衡机制。

第三条 本规则所称电力中长期交易，主要是指符合准入条件的发电企业、售电企业、电力用户和独立辅助服务提供者等市场主体，通过自主协商、集中竞价等市场化方式，开展的多年、年、季、月、周等日以上的电力交易。

优先发电电量和基数电量现阶段视为厂网双边交易电量，签订厂网间购售电合同，纳入电力中长期交易范畴，其全部电量交易、执行和结算均需符合本规则相关规定。辅助服务补偿（交易）机制纳入电力中长期交易范畴，执行本规则相关规定。

第四条 电力市场成员应严格遵守市场规则，自觉自律，不得操纵市场价格、损害其他市场主体的利益。

任何单位和个人不得非法干预市场正常运行。

第五条 国家发展改革委和国家能源局会同有关部门加强对各地发用电计划放开实施方案制定和具体工作推进的指导和监督；适时组织评估有序放开发用电计划工作，总结经验、分析问题、完善政策。

国家能源局依法组织制定电力市场规划、市场规则、市场监管办法，会同地方政府对区域电力市场和区域电力交易机构实施监管。

国家能源局派出机构和地方政府电力管理部门根据职能依法履行省（区、市）电力中长期交易监管职责。

第二章 市 场 成 员

第六条 市场成员包括各类发电企业、售电企业、电网企业、电力用户、电力交易机构、电力调度机构和独立辅助服务提供者等。

第七条 发电企业的权利和义务：

（一）按规则参与电力市场交易，执行优先发电等合同，签订和履行市场化交易形成的购售电合同；

（二）获得公平的输电服务和电网接入服务；

（三）执行并网调度协议，服从电力调度机构的统一调度，按规定提供辅助服务；

（四）按规定披露和提供信息，获得市场交易和输配电服务等相关信息；

（五）法律法规规定的其他权利和义务。

第八条 售电企业、电力用户的权利和义务：

（一）按规则参与电力市场交易，签订和履行购售电合同、输配电服务合同，提供直接交易电力电量需求、典型负荷曲线及其他生产信息；

（二）获得公平的输配电服务和电网接入服务，按规定支付购电费、输配电费、政府性基金与附加等；

（三）按规定披露和提供信息，获得市场交易和输配电服务等相关信息；

（四）服从电力调度机构的统一调度，在系统特殊运行状况下（如事故、严重供不应求等）按调度机构要求安排用电；

（五）遵守政府电力管理部门有关电力需求侧管理规定，执行有序用电管理，配合开展错避峰；

（六）法律法规规定的其他权利和义务。

第九条 独立辅助服务提供者的权利和义务：

（一）按规则参与辅助服务交易，签订和履行辅助服务合同；

（二）获得公平的输电服务和电网接入服务；

（三）服从电力调度机构的统一调度，按调度指令和合同约定提供辅助服务；

（四）按规定披露和提供信息，获得市场交易和辅助服务等相关信息；

（五）法律法规规定的其他权利和义务。

第十条 电网企业的权利和义务：

（一）保障输配电设施的安全稳定运行；

（二）为市场主体提供公平的输配电服务和电网接入服务；

（三）服从电力调度机构的统一调度，建设、运行、维护和管理电网配套技术支持系统；

（四）向市场主体提供报装、计量、抄表、维修等各类供电服务；

（五）按规定收取输配电费，代收代付电费和政府性基金与附加等；

（六）预测并确定优先购电用户的电量需求，执行厂网间优先发电等合同；

（七）按政府定价向优先购电用户以及其他不参与市场交易的电力用户提供售电服务，签订和履行相应的供用电合同和购售电合同；

（八）按规定披露和提供信息；

（九）法律法规规定的其他权利和义务。

第十一条 电力交易机构的权利和义务：

（一）组织各类交易，负责交易平台建设与运维；

（二）拟定相应电力交易实施细则；

（三）编制交易计划；

（四）负责市场主体的注册管理；

（五）提供电力交易结算依据（包括但不限于全部电量电费、辅助服务费及输电服务费等）及相关服务；

（六）监视和分析市场运行情况；

（七）建设、运营和维护电力市场交易技术支持系统；

（八）配合国家能源局派出机构和地方政府电力管理部门对市场运营规则进行分析评估，提出修改建议；

（九）按规定披露和发布信息；

（十）法律法规规定的其他权利和义务。

第十二条 电力调度机构的权利和义务：

（一）负责安全校核；

（二）按调度规程实施电力调度，负责系统实时平衡，确保电网安全；

（三）向电力交易机构提供安全约束条件和基础数据，配合电力交易机构履行市场运营职能；

（四）合理安排电网运行方式，保障电力交易结果的执行（因电力调度机构自身原因造成实际执行与交易结果偏差时，由电力调度机构所在电网企业承担相应的经济责任）；

（五）按规定披露和提供电网运行的相关信息；

（六）法律法规规定的其他权利和义务。

第三章　市场准入与退出

第十三条　参加市场交易的发电企业、电力用户、售电企业以及独立辅助服务提供者，应当是具有法人资格、财务独立核算、信用良好、能够独立承担民事责任的经济实体。内部核算的发电企业（电网企业保留的调峰调频电厂除外）、电力用户经法人单位授权，可以参与相应电力交易。

第十四条　电力直接交易的市场准入条件：

（一）发电企业准入条件

(1) 依法取得核准和备案文件，取得电力业务许可证（发电类）；

(2) 符合国家产业政策，国家规定的环保设施正常投运且达到环保标准要求；

(3) 并网自备电厂在公平承担发电企业社会责任、承担国家依法合规设立的政府性基金以及与产业政策相符合的政策性交叉补贴、支付系统备用费后，可作为合格的市场主体参与市场交易。

（二）电力用户准入条件

(1) 10kV及以上电压等级电力用户，鼓励优先购电的企业和电力用户自愿进入市场；

(2) 符合国家和地方产业政策及节能环保要求，落后产能、违规建设和环保不达标、违法排污项目不得参与；

(3) 拥有自备电源的用户应当按规定承担国家政府性基金及附加、政策性交叉补贴和系统备用费；

(4) 符合电网接入规范，满足电网安全技术要求。

（三）售电企业准入条件按照《售电公司准入与退出管理办法》（发改经体〔2016〕2120号）有关规定执行。

第十五条　独立辅助服务提供者的市场准入条件：

（一）具有辅助服务能力的独立辅助服务提供者，经电力调度机构进行技术测试通过后，方可参与；

（二）鼓励电储能设备、需求侧（如可中断负荷）等尝试参与。

第十六条　发电企业、电力用户等市场主体参与电力市场交易，参照《售电公司准入与退出管理办法》（发改经体〔2016〕2120号）有关规定履行注册、承诺、公示、备案等相关手续。

自愿参与市场交易的电力用户原则上全部电量进入市场，不得随意退出市场，取消目录电价；符合准入条件但未选择参与直接交易的电力用户，可向售电企业（包括保底供电企业）购电；不符合准入条件的电力用户由所在地供电企业按政府定价提供供电服务。

参与跨省跨区直接交易的市场主体可以在任何交易机构注册，注册后可以自由选择平台开展交易。各电力交易机构对注册信息共享，无须重复注册。电力交易机构根据市场主体注册情况按月汇总形成自主交易市场主体目录，向国家能源局派出机构、省级政府有关部门和政府引入的第三方征信机构备案，并通过“信用中国”网站和电力交易机构网站向社会公布。

第十七条　市场主体变更注册或者撤销注册，应当按照电力市场交易规则的规定，向电力交易机构提出变更或撤销注册；经公示后，方可变更或者撤销注册。当已完成注册的市场主体不能继续满足市场准入条件时，经国家能源局派出机构核实予以撤销注册。

第十八条　市场主体进入市场后退出的，原则上3年内不得参与电力市场交易，由省级政府或者省级政府指定的部门向社会公示。退出市场的电力用户须向售电企业购电。

第十九条　市场主体被强制退出或者自愿退出市场的，按合同约定承担相应违约责任，电力调度机构不再继续执行涉及的合同电量。

第四章　交易品种、周期和方式

第二十条　交易品种包括电力直接交易、跨省跨区交易（指跨越发电调度控制区）、合同电量转让交易，以及辅助服务补偿（交易）机制等。

具备条件的地区可开展分时（如峰谷平）电量交易，鼓励双边协商交易约定电力交易（调度）曲线。

跨省跨区交易包含跨省跨区电力直接交易；跨省跨区交易可以在区域交易平台开展，也可以在相关省交易平台开展；点对网专线输电的发电机组（含网对网专线输电但明确配套发电机组的情况）视同为受电地区发电企业，不属于跨省跨区交易，纳入受电地区电力电量平衡，并按受电地区要求参与市场。

合同电量转让交易主要包括优先发电合同、基数电量合同、直接交易合同、跨省跨区交易合同等转让交易。

发电企业之间以及电力用户之间可以签订电量互保协议，一方因特殊原因无法履行合同电量时，经电力调度机构安全校核通过后，由另一方代发（代用）部分或全部电量，在事后补充转让交易合同，并报电力交易机构。

第二十一条　电力中长期交易主要按照年度和月度开展。有特殊需求的，也可以按照年度以上、季度或者月度以下周期开展交易。

第二十二条　电力中长期交易可以采取双边协商、集中竞价、挂牌等方式进行。

（一）双边协商交易指市场主体之间自主协商交易电量（电力）、电价，形成双边协商交易初步意向后，经安全校核和相关方确认后形成交易结果。双边协商交易应当作为主要的交易方式。

（二）集中竞价交易指市场主体通过电力交易平台申报电量、电价，电力交易机构考虑安全约束进行市场出清，经电力调度机构安全校核后，确定最终的成交对象、成交电量（辅助服务）与成交价格等；鼓励按峰、平、谷段电量（或按标准负荷曲线）进行集中竞价。

（三）挂牌交易指市场主体通过电力交易平台，将需求电量或可供电量的数量和价格等信息对外发布要约，由符合资格要求的另一方提出接受该要约的申请，经安全校核和相关方确认后形成交易结果。

第二十三条　具有直接交易资格的发电企业、电力用户和售电企业可以参与跨省跨区直接交易，发电企业和电力用户也可以委托售电企业或者电网企业代理参与跨省跨区交易，由市场主体自主决定。

现货市场启动前，电网企业可以代理未进入市场的电力用户参与跨省跨区交易，电网企业、发电企业、售电企业可以代理小水电企业、风电企业等参与跨省跨区交易，由市场主体自主决定。

保留在电网企业内部且没有核定上网电价的发电企业不参与跨省跨区交易。

第二十四条 拥有优先发电合同、基数电量合同、直接交易合同、跨省跨区交易合同等的发电企业，拥有直接交易合同、跨省跨区交易合同等的电力用户和售电企业可以参与合同转让交易。直接交易合同、跨省跨区交易合同转让交易的受让方应符合市场准入条件。

享有优先发电政策的热电联产机组“以热定电”电量、余热余压余气优先发电电量等不得转让，可再生能源调峰机组优先发电电量可以进行转让。

第五章 价 格 机 制

第二十五条 电力中长期交易的成交价格由市场主体通过自主协商等市场化方式形成，第三方不得干预；计划电量应随着政府定价的放开采取市场化定价方式。

第二十六条 已核定输配电价的地区，电力直接交易按照核定的输配电价执行，不得采取购销差价不变的方式；暂未单独核定输配电价的地区，以及已核定输配电价未覆盖的电压等级电力用户，可采取电网购销差价不变的方式。相关政府性基金及附加按国家有关规定执行。

第二十七条 跨省跨区输电价格按照价格主管部门有关规定执行。

第二十八条 双边交易价格按照双方合同约定执行；集中竞价交易按照统一出清价格或根据双方申报价格确定；挂牌交易价格以挂牌价格结算。

集中竞价采用统一出清的，可以根据买方申报曲线与卖方申报曲线交叉点对应的价格确定，或者根据最后一个交易匹配对的成交价格确定；采用撮合成交的，根据各交易匹配对的申报价格形成成交价格（比如卖方报价和买方报价的平均值）。

第二十九条 跨省跨区交易的受电落地价格由成交价格（送电价格）、输电价格（费用）和输电损耗构成。输电损耗在输电价格中已明确包含的，不再单独或者另外收取；未明确的，暂按前3年同电压等级线路的输电损耗水平，报国家发展改革委、国家能源局备案后执行。输电损耗原则上由买方承担，经协商一致，也可以由卖方或者买卖双方共同承担。跨省跨区交易输电费用及网损按照实际计量的物理量结算。

第三十条 合同电量转让交易价格为合同电量的出让或者买入价格，不影响出让方原有合同的价格和结算。省内合同电量转让、回购，以及跨省跨区合同回购不收取输电费和网损。跨省跨区合同转让应当按潮流实际情况考虑输电费和网损。

第三十一条 参与直接交易的峰谷电价电力用户，可以继续执行峰谷电价，直接交易电价作为平段电价，峰、谷电价按现有峰平谷比价计算，电力用户不参与分摊调峰费用；也可以按直接交易电价结算，电力用户通过辅助服务考核与补偿机制分摊调峰费用或者直接购买调峰服务。电力用户侧单边执行峰谷电价造成的损益单独记账，在今后电价调整中统筹考虑。

采用发用电调度曲线一致方式执行合同的电力用户，不再执行峰谷电价，按直接交易电价结算。

第三十二条 双边协商交易原则上不进行限价。集中竞价交易中，为避免市场操纵及恶性竞争，可以对报价或者结算价格设置上限，参与直接交易机组发电能力明显大于用电需求的地区可对报价或者结算价格设置下限。

第六章 交 易 组 织

第一节 交易时序安排

第三十三条 开展年度交易时遵循以下顺序：

（一）确定跨省跨区优先发电。为落实国家能源战略，确保清洁能源送出，跨省跨区送受电中的国家计划、地方政府协议送电量优先发电。

（二）确定省内优先发电（燃煤除外）。各地结合电网安全、供需形势、电源结构等，科学安排本地优先发电。首先安排规划内的风电、太阳能等可再生能源保障性收购小时以及可再生能源调峰机组优先发电，其次按照二类优先发电顺序合理安排。各地也可以按照气电、可调节水电、核电、不可调节水电、风电及光伏的先后次序，放开发电计划。优先发电机组参与电力直接交易时，各地应制定措施保障落实。

（三）开展年度双边交易、年度集中竞价交易（双边及集中竞价交易均包括跨省跨区交易，挂牌交易视同集中竞价交易，下同）。如果年度双边交易已满足全部年度交易需求，也可以不开展年度集中竞价交易。

（四）确定燃煤发电企业基数电量。各地根据本地区年度发电预测情况，减去上述环节优先发电和年度交易结果后，如果不参与市场用户仍有购电需求，则该部分需求在燃煤发电企业中分配，作为其年度基数电量。各地应有序放开发用电计划，按照国家发展改革委、国家能源局确定的比例逐年缩减燃煤发电企业基数电量，直至完全取消。

（五）电力交易机构在各类年度交易结束后，应根据经安全校核后的交易结果，于12月底前将优先发电合同、基数电量合同、双边和集中竞价的直接交易、跨省跨区交易和合同转让交易的结果进行汇总，发布年度汇总后的交易结果和分项交易结果。电力调度机构应按该交易结果合理安排电网运行方式，保障交易结果的执行。

第三十四条 年度交易开始前仍未确定优先发电的，可由电力调度机构参考历史情况测算，预留足够的优先发电空间，确保交易正常进行。

第三十五条 开展月度交易时遵循以下顺序：在年度合同分解到月的基础上，首先开展月度双边交易，其次开展月度集中竞价交易。如果月度双边交易已满足全部交易需求，也可以不开展月度集中竞价交易。

第三十六条 在落实国家指令性计划和政府间协议送电的前提下，省内、跨省跨区交易的启动时间原则上不分先后。在电力供应宽松的情况下，受入省可按价格优先原则确定交易开展次序；在电力供应紧张的情况下，送出省可优先保障省内电力电量平衡，富余发电能力再参与跨省跨区交易，对于已签订的合同可予以执行或者协商合同另一方回购。各区域、各省可根据自身实际情况调整省内交易和跨省跨区交易的开展次序。

第三十七条 合同转让交易原则上应早于合同执行3日之前完成，市场主体签订电力电量购售合同后即可进行转让。

第二节 年度优先发电合同签订

第三十八条 根据确定的跨省跨区优先发电（含年度以上优先发电合同），相关电力企业在每年年度双边交易开始前协商签订次年度交易合同（含补充协议），约定年度电量规模及分月计划、送受电曲线、交易价格等，纳入送、受电省优先发电计划，并优先安排输电通道。

第三十九条 根据各省（区、市）确定的省内优先发电，在每年年度双边交易开始前签订厂网间年度优先发电合同，约定年度电量规模及分月计划、交易价格等。

第三节 年度双边交易

第四十条 每年12月初，电力交易机构应通过交易平台发布次年度双边交易相关市场信息，包括但不限于：

（一）次年关键输电通道剩余可用输送能力情况；

（二）次年直接交易电量需求预测；

（三）次年跨省跨区交易电量需求预测（送出地区或区域平台发布）；

（四）次年各机组可发电量上限。

第四十一条 年度双边交易主要开展省内直接交易、跨省跨区交易、合同转让交易（含跨省跨区合同转让交易，下同）。

第四十二条 市场主体经过双边协商分别形成年度双边省内直接交易、年度双边跨省跨区交易和年度双边合同转让交易的意向协议，并在年度双边交易闭市前，通过技术支持系统向电力交易机构提交意向协议。年度双边交易的意向协议应当提供月度分解电量。

第四十三条 电力交易机构在年度双边交易闭市后第1个工作日将所有双边交易意向提交相关电力调度机构进行安全校核，电力调度机构应当在5个工作日之内将校核结果返回电力交易机构。

第四十四条 电力交易机构在电力调度机构返回安全校核结果后，于下1个工作日发布年度双边交易结果。

市场主体对交易结果有异议的，应当在结果发布当日向电力交易机构提出，由电力交易机构会同电力调度机构在当日给予解释。市场主体对交易结果无异议的，应当在结果发布当日通过技术支持系统返回成交确认信息，逾期不返回视为无意见。

交易结果确认后，由技术支持系统自动生成年度双边直接交易、年度双边跨省跨区交易和年度双边合同电量转让交易合同，相关市场主体应当在成交信息发布后的3个工作日内，通过技术支持系统签订电子合同。

第四节 年度集中竞价交易

第四十五条 每年12月中旬，电力交易机构通过技术支持系统发布次年度集中竞价市场相关信息，包括但不限于：

（一）次年关键输电通道剩余可用输送能力情况；

（二）次年集中竞价直接交易电量需求预测；

（三）次年集中竞价跨省跨区交易电量需求预测（送出地区或区域平台发布）；

（四）次年各机组剩余可发电量上限。

第四十六条 年度集中竞价交易主要开展省内直接交易、跨省跨区交易和合同电量转让交易。每类集中竞价交易自开市至闭市原则上不超过2个工作日。

第四十七条 年度集中竞价交易开始后，发电企业、售电企业和电力用户通过技术支持系统申报分月电量、分月电价。技术支持系统对申报数据进行确认，并以申报截止前最后一次的有效申报作为最终申报。年度集中竞价交易原则上应分月申报、分月成交。市场主体对所申报的数据负责。

第四十八条 报价结束后，技术支持系统考虑安全约束自动生成初始交易结果，由电力交易机构在当日提交电力调度机构并向市场主体公布。电力调度机构应在5个工作日内完成安全校核，返回电力交易机构形成最终交易结果。电力交易机构在收到安全校核结果的下1个工作日，通过技术支持系统向市场主体发布最终交易结果和安全校核说明。

第五节 年度基数电量合同签订

第四十九条 根据燃煤发电企业基数电量安排，在每年12月底前签订厂网间年度购售电合同，约定年度电量规模及分月计划、交易价格等。

第五十条 基数电量确定后，偏差主要通过市场方式处理。

第六节 月度双边交易

第五十一条 每月上旬，电力交易机构应通过交易平台发布次月双边交易相关市场信息，包括但不限于：

（一）次月关键输电通道剩余可用输送能力情况；

（二）次月直接交易电量需求预测；

（三）次月跨省跨区交易电量需求预测（送出地区或区域平台发布）；

（四）次月各机组可发电量上限。

第五十二条 月度双边交易自开市至闭市原则上不超过3个工作日。月度双边交易主要开展省内直接交易、跨省跨区交易和合同转让交易。

第五十三条 市场主体经过双边协商分别形成月度双边省内直接交易、月度双边跨省跨区交易和月度双边合同转让交易的意向协议，并且在月度双边交易市场闭市前，通过技术支持系统向电力交易机构提交意向协议（包含互保协议）。

第五十四条 电力交易机构在闭市后1个工作日将所有双边交易意向提交相关电力调度机构进行安全校核，电力调度机构应在2个工作日之内将校核结果返回电力交易机构。

第五十五条 电力交易机构在电力调度机构返回安全校核结果后，于下1个工作日发布月度双边交易结果。

市场主体对交易结果有异议的，应在结果发布当日向电力交易机构提出，由电力交易机构会同电力调度机构在当日给予解释。市场主体对交易结果无异议的，应在结果发布当日通过技术支持系统返回成交确认信息，逾期不返回视为无意见。

交易结果确认后，由技术支持系统自动生成年度双边直接交易、年度双边跨省跨区交易和年度双边合同电量转让交易合同，相关市场主体应在成交信息发布后的3个工作日内，通过技术支持系统签订电子合同。

第七节 月度集中竞价交易

第五十六条 每月中下旬，电力交易机构通过技术支持系统发布次月集中竞价市场相关信息，包括但不限于：

（一）次月关键输电通道剩余可用输送能力情况；

（二）次月集中竞价直接交易电量需求预测；

（三）次月集中竞价跨省跨区交易电量需求预测（送出地区或区域平台发布）；

（四）次月各机组剩余可发电量上限。

第五十七条 月度集中竞价交易主要开展省内直接交易、跨省跨区交易和合同电量转让交易。每类集中竞价交易自开市至闭市原则上不超过2个工作日。

第五十八条 月度集中竞价交易开始后，发电企业、售电企业和电力用户通过技术支持系统申报电量、电价。技术支持系统对申报数据进行确认，并以申报截止前最后一次的有效申报作为最终申报。市场主体对所申报的数据负责。

第五十九条 报价结束后，技术支持系统考虑安全约束自动生成初始交易结果，由电力交易机构在当日提交电力调度机构并向市场主体公布。电力调度机构应在2个工作日内完成安全校核，返回电力交易机构形成最终交易结果。电力交易机构在收到安全校核结果的下1个工作日，通过技术支持系统向市场主体发布最终交易结果和安全校核说明。

第六十条 电力交易机构在各类月度交易结束后，应当根据经安全校核后的交易结果，对年度分月结果和月度交易结果进行汇总，于每月月底前发布汇总后的交易结果。

第八节 临时交易与紧急支援交易

第六十一条 可再生能源消纳存在临时性困难的省（区、市），可与其他省（区、市）市场主体通过自主协商方式开展跨省跨区临时交易，交易电量、交易曲线和交易价格均由购售双方协商确定。

第六十二条 各地应当事先约定跨省跨区紧急支援交易的价格及其他有关事项，在电力供需不平衡时，由电力调度机构组织实施。条件成熟的地区可以采取预挂牌方式确定跨省跨区紧急支援交易中标机组排序。

第七章 安全校核与交易执行

第六十三条 电力调度机构负责各种交易的安全校核工作。直接交易、合同调整和合同电量转让必须通过电力调度机构安全校核。涉及跨省跨区的交易，须提交相关电力调度机构共同进行安全校核，各级电力调度机构均有为各交易机构提供电力交易（涉及本电力调度机构调度范围的）安全校核服务的义务。安全校核的主要内容包括但不限于：通道阻塞管理、机组辅助服务限制等内容。

第六十四条 为保障系统整体的备用和调频调峰能力，在各类市场交易开始前，电力调度机构可以根据机组可调出力、检修天数、系统负荷曲线以及电网约束情况，折算得出各机组的电量上限，对参与市场交易的机组发电利用小时数提出限制建议。

第六十五条 电力调度机构在各类市场交易开始前应当按照规定及时提供关键通道输电能力、关键设备检修计划等电网运行相关信息，由电力交易机构予以公布。

第六十六条 安全校核应在规定的期限内完成。安全校核未通过时，电力调度机构需出具书面解释，由电力交易机构予以公布。

第六十七条 安全校核未通过时，对于双边协商交易，按时间优先、等比例原则进行削减；对于集中竞价交易，按价格优先原则进行削减，价格相同时按发电侧节能低碳电力调度的优先级进行削减。对于约定电力交易曲线的，最后进行削减。基数电量受市场交易电量影响不能通过安全校核的，可以转让。

第六十八条 电力系统发生紧急情况时，电力调度机构可基于安全优先的原则实施调度，并在事后向国家能源局派出机构和地方政府电力管理部门书面报告事件经过。紧急情况导致的经济损失，有明确责任主体的，由相关责任主体承担经济责任。

第六十九条 电力交易机构根据各年度合同中约定的月度电量分解安排和各类月度交易成交结果，形成发电企业的月度发电安排，包括优先发电、基数电量和各类交易电量。电力调度机构应当合理安排电网运行方式并保障执行。

第七十条 电力调度机构负责执行月度发电计划；电力交易机构每日跟踪和公布月度发电计划执行进度情况。市场主体对月度发电计划执行提出异议时，电力调度机构负责出具说明，电力交易机构负责公布相关信息。

对于电力直接交易合同约定交易曲线的，其中发电企业部分合同约定了交易曲线的，电力调度机构根据系统运行需要，运行前安排无交易曲线合同的发电曲线，与合同约定曲线叠加形成次日发电计划；发电企业全部合同约定了交易曲线的，按合同约定曲线形成次日发电计划。

未约定交易曲线的电力直接交易合同以及优先发电合同和基数电量合同，由电力调度机构根据系统运行需要安排机组的发电计划。

第八章 合同电量偏差处理

第七十一条 电力市场交易双方根据年度交易合同，在保持后续月份原有分解计划总量不变的前提下，可以于每月5日前对年度交易合同中次月分解计划提出调整要求，通过交易平台上报电力交易机构，经安全校核后，作为月度发电安排和月度交易电量结算的依据。

第七十二条 中长期合同执行偏差主要通过在发电侧采用预挂牌月平衡偏差方式进行处理（即优先发电、基数电量合同优先结算）。

第七十三条 预挂牌月平衡偏差方式是指月度交易结束后（如果不需要开展月度交易，可以直接开展预挂牌），通过预挂牌方式确定次月上调机组调用排序（按照增发价格由低到高排序）和下调机组调用排序（按照补偿价格由低到高排序）。每月最后7日，电力调度机构根据各机组整体合同完成率，判断当月基本电力供需形势。当电力供需形势紧张时（月度系统实际用电需求大于月度系统总合同电量时），基于预挂牌确定的机组排序，满足电网安全约束的前提下，优先安排增发价格较低的机组增发电量，其余机组按合同电量安排发电计划；当电力需求不足时（月度系统实际用电需求小于月度系统总合同电量时），优先安排补偿价格较低的机组减发电量，其余机组按照合同电量安排发电计划。

第七十四条 除以上方式外，各地还可以采取以下三种方式之一处理合同电量偏差，也可以根据实际探索其他偏差处理方式。

（一）预挂牌日平衡偏差方式。月度交易结束后，通过预挂牌方式确定次月上调机组调用排序（按照增发价格由低到高排序）和下调机组调用排序（按照补偿价格由低到高排序）。实时运行过程中，当系统实际用电需求与系统日前计划存在偏差时，按照价格优先原则调用相应机组增发电量或减发电量，保障系统实时平衡。机组各日的增发电量或减发电量进行累加（互抵），得到月度的净增发电量或净减发电量，按照其月度预挂牌价格进行结算。其余机组原则上按日前制定的计划曲线发电。

（二）等比例调整方式。月度交易结束后，在实时调电过程中，电力调度机构按照“公开、公平、公正”要求，每日跟踪各发电企业总合同执行率，以同类型机组总合同执行率基本相当为目标，安排次日发电计划。发电企业超发、少发电量按照各自月度计划合同和市场合同电量比例划分，超发电量按照其全部合同的加权平均价格进行结算，少发电量对相应合同进行扣减且后期不予追补。用户承担超用、少用偏差责任并且支付偏差考核费用，偏差考核费用按照发电企业电量或者电费比例返还给发电企业。采用本方式导致的发电企业合同执行不平衡的，可以开展事后合同电量转让交易。

（三）滚动调整方式。此方式适用于发电计划放开比例较低地区。发电侧优先发电和基数电量按月滚动调整，用户侧合同电量可以月结月清，也可以按月滚动调整。采用本方式导致的发电企业优先发电和基数电量合同执行不平衡的，可以开展事后合同电量转让交易。

第九章　辅助服务

第七十五条　辅助服务执行各区域辅助服务管理实施细则及并网运行管理实施细则。

第七十六条　辅助服务分为基本辅助服务和有偿辅助服务。鼓励储能设备、需求侧参与提供辅助服务，允许第三方参与提供辅助服务。

第七十七条　按照“补偿成本、合理收益”的基本原则，按照辅助服务效果确定辅助服务计量公式，对提供有偿辅助服务的并网发电厂、电力用户、独立辅助服务提供者进行补偿。

第七十八条　鼓励采用竞争方式确定辅助服务提供主体。电力调度机构根据系统运行需要，确定调峰、自动发电控制、备用等服务总需求量，各主体通过竞价的方式提供辅助服务。辅助服务提供主体较多的地区，可以通过竞价方式统一购买系统所需的无功和黑启动服务。

第七十九条　电力用户参与提供辅助服务需满足各类辅助服务技术要求，并且与发电企业按照统一标准进行补偿。电力用户辅助服务费用随电力用户电费一并结算。

第八十条　用电侧未实行峰谷电价的地区，根据电力用户自身负荷曲线和全网用电负荷曲线，计算电力用户对电网调峰的贡献度。电力用户峰谷差率小于全网峰谷差率时调峰贡献度为正，电力用户峰谷差率大于全网峰谷差率时调峰贡献度为负。与贡献度为正的电力用户签订直接交易合同的电厂，免除相应直接交易电量调峰补偿费用的分摊。

电力直接交易双方发用电曲线一致的，对应电量不分摊调峰辅助服务补偿费用；剔除直接交易曲线后的剩余发电曲线，对应电量分摊调峰辅助服务补偿费用。

第八十一条　加强需求侧管理。在负荷控制系统、用电信息采集系统基础上，推广用电用能在线监测和需求侧响应，积极培育电能服务，参与市场竞争，逐步形成需求侧机动调峰能力，保障轻微缺电情况下的电力供需平衡。

第八十二条　跨省跨区交易涉及的送端地区发电企业纳入受端地区辅助服务管理范围，并根据提供的辅助服务情况获得或者支付补偿费用。

跨省跨区交易曲线调峰能力未达到受端电网基本调峰要求的，按照受端电网基本调峰考核条款执行；达到有偿调峰要求的，按照有偿调峰补偿条款给予补偿。

第十章　计量和结算

第八十三条　电网企业应当根据市场运行需要为市场主体安装符合技术规范的计量装置；计量装置原则上安装在产权分界点，产权分界点无法安装计量装置的，考虑相应的变（线）损。

第八十四条　同一计量点应当安装相同型号、相同规格、相同精度的主、副电能表各一套，主、副表应有明确标志，以主表计量数据作为结算依据，副表计量数据作为参照，当确认主表故障后，副表计量数据替代主表计量数据作为电量结算依据。电力用户可根据实际情况配置必要的计量装置。

第八十五条　电网企业应按照电力市场结算要求定期抄录发电企业（机组）和电力用户电能计量装置数据，并提交电力交易机构。当出现计量数据不可用时，由电能计量检测中心确认并出具报告，结算电量由电力交易机构组织相关市场主体协商解决。

第八十六条　电力交易机构负责向市场主体出具结算依据，市场主体根据相关规则进行资金结算。其中，跨省跨区交易原则上由电力用户所在地区电力交易机构向市场主体出具结算依据，在区域交易平台开展的交易由区域电力交易机构向电力用户所在地区电力交易机构出具结算依据；合同电量转让交易由电力交易机构分别向出让方和受让方出具结算依据。

第八十七条　电力用户和发电企业原则上均按照自然月份计量用电量和上网电量，不具备条件的地区可暂时保持现有计量抄表方式不变。各市场主体暂时保持与电网企业的电费结算和支付方式不变，并由电网企业承担电力用户侧欠费风险，保障交易电费资金安全。不承担电费结算职能的电网企业也不再承担欠费风险，市场主体可自行约定结算方式。

第八十八条　市场主体接收电费结算依据后，应进行核对确认，如有异议在3个工作日内通知电力交易机构，逾期则视同没有异议。

第八十九条　建立合同偏差电量结算机制，发电企业和电力用户的合同偏差分开结算。以年度交易和月度交易为主的地区，按月清算、结账；开展周（日）交易的地区，按周（日）清算，按月结账。

采用预挂牌月平衡偏差方式的，结算流程和结算价格如下：

（一）发电侧

1. 根据可再生能源次月整体最大发电能力预测值，安排其他类型电源的月度发电计划，并按照有关规定和实施细则对可再生能源进行结算。风电、光伏和无调节能力的水电（含部分时段无调节能力的水电）可按照申报次日可发电量方式累加得到月度发电计划。

2. 其他机组实际上网电量小于其月度优先发电和基数电量时，按政府批复的上网电价结算实际上网电量；提供下调服务导致的减发电量按其预挂牌价格获得补偿，2%以内的减发电量免于补偿；因自身原因导致的少发电量按月度集中竞价交易最高成交价的10%支付偏差考核费用，2%以内的少发电量免于支付偏差考核费用。

3. 其他机组实际上网电量大于其月度优先发电和基数电量但小于月度优先发电和基数电量与市场合同电量之和时，按政府批复电价结算优先发电和基数电量，按其所签订的市场合同加权平均价结算剩余电量；提供下调服务导致的减发电量按其预挂牌价格获得补偿，2%以内的减发电量免于补偿；因自身原因导致的少发电量按月度集中竞价交易最高成交价的10%支付偏差考核费用，2%以内的少发电量免于支付偏差考核费用。

4. 其他机组实际上网电量大于其月度优先发电和基数电量与市场合同电量之和时，按政府批复电价结算优先发电和基数电量，按合同价格结算各类市场合同电量；提供上调服务导致的增发电量按其预挂牌价格获得补偿；因自身原因导致的超发电量按月度集中竞价交易的最低成交价结算。

机组提供上调服务（或下调服务）导致的增发电量（或

减发电量），均以调度安排为准。月内既提供上调服务又提供下调服务的机组，以互抵后的净值作为月度增发电量或减发电量。

5. 全部合同均约定交易曲线的发电企业，根据每日的实际发电曲线考核偏差电量。各时段，因自身原因导致的超发电量按月度集中竞价交易最低成交价结算；因自身原因导致的少发电量按月度集中竞价交易最高成交价的10%支付偏差考核费用；提供上调服务导致的增发电量按其预挂牌价格获得补偿；提供下调服务导致的减发电量按其预挂牌价格获得补偿。

6. 各地可按照以上原则，区分电源类型细化结算方式和流程。

（二）电力用户侧

1. 市场电力用户实际用电量超过其合同电量时，按其合同加权平均价结算总合同电量，超用电量按上调服务的加权平均价结算（系统未调用上调服务时，按月度集中竞价交易的最高成交价结算）。

市场电力用户实际用电量小于其合同电量时，按其合同加权平均价结算实际用电量。2%以内的少用电量免于支付偏差考核费用，2%以外的少用电量按系统下调电量的补偿单价支付偏差考核费用（系统未调用下调服务时，按其合同加权价的10%支付偏差考核费用）。

下调电量补偿单价＝发电侧下调电量总补偿费用/下调总电量

发电侧下调电量总补偿费用由所有机组下调电量的补偿价格和机组下调电量的乘积累加得到。

2. 非市场电力用户（含优先购电电力用户，下同）按实际用电量和目录电价结算。

3. 非市场电力用户的总用电量大于优先发电和基数电量时，2%以内的超用电量免于支付偏差考核费用；2%以外的超用电量按月度集中竞价交易最高成交价的10%支付偏差考核费用。

非市场电力用户的总用电量小于优先发电电量和基数电量时，2%以内的少用电量免于支付偏差考核费用，2%以上的少用电量按下调电量补偿单价支付偏差考核费用（系统未调用下调服务时，按月度集中竞价交易最高成交价的10%支付偏差考核费用）。

非市场电力用户用电偏差导致的偏差考核费用由电网企业承担，电网企业也可以委托电力调度机构通过对非统调电厂、地方电网造成的偏差进行计量，按责任分摊部分偏差考核费用。

4. 对于约定交易曲线的用户，根据每日实际用电曲线考核偏差电量。每日各时段的累计超用电量按上调服务的加权平均价结算（系统未调用上调服务时，按月度集中竞价交易的最高成交价结算）；每日各时段的累计少用电量，2%以内的少用电量免于支付偏差考核费用，2%以上的少用电量按系统下调电量的补偿单价支付偏差考核费用（系统未调用下调服务时，按其合同加权价的10%支付偏差考核费用）。

（三）电力用户偏差考核费用、发电企业偏差考核费用，以及上调服务所增加的电网企业结算正收益，统一用于支付下调机组的补偿费用，盈余或缺额部分由所有统调发电企业按上网电量比重返还或分摊。

上调服务所增加的电网结算正收益＝（优先发电和基数电量加权平均价—机组上调服务加权平均价）×（非市场电力用户当月实际用电量—可再生能源当月实际完成的优先发电和基数电量—其他类型电源当月计划合同电量）

优先发电和基数电量加权平均价＝（可再生能源政府批复电价（不含补贴）×可再生能源当月实际完成的优先发电和基数电量＋其他类型电源政府批复电价×其他类型电源当月计划合同电量）/（可再生能源当月实际完成的优先发电和基数电量＋其他类型电源当月计划合同电量）

以上用电量均按上年网损率折算到发电侧。

（四）市场电力用户的电费构成包括：电量电费、偏差考核费用、输配电费、政府性基金与附加等。发电企业的电费构成包括：电量电费、下调服务补偿费、偏差考核费用、平均分摊的结算差额或盈余资金、辅助服务费用。

第九十条 对于电网故障、电网改造等非不可抗力因素导致的合同电量执行偏差，由电网企业承担相关偏差考核费用；对于不可抗力因素导致的合同电量执行偏差，由所有市场主体共同分摊相关费用。

第十一章 信 息 披 露

第九十一条 市场信息分为公众信息、公开信息和私有信息。公众信息是指向社会公众发布的数据和信息，公开信息是指向所有市场成员公开提供的数据和信息，私有信息是指特定的市场成员有权访问并且不得向其他市场成员公布的数据和信息。

第九十二条 市场成员应当遵循及时、真实、准确、完整的原则，披露电力市场信息。

电力交易机构、电力调度机构应当公平对待市场主体，无歧视披露公众信息和公开信息，严禁超职责范围获取或泄露私有信息。

电力交易机构负责市场信息的管理和发布，会同电力调度机构及时向市场主体发布市场需求信息、电网阻塞管理信息、市场交易信息、辅助服务信息、电网拓扑模型、发电机组检修计划、电网检修计划等。

第九十三条 在确保安全的基础上，市场信息主要通过电力市场技术支持系统、电力交易机构网站进行披露。

电力交易机构负责管理和维护电力市场技术支持系统、电力交易机构网站，并为其他市场成员通过技术支持系统、电力交易机构网站披露信息提供便利。各类市场成员按规定通过电力市场技术支持系统、电力交易机构网站披露有关信息，并对所披露信息的真实性、准确性和及时性负责。

第九十四条 市场主体如对披露的相关信息有异议或疑问，可向电力交易机构、电力调度机构提出，由电力交易机构、电力调度机构负责解释。

第九十五条 国家能源局及其派出机构、地方政府电力管理部门、电力市场成员不得泄露影响公平竞争和涉及用户隐私的相关信息。

第九十六条 国家能源局派出机构、地方政府电力管理部门根据各地实际制定电力市场信息披露管理办法并监督实施。

第十二章 附 则

第九十七条 国家能源局及其派出机构会同地方政府电力管理等部门组织区域电力交易机构根据本规则拟定区域电力交易实施细则。国家能源局派出机构和地方政府电力管理等部门共同组织省（区、市）电力交易机构根据本规则拟定各省（市、区）电力交易实施细则。

第九十八条 电力市场监管实施办法由国家能源局另行制定。

第九十九条 本规则由国家发展改革委、国家能源局负责解释。

第一百条　本规则自发布之日起施行，有效期3年。

国家发展改革委　国家能源局关于印发《能源生产和消费革命战略（2016～2030）》的通知

（发改基础〔2016〕2795号）

各省、自治区、直辖市人民政府，中央有关部门，国务院各部委、各直属机构，有关中央企业，有关行业协会、学会：

为贯彻落实中央财经领导小组第六次会议和国家能源委员会第二次会议精神，我们会同有关部门制定了《能源生产和消费革命战略（2016～2030）》，已经国务院同意，现印发你们，请结合实际认真贯彻落实。

推进能源生产和消费革命，有利于增强能源安全保障能力、提升经济发展质量和效益、增加基本公共服务供给、积极主动应对全球气候变化、全面推进生态文明建设，对于全面建成小康社会和加快建设现代化国家具有重要现实意义和深远战略意义。必须牢固树立和贯彻落实新发展理念，适应把握引领经济发展新常态，坚持以推进供给侧结构性改革为主线，把推进能源革命作为能源发展的国策，筑牢能源安全基石，推动能源文明消费、多元供给、科技创新、深化改革、加强合作，实现能源生产和消费方式根本性转变。

各地区、各部门要加强组织领导，研究制定与能源生产和消费革命战略相衔接的规划体系和实施方案，强化信息共享和协同联动机制，完善政策措施，切实形成工作合力，确保完成各项任务。国家发展改革委、国家能源局将加强统筹协调，完善工作机制，密切跟踪分析，加强监督考核，及时协调解决实施中的问题。

国家发展改革委
国家能源局　（印）
2016年12月29日

附件

能源生产和消费革命战略（2016～2030）（摘要）

能源是人类社会发展的物质基础，能源安全是国家安全的重要组成部分。面对能源供需格局新变化、国际能源发展新趋势，为推进能源生产和消费革命，保障国家能源安全，制定本战略，实施期限为2016～2030年。

一、把握能源发展大势，充分认识能源革命紧迫性

（一）世界能源发展趋势。

一是能源清洁低碳发展成为大势。

二是世界能源供需格局发生重大变化。

三是世界能源技术创新进入活跃期。

四是世界能源走势面临诸多不确定因素。

（二）我国能源发展形势。今后十余年是我国现代化建设承上启下的关键阶段，我国经济总量将持续扩大，人民生活水平和质量全面提高，能源保障生态文明建设、社会进步和谐、人民幸福安康的作用更加显著，我国能源发展将进入从总量扩张向提质增效转变的新阶段。

一是我国能源消费将持续增长。

二是绿色低碳成为能源发展方向。

三是能源体制不断健全完善。

四是能源国际合作水平持续提高。

（三）能源革命机遇挑战。

总体上看，推进能源革命机遇与挑战并存，机遇大于挑战。必须统筹全局，把握机遇，因势利导，主动作为，集中力量实现战略目标。

（四）能源革命重大意义。推进能源革命，有利于促进我国供给侧结构性改革，提升经济发展质量和效益，推动经济行稳致远，支撑我国迈入中等发达国家行列；有利于增强能源安全保障能力，有效应对各种风险和突发事件，提升整体国家安全水平；有利于优化能源结构、提高能源效率，破解资源环境约束，全面推进生态文明建设；有利于增强自主创新能力，实现科技、能源、经济紧密结合；有利于全面增强我国在国际能源领域的影响力，积极主动应对全球气候变化，彰显负责任大国形象；有利于增加基本公共服务供给，使能源发展成果更多惠及全体人民，对于全面建成小康社会和加快建设现代化国家具有重要现实意义和深远战略意义。

二、面向全面建设现代化，明确能源革命战略目标

（一）指导思想。（略）

（二）基本原则。

——立足安全，筑牢底线。

——深化改革，开拓创新。

——市场主导，政府推动。

——统揽全局，协调推进。

（三）战略取向。

——以保障安全为出发点。立足国内，推动能源供应多元化，着力优化能源结构，加快形成煤、油、气、核、新能源和可再生能源多轮驱动、协调发展的能源供应体系。坚持互利共赢开放战略，全面提升能源国际合作质量和水平，积极参与全球能源治理，构建广泛利益共同体，实现开放条件下的能源安全。

——以节约优先为方针。坚持“开源”“节流”并重，坚决控制能源消费总量，彻底改变粗放型能源消费方式，科学管控劣质低效用能。提高能源利用效率，推动产业结构和能源消费结构双优化，推进能源梯级利用、循环利用和能源资源综合利用，加快形成能源节约型社会，降低社会用能成本。

——以绿色低碳为方向。坚持能源绿色生产、绿色消费，切实减少对环境的破坏，保障生态安全。根据资源环境承载能力科学规划能源资源开发布局，推动能源集中式和分布式开发并举，坚持优存量和拓增量并重，降低煤炭在能源结构中的比重，大幅提高新能源和可再生能源比重，使清洁能源基本满足未来新增能源需求，实现单位国内生产总值碳排放量不断下降。

——以主动创新为动力。加快能源科技创新步伐，推动能源技术从被动跟随向自主创新转变，着力突破重大关键能源技术，加快建设智慧能源管理系统，增强需求侧响应能力，实现能源生产和消费智能互动。推动能源体制机制创新，加快重点领域和关键环节改革步伐，提高能源资源配置效率，为能源转型发展提供不竭动力。

（四）目标要求。

到2020年，全面启动能源革命体系布局，推动化石能源清洁化，根本扭转能源消费粗放增长方式，实施政策导向与约束并重。能源消费总量控制在50亿t标准煤以内，煤炭消费比重进一步降低，清洁能源成为能源增量主体，能源结构调整取得明显进展，非化石能源占比15%；单位国内生产总值二氧化碳排放比2015年下降18%；能源开发利用效率大幅提高，主要工业产品能源效率达到或接近国际先进水平，单位国内生产总值能耗比2015年下降15%，主要能源生产领域的用水效率达到国际先进水平；电力和油气体制、能源价格形成机制、绿色财税金融政策等基础性制度体系基本形成；能源自给能力保持在80%以上，基本形成比较完善的能源安全保障体系，为如期全面建成小康社会提供能源保障。

2021～2030年，可再生能源、天然气和核能利用持续增长，高碳化石能源利用大幅减少。能源消费总量控制在60亿t标准煤以内，非化石能源占能源消费总量比重达到20%左右，天然气占比达到15%左右，新增能源需求主要依靠清洁能源满足；单位国内生产总值二氧化碳排放比2005年下降60%～65%，二氧化碳排放2030年左右达到峰值并争取尽早达峰；单位国内生产总值能耗（现价）达到目前世界平均水平，主要工业产品能源效率达到国际领先水平；自主创新能力全面提升，能源科技水平位居世界前列；现代能源市场体制更加成熟完善；能源自给能力保持在较高水平，更好利用国际能源资源；初步构建现代能源体系。

展望2050年，能源消费总量基本稳定，非化石能源占比超过一半，建成能源文明消费型社会；能效水平、能源科技、能源装备达到世界先进水平；成为全球能源治理重要参与者；建成现代能源体系，保障实现现代化。

三、推动能源消费革命，开创节约高效新局面

强化约束性指标管理，同步推进产业结构和能源消费结构调整，有效落实节能优先方针，全面提升城乡优质用能水平，从根本上抑制不合理消费，大幅度提高能源利用效率，加快形成能源节约型社会。

（一）坚决控制能源消费总量。

实施能源消费总量和强度“双控”。

构建用能权制度。

（二）打造中高级能源消费结构。大力调整产业结构，推动产业结构调整与能源结构优化互驱共进，使能源消费结构迈入更加绿色、高效的中高级形态。

以能源消费结构调整推动传统产业转型升级。

以产业结构调整促进能源消费结构优化。

（三）深入推进节能减排。坚持节能优先总方略，把节能贯穿于经济社会发展全过程和各领域，健全节能标准和计量体系，完善节能评估制度，全面提高能源利用效率，推动完善污染物和碳排放治理体系。

把工业作为推动能源消费革命的重点领域。

充分释放建筑节能潜力。

全面构建绿色低碳交通运输体系。

实施最严格的减排制度。

（四）推动城乡电气化发展。结合新型城镇化、农业现代化建设，拓宽电力使用领域，优先使用可再生能源电力，同步推进电气化和信息化建设，开创面向未来的能源消费新时代。

大幅提高城镇终端电气化水平。实施终端用能清洁电能替代，大力推进城镇以电代煤、以电代油。加快制造设备电气化改造，提高城镇产业电气化水平。提高铁路电气化率，超前建设汽车充电设施，完善电动汽车及充电设施技术标准，加快全社会普及应用，大幅提高电动汽车市场销量占比。淘汰煤炭在建筑终端的直接燃烧，鼓励利用可再生电力实现建筑供热（冷）、炊事、热水，逐步普及太阳能发电与建筑一体化。

全面建设新农村新能源新生活。切实提升农村电力普遍服务水平，完善配电网建设及电力接入设施、农业生产配套供电设施，缩小城乡生活用电差距。加快转变农业发展方式，推进农业生产电气化。实施光伏（热）扶贫工程，探索能源资源开发中的资产收益扶贫模式，助推脱贫致富。结合农村资源条件和用能习惯，大力发展太阳能、浅层地热能、生物质能等，推进用能形态转型，使农村成为新能源发展的“沃土”，建设美丽宜居乡村。

加速推动电气化与信息化深度融合。保障各类新型合理用电，支持新产业、新业态、新模式发展，提高新消费用电水平。通过信息化手段，全面提升终端能源消费智能化、高效化水平，发展智慧能源城市，推广智能楼宇、智能家居、智能家电，发展智能交通、智能物流。培育基于互联网的能源消费交易市场，推进用能权、碳排放权、可再生能源配额等网络化交易，发展能源分享经济。加强终端用能电气化、信息化安全运行体系建设，保障能源消费安全可靠。

（五）树立勤俭节约消费观。充分调动人民群众的积极性、主动性和创造性，大力倡导合理用能的生活方式和消费模式，推动形成勤俭节约的社会风尚。

增强全民节约意识。

培育节约生活新方式。

完善公众参与制度。

四、推动能源供给革命，构建清洁低碳新体系

立足资源国情，实施能源供给侧结构性改革，推进煤炭转型发展，提高非常规油气规模化开发水平，大力发展非化石能源，完善输配网络和储备系统，优化能源供应结构，形成多轮驱动、安全可持续的能源供应体系。

（一）推动煤炭清洁高效开发利用。煤炭是我国主体能源和重要工业原料，支撑了我国经济社会快速发展，还将长期发挥重要作用。实现煤炭转型发展是我国能源转型发展的立足点和首要任务。

实现煤炭集中使用。

大力推进煤炭清洁利用。

促进煤炭绿色生产。

（二）实现增量需求主要依靠清洁能源。大力发展清洁能源，大幅增加生产供应，是优化能源结构、实现绿色发展的必由之路。推动清洁能源成为能源增量主体，开启低碳供应新时代。

推动非化石能源跨越式发展。坚持分布式和集中式并举，以分布式利用为主，推动可再生能源高比例发展。大力发展风能、太阳能，不断提高发电效率，降低发电成本，实现与常规电力同等竞争。因地制宜选择合理技术路线，广泛开发生物质能，加快生物质供热、生物天然气、农村沼气发展，扩大城市垃圾发电规模。创新开发模式，统筹水电开发经济效益、社会效益和环境效益。在具备条件的城市和区域，推广开发利用地热能。开展海洋能等其他可再生能源利用的示范推广。采用我国和国际最新核安全标准，安全高效发展核电，做好核电厂址保护，优化整合核电堆型，稳妥有

序推进核电项目建设，加强铀资源地质勘查，实行保护性开采政策，规划建设核燃料生产、乏燃料后处理厂和放射性废物处置场。

积极推动天然气国内供应能力倍增发展。加强天然气勘查开发，建设四川、新疆等天然气生产供应区，加快推动鄂尔多斯盆地、沁水盆地与新疆等地区不同煤阶煤层气，以及四川盆地及外围、中下扬子地区、北方地区页岩气勘查开发，推动煤层气、页岩气、致密气等非常规天然气低成本规模化开发，稳妥推动天然气水合物试采。处理好油气勘查开发过程中的环境问题，严格执行环保标准，加大水、土、大气污染防治力度。

推动分布式成为重要的能源利用方式。在具备条件的建筑、产业园区和区域，充分利用分布式天然气、分布式可再生能源，示范建设相对独立、自我平衡的个体能源系统。根据分布式能源供应情况，合理布局产业集群，完善就近消纳机制，推动实现就地生产、就地消费。

（三）推进能源供给侧管理。坚持严控能源增量、优化存量，着力提升能源供给质量和效率，扩大有效供给，合理控制能源要素成本，增强供给的适应性和灵活性。

建立健全能源生产、配送、交易管理市场化制度，推动能源优质优供，引导能源消费升级。完善产能退出机制，加快淘汰能源领域落后产能。分级分类建立能源产品标准体系并逐步完善提高，严禁不合格能源生产和交易使用。通过技术进步降低清洁能源成本，完善支持清洁能源发展的市场机制，建立健全生态保护补偿机制，推动化石能源外部环境成本内部化，合理确定煤炭税费水平。建立多元化成品油市场供应体系，实现原油、煤炭、生物质等原料的生产技术和产品的协同优化。优化能源系统运行，打造能源高效公平流动基础设施平台。建立能源基础设施公平性接入的有效监督机制，降低输配成本，提高能源供给效率。

（四）优化能源生产布局。综合考虑能源资源禀赋、水资源条件、生态环境承载力以及能源消费总量和强度“双控”等因素，科学确定能源重点开发基地，统筹能源生产与输送。

合理布局能源生产供应。东部地区，充分利用国内外天然气，发展核电、分布式可再生能源和海上风电，积极吸纳其他地区富余清洁能源，率先减煤。中部地区，大力发展分布式可再生能源，做好煤炭资源保护性开发，总体上降低煤炭生产规模，加快发展煤层气，建设区外能源输入通道及能源中转枢纽。西南地区，建设云贵川及金沙江等水电基地，大力发展川渝天然气，积极发展生物质能源，加快调整煤炭生产结构。西北地区，建设化石能源和可再生能源大型综合能源基地，保障全国能源平衡。东北地区，加快淘汰煤炭落后产能，大力发展新能源和可再生能源，实现供需平衡，完善国外能源输入通道。加快建设海上油气战略接续区，稳步推进海洋能开发利用。按照炼化一体化、装置规模化、产业园区化、产品清洁化的要求，优化石油炼化产业布局。

有效衔接能源开发地与输送网。实行能源优先就地平衡，尽量减少远距离大规模输送。结合全国能源生产供应布局，统筹多种能源输送方式，推进能源开发基地、加工转换基地与能源输送通道的同步规划、同步建设。加快能源输送网络转型，减少网络冗余，提高系统运行效率，扩大可再生能源有效利用，推动能源输送网络运营调度升级提效。

（五）全面建设“互联网＋”智慧能源。促进能源与现代信息技术深度融合，推动能源生产管理和营销模式变革，重塑产业链、供应链、价值链，增强发展新动力。

推进能源生产智能化。鼓励风电、太阳能发电等可再生能源的智能化生产，推动化石能源开采、加工及利用全过程的智能化改造，加快开发先进储能系统。加强电力系统的智能化建设，有效对接油气管网、热力管网和其他能源网络，促进多种类型能流网络互联互通和多种能源形态协同转化，建设“源—网—荷—储”协调发展、集成互补的能源互联网。

建设分布式能源网络。鼓励分布式可再生能源与天然气协同发展，建设基于用户侧的分布式储能设备，依托新能源、储能、柔性网络和微网等技术，实现分布式能源的高效、灵活接入以及生产、消费一体化，依托能源市场交易体系建设，逐步实现能源网络的开放共享。

发展基于能源互联网的新业态。推动多种能源的智能定制，合理引导电力需求，鼓励用户参与调峰，培育智慧用能新模式。依托电子商务交易平台，实现能源自由交易和灵活补贴结算，推进虚拟能源货币等新型商业模式。构建基于大数据、云计算、物联网等技术的能源监测、管理、调度信息平台、服务体系和产业体系。打造能源企业“大众创业、万众创新”平台，全面推进能源领域众创众包众扶众筹。

五、推动能源技术革命，抢占科技发展制高点

立足自主创新，准确把握世界能源技术演进趋势，以绿色低碳为主攻方向，选择重大科技领域，按照“应用推广一批、示范试验一批、集中攻关一批”路径要求，分类推进技术创新、商业模式创新和产业创新，将技术优势转化为经济优势，培育能源技术及关联产业升级的新增长点。

（一）普及先进高效节能技术。以系统节能为基础，以高效用能为方向，将高效节能技术广泛应用于工业、建筑、交通等各领域。

工业节能技术。发展工业高效用能技术，加强生产工艺和机械设备节能技术研发，重点推动工业锅（窑）炉、电机系统、变压器等通用设备节能技术研发应用。深入推进流程工业系统节能改造，完善和推广工业循环利用、系统利用和梯级利用技术。广泛应用原料优化、工业余热、余压、余气回收利用和电厂烟气余热回收利用技术。推行产品绿色节能设计，推广轻量化低功耗易回收等技术工艺。

建筑节能技术。推广超低能耗建筑技术以及绿色家居、家电等生活节能技术，发展新型保温材料、反射涂料、高效节能门窗和玻璃、绿色照明、智能家电等技术，鼓励发展近零能耗建筑技术和既有建筑能效提升技术，积极推广太阳能、地热能、空气热能等可再生能源建筑规模化应用技术。

交通运输节能技术。突破新能源汽车核心技术，发展节能汽车技术，完善高铁、新型轨道交通节能关键技术，积极开发大型飞机、船舶材料及燃料加工技术。研发和推广交通与互联网融合技术，利用交通大数据，发展城市智能交通管理技术、车联网等交通控制网技术。

（二）推广应用清洁低碳能源开发利用技术。强化自主创新，加快非化石能源开发和装备制造技术、化石能源清洁开发利用技术应用推广。

可再生能源技术。加快大型陆地、海上风电系统技术及成套设备研发，推动低风速、风电场发电并网技术攻关。加快发展高效太阳能发电利用技术和设备，重点研发太阳能电池材料、光电转换、智能光伏发电站、风光水互补发电等技术，研究可再生能源大规模消纳技术。研发应用新一代海洋

能、先进生物质能利用技术。

先进核能技术。推动大型先进压水堆核电站的规模化建设，钠冷快中子堆核电厂示范工程及压水堆乏燃料后处理示范工程的建设，以及高温气冷堆等新型核电示范工程建设；推进小型智能堆、浮动核电站等新技术示范，重点实施自主知识产权技术的示范推广。突破铀资源攻深找盲技术和超深大型砂岩铀矿高效地浸、铀煤协调开采等关键技术，探索盐湖及海水铀资源低成本提取技术，开展先进核电燃料的研究和应用，开发事故容错核燃料技术、先进核燃料循环后处理技术及高放废物处理处置技术。

煤炭清洁开发利用技术。创新煤炭高效建井和智能矿山等关键技术、煤炭无人和无害化等智能开采、充填开采、保水开采以及无煤柱自成巷开采技术，开展矿井低浓度瓦斯采集、提纯、利用技术攻关。创新超高效火电技术、超清洁污染控制技术、低能耗碳减排和硫捕集封存利用技术、整体煤气化联合循环发电技术等，掌握燃气轮机装备制造核心技术。做好节水环保高转化率煤化工技术示范。

油气开发利用技术。积极研究应用油气高采收率技术和陆地深层油气勘查开发技术。探索致密气、页岩气压裂新技术、油页岩原位开采技术。研发推广适合不同煤阶的煤层气抽采技术。推动深海油气勘查开发、海上溢油等事故应急响应和快速处理技术及装备研发。加快重劣质油组合加工技术等关键技术研发，积极推动油品质量升级关键技术研发及推广，突破分布式能源微燃机制造技术，推广单燃料天然气车船应用技术。

（三）大力发展智慧能源技术。推动互联网与分布式能源技术、先进电网技术、储能技术深度融合。

先进电网技术。加强新能源并网、微网等智能电网技术研发应用，推动先进基础设施和装备关键技术、信息通信技术及调控互动技术研发示范。完善并推广应用需求侧互动技术、电力虚拟化及电力交易平台技术，提升电网系统调节能力。

储能技术。发展可变速抽水蓄能技术，推进飞轮、高参数高温储热、相变储能、新型压缩空气等物理储能技术的研发应用，发展高性能燃料电池、超级电容等化学储能技术。研发支持即插即用、灵活交易的分布式储能设备。

能源互联网技术。集中攻关能源互联网核心装备技术、系统支撑技术，重点推进面向多能流的能源交换路由器技术、能气交换技术、能量信息化与信息物理融合技术、能源大数据技术及能源交易平台与金融服务技术等。

（四）加强能源科技基础研究。实施人才优先发展战略，重点提高化石能源地质、能源环境、能源动力、材料科学、信息与控制等基础科学领域的研究能力和水平。

开展前沿性创新研究。加快研发氢能、石墨烯、超导材料等技术。突破无线电能传输技术、固态智能变压器等核心关键技术。发展快堆核电技术。加强煤炭灾害机理等基础理论研究，深入研究干热岩利用技术。突破微藻制油技术、探索藻类制氢技术。超前研究个体化、普泛化、自主化的自能源体系相关技术。

重视重大技术创新。集中攻关可控热核聚变试验装置，力争在可控热核聚变实验室技术上取得重大突破。大力研发经济安全的天然气水合物开采技术。深入研究经济性全收集全处理的碳捕集、利用与封存技术。

六、推动能源体制革命，促进治理体系现代化

还原能源商品属性，加快形成统一开放、竞争有序的市场体系，充分发挥市场配置资源的决定性作用和更好发挥政府作用。以节约、多元、高效为目标，创新能源宏观调控机制，健全科学监管体系，完善能源法律法规，构建激励创新的体制机制，打通能源发展快车道。

（一）构建有效竞争的能源市场体系。坚持社会主义市场经济改革方向，加快形成企业自主经营、消费者自由选择、商品和要素自由流动的能源市场体系。

（二）建立主要由市场决定价格机制。全面放开竞争性环节价格，凡是能由市场形成价格的，都要交给市场。加强对市场价格的事中事后监管，规范价格行为。推动形成由能源资源稀缺程度、市场供求关系、环境补偿成本、代际公平可持续等因素决定能源价格机制。稳妥处理和逐步减少交叉补贴。

（三）创新能源科学管理模式。加快政府职能转变，持续推进简政放权、放管结合、优化服务改革，建立健全战略谋划、规划实施、政策配套、监管到位的能源科学管理模式。

（四）建立健全能源法治体系。以能源法治平衡各方利益，以能源法治凝聚能源改革共识，坚持在法治下推进改革，在改革中完善法治。

建立科学完备、先进适用的能源法律法规体系。根据形势发展需要，健全能源法律法规体系，加强能源监管法律法规建设，研究完善相关配套实施细则，做好地方性法规与法律、行政法规的衔接。

及时修订废止阻碍改革、落后于实践发展的法律法规。增强能源法律法规的及时性、针对性、有效性。

七、加强全方位国际合作，打造能源命运共同体

按照立足长远、总体谋划、多元合作、互利共赢的方针，加强能源宽领域、多层次、全产业链合作，构筑连接我国与世界的能源合作网，打造能源合作的利益共同体和命运共同体。

（一）实现海外油气资源来源多元稳定。完善海外重点合作区域布局，丰富能源国际合作内涵，把握好各方利益交集。

构建多元化供应格局。有效利用国际资源，加快重构供应版图，形成长期可靠、安全稳定的供应渠道。

打造命运共同体。把握和扩大能源国际合作各方的利益交集，充分照顾合作东道国现实利益，把我国能源合作战略利益与资源国经济发展和改善民生需求充分结合起来。能源走出去企业要切实履行当地社会责任，促进互利共赢。

创新合作方式。坚持经济与外交并重、投资和贸易并举，充分利用高层互访、双多边谈判、对外经济援助等机会，创新完善能源国际合作方式。发挥资本和资金优势，推动资源开发与基础设施建设相结合。

（二）畅通“一带一路”能源大通道。巩固油气既有战略进口通道，加快新建能源通道，有效提高我国和沿线国家能源供应能力，全面提升能源供应互补互济水平。

确保能源通道畅通。巩固已有主要油气战略进口通道。推动建立陆海通道安全合作机制，做好通道关键节点的风险管控，提高设施防护能力、战略预警能力以及突发事件应急反应能力，建设安全畅通的能源输送大通道。

完善能源通道布局。加强陆海内外联动、东西双向开放，加快推进“一带一路”国家和地区能源互联互通，加快能源通道建设，提高陆上通道运输能力。推动周边国家电力

基础网络互联互通。

推进共商共建共享。与相关国家和地区共同推进能源基础设施规划布局、标准规范、经营管理的对接，加强法律事务合作，保障能源输送高效畅通。以企业为主体，以基础设施为龙头，共建境外能源经贸产业园区。

（三）深化国际产能和装备制造合作。引技引智并举，拓宽合作领域，加大国际能源技术合作力度，推动能源产业对外深度融合，提升我国能源国际竞争力。

引进先进适用技术。通过相互投资、市场开放等手段，引进消化吸收和再创新清洁煤、乏燃料处理、智能电网等关键、适用能源技术，鼓励掌握先进技术的国外企业参与国内非常规油气勘查开发、清洁低碳能源开发利用等。

提升科技全球协同创新能力。积极参与前瞻性能源技术国际研发应用合作平台和机制建设，密切跟踪掌握关键重点领域前沿动态。加强政府间、企业间、研究机构间合作与交流，创新能源领域人才合作培养机制。积极参与制定先进能源技术标准，推动国内技术标准国际化。

融入全球能源产业链。发挥比较优势，培育一批跨国企业，增强国际竞争力，推动能源生产和高效节能装备、技术、服务"走出去"。联合技术先进国家共同开拓第三方国际市场，深度融入全球能源产业链、价值链、物流链。

（四）增强国际能源事务话语权。

八、提升综合保障能力，掌握能源安全主动权

（一）形成多元安全保障体系。统筹不同能源品种、生产输送消费环节、当前和长远需要，全面提高能源安全保障的综合协同能力。

（二）增强战略储备和应急能力。建立政府储备与企业储备并重、中央储备与地方储备分层、资源储备与技术储备结合、战略储备与应急响应兼顾、国内储备与国际储备互补的能源储备机制。

（三）提升生产运行安全水平。加大能源安全生产投入，加强能源行业安全监管，全面提升煤电油气运安全水平。

九、实施重大战略行动，推进重点领域率先突破

围绕能源革命战略目标，选择重点突破领域，通过示范建设和实施重大工程，推动落实各项战略任务。

（一）全民节能行动。开展千家万户绿色节能活动，深入开展反过度包装、反食品浪费、反过度消费行动，完善国家节能技术推广机制。实施一批节能改造重点工程，推动重点用能单位节能行动。推行合同能源管理和重点用能行业能效"领跑者"制度。加强节能监察。建设节约型公共机构示范单位，全面建设节约型办公区。建立能流物流高效循环、梯级利用的复合型工厂和园区。全面实行供热计量收费，推广绿色施工及装配化建造方式。深入推进"车、船、路、港"千家企业节能低碳交通运输专项行动。

（二）能源消费总量和强度控制行动。将全国能耗总量和强度双控目标分解到各地区和重点用能单位，严格考核、监督和问责。推行用能预算管理制度，研究在大气污染联防联控重点区域、经济发达地区和大中城市率先开展用能权使用和交易试点，结合综合经济社会效益等，对重点行业企业排序，建立初始用能权核定制度。全面淘汰分散燃煤小锅炉，推动电代油、气代油、生物燃料替代，提高燃油经济性标准。严格控制煤炭消费总量，确保实现空气质量治理阶段性达标。

（三）近零碳排放示范行动。重点控制电力、钢铁、建材、化工等行业的碳排放。继续推进公交优先发展战略，推广新能源汽车。京津冀、长三角、珠三角地区碳排放率先达到峰值。深入开展低碳省（区、市）、市、城镇、产业园区、社区试点示范，实施近零碳排放区示范工程。开展碳捕集利用封存试点。推动建设全国统一的碳排放权交易市场，实行重点单位碳排放报告、核查、核证和配额管理制度。

（四）电力需求侧管理行动。充分发挥电力需求侧管理在供给侧结构性改革中的作用，开展工业领域电力需求侧管理专项行动，并在交通、建筑、商业领域推广示范。制定工业领域电力需求侧管理指南，形成一批示范企业和园区。建设电力需求侧管理平台。支持技术创新及产业化应用，形成工业领域电力需求侧管理推荐产品和技术目录。建设产业联盟及相关中介组织，加快培育电能服务产业。实施电力需求侧管理评价，推动形成科学、有序、安全、节约的现代用能管理体系。组织万家工业企业参与专项行动，到2020年，工业企业单位增加值电耗平均下降10%以上。

（五）煤炭清洁利用行动。全面实施燃煤电厂节能及超低排放升级改造，坚决淘汰关停落后产能和不符合相关强制性标准要求的燃煤机组。在2020年前，所有现役电厂平均供电煤耗低于310g（标准煤）/kWh，新建电厂平均供电煤耗低于300g（标准煤）/kWh，到2030年，煤炭用于发电的比重不断提高，燃煤电厂平均供电煤耗进一步降低，超低污染物排放煤电机组占全国80%以上。多措并举，全面推进散煤治理。到2020年，全面实现燃煤锅炉污染物达标排放，大气污染重点防控区全部淘汰落后燃煤锅炉，污染物排放达到国家特别排放限值要求，实施重点区域散煤清洁化治理行动，散煤治理取得明显进展。

（六）天然气推广利用行动。进一步明确积极发展天然气政策，高效利用天然气。实施大气污染治理重点地区气化工程，根据资源落实情况，加快重点地区燃煤设施和散煤燃烧天然气替代步伐，做好供需季节性调节。提高城市燃气化率。有序发展天然气调峰电站，积极推进天然气冷热电三联供，大力发展天然气分布式能源，推动天然气和新能源融合发展。开展交通领域气化工程，大力推进车、船用燃油领域天然气替代，加快内河船舶液化天然气燃料的推广应用。

（七）非化石能源跨越发展行动。优化风电和光伏发电布局，加快中东部可再生能源发展，稳步推进"三北"地区风光电基地建设，建立弃风率和弃光率预警考核机制，实现可再生能源科学有序发展。鼓励可再生能源电力优先就近消纳，充分利用规划内输电通道实现跨区外送。大力推进生物质能原料基地建设，扩大生物质能利用规模。开展地热能示范县、示范乡镇建设。开展海洋能示范项目建设。在生态优先前提下积极有序推进大型水电基地建设，因地制宜发展中小型水电站，大力推进抽水蓄能电站建设，科学有序开发金沙江等水电。到2030年，非化石能源发电量占全部发电量的比重力争达到50%。

（八）农村新能源行动。更好发挥能源扶贫脱贫攻坚作用，改善贫困地区用能条件，通过建设太阳能光伏电站、开发水电资源等方式，探索能源开发收益共享等能源扶贫新机制。建立农村商品化能源供应体系，稳步扩大农村电力、燃气和洁净型煤供给，加快替代农村劣质散煤，提高物业化管理、专业化服务水平。统筹推进农村配电网建设、太阳能光伏发电和热利用。在具备条件的农村地区，建设集中供热和燃气管网。就近利用农作物秸秆、畜禽粪便、林业剩余物等生物质资源，开展农村生物天然气和沼气等燃料清洁化工程。到2030年，农村地区实现商品化能源服务体系。

（九）能源互联网推广行动。融合应用信息、电力、储能、电力电子、新能源技术，搭建能源互联网基础架构。建设能源智能化、综合能源网和信息通信基础设施，开发能源联网交易体系，创新能源交易商业模式。发展储能和电动汽车应用、智慧用能和增值服务，培育绿色能源交易市场，发展能源大数据服务应用等。建设国际领先的能源互联网技术标准体系。

（十）能源关键核心技术及装备突破行动。强化创新基础，依托骨干企业、科研院所和高校，建设一批具有影响力的能源技术研究基地（平台）。优化能源科研机构组织运行方式，建立健全激励机制。加强能源基础理论联合研究，增强原始创新、集成创新能力，在重要的能源核心技术和关键材料方面取得突破，梯次开展重大示范工程。调整优化能源装备制造布局，推动产业集聚向产业集群转型升级，建设全球重大能源装备制造基地。加强能源装备领域产业计量测试中心建设，提供全产业链、全溯源链、全生命周期计量测试服务。

（十一）能源供给侧结构性改革行动。持续深化国有能源企业改革，完善油气和电力主体多元的市场化体系，增强市场活力和市场竞争力，转变国有企业经营机制，做优做强，提高能源供应质量和效率。加快油气交易平台建设，完善电力市场交易平台。推动新能源基地配套布局天然气、抽水蓄能等调峰电厂，提高发电稳定性。开展化石能源产品质量达标行动，完善煤炭产品质量标准体系。加强油气管网、电网接入公平性监管，加强煤炭质量监测和抽查管理。加快建设排污权、碳交易市场，实现化石能源外部成本内部化。实施能源生产安全保障行动。

（十二）能源标准完善和升级行动。在建筑建材、车用燃油、汽车排放、家用电器、商品煤、燃煤锅炉等方面，制修订更加严格的节能环保标准。在太阳能发电、核电安全、能源互联网、新能源汽车、充电设施等方面，完善技术标准体系。加快前沿性创新技术转化为标准。超前部署创新领域标准研究。建立标准及时更新机制。落实责任主体，加强标准执行，严格监督考核，完善奖惩制度。

（十三）"一带一路"能源合作行动。陆上依托国际大通道，以沿线中心城市为支撑，以重点经贸产业园区为合作平台，推动能源投资和贸易；海上以重点港口为节点，畅通能源输送通道。联合开发水能、光伏、风能、生物质能、地热能、海洋能等资源，打造清洁能源合作样板。实施低碳示范区、减缓和适应气候变化及人员培训合作项目。

十、切实加强组织领导，确保战略目标全面实现

推进能源革命，必须统一思想，加强组织领导，健全领导体制和工作机制，完善规划体系，协调重大关系，研究解决重大问题，动员全社会力量，积极稳妥推进，保障能源革命阶段性任务和整体战略目标的顺利实现。

（一）明确实施责任主体。

（二）强化规划指导作用。

（三）完善政策措施保障。

（四）健全监督管理体系。

（五）加强宣传教育引导。

国家发展改革委　国家标准委关于印发《节能标准体系建设方案》的通知

（发改环资〔2017〕83号）

各省、自治区、直辖市及计划单列市、新疆生产建设兵团发展改革委（经信委、工信委、工信厅）、质量技术监督局（市场监督管理部门），科技部、工业和信息化部、财政部、住房城乡建设部、交通运输部、农业部、商务部、国管局，各有关单位：

为贯彻落实《中共中央　国务院关于印发〈生态文明体制改革总体方案〉的通知》（中发〔2015〕25号），研究完善节能标准体系，我们研究制定了《节能标准体系建设方案》，现印送你们，请结合实际认真贯彻执行。

国家发展改革委
国家标准委（印）
2017年1月11日

附件

节能标准体系建设方案（摘要）

为贯彻落实《中共中央　国务院关于印发〈生态文明体制改革总体方案〉的通知》（中发〔2015〕25号）、《国务院关于印发深化标准化工作改革方案的通知》（国发〔2015〕13号）、《国务院办公厅关于加强节能标准化工作的意见》（国办发〔2015〕16号）和《国务院办公厅关于印发〈国家标准化体系建设发展规划（2016～2020年）〉的通知》（国办发〔2015〕89号）相关要求，加快完善节能标准体系，提高节能标准实施效果，制定本方案。

一、现状和问题

节能标准是国家节能制度的基础，是提升经济质量效益、推动绿色低碳循环发展、建设生态文明的重要手段，是化解产能过剩、加强节能减排工作的有效支撑。"十二五"以来，国家标准委、国家发展改革委联合启动了两期"百项能效标准推进工程"，共批准发布了206项能效、能耗限额和节能基础国家标准。截至目前，我国已发布实施能效强制性标准73项、能耗限额强制性标准104项、节能推荐性国家标准150余项，对化解产能过剩、优化产业结构、实现节能目标发挥了重要作用。

但是，与当前化解过剩产能、促进产业结构调整优化、推进生态文明建设的迫切需求相比，节能标准体系还不健全，实施基础仍显薄弱，管理机制还不完善，一些重要的节能标准缺失，部分标准技术水平落后、更新不及时，标准体系需要进一步完善，特别是用能产品能效、高耗能行业能耗限额、建筑物能效等标准亟需更新。

二、总体要求

（一）指导思想。（略）

（二）基本原则。

（1）科学系统、功能明确。

（2）统筹协调、运行高效。

（3）动态开放、国际接轨。

（三）建设目标。

到2020年，节能国家标准、行业标准、地方标准、团体标准体系结构更加优化，政府主导制定的节能标准与市场自主制定的节能标准协同发展、协调配套，建成指标先进、符合国情的节能标准体系，形成有效的节能标准研究、制修订、宣贯、监督检查、评估等工作机制。节能强制性标准的规范作用进一步强化，节能推荐性标准的引领作用进一步发挥，节能标准有效实施与监督的工作体系进一步完善，节能标准化能力进一步增强，节能标准国际化水平明显提升。主要高耗能行业和终端用能产品实现节能标准全覆盖，80% 以上的能效指标达到国际先进水平，重点领域、行业节能标准指标更加先进，新发布的节能强制性标准开展质量及效益评估的比例达到50%以上。

三、优化标准体系建设

（四）系统规划节能标准体系框架。突出节能标准的规范引领作用，按照节能过程环节将节能标准进行归类，构建节能标准体系框架。节能标准体系框架主要包括基础共性、目标、设计、建设、运行、评估、优化等 7 个标准子体系。基础共性标准子体系是其他节能标准的依据和基础。目标标准子体系包括能耗限额标准、能效标准，是整个标准体系的关键和重点。设计标准子体系包括规划设计和源头控制等方面的标准。建设标准子体系包括节能施工、验收等方面的标准。运行标准子体系包括技术改造、运行维护等方面的标准。评估标准子体系包括计量和检测、分析和计算、能效评估等方面的标准。优化标准子体系包括系统提升、节能服务、供需优化等方面的标准。

（五）开展节能强制性标准整合精简。

（六）建立能效“领跑者”指标与节能标准衔接机制。

（七）加强重点领域节能标准制修订工作。继续实施“百项能效标准推进工程”，不断提升节能标准技术要求。在工业领域，加快制修订钢铁、有色、石化、化工、建材、机械、船舶等行业节能技术标准，形成覆盖生产设备节能、节能监测与管理、能源计量、能源管理与审计等方面的标准体系；完善燃油经济性标准和新能源汽车技术标准。在能源领域，重点制定煤炭清洁高效利用相关技术标准，加强天然气、新能源、可再生能源标准制修订工作。在建筑领域，完善绿色建筑与建筑节能设计、施工验收和评价标准，修订建筑照明设计标准，建立绿色建材标准体系。在交通运输领域，完善用能设备设施能效标准、绿色交通评价、交通运输工具能耗监测等标准。在商贸流通等服务业领域，加快制修订零售业能源管理体系、绿色商场和绿色市场、绿色服务等标准。在公共机构领域，制修订公共机构能耗限额、能源统计、能源计量、节约型公共机构评价等标准。在农业领域，加快制修订农业机械、渔船和种植制度等农业生产领域高产节能、省柴节煤灶炕等农村生活节能，以及农作物秸秆能源化高效利用等相关技术标准。

（八）增加节能标准的市场供给。

（九）推进节能标准国际化。跟踪节能领域国际标准，实质性参与和主导制定一批节能国际标准，推动将具有我国自主知识产权的技术转化为国际标准，提升国际标准话语权。加强双边、多边国际合作机制下节能标准国际协调一致，推动与主要贸易国建立节能标准标识协调互认机制，促进投资贸易便利化。深化与“一带一路”沿线国家和地区节能标准化双多边合作和互联互通，大力推动制冷空调、照明产品、变压器等产品节能标准化合作，研究制定区域性节能标准，以节能标准“走出去”带动我国高效节能技术、产品和装备“走出去”。

四、健全管理机制

（十）进一步明确工作职责。国家标准委、国家发展改革委联合制定节能标准管理办法。国家标准委、国家发展改革委负责制定并维护节能标准体系，统筹管理节能强制性国家标准和推荐性国家标准制修订工作。国家标准委商国家发展改革委和国务院有关部门，负责节能国家标准的立项、起草、征求意见、技术审查等工作。能效标准应制定为强制性国家标准，能耗限额标准原则上制定为强制性国家标准。国务院各有关部门根据节能工作需要组织制修订节能行业标准。国家标准委会同国务院有关部门加强对节能领域团体标准制修订的规范、引导和监督。地方制定的节能标准原则上应为推荐性标准，各省、自治区、直辖市根据节能工作需要可制定严于能耗限额强制性国家标准的强制性地方标准。国家发展改革委和国务院有关部门依据职责组织实施节能强制性国家标准。工程建设强制性国家标准、强制性行业标准和强制性地方标准，按现有模式管理。

（十一）建立节能标准更新机制。国家标准委、国家发展改革委与国务院有关部门协调配合，完善节能标准更新机制。每年下达 1～2 批节能标准专项计划，急需标准随时立项。完善节能标准复审机制，标准复审周期控制在 3 年以内，标准修订周期控制在 2 年以内，确保强制性能效和能耗指标的先进性、科学性和有效性。能效标准中的能效限定值和能耗限额标准中的能耗限定值应淘汰 20%左右的落后产品和落后产能。

（十二）开展节能标准监督检查。县级以上节能主管部门依据《节能监察办法》规范节能监察行为，会同有关部门结合本地实际编制节能监察计划，组织节能监察机构根据节能强制性标准对辖区内能源生产、经营、使用单位和其他相关单位开展节能监督检查，严肃查处违法违规用能行为，并提出依法用能、合理用能的建议。畅通节能标准违规投诉举报渠道，调动社会各方力量参与节能标准实施情况的监督。

（十三）实行节能强制性国家标准实施效果统计分析报告制度。国家标准委、国家发展改革委会同国务院有关部门委托全国能源基础与管理标准化技术委员会或相关机构开展标准实施效果评估，每年选择 1～2 类节能强制性国家标准开展标准实施效果评估，通过抽样调查、数据整理、投入产出分析、节能效益分析等形成评估结论。各部门、各地区组织开展节能领域重要行业、地方标准实施情况评估，每年向国家标准委、国家发展改革委报告评估结果。国家标准委、国家发展改革委会同国务院有关部门根据评估结果适时组织制修订节能国家标准。

五、夯实节能标准化基础

（十四）加强节能标准化科技创新。实施科技创新驱动发展战略，加强节能领域技术标准科研工作规划，加强节能标准研究、制修订和效果评估，提高节能标准的适用性。强化节能技术研发与节能标准制修订衔接，建设产学研用有机结合的节能标准创新基地，培育形成技术研发—标准研制—产业推广应用的科技创新机制。

（十五）加强能源统计计量。强化用能单位能源计量、统计分析等制度实施，不断完善能源计量相关标准体系建设。加强能源计量器具智能化升级、配备、安装以及能源计量数据采集等方面的标准制修订，不断提高能源计量器具的标准化、智能化、规范化水平，提高能耗监测数据记录的完整性、准确性、持续性。严格执行能源计量器具配备相关标准，确保数据质量。

（十六）加强节能检测认证和监督监测能力建设。加强节能检测认证机构符合性验证能力建设，为节能标准实施提供支撑。加大节能监察技术人员培训力度，提升各级节能监察机构和主要耗能行业节能监测中心监测能力。

（十七）加强节能标准化信息平台建设。充分运用信息化手段，建立节能标准制修订全过程信息公开和服务平台，强化信息共享、社会监督、自查自纠。及时发布节能标准制修订计划、起草单位征集、征求意见、宣贯培训等信息，方便查询节能标准信息、反馈实施情况、提出标准需求，提升节能标准化信息平台服务能力。

（十八）实施节能标准化示范工程。选择具有示范作用和辐射效应的园区或重点用能企业，创建一批节能标准化示范项目，推动节能标准有效实施，促进先进节能技术、产品和服务应用，提升能源利用效率。建立国家节能标准化示范项目案例库，积极开展示范项目经验宣传和培训，促进典型实践案例复制和推广。

（十九）完善节能标准化服务。探索节能标准化服务新模式，充分发挥学会、协会等社会团体的作用，开展节能标准宣传贯彻、信息咨询、标准比对、实施效果评估等服务。采取新闻发布、网站、平面媒体等多种措施，普及节能标准化知识，增强政府部门、用能单位和消费者的节能标准化意识。免费向社会公开节能强制性国家标准文本。

六、保障措施

（二十）落实用能单位主体责任。督促用能单位实施强制性能耗限额标准和终端用能产品能效标准，引导用能单位实施推荐性节能标准，组织开展用能单位能效对标活动，推动用能单位建立起规范化、常态化的节能标准运行机制，确保实现能源消费总量和强度“双控”目标。

（二十一）强化节能标准与相关政策有效衔接。国家发展改革委、国务院有关部门制定相关政策、履行职能时应优先采用节能标准，节能强制性标准与相关政策有效衔接，为实施固定资产投资项目节能审查制度、能效标识制度、节能产品政府采购制度、差别电价、惩罚性电价等政策措施提供标准支撑。推动能源管理体系、系统经济运行、能量平衡测试、能耗监测、节能量评估、能源绩效评估等节能推荐性标准在重点用能单位“百千万”行动和节能自愿活动中的应用。

（二十二）加大节能标准经费支持力度。鼓励地方根据工作实际需要统筹安排节能标准化工作经费，用于节能标准研究、制修订、宣贯、实施效果评估、监督检查、人才培养等工作。鼓励、引导社会各界加大投入，支持节能标准创新和节能标准化服务业发展。

（二十三）建立节能标准化工作奖惩制度。国家将节能标准化工作纳入对地方及重点用能单位节能目标责任考核，对推动节能标准化工作成绩突出、效果显著、发挥示范效应的单位和个人进行表彰或奖励，优先考虑节能标准化示范项目创建单位。对在推动节能标准化工作中存在弄虚作假的用能单位，纳入全国统一的信用信息共享交互平台。

（二十四）加强节能标准化人才培养。实施节能标准化人才培养工程，开发培训教材，加强对节能管理人员和专业技术人员的培训工作，提升各类用能单位特别是中小微企业运用节能标准的能力。鼓励和培养节能标准化人才担任节能国际标准化技术组织职务，增强节能标准国际话语权。建立节能标准化专家库，发挥专家在节能标准立项、起草、审查、宣贯以及咨询服务等方面的作用。

附件

节能标准体系框架

按照节能过程环节，节能标准体系包括 7 个标准子体系，每个标准子体系又包括若干类别，节能标准体系框架如图。

0 基础共性标准子体系

基础共性标准在节能工作中广泛应用，是其他节能标准的依据和基础。

1 目标标准子体系

包括能耗限额标准、能效标准。其中，能耗限额标准是针对工业、建筑、交通、公共机构、商贸、农业等重要领域提出的节能要求，作为实施淘汰落后产能、固定资产投资项目节能审查制度、节能目标责任制度和节能考核评价制度等的技术依据；能效标准是针对家用耗能器具、商用设备、工业设备、照明、电子信息、交通工具等终端用能产品提出的节能要求，作为实施节能产品认证制度、能效标识制度、淘汰落后产品和设备制度等的技术依据。

2 设计标准子体系

包括规划设计和源头控制等方面的相关标准。其中，规划设计标准涉及生产过程、用能系统、建设等的节能规划和设计要求；源头控制标准涉及用能预算、项目前评估等相关标准。

3 建设标准子体系

包括节能施工、验收等方面的标准，主要涉及建设项目及工程的相关节能要求。

4 运行标准子体系

包括节能工艺、技术、高效产品、设备和系统等相关的经济运行、维护等标准。通过科学管理、运行工况调节或技术改进，能源供需达到合理匹配，实现能耗低和经济性好的工作状态，提高系统运行效率，实现节能效益。

5 评估标准子体系

包括计量和检测、分析和计算、能效评估方面的标准。其中，计量和检测标准涉及能源计量器具配备和管理、能源能效检测、能量平衡与测试、节能监测等标准，对用能单位的能源利用状况进行检测、测试和评价；分析和计算标准涉及合理用能、能源审计、节能计算等标准；能效评估标准是衡量节能措施实施效果和节能收益的重要尺度，涉及过程评估、节能量评估、能源绩效评价、节约型组织评价等标准。

6 优化标准子体系

包括系统提升、节能服务、供需优化等方面的标准。其中，系统提升标准涉及能源管理体系、能量系统优化、能效对标、能源管控等标准，与国家节能重点工程标准需求密切相关；节能服务标准涉及合同能源管理、节能自愿性协议、节能融资等标准，是支撑节能市场化机制的技术标准；供需优化标准涉及余能利用、新能源和可再生能源利用、分布式能源、智慧能源等标准，通过能源供给方式多样化、智能化，加大余能利用，增加新能源和可再生能源在能源供给结构中的比例，减少化石能源消费。

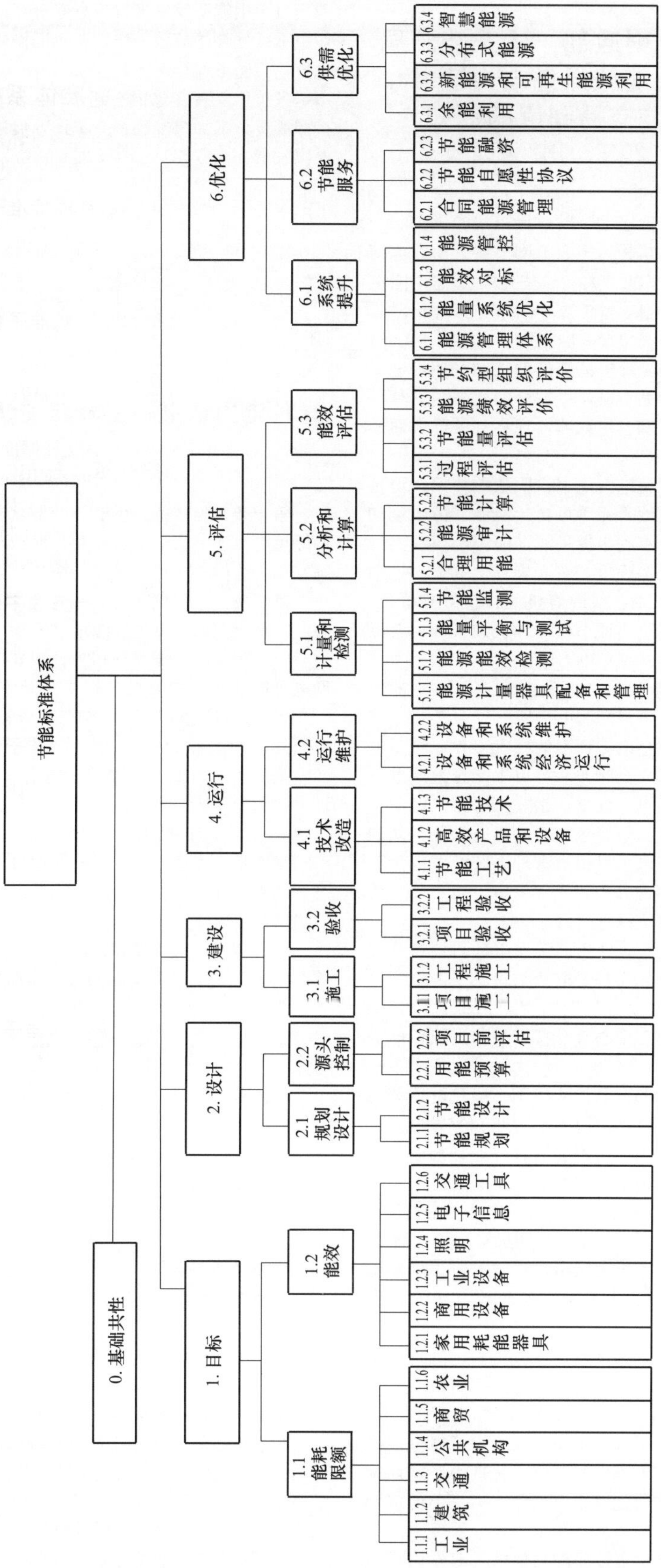
节能标准体系
0. 基础共性
1. 目标
1.1 能耗限额
1.1.1 工业
1.1.2 建筑
1.1.3 交通
1.1.4 公共机构
1.1.5 商贸
1.1.6 农业
1.2 能效
1.2.1 家用耗能器具
1.2.2 商用设备
1.2.3 工业设备
1.2.4 照明
1.2.5 电子信息
1.2.6 交通工具
2. 设计
2.1 规划设计
2.1.1 节能规划
2.1.2 节能设计
2.2 源头控制
2.2.1 用能预算
2.2.2 项目前评估
3. 建设
3.1 施工
3.1.1 项目施工
3.1.2 工程施工
3.2 验收
3.2.1 项目验收
3.2.2 工程验收
4. 运行
4.1 技术改造
4.1.1 节能工艺
4.1.2 高效产品和设备
4.1.3 节能技术
4.2 运行维护
4.2.1 设备和系统经济运行
4.2.2 设备和系统维护
5. 评估
5.1 计量和检测
5.1.1 能源计量器具配备和管理
5.1.2 能源能效检测
5.1.3 能量平衡与测试
5.1.4 节能监测
5.2 分析和计算
5.2.1 合理用能
5.2.2 能源审计
5.2.3 节能计算
5.3 能效评估
5.3.1 过程评估
5.3.2 节能量评估
5.3.3 能源绩效评价
5.3.4 节约型组织评价
6.优化
6.1 系统提升
6.1.1 能源管理体系
6.1.2 能量系统优化
6.1.3 能效对标
6.1.4 能源管控
6.2 节能服务
6.2.1 合同能源管理
6.2.2 节能自愿性协议
6.2.3 节能融资
6.3 供需优化
6.3.1 余能利用
6.3.2 新能源和可再生能源利用
6.3.3 分布式能源
6.3.4 智慧能源

节能标准体系框架图

国家发展改革委 财政部 国家能源局关于试行可再生能源绿色电力证书核发及自愿认购交易制度的通知

（发改能源〔2017〕132号）

各省、自治区、直辖市发展改革委、财政厅（局）、能源局、物价局，国家能源局各派出机构，国家电网公司、南方电网公司、内蒙古电力公司，华能、大唐、华电、国电、国电投、神华、三峡、华润、中核、中广核、中节能集团公司，水电总院、电规总院、各有关协会、国家可再生能源中心：

为引导全社会绿色消费，促进清洁能源消纳利用，进一步完善风电、光伏发电的补贴机制，拟在全国范围内试行可再生能源绿色电力证书核发和自愿认购，现将有关要求通知如下：

一、建立可再生能源绿色电力证书自愿认购体系。可再生能源绿色电力证书交易制度是完善可再生能源支持政策和创新发展机制的重大举措，有利于促进清洁能源高效利用和降低国家财政资金的直接补贴强度，对凝聚社会共识、推动能源转型具有积极意义。鼓励各级政府机关、企事业单位、社会机构和个人在全国绿色电力证书核发和认购平台上自愿认购绿色电力证书，作为消费绿色电力的证明。

根据市场认购情况，自2018年起适时启动可再生能源电力配额考核和绿色电力证书强制约束交易。

二、试行可再生能源绿色电力证书的核发工作。绿色电力证书是国家对发电企业每兆瓦时非水可再生能源上网电量颁发的具有独特标识代码的电子证书，是非水可再生能源发电量的确认和属性证明以及消费绿色电力的唯一凭证。从即日起，将依托可再生能源发电项目信息管理系统，试行为陆上风电、光伏发电企业（不含分布式光伏发电，以下同）所生产的可再生能源发电量发放绿色电力证书。

风电、光伏发电企业通过可再生能源发电项目信息管理系统，依据项目核准（备案）文件、电费结算单、电费结算发票和电费结算银行转账证明等证明材料申请绿色电力证书，国家可再生能源信息管理中心按月核定和核发绿色电力证书。

三、完善绿色电力证书的自愿认购规则。绿色电力证书自2017年7月1日起正式开展认购工作，认购价格按照不高于证书对应电量的可再生能源电价附加资金补贴金额由买卖双方自行协商或者通过竞价确定认购价格。

风电、光伏发电企业出售可再生能源绿色电力证书后，相应的电量不再享受国家可再生能源电价附加资金的补贴。

绿色电力证书经认购后不得再次出售，国家可再生能源信息管理中心负责对购买绿色电力证书的机构和个人核发凭证。

四、做好绿色电力证书自愿认购责任分工。国家可再生能源信息管理中心依托可再生能源发电项目信息管理系统，建设和管理全国绿色电力证书核发和认购平台，做好风电、光伏发电企业的绿色电力证书核发工作，并组织开展全国绿色电力证书认购工作。国家可再生能源信息管理中心定期统计并向全社会发布风电、光伏发电企业绿色电力证书的售卖信息。

各风电、光伏发电企业负责按照相关要求及时在国家能源局可再生能源发电项目信息管理系统填报信息；各电网企业负责做好补贴核减工作，并协助做好发电项目结算电量的复核。

各单位要高度重视本项工作，认真贯彻落实相关要求，按照职责分工加快推进相关工作，促进可再生能源产业持续健康发展。

国家发展改革委
财　　政　　部（印）
国 家 能 源 局
2017年1月18日

附件

绿色电力证书核发及自愿认购规则（试行）

第一章　总　　则

第一条　为规范绿色电力证书核发和自愿认购行为，维护绿色电力证书认购市场秩序，保护各方的合法权益，根据国家相关法律、法规、规章、规范性文件，制定本规则。

第二条　本规则所称“绿色电力证书”（以下简称“证书”）是指国家可再生能源信息管理中心（以下简称“信息中心”）按照国家能源局相关管理规定，依据可再生能源上网电量通过国家能源局可再生能源发电项目信息管理平台（以下简称“信息平台”）向符合资格的可再生能源发电企业颁发的具有唯一代码标识的电子凭证。

第三条　本规则所称“绿色电力证书自愿认购”，是指证书认购参与人在绿色电力证书自愿认购平台（以下简称“认购平台”）上的自愿认购和出售行为。

第四条　本规则是证书核发和自愿认购相关制度和实施细则的基本规则，相关制度和实施细则由信息中心遵循本规则另行制定。

第五条　证书核发和自愿认购行为应当遵守国家相关法律、法规、规章、规范性文件，本规则以及相关业务规则，遵循公开、公平、公正与自愿、有偿、诚实信用原则。

第二章　核　发　规　则

第六条　项目资格审核

信息中心是证书的核发机构。证书核发与自愿认购试行期间，国家可再生能源电价附加资金补助目录内的风电（陆上风电，以下同）和光伏发电项目（不含分布式光伏项目，以下同），应通过信息平台向信息中心申请证书权属资格。

（一）已在信息平台注册企业，应在线补充提交证书权属资格审核所需文件，主要包括企业营业执照、组织机构代码、税务登记证明、企业法定代表人等；

（二）未在信息平台注册企业，应依照《国家能源局关于实行可再生能源发电项目信息化管理的通知》（国能新能〔2015〕358号）文件要求，在线注册并完整填报项目信息。

第七条　证书核发

信息中心负责审核证书核发资格申报材料。通过资格审核的企业，应依据《国家能源局关于实行可再生能源发电项目信息化管理的通知》（国能新能〔2015〕358号）文件要求，在信息平台按月填报项目结算电量信息，并于每月25日前上传所属项目上月电费结算单、电费结算发票和电费结算银行转账证明扫描件等。对于共用升压站的项目，需提供项目间的电量结算发票及其他证明材料。

信息中心负责复核企业所属项目的合规性和月度结算电量，按照1个证书对应1MWh结算电量标准，向企业核发相应证书。不足1MWh结算电量部分，结转到次月核发。企业应对提交的证书核发申报材料的真实性负责，并遵守证书核发与自愿认购实施细则。

每个证书具有唯一编码，并体现项目的基本情况。信息中心负责验证证书编码的真实性，提供证书在线验真服务。

第八条　自愿认购账户申请

通过资格审核的企业，可申请在认购平台上开户，出售证书。

申请开户时，发电企业法定代表人或其授权代理人需携带第六条中规定的证明材料原件和复印件，到信息中心现场办理开户手续，登记认购平台资金账号等信息。

第三章　自愿认购市场

第九条　自愿认购平台

信息中心负责建设和运行认购平台。认购平台主要由主机及相关的通信系统等组成。

第十条　认购参与人

认购参与人指通过信息平台注册、参与自愿认购证书或出售持有证书的政府机关、企事业单位和自然人等。

第十一条　认购账户

认购账户是指认购参与人向信息中心申请设立的、参与证书认购并接受信息中心监督及服务的账户。

第十二条　自愿认购形式

证书自愿认购采用认购平台挂牌出售形式，出售方可按相关规定挂牌出售持有证书，认购方可自由购买挂牌出售的证书。

第四章　认购规则

第十三条　一般规定

认购参与人通过认购平台提交指令，并按本规则进行认购。认购参与人不允许以自身为对手方进行认购。认购参与人购买可再生能源绿色电力证书后，不得再次出售。

风电、光伏发电企业出售可再生能源绿色电力证书后，相应的电量不再享受国家可再生能源电价附加资金的补贴。

第十四条　认购挂牌

出售方在认购平台挂牌出售证书，挂牌信息主要包括：

（一）绿色电力品种；

（二）绿色电力生产地；

（三）绿色电力项目名称；

（四）项目公司简介；

（五）出售数量；

（六）出售价格；

（七）其他。

认购参与人在发送出售或认购指令前，必须保证其认购账户中持有满足认购成交条件的证书或资金。

证书在有效期内可以且仅可以出售一次，不得再次转手出售。

认购平台可以根据市场发展和管理需要，调整认购方式和单笔认购数量范围。相关调整自认购平台发布的正式公告中明确的时间生效。

第十五条　成交

挂牌出售认购形式下认购方提交的证书认购数量可以等于或低于出售方在认购中的未成交数量。

挂牌证书允许部分成交，也允许多个证书认购方进行认购。未成交证书在挂牌有效期内可继续认购。认购平台允许出售方撤销未成交证书挂牌。

认购活动中，认购平台按认购方支付时间先后的原则确认成交。未支付前认购平台允许双方取消认购活动。

因不可抗力、意外事件、技术故障等原因影响认购结果的确认时，信息中心应最大限度维护认购双方权益、认定认购有效或无效。认购参与人违反本规则，严重扰乱或破坏证书市场正常认购秩序时，认购平台有权认定当期认购无效或撤销当期认购。由此造成的损失由违规的认购参与人作为责任方进行承担。

依照本规则达成的认购，其成交结果以认购平台主机记录的成交数据为准。

第十六条　结算与交收

证书自愿认购实行实时结算与交收。认购双方应按照认购结果履行结算交收义务，并遵守证书核发与自愿认购实施细则。

第五章　认购监管

第十七条　监管事项

国家能源局负责监管绿证核发与自愿认购活动，监管事项包括绿证核发程序的公平性，认购记录的真实性和完整性，认购平台运行可靠性，响应认购参与人咨询、投诉的及时性等。

国家能源局委托信息中心负责对自愿认购活动以下事项予以重点监控：

（一）在认购平台扰乱市场秩序的认购行为，如“频繁撤销认购”、“恶意性大量小额挂牌”等；

（二）虚假、欺骗认购；

（三）其他异常认购行为。

出现以上情形时，国家能源局及时组织派出机构和信息中心等相关机构进行调查。

认购参与人发现其他认购参与人的证书认购出现以上所列重点监控事项时，且可能严重影响证书认购秩序的，应当及时向信息中心报告。

第十八条　监管措施

国家能源局及派出机构组织国家可再生能源信息管理中心等相关机构在现场或非现场调查中，可要求相关认购参与人及时、准确、完整地提供下列文件和资料：

（一）认购参与人的开户资料、认购资金账户情况和相关认购情况等；

（二）异常证书认购账户的实际控制人和操作人情况、资金来源以及相关账户间是否存在关联的说明等；

（三）对异常认购事项的解释；

（四）其他相关资料。

对以上所列重点监控事项中情节严重的行为，国家能源局及派出机构可采取以下处理措施：

（一）口头或书面警示；

（二）要求责任方提交书面承诺；

（三）暂停责任方相关账户证书认购。

责任方如对处理措施持有异议，可自接到处理通知之日起15个工作日内，向认购平台申请复核，复核期内暂停证书认购。

第十九条 认购异常情况处理

信息中心发现以下影响认购平台正常认购的情形时，可采取暂缓交收或暂停认购等措施：

（一）不可抗力；

（二）意外事件；

（三）技术故障；

（四）其他异常情况。

认购参与人发现无法执行认购指令或行情传输中断情况时，应及时向信息中心报告。报告人数量超过全部认购参与人总数 10%以上的，属于认购异常情况，信息中心可以暂停认购。

信息中心应对暂缓交收或暂停认购予以公告，待相关原因消除后，可恢复认购，并予以公告。

因认购异常情况采取相应措施造成损失的，信息中心不承担赔偿责任。

第二十条 认购纠纷

认购参与人之间发生认购纠纷时，应遵循双方自愿协商原则予以解决，可向信息中心申请提供相关认购记录。情节严重的可提交司法部门进行裁决。

第六章 认 购 信 息

第二十一条 信息发布

认购信息归信息中心所有。未经许可，任何机构和个人不得使用和传播。经信息中心许可使用认购信息的机构或个人，未经许可，不得将认购信息提供给第三方使用或传播。

信息中心负责发布证书认购信息，并通过信息平台、认购平台或其他媒体予以公布。发布信息包括：

（一）认购季报和年报；

（二）异常认购公告；

（三）违规认购公告；

（四）其他公告。

信息中心可根据需要，调整信息发布的方式和内容。

第二十二条 信息报送

信息中心负责对认购信息进行记录和备案，按季度统计汇总并形成报告，报送国家发展和改革委员会、财政部和国家能源局。

第七章 附 则

第二十三条 本规则下列用语具有如下含义：

（一）不可抗力：指认购平台现场或全国其他部分区域出现或据灾情预警可能出现严重自然灾害、重大公共卫生事件、国家法律法规政策调整、认购平台因非法入侵而中断、终止，遭遇不明黑客攻击或社会安全事件等情形。

（二）意外事件：指认购平台现场发生电力供应故障等意外情形。

（三）技术故障：指认购平台的网络、硬件设备、应用软件等无法正常运行，以及认购平台在主备系统切换、软硬件系统及相关程序升级上线失败等意外情形。

第二十四条 本规则由国家发展和改革委员会、财政部、国家能源局负责解释。

第二十五条 本规则自发布之日起试行。

国家发展改革委 国家能源局关于有序放开发用电计划的通知

（发改运行〔2017〕294号）

各省、自治区、直辖市发展改革委、经信委（工信委、工信厅）、能源局、物价局，国家能源局各派出能源监管机构，中国电力企业联合会，国家电网公司、中国南方电网有限责任公司，中国华能集团公司、中国大唐集团公司、中国华电集团公司、中国国电集团公司、国家电力投资集团公司、中国长江三峡集团公司、神华集团公司、国家开发投资公司、中国核工业集团公司、中国广核集团有限公司、华润集团有限公司：

为贯彻《中共中央 国务院关于进一步深化电力体制改革的若干意见》（中发〔2015〕9号）文件精神，落实《国家发展改革委 国家能源局关于印发电力体制改革配套文件的通知》（发改经体〔2015〕2752号）要求，现就有序放开发用电计划工作有关事项通知如下：

一、加快组织发电企业与购电主体签订发购电协议（合同）。各地要加快推进电力体制改革，逐步扩大市场化交易电量规模，自文件下发之日起，尽快组织发电企业特别是燃煤发电企业与售电企业、用户及电网企业签订三方发购电协议（合同）。签订的发购电协议（合同）由电力交易机构根据相关规定汇总和确认，电力调度机构进行安全校核，燃煤发电企业只要不超过当地省域年度燃煤机组发电小时数最高上限，由电网企业保障执行。各地年度燃煤机组发电小时数的最高上限，综合考虑可再生能源消纳、电网安全、公平竞争和行业健康发展等情况统筹测算，由调度机构商省级政府相关部门确定，并报国家发展改革委和国家能源局备案。

二、逐年减少既有燃煤发电企业计划电量。2017年，在优先支持已实行市场交易电量的基础上，其他煤电机组安排计划电量不高于上年火电计划小时的80%，属于节能环保机组及自行签订发购电协议（合同）超出上年火电计划利用小时数50%的企业，比例可适当上调，但不超过85%。2018年以后计划发电量比例，配合用电量放开进展逐年减小。上年度计划利用小时数不宜作为基数的地区，可由省级政府相关部门根据电力体制改革相关精神适当调整确定基数。可再生能源调峰机组计划电量按照《可再生能源调峰机组优先发电试行办法》（发改运行〔2016〕1558号）有关要求安排。除优先发电计划外，其他电量均通过市场化交易实现，如因发用电计划放开不同步产生电费结算盈亏，计入本地输配电价平衡账户，可用于政策性交叉补贴、辅助服务费用等。

三、新核准发电机组积极参与市场交易。对中发〔2015〕9号文颁布实施后核准的煤电机组，原则上不再安排发电计划，不再执行政府定价，投产后一律纳入市场化交易和由市场形成价格，但签约交易电量亦不应超过当地年度燃煤机组发电小时数最高上限。新核准的水电、核电等机组除根据相关政策安排一定优先发电计划外，应积极参与电力市场交易，由市场形成价格。

四、规范和完善市场化交易电量价格调整机制。发电企业与售电企业、用户及电网企业签订市场化发购电协议（合同），鼓励签订中长期合同，并在合同中约定价格调整机制。燃煤发电企业的协议（合同）期限应与电煤中长期合同挂钩，发售电价格建立与电煤价格联动的调整机制，调整周期充分考虑电煤中长期合同的调整周期；有集中竞价的地区鼓励建立价格调整机制，具体调整方法由双方在协议（合同）中明确。煤电以外的市场化电量也应建立价格调整机制，鼓励建立与集中竞价相衔接的调整机制。

五、有序放开跨省跨区送受电计划。跨省跨区送受电逐步过渡到优先发电计划和有序实现直接交易相结合，根据电源规划、电源类别和核准投运时间，分类推进送受电计划改革。

国家规划内的既有大型水电、核电、风电、太阳能发电等清洁能源发电，以及网对网送受清洁能源的地方政府协议，通过优先发电计划予以重点保障。优先发电计划电量不低于上年实际水平或多年平均水平，价格按照《国家发展改革委关于完善跨省跨区电能交易价格形成机制有关问题的通知》（发改价格〔2015〕962号）有关精神，由送电、受电市场主体双方在自愿平等基础上，在贯彻落实国家能源战略的前提下，按照“风险共担、利益共享”原则协商或通过市场化交易方式确定送受电价格，鼓励通过签订中长期合同的方式予以落实；优先发电计划电量以外部分参加受电地区市场化竞价。

国家规划内的既有煤电机组，鼓励签订中长期协议（合同）。采取点对网或类似点对网专线输电方式送（分）电的，视同受电地区发电机组，参与电力电量平衡，根据受电地区煤电机组发用电计划放开情况同步推进市场化。历史形成统一分配电量的煤电机组，发电计划放开比例为受电地区放开比例的一半。

国家规划内且在中发〔2015〕9号文颁布实施后核准的清洁能源发电机组，在落实优先发电计划过程中，市场化方式形成价格部分的比例应逐步扩大。

国家规划内且在中发〔2015〕9号文颁布实施后核准的煤电机组，不再保留现有的电力电量或分电比例，发电计划放开比例为受电地区放开比例的一半。

六、认真制定优先发电计划。各地按照中发〔2015〕9号文及配套文件精神制定优先发电计划，以落实国家能源战略，确保清洁能源、调峰机组等保障性电源发电需要。省（区、市）内消纳的规划内风电、太阳能发电、核电等机组在保障性收购小时以内的电量，水电兼顾资源等条件、历史均值和综合利用要求的优先发电量，热电联产机组供热期以热定电的发电量，以及调峰调频电量，由省级政府相关部门按照《关于有序放开发用电计划的实施意见》要求，依据国家制定的相关办法，确定为优先发电计划，由电网企业保障执行。优先发电计划可以执行政府定价，也可通过市场化方式形成价格，根据电源特性和供需形势等因素确定比例。落实可再生能源保障性收购政策确实存在困难的地区，商国家发展改革委、国家能源局同意后，研究制定合理的解决措施，确保可再生能源发电保障小时数逐年增加，直至达到国家制定的保障性收购年利用小时数标准。跨省跨区送受电的优先发电计划在受电地区优先消纳。

七、允许优先发电计划指标有条件市场化转让。属于市场化方式形成价格的优先发电计划，如不能实现签约，指标可市场化转让给其他优先发电机组。优先发电计划指标市场化转让可在本地进行，也可以跨省跨区开展。如指标无法转让，则由电网企业参考本地区同类型机组平均购电价格购买，产生的结算盈余计入本地输配电价平衡账户。对规划以外或不符合国家规定程序的风电、太阳能发电等可再生能源，按规定不允许并网运行。风电、太阳能发电等可再生能源是否符合规划、符合国家规定程序，由地方能源主管部门会同能源局派出机构进行核查。核查确定为违规机组，还要纳入电力行业信用监管黑名单。

八、在保障无议价能力用户正常用电基础上引导其他购电主体参与市场交易。各地要按照中发〔2015〕9号文及配套文件精神明确优先购电范围，制定优先购电计划，确保无议价能力用户用电需要。优先购电计划执行政府定价，由电网公司予以保障。各地要加快放开无议价能力用户以外的电力用户等购电主体参与市场交易，引导发电侧放开规模与需求侧相匹配。参与直接交易的购电主体，原则上应全部电量参与市场交易，市场化交易的电量，政府相关部门将不再下达用电计划。具备条件的地区可扩大电力用户放开范围，不受电压等级限制。积极培育售电市场主体，售电公司可视同大用户与发电企业开展电力直接交易。中小用户无法参与电力直接交易的，可由售电公司代理参与。新增大工业用户原则上应通过签订电力直接交易协议（合同）保障供电，鼓励其他新增用户参与电力直接交易，签订中长期协议（合同）。要加强对电力用户参与市场意识的培育，大力发展电能服务产业，帮助用户了解用电曲线，提高市场化意识。争取在两年内，初步实现电力直接交易双方发用电曲线实时对应。

九、参与市场交易的电力用户不再执行目录电价。凡是参加电力市场交易的电力用户，均不再执行对应的目录电价。除优先购电、优先发电对应的电量外，发电企业其他上网电量价格主要由用户、售电主体与发电企业通过自主协商、市场竞价等方式确定。电力市场体系比较健全时，全部放开上网电价和公益性电量以外的销售电价。已参加市场交易的用户又退出的，在通过售电公司购电或再次参与市场交易前，由电网企业承担保底供电责任。电网企业与电力用户交易的保底价格在电力用户缴纳输配电价的基础上，按照政府核定的居民电价的1.2～2倍执行。保底价格具体水平由各省（区、市）价格主管部门按照国家确定的上述原则确定。

十、采取切实措施落实优先发电、优先购电制度。2017年起，各地上年末要按照要求，结合电力生产和消费实际，测算本地区本年度优先发电、优先购电保障范围，向国家发展改革委上报本地区本年度优先发电、优先购电计划建议；国家电网公司、南方电网公司按照要求，每年底向国家发展改革委上报次年度跨省跨区送受电优先发电计划建议。国家发展改革委根据上报情况，与有关部门、地方和电力企业协商，确定各地及跨省跨区送受电年度优先发电、优先购电计划，纳入年度基础产业、新兴产业和部分重点领域发展计划，并根据实际供需适当调整。国家发展改革委、国家能源局会同有关部门不断完善优先发电、优先购电管理办法。

国家发展改革委
国 家 能 源 局（印）

2017年3月29日

国家发展改革委　国家能源局关于印发《依托能源工程推进燃气轮机创新发展的若干意见》的通知

（发改能源〔2017〕920号）

各省、自治区、直辖市及计划单列市、新疆生产建设兵团发展改革委、能源局、各有关中央企业：

为落实国务院领导有关指示，依托能源工程加快推进燃气轮机创新发展，国家发展改革委、国家能源局制定了《依托能源工程推进燃气轮机创新发展的若干意见》。现印发你们，请认真贯彻执行。

国家发展改革委
国　家　能　源　局（印）
2017年5月12日

附件

依托能源工程推进燃气轮机创新发展的若干意见（摘要）

加快发展燃气轮机是落实能源技术革命、推动能源装备制造升级的重要任务，也是进一步提升我国工业基础和能源装备制造水平的重要抓手。为落实国务院领导推进“航空发动机及燃气轮机”国家重大专项实施的有关指示，推动燃机产业发展、优化调整能源结构、确保能源供应安全，现就依托能源工程加快推动燃气轮机创新发展提出如下意见：

一、总体要求

（一）指导思想（略）

（二）基本原则

坚持市场需求导向，支撑能源发展。以能源发展需求为导向，加快推动各类燃机发展并支持工程应用，重点突破发电用重型燃气轮机、工业驱动用中型燃气轮机、分布式能源用中小型燃气轮机以及燃气轮机运维服务技术。

坚持开放自主创新，掌握核心技术。结合引进技术的消化吸收再创新，立足自主掌握核心技术，多种形式合作发展，突破燃气轮机设计、高温部件制造、关键材料、试验验证和运行维护等核心技术，培育自主知识产权的燃气轮机产业。

立足现有产业基础，推进产业升级。紧密依托国内已有产业基础和制造体系，加快突破关键技术瓶颈，弥补发展短板，打造体系完善、分工合理的专业化产业链，形成自主创新和持续发展的系统能力。

依托能源工程建设，形成集中合力。依托各类能源工程建设，进一步完善支持政策，推动研发、设计、制造、试验、应用各环节形成合力。

（三）发展目标

到2020年，结合引进技术消化吸收，突破重型燃气轮机设计技术、高温部件制造技术和运行维护技术，解决燃气发电项目设备瓶颈，国内基本形成完整的重型燃气轮机产业体系。各类中小型燃机自主设计制造体系进一步完善，各类中小型燃气轮机装备初步实现系列化，满足各类能源项目需求。燃机运行维护服务基本立足国内，开展先进燃气轮机自主研发。形成燃气轮机自主研发、设计、制造、试验、维修服务和应用结合的高效机制，具备自主持续发展的能力，有效保障能源各领域对燃气轮机需求。

二、重点任务

（一）重点推动重型燃机发展

1. 加快发展重型燃机

根据能源市场需求，在消化吸收引进技术基础上，加快发展自主知识产权的300MW等级、F级燃机。继续推动50～70MW等级原型机自主开发、制造和试验。在开展F级燃机技术研究的同时，推动G/H级先进高效燃机自主研制。

2. 全面掌握设计技术

通过发展300MW等级、F级燃机，掌握燃机设计工具和规范。重点突破整体设计以及高效多级轴流压气机设计、高效低排放燃烧室设计、高性能透平设计、控制保护系统设计、先进气动布局与通流设计、宽适应性多燃料燃烧、先进高效冷却等技术，优化联合循环系统设计提高运行效率。形成基本完整的自主知识产权重型燃机设计体系以及相应规范、软件和数据库。

3. 自主制造关键部件

以热部件为标志，进一步完善和提升重型燃机关键部件制造技术和能力。自主制造重型燃机高性能轴流压气机、高效燃烧室（燃料喷射系统、燃烧室套筒和连接件等）和高性能透平（透平轮盘、叶片、喷嘴等）以及控制保护系统。突破高精度气体燃料控制阀门、高可靠性大型滑动轴承、大功率传动齿轮箱等辅机配套关键零部件。进一步提升气缸、压气机轮盘、压气机叶片、轴承箱等部件加工制造技术和工艺水平。

4. 完善试验验证能力

建设完善重型燃机三大子系统的性能、结构强度等试验条件，具备大型部件级性能试验能力。结合重型燃机发电项目建设，建设F级及以下各容量等级燃用天然气和合成气的燃气轮机整机发电试验平台，并考虑进行更先进级别燃机整机发电试验的可能。开展自主重型燃机的大负荷发电系统化测试，建立相关测试试验考核方法、流程和规范，掌握重型燃机系统化测试和试验验证技术。

5. 研究先进重型燃机技术

针对单循环功率400MW等级、联合循环效率达到60%以上的G/H级重型燃机，研究高压比大流量压气机、低NO_x排放燃烧室及等温燃烧、高效透平及其气动、冷却设计技术等。

（二）发展中小系列燃气轮机

1. 完善驱动用燃机产业体系

（1）自主掌握30MW级驱动燃机设计技术。

消化吸收引进技术，自主掌握30MW等级驱动用燃机设计技术并完善设计体系。针对30MW等级驱动用燃机关键部件和总体设计等，重点突破以下关键技术：高效多级轴流压气机设计、高效透平先进气动布局与通流设计、高效稳定低污染燃烧、宽适应性多燃料燃烧、先进高效冷却等技术。

（2）形成中小型驱动燃机制造能力。

建设完善中小型驱动用燃机研发制造、工艺体系和售后服务平台。提升驱动用燃机材料设计研发、零部件制造、整机总装试验能力，实现中小型驱动燃机的批量制造。

（3）完善试验验证能力。

根据后续燃机新产品的试验需求，进一步提升工业驱动燃机关键部件和整机试验验证能力。建立完善驱动燃机应用考核的试验测试方法、试验流程和试验规范。重点完善低排放燃烧试验、多燃料燃烧试验、燃烧监测和诊断、调整技术研发试验、热表工艺研发试验、整机试验和应用考核试验和示范平台。

(4) 加快示范和推广应用。

依托天然气长输管线工程和页岩气开采压裂车动力驱动等示范项目，加快完成自主制造驱动燃机的工业试验、考核和示范。依托天然气长输管线工程建设，推广应用自主驱动燃机。

2. 发展分布式能源用系列燃机

(1) 发展中、小、微型系列燃机。

发展功率1MW以下等级微型燃机，突破微型燃机设计、试验、制造和系统集成等关键技术，建设完善微型燃机制造体系。

发展功率1～10MW等级小型燃气轮机，开展关键部件试验、样机制造与整机试验验证，完善相关设计和生产规范，实现分布式供能用、适用多种燃料的燃气轮机产品化和系列化。

发展功率10～80MW等级的中型燃气轮机，研制具有自主知识产权、性能达到国际先进水平的中型工业燃气轮机装备，形成较完善的设计、制造和试验体系。

(2) 突破各类型燃机设计和验证。

突破微型燃机离心式压气机气动及冷却设计、结构设计、加工与试验验证，向心透平气动设计、加工与试验验证，高温高效回热器设计与验证，整体插拔式单筒燃烧室设计，燃气轮机与高速电机一体化设计，轴承轴系的结构完整性和动力稳定性技术，气浮轴承、磁悬浮轴承技术。

突破小型燃机双级离心压气机/组合压气机/多级轴流压气机气动及冷却设计，高温高效低阻回热器设计，高效轴流式动力透平设计，先进喷嘴设计，研制伴生气、煤制气等低热值燃料燃烧室，分布式冷热电供能及其多能互补系统设计与集成，分布式供能系统测试和评价方法，远程监测、诊断和信息化管理技术。

突破中型燃机高性能压气机设计、高性能低排放及双燃料燃烧室设计、高温气冷透平设计技术和数字式控制系统技术，完成整机设计、关键部件试验、样机制造以及试验验证。

(3) 加快试验示范和推广应用。

建设完善具有一定通用性的中、小、微型燃机试验平台，满足各类型燃机试验需求。依托海洋平台和各类分布式能源系统建设，推进各类型燃机示范应用。加快在海洋平台和分布式能源系统等场合推广应用具有一定成熟度的国产燃气轮机发电机组。

（三）加快突破燃机关键材料

1. 关键部件材料

加快突破压气机轮盘和叶片、燃烧室部件、喷嘴、透平轮盘和叶片等高温合金材料。开展高温母合金研发设计，形成母合金规范并实现批量化生产制备。建设完善关键部件材料的力学和物理性能试验以及无损探伤等条件，完善热通道部件材料力学和物理性能数据库。进一步提升大尺寸高温合金叶片（单晶、定向结晶等）铸造、复杂结构高温合金精密铸造、透平轮盘制造和其他设备铸件等技术和工艺水平。

2. 涂层材料

突破压气机叶片涂层、燃烧室内衬涂层、透平叶片涂层和护环涂层的材料及制备等技术。研发和提升真空等离子喷涂、物理气相沉积等工艺。加强各种先进长寿命热障涂层材料的研发和试验，形成持续研发和创新能力。

3. 其他材料

进一步提升复杂结构陶瓷型芯制造技术、高强抗热冲击陶瓷模壳和高精度模具制造技术、高性能陶瓷基复合材料制备技术等水平。

（四）掌握燃机运行维护服务技术

1. 培育自主运行维护服务体系

2. 发展第三方运维服务

（五）加快培育和发展燃气轮机应用市场

推进落实《能源发展“十三五”规划》、《电力发展“十三五”规划》和《加快推进天然气利用的意见》，提高天然气发电利用比重，加快培育和发展各类型燃气轮机的应用市场。根据区域冷热电需求大力发展天然气分布式多联供项目。支持用电负荷中心和风电、光伏发电端发展燃气调峰电站，提升电力安全保障水平和降低弃风弃光率。在大气污染防治重点地区结合热、电负荷需求和气源条件等有序发展燃气热电联产项目。支持利用煤层气、煤制气、高炉煤气等低热值气发电。依托天然气输送管线压缩站建设，推动驱动用燃机应用。通过推动国内各类型燃气轮机技术和产业进步，明显降低燃气轮机设备造价和维修服务费用。

三、保障措施

（一）加强项目监管

（二）支持能力建设

（三）组织示范工程

组织示范工程承担各类燃气轮机示范试验和推广应用任务。依托燃气调峰发电、热电联产、IGCC和煤气低热值应用等项目建设组织示范工程，开展重型燃气轮机关键部件和整机示范试验。依托天然气长输管线工程建设，组织燃气轮机驱动增压站示范，开展驱动用燃气轮机示范应用。根据天然气分布式能源和海洋平台等发展需求，组织中小型燃气轮机发电示范。结合典型燃气轮机运行维护服务需求，组织燃机运行维护服务自主化示范。各类燃气轮机示范项目须制定自主化方案，按要求报行业主管部门审核备案。

（四）完善支持政策

国家明确的各类燃气轮机示范项目优先纳入相关规划，由各级投资主管部门按照权限核准或审批。国家重大专项列入的试验电站项目，由项目所在地主管部门纳入相关规划和按照权限审批。

对于各类首台套示范项目，油气企业要切实保障气源供应和相关配套条件；运行调度管理部门和电网企业要确保示范项目顺利接入电网，研究建立符合燃气发电机组特性的市场化调度运行机制，保障示范项目运行时间。示范项目在示范试验阶段享受项目运行考核等优惠支持政策。

鼓励具备条件的地区燃气发电通过市场竞争或电力用户协商确定电价。完善气电价格联动机制，有条件的地方可积极采取财政补贴等措施疏导天然气发电价格矛盾。细化完善天然气分布式能源项目并网上网办法，鼓励天然气分布式能源与电力用户直接签订交易合同，自主协商确定电量和价格。鼓励各地区结合本地实际情况制定相应支持政策。

（五）严格招标采购

各类燃气轮机设备招标采购要严格按照《中华人民共和国招标投标法》及有关规定进行，严禁设立限制国内企业参与投标的歧视性条款或设立排他性条件。严禁在招标采购中设置技术性能、参数条件等指标时，出现指定进口或事实上必须进口的内容。各类示范工程经报主管部门审批，可采用谈判、竞标等灵活方式招标，保障自主技术装备的试验示范和推广应用。

国家发展改革委　国家能源局关于印发《推进并网型微电网建设试行办法》的通知
（发改能源〔2017〕1339 号）

各省、自治区、直辖市、新疆生产建设兵团发展改革委、能源局，国家能源局各派出能源监管机构，中国电力企业联合会，国家电网公司、中国南方电网有限责任公司，电力规划设计总院、水电水利规划设计总院：

为有力推进电力体制改革，切实规范、促进微电网健康有序发展，建立集中与分布式协同、多元融合、供需互动、高效配置的能源生产与消费体系，特制定《推进并网型微电网建设试行办法》，现印发你们，请按照执行。

特此通知。

国家发展改革委
国 家 能 源 局（印）
2017 年 7 月 17 日

附件

推进并网型微电网建设试行办法

为推进能源供给侧结构性改革，促进并规范微电网健康发展，引导分布式电源和可再生能源的就地消纳，建立多元融合、供需互动、高效配置的能源生产与消费模式，推动清洁低碳、安全高效的现代能源体系建设，结合当前电力体制改革，特制定本办法。

第一章　总　　则

第一条　微电网是指由分布式电源、用电负荷、配电设施、监控和保护装置等组成的小型发配用电系统。

微电网分为并网型和独立型，可实现自我控制和自治管理。并网型微电网通常与外部电网联网运行，且具备并离网切换与独立运行能力。本办法适用于并网型微电网的管理。

第二条　微电网须具备以下基本特征：

（一）微型。主要体现在电压等级低，一般在 35kV 及以下；系统规模小，系统容量（最大用电负荷）原则上不大于 20MW。

（二）清洁。电源以当地可再生能源发电为主，或以天然气多联供等能源综合利用为目标的发电型式，鼓励采用燃料电池等新型清洁技术。其中，可再生能源装机容量占比在 50%以上，或天然气多联供系统综合能源利用效率在 70%以上。

（三）自治。微电网内部具有保障负荷用电与电气设备独立运行的控制系统，具备电力供需自我平衡运行和黑启动能力，独立运行时能保障重要负荷连续供电（不低于 2h）。微电网与外部电网的年交换电量一般不超过年用电量的 50%。

（四）友好。微电网与外部电网的交换功率和交换时段具有可控性，可与并入电网实现备用、调峰、需求侧响应等双向服务，满足用户用电质量要求，实现与并入电网的友好互动，用户的友好用能。

第三条　微电网应适应新能源、分布式电源和电动汽车等快速发展，满足多元化接入与个性化需求。结合城市、新型城镇及新农村等发展需要，鼓励利用当地资源，进行融合创新，培育能源生产和消费新业态。

第四条　微电网源—网—荷一体化运营，具有统一的运营主体。微电网项目在规划建设中应依法实行开放、公平的市场竞争机制，鼓励各类企业、专业化能源服务公司投资建设、经营微电网项目；鼓励地方政府和社会资本合作（PPP），以特许经营等方式开展微电网项目的建设和运营。电网企业可参与新建及改（扩）建微电网，投资运营独立核算，不得纳入准许成本。

第五条　微电网运营主体应满足国家节能减排和环保要求，符合产业政策要求，取得相关业务资质，可自愿到交易机构注册成为市场交易主体。

第二章　规　划　建　设

第六条　微电网发展应符合能源发展规划、电力发展规划等国家能源专项规划及其相关产业政策。地方能源管理部门应会同有关部门，做好微电网项目与配电网规划、城乡总体规划的衔接。

第七条　电网企业应为微电网提供公平无歧视的接入服务。

第八条　按照《企业投资项目核准和备案管理条例》《政府核准的投资项目目录》等有关规定，推进“放管服”等有关工作。新建及改（扩）建微电网项目根据类型及构成，由地方政府按照核准（备案）权限，对微电网源—网—荷等内容分别进行核准（备案）。

第九条　省级投资主管部门和能源管理部门根据微电网承诺用户、运营主体情况等，组织行业专家按照微电网相关标准进行评审，并将符合标准的微电网项目予以公示，享有微电网相关政策支持。

第三章　并　网　管　理

第十条　国家发展改革委、国家能源局会同有关部门拟定微电网并网相关管理办法和行业技术标准，指导、监督并网管理工作。

第十一条　微电网并入电网应符合国家及行业微电网技术标准，符合接入电网的安全标准。

第十二条　省级能源管理部门应征求电网企业等相关市场主体意见，制定公布微电网并网程序、时限、相关服务标准及细则。

第十三条　微电网并网前，应由运营主体按照电力体制改革以及电力市场规则有关要求，与并入电网企业签订并网调度协议、购售电合同，明确双方责任和义务，确定电能计量、电价及电费结算、调度管理方式等。

第十四条　微电网接入公用配电网及由此引起的公用配电网建设与改造由电网企业承担。因特殊原因由项目业主建设的，电网企业、项目业主应协商一致。

第四章　运　行　维　护

第十五条　微电网运营主体（或委托专业运营维护机

构）负责微电网内调度运行、运维检修管理，源—网—荷电力电量平衡及优化协调运行，以及与外部电网的电力交换。

第十六条　微电网运营主体要建立健全运行管理规章制度，保障项目安全可靠运行。微电网的供电可靠性及电能质量应满足国家及行业相关规范要求，且不低于同类供电区域电网企业的供电服务水平。

第十七条　微电网的并网运行和电力交换应接受电力调度机构统一调度，向电力调度机构上报必要的运行信息。

第十八条　并入电网的微电网可视为可中断系统，不纳入《电力安全事故应急处置和调查处理条例》（国务院令第599号）对电网企业的考核范围。

第五章　市　场　交　易

第十九条　微电网运营主体应依法取得电力业务许可证（供电类），承担微电网内的供电服务。微电网内分布式电源通过配电设施直接向网内用户供电，源—网—荷（分布式电源、配网、用户）应达成长期用能协议，明确重要负荷范围。

第二十条　微电网运营主体要鼓励电源、用户积极参与负荷管理、需求侧响应。鼓励微电网内建立购售双方自行协商的价格体系，构建冷、热、电多种能源市场交易机制。

第二十一条　微电网运营主体在具备售电公司准入条件、履行准入程序后，作为拥有配电网经营权的售电公司（第二类售电公司），开展售电业务。

第二十二条　微电网运营主体负责微电网与外部电网的电力电量交换，按照市场规则参与电力市场交易，承担与外部电网交易电量的输配电费用。相应的价格机制由国务院价格主管部门研究制定，具体由省级价格主管部门组织实施。微电网应公平承担社会责任，交易电量按政府规定标准缴纳政府性基金和政策性交叉补贴。

第六章　政　策　支　持

第二十三条　微电网内部的新能源发电项目建成后按程序纳入可再生能源发展基金补贴范围，执行国家规定的可再生能源发电补贴政策。鼓励各地政府对微电网发展给予配套政策支持。

第二十四条　鼓励微电网项目单位通过发行企业债券、专项债券、项目收益债券、中期票据等方式直接融资，参照《配电网建设改造专项债券发行指引》（发改办财金〔2015〕2909号），享有绿色信贷支持。

第二十五条　省级能源管理部门应会同相关部门研究制定微电网所在地区需求侧管理政策，探索建立微电网可作为市场主体参与的可中断负荷调峰、电储能调峰、黑启动等服务补偿机制，鼓励微电网作为独立辅助服务提供者参与辅助服务交易。省级价格主管部门应研究新型备用容量定价机制，由微电网运营主体根据微电网自平衡情况自主申报备用容量，统一缴纳相应的备用容量费用。

第七章　监　督　管　理

第二十六条　微电网项目和配套并网工程完工后，项目单位应及时组织竣工验收，并将竣工验收报告报送省级能源管理部门和国家能源局派出能源监管机构。

第二十七条　省级能源管理部门组织建立微电网的监测、统计、信息交换和信息公开等体系，开展微电网建设运行关键数据等相关统计工作。微电网运营主体应积极配合提供有关信息，如实提供原始记录，接受监督检查。

第二十八条　省级能源管理部门要密切跟踪微电网建设运行，建立健全考评机制，加强对微电网可再生能源就地消纳、能源综合利用效率、节能减排效益等考核与评估。如不满足本办法中相关要求及行业标准的微电网项目，不享有微电网相关权利与政策支持。

第二十九条　国家能源局派出能源监管机构负责对微电网运营主体准入、电网公平开放、市场秩序、交易行为、能源普遍服务等实施监管；会同省级能源管理部门建立并网争议协调机制，切实保障各方权益。

第三十条　微电网项目退出时，应妥善处置微电网资产。若无其他公司承担微电网内用户供电业务的，由电网企业接收并提供保底供电服务。

第八章　附　　则

第三十一条　本办法由国家发展改革委、国家能源局负责解释。各省级政府可依据本办法制定实施细则。

第三十二条　本办法自发布之日起施行，有效期3年。

十六部门联合印发《关于推进供给侧结构性改革　防范化解煤电产能过剩风险的意见》的通知

（发改能源〔2017〕1404号）

各省、自治区、直辖市人民政府，国务院各部委、各直属机构，各有关中央企业：

为贯彻落实党中央、国务院关于推进供给侧结构性改革的决策部署，有力有序有效推进防范化解煤电产能过剩风险工作，经国务院同意，现将《关于推进供给侧结构性改革防范化解煤电产能过剩风险的意见》印发给你们，请认真贯彻执行。

国家发展改革委
工业和信息化部
财政部
人力资源社会保障部
国土资源部
环境保护部
住房城乡建设部
交通运输部
水利部（印）
人民银行
国资委
质检总局
安全监管总局
统计局
银监会
能源局

2017年7月26日

附件

关于推进供给侧结构性改革防范化解煤电产能过剩风险的意见

煤电是保障我国电力供应的基础性电源。近年来，我国煤电行业的装机结构不断优化，技术装备水平大幅提升，节能减排改造效果显著，为经济社会发展做出了重要贡献。但是，受经济增速放缓、电力供需形势变化等因素影响，煤电利用小时数持续下降，规划和在建煤电项目规模较大，违规建设问题仍然存在，多个地区将会出现电力供应过剩情况，防范化解煤电产能过剩风险刻不容缓。为贯彻落实党中央、国务院关于推进供给侧结构性改革的决策部署，有力有序有效推进防范化解煤电产能过剩风险工作，经国务院同意，现提出以下意见：

一、总体要求

（一）指导思想

全面贯彻党的十八大和十八届三中、四中、五中、六中全会、中央经济工作会议精神，深入贯彻习近平总书记系列重要讲话精神和治国理政新理念新思想新战略，认真落实党中央、国务院决策部署，统筹推进"五位一体"总体布局和协调推进"四个全面"战略布局，牢固树立和贯彻落实创新、协调、绿色、开放、共享的发展理念，着力落实"四个革命、一个合作"能源战略，不断优化能源结构和布局，走绿色低碳发展道路，积极推动煤电行业供给侧结构性改革，正确处理需求与供应、存量与增量、上游与下游的关系，有力有序防范化解煤电产能过剩风险，实现煤电高效清洁有序发展。

（二）基本原则

完善机制，科学调控。全面落实电力体制改革要求，建立健全工作机制，立足企业和地区实际情况，充分发挥市场调节和宏观调控作用，因地制宜、统筹推进防范化解煤电产能过剩风险工作。

企业为主，保障安全。发电企业要主动承担主体责任，认真落实各项调控要求，妥善做好人员安置、债务处置等相关事宜。科学研判电力供需形势变化，电网企业要及时做好电力生产调度，保障电力安全稳定供应。

淘汰落后，严控增量。加快淘汰落后产能，依法依规关停不符合强制性标准的机组，进一步优化煤电结构。强化规划引领约束作用，完善风险预测预警机制，严控新增煤电规模，坚决清理违规项目，遏制未核先建等违法违规行为。

优化存量，转型升级。继续推进煤电超低排放、节能改造和灵活性改造，规范整顿企业燃煤自备电厂，全面促进煤电行业转型升级、绿色发展，加快建设国际领先的高效清洁煤电体系。

（三）工作目标

"十三五"期间，全国停建和缓建煤电产能1.5亿kW，淘汰落后产能0.2亿kW以上，实施煤电超低排放改造4.2亿kW、节能改造3.4亿kW、灵活性改造2.2亿kW。到2020年，全国煤电装机规模控制在11亿kW以内，具备条件的煤电机组完成超低排放改造，煤电平均供电煤耗降至310g/kWh。

二、主要任务

（四）从严淘汰落后产能。严格执行环保、能耗、安全、技术等法律法规标准和产业政策要求，依法依规淘汰关停不符合要求的30万kW以下煤电机组（含燃煤自备机组）。有关地区、企业可结合实际情况进一步提高淘汰标准，完善配套政策措施，及时制定关停方案并组织实施。

（五）清理整顿违规项目。按照《企业投资项目核准和备案管理条例》（国务院令第673号）、《国务院关于印发清理规范投资项目报建审批事项实施方案的通知》（国发〔2016〕29号）等法律法规要求，全面排查煤电项目的规划建设情况，对未核先建、违规核准、批建不符、开工手续不全等违规煤电项目一律停工、停产，并根据实际情况依法依规分类处理。

（六）严控新增产能规模。强化燃煤发电项目的总量控制，所有燃煤发电项目都要纳入国家依据总量控制制定的电力建设规划（含燃煤自备机组）。及时发布并实施年度煤电项目规划建设风险预警，预警等级为红色和橙色省份，不再新增煤电规划建设规模，确需新增的按"先关后建、等容量替代"原则淘汰相应煤电落后产能；除国家确定的示范项目首台（套）机组外，一律暂缓核准和开工建设自用煤电项目（含燃煤自备机组）；国务院有关部门、地方政府及其相关部门同步暂停办理该地区自用煤电项目核准和开工所需支持性文件。

落实分省年度投产规模，缓建项目可选择立即停建或建成后暂不并网发电。严控煤电外送项目投产规模，原则上优先利用现役机组，2020年底前已纳入规划基地外送项目的投产规模原则上减半。

（七）加快机组改造提升。统筹推进煤电机组超低排放和节能改造，东部、中部、西部地区分别在2017年、2018年、2020年底前完成具备条件机组的改造工作，进一步提高煤电高效清洁发展水平。积极实施灵活性改造（提升调峰能力等）工程，深入挖掘煤电机组调节能力，提高系统调节运行效率。

（八）规范自备电厂管理。燃煤自备电厂要纳入国家电力建设规划，不得以任何理由在国家规划之外审批燃煤自备电厂，京津冀、长三角、珠三角等区域禁止新建燃煤自备电厂。燃煤自备电厂要严格执行国家节能和环保排放标准，公平承担社会责任，履行相应的调峰义务。

（九）保障电力安全供应。加强电力预测预警分析，定期监测评估电力规划实施情况，并适时进行调整。要及时做好电力供需动态平衡，采取跨省区电力互济、电量短时互补等措施，合理安排电网运行方式，确保电力可靠供应和系统安全稳定运行。

三、政策措施

（十）落实产业支持政策。建立完善电力容量市场、辅助服务市场等电力市场机制，研究通过电量补贴、地方财政补贴等支持政策，对承担调峰任务的煤电机组、非供暖季停发的背压机组给予合理补偿。在确保按时完成淘汰、停建、缓建煤电产能任务目标的前提下，列入关停计划的机组容量可跨省（区、市）统筹使用，按等容量原则与暂缓核准、建设项目的恢复挂钩，或按一定比例与在建项目挂钩。列入关停计划且不参与等容量替代的煤电机组，关停后可享受最多不超过5年的发电权，并可通过发电权交易转让获得一定经济补偿，具体办法由各省结合电力体制改革自行制定。

（十一）积极推进重组整合。鼓励和推动大型发电集团实施重组整合，鼓励煤炭、电力等产业链上下游企业发挥产业链协同效应，加强煤炭、电力企业中长期合作，稳定煤炭市场价格；支持优势企业和主业企业通过资产重组、股权合作、资产置换、无偿划转等方式，整合煤电资源。

（十二）实施差别化金融政策。鼓励金融机构按照风险可控、商业可持续的原则，加大对煤电企业结构调整、改造提升的信贷支持。对未核先建、违规核准和批建不符等违规煤电项目，一律不得通过贷款、发债、上市等方式提供融资。对纳入暂缓范围的在建煤电项目，金融机构要加强信贷风险管控，通过债权人委员会有效保护金融债权。

（十三）盘活土地资源。煤电机组关停拆除后的用地，可依法转让或由地方政府收回，也可在符合城乡规划的前提下转产发展第三产业。其中，转产为生产性服务业等国家鼓励发展行业的，可在5年内继续按原用途和土地权利类型使用土地。

（十四）做好职工安置。参照钢铁煤炭行业去产能工作的职工安置政策，对符合条件职工实行内部退养，依法依规变更、解除、终止劳动合同，以及做好再就业帮扶等措施，维护职工合法权益，切实做好职工安置工作。挖掘企业内部潜力，优先在发电企业集团内部安置解决分流职工，煤电改造和新建、扩建项目应优先招用关停机组分流人员。地方人民政府要指导督促企业制定并落实职工安置方案，依法依规妥善处理好经济补偿、社会保险等问题，维护社会大局稳定。

四、组织实施

（十五）加强组织领导。国家发展改革委、国家能源局牵头建立防范化解煤电产能过剩风险工作协调机制，分年度制定实施方案，与国务院国资委、有关省级人民政府加强沟通协调，督促具体任务落实。各有关省级人民政府对本地区防范化解煤电产能过剩风险工作负总责，要制订工作实施细则，完善煤电项目建设信息平台，及时与国务院有关部门交换项目信息。

（十六）加强事中事后监管。国家发展改革委、国家能源局等有关部门要持续推进简政放权、放管结合、优化服务改革，加强防范化解煤电产能过剩风险工作的事中事后监管。研究利用卫星遥感、大数据、互联网等新技术监测违规建设项目等，及时研究完善惩戒制度，建立健全部门间协同监管机制，依法依规惩处未核先建、违规核准、批建不符、开工手续不全等行为。

（十七）强化督查问责。各级政府要支持企业做好淘汰、停建、缓建等事宜，确保防范化解煤电产能过剩风险工作平稳有序开展。发电企业承担防范化解煤电产能过剩风险主体落实责任，要主动防范化解风险，避免产生安全隐患、不稳定因素及社会影响。

建立健全目标责任制，把各地区防范化解煤电产能过剩风险任务落实情况列为落实中央重大决策部署监督检查的重要内容，对工作不力的地方和企业依法依规约谈问责。

（十八）加强宣传引导。充分发挥行业协会熟悉行业、贴近企业的优势，及时反映企业诉求，反馈政策落实情况，引导和规范企业做好自律工作。要通过报刊、广播、电视、互联网等方式，深入解读相关政策措施，积极宣传典型经验做法，及时回应社会关切，形成良好的舆论环境。

国家发展改革委办公厅关于全面推进跨省跨区和区域电网输电价格改革工作的通知

（发改办价格〔2017〕1407号）

各省、自治区、直辖市及计划单列市、物价局，国家能源局各派出机构，国家电网公司、南方电网公司、内蒙古电力公司：

为贯彻落实《中共中央　国务院关于推进价格机制改革的若干意见》（中发〔2015〕28号），建立科学合理的输配电价形成机制，经商国家能源局，决定在省级电网输配电价改革实现全覆盖的基础上，开展跨省跨区输电价格核定工作，促进跨省跨区电力市场交易。现就有关事项通知如下。

一、全面推进区域电网输电价格改革

（一）加快华北区域电网输电价格核定工作。按照《国家发展改革委关于扩大输配电价改革试点范围有关事项的通知》（发改价格〔2016〕498号）有关要求，在完成华北区域电网输配电成本监审基础上，于2017年10月底前完成华北区域电网输电价格核定工作。

（二）全面推进区域电网输电价格改革工作。在华北区域电网输电价格改革试点基础上，组织开展华东、华中、东北、西北区域电网输电价格核定工作，于2017年12月底前完成区域电网输电价格核定工作。

二、完善跨省跨区专项输电工程输电价格调整机制

（一）加快核定新投产跨省跨区专项输电工程输电价格。组织开展新投产跨省跨区专项输电工程输电价格测算工作，逐项核定。其中，新投产的宁绍直流、酒湖直流和已投产暂未核定输电价格的海南联网工程等3项跨省跨区专项输电工程，2017年12月底前完成核价工作。

（二）定期调整已核价的跨省跨区专项输电工程输电价格。考虑到电量等因素波动，为及时反映真实、合理输电价格，决定定期对已核价的跨省跨区专项输电工程进行成本监审并复核电价，周期暂定为三年。

鉴于跨省跨区专项输电工程数量较多，决定分批推进，力争2018年底前完成所有已核价跨省跨区专项输电工程成本监审和输电价格复核工作。第一批对西电东送、哈郑、向上、宾金、宁东等5项专项输电工程输电价格进行复核，2017年10月底前完成成本监审，2017年11月底前完成测算、上报，2017年12月底前我委会同国家能源局完成核价工作。

三、加强组织保障落实

全面推进跨省跨区输电价格改革工作是落实中发〔2015〕9号和28号文件的重要举措，是建立独立输配电价体系的重要组成部分，是促进包括清洁可再生能源在内的电力资源在更大范围内自由流通的重要保障措施。各区域电网及跨省跨区专项输电工程所在地省级价格主管部门、国家能源局派出能源监管机构要高度重视，周密部署，组织做好跨省跨区输电价格测算工作，确保按时保质保量完成。其他省（区、市）价格主管部门和国家能源局派出能源监管机构、国家电网公司、南方电网公司以及内蒙古电力公司要密切配合做好相关工作，及时、客观、准确提供所需材料。

国家发展改革委办公厅（印）
2017年8月16日

国家发展改革委办公厅 国家能源局综合司关于开展电力现货市场建设试点工作的通知
（发改办能源〔2017〕1453号）

各省（自治区、直辖市）、新疆生产建设兵团发展改革委（能源局、物价局），经信委（工信委、工信厅），北京市城市管理委员会，国家能源局各派出能源监管机构，国家电网公司、南方电网公司、内蒙古电力（集团）有限责任公司，其他有关电力企业：

为贯彻落实《中共中央 国务院关于进一步深化电力体制改革的若干意见》（中发〔2015〕9号）精神，加快建设完善电力市场体系，按照《关于推进电力市场建设的实施意见》，现就开展电力现货市场建设试点工作通知如下。

一、试点工作重要意义

加快构建有效竞争的市场结构和市场体系，是中发〔2015〕9号文明确的深化电力体制改革的核心目标。随着电力体制改革全面深化，电力中长期交易规模不断扩大，亟待加快探索建立电力现货交易机制，改变计划调度方式，发现电力商品价格，形成市场化的电力电量平衡机制，逐步构建中长期交易与现货交易相结合的电力市场体系，充分发挥市场在电力资源配置中的决定性作用，进一步释放改革红利。

二、试点工作目标

试点地区应围绕形成日内分时电价机制，在明确现货市场优化目标的基础上，建立安全约束下的现货市场出清机制和阻塞管理机制。组织市场主体开展日前、日内、实时电能量交易，实现调度运行和市场交易有机衔接，促进电力系统安全运行、市场有效运行，形成体现时间和位置特性的电能量商品价格，为市场主体提供反映市场供需和生产成本的价格信号。

试点地区应加快制定现货市场方案和运营规则、建设技术支持系统，2018年底前启动电力现货市场试运行；同时，应积极推动与电力现货市场相适应的电力中长期交易。

三、试点地区选择

根据地方政府意愿和前期工作进展，结合各地电力供需形势、网源结构和市场化程度等条件，选择南方（以广东起步）、蒙西、浙江、山西、山东、福建、四川、甘肃等8个地区作为第一批试点，加快组织推动电力现货市场建设工作。

电力现货市场建设试点原则上应按现有电力调度控制区（考虑跨省跨区送受电）组织开展，具备条件的地区可积极探索合并调度控制区。电力现货市场建设试点成熟一个，启动一个。

四、试点工作要求

（一）试点工作第一责任单位由试点所在省（区、市）人民政府明确，负责统筹推进试点工作，提出明确的试点工作时间表和任务分工表。国家发展改革委、国家能源局会同有关省（区、市）组织推动区域电力现货市场建设试点工作。

（二）国家电网公司、南方电网公司和内蒙古电力（集团）有限责任公司，应积极推动开展电力现货市场建设试点相关工作，并给予充分的人、财、物支持。

（三）试点地区第一责任单位可结合当地实际，研究明确试点实施工作牵头单位。试点实施工作可由调度机构牵头，也可由交易机构牵头，这两种模式都要进行实践探索，形成可复制可推广的经验。

（四）国家发展改革委、国家能源局将组织编制电力现货市场运营系统和电力市场结算管理系统等功能规范和建设大纲，在试点地区试行。拟委托电力规划设计总院组织国电南瑞、中国电科院、国网能源研究院、南网科研院、清华大学、华北电力大学等相关单位共同研究，并于2017年底前提出具体建议。条件成熟时出台相关国家标准。

（五）电力现货市场试点方案（含配套的电力中长期交易机制）和运营规则应在专家论证后，由具备能力的单位组织全市场仿真（或经济性模拟）及财务信用风险分析，并将仿真分析结果报送国家发展改革委、国家能源局。

（六）试点方案应充分考虑相关配套机制，包括但不限于：与现货交易机制配套的电力中长期交易机制、输配电价机制、优先发电和购电制度落实机制、可再生能源保障性收购机制、发电企业市场力防范机制、财务信用风险规避机制及市场应急预案等。

五、试点工作组织领导

国家发展改革委、国家能源局负责电力现货市场建设试点工作的组织领导和统筹协调。

请试点地区有关单位于2017年9月8日前，将电力现货市场建设试点第一责任单位及联系人、试点实施工作牵头单位及联系人，反馈国家能源局法制和体制改革司。

联系人：王立新
电话：010－66597453
传真：010－66021913

国家发展改革委办公厅（印）
国家能源局综合司
2017年8月28日

国家发展改革委关于进一步加强垄断行业价格监管的意见
（发改价格规〔2017〕1554号）

各省、自治区、直辖市发展改革委、物价局：

为贯彻落实中央财经领导小组会议精神，建立健全垄断行业科学定价方式，合理降低垄断行业价格，推进垄断行业降本增效，促进垄断行业可持续发展、消费者合理负担，提出以下意见。

一、重要意义

垄断行业是由一个或少数经营主体拥有市场支配地位的行业，主要指因存在资源稀缺性、规模经济效益而由一个或少数企业经营的网络型自然垄断环节和重要公用事业、公益性服务行业，主要包括输配电、天然气管道运输、铁路运输等基础性行业以及居民供水供气供热等公用事业。这些行业主要提供基础性、公益性产品和服务，与国计民生密切相关，对促进经济社会发展、保障人民群众生活具有重要作用。由于具有资本投入量大、市场支配地位明显、关乎民生、难以形成有效竞争等特点，为保障公共利益，根据国际惯例，需要政府对这些行业的价格进行有效监管。

党的十八大以来，按照党中央国务院决策部署，各级价格主管部门加快推进垄断行业定价制度建设，先后出台了输配电、天然气管道运输、铁路客运等重点行业定价办法或成本监审办法，初步建立起以“准许成本＋合理收益”为核心的垄断行业定价制度框架，严格成本监审，强化价格监管，有效约束了垄断行业成本，惠及实体经济和广大人民群众。目前，已全面完成省级电网输配电价改革，核减成本比例达14.5%；已基本完成天然气管道运输定价成本监审；一些城市也开展了供水定价成本监审，为进一步深化价格监管积累了宝贵经验。但是，当前我国垄断行业经营成本不够透明、价格形成不够合理的现象还比较突出，成本监审制度不够完善、覆盖面还需扩大，监管能力有待进一步提升，监管的科学化、精细化水平还需提高，迫切需要在总结价格监管实践基础上，借鉴国际先进经验，进一步完善机制、强化监管，建立健全科学定价方式，实质性降低偏高价格和收费水平，这既有利于合理降低企业成本和社会负担，也有利于提高垄断行业生产经营效率，是深化供给侧结构性改革的重要内容，是健全现代市场体系的有效举措，是保障社会公共利益的必然要求。

二、总体要求

（一）总体思路。按照“准确核定成本、科学确定利润、严格进行监管”的思路，以成本监审为基础，以科学定价机制为支柱，建立健全以“准许成本＋合理收益”为核心的约束与激励相结合的垄断行业定价制度，实现科学化、精细化、制度化、透明化监管，促进垄断行业健康可持续发展，合理降低垄断行业价格。

（二）基本原则

坚持改革创新。正确处理政府与市场关系，深化垄断行业价格改革，放开竞争性领域和环节价格。切实转变价格监管的理念、方式、手段，不断完善成本监审制度、价格形成机制，强化成本约束，合理形成价格，增强企业降本增效的内生动力，保障社会公共利益。

坚持科学规范。合理界定政府、企业、消费者权利和义务，制定覆盖全部垄断行业的成本监审办法、定价办法，建立起科学的成本分担机制、合理反映成本构成和收益的价格形成机制。规范政府定价的程序和行为，严格依法依规开展价格监管。

坚持公开透明。坚持以公开为常态、不公开为例外原则，推进垄断行业价格监管的决策公开、程序公开、执行公开、结果公开。鼓励公众参与垄断行业价格监管制度建设、政策制定，及时公开价格制定调整、成本构成变化情况，强化社会监督。

坚持分类监管。根据不同垄断行业的生产经营特征和成本构成特点，分类建立定价规则，推进科学定价。区分企业经营的垄断性和竞争性领域，单独核算政府定价业务成本，推动建立相对独立的分类成本和利润指标体系。

坚持稳步推进。结合垄断行业体制机制改革，统筹兼顾行业发展与民生保障，把握好节奏和力度，协同推进价格监管。综合考虑行业发展阶段、社会承受能力、鼓励民间投资等因素，先易后难，重点突破，有序推进，逐步实现垄断行业科学定价的全覆盖。

（三）主要目标

到2020年，网络型自然垄断环节和重要公用事业、公益性服务行业定价办法、成本监审办法基本实现全覆盖，科学、规范、透明的垄断行业政府定价制度基本建立。

三、重点任务

以制度规则建设为重点，合理确定成本构成，科学确定投资回报率，建立健全“准许成本＋合理收益”的定价制度。以开展成本监审、规范定价程序、推进信息公开为抓手，严格进行监管，规范政府和企业价格行为。

（一）严格成本监审。健全垄断行业成本监审规则，加快制定出台分行业的成本监审办法，明确垄断行业定价成本构成和具体审核标准，特别是细化职工薪酬、折旧费、漏损率等约束性指标。扎实开展垄断行业成本监审，合理归集、分摊和核算成本，严格核减不应计入定价成本的费用，强化成本约束，为科学定价提供依据。创新成本监审方式，鼓励引入第三方参与监审，提高监审效率。

（二）健全定价机制。加快制定出台分行业具体定价办法，建立合理反映不同用户成本的价格机制。在准确核定成本基础上，综合考虑企业生产经营及行业发展需要、社会承受能力、供给安全和质量等因素，科学确定投资回报率，合理制定价格水平，促进企业获得合理收益、消费者合理负担。充分发挥价格机制的约束、激励作用，通过制定上限价格、标杆价格等办法，引导垄断企业主动开展技术创新、改进管理，降低生产经营成本。

（三）规范定价程序。所有垄断行业定价项目均纳入定价目录，实行清单化管理，并及时向社会公开。完善垄断行业政府定价决策机制，严格执行并实施成本监审、风险评估、专家论证、公众参与、集体审议等定价程序，创新价格听证方式，探索建立第三方参与垄断行业定价制度，充分听取社会公众意见，最大限度减少定价机构自由裁量权，着力规范政府定价行为。

（四）推进信息公开。建立健全垄断行业信息披露和公开制度，强化垄断企业向监管机构的信息报送和公开义务，督促垄断企业定期向社会披露生产经营和年度财务状况，公开有关成本及价格信息。政府定价机构制定和调整价格应当公开成本监审结论。完善城市供水成本信息公开制度，积极推进天然气管道运输成本信息公开，逐步扩大至所有垄断行业，提高政府定价的透明度。

（五）强化定价执行。清晰界定定价机构、垄断企业在政府定价政策制定、执行中的权责和义务，强化垄断企业责任。督促垄断企业严格落实政府定价政策，合理行使政府指导价浮动幅度内的自主定价权。加强政府定价政策执行事中事后监管，建立政府定价政策定期评估制度，并适时调整完善。

四、近期重点工作

围绕电力、天然气、铁路客运、居民供水供气供热等重点领域，加快建立健全成本监审办法和价格形成机制，从细从严开展成本监审和定价工作，规范垄断行业收费，降低企业成本，提高企业效率。

（一）输配电价格。严格执行并适时完善省级电网输配电价制度。加快推进跨省跨区专项输电工程和区域电网输电价格改革，力争2018年完成。研究核定增量配电网和地方电网配电价格，加快形成完整的输配电价监管体系。研究制定输配电成本和价格信息公开办法以及分电压等级成本核算、归集、分配办法。研究建立电力普遍服务、保底服务的成本回收机制，妥善处理并逐步减少政策性交叉补贴。

（二）天然气管道运输价格。依据已出台的定价办法和成本监审办法，深入开展跨省长途管道运输成本监审，合理制定价格水平，适时完善监管规则。强化省内短途管道运输和配气价格监管，加快落实输配气价格监管要求，全面梳理天然气各环节价格，2018年底前各地要建立起输配环节定价办法、成本监审办法，重新核定省内短途管道运输价格，制定独立配气价格，降低偏高输配价格。

（三）铁路普通旅客列车运输价格。依据已出台的定价成本监审办法，全面开展普通旅客列车运输成本监审，2017年底完成成本监审工作，提出完善普通旅客列车硬座硬卧票价形成机制的意见。对公益服务属性特征明显的部分普通旅客列车客运产品，统筹协调价格调节与财政补贴，完善价格形成机制，逐步构建以列车运行速度和等级为基础、体现服务质量差异的票价体系。

（四）居民供水供气供热价格。制定完善居民供水供气供热成本监审办法、定价办法，力争2020年前实现全覆盖。强化供水成本监审，完善供水成本公开制度，引入约束激励机制，促进供水企业提高管理效率和服务质量，主动降低生产成本。开展城镇供气成本监审，完善居民用气价格机制，优化居民用气阶梯价格制度，减少交叉补贴。推进北方地区清洁供暖，落实煤热、气热价格联动机制，开展供热成本监审，按照“多用热、多付费”原则，逐步推行基本热价和计量热价相结合的两部制价格制度，合理引导热力消费。

（五）垄断行业经营服务性收费。清理规范垄断行业经营服务性收费，取消违规不合理收费，推动降低偏高收费标准。具备竞争条件的收费项目，一律放开由市场调节。保留政府定价管理的，要纳入收费目录清单，2017年底前统一向社会公示，接受社会监督。由企业依法自主定价的，要落实明码标价规定，明确收费项目名称、服务内容和收费标准。没有提供实质性服务的，一律不得收费。已通过价格回收的成本，不得另行收费补偿。加大执法力度，严禁利用优势地位强制服务、强行收费或只收费不服务、多收费少服务。

五、保障措施

把加强垄断行业价格监管作为价格工作定位转型的重要方向，摆在突出重要的位置，深入研究、精心部署，健全制度、提升能力，不断提高政府价格监管的专业化水平。

（一）加强组织领导。各地要按照本意见精神，抓紧研究制定具体实施方案，强化责任担当，把握正确方向，细化工作安排，在抓落实出实效上多下功夫。要切实担负起主体责任，主要负责同志要亲自抓，分管负责同志要全力抓，建立健全工作任务台账制度，明确时间表、路线图、责任人。要加强与有关部门、地方的政策联动和工作协同，形成工作合力。及时发现总结基层创新举措和鲜活经验，典型引路、以点带面，更好推动工作落实。

（二）加强能力建设。强化监管队伍建设，推进垄断行业监管国际交流、合作，依托国内高校、智库加强人才培训，着力打造与监管需求相适应的专业化人才队伍。加快修订出台《政府制定价格行为规则》《政府制定价格成本监审办法》《政府制定价格听证办法》，为垄断行业定价提供制度保障。加快价格信息化建设，推动各级价格主管部门信息共享和系统互联互通，充分运用大数据、云计算等信息化手段，提升价格监管能力和水平。

（三）加强督察问效。密切跟踪工作进展情况，定期开展工作自查，主动查找不足、推进落实。建立健全定期调度督导制度，进一步强化责任，确保工作按时推进、取得实效。对工作进展滞后的地方，要及时督导，限时推进，加快落实。坚持问题导向，及时评估工作进展，认真研究、全力破解存在的问题，确保不折不扣完成预期目标。

（四）加强宣传引导。加大对垄断行业价格监管的宣传力度，准确解读价格监管政策，回应社会关切，及时曝光价格违法典型案件，保障公众知情权。充分发挥12358价格监管平台作用，鼓励公众及时反映垄断行业价格违法行为，强化社会监督。研究制定垄断行业价格监管制度、价格调整政策，凡是能够公开的，一律公开征求意见，集思广益，凝聚共识，营造良好舆论氛围。

国家发展改革委（印）

2017年8月23日

国家发展改革委关于印发北方地区清洁供暖价格政策意见的通知
（发改价格〔2017〕1684号）

各省、自治区、直辖市发展改革委、物价局、电力公司，中国石油天然气集团公司、中国石油化工集团公司、中国海洋石油总公司，国家电网公司、内蒙古电力公司：

为贯彻落实党中央国务院关于推进北方地区清洁供暖的决策部署，加快推动清洁供暖工作，按照“企业为主、政府推动、居民可承受”的方针，我们制定了《关于北方地区清洁供暖价格政策的意见》，现予印发，请按照执行。

国家发展改革委（印）

2017年9月19日

附件

关于北方地区清洁供暖价格政策的意见

为贯彻落实党中央国务院关于推进北方地区清洁供暖的决策部署，经研究，现就有关价格政策提出以下意见。

一、总体要求

北方广大农村地区、一些城镇以及部分大中城市的周边区域，还在大量采用分散燃煤和散烧煤取暖，既影响了居民基本生活的改善，也加重了北方地区冬季雾霾天气。推进北方地区冬季清洁取暖，是重大民生工程、民心工程，关系北方地区广大群众温暖过冬，关系雾霾天能不能减少，是能源生产和消费革命、农村生活方式革命的重要内容。

要按照“企业为主、政府推动、居民可承受”的方针，遵循因地制宜、突出重点、统筹协调的原则，宜气则气，宜电则电，建立有利于清洁供暖价格机制，综合运用完善峰谷价格、阶梯价格，扩大市场化交易等价格支持政策，促进北方地区加快实现清洁供暖。

二、完善“煤改电”电价政策

具备资源条件，适宜“煤改电”的地区，要通过完善峰谷分时制度和阶梯价格政策，创新电力交易模式，健全输配电价体系等方式，降低清洁供暖用电成本。

（一）完善峰谷分时价格制度

鼓励利用谷段低价电供暖，提高电力系统利用效率，降低“煤改电”用电成本。一是推行上网侧峰谷分时电价政策。鼓励北方地区省级价格主管部门按照当地大容量主力燃煤机组的边际发电成本确定谷段上网电价，在上网电价平均水平不变的前提下确定峰段上网电价，报国家发展改革委同意后实施。二是完善销售侧峰谷分时时段划分。对采暖用电部分，适当延长谷段时间（原则上不超过2小时），优化峰、平、谷价格时段划分。三是适当扩大销售侧峰谷电价差。在销售侧平均水平不变的情况下，进一步扩大采暖季谷段用电电价下浮比例。

（二）优化居民用电阶梯价格政策

合理确定采暖用电量，鼓励叠加峰谷电价，明确村级“煤改电”电价政策，降低居民“煤改电”用电成本。一是合理确定居民采暖用电量。相关省份根据当地实际，合理确定居民取暖电量。该部分电量按居民第一档电价执行；超出部分计入居民生活用电，执行居民阶梯电价。二是鼓励叠加峰谷电价。鼓励省级价格主管部门在现行居民阶梯价格政策基础上，叠加峰谷分时电价政策，并在采暖季适当延长谷段时间。三是明确村级“煤改电”电价政策。农村地区以村或自然村为单位通过“煤改电”改造使用电采暖或热泵等电辅助加热取暖，与居民家庭“煤改电”取暖执行同样的价格政策。

（三）大力推进市场化交易机制

鼓励清洁供暖用电电量积极参与电力市场交易，在缓解弃风弃光扩大用电的同时，降低电采暖用电成本。一是推动可再生能源就近直接消纳。鼓励北方风电、光伏发电富集地区，在按有关规定完成保障性收购的前提下，鼓励电蓄热、储能企业与风电、光伏发电企业开展直接交易，建立长期稳定且价格较低的供用电关系。二是促进跨省跨区电力交易。北京、天津等行政区域内电力资源不足的，要在确保电网安全的前提下，打破省间壁垒，通过跨省跨区电力交易的方式扩展低成本电力资源。三是探索市场化竞价采购机制。支持具备条件的地区建立采暖用电的市场化竞价采购机制，由电网企业或独立售电公司代理用户采购市场最低价电量，予以优先购电保障。具体方案由省级价格主管部门、电力运行主管部门商能源部门、电网企业制定。四是合理制定电采暖输配电价。参加电力市场交易的采暖用电，峰段、平段执行相应电压等级的输配电价，谷段输配电价按平段输配电价的50%执行。

三、完善“煤改气”气价政策（略）

四、因地制宜健全供热价格机制

科学合理制定供热价格，协调好不同供暖方式的比价关系，既让企业有积极性开发清洁供暖项目，也让居民可承受，保障清洁取暖顺利推进。

（一）完善集中供热价格政策。适宜采取集中供暖的地区，通过热电联产、大型燃煤锅炉、燃气锅炉、生物质锅炉、地热供暖等方式集中供暖的，必须按照超低排放要求进行环保改造并达到规定的排放（回灌）标准后供热。地方价格主管部门要统筹考虑改造运行成本、居民承受能力，合理制定居民供热价格。采用背压式热电联产机组供热的，在认真核定成本的基础上，科学合理确定热力或供热价格。加快推进供热计量收费，推行两部制热价。大型燃煤锅炉环保改造、燃煤锅炉改为燃气锅炉，导致热力生产成本增加较多的，可以通过适当调整供热价格的方式疏导，不足部分通过地方财政予以补偿。

（二）试点推进市场化原则确定区域清洁供暖价格。区域性集中清洁供暖，原则上由政府按照供暖实际成本，在考虑合理收益的基础上，科学合理确定供热价格。在具备条件的地区，试点推进市场化原则确定区域清洁供暖价格，由供暖企业按照合理成本加收益的原则，在居民可承受能力范围内自行确定价格。

（三）加强供热企业成本监审和价格监管。有权限的价格主管部门，根据成本监审办法的要求，加强对属于网络型自然垄断环节的热力管道输送环节成本监审，剔除不合理成本，逐步推行成本公开，强化社会监督，合理制定热力输送价格。

五、统筹协调相关支持政策

清洁供暖是一项系统工程，在实行价格支持政策的同时，其他相关政策要协同推进，形成合力。

（一）加大财政支持力度。以“2＋26”城市为重点，开展北方地区冬季清洁取暖试点。中央财政通过现有资金渠道，支持试点城市推进清洁方式取暖替代散煤燃烧取暖，鼓励地方政府创新机制，完善政策，引导企业和社会加大投入，实现试点地区散煤供暖“销号”，并形成示范带动作用。各地应结合本地实际，研究出台支持清洁取暖的政策措施，统筹使用相关政府资金，加大对清洁取暖工作的支持力度，并向重点城市倾斜。落实供暖企业向居民供暖相关增值税、房产税、城镇土地使用税优惠政策。

（二）探索多元化融资方式。

（三）扩大市场准入。

（四）做好供应保障。电网企业要合理调整投资结构，加大与清洁供暖相关的配电网改造力度，保障清洁供暖用电稳定。上游供气企业要及早谋划部署，确保气源充足供应，同时根据居民用气实际情况重新核定居民用气比例，确保居民气量充足稳定供应。各级供气企业要切实承担分级储气责任，加快储气设施建设进度，保障冬季用气高峰天然气安全稳定供应。

北方地区各级价格主管部门要切实增强对推进“煤改电”“煤改气”重要性的认识，加强组织领导，科学制定本地区具体政策方案，周密部署，精心实施，为加快推动北方地区清洁取暖，保障和改善民生，营造良好的价格政策环境。

关于深入推进供给侧结构性改革做好新形势下电力需求侧管理工作的通知

（发改运行规〔2017〕1690号）

各省、自治区、直辖市发展改革委、经信委（工信委、工信厅）、物价局、财政厅（局）、住建厅、国资委、能源局，北京市城管委，国家能源局各派出能源监管机构，中国电力企业联合会，国家电网公司、南方电网公司：

2010年《电力需求侧管理办法》印发以来，各有关部门和企业按照科学用电、节约用电、有序用电的理念，积极推进电力需求侧管理工作，在促进电力供需平衡和保障重点用户用电等方面发挥了重要作用。近年来我国经济进入新常态，电力供需形势相对宽松，电力需求侧管理面临的外部形势和内涵发生了较大变化，工作方向和重心需要及时调整。为贯彻落实供给侧结构性改革有关部署，促进供给侧与需求侧相互配合、协调推进，现就新形势下进一步做好电力需求侧管理有关事项通知如下。

一、近年来电力需求侧管理工作取得了积极成效

现行《电力需求侧管理办法》印发后，有关部门和地方政府各司其职、电网企业全力配合、电力用户积极参与，无论是紧张时期保平衡，还是宽松时期提能效，电力需求侧管理工作都发挥了非常重要的作用。

（一）有序用电不断规范，成为保障电力供需平衡的重要手段。一是强化政策引领。国家发展改革委出台《有序用电管理办法》，明确了在电力供应不足、突发事件等情况下，政府部门、电网企业、电力用户保障电力供需平衡的责任分工，以及优先保障居民生活和公共设施用电原则，较好地贯彻了以人民为中心的发展思想。二是健全工作体系。形成了全国、省、市多级联动，政府主导、电网实施、用户配合的科学管理体系，建立了备案、摸查、宣传、演练、实施的完整工作机制，既提高了工作效率，又确保了实施效果。三是科学精准实施。电力迎峰度夏期间，通过有序用电转移高峰负荷最大达到1600万kW，切实保障了电力供需平衡和社会稳定。

（二）节约用电积极引导，成为节能减排的有效措施。一是电网企业积极履行社会责任，完成电力需求侧管理目标责任考核任务。按照《关于印发〈电网企业实施电力需求侧管理目标责任考核方案（试行）〉的通知》（发改运行〔2011〕2407号）有关要求，电网企业积极采取措施促进自身节电和开展社会节电。2012～2016年，累计节约电量553亿kWh，节约电力1268万kW，比目标任务分别超额完成131亿kWh和359万kW。二是城市综合试点进一步探索了电力需求侧管理的先进经验和模式。北京、苏州、唐山、佛山4个综合试点城市，分别结合自身负荷特点和工作基础，积极发挥财政资金的撬动作用，不断探索电力需求侧管理的技术创新和制度创新，通过能效电厂、需求响应等一系列综合措施，在2013～2015年累计削减高峰负荷283万kW以上。三是电能服务产业健康发展。通过财政支持、价格激励、市场化模式探索等多种方式，电能服务产业发展迅速，节能服务产业广泛竞争的局面基本形成，为售电侧改革奠定了坚实基础。

（三）科学用电持续推进，成为经济运行的重要组成部分。一是信息化平台布局初步建成。国家电力需求侧管理平台成功上线运行，省级电力需求侧管理平台基本实现全覆盖，企业级电能服务管理平台快速发展，国家—省级—企业信息化平台架构基本建成，协同效应充分发挥，在线监测、宏观经济分析等工作实现了数字化、网络化、可视化。二是需求响应工作逐步深入。上海市在2014年开展电网、负荷集成商、工业用户共同参与的市场化需求响应试点基础上，将实施范围拓展到商业建筑领域。江苏省2015年在全国率先实现全省范围内实施需求响应，2016年最大响应负荷达到345万kW。

二、充分认识当前电力需求侧管理面临的形势

随着我国经济发展进入新常态，“十三五”时期用电量低速增长，电力供应能力充足，电力供需由总体偏紧、局地供需矛盾紧张转变为总体宽松、局地供应富余，形势已发生深刻变化。同时，生态文明建设、能源消费革命、新一轮电力体制改革的推进，都为电力需求侧管理提供了新的发展机遇，也提出了新的工作要求。

（一）面临新的形势。一是电力供需总体供大于求。近年来，随着经济发展进入新常态，全社会用电增速逐步放缓，“十二五”时期年均增长5.7%，与此同时电力装机增长迅速，“十二五”时期年均增长9.3%，截至2016年底，全国电力装机容量已达16.5亿kW，供大于求形势越发明显，电力需求侧管理的工作重心需从保障供需平衡向多元化目标转变。二是可再生能源消纳矛盾突出。随着用电增速放缓和可再生能源装机迅猛增长，弃水弃风弃光矛盾越发突出。2016年，全国弃水电量500亿kWh，同比增长85.2%；弃风电量497亿kWh，同比增长46.6%；弃光电量74亿kWh，同比增长57.4%。

（二）提供新的机遇。一是“十三五”节能减排工作方案要求强化电力需求侧管理。2016年12月国务院印发的《“十三五”节能减排综合工作方案》中，明确要求加强电力需求侧管理，建设电力需求侧管理平台，推广电能服务，总结试点经验，鼓励用户积极采用节能技术产品，优化用电方式。二是新一轮电力体制改革对电力需求侧管理提出了新的要求。中发9号文件明确提出，积极开展需求侧管理和能效管理，通过运用现代信息技术、培育电能服务、实施需求响应等，促进供需平衡和节能减排。

（三）拓展新的内涵。电力需求侧管理是供给侧结构性改革的重要内容。电力的需求侧即是用户的供给侧，做好电力需求侧管理工作，有利于提升企业效率、降低实体经济企业成本。供给侧结构性改革的深入推进，客观上要求切实利用好需求侧管理的重要工具，与供给侧相互配合、协调推进，紧扣供给侧结构性改革的新任务和新问题，实现新突破。电力需求侧管理是推进“放管服”改革的有效抓手。深化简政放权、放管结合、优化服务改革，需大力提升与群众生活密切相关的公用事业服务质量和效率。通过电力需求侧管理不断强化居民等重点用户的供电服务，促进电网企业保障电力供应、提高电能可靠性、优化电能服务，是落实“放管服”改革要求的重要途径。电力需求侧管理是促进可再生能源消纳的关键手段。可再生能源发电的间歇性、随机性、不可控性，对需求侧用电负荷曲线柔性度的要求越来越高，通过深化推进电力需求侧管理，积极发展储能和电能替代等关键技术，促进供应侧与用户侧大规模友好互动，是促进可再生能源多发满发的重要手段。

三、进一步做好新形势下的电力需求侧管理工作

新的形势下，电力需求侧管理除继续做好电力电量节约，促进节能减排工作以外，各有关单位应坚持问题导向，重点做好以下工作：

（一）推进电力体制改革。细化落实优先购电制度，结合有序用电工作基础，进一步研究细化改革推进中优先购电用户的类别和保障方式，实现市场推进和保障民生两促进、两不误；探索市场机制建设，总结需求响应试点经验，及时向全国推广，进一步完善需求响应工作中的市场化机制，为电力市场建设积累经验。

（二）实施电能替代。各有关部门和企业要在需求侧领域合理实施电能替代，促进大气污染治理，扩大电力消费市场，拓展新的经济增长点。要不断创新电能替代领域、替代方法和替代内容，进一步扩大电能替代范围和实施规模。

（三）促进可再生能源消纳。各有关部门和企业要加强消费与生产的协同互动，从需求侧促进可再生能源电力的

有效消纳利用，推进能源绿色转型与温室气体减排。

（四）提高智能用电水平。各有关部门和企业要通过信息和通信技术与用电技术的融合，推动用电技术进步、效率提升和组织变革，创新用电管理模式，培育电能服务新业态，提升电力需求侧管理智能化水平。

结合新形势和新任务，我们对现行的《电力需求侧管理办法》进行了修订。在执行过程中，各有关单位要树立“电力的需求侧即是用户的供给侧”的理念，切实发挥好需求侧管理的重要作用推进供给侧结构性改革。2011 年 1 月 1 日发布的《电力需求侧管理办法》同时废止。

国家发展改革委
工业和信息化部
财　政　部（印）
住房城乡建设部
国务院国资委
国家能源局
2017 年 9 月 20 日

附件

电力需求侧管理办法（修订版）

第一章　总　　则

第一条　为深入推进供给侧结构性改革，推动能源革命和全社会节能减排，促进电力经济绿色发展和生态文明建设，根据《中华人民共和国电力法》《中华人民共和国节约能源法》《电力供应与使用条例》《关于进一步深化电力体制改革的若干意见》等法律法规和文件规定，制定本办法。

第二条　本办法所称电力需求侧管理，是指加强全社会用电管理，综合采取合理、可行的技术和管理措施，优化配置电力资源，在用电环节制止浪费、降低电耗、移峰填谷、促进可再生能源电力消费、减少污染物和温室气体排放，实现节约用电、环保用电、绿色用电、智能用电、有序用电。

第三条　国家发展改革委负责全国电力需求侧管理工作，县级以上人民政府经济运行主管部门负责本行政区域内的电力需求侧管理工作。国务院有关部门、各地区县级以上人民政府有关部门在各自职责范围内开展和参与电力需求侧管理。

第四条　电力生产供应和消费应贯彻节约优先、绿色低碳的国家能源发展战略，在增加电力供应时，统筹考虑并优先采取电力需求侧管理措施。政府主管部门应推动供用电技术改进，优化用电方式，开展电能替代，消纳可再生能源，提高能源效率。

第五条　电网企业、电能服务机构、售电企业、电力用户是电力需求侧管理的重要实施主体，应依法依规开展电力需求侧管理工作。

第二章　节　约　用　电

第六条　本办法所称节约用电，是指加强全社会用电管理，综合采取合理、可行的技术和管理措施，在用电环节制止浪费、降低电耗、实现电力电量节约，促进节能减排和经济社会健康发展。

第七条　实施电网企业电力需求侧管理目标责任考核评价制度，政府主管部门制定和下达本级电网企业年度电力电量节约指标，组织开展年度指标完成情况考核；当年电力、电量节约指标原则上不低于电网企业售电营业区内上年最大用电负荷的 0.3%、上年售电量的 0.3 %；电网企业可通过自行组织实施或购买服务实现。社会资本投资的增量配电网经营企业暂不参与考核，但应当主动采取措施实施电力需求侧管理，每年年底前将经营区域内电力电量节约量和工作措施上报省级经济运行主管部门。

第八条　电网企业应推广使用节能先进技术，采用节能输变电设备，采取技术措施减少供电半径，增强无功补偿，加强无功管理，稳步降低线损率。

第九条　鼓励推进工业、建筑等领域电力需求侧管理，组织开展产业园区、工业企业、综合商务区等功能区电力需求侧管理示范，建立和完善第三方评价机制，开发和传播典型案例，引领和促进工业、建筑领域节电、降耗、提效，提升可持续发展能力。

第十条　鼓励电能服务机构、售电企业提供合同能源管理、综合节能和用电咨询等服务，帮助用户节约电力电量，提高生产运行效率。

第十一条　政府主管部门应组织开展能效电厂项目示范，制定和发布电力需求侧管理技术推广目录，引导电力用户加快实施能效电厂项目，采用节电新技术。

第十二条　政府主管部门支持发展电能服务产业，推动建立电力需求侧管理服务机构体系；支持电力需求侧管理指导中心、行业协会、电能服务公司、产业联盟等机构创新服务内容和模式，提供节电咨询、设计、工程、评估、检测、核证、培训、标准制定、电子商务等服务；鼓励电能服务公司等向售电企业转型。

第三章　环　保　用　电

第十三条　本办法所称环保用电，是指充分发挥电能清洁环保、安全便捷等优势，在需求侧实施电能替代燃煤、燃油、薪柴等，促进能源消费结构优化和清洁化发展，支持大气污染治理。

第十四条　政府主管部门应支持开展环保用电，推动在需求侧合理实施电能替代，促进大气污染治理，扩大电力消费市场，拓展新的经济增长点。

第十五条　综合考虑电力市场建设、技术经济性、节能环保效益等因素，因地制宜、有序推进各领域电能替代，重点推进京津冀等大气污染严重地区的“煤改电”工作以及北方地区的电供暖工作。实施电能替代新增电力电量需求应优先通过可再生能源电力满足，并在电网企业年度电力电量节约指标完成情况考核中予以合理扣除，对于通过可再生能源满足的电能替代新增电力电量，计入电网企业年度节约电力电量指标。

第十六条　鼓励电力用户采用地源、水源、空气源热泵、电蓄热、电蓄冷、储能等成熟的电能替代技术，支持开展电能替代新技术示范、区域示范、产业园区示范。

第十七条　电网企业应加强电能替代配套电网建设，推进电网升级改造，提高环保用电的供电保障能力，做好环保用电的供电服务。

第十八条　鼓励社会资本积极参与电能替代项目投资、建设和运营，探索多方共赢的市场化项目运作模式。

第四章　绿　色　用　电

第十九条　本办法所称绿色用电，是指绿色电力消费与生产的协同互动，从需求侧促进可再生能源电力的有效消纳利用，推进能源绿色转型与温室气体减排。

第二十条 支持和推动绿色用电，探索绿色电力消费与生产的协同互动，引导电力用户优化用电方式，从需求侧促进可再生能源电力的有效消纳利用。

第二十一条 选择需求响应资源条件较好、可再生能源富集的地区，因地制宜开展需求响应促进可再生能源电力消纳试点，以互联网技术为支撑，探索、推广多方共赢的需求响应与可再生能源电力消纳协同模式。

第二十二条 支持电网企业会同电力用户探索建设大规模源网荷友好互动系统，有效平抑可再生能源带来的波动，提升电网“源”“荷”互补能力，助力可再生能源大规模替代化石能源。

第二十三条 改善电力运行调节，将需求响应资源统筹纳入电力运行调度，提高电网的灵活性，为可再生能源电力的消纳创造条件。

第二十四条 探索建立需求响应与可再生能源电力消纳协调互动的经济激励机制，对需求响应参与方给予经济补偿，鼓励可再生能源发电企业通过灵活的电价机制引导需求响应用户购买可再生能源电力。

第五章 智 能 用 电

第二十五条 本办法所称智能用电，是指通过信息和通信技术与用电技术的融合，推动用电技术进步、效率提升和组织变革，创新用电管理模式，培育电能服务新业态，提升电力需求侧管理智能化水平。

第二十六条 政府主管部门和企业应推进电力需求侧管理平台建设，完善平台主站、子站的互联互通、信息交互和共享、用电在线监测、数据统计分析、用电决策支持、需求响应与有序用电等功能，引导、鼓励电力用户和各类市场主体建设需求侧管理信息化系统并接入国家电力需求侧管理平台，积极推动与公共建筑能耗监管平台的互联互通及数据共享，为实施智能用电提供多方位的技术支撑，电网企业应定期向政府报送电力需求侧管理平台所需电力运行数据。

第二十七条 支持在产业园区、大型公共建筑、居民小区等集中用电区域开展“互联网＋”智能用电示范，探索“互联网＋”智能用电技术模式和组织模式，推进需求响应资源、储能资源、分布式可再生能源电力以及新能源微电网的综合开发利用，推广智能小区/楼宇/家庭、智慧园区试点，引导全社会采用智能用电设备。

第二十八条 鼓励电能服务公司、充换电设施运营商等创新智能用电服务内容和模式，探索开展电能云服务、电动汽车智能充换电服务，为电力用户提供智能化、个性化的用电与节电服务。鼓励电力用户主动参与和实施智能需求响应。

第二十九条 推动建设用电大数据中心，拓展用电大数据采集范围，整合电网企业、电力用户、电能服务公司等的用电数据资源，逐步实现用电数据的集成和安全共享，为电力经济运行分析、用电和节电决策等提供充足、及时、准确的数据支持。鼓励基于用电大数据的创新创业，支持开展基于用电大数据的新型增值服务。

第六章 有 序 用 电

第三十条 本办法所称有序用电，是指在电力供应不足、突发事件等情况下，通过行政措施、经济手段、技术方法，依法控制部分用电需求，维护供用电秩序平稳的管理工作。

第三十一条 政府主管部门应将居民、农业、重要公用事业和公益性服务用电纳入优先购电权计划，建立优先购电用户目录，并根据保障需要，对目录用户进行甄别和完善，动态调整。

第三十二条 各地应扩大需求响应试点实施范围，结合电力市场建设的推进，推动将需求响应资源纳入电力市场。支持、激励各类电力市场参与方开发和利用需求响应资源，提供有偿调峰、调频等服务，逐步形成占年度最大用电负荷3％左右的需求侧机动调峰能力，保障非严重缺电情况下的电力供需平衡。

第三十三条 政府主管部门应引导、激励电力用户优化用电方式，采用具备需求响应的用电设备，充分利用需求响应资源，主动参与实施电力需求响应。

第三十四条 电网企业应通过电力负荷管理系统开展负荷监测和控制，负荷监测能力达到经营区域内最大用电负荷的70％以上，负荷控制能力达到经营区域内最大用电负荷的10％以上，100kVA及以上用户全部纳入负荷管理范围，重点用能单位应将用电数据接入国家电力需求侧管理平台和国家重点用能单位能耗在线监测系统等平台。

第三十五条 政府主管部门应完善电力应急保障机制，精细化开展有序用电工作，组织制定有序用电方案，进行必要演练，增强操作能力。依法依规实施有序用电，保障优先购电权计划落实。

第三十六条 在面临重大自然灾害和突发事件时，省级以上人民政府依法宣布进入应急状态或紧急状态，用电执行有序用电方案。

第七章 保 障 措 施

第三十七条 政府主管部门应健全和完善电力需求侧管理法制规制综合保障体系，及时将电力需求侧管理相关措施纳入相关法律法规或专门制定电力需求侧管理有关规章。

第三十八条 政府主管部门应将电力需求侧管理综合纳入国家和地方电力发展相关规划，确保实现对电力需求侧管理资源的优先开发利用。

第三十九条 政府主管部门应依法组织制定、修订电力需求侧管理相关国家标准、地方标准、行业标准，鼓励企业和有关单位制定电力需求侧管理企业标准、社团标准。

第四十条 各级经济运行主管部门每年制定能力建设（培训）工作方案，充分发挥国家电力需求侧管理平台在宣传培训、技术推广、案例分析、成果展示等方面的作用，并通过考核和激励手段促进各类电力需求侧管理专业从业人员加强培训。

第四十一条 各级价格主管部门应推动完善峰谷电价、尖峰电价、差别电价、惩罚性电价、居民阶梯电价，加大激励力度，扩大实施范围。探索试行、推广高可靠性电价、可中断负荷电价等电价政策，引导和激励电力用户参与电力需求侧管理。

第四十二条 地方政府可以设立电力需求侧管理专项资金，资金可来源于电价外附加征收的差别电价收入、其他财政预算安排等；资金用途可包括：电力需求侧管理平台、公共建筑能耗监测平台等建设和运维，示范项目补贴和示范企业奖励，需求响应补贴，以及宣传、培训、评估等。中央和地方节能减排类财政资金可用于开展电力需求侧管理工作。

第四十三条　鼓励金融机构创新管理模式和产品，为电力需求侧管理项目提供信贷、担保、抵押、融资租赁、保理、资产证券化等金融服务。支持符合条件的电能服务公司上市融资和发行绿色债券。探索创新投融资机制，引导社会资本进入电力需求侧管理领域。

第四十四条　电网企业开展电力需求侧管理工作的合理支出，可计入供电成本。

第四十五条　支持建立电能服务技术、产业联盟，鼓励联盟成员开展合作。支持专业服务机构等依托互联网等载体，开展线上线下培训和宣传，壮大电力需求侧管理专业人才队伍，提高全民节电意识和知识水平。加强用电和节电统计分析，完善电力需求侧管理实施绩效评估方法。

第四十六条　多方位加强电力需求侧管理国际合作，拓展国际融资渠道，引入适用的方法、技术、分析和评估工具，创新市场机制和商业模式，参与需求响应等相关国际标准的制定工作。

第八章　附　　则

第四十七条　各省级经济运行主管部门可会同有关部门结合本省、自治区、直辖市实际情况，制定、修订实施细则。

第四十八条　本办法自发布之日起施行，有效期 5 年。2011 年 1 月 1 日起实施的《电力需求侧管理办法》即行废止。

关于促进储能技术与产业发展的指导意见

（发改能源〔2017〕1701 号）

各省、自治区、直辖市及计划单列市、新疆生产建设兵团发展改革委、能源局，国家电网公司、南方电网公司：

储能是智能电网、可再生能源高占比能源系统、“互联网+”智慧能源（以下简称能源互联网）的重要组成部分和关键支撑技术。储能能够为电网运行提供调峰、调频、备用、黑启动、需求响应支撑等多种服务，是提升传统电力系统灵活性、经济性和安全性的重要手段；储能能够显著提高风、光等可再生能源的消纳水平，支撑分布式电力及微网，是推动主体能源由化石能源向可再生能源更替的关键技术；储能能够促进能源生产消费开放共享和灵活交易、实现多能协同，是构建能源互联网，推动电力体制改革和促进能源新业态发展的核心基础。

近年来，我国储能呈现多元发展的良好态势：抽水蓄能发展迅速；压缩空气储能、飞轮储能，超导储能和超级电容，铅蓄电池、锂离子电池、钠硫电池、液流电池等储能技术研发应用加速；储热、储冷、储氢技术也取得了一定进展。我国储能技术总体上已经初步具备了产业化的基础。加快储能技术与产业发展，对于构建“清洁低碳、安全高效”的现代能源产业体系，推进我国能源行业供给侧改革、推动能源生产和利用方式变革具有重要战略意义，同时还将带动从材料制备到系统集成全产业链发展，成为提升产业发展水平、推动经济社会发展的新动能。为贯彻习近平总书记关于“四个革命、一个合作”的能源战略思想，落实《中华人民共和国国民经济和社会发展第十三个五年规划纲要》和《能源生产和消费革命战略（2016～2030）》任务，促进储能技术与产业发展，提出如下意见。

一、总体要求

（一）指导思想

全面贯彻党的十八大和十八届三中、四中、五中、六中全会精神，深入贯彻习近平总书记系列重要讲话精神，按照中央财经领导小组第六次、第十四次会议和国家能源委员会第一次、第二次会议重大决策部署要求，适应和引领经济社会发展新常态，着眼能源产业全局和长远发展需求，紧密围绕改革创新，以机制突破为重点、以技术创新为基础、以应用示范为手段，大力发展“互联网+”智慧能源，促进储能技术和产业发展，支撑和推动能源革命，为实现我国从能源大国向能源强国转变和经济提质增效提供技术支撑和产业保障。

（二）基本原则

政府引导、企业参与。加强顶层设计，加大政策支持，研究出台金融等配套措施，统筹解决行业创新与发展重大共性问题。加强引导和信息服务，推动储能设施合理开放，鼓励多元市场主体公平参与市场竞争。

创新引领、示范先行。营造开放包容的创新环境，鼓励各种形式的技术、机制及商业模式创新。充分发挥示范工程的试点作用，推进储能新技术与新模式先行先试，形成万众创新良好氛围。

市场主导、改革助推。充分发挥市场在资源配置中的决定性作用，鼓励社会资本进入储能领域。结合电力体制改革进程，逐步建立完善电力市场化交易和灵活性资源的价格形成机制，还原能源商品属性，着力破解体制机制障碍。

统筹规划、协调发展。加强统筹规划，优化储能项目布局。重视上下游协调发展，优化从材料、部件、系统、运营到回收再利用的完整产业链。在确保安全的前提下发展储能，健全标准、检测和认证体系，确保产品质量和有序竞争。推行绿色设计理念，研究建立储能产品的梯级利用与回收体系，加强监管，杜绝污染。

（三）发展目标

未来 10 年内分两个阶段推进相关工作，第一阶段实现储能由研发示范向商业化初期过渡；第二阶段实现商业化初期向规模化发展转变。

“十三五”期间，建成一批不同技术类型、不同应用场景的试点示范项目；研发一批重大关键技术与核心装备，主要储能技术达到国际先进水平；初步建立储能技术标准体系，形成一批重点技术规范和标准；探索一批可推广的商业模式；培育一批有竞争力的市场主体。储能产业发展进入商业化初期，储能对于能源体系转型的关键作用初步显现。

“十四五”期间，储能项目广泛应用，形成较为完整的产业体系，成为能源领域经济新增长点；全面掌握具有国际领先水平的储能关键技术和核心装备，部分储能技术装备引领国际发展；形成较为完善的技术和标准体系并拥有国际话语权；基于电力与能源市场的多种储能商业模式蓬勃发展；形成一批有国际竞争力的市场主体。储能产业规模化发展，储能在推动能源变革和能源互联网发展中的作用全面展现。

二、重点任务

（一）推进储能技术装备研发示范

集中攻关一批具有关键核心意义的储能技术和材料。加强基础、共性技术攻关，围绕低成本、长寿命、高安全性、高能量密度的总体目标，开展储能原理和关键材料、单元、模块、系统和回收技术研究，发展储能材料与器件测试分析和模拟仿真。重点包括变速抽水蓄能技术、大规模新型压缩空气储能技术、化学储电的各种新材料制备技术、高温超导磁储能技术、相变储热材料与高温储热技术、储能系统集成技术、能量管理技术等。

试验示范一批具有产业化潜力的储能技术和装备。针对不同应用场景和需求，开发分别适用于长时间大容量、短时间大容量、分布式以及高功率等模式应用的储能技术装备。大力发展储能系统集成与智能控制技术，实现储能与现代电力系统协调优化运行。重点包括10MW/100MWh级超临界压缩空气储能系统、10MW/1000MJ级飞轮储能阵列机组、100MW级锂离子电池储能系统、大容量新型熔盐储热装置、应用于智能电网及分布式发电的超级电容电能质量调节系统等。

应用推广一批具有自主知识产权的储能技术和产品。加强引导和扶持，促进产学研用结合，加速技术转化。鼓励储能产品生产企业采用先进制造技术和理念提质增效，鼓励创新投融资模式降低成本，鼓励通过参与国外应用市场拉动国内装备制造水平提升。重点包括100MW级全钒液流电池储能电站、高性能铅炭电容电池储能系统等。

完善储能产品标准和检测认证体系。建立与国际接轨、涵盖储能规划设计、设备及试验、施工及验收、并网及检测、运行与维护等各应用环节的标准体系，并随着技术发展和市场需求不断完善。完善储能产品性能、安全性等检测认证标准，建立国家级储能检测认证机构，加强和完善储能产品全寿命周期质量监管。建立和完善不合格产品召回制度。

（二）推进储能提升可再生能源利用水平应用示范

鼓励可再生能源场站合理配置储能系统。研究确定不同特性储能系统接入方式、并网适应性、运行控制、涉网保护、信息交换及安全防护等方面的要求，对于满足要求的储能系统，电网应准予接入并将其纳入电网调度管理。

推动储能系统与可再生能源协调运行。鼓励储能与可再生能源场站作为联合体参与电网运行优化，接受电网运行调度，实现平滑出力波动、提升消纳能力、为电网提供辅助服务等功能。电网企业应将联合体作为特殊的“电厂”对待，在政府指导下签订并网调度协议和购售电合同，联合体享有相应的权利并承担应有的义务。

研究建立可再生能源场站侧储能补偿机制。研究和定量评估可再生能源场站侧配置储能设施的价值，探索合理补偿方式。

支持应用多种储能促进可再生能源消纳。支持在可再生能源消纳问题突出的地区开展可再生能源储电、储热、制氢等多种形式能源存储与输出利用；推进风电储热、风电制氢等试点示范工程的建设。

（三）推进储能提升电力系统灵活性稳定性应用示范

支持储能系统直接接入电网。研究储能接入电网的容量范围、电压等级、并网适应性、运行控制、涉网保护、信息交互及安全防护等技术要求。鼓励电网等企业根据相关国家或行业标准要求结合需求集中或分布式接入储能系统，并开展运行优化技术研究和应用示范。支持各类主体按照市场化原则投资建设运营接入电网的储能系统。鼓励利用淘汰或退役发电厂既有线路和设施建设储能系统。

建立健全储能参与辅助服务市场机制。参照火电厂提供辅助服务等相关政策和机制，允许储能系统与机组联合或作为独立主体参与辅助服务交易。根据电力市场发展逐步优化，在遵循自愿的交易原则基础上，形成“按效果付费、谁受益谁付费”的市场机制。

探索建立储能容量电费和储能参与容量市场的规则机制。结合电力体制改革，参考抽水蓄能相关政策，探索建立储能容量电费和储能参与容量市场的规则，对满足条件的各类大规模储能系统给予容量补偿。

（四）推进储能提升用能智能化水平应用示范

鼓励在用户侧建设分布式储能系统。研究制定用户侧接入储能的准入政策和技术标准，引导和规范用户侧分布式电储能系统建设运行。支持具有配电网经营权的售电公司和具备条件的居民用户配置储能，提高分布式能源本地消纳比例、参与需求响应，降低用能成本，鼓励相关商业模式探索。

完善用户侧储能系统支持政策。结合电力体制改革，允许储能通过市场化方式参与电能交易。支持用户侧建设的一定规模的电储能设施与发电企业联合或作为独立主体参与调频、调峰等辅助服务。

支持微电网和离网地区配置储能。鼓励通过配置多种储能提高微电网供电的可靠性和电能质量；积极探索含储能的微电网参与电能交易、电网运行优化的新技术和新模式。鼓励开发经济适用的储能系统解决或优化无电人口供电方式。

（五）推进储能多元化应用支撑能源互联网应用示范

提升储能系统的信息化和管控水平。在确保网络信息安全的前提下，促进储能基础设施与信息技术的深度融合，支持能量信息化技术的研发应用。逐步实现对储能的能源互联网管控，提高储能资源的利用效率，充分发挥储能系统在能源互联网中的多元化作用。

鼓励基于多种储能实现能源互联网多能互补、多源互动。鼓励大型综合能源基地合理配置储能系统，实现风光水火储多能互补。支持开放共享的分布式储能大数据平台和能量服务平台的建设。鼓励家庭、园区、区域等不同层次的终端用户互补利用各类能源和储能资源，实现多能协同和能源综合梯级利用。

拓展电动汽车等分散电池资源的储能化应用。积极开展电动汽车智能充放电业务，探索电动汽车动力电池、通信基站电池、不间断电源（UPS）等分散电池资源的能源互联网管控和储能化应用。完善动力电池全生命周期监管，开展对淘汰动力电池进行储能梯次利用研究。

三、保障措施

（一）加强组织领导

国家发展改革委、国家能源局会同财政部、科技部、工业和信息化部等有关部门统筹协调解决重大问题，建立完善扶持政策，切实推动各项措施落实到位，形成政、产、学、研、用结合的发展局面。依托行业力量建设国家级储能技术创新平台；充分发挥专业协（学）会、研究会作用，引导行业创新方向。建立储能专业咨询委员会，为政府决策提供支撑。推动成立国家级产业联盟，加强产业研究、建立信息渠道。鼓励各省级政府依照已出台的智能电网、微电网、多能互补、“互联网+”智慧能源、电动汽车充电设施、废旧动力蓄电池回收利用、配电网建设、电力现货市场等相关政策对储能进行支持，并根据实际情况出台配套政策、给予资金支持和开展试点示范工作，对符合条件的储能企业可按规定享受相关税收优惠政策，将储能纳入智能电网、能源装备制造等专项资金重点支持方向，在具备条件的地区开展技术与政策机制综合性区域试点示范，鼓励清洁能源示范省因地制宜发展储能。各地能源及相关主管部门应结合实际，研究制定适合本地的落实方案，因地制宜，科学组织，杜绝盲目建设和重复投资，务实有序推进储能技术和产业发展。国家能源局各派出能源监管机构根据职责积极参与相关机制研究，加强安全和市场监管，督促相关政策和重大示范工程的落实。

（二）完善政策法规

建立健全相关法律法规，保障储能产业健康有序发展。加强电力体制改革与储能发展市场机制的协同对接，结合电力市场建设研究形成储能应用价格机制。积极开展储能创新应用政策试点，破除设备接入、主体身份、数据交互、交易机制等方面的政策壁垒，研究制定适应储能新模式发展特点的金融、保险等相关政策法规。加强储能技术、产品和模式等的知识产权管理与保护。加强储能安全与环保政策法规及标准体系建设，研究建立储能产品生产者责任延伸制度。鼓励储能系统开发采用标准化、通用性及易拆解的结构设计，协商开放储能控制系统接口和通信协议等利于回收利用的相关信息。

（三）开展试点示范

围绕促进可再生能源消纳、发展分布式电力和微网、提升电力系统灵活性、加快建设能源互联网等重大需求，布局一批具有引领作用的重大储能试点示范工程。跟踪试点示范项目建设运营情况，建立健全促进行业可持续发展的体制机制。鼓励和支持国家级可再生能源示范区及其他具备条件的地区、部门和企业，因地制宜开展各类储能技术应用试点示范。在技术创新、运营模式、发展业态和体制机制等方面深入探索，先行先试，总结积累可推广的成功经验。

（四）建立补偿机制

结合电力体制改革，研究推动储能参与电力市场交易获得合理补偿的政策和建立与电力市场化运营服务相配套的储能服务补偿机制。推动储能参与电力辅助服务补偿机制试点工作，建立相配套的储能容量电费机制。建立健全补偿监管机制，严惩违规行为。

（五）引导社会投资

落实简政放权精神，研究建立程序简化、促进投资的储能投资管理机制，对于独立的储能项目，除《政府核准的投资项目目录》已有规定的，一律实行备案制，按照属地原则备案，备案机关及其权限由省、自治区、直辖市和计划单列市人民政府规定。企业按照地方有关规定向主管部门备案。充分发挥中央财政科技计划（专项、基金）作用，支持开展储能基础、共性和关键技术研发。研究通过中央和地方基建投资实施先进储能示范工程，引导社会资本加快先进储能技术的推广应用。鼓励通过金融创新降低储能发展准入门槛和风险，支持采用多种融资方式，引导更多的社会资本投向储能产业。

（六）推动市场改革

加快电力市场建设，建立储能等灵活性资源市场化交易机制和价格形成机制，鼓励储能直接参与市场交易，通过市场机制实现盈利，激发市场活力。建立健全准入制度，鼓励第三方资本、小微型企业等新兴市场主体参与市场，促进各类所有制企业的平等、协同发展。

（七）夯实发展基础

依托行业建立储能信息公共平台，加强信息对接、共享共用和交易服务。创新人才引进和培养机制，引进一批领军人才，培育一批专业人才，形成支持储能产业的智力保障体系。加强宣传，扩大示范带动效应，吸引更多社会资源参与储能技术研究和产业创新发展。

国家发展改革委
财　政　部
科 学 技 术 部（印）
工业和信息化部
国 家 能 源 局
2017 年 9 月 22 日

国家发展改革委　国家能源局
关于促进西南地区水电消纳的通知

（发改运行〔2017〕1830 号）

有关省、自治区、直辖市发展改革委、经信委（工信委）、物价局、能源局，国家电网公司、中国南方电网有限责任公司、中国华能集团公司、中国大唐集团公司、中国华电集团公司、中国国电集团公司、国家电力投资集团公司、中国长江三峡集团公司、国家开发投资公司：

为贯彻国务院领导指示批示精神，有效解决西南地区弃水问题，实现水电资源的充分利用和优化配置，推进能源结构转型升级，现就有关事项通知如下。

一、加强规划引导和全局统筹，促进电源电网协调发展

（一）加强规划统筹。四川省、云南省政府有关部门要结合电力供需形势，优化两省电力“十三五”发展目标，科学安排在建项目开发时序，保持水电、风电、太阳能等合理发展规模，力争“十三五”后期不再新增弃水问题。

（二）加快规划内的水电送出通道建设。相关省（区、市）政府部门和电力企业要结合市场需求和电源建设，尽快按照国家确定的雅砻江中游、大渡河上游等大型水电的消纳方案开展工作，明确输电方案，配套建设水电送电通道。国家电网公司、南方电网公司要尽快建成“十三五”规划的滇西北至广东±800kV 直流输电工程，开工四川水电外送江西特高压直流输电工程、乌东德电站送电广东广西输电工程，结合在建梯级建设投产时序，积极协调推进白鹤滩水电站和金沙江上游水电外送通道建设工作，争取“十三五”期间新增四川送电能力 2000 万 kW 以上、新增云南送电能力 1300 万 kW 以上，确保水电送出通道需求。

（三）加强水火互济的输电通道规划和建设。国家发展改革委、国家能源局会同相关省政府部门、电网企业，推进云南贵州、四川陕西的输电通道建设，从规划上考虑连接云南贵州电网，增加四川陕西通道能力，实现相邻电网互联互通，水火互济。

（四）加强国家电网与南方电网输电通道规划和建设。国家发展改革委、国家能源局会同相关省政府部门、电网公司加强国家电网和南方电网之间输电通道规划研究，提高输电能力，建立水电跨网消纳机制，进一步扩大云南水电的消纳空间。

（五）加快推进龙头水库建设。国家发展改革委、国家能源局会同相关省政府部门、发电集团公司加快推进雅砻江两河口、大渡河双江口水电站建设，推动金沙江中游龙盘水电站尽早开工，争取尽早竣工建成，增加雅砻江、大渡河和金沙江中游水电调节能力。

二、完善价格机制，提高水电竞争力

（六）调整富余水电消纳的价格机制。在保证跨省区送受水电一定优先发电计划的基础上，富余水电通过参与受电地区市场竞价扩大外送比例。鼓励四川、云南等省利用富余水电边际成本低的优势，积极开展水电与载能企业专线供电试点，增加本地消纳和外送。

（七）研究完善跨省跨区输配电价机制。国家发展改革委会同国家能源局，指导云南省适时合理调整输配电价结构，降低省内500kV输电价格；研究完善跨省跨区输电价格形式，采取两部制等方式实现增送电量输电费用下降，增加西南水电在受端地区竞争力。

三、建立市场和鼓励政策等长效机制，促进水电消纳

（八）建立健全市场化消纳机制。按照深化电力体制改革要求，积极发挥北京、广州区域电力交易平台作用，完善市场规则和交易机制，推进跨省跨区水电市场化交易，鼓励开展电力现货市场试点，形成有利于水电优化配置的市场化机制和价格机制；进一步放开发用电计划，推动送受双方通过自主协商、集中竞价等方式开展跨省区市场化交易，研究开展跨省跨区水火发电置换交易，通过合理机制鼓励受电地区减少火电出力，为接纳外来水电腾出空间，促进跨省跨区资源优化配置；进一步完善电力辅助服务补偿机制，鼓励各地积极稳妥建立电力辅助服务市场机制，提高电力企业提供辅助服务的积极性；大力实施电能替代，促进水电消纳。

（九）制定鼓励水电消纳的节能绿色低碳政策。国家发展改革委、国家能源局会同有关部门，研究将消纳水电一并纳入可再生能源开发利用目标考核体系；研究鼓励跨省跨区消纳清洁能源的节能和控制温室气体排放考核政策，在确保完成全国能源消费总量控制目标条件下，受端省份超出规划部分的可再生能源消费量，不纳入能耗总量和强度目标考核；建立合理的碳排放交易机制，提高各地消纳水电的积极性，促进西南水电在全国更大范围的资源优化配置。

（十）优化流域水库群联合调度。国家发展改革委、国家能源局会同有关部门和电力企业，开展西南水电联合调度试点，充分发挥大数据、云计算的技术优势，运用“互联网+”手段，在保障电网安全运行的前提下，研究健全长江流域水库群电力调度沟通协调机制；推动建立流域统一协调的调度管理机制，研究流域梯级联合调度体制，充分发挥流域梯级水电开发的整体效益，提高市场竞争能力。

四、切实落实责任，加强督查落实

（十一）有关省（区、市）政府部门、电力企业要按照通知要求认真执行，执行中出现的相关问题和情况请及时报告。国家发展改革委、国家能源局将会同有关部门和单位，加强协调，对工作开展情况进行督促检查。

国家发展改革委
国家能源局（印）
2017年10月19日

国家发展改革委办公厅关于取消临时接电费和明确自备电厂有关收费政策的通知

（发改办价格〔2017〕1895号）

各省、自治区、直辖市发展改革委、物价局，国家电网公司、南方电网公司、内蒙古电力公司：

为贯彻落实好国务院要求，进一步助推企业减负，推进供给侧结构性改革，确保国家电价政策落实到位，现将有关事项通知如下。

一、取消临时接电费

（一）自2017年12月1日起，临时用电的电力用户不再缴纳临时接电费。《国家发展改革委关于停止收取供配电贴费有关问题的补充通知》（发改价格〔2003〕2279号）中关于临时接电费的规定停止执行。

（二）已向电力用户收取的临时接电费，电网企业应按照合同约定及时组织清退。

二、减免余热、余压、余气自备电厂有关收费

（一）为减轻综合利用企业负担，推动燃煤消减，各省级价格主管部门要按照《国家发展改革委 国家能源局关于印发电力体制改革配套文件的通知》（发改经体〔2015〕2752号）要求，结合本地实际，研究出台减免余热、余压、余气自备电厂政策性交叉补贴和系统备用费的办法，报国家发展改革委备案。

（二）各省级价格主管部门应在办法中明确余热、余压、余气自备电厂的资质认定和运行监管要求，对安全生产不合规，能效、环保指标不达标，未按期开展改造升级等工作的自备电厂，要依法依规予以严肃处理。

三、有关要求

请各省级价格主管部门于2017年12月15日前将本省（区、市）落实情况报国家发展改革委价格司。

国家发展改革委办公厅（印）
2017年11月21日

国家发展改革委　国家能源局关于开展分布式发电市场化交易试点的通知

（发改能源〔2017〕1901号）

各省、自治区、直辖市、新疆生产建设兵团发展改革委（能源局）、物价局，各能源监管机构，国家电网公司、南方电网公司、内蒙古电力公司：

分布式发电就近利用清洁能源资源，能源生产和消费就近完成，具有能源利用率高，污染排放低等优点，代表了能源发展的新方向和新形态。目前，分布式发电已取得较大进展，但仍受到市场化程度低、公共服务滞后、管理体系不健全等因素的制约。为加快推进分布式能源发展，遵循《关于进一步深化电力体制改革的若干意见》（中发〔2015〕9号）和电力体制改革配套文件，决定组织分布式发电市场化交易试点。现将有关要求和政策措施通知如下。

一、分布式发电交易的项目规模

分布式发电是指接入配电网运行、发电量就近消纳的中小型发电设施。分布式发电项目可采取多能互补方式建设，鼓励分布式发电项目安装储能设施，提升供电灵活性和稳定性。参与分布式发电市场化交易的项目应满足以下要求：接网电压等级在35kV及以下的项目，单体容量不超过20MW（有自身电力消费的，扣除当年用电最大负荷后不超过20MW）。单体项目容量超过20MW但不高于50MW，接网电压等级不超过110kV且在该电压等级范围内就近消纳。

二、市场交易模式

分布式发电市场化交易的机制是：分布式发电项目单位（含个人，以下同）与配电网内就近电力用户进行电力交易；电网企业（含社会资本投资增量配电网的企业，以下同）承担分布式发电的电力输送并配合有关电力交易机构组织分布式发电市场化交易，按政府核定的标准收取“过网费”。考虑各地区推进电力市场化交易的阶段性差别，可采取以下其中之一或多种模式：

（一）分布式发电项目与电力用户进行电力直接交易，向电网企业支付“过网费”。交易范围首先就近实现，原则上应限制在接入点上一级变压器供电范围内。

（二）分布式发电项目单位委托电网企业代售电，电网企业对代售电量按综合售电价格，扣除“过网费”（含网损电）后将其余售电收入转付给分布式发电项目单位。

（三）电网企业按国家核定的各类发电的标杆上网电价收购电量，但国家对电网企业的度电补贴要扣减配电网区域最高电压等级用户对应的输配电价。

三、电力交易组织

（一）建立分布式发电市场化交易平台

试点地区可依托省级电力交易中心设立市（县）级电网区域分布式发电交易平台子模块，或在省级电力交易中心的指导下由市（县）级电力调度机构或社会资本投资增量配电网的调度运营机构开展相关电力交易。交易平台负责按月对分布式发电项目的交易电量进行结算，电网企业负责交易电量的计量和电费收缴。电网企业及电力调度机构负责分布式发电项目与电力用户的电力电量平衡和偏差电量调整，确保电力用户可靠用电以及分布式发电项目电量充分利用。

（二）交易条件审核

符合市场准入条件的分布式发电项目，向当地能源主管部门备案并经电力交易机构进行技术审核后，可与就近电力用户按月（或年）签订电量交易合同，在分布式发电交易平台登记。经交易平台审核同意后供需双方即可进行交易，购电方应为符合国家产业政策导向、环保标准和市场准入条件的用电量较大且负荷稳定企业或其他机构。电网企业负责核定分布式发电交易所涉及的电压等级及电量消纳范围。

四、分布式发电“过网费”标准

（一）“过网费”标准确定原则

“过网费”是指电网企业为回收电网网架投资和运行维护费用，并获得合理的资产回报而收取的费用，其核算在遵循国家核定输配电价基础上，应考虑分布式发电市场化交易双方所占用的电网资产、电压等级和电气距离。分布式发电“过网费”标准按接入电压等级和输电及电力消纳范围分级确定。

分布式发电市场化交易试点项目中，“过网费”由所在省（区、市）价格主管部门依据国家输配电价改革有关规定制定，并报国家发展改革委备案。“过网费”核定前，暂按电力用户接入电压等级对应的省级电网公共网络输配电价（含政策性交叉补贴）扣减分布式发电市场化交易所涉最高电压等级的输配电价。

（二）消纳范围认定及“过网费”标准适用准则

分布式发电项目应尽可能与电网连接点同一供电范围内的电力用户进行电力交易，当分布式发电项目总装机容量小于供电范围上年度平均用电负荷时，“过网费”执行本级电压等级内的“过网费”标准，超过时执行上一级电压等级的过网费标准（即扣减部分为比分布式发电交易所涉最高电压等级更高一电压等级的输配电价），以此类推。各分布式发电项目的电力消纳范围由所在市（县）级电网企业及电力调度机构（含增量配电网企业）核定，报当地能源监管机构备案。

（三）与分布式发电项目进行直接交易的电力用户应按国家有关规定缴纳政府性基金及附加

五、有关政策支持

（一）公共服务及费用

电网企业对分布式发电的电力输送和电力交易提供公共服务，除向分布式发电项目单位收取政府核定的“过网费”外，其他服务包括电量计量、代收电费等，均不收取任何服务费用。

（二）有关补贴政策

纳入分布式发电市场化交易试点的可再生能源发电项目建成后自动纳入可再生能源发展基金补贴范围，按照全部发电量给予度电补贴。光伏发电在当地分布式光伏发电的度电补贴标准基础上适度降低；风电度电补贴标准按当地风电上网标杆电价与燃煤标杆电价（含脱硫、脱硝、除尘电价）相减确定并适度降低。单体项目容量不超过20MW的，度电补贴需求降低比例不得低于10%；单体项目容量超过20MW但不高于50MW的，度电补贴需求降低比例不得低于20%。

享受国家度电补贴的电量由电网企业负责计量，补贴资金由电网企业转付，省级及以下地方政府可制定额外的补贴政策。

（三）可再生能源电力消费和节能减排权益

分布式发电市场化交易的可再生能源电量部分视为购电方电力消费中的可再生能源电力消费量，对应的节能量计入购电方，碳减排量由交易双方约定。在实行可再生能源电力配额制时，通过电网输送和交易的可再生能源电量计入当地电网企业的可再生能源电力配额完成量。

（四）有关建设规模管理

在试点地区建设的符合分布式发电市场化交易条件的光伏电站、风电，根据可实现市场化交易的额度确定各项目的建设规模和区域总建设规模。试点地区在报送试点方案时预测到2020年时建设规模，并可在实施中分阶段提出年度建设规模。对试点方案中的符合分布式发电市场化交易条件的风电、光伏电站项目，在电网企业确认其符合就近消纳条件的基础上，国家发展改革委、国家能源局在回复试点方案论证意见时将一次性确定到2020年底前的总建设规模及分年度新增建设规模。在试点地区，除了已建成运行风电、光伏电站项目和其他政策已明确的不列入国家年度规模管理的类型，新建50MW及以下风电、光伏电站项目均按市场化交易模式建设。

六、试点工作组织

（一）选择试点地区

重点选择分布式可再生能源资源和场址等发展条件好，当地电力需求量较大，电网接入条件好，能够实现分布式发电就近接入配电网和就近消纳，并且可以达到较大总量规模的市（县）级区域以及经济开发区、工业园区、新型城镇化区域等。风电、光伏发电投资监测预警红色区域（或弃光率超过5%的区域），暂不开展该项试点工作。

（二）编制试点方案

有关省（区、市）能源主管部门会同国家能源局派出机构、同级价格主管部门、电力运行管理部门、电网公司等，组织有关地级市（或县级）政府相关部门、电网企业以及分布式发电企业和微电网运营企业，以地级市（或县级）区域、经济开发区、工业园区、新型城镇化区域等为单元编制试点方案（编制大纲见附件）。有关省（区、市）能源主管部门将编制的试点方案报送国家发展改革委、国家能源局，国家发展改革委、国家能源局会同有关部门和电网企业对试点方案组织论证。

（三）组织实施

有关省（区、市）能源主管部门根据国家发展改革委、国家能源局论证后的试点方案，与有关部门和电网企业等做好工作衔接，指导省级电力交易中心或有关电网企业建立分布式发电交易平台。试点地区的国家能源局派出机构负责研究制订分布式发电交易合同示范文本，配合所在省（区、市）发展改革委（能源局）指导电网企业组织好分布式发电交易并协调解决试点中出现的相关问题，按照有关规定履行监管职责。

（四）时间安排

2017年12月31日前，有关试点地区完成试点方案编制，进行交易平台建设准备。国家发展改革委、国家能源局论证试点方案后将论证意见回复有关省级能源主管部门。

2018年1月31日前，试点地区完成交易平台建设、制订交易规则等相关工作，自2018年2月1日起启动交易。

2018年6月30日前，对试点工作进行总结评估，完善有关机制体系，视情况确定推广范围及时间。试点顺利的地区可向国家发展改革委、国家能源局申请扩大试点或提前扩大到省级区域全面实施。

国家发展改革委　国家能源局（印）

2017年10月31日

附件

分布式发电市场化交易试点方案编制参考大纲

分布式发电市场化交易试点方案应满足国家有关法律法规和管理办法要求，充分收集资源、装机、负荷、电价等各项基础资料。试点方案按照如下章节编制，应阐明开展分布式发电市场化交易的必要性、具备的条件、改革创新内容、实施主体、输配电价等政策建议。

一、重要性和必要性

说明本区域当前分布式发电发展总体情况，分析分布式发电发展面临的突出矛盾和问题，开展分布式发电市场化交易的目的和意义。

二、总体思路、原则和目标

（一）总体思路

提出本区域开展分布式发电市场化交易的总体要求和主要思路。

（二）基本原则

提出本区域开展分布式电源市场化交易应遵循的基本原则。

（三）目标和步骤

提出本区域开展分布式发电市场化交易的主要目标，可分阶段、按年度提出具体实施步骤和预期目标。

三、发展条件

（一）基础条件

1. 资源条件

区域内太阳能、风能资源条件以及可利用的土地条件。

2. 发展基础

区域内已建成屋顶光伏的总装机容量、年发电量、主要类型；已建成地面光伏电站的总装机容量、年发电量、接入电压等级；已建成的在本区域内消纳的风电项目的总装机容量、年度电量、接入电压等级。

3. 电力系统及市场条件

（1）区域年电力消费量（全社会用电量），最高、最低、平均用电负荷，电力需求的月度变化、典型日变化规律。

（2）各电压等级变电站的情况，重点描述110、35kV等级变电站的分布情况。

（3）重点领域的用电及电价情况，如区域内的大型用电企业、工业园区（经济开发区）的供电方式、用电负荷、电价（分时）。

（二）分布式发电布局

根据企业开展前期工作、具备开发光伏、风电项目的场址条件，预测到2020年时，可能新开发的光伏发电、风电项目的分布及规模。如具备条件，尽可能落实到具体场址和预期规模。对光伏发电，应包括屋顶光伏发电的潜在条件和地面50MW以下光伏电站的潜在条件。

（三）分布式发电接网及消纳条件

1. 接网条件分析

对2020年前计划开发的光伏发电、风电的接入110kV及以下电网的条件进行测算；按照利用既有变电站接入能力（无须扩容）、改造扩容后的能力以及新建变电站三种条件测算。

2. 电力电量平衡分析

第一层次，分析区域内分布式发电的总发电出力与总电力需求的电力电量平衡关系，考虑分布式发电优先上网的前提条件，确定区域可接纳分布式发电的总潜力。

第二层次，以各变电站为节点在同一供电范围内，测算各变电站供电范围可接纳的分布式发电最大发电出力；结合分布式发电项目布局，说明哪些项目具备同一供电范围消纳条件，哪些项目需要跨上一电压等级变电站供电范围内消纳。

四、重点任务

（一）市场准入条件

提出分布式发电参与市场化交易的资格条件。重点内容为：

（1）参与交易的分布式发电项目应为接入配电网运行、

发电量就近消纳的中小型发电设施。分布式电站项目可采取多能互补方式建设。

（2）参与分布式发电市场化交易的项目应满足以下要求：接网电压等级在35kV及以下的项目，单体容量不超过20MW（有自身电力消费的，扣除当年用电最大负荷后不超过20MW），度电补贴需求降低比例不得低于10%。单体项目容量超过20MW但不高于50MW，接网电压等级不超过110kV且在该电压等级范围内就近消纳，度电补贴需求降低比例不得低于20%。

（3）参与交易的购电方符合国家产业政策，达到国家环保和节能标准，在电网结算方面未有不良记录。

（二）交易规则

针对试点地区，省级发展改革委能源局牵头，会同国家能源局派出机构，在省级电网公司技术支持下，编写区域分布式发电市场化交易规则。交易规则应包括以下方面内容：

1. 交易模式

按照直接交易模式、电网企业代售模式和收购电价模式等三种分布式发电交易模式，各地区根据所在地区电力市场推进情况，因地制宜选择交易模式。

（1）选择直接交易模式的，分布式发电项目单位作为售电方自行选择符合交易条件的电力用户并以电网企业作为输电服务方签订三方供用电合同（称之为供电方、购电方、输电方），约定交易期限、交易电量、结算方式、结算电价、“过网费”标准以及违约责任等，其中“过网费”标准由省级价格主管部门制定。分布式发电项目交易电量纳入核定所在省级电网区域输配电价的基数电量，对分布式发电交易收取的“过网费”，在核定准许收入时予以扣除。

（2）选择委托电网企业代售电模式的，分布式发电项目单位可与电网企业签订转供电合同，电网企业按综合售电价格，扣除“过网费”（含网损电量）后将其余售电收入转付给分布式发电项目单位。双方约定转供电的合作期限、交易电量、“过网费”标准、结算方式等。

（3）在试点地区不参与市场交易的分布式发电项目，仍由电网企业全额收购其上网电量，收购电价为本地区各类发电项目标杆上网电价。

2. 电力电量平衡

（1）分布式发电市场化交易购售电双方均接受调度机构对电力电量平衡进行自动管理，偏差电力电量由调度机构自动调剂。

（2）购售电双方均应提前向调度机构报送出力预测和负荷预测。

3. 电费收缴和结算

（1）分布式售电方上网电量、购电方自发自用之外的购电量均由当地电网公司负责计量，购电方通过电网所购买全部电量（含分布式发电交易电量）均由当地电网公司负责收缴。

（2）电网公司收缴的电费，扣除“过网费”（含网损电量在内）后，支付给分布式发电项目单位。以月为周期结算。

4. “过网费”标准及执行

参考通知正文有关内容，各试点地区省级价格主管部门会同能源主管部门提出具体的核定标准和办法。

（三）分布式发电市场化交易平台建设

1. 分布式发电市场化交易信息管理系统

试点地区依托省级电力交易中心设立市（县）级电网区域分布式发电市场化交易平台子模块，也可在省级电力交易中心的指导下由市（县）级调度机构或社会资本投资增量配电网的调度运营机构开展相关工作。该交易平台应具备以下主要功能：申请参与分布式发电市场化交易、递交双边电力交易合同、接受分布式发电市场化交易售电方上网交易电量预测。交易平台负责对交易双方资格进行审核，对交易电量进行计量和结算。

2. 分布式发电市场化交易电量供需平衡管理

不要求分布式发电交易售电方的上网电力与购电方的用电负荷实时平衡。当售电方上网电力超过购电方用电负荷时，调度机构将多余电力配送给台区内（或跨台区）其他用户；当售电方上网电力减少（极端情况无出力）时，购电方的负荷由调度机构自动从网内调配电力满足。分布式发电企业与用户的供需合同为电量交易合同，实时供电和偏差电量均由调度机构自动组织实现电力电量平衡。

调度机构（一般由地调承担或增量配电网调度机构承担）负责建立分布式发电（电量）交易结算系统，按月进行购售电量平衡并结算。电网企业向购电方收取的总用电量的电费，切分出分布式发电市场化交易售电方的售电量，按交易价格将电费转交给分布式发电售电方。分布式发电市场化交易售电方也可与电网企业签订代售电合同，把电量全部委托电网企业代售电，电网企业按照综合售电价格扣除“过网费”后与分布式发电售电方结算。

五、配套措施

有关试点省级政府部门及市县有关级政府可在国家有关政策措施基础上，结合本地区实际细化有关政策和保障措施，并制定本地区支持分布式发电市场化交易政策措施。试点方案应说明省级政府及市县级政府的配套政策措施。

六、组织实施

从加强组织领导、完善工作机制、严格督查考核、稳妥有序推进等方面，提出本区域分布式电源市场化交易的组织实施要求。

国家发展改革委　国家能源局关于印发《解决弃水弃风弃光问题实施方案》的通知

（发改能源〔2017〕1942号）

各省、自治区、直辖市、新疆生产建设兵团发展改革委、能源局、物价局、经信委（工信委、工信厅），国家能源局各派出机构，国家电网公司、南方电网公司、内蒙古电力公司：

为贯彻习近平新时代中国特色社会主义思想，推进能源生产和消费革命，落实《政府工作报告》要求，尽快解决弃水弃风弃光问题，国家发展改革委、国家能源局组织制定了《解决弃水弃风弃光问题实施方案》，现印发你们。请各地区和有关单位高度重视可再生能源电力消纳工作，积极落实方案提出的各项任务要求，采取有效措施提高可再生能源利用水平，推动解决弃水弃风弃光问题取得实际成效。

国家发展改革委
国 家 能 源 局（印）
2017年11月8日

附件

解决弃水弃风弃光问题实施方案

为贯彻习近平新时代中国特色社会主义思想，推进能源生产和消费革命，落实《政府工作报告》要求，确保实现“十三五”规划纲要确定的非化石能源发展目标，尽快解决弃水弃风弃光问题，制定本实施方案。

一、总体要求

（一）指导思想

全面贯彻党的十九大精神，以习近平新时代中国特色社会主义思想为指导，认真落实党中央、国务院决策部署，紧紧围绕“五位一体”总体布局和“四个全面”战略布局，牢固树立创新、协调、绿色、开放、共享的发展理念，遵循能源生产和消费革命战略，全面树立能源绿色发展和优先开发利用可再生能源的观念，严格落实《可再生能源法》规定的可再生能源发电全额保障性收购制度，在保障电网安全稳定的前提下，实现可再生能源无歧视、无障碍上网，为可再生能源持续健康发展创造良好的市场环境。

（二）基本原则

坚持政府引导与市场主导相结合。强化能源相关规划的约束力和执行力，加强事中事后监管，建立健全可再生能源电力消纳监督考核机制。着力完善市场体系和市场机制，发挥市场配置资源的决定性作用，鼓励以竞争性市场化方式实现可再生能源充分利用。

坚持全国统筹与本地利用相结合。进一步加强可再生能源电力生产地区与消费地区协调联动，在全国层面统筹好电力供需之间、各电力品种之间、各地区之间的衔接平衡。充分挖掘可再生能源电力生产地区用能需求，加快推进电能替代，鼓励可再生能源电力优先本地消纳。

坚持规范电源与优化通道相结合。坚持集中式与分布式并举，着力优化可再生能源电力开发布局，统筹火电与可再生能源电力发展，合理把握可再生能源电力发展规模和节奏。推进可再生能源电力开发基地与电力输送通道同步规划、同步建设，加快调峰电源建设，促进电网与电源协调发展。

坚持技术创新与体制改革相结合。加快促进可再生能源与信息技术深度融合，全面提升电源、电网、用电各环节消纳可再生能源电力的技术水平，探索可再生能源消费新业态、新模式。加快电力市场建设步伐，完善促进可再生能源电力消纳的交易机制、辅助服务机制和价格机制，不断提高可再生能源发电的市场竞争力。

（三）总体目标

2017年可再生能源电力受限严重地区弃水弃风弃光状况实现明显缓解。云南、四川水能利用率力争达到90%左右。甘肃、新疆弃风率降至30%左右，吉林、黑龙江和内蒙古弃风率降至20%左右。甘肃、新疆弃光率降至20%左右，陕西、青海弃光率力争控制在10%以内。其他地区风电和光伏发电年利用小时数应达到国家能源局2016年下达的本地区最低保障收购年利用小时数（或弃风率低于10%、弃光率低于5%）。各省（自治区、直辖市）能源管理部门要及时总结解决弃水弃风弃光的工作成效和政策措施，并提出后续年度解决弃水弃风弃光的工作目标，国家发展改革委、国家能源局组织评估论证后确认各省（自治区、直辖市）年度工作目标，确保弃水弃风弃光电量和限电比例逐年下降。到2020年在全国范围内有效解决弃水弃风弃光问题。

二、完善可再生能源开发利用机制

（四）全面树立能源绿色消费理念。各级政府能源管理部门、电网企业、可再生能源开发企业均要遵循能源生产和消费革命战略，坚持能源绿色发展，把提高可再生能源利用水平作为能源发展的重要任务。可再生能源资源富集地区要加大本地消纳可再生能源力度，采取多种措施扩大可再生能源电力消费。具备可再生能源电力消纳市场空间的省（自治区、直辖市）要结合跨省跨区输电通道尤其是特高压输电通道能力积极接纳区外输入可再生能源电力，主动压减本地区燃煤发电，为扩大可再生能源利用腾出市场空间。

（五）完善可再生能源开发利用目标监测评价制度。各省（自治区、直辖市）能源管理部门应根据国家发展改革委、国家能源局发布的《能源发展“十三五”规划》及各有关能源专项规划和经国家能源局批复的本地区能源发展“十三五”规划确定的本地区可再生能源发展目标，按年度提出能源消费总量中的可再生能源比重指标，将其作为本地区国民经济发展年度计划重要指标并保持逐年提升。国家能源局将根据全国非化石能源占一次能源消费比重到2020年、2030年分别达到15%、20%的目标，对各地区可再生能源比重指标完成情况进行监测和评价。

（六）实行可再生能源电力配额制。国家根据《可再生能源法》、能源战略和发展规划、非化石能源占能源消费比重目标，综合考虑各省（自治区、直辖市）可再生能源资源、电力消费总量、跨省跨区电力输送能力等因素，按年度确定各省级区域全社会用电量中可再生能源电力消费量最低比重指标。各类电力相关市场主体共同承担促进可再生能源利用的责任，各省级电网企业及其他地方电网企业、配售电企业（含社会资本投资的增量配电网企业、自备电厂）负责完成本供电区域内可再生能源电力配额，电力生产企业的发电装机和年发电量构成应达到规定的可再生能源比重要求。完善可再生能源电力绿色证书及交易机制，形成促进可再生能源电力生产和消费的新发展模式。《可再生能源电力配额及考核办法》另行发布。

（七）落实可再生能源优先发电制度。各电网企业应会同有关电力交易机构，按照电力体制改革关于可再生能源优先发电的政策，根据《可再生能源发电全额保障性收购管理办法》（发改能源〔2016〕625号）、《关于做好风电、光伏发电全额保障性收购管理工作的通知》（发改能源〔2016〕1150号）、《关于有序放开发用电计划的通知》（发改运行〔2017〕294号）和优先发电、优先购电有关管理规定，落实好可再生能源发电项目最低保障收购年利用小时数内的电量按国家核定的上网电价或经招标确定的电价全额收购的政策。省级电力运行管理部门在编制年度优先发电、优先购电计划时，要预留规划内可再生能源发电保障性收购电量，并会同能源管理部门做好可再生能源发电保障性收购与电力市场化交易的衔接。

（八）推进可再生能源电力参与市场化交易。在国家核定最低保障收购年利用小时数的地区，对最低保障收购年利用小时数之外的可再生能源电量，鼓励通过市场化交易促进消纳利用。充分挖掘跨省跨区输电通道的输送能力，将送端地区解决弃水弃风弃光问题与受端地区压减燃煤消费相衔接，扩大跨省跨区消纳可再生能源电力现货交易。有关省（自治区、直辖市）能源管理部门、电力运行管理部门要积极协调可再生能源发电企业与大用户、拥有自备电厂的企业开展可再生能源电力市场化交易，主动与受端地区政府及主管部门进行可再生能源电力外送和市场化交易的衔接。北京电力交易中心、广州电力交易中心及各省级电力交易中心和电网企业要协同组织开展好可再生能源电力市场化交易。有关地区要尽快取消跨省跨区可再生能源电力交易送受端不合理的限价规定，支持可再生能源电力提高市场竞争力。

三、充分发挥电网关键平台作用

（九）提升可再生能源电力输送水平。加强可再生能源开发重点地区电网建设，加快推进西南和“三北”地区可再生能源电力跨省跨区配置的输电通道规划和建设，优先建设以输送可再生能源为主且受端地区具有消纳市场空间的输电通道。充分利用已有跨省跨区输电通道输送可再生能源电力并提高运行水平。研究提高可再生能源电力输送能力的技术措施，加快柔性直流输电技术研究与应用，积极推进张家口可再生能源电力柔性直流输电示范工程。2017 年，“三北”地区投产晋北—南京、酒泉—湖南、锡盟—泰州、扎鲁特—青州直流输电工程，西南地区投产川渝第三通道。2018 年，“三北”地区投产准东—皖南、上海庙—山东直流输电工程，西南地区投产滇西北—广东直流输电工程。“十三五”后期加快推进四川水电第四回外送输电通道以及乌东德水电站、白鹤滩水电站和金沙江上游水电外送输电通道建设。研究提高哈密—郑州、酒泉—湖南等以输送可再生能源为主要功能的特高压输电通道输送能力。

（十）完善跨区域可再生能源电力调度技术支持体系。尽快形成适应可再生能源电力特性的调度运行体系，出台节能低碳电力调度办法。完善跨区域配置可再生能源电力的技术支撑体系，实现送端可再生能源电力生产与受端地区负荷以及通道输电能力的智能化匹配及灵活调配。对西南地区水电等可再生能源发电集中的区域，建立覆盖全区域的中长期与短期相结合的发电预测预报体系。国家电网公司、南方电网公司等电网企业要联合共享相关信息，形成全国性的可再生能源电力发输用监测调配平台。

（十一）优化电网调度运行。充分发挥省际联络线互济作用，完善省级电网企业间调度协调和资源共享，建立省际调峰资源和备用的共享机制，充分利用跨省跨区输电通道开展送端地区与受端地区调峰资源互济。因地制宜开展跨区跨流域的风光水火联合调度运行，实现多种能源发电互补平衡。加强电网企业与发电企业在可再生能源发电功率预测方面的衔接协同。利用大数据、云计算、“互联网+”等先进技术，开展流域综合监测，建立以水电为主的西南调度监控模型，实现跨流域跨区域的统筹优化调度以及四川和云南等周边省区的水电枯平丰调节。加快微电网、储能、智慧能源、新型调相机等关键技术攻关和应用。

（十二）提高现有输电通道利用效率。充分挖掘现有跨省跨区输电通道输送能力，在满足系统运行安全、受端地区用电需求的前提下，减少网络冗余，提高线路运行效率和管理水平，对可再生能源电力实际输送情况开展监测评估。充分利用已有跨省跨区输电通道优先输送水电、风电和太阳能发电。在进行一定周期的监测评估基础上，明确可再生能源电力与煤电联合外送输电通道中可再生能源占总输送电量的比重指标。

四、加快优化电源结构与布局

（十三）统筹煤电与可再生能源电力发展。把防范化解煤电产能过剩风险与促进可再生能源电力有序发展有机结合，积极落实《关于推进供给侧结构性改革 防范化解煤电产能过剩风险的意见》（发改能源〔2017〕1404 号），可再生能源弃电严重地区要切实完成 2017 年淘汰、停建、缓建煤电任务。根据电力供需形势变化，继续做好防范化解煤电产能过剩风险后续任务分解，确保 2020 年全国投产煤电装机控制在 11 亿 kW 以内。

（十四）优化可再生能源电力发展布局。坚持集中式与分布式并举，统筹可再生能源电力开发建设与市场消纳，积极支持中东部分散资源的开发，合理把握限电严重地区可再生能源电力发展节奏，督促各地区严格执行风电、光伏发电投资监测预警机制。实行可再生能源电力消纳预警机制，国家能源局对各地区年度可再生能源电力限电情况进行评估，在确保限电比例下降的前提下合理确定年度新增建设规模。

（十五）加快龙头水库电站建设统筹流域运行协调。充分发挥龙头水库作用，提高西南水电流域梯级水电站的调节能力，加快建设雅砻江两河口、大渡河双江口水电站。在统筹考虑金沙江中游龙盘水电站涉及少数民族、文化保护和生态环保问题的基础上，积极推进相关前期工作。研究建立流域各方共同参与、共同受益的利益共享机制。统筹水电运行协调，完善主要流域及大区域水能利用监测体系，科学开展流域梯级联合调度和跨流域水电联合调度，提高流域综合效益。

（十六）切实提高电力系统调峰能力。2017 年，“三北”地区开展 1635 万 kW 火电灵活性示范项目改造，增加系统调峰能力 480 万 kW，并继续扩大火电机组灵活性改造范围，大幅提升火电调峰能力。认定一批火电机组作为可再生能源消纳调峰机组，在试点示范的基础上，落实火电机组深度调峰补偿机制，调动火电机组调峰积极性。按照经济技术合理原则，“十三五”期间开工抽水蓄能电站共计约 6000 万 kW，其中“三北”地区约 2800 万 kW。在华北、华东、南方等地区建设一批天然气调峰电站，新增装机 500 万 kW 以上。

五、多渠道拓展可再生能源电力本地消纳

（十七）推行自备电厂参与可再生能源电力消纳。合理引导自备电厂履行社会责任参与可再生能源电力消纳，并通过市场化手段对调峰成本给予经济补偿，使其在可再生能源电力限电时段积极主动压减发电出力。同时，充分发挥政府宏观调控作用，采取统筹管理、市场交易和加强监管相结合的措施，深入挖掘自备电厂调峰潜力，有效促进可再生能源电力消纳。有关省级电网企业要制定企业自备电厂参与系统调峰的技术方案，在有关省级政府的支持下将自备电厂纳入电网统一调度运行。新疆、甘肃要把企业自备电厂减少出力、参与系统调峰作为解决其严重弃风弃光问题的一个重要途径。鼓励各地区组织建设可再生能源消纳产业示范区，促进可再生能源电力就近利用。

（十八）拓展电网消纳途径和模式。结合增量配电网改革试点，扩大可再生能源电力消费，积极开展新能源微电网建设，鼓励发展以消纳可再生能源等清洁能源为主的微电网、局域网、能源互联网等新模式，提高可再生能源、分布式电源接入及消纳能力，推动可再生能源分布式发电发展。开展分布式发电市场化交易试点，分布式可再生能源在同一配电网内通过市场化交易实现就近消纳。

（十九）加快实施电能替代。鼓励可再生能源富集地区布局建设的电力制氢、大数据中心、云计算中心、电动汽车及配套设施等优先消纳可再生能源电力。重点在居民采暖、生产制造、交通运输、电力供应与消费四个领域，试点或推广电采暖、各类热泵、工业电锅炉（窑炉）、农业电排灌、船舶岸电、机场桥载设备、电蓄能调峰等电力消纳和利用设施。2017 年，“三北”地区完成电能替代 450 亿 kWh，加快推动四川、云南电能替代，鼓励实施煤改电，扩大本地电力消费途径。“十三五”期间全国实现电能替代电量 4500 亿 kWh。

（二十）提升电力需求侧响应能力。挖掘电力需求侧管理潜力，建立需求侧参与市场化辅助服务补偿机制，培育灵活用电负荷，引导负荷跟随系统出力调整，有效减少弃电率。鼓励出台促进可中断、可调节的负荷政策，适当拉大峰谷差价，提高用户消纳可再生能源电力的积极性。加快推广综合性储能应用，加快推进电动汽车智能充放电和灵活负荷控制，提升需求侧对可再生能源发电的响应能力。发挥电能负荷集成商作用，整合分散需求响应资源，建立用于可再生能源电力消纳的虚拟电厂。

（二十一）大力推广可再生能源电力供热。在风能、太阳能和水能资源富集地区，积极推进各种类型电供热替代燃煤供热。推广碳晶、石墨烯发热器件、电热膜等分散式电供暖，重点利用低谷电力发展集中电供热，鼓励建设具备蓄热功能的电供热设施，因地制宜推广可再生能源电力与地热能、生物质能、太阳能结合的综合性绿色供热系统。鼓励风电等可再生能源电力富集地区开展可再生能源电力供暖专项交易，实现可再生能源电力消纳与北方地区清洁供暖相互促进。

六、加快完善市场机制与政策体系

（二十二）加快电力市场建设步伐。充分挖掘跨省跨区输电通道能力，继续扩大跨区域省间可再生能源电力增量市场化交易规模，推进更大范围的区域电力市场建设。围绕日内分时电价形成机制，启动南方（以广东起步）、蒙西、浙江、山西、山东、福建、四川、甘肃等第一批电力现货市场试点，逐步构建中长期交易与现货市场相结合的电力市场体系。在电力市场机制设计和交易规则制定中，要将共同承担可再生能源利用责任作为重要内容。

（二十三）建立可再生能源电力消纳激励机制。总结东北电力辅助服务试点经验，完善电力调峰辅助服务补偿机制，建立风光水火协调运行的激励机制。充分衔接发用电计划有序放开与可再生能源发电保障性收购机制，有序放开省级区域内发用电计划及用户和售电企业的省外购电权，组织电力企业拓展合同电量转让交易，丰富电力市场建设过渡阶段的交易品种。研究电力受端市场激励政策。研究做好可再生能源电力消纳与碳排放、节能减排、能源消费总量控制等各种考核政策的衔接。

（二十四）完善可再生能源发电价格形成机制。完善可再生能源上网电价形成机制，加快新建可再生能源发电项目补贴强度降低。积极开展上网侧峰谷分时电价试点和可再生能源就近消纳输配电价试点，鼓励各类用户消纳可再生能源电量。抓紧对跨省跨区输电工程开展成本监审和重新核定输电价格，在发电计划完全放开前，允许对超计划增量送电输电价格进行动态调整。抓紧完善各省（自治区、直辖市）输配电价格，加强对各地区输配电价日常监管，并指导个别地区适时合理调整输配电价结构，允许在监管周期内保持电价整体水平不变情况下，动态调整各电压等级输电价格。

七、强化组织实施保障

（二十五）落实责任主体。国家发展改革委、国家能源局负责可再生能源消纳工作总体方案的制定和协调。各省（自治区、直辖市）能源管理部门要会同有关部门制定促进本地区可再生能源电力有效利用的政策措施；弃水弃风弃光严重地区的省（自治区、直辖市）能源管理部门要会同有关部门和电网企业等制定本区域可再生能源电力消纳专项方案；具备消纳可再生能源电力市场空间的跨省跨区输电通道受端省（自治区、直辖市）要制定本地区扩大可再生能源电力消纳的目标。电网企业要高度重视可再生能源电力消纳工作，积极整合各方面资源扩大可再生能源电力输送和消纳利用。

（二十六）明确工作机制。各省（自治区、直辖市）能源管理部门于每年一月底前向国家发展改革委、国家能源局报送上年度可再生能源电力消纳情况，提出当年可再生能源电力消纳目标和具体措施。国家发展改革委、国家能源局按年度对各省级区域可再生能源电力消纳目标进行论证评估后确定其当年可再生能源利用相关指标。国家电网公司、南方电网公司、内蒙古电力公司要按年度组织编制区域可再生能源电力消纳工作方案，报送国家发展改革委、国家能源局。各省（自治区、直辖市）能源管理部门和能源监管机构依据职责分工和有关法律法规加强对各省（自治区、直辖市）电网企业等履行可再生能源电力项目接入电网和输送、落实优先上网和全额保障性收购政策情况的监督。

（二十七）强化监测评价。国家能源局对各省（自治区、直辖市）可再生能源电力消纳情况进行监测，并按年度公布监测评价结果，对弃水弃风弃光严重地区按月监测、按季评估、按年预警。国家能源局按年度向社会公布各省（自治区、直辖市）可再生能源占能源消费量比重以及可再生能源电力消纳量占全社会用电量比重、非水电可再生能源电力消纳量占全社会用电量比重等相关比重指标及其升降情况；对跨省跨区输电通道公布其总输电量中可再生能源电量占比情况；对弃风率、弃光率超过 5%的地区，公布其弃风、弃光电量及弃风率、弃光率数据及与上年度同比升降情况。

国家发展改革委办公厅 国家能源局综合司关于加快推进增量配电业务改革试点的通知

（发改办经体〔2017〕1973 号）

各省、自治区、直辖市、新疆生产建设兵团发展改革委、能源局，国家能源局派出机构：

2017 年 11 月 3 日，国家发展改革委、国家能源局召开电力体制改革专题会，决定启动第三批增量配电业务改革试点，并对加快推进增量配电业务改革试点做出了部署。现将有关事项通知如下：

一、做好第三批试点项目的报送工作。电力体制改革专题会要求，增量配电业务改革试点项目要实现全国地级以上城市全覆盖，每个地级市至少要有一个试点，条件较好的地方可以多一些试点。请各地按照会议要求，尽快组织筛选符合条件的项目，于12月29日前报送至国家发展改革委体改司、国家能源局电力司，并附简要说明，包括项目名称、所在区域、建设规模、电压等级、供电范围（面积）、年供电量、投资规模、属于增量配电网还是电网公司以外的存量配电资产、是否涉及电网公司的存量配电资产等。报送材料时请附电子版光盘。

二、建立试点项目进展情况定期上报制度。从2018年1月起，请各地通过发展改革系统纵向网邮箱，每半个月上报一次增量配电业务改革试点进展情况（原则上为每月15日、30日，遇公休日顺延），包括试点项目业主确定情况、业主股权结构、配电区域划分情况、电力业务许可证（供电类）办理情况等，以及试点过程中存在的问题。试点项目完成配电区域划分，并取得电力业务许可证（供电类）后，可不再上报进展情况。

联系人：李嵘、卢尚、周锦程

电话：010－68505505（兼传真）、68505891

纵向网邮箱：tgscyc－gj@ndrc. gov. cn

特此通知。

国家发展改革委办公厅
国家能源局综合司（印）

2017年11月30日

国家发展改革委　国家能源局关于推进电力安全生产领域改革发展的实施意见
（发改能源规〔2017〕1986号）

各省、自治区、直辖市及新疆生产建设兵团发展改革委（能源局）、经信委（工信委），国家能源局各派出能源监管机构，全国电力安委会企业成员单位，各有关单位：

为贯彻落实《中共中央国务院关于推进安全生产领域改革发展的意见》（中发〔2016〕32号），推进电力安全生产领域改革发展，落实电力企业主体责任，完善电力安全生产监督管理机制，保障电力系统安全稳定运行，防范和遏制重特大事故的发生，现提出以下实施意见。

一、落实电力安全生产责任

（一）压实企业安全生产主体责任。企业是安全生产的责任主体，对本单位安全生产工作负全面责任，要严格履行安全生产法定责任，实行全员安全生产责任制度，健全自我约束、持续改进的常态化机制。要健全法定代表人和实际控制人同为安全生产第一责任人的责任体系，建立并完善电力安全生产保证体系和监督体系，建立全过程安全生产管理制度，做到安全责任、管理、投入、培训和应急救援“五到位”。各电力企业和电力项目参建单位应当自觉接受派出能源监管机构及地方政府有关部门的安全监督管理。

（二）明确行业安全生产监管法定责任。国家能源局依据国家法律法规和部门职责，切实履行电力行业安全生产监督管理责任；不断完善电力安全生产政策法规体系和标准规范体系；指导地方电力管理等有关部门加强电力安全生产管理相关工作；统筹部署全国电力安全监管工作，组织开展电力安全生产督查，强化监管执法，严厉查处违法违规行为。派出能源监管机构依据国家规定职责和法律法规授权，开展相关工作，并接受地方政府的业务指导。

（三）落实地方安全生产管理法定责任。按照“管行业必须管安全、管业务必须管安全、管生产经营必须管安全”的原则，地方各级政府电力管理等有关部门按照国家法律法规及有关规定，履行地方电力安全管理责任，将安全生产工作作为行业管理的重要内容，督促指导电力企业落实安全生产主体责任，加强电力安全生产管理。

二、完善安全监管体制

（四）完善电力安全监管体系。牢固树立安全发展、科学发展理念，加强电力安全监管体系建设，逐步理顺电力行业跨区域监管体制，明确行业监管、区域监管与地方监管职责，鼓励有条件的地区先行先试。地方各级政府电力管理等有关部门积极协助配合国家能源局及其派出能源监管机构，构建上下联动、相互支撑、无缝对接的电力安全监管体系。

（五）完善电力安全监管职能。国家能源局依法依规履行电力行业安全监管职责，组织、指导和协调全国电力安全生产监管工作。各派出能源监管机构根据国家规定职责和法律法规授权，履行电力安全监管职责，加强监管执法，严厉查处违法违规行为。地方各级政府电力管理等有关部门依法依规履行地方电力安全管理责任，并积极配合派出能源监管机构，做好相关工作。

（六）强化电力安全协同监管。国家能源局及其派出能源监管机构加强与地方各级政府电力管理等有关部门的沟通联系，强化协同监管，形成工作合力，联合组织开展安全检查、安全执法等工作，积极配合、协助安监等相关专业部门做好安全监管工作。

（七）规范电力事故调查工作。特别重大电力事故，由国务院或者国务院授权的部门组成事故调查组进行调查；重大电力事故，由国家能源局组织或参与调查，有关派出能源监管机构和省级政府电力管理等有关部门参加；较大电力事故，由派出能源监管机构组织或参与调查，有关省级政府电力管理等有关部门参加；一般电力事故，由派出能源监管机构视情况组织或参与调查。

三、严格安全生产执法

（八）严肃安全生产事故查处。严格事故调查处理，严肃查处事故责任单位和责任人。对于发生事故的单位，负责组织事故调查的部门要在事故结案后一年内对其进行评估，存在履职不力、整改措施不落实或落实不到位的，依法依规严肃追究有关单位和人员责任，并及时向社会公开。企业要加大安全生产责任追究力度，严格事故责任处理，研究建立责任处理与职务晋升挂钩机制。对被追究刑事责任的生产经营者实施相应的职业禁入。

（九）强化安全监管行政执法。加强电力安全执法检查工作，完善执法程序规定，规范行政执法行为，发现危及安全情况的及时予以纠正，存在违法违规行为的坚决予以制止。完善通报、约谈制度，对事故多发频发、企业履职不到位及其他涉及安全的重大事项，及时予以通报或约谈企业负责人。积极推进电力安全生产诚信体系建设，完善安全生产不良记录和“黑名单”制度，建立失信惩戒和守信激励机制。畅通“12398”能源监管热线，加大社会参与监督电力安全生产违法违规问题的力度。

（十）健全安全生产考核激励机制。健全电力安全生产考核评价体系，坚持过程考核和结果考核相结合，科学设定可量化的考核指标。建立安全生产绩效与履职评定、职务晋升、奖励惩处挂钩制度，落实安全生产“一票否决”

制。企业要研究建立以安全绩效为引导的动态薪酬管理制度，研究试行企业领导班子年度及离任专项安全履职评价考核制度，严格落实一岗双责考核机制。

（十一）加强安全信息管理。规范电力事故事件及相关信息的报送工作，畅通报送渠道，确保及时、准确、完整。对于瞒报、谎报、漏报、迟报事故的单位和个人，依法依规予以处理。完善安全生产执法信息公开制度，建立电力安全信息共享平台，及时发布安全信息。

（十二）严格安全生产监管责任追究。研究制定电力安全生产监管权力和责任清单，尽职免责，失职问责。建立电力安全生产全过程责任追溯制度，杜绝安全生产领域项目审批、行政许可、监管执法等方面的违法违规行为。

四、创新安全发展机制

（十三）健全企业安全资信管理。电力企业要强化安全资质准入管理和业务评价准入参考机制，建立承包单位安全履职能力基础信息数据库，健全承包单位安全履约评价动态管控机制，实行承包单位和管理人员安全资信“双报备”制、施工作业人员安全资质与安全记录“双审核”制。

（十四）严格落实安全评估制。电力企业要严格执行新、改、扩电力建设工程安全设施和职业病防护设施“三同时”制度，开展电力建设工程危险性较大的分部分项工程专项施工方案评估、安全投入与工期的动态评估、新技术新材料新工艺安全性评估，燃煤电厂液氨罐区和贮灰场大坝定期安全评估。

（十五）推进安全责任保险制度。发挥保险机构参与风险管控和事故预防功能的优势，引导保险机构服务电力安全生产，完善安全生产责任保险投保、服务与评价制度。构建政府、保险机构、企业等多方协调运作机制，实现安全生产责任保险公共信息共享。鼓励保险机构根据安全生产状况实行浮动费率，促进企业提高安全生产管理水平。

（十六）健全社会化服务体系。支持发展电力安全生产专业化行业组织，强化行业自律，推进电力行业安全生产咨询服务等第三方机构产业化和社会化。鼓励中小微电力企业订单式、协作式购买运用安全生产管理和技术服务。鼓励企业、高校、科研院所和第三方机构联合开展事故预防理论研究和关键技术装备研发，建设一批电力安全生产领域产、学、研中心，加快成果转化和推广应用。

（十七）建立科技支撑体系。充分应用现代信息化技术，适应大数据时代流程再造，实施“互联网＋安全监管”战略，实现监管手段创新，完善监督检查、数据分析、人员行为“三位一体”管理网络，实现流程和模式创新。建立电力行业安全生产信息大数据平台，深度挖掘大数据应用价值，以信息技术手段提升电力安全生产管理水平。推进能源互联网、电力及外部环境综合态势感知、高压柔性输电、新型储能技术等新技术在电力建设和设备改造中的安全应用。

（十八）推进市场化改革与安全协同发展。规范市场交易和调度运行业务流程，推动电力市场参与各方的技术标准统一，加强监督执行，保障电网运行安全。加强辅助服务的市场化交易机制的监管，加大对负荷侧参与电网运行调节、“源、网、荷友好互动”等新型电力市场形态的安全监管。强化对多种所有制形式、业务形态各异的大量新兴市场主体的安全监管，构建与电力市场化改革发展相适应的安全保障体系。

五、建立健全安全生产预控体系

（十九）加强安全风险管控。健全安全风险辨识评估机制，构建风险辨识、评估、预警、防范和管控的闭环管理体系，建立健全风险清册或台账，确定管控重点，实行风险分类分级管理，加强新材料、新工艺、新业态安全风险评估和管控，有效实施风险控制。各企业要研究制定重特大事故风险管控措施，根据作业场所、任务、环境、强度及人员能力等，认真辨识风险及危害程度，合理确定作业定员、时间等组织方案，实行分级管控，落实分级管控责任。

（二十）加强隐患排查治理。牢固树立隐患就是事故的观念，健全隐患排查治理制度、重大隐患治理情况向所在地负有安全监管职责的部门和企业职代会“双报告”制度，实行自查自报自改闭环管理。制定隐患排查治理导则或通则，建立隐患排查治理系统联网信息平台，建立重大隐患报告和公示制度，严格重大隐患挂牌督办制度，实行隐患治理“绿色通道”，优先安排人员和资金治理重大隐患。

（二十一）落实企业事故预防措施。加强安全危险因素分析，制定落实电力安全措施和反事故措施计划，形成安全隐患排查、整改、消除的闭环管理长效机制。严格执行“两票三制”，完善组织管理，落实安全措施，强化安全监护，保障作业安全。

（二十二）加强重大危险源监控。严格落实重大危险源安全管理规定和标准规范，认真开展危险源辨识与评估，完善重大危险源监控设施。加强液氨罐区、油区、氢站等安全管理，落实重大危险源防范措施。加强重大危险源源头管控，新建燃煤发电项目应采用没有重大危险源的技术路线，生产过程中存在重大危险源的燃煤发电企业应研究实施重大危险源替代改造方案。

（二十三）强化安全禁令清单。针对电力安全生产过程中存在的突出问题和薄弱环节，进一步规范电力安全生产监督管理，从人员资格、作业流程控制、安全生产条件、安全生产管理等方面，明确必须坚决禁止的行为，避免和减少事故的发生。

（二十四）建立职业病防治体系。建立职业病防治中长期规划，制定职业健康安全发展目标，实施职业健康促进计划。强化高危粉尘、高毒作业管理，加强对贮煤、输煤及锅炉巡检过程中煤尘、矽尘和设备噪声等职业病危害治理。强化企业主要负责人持续改进职业健康水平的责任，将职业病防治纳入安全生产工作考核体系，落实职业病危害告知、日常监测、定期检测评价和报告、防护保障和职业健康监护等制度措施。

六、加强电力运行安全管理

（二十五）加强电网运行安全管理。调度机构要科学合理安排运行方式，做好电力平衡工作。各电力企业要严格执行调度指令，做到令行禁止。加强电网设备运维检修管理。加强涉网机组安全管理，建立网源协调全过程管理机制。加强大容量重要输电通道安全运行，制定相应的防范策略和应对措施。提升机组深度调峰和调频能力，完善新能源及分布式电源接入技术标准体系，增强电网对新能源的安全消纳能力。加强电网安全运行风险管控工作，确保电网安全稳定运行和可靠供电。

（二十六）加强电力二次系统安全管理。加强电力二次系统安全管理工作，梳理分析电力系统继电保护和安全自动装置等二次系统的配置和策略；查找和消除二次设备、二次回路、保护定值和软件版本等方面的隐患；加强发电侧涉网继电保护等二次系统的正确配置和安全运行。

（二十七）提升电力设备安全水平。加强设备运行安全性分析和设备全寿命周期管理，制定设备治理滚动计划。加强设备状态监测、设备维护和巡视检查，完善设备安全监视与保护装置。加强设备设施缺陷管理，着力整治“家族性”缺陷。加强电力设施保护，防范电力设施遭受外力破坏。

（二十八）保障水电站大坝运行安全。切实做好水电站大坝防汛调度、安全定期检查、安全注册登记和信息化建设等工作，加强病险大坝的除险加固和隐患排查治理。强化水电站大坝安全监测和运行安全分析，开展高坝大库的安全性研究。

（二十九）加强电力可靠性管理。加强电力可靠性数据统计及监督管理，提高可靠性数据的真实性、准确性和完整性。强化可靠性统计数据的分析，充分发挥可靠性技术与数据在电力规划设计、项目建设、运营维护、优质服务中的辅助决策作用。加强可靠性分析应用工作，服务企业安全生产，为电力安全生产监督管理提供支撑。

（三十）加强电力技术监督管理。建立企业主要技术负责人负总责的技术监督管理体系，赋予主要技术负责人安全生产技术决策和指挥权。健全完善技术监督组织体系和标准体系，规范电力技术监督服务工作。建立全国电力技术监督网，加强技术监督专业交流沟通。

七、加强建设工程施工安全和工程质量管理

（三十一）加强工程源头管理。优化工程选线、选址方案，规范开工程序，完善建设施工安全方案和相应安全防护措施，认真做好电力建设工程设计审核和阶段性验收工作（含防雷设施）。严格落实国务院《企业投资项目核准和备案条例》，加强对核准（备案）电力项目监督管理，将安全生产条件作为电力项目核准（备案）项目事中事后检查的重要内容，加大电力项目建设和验收阶段检查力度，对未核先建、核建不符、超国家总量控制核准以及不符合安全技术标准的电力工程项目，立即停工整改。

（三十二）严格工程工期管理。建设单位要依照国家有关工程建设工期规定和项目可行性研究报告中施工组织设计的工期要求，对工程充分论证、评估，科学确定项目合理工期及每个阶段所需的合理时间，严格执行国家有关建设项目开工规定，禁止违规开工。工期确需调整的，必须按照相关规范经过原设计审查单位或安全评价机构等审查，论证和评估其对安全生产的影响，提出并落实施工组织措施和安全保障措施。

（三十三）规范招投标管理和发承包管理。建设单位要明确勘察、设计、施工、物资材料和设备采购等环节招投标文件及合同的安全和质量约定，严格审查招投标过程中有关国家强制性标准的实质性响应，招标投标确定的中标价格要体现合理造价要求，防止造价过低带来安全质量问题。加强工程发包管理，将承包单位纳入工程安全管理体系，严禁以包代管。加强参建单位资质和人员资格审查，严厉查处租借资质、违规挂靠、弄虚作假等各类违法违规行为。

（三十四）严格安全措施审查。建设单位和监理单位要建立健全专项施工方案编制及专家论证审查制度，严格审查和评估复杂地质条件、复杂结构以及技术难度大的工程项目安全技术措施。设计单位要对新技术、新设备、新材料、新工艺给施工安全带来的风险进行分析和评估，提出预防事故的措施和建议。监理单位要严格审查施工组织设计、作业指导书及专项施工方案，尤其是施工重要部位、关键环节、关键工序安全技术措施方案。

（三十五）加强现场安全管理。施工单位要进一步规范电力建设施工作业管理，完善施工工序和作业流程，严格落实施工现场安全措施，强化工程项目安全监督检查。监理单位要加强现场监理，创新监理手段，实现工程重点部位、关键工序施工的全过程跟踪，严控安全风险。各参建单位要加强施工现场安全生产标准化建设，完善安全生产标准化体系，建立安全生产标准化考评机制，从安全设备设施、技术装备、施工环境等方面提高施工现场本质安全水平，提升电力建设安全生产保障能力。健全现场安全检查制度，及时排查和治理隐患，制止和纠正施工作业不安全行为。

（三十六）加强工程质量监督管理。理顺电力建设工程质量监督管理体系，强化政府监管，优化监督机制，落实主体责任。建立健全电力建设工程质量控制机制，落实国家工程建设标准强制性条文，严格控制施工质量和工艺流程，加强关键环节和关键工序的过程控制和质量验收，保证工程质量。

八、加强网络与信息安全管理

（三十七）加强网络安全建设。坚持统筹谋划，做好顶层设计，推进网络安全技术布防建设。按照“安全分区、网络专用、横向隔离、纵向认证”要求，做好电力监控系统的安全防护。开展关键网络安全技术创新研究与应用，支持电力监控系统安全防护关键设备研发，推动商用密码应用，组织实施网络安全重大专项工程，加快网络安全实时监测手段建设。

（三十八）建立安全审查制度。按照国家相关法律法规规定，制定电力行业网络安全审查制度，形成支撑网络安全审查的电力行业网络安全标准体系，探索建立电力行业网络安全审查专业机构，组建电力行业网络安全审查专家库，开展重要网络产品及服务选型审查，提高网络安全可控水平。

（三十九）做好安全防护风险评估与等级保护测评工作。建立健全电力监控系统安全防护管理制度，开展电力监控系统安全防护风险评估，推进电力工控设备信息安全漏洞检测。完善电力行业信息安全等级保护测评标准和规范，加强信息安全等级保护测评机构和测评力量建设。

九、完善电力应急管理

（四十）完善应急管理体制。按照统一领导、综合协调、属地为主、分工负责的原则，完善国家指导协调、地方政府属地指挥、企业具体负责、社会各界广泛参与的电力应急管理体制。加强各级应急指挥机构和应急管理机构建设，明确责任分工，落实资金与装备保障。

（四十一）健全应急管理机制。加强预警信息共享机制建设，建立应急会商制度，以现代科技手段提升监测预警能力。建立协同联动机制，开展跨省跨区电力应急合作，形成应急信息、资源区域共享。完善灾后评估机制，科学指导灾后恢复重建工作。推进电力应急领域金融机制创新。

（四十二）加强应急预案管理。健全应急预案体系，强化预案编制管理和评审备案，充分发挥预案在应急处置中的主导作用。注重预案情景构建，突出风险分析和应急资源能力评估，提高预案针对性和可操作性。推动应急演练常态化，创新演练模式，逐步实现桌面推演与实战演练、专项演练与综合演练、常态化演练与示范性演练相结合。

（四十三）强化大面积停电防范和应急处置。落实《国家大面积停电事件应急预案》，推进省、市、县各级政府制订出台大面积停电事件应急预案。健全各级人民政府主导、电力企业具体应对、社会各方力量共同参与的大面积停电事件应对机制。积极推进电力设施抗灾能力建设，加快防范大面积停电关键技术研究与应用，重点提升电网防御和应对重特大自然灾害的能力。强化大面积停电事件应急处置资金保障，探索大面积停电事件资源征用和停电损失保险业务。

（四十四）加强应急处置能力建设。加强企业专业化应急抢修救援队伍、应急物资装备、应急经费保障建设和应急通信保障体系建设，提升极端情况下应急处置能力。推动重要电力用户自身应急能力建设。组织开展电力企业应急能力建设评估，推进评估成果应用。

十、加强保障能力建设

（四十五）健全规章制度标准规范体系。加强电力安全生产规章制度标准规范顶层设计，增强规章制度标准规范的系统性、可操作性。建立健全电力安全生产规章制度标准规范立改废释工作协调机制，加快推进规章制度标准规范制修订工作。完善电力建设工程、危险化学品等高危作业的安全规程。建立以强制性标准为主体、推荐性标准为补充的电力安全标准体系。

（四十六）保障安全生产投入。电力企业要加大安全生产投入，保证安全生产条件。电力建设参建单位要按照高危行业有关标准，提取并规范使用安全生产费用。推动制定电力企业安全生产费用提取标准，实行安全生产费用专款专用。建立健全政府引导、企业为主、社会资本共同参与的多元化安全投入长效机制，引导企业研发、采用先进适用的安全技术和产品，吸引社会资本参与电力安全基础设施项目建设和重大安全科技攻关。鼓励企业通过发行债券、基金等多种投融资方式加大安全投入。

（四十七）持续推进安全生产标准化建设。建立健全电力安全生产标准化工作长效机制，推进电力企业安全生产标准化创建工作。强化企业班组建设，实现安全管理、操作行为、设备设施和作业环境的标准化，提升企业本质安全水平。

（四十八）加大安全教育培训力度。电力企业要全面落实安全培训的主体责任，抓好本单位从业人员安全培训工作，依法对从业人员进行与其所从事岗位相应的安全教育培训，确保从业人员具备必要安全生产知识。电力企业应当制定本单位年度安全培训计划，建立安全培训管理制度，保障安全培训投入，保证培训时间，建立安全培训档案，如实记录安全生产培训的时间、内容、参加人员以及考核结果等情况。要将外包单位作业人员、劳务派遣人员、实习人员等纳入本单位从业人员统一管理，对其进行岗位安全操作规程和安全操作技能教育培训。

（四十九）推进安全文化建设。营造安全和谐的氛围与环境，有序推进电力安全文化建设，不断提高人员安全意识和安全技能，培养良好的安全行为习惯，提升各类人员综合安全素养。创建安全文化示范企业，打造安全文化精品，鼓励和引导社会力量参与电力安全文化作品创作和推广。

（五十）加强安全监管监督能力建设。加强电力安全监管能力建设，充实安全监督管理力量，建立安全监管人员定期培训轮训机制，按规定配备安全监管执法装备及现场执法车辆，建立电力安全专家库，完善安全监管执法支撑体系。企业要依法设置安全监督管理机构，有条件的企业鼓励设置安全总监，充实安全监督管理力量，支持并维护安全监督人员行使安全监督权力。

国家发展和改革委员会　国家能源局（印）

2017 年 11 月 17 日

国家发展改革委 国家能源局关于规范开展第二批增量配电业务改革试点的通知

（发改经体〔2017〕2010 号）

各省、自治区、直辖市、新疆生产建设兵团发展改革委、经信委（工信委、工信厅）、物价局、能源局，国家能源局各派出能源监管机构：

为深入贯彻党的十九大精神，全面落实《中共中央国务院关于进一步深化电力体制改革的若干意见》（中发〔2015〕9 号），进一步鼓励和引导社会资本投资增量配电业务，根据《有序放开配电网业务管理办法》的有关规定，在总结第一批增量配电业务改革试点经验的基础上，经征求多方意见，国家发展改革委、国家能源局确定秦皇岛经济技术开发区试点项目等 89 个项目，作为第二批增量配电业务改革试点（名单附后。其他上报的试点项目，经研究后符合条件的另行批复）。现就规范开展增量配电业务改革试点通知如下。

一、规范试点条件，搞好项目核准。增量配电网原则上指 110kV 及以下电压等级电网和 220（330）kV 及以下电压等级工业园区（经济开发区）等局域电网，不涉及 220kV 以上输电网建设，增量配电网建设应当符合省级配电网规划，符合国家电力发展战略、产业政策和市场主体对电能配送的要求。请各地对照《有序放开配电网业务管理办法》的有关规定，加强对试点项目的审核，依照管理权限做好项目核准工作，依法对项目建设和运行加强监管。

二、坚持公平开放，不得指定投资主体。试点项目应当向符合条件的市场主体公平开放。其中，已投资、建设和运营的存量配电网，应按照依法保护产权的原则，由项目投资者向地方能源管理部门申请作为配电网项目业主，不再履行招标程序；此外所有新增配电网项目，均应依照《招标投标法》及其《实施条例》的有关规定，通过招标等市场化方式公开、公平、公正优选确定项目业主，明确项目建设内容、工期、供电范围并签订协议。任何政府部门不得直接指定项目业主，任何企业不得通过非竞争性方式要求获取项目控股权。电网企业拟参与的试点项目，应采取与社会资本合作的方式参与投资、建设和运营。

三、明确区域划分，确保供电安全。各地要按照界限清晰、责任明确的原则，以及增量配电区域划分相关办法，划定试点项目的供电范围，避免重复建设和交叉供电，确保电力供应安全可靠。试点项目应当符合电网建设、运行、维护等国家和行业标准，履行安全可靠供电、保底供电和社会普遍服务等义务，保证项目建设质量和安全。

四、规范配电网运营，平等履行社会责任。试点项目涉及的增量配电网应与公用电网相连，不得孤网运行。试点项目内不得以常规机组“拉专线”的方式向用户直接供电，不得依托常规机组建局域网、微电网，不得依托自备电厂建设增量配电网，防止以规避社会责任为代价营造低成本优势。禁止将公用电厂转为自备电厂。试点区域内的电力用户应当承担国家规定的政府性基金及附加和政策性交叉补贴，由配电公司代收、省级电网企业代缴。对按规定应实行差别电价和惩罚性电价的电力用户，不得以试点名义变相对其提供优惠电价和电费补贴。

五、加强沟通协调，充分调动各方面积极性。请各地加强对试点工作的组织领导，各部门、国家能源局各派出能源监管机构分工协作、各司其职，加强与电网企业、发电企业、电力用户等各方面的协调沟通，充分调动各方面积极性，搞好工作衔接，形成工作合力，发挥试点的示范引领作用。国家能源局各派出能源监管机构要按规定向项目业主颁发电力业务许可证（供电类）或赋予相应业务资质，为社会资本参与增量配电业务创造条件。电网企业要按照电网接入管理的有关规定以及电网运行安全的要求，向项目业主无歧视开放电网，公开与配电网接入有关的信息，提供便捷、及时、高效的并网服务。地方政府电力管理部门和国家能源局各派出能源监管机构要依法履行电力监管职责，对增量配电业务符合配电网规划、电网公平开放、电力普遍服务等实施监管，积极筛选符合条件的项目，在试点基础上加快推广。国家发展改革委、国家能源局将会同有关部门加强对试点的指导协调和督促检查，共同做好试点工作。

特此通知。

国家发展改革委
国　家　能　源　局（印）
2017年11月21日

附件

增量配电业务改革试点名单（第二批）

编号	省（自治区、直辖市）	项目名称
1	河北省	秦皇岛经济技术开发区增量配电业务试点
2	河北省	河北迁安经济技术开发区增量配电业务试点
3	河北省	廊坊燕郊高新区精工园增量配电业务试点
4	河北省	保定满城国际光电网产业园增量配电业务试点
5	山西省	襄垣经济技术开发区增量配电业务试点
6	山西省	晋城经济技术开发区富士康新110kV增量配电业务试点
7	山西省	大同装备制造产业园区增量配电业务试点
8	山西省	潞安集团增量配电业务试点
9	山西省	朔州市山阴北周庄低碳循环经济工业园区增量配电业务试点
10	内蒙古自治区	和林格尔新区托一清经济开发区增量配电业务试点
11	内蒙古自治区	苏里格经济开发区增量配电业务试点
12	内蒙古自治区	丰镇市高科技氟化学工业园区增量配电业务试点
13	内蒙古自治区	奈曼旗工业园区增量配电业务试点
14	内蒙古自治区	乌海经济开发区海南工业园增量配电业务试点
15	内蒙古自治区	包头稀土新材料产业园区增量配电业务试点
16	内蒙古自治区	乌拉特前旗增量配电业务试点
17	内蒙古自治区	蒙西高新技术工业园区增量配电业务试点
18	辽宁省	营口港鲅鱼圈港区增量配电业务试点
19	辽宁省	鞍山市高新技术产业开发区辽宁激光科技产业园区增量配电业务试点
20	辽宁省	沈阳欧盟经济开发区通用汽车零部件产业园区增量配电业务试点
21	辽宁省	大连西中岛石化产业园区增量配电业务试点
22	吉林省	辽源矿业增量配电业务试点
23	黑龙江省	牡丹江经济开发区增量配电业务试点
24	黑龙江省	哈尔滨松花江避暑城增量配电业务试点
25	浙江省	海盐云计算及智能中心基地增量配电业务试点
26	福建省	厦门海沧信息产业园增量配电业务试点
27	福建省	漳州古雷石化产业园区增量配电业务试点

续表

续表

编号	省（自治区、直辖市）	项目名称
28	江西省	上栗县工业园金山赣湘合作试验区增量配电业务试点
29	江西省	上饶经开区马鞍山南片区光伏产业园增量配电业务试点
30	江西省	新干盐化工业城增量配电业务试点
31	江西省	萍乡矿业集团公司增量配电业务试点
32	山东省	青岛市黄岛区中德生态园增量配电业务试点
33	山东省	中国（临沂）国际商贸城产业园区增量配电业务试点
34	山东省	菏泽市临港经济区增量配电业务试点
35	山东省	潍坊寿光滨海（羊口）经济开发区临港项目区增量配电业务试点
36	山东省	济南高新区智能装备城增量配电业务试点
37	山东省	青岛市红岛经济区（高新区）增量配电业务试点
38	河南省	许昌市城乡一体化示范区增量配电业务试点
39	河南省	河南省西华经济技术开发区增量配电业务试点
40	河南省	内乡县产业集聚区增量配电业务试点
41	河南省	开封市汴东产业集聚区增量配电业务试点
42	河南省	永城市永煤矿区增量配电业务试点
43	河南省	禹州市绿色铸造陶瓷示范产业园增量配电业务试点
44	河南省	三门峡高新技术产业开发区增量配电业务试点
45	湖北省	湖北自贸区宜昌片区增量配电业务试点
46	湖北省	湖北江陵经济开发区增量配电业务试点
47	湖北省	湖北省仙桃市临空临港产业园增量配电业务试点
48	湖北省	江汉油田增量配电业务试点
49	湖南省	湘西州泸溪县高新区增量配电业务试点
50	湖南省	攸县网岭循环经济园增量配电业务试点
51	湖南省	怀化市洪江区工业集中区增量配电业务试点
52	湖南省	怀化高新技术产业开发区增量配电业务试点
53	湖南省	株洲高新区增量配电业务试点
54	湖南省	湖南岳阳城陵矶新港区增量配电业务试点
55	湖南省	长沙高新区增量配电业务试点
56	广东省	肇庆高新区北部工业商贸区增量配电业务试点
57	广西壮族自治区	中泰崇左产业园（崇左市城市工业区）增量配电业务试点
58	广西壮族自治区	河池大化县工业集中区增量配电业务试点
59	广西壮族自治区	南宁六景工业园区增量配电业务试点
60	海南省	海口桂林洋经济开发区增量配电业务试点
61	重庆市	长寿经开区八颗片区增量配电业务试点
62	重庆市	潼南工业园区增量配电业务试点
63	重庆市	铜梁高新区全蒲片区增量配电业务试点
64	四川省	洪雅县工业园区增量配电业务试点
65	贵州省	贵州水城经济开发区增量配电业务试点
66	贵州省	贵州遵义和平经济开发区综合能源利用基地增量配电业务试点
67	贵州省	贵州安顺西秀产业园区增量配电业务试点
68	贵州省	贵州纳雍经济开发区增量配电业务试点
69	贵州省	贵州炉碧经济开发区增量配电业务试点
70	云南省	云南滇中新区小哨新城和汽车产业园增量配电业务试点
71	云南省	鹤庆县兴鹤工业园增量配电业务试点
72	云南省	昆明市富民县工业园区增量配电业务试点
73	云南省	保山市工贸园区（园中园）增量配电业务试点
74	云南省	丽江市古城区高新技术产业经济区增量配电业务试点

续表

编号	省（自治区、直辖市）	项目名称
75	陕西省	西安灞桥科技工业园区增量配电业务试点
76		华州区工业园增量配电业务试点
77		长庆油田靖安油田增量配电业务试点
78		安康国家高新区增量配电业务试点
79		榆林榆神工业区增量配电业务试点
80	甘肃省	金昌经济技术开发区紫金云大数据产业园增量配电业务试点
81		敦煌市文化产业示范园区增量配电业务试点
82		酒泉市肃州区新能源综合利用试验区增量配电业务试点
83		玉门东镇建化工业园增量配电业务试点
84		玉门经济开发区增量配电业务试点
85	新疆维吾尔自治区	和丰工业园区增量配电业务试点
86		霍尔果斯市南部工业园区增量配电业务试点
87	新疆生产建设兵团	第八师石河子市增量配电业务试点
88		第七师增量配电业务试点
89		第五师双河市增量配电业务试点

国家发展改革委关于做好2018年电力供需平衡预测和制定优先发电优先购电计划的通知

（发改运行〔2017〕2015号）

北京市城市管理委员会，河北省、浙江省、安徽省、江西省、河南省、湖北省、广东省、陕西省发展改革委，各省、自治区、直辖市经信委（工信委、工信厅），吉林省能源局，国家电网公司、中国南方电网有限责任公司、中国华能集团公司、中国大唐集团公司、中国华电集团公司、中国国电集团公司、国家电力投资集团公司、中国长江三峡集团公司、神华集团公司、国家开发投资公司、中国核工业集团公司、中国广核集团有限公司、华润集团有限公司：

为深入贯彻落实党的十九大精神，贯彻新发展理念，推进供给侧结构性改革，深化电力体制改革，保障电力安全稳定运行，现就做好2018年电力供需平衡预测和制定优先发电、优先购电计划工作通知如下。

一、各省（区、市）电力运行主管部门要会同有关部门和单位，认真总结2017年电力运行调节工作，分析放开发用电计划、电力直接交易、电力市场建设、清洁能源消纳、电力行业信用体系建设等工作进展和存在的问题，提出措施建议；分析预测2018年电力需求和电力供应情况，做好电力供需平衡，形成各地区电力供需平衡报告（按要求认真填写附件1～3）。

二、电力企业要总结2017年电力生产运行情况和存在的问题，分析预测2018年电力供需形势，提出政策建议，形成分析预测报告。国家电网公司、南方电网公司要重点分析2017年电力供需平衡、电力直接交易、清洁能源消纳有关情况，分析预测2018年用电需求。各发电集团要重点总结2017年电力生产、电力直接交易、清洁能源消纳有关情况，分析预测2018年电力生产情况。

三、为切实保障清洁能源发电、调节性电源发电优先上网，保障居民、农业、重要公用事业和公益性服务用电，各省（区、市）电力运行主管部门要会同有关部门和电力企业，根据相关规定，科学制定2018年本地区优先发电、优先购电计划（按要求认真填写附件4、5）。国家电网公司、南方电网公司要根据相关规定，提交2018年跨省跨区优先发电计划预案（按要求认真填写附件6）。各地区优先发电、优先购电计划要与跨省跨区优先发电计划做好衔接。

四、请各省（区、市）电力运行主管部门及国家电网公司、南方电网公司将各省（区、市）2018年优先发电、优先购电计划及跨省跨区优先发电计划预案，于12月1日前正式向我委政务服务大厅报送。请相关单位将各省（区、市）电力供需平衡报告和电力企业分析预测报告于2018年一季度前反馈我委经济运行调节局。

联系人：张建府，曾辉

联系电话：010－68505528，010－68505901（兼传真）。

国家发展改革委（印）

2017年11月22日

附件1

××省（区、市）2018年用电量预测表

	用电量（亿kWh）		增长率（%）	
	2017年	2018年	2017年	2018年
一、农林牧渔业				
二、工业				
其中：轻工业				
重工业				
其中：石油加工、炼焦及核燃料加工业				
化学原料及化学制品制造业				
非金属矿物制品业				
黑色金属冶炼及压延加工业				
有色金属冶炼及压延加工业				

续表

	用电量（亿 kWh）		增长率（%）	
	2017 年	2018 年	2017 年	2018 年
电力、热力的生产和供应业				
三、建筑业				
四、交通运输仓储邮政业				
五、信息传输计算机服务和软件业				
六、商业住宿和餐饮业				

续表

	用电量（亿 kWh）		增长率（%）	
	2017 年	2018 年	2017 年	2018 年
七、金融房地产商务及居民服务业				
八、公共事业及管理组织				
全行业合计				
九、城乡居民生活合计				
城市居民生活				
乡村居民生活				
全社会合计				

附件 2

××省（区、市）2017、2018 年电力平衡表

单位：万 kW

		1月	2月	3月	4月	5月	6月	7月	8月	9月	10月	11月	12月
1. 可供最大出力	2017 年												
	2018 年												
2. 输入平均最高负荷	2017 年												
	2018 年												
3. 输出平均最高负荷	2017 年												
	2018 年												
4. 最高用电负荷	2017 年												
	2018 年												
5. 最大电力盈亏	2017 年												
	2018 年												

注 最高负荷为月度最高负荷值。

附件 3

××省（区、市）2017、2018 年电量平衡表

单位：亿 kWh

		1月	2月	3月	4月	5月	6月	7月	8月	9月	10月	11月	12月	全年
1. 区内可发电量	2017 年													
	2018 年													
2. 输入电量	2017 年													
	2018 年													
3. 输出电量	2017 年													
	2018 年													
4. 用电量	2017 年													
	2018 年													
5. 电量盈亏	2017 年													
	2018 年													

附件 4

××省（区、市）2018 年优先发电计划表

	优先发电计划（亿 kWh）		增长率（%）	
	2017 年预计	2018 年安排	2017 年预计	2018 年安排
一、为保障电网安全运行，承担调峰调频、电压支撑、基荷任务的各类机组发电				
二、为保障民生采暖需要，热电联产机组发电				
三、纳入规划的风能、太阳能、生物质能等非水可再生能源机组发电				
四、水电机组发电				
五、核电				
六、余热、余压、余气、煤层气等资源综合利用机组发电				
七、跨省跨区国家计划、地方政府协议送（受）电				
八、为提升电力系统调峰能力，促进可再生能源消纳，调峰机组奖励发电				
九、超低排放燃煤机组奖励发电				
十、其他政策性保障机组发电				
合计				
占本地区全社会用电量的比例				
占本地区发电量的比例				

注 1. 各项优先发电计划可以有重复部分，应予以说明，在总量合计中不重复计算。

2. 第七项跨省跨区计划应标明是“送出”或“受入”电量，并分项列出“送出”或“受入”的各地区或发电企业及对应电量。

3. 贯彻落实党中央、国务院有关决策部署，贫困地区机组等政策性保障机组发电列入第十项。

附件 5

××省（区、市）2018 年优先购电计划表

	优先购电计划（亿 kWh）		增长率（%）	
	2017 年预计	2018 年安排	2017 年预计	2018 年安排
一、一产用电				
二、居民生活用电				
三、重要公用事业、公益性服务用电				
（一）供水、供气用电				
（二）交通运输、仓储和邮政业用电				
（三）信息传输、计算机服务和软件业用电				
（四）金融、房地产、商务及居民服务业用电				
（五）公共事业及管理组织用电				
（六）其他用电				
合计				
占本地区全社会用电量的比例				

附件 6

××电网经营区域 2018 年跨省跨区优先发电计划表

送电项目	送电省或送电企业	受电省	优先发电计划（亿 kWh）		增长率（%）	
			2017 年预计	2018 年安排	2017 年预计	2018 年安排
一、××××××	××	××				
二、××××××	××	××				
……	……	……				
合计						

关于进一步做好生活垃圾焚烧发电厂规划选址工作的通知

（发改环资规〔2017〕2166 号）

各省、自治区、直辖市及计划单列市、新疆生产建设兵团发展改革委、住房城乡建设厅（城乡规划、环境卫生主管部门）、能源局、环境保护厅（局）、国土资源厅（局）：

为贯彻落实党中央、国务院决策部署，指导各地做好生活垃圾焚烧发电厂规划选址工作，积极推进生活垃圾焚烧发电项目落地，改善城乡人居环境，提高生态文明建设水平，现通知如下。

一、重要意义

焚烧发电是生活垃圾处理的重要方式，对实现垃圾减量化、资源化和无害化，改善城乡环境卫生状况，解决“垃圾围城”“垃圾上山下乡”等突出环境问题具有重要作用。科学合理确定生活垃圾焚烧发电厂规划与选址，对推进焚烧设施项目顺利实施、提高垃圾无害化处理能力具有重要意义。对此，各地应当高度重视，提早规划、合理布局、明确厂址，切实保障生活垃圾焚烧发电厂有序建设。

二、重点任务

（一）科学制定生活垃圾焚烧发电中长期专项规划

按照“十三五”全国城镇生活垃圾无害化处理设施建设规划、城市市政基础设施建设规划、可再生能源发展规划等要求，结合本地区经济社会发展规划、城市总体规划等，各省（区、市）发展改革委（能源局）会同相关部门应于 2018 年底前编制完成本地区省级生活垃圾焚烧发电中长期专项规划（以下简称专项规划），明确建设目标、重点任务、保障措施，统筹推进项目建设。专项规划须列明 2020 年前计划开工建设的具体项目，逐项明确建设规模、建设地点（应明确四至边界）、建成时间、处理能力等；同时，还应提出 2030 年前拟建垃圾焚烧厂目标名单，包括建设规模、建设地点（应明确到具体市县）等内容，纳入新一版城市总体规划。专项规划应符合本地区土地利用总体规划。各省（区、市）已编制的生活垃圾焚烧发电五年规划应与专项规划做好衔接。专项规划编制单位应当依法同步组织规划环境影响评价，为科学制定规划增强支撑。

列入专项规划的项目，根据项目进展情况，及时纳入国家发展改革委重大建设项目库和国家能源局可再生能源项目管理系统规划库。

（二）超前谋划生活垃圾焚烧发电项目选址

省级城乡规划主管部门会同相关部门组织指导市（县）人民政府依法做好生活垃圾焚烧发电项目选址工作。项目选址应符合与“三区三线”配套的综合空间管控措施要求，尽量远离生态保护红线区域，并严格按照《生活垃圾焚烧处理工程项目建设标准》要求，设定防护距离，明确四至边界，合理安排周边项目建设时序，不得因周边项目建设影响生活垃圾焚烧发电项目选址落地。鼓励利用既有生活垃圾处理设施用地建设生活垃圾焚烧发电项目；鼓励采取产业园区选址建设模式，统筹生活垃圾、建筑垃圾、餐厨垃圾等不同类型垃圾处理，形成一体化项目群；鼓励在京津冀、长三角等国家级城市群打破省域（市域）限制，探索跨地市、跨省域生活垃圾焚烧发电项目建设，实现一定区域内共建共享。

纳入专项规划并拟于 2020 年前开工建设的具体项目，应在 2018 年前完成项目选址，明确建设地点（四至边界）；纳入专项规划并拟于 2021－2030 年开工建设的项目，应至少提前 3 年完成项目选址工作。

（三）加快推进专项规划项目落地实施

对纳入专项规划的生活垃圾焚烧发电项目，有关部门应依据投资管理相关规定，加快组织项目审批或核准等前期手续。依托全国投资项目在线审批监管平台，优化审批流程，实现项目网上申报、并联审批。要协助项目单位抓紧落实项目开工条件，推进项目落地实施。按照谁审批谁监管、谁主管谁监管的原则，进一步加强项目建设监管，及时掌握项目进度。

（四）定期实施评估考核和专项规划调整

省级发展改革（能源）部门会同住房城乡建设等部门于每年一季度前完成本地区专项规划上一年度实施情况评估考核。根据评估考核结果，对专项规划相关项目及时进行调整。未按规定时限完成选址或无法继续实施的项目，应及时调整出专项规划；将已完成选址的新布局项目，列入专项规划。列入专项规划并拟于 2020 年前开工建设的项目，须充分论证确保科学慎重决策，原则上不应再调整变更项目选址。根据专项规划调整情况，及时更新重大建设项目库和可再生能源项目管理系统规划库。

（五）全面公开规划选址相关信息

各省（区、市）指导督促有关市（县）人民政府完善生活垃圾焚烧发电厂规划选址信息公开制度和信息共享机制，依法做好信息公开工作，及时向社会公开生活垃圾焚烧发电厂选址相关信息，鼓励公民、法人和其他组织积极参与。在专项规划编制过程中，要坚持开放透明，广泛征求社会各方面意见。专项规划编制完成后，依据法律法规和有关规定，及时向社会公开，接受社会监督，做好环境社会风险防范与化解相关工作。

三、保障措施

（一）加强组织领导

建立健全有利于生活垃圾焚烧发电厂规划选址的工作机制。省级相关部门要切实加强组织领导，强化部门协调配合，落实项目所在市（县）人民政府主体责任，上下联动，形成工作合力。结合省级空间规划和市县“多规合一”试点，对不利于生活垃圾焚烧发电厂提前选址、有关规定相互矛盾的政策文件、技术规范等进行梳理，提出修订完善建议，遇到重大问题和困难及时向主管部门报告。有关部门按照职责分工，指导并协调解决规划选址中的重大问题。

（二）加大政策支持

各地区、有关部门要对生活垃圾焚烧发电厂规划选址工作给予政策支持。对于列入专项规划的项目，发展改革部门在PPP项目推介、中央预算内投资等方面予以支持，住房城乡建设（城乡规划、环境卫生）部门加强行业指导，优先开展选址审查，加快核发建设项目选址意见书，国土资源部门优先安排用地计划指标，环境保护部门积极做好环境影响评价文件审批服务。国家发展改革委、国家能源局指导各省（区、市）编制专项规划。国家可再生能源电价附加补贴资金优先用于支持列入专项规划的项目，专项规划之外布局建设的项目，所需补贴资金原则上由项目所在省（区、市）负责解决。

（三）强化监督考核

省级相关部门应进一步规范事前、事中和事后监管，增强专项规划实施和执行的约束力，项目选址确定后，禁止擅自改变用途，严格控制周边土地开发利用。住房城乡建设部会同相关部门将定期开展全国生活垃圾焚烧发电厂建设项目专项检查，并于2019年开始发布上年度拟建项目规划选址情况，对工作不到位的项目给予通报，其中工作严重不到位的，国家能源局将其从可再生能源项目管理系统规划库中删除。有关部门将逐步探索研究把规划选址情况纳入相关考核体系，并作为考核督查重点。

国家发展改革委
住房城乡建设部
国家能源局（印）
环境保护部
国土资源部
2017年12月12日

国家发展改革委关于印发《全国碳排放权交易市场建设方案（发电行业）》的通知

（发改气候规〔2017〕2191号）

各省、自治区、直辖市及计划单列市人民政府，新疆生产建设兵团，外交部、教育部、科技部、工业和信息化部、民政部、财政部、国土资源部、环境保护部、住房城乡建设部、交通运输部、水利部、农业部、商务部、卫生计生委、国资委、税务总局、质检总局、统计局、林业局、国管局、法制办、中科院、气象局、海洋局、铁路局、民航局、人民银行、证监会、银监会、认监委：

为贯彻落实党中央、国务院关于建立全国碳排放权交易市场的决策部署，稳步推进全国碳排放权交易市场建设，经国务院同意，现将《全国碳排放权交易市场建设方案（发电行业）》印发你们，请按照执行。

国家发展改革委（印）
2017年12月18日

附件

全国碳排放权交易市场建设方案（发电行业）

建立碳排放权交易市场，是利用市场机制控制温室气体排放的重大举措，也是深化生态文明体制改革的迫切需要，有利于降低全社会减排成本，有利于推动经济向绿色低碳转型升级。为扎实推进全国碳排放权交易市场（以下简称“碳市场”）建设工作，确保2017年顺利启动全国碳排放交易体系，根据《中华人民共和国国民经济和社会发展第十三个五年规划纲要》和《生态文明体制改革总体方案》，制定本方案。

一、总体要求

（一）指导思想

深入贯彻落实党的十九大精神，高举中国特色社会主义伟大旗帜，坚持以习近平新时代中国特色社会主义思想为指导，紧紧围绕统筹推进“五位一体”总体布局和协调推进“四个全面”战略布局，牢固树立创新、协调、绿色、开放、共享的发展理念，认真落实党中央、国务院关于生态文明建设的决策部署，充分发挥市场机制对控制温室气体排放的作用，稳步推进建立全国统一的碳市场，为我国有效控制和逐步减少碳排放，推动绿色低碳发展作出新贡献。

（二）基本原则

坚持市场导向、政府服务。贯彻落实简政放权、放管结合、优化服务的改革要求，以企业为主体，以市场为导向，强化政府监管和服务，充分发挥市场对资源配置的决定性作用。

坚持先易后难、循序渐进。按照国家生态文明建设和控制温室气体排放的总体要求，在不影响经济平稳健康发展的前提下，分阶段、有步骤地推进碳市场建设。在发电行业（含热电联产，下同）率先启动全国碳排放交易体系，逐步扩大参与碳市场的行业范围，增加交易品种，不断完善碳市场。

坚持协调协同、广泛参与。统筹国际、国内两个大局，统筹区域、行业可持续发展与控制温室气体排放需要，按照供给侧结构性改革总体部署，加强与电力体制改革、能源消耗总量和强度“双控”、大气污染防治等相关政策措施的协调。持续优化完善碳市场制度设计，充分调动部门、地方、企业和社会积极性，共同推进和完善碳市场建设。

坚持统一标准、公平公开。统一市场准入标准、配额分配方法和有关技术规范，建设全国统一的排放数据报送系统、注册登记系统、交易系统和结算系统等市场支撑体系。构建有利于公平竞争的市场环境，及时准确披露市场信息，全面接受社会监督。

（三）目标任务

坚持将碳市场作为控制温室气体排放政策工具的工作定位，切实防范金融等方面风险。以发电行业为突破口率先启动全国碳排放交易体系，培育市场主体，完善市场监管，逐步扩大市场覆盖范围，丰富交易品种和交易方式。逐步建立起归属清晰、保护严格、流转顺畅、监管有效、公开透明、具有国际影响力的碳市场。配额总量适度从紧、价格合理适中，有效激发企业减排潜力，推动企业转型升级，实现控制温室气体排放目标。自本方案印发之后，分三阶段稳步推进碳市场建设工作。

基础建设期。用1年左右的时间，完成全国统一的数据报送系统、注册登记系统和交易系统建设。深入开展能力建设，提升各类主体参与能力和管理水平。开展碳市场管理制度建设。

模拟运行期。用1年左右的时间，开展发电行业配额模拟交易，全面检验市场各要素环节的有效性和可靠性，强化市场风险预警与防控机制，完善碳市场管理制度和支撑体系。

深化完善期。在发电行业交易主体间开展配额现货交易。交易仅以履约（履行减排义务）为目的，履约部分的配额予以注销，剩余配额可跨履约期转让、交易。在发电行业碳市场稳定运行的前提下，逐步扩大市场覆盖范围，丰富交易品种和交易方式。创造条件，尽早将国家核证自愿减排量纳入全国碳市场。

二、市场要素

（四）交易主体。初期交易主体为发电行业重点排放单位。条件成熟后，扩大至其他高耗能、高污染和资源性行业。适时增加符合交易规则的其他机构和个人参与交易。

（五）交易产品。初期交易产品为配额现货，条件成熟后增加符合交易规则的国家核证自愿减排量及其他交易产品。

（六）交易平台。建立全国统一、互联互通、监管严格的碳排放权交易系统，并纳入全国公共资源交易平台体系管理。

三、参与主体

（七）重点排放单位。发电行业年度排放达到2.6万t二氧化碳当量（综合能源消费量约1万t标准煤）及以上的企业或者其他经济组织为重点排放单位。年度排放达到2.6万t二氧化碳当量及以上的其他行业自备电厂视同发电行业重点排放单位管理。在此基础上，逐步扩大重点排放单位范围。

（八）监管机构。国务院发展改革部门与相关部门共同对碳市场实施分级监管。国务院发展改革部门会同相关行业主管部门制定配额分配方案和核查技术规范并监督执行。各相关部门根据职责分工分别对第三方核查机构、交易机构等实施监管。省级、计划单列市应对气候变化主管部门监管本辖区内的数据核查、配额分配、重点排放单位履约等工作。各部门、各地方各司其职、相互配合，确保碳市场规范有序运行。

（九）核查机构。符合有关条件要求的核查机构，依据核查有关规定和技术规范，受委托开展碳排放相关数据核查，并出具独立核查报告，确保核查报告真实、可信。

四、制度建设

（十）碳排放监测、报告与核查制度。国务院发展改革部门会同相关行业主管部门制定企业排放报告管理办法、完善企业温室气体核算报告指南与技术规范。各省级、计划单列市应对气候变化主管部门组织开展数据审定和报送工作。重点排放单位应按规定及时报告碳排放数据。重点排放单位和核查机构须对数据的真实性、准确性和完整性负责。

（十一）重点排放单位配额管理制度。国务院发展改革部门负责制定配额分配标准和办法。各省级及计划单列市应对气候变化主管部门按照标准和办法向辖区内的重点排放单位分配配额。重点排放单位应当采取有效措施控制碳排放，并按实际排放清缴配额（“清缴”是指清理应缴未缴配额的过程）。省级及计划单列市应对气候变化主管部门负责监督清缴，对逾期或不足额清缴的重点排放单位依法依规予以处罚，并将相关信息纳入全国信用信息共享平台实施联合惩戒。

（十二）市场交易相关制度。国务院发展改革部门会同相关部门制定碳排放权市场交易管理办法，对交易主体、交易方式、交易行为以及市场监管等进行规定，构建能够反映供需关系、减排成本等因素的价格形成机制，建立有效防范价格异常波动的调节机制和防止市场操纵的风险防控机制，确保市场要素完整、公开透明、运行有序。

五、发电行业配额管理

（十三）配额分配。发电行业配额按国务院发展改革部门会同能源部门制定的分配标准和方法进行分配（发电行业配额分配标准和方法另行制定）。

（十四）配额清缴。发电行业重点排放单位需按年向所在省级、计划单列市应对气候变化主管部门提交与其当年实际碳排放量相等的配额，以完成其减排义务。其富余配额可向市场出售，不足部分需通过市场购买。

六、支撑系统

（十五）重点排放单位碳排放数据报送系统。建设全国统一、分级管理的碳排放数据报送信息系统，探索实现与国家能耗在线监测系统的连接。

（十六）碳排放权注册登记系统。建设全国统一的碳排放权注册登记系统及其灾备系统，为各类市场主体提供碳排放配额和国家核证自愿减排量的法定确权及登记服务，并实现配额清缴及履约管理。国务院发展改革部门负责制定碳排放权注册登记系统管理办法与技术规范，并对碳排放权注册登记系统实施监管。

（十七）碳排放权交易系统。建设全国统一的碳排放权交易系统及其灾备系统，提供交易服务和综合信息服务。国务院发展改革部门会同相关部门制定交易系统管理办法与技术规范，并对碳排放权交易系统实施监管。

（十八）碳排放权交易结算系统。建立碳排放权交易结算系统，实现交易资金结算及管理，并提供与配额结算业务有关的信息查询和咨询等服务，确保交易结果真实可信。

七、试点过渡

（十九）推进区域碳交易试点向全国市场过渡。2011年以来开展区域碳交易试点的地区将符合条件的重点排放单位逐步纳入全国碳市场，实行统一管理。区域碳交易试点地区继续发挥现有作用，在条件成熟后逐步向全国碳市场过渡。

八、保障措施

（二十）加强组织领导。国务院发展改革部门会同有关部门，根据工作需要将按程序适时调整完善本方案，重要情况及时向国务院报告。各部门应结合实际，按职责分工加强对碳市场的监管。

（二十一）强化责任落实。国务院发展改革部门会同相关部门负责全国碳市场建设。各省级及计划单列市人民政府负责本辖区内的碳市场建设工作。符合条件的省（市）受国务院发展改革部门委托建设运营全国碳市场相关支撑系统，建成后接入国家统一数据共享交换平台。

（二十二）推进能力建设。组织开展面向各类市场主体的能力建设培训，推进相关国际合作。鼓励相关行业协会和中央企业集团开展行业碳排放数据调查、统计分析等工作，为科学制定配额分配标准提供技术支撑。

（二十三）做好宣传引导。加强绿色循环低碳发展与碳市场相关政策法规的宣传报道，多渠道普及碳市场相关知识，宣传推广先进典型经验和成熟做法，提升企业和公众对碳减排重要性和碳市场的认知水平，为碳市场建设运行营造良好社会氛围。

国家发展改革委关于2018年光伏发电项目价格政策的通知

（发改价格规〔2017〕2196号）

各省、自治区、直辖市发展改革委、物价局、能源局、扶贫办，国家电网公司、南方电网公司、内蒙古电力公司：

为落实国务院办公厅《能源发展战略行动计划（2014～2020）》关于新能源标杆上网电价逐步退坡的要求，合理引导新能源投资，促进光伏发电产业健康有序发展，决定调整2018年光伏发电标杆上网电价政策。经商国家能源局，现就有关事项通知如下：

一、根据当前光伏产业技术进步和成本降低情况，降低2018年1月1日之后投运的光伏电站标杆上网电价，Ⅰ类、Ⅱ类、Ⅲ类资源区标杆上网电价分别调整为每千瓦时0.55元、0.65元、0.75元（含税）。自2019年起，纳入财政补贴年度规模管理的光伏发电项目全部按投运时间执行对应的标杆电价。

二、2018年1月1日以后投运的、采用“自发自用、余量上网”模式的分布式光伏发电项目，全电量度电补贴标准降低0.05元，即补贴标准调整为每千瓦时0.37元（含税）。采用“全额上网”模式的分布式光伏发电项目按所在资源区光伏电站价格执行。分布式光伏发电项目自用电量免收随电价征收的各类政府性基金及附加、系统备用容量费和其他相关并网服务费。

三、村级光伏扶贫电站（0.5MW及以下）标杆电价、户用分布式光伏扶贫项目度电补贴标准保持不变。

四、各新能源发电企业和电网企业必须真实、完整地记载和保存相关发电项目上网交易电量、价格和补贴金额等资料，接受有关部门监督检查，并于每月10日前将相关数据报送至国家可再生能源信息管理中心。各级价格主管部门要加强对新能源上网电价执行和电价附加补贴结算的监管，督促相关上网电价政策执行到位。

五、鼓励地方按国家有关规定开展光伏发电就近消纳配电价格改革和市场化招标定价试点，逐步完善通过市场发现价格的机制。

六、上述规定自2018年1月1日起执行。

国家发展改革委（印）

2017年12月19日

附件

2018年全国光伏发电上网电价表

单位：元/kWh（含税）

资源区	光伏电站标杆上网电价		分布式发电度电补贴标准		各资源区所包括的地区
	普通电站	村级光伏扶贫电站	普通项目	分布式光伏扶贫项目	
Ⅰ类资源区	0.55	0.65	0.37	0.42	宁夏，青海海西，甘肃嘉峪关、武威、张掖、酒泉、敦煌、金昌，新疆哈密、塔城、阿勒泰、克拉玛依，内蒙古除赤峰、通辽、兴安盟、呼伦贝尔以外地区
Ⅱ类资源区	0.65	0.75			北京，天津，黑龙江，吉林，辽宁，四川，云南，内蒙古赤峰、通辽、兴安盟、呼伦贝尔，河北承德、张家口、唐山、秦皇岛，山西大同、朔州、忻州、阳泉，陕西榆林、延安，青海、甘肃、新疆除Ⅰ类外其他地区
Ⅲ类资源区	0.75	0.85			除Ⅰ类、Ⅱ类资源区以外的其他地区

注 1. 西藏自治区光伏电站标杆电价为1.05元/kWh。

2. 2018年1月1日以后纳入财政补贴年度规模管理的光伏电站项目，执行2018年光伏发电标杆上网电价。

3. 2018年以前备案并纳入以前年份财政补贴规模管理的光伏电站项目，但于2018年6月30日以前仍未投运的，执行2018年标杆上网电价。

4. 2018年1月1日以后投运的分布式光伏发电项目，按上表中补贴标准执行。

国家发展改革委、国家能源局关于印发促进生物质能供热发展指导意见的通知

（发改能源〔2017〕2123号）

各省、自治区、直辖市、新疆生产建设兵团发展改革委（能源局），中国光大集团、中节能集团、中广核集团，水电总院、电规总院，中国生物质能联盟：

生物质能供热是绿色低碳清洁经济的可再生能源供热方式，是替代县域及农村燃煤供热的重要措施。为全面贯彻落实党的十九大精神，以习近平新时代中国特色社会主义思想为指导，按照中央财经领导小组第14次会议关于清洁供热的要求，加快发展生物质能供热，有效应对大气污染和治理雾霾，我们制定了《关于促进生物质能供热发展的指导意见》，现印发你们，请在工作中参考，及时总结经验，遇有重大问题及时上报。

联系人及联系方式：

国家能源局新能源司 韩江舟 方竹 010－68555044

国家发展改革委
国 家 能 源 局（印）
2017年12月6日

附件

关于促进生物质能供热发展的指导意见（摘要）

生物质能供热绿色低碳、经济环保，是重要的清洁供热方式，为中小型区域提供清洁供暖和工业蒸汽，直接在用户侧替代化石能源。为全面贯彻落实党的十九大精神，以习近平新时代中国特色社会主义思想为指导，按照中央财经领导小组第14次会议关于清洁供热的要求，推动生物质能供热发展，减少县域及农村燃煤供热，促进大气污染防治和雾霾治理，现提出以下意见。

一、发展生物质能供热的重要意义（略）

二、总体要求

（一）指导思想（略）

（二）基本原则（略）

（三）发展目标

把扩大市场应用、加快形成产业作为发展生物质能供热的基本立足点，构建有利于生物质能供热应用的市场环境和政策环境，建立资源收集、热力生产和服务一体化规模化专业化市场化绿色低碳清洁供热体系。

到2020年，生物质热电联产装机容量超过1200万kW，生物质成型燃料年利用量约3000万t，生物质燃气（生物天然气、生物质气化等）年利用量约100亿m^3，生物质能供热合计折合供暖面积约10亿m^2，年直接替代燃煤约3000万t。到2035年，生物质热电联产装机容量超过2500万kW，生物质成型燃料年利用量约5000万t，生物质燃气年利用量约250亿m^3，生物质能供热合计折合供暖面积约20亿m^2，年直接替代燃煤约6000万t。

到2020年，形成以生物质能供热为特色的200个县城、1000个乡镇，以及一批中小工业园区。打造生物质能供热新兴产业，产业体系比较完善，生物质能供热技术水平和装备制造能力显著提高，形成一批技术创新能力较强、市场规模较大的新型企业。到2035年，生物质能供热在具备资源条件的地区实现普及应用。

三、大力发展生物质热电联产

加快生物质发电向热电联产转型升级，提高能源利用效率和综合效益，构建区域清洁供热体系，为具备资源条件的县城、建制镇提供民用供暖，以及为中小工业园区集中供热，直接在消费侧替代燃煤供热，促进大气污染治理。

（一）大力发展县域农林生物质热电联产。新建农林生物质发电项目实行热电联产，落实当地县域供热负荷，采取加装生物质锅炉等方式满足清洁供暖需求，为300万m^2以下县级区域供暖。“十三五”时期，形成一批以农林生物质热电联产为特色的县城，大幅度减少当地燃煤消费，建立低碳供热示范区。

（二）稳步发展城镇生活垃圾焚烧热电联产。在做好环保、选址及社会稳定风险评估的前提下，因地制宜，在大中城市及人口密集、具备条件的县城，依托当地热负荷，稳步推进城镇生活垃圾焚烧热电联产项目建设。“十三五”时期生活垃圾焚烧热电联产形成一批示范项目。

（三）加快常规生物质发电项目供热改造。对已投产的农林生物质纯发电项目，采取低真空循环水、抽汽外供蒸汽、吸收式热泵等方式进行供热技术改造，为周边供热。因地制宜推进生活垃圾焚烧发电项目供热改造。沼气发电尽量为周围供热，提高能源利用效率。

（四）推进小火电改生物质热电联产，建设区域综合清洁能源系统。在资源丰富地区，实施燃料替代和电量替代，将具备条件的小型煤电改为生物质热电联产项目，并结合热泵、蓄热装置、太阳能供暖、能源互联网等，建设区域综合清洁能源系统，为中小城镇和工商业设施提供热电冷综合能源服务。

（五）加快生物质热电联产技术进步。加强对生物质锅炉、辅机和上料系统等关键设备研发，推广高参数锅炉。应用垃圾焚烧处理新技术。推进智能化供热计量、监控和管理，建立适应资源和负荷特性的运行机制。农林生物质热电联产项目严禁掺烧煤炭等化石能源，环保设施稳定运行，确保达标排放。

四、加快发展生物质锅炉供热（略）

五、完善政策措施

（一）加强组织领导（略）

（二）强化规划指导

各省（区、市）能源主管部门编制生物质发电规划，合理布局农林生物质和城镇生活垃圾焚烧热电联产项目，加强与相关规划的衔接。在汇总各省（区、市）规划基础上编制全国生物质发电规划。申请国家可再生能源基金补贴的热电联产项目，应纳入国家及省级规划。

（三）示范带动，全面推进（略）

（四）完善支持政策

生物质能供热在锅炉置换、终端取暖补贴、供热管网补贴等方面享受与“煤改气”“煤改电”相同的支持政策，电价按《国家发展改革委关于印发北方地区清洁供暖价格政策意见的通知》（发改价格〔2017〕1684号）中有关规定执行。国家可再生能源电价附加补贴资金优先支持生物质热电联产项目。按照有关规定，生物质热电联产以及成型燃料生产和供热等享受国家税收优惠政策，原料收集加工机械纳入国家农机具补贴范围。

（五）支持参与电力体制改革

发挥生物质热电联产运行方式灵活的优势，积极支持参与

电力市场交易和备用、调频等辅助服务交易。鼓励项目法人成立售电公司，从事市场化售电业务，并为周边用户提供冷热电、合同能源管理等综合能源服务。支持参与分布式发电市场化交易，向配电网内用户售电。

（六）加强监督管理

各省（区、市）能源主管部门将生物质能供热纳入能源管理体系，完善项目管理和技术管理，建立供热信息统计和监测评价体系。国家能源局组织制定生物质热电联产技术规范。配合环境保护部门加强生物质热电联产和锅炉供热项目大气污染物排放监管，制定生物质锅炉污染物排放国家或地方标准，建立完善环保监测体系。

（七）加强产业体系建设

适应各地不同情况，支持企业建立生物质原料专业化收集体系，提高资源保障程度。建立包括成型燃料产品、加工设备、专用锅炉和工程建设在内的生物质成型燃料供热标准体系。积极培育发展大型专业化生物质能供热企业，提高产业技术水平，促进生物质能供热产业化可持续健康发展。

（八）加强宣传工作（略）

国家发展改革委办公厅、国家能源局综合司关于开展分布式发电市场化交易试点的补充通知

（发改办能源〔2017〕2150号）

各省（区、市）、新疆生产建设兵团发展改革委（能源局）、物价局，国家能源局各派出监管机构，国家电网公司、南方电网公司、内蒙古电力公司：

为进一步明确分布式发电市场化交易试点方案编制的有关事项，在《国家发展改革委 国家能源局关于开展分布式发电市场化交易试点的通知》（发改能源〔2017〕1901号）基础上，现对试点组织方式及分工、试点方案内容要求、试点方案报送等补充通知如下：

一、试点组织方式及分工

有关省级发展改革委（能源局、物价局）负责试点组织的整体工作，会同国家能源局派出监管机构和其他电力市场交易管理部门确定分布式发电交易平台承担机构，制定发布交易规则及研究确定试点项目的“过网费”标准等。省级发展改革委（能源局）会同国家能源局派出监管机构承担组织编写区域分布式发电市场化交易规则，派出监管机构负责研究制订分布式发电交易合同示范文本。有关省级电网企业及试点所在地区市（县）级电网企业负责向省级发展改革委（能源局、物价局）及试点所在地区市（县）级发展改革委（能源局）提供电网建设及电力运行相关信息，分析试点地区110kV及以下配电网接入和消纳5万kW以下分布式光伏发电（含地面光伏电站）、分散式风电等分布式电源的条件及在配电网内就近消纳的潜力，提出以接入和消纳条件为基础的分布式发电布局及最大建设规模的建议。

二、试点方案内容要求

（一）基础条件

资源条件主要是指气象部门观测评价数据，并提供当地已建成典型项目的年利用小时数；土地条件主要说明土地类型、适用的税收征收范围划分及征收标准。

（二）项目规模

结合已建成接入配电网消纳的光伏发电、分散式风电的项目建设规模，以及电力系统的负荷和配电网布局，测算到2020年时接入110kV及以下配电网可就近消纳的分布式光伏和分散式风电的总规模及其2018～2020年各年度的规模。

（三）接网及消纳条件

试点地区电网企业对2020年底前接入配电网就近消纳的光伏发电、风电等项目，按既有变电站、已规划改造扩容和新建变电站三种情况测算接入能力。电力电量平衡分析作为一项长期工作，暂不要求按预测分布式发电规模和布局测算，仅按总量进行分析，对每个项目的消纳范围在报送试点方案时可不确定，待试点方案启动后逐个确定。

（四）试点项目

对试点方案的分布式发电项目按已建成运行项目、已备案在建项目和预计新建项目分类说明情况。对预计新建项目可概要描述大致布局和规模。为做好光伏电站和风电项目的规模管理和试点工作的衔接，国家能源局将在下达光伏电站、风电建设规模时对试点地区专项明确。

（五）交易规则

分布式发电市场化交易有三种可选的模式。各种模式交易规则分别如下。

1. 分布式发电项目与电力用户进行电力直接交易的模式。鼓励选择此模式，分布式发电项目单位与电力用户以合同方式约定交易条件，与电网企业一起签订三方供用电合同。在电网企业已经明确自身责任和服务内容的前提下，也可只签订两方电力交易合同，国家能源局派出监管机构在电网企业配合下制订合同示范文本。

2. 分布式发电项目单位委托电网企业代售电的模式。由电网企业起草转供电合同文本。

3. 电网企业按国家核定的各类发电的标杆上网电价收购并在110kV及以下的配电网内就近消纳的模式。

各省级价格主管部门会同能源主管部门，选择1～2个地区申报试点。试点应满足的条件：① 当地电网具备一定的消纳条件，可满足项目接入需求。② 入选项目可参照《国家发展改革委 国家能源局关于开展分布式发电市场化交易试点的通知》（发改能源〔2017〕1901号）有关要求，并按有关规定签订直接交易协议，确保就近消纳比例不低于75%。③ 全额就近消纳的项目，如自愿放弃补贴，可不受规模限制。

如果已选择了直接交易或电网企业代售电模式，若合同无法履行，允许变更为全额上网模式，由电网企业按当年对应标杆上网电价收购。

在报送试点方案时，可先提交合同示范文本草案，在国家发展改革委、国家能源局论证同意试点方案后，再确定正式合同示范文本。在试点方案中应明确选择的交易模式种类、制订交易规则和合同示范文本，交易规则可暂为大纲稿，在国家发展改革委、国家能源局论证同意其试点方案后，再由省级发展改革委（能源局）、国家能源局派出监管机构或其他承担电力交易工作的部门按程序审定后发布。

（六）交易平台

省级发展改革委（能源局）会同国家能源局派出监管机构协调省级电力交易中心作为交易平台，组织开展试点地区分布式发电交易（主要是直接交易），在省级电力交易中心暂不具备承担分布式发电交易的情况下，可协调省级电网企业在试点地区的市（县）级电网公司承担交易平台任务。在报送试点方案时应明确承担交易平台的单位。

三、试点方案报送

（一）试点方案及支持性文件

省级发展改革委（能源局）、价格主管部门组织编制分布式发电交易试点地区市（县）级区域试点方案，会同国家能源局派出监管机构初步论证后，报送国家发展改革委、国家能源局，随方案报送以下支持性文件：

1. 省级电网企业确认的试点地区分布式发电电网接入及消纳意见；

2. 试点地区电网企业承担分布式发电市场化交易配套电网服务、电费计量收缴的承诺；

3. 省级电力交易中心或市（县）级电网企业承担分布式发电市场化交易平台的承诺；

4. 省级发展改革委（能源局）、国家能源局派出监管机构起草的分布式发电市场化交易规则大纲或草案、分布式发电交易合同示范文本；

5. 试点地区市（县）级人民政府关于分布式光伏发电、分散式风电土地利用、税收适用政策的说明或承诺；

6. 省级价格主管部门关于试点项目配电价格（"过网费"）的核定建议。

（二）试点方案报送及实施时间调整

为便于扎实做好试点方案编制及相关工作准备，各单位报送试点方案的截止时间延至 2018 年 3 月 31 日。国家发展改革委、国家能源局将对报来的试点方案及时组织论证，各地区启动试点的时间安排可据实际情况自主确定，最迟均应在 2018 年 7 月 1 日之前正式启动。

补充通知未涉及事项仍按《国家发展改革委 国家能源局关于开展分布式发电市场化交易试点的通知》（发改能源〔2017〕1901 号）及其试点方案编制参考大纲执行。

国家发展改革委办公厅
国家能源局综合司（印）
2017 年 12 月 28 日

国家发展改革委关于调整光伏发电陆上风电标杆上网电价的通知

（发改价格〔2016〕2729 号）

各省、自治区、直辖市发展改革委、物价局，国家电网公司、南方电网公司、内蒙古电力公司：

为落实国务院办公厅《能源发展战略行动计划（2014～2020）》关于风电、光伏电价 2020 年实现平价上网的目标要求，合理引导新能源投资，促进光伏发电和风力发电产业健康有序发展，依据《可再生能源法》，决定调整新能源标杆上网电价政策。经研究，现就有关事项通知如下：

一、降低光伏发电和陆上风电标杆上网电价

根据当前新能源产业技术进步和成本降低情况，降低 2017 年 1 月 1 日之后新建光伏发电和 2018 年 1 月 1 日之后新核准建设的陆上风电标杆上网电价，具体价格见附件 1 和附件 2。2018 年前如果新建陆上风电项目工程造价发生重大变化，国家可根据实际情况调整上述标杆电价。之前发布的上述年份新建陆上风电标杆上网电价政策不再执行。光伏发电、陆上风电上网电价在当地燃煤机组标杆上网电价（含脱硫、脱硝、除尘电价）以内的部分，由当地省级电网结算；高出部分通过国家可再生能源发展基金予以补贴。

二、明确海上风电标杆上网电价

对非招标的海上风电项目，区分近海风电和潮间带风电两种类型确定上网电价。近海风电项目标杆上网电价为每千瓦时 0.85 元，潮间带风电项目标杆上网电价为每千瓦时 0.75 元。海上风电上网电价在当地燃煤机组标杆上网电价（含脱硫、脱硝、除尘电价）以内的部分，由当地省级电网结算；高出部分通过国家可再生能源发展基金予以补贴。

三、鼓励通过招标等市场化方式确定新能源电价

国家鼓励各地通过招标等市场竞争方式确定光伏发电、陆上风电、海上风电等新能源项目业主和上网电价，但通过市场竞争方式形成的价格不得高于国家规定的同类资源区光伏发电、陆上风电、海上风电标杆上网电价。实行招标等市场竞争方式确定的价格，在当地燃煤机组标杆上网电价（含脱硫、脱硝、除尘电价）以内的部分，由当地省级电网结算；高出部分由国家可再生能源发展基金予以补贴。

四、其他有关要求

各新能源发电企业和电网企业必须真实、完整地记载和保存相关发电项目上网交易电量、价格和补贴金额等资料，接受有关部门监督检查。各级价格主管部门要加强对新能源上网电价执行和可再生能源发展基金补贴结算的监管，督促相关上网电价政策执行到位。

上述规定自 2017 年 1 月 1 日起执行。

国家发展改革委（印）
2016 年 12 月 26 日

附件 1

全国光伏发电标杆上网电价表

单位：元/kWh（含税）

资源区	2017 年新建光伏电站标杆上网电价	各资源区所包括的地区
Ⅰ类资源区	0.65	宁夏，青海海西，甘肃嘉峪关、武威、张掖、酒泉、敦煌、金昌，新疆哈密、塔城、阿勒泰、克拉玛依，内蒙古除赤峰、通辽、兴安盟、呼伦贝尔以外地区
Ⅱ类资源区	0.75	北京，天津，黑龙江，吉林，辽宁，四川，云南，内蒙古赤峰、通辽、兴安盟、呼伦贝尔，河北承德、张家口、唐山、秦皇岛，山西大同、朔州、忻州、阳泉，陕西榆林、延安，青海、甘肃、新疆除Ⅰ类外其他地区
Ⅲ类资源区	0.85	除Ⅰ类、Ⅱ类资源区以外的其他地区

注 1. 西藏自治区光伏电站标杆电价为 1.05 元/kWh。
2. 2017 年 1 月 1 日以后纳入财政补贴年度规模管理的光伏发电项目，执行 2017 年光伏发电标杆上网电价。
3. 2017 年以前备案并纳入以前年份财政补贴规模管理的光伏发电项目，但于 2017 年 6 月 30 日以前仍未投运的，执行 2017 年标杆上网电价。
4. 今后，光伏发电标杆上网电价暂定每年调整一次。

附件 2

全国陆上风力发电标杆上网电价表

单位：元/kWh（含税）

资源区	2018 年新建陆上风电标杆上网电价	各资源区所包括的地区
Ⅰ类资源区	0.40	内蒙古自治区除赤峰市、通辽市、兴安盟、呼伦贝尔市以外其他地区；新疆维吾尔自治区乌鲁木齐市、伊犁哈萨克族自治州、克拉玛依市、石河子市
Ⅱ类资源区	0.45	河北省张家口市、承德市；内蒙古自治区赤峰市、通辽市、兴安盟、呼伦贝尔市；甘肃省嘉峪关市、酒泉市；云南省
Ⅲ类资源区	0.49	吉林省白城市、松原市；黑龙江省鸡西市、双鸭山市、七台河市、绥化市、伊春市，大兴安岭地区；甘肃省除嘉峪关市、酒泉市以外其他地区；新疆维吾尔自治区除乌鲁木齐市、伊犁哈萨克族自治州、克拉玛依市、石河子市以外其他地区；宁夏回族自治区
Ⅳ类资源区	0.57	除Ⅰ类、Ⅱ类、Ⅲ类资源区以外的其他地区

注　2018 年 1 月 1 日以后核准并纳入财政补贴年度规模管理的陆上风电项目执行 2018 年的标杆上网电价。2 年核准期内未开工建设的项目不得执行该核准期对应的标杆电价。2018 年以前核准并纳入以前年份财政补贴规模管理的陆上风电项目但于 2019 年底前仍未开工建设的，执行 2018 年标杆上网电价。2018 年以前核准但纳入 2018 年 1 月 1 日之后财政补贴年度规模管理的陆上风电项目，执行 2018 年标杆上网电价。

关于印发《循环发展引领行动》的通知

各省、自治区、直辖市、计划单列市及新疆生产建设兵团发展改革委、科技厅（委）、工信厅（委）、财政厅（局）、国土资源厅（局）、环保厅（局）、住建厅（委、局）、水利厅（局）、农业（农牧、农村经济）厅（局、委、办）、商务厅（局）、国资委、国税局、地税局、统计局、林业厅（局）：

为贯彻落实党中央、国务院关于建设生态文明、推动绿色循环低碳发展的重大决策部署，根据党的十八届五中全会精神和“十三五”规划纲要要求，发展改革委会同有关部门制定了《循环发展引领行动》，经国务院发展循环经济工作部际联席会议审议通过，现印发你们，请贯彻执行。

国家发展改革委
科　技　部
工业和信息化部
财　政　部
国土资源部
环境保护部
住房城乡建设部（印）
水　利　部
农　业　部
商　务　部
国　资　委
税务总局
国家统计局
国家林业局
2017 年 4 月 21 日

附件

循环发展引领行动（摘要）

循环发展是我国经济社会发展的一项重大战略，是建设生态文明、推动绿色发展的重要途径。“十三五”时期是全面建成小康社会的战略决胜期，经济增长换挡降速、发展方式粗放、结构性矛盾凸显、资源环境约束强化等问题相互交织，提高发展质量和效益、推动绿色循环低碳发展的任务更加迫切。

为全面贯彻落实创新、协调、绿色、开放、共享发展理念，推动发展方式转变，提升发展的质量和效益，引领形成绿色生产方式和生活方式，促进经济绿色转型，根据党的十八届五中全会精神和《国民经济和社会发展“十三五”规划纲要》，制定本引领行动。

一、总体要求

（一）指导思想（略）

（二）基本原则

（1）坚持以绿色转型为方向。

（2）坚持以制度建设为关键。

（3）坚持以创新开放为驱动。

（4）坚持以协调共享为支撑。

（三）主要目标

绿色循环低碳产业体系初步形成。循环型生产方式得到全面推行，实现企业循环式生产、园区循环式发展、产业循环式组合，单位产出物质消耗、废物排放明显减少，循环发展对污染防控的作用明显增强。

城镇循环发展体系基本建立。城市典型废弃物资源化利用水平显著提高，生产系统和生活系统循环链接的共生体系基本建立，生活垃圾分类和再生资源回收实现有效衔接，绿色基础设施、绿色建筑水平明显提升。

新的资源战略保障体系基本构建。节约集约循环利用的新资源观全面树立，资源循环利用制度体系基本形成，资源循环利用产业成为国民经济发展资源安全的重要保障之一。

绿色生活方式基本形成。绿色消费理念在全社会初步树立，绿色产品使用比例明显提高，节约资源、垃圾分类、绿色出行等行为蔚然成风。

主要指标。到 2020 年，主要资源产出率比 2015 年提高 15%，主要废弃物循环利用率达到 54.6%左右。一般工业固体废物综合利用率达到 73%，农作物秸秆综合利用率达到

85%，资源循环利用产业产值达到3万亿元。75%的国家级园区和50%的省级园区开展循环化改造。

表1 “十三五”时期循环发展主要指标

分类	指标	单位	2015年	2020年	2020年比2015年提高（%）
综合指标	主要资源产出率	元/t	5994	6893	15
	主要废弃物循环利用率	%	47.6	54.6	7
专项指标	能源产出率（标准煤）	元/t	14 028	16 511	17.7
	水资源产出率	元/m^3	97.6	126.8	29.9
	建设用地产出率	万元/hm^2	154.6	200.4	29.6
	农作物秸秆综合利用率	%	80.1	85	4.9个百分点
	一般工业固体废物综合利用率	%	65	73	8个百分点
	规模以上工业企业重复用水率	%	89	91	2个百分点
	主要再生资源回收率	%	78	82	4个百分点
	城市餐厨废弃物资源化处理率	%	10	20	10个百分点
	城市再生水利用率	%	—	20	—
	资源循环利用产业总产值	亿元	1.8万元	3万元	67

二、构建循环型产业体系

（四）推行企业循环式生产（略）

（五）推进园区循环化发展（略）

（六）推动产业循环式组合（略）

三、完善城市循环发展体系

（七）加强城市低值废弃物资源化利用（略）

（八）促进生产系统和生活系统的循环链接

推动生产系统和生活系统能源共享。积极发展热电联产、热电冷三联供，推动钢铁、化工等企业余热用于城市集中供暖，鼓励利用化工企业产生的可燃废气生产天然气、二甲醚等燃料供应城乡居民，鼓励城市生活垃圾和污水处理厂污泥能源化利用。

推动生产系统和生活系统的水循环链接。鼓励城市污水处理后的再生水用于城市生态补水、景观及钢铁、电力、化工等工业生产系统，开展再生水用于农业浇灌的示范应用。推动矿井水用作生产、生活、生态用水。在沿海缺水地区、海岛积极发展海水直接利用和海水淡化，因地制宜推动海水淡化水进入生产和生活系统。到2020年，缺水城市再生水利用率达到20%以上，京津冀区域达到30%以上。

推动生产系统协同处理城市及产业废弃物。因地制宜推进水泥行业利用现有水泥窑协同处理危险废物、污泥、生活垃圾等，因地制宜推进火电厂协同资源化处理污水处理厂污泥，推进钢铁企业消纳铬渣等危险废物。鼓励将生活废弃物作为生产的原料、燃料进行资源化利用，加强环境监管，确保安全处置。稳步推进有关试点示范，建立长效机制。

（九）推进循环经济示范城市建设（略）

四、壮大资源循环利用产业

（十）推动产业废弃物循环利用（略）

（十一）促进再生资源回收利用提质升级

完善再生资源回收体系。推动传统销售企业、电商、物流公司等利用销售配送网络，建立逆向物流回收体系。支持再生资源企业利用互联网、物联网技术，建立线上线下融合的回收网络。鼓励再生资源企业与各类产废企业合作，建立适合产业特点的回收模式。因地制宜推广回收机、回收超市等回收方式。加强生活垃圾分类回收体系和再生资源回收的衔接。

提升“城市矿产”开发利用水平。推动现有国家“城市矿产”示范基地提质增效，引导园区（基地）外的规范废弃电器电子拆解企业、报废汽车拆解企业入园发展，促进集聚化规模化发展。出台促进再生资源利用水平提质升级的指导意见，提高企业技术装备和高值利用水平。推进实施再生资源行业规范条件，引导再生资源产业规范发展。开展国家资源再生利用重大示范工程建设，培育骨干企业。

开展新品种废弃物回收利用示范。推动太阳能光伏组件、动力蓄电池、碳纤维材料、生物基纤维、复合材料和节能灯等新品种废弃物的回收利用。推进废旧纺织品资源化利用，建立废旧纺织品分级利用机制，在慈善机构、社区、学校、商场等场所设置旧衣物回收箱，建立多种回收渠道，推动军警制服、职业工装、校服等废旧制服的回收和资源化利用，鼓励服装品牌商回收本品牌的废旧衣物。推动建立废旧木质家具、木质包装等废弃竹木产品的回收利用体系。选择快递业为切入点，开展物流业包装标准化和分类回收利用试点，推广使用可降解的胶带、环保填充物、可再生纸张和环保油墨印刷的封装物品等物料辅料，鼓励企业对包装箱、总包袋进行循环利用，提高循环利用率。

（十二）支持再制造产业化规范化规模化发展（略）

（十三）构建区域资源循环利用体系

以京津冀、长三角、珠三角、成渝、哈长经济区等城市群为重点，统筹规划和建设区域内工业固废、再生资源、生活垃圾资源化和无害化处置设施，建设跨行政区域的资源循环利用产业基地。建立跨行政区域的废弃物协同处置信息平台，促进废弃物协同利用和处置。促进报废汽车拆解、危废处理等跨行政区域流动，实现资质互认、政策协同、体系协同。

五、强化制度供给

（十四）推行生产者责任延伸制度

完善生产者责任延伸制度相关法律、法规，落实《生产者责任延伸制度推行方案》，率先在电器电子产品、汽车、铅蓄电池、饮料纸基复合包装等领域推行。在部分地区和电器电子产品、汽车产品等领域开展生产者责任延伸试点。完善废弃电器电子产品处理基金制度。选择重点品种试点实行目标回收制，建立第三方管理制度。选择适宜的工业产品、消费品，推行生态设计。建立重点行业生产者责任延伸信用评价制度，适时发布我国生产者责任延伸制度实施情况年度报告。

（十五）建立再生产品和再生原料推广使用制度

实施原料替代战略，引导生产企业加大再生原料的使用比例。分类发布再生产品和再生原料标准和目录，建立再生产品（再制造产品）政府优先采购制度。率先推动电器电子产品生产企业提高再生原料使用比例。推广建筑垃圾再生产品，在政府投资的公共建筑或道路中，支持使用一定比例的建筑垃圾再生产品。推进大宗固体废物替代建材原料，限制同类天然建材原料开采。

（十六）完善一次性消费品限制使用制度（略）

（十七）深化循环经济评价制度（略）

（十八）强化循环经济标准和认证制度（略）

（十九）推进绿色信用管理制度

通过“信用中国”和企业信用信息公示系统，依法公示企业行政许可、行政处罚、“黑名单”等信息。建立企业循环经济信用评价制度，将企业履行生产者责任延伸制度信息、资源循环利用企业安全环保信息、再生产品和再制造产品质量信息等纳入全国信用信息共享平台。支持开展企业绿色（环境）信用评价，评价结果向社会公开，并作为信贷审批、贷后监管的重要依据。对信用记录良好的企业，在循环经济相关补贴、优惠政策等方面优先支持，对失信企业建立“黑名单”制度，依法依规采取联合惩戒措施。

六、激发循环发展新动能

（二十）增强科技创新驱动力

通过国家科技计划（专项、基金等）统筹支持符合条件的循环经济共性关键技术研发，加快减量化、再利用与再制造、废物资源化利用、产业共生与链接等领域的关键技术、工艺和设备的研发制造。支持资源循环利用企业与科研院所、高等院校组建产学研技术创新联盟。发布国家鼓励的循环经济技术、工艺和设备名录，健全循环经济技术、装备的遴选及推广机制，建立应用推广的信息平台。

（二十一）发展分享经济（略）

（二十二）扩大绿色消费

鼓励绿色产品消费，大力推动节能、节水、环保、资源综合利用、再制造、再生产品使用，加大新能源汽车推广力度，加快电动汽车充电基础设施建设，实施绿色建材生产和应用行动。推广使用生物饲料、生物肥料、生物农药、生物地膜等绿色农业生产资料。扩大绿色消费市场，完善绿色产品统一标识、认证制度，畅通绿色产品流通渠道，鼓励建设各类绿色流通主体。建设一批集门店节能低碳改造、绿色产品销售、废弃物回收于一体的绿色商场。推动企业实施绿色采购，构建绿色供应链。引导和支持企业利用大众创业、万众创新平台，加大对绿色产品研发、设计和制造的投入。在政府投资的公益性建筑、大型公共建筑和保障性住房建设中全面执行绿色建筑标准，推广使用新型墙体材料。完善城市交通系统，推进不同公共交通体系之间以及市内公交系统与跨区域交通系统的无缝链接，引导居民选择公共交通和自行车出行。

（二十三）创新服务机制和模式

积极推动资源循环利用第三方服务体系建设，培育发展龙头企业，发挥市场机制作用。鼓励通过合同管理和特许经营等方式，为产业园区和企业提供废弃物管理、回收、再生加工和循环利用的整体解决方案，与居民社区和医院、学校等公共机构开展生活垃圾资源化、无害化处理合作，促进生活垃圾与再生资源回收处理利用两个网络系统衔接发展。推广绿色产品质量责任险、环境污染强制责任保险。建立循环经济信息系统和技术咨询服务体系，培育和扶持一批为循环经济发展提供规划、设计、建设、改造、运营等服务的专业化公司。

（二十四）支持资源循环产业“走出去”（略）

七、实施重大专项行动

（二十五）园区循环化改造行动（略）

（二十六）工农复合型循环经济示范区建设行动（略）

（二十七）资源循环利用产业示范基地建设行动（略）

（二十八）工业资源综合利用产业基地建设行动（略）

（二十九）“互联网＋”资源循环行动（略）

（三十）京津冀区域循环经济协同发展行动（略）

（三十一）再生产品再制造产品推广行动（略）

（三十二）资源循环利用技术创新行动（略）

（三十三）循环经济典型经验模式推广行动（略）

（三十四）循环经济创新试验区建设行动（略）

八、完善保障措施

（三十五）健全法规规章体系

推动循环经济促进法修订，增强法律约束力，完善循环经济促进法配套法规规章，支持各地结合实际制定循环经济促进条例或实施办法。修订报废汽车回收管理办法。加快制定汽车零部件再制造、餐厨废弃物资源化利用和无害化处理、限制商品过度包装、铅蓄电池回收利用等领域的管理办法。研究出台强制回收的产品和包装物名录及管理办法、建筑垃圾回收与资源化利用管理办法、电动汽车动力蓄电池回收利用管理办法。

（三十六）理顺价格税费政策

深化价格改革。全面推行居民用电、用水、用气阶梯价格，推行供热按用热计量收费。全面落实燃煤发电机组脱硫、脱硝、除尘电价政策。完善鼓励煤矸石、垃圾和沼气发电的价格政策。落实污水处理收费政策，完善垃圾处理收费管理办法，提高收缴率。

加强税收调节。全面实施资源税从价计征改革，开展水资源税改革试点工作，逐步扩大征税范围，促进资源节约集约利用。落实资源综合利用产品及劳务增值税政策，落实资源综合利用和环境保护节能节水专用设备企业所得税优惠政策，对企业为生产国家支持发展的大型环保及资源综合利用设备而进口的关键零部件及原材料，在现行政策规定范围内，免征关税和进口环节增值税。落实废弃电器电子产品回收处理基金。

（三十七）优化财政金融政策（略）

（三十八）加强统计能力建设（略）

（三十九）强化监督管理

持续打击非法改装、拼装报废车、非法拆解电器电子产品的企业和集散地。坚决关停无证无照经营、达不到环境标准和安全标准的小企业、黑作坊。加强进口固体废物管理，严厉打击“洋垃圾”走私。

加强重点领域规范管理。完善对报废汽车、废弃电器电子产品拆解企业的资质管理，严格铅酸蓄电池等特殊品种的管理。加强废船监管，实行定点拆解。加强对再制造产品标识使用的监督检查，强化产品质量的监督抽查。加大对生产超薄塑料购物袋的查处力度，巩固“限塑”成果。加大限制商品过度包装监督检查力度。

九、加强组织实施

（四十）落实地方工作责任（略）

（四十一）明确企业主体责任（略）

（四十二）动员全社会广泛参与（略）

（四十三）加强组织协调（略）

住房和城乡建设部文件

关于推进北方采暖地区城镇清洁供暖的指导意见

（建城〔2017〕196号）

河北、山西、内蒙古、辽宁、吉林、黑龙江、山东、河南、陕西、甘肃、宁夏、新疆、青海省（自治区）住房城乡建设厅、发展改革委、财政厅、能源局，北京市城市管理委、发展改革委、财政局，天津市建委、发展改革委、财政局，新疆生产建设兵团建设局、发展改革委、财务局：

推进北方地区冬季清洁取暖是中央提出的一项重要战略部署，对保障人民群众温暖过冬，改善大气环境具有重要现实意义。经过多年发展，我国北方采暖地区城镇已基本形成以集中供暖为主，多种供暖方式为补充的格局，但还存在热源供给不足、清洁热源比重偏低、供暖能耗偏高等问题，不利于保障群众的采暖需求和减少污染物排放。为加快推进北方采暖地区城镇清洁供暖，现提出以下意见：

一、工作要求

（一）指导思想。全面贯彻落实党的十八大和十八届三中、四中、五中、六中全会精神和习近平总书记对推进北方地区冬季清洁取暖工作的重要讲话精神，按照“企业为主、政府推动、居民可承受”的方针，以满足群众取暖需求为导向，推进供暖供给侧改革，大力推进清洁能源利用，加快推进北方采暖地区城镇清洁供暖工作。

（二）基本要求。

规划引领。科学编制北方采暖地区城镇供热专项规划，制定规划目标，明确技术路线，完善保障措施，统筹安排热源、热网、热用户等各环节的规划内容，合理布局设施建设。

重点推进。京津冀及周边地区“2＋26”城市重点推进“煤改气”“煤改电”及可再生能源供暖工作，减少散煤供暖，加快推进“禁煤区”建设。其他地区要进一步发展清洁燃煤集中供暖等多种清洁供暖方式，加快替代散烧煤供暖，提高清洁供暖水平。

因地制宜。各地区要根据经济发展水平、群众承受能力、资源能源状况等条件，科学选择清洁供暖方式，加快燃煤供暖清洁化，因地制宜推进天然气、电供暖，在可再生能源资源富集的地区，鼓励优先利用可再生能源等清洁能源，满足取暖需求。

企业为主。各地要加强对清洁供暖工作的引导和指导，加强统筹协调，制定完善支持政策。发挥企业主体作用，引入市场机制，鼓励和引导社会资本投资建设运营供暖设施。

二、重点工作

（三）编制专项规划。各地要根据当地能源供给条件、经济发展水平、环境保护、区域气候等特点，组织编制和修订供热专项规划。供热专项规划要包含清洁供暖专项内容，科学制定近远期发展目标和措施，选择适合当地的清洁供暖技术路线，合理规划热源、管网布局，建立供暖设施建设项目库。严格按照专项规划合理安排建设时序，加快建设清洁供暖项目，有序推进项目落地。

（四）加快推进燃煤热源清洁化。有计划、有步骤地实施燃煤热源清洁化改造，逐步提高清洁热源比例。具备改造条件的燃煤热源应当逐步实施超低排放改造，鼓励采取第三方提供改造、运营、维护一体化服务的合同能源管理模式实施改造；不具备改造条件的燃煤热源，应当因地制宜采用工业余热、“煤改气”“煤改电”、可再生能源、并入城市集中供暖管网等其他清洁热源进行替代。

（五）因地制宜推进天然气和电供暖。京津冀大气污染传输通道城市和“禁煤区”，应结合当地条件加快发展天然气供暖和电供暖，宜气则气，宜电则电，避免重复建设。在天然气资源落实的条件下，因地制宜选择天然气分布式能源、燃气壁挂炉、燃气热电联产、燃气锅炉等多种方式，推进天然气供暖。在部分地区，宜将燃气锅炉作为集中供暖区域的调峰和应急保障热源。在电力资源充足地区，优先发展用户终端电供暖方式，综合运用各类热泵、高效电锅炉等多种方式推进电供暖，积极发展电供暖与蓄热相结合供暖模式。

（六）大力发展可再生能源供暖。大力推进风能、太阳能、地热能、生物质能等可再生能源供暖项目。将可再生能源供暖作为城乡能源规划的重要内容，重点推进，建立可再生能源与传统能源协同的多源互补和梯级利用的综合能源利用体系。加快推进生物质成型燃料锅炉建设，为城镇社区和农村清洁供暖。

（七）有效利用工业余热资源。立足本地区工业余热资源现状，结合清洁供暖需求，充分利用工业余热资源供暖，建设工业余热高效采集、高效输送、充分利用供暖体系。健全工业余热资源供暖运营体制机制，挖掘工业余热的供暖潜力，大幅降低供暖成本。工业余热热源必须协调配置清洁化备用热源和调峰热源，保障供暖系统安全稳定、运行可靠。

（八）全面取消散煤取暖。城市主城区、城乡接合部及城中村要结合旧城改造、棚户区改造以及老旧小区改造等工作全面取消散煤取暖，采用清洁热源供暖。其他尚未进行改造或暂不具备改造条件的地区，鼓励以“清洁型煤＋环保炉具”替代散煤。

（九）加快供暖老旧管网设施改造。建立老旧管网运行状况检测评估机制，及时摸底排查，制定改造计划，重点加快改造严重漏损或存在安全隐患的管网和热力站设施，降低供暖输配损耗，解决影响供暖安全、节能和节费方面的突出问题。

（十）大力提高热用户端能效。进一步推进供热计量收费，严格执行供热计量相关规定和标准，做好供热计量设施建设、使用、收费等工作，促进热用户端节能降耗。推进建筑节能，新建建筑严格执行建筑节能标准，在有条件的地区推行超低能耗建筑和近零能耗建筑示范，加快推进既有居住建筑节能改造，优先改造采取清洁供暖方式的既有建筑。

三、保障措施

（十一）加强组织领导。各地住房城乡建设部门要加强与发展改革、财政、价格、环境保护、能源等部门协调配合，形成合力，加大监督、指导和协调力度，结合各地实际，出台推进城镇清洁供暖的具体政策措施并抓好落实，探索形成推进清洁供暖的长效工作机制。城市人民政府有关主管部门要切实履行职责，确定目标和任务，制定实施方案，组织落实好各项具体工作。

（十二）加大资金投入。以"2＋26"城市为重点，开展北方地区冬季清洁取暖试点，中央财政通过现有资金渠道，支持试点城市推进清洁方式取暖替代散煤燃烧取暖。各地应结合本地实际，研究出台支持清洁供暖的政策措施，统筹使用相关财政资金，加大对清洁供暖工作的支持力度。鼓励各地创新体制机制、完善政策措施，引导企业和社会加大资金投入。

（十三）完善支持政策。各地要研究制定推动清洁供暖的支持政策，将清洁供暖作为重点支持的民生工程，通过价格、补贴、投融资等政策支持和引导，有效降低清洁供暖项目建设及运营成本。对供暖负荷达到一定规模的超低排放燃煤热电联产项目，在实施电力调度时，在燃煤机组中优先调度保障供热；对工业余热利用项目出台支持政策降低购热成本。

（十四）发挥市场机制作用。进一步放开城镇供暖行业的市场准入，鼓励社会资本进入清洁供暖领域，利用政府和社会资本合作（PPP）模式建设运营清洁供暖项目，保障合理的投资回报，充分调动社会资本参与清洁供暖项目建设的积极性。支持专业化、品牌化供暖企业通过兼并、收购、重组等方式合并小、散、弱供暖企业，提高供暖质量服务水平。优化区域集中供暖，推动建立"一网多源"供暖格局，加强供热区域内不同热源的互联互通和环网联网运行，合理划分基础热源和调峰热源，实现热力系统最优调度，提高供暖保障能力，降低供暖能耗。

（十五）加强监督检查。省级住房城乡建设主管部门要会同有关部门，建立有效的督查制度，加强对本地区城镇清洁供暖工作的监督检查。住房城乡建设部制定城镇清洁供暖评估考核体系，组织第三方机构对各地实施情况和效果进行评估，确保清洁供暖工作顺利推进。

中华人民共和国住房和城乡建设部
中华人民共和国国家发展和改革委员会
中华人民共和国财政部
国家能源局
（印）
2017年9月6日

国土资源部文件

关于支持光伏扶贫和规范光伏发电产业用地的意见
（国土资规〔2017〕8号）

各省、自治区、直辖市和新疆生产建设兵团国土资源、扶贫、能源主管部门，各派驻地方的国家土地督察局：

国土资源部会同有关部门联合印发《关于支持新产业新业态发展促进大众创业万众创新用地的意见》（国土资规〔2015〕5号）以来，对促进光伏发电产业发展起到了积极作用。随着光伏扶贫工作力度不断加大，光伏发电产业持续发展，对用地管理提出了新的要求。为深化供给侧结构性改革，现就支持光伏扶贫和规范光伏发电产业用地提出以下意见：

一、总体要求

各地应当依据国家光伏产业发展规划和本地区实际，加快编制本地区光伏发电规划，合理布局光伏发电建设项目。光伏发电规划应符合土地利用总体规划等相关规划，可以利用未利用地的，不得占用农用地；可以利用劣地的，不得占用好地。禁止以任何方式占用永久基本农田，严禁在国家相关法律法规和规划明确禁止的区域发展光伏发电项目。

除本文件确定的光伏扶贫项目及利用农用地复合建设的光伏发电站项目（以下简称光伏复合项目）外，其他光伏发电站项目用地应严格执行国土资规〔2015〕5号文件规定，使用未利用地的，光伏方阵用地部分可按原地类认定，不改变土地用途，用地允许以租赁等方式取得，双方签订补偿协议，报当地县级国土资源主管部门备案，其他用地部分应当办理建设用地审批手续；使用农用地的，所有用地均应当办理建设用地审批手续。新建、改建和扩建地面光伏发电站工程项目，按建设用地和未利用地管理的，应严格执行《光伏发电站工程项目用地控制指标》（国土资规〔2015〕11号）要求，合理利用土地。

二、积极保障光伏扶贫项目用地

对深度贫困地区脱贫攻坚中建设的光伏发电项目，以及国家能源局、国务院扶贫办确定下达的全国村级光伏扶贫电站建设规模范围内的光伏发电项目，变电站及运行管理中心、集电线路杆塔基础用地按建设用地管理，各地在编制土地利用总体规划和年度土地利用计划中应予以重点保障，并依法办理建设用地审批手续；场内道路用地可按农村道路用地管理；光伏方阵使用永久基本农田以外的农用地的，在不破坏农业生产条件的前提下，可不改变原用地性质；采用直埋电缆方式敷设的集电线路用地，实行与项目光伏方阵用地同样的管理方式。

三、规范光伏复合项目用地管理

对使用永久基本农田以外的农用地开展光伏复合项目建设的，省级能源、国土资源主管部门商同级有关部门，在保障农用地可持续利用的前提下，研究提出本地区光伏复合项目建设要求（含光伏方阵架设高度）、认定标准，并明确监管措施，避免对农业生产造成影响。其中对于使用永久基本农田以外的耕地布设光伏方阵的情形，应当从严提出要求，除桩基用地外，严禁硬化地面、破坏耕作层，严禁抛荒、撂荒。

对于符合本地区光伏复合项目建设要求和认定标准的项目，变电站及运行管理中心、集电线路杆塔基础用地按建设用地管理，依法办理建设用地审批手续；场内道路用地可按农村道路用地管理；利用农用地布设的光伏方阵可不改变原用地性质；采用直埋电缆方式敷设的集电线路用地，实行与项目光伏方阵用地同样的管理方式。

四、加强光伏发电项目用地利用监管

光伏发电站项目用地中按农用地、未利用地管理的，除桩基用地外，不得硬化地面、破坏耕作层，否则，应当依法办理建设用地审批手续，未办理审批手续的，按违法用地查处。对于布设后未能并网的光伏方阵，应由所在地能源主管部门清理。光伏方阵用地按农用地、未利用地管理的项目退出时，用地单位应恢复原状，未按规定恢复原状的，应由项目所在地能源主管部门责令整改。

五、建立部门联合监管机制

项目所在地市、县国土资源主管部门在监管中发现项目违反本通知规定的，应将相关情况通知同级能源主管部门，并逐级上报国家能源局，将项目投资主体纳入能源领域失信主体名单，组织实施联合惩戒。国土资源部将根据行业管理需要，适时对各类光伏发电站项目用地开展专项监测。

本文件自下发之日起执行，有效期5年。

国土资源部
国务院扶贫办（印）
国家能源局
2017年9月25日

环境保护部文件

关于发布《火电厂污染防治技术政策》的公告
（环境保护部公告2017年第1号）

为贯彻《中华人民共和国环境保护法》，改善环境质量，保障人体健康，完善环境技术管理体系，推动污染防治技术进步，环境保护部组织制定了《火电厂污染防治技术政策》，现予公布，供参照执行。

文件内容可登录环境保护部网站查询。

环境保护部（印）
2017年1月10日

附件

火电厂污染防治技术政策

一、总则

（一）为贯彻《中华人民共和国环境保护法》等法律法规，防治火电厂排放废气、废水、噪声、固体废物等造成的污染，改善环境质量，保护生态环境，促进火电行业健康持续发展及污染防治技术进步，制定本技术政策。

（二）本技术政策适用于以煤、煤矸石、泥煤、石油焦及油页岩等为燃料的火电厂，以油、气等为燃料的火电厂可参照执行。不适用于以生活垃圾、危险废物为主要燃料的火电厂。

（三）本技术政策为指导性技术文件，可为火电行业污染防治规划制定、污染物达标排放技术选择、环境影响评价和排污许可制度贯彻实施等环境管理及企业污染防治工作提供技术支撑。

（四）火电厂的污染防治应遵循和提倡源头控制与末端治理相结合的技术路线；污染防治技术的选择应因煤制宜、因炉制宜、因地制宜，并统筹兼顾技术先进、经济合理、便于维护的原则。

二、源头控制

（一）全国新建燃煤发电项目原则上应采用60万kW以上超超临界机组，平均供电煤耗低于300g（标准煤）/kWh。

（二）进一步提高小火电机组淘汰标准，对经整改仍不符合能耗、环保、质量、安全等要求的，由地方政府予以淘汰关停。优先淘汰改造后仍不符合能效、环保等标准的30万kW以下机组。

（三）坚持“以热定电”，建设高效燃煤热电机组，科学制定热电联产规划和供热专项规划，同步完善配套供热管网，对集中供热范围内的分散燃煤小锅炉实施替代和限期淘汰。

（四）进一步加大煤炭的洗选量，提高动力煤的质量。加强对煤炭开采、运输、存储、输送等过程中的环境管理，防治煤粉扬尘污染。

三、大气污染防治

（一）燃煤电厂大气污染防治应以实施达标排放为基本要求，以全面实施超低排放为目标。

（二）火电厂达标排放技术路线选择应遵循以下原则：

1. 火电厂除尘技术

火电厂除尘技术包括电除尘、电袋复合除尘和袋式除尘。若飞灰工况比电阻超出$1\times10^{4}\sim1\times10^{11}\Omega\cdot cm$范围，建议优先选择电袋复合或袋式技术；否则，应通过技术经济分析，选择适宜的除尘技术。

2. 火电厂烟气脱硫技术

（1）石灰石—石膏法烟气脱硫技术宜在有稳定石灰石来源的燃煤发电机组建设烟气脱硫设施时选用。

（2）氨法烟气脱硫技术宜在环境不敏感、有稳定氨来源地区的30万kW及以下燃煤发电机组建设烟气脱硫设施时选用，但应采取措施防止氨大量逃逸。

（3）海水法烟气脱硫技术在满足当地环境功能区划的前提下，宜在我国东、南部沿海海水扩散条件良好地区，燃用低硫煤种机组建设烟气脱硫设施时选用。

（4）烟气循环流化床法脱硫技术宜在干旱缺水及环境容量较大地区，燃用中低硫煤种且容量在30万kW及以下机组建设烟气脱硫设施时选用。

3. 火电厂烟气氮氧化物控制技术

（1）火电厂氮氧化物治理应采用低氮燃烧技术与烟气脱硝技术配合使用的技术路线。

（2）煤粉锅炉烟气脱硝宜选用选择性催化还原技术（SCR）；循环流化床锅炉烟气脱硝宜选用非选择性催化还原技术（SNCR）。

（三）燃煤电厂超低排放技术路线选择时应充分考虑炉型、煤种、排放要求、场地等因素，必要时可采取“一炉一策”。具体原则如下：

1. 超低排放除尘技术宜选用高效电源电除尘、低低温电除尘、超净电袋复合除尘、袋式除尘及移动电极电除尘等，必要时在脱硫装置后增设湿式电除尘。

2. 超低排放脱硫技术宜选用增效的石灰石-石膏法、氨法、海水法及烟气循环流化床法，并注重湿法脱硫技术对颗粒物的协同脱除作用。

（1）石灰石-石膏法应在传统空塔喷淋技术的基础上，根据煤种硫含量等参数，选择能够改善气液分布和提高传质效率的复合塔技术或可形成物理分区和自然分区的pH分区技术。

（2）氨法、海水法及烟气循环流化床法应在传统工艺的基础上进行提效优化。

3. 超低排放脱硝技术煤粉锅炉宜选用高效低氮燃烧与SCR配合使用的技术路线，若不能满足排放要求，可采用增加催化剂层数、增加喷氨量等措施，应有效控制氨逃逸；循环流化床锅炉宜优先选用SNCR，必要时可采用SNCR-SCR联合技术。

（四）火电厂灰场及脱硫剂石灰石或石灰在装卸、存储及输送过程中应采取有效措施防治扬尘污染。

（五）粉煤灰运输须使用专用封闭罐车，并严格遵守有关部门规定和要求。

（六）火电厂烟气中汞等重金属的去除应以脱硝、除尘及脱硫等设备的协同脱除作用为首选，若仍未满足排放要求，可采用单项脱汞技术。

（七）火电厂除尘、脱硫及脱硝等设施在运行过程中，应统筹考虑各设施之间的协同作用，全流程优化装备。

四、水污染防治

（一）火电厂水污染防治应遵循分类处理、一水多用的原则。鼓励火电厂实现废水的循环使用不外排。

（二）煤泥废水、空预器及省煤器冲洗废水等宜采用混凝、沉淀或过滤等方法处理后循环使用。

（三）含油废水宜采用隔油或气浮等方式进行处理；化学清洗废水宜采用氧化、混凝、澄清等方法进行处理，应避免与其他废水混合处理。

（四）脱硫废水宜经石灰处理、混凝、澄清、中和等工艺处理后回用。鼓励采用蒸发干燥或蒸发结晶等处理工艺，实现脱硫废水不外排。

（五）火电厂生活污水经收集后，宜采用二级生化处理，经消毒后可采用绿化、冲洗等方式回用。

五、固体废物污染防治

（一）火电厂固体废物主要包括粉煤灰、脱硫石膏、废旧布袋和废烟气脱硝催化剂等，应遵循优先综合利用的原则。

（二）粉煤灰、脱硫石膏、废旧布袋应使用专门的存放场地，贮存设施应参照《一般工业固体废物贮存、处置场污染控制标准》（GB 18599）的相关要求进行管理。

（三）粉煤灰综合利用应优先生产普通硅酸盐水泥、粉煤灰水泥及混凝土等，其指标应满足《用于水泥和混凝土中的粉煤灰》（GB/T 1596）的要求。

（四）应强化脱硫石膏产生、贮存、利用等过程中的环境管理，确保脱硫石膏的综合利用。

1. 石灰石-石膏法脱硫技术所用的石灰石中碳酸钙含量应不小于90%。

2. 燃煤电厂石灰石-石膏法烟气脱硫工艺产生的脱硫石膏的技术指标应满足《烟气脱硫石膏》（JC/T 2074）的相关要求。

3. 脱硫石膏宜优先用于石膏建材产品或水泥调凝剂的生产。

（五）袋式或电袋复合除尘器产生的废旧布袋应进行无害化处理。

（六）失活烟气脱硝催化剂（钒钛系）应优先进行再生，不可再生且无法利用的废烟气脱硝催化剂（钒钛系）在贮存、转移及处置等过程中应按危险废物进行管理。

六、噪声污染防治

（一）火电厂噪声污染防治应遵循“合理布局、源头控制”的原则。

（二）应通过合理的生产布局减少对厂界外噪声敏感目标的影响。鼓励采用低噪声设备，对于噪声较大的各类风机、磨煤机、冷却塔等应采取隔振、减振、隔声、消声等措施。

七、二次污染防治

（一）SCR、SNCR-SCR、SNCR脱硝技术及氨法脱硫技术的氨逃逸浓度应满足相关标准要求。

（二）火电厂应加强脱硝设施运行管理，并注重低低温电除尘器、电袋复合除尘器及湿法脱硫等措施对三氧化硫的协同脱除作用。

（三）脱硫石膏无综合利用条件时，应经脱水贮存，附着水含量（湿基）不应超过10%。若在灰场露天堆放时，应采取措施防治扬尘污染，并按相关要求进行防渗处理。

八、新技术开发

鼓励以下新技术、新材料和新装备研发和推广：

（一）火电厂低浓度颗粒物、细颗粒物排放检测技术及在线监测技术，烟气中三氧化硫、氨及可凝结颗粒物等的检测与控制技术。

（二）W形火焰锅炉氮氧化物防治技术。

（三）烟气中汞等重金属控制技术与在线监测设备。

（四）脱硫石膏高附加值产品制备技术。

（五）火电厂多污染物协同治理技术。

（六）火电厂低温脱硝催化剂。

国务院安全生产委员会文件

国务院安委会办公室关于全面加强企业全员安全生产责任制工作的通知

（安委办〔2017〕29号）

各省、自治区、直辖市及新疆生产建设兵团安全生产委员会，国务院安委会各成员单位：

为深入贯彻《中共中央国务院关于推进安全生产领域改革发展的意见》（以下简称《意见》）关于企业实行全员安全生产责任制的要求，全面落实企业安全生产（含职业健康，下同）主体责任，进一步提升企业的安全生产水平，推动全国安全生产形势持续稳定好转，现就全面加强企业全员安全生产责任制工作有关事项通知如下：

一、高度重视企业全员安全生产责任制

（一）明确企业全员安全生产责任制的内涵。企业全员安全生产责任制是由企业根据安全生产法律法规和相关标准要求，在生产经营活动中，根据企业岗位的性质、特点和具体工作内容，明确所有层级、各类岗位从业人员的安全生产责任，通过加强教育培训、强化管理考核和严格奖惩等方式，建立起安全生产工作“层层负责、人人有责、各负其责”的工作体系。

（二）充分认识企业全员安全生产责任制的重要意义。全面加强企业全员安全生产责任制工作，是推动企业落实安全生产主体责任的重要抓手，有利于减少企业“三违”现象（违章指挥、违章作业、违反劳动纪律）的发生，有利于降低因人的不安全行为造成的生产安全事故，对解决企业安全生产责任传导不力问题，维护广大从业人员的生命安全和职业健康具有重要意义。

二、建立健全企业全员安全生产责任制

（三）依法依规制定完善企业全员安全生产责任制。企业主要负责人负责建立、健全企业的全员安全生产责任制。企业要按照《安全生产法》《职业病防治法》等法律法规规定，参照《企业安全生产标准化基本规范》（GB/T 33000—2016）和《企业安全生产责任体系五落实五到位规定》（安监总办〔2015〕27号）等有关要求，结合企业自身实际，明确从主要负责人到一线从业人员（含劳务派遣人员、实习学生等）的安全生产责任、责任范围和考核标准。安全生产责任制应覆盖本企业所有组织和岗位，其责任内容、范围、考核标准要简明扼要、清晰明确、便于操作、适时更新。企业一线从业人员的安全生产责任制，要力求通俗易懂。

（四）加强企业全员安全生产责任制公示。企业要在适当位置对全员安全生产责任制进行长期公示。公示的内容主要包括：所有层级、所有岗位的安全生产责任、安全生产责任范围、安全生产责任考核标准等。

（五）加强企业全员安全生产责任制教育培训。企业主要负责人要指定专人组织制定并实施本企业全员安全生产教育和培训计划。企业要将全员安全生产责任制教育培训工作纳入安全生产年度培训计划，通过自行组织或委托具备安全培训条件的中介服务机构等实施。要通过教育培训，提升所有从业人员的安全技能，培养良好的安全习惯。要建立健全教育培训档案，如实记录安全生产教育和培训情况。

（六）加强落实企业全员安全生产责任制的考核管理。企业要建立健全安全生产责任制管理考核制度，对全员安全生产责任制落实情况进行考核管理。要健全激励约束机制，通过奖励主动落实、全面落实责任，惩处不落实责任、部分落实责任，不断激发全员参与安全生产工作的积极性和主动性，形成良好的安全文化氛围。

三、加强对企业全员安全生产责任制的监督检查

（七）明确对企业全员安全生产责任制监督检查的主要内容。地方各级负有安全生产监督管理职责的部门要按照“管行业必须管安全、管业务必须管安全、管生产经营必须管安全”和“谁主管、谁负责”的要求，切实履行安全生产监督管理职责，加强对企业建立和落实全员安全生产责任制工作的指导督促和监督检查。监督检查的内容主要包括：

1. 企业全员安全生产责任制建立情况。包括：是否建立了涵盖所有层级和所有岗位的安全生产责任制；是否明确了安全生产责任范围；是否认真贯彻执行《企业安全生产责任体系五落实五到位》等。

2. 企业安全生产责任制公示情况。包括：是否在适当位置进行了公示；相关的安全生产责任制内容是否符合要求等。

3. 企业全员安全生产责任制教育培训情况。包括：是否制定了培训计划、方案；是否按照规定对所有岗位从业人员（含劳务派遣人员、实习学生等）进行了安全生产责任制教育培训；是否如实记录相关教育培训情况等。

4. 企业全员安全生产责任制考核情况。包括：是否建立了企业全员安全生产责任制考核制度；是否将企业全员安全生产责任制度考核贯彻落实到位等。

（八）强化监督检查和依法处罚。地方各级负有安全生产监督管理职责的部门要把企业建立和落实全员安全生产责任制情况纳入年度执法计划，加大日常监督检查力度，督促企业全面落实主体责任。对企业主要负责人未履行建立健全全员安全生产责任制职责，直接负责的主管人员和其他直接责任人员未对从业人员（含被派遣劳动者、实习学生等）进行相关教育培训或者未如实记录教育培训情况等违法违规行为，由地方各级负有安全生产监督管理职责的部门依照相关法律法规予以处罚。健全安全生产不良记录“黑名单”制度，因拒不落实企业全员安全生产责任制而造成严重后果的，要纳入惩戒范围，并定期向社会公布。

四、工作要求

（九）加强分类指导。地方各级安全生产委员会、国务院安委会各成员单位要根据本通知精神，指导督促相关行业领域的企业密切联系实际，制定全员安全生产责任制，努力实现“一企一标准，一岗一清单”，形成可操作、能落实的制度措施。

（十）注重典型引路。地方各级安全生产委员会要充分发挥指导协调作用，及时研究、协调解决企业全员安全生产责任制贯彻实施中出现的突出问题。要通过实施全面发动、典型引领、对标整改等方式，整体推动企业全员安全生产责任制的落实。目前尚未开展企业全员安全生产责任制工作的地区，要根据本通知精神，结合本地区实际，统筹制定落实方案，并印发至企业；已开展此项工作的地区，要结合本通知精神，进一步完善原有政策措施，确保本通知的各项要求落到实处。国务院安全生产委员会办公室将适时遴选一批典型做法在全国推广。

（十一）营造良好氛围。地方各级安全生产委员会、国务院安委会各成员单位要以落实中央《意见》为契机，加大企业全员安全生产责任制工作的宣传力度，发动全员共同参与。各级工会、共青团、妇联等要积极参与监督，大力推动企业加快落实全员安全生产责任制，形成合力，共同营造人人关注安全、人人参与安全、人人监督安全的浓厚氛围，促进企业改进安全生产管理，改善安全生产条件，提升安全生产水平，真正实现从“要我安全”到“我要安全”“我会安全”的转变。

国务院安委会办公室
2017年10月10日

国家质量监督检验检疫总局文件

质检总局　国家发展改革委关于进一步加强能源计量工作的指导意见

（国质检量联〔2017〕211号）

各省、自治区、直辖市及计划单列市、新疆生产建设兵团质量技术监督局（市场监督管理部门）、发展改革委（经信委、工信委、工信厅），有关单位：

能源计量是评价能源利用状况、依法实施节能监督管理的重要基础和手段，也是实现绿色发展的有力支撑和保障。为贯彻落实《国民经济和社会发展第十三个五年规划纲要》《计量发展规划（2013～2020年）》和《"十三五"节能减排综合工作方案》，进一步完善能源计量体系，提高能源精细化管理水平，推进能源计量服务向全过程、综合性、智能化转型升级，不断增强全社会能源资源节约和环境保护意识，服务生态文明建设，提出以下意见。

一、总体思路、基本原则和发展目标

（一）总体思路

以党的十八大和十八届三中、四中、五中、六中全会精神为指引，牢固树立创新、协调、绿色、开放、共享发展理念，全面落实国家能源资源节约、生态环境保护等重大战略决策部署，积极探索能源计量工作新思路、新模式，全面夯实能源计量基础，提升能源计量智能化、专业化、网络化服务水平，为建设资源节约型、环境友好型社会提供计量技术支撑和保障。

（二）基本原则

需求牵引、创新驱动。根据国家能源发展战略和要求，紧密衔接各部门、各行业、各领域能源计量需求，准确把握能源计量发展方向。以制度创新、技术创新、管理创新为手段，积极探索能源计量发展新思路，培育能源计量服务新业态，形成可量化、可复制、可推广的能源计量服务新模式，推动能源计量有效服务经济社会发展。

夯实基础、完善体系。加快能源计量相关计量基准和计量标准建设，针对节能减排重点、热点、难点问题，加强重点行业、重点领域技术难题研究和攻关，推动能源计量器具智能化升级。健全能源计量体系，加快能源计量法律、法规、规章、标准、技术规范的制修订，完善能源计量监管体系，提升能源计量监管能力和水平。

分类推进，协同发展。针对各行业、各领域发展特点和需求，分类、分层制定能源计量推进措施，提升以能源计量为基础的节能减排整体解决能力和水平。加强相关部门、行业、企业、区域之间的协作，积极构建统一协调、运行高效、资源共享、多元共治的能源计量协同发展机制。

智能互联、融合应用。以节约能源和提高能源资源利用效率为核心，深化能源计量与"互联网＋"融合发展，拓展新一代信息通信技术在能源计量领域的融合应用，促进能源计量器具配备、数据采集和传输、统计分析应用等工作的全面智能化升级，支撑和服务现代能源体系建设。

（三）发展目标

到2020年，能源计量工作逐步由器具管理向数据管理延伸，由单一的能源数据采集向能源数据统计、挖掘、分析、应用全方位拓展，建成政策法规更加健全、基础设施更加完善、技术水平更加先进、服务能力全面提升的能源计量体系，基本满足经济社会和现代能源体系发展的需要。

（1）法规体系更加健全。能源计量法规体系不断完善，相关法律、法规、规章、标准、技术规范等逐步齐全。形成权责清晰、行为规范、监督有效、保障有力的能源计量监管体系和长效机制。

（2）基础设施更加完善。能源计量器具智能化水平不断提升，能源计量器具配备和管理要求不断完善，逐步实现重点用能单位能源计量数据在线采集，推动全国重点用能单位能耗在线监测系统的建设和实施，保证监测数据的准确性、溯源性和有效性，初步建立以能源计量数据为基础的节能评价方式。

（3）技术水平更加先进。突破一批关键技术和关键瓶颈，在新型智能计量器具研发、能源计量器具在线检定和远程校准、能量计量、新能源计量等领域不断取得新的进展，提升能源计量实验室整体能力和水平。

（4）服务能力全面提升。能源计量服务意识和理念不断强化，服务领域和范围不断扩大，服务能力不断提升，服务模式更加完善。能源计量服务机构逐步形成并健康发展，计量为节能减排、绿色发展提供服务的能力和水平全面提升。

二、重点任务

（一）完善能源计量监管体系

（1）完善能源计量法律法规。以《计量法》修订为契机，不断强化能源计量法制化管理要求，增强能源计量意识。加快《能源计量监督管理办法》《重点用能单位节能管理办法》的修订，进一步完善能源计量相关的法规、规章、制度等。逐步构建以《计量法》《节约能源法》为主体，以行政法规、部门规章和地方性法规规章为配套的能源计量法律法规体系。

（2）健全能源计量技术规范和标准体系。全面梳理现行能源计量技术规范和标准，做好相关技术衔接。完善水电气热等能源计量器具配备要求和安装规范，加快在线检定和远程校准、能源计量数据在线采集等方面计量技术规范的制修订。完善能源计量审查制度，细化行业审查要求。强化能源计量数据的规范性要求，为能源计量标准化、智能化、互联网化提供基础和支撑。

（3）加强能源计量监督管理。加强对重点用能单位能源计量器具配备和使用、能源计量数据采集应用等方面的监督检查，定期组织开展能源计量审查，不断加大执法力度。针对高耗能行业、公共机构等领域的特点和需求，组织开展能效对标、节能诊断等活动。加强能效标识专项检查，依法打击能效虚标、伪造和冒用能效标识等违法行为。

（二）强化用能单位能源计量主体责任

（1）建立完善能源计量管理制度。用能单位应当建立健

全能源计量管理制度，设置能源计量岗位，配备专门的能源计量管理人员，明确计量管理职责。加强能源计量法规和专业知识培训，增强能源计量管理与法律意识。完善能源计量体系，有针对性地采取计量手段，实现能源利用全过程管控，量化实施和考核年度节能目标。

（2）加强能源计量器具配备和使用。用能单位应当按照《用能单位能源计量器具配备和管理通则》（GB 17167）、相关行业企业能源计量器具配备和管理等要求，配备和使用能源计量器具，建立能源计量器具台账，依法实施检定或校准。逐步淘汰技术落后的能源计量器具，推进能源计量器具智能化升级改造。

（3）做好能源计量数据采集和应用。用能单位应当加强对能源的分类计量和统计，建立完善的能源计量数据采集监测及分析管理制度。积极建立和完善能源管控平台，为能源利用状况报告、能源消费总量和强度“双控”考核等提供能源计量基础数据。

（三）加强能源计量基础能力建设

（1）加强计量基准和计量标准建设。落实国家能源战略部署，加强相关测量技术和测量方法研究，建立一批与能源计量相关的计量基准和计量标准，进一步完善量值传递溯源体系，提升能源计量技术服务与保障能力。开展各地区、各行业能源计量基础能力摸底调查，编制《能源计量基础能力评价报告》。

（2）完善能源计量基础设施。结合各地区能源计量工作发展现状，推动智能计量器具的研发和应用。制定水电气热计量器具智能化升级改造中长期规划，分行业领域、分层次逐步推进企业次级用能单位和重点用能设备计量器具智能化升级，为能源消费总量和强度“双控”、能源阶梯价格改革、用能权交易、合同能源管理等政策的实施提供计量基础保障。

（3）加强能源计量数据管理和应用。加强用能单位能源计量数据、能耗数据的采集、管理和应用，建立完善能源计量基础数据库。加强能耗数据在线计量，加快推进重点用能单位能耗在线监测系统建设和推广应用。充分发挥水电气热等能源供应单位的作用，加强能源计量器具管理和数据采集，支撑“互联网＋能源计量”发展。

（四）加强能源计量技术研究和应用

（1）加快能源计量关键技术研究和设备研发。围绕能源精细化管理、新能源利用、环境治理等需要，开展水电气热等智能化仪器仪表在线检定和远程校准技术研究，重点完善大口径流量计量、直流电能计量、燃气热值计量、燃煤热值快速在线检测等专业领域量值传递溯源体系。加强嵌入式、便携式和多功能计量检测设备等的研制和应用。

（2）提升重点行业和节能产品能源计量技术支撑能力。开展高污染、高耗能行业节能减排关键共性计量技术研究，促进传统产业转型升级。加强太阳能、风能、核能、生物质能等新能源计量技术研究和应用，服务新能源和可再生能源发展需要。开展新型节能产品的节能评价检测技术研究，推动节能产品的快速推广、使用。

（3）完善技术创新与成果转化机制。健全能源计量“政产检学研用”协同创新发展机制，加强能源计量技术研发，促进能源计量相关科技成果转化和应用。积极培育具有核心技术和竞争力的能源计量仪器仪表品牌，营造能源计量产业化发展市场环境。

（五）完善能源计量技术服务

（1）健全能源计量服务主体。进一步加强国家城市能源计量中心建设，积极争取相关政策和经费支持，充分发挥各省内中心城市作用，尽快形成能源计量服务网络体系。在交通、供热、电力等重点行业，以及航天、航空、铁路等重点产业，推动建设一批国家能源计量中心，引导建立能源计量技术服务联盟。鼓励社会资源建立各类能源计量服务机构，为能源生产和消费提供全过程、综合性能源计量技术服务。

（2）创新能源计量服务理念。增强能源计量服务意识和理念，为国家节能政策的制定和实施、企业节能降耗目标的实现，提供有力的计量技术支撑和服务保障。逐步推动能源计量由器具管理向数据管理、由单一计量向多元测量的转变，不断优化能源计量服务过程，提升能源计量服务能力和水平。

（3）构建能源产业测试服务体系。在新能源汽车、光伏、风电、核电等重点领域，研究符合能源产业特点的量值传递溯源技术，加快产业关键领域关键参数的测量测试技术研究，开发产业专用测量测试设备，研究服务产品全寿命周期的计量技术，构建能源产业计量测试服务体系。

（六）开展能源计量重点工程建设

（1）能源计量关键技术研发工程。针对当前节能减排工作迫切需要的智能、在线、远程监测、极端量、综合量、动态量测量等关键计量技术瓶颈问题，由质检总局、国家发展改革委有计划、分批次地联合编制《能源计量关键技术研发目录》，鼓励全社会积极参与和开展相关的能源计量技术研究，并优先考虑将其纳入本部门的重点科研专项或研究计划中，给予必要的政策和资金支持，着力推进相关计量技术的科学研究、技术攻关和应用。

（2）能源计量标杆引领工程。以标杆引领、示范先进为原则，在全国范围内创建一批能源计量基础好、能源计量体系完善的能源计量标杆单位，探索形成并总结推广标杆先进经验，积极发挥计量在降低能耗、提高生产效率以及能源精细化管理等方面的作用。

（3）能源资源计量示范工程。全面梳理和总结各地能源计量服务典型案例和经验，由质检总局、国家发展改革委联合组织开展重点行业、重点领域能源计量示范推荐、推广活动，在全国范围内广泛征集服务案例进行推广宣传，并推动将示范项目中的技术成果及时转化为相应的标准、技术规范，形成可推广、可复制的典型经验和服务模式。

三、保障措施

（一）加强部门统筹协调

各级质量技术监督部门和节能主管部门要高度重视能源计量工作，把能源计量作为推动生态文明建设、转变经济发展方式的重要手段，会同有关部门建立协同联动机制，研究、审议、决策和协调解决重大问题，推进重大项目实施。各省级质监部门要结合本地实际，牵头制定推进能源计量工作的实施方案，分解细化目标任务，确保指导意见各项工作的顺利完成。各省级节能主管部门要把能源计量体系建设纳入到节能降耗等重大决策部署和年度考核中，及时研究制定支持能源计量发展的政策措施，并将能源计量水平作为对重点用能单位节能考核的重要内容和依据。

（二）强化激励政策引导

各地要进一步加大对能源计量基础设施的建设，通过专项建设补助、政府购买服务、综合奖励等多种方式，加大对能源计量技术研究、能源计量器具配备、能源计量技术规范和标准制修订、重点用能单位能耗在线监测系统建设等的支持力度，不断完善能源计量体系，提升能源计量服务能力和水平。

（三）促进人才队伍建设

加大能源计量人才培养力度。着力培养具有科技前沿水平的高级专家，以及具有开放视野和创新理念的应用型、复合型人才。组织开展能源资源领域的计量管理和技术培训，推广先进的能源计量管理理念和技术，提高能源计量人才队伍水平。

（四）加强国际国内交流合作

搭建政府主管部门、能源计量服务机构、行业协会、用能企业等多层次能源计量国际国内交流合作平台。扩大在能源精细化管理、新能源利用等领域双边、多边合作与交流，积极参与重要国际合作计划和项目。

质 检 总 局
国家发展改革委（印）
2017 年 5 月 2 日

国家能源局文件

国家能源局关于印发《能源行业信用体系建设实施意见（2016～2020 年）》的通知

（国能资质〔2016〕350 号）

各司、各直属事业单位，中电联、中电传媒，各派出能源监管机构，各省（自治区、直辖市）、新疆生产建设兵团发展改革委（能源局），有关能源企业，有关行业协会：

为加快推进能源行业信用体系建设，促进市场主体依法诚信经营，营造良好行业信用环境，国家能源局制定了《能源行业信用体系建设实施意见（2016～2020 年）》，现印发给你们，请遵照执行。

国家能源局（印）
2016 年 12 月 8 日

附件

能源行业信用体系建设实施意见（2016～2020 年）

能源是国民经济的重要基础，能源行业是国家的重要经济命脉，也是社会信用体系建设的重要领域。根据《社会信用体系建设规划纲要（2014～2020 年）》等有关要求，结合能源行业实际，现提出如下实施意见：

一、总体目标

围绕能源领域“四个革命、一个合作”的战略布局，按照“政府主导、行业共建，统筹推进、分步实施，结合实际、强化应用，公正透明、准确规范”的原则，实施能源行业信用体系建设。

到 2020 年，信用制度和标准体系基本健全，全国统一的能源行业信用信息共享交换平台和“信用能源”网站建设完成并良好运行，市场主体信用记录覆盖率达到 95%以上，信用评价工作有序开展，信用信息和信用产品得到广泛应用，以信用为核心的市场监管机制全面发挥作用，社会力量积极参与形成合力，信用专业人才队伍基本形成，全行业诚信意识和信用水平普遍增强。能源行业重点领域信用建设取得显著成效，行业发展信用环境明显改善，建成满足能源行业发展要求的信用体系，以信用建设促进行业整体发展。

二、重点领域

能源行业信用体系建设以安全生产领域、工程建设领域、节能环保领域、交易领域、统计领域、企业管理领域为重点领域，涉及的市场主体包括从事电力、煤炭、石油、天然气、新能源和可再生能源等能源的生产、供应、建设等相关活动的法人和其他组织，以及其法定代表人、生产运行负责人、技术负责人、安全负责人和财务负责人等相关执（从）业人员等。

（一）安全生产领域

建立健全能源行业安全生产诚信体系，加强能源企业安全生产诚信制度建设。对于发生生产安全责任事故、安全生产隐患不及时整改或整改不到位、发生事故隐瞒不报或谎报迟报等安全生产失信行为，加大曝光和惩戒力度。健全能源行业安全生产准入和退出信用审核机制，促进企业落实安全生产主体责任。

（二）工程建设领域

围绕能源行业工程项目各关键环节，建立能源行业工程建设领域市场主体信用档案，将市场主体信用信息和信用评价结果等作为投标人资格审查、评标、定标和合同签订的重要依据。把出租、借用许可证承接工程或违法分包、转包承揽工程，拖欠工程款和农民工工资等列入失信责任追究范围。

（三）节能环保领域

加强能源行业节能环保信用信息的采集和整理，积极参与节能环保工作业务协同和信息共享。将能源企业的节能环保情况作为信用评价的重要指标，对能源企业违法排放污染物、浪费能源等失信行为加大曝光和惩戒力度。

（四）交易领域

指导能源企业规范市场交易行为，要求企业在合同履行、公平交易、价格管理等方面加强诚信自律。加大对商业欺诈、商业诋毁、商业贿赂、价格欺诈、价格垄断等市场交易失信行为的惩戒力度，对典型案件、重大案件予以曝光，增加企业失信成本，促进诚信交易和公平竞争。

（五）统计领域

围绕能源行业统计数据报送、数据质量、信息公开等重点环节，将市场主体报送信息的真实性、准确性等作为信用评价的重要内容。对报送和公开信息隐瞒真实情况等统计失信行为进行通报和曝光，将统计信用记录与政府补贴、招投标等直接挂钩，切实强化对统计失信行为的惩戒和制约。

（六）企业管理领域

开展能源企业诚信承诺活动，加大诚信企业示范宣传和典型失信案件曝光力度，引导企业增强社会责任感，在企业经营管理各环节强化信用自律。鼓励和指导能源企业加强企业信用管理，防范信用风险，提升企业综合竞争力。强化企业在发债、借款、担保等债权债务信用交易及生产经营活动中诚信履约。

三、重点任务

（一）加强法律法规和制度建设

1. 推动完善相关法律法规

根据国家信用立法的安排部署，在能源法律法规立改时体现信用体系建设要求，依法依规开展能源行业信用体系建设工作。

2. 建立健全信用制度

加强行业信用制度建设，研究制定《能源行业市场主体信用信息归集和使用管理办法》、《能源行业市场主体信用评价管理办法》等制度，建立健全能源行业信用制度体系，夯实能源行业信用体系建设的制度基础。

（二）建立信用信息归集和共享交换体系

3. 加强信用信息标准化建设

建立以统一社会信用代码为基础、全国统一规范的能源行业信用信息标准。统一信用信息目录与相关技术规范，编制并发布能源行业信用信息目录、能源行业市场主体信用信息数据库表结构及标识符等行业标准。

4. 加强市场主体信用记录建设

以市场主体的基本情况、良好记录、不良记录等信用记录指标为重点，建立健全能源行业市场主体信用档案，逐步实现信用记录全覆盖。

5. 建设信用信息数据库

建设能源行业法人和其他组织、自然人信用信息数据库。按照能源行业信用信息目录，归集与整合各部门、各单位的信用信息资源，实现信用信息的电子化存储和管理。

6. 建设信用信息共享交换平台

建设全国统一的能源行业信用信息共享交换平台，建立畅通的信息数据传输与交换系统，实现各地区、各领域信用信息系统的互联互通和信用信息的共享交换。建立和拓展平台的各项功能，包括信用信息归集、整理、交换、共享等基础功能和统计分析、监测预警等管理功能。做好与国家统一信用信息共享交换平台对接的准备工作。

（三）推进信用信息公开与使用

7. 建设“信用能源”网站

建设全国统一的能源信用门户网站，强化网站内容建设与功能拓展，客观公正披露能源行业市场主体的守信与失信信息，提供能源行业信用信息查询服务，发布“红黑名单”和信用评价结果，打造能源行业网上信用服务窗口，实现与“信用中国”等网站的无缝衔接。

8. 推进市场主体信用信息公示

建立健全行政许可和行政处罚“双公示”制度，编制能源行业行政许可和行政处罚事项目录，制定信息公示规范，畅通公示渠道。在“信用能源”网站设立市场主体信用信息公示专栏，在保护涉及公共安全、商业秘密和个人隐私等信息的前提下，及时公示市场主体的信用信息，并对法人和其他组织、自然人申请公开的信用信息依法予以公开。

9. 加强信用信息使用

推动有关部门和单位在行政审批、资质审核、招标投标、政府采购、财政性资金使用等领域应用能源行业市场主体信用信息和信用产品，将其作为重要参考依据。

推进信用信息的社会化应用。鼓励社会征信机构加强对能源行业公共信用信息和非公共信用信息的整合，形成多样化的信用服务产品。引导市场主体在商务合作、经济往来等活动中使用信用信息和产品。推动金融机构在信贷审批、风险防范、证券发行、信用担保等方面使用信用信息和产品。

10. 保护信用信息主体权益

充分发挥行政监管、行业自律和社会监督在能源行业信用信息主体权益保护中的作用，切实保护信用信息主体权益。建立健全信用信息主体权益保护机制和信用信息侵权责任追究机制，制定信用信息异议处理、投诉办理等制度及操作细则。

11. 保障信用信息安全

建立完善能源行业信用信息保护和安全监控体系，加强信用信息系统安全管理，开展安全认证和安全风险评估，实行信用信息安全等级保护，加大安全监督检查力度，建立和完善信用信息安全应急处理机制，加强信用信息安全基础设施建设。

（四）完善信用评价体系

12. 建立健全信用评价制度

出台《能源行业市场主体信用评价管理办法》等系列制度，对评价对象、评价标准、评价方法、评价程序、动态管理等内容作出明确规定，保障信用评价工作有序开展。

13. 指导开展信用评价工作

指导开展能源行业市场主体信用评价工作，对信用评价全过程实施监督管理。严把评价质量关，做到标准公开、程序公开、结果公开，确保信用评价结果的真实可靠性和客观公正性。

14. 规范信用评价机构管理

培育和引进合格的、具有行业经验的信用评价机构，加强对评价机构的管理，严格评价程序，要求其依法依规开展评价活动。对于评价机构弄虚作假、侵犯商业秘密等违法违规行为，依法严肃查处。

15. 积极应用信用评价结果

将能源行业市场主体的信用评价结果记入其信用档案，并适时适当在“信用能源”等网站公布。推动有关部门和单位在招标投标、政府采购、行政审批、市场准入、资质管理、日常监管、评优评奖、金融信贷等工作中，积极应用信用评价结果。

（五）加强以信用为核心的市场监管

16. 建立健全信用承诺制度

全面建立能源行业市场主体信用承诺制度，要求市场主体以规范格式向社会作出公开承诺，将信用承诺纳入信用档案，作为事中事后监管的参考，并接受社会监督，实现政府监管和社会监督有机结合。

17. 加强信用分类监管

建立能源行业市场主体信用分类监管制度，监管部门根据市场主体信用状况实施分级分类监管。依据相关政策法规，科学设立分类标准，明确评定内容、评定程序、评定标准等，对能源行业市场主体进行信用分类等级评定。依据市场主体的信用分类等级，确定相应的监管频次和监管措施，实现有效监管。

18. 加强守信联合激励

多渠道树立能源行业诚信典型，联合其他部门对诚信市场主体实施守信激励。对诚信市场主体实行“绿色通道”、优先办理、简化程序等激励政策，在政府采购、专项资金补贴等方面给予优先支持，将诚信市场主体优良信用信息及时在“信用能源”、各行业组织网站等媒体进行公示。

联合社会机构对能源行业诚信市场主体给予优惠和便利，使守信者在市场中获得更多机会和实惠。引导征信机构加强对市场主体正面信息的采集，引导金融机构在利率、费率等方面对诚信市场主体给予优惠，推动行业组织表彰诚信会员。

19．加强失信联合惩戒

依法依规对能源行业失信行为作出处理和评价，将严重失信主体列为重点监管对象，联合其他部门对严重失信主体采取惩戒措施，依法依规实施行政性约束和惩戒，对严重失信企业和有关个人实施市场和行业禁入措施。

加强对失信行为的市场性、行业性、社会性约束和惩戒。通过失信行为的记录和披露，使严重失信主体在市场交易和金融服务等活动中受到制约。引导行业组织将严重失信行为记入会员信用档案，视情节轻重实行不同程度的惩戒。鼓励社会公众举报能源行业市场主体的严重失信行为，对举报人信息严格保密。

20．建立健全信用红黑名单制度

建立与完善能源行业诚信典型“红名单”制度和严重失信主体“黑名单”制度，依法依规规范红黑名单产生和发布行为，建立健全退出机制。在保证独立、公正、客观前提下，鼓励有关行业组织、金融机构、征信机构、评级机构等将产生的能源行业“红名单”和“黑名单”信息提供给政府部门参考使用。

（六）调动社会力量参与行业信用体系建设

21．充分发挥行业组织的作用

组织指导行业组织积极参与能源行业信用体系建设，在信用信息归集、信用评价、标准制订、联合奖惩等方面发挥作用。发挥行业组织的协调和监督作用，推动行业组织指导和督促会员单位积极参与信用建设。明确行业组织在能源行业诚信自律中的职责和任务，鼓励行业组织开展能源行业诚信宣传、教育和交流活动等。

22．引导企业加强信用建设

引导能源企业树立诚信经营理念，在生产经营、安全管理、财务管理和劳动用工管理等各环节强化企业诚信自律。督促能源企业加强信用管理制度建设，设计科学的信用管理流程，建立内部职工诚信考核与评价机制，构建完善的事前预防、事中管控和事后追责的信用风险管控机制。

23．培育和发展信用服务业

制定促进信用服务业发展的政策措施，培育专注于能源行业、全国领先、具有较强社会公信力的品牌信用服务机构。支持信用服务产品研发和应用，鼓励发展信用征集、信用评价、信用咨询等多种业务，提升能源行业信用服务水平。规范信用服务市场秩序，加强对信用服务机构和从业人员的监督管理，加大对贩卖个人隐私和商业秘密以及非法、超范围经营信用服务业务行为的查处力度，保障信用服务业健康发展。

（七）强化诚信教育与诚信文化建设

24．普及诚信教育和培训

组织开展能源行业信用体系建设培训，在能源行业各级各类教育和培训中进一步充实诚信教育和信用管理内容，提升从业人员的信用意识。编制能源信用宣传材料，向从业人员和社会公众普及信用知识和政策制度等。

25．加强诚信文化建设

大力倡导诚信道德规范，弘扬积极向善、诚实守信的传统文化和现代市场经济的契约精神，形成崇尚诚信、践行诚信的行业风尚。深入开展能源行业诚信主题活动，有计划、有重点地组织开展信用宣传等活动，突出诚信主题，营造诚信和谐的行业氛围。

26．加强信用专业人才队伍建设

推动开展在职教育、职业培训、岗位培训等多层次的信用教育和培训，培养能源行业信用管理专业化队伍，鼓励信用管理人员学习与交流。加强信用专家队伍建设，建立能源行业信用工作专家库，邀请国内外专家学者和信用管理工作者研讨交流，开展相关课题研究，推进能源行业信用理论与实务研究和成果转化应用。

四、实施进度

（一）2016～2018 年重点工作

1．建立健全能源行业信用制度和标准体系，制定信用信息归集使用、信用评价、信用联合奖惩相关办法，编制信用信息目录和数据库表结构及标识符等。

2．建立健全能源行业各领域市场主体的信用记录，建设能源行业法人和其他组织信用信息数据库，完成信用信息共享交换平台和“信用能源”网站建设。

3．通过“信用能源”网站实现信用信息、“红黑名单”、信用评价结果等的公示和查询。要求有关部门和单位在行政管理和公共服务中使用信用信息，向市场主体宣传普及信用信息的查询和使用。落实信用信息主体权益保护和信用信息安全保障。

4．建立健全信用评价相关制度和细则，培育和引进信用评价机构，指导开展电力、煤炭、石油天然气等重点领域市场主体信用评价工作，将信用评价结果记入信用档案并予以公布。

5．要求市场主体向社会作出信用承诺，依据信用分类等级对市场主体实施信用分类监管，对诚信主体采取联合激励措施，对失信主体采取联合惩戒措施，定期发布信用红黑名单。

6．指导行业组织在能源行业信用体系建设工作中发挥作用。引导企业加强诚信文化建设，要求电力、煤炭、石油天然气等重点领域企业建立信用管理制度。

7．开展信用教育和培训，组织诚信宣传活动，建立信用专业人才队伍。

（二）2019～2020 年重点工作

1．巩固提升前一阶段的各项工作成果，在更大范围、更宽领域、更深层次上推进能源行业信用体系建设。根据最新形势和要求，及时调整工作进度。

2．建设能源行业自然人信用信息数据库。

3．依法依规向社会机构提供公共信用信息，加强信用信息和信用产品的社会化应用。

4．指导开展能源行业各领域市场主体信用评价工作，推动有关部门和单位积极应用信用评价结果。

5．要求能源行业各领域企业建立信用管理制度。

五、保障措施

（一）加强组织领导

建立健全能源行业信用体系建设组织工作机制。成立能源行业信用体系建设领导小组，统一领导和统筹协调能源行业信用体系建设各项工作，加强指导、督促和检查。领导小组由能源局领导及相关专业司、资质管理中心、相关行业组织、相关企业的负责人组成。领导小组下设办公室作为日常办事机构，办公室设在资质管理中心，主要承担综合协调、政策研究、制度标准建设等工作，牵头开展数据库、平台、网站等建设，指导推动信用信息归集使用、信用评价、信用监管、诚信宣传教育等工作的开展。定期召开领导小组及办公室会议，通报工作进展情况，协调解决能源行业信用体系建设中的重大问题。

（二）强化责任落实

明确能源行业信用体系建设各项任务的具体分工、责任单位和进度要求等，各级、各部门、各单位要把能源行业信用体系建设作为日常工作的重要内容，加快实施推进。各派出能源监管机构加强对本地区能源行业信用体系建设的组织领导，细化职责分工，严格落实执行。各行业组织加强会员自律，配合政府做好评价建设等工作。定期收集工作进展信息，建立健全工作考核评估机制，进行督查考核，及时发现问题并提出改进措施，对工作取得明显成效的进行表彰，对工作推进不力的通报批评、督促整改。

（三）加大人才、资金支持

加大对能源行业信用体系建设的人才和资金支持，将能源行业信用信息共享交换平台、“信用能源”网站等基础设施建设和维护的资金需求纳入政府投资计划，做到有岗、有责、有人、有手段。鼓励社会资金参与能源行业信用体系建设，形成多元化的投融资体系，确保能源行业信用体系建设顺利开展。

国家能源局、国家海洋局关于印发《海上风电开发建设管理办法》的通知

（国能新能〔2016〕394号）

天津、河北、辽宁、上海、江苏、浙江、福建、山东、广东、广西、海南发展改革委（能源局）、海洋厅（局），国家电网公司、南方电网公司，华能、大唐、华电、国电、国家电投、神华、三峡、中核、中广核，水电水利规划设计总院、中国风能协会：

为进一步完善海上风电管理体系，规范海上风电开发建设秩序，促进海上风电产业持续健康发展，国家能源局、国家海洋局制定了《海上风电开发建设管理办法》，现印发你们，请遵照执行。

自通知印发之日起，海上风电项目管理按照本办法执行，国家能源局不再统一编制全国海上风电开发建设方案。

国家能源局
国家海洋局（印）
2016年12月29日

附件

海上风电开发建设管理办法

第一章 总 则

第一条 为规范海上风电项目开发建设管理，促进海上风电有序开发、规范建设和持续发展，根据《行政许可法》《可再生能源法》《海域使用管理法》《海洋环境保护法》和《海岛保护法》，特制定本办法。

第二条 本办法所称海上风电项目是指沿海多年平均大潮高潮线以下海域的风电项目，包括在相应开发海域内无居民海岛上的风电项目。

第三条 海上风电开发建设管理包括海上风电发展规划、项目核准、海域海岛使用、环境保护、施工及运行等环节的行政组织管理和技术质量管理。

第四条 国家能源局负责全国海上风电开发建设管理。各省（自治区、直辖市）能源主管部门在国家能源局指导下，负责本地区海上风电开发建设管理。可再生能源技术支撑单位做好海上风电技术服务。

第五条 海洋行政主管部门负责海上风电开发建设海域海岛使用和环境保护的管理和监督。

第二章 发 展 规 划

第六条 海上风电发展规划包括全国海上风电发展规划、各省（自治区、直辖市）以及市县级海上风电发展规划。全国海上风电发展规划和各省（自治区、直辖市）海上风电发展规划应当与可再生能源发展规划、海洋主体功能区规划、海洋功能区划、海岛保护规划、海洋经济发展规划相协调。各省（自治区、直辖市）海上风电发展规划应符合全国海上风电发展规划。

第七条 海上风电场应当按照生态文明建设要求，统筹考虑开发强度和资源环境承载能力，原则上应在离岸距离不少于10km、滩涂宽度超过10km时海域水深不得少于10m的海域布局。在各种海洋自然保护区、海洋特别保护区、自然历史遗迹保护区、重要渔业水域、河口、海湾、滨海湿地、鸟类迁徙通道、栖息地等重要、敏感和脆弱生态区域，以及划定的生态红线区内不得规划布局海上风电场。

第八条 国家能源局统一组织全国海上风电发展规划编制和管理；会同国家海洋局审定各省（自治区、直辖市）海上风电发展规划；适时组织有关技术单位对各省（自治区、直辖市）海上风电发展规划进行评估。

第九条 各省（自治区、直辖市）能源主管部门组织有关单位，按照标准要求编制本省（自治区、直辖市）管理海域内的海上风电发展规划，并落实电网接入方案和市场消纳方案。

第十条 各省（自治区、直辖市）海洋行政主管部门，根据全国和各省（自治区、直辖市）海洋主体功能区规划、海洋功能区划、海岛保护规划、海洋经济发展规划，对本地区海上风电发展规划提出用海用岛初审和环境影响评价初步意见。

第十一条 鼓励海上风能资源丰富、潜在开发规模较大的沿海县市编制本辖区海上风电规划，重点研究海域使用、海缆路由及配套电网工程规划等工作，上报当地省级能源主管部门审定。

第十二条 各省（自治区、直辖市）能源主管部门可根据国家可再生能源发展相关政策及海上风电行业发展状况，开展海上风电发展规划滚动调整工作，具体程序按照规划编制要求进行。

第三章 项 目 核 准

第十三条 省级及以下能源主管部门按照有关法律法

规，依据经国家能源局审定的海上风电发展规划，核准具备建设条件的海上风电项目。核准文件应及时对全社会公开并抄送国家能源局和同级海洋行政主管部门。

未纳入海上风电发展规划的海上风电项目，开发企业不得开展海上风电项目建设。

鼓励海上风电项目采取连片规模化方式开发建设。

第十四条　国家能源局组织有关技术单位按年度对全国海上风电核准建设情况进行评估总结，根据产业发展的实际情况完善支持海上风电发展的政策措施和规划调整的建议。

第十五条　鼓励海上风电项目采取招标方式选择开发投资企业，各省（自治区、直辖市）能源主管部门组织开展招投标工作，上网电价、工程方案、技术能力等作为重要考量指标。

第十六条　项目投资企业应按要求落实工程建设方案和建设条件，办理项目核准所需的支持性文件。

第十七条　省级及以下能源主管部门应严格按照有关法律法规明确海上风电项目核准所需支持性文件，不得随意增加支持性文件。

第十八条　项目开工前，应落实有关利益协调解决方案或协议，完成通航安全、接入系统等相关专题的论证工作，并依法取得相应主管部门的批复文件。

海底电缆按照《铺设海底电缆管道管理规定》及实施办法的规定，办理路由调查勘测及铺设施工许可手续。

第四章　海域海岛使用

第十九条　海上风电项目建设用海应遵循节约和集约利用海域和海岸线资源的原则，合理布局，统一规划海上送出工程输电电缆通道和登陆点，严格限制无居民海岛风电项目建设。

第二十条　海上风电项目建设用海面积和范围按照风电设施实际占用海域面积和安全区占用海域面积界定。海上风电机组用海面积为所有风电机组塔架占用海域面积之和，单个风电机组塔架用海面积一般按塔架中心点至基础外缘线点再向外扩 50m 为半径的圆形区域计算；海底电缆用海面积按电缆外缘向两侧各外扩 10m 宽为界计算；其他永久设施用海面积按《海籍调查规范》的规定计算。各种用海面积不重复计算。

第二十一条　项目单位向省级及以下能源主管部门申请核准前，应向海洋行政主管部门提出用海预审申请，按规定程序和要求审查后，由海洋行政主管部门出具项目用海预审意见。

第二十二条　海上风电项目核准后，项目单位应按照程序及时向海洋行政主管部门提出海域使用申请，依法取得海域使用权后方可开工建设。

第二十三条　使用无居民海岛建设海上风电的项目单位应当按照《海岛保护法》等法律法规办理无居民海岛使用申请审批手续，并取得无居民海岛使用权后，方可开工建设。

第五章　环　境　保　护

第二十四条　项目单位在提出海域使用权申请前，应当按照《海洋环境保护法》、《防治海洋工程建设项目污染损害海洋环境管理条例》、地方海洋环境保护相关法规及相关技术标准要求，委托有相应资质的机构编制海上风电项目环境影响报告书，报海洋行政主管部门审查批准。

第二十五条　海上风电项目核准后，项目单位应按环境影响报告书及批准意见的要求，加强环境保护设计，落实环境保护措施；项目核准后建设条件发生变化，应在开工前按《海洋工程环境影响评价管理规定》办理。

第二十六条　海上风电项目建成后，按规定程序申请环境保护设施竣工验收，验收合格后，该项目方可正式投入运营。

第六章　施 工 及 运 行

第二十七条　海上风电项目经核准后，项目单位应制定施工方案，办理相关施工手续，施工企业应具备海洋工程施工资质。项目单位和施工企业应制定应急预案。

项目开工以第一台风电机组基础施工为标志。

第二十八条　项目单位负责海上风电项目的竣工验收工作，项目所在省（自治区、直辖市）能源主管部门负责海上风电项目竣工验收的协调和监督工作。

第二十九条　项目单位应建立自动化风电机组监控系统，按规定向电网调度机构和国家可再生能源信息管理中心传送风电场的相关数据。

第三十条　项目单位应建立安全生产制度，发生重大事故和设备故障应及时向电网调度机构、当地能源主管部门和能源监管派出机构报告，当地能源主管部门和能源监管派出机构按照有关规定向国家能源局报告。

第三十一条　项目单位应长期监测项目所在区域的风资源、海洋环境等数据，监测结果应定期向省级能源主管部门、海洋行政主管部门和国家可再生能源信息管理中心报告。

第三十二条　新建项目投产一年后，项目建设单位应视实际情况，及时委托有资质的咨询单位，对项目建设和运行情况进行后评估，并向省级能源主管部门报备。

第三十三条　海上风电设计方案、建设施工、验收及运行等必须严格遵守国家、地方、行业相关标准、规程规范，国家能源局组织相关机构进行工程质量监督检查工作，形成海上风电项目质量监督检查评价工作报告，并向全社会予以发布。

第七章　其　　他

第三十四条　海上风电基地或大型海上风电项目，可由当地省级能源主管部门组织有关单位统一协调办理电网接入系统、建设用海预审、环境影响评价等相关手续。

第三十五条　各省（自治区、直辖市）能源主管部门可根据本办法，制定本地区海上风电开发建设管理办法实施细则。

第八章　附　　则

第三十六条　本办法由国家能源局和国家海洋局负责解释。

第三十七条　本办法由国家能源局和国家海洋局联合发布，自发布之日起施行，原发布的《海上风电开发建设管理暂行办法》（国能新能〔2010〕29 号）和《海上风电开发建设管理暂行办法实施细则》（国能新能〔2011〕210 号）自动失效。

国家能源局综合司关于在抽水蓄能电站规划建设中落实生态环保有关要求的通知

（国能综发新能〔2017〕3号）

各省、自治区、直辖市、新疆生产建设兵团发展改革委（能源局）：

抽水蓄能电站是目前最经济成熟的大型电力储能设施，也是保障电力系统安全稳定经济运行和促进新能源发展的重要技术支撑。为贯彻落实党的十九大精神，以习近平新时代中国特色社会主义思想为指导，认真落实生态文明建设和新发展理念有关部署，推进抽水蓄能电站绿色发展，做好抽水蓄能电站规划建设生态环保工作，现将有关要求通知如下。

一、高度重视抽水蓄能规划建设的生态环保要求。抽水蓄能电站规划建设要坚持生态优先、确保底线，认真落实环境保护、法律法规规定的生态环境制约因素有关要求，严格依法推进规划内项目建设。

二、抽水蓄能规划站点所在地省级能源主管部门和有关地方政府要认真做好规划站点资源的保护工作，对国家批复的抽水蓄能选点规划（含推荐站址和备选站址，下同）、《水电发展“十三五”规划》确定的规划站点资源，制定落实规划的各项措施，保障规划有序实施。

三、有关省级能源主管部门和规划编制单位要加强抽水蓄能规划工作与生态保护红线划定及相关规划工作的对接，做好抽水蓄能电站规划建设与全国主体功能区规划、城乡建设规划、土地利用总体规划、生态功能区划、水资源综合规划、环境保护规划等相关专业规划及不同种类、不同层次保护区的衔接与协调，开展规划站点的生态环保等事项排查，确保规划站点不存在生态环保制约因素。

四、规划站点建设条件发生较大变化，存在重大环境敏感制约因素，对项目建设可行性有重大影响的，由规划编制单位牵头组织进行复核论证。对不再具备建设条件的站点，有关省级能源主管部门及时向我局申请将相关站点调出规划。

五、我局将强化对抽水蓄能规划执行和有关政策落实情况的监督管理，定期开展监督评估，评估结果作为规划制定、滚动调整、修编的依据，确保抽水蓄能电站遵循生态文明建设要求有序规划建设。

国家能源局综合司（印）

2017年11月30日

国家能源局关于加快推进分散式接入风电项目建设有关要求的通知

（国能发新能〔2017〕3号）

各省（区、市）、新疆生产建设兵团发展改革委（能源局），各派出能源监管机构，国家电网公司、南方电网公司、内蒙古电力公司：

为提高分散式风能资源的利用效率，优化风电开发布局，切实做好分散式接入风电项目建设，探索有利于推动分散式接入风电项目发展的有效模式，现将有关工作和要求通知如下：

一、加快推动分散式风电开发。优化风电建设布局、大力推动风电就地就近利用，是“十三五”时期风电开发的重要任务。随着风能勘察工作的不断深入和低风速技术的持续进步，加快推动接入低电压配电网、就地消纳的分散式风电项目建设，对于优化利用中东部和南方地区的分散风能资源、因地制宜提高风能利用效率、推动风电与其他分布式能源融合发展具有重要意义。

二、规范建设标准。分散式接入风电项目开发建设应按照“统筹规划、分步实施、本地平衡、就近消纳”的总体原则推进。项目建设应严格满足以下技术要求：

（1）接入电压等级应为35kV及以下电压等级。如果接入35kV以上电压等级的变电站时，应接入35kV及以下电压等级的低压侧。

（2）充分利用电网现有变电站和配电系统设施，优先以T接或者π接的方式接入电网。

（3）在一个电网接入点接入的风电容量上限以不影响电网安全运行为前提，统筹考虑各电压等级的接入总容量，鼓励多点接入。严禁向110kV（66kV）及以上电压等级送电。

三、加强规划管理。各省级能源主管部门按照有关技术要求和并网规定，结合前期区域内风能资源勘察的成果，在认真梳理区域内电网接入条件和负荷水平的基础上，严格按照“就近接入、在配电网内消纳”的原则，制定本省（区、市）及新疆兵团“十三五”时期的分散式风电发展方案，向全社会公示，并将方案和公示结果抄报我局。

各省级能源主管部门应结合实际情况及时对规划进行滚动修编，分散式接入风电项目不受年度指导规模的限制。已批复规划内的分散式风电项目，鼓励各省级能源主管部门研究制定简化项目核准程序的措施。

红色预警地区应着力解决存量风电项目的消纳问题，暂缓建设新增分散式风电项目。

四、有序推进项目建设。开发企业要认真研究分散式风电项目定义和要求，严格按照规划方案和相关管理规定做好项目建设工作，在保证施工安全、工程建设质量和可靠性的前提下，有序推进项目建设，推进技术进步和成本下降，鼓励探索分散式风电发展新模式，特别是鼓励建设部分和全部电量自发自用，以及在微电网内就地平衡的分散式风电项目。

五、加强并网管理。国家电网公司、南方电网公司、内蒙古电力公司及其他地方供电企业要对具备分散式接入风电的变电站位置和周边负荷情况进行梳理，统筹考虑系统安全运行和系统接入总容量等因素，对各自供电区域内的分散式接入风电项目规划方案出具意见函，对于规划内的项目应及时确保项目接入电网。

对于未严格符合第二条所列并网技术要求的分散式风电项目，电网企业不得接受其并网运行。

六、加强监管工作。各省（区、市）、新疆兵团能源主管部门要会同相关技术单位、电网企业对规划方案内的分散式风电项目开发建设和并网运行情况进行全过程监管，规范工程管理和监督体系，确保分散式项目按照有关要求和规定落实执行到位。

国家能源局各派出能源监管机构应对已建成和拟建设的分散式接入风电项目的合规性特别是接入系统技术方案的合规性进行核查，并对项目建设和建成后的运行情况进行监督，将评估报告上报国家能源局，不符合并网技术要求的项目应提交原因说明，并责令项目单位整改。对不符合技术要求的项目不得发放发电业务许可证。

各派出能源监管机构要对本区域内的分散式风电建设运行情况进行监测，定期公开发布监测结果。

国家能源局（印）
2017 年 5 月 27 日

国家能源局关于印发电力行业安全生产大检查工作方案的通知
（国能发安全〔2017〕22 号）

各省（自治区、直辖市）、新疆生产建设兵团发展改革委（能源局、经信委、工信委），全国电力安全生产委员会成员单位，各电力企业：

按照《国务院安全生产委员会关于开展全国安全生产大检查的通知》（安委明电〔2017〕3 号）要求，现将《电力行业安全生产大检查工作方案》印发你们，请按照执行。

国家能源局（印）
2017 年 7 月 10 日

电力行业安全生产大检查工作方案

为进一步加强电力安全生产工作，有效防范和坚决遏制重特大事故，为党的十九大胜利召开营造稳定的电力安全生产环境，特制定本方案。

一、指导思想

贯彻落实党中央、国务院关于安全生产工作的决策部署和习近平总书记、李克强总理重要指示批示精神，进一步强化安全生产责任，全面构建安全风险分级管控和事故隐患排查治理双重预防机制，为党的十九大胜利召开提供安全可靠的电力保障。

二、工作目标

通过深入开展电力安全生产大检查，进一步完善安全生产体制机制，落实电力企业安全生产主体责任，确保不发生重大以上电力人身伤亡责任事故、重大以上电力安全事故、电厂垮坝漫坝事故以及对社会造成重大影响事故，实现电力安全生产事故起数和伤亡人数“双下降”。

三、检查重点和内容

（一）以依法依规治安为根本，重点检查以下内容：

1.《安全生产法》等法律法规贯彻落实情况；

2. 安全生产责任制落实情况；

3. 电力安全生产规章制度建设及执行情况；

4. 电力安全生产技术措施制定及落实情况；

5. 派出能源监管机构执法力量建设及依法监管情况；

6. 地方电力项目核准（备案）部门在电力项目核准（备案）及事中事后监督检查中的安全管理责任落实情况；

7. 地方政府电力管理等相关部门在电力设施保护，完善大面积停电事件省、市、县三级应急响应体系，督促指导电力企业强化安全生产管理，落实安全生产主体责任等方面的履职情况；

8. 事故查处、责任追究及整改落实情况。

（二）以建立双重预防机制为载体，重点检查以下内容：

1. 防范电网大面积停电；

2. 防范大型发电机组非计划停运、全厂停电以及人身伤亡事故；

3. 防范水电站大坝溃坝、垮坝以及人员伤亡事故；

4. 防范电力建设安全事故，遏制重特大事故发生；

5. 防范网络安全事件；

6. 防范遏制危险化学品重特大事故，切实做好反恐怖防范工作。

（三）以党的十九大保电工作为核心，重点检查以下内容：

1. 重点地区、重点单位电力生产安全情况；

2. 重点地区电力可靠供应情况；

3. 重点地区保电工作（工作方案、组织机构、责任落实等）开展情况；

4. 活动涉及的电力设施安全情况；

5. 活动期间电力行业网络与信息安全防护情况。

四、进度安排

（一）部署动员阶段（7 月 20 日前）。

1. 派出能源监管机构和地方政府电力管理等相关部门结合岗位职责和工作实际，制定电力安全生产大检查具体实施方案，明确目标，广泛动员。

2. 各电力企业按照大检查部署要求，集中时间、集中力量，精心部署，逐级落实。

（二）自查自纠阶段（7 月 20 日至 8 月 15 日）。各单位按照实施方案，围绕检查重点和内容展开自查。

1. 派出能源监管机构和地方政府电力管理等相关部门认真梳理依法监管、履职尽责情况。

2. 各电力企业深入基层开展全面检查，强化安全生产责任制落实，提升安全管理水平；认真开展安全风险管控和隐患排查治理，制定整改措施，确保风险可控在控。

（三）检查督查阶段（8 月 16 日至 10 月底）。

1. 派出能源监管机构和地方政府电力管理等相关部门制定检查表，组织检查组深入电力企业开展对表检查，发现问题立即责令整改。

2. 国家能源局抽调全国电力安全生产方面专家组成电力安全生产督查组，采取突击检查、随机抽查等方式，对派出能源监管机构、地方政府电力管理等相关部门安全生产责任制落实情况、监管执法情况、安全防范制度措施落实情况、专项治理情况等进行督查，同时抽查部分重点区域、重点企业安全大检查工作开展情况。

请各电力企业、派出能源监管机构按时报送有关材料：8 月 31 日前报送大检查开展情况和执法处罚、集中整治等阶段性情况；9 月 30 日前报送大检查工作中存在的突出问题及整改措施；10 月 27 日前报送电力行业安全生产大检查工作总结。

国务院安委会办公室督导组从 8 月初开始持续对各地区开展督促检查，请各单位高度重视，做好迎检工作。

五、工作要求

（一）加强领导，落实责任。各单位要高度重视电力行业安全生产大检查工作，结合工作实际成立领导小组，主要负责同志亲自抓，精心组织，周密部署，确保安全生产大检查取得实效。

（二）加强宣传，协调联动。各电力企业、派出能源监管机构、地方政府电力管理等相关部门要相互配合，密切协作，共同做好安全生产大检查工作。要充分发挥各类媒体作用，持续加大宣传力度，营造浓厚的舆论氛围。

（三）加强整改，严肃问责。各单位要按照方案要求，深入开展安全生产大检查，排查不留死角，整治不留隐患。对自查自纠工作不认真、隐患整治不彻底、责任落实不到位、组织不力、执法不严的，严肃追究有关单位和人员责任；因责任和措施落实不到位导致事故发生的，依法予以严惩。

联系人：张嘉琳

联系电话：010－66597427/13998610313

传真：010－66022129（纸质版加盖公章后传真）

电子邮箱：lorelei1030@163.com（电子版报送）

国家能源局关于可再生能源发展“十三五”规划实施的指导意见

（国能发新能〔2017〕31号）

各省、自治区、直辖市、新疆生产建设兵团发展改革委（能源局），各派出能源监管机构，国家电网公司、南方电网公司、内蒙古电力公司：

在《可再生能源法》以及有关政策支持下，我国可再生能源产业快速发展，技术水平显著提高，制造产业能力快速提升，市场应用规模不断扩大，为推动能源结构调整、保护生态环境和培育经济发展新动能发挥了重要作用。为深入贯彻能源生产和消费革命战略，有效解决可再生能源发展中出现的弃水弃风弃光和补贴资金不足等问题，实现可再生能源产业持续健康有序发展，现就做好可再生能源发展“十三五”规划实施提出以下意见：

一、加强可再生能源目标引导和监测考核

各省（区、市）能源主管部门根据国家能源发展“十三五”规划、电力发展“十三五”规划、可再生能源发展“十三五”规划和《国家能源局关于建立可再生能源开发利用目标引导制度的指导意见》（国能新能〔2016〕54号）对各地区非水电可再生能源发电量占全社会用电量比重指标以及加强水电利用消纳的要求，结合本地区可再生能源发展规划和市场消纳条件，合理确定本地区可再生能源电力发展目标，加强项目建设管理和政策落实工作，推进可再生能源电力有序规范发展。国家能源局按年度对各省（区、市）可再生能源开发利用进行监测评估和考核，并向社会公布评估和考核结果。

二、加强可再生能源发展规划的引领作用

各省（区、市）能源主管部门应根据国家发展改革委、国家能源局发布的各类能源规划和经国家能源局批复的本区域能源发展“十三五”规划，制定本地区可再生能源发展相关规划并按年度制定实施方案，明确可再生能源电力年度建设规模、建设任务、结构和布局，协调好可再生能源电力与常规能源发电的关系。

各省（区、市）能源主管部门要以有关规划为依据，科学合理布局，结合电力市场编制可再生能源电力建设年度实施方案，指导电网企业研究配套电网建设和可再生能源电力消纳方案。把充分利用存量与优化增量相结合，各年度在落实电力送出和消纳条件的基础上，有序组织水电、风电、光伏发电等可再生能源电力建设。

三、加强电网接入和市场消纳条件落实

各省（区、市）能源主管部门要把落实可再生能源电力送出消纳作为安排本区域可再生能源电力建设规模及布局的基本前提条件。各省级电网公司应对年度新增建设规模的接网条件和消纳方案进行研究，并出具电力消纳意见。集中式风电和光伏发电的年度规模确定及分配都要以省级电网企业承诺投资建设电力送出工程和出具的电力系统消纳能力意见为前提。

对大型水电、风电、光伏发电基地，所在省（区、市）能源主管部门及市（县）级地方政府能源主管部门首先要落实电力消纳市场。所发电量本地消纳的基地，有关省级能源主管部门要会同地方政府和省级电网企业明确电力消纳机制和保障措施；所发电量跨省跨区消纳的基地，要符合国家能源和电力相关发展规划，送受端省级政府及电网企业要协商达成送受电协议、输电及消纳方案。

发挥跨省跨区特高压输电通道消纳可再生能源的作用。对国家能源局已明确可再生能源电量比重指标的特高压输电通道，按已明确的指标进行考核；对未明确指标的特高压输电通道由有关监管机构对其进行一年为周期的监测，确定可再生能源电量比重指标及通道利用指标。水能、风能、太阳能资源富集地区后续规划新建的特高压输电通道均应明确输送可再生能源电量比重指标，以输送水电为主的特高压输电通道应明确通道利用率指标。

四、创新发展方式促进技术进步和成本降低

各省（区、市）能源主管部门应遵循发挥市场在资源配置中起决定性作用和更好发挥政府作用的理念，结合电力体制改革等创新可再生能源电力发展模式。鼓励结合社会资本投资经营配电网、清洁能源局域电网和微电网建设，实现可再生能源高效利用并降低成本。原则上不再支持建设无技术进步目标、无市场机制创新、补贴强度高的集中式光伏发电项目。

国家能源局会同有关部门制定光伏产品的市场应用技术标准、领跑者技术标准，加速技术进步和落后产能退出市场。各省（区、市）能源主管部门组织地方政府，对具备成片开发土地资源且具备统一送出消纳条件的光伏电站场址，编制光伏发电先进技术应用基地。国家能源局按年度统一组织光伏发电先进技术应用基地优选，被选上的基地纳入该地区年度新增建设规模。对优选上的基地，由所在地省级能源主管部门在国家能源局指导下组织地方政府采取公开竞争方式选择项目投资主体，并提出统一的技术标准，以此引领技术进步和产业升级，促进成本下降，减少补贴需求。

五、健全风电、光伏发电建设规模管理机制

各省（区、市）能源主管部门应根据风电产业预警信息合理布局风电项目。预警结果为绿色地区的省（区、市）能源主管部门，根据相关规划在落实电力送出和市场消纳的前提下，自主确定风电年度建设实施方案，严格核实纳入年度建设方案各项目的风资源勘查评价、电力送出及消纳市场等建设条件，并指导开发企业与电网企业做好衔接，将年度建设实施方案报送国家能源局。分散式风电严格按照有关技术规定和规划执行，不受年度建设规模限制。

按照市场自主和竞争配置并举的方式管理光伏发电项目建设。对屋顶光伏以及建立市场化交易机制就近消纳的2万kW以下光伏电站等分布式项目，市场主体在符合技术条件和市场规则的情况下自主建设；对集中式光伏电站，以不发生限电为前提，设定技术进步、市场消纳、降低补贴等条件，通过竞争配置方式组织建设；国家能源局统一组织光伏发电先进技术应用基地建设，基地及基地内项目业主均按照

有关规定通过竞争方式选择；光伏扶贫根据有关地区扶贫任务的需要，有关省（区、市）能源主管部门会同扶贫部门组织地方政府编制光伏扶贫计划。

根据国家发展改革委、国家能源局发布的各类能源规划和经国家能源局批复的各地区能源发展规划以及各省（区、市）能源主管部门报送的“十三五”风电、光伏发电分年度规模建议，国家能源局将各省（区、市）分年度建设规模方案予以公布（见附件1、2），各省（区、市）能源主管部门按此方案做好规划实施工作。2017年各省（区、市）风电、光伏发电按随文公布的新增建设规模执行。2018年以及后续年度，各省（区、市）能源主管部门按年度向国家能源局报送年度实施方案建议，其中包括新增建设规模和布局信息以及电网公司关于投资建设电力送出工程和消纳能力的意见。

国家能源局对各省（区、市）能源主管部门报送的年度实施方案和相关条件进行核实，按照当年电网企业承诺的电力送出和消纳条件最终确定各省（区、市）当年新增建设规模。对应纳入年度规模管理的发电项目，各省（区、市）能源主管部门必须严格按当年下达的年度新增建设规模组织建设。

六、加强和规范生物质发电管理

生物质发电（主要包括农林生物质发电和垃圾焚烧发电）“十三五”规划布局规模一次性下达。各省（区、市）能源主管部门根据规划布局，组织开展项目核准工作，每年2月底之前上报上一年度项目核准及建设运行情况。“十三五”中期组织开展本地区生物质发电“十三五”规划修编，进行滚动调整。

大力推进农林生物质热电联产，从严控制只发电不供热项目。将农林生物质热电联产作为县域重要的清洁供热方式，为县城及农村提供清洁供暖，为工业园区和企业提供清洁工业蒸汽，直接替代县域内燃煤锅炉及散煤利用。因地制宜推进城镇生活垃圾焚烧热电联产项目建设。

纳入生物质发电“十三五”规划布局方案的是符合国家可再生能源基金支持政策的农林生物质发电和垃圾焚烧发电项目。不符合国家可再生能源基金支持政策，或者不申请国家可再生能源基金支持的布局项目，不纳入本规划布局方案。有关地方能源主管部门核准建设规划布局方案之外的生物质发电项目（沼气发电除外），由所在省（区、市）负责解决补贴资金问题。

七、多措并举扩大补贴资金来源

各省（区、市）能源主管部门组织本地区可再生能源电力建设，除了考虑电网接入和市场消纳保障，还应考虑本地区可再生能源电价附加征收情况、本地区其他补贴资金来源等因素。鼓励各级地方政府多渠道筹措资金支持可再生能源发展，已制定本省级区域支持可再生能源建设和利用补贴政策的地区可相应扩大建设规模。

各省（区、市）能源主管部门和各派出能源监管机构应会同有关部门监测评价风电、光伏发电、生物质发电项目电费结算、补贴资金到位以及企业经营状况，向社会及时发布信息，提醒企业投资经营风险，合理把握可再生能源电力建设节奏。

八、加强政策保障

各级地方政府能源主管部门要积极落实国家支持可再生能源发展的政策，完善政府管理和服务机制，在土地利用等方面降低成本，不得以收取资源费等名义增加企业负担。电网企业要遵照《可再生能源法》的规定，与依法取得行政许可或报送备案的可再生能源发电企业做好衔接，及时投资建设配套电网，签订并网调度协议和购售电合同，履行对可再生能源发电的全额保障性收购责任。

各级地方政府能源主管部门与电网企业要贯彻《可再生能源法》的要求，按照电力体制改革工作部署，以可再生能源发电全额保障性收购要求作为依据，落实可再生能源发电项目合同的签订和执行。若可再生能源企业优先发电合同未履行，其优先发电权可以转让。

各派出能源监管机构要按照《可再生能源发电全额保障性收购管理办法》第十二、十三条等有关要求，会同省级能源主管部门、经济运行主管部门及电网企业严格落实国家核定的最低保障小时数。各派出能源监管机构要加强可再生能源电力项目接入电网监管，并会同地方政府有关部门加强对可再生能源发电全额保障性收购执行情况的监管和考核工作。

国家能源局（印）
2017年7月19日

附件1

2017～2020年风电新增建设规模方案

单位：万kW

省份	2017年	2018年	2019年	2020年	2017～2020年累计	2020年规划并网目标
北京市	0	5	5	10	20	50
天津市	29	26	40	28	123	100
河北省	239	350	300	250	1139	1800
山西省	256	240	220	224	940	900
辽宁省	0	70	50	40	160	800
上海市	0	10	10	10	30	50
江苏省	110	100	80	80	370	650
浙江省	0	100	90	90	280	300
安徽省	200	100	100	50	450	350
福建省	50	100	100	100	350	300
江西省	113	160	140	60	473	300
山东省	350	240	200	200	990	1200
河南省	300	300	300	300	1200	600
湖北省	301	150	150	150	752	500
湖南省	232	230	150	150	762	600
广东省	165	150	150	150	615	600
广西区	200	100	100	100	500	350
海南省	0	0	0	35	35	30

续表

省份	2017 年	2018 年	2019 年	2020 年	2017～2020 年累计	2020 年规划并网目标
重庆市	30	15	15	15	75	50
四川省	22	8	20	20	70	500
贵州省	15	60	120	44	239	600
云南省	0	65	65	65	195	1200
西藏区	0	5	5	10	20	20
陕西省	303	150	150	150	753	550
青海省	150	150	100	100	500	200

注 1. 上述新增建设规模是根据“十三五”规划、本地消纳能力和各地区报送方案提出的初步规模，预警结果为绿色地区可在实际建设中自行调整；

2. 吉林、黑龙江、甘肃、宁夏、内蒙古、新疆维吾尔自治区、新疆兵团暂不下达各年度新增建设规模，待弃风限电缓解后另行下达；

3. 表中不含特高压输电通道配套的风电基地和海上风电建设规模。特高压通道配套风电基地规模，根据特高压通道规划、启动时间和建设周期另行单独配置，原则上风电可按特高压通道输送风电最大能力配置。

附件 2

2017～2020 年光伏电站新增建设规模方案

单位：万 kW

省份	2017 年	2018 年	2019 年	2020 年	2017～2020 年累计	2020 年规划并网目标
河北	100	120	120	120	460	1200
山西	80	100	100	100	380	1200
山东	50	100	100	100	350	1000
内蒙古	100	100	100	100	400	1200
辽宁	50	40	30	30	150	250
吉林	50	40	40	40	170	240
黑龙江	80	80	80	80	320	600
陕西	80	80	80	80	320	700
青海	80	50	50	50	230	1000
江苏	120	100	100	100	420	1000
浙江	100	100	100	100	400	800
安徽	80	60	50	50	240	700
江西	50	30	30	30	140	400

续表

省份	2017 年	2018 年	2019 年	2020 年	2017～2020 年累计	2020 年规划并网目标
河南	90	50	50	50	240	500
湖北	50	50	30	30	160	350
湖南	50	50	30	30	160	200
四川	50	50	30	30	160	250
贵州	30	30	30	30	120	200
云南	50	50	50	50	200	310
广东	50	80	80	80	290	600
广西	50	30	30	30	140	100
领跑技术基地	800	800	800	800	3200	

注 1. 表中“2020 年规划并网目标”是全国太阳能发展“十三五”规划以及经国家能源局批复的各省（区、市）能源发展“十三五”规划确定的目标，为到 2020 年底累计的并网装机容量；

2. 北京、天津、上海、福建、重庆、西藏、海南 7 个省（区、市）自行管理本区域“十三五”时期光伏电站建设规模，根据本地区能源规划、市场消纳等条件有序建设；

3. 本表规模不包括不限建设规模的分布式光伏发电项目、村级扶贫电站以及跨省跨区输电通道配套建设的光伏电站；各种结合农业大棚、牲畜养殖建设的光伏电站项目均按集中式电站纳入年度规模管理；

4. 甘肃、新疆（含兵团）、宁夏目前弃光限电严重，暂不安排 2017～2020 年新增建设规模，待弃光限电情况明显好转后另行研究确定；

5. 各省（区、市）2017 年度新增建设规模优先建设光伏扶贫电站，不再单独下达集中式光伏扶贫电站规模；河北、山东、河南、江西、湖南、湖北、云南、广东等提前使用 2017 年建设规模超过 50 万 kW 的省份新增建设规模全部用于建设光伏扶贫电站；

6. 有关省（区、市）依据《国家能源局关于调整 2016 年光伏发电建设规模有关问题的通知》（国能新能〔2016〕383 号）调增的建设规模计入 2016 年。对有关省（区）能源主管部门据此文件安排的调增建设规模，符合文件规定的均为有效，国家能源局不再单另下文确认。调增规模超过 100 万 kW 的，请有关省级能源主管部门自行对超过部分剔除；

7. 2017～2020 年每年安排领跑基地项目 800 万 kW，由国家能源局统一组织竞争优选确定；

8. 张家口市光伏发电建设规模根据国家批复的有关专项规划建设，不占表中所列河北省各年度建设规模；

9. 河南省 2017 年度建设规模中的 40 万 kW 用于专项支持兰考、永城、虞城、商水农村能源革命试点。

附件 3

生物质发电“十三五”规划布局方案

单位：万 kW

省份	生物质发电布局规模	其中农林生物质发电布局规模	其中垃圾焚烧发电布局规模
北京	6	1	5
天津	4	2	2
河北	164	134	30
山西	55	30	25
内蒙古	34	24	10
辽宁	134	79	55
吉林	133	113	20
黑龙江	128	110	18
上海	16	1	15
江苏	143	57	86
浙江	62	5	57
安徽	127	73	54
福建	26	2	24
江西	95	56	39
山东	224	126	98
河南	223	160	63
湖北	97	59	38
湖南	89	36	53
广东	119	23	96
广西	88	49	39
海南	30	15	15
重庆	26	13	13
四川	48	15	33
贵州	40	15	25
云南	21	0	21
西藏	3	0	3
陕西	92	48	44
甘肃	51	38	13
宁夏	8	3	5
新疆	19	0	19
新疆兵团	29	25	4

注　生物质发电具体项目布局略，见纸质文件。

国家能源局关于印发《能源行业市场主体信用评价工作管理办法（试行）》的通知

（国能发资质〔2017〕37 号）

各派出能源监管机构，有关能源企业，有关行业协会：

为加快推进能源行业信用体系建设，规范能源行业市场主体信用评价活动，我局制定了《能源行业市场主体信用评价工作管理办法（试行）》，现印发你们，请遵照执行。

国家能源局

2017 年 8 月 1 日

附件

能源行业市场主体信用评价工作管理办法（试行）

第一章　总　则

第一条　为推进能源行业信用体系建设，建立健全守信激励与失信惩戒机制，规范能源行业市场主体信用评价活动，依据《社会信用体系建设规划纲要（2014～2020 年）》、《能源行业信用体系建设实施意见（2016～2020 年）》有关规定，制定本办法。

第二条　本办法所称能源行业市场主体，是指在中华人民共和国境内从事煤炭、石油、天然气、电力、新能源和可再生能源等能源的生产、建设、输送、供应和服务等相关活动的法人和其他组织。

本办法所称信用评价，是指信用评价机构（简称评价机构）依据有关法律法规和能源行业市场主体信用信息，根据能源行业市场主体信用评价标准，采用规范的程序和方法，对能源行业市场主体的信用状况进行评价，确定其信用等级，并通过能源行业信用信息平台进行共享、向社会公开的活动。

本办法所称信用评价机构，是指全国性能源行业组织，经国务院征信业监督管理部门许可或备案的第三方信用服务机构可与全国性能源行业组织合作开展能源行业信用评价工作。

能源行业市场主体信用评价的信用信息收集、信用状况评定、评价结果公开与应用，适用本办法。法律法规和规章另有规定的，从其规定。

第三条　能源行业市场主体信用评价遵循政府指导、行业自律、自愿参与、公开透明的原则，维护市场主体的合法权益，不得损害国家和社会公共利益。

第四条　能源行业信用体系建设领导小组（简称领导小组）指导全国能源行业市场主体信用评价，研究决策重大事项，组织审定并发布相关制度和标准。

能源行业信用体系建设领导小组办公室（简称办公室）协调和监督信用评价工作，牵头制定相关制度和标准，披露并推广应用信用评价结果。

派出能源监管机构按照领导小组及其办公室要求，组织落实本辖区内能源行业市场主体信用评价的监督管理和结果应用。

地方能源主管部门配合做好辖区内能源行业市场主体信用评价监督管理和结果应用。

第五条 全国性能源行业组织在领导小组及其办公室的指导下，根据能源行业各领域统一的评价标准，对能源行业市场主体开展信用评价，并对最终评价结果承担主体责任；在信用信息归集、标准制定、联合惩戒等方面发挥作用，引导企业积极参与信用体系建设工作。

第三方信用服务机构在与全国性能源行业组织合作开展信用评价工作中，自觉接受领导小组及其办公室、全国性能源行业组织的指导和监督。

能源行业市场主体按照本办法及有关规定，向评价机构提供相应的数据和资料，配合开展信用评价工作。

第二章 评 价 标 准

第六条 办公室组织制定能源行业市场主体信用评价标准，明确能源行业不同领域信用评价的指标体系、评分标准、信用等级与标识等内容，并经领导小组审定后公布。

办公室应适时组织调整信用评价标准。

第七条 能源行业市场主体信用评价应从市场主体履行社会承诺的意愿、能力和表现等方面进行综合评价。履约意愿是指经营过程中推崇的基本信念和追求的目标，包括价值理念、制度规范、品牌形象等内容。履约能力是指履行承诺、实现自身价值的综合性能力，包括管理能力、财务能力、市场能力、生产经营能力等内容。履约表现是指承担利益相关方责任和承诺兑现情况，包括公共管理、相关方履约、公益支持等内容。

能源行业信用评价指标分为一级指标、二级指标和三级指标。能源行业不同领域需结合行业自身特点及重要影响因素，设置评价指标及相应权重，分别形成统一的信用评价标准。

第八条 能源行业市场主体信用等级统一划分为 AAA、AA、A、B、C 三等五级。其中 AAA 级表示信用很好，AA 级表示信用好，A 级表示信用较好，B 级表示信用一般，C 级表示信用差。根据能源行业各领域特点和评价需要，可将 B、C 两等扩展为 BBB、BB、B、CCC、CC、C 六级。必要时可对每个信用级别用“+”“－”进行微调，表示略高或略低于本等级。

第三章 评 价 程 序

第九条 能源行业信用评价参评市场主体应具备以下条件：

（一）依法持有合法经营所需的相关证照；

（二）具有 1 年以上稳定经营记录。

第十条 市场主体应以声明、自主申报、社会承诺等形式，向评价机构提供以下申报材料，并保证信息的合法、真实、完整：

（一）能源行业信用评价申报书及相关资料；

（二）申报材料真实性声明；

（三）其他有关反映履约意愿、能力及表现的证明材料。

其中，依据法律法规规章应当主动公开的信用信息和能源行业市场主体信用信息目录中要求公开的信息，应当公开，作为评价依据。

第十一条 评价机构可以根据实际需要，拓展评价信息来源，通过国家能源局及其他政府部门依法已公开的信息，人民法院依法公布的判决、裁定等渠道，依法查询属于政府信息公开范围的公共信用信息，或经市场主体书面授权查询非公开的公共信用信息，作为能源行业市场主体信用评价信息的补充。

第十二条 评价机构可根据需要通过实地调查等方式对市场主体的申报信息进行核查比对，市场主体应给予配合。

第十三条 评价机构应按照能源行业市场主体信用评价标准，组织开展信用评价，计算信用评价分值，形成信用初评报告，初步拟定信用等级。

第十四条 评价机构应将市场主体信用评价初评结果通过网站、报刊等渠道进行公示，向社会征询意见，公示期为 7 个工作日。

第十五条 对信用评价初评结果有异议的，应在公示期限内以书面方式向评价机构提出异议，说明理由并提供相关证明材料。评价机构自收到书面异议及相关证明材料之日，如需补充相关证明材料，评价机构一次告知，并自收到补充证明材料起，在 15 个工作日内对提出的异议完成复核，并反馈复核意见。

第十六条 对信用评价无异议的，或完成异议处理的，评价机构应形成正式的信用评价结果和信用评价报告，并在 7 个工作日内，按照能源行业市场主体信用信息目录要求，将评价机构基本信息和信用评价结果录入能源行业信用信息平台，按照统一样式制作并颁发信用等级证书和标牌。

第十七条 评价机构将市场主体的信用评价结果记入信用档案，并通过评价机构网站、“信用能源”网站等渠道依法依规向社会披露。

第四章 动 态 管 理

第十八条 信用评价结果有效期为 2 年。有效期满前 3 个月，市场主体应申请信用复评，复评程序按照本办法第三章的规定执行。有效期满后，市场主体未申请信用复评的，评价结果逾期作废。

第十九条 能源行业市场主体取得信用等级 1 年后，可申请信用等级升级，从信用等级升级获批之日起，有效期自动延展 2 年。升级评价程序按照本办法第三章的规定执行。

第二十条 评价机构加强能源行业市场主体信用行为动态监测与信用评价复查。信用评价结果有效期内，评价机构发现可能影响评价结果的不良信息，应将其列入观察名单，并在信用档案中予以标记。同时，告知列入观察名单的市场主体。

列入观察名单的市场主体，应在 2 个月内向评价机构申请信用评价复查。复查合格者继续保留原信用等级，不合格者应相应下调。未在规定期限内申请信用评价复查的，评价机构应相应下调其信用等级，并告知。

第二十一条 能源行业市场主体信用评价实行一票否决制，凡发生严重失信行为的，一律为最低信用等级，且 2 年内不受理其升级申请。上述严重失信行为包括：

（一）在信用评价申报或动态管理过程中有严重弄虚作假行为或串通操纵评价结果的；

（二）伪造或冒用较高信用等级证明从事经营活动的；

（三）在市场经营活动中，严重违反行业自律公约，存在恶意竞争、扰乱市场等行为，造成严重后果的；

（四）存在合同诈骗等严重违法活动的；

（五）被列入能源行业严重失信黑名单，或其他相关政府部门、司法机关联合惩戒黑名单的；

（六）其他严重违反现行法律法规规定的。

第五章　评价结果应用

第二十二条　能源行业主管部门在项目核准（备案）、市场准入、日常监管、政府采购、专项资金补贴、评优评奖等工作中，应加强信用评价结果应用。

第二十三条　健全与其他政府部门、行业组织的信用信息和信用评价结果的共享互通，建立联合激励惩戒机制，发挥协同效应。

鼓励能源行业组织加强行业信用管理建设，对守信主体采取重点推荐、业内表彰、提升会员级别等激励措施；对失信主体采取业内警告、通报批评、降低会员级别、取消会员资格等惩戒措施。

鼓励市场主体在生产经营、交易谈判、招投标等经济活动中使用信用信息和信用评价结果，对守信主体采取优惠便利、增加交易机会等降低市场交易成本的激励措施；对失信主体采取取消优惠、提高保证金等增加交易成本的惩戒措施。

第六章　监督管理

第二十四条　行政部门、评价机构及其工作人员在信用评价过程中，应当确保信息安全，不得存在下列行为：

（一）窃取、伪造授权证明或者以其他方式非法获取信用信息；

（二）采集禁止采集的个人信息或者未经同意采集个人信息；

（三）违规披露、泄露未经授权公开的信用信息；

（四）泄漏涉及国家机密、商业秘密、个人隐私的信用信息；

（五）篡改、虚构、违规删除信用信息；

（六）其他造成信息主体合法权益受到侵害的行为。

第二十五条　评价机构应向办公室提交在能源行业信用信息平台公开、共享评价信息的申请，每年向办公室报告年度能源行业信用评价业务开展情况。报告内容包括信用信息采集、信用产品开发、信用信息服务、异议处理、信息安全保障情况等。评价机构应当对报告材料的真实性、准确性、完整性负责。

办公室通过定期报告、随机抽查、材料核实、接受举报投诉等方式，监管评价机构的工作状况和质量。评价机构及其工作人员有下列情形之一的，视情节轻重对其实施督促整改、通报批评、列入“黑名单”和联合惩戒。

（一）违反本办法第二十三条规定，未履行信息安全义务的；

（二）违反评价标准和评价程序、有失客观公正的；

（三）在评价活动中弄虚作假、与市场主体串通操纵评价结果的；

（四）被大量投诉并经核查属实的；

（五）未按照规定处理异议申请的；

（六）其他违反本办法规定，造成严重后果的。

第二十六条　行政部门及其工作人员违反本办法规定，在工作中滥用职权、玩忽职守、弄虚作假、徇私舞弊的，由所在单位或上级主管部门根据情节轻重，对直接负责的主管人员和其他直接责任人员依法依纪给予处分；对市场主体造成损失的，依法承担相应责任；构成犯罪的，依法追究刑事责任。

第二十七条　能源行业市场主体信用评价接受社会监督，任何单位和个人对违法违规行为可通过网站、电话向办公室进行举报和投诉。

第七章　附　　则

第二十八条　本办法自印发之日起施行。

国家能源局综合司关于进一步加强电力安全生产监督管理　防范电力安全生产人身伤亡事故的通知

（国能综通安全〔2017〕38号）

各省（自治区、直辖市）、新疆生产建设兵团发展改革委（能源局），各派出能源监管机构，全国电力安委会企业成员单位：

近期，全国连续发生多起电力安全生产人身伤亡事故，给人民生命财产安全造成较大损失，并造成了一定社会影响，教训极其深刻。当前全国已进入主汛期，电力迎峰度夏即将来临，电力安全生产任务繁重，压力极大，为进一步加强电力安全生产监督管理，有效防范电力安全生产人身伤亡事故发生，现就有关要求通知如下：

一、高度重视电力安全生产工作。各单位要加强安全生产组织领导，切实把安全生产摆在更加突出、更加重要的位置，不断健全安全生产体制机制，完善规章制度，保障安全投入，做到“五落实五到位”。要结合“安全生产月”活动和本单位实际情况，认真组织开展事故案例及安全生产大讨论，增强安全生产红线意识，营造安全生产良好氛围。

二、严格落实安全生产责任。各单位要按照“党政同责、一岗双责、齐抓共管、失职追责”要求，完善安全生产责任体系，严格落实各级、各岗位安全生产责任，对安全生产监督管理不到位、把关不严、检查不实、整改不力的，要严肃追究责任，着力解决责任不落实、执行不到位的问题。

三、切实加强安全生产监督管理。各单位要针对当前安全生产现状，结合防汛和迎峰度夏工作要求，进一步健全安全风险管控和隐患排查治理双重预防机制，立足防范、突出重点，做好触电、高空坠落、火灾、机械伤害等人身事故的防范工作。要认真研究安全生产客观规律，对重点区域、重点环节、重点岗位、重点人员严格管控，并结合季节性特点，开展输煤作业、电气作业、高空作业等专项隐患排查治理，切实堵塞安全生产漏洞，有效防范事故发生。

四、强化外包工程安全管理。各单位要加强对承包单位的监督、管理和指导，严禁“以包代管”。要严格审查承包单位资质，明确承发包双方安全责任，开工前对承包方进行有针对性的安全技术交底，实施必要的系统隔离，并做好特殊危险作业安全措施的审查；作业过程中，要做好现场全过程安全监护，并加强作业现场的监督检查，及时纠正违章行为，通过严格的安全管理，规范外包队伍作业行为。

地方能源主管部门、各派出能源监管机构要加强对电力企业的监督检查，督促电力企业全面深入开展隐患排查治理工作，落实风险管控措施，对安全责任不落实、隐患排查不深入、风险管控不力的单位进行安全生产警示约谈，并根据有关规定严肃追究相关人员责任，加大企业安全监管力度。

国家能源局综合司（印）
2017年6月8日

国家能源局 国务院扶贫办关于“十三五”光伏扶贫计划编制有关事项的通知

（国能发新能〔2017〕39号）

各省、自治区、直辖市及新疆生产建设兵团发展改革委（能源局）、扶贫办，国家开发银行、中国农业发展银行，国家电网公司、南方电网公司，内蒙古电力公司等地方电网企业，水电水利规划设计总院：

为加快推进光伏扶贫工程，保障光伏扶贫项目的扶贫效果，现就“十三五”时期光伏扶贫计划编制工作有关事项通知如下：

一、精准识别扶贫对象。光伏扶贫的对象是建档立卡贫困村和建档立卡贫困户，向老弱残贫困人口倾斜，确保精准识别、动态调整。光伏扶贫项目发电收益需确保惠及贫困村村集体和贫困户，应通过设置公益岗位、开展公益事业以及设立奖补等形式，分配发电收益，激发贫困户内生动力。有关市（县）扶贫部门负责贫困户精准识别，按照贫困户自愿、民主评议、村内初审公示、乡镇审核公示的程序，选定符合条件的扶贫对象后，由市（县）扶贫部门将光伏扶贫任务及建档立卡贫困村和贫困户名单送交给同级能源主管部门。

二、合理选择建设模式。以村级光伏扶贫电站为主要建设模式，村级电站应在建档立卡贫困村建设，单个村级电站容量控制在300kW左右（具备就近接入条件的可放大至500kW）。不具备建设村级电站条件的地区，可建设集中式光伏扶贫电站，但要严格按照政府投资入股、按股分成的资产收益模式建设，发生光伏限电问题的省份不安排集中式光伏扶贫电站。以县为单元，总受益户数与总建设规模的配比关系为村级电站每户对应5～7kW，集中式电站每户对应25～30kW。

三、对于村级电站，国家能源局和国务院扶贫办根据各省（区、市）光伏扶贫需求，确定脱贫攻坚期间各省（区、市）村级电站建设规模，并于2017年一次性下达。村级电站产权属于村集体，各地要引导和鼓励使用涉农整合资金和东西协作、定点帮扶、社会捐赠等资金建设村级扶贫电站。对于集中式光伏扶贫电站，分年度分批下达规模，并纳入各省（区、市）光伏发电年度总规模统筹考虑。请各省（区、市）根据自身扶贫任务、电网接入条件、政府筹资条件确定光伏扶贫建设类型和规模，作为本地区光伏扶贫年度计划建议报送国家能源局。

四、“十三五”期间光伏扶贫任务申报和下达的具体流程为：

（一）各省（区、市）能源主管部门会同扶贫主管部门组织各地以市（县）为单位编制光伏扶贫规划及实施方案；

（二）各省（区、市）能源主管部门会同扶贫主管部门根据各地的规划及实施方案提出本省“十三五”期间光伏扶贫计划建议。以县为单元确定建设任务，内容包括：“十三五”时期光伏扶贫受益建档立卡贫困户数，相应的村级电站数量、总规模及对应帮扶户数；集中式光伏电站规模和对应帮扶户数，电网企业出具的接网和消纳意见。各省（区、市）能源主管部门汇总有关材料并会同扶贫主管部门初审后于8月31日前上报国家能源局；

（三）国家能源局会同国务院扶贫办核实汇总有关省（区、市）光伏扶贫年度新增建设规模的信息，下达国家光伏扶贫计划，范围为《关于实施光伏发电扶贫工作的意见》附录中的471个国家级贫困县；

（四）各省（区、市）能源主管部门根据国家能源局发布的“十三五”光伏扶贫计划，组织实施并在国家可再生能源信息系统中填报各项目信息。国家能源局、国务院扶贫办根据各省（区、市）填报的信息监督检查光伏扶贫任务完成情况。各省（区、市）及地方扶贫部门和能源主管部门应做好光伏扶贫受益贫困村、贫困户的信息统计，按年度向国务院扶贫办和国家能源局报告并在国家可再生能源信息系统填报。

五、有关电网公司要负责配合有关省（区、市）光伏扶贫项目计划编制，衔接好村级光伏扶贫项目和农网升级改造计划，做好与光伏扶贫项目相适应的电网设施建设和技术改造，确保全额收购光伏扶贫项目上网电量。国家开发银行、中国农业发展银行要制定支持光伏扶贫项目的实施细则，指导地方分支机构落实贷款利率优惠和延长宽限期等支持光伏扶贫的政策。

国家能源局
国务院扶贫办（印）
2017年8月1日

附件

××省（区、市）光伏扶贫计划建议表

单位：户，万kW

市（县）	建档立卡贫困村	户数	电站类型	电站编号	电站容量
A县	A1村		村级电站	0001	
A县	A2村		村级电站	0002	
A县	A3村		村级电站	0002	
……					
总计	/		/	/	

注 1. 电站类型包括村级电站和集中式电站，“十三五”时期计划建设的村级光伏扶贫电站一次性报送，集中式光伏扶贫电站按年度报送。

2. 各省上报光伏扶贫计划需对计划建设的光伏扶贫电站采用四位数字进行唯一编号；多村联建的或者集中式电站，单一电站编号对应多个建档立卡贫困村。

3. 以县为单元确定光伏扶贫建设总规模与收益贫困户的配比关系，按全县平均核算，村级电站应满足不超过7kW受益1户的条件，集中式电站应满足不超过30kW受益1户的条件。

国家能源局关于发布 2017 年度风电投资监测预警结果的通知

（国能新能〔2017〕52 号）

各省（自治区、直辖市）发展改革委、经信委（工信厅）、能源局，各派出机构，国家电网公司、南方电网公司、中国华能集团公司、中国大唐集团公司、中国华电集团公司、中国国电集团公司、中国电力投资集团公司、中国神华集团公司、中国华润集团公司、中国长江三峡集团公司、国家开发投资公司、中国核工业集团公司、中国广东核电集团有限公司、水电水利规划设计总院、电力规划设计总院、中国风能协会、国家可再生能源中心：

为促进风电产业持续健康发展，做好风电开发利用工作，现将各省（自治区、直辖市）风电开发投资预警结果予以公布，并就做好 2017 年度风电并网和消纳工作通知如下：

一、2017 年风电投资监测预警结果：内蒙古、黑龙江、吉林、宁夏、甘肃、新疆（含兵团）等省（区）为风电开发建设红色预警区域。其他省份为绿色区域。

二、红色预警的省（区）不得核准建设新的风电项目，并要采取有效措施着力解决弃风问题。电网企业不得受理红色预警的省（区）风电项目的新增并网申请（含在建、已核准和纳入规划的项目），派出机构不再对红色预警的省（区）新建风电项目发放新的发电业务许可。

同时，暂缓建设新疆准东、吐鲁番百里风区、酒泉二期第二批风电项目，已投入运行或在建的输电通道重点用于消纳存量风电项目。

三、预警结果为绿色的地区要把握好风电项目建设的节奏，在落实消纳市场等建设条件的基础上自主确定年度建设规模和项目清单，统筹考虑建设和使用的衔接，避免出现新的限电情况。

为有效增加京津唐地区清洁能源供应，河北省能源局要加快推进承德基地二期风电项目的建设工作，确保在 2017 年底所有项目全部并网运行，并根据张家口可再生能源示范区规划的建设进度，有序推进张家口基地三期风电项目的建设工作。张家口、承德地区不再建设零散风电项目。山西省能源局要根据线路建设时序和运行调度情况、受端市场消纳和调峰情况合理确定晋北风电基地项目的年度建设规模，有序推进项目建设。晋北地区不再建设零散的风电项目。

云南、浙江省继续推进 2016 年开发建设方案，不再新增建设规模。

四、认真落实可再生能源发电全额保障性收购制度，明确最低保障小时数的省（区），各派出机构会同省级能源主管部门要严格按照《可再生能源发电全额保障性收购管理办法》和《关于做好风电、光伏发电全额保障性收购管理工作的通知》的要求，结合本地实际情况，制定落实全额保障性收购制度的实施细则，于 4 月底前报我局并实施。各派出机构会同省级能源主管部门和经济运行主管部门，要加强对可再生能源发电全额保障性收购以及补偿执行情况的监管和考核工作。

请各有关单位按照本通知要求，密切合作，积极采取有效措施，推动 2017 年度风电并网运行和市场消纳工作取得实际成效，促进风电产业持续健康发展。

国家能源局（印）
2017 年 2 月 17 日

附表

2017 年全国风电投资监测预警结果

地区	预警结果
北京	绿色
天津	绿色
河北南网	绿色
河北北网	绿色
山西	绿色
蒙东	红色
蒙西	红色
辽宁	绿色
吉林	红色
黑龙江	红色
上海	绿色
江苏	绿色
浙江	绿色
安徽	绿色
福建	绿色
江西	绿色
山东	绿色
河南	绿色
湖北	绿色
湖南	绿色
广东	绿色
广西	绿色
海南	绿色
重庆	绿色
四川	绿色
贵州	绿色
云南	绿色
西藏	绿色
陕西	绿色
甘肃	红色
青海	绿色
宁夏	红色
新疆（含兵团）	红色

国家能源局关于推进光伏发电“领跑者”计划实施和2017年领跑基地建设有关要求的通知

（国能发新能〔2017〕54号）

各省（自治区、直辖市）、新疆生产建设兵团发展改革委（能源局），各派出能源监管机构，国家电网公司、南方电网公司，水电水利规划设计总院、电力规划设计总院：

为贯彻落实国家创新驱动发展战略，有序推进光伏发电“领跑者”计划实施和基地建设，促进光伏发电技术进步、产业升级和成本下降，实现2020年用电侧平价上网目标，现通知如下：

一、总体安排

光伏发电“领跑者”计划和基地建设以促进光伏发电技术进步、产业升级、市场应用和成本下降为目的，通过市场支持和试验示范，以点带面，加速技术成果向市场应用转化，以及落后技术、产能淘汰，实现2020年光伏发电用电侧平价上网目标。

光伏发电领跑基地包括应用领跑基地和技术领跑基地，其中应用领跑基地通过为已实现批量制造且在市场上处于技术领先水平的光伏产品提供市场支持，以加速市场应用推广、整体产业水平提升和发电成本下降，提高光伏发电市场竞争力；技术领跑基地通过给光伏制造企业自主创新研发、可推广应用但尚未批量制造的前沿技术和突破性技术产品提供试验示范和依托工程，以加速科技研发成果应用转化，带动和引领光伏发电技术进步和市场应用。

领跑基地光伏产品技术指标根据光伏行业技术进步和产业发展情况循环递进，由国家能源局商有关方面研究确定。为充分发挥“领跑者”计划的行业引领作用，根据领跑基地建设和技术进步、产业升级情况，经研究评估后不定期实施；每期应用领跑基地竞争优选发现的技术指标，作为间隔一期时光伏行业技术平均先进水平预期指标，并作为市场准入标准递进调整的参照；每期技术领跑基地技术指标原则上作为下期应用领跑基地的技术指标的重要参考。

为使领跑基地成为光伏发电行业真正“领跑者”，领跑基地建设实行规模总量控制，同时发挥规模效应、强化监测监管。根据《国家能源局关于可再生能源发展“十三五”规划实施的指导意见》（国能发新能〔2017〕31号），每期领跑基地控制规模为800万kW，其中应用领跑基地和技术领跑基地规模分别不超过650万kW和150万kW。每个基地每期建设规模50万kW，应用领跑基地每个项目规模不小于10万kW，技术领跑基地每个项目规模为25万kW，每个基地均明确其中一个项目承担所在基地综合技术监测平台建设；为保持各地区光伏发电平稳有序发展，每个省每期最多可申报2个应用领跑基地和1个技术领跑基地。加强基地建设和运行监测监管，长期监测评价基地情况，实时发布相关数据和报告，建立激励惩戒机制，对实施效果好的基地所在地政府进行鼓励奖励，对建设运行中的失信企业和地方政府依法依规予以惩戒。

本期拟建设不超过10个应用领跑基地和3个技术领跑基地，应分别于2018年底和2019年上半年之前全部建成并网发电。2017年剩余规模作为激励机制预留规模，根据评估情况对按要求按期并网发电、验收合格且优选确定的电价较光伏发电标杆电价降幅最大的3个基地增加等量规模接续用于应用领跑基地建设。2017年6月30日前已建成未验收以及在建的基地所在市级行政区域不参加2017年新建基地申报。2016年光伏发电运行小时数达到保障小时数95%及以上或弃光率不超过5%的省份方可申报。

二、应用领跑基地建设模式及技术指标

应用领跑基地的建设模式为：进入国家能源局优选范围的基地所在地政府采取竞争性优选方式选择基地项目投资者，要求投资者选用达到领跑技术指标的光伏产品，并将比当地光伏发电标杆上网电价低10%的电价作为企业竞价的入门门槛。本期应用领跑基地采用的多晶硅电池组件和单晶硅电池组件的光电转换效率应分别达到17%和17.8%以上，硅基、铜铟镓硒、碲化镉及其他薄膜电池组件的光电转换效率原则上参照晶硅电池组件效率提高幅度相应提高，各类光伏电池组件的衰减率指标要求保持不变。

三、技术领跑基地建设模式及技术指标

技术领跑基地的建设模式为：进入国家能源局优选范围的基地所在地政府采取竞争性优选方式选择技术最前沿的光伏制造企业，由其单独或联合一家光伏发电投资企业共同（光伏制造企业须控股）作为该基地项目投资企业，基地项目执行光伏发电标杆上网电价。本期技术领跑基地采用的多晶硅电池组件和单晶硅电池组件的光电转换效率应分别达到18%和18.9%以上，硅基、铜铟镓硒、碲化镉及其他薄膜电池组件的光电转换效率原则上参照晶硅电池组件效率提高幅度相应提高，各类光伏电池组件的衰减率指标要求保持不变。被选中的光伏制造企业应具有原创核心技术知识产权，已制定该前沿技术的产业化发展计划。

四、领跑基地优选方式

领跑基地由地方自愿申报，通过竞争方式优选产生。各省发展改革委（能源局）统一组织区域内的基地申报工作，对各基地进行初选后向国家能源局提交申报材料，申报材料应包括基地规划报告、必要的支撑性专题报告以及包含土地成本及税费、电力送出工程及消纳保障、政府服务保障机制的市（县）级及以上政府或有相应管理权限的政府部门的说明或支撑性（承诺）文件等。国家能源局委托技术管理机构组织专家按照以下条件，对申报的基地分别进行评价，按本期拟建设规模，依据评分排名分别确定应用领跑基地和技术领跑基地名单。基地优选过程中可邀请地方政府进行陈述答辩。优选标准详见附件1。

（一）太阳能可利用条件。优先选择具备较好太阳能资源条件的地区。以现有正常运行光伏电站实际年利用小时数并结合省级以上气象局观测及评价判断该基地太阳能可利用条件。

（二）土地类型及成本。基地场址必须属于国家允许建设光伏电站的土地，产权清晰，土地流转价格较低（或不收取土地租金的国有未利用土地）。基地所在市（县）政府应确认基地光伏阵列所占用土地属于不征收城镇土地使用税和耕地占用税范围，并明确按用地面积计列的所有费用以及土地足额交付使用的期限。在同等条件下，优先选择基地规划总规模较大、集中连片的基地。

（三）接入系统建设。基地所在地省级电网企业应负责投资建设基地的电力送出工程，至少应承诺投资建设基地配套的汇集站及以上输电线路，承诺投资建设基地各项目升压站之外全部电力送出工程的优先。在基地所在地政府与电网企业

约定在一定期限内由电网企业回购电力送出工程资产的前提下，地方政府可采取其他方式统一建设接网及汇集站等电力送出工程，但不得由基地内项目投资企业分摊工程费用。

（四）电力市场消纳保障。基地所在地省级发展改革委（能源局）会同有关部门提出基地项目电力消纳范围、明确保障基地项目电力优先消纳的措施。基地所在省级电网企业应提供基地项目发电全额消纳或达到国家规定的最低保障小时数（或限电比例不超过5%）的论证意见及承诺；基地所在地市（县）政府应采取有效措施保障基地电力全额消纳，承担基地项目因限电达不到国家最低保障小时数相应欠发电量的经济补偿责任。

（五）地方政府推进工作机制和服务保障。建立健全基地项目地方政府管理"一站式"服务体系，简化项目建设审批手续，降低企业开发光伏电站的非技术成本，确保公开公平公正进行基地项目竞争性配置并对基地进行严格监督管理。基地所在地政府应公平对待符合条件的所有参与竞争的企业，不得对企业提出申报基地时已明确的建设任务之外的增加企业负担的其他要求。

为支持贫困地区发展，对位于国家认定的深度贫困县的基地，在基地场址不收取土地税费、土地租金较低以及电网企业投资建设全部电力送出工程和确保电力全额消纳的前提下，优先入选领跑基地。

五、投资企业优选方式

应用领跑基地和技术领跑基地的投资企业均通过竞争方式优选确定。竞争条件包括企业投资能力、业绩水平、技术先进性、申请的上网电价（应用领跑基地）等。各入选基地所在地能源主管部门应将竞争优选工作方案报送所在地省级能源主管部门，由其在国家能源局指导下组织审核或论证后批复，基地所在地政府按批复的优选工作方案组织优选。应用领跑基地主要竞争应用领域领先技术的市场竞争力（上网电价），兼顾技术先进性和其他因素；技术领跑基地主要竞争最新研发前沿技术先进性，兼顾预期市场竞争力（未来成本下降）和其他因素。基地的每个项目各自竞争优选且每个企业集团只能有一个企业参与竞选。应用领跑基地和技术领跑基地投资企业优选标准详见附件2和附件3。

六、监测评价和监管

建立国家能源局指导、省级发展改革委（能源局）协调、基地所在地市（县）政府落实、技术管理机构技术支撑下的监测评价和监督管理工作机制。各基地所在地省级发展改革委（能源局）会同国家能源局派出能源监管机构组织技术管理支撑机构认真做好基地项目技术方案论证、主设备采购、施工安装、调试运行、验收及后评估全过程的监督，确保各项目主要光伏产品达到相应先进技术产品指标要求。各基地所在地市（县）能源主管部门负责选择具备能力的机构（或企业）建立基地项目集中监测评价技术系统，相关监测信息报送国家可再生能源信息管理中心。国家可再生能源信息管理中心负责定期发布各基地的监测评价报告。

国家能源局指导有关省级发展改革委（能源局）组织各基地所在地能源主管部门依托技术管理支撑机构对基地进行验收，基地验收内容除常规的工程验收外，应重点验收基地项目采用先进产品、电力送出工程建设、生态保护及土地综合利用、地方政府服务和收费等，其中对基地项目采用先进产品的核实，由国家认可的认证机构按"交叉检查"方式进行。

国家能源局会同有关方面加大对领跑基地建设运行的全过程监督，建立健全基地建设运行状况定期发布、工作激励和黑名单、失信惩戒等制度。对达不到竞争承诺光伏产品技术指标（包括组件转换效率、衰减率、系统效率等）的基地、企业、设备制造商，以及未兑现政策和服务承诺的地方政府予以通报。领跑基地项目整个建设经营期不得转让，对擅自转让基地项目、因自身原因未按期建设和验收不合格的基地企业（含技术领跑基地的光伏制造企业），禁止其及所属企业集团系统所有企业参加后续领跑基地投资建设。对于以上情形中失信情节严重的，根据行业黑名单或国家信用体系失信名单的有关规定办理。同时，建立奖励激励机制，对建设速度快、并网消纳落实、实施效果好的基地所在地通过给予增加基地建设规模等方式予以鼓励。

有关省（自治区、直辖市）及新疆生产建设兵团发展改革委（能源局）对拟申报的应用领跑基地或技术领跑基地，根据申报基地类别进行初审，并于2017年10月31日前向国家能源局提交基地申报材料。

联系电话：010－68555870，68555050（传真）

215641476@qq.com

国家能源局（印）

2017年9月22日

附件1

光伏发电领跑基地竞争优选标准
（应用领跑基地和技术领跑基地通用）

序号	项目	内容与分值	说　明
1	太阳能资源及利用率（10分）	太阳能资源水平（5分）	按照已有光伏电站实际发电利用小时数，结合省级以上气象局观测及评价数据判定（按照2015年投产并具备2016年完整年发电小时数的固定安装方式光伏电站，对于本省无2015年投产规模内光伏电站的，按照太阳能辐照量计算）。年发电小时数1000h以上、不足1100h得1分，1100h以上、不足1200h得1.5分，1200h以上、不足1300h得2分，1300h以上、不足1400h得3分，1400h以上、不足1500h得4分，1500h以上得5分。无2016年小时数的按照太阳能辐照量以4800MJ/（m^2·a）为起点得1分，4800以上、不足5200得1.5分，5200以上、不足5600得2分，5600以上、不足6000得3分，6000以上、不足6400得4分，6400MJ/m^2.a以上得5分

续表

序号	项目	内容与分值	说　明
1	太阳能资源及利用率（10分）	太阳能利用率（5分）	已有光伏电站未发生限电的得5分，发生限电但不超过5%的得3分。其中，国家核定保障性收购小时数的地区按保障性小时数为基准判定，划分为2个及以上光伏发电标杆电价的省份，可分区评价
2	土地使用及成本（25分）	范围与类别（10分）	规划场址必须属于国家允许建设光伏电站的土地，产权清晰，不得占用基本农田和有环境影响制约或存在安全风险的区域。明确用地的范围（拐点坐标）和用地类别。提供规划地块的地形图（如入选则作为招商文件附件）。本项不符合，则不纳入基地优选。 规划场址位于沉陷区等各类不良地质区，地质稳定性条件不满足建设要求的，不纳入基地优选。 未利用地且不属于宜林、天然牧草等具有生态功能属性的得10分；一般农田和宜林、牧草等并已调规可利用的得6分（土地类型超过一种的按规划面积权重测算）
		城镇土地使用税和耕地占用税（10分）	承诺基地全部不征收城镇土地使用税和耕地占用税的得10分。耕地占用税征收部分超过总用地面积每超过10%减5分；城镇土地使用税征收部分超过总用地面积每超过5%减5分，总分减至0分为止
		用地成本（5分）	按用地面积计列的各项费用包括土地流转费用、补偿等共计5分。总用地成本（按全部成本平均至每年）200元/亩年以下的得满分，1000元/亩年以上得0分，中间线性内插
3	接网及送出工程（40分）	接入系统建设（20分）	省级及以上电网企业承诺投资建设基地配套的220kV汇集站及各项目接网工程的，得20分（对于基地不需要建设汇集站的，省级及以上电网企业承诺投资建设基地各项目接网工程的，得20分）。只建设汇集站及以上接入工程得15分。 地方政府在与电网企业协商基础上以其他方式建设基地配套的汇集站及接网工程，并且电网企业明确在一定期限内回购相应资产的，上述得分相应按90%计。 省级电网企业未承诺投资建设汇集站的，地方政府也未作出由其组织电力送出工程建设且电网公司明确回购资产的，本项得0分
		消纳保障（20分）	分四项内容： 1. 消纳论证（5分）：提供基地电量保障消纳报告和论证意见得5分。 2. 消纳意见（5分）：由省级及以上电网公司明确基地所发电量消纳范围，保障达到最低保障小时数（不低于国家要求的保障小时数或弃光率不超过5%）得5分。基地所发电量全部通过特高压通道外送的，省级能源或电力运行部门出具保障送出或省级电网公司出具保障全额送出意见的得5分，无相关意见该项为0分。 3. 政府承诺（5分）：基地所在地市（县）级政府或省级政府部门作出达到保障性小时数承诺的5分。 4. 保障措施（5分）：基地所在地市（县）级政府对未达到的相应欠发电量具体的经济补偿保障措施的5分
4	规划方案完善程度（5分）	规划报告及各子报告完善性（5分）	分四项内容： 1. 资源评价（1分）：基地太阳能资源评价报告（省级及以上气象部门）1分。 2. 土地利用（1分）：提供土地利用专题报告（如沉陷区地质条件论证报告、农用地调整方案、土地综合利用方案、安全论证报告等）1分。 3. 接网消纳（1分）：接入及消纳条件专题报告1分。 4. 合理性（2分）：规划报告以及规划要求相关技术内容的合理性2分（采用减分法，扣完为止）

续表

序号	项目	内容与分值	说明
5	政策与效果（15分）	作出相关服务承诺、协调金融等支持（10分）	分四项内容： 1. 承诺按要求落实基地竞争，不对入选投资企业提出增加企业成本和额外要求的2分。 2. 采用金融创新明显降低基地光伏成本的最高2分。 3. 基地外道路等基础设施由政府负责的最高2分。 4. 已建成验收合格基地续建（电力送出工程由省级电网公司投资建设或已明确回购）4分
		政策落实性（5分）	承诺按照“责权一致”的原则和通知要求建立统一有效的“一站式”综合服务体系、确保基地按照国家和产业要求开展竞争性配置并对基地进行监督管理的5分
6	基地综合社会效果（5分）		分三项内容： 1. 国家级重点扶贫开发县最高2分（按场址土地面积权重计算）。 2. 采矿等沉陷区土地最高1分（按场址土地面积权重计算）；光伏与水电互补送出1分。 3. 其他改革创新模式最高1分

注 1. 应用领跑基地和技术领跑基地分别打分排序。
2. 对于应用领跑基地，地方政府不同意或不承诺将比当地光伏发电标杆上网电价低10%的电价作为企业竞价入门门槛和按要求竞争性优选业主的，不纳入基地优选。同等条件下，优先选择承诺竞价入门门槛降价幅度大的基地。
3. 对于技术领跑基地，地方政府不同意或不承诺将国家确定的技术领跑基地技术指标作为企业竞争优选技术入门门槛和按要求竞争性优选业主的，不纳入基地优选。
4. 表中“以上、以下”均含本数，“不足”均不含本数。

附件2

光伏发电应用领跑基地企业优选标准指南

序号	项目	内容	分值	评分标准
1	投资能力（10）	总资产	5	小于50亿元为0分，50亿元以上、不足100亿元为1分，100亿元以上、不足200亿元为3分，200亿元以上为5分
		净资产	5	小于10亿元为0分，10亿元以上、不足20亿元为1分，20亿元以上、不足30亿元为2.5分，30亿元以上、不足40亿元为4分，40亿元以上为5分
2	业绩水平（20）	已并网光伏业绩水平	20	光伏并网业绩400MWp以下的为0分，2000MWp以上的得满分。（按投资方股份比例计算的权益容量，企业在境外并网业绩提供证明材料可计入）
3	技术与产业先进性（20）	重点设备技术先进性	15	承诺应用光伏组件转化率达到国家公布的“领跑者”指标的得3分。 在达到现行“领跑者”指标基础上每增加0.3个百分点加4分，直至满分
		技术管理能力先进性	5	分三项内容： 1. 投资商具有4项光伏电站工程建设或者集成技术标准的得1分，具有8项及以上的得2分。 2. 牵头承担光伏领域国家光伏研发项目并通过验收的得1分。 3. 获得光伏电站系统集成或工程建设类发明专利1项得1分，5项以上得2分

续表

序号	项目	内容	分值	评分标准
4	技术方案（15）	投资商申报的光伏项目建设方案合理及创新性	15	分三项内容： 1. 系统能力先进性（6分）：系统效率值低于81%的项目得0分。其余参与竞争企业按系统效率从高到低排序计分，前10%（含）的项目得6分、10%～20%（含）得5分、20%～35%（含）得4分、35%～50%（含）得3分、50%～75%（含）得2分、最后25%得1分。 2. 系统设计创新性（3分）：由专家对投资企业申报的方案中对当地资源建设条件的充分有效利用、整体优化方案、电站创新建设水平等进行打分。 3. 技术经济合理性（6分）：根据投资企业申报的光伏项目建设方案技术经济合理性进行评分。以可再生能源行业投资项目财务评价方法参数与定额为基础，重点对投资构成和申报电价的合理性、可行性以及是否恶意低价竞争进行分析
5	上网电价（35）	投资商申报电价竞争力	35	进入优选范围内的项目申报电价中，去除10%最高电价和10%最低电价后的平均值为18分，比此价格低1～5分/kWh的部分，每低1分钱加2分，比此价格低6分/kWh以上的部分，每低1分钱加1分，价格再低的均为满分，加至35分为止不再加分；比此价格高1～5分/kWh的部分，每高1分钱扣1分，比此价格高6分/kWh以上的部分，每高1分钱扣2分，直至0分为止。 为避免恶意低价竞争，若响应竞争配置文件的申报电价中，出现申报最低价比次低电价低5分钱/千瓦时以上的，最低电价企业不得入选

注 1. 表中“以上、以下”均含本数，“不足”均不含本数。
2. 对于未明确说明中间分数计算方法的，按照线性插值或按照采用的容量加权平均。

附件3

光伏发电技术领跑基地企业优选标准指南

序号	项目	内容	分值	评分标准
1	投资能力（10）	总资产	5	小于10亿元为0分，10亿元以上、不足20亿元为0.5分，20亿元以上、不足30亿元为1分，30亿元以上、不足50亿元为3分，50亿元以上为5分
		净资产	5	小于5亿元为0分，5亿元以上、不足10亿元为1分，10亿元以上、不足15亿元为2.5分，15亿元以上、不足20亿元为4分，20亿元以上为5分
2	业绩水平（10）	已并网业绩水平及制造能力	10	2015～2016年度光伏组件平均出货量500MWp以上得1分，3GW以上得6分。 2017年6月30日前并网业绩400MWp以上得1分，1GWp以上的得4分。采用投资方和制造商双方合资公司方式的，应以制造商为控股方，业绩按双方股份比例计算权益容量
3	技术与产业先进性（55分）	先进技术指标	35	分两项内容： 1. 通过技术进步新建（或改建）先进光伏电池产能（先进技术包括但不限于IBC、HJT等），多/单晶电池转换效率达到20%/21.5%得4分，达到20.35%/22.3%得6分，达到20.70%/22.7%得5分，达到21.05%/23.0%及以上的得10分。 2. 通过技术进步新建（或改建）先进光伏组件产能，多/单晶电池组件转换效率达到18%/18.9%得5分，达到18.3%/19.5%得10分，达到18.6%/19.8%得15分，达到18.9%/20.1%得20分，19.4%/20.4%及以上得25分。 （应提供国家认可的第三方检测认证机构提供的检测或认证报告）

续表

序号	项目	内容	分值	评分标准
3	技术与产业先进性（55分）	核心技术专利及产能建设	10	分两项内容： 1. 每1项核心技术发明专利（申报前沿技术相关的电池及组件等发明专利）得1分，本项最高5分。 2. 在境内已具备申报前沿技术产品试验生产线且具有第三方检测认证机构证明材料的得2分；同时已制定规模化、产业化发展计划并具有较好市场前景，分析论证具有合理性、可行性的，得5分
		技术管理能力先进性	10	分四项内容： 1. 具有5项光伏电站项目开发企业技术标准（不含管理标准）的得1分，具有10项及以上的得2分。 2. 牵头制定并已发布国际标准如IEC标准等，得1分。 3. 牵头承担科技部（如973、863、科技支撑项目、重大专项）、工信部、发展改革委等国家部委光伏课题并通过验收的得3分，参与国家课题或承担省部级光伏研发专项并通过验收得2分；自筹经费完成所属最高级集团公司光伏科技课题、通过验收并形成转化成果的得1分；拥有国家级光伏研发平台加1分（以上最高得4分）。 4. 获得光伏产业发明专利（电池、材料等）5项至10项（含）的得1分，10项至20项（含）的得2分，20项以上的得3分
4	技术方案（25）	投资商申报的光伏项目建设方案合理及创新性	25	分四项内容： 1. 系统能力先进性（6分）：系统效率值低于81%的项目得0分。其余参与竞争企业按系统效率从高到低排序计分，前10%（含）的项目得6分、10%至20%（含）得5分、20%至35%（含）得4分、35%至50%（含）得3分、50%至75%（含）得2分、最后25%得1分。 2. 系统设计创新性（6分）：由专家对投资企业申报的方案中对当地建设资源条件的充分有效利用、整体优化方案、电站创新建设水平、与既有科研资源和既有产能结合程度等进行打分。 3. 技术经济合理性（5分）：根据投资企业申报的光伏项目建设方案技术经济合理性进行评分（采用减分法，扣完为止）。 4. 预期市场竞争力（8分）：对先进技术形成规模化产能的时间和成本价格竞争力进行评分。同期预期成本价格按由低到高顺序，位于前20%的得8分，20%至40%（含）得6分，40%至60%（含）得4分、60%至80%（含）得2分、最后20%得0分

注　1. 表中“以上”均含本数，“不足”均不含本数。
2. 对于未明确说明中间分数计算方法的，按照线性插值或按照采用的容量加权平均。
3. 类单晶按多晶计。

附件4

××省（自治区、直辖市）基地申报汇总表

序号	建设地点	申报类型（应用/技术）	基地规划总规模（万kWp）	土地类型及税费租金等成本承诺文件	基地内项目接网工程建设方	汇集站及其接网工程建设方	省级电网公司论证意见及承诺	政府落实政策和服务承诺	备注

填表说明：
1. 本表由省（自治区、直辖市）发展改革委/能源局填报。
2. 建设地点：××市××县（区）。

3. 申报类型：选填“应用”或“技术”。

4. 土地类型及税费租金等成本承诺文件：根据本基地实际填写，可填写多个涉及部门，如市（县）政府以及国土、环保、水利、农业、林业、安监、物价、财政等有相应权限的部门出具的文件。

5. 接网工程建设方：指基地内各项目升压站出线以外接网工程建设方，如“电网企业”或“××政府委托的××企业”等。

6. 汇集站及其接网工程建设方：填写“电网企业”或“××政府委托的××企业”（不得由基地内项目投资企业承担费用）。

7. 省级电网公司电力消纳论证意见及承诺：根据本基地实际，填写“有论证意见和承诺”或“有论证意见”或“有承诺”或“无”。

8. 政府落实政策和服务承诺：填写“有”或“无”。包括承诺是否将当地光伏发电标杆上网电价低10%的电价作为应用领跑基地企业竞价入门门槛、将国家确定的技术指标作为技术领跑基地企业竞争优选技术入门门槛，按要求竞争性优选业主等。

附件 5

××基地申报资料清单

各基地提交的申报材料应包括：

一、本基地关键信息汇总表

本表由基地所在地发展改革委负责填写，具体内容如下：

填 写 项 目	填写内容	填 写 说 明
建设地点		××市××县（区）
申报类型		选填“应用领跑”或“技术领跑”
基地规模（万 kWp）		
基地水平面总辐射水平（MJ/m^2）		填写基地区域平均值
基地所在地市（县）范围内已建成光伏电站年利用小时数（h）		省级电网公司出具材料，说明 2016 年度完整运行项目的平均小时数
规划用地面积（亩）		
土地类型及成本承诺文件主体		根据本基地实际填写，可填写多个涉及部门，如市（县）政府以及国土、环保、水利、农业、林业、安监、物价、财政等有相应权限的部门等
土地类型		根据国土和林业属性分别填写基地涉及土地类型及面积，例：“国土属性涉及未利用地××亩、农业用地××亩、建设用地××亩；林业属性涉及宜林地××亩、灌木林地××亩。”
是否需要缴纳城镇土地使用税和耕地占用		填写“××部门承诺所用土地不属于缴纳城镇土地使用税和耕地占用税范围”或“未承诺”，部分缴纳的分类说明面积
土地成本涉及类型		包括“土地租金”、“××补偿费用”等（可根据基地实际添加）
土地费用收取标准及缴纳方式		对应“土地类型”和“土地成本涉及类型”填写内容，分别填写各项收取标准及缴纳方式，如“未利用地××元/亩年、逐年缴纳共 25 年”或“××补偿费共计××万元一次性缴纳”
项目接网工程建设方		填写“电网公司”或其他承建方
汇集站及其接网工程建设方		填写“省级电网公司承诺”或“地方政府承诺由××承建方建设”或“未承诺”
电力消纳论证意见和收购承诺		填写“省级电网公司电力消纳论证和收购承诺”或“未承诺”

续表

填写项目	填写内容	填写说明
地方政府对基地电力消纳保障承诺		填写"××政府部门承诺"
保障消纳经济补偿措施		填写地方政府提出的经济补偿措施
"一站式"服务体系文件		填写"××政府部门已建立文件"或"未建立"
地方政府承诺按通知要求开展竞争性规模配置和监督管理		填写"××部门承诺"或"未承诺"
其他支持政策		根据实际填写地方政府的金融支持政策等（如有）

二、基地规划报告和实施方案

基地规划报告和实施方案中应明确本基地太阳能可利用条件、土地建设条件（包括地形地貌、地质交通条件、基地内子地块分布及拐点坐标、各自地块土地性质现状及产权等）、基地技术先进性示范方案、接入系统拟建方案、电力市场消纳现状及基地电力电量消纳方案等。

三、支撑性专题报告或技术文件

（1）省级及以上气象部门提供的基地太阳能资源评价报告；

（2）基地电力消纳市场及接入系统研究报告；

（3）基地土地利用条件分析报告（根据各基地实际条件提供，如基于沉陷区建设的基地应提供土地稳定性论证报告）；

（4）其他。

四、承诺性材料

（1）地方政府承诺文件。其中应包括对基地土地类型及成本承诺、基地消纳保障及措施承诺、综合服务保障体系文件、按要求竞争性优选业主承诺、支持政策，以及将比当地光伏发电标杆上网电价低10%的电价作为应用领跑基地企业竞价入门门槛、将国家确定的技术指标作为技术领跑基地企业竞争优选技术入门门槛等。

（2）电网公司承诺文件。其中应包括对基地消纳市场及接入系统方案的论证材料，以及基地接入系统建设承诺、基地消纳保障承诺等。

（3）地方相关政府部门说明材料。根据基地建设实际需求，提供涉及的相关地方政府部门的有关说明性或承诺性文件，如地方国土、环保、水利、林业、农业、财政、物价、安监等部门的意见或证明材料。

附件6

××基地所在地政府说明和承诺

（一）×××政府关于××基地建设条件的有关说明和承诺

（参考模板）

××市（县）政府已委托××编制光伏发电（应用或技术）领跑基地规划，已落实土地、电力送出消纳等建设条件，特作出以下说明和承诺：

一、土地类型及使用方式

××政府对本基地用地类型、使用方式、使用成本及缴纳方式等已落实，特就关键事项作出以下说明和承诺：

1．基地占地类型和使用方式

本基地规划场址位于____（至少精确至县），规划总占地面积××亩。其中，涉及××类型土地××亩、……（填写基地占用土地涉及的国土、林业分类土地性质，大于一种类型的分别说明，如未利用地××亩、灌木林地××亩）。

基地土地将按照××的方式（如划拨、流转）供投资企业使用，使用标准为：××类型土地（如未利用地）××元/（亩·年），交付方式为：____（如分×年逐年缴纳且20年内不上浮使用成本）。（大于一种类型的分别说明）

基地光伏阵列占用土地类型属于国家允许建设光伏电站的土地，产权清晰，不占用基本农田。

2．基地税费说明

承诺基地涉及全部土地属于不征收城镇土地使用税和耕地占用税范围。（如部分土地属于征收范围，应说明土地面积及其比例和征税标准）

此外，基地用地不涉及其他任何费用（如有补偿费用，列出费用类型、收费标准、缴纳方式），土地可足额交付供企业使用的时间为××年××月。××等部门（如：国土、林业、税务局等部门）提供的证明材料见附件。

二、基地电量全额消纳保障机制

承诺加强协调引导，出台必要的支持政策措施优先消纳××基地发电量，保障本基地达到国家最低保障小时数要求（说明，国家未制定最低保障小时数的地区，应提出不低于基地发电量95%的消纳保障）。如基地内项目因非项目单位自身原因造成满负荷发电小时数未达到最低保障小时数时，对于欠发电量部分并承诺采取措施落实经济补偿，××政府承担兜底赔偿责任。

三、基地建设政策措施

1．政府服务机制

我市（县）按照"责权一致"的原则，建立统一有效的"一站式"综合服务体系，具体内容及组织形式包括：

（1）组织保障：如政府成立领导小组、主管部门牵头、机关部门参与的"一站式"服务机制和责任分工等。

（2）服务内容：如关于土地手续、电网送出、项目备案、道路改造、水电供应等。

2．价格和技术承诺

承诺将比当地光伏发电标杆上网电价低10%的电价作为应用领跑基地企业竞价入门门槛、将国家确定的技术指标作为技术领跑基地企业竞争优选技术入门门槛。

3．基地建设承诺

承诺按照《关于推进光伏发电"领跑者"计划实施和2017年领跑基地建设有关要求的通知》内容和要求，公开公平公正开展基地内项目竞争性配置和基地监督管理工作。

4. 其他支持性文件

如有，提供环保、水利、农业、林业、安监（利用尾矿库等）等相关部门的支持性文件。

四、其他政策和支持措施

我市（县）政府承诺为基地建设提供以下支持政策：（财政、金融支持政策，如有）。××等部门（如有，如财政局、税务局等部门）提供的证明材料见附件。

如基地所在县属于国务院扶贫主管部门认定的深度贫困县和重点扶贫开发县的，在本文中说明。

×××××政府（加盖公章）

年　月　日

（二）关于×××基地电力送出工程建设及电力消纳保障的承诺（参考模板）

我公司对×××基地规划涉及接网及电力消纳进行了研究，按照国家有关法规政策，做好以下工作：

一、××基地消纳市场论证结论

经研究论证，××基地所发电量可在基地所在地市/省（根据基地实际分析成果填写）范围内消纳（其他单位提供的电力消纳论证报告，由基地所在地省级电网公司说明是否认可的意见）。如基地电力利用特高压通道送出，应说明已纳入通道电力外送方案。

二、××基地消纳承诺

我公司承诺基地项目发电水平达到国家要求的本地区最低保障小时数（或不低于基地发电量95%的小时数）以上。

三、××基地接网工程建设承诺

我公司承诺按照×××基地规划建设要求投资建设该基地电力送出工程，具体包括：基地内各光伏电站配套的接网工程（电站项目升压站至基地汇集站或系统变电站送出线路）和基地汇集站及以上输变电线路。我电网公司将做好电力送出工程与基地建设进度衔接。

××××电网公司（加盖公章）

年　月　日

国家能源局关于印发《水电站大坝安全监测工作管理办法》的通知

（国能发安全〔2017〕61号）

各派出能源监管机构，大坝安全监察中心，各有关电力企业：

为了贯彻落实《水电站大坝运行安全监督管理规定》（国家发展改革委令第23号），加强水电站大坝安全监测工作，提高水电站大坝运行安全水平，我局制定了《水电站大坝安全监测工作管理办法》。经局长办公会议审议通过，现印发你们，请遵照执行。

原国家电力监管委员会《水电站大坝安全监测工作管理办法》（电监安全〔2009〕4号）同时废止。

国家能源局

2017年10月18日

附件

水电站大坝安全监测工作管理办法

第一章　总　　则

第一条　为了加强水电站大坝（以下简称大坝）安全监督管理，规范大坝安全监测工作（以下简称监测工作），确保大坝安全监测系统（以下简称监测系统）可靠运行，根据《水电站大坝运行安全监督管理规定》（国家发展改革委令第23号），制定本办法。

第二条　本办法适用于以发电为主、总装机容量5万kW及以上大、中型水电站大坝的安全监测及其监督管理工作。

第三条　监测工作包括监测系统的设计、审查、施工、监理、验收、运行、更新改造和相应的管理等工作。涉密大坝的监测工作，应当遵守国家有关保密工作规定。

第四条　监测工作的基本任务是了解大坝工作性态，掌握大坝变化规律，及时发现异常现象或者工程隐患。

第五条　监测系统应当与大坝主体工程同时设计、同时施工、同时投入运行和使用。

第六条　国家能源局负责全国大坝安全监测工作的监督管理。国家能源局派出机构（以下简称派出能源监管机构）负责辖区内监测工作的监督管理。国家能源局大坝安全监察中心（以下简称大坝中心）负责监测工作的技术监督、检查和指导。

第二章　设 计 和 施 工

第七条　大坝工程建设单位（以下简称建设单位）对监测系统的设计、施工和监理承担全面管理责任。建设单位应当加强施工期和首次蓄水期监测工作。监测系统竣工验收时，建设单位应当组织开展监测系统鉴定评价和监测资料综合分析，对于坝高100m以上的高坝或者监测系统复杂的中坝、低坝，其监测系统应当进行专门设计、审查、施工和验收。

第八条　监测系统的设计应当由大坝主体工程设计单位承担。设计单位应当优化监测系统设计，编制监测设计专题报告，明确监测项目的目的、内容、功能以及各监测项目初始值选取原则，并且对监测频次、监测期限和监测工作提出要求。

首次蓄水前，设计单位应当提出蓄水期监测工作的具体要求、关键项目的监测频次和设计警戒值。

监测系统竣工验收时，设计单位应当编制监测系统运行说明书，内容包括监测设计说明、监测项目竣工图、重要监测项目及其测点信息表；监测方法、频次和期限，巡视检查要求；监测仪器设备使用注意事项、维护要求；监测资料整编分析要求等。

第九条　监测系统的施工应当由大坝主体工程施工单位或者具有相应资质的施工单位承担。

首次蓄水前，施工单位应当按照设计要求测定各监测项目的蓄水初始值，并且经过建设单位确认。

施工单位应当负责监测系统移交前的运行维护管理工作，对监测资料进行整编分析，建立施工期大坝安全监测技术档案，并及时移交建设单位。

第十条　监测系统的施工监理应当由主体工程监理单位

或者具有相应资质的监理单位承担。

第十一条　监测系统的设计报告及图集、审查意见和验收报告等资料，应当在首次大坝安全注册登记时报送大坝中心。

第三章　运　行　管　理

第十二条　大坝投入运行后，监测系统的运行管理由电力企业负责。监测工作人员应当具备水工建筑物和监测技术专业知识以及大坝安全管理能力，并且经过相关技术培训。

第十三条　电力企业应当制定大坝安全监测管理制度和技术规程，建立运行期大坝安全监测技术档案。

第十四条　电力企业应当严格按照有关要求开展监测工作，不得擅自减少监测的项目、测点、测次和期限。

当发生地震、大洪水、库水位骤升骤降、库水位低于死水位或者其他可能影响大坝安全的异常情况时，电力企业应当加强巡视检查，增加监测频次（必要时增加监测项目），及时分析监测数据，评判大坝运行状态。

第十五条　电力企业应当及时整理、分析监测数据，对测值的可靠性和监测系统的完备性进行评判，掌握监测系统的运行情况，对监测仪器设备的异常情况进行处理。

第十六条　投运的大坝安全监测自动化系统应当达到实用化水平。对于坝高100m以上的大坝、库容1亿m^3以上的大坝和病险坝，电力企业的大坝运行安全管理信息系统应当具备在线监测功能。

第十七条　电力企业应当于每年三月底前完成上一年度监测资料的整编分析。年度整编分析应当突出趋势性分析和异常现象诊断，并且应当结合工程情况和特点，针对存在的问题进行综合分析。

第十八条　电力企业应当加强监测系统的日常巡查、年度详查和定期检查，定期对监测仪器设备进行校验，发现问题及时处理。

第十九条　电力企业应当开展长系列监测资料的综合分析工作，也可结合大坝安全定期检查或者特种检查开展，监测资料综合分析应当系统分析监测数据和巡视检查情况，结合工程地质条件、环境量和结构特性，对大坝安全性态进行分析。

第二十条　电力企业应当按照《水电站大坝运行安全信息报送办法》向大坝中心等有关单位报送大坝安全监测信息，并且对报送信息的及时性、准确性、完整性负责。

第二十一条　按照《水电站大坝运行安全信息报送办法》规定报送的监测项目，电力企业不得擅自停测。对于失效的仪器设备应当尽快修复、更换或者采用其他替代监测方式。

对于其他监测项目的设备封存或报废、监测频次和期限的调整，应当经过技术分析和安全论证，由电力企业上级管理单位审查后实施，实施情况应当报送大坝中心。

第二十二条　电力企业委托监测技术服务单位承担日常监测和检查、监测系统运行维护、监测数据整编分析等具体工作的，大坝运行安全责任仍由委托方承担，被委托单位按照相关合同或者协议承担相应责任。

第四章　监测系统的更新改造

第二十三条　当监测系统在系统功能、性能指标、监测项目、设备精度及运行稳定性等方面不能满足大坝运行安全要求时，电力企业应当对其进行更新改造。

监测系统的更新改造应当进行设计、审查和验收。

第二十四条　监测系统更新改造设计工作应当由原设计单位或者具有相应资质的设计单位承担。

第二十五条　电力企业应当组织审查监测系统更新改造设计方案。

第二十六条　监测系统更新改造施工工作应当由具有相应资质的施工单位承担。电力企业应当派监测工作人员全程参与监测系统更新改造施工工作。

在监测系统更新改造过程中，电力企业应当对重要监测项目采取临时监测措施，保证监测数据有效衔接。

第二十七条　更新改造的监测系统经过一年试运行后，电力企业方可组织竣工验收。验收合格后，电力企业应当将监测系统更新改造的设计、审查、安装调试、试运行、竣工验收等相关技术资料报送大坝中心。

第五章　监　督　管　理

第二十八条　大坝中心应当每年发布水电站大坝监测工作情况。

第二十九条　大坝中心应当对电力企业大坝安全监测工作进行监督、检查和指导。

第三十条　对于未按照本办法开展大坝安全监测工作或者出具虚假材料、造成事故的单位，由派出能源监管机构按照《水电站大坝运行安全监督管理规定》第三十四条、第三十八条和第三十九条进行处理。

第六章　附　　则

第三十一条　本办法下列用语的含义：

（一）监测系统复杂，是指因大坝结构或者地质条件复杂，监测项目、监测仪器类型众多；或者监测系统中采用新技术、新设备，经验不足。

（二）施工期大坝安全监测技术档案，是指监测设施的检验、埋设记录，竣工图，监测记录、监测设施和仪器设备基本资料表，监测数据分析报告和监测系统运行说明书，验收报告等。

（三）运行期大坝安全监测技术档案，是指监测记录、巡视检查记录、监测报表、监测仪器维护记录、仪器送检记录、监测系统更新改造技术报告、监测系统鉴定评价报告、监测资料整编分析报告等。

（四）重要监测项目，是指针对大坝重要部位和薄弱环节，根据大坝实际运行特性和工作性态而确定的监测项目。

（五）建设单位，是指建设大坝的电力企业或者电力企业委托的总承包单位。

第三十二条　水电站输水隧洞、压力钢管、调压井、发电厂房、尾水隧洞等输水发电建筑物及过坝建筑物及其附属设施，可以参照本办法相关要求开展安全监测工作。

第三十三条　在国家能源局注册登记的小水电大坝的安全监测及其监督管理工作，参照本办法执行。

第三十四条　本办法自发布之日起施行。原国家电力监管委员会《水电站大坝安全监测工作管理办法》（电监安全〔2009〕4号）同时废止。

国家能源局印发《关于加快推进深度贫困地区能源建设助推脱贫攻坚的实施方案》的通知

（国能发规划〔2017〕65号）

各司，各派出能源监管机构，各直属事业单位，中电联，中电传媒：

按照党的十九大坚决打赢脱贫攻坚战的战略部署和习近平总书记在深度贫困地区脱贫攻坚座谈会上的重要讲话精神，根据中办、国办《关于支持深度贫困地区脱贫攻坚的实施意见》（厅字〔2017〕41号）要求，国家能源局制定了《关于加快推进深度贫困地区能源建设助推脱贫攻坚的实施方案》，现印发你们。请按照本实施方案，结合职能加大对深度贫困地区支持力度，助推深度贫困地区脱贫攻坚。

国家能源局（印）
2017年10月31日

附件

国家能源局关于加快推进深度贫困地区能源建设助推脱贫攻坚的实施方案

按照党的十九大坚决打赢脱贫攻坚战的战略部署和习近平总书记在深度贫困地区脱贫攻坚座谈会上的重要讲话精神，根据中办、国办《关于支持深度贫困地区脱贫攻坚的实施意见》（厅字〔2017〕41号）要求，国家能源局将充分发挥能源开发建设在解决深度贫困问题上的基础性作用，加大支持力度，助推深度贫困地区脱贫攻坚，特制订本实施方案。

一、充分认识深度贫困地区脱贫攻坚的重要性

今年6月23日，习近平总书记在深度贫困地区脱贫攻坚座谈会上发表重要讲话，深刻剖析了深度贫困的主要成因，指明了攻坚深度贫困的突破口，明确了做好深度贫困地区脱贫攻坚工作的要求。10月18日，习近平总书记在党的十九大报告中指出，要重点攻克深度贫困地区脱贫任务，确保到2020年我国现行标准下农村贫困人口实现脱贫，贫困县全部摘帽，解决区域性整体贫困，做到脱真贫、真脱贫。

坚持以人民为中心、坚持在发展中保障和改善民生，是习近平新时代中国特色社会主义思想基本方略中的重要组成部分，对于统筹做好脱贫攻坚全局工作和重点破解深度贫困问题具有重要指导意义。局各部门、各单位要将思想统一到习近平总书记的重要讲话精神上来，深刻认识深度贫困地区如期完成脱贫攻坚任务的艰巨性、重要性、紧迫性，增强责任担当，加大工作力度，不折不扣地落实好党中央决策部署和习近平总书记的要求。

二、优先安排“三区三州”能源重大投资项目

进一步加大倾斜力度，依据“三区三州”相关能源规划，合理开发利用深度贫困地区能源资源，在深度贫困地区优先布局重大能源投资项目和安排资金，促进资源优势尽快转化为经济发展优势。

（一）优先规划布局能源开发项目

在《能源发展“十三五”规划》、各能源专项规划中期评估、调整以及和省级能源规划的衔接中，把深度贫困地区能源建设摆上更重要的位置，科学合理确定深度贫困地区能源发展思路，明确未来3年的目标和任务，在条件允许的情况下，各类能源项目优先在深度贫困地区布局建设。同时，加快推进深度贫困地区专项能源规划批复工作，在规范能源资源勘探开发秩序的基础上，促进深度贫困地区能源资源的优先开发、转化、利用。（规划司、科技司、电力司、核电司、煤炭司、油气司、新能源司）

（二）优先推动建设能源项目

推动《能源发展“十三五”规划》、各能源专项规划中已确定的深度贫困地区能源开发项目尽快开工建设投产。重点推进在“三区三州”规划建设的重大水电项目，包括已开工的叶巴滩、白鹤滩、巴塘、硬梁包4座水电站，正在开展前期工作的拉哇、两家人、卡拉、牙根一级、孟底沟、金川、巴拉、林芝等8座水电站，总装机3110万kW。加快推进甘肃通渭风电基地、四川凉山风电基地建设。督促相关省（区）将风电、光伏建设规模向“三区三州”等深度贫困地区倾斜。到2020年，四川、云南、西藏、青海风电装机累计并网容量分别达到500万、1200万、20万、200万kW。加快推进深度贫困地区煤炭矿区总体规划批复和项目核准工作，促进深度贫困地区煤炭行业结构调整和转型升级。加快青藏油气管道项目前期工作，推动建设南疆天然气管线乌什支线。加强深度贫困地区电网建设，加快建设藏中和昌都联网工程、拉萨至灵芝铁路供电工程，研究推进建设阿里与藏区主网互联工程，新疆电网进一步向南疆延伸，完善西部水电基地外送通道建设，确保西藏水电开发与消纳。

对国家能源局办理的涉及深度贫困地区能源项目审批核准事项，要优先尽快办理，积极协助企业落实前置条件。（电力司、煤炭司、油气司、新能源司）

（三）优先安排中央补助性资金

摸清深度贫困地区实际需求，加大农网改造和煤矿安全改造等方面中央补助性资金倾斜支持力度，切实发挥中央预算内投资的带动作用，提高深度贫困地区能源服务水平和安全生产水平，进一步促进当地经济发展。（煤炭司、新能源司）

三、实施深度贫困地区农村电网改造升级工程

（一）进一步加大贫困地区配电网建设改造投资力度

继续按照《国务院办公厅转发发展改革委关于“十三五”实施新一轮农村电网改造升级工程的意见》（国办发〔2016〕9号）部署，将深度贫困地区作为“十三五”实施新一轮农村电网改造升级工程的重点，加快农村电网改造升级，促进脱贫攻坚，重点是加快推进“三区三州”等深度贫困地区农网改造升级，着力解决低电压、网架不合理、未通动力电等发展薄弱环节和关键问题，确保到2020年深度贫困地区供电服务水平达到或接近本省（区、市）农村平均水平。同时，加大深度贫困地区县城区、工业园区的配电网建设改造力度，促进当地经济发展。（新能源司、电力司）

（二）进一步加快实施动力电全覆盖工程

加大政策、资金支持力度，提高建设标准，推进深度贫困地区老旧线路和配电台区改造升级，按计划完成深度贫困地区的农网动力电全覆盖。到2017年底，完成除西藏外的所有深度贫困村通动力电建设任务；到2020年，结合西藏大电网覆盖及县域农村电网建设进程，为西藏2万个贫困自然村通动力电。（新能源司）

四、深入推进深度贫困地区光伏扶贫工程

（一）光伏扶贫规模优先向深度贫困地区安排

在下达“十三五”光伏扶贫规模计划时，对《关于实施光伏发电扶贫工作的意见》附表中的深度贫困县予以重点支持。优先支持“三区三州”因地制宜、按照相关政策建设光伏扶贫项目。（新能源司）

（二）积极配合有关方面做好项目补贴发放及电网接入

配合财政部做好保障光伏扶贫项目补贴优先发放相关工作，确保深度贫困地区光伏扶贫项目补贴及时到位。结合农网改造工程，保障深度贫困地区光伏扶贫项目电网接入，督促电网企业做好相关服务工作，加快并网进度。（新能源司、电力司）

五、加强深度贫困地区定点扶贫工作

国家能源局负责定点扶贫的通渭县属于深度贫困地区。下一步，要继续加大对通渭县脱贫攻坚工作的支持力度。

（一）进一步明确脱贫攻坚目标任务

对《国家能源局定点帮扶与省直单位双联融合推进通渭县脱贫攻坚总体规划（2016～2020）》《甘肃省通渭风电基地规划》的实施情况进行评估，根据实际情况提出调整意见。同时，把规划中剩余的任务逐一分解落实到年度，明确重点任务和时间表，采取有力措施，对账销号，深入推进落实。（规划司、新能源司）

（二）重点研究解决好县里关切的事项

对于通渭县提出需要协调解决的支持通渭风电项目、清洁供暖试点项目、光伏扶贫项目、生物质秸秆及垃圾气化热电联产示范项目建设以及其他重要事项，结合风电开发预警管理调整、清洁取暖试点推进等工作，予以积极支持和指导。（新能源司、电力司、甘肃能源监管办）

（三）强化人才支援和教育帮扶

按照定点扶贫工作的需要，继续选派优秀干部到通渭县挂职，以及在扶贫村任第一书记。注重对扶贫挂职人员的日常管理和考核监督，对成绩突出、群众公认的挂职干部，按照有关规定积极予以宣传表彰和提拔使用。继续在通渭县组织开展支教、培训、讲座等教育帮扶活动。（人事司、规划司、甘肃能源监管办）

以上工作，国家能源局各部门、各单位要高度重视，加强组织领导，落实工作责任，强化协调沟通，共同推进各项任务的落实，务求取得实效。

国家能源局综合司关于加强水电站水淹厂房防范工作的通知

（国能综函安全〔2017〕66号）

各省（自治区、直辖市）、新疆生产建设兵团发展改革委（能源局），各派出能源监管机构，大坝安全监察中心，全国电力安委会企业成员单位：

近年来我国连续发生因暴雨、泥石流等自然灾害或机电设备故障导致的水电站水淹厂房事件，造成了较大经济损失，严重威胁水电站的运行和人身安全。2013年7月，四川某水电站因强降雨引发泥石流抬高河床水位，造成洪水翻过防洪墙导致厂房发电机层以下全部被淹；2013年8月，吉林某水电站遭遇强降雨，因洪水冲垮厂区防洪墙导致发电机层以下全部被淹，副厂房进水；2015年11月，广西某水电站由于秋汛引发的洪水破坏机组检修时的尾水闸门，导致厂房被淹；2016年9月，河南某抽水蓄能电站因水轮机顶盖漏水导致地下厂房被淹。

当前，我国已进入汛期，为进一步加强水淹厂房事故的防范，现就有关要求通知如下：

一、提高思想认识，始终警钟长鸣。各单位要切实提高思想认识，坚决克服麻痹思想和侥幸心理，高度重视防范水淹厂房工作，按照“安全第一、常备不懈、预防为主、全力抢险”的原则，将防范水淹厂房作为年度防洪度汛和安全生产的一项重点工作来谋划、部署、检查、落实。

二、落实主体责任，完善责任体系。各企业要牢固树立主体责任意识，切实履行好防范水淹厂房的主体责任，建立组织严密、层级清晰、职责明确的责任体系、应急和救援体系，落实重点部位、重要设施、关键环节防范水淹厂房责任人和措施。

三、严格运行管理，夯实安全基础。各企业要加强大坝运行安全管理，严格执行批复的水库调度运用计划，确保大坝运行安全。要加强水电站机电设备的全生命周期管理，掌握设备设施的安全状况，加大安全投入，确保设备安全稳定，夯实水电站安全基础。

四、强化风险防控，扎实开展隐患排查治理。各企业要建立防止水淹厂房隐患排查治理的常态化工作机制，加大巡检力量和频次，细化巡检部位和内容，优化巡检手段和方法，持续组织开展全方位、多层次的隐患排查治理工作，确保不留死角，对排查出的隐患或缺陷要及时落实责任、资金、措施和期限，限期治理整改。

各单位要结合各自水电站实际情况，参照《防止水电站水淹厂房安全检查要点》（见附件），做好水电站水淹厂房隐患的排查治理工作。

五、提高应急能力，有效应对处置。各单位要立足于“防大汛、防强台、抢大险、救大灾”，以最恶劣的气象条件、最不利的运行工况、最困难的处置环境来预计水淹厂房事故情景，科学、细致编制预案和处置方案，扎实开展实战性演练。要加强重要时段的值守，严格执行领导带班和工作人员24小时值班制度，做好与地方政府防汛指挥机构、气象、国土和水利部门的沟通协调，及早获取汛情灾情预报预警信息，为应急决策和抢险争取时间。

各省（自治区、直辖市）、新疆生产建设兵团发展改革委（能源局），各派出能源监管机构，大坝安全监察中心要加强对水电站防止水淹厂房工作的监督检查，督促相关电力企业落实安全生产主体责任。

附件：防止水电站水淹厂房安全检查要点（略）

国家能源局综合司

2017年5月26日

国家能源局关于印发《完善电力辅助服务补偿（市场）机制工作方案》的通知

（国能发监管〔2017〕67号）

各派出能源监管机构：

为深入贯彻落实党的十九大精神和《中共中央　国务院关

于进一步深化电力体制改革的若干意见》（中发〔2015〕9号），进一步完善和深化电力辅助服务补偿机制，推进电力辅助服务市场化，按照《国家发展改革委国家能源局关于印发电力体制改革配套文件的通知》（发改经体〔2015〕2752号）有关要求，我局研究制定了《完善电力辅助服务补偿（市场）机制工作方案》。经局长办公会审议通过，现印发你们，请结合实际认真落实。我局批复的电力辅助服务市场改革试点地区要按照批复方案推进试点，并结合本通知要求不断深化完善相关机制。

国家能源局
2017 年 11 月 15 日

附件

完善电力辅助服务补偿（市场）机制工作方案

为深入贯彻落实党的十九大精神和《中共中央 国务院关于进一步深化电力体制改革的若干意见》（中发〔2015〕9号），进一步完善和深化电力辅助服务补偿机制，推进电力辅助服务市场化，按照《国家发展改革委 国家能源局关于印发电力体制改革配套文件的通知》（发改经体〔2015〕2752号）有关要求，制定本方案。

一、重要性和紧迫性

为保障电力系统安全、稳定、优质、经济运行，保证电能质量，规范电力辅助服务管理，原国家电力监管委员会于2006年11月印发《并网发电厂辅助服务管理暂行办法》（电监市场〔2006〕43号）（以下简称43号文）。按照该办法要求，各区域电力监管机构结合本地区电力系统实际和电力市场建设需要，陆续制订实施细则，组织实施并加强监管。2014年，国家能源局印发《关于积极推进跨省跨区电力辅助服务补偿机制建设工作的通知》（国能综监管〔2014〕456号），将跨省跨区交易电量纳入电力辅助服务补偿机制范畴。目前，电力辅助服务补偿机制除西藏尚未建立外，在全国范围内基本建成，运行效果普遍较好，为进一步推进电力市场建设奠定了基础。

近年来，我国电力行业尤其是清洁能源发展迅猛，电源结构、网架结构发生重大变化，系统规模持续扩大，系统运行管理的复杂性随之大大增加，对系统安全稳定运行提出了更高要求。当前，我国电力供应能力总体富余，煤电机组利用小时数呈逐步下降趋势，局部地区弃风、弃光、弃水、限核和系统调峰、供暖季电热矛盾等问题突出，现行电力辅助服务补偿办法的部分内容已经难以适应实际需要。为深入落实电力体制改革各项措施，进一步还原电力商品属性，构建有效竞争的市场结构和市场体系，在更大范围内优化资源配置，亟需进一步完善和深化电力辅助服务补偿（市场）机制。

二、总体思路和基本原则

（一）总体思路

按照中央进一步深化电力体制改革总体部署，坚持社会主义市场经济改革方向，结合各地实际，完善电力辅助服务补偿机制。

（二）基本原则

坚持服务大局原则。保障国家能源战略落实，维护电力系统安全运行，落实电力体制改革要求。

坚持市场化原则。配合电力市场体系建设，充分利用市场化机制发挥各类型发电企业和电力用户的调节性能，营造良好的制度环境。

坚持因地制宜原则。根据电力用户与发电企业直接交易、跨省跨区电能交易以及现货市场试点等实际情况，分类推进电力辅助服务补偿（市场）机制建设，确保对目前情况和电力现货市场具备较强适用性。

三、主要目标

以完善电力辅助服务补偿（市场）机制为核心，全面推进电力辅助服务补偿（市场）工作，分三个阶段实施。

第一阶段（2017～2018年）：完善现有相关规则条款，落实现行相关文件有关要求，强化监督检查，确保公正公平。

第二阶段（2018～2019年）：探索建立电力中长期交易涉及的电力用户参与电力辅助服务分担共享机制。

第三阶段（2019～2020年）：配合现货交易试点，开展电力辅助服务市场建设。

四、主要任务

（一）完善现有相关规则条款

1. 实现电力辅助服务补偿项目全覆盖。43号文中规定的项目应全部纳入电力辅助服务补偿范围。部分地区自动发电控制、调峰等服务未进行补偿的，要补充完善区域并网发电厂辅助服务管理实施细则相关规则条款，并切实落实到生产运行中。

2. 实现省级及以上电力调度机构调度的发电机组全部纳入电力辅助服务管理范围。部分地区未将核电、热电联产、水电、风电、光伏发电等发电机组纳入电力辅助服务管理范围或不同类型机组分立账户的，要完善相关内容、落实规则、加强监管，促进各种类型发电机组在同一平台公平承担电力辅助服务义务。各地可根据实际情况，将地市调度机构调度的发电机组逐步纳入电力辅助服务管理范围，或参照统调机组制定非统调机组辅助服务补偿实施细则。

3. 实现电力辅助服务补偿力度科学化。按照43号文所确定的“补偿成本、合理收益”的原则确定补偿力度，充分调动发电企业提供电力辅助服务的积极性。部分地区对于自动发电控制、调峰、备用等服务补偿力度较小不能覆盖电力辅助服务提供成本和适当收益的，要完善区域并网发电厂辅助服务管理实施细则相关内容，加大补偿力度。

4. 鼓励采用竞争方式确定电力辅助服务承担机组。电网企业根据系统运行需要，确定自动发电控制、备用、黑启动等服务总需求量，发电企业通过竞价的方式提供辅助服务。鼓励并网自备电厂通过购买低谷可再生能源的方式参与调峰，探索发电企业之间通过实时交易低谷发电量的方式提供调峰服务。

5. 鼓励自动发电控制和调峰服务按效果补偿。鼓励借鉴部分地区自动发电控制按效果付费的经验，采用自动发电控制机组的响应时间、调节精度、调节速率等效果指标乘以行程作为计量公式进行补偿，采用机组调峰率对系统运行的贡献程度（机组出力曲线相对系统负荷形状）进行补偿。

6. 按需扩大电力辅助服务提供主体。鼓励储能设备、需求侧资源参与提供电力辅助服务，允许第三方参与提供电力辅助服务。

（二）建立电力中长期交易涉及的电力用户参与电力辅助服务分担共享机制

7. 开展电力用户与发电企业中长期交易的地区，除了完成上述1～6条工作外，还应建立电力用户参与的电力辅助服务分担共享机制。

8. 电力辅助服务参与主体增加电力用户。鼓励电力用户参与提供电力辅助服务，签订带负荷曲线的电力直接交易合同，并满足所参加电力辅助服务的技术要求，按与发电企业同一标准进行补偿，随电力用户电费一并结算。

用户可以结合自身负荷特性，自愿选择与发电企业或电网企业签订保供电协议、可中断负荷协议等合同，约定各自的电力辅助服务权利与义务。

9. 电力用户参与电力辅助服务的方式：直接参与分摊电力辅助服务费用、经发电企业间接承担、购买发电企业辅助服务、自行提供电力辅助服务等。

10. 直接参与分摊电力辅助服务费用方式：电力用户按照直接交易电费承担电力辅助服务补偿责任。发电企业相应直接交易电费不再参与电力辅助服务补偿费用分摊，由电力用户按照直接交易电费与发电企业非直接交易电费比例分摊电力辅助服务补偿费用。

其中，电力用户分摊的电力调峰服务费用可以根据电力用户特性调整。未实行用电峰谷电价的地区，根据电力用户自身负荷曲线和全网用电负荷曲线，计算电力用户对电网调峰的贡献度。电力用户峰谷差率小于全网峰谷差率时调峰贡献度为正，电力用户峰谷差率大于全网峰谷差率时调峰贡献度为负。

11. 电力用户经发电企业间接承担方式：电力用户与发电企业协商直接交易电价时约定直接交易电价包含电力辅助服务费用，发电企业直接交易电费应继续参与电力辅助服务补偿费用分摊。

12. 购买发电企业辅助服务方式：电力调度机构事先按照电力用户市场份额计算应该承担的电力辅助服务责任。电力用户通过自身资源履行电力辅助服务责任，不足部分向发电企业购买电力辅助服务来确保责任的履行。

13. 自行提供电力辅助服务方式：用户根据系统运行需要调整用电曲线或者中断负荷作为电力辅助服务提供方。电力用户提供的电力辅助服务补偿费用应参照调峰、调频服务计算方式确定。

（三）分类型推进跨省跨区电力辅助服务补偿

14. 推进国家指令性计划、地方政府协议跨省跨区电能交易辅助服务补偿工作。实现国家指令性计划、地方政府协议跨省跨区电能交易与市场化跨省跨区电能交易同一标准和要求参与电力辅助服务补偿。

15. 市场化跨省跨区电能交易全面实施跨省跨区电力辅助服务补偿。送出端发电企业纳入受端地区电力辅助服务管理范围，并根据提供的电力辅助服务获得或者支付补偿费用。

市场化跨省跨区送电发电企业视同受端电网发电企业参与电力辅助服务补偿和考核。跨省跨区电能交易曲线未达到受端电网基本调峰要求的，按照受端电网基本调峰考核条款执行；达到有偿调峰要求的，按照有偿调峰补偿条款给予补偿。其余辅助服务项目原则上按照送端发电企业不能提供的情况处理，确能提供的，按照受端电网相应的补偿条款执行。

16. 跨省跨区电力用户与发电企业直接交易按照上述7～13条执行。

17. 跨省跨区电力辅助服务补偿费用随跨省跨区电能交易电费一起结算，相关电网企业应对结算工作予以必要的支持。

五、组织协调

（一）加强组织领导

国家能源局统一协调推进有关工作，各派出能源监管机构按照属地原则，负责组织推进当地电力辅助服务补偿（市场）工作及日常事务的协调处理。

推进电力辅助服务补偿工作要与电能量市场化交易进展情况密切协调，规则条款修订要与电能量交易相适应。电力直接交易工作要考虑电力用户承担相应的电力辅助服务责任和费用，跨省跨区电能交易购售双方协商交易要考虑电力辅助服务费用，现货试点地区电能量交易要统筹考虑调频、备用等电力辅助服务交易，并同步设计相关规则。

（二）落实责任分工

区域、省级派出能源监管机构要加强沟通协调，承担主体责任，做好区域内实施细则之间的衔接。跨省跨区送电辅助服务补偿由受端区域、省级派出能源监管机构商送端区域、省级派出能源监管机构提出实施方案，报送国家能源局备案。

各电力企业要高度重视，精心组织，加强工作沟通与配合，规则修订后尽快组织技术支持系统完善升级，完成人员培训、业务衔接等方面的工作。各电力调度机构负责电力辅助服务有关数据的统计工作，电网企业按照相应派出能源监管机构审核同意的执行结果配合完成结算。

（三）抓好督促落实

各派出能源监管机构要根据工作方案要求，结合当地实际，制定实施方案，明确具体时间节点和阶段性目标，报送国家能源局备案。推进过程中，实施方案如有调整，要及时报送国家能源局。国家能源局批复的电力辅助服务市场改革试点地区要按照批复方案推进试点，并结合本通知要求不断深化完善相关机制。

国家能源局关于贯彻落实《国务院安委会办公室关于全面加强企业全员安全生产责任制工作的通知》的通知

（国能发安全〔2017〕69号）

全国电力安全生产委员会成员单位，各有关单位：

国务院安委会办公室近日下发了《国务院安委会办公室关于全面加强企业全员安全生产责任制工作的通知》（安委办〔2017〕29号）（以下简称《通知》），现将《通知》转发给你们，请认真学习领会，深入贯彻落实。现就有关事项通知如下：

一、全面贯彻《中共中央 国务院关于推进安全生产领域改革发展的意见》（中发〔2016〕32号）（以下简称《意见》）对于企业主体责任的要求

《意见》提出了加强和改进安全生产工作的一系列重大改革举措和任务要求，是当前和今后一个时期电力安全生产工作的行动纲领。要主动适应新常态、落实新举措，以深入贯彻落实《意见》为契机，推进电力安全生产改革发展，全面落实安全生产主体责任，坚决遏制和防范重特大电力事故，实现事故起数和死亡人数“双下降”。

二、严格落实企业安全生产主体责任

企业是安全生产的责任主体，对本单位安全生产工作负全面责任，要严格履行安全生产法定责任，健全自我约束、持续改进的常态化机制。企业实行全员安全生产责任制度，健全法定代表人和实际控制人同为安全生产第一责任人的责任体系，强化部门安全生产职责，落实一岗双责。建立全过程安全生产管理制度，做到安全责任、管理、投入、培训和应急救援“五到位”。

三、加强重点领域主体责任落实

加强电网运行安全管理，确保电网安全稳定运行和可靠供电；加强电力二次系统安全管理工作，加强发电侧涉网继电保护等二次系统的正确配置和安全运行；提升电力设备安全水平；切实做好水电站大坝防汛调度、安全定期检查、安全注册登记和信息化建设等工作，保障水电站大坝运行安全；加强电力可靠性管理，为电力安全生产监督管理提供支撑；加强建设工程施工安全和工程质量管理；加强网络与信息安全管理，做好安全防护风险评估与等级保护测评工作；完善电力应急管理，强化大面积停电防范和应急处置。

四、加大安全教育培训力度

电力企业要全面落实安全培训的主体责任，制定并实施本单位的安全生产教育和培训计划，建立安全培训管理制度，如实记录安全生产教育和培训的情况。严格落实企业安全教育培训制度，强化对企业主要负责人、安全管理人员、班组长、农民工等企业全员的安全培训，要将外包单位作业人员、劳务派遣人员、实习人员等纳入本单位从业人员统一管理，切实做到先培训、后上岗。

五、加强落实企业全员安全生产责任制的考核管理

企业要健全安全生产责任制管理考核制度，对全员安全生产责任制落实情况进行考核管理。坚持过程考核和结果考核相结合，科学设定可量化的考核指标。要健全企业全员安全生产责任制落实情况与奖励惩处挂钩制度，强化部门安全生产职责，落实一岗双责。积极推进电力安全生产诚信体系建设，完善企业安全生产不良记录和“黑名单”制度，建立失信惩戒和守信激励机制。

六、提升安全技术水平

提升现代信息技术与安全生产融合度，加快安全生产信息化建设。加强安全生产理论和政策研究，运用大数据技术开展安全生产规律性、关联性特征分析，提高安全生产决策科学化水平。推进能源互联网、电力及外部环境综合态势感知、高压柔性输电、新型储能技术等新技术在电力建设和设备改造中的安全应用。

七、加强安全文化建设

要以“电力建设工程施工安全年”活动为载体，注重安全文化建设，通过技术比武、安全生产知识大讲堂、事故分析报告会等形式，不断增强广大职工的安全意识。要充分利用媒体、微视频、微博、微信、客户端等多种方式，推广电力安全生产典型经验，加强电力安全生产公益宣传、案例警示教育，营造安全和谐的氛围与环境。

八、做好迎峰度冬等重点工作

落实全员安全生产主体责任，切实加强组织领导和协调配合，认真研判本地区、本单位电力迎峰度冬面临的新形势和新问题，周密部署电力迎峰度冬安全生产工作，全面落实安全生产主体责任，采取有效措施，保证重要用户电力可靠供应，坚决杜绝大面积停电事件发生，为经济社会平稳运行提供有力保障。

国家能源局（印）
2017 年 11 月 15 日

国家能源局、环境保护部关于开展燃煤耦合生物质发电技改试点工作的通知
（国能发电力〔2017〕75 号）

各省（区、市）发展改革委（经信委、经委、工信厅）、能源局、环境保护厅（局），新疆生产建设兵团发展改革委、环境保护局，国家电网、南方电网公司，华能、大唐、华电、国家能源、国电投集团公司，国投、华润电力公司，电力规划设计总院（国家电力规划研究中心），清华大学、浙江大学、南京林业大学：

为深入贯彻落实党的十九大精神，以习近平新时代中国特色社会主义思想为指导，推进能源生产和消费革命，构建清洁低碳、安全高效的能源体系，持续实施大气污染防治行动，加强固废和垃圾处理，优化资源配置，建设美丽中国，国家能源局、环境保护部决定按照《大气污染防治法》《能源发展“十三五”规划》《电力发展“十三五”规划》相关要求，开展燃煤耦合生物质发电技改试点工作。现将有关事项通知如下：

一、试点目的

2013 年以来，国家全面实施煤电行业节能减排升级改造，在全国范围内推广燃煤电厂超低排放要求和新的能耗标准。目前，全国已累计完成煤电超低排放改造 5.7 亿 kW、节能改造 5.3 亿 kW，接近《全面实施燃煤电厂超低排放和节能改造工作方案》提出的 2020 年完成 5.8 亿 kW 和 6.3 亿 kW 的目标。组织燃煤耦合生物质发电技改试点项目建设，旨在发挥世界最大清洁高效煤电体系的技术领先优势，依托现役煤电高效发电系统和污染物集中治理设施，构筑城乡生态环保平台，兜底消纳农林废弃残余物、生活垃圾以及污水处理厂、水体污泥等生物质资源（属危险废物的除外），破解秸秆田间直焚、污泥垃圾围城等社会治理难题，克服生物质资源能源化利用污染物排放水平偏高的缺点，增加不需要调峰调频调压等配套调节措施的优质可再生能源电力供应，促进电力行业特别是煤电的低碳清洁发展。

二、试点内容

（一）燃煤耦合农林废弃残余物发电技改项目

重点在十三个粮食主产省份，优先选取热电联产煤电机组，布局一批燃煤耦合农林废弃残余物发电技改项目。针对秸秆消纳困难、田间直燃致霾严重地区农林废弃残余物的数量、品种和品质等情况，充分考虑本体机组运行安全、负荷调节、运行效率和经济性等因素，挖掘热力循环系统在耦合环节阶梯利用潜力，合理确定技改项目技术方案。优先采用便于可再生能源电量监测计量的气化耦合方案。鼓励试点项目联产生物炭，并开展碳基肥料还田、活性炭治理修复土壤水体等下游产业利用研究。

（二）燃煤耦合垃圾发电、燃煤耦合污泥发电技改项目

重点在直辖市、省会城市、计划单列市等36个重点城市和垃圾、污泥产生量大，土地利用较困难或空间有限，以填埋处置为主的地区，优先选取热电联产煤电机组，布局燃煤耦合垃圾及污泥发电技改项目。制定运行灵活的耦合工艺方案，充分挖掘煤电机组烟气、蒸汽热力利用潜力，垃圾、污泥全程密闭、干化焚烧，干化产生的水蒸气进行冷凝回收再利用，采取有效措施防止全过程恶臭污染物外泄，恶臭污染物送入锅炉进行高温分解，尽可能减少对机组原有燃煤煤质和制粉系统的影响，降低对煤电机组运行安全、运行效率、负荷调节和经济性的影响。

三、项目组织

（一）项目申报

各省（区、市）发展改革委（能源局）根据地方相关规划及规划滚动修编计划，统筹考虑本地区生物质资源特点及可持续获得量，征求本地区煤电企业改造意愿，会同环境保护主管部门，开展项目初审和申报工作。项目技术和工程方案、投资经济性测算报告分开编写。试点项目申请报告请于2018年1月12日前报国家能源局。央企所属企业申报试点，需总部同步报试点项目申请报告。

（二）项目确定

国家能源局、环境保护部组织专家审核试点申报项目技术方案的先进性、设备的国产化率、生物质资源的可持续获取量、污染物稳定达标排放的可靠性、经济性测算指标的合理性、项目前期准备情况，以及项目是否具备近期开工条件等。通过审核的项目列为燃煤耦合生物质发电技改试点项目。

（三）项目建设

请各省（区、市）有关主管部门按照《国务院关于促进企业技术改造的指导意见》（国发〔2012〕44号）相关要求，做好燃煤耦合生物质发电技改试点项目管理工作。项目技改完成后，由省级能源、环境保护主管部门会同相关主管部门，组织专家或委托第三方咨询机构对试点项目进行评估认定并出具意见，上报国家能源局和环境保护部。试点项目要建立和执行有关环境管理制度，开展各类污染物排放自行监测并主动公开监测数据，安装污染物排放在线监控设施，并与当地环境保护主管部门联网，相关污染物排放应符合国家和地方相应排放标准与排污许可要求，并按照有关规定达到超低排放。试点项目应建立生物质资源入厂管理台账，详细记录生物质资源利用量，采用经国家强制性产品认证的计量装置，可再生能源电量计量在线运行监测数值同步传输至电力调度机构，数据留存10年。

四、相关政策

（一）技改试点项目生物质能电量电价按国家相关规定执行。

（二）技改试点项目生物质能电量单独计量，由电网企业全额收购。

（三）请各地积极落实技改试点项目享受生物质能电量相关支持政策，因地制宜制定生物质资源消纳处置价格补偿机制，采用政府购买公共服务等多种方式合理补偿生物质资源消纳处置成本并保障企业合理盈利。

（四）积极支持科研院校加快燃煤耦合生物质发电关键技术研究开发、成果转化和标准制定，优先推广应用具有自主知识产权的先进技术和装备。

五、项目监管

（一）国家能源、环境保护主管部门将视情况会同相关主管部门，组织有关单位对燃煤耦合生物质发电技改试点项目进行抽查。对弄虚作假、骗取政策支持的单位，一经查实，将追缴违法违规所得，并依法追究相关人员的责任。

（二）各省（区、市）有关主管部门和国家能源局派出机构共同负责燃煤耦合生物质发电技改试点项目的建设、运营监管工作。

（三）地方环境保护主管部门要加强对燃煤耦合生物质发电技改试点项目大气污染物、废水、重金属达标排放的监督和管理，未达标排放的项目不得享受相关支持政策。

（四）地方能源、环境保护主管部门协调相关部门加强农林废弃残余物田间地头管理，严禁露天焚烧；加强垃圾、污泥填埋监管，加大对不达标垃圾、污泥填埋的处罚力度，坚决关闭不符合国家相关标准和规范的填埋场，加大力度引导填埋垃圾、污泥用于燃煤耦合生物质发电。

联系人及电话：

国家能源局电力司　蒋庭军　010－68555070

环境保护部大气环境管理司　王凤　010－66556285

国家能源局
环境保护部（印）

2017年11月27日

国家能源局关于建立市场环境监测评价机制引导光伏产业健康有序发展的通知

（国能发新能〔2017〕79号）

各省（区、市）及新疆生产建设兵团发展改革委（能源局），各派出能源监管机构，国家电网公司、南方电网公司、内蒙古电力公司，华能、大唐、华电、国能投、国电投、三峡、中核、中广核、中节能集团公司，水电总院、电规总院，各光伏行业协会、学会，国家可再生能源中心：

为全面贯彻党的十九大精神，以习近平新时代中国特色社会主义思想为指导，落实《国务院关于促进光伏产业健康发展的若干意见》（国发〔2013〕24号）要求，推动光伏发电建设运营环境不断优化，引导企业理性投资，促进光伏产业健康有序发展，我局研究建立光伏发电市场环境监测评价机制。有关事项通知如下：

一、全面开展监测评价工作。国家能源局按省级行政区域开展光伏发电市场环境监测评价工作。对于存在多个光伏发电标杆上网电价资源区的省级行政区域，按资源区分别进行评价。监测评价采取分析全省统计资料和抽样调查光伏发电企业相结合的方式开展。监测评价对象为普通光伏电站和领跑基地项目，不含光伏扶贫村级电站和分布式光伏系统。

二、建立科学监测评价体系。评价体系统筹考虑各地区开发市场环境和投资运营风险，由竞争力和风险两类评价指标组成，采取综合评价与约束性指标判定相结合的方式进行评价分级。评价结果分为绿色、橙色和红色三个等级，绿色表示市场环境较好，橙色表示市场环境一般，红色表示市场环境较差。

竞争力评价指标包括土地条件、地方政府服务、电网企业服务、国家度电补贴强度、竞争性配置项目补贴平均降幅和地方政府补贴力度等六项指标。风险评价指标包括弃光程度、市场消纳风险和全额保障性收购政策落实程度等三项指标。详见附件1。

三、定期发布监测评价结果。国家可再生能源信息管理中心负责光伏发电市场环境监测评价具体工作，按季度统计发布动态监测数据；国家能源局每年一季度发布上年度监测评价结果。省级能源主管部门督促相关光伏发电企业按要求每季度通过国家可再生能源发电项目信息管理系统及时报送监测评价需要的相关数据。2016年各地区试评价结果见附件2。

四、充分发挥评价引导作用。监测评价结果是国家调整完善光伏行业管理政策、引导太阳能资源有序开发的重要依据，根据评价结果进行分类指导和差异化管理。评价结果为红色的地区，国家能源局原则上在发布监测评价结果的当年暂不下达其年度新增建设规模（国家已明确的特高压外送通道配套建设的新能源基地除外）；除已纳入以往年度建设规模且已开工建设的续建光伏项目外，建议电网企业暂缓受理项目并网申请，企业谨慎投资。评价结果为绿色的地区，国家能源局将按规划保障其光伏电站开发规模并视情予以适度支持，地方政府和企业可有序安排投资建设。评价结果为橙色的地区，国家能源局在省级能源主管部门商有关方面提出有效措施保障改善市场环境的前提下，可视情安排不超过50%的年度规划指导规模。

国家能源局（印）
2017年12月8日

附件1

光伏发电市场环境监测评价方法及标准（试行）

一、评价方法

光伏发电市场环境监测评价采取综合评价与约束性指标判定相结合的方式。综合评价由各项竞争力评价指标和风险评价指标进行评分加总，两类指标的权重均等。总分不足60分，为红色；总分在60分以上、不足80分，为橙色；总分在80分以上，为绿色。约束性指标为弃光程度，弃光率10%以上的直接判定为红色。

二、评价标准

项目	内容	分值	评价标准
一、竞争力评价指标	1.1 土地条件	15	按照评价年度统计的新建光伏电站土地使用成本（按新增用地面积折算用地成本至各年，不含城镇土地使用税和耕地占用税）和土地税征收情况（包括城镇土地使用税和耕地占用税）分两项进行综合评分： 1. 用地成本300元/亩年以下，得15分；用地成本在300元/亩年以上、不足1000元/亩年的，每增加100元/亩年，减1分；用地成本在1000元/亩年以上，每增加100元/亩年，减2分。 2. 耕地占用税征收部分占总用地面积比例，每超过10%，减5分；城镇土地使用税征收部分占总用地面积比例，每超过5%，减5分。 总分减至0分为止
	1.2 地方政府服务	10	按照地方政府普通光伏电站资源配置工作服务水平分三项进行评分： 1. 竞争性配置（3分）：出台省级统一的普通光伏电站竞争性配置办法，得3分；仅出台地市级、县级竞争性配置办法的，分别得2分、1分。 2. 附加条件（4分）：地方政府在普通光伏电站资源配置工作中无任何附加条件要求（包括摊派、产业配套等各类附加条件要求）的，得4分；每增加一个附加条件要求，减1分，扣完为止。 3. 服务评价（3分）：根据企业调查、市场投诉、媒体监督反映情况进行综合评分
	1.3 电网企业服务	10	按照电网企业前期工作和配套送出工程建设/回购情况分两项进行评分： 1. 前期工作服务（5分）：电网接入系统方案批复平均工作周期3个月以内的，得5分；每增加1个月，减1分，扣完为止。 2. 配套送出工程建设/回购（5分）：省级电网按项目建设周期及时建设配套送出工程，且对以前发电企业投资建设送出工程一年内完成回购的，得5分；省级电网未及时按项目建设周期建设配套送出工程，或对以前发电企业投资建设送出工程未在一年内完成回购的，得3分；省级电网未及时按项目建设周期建设配套送出工程，且对以前发电企业投资建设送出工程未在一年内完成回购的，得0分

续表

项目	内容	分值	评 价 标 准
一、竞争力评价指标	1.4 国家度电补贴强度	5	按照评价年度各地区新建光伏电站度电补贴强度从小到大排序进行评分： 排名前 10%以内的，得 5 分； 排名 10%以外、不足 30%的，得 4 分； 排名 30%以外、不足 50%的，得 3 分； 排名 50%以外、不足 70%的，得 2 分； 排名 70%以外、不足 90%的，得 1 分； 排名后 10%以内的，得 0 分
	1.5 竞争性配置项目补贴平均降幅	5	按照评价年度参与竞争性配置光伏电站平均上网电价与当地同期光伏发电标杆上网电价之差进行评分： 降幅 0.05 元/kWh 以上的，得 5 分； 降幅 0.04 元/kWh 以上、不足 0.05 元/kWh 的，得 4 分； 降幅 0.03 元/kWh 以上、不足 0.04 元/kWh 的，得 3 分； 降幅 0.02 元/kWh 以上、不足 0.03 元/kWh 的，得 2 分； 降幅 0.01 元/kWh 以上、不足 0.02 元/kWh 的，得 1 分； 降幅不足 0.01 元/kWh 的，以及未下达年度计划的，得 0 分
	1.6 地方政府补贴力度	5	按各级地方政府补贴政策出台情况进行评分： 省级政府出台补贴政策，加 2 分； 市级政府出台补贴政策，加 2 分； 县级政府出台补贴政策，加 1 分； 最高为 5 分
二、风险评价指标	2.1 弃光程度	30	按评价年度弃光程度并结合保障小时数完成情况进行评分： 无弃光的，得 30 分； 弃光率不足 2%的，得 24 分； 弃光率 2%以上、不足 4%的，得 18 分； 弃光率 4%以上、不足 6%的，得 12 分； 弃光率 6%以上、不足 8%的，得 6 分； 弃光率 8%以上、不足 10%的，得 0 分； 弃光率 10%以上的，直接判定为红色。 达到国家核定保障小时数，但按弃光率评分低于 18 分的，按 18 分计
	2.2 市场消纳风险	10	按评价年度其他可再生能源弃电情况进行评分； 无弃水和弃风的，得 10 分； 水能利用率在 95%以上且弃风率不足 10%的，得 7 分； 水能利用率不足 95%或弃风率在 10%以上的，得 4 分； 水能利用率不足 95%且弃风率在 10%以上的，得 0 分； 无弃光但该项得分低于 7 分的，按 7 分计
	2.3 全额保障性收购政策落实程度	10	按评价年度地区普通光伏电站落实全额保障性收购政策和参与电力市场交易情况进行评分： 实现全额保障性收购的，得 10 分； 地方政府出台政策，保障性小时数以内的电量不参与交易，保障性小时数以外的电量参与交易，得 8 分； 地方政府出台政策，保价保量收购小时数低于国家核定的保障性小时数，保价保量收购比例超过 90%、80%的，分别得 6 分、4 分；不足 80%的，得 0 分

注 1. 按照年等效满负荷利用小时数评价是否达到保障小时数。年等效满负荷利用小时数根据选取地区评价年度之前全场建成并网投产的光伏电站进行统计计算，年等效满负荷利用小时数＝纳入统计的光伏电站完整年上网电量总和/纳入统计的光伏电站装机容量总和。

2. 弃光率根据选取地区评价年度之前全场建成并网投产的光伏电站进行统计计算，弃光率$=A/(A+B)\times100\%$，其中 A 代表纳入统计的光伏电站完整年弃光电量总和，B 代表纳入统计的光伏电站评价年度上网电量总和。

3. 表中“以上、以下、以内、以外、超过”均含本数，“不足”均不含本数。

附件 2

2016 年各地区光伏发电市场环境监测评价结果（试评）

资源区	地区	竞争力评价指标							风险评价指标				总分（100）	评价结果
		土地条件（15）	地方政府服务（10）	电网企业服务（10）	国家度电补贴强度（5）	竞争性配置项目补贴平均降幅（5）	地方政府补贴力度（5）	竞争力评价指标得分小计（50）	弃光程度（30）	市场消纳风险（10）	全额保障性收购政策落实程度（10）	风险评价指标得分小计（50）		
Ⅰ类资源区	宁夏	15	9	5	3	0	0	32	6	4	4	14	46	红色
	青海海西	15	10	7	5	0	0	37	6	10	10	26	63	橙色
	甘肃嘉峪关、武威、张掖、酒泉、敦煌、金昌	15	0	5	5	0	0	25	—	4	0	4	29	红色
	新疆哈密、塔城、阿勒泰、克拉玛依	15	0	5	3	0	0	23	—	4	6	10	33	红色
	内蒙古除赤峰、通辽、兴安盟、呼伦贝尔以外地区	11	10	10	4	0	0	35	12	4	10	26	61	橙色
Ⅱ类资源区	北京	2	0	10	4	0	0	16	30	7	10	47	63	橙色
	天津	2	0	10	4	0	0	16	30	10	10	50	66	橙色
	黑龙江	15	10	5	5	5	0	40	30	4	10	44	84	绿色
	吉林	12	10	8	4	0	2	36	30	4	10	44	80	绿色
	辽宁	15	10	5	4	0	2	36	30	4	10	44	80	绿色
	四川	14	8	5	5	0	0	32	30	4	10	44	76	橙色
	云南	10	10	8	3	0	0	31	30	4	4	38	69	橙色
	内蒙古赤峰、通辽、兴安盟、呼伦贝尔	11	10	10	2	0	0	33	30	4	10	44	77	橙色
	河北承德、张家口、唐山、秦皇岛	10	10	8	4	5	2	39	24	7	10	41	80	绿色
	山西大同、朔州、忻州	10	10	5	3	3	0	31	30	7	8	45	76	橙色
	陕西榆林、延安	10	10	4	3	5	2	34	12	7	8	27	61	橙色
	青海除Ⅰ类外其他地区	11	10	7	3	0	0	31	18	10	10	38	69	橙色
	甘肃除Ⅰ类外其他地区	15	0	5	2	0	0	22	—	4	0	4	26	红色
	新疆除Ⅰ类外其他地区	15	0	5	1	0	0	21	—	4	6	10	31	红色

续表

资源区	地区	竞争力评价指标							风险评价指标				总分（100）	评价结果
		土地条件（15）	地方政府服务（10）	电网企业服务（10）	国家度电补贴强度（5）	竞争性配置项目补贴平均降幅（5）	地方政府补贴力度（5）	竞争力评价指标得分小计（50）	弃光程度（30）	市场消纳风险（10）	全额保障性收购政策落实程度（10）	风险评价指标得分小计（50）		
Ⅲ类资源区	河北除Ⅱ类外其他地区	10	10	8	1	5	2	36	30	7	10	47	83	绿色
	山西除Ⅱ类外其他地区	10	10	5	0	4	1	30	30	7	8	45	75	橙色
	陕西除Ⅱ类外其他地区	10	10	4	0	5	2	31	24	7	8	39	70	橙色
	上海	2	7	10	2	0	4	25	30	10	10	50	75	橙色
	江苏	10	10	10	1	0	4	35	30	10	10	50	85	绿色
	浙江	2	10	10	2	3	5	32	30	10	10	50	82	绿色
	安徽	10	10	10	1	4	2	37	30	10	10	50	87	绿色
	福建	10	5	10	1	0	0	26	30	10	10	50	76	橙色
	江西	10	10	10	2	0	2	34	30	10	10	50	84	绿色
	山东	9	10	8	1	0	2	30	30	10	10	50	80	绿色
	河南	10	10	9	1	0	0	30	30	10	10	50	80	绿色
	湖北	10	10	9	2	0	2	33	30	10	10	50	83	绿色
	湖南	10	10	9	3	0	2	34	30	10	10	50	84	绿色
	广东	8	10	5	4	0	0	27	30	10	10	50	77	橙色
	广西	10	10	9	2	3	0	34	30	10	10	50	84	绿色
	海南	9	10	5	3	0	0	27	30	10	10	50	77	橙色
	重庆	10	7	8	2	0	0	27	30	10	10	50	77	橙色
	贵州	12	10	9	0	0	0	31	30	10	10	50	81	绿色
	西藏	15	4	9	0	0	0	28	30	10	10	50	78	橙色

注　1. “/”代表直接判定为红色等级。

2. 本表为 2016 年试评结果。2017 年为过渡期，本试评结果供各地区加强光伏行业管理工作参考。

国家能源局综合司关于建立中国参与APEC能源合作伙伴网络的通知

（国能综通国际〔2017〕81 号）

各有关单位：

自 1991 年以来，我国定期参与亚太经合组织（以下简称 APEC）框架下能源合作机制，国家能源局现为中方参与相关合作的牵头部门。目前，在 APEC 能源工作组框架下共设有清洁化石能源专家组、能源数据分析专家组、能效和节能专家组、新能源和可再生能源专家组、低碳示范城镇任务组、能源弹性任务组、APEC 可持续能源中心、APEC 能源研究中心等合作机制。

为进一步规范国内机构参与亚太经合组织（APEC）能源领域相关活动、统筹推动中国在 APEC 能源工作组的合作、提升工作成果的影响力，经研究，国家能源局拟牵头成立 APEC 能源合作伙伴网络（以下简称网络），具体参与事宜通知如下：

一、成员单位

国内相关领域的研究技术机构、大中型企业等单位可按照自愿原则申请加入网络。

二、工作规则

网络成员单位的主要工作包括：参与 APEC 能源工

作组框架下相关专家组、任务组等的政策和技术合作活动；参与和实施 APEC 能源领域项目；参与 APEC 框架下能源领域奖项评选；在华举办 APEC 框架下能源合作活动等。

网络成员单位在国家能源局国际合作司指导下，按照 APEC 工作规则参与相关合作活动，并定期向国家能源局报告工作进展。网络成员单位自行承担参与 APEC 能源领域相关活动所产生的费用。对不按规则要求开展工作的单位将取消网络成员身份。非网络成员单位不得在 APEC 框架下开展能源领域相关工作。

我局将择优选择若干网络成员单位作为 APEC 能源工作组下设专家组及任务组的国内对口单位。各对口单位需指定至少一名熟悉相关业务、英语水平流利的专家承担相关工作。工作职责包括：向国家能源局提出参与 APEC 能源领域相关活动的工作建议；对拟申请的能源领域 APEC 基金项目建议书进行技术评议；对拟推荐的 APEC 能源领域相关最佳案例等进行技术评议；参加 APEC 能源工作组相关会议；完成国家能源局国际司交办的其他工作。

三、报名程序

（一）国内相关领域具有较好技术实力、熟悉 APEC 工作要求、具有丰富国际合作经验的单位自愿填写《APEC 能源合作伙伴网络成员单位申请表》，并于 2017 年 8 月 31 日前提交申请表。

（二）我局对报名单位进行审核，筛选符合要求的单位作为网络成员单位。

（三）每两年进行一次网络成员单位重新确认和增补工作。

四、联系人

申请表请于 8 月 31 日前提交至 APEC 可持续能源中心卢金（电话：022－27400847；18522859495；电子邮箱：lujinww@live.cn）。

申请成为 APEC 能源工作组下设专家组及任务组的国内对口单位，请联系国家能源局国际合作司朱轩彤（电话 010－68505630）。

请各有关单位根据本通知要求，积极有序参与 APEC 能源合作伙伴网络相关工作。

附件：APEC 能源合作伙伴网络成员单位申请表（略）

国家能源局综合司（印）
2017 年 7 月 17 日

国家能源局关于印发《关于深化能源行业投融资体制改革的实施意见》的通知

（国能法改〔2017〕88 号）

各省（自治区、直辖市）发展改革委（能源局）：

现将《关于深化能源行业投融资体制改革的实施意见》印发给你们，各有关单位要根据实施意见，按照职能和职责分工要求，结合实际认真贯彻落实。涉及多部门的工作，部门之间要加强协调配合，形成工作合力。贯彻落实中的重大问题要及时报告我局。

国家能源局（印）
2017 年 3 月 27 日

关于深化能源行业投融资体制改革的实施意见

为贯彻落实《中共中央、国务院关于深化投融资体制改革的意见》（中发〔2016〕18 号），进一步发挥能源投融资对稳增长、调结构、惠民生，推进供给侧结构性改革的重要作用，坚持企业为主、规划引导、放管结合、优化服务、创新机制、畅通渠道、统筹兼顾、协同推进的原则，提出以下实施意见。

一、充分激发社会资本参与能源投资的动力和活力

（一）确立能源企业投资主体地位。在增量配电网、规划内风电、背压式热电联产、燃气分布式发电等项目先行试点企业投资项目承诺制，推动以政策性条件引导、企业信用承诺、监管有效约束为核心的管理模式。

（二）实行能源投资项目管理负面清单制度。进一步取消下放能源投资项目核准权限。严格按照《政府核准的投资项目目录》规定核准能源项目，目录范围外的项目，一律实行备案制，不得进行任何形式的审批。

（三）建立能源投资项目管理权力清单制度。能源项目核准机关要根据《政府核准的投资项目目录》，制定本级能源投资项目管理权力清单，国家能源局要抓紧制定并试行《国家能源局权力和责任清单》。各省级能源项目核准机关要根据《政府核准的投资项目目录》规定的权限开展核准工作，要坚持投资审批权限下放层级与承接能力匹配，对涉及本地区重大规划布局、重要能源资源开发配置的项目，原则上不下放到地市级政府、一律不得下放到县级及以下政府核准。

（四）建立能源投资项目管理责任清单制度。能源项目核准机关要厘清职权所对应的责任事项，明确责任主体，健全问责机制。按照简化程序、优化流程、透明高效的原则，制作行政职权运行流程图，规范每个环节的承办机构、办理程序、办理要求、办理时限等，确保权力规范行使。

（五）规范能源投资项目备案管理制度。实行备案制的能源投资项目，备案机关要通过全国投资项目在线审批监管平台或政务服务大厅，提供快捷备案服务，备案不得设置任何前置条件。

（六）优化能源投资项目核准流程。实行核准制的能源投资项目，核准机关要依托全国投资项目在线审批监管平台或政务服务大厅实行并联核准，项目核准的前置许可条件不得互为前置。按照并联办理、联合评审的要求，配合推动相关部门协同下放审批权限，探索建立多评合一、统一评审的新模式。

（七）精简能源投资项目核准前置许可。能源投资项目核准只保留选址意见和用地（用海）预审作为前置条件，除法律法规明确规定的，各级能源项目核准机关一律不得设置任何项目核准的前置条件，不得发放同意开展项目前期工作的“路条”性文件。

（八）创新能源投资项目业主确定方式。在光伏、生物质能、火电站、水电站、风电等项目开展以竞争性方式确定能源投资项目业主试点。根据资源调查和专项规划，委托有资质的中介机构对纳入规划的项目进行咨询评估，通过招标、竞争性磋商等方式，公开、公平、公正确定业主。

（九）加强能源企业投资行为事中事后监管。企业投资能源项目要严格按照国家有关规定实施。未依法办理核准或备案手续开工建设，或者未按照核准的建设地点、建设规模、建设内容等进行建设的，核准机关应当根据法律法规规定，按情节轻重依法给予警告、责令停止建设、责令停产等处罚。

二、发挥好能源行业政府投资的引导和带动作用

（十）正确把握政府投资方向，明确投资范围。能源领域政府投资资金重点支持农村电网改造、煤矿安全改造、国家石油储备基地等市场不能有效配置资源的基础设施和公共服务类项目。

（十一）优化完善政府投资资金安排方式。对农村电网改造、煤矿安全改造、油气储备设施建设等政府投资的能源项目，建立政府投资资金分配信息发布机制，具备条件的项目采用招投标的方式取代行政指定性的资金分配方式，不设置歧视性条件，平等对待各类投资主体。对确需支持的经营性能源项目，政府投资主要采取资本金注入方式，也可适当采取投资补助、贷款贴息等方式进行引导。

（十二）编制能源领域三年滚动政府投资计划。依据国家宏观调控总体要求和能源发展规划，编制能源领域三年滚动政府投资计划，明确规划期内政府投资的重大能源项目。建立能源领域政府投资项目库，未入库项目原则上不予安排政府投资。

（十三）加强能源领域政府投资事中事后监管。以更严格标准加强对能源领域政府投资的概算预算、建设标准、建设工期、竣工验收等事项的要求。严格按照项目建设进度下达政府投资计划。严格概算执行和造价控制，健全概算审批、调整等管理制度。加强政府投资项目的竣工验收管理。探索与投资项目审计监督、重大项目稽查等部门实施联合监督的新机制，强化政府投资监管。

（十四）建立政府投资资金使用情况后评估制度。对能源领域政府投资项目的质量、工期、资金使用和安全性评价等事项进行专项监管和动态跟踪。完善政府投资追责体系，建立政府投资黑名单制度，项目一经发现违法违规问题，视情节轻重限制、禁止项目业主申请中央预算内投资资金，并追究法律责任。

（十五）鼓励政府和社会资本合作。落实《国家能源局关于在能源领域积极推广政府和社会资本合作模式的通知》（国能法改〔2016〕96号），重点在城镇配电网、农村电网、电动汽车充电桩、城市燃气管网、液化天然气（LNG）储运设施等领域推广运用政府和社会资本合作（PPP）模式。建立PPP项目联审机制，进一步简化PPP项目审批流程，提高行政服务效率。建立主要由市场决定能源价格的机制，为社会资本投资能源领域创造有利条件。对确定采用PPP模式的能源项目，通过竞争性机制公平择优选择社会资本作为合作伙伴。

三、畅通能源投资项目融资渠道

（十六）鼓励发展能源项目直接融资。依托多层次资本市场体系，拓宽和优化能源领域投资项目的直接融资渠道，鼓励符合条件的能源企业开展股票上市融资。总结能源领域资产证券化实践经验，鼓励金融机构选择符合条件的能源信贷资产、企业应收款、信托受益权、基础设施收益权等为基础资产，开展形式多样的资产证券化业务，盘活存量能源设施资产。加大创新力度，丰富债券品种，鼓励有条件的能源企业发行企业债券、项目收益债、重点产业专项债，通过债券市场筹措资金。

（十七）大力加强能源领域“双创”项目金融扶持力度。加大对电动汽车充电基础设施、氢燃料电池、储能、综合智慧能源等科技程度高、资本密度低，并处于种子期、初创期项目的金融支持力度，鼓励金融机构有针对性地为能源领域“双创”项目提供股权、债券以及信用贷款等融资综合服务。

（十八）建立能源领域政府、银行、企业、社会合作对接机制。搭建政银企社合作平台，通过联合开展项目推介会等方式，加强与政策性、开发性金融机构以及广大社会资本的对接，为能源领域重大项目获取长期稳定、低成本的资金支持创造条件。

（十九）完善保险资金等机构资金对能源项目建设的投资机制。大力发展债权投资计划、产业投资基金、资产支持计划等融资工具，引导社保资金、保险资金、企业年金等用于收益稳定、回收期长的能源项目。建立信贷、证券、保险和基金等机构资金支持重大能源项目建设的合作对接机制，保障重大项目资金需求。

（二十）构建更加开放的投融资体制。加强与金融机构的协调配合，促进金融机构对重大能源基础设施建设合作项目提供信贷、担保、保险、国际结算等全方位、全流程的金融服务。促进金融机构针对能源领域对外合作的需求和特点，主动创新金融产品和服务方式，加快拓展和优化境外服务网络，为能源企业“走出去”和重点国际合作项目提供境内外一体化金融服务。积极搭建能源领域双多边政府间合作平台，建立健全能源行业“走出去”协调服务机制，更好地支持能源对外投资项目。加强与国际金融机构和各国政府、企业、金融机构在能源领域的多层次投融资合作。

四、提升综合服务管理水平

（二十一）落实能源投资项目审批负责制。探索建立并逐步推行能源投资项目审批、核准和备案首问负责制。能源项目核准、备案机关或审批协调机构实行“一站式”受理、“全流程”服务，一家负责到底。

（二十二）大力推进阳光审批。落实投资项目统一代码制度相关要求，充分利用全国投资项目在线审批监管平台，做好能源项目审批、监管等信息公开工作，提高透明度。制定能源项目审批工作规则，梳理整合办事环节，编制、更新企业办事流程图。推进能源项目审批管理工作的信息公开制度，及时公开项目受理情况、办理过程、审批结果。鼓励新闻媒体、公民、法人和其他组织依法对能源部门的服务管理行为进行监督。

（二十三）加强规划引领。完善能源规划体系，强化地方规划与国家规划的衔接，加强能源规划与城乡、土地、环保等领域规划的衔接。完善能源规划的约束引导机制，发挥好规划对能源投资的龙头性、引领性作用，促进能源产业科学有序发展。处理好规划和具体投资项目的关系，既要依据规划布局项目，也要防止规划制定过细、规划变相指定项目单位、规划套规划搞层层加码等有碍市场在能源投资中起决定性作用的问题出现。

（二十四）健全监管机制。按照谁审批谁监管、谁主管谁监管的原则，依托能源投资项目在线审批监管平台，加强项目建设全过程监管。完善有关规章制度，制定监管工作指南和操作规程，促进监管工作标准化、规范化、公开化。

（二十五）加强重点领域专项监管。煤矿、火电等产能过剩或存在潜在过剩风险的投资领域要严格按照国家专项规划和产业政策开展项目建设，对违规、违建项目责令停止建设或责令停产。切实保护社会资本在能源投资中的正当权益，加大监管力度，保障投资者合法合理诉求得到解决。

（二十六）加强能源企业信用体系建设。按照国家统一规划和部署，加强能源企业信用体系建设，实现信用信息公开共享。开展信用评价，曝光严重违法失信、发生重大以上安全事故“黑名单”企业。将企业信用记录纳入全国信用信息共享平台，强化政府和投资者的契约意识和诚信意识，形成守信激励、失信惩戒的约束机制，促使相关主体切实承担责任，履行法定义务，确保投资建设市场安全高效运行。

五、确保改革任务落实到位

（二十七）加强分工协作。建立能源投融资体制改革工作会商制度和协调机制，分解任务，明确责任，加强协同配合。能源项目审核机关要充分认识深化投融资体制改革的重要性和紧迫性，及时制定具体工作方案，明确任务分工、时间节点，做好相关支持配合工作。国家能源局派出能源监管机构要充分发挥监管职能，按照统一部署开展能源投融资体制改革工作落实情况专项监管。

（二十八）加快法制建设。完善与能源投融资相关的规章制度和行业标准，制定能源领域贯彻落实投资领域立法的具体管理办法或实施方案。加快推进《电力法》、《煤炭法》修订，积极推动《能源法》、《核电管理条例》、《国家石油储备条例》、《能源监管条例》、《海洋石油天然气管道保护条例》等法律法规制定出台。加快制定修订能耗、碳排放等领域技术标准，实施能效“领跑者”制度，研究建立煤电机组能效领跑者机制。

（二十九）推进配套改革。能源投融资体制改革与其他领域改革要协同推进，形成叠加效应，充分释放改革红利。加快能源体制改革，落实电力体制改革措施，深化石油天然气体制改革，推进电力市场建设、售电侧改革、油气行业上游勘探开发领域改革等试点工作，有序放开油气勘查、开采、市场准入，完善油气进出口管理体制、完善油气加工环节准入和淘汰机制，推动油气管网基础设施公平开放。推动能源价格改革，完善油气产品定价机制，有序放开上网电价和公益性以外的销售电价。积极鼓励国有能源企业开展混合所有制改革，推动体制机制创新，为社会资本在能源领域开展投融资活动创造有利条件。

附件：任务分工和进度安排（略）

国家能源局关于2017年光伏发电领跑基地建设有关事项的通知

（国能发新能〔2017〕88号）

山西、陕西、河北、吉林、江苏、青海、内蒙古、江西省（自治区）发展改革委（能源局）、物价局，水电水利规划设计总院，大同、寿阳、渭南、海兴、白城、泗洪、格尔木、达拉特、德令哈、宝应、上饶、长治、铜川市（县、旗）人民政府：

为落实光伏发电领跑基地建设有关要求，加快推进基地建设，确保实施效果，我局于12月20日组织召开2017年光伏发电领跑基地建设工作协调会，进一步听取了各方意见并明确工作要求。经商国家发展改革委（价格司），现将有关事项通知如下：

一、统一思想，高度重视领跑基地建设工作

光伏发电领跑基地是光伏行业的重要示范工程，必须紧紧围绕促进光伏发电技术进步、产业升级和成本下降的目标推进实施。各相关省（区）能源主管部门和各基地申报地方政府作为基地建设的责任主体，必须突出目标导向，特别是基地申报地方政府要切实履行实施主体责任，善做善成，善始善终，认真做好领跑基地建设各项工作，避免“重申报、轻实施”。

二、重信守诺，严格落实基地建设要求与承诺

（一）要严格落实《关于推进光伏发电“领跑者”计划实施和2017年领跑基地建设有关要求的通知》（国能发新能〔2017〕54号）和《关于公布2017年光伏发电领跑基地名单及落实有关要求的通知》（国能发新能〔2017〕76号）等文件要求，做到不走样、不变味、不跑偏。

（二）要严格落实基地建设的用地、接网及消纳等各项条件，做好与环保、水利、农业、林业、安监等部门的衔接，尤其对于土地流转和接网工程等“卡脖子”工程要提前谋划、确保进度。

（三）要严格履行申报承诺的各项政策和服务保障，特别是要落实税费优惠、金融创新和消纳保障等影响基地竞争优选和基地建设的关键因素。

（四）各基地不得擅自调整基地建设条件、内容和承诺，鼓励提供更好优惠政策和更加便利服务。

三、公平公正，公开透明开展企业竞争优选工作

（一）各基地要按照国能发新能〔2017〕54号文件明确的企业优选标准指南进行企业竞争优选，不得调整优选内容、权重及评分标准。严格遵循公平开放的市场规则，不得要求企业在当地配套产业、承担额外任务等，不对本地、外地企业区别对待，不搞地方保护，不得干预企业自主经营行为。

（二）基地的每个项目各自竞争优选且每个企业集团只能有一个企业参与竞选，包括以各种方式控股或参股。采用合资或联合体方式参与竞争技术领跑基地的，必须采用绝对控股的光伏制造企业的技术。为保障企业竞争优选的公平性，对于同一项目，同一主体勘察设计单位只能服务一个企业竞争主体。

（三）各基地要抓紧制定企业竞争评优工作方案，并报送所在地省级能源主管部门。省级能源主管部门在国家能源局的指导下审核批复，并将审定的工作方案在5个工作日内报告国家能源局。技术管理单位要提前做好技术领跑基地先进技术路线的评优对标和先进技术的统筹把关工作，确保申报技术路线数量符合要求，能优选出有代表性和应用前景的前沿技术。

（四）应用领跑基地竞价门槛参照和技术领跑基地执行的标电价均按各地竞争优选企业时对应的标杆电价（即2018年光伏发电标杆电价）。

（五）各基地地方政府要建立健全基地建设各项制度，公平公正地开展企业竞争优选工作，推动全国统一公平市场建设，企业优选工作方案、企业申报情况、企业竞争评优结果等阶段性信息要主动在第一时间公开，充分发挥社会监督作用，并及时将有关情况报送国家能源局。

四、统筹谋划，充分发挥综合技术监测平台作用

（一）各基地应选择综合建设条件较好、场址集中平整度高和交通便利的项目承担基地综合技术监测平台的任务。

（二）监测平台应具有主要设备、系统集成、建设模式和实证创新等领域的主要监测与试验功能，平台本体主要汇集监测数据和进行小微型系统实证，并随机选择基地项目典型方阵进行长期监测。

（三）各基地组织承担平台建设任务的项目竞争优选时，需明确企业应在申报方案中提出平台的具体工作职责和建设任务。由承担平台建设任务的项目投资企业根据要求自行建设相关系统，任何人不得干预其自主投资建设行为。

（四）监测平台应和基地同步建设、同步投产，确保发挥平台的功能和作用，监测平台未投产验收前，不得启动基地验收程序。技术管理单位要统筹做好各基地平台的技术指导和运行保障，确保实现平台对基地和光伏产业的长期支撑作用。

五、奖惩联动，推动比学赶超的基地建设格局

（一）严格落实国能发新能〔2017〕54 号文相关奖惩机制，在加大奖励激励的同时，严格失信惩戒。

（二）鼓励各基地争创典型，对于领跑基地建设各环节工作落实到位、实施效果好的，采取多种方式树立典型、总结推广。

（三）对严格落实要求、按期投产且验收合格的基地，在后续领跑基地竞争优选中给予优先考虑或适当加分。其中，较标杆电价降幅最大的 3 个应用领跑基地奖励等量规模接续建设，建设速度快的应用领跑基地还可同时申报下期基地优选。

（四）对于不能落实领跑基地要求和申报承诺的地方政府和企业，视情节轻重予以通报、纳入行业黑名单或国家信用体系失信名单，并限制所属省（区）和所属企业集团参加后续领跑基地申报建设。对于不能按期完成企业优选或开工建设且无正当理由的，视为自动放弃基地建设；对于不能按期全容量并网的，该项目全部容量电价按每延迟一季度在中标电价基础上降低 5%执行。对于以上失信行为，同时视情节轻重予以通报、纳入行业黑名单或国家信用体系失信名单。

请各省（区）发展改革委（能源局）组织本省（区）基地地方政府和技术管理单位按要求抓紧开展基地企业优选及建设推进工作，做好优选工作方案审核，加强服务保障和组织协调，确保基地建设进度与质量效益。

国家能源局（印）
2017 年 12 月 29 日

国家能源局关于加强电力安全培训工作的通知
（国能安全〔2017〕96 号）

各省（自治区、直辖市）和新疆生产建设兵团发展改革委（能源局）、经信委（工信委），各派出能源监管机构，国家电网公司、南方电网公司、内蒙古电力公司，华能、大唐、华电、国电、国电投、神华、三峡集团公司，中电建、中能建集团公司，各有关单位：

为强化电力行业安全培训工作，提高电力行业从业人员安全素质和安全意识，促进电力安全培训工作健康发展，现就加强电力安全培训工作通知如下：

一、电力企业要全面落实安全培训的主体责任，牢固树立“培训不到位是重大安全隐患”的意识，坚持依法培训、按需施教的工作理念，提高安全培训质量，全面加强安全培训基础建设。

二、电力企业要切实抓好本单位从业人员安全培训工作，依法对从业人员进行与其所从事岗位相应的安全教育培训，确保从业人员具备必要安全生产知识，掌握安全操作技能，熟悉安全生产规章制度和操作规程，了解事故应急处理措施。

三、电力企业应当制定本单位年度安全培训计划，并按照计划开展安全培训工作。电力企业主要负责同志要负起安全培训第一责任人的责任，组织制定并实施本单位安全生产教育和培训计划；安全生产管理人员要组织或参与本单位安全生产教育和培训工作，掌握培训情况。

四、电力企业应当建立安全培训管理制度，保障安全培训投入，保证培训时间；应当建立安全培训档案，如实记录安全生产培训的时间、内容、参加人员以及考核结果等情况。

五、电力企业要将外包单位作业人员、劳务派遣人员、实习人员等纳入本单位从业人员统一管理，对其进行岗位安全操作规程和安全操作技能教育培训。

六、电力企业从业人员调整工作岗位或者采用（使用）新工艺、新技术、新设备、新材料的，应当对其进行专门的安全培训。电力企业发生负有主要责任的电力人身伤亡事故、电力安全事故或直接经济损失 100 万元以上设备事故的，应当制定专门计划对相关负责人和安全生产管理人员等开展安全生产再培训。

七、电力建设施工企业的主要负责人和安全生产管理人员，应按照主管的负有安全生产监督管理职责部门的要求，进行安全生产知识和管理能力考核并合格。

八、负有电力安全生产监督管理职责的单位应加强对电力安全培训工作的监督管理，对电力建设施工企业的相关人员按照规定考核合格情况、电力企业从业人员的安全生产教育和培训情况、安全培训管理制度和从业人员安全培训档案建立情况和安全生产教育培训记录情况、安全培训费用保障情况等安全培训工作开展监督检查，对电力企业存在违反有关法律法规中安全生产教育培训规定的，依照相关法律法规予以处罚。

九、《国家能源局关于印发〈电力安全培训监督管理办法〉的通知》（国家安全〔2013〕475 号）自本文件发布之日起废止。

国家能源局（印）
2017 年 4 月 10 日

国家能源局关于发布 2020 年煤电规划建设风险预警的通知
（国能电力〔2017〕106 号）

各省、自治区、直辖市、新疆生产建设兵团发展改革委（能源局），国家能源局各派出能源监管机构，中电联，国家电网公司、南方电网公司，华能、大唐、华电、国电、国电投集团，神华集团、中煤集团、国投公司、华润集团，中国国际工程咨询公司、电力规划设计总院：

近年来，随着我国经济发展进入新常态，全社会用电增速放缓，煤电行业面临利用小时数持续下降、规划建设规模较需求偏大等问题。为防范化解煤电产能过剩风险，促进煤电有序发展，国家能源局会同相关单位建立完善了煤电规划建设风险预警机制。现将有关事项通知如下：

一、煤电规划建设风险预警的指标体系分为煤电建设经济性预警指标、煤电装机充裕度预警指标、资源约束指标。其中，煤电建设经济性预警指标为建议性指标，体现了在当地建设煤电项目的经济性，为发电企业规划建设煤电项目提供决策参考；煤电装机充裕度预警指标和资源约束指标为约束性指标，反映了在当地建设自用煤电项目的可行性。最终风险预警结果由约束性指标的最高评级确定。预警结果由高到低分为红色、橙色、绿色三个等级。

二、煤电建设经济性预警指标基于 2020 年各省（区、市）新投运煤电项目的预期投资回报率，分为红色、橙色、绿色三个等级。投资回报率低于当期中长期国债利率的为红色预警；投资回报率在当期中长期国债利率至一般项目收益率（电力项目通常为 8%）之间的为橙色预警；投资回报高于一般项目收益率的为绿色。煤电项目预期投资回报率计算方法见附件 1。

三、煤电装机充裕度预警指标基于 2020 年各省（区、市）电力系统备用率，分为红色、橙色、绿色三个等级。煤电装机明显冗余、系统备用率过高的为红色预警；煤电装机较为充裕、系统备用率偏高的为橙色预警；电力供需基本平衡或有缺口的、系统备用率适当或者偏低的为绿色。各省（区、市）电力系统参考备用率见附件 2。

四、资源约束指标基于各省（区、市）的大气污染物排放、水资源量、煤炭消费总量以及其他相关资源情况，分为红色、绿色两个等级。对于大气污染形势严峻、水资源量不足、煤炭消费总量亟需控制，或者存在其他资源约束煤电规划建设的，资源约束指标为红色预警；其余为绿色。

五、2020 年分省煤电规划建设风险预警结果见附件 3。为有力有序防范化解煤电产能过剩风险，按照适度从严的原则，风险预警结果为红色和橙色的省份，要暂缓核准、暂缓新开工建设自用煤电项目（含燃煤自备机组，下同），并在国家指导下，合理安排在建煤电项目的建设投产时序；风险预警等级为绿色的省份，也要充分考虑跨省（区）电力互济等因素，在国家指导下，有序核准、开工建设自用煤电项目。

六、在煤价、电价等关键条件发生较大变化或者相关重大政策出台后，将及时更新风险预警结果，另行补充发布。

特此通知。

国家能源局（印）
2017 年 4 月 20 日

附件 1

煤电项目预期投资回报率计算方法

$$k_{lr}=[(P-R_{ca}\times P_{ca}/10^6)T_v/C_E-(k_{zj}+r\times k_{ll}+k_{cb})]/(1-r)$$

式中 k_{lr}——煤电项目资本金投资回报率。

P——煤电项目上网电价（不含税价格），单位为元每千瓦时。

C_E——单位千瓦动态投资，单位为元每千瓦。

T_v——预计的年利用小时数，单位为小时。

k_{zj}——折旧率，按 20 年折旧年限，取 5%。

r——贷款占总投资的比例，电力项目一般为 80%。

k_{ll}——贷款利率。

k_{cb}——经营成本率，全年经营成本与总投资的比率，包括修理费，人工工资福利及保险、材料费、其他费用等。以 K_{cb} 取 2.5% 为基准，初步测算典型煤电项目投资回报率；而后，将初算的投资回报率代入计算式 $K_{cb}=0.0737\times$初算的项目投资回报率$+0.0118$，进而得到适用于具体项目的 K_{cb} 建议取值。

R_{ca}——机组发电煤耗，单位为克每千瓦时。

P_{ca}——预计标煤价格（含税），单位为元每吨，参照近 3 年中国电煤价格指数（折算至 7000 大卡热值标煤）通过加权得出，由近及远权重分别取 0.5、0.3 和 0.2。考虑 2016 年煤价的异常波动，并综合各方对未来煤价走势的判断，在本次测试中，适当加重了 2016 年第四季度煤价在 2016 年全年均价计算中的权重。

附件 2

各省（区、市）电力系统参考备用率

序号	地区		合理备用率	绿色区间	橙色区间	红色区间
1	黑龙江		13%	≤17%	17%～19%	>19%
2	吉林		13%	≤15%	15%～18%	≥18%
3	辽宁		13%	≤15%	15%～17%	≥17%
4	内蒙古	蒙东	15%	≤22%	22%～28%	≥28%
5	内蒙古	蒙西	15%	≤17%	17%～23%	≥23%
6	北京		15%	—	—	—
7	天津		15%	≤19%	19%～23%	≥23%
8	河北		13%	≤16%	16%～19%	≥19%
9	山东		13%	≤14%	14%～18%	≥18%
10	山西		13%	≤15%	15%～19%	≥19%
11	陕西		13%	≤15%	15%～20%	≥20%
12	甘肃		13%	≤16%	16%～19%	≥19%
13	青海		13%	≤15%	15%～20%	≥20%
14	宁夏		15%	≤19%	19%～23%	≥23%
15	新疆		15%	≤17%	17%～22%	≥22%
16	河南		14%	≤15%	15%～21%	≥21%
17	湖北		14%	≤16%	16%～23%	≥23%
18	湖南		14%	≤17%	17%～22%	≥22%
19	江西		14%	≤16%	16%～23%	≥23%

续表

序号	地区	合理备用率	绿色区间	橙色区间	红色区间
20	四川	14%	≤15%	15%～19%	≥19%
21	重庆	15%	≤18%	18%～23%	≥23%
22	西藏	—	—	—	—
23	上海	15%	≤17%	17%～19%	≥19%
24	江苏	12%	≤13%	13%～19%	≥19%
25	浙江	12%	≤13%	13%～17%	≥17%
26	安徽	12%	≤14%	14%～19%	≥19%
27	福建	12%	≤14%	14%～19%	≥19%
28	广东	13%	≤14%	14%～18%	≥18%
29	广西	13%	≤15%	15%～22%	≥22%
30	云南	13%	≤15%	15%～17%	≥17%
31	贵州	13%	≤15%	15%～17%	≥17%
32	海南	20%	≤26%	26%～32%	≥32%

注　绿色区间：系统实际备用率不高于合理备用率，或在合理备用率之上小于当地一台大型煤电单机对应的系统备用率；

红色区间：系统实际备用率在合理备用率之上多出当地一年负荷增长需要的装机所对应的系统备用率；

橙色区间：系统实际备用率介于绿色及红色范围之间。

附件 3

2020 年煤电规划建设风险预警

序号	地区		煤电建设经济性预警指标	煤电装机充裕度预警指标	资源约束指标	煤电规划建设风险预警结果
1	黑龙江		绿色	红色	绿色	红色
2	吉林		绿色	红色	绿色	红色
3	辽宁		橙色	红色	绿色	红色
4	内蒙古	蒙东	绿色	红色	绿色	红色
5		蒙西	绿色	红色	绿色	红色
6	北京		—	—	红色	红色
7	天津		橙色	红色	红色	红色
8	河北		绿色	红色	红色	红色
9	山东		红色	红色	红色	红色
10	山西		红色	红色	绿色	红色
11	陕西		绿色	红色	绿色	红色
12	甘肃		红色	红色	绿色	红色
13	青海		红色	红色	绿色	红色
14	宁夏		橙色	红色	绿色	红色
15	新疆		绿色	红色	绿色	红色
16	河南		绿色	橙色	绿色	橙色
17	湖北		红色	橙色	绿色	橙色
18	湖南		绿色	绿色	绿色	绿色
19	江西		绿色	橙色	绿色	橙色
20	四川		红色	红色	绿色	红色
21	重庆		红色	红色	绿色	红色
22	西藏		—	—	—	—
23	上海		绿色	红色	红色	红色
24	江苏		绿色	绿色	红色	红色
25	浙江		绿色	红色	红色	红色
26	安徽		绿色	橙色	绿色	橙色
27	福建		红色	红色	绿色	红色
28	广东		绿色	红色	红色	红色
29	广西		红色	红色	绿色	红色
30	云南		红色	红色	绿色	红色
31	贵州		红色	红色	绿色	红色
32	海南		绿色	绿色	绿色	绿色

国家能源局关于印发《压缩用电报装时间实施方案》的通知

（国能监管〔2017〕110 号）

各派出能源监管机构，各省、自治区、直辖市发展改革委（能源局），国家电网公司、南方电网公司、内蒙古电力（集团）公司，各有关供电企业：

按照《国务院办公厅关于进一步简化流程提高效率优化营商环境工作方案的通知》（国办函〔2016〕70 号）要求，为进一步加强用电报装工作管理，简化流程、提高效率、压缩时间、优化营商环境，我局在充分征求有关电网（供电）企业意见的基础上，研究制定了《压缩用电报装时间实施方案》。现印发你们，请结合实际认真贯彻落实。

国家能源局（印）

2017 年 4 月 20 日

附件

压缩用电报装时间实施方案

一、工作原则和目标任务

（一）工作原则

企业为主，政府规范。明确供电企业为责任主体，政府相关部门做好相应的规范工作。

多措并举，务求实效。通过简化手续、优化流程、建立考核奖惩机制等多种举措，确保取得优化营商环境的效果。

统筹规划，强化监管。做好地方经济社会发展规划与电力规划的统筹协调，同时加强监管，严格报装时间规定，规范报装服务行为。

（二）目标任务

到2017年7月底，用电报装工作实现以下目标：

1. 精简申请资料。减轻用户负担，加快受理进度，合理精简、整合用电报装申请资料，明确用电报装各环节申请资料清单目标表（见表1）。

2. 简化业务流程。在保证供电安全的前提下，尽量简化业务流程，对于居民用户的用电报装业务，取消设计审查和中间检查环节。

3. 压缩报装时间。通过压缩用电报装供电方案答复、设计审查、中间检查、竣工验收及装表接电等环节办理时间，明确用电报装各环节压缩时间目标表（见表2），用电报装时间在现行《供电监管办法》规定基础上压缩1/3以上。鼓励供电企业随着工作推进并结合业务办理实际，进一步压缩各环节办理时间。

表1　用电报装各环节申请资料清单目标表

序号	业务名称	申请资料清单	备　注
1	业务受理	1. 用电申请书或用电业务表； 2. 用电人有效身份证明； 3. 用电地址物业权属证明； 4. 用电容量需求清单； 5. 用电工程项目批准文件	① 如委托他人办理，需同时提供经办人有效身份证明； ② 第4、5项资料仅限高压用户提供； ③ 原用电范围内的增容业务无须重复提供第2、3、5项资料
2	设计文件和有关资料审核	1. 设计单位资质证明材料； 2. 用电工程设计及说明书	无
3	中间检查	1. 施工单位资质证明材料； 2. 隐蔽工程施工及试验记录	无
4	竣工检验	1. 用电工程竣工报告； 2. 交接试验报告	居民用户无须提供第1、2项资料

注　本表为申请必备资料。对于法律法规另有规定的，按相关规定执行。

表2　用电报装各环节压缩时间目标表

用户类别	各环节办理时限（工作日）					合计天数（工作日）	目前规定办理时限（工作日）	压缩比例（%）
	供电方案答复	设计审查	中间检查	竣工检验	装表接电			
居民用户	2	—	—	3	2	7	22	68.18
其他低压供电用户	5	5	2	3	3	18	29	37.93
高压单电源供电用户	15	10	3	5	5	38	59	35.59
高压双电源供电用户	30	10	3	5	5	53	84	36.90

二、重点工作

（一）优化用电报装流程，有效提高办理效率

各级供电企业要在保障用电报装服务质量的前提下，不断拓展服务渠道，简化报装手续，优化报装流程，办理业务坚持“一口对外”和“一次性告知”原则，大力推行“同城异地”受理和业扩流程“串改并”，强化部门间“联合办公”和“限时办结”，最大程度减少用户业务办理往返供电企业次数，切实提高办理效率。同时，严禁报装业务“体外循环”、走流程的现象，确保报装时间的真实性。

（二）创新用电报装服务手段，提升办理服务水平

各级供电企业应不断创新用电报装服务手段，通过开展业务回访，及时吸收采纳用户建议；指定专人进行“一对一”全过程跟踪服务，强化部门间协同合作，有效协调解决存在问题；实行“全流程监控”，加强企业内部管控等工作，不断提升用电报装服务水平。同时对用电报装进行全过程评价，查找问题、总结经验，全面提升服务水平。

（三）建立用电报装绿色通道，全力服务重大工程项目

各级供电企业要建立国家重点工程、地方重大项目和民生项目用电报装绿色通道制度，通过优先服务、专人负责、现场办公、重点督办等多种措施，从简从快地办理用电报装手续，及时协调解决项目推进过程中遇到的用电难题，确保重大工程项目及时接电，按时送电。

（四）加大信息公开力度，提高用电报装工作透明度

各级供电企业要严格按照《供电企业信息公开实施办法》有关要求做好供电信息公开工作，通过营业厅、95598电话及网站、手机客户端等多种便于公众知晓的渠道，全面公开用电报装服务流程、时间要求、收费标准及有关政策等信息，定期公布并及时更新本地区配电网接入能力和容量受限情况，便捷提供业务咨询、用电申请、自助查询、资料下载等服务，切实提高用电报装工作透明度，方便用电报装业务办理。

（五）加快配电网建设改造，持续提高供电能力

各级供电企业要结合地方经济发展水平、用户用电增长需求以及电网规划与建设情况，统筹安排电网建设资金，不断优化配电网结构，加强用电需求增长较快地区以及贫困、偏远地区的电网建设改造，持续提高供电能力，满足用户用电报装需求。

（六）加强沟通协调，统筹推进用电报装工作

各级供电企业要积极主动与地方政府部门沟通联系，提前摸清本地区建设规划、输电通道与综合管廊布局、市政施工等基本情况，合理预留配电设施及线路走廊用地，确保用户供电方案的合理性与可行性，尽量避免供电方案因规划、通道或管廊变化调整等原因变更或延迟答复影响用户用电报装效率。

三、保障措施

（一）强化监管，营造公平便利营商环境

能源监管机构要加大对供电企业办理用电业务情况的监管力度，重点监管供电企业执行新的用电报装时间规定、用电报装服务行为和用电报装信息公开、档案资料等情况，严肃处理违规供电企业，促进供电服务水平提高，营造公平便利营商环境。

（二）注重征信，统一纳入社会信用体系

能源监管机构要加快能源行业信用体系建设，建立健全市场主体信用记录，强化用电报装信用监督，应对供电企业、设计施工单位和电力用户等用电报装信用信息，特别是严重失信信息进行认定，及时报送能源行业信用信息平台。与相关部门建立信息共享机制，对于诚信电力用户创建用电报装绿色通道，对于服务优质供电企业予以表扬和奖励；对于失信企业和用户实施协同监管、联合惩戒，构建“一处失信、处处受限”的信用监督、警示和惩戒体系。

（三）因地制宜，边远贫困地区差异考核

边远贫困地区可参照执行本实施方案规定的用电报装业务办理时间，把解决群众“用上电”放在首位，在满足群众用电需求的前提下，不断提高用电报装工作效率，压缩办理时间。

（四）统筹兼顾，协调做好地方配电网规划

请地方政府有关部门做好地方经济社会发展规划与电力规划的统筹协调工作。及时将配电网规划纳入地方发展规划，科学合理确定项目建设方案与时序，建立发展规划、综合管廊、道路施工等信息的资源共享机制，统筹考虑电源、用户以及土地、环境、站址廊道等公共资源，依法依规保护配电网站址路径，实现市政规划信息资源共享，为压缩用电报装时间提供良好环境。

国家能源局综合司关于强化输煤及制粉系统和防腐工作安全措施落实有效防范人身事故的通知

（国能综安全〔2017〕219号）

各省（自治区、直辖市）、新疆生产建设兵团发展改革委（能源局），各派出能源监管机构，全国电力安委会企业成员单位：

2016年至今，发电企业输煤及制粉系统和防腐工作过程中人身伤亡事故频发，截至2017年3月底，已发生人身伤亡事故15起，死亡17人。这些事故的发生，充分暴露出部分企业对输煤及制粉系统和防腐工作安全管理不严格、反违章工作不深入，现场安全制度、安全措施不落实，安全教育培训警示不到位，没有深刻吸取以往事故教训，致使类似事故重复发生。为进一步强化输煤及制粉系统和防腐工作安全措施落实，有效防范人身事故发生，现就有关事项通知如下：

一、深刻吸取事故教训，补齐企业安全管理短板。各单位要高度重视输煤及制粉系统和防腐工作安全管理，深刻吸取以往事故教训，认真组织排查本单位相关领域存在的安全隐患，采取切实有效的改进措施，及时消除安全管理薄弱环节，补齐企业安全管理短板。

二、强化安全措施落实，提高安全管理制度执行力。各单位要严格执行《防止电力生产事故的二十五项重点要求》《电业安全工作规程》等安全规章制度和标准，加强作业安全危害分析和风险管理，提高高处坠落、机械伤害、中毒窒息等事故防范能力。要严格“两票三制”，强化现场作业组织管理，落实作业安全措施，提高各项安全管理制度执行力。

三、深入开展违章查处，规范现场作业人员行为。各单位要进一步深化现场反违章工作，建立违章查处的长效机制，明确各级、各类人员的查处违章职责，强化反违章工作的全员参与，特别要针对重点区域、薄弱环节、重大作业，加强现场违章查处的频次和力度，严格曝光、考核，形成反违章的高压态势，切实规范现场作业人员的工作行为。

四、加大安全投入力度，持续改进现场作业环境。输煤、制粉系统以及防腐作业的工作环境相对恶劣，现场安全设施标准化情况与发电企业其他区域相比差距较大。各单位要对照安全设施配置标准，加大安全投入力度，对上述区域集中开展安全防护设施的排查治理，完善安全警示标志和现场照明，持续改进现场作业环境。

五、严格外包队伍准入，提高外包队伍安全保障能力。各单位要从外包队伍资质、人员素质、安全保障能力等方面严把外包队伍入厂关，加大输煤及制粉系统和防腐工作等外包队伍安全管理力度，将外包队伍及人员纳入本单位安全管理体系，统一管理、统一标准、统一落实，坚决清退不满足安全生产要求的队伍和人员，提高外包队伍安全保障能力。

六、抓好安全教育培训，强化员工安全意识和提升安全技能。各单位要充分利用安全日等安全培训长效机制，以安规、反措等应知应会内容为重点，结合各岗位及人员特点，有针对性开展安全教育培训，提高安全培训效果，要加大相关事故案例学习，用血的教训警醒员工，深刻理解“安全为了谁”的内涵，让安全变为主动行为和内心要求，强化员工安全意识和提升安全技能。

七、加强电力安全监管，督促企业落实安全生产主体责任。负有电力安全监管职责的部门要结合年度工作安排，有针对性地检查企业贯彻落实输煤及制粉系统和防腐工作防范事故措施，督促企业落实安全生产主体责任，切实做好输煤及制粉系统和防腐安全工作。

国家能源局综合司（印）
2017年4月5日

国家能源局关于印发《能源技术创新“十三五”规划》的通知[1]

（国能科技〔2016〕397号）

各省、自治区、直辖市及计划单列市、新疆生产建设兵团发展改革委（能源局）、各有关中央企业：

为践行能源“四个革命、一个合作”的战略思想，贯彻能源发展规划总体要求，进一步推进能源技术革命，发挥科技创新在全面创新中的引领作用，国家能源局组织编制了《能源技术创新“十三五”规划》，现印发你们，请认真组织实施。

国家能源局（印）
2016年12月30日

国家能源局综合司关于开展风电平价上网示范工作的通知

各省（自治区、直辖市）、新疆生产建设兵团发展改革委（能源局），国家电网公司、南方电网公司、内蒙古电力公司：

为引导和促进可再生能源产业持续健康发展，提高风电的市场竞争力，推动实现风电在发电侧平价上网，拟在全国范围内开展风电平价上网示范工作，现将有关要求通知如下：

一、近年来，我国风电开发利用技术不断进步，应用规模持续扩大，经济性显著提升，部分资源条件较好的地区已具备了零补贴上网的技术条件。为落实国务院印发的《能源发展战略行动计划（2014～2020年）》有关要求，推动风电技术进步，现组织开展风电平价上网的示范工作。

二、请各省（区、市）、新疆兵团能源主管部门认真分析总结本地区风电开发建设经验，结合本地区风能资源条件和风电产业新技术应用条件，组织各风电开发企业申报风电平价上网示范项目，遴选1～2个项目于2017年6月30日前报备我局，我局汇总后将及时对全社会公布，接受社会各方监督。

示范项目建设规模由各省（区、市）、新疆兵团能源主管部门商电网企业确定，不受年度规模指标的限制。风电红色预警地区，应严格限定示范项目的规模，风电平价上网示范的规模不超过10万kW。示范项目的上网电价按当地煤电标杆上网电价执行，相关发电量不核发绿色电力证书。

三、为确保示范效果，电网企业要做好与示范项目配套的电网建设工作，确保配套电网送出工程与风电项目同步投产。项目建成后要及时与风电开发企业签订购售电合同，同时要充分挖掘系统消纳潜力，优先满足就近消纳要求，确保风电平价上网示范项目不限电。

利用已有的跨省跨区输电通道外送的示范项目须由项目投资方落实好消纳市场，并签署购电协议后方可开工建设。

四、相关技术单位和风电设备检测认证机构要协助各省（区、市）、新疆兵团能源主管部门做好示范项目技术支持，确保风电平价上网示范的技术先进性和运行可靠性，满足风电项目平价上网的技术经济要求。必要时可以考虑将示范项目的运行情况及时向全社会公布。

请各有关单位按照上述要求，积极推进风电平价上网示范工作，及时总结示范项目建设运行经验，并及时将示范实施情况报送我局。

国家能源局综合司
2017年5月17日

---

[1] 《能源技术创新“十三五”规划》具体内容见“电力规划”栏目。

统计资料

电力统计基本数据一览表

项　　目	单位	2016 年	2017 年	比上年增长（%）
一、发电量	**亿 kWh**	**60 228**	**64 171**	**6.55**
水电	亿 kWh	11 748	11 931	1.55
其中：抽水蓄能	亿 kWh	308	328	6.41
火电	亿 kWh	43 273	45 558	5.28
其中：燃煤	亿 kWh	39 457	41 498	5.17
燃气	亿 kWh	1883	2028	7.69
燃油	亿 kWh	28	27	-2.12
核电	亿 kWh	2132	2481	16.39
风电	亿 kWh	2409	3034	25.97
太阳能发电	亿 kWh	665	1166	75.29
其他	亿 kWh	1	1	0.66
6000kW 及以上火电厂发电量	**亿 kWh**	**43 128**	**45 442**	**5.37**
燃煤	亿 kWh	39 441	41 485	5.18
其中：煤矸石发电	亿 kWh	2498	1423	-43.05
燃气	亿 kWh	1866	2011	7.79
其中：常规燃气	亿 kWh	1809	1952	7.91
煤层气发电	亿 kWh	44	52	18.20
燃油	亿 kWh	27	27	-1.96
其他	亿 kWh	1797	1920	6.85
其中：余温、余气、余压发电	亿 kWh	1138	1129	-0.79
垃圾焚烧发电	亿 kWh	309	376	21.66
秸秆、蔗渣、林木质发电	亿 kWh	345	413	19.48
二、全社会用电量	**亿 kWh**	**59 710**	**63 625**	**6.56**
1. 全行业用电合计	**亿 kWh**	**51 633**	**54 923**	**6.37**
第一产业	亿 kWh	1093	1175	7.49
第二产业	亿 kWh	42 567	44 922	5.53
其中：工业	亿 kWh	41 840	44 133	5.48
其中：轻工业	亿 kWh	7046	7526	6.82
重工业	亿 kWh	34 794	36 607	5.21
第三产业	亿 kWh	7973	8825	10.69
2. 城乡居民生活用电合计	**亿 kWh**	**8077**	**8703**	**7.74**
城镇居民	亿 kWh	4571	4962	8.54
乡村居民	亿 kWh	3506	3741	6.71

续表

项　　目	单位	2016 年	2017 年	比上年增长（%）
三、发电装机容量	**万 kW**	**165 051**	**177 708**	**7.67**
水电	万 kW	33 207	34 359	3.47
其中：抽水蓄能	万 kW	2669	2869	7.49
火电	万 kW	106 094	110 495	4.15
其中：燃煤	万 kW	94 624	98 130	3.70
燃气	万 kW	7011	7570	7.98
燃油	万 kW	209	197	-5.80
核电	万 kW	3364	3582	6.47
风电	万 kW	14 747	16 325	10.70
太阳能发电	万 kW	7631	12 942	69.59
其他	万 kW	7	7	
6000kW 及以上火电厂装机容量	**万 kW**	**105 580**	**109 992**	**4.18**
燃煤	万 kW	94 562	98 078	3.72
其中：煤矸石发电	万 kW	5435	3518	-35.27
燃气	万 kW	6968	7522	7.95
其中：常规燃气	万 kW	6784	7390	8.93
煤层气发电	万 kW	163	113	-30.50
燃油	万 kW	206	193	-6.34
其他	万 kW	3849	4199	9.09
其中：余温、余气、余发电	万 kW	2492	2626	5.37
垃圾焚烧发电	万 kW	565	722	27.95
秸秆、蔗渣、林木质发电	万 kW	748	850	13.71
四、35kV 及以上输电线路回路长度	**km**	**1 756 141**	**1 825 611**	**3.96**
1. 交流	**km**	**1 727 333**	**1 788 212**	**3.52**
其中：1000kV	km	7245	10 073	39.04
750kV	km	17 968	18 830	4.80
500kV	km	165 875	173 772	4.76
330kV	km	28 366	30 183	6.41
220kV	km	397 050	415 311	4.60
110kV	km	611 431	631 361	3.26
35kV	km	499 400	508 682	1.86
2. 直流	**km**	**28 808**	**37 399**	**29.82**
其中：±800kV	km	12 295	20 874	69.77
±660kV	km	1334	1334	
±500kV	km	13 539	13 552	0.09
±400kV	km	1640	1640	

续表

项　目	单位	2016 年	2017 年	比上年增长（%）
五、35kV 及以上变电设备容量	**万 kVA**	**629 982**	**663 108**	**5.26**
1. 交流	**万 kVA**	**606 236**	**630 065**	**3.93**
其中：1000kV	万 kVA	9900	13 800	39.39
750kV	万 kVA	13 570	14 540	7.15
500kV	万 kVA	117 128	125 508	7.16
330kV	万 kVA	11 320	12 613	11.43
220kV	万 kVA	193 599	203 159	4.94
110kV	万 kVA	207 426	209 801	1.15
35kV	万 kVA	53 294	50 643	-4.97
2. 直流	**万 kVA**	**23 746**	**33 043**	**39.15**
其中：±800kV	万 kVA	4882	10 696	119.07
±660kV	万 kVA	484	484	
±500kV	万 kVA	17 567	18 831	7.19
±400kV	万 kVA			
六、新增发电装机容量	**万 kW**	**12 143**	**13 019**	**7.21**
水电	万 kW	1179	1287	9.20
其中：抽水蓄能	万 kW	366	200	-45.36
火电	万 kW	5048	4453	-11.78
其中：燃煤	万 kW	3866	3504	-9.35
燃气	万 kW	214	571	166.38
其中：常规燃气	万 kW	214	571	166.64
煤层气发电		0		-100.00
燃油	万 kW			
其他	万 kW	836	379	-54.75
其中：余温、余气、余压	万 kW	747	175	-76.63
垃圾焚烧发电	万 kW	26	123	377.02
秸秆、蔗渣、林木质发电	万 kW	63	81	27.86
核电	万 kW	720	218	-69.81
风电	万 kW	2024	1720	-15.03
太阳能发电	万 kW	3171	5341	68.42
其他	万 kW			
七、火电机组退役和关停容量	**万 kW**	**571**	**929**	**62.64**
八、年底主要发电企业电源项目在建规模	**万 kW**	**20 757**	**20 804**	**0.23**
水电	万 kW	7433	7887	6.11
火电	万 kW	9129	8637	-5.39
核电	万 kW	2447	2289	-6.44
风电	万 kW	1597	1909	19.55

续表

项　　目	单位	2016 年	2017 年	比上年增长（%）
九、新增直流输电线路长度及换流容量				
1. 线路长度	**km**	**3391**	**8339**	**145.91**
其中：±800kV	km	1720	8339	384.81
±660kV	km			
±500kV	km	1671		-100.00
±400kV	km			
2. 换流容量	**万 kW**	**3240**	**7900**	**143.83**
其中：±800kV	万 kW	1600	7700	381.25
±660kV	万 kW			
±500kV	万 kW	1640	200	-87.80
±400kV	万 kW			
十、新增交流 110kV 及以上输电线路长度及变电设备容量				
1. 线路长度	**km**	**56 679**	**58 084**	**2.48**
其中：1000kV	km	4252	2846	-33.07
750kV	km	1813	899	-50.42
500kV	km	6931	7999	15.42
330kV	km	1525	2521	65.26
220kV	km	17 088	18 810	10.08
110kV（含 66kV）	km	25 070	25 010	-0.24
2. 变电设备容量	**万 kVA**	**34 585**	**32 595**	**-5.75**
其中：1000kV	万 kVA	5100	3000	-41.18
750kV	万 kVA	1860	1740	-6.45
500kV	万 kVA	7715	8275	7.26
330kV	万 kVA	480	783	63.13
220kV	万 kVA	9239	10 433	12.92
110kV（含 66kV）	万 kVA	10 191	8364	-17.93
十一、本年完成电力投资	**亿元**	**8840**	**8239**	**-6.80**
1. 电源投资	**亿元**	**3408**	**2900**	**-14.92**
水电	亿元	617	622	0.73
火电	亿元	1119	858	-23.37
核电	亿元	504	454	-9.89
风电	亿元	927	681	-26.50
太阳能发电	亿元	241	285	18.24
其他	亿元			
2. 电网投资	**亿元**	**5431**	**5339**	**-1.70**
送变电	亿元	5282	5135	-2.77
其中：直流	亿元	495	859	73.61
交流	亿元	4787	4276	-10.67

续表

项　　目	单位	2016 年	2017 年	比上年增长（%）
其他	亿元	150	204	35.82
十二、单机 6000kW 及以上机组平均单机容量				
水电：单机容量	万 kW/台	6.42	6.07	-0.34
机组台数	台	4284	4816	12.42
机组容量	万 kW	27 483	29 252	6.44
火电：单机容量	万 kW/台	13.19	13.15	-0.05
机组台数	台	7646	7796	1.96
机组容量	万 kW	100 885	102 501	1.60
十三、6000kW 及以上电厂供热量	**万 GJ**	**388 904**	**421 084**	**8.27**
十四、6000kW 及以上电厂发电标准煤耗	**g/kWh**	**294**	**291**	**-3**
十五、6000kW 及以上电厂供电标准煤耗	**g/kWh**	**312**	**309**	**-3**
十六、6000kW 及以上电厂厂用电率	**%**	**4.77**	**4.80**	**0.03**
水电	%	0.29	0.27	-0.02
火电	%	6.01	6.04	0.03
十七、6000kW 及以上电厂发电设备利用小时	**h**	**3797**	**3790**	**-7**
水电	h	3619	3597	-22
其中：抽水蓄能	h	1266	1176	-90
火电	h	4186	4219	33
核电	h	7060	7089	28
风电	h	1745	1949	204
太阳能发电	h	1129	1205	76
十八、6000kW 及以上电厂燃料消耗				
发电消耗标煤量	万 t	115 141	121 811	5.79
发电消耗原煤量	万 t	168 047	177 592	5.68
供热消耗标煤量	万 t	15 137	16 519	9.13
供热消耗原煤量	万 t	22 484	24 248	7.85
十九、供、售电量及线损				
供电量	亿 kWh	50 742	54 357	7.12
售电量	亿 kWh	47 451	50 835	7.13
线损电量	亿 kWh	3291	3522	7.00
线路损失率	%	6.49	6.48	-0.01
二十、发用电设备比				
发电装机容量:用电设备容量		1:3.84	1:4.07	
二十一、电力弹性系数				
电力生产弹性系数		0.74	0.95	28.97
电力消费弹性系数		0.74	0.95	28.81

注　电源投资完成额口径为全国主要发电企业。

分地区发电装机容量

单位：万 kW，%

地区	合计			水电			火电			核电			风电			太阳能发电			其他
	2017	2016	同比	2017	2016	同比	2017	2016	同比	2017	2016	同比	2017	2016	同比	2017	2016	同比	2017
全　国	**177 708**	**165 051**	**7.67**	**34 359**	**33 207**	**3.47**	**110 495**	**106 094**	**4.15**	**3582**	**3364**	**6.47**	**16 325**	**14 747**	**10.70**	**12 942**	**7631**	**69.59**	**7**
北　京	1219	1103	10.52	98	98	0.00	1077	971	10.95	0	0		19	19	1.34	25	15	62.21	0
天　津	1499	1467	2.20	1	1	0.00	1402	1378	1.74		0		29	29	0.00	68	60	14.00	
河　北	6807	6275	8.48	182	182	−0.09	4574	4510	1.42				1181	1138	3.80	868	443	96.12	2
山　西	8073	7640	5.66	244	244	0.09	6366	6329	0.60	0			872	771	13.09	590	297	98.89	0
内蒙古	11 826	11 045	7.07	242	241	0.64	8170	7609	7.37	0	0		2670	2557	4.45	743	638	16.45	0
辽　宁	4869	4601	5.81	295	293	0.68	3193	3114	2.53	448	448	0.00	711	695	2.30	223	52	328.00	
吉　林	2864	2716	5.47	380	378	0.75	1820	1777	2.39				505	505	0.00	159	56	183.88	
黑龙江	2969	2783	6.68	103	102	1.47	2201	2104	4.64		0		570	561	1.68	94	17	467.05	
上　海	2400	2371	1.22				2271	2264	0.29				71	71	0.00	58	35	63.77	
江　苏	11 469	10 160	12.88	265	115	131.01	9430	8727	8.06	212	212	0.00	656	561	16.78	907	546	66.31	
浙　江	8899	8331	6.81	1160	1154	0.55	6134	6062	1.19	657	657	0.00	133	119	11.78	814	338	140.59	0.4
安　徽	6468	5733	12.83	310	295	5.04	5053	4915	2.80				217	177	23.06	888	345	157.08	
福　建	5597	5210	7.43	1307	1304	0.27	3074	2902	5.93	871	762	14.29	252	214	17.61	92	27	236.35	
江　西	3167	2866	10.49	615	613	0.36	1934	1918	0.84				169	108	56.79	449	228	96.94	0.0
山　东	12 556	10 942	14.75	107.8	107.8	0.04	10 335	9540	8.33				1061	839	26.49	1052	455	131.36	
河　南	7880	7218	9.16	399	399	0.02	6544	6431	1.76				233	104	123.98	703	284	147.41	0.0
湖　北	7124	6745	5.62	3671	3663	0.22	2787	2694	3.44				253	201	25.77	413	187	120.98	
湖　南	4277	4121	3.78	1570	1553	1.12	2267	2322	−2.35	0			263	217	21.59	176	30	494.75	
广　东	10 968	10 457	4.89	1486	1411	5.32	7768	7721	0.60	1046	938	11.58	335	268	24.78	332	117	182.60	2

续表

地区	合计			水电			火电			核电			风电			太阳能发电			其他
	2017	2016	同比	2017	2016	同比	2017	2016	同比	2017	2016	同比	2017	2016	同比	2017	2016	同比	2017
广　西	4332	4152	4.32	1669	1665	0.29	2217	2185	1.50	217	217	0.00	150	70	115.29	78	16	377.87	
海　南	786	745	5.48	114	91	24.91	465	464	0.29	130	130	0.00	34	31	7.15	43	29	50.31	
重　庆	2326	2178	6.76	736	688	7.02	1544	1462	5.62		0		33	28	17.68	12	0	2593.48	0
四　川	9721	9108	6.73	7714	7246	6.47	1662	1642	1.20				210	125	68.77	135	96	40.38	
贵　州	5778	5510	4.85	2119	2089	1.44	3160	3014	4.86	0	0		363	362	0.50	135	46	193.48	0
云　南	8957	8645	3.62	6281	6088	3.17	1613	1612	0.11	0	0		825	737	11.87	238	208	14.68	0
西　藏	281	233	20.27	158	156	1.22	40	41	−2.64		0		1	1	0.00	79	33	143.03	3
陕　西	4192	3740	12.08	326	272	19.83	3144	3043	3.30	0	0		288	179	61.46	434	246	76.23	0
甘　肃	4995	4825	3.51	868	861	0.83	2059	2002	2.88		0		1282	1277	0.39	786	686	14.55	
青　海	2543	2345	8.47	1191	1192	−0.08	399	402	−0.75	0	0		162	69	136.32	791	682	16.00	0
宁　夏	4188	3675	13.95	43	43	0.00	2583	2165	19.34	0			942	942	0.00	620	526	17.91	0
新　疆	8679	8109	7.03	702	665	5.50	5207	4775	9.06	0	0		1836	1776	3.37	934	893	4.64	0

分地区新增发电装机容量

单位：万 kW

地区	合计	水电		火电										核电	风电	太阳能发电	其他
		合计	抽水蓄能	合计	燃煤		燃气		燃油	其他							
					合计	煤矸石发电	合计	常规燃气		合计	余温、余气、余压发电	垃圾焚烧发电	秸秆、蔗渣、林木质发电				
全　国	**13 019**	**1287**	**200**	**4453**	**3504**	**0**	**571**	**571**	**0**	**379**	**175**	**123**	**81**	**218**	**1720**	**5341**	**0**
北　京	121	0	0	106	0	0	100	100	0	7	0	7	0	0	0	15	0

续表

地区	合计	水电		火电										核电	风电	太阳能发电	其他
		合计	抽水蓄能	合计	燃煤		燃气		燃油	其他							
					合计	煤矸石发电	合计	常规燃气		合计	余温、余气、余压发电	垃圾焚烧发电	秸秆、蔗渣、林木质发电				
天　津	22	0	0	0	0	0	0	0	0	0	0	0	0	0	11	11	0
河　北	698	2	0	139	116	0	0	0	0	23	13	5	6	0	107	450	0
山　西	423	0	0	46	45	0	0	0	0	1	1	0	0	0	96	280	0
内蒙古	392	1	0	229	228	0	0	0	0	1	1	0	0	0	88	74	0
辽　宁	110	0	0	46	45	0	0	0	0	1	1	0	0	0	20	43	0
吉　林	125	5	0	0	0	0	0	0	0	0	0	0	0	0	5	115	0
黑龙江	248	2	0	128	117	0	0	0	0	12	1	2	9	0	29	89	0
上　海	36	0	0	6	0	0	3	3	0	4	0	4	0	0	0	29	0
江　苏	1410	150	150	744	333	0	386	386	0	25	7	12	6	0	130	386	0
浙　江	773	12	0	106	51	0	22	22	0	33	4	26	3	0	15	639	0
安　徽	965	16	0	148	102	0	0	0	0	46	17	10	19	0	43	758	0
福　建	524	41	0	225	205	0	3	3	0	17	8	9	0	109	69	79	0
江　西	280	11	0	0	0	0	0	0	0	0	0	0	0	0	53	216	0
山　东	1657	0	0	821	769	0	0	0	0	51	12	26	14	0	191	645	0
河　南	887	0	0	325	287	0	4	4	0	34	33	0	1	0	135	428	0
湖　北	449	8	0	120	73	0	19	19	0	28	20	2	5	0	67	254	0
湖　南	274	32	0	12	1	0	0	0	0	11	4	4	3	0	50	180	0
广　东	196	35	30	0	0	0	0	0	0	0	0	0	0	109	29	23	0
广　西	139	0	0	51	0	0	21	21	0	30	20	1	9	0	82	6	0
海　南	23	20	20	0	0	0	0	0	0	0	0	0	0	0	0	3	0
重　庆	118	74	0	18	13	0	0	0	0	6	1	1	3	0	14	13	0
四　川	780	602	0	23	0	0	0	0	0	22	8	14	0	0	126	30	0

续表

地区	合计	水电		火电										核电	风电	太阳能发电	其他
		合计	抽水蓄能	合计	燃煤		燃气		燃油	其他							
					合计	煤矸石发电	合计	常规燃气		合计	余温、余气、余压发电	垃圾焚烧发电	秸秆、蔗渣、林木质发电				
贵　州	80	31	0	0	0	0	0	0	0	0	0	0	0	0	31	19	0
云　南	174	115	0	0	0	0	0	0	0	0	0	0	0	0	53	6	0
西　藏	48	2	0	0	0	0	0	0	0	0	0	0	0	0	0	47	0
陕　西	532	70	0	126	112	0	0	0	0	14	10	1	3	0	132	203	0
甘　肃	227	7	0	112	104	0	0	0	0	9	8	1	0	0	5	102	0
青　海	226	4	0	27	27	0	0	0	0	0	0	0	0	0	110	85	0
宁　夏	525	0	0	432	431	0	0	0	0	1	1	0	0	0	0	93	0
新　疆	560	47	0	462	447	0	12	12	0	3	3	0	0	0	30	21	0

分地区发电量

单位：亿 kWh，%

地区	合计			水电			火电			核电			风电			太阳能发电			其他
	2017	2016	同比	2017	2016	同比	2017	2016	同比	2017	2016	同比	2017	2016	同比	2017	2016	同比	2017
全　国	**64 171**	**60 228**	**6.55**	**11 931**	**11 748**	**1.55**	**45 558**	**43 273**	**5.28**	**2481**	**2132**	**16.39**	**3034**	**2409**	**25.97**	**1166**	**665**	**75.29**	**1**
北　京	394	436	-9.62	11	12	-8.08	377	419	-10.05	0	0		3	3	6.75	2.0	1.1	87.16	0
天　津	596	600	-0.70	0.1	0.03	133.33	584	591	-1.26		0		6	6	1.02	6	3.1	101.94	
河　北	2657	2476	7.30	20	24	-14.06	2296	2196	4.56				263	216	21.57	77	40	93.40	0
山　西	2766	2511	10.16	42	39	8.67	2503	2309	8.39	0			165	135	21.88	56	27	104.38	0
内蒙古	4424	3950	11.99	24	27	-14.34	3736	3375	10.71	0	0		551	464	18.68	113	83	35.31	0

续表

地区	合计			水电			火电			核电			风电			太阳能发电			其他
	2017	2016	同比	2017	2016	同比	2017	2016	同比	2017	2016	同比	2017	2016	同比	2017	2016	同比	2017
辽　宁	1791	1733	3.37	45	56	-19.17	1349	1344	0.35	236	200	18.09	150	129	15.78	12	4	213.24	
吉　林	783	743	5.38	77	85	-8.84	606	588	3.02				87	67	29.80	13	3.4	287.61	
黑龙江	954	919	3.81	25	23	9.17	816	808	1.00		0		108	88	23.30	5.7	1.3	337.40	
上　海	866	832	3.99				846	818	3.48				17	14	23.08	3	1	155.45	
江　苏	4885	4754	2.75	29	17	68.32	4481	4438	0.98	173	153	12.55	120	98	23.15	81	47	71.50	
浙　江	3348	3190	4.97	212	274	-22.64	2544	2366	7.50	511	504	1.37	25	23	8.33	56	22	154.08	0
安　徽	2470	2253	9.66	57	63	-10.12	2311	2135	8.24				41	34	19.72	62	21	199.61	
福　建	2186	2005	9.03	416	631	-34.03	1139	915	24.45	560	407	37.65	65	50	28.38	6	1.5	290.34	
江　西	1186	1085	9.24	157	199	-20.75	967	857	12.87				31	19	67.39	30	11	166.64	0
山　东	4860	4863	-0.05	6.7	13.9	-52.15	4615	4671	-1.21				166	147	13.33	73	31	135.38	
河　南	2703	2596	4.11	100	93	7.81	2528	2474	2.22				30	18	63.48	44	11.5	285.65	0
湖　北	2646	2494	6.10	1494	1399	6.77	1075	1048	2.61				48	35	37.47	28	11	147.24	
湖　南	1340	1334	0.47	498	560	-11.06	786	732	7.35	0			50	39	26.75	6	1.7	228.07	
广　东	4348	4036	7.74	301	423	-28.72	3165	2850	11.04	800	705	13.53	62	50	24.18	20	8	144.01	0
广　西	1345	1276	5.45	614	600	2.30	575	559	3.00	127	103	23.13	25	13	93.62	4.1	1.1	280.37	
海　南	305	288	6.15	26	23	13.49	195	197	-0.59	75	60	24.48	6	6	5.06	3	3	30.65	
重　庆	727	683	6.44	253	247	2.23	467	431	8.30		0		7	5	51.55	0.2	0.0	1100.00	0
四　川	3569	3370	5.91	3164	2989	5.86	354	349	1.23				35	21	67.17	16	11	53.66	
贵　州	2012	1955	2.90	733	727	0.79	1210	1171	3.28	0	0		63	55	14.31	5.7	1	440.57	0
云　南	2958	2693	9.87	2502	2268	10.34	240	253	-5.14	0	0		188	149	26.37	28	23	21.26	0
西　藏	58	51	14.30	51	46	11.07	0.4	0.3	31.25		0		0.1	0	-7.14	6	4	54.55	1
陕　西	1604	1464	9.52	93	69	34.21	1427	1346	6.03	0	0		42	28	48.59	41	20	102.08	0
甘　肃	1342	1209	10.97	374	314	19.34	707	699	1.08		0		188	136	37.50	73	60	22.08	
青　海	616	553	11.39	332	302	9.86	153	151	1.45	0	0		18	10	76.85	113	90	25.91	0
宁　夏	1404	1187	18.28	16	14	10.75	1158	989	17.06	0			155	129	20.20	76	55	37.76	0
新　疆	3030	2693	12.54	256	211	21.75	2349	2195	7.01		0		318	220	44.68	107	67	58.69	0

分地区全社会用电量

地　区	用电量（亿 kWh）	同比增长（%）
全　国	**63 625**	**6.56**
北　京	1067	4.57
天　津	806	5.54
河　北	3442	5.43
山　西	1991	10.76
内蒙古	2892	11.01
辽　宁	2135	4.81
吉　林	703	5.30
黑龙江	929	3.56
上　海	1527	2.74
江　苏	5808	6.39
浙　江	4193	8.25
安　徽	1921	7.05
福　建	2113	7.32
江　西	1294	9.43
山　东	5430	0.73
河　南	3166	5.92
湖　北	1869	6.01
湖　南	1582	5.74
广　东	5959	6.22
广　西	1445	6.27
海　南	305	6.14
重　庆	997	7.75
四　川	2205	4.96
贵　州	1385	11.52
云　南	1538	9.05
西　藏	58	18.22
陕　西	1495	9.53
甘　肃	1164	9.31
青　海	687	7.76
宁　夏	978	10.30
新　疆	2543	9.77

全国分行业用电量

指 标 名 称	用户个数（个）	用户用电装接容量（kW）	用电量		
			2016年（万kWh）	2017年（万kWh）	同比增长（%）
全社会用电总计	**569 910 058**	**7 233 628 350**	**597 100 953**	**636 251 187**	**6.56**
1. 全行业用电合计	61 559 209	4 372 387 021	516 331 081	549 225 751	6.37
第一产业	11 451 241	192 177 073	10 932 352	11 751 205	7.49
第二产业	13 519 404	2 758 163 702	425 668 164	449 222 379	5.53
第三产业	36 588 564	1 422 046 248	79 730 565	88 252 168	10.69
2. 城乡居民生活用电合计	508 350 848	2 861 241 328	80 769 871	87 025 434	7.74
城镇居民	213 329 221	1 461 971 180	45 714 346	49 618 136	8.54
乡村居民	295 021 629	1 399 270 150	35 055 525	37 407 303	6.71
全行业用电分类	**61 559 208**	**4 372 387 023**	**516 331 089**	**549 225 752**	**6.37**
一、农、林、牧、渔业	**11 451 241**	**192 177 074**	**10 932 353**	**11 751 204**	**7.49**
1. 农业	3 997 465	70 033 703	3 348 557	3 606 742	7.71
2. 林业	96 140	3 180 595	170 327	181 895	6.79
3. 畜牧业	1 299 326	19 916 182	1 369 399	1 597 664	16.67
4. 渔业	555 409	10 115 875	1 172 670	1 281 998	9.32
5. 农、林、牧、渔服务业	5 502 900	88 930 721	4 871 391	5 082 902	4.34
其中：排灌	4 334 674	65 076 791	3 857 428	4 001 232	3.73
二、工业	**11 939 044**	**2 563 143 507**	**418 398 306**	**441 330 158**	**5.48**
轻工业	7 397 568	412 875 574	70 459 523	75 263 036	6.82
重工业	4 541 475	2 150 267 933	347 938 782	366 067 121	5.21
（一）采矿业	397 042	167 660 582	22 669 730	23 797 513	4.97
1. 煤炭开采和洗选业	67 160	69 496 380	8 541 041	8 815 709	3.22
2. 石油和天然气开采业	23 586	25 108 226	4 561 586	4 540 641	-0.46
3. 黑色金属矿采选业	31 781	18 341 699	3 148 465	3 741 083	18.82
4. 有色金属矿采选业	47 528	19 068 522	3 057 271	3 261 135	6.67
5. 非金属矿采选业	135 399	22 918 885	2 244 761	2 289 318	1.98
6. 其他采矿业	91 587	12 726 869	1 116 605	1 149 625	2.96
（二）制造业	10 862 117	1 611 191 460	312 144 759	330 347 493	5.83
1. 食品、饮料和烟草制造业	4 075 921	104 826 304	10 553 374	11 125 419	5.42
其中：农副食品加工业	3 080 414	61 233 132	5 383 934	5 738 126	6.58
2. 纺织业	667 618	58 934 057	15 928 805	16 848 997	5.78
3. 服装鞋帽、皮革羽绒及其制品业	483 011	26 123 814	4 067 840	4 271 775	5.01
4. 木材加工及制品和家具制品业	797 845	33 059 374	4 248 650	4 634 447	9.08

续表

指 标 名 称	用户个数（个）	用户用电装接容量（kW）	用电量		
			2016 年（万 kWh）	2017 年（万 kWh）	同比增长（%）
其中：轻工业	262 501	12 500 327	1 469 728	1 605 561	9.24
5. 造纸及纸制品业	113 491	22 610 689	6 612 070	7 123 746	7.74
6. 印刷业和记录媒介的复制	89 497	7 849 608	1 156 013	1 213 218	4.95
7. 文体用品制造业	52 194	4 683 569	770 684	825 820	7.15
8. 石油加工、炼焦及核燃料加工业	20 758	42 423 228	7 838 895	8 873 617	13.20
9. 化学原料及化学制品制造业	139 526	194 834 098	42 973 123	45 157 317	5.08
其中：轻工业	42 786	8 721 651	1 230 253	1 364 894	10.94
其中：氯碱	2871	14 940 709	5 247 771	5 347 875	1.91
电石	811	21 412 870	7 850 077	8 914 384	13.56
黄磷	514	5 452 718	1 079 708	1 076 613	-0.29
其中：肥料制造	13 509	31 747 686	8 111 115	7 120 015	-12.22
10. 医药制造业	63 453	20 272 727	3 371 743	3 647 740	8.19
11. 化学纤维制造业	20 537	18 873 039	3 896 102	4 254 686	9.20
12. 橡胶和塑料制品业	513 514	65 442 673	12 383 598	13 493 530	8.96
其中：轻工业	250 478	26 206 372	5 214 505	5 750 417	10.28
13. 非金属矿物制品业	642 094	155 367 837	31 871 576	33 050 756	3.70
其中：轻工业	53 819	9 478 367	2 167 392	2 375 765	9.61
其中：水泥制造	76 182	56 855 240	14 256 417	14 106 033	-1.05
14. 黑色金属冶炼及压延加工业	27 148	175 765 645	49 035 320	49 664 272	1.28
其中：铁合金冶炼	5785	38 813 028	11 579 402	12 521 700	8.14
15. 有色金属冶炼及压延加工业	77 630	169 827 395	54 510 178	57 726 061	5.90
其中：铝冶炼	1814	97 123 548	42 469 044	45 259 180	6.57
16. 金属制品业	1 152 654	112 805 562	17 501 088	18 483 676	5.61
其中：轻工业	124 537	9 816 909	1 867 725	1 831 933	-1.92
17. 通用及专用设备制造业	621 756	191 798 133	12 804 575	14 123 841	10.30
其中：轻工业	10 311	1 525 152	223 629	252 051	12.71
18. 交通运输、电气、电子设备制造业	344 556	157 601 199	27 113 779	29 922 167	10.36
其中：轻工业	69 107	24 004 766	4 910 740	5 285 779	7.64
其中：交通运输设备制造业	90 960	47 863 357	6 987 524	7 512 958	7.52
19. 工艺品及其他制造业	858 391	41 192 088	4 787 969	5 149 292	7.55
20. 废弃资源和废旧材料回收加工业	100 525	6 900 422	719 376	757 117	5.25
（三）电力、燃气及水的生产和供应业	679 883	784 291 466	83 583 819	87 185 154	4.31
1. 电力、热力的生产和供应业	344 753	723 776 407	77 616 600	80 490 738	3.70
其中：电厂生产全部耗用电量	70 367	189 137 368	40 504 231	42 023 200	3.75

续表

指标名称	用户个数（个）	用户用电装接容量（kW）	用电量		
			2016年（万kWh）	2017年（万kWh）	同比增长（%）
线路损失电量	70 063	199 223 739	30 823 937	31 958 259	3.68
抽水蓄能抽水耗用电量	5663	14 854 949	2 970 492	3 165 185	6.55
2. 燃气生产和供应业	64 592	21 666 296	1 570 705	1 826 755	16.30
3. 水的生产和供应业	270 538	38 848 763	4 396 515	4 867 663	10.72
其中：轻工业	159 917	15 256 138	2 230 952	2 335 935	4.71
三、建筑业	**1 580 361**	**195 020 193**	**7 269 860**	**7 892 224**	**8.56**
四、交通运输、仓储和邮政业	**603 019**	**235 578 360**	**12 509 857**	**14 179 829**	**13.35**
1. 交通运输业	183 757	204 512 922	10 905 125	12 387 097	13.59
其中：城市公共交通	33 631	21 785 457	1 185 751	1 466 267	23.66
其中：管道运输业	5984	15 215 327	473 835	504 171	6.40
其中：电气化铁路	10 175	108 160 378	5 646 731	6 300 676	11.58
2. 仓储业	369 852	28 632 673	1 350 191	1 529 281	13.26
3. 邮政业	49 410	2 432 765	254 540	263 456	3.50
五、信息传输、计算机服务和软件业	**3 708 794**	**56 800 660**	**5 568 129**	**6 385 737**	**14.68**
1. 电信和其他信息传输服务业	3 607 301	44 830 868	4 815 791	5 401 369	12.16
2. 计算机服务和软件业	101 492	11 969 791	752 338	984 367	30.84
六、商业、住宿和餐饮业	**19 569 468**	**361 458 192**	**23 256 307**	**25 266 451**	**8.64**
1. 批发和零售业	17 109 847	274 280 676	16 633 311	18 175 347	9.27
2. 住宿和餐饮业	2 459 621	87 177 516	6 622 993	7 091 104	7.07
七、金融、房地产、商务及居民服务业	**6 921 654**	**398 564 497**	**17 327 721**	**19 314 431**	**11.47**
1. 金融业	268 793	19 892 820	1 576 872	1 672 177	6.04
2. 房地产业	2 769 671	240 637 054	8 845 113	9 971 207	12.73
3. 租赁和商务服务业、居民服务和其他服务业	3 883 191	138 034 622	6 905 738	7 671 050	11.08
八、公共事业及管理组织	**5 785 630**	**369 644 543**	**21 068 555**	**23 105 719**	**9.67**
1. 科学研究、技术服务和地质勘查业	127 302	33 970 499	1 395 066	1 525 739	9.37
其中：地质勘查业	8967	876 106	59 164	63 611	7.52
2. 水利、环境和公共设施管理业	2 594 340	93 044 736	4 567 272	5 018 702	9.88
其中：水利管理业	163 636	17 106 479	738 578	812 715	10.04
其中：公共照明业	1 727 882	44 996 519	2 425 059	2 643 400	9.00
3. 教育、文化、体育和娱乐业	1 073 353	109 218 584	6 496 955	7 149 017	10.04
其中：教育	653 483	74 863 782	4 895 652	5 453 007	11.38
4. 卫生、社会保障和社会福利业	411 047	47 329 172	3 752 623	4 119 263	9.77
5. 公共管理和社会组织、国际组织	1 579 589	86 081 551	4 856 639	5 292 996	8.98

分地区全社会用电量分类

单位：万 kWh

地　区	全社会用电量总计	A 行业用电量合计	第一产业	第二产业	第三产业	B 城乡居民生活用电量合计	其中：城镇居民	其中：乡村居民	各行业用电分类	一、农、林、牧、渔业	1. 农业	2. 林业	3. 畜牧业	4. 渔业
全　国	**636 251 187**	**549 225 751**	**11 751 205**	**449 222 379**	**88 252 168**	**87 025 434**	**49 618 136**	**37 407 303**	**549 225 752**	**11 751 204**	**3 606 742**	**181 895**	**1 597 664**	**1 281 998**
北　京	10 668 902	8 488 419	199 494	3 322 277	4 966 648	2 180 483	1 853 331	327 152	8 488 419	199 495	71 996	5082	31 163	5567
天　津	8 055 945	7 059 188	172 800	5 290 323	1 596 066	996 757	766 364	230 393	7 059 188	172 799	94 367	4135	18 741	25 373
河　北	34 417 419	30 050 803	1 076 787	24 280 226	4 693 789	4 366 618	1 810 575	2 556 044	30 050 803	1 076 787	268 659	7490	145 558	41 896
山　西	19 906 135	18 081 237	411 497	15 666 837	2 002 903	1 824 898	1 130 352	694 546	18 081 237	411 497	103 536	4262	43 406	904
内蒙古	28 918 714	27 366 716	500 838	25 418 258	1 447 619	1 551 999	1 107 640	444 359	27 366 716	500 838	112 443	7799	27 963	3136
辽　宁	21 354 959	18 817 742	388 374	15 340 585	3 088 783	2 537 217	1 663 563	873 654	18 817 742	388 374	115 592	2886	91 332	86 711
吉　林	7 029 803	5 863 810	159 853	4 354 965	1 348 992	1 165 992	768 682	397 311	5 863 810	159 853	44 687	4220	54 680	2651
黑龙江	9 285 697	7 471 892	523 527	5 587 280	1 361 085	1 813 805	1 093 218	720 587	7 471 892	523 527	234 378	25 709	47 895	6225
上　海	15 267 716	12 979 825	70 886	8 132 366	4 776 573	2 287 891	2 252 891	35 000	12 979 825	70 886	31 374	6509	9605	8590
江　苏	58 078 899	51 235 727	667 833	43 182 200	7 385 694	6 843 172	3 402 341	3 440 831	51 235 727	667 833	117 033	6763	120 475	156 897
浙　江	41 926 282	36 454 098	279 991	30 448 267	5 725 839	5 472 184	2 927 944	2 544 240	36 454 098	279 991	97 435	4570	43 631	52 841
安　徽	19 214 817	16 004 232	239 742	12 973 765	2 790 725	3 210 585	1 408 862	1 801 723	16 004 232	239 742	103 189	2601	58 757	6612
福　建	21 127 185	17 044 799	296 508	13 843 639	2 904 652	4 082 386	2 038 603	2 043 782	17 044 800	296 508	69 556	5387	55 460	136 602
江　西	12 939 826	10 629 697	128 338	8 603 844	1 897 515	2 310 128	1 250 149	1 059 980	10 629 697	128 338	33 552	2835	34 125	3969
山　东	54 301 595	48 253 689	1 100 648	41 952 729	5 200 312	6 047 906	3 177 588	2 870 320	48 253 689	1 100 647	322 921	9909	251 405	119 971
河　南	31 661 685	27 280 875	635 493	23 266 036	3 379 346	4 380 810	2 035 382	2 345 428	27 280 875	635 493	222 458	7472	92 529	11 177
湖　北	18 689 963	15 311 549	296 138	12 003 634	3 011 777	3 378 413	2 227 077	1 151 336	15 311 549	296 138	91 175	1774	58 384	19 661
湖　南	15 815 138	11 726 103	193 393	8 867 881	2 664 830	4 089 034	1 976 187	2 112 847	11 726 103	193 393	91 434	3309	33 419	6114

续表

地 区	全社会用电量总计	A 行业用电量合计	第一产业	第二产业	第三产业	B 城乡居民生活用电量合计	其中：城镇居民	其中：乡村居民	各行业用电分类	一、农、林、牧、渔业	1. 农业	2. 林业	3. 畜牧业	4. 渔业
广 东	59 589 678	50 153 500	999 362	38 841 791	10 312 347	9 436 179	5 647 082	3 789 097	50 153 500	999 362	283 356	16 560	125 215	432 596
广 西	14 449 478	11 573 433	303 771	9 409 388	1 860 274	2 876 045	1 553 555	1 322 490	11 573 433	303 771	106 422	9734	77 281	28 084
海 南	3 049 505	2 469 533	147 214	1 420 362	901 957	579 972	271 237	308 735	2 469 533	147 214	40 620	2377	7471	78 606
重 庆	9 965 490	8 183 866	33 482	6 190 326	1 960 058	1 781 624	1 125 199	656 426	8 183 866	33 482	10 539	1196	13 649	4873
四 川	22 051 786	17 825 487	154 646	14 182 258	3 488 583	4 226 299	2 444 334	1 781 965	17 825 487	154 646	47 329	3779	33 560	11 497
贵 州	13 848 851	11 231 768	76 893	9 683 292	1 471 583	2 617 083	1 668 160	948 923	11 231 768	76 893	42 192	1755	11 140	1127
云 南	15 381 041	13 277 234	166 854	11 193 560	1 916 820	2 103 808	1 023 724	1 080 084	13 277 234	166 854	74 110	9427	22 123	3578
西 藏	581 888	460 748	1563	288 964	170 221	121 140	88 606	32 534	460 748	1563	388	116	62	2
陕 西	14 947 498	12 590 666	419 108	9 685 411	2 486 147	2 356 832	1 466 085	890 747	12 590 666	419 108	124 546	4665	16 098	15 464
甘 肃	11 643 660	10 730 354	458 446	9 036 285	1 235 623	913 306	505 757	407 549	10 730 354	458 446	54 734	3279	16 697	399
青 海	6 870 145	6 596 645	24 851	6 220 604	351 191	273 500	187 235	86 266	6 596 645	24 851	5082	1456	1916	203
宁 夏	9 783 029	9 509 477	186 637	8 884 031	438 809	273 552	170 206	103 346	9 509 477	186 637	16 256	6798	21 286	3253
新 疆	25 428 457	24 502 641	1 436 240	21 650 995	1 415 406	925 816	576 208	349 608	24 502 641	1 436 240	575 383	8042	32 637	7419

地 区	5. 农、林、牧、渔服务业	其中：排灌	二、工业	1.轻工业	2. 重工业	（一）采矿业	1. 煤炭开采和洗选业	2. 石油及天然气开采业	3. 黑色金属矿采选业	4. 有色金属矿采选业	5. 非金属矿采选业	6. 其他采矿业	（二）制造业	1. 食品、饮料和烟草制造业（轻）
全 国	**5 082 902**	**4 001 232**	**441 330 158**	**7 263 036**	**366 067 121**	**23 797 513**	**8 815 709**	**4 540 641**	**3 741 083**	**3 261 135**	**2 289 318**	**1 149 625**	**330 347 493**	**11 125 419**
北 京	85 687	75 058	3 104 137	556 272	2 547 865	40 470	13 462	327	23 472	60	2447	702	1 832 158	147 384
天 津	30 183	8246	5 179 833	780 538	4 399 297	90 444	386	75 917	1966	182	11 545	448	3 765 713	141 533
河 北	613 184	580 941	23 912 536	3 026 758	20 885 777	1 878 834	427 075	239 076	999 040	76 218	83 120	54 306	17 431 358	577 741
山 西	259 388	247 903	15 451 576	529 878	14 921 698	3 187 475	2 588 149	62 643	337 821	94 022	32 030	72 810	8 212 819	120 483
内蒙古	349 498	298 663	25 314 478	1 113 497	24 200 981	1 695 320	890 809	158 807	199 432	290 589	80 939	74 744	18 770 440	245 174
辽 宁	91 853	78 707	15 091 309	1 337 310	13 753 999	1 231 491	195 026	278 302	557 040	89 947	98 546	12 630	10 352 980	435 367
吉 林	53 614	47 483	4 249 724	552 124	3 697 600	387 432	76 247	190 350	30 167	65 303	20 882	4483	2 227 706	224 260

续表

地区	5. 农、林、牧、渔服务业	其中：排灌	二、工业	1.轻工业	2. 重工业	（一）采矿业	1. 煤炭开采和洗选业	2. 石油及天然气开采业	3. 黑色金属矿采选业	4. 有色金属矿采选业	5. 非金属矿采选业	6. 其他采矿业	（二）制造业	1. 食品、饮料和烟草制造业（轻）
黑龙江	209 320	130 553	5 468 417	615 757	4 852 659	1 903 311	409 519	1 363 131	5949	86 706	28 860	9146	1 839 724	333 074
上 海	14 808	5372	7 982 214	1 487 205	6 495 009	3668	55	1581	0	79	889	1064	6 457 418	166 097
江 苏	266 665	135 428	42 714 472	10 977 038	31 737 434	226 419	72 430	40 159	30 015	11 295	64 567	7953	35 784 122	792 848
浙 江	81 513	56 791	29 857 885	11 985 306	17 872 579	152 496	674	5113	4976	11 966	99 947	29 819	24 834 471	518 320
安 徽	68 582	58 417	12 683 243	1 990 789	10 692 454	935 875	457 685	3501	232 244	98 675	102 060	41 711	8 898 424	366 158
福 建	29 502	5723	13 578 250	4 442 356	9 135 893	240 349	38 249	61	14 907	100 699	52 885	33 548	10 670 605	600 574
江 西	53 858	39 598	8 406 564	1 765 750	6 640 815	521 369	61 577	494	35 053	301 715	67 761	54 769	5 184 079	218 492
山 东	396 440	359 397	41 495 605	6 510 494	34 985 109	2 020 971	605 641	708 993	129 902	287 897	231 723	56 816	33 229 224	1 402 484
河 南	301 857	187 038	22 913 034	3 361 397	19 551 637	1 274 475	633 914	146 876	52 345	298 417	78 406	64 518	16 434 839	979 242
湖 北	125 146	55 522	11 685 621	1 711 503	9 974 118	385 117	10 938	36 450	71 660	67 054	128 275	70 738	8 474 489	339 173
湖 南	59 117	55 870	8 639 512	1 245 680	7 393 833	681 929	194 571	0	78 080	181 385	154 135	73 758	5 706 417	346 864
广 东	141 635	48 000	38 152 922	13 439 559	24 713 363	405 199	3795	86 997	35 705	55 836	148 170	74 697	31 139 672	979 334
广 西	82 250	32 604	9 205 050	1 143 853	8 061 197	222 681	19 658	418	12 369	66 460	82 957	40 819	7 771 908	496 477
海 南	18 139	8796	1 320 229	368 038	952 191	61 249	1464	4083	20 854	6477	15 689	12 683	789 336	57 999
重 庆	3225	3205	5 940 146	868 402	5 071 744	161 488	87 185	17 055	12 320	1417	37 162	6350	4 546 610	111 403
四 川	58 482	37 980	13 770 851	1 745 478	12 025 373	950 436	169 530	108 124	314 937	125 529	159 198	73 117	10 015 921	415 139
贵 州	20 679	12 822	9 351 938	660 120	8 691 817	757 782	451 890	4730	14 754	39 679	119 355	127 373	6 533 856	203 199
云 南	57 615	4550	10 848 052	545 888	10 302 164	787 037	139 675	1069	111 272	383 142	99 021	52 858	8 343 973	279 567
西 藏	995	709	260 683	17 286	243 397	51 001	0	369	5122	42 823	1563	1125	79 833	4891
陕 西	258 335	186 771	9 394 687	568 118	8 826 569	1 457 918	820 486	450 823	25 078	106 951	24 177	30 404	4 852 062	143 716
甘 肃	383 337	360 689	8 872 543	244 390	8 628 153	591 667	100 903	248 428	51 247	138 978	41 214	10 897	6 751 620	103 304
青 海	16 193	15 220	6 172 402	68 942	6 103 460	273 641	10 067	47 332	11 504	41 269	153 221	10 246	5 467 934	18 838
宁 夏	139 043	126 601	8 826 688	332 565	8 494 123	250 574	170 159	57 886	648	3884	17 216	780	7 133 261	114 986
新 疆	812 759	736 575	21 485 558	1 270 744	20 214 814	969 395	164 491	201 547	321 205	186 482	51 357	44 313	16 814 521	241 299

续表

地区	其中：农副食品加工业	2. 纺织业（轻）	3. 服装鞋帽、皮革羽绒及其制品业（轻）	4. 木材加工及制品和家具制造业	其中：轻工业	5. 造纸及纸制品业（轻）	6. 印刷业和记录媒介的复制（轻）	7.文体用品制造业（轻）	8. 石油加工、炼焦及核燃料加工业	9. 化学原料及化学制品制造业	其中：轻工业	其中：氯碱	电石	黄磷
全　国	**5 738 126**	**16 848 997**	**4 271 775**	**4 634 447**	**1 605 561**	**7 123 746**	**1 213 218**	**825 820**	**8 873 617**	**45 157 317**	**1 364 894**	**5 347 875**	**8 914 384**	**1 076 613**
北　京	54 951	11 902	23 634	36 234	27 675	20 105	49 417	4235	303 671	44 109	9015			
天　津	53 167	50 430	24 740	42 028	22 768	45 105	13 624	10 777	17 035	546 282	28 219	223	0	0
河　北	326 665	575 526	154 036	318 464	85 198	354 988	48 334	21 258	387 658	1 620 676	58 989	254 824	15	2
山　西	63 014	20 119	4087	14 549	3524	25 239	5414	713	557 903	1 719 173	3266	128 887	136 271	0
内蒙古	120 639	12 026	10 349	47 410	6601	14 365	8164	5386	229 867	6 052 368	99 059	204 563	4 260 500	54
辽　宁	296 280	82 259	37 652	94 093	39 586	123 980	13 691	3286	947 784	756 261	13 353	214 083	12 984	0
吉　林	130 000	34 142	5322	45 476	9234	28 944	5838	719	81 741	313 848	7716	5363	17	0
黑龙江	144 861	20 880	6074	51 755	14 585	57 076	7925	2166	225 431	250 391	16 470	65 165	0	0
上　海	39 732	106 358	77 302	57 823	52 789	49 562	43 856	20 685	274 771	899 550	90 615	169 348	0	0
江　苏	459 583	4 665 872	506 011	438 706	119 766	589 547	128 265	80 876	407 794	4 589 695	181 020	399 539	0	0
浙　江	199 033	4 522 458	904 482	371 339	217 531	1 111 256	197 687	183 337	261 933	2 237 706	126 802	432 475	0	
安　徽	201 272	265 938	63 487	158 845	42 981	191 567	25 905	10 576	169 685	1 355 495	31 677	95 088	0	0
福　建	281 825	1 098 532	643 358	230 957	109 540	393 109	45 999	50 933	162 409	782 477	47 564	87 972	0	6
江　西	131 613	206 825	81 726	142 927	57 652	107 892	15 959	15 685	86 081	326 572	27 613	143 457	458	87
山　东	913 705	1 804 432	168 769	479 688	101 994	1 000 948	73 115	35 713	1 055 466	4 645 731	99 610	261 177	51	159
河　南	399 334	745 527	106 352	278 263	85 842	371 944	42 232	11 906	197 283	2 635 761	58 064	453 591	62 587	5767
湖　北	182 218	457 486	54 632	118 432	25 446	143 013	26 140	4902	249 356	1 526 780	10 767	246 284	50	32 224
湖　南	238 638	101 767	34 370	70 962	15 657	275 718	20 546	5742	111 644	526 422	18 814	155 560	246	61
广　东	448 356	1 316 929	1 235 491	914 819	402 619	963 886	333 348	338 958	689 375	973 642	196 343	145 418	5042	43
广　西	329 731	36 822	25 651	246 748	21 300	323 444	10 083	1354	159 803	437 693	27 445	121 889	116	502
海　南	41 154	5025	523	12 541	880	224 617	787	43	110 666	59 220	303	0	0	0
重　庆	50 604	32 682	17 033	38 812	27 569	224 588	13 405	1528	2827	548 576	46 449	118 992	10	387

续表

地区	其中：农副食品加工业	2. 纺织业（轻）	3. 服装鞋帽、皮革羽绒及其制品业（轻）	4. 木材加工及制品和家具制造业	其中：轻工业	5. 造纸及纸制品业（轻）	6. 印刷业和记录媒介的复制（轻）	7.文体用品制造业（轻）	8. 石油加工、炼焦及核燃料加工业	9. 化学原料及化学制品制造业	其中：轻工业	其中：氯碱	电石	黄磷
四　川	70 650	141 110	52 719	182 473	23 945	258 000	30 661	2748	298 723	1 848 350	16 513	236 544	185 653	168 361
贵　州	139 525	16 034	8862	69 860	10 132	24 376	10 149	2880	26 650	870 842	36 777	1848	4351	274 154
云　南	114 245	8511	4461	70 030	868	80 992	18 536	4571	126 316	1 275 988	573	38 481	76 745	594 786
西　藏	1571	313	87	891	582	209	160	0	27	753	151	0	0	0
陕　西	73 414	112 686	4331	23 883	4873	49 322	11 248	2953	428 469	1 066 943	16 899	30 278	408 394	18
甘　肃	64 329	13 380	1741	13 644	3857	19 260	2427	103	165 350	497 490	4305	26 363	213 410	1
青　海	12 409	2702	453	1338	529	45	415	6	28 358	487 418	275	76 041	95 932	0
宁　夏	20 868	54 668	1467	6394	2420	19 953	2118	18	344 338	1 968 633	7232	46 598	918 614	0
新　疆	134 740	325 657	12 573	55 063	37 618	30 697	7771	1763	765 203	4 292 473	82 997	1 187 824	2 532 938	0

地区	其中：肥料制造	10. 医药制造业（轻）	11. 化学纤维制造业（轻）	12. 橡胶和塑料制品业	其中：轻工业	13. 非金属矿物制品业	其中：轻工业	其中：水泥制造	14. 黑色金属冶炼及压延加工业	其中：铁合金冶炼	15. 有色金属冶炼及压延加工业	其中：铝冶炼	16.金属制品业	其中：轻工业
全　国	**7 120 015**	**3 647 740**	**4 254 687**	**13 493 530**	**5 750 417**	**33 050 756**	**2 375 765**	**14 106 033**	**49 664 272**	**12 521 700**	**57 726 061**	**45 259 180**	**18 483 676**	**1 831 933**
北　京	1312	75 472	3196	48 249	25 361	124 468	1978	35 330	53 613		16 248		89 666	4697
天　津	1619	77 186	106 161	177 799	57 458	137 076	2801	16 373	622 827	4656	195 325	885	532 780	13 938
河　北	337 270	224 436	121 675	719 495	236 025	1 825 755	161 370	640 560	6 667 220	86 072	204 974	4740	1 983 142	31 172
山　西	945 528	101 892	51 405	71 169	5489	742 546	21 850	381 953	2 291 906	424 639	1 684 067	1 130 625	252 787	8204
内蒙古	35 578	251 108	305 654	53 280	3039	685 462	43 175	224 820	4 647 131	3 380 183	5 870 969	5 119 436	87 800	4331
辽　宁	59 443	63 637	46 315	279 121	74 477	1 429 219	98 699	299 219	3 331 259	172 135	1 110 233	603 034	300 067	21 959
吉　林	47 883	72 125	51 486	55 970	8968	301 062	393	151 255	352 357	8548	68 509	179	56 910	1306
黑龙江	28 262	48 665	1480	45 327	16 423	225 398	1841	101 434	220 484	1247	59 573	0	53 923	596
上　海	930	101 856	99 982	342 973	161 175	122 321	6823	15 098	1 439 776	651	59 681	4	431 565	55 574
江　苏	443 977	390 069	915 004	1 887 602	755 107	1 951 059	91 638	732 676	4 297 774	270 711	621 422	0	2 868 257	195 137

续表

地 区	其中：肥料制造	10. 医药制造业（轻）	11. 化学纤维制造业（轻）	12. 橡胶和塑料制品业	其中：轻工业	13. 非金属矿物制品业	其中：轻工业	其中：水泥制造	14. 黑色金属冶炼及压延加工业	其中：铁合金冶炼	15. 有色金属冶炼及压延加工业	其中：铝冶炼	16.金属制品业	其中：轻工业
浙 江	106 248	396 404	1 211 505	2 261 181	954 274	1 477 031	54 400	641 474	515 547	14 014	549 642	354	2 473 070	228 464
安 徽	536 852	91 239	123 537	359 746	121 380	1 864 230	39 385	1 005 890	1 426 509	42 696	387 844	0	523 172	7459
福 建	68 910	53 703	336 065	542 914	216 486	1 388 237	124 061	477 417	1 144 287	256 303	869 232	218 353	574 613	50 975
江 西	18 346	84 715	53 637	139 229	65 139	1 479 035	387 788	473 560	645 077	30 027	483 382	47 368	181 031	14 627
山 东	870 741	409 998	211 097	1 363 988	324 965	2 483 812	220 211	1 464 968	3 308 583	237 058	10 187 081	8 971 673	1 633 631	106 301
河 南	1 002 222	206 349	112 289	456 458	95 699	1 866 342	141 645	483 626	1 355 341	231 424	4 772 173	3 872 877	735 631	62 901
湖 北	663 778	140 783	26 676	200 419	20 354	1 220 212	57 005	558 277	1 577 490	23 833	560 526	175 448	331 248	16 446
湖 南	57 595	56 006	9382	75 488	29 469	1 182 942	103 356	682 259	1 270 108	252 568	589 635	41 985	187 209	13 104
广 东	27 519	257 433	190 766	3 456 254	2 381 292	3 369 084	433 605	1 081 336	1 629 633	295 894	890 148	145 820	3 883 856	819 440
广 西	127 136	35 978	6170	81 573	5411	1 075 164	33 003	716 412	2 106 405	858 702	2 155 384	1 759 073	100 867	1333
海 南	32 879	25 045	448	20 624	11 232	211 792	6508	175 191	707	212	4163	16	6366	433
重 庆	90 486	40 288	48 497	131 994	36 690	773 609	22 240	421 335	400 277	72 387	801 262	446 023	229 537	5389
四 川	177 508	92 589	99 719	218 194	28 775	1 668 406	114 688	670 203	1 899 208	278 870	1 338 573	775 795	342 037	77 475
贵 州	351 308	37 064	12 300	78 992	20 357	1 014 836	76 172	526 772	1 164 326	779 186	2 438 260	2 104 302	207 949	30 651
云 南	438 952	46 736	2391	110 025	5510	1 696 214	4861	713 119	1 259 771	298 017	3 068 461	2 265 399	85 337	942
西 藏	18	454	79	411	161	61 244	215	33 657	1138	1	296	0	308	4
陕 西	160 990	35 195	11 209	60 586	6706	515 007	64 592	354 641	831 954	462 752	681 375	360 473	110 528	10 131
甘 肃	90 951	21 953	6475	34 189	9447	671 859	23 857	280 210	1 167 358	705 230	3 911 893	3 438 901	33 274	960
青 海	132 974	4150	4424	4674	1496	304 445	338	118 261	1 230 210	1 121 728	3 322 451	3 202 400	7533	56
宁 夏	83 732	75 250	1263	22 926	5074	646 799	707	148 055	2 165 509	2 018 983	1 605 519	1 577 695	33 108	44
新 疆	179 067	129 962	84 400	192 680	65 979	536 092	36 562	480 652	640 487	192 973	9 217 760	8 996 321	146 473	47 884

续表

地区	17. 通用及专用设备制造业	其中：轻工业	18. 交通运输、电气、电子设备制造业	其中：轻工业	其中：交通运输设备制造业	19.工艺品及其他制造业（轻）	20. 废气资源和废旧材料回收加工业	（三）电力、燃气及水的生产和供应业	1. 电力、热力的生产和供应业	其中：电厂生产全部耗用电量	线路损失电量	抽水蓄能抽水耗用电量	2. 燃气生产和供应业	3. 水的生产和供应业
全国	**14 123 841**	**252 051**	**29 922 167**	**5 285 779**	**7 512 958**	**5 149 292**	**757 117**	**87 185 154**	**80 490 738**	**42 023 200**	**31 958 259**	**3 165 185**	**1 826 755**	**4 867 663**
北京	185 750	6526	546 285	15 759	219 357	42 807	5713	1 231 509	1 035 085	233 004	711 294		5887	190 537
天津	238 261	3231	727 494	99 738	362 700	52 331	6919	1 323 676	1 233 883	676 649	512 008	0	13 541	76 252
河北	656 184	3205	763 512	129 838	273 739	159 506	46 780	4 602 343	4 323 376	1 923 962	2 047 752	156 707	90 410	188 558
山西	296 836	445	154 182	12 237	52 559	85 947	12 402	4 051 282	3 583 409	2 272 618	970 308	236 025	283 697	184 177
内蒙古	73 708	1456	124 011	46 399	10 863	41 167	5041	4 848 718	4 646 199	3 449 686	945 401	55 040	90 886	111 634
辽宁	664 089	3421	547 854	42 221	304 645	70 480	16 333	3 506 838	3 206 407	1 569 359	1 105 362	201 664	48 840	251 591
吉林	85 306	245	422 141	3357	384 922	16 011	5539	1 634 586	1 490 153	854 585	313 083	61 082	20 106	124 327
黑龙江	94 200	134	92 374	9110	66 187	39 976	3550	1 725 382	1 617 471	886 795	535 768		34 176	73 734
上海	644 054	7896	1 166 028	29 898	420 494	350 513	2665	1 521 128	1 390 342	557 099	819 297	83	22 619	108 167
江苏	3 229 105	70 836	6 824 618	724 204	1 098 767	506 703	92 895	6 703 931	6 166 582	3 526 205	2 097 241	354 117	73 319	464 030
浙江	2 189 098	22 965	2 881 440	668 565	711 916	518 368	52 667	4 870 917	4 477 911	2 088 996	1 554 355	797 206	23 724	369 283
安徽	277 051	6689	1 073 276	376 478	264 528	139 610	24 553	2 848 945	2 676 352	1 289 010	1 147 574		29 776	142 817
福建	283 267	2071	1 004 662	198 358	147 370	395 608	69 669	2 667 297	2 501 945	1 283 622	884 887	252 416	30 254	135 097
江西	105 517	3766	583 128	167 732	117 358	199 383	27 786	2 701 117	2 589 968	1 656 231	741 860	155 384	10 549	100 600
山东	1 432 158	14 672	1 219 001	139 965	525 374	257 701	55 830	6 245 408	5 801 750	3 921 156	1 654 372	74 064	87 163	356 496
河南	682 404	2791	635 783	58 338	178 308	221 332	22 228	5 203 720	4 926 595	2 109 909	2 354 082	233 219	129 515	147 609
湖北	365 285	4115	909 112	101 076	411 342	193 109	29 715	2 826 015	2 587 350	1 298 176	1 141 505	133 338	45 644	193 021
湖南	181 359	2670	554 272	37 226	154 625	85 609	20 368	2 251 167	2 104 693	740 652	1 171 396	159 628	14 806	131 668
广东	1 399 037	50 442	7 060 899	2 041 373	1 139 907	1 130 661	126 118	6 608 051	5 924 693	3 045 022	2 268 385	293 851	117 982	565 376
广西	103 046	991	263 138	2622	108 736	97 876	8232	1 210 461	1 109 700	468 036	623 115		10 868	89 893
海南	17 253	0	16 222	529	12 271	5116	10 183	469 644	429 957	234 628	186 458	0	6563	33 125
重庆	292 377	617	799 026	113 929	401 557	30 100	8791	1 232 047	1 034 312	430 728	588 030	0	55 831	141 905

续表

地　区	17. 通用及专用设备制造业	其中：轻工业	18. 交通运输、电气、电子设备制造业	其中：轻工业	其中：交通运输设备制造业	19.工艺品及其他制造业（轻）	20. 废气资源和废旧材料回收加工业	（三）电力、燃气及水的生产和供应业	1. 电力、热力的生产和供应业	其中：电厂生产全部耗用电量	线路损失电量	抽水蓄能抽水耗用电量	2. 燃气生产和供应业	3. 水的生产和供应业
四　川	220 421	13 378	731 366	209 230	61 863	154 911	20 574	2 804 494	2 541 367	698 697	1 795 941		100 415	162 711
贵　州	104 315	5087	83 286	4007	36 660	130 446	29 228	2 060 300	1 946 836	1 199 191	747 644	1	27 538	85 926
云　南	36 198	29	64 391	79	22 069	83 268	22 211	1 717 043	1 642 520	457 847	1 184 674	0	11 301	63 221
西　藏	195	0	4312	0	57	3933	133	129 848	122 204	5462	79 211	0	178	7466
陕　西	177 576	6999	525 395	24 242	4183	50 604	9084	3 084 706	2 847 567	1 537 881	1 229 807	1012	144 005	93 134
甘　肃	32 045	37	47 318	609	7852	5186	3372	1 529 257	1 352 497	556 971	554 048	0	97 710	79 051
青　海	2588	2	32 389	12 612	424	14 533	964	430 829	394 956	145 621	231 451	31	15 130	20 744
宁　夏	22 370	5	38 077	2991	7468	2487	7378	1 442 853	1 321 242	989 793	247 880	0	61 849	59 762
新　疆	32 787	17 329	27 175	13 058	4857	64 010	10 196	3 701 642	3 463 418	1 915 610	1 514 071	317	122 473	115 751

地　区	其中：轻工业	三、建筑业	四、交通运输、仓储、邮政业	1. 交通运输业	其中：城市公共交通	管道运输业	电气化铁路	2. 仓储业	3. 邮政业	五、信息传输、计算机服务和软件业	1. 电信和其他信息传输服务业	2. 计算机服务和软件业	六、商业、住宿和餐饮业	1. 批发和零售业
全　国	**2 335 935**	**7 892 224**	**14 179 829**	**12 387 097**	**1 466 267**	**504 171**	**6 300 676**	**1 529 281**	**263 456**	**6 385 737**	**5 401 369**	**984 367**	**25 266 451**	**18 175 347**
北　京	87 108	218 140	524 949	449 089	195 155	7930	126 377	60 658	15 202	384 286	265 350	118 936	938 075	615 955
天　津	30 496	110 490	306 272	278 134	22 346	594	177 544	25 983	2155	71 588	62 236	9352	374 596	270 925
河　北	83 462	367 691	1 055 550	953 978	35 583	36 535	562 246	91 083	10 490	315 744	259 479	56 265	1 486 845	1 207 247
山　西	59 564	215 261	667 569	624 609	12 551	43 882	368 797	38 182	4778	138 301	117 468	20 832	431 623	305 717
内蒙古	16 043	103 781	316 728	265 381	8661	1124	210 906	38 692	12 655	198 973	91 036	107 937	506 876	311 780
辽　宁	166 927	249 276	577 018	507 665	31 877	24 541	301 648	63 519	5834	212 259	190 130	22 129	982 872	741 908
吉　林	82 058	105 241	246 341	192 421	12 839	20 493	5904	50 078	3842	121 715	114 192	7523	399 616	301 429
黑龙江	39 280	118 863	187 235	139 487	15 088	21 481	58 205	43 574	4175	103 352	94 993	8358	400 538	304 457
上　海	66 224	150 152	497 700	416 555	218 781	3715	481	70 046	11 099	240 254	166 037	74 217	821 816	676 636
江　苏	234 135	467 728	831 996	658 278	159 943	12 992	111 143	149 273	24 445	529 884	436 337	93 547	2 019 445	1 502 577

续表

地　区	其中：轻工业	三、建筑业	四、交通运输、仓储、邮政业	1. 交通运输业	其中：城市公共交通	管道运输业	电气化铁路	2. 仓储业	3. 邮政业	五、信息传输、计算机服务和软件业	1. 电信和其他信息传输服务业	2. 计算机服务和软件业	六、商业、住宿和餐饮业	1. 批发和零售业
浙　江	148 487	590 383	666 345	565 276	77 425	27 244	237 231	85 557	15 513	471 594	385 192	86 402	1 794 141	1 258 215
安　徽	86 222	290 522	364 201	331 892	23 445	9594	222 969	25 525	6785	185 153	173 152	12 002	853 845	652 366
福　建	75 421	265 390	339 166	296 356	20 668	203	89 598	30 361	12 450	237 091	214 084	23 007	1 003 941	733 188
江　西	57 117	197 280	349 628	331 810	17 988	931	245 698	12 264	5554	164 332	150 831	13 501	611 466	410 532
山　东	138 519	457 126	1 001 890	724 245	27 212	45 834	399 885	258 338	19 307	325 595	294 189	31 406	1 400 865	1 033 494
河　南	58 945	353 002	678 317	602 387	34 957	1703	505 074	62 316	13 614	189 609	169 235	20 374	1 046 949	810 334
湖　北	90 380	318 012	542 236	507 626	66 150	17 248	159 374	28 769	5841	149 095	131 010	18 084	979 564	711 465
湖　南	89 377	228 368	563 717	538 022	29 345	1658	413 236	19 679	6016	177 272	166 008	11 264	767 824	536 817
广　东	367 638	688 869	1 094 555	929 917	249 956	11 031	369 178	141 059	23 580	728 990	632 274	96 716	3 330 714	2 286 446
广　西	17 893	204 338	343 489	314 888	24 258	10 568	178 791	19 672	8929	139 725	131 679	8046	500 695	292 635
海　南	28 554	100 133	65 045	54 760	1677	57	25 138	8708	1577	50 085	47 948	2137	263 114	101 984
重　庆	95 998	250 180	237 872	212 874	17 955	23 803	99 864	21 135	3862	124 703	114 993	9709	602 672	461 871
四　川	13 878	411 407	481 862	441 224	46 316	1971	97 374	30 706	9932	288 096	245 928	42 168	1 179 944	920 078
贵　州	31 128	331 354	319 675	298 038	40 544	6820	167 725	11 841	9796	144 099	122 789	21 309	397 010	251 967
云　南	3995	345 508	334 542	280 629	24 124	4864	126 925	49 779	4134	190 927	185 815	5112	519 739	318 073
西　藏	6048	28 281	21 430	18 680	8696	82	1	1006	1743	7560	7261	299	49 015	29 071
陕　西	12 413	290 724	652 833	609 963	19 764	47 285	449 592	33 944	8925	157 819	118 448	39 371	709 112	514 548
甘　肃	27 489	163 742	446 115	420 953	2512	43 040	334 190	22 755	2408	101 912	99 033	2879	308 183	211 733
青　海	8067	48 202	80 023	77 278	185	1749	66 648	1830	914	29 208	28 944	265	96 514	68 553
宁　夏	41 884	57 343	77 745	71 268	961	1215	57 956	5229	1249	36 479	35 224	1255	141 855	98 597
新　疆	71 185	165 437	307 786	273 413	19 304	73 984	130 978	27 720	6653	170 037	150 073	19 964	346 986	234 748

续表

地区	2. 住宿和餐饮业	七、金融、房地产、商务及居民服务业	1. 金融业	2. 房地产业	3. 租赁和商务服务、居民服务和其他服务业	八、公共事业及管理组织	1. 科学研究、技术服务和地质勘查业	其中：地质勘查业	2. 水利、环境和公共设施管理业	其中：水利管理业	其中：公共照明	3. 教育、文化、体育和娱乐业	其中：教育	4. 卫生、社会保障和社会福利业	5. 公共管理和社会组织、国际组织
全国	**7 091 104**	**19 314 431**	**1 672 177**	**9 971 207**	**7 671 050**	**23 105 719**	**1 525 739**	**63 611**	**5 018 702**	**812 715**	**2 643 400**	**7 149 017**	**5 453 007**	**4 119 263**	**5 292 996**
北京	322 120	1 634 451	113 822	1 161 509	359 120	1 484 886	263 794	1083	135 416	23 458	53 095	495 357	366 708	194 266	396 053
天津	103 671	446 805	29 526	268 834	148 445	396 805	39 931	1303	86 341	22 998	34 837	143 360	116 535	57 866	69 307
河北	279 597	673 913	60 800	289 404	323 709	1 161 736	57 328	6061	269 456	73 336	154 664	367 024	313 719	206 342	261 586
山西	125 906	277 450	30 814	59 359	187 277	487 960	21 982	1168	122 583	35 168	32 670	153 352	118 647	69 389	120 654
内蒙古	195 096	138 261	31 318	43 258	63 686	286 780	10 925	2565	94 836	18 775	52 192	74 636	36 515	44 528	61 856
辽宁	240 964	611 908	62 531	221 697	327 680	704 726	39 290	1185	120 258	11 373	64 215	243 629	184 423	131 768	169 781
吉林	98 187	228 599	33 819	74 922	119 853	352 721	19 771	370	57 197	6827	19 028	126 096	100 129	63 808	85 849
黑龙江	96 081	336 756	22 356	114 260	200 141	333 204	16 262	659	60 467	10 901	22 579	112 664	86 631	58 738	85 073
上海	145 180	2 158 212	176 080	1 432 696	549 435	1 058 591	171 257	1090	180 800	67 764	42 164	346 443	273 844	173 391	186 700
江苏	516 868	1 895 459	116 012	1 211 951	567 495	2 108 910	174 377	2576	475 616	66 358	271 906	680 918	509 926	386 875	391 124
浙江	535 926	1 224 454	130 903	521 651	571 900	1 569 305	59 191	1321	357 387	27 754	303 648	482 317	340 836	279 908	390 502
安徽	201 479	619 450	47 134	291 006	281 31[illegible]	768 075	30 196	1998	173 134	25 052	103 061	254 436	212 914	162 612	147 696
福建	270 754	454 023	55 647	148 872	249 504	870 431	31 261	1472	205 166	16 053	170 502	276 172	207 269	138 090	219 742
江西	200 934	259 112	37 348	133 401	88 363	512 977	13 258	1266	105 253	20 263	49 106	175 331	136 817	96 910	122 225
山东	367 370	1 118 399	94 430	516 690	507 279	1 353 564	52 134	4178	289 798	73 462	120 539	328 935	242 721	315 668	367 029
河南	236 615	578 809	60 207	344 054	174 547	885 662	45 698	4869	178 576	48 660	85 390	287 602	242 280	188 040	185 747
湖北	268 099	518 093	46 892	360 480	110 72[illegible]	822 791	64 338	1014	201 938	20 944	136 804	252 153	210 290	157 936	146 426
湖南	231 007	331 769	36 455	220 922	74 392	824 249	23 048	1406	279 645	23 477	86 240	230 003	193 617	158 135	133 418
广东	1 044 268	2 675 709	198 771	750 832	1 726 107	2 482 379	144 056	4697	588 007	62 423	329 500	734 920	554 999	424 645	590 751
广西	208 060	334 082	32 791	151 196	150 095	542 283	12 557	937	108 637	17 038	57 677	153 471	97 066	113 459	154 159
海南	161 130	317 159	11 025	214 172	91 962	206 554	7211	77	24 946	4986	14 367	57 648	43 498	32 752	83 996

续表

地　区	2. 住宿和餐饮业	七、金融、房地产、商务及居民服务业	1. 金融业	2. 房地产业	3. 租赁和商务服务、居民服务和其他服务业	八、公共事业及管理组织	1. 科学研究、技术服务和地质勘查业	其中：地质勘查业	2. 水利、环境和公共设施管理业	其中：水利管理业	其中：公共照明	3. 教育、文化、体育和娱乐业	其中：教育	4. 卫生、社会保障和社会福利业	5. 公共管理和社会组织、国际组织
重　庆	140 801	494 824	22 805	395 391	76 628	499 988	14 416	860	131 393	12 343	90 081	172 027	146 994	93 132	89 020
四　川	259 866	653 001	60 039	453 016	139 946	885 680	85 535	1585	212 028	14 680	48 274	253 359	123 710	168 521	166 237
贵　州	145 043	208 002	46 041	97 200	64 761	402 798	16 794	3252	113 214	35 706	55 416	108 059	78 855	72 412	92 320
云　南	201 666	351 783	28 173	132 668	190 942	519 829	14 992	920	100 059	25 105	53 222	174 612	127 802	83 889	146 276
西　藏	19 944	11 581	4864	2329	4388	80 635	2008	284	28 081	2258	21 275	10 814	6464	6121	33 611
陕　西	194 564	349 790	32 126	187 369	130 296	616 593	46 971	2076	120 670	19 509	49 692	226 407	196 699	107 215	115 329
甘　肃	96 450	128 698	17 087	41 168	70 443	250 715	18 216	1823	40 816	6048	30 334	81 796	66 177	42 356	67 531
青　海	27 962	58 906	6012	34 446	18 450	86 538	5678	725	16 840	2258	7333	23 940	18 096	12 948	27 131
宁　夏	43 258	60 222	7794	38 383	14 045	122 508	3571	553	40 664	2892	18 388	31 794	24 601	18 846	27 633
新　疆	112 238	164 751	18 556	58 072	88 123	425 846	19 692	10 237	99 481	14 846	65 201	89 741	74 224	58 697	158 235

分地区 6000kW 及以上电厂发电技术经济指标

地　区	利用小时（h）						厂用电率（%）			发电标准煤耗（g/kWh）	供电标准煤耗（g/kWh）	发电消耗原煤量（万 t）	发电消耗标煤量（万 t）
	合计	水电	火电	核电	风电	太阳能发电	合计	水电	火电				
全　国	**3790**	**3597**	**4219**	**7089**	**1949**	**1205**	**4.80**	**0.27**	**6.04**	**291**	**309**	**177 592**	**121 811**
北　京	3482	1135	3754	0	1854	1551	2.47	0.99	2.53	204	209	36	747
天　津	3996		4147		2095	1027	5.98		6.07	273	290	1884	1569
河　北	4135	999	5056		2250	1303	5.51	3.56	6.09	297	317	9714	6654
山　西	3584	1721	3996	0	1992	1374	6.83	0.48	7.36	297	320	12 377	7140
内蒙古	3772	970	4628	0	2063	1524	6.40	0.95	7.30	307	331	22 109	11 381

续表

地　区	利用小时（h）						厂用电率（%）			发电标准煤耗（g/kWh）	供电标准煤耗（g/kWh）	发电消耗原煤量（万 t）	发电消耗标煤量（万 t）
	合计	水电	火电	核电	风电	太阳能发电	合计	水电	火电				
辽　宁	3807	1539	4251	5273	2142	1072	6.13	1.94	6.51	289	309	7029	3863
吉　林	2841	2021	3406		1721	1251	6.00	0.72	6.87	283	304	3355	1681
黑龙江	3384	2396	3866		1907	1249	6.13	0.99	6.75	299	320	4270	2411
上　海	3681		3731		2337	893	4.50		4.53	286	300	2925	2392
江　苏	4563	1294	4909	8149	1987	1138	4.49	0.97	4.47	282	295	15 810	12 435
浙　江	4050	1790	4165	7766	2007	1044	4.81	0.47	4.88	282	296	8885	7032
安　徽	4099	1786	4595		2006	952	4.56	0.69	4.64	284	297	8902	6077
福　建	4183	3259	3879	6974	2756	843	3.82	0.28	4.02	292	305	4050	3033
江　西	4068	2353	5023		1995	891	4.49	0.65	5.07	291	304	3423	2461
山　东	4240	616	4660		1784	1154	6.18	1.24	6.30	294	312	17 545	12 888
河　南	3571	2446	3860		1721	934	5.64	0.39	5.82	293	310	10 670	7205
湖　北	3876	4120	3956		2098	987	2.14	0.11	5.10	289	304	3526	2850
湖　南	3313	3245	3564	0	2097	512	4.12	0.79	6.03	295	312	2919	2082
广　东	4137	2869	4102	7748	2044	843	4.82	0.56	5.10	282	301	7386	8332
广　西	3231	3814	2655	5839	2280	919	3.25	0.39	6.49	293	312	1570	1066
海　南	4126	2769	4205	5737	1848	1113	7.35	0.43	7.90	281	305	740	518
重　庆	3191	3692	3021		2286	549	5.02	0.46	7.11	298	321	1915	1461
四　川	3787	4236	2123		2353	1452	0.52	0.10	4.22	309	328	1081	759
贵　州	3511	3287	3899	0	1818	793	5.35	0.22	8.20	301	326	5855	3152
云　南	3394	4059	1405	0	2439	1282	1.01	0.24	8.12	311	337	1084	508
西　藏	2180	3229	111		1672	894	0.79	0.58	5.21	366	393	0	
陕　西	4156	3105	4711	0	1893	1270	6.84	1.62	7.32	304	327	6261	4233
甘　肃	2727	4162	3508		1469	1123	3.38	0.51	5.41	299	316	3096	2088
青　海	2578	2816	4306	0	1664	1513	1.82	0.31	6.58	310	331	657	455
宁　夏	3643	3716	5020	0	1650	1325	7.05	3.02	8.29	298	322	4431	2894
新　疆	3605	3755	4719		1748	1156	6.32	0.20	7.80	295	316	4083	2442

分地区 6000kW 及以上电厂供热情况

地 区	供热容量（万 kW）	供热量（GJ）	供热厂用电		供热标准煤耗（kg/GJ）	供热消耗原煤量（万 t）	供热消耗标煤量（万 t）
			厂用电量（万 kWh）	厂用电率（kWh/GJ）			
全 国	**43 526**	**4 210 843 577**	**6 450 871**	**15.3**	**39.2**	**24 248**	**16 519**
北 京	721	76 972 628	45 312	5.9	38.0	75	293
天 津	1014	88 056 694	78 594	8.9	38.8	385	341
河 北	3367	225 190 605	192 944	8.6	39.0	1307	879
山 西	3690	180 401 756	170 618	9.5	39.6	1214	714
内蒙古	3984	302 937 846	325 692	10.8	40.0	2351	1211
辽 宁	2142	344 669 349	356 078	10.3	39.9	2317	1376
吉 林	1301	199 012 838	256 606	13.0	38.0	1503	748
黑龙江	1615	280 668 783	236 518	8.4	37.0	1938	1040
上 海	514	65 040 604	52 433	8.1	37.8	270	246
江 苏	6186	704 471 886	1 923 848	27.3	38.7	3722	2726
浙 江	1542	508 243 567	361 377	7.1	37.6	2560	1909
安 徽	1262	43 967 758	38 453	8.8	41.4	247	182
福 建	811	32 878 079	15 978	4.9	36.9	192	121
江 西	0						
山 东	6401	676 956 124	842 786	12.5	39.8	3498	2695
河 南	2241	108 596 413	89 558	8.3	44.2	715	480
湖 北	622	34 049 992	24 082	7.0	39.0	170	133
湖 南	530	46 546 548	72 742	15.6	41.9	127	195
广 东	1550	58 988 025	47 697	8.1	42.2	307	249
广 西							
海 南		0				0	

续表

地区	供热容量（万 kW）	供热量（GJ）	供热厂用电		供热标准煤耗（kg/GJ）	供热消耗原煤量（万 t）	供热消耗标煤量（万 t）
			厂用电量（万 kWh）	厂用电率（kWh/GJ）			
重　庆	184	52 089 732	39 097	7.5	39.0	317	203
四　川	0						
贵　州	150	682 176	307	4.5	23.4	5	2
云　南	0	0				0	
西　藏	0	0	0	0.0	0.0	0	0
陕　西	996	34 138 029	28 746	8.4	39.7	201	135
甘　肃	1180	72 306 072	61 923	8.6	44.5	424	322
青　海		0				0	
宁　夏							
新　疆	1523	73 978 073	1 189 481	160.8	43.1	404	319

分地区 35kV 及以上输电线路回路长度

单位：km

地区	合计	1000kV	±800kV	750kV	±660kV	500kV	其中：±500kV	±400kV	330kV	220kV	110kV（含 66kV）	35kV	电缆
全　国	**1 825 611**	**10 073**	**20 874**	**18 830**	**1334**	**187 323**	**13 552**	**1640**	**30 183**	**415 311**	**631 361**	**508 682**	**62 760**
北　京	10 402					1801		0	0	2903	3836	1863	2246
天　津	11 725	579	392	0	0	1076	0	0	0	2921	3360	3398	6312
河　北	100 769	1839	1044	0	200	11 724		0	0	22 321	32 502	31 138	1899
山　西	71 853	1284	730	0	305	8802	0	0	0	16 482	20 883	23 366	762
内蒙古	106 019	468	767	0		10 668	728		0	32 998	39 875	21 242	286
辽　宁	60 811	0	0	0		8202	193		0	18 369	34 200	38	1425

续表

地区	合计	1000kV	±800kV	750kV	±660kV	500kV	其中：±500kV	±400kV	330kV	220kV	110kV（含66kV）	35kV	电缆
吉林	35 427	0	0	0	0	3377	0	0	0	11 645	20 362	44	266
黑龙江	57 870	0	0	0	0	5012		0	0	14 603	25 059	13 196	561
上海	9880	147	106			1230	81			3601	993	3802	13 627
江苏	93 433	1015	418	0		12 462	147		0	28 576	32 234	18 728	6305
浙江	63 924	1187	526			8821	472			17 123	22 127	14 140	5683
安徽	70 021	1223	1461	0	0	6951	1583	0	0	15 726	19 392	25 268	1056
福建	48 652	342	0	0	0	5215	0	0	0	12 309	16 798	13 938	1268
江西	50 986		450			4537				12 968	15 862	17 170	743
山东	101 893	1166	1129		415	8623				25 018	31 431	34 112	5341
河南	75 487	343	722	0	0	7783		0	140	18 629	23 879	23 991	973
湖北	71 120	180	1185	0	0	11 604	1798	0	0	14 351	22 186	21 613	1274
湖南	68 344	0	1741	0	0	5452	857	0	0	14 413	23 056	23 682	645
广东	75 515	0	0	0	0	9961	0	0	0	23 658	34 643	7253	4398
广西	73 827	0	0	0	0	2350	0	0	0	16 957	21 386	33 135	2354
海南	10 426	0	0	0	0	0	0	0	0	4030	3713	2684	101
重庆	35 739		676			3484				8952	10 856	11 771	925
四川	95 188	0	854	0	0	14 420	240	0	0	21 168	29 030	29 716	1740
贵州	50 316	0	0	0	0	3498	0	0	0	11 973	17 013	17 832	84
云南	85 915	0	0	0	0	12 586	562	0	0	15 366	24 469	33 494	414
西藏	19 708	0		0	0	0	0	423	0	3391	9126	6769	7
陕西	57 486	299	968	2475	308	565	294	0	10 395	327	24 506	17 643	1353
甘肃	64 363		2599	5557					11 040	835	23 066	21 266	169
青海	30 760	0	0	3009	0	0	0	1217	6411	0	12 387	7736	118
宁夏	17 618		194	1916	106				2196	2311	6936	3958	127
新疆	78 265		166	5872		196				21 188	26 197	24 646	265
跨区	21 870	0	4744	0	0	16 926	6598	0	0	200	0	0	31

分地区 35kV 及以上变压器情况（含公用变压器和自备变压器）

地区	合计			1000kV			±800kV			750kV			±660kV			500kV		
	座数（座）	组数（组）	铭牌容量（万 kVA）	座数（座）	组数（组）	铭牌容量（万 kVA）	座数（座）	组数（组）	铭牌容量（万 kVA）	座数（座）	组数（组）	铭牌容量（万 kVA）	座数（座）	组数（组）	铭牌容量（万 kVA）	座数（座）	组数（组）	铭牌容量（万 kVA）
全　国	**70 716**	**139 631**	**663 108**	**25**	**112**	**16 167**	**22**	**232**	**10 696**	**43**	**82**	**14 540**	**2**	**12**	**484**	**704**	**2017**	**144 339**
北　京	724	1652	12 390	0	0	0	0	0	0	0	0	0	0	0	0	10	28	2970
天　津	1340	3663	10 144	1	2	600	0	0	0	0	0	0	0	0	0	8	18	1725
河　北	4221	8765	39 541	3	6	1800	0	0	0	0	0	0	0	0	0	42	98	8585
山　西	2822	5791	23 567	3	5	1500	1	0	0	0	0	0	0	0	0	22	51	4726
内蒙古	2337	4209	27 597	3	15	1500	2	24	1222	0	0	0	0	0	0	35	92	6741
辽　宁	2713	5193	25 630	0	0	0	0	0	0	0	0	0	0	0	0	30	71	6493
吉　林	1376	2218	7763	0	0	0	0	0	0	0	0	0	0	0	0	13	45	2197
黑龙江	2146	3539	9470	0	0	0	0	0	0	0	0	0	0	0	0	17	23	1846
上　海	1824	4012	20 086	1	2	600	1	24	713							15	51	4851
江　苏	5454	11 901	61 481	3	12	1200	3	72	2928	0	0	0	0	0	0	60	149	12 574
浙　江	3173	6519	43 939	3	6	1800	2	0	0							42	124	11 394
安　徽	3196	6439	20 974	2	3	900										25	42	3460
福　建	1676	2943	18 388	1	2	600	0	0	0	0	0	0	0	0	0	23	45	4057
江　西	1720	3046	12 125													22	37	2719
山　东	6317	13 304	51 060	3	55	4467	2	0	0	0	0	0	1	0	0	42	110	8470
河　南	3483	6711	31 979	1	2	600	1	0	0	0	0	0	0	0	0	39	85	7730
湖　北	2692	4975	21 369	1	2	600	0	0	0	0	0	0	0	0	0	29	100	5674
湖　南	2539	4529	15 698	0	0	0	1	24	909	0	0	0	0	0	0	21	48	3203
广　东	3045	6757	53 204	0	0	0	0	0	0	0	0	0	0	0	0	53	362	12 327
广　西	2508	5118	12 922	0	0	0	0	0	0	0	0	0	0	0	0	9	17	1325

续表

地区	合计			1000kV			±800kV			750kV			±660kV			500kV		
	座数（座）	组数（组）	铭牌容量（万kVA）	座数（座）	组数（组）	铭牌容量（万kVA）	座数（座）	组数（组）	铭牌容量（万kVA）	座数（座）	组数（组）	铭牌容量（万kVA）	座数（座）	组数（组）	铭牌容量（万kVA）	座数（座）	组数（组）	铭牌容量（万kVA）
海南	350	624	2058	0	0	0	0	0	0	0	0	0	0	0	0	0	0	0
重庆	1218	2303	12 214													14	31	2727
四川	2875	5091	29 004	0	0	0	0	0	0	0	0	0	0	0	0	51	176	11 004
贵州	1727	3003	11 991	0	0	0	0	0	0	0	0	0	0	0	0	19	33	2450
云南	2396	4321	17 031	0	0	0	0	0	0	0	0	0	0	0	0	31	72	5182
西藏	335	439	832	0	0	0	0	0	0	0	0	0	0	0	0	0	0	0
陕西	1873	3567	13 018	0	0	0	0	0	0	6	11	2310	0	0	0	1	2	357
甘肃	1550	3136	13 810				1	24	990	10	17	3390						
青海	575	1172	7614	0	0	0	0	0	0	6	14	2460	0	0	0	0	0	0
宁夏	644	1497	9380				1	24	990	4	10	1860	1	12	484			
新疆	1830	3055	15 307				1			17	30	4520				0	8	972
跨区	37	139	11 524	0	0	0	6	40	2945	0	0	0	0	0	0	31	99	8579

地区	其中：±500kV			±400kV			330kV			220kV			110kV（含66kV）			35kV		
	座数（座）	组数（组）	铭牌容量（万kVA）	座数（座）	组数（组）	铭牌容量（万kVA）	座数（座）	组数（组）	铭牌容量（万kVA）	座数（座）	组数（组）	铭牌容量（万kVA）	座数（座）	组数（组）	铭牌容量（万kVA）	座数（座）	组数（组）	铭牌容量（万kVA）
全国	**33**	**307**	**18 831**	**2**	**0**	**0**	**227**	**558**	**13 029**	**6144**	**13 095**	**203 352**	**28 731**	**54 047**	**209 847**	**34 816**	**69 476**	**50 654**
北京										96	247	4231	421	1017	4877	197	360	311
天津	0	0	0	0	0	0	0	0	0	96	225	3485	242	508	2130	993	2910	2204
河北				0	0	0	0	0	0	344	776	12 240	1391	2834	12 438	2441	5051	4478
山西	0	8	972	0	0	0	0	0	0	260	545	7320	909	1889	7410	1627	3301	2610
内蒙古	1	8	501				0	0	0	289	663	9849	1248	2156	7010	760	1259	1274
辽宁	2	12	1060	0	0	0	0	0	0	288	616	8628	2391	4500	10 503	4	6	6
吉林	0	0	0	0	0	0	0	0	0	115	199	2492	1245	1971	3074	3	3	1
黑龙江	1	2	179	0	0	0	0	0	0	158	279	3297	1102	1824	3352	869	1413	974
上海	3	10	812		0	0			0	127	336	6582	265	549	2657	1415	3050	4683

续表

地区	其中：±500kV			±400kV			330kV			220kV			110kV（含 66kV）			35kV		
	座数（座）	组数（组）	铭牌容量（万 kVA）	座数（座）	组数（组）	铭牌容量（万 kVA）	座数（座）	组数（组）	铭牌容量（万 kVA）	座数（座）	组数（组）	铭牌容量（万 kVA）	座数（座）	组数（组）	铭牌容量（万 kVA）	座数（座）	组数（组）	铭牌容量（万 kVA）
江　苏	1	12	340	0	0	0	0	0	0	625	1219	20 462	2415	4508	20 482	2348	5941	3836
浙　江	0	16	1839							363	773	14 052	1494	3032	14 208	1269	2584	2486
安　徽										240	486	7052	810	1496	6688	2119	4412	2874
福　建	0	0	0	0	0	0	2	4	212	215	415	6526	822	1494	6284	613	983	709
江　西										176	323	4413	582	1023	4008	940	1663	984
山　东	0	12	464	0	0	0	0	0	0	424	910	15 172	1891	3591	16 285	3954	8638	6666
河　南	1	9	994				0	2	133	314	662	10 534	1308	2508	10 323	1820	3452	2659
湖　北	5	54	1575	0	0	0	0	0	0	232	438	6492	1107	1938	7221	1323	2497	1382
湖　南	1	12	340	0	0	0	0	0	0	192	397	5005	940	1563	5267	1385	2497	1315
广　东	0	0	0	0	0	0	0	0	0	413	1016	19 774	2056	4382	20 647	523	997	457
广　西	0	0	0	0	0	0	0	0	0	212	451	5345	640	1101	4451	1647	3549	1801
海　南	0	0	0	0	0	0	0	0	0	33	63	892	144	264	983	173	297	183
重　庆										124	251	4307	505	957	4350	575	1064	830
四　川	4	84	2974	0	0	0	0	0	0	261	542	8319	1040	1942	8028	1523	2431	1652
贵　州	0			0	0	0	0	0	0	150	298	4244	627	1078	4403	931	1594	894
云　南	2	8	721	0	0	0	0	0	0	172	437	5520	637	1185	5042	1556	2627	1288
西　藏	0	0	0	1	0	0	0	0	0	10	24	326	87	147	386	237	268	121
陕　西	1	2	357	0	0	0	70	159	3628	0	0	0	807	1538	5564	989	1857	1159
甘　肃							82	181	4285	9	45	430	507	992	3723	941	1877	992
青　海	0	0	0	1	0	0	49	130	3060	0	0	0	243	507	1855	276	521	239
宁　夏							24	82	1712	39	107	1600	267	576	2317	308	686	418
新　疆	0	8	972							167	352	4764	588	977	3879	1057	1688	1170
跨　区	11	50	4729	0	0	0	0	0	0	0	0	0	0	0	0	0	0	0

分地区 35kV 及以上换流变压器情况

地区	合计			±800kV			±660kV			500kV			±400kV		
	换流站（座）	换流变压器组数（组）	换流变压器容量（万kVA）	换流站（座）	换流变压器组数（组）	换流变压器容量（万kVA）	换流站（座）	换流变压器组数（组）	换流变压器容量（万kVA）	换流站（座）	换流变压器组数（组）	换流变压器容量（万kVA）	换流站（座）	换流变压器组数（组）	换流变压器容量（万kVA）
全　国	**71**	**626**	**33 043**	**22**	**232**	**10 696**	**2**	**12**	**484**	**33**	**307**	**18 831**	**2**	**0**	**0**
北　京	0	0	0	0	0	0	0	0	0						
天　津	0	0	0	0	0	0	0	0	0	0	0	0	0	0	0
河　北	0	0	0	0	0	0	0	0	0				0	0	0
山　西	1	8	972	1	0	0	0	0	0	0	8	972	0	0	0
内蒙古	4	33	1725	2	24	1222	0	0	0	1	8	501			
辽　宁	2	12	1060	0	0	0	0	0	0	2	12	1060	0	0	0
吉　林	0	0	0	0	0	0	0	0	0	0	0	0	0	0	0
黑龙江	1	2	179	0	0	0	0	0	0	1	2	179			
上　海	7	38	1536	1	24	713				3	10	812		0	0
江　苏	4	84	3268	3	72	2928				1	12	340	0	0	0
浙　江	8	23	1962	2	0	0				0	16	1839			
安　徽	0	0	0												
福　建	2	4	212	0	0	0	0	0	0	0	0	0	0	0	0
江　西	0	0	0												
山　东	3	60	2831	2	0	0	1	0	0	0	12	464	0	0	0
河　南	2	12	1170	1	0	0	0	0	0	1	9	994			
湖　北	5	54	1575	0	0	0	0	0	0	5	54	1575	0	0	0
湖　南	2	36	1249	1	24	909	0	0	0	1	12	340	0	0	0
广　东	0	0	0	0	0	0	0	0	0	0	0	0	0	0	0
广　西	0	0	0	0	0	0	0	0	0	0	0	0	0	0	0

续表

地区	合计			±800kV			±660kV			500kV			±400kV		
	换流站（座）	换流变压器组数（组）	换流变压器容量（万kVA）	换流站（座）	换流变压器组数（组）	换流变压器容量（万kVA）	换流站（座）	换流变压器组数（组）	换流变压器容量（万kVA）	换流站（座）	换流变压器组数（组）	换流变压器容量（万kVA）	换流站（座）	换流变压器组数（组）	换流变压器容量（万kVA）
海南	0	0	0	0	0	0	0	0	0	0	0	0	0	0	0
重庆	0	0	0				0								
四川	4	84	2974	0	0	0	0	0	0	4	84	2974	0	0	0
贵州	0	0	0	0			0			0			0		
云南	2	8	721		0	0	0	0	0	2	8	721	0	0	0
西藏	1	6	71	0	0	0	0	0	0	0	0	0	1	0	0
陕西	1	2	357	0	0	0	0	0	0	1	2	357	0	0	0
甘肃	1	24	990	1	24	990									
青海	1	2	71	0	0	0	0	0	0	0	0	0	1	0	0
宁夏	2	36	1473	1	24	990	1	12	484						
新疆	1	8	972	1						0	8	972			
跨区	17	90	7674	6	40	2945	0	0	0	11	50	4729	0	0	0

地区	330kV			220kV			110kV（含66kV）			35kV		
	换流站（座）	换流变压器组数（组）	换流变压器容量（万kVA）	换流站（座）	换流变压器组数（组）	换流变压器容量（万kVA）	换流站（座）	换流变压器组数（组）	换流变压器容量（万kVA）	换流站（座）	换流变压器组数（组）	换流变压器容量（万kVA）
全国	**2**	**8**	**416**	**5**	**9**	**194**	**2**	**6**	**45**	**3**	**4**	**11**
北京												
天津	0	0	0	0	0	0	0	0	0	0	0	0
河北	0	0	0									
山西	0	0	0	0	0	0	0	0	0	0	0	0
内蒙古	0	0	0	0	0	0	1	1	2	0	0	0
辽宁	0	0	0	0	0	0	0	0	0	0	0	0
吉林	0	0	0							0	0	0
黑龙江	0	0	0									

续表

地区	330kV			220kV			110kV（含 66kV）			35kV		
	换流站（座）	换流变压器组数（组）	换流变压器容量（万 kVA）	换流站（座）	换流变压器组数（组）	换流变压器容量（万 kVA）	换流站（座）	换流变压器组数（组）	换流变压器容量（万 kVA）	换流站（座）	换流变压器组数（组）	换流变压器容量（万 kVA）
上 海			0	0			1	2	7	2	2	4
江 苏	0	0	0	0	0	0	0	0	0	0	0	0
浙 江				5	2	80		3	36	1	2	7
安 徽												
福 建	2	4	212	0	0	0	0	0	0	0	0	0
江 西												
山 东	0	0	0	0	0	0	0	0	0	0	0	0
河 南	0	2	133		1	43						
湖 北	0	0	0	0	0	0	0	0	0	0	0	0
湖 南	0	0	0									
广 东	0	0	0	0	0	0	0	0	0	0	0	0
广 西	0	0	0	0	0	0	0	0	0	0	0	0
海 南	0	0	0	0	0	0	0	0	0	0	0	0
重 庆												
四 川	0	0	0									
贵 州	0			0			0			0		
云 南	0	0	0	0	0	0	0	0	0	0	0	0
西 藏	0	0	0	0	6	71	0	0	0	0	0	0
陕 西	0	0	0	0	0	0	0	0	0	0	0	0
甘 肃												
青 海	0	2	71	0	0	0	0	0	0	0	0	0
宁 夏												
新 疆												
跨 区	0	0	0	0	0	0	0	0	0	0	0	0

主要发电企业发电装机容量及发电量

企业名称	发电装机容量（万 kW）												发电量（亿 kWh）											
	合计		水电		火电		核电		风电		太阳能发电		合计		水电		火电		核电		风电		太阳能发电	
	2017	2016	2017	2016	2017	2016	2017	2016	2017	2016	2017	2016	2017	2016	2017	2016	2017	2016	2017	2016	2017	2016	2017	2016
中国华能集团有限公司	17 187	16 554	2226	2104	12 928	12 662	0		1785	1632	248	157	6496	6108	880	782	5255	5029	0		334	279	27	18
中国大唐集团有限公司	13 776	13 037	2685	2380	9470	9213	0	0	1520	1355	101	89	5169	4700	906	804	3975	3668	0	0	275	216	13	11
中国华电集团有限公司	14 692	14 281	2697	2681	10 405	10 150	0	0	1309	1232	281	218	5123	4919	824	873	4031	3827	0	0	235	196	33	23
国家能源投资集团有限责任公司	23 042	22 601	1849	1706	17 483	17 464	0	0	3590	3319	119	111	8880	8356	606	549	7583	7222	0	0	672	571	18	15
国家电力投资集团有限公司	12 623	11 663	2203	2160	7423	7146	448	448	1383	1198	1166	712	4226	3969	680	677	2945	2829	236	200	240	183	125	81
国投电力控股股份有限公司	3162	2928	1672	1672	1376	1176			99	68	16	13	1289	1242	830	805	442	427			15	9	2	2
中国核工业集团有限公司	1554	1430	0	0	0	0	1435	1326	99	89	20	15	1033	892	0	0	0	0	1013	879	18	11	2	2
中国长江三峡集团有限公司	6123	6044	5064	5064	263	245	0		524	512	272	223	2466	2368	2243	2183	90	91	0		102	71	32	23
华润电力控股有限公司	3712	3732	47	47	3665	3685	0	0	0	0	0	0	1735	1691	20	19	1715	1672	0	0	0	0	0	0
黄河万家寨水利枢纽有限公司	150	150	150	150	0	0	0	0	0	0	0	0	27	24	27	24	0	0	0	0	0	0	0	0
新力能源开发有限公司	404	394	0	0	404	394	0	0	0	0	0	0	206	202	0	0	206	202	0	0	0	0	0	0
北京能源集团有限责任公司	2039	1993	58	58	1661	1626	0	0	235	230	86	79	818	804	20	19	738	734	0	0	47	42	12	9

续表

企业名称	发电装机容量（万 kW）												发电量（亿 kWh）											
	合计		水电		火电		核电		风电		太阳能发电		合计		水电		火电		核电		风电		太阳能发电	
	2017	2016	2017	2016	2017	2016	2017	2016	2017	2016	2017	2016	2017	2016	2017	2016	2017	2016	2017	2016	2017	2016	2017	2016
河北建设投资集团有限责任公司	1141	1010	0	0	845	766	0	0	288	240	8	4	450	403	0	0	385	361	0	0	64	41	1	0
山西国际电力集团有限公司	608	609	13	13	510	512		0	59	59	25	25	204	169	5	4	185	156		0	11	8	3	2
申能股份有限公司	904	904	0	0	869	869	0	0	35	35	0	0	356	297	0	0	347	292	0	0	8	5	0	0
江苏省国信资产管理集团有限公司	1398	1116	160	10	1164	1035			65	65	9	6	562	515	13	2	533	502			15	10	1	1
浙江省能源集团有限公司	3343	3126	85	85	3230	3036		0	1	1	27	4	1337	1201	16	24	1318	1177			0	0	2	0
安徽省皖能股份有限公司	655	555	0	0	655	555	0	0	0	0	0	0	271	261	0	0	271	261	0	0	0	0	0	0
江西省投资集团有限公司	150	150	10	10	140	140							63	64	3	3	60	61						
广东省粤电集团有限公司	3009	2965	234	218	2694	2694	0	0	53	38	28	15	1193	1055	95	94	1087	954	0	0	9	6	3	1
中国广核集团有限公司	3581	3459	20	158	55	55	2147	2038	1128	1020	231	188	1777	1519	50	56	19	21	1472	1254	211	169	26	19
广州发展集团股份有限公司	455	449			439	439			8	5	8	5	186	185			185	183			1	1	1	0
深圳市能源集团有限公司	920	687	82	71	695	548	0	0	62	42	81	26	298	242	29	28	249	204	0	0	10	7	9	3
甘肃电力投资集团公司	541	468	177	174	267	197			80	80	17	17	149	134	67	57	69	67			11	8	2	2
中铝宁夏能源集团有限公司	415	264	0		264	132	0		131	115	20	17	158	88	0		136	66	0		19	19	3	2

全国火电 100MW 及以上容量机组运行可靠性综合指标

机组容量（MW）	机组分类	台数	台年数	平均容量（MW/台）	利用小时（h）	可用小时（h）		不可用小时及次数						降低出力等效停运小时（h）	等效可用系数（%）	等效强迫停运率（%）
						运行	备用	计划停运		非计划停运		强迫停运				
								次数	小时（h）	次数	小时（h）	次数	小时（h）			
100～120MW	燃煤	22	22	103.64	3349.17	4516.12	3594.06	1	635.44	0.23	14.39	0.23	14.39	0.06	92.58	0.32
	燃煤国产	19	19	104.21	3354.92	4590.22	3692.08	1.05	461.23	0.21	16.47	0.21	16.47	0.07	94.55	0.36
	燃煤进口	3	3	100	3311.23	4027.02	2947.11	0.67	1785.2	0.33	0.68	0.33	0.68	0	79.61	0.02
125MW	燃煤	22	21.26	125	4229.69	6169.73	2143.09	0.8	412.6	0.38	34.57	0.38	34.57	0	94.9	0.56
	燃煤国产	18	17.38	125	4219.27	6014.88	2328.68	0.81	374.15	0.46	42.29	0.46	42.29	0	95.25	0.70
	燃煤进口	4	3.88	125	4276.35	6862.91	1312.33	0.77	584.76	0	0	0	0	0	93.32	0.00
130～138MW	燃煤	61	60.05	135.2	3364.42	4918.99	3074.16	0.82	540.7	0.73	226.16	0.67	220.36	194.49	89.03	4.29
	燃煤国产	61	60.05	135.2	3364.42	4918.99	3074.16	0.82	540.7	0.73	226.16	0.67	220.36	194.49	89.03	4.29
140～150MW	燃煤	52	50.12	146.92	4487.79	6085.86	2054.61	0.78	535.16	1.26	84.37	1.12	72.88	0.19	92.93	1.19
	燃煤国产	52	50.12	146.92	4487.79	6085.86	2054.61	0.78	535.16	1.26	84.37	1.12	72.88	0.19	92.93	1.19
160～185MW	燃煤	11	11	163.64	3626.24	5305.87	3078.52	0.82	372.59	0.36	3.02	0.36	3.02	3.47	95.67	0.12
	燃煤国产	5	5	162	4450.65	6130.44	2222.51	1	404.96	0.6	2.09	0.6	2.09	7.71	95.27	0.16
	燃煤进口	6	6	165	2951.72	4631.22	3778.89	0.67	346.11	0.17	3.78	0.17	3.78	0	96.01	0.08
100～199MW	燃煤	168	164.43	135.22	3859.96	5445.41	2678.5	0.83	519.65	0.75	116.44	0.69	110.52	71.4	91.92	2.00
	燃煤国产	155	151.55	135.01	3902.1	5472	2653.71	0.84	507.94	0.81	126.36	0.73	119.92	77.6	91.87	2.15
	燃煤进口	13	12.88	137.69	3374.55	5139.12	2964.12	0.7	654.54	0.16	2.22	0.16	2.22	0	92.5	0.04

续表

机组容量（MW）	机组分类	台数	台年数	平均容量（MW/台）	利用小时（h）	可用小时（h）		不可用小时及次数						降低出力等效停运小时（h）	等效可用系数（%）	等效强迫停运率（%）
						运行	备用	计划停运		非计划停运		强迫停运				
								次数	小时（h）	次数	小时（h）	次数	小时（h）			
200MW	燃煤	102	100.76	200	3827.61	5421.4	2798.77	0.73	507.67	0.51	32.68	0.42	25.96	0.94	93.83	0.48
	燃煤国产	100	98.76	200	3866.39	5482.53	2726.71	0.75	517.95	0.52	33.35	0.43	26.49	0.96	93.7	0.48
	燃煤进口	2	2	200	1912.64	2403.17	6356.84	0	0	0	0	0	0	0	100	0.00
205～250MW	燃煤	61	59.8	217.05	3664.18	5225.06	3066.54	0.89	456.12	0.32	23.39	0.27	18.31	3.09	94.49	0.38
	燃煤国产	54	52.8	215.83	3806.43	5460.61	2785.14	0.95	500.26	0.36	26.65	0.3	20.86	3.52	93.94	0.41
	燃煤进口	7	7	226.43	2641.71	3531.96	5089.18	0.43	138.86	0	0	0	0	0	98.41	0.00
200～299MW	燃煤	163	160.55	206.38	3763.59	5344.49	2903.66	0.79	487.47	0.44	29.04	0.36	22.96	1.78	94.09	0.44
	燃煤国产	154	151.55	205.55	3844.46	5474.51	2748.08	0.82	511.48	0.46	30.89	0.38	24.43	1.89	93.79	0.46
	燃煤进口	9	9	220.56	2494.79	3304.49	5344.63	0.33	110.88	0	0	0	0	0	98.73	0.00
300MW	燃煤	357	351.51	300	4168.09	5880.03	2306.69	0.78	516.72	0.59	59.33	0.53	46.48	2.75	93.39	0.81
	燃煤国产	351	346.01	300	4157.29	5864.25	2323.32	0.77	515.23	0.59	60.02	0.53	47.12	2.38	93.41	0.82
	燃煤进口	6	5.5	300	4847.08	6872.54	1261.27	1.09	610.64	0.73	15.56	0.55	5.85	26.24	92.55	0.47
310～328.5MW	燃煤	62	60.85	320.47	4044.05	5848.09	2269.93	0.85	618.77	0.58	23.21	0.46	6.75	0.24	92.67	0.12
	燃煤国产	56	54.92	320.21	3982.96	5785.23	2299.62	0.89	650.17	0.55	24.98	0.42	6.72	0.26	92.29	0.12
	燃煤进口	6	5.93	322.83	4604.74	6425	1997.42	0.51	330.61	0.84	6.96	0.84	6.96	0	96.15	0.11
330～340MW	燃煤	248	243.59	330.32	4209.24	6087.94	2038.54	0.83	605.33	0.65	38.5	0.58	28.33	2.21	92.67	0.49
	燃煤国产	241	236.59	330.33	4229.5	6118.1	1998.91	0.84	614.85	0.64	38.75	0.56	28.28	2.28	92.56	0.49
	燃煤进口	7	7	330	3523.99	5067.58	3379.23	0.57	283.13	1.14	30.06	1.14	30.06	0	96.42	0.59
350～352MW	燃煤	148	144.84	350.03	4459.52	6676.67	1554.92	0.68	483.12	0.83	48.6	0.77	42.97	17.44	93.73	0.68

续表

机组容量（MW）	机组分类	台数	台年数	平均容量（MW/台）	利用小时（h）	可用小时（h）		不可用小时及次数						降低出力等效停运小时（h）	等效可用系数（%）	等效强迫停运率（%）
						运行	备用	计划停运		非计划停运		强迫停运				
								次数	小时（h）	次数	小时（h）	次数	小时（h）			
350～352MW	燃煤国产	111	108.35	350	4416.6	6709.06	1525.29	0.76	477.74	0.87	52.34	0.83	47.59	22.27	93.69	0.74
	燃煤进口	37	36.5	350.11	4586.89	6580.56	1642.84	0.44	499.08	0.71	37.52	0.6	29.24	3.11	93.84	0.48
360～380MW	燃煤	10	9.28	362.9	3974	5960.41	2132.9	0.75	689.63	0.43	31.55	0.32	16.14	2.01	92.06	0.30
	燃煤国产	2	2	370	5155.67	7778.15	148.58	1	833.28	0	0	0	0	0	90.49	0.00
	燃煤进口	8	7.28	361.13	3641.39	5448.77	2691.43	0.69	649.2	0.55	40.44	0.41	20.69	2.58	92.5	0.43
300～399MW	燃煤	825	810.08	320.39	4225.95	6098.79	2071.64	0.78	547.55	0.65	47.7	0.58	36.79	5.25	93.16	0.63
	燃煤国产	761	747.87	318.57	4212.49	6082.14	2081.33	0.8	552.9	0.64	49.05	0.57	37.89	5.35	93.08	0.64
	燃煤进口	64	62.22	342.03	4376.53	6285.2	1963.14	0.55	487.67	0.76	32.62	0.66	24.45	4.22	94.06	0.45
500MW	燃煤进口	8	7.5	503.75	5019.2	6731.55	1470.08	0.8	501.02	1.07	91.13	0.67	67.21	0.11	93.24	0.99
600MW	燃煤	264	256.91	600	4199.24	6032.25	2101.4	0.68	571.81	0.67	61.04	0.56	31.34	5.31	92.74	0.54
	燃煤国产	241	234.42	600	4150.96	5987.45	2167.61	0.66	547.42	0.67	64.66	0.58	33.8	5.61	92.97	0.58
	燃煤进口	23	22.49	600	4702.4	6499.21	1411.38	0.93	826.06	0.71	23.35	0.4	5.66	2.25	90.28	0.12
630～650MW	燃煤	73	71.37	635.48	4416.1	6248.39	1660.94	0.78	811.38	0.67	39.29	0.57	30.77	0.32	90.29	0.49
	燃煤国产	71	69.37	635.63	4391.64	6213.27	1680.06	0.79	826.32	0.68	40.35	0.58	31.59	0.33	90.1	0.51
	燃煤进口	2	2	630	5272.19	7477.51	991.81	0.5	288.39	0.5	2.29	0.5	2.29	0	96.68	0.03
660～680MW	燃煤	152	150.1	661.42	4527.43	6573.08	1603.88	0.67	528.55	0.79	59.81	0.67	40.61	3.38	93.27	0.65
	燃煤国产	147	145.1	661.47	4528.71	6559.99	1635.59	0.67	512.49	0.76	57.42	0.65	40.29	2.62	93.49	0.64
	燃煤进口	5	5	660	4490.01	6953.54	681.7	0.8	995.41	1.6	129.35	1.2	49.91	25.41	86.87	0.74
600～699MW	燃煤	489	478.38	624.39	4341.21	6244.77	1869.22	0.69	593.8	0.71	57.33	0.6	34.33	3.91	92.54	0.57
	燃煤国产	459	448.89	625.2	4317.92	6218.67	1909.13	0.68	579.29	0.7	58.36	0.6	35.67	3.76	92.7	0.59

续表

机组容量（MW）	机组分类	台数	台年数	平均容量（MW/台）	利用小时（h）	可用小时（h）		不可用小时及次数						降低出力等效停运小时（h）	等效可用系数（%）	等效强迫停运率（%）
						运行	备用	计划停运		非计划停运		强迫停运				
								次数	小时（h）	次数	小时（h）	次数	小时（h）			
600～699MW	燃煤进口	30	29.49	612	4703.34	6650.51	1248.74	0.88	819.49	0.85	41.25	0.54	13.51	6.32	90.1	0.23
700MW	燃煤	8	8	700	4897.92	6838.57	549.13	0.88	1050.13	2.13	322.18	1.63	192.21	4.43	84.28	2.80
	燃煤国产	4	4	700	4705.76	6412.65	209.16	1.25	1597.04	3.25	541.15	2.25	281.23	0	75.59	4.20
	燃煤进口	4	4	700	5090.08	7264.49	889.09	0.5	503.22	1	103.2	1	103.2	8.86	92.98	1.52
800MW	燃煤进口	2	2	880	4668.67	7576.02	766.42	1	417.57	0	0	0	0	0	95.23	0.00
900MW	燃煤进口	2	2	900	4602.75	6237.56	1018.48	1	1501.65	0.5	2.32	0.5	2.32	0	82.83	0.04
1000MW	燃煤国产	91	89.48	1007.78	5007.42	6860.08	1264.3	0.73	608.06	0.42	27.57	0.32	12.78	1.89	92.72	0.20
500～1000MW	燃煤	600	587.37	683.71	4507.43	6401.48	1702.7	0.7	605.78	0.69	54.16	0.57	31.71	3.4	92.44	0.51
	燃煤国产	554	542.37	688.58	4487.2	6374.9	1740.79	0.69	593.86	0.67	54.55	0.57	31.99	3.28	92.58	0.52
	燃煤进口	46	45	625	4775.52	6753.76	1197.9	0.84	763.84	0.84	49.03	0.58	28.06	4.94	90.66	0.45
100～1000MW	燃煤	1756	1722.43	416.23	4351.07	6213.39	1922.04	0.76	576.56	0.65	52.59	0.57	35.59	6.1	92.76	0.59
	燃煤国产	1624	1593.34	416.56	4340.38	6199.7	1938.47	0.77	572.64	0.65	53.68	0.57	36.46	6.25	92.79	0.61
	燃煤进口	132	129.09	412.23	4484.27	6384.01	1717.31	0.65	625.45	0.67	39.08	0.53	24.71	4.31	92.38	0.43
燃气轮机		167	166.67	292.44	2644.57	4073.3	4043	1.18	637.51	0.35	9.01	0.33	7.55	2.27	92.6	0.24

各省（区、市）电力公司供电可靠性指标

企业名称	供电可靠率（%）			平均停电时间（h/户）			等效总用户数		
	城市	农村	全口径	城市	农村	全口径	城市	农村	全口径
全国	**99.942 7**	**99.767 7**	**99.814 2**	**5.02**	**20.35**	**16.27**	**2 410 377**	**6 665 185**	**9 075 562**
国家电网公司	**99.948 3**	**99.783 6**	**99.826 7**	**4.53**	**18.96**	**15.17**	**1 902 072**	**5 364 815**	**7 266 887**
华北区域									
国网冀北电力有限公司	99.942 2	99.770 9	99.798 5	5.06	20.07	17.65	36 815	191 412	228 227
国网北京市电力公司	99.974 4	99.894 5	99.937 8	2.24	9.24	5.45	75 238	63 768	139 006
国网河北省电力公司	99.952 5	99.783 3	99.812 9	4.16	18.99	16.39	80 741	380 510	461 251
国网山西省电力公司	99.935 2	99.740 7	99.777 2	5.68	22.71	19.52	35 330	153 205	188 534
国网天津市电力公司	99.965 9	99.885 1	99.926 6	2.99	10.07	6.43	53 361	50 438	103 799
国网山东省电力公司	99.965 4	99.845 2	99.875 6	3.03	13.56	10.89	175 235	517 056	692 291
东北区域									
国网辽宁省电力公司	99.946 7	99.738 9	99.802 1	4.67	22.87	17.34	95 867	219 557	315 424
国网吉林省电力公司	99.936 4	99.750 3	99.795 7	5.58	21.88	17.90	49 153	152 271	201 424
国网黑龙江省电力公司	99.939 0	99.722 5	99.802 7	5.34	24.31	17.28	64 019	108 792	172 811
国网蒙东电力公司	99.916 9	99.560 7	99.612 5	7.28	38.48	33.95	22 618	133 059	155 677
华东区域									
国网江苏省电力公司	99.960 6	99.885 4	99.905 8	3.45	10.04	8.25	221 685	596 377	818 062
国网浙江省电力公司	99.957 1	99.842 0	99.866 3	3.76	13.84	11.71	119 041	444 572	563 613
国网安徽省电力公司	99.952 7	99.791 4	99.834 3	4.14	18.27	14.51	95 253	262 946	358 198
国网上海市电力公司	99.980 2	99.911 8	99.939 7	1.73	7.73	5.28	65 310	94 712	160 022
国网福建省电力公司	99.948 6	99.831 9	99.859 9	4.50	14.72	12.27	67 189	212 589	279 778
华中区域									
国网河南省电力公司	99.940 4	99.731 7	99.788 4	5.22	23.50	18.54	135 634	363 661	499 296
国网湖北省电力公司	99.947 9	99.757 3	99.811 0	4.56	21.26	16.56	103 524	263 971	367 495
国网湖南省电力公司	99.950 1	99.769 0	99.823 4	4.38	20.24	15.47	96 311	224 027	320 338
国网江西省电力公司	99.942 4	99.743 8	99.797 6	5.05	22.44	17.73	60 404	162 599	223 003
国网四川省电力公司	99.949 7	99.763 5	99.807 5	4.40	20.71	16.86	60 026	194 269	254 295
国网重庆市电力公司	99.948 9	99.785 9	99.837 3	4.47	18.75	14.25	56 881	123 523	180 404
西北区域									
国网陕西省电力公司	99.945 2	99.770 7	99.843 8	4.80	20.08	13.68	37 105	51 512	88 617
国网甘肃省电力公司	99.921 5	99.710 1	99.736 0	6.87	25.39	23.13	22 404	160 831	183 235

续表

企业名称	供电可靠率（%）			平均停电时间（h/户）			等效总用户数		
	城市	农村	全口径	城市	农村	全口径	城市	农村	全口径
国网青海省电力公司	99.904 0	99.579 7	99.687 8	8.41	36.82	27.35	12 288	24 558	36 846
国网宁夏电力公司	99.947 3	99.791 9	99.836 9	99.84	4.62	18.23	15 814	38 764	54 578
国网新疆电力公司	99.839 9	99.564 4	99.616 5	14.02	38.16	33.59	40 885	175 344	216 229
国网西藏电力有限公司	**99.221 7**	**99.308 1**	**99.231 3**	**68.18**	**60.61**	**67.34**	**3942**	**492**	**4434**
南方电网公司	**99.940 9**	**99.760 7**	**99.816 6**	**5.18**	**20.96**	**16.06**	**440 064**	**977 642**	**1 417 705**
广东省	99.960 7	99.851 4	99.900 2	3.44	13.02	8.74	278 938	344 894	623 831
广东电网公司	99.951 9	99.851 2	99.879 1	4.22	13.03	10.59	132 160	344 894	477 054
广州供电局有限公司	99.965 3	—	99.965 3	3.04	—	3.04	77 787	—	77 787
深圳供电局有限公司	99.972 4	—	99.972 6	2.42	—	2.40	68 991	—	68 991
广西电网公司	99.925 2	99.727 1	99.781 5	6.55	23.91	19.14	52 792	139 465	192 256
云南电网公司	99.892 6	99.711 1	99.739 7	9.41	25.31	22.80	44 063	235 502	279 565
贵州电网公司	99.912 1	99.713 3	99.750 1	7.70	25.12	21.89	49 982	219 783	269 765
海南电网公司	99.862 5	99.640 0	99.701 3	12.04	31.54	26.16	14 290	37 542	51 832
内蒙古电力（集团）有限责任公司	**99.882 4**	**99.747 0**	**99.782 0**	**10.30**	**22.16**	**19.10**	**43 682**	**125 585**	**169 268**
山西国际电力集团公司	**99.815 6**	**99.636 4**	**99.669 8**	**16.15**	**31.85**	**28.92**	**2604**	**11 345**	**13 949**
陕西省地方电力（集团）有限公司	**99.714 7**	**99.589 8**	**99.598 0**	**24.99**	**35.93**	**35.21**	**7730**	**109 973**	**117 704**
广西水利电业集团公司	**99.582 4**	**99.050 4**	**99.134 4**	**36.58**	**83.19**	**75.82**	**14 225**	**75 825**	**90 050**

直辖市及省会城市用户供电可靠性指标

企业名称	供电可靠率（%）			用户平均停电时间（h/户）			等效总用户数		
	城市	农村	全口径	城市	农村	全口径	城市	农村	全口径
北京市电力公司	99.974 4	99.894 5	99.937 8	2.24	9.24	5.45	75 238	63 768	139 006
石家庄供电公司	99.978 4	99.821 5	99.854 6	1.90	15.64	12.73	17 317	64 635	81 952
太原供电分公司	99.959 3	99.834 7	99.901 0	3.57	14.48	8.67	8639	7601	16 240
天津市电力公司	99.965 9	99.885 1	99.926 6	2.99	10.07	6.43	53 361	50 438	103 799
济南供电公司	99.978 5	99.908 6	99.932 2	1.88	8.01	5.94	13 257	25 982	39 239
沈阳供电公司	99.971 5	99.774 2	99.851 1	2.49	19.78	13.04	21 657	33 904	55 560
长春供电公司	99.950 4	99.764 1	99.810 5	4.35	20.67	16.60	13 279	40 029	53 308
哈尔滨供电公司	99.972 9	99.758 5	99.868 8	2.38	21.15	11.50	27 173	25 650	52 823
南京供电公司	99.979 6	99.930 3	99.951 4	1.78	6.10	4.25	29 116	38 904	68 020

续表

企业名称	供电可靠率（%）			用户平均停电时间（h/户）			等效总用户数		
	城市	农村	全口径	城市	农村	全口径	城市	农村	全口径
杭州供电公司	99.984 7	99.885 6	99.918 1	1.34	10.02	7.18	28 715	59 020	87 736
合肥供电公司	99.961 9	99.826 3	99.898 4	3.34	15.22	8.90	21 108	18 559	39 667
上海市电力公司	99.980 2	99.911 8	99.939 7	1.73	7.73	5.28	65 310	94 712	160 022
福州供电公司	99.977 6	99.879 1	99.907 7	1.96	10.59	8.09	14 238	34 877	49 116
郑州供电公司	99.968 5	99.859 0	99.919 3	2.76	12.35	7.07	31 614	25 838	57 452
武汉供电公司	99.972 1	99.904 7	99.944 7	2.45	8.35	4.84	37 833	25 891	63 724
长沙供电公司	99.970 6	99.850 6	99.918 2	2.57	13.09	7.16	26 289	20 337	46 626
南昌供电公司	99.955 4	99.816 4	99.877 7	3.91	16.08	10.72	11 633	14 762	26 395
成都供电公司	99.970 7	99.767 9	99.835 2	2.57	20.33	14.44	17 725	35 707	53 432
重庆市电力公司	99.948 9	99.785 9	99.837 3	4.47	18.75	14.25	56 881	123 523	180 404
西安供电公司	99.951 9	99.813 8	99.894 7	4.21	16.31	9.23	16 138	11 425	27 563
兰州供电公司	99.940 7	99.890 8	99.910 3	5.19	9.57	7.86	7243	11 347	18 590
西宁供电公司	99.940 4	99.682 7	99.809 7	5.22	27.80	16.67	6139	6314	12 453
银川供电公司	99.967 3	99.882 0	99.916 5	2.87	10.34	7.31	6784	9976	16 760
乌鲁木齐供电公司	99.964 9	99.916 6	99.936 4	3.07	7.31	5.57	7862	11 286	19 148
拉萨供电公司	99.173 3	99.230 1	99.179 7	72.42	67.44	71.86	1822	232	2054
广州供电局有限公司	99.965 3	—	99.965 3	3.04	—	3.04	77 787	—	77 787
南宁供电局	99.961 8	99.818 9	99.869 3	3.34	15.87	11.45	15 607	28 617	44 224
昆明供电局	99.962 3	99.869 3	99.894 1	3.30	11.45	9.28	10 621	29 293	39 914
贵阳供电局	99.946 0	99.750 1	99.833 6	4.73	21.89	14.58	11 269	15 173	26 442
海口供电局	99.902 3	99.746 6	99.828 2	8.56	22.20	15.05	5027	4566	9593
呼和浩特供电公司	99.888 5	99.851 1	99.865 4	9.77	13.04	11.79	8744	14 119	22 863

2015、2016 年发电企业综合厂用电率情况统计表

单位：%

地区	燃煤发电		燃气发电		水电	
	2016 年	2015 年	2016 年	2015 年	2016 年	2015 年
全国平均	6.74	6.72	2.2	2.21	0.97	1.06
北京	—	—	2.41	2.38	—	—
天津	7.81	7.26	2.58	2.67	—	—
河北	7.54	7.34	—	—	—	—

续表

地区	燃煤发电		燃气发电		水电	
	2016年	2015年	2016年	2015年	2016年	2015年
山东	6.51	6.51	—	—	—	—
山西	8.67	8.44	2.7	3.06	1.86	1.97
蒙东	9.96	9.26	—	—	2.4	2.37
蒙西	8.33	7.95	—	—	1.15	1.04
辽宁	8.23	8.14	—	—	2.78	4.64
吉林	9.36	9.82	—	—	1.15	1.17
黑龙江	8.62	8.78	—	—	1.92	2.25
陕西	8.18	7.96	—	—	1.54	1.45
甘肃	7.79	8.07	—	—	2.27	1.73
宁夏	8.08	7.47	—	—	2.57	2.60
青海	7.11	10.48	—	—	1.62	0.60
新疆	8.33	8.24	—	—	1.27	1.24
上海	5.15	5.09	2.62	2.48	—	—
江苏	4.31	4.34	1.56	1.55	0.40	0.76
浙江	6.05	6.12	2.67	2.62	1.12	1.23
安徽	4.95	4.96	—	—	1.69	1.80
福建	6.05	5.88	1.84	1.80	0.36	0.49
湖北	5.9	5.89	3.07	3.92	0.75	0.73
湖南	6.48	6.59	—	—	1.40	1.47
河南	6.65	6.66	2.08	2.03	2.94	2.55
江西	4.94	5.02	—	—	1.37	1.75
四川	7.10	7.20	2.50	2.30	0.94	1.41
重庆	6.67	6.86	2.61	2.82	0.82	0.80
广东	6.38	6.4	2.02	2.12	1.31	1.80
广西	8.58	8.16	3.28	2.63	0.86	0.82
云南	8.31	7.95	—	—	0.88	0.85
贵州	8.32	8.60	—	—	0.77	0.80
海南	6.75	6.84	3.07	2.57	0.76	0.90

续表

地区	风电		核电		光伏发电		生物质发电	
	2016 年	2015 年	2016 年	2015 年	2016 年	2015 年	2016 年	2015 年
全国平均	2.9	3.00	6.97	6.61	1.62	1.67	11.88	12.12
北京	1.31	3.43	—	—	—	—	—	—
天津	2.34	2.47	—	—	—	—	—	—
河北	2.83	3.52	—	—	1.85	1.23	—	—
山东	2.33	2.54	—	—	2.12	0.91	—	—
山西	2.40	2.23	—	—	1.01	2.82	—	—
蒙东	2.55	3.88	—	—	1.05	1.30	1.26	1.14
蒙西	2.82	2.50	—	—	1.82	2.21	—	—
辽宁	3.23	3.13	8.98	9.55	2.95	1.04	15.85	15.19
吉林	4.43	4.28	—	—	5.29	—	8.12	7.52
黑龙江	4.16	3.16	—	—	2.46	—	13.43	—
陕西	0.95	1.33	—	—	1.38	1.47	—	—
甘肃	3.65	3.97	—	—	1.68	1.26	8.14	10.00
宁夏	3.69	3.51	—	—	2.2	2.08	—	—
青海	1.96	1.67	—	—	1.89	1.86	—	—
新疆	2.95	2.69	—	—	2.04	2.10	—	—
上海	3.46	3.74	—	—	—	—	12.03	12.97
江苏	2.41	2.52	6.37	6.36	0.14	0.42	11.15	11.49
浙江	—	—	6.13	6.11	0.99	0.67	—	—
安徽	2.31	2.33	—	—	0.45	—	—	—
福建	2.48	2.38	8.94	8.74	0.86	—	—	—
湖北	4.45	4.44	—	—	1.60	1.30	17.81	16.89
湖南	3.29	3.77	—	—	5.25	—	11.29	10.94
河南	3.14	3.09	—	—	—	—	—	—
江西	3.25	2.80	—	—	1.04	1.19	8.40	9.61
四川	2.88	3.23	—	—	1.76	1.28	13.55	14.53
重庆	3.26	3.27	—	—	—	—	15.55	15.52
广东	4.25	3.64	5.4	5.15	2.08	5.62	5.39	5.43
广西	2.42	1.70	7.47	—	—	—	—	—
云南	2.64	3.07	—	—	1.70	3.38	22.05	21.88
贵州	2.45	2.53	—	—	1.16	1.00	—	—
海南	4.10	3.77	9.29	—	2.23	2.06	—	—

注 1. 综合厂用电率=发电量与上网电量差/发电量。

2. 此次统计不含西藏。

3. 由于统计口径和样本量的变化，部分 2015 年数据与 2016 年通报数据存在差异。

4. 光伏发电统计口径不含分布式光伏发电。

2015、2016年发电企业平均上网电价情况统计表

单位：元/MWh

地区	燃煤发电			燃气发电			水电		
	2016年	2015年	增长率（%）	2016年	2015年	增长率（%）	2016年	2015年	增长率（%）
全国平均	362.08	402.91	-10.13	695.17	735.03	-5.42	265.81	275.19	-3.41
北京	454.99	480.70	-5.35	732.37	735.51	-0.43	—	—	—
天津	385.63	408.47	-5.59	719.09	758.91	-5.25	—	—	—
河北	363.07	402.65	-9.83	—	—	—	—	—	—
山东	386.52	446.36	-13.41	—	—	—	—	—	—
山西	328.13	378.38	-13.28	675.33	704.44	-4.13	226.67	348.76	-35.01
蒙东	293.72	300.91	-2.39	—	—	—	384.70	383.75	0.25
蒙西	262.09	304.84	-14.02	—	—	—	350.32	447.63	-21.74
辽宁	351.46	376.49	-6.65	—	—	—	254.23	632.23	-59.79
吉林	349.77	372.28	-6.05	—	—	—	253.92	293.68	-13.54
黑龙江	362.07	377.61	-4.11	—	—	—	413.98	405.79	2.02
陕西	325.93	379.05	-14.01	—	—	—	315.01	306.46	2.79
甘肃	242.60	295.69	-17.96	—	—	—	264.51	256.01	3.32
宁夏	253.86	282.59	-10.17	—	—	—	318.69	263.86	20.78
青海	258.25	313.17	-17.54	—	—	—	232.50	226.58	2.61
新疆	224.78	252.31	-10.91	—	—	—	252.20	248.18	1.62
上海	400.46	437.96	-8.56	814.76	845.68	-3.66	—	—	—
江苏	377.22	414.95	-9.09	642.38	736.83	-12.82	—	—	—
浙江	411.53	460.60	-10.65	837.86	977.44	-14.28	566.84	544.68	4.07
安徽	357.31	383.19	-6.75	—	—	—	447.73	444.56	0.71
福建	354.22	395.86	-10.52	586.28	581.69	0.79	350.83	353.47	-0.75
湖北	394.92	451.01	-12.44	770.78	877.04	-12.12	272.06	268.62	1.28
湖南	448.51	481.46	-6.84	—	—	—	357.99	358.30	-0.09
河南	358.91	402.97	-10.93	627.74	655.76	-4.27	311.11	336.79	-7.62
江西	398.63	441.14	-9.64	—	—	—	357.77	363.19	-1.49
四川	455.03	460.92	-1.28	490.43	485.56	1.00	273.28	272.09	0.44
重庆	380.53	424.05	-10.26	649.71	871.87	-25.48	318.96	320.52	-0.49
广东	460.87	495.71	-7.03	656.53	645.07	1.78	345.15	347.36	-0.64
广西	382.65	439.27	-12.89	596.00	950.00	-37.26	276.22	277.47	-0.45
云南	407.06	441.36	-7.77	—	—	—	193.10	244.79	-21.11
贵州	299.69	365.10	-17.92	—	—	—	283.46	296.34	-4.35
海南	393.56	426.62	-7.75	625.94	577.24	8.44	408.17	366.62	11.33

续表

地区	风电			核电			光伏发电			生物质发电		
	2016 年	2015 年	增长率（%）	2016 年	2015 年	增长率（%）	2016 年	2015 年	增长率（%）	2016 年	2015 年	增长率（%）
全国平均	566.98	573.99	-1.22	420.89	435.76	-3.41	918.12	926.72	-0.93	736.82	705.05	4.51
北京	749.27	752.04	-0.37	—	—	—	—	—	—	—	—	—
天津	620.64	616.48	0.68	—	—	—	—	—	—	—	—	—
河北	545.78	544.49	0.24	—	—	—	1204.29	1289.83	-6.63	—	—	—
山东	617.81	636.83	-2.99	—	—	—	978.14	919.38	6.39	—	—	—
山西	634.02	592.17	7.07	—	—	—	963.27	856.30	12.49	—	—	—
蒙东	545.64	553.10	-1.35	—	—	—	854.56	949.95	-10.04	747.17	714.14	4.62
蒙西	487.24	506.01	-3.71	—	—	—	968.38	877.62	10.34	—	—	—
辽宁	601.35	593.14	1.39	386.16	411.09	-6.06	710.91	1015.30	-29.98	741.95	740.51	0.20
吉林	612.57	637.89	-3.97	—	—	—	941.61	—	—	746.01	746.27	-0.03
黑龙江	618.81	610.42	1.38	—	—	—	668.93	1023.75	-34.66	559.50	—	—
陕西	605.70	584.49	3.63	—	—	—	491.19	381.30	28.82	—	—	—
甘肃	535.64	594.95	-9.97	—	—	—	896.96	921.44	-2.66	555.38	744.55	-25.41
宁夏	658.17	584.46	12.61	—	—	—	765.71	818.07	-6.40	—	—	—
青海	609.10	458.84	32.75	—	—	—	788.15	841.01	-6.29	—	—	—
新疆	428.09	457.20	-6.37	—	—	—	822.61	847.07	-2.89	—	—	—
上海	724.73	739.34	-1.98	—	—	—	2008.79	1999.87	0.45	705.50	656.55	7.46
江苏	620.86	605.35	2.56	452.71	453.98	-0.28	1319.68	1329.69	-0.75	753.87	742.37	1.55
浙江	—	—	—	414.04	428.23	-3.31	1088.10	1021.34	6.54	—	—	—
安徽	607.84	610.04	-0.36	—	—	—	1005.14	1000.00	0.51	—	—	—
福建	600.96	574.11	4.68	422.61	430.09	-1.74	990.37	—	—	—	—	—
湖北	612.98	637.60	-3.86	—	—	—	1021.60	1040.64	-1.83	707.56	664.21	6.53
湖南	588.86	551.89	6.70	—	—	—	925.64	—	—	750.06	742.44	1.03
河南	583.62	613.51	-4.87	—	—	—	—	—	—	—	—	—
江西	607.94	609.68	-0.29	—	—	—	1022.23	992.18	3.03	747.81	750.00	-0.29
四川	544.90	645.98	-15.65	—	—	—	829.49	951.76	-12.85	780.39	648.94	20.26
重庆	608.11	611.16	-0.50	—	—	—	—	—	—	651.94	644.69	1.12
广东	609.48	604.45	0.83	433.45	440.95	-1.70	742.55	701.99	5.78	748.03	707.71	5.70
广西	611.04	603.67	1.22	369.41	—	—	—	—	—	—	—	—
云南	483.58	577.97	-16.33	—	—	—	896.03	970.85	-7.71	662.69	674.39	-1.73
贵州	603.65	606.01	-0.39	—	—	—	1011.33	—	—	—	—	—
海南	618.81	601.03	2.96	390.05	—	—	513.05	495.10	3.63	—	—	—

注　平均上网电价=售电收入/上网电量×1.17，含税。

2015、2016年电网企业线损率统计表

单位：%

地区	2016年	2015年
全国平均	6.66	6.15
北京	6.45	6.70
天津	6.87	6.46
河北（北网）	5.77	3.59
河北（南网）	7.84	8.00
山东	5.65	4.83
山西	4.85	4.04
内蒙古（东部）	6.85	6.60
内蒙古（西部）	4.04	4.35
辽宁	6.13	6.00
吉林	7.03	7.29
黑龙江	5.70	5.39
陕西	5.83	5.58
甘肃	5.78	5.13
宁夏	2.89	1.50
青海	3.34	1.42
新疆	7.26	5.94
上海	5.97	6.06
江苏	3.87	4.28
浙江	4.15	4.20
安徽	7.00	6.39
福建	4.73	4.63
湖北	6.79	6.58
河南	8.57	7.99
湖南	8.72	8.10
江西	6.92	6.57
四川	6.67	6.40
重庆	6.97	6.84
广东	3.25	3.61
广西	5.66	3.93
云南	5.97	6.59
贵州	5.07	4.73
海南	7.33	7.23
广州	3.98	3.94
深圳	3.71	3.54

2015、2016年电网企业平均购销差价（不含税）统计表

单位：元/MWh

地区	购销差价（含线损）			购销差价（不含线损）		
	2016年	2015年	增长率（%）	2016年	2015年	增长率（%）
全国平均	219.22	217.62	0.74	197.38	195.79	0.81
北京	209.48	207.88	0.77	178.80	175.11	2.11
天津	221.95	216.70	2.42	193.60	188.88	2.50
河北（北网）	164.02	158.06	3.77	144.24	145.20	-0.66
河北（南网）	208.76	210.21	-0.69	182.56	180.50	1.14
山东	222.12	221.48	0.29	202.55	202.42	0.06
山西	130.73	131.69	-0.73	116.84	118.62	-1.50
内蒙古（东部）	208.84	200.97	3.91	190.91	183.92	3.80
内蒙古（西部）	118.10	126.39	-6.56	109.34	115.33	-5.20
辽宁	200.93	200.30	0.31	180.88	179.55	0.74
吉林	211.81	213.39	-0.74	188.30	187.61	0.37
黑龙江	135.74	134.21	1.14	116.77	115.21	1.36
陕西	153.72	164.17	-6.37	136.67	145.71	-6.20
甘肃	153.85	156.04	-1.41	141.78	143.48	-1.18
宁夏	96.50	100.21	-3.70	90.34	96.60	-6.48
青海	117.42	112.58	4.30	110.09	106.10	4.33
新疆	156.89	162.14	-3.24	140.83	143.65	-1.96
上海	242.55	239.80	1.15	218.10	213.34	2.23
江苏	226.89	211.13	7.46	212.97	201.13	5.89
浙江	219.46	225.74	-2.78	202.88	207.56	-2.26
安徽	217.47	238.18	-8.69	192.97	214.61	-10.08
福建	203.78	208.87	-2.43	187.32	192.12	-2.49
湖北	228.73	228.34	0.17	205.30	203.92	0.68
河南	201.71	180.36	11.84	170.33	150.77	12.97
湖南	237.06	233.46	1.54	205.11	202.74	1.17
江西	240.94	251.25	-4.10	216.22	225.81	-4.25
四川	201.33	196.72	2.34	184.05	178.84	2.91
重庆	229.10	236.84	-3.27	206.44	213.32	-3.23

续表

地区	购销差价（含线损）			购销差价（不含线损）		
	2016 年	2015 年	增长率（%）	2016 年	2015 年	增长率（%）
广东	173.89	172.40	0.87	155.83	151.32	2.98
广西	168.71	164.33	2.66	149.17	141.96	5.08
云南	133.24	136.33	-2.26	121.40	120.64	0.63
贵州	124.90	130.33	-4.17	110.92	115.86	-4.27
海南	239.95	218.25	9.94	209.84	186.26	12.66
广州	187.77	191.11	-1.75	168.95	171.95	-1.75
深圳	138.03	157.35	-12.27	119.02	139.16	-14.47
国家电网公司（母公司）	47.53	48.66	-2.33	39.83	40.03	-0.50
南方电网公司（母公司）	71.89	73.34	-1.98	57.23	57.12	0.19

注　省级电网全口径电量购销价差，未剔除对省外送电的数据影响。

2015、2016 年电网企业平均销售电价和居民用电平均电价统计表

单位：元/MWh

地区	平均销售电价			居民用电平均电价		
	2016 年	2015 年	增长率（%）	2016 年	2015 年	增长率（%）
全国平均	614.83	644.16	-4.55	548.00	546.74	0.23
北京	766.00	777.24	-1.45	494.78	495.12	-0.07
天津	709.47	725.31	-2.18	503.66	503.25	0.08
河北（北网）	569.61	589.56	-3.38	513.96	514.33	-0.07
河北（南网）	605.08	645.62	-6.28	506.36	507.08	-0.14
山东	641.77	698.38	-8.11	538.60	536.71	0.35
山西	472.52	517.21	-8.64	491.94	493.20	-0.25
内蒙古（东部）	524.77	513.20	2.25	508.11	507.03	0.21
内蒙古（西部）	381.76	432.21	-11.67	436.24	434.79	0.33
辽宁	592.85	613.06	-3.30	513.38	512.38	0.20
吉林	608.67	630.54	-3.47	531.87	534.76	-0.54
黑龙江	525.92	547.14	-3.88	521.63	521.19	0.08
陕西	501.87	557.01	-9.90	506.30	507.07	-0.15
甘肃	410.12	454.63	-9.79	522.54	511.84	2.09
宁夏	353.67	393.74	-9.72	462.72	457.24	1.20
青海	363.80	381.37	-4.61	404.00	405.80	-0.44

续表

地区	平均销售电价			居民用电平均电价		
	2016年	2015年	增长率（%）	2016年	2015年	增长率（%）
新疆	402.03	440.90	-8.82	530.93	533.57	-0.49
上海	734.55	760.34	-3.39	572.92	571.25	0.29
江苏	666.56	688.79	-3.23	519.56	517.57	0.38
浙江	704.39	747.25	-5.74	558.94	556.10	0.51
安徽	636.66	682.36	-6.70	572.72	569.24	0.61
福建	626.65	648.30	-3.34	557.15	551.49	1.03
湖北	641.93	669.60	-4.13	573.53	579.50	-1.03
河南	581.39	609.93	-4.68	563.66	563.22	0.08
湖南	668.46	681.25	-1.88	607.81	607.02	0.13
江西	674.80	711.61	-5.17	620.54	618.23	0.37
四川	518.40	535.93	-3.27	523.34	523.33	0.00
重庆	618.79	648.45	-4.57	533.80	537.34	-0.66
广东	683.04	700.61	-2.51	648.17	645.64	0.39
广西	538.54	557.30	-3.37	557.69	562.87	-0.92
云南	373.66	419.22	-10.76	468.01	471.97	-0.84
贵州	452.25	493.67	-8.39	484.17	485.44	-0.26
海南	725.39	734.24	-1.21	632.30	632.06	0.04
广州	750.86	770.09	-2.50	656.00	654.08	0.29
深圳	784.70	807.88	-2.87	716.11	714.62	0.21
国家电网公司（母公司）	368.53	398.93	-7.62	—	—	—
南方电网公司（母公司）	409.76	437.35	-6.31	—	—	—

注　平均销售电价不含政府性基金及附加，含税；居民用电平均电价为到户价。

2015、2016年电网企业代征政府性基金及附加平均水平统计表

单位：元/MWh

地区	2016年	2015年	增长率（%）
全国平均	46.45	39.22	18.43
北京	46.10	50.04	-7.87
天津	59.17	55.96	5.74

续表

地区	2016 年	2015 年	增长率（%）
河北（北网）	37.09	33.81	9.70
河北（南网）	41.82	29.14	43.49
山东	40.42	37.33	8.28
山西	47.53	45.99	3.35
内蒙古（东部）	17.08	21.08	-18.98
内蒙古（西部）	53.10	49.10	8.15
辽宁	35.04	31.74	10.39
吉林	48.12	45.38	6.04
黑龙江	26.26	23.87	10.01
陕西	62.82	41.75	50.47
甘肃	24.36	20.93	16.39
宁夏	24.90	21.77	14.36
青海	25.20	21.60	16.67
新疆	6.81	9.02	-24.51
上海	66.63	64.22	21.19
江苏	51.56	41.74	23.53
浙江	43.51	40.69	6.93
安徽	47.10	42.38	41.10
福建	38.97	36.81	5.86
湖北	47.44	45.10	5.19
河南	36.66	37.04	-1.03
湖南	51.12	47.07	8.60
江西	39.00	27.69	40.85
四川	44.97	44.59	0.84
重庆	68.54	65.20	5.12
广东	43.51	40.86	6.49
广西	45.06	42.05	7.16
云南	23.19	25.30	-8.34
贵州	31.34	29.23	7.22
海南	40.36	38.00	6.21
广州	44.99	40.77	10.36
深圳	44.80	40.80	9.80

注 电网企业省内售电量口径平均值，含税。

附　录

2017年发布的电力相关国家标准

编号	标准编号	标 准 名 称	归口标委会	实施日期
1	GB/T 2315—2017	电力金具标称破坏载荷系列及连接型式尺寸	全国电力架空线路标准化技术委员会	2018-7-1
2	GB/T 7595—2017	运行中变压器油质量	全国电气化学标准化技术委员会	2017-12-1
3	GB/T 7596—2017	电厂运行中矿物涡轮机油质量	全国电气化学标准化技术委员会	2017-12-1
4	GB/T 7602.4—2017	变压器油、涡轮机油中T501抗氧化剂含量测定法　第4部分：气质联用法	全国电气化学标准化技术委员会	2018-5-1
5	GB/T 13955—2017	剩余电流动作保护装置安装和运行	电力行业供用电标准化技术委员会	2018-7-1
6	GB/T 14541—2017	电厂用矿物涡轮机油维护管理导则	全国电气化学标准化技术委员会	2017-12-1
7	GB/T 14542—2017	变压器油维护管理导则	全国电气化学标准化技术委员会	2017-12-1
8	GB/T 15145—2017	输电线路保护装置通用技术条件	中电联标准化中心	2018-2-1
9	GB/T 15544.2—2017	三相交流系统短路电流计算　第2部分：短路电流计算应用的系数	全国短路电流计算标准化技术委员会	2018-7-1
10	GB/T 15544.3—2017	三相交流系统短路电流计算　第3部分：电气设备数据	全国短路电流计算标准化技术委员会	2018-7-1
11	GB/T 15544.4—2017	三相交流系统短路电流计算　第4部分：同时发生两个独立单相接地故障时的电流以及流过大地的电流	全国短路电流计算标准化技术委员会	2018-7-1
12	GB/T 15544.5—2017	三相交流系统短路电流计算　第5部分：算例	全国短路电流计算标准化技术委员会	2018-7-1
13	GB/T 17623—2017	绝缘油中溶解气体组分含量的气相色谱测定法	全国电气化学标准化技术委员会	2017-12-1
14	GB/T 18487.2—2017	电动汽车传导充电系统　第2部分：非车载传导供电设备电磁兼容要求	能源行业电动汽车充电设施标准化技术委员会	2018-7-1
15	GB/T 25841—2017	1000kV电力系统继电保护技术导则	特高压交流标准化工作委员会	2018-2-1
16	GB/T 31990.5—2017	塑料光纤电力信息传输系统技术规范第5部分：综合布线	中电联标准化中心	2018-7-1
17	GB/T 33589—2017	微电网接入电力系统技术规定	全国微电网与分布式电源并网标准化技术委员会	2017-12-1
18	GB/T 33590.2—2017	智能电网调度控制系统技术规范　第2部分：术语	全国电网运行与控制标准化技术委员会	2017-12-1
19	GB/T 33591—2017	智能变电站时间同步系统及设备技术规范	全国电网运行与控制标准化技术委员会	2017-12-1
20	GB/T 33592—2017	分布式电源并网运行控制规范	全国微电网与分布式电源并网标准化技术委员会	2017-12-1
21	GB/T 33593—2017	分布式电源并网技术要求	中电联标准化中心	2017-12-1
22	GB/T 33599—2017	光伏发电站并网运行控制规范	中电联标准化中心	2017-12-1
23	GB/T 33601—2017	电网设备通用模型数据命名规范	全国电网运行与控制标准化技术委员会	2017-9-1
24	GB/T 33602—2017	电力系统通用服务协议	全国电网运行与控制标准化技术委员会	2017-12-1

续表

编号	标准编号	标　准　名　称	归口标委会	实施日期
25	GB/T 33603—2017	电力系统模型数据动态消息编码规范	全国电网运行与控制标准化技术委员会	2017-12-1
26	GB/T 33604—2017	电力系统简单服务接口规范	全国电网运行与控制标准化技术委员会	2017-12-1
27	GB/T 33605—2017	电力系统消息邮件传输规范	全国电网运行与控制标准化技术委员会	2017-12-1
28	GB/T 33607—2017	智能电网调度控制系统总体框架	全国电网运行与控制标准化技术委员会	2017-12-1
29	GB/T 34116—2017	智能电网用户自动需求响应：分散式空调系统终端技术条件	全国智能电网用户接口标准化技术委员会	2018-2-1
30	GB/T 34120—2017	电化学储能系统储能变流器技术规范	全国电力储能标准化技术委员会	2018-2-1
31	GB/T 34121—2017	智能变电站继电保护配置工具技术规范	中电联标准化中心	2018-2-1
32	GB/T 34122—2017	220kV～500kV 电网继电保护和安全自动装置配置技术规范	中电联标准化中心	2018-2-1
33	GB/T 34125—2017	电力系统继电保护及安全自动装置户外柜通用技术条件	中电联标准化中心	2018-2-1
34	GB/T 34126—2017	站域保护控制装置技术导则	中电联标准化中心	2018-2-1
35	GB/T 34129—2017	微电网接入配电网测试规范	全国微电网与分布式电源并网标准化技术委员会	2018-2-1
36	GB/T 34131—2017	电化学储能电站用锂离子电池管理系统技术规范	全国电力储能标准化技术委员会	2018-2-1
37	GB/T 34132—2017	智能变电站智能终端装置通用技术条件	电力行业继电保护标准化技术委员会	2018-2-1
38	GB/T 34133—2017	储能变流器检测技术规程	全国电力储能标准化技术委员会	2018-2-1
39	GB/T 34569—2017	带电作业仿真训练系统	全国带电作业标准化技术委员会	2018-4-1
40	GB/T 34577—2017	配电线路旁路作业技术导则	全国带电作业标准化技术委员会	2018-4-1
41	GB/T 34578—2017	火力发电厂热工仪表与执行装置运行维护与试验技术规程	全国电站过程监控及信息标准化技术委员会	2018-4-1
42	GB/T 34580—2017	运行涡轮机油中不溶有色物质的测定方法　膜片比色法	全国电气化学标准化技术委员会	2018-4-1
43	GB/T 34657.1—2017	电动汽车传导充电互操作性测试规范　第 1 部分：供电设备	能源行业电动汽车充电设施标准化技术委员会	2018-5-1
44	GB/T 34658—2017	电动汽车非车载传导式充电机与电池管理系统之间的通信协议一致性测试	能源行业电动汽车充电设施标准化技术委员会	2018-5-1
45	GB/T 34871—2017	智能变电站继电保护检验测试规范	中电联标准化中心	2018-5-1
46	GB/T 34923.1—2017	路灯控制管理系统　第 1 部分：总则	中电联标准化中心	2018-5-1
47	GB/T 34923.2—2017	路灯控制管理系统　第 2 部分：主站技术规范	电力行业供用电标准化技术委员会	2018-5-1
48	GB/T 34923.3—2017	路灯控制管理系统　第 3 部分：路灯控制管理终端技术规范	电力行业供用电标准化技术委员会	2018-5-1
49	GB/T 34923.4—2017	路灯控制管理系统　第 4 部分：路灯控制器技术规范	电力行业供用电标准化技术委员会	2018-5-1

续表

编号	标准编号	标 准 名 称	归口标委会	实施日期
50	GB/T 34923.5—2017	路灯控制管理系统　第5部分：安全防护技术规范	电力行业供用电标准化技术委员会	2018-5-1
51	GB/T 34923.6—2017	路灯控制管理系统　第6部分：通信协议技术规范	电力行业供用电标准化技术委员会	2018-5-1
52	GB/T 34930—2017	微电网接入配电网运行控制规范	全国微电网与分布式电源并网标准化技术委员会	2018-5-1
53	GB/T 34931—2017	光伏发电站无功补偿装置检测技术规程	中电联标准化中心	2018-5-1
54	GB/T 34932—2017	分布式光伏发电系统远程监控技术规范	中电联标准化中心	2018-5-1
55	GB/T 34933—2017	光伏发电站汇流箱检测技术规程	中电联标准化中心	2018-5-1
56	GB/T 34936—2017	光伏发电站汇流箱技术要求	中电联标准化中心	2018-5-1
57	GB/T 35681—2017	电力需求响应系统功能规范	中电联标准化中心	2018-7-1
58	GB/T 35682—2017	电网运行与控制数据规范	全国电网运行与控制标准化技术委员会	2018-7-1
59	GB/T 35689—2017	配电信息交换总线技术要求	全国电力系统管理及其信息交换标准化技术委员会	2018-7-1
60	GB/T 35691—2017	光伏发电站标识系统编码导则	中电联标准化中心	2018-7-1
61	GB/T 35692—2017	高压直流输电工程系统规划导则	全国高压直流输电工程标准化技术委员会	2018-7-1
62	GB/T 35693—2017	±800kV特高压直流输电工程阀厅金具技术规范	全国高压直流输电工程标准化技术委员会	2018-7-1
63	GB/T 35694—2017	光伏发电站安全规程	中电联标准化中心	2018-7-1
64	GB/T 35695—2017	架空输电线路涉鸟故障防治技术导则	全国架空线路标准化技术委员会线路运行分技术委员会	2018-7-1
65	GB/T 35697—2017	架空输电线路在线监测装置通用技术规范	全国电力设备状态维修与在线监测标准化技术委员会	2018-7-1
66	GB/T 35698.1—2017	短路电流效应计算　第1部分：定义和计算方法	全国短路电流计算标准化技术委员会	2018-7-1
67	GB/T 35706—2017	电网冰区分布图绘制技术导则	全国电力架空线路标准化技术委员会	2018-7-1
68	GB/T 35707—2017	水电厂标识系统编码导则	中电联标准化中心	2018-7-1
69	GB/T 35709—2017	灯泡贯流式水轮发电机组检修规程	电力行业水轮发电机及电气设备标准化技术委员会	2018-7-1
70	GB/T 35710—2017	35kV及以下电压等级电力变压器容量评估导则	中电联标准化中心	2018-7-1
71	GB/T 35711—2017	高压直流输电系统直流侧谐波分析、抑制与测量导则	全国高压直流输电工程标准化技术委员会	2018-7-1
72	GB/T 35718.2—2017	电力系统管理及其信息交换长期互操作性　第2部分：监控和数据采集（SCADA）端到端品质码	全国电力系统管理及其信息交换标准化技术委员会	2018-7-1
73	GB/T 35721—2017	输电线路分布式故障诊断系统	全国架空线路标准化技术委员会线路运行分技术委员会	2018-7-1
74	GB/T 35729—2017	火力发电厂汽轮机数字电液控制系统运行维护与试验技术规程	全国电站过程监控及信息标准化技术委员会	2018-7-1

续表

编号	标准编号	标准名称	归口标委会	实施日期
75	GB/T 35731—2017	火力发电厂分散控制系统运行维护与试验技术规程	全国电站过程监控及信息标准化技术委员会	2018-7-1
76	GB/T 35732—2017	配电自动化智能终端技术规范	全国电力系统管理及其信息交换标准化技术委员会	2018-7-1
77	GB/T 50063—2017	电力装置电测量仪表装置设计规范	中电联标准化中心	2017-7-1
78	GB/T 51250—2017	微电网接入配电网系统调试与验收规范	中电联标准化中心	2018-4-1
79	GB 50227—2017	并联电容器装置设计规范	中电联标准化中心	2017-11-1

2017 年发布的电力行业标准

序号	标准编号	标准名称	被代替标准号	批准日期	实施日期
1	NB/T 25066—2017	核电厂非核级设备维修管理要求	DL/T 1026—2006	2017-2-10	2017-7-1
2	NB/T 25067—2017	核电厂汽轮发电机仪表和控制技术条件		2017-2-10	2017-7-1
3	NB/T 25068—2017	核电厂发电机氢油水系统技术条件		2017-2-10	2017-7-1
4	NB/T 25069—2017	压水堆核电厂常规岛及辅助配套设施逆变器技术要求		2017-2-10	2017-7-1
5	NB/T 25070—2017	核电汽轮机叶片用钢		2017-2-10	2017-7-1
6	NB/T 25071—2017	核电厂常规岛及BOP机械设备工程建设阶段腐蚀管理导则		2017-2-10	2017-7-1
7	NB/T 25072—2017	核电厂常规岛和BOP涂装技术规范		2017-2-10	2017-7-1
8	NB/T 25073—2017	氢冷发电机供氢系统防爆安全验收导则		2017-2-10	2017-7-1
9	NB/T 25074—2017	核电厂混凝土蜗壳循环水泵叶轮技术要求		2017-2-10	2017-7-1
10	NB/T 25075—2017	核电厂电力变压器、油浸电抗器、互感器施工及验收规范		2017-2-10	2017-7-1
11	NB/T 25076—2017	压水堆核电厂常规岛用全绝缘中压浇注母线技术要求		2017-2-10	2017-7-1
12	NB/T 25077—2017	核电厂真空泵选型技术要求		2017-2-10	2017-7-1
13	NB/T 20005.35—2017	压水堆核电厂用碳钢和低合金钢 第35部分：控制棒驱动机构用碳钢钢管		2017-2-10	2017-7-1
14	NB/T 20005.36—2017	压水堆核电厂用碳钢和低合金钢 第36部分：蒸汽发生器用24Mn钢棒		2017-2-10	2017-7-1
15	NB/T 20005.37—2017	压水堆核电厂用碳钢和低合金钢 第37部分：蒸汽发生器用17Mn锻件		2017-2-10	2017-7-1
16	NB/T 20006.36—2017	压水堆核电厂用合金钢 第36部分：反应堆压力容器堆芯区用19MnNiMo锻件		2017-2-10	2017-7-1
17	NB/T 20006.37—2017	压水堆核电厂用合金钢 第37部分：反应堆压力容器非堆芯区用19MnNiMo锻件		2017-2-10	2017-7-1
18	NB/T 20006.38—2017	压水堆核电厂用合金钢 第38部分：堆芯补水箱用19MnNiMo锻件		2017-2-10	2017-7-1

续表

序号	标准编号	标准名称	被代替标准号	批准日期	实施日期
19	NB/T 20007.45—2017	压水堆核电厂用不锈钢　第 45 部分：压紧弹性环用 04Cr13Ni5Mo 马氏体不锈钢锻件		2017-2-10	2017-7-1
20	NB/T 20007.46—2017	压水堆核电厂用不锈钢　第 46 部分：蒸汽发生器用 06Cr13Al 不锈钢板		2017-2-10	2017-7-1
21	NB/T 20007.47—2017	压水堆核电厂用不锈钢　第 47 部分：蒸汽发生器用 06Cr13Al 不锈钢扁钢		2017-2-10	2017-7-1
22	NB/T 20008.26—2017	压水堆核电厂用其他材料　第 26 部分：控制棒驱动机构用球墨铸铁件		2017-2-10	2017-7-1
23	NB/T 20008.27—2017	压水堆核电厂用其他材料　第 27 部分：控制棒驱动机构用 ZCoCr29W4.5 铸件		2017-2-10	2017-7-1
24	NB/T 20008.28—2017	压水堆核电厂用其他材料　第 28 部分：安全级设备用 NS3105 合金锻件		2017-2-10	2017-7-1
25	NB/T 20008.29—2017	压水堆核电厂用其他材料　第 29 部分：安全级设备用 NS3105 合金板材及带材		2017-2-10	2017-7-1
26	NB/T 20008.30—2017	压水堆核电厂用其他材料　第 30 部分：安全级设备用 NS3105 合金管		2017-2-10	2017-7-1
27	NB/T 20008.31—2017	压水堆核电厂用其他材料　第 31 部分：安全级设备用 NS3105 合金棒		2017-2-10	2017-7-1
28	NB/T 20009.23—2017	压水堆核电厂用焊接材料　第 23 部分：安全级设备用不锈钢手工电弧焊焊条		2017-2-10	2017-7-1
29	NB/T 20009.27—2017	压水堆核电厂用焊接材料　第 27 部分：安全级设备用不锈钢焊丝		2017-2-10	2017-7-1
30	NB/T 20009.30—2017	压水堆核电厂用焊接材料　第 30 部分:安全 1 级设备埋弧焊用低合金钢焊丝和焊剂		2017-2-10	2017-7-1
31	NB/T 20009.31—2017	压水堆核电厂用焊接材料　第 31 部分：安全级设备不锈钢堆焊用焊带和焊剂		2017-2-10	2017-7-1
32	NB/T 20009.34—2017	压水堆核电厂用焊接材料　第 34 部分:安全级设备镍基合金堆焊用焊带和焊剂		2017-2-10	2017-7-1
33	NB/T 20037.10—2017	应用于核电厂的一级概率安全评价　第 10 部分：功率运行抗震裕度评价		2017-2-10	2017-7-1
34	NB/T 20395—2017	主控制室可居留性设计要求		2017-2-10	2017-7-1
35	NB/T 20396—2017	压水堆核电厂核安全有关的钢结构施工规范		2017-2-10	2017-7-1
36	NB/T 20397—2017	压水堆核电厂核岛管道支吊架预制及安装技术规程		2017-2-10	2017-7-1
37	NB/T 20398—2017	压水堆核电厂反应堆厂房内部结构施工及验收规范		2017-2-10	2017-7-1
38	NB/T 20399—2017	压水堆核电厂核安全相关的混凝土结构施工及质量验收规范		2017-2-10	2017-7-1
39	NB/T 20400—2017	压水堆核电厂反应堆堆腔水池与乏燃料水池中的不锈钢构件制造技术规程		2017-2-10	2017-7-1
40	NB/T 20401—2017	核电厂初步设计文件内容深度规定		2017-2-10	2017-7-1
41	NB/T 20402—2017	压水堆安全重要流体系统单一故障准则		2017-2-10	2017-7-1
42	NB/T 20403—2017	压水堆核电厂隔间压力与温度瞬态分析		2017-2-10	2017-7-1
43	NB/T 20404—2017	压水堆核电厂安全壳压力和温度瞬态分析		2017-2-10	2017-7-1

续表

序号	标准编号	标准名称	被代替标准号	批准日期	实施日期
44	NB/T 20405—2017	核电建设项目工程总承包管理规范		2017-2-10	2017-7-1
45	NB/T 20406—2017	压水堆核电厂流体系统的安全壳隔离装置		2017-2-10	2017-7-1
46	NB/T 20407—2017	压水堆核电厂堆内构件设计制造规范		2017-2-10	2017-7-1
47	NB/T 20408—2017	核电厂物项包装、运输、装卸、接收、贮存和维护要求		2017-2-10	2017-7-1
48	NB/T 20409—2017	核电厂核安全相关建（构）筑物维修导则		2017-2-10	2017-7-1
49	NB/T 20410—2017	核电工程纤维混凝土技术规程		2017-2-10	2017-7-1
50	NB/T 20411—2017	核安全相关结构预埋件设计技术规程		2017-2-10	2017-7-1
51	NB/T 20412—2017	压水堆核电厂结构模块组装及验收技术规程		2017-2-10	2017-7-1
52	NB/T 20413—2017	压水堆核电厂结构模块安装及验收技术规程		2017-2-10	2017-7-1
53	NB/T 20414—2017	核电厂核安全相关混凝土结构后锚固技术规程		2017-2-10	2017-7-1
54	NB/T 20415—2017	核电厂钢结构二次设计技术规程		2017-2-10	2017-7-1
55	NB/T 20416—2017	压水堆核电厂核级金属波纹管膨胀节设计制造规范		2017-2-10	2017-7-1
56	NB/T 20417—2017	核电厂通风和排烟系统用防火阀门		2017-2-10	2017-7-1
57	NB/T 20418—2017	核电电子文件元数据		2017-2-10	2017-7-1
58	NB/T 20419—2017	压水堆核电厂安全壳过滤排放系统设计准则		2017-2-10	2017-7-1
59	NB/T 20420—2017	核电厂安全级电缆及接头鉴定		2017-2-10	2017-7-1
60	NB/T 20421.1—2017	核电厂安全重要电缆状态监测方法　第1部分：总则		2017-2-10	2017-7-1
61	NB/T 20421.2—2017	核电厂安全重要电缆状态监测方法　第2部分：压痕模量		2017-2-10	2017-7-1
62	NB/T 20421.3—2017	核电厂安全重要电缆状态监测方法　第3部分：断裂伸长率		2017-2-10	2017-7-1
63	NB/T 20421.4—2017	核电厂安全重要电缆状态监测方法　第4部分：氧化诱导技术		2017-2-10	2017-7-1
64	NB/T 20422—2017	压水堆核电厂非能动氢气复合器的鉴定		2017-2-10	2017-7-1
65	NB/T 20423—2017	核电厂移动式应急柴油发电机组调试技术导则		2017-2-10	2017-7-1
66	NB/T 20424—2017	核电厂限流孔板设置要求		2017-2-10	2017-7-1
67	NB/T 20425—2017	核电厂内部水淹概率安全评价开发方法		2017-2-10	2017-7-1
68	NB/T 31107—2017	低风速风力发电机组选型导则		2017-3-28	2017-8-1
69	NB/T 31108—2017	海上风电场工程规划报告编制规程		2017-3-28	2017-8-1
70	NB/T 34039—2017	生物质成型燃料供热工程可行性研究报告编制规程		2017-3-28	2017-8-1
71	NB/T 35092—2017	混凝土坝温度控制设计规范		2017-3-28	2017-8-1
72	NB/T 35093—2017	水电工程水库回水计算规范		2017-3-28	2017-8-1
73	NB/T 35094—2017	水电工程水温计算规范		2017-3-28	2017-8-1
74	NB/T 35095—2017	水电工程小流域水文计算规范		2017-3-28	2017-8-1
75	NB/T 35096—2017	水电工程移民安置独立评估规范		2017-3-28	2017-8-1

续表

序号	标准编号	标准名称	被代替标准号	批准日期	实施日期
76	DL/T 655—2017	火力发电厂锅炉炉膛安全监控系统验收测试规程	DL/T 655—2006	2017-3-28	2017-8-1
77	DL/T 658—2017	火力发电厂开关量控制系统验收测试规程	DL/T 658—2006	2017-3-28	2017-8-1
78	DL/T 768.1—2017	电力金具制造质量　第1部分：可锻铸铁件	DL/T 768.1—2002	2017-3-28	2017-8-1
79	DL/T 931—2017	电力行业理化检验人员考核规程	DL/T 931—2005	2017-3-28	2017-8-1
80	DL/T 1053—2017	电能质量技术监督规程	DL/T 1053—2007	2017-3-28	2017-8-1
81	DL/T 1683—2017	1000MW等级超超临界机组运行导则		2017-3-28	2017-8-1
82	DL/T 1684—2017	油浸式变压器（电抗器）状态检修导则		2017-3-28	2017-8-1
83	DL/T 1685—2017	油浸式变压器（电抗器）状态评价导则		2017-3-28	2017-8-1
84	DL/T 1686—2017	六氟化硫高压断路器状态检修导则		2017-3-28	2017-8-1
85	DL/T 1687—2017	六氟化硫高压断路器状态评价导则		2017-3-28	2017-8-1
86	DL/T 1688—2017	气体绝缘金属封闭开关设备状态评价导则		2017-3-28	2017-8-1
87	DL/T 1689—2017	气体绝缘金属封闭开关设备状态检修导则		2017-3-28	2017-8-1
88	DL/T 1690—2017	电流互感器状态评价导则		2017-3-28	2017-8-1
89	DL/T 1691—2017	电流互感器状态检修导则		2017-3-28	2017-8-1
90	DL/T 1692—2017	安全工器具柜技术条件		2017-3-28	2017-8-1
91	DL/T 1693—2017	输电线路金具磨损试验方法		2017-3-28	2017-8-1
92	DL/T 1694.1—2017	高压测试仪器及设备校准规范　第1部分：特高频局部放电在线监测装置		2017-3-28	2017-8-1
93	DL/T 1694.2—2017	高压测试仪器及设备校准规范　第2部分：电力变压器分接开关测试仪		2017-3-28	2017-8-1
94	DL/T 1694.3—2017	高压测试仪器及设备校准规范　第3部分：高压开关动作特性测试仪		2017-3-28	2017-8-1
95	DL/T 1694.4—2017	高压测试仪器及设备校准规范　第4部分：绝缘油耐压测试仪		2017-3-28	2017-8-1
96	DL/T 1694.5—2017	高压测试仪器及设备校准规范　第5部分：氧化锌避雷器阻性电流测试仪		2017-3-28	2017-8-1
97	DL/T 1695—2017	火力发电厂烟气脱硝调试导则		2017-3-28	2017-8-1
98	DL/T 1696—2017	石灰石-石膏湿法烟气脱硫调试导则		2017-3-28	2017-8-1
99	DL/Z 1697—2017	柔性直流配电系统用电压源换流器技术导则		2017-3-28	2017-8-1
100	DL/T 1698—2017	燃气-蒸汽联合循环机组余热锅炉启动试验规程		2017-3-28	2017-8-1
101	DL/T 1699—2017	燃气-蒸汽联合循环机组余热锅炉安装验收规范		2017-3-28	2017-8-1
102	DL/T 1700—2017	隔离开关及接地开关状态检修导则		2017-3-28	2017-8-1
103	DL/T 1701—2017	隔离开关及接地开关状态评价导则		2017-3-28	2017-8-1
104	DL/T 1702—2017	金属氧化物避雷器状态检修导则		2017-3-28	2017-8-1
105	DL/T 1703—2017	金属氧化物避雷器状态评价导则		2017-3-28	2017-8-1
106	DL/T 1704—2017	脱硫湿磨机石灰石制浆系统性能测试方法		2017-3-28	2017-8-1
107	DL/T 5522—2017	特高压输变电工程压覆矿产资源调查内容深度规定		2017-3-28	2017-8-1

续表

序号	标准编号	标准名称	被代替标准号	批准日期	实施日期
108	DL/T 5523—2017	输变电工程项目后评价导则		2017-3-28	2017-8-1
109	DL/T 5524—2017	电力系统光传送网（OTN）设计规程		2017-3-28	2017-8-1
110	DL/T 5525—2017	冷却塔塔芯部件选择设计导则		2017-3-28	2017-8-1
111	DL/T 5526—2017	换流站噪声控制设计规程		2017-3-28	2017-8-1
112	DL/T 5527—2017	架空输电线路工程施工组织大纲设计导则		2017-3-28	2017-8-1
113	DL/T 5528—2017	输变电工程结算审核报告编制导则		2017-3-28	2017-8-1
114	DL/T 5746—2017	火力发电厂烟囱（烟道）防腐蚀工程施工质量验收规范		2017-3-28	2017-8-1
115	NB/T 31109—2017	风电场调度运行信息交换规范		2017-8-2	2017-12-1
116	NB/T 31110—2017	风电场有功功率调节与控制技术规定		2017-8-2	2017-12-1
117	NB/T 31111—2017	风电机组高电压穿越测试规程		2017-8-2	2017-12-1
118	DL/T 318—2017	输变电工程施工机具产品型号编制方法	DL/T 318—2010	2017-8-2	2017-12-1
119	DL/T 401—2017	高压电缆选用导则	DL/T 401—2002	2017-8-2	2017-12-1
120	DL/T 429.1—2017	电力用油透明度测定法	DL/T 429.1—1991	2017-8-2	2017-12-1
121	DL/T 429.7—2017	电力用油油泥析出测定方法	DL/T 429.7—1991	2017-8-2	2017-12-1
122	DL/T 473—2017	大直径三通锻件技术条件	DL/T 473—1992	2017-8-2	2017-12-1
123	DL/T 475—2017	接地装置特性参数测量导则	DL/T 475—2006	2017-8-2	2017-12-1
124	DL/T 501—2017	高压架空输电线路可听噪声测量方法	DL 501—1992	2017-8-2	2017-12-1
125	DL/T 516—2017	电力调度自动化运行管理规程	DL/T 516—2006	2017-8-2	2017-12-1
126	DL/T 523—2017	化学清洗缓蚀剂应用性能评价指标及试验方法	DL/T 523—2007	2017-8-2	2017-12-1
127	DL/T 706—2017	电厂用抗燃油自燃点测定方法	DL/T 706—1999	2017-8-2	2017-12-1
128	DL/T 768.2—2017	电力金具制造质量　第2部分：黑色金属锻制件	DL/T 768.2—2002	2017-8-2	2017-12-1
129	DL/T 768.3—2017	电力金具制造质量　第3部分：冲压件	DL/T 768.3—2002	2017-8-2	2017-12-1
130	DL/T 768.4—2017	电力金具制造质量　第4部分：球墨铸铁件	DL/T 768.4—2002	2017-8-2	2017-12-1
131	DL/T 768.5—2017	电力金具制造质量　第5部分：铝制件	DL/T 768.5—2002	2017-8-2	2017-12-1
132	DL/T 793.1—2017	发电设备可靠性评价规程　第1部分：通则	DL/T 793—2012	2017-8-2	2017-12-1
133	DL/T 793.2—2017	发电设备可靠性评价规程　第2部分：燃煤机组		2017-8-2	2017-12-1
134	DL/T 802.2—2017	电力电缆用导管　第2部分：玻璃纤维增强塑料电缆导管	DL/T 802.2—2007	2017-8-2	2017-12-1
135	DL/T 816—2017	电力行业焊接操作技能教师考核规则	DL/T 816—2003	2017-8-2	2017-12-1
136	DL/T 956—2017	火力发电厂停（备）用热力设备防锈蚀导则	DL/T 956—2005	2017-8-2	2017-12-1
137	DL/T 957—2017	火力发电厂凝汽器化学清洗及成膜导则	DL/T 957—2005	2017-8-2	2017-12-1
138	DL/T 1076—2017	火力发电厂化学调试导则	DL/T 1076—2007	2017-8-2	2017-12-1
139	DL/T 1432.4—2017	变电设备在线监测装置检验规范　第4部分：气体绝缘金属封闭开关设备局部放电特高频在线监测装置		2017-8-2	2017-12-1
140	DL/T 1498.4—2017	变电设备在线监测装置技术规范　第4部分：气体绝缘金属封闭开关设备局部放电特高频在线监测装置		2017-8-2	2017-12-1

续表

序号	标准编号	标准名称	被代替标准号	批准日期	实施日期
141	DL/T 1705—2017	磷酸酯抗燃油闭口杯老化测定法		2017-8-2	2017-12-1
142	DL/T 1706—2017	超高压直流输电换流变运行油质量		2017-8-2	2017-12-1
143	DL/T 1707—2017	电网自动电压控制运行技术导则		2017-8-2	2017-12-1
144	DL/T 1708—2017	电力系统顺序控制技术规范		2017-8-2	2017-12-1
145	DL/T 1709.3—2017	智能电网调度控制系统技术规范　第3部分：基础平台		2017-8-2	2017-12-1
146	DL/T 1709.4—2017	智能电网调度控制系统技术规范　第4部分：实时监控与预警		2017-8-2	2017-12-1
147	DL/T 1709.5—2017	智能电网调度控制系统技术规范　第5部分：调度计划		2017-8-2	2017-12-1
148	DL/T 1709.6—2017	智能电网调度控制系统技术规范　第6部分：调度管理		2017-8-2	2017-12-1
149	DL/T 1709.7—2017	智能电网调度控制系统技术规范　第7部分：电网运行驾驶舱		2017-8-2	2017-12-1
150	DL/T 1709.8—2017	智能电网调度控制系统技术规范　第8部分：运行评估		2017-8-2	2017-12-1
151	DL/T 1709.9—2017	智能电网调度控制系统技术规范　第9部分：软件测试		2017-8-2	2017-12-1
152	DL/T 1709.10—2017	智能电网调度控制系统技术规范　第10部分：硬件设备测试		2017-8-2	2017-12-1
153	DL/T 1710—2017	电力通信站运行维护技术规范		2017-8-2	2017-12-1
154	DL/T 1711—2017	电网短期和超短期负荷预测技术规范		2017-8-2	2017-12-1
155	DL/T 1712—2017	火力发电厂煤的自燃倾向特性测定方法		2017-8-2	2017-12-1
156	DL/T 1713—2017	煤中钾、钠测定方法		2017-8-2	2017-12-1
157	DL/T 1714—2017	电力可靠性管理代码规范		2017-8-2	2017-12-1
158	DL/T 1715—2017	铝及铝合金制电力设备对接接头超声检测方法与质量分级		2017-8-2	2017-12-1
159	DL/T 1716—2017	高压直流输电换流阀冷却水运行管理导则		2017-8-2	2017-12-1
160	DL/T 1717—2017	燃气-蒸汽联合循环发电厂化学监督技术导则		2017-8-2	2017-12-1
161	DL/T 1718—2017	火力发电厂焊接接头相控阵超声检测技术规程		2017-8-2	2017-12-1
162	DL/T 1719—2017	采用便携式布氏硬度计检验金属部件技术导则		2017-8-2	2017-12-1
163	DL/T 1720—2017	架空输电线路直升机带电作业技术导则		2017-8-2	2017-12-1
164	DL/T 1721—2017	电力电缆线路沿线土壤热阻系数测量方法		2017-8-2	2017-12-1
165	DL/T 1722—2017	架空输电线路机器人巡检技术导则		2017-8-2	2017-12-1
166	DL/T 1723—2017	1000kV 油浸式变压器(电抗器)状态检修技术导则		2017-8-2	2017-12-1
167	DL/T 1724—2017	电能质量评估技术导则 电压波动和闪变		2017-8-2	2017-12-1
168	DL/T 1725—2017	超高压磁控型可控并联电抗器技术规范		2017-8-2	2017-12-1
169	DL/T 1726—2017	特高压直流穿墙套管技术规范		2017-8-2	2017-12-1
170	DL/T 1727—2017	110kV～750kV 交流架空输电线路可听噪声控制技术导则		2017-8-2	2017-12-1

续表

序号	标准编号	标准名称	被代替标准号	批准日期	实施日期
171	DL/T 1728—2017	人货两用型输电杆塔登塔装备		2017-8-2	2017-12-1
172	DL/T 1729—2017	电力信息系统功能及非功能性测试规范		2017-8-2	2017-12-1
173	DL/T 1730—2017	电力信息网络设备测试规范		2017-8-2	2017-12-1
174	DL/T 1731—2017	电力信息系统非功能性需求规范		2017-8-2	2017-12-1
175	DL/T 1732—2017	电力物联网传感器信息模型规范		2017-8-2	2017-12-1
176	DL/T 1733—2017	电力通信光缆安装技术要求		2017-8-2	2017-12-1
177	DL/T 5003—2017	电力系统调度自动化设计规程	DL/T 5003—2005	2017-8-2	2017-12-1
178	DL/T 5040—2017	架空输电线路对无线电台影响防护设计规范	DL/T 5040—2006	2017-8-2	2017-12-1
179	DL/T 5529—2017	电力系统串联电容补偿系统设计规程		2017-8-2	2017-12-1
180	DL/T 5530—2017	特高压输变电工程水土保持方案内容深度规定		2017-8-2	2017-12-1
181	DL/T 5531—2017	火力发电工程项目后评价导则		2017-8-2	2017-12-1
182	DL/T 5532—2017	粉煤灰试验规程		2017-8-2	2017-12-1
183	DL/T 5533—2017	电力工程测量精度标准		2017-8-2	2017-12-1
184	NB/T 31112—2017	风电场工程招标设计技术规定		2017-11-15	2018-3-1
185	NB/T 31113—2017	陆上风电场工程施工组织设计规范		2017-11-15	2018-3-1
186	NB/T 31114—2017	风电清洁供热可行性研究专篇编制规程		2017-11-15	2018-3-1
187	NB/T 31115—2017	风电场工程 110kV～220kV 海上升压变电站设计规范		2017-11-15	2018-3-1
188	NB/T 31116—2017	风电场工程社会稳定风险分析技术规范		2017-11-15	2018-3-1
189	NB/T 31117—2017	海上风电场交流海底电缆选型敷设技术导则		2017-11-15	2018-3-1
190	NB/T 31118—2017	风电场工程档案验收规程		2017-11-15	2018-3-1
191	NB/T 31119—2017	风力发电设备　干热特殊环境条件与技术要求		2017-11-15	2018-3-1
192	NB/T 31120—2017	风力发电设备　湿热特殊环境条件与技术要求		2017-11-15	2018-3-1
193	NB/T 31121—2017	风力发电设备　寒冷特殊环境条件与技术要求		2017-11-15	2018-3-1
194	NB/T 31122—2017	风力发电机组在线状态监测系统技术规范		2017-11-15	2018-3-1
195	NB/T 31123—2017	高原风力发电机组用全功率变流器试验方法		2017-11-15	2018-3-1
196	NB/T 31124—2017	高原双馈风力发电机技术规范		2017-11-15	2018-3-1
197	NB/T 31125—2017	高原永磁同步风力发电机技术规范		2017-11-15	2018-3-1
198	NB/T 31126—2017	风力发电机组变桨驱动变频器技术规范		2017-11-15	2018-3-1
199	NB/T 31127—2017	风电场工程建筑使用面积设计规程		2017-11-15	2018-3-1
200	NB/T 31128—2017	风电场工程建筑设计规范		2017-11-15	2018-3-1
201	NB/T 32036—2017	光伏发电工程达标投产验收规程		2017-11-15	2018-3-1
202	NB/T 32037—2017	光伏发电建设项目文件归档与档案整理规范		2017-11-15	2018-3-1
203	NB/T 32038—2017	光伏发电工程安全验收评价规程		2017-11-15	2018-3-1
204	NB/T 32039—2017	光伏发电工程安全预评价规程		2017-11-15	2018-3-1
205	NB/T 32040—2017	光伏发电工程劳动安全与职业卫生设计规范		2017-11-15	2018-3-1

续表

序号	标准编号	标准名称	被代替标准号	批准日期	实施日期
206	NB/T 35097.2—2017	水电工程单元工程质量等级评定标准　第 2 部分：金属结构及启闭机安装工程	SDJ 249.2—1988	2017-11-15	2018-3-1
207	NB/T 35098—2017	水电工程区域构造稳定性勘察规程	DL/T 5335—2006	2017-11-15	2018-3-1
208	NB/T 35099—2017	水电工程三维地质建模技术规程		2017-11-15	2018-3-1
209	NB/T 35100—2017	水电工程覆盖层预应力锚索技术规范		2017-11-15	2018-3-1
210	NB/T 35101—2017	水电工程弹性波测试技术规程		2017-11-15	2018-3-1
211	NB/T 35102—2017	水电工程钻孔土工原位测试规程	DL/T 5354—2006	2017-11-15	2018-3-1
212	NB/T 35103—2017	水电工程钻孔抽水试验规程	DL/T 5213—2005	2017-11-15	2018-3-1
213	NB/T 35104—2017	水电工程钻孔注水试验规程		2017-11-15	2018-3-1
214	NB/T 35105—2017	水电工程电磁法勘探技术规程		2017-11-15	2018-3-1
215	NB/T 35106—2017	水电工程分标概算编制规定		2017-11-15	2018-3-1
216	NB/T 35107—2017	水电工程招标设计概算编制规定		2017-11-15	2018-3-1
217	NB/T 41009—2017	定制电力技术导则		2017-11-15	2018-3-1
218	NB/T 42126—2017	小水电机组通用技术条件		2017-11-15	2018-3-1
219	NB/T 42127—2017	小水电机组验收检验导则		2017-11-15	2018-3-1
220	NB/T 42128—2017	小型水轮机进水阀门控制系统基本技术条件		2017-11-15	2018-3-1
221	NB/T 42129—2017	小水电机组自动化元件（装置）及其系统基本技术条件		2017-11-15	2018-3-1
222	NB/T 42130—2017	光伏产品环境条件 气候环境条件分类分级		2017-11-15	2018-3-1
223	NB/T 42131—2017	光伏组件环境试验要求 通则		2017-11-15	2018-3-1
224	NB/T 42132—2017	全钒液流电池 电堆测试方法		2017-11-15	2018-3-1
225	NB/T 42133—2017	全钒液流电池用电解液 技术条件		2017-11-15	2018-3-1
226	NB/T 42134—2017	全钒液流电池管理系统技术条件		2017-11-15	2018-3-1
227	NB/T 42135—2017	锌溴液流电池通用技术条件		2017-11-15	2018-3-1
228	NB/T 42136—2017	电网设施金属构件 湿热环境防腐涂层技术要求		2017-11-15	2018-3-1
229	NB/T 42137—2017	高压交流隔离开关和接地开关试验导则		2017-11-15	2018-3-1
230	NB/T 42138—2017	高压交流断路器试验导则		2017-11-15	2018-3-1
231	NB/T 42139—2017	光伏系统用铅酸蓄电池技术规范		2017-11-15	2018-3-1
232	NB/T 42140—2017	绝缘液体 油浸纸和油浸纸板用卡尔费休自动电量滴定法测定水分		2017-11-15	2018-3-1
233	NB/T 42141—2017	矿热炉供电系统用无功补偿装置设计与应用导则		2017-11-15	2018-3-1
234	DL/T 1126—2017	同塔多回线路带电作业技术导则	DL/T 1126—2009	2017-11-15	2018-3-1
235	DL/T 1734—2017	过激磁保护功能技术规范	SD 278—1988	2017-11-15	2018-3-1
236	DL/T 1735—2017	大坝安全监测仪器电缆基本技术条件		2017-11-15	2018-3-1
237	DL/T 1736—2017	光纤光栅仪器基本技术条件		2017-11-15	2018-3-1
238	DL/T 1737—2017	钢弦式温度计		2017-11-15	2018-3-1
239	DL/T 1738—2017	双金属管标装置		2017-11-15	2018-3-1

续表

序号	标准编号	标准名称	被代替标准号	批准日期	实施日期
240	DL/T 1739—2017	静力水准装置		2017-11-15	2018-3-1
241	DL/T 1740—2017	直流气体绝缘金属封闭输电线路技术条件		2017-11-15	2018-3-1
242	DL/T 1741—2017	电力作业用小型施工机具预防性试验规程		2017-11-15	2018-3-1
243	DL/T 1742—2017	差动电阻式仪器测量仪表		2017-11-15	2018-3-1
244	DL/T 1743—2017	带电作业用绝缘导线剥皮器		2017-11-15	2018-3-1
245	DL/T 1744—2017	循环流化床锅炉煤制备系统选型导则		2017-11-15	2018-3-1
246	DL/T 1745—2017	低压电能计量箱技术条件		2017-11-15	2018-3-1
247	DL/T 1746—2017	变电站端子箱		2017-11-15	2018-3-1
248	DL/T 1747—2017	电力营销现场移动作业终端技术规范		2017-11-15	2018-3-1
249	DL/T 1748—2017	水力发电厂设备防结露技术规范		2017-11-15	2018-3-1
250	DL/T 1749—2017	燃气-蒸汽联合循环机组余热锅炉监造导则		2017-11-15	2018-3-1
251	DL/T 1750—2017	燃气-蒸汽联合循环机组卧式自然循环余热锅炉检修与维护规程		2017-11-15	2018-3-1
252	DL/T 1751—2017	燃气-蒸汽联合循环机组余热锅炉运行规程		2017-11-15	2018-3-1
253	DL/T 1752—2017	热电联产机组设计能效指标计算方法		2017-11-15	2018-3-1
254	DL/T 1753—2017	配网设备状态检修试验规程		2017-11-15	2018-3-1
255	DL/T 1754—2017	水电站大坝运行安全管理信息系统技术规范		2017-11-15	2018-3-1
256	DL/T 1755—2017	燃煤电厂节能量计算方法		2017-11-15	2018-3-1
257	DL/T 1756—2017	高载能负荷参与电网互动节能技术条件		2017-11-15	2018-3-1
258	DL/T 1757—2017	电子数据恢复和销毁技术要求		2017-11-15	2018-3-1
259	DL/T 1758—2017	移动式电力能效检测系统技术规范		2017-11-15	2018-3-1
260	DL/T 1759—2017	电力负荷聚合服务商需求响应系统技术规范		2017-11-15	2018-3-1
261	DL/T 1760—2017	可逆式水轮发电机组及其附属设备出厂检验导则		2017-11-15	2018-3-1
262	DL/T 1761—2017	电厂多腔孔陶瓷复合绝热材料技术规范		2017-11-15	2018-3-1
263	DL/T 1762—2017	钢管塔焊接技术导则		2017-11-15	2018-3-1
264	DL/T 1763—2017	电能表检测抽样要求		2017-11-15	2018-3-1
265	DL/T 1764—2017	电力用户有序用电价值评估技术导则		2017-11-15	2018-3-1
266	DL/T 1765—2017	非生产性空调负荷柔性调控技术导则		2017-11-15	2018-3-1
267	DL/T 1766.1—2017	水氢氢冷汽轮发电机检修导则　第1部分：总则		2017-11-15	2018-3-1
268	DL/T 1767—2017	数字式励磁调节器辅助控制技术要求		2017-11-15	2018-3-1
269	DL/T 1768—2017	旋转电机预防性试验规程		2017-11-15	2018-3-1
270	DL/T 1769—2017	发电厂封闭母线运行与维护导则		2017-11-15	2018-3-1
271	DL/T 1770—2017	抽水蓄能电站输水系统充排水技术规程		2017-11-15	2018-3-1
272	DL/T 403—2017	高压交流真空断路器	DL/T 403—2000	2017-11-15	2018-3-1
273	DL/T 459—2017	电力用直流电源设备	DL/T 459—2000	2017-11-15	2018-3-1
274	DL/T 466—2017	电站磨煤机及制粉系统选型导则	DL/T 466—2004	2017-11-15	2018-3-1

续表

序号	标准编号	标准名称	被代替标准号	批准日期	实施日期
275	DL/T 479—2017	阻抗保护功能技术规范	DL/T 479—1992	2017-11-15	2018-3-1
276	DL/T 5106—2017	跨越电力线路架线施工规程	DL/T 5106—1999	2017-11-15	2018-3-1
277	DL/T 5113.9—2017	水电水利基本建设工程单元工程质量等级评定标准 第9部分：土工合成材料应用工程		2017-11-15	2018-3-1
278	DL/T 514—2017	电除尘器	DL/T 514—2004	2017-11-15	2018-3-1
279	DL/T 5150—2017	水工混凝土试验规程	DL/T 5150—2001	2017-11-15	2018-3-1
280	DL/T 5152—2017	水工混凝土水质分析试验规程	DL/T 5152—2001	2017-11-15	2018-3-1
281	DL/T 5181—2017	水电水利工程锚喷支护施工规范	DL/T 5181—2003	2017-11-15	2018-3-1
282	DL/T 5216—2017	35kV～220KV 城市地下变电站设计规程	DL/T 5216—2005	2017-11-15	2018-3-1
283	DL/T 5370—2017	水电水利工程施工通用安全技术规程	DL/T 5370—2007	2017-11-15	2018-3-1
284	DL/T 5371—2017	水电水利工程土建施工安全技术规程	DL/T 5371—2007	2017-11-15	2018-3-1
285	DL/T 5372—2017	水电水利工程金属结构与机电设备安装安全技术规程	DL/T 5372—2007	2017-11-15	2018-3-1
286	DL/T 5373—2017	水电水利工程施工作业人员安全操作规程	DL/T 5373—2007	2017-11-15	2018-3-1
287	DL/T 5534—2017	配电网可行性研究报告内容深度规定		2017-11-15	2018-3-1
288	DL/T 5535—2017	发电厂热泵系统设计规程		2017-11-15	2018-3-1
289	DL/T 5536—2017	直流架空输电线路对无线电台影响防护设计规范		2017-11-15	2018-3-1
290	DL/T 5537—2017	火力发电厂供热首站设计规范		2017-11-15	2018-3-1
291	DL/T 5538—2017	电力系统安全稳定控制工程建设预算项目划分导则		2017-11-15	2018-3-1
292	DL/T 5747—2017	水电水利工程闸门水力学和流激振动模型试验规程		2017-11-15	2018-3-1
293	DL/T 5748—2017	水电水利工程航道水力学模拟技术规程		2017-11-15	2018-3-1
294	DL/T 5749—2017	土石坝填筑数字化施工规范		2017-11-15	2018-3-1
295	DL/T 5750—2017	水工混凝土表面保温施工技术规范		2017-11-15	2018-3-1
296	DL/T 5751—2017	水电水利工程压力钢管波纹管伸缩节制造安装及验收规范		2017-11-15	2018-3-1
297	DL/T 5752—2017	水电水利工程施工机械安全操作规程 混凝土预冷系统		2017-11-15	2018-3-1
298	DL/T 5753—2017	±200kV 及以下柔性直流换流站换流阀施工工艺导则		2017-11-15	2018-3-1
299	DL/T 5754—2017	智能变电站工程调试质量检验评定规程		2017-11-15	2018-3-1
300	DL/T 5755—2017	沙漠地区输电线路杆塔基础工程技术规范		2017-11-15	2018-3-1
301	DL/T 5756—2017	额定电压 35kV（U_m=40.5kV）及以下冷缩式电缆附件安装规程		2017-11-15	2018-3-1
302	DL/T 5757—2017	额定电压 35kV（U_m=40.5kV）及以下热缩式电缆附件安装规程		2017-11-15	2018-3-1
303	DL/T 5758—2017	额定电压 35kV（U_m=40.5kV）及以下预制式电缆附件安装规程		2017-11-15	2018-3-1
304	DL/T 607—2017	汽轮发电机漏水、漏氢的检验	DL/T 607—1996	2017-11-15	2018-3-1

续表

序号	标准编号	标准名称	被代替标准号	批准日期	实施日期
305	DL/T 612—2017	电力行业锅炉压力容器安全监督规程	DL 612—1996	2017-11-15	2018-3-1
306	DL/T 636—2017	带电作业用导线飞车	DL/T 636—2006	2017-11-15	2018-3-1
307	DL/T 651—2017	氢冷发电机氢气湿度技术要求	DL/T 651—1998	2017-11-15	2018-3-1
308	DL/T 668—2017	测量用互感器检验装置	DL/T 668—1999	2017-11-15	2018-3-1
309	DL/T 698.45—2017	电能信息采集与管理系统　第 4-5 部分：通信协议—面向对象的数据交换协议		2017-11-15	2018-3-1
310	DL/T 700—2017	电力物资分类与编码导则	DL/T 700.1—1999、DL/T 700.2—1999、DL/T 700.3—1999	2017-11-15	2018-3-1
311	DL/T 734—2017	火力发电厂锅炉汽包焊接修复技术导则	DL/T 734—2000	2017-11-15	2018-3-1
312	DL/T 821—2017	金属熔化焊对接接头射线检测技术和质量分级	DL/T 821—2002	2017-11-15	2018-3-1
313	DL/T 838—2017	燃煤火力发电企业设备检修导则	DL/T 838—2003	2017-11-15	2018-3-1
314	DL/T 854—2017	带电作业用绝缘斗臂车使用导则	DL/T 854—2004	2017-11-15	2018-3-1
315	DL/T 874—2017	电力行业锅炉压力容器安全监督管理工程师培训考核规程	DL/T 874—2004	2017-11-15	2018-3-1
316	DL/T 901—2017	火力发电厂烟囱（烟道）防腐蚀材料	DL/T 901—2004	2017-11-15	2018-3-1
317	DL/T 902—2017	耐磨耐火材料	DL/T 902—2004	2017-11-15	2018-3-1
318	DL/T 971—2017	带电作业用便携式核相仪	DL/T 971—2005	2017-11-15	2018-3-1
319	DL/T 976—2017	带电作业工具、装置和设备预防性试验规程	DL/T 976—2005	2017-11-15	2018-3-1
320	NB/T 47063—2017	电站安全阀	JB/T 9624—1999	2017-12-27	2018-6-1
321	DL/T 1771—2017	比率差动保护功能技术规范	SD 276—1988	2017-12-27	2018-6-1
322	DL/T 1772—2017	功率方向元件技术规范	SD 277—1988	2017-12-27	2018-6-1
323	DL/T 1773—2017	电力系统电压和无功电力技术导则	SD 325—1989	2017-12-27	2018-6-1
324	DL/T 1774—2017	电力电容器外壳耐受爆破能量试验导则		2017-12-27	2018-6-1
325	DL/T 1775—2017	串联电容器使用技术条件		2017-12-27	2018-6-1
326	DL/T 1776—2017	电力系统用交流滤波电容器技术导则		2017-12-27	2018-6-1
327	DL/T 1777—2017	智能变电站二次设备屏柜光纤回路技术规范		2017-12-27	2018-6-1
328	DL/T 1778—2017	柔性直流保护和控制设备技术条件		2017-12-27	2018-6-1
329	DL/T 1779—2017	高压电气设备电晕放电检测用紫外成像仪技术条件		2017-12-27	2018-6-1
330	DL/T 1780—2017	超（特）高压直流输电控制保护系统检验规范		2017-12-27	2018-6-1
331	DL/T 1781—2017	电力器材质量监督检验技术规程		2017-12-27	2018-6-1
332	DL/T 1782—2017	变电站继电保护信息规范		2017-12-27	2018-6-1
333	DL/T 1783—2017	IEC 61850 工程电能计量应用模型		2017-12-27	2018-6-1
334	DL/T 1784—2017	多雷区 110kV～500kV 交流同塔多回输电线路防雷技术导则		2017-12-27	2018-6-1
335	DL/T 1785—2017	电力设备 X 射线数字成像检测技术导则		2017-12-27	2018-6-1
336	DL/T 1786—2017	直流偏磁电流分布同步监测技术导则		2017-12-27	2018-6-1
337	DL/T 1787—2017	相对介损及电容检测仪校准规范		2017-12-27	2018-6-1

续表

序号	标准编号	标准名称	被代替标准号	批准日期	实施日期
338	DL/T 1788—2017	高压直流互感器现场校验规范		2017-12-27	2018-6-1
339	DL/T 1789—2017	光纤电流互感器技术规范		2017-12-27	2018-6-1
340	DL/T 1790—2017	变压器现场局部放电测量用电源装置通用技术条件		2017-12-27	2018-6-1
341	DL/T 1791—2017	电力巡检用头戴式红外成像测温仪技术规范		2017-12-27	2018-6-1
342	DL/T 1792—2017	发电机组功率突降保护装置通用技术条件		2017-12-27	2018-6-1
343	DL/T 1793—2017	柔性直流输电设备监造技术导则		2017-12-27	2018-6-1
344	DL/T 1794—2017	柔性直流输电控制保护系统联调试验技术规程		2017-12-27	2018-6-1
345	DL/T 1795—2017	柔性直流输电换流站运行规程		2017-12-27	2018-6-1
346	DL/T 1796—2017	低压有源电力滤波器技术规范		2017-12-27	2018-6-1
347	DL/T 442—2017	高压并联电容器单台保护用熔断器使用技术条件	DL/T 442—1991	2017-12-27	2018-6-1
348	DL/T 500—2017	电压监测仪使用技术条件	DL/T 500—2009	2017-12-27	2018-6-1
349	DL/T 5759—2017	配电系统电气装置安装工程施工及验收规范		2017-12-27	2018-6-1
350	DL/T 584—2017	3kV～110kV 电网继电保护装置运行整定规程	DL/T 584—2007	2017-12-27	2018-6-1
351	DL/T 597—2017	低压无功补偿控制器使用技术条件	DL/T 597—1996	2017-12-27	2018-6-1
352	DL/T 603—2017	气体绝缘金属封闭开关设备运行维护规程	DL/T 603—2006	2017-12-27	2018-6-1
353	DL/T 672—2017	变电站及配电线路用电压无功调节控制系统使用技术条件	DL/T 672—1999	2017-12-27	2018-6-1
354	DL/T 823—2017	反时限电流保护功能技术规范	DL/T 823—2002	2017-12-27	2018-6-1
355	DL/T 846.3—2017	高电压测试设备通用技术条件 第3部分：高压开关综合特性测试仪	DL/T 846.3—2004	2017-12-27	2018-6-1
356	DL/T 846.8—2017	高电压测试设备通用技术条件 第8部分：有载分接开关测试仪	DL/T 846.8—2004	2017-12-27	2018-6-1
357	DL/T 987—2017	氧化锌避雷器阻性电流测试仪通用技术条件	DL/T 987—2005	2017-12-27	2018-6-1

索　引

内 容 索 引

说 明

本索引是全书条目和条目内容的主题分析索引。索引主题按先数字大小，再字母顺序，最后汉语拼音字母的顺序，并辅以汉字笔画、起笔笔形顺序排列。同音时，按汉字笔画由少到多的顺序排列，笔画数相同的按起笔笔形一(横)、丨(竖)、丿(撇)、丶(点)、㇕(折，包括㇆、㇗、㇛等)顺序排列。第一字相同时，同原则按第二字排列，余类推。

A

B

C

G

H

J

L

M

N

P

Q

R

S

T

W

X

Y

Z